HISTORIA CONSTITUCIONAL DE VENEZUELA

TRATADO DE DERECHO CONSTITUCIONAL - TOMO I

Colección Tratado de Derecho Constitucional

I. *Historia constitucional de Venezuela*, Caracas 2013, 1096 páginas.

II. *Orígenes del constitucionalismo moderno en Hispanoamérica*, Caracas 2014, 980 páginas

III. *Cambio político y consolidación del Estado de derecho (1958-1998)*, Caracas 2015, 1162 páginas

IV. *Instituciones del Estado democrático de derecho. Constitución de 1961*, Caracas 2015, 1180 páginas

V. *Derechos y garantías constitucionales en la Constitución de 1961 (La Justicia Constitucional)*, Caracas 2015, 1022 páginas

VI. *Asamblea Constituyente y Proceso Constituyente (1999)*, Caracas 2013, 1198 páginas

VII. *La Constitución de 1999: El Estado Democrático y Social de Derecho*, Caracas 2014, 1190 páginas

VIII. *Golpe de Estado Constituyente, Estado Constitucional y Democracia,* Caracas 2015, 1018 páginas

IX. *Concentración y centralización del poder y régimen autoritario,* Caracas 2015, 1198 páginas

X. *Derechos y garantías constitucionales y la acción de amparo,* Caracas 2017, 1196 páginas.

XI. *El derecho y la acción de amparo en el derecho constitucional comparado,* Caracas 2017, 1150 páginas.

XII. *La justicia constitucional y Jurisdicción Constitucional,* Caracas 2017, 1198 páginas.

XIII. *Práctica y distorsión de la justicia constitucional,* Caracas 2017, 954 páginas.

XIV. *El juez legislador y la patología de la justicia constitucional,* Caracas 2017, 1060 páginas.

XV. *El desmantelamiento de la democracia y el Estado Totalitario,* Caracas 2017, 1050 páginas.

XVI. *La Destrucción del Estado de derecho, la ruina de la democracia y la dictadura judicial,* Caracas 2017, 1146 páginas

Allan R. Brewer–Carías

Profesor de la Universidad Central de Venezuela (desde 1963)
Simón Bolívar Professor, University of Cambridge (1985–1986)
Professeur Associé, Université de Paris II (1989–1990)
Adjunct Professor of Law, Columbia Law School, New York (2006–2008)

HISTORIA CONSTITUCIONAL DE VENEZUELA

Segunda Edición

COLECCIÓN

TRATADO DE DERECHO CONSTITUCIONAL

TOMO I

Fundación de Derecho Público
Editorial Jurídica Venezolana

Caracas, 2013

La primera edición de la obra que conforma este Tomo I de la ***Colección Tratado de Derecho Constitucional***, fue publicada con el título *Historia Constitucional de Venezuela*, 2 Tomos, Editorial Alfa, Colección Trópicos, Caracas 2008, 1005 pp. ISBN 978-980-354-261-0, Depósito legal: lf50420089004050

http://www.allanbrewercarias.com
Email: allan@brewercarias.com

Segunda Edición, 2013

Hecho el Depósito de Ley
ISBN: 978-980-365-229-6
Depósito Legal: lf54020133402850

Editado por: Editorial Jurídica Venezolana
Avda. Francisco Solano López, Torre Oasis, P.B., Local 4, Sabana Grande,
Apartado 17.598 – Caracas, 1015, Venezuela
Teléfono 762.25.53, 762.38.42. Fax. 763.5239
http://www.editorialjuridicavenezolana.com.ve
Email fejv@cantv.net

Impreso por: Lightning Source, an INGRAM Content company
para Editorial Jurídica Venezolana International Inc.
Panamá, República de Panamá.
Email: editorialjuridicainternational@gmail.com

Diagramación, composición y montaje
por: Francis Gil, en letra Times New Roman, 10,5
Interlineado 11, Mancha 19 x 12.5 cm., libro: 22.9 x 15.2 cm.

CONTENIDO GENERAL

TOMO I

QUINTA PARTE

SEXTA PARTE

SÉPTIMA PARTE

NOVENA PARTE

DÉCIMA PARTE

Con esta obra sobre *Historia Constitucional de Venezuela,* damos inicio a la publicación del *Tratado de Derecho Constitucional*, proyecto que he venido gestando durante los últimos años con la misma orientación que le dimos al *Tratado de Derecho Administrativo* (Editorial Civitas, 6 Tomos, Madrid 2013), de constituir una recopilación y sistematización de toda mi obra de las décadas pasadas, en este caso, en materia de derecho constitucional, y cuyos tomos se irán publicando sucesivamente. En esta forma, el contenido de este Tomo I, es la segunda edición actualizada del libro sobre *Historia Constitucional de Venezuela* que salió publicado por Editorial Alfa en Caracas, en 2008.

He conservado, y se publica a continuación, la "Presentación" que apareció en la primera edición de la obra en 2008, y además he incluido, "A manera de Presentación" a esta edición, el texto del escrito sobre "Historia y Crisis Política" que escribí en 2001, con algunos comentarios, precisamente cuando comenzó la crisis del cuarto período de nuestra historia constitucional, la del Estado Democrático de partidos, que aún no concluye.

PRESENTACIÓN

A LA PRIMERA EDICIÓN 2008

Venezuela, como país, con su territorio, sus instituciones de gobierno y su gente, no se conformó hace algunos años, y muchos menos en 1999 como algunos quieren inventar, sino que tiene más de cinco siglos de historia, y ya casi dos siglos de vida republicana como Estado independiente. Fue el tercer Estado en el mundo moderno que adoptó los principios del constitucionalismo moderno que en 1811 ya se habían delineado como producto de las Revoluciones Norteamericana (1776) y en Francesa (1789)[1]*, por lo que, incluso, entró en la corriente moderna del constitucionalismo antes que la misma España, cuyas instituciones, si bien influyeron en el régimen civil de la República como consecuencia del derecho indiano colonial y, en particular, del contenido en la* Recopilación de Leyes de los Reynos de Indias *(1680) que rigieron en nuestro país hasta que se dictaron los*

---

1 Véase Allan R. Brewer–Carías, *Reflexiones sobre la Revolución Americana (1776), la Revolución Francesa (1789) y la Revolución Hispanoamericana (1811–1830) y sus aportes al Constitucionalismo Moderno*, Universidad Externado de Colombia, Bogotá 2008.

primeros Códigos republicanos (1867–1873), no influyeron en la formación constitucional del naciente Estado de Venezuela en 1811.

Este trabajo sobre la Historia Constitucional de Venezuela, *ahora publicado en su segunda edición como Tomo I del* Tratado de Derecho Constitucional *que con el mismo iniciamos, está destinado a estudiar, precisamente, la larga historia política y constitucional del país, desde 1810 hasta nuestros días,*[2] *la cual hemos dividido en cinco grandes períodos: el de la formación del Estado independiente y autónomo (1811–1863); el del Estado federal (1863–1901); el del Estado autocrático centralizado (1901–1945); el del Estado democrático centralizado de partidos (1945–1999), y el que hasta ahora está en curso de conformación, lamentablemente con signos de Estado autoritario, centralista y militarista (1999–2008).*

Antes, sin embargo, hemos considerado indispensable no sólo estudiar el proceso de formación de las Provincias coloniales que dieron origen al Estado venezolano (1498–1810), sino los antecedentes políticos y constitucionales que permitieron construirlo como un Estado moderno, desde lo que habían sido las colonias más pobres del Imperio español en América.

En consecuencia, este libro lo hemos dividido en las siguientes ocho grandes partes en las cuales estudiaremos:

En primer lugar, *el período del poblamiento de las Provincias de Margarita, Venezuela y Cabo de la Vela, Nueva Andalucía, Sierras Nevadas y Guayana o el Dorado, que conformaron el territorio de lo que luego sería Venezuela, y que se efectuó durante los siglos XVI, XVII y XVIII, después de iniciada la ocupación y explotación de perlas con la fundación de Nueva Cádiz en Cubagua (1508). Esas provincias que conformaron el territorio colonial, fueron agrupadas en 1777 en la Capitanía General de Venezuela, cuyo territorio, precisamente, fue el que configuró el del Estado de Venezuela a partir de 1811.*

En segundo lugar, *los antecedentes políticos y constitucionales derivados de los aportes de las Revoluciones Norteamericana (1776) y Francesa (1789) al constitucionalismo moderno, tal como se fueron moldeando en los años inmediatamente anteriores a 1811, y que sirvieron para la constitución del Estado independiente, particularmente como consecuencia de la Revolución de Caracas de 1810, con la que se inició el constitucionalismo en el país y en América Latina.*

En tercer lugar, *el período del Estado independiente que derivó de la Constitución Federal de 1811, y luego del Estado autónomo respecto de la República de Colombia (1830–1863) que surgió de la Constitución de 1830, la*

---

2 Véase en particular sobre la Historia Constitucional de Venezuela: José Gil Fortoul, *Historia Constitucional de Venezuela*, 3 tomos, Caracas, 1953; Ambrosio Oropeza, *Evolución Constitucional de nuestra República*, Caracas, 1944; Ambrosio Perera, *Historia Orgánica de Venezuela*, Editorial Venezuela, Caracas 1943; Pablo Ruggeri Parra, *Historia Política y Constitucional de Venezuela*, 2 tomos, Caracas, 1949; Ulises Picón Rivas, *Índice Constitucional de Venezuela*, Caracas, 1944; Luis Mariñas Otero, *Las Constituciones de Venezuela*, Madrid, 1965; Pedro Vivas, *Guía de Historia Constitucional*, Universidad Santa María, Caracas 1985; Elena Plaza y Ricardo Combellas (Coordinadores), *Procesos Constituyentes y Reformas Constitucionales en la Historia de Venezuela: 1811–1999*, Universidad Central de Venezuela, Caracas 2005; y Allan R. Brewer–Carías, *Las Constituciones de Venezuela*, Academia de Ciencias Políticas y Sociales, Caracas 2008.

cual, antes de la de 1961, fue la que tuvo mas años de vigencia. Este período después de haber entrado en crisis particularmente con motivo del asalto al Congreso en 1848, concluyó con las guerras federales de 1858–1863.

En cuarto lugar, *el período correspondiente al Estado federal (1863–1901), bajo cuya fórmula se desarrolló la autocracia liberal. Fue la época de los caudillos regionales y de las guerras civiles que asolaron el territorio, y que después de haber entrado en crisis a partir de la reforma constitucional de 1891 concluyó con las secuelas Revolución Liberal Restauradora de 1899.*

En quinto lugar, *el período de consolidación del Estado Nacional (1901–1945), montado sobre el centralismo y la autocracia que se consolidó a partir de 1925 como consecuencia de la dictadura petrolera. Este período, después de haber entrado en crisis a partir de la muerte de Juan Vicente Gómez en 1935, concluyó con la Revolución de Octubre de 1945.*

En sexto lugar, *el período de la democratización del país y del Estado petrolero (1945–1999), marcado por la sanción de las Constituciones de 1947 y 1961, el tiempo del interregno militar (1948–1958) y el desarrollo del Estado Democrático Centralizado de Partidos (1958–1999). Este período, después de haber entrado en crisis particularmente a partir del "Caracazo" en 1989, concluyó en 1999 con motivo de la elección de la Asamblea Nacional Constituyente de ese año que dio el golpe de Estado contra la Constitución de 1961.*

En séptimo *y* octavo lugar, *el período iniciado con la sanción de la Constitución de 1999, en el cual, entre 1999 y 2008, en medio de la persistente crisis política se ha venido configurando un Estado autoritario, centralizado y populista, desmoronándose, en fraude a la misma Constitución y a la democracia, las bases del Estado de derecho, de la separación de poderes, de la Federación, de los sistemas de control del poder y de la propia democracia representativa.*

Este libro lo hemos terminado de escribir en febrero de 2008, pues algún punto final había que ponerle, al tratarse de estudiar la historia. Pero con ello, por supuesto, no concluye nuestra investigación, que seguirá en el futuro, particularmente por lo cambiante y volátil de la situación del país en estos inicios de 2008, dado el gobierno destructivo que hemos tenido en la última década. Por todos sus síntomas, que resumimos en la "Apreciación Final" de esta obra, pareciera haber iniciado ya su proceso de apoptosis[3], *que quizás fue lo que afectó a aquél animal mitológico al cual se refirió Maurice Duverger, el* catoblepas, *que según indicó, era "tan estúpido que se comía sus propios miembros sin siquiera darse cuenta".*[4]

3 Fenómeno biológico que consiste en la muerte programada de las células (suicidio programado de las células), cuyo descubrimiento se atribuye a la neuróloga Rita Levi–Montalcini, Premio Nobel de Medicina, 2005.

4 Véase Maurice Duverger, *Las dos caras de Occidente*, Barcelona 1972, pp. 278–279. En realidad, el *catoblepas* (del griego "mirar hacia abajo") se lo identifica con una criatura legendaria de Etiopía, de tamaño medio y comportamiento lento, descrita por primera vez por Plinio el Viejo en su *Historia Natural*, 8, 77, como teniendo cuerpo de búfalo y cabeza de cerdo, pesada, que miraba siempre hacia abajo. Se decía que su mirada o su respiración eran letales, y que podían convertir a la gente en piedra o matarlas.

A MANERA DE PRESENTACIÓN
A LA SEGUNDA EDICIÓN (2013):
HISTORIA Y CRISIS POLÍTICA (2001)

Hugo Chávez fue el gobernante que en toda la historia política de Venezuela permaneció más tiempo en forma continua en ejercicio del cargo de Presidente de la República, durante catorce (14) años entre 1999 y 2013. En tiempo, sólo lo superó Juan Vicente Gómez, quien ejerció el cargo durante dieciocho (18) años (entre 1908 y 1915; 1922 y 1929; y 1931 y 1935), e igualó a Antonio Guzmán Blanco, quien ejerció el cargo durante catorce (14) años (entre 1870 y 1877; 1879 y 1884; y 1886 y 1887).

Ese dato temporal, sin duda bastaría para considerar que entró en los anales de la historia política del país, a lo que sin duda se suman otras muchas ejecutorias, como por ejemplo, el que hubiera hecho de la atención por los pobres una expresión de política gubernamental, lo que no significa, por una parte, que los gobiernos anteriores y específicamente de la democracia desde 1958 no hubieran tenido una política social bien definida de atención a los pobres, y por la otra, que esa haya sido efectivamente una política pública. La verdad es que ninguna política pública de justicia social, en ninguna parte de mundo, puede estar basada exclusivamente en el aumento de la burocracia estatal y en el reparto de dinero por el Estado y su burocracia privilegiada en forma de subsidios directos a las clases populares, todo ello apoyado en el aumento súbito del ingreso petrolero fiscal de un Estado petrolero, sin que paralelamente se haya procurado crear las condiciones sociales y laborales necesarias para la generación permanente y sostenible de riqueza y empleo. Ningún país, en el mediano y largo plazo, puede sobrevivir basado en la existencia de un Estado que se cree poderoso y eterno, porque quienes lo manejan creen que todo lo tiene, y que es quien todo lo puede dar y, a la vez, que todo lo puede quitar; y que ello sea para siempre. Ninguna política pública de atención a los pobres puede pretender desarrollarse haciendo que todos dependan del Estado y sin generar las condiciones necesaria para que los ciudadanos puedan desarrollar sus propias capacidades productivas, y mucho menos, destruyendo tales condiciones mediante expropiaciones y nacionalizaciones indiscriminadas que a lo que conducen es a que las industrias y fincas productivas estatizadas pasen a ser manejadas por burocracias ineficientes que las destruyen en tiempo record.

Lo de la atención a los pobres fue más bien, una bien orquestada propaganda gubernamental, montada en el casi absoluto control de los medios de comunicación nacionales y en el despliegue de propaganda internacional muy bien pagada, que sirvió para tratar de ocultar lo que más bien fue un cúmulo de errores gubernamentales, que durante catorce años han llevado a Venezuela, de ser una de las democracias más admiradas en el mundo de los países en desarrollo, a ocupar los primeros lugares, si no el primer lugar, entre los países con mayor índice de violencia, de ausencia de seguridad ciudadana, de inflación, de burocracia gubernamental, de ineficiencia pública, de destrucción de la infraestructura, de gasto militar, de violaciones a los derechos humanos, de impunidad, de participación del Estado en la economía, de despilfarro de los fondos públicos, de endeudamiento interno y externo, de descenso de las reservas, de menor libertad económica, de bienes de consumo importados, de control de cambios, de devaluación de la moneda, de mayor control estatal de los medios de comunicación, de menor libertad de expresión, de mayor polarización política inducida, de destrucción institucional, de militarismo gubernamental, de ausencia de efectiva separación de poderes, de control político sobre el poder judicial, de ausencia de control fiscal, de corrupción, y de falta de transparencia gubernamental. Por todas esas ejecutorias, entre otras, sin duda, también se recordará a Chávez, quien además entró en la historia como un gobernante autoritario y militar, precisamente en el mismo grupo de gobiernos longevos como los de los mencionados de Antonio Guzmán Blanco y Juan Vicente Gómez.

Pero adicionalmente a esas ejecutorias que harán recordar a Chávez por mucho tiempo, este también se recordará por haber sido el Presidente de la República cuyo cargo, durante todos durante los cuales lo ejerció, estuvo permanentemente sometido a prueba, o estuvo en entredicho, no sólo porque después de haber sido electo en 1998, se sometió sucesivamente a tres procesos electorales (2000, 2006, 2012) de los cuales resultó reelecto, sino que además, porque fue el Presidente que estuvo más veces en situación de falta temporal en el ejercicio de su cargo, o en situaciones que anunciaban su posible falta absoluta, por poner su cargo a la orden, por haberse anunciado públicamente su anunciarse su renuncia, por el desarrollo de iniciativas populares para revocarle el mandato, hasta que el día 5 de marzo de 2013 se anunció oficialmente su falta absoluta, por fallecimiento.[1]

Todas esas vicisitudes políticas por las cuales también se recordará al Presidente Chávez, se sucedieron porque Chávez también fue, y por eso igualmente se lo recordará, el Presidente en ejercicio que ha gobernado más tiempo seguido en una situación de crisis política permanente, que fue precisamente lo que provocó que haya sido el que mayor número de veces estuvo en situación de "falta temporal" o de ofrecimiento, procura o anuncio de "falta absoluta" en el ejercicio del cargo.

---

1 Sobre este hecho, el propio Tribunal Supremo de Justicia en Sala Constitucional, en la sentencia No. 141 dictada tres días después, el 8 de marzo de 2013, fue muy cuidadosa en no afirmar que el 5 de marzo había fallecido el Presidente Chávez, limitándose a indicar lo que era indubitable, que "el 5 de marzo de 2013, el Vicepresidente Ejecutivo ciudadano Nicolás Maduro Moros anunció, desde la sede del Hospital Militar de Caracas 'Dr. Carlos Arvelo,' el lamentable fallecimiento del Presidente de la República ciudadano Hugo Chávez Frías."Véase el texto de la sentencia de interpretación del artículo 233 de la Constitución en http://www.tsj.gov.ve.decisioes/scon/Marzo/141-9313-2013-13-0196.html. El Tribunal Supremo, por tanto, sólo recogió el anuncio de que había ocurrido la falta absoluta del Presidente, pero sin indicar las circunstancias de tiempo o lugar de tal acaecimiento

Este proceso de crisis política, y en particular, de anuncios de falta presidencial durante los catorce años que ejerció la Presidencia, en efecto, puede decirse que comenzó a los pocos meses de haber tomado posesión de su cargo de Presidente de la República, lo que ocurrió el 2 de febrero de 1999, al jurar cumplir y hacer cumplir la Constitución que en el mismo acto calificó de "moribunda"; cuando el 8 de agosto de 1999, recién instalada la Asamblea Nacional Constituyente, puso l cargo de Presidente de la República a la disposición de la dicha Asamblea, lo que no era otra cosa que una renuncia sujeta a aceptación, la cual la Asamblea no aceptó, quedando entonces "ratificado" en el cargo.

Luego vino el requerimiento popular de su renuncia con protestas que se generalizaron en todo el país desde fines de 2001, y su anunciada renuncia a la Presidencia comunicada públicamente por televisión al país y al mundo por su Jefe del Alto Mando Militar, acompañado de todos los oficiales del mismo, lo que ocurrió en horas de la madrugada del 12 de abril de 2002, "la cual aceptó," tal como se informó públicamente.

A ello lo siguieron los intentos de desarrollo de iniciativas populares para revocarle el mandato al Presidente Chávez, que se materializaron entre fines de 2002 hasta 2004, primero, mediante solicitudes populares de referendo consultivo sobre su renuncia, y segundo, también mediante iniciativas populares de referendos revocatorios (el "Firmazo" y "Reafirmazo"), hasta que un referendo revocatorio del mandato finalmente fue realizado en 2004, pero a pesar de que constitucionalmente le quedó revocado el mandato, dicho referendo fue ilegítimamente trastocado en un referendo "ratificatorio" del mandato, que no existe, en virtud de una conveniente interpretación (o mutación) constitucional adoptada por la Sala Constitucional del Tribunal Supremo de Justicia.

Después de ello, los partidos de oposición al gobierno del Presidente Chávez se abstuvieron de participar en las elecciones parlamentarias de 2005, con lo cual la Asamblea Nacional quedó totalmente controlada por los partidos de gobierno (2005-2010); al año siguiente, en 2006 se produjo la segunda reelección del Presidente Chávez en el cargo; y en 2007 se produjo su gran fracaso político al no lograr que conforme a su propuesta, se aprobara en referendo la reforma de la Constitución en 2007 para establecer formalmente en el texto constitucional un Estado Socialista, Centralizado, Militarista y Policial (Estado Comunal o del Poder Popular), lo cual fue rechazado por el pueblo. A pesar de ello, sin embargo, en fraude a esa voluntad popular, contra toda lógica y contra las previsiones constitucionales, implementó dichas reformas entre 2007 y 2010, mediante leyes, decretos leyes y leyes orgánicas, tendientes a la creación del Estado Comunal o del Poder Popular que el pueblo había rechazado; y ello, impunemente, sin que la Sala Constitucional del Tribunal Supremo de Justicia siquiera haya admitido la acción de inconstitucionalidad intentada.

Posteriormente, y en particular a partir de junio de 2011, se sucedieron múltiples faltas temporales del Presidente en el ejercicio de su cargo que se originaron motivadas por su ausencia del territorio nacional, para ser sometido a tratamiento médico en La Habana, Cuba, donde fue operado de cáncer. Ello, como era de esperar, afectó su estado de salud, a pesar de las negativas oficiales

En dichas condiciones de salud, sin embargo, participó en el proceso de elección presidencial de 2012, ocurriendo su tercera reelección en la Presidencia en octubre de 2012. Sin embargo, a partir de diciembre de 2012, al empeorarse su salud, entró en una situación de falta temporal permanente, luego de otra operación en La Habana el 10 de diciembre de 2012, lo que le impidió juramentarse ante la Asamblea Nacional en Caracas el 10 de enero de 2013, y así tomar posesión de su cargo para el período constitucional 2013-2017, y poder haber comenzado a ejercerlo efectivamente. Para ese entonces, en cambio, se anunció oficialmente que permanecía hospitalizado en La Habana desde cuando había llegado el 9 de diciembre de 2012.

Esa situación de falta temporal permanente e indefinida se prolongó con posterioridad, sin que ello supuestamente llegara a afectar constitucionalmente el inicio del nuevo período constitucional, en este caso, también, de nuevo, en virtud de una interpretación del Tribunal Supremo de Justicia dictada mediante sentencia N° 2 de 9 de enero de 2013, con la cual materialmente se convirtió esa falta temporal, por lo demás nunca reconocida formalmente por el gobierno, en una ausencia indefinida, pero considerando que, sin embargo, el Presidente sí estaba supuestamente en funciones, por supuesto sin estarlo efectivamente, permitiendo ilegítimamente mediante una llamada "continuidad administrativa" que el tren ejecutivo del período constitucional anterior que terminó el 10 de enero de 2013, continuara gobernando el país.

En todo caso, los catorce años del mandato prolongado del Presidente Chávez, como se dijo, fueron ante todo catorce años de crisis política la cual no cesó durante su prolongado gobierno, lo que puede decirse que, incluso, desde el inicio de su mandato era previsible que así ocurriría.

El gobierno del Presidente Chávez, efectivamente, desde el inicio, no podía verse como el comienzo del final de la crisis política del régimen político de Estado centralizado de democracia de partidos establecido desde 1961, que tanto criticó, sino en realidad como parte esencial de esa crisis, como ha sido lo que ocurrió. Al menos así fue como yo lo vi en 2001, cuando reflexioné sobre el tema de *Historia y Crisis Política* en nuestro país, en una conferencia que dicté en Caracas el 4 de diciembre de 2001 con motivo del inicio del año académico 2001-2002 de la Universitaria Monteávila, y cuyo texto fue poco conocido.[2]

Por ello, y recordando lo que expresé hace doce años, he querido incluir dicho texto "A manera de Presentación" de esta segunda edición del libro sobre Historia Constitucional de Venezuela, que ahora se publica cmo Tomo I de la Colección Tratado de Derecho Constitucional que con esta edición se inicia; en su versión original, con muy escasas modificaciones, porque puede ser ilustrativo para poder contribuir a ubicarnos en su temática de la crisis permanente que acompañó al régimen de Hugo Chávez.

En todo caso, ruego al lector que al leer dicho texto de 2001, trate de situarse mental y temporalmente en la situación del país en diciembre de ese año, cuando se escribió. Su texto es el siguiente:

---

2 El texto de la conferencia fue publicado bajo el título: "Venezuela: Historia y crisis política," en *Derecho y Sociedad. Revista de Estudiantes de Derecho de la Universidad Monteávila*, N° 3, Caracas, Abril 2002, pp. 217-244.

Desde hace más de 10 años, Venezuela transita por una grave crisis política que no logra superar; y que más bien se agrava. A pesar, incluso, del proceso constituyente de 1999 y de los cambios de gobierno ocurridos en los últimos tres años, los venezolanos aún estamos sin percibir salidas viables para la gobernabilidad del país. Se trata de una crisis del sistema político en su conjunto, que en su momento no se lo dejó evolucionar, y cuyas fallas, lejos de solucionarse, se han exacerbado con el actual régimen político.

Se trata de la crisis que sigue siendo de carácter terminal, que afecta al sistema de Estado Democrático Centralizado de Partidos que se instauró en nuestro país a partir de los años cuarenta del siglo pasado, precisamente para desarrollar el proyecto político de implantación de la democracia en el país de América Latina que, para entonces, era el que menor tradición democrática tenía. El objetivo se logro, al punto de que hasta hace pocos años, a pesar de sus fallas, podía decirse que Venezuela tenía una de las democracias más viejas de América Latina, pero ante el asombro de otros países latinoamericanos que nos la envidiaban, tenía muy poco prestigio en nuestro propio país.

En consecuencia, todas las esperanzas estaban puestas en el cambio político de la democracia que los venezolanos querían, y que a partir de 1998, se prometió, dando origen al proceso constituyente de 1999. Sin embargo, tres años después podemos constatar que nada ha ocurrido para permitir la profundización de la democracia. Ésta sigue siendo exclusivamente representativa de unos pocos partidos políticos, ahora en menor número que antes, y a pesar del discurso oficialista, no es nada participativa. La excepcional oportunidad histórica que tuvo el Presidente Hugo Chávez en sus manos para realizar los cambios que la democracia requería, se perdió, y ya es irrecuperable bajo su conducción.

Pero a pesar de todos estos inconvenientes, y con todos sus problemas, los venezolanos nos hemos habituado a la democracia; es parte de la vida social, al punto de que la gran mayoría de los votantes en las últimas elecciones, nació en democracia. Nos parece natural el disfrute de la libertad, siendo sólo recientemente cuando con preocupación hemos comenzado a sentir el riesgo de perderla.

Sabíamos, sin embargo, desde hace años, que la democracia tenía que cambiar, pero el liderazgo político de los últimos lustros, encargado de orientar, no comprendió que para continuar y sobrevivir la democracia tenía que perfeccionarse y hacerse más representativa y más participativa.

Esa incomprensión del liderazgo, entonces, condujo al propio desprestigio partidista y de la democracia, y al tremendo vacío político que se produjo en 1998, el cual fue rápidamente copado por la figura del actual Presidente de la República, quien de fracasado golpista, irrumpió en la escena política prometiendo todos los cambios soñados e imaginables. El pueblo lo siguió, pero han bastado sólo tres años para que demostrara la más absoluta incomprensión de la realidad venezolana, y haya pasado, con su gobierno, a un nivel de fantasías que sólo él imagina, y a un nivel de incompetencia, degradación y corrupción nunca antes visto. Esta incomprensión, de entonces y de ahora, ha sido, precisamente la que nos tiene inmersos en esta crisis histórica, más que terminal, donde un cambio inevitable, querámoslo o no, sigue estando visible en nuestro horizonte político.

En estos últimos tres años, en realidad, lo que hemos vivido, antes que cambio político alguno, es el agotamiento definitivo del proyecto político y del liderazgo que implementó el sistema de Estado Democrático Centralizado en Partidos del cual, con suerte y quizás, su último representante podría ser Hugo Chávez Frías; pues su gobierno hoy resulta ser el producto más acabado de todos los vicios del sistema: partidismo a ultranza; centralismo avasallante; ausencia de control del poder; sumisión del Poder Legislativo al Ejecutivo; avasallamiento del Tribunal Supremo de Justicia; inexistencia del Poder Ciudadano; e impunidad y corrupción rampantes.

Lamentablemente, entonces, a pesar de todo lo ocurrido, prometido y hablado, en estos últimos tres años la crisis política se ha agravado, constituyendo la destrucción institucional el principal objetivo de la política gubernamental, al punto que hoy, definitivamente, nadie cree ni confía en la Asamblea Nacional, ni en el Poder Judicial, ni en el Poder Ciudadano, ni en el Poder Electoral, ni en la Administración Pública.

Y ello ocurre en medio de una de las crisis económicas más agudas del Estado petrolero, cuyos conductores, sin conciencia alguna de lo que significa, no sólo han literalmente malversado los recursos adicionales provenientes de los altos precios del petróleo, sino que han continuado deseducando a la población, que pide más, como si la riqueza petrolera fuera inagotable, y todo ello como si no se hubiera comprobado que el modelo de repartir dadivosamente esa riqueza ha sido no sólo una fuente de corrupción, sino una de las causas de la propia crisis por la que atravesamos.

Lo lamentable es que todo este desprestigio institucional del aparato del Estado, de las nuevas organizaciones políticas y de la forma autoritaria de gobernar, está originando un desconcierto colectivo sin que se entienda por qué tanta corrupción e ineficiencia. Los cantos de sirena autoritarios que se habían apoderado hasta del nombre de Bolívar, opacando incluso las propias virtudes de la democracia, han provocado, de nuevo, la situación de vacío político que hoy también sentimos, donde sin instituciones que sirvan de contrapeso al Poder, el Presidente de la República, con una máscara popular, se da el lujo de decir públicamente, como lo recoge la prensa de hoy: "la ley soy yo. El Estado soy yo" (El Universal, Caracas 4-12-01, pp. 1-1; 2-1). Ante esta situación y contrariamente a lo que ocurría en tiempos de Luís XIV, la opinión pública es la única que puede controlar el Poder. Por ello, hoy, la lucha por la preservación de la democracia comienza por la sobrevivencia de la libertad de manifestación y de expresión.

La mayoría de nuestro país, sin duda, quería cambios radicales, pero no para que un Presidente pretendiera encarnar, el sólo, la Ley y el Estado. Queríamos un cambio en libertad y sin autoritarismos. Por ello preocupa el discurso oficialista de la supuesta "revolución pacífica," lo que es contradictorio con la historia, que enseña que las revoluciones son siempre violentas, y con la práctica de las ejecutorias públicas del gobierno, que han sido más bien violentas. Por ello los venezolanos comienzan a tomar conciencia de que la libertad puede quedar perdida, por haber quedado el país en manos de un liderazgo antidemocrático. Por ello, el dilema que continuamos teniendo los venezolanos es cómo lograr los cambios inevitables, indispensables y necesarios que requiere el país y la sociedad en libertad y sin perder la democracia, la cual no es, precisamente, la culpable del deterioro ni está en su destrucción el camino para la reconstrucción de la Nación.

Lo que dijo el Presidente de la Federación Rusa en 1998 al poner fin al tiempo de la que se creía que era la Revolución más definitiva que ha conocido la historia moderna, con ocasión del sepelio de los restos de los Romanov, es una advertencia que tenemos que repetirle al aprendiz de revolucionario que por desgracia está conduciendo nuestro Estado; se trata de una de las más amargas lecciones de la historia de la humanidad; simplemente: "Que los intentos de cambiar la vida mediante la violencia están condenados al fracaso".

El Presidente de la República en cambio, con su ignorancia de la historia y de sus propias circunstancias, nos anuncia no sólo la mencionada "revolución pacífica", sino que agrega que es "armada" con todos los instrumentos de guerra y de violencia imaginables: mísiles, tanques, obuses y quién sabe cuántas otras armas que los civiles no tenemos.

En todo caso, no es la primera vez en los dos Siglos que han transcurrido desde que en estas tierras se comenzó a configurar nuestro país, que nos encontramos en una situación crítica como la que hoy vivimos. La tragedia política de hoy ya la hemos vivido; por lo que no es su superfluo reflexionar sobre lo que nos ha ocurrido, precisamente para intentar entender lo que nos está ocurriendo y lo que vendrá.

Por supuesto, meter dos siglos de historia en un discurso inaugural de un curso universitario es tarea imposible, por lo que me limitaré a precisar, rápidamente, sólo algunos aspectos de los que han caracterizado nuestro devenir histórico en esos dos últimos siglos, para insistir en el presente y el futuro inmediato.

Todo comenzó a finales del Siglo XVIII, siglo durante el cual, en estas tierras, si bien se manifestaron muchas rebeliones autonomistas que anticiparon cambios revolucionarios, también se produjeron reacciones centralistas, no sólo económicas como la que originó la instauración de la Compañía Guipuzcoana, sino de carácter institucional, con las grandes reformas realizadas por Carlos III. Con estas se produjo la integración territorial de las Provincias coloniales que conformaban estas tierras, y se modificó el cuadro territorial que existía en 1777. Aquí existían unas Provincias que se habían ido estableciendo y consolidando durante dos siglos y medio con un alto grado de autonomía, disgregadas y sin vínculo alguno entre ellas, y más bien con antagonismos. Esas Provincias estaban conducidas por Cabildos situados muy lejos de los centros de poder político a los que estaban sometidos, ubicados, para unos en Santa Fe de Bogotá y para otros en la isla de Santo Domingo. La respuesta borbónica a la autonomía local y provincial que tantos signos de rebeldía había originado, fue en realidad la que detonó el inicio de la configuración territorial de Venezuela, al juntarse las Provincias mediante la centralización militar, al crearse la Capitanía General de Venezuela; la centralización económica, con el establecimiento de la Real Intendencia; la centralización legislativa y gubernamental, con la creación de la Real Audiencia de Caracas, y la centralización judicial, con el establecimiento del Real Consulado. Todo ello había ocurrido en un lapso de 14 años, entre 1777 y 1793.

Al concluir los tres siglos de dominación española, por tanto, todo estaba preparado para que, con la Revolución de Independencia, el país entrara al Siglo

XIX, que fue el Siglo del nacimiento del Estado bajo el signo del militarismo, del federalismo y de las guerras sociales.

Los "trescientos años de calma" -como los calificó Bolívar- que habían transcurrido desde el descubrimiento, habían terminado con una revolución -la de Gual y España-, en 1797, que había sido de carácter político, no precisamente de los desposeídos y de los esclavos negros, sino de las élites intelectuales, administrativas y militares, por la libertad política. El insumo teórico adicional del proceso lo suministraría Francisco de Miranda y provendría del bagaje escrito que penetró en nuestras tierras desde los Estados Unidos de Norteamérica y desde Francia, producto de las dos grandes Revoluciones de finales del Siglo XVIII.

En ese momento sólo faltaba una causa inmediata para la Revolución Municipal y esa fue la guerra de independencia que a partir de 1808 se desarrolló en España, contra la invasión napoleónica, y que dejó a estas Provincias efectivamente huérfanas, desde el punto de vista político; orfandad para la cual nadie estaba preparado por el vacío de poder que se había producido por la perdida de legitimidad de la Corona. La máscara de Fernando VII ciertamente fue la excusa para que se diera el golpe de Estado del 19 de abril de 1810, precisamente por quien sólo podía darlo, el Cabildo de Caracas, en el cual estaban representados los que dominaban social y económicamente la Provincia, los criollos blancos, y algunos nuevos y efímeros representantes del gremio de los pardos.

La Revolución, por tanto, la inició el Cabildo de la Capital de la entonces llamada Provincia de Caracas; la cual sólo era una de las Provincias existentes en el territorio de la recién creada Capitanía General de Venezuela que estaba integrada, además, por las Provincias de Margarita, Mérida, Cumaná, Barcelona, Barinas, Trujillo, Maracaibo, Coro y Guayana. Estas, sin duda, tenían que sumarse al movimiento, de lo contrario fracasaba; y la mayoría -no todas- lo hizo, dictando sus propias Constituciones provinciales. Habían pasado sólo 34 años, menos de lo que nos separa actualmente del 23 de enero de 1958, desde que se había creado la Capitanía General de Venezuela, la cual, por supuesto, no había logrado centralizar a estas Provincias, que siguieron autónomas y separadas unas de otras, con sus Cabildos gobernando.

El nuevo Estado independiente que se comenzó a construir, por tanto, sólo podía responder a una forma federal que uniera lo que nunca había estado unido, y ese modelo nos lo suministró la experiencia norteamericana recién iniciada. En 1810, en toda la historia del constitucionalismo no había otro modelo al cual pudieran haber recurrido nuestros próceres constitucionalistas, para solucionar el problema que surgía cuando unas Provincias Coloniales aisladas se independizaban de un imperio y pretendían constituirse en un Estado independiente; la experiencia había sido inédita hasta el proceso de Norteamérica. No había, por tanto, salvo las ideas monárquicas, otras que hubieran podido inspirar a nuestros conspiradores de 1810 y 1811, que no fueran las republicanas y federales.

En todo caso, trescientos años de aislamiento y separación interprovincial no podían simplemente eliminarse de un plumazo, ni podía pretenderse establecer en estas tierras, mediante un cañonazo, un Estado Unitario Centralizado. Ese y no otro, sin embargo, fue el fracaso del Libertador, quien con los mejores deseos y optimismo quiso crearlo en todo el territorio de las Provincias que conformaban no sólo Venezuela, sino incluso Ecuador y Colombia. Tremenda ilusión e incomprensión, precisamente de los "trescientos años de calma" autonómica que los Cabildos de nuestras Provincias habían construido.

El Siglo XIX en todo caso, después del fracaso de las ideas bolivarianas de panamericanismo político, estuvo signado por los intentos fallidos de establecer y consolidar en estas tierras un Estado Nacional independiente y autónomo, que abarcara todas las Provincias que habían sido incorporadas a la Capitanía General de Venezuela, con una forma de organización centralizada.

El primer acontecimiento que signó el proceso fue la propia guerra de Independencia; la única de carácter social de todas las de Independencia de América Latina. No todos la querían ni la entendían, particularmente a medida que la máscara de Fernando VII se fue retirando de la cara republicana. Con ella estalló toda la relación estamental de la sociedad colonial, de manera que en las primeras de cambio los pardos se alinearon con el Rey contra los blancos terratenientes y cabildantes que declaraban la Independencia; y lo mismo hicieron los negros y libertos para luchar contra sus amos, en procura de su libertad.

La Revolución la habían iniciado los blancos criollos mediante la toma del poder de los Cabildos que venían controlando; y contra ellos se rebelaron los otros estamentos de la sociedad colonial. No es de extrañar, por tanto, que Boves, aprovechando el resentimiento de castas, atrajese a unirse a sus bandos realistas, a los esclavos y libertos para luchar contra los amos, con promesas de reparto de las tierras que se les confiscarían a los patriotas.

De guerra política se pasó rápidamente a una guerra social, con motivo de la cual, para cambiar el curso de la misma, en 1813 Bolívar tuvo que acudir hasta al recurso extremo de la guerra a muerte; la cual fue, así, de exterminio, extremadamente cruel y brutal; una guerra en la cual el símbolo de nuestros Libertadores era nada menos que un pañuelo negro en el cuello y una bandera, también negra, con una calavera blanca en la lanza.

Después de la guerra vinieron varias tareas urgentes: por una parte, el repartimiento de la tierra y de los bienes confiscados a españoles, canarios y criollos opuestos a la Independencia, proceso del cual aparecerían los nuevos ricos y terratenientes, quienes pasaron, además, a ser los nuevos propietarios de los esclavos que servían la tierra.

Pero por otra parte, estaba la tarea de tratar de construir un Estado, ya no sólo en Venezuela sino conforme a la Constitución de Cúcuta de 1821, en todo el norte de Suramérica con la unión de los pueblos de Colombia. Los nuevos propietarios y terratenientes de las Provincias de Venezuela, que además habían sido los militares que habían luchado y ganado la Independencia, todo lo cual les había dado el poder real en cada Provincia, difícilmente iban a aceptar sumisión política alguna respecto de quienes gobernaban desde Bogotá. Por ello el maravilloso e ilusorio intento de Bolívar fracasó el mismo año de su muerte, y a partir 1830, el poder local, esta vez de los caudillos que había salido de la guerra, se entronizó en las Provincias de Venezuela.

El militarismo, así, marcó a nuestro país desde la Independencia durante todo el Siglo XIX y ha estado presente hasta nuestros días; de manera que, incluso, fue precisamente a través del militarismo que se aseguró la participación de todas las castas y grupos sociales en el proceso político. El pueblo uniformado venezolano recorrió todas las provincias y buena parte de América. La Independencia la hicieron estas milicias confederadas que luego, con la Federación, se entronizaron en cada Provincia; milicias, que no eran otra cosa que el peonaje rural armado bajo el comando de los terratenientes locales, y que sólo fueron sustituidas por un Ejército Nacional, cuando Juan Vicente Gómez lo construyó a fuerza de guerras a comienzos del siglo pasado. El llamado Ejército Nacional, por tanto, no tiene todavía cien años de estructurado.

En esta forma, todo el Siglo XIX, desde el punto de vista político fue el siglo del federalismo y de las Provincias convertidas luego en Estados soberanos; siglo que puede dividirse en dos períodos políticos claramente identificados: primero, el de la formación del Estado autónomo semi-centralizado que trataron de construir los líderes de la Independencia a partir de 1830 y que duró hasta 1863; y segundo, el del Estado Federal, que duró hasta 1901.

Después de tres lustros de la carnicería civil que fue la guerra de Independencia, los regionalismos políticos que venían desde la Colonia salieron fortalecidos. Por tanto, el problema de construir un Estado ya separado de la Gran Colombia, estaba en la necesidad de conciliar esos regionalismos políticos con las fuerzas centrípetas del Poder. Para ello, en medio de la confrontación de poderes, la Asamblea Constituyente de 1830 optó por un modelo de organización política centro-federal, como un equilibrio entre los dos sectores de las clases dominantes que se habían ido formando: por una parte, el del Partido Liberal representante de los nuevos hacendados y nuevos ricos regionales militares que surgieron de las Leyes de Repartos de los antiguos latifundios; y por la otra, el del Partido Conservador, representante de la nueva burguesía comercial que se había consolidado, incluso con el abastecimiento de la guerra, con influencia en el gobierno central.

El primero seguía la idea federal para estructurar un gobierno que permitiera a los caudillos militares hacendados regionales mantener el control sobre las Provincias; tras la cual estaba la gran masa de la población no privilegiada ni con capacidad política que venía del trabajo agrícola, y cuyo origen remoto estaba mezclado a la esclavitud; el segundo, buscaba la consolidación de un poder central y la estructuración de un Estado Nacional.

Por la confrontación de esos partidos, el Siglo XIX también fue un siglo de revueltas, insurgencias y revoluciones, todas bajo la bandera federal, entre las cuales se destaca la propia Guerra Federal desarrollada entre 1858 y 1863, que por supuesto no fue la única. Entre 1830 y 1858, cada cuatro o cinco años hubo una revolución o revuelta, hasta que entraron en escena las masas rurales, los bandoleros del llano y los campesinos rebeldes, pero sin la conducción que habían tenido en la época de la Independencia; todo en preparación de la próxima guerra civil, social y política que se desarrollaría durante cinco años a partir de 1858, es decir, de las guerras federales.

Con este proceso puede decirse que terminó abruptamente el primer período histórico de la República, que abarcó la primera mitad del Siglo XIX, desde 1811 hasta las guerras federales y que duró algo más de cuatro décadas, la última de las cuales transcurrió en medio de una tremenda crisis política, económica y social que el liderazgo de los antiguos próceres y luchadores de la Independencia no pudo superar.

Es cierto que en 1858 se había reunido una Convención Constituyente en Valencia para traducir en una nueva Constitución los principios de la Revolución de Marzo. Pero como sucede tantas veces en política y ha sucedido tantas veces en nuestra historia, la respuesta necesaria para solventar lo que había sido una larga crisis, lamentablemente había llegado demasiado tarde. Los jefes liberales expulsados por Castro, con Falcón, Zamora y Guzmán a la cabeza, preparaban su invasión con un Programa de la Federación, ayudados por las rebeliones locales de campesinos armados que se generalizaron en todo el país. Fue de nuevo una guerra de destrucción y exterminio, la segunda que tuvimos en menos de medio Siglo, que involucró materialmente a todo el territorio nacional mediante un proceso de movilización social, horizontal y vertical, que también empujó el proceso igualador entre los blancos ya mezclados de la oligarquía dirigente y las otras razas mezcladas, en una continuidad que se había iniciado en la guerra social de la Independencia. De allí el igualitarismo venezolano.

En todo caso, con el triunfo de la Revolución Federal se inició el segundo período histórico de la República que duró la segunda mitad del siglo XIX. En ese momento, Zamora tenía 46 años, Falcón 43 y Guzmán Blanco 34. Una nueva generación había llegado al poder en medio de una brutal crisis, con la tarea de implantar un nuevo esquema de organización política del Estado por el que se había estado luchando desde la propia Independencia: la forma federal que situaba la base del poder en las Provincias, ahora llamadas Estados y en sus jefes políticos y militares. Desapareció con ella todo vestigio de lo que podía configurarse como un Ejército Nacional, y se consolidó el esquema de milicias que organizaban los Estados bajo el mando de los caudillos regionales, ahora Presidentes de Estados. De nuevo apareció el esquema del pueblo en armas como una forma de participación política.

Lo que se ha dicho sobre la supuesta Federación de papel que tuvimos durante el siglo XIX, en mi criterio, no es más que el producto de la deformación provocada por la literatura centralista del siglo XX. Al contrario, la Federación del Siglo XIX fue una realidad política, legislativa, militar y administrativa. Ciertamente que fue pobre desde el punto de vista fiscal, pero porque todo el país era paupérrimo, y lo poco que había de ingresos se había ido acaparando por el gobierno nacional. El país continuaba siendo un país agrícola y pastoril, donde los hatos de ganado, las haciendas y plantaciones de cacao y de café dominaban la economía, incluso de las ciudades. La fuerza fundamental de trabajo en las faenas agrícolas, hasta mitades del siglo XIX, había continuado siendo esclava, cambiándose luego a estos, con su liberación, por peones enfeudados.

La Federación, sin embargo, no trajo estabilidad política, por lo que las últimas décadas del siglo XIX también fueron de revoluciones y rebeliones realizadas por los propios caudillos liberales, con sus huestes populares de peones armados. La guerra larga no había acabado con el hábito de rebelión que la había originado. Por ello vino la Revolución Azul de 1868; seguida por la Revolución de Abril de 1870 comandada por Antonio Guzmán Blanco, quien de abogado devenido en guerrillero federal, se convertiría en el primus inter pares *en el esquema federal dominado por los caudillos regionales. En una forma u otra, la alianza entre ellos lo mantuvo en el poder hasta 1888.*

Al salir Guzmán del poder, de nuevo se generó otro gran vacío político en el país que había dominado durante casi dos décadas. La sucesión presidencial condujo al deterioro progresivo del Partido Liberal y la crisis se abrió francamente. De nuevo, como en 1858, se pensó que su solución estaba en una reforma constitucional que apuntaba a la eliminación del Consejo Federal, a la elección de los representantes mediante sufragio universal, directo y secreto, y al restablecimiento de los 20 Estados que habían sido reducidos por Guzmán. De nuevo, el remedio que se quiso dar a la crisis del sistema, fue demasiado tarde.

En 1891, efectivamente, se sancionó una reforma constitucional promulgada por Andueza Palacios sin ajustarse a la Constitución, lo que motivó la Revolución Legalista de Joaquín Crespo, con la cual tomó el poder al año siguiente, en 1892, con la bandera del restablecimiento de la legalidad constitucional violada. Terminó, sin embargo, haciendo las mismas reformas constitucionales con una Asamblea Constituyente, la de 1893.

El país estaba, de nuevo, en medio de una tremenda crisis económica por la baja de los precios de exportación del café y del cacao, por el endeudamiento externo e interno que venía arrastrándose desde la época de Guzmán Blanco; y de una crisis política que no concluía, que era efectivamente total, de nuevo, por el vacío de poder que existía, al no haber comprendido el liderazgo la necesidad de un cambio inevitable en el proyecto político liberal federal, que ya se había desdibujado.

No hay que olvidar que en la campaña para la elección presidencial de 1897 había participado como candidato liberal de oposición el general José Manuel Hernández, El Mocho, cuya popularidad hacía prever su triunfo. No había encuestas, pero se sabía que era el favorito; y también había formas de coaccionar el voto. Un manejo fraudulento de los comicios, o al menos eso se alegó, condujo a la llamada Revolución de Queipa que se extendió a los llanos de Cojedes. El Mocho fue vencido en tierras falconianas y reducido a prisión, pero posteriormente participaría, aun cuando efímeramente, en el gobierno de Cipriano Castro.

Con el gobierno de Ignacio Andrade culminó la extrema descomposición del liberalismo tradicional y del sistema de partidos que se había comenzado a estructurar seis décadas antes, derrumbándose el sistema político iniciado con la Revolución Federal, que se cayó por su propio peso.

Pero para que concluyera este segundo período histórico republicano que abarcó la segunda mitad del Siglo XIX, también era necesario un motivo. Un exiliado político desde los tiempos de la Revolución Legalista, el otrora diputado Cipriano Castro, el 23 de mayo de 1899 invadió el país desde Cúcuta al frente de la Revolución Liberal Restauradora, con la bandera de que la designación de los Presidentes de Estado por el Presidente de la República que había dispuesto el Congreso, violaba la soberanía y autonomía de los 20 Estados de la República recién reconstituidos. En nombre del federalismo venció sucesivamente las tropas gubernamentales, y entró en Caracas el 23 de octubre de 1899. Sólo seis meses fueron necesarios para que dominara a un país que estaba como huérfano, sin conducción política y con partidos deteriorados.

Allí terminó el segundo período de nuestra vida republicana, y se inició el del Siglo XX, el siglo de la consolidación del Estado Nacional, del centralismo político, de la economía petrolera y de la democracia.

Pero durante el siglo anterior, los venezolanos nos habíamos quedado atrás en la historia. El Siglo XIX había sido, en el mundo occidental, el de la revolución industrial y urbana, el del inicio de la democracia y del surgimiento de un nuevo sentimiento de identidad nacional en los países europeos. En contraste, aquí no habíamos logrado realmente hacer un país ni construir un Estado Nacional. Lo que teníamos eran entidades políticas disgregadas, con centros urbanos paralizados, analfabetismo generalizado, industrias inexistentes, desocupación incluso en el campo y un esquema de gobierno central endeble, con una deuda externa que lo agobiaba y sin un liderazgo que lo condujera, entre otros factores, por el deterioro terminal de los partidos políticos. En definitiva, lo que teníamos, realmente, era un país de montoneras rurales y caudillos terratenientes que formaban el Partido Liberal; un país de hacendados de cosechas pobres, que no producían más de lo que un Siglo atrás, a finales de la época colonial, ya se producía. En fin, la caricatura de una sociedad feudal.

Ese fue el país que recorrió Cipriano Castro al invadir de andinos la capital, como medio Siglo antes lo había hecho Monagas con orientales. Castro, con experiencia política, tenía 41 años y Gómez, sin ella, 42 años. Ambos condujeron al país con mano dura; fue el período de la consolidación del Estado Nacional mediante un proceso progresivo de centralización política, militar, fiscal, administrativa y legislativa, que terminaron con los cien años precedentes de federalismo.

Pero Castro había llegado al poder sin programa alguno, salvo el de "nuevos hombres, nuevos ideales y nuevos procedimientos", es decir, el de la promesa de cambio, pura y simplemente, que además para ese momento era inevitable, como antes lo había sido en la víspera de la guerra federal, y después, lo fue en la víspera de la Revolución de Octubre del Siglo pasado, y está ocurriendo precisamente en estos mismos tiempos presentes; cambio que, por supuesto, no se produjo de la noche a la mañana, como ningún cambio político se ha producido en la historia. Tomó varios lustros de crisis y de luchas.

La crisis económica agravada por la negativa de los banqueros locales de otorgar nuevos préstamos al Gobierno, que estaba quebrado, y la reacción de Castro, provocaron la rebeldía de los líderes liberales tradicionales, que por temor a lo que significaba el Mocho Hernández, habían permitido que Castro tomara el Poder. Entraron en guerra contra el gobierno, por lo que, de nuevo, a partir de 1900, el país recomenzó a estar infectado de guerrillas. Para luchar contra ellas había que permitir que el gobierno pudiera transformar el aluvional Ejército Restaurador triunfante en un verdadero Ejército Nacional, y eso fue lo que permitió la Asamblea Constituyente de 1901, otra de las grandes Asambleas Constituyentes de nuestra historia, al comenzar la modificación de la distribución del poder territorial y empezar a poner fin al federalismo. La reforma constitucional de 1901, en efecto, eliminó la norma que desde 1864 prohibía al Poder Central situar fuerzas y Jefes militares con mando en los Estados, sin el acuerdo de los jefes políticos locales; nacionalizando además todos los pertrechos y las armas de guerra que existían en la República.

Por primera vez en nuestra historia se nacionalizaron las armas y la guerra. Con esos instrumentos, el Vicepresidente Gómez recorrió toda la geografía nacional en una nueva guerra, esta vez central, pero contra los caudillos regionales a quienes venció una y otra vez, incluyendo los de la Revolución Libertadora de Manuel Antonio Matos. Con el triunfo militar de Ciudad Bolívar de 1903 no sólo concluyeron cuatro años de guerra, sino que se procedió a otra reforma constitucional, la de 1904, que eliminó definitivamente toda posibilidad para los Estados de tener fuerzas o milicias propias. Con ello, los caudillos regionales no pudieron jamás volver a congregar ejércitos personales para asaltar el poder, abriéndose la vía para la consolidación de un Ejército Nacional, concluyendo así cien años de guerras civiles y de montoneras.

Con el enjuiciamiento de Castro en 1908, como autor intelectual del asesinato de Antonio Paredes, Gómez dio un golpe de Estado apoderándose del Poder, lo que legalizó con una nueva reforma constitucional en 1909, donde reapareció un Consejo de Gobierno en el cual ubicó a todos los caudillos liberales desocupados que quedaban y que aún campeaban sin milicias en el país, incluyendo al mismo Mocho Hernández.

Con la elite que lo rodeó, deslastrada de tanto guerrillero rural, inició el proceso de centralización política del país que en definitiva se configuró como un proyecto político de consolidación del Estado Nacional. Gómez, como Comandante en Jefe del Ejército Nacional, quedó convertido en el amo del Poder y de la guerra hasta su muerte, con lo que impuso la estabilidad política, muchas veces en la paz de los sepulcros.

Consolidado su poder político y militar procedió a centralizar el aparato del Estado a partir de 1918, con las importantes reformas comandadas por el Ministro Román Cárdenas, culminando el proceso con la reforma constitucional de 1925, que concluyó el diseño del Estado Centralizado Autocrático que caracterizó el período gomecista, y cuyos principios rigieron hasta la Revolución de Octubre de 1945, continuando luego los principios centralistas hasta nuestros días.

Para 1925, además, lo que en los primeros lustros del Siglo XX aparecía como borroso, en el presupuesto de ese año ya estaba claro: la renta petrolera había llegado a ser el renglón más importante de ingresos, significando un tercio de la renta interna, lo que al final del período gomecista haría que la renta minera llegara a proporcionar más de la mitad de la renta global, y Venezuela sería entonces el segundo país productor y exportador de petróleo del mundo. Con el petróleo, el país de los hacendados y de la agricultura que nos había sostenido durante más de cuatro siglos, quedaría relegado totalmente; los viejos caudillos rurales habían sido definitivamente expulsados o desplazados, y con ellos las penurias de las pobres cosechas.

Se inició así, el modelo de Estado petrolero y de la sociedad dependiente del ingreso petrolero del Estado, en la cual materialmente nadie contribuye pero todos piden y esperan del Estado, porque los contribuyentes esenciales antes eran las empresas concesionarias de hidrocarburos, y ahora son las empresas de la industria petrolera nacionalizada.

Con la muerte de Gómez, a partir de 1936 puede decirse que indudablemente comenzó el surgimiento de una nueva Venezuela, no sólo desde el punto de vista político sino también desde el punto de vista económico y social, precisamente en virtud de los efectos de la explotación petrolera. En esos años la movilidad social se había acentuado; el antiguo campesino se había convertido en obrero petrolero y las ciudades comenzaron a ser progresivamente invadidas por todo tipo de buscadores de oportunidades que el campo no daba, iniciándose el proceso de marginalización de nuestras ciudades tan característico de la Venezuela contemporánea. La riqueza fue más fácil y a veces gratuita, quedando desvinculada del trabajo productivo. El petróleo así, enriqueció, pero también impidió que se llegara a implantar al trabajo como valor productivo de la sociedad, precisamente cuando el mundo vivía la más extraordinaria de las revoluciones industriales y se hubiera podido construir la etapa de despegue del desarrollo de nuestro país.

Ciertamente, a partir de 1936 resurgió paulatinamente el ejercicio de los derechos políticos y de las libertades públicas inexistentes cuando Gómez, y se inició la marcha del país en el campo demográfico, social y cultural que se había paralizado durante un cuarto de Siglo; pero ello ocurrió en un país que continuaba atrasado, ignorante de lo que sucedía en el mundo y abiertamente saqueado por inversionistas extranjeros con sus aliados criollos.

Con la reforma constitucional de 1936, promulgada por Eleazar López Contreras, se inició el lento proceso de transición de la autocracia a la democracia, siendo el período de López testigo del nacimiento de los movimientos obreros y de masas y de las organizaciones que desembocaron en los partidos políticos contemporáneos y cuyo inicio estuvo en los movimientos estudiantiles de 1928. En 1941, en plena II Guerra Mundial, a López lo sucedió Isaías Medina Angarita, su Ministro de Guerra y Marina, como López antes lo había sido de Gómez, hecho que si bien significó en cierta medida la repetición dinástica del gomecismo, no detuvo, sino más bien alentó, la continuación de la apertura democrática.

Pero ya en la Venezuela de 1945 esa tímida apertura no era suficiente. A pesar de las importantísimas reformas legales que Medina realizó para ordenar la explotación petrolera y minera y hacer que las concesionarias pagasen impuestos; y a pesar de existir ya un país más abierto al mundo en la víspera del inicio de la democratización contemporánea provocada por el fin de la II Guerra Mundial, el liderazgo medinista no supo interpretar la necesidad de una sucesión presidencial mediante sufragio universal y directo. Lamentablemente, de nuevo, aquí también como tantas veces antes en la historia, la incomprensión del momento político enceguecio al liderazgo perdido en tratar de imponer un candidato de origen andino para su elección por el Congreso, ante la sombra de López Contreras que amenazaba con su propia candidatura.

La Revolución de Octubre de 1945, provocada por la confusión candidatural generada por el liderazgo andino, de nuevo llevó a los militares al poder con una mediatización temporal, sin embargo, por el apoyo que le dio el partido Acción Democrática a la Revolución, que hizo gobierno a sus líderes. En ese momento, Pérez Jiménez, tenía 31 años; Rómulo Betancourt, 37 años; Raúl Leoni, 40 años y Gonzalo Barrios y Luis Beltrán Prieto Figueroa, 43 años.

No es el momento de juzgar a la Revolución de Octubre; en realidad tenemos mas de 50 años juzgándola y en todo caso, ya quedó en la historia. Lo importante a destacar es que seguramente se habría evitado si no es por la miopía política del liderazgo del lopecismo y del medicinismo, es decir, de los sucesores del régimen de Gómez, en entender lo que habían hecho y logrado en sólo una década entre 1935 y 1945.

Para esta fecha, fin de la II Guerra Mundial, ciertamente que ya estaban en otro país totalmente distinto al que había dejado el dictador a su muerte, tanto desde el punto de vista político como social y económico. Ellos lo habían cambiado todo al comenzar e impulsar la apertura democrática; pero a la hora en que esta podía conducirlos a perder el control del poder, se cegaron en cuanto a la senda que debían continuar. Fueron incapaces de comprender y reconocer desde el punto de vista democrático, que la extraordinaria obra que habían realizado de abrir el país a la democracia, requería de un paso más que permitiera la abierta participación electoral de los partidos de masas que bajo su ala se habían constituido, con el riesgo, por supuesto, de que estos pudieran ganar la elección. Ese era quizás el precio que tenían que pagar por la continuación del proceso democrático. Reformaron la Constitución en abril de 1945, pero no fueron capaces de establecer la elección directa para la elección presidencial, ni el voto femenino salvo para las elecciones municipales, y seis meses después de la flameante reforma constitucional, les salió el lobo materializado en la Revolución de Octubre, con la bandera de establecer el sufragio universal y directo, enarbolada por el partido Acción Democrática.

La incomprensión del liderazgo de lo ocurrido en la década que siguió a la muerte de Gómez, puede decirse que hizo inevitable el golpe de Estado para hacer lo que aquél no había entendido como indispensable: terminar de implantar la democracia mediante el sufragio universal, directo y secreto. Ello, por supuesto, podía acabar democráticamente con la hegemonía del liderazgo andino, lo que en efecto ocurrió en el mediano plazo pero mediante un golpe militar, con todas las arbitrariedades, injusticias y abusos que acompañarían a un gobierno originado en un hecho de fuerza.

Las generaciones y el liderazgo político tienen la obligación de entender, en momentos de crisis, cual es el precio que hay que pagar para el mantenimiento de la paz, y en nuestro caso actual, para el perfeccionamiento de la democracia. Ese es el reto que tuvieron en 1945; y es el que ahora mismo tenemos los venezolanos.

En 1945 no quisimos identificarlo y se inició en Venezuela el cuarto de los grandes ciclos políticos de la época republicana. El Estado Centralizado Autocrático de la primera mitad del Siglo XX comenzó a ser sustituido por el Estado Centralizado Democrático que encontró su marco constitucional en la Asamblea Constituyente de 1946, otra de nuestras grandes Constituyentes, que sancionó la Constitución de 1947. Su texto fue, básicamente, el mismo del de la Constitución de 1961 la cual, sin embargo, se dictó sobre una base política democrática que no existía en 1946: la del pluralismo. La diferencia abismal que existió entre una y otra, por tanto, no radicó en el texto mismo de la Constitución que fue casi igual, sino en su base política: en la Asamblea Constituyente de 1946 no estaban presentes todos los actores políticos, pues el medinismo estuvo ausente; en el Congreso de 1961, en cambio, sí estaban todos los actores políticos de manera que la Constitución respondió a un consenso o pacto para la democracia, sin exclusiones.

Lamentablemente fue necesaria una década de dictadura militar para que los venezolanos que se habían definido como proyecto político implantar a juro la democracia en Venezuela, con Rómulo Betancourt a la cabeza, se dieran cuenta de que la democracia no podía ni puede funcionar sobre la base de la hegemonía de un partido único o casi único sobre todos los otros, ni con exclusiones, sino que tiene que tener como soporte el pluralismo partidista y de ideas, donde el diálogo, la tolerancia, la negociación y la conciliación sean instrumentos de acción. El Pacto de Punto Fijo de 1958, firmado por los líderes políticos de los tres partidos fundamentales, Acción Democrática, Copei y Unión Republicana Democrática, y que pronto comenzará a ser revalorizado, lo veremos; fue el producto más depurado de la dolorosa experiencia del militarismo de los años cincuenta, precisamente con el objeto de implantar la democracia, dando sus frutos plenos en las décadas posteriores.

En esa tarea los partidos políticos asumieron el papel protagónico; por eso el Estado que comenzó a desarrollarse en 1958 fue un Estado Democrático Centralizado de Partidos; y tuvieron un extraordinario éxito: la democracia se implantó en Venezuela; pero lamentablemente, de Estado de Partidos se pasó a partidocracia, pues los partidos se olvidaron que eran instrumentos para la democracia y no su finalidad.

Asumieron el monopolio de la participación y de la representatividad en todos los niveles del Estado y de las sociedades intermedias, lo que sin duda había sido necesario en el propio inicio del proceso. Pero con el transcurrir de los años se olvidaron abrir el cerco que tendieron para controlarlo y permitir que la democracia corriera más libremente. Y al final del último período constitucional de la década de los ochenta del siglo pasado, la crisis del sistema se nos vino encima cuando el centro del poder político definitivamente se ubicó afuera del Gobierno y del aparato del Estado, en la cúpula del Partido que en ese momento dominaba el Ejecutivo Nacional, el Congreso y todos los cuerpos deliberantes representativos; que había nombrado como Gobernadores de Estado incluso a sus Secretarios Generales regionales, y que designaba hasta los Presidentes de cada uno de los Concejos Municipales del país. El gobierno del Partido Acción Democrática durante la presidencia de Jaime Lusinchi, hizo todo lo contrario de lo que reclamaban las más de dos décadas de democracia que teníamos cuando se instaló, que era la apertura frente a la autocracia partidista que se había desarrollado y la previsión de nuevos canales de participación y representatividad. Fue el Gobierno donde más se habló de "reforma del Estado" para precisamente no hacer nada en ese campo, sino todo lo contrario, pues en ese período de gobierno fue que apareció la partidocracia con todo su espanto autocrático. Afortunadamente al menos, de esa época quedaron los estudios de la Comisión Presidencial para la Reforma del Estado.

El Caracazo de febrero de 1989, a escasos quince días de la toma de posesión del nuevo Presidente electo por segunda vez, Carlos Andrés Pérez, fue el primer signo trágico de lo que sería el comienzo de la crisis del sistema de Estado de Partidos, que todavía padecemos, seguido de otros dos avisos que fueron los dos intentos militaristas de golpe de Estado, de febrero y noviembre de 1992, los cuales, además de atentatorios contra la Constitución, costaron centenares de vidas. Sin embargo, asombrosamente algunos de los partidos políticos que apoyaron el segundo gobierno del Presidente Caldera y han apoyado al Presidente Chávez los calificaron como una "conducta democrática" de los militares para expresar su descontento, lo cual es un exabrupto, sobre todo si se releen los proyectos de Decretos que planeaban dictar.

En la historia, todos los acontecimientos tienen sus raíces en un proceso que siempre viene germinando desde mucho antes y finalmente brotan, a veces en la forma violenta, trágica o dramática de una revolución o de una guerra.

La crisis del sistema político establecido en 1958 para operar la democracia que aun hoy tenemos, y que desde hace años nos angustia, precisamente tiene sus raíces en las décadas anteriores de democratización. Y si todavía hoy tenemos democracia, más de diez años después del afloramiento de la crisis, sólo se debe a los remedios inmediatos de terapia intensiva, pero incompletos, que se le suministraron al sistema al inicio del segundo gobierno de Carlos Andrés Pérez, con el comienzo del proceso de descentralización política, mediante la revisión constitucional que se hizo con la elección directa de Gobernadores y el inicio de la transferencia de competencias nacionales a los Estados, reformándose el viejo y dormido esquema federal; proceso ahora abandonado.

Pero sin duda, aquí, a pesar de todas las advertencias, las reformas en tal sentido las iniciamos demasiado tarde, sin anticiparnos a la crisis como hay que hacerlo, y más bien en medio de ella, reformas que fueron preteridas en el proceso constituyente de 1999, en el cual se centralizó aún más el Estado. Hoy por hoy, por tanto, la crisis de la democracia, de su consolidación y afianzamiento, está visto que no se puede solucionar con una simple reforma constitucional, como la de 1999, sino abriendo efectivamente nuevos canales de representatividad y participación democrática para llenar el vacío que nos dejó el deterioro de los partidos políticos tradicionales, el cual no han logrado llenar los nuevos y aluvionables partidos que han asaltado el poder, y que de nuevo han colocado al país en una orfandad política; participación que, por supuesto, ya no puede ser la del pueblo armado en milicias que originó el caudillismo del siglo XIX, y sobre lo cual aparentemente sueña el actual Presidente de la República, al anunciarnos su "Revolución pacífica armada", y quererla, además, extender a la América andina, pensando quizás en la guerrilla colombiana. Al contrario, el reto que aún tenemos los venezolanos es el de formular un nuevo proyecto político democrático que sustituya el Estado Centralizado de Partidos por un Estado Descentralizado Participativo.

En 1998, y así lo sostuvimos repetidamente, para resolver la crisis en la cual aún nos encontramos, no teníamos otra salida que no fuera la de convocar democráticamente a una Asamblea Constituyente; y no porque la hubiera descubierto y propusiera el candidato Chávez, sino porque en la historia constitucional, en un momento de crisis terminal de gobernabilidad y de pérdida de legitimación del Poder, no ha habido ni hay otra forma de reconstituir al Estado y al sistema político que no sea mediante una convocatoria al pueblo. La idea de la Asamblea Constituyente, por tanto, no debió ser una propuesta partidaria de un candidato presidencial, pues pertenecía a todos.

Esa Asamblea Constituyente, en 1999, en momentos de crisis política generalizada, por otra parte, debió haber sido un mecanismo democrático para formular un proyecto de país, como lo habían sido las grandes Constituyentes de 1811, 1830, 1864, 1901 y 1947, pero con la diferencia de que aquéllas habían sido el resultado de una ruptura política y no el mecanismo para evitarla. En 1999, y en tiempos de crisis de la democracia, la Constituyente debió haber sido, como lo propusimos, un instrumento para que las fuerzas políticas pudieran llegar democráticamente a un consenso sobre ese proyecto de país. Para ello, la propia democracia debió haberla asumido como cosa propia, por supuesto, con el riesgo para el liderazgo existente de perder el control del poder que los partidos tradicionales habían monopolizado durante 40 años. Ese, quizás, era el precio que había que pagar para que la democracia continuara. Identificarlo era la tarea histórica que teníamos por delante en ese momento. Pero los partidos políticos, en 1998, no entendieron lo que ocurría en el país, y dejaron la bandera de la Constituyente en manos de quien menos se debía y en cuyas manos más peligro representaba para la democracia.

Así fue, por tanto, como el candidato Chávez le arrancó a los demócratas la salida constituyente, dándose inició al proceso de violaciones constitucionales, desde el mismo momento en el que asumió el poder; violaciones que no han cesado hasta nuestros días.

Primero fue la convocatoria a la Asamblea Nacional Constituyente no prevista en la Constitución de 1961, buscando imponer el principio de la soberanía popular manifestada en un referendo consultivo, por encima del principio de la supremacía constitucional. El aval para ello se lo dio la Sala Político Administrativa de la antigua Corte Suprema de Justicia en una muy confusa y ambigua sentencia de enero 1999, de la cual podía deducirse cualquier cosa menos la respuesta clara a la consulta que se le había formulado de si para convocar el referendo sobre la Asamblea Constituyente era o no necesario reformar previamente la Constitución. La carencia de la sentencia, sin embargo, como ocurre frecuentemente en política, la suplió la opinión pública y, particularmente, el titular de un diario capitalino que fue el que efectivamente "sentenció" que si era posible el referendo sobre la Constituyente y convocarla sin reforma constitucional, cuando eso no estaba dicho en la sentencia.

Con este hecho, más que acto, se inicio el proceso constituyente en el país, fundamentado en la interpretación de la Constitución de 1961 y de los alcances del derecho a la participación política que no estaba expresamente enumerado en el texto, como en cambio, ahora sí lo está, pero con violaciones más cotidianas. La Sala Político Administrativa, en sentencias posteriores del primer semestre de 1999 pretendió recoger los vientos que había sembrado en enero de 1999, y afirmó sucesivamente que el proceso constituyente se debía realizar en el marco de la Constitución de 1961, que la Asamblea Nacional Constituyente a la que se refería el referendo del 25 de abril de 1999 no podía tener carácter originario y que, mientras duraba su funcionamiento, debía respetar los poderes constituidos conforme a la Constitución de 1961.

Por supuesto, ello fue una ilusión manifestada además, demasiado tarde. Aún habiendo sido electa en el marco del referendo consultivo del 25 de abril, que la limitaba, desde el día de su instalación el 3 de agosto de 1999, la Asamblea Nacional Constituyente asumió el carácter de poder constituyente originario, y ello, además, con una composición totalmente exclusionista y exclusivista. Con tales poderes que se fue auto atribuyendo progresivamente en cada acto que dictó: en su Estatuto de funcionamiento, en la intervención del Poder Judicial, en la intervención del Congreso, en la intervención de las Asambleas Legislativas y Concejos Municipales, y en la suspensión de las elecciones municipales; la Asamblea Nacional Constituyente dio un golpe de Estado en este país, hecho que se produce, precisamente, cuando un órgano constitucional electo irrumpe contra la Constitución.

Posteriormente, cuando la Sala Político Administrativa de la antigua Corte Suprema, en octubre de 1999 conoció de la impugnación del Decreto constituyente de intervención del Poder Legislativo, dictó su sentencia de extinción, pensando que complaciendo al Poder se escaparía de la represalia; e, incluso, algunos magistrados disidentes en sus votos salvados trataron de explicar que era lo que habían querido decir, exactamente, en la sentencia inicial de enero de 1999. Demasiado tarde, por supuesto, tan tarde que a los pocos días de la intervención del Poder Judicial, la propia Corte Suprema, en un penoso Acuerdo, pretendió, a la vez, aprobar y desaprobar la intervención, permitiendo, sin embargo, que uno de sus Magistrados formara parte de la Comisión de intervención judicial. Ello constituyó, por supuesto, la auto ejecución de la sentencia de desaparición ya dictada, pues en diciembre casi todos los magistrados fueron removidos, salvo aquéllos que, después de la honrosa renuncia de la Presidenta de la Corte, más se habían sometido al Poder.

La Constitución de 1961 fue pisoteada por la Asamblea Nacional Constituyente, la cual produjo un nuevo texto constitucional donde no sólo se cambiaron cosas para dejarlas igual, sino lo más grave, para que los defectos políticos del sistema se agudizaran. La Constitución de 1999, en efecto, preservó la partidocracia como sistema de control del poder aun cuando con nuevos partidos menos estructurados y más aluvionales que los tradicionales, agravada por el insólito hecho, primero, de pretender denominar a la República misma con el nombre de un partido político usando el nombre de Bolívar; y segundo, de que, sin pudor, el presidente del partido de gobierno es el Presidente de la República y sus más destacados Ministros son los coordinadores del partido. Recuerden que la Constitución, en vano, dice que los funcionarios públicos están al servicio del Estado y no de parcialidad política, ¡qué ironía!

La Constitución de 1999, además, acentúo el centralismo de Estado, reduciendo las autonomías de los Estados y Municipios y minimizando su protagonismo político; exacerbó el presidencialismo, eliminando las atenuaciones tradicionales del constitucionalismo y estableciendo incluso hasta la delegación legislativa sin límites expresos, cuyo ejercicio, entre otras causas, tiene actualmente al país en la grave crisis de gobernabilidad que a todos nos está afectando. La Constitución de 1999, además, desdibujó la separación y balance de los poderes del Estado, propiciando su concentración inusitada en el Presidente y en la Asamblea, con grave peligro para el juego democrático; acentuó el paternalismo del Estado y el estatismo, lo que resulta inviable con la crisis del Estado Petrolero; y constitucionalizó el militarismo en una forma que ni siquiera se consigue en las Constituciones gomecistas. Por ello hemos dicho desde el inicio, que la Constitución de 1999 es una Constitución autoritaria.

Pero además, todos los aspectos positivos de la Constitución, que los tiene, fueron secuestrados por la propia Asamblea Nacional Constituyente a la semana de haber sido aprobada la Constitución por el pueblo, mediante la emisión del famoso Decreto sobre Régimen de Transición del Poder Público de 22 de diciembre de 1999, con el cual se dio origen a un régimen constitucional paralelo, no aprobado por el pueblo. La Asamblea continúo, así, con el golpe de Estado, pero esta vez contra la nueva Constitución, hecho que fue lamentablemente avalado por el nuevo Tribunal Supremo cuyos Magistrados fueron, precisamente, producto del mismo régimen transitorio por ella diseñado.

Ello podía esperarse pero, ciertamente, no en la forma tan servil como lo hicieron. Este Tribunal Supremo, así, ha dicho que en Venezuela hay dos Constituciones: una, la aprobada por el pueblo y otra dictada por la Asamblea Constituyente con la cual no sólo se suspendió la vigencia de la anterior, sino que es proteica, amoldada al gusto de los magistrados y de los requerimientos del Poder. Por ello, cuando en el país se trató de actualizar los excelentes mecanismos de participación política que regula la Constitución, con el régimen transitorio en la mano, la Asamblea Nacional, con el inefable aval del Tribunal Supremo, ignoró la Constitución al designar a los titulares de los órganos del Poder Ciudadano y del Poder Electoral sin participación alguna de la sociedad civil, y en cuanto a la designación de los propios Magistrados del Tribunal Supremo, estos tuvieron la desfachatez, en su afán de ser ratificados, de llegar a decir que la Constitución no se les aplicaba a ellos mismos. Ignoraron, entre otras cosas, el principal de los derechos y garantías constitucionales del mundo moderno: ¡que nadie puede ser juez en su propia causa!

La participación política y la democracia participativa, que son las expresiones más usadas en la Constitución y la más expuesta verbalmente por quienes asaltaron el Poder en 1999, han sido totalmente secuestradas. El último ejemplo de ello ha sido el olvido de realizar la consulta popular establecida en forma obligatoria en la Constitución, como vía de participación política, en la elaboración de los decretos leyes habilitados, lo que incluso los hace nulos de nulidad absoluta, como lo dispone la recién dictada Ley Orgánica de la Administración Pública de octubre de 2001. Pero qué importa que eso lo diga la Ley, si como se puede constatar de las ejecutorias del gobierno ¡ésta no tiene valor alguno ante la arrogancia del Poder!

Venezuela vive, actualmente, por tanto, una tragedia política. Lo que podía haber sido un gobierno de cambio para profundizar la democracia que permitiera iniciar, con el propio Siglo XXI, un nuevo ciclo histórico político de democracia descentralizada y participativa, no ha resultado otra cosa que una deformación y caricatura de todos los vicios del ciclo iniciado en 1945, el cual, por tanto, no ha concluido. En el cuadro de la historia, ese será el mayor castigo que tendrá el Presidente Chávez y sus tropas de asalto, haberse constituido en lo peor del ciclo del partidismo centralista, con todos los problemas económicos y sociales agravados. Además, imposible constatar mayor ineficiencia en la Administración Pública, cuyos jefes, muchos de ellos militares, como "concejales hambrientos" según el viejo dicho castizo, han llegado al poder para saciarse en un marco de corrupción nunca antes visto. Al punto, incluso, de que se confiesan públicamente delitos de salvaguarda, como ha ocurrido hace pocos días con lo dicho en la prensa por un General sobre la forma del manejo, en dinero efectivo, del llamado plan

Bolívar 2000, aceptando la comisión de los delitos de peculado culposo y malversación genérica; y frente a esto, nadie sabe por dónde anda el Controlar General de la República, o si realmente tal funcionario existe.

La crisis política que después del signo de 1989 estalló a partir de 1993, por tanto, continúa agravada. Nada hemos superado y, al contrario, hemos complicado aún más las cosas. Pero no nos extrañemos; históricamente estas crisis han durado siempre en promedio de algo más de dos décadas y ¡de la historia debemos aprender! Recordemos: la crisis y cambio político entre el primero y segundo período de nuestra historia republicana puede decirse que duró 26 años, desde 1848, el día del fusilamiento del Congreso con las Revoluciones de Marzo, la Azul y la de Abril y las guerras federales incluidas, hasta 1874 cuando Guzmán Blanco se consolidó en el Poder; el tránsito entre el segundo y tercer período de nuestra historia, que duro 26 años, se inicio en 1888 al dejar Guzmán Blanco el vacío de poder, con las Revoluciones Legalistas, Liberal Restauradora y Libertadora incluidas, la sustitución de Cipriano casto en 1908 hasta la consolidación de Juan Vicente Gómez en el Poder en 1914; y el tránsito del tercero al cuarto periodo político de nuestra historia, que duro 26 años, se inició con la muerte de Gómez en 1935, con la Revolución de Octubre y la década militar incluida, hasta la consolidación de la democracia, consecuencia del Pacto de Punto Fijo de 1958 al sancionarse la Constitución de 1961.

La crisis política que está marcando al fin del cuarto período de nuestra historia como señalé, que puede decirse que después del anuncio del Caracazo en 1989 y de los intentos de golpes militares de 1992, afloró a partir de 1993 con el enjuiciamiento del Presidente Carlos Andrés Pérez y la segunda elección de Rafael Caldera, y en medio de la cual estamos; no ha concluido. Si le hacemos caso a las enseñanzas de nuestra historia, todavía tendremos bastante más de una década de crisis política severa por delante, para solucionarla. Ello, además, es muy probable que así sea, dado el grado de destrucción institucional que hemos tenido en estos últimos tres años.

Sólo reconstruir lo destruido, sin mayores mejoras, nos tomará más de un lustro, y siempre que la tarea la emprenda el país lo más pronto posible.

En todo caso, como hace tres años, la actual crisis política, como siempre ha sucedido en la historia, sólo puede enfrentarse con un acuerdo que garantice la gobernabilidad.

De eso precisamente se trata la democracia; lo cual no ha entendido el ex-militar que tenemos en la Presidencia de la República: de acuerdos, de consenso, de disidencias, de discusiones y de soluciones concertadas o votadas. Espanta leer, sin embargo, todos los epítetos inimaginables que aún salen de las cuevas y trincheras políticas, cuando para enfrentar el problema de gobernabilidad que tenemos se plantea la necesidad de un nuevo acuerdo político para asegurar la gobernabilidad democrática. Lo insólito es que si no lo hay, lo que vamos a perder es la propia democracia y quizás a ello está apuntando el Presidente de la República.

Un acuerdo que asegure la gobernabilidad, por supuesto insisto, exige identificar el precio que hay que pagar por la paz y la democracia por parte de cada uno de los que quieran que éstas continúen.

La democracia venezolana se mantuvo por cuarenta años gracias a que los partidos políticos abandonaron el exclusivismo sectario de los años cuarenta del siglo pasado, y tuvieron que comprender por la represión de la dictadura militar, que en estas tierras no se podía pretender gobernar ni con exclusiones ni con un partido único o mayoritario que impusiere su voluntad; y que había que llegar a un acuerdo de gobernabilidad democrática con los partidos existentes, así fueran minoritarios. Ese fue el Pacto de Punto Fijo, y ese acuerdo hizo posible la sobrevivencia de la democracia.

Pero ahora, con el vacío de poder que se nos avecina, el acuerdo que se necesita para asegurar la gobernabilidad futura, por tanto, es mucho más complejo que el de 1958. Requiere de la participación de muchos nuevos actores y, por sobre todo, requiere de un mecanismo que les garantice su representatividad democrática, sin exclusiones, con el objeto de reconstituir el sistema político. Para ello hay que tratar de llegar a establecer unas reglas mínimas de juego político que permitan enfrentar de inmediato la crisis política, económica y social, que es de verdad, y que exige comenzar a adoptar medidas de mediano y largo plazo. Toda la imaginación creadora tiene que ser desplegada, pues lo que no podemos hacer ahora, es no hacer nada.

La historia también nos enseña que estas oportunidades creadoras, muy lamentablemente, muchas veces se han perdido. Sucedió con la crisis que comenzó a aflorar en los años que precedieron a la Revolución Federal, con dos reformas constitucionales y una Constituyente tardía, la de 1858; sucedió con la crisis de fin del Siglo XIX, también con dos reformas constitucionales y otra Constituyente tardía y mal convocada, la de 1891; y sucedió con la crisis de los cuarenta del siglo pasado, con una reforma constitucional y una Constituyente exclusionista, la de 1946. En ninguna de esas ocasiones el liderazgo pudo inventar nada nuevo para cambiar lo que era indispensable e inevitable cambiar, y lamentablemente fue inevitable la Guerra Federal para llegar a la Constituyente de 1863; fue inevitable la otra guerra de Gómez contra los caudillos federales para llegar a las Constituyentes de 1901 y 1904; fue inevitable el golpe de Estado del 18 de octubre para llegar a la Constituyente de 1946; y también fue inevitable el militarismo de los años cincuenta para llegar al Congreso reconstituyente de 1958.

En el actual proceso ya llevamos varios signos que tenemos que fijar para afrontar la crisis: después del Caracazo de 1989, los dos intentos de golpe de Estado militarista de 1992; el fracaso del intento de reforma constitucional del mismo año 1992; el enjuiciamiento del Presidente Carlos Andrés Pérez, por mucho menos de lo que hoy leemos confesado por altos jerarcas militares; el gobierno de transición del Presidente Ramón J. Velásquez; la elección del entonces candidato antipartido Rafael Caldera en 1993, y la Asamblea Nacional Constituyente de 1999, exclusionista y exclusivista.

Lo cierto, en todo caso, es que no tenemos ni podemos tener fórmulas prefabricadas para el futuro; y en todo caso, ya es demasiado tarde para ello. Además, un gobernante como el que tenemos (H. Chávez), que gobierna basado en el arte del desconcierto, a veces impide fijar la atención sobre los problemas graves del país. Pero todo indica que por su fracaso, cuando tome realmente conciencia del mismo, terminará desconcertándose a su mismo. Aquí no habrá golpe de Estado, el gobierno se desmoronará a si mismo, por lo que no hay otra actitud actual que no sea la de estar avisados y preparados para reconstruir; es todo lo que hoy podemos decir.

Doce años después de formular aquellas reflexiones, y una vez ocurrida la falta absoluta del Presidente Chávez por su fallecimiento, constatamos que la situación de crisis política que él encontró al iniciar su mandato presidencial en 1999 no sólo permaneció, sino que se agravó.

En marzo de 2013, por tanto, podemos repetir lo indicado en 2001, pero ahora en el sentido de que en estos últimos catorce años, "en realidad, lo que hemos vivido, antes que cambio político alguno, es el agotamiento definitivo del proyecto político y del liderazgo que implementó el sistema de Estado Democrático Centralizado en Partidos del cual, con suerte y quizás, su último representante podría ser Hugo Chávez Frías; pues su gobierno hoy resulta ser el producto más acabado de todos los vicios del sistema: partidismo a ultranza; centralismo avasallante; ausencia de control del poder; sumisión del Poder Legislativo al Ejecutivo; avasallamiento del Tribunal Supremo de Justicia; inexistencia del Poder Ciudadano; e impunidad y corrupción rampantes." *Por todo ello, el largo período del gobierno de Chávez se puede caracterizar como un período en el cual se definió y ejecutó una persistente política pública realizada desde dentro del aparato del Estado, es decir, utilizando los mecanismos de la democracia, para llevar adelante la demolición de los principios cardinales de la misma y del propio andamiaje del Estado de Derecho, tal como ocurrió, por ejemplo, con el principio de la separación de poderes y con la libertad de expresión.*[3]

Por ello digo que la crisis política del sistema centralizado de democracia de partidos que afloró definitivamente a partir de 1993, cuando los propios partidos se suicidaron al deponer al Presidente Pérez, terminando con la forma de funcionamiento del sistema democrático de partidos, lo que desembocó luego con la elección de un candidato "antipartido" como en ese momento y paradójicamente fue el Presidente Rafael Caldera (recuérdese que ambos, Pérez y Caldera, habían sido en los años sesenta parte del grupo de los fundadores de la democracia); no sólo no concluyó, sino que en 2013 más bien se ha agravado,[4] *entre otros factores,*

---

3 Véase Allan R. Brewer-Carías, *Dismantling Democracy. The Chávez Authoritarian Experiment,* Cambridge University Press, New York, 2010; "La demolición de las instituciones judiciales y la destrucción de la democracia: La experiencia venezolana," en *Instituciones Judiciales y Democracia. Reflexiones con ocasión del Bicentenario de la Independencia y del Centenario del Acto Legislativo 3 de 1910,* Consejo de Estado, Sala de Consulta y Servicio Civil, Bogotá 2012, pp. 230-254; y "La demolición del Estado de derecho y la destrucción de la democracia en Venezuela," en *Revista Trimestral de Direito Público (RTDP),* Nº 54, Instituto Paulista de Direito Administrativo (IDAP), Malheiros Editores, Sao Paulo, 2011, pp. 5-34.

4 Como lo resumió el Editorial de *Analítica.com*, 8-3-2013, "Nadie en su sano juicio puede negar la evidencia del control absoluto que dispone el gobierno sobre todos los órganos del Estado. El CNE se ha convertido prácticamente en un ministerio electoral al servicio del PSUV, no se ha cumplido con lo dispuesto en la Constitución para designar el cargo vacante de Contralor General de la República, la Fiscalía se activa sólo cuando recibe órdenes precisas provenientes de Miraflores, la Asamblea no refleja el resultado del voto popular ya que los que perdieron las elecciones legislativas son, por unas maniobras arteras para alterar la representación popular, mayoría. La Fuerza Armada se confiesa chavista e interviene descaradamente en el debate político y por último el Tribunal Supremo interpreta la Constitución de manera atropellada para asegurar la perpetuación en el poder del chavismo sin Chávez." Véase en http://www.analitica.com/va/edi-torial/9569426.asp

por un ingrediente nuevo como ha sido el militarismo de Estado que Chávez impuso durante sus años de gobierno. Y todo ello, en medio de un interminable elenco de sucesivas actuaciones estatales contrarias a la Constitución, conducidas por un gobierno que ha desarrollado una política constante de violencia institucional, y que han sido cometidas durante los últimos catorce años por todos los Poderes Públicos,[5] *lamentablemente avaladas con la participación del Tribunal Supremo de Justicia, el cual, de garante de la Constitución pasó a ser el instrumento activo para la consolidación del régimen autoritario.*[6]

En ese marco, otro factor que también caracterizó el régimen del Presidente Chávez desde que se inició en 1998 hasta su anunciada falta absoluta en 2013, fue la conducción de su gobierno guiado por lo que puede calificarse como la técnica del "desconcierto" conforme a la cual, sin dejar de anunciar en alguna forma lo que iba a hacer, sin embargo, de acuerdo con su entrenamiento militar, nadie nunca pudo saber ni predecir cuándo ni cómo iba a actuar, de manera que los venezolanos estuvieron catorce años amaneciendo sin poder saber qué iba a ocurrir durante el día, en y desde el gobierno, e igualmente se acostaban en forma similar respecto de lo que podía ocurrir al amanecer del día siguiente. Ello, incluso, afectó a sus propios colaboradores, quienes en más de una ocasión se enteraron de su remoción, de sus cargos o de sus roles políticos, a través de interminables monólogos en televisión, en los cuales además, también se anunciaban nombramientos, y se adoptaban decisiones de gobierno que luego los propios Ministros y el país entero se enteraba que habían sido adoptadas en "consejo de ministros."

---

5 Véase Asdrúbal Aguiar, *Historia Inconstitucional de Venezuela*, Editorial Jurídica Venezolana, Caracas 2012.

6 Véase Allan R. Brewer-Carías, "El principio de la separación de poderes como elemento esencial de la democracia y de la libertad, y su demolición en Venezuela mediante la sujeción política del Tribunal Supremo de Justicia," en *Revista Iberoamericana de Derecho Administrativo, Homenaje a Luciano Parejo Alfonso,* Año 12, N° 12, Asociación e Instituto Iberoamericano de Derecho Administrativo Prof. Jesús González Pérez, San José, Costa Rica 2012, pp. 31-43; "Los problemas del control del poder y el autoritarismo en Venezuela", en Peter Häberle y Diego García Belaúnde (Coordinadores), *El control del poder. Homenaje a Diego Valadés,* Instituto de Investigaciones Jurídicas, Universidad Nacional Autónoma de México, Tomo I, México 2011, pp. 159-188; "El rol del Tribunal Supremo de Justicia en Venezuela, en el marco de la ausencia de separación de poderes, producto del régimen autoritario," en *Segundo Congreso Colombiano de Derecho Procesal Constitucional, Bogotá D.C., 16 de marzo de 2011,* Centro Colombiano de Derecho Procesal Constitucional, Universidad Católica de Colombia, Bogotá de Bogotá 2011, pp. 85-111; "El juez constitucional al servicio del autoritarismo y la ilegítima mutación de la Constitución: el caso de la Sala Constitucional del Tribunal Supremo de Justicia de Venezuela (1999-2009)", en *Revista de Administración Pública,* N° 180, Madrid 2009, pp. 383-418; "El juez constitucional al servicio del autoritarismo y la ilegítima mutación de la Constitución: el caso de la Sala Constitucional del Tribunal Supremo de Justicia de Venezuela (1999-2009)", en *IUSTEL, Revista General de Derecho Administrativo,* N° 21, junio 2009, Madrid, ISSN-1696-9650; "El principio de la separación de poderes como elemento esencial de la democracia y de la libertad, y su demolición en Venezuela mediante la sujeción política del Tribunal Supremo de Justicia," en *Revista Iberoamericana de Derecho Administrativo, Homenaje a Luciano Parejo Alfonso,* Año 12, N° 12, Asociación e Instituto Iberoamericano de Derecho Administrativo Prof. Jesús González Pérez, San José, Costa Rica 2012, pp. 31-43. Véase además, Allan R. Brewer-Carías, *Crónica sobre la "In" Justicia Constitucional. La Sala Constitucional y el autoritarismo en Venezuela*, Colección Instituto de Derecho Público. Universidad Central de Venezuela, N° 2, Editorial Jurídica Venezolana, Caracas 2007.

Lo único que no pudo programar el Presidente Chávez, por supuesto, como le ocurre a cualquier mortal particularmente aferrado a la vida y a su propia acción, fue el término de su propia vida, es decir, cuándo ocurriría su falta absoluta por fallecimiento luego del inicio de su complicada enfermedad en 2011. Nadie sabrá qué pensó Hugo Chávez durante los 84 días que estuvo fuera de la vista de los hombres, recluido en instalaciones de hospital en La Habana y supuestamente en Caracas, inmerso en sí mismo, seguramente en la más grande de las soledades y del desconcierto que le ha debido haber producido aquella situación, particularmente a una persona como él, quien durante su mandato debe haber pensado que en realidad nunca dejaría el poder, y menos a causa de una enfermedad; desconcierto que además lo sintió todo el mundo. Ello se evidenció particularmente por la forma cómo se sucedieron los hechos en torno al 10 de enero de 2013, que era el momento en el cual terminó el período constitucional 2007-2013 y cuando comenzó el nuevo período 2013-2019 para el cual Chávez había sido electo, con un Presidente enfermo y ausente, y luego fallecido.

Esta Historia Constitucional de Venezuela, por supuesto, trata en sus últimas partes a lo ocurrido durante el período de crisis política permanente que acompañó el gobierno de Hugo Chávez desde su inicio en 1999 hasta su muerte en 2013, donde se dan cuenta de los aspectos más relevantes del gobierno del Presidente Chávez en medio de la crisis política inacabada en la cual se desenvolvió, y entre los muchos que lo signaron, damos cuenta de la manifestación persistente de oferta y amenaza, o el recurrente intento o anuncio de que se produciría una falta del Presidente, tanto temporal como absoluta, tal como se exteriorizó durante los catorce años de su gobierno. Esos aspectos de las vicisitudes de las faltas temporales y de los intentos y anuncios de faltas absolutas del Presidente Chávez, en medio de la crisis política inconclusa que signó todos los años de su gobierno, sin duda, configura una parte importante de la historia constitucional contemporánea de Venezuela, que tratamos al final de esta obra. Otro signo de su gestión, fue su estruendoso fracaso político en querer imponer una reforma constitucional en 2007, que fue rechazada por el voto mayoritario del pueblo.

Para realmente entender el significado de dichos hechos, y comprender en su globalidad el decurso y eventual término del ciclo histórico iniciado en 1961, dentro de la crisis en la cual ha estado inmerso en los últimos lustros, no hay duda que debemos recurrir a la historia de la cual mucho que aprender, particularmente si se tiene en cuenta las características de otros procesos de crisis política que marcaron los grandes períodos de crisis y transición entre cada uno de los cuatro grandes período políticos que hemos tenido en nuestra historia política y constitucional. Recordemos que luego de reconstituida la República con la Constitución de Valencia de 1830, el primer período de crisis política ocurrió entre 1848 y 1874, como resultado de la cual se pasó del ciclo histórico del "Estado autónomo centro federal" regulado en 1830, al del "Estado Federal" regulado en la Constitución de 1864. El segundo período de crisis política ocurrió entre 1888 y 1914, como resultado de la cual se pasó del ciclo histórico de ese "Estado Federal" regulado en 1864 al del "Estado autocrático centralizado" regulado a partir de la Constitución de 1901. Y el tercer período de crisis política ocurrió entre 1935 y 1961, como resultado de la cual se pasó del ciclo histórico de ese "Estado autocrático centralizado" regulado en 1901 al del "Estado centralizado de democracia de partidos" establecido a partir de 1958 y regulado en la Constitución de 1961.

Después del estallido de la crisis política del dicho ciclo histórico del Estado centralizado de democracia de partidos que se concretó en 1993, y luego de su desarrollo durante las dos últimas décadas, si atendemos a las enseñanzas de la historia, parecería que los venezolanos, a pesar del funesto ingrediente militarista como única innovación que el Presidente Chávez le imprimió a dicho Estado, podríamos estar acercándonos al final de dicho período de crisis política, con lo cual quizás estamos en la víspera de que definitivamente se abra un nuevo esperado ciclo histórico político en el país, que si nos atenemos a la globalización del mundo actual, mereceríamos que fuera el propio de una democracia más representativa y efectivamente participativa, basada en la descentralización y control del poder, acorde con los valores democráticos del siglo XXI, lo que implicaría no sólo distribuir el poder, sobre todo territorialmente, sino además, controlarlo, sujetando a los militares al control del poder civil; proceso todo ese que por supuesto, tendría que estar conducido por una nueva generación, como siempre ocurrió en la historia en los inicios de los grandes ciclos políticos. Solo recordemos, por ejemplo, que cuando comenzó el primer ciclo histórico del "Estado autónomo centro federal" en 1830, José Antonio Páez tenía 40 años; que cuando se sucedieron las guerras federales que condujeron al segundo ciclo histórico del "Estado Federal" en 1863, Ezequiel Zamora y Juan Crisóstomo Falcón tenían 42 y 43 años; que cuando ocurrió la Revolución Liberal Restauradora que condujo al tercer ciclo histórico del "Estado autocrático centralizado" en 1899, Cipriano Castro y Juan Vicente Gómez tenían 41 y 42 años; y que cuando se produjo la Revolución de Octubre que condujo al cuarto ciclo histórico del "Estado centralizado de democracia de partidos" en 1945, Rómulo Betancourt y Raúl Leoni tenían 37 y 42 años.

La historia, quiérase o no, enseña. Los mortales no sólo estamos obligado a conocerla, sino que estamos compelidos a no olvidarla, pues la misma, en definitiva, luego reclama, y no sólo a quienes la ignoran, manipulan o distorsionan, sino también a quienes no aprenden de ella, condenándolos inmisericordemente a repetir los mismos errores alguna vez cometidos por otros.[7]

New York, abril 2013

7 La frase: "Aquellos que no recuerdan el pasado están condenados a repetirlo," es de Jorge Ruiz de Santayana (1863-1952), en su trabajo *La razón en el sentido común*.

PRIMERA PARTE

EL POBLAMIENTO DE LAS PROVINCIAS DE VENEZUELA Y SU CONFORMACIÓN DURANTE LOS SIGLOS COLONIALES

Los territorios que forman lo que hoy es Venezuela, desde la desembocadura del Orinoco en el océano Atlántico en el este, hasta la cordillera de los Andes al oeste, estaban poblados por tribus indígenas, las cuales a diferencia de buena parte del resto de América Latina, en general carecían de una organización social y política homogénea. Con excepción de las Provincias de las Sierras Nevadas y de Trujillo en los Andes venezolanos, el dominio sobre los demás territorios lo tenía la poderosa nación *Caribe,* navegadora y guerrera, que controlaba el mar que lleva su nombre, y cuyas penetraciones en el territorio fueron el factor fundamental que impidió el desarrollo y asentamiento de tribus indígenas en Tierra Firme.

Por ello, la conquista de las provincias que dieron origen a Venezuela puede decirse que fue una empresa de guerra contra los Caribes, a los cuales incluso, desde 1503, se autorizaba que podían ser reducidos a esclavitud si se oponían a la conquista. Además, fue una empresa difícil de desarrollar por los problemas que presentó el proceso de reducción de una población indígena que carecía de unidad social y de estabilidad en sus asentamientos. Por tanto, la reducción de los indios "a pueblos" como se había ordenado hacer desde 1551 para su agrupación y evangelización, no pudo lograrse fácilmente en Venezuela, salvo por lo que respecta a las Provincias de las Sierras Nevadas, las cuales pertenecían a la jurisdicción del Corregimiento de Tunja, pues realmente no había "poblaciones" indígenas organizadas, así fueran primitivas, que pudieran haber sido sometidas a la autoridad del conquistador, como en cambio sí sucedió en buena parte del resto de América Latina, y particularmente en el Perú, México, Colombia y Ecuador.

En todo caso, un siglo y medio después del Descubrimiento, en Venezuela se completó una efectiva colonización política con la fundación de las principales ciudades que fueron cabeza de provincias, y la progresiva creación de pueblos de indios con presencia religiosa, y luego, de las Misiones. Esta situación comenzó a marcar el particular proceso de formación de Venezuela, cuyo territorio, para el momento en el cual Carlos II ordenó la publicación de la *Recopilación de Leyes de los Reynos de Indias* en 1680, estaba conformado por cinco Provincias: Margarita, Venezuela o Caracas, Nueva Andalucía o Cumaná, Guayana y Maracaibo, la cual comprendía la de Mérida–La Grita; las cuales abarcaban el territorio que en definitiva conformaría la República a partir de 1811.

Pero a diferencia de lo que ocurrió con los otros territorios de América que estaban sometidos a un Virreinato, en 1680, las Provincias que formaron Venezuela estaban bajo la jurisdicción de dos Virreinatos: unas bajo la jurisdicción de la Real Audiencia de Santa Fe (Provincias de Mérida y La Grita y Guayana) en el Virreinato del Perú; y otras, bajo la jurisdicción de la Real Audiencia de Santo Domingo de la isla La Española (Provincias de Venezuela, Cumaná y Margarita) en el Virreinato de Nueva España. Posteriormente, a partir de la creación del Virreinato de Nueva Granada (1718), las Provincias sometidas a la jurisdicción de la Real Audiencia de Santo Domingo, comenzaron a estar bajo la jurisdicción de dicho Virreinato.

Las Provincias que formaron Venezuela, por tanto, no tuvieron una integración territorial definida sino muy tardíamente, a partir de 1776, cuando se creó la Intendencia del Ejército y Real Hacienda, y fundamentalmente de 1777, cuando se creó la Capitanía General de Venezuela; y luego, a partir de 1786, cuando se erigió la Real Audiencia de Caracas, a lo cual hay que agregar la creación, en 1793, del Real Consulado de Caracas. A partir de esas fechas, las Provincias que formaron Venezuela quedaron integradas en una sola jurisdicción militar, de administración de justicia, económica y hacendística, de manera que el gobernador de la Provincia de Venezuela comenzó a ser, además, Capitán General de las demás Provincias e islas anexas y agregadas a ellas.

Por su configuración territorial, el proceso de ocupación del territorio y de poblamiento de las referidas Provincias se realizó a través de diversas corrientes de poblamiento, luego del reconocimiento de la costa llamada de las perlas: primero, en las islas de Cubagua y Margarita; segundo, en Tierra Firme, desde las costas del mar Caribe una hacia el sur, en corrientes de poblamiento distintas realizadas en diferentes épocas, tanto en el occidente como en el oriente; y tercero, en otras corrientes de poblamiento también realizadas en distintas épocas, desde Pamplona en el Nuevo Reyno de Granada hacia las Sierras Nevadas en los Andes venezolanos, y luego, desde Bogotá hacia la Guayana.[1]

I. EL DESCUBRIMIENTO DE LA TIERRA FIRME EN LAS COSTAS DE VENEZUELA

La costa de las perlas, en Paria, al oriente de Venezuela, había sido reconocida por Cristóbal Colón ya en 1494, desde la isla La Española en su segundo viaje a América; y hacia allí, precisamente, fue que se dirigió en su tercer viaje, en 1498. Partió de San Lúcar de Barrameda el 30 de mayo de 1498, rumbo a las islas de cabo Verde. Era allí, al Sur de las islas del Mar Caribe, donde sabía que estaba la Tierra Firme y las riquezas que durante seis años el Almirante no había logrado encontrar y que tanto necesitaba para reivindicar su empresa. Allí, como ya lo sabía por las noticias de los naturales caribeños, Colón encontró un continente, el Paraíso Terrenal o más exactamente para toda la humanidad, la tierra prometida, que a partir

---

1 Esta Primera Parte la hemos elaborado siguiendo, básicamente, lo que escribimos in extenso en Allan R. Brewer–Carías, *La Ciudad Ordenada (Estudio sobre "el orden que se ha te tener en descubrir y poblar" o sobre el trazado regular de la ciudad hispanoamericana. Una historia del poblamiento de la América Colonial a través de la fundación de ciudades),* Editorial Criteria, Caracas 2006, 545 pp., al cual nos remitimos para las referencias bibliográficas.

de entonces salvó al mundo conocido, cambió su dimensión y la del hombre, de su vida y su mentalidad, y modificó el curso de la Historia Universal. Ante los ojos de los españoles en Paria había aparecido "Otro Mundo" y ello comenzó, precisamente, en nuestras costas, en las de lo que siglos después sería Venezuela, en Macuro.

En efecto, después de dos meses de penosa navegación, el 31 de julio de ese año 1498, Colón avistó tierra al oeste, constatando que "lo que pareció de ella fueron tres mogotes y tres montañas", lo que era la isla que Colón denominó Trinidad. La navegó por la costa sur hacia el oeste, divisando el 1° de agosto el delta del río Orinoco, donde observó "un río en aquella Provincia que tenía de ancho cuanto un hombre podía divisar de una parte a otra". Al día siguiente, hacia el norte, entró en el golfo de Paria, que llamó de la Ballena, y el 3 de agosto de 1498, desembarcó por primera vez en el continente suramericano, en la ensenada de *Yewa Juchima* en las inmediaciones del sitio de Macuro (palabra que en la lengua chaima significaba "hombre blanco") donde actualmente está el pueblo del mismo nombre fundado en 1738, luego de estar convencido de que había "vido al sur la tierra firme". Un testigo de la expedición señaló:

> "[...] el dicho Almirante con hasta cincuenta ombres saltó en la dicha tierra de Paria e tomó una espada en la mano e una vandera disiendo que en nombre de sus altezas tomava la posesión de la dicha provincia..."

El 12 de agosto navegó hasta la Boca Grande de los Dragos y luego de escribir que "hallé unas tierras las más hermosas del mundo", salió hacia el este por la península de Paria, volteó al norte y la recorrió por la costa norte hacia el oeste, hasta Araya, tratando siempre de volver al sur, hacia el golfo, pues todavía pensaba que la península era la "isla de Gracia", como así la denominó. Después de dos días de navegación siguiendo la línea de la costa, anotó en su diario:

> "Y estoy creído que esta es tierra firme, grandísima, de que hasta hoy no se ha sabido, y la razón me ayuda grandemente por esto desde tan grande río y mar que es dulce".

En su carta a los Reyes Católicos narrando su tercer viaje, Colón reflexionó sobre la forma de la tierra, confesando que contra la autoridad de Ptolomeo:

> "[...] fallé que no era redondo en la forma que escriben; salvo que es de la forma de una pera que sea toda muy redonda, salvo allí donde tiene el pezón que allí tiene más alto, o como quien tiene una pelota muy redonda, y en un lugar della fuese como una teta de muger allí puesta y que esta partes deste pezón sea la más alta e mas propinca al cielo, y sea debajo la línea equinocial y en esta mar océana el fin del oriente".Este pezón de la tierra en forma de pera lo ubicó Colón en la tierra de Paria, y allí pensó que estaba el Paraíso Terrenal, diciendo:
>
> "Grandes indicios son estos del Paraíso Terrenal, porquel sitio es conforme a la opinión de estos santos e sanos teólogos, y asimesmo las señales son muy conformes, que yo jamás leí ni oí que tanta cantidad de agua dulce fuese así dentro e vecina con la salada; y en ello ayuda asimesmo la suavísima temperancia, y si de allí del Paraíso no sale, parece aún mayor maravilla, porque no creo que se sepa en el mundo de río tan grande y tan fondo."

El 15 de agosto, luego de descubrir las islas de Cubagua y Coche, enrumbó al norte por el este de la isla de Margarita, con gran cargamento de perlas o margaritas –que luego serían una de las causas del juicio de residencia que se le siguió–, descubriendo el rosario de islas de barlovento, las cuales fue bautizando con todos los nombres del Santoral, incluyendo las Once Mil Vírgenes (las islas Vírgenes).

El acontecimiento del descubrimiento de la tierra firme fue inmediatamente difundido. Ello se constata, por ejemplo, de una carta que cuatro meses después, el 2 de enero de 1499, el mercader florentino Simone del Verde dirigió a Mateo Cini y cuyo texto se encontró entre los papeles que Nicolás Maquiavelo dejó a su muerte, en 1527. En ella se decía:

> "Y allí encontraron, dicen en tierra firme, una nación de mejor condición que todas las halladas hasta ahora; tienen viviendas buenas y cómodas, mucha comida, y también vinos blancos y tintos, pero no de uva; tienen cuadrúpedos que no había en los lugares antes descubiertos... Dicen que hay mucho oro, pero de baja ley, y que además se encuentran perlas muy gruesas y muy hermosas. Tienen una tierra hermosísima, muy verde y fértil, de abundante agua dulce..."

Hay que imaginarse el impacto que aquella inmensidad verde y fresca causó en los navegantes. Una barca en medio de un mar de agua dulce mezclada con la salada, que provocaba corrientes nunca sentidas y a la vista una gran tierra fértil y poblada, en medio de paisajes hermosísimos, que nada tenían que ver con los paisajes europeos, salvo su comparación con "las huertas de Valencia en marzo", ni con lo que habían visto en las islas del Caribe. Tal impacto debió causarle aquella visión a Colón, a pesar de su ceguera, que no pudo sino concluir que había llegado al mismo Paraíso Terrenal, "el Jardín Delicioso" del que hablaba el Génesis y que Dios había plantado en el Oriente, donde por supuesto creía que estaba, en las fuentes del Indo y del Ganges, que eran los ríos que había creído descubrir en el Delta del Orinoco y en el fondo del Golfo de Paria.

Aquí encontró un lugar donde todo abundaba y estaba al alcance de la mano, y hombres desnudos, sin armas metálicas, que todo lo daban, sin malicia. ¿Y cómo no creer que estaba en el Paraíso?. ¿Acaso no era lo que veía, un paraíso, contrastado con la terrible vida europea del hombre de fines del Siglo XV, en medio de guerras, quema de herejes, peste y hambruna?.

La verdad es que seis años después de su primer viaje, Colón llegó a Paria sabiendo ya donde iba, como sucedió con todos sus viajes y con los posteriores de otros navegantes; en su caso, en pos de Catay y de las perlas, y se encontró, efectivamente, como dijo en su carta a los Reyes Católicos: "vuestras Altezas tienen acá otro mundo", que en verdad ya no eran islas, sino Tierra Firme; un cuarto continente del cual no se tenía noticias hasta ese momento, lleno de perlas que había en abundancia, tantas, que así llamó no sólo a la Isla de Margarita, sino al golfo, al mar y a la costa de la Península de Paria. La profecía del libro de Seneca, *Medea*, donde Colón había subrayado que vendría "una edad en la que el Océano soltará la cadena de las cosas y será revelada una inmensa tierra" se había cumplido. Así lo sintió, y lo escribió su hijo Fernando, al pie de la página del ejemplar de su padre, que conservó.

II. EL RECONOCIMIENTO INICIAL DE LA COSTA DE LAS PERLAS Y EL ESTABLECIMIENTO DE LA CIUDAD DE NUEVA CÁDIZ

En todo caso, antes de que Colón emprendiese su cuarto viaje en 1502, precisamente por las noticias que se difundieron de las perlas que habían sido descubiertas tanto en el segundo como en el tercer viaje, y atraídas por esas pesquerías, se habían comenzado a realizar las primeras expediciones exploratorias hacia las costas ubicadas en el sur del mar Caribe, de la Tierra Firme o Paria. Por ello puede decirse que desde aquel agosto de 1498, comenzó lo que hoy es Venezuela mediante el conocimiento y reconocimiento del litoral marítimo del norte de Suramérica, desde el Amazonas hasta el Golfo de Urabá, lo que se completó en sólo dos años por navegantes que de acuerdo con la licencia general que se había dado en 1495, tenían carta libre para viajar y descubrir. Fue en ese período, con fundamento tanto en el mapa y derrotero que había elaborado Colón, como en su carta a los Reyes, que por ejemplo, en 1499, Vicente Yánez Pinzón, antiguo capitán de La Niña, había bordeado la costa norte del Brasil y había encontrando el Delta del Amazonas, y en 1500, Rodrigo de Bastidas, acompañado de Juan de la Cosa, también antiguo piloto de Colón, había estado en las playas de Carien, es decir, de Tierra Firme. Esos primeros recorridos, atraídos sin duda por la riqueza de las perlas, confirmaron la continentalidad de Tierra Firme, lo que provocó entonces la reacción de la Corona eliminando la libertad de viajar a ella, prohibiendo, a partir de 1501, a todo ser humano: "sean osados de ir ni vayan sin nuestra licencia e mandado a descubrir al dicho mar Océano, ni a las islas e tierra firmes que en él hasta agora son descubiertas o se descobrieren de aquí en adelante". De allí en adelante se institucionalizaron las Capitulaciones, y así, el 5 de septiembre de 1501, se le concedió Capitulación a Yánez Pinzón para ir a descubrir desde la punta de Santa María hasta Rostro Hermoso y el río de Santa María de la mar Dulce (el Marañón o Amazonas); y el 14 de febrero de 1504, a Juan de la Cosa se le otorgó Capitulación para ir a descubrir el golfo de Urabá.

En el mismo año 1499, además, se habían iniciado las exploraciones de Alonso de Hojeda, también antiguo compañero de Colón, en las costas venezolanas, realizando tres viajes en 1499, 1502 y 1505. En el primero, reconoció toda la costa desde el río Esequibo hasta el cabo de la Vela, recorriendo inclusive a pie, la isla de Margarita, donde redescubrió la pesquería de perlas. Lo acompañaron, entre otros, Américo Vespucio, Juan de la Cosa y Bartolomé Roldán quien había estado con Colón en su tercer viaje. El nombre del primero sirvió, una década más tarde, en 1507, para identificar como "América" este "otro mundo" o *Mundus Novus,* en el mapa de Martín Walseemüller; y el segundo, elaboró el primer mapa conocido de la costa venezolana, que para siempre quedó signada por el Caribe. En la segunda expedición, Hojeda hizo un recorrido similar, desde Paria y Margarita hasta Maracaibo.

El 12 de julio de 1503 se le había otorgado Capitulación a Cristóbal Guerra para ir a descubrir "la Costa de las Perlas y otras islas"; y en 1505, fue que se produjo el tercer viaje de Hojeda, esta vez con Capitulación otorgada el año anterior, el 30 de septiembre del 1504, "para ir a descubrir Coquibacoa", donde fue acompañado por Juan de Vergara y García de Ocampo, con el objetivo de llegar a la "isla de Coquivacoa" que era la península de Paraguaná. Sería allí donde establecerían el primer asiento español en tierra firme de América del Sur denominado Santa Cruz, el cual, sin embargo, tuvo una corta permanencia, resultando Hojeda preso por sus hombres quienes lo condujeron a Santo Domingo.

Como se dijo, Cristóbal Guerra ya había estado en las costas orientales de Venezuela poco tiempo después del primer viaje de Hojeda; particularmente en Paria, en 1499, con Pedro Alonso Niño, también compañero de Colón en su tercer viaje. En su segundo viaje, en 1501, Guerra estuvo en las costas de Cumaná; y en su tercer viaje en 1503, también estuvo en el oriente, particularmente en Margarita y Cubagua. En Paria como se dijo también habían estado Vicente Yánez Pinzón y Diego de Lepe, en 1500, quienes allí llegaron desde las costas de Brasil. Ambos obtuvieron, en 1501, sendas Capitulaciones, y la de Vicente Yánez Pinzón de 5 de septiembre de 1501, fue para "ir a descubrir desde la punta de Santa María hasta Rostro Hermoso y el Río de Santa María de la Mar Dulce".

En 1500, Rodrigo de Bastidas, también había recorrido las costas de Venezuela, desde Paria a Santa Marta y Cartagena, con Capitulación otorgada en ese mismo año. Por último, también debe mencionarse la expedición de Juan de la Cosa que con Capitulación "para ir a descubrir el golfo de Urabá" otorgada el 14 de febrero de 1504, recorrió las costas venezolanas ya conocidas.

En todas estas Capitulaciones resaltaba la preocupación por el poblamiento de las tierras descubiertas; pero no con factorías ni colonias, sino con pueblos. Sin embargo, el poblamiento de Paria y, en general, de la Tierra Firme en las provincias de Venezuela, no se efectuaría sino muchos años más tarde.

En todo caso, el reconocimiento de la costa había sido tan efectivo que para 1508, en la isla de Cubagua o isla de las Perlas cerca de la costa de Venezuela, ya se había establecido una ranchería o asentamiento para la pesquería de perlas, la cual daría origen a la ciudad de Nueva Cádiz, que fue el primer emplazamiento español de explotación de perlas en América, y el establecimiento de mayor prosperidad en todo el Caribe. Nueva Cádiz fue, así, la primera explotación establecida por los españoles fuera de la isla La Española y en América del Sur. Fue motivado por su funcionamiento, dada la aridez del terreno y la necesidad de asegurar el abastecimiento de hortalizas y agua, que se produjo la ocupación progresiva de la isla de Margarita y, con mucha dificultad, de las costas de Tierra Firme en la desembocadura del río Cumaná.

Durante la existencia de la pesquería de perlas, una ciudad próspera floreció, al punto de que en 1528 recibió el título de Ciudad de Nueva Cádiz dado por el Emperador Carlos V, gozando de un ordenamiento jurídico meticulosamente elaborado desde la Península. En esta forma, las primeras Ordenanzas municipales dictadas directamente por la Corona para una población en toda América, fueron las dictadas en Burgos por Carlos I, para la isla de Cubagua, el 13 de diciembre de 1527, a las cuales siguieron las que dictó en Madrid, el 30 de diciembre de 1532, como ampliación de las anteriores. En ellas se regulaba todo lo relativo a la pesquería de perlas y al gobierno de la isla por ocho corregidores.

Además, el 5 de enero de 1537, el propio Cabildo de la ciudad dictó la primera Ordenanza de origen municipal que se conoce en el continente americano, las *Ordenanzas de la Nueva Ciudad de Cádiz*, que fueron confirmadas por la Corona al año siguiente, el 26 de enero de 1538. En dichas Ordenanzas se regulaba todo lo concerniente a la vida citadina y al tráfico de personas en la isla, especificándose, entre otros aspectos, que para salir de la isla se requería "licencia de la justicia", excepto respecto de los que fueren a la isla de Margarita, quienes no necesitaban pedir licencia (N° XVI), pues esa isla era la fuente primaria de abastecimiento de la población. Así mismo, se exigía el pago de derechos de aduana para poder llevar o traer cosas a/o de las islas cercanas o de la Tierra Firme, salvo si se trataba de la isla de Margarita (N° XVII). Fue precisamente el vínculo con Margarita lo que provocó el progresivo asentamiento de españoles en esta isla, con lo que se inició su doblamiento en Venezuela.

Las Ordenanzas de Nueva Cádiz, en todo caso, fueron el origen del derecho indiano municipal en el Nuevo Mundo. Con anterioridad, en 1525, sólo se habían dictado Ordenanzas municipales para las ciudades de Natividad en Nueva España y de Trujillo en las costas de Honduras, pero no por los Cabildos de esas ciudades, sino por Hernán Cortés, como capitán general y gobernador de la Provincia.

La ciudad de *Nueva Cádiz*, en todo caso, pudo consolidarse a partir de 1523 una vez que Jácome de Castellón pudo ubicar en Tierra Firme una fortaleza, cerca del sitio de la futura ciudad de Cumaná, en la boca del río Manzanares, para asegurar parte del abastecimiento de la ciudad. Nueva Cádiz, por tanto, no fue formalmente "fundada" en algún momento preciso, pues surgió del asiento sucesivo e intermitente de españoles a partir de 1508, habiendo crecido espontáneamente en sucesivos poblamientos y repoblamientos, conforme al auge que tuvo la pesquería de perlas. En todo caso, su traza, consolidada con los años, fue de forma regular, como aún se puede apreciar de las ruinas que se conservan y que quedaron después de su destrucción por un huracán en 1542, en la punta noreste de la isla.

A pesar de lo artificial que podía considerarse la vida en la ciudad por lo inhóspito del lugar, sin agua, sin tierras para sembrar y sin leña, sólo fue abandonada cuando las perlas se acabaron, trasladándose entonces la población hacia el cabo de la Vela, en el límite entre las provincias de Santa Marta y Venezuela. Hasta ese momento la ciudad pudo resistir los sucesivos asaltos de corsarios y los efectos de los terremotos.

La existencia de la ciudad, en todo caso, como se dijo, tuvo importante repercusión en la ocupación de las áreas circundantes, pues la misma no pudo sobrevivir por sí misma en la inhóspita isla, teniendo una marcada dependencia tanto de Tierra Firme, para el abastecimiento de agua del río Manzanares; como de la isla de Margarita, para leña y verduras de siembra. En todo caso, la jurisdicción de sus autoridades se había extendido hasta la isla de Margarita, y hacia Tierra Firme y el cabo de la Vela. Por ello, por ejemplo, para 1515 ya había en Tierra Firme diversos asentamientos, como el que se había establecido hacia el oeste, como desembarcadero en Higuerote. Además, en 1528, se había establecido la población de la Inmaculada Concepción Nuestra Señora de Cúpira.

III. LA PROVINCIA DE LA ISLA DE MARGARITA

Fue por tanto a causa de la existencia de Nueva Cádiz en Cubagua, que se inició el poblamiento de la isla de Margarita, donde se ubicaron asentamientos dispersos. Por ello, la primera de las Provincias creadas en los territorios de Venezuela fue la Provincia de Margarita, en la isla del mismo nombre que le había puesto el mismo almirante de la Mar Océano el 14 de agosto de 1498, en su tercer viaje.

La Provincia fue establecida por la "Capitulación para ir a conquistar a la isla de Margarita" firmada el 18 de marzo de 1525, en Madrid, mediante la cual se concedió la isla a Marcelo de Villalobos, quien era oidor de la Audiencia de Santo Domingo, para su poblamiento. Villalobos falleció al año siguiente sin haber pisado jamás la isla, por lo que su esposa Isabel Manrique gestionó del Emperador la confirmación de la Capitulación a nombre de su hija Aldonza Villalobos. Esta se le otorgó el 13 de junio de 1527, quedando la Gobernación, política, militar y judicialmente, como dependiente de la para entonces recién creada Real Audiencia de Santo Domingo de la isla La Española, bajo la jurisdicción del Virreinato de Nueva España.

Esa situación duró hasta 1739, cuando la isla de Margarita pasó a integrarse al Virreinato de Nueva Granada que había sido restablecido el 20 de agosto de ese año. En lo judicial, sin embargo, continuó bajo la jurisdicción de la Real Audiencia de Santo Domingo hasta 1786, cuando se creó la Real Audiencia de Caracas. A partir de 1777, la Provincia de Margarita fue integrada con las otras Provincias del territorio de Venezuela, en la Capitanía General de Venezuela como unidad político militar separada del Virreinato de Nueva Granada.

Ahora bien, en cuanto al poblamiento formal de la isla puede decirse que comenzó con el mencionado otorgamiento a Villalobos de la licencia y facultad, primero que todo, para "yr o enbiar a poblar y pobléis la dicha ysla de la Margarita" con la obligación de que debía:

> "[...] a comenzar a entender en la dicha población dentro de ocho meses primeros siguientes que corran y se quenten desde el día de la fecha desta Capitulación en adelante, y de tenerla acavada y hecho el dicho pueblo con los dichos veinte vezinos casados, y que tengan consigo las dichas mugeres y todo lo demás que os ofrecéis, dentro de dos años primeros siguientes."

Como se señaló, como consecuencia de la muerte de Villalobos, por Capitulación de 13 de junio de 1527 el Rey confirmó en su hija, Aldonza Villalobos Manrique, la Gobernación de la isla, la cual durante su minoría de edad, fue asumida por su madre Isabel Manrique. En 1575, la sucedió en el gobierno de la isla su nieto Juan Sarmiento de Villandrando, pero por su minoría de edad gobernó interinamente el segundo marido de doña Aldonza, Miguel Maza de Lizana hasta 1583, cuando el heredero asumió el gobierno hasta 1593.

En Margarita, en todo caso, puede decirse que las ciudades se fundaron o se trasladaron a sitios donde había previamente asentamientos de población. Por ello, en la isla, en general los pueblos no se fundaron *ex novo,* ya que por el auge de Nueva Cádiz de Cubagua, su territorio había sido progresivamente poblado. Igual también ocurrió en la isla de Coche donde desde 1526 había surgido una ranchería con el nombre de San Pedro de Coche.

La primera población que se establecería en la isla de Margarita fue San Pedro Mártir, en 1527, la cual se situaría en la costa sur al oeste del morro de Puerto Moreno, cerca de la playa de Guaraguao, donde estuvieron las ruinas del primitivo fortín llamado de Villadrando en Arena Blanca. Al poco tiempo el sitio fue abandonado al trasladarse sus pobladores hacia el Valle del Espíritu Santo o Valle de la Margarita, en el sitio conocido como Pueblo Viejo. De allí los pobladores se trasladaron de nuevo hacia la costa, donde Francisco de Villacorta, quien era párroco de Nueva Cádiz, el 26 de marzo de 1536 estableció el Pueblo de la Mar, al cual el Emperador le otorgaría formalmente el título de Villa, conocido entonces como Villa del Espíritu Santo. A pesar de que el pueblo fue posteriormente "trasladado" hacia La Asunción, en el sitio de la costa se consolidó con el tiempo un asentamiento, inicialmente como pueblo de indios guaiqueríes (al igual que Pueblo Viejo), adquiriendo luego la denominación de Porlamar. Se desarrolló con una traza urbana regular, reticular, que conserva, con la catedral ubicada al este de la plaza, lo que sin embargo, es la excepción en la isla.

En efecto, puede decirse que el aislamiento de Margarita y su carácter insular, aunado a una gobernación ejercida desde Santo Domingo, pues las Villalobos jamás desembarcaron en la isla, originaron un modelo urbano particular que sólo se desarrolló, luego, en las primeras ciudades fundadas en Tierra Firme, como Coro y El Tocuyo, y en algunas establecidas en el oriente, el cual se caracterizó por la ubicación de la iglesia en forma aislada.

En 1555 los piratas franceses se habían apoderado de la Villa del Espíritu Santo, y en 1561, el Tirano Aguirre al llegar con sus marañones a la isla, materialmente la arrasó. Fue esa ubicación insegura y expuesta que tenía la villa en la costa del mar lo que provocó que sus pobladores decidieran trasladarla tierra adentro, hacia el valle de Santa Lucía que ya estaba poblado, tomando el nombre de Nuestra Señora de La Asunción, por la imagen de la Virgen que presidía la iglesia en el Pueblo de la Mar. La forma urbana de la ciudad surgió entonces de la ubicación de la iglesia, de manera que la disposición de la misma no fue ni es perfectamente ordenada, adoptándose allí el mencionado esquema de ubicación de la iglesia que es característico de las principales ciudades de la isla. La iglesia fue construida entre 1568 y 1599, y como las de las ciudades medioevales europeas, se ubicó en forma aislada rodeada de calles; modelo que se siguió, con la mencionada excepción de Porlamar la cual se consolidó como pueblo de indios, en las otras poblaciones de la isla, como Pampatar, Santa Ana, Los Robles, Paraguachí, Las Piedras y Juan Griego, y que las normas de las Ordenanzas sobre poblamiento y descubrimiento de Felipe II de 1573, proscribirían expresamente.

El esquema adoptado, además, respondía al concepto de iglesia–fuerte, de manera que podía servir de protección y abrigo a la población ante los ataques de los indígenas o de los piratas o ante las inclemencias del tiempo. A La Asunción le fue concedido el título de ciudad en 1600, y fue protegida por el castillo de Santa Rosa, el cual se construyó en 1678.

Pero antes del establecimiento de La Asunción, desde 1528 ya existía como puerto de Margarita, el puerto de Mampatare o de Pampatar, llamado también Puerto Moreno, fundado por Pedro Moreno, cuya iglesia, aislada de todo adosamiento edificatorio, como se dijo, siguió el esquema urbano de los pueblos de la isla. En el centro del Puerto Real de Mampatare se construyó para su defensa, a partir de 1662, el fortín o castillo de San Carlos Borromeo.

Para 1536, cuando se consolidó la Villa del Espíritu Santo, más al norte, al pie de la montaña Copey y en sitio fértil donde había asentamientos agrícolas, ya se encontraba construida una ermita a la cual se habría trasladado la imagen de la Virgen que estaba en la iglesia de Nueva Cádiz de Cubagua. Con el tiempo, en torno a dicha ermita se desarrolló el pueblo de El Valle del Espíritu Santo, donde conservaron sus haciendas los pobladores que se trasladaron a La Asunción; y se desarrolló el carácter milagroso de la imagen de Nuestra Señora de la Natividad del Valle del Espíritu Santo, la denominada Virgen del Valle, la cual fue proclamada por el Papa como Patrona de la Diócesis de Santo Tomás de Guayana en 1921, ubicándose allí una basílica.

El pueblo de Santa Ana, fue fundado en 1530, como pueblo del norte por Diego Vásquez de Coronado en el sitio donde había un hato. De nuevo, allí, la iglesia estaba y está en el centro del pueblo, aislada de adosamiento y con circulación alrededor. Paraguachí fue fundado en 1580, como La Plaza, por Miguel Meza de Linaza, y el mismo, igualmente presenta un trazado poco regular, con la iglesia en el centro del poblado, aislada. Las Piedras (Punta de Piedras) surgió de una encomienda otorgada en Cocoyar, en 1562, a Pedro Esteban Buenavida.

En 1545 Juan Griego ya era un embarcadero, y como pueblo se desarrolló al borde de la costa del mar, con la iglesia en lugar aislado, como estaban las otras de los pueblos de la isla.

IV. LA PROVINCIA DE VENEZUELA

La Provincia de Venezuela se estableció por la Capitulación otorgada el 27 de marzo de 1528 por el emperador Carlos V a Enrique Ehinger y Gerónimo Sailer, alemanes y vasallos del Emperador, mediante la cual les concedió a dichos vasallos o en su defecto, a Ambrosio de Alfinger y Jorge Ehinger, el privilegio de descubrir, conquistar, pacificar y poblar a su "costo e misión", las tierras adentro de las costas situadas al oriente de Santa Marta, "que es el Cabo de la Vela y golfo de Venezuela y el Cabo de San Román y otras tierras hasta el Cabo de Maracapaná". Se trató de la única Capitulación otorgada a alemanes, con la cual se les confirió la condición de gobernador y Capitán General de las tierras que descubrieran y poblaren. Con esta Capitulación, Carlos V pagaba a los Welsares o Bélzares, que eran ricos comerciantes de Hamburgo, los suplementos financieros que éstos habían suministrado al Tesoro Real para sus empresas, otorgándoles un verdadero feudo en lo que sería la Provincia de Venezuela, el cual duraría hasta 1546. Esta modalidad de conquistar, única en América, contribuyó también a marcar el carácter *sui generis* del proceso de formación de Venezuela.

La Provincia de Venezuela o Caracas estuvo sometida en lo judicial a la Real Audiencia de Santo Domingo hasta 1717, cuando pasó a formar parte del Virreinato de Nueva Granada y de la Real Audiencia de Santa Fe. A pesar de la disolución del Virreinato en 1723, permaneció sometida a la Audiencia de Santa Fe hasta 1731, cuando de nuevo pasó a la jurisdicción de la Audiencia de Santo Domingo. Esta situación duró sólo ocho años pues al reorganizarse el Virreinato de Santa Fe (1739) se le agregó de nuevo la Provincia de Venezuela, la cual volvió a quedar sometida a la jurisdicción de la Audiencia de Santa Fe. En 1742, por Real Cédula de 12 de febrero se decidió "relevar y eximir al Gobierno y Capitanía General de la Provincia de Venezuela", de toda dependencia del Virreinato de Nueva Granada, con lo cual se ordenó y mandó "que la anunciada Provincia de Venezuela quede desde ahora en adelante con total independencia de ese Virreinato".

Esta Real Cédula atribuyó, además, a los gobernadores de la Provincia de Venezuela "el velar sobre el cumplimiento de la obligación de las de Maracaibo, Cumaná, Margarita, La Trinidad y la Guayana en lo respectivo al ilícito comercio". Mediante esta Real Cédula se ordenó pasar de nuevo a la Provincia de Venezuela a la jurisdicción de la Real Audiencia de Santo Domingo, a la que quedó vinculada hasta 1786, cuando se creó la Real Audiencia de Caracas. A partir de entonces, el gobernador de la Provincia de Venezuela y Capitán General de todas las demás Provincias de Venezuela, se convirtió además en presidente de la Real Audiencia de Caracas. En ese mismo año de 1786 se separó del Gobierno de Caracas, la ciudad de Trujillo, y se la agregó a la Provincia de Maracaibo.

1. *El precario poblamiento de la Provincia de Venezuela bajo los Welser (1528–1546)*

A. *La Capitulación a los Welser y la ciudad de Coro*

En 1511, Juan de Ampíes había sido nombrado Factor Real de la isla La Española y demás islas y la Tierra Firme, con la misión de velar por la soberanía real en las Indias. Su misión era recibir las mercancías que enviaba la Casa de Contratación y venderlas; remitir las necesarias a la Península; velar por los bienes de la Corona, y tener en depósito los indios del Rey. Había tomado afición por ellos, y logró de los frailes Jerónimos quienes gobernaban en ese momento en Santo Domingo, la prohibición de que se capturasen los indios de las islas de los Gigantes (Curaçao, Aruba y Bonaire), por ser estos pacíficos. En 1520 se le concedió la protección de indios para llevarlos a las islas de los Gigantes y poblarlas, y el 11 de diciembre de 1526, obtuvo Capitulación para ir a poblar y pacificar dichas islas. Hizo petición para continuar su labor pacificadora en Tierra Firme, y envió allí a su hijo y dos caciques, para fundar un pueblo, de lo cual, en 1527, surgió Santa Ana de Coro, donde Ampíes se instalaría en 1528.

Pero ese mismo año, sin embargo, se otorgaría la Capitulación antes mencionada a los alemanes Enrique Ehinger y Gerónimo Sailer para descubrir, conquistar y pacificar las tierras del cabo de la Vela y golfo de Venezuela; como lo decía la Capitulación:

> "[...] descubrir y conquistar y poblar las dichas tierras y provincias que ay enla dicha costa que comienza desde el Cabo de la Bela o del fín de los limítes y términos de la dicha gobernación de Santa Marta hasta Marcapairo, l'este–oeste, norte y sur de la una a la otra mar con todas las yslas questan en la dicha costa, exceptuales las que están encomendadas y tiene a su cargo el factor Joán de Ampíes".

La Capitulación de 27 de marzo de 1528 autorizó a Enrique Ehinger y Gerónimo Sayler, por sí mismos, "o en su defecto, quien quiera que fuese de ellos, Ambrosio de Alfinger y Jorge Eynguer, hermanos de Enrique para descubrir, conquistar y poblar" las tierras de lo que luego sería la Provincia de Venezuela. El nombre era el mismo Ehinger, Eynguer, El Einger o El Ynger, Talfinger, Dalfinger, De Alfinger o en fin, Alfinger; y eran tres hermanos: Enrique, Ambrosio y Jorge.

Enrique Ehinger y Gerónimo Sailer eran factores de los Welser o "Belsares" en Santo Domingo, y antes habían obtenido una Capitulación (12–2–1528) para importar esclavos negros en dicha isla. Por ello se ha discutido si la Capitulación de 27 de marzo de 1528 de la Gobernación de Venezuela se hizo por sí o desde el principio por cuenta de los Welser. Estos eran, como se ha dicho, junto con los Fugger, grandes banqueros y comerciantes alemanes, financistas de Carlos V.

En la Capitulación dada a Alfinger y Sailer de 1528, en el texto que se lee en todas las recopilaciones y archivos conocidos, el número 19 de las mismas dice:

> "Y porque Nos, siendo ynformados de los males y deshordenes que en descubrimientos y poblaciones nuevas se han hecho y hazen, y para que nos con buena conciencia podamos dar licencia para lo poder hacer, para rremedio de lo cual con acuerdo de los del nuestro Consejo y Consulta nuestra esté hordenada y despachada una provisión general de capítulos, sobre lo que los abeis de guardar en la dicha poblacion y descubrimiento. La cual aqui mandamos encorporar, su tenor de la qual es este que se signe, que va en todas las capitulaciones adelante."

Sin embargo, el texto de la Provisión General para población y descubrimiento que se ordena copiar en el N° 19 de esta Capitulación, no aparece en ninguna versión conocida y publicada de la Capitulación, por lo que habría podido ser la Instrucción General de 1521 para los que iban a descubrir en Tierra Firme, y que contenía normas relativas al poblamiento. En todo caso, del solo texto conocido de la Capitulación no se podría determinar con certeza cuál es el texto faltante.

Lo mismo sucede si se analizan las Capitulaciones anteriores, como las otorgadas en 1526 a Juan de Ampíes para ir a poblar y pacificar las islas de Curaçao, Aruba y Bonaire, y la otorgada también, en 1526 a Pánfilo de Narváez para ir a conquistar desde el río de Las Palmas hasta Florida, en las cuales aparece el mismo texto del N° 19 de la Capitulación de Alfinger y Sailer, pero igualmente sin la trascripción de texto alguno.

Fue en realidad en el texto de la Capitulación otorgada en 1526, en Granada, a Francisco de Montejo para ir a descubrir, conquistar y poblar Yucatán y Cozumel, donde luego de un texto (N° 22) exacto al del párrafo 19 citado de la Capitulación de Alfinger y Sailer, se transcribió el texto de las llamadas *Ordenanzas de Descubrimiento* dadas por Carlos V, el 17 de noviembre de 1526, relativas, en realidad, a la protección y cuidado de los indios, a la formulación del requerimiento y a la propagación de la Fe Católica. Se presume por tanto que este fue el texto reproducido en las otras Capitulaciones.

Los beneficiarios de la Capitulación delegaron en Ambrosio Ehinger o Alfinger el título de gobernador de la Provincia, para lo cual fue nombrado oficialmente el 23 de octubre de 1529. El 3 de diciembre de 1529, cuando ya había tomado posesión del gobierno de la Provincia, la regenta doña Juana le recomendó anunciar su nombramiento a Ampíes, quien acababa de ser designado adelantado del pueblo de Santa Ana de Coro. Con el nombramiento de Alfinger, así, Ampíes fue desalojado de la Provincia, por lo que en 1529, cuando Ambrosio Alfinger desembarcó en la costa, Ampíes le entregó la población.

En esta forma, Ambrosio Alfinger inicialmente fue representante de Enrique, su hermano, y de Gerónimo Sayler, quienes en 1530 solicitaron a Carlos V la cesión de sus derechos derivados de la Capitulación, a Antonio y Bartolomé Welser, lo que se materializó por Ordenanza de 15 de febrero de 1531.

La Capitulación había sido otorgada para "descubrir y conquistar y poblar las dichas tierras" (del cabo de la Vela y Venezuela),

> "[...] y hacer en las dichas tierras dos pueblos o más los que a vosotros pareciere y en los lugares que bieredes que conbiene y que para una de las dichas poblaciones lleveis a lo menos trescientos hombres, y hagais en la dicha tierra tres fortalezas."

La obligación era "hacer los dichos dos pueblos dentro de dos años después de llegados". Esta obligación, en todo caso, era única, pues en las Capitulaciones anteriores a otros adelantados, no se estableció nada similar en magnitud.

Como se dijo, Alfinger, al llegar a su Gobernación, arribó a un sitio con una población ya existente, establecida desde tiempo atrás en esas tierras y fundada, aun cuando en forma precaria y con indígenas asentados, cuyo cacique era Manaure. Coro fue, así, un pueblo que al recibir al gobernador, se convirtió en el asiento permanente de la Gobernación, correspondiendo al gobernador disponer su trazado regular y su edificación, dotarla de Cabildo, repartir los solares y emprender la construcción de la iglesia, la cárcel y la horca.

En realidad, Coro fue la segunda ciudad en Venezuela que se trazó con cierta regularidad, luego de Nueva Cádiz, precisamente al mismo tiempo en que la explotación de las perlas en ésta estaba en su apogeo. La traza urbana es casi reticular, con la plaza en el centro pero con la iglesia dentro de la misma, aislada, conforme al mismo modelo seguido en Margarita, típico de las ciudades medioevales. La catedral, incluso en su disposición interior, sigue el modelo de la de La Asunción.

Las instrucciones de poblamiento y de la forma de las ciudades, comenzaron a penetrar en Venezuela con posterioridad al inicio de la conquista de Tierra Firme, con los Welsares. Dejando a salvo los asentamientos de la isla de Margarita, Nueva Cádiz y Coro, con posterioridad y comenzando por la segunda ciudad fundada en la Provincia, El Tocuyo, la forma reticular, que mandó establecer la Corona en las provincias americanas, comenzó a encontrar asiento.

La ciudad de Coro, como primer asiento urbano de la Provincia, fungió como su capital durante casi 15 años, período durante el cual, Alfinger realizó expediciones hacia el occidente, donde estableció una ranchería en Maracaibo, la cual despoblaría Nicolás Federmann, en 1535, de paso por Maracaibo. Trasladó el vecindario al cabo de la Vela que era el límite de la Gobernación, donde estableció otra ranchería, habiendo sido el primero en probar fortuna en ese sitio con la pesca de perlas. Fundaría allí el 5 de agosto de 1536, a la población de Nuestra Señora de las Nieves, la cual en 1538, a pesar de lo inhóspito del lugar se consolidaría como pueblo con los vecinos emigrados de Cubagua, con el nombre de Nuestra Señora de los Remedios. La ciudad del Cabo de la Vela sucedió así a Cubagua en la pesquería de perlas y en la continuidad de la ciudad, la cual materialmente se trasladó allí con sus autoridades. El pueblo fue cambiado luego de sitio, hacia occidente, llamándose entonces Río del Hacha. En esa forma, dicha población pasó de la jurisdicción de Cubagua en Venezuela a la de la Provincia de Santa Marta.

Los Welser habían enviado a Nicolás Federmann a Tierra Firme aun antes de recibir la cesión de la Gobernación para que sustituyera a Bartolomé Sayler como lugarteniente de Alfinger. Federmann, así, ya estaba en Coro al regreso de Ambrosio Alfinger de su primera expedición al oeste, quien enfermo, se embarcaría para *La Española*.

Al quedar Federmann al frente de la Gobernación de la Provincia, pronto salió hacia el sur, en expedición en busca del mar del Sur, donde esperaba encontrar grandes riquezas (oro) y un camino corto hacia la isla de las Especerías. Recorrería entre 1530 y 1531 lo que hoy es el centro occidente de Venezuela, en torno a los sitios de Acarigua y Barquisimeto, franqueando por primera vez la cadena montañosa que separa la costa del mar Caribe de los llanos venezolanos.

A comienzos de 1531, una vez curado, y confirmados sus títulos de gobernador de Venezuela por la Corona, Alfinger regresó a Tierra Firme, haciendo preso a Federmann, quien se vería obligado a partir hacia Europa, vía Santo Domingo, el 9 de diciembre de 1531, llegando a Hamburgo, el 31 de agosto de 1532. Allí escribió su *Bella y agradable narración del primer viaje de Nicolás Federmann el joven, de Ulm, a las Indias de la Mar Océana y de todo lo que le ocurrió en ese viaje hasta su regreso a España, escrita en forma breve y divertida de leer*, publicada inicialmente en alemán, en 1577, por su hermano. En ella, relató su primera expedición en las tierras de la Provincia de Venezuela entre 1532 y 1533.

En ese mismo año de 1532, Alfinger comenzó su segunda expedición hacia el oeste, pasó por el sitio de la ranchería de Maracaibo y recorrió lo que hoy es la frontera entre Venezuela y Colombia, por el Valle de Upar hacia el sur. Murió en 1532 o 1533, en el lugar que se conoce como Miser Ambrosio situado entre las ciudades de Pamplona y Cúcuta, cerca de Chinácota, herido por una flecha envenenada, luego de haber realizado durante esa expedición todos los desmanes imaginables contra los indios. El resto de la expedición llegaría por el río Catatumbo al lago de Maracaibo y, después de dos años regresaría a Coro en noviembre de 1533.

Durante los primeros cinco años de la Gobernación de Venezuela, por tanto, con expediciones descubridoras hacia el oeste y el sur de Coro, ninguna población fue establecida por los conquistadores. Por ello, en esos primeros años se perdería para la Provincia de Venezuela, buena parte de lo que luego sería el territorio del Nuevo Reyno de Granada.

B. *La participación de Federmann en la fundación de Santa Fe de Bogotá*

El 19 de julio de 1534, los Welser obtuvieron del Emperador el nombramiento de Nicolás Federmann para suceder a Alfinger como gobernador de la Provincia. Sin embargo, la protesta de los colonos por el nombramiento y el sometimiento a juicio de residencia a Federmann, por su gestión anterior, llevaría a su sustitución, el mismo año 1534, por Jorge Hohermuth, llamado Jorge de Spira.

Sin embargo, Spira y Federmann, a pesar de que se encontraban en Coro en 1535, ambos con títulos encontrados, pudieron resolver sus pretensiones repartiéndose entre ellos las áreas y fuerzas de la Provincia: Spira iría al sur y Federmann al oeste, hacia lo que luego sería el Nuevo Reyno de Granada.

Spira emprendió expedición al sur, el 12 de mayo de 1535, por las regiones de los actuales Estados Lara y Portuguesa, y recorrería el pie de monte de las Sierras Nevadas, las que siempre tuvo a su derecha, por los llanos de Barinas y Apure, atravesando el río Guanare y el río Arauca. Pasó el río Ariari, afluente del Guaviare y descubrió el río Papamene, que era el Orinoco. Allí supieron del país maravilloso que existía al otro lado de la montaña, al oeste, con palacios de oro. La muerte del guía de la expedición, sin embargo, provocó el regreso de la misma a Coro, el 27 de mayo de 1538, es decir, tres años y quince días después de su partida.

Por su parte, Federmann se había dirigido de nuevo al occidente, pues había recibido de la expedición de Alfinger las noticias del importante país que existía remontando el gran río Magdalena. Al llegar de nuevo al cabo de la Vela, allí tuvo conocimiento de los planes de la expedición comandada por Gonzalo Jiménez de Quesada enviado por el gobernador de Santa Marta, Pedro Fernández de Lugo, con el mismo fin de descubrir el importante país que existía al sur, el de los indios muiscas.

Federmann intentó poblar el interior de la península de la Guajira, lo cual no pudo hacer; se dirigió hacia el Valle de Upar y cuando iba penetrando con ánimo de continuar hacia el Magdalena se encontró con la oposición del gobernador de Santa Marta, quien, incluso, había instruido al licenciado Gonzalo Jiménez de Quesada, de hacerlo preso.

Regresó hacia Maracaibo y de allí envió a sus huestes hacia Carora mientras iba a Coro con la esperanza de encontrar su designación como gobernador. No recibió nada y al tener noticias de la llegada del juez de residencia Nicolás Navarro, partió de la ciudad el 14 de diciembre de 1536 hacia Carora. Dirigiéndose al sur, Federmann continuó por la vertiente oriental de las Sierras Nevadas sin respetar el compromiso con Spira, llegando hasta el río Apure en abril de 1538, y luego hasta el río Meta para tratar de llegar antes que Quesada hasta el país de los muiscas. Al arribar al río Meta viró hacia el suroeste y decidió atravesar la cordillera hacia la otra banda de la Sierra que quedaba sobre su mano derecha hacia el poniente, llegando a la sabana de Bogotá. Federmann había trepado hasta caballos por la cordillera, por las ásperas cimas de Pascote, saliendo al páramo Sumapaz y descendiendo después a Pasca que está en el valle de Fusagasugá; por donde ni antes ni después alguien lo hubiere o haya hecho en igual forma.

Al llegar a la Sabana supo que desde hacía varios días la tierra estaba ocupada por cristianos venidos de otras regiones: los primeros, las gentes de Gonzalo Jiménez de Quesada, quienes habían llegado allí desde Santa Marta remontando el río Magdalena; y las otras, de Sebastián de Belalcázar, lugarteniente de Pizarro y fundador de Quito, quienes había llegado desde el sur, por el río Cauca, donde ya había fundado la ciudad de Cali.

Federmann, por tanto, había llegado de último y por las vestimentas de las tres huestes, dicen las crónicas que se podía determinar la calidad y penurias de las expediciones y de los expedicionarios: los venidos de Santa Marta llevaban trajes de telas de algodón tejidas por los indios; los peruanos, más ricos, traían vestimentas de seda, adornados con plumas; los de Federmann, en cambio, venían cubiertos de pieles de osos, leopardos, tigres y venados, después de haber corrido las más crueles aventuras. En todo caso, introdujeron las gallinas a la Sabana, así como Belalcázar los cerdos.

Los tres campamentos estaban en la Sabana, establecidos en triángulo, pero en lugar de pelearse físicamente decidieron someter la disputa al Emperador para la determinación de a quien correspondía el territorio descubierto. Así fue que en 1539 se fundó Santa Fe de Bogotá, en sustitución de la Nueva Ciudad de Granada que había fundado Jiménez de Quesada el 6 de agosto de 1538, pero esta vez con la participación de las huestes de los tres conquistadores, particularmente de Jiménez de Quesada y Federmann, quienes habían llegado a un arreglo previo.

Los tres conquistadores viajaron a España a dilucidar sus derechos y luego de un largo proceso, Quesada ganaría la causa, habiendo sido nombrado gobernador del Nuevo Reyno de Granada por Real Cédula de 17 de julio de 1549. Años antes, por su parte, el 30 de mayo de 1540, Belalcázar obtendría la Capitulación de la Provincia de Popayán. En cuanto a Federmann, falleció en 1542, en Valladolid, durante el pleito y en medio de otros pleitos que tuvo con los mismos Welser. En contraste con lo que se dijo de otros conquistadores alemanes, Federmann junto con Spira, fue uno de los pocos descubridores cuya memoria pasó a la posteridad libre de mancha en cuanto a crueldad y trato de los indios.

En todo caso, las quejas contra los Welser en la administración de la Provincia llevaron al Consejo de Indias a través de la Audiencia de Santo Domingo, a entablarles juicio de residencia, lo que como se dijo, se inició con el envío del juez Nicolás Navarro, en 1538, al momento de llegar Spira a Coro de regreso de su expedición hacia el sur, por el pie de monte de las Sierras Nevadas hasta el río Guaviare. El juicio concluyó ese mismo año, habiendo resultado condenados no sólo Spira sino Federmann, quien para entonces ya estaba en Europa, y Ambrosio Alfinger, ya muerto; es decir, todos los que habían sido durante los diez años precedentes, beneficiarios de la Capitulación de 1528.

2. *Las desventuras de los Welser y la ciudad de El Tocuyo*

Para ese entonces y desde 1534, Rodrigo de Bastidas había sido designado como primer obispo de la Provincia, quien era el segundo obispo designado en Tierra Firme (el primero había sido Juan de Quevedo, en 1513, de la Catedral de Nuestra Señora del Antigua, en el Darien). Era hijo del conquistador Rodrigo de Bastidas, quien había sido gobernador de la Provincia de Santa Marta conforme a la Capitulación que se le había otorgado el 6 de noviembre de 1524.

En 1534, el obispo Bastidas ya había sido designado gobernador interino; y en 1540, luego de la muerte de Spira por fiebre palúdica y antes de que Navarro fuese obligado a abandonar la Provincia por orden del Cabildo de Coro, Bastidas asumió de nuevo, interinamente, la Gobernación de la Provincia. Como tal, abogó por el nombramiento como gobernador del que había sido lugarteniente de Spira, Felipe de Hutten; a quien se designó en 1541, nombrándosele como lugarteniente, a Bartolomé Welser.

En 1541, los recién nombrados emprendieron una nueva expedición hacia el sur, también en búsqueda del mar del Sur que era el límite meridional de la Provincia. En esta expedición, la cual se prolongó por un larguísimo período de más de cinco años, Hutten bordeó las Sierras Nevadas por los llanos, llegando a la selva amazónica y al propio río Marañón, en territorio de los Omaguas, que era la puerta de entrada al imperio Inca y al futuro Virreinato del Perú.

En 1544, en Coro se había reabierto el juicio de residencia iniciado por Navarro y esta vez, el juez Frías, en 1545, terminó condenando a los Welser *in contumaciam*, sin que nadie se hubiese presentado al proceso. Por ello, la Audiencia de Santo Domingo nombraría como administrador interino, hasta el regreso de Von Hutten, a Juan de Carvajal.

El poblamiento español durante la gobernación de los Welsar había sido totalmente precario, por lo que hasta que ese momento sólo se habían establecido algunos núcleos de población, la gran mayoría de pueblos de indios caquetillos, como Puerto de la Vela (1528), la actual Vela de Coro; Miraca (1529); Guacurebo (1530); Moruy (1539); Santa Ana (1539) y Acurigua. En muchos de esos pueblos se siguió el modelo de Coro y Margarita, de construir la iglesia en forma aislada, como en Pueblo Cumarebo (1539).

En el mismo año 1544, Juan de Carvajal armaría expedición hacia Maracaibo y luego hacia el sur llegando al río Tocuyo. Luego de 17 años de haber sido otorgada la Capitulación de la Provincia de Venezuela en 1528, Carvajal procedería a la fundación formal de la segunda ciudad de la Provincia después de Coro, hecho que ocurrió el 7 de diciembre de 1545 con la fundación de Nuestra Señora de la Pura y Limpia Concepción de El Tocuyo, con lo que se inició realmente el poblamiento español tierra adentro en la Provincia. A ese sitio, al año siguiente se trasladaría la capital de la Provincia, constituyéndose así en el centro político y económico de la misma hasta 1577, cuando la capital se trasladó a Caracas. La ciudad tenía una forma casi reticular e, igualmente, con la iglesia ubicada en la plaza, aislada. Como se dijo, fue la primera ciudad hecha por españoles en el suelo venezolano, la cual, sin embargo, sería destruida casi totalmente cuatro siglos después, por un terremoto en 1950. Desde ella partirían todas las empresas posteriores pobladoras hacia la costa, como la de Borburata; hacia el occidente, como las de Trujillo y Maracaibo; y hacia el centro, como las de Barquisimeto, Carora, Valencia y Caracas.

Como se dijo, Juan de Carvajal había sido nombrado el año 1545 como gobernador y capitán general de la Provincia de Venezuela, y con tal título fue que fundó la ciudad de El Tocuyo. Enfrentó a los Welser y decapitó a Hutten y a Bartolomé Welser en 1545, cuando regresaban de su larga y desventurada expedición. Carvajal los habría hecho prisioneros, los obligaría a reconocerlo como gobernador de la Provincia, y luego los asesinaría a traición.

En ese mismo año, Juan Pérez de Tolosa sería entonces designado como gobernador y Capitán General de la Provincia, con el encargo de castigar al asesino. Arrestó a Carvajal en 1546, quien luego de haber sido atado a la cola de un caballo y arrastrado por el polvo, fue colgado en la rama de un árbol el 17 de septiembre de 1546. En la hueste de Pérez de Tolosa ya estaba Diego de Losada, el futuro fundador de Caracas. La condena de Carvajal por homicidio había sido a que:

> "Sea sacado de la cárcel pública donde está, atado a la cola de un caballo; y por la plaza de este asiento sea arrastrado hasta la picota y horca; y allí sea colgado del pescuezo con una soga de esparto o de cañamo, de manera que muera de muerte natural. Y ninguno de allí sea osado de le quitar, sin licencia de mi, el dicho gobernador"

Pérez de Tolosa, en todo caso, siguió la obra de Carvajal y ratificó las encomiendas y repartimientos de El Tocuyo, nombrando como teniente general a Juan de Villegas. Despachó a su hermano Alonso Pérez de Tolosa y a Diego de Losada, a descubrir hacia las Sierras Nevadas, quienes fueron por los llanos hasta el río Apure, río que remontaron. Sucesivamente remontaron también los ríos Uribante y Torbes, hasta llegar al valle que denominaron de las Auyamas, donde años más tarde Juan de Maldonado, desde la Provincia de Pamplona, fundaría la villa de San

Cristóbal (1561). De allí siguieron por las Lomas del Viento, el pueblo de los indios Capachos y fueron a dar al valle de Cúcuta. Desde allí marcharon al río Zulia, el cual recorrieron aguas arriba y de regreso, aguas abajo, llegaron a la Culata del lago de Maracaibo por donde regresaron a El Tocuyo.

Diego de Losada seguiría recorriendo las tierras de Venezuela antes de que fundara Caracas en 1567. Así, en 1543, ya que conocía las costas de Oriente pues había sido parte de la hueste de Sedeño, acompañó al Teniente de Gobernador Juan de Villegas en la expedición hacia las costas de Maracapaná y Cumaná a fin de deslindar, con las autoridades de Nueva Cádiz de Cubagua, los límites de las Gobernaciones. Llegaron hasta el río Neverí, regresando a Coro luego de haber firmado el deslinde.

Después de la fundación de la ciudad de El Tocuyo, además, en lo que es el Estado Falcón, se establecieron los pueblos de indios de Capatárida (1552); Tocuyo de la Costa (1571); San Miguel (1598); Zazárida (1598); Capadare (1623); Mitare (1623); Taratara (1644); Borojó (1660); Jacura (1660); Agua Clara (1685); Pedregal (1685); La Pastora (1693); y Tupure (1699). En la más amplia jurisdicción de la ciudad de Tocuyo, se fundaron los pueblos de indios de San Antonio de Padua de Humocaro Alto (1596), Nuestra Señora del Rosario de Humocaro Bajo (1620), San Felipe de los Barbacoas (1610), Señora Santa Ana de Sanare, Santa Cruz de Guárico (1609), San Miguel de Cubiro (1609) y Nuestra Señora de Altagracia de Quibor (1620). También en lo que es el actual Estado Lara, se fundaron los pueblos de indios y de misiones de Río Claro (1615); Siquisique (1617); San Miguel (1617); Río Tocuyo (1617); Areque (1617); San Francisco (1619); Curarigua (1619); San Juan Bautista de Duaca (1621); Yay (1625) y Nuestra Señora de Guadalupe de Bobare (1672).

En 1547, Juan de Villegas descubriría la laguna de Tacarigua o lago de Valencia y en la costa del mar Caribe daría inicio a la fundación de Nuestra Señora de la Concepción del Puerto de Borburata. Allí se enteraría de la muerte del gobernador Pérez de Tolosa y de su designación por aquél, para sucederle en el mando, lo que el mismo año sería confirmado a instancias de los Welser, por la Audiencia de Santo Domingo.

Para concluir con el poblamiento del puerto de Borburata, el 19 de noviembre de 1549, Juan de Villegas daría Instrucciones a Pedro Álvarez (Perálvarez) "para la fundación de Borburata", las que han sido consideradas como las Instrucciones de poblamiento más antiguas que se conocen dadas en la Provincia de Venezuela. En las mismas se le instruía, entre otros aspectos, sobre cómo poblar la ciudad, indicándosele:

> "Luego, como llegares a la Laguna de Tacarigua, recogereis todos los mantenimientos de maíz y cazabe que pudieres haber a contento de los naturales y hecho esto iréis a la costa de la mar, al dicho Puerto de Borburata, donde yo tomé posesión y señalé la dicha ciudad y dejando donde la ciudad se ha de situar, en la parte que mejor os pareciere, hareís asiento y casas, hasta tanto que yo vaya, Dios mediante, a hacer trazar la dicha ciudad y calles, donde se dará a cada uno de sus solares y asiento, por la orden que Su Majestad tiene mandado por sus Reales Provisiones".

Por tanto, es evidente que ya para esa fecha eran conocidas las Instrucciones Reales de poblamiento, particularmente, la Instrucción General de 1521.

La población actual de Borburata, en todo caso, nada tiene que ver con la población original, la cual estaba ubicada cerca de la actual ciudad de Puerto Cabello, el cual funcionaría como puerto desde 1560 en una rada natural.

3. *El poblamiento en tierras de los Jirajaras*

Villegas siguió su afán poblador como instrumento para la toma de posesión de la tierra para la Gobernación que comandaba como sucesor de Pérez de Tolosa. Por ello envió al capitán Damián de Barrio hacia las tierras al oriente de El Tocuyo, quien en 1551 descubriría las primeras minas que se encontraron en esa parte del Nuevo Mundo: La Mina Real de San Felipe de Buria, cerca de la cual fundaría la Villa Rica o el Real de Minas, la cual luego de varios traslados daría origen a la ciudad de Nueva Jerez a orillas del río del Nirgua, y la cual, finalmente en 1628, originaría la ciudad de Nuestra Señora del Prado de Talavera, la actual Nirgua, con una traza urbana casi cuadricular.

Al año siguiente del descubrimiento de las minas, en 1552, Villegas fundaría en el valle del río Buria la ciudad de Nueva Segovia de Buria, la cual en 1563 se trasladaría al valle de Barquisimeto cerca de la ribera del río Turbio, adquiriendo, además del nombre de la ciudad natal del fundador, el de Barquisimeto. En esa fundación había estado con Villegas, Diego de Losada, quien sería designado alcalde de la nueva ciudad y luego sería el fundador de Caracas. Allí también estaba como fundador, Diego García de Paredes, quien luego fundaría en 1558, la ciudad de Trujillo. Allí también estaba Alonso Andrea de Ledesma, quien después participaría en la fundación de Trujillo y de Caracas, y de muchos pueblos en los alrededores de esta última ciudad. El mismo año 1552, en la zona se fundarían los pueblos de Boruare y San Pedro.

La traza urbana de Barquisimeto fue y es de carácter reticular, teniendo una forma muy próxima a la cuadricular. La iglesia está ubicada al sur de la plaza, a pesar de que en el plano de 1579 aparecía ubicada dentro de la plaza, y en su parte este. En todo caso, Barquisimeto es la ciudad venezolana que posee el mayor número de manzanas, casi cuadriculares, con crecimiento, por tanto, ordenado. Allí murió el tirano Lope de Aguirre en 1561, vencido por Diego García de Paredes, maestre de campo del Ejército Real. En la jurisdicción de la ciudad de Barquisimeto se establecieron tres misiones capuchinas que fueron Nuestra Señora de Guadalupe de Bobare (1731), San Felipe de Buria (1722) y Santa Inés de Cerro Negro (1757).

En 1556, y durante el gobierno de Arias de Villasinda, sería cuando el Consejo de Indias declararía a los Welser privados de sus derechos sobre Venezuela, e hizo reingresar a la Provincia bajo la autoridad directa de la Corona. En todo caso, en algo menos de 10 años, los confines de la zona centro occidental de la Provincia ya se habían definido por diversas fundaciones de ciudades a través de las cuales se comenzó a formar territorialmente, no sin dificultades, como la derivada de la oposición de los indios jirajara. Recuérdese, por otra parte, que la primera rebelión de esclavos en Venezuela ocurrió precisamente en las Minas de Buria, para cuya explotación se habían importado 100 esclavos negros conforme lo autorizaban las Leyes Nuevas, dada la prohibición de utilizar a los indios en esos trabajos.

En efecto, en 1553, los esclavos, ayudados precisamente por los indios, se alzaron bajo la jefatura de un esclavo de nombre Miguel, originario de Puerto Rico, quienes arrasaron con la guarnición y el asentamiento, y huyeron a los cerros cercanos donde se dice que establecieron un "reino", con el Negro Miguel como rey, su mujer Quiemar como reina y el hijo de ambos como heredero. Dicho reino, incluso, declaró la guerra a Barquisimeto. Quien logró aplastar la rebelión fue Diego de Losada, el futuro fundador de Caracas, dispersando a los negros hacia las cabeceras de los ríos Aroa y Yaracuy, originando las cimarroneras que tanto marcaron la historia de Venezuela en los siglos posteriores.

El asentamiento poblacional de esas tierras, en todo caso, a partir del siglo XVII se hizo a la sombra del cacao, que fue el primer fruto americano que se cultivó en la Provincia fomentado, particularmente, por los mercaderes holandeses establecidos en Curazao. Este producto llegaba a la Península de sus manos, así como de traficantes de otras naciones europeas. Los españoles de la Provincia estaban muy ocupados en la búsqueda de oro, y los de la Península en el comercio de oro y plata con las colonias ricas en las que existían. Las Provincias de Venezuela no eran, precisamente, de esas; al contrario, eran paupérrimas y no figuraban para nada en el sistema mercantil del Nuevo Mundo. A pesar de ello, sin embargo, las autoridades españolas mantenían el monopolio del comercio de las Provincias con la metrópolis y la prohibición del comercio extranjero e interprovincial, orden que como era costumbre se acataba pero no necesariamente se cumplía, pues el contrabando hacía su parte.

El cacao así, circuló por dos vías: hacia Veracruz por armadores criollos, desde donde en parte se enviaba a la Península; y hacia Europa, de contrabando, que de esa zona partía de Tucacas. Era la respuesta obligada de los productores a las limitaciones al comercio, lo que originó un claro rechazo a la autoridad colonial de parte de los habitantes de esas provincias, muchas veces con el apoyo de los propios Cabildos.

En el Valle de las Damas, como se conocía la zona del Yaracuy, el cacao también sería el producto de mayor importancia, que se cultivaba particularmente en los sitios de Buraure; la Vega del Yaracuy; Yuribí; San José de Chivacoa; San Jerónimo de Cocorote y Los Cerritos de Cocorote. Fue en este último sitio de hacienda, en las inmediaciones del pueblo de doctrina llamado San Jerónimo de Cocorote, donde desde 1690 se había ido formando un núcleo de habitantes, asentamiento al cual se oponía tenazmente el Cabildo de Barquisimeto. Le cercenaba jurisdicción, por lo que el Cabildo barquisimetano emitió ordenes de destrucción del poblado, con respuestas sucesivas de reconstrucción por parte de sus vecinos. La tenacidad de los cerritenses pudo más que la oposición del Cabildo de Barquisimeto hasta lograr, el 7 de marzo de 1725, la fundación de un pueblo, el cual fue elevado a la condición de ciudad por Real Cédula de Felipe V de 6 de noviembre de 1729. El Ayuntamiento de la ciudad fue el que adoptó para su denominación el nombre de San Felipe el 1 de mayo de 1731, en reconocimiento del monarca y del santo de la fecha, agregándole el calificativo de El Fuerte. La traza urbana de la ciudad presenta una cuadrícula casi perfecta.

Sin embargo, en lo que es el actual Estado Yaracuy y con anterioridad a la fundación de San Felipe se habían fundado los pueblos de indios de Aroa (1579); Cuora (1619); San Jerónimo de Cocorote (1620); Urariche (1620); Yaritagua

(1663); y Chivacoa (1687), todos los cuales presentan una traza regular, casi cuadricular, en su centro histórico.

Con anterioridad, bajo el mandato de Diego de Montes, teniente general del gobernador Diego de Mazariego, Juan de Salamanca había fundado el 19 de junio de 1572, la ciudad del San Juan Bautista de Portillo de Carora ubicada entre Coro y El Tocuyo. El primer asiento de la ciudad con el nombre de Nuestra Señora de la Madre de Dios, había sido establecido por Juan del Thejo en 1569, a la muerte del gobernador Ponce de León, durante la gobernación interina de Francisco Hernández de Chávez, pero fue mudada en 1571 por Pedro de Maldonado al sitio que hoy ocupa, siendo gobernador de la Provincia Diego de Mazariego, quien como se dijo, antes había sido el conquistador de Chiapas. Luego, como también se dijo, la ciudad fue repoblada por Juan de Salamanca en 1572 junto al río Morere. La traza de la ciudad de Carora es reticular, con la iglesia catedral que se edificó conforme al modelo de la de Coro, situada al este de la plaza mayor.

En la jurisdicción de la ciudad de Carora, además, se establecieron como pueblos de indios los de Siquisique, San Miguel, Areque y Río del Tocuyo.

4. *El poblamiento en la zona de la laguna de Tacarigua y los valles de Aragua*

Al fallecer Juan de Villegas en 1553, lo sucedió en la Gobernación de la Provincia Alonso Arias de Villasinda, quien en 1555 mandó a fundar una ciudad inmediata a la Laguna de Tacarigua, actual lago de Valencia donde estaba el hato de Vicente Díaz, fundándose la Nueva Valencia del Rey, a orillas del río Cabriales. Valencia fue la primera ciudad en Tierra Firme que se estableció con una cuadrícula perfecta, y en la cual se aplicó el concepto de plaza mayor libre, ubicándose la iglesia en la cuadra situada al este de la misma. La ciudad fue saqueada en 1561 por el Tirano Aguirre y en 1676 por corsarios franceses.

Cerca de Valencia se fundaron los pueblos de indios de San Agustín de Guacara, Mariara, San Diego (1657) y los Guayos. Antes, además, se habían fundado los pueblos de Chirgua (1549) y Naguanagua (1551). Posteriormente, se fundaron los pueblos de Goaigoaza (1635); El Cambur (1680) y Morón (1687).

Por otra parte, el puerto más importante que se estableció en la costa fue Puerto Cabello en 1589, cuando también se consolidaría el puerto de La Guaira. La plaza del Puerto Cabello, que tiene como traza urbana una retícula, en todo caso, está abierta al mar, con la catedral situada al este.

Desde los valles de Aragua fue desde donde Diego de Losada penetró hacia el valle de los Caracas, después de pasar por el sitio de Maracay, donde, desde 1697, ya se había establecido un poblado por Andrés Pérez de Almarza, pero donde solo sería en 1814 que se establecería la ciudad de Maracay, nombre que era el del cacique de los indios Aragua de esa zona. Su consolidación urbana posterior definió una forma reticular, con la plaza en el centro del poblado, y la iglesia al este.

En los Valles de Aragua también se fundaron diversos pueblos de indios y de doctrina. El primero fue en el valle donde, entre otros, era encomendero Bernabé Loreto de Silva, el 18 de noviembre de 1620, y donde el padre Gabriel de Mendoza escogió el sitio para una iglesia, lo que constituyó el inicio del pueblo de doctrina de Nuestra Señora de Guadalupe de La Victoria. Esta ciudad tiene una traza reticular y presenta una plaza singular respecto de las otras de los pueblos de Venezuela, en cuanto a la convergencia de dos calles que dan al centro de la misma por los costados norte y sur. Cerca de La Victoria se estableció el pueblo de Nuestra Señora del Buen Consejo del Mamón (1772).

De La Victoria, el padre Mendoza pasó al valle de Turmero en el sitio de la encomienda de Juan Martínez de Videla, donde estableció a orillas del río Turmero, el 27 de noviembre de 1620, el pueblo de doctrina de Nuestra Señora de la Consolación o Candelaria de Turmero, en el sitio donde Pedro Villacastin había establecido un poblado en 1603. Con posterioridad, Francisco de la Hoz y Berrío, y Gonzalo de Angulo establecieron el pueblo de San Joseph de Cagua el 29 de noviembre de 1620, en el sitio de la encomienda de Garci–González de Silva, el cual seis años después se mudaría a orillas del río Aragua. El 30 de noviembre, el mismo padre Mendoza estableció el pueblo de doctrina de San Mateo, en el sitio de la encomienda de Tomás de Aguirre. Todos estos pueblos de los valles de Aragua conservan en su centro la forma urbana cuadricular.

Además, en el actual Estado Aragua se fundaron diversos pueblos de indios y de misión en los Llanos, entre los que se destacan San Francisco de Cara o Guanayén (1696), la Purísima Concepción de Camatagua (1693), y la Inmaculada Concepción de Nuestra Señora de Barbacoas. En el siglo XVIII, además, Juan de Bolívar y Villegas fundaría el pueblo de Villa de San Luis de Cura (1730), a la entrada de los llanos.

En la costa, luego dedicados a la explotación del cacao, se fundaron diversos pueblos de doctrina, como San Francisco de Paula de Choroní (1622) y los pueblos de Pura y Limpia Concepción de Cuyagua (1713), San Francisco del Valle de Cata (1672), Patanemo, Turiamo, San Esteban y Chuao (1671). También debe mencionarse a Ocumare de la Costa (1721) que presenta un trazado bien regular en su centro urbano.

5. *El poblamiento hacia los Andes*

Diego García de Paredes era oriundo de la ciudad extremeña de Trujillo situada cerca de la sierra de Guadalupe, donde también habían nacido Francisco Pizarro, fundador de la Ciudad de los Reyes, la actual Lima (1535); sus hermanos Gonzalo, Hernando y Juan, quienes también participaron en la conquista del Perú; y Francisco de Orellana, descubridor del Amazonas (1542) desde el Ecuador, y cuyo curso siguió hasta llegar al océano Atlántico.

García de Paredes, también había participado en la conquista del Perú, habiendo presenciado el martirio de Atahualpa en Cajamarca. Luego de pasar a la Provincia de Venezuela cuando se produjeron las disensiones entre Almagro y Pizarro, fue nombrado para someter a los indios cuicas. Salió de El Tocuyo en 1557, y al año siguiente, en abril de 1558 fundaría la ciudad de Nueva Trujillo de Tierrafirme, en el sitio de Escuque en la margen del río Boconó. Doce años después de varios traslados, en 1570 la ciudad encontraría asiento definitivo en el Valle de los Cedros, en una meseta elevada e inclinada bordeada por el río Castán y la quebrada los Cedros, con el nombre de Nuestra Señora de la Paz de Trujillo. El trazado urbano de Trujillo está guiado por dos calles que bajan por la meseta, ubicándose la plaza en la parte inferior. La forma de las manzanas es cuadricular.

En todo caso, en lo que es hoy el Estado Trujillo, antes de 1573, además de la ciudad de Trujillo, se fundarían los pueblos de indios de Burbusay (1549); Boconó (1551), por Damián del Barrio; Dulce Nombre de Jesús de Escuque (1557); San José de Tostós (1558); Valera (1560); San Roque de La Quebrada (1560); San Juan de Carache (1561) y Pampán (1566). Con posterioridad a las Ordenanzas de Poblamiento de 1573, además, se fundarían los pueblos de indios de Mirabel (1581); San Bernabé de Niquitao (1584); San Miguel (1597); Monay (1609); Apóstol San Pedro de Jajó (1611); Agua de Obispos (1619); La Puerta (1620); Campo Elías (1654); San Juan Bautista de Betijoque (1662); Bolivia (1669); Siquisay (1682); Santiago de Trujillo (1685) y La Mesa (1687). Fue Francisco de Hoz y Berrío, hermano del gobernador de Guayana, Fernando de Berrío, gobernador y capitán general de la Provincia de Venezuela entre 1616 y 1622, quien fundaría muchos de dichos pueblos de indios, reorganizando los asentamientos de la Provincia. Dictó las Ordenanzas en favor de los indios naturales de la región de Trujillo en 1621, en las cuales exhortaba a los naturales a congregarse y formar pueblos para mejor vivir.

6. *El poblamiento de las tierras de los Caracas y las zonas circundantes*

Luego de haber ejercido desde 1551 como gobernador y capitán general de la isla de Margarita, en 1558 el Mariscal Gutiérrez de la Peña Langayo fue designado gobernador y capitán general interino de la Provincia de Venezuela. Fue dicho gobernador quien nombró a Francisco Fajardo, mestizo natural de Margarita, como primer conquistador y poblador de los indios Caracas, para gobernar y poblar desde Borburata hasta Maracapaná. Al Mariscal lo sucedió, en 1559, Pablo Collado como gobernador y capitán general de la Provincia, quien ratificó a Francisco Fajardo como teniente general para llevar a cabo el proyecto de conquista de los indios Caracas.

Ya para 1558, en el litoral central, Fajardo había fundado la Villa de Catia, la cual sería abandonada, y en 1560, la Villa de Collado, esta última en honor del gobernador, y que luego fue refundada en 1567 por Diego de Losada como Nuestra Señora de Carballeda, en honor a la Virgen de Carballeda, patrona de su familia en Galicia. Fajardo fue designado alcalde mayor de la Villa del Collado y Juan Rodríguez Suárez, el mismo fundador de Mérida (1558), sería designado teniente de la provincia, quien en 1561 fundaría en el Hato San Francisco, de Fajardo, en el valle de Caracas, la Villa de San Francisco. Este pueblo fue, entonces, el primero que se estableció en el valle de Caracas, pero fue abandonado por Fajardo luego de la muerte de Rodríguez Suárez, en 1562, retirándose al Collado, el cual luego también sería abandonado por la presión de los indios. El mismo año de 1561 también se había fundado el pueblo de Valle de la Pascua (El Valle), en el suroeste del valle de los Caracas.

En 1566, Felipe II había nombrado como gobernador y capitán general de la Provincia a Pedro Ponce de León, a quien correspondió terminar con la conquista de los Caracas, con la ratificación del nombramiento de Diego de Losada para ello, efectuado por su antecesor, Alonso Bernáldez. Losada, quien era el hombre de mayor prestigio militar de la Provincia, salió de El Tocuyo a comienzos de 1567 con los 3 hijos del gobernador; pasó por Villa Rica, hoy Nirgua, por Valencia y por los valles de Aragua. Lo acompañaba, entre otros, Gabriel de Ávila, cuyo nombre selló el gigantesco cerro *Guaraira–repano* que está al norte de Caracas; Alonso Andrea de Ledesma, quien había participado en la fundación de El Tocuyo y Trujillo; Sebastián Díaz Alfaro, luego fundador de San Sebastián de los Reyes; Juan Fernández de León, fundador de Guanare; Francisco de Vides, después gobernador y capitán general de Nueva Andalucía; Cristóbal Gómez y Esteban Martín, de los fundadores de Nueva Segovia de Barquisimeto; y Juan Cataño, Andrés Hernández y Andrés de San Juan, de los fundadores de El Tocuyo, Borburata y Trujillo.

Desde los valles de Aragua, Losada llegó al Valle del Miedo, donde comienza la serranía de Los Teques, país de Guaicaipuro y donde mucho después, en 1777 el obispo Martí, a orillas del río San Pedro, asentaría la población de Los Teques. Después de duros combates, entraría al valle de San Jorge (Las Adjuntas), pasó por Valle de la Pascua (El Valle) y entraría al valle de San Francisco, donde el 27 de julio de 1567 fundaría la ciudad de Santiago de León de Caracas, en honor al santo patrón de España y del gobernador Ponce de León.

En ese mismo año, la capital de la Provincia se trasladaría de Coro a Caracas; y en 1786, allí se establecería la última de las Audiencias creadas en América.

En 1569, a la muerte de Ponce de León, sería nombrado como gobernador y capitán general de la Provincia, Diego de Mazariegos, quien había fundado la ciudad de Chiapas y había sido gobernador y capitán general de Guatemala. A la muerte de Mazariegos, en 1576, sería designado como gobernador y capitán general de la Provincia, Juan de Pimentel, quien en 1578, levantó el muy conocido croquis de la planta de Caracas, reducido al cuadrado que limitan los ángulos de las esquinas hoy llamadas como de Cuartel Viejo, Abanico, Doctor Díaz y La Gorda, dividido en 25 manzanas dispuestas por la trama de cuatro calles en paralelas de norte a sur que partiendo de las esquinas hoy denominadas de Altagracia, Mijares, Jesuitas y Maturín, llegaban hasta las hoy esquinas llamadas Mercaderes, Pajaritos, Camejo y Colón; y de otras cuatro calles dispuestas en paralelo de este a oeste, que partiendo de las esquinas hoy denominadas La Pelota, La Marrón, Doctor Paúl y El Chorro, llegaban a las hoy esquinas de Llaguno, Piñango, Muñoz y La Pedrera. La plaza mayor se situó en el centro de la trama urbana, con la catedral, edificada a comienzos del siglo XVII, ubicada al este de la plaza. Caracas es quizás la única de las ciudades latinoamericanas en la cual todas las esquinas de su vieja cuadrícula tienen nombre propio.

En el propio gran valle de Caracas, con posterioridad, hacia el sur, se consolidaría el pueblo de El Valle; en el extremo este del valle se fundarían muchos pueblos, como San José de Chacao en 1597; y por orden del gobernador de la Provincia Francisco de la Hoz y Berrío se establecieron pueblos que tuvieron su origen en encomiendas, como el pueblo de El Buen Jesús de Petare establecido el 17 de febrero de 1621 en el sitio de la Quebrada de la Vieja, donde ya había asentamientos desde 1567; y posteriormente y hacia el sureste, también como pueblos de encomienda, los pueblos de Baruta (1591), establecido por Alonso Andrea de Ledesma, y Turgua (1621). En cuanto al pueblo de Baruta, en 19 de agosto de 1620 se lo fundaría como pueblo de indios, con el nombre de San Francisco de Paula. Más hacia el este, en 1784, se establecería el pueblo de El Hatillo, al erigirse la Parroquia de Santa Rosalía de Palermo, en tierras que fueron donadas por Baltasar de León.

En el propio valle de Caracas y hacia su parte suroeste también se fundarían otros pueblos de encomiendas por el gobernador De la Hoz y Berrío como La Vega

(1621), Antímano (1621) y posteriormente, el pueblo de Macarao (1649). Cerca del valle de Caracas, pero hacia la costa central de la provincia, cerca de donde Fajardo había fundado el pueblo de Carballeda, con posterioridad el gobernador Osorio fundaría el puerto de La Guaira (1587), el cual desde entonces se convertiría en el puerto de la capital, y los pueblos de indios de Tarma (1591); Maiquetía (1614); Carayaca (1622); y San Francisco de Asís de Naiguatá (1622).

Para 1589, cuando el pueblo de Carballeda ya se había despoblado, el gobernador Diego de Osorio impulsó los esfuerzos por consolidar un pueblo en el puerto de la Guaira, en un lugar que ofrecía mejores condiciones de defensa y que ya servía de puerto para Caracas. Fue atacado por piratas y filibusteros, lo que provocó la construcción de múltiples defensas, entre las cuales se destacan el Castillo de San Carlos en la altura de Las Tunas, el cual se terminó en 1769; los fuertes del Príncipe o del Zamuro (El Vigía) y del Carmen o del Gavilán de fines del siglo XVII, y numerosos baluartes y baterías diseminados en los alrededores de la ciudad.

En cuanto a las fundaciones hacia las depresiones ubicadas al este del valle de Caracas, en lo que es el actual Estado Miranda, se establecieron los pueblos de Nuestra Señora de Copacabana de Guarenas (1578), Santa Cruz de Pacairigua de Guatire, Aragüita (1585), Nuestra Señora de Altagracia y del Señor San José de Curiepe (1698), Anunciación de Nuestra Señora del Valle de Santa Cruz de Caucagua y Chupaquire (1699); y hacia los valles del río Tuy, el 23 de enero de 1612, el pueblo de Señora Santa Lucía de Pariaguán, como pueblo de encomienda, en las cabeceras del río Prepo, donde había asentamientos desde 1607 y que en 1700 sería trasladado a orillas del río Guaire; y los pueblos de Santa Rosa de Lima de Charallave (1619); Capaya (1687); Nuestra Señora del Rosario de Marín o Cúa (1690), fundada por el indio Cúe; y San Diego de Alcalá de la Sabana de Ocumare (del Tuy) (1693). En las zonas altas al sur de Caracas, se fundarían además, los pueblos de San Diego de los Altos (1620) formado por el traslado de indios desde Santa Lucía por el cura doctrinero Tomás de León; y de Casupo (1621); Paracotos (1673) y San Antonio de los Altos (1683).

7. *El poblamiento hacia los Llanos*

En la fundación de Caracas, con Diego de Losada había participado Sebastián Díaz Alfaro. El gobernador Luis de Rojas, quien antes había sido gobernador de la Provincia de Yucatán, le encomendó la conquista y poblamiento de los quiriquires y los tomuzas. Fundó dos ciudades en sus tierras: San Juan de la Paz y San Sebastián de los Reyes, la primera situada a orillas del río Tuy, aguas abajo de la confluencia con el río Guaire; y la segunda el 6 de enero de 1585, a la entrada de los llanos, en una meseta entre los ríos Guárico y Caramacate. La primera desapareció y la segunda cambió de sitio en muchas ocasiones, encontrando la ubicación actual casi 100 años después, en 1676. Sebastián Díaz de Alfaro había sido alcalde de Caracas en 1591 y 1594.

En la jurisdicción de San Sebastián de los Reyes se establecieron las siguientes misiones capuchinas, de cuyo asentamiento resultaron diversos pueblos: San Fernando de Cachicamo (1753), Nuestra Señora de Altagracia de Iguana (1734), Nuestra Señora del Rosario de Altamira (1744), Purísima Concepción de Camatagua (1749) y Santo Tomás de Tucupido (1760). Más tardíamente, como se dijo, en 1730

Juan de Bolívar y Villegas fundaría el pueblo de Villa de San Luis de Cura, precisamente en la entrada de los llanos.

Entre los fundadores de San Sebastián estaba el capitán Juan García Carrasco, fundador, en 1599, hacia el este, del pueblo de San Juan de la Laguna de Urariche o de Uchire, en la desembocadura del río Unare.

Con posterioridad, hacia el sur, hacia los llanos, en lo que es el actual Estado Guárico, se fundaron los pueblos de indios y de misiones de Nuestra Señora de Altagracia de Orituco (1585); San Juan de los Morros (1590); Parapara (1595); Valle de la Pascua (1621), fundada por Juan González Padrón; San Francisco de Assís de Tiznados (1624); Mamonal (1628); Manapire (1632); San Lorenzo de Chaguaramas (1653); Ortiz (1687); Lezania (1688) ; Santa Bárbara de Guarda Tinajas (1768), Humildad y Paciencia de Nuestro Señor Jesucristo de Camaguán (1689); El Sombrero; San Juan de Tiznados (1693); San Rafael de Orituco (1694), Santísima Trinidad (1723) y Nuestra Señora de los Ángeles (1695); estas dos últimas en jurisdicción de la villa de Todos los Santos de Calabozo, fundada en 1657 por los capuchinos. Más al sur, en la ribera del río Orinoco se fundaría en 1647, el pueblo de Triunfo de la Cruz de la Nueva Cantabria o Cabruta. Todos estos pueblos tienen una traza urbana reticular.

Hacia el oeste, además, en lo que es el actual Estado Cojedes, se fundaron, la mayoría por los misioneros capuchinos, los pueblos de Nuestro Señor Padre Santo San Francisco de Cojedes (1617); Choro (1617), Tirgua (1661); Tucuragua (1661); San Juan Bautista del Pao (1661); San Carlos de Austria (1677); Las Vegas (1678); Mapuey (1679); Tinaquillo (1680); El Baúl (1692) conocido también como San Miguel de la Voca de Tinaco con misión establecida en 1744, Santa Clara de Caramacate (1750), la Divina Pastora de Joval (1751) y Santa Cruz del Nogal (1764). Todos estos pueblos también tienen una traza urbana regular, siendo un ejemplo de traza cuadricular la del pueblo de Tinaco.

Por otra parte, en 1589, Diego de Osorio sería nombrado gobernador y capitán general de la Provincia de Venezuela, y fue quien dotó de ejidos a la ciudad de Caracas. Durante su gobierno encomendó a Juan Fernández de León la misión de poblar la Provincia de Guanaguanare, de lo que resultó la fundación de la Ciudad del Espíritu Santo del Valle de San Juan de Guanaguanare, hoy Guanare, el 3 de noviembre de 1591. Cerca de la ciudad, el 8 de septiembre de 1652, la Virgen de Coromoto se le aparecería a un indio cospe, ubicándose allí el santuario de la que se declaró, en 1942, la patrona de Venezuela. La ciudad tiene una forma ortogonal casi perfecta, con la iglesia situada al este de la plaza.

Posteriormente, en lo que es el actual Estado Portuguesa, se fundarían los pueblos de Paraíso de Chabasquén (1620); Pueblo Viejo (1647); Tucupido (1652); San José de Guanare (1664) y Maraca (1680). La villa de Nuestra Señora del Pilar de Zaragoza y Araure fue fundada por los misioneros capuchinos en 1692, en cuya jurisdicción estaban los pueblos de indios de Arcángel San Miguel de Acarigua (1615) (de los indios hacarygua, donde había llegado Federmann), La Aparición de la Corteza, San Antonio de Turén o Yugure (1724), Santa Bárbara de Agua Blanca (1725) y San Rafael de Onoto (1726). La villa de San Fernando de Ospino, además, se fundaría por vecinos de Guanare en el sitio donde se habían asentado misioneros capuchinos. Además, formaba parte de la jurisdicción de la ciudad, el valle de Boconó, donde se establecería en 1763, la misión capuchina de San Genaro de

Boconó. Las otras misiones capuchinas que se establecieron en la jurisdicción de Guanare fueron San Pedro de Alcántara de María (1763) y Guanarito (1768).

Por último, hacia el sur, en los llanos, se fundaron los pueblos de indios y de misiones de San José de Leonisa de Cunaviche, Purísima Concepción de María Santísima Nuestra Señora de Payara, Santa Bárbara de Achaguas, San Francisco de Assís de Capanaparo y San Serafín de Monte Granario de Atamaica. En la ribera del río Apure, en la desembocadura del río Portuguesa, se proyectó establecer una villa y además, aguas abajo en el mismo río Apure, en 1788 se establecería el pueblo de San Fernando de Apure.

8. *El poblamiento en la cuenca del lago de Maracaibo*

En el plano que elaboró Juan de la Cosa en 1500, que es el primero conocido del Nuevo Mundo, en el trazado de la costa en la boca de lo que es el lago de Maracaibo, aparece escrito el nombre de "Venezuela", el que además ha sido desde siempre el nombre del golfo que está a la entrada del mismo. Venezuela, además, fue la denominación dada a la Provincia concedida a los Welser. Las penetraciones de los adelantados hacia la cuenca del lago se efectuaron, por tanto, desde el inicio, aunque no sucedió lo mismo con el poblamiento.

Como se dijo, Ambrosio Alfinger había llegado a Coro el 26 de febrero de 1529, haciéndose cargo del Gobierno de la Provincia, y al poco tiempo saldría a descubrir tierras rumbo a occidente. Llegó a la laguna de Maracaibo, pasó a la otra banda, ubicando en el sitio que le pareció más conveniente una ranchería, llamada Maracaibo. En 1535, como también se dijo, Nicolás Federmann, teniente de gobernador de Jorge Spira, habría trasladado el vecindario de dicha ranchería al cabo de La Vela, que era el límite de la Provincia por la costa de mar, donde fundaría un pueblo que luego sería Nuestra Señora de los Remedios, quedando así despoblada la ranchería de Maracaibo.

Fue en 1568, cuando el gobernador de Venezuela Pedro Ponce de León, además de haber emprendido la conquista de Caracas, advertiría sobre la necesidad de conquistar también las zonas de la cuenca del lago de Maracaibo, encargando de ello al teniente de gobernador de la recién fundada ciudad de Trujillo, capitán Alonso Pacheco Maldonado. La expedición entró al lago desde Trujillo por el río Motatán, fundándose el 20 de enero del año 1569, una ciudad con el nombre de Nueva Ciudad Rodrigo de Maracaibo, la cual sin embargo, luego sería abandonada.

Con posterioridad, el gobernador Mazariegos obtendría permiso del Rey para continuar la conquista de las zonas del lago, encargando a Pedro Maldonado para que prosiguiera la empresa que había sido iniciada por Pacheco Maldonado, y en 1574 refundaría la ciudad, cambiándole el nombre de Ciudad Rodrigo por el de Nueva Zamora de Maracaibo, llevando nueva gente para poblarla. La ciudad se diseñó con una planta reticular, con la iglesia catedral al este de la plaza que se situó cerca de la ribera del lago. Fue atacada y asaltada por piratas, entre ellos, Jean de Granmont en 1678, quien, incluso, invadió el puerto de San Antonio de Gibraltar situado en el sur del lago, llegando hasta la ciudad de Trujillo. Maracaibo comenzó entonces a ser protegida, construyéndose a partir de 1679 varias fortificaciones en las tres barras del lago.

En el actual Estado Zulia, cuyo territorio circunda el lago de Maracaibo y que hasta 1676 formó parte de la Provincia de Venezuela, con posterioridad se fundaron los pueblos de Nuestra Señora de Altagracia (1574); Sinamaica (1591); San Antonio de Gibraltar (1591); Tomaporo de Agua (1641) y San Timoteo (1662). Asimismo, en la segunda mitad del siglo XVII se establecieron muchos pueblos de indios por las misiones de los capuchinos, particularmente en la región de Perijá, como Nuestra Señora del Rosario de Perijá y al sur del lago, como Santa Bárbara del Zulia y San Carlos del Zulia, a orillas del río Escalante.

V. LAS PROVINCIAS DE LAS SIERRAS NEVADAS

El inicio del poblamiento de la Provincia de Mérida–La Grita, en las Sierras Nevadas de los Andes venezolanos, se efectuó en el siglo XVI desde la ciudad de Pamplona, que era de la Provincia o Corregimiento de Tunja del Nuevo Reyno de Granada. Sólo fue posteriormente cuando la Provincia se independizaría del Corregimiento de Tunja, al crearse en 1622 la Provincia de Mérida–La Grita con rango de Gobernación y Capitanía General, con capital en Mérida, sometida a la Real Audiencia de Santa Fe. A partir de 1678, la capital de la Provincia de Mérida, La Grita y Maracaibo, pasó a ubicarse en la ciudad de Maracaibo.

1. *La ciudad de Pamplona y las Sierras Nevadas*

En efecto, en 1548, el visitador y gobernador de Santa Fe de Bogotá, Manuel Díaz de Armendáriz, habría encomendado a Pedro de Ursúa, su sobrino, junto con Ortún Velásquez de Velasco, para dirigir una expedición que debía encaminarse hacia las Sierras Nevadas del Norte, que Spira y Federmann habían visto de lejos, pasando por los llanos y las cuales también había avistado Alfinger en la jornada en la cual murió. El resultado inicial de la expedición fue la fundación de la ciudad de Pamplona en un valle elevado que llamaron del Espíritu Santo, rodeado de altas sierras. La ciudad se trazó con regularidad en abril de 1549 y en dicha fundación habría participado Juan Rodríguez Suárez, oriundo de la ciudad extremeña de Mérida. No lejos de Pamplona se encontraba el Valle de Micer Ambrosio, donde había fallecido Alfinger.

A Ursúa lo sucedió en el gobierno de la colonia, Ortún Velásquez de Velasco quien en calidad de justicia mayor, gobernó la ciudad por 20 años, hasta 1584. La Provincia de Pamplona comprendía entonces por el norte, el río Zulia hasta el lago de Maracaibo.

En Pamplona había algunos vecinos, entre ellos, Pedro Alonso de los Hoyos, quien había llegado al Nuevo Reino por la falda de la cordillera que cae a los llanos, desde los cuales habían visto las Sierras Nevadas. Esos vecinos habían participado en la expedición de Spira, en 1535, por la vía de los llanos "llevando la cordillera que a la derecha tenían por guía, no perdiéndola de vista". Además, en 1547, como se dijo, desde El Tocuyo habían sido enviados a descubrir las provincias de las Sierras Nevadas, Alonso Pérez de Tolosa y Diego de Losada, sin lograr penetrar la cordillera.

En 1553, Juan Rodríguez Suárez había sido nombrado por el regidor Juan Maldonado, procurador de la ciudad; y en 1554 fue nombrado alcalde de las Minas del Río de Oro por una Real Provisión firmada en Santa Fe. En el mismo año 1554, en el Cabildo de Pamplona se tomó noticias de los intentos de Pedro de Ursúa, antiguo fundador, para ir a las Sierras Nevadas a establecer un pueblo, lo cual le fue impedido por carecer de autoridad para ello. Al año siguiente, en 1555, en el mismo Cabildo de Pamplona se trataría sobre la conveniencia de ir a buscar minas en los términos de la ciudad, hacia las Sierras Nevadas, a solicitud de Nicolás de Palencia, de lo que resultaría el nombramiento de Juan de Maldonado, alcalde de la ciudad, para que fuera a buscar dichas minas en los términos de la ciudad, incluidas las Sierras Nevadas. La expedición de Maldonado, en 1555, sólo llegaría al sitio de Cúcuta. En 1557 hubo otra decisión del Cabildo encargando a Juan Andrés Valera, alcalde ordinario de la ciudad con el mismo objetivo, la cual no llegaría a efectuarse.

Juan Rodríguez Suárez, había sido designado alcalde ordinario de Pamplona en 1558, junto con Pedro Alonso de los Hoyos. Este, como procurador, propuso la designación de Juan Rodríguez Suárez para la expedición de buscar las dichas minas en la Provincia de Táchira y las Sierras Nevadas, lo cual se decidió el 14 de abril de 1558.

La expedición partió de Pamplona a fines de junio de 1558 pasando por los valles de Cúcuta, el río Táchira, el valle de Santiago (donde luego Juan de Maldonado, en 1561, fundaría la ciudad San Cristóbal), el Cobre, el valle de La Grita, el valle de Bailadores, y La Lagunilla hasta La Guazábara o El Realejo, donde entonces, fundó una ciudad que denominó Mérida, el 9 de octubre de 1558, en el sitio que hoy ocupa el pueblo San Juan, a una legua de Lagunillas. Se nombraron las autoridades (regidores, alcaldes y oficiales reales) y Juan Rodríguez Suárez se hizo nombrar capitán y justicia mayor de la ciudad. Todo ello se notificaría al Cabildo de Pamplona.

Al día siguiente, Juan Rodríguez Suárez levantaría el campamento y avanzó hacia el norte hasta descubrir una alta meseta frente a la Sierra Nevada, entre los ríos Chama (al que denominaron Guadiana) y Albarregas, a la que el 1° de noviembre de 1558 se trasladaría la ciudad, al sitio denominado La Punta, donde actualmente está la población de La Parroquia (Santiago de la Punta) que integra el área urbana de Mérida. No hay que olvidar que la ciudad de Mérida en Extremadura, donde, como se dijo, había nacido Rodríguez Suárez, esta situada en las orillas del río Guadiana, justo antes de que en él desemboque el río Albarregas.

En los días siguientes, Rodríguez Suárez recorrió la tierra y descubrió sucesivamente los valles de los ríos Albarregas y Mucujún, el valle de Turmas hacia el noreste, la laguna de Caza (Mucubají), el valle de Santo Domingo, y el páramo de Mucuchíes. Pero paralelamente a estos acontecimientos, Juan de Maldonado había obtenido una Provisión Real en Santa Fe, el 17 de agosto del mismo año, en la cual se le había comisionado para aprehender a su enemigo, Juan Rodríguez Suárez, por cuanto este había ido a poblar "so color de buscar minas". Dada la actitud belicosa de Maldonado, otra Real Provisión le exigía cumplir su cometido quieto y pacíficamente, sin llevar gente ni armas.

En febrero de 1559 ya estaba Maldonado en Mérida, ordenando nuevamente el traslado de la ciudad una legua más arriba, donde hoy se encuentra, con una traza cuadricular, con la plaza en el centro y la catedral al este de la plaza. Mientras esto sucedía, Juan Rodríguez Suárez estaba en la Culata del lago de Maracaibo. De regreso a Mérida sería aprehendido por Juan de Maldonado, quien había bautizado la ciudad con el nombre de Santiago de los Caballeros de Mérida. En marzo de 1559 ya habían llegado, el prisionero y su escolta, a Pamplona, y a fines de abril se hallaban en Bogotá, donde en mayo de 1559, se iniciaría en la Real Audiencia el proceso contra Rodríguez Suárez por haber cometido el delito de haber fundado un pueblo sin licencia.

En marzo de 1560, Rodríguez Suárez escaparía de la prisión, obteniendo refugio en la casa del obispo de Santa Marta, fray Juan de los Barrios, de donde fue sacado a la fuerza contra las protestas de éste, por el oidor de la Real Audiencia. De nuevo encarcelado, sería condenado el 22 de marzo de 1560, a morir arrastrado a la cola de un caballo por las calles de Santa Fe y llevado al rollo, "...donde sea hecho cuatro cuartos que se pondrán en los cuatro caminos más principales y públicos, y la cabeza sea puesta en el rollo".

Pero Juan Rodríguez Suárez lograría escapar, esta vez con la complicidad de la curia. En su huída, pasaría por Pamplona y Mérida, y llegaría hasta Trujillo, de la Gobernación de Venezuela, donde no lo alcanzaba la jurisdicción de la Audiencia de Santa Fe. En Trujillo, Diego García de Paredes, fundador de la ciudad y justicia mayor lo recibió y le dio protección, dejándolo, al ausentarse, como su teniente. Cuando el enviado de Pamplona, Alonso de Esperanza, quien había acompañado a Rodríguez en la expedición fundadora de 1558, se presentó en Trujillo a aprehenderle, ninguna autoridad le ayudó y más bien el alcalde le dijo cuando le presentó la orden de arresto, que "allí nadie sabía leer sino el Ave María o el Paternóster", y respecto de Rodríguez Suárez, no podían sino dar buenas referencias.

Ante la denuncia de Esperanza, de regreso a Pamplona, la Real Audiencia de Bogotá, el 18 de enero de 1561 pidió al gobernador de Venezuela Pablo Collado, que prendiese a Rodríguez Suárez, a García Paredes y al alcalde de Trujillo, quienes habían desobedecido las órdenes de los oidores. El gobernador se negó a recibir órdenes que no emanasen de la Real Audiencia de Santo Domingo, bajo cuya autoridad estaba su gobierno. Se materializó, así, el primer caso de asilo político en la historia americana.

Rodríguez Suárez salió de Trujillo, y en Barquisimeto sería recibido y amparado por el gobernador, participando luego en la conquista y poblamiento del valle de los Caracas.

2. *El poblamiento sucesivo de la Provincia de las Sierras Nevadas*

Luego de la fundación de Mérida en 1558, el 4 de mayo de 1559, en la ciudad de Pamplona, el licenciado Tomás López del Consejo de su Majestad y su oidor en la Audiencia Real del Nuevo Reino de Granada presentaría ante las autoridades Justicia y Regimiento de la Ciudad (justicia mayor, alcalde y regidores) una Provisión Real consistente en una "Instrucción que se ha de guardar en juntar y poblar los indios naturales de los términos de la ciudad de Pamplona", conforme a la cual se desarrolló el poblamiento de las provincias de las Sierras Nevadas, hoy el Estado Mérida, pues la mayoría de los pueblos allí establecidos fueron pueblos de indios. Además, las Ordenanzas sobre Resguardos adoptadas por la Real Audiencia de Santa Fe, bajo la presidencia de Antonio González a finales del siglo XVI, como política de protección indígena, también se aplicarían inmediatamente en la Provincia de Tunja, que abarcaba el corregimiento de Mérida–La Grita, correspondiendo su implementación inicial a Juan Gómez Garzón, como juez medidor en 1594 y luego a partir de 1602, a Antonio Beltrán de Guevara, como corregidor y justicia mayor de Tunja; y a Alonso Vásquez de Cisneros, quien era oidor de la Real Audiencia de Santa Fe de Bogotá, entre 1600 y 1620. Este último, como tal, sería visitador y autor de las Ordenanzas de la Provincia de Mérida (1619–1620) "para el buen gobierno espiritual y temporal de los indios". En su visita buscó remediar la situación de dispersión en la que se encontraban los indios, mediante la fundación o refundación de 17 pueblos de indios y de doctrina, cuyo origen en general estuvo en encomiendas, entre los cuales se pueden mencionar los siguientes: Tovar (1620); Canaguá (Libertad) (1597); San Miguel de La Sabana (1620), doctrina de los agustinos desde 1597, que posteriormente se trasladó al sitio de La Mesa de Santiago (1597), y luego al asiento de Jají, que existía desde 1597; Ejido (1597); Tabay (1620) que era aldea indígena y doctrina desde 1590; Mucurubá (1595); San Rafael de Mucuchíes (1590); Cacute (1597); Timotes (1579); Chachopo (1581); Santo Domingo (1619); Mucurubá (1595); Mucuño (1620), doctrina de los agustinos; Chaguantá (1620); La Sal (Piñango) (1597); Tucaní (1620); Torondoy (1602); Los Nevados (1605); Acequias (1620), que había sido una encomienda de Alonso Rodríguez de Mercado; San Antonio de Mucutuy, aldea indígena y doctrina de los agustinos (1596), fue fundada como pueblo de indios por Pedro Varela en 1650; Nuestra Señora de La Paz de Aricagua, aldea indígena, fue fundada por Diego de Navarro en 1597.

De la encomienda de Santo Domingo, se desagregaron los pueblos de Las Piedras, que tuvo su origen en una encomienda de Pedro Esteban Buena Vista (1562) y curato, en 1698; y de Pueblo Llano, también aldea indígena y curato en 1761. Además, en lo que es el actual Estado Mérida también se fundaron los pueblos de El Potrero (1597); Guaraque (1597); Iricuy (1597); Nuestra Señora de Guadalupe de La Quebrada (Pueblo Nuevo) (1597); y San Antonio de Chiguará (1657).

Entre esas fundaciones, en particular deben destacarse los siguientes pueblos en la zona de Mérida:

El pueblo de Lagunillas, en el valle abajo del río Chama donde llegó Juan Rodríguez Suárez inicialmente, tuvo su origen en la encomienda dada a Antonio de Reynoso. El visitador Vázquez de Cisneros en 1619 había ordenado que se juntaran los indios en el sitio de Jamuén, con la indicación de que "...la iglesia ha de estar en medio de la población, con la conveniencia del cura doctrinero y del poblador que será nombrado, dejando delante de la iglesia una plaza cuadrada..."

Adicionalmente se indicaba al poblador, con mayor precisión, que:

> "La traza del pueblo y sus edificios, será de esta forma: que se sitúe y haga en el sitio de Jaumén y se ponga la plaza en medio, de buena proporción y de ella, salgan todas las calles de seis varas, con sus solares y casas, de veinte varas en cuadro y algo más, para el corral. Todo el pueblo indio haga la iglesia en un canto de la plaza..."

En cuanto al pueblo de Mucuchíes, el cual era aldea indígena y doctrina de los agustinos en 1590, fue fundada como Santa Lucía de Mucuchíes por Bartolomé Díaz en 1597, y refundado como pueblo de indios por Alonso Vásquez de Cisneros en 1619. En la comisión que dio a Pedro de Menas Albas, le indicó que consolidara la población junto a la iglesia que ya existía en el valle de Mucuchíes, partiendo del trazado de una plaza cuadrada, precisándole que:

> "De la dicha iglesia y de la dicha plaza habéis de sacar todas las calles derechas por todas partes de seis baras de ancho, en la proporción y los solares y casas delos indios, han de ser de veinte varas en cuadro..."

El pueblo de Timotes también tuvo su origen en encomiendas cuyos primeros beneficiaros fueron Herrando de Cerrada y Martín de Zurbarán. Vázquez de Cisneros, en su visita a la zona en 1619, designó como juez poblador a Francisco Carmelo, a quien ordenaría que en el poblado, "...cada repartimiento, de por sí, se le señales sus solares cuadrados por orden y cuadras y las calles se hagan derechas, limpias y deserbadas..."

En cuanto al pueblo de Bailadores, por el mismo había pasado Juan Rodríguez Suárez, en su expedición hacia Mérida en 1556, y fue él el que así lo denominó, por la particular forma que tenían los indios de bailar o danzar. El pueblo correspondió en repartimiento a Juan de Morales en 1575, y su fundación como nueva población de Nuestra Señora de la Candelaria de Bailadores, se efectuó el 14 de septiembre de 1601, con la participación del padre agustino Pedro Sande y con la denominación de la Vera Cruz de Bailadores, dependiendo sin embargo, de la ciudad del Espíritu Santo de La Grita. Posteriormente, sería Francisco Hoz y Berrío quien confirmaría a Bailadores como pueblo de doctrina en 1620, y después, en 1628, de nuevo se refundaría con motivo de la visita de Fernando de Saavedra por orden de la Audiencia de Santa Fe.

Siguiendo las orientaciones de las Ordenanzas dictadas por Vásquez de Cisneros, con posterioridad, el también oidor de la Audiencia de Santa Fe, Diego de Baños y Sotomayor, realizaría una visita en los territorios de las Sierras Nevadas, completando el proceso fundacional de los mencionados pueblos de indios, disponiendo su traslado en algunos casos.

Debe señalarse, por último, que tanto arraigo tuvieron las normas de poblamiento en Mérida, que la Asamblea Legislativa del Gran Estado Los Andes (que abarcaba los actuales Estados Mérida, Táchira y Trujillo) dictó en 1898, una "Ley sobre la forma de establecer y fundar pueblos", única en la historia legislativa venezolana.

3. *El poblamiento de las tierras del Táchira*

Después de las andanzas de Juan Maldonado en persecución de Juan Rodríguez Suárez, la Audiencia de Santa Fe le otorgaría Provisión Real para poblar un pueblo o villa en el camino hacia Mérida, en el valle de Santiago. La expedición salió de Pamplona a principios de 1561, por la vía del valle de Cúcuta, la Loma del Viento y las tierras de los Capachos, remontando el río Torbes, y el 31 de marzo de 1561 fundaría la ciudad de San Cristóbal en la sabana alta, "que estaba de la otra banda del río principal que atraviesa por medio el Valle". En la expedición también estaba Nicolás de Palencia, viejo conquistador de amplia experiencia en las aventuras descubridoras de Felipe de Hutten y Bartolomé Welser.

Había sido hecho preso por Carvajal, luego de la muerte de estos, y libre, pasó al Nuevo Reyno donde participaría en la fundación de Pamplona. La ciudad de San Cristóbal tiene una forma reticular, habiéndose ubicado el centro cerca de la quebrada La Bermeja, con la iglesia al este de la plaza (Plaza Maldonado).

La fundación de San Cristóbal tampoco fue bien aceptada por Pamplona, donde se tenía fresca la experiencia de Rodríguez Suárez con la fundación de Mérida, por lo que le había cercenado de los límites y jurisdicción a la ciudad. Irónicamente, a Juan Maldonado, quien había sido el perseguidor de Rodríguez Suárez, también se lo acusó de desacato. Había fijado los términos de San Cristóbal hasta el río Cúcuta; por la banda de Mérida, hasta Pueblo Hondo; por la banda del oriente, hasta los llanos de Venezuela; y por la banda del poniente, hasta la laguna de Maracaibo. Las desavenencias entre Pamplona y San Cristóbal desembocaron en un enconado litigio ante la Real Audiencia, que fue resuelto por el visitador Angulo, con una decisión que ratificó los términos y jurisdicción de San Cristóbal, en 1562. Las disputas entre las dos ciudades, sin embargo, continuaron en los años siguientes.

En todo caso, en 1561, en los alrededores de San Cristóbal, al borde del río Torbes, se fundaría por Alfonso Álvarez de Zamora, un pueblo de indios como Nuestra Señora de la Consolación de Táriba; y en 1562, se fundaría el pueblo de Peribeca. Posteriormente, ya en el siglo XVII, se fundarían como pueblos de indios, en 1627, el de Palmira por Fernando de Saavedra; y el de San Pedro de Capacho por Luis Sosa Lovera, en 1642. Luego se fundaría por el gobernador Antonio de los Ríos Jimeno, en 1663, el caserío de San Agustín de Lobatera.

Finalmente en 1724, se fundó el pueblo de San Antonio de Padua (del Táchira) por Eugenio Sánchez Osorio y Juan Antonio de Omaña Rivadenegra. Además, posteriormente, se fundarían los pueblos de Libertad (1602); Queniquea (1617) y Borotá (1642).

4. *La Provincia del Espíritu Santo de La Grita*

Francisco de Cáceres había llegado a Tierra Firme en 1569 con la expedición de Diego Fernández de Serpa a Nueva Andalucía. Después de la muerte de éste y del fracaso de la expedición, llegaría al Nuevo Reino, donde participó en muchas expediciones. Tuvo noticias de una región desconocida a espaldas de Guatavita, por donde se situaba el Dorado y se dirigió a ella. No encontró minas, pero en 1573 fundó un pueblo también sin licencia, al cual denominó Espíritu Santo. Notificó de ello a la Real Audiencia, la que lo mandó a aprehender y a despoblar lo hecho, por no haber obtenido licencia para ello. El mandamiento podía desembocar en pena de muerte, por lo que no hizo caso al llamado de la Audiencia, y se marchó a España por la Provincia de Venezuela. Su hermano Alonso había sido designado secretario de cifra del rey de España para el Reino de Nápoles, y con esa influencia pudo obtener una Real Cédula, en 1574, que le concedió la gobernación de la Provincia del Espíritu Santo, ordenándosele a la Real Audiencia de Santa Fe, celebrar Capitulación con Cáceres, lo cual se efectuó en marzo de 1575.

Antes de ello, sin embargo, Cáceres ya había reincidido en su actividad fundacional sin licencia, pues había intentado fundar un pueblo en los llanos orientales del río Meta y del Vichada, dentro de la jurisdicción de la gobernación del Dorado de Jiménez de Quesada. Incluso, después de otorgada la Capitulación de La Grita del Espíritu Santo, el Cabildo de San Juan de los Llanos llegó a solicitar en 1585 la anexión de la ciudad a la gobernación de Cáceres; y uno de los lugartenientes de Cáceres, Pedro Daza fundaría el pueblo de Medina de las Torres en el mismo año 1585, en el pie de monte de la cadena oriental andina cerca de las cabeceras del río Cusiana con el propósito de anexar el área de los Llanos Orientales a La Grita, lo que provocó el rechazo de la gobernación de Tunja, cuyos oficiales la trasladaron, en 1588, rebautizándola como Santiago de las Atalayas, en el Casanare.

En cuanto a Cáceres, con una expedición organizada precariamente, partió hacia los llanos y luego enrumbó al norte, hacia las Sierras Nevadas, en busca de mejores tierras, llegando a San Cristóbal. Salió de San Cristóbal por el páramo del Zumbador y llegó al Valle de La Grita en abril de 1576, donde como se dijo, fundaría la ciudad del Espíritu Santo de La Grita. El nombre también se lo había puesto al sitio Juan Rodríguez Suárez, cuando pasó por allí en septiembre de 1558, por los peculiares gritos y ulular de voces de los naturales del lugar.

Encontrándose en proceso de organizar la villa, una Real Provisión de 4 de junio de 1576 le ordenó presentarse en Santa Fe, y entregar la jurisdicción de La Grita al capitán Ortún Velásquez de Velasco, fundador de Pamplona. Pleiteó en Santa Fe, y la Audiencia, al final, le dio Despacho provisional de justicia mayor para regresar a La Grita. En todo caso, con la creación de la ciudad de La Grita, las ciudades de Mérida y San Cristóbal que formaban parte de la gobernación de Tunja, habían quedado territorialmente divididas.

Una vez en la ciudad de La Grita, Cáceres extendió los dominios de la Gobernación y encomendó a Juan Andrés Valera, vecino de Mérida, para que poblase una villa hacia los llanos, en el piedemonte. Así se fundó Altamira de Cáceres por Andrés Varela el 27 de mayo de 1577, en el cañón del río Santo Domingo, que fue el origen de la ciudad de Barinas.

En 1591, quien años después sería gobernador y capitán general de la Provincia de Venezuela (1597), Gonzalo de Piña Ludueña, vecino de Mérida y nacido en Gibraltar, España, había fundado el puerto de San Antonio de Gibraltar en el lago de Maracaibo y la ciudad de Pedraza, en los llanos de Barinas. Gibraltar fue la salida al lago de las provincias de Mérida–La Grita, y fue objeto de ataques piratas.

En 1607, se ordenó la separación de las ciudades de Mérida y San Cristóbal del Corregimiento de Tunja, las cuales, junto con el puerto de San Antonio de Gibraltar y las ciudades del Espíritu Santo y Barinas, conformaron el Corregimiento de Mérida–La Grita, con cabeza en Mérida, desapareciendo la Gobernación del Espíritu Santo. En 1622, el Corregimiento se convertiría en Gobernación, contando con las ciudades de Mérida, Espíritu Santo de La Grita, Barinas, Pedraza, Gibraltar y San Cristóbal.

En 1628 Barinas era todavía Altamira de Cáceres, pues fue en esa fecha cuando fue refundada, por Juan Pacheco Maldonado, como Nueva Trujillo de Barinas o Barinitas.Luego sería trasladada dos veces más, en 1742 y 1759, hasta la ubicación actual. El trazado de Barinas es reticular, con plaza rectangular del tamaño de dos manzanas, constituyendo un caso único en toda la Provincia.

En el actual Estado Barinas, además, se fundarían posteriormente los pueblos de Ciudad Bolivia o Pedraza (1591); Quebrada Seca, Calderas (1599); Mucurutí (1620); El Corozo (1649) y Mijagual (1680), todas con traza urbana regular.

VI. LA PROVINCIA DE NUEVA ANDALUCÍA

La Provincia de la Nueva Andalucía o Cumaná se estableció formalmente luego de la Capitulación otorgada por Felipe II a Diego Fernández de Serpa el 15 de mayo de 1568, por Real Cédula de 27 de mayo de 1568, en la cual se le concedió el título de gobernador y capitán general de la Provincia, dependiendo de la Real Audiencia de Santo Domingo a la cual estuvo siempre sometida, hasta 1786, cuando se creó la

Real Audiencia de Caracas. La Gobernación de Nueva Andalucía o Cumaná fue la más importante del oriente de Venezuela y comprendió en diversas ocasiones las Provincias de Trinidad y Guayana.

En efecto, desde 1591 hasta 1731, la isla de Trinidad formaría parte de una Provincia con Guayana, bajo la jurisdicción de la Audiencia de Santa Fe, pero a partir de 1731 y hasta 1762, sería unida a la Nueva Andalucía. La Provincia de Trinidad y la Guayana continuaría sin embargo, separada, a cargo de un gobernador y capitán general, integrada desde 1739 al Virreinato de Nueva Granada y luego, en 1777, a la Capitanía General de Venezuela. Pero ello sólo por dos años, pues en 1797 sería tomada por los ingleses perdiendo España este dominio.

1. *Las vicisitudes de una conquista fallida*

La conquista y poblamiento del oriente venezolano se inició en virtud de los contactos con tuvieron con Tierra Firme los pobladores de Nueva Cádiz para el abastecimiento de la colonia; y formalmente comenzó a efectuarse en 1515, con el establecimiento de los franciscanos en el sitio de Cumaná, y de los dominicos en el golfo de Santa Fe (Provincia de Chichiriviche), en un ensayo de evangelización pura de los indios, sin encomiendas.

Este ensayo se inició con la reserva que se hizo a favor de los franciscanos y dominicos en la costa de Tierra Firme, cerca de la ribera del río Cumaná (Manzanares), para predicar la fe sin impedimento, mediante una Real Cédula otorgada a quien era provincial de dominicos en La Española, fray Pedro de Córdoba, el 2 de junio de 1513, después de la promulgación de las Leyes de Burgos el 27 de diciembre de 1512, y como secuela de las denuncias sobre la explotación de los indios que había efectuado fray Antonio Montesinos a partir de 1511 y, luego, Bartolomé de Las Casas. Esos eran los tiempos en los cuales el papa Julio II, decretaba la construcción de la basílica de San Pedro en Roma, donde en ese tiempo se hallaba el agustino Martín Lutero.

En 1510, además, Leonardo da Vinci exponía los principios de la turbina de agua; en 1511, Pedro Mártir publicaba su *De Orbe Novo* y Erasmo de Rótterdam, su *Elogio de la locura;* Tiziano pintaba su cuadro *El milagro del recién nacido*; en 1512, Miguel Ángel culminaba el *Moisés* y completaba *La creación de Adán* en la Capilla Sixtina y Rafael pintaba *La Sagrada Familia del pez*; y los portugueses descubrían el archipiélago de Las Molucas. En fin, en 1513 sería cuando Maquiavelo concluyó su obra *El Príncipe* y Tomás Moro, su obra *Historia de Ricardo III.*

En 1515, en las costas orientales de Venezuela, la rebelión de los indios por atropellos sufridos en los años precedentes, había conducido a la muerte a los dos misioneros dominicos que se habían asentado en el golfo de Santa Fe. Fue entonces, el año siguiente, en 1516, el mismo año en que falleció Fernando el Católico, cuando se producirían los primeros asentamientos dominicos y franciscanos en las costas de oriente, pues se había definido una especie de Gobernación espiritual reservada a los religiosos "desde Cariaco hasta Coquivacoa", con la consiguiente prohibición de que otras personas fuesen a esa costa de las perlas impuesta por Real Orden de 3 de septiembre de 1516. Sin embargo, las incursiones de los pobladores de La Española en Tierra Firme tomando indios por esclavos de la costa, no se detuvieron, y más bien, se multiplicaron por el desarrollo de la explotación de perlas en Cubagua.

Entretanto, Bartolomé de Las Casas, como "Procurador General de los Indios" en 1518 peticionaba ante la Corte para obtener la licencia para poblar la tierra de Paria con labradores, para lo cual obtendría, el 10 de septiembre de 1518, una Orden que concedía a los labradores mercedes y libertades si pasaban a las Indias; y el 20 de septiembre del mismo año 1518, otra Real Orden que lo autorizaba a fundar poblados de indios en el Nuevo Mundo, para lo cual comenzó a reclutar labradores en Andalucía, a lo que se opusieron los señores feudales. Su empeño concluyó en esta etapa de su vida, al obtener del recién coronado emperador Carlos V, en mayo de 1520, la concesión de una franja de costa en Tierra Firme, desde la Provincia de Paria hasta Santa Marta (es decir, toda la costa de Venezuela) para su proyecto de colonización pacífica.

En febrero de 1521 ya estaba De Las Casas en Puerto Rico con sesenta labradores, y fue allí que supo de una nueva rebelión de los naturales, quienes habían incendiado las misiones de los dominicos y franciscanos, dándoles muerte a los misioneros. La reacción del gobierno de La Española, a la cual De Las Casas se opuso navegando hasta la isla, fue el envío de una expedición de castigo al mando de Gonzalo de Ocampo para reprimir el alzamiento, lo que agravó el encono entre españoles e indios, con el consiguiente retraso en el proceso de poblamiento de Nueva Andalucía. Coincidía ese tiempo con la excomunión y destierro de Lutero, la ocupación de Belgrado por Solimán el Magnífico y el descubrimiento del archipiélago de las Filipinas por Magallanes.

En 1521, Gonzalo de Ocampo iniciaría la construcción de una fortaleza a orillas del río Manzanares o río Cumaná, con el nombre de Nueva Toledo, la cual duró poco tiempo. En julio del mismo año, Bartolomé de Las Casas volvería a Puerto Rico para encontrar sus labradores en desbandada. Viajaría sin embargo a Tierra Firme para iniciar su ensayo de colonización pacífica. Recibiría la fortaleza de Ocampo, una vez que este verificara la Comisión Real que traía, lo que sin embargo no impidió las incursiones esclavistas de los armadores de Santo Domingo, incluido el mismo Ocampo. Al poco tiempo De Las Casas viajaría a Santo Domingo a hacer valer sus derechos, pero el teniente que había dejado en Tierra Firme, Francisco de Soto, cometería múltiples atropellos contra los indígenas, quienes de nuevo se rebelaron, incendiando lo que había de Nueva Toledo. Después de este fracaso, De Las Casas entró en la Orden de predicadores en la isla La Española.

En 1522, una nueva expedición de castigo partiría de La Española, a cargo del alcalde mayor de Cubagua, Francisco Vallejo, quien sería sustituido posteriormente por Jácome de Castellón, vecino de Santo Domingo. Este tomó la costa y cautivó y esclavizó gran cantidad de indios, entregando el producto de la venta de estos, al factor Juan de Ampíes. El 2 de febrero de 1523 fundaría de nuevo una fortaleza en la desembocadura del río Cumaná, hoy Manzanares, la cual serviría de centro de abastecimiento para Nueva Cádiz en Cubagua.

En 1530, un terremoto destruyó la fortaleza de Cumaná; y en 1532, se les asignó a las autoridades de Nueva Cádiz el gobierno del sitio con jurisdicción en la costa de Tierra Firme. La fortaleza de Cumaná, al estar sujeta a Nueva Cádiz, desapareció cuando a partir de 1543 la pesquería de perlas se trasladó definitivamente de Cubagua al cabo de la Vela, con la destrucción de Nueva Cádiz.

En 1530, Antonio Sedeño, vecino de Puerto Rico, había obtenido Capitulación para la conquista de Trinidad, empresa en la cual fracasó, logrando sólo situar una fortaleza en la península de Paria. Con Sedeño había estado Diego de Lozada.

En ese mismo año de 1530, Diego de Ordaz, el antiguo compañero de Hernán Cortés en la conquista de México, obtendría Capitulación "para descubrir, conquistar y poblar" doscientas leguas desde Maracapana, en los confines de la Capitulación a los alemanes, hasta el río Marañón, llegando en 1531 a Paria, donde tomó la fortaleza de tapias que había dejado Sedeño, dando inicio a un largo conflicto jurisdiccional entre ambos adelantados.

Diego de Ordaz partió de Paria el 23 de junio de 1531 descubriendo la Provincia de Guayana y remontando el Orinoco hasta la desembocadura del Meta. De regreso a Paria, tuvo que enfrentar las pretensiones de las autoridades de la ciudad de Nueva Cádiz, al punto de haber sido hecho preso y llevado a juicio en Santo Domingo. Murió en 1532 en viaje a España para dilucidar sus derechos en la Provincia de Marañón, frente a los derechos de Nueva Cádiz en Tierra Firme.

En 1533, Jerónimo de Artal sucedería a Ordaz, al obtener Capitulación para ir a poblar y rescatar el golfo de Paria, donde llegó en 1534, año en el cual se había confirmado la jurisdicción de Nueva Cádiz entre la Culata del golfo de Cariaco y Maracapana, con ochenta y seis leguas de profundidad, lo que provocó una interminable disputa entre las autoridades de Cubagua y Artal.

Más hacia el oeste, Artal fundó el pueblo de San Miguel del Neverí a finales de agosto de 1535, tuvo que enfrentar a Sedeño, quien había usurpado la Provincia desde Trinidad, y partiría hacia el Meta por el Orinoco. La villa fue tomada por Sedeño, alzado contra el Rey, en cuyas hueste, como se dijo, andaba Diego de Lozada, quien luego pasaría a la Gobernación de Venezuela.

En las décadas siguientes se realizaron nuevos intentos de colonización evangelizadora en las costas de oriente, en la denominada Provincia Dominicana de Santa Cruz a cargo de los dominicos. Sin embargo, desde 1529, cerca del sitio de Pozuelos, en la bahía del mismo nombre, existía una aldea indígena y embarcadero, el cual en 1868 adquiriría la denominación de Puerto de la Santa Cruz, hoy la ciudad de Puerto la Cruz.

2. *El poblamiento de las tierras de los Cumanagotos y Guaiqueríes y de tierra adentro hacia Monagas*

El 1° de febrero de 1562, fray Francisco de Montesinos, quien había llegado dos años antes a Santo Domingo, de nuevo dio inicio a la fundación de Nueva Córdoba en la margen izquierda del río Manzanares, con la elección del Ayuntamiento, con lo cual definitivamente se comenzó a asentar la ciudad de Cumaná; asentamiento que tampoco duraría mucho.

Fue en 1568, cuando se otorgó Capitulación a Diego Fernández de Serpa para ir a descubrir y poblar las Provincias de Guayana y Caura dentro de la Provincias de Nueva Andalucía, cuando puede decirse que efectivamente se reinició el proceso de descubrimiento y población del oriente venezolano, el cual en las tres décadas precedentes no había podido ser conquistado. Fernández de Serpa había vivido en Cubagua en la época de la pesquería de perlas, y en 1537 había pasado a Santa Marta y de allí al Perú. Regresó a España en 1544, y en 1546 regresó a las Indias en la flota del Presidente de la Audiencia del Perú, Pedro de La Gasca quien había sido nombrado para sofocar la rebelión de Gonzalo Pizarro, quedándose en Santa Marta, desde donde participaría en el ejército al mando de Pedro de Ursúa contra Pizarro. En Santo Domingo en 1549, había sido encargado por la Audiencia de la conquista de Guayana, la que se suspendió al año siguiente.

Ello fue lo que motivó el paso de Fernández de Serpa a la Provincia de Venezuela, incitado por el gobernador Juan de Villegas, y allí con el título de capitán, participó en la fundación de Barquisimeto. Luego pasó a Quito y después nuevamente a España, donde obtendría la Capitulación de 15 de mayo de 1568, antes indicada.

En el mismo día y año también se otorgaría Capitulación a Pedro Maraver de Silva para descubrir y poblar la Gobernación de Nueva Extremadura (entre el Orinoco y el Amazonas) y al año siguiente, el 15 de enero de 1569 se otorgaría Capitulación a Juan Ponce de León para ir a descubrir y poblar las islas de Trinidad y Tobago.

Fernández de Serpa llegó a Margarita en 1569 y de allí pasó a Tierra Firme, repoblando, el 24 de noviembre, a Nueva Córdoba a la cual ubicó esta vez en la margen derecha del río, a los pies del cerro que está al este de la ciudad, trazándose las calles sobre una vía principal, y la plaza con forma irregular, denominándola Cumaná de Serpa, o Santa Inés de Cumaná, conforme consta del acta del 24 de noviembre de ese año.

Repartió tierras e indios y tomó posesión de Araya "en nombre de la ciudad de Nueva Córdova". El trazado de Cumaná, aun cuando tiene cierto orden, no responde al de la retícula, habiendo crecido la ciudad en forma irregular. En los planos del siglo XVIII, en cambio, se muestra el pueblo de indios guaiqueríes de Altagracia en la margen izquierda del río con un diseño perfectamente regular. La ciudad fue fortificada, construyéndose primero el castillo Santa María de la Cabeza situado en el centro, al lado de la iglesia, estando ambas edificaciones construidas en forma asilada; y luego, el castillo San Antonio de la Eminencia en el cerro que domina la ciudad.

Fernández de Serpa fundó, además, en 1570, la población de Santiago de los Caballeros en el Morro de la Magdalena o del Salado, actual Morro de Barcelona, cerca de donde se estableció el pueblo de Nuestra Señora del Amparo de los Pozuelos, también a partir de 1570; y de donde surgiría la ciudad de Barcelona. Penetró luego al sur, hacia los poblados indígenas de Píritu donde fundó el pueblo de Píritu, donde posteriormente, en 1656, se establecería la misión de Purísima Concepción de Píritu.

El 10 de mayo de 1570, de regreso a Santiago de los Caballeros, Fernández de Serpa murió cerca del Neverí a manos de los indios, lo que provocó que sus expedicionarios se desbandaron: unos pasaron a Margarita, y otros al Nuevo Reino de Granada, como por ejemplo, Francisco de Cáceres, fundador de La Grita. Ello revivió las pretensiones de doña Aldonza Manrique, gobernadora de Margarita, de extender su jurisdicción hacia Tierra Firme, en lo que no tuvo éxito, pues la Capitulación a Fernández de Serpa se había otorgado por dos vidas. En 1578, su Teniente de Gobernador había fundado a Puerto Píritu, como embarcadero.

Es de destacar que en muchos pueblos del oriente de Venezuela, se adoptó una forma de construcción de las iglesias en forma asilada, modelo que, como se dijo, también se encuentra en la isla de Margarita. Así sucedió en los pueblos de Cumanacoa, Cariaco, Carúpano, Puerto Píritu, San Lorenzo, fundado en 1675, Irapa, Casanay y Arenas.

Posteriormente, en las orillas del río Neverí en 1671 se fundaría la ciudad de San Cristóbal de la Nueva Barcelona, por Sancho Francisco de Aguado y Manuel de Yangües. Su origen estuvo en el asentamiento fundado por Cristóbal o Alonso Cobos en 1586, en expedición realizada desde Caracas, conocido como de San Cristóbal de la Nueva Ecija de los Cumanagotos (Apaiguar), luego llamado San Felipe de los Cumanagotos por Rodrigo Núñez Lobo. Esta villa existió hasta 1671 cuando por orden del gobernador Sancho Fernández de Angulo y Sandoval, junto con la villa del Cerro Santo de la Barcelona que se había establecido desde 1637, sería trasladada por Juan Orpí o Urpín a la ribera del río Neverí, surgiendo así la Nueva Barcelona. La ciudad tiene una planta reticular, la cual fue parcialmente destruida por el terremoto de 1812. En la parte central tiene tres plazas importantes, en una de las cuales está la catedral, al oeste de la misma.

En 1594, en virtud de Capitulación obtenida en 1589, Francisco de Vides fundaría a orillas del río Unare el pueblo de San Antonio o Nuestra Señora de Clarines, cerca de la actual Clarines. Otros pueblos fundados en lo que es hoy el Estado Anzoátegui, muchos de ellos, como pueblos de Misiones, fueron: Hoces (1588); San Miguel (1589); Boca de Uchire (1599); Santa Cruz de Orinoco (1630); Guanape (1650); Sacacual (1653); Santa Clara (1661); Caigua (1667); San Francisco de Güere (1673); El Pilar (1674); San Pablo de Guere (1675); San Bernardino (1675); Guaribe (1678); Curataquiche (1679); Naricual (1685); San Diego (1688); Aragüita (1690); La Margarita (1695); El Carito (1698) y San Juan (1698). Se destacan, además, entre los pueblos de misión, los de San Juan de Maracapana y San Fernando, y los pueblos de Urica, Santa Ana y San Joaquín. Posteriormente se fundaron las misiones de San Joaquín (1729), Santa Rosa (1724) y Santa Ana de Anaco (1735); y los pueblos de Aragua de Barcelona (1734) y El Pao (1745).

Más hacia el oriente, en la costa de la península de Paria, en 1647 se fundaría la ciudad de Santa Rosa de Carúpano, que muestra una traza urbana cuadricular casi perfecta. La iglesia está ubicada al este de la plaza (Colón), ocupando ambas, media cuadra cada una.

Antes, en 1598 se había fundado el pueblo de San Felipe de Austria de Cariaco, que luego se trasladó, en 1607, al sitio de Aragua, cerca del golfo. Además, en lo que es el actual Estado Sucre, se fundaron los pueblos de San Baltasar de los Arias de Cumanacoa (1578) San Juan de Unare (1582); Guere (1619); San Miguel de Río Caribe (1629); San Juan Viejo (1630); Chacopata (1640); Santa Ana (1650); Santa Cruz de Casanay (1651); Santa María (1659); El Pilar (1662); Chacaracual (1664); Belén (1674); San José de Areocuar (1677); El Rincón (1677); Arenas (1678); Catuaro (1680); Manicuare (1680); San Juan de Catúa (1680); Villarroel (Quebrada) (1689); Amauita (1689); San Fernando (1690); Aricagua (1692); y Mariguitar (1694).

En la península de Araya se explotaron las salinas que allí aún se encuentran, ubicándose el poblado de Araya de Cumaná. La explotación fue protegida por el castillo de Santiago de Araya, una de las fortalezas más importantes de Tierra Firme.

En lo que es el actual Estado Monagas, el proceso de poblamiento se efectuó más tardíamente mediante misiones franciscanas y capuchinas, fundándose, así, los pueblos de Misiones de Santa María de los Ángeles del Guácharo (1660), San José de Areocuar (1677); Santa Cruz de Casanay (1681); San Juan Bautista (1664); San Francisco de Maturín (1665) y Nuestra Señora del Carmen de Aguasay (1769). En 1717 se fundó la misión de San Miguel Arcángel de Caripe, la cual, aun cuando no perduraría mucho, sería el antecedente del pueblo de Caripe.

En 1710, el capuchino fray Manuel Torres habría establecido el pueblo de San Judas Tadeo de Maturín; pero en 1722, sería por orden del gobernador de la Provincia, Juan de la Tronera y Soto, cuando se fundaría la ciudad de San Juan de la Tronera de Maturín en la zona de Guarapiche, la cual declarada como fundación ilegítima en 1735, se la redenominó San Fernando de Maturín, actual Maturín. El pueblo sería a la vez refundado por el capuchino fray Lucas de Zaragoza el 7 de diciembre de 1760. Hacia el norte, además, se fundaría Aragua de Maturín y en la ribera del río Orinoco, el pueblo de San Rafael de Barrancas (1790), también con una traza urbana regular.

3. *Los proyectos de poblamiento hacia el Orinoco*

Entre los más importantes intentos de poblamiento hacia el Orinoco desde el norte, se destacan, en 1550, los intentos respecto de los indios aruacas en Trinidad y en el Orinoco, empresa que estuvo vinculada a la Gobernación de Margarita. En particular, con fecha 11 de agosto de 1552, se otorgó Capitulación a Jerónimo de Aguayo para descubrir y poblar las provincias de los aruacas y del Amazonas. Aunque no hay evidencias de que se llevara a cabo la expedición, quedó como legado gráfico para la ordenación urbana del poblamiento en América, el magnífico plano–programa de cómo pensaba Aguayo fundar las ciudades, el cual forma parte del texto de la Capitulación. Una traza urbana similar, aun cuando gráficamente expresada de manera más reducida, se encuentra en el libro de Juan de Matienzo, *Gobierno del Perú*, cuyo manuscrito es de 1567.

VII. LA PROVINCIA DE GUAYANA O EL DORADO

Después de la expedición de Diego de Ordaz por el Orinoco en 1531, la penetración efectiva hacia la Guayana venezolana, hacia el río Papamene, comenzaría desde el Nuevo Reino de Granada, con las expediciones de Hernán Pérez de Quesada, el hermano del gobernador de dicho Nuevo Reyno, que se realizarían a partir de 1541. Desde entonces, la búsqueda tanto de "la gente perdida de Ordaz" como de El Dorado por la vía de los llanos, comenzó a obsesionar a los españoles. En paralelo, Felipe von Hutten, desde la Provincia de Venezuela y en la misma búsqueda, llegaría aún más al sur.

Fue con motivo de los descubrimientos efectuados en las expediciones de su hermano, en 1568, cuando Gonzalo Jiménez de Quesada comenzó a requerir de la Corona una Capitulación para la gobernación de los territorios desde el río Pauto hasta el Papamene, estableciéndose así la Provincia de Guayana por Real Cédula de 18 de noviembre de 1568. En ella se ordenó a la Audiencia de Santa Fe que capitulase a favor de Gonzalo Jiménez de Quesada para descubrir y poblar los llanos, provincias y tierras al oriente del Nuevo Reyno de Granada, lo cual se hizo efectivo en 1569, ejecutándose a partir de 1582, luego de la muerte de Jiménez de Quesada (1579), por su sobrino político, Antonio de Berrío, quien había heredado de aquél la Gobernación de Guayana.

La Provincia, que se extendió hasta la isla de Trinidad la cual le quedó integrada (Provincia de Trinidad y la Guayana) hasta 1731, formó parte, además, entre 1733 y 1762, de la Provincia de Nueva Andalucía y por tanto, quedó bajo la jurisdicción de la Real Audiencia de Santo Domingo.

En 1762 adquirió autonomía y quedó sometida a la Audiencia de Santa Fe. Esta situación duró hasta 1776, cuando pasó a depender, nuevamente, de la Audiencia de Santo Domingo a través de la jurisdicción militar que sobre ella se había otorgado a la Gobernación de la Provincia de Venezuela. En 1768 se le agregó la Comandancia General del Orinoco y Río Negro, cuyos linderos por el sur, llegaban hasta el Amazonas.

En 1771, por Real Cédula de 28 de octubre, se ordenó el cese de la sujeción de la Provincia de Guayana a las órdenes del gobernador y capitán general de la Provincia de Venezuela, y la subsiguiente subordinación al virreinato de Nueva Granada y su Real Audiencia. Ello duró seis años, hasta 1777, cuando se sometió en lo militar a la Capitanía General de Venezuela y hasta 1786, en lo judicial, cuando pasó a la jurisdicción de la Real Audiencia de Caracas.

Fue, por tanto, a Antonio de Berrío, antiguo gobernador de las Alpujarras al terminar la guerra de Granada y quien se había casado con María de Oruña, sobrina de Gonzalo Jiménez de Quesada, a quien correspondió iniciar el poblamiento de la Provincia de Guayana o de El Dorado. En el testamento de Jiménez de Quesada de 1579, ambos sobrinos aparecían como sus herederos, por lo que con tal carácter, Berrío obtuvo de la Audiencia de Santa Fe, la Gobernación de Pauto y Papamene en la Provincia de Los Llanos.

Berrío partió de Santa Fe a fines de 1583 y llegó a Chita, llano adentro, de donde partió el 3 de enero de 1584 rumbo al río Meta y hacia el río Barraguán (Orinoco). Divisó la cordillera más allá del río Guaviare en su desembocadura con el Orinoco (Serranías Guayopo y Cuao) y de los encuentros con los indios informó en carta a Su Majestad el año siguiente, que:

> "Dicen que en la cordillera hay una laguna grandísima, y que de la otra parte de ella ay grandes poblaciones y muy gran número de gente, y gran riqueza de oro y piedras (preciosas). Preguntéles si avía tanta gente como en los llanos; reíanse de mi diziendo que en la Cordillera avía muchos lugares, y que en cada uno de ellos avía muchos (mar) que en todos los llanos, y prometo a Vuestra Majestad que ví y hablé en ellos a más de veinte mil, y donde se ven veinte ay mas de ciento."

Después de su segunda expedición desde el Casanare, cerca del Orinoco, en carta de 1587 dirigida a Su Majestad, de nuevo Berrío se refería a la cordillera por informaciones de los indios, así:

> "[...] que subiendo a la cordillera que teníamos cerca beríamos una laguna muy grande que se llama Manoa, la cual emos sabido por cierto que es laguna

de agua salada, y muy grande de su extremo, y que la tardan en pasar los indios en canoas tres días; dicen que en pasando esta laguna duran las grandes Provincias de Guayana asta el Marañon; dizen los indios que se tardará ir desde Manoa al Marañon dos lunas."

Berrío tuvo en esta forma una clara visión de El Dorado o de Manoa, ciudad situada a orillas del gran lago Parima, nunca encontrada, porque el lago seguramente se desaguó antes de que los españoles recorrieran esas tierras, lo que les impidió encontrarlo. El lago, en todo caso, aparece en casi todos los planos de América septentrional hasta el siglo XVIII, e incluso se le menciona, por ejemplo, en la *Relación del viaje de Josef Solano Marqués del Socorro en la Provincia de Guayana para efectuarlos acordados límites de los Dominios del Rey y del Rey Fidelísimo, en la parte Septentrional de la América Meridional* de 1771, al hacerse la descripción del Grande Río Orinoco.

En todo caso, en su primera expedición Berrío atravesó el Orinoco levantando campamento en su margen derecha, metiéndose tierra adentro sin poder encontrar el camino que atravesaba la sierra, cerrándole el paso la espesura de la selva. Regresó al campamento y al ser informado de que el paso estaba aguas abajo, llegó hasta los raudales de Atures, regresando a Santa Fe por el Meta y el Casanare.

En 1587, partió de nuevo hacia las provincias del Orinoco, ahora en busca de El Dorado, hacia los raudales de Atures donde tenía planeado establecer una población como centro de las operaciones descubridoras, cerca del actual Puerto Ayacucho (1682). La segunda expedición también fracasó, regresando al año siguiente a Santa Fe, en busca de nuevos recursos para la conquista de Guayana.

En 1590, Berrío emprendió su tercera expedición por el Casanare y el Meta hasta el Orinoco o conforme a su expresión, "donde el Barraguán pierde el nombre y comienza a llamarse Orinoco". Intentó repetidas veces abrirse paso hacia el interior de Guayana sin poder cortar el macizo guayanés, en medio de las más grandes dificultades, en terrenos desconocidos, selvas intrincadas, ríos gigantescos, lluvias torrenciales, llanos anegados, sequías, enfermedades, penurias inimaginables y resistencia de los indios. De estas correrías quedó el relato de una gran Laguna como la llamó Berríos, el gran Lago Parima que aparece en todos los mapas de Tierra Firme elaborados hasta el siglo XIX y de una idealizada ciudad, Manoa, que nunca se encontró, a pesar de su empeño y el de tantos otros. Sobre ello escribía, Berríos en 1587, a la Audiencia de Bogotá con el convencimiento pleno de la existencia de lo que buscaba, diciéndole: "legado que llegue al gran rrío Barraguan, y poblando allí como pienso poblar, yre a descubrir la gran laguna llamada Manoa questa menos de veynte leguas de donde yo voy a poblar...." Pero de acuerdo con todas las noticias posibles, El Dorado estaba allí, hacia el levante, desde los llanos, en la parte sur de nuestro Estado Amazonas, donde todo parece indicar que existió el gran Lago que aparece en todos los mapas que se elaboraron de las provincias de Tierra Firme, incluso hasta comienzos del Siglo XIX, y que Raleigh interpretara tan precisamente con la información que le quitó a Berríos.

Ante el nuevo fracaso, Berríos se dirigió aguas abajo, sacrificando los caballos por los raudales, hasta llegar a las provincias del Caroní. Fue con esta jornada cuando se inició realmente el poblamiento de Guayana, con la fundación en 1595, de Santo Thomé de Guayana en la ribera del Orinoco, y antes, en 1592, de San José de Oruña, que era el apellido de su esposa para ese momento recién fallecida, en la isla de Trinidad.

Berrío había llegado al río Caroní donde los expedicionarios desde Margarita habían situado la puerta de entrada a El Dorado, cerca de San Félix (1576). Ubicó allí, en 1591, para la toma de posesión de la tierra, un fuerte en la margen derecha del Orinoco, con el nombre de Morequito y había ubicado otro, aguas abajo, con el nombre de Carapana, también en la margen derecha del Orinoco. Luego se dirigió a Margarita pasando por Trinidad donde llegó en septiembre de 1591. Se había abierto así, sin encontrar El Dorado, la comunicación desde Colombia a Venezuela por el Casanare y el Meta hasta el Orinoco.

En 1592, Berrío, con nuevas tropas reclutadas, incluso, en Caracas, con la aquiescencia del gobernador Diego de Osorio, envió gente a Trinidad donde, como se dijo, fundó el pueblo de San José de Oruña en el sitio Camucurapo, donde veinte años antes, en 1570, Juan Ponce de León había fundado la ciudad de la Circuncisión; sitio ubicado en el interior cerca del puerto que hoy se denominaba Puerto España.

Berrío llegó a Trinidad en 1593, desde donde envió a la Guayana a su maestre de campo, Domingo de Vera e Ibargüen, para renovar la toma de posesión de la tierra, lo que hizo el 15 de abril, tomando formal posesión del Orinoco en nombre de Berrío. Las cartas de De Vera habían sido interceptadas por sir Walter Raleigh quien tomó y destruyó a San José de Oruña en 1595. Raleigh quería obtener información de Berrío sobre Manoa, y lo hizo preso, siendo luego rescatado en aguas de Cumaná por de De Vera, entonces su enemigo. Al ser liberado, de inmediato procedió a consolidar su gobernación mediante la fundación de la ciudad de San Thomé de Guayana, el día de San Bartolomé, el 24 de agosto de 1595 como capital de la Provincia de Guayana y El Dorado, sin la cual, la misma no se hubiera podido considerar establecida. Ubicó la ciudad en el sitio del fuerte de Morequito cerca de la desembocadura del Caroní en el Orinoco, en la ribera del río Upata, cerca de la actual ciudad de San Félix, siendo el centro del poblamiento de Guayana.

Berrío murió en 1597 al poco tiempo de llegar a la ciudad la expedición que comandaba su hijo Fernando de Berrío y Oruña, quien lo sucedió en la Gobernación. Al año siguiente, en 1598 moría en El Escorial, Felipe II.

En 1616, sir Walter Raleigh, luego de una prisión de 13 años en la Torre de Londres, emprendería su última incursión hacia el Dorado. Bajo sus órdenes, Laurence Keymis, en 1618 asaltó y arrasó el sitio de San Thomé, operación en la cual falleció el hijo de Raleigh. En 1619 la ciudad fue destruida por sus habitantes ante el temor de que fuese asaltada por la flota holandesa que para entonces campeaba en el Caribe, trasladándose la ciudad, aguas abajo en el río Orinoco, al sitio de La Mata Redonda cerca de la desembocadura del río Usupamo, y cerca del antiguo fuerte de Carapana. Las sucesivas incursiones holandesas hicieron concebir la planta de la ciudad como fortificada.

Fue a esta ubicación de San Thomé donde llegó en 1719, el padre Juan Capuel s.j. con la misión de fortificar la isla Fajardo en el Orinoco, y allí fue donde también llegó, en 1731, el padre Gumilla al frente de los jesuitas para iniciar su labor misionera en la Orinoquía. Allí murió, en 1655, el último Berrío gobernador de la provincia, Martín Mendoza de la Hoz y de Quesada, nieto de Antonio de Berrío.

La ciudad sería nuevamente arrasada cien años después de su erección, en 1741, esta vez por una escuadra inglesa en medio de la llamada Guerra del Asiento, al mando de Waterhouse, de la flota de Vernon. En 1739 este había asaltado Portobello, y parte de su flota también había hecho un ataque sorpresivo a La Guayra; en 1741 había bloqueado a Cartagena; y en 1743 habían atacado a Puerto Cabello y La Guayra. La destrucción de la ciudad provocó un nuevo traslado hacia la ribera del Orinoco, cerca de la laguna del Baratillo y donde estaban el Castillo de San Francisco de Assís y el Fuerte de San Diego del Padrastro, donde se estableció como Ciudad de la Guayana.

En 1762, y con motivo de la Expedición de Límites, Carlos III dio su aprobación para un nuevo traslado de Santo Thomé de la Guayana a la angostura del río Orinoco, surgiendo la ciudad de Nueva Guayana en la ribera sur del río, la cual también se denominó Angostura por ser el punto en el cual están más cerca las dos riberas del río Orinoco, hoy Ciudad Bolívar, en honor del Libertador Simón Bolívar. La ciudad presenta una planta reticular, con la plaza mayor en el centro y la iglesia catedral aislada al este de la plaza, dentro de su área.

Posteriormente, en la Provincia de Guayana, en lo que es el actual Estado Amazonas se fundó la ciudad de Puerto Ayacucho (1682) y los pueblos de misiones capuchinas y jesuitas como el de Dari, de San Juan de Nepomuceno de Atures, de San José de Maipues (1759), de San Fernando de Atabapo (1758), San Carlos de Río Negro (1759) y Castarita; en lo que es el actual Estado Bolívar, las poblaciones de San Ignacio de Cabruta (1739), San Carlos del Caura (1771) y Caicara del Orinoco (1772), en la ribera del río Orinoco, y de Los Caribes (1590), Las Majadas (1695), El Palmar (1733), Guasipati (1757) y Tumeremo (1788); y en lo que es el actual Estado Delta Amacuro, los pueblos de Piacoa (1582) y Los Castillos (1595).

VIII. LA CONSOLIDACIÓN DE LAS PROVINCIAS EN LOS SIGLOS COLONIALES

Como puede constatarse con el recuento anterior, el proceso básico del poblamiento de las provincias de Venezuela puede decirse que se completó durante un siglo, desde el descubrimiento de Paria, en 1498, hasta la fundación de Santo Tomé de Guayana en 1595, período durante el cual casi todas las ciudades, villas y pueblos importantes de Venezuela se fundaron, en una forma ordenada y con trazado regular, conforme a las precisas Instrucciones que para la enorme tarea del poblamiento, fueron emanando del Consejo de Indias. En esa forma, cien años tardaron los españoles en sembrar de ciudades el territorio venezolano y volver al origen del tercer viaje de Colón y del descubrimiento de Tierra Firme, para poblar a Trinidad, que hasta entonces había quedado como isla de paso.[2]

De ese primer siglo de la historia de Venezuela (Siglo XVI), por tanto, en realidad, quedó la importante armadura de una red de ciudades y poblados con la que se fue configurando el territorio de las Provincias, y luego de la propia República, al punto de que lo que fue descubierto por los conquistadores, pero no

2 Este acápite VIII lo hemos elaborado siguiendo, básicamente, lo expuesto en Allan R. Brewer–Carías, *Cinco Siglos de Historia y un país en crisis*, Academia de Ciencias Políticas y Sociales, Caracas 1998.

poblado, se perdió para siempre para la Provincia de Venezuela. Por ejemplo, si los conquistadores alemanes de la Gobernación de Venezuela, entre 1530 y 1538, particularmente Alfinger, Hutten y Federmann, en sus correrías por los llanos al sur de los ríos Apure y Meta, hasta el Amazonas, por el valle de Pamplona y por el Valle de Upar, hubiesen fundado pueblos, buena parte del territorio de lo que luego fue parte del Nuevo Reino de Granada, hubiese sido de la Provincia de Venezuela. Así lo señalaba, sólo una década después de las expediciones de Alfinger, en 1548, el licenciado Juan Pérez de Tolosa, quien había sido nombrado por el Emperador como Gobernador y Capitán General de la Provincia de Venezuela por Real Cédula de 12 de septiembre de 1546. En efecto, en su célebre *Relación de las tierras y provincias de la gobernación de Venezuela* de 1548, las cuales gobernó hasta 1549, decía:

> "Del dicho pueblo de Maracaibo, el dicho Gobernador Ambrosio Alfinger entró la tierra adentro y llegó al Valle de Upare, que *ahora está poblado* por Santa Marta, que serais una treinta leguas desde Cabo de la Vela... *Si esta Tierra la hubiera poblado* el dicho Ambrosio, la Gobernación de Venezuela fuera próspera y tuviera poblado el Nuevo Reino de Granada, porque es el paso y camino por donde después se descubrió. Con ser esta tierra de los pacabuyes, *no la pobló*, antes siguió el río arriba de Cartagena, que es el río por donde vienen del Nuevo Reino de Granada, y dejó la derrota del Reino y resolvió sobre la culata de la laguna para volverse a Coro".

Por tanto, por no poblar se perdieron las tierras descubiertas para la Provincia de Venezuela. Al contrario, el poblamiento significó ocupación del territorio, de manera que casi todas las actuales capitales de los Estados de la Federación datan de ese primer siglo de nuestra historia.

Ese territorio, que por supuesto aún no era Venezuela, como se ha visto estaba ocupado por diversas Provincias y Gobernaciones, aisladas unas de otras, y que sin oro ni perlas resultaron ser unas provincias paupérrimas y totalmente preteridas por la Metrópoli, sobre todo si se hace el contraste con los grandes y ricos Virreinatos que ya para esa época existían en otras latitudes del Nuevo Mundo, en la Nueva España, en la Nueva Granada y en el Perú. En nuestras Provincias, al contrario y luego del fracaso minero, la única riqueza que en definitiva existió fue la tierra y, además, la poca que era cultivable, lo que motivó el desarrollo de la propiedad territorial que progresivamente se consolidó y convalidó, primero mediante su repartimiento a los colonos por los Adelantados y por los Cabildos, y luego mediante la "composición" o regularización de la tierra ocupada sin título, que la Metrópoli sucesivamente garantizó, incluso respecto de los baldíos y hasta de los ejidos. En estas Provincias agrícolas, las plantaciones y pastizales se desarrollaron con fundamento en la propiedad de la tierra y de los esclavos; lo que sin embargo, no fue suficiente para llamar la atención de la Corona.

No se olvide que en plena época del surgimiento del mercantilismo, lo agrícola había quedado en un segundo plano, quedando las provincias de Venezuela reducidas a una situación de sobrevivencia, lo que comenzó a imprimirles cierto carácter. Cada cual sobrevivía a fuerza del trabajo agrícola y pecuario, con el soporte de esclavos africanos y luego criollos; provincias cuya vida giraba en torno a las ciudades y los pueblos que comenzaban a consolidarse y donde se reunían a los indios como se podía, pues ninguna de las tribus que poblaron nuestro territorio estaban habituadas a conocer de mando ni de jefes, donde no hubo ciudades indígenas ni estructura política o social alguna anterior a la Conquista.

El Siglo XVII, el segundo siglo de nuestra historia, fue el de la consolidación de la organización gubernamental de las Provincias y del ordenamiento jurídico colonial; y fue, además y por sobre todo, el de la consolidación de las autoridades locales surgidas de los Cabildos que intervinieron en todos los asuntos civiles, económicos y administrativos de las ciudades–Estados que configuraban las Provincias. Incluso llegaron a tener el privilegio de asumir el gobierno provincial en los casos de ausencia absoluta de los Gobernadores. Fueron precisamente las autoridades locales las que llenaron el vacío de la atención de la Metrópoli, representando al común en cada Provincia, correspondiéndoles repartir las tierras urbanas y rurales, con lo que se acrecentó tanto su poder como la titularidad de la propiedad territorial en manos de particulares. Por ello, fue el siglo del comienzo de la consolidación de la propiedad territorial en el país.

En el proceso de conquista de América, como se ha dicho, existió una estrecha relación entre descubrimiento y poblamiento, pues para que pudiera entrar en aplicación la *regalía o* privilegio de la Corona de adquirir la propiedad sobre todos los territorios descubiertos en las Indias Occidentales, estos tenían que ser poblados, y formal y materialmente ello se lograba fundando pueblos, villas y ciudades. Ese proceso de descubrimiento se realizó mediante concesiones reales o capitulaciones de carácter vitalicio, otorgadas a los Adelantados, en las cuales se estipulaban sus derechos y obligaciones y entre ellas, la obligación de poblar con el objeto de materializar el señorío de la Corona en las nuevas tierras descubiertas; y entre otras atribuciones, con la facultad de repartir tierras y solares y además, en muchos casos, también para repartir indios[3]. La propiedad de la Corona, por tanto, no era exclusiva, sino que constituía un privilegio o regalía que, en lo que a las tierras se refería, luego se fue repartiendo y entregando en propiedad, tanto por los Adelantados en el proceso de conquista[4], como por las altas autoridades coloniales –virreyes, presidentes, gobernadores y cabildos–. En esta forma, el repartimiento, que requería una Cédula Real de gracia o merced que lo confirmara, fue el título originario para adquirir en las Indias la propiedad de la tierra[5]. Ese fue el origen de la propiedad privada de las tierras en el mundo americano.

En esta forma, si las tierras no habían sido concedidas, privaba el régimen general de titularidad real respecto de los "valdíos, suelos y tierras que no estuviesen concedidos" por los reyes, tal como se dispuso en la Real Cédula de 1° de noviembre de 1591, recogida en la *Recopilación de las Leyes de los Reynos de Indias* publicadas por Carlos III en 1680. Ello, además, lo confirmó el más destacado tratadista del derecho indiano al describir en el cuadro de las *regalías* de la Corona en los territorios americanos, entre otras, las tierras, aguas, montes y pastos que no hubieran sido concedidas a las ciudades *o a personas particulares* por

3 Véase Milagros del Vas Mingo, *Las Capitulaciones de Indias en el Siglo* XVI, Madrid, 1986, pp. 39, 56.

4 *Idem,* p. 81,

5 Véase J. M. Ots Captequi, *El Estado Español en las Indias*, México 1946, p. 5

la propia Corona, o por sus autoridades facultades para ello. Juan de Solorzano Pereyra, en efecto, en su *Política Indiana* se refirió al dominio de la Corona sobre las tierras del Nuevo Mundo, salvo las otorgadas a otras personas por concesión real, es decir: "fuera de las tierras prados, pastos, montes y aguas que por particular gracia y merced suya se hallaren concedidas a las Ciudades, Villas o Lugares de las mismas Indias, ó á otras Comunidades *o personas particulares de ella*"[6].

Por tanto, la propiedad privada sobre las tierras americanas derivó de la posibilidad que tenía la Corona de enajenar las tierras realengas (*real*engas: las que eran de la *real* Corona), denominación destinada a identificar las tierras que no tenían dueño y que, por tanto, eran de la Corona, excepción hecha de las que hubieran sido concedidas a las "ciudades, villas y lugares" o los particulares.

Dichas tierras realengas fueron así primero repartidas por los Adelantados a medida que ocurría el poblamiento y luego, sucesiva y progresivamente, fueron adjudicadas a los particulares a medida que avanzaba la ocupación del territorio. Las tierras de las provincias de la Capitanía General de Venezuela que aún eran realengas, a partir de la Independencia, pasaron a ser del nuevo Estado independiente (denominándoselas entonces tierras baldías), habiendo sido objeto de regulación para, precisamente, poder ser enajenadas a los particulares con el objeto de promover la ocupación de los vastos territorios de América y de fomentar la actividad productiva, particularmente en el campo.

El régimen de las tierras realengas, particularmente en cuanto concierne a su enajenación en tanto que bienes patrimoniales de la Corona, al momento de declararse la Independencia estaba establecido en la Real Instrucción de 15 de octubre de 1754 destinada a regular lo que debía observarse en "las mercedes, ventas y composiciones de bienes realengos, sitios y valdíos hechas al presente, y que se hicieren en adelante"[7], regulación que corroboraba, precisamente, el destino fundamental de los baldíos que no era otro que su enajenabilidad para el desarrollo rural.

Esta Instrucción, en efecto, tuvo fundamentalmente un contenido ordenador en relación con la situación de las tierras realengas y de las que eran de propiedad privada, buscándose en la misma, regularizar la situación de la tenencia de las tierras, para lo cual se dispuso que se reconocería la propiedad de los particulares que las tuvieran desde antes de 1700 "a título de antigua posesión, como título de justa prescripción" (Nos. 3 y 4). Se trataba de reconocer el efecto de la posesión inmemorial que en ese instrumento se calculó por un tiempo de más de 54 años (1700 a 1754).

---

6 Véase Juan de Solórzano Pereira, *Política Indiana,* 1739, Edición Facsimilar, publicada por Compañía Iberoamericana de Publicidad, Madrid, Tomo V, p. 38, citado por J. M. Ots Captequi, *Manual de historia del derecho español en las Indias,* Buenos Aires, 1945 p. 272 y E. Lagrange, *Notas sobre Enajenación y Usucapión de Tierras Baldías*, Ediciones Magón, Caracas 1980, p. 54.

7 El texto fue publicado en la *Gaceta de Venezuela*, No. 865 de 13–06–1847. Puede consultarse además, en Enrique Lagrange, *op. cit*, pp. 63–68. En relación con dicha Instrucción se encuentran referencias en las siguientes leyes republicanas: artículo 3 de la Ley de 11 de octubre de 1821; y artículo 1, Ley 30 de junio de 1865 sobre Tierras Baldías

Las personas en esa situación, aunque los títulos que tuvieran no estuvieran conformes con la Corona, se dispuso que no serían molestados ni inquietados ni denunciados "ahora ni en tiempo alguno".

La Instrucción también dispuso que las personas que tuvieran tierras por títulos de venta o composición desde fecha posterior a 1700, debían acudir ante la autoridad colonial para mostrar sus títulos y despachos en cuya virtud los poseyeran, con la indicación de que si no acudían serían despojados de las tierras, las cuales podían ser adjudicadas a otras personas.

Con base en la adquisición de propiedad de la tierra, durante el Siglo XVII, además, fue que se produjo el desarrollo de los cultivos básicos de la economía provincial: el maíz, el cacao y el tabaco, estos dos últimos los únicos productos de exportación, para cuyo cultivo, al no contar estas tierras con grupos indígenas que pudieran ser dominados y sometidos a servilismo, fue que se consolidó la importación de esclavos de África.

En todo caso, al momento de la Independencia, el régimen jurídico aplicable a los bienes realengos, y a la posibilidad de que fueran adquiridos era el dispuesto en la Instrucción mencionada, al punto de que en la "Advertencia" que el Ministro de Estado Miguel José Sanz hizo en 1811 al definir la política de enajenación de baldíos, se constataba "la inmensidad de terrenos que hay en la Provincia de Caracas [y] la abundancia de aguas perennes que los fertilizan" y se destacaba, entre otros factores, "la benignidad del clima y una perpetua primavera [que] convidan al hombre a fijarse en la Provincia de Caracas como agricultor, artesano o comerciante". De ello, se declaraba que "el Gobierno, interesado en proteger a todos, *dará tierras al que quiera cultivarlas* y asegurará a sus respectivas profesiones a los que se dediquen al comercio, a la industria y a las artes"[8]

El Siglo XVII, además, también fue el del inicio del mestizaje venezolano, tan característico de estas tierras y que tanto nos diferencian de los otros países latinoamericanos. El origen del venezolano está, sin duda, en la convivencia en estas tierras de blancos, negros, indios, mestizos, mulatos, zambos y prietos, progresivamente mezclados, muchas veces bien mezclados en este mortero que ha sido nuestro país, a fuerza de golpes, origen del mestizaje cultural que nos caracteriza. La mezcla de tres culturas, la española, la india y la negra originó una nueva cultura, la americana, distinta a la europea.

En esa época, los productos de la tierra, fundamentalmente el cacao y las pieles de la ganadería, se exportaban vía Veracruz a la Metrópoli (o de contrabando), ya que conforme al sistema mercantilista estaba prohibido el comercio extranjero. Como la Corona no proveía lo necesario a las Provincias, por su pobreza se comenzaron a consolidar mecanismos de comercio informal e ilegal, generalizándose así el contrabando, desde y hacia las bases caribeñas que habían sido conquistadas por ingleses, holandeses y franceses, fenómeno este que sin duda tuvo una importante influencia en la formación del venezolano. Incluso puede decirse que la creación de una conciencia nacional en defensa de los derechos

8 Véase en el libro, *La Constitución Federal de Venezuela de 1811 y documentos afines,* Biblioteca de la Academia Nacional de la Historia, Vol. 6, Caracas 1959, p. 103.

locales, que afianzó el florecimiento de los Cabildos, surgió del contrabando y del rechazo a las autoridades metropolitanas por su afán de limitar al comercio ilícito. El siglo XVII fue, además, el de las incursiones de piratas, corsarios y filibusteros ingleses y franceses, que azotaron nuestras costas y puertos, y que contribuyeron a comenzar a crear conciencia de defensa colectiva.

Pero el Siglo XVII fue también el siglo de las Misiones, es decir, de la acción pobladora y evangelizadora de las órdenes de los capuchinos, franciscanos y jesuitas por los llanos de Caracas, en el Oriente venezolano y en la Orinoquía. A la lista de las ciudades que habían sido fundadas durante el Siglo XVI en el Centro y Occidente del país, se sumaron en el Siglo XVII y XVIII, los innumerables pueblos que quedaron de la extraordinaria labor pobladora de estos religiosos; por ejemplo, de los jesuitas en la Guayana hasta su expulsión de estas tierras por Carlos III en 1767; y de los Capuchinos en el Oriente venezolano, donde la casi totalidad de los pueblos tuvieron su origen en pueblos de misión y de doctrina, a cargo de curas doctrineros que se ocupaban de juntar y cristianizar a los indígenas. Igual había sucedido en los Andes en el Siglo XVI. Se debe sumar también al proceso de poblamiento el conjunto de pueblos de encomienda en las áreas agrícolas, originados en los asentamientos que surgieron en torno a los encomenderos, luego de la eliminación de las Encomiendas a fines del Siglo XVII.

Además, también deben mencionarse los asentamientos originados en las costas por el comercio ilícito, y los pueblos establecidos por las cimarroneras o cumbres, compuestas por esclavos fugados o asilados, a los que se agregaron los libertos e indios y que operaban por supuesto al margen de la ley, aterrorizando villas y campos, particularmente en los llanos.

El Siglo XVII fue el de la configuración definitiva provincial y poblacional del país, consolidándose otros elementos que contribuyeron a imprimir carácter a estas provincias, entre los cuales deben destacarse además del mestizaje, la limitación al servilísmo indígena, lo que comenzó a configurar el igualitarismo que nos distingue de tantos otros países latinoamericanos. A todo ello se suma el mencionado desarrollo del gobierno local, que imprimió un sentido autonomista a estas Provincias por la participación de los criollos en los Cabildos, que gobernaban efectivamente.

Venezuela, sin duda, se construyó en torno a las ciudades y a los pueblos, correspondiendo la representación de los mismos a los Cabildos que siempre fueron el centro del poder político local autóctono y autónomo. A ello contribuyó la inexistencia en estas Provincias y en nuestro territorio de una Audiencia propia, por lo que los asuntos locales quedaron sometidos a las lejanas Audiencias de Santa Fe o de Santo Domingo donde, por supuesto, no llegaba casi nada, lo que provocó que el poder real quedara en los Cabildos, donde se ubicó el poder político que en cambio si se ocupaba de todo. Los cargos de regidores, además, se compraban, por lo que los criollos hijos de españoles propietarios de la tierra, progresivamente se fueron apoderando de los mismos.

A partir del siglo XVII, por tanto, el alma del país y del pueblo se armó en los Cabildos, de donde surgió el espíritu autonomista de las Provincias que luego declararían la independencia de Venezuela. En otras latitudes latinoamericanas, en cambio, como en Lima, México y Bogotá, por la posición de las Audiencias, los Cabildos fueron relegados a un segundo plano. Se entiende, por tanto, a fines del

Siglo XVIII, la reacción de los nobles criollos contra la creación de la Audiencia de Caracas, que vino a limitar las facultades del Cabildo que controlaban.

Pero el Siglo XVII fue también el Siglo de la consolidación del orden jurídico en nuestras Provincias y en toda América. La gran autonomía que la lejanía garantizaba a los locales, se compensaba con un ordenamiento jurídico amplio y progresivo que se fue dictando desde la Península para las Provincias americanas, en Ordenanzas, Cédulas, Órdenes e Instrucciones Reales que en 1680, Carlos II mandó a recopilar en la monumental *Recopilación de las Leyes de los Reynos de las Indias*. A ello debe agregarse en la Provincia de Venezuela, la aplicación extensiva de la Real Cédula de 1695 sobre regulación del trabajo en la época del Gobernador Francisco de Berroterán.

Ese ordenamiento jurídico, que constituyó una de las más grandes genialidades de la Corona Española, originó un cuerpo de leyes que no era español sino americano, pues estaba concebido especialmente para América. Fue un derecho americano, el derecho indiano, que rigió en nuestro país hasta bien entrada la segunda mitad del Siglo pasado, cuando se comenzaron a promulgar los Códigos guzmancistas. Esa legislación se acataba y se obedecía, pero como debía ser, solo se cumplía conforme a la realidad de cada Provincia de acuerdo como lo determinaban el Gobernador y el Cabildo.

La autonomía local que caracterizó al Siglo XVII tuvo su reacción centralizante durante el Siglo XVIII, el tercer Siglo de nuestra historia. Fue un Siglo de insurgencias y rebeliones sociales y autonomistas y de la reacción centralista de la Corona.

Muy lejos habían llegado los poderes de los naturales de estas Provincias olvidadas de Tierra Firme, incluyendo su incipiente economía informal de exportación, por lo que en la Metrópoli se produjo una reacción contra el desarrollo institucional y político que precisamente por el abandono metropolitano, se había originado durante el Siglo anterior.

El Siglo XVIII fue, por ello, el siglo de la Compañía Guipuzcoana creada en 1728 para reprimir el contrabando y controlar el comercio exterior, para lo cual asumió el monopolio del tráfico para todos los productos que entraban y salían del país. La consecuencia fue la baja de los precios de los productos que los criollos tuvieron que soportar, particularmente respecto del cacao, así como la material eliminación del comercio con Nueva España.

Pero el control que ejerció la Compañía fue proporcional a la reacción de los Cabildos en defensa de los agricultores, particularmente del de Caracas. Las Provincias de Venezuela, sin duda por el desarrollo del poder local, ya para ese entonces eran de las más politizadas de América; y en ellas se desarrolló un tenaz pleito por la libertad del comercio que concluyó en 1780, cuando se concedió el comercio libre a la Provincia en todos los puertos habilitados.

Pero en esa lucha, el poder de los Cabildos, a la larga, resultó reducido, para lo cual se comenzó, en 1734, eliminándose el viejo privilegio que tenían, de asumir el gobierno interino de la Provincia en caso de ausencia absoluta de los Gobernadores. Si estos debían tener como tarea el salvaguardar los intereses de la Compañía contra todos aquellos que la adversaban, al tener los locales el control de los Cabildos, difícilmente se podía permitir que gobernasen.

La lucha contra la Compañía y contra su intento por controlar el comercio ilícito durante ese tercer siglo de nuestra historia originó, además, diversas rebeliones que comenzaron a trastocar el orden estamental colonial y consolidaron el espíritu autonomista del criollo, blanco o negro.

Como es sabido, en la sociedad colonial no había nada semejante a igualdad humana pues estaba estrictamente jerarquizada en castas. En la cúspide se ubicaba el Gobernador y el Arzobispo, representantes del Rey y del Papa; luego venían los blancos terratenientes, españoles y criollos, los regidores de los Cabildos, que era la clase culta y de más poder económico y los clérigos; a continuación el estrato de los pardos, a su vez dividido según el grado de blancura de la mezcla racial que determinaba toda una escala de valores sociales; luego, los indios, que eran libres, encomendados o sometidos, y en el foso el negro, que era el único sometido a esclavitud.

El criollo blanco luchaba contra la Compañía para conservar la autonomía del poder logrado en el manejo de los Cabildos; el indio luchaba por defender su libertad; el negro por conquistarla; y los pardos por lograr el ascenso social que se les negaba. En el Siglo XVIII, diversos factores contribuyeron a que se desatara en todos esos frentes un fenómeno de insurgencia general que en muchos casos coincidieron en medio de las revueltas.

La primera de estas rebeliones, por su notoriedad, fue la de Andrés López del Rosario, el zambo Andresote, en 1731, en la zona entre Puerto Cabello y Tucacas. Se trataba de un agente de propietarios y cosecheros en la faena de sacar el cacao al exterior, sin control, quien encabezó una protesta contra la Compañía a la cual se sumaron mulatos, mestizos y cimarrones. Luego fue la oposición del Cabildo de San Felipe el Fuerte, en 1741, contra el nombramiento del Justicia Mayor Ignacio Basazábal, por su conocida disposición para enfrentar el contrabando. En Trinidad, la ausencia temporal del Gobernador y la designación del Sargento mayor, Ramón Espinosa, como Encargado en 1741, también provocó la rebelión de los Capitulares, por la disposición del Encargado de la autoridad de combatir el contrabando, que precisamente era controlado por los cabildantes. En 1744 fueron los cosecheros y propietarios quienes apoyaron la resistencia del común a la leva de tropas para la defensa de Puerto Cabello; y en 1749, el canario Juan Francisco de León, Justicia mayor del Valle de Panaquire, al ser desplazado de su cargo por la presión de la Compañía, provocó la rebelión del común, la detención de su sucesor cuestionado y la marcha de los vecinos hacia Caracas donde el Cabildo lo recibió en cabildo abierto, pronunciándose por unanimidad respecto del carácter perjudicial de la Compañía. Esta insurrección, aunque terminó con la detención De León quien fue pasado a España, cambió radicalmente las relaciones entre la Compañía y la Provincia.

Luego vinieron las revueltas de La Grita y Mérida en 1777, contra los impuestos y el establecimiento del estanco del tabaco cuya siembra había sido siempre libre; y finalmente, en 1781, como consecuencia de la rebelión de los comuneros de El Socorro contra los impuestos, los propietarios, cosecheros y labradores se apoderaron del gobierno en San Antonio, San Cristóbal y La Grita, apresando a las autoridades españolas y marchando en rebelión hacía Mérida y Timotes. El Gobernador de la Provincia tuvo que negociar y luego de condenar a los alzados, vino el indulto.

Paralelamente a estos procesos de rebelión sociales y políticos, para finales del XVIII el bandolerismo en los llanos era patético, comandado por cimarrones, salteadores de caminos, de pueblos, villas y ciudades, donde ahorcaban a las autoridades, saqueaban las iglesias y robaban las mujeres, especialmente blancas. Tiempo, por tanto, de insurgencias, de esclavos fugados, de indios que cogían monte, de bandidos populares alzados y cuatreros, de cumbre en los bosques tropicales.

Pero la más destacada de las insurgencias del Siglo XVIII, por su contenido más político–social que económico, fue la insurrección de José Leonardo Chirinos en la Sierra de Coro, donde se había asentado una colonia de negros fugados de Curazao, que por ello habían quedado libres de la esclavitud y que laboraban la tierra sin ser suya, en paralelo a los esclavos. La Real Orden denominada Código Negro, de 1790, había reglamentado las relaciones entre dueños y siervos, desmejorando las condiciones de las cuales de hecho, gozaban los esclavos, y había regulado los impuestos de alcabala, limitando la venta de los productos.

Para esa fecha, además, ya habían penetrado a la Provincia las noticias de los acontecimientos de la Revolución Francesa de 1789 y de la rebelión de los esclavos en Haití. Chirinos, hombre libre, hijo de esclavo e india, motorizó el alzamiento con la esperanza de tener el apoyo de los corsarios franceses que supuestamente tomarían Coro. Se proclamó la República, la supresión de los impuestos, la libertad de los esclavos y la "ley de los franceses" que hablaba de libertad, de igualdad y de la República. En 1796, sin embargo, Chirinos fue apresado y condenado a muerte por la Real Audiencia de Caracas, poniéndose así fin a la rebelión de Coro.

Al año siguiente de la condena de Chirinos, hace dos Siglos, en 1797, se produjo otra conspiración, esta sí de carácter totalmente político, la de Manuel Gual y José María España en La Guaira, cuyo origen fue el contacto que este último tuvo, siendo Teniente de Justicia Mayor en Macuto, con los reos de la conspiración de San Blas de Madrid, quienes condenados el año anterior, habían llegado por azar, a estas tierras a podrirse en las masmorras coloniales. Los reos, entre quienes estaba Juan Bautista Piconell y Gomilla, lograron fugarse a las islas del Caribe, terminando la conspiración con la condena a muerte de Gual y España, ejecutada, en 1799, en cabeza de España en la Plaza Mayor de Caracas. De dicho proceso, que propugnaba una República Federal montada sobre todos los principios de libertad e igualdad difundidos por la Revolución Francesa quedó la traducción de los *Derechos del Hombre y del Ciudadano* y un *Discurso preliminar dirigido a los Americanos*. Catorce años después, ese texto serviría para redactar la *Declaración de los Derechos del Pueblo* adoptada por la Sección Legislativa de la Provincia de Caracas del Congreso General de Venezuela, el 1° de julio de 1811. No hay que olvidar que desde 1721, durante el tercer Siglo de nuestra historia se había creado la Real y Pontificia Universidad de Caracas, lo que había contribuido, sin duda, a la formación de una sociedad criolla más ilustrada y estable, abriéndose a la crítica. Para fines del Siglo XVIII, además, ya funcionaban diversas instituciones de educación superior, como los Seminarios de Mérida y Guayana. De allí salieron las generaciones que afianzarían la nacionalidad.

Por otra parte, hacia fines del Siglo XVIII, también debe destacarse el hecho del inicio del cultivo del café, lo que significó además de un nuevo producto de exportación y de riqueza, la posibilidad de ocupación, explotación y poblamiento de nuevas tierras en las laderas altas de las montañas lo que acrecentó la propiedad territorial.

Si el Siglo XVIII fue un Siglo de rebeliones autonomistas, también lo fue de las reacciones centralistas, no sólo económicas como la que originó la instauración de la Compañía, sino institucionales. Fue el Siglo de las grandes reformas borbónicas realizadas por Carlos III, con las que se inició el proceso de la integración territorial de las Provincias de Venezuela, sin duda, de alto contenido centralizante. Fue así que en 1776, el mismo año de la Declaración de Independencia de las Colonias Inglesas de Norteamérica, aquí se creó la Intendencia del Ejército y Real Hacienda de las Provincias que formaban nuestro territorio, las cuales al año siguiente, en 1777, al crearse la Capitanía General de Venezuela, se sometieron a un solo Gobernador militar, sellándose el contorno territorial de lo que tres décadas después sería Venezuela y sometiéndose todas las Provincias a la autoridad de la Real Audiencia de Santo Domingo, cortándose definitivamente los lazos de gobierno que habían existido con la Real Audiencia de Santa Fe en el Nuevo Reyno de Granada. Diez años después, en 1786, se creó la Real Audiencia de Caracas, situándose así por primera vez en Tierra Firme, un gobierno jerárquico para todas estas Provincias. El ciclo de integración institucional se completó en 1793, con la creación del Real Consulado de Caracas, precisamente el mismo año de la instauración del régimen de terror en Francia.

Esta integración, sin duda, como se dijo, tuvo una enorme carga centralizadora. Las Provincias que formaron este territorio se habían establecido y consolidado con un alto grado de autonomía, sin vínculos entre si y más bien con muchos antagonismos, conducidas por Cabildos que en la práctica estaban muy alejados de los centros de poder de Santa Fe o de Santo Domingo. La respuesta borbónica a la autonomía local y provincial que tantos signos de rebeldía había originado, fue la centralización militar con la Capitanía General; la centralización económica con la Intendencia; la centralización legislativa y gubernamental con la Real Audiencia y la centralización judicial con el Real Consulado. Además, para ese momento, los mismos Cabildos habían experimentado otra crisis de autonomía en la composición de sus empleos concejiles, al imponerse que debían alternarse entre criollos y europeos, lo que originó multiplicidad de impugnaciones.

Al concluir los tres siglos de dominación española, todo estaba preparado para que el país entrara con la Revolución de Independencia, al cuarto Siglo de nuestra historia, el Siglo XIX, que fue el siglo del militarismo, del federalismo y de las guerras sociales.

Los "trescientos años de calma" –como los calificó Bolívar– que habían transcurrido desde el descubrimiento, habían terminado con una revolución –la de Gual y España–, que había sido de carácter político, es decir, no ya de los desposeídos y de los esclavos negros, sino de las élites intelectuales, administrativas y militares, por la libertad política. El insumo teórico adicional lo suministraría Francisco de Miranda y todo el bagaje escrito que penetraría a nuestras tierras desde los Estados Unidos de América y desde Francia, producto de las dos grandes revoluciones de finales del Siglo XVIII; todo ayudado por la difusión de las ideas a partir de 1808, tanto con motivo de la introducción de la imprenta a la Provincia como con motivo de las cátedras universitarias. No olvidemos que hasta entonces, en el período colonial, las noticias de los acontecimientos europeos y de otras

Provincias, cuando llegaban a nuestras tierras ya eran historia. Pasaban meses y años sin que llegara un barco, como si el tiempo se hubiese paralizado, quedando cada hacienda y cada pueblo aislado, en la soledad de sus espacios.

Por otra parte, el Tribunal de la Inquisición que podía reprimir esta entrada documental, afortunadamente estaba en Cartagena de Indias, muy lejos de estas tierras.

En ese momento sólo faltaba una causa inmediata para la Revolución Municipal y esa fue la guerra de independencia que a partir de 1808, se desarrolló en España, contra la invasión napoleónica, y que dejó a estas Provincias efectivamente huérfanas desde el punto de vista político; orfandad para la cual nadie estaba preparado, por el vacío de poder que se había producido y que originó la pérdida de legitimidad del Poder del Estado.

La máscara de Fernando VII fue la excusa para que se diera el golpe de Estado del 19 de abril de 1810, precisamente por quien sólo podía darlo, por el Cabildo de Caracas, con representación de los que dominaban social y económicamente la Provincia, los criollos blancos, y algunos nuevos y efímeros representantes del gremio de los pardos. La secuela de ello fue la creación del Estado Venezolano, luego de la declaración de Independencia, al sancionarse la Constitución de 1811, cuya conformación político–constitucional es la que analizamos en este libro.

Antes, sin embargo, nos referiremos a los antecedentes políticos y constitucionales del Estado.

SEGUNDA PARTE

LOS ANTECEDENTES POLÍTICOS Y CONSTITUCIONALES DEL ESTADO VENEZOLANO

El Estado venezolano se formó con motivo de la instalación de un gobierno republicano en 1811, con la Revolución del 19 de abril de 1810, mediante la cual se desconoció el poder de la autoridad colonial que existía en las Provincias que en ese momento conformaban la Capitanía General de Venezuela, que había sido recién creada en 1777. Para ese momento, las consecuencias político–constitucionales de las Revoluciones Norteamericana (1776) y Francesa (1789) habían comenzado a tener efecto y a propagarse en el mundo, y con ellos, los principios del Estado de Derecho habían comenzado a consolidarse. Esos principios fueron, precisamente, los que influyeron directamente en los constitucionalistas del nuevo Estado.

Por ello, para analizar el Estado venezolano e incluso su conformación histórica, resulta indispensable en primer lugar, estudiar la base de su configuración territorial en el régimen político de las Provincias del imperio español en los territorios de Venezuela, que surgieron del doblamiento antes analizado; en segundo lugar, analizar los principales elementos de la configuración política del Estado independiente en 1810 y 1811; y en tercer lugar, estudiar los antecedentes constitucionales que fueron utilizados por nuestros fundadores derivados de la Revolución Americana y de la Revolución Francesa.

I. LA BASE DE LA CONFIGURACIÓN TERRITORIAL DEL ESTADO: EL RÉGIMEN POLÍTICO EN LAS PROVINCIAS DEL IMPERIO ESPAÑOL EN LOS TERRITORIOS DE VENEZUELA

La Declaración solemne de la Independencia de Venezuela del 5 de julio de 1811, se formuló por los representantes de las "Provincias Unidas de Caracas, Cumaná, Barinas, Margarita, Barcelona, Mérida y Trujillo, que forman la Confederación Americana de Venezuela en el Continente Meridional", reunidos en Congreso; y esos mismos representantes, reunidos en "Congreso General", elaboraron la "Constitución Federal para los Estados Unidos de Venezuela", sancionada el 21 de diciembre de 1811. Venezuela, como Estado independiente se configuró, entonces, como una federación de Provincias y se estructuró sobre la base de la división provincial que nos había legado el régimen político de la Monarquía española.

1. *La provincia en la organización política de las Indias Occidentales*

En efecto, durante todo el proceso español de conquista y colonización en América, desde comienzos del siglo XVI hasta el inicio del siglo XIX, y a medida que avanzó el poblamiento, la Provincia se configuró como la estructura territorial básica para lo militar, la administración y el gobierno y la administración de justicia en los territorios de Ultramar. Estas provincias como, unidades territoriales básicas, giraban en torno a una ciudad, que con sus autoridades locales (Ayuntamiento o Cabildo) hacía de cabeza de Provincia.

La Provincia, así, durante todo el período del dominio español en América Hispana hasta comienzos del siglo XIX, fue una institución territorial creada y desarrollada por la Monarquía española especialmente para el gobierno y la administración de los territorios de América, no existiendo en la Península una institución territorial similar; no teniendo el término mismo, en la Metrópoli, ni siquiera un significado definido. En las leyes del Reino de Castilla, las cuales fueron en el inicio de la conquista las que básicamente se aplicaron en el territorio americano, el término provincia no se refería a una división administrativa o política organizada, sino más bien se usaba como equivalente de región, comarca o distrito e incluso de tierra, sin régimen político o administrativo estable o fijo[1]. En ese mismo sentido se siguió utilizando posteriormente hasta el punto de que las provincias que existían en la Península para fines del siglo XVIII tenían más realidad en los diferentes estudios que se habían elaborado por la Corona para uniformar la Administración territorial del Estado, que en la organización política existente[2].

No hay que olvidar que el descubrimiento de América en 1492, y el inicio del proceso de la conquista de los territorios americanos coincide, en España, con el fin de la larga lucha de la Reconquista del territorio peninsular por los reyes cristianos, con la toma de Granada en enero de 1492 y la subsiguiente expulsión de los moros y judíos en esos finales del Siglo XVI. Este es el mismo tiempo del inicio del proceso de unificación política de los territorios de la España peninsular que desarrollaron los Reyes Católicos, Isabel de Castilla y Fernando de Aragón, en torno a dos Reinos, el de Castilla y el de Aragón, unidos por un principio de unidad dinástica. El Estado español, por tanto, a partir de un mismo momento histórico, comienza a ordenarse territorialmente, por una parte en las provincias de los reinos de las Indias Occidentales y por la otra, en los territorios de los Reinos de Castilla y Aragón y de los otros reinos de la Península.

En todo caso, fue sólo a partir de la Constitución de Cádiz de 1812, dictada después del establecimiento del Estado venezolano como Estado independiente, que la Administración Provincial comenzó a implantarse en el Estado de la España peninsular, uniformizada luego a partir de las reformas de 1833, que siguiendo el

1 Véase J. Cerdá Ruiz–Funes, "Para un Estudio sobre los Adelantados Mayores de Castilla (Siglos XIII–XV)", Actas de II *Symposium Historia de la Administración*, Madrid, 1971, p. 191.

2 Véase T. Chiossone, *Formación Jurídica de Venezuela en la Colonia y la República*, Universidad Central de Venezuela, Caracas, 1980, p. 74, nota 69.

esquema francés de los Departamentos, dividieron la totalidad del territorio español en Provincias[3].

La Provincia hispano–americana, en cambio, como se ha dicho, fue anterior a la Provincia peninsular, y su concepción durante la conquista y colonización, siguió los trazos de la institución que con el mismo nombre se había desarrollado en el Imperio Romano para el gobierno y administración de los territorios conquistados por el ejército romano fuera de Italia (Ultramar) y que estaban a cargo de un gobernador (*propetor*, procónsul o *legati)*[4].

En esta forma, en la *Recopilación de Leyes de los Reynos de las Indias*, mandadas a imprimir y publicar por el Rey Carlos II (1680), se resumió la estructura territorial para la ordenación política que España había creado en América, en la siguiente forma:

> "Para mejor, y más fácil gobierno de las Indias Occidentales, están divididos aquéllos Reynos y Señoríos en Provincias mayores y menores, señalando las mayores, que incluyan otras muchas por distritos a nuestras Audiencias Reales: proveyendo en las menores Gobernaciones particulares, que por estar mas distantes de las Audiencias, las rijan y gobiernen en paz y justicia: y en otras partes, donde por la calidad de la tierra, y disposición de los lugares no ha parecido innecesario, ni conveniente hacer Cabeza de Provincia, ni proveer en ella Gobernador, se han puesto Corregidores y Alcaldes mayores para el gobierno de las Ciudades y sus Partidos, y lo mismo se ha observado respecto de los Pueblos principales de Indios, que son Cabeceras de otros"[5].

La *Recopilación* consideraba, además, que "la distinción de los términos y territorios de las Provincias…era uno de los medios con que más se facilita el buen gobierno".

En esta forma, la organización política del Imperio español en el territorio americano que recogió la Recopilación de Leyes de los Reynos de Indias en 1680, y que se había ido conformando durante casi dos siglos, era la siguiente:

La unidad territorial básica, como queda expuesto, fue la Provincia, la cual era la circunscripción territorial donde ejercía su autoridad un Adelantado, al inicio de la labor descubridora y de conquista, y luego un Gobernador[6]. El Gobernador ejercía el

---

3 Véase el Real Decreto de 30 de noviembre de 1833, mandando hacer la división del territorio español en la Península e Islas adyacentes, en 49 provincias, en T. R. Fernández y J. A. Santamaría, *Legislación Administrativa Española del Siglo XIX*, Madrid, 1977, pp. 115 y ss.

4 A. Posada. *Escritos Municipales y de la Vida Local*, Madrid, 1979, p. 284. *Cfr*. J. Arias, *Manual de Derecho Romano*, Buenos Aires, 1949, p. 58; F. Gutiérrez Alviz, *Diccionario de Derecho Romano*, Madrid, 1948, p. 504; T. Chiossone, *op.cit.*, p. 74, nota Nº 69

5 La Ley respectiva es de "Carlos II y la Reyna Gobernadora en esta Recopilación", *Recopilación de Leyes de los Reynos de las Indias* (ed. 1943), tomo II, Libro Quinto, Título Primero, p. 109.

6 El carácter de los "Adelantados Gobernadores" en los primeros años después del Descubrimiento y en los primeros años de la conquista, sin duda, está inspirado en la figura de los Adelantados Mayores de Castilla, como oficiales del Rey en las "provincias", generalmente fronterizas con los reinos moros, (que con la terminación de la reconquista se sustituyeron por los Alcaldes Mayores o Corregidores), equivalentes o semejantes a los Lugartenientes Generales, Gobernadores o Virreyes de la Corona de Aragón,

poder militar, por ello era Capitán General, y además, tenía a su cargo las funciones administrativas, de gobierno y de administración de justicia. Estas Provincias, como circunscripciones territoriales, tuvieron diversas formas de creación en el tiempo: inicialmente surgieron de las Capitulaciones, es decir, de los convenios suscritos entre el Monarca y el Jefe de una expedición de conquista y doblamiento proyectada, en las cuales se indicaban los derechos que la Corona se reservaba, así como los privilegios que se concedían a los participantes en la empresa descubridora. En ellas, al Jefe de la expedición se le otorgaba el título de Adelantado, con carácter vitalicio o hereditario, y con amplísimos poderes militares, de administración y de gobierno[7]; posteriormente, fueron creadas por la Corona por Reales Cédulas.

Las Provincias eran de dos clases: las Provincias mayores, y las Provincias menores. Las Provincias mayores agrupaban a otras Provincias menores, en cuyo caso, el Gobernador de la Provincia mayor llevaba el título de Capitán General, por su función militar en el territorio de las otras provincias menores, que eran comandadas por un Gobernador. Los gobernadores de cada Provincia gozaban de autonomía y se entendían directamente con la Real Audiencia o el Monarca. En el caso de Venezuela, al crearse la Capitanía General de Venezuela en 1777, los gobernadores de las distintas provincias conservaron su autonomía excepto para asuntos militares que pasaron a estar bajo el Gobernador y Capitán General de la Provincia de Venezuela.

El Gobernador y Capitán General, o el Gobernador, según el caso, tenían su sede en la ciudad Cabeza de Provincia, la cual generalmente le daba el nombre a ésta, y que como núcleo urbano siempre jugó un papel protagónico. Por ello, el sistema de ciudades, tanto en América como en la Península, fue la base para la organización del territorio[8]; y en América dicho sistema se configuró, en definitiva, de la manera siguiente: Había ciudades integradas en el territorio de las provincias, en cuyos casos, las autoridades de las mismas, los Alcaldes (Alcaldes Mayores u Ordinario según la importancia de la villa, metropolitana o no) y los Regidores, que se reunían en ayuntamiento o concejo, estaban bajo la autoridad del Gobernador de Provincia. En los casos de ciudades que por la disposición de los lugares o la calidad de la tierra, no resultaba conveniente establecer una Provincia, y en los casos de Pueblos de Indios, la autoridad sobre éstas se atribuía a un Corregidor o Alcalde Mayor[9].

En esta forma, para 1680, cuando se mandó a publicar la *Recopilación de Leyes de los Reynos de las Indias*, los territorios que formaron luego a Venezuela estaban

---

Cf. J. Cerdá Ruiz Funes, *loc. cit.*, p. 190–192; J.M. Ots Capdequi, *Manual de Historia del Derecho Español de las Indias y del derecho propiamente Indiano*, Buenos Aires, 1945, p. 174.

7 Era a la vez Gobernador, Capitán General y Alguacil Mayor de su provincia. *Cfr.* J.M. Ots Capdequi, *El Estado Español en las Indias,* México, 1946, pp. 20–21; *Manual de Historia del Derecho Español en las Indias, cit.*, p. 346; y *Estudios de Historia del derecho español en las Indias,* Bogotá, 1940. S.A. Zavalia, *Las instituciones jurídicas en la conquista de América,* Madrid, 1935

8 Véase L. Morell Ocaña, "Raíces históricas de la concepción constitucional de la Provincia", en el libro *La Provincia,* IX Congreso Italo–Español de Profesores de Derecho Administrativo, Granada, 1985, pp. 15, 17, 18

9 *Recopilación de Leyes,* tomo II, Libro IV, Título V, p. 14 y Título VII, p. 19; y Libro V, Título I, p. 109.

divididos en las siguientes cinco provincias: Margarita (1525), Venezuela o Caracas (1528), Nueva Andalucía o Cumaná (1568); Guayana (1568), y Maracaibo (1676) que comprendía la antigua Gobernación de Mérida y La Grita (1622)[10]; estando cada una de dichas provincias a cargo de un Gobernador y Capitán General, con sede en la ciudad Cabeza de Provincia, respectivamente, en La Asunción, Caracas, Cumaná, Santo Tomé y Maracaibo.

Ahora bien, conforme a la Recopilación de Leyes, tanto las Provincias del Imperio Español en América (fueran Provincias mayores o menores), como los corregimientos y alcaldías mayores como unidades territoriales básicas, se agruparon bajo la autoridad de las Reales Audiencias creadas conforme al modelo de las Reales Audiencias y Cancillerías de España que habían sido creadas en Valladolid y Granada, que abarcaron todo el territorio español peninsular, al norte y al sur del Tajo. De acuerdo al modelo peninsular, las Reales Audiencias tenían como función primordial la administración de justicia, por lo que entre otras competencias eran Tribunales de alzada respecto de las decisiones de los Gobernadores; pero se diferenciaron del modelo peninsular en que en América, además de las funciones judiciales, se constituyeron en importantes órganos corporativos de gobierno, carácter que no tuvieron en España.

Así, las Audiencias velaban por el mantenimiento del orden y buena gobernación de las ciudades; nombraban *ad interim* a los Gobernadores y a los funcionarios de las que estaban sometidas a su jurisdicción: y en sus funciones deliberativas–gubernativas, producían los Reales Acuerdos[11].

Se distinguieron tres clases de audiencias: las Audiencias Virreinales, las Audiencias Pretoriales y las Audiencias Subordinadas. Las Virreinales eran las que tenían su sede en la capital del Virreinato y estaban presididas por el Virrey.

Las Pretoriales, aquellas que tenían su sede en una Provincia mayor, y cuyo Presidente era entonces el Gobernador y Capitán General; y las Subordinadas las otras, generalmente situadas en una Provincia menor, presididas por el Gobernador[12].

En cuanto a las Provincias que formaban el territorio de Venezuela, en 1680, y conforme a la Recopilación de Leyes, la Provincia de Mérida y La Grita, y la Provincia de Guayana, incluida Trinidad, formaban parte del distrito de la Real Audiencia de Santa Fe; y las provincias de Venezuela, de Cumaná y de Margarita, formaban parte del distrito de la Real Audiencia de Santo Domingo de la Isla Española[13].

10 En el territorio de Venezuela, en 1680, no existían ni Corregimientos ni Alcaldías Mayores, como unidades territoriales separadas de las *Provincias*. Un Corregimiento existió en lo que es hoy los Estados Táchira y Mérida, el Corregimiento de Mérida y La Grita que comprendía las ciudades de Mérida, San Cristóbal y San Antonio, territorio elevado a provincia en 1622. *Cfr*. Guillermo Morón, *Historia de Venezuela,* Caracas, 1971, tomo III, p. 400.

11 Véase J.M. Ots Capdequi, *El Estado Español, ... cit.,* p. 65; y *Manual de Historia,... cit.,* p. 355.

12 Véase J.M. Ots. Capdequi, *El Estado Español, ... cit.,* p. 65; y *Manual de Historia,... cit.,* p. 356.

13 *Recopilación de Leyes,* tomo II, Libro V, Titulo II, pp. 113, 114 y 115.

Por otra parte, conforme a la Recopilación de Leyes, el territorio español en América inicialmente estaba dividido en dos Virreinatos, el de Nueva España (1535) y el del Perú (1543), estando a cargo de cada Virrey, la cúspide del poder delegado por el Rey en las Indias.

Los Virreyes, así, fueron una especie de alter ego del Rey, reunían todas las competencias estatales de la Monarquía en sus correspondientes Virreinatos, configurándose como la más alta instancia después del Rey. Además, por la inmensidad de las distancias, la dificultad de las comunicaciones con la península y la urgencia de los problemas a ser resueltos, el Virrey decidía por sí mismo sin plantear siquiera la cuestión a los altos organismos radicados en España, por lo que hasta cierto punto, era alter ego de dichas instancias[14]. Los Virreyes, además, presidían la Real Audiencia virreinal, establecían los cambios de límites territoriales de las Audiencias que estaban en su jurisdicción territorial y promulgaban instrucciones para los Gobernadores y Capitanes generales, Corregidores y Alcaldes Mayores, quienes debían consultar al Virrey sobre las resoluciones de importancia que debían adoptar.

En el siglo XVII, y conforme se ordenó en la Recopilación de Leyes, dependían del Virreinato de Nueva España, las Audiencias de Santo Domingo, México, Guatemala y Guadalajara; y del Virreinato del Perú, las de Panamá, Lima, Santa Fe de Bogotá, Charcas, Chile y Buenos Aires. En el siglo XVIII, al crearse los Virreinatos de Nueva Granada (1718), y Río de la Plata, quedaron en la jurisdicción del primero, las Audiencias de Santa Fe, Panamá, Quito y Venezuela; y dentro de las del segundo, las de Buenos Aires y Charcas[15].

En cuanto a las Provincias de Venezuela, en 1680, aquellas que estaban en la jurisdicción de la Real Audiencia de Santa Fe (Mérida y La Grita y Guayana) estaban bajo la jurisdicción del Virreinato del Perú; y aquellas que estaban en la jurisdicción de la Real Audiencia de Santo Domingo de la Isla Española (Venezuela, Cumaná y Margarita) estaban bajo la jurisdicción del Virreinato de Nueva España. Posteriormente, a partir de la creación del Virreinato de Nueva Granada (1718), las Provincias sometidas a la jurisdicción de la Real Audiencia de Santa Fe comenzaron a estar bajo la jurisdicción de dicho Virreinato.

Las Provincias de Venezuela, por tanto, no tuvieron una integración definida sino hasta 1777, cuando se crea la Capitanía General de Venezuela y luego, en 1786, cuando se erige la Real Audiencia de Caracas. A partir de esas fechas[16] las Provincias de Venezuela quedan integradas en una sola jurisdicción militar y de administración de justicia. El Gobernador de la Provincia de Venezuela, comenzó a ser, además, Capitán General de las demás provincias e islas anexas y agregadas a ellas.

14 Véase Ots Capdequi, *El Estado Español,... cit.,* p. 64 y *Manual de Historia,... cit.,* pp. 360–362.

15 *Idem.*, pp. 66 y 356, respectivamente.

16 A las que hay que agregar la de 1776 cuando se crea la Intendencia del Ejército y Real Hacienda; y la de 1793, cuando se crea el Real Consulado de Caracas.

2. *Las provincias en los territorios de Venezuela en la Recopilación de las Leyes de los* Reynos de las Indias *(1680)*

La organización del territorio de América, conforme al esquema que se formuló en la Recopilación de Leyes, por supuesto, fue un proceso lento desarrollado por agregaciones sucesivas a medida que avanzaba el proceso de conquista y posterior colonización y poblamiento. Además, por supuesto, no fue uniforme en todo el territorio de América, pues las condiciones físicas y de organización social y política de las poblaciones indígenas con las que se encontraron los españoles, no fue la misma. En esta forma, por supuesto, el proceso de organización político territorial de los territorios conquistados, en los cuales los españoles encontraron civilizaciones indígenas con una organización político social y estable, como sucedió en México y el Perú, sede de Virreinatos, fue distinto al desarrollado en territorios en los cuales éstas no existían, como fue el caso de Venezuela.

A. *La Provincia de Margarita (1525)*

Ahora bien, como se ha dicho, la primera de las provincias creadas en los territorios de Venezuela fue la Provincia de Margarita, en la isla del mismo nombre que le puso el mismo Almirante de la Mar Océano el 14 de agosto de 1498 en su Tercer Viaje, y la cual fue establecida por las Capitulaciones firmadas el 18 de marzo de 1525, en Madrid, mediante las cuales se concedió a Marcelo de Villalobos para su poblamiento, quien asumió su Gobernación, quedando dependiente política, militar y judicialmente de la recién creada Real Audiencia de Santo Domingo de la Isla Española.

La Isla, sin embargo, había sido poblada previamente como soporte al funcionamiento y existencia de la ciudad de Nueva Cádiz, que desde 1508 era el centro de la explotación de perlas más importante del caribe, situada en la isla de Cubagua.

Durante todo el transcurso de la conquista y colonización[17] hasta 1739, la Isla de Margarita había quedado bajo la jurisdicción del Virreinato de Nueva España. A partir de esa fecha se la integra al Virreinato de Nueva Granada que había sido restablecido el 20 de agosto de ese año. En lo judicial, sin embargo, continuó bajo la jurisdicción de la Real Audiencia de Santo Domingo, hasta 1786 cuando se creó la Real Audiencia de Caracas. Además, a partir de 1777 la Provincia de Margarita fue integrada con las otras provincias de Venezuela, en la Capitanía General de Venezuela, como unidad político militar separada del Virreinato de Nueva Granada.

B. *La Provincia de Venezuela y Cabo de La Vela (1528)*

Como se dijo, la Provincia de Venezuela tuvo su origen en las Capitulaciones otorgadas en 1528 por Carlos V a Enrique Einguer y Gerónimo Sailler, y en su defecto a Ambrosio de Alfinger y Jorge Einger, para descubrir y poblar las tierras

17 Para un estudio detallado de la historia de la Provincia de Margarita véase Guillermo Morón, *Historia de Venezuela, op. cit.*, tomo I, pp. 265 y ss., y tomo II, pp. 7 a 110.

desde el Cabo de la Vela hasta el Cabo de Marcapaná[18] en las costas de Venezuela, donde ya se había fundado en año antes, la ciudad de Coro. Con esta capitulación, la misma se convirtió en la sede de la Gobernación, en el centro del proceso de penetración al interior y el foco expansivo del poblamiento[19]. Por ello, fue cabeza de Provincia hasta 1576, cuando la capital se trasladó a Caracas, que había sido fundada años antes (1567). La ciudad de Maracaibo formó parte de la Provincia de Venezuela hasta 1676 cuando se creó la Provincia de Maracaibo que abarcó el Corregimiento de Mérida y La Grita.

La Provincia de Venezuela o Caracas estuvo sometida en lo judicial a la Real Audiencia de Santo Domingo hasta 1717, cuando pasó a formar parte del Virreinato de Nueva Granada y de la Real Audiencia de Santa Fe. A pesar de la disolución del Virreinato en 1723, permaneció sometida a la Audiencia de Santa Fe hasta 1731, cuando de nuevo pasó a la jurisdicción de la Audiencia de Santo Domingo. Esta situación duró sólo ocho años pues al reorganizarse el Virreinato de Santa Fe (1739) se le agregó de nuevo la Provincia de Venezuela, la cual volvió a quedar sometida a la jurisdicción de la Audiencia de Santa Fe.

En 1742, por Real Cédula de 12 de febrero se decidió "revelar y eximir al Gobierno y Capitanía General de la Provincia de Venezuela", de toda dependencia del Virreinato de Nueva Granada, con lo cual se ordenó y mandó "que la anunciada Provincia de Venezuela quede desde ahora en adelante con total independencia de ese Virreinato". La Real Cédula atribuyó, además, a los Gobernadores de la Provincia de Venezuela "el velar sobre el cumplimiento de la obligación de las de Maracaibo, Cumaná, Margarita, La Trinidad y la Guayana en lo respectivo al ilícito comercio"[20]. Mediante esta Real Cédula se ordenó pasar de nuevo a la Provincia de Venezuela a la jurisdicción de la Real Audiencia de Santo Domingo, a la que quedó vinculada hasta 1786, cuando se creó la Real Audiencia de Caracas. A partir de entonces, el Gobernador de la Provincia de Venezuela y Capitán General de todas las demás provincias de Venezuela, se convirtió además en Presidente de la Real Audiencia de Caracas. En ese mismo año de 1786, se separó del gobierno de Caracas, la ciudad de Trujillo, y se la agregó a la Provincia de Maracaibo.

En todo caso, para el momento en que se manda a publicar la Recopilación de Leyes (1680) la Provincia de Caracas o Venezuela comprendía aproximadamente los territorios de los actuales Estados Falcón, Trujillo, Lara, Portuguesa, Yaracuy, Cojedes, Carabobo, Aragua, Guárico, Miranda y Distrito Capital. En 1810, cuando se declara la Independencia, la Provincia de Caracas comprendía aproximadamente los territorios de los actuales Estado Falcón, Lara, Portuguesa, Yaracuy, Cojedes, Carabobo, Aragua, Guárico, Miranda y del Distrito Capital.

Posteriormente, en 1811, Coro quedó separada de la Provincia.

---

18 Véase el texto de las Capitulaciones en G. Morón, *Historia...,* tomo III, pp. 23 a 28; *Cfr.* J. F. Blanco y R. Azpúrua, *Documentos para la historia de la vida pública del Libertador,* Ediciones de la Presidencia de la República, Caracas 1978, tomo I, p. 36.

19 Véase. S. Bernabeu y otros, *Historia Urbana de Iberoamérica,* tomo I, La ciudad Iberoamericana hasta 1573, Consejo Superior de los Colegios de Arquitectos de España, Madrid, 1987, p. 246.

20 Véase el texto en J.F. Blanco y R. Azpúrua, *op. cit.,* tomo I, pp. 55–57.

C. *La Provincia de Nueva Andalucía (1568)*

La Provincia de la Nueva Andalucía o Cumaná, se estableció formalmente luego de las Capitulaciones ajustadas entre Felipe II y Diego Fernández de Serpa el 5 de mayo de 1568, por Real Cédula de 27 de mayo de 1568, en la cual se le concedió el título de Gobernador y Capitán General de la provincia[21], dependiendo de la Real Audiencia de Santo Domingo a la cual estuvo siempre sometida, hasta 1786, cuando se creó la Real Audiencia de Caracas. La Gobernación de Nueva Andalucía o Cumaná fue la más importante del oriente del país y comprendió en diversas ocasiones las provincias de Trinidad y Guayana. Desde 1591 hasta 1731, la Isla de Trinidad había formado parte de una Provincia con Guayana, bajo la jurisdicción de la Audiencia de Santa Fe, la cual a partir de 1731 y hasta 1762, se unió a la de Nueva Andalucía[22]. La Provincia de la Trinidad de la Guayana continuó sin embargo, separada a cargo de un Gobernador y Capitán General[23], integrada desde 1739 al Virreinato de Nueva Granada y luego en 1777, a la Capitanía General de Venezuela. Pero ello sólo por dos años, pues en 1797 es tomada por Inglaterra perdiendo España este dominio[24].

En 1680, cuando se manda a publicar la *Recopilación de Leyes*, la Provincia de Nueva Andalucía comprendía, aproximadamente, los territorios de los actuales Estados Anzoátegui, Sucre y Monagas y parte del actual Estado Delta Amacuro, que era la superficie que tenía, aproximadamente en 1810, cuando se constituyó, en forma separada, la Provincia de Barcelona.

D. *La Provincia de Guayana (1568)*

La Provincia de Guayana se estableció por Real Cédula de 18 de noviembre de 1568 por la cual se ordenó a la Audiencia de Santa Fe que se Capitulase a favor de Gonzalo Jiménez de Quesada para descubrir y poblar los llanos, provincias y tierras al oriente del Nuevo Reyno de Granada, lo cual se hizo efectivo en 1569, y ejecutó a partir de 1582, su sobrino político, Antonio de Berrío[25] quien heredo de aquél la Gobernación de Guayana. La Provincia, que se extendió hasta Trinidad, la cual le quedó integrada (Provincia de Trinidad y la Guayana) hasta 1731, formó parte además, de la Provincia de Nueva Andalucía, y por tanto, bajo la jurisdicción de la Real Audiencia de Santo Domingo, entre 1733 y 1762, cuando adquirió autonomía sometida a la Audiencia de Santa Fe. Esta situación duró hasta 1776, cuando pasó a depender nuevamente de la Audiencia de Santo Domingo a través de la jurisdicción militar que sobre ella se había otorgado a la Gobernación de la Provincia de Venezuela. En 1768 se le agregó la Comandancia General del Orinoco y Río Negro, cuyos linderos llegaban por el sur hasta el Amazonas. En 1771, por Real Cédula de 28 de octubre, se ordenó el cese de la sujeción de la Provincia de Guayana a las órdenes del Gobernador y Capitán General de la de Venezuela, y la subsiguiente

---

21 Véase el texto en G. Morón, *op.cit.*, tomo II, pp. 357 y 358.

22 *Cfr.* G. Morón, *op. cit.*, tomo II, p. 113.

23 *Idem.*, p. 66.

24 *Cfr.* J. F. Blanco y R. Azpúrua, *op. cit.*, tomo II, p. 177.

25 Véase el texto de la capitulación en G. Morón, *op. cit.*, tomo II, pp. 215–216.

subordinación al virreinato de Nueva Granada y su Real Audiencia. Ello duró seis años, hasta 1777, cuando se sometió en lo militar a la Capitanía General de Venezuela y hasta 1786, en lo judicial, cuando pasó a la jurisdicción de la Real Audiencia de Caracas[26].

Al mudarse a publicar la Recopilación de Leyes (1680), la Provincia de Guayana comprendía aproximadamente, los territorios del Estado Bolívar, del Estado Amazonas, parte del territorio del Estado Delta Amacuro y la Isla de Trinidad. Con excepción de esta última isla, esa misma extensión territorial la tenía en 1810.

E. *La Provincia de Maracaibo (1676)*

La Provincia de Maracaibo se estableció por Real Cédula de 31 de diciembre de 1676, cuando se ordenó la anexión de la ciudad de la Nueva Zamora de la Laguna de Maracaibo al Gobierno de Mérida y la Grita, y consiguientemente, a la Real Audiencia de Santa Fe[27]. En esta forma, la Provincia de Maracaibo se formó, por una parte, a expensas del territorio occidental de la Provincia de Venezuela o Caracas, y por la otra, integrando dicho territorio a la Provincia de Mérida y La Grita. Debe señalarse, que ésta había tenido su origen en la labor de poblamiento del Gobernador Francisco de Cáceres, de la Gobernación del Espíritu Santo cuya capital fue La Grita, fundada en 1576, y el posterior establecimiento del Corregimiento de Mérida y La Grita en 1607, que comprendía, además, San Cristóbal y San Antonio. La Provincia de Mérida y La Grita, con rango de Gobernación y Capitanía General, fue creada en 1622, con capital en Mérida, sometida a la Real Audiencia de Santa Fe[28]. A partir de 1678, la capital de la Provincia de Mérida, La Grita y Maracaibo, pasó a la ciudad de Maracaibo. En 1777 la Provincia fue integrada a la Capitanía General de Venezuela y a partir de 1786, pasó a la jurisdicción de la Real Audiencia de Caracas. En esa misma fecha, en virtud de la Real Cédula de 15 de febrero de 1786, la ciudad de Trujillo, que desde su fundación había pertenecido a la Provincia de Venezuela o Caracas, fue agregada a la Provincia de Maracaibo, y en la misma Real Cédula se segregó de la Provincia el territorio de la Comandancia de Barinas para formar una nueva Provincia, la de Barinas[29].

En 1680, por tanto, cuando se manda a publicar la Recopilación de Leyes, el territorio de la Provincia de Maracaibo comprendía aproximadamente, los territorios de los actuales Estados Zulia, Mérida, Táchira, Barinas y Apure. En 1810, al declararse la Independencia, comprendía aproximadamente, los territorios de los Estados Zulia, Mérida, Táchira y Trujillo. Ese mismo año, sin embargo, se constituyeron como Provincias separadas, las de Mérida (comprendida La Grita y San Cristóbal) y Trujillo.

---

26 *Cfr.* G. Morón, *op. cit.,* tomo II, pp. 230–231; J. F. Blanco y R. Azpúrua, *op. cit.,* tomo I, pp. 105–107.

27 *Cfr.* G. Morón, *op. cit.,* tomo III, p. 400.

28 Véase el documento respectivo en G. Morón, *op. cit.,* vol. 3, p. 380.

29 Véase el texto en J. F. Blanco y R. Azpúrua, *op. cit.,* tomo I. pp. 210–212.

F. *La Provincia de Barinas (1786)*

Por Real Cédula de 15 de febrero de 1786 se erigió la Provincia de Barinas[30] cuyo territorio quedó dentro de la Capitanía General de Venezuela y en la jurisdicción de la Real Audiencia de Caracas, creada ese mismo año. El territorio de la misma, comprendió, aproximadamente lo que hoy son los territorios de los Estados Barinas y Apure, que como se dijo, fueron segregados de la Provincia de Maracaibo a la que pertenecían.

3. *La integración de las provincias de Venezuela: La Capitanía General de Venezuela (1777)*

Como se ha señalado, por Real Cédula de 8 de septiembre de 1777, dada en San Ildefonso[31] y en virtud de las representaciones formuladas a la Corona por el Virrey del Nuevo Reyno de Granada y por los Gobernadores de las Provincias de Guayana y Maracaibo, acerca de los inconvenientes que producía a dichas Provincias así como a las de Cumaná, Margarita y Trinidad el seguir unidas al Virreinato del Nuevo Reino de Granada por la distancia en que se hallaban de su capital Santa Fe, lo que provocaba el retardo en las providencias, con graves perjuicios para el Real servicio; para evitar estos males y otros mayores que podrían ocasionarse "en el caso de una invasión", se resolvió "la absoluta separación de las mencionadas Provincias de Cumaná, Guayana y Maracaibo e Islas de Trinidad y Margarita del Virreinato y Capitanía General del Nuevo Reyno de Granada y agregarlas en lo gubernativo y militar a la Capitanía General de Venezuela, del mismo modo que lo están, en lo respectivo al manejo de mi Real Audiencia, a la nueva Intendencia erigida en dicha Provincia, y ciudad de Caracas, su capital"[32].

En efecto, con motivo de las reformas adoptadas por el rey Carlos III desde 1749, mediante la creación de las Intendencias en la Península, se había querido ordenar la administración territorial, que estaba subdividida, hasta entonces, en infinidad de derechos históricos.

Así, las Intendencias originaron una nueva distribución territorial, en la que quedaban enclavados varios corregimientos y alcaldías mayores, y el Intendente intervenía en los asuntos de hacienda, guerra, policía y justicia[33].

Pues bien, el esquema de las Intendencias se aplicó también a los territorios de América, y por ello se creó en 1776, la Intendencia del Ejército y Real Hacienda de las Provincias de Venezuela, Cumaná, Guayana, Maracaibo, Margarita y Trinidad, encargada de administrar las rentas[34].

---

30 Véase el texto en J. F. Blanco y R. Azpúrua, *op. cit.*, tomo I. pp. 210–212.

31 Véase el texto en J. F. Blanco y R. Azpúrua, *op. cit.*, tomo II, pp. 129–130.

32 *Idem.*, p. 129.

33 Véanse los comentarios a la Ordenanza de Intendentes y Corregidores de 1749, en V. Rodríguez Casado, "Las reformas provinciales en la España de Carlos III", *Crónicas del VI Congreso Historia Municipal Interamericano*, IEAL, Madrid, 1959, pp. 205–211.

34 Real Instrucción de 8–12–77. Véase en Gisela Morazzani de Pérez Enciso, *La Intendencia en España y en América*, Caracas, 1960, pp. 318 a 409. *Cfr.* Eduardo Arcila Farías, *Economía Colonial de Venezuela*, Caracas, 1973, tomo II, pp. 1 a 30.

Son esas mismas Provincias las que al año siguiente se integraron a la Capitanía General de Venezuela, por la Real Cédula de 1777, que dispuso además, "separar en lo jurídico de la Audiencia de Santa Fe, y agregar a la primitiva de Santo Domingo, las dos expresadas Provincias de Maracaibo y Guayana, como lo está la de Cumaná y las Islas de Margarita y Trinidad para que hallándose estos territorios bajo una misma Audiencia, un Capitán General y un Intendente inmediato, sean mejor regidos y gobernados con mayor utilidad de mi Real Servicio"[35].

La consecuencia de la creación de la Capitanía General de Venezuela se estableció claramente en la Real Cédula, al ordenar al Virrey y Audiencia de Santa Fe, el que se inhibieran y abstuvieran "del conocimiento de los respectivos asuntos que les tocaba antes de la separación" y a "los Gobernadores de las Provincias de Cumaná, Guayana y Maracaibo, é Islas de Margarita y Trinidad, que obedezcan, como a su Capitán General, al que hoy es y en adelante lo fuere de la Provincia de Venezuela, y cumplan las órdenes que en asuntos de mi Real Servicio les comunicare en todo lo gubernativo y militar; y que así mismo den cumplimiento los Gobernadores de las Provincias de Maracaibo y Guayana á las Provisiones que en lo sucesivo despachare mi Real Audiencia de Santo Domingo, admitiendo para ante ella, las apelaciones que se interpusieren según y en la forma que lo han hecho, o debido hacer para ante la de Santa Fe"[36].

Posteriormente, por Real Cédula de 13 de junio de 1786, se ratificó el reacomodo provincial que se había dispuesto en las Reales Cédulas de 1676 y de febrero de 1786 sobre la creación de las Provincias de Maracaibo y Barinas, ordenándose que la Provincia de Maracaibo continuase unida a la Capitanía General e Intendencia de Caracas, y además se dispuso crear la Real Audiencia de Caracas, "para evitar los perjuicios que originan a los habitantes de dichas Provincias de Maracaibo, la de Cumaná, Guayana, e Islas de Margarita y Trinidad, comprendidas en la misma Capitanía General de recurrir por apelación de sus negocios a la Audiencia Pretorial de Santo Domingo" [37].

Finalmente, por Real Cédula de 3 de julio de 1793, se erigió el Real Consulado de Caracas, con su Tribunal y jurisdicción en toda la Capitanía General de Venezuela, en los asuntos mercantiles[38].

En esta forma, para 1810, la base de la integración política de las Provincias de la Capitanía General de Venezuela estaba establecida con la creación, en 1776, de la Intendencia del Ejército y Real Hacienda; en 1777, de la Capitanía General de Venezuela; en 1786 de la Real Audiencia de Caracas; y en 1793, del Real Consulado de Caracas[39].

El cuadro político territorial de las Provincias que formaban la Capitanía General de Venezuela en 1810, correspondía entonces aproximadamente al territorio

35 Véase el texto en J. F. Blanco y R. Azpúrua, *op. cit.*, tomo I, p. 129.

36 *Idem.*, p. 130.

37 Véase el texto en *Idem.*, p. 214

38 Véase el texto en *Idem.*, pp. 248 a 256. Véase en general, M. M. Álvarez F., *El Tribunal del Real Consulado de Caracas,* 2 tomos, Caracas 1967.

39 *Cfr.* T. Chiossone, *op.cit.*, p. 89; G. Morón, "El proceso de Integración", *El Nacional*, 26–8–76, p. A–4.

siguiente: la *Provincia de Margarita*, a la Isla de Margarita; la *Provincia de Venezuela o Caracas*, los territorios de los Estados Falcón, Lara, Portuguesa, Yaracuy, Cojedes, Carabobo, Aragua, Guárico, Miranda, y el Distrito Capital; la Provincia de Cumaná o Nueva Andalucía, los territorios de los Estados Anzoátegui, Sucre, Monagas y parte del territorio del Estado Delta Amacuro; la Provincia de Guayana, los territorios de los Estados Bolívar, Amazonas y parte del Delta Amacuro; la Provincia de Maracaibo, los territorios de los Estados Zulia, Mérida, Táchira y Trujillo; y la Provincia de Barinas, los territorios de los Estados Barinas y Apure.

A raíz de la Constitución de la Junta Conservadora de los Derechos de Fernando VII, en Caracas, el 19 de Abril de 1810, y del inicio del proceso de Independencia de Venezuela, en los meses subsiguientes se establecieron tres nuevas provincias: el 27 de abril, se constituyó una Junta Provincial en Barcelona, dando origen a la Provincia de Barcelona, con parte del territorio de la que era la Provincia de Nueva Andalucía o Cumaná[40]; el 16 de septiembre de 1810, en la ciudad de Mérida se constituyó una Junta que asumió la autoridad soberana, constituyéndose la Provincia de Mérida con parte del territorio de la Provincia de Maracaibo, a la que se sumaron las ciudades de La Grita (11–10–1810) y San Cristóbal (28–10–1810); y el 9 de octubre de 1810, al constituirse una Junta se estableció la Provincia de Trujillo, con parte del territorio que correspondía a la Provincia de Maracaibo[41].

En consecuencia, para finales de 1810, el territorio de Venezuela estaba integrado por las siguientes nueve (9) Provincias: Margarita, Caracas, Cumaná, Guayana, Maracaibo, Barinas, Barcelona, Mérida y Trujillo. El Congreso que declaró solemnemente la Independencia el 5 de julio de 1811, estaba integrado por representantes de las Provincias de Caracas, Cumaná, Barinas, Margarita, Barcelona, Mérida y Trujillo, y fueron los representantes de esas mismas siete (7) Provincias los que sancionaron la Constitución Federal para los Estados de Venezuela de 21 de diciembre de 1811.

No habían participado en esos actos representantes de las Provincias de Guayana y Maracaibo, así como tampoco de Coro, que si bien pertenecían a la Provincia de Caracas, no se sumaron a la declaración de independencia y quedaron sometidas a la Corona.

Por ello, el artículo 128 de la Constitución, estableció que "luego que libres de la opresión que sufren las provincias de Coro, Maracaibo y Guayana puedan y quieran unirse a la Confederación, serán admitidas a ella, sin que la violenta separación en que a su pesar y el nuestro han permanecido, pueda alterar para con ellas los principios de igualdad, justicia, fraternidad de que gozarán, desde luego, como todas las demás provincias de la Unión".

40 Véase en J. F. Blanco y R. Azpúrua, *op .cit.*, tomo II, p. 411.

41 Véase los textos en el libro *Las Constituciones Provinciales*, Biblioteca de la Academia Nacional de la Historia, Caracas 1959, pp. 341 a 350.

4. *El territorio del Estado formado por el de las provincias de la Capitanía General de Venezuela*

La Constitución Federal para los Estados de Venezuela, de 1811, hecha por los representantes "de Margarita, de Mérida, de Cumaná, de Barinas, de Barcelona, de Trujillo y de Caracas", al establecer el Pacto Federal, dejó a cada una de esas Provincias "su Soberanía, Libertad e Independencia", con "el derecho exclusivo de arreglar su gobierno y administración *territorial* bajo las leyes que crean convenientes". Agregó el Preliminar de dicho texto, que "del mismo derecho gozarán todos aquellos territorios que por división del actual o agregación a él vengan a ser parte de esta Confederación". Por ello, como se dijo, el artículo 128 de la Constitución, conforme a esa declaración se destinó a las otras Provincias que formaban la Capitanía General de Venezuela que eran Coro, Maracaibo y Guayana, las cuales "luego que libres de la opresión que sufren puedan y quieran unirse a la confederación, serán admitidas a ella".

En esta forma, aun cuando sin una definición expresa, el territorio de la Confederación se formó por el de las Provincias que formaban parte de la Capitanía General de Venezuela y cuyos representantes sancionaron la Constitución.

La Constitución de 1819, decretada "por nuestros representantes, diputados al efecto por las provincias de nuestro territorio que se han liberado ya del despotismo español", en su título II, Sección Primera, artículo 2 estableció que:

> "[...] el territorio de la República de Venezuela se divide en diez Provincias que son: Barcelona, Barinas, Caracas, Coro, Cumaná, Guayana, Maracaibo, Margarita, Mérida y Trujillo. Sus límites y demarcaciones se fijarán por el Congreso".

Este texto, en igual forma, sin definir el ámbito del territorio, al dividirlo en el de las Provincias, remitió al territorio de éstas para su determinación.

A partir de la Ley Fundamental de la Unión de los pueblos de Colombia de 1821 y de la Constitución de Colombia de ese mismo año (Cúcuta), se comenzó a definir el territorio de Venezuela por el que formaba la Capitanía General de Venezuela establecida por Real Cédula de 8 de septiembre de 1777, tal como estaba configurado en 1810 antes del proceso político iniciado el 19 de abril de ese año. En esta forma en Venezuela se siguió el principio de derecho internacional público americano, conocido como el de *Uti possidetis juris,* según el cual nuestro país tenía derechos sobre los territorios que correspondían en 1810 a la Capitanía General de Venezuela, de tal manera que los límites territoriales del país, eran los mismos que correspondían en ese año a dicha entidad colonial, en relación al Virreinato de la Nueva Granada, al Brasil y a la Guyana Británica.

En efecto, en 1821, la Ley Fundamental de la Unión de los pueblos de Colombia, sancionada en Cúcuta, al reunir los pueblos de Nueva Granada y Venezuela en una sola Nación, denominada República de Colombia, definió su territorio en la siguiente forma:

> "*Art. 5.* El territorio de la República de Colombia será el comprendido dentro de la antigua Capitanía General de Venezuela y el Virreinato y Capitanía del nuevo Reino de Granada. Pero la asignación de sus términos precisos queda reservada para tiempo más oportuno".

En la Constitución de Colombia de 1821 conforme a la orientación de la Ley Fundamental, el territorio de la República se definió así:

> "*Art. 6.* El territorio de Colombia es el mismo que comprendían el antiguo Virreinato de la Nueva Granada y Capitanía General de Venezuela".

En la Constitución de 1830, luego de la separación de Venezuela de la Gran Colombia y su Constitución como Estado independiente, se definió el territorio de Venezuela en la siguiente forma:

> "*Art. 5.* El territorio de Venezuela comprende todo lo que antes de la transformación política de 1810 se denominaba Capitanía General de Venezuela. Para su mejor administración se dividirá en provincias, cantones y parroquias, cuyos límites fijará la Ley".

Esta norma de la Constitución de 1830, sustancialmente quedó con la misma redacción en las Constituciones posteriores, evolucionando hasta lograr la concepción vigente del texto constitucional de 1999.

5. *La provincia en el Régimen español de la Península*

Contrariamente a lo que sucedió en los territorios coloniales, donde la Provincia fue el eje de la organización territorial que España montó en su imperio americano, en la península ibérica, la división Provincial fue un hecho posterior al inicio de la independencia hispano americana, que se comenzó con los trabajos de las Cortes de Cádiz en 1812.

En efecto, la Constitución de Cádiz de marzo de 1812, al definir al territorio español y enumerar sus posesiones en la Península, agregó que:

> "*Art. 11.* Se hará una división más conveniente del territorio español por una ley constitucional, luego que las circunstancias políticas de la Nación lo permitan".

Las Cortes, por Decreto de 23 de mayo de 1812, restablecieron en diversas partes del territorio diputaciones provinciales, mientras se llegaba "el caso de hacerse la conveniente división del territorio español", de lo que Adolfo Posada deduce en su obra *Escritos municipalistas de la vida local*[42] "la idea que se tenía de la necesidad de una división territorial nueva en Provincias".

A esos efectos, en la Constitución de Cádiz se había previsto un capítulo relativo al "Gobierno Político de las Provincias y de las Diputaciones provinciales" (arts. 324 a 337).

En realidad, las Cortes, al regular las Diputaciones Provinciales lo que hicieron fue institucionalizar la figura de las Juntas Provinciales que habían surgido al calor de la guerra de independencia frente a Francia, transformándolas en tales Diputaciones a las cuales se atribuyó el rol de representar el vínculo de unión intermedio, entre los ayuntamientos y el gobierno central, asumiendo tales diputaciones el control de tutela de éstos (art. 323).

---

42 Véase A. Posada, *Escritos Municipales de la Vida Local*, IEAL, Madrid, 1979.

El esquema de Cádiz, fue efímero. El 8 de diciembre de 1813, Napoleón firmó en Valençay un Tratado de Paz con Fernando VII, reconociéndolo como Rey. Meses después, los Aliados europeos entrarían en Paris (31 de marzo de 1814), imponiendo la constitución de un gobierno transitorio, y tres días después, el 3 de abril de 1814, el Senado pronunciaría el fin del Imperio, removiendo a Napoleón quien fue exilado a la isla de Elba, comenzando la restauración de la Monarquía con Luis XVIII. En España, el mes siguiente, el 4 de mayo de 1814, Fernando VII también iniciaría la restauración monárquica, adoptando su célebre Manifiesto sobre abrogación del Régimen Constitucional mediante el cual restableció el absolutismo, declarando "nulos y de ningún valor ni efecto, ahora, ni en tiempo alguno, como si no hubiesen pasado jamás..., y se quitasen de en medio del tiempo" la Constitución y los actos y leyes dictados durante el período de gobierno constitucional[43]. Se extinguió, así, por Reales Cédulas de junio y julio de 1814, la nueva concepción del Estado que los constituyentes de Cádiz habían concebido como Monarquía constitucional, con un nuevo régimen municipal y provincial, todo lo cual se eliminó, restableciéndose el sistema a la condición que tenía en marzo de 1808.

El 10 de marzo de 1820, mediante el pronunciamiento del coronel Rafael del Riego que originó la revolución liberal, el mismo Fernando VII fue obligado a aceptar y jurar la Constitución de Cádiz ante el Ayuntamiento de Madrid, restableciéndose la estructura municipal abolida en 1814, reorganizándose de nuevo las Provincias y comunicándose a las Cortes, ante las cuales el Rey renovó el 9 de julio de 1820, el juramento de fidelidad a la Constitución.

Por Decreto de 22 de enero de 1822 se intentó dar a la Provincia una concreción territorial definida, estableciéndose lo que puede considerarse como la primera división regular del territorio español, en cierto número de provincias. Sin embargo, de nuevo, desde Francia se invadió la Península, ejecutando Luis VIII la decisión del Congreso de Verona, de la Santa Alianza, de liquidar el principio monárquico–liberal que surgía en España.

La invasión de los ejércitos borbónicos obligaron a las Cortes a negociar, y el Rey, de nuevo, con apoyo extranjero, asumió el poder absoluto restableciéndose por Real Decreto de 17 de octubre de 1824, de nuevo, los ayuntamientos perpetuos y eliminando las bases populares de los ayuntamientos constitucionales.

En 1833, falleció Fernando VII, siendo sustituido por Isabel II, pero bajo la regencia de María Cristina de Borbón como gobernadora del Reino. Ese mismo año, por Real Decreto de 30 de noviembre de 1833, por fin, se formuló la división territorial de la Península, en Provincias, con lo cual se consagró en forma definitiva a la Provincia como circunscripción administrativa del Estado español.

43 Véase en *Constituciones Españolas y Extranjeras,* Tomo I, Ediciones de Jorge de Esteban, Ed. Taurus, Madrid 1977, pp. 125 ss.

II. LOS ANTECEDENTES CONSTITUCIONALES DE LA REVOLUCIÓN HISPANOAMERICANA: APORTES DE LA REVOLUCIÓN AMERICANA Y DE LA REVOLUCIÓN FRANCESA

En el último cuarto del siglo XVIII se sucedieron en el mundo dos acontecimientos que iban a transformar radicalmente el orden político constitucional imperante, los cuales se desarrollaron con muy pocos años de diferencia entre uno y otro, pues fueron sólo 13 años los que separaron la Revolución Norteamericana en 1776, de la Revolución Francesa de 1789.

Esas dos revoluciones, que trastocaron el constitucionalismo de la época, junto con la Revolución hispanoamericana (1810), iniciada en Venezuela veintiún (21) años después de la última, sin duda, desde el punto de vista político, pueden considerarse como los acontecimientos más importantes del mundo moderno, los cuales tuvieron una enorme importancia para Venezuela, ya que fue nuestro país, a comienzos del siglo XIX, el primero del mundo en recibir la influencia de los mismos y de sus consecuencias constitucionales; influencia que recibimos, precisamente cuando los próceres de la Independencia se encontraban en la tarea de elaborar las bases de un nuevo sistema jurídico–estatal para un nuevo Estado independiente, segundo en su género después de los Estados Unidos de Norte América, en la historia política del mundo moderno.

Venezuela, por tanto, formuló sus instituciones bajo la influencia directa y los aportes al constitucionalismo de aquellas dos revoluciones[44], aun antes de que se operaran cambios constitucionales en España, lo que se configura como un hecho único en América Latina. Al contrario, la mayoría de las antiguas Colonias españolas que logran su independencia después de 1811 y, sobre todo, entre 1820 y 1830, recibieron las influencias del naciente constitucionalismo español plasmado en la Constitución de Cádiz de 1812 que, insistimos, no pudo suceder en el caso de Venezuela al formarse el Estado independiente, donde puede decirse que se construye un Estado moderno, con un régimen constitucional moderno, mucho antes que el propio Estado español moderno.[45]

1. *La Revolución Norteamericana y la Declaración de Derechos de Virginia (1776)*

La Declaración de Derechos o *Bill of Rights* de Virginia[46] fue aprobada el 12 de junio de 1776 por los representantes del pueblo de Virginia, constituyendo la

44 Véase Allan R. Brewer–Carías, *Reflexiones sobre la Revolución Americana (1976) y la Revolución Francesa (1789) y sus aportes al constitucionalismo moderno*, Editorial Jurídica Venezolana, Caracas 1991.

45 Véase Allan R. Brewer–Carías, "El paralelismo entre el constitucionalismo venezolano y el constitucionalismo de Cádiz (o cómo el de Cádiz no influyó en el venezolano)", en *La Constitución de Cádiz. Hacia los orígenes del Constitucionalismo Iberoamericano y Latino*, Unión Latina–UCAB, Caracas 2004, pp. 223–331.

46 Véase el texto en J. Hervada y J. M. Zumaquero, *Textos Internacionales de Derechos Humanos*, Pamplona, 1978, pp. 24 a 35. Véase Allan R. Brewer–Carías, *Los Derechos Humanos en Venezuela, Casi 200 Años de Historia,* Caracas, 1990, pp. 17 y ss.

primera de las declaraciones formales de derechos individuales en el constitucionalismo moderno.

Junto con las Declaraciones de las otras Colonias Americanas, diferían de los precedentes ingleses (Magna Carta, 1215; Habeas Corpus Act, 1679; *Bill of Rights*, 1689)[47], básicamente porque al declarar y establecer los derechos, no hacían referencia a éstos como basados en el *common law* o la tradición, sino a derechos derivados de la naturaleza humana y de la razón (*ratio)*. Por ello, los derechos declarados en la Declaración de Derechos hecha por los "representantes del buen pueblo de Virginia" de 1776, eran derechos naturales que "pertenecen a ellos y a su posteridad, como la base y fundamento del Gobierno". En la base de su formulación, sin duda, están las doctrinas políticas imperantes en la época de J. Locke, Montesquieu y J. J. Rousseau, que se basaban en el análisis de la situación natural del hombre y el logro del pacto o contrato social para establecer una soberanía como mecanismo para la protección de la libertad.

Esta fue la base para la subsiguiente exaltación del individualismo y de la consagración de derechos, incluso no sólo de los ciudadanos de un Estado, sino además del Hombre, con la consecuente construcción del liberalismo político y económico.

Estas ideas se pusieron en práctica en las Colonias Norteamericanas, con las Declaraciones de independencia respecto de Inglaterra (1776), constituyendo cada una de ellas un Estado, con su propia Constitución. Las Declaraciones de Derechos, entonces pueden considerarse como el producto más inmediato de la Revolución Norteamericana[48], entre ellas, el *Bill of Rights* y la *Constitution or From of Goverment of Virginia* adoptados, respectivamente, el 12 y el 29 de junio de 1776.

En particular, en el breve Preámbulo de la Declaración de Derechos de Virginia se establece claramente la relación entre los derechos naturales y el Gobierno, donde se observa la clara influencia de las teorías de Locke en el sentido de que la sociedad política se forma teniendo como base esos derechos, los cuales son el fundamento del gobierno. Ello, además, deriva claramente de las tres primeras secciones de la Declaración, que disponían:

> "*Sección 1.* Que todos los hombres son por naturaleza igualmente libres e independientes y tienen ciertos derechos innatos, de los cuales, cuando entran en estado de sociedad, no pueden, por ningún pacto privar o desposeer a su posterioridad; a saber, el goce de la vida y de la libertad, con los medios para adquirir y poseer la propiedad, y buscar y conseguir la felicidad y la seguridad.
>
> *Sección 2.* Que todo poder está investido en el pueblo y consecuentemente deriva de él, que los magistrados son sus mandatarios y servidores y en todo momento responsables ante él.

---

47 Véase los textos en M. Pacheco, *Los Derechos Humanos. Documentos Básicos*, Santiago de Chile, 1987, pp. 1 a 25.

48 Sobre el proceso político de la independencia norteamericana veáse lo expuesto en Allan R. Brewer-Carías, *Instituciones Políticas y Constitucionales*, tomo I, *Evolución histórica del Estado*, Universidad Católica del Táchira, Editorial Jurídica Venezolana, Caracas–San Cristóbal 1996, Primera Parte, pp. 204 y ss.

Sección 3. Que el gobierno se instituye, o debería serlo, para el provecho, protección, y seguridad comunes del pueblo, nación, o comunidad; que de todos los varios modos o formas de gobierno, es el mejor aquél que es capaz de producir el mayor grado de felicidad y de seguridad y está más eficazmente asegurado contra el peligro de mala administración; y que, cuando un gobierno resulta inadecuado o contrario a estos principios, una mayoría de la comunidad tiene el derecho indiscutible, inalienable e irrevocable de reformarlo, modificarlo o abolirlo, en la forma que se juzgue más conveniente al bienestar público".

Adicionalmente, la Sección 4 estableció la prohibición de los privilegios, y la Sección 5 prescribió la separación de poderes y la condición temporal de los cargos públicos, así:

"*Sección 5.* Que los poderes legislativos y ejecutivo del Estado deben estar separados y ser distintos del judicial; y que los miembros de los dos primeros, (porque) deben ser alejados (de la tentación) de la opresión, sintiendo las cargas del pueblo y participando de ellas, deberán, en períodos–prefijados, ser reducidos a la condición privada y retornar al cuerpo social, del que procedían originariamente, y las vacantes deberán ser cubiertas por elecciones frecuentes, ciertas y regulares, en las que todos, o una parte, de los antiguos miembros podrán ser de nuevo elegibles, o inelegibles, según lo dispongan las leyes".

De este texto, resulta clara tanto la teoría del contrato o pacto social, basado en la existencia de derechos inherentes al hombre e inalienables, así como la base democrática del gobierno, como la mejor y más justa forma del mismo, lo que conlleva a la representación democrática mediante elecciones libres (Sección 7ª) y al derecho de resistencia, producto, asimismo del pacto social. Las otras once secciones se dedican a regular algunos derechos fundamentales, entre los cuales se destacan, el derecho a juicios rápidos, con las debidas garantías; el derecho a no ser condenado a penas excesivas o crueles o a castigos inusuales; y la libertad de prensa.

Estas Declaraciones, sin duda, marcaron el inicio de la era democrática y liberal del Estado de Derecho Moderno, y aún la cuando la Constitución de los Estados Unidos de América, del 17 de septiembre de 1787, no contuvo una declaración de derechos fundamentales, puede decirse que dicha declaración de derechos constituye una de las principales características del constitucionalismo americano, la cual influenció todo el derecho constitucional moderno[49]. En particular, aparte de haber influenciado la redacción de la propia Declaración francesa de los Derechos del Hombre y del Ciudadano de 1789, el texto de la Declaración de Virginia, fue un antecedente importante en la elaboración de la Declaración de derechos que contiene la Constitución de Venezuela de 1811.

49 Ch. H.Mc Ilwain, *Constitutionalism and the Changing World,* Cambridge, 1939, p. 6.

2. *La Revolución Francesa y la Declaración de los derechos del hombre y del ciudadano (1789)*

El antiguo régimen que precedió a la Revolución francesa, como sistema político–social, estaba montado sobre una estructura estamental, conforme a la cual la sociedad feudal estaba estratificada en estados u órdenes. La sociedad, así, estaba naturalmente estructurada en un orden jerárquico de estamentos o estados con status desigual, derivado esencialmente del principio hereditario de nacimiento. En la cúspide de la estructura socio–política estaba el Monarca, y el resto de los hombres tenía condicionada su situación en la sociedad según su pertenencia a un estamento, orden o estado[50]. La Revolución francesa fue precisamente el acontecimiento político que trastocó la estratificación del Antiguo Régimen, proclamando, al contrario, la igualdad, lo que implicó que frente a los antiguos derechos estamentales, se declararon como base de la sociedad, los derechos naturales que el hombre tiene por igual.

Este principio de la igualdad, a pesar de que sólo fuera la burguesía la que lo disfrutase efectivamente, trastocó completamente el sistema político que estaba basado en el principio de la unidad del poder en torno al Monarca absoluto. Pero debe tenerse en cuenta que el debilitamiento del poder del Monarca y la apertura a la limitación del mismo, fue producto del propio Rey, de sus conflictos con los *Parlements*, y de la convocatoria a los Estados Generales.

En efecto, el inicio de la revolución política en Francia a finales del siglo XVIII puede decirse que lo provocó el propio Rey Luis XVI al convocar, en 1788, los Estados Generales, con lo que puso fin al gobierno absoluto, al aceptar, al contrario, compartir el Gobierno y el Poder con un cuerpo de representantes electos en los diversos estamentos que asumió el poder legislativo, el cual, hasta ese momento, lo ejercía el Monarca.

La situación del Poder en Francia antes de la Revolución, habiendo desaparecido las grandes asambleas políticas desde 1628, estaba casi totalmente en manos del Monarca, quien gobernaba y legislaba, siendo la justicia impartida por altos tribunales de justicia, denominados *Parlements*. A éstos, además, el Monarca sometía las leyes antes de ser promulgadas, para que le fueran formuladas sus objeciones y pareceres. En esta forma, los órganos del poder judicial ejercían parte del poder legislativo (control), lo que Alexis De Tocqueville explicó como un producto de las costumbres generales de la época, donde no se concebía un poder absoluto total cuya obediencia al menos no pudiera discutirse. Explicaba De Tocqueville la situación así:

> "Antes de su ejecución, el edicto (del Rey) era, pues, llevado al Parlament. Los agentes del Rey exponían sus principios y ventajas; los magistrados los discutían; todo públicamente y en voz alta con la virilidad que caracterizaba a aquellas instituciones medievales. A menudo ocurría que el Parlament enviase repetidamente al Rey, disputada para rogarle modificar o retirar su edicto. A veces, el Rey acudía en persona, y permitía debatir con vivacidad, con

50 A. Truyol y Serra, *Los Derechos Humanos*, Madrid, 1968, p 12.

violencia, su propia ley ante sí mismo. Pero cuando al fin expresaba su voluntad, todo volvía al silencio y a la obediencia; porque los magistrados reconocían que no eran más que los primeros funcionarios del príncipe y sus representantes, encargados de ilustrarle y no de coartarle"[51].

En 1787 estos mismos principios continuaban en aplicación, pero con un cambio en cuanto al tema del debate y la naturaleza de los argumentos: el *Parlement* de París comenzó a pedir piezas justificativas en apoyo de los edictos que proponían reformas impositivas, particularmente, las cuentas de la hacienda, a lo que el Rey se negó, lo que significaba una negativa a compartir con los tribunales de justicia el poder legislativo. La respuesta del Parlement fue que "sólo la Nación tenía derecho a conocer nuevos impuestos y pidió que fuera reunida"[52].

No por azar Condorcet escribía en 1788, en su libro *Influencia de la Revolución de América sobre Europa*, que uno de los derechos del hombre era, precisamente, "el derecho a contribuir, sea inmediatamente, sea por representación, a sancionar estas leyes y a todos los actos consumados en nombre de la sociedad"[53].

En todo caso, en la lucha entre el Rey y el *Parlement* de París, en 1787 hubo una tregua, al haber un entendimiento entre ambos en cuanto a la promulgación del edicto que creó las Asambleas provinciales electivas, lo que, como lo afirmó De Tocqueville, significó una "extraña y total revolución del gobierno y de la sociedad", pues el establecimiento de estas Asambleas provinciales "completaba la total destrucción del viejo sistema político europeo. Sustituía de golpe lo que restaba de feudalismo por la república democrática, la aristocracia por la democracia, la realeza por la República"[54]. En todo caso, la confrontación entre el Rey y el *Parlament*, particularmente por el rechazo de las medidas relativas a los impuestos y empréstitos, amenazaban con paralizar la Administración. Francia, entre otros aspectos, había quedado endeudada por el financiamiento que había prestado a la Revolución norteamericana, y la Administración requería de mayores ingresos. El Rey presionó llegando incluso a desterrar al *Parlement* de París en pleno. La situación, en todo caso, se agravó, pues en Francia existían trece *Parlements* que tenían su sede en cada una de las trece Provincias judiciales, y si bien en general, éstos sólo discutían los asuntos que concernían a las respectivas Provincias, en 1787 actuaron al unísono, negándose a registrar los nuevos impuestos atentatorios al derecho de propiedad, y pidieron la convocatoria de los Estados Generales. Por ello De Tocqueville afirmó que "la unión de los *Parlements* no sólo fue el arma de la Revolución, sino su señal"[55], calificando la situación como la de una "sedición judicial, más peligrosa para el gobierno que cualquier otra"[56].

---

51 Alexis De Tocqueville, *Inéditos sobre la Revolución*, (trad. de *Notes et Fragments inedites sur la Revolution*), Madrid, 1989, p. 56.

52 *Idem*, p. 53.

53 Condorcet, *Influencia de la Revolución de América sobre Europa*, Buenos Aires, 1945, p. 27.

54 Alexis De Tocqueville, *op. cit.*, p. 58.

55 *Idem.*, p. 66.

56 *Idem.*, p. 66.

En esta situación, la nobleza, que había apoyado a la oligarquía judicial que controlaba los *Parlements*, fue humillada, entrando en lucha común contra el poder absoluto del Rey, al igual que el clero. La burguesía esperaría, y sólo asumiría el papel principal, al dominar los Estados Generales. El pueblo con frecuencia se amotinó siendo el primer motín sangriento de la Revolución, el conocido como la *journée des tuiles*, en Grenoble, el 7 de junio de 1788, con motivo del destierro del *Parlement*. En Grenoble también se produjo otro hecho que precipitó la crisis; se reunieron espontáneamente nobles, eclesiásticos y burgueses, convocando unos Estados Provinciales en el Delfinado a reunirse en el Castillo de Vizille para "dar al desorden un tono regular."[57]

Según De Tocqueville "fue la última vez que un hecho ocurrido fuera de París ejercería marcada influencia sobre el destino general del país[58].

En todo caso, el gobierno temió que el hecho fuese imitado en todas partes, por lo que Luis XVI despidió a sus ministros, abolió o suspendió los edictos, y convocó de nuevo a los *Parlements*. Estos, reasumieron sus funciones, castigaron a quienes habían osado reemplazarlos y persiguieron a quienes habían obedecido a éstos.

Los *Parlements*, sin embargo, "cuando se creían los dueños, descubrieron de pronto que ya no eran nada"[59]; como lo afirmó De Tocqueville "su popularidad no tardó más tiempo en esfumarse de lo que se empleaba, en 1788, para llegar cómodamente desde las costas de Bretaña a París"[60]. Particularmente, la caída fue súbita y terrible para el *Parlement* de París, institución de la cual se vengó desdeñosamente el Poder real.

En efecto, el *Parlement* de París había pedido que los Estados Generales a constituirse, se establecieran como en 1614, esto es, que cada orden o estamento tuviera una representación igual y votara separadamente, lo que le hizo perder su reputación de portavoz de las libertades.

Las reacciones panfletarias contra el *Parlement* de París, signaron la reacción del Tercer Estado, y el propio Rey respondió a la propuesta del *Parlement* de la siguiente manera:

> "Nada tengo que responder a mi *Parlament* sobre sus súplicas. Es con la nación reunida con quien concretaré las disposiciones apropiadas para consolidar para siempre el orden público y la prosperidad del Estado"[61].

Con ello, puede decirse, el propio Rey consumó la Revolución, al renunciar al gobierno absoluto y aceptar compartirlo con los Estados Generales, que se reunirían en mayo de 1789. Así, el Rey había firmado su condena.

---

57 *Idem*., p. 73.

58 *Idem*., p. 73.

59 *Idem*., p. 77.

60 *Idem*., p. 80.

61 *Idem*., p. 81.

En cuanto a los *Parlements*, De Tocqueville resumió su suerte así:

> "Una vez vencido definitivamente el poder absoluto y cuando la nación no necesitó ya un campeón para defender sus derechos, el Parlement volvió de pronto a ser lo que antes era: una vieja institución deformada y desacreditada, legado de la Edad Media; y al momento volvió a ocupar su antiguo sitio en los odios públicos. Para destruirlo, al Rey le había bastado con dejarle triunfar"[62].

Los estados u órdenes habían estado juntos en el proceso antes descrito, pero vencido el Rey y convocados los Estados Generales, la lucha por el dominio de los mismos entre las clases comenzó, y con ello empezó a surgir la verdadera figura de la Revolución.

Los Estados Generales no se habían reunido en Francia desde hacía 165 años (los últimos, en 1614), por lo que, como instituciones, no eran sino un vago recuerdo. Nadie sabía con precisión, cuál iba a ser el número de los diputados, las relaciones entre los estamentos, el sistema de elección o el modo de deliberar.

Sólo el Rey podía decirlo, y no lo dijo[63]; en cambio, aceptó la propuesta de su primer ministro (Cardenal de Brienne) de convocar el 5 de julio de 1788 a un concurso académico incitando "a todos los sabios y demás personas instruidas de su reino, y en particular, a quienes componían la Academia de Inscripciones y Bellas Letras, a dirigir a su señoría, el Ministro de Gracia y Justicia, toda clase de informes y memorias sobre esta cuestión"[64] Como lo observó De Tocqueville, ni más ni menos era como "tratar la Constitución del país como una cuestión académica y sacarla a concurso"[65]. En el país más literario de Europa, una propuesta como esa no pudo tener mayor eco, y Francia se vio inundada de escritos. Todos deliberaron, reclamaron y pensaron en sus intereses y trataron de encontrar en las ruinas de los antiguos Estados Generales, la forma más apropiada para garantizarlos. Este movimiento de ideas originó la lucha de clases, propició la subversión total de la sociedad, provocó el olvido de los antiguos Estados Generales y originó la búsqueda de la identificación de un Poder Legislativo e, incluso, de una nueva forma de gobierno. Los textos de Montesquieu y Rousseau, por supuesto, fueron citados con frecuencia, siendo los preceptores ideológicos de la Revolución.

La cuestión política fundamental se situó, entonces, en quién habría de dominar los Estados Generales, por lo que la lucha entre los estamentos se desató, multiplicándose los escritos contra los privilegios, la violencia contra la aristocracia, y la negación de los derechos de la nobleza. La igualdad natural, que había sido tema difundido por la propia nobleza en sus ratos de ocio, se convertiría en el arma más terrible dirigida contra ella, prevaleciendo la idea de que el gobierno debía representar la voluntad general, y la mayoría numérica debía dictar la Ley. Por ello, la discusión política giró en torno a la representación del Tercer Estado, en el sentido de si debía o no ser más numerosa que la concedida a cada uno de los otros

62 *Idem.*, p. 83.

63 *Idem.*, p. 86.

64 *Idem.*, p. 86.

65 *Idem.*, p. 86.

dos estamentos (nobleza y clero). En diciembre de 1788, el Consejo Real decidió que el Tercer Estado tuviera un número igual a la suma de los otros dos estamentos, con lo que los duplicó, a cuyo efecto, en enero de 1789 se publicaron las normas que debían regir la elección de los diputados a los Estados Generales.

Las elecciones se celebraron en cerca de 40.000 asambleas locales, y despertaron en las masas campesinas y los más desheredados, un estado de tensa excitación tanto sobre los acontecimientos futuros como sobre sus carencias actuales, que se reflejaron en los denominados *cahier de doleances* que los diputados llevarían a la reunión de los Estados Generales.

Los Estados Generales fueron inaugurados oficialmente por el Rey el 5 de mayo de 1789, y las primeras semanas de sus discusiones giraron en torno al tema de la forma de la votación, en el sentido de si las órdenes que los componían debían o no votar separadamente. La burguesía urbana y profesional había acaparado la mayoría de los escaños entre los diputados del Tercer Estado, por lo que dominó las discusiones y las votaciones en las Asambleas, lo que se reforzó por la división imperante en los otros dos estamentos. En el mismo mes de mayo de 1789, el Tercer Estado insistió en la celebración conjunta de sesiones para considerar la validez de los mandatos de los diputados, negándose a la verificación en forma separada. La nobleza adoptó una posición diametralmente opuesta, considerando la votación separada como un principio de la Constitución monárquica. El clero, dividido, si bien no aceptó celebrar sesiones conjuntas con el *Tiers*, se abstuvo de declararse como Cámara aparte.

El 10 de junio de 1789, el Tercer Estado, alentado por el apoyo popular, decidió rebelarse. Invitó a las otras órdenes a una sesión conjunta advirtiendo que si no asistían, actuarían sin ellas. En esta forma, y sólo con la asistencia de algunos sacerdotes, el Tercer Estado se arrogó a sí mismo el título de Asamblea Nacional, configurándose en el primer acto revolucionario del Tercer Estado. La mayoría se convirtió en todopoderosa e incontenible, facilitada la situación por un poder real ya desarmado, con lo que se invirtió de golpe el equilibrio del Poder. Por ello, dijo De Tocqueville, el *Tercer Estado*, "dominando la única Asamblea, no podía dejar de hacer no una reforma, sino la Revolución"[66]. De allí la propia afirmación que deriva del título de la famosa obra de Sieyes *¿Qu'est ce que le tiers état?* (¿Qué es el Tercer Estado?): El Tercer Estado constituye la nación completa, negando que las otras órdenes tuvieran algún valor[67].

La Asamblea, así, dictó Decretos, incluso relativos al tema de su disolución, los cuales fueron derogados por el Rey, quien al contrario, ordenó remitir la discusión de la organización de los Estados Generales a cada orden por separado, e intimidar con la fuerza al Tercer Estado. Con apoyo popular se impidió la disolución de la Asamblea y de resultas, el Rey se vio obligado a aceptarla. El 27 de junio, los restos de las otras órdenes recibieron la orden expresa de fundirse a ella.

En París, la rebelión popular era incontenible, agravada por la actuación del Ejército enviado por el Rey para controlar el orden. La búsqueda de armas por el

---

66 *Idem.*, p. 92.

67 Sièyes, *Qu–est–ce que le tiers état,* (publicada en enero de 1789), ed. R. Zappeti, Génova, 1970.

pueblo para defenderse, signó las revueltas y motines, e incluso, fue el motivo de la toma de la Bastilla, el 14 de julio de 1789. La revuelta salvó a la Asamblea Nacional, la cual fue reconocida por el Rey, pero el espíritu subversivo se esparció por todas las provincias, en las cuales los campesinos y pueblos en armas se sublevaron contra los antiguos señores. La Asamblea Nacional tuvo que prestar atención inmediata al problema del privilegio fiscal, lo que llevó, el 4 de agosto, a que los diputados nobles y del clero renunciaran a sus derechos feudales y a sus inmunidades fiscales.

La Asamblea había recibido el 11 de julio un primer texto de una "Declaración de los Derechos del Hombre y del Ciudadano", presentado por Lafayette. Suprimidas las rebeliones provinciales, dicha Declaración fue sancionada el 27 de agosto de 1789, pero el Rey le negó su asentimiento. Una nueva rebelión popular en París, no sólo obligó al Rey y a la Asamblea a trasladarse desde Versalles a la capital, sino a la sanción de la Declaración el 2 de octubre de 1789.

Junto con la Declaración de Derechos, el 2 de octubre la Asamblea también había sometido al Rey un Decreto contentivo de artículos de Constitución, en los cuales (19 en total), se recogieron los principios de organización del Estado: se proclamaba que los poderes emanaban esencialmente de la nación (art. 1); que el Gobierno francés era monárquico, pero que no había autoridad superior a la de la Ley, a través de la cual reinaba el Rey, en virtud de la cual podía exigir obediencia (art. 2); se proclamaba que el Poder Legislativo residía en la Asamblea Nacional (art. 2) compuesta por representantes de la nación libre y legalmente electos (art. 9), en una sola Cámara (art. 5) y de carácter permanente (art. 4); se disponía que el Poder Ejecutivo residiría exclusivamente en las manos del Rey (art. 16), pero que no podía hacer Ley alguna (art. 17); y se establecía que el Poder Judicial no podía ser ejercido en ningún caso, por el Rey ni por el Cuerpo Legislativo, por lo que la justicia sólo sería administrada en nombre del Rey por los tribunales establecidos por la Ley, conforme a los principios de la Constitución y según las formas determinadas por la Ley (art. 19)[68].

En todo caso, la Declaración de los Derechos del Hombre y del Ciudadano, el producto más importante del inicio de la Revolución, sancionada por la Asamblea Nacional el 26 de agosto de 1789, contiene en sus 17 artículos los derechos fundamentales del hombre. En su redacción, sin duda, a pesar de la multiplicidad de fuentes que la originaron, tuvieron gran influencia los *Bill of Rights* de las Colonias norteamericanas, particularmente en cuanto al principio mismo de la necesidad de una formal declaración de derechos. Una larga polémica se originó en cuanto a esta influencia norteamericana, desde comienzos de siglo[69], la cual puede decirse que incluso, fue mutua entre los pensadores europeos y americanos.

---

68 Véase el texto en J. M. Roberts, *French Revolution Document,* (ed. J. M: Robert and R. C. Cobb), Oxford, 1966, pp. 173 y 174.

69 Véase G. Jellinek, *La Declaration des Droits de l'Homme et du Citoyen,* trad. Fardis, París, 1902; G. Boutmy, "La Declaration des Droits de l'Homme et du Citoyen et M. Jellinek", *Annales des Sciences Politiques,* XVIII, 1902, pp. 415 a 443; G. Jellinek, "La Declaration des Droits de l'Homme et du Citoyen" (Réponse de M. Jellinek a M. Boutmy), *Revue du Droits Public et de la Science Politique en France et à l'étranger,* T. XVIII, París, pp. 385 a 400.

Los filósofos franceses, comenzando por Montesquieu y Rousseau, eran estudiados en Norteamérica; la participación de Francia en la Guerra de Independencia norteamericana fue importantísima; Lafayette fue miembro de la Comisión redactora de la Asamblea Nacional que produjo la Declaración de 1789, y sometió a su consideración su propio proyecto basado en la Declaración de Independencia Americana y en la Declaración de Derechos de Virginia; el ponente de la Comisión Constitucional de la Asamblea propuso "trasplantar a Francia la noble idea concebida en Norte América"; y Jefferson estaba presente en París en 1789, habiendo sucedido a Benjamín Franklin como Ministro norteamericano en Francia[70]. En todo caso el objetivo central de ambas declaraciones fue el mismo: proteger a los ciudadanos contra el poder arbitrario y establecer el principio de la primacía de la Ley.

Por supuesto, la Declaración de 1789 también fue influenciada directamente por el pensamiento de Rousseau y Montesquieu; sus redactores tomaron de Rousseau los principios que consideraban el rol de la Sociedad como vinculada a la libertad natural del hombre, y la idea de que la Ley, como expresión de la voluntad general adoptada por los representantes de la nación, no podría ser instrumento de opresión. De Montesquieu deriva su desconfianza fundamental respecto del poder y consecuencialmente, el principio de la separación de poderes[71].

Por supuesto, los derechos proclamados en la Declaración eran los derechos naturales del hombre, en consecuencia, inalienables y universales. No se trataba de derechos que la sociedad política otorgaba sino derechos que pertenecían a la naturaleza inherente del ser humano.

La Declaración fue, entonces, un recuerdo perpetuo de los "derechos naturales, inalienables y sagrados del hombre", considerando "que la ignorancia, el olvido o el desprecio de los derechos del hombre son las únicas causas de las desgracias públicas y de la corrupción de los Gobiernos" (Preámbulo).

Los primeros artículos de la Declaración (1 a 6 y 16), que reconocieron y proclamaron los derechos del hombre y del ciudadano, sin duda, constituyen una compilación de todos los principios liberales basados en las ideas de Locke, Montesquieu y Rousseau y que habían sido concretizados en la Revolución americana, así:

> *"Artículo 1.* Los hombres nacen y permanecen libres e iguales en derechos. Las distinciones sociales no pueden fundarse más que en la utilidad común.
>
> *Artículo 2.* La finalidad de toda asociación política es la conservación de los derechos naturales e imprescindibles del hombre. Estos Derechos son la libertad, la propiedad, la seguridad y la resistencia a la opresión.
>
> *Artículo 3.* El principio de toda soberanía reside esencialmente en la Nación. Ningún cuerpo, ningún individuo puede ejercer una autoridad que no emane de ella expresamente.

---

70 J. Rivero, *Les libertés publiques,* París, 1973, Vol. I, p. 455; A.H. Robertson, *Human Rights in the World,* Manchester, 1982, p. 7.

71 J. Rivero, *op. cit.,* pp. 41–42.

Artículo 4. La libertad consiste en poder hacer todo lo que no perjudica a otro; así, el ejercicio de los derechos naturales de cada hombre no tiene otros límites que los que garantizan a los demás miembros de la sociedad el goce de esos mismos derechos. Estos límites sólo pueden ser determinados por la Ley.

Artículo 5. La Ley no tiene derecho a prohibir sino las acciones perjudiciales para la sociedad. No puede impedirse nada que no esté prohibido por la Ley, y nadie puede ser obligado a hacer lo que ella no ordena.

Artículo 6. La Ley es la expresión de la voluntad general. Todos los ciudadanos tienen derecho a participar personalmente, o a través de sus representantes, en su formación. Debe ser la misma para todos, así cuando protege, como cuando castiga. Todos los ciudadanos, siendo iguales a sus ojos, son igualmente admisibles a todas las dignidades, puestos y empleos públicos, según su capacidad, y sin otra distinción que la de sus virtudes y sus talentos".

El resto de la Declaración se refiere a los derechos individuales, por ejemplo, el principio *nullun crimen nulla poena sine legge* (artículo 7); la presunción de inocencia (artículo 9); la libertad de expresión y comunicación de las ideas y opiniones (artículo 10), considerada como "una de las más preciosas de los derechos del hombre" (artículo 11); y el derecho de propiedad, considerado como "sagrado e inviolable" (artículo 17).[72]

Debe decirse, en todo caso, que entre la Declaración francesa de 1798 y las Declaraciones americanas se destaca una diferencia fundamental, en contenido y sentido. La Declaración de 1789 no tenía por objeto establecer un nuevo Estado sino que se adoptó como un acto revolucionario, dentro del Estado nacional y monárquico que ya existía. En las Declaraciones Americanas, en cambio, se trataba de manifestaciones para construir nuevos Estados, y por tanto nuevos ciudadanos. En la Declaración de 1789, como se proclama en el Preámbulo, se buscaba recordar solemnemente a todos los miembros de la comunidad política sus derechos, por lo que el nuevo principio de la libertad individual aparecía sólo como una importante modificación en el contexto de una unidad política existente. En cambio, en las Declaraciones Americanas, la vigencia de los derechos era un importante factor en el proceso de independencia, y en consecuencia, en la construcción de nuevos Estados sobre nuevas bases, particularmente, sobre el principio de la soberanía del pueblo con todo su contenido democrático y antimonárquico.

En todo caso, la Declaración de 1789 marcó el hito de la transformación constitucional de Francia en los años subsiguientes, y así fue recogida en el texto de la Constitución del 13 de septiembre de 1791; en el de la Constitución de 1793; y en la Constitución del año III (promulgada el 1er *Vendémiaire* del año IV, es decir, el 23 de septiembre de 1795)[73].

La Constitución de 1791, la primera de las Constituciones francesas y la segunda de la historia constitucional moderna, si bien fue una Constitución monárquica,

72 Véase el texto en J. Hervada y J.M. Zumaquero, *op. cit.*, pp. 38 a 52. Véase el texto original en J.M. Roberts, *op. cit.*, pp. 171 a 173.

73 Véase los textos en J. M. Roberts, *op. cit.*

concibió al Rey como un delegado de la Nación, sujeto a la soberanía de la Ley como expresión de la voluntad general. A partir de ese texto, en todo caso, el Estado ya no fue el Rey (*l'Etat c'est moi*), como Monarca Absoluto, sino el pueblo organizado en Nación sujeto a una Constitución.

Por otra parte, debe destacarse que tanto la Declaración de Derechos como la Constitución de 1791, se basaron en la afirmación de la soberanía nacional, introduciendo un concepto que ha sido fundamental en el derecho constitucional francés, pues marcó el inicio de una nueva base de legitimación del Poder Público, opuesto a la sola legitimación monárquica del Antiguo Régimen[74].

Ahora bien, tanto el texto de la Declaración de 1789, como el de las Constituciones de 1791, 1793 y 1795 no sólo tuvieron una decisiva y determinante influencia en la evolución del derecho constitucional moderno y en la configuración del Estado de Derecho, sino que en particular, influyeron directamente en la redacción de la Declaración de Derechos del Pueblo y de la Constitución de la Confederación de Venezuela de 1811.

3. *El constitucionalismo norteamericano y las Enmiendas a la Constitución de los Estados Unidos de América (1789–1791)*

Paralelamente al proceso de independencia de las Colonias americanas a partir de 1776 y a su configuración como Estados libres, cada una con su Constitución y su *Bill of Rights*, también surgió un proceso para la configuración de una Confederación o Unión de dichas Colonias, para satisfacer la necesidad de la necesaria unión política a los efectos de la conducción de la guerra contra Inglaterra. De allí la adopción, por el Congreso, el 15 de noviembre de 1777, de los "Artículos de la Confederación" considerados como la primera Constitución Americana[75], en el cual se creó una confederación y unión perpetua entre los nuevos Estados, cuyo objetivo era "la defensa común, la seguridad de sus libertades y el mutuo y general bienestar"[76], en un sistema conforme al cual cada Estado permanecía con "su soberanía, libertad e independencia"[77], y titular de cualquier poder, jurisdicción y derecho no delegado expresamente a los Estados Unidos en Congreso.

El resultado fue que el único cuerpo de la Confederación era el Congreso, en el cual cada Estado tenía un voto. Consecuentemente, la Confederación carecía de poder impositivo directo, dependiendo por ello, desde el punto de vista económico, exclusivamente de las contribuciones de los Estados; carecía de un cuerpo ejecutivo y sólo tenía una forma de organización judicial embrionaria. A pesar de dichas debilidades, sin embargo, la Confederación tuvo éxito en conducir la guerra durante 7 años, hasta finalmente triunfar. En todo caso, luego de la victoria, la precaria estructura de la Confederación provocó la necesidad de establecer un poder central

---

74 Sobre el proceso revolucionario francés y la Constitución de 1791. Véase Allan R. Brewer–Carías, *Instituciones Políticas y Constitucionales*, *op. cit.*, tomo I, Primera Parte.

75 R.B. Morris, "Creating and Ratifying the Constitution", *National Forum. Towards the Bicentennial of the Constitution,* Fall, 1984, p. 9.

76 A.C. Laughlin, *op. cit.*, p. 131.

77 *Idem.*, p. 173; R.L. Perry, *op. cit.*, p. 399.

que lograra la integración nacional, a cuyo efecto fue convocada una Convención Federal, "con el único y expreso objetivo de revisar los artículos de la Confederación"[78]. Esto condujo, en 1787, a la sanción por el Congreso, de la Constitución de los Estados Unidos, como resultado de una serie de compromisos entre los componentes políticos y sociales de las Colonias independientes: entre federalistas y antifederalistas; entre los grandes y los pequeños Estados; entre los Estados del Norte y los Estados del Sur; entre esclavistas y antiesclavitas; y entre la democracia y los intereses de las clases dominantes; todo lo cual condujo finalmente al establecimiento de un sistema de separación de poderes, balanceados y controlados entre sí (*check and balance system*)[79].

Esa Constitución introdujo en el derecho constitucional moderno, dos elementos esenciales que constituyen la mayor contribución al constitucionalismo: en primer lugar, la idea de una Constitución en si misma, en el sentido de un texto supremo escrito, estableciendo una forma de gobierno; y en segundo lugar, la idea del republicanismo, basada en la representación, como ideología del pueblo contra la idea de la Monarquía y de las autocracias hereditarias[80]. Los norteamericanos del siglo XVIII, por tanto, decidieron mediante una Revolución, repudiar la autoridad real y sustituirla por la República. De allí que el republicanismo y convertir la sociedad política en República, fue la base de la Revolución norteamericana. Por ello es que la Constitución de 1787 fue adoptada por "el pueblo" (*We the people...*) el cual se convirtió, en la historia constitucional, en el soberano.

La Constitución de 1787, sin embargo, sólo se concibió básicamente como un documento orgánico regulando la forma de gobierno, es decir, la separación de poderes entre los órganos del nuevo Estado, tanto horizontalmente, entre los poderes legislativo, ejecutivo y judicial, como verticalmente, como Estados Unidos en un sistema federal. A pesar de los antecedentes coloniales, e incluso, a pesar de las propuestas formuladas en la Convención, la Constitución de 1787 no contuvo una Declaración de Derechos excepto por lo que se refiere al derecho a un gobierno representativo. La protesta de los oponentes al nuevo sistema federal que establecía, sin embargo, llevó a los antifederalistas, durante el proceso de ratificación de la Constitución que duró hasta 1789, pues al menos nueve Estados debían ratificar la Constitución en sus respectivas Asambleas Legislativas, a proponer la adopción de las primeras Diez Enmiendas a la Constitución.

Ello condujo a que, el 25 de septiembre de 1789, sólo un mes después de sancionada la Declaración de los Derechos del Hombre y del Ciudadano por la Asamblea Nacional francesa, el primer Congreso de los Estados Unidos propusiera a las Asambleas Legislativas de los diversos Estados, dichas primeras Diez Enmiendas al texto constitucional, llamada "Declaración de Derechos" (*Bill of Rights*), las cuales fueron ratificadas por las Asambleas Legislativas de los Estados de Nueva Jersey, Maryland, y de los Estados de Carolina del Norte, el mismo año

78 R.L Perry, *op. cit.*, p. 401.

79 M. García Pelayo. *Derecho Constitucional Comparado*, Madrid, pp. 336–337; A.C. Laughlin, *op. cit.*, pp. 163–179.

80 G.S. Wood. "The Intelectual Origins of the American Constitutions", *National Forum*, *cit.*, p. 5.

1789; de Carolina del Sur, Nueva Hamshire, Deleware, Pensilvania, Nueva York, Rhode Island, el año 1790; y de Vermont y Virginia, el año 1791. Las diez primera Enmiendas, por tanto, comenzaron a regir en 1791, el mismo año que se promulgó la primera Constitución francesa.

La declaración de derechos que forman estas Diez Enmiendas, se refirió a la libertad religiosa, a la libertad de palabra o de imprenta, el derecho del pueblo para reunirse pacíficamente, y el derecho de petición (artículo uno); el derecho del pueblo a poseer y portar armas (artículo dos); la garantía del domicilio frente a las requisas militares (artículo tres); el derecho a la inviolabilidad del domicilio (artículo cuatro); los derechos al debido proceso legal (artículo cinco, siete, ocho), y a ser juzgado sólo por delitos previamente regulados en ley (artículo seis); y a la cláusula abierta de derechos inherentes a las personas (artículo nueve).

El texto de la Constitución de los Estados Unidos de América con el de las primeras Enmiendas, traducido del inglés al español por Manuel Villavicencio[81] natural de la Provincia de Caracas, circuló en Venezuela a partir de 1810, y por supuesto también tuvieron una influencia decisiva en la elaboración de la declaración de derechos de la Constitución de 1811.

4. *Aportes del constitucionalismo americano y francés al constitucionalismo moderno*

Las revoluciones norteamericanas y francesa puede decirse, que establecieron las bases del Estado de Derecho, que justamente surgió en la historia constitucional a finales del siglo XVIII, habiendo dejado un rico legado al constitucionalismo moderno, captado inmediatamente en la Revolución hispanoamericana que se operó en América Latina y se inició en Venezuela en 1810, el cual se puede resumir en los siguientes siete aportes políticos fundamentales[82].

En primer lugar, la idea de la existencia de una Constitución como una carta política escrita, emanación de la soberanía popular, de carácter rígido, permanente, contentiva de normas de rango superior, inmutable en ciertos aspectos y que no sólo organiza al Estado, es decir, no sólo tiene una parte orgánica, sino que también tiene una parte dogmática, donde se declaran los valores fundamentales de la sociedad y los derechos y garantías de los ciudadanos. Hasta ese momento, esta idea de Constitución no existía, y las Constituciones, a lo sumo, eran cartas otorgadas por los Monarcas a sus súbditos.

La primera Constitución del mundo moderno, por tanto, fue la de los Estados Unidos de América de 1787, seguida de la de Francia de 1791. Luego se dictaron las de Haití en 1806 y la tercera Constitución moderna republicana, fue la de Venezuela de 1811.

En segundo lugar, de esos dos acontecimientos surgió también la idea política derivada del nuevo papel que a partir de ese momento se confirió al pueblo, es decir,

---

81 Editado en Philadelphia en la imprenta Smith & M'Kennie, 1810.

82 Véase Allan R. Brewer–Carías, *Reflexiones sobre la Revolución Americana (1776) y la Revolución Francesa (1789) y sus aportes al constitucionalismo moderno, op. cit.*, pp. 18 y ss. En las páginas sucesivas, hemos recogido lo expuesto en dicha obra.

el papel protagónico del pueblo en la constitucionalización de la organización del Estado. Con esas Revoluciones, la Constitución comenzó a ser producto del pueblo, y dejó de ser una mera emancipación de un Monarca, por lo que, en los Estados Unidos de América, las Asambleas coloniales asumieron la soberanía, y en Francia, la soberanía se trasladó del Monarca al pueblo y a la Nación; y a través de la idea de la soberanía del pueblo, surgieron todas las bases de la democracia y el republicanismo que, en ese sentido, constituyeron uno de los grandes aportes de dichas Revoluciones.

Por ello, en Venezuela, la Junta Suprema constituida en 1810, entre los primeros actos constitucionales que adoptó, estuvo la convocatoria a elecciones de un Congreso General con representantes de las Provincias que conformaban la antigua Capitanía General de Venezuela, cuyos diputados, en representación del pueblo, fueron los que adoptaron el 21 de diciembre de 1811, la Constitución, luego de haber declarado solemnemente la Independencia el 5 de Julio del mismo año.

En tercer lugar, de esos dos acontecimientos políticos resultó el reconocimiento y declaración formal de la existencia de derechos naturales del hombre y de los ciudadanos, con rango constitucional y, por tanto, que debían ser respetados por el Estado. La libertad se constituyó, en esos derechos, como un freno al Estado y a sus poderes, produciéndose así el fin del Estado absoluto e irresponsable. En esta forma, a las Declaraciones de Derechos que precedieron a las Constituciones de las Colonias norteamericanas al independizarse en 1776, siguieron la Declaración de Derechos del Hombre y del Ciudadano de Francia de 1789, y las Enmiendas a la Constitución de los Estados Unidos del mismo año.

La tercera de las declaraciones de derechos fundamentales en la historia del constitucionalismo moderno, fue así, la "Declaración de Derechos del Pueblo" adoptada el 1° de julio de 1811 por el Congreso General de Venezuela, texto que meses después se recogió, ampliado, en el Capítulo VII de la Constitución de 1811.

En cuarto lugar, además, dentro de la misma línea de limitación al Poder Público para garantizar la libertad de los ciudadanos, las revoluciones francesa y norteamericana aportaron al constitucionalismo la idea fundamental de la separación de poderes. Esta se formuló, en primer lugar, en la Revolución norteamericana, razón por la cual la estructura constitucional de los Estados Unidos, en 1787, se montó sobre la base de la separación orgánica de poderes. El principio, por supuesto, se recogió aún con mayor fuerza en el sistema constitucional que resultó del proceso revolucionario francés, donde se le agregaron como elementos adicionales, el principio de la supremacía del Legislador resultado de la consideración de la ley como expresión de la voluntad general; y el de la prohibición a los jueces de interferir en cualquier forma en el ejercicio de las funciones legislativas y administrativas.

La Constitución venezolana de diciembre de 1811, en esta forma, fue el tercer texto constitucional del mundo moderno, en establecer expresa y precisamente el principio de la separación de poderes, aun cuando más dentro de la línea del balance norteamericano que de la concepción extrema francesa.

En quinto lugar, de esos dos acontecimientos políticos puede decirse que resultaron los sistemas de gobierno que dominaron el mundo moderno: el presidencialismo, producto de las Revolución norteamericana; y el parlamentarismo, como sistema de gobierno que dominó en Europa después de la Revolución francesa, aplicado en las Monarquías parlamentarias. El presidencialismo se instaló en Venezuela a partir de 1811, inicialmente como un ejecutivo triunviral, y luego, unipersonal a partir de 1819.

En sexto lugar, las revoluciones norteamericana y francesa trastocaron la idea misma del Poder Judicial y su papel, pues la justicia dejaría de ser administrada por el Monarca y comenzaría a ser impartida por funcionarios independientes, en nombre de la Nación. Además, con motivo de los aportes de la Revolución americana, los jueces asumieron una función que es fundamental en el constitucionalismo moderno, y que es la del control de la constitucionalidad de las leyes; es decir, la idea de que la Constitución, como norma suprema, tenía que tener algún control como garantía de su supremacía, y ese control se atribuyó al Poder Judicial. De allí, incluso, el papel político que en los Estados Unidos de Norteamérica, adquirió la Corte Suprema de Justicia.

En Francia, sin embargo, dada la desconfianza revolucionaria respecto de los jueces, frente a la separación absoluta de poderes, sólo sería cien años después que se originaría la consolidación de la justicia administrativa aun cuando separada del Poder Judicial, para controlar a la Administración; y doscientos años después, cuando se establecería un control de constitucionalidad de las leyes, aún cuando preventivo, a cargo del Consejo Constitucional, creado también fuera del Poder Judicial. Fue en Venezuela, en la Constitución de 1811, donde por primera vez se recogió toda esa influencia en relación al papel del Poder Judicial, como fiel de la balanza entre los poderes del Estado, proveniente fundamentalmente de la experiencia norteamericana.

En séptimo lugar, fue de esos dos acontecimientos revolucionarios que surgió una nueva organización territorial del Estado, antes desconocida. Frente a las monarquías absolutas organizadas con base en el centralismo y a la falta de uniformismo político y administrativo, esas Revoluciones dieron origen a nuevas formas de organización territorial del Estado que originaron, por una parte, el federalismo, particularmente derivado de la Revolución norteamericana con sus bases esenciales de gobierno local, y por la otra, el municipalismo, originado particularmente de la Revolución francesa.

Venezuela, así, fue el primer país del mundo, en 1811, en adoptar la forma federal en la organización del Estado conforme a la concepción norteamericana; y a la vez, fue el primer país del mundo, en 1812, en haber adoptado la estructura de la organización territorial municipal que legó la Revolución francesa. Estos siete principios o aportes que resultan de la Revolución norteamericana y de la Revolución francesa significaron, por supuesto, un cambio radical en el constitucionalismo, producto de una transición que no fue lenta sino violenta, aún cuando desarrollada en circunstancias y situaciones distintas. De allí que, por supuesto, la contribución de la Revolución norteamericana y de la Revolución francesa al derecho constitucional, aún en estas siete ideas comunes, hayan tenido raíces diferentes: en los Estados Unidos de Norte América se trataba de construir un Estado nuevo sobre la base de lo que eran antiguas Colonias inglesas, situadas muy lejos de la Metrópoli y de su Parlamento soberano, y que durante más de un siglo se habían desarrollado independientes entre sí, por sus propios medios y gozando de cierta autonomía. En el caso de Francia, en cambio, no se trataba de construir un nuevo Estado, sino dentro del mismo Estado unitario y centralizado, sustituir un sistema político constitucional monárquico, propio de una Monarquía absoluta, por un régimen totalmente distinto, de carácter constitucional y luego republicano.

Conforme a lo dicho, a continuación analizaremos más detalladamente esos aportes de las dos grandes Revoluciones al constitucionalismo moderno, pues son los que constitucionalmente conformaron el nacimiento del Estado venezolano.

A. *Los aportes de la Revolución Americana al Constitucionalismo Moderno*

Como se dijo, los principios fundamentales y las instituciones claves del derecho constitucional del mundo moderno, comenzaron a formularse y tienen su origen en la Revolución norteamericana, pues este acontecimiento y todo el proceso de independencia y constitucionalización de los Estados Unidos, no sólo transformaron radicalmente las tendencias constitucionales de esos tiempos, sino que establecieron las bases del constitucionalismo contemporáneo.

Surgió así de dicha Revolución, un nuevo esquema de organización política que tuvo sus reflejos inmediatos en el mundo, no sólo por su influencia en la Revolución francesa de 1789, sino por su repercusión inmediata en la organización política de los nuevos estados que surgieron de la independencia de las antiguas colonias españolas en América del Sur, a partir de 1811, y particularmente, de Venezuela.

Los elementos centrales del constitucionalismo americano, que cambiaron la faz del derecho constitucional en el siglo XVIII, fueron los siguientes:

a. *La idea de Constitución*

El primero de los principios del actual derecho constitucional es el constitucionalismo, es decir, la confianza que ponen los hombres en el poder de las palabras formalmente escritas, para mantener un gobierno. Este principio tuvo su origen en la Revolución americana, de manera que las Constituciones escritas en el mundo moderno, con la excepción del *Instrument of Government* de Cromwell de 1653, deben ser consideradas como una invención política norteamericana, basada en tres nociones elementales: la de la existencia de una Ley superior que está colocada por encima del gobierno y de los particulares; la de la existencia de los derechos fundamentales de los ciudadanos que deben ser garantizados por el Estado; y la de la existencia de una Carta constitucional, donde están expresamente escritos, con sentido de permanencia, los principios de sumisión del Estado al derecho, de limitación del Poder Público y de los derechos individuales.

Esta práctica de Constituciones escritas fue iniciada en las Colonias inglesas de Norteamérica, cuando se tornaron Estados independientes, en 1776, dando nacimiento al concepto racional–normativo de Constitución, como un documento escrito y sistemático, referido a la organización política de la sociedad, estableciendo los poderes de los diferentes cuerpos estatales y generalmente precedido por una lista de derechos inherentes al hombre. De este modo, la división general del contenido de las Constituciones modernas, es en una parte orgánica y una parte dogmática, comprendiendo la primera los conceptos de la separación de poderes y la supremacía de la Ley, y la segunda, la declaración de derechos fundamentales.

El elemento básico en el proceso de constitucionalización o de constitucionalismo es, por supuesto, el concepto de la Constitución como una ley suprema y fundamental, puesta por encima de todos los poderes del Estado y de los particulares. Sus características pueden captarse de la comparación que hacía Alexis De Tocqueville en 1835, en su Democracia en América [83], como testigo de excepción que era de las revoluciones francesa y americana, entre las constituciones de Francia, Inglaterra y los Estados Unidos, señalando que:

> "En Francia, la Constitución es una obra inmutable o reputada como tal. Ningún poder puede cambiarle nada. Tal es la teoría indicada.
>
> En Inglaterra, se reconoce al Parlamento el derecho de modificar la Constitución. En Inglaterra la Constitución puede, pues, cambiar sin cesar o más bien, no existe. El Parlamento, al mismo tiempo que es un cuerpo legislativo, es también el constituyente.
>
> En América del Norte, las teorías políticas son más sencillas y más racionales. Su Constitución no es considerada inmutable como en Francia; ni puede ser modificada por los poderes ordinarios de la Nación, como en Inglaterra. Forma un cuerpo aparte que, representando la voluntad de todo el pueblo, obliga lo mismo a los Legisladores que a los simples ciudadanos; pero que puede ser cambiada por la voluntad del pueblo, según la forma establecida ...".

Y concluyó:

> "En los EEUU., la Constitución está sobre los Legisladores como lo está sobre los simples ciudadanos. Es la primera de las leyes y no puede ser modificada por una ley; es pues, justo que los tribunales obedezcan a la Constitución preferentemente a todas las leyes".

De esto deviene, como consecuencia, la noción no sólo de Constitución escrita, sino también de Constitución rígida, y por encima de todo, la noción de la supremacía de la Constitución que para el momento en que De Tocqueville visitó los Estados Unidos, había sido desarrollado por el Presidente de la Corte Suprema, el juez Marshall, en el famoso caso *Marbury vs. Madison,* 5 U.S. (1 Canch) 137, 1803. En relación a este principio de supremacía de la Constitución, en el referido caso se estableció, que:

> "Es una proposición demasiado obvia para que pueda discutirse que, o bien la Constitución controla cualquier acto legislativo que la contradiga, o bien el Legislativo podrá alterar la Constitución por una Ley ordinaria.
>
> Entre estas alternativas no hay término medio. O bien, la Constitución es una ley suprema, inmodificable por los medios ordinarios, o bien está ubicada al mismo nivel que los actos legislativos y, como cualquier otra ley, es modificable cuando al legislativo le parezca hacerlo"

En el mismo caso, el juez Marshall concluyó con su formidable proposición relativa a las constituciones escritas:

---

83 A. de Tocqueville, *Democracy in America,* J. P. Mayer y M. Lerner, eds. London 1969. Las citas sucesivas que en el texto de este estudio hemos hecho del pensamiento de Alexis de Tocqueville, han sido tomadas de esta edición.

> "Ciertamente, todos aquellos que han adoptado Constituciones escritas, las consideran como ley suprema y fundamental de la nación y, en consecuencia, la teoría de los gobiernos de esta naturaleza, tiene que ser que un acto de la Legislatura que contradiga la Constitución, es nulo.
>
> Esta teoría está esencialmente vinculada a las Constituciones escritas, y, consecuentemente, debe ser considerada por esta Corte como uno de los principios fundamentales de nuestra sociedad".

Este constitucionalismo, manifestado en constituciones escritas, rígidas y supremas, es un principio desarrollado como tendencia general en el derecho constitucional moderno y contemporáneo, seguida en casi todos los países del mundo, excepto en el Reino Unido y en muy pocos otros países.

En cualquier caso, ésta ha sido siempre la tendencia del constitucionalismo latinoamericano desde 1811, iniciada con la Constitución de Venezuela, de 21 de diciembre de 1811, y las Constituciones provinciales de 1812. Incluso, en el propio texto de la Constitución de 1811, se estableció expresamente el principio de la supremacía constitucional. Así, el artículo 227 de la Constitución, dentro de la orientación de la cláusula de supremacía de la Constitución norteamericana (art. 4), pero con mucho mayor alcance, estableció:

> "*Art. 227.*– La presente Constitución, las leyes que en consecuencia se expidan para ejecutarla y todos los tratados que se concluyan bajo la autoridad del gobierno de la Unión serán la Ley suprema del Estado en toda la extensión de la Confederación, y las autoridades y habitantes de las Provincias estarán obligados a obedecerlas y observarlas religiosamente, sin excusa ni pretexto alguno... pero las leyes que se expidieren contra el tenor de ella no tendrán ningún valor sino cuando hubieren llenado las condiciones requeridas para una justa y legitima revisión y sanción de la Constitución".

Además, luego de establecer y declarar los derechos fundamentales, la Constitución de 1811 agregó en su artículo 199 que: "toda ley contraria a ellas que se expida por la Legislatura federal o por las Provincias será absolutamente nula y de ningún valor".

b. *La democracia y la soberanía del pueblo*

El segundo de los principios desarrollados en la práctica constitucional y política en el mundo moderno, influido también por el constitucionalismo norteamericano, es el de la democracia y el republicanismo basado en el concepto de soberanía del pueblo. Con la Revolución norteamericana, el principio tradicional de la legitimidad monárquica del Estado, fue sustituido definitivamente.

La soberanía no correspondió más a un monarca, sino al pueblo, y por ende, con la Revolución americana, puede decirse que la práctica del gobierno democrático fue iniciada en el mundo moderno.

El mismo principio fue luego recogido por la Revolución francesa, pero duró en la práctica constitucional muy poco, debido a la restauración de la Monarquía a partir de 1815.

En todo caso, este fue un concepto fundamental en el trabajo de De Tocqueville, constituyendo incluso, el título de su libro *La democracia en América* en el cual dijo: "Cuando se quiere hablar de las leyes políticas de los Estados Unidos, hay que comenzar siempre con el dogma de la soberanía del pueblo".

Un principio que De Tocqueville consideró que "...domina todo el sistema político de los angloamericanos", añadiendo, que:

> "Si hay algún país en el mundo en que se pueda apreciar en su justo valor el dogma de la soberanía del pueblo, estudiarlo en su aplicación a los negocios jurídicos y juzgar sus ventajas y sus peligros, ese país es sin duda Norteamérica".

A ese efecto consagró su libro, para estudiar precisamente la democracia en Norteamérica. Sin embargo, como se ha visto, es evidente que la democracia se desarrolló en Norteamérica, tiempo antes de la Independencia, lo que destaca De Tocqueville al indicar que su ejercicio, durante el régimen colonial:

> "Se veía reducido a ocultarse en las asambleas provinciales y sobre todo en las comunas donde se propagaba en secreto"... "No podía mostrarse ostensiblemente a plena luz en el seno de las leyes, puesto que las colonias estaban todavía constreñidas a obedecer".

Por ello, una vez que la Revolución norteamericana estalló:

> "El dogma de la soberanía del pueblo, salió de la comuna y se apoderó del gobierno. Todas las clases se comprometieron por su causa; se combatió y se triunfó en su nombre; llegó a ser la ley entre las leyes".
>
> "[...] cada individuo constituye una parte igual de esa soberanía y participa igualmente en el gobierno del Estado".

El título del primer capítulo de la segunda sección del libro de De Tocqueville, reza así: de "Cómo se puede decir rigurosamente que en los Estados Unidos es el pueblo el que gobierna", iniciando el primer párrafo en la siguiente forma:

> "En Norteamérica el pueblo nombra a quien hace la ley y a quien la ejecuta; él mismo forma el jurado que castiga las infracciones de la Ley. No solamente las instituciones son democráticas en principio, sino también en todo su desarrollo. Así, el pueblo nombra directamente a sus representantes y los escoge cada año, a fin de tenerlos completamente bajo su dependencia. Es pues, realmente el pueblo quien dirige y, aunque la forma de gobierno sea representativa, es evidente que las opiniones, los prejuicios, los intereses y aún las pasiones del pueblo no pueden encontrar obstáculos durables que le impidan producirse en la dirección cotidiana de la sociedad".

De ello concluía De Tocqueville afirmando que "Norteamérica es la tierra de la democracia".

Pero uno de los principales aspectos a los cuales De Tocqueville se refirió en relación a la democracia, fue el relativo a "las causas principales del mantenimiento de la república democrática en el Nuevo Mundo", afirmando:

> "Tres cosas parecen contribuir más que todas las demás al mantenimiento de la república democrática en el nuevo mundo:

La primera es la forma federal que los norteamericanos han adoptado, y que permite a la Unión disfrutar del poder de una gran república y de la seguridad de una pequeña.

Encuentro la segunda en las instituciones comunales que moderando el despotismo de la mayoría, dan al mismo tiempo al pueblo el gusto de la libertad y el arte de ser libre.

La tercera se encuentra en la Constitución del poder judicial. He demostrado cómo los tribunales sirven para corregir los extravíos de la democracia y cómo sin poder detener jamás los movimientos de la mayoría, logran hacerlos más lentos, así como dirigirlos".

De allí, la relación que De Tocqueville estableció entre la democracia y la descentralización, y su afirmación de que los problemas de la "omnipotencia de la mayoría" e incluso la "tiranía de la mayoría", fuera moderada por la casi inexistencia de centralización administrativa y por la influencia de la profesión legal en Norteamérica.

En todo caso, la democracia como una forma de gobierno, buscada, lograda o mantenida, es la segunda tendencia en el constitucionalismo moderno y contemporáneo, inspirada por el proceso constitucional norteamericano. Todas las constituciones en el mundo la establecieron como un componente básico de sus sistemas políticos, y es el símbolo de nuestro tiempo, aún cuando su mantenimiento no ha sido siempre asegurado.

Por supuesto, el dogma de la soberanía del pueblo y de la democracia republicana fue recogido de inmediato en América Latina, a raíz de la Independencia, habiendo quedado plasmado, por ejemplo, en la exposición de motivos expuestos por la Junta Suprema de Venezuela en 1810 para convocar a elecciones y constituir un Congreso general, constatando la falta de representatividad de las provincias en el gobierno de Caracas, lo que debía remediarse constituyéndose un poder central..

c. *La distribución vertical de los poderes del Estado: El Estado federal, la descentralización política y el gobierno local*

En su estudio de la Constitución norteamericana, uno de los aspectos a los cuales De Tocqueville, dedicó mucha atención debido a la importancia para la democracia, fue el de la descentralización política o la distribución vertical de los poderes del Estado entre las diferentes unidades político–territoriales, lo que por lo demás, en 1835, cuando escribió, era una novedad constitucional. Este, puede decirse, es el tercer principio del constitucionalismo moderno.

De Tocqueville, en efecto observó:

> "No hay en el mundo país donde la ley hable un lenguaje más absoluto que en Norteamérica, y no hay tampoco ninguno donde el derecho de aplicarla este dividido entre tantas manos".

Luego en su libro, enfatizó que:

> "Lo que más llama la atención al europeo que recorre a los Estados Unidos es la ausencia de lo que se llama entre nosotros el gobierno o administración".

Las funciones son múltiples y "Al repartir así la autoridad, vuélvase, es verdad, su acción menos pesada y menos peligrosa, pero no se la llega a destruir".

Concluyó su observación:

"El poder administrativo en los Estados Unidos no ofrece en su Constitución nada central ni jerárquico. Es precisamente lo que hace que no se advierta su presencia. El poder existe, pero no se sabe donde encontrar su representante".

Ahora bien, la distribución de los poderes en sentido vertical en Norteamérica, puede decirse que no fue producto de un proceso de descentralización, sino más bien, de centralización, en el sentido de que el municipio, el condado, y los estados, existieron primero que el poder central, de manera tal que como lo observó De Tocqueville, "...la forma de gobierno federal en los Estados Unidos apareció en último lugar".

En sus propias palabras:

"En la mayor parte de las naciones europeas, la preocupación política comenzó en las capas más altas de la sociedad, que sé fue comunicando poco a poco y siempre de una manera incompleta, a las diversas partes del cuerpo social".

"En Norteamérica, al contrario, se puede decir que la Comuna ha sido organizada antes que el Condado, el Condado antes que el Estado y el Estado antes que la Unión".

Refiriéndose a Nueva Inglaterra, De Tocqueville constató que allí las comunidades locales tomaron completa y definitiva forma, desde 1650, señalando en consecuencia que, incluso antes de la Independencia:

"En el seno de la Comuna se ve dominar una política real, activa enteramente democrática y republicana. Las colonias reconocen aún la supremacía de la metrópoli; la monarquía es la ley del Estado, pero ya la república está viva en la Comuna".

De ahí, desde esta aproximación histórica, deriva la importancia que De Tocqueville asignó al gobierno local, como la fuente de la democracia. Son clásicas sus famosas palabras concernientes al gobierno local, bien conocidas y siempre válidas:

"[...] en la Comuna es donde reside la fuerza de los pueblos libres. Las instituciones comunales son a la libertad lo que las escuelas primarias vienen a ser la ciencia; la ponen al alcance del pueblo; le hacen paladear su uso pacífico y lo habitúan a servirse de ella".

Y añadió:

"En la Comuna, como en cualquier otra parte, el pueblo es la fuente de los poderes sociales, pero en ninguna ejerce su poder con más intensidad".

Esto es –decía– porque, las instituciones locales, "...ejercen una influencia prodigiosa sobre la sociedad entera". Por ello, concluyó De Tocqueville diciendo que: "la vida política ha nacido en el seno mismo de las Comunas".

En lo relativo a la forma federal del Estado, creación del sistema constitucional norteamericano, producto del proceso de descentralización política de una sociedad altamente descentralizada, De Tocqueville constató su novedad afirmando que:

> "Esta Constitución, que a primera vista se ve uno tentado a confundir con las constituciones federales que la han precedido, descansa en efecto sobre una teoría enteramente nueva, que se debe señalar como un gran descubrimiento de la ciencia política de nuestros días".

Y de hecho, puede decirse que la forma del "Estado federal" vino a formar parte de la historia con la Constitución norteamericana de 1787, aún cuando las palabras "federal" o "federación" no se usaron en la Constitución. La adopción del esquema federal, en todo caso, no respondió a un esquema previamente concebido, sino a necesidades prácticas: El propósito fue seguir una fórmula que hiciera posible la existencia de estados independientes compatibles con un poder central con suficientes atribuciones para actuar por sí solo en un nivel federal.

Esta nueva forma de Estado, dijo De Tocqueville, no podía ser comparada a las confederaciones que existieron en Europa antes de la Constitución norteamericana, principalmente porque el Poder Central en la Constitución norteamericana, como lo observó: "...obra sin intermediario sobre los gobernados, los administra y los juzga por sí mismo, como lo hacen los gobiernos nacionales".

En Norteamérica, agregó:

> "[...] la Unión tiene por gobernados no a los Estados, sino a simples ciudadanos. Cuando quiere recaudar un impuesto, no se dirige al gobierno de Massachusetts, sino a cada habitante de *Massachusetts*. Los antiguos gobiernos federales tenían frente a ellos a pueblos; el de la Unión tiene a individuos. No pide prestada su fuerza, la toma por sí misma. Tiene sus administradores propios, sus tribunales, sus oficiales de justicia y su propio ejército".

Luego De Tocqueville añadió:

> "Evidentemente, no es ya ese un gobierno federal; es un gobierno nacional incompleto. Así se ha encontrado una forma de gobierno que no era precisamente ni nacional ni federal; pero se han detenido allí, y la palabra nueva que debe expresar la cosa nueva no existe todavía".

Esta "cosa nueva" es la que precisamente, en el derecho constitucional moderno es conocida como la forma de Estado Federal, y aunque De Tocqueville admiró su novedad, y además puntualizó sus defectos, claramente observó que no era un producto para la exportación. Dijo, así, que:

> "La Constitución de los Estados Unidos se parece a las bellas creaciones de la industria humana que colman de gloria y de bienes a aquellos que la inventan; pero permanecen estériles en otras manos".

En este sentido, en su libro, De Tocqueville se refirió al caso del sistema federal de México, ya en la década de 1830, pero sus observaciones podrían aplicarse a toda América Latina.

En todo caso, esta organización del Estado Federal, que se configura como uno de los principales rasgos del constitucionalismo norteamericano, fue inmediatamente seguida en Venezuela en 1811, y décadas después, por los grandes países latinoamericanos (México, Argentina, Brasil). Sobre la misma, en contraste con los estados centralizados de Europa y la concentración nacional del poder político, De Tocqueville señaló que entre el "...más funesto de todos los viejos que considero como inherente al sistema federal mismo, es la debilidad relativa del gobierno de la Unión", añadiendo que "una soberanía fraccionada será siempre más débil que una completa".

d. *La separación de poderes y el sistema presidencialista de gobierno*

En la Constitución de los Estados Unidos de 1787, y previamente, en las distintas Constituciones de las antiguas colonias, el cuarto de los principios del constitucionalismo moderno, el principio de separación orgánica de poderes, por primera vez fue expresado formalmente dentro de la más ortodoxa doctrina de la época.

Por ejemplo, la primera de esas Constituciones, la de Virginia en 1776, estableció (art. III):

> "Los Departamentos Legislativo, Ejecutivo y Judicial, deberán estar separados y distintos, de manera que ninguno ejerza los poderes pertinentes a otro; ni persona alguna debe ejercer más de uno de esos poderes al mismo tiempo...".

La Constitución norteamericana de 1787, no tiene norma similar dentro de su articulado, pero su principal objetivo fue, precisamente, organizar la forma de gobierno dentro del principio de separación de poderes, pero permitiendo diversas interferencias entre ellos, en un sistema de frenos y contrapesos, y particularmente, regulando los poderes del Ejecutivo en lo que fue una nueva forma de gobierno, el presidencialismo, como opuesto al parlamentarismo, y una configuración particular del Poder Judicial, nunca antes conocida en la práctica constitucional.

De Tocqueville se refirió en su libro a estos dos aspectos del principio. En relación al Poder Ejecutivo, inmediatamente puntualizó que en los Estados Unidos:

> "El mantenimiento de la forma republicana exigía que el representante del Poder Ejecutivo estuviese sometido a la voluntad nacional"; de ahí que –dijo– "el Presidente es un magistrado efectivo... el único y sólo representante del Poder Ejecutivo de la Unión". Pero anotó, "...al ejercer ese poder, no es por otra parte completamente independiente".

Esa fue una de las particulares consecuencias del sistema de frenos y contrapesos de la separación de poderes adoptado en los Estados Unidos, pero sin hacer al Poder Ejecutivo dependiente del Parlamento, como en los sistemas de gobierno parlamentarios. Por ello, al comparar el sistema de las monarquías parlamentarias europeo con el sistema presidencial de los Estados Unidos, De Tocqueville se refirió al importante papel que el Poder Ejecutivo jugaba en Norteamérica en contraste con la situación de un Rey constitucional en Europa. Un Rey constitucional, observó, "no puede gobernar cuando la opinión de las Cámaras Legislativas no concuerda con la suya". En el sistema presidencialista, contrariamente, la sincera ayuda del Congreso al Presidente "es sin duda útil, pero no es necesaria para la marcha del gobierno".

Ahora bien, el principio de la separación de poderes, como distribución horizontal del poder político, debe recordarse que fue un producto de los ideólogos del absolutismo, al propugnar la limitación del poder político ilimitado del monarca absoluto, y entre ellos, un producto del pensamiento de Locke, de Montesquieu y de Rousseau.

A la base de su construcción, como resulta de las concepciones de John Locke, estaba la consideración del estado natural del hombre y del contrato natural de la sociedad, inicio del Estado, para la preservación de su vida, libertad y posesión. El Estado surgió entonces para proteger los derechos "naturales" que no desaparecieron con el contrato social.

Bajo esta premisa se formuló un esquema de racionalización y sistematización de las funciones de todo Estado soberano, que podían "balancearse" si se las situaba en distintas manos. Posteriormente, este ensayo de sistematización se convirtió en la teoría de la división del poder que tanta influencia ha tenido en el constitucionalismo moderno, sobre todo por su conversión en "separación de los poderes" con motivo de la Revolución francesa y de la Constitución norteamericana.

La libertad política, según Montesquieu, existía sólo en los Estados en los cuales los poderes no se encontraban reunidos en una misma persona o en el mismo cuerpo de magistrados. Por tanto, formuló su proposición de que para garantizar la libertad las tres potestades públicas no debían estar en las mismas manos, y que separadas, debían estar en plano de igualdad; de lo contrario, el poder no podría frenar al poder. Recordemos sus palabras:

> "Todo estaría perdido si el mismo hombre, o el mismo cuerpo de notables, o de nobles, o del pueblo, ejercieran estos tres poderes: el de hacer las leyes, el de ejecutar las resoluciones públicas, y el de juzgar las exigencias o las diferencias de los particulares".

Por ello, agregaba,

> "[...] los Príncipes que han querido convertirse en despóticos han comenzado siempre por reunir en su persona todas las magistraturas...".
>
> "Estas tres potencias deberían –además– formar un reposo o una inacción. Pero como por el movimiento necesario de las cosas, ellas deben andar, ellas estarían forzadas de andar concertadamente"[84].

A esta concepción de la división del poder se va a agregar, posteriormente, el postulado de Rousseau sobre la Ley como expresión de la voluntad general, y la exigencia del sometimiento del Estado a la Ley que el mismo produce. De allí surgió

84 Véase Montesquieu, *De l'Esprit des Lois,* (G. Tunc ed.), París, 1940, Vol. I. Las citas del texto son tomadas de esta edición.

el principio de la supremacía del Poder Legislativo sobre los otros poderes, como piedra angular del Derecho Público, y de sus secuelas contemporáneas: el principio de la legalidad y el Estado de Derecho.

Los escritos de Locke, Montesquieu y Rousseau, conformaron todo el arsenal histórico político que permitió la reacción contra el Estado absoluto y su sustitución por el Estado de Derecho, como garantía de la libertad, lo cual se concretó en la Revolución francesa, en base a la exaltación del individualismo y de la libertad. Como consecuencia de ella, el principio de la separación de poderes encontró consagración expresa en la Declaración Universal de los Derechos del Hombre y del Ciudadano de 1789, conforme a la cual "en cualquier sociedad en la cual las libertades no estuvieran debidamente garantizadas y no estuviese determinada la separación de poderes, no hay Constitución".

Antes, sin embargo, con su adopción en las Constituciones de la antiguas colonias inglesas a partir de 1776 y luego, en la Constitución norteamericana de 1787, la distribución horizontal del poder se había convertido en uno de los pilares básicos del constitucionalismo moderno.

e. *El papel del Poder Judicial y el control de la constitucionalidad de las leyes*

Pero entre las instituciones constitucionales nacidas en Norteamérica, la que tal vez tuvo la más distinguida originalidad, ha sido el papel asignado al Poder Judicial en el sistema de separación de poderes. Esto es cierto incluso en los tiempos presentes, y era así cuando De Tocqueville visitó Norteamérica. Por ello dedicó un capítulo aparte en su libro Democracia en América, al estudio del poder de los jueces y a su importancia política, comenzando con esta afirmación:

> "Ha habido confederaciones fuera de Norteamérica; se han visto repúblicas en otros lugares además las del Nuevo Mundo; el sistema representativo es adoptado en varios estados de Europa; pero no creo que hasta el presente ninguna nación del mundo haya constituido el poder judicial de la misma manera que los norteamericanos".

Ahora bien, tres aspectos de la organización y funcionamiento del Poder Judicial pueden ser considerados como una contribución fundamental de Norteamérica al derecho constitucional: El rol político de los jueces; la institución de una Corte Suprema; y el sistema de control judicial de la legislación. Todos estos tres aspectos fueron observados por De Tocqueville.

El primer elemento que destacó entre las instituciones de Norteamérica, fue el "inmenso poder político" atribuido a los jueces, lo cual lo llevó a afirmar que "En los Estados Unidos el juez es uno de los primeros poderes políticos".

La razón para ese inmenso poder, dijo De Tocqueville,

> "está en este solo hecho: los norteamericanos han reconocido a los jueces el derecho de fundamentar sus decisiones sobre la Constitución más bien que sobre las leyes. En otros términos, les han permitido no aplicar las leyes que les parezcan inconstitucionales".

En consecuencia, decía, "no es difícil que un problema político en los Estados Unidos se vuelva más tarde o más temprano en un problema judicial".

El segundo aspecto fundamental del Poder Judicial en las instituciones norteamericanas, como también lo subrayó De Tocqueville, fue el alto puesto de la Corte Suprema entre las grandes autoridades del Estado. De Tocqueville observó:

> "La Corte Suprema está colocada a más altura que ningún tribunal conocido, tanto por la naturaleza de sus derechos como por la especie de sus justiciables". "...jamás un Poder Judicial mayor ha sido constituido en ningún pueblo".

De Tocqueville destacó estos poderes de la Corte Suprema, en los cuales, dijo, "...descansan incesantemente, la paz, la prosperidad y la existencia de la Unión", señalando lo siguiente:

> "Sin ellos... ." (los 7 jueces federales) "...la Constitución es letra muerta; a ellos es a quienes apela el Poder Ejecutivo para resistir las usurpaciones del Poder Legislativo; la Legislatura, para defenderse de las obras del Poder Ejecutivo; para hacerse obedecer de los Estados; los Estados para rechazar las pretensiones exageradas de la Unión; el interés público contra el interés privado; el espíritu de conservación contra la inestabilidad democrática".

De allí que todo el sistema de frenos y contrapesos en la separación de poderes de los Estados Unidos, descansó y aún descansa en la Corte Suprema y en el poder de los jueces para controlar la constitucionalidad de la legislación, precisamente el tercer aspecto más importante del aporte de la Constitución de Norteamérica al constitucionalismo moderno.

En efecto, en relación a la supremacía de la Constitución De Tocqueville observó que:

> "Esto deriva de la esencia misma del Poder Judicial; escoger entre las disposiciones legales aquellas que lo atan más estrechamente, en cierto modo, es el derecho natural del magistrado".

Esto condujo al establecimiento de un sistema de control judicial de la constitucionalidad de la ley, creación del constitucionalismo norteamericano al cual se refirió De Tocqueville, con estas simples y lógicas palabras:

> "Cuando se invoca ante los tribunales de los Estados Unidos una ley que el juez estime contraria a la Constitución, puede rehusarse a aplicarla. Este es el único poder privado del magistrado norteamericano y de él dimana una gran influencia política".

Esta fue calificada como la "verdadera esencia del deber judicial", por el Juez Marshall en el famoso caso *Marbury vs. Madison* (1803) al referirse a las constituciones escritas y su carácter de leyes superiores y fundamentales en relación a las otras leyes de la sociedad. Este deber de los tribunales de considerar los actos de la Legislatura que fueran repugnantes a la Constitución como nulos, fue descrito en ese famoso caso con los siguientes argumentos lógicos:

> "¿Si un acto de la legislatura contrario a la Constitución es nulo, puede no obstante esa nulidad, vincular a los tribunales y obligarle a darle efectos? o, en otras palabras, a pesar de que no sea ley, ¿constituye una regla operativa como si fuera una ley?"

> "Esto sería el derrocamiento en los hechos, de lo que fue establecido en teoría, y parecería a primera vista, un absurdo tan grande como para insistir en él. Esto debería, sin embargo, recibir una mayor consideración".

En dicha sentencia, Marshall concluyó:

> "Indudablemente, es de la competencia y del deber del Poder Judicial, decir cuál es la ley. Quienes aplican una norma a casos particulares necesariamente tienen que establecer e interpretar esa norma. Si dos leyes están en conflicto entre sí, los tribunales deben decidir sobre la eficacia de cada una.
>
> Así, si una ley está en oposición con la Constitución, si las dos, la ley la Constitución son aplicables al caso concreto, de manera que el tribunal debe decidir el caso o conforme a la ley, inaplicando la Constitución, o conforme a la Constitución, inaplicando la ley; el tribunal debe determinar cuál de las dos normas en conflicto debe regir el caso. Esta es la verdadera esencia del deber judicial".

Este *judicial duty* de controlar la constitucionalidad de las leyes descubierto por los norteamericanos, es otra de las mayores contribuciones de la Revolución americana al derecho constitucional contemporáneo, y ha sido seguida y desarrollada en todo el mundo.

El control judicial de la constitucionalidad, por otra parte, está esencialmente relacionado con la forma federal del Estado, como un medio de controlar invasiones e interferencias no autorizadas entre los poderes descentralizados del Estado. Precisamente por ello, en todos los países de América Latina con forma de Estado federal, ese control judicial de la legislación fue inmediatamente establecido bajo la influencia norteamericana, un siglo antes de las primeras experiencias de Europa continental en la materia.

En el caso de Venezuela, la Constitución de 1811, al establecer expresamente en su texto el principio de la supremacía constitucional y la garantía objetiva de la Constitución (art. 199 y 227) –lo que en los Estados Unidos había sido creación de la jurisprudencia de la Corte Suprema a partir de 1803– abrió paso al desarrollo futuro del control de la constitucionalidad de las leyes, establecido como sistema mixto, a la vez difuso y concentrado, desde el siglo pasado.

f. *La declaración de los derechos y libertades fundamentales*

La sexta contribución más importante del constitucionalismo norteamericano al derecho constitucional moderno, fue la práctica de establecer declaraciones formales y escritas de derechos y libertades fundamentales del hombre. Como hemos dicho, la primera declaración moderna de este tipo, sin duda, adoptada bajo la influencia de las declaraciones inglesas del siglo XVII, fue dictada en las colonias norteamericanas el mismo año de la Declaración de la Independencia, siendo en ese sentido famosa la Declaración de Derechos de Virginia de 1776.

Estas declaraciones de derechos del hombre, sin embargo, pueden considerarse como un fenómeno nuevo en la historia constitucional, particularmente, como ya se ha señalado, porque no estuvieron basadas en la *common law* o en la tradición como lo fue el Bill of Rigths de 1689, sino en la naturaleza humana.

Por ello, puede decirse que lo que se declaró a partir de 1776, fueron derechos naturales del pueblo, declarados políticamente por los nuevos poderes constituyentes de las Colonias, como un límite a los poderes del Estado.

A pesar de que, como también hemos dicho, la Constitución de 1787, no incluyó un Bill of Rigths en sus artículos, lo cual suscitó muchas objeciones durante la Convención, esta falla condujo a la aprobación dos años más tarde, de las diez primeras Enmiendas de la Constitución. Alexander Hamilton justificando la ausencia de un *"Bill of Rigths"* en la Constitución, dijo:

> "Esa declaración de derechos, en el sentido y en la extensión para la cual ellos están afirmados, no sólo es innecesaria en el propósito de la Constitución, sino que incluso sería peligrosa".
>
> "Ellos contendrían varias excepciones respecto de poderes no concedidos; y, en esta misma cuenta, proporcionarían un pretexto plausible para reclamar más de lo que estaba concedido".

Terminó sus argumentos, preguntándose:

> "¿por qué declarar que ciertas cosas no deben ser hechas cuando no hay poder para hacerlas?[85].

En todo caso, este concepto de derechos como limitaciones de los poderes del Estado, a pesar de los argumentos de Hamilton, fue seguido en las diez primeras Enmiendas de la Constitución (1789), pero añadiendo el concepto de derechos, como derechos naturales del hombre establecidos en la Declaración de Independencia de 1776. Ambas, tal Declaración y las Enmiendas, influenciaron todas las declaraciones formales y escritas de derechos humanos que fueron adoptadas mas tarde, particularmente la Declaración de Derechos del Hombre y del Ciudadano de Francia (1789), y a través de esta última, las declaraciones latinoamericanas, hasta el presente, cuando estas declaraciones han sido internacionalizadas.

En todo caso, la tercera de las Declaraciones de Derechos en la historia del constitucionalismo moderno, luego de la Norteamérica (1776) y de la francesa (1789), fue la *Declaración de Derechos del Pueblo* adoptada por el Congreso General de Venezuela el 1° de julio de 1811, seguida luego, por el Capítulo de los "Derechos reconocidos en la República" de la Constitución de Venezuela el 21 de diciembre del mismo año de 1811.

B. *Los aportes de la Revolución francesa al Constitucionalismo Moderno*

Cuando se declaró la Independencia de Venezuela (1811) y se inició la Revolución de América Latina, la República no existía en Francia, ni la Declaración de Derechos tenía rango constitucional, y la Revolución francesa había cesado.

Aquel proceso, sin embargo marcó un cambio total al constitucionalismo moderno que, junto con los aportes de la Revolución americana, germinaron

---

85 *The Federalist,* B. F. Wrigt, ed., Cambrigde, Mass., 1961. Las citas en el texto vienen de esta obra

inicialmente, precisamente en América Latina durante el siglo pasado, a partir de 1811.

a. *La idea de Constitución*

La idea de Constitución, como documento escrito, de valor superior y permanente, conteniendo las normas fundamentales de organización del Estado y la de Declaración de los Derechos de los Ciudadanos fue, sin duda, como hemos dicho, el aporte fundamental de la Revolución americana al constitucionalismo moderno, plasmado en 1776, al declararse independientes las antiguas colonias inglesas en Norteamérica. En ese proceso nació la Constitución moderna, conteniendo constituciones de las ex–colonias, tanto una parte orgánica relativa a la organización del Estado en base a los principios de la separación de poderes; como una parte dogmática, contentiva de una declaración de derechos fundamentales naturales del hombre.

El elemento básico del constitucionalismo que proviene de la Revolución americana, en todo caso, es el del carácter de ley suprema y fundamental de la Constitución, ubicada por encima de los poderes del Estado y de los ciudadanos, y no modificable por el Legislador ordinario.

Esta concepción se adoptó en Francia, desde el mismo momento de la Revolución, sin duda, bajo la influencia americana, pero con aproximaciones propias y una concepción formal más latina en su expresión y extensión, que también influyó en América Latina. En efecto, al contrario de la Constitución norteamericana de 1787 que en un conjunto de 7 artículos reguló la parte orgánica y al contrario de las constituciones de las antiguas Colonias, no contuvo inicialmente una declaración de derechos; el primer acto constitucional de la Asamblea Nacional revolucionaria francesa en 1789, fue adoptar la Declaración de los Derechos del Hombre y del Ciudadano, la cual estaba precedida de unos artículos de la Constitución, en los cuales se recogieron los principios fundamentales de organización del Estado en base al principio de la separación de poderes ("El Poder Legislativo reside en la Asamblea Nacional", art. 8; "El Poder Ejecutivo supremo reside exclusivamente en el Rey", art. 6; y "El Poder Judicial no podrá" en ningún caso ser ejercido por el Rey ni por el cuerpo Legislativo, art. 17).

Posteriormente, en 1791, la Asamblea dictó la primera Constitución, formalmente hablando, de Francia, la segunda en la historia constitucional del mundo moderno, regulando extensamente una monarquía Constitucional, en cerca de 210 artículos, e incorporando al texto la Declaración de Derechos (17 artículos). El mismo esquema se siguió en las Constituciones Republicanas de 1793 (124 artículos) y 1795 (377 artículos).

La Constitución de 1791, concibió al Rey como un delegado de la Nación, sujeto a la soberanía de la Ley como expresión de la voluntad general. A partir de ese texto, en todo caso, el Estado ya no fue el Rey, como monarca absoluto, sino el pueblo organizado en Nación sujeto a una Constitución.

El aporte del constitucionalismo francés en cuanto a la idea de Constitución, por tanto, es que no sólo los Textos revolucionarios de 1791, 1793 y 1795 se configuraron como Constituciones orgánicas sino como Constituciones dogmáticas, precedidas todas de una Declaración de Derechos que no contenía la Constitución norteamericana de 1787, y que solo se incorporaron a la misma, precisamente en 1789 y 1791, al sancionarse las primeras diez Enmiendas. La Declaración de Derechos de rango constitucional es, por tanto, el gran aporte a la idea de Constitución de la Revolución francesa.

Ahora bien, la primera de las Constituciones latinoamericanas que es la Constitución venezolana de diciembre de 1811, recibió la influencia directa tanto de la Constitución francesa como de la Constitución americana. De la Constitución americana recibió la influencia de la forma federal del Estado, del presidencialismo como sistema de gobierno dentro del esquema de la separación de poderes, y del control de la constitucionalidad, como la garantía objetiva de la Constitución. Pero en cuanto a la redacción del texto constitucional de 1811, la influencia directa de la Constitución francesa es evidente, particularmente en la regulación detallada de la forma de elección indirecta de los representantes, en el reforzamiento de la separación de poderes, y en la extensa Declaración de Derechos fundamentales que contiene.

Con frecuencia se ha argumentado que el texto de la Constitución venezolana de 1811, provino de la Constitución norteamericana, lo que no es exacto, no sólo por el contenido de ambas, sino por la extensión de los textos: 7 artículos (aún cuando extensos cada uno) en la Constitución americana de 1787 contra 228 artículos de la Constitución venezolana de 1811. En realidad, este texto se inspiró de principios de la Constitución americana y a la vez, de la redacción del texto de las Constituciones francesas revolucionarias, tanto en su parte dogmática como en su parte orgánica.

Desde el punto de vista constitucional, por tanto, es evidente que la conformación inicial del Estado venezolano no recibió influencia alguna de las instituciones españolas. No se olvide que en 1811, España era una monarquía invadida por las tropas napoleónicas, en plena guerra de independencia frente al invasor francés, y que es a partir de 1812, con la Constitución de Cádiz, que comienza a recibir alguno de los aportes del constitucionalismo, como el principio de la separación de poderes. Sin embargo, España continuó siendo una monarquía durante todo el siglo pasado, en tanto que la evolución republicana de Venezuela que comienza en 1811, con todos sus altibajos políticos, se desarrolló sin interrupciones hasta el presente.

Venezuela, por tanto, al contrario de lo que sucedió en otros países de América Latina, no recibió inicialmente influencia alguna derivada de la Constitución de Cádiz, la cual sólo rigió en parte de su territorio durante la confusión de la guerra de independencia, al contrario de lo que sucedió en otros países de América Latina, que al haber logrado su independencia más tarde, a comienzos del siglo XIX, recibieron la influencia de la Constitución gaditana.

b. *El principio de la soberanía nacional, el republicanismo y el gobierno representativo*

El segundo principio que surge del constitucionalismo revolucionario francés, es el de la soberanía nacional. En efecto, conforme al régimen del absolutismo, el soberano era el Monarca, quien ejercía todos los poderes e, incluso, otorgaba la Constitución del Estado. Con la Revolución, el Rey es despojado de su soberanía, como se dijo, deja de ser Rey de Francia y comienza a ser Rey de los franceses trasladándose la soberanía al pueblo. La noción de Nación surge entonces para lograr privar al Rey de su soberanía, pero como la soberanía existía sólo en la persona que la podía ejercer, era necesario una noción de "Nación", como personificación del pueblo, para reemplazar al Rey en su ejercicio.

De allí el principio de la soberanía atribuida a la Nación y no al Rey o a los gobernantes, que surge del texto de la Declaración de los Derechos del Hombre y del Ciudadano:

> "El principio de toda soberanía reside esencialmente en la Nación. Ningún cuerpo, ningún individuo puede ejercer autoridad alguna que no emane de ella expresamente" (art. 3).

La Declaración de Derechos que precedió la Constitución de 1793, señalaba: "La soberanía reside en el pueblo. Ella es una e indivisible, imprescindible e inalienable" (art. 25).

Y la Declaración que precedió la Constitución de 1795, señaló: "La soberanía reside esencialmente en la universalidad de los ciudadanos. Ningún individuo, ninguna reunión parcial de ciudadanos puede atribuirse la soberanía".

Estos principios fueron recogidos en la Declaración venezolana de Derechos del Pueblo de 1811, cuyos primeros 2 artículos de la Sección "Soberanía del Pueblo" establecieron:

> "La soberanía reside en el pueblo; y el ejercicio de ella en los ciudadanos con derecho a sufragio, por medio de sus apoderados legalmente constituidos" (art. 1);
>
> "La soberanía, es por su naturaleza y esencia, imprescindible, inajenable e indivisible" (art. 2).

La Constitución de 1811, en todo caso, definió la soberanía popular conforme a la misma orientación:

> "Una sociedad de hombres reunidos bajo unas mismas leyes, costumbres y gobiernos forma una soberanía" (art. 143).
>
> La soberanía de un país o supremo poder de reglar o dirigir equitativamente los intereses de la comunidad, reside, pues esencial y originalmente en la masa general de sus habitantes y se ejercita por medio de apoderados o representantes de estos, nombrados y establecidos conforme a la Constitución (art. 144).

Conforme a estas normas, por tanto, en las antiguas Provincias coloniales de España que formaron Venezuela, la soberanía del monarca español cesó y comenzó la soberanía a ejercerse por el pueblo, que se dio a si mismo una Constitución a través de sus representantes electos. Por ello, la Constitución de 1811, comienza señalando:

> "En nombre de Dios Todopoderoso, Nos, el pueblo de los Estados de Venezuela, usando de nuestra soberanía... hemos resuelto confederarnos solemnemente para formar y establecer la siguiente Constitución, por la cual se han de gobernar y administrar estos Estados".

La idea del pueblo soberano, por tanto, que no sólo proviene de la Revolución francesa sino antes, de la Revolución americana, se arraiga en el constitucionalismo venezolano desde 1811, contra la idea de la soberanía monárquica que aún imperaba en España en ese momento.

Debe destacarse, además, que a pesar de su carácter monárquico, la Constitución francesa de 1791 fue representativa, desde el momento en que la Nación ejercía su poder a través de representantes. En todo caso, fue precisamente por el sistema que se estableció para la participación, que la Revolución tuvo una especial significación social vinculada a la burguesía, ya que conforme al sistema de sufragio que se estableció, un gran número de ciudadanos fue excluido de la actividad electoral.

En todo caso, después de la Monarquía y ejecutado Luis XVI, la Constitución de 1793 estableció la República, en sustitución de la Monarquía, como "única e indivisible" (art. 1). En consecuencia, el pueblo soberano, constituido por "la universalidad de los ciudadanos franceses", nombraba sus representantes en los cuales le delegaba el ejercicio de los poderes públicos (art. 7 a 10). Estas ideas de la representatividad, sin embargo, en Francia se impusieron desde el momento mismo de la Revolución, en 1789, a pesar de que al inicio la forma del gobierno siguió siendo Monárquica. Así, en la Constitución de 1791 se estableció que:

> "La Nación de la cual emanan todos los poderes, no los puede ejercer sino por delegación. La Constitución francesa es representativa: los representantes son el cuerpo legislativo y el Rey" (art. 2, título III).

Por tanto, incluso el Rey se convirtió con la Revolución en representante de la Nación, hasta que fue decapitado, y con ello la Monarquía convertida en República, fue completamente representativa.

Esta idea de representatividad republicana, por supuesto, también provino inicialmente de la Revolución americana, y se recogió en la Constitución venezolana de 1811, en la cual, como señalamos, se establece que la soberanía se ejercita sólo "por medio de apoderados o representantes de éstos, nombrados y establecidos conforme a la Constitución" (art. 144).

Por ello, agrega la Constitución de 1811:

> "Ningún individuo, ninguna familia, ninguna porción o reunión de ciudadanos, ninguna corporación particular, ningún pueblo, ciudad o partido puede atribuirse la soberanía de la sociedad que es imprescindible, inajenable e indivisible, en su esencia y origen, ni persona alguna podrá ejercer cualquier función pública del gobierno si no la ha obtenido por la Constitución"(art. 146).

Además, siendo el sistema de gobierno de carácter republicano y representativo, conforme a la más exacta expresión francesa de la Declaración de 1789 (art. 6), la Constitución de 1811 estableció que: "La Ley es la expresión libre de la voluntad general de la mayoría de los ciudadanos, indicada por el órgano de sus representantes legalmente constituidos" (art. 149).

c. *El principio de la separación de poderes*

La idea de la separación de poderes, debido a la formulación teórica de Locke y Montesquieu, como se ha dicho fue expresada constitucionalmente, por primera vez, en las Constituciones de las Colonias americanas de 1776, y luego imbuida en el texto de la Constitución norteamericana de 1787. El principio de la separación de poderes, sin embargo, en Francia, es materialmente el motivo fundamental de la

Revolución, al punto de que en la Declaración de Derechos del Hombre y del Ciudadano en 1789 se incluye, en el artículo XVI, la famosa proposición de que:

> "Toda sociedad en la cual la garantía de los derechos no esté asegurada, ni la separación de poderes determinada, no tiene Constitución".

Por lo tanto, en los artículos de la Constitución que siguieron a la Declaración de 1789, como primer acto constitucional revolucionario, se establecieron expresamente las consecuencias del principio, al establecer que "El Poder Legislativo reside en la Asamblea Nacional" (art. 8); que "El Poder Ejecutivo supremo reside exclusivamente en el Rey" (art. 16), no pudiendo este poder "hacer ninguna ley" (art. 17); y que "El Poder Judicial no podrá en ningún caso, ser ejercido por el Rey, ni por el cuerpo legislativo" (art. 17).

Este principio de la separación de poderes, de la esencia del proceso revolucionario francés, fue incorporado en forma expresa de la Constitución de 1791 en la cual se precisó (Título III):

> "3. El Poder Legislativo es delegado a una Asamblea Nacional, compuesta de representantes temporales, libremente elegidos por el pueblo, para ser ejercido por ella, con la sanción del Rey, de la manera que se determina en esta Constitución.
>
> 4. El gobierno es monárquico: el Poder Ejecutivo es delegado en el Rey, para ser ejercido bajo su autoridad, por los Ministros y otros agentes responsables, de la manera que se determina en esta Constitución.
>
> 5. El Poder Judicial es delegado a los jueces electos temporalmente por el pueblo".

Sin embargo, en el sistema francés de separación de poderes de 1791, se estableció un claro predominio del Poder Legislativo. Por ello, el Rey no podía ni convocar, ni suspender ni disolver la Asamblea; sólo tenía un poder de veto, sólo de suspensión, pero no tenía iniciativa, aún cuando podía sugerir a la Asamblea tomar en consideración ciertos asuntos. La Asamblea, por su parte, no tenía control sobre el Ejecutivo, ya que la persona del Rey era sagrada e inviolable. Sólo los ministros eran responsables penalmente. En todo caso, la Asamblea tenía importantes atribuciones ejecutivas, como el nombramiento de algunos funcionarios, la vigilancia de la administración, la declaración de la guerra y la ratificación de los Tratados.

La consecuencia del principio de la separación de poderes, en un esquema en el cual el Legislador tenía la supremacía, fue la prohibición impuesta a los Poderes Ejecutivo y al Judicial de inmiscuirse en los asuntos de los otros Poderes.

Así, al regular las funciones de los administradores de Departamento, la Constitución de 1791 precisó que "no podrán, ni inmiscuirse en el ejercicio del Poder Legislativo, o suspender la ejecución de las leyes, ni actuar en el orden judicial, ni sobre las disposiciones u operaciones militares" (art. 3, Cap. IV, Título IV). En cuanto al Poder Judicial, se estableció, que este, "en ningún caso podría ser ejercido por el Cuerpo Legislativo ni por el Rey" (art. 1, Cap. V, Título III), pero se expresaba además que "los Tribunales no pueden, ni inmiscuirse en el ejercicio del Poder Legislativo, o suspender la ejecución de las leyes, ni actuar en relación a los funcionarios administrativos, ni citar ante ellos a los administradores en razón de sus funciones" (art. 3, Cap. V, Título III).

En materia judicial, esta concepción extrema de la separación de poderes tenía una razón histórica: los *Parlements*, que eran los Tribunales del antiguo régimen, como hemos señalado, habían tenido un papel activo, como instrumentos de la aristocracia, para oponerse a las reformas impositivas. La Revolución había surgido, entonces, signada por una reticencia tal respecto del Poder Judicial, que la separación de poderes llegó allí al extremo de impedir no sólo que los jueces pudiesen interpretar las leyes (por supuesto, jamás la posibilidad de anular leyes), sino la injerencia de los Tribunales respecto de la Administración, lo que fue incluso consagrado expresamente en la Ley 16–24 de agosto de 1790 sobre la reorganización del Poder Judicial, en la cual además de abolir la venalidad de las funciones judiciales y establecer la gratuidad de la justicia (Título II, Art. 2), se estableció que:

> "Las funciones judiciales son distintas y permanecerán siempre separadas de las funciones administrativas. Los jueces no podrán, so pena de prevaricación, perturbar, de la manera que sea las operaciones de los cuerpos administrativos, ni citar ante ellos a los administradores en razón de sus funciones (Título II, Art. 13)".

Fue este principio externo, el que llevó, como ya se señaló, casi 100 años después, a la consolidación de la jurisdicción administrativa a cargo del Consejo de Estado para juzgar la Administración y para anular los actos administrativos (jurisdicción contencioso–administrativa) pero, por supuesto, en forma separada respecto del Poder Judicial. Es decir, la jurisdicción contencioso–administrativa en Francia, en definitiva, tuvo su origen en el acto revolucionario de expresión extrema de la separación de poderes, que prohibía a los jueces ordinarios juzgar a la Administración, lo que sigue teniendo vigor.

En materia de control de la legislación, la situación de abstención de los jueces era similar. Conforme a las enseñanzas de Montesquieu los jueces sólo podían ser "la boca que pronuncia las palabras de la Ley" por lo que incluso, como se señaló, la interpretación de la Ley les era prohibida inicialmente, y mediante el procedimiento llamado del *referé legislatif*, los jueces estaban obligados a consultar a la Asamblea Nacional cuando tuviesen dudas sobre la interpretación de las leyes. En este esquema, los jueces no podían controlar la constitucionalidad de las leyes, lo que incluso condujo a que, a partir de la Constitución de 1958 en Francia, se hubiese creado un Consejo Constitucional, también separado del Poder Judicial, para juzgar dicha constitucionalidad, pero sólo respecto de las leyes sancionadas por la Asamblea, pero aún no promulgadas.

El principio de la separación de poderes, por supuesto, también influyó en el constitucionalismo venezolano, pero no conforme a la interpretación extrema francesa, sino conforme a la modalidad adoptada en los Estados Unidos, y que se expresó en las Constituciones de las Colonias de 1776, de las cuales proviene la siguiente expresión del Preámbulo de la Constitución de 1811:

> "El ejercicio de la autoridad confiada a la Confederación no podrá jamás hallarse reunido en sus diversas funciones. El Poder Supremo debe estar

dividido en Legislativo, Ejecutivo y Judicial, y confiado a distintos cuerpos independientes entre sí y en sus respectivas facultades".

Sin embargo, el principio de la separación de poderes no se concibió como el establecimiento de compartimientos estancos, sino conforme a un sistema de pesos, contrapesos, e interferencias constitucionales radicalmente distintos al sistema francés. En particular, entre ellas, resulta necesario destacar el papel del Poder Judicial en el control de los otros poderes respecto de su adecuación a la Constitución, y a la vigencia de la garantía objetiva de la Constitución, conforme a la influencia recibida del constitucionalismo americano.

De acuerdo a ello, en Venezuela, desde el siglo pasado el Poder Judicial (la Corte Suprema) ejerce la jurisdicción contencioso–administrativa (control de la legalidad y constitucionalidad de las actividades administrativas) y la jurisdicción constitucional (control de la constitucionalidad de las leyes), y ello no puede considerarse ni nunca se ha considerado como una ruptura o violación del principio de la separación de poderes, sino como una consecuencia esencial del mismo.

En efecto, la Constitución de 1811, estableció expresamente el principio de la supremacía constitucional, con la consecuencia expresa de que:

> "[...] las leyes que se expidan contra el tenor de ello no tendrán ningún valor sino cuando hubieren llenado las condiciones requeridas para una justa y legítima revisión y sanción" (art. 227).

En el mismo sentido, luego de la enumeración de los derechos fundamentales, la Constitución de 1811 precisó que dichos derechos:

> "[...] están exentos y fuera del alcance del poder general ordinario del gobierno y que, conteniendo o apoyándose sobre los indestructibles y sagrados principios de la naturaleza, toda ley contraria a ellos que se expida por la legislatura federal o por las provincias será absolutamente nula y de ningún valor" (art. 199).

En estos principios, sin duda, debe situarse el origen de la concepción venezolana del poder atribuido a la Corte Suprema de Justicia para declarar la nulidad de las leyes inconstitucionales, tan característico de nuestra tradición constitucional, e inexistente en Francia, salvo a partir de 1958 por lo que se refiere al control preventivo de la constitucionalidad de las leyes no promulgadas. En esos principios también debe situarse el origen del poder atribuido a todos los jueces para desaplicar las leyes que consideren inconstitucionales en los casos concretos que decidan (art. 20 Código de Procedimiento Civil) adoptado, sin duda, bajo la influencia del constitucionalismo norteamericano.

d. *El principio de la supremacía de la Ley: el principio de la legalidad*

La Revolución francesa estuvo signada por el principio de la supremacía del legislador, que representaba a la Nación. Al haber controlado el Tercer Estado la Asamblea Nacional en 1789, ésta se convirtió en representante todopoderosa de la Nación. De allí que de acuerdo al postulado roussoniano de que la "ley es expresión de la voluntad general", habiendo la Asamblea asumido carácter de poder constituyente al momento de la Revolución, en la Constitución de 1791 se estableció que:

> "No hay en Francia una autoridad superior a la de la ley. El Rey no reina sino por ella, y es en nombre de la Ley que él puede exigir obediencia" (art. 1, Cap. II, Título III).

La ley, entonces, como "expresión de la voluntad general" según lo indicó la Declaración de Derechos del Hombre y del Ciudadano (art. 6), adquirió en el constitucionalismo francés un rango superior, consecuencia de la primacía del propio Poder Legislativo.

Pero además, desde el punto de vista sustantivo, el principio de la supremacía de la Ley se fundó sobre el de su generalidad, lo que a la vez fue garantía de la igualdad, uno de los postulados básicos de la Revolución. Las leyes de libertad, que tenían por objeto hacer posible el libre desenvolvimiento de los miembros del grupo social, fueron el instrumento de la Asamblea contra los privilegios que fueron abolidos.

En todo caso, siendo la ley expresión de la voluntad general, se consagró el derecho de todos los ciudadanos de "concurrir personalmente o por sus representantes" a la formación de la ley (art. IV) estableciéndose en los artículos de la Constitución que siguieron a la Declaración los siguientes principios:

> "Ningún acto de los Cuerpos Legislativos podrá ser considerado como ley, si no ha sido hecho por los representantes de la Nación libremente elegidos y si no ha sido sancionado por el Monarca" (art. 9).
>
> "El Poder Ejecutivo no puede hacer ley alguna, incluso prioritaria, sino proclamar, conforme a las leyes, para ordenar o recursar su observación" (art. 16).
>
> "El Poder Judicial será administrado por tribunales establecidos por la ley, según los principios de la Constitución y según las normas determinadas por la ley" (art. 19).

Por su parte, la Ley de 16–24 de agosto de 1790, agregó que:

> "Los Tribunales no podrán tomar directa o indirectamente parte alguna en el ejercicio del poder legislativo, ni suspender o impedir la ejecución de los decretos del Cuerpo Legislativo, sancionados por el Rey, so pena de prevaricación" (art. 10, Título II).

Por otra parte, a la base de la concepción de la ley como expresión de la voluntad general, está la idea que emerge de la Revolución de que no sólo no había autoridad superior a la de la ley, sino que era a través de ella que se podía gobernar y exigir obediencia. Así, frente al poder absoluto del Monarca en el Antiguo Régimen, emerge el principio de la legalidad y del Estado de Derecho: sólo se puede gobernar en virtud y con sujeción de las leyes.

La concepción de la ley como expresión de la voluntad general, fue recogida expresamente en la Declaración venezolana de Derechos del Pueblo de 1811, al establecer que:

> "La ley se forma por la expresión libre y solemne de la voluntad general, y ésta se expresa por los apoderados que el pueblo elige para que representen sus derechos" (art. 3 Segunda Sección).

Asimismo, en el texto de la Constitución de 1811 se estableció:

> "La ley es la expresión libre de la voluntad general o de la mayoría de los ciudadanos, indicadas por el órgano de sus representantes legalmente constituidos. Ella se funda sobre la justicia y la utilidad común y ha de proteger la libertad pública e individual contra toda opresión o violencia" (art. 149).

La Constitución de 1811, sin embargo, no siguió el postulado tan radical de la supremacía de la ley, y en cambio, formuló el principio de la supremacía constitucional al declarar como "absolutamente nulas" y sin "ningún valor" las leyes contrarias a los derechos fundamentales (art. 199); y en general, al considerar sin "ningún valor las leyes contrarias a la Constitución, la cual se declaró como la "Ley Suprema del Estado" (art. 227).

e. *La Declaración de Derechos*

Conforme a la más clásica concepción liberal, y a las enseñanza de Locke, Montesquieu y Rousseau, la declaración de Derechos Fundamentales es una pieza clave del constitucionalismo francés y de la Revolución; el producto más importante del inicio de la Revolución, sancionada por la Asamblea Nacional el 26 de agosto de 1789.

La Declaración de los Derechos del Hombre y del Ciudadano comienza por proclamar que "El fin de toda asociación política es la conservación de los derechos naturales e imprescriptibles del hombre", que se enumeraron como "la libertad, la propiedad, la seguridad y la resistencia a la opresión" (art. 2). Además, la Declaración postuló como derecho fundamental, la igualdad, al inscribir en su primer artículo que "los hombres nacen y permanecen libres e iguales en sus derechos" y proclamar en su artículo 6 la igualdad ante la Ley, así:

> "Ella debe ser la misma para todos, sea que proteja o que castigue. Todos los ciudadanos siendo iguales ante sus ojos, son igualmente admisibles a todas las dignidades, cargos y empleos públicos, según su capacidad, y sin otra distinción que la de sus virtudes y talentos".

Esta Declaración de la Revolución francesa repercutió de inmediato en Venezuela, donde la Sección Legislativa de la Provincia de Venezuela del Congreso General, el 1° de julio 1811, adoptó la "*Declaración de Derechos del Pueblo*", incluso, antes de la firma del Acta de la Independencia el 5 de julio de 1811. Se trata de la primera declaración de derechos fundamentales con rango constitucional, adoptada luego de la Declaración Francesa, en la historia del constitucionalismo moderno, con lo cual se inició una tradición constitucional que ha permanecido invariable en Venezuela.

f. *Los principios de la organización territorial del Estado*

El séptimo de los aportes al constitucionalismo revolucionario francés concierne a la organización territorial y, particularmente a la autonomía local, que tuvo una influencia directa en el mundo y particularmente, en Venezuela. En efecto, el Antiguo Régimen era un régimen político altamente centralizado, en el cual no había poderes locales. Los Intendentes eran la fuente única de poder en las Provincias, y las autoridades locales que podía haber, eran delegados del Intendente, sometidos a su control. No existía, por tanto, un poder municipal ni nada que se le pareciera.

Con motivo de las propuestas de reforma impositiva, en 1775, el Ministro Turgot había planteado establecer Municipalidades, pero ello no llegó a prosperar[86]. En cambio, la Revolución cambió la faz territorial de Francia, y por los Decretos de 14 y 22 de diciembre de 1789 eliminó los antiguos reinos y las antiguas e históricas circunscripciones territoriales, estableciendo una uniformización territorial general, al dividir el país en Departamentos, éstos en Distritos, los Distritos en Cantones y éstos en Comunas, que eran las municipalidades, creándose así el Poder Municipal. En cada villa, burgo o parroquia, entonces, se constituyó una municipalidad o una comuna, generalizándose la institución municipal.

Este principio se consagró luego, expresamente, en la Constitución de 1791, al regular en su título "La división del Reino", que:

> "El Reino es uno e indivisible: su territorio se distribuye en 83 Departamentos, cada Departamento en Distritos, cada Distrito en Cantones".

Por supuesto, esta reforma sólo duró cinco años, porque al tratar la Revolución de desmontar un sistema tan centralizado como el de la Monarquía Absoluta, en un sistema de división territorial donde se crearon más de 40.000 comunas o municipios, con poderes locales propios, lo que hizo fue desquiciar el Estado, por lo que fue la propia Asamblea la que tuvo, luego, que retroceder en la creación del Poder Municipal.

Sin embargo, la idea del Poder Municipal penetró en América Latina, y en 1811, Venezuela recogió sus influencias, al igual que la de la Revolución americana, siendo como estaba el nuevo Estado constituido por provincias aisladas, descentralizadas y con gran autonomía, que venían del esquema colonial español. La forma de unir políticamente aquellas Provincias en un sólo Estado, realmente era el esquema federal, por lo que Venezuela lo tomó del federalismo de los Estados Unidos para estructurar el nuevo Estado, en Provincias soberanas (equivalentes a los Estados miembros de la Federación).

Pero además, para organizar internamente a las Provincias, los constituyentes venezolanos tomaron el esquema territorial francés, pero no en el texto de la Constitución de 1811 que organizaba una "confederación", sino en el de las Constituciones Provinciales.

No se olvide que conforme a la Constitución de 1811, las Provincias eran "Estados Soberanos", correspondiéndoles a ellos, en sus respectivas Constituciones, disponer la organización territorial interna. Por tanto, una vez dictada la Constitución de 21 de diciembre de 1811, las Provincias comenzaron a dictar sus Constituciones regulándose en ellas, la organización territorial del país[87].

---

86 Véase Eduardo García de Enterría, *Revolución Francesa y Administración Contemporánea*, Madrid, 1981, pp. 71 y ss.

87 Véase Carlos Restrepo Piedrahita, *Primeras Constituciones de Colombia y Venezuela 1811–1830*, Bogotá, 1993.

Es de destacar, así, por ejemplo, el esquema territorial establecido en la "Constitución de la Provincia de Venezuela" (enero 1811)[88] cuyo territorio comprendía el área central del país, y que dividió la Provincia en cinco Departamentos, los Departamentos en Cantones, los Cantones en Distritos y estableció Municipalidades en las Capitales de Distritos. Se creó así, el Poder Municipal en 1811, en la Constitución Provincial de Venezuela con los aportes de la propia tradición municipal que provenía de España. Sin embargo, desde el punto de vista de la organización territorial, el municipalismo venezolano puede considerarse que no tiene su origen en el español, sino más bien en la concepción francesa, que luego España recoge, con posterioridad, a partir de 1830.

g. *Especial referencia a los principios de la organización municipal*

Es importante insistir en el tema de la organización municipal que resultó de la Revolución, pues ello tuvo una repercusión muy importante en la conformación del Municipio hispanoamericano.

Como se dijo, las reformas del régimen municipal en Francia puede decirse que precedieron la Revolución, con la creación antes de 1787, a iniciativa de los Ministros de Luis XVI, de las asambleas provinciales junto al Intendente, y en cada pueblo, de un cuerpo municipal electivo que sustituiría a las antiguas asambleas parroquiales, y en la mayoría de los casos, al síndico. Contrario a las costumbres que existían, todos los poderes que se pretendieron crear fueron colectivos, y el intendente fue disminuido en su poder. Todo ello condujo a la parálisis de la administración, y, como lo apuntó De Tocqueville, "Las asambleas, queriendo mejorarlo todo, acabaron por enredarlo todo", produciéndose entonces "una de las mayores perturbaciones que haya registrado jamás la historia de un gran pueblo", en la cual "Cada francés había experimentado una confusión particular. Nadie sabía ya ni a quien obedecer, ni a quién dirigirse"; y terminaba señalando De Tocqueville, que "Perdido el equilibrio de las partes que componían la Nación, un último golpe bastó para hacerla oscilar y producir el más vasto trastorno y la más espantosa confusión que hayan tenido lugar jamás[89].

La Revolución quiso poner fin a esta situación, y en el mismo año de 1789, la Asamblea Nacional Constituyente definió un nuevo orden municipal uniforme, fragmentado, generalizado y de carácter electivo; el cual en definitiva, si bien complicó aún más la situación de la Administración, puso las bases para el régimen municipal del constitucionalismo moderno. Comenzó el 4 de agosto de 1789, con un Decreto que declaró irrevocablemente abolidos "todos los privilegios particulares de provincias, principados, cantones, ciudades y comunidades de habitantes, sean pecuniarios o de cualquier otra naturaleza"[90]; y al mismo lo siguieron los Decretos de 14 y 22 de diciembre del mismo año 1789. En el primero se dispuso la supresión

---

88 Véase el libro *Constituciones Provinciales*, Biblioteca de la Academia Nacional de la Historia, Caracas 1959, pp. 61 y ss.

89 Alexis de Tocqueville, *El Antiguo Régimen y la Revolución*, Alianza Editorial, Tomo II, Madrid 1982, p. 197

90 Luciano Vandelli, *El Poder Local. Su origen en la Francia revolucionaria y su futuro en la Europa de las regiones*, Ministerio para las Administraciones Públicas, Madrid 1992, p. 28, nota 10.

y abolición que "las Municipalidades existentes en cada villa, burgo, parroquia o comunidad", con las denominaciones que tuvieren, y se agregó que serían sustituidas por "colectividades locales del reino" tanto en las ciudades como en el campo, con la misma naturaleza y situadas en el mismo plano constitucional, con el nombre común de municipalidad, que tendían en su cabeza al alcalde.

En el segundo Decreto se dividió el territorio francés de manera uniforme en departamentos, distritos y cantones, suprimiéndose los intendentes, y además se dispuso que: "en cada villa, burgo, parroquia y comunidad del campo habrá una municipalidad"[91]. De ello resultó que en 1791 en la Francia revolucionaria había 43.915 municipios, que comenzaron a llamarse comunas. Estas entidades municipales, además de las funciones propias de la Administración general que les podían ser delegadas, ejercían el "poder municipal", concepto que venía de los escritos de Benjamín Constant y de las propuestas de reforma del ministro Turgot (1775)[92], y que luego se arraigaría en el constitucionalismo iberoamericano[93].

Con esta división territorial, como lo percibió Burke en tiempos de la Revolución: "Es la primera vez que se ve a los hombres hacer pedazos su patria de una manera tan bárbara"; pero De Tocqueville acotaría años después, que en realidad, si bien "Parecía, en efecto que se desagarraban cuerpos vivos, ... lo único que se hacía era despedazar cuerpos muertos"[94]. Sin embargo, lo cierto es que el sistema produjo la disolución del Estado al haber estallado Francia en cuarenta mil pedazos, cada uno con una especie de república soberana y anárquica que no tenían nexo alguno con el poder central en construcción.

De tal anarquía vinieron las reformas para tratar de controlar la acción municipal desde el poder central, como por ejemplo, al atribuírsele en la Constitución de 1791 poderes anulatorios al Rey, respecto de los actos municipales; al crearse en la Ley del 14 de frimario del año II (4 de diciembre de 1793) unos agentes nacionales directamente conectados al centro (Paris) para ejercer la vigilancia sobre los municipios; y además, al pretender reducir el número de comunas en la Constitución del año III (5 fructuoso, 22 de agosto de 1795), reagrupándoselas en entidades locales, y estableciendo la subordinación de las comunas a las Administraciones departamentales, y estas a los Ministros.

Pero el torbellino revolucionario que no había cesado, comenzó a producir su propia transformación con el golpe de Estado del 18 de brumario del año VIII (9 de noviembre de 1799), a raíz del cual Napoleón reimplantará la centralización que se había establecido en el Antiguo Régimen y que había quedado destrozada con la Revolución. Se estableció, así, un esquema de control centralizado sobre las más de 40.000 comunas que fueron restablecidas, creándose un sistema escalonado y

---

91 Albert Soboul, *La révolution française*, Gallimard, París 1981, pp. 198 y ss.

92 Eduardo García de Enterría, *Revolución Francesa y Administración contemporánea*, Taurus Ediciones, Madrid 1981, pp. 72, 76, 135.

93 En Venezuela, por ejemplo, aparece a partir de la Constitución de 1857, artículos 6 y 85. Véase en Allan R. Brewer–Carías, *Las Constituciones de Venezuela*, Biblioteca de la Academia de Ciencias Políticas y Sociales, Caracas 1997, pp. 467 y 475.

94 Alexis de Tocqueville, *El Antiguo Régimen y la Revolución*, Alianza Editorial, Tomo I, Madrid 1982, p. 107.

jerarquizado de control sobre las mismas, donde serían esenciales las figuras del prefecto y subprefecto dependientes del poder central y controlando a los alcaldes, establecidos en la Ley de 28 pluvioso del año VIII (17 de febrero de 1800)[95].

La centralización administrativa por el establecimiento de esa rígida cadena institucional que unía: Ministro, Prefecto, Subprefecto y Alcalde, y que dio origen al llamado control de tutela, sin duda, fue uno de los aportes más importantes a la Administración municipal y local, y a la propia construcción del Estado centralizado. Como lo diría el Presidente François Mitterand, casi doscientos años después, al proponer la reforma descentralizadora de 1981: "Francia tuvo que acudir a un poder fuerte y centralizado para hacerse. Hoy necesita un poder descentralizado para no deshacerse[96]. Esta, entre tantas, fue precisamente una de las motivaciones de la sanción de la conocida Ley francesa de Libertad de las Comunas de 1982[97].

Tres principios configuraron el régimen municipal napoleónico: *primero,* el principio de la creación de un municipio por cada colectividad local –aún de dimensiones mínimas– abarcando desde el pequeño pueblo rural hasta el gran centro urbano; *segundo*, el principio de la uniformidad e igualdad formal del régimen de los municipios a pesar de la diversidad territorial, geográfica y demográfica de los mismos a lo largo y ancho de los territorios estatales; y *tercero*, las reglas generales de funcionamiento de la tutela, como instrumento de control sobre las entidades locales. Todo ello configuró un modelo de régimen municipal, sin duda que se extendió por toda Europa[98].

Hacia América, sin embargo, sólo hicieron la travesía del Atlántico algunos aspectos del régimen de municipalización uniforme, pero ni el primero ni el último de los principios, es decir, el de la generalización de colectividades locales en el territorio y el del control de tutela, llegaron a nuestras costas; y al contrario, desde el inicio del Siglo XIX, no sólo el municipio se ubicó en niveles territoriales muy alejados de los pueblos sino que además, se implantó el principio de la autonomía municipal.

En cuanto al primer aspecto que es el que nos interesa destacar aquí, el de la creación de un municipio por cada colectividad local que existiera en un territorio, con la consecuente fragmentación territorial, puede decirse que el mismo si dejó su impronta en toda Europa; y por ello, por ejemplo, a mitades del siglo pasado, todavía existían 2.539 Municipios en Bélgica, con una población promedio de 3.600 habitantes, los cuales después de la paradigmática operación quirúrgica realizada en el mapa municipal en 1972, hayan sido reducidos a 589 municipios, ahora con una

---

95 Véase Luciano Vandelli, *El Poder Local. Su origen en la Francia revolucionaria y su futuro en la Europa de las regiones*, Ministerio para las Administraciones Públicas, Madrid 1992, pp. 29 y ss.; Eduardo García de Enterría, *Revolución Francesa y Administración contemporánea*, Taurus Ediciones, Madrid 1981, pp. 107 y ss.; Sandra Morelli, *La Revolución Francesa y la Administración Territorial en Colombia, Perspectivas comparadas,* Universidad Externado de Colombia, 1991, pp. 31 y ss.

96 Citado por Jaime Castro, *La cuestión territorial*, Editorial Oveja Negra, Bogotá 2003, p. 26.

97 Sobre la aplicación de la Ley del 2 de marzo de 1982, véase en general, André Terrazzoni, *La décentralisation a l'épreive des faits*, LGDJ, Paris 1987

98 Luciano Vandelli, *El Poder Local. Su origen en la Francia revolucionaria y su futuro en la Europa de las regiones*, Ministerio para las Administraciones Públicas, Madrid 1992, pp. 153 y ss.

población promedio de 16.900 habitantes por municipio. En Alemania Occidental aunque antes de la unificación, de los más de 24.000 municipios que existían, entre 1968 y 1980 habían quedado reducidos a 8.357.[99]; actualmente existen 16.121 Municipios, con un promedio de 5.086 habitantes. En Italia hay 8.104 municipios con un promedio de 7.156 habitantes; y en Suiza hay 3.000 cantones con 2.333 habitantes promedio[100].

En España, la influencia francesa en este aspecto también fue decisiva, por lo que la Constitución de Cádiz de 1812, en efecto, dispondría en su artículo 310 que "Se pondrá Ayuntamiento en los pueblos que no lo tengan, y en que convenga le haya, no pudiendo dejar de haberle en los que por sí o con su comarca lleguen a mil almas, y también se les señalará término correspondiente"; correspondiéndole a los Ayuntamientos, sin embargo, desempeñar sus encargos bajo la inspección de las diputaciones provinciales (Art. 323). Todo el territorio español se sembró así también de municipios todo el territorio español, y ello explica los 9.245 Municipios que Cirilo Martín Retortillo reseñaba en la edición de su recordado libro sobre *El Municipio Rural*[101], de 1950; cifra que ha pasado a los 8.056 municipios actuales, con un promedio de población de 4.825 habitantes. El Municipio que derivó de la influencia francesa, sustituyó así lo que quedaba del municipio de arraigo medieval, con sus fueros, privilegios y cartas–pueblas, particularmente en Castilla y León, con raíces en el proceso de la Reconquista. Esos fueron, a pesar de su progresivo control por la Corona a partir del Siglo XVI, por su arraigo en las ciudades los que condujeron la guerra de Independencia contra la invasión napoleónica. El precio que pagaron por ello, en todo caso, en nombre de la igualdad, fue su uniformización y su multiplicación territorial.

El Iberoamérica, el municipio colonial también fue el factor fundamental del proceso de Independencia frente a España, de manera que sin lugar a dudas se puede afirmar que también a comienzos del siglo XIX, la Independencia americana la hicieron los Cabildos, de manera que el Municipio, "fue la raíz de la República"[102]. Ese Municipio también fue radicalmente transformado con el republicanismo constitucional, en forma paralela a la transformación que se estaba operando en la Península, al punto de que por ejemplo se puede leer en la "Constitución para el gobierno y administración de la provincia de Caracas" de enero de 1812, que formaba parte de la Confederación de los Estados de Venezuela creada conforme a la Constitución de diciembre de 1811 (ambas promulgadas antes que lo fuera la Constitución de Cádiz de marzo de 1812); se puede leer, decía, sobre la división del territorio de la Provincia, uniformemente, en Departamentos, Cantones y Distritos,

---

99 Torsten Sagawe, "La situación de los pequeños municipios en Europa: con especial referencia a la República Federal de Alemania", en Luís Villar Borla et al, *Problemática de los pequeños Municipios en Colombia ¿Supresión o reforma?*, Universidad Externado de Colombia, Bogotá 2003, pp. 42–43.

100 Véase Luciano Vandelli, *El Poder Local. Su origen en la Francia revolucionaria y su futuro en la Europa de las regiones*, Ministerio para las Administraciones Públicas, Madrid 1992, pp. 179; Allan R. Brewer–Carías, *Reflexiones sobre el constitucionalismo en América*, Editorial Jurídica Venezolana, Caracas 2001, pp. 139 y ss.

101 Véase Cirilo Martín Retortillo, *El Municipio Rural*, Bosch, casa Editorial, Barcelona 1950, p. 139.

102 Véase Joaquín Gabaldón Márquez, *El Municipio, raíz de la República*, Academia Nacional de la Historia, Caracas 1977.

debiendo tener estos últimos un territorio con aproximadamente 10.000 habitantes[103]. En las capitales de Distrito se establecieron Municipalidades, así como en muchos de los pueblos entonces existentes, denominándose estas pequeñas Municipalidades como villas. La Municipalidad, se concibió, así, inicialmente más como una corporación local electa conforme al principio representativo para la atención de los intereses de la comunidad, que una división uniforme del territorio; por lo que con frecuencia tenían jurisdicción sobre otros pueblos y parroquias[104]. La uniformización territorial municipal fue posterior y paulatinamente arraigándose durante el Siglo XIX en todos los países iberoamericanos, pudiendo decirse que el municipio que en América también derivó, en cierta forma de la influencia de la revolución francesa además de la norteamericana, y luego, por supuesto la española de Cádiz. Se sustituyó así al Municipio colonial indiano, el cual, por lo demás era distinto del que en la época colonial funcionaba en España, pues como bien sabemos, la mayoría de las instituciones americanas antes de la Independencia, fueron concebido por España especialmente para América o se desarrollaron en el Continente americano en forma distinta a la de España. Ello ocurrió en cierta forma con los Cabildos, que en el mismo momento en que su poder y autonomía era pulverizada por Carlos V en campo de Villamar, al poner fin a la rebelión de los Comuneros de esta tierra castellana, florecieron en América a partir del inicio mismo del poblamiento en lo que se ha denominado una "adaptación regresiva de las instituciones coloniales"[105]. Los Cabildos americanos en la época colonial, como Cabildos provinciales, con la gran descentralización de que gozaron derivada de la distancia (Recordemos la extraordinaria máxima administrativa colonial: "Se acata pero no se cumple"), incluso tenían poder para designar a los gobernadores en forma interina. Ese privilegio lo reclamaron los cabildantes en Santa Ana de Coro, la primera ciudad fundada en la Provincia de Venezuela en 1528 a la muerte del Gobernador Ambrosio Alfinger en 1533, y fue ejercida sucesivamente por los Cabildos provinciales durante todo el período colonial, confirmada por Real Cédula 1560 y luego por otra Real Cédula de 1676[106]. No es de extrañar, entonces, porqué fueron los Cabildos coloniales los que hicieron la Independencia.

El municipio republicano americano, por otra parte, desarrolló características propias: como dijimos, en nuestros países se adoptó el uniformismo napoleónico en cuanto a la organización y funcionamiento de las corporaciones locales, pero los otros dos principios que derivaron de la revolución francesa y sus correcciones napoleónicas puede decirse que no se siguieron. Por una parte, en América no se

---

103 Allan R. Brewer–Carías, "La formación del Estado venezolano", en *Revista Paramillo*, Nº 14, Universidad Católica del Táchira, San Cristóbal 1996, pp. 290 y ss.

104 Véase el texto de la Constitución provincial de la Provincia de Caracas, en *Las Constituciones Provinciales*, Biblioteca de la Academia Nacional de la Historia, Caracas, 1959, pp. 77 y ss.

105 Laureano Vallenilla Lanz, *Disgregación e Integración, Ensayo sobre la formación de la nacionalidad venezolana,* Segunda edición, Caracas 1953, *cit.* por Joaquín Gabaldón Márquez, *El Municipio, raíz de la República,* Caracas 1977, p. 66. La obra de Laureano Vallenilla Lanz puede consultarse en Laureano Vallenilla Lanz, *Obras Completas*, Tomo II, (Recopilación de Federico Brito Figueroa y Nikita Harwich Vallenilla), Centro de Investigaciones Históricas, Universidad Santa María, Caracas, 1984

106 El privilegio sólo lo perdieron los Cabildos a partir de 1737. Véase Joaquín Gabaldón Márquez, *El Municipio, raíz de la República*, Caracas, 1977, pp. 73–110; 125–169.

arraigó la institución del control de tutela derivada de la centralización napoleónica, y en cambio si germinaron los conceptos del "poder municipal" y de la "autonomía municipal", al punto de haber adquirido por ejemplo, rango constitucional a partir de 1857, por ejemplo, en la Constitución de Venezuela de ese año al disponer en su artículo 6° que "El Poder público se divide para su administración en Legislativo, Ejecutivo, Judicial y Municipal", dedicando entonces un Título a regular dicho "Poder Municipal"[107], cuyo contenido relativo a los asuntos propios de la vida local no era distinto al del Decreto de la Asamblea Constituyente en Francia, de diciembre de 1789.

El otro principio, el de la creación de un municipio por cada colectividad local, es decir, por cada caserío, por cada pueblo, por cada villa o ciudad, tampoco se siguió en América, y de los viejos Municipios provinciales coloniales con territorios amplísimos, se pasó a los alejados municipios republicanos, establecidos en ámbitos territoriales cada vez más y más alejados de los ciudadanos y de sus comunidades, con muy pocas excepciones.[108].

En todo caso, todos estos aportes del constitucionalismo francés fueron fundamentales para el desarrollo del derecho constitucional posterior del mundo moderno, por supuesto, con vicisitudes en el propio país que los originó, pues después de la Revolución, y del caos institucional y del régimen del Terror que surgió de la misma, vino la dictadura napoleónica y el Imperio (1799–1813), la formal supresión de la República (1808), y la restauración de la Monarquía a partir de 1815, por lo que Francia continuó siendo un país con régimen monárquico durante buena parte del siglo XIX.

Sin embargo, los aportes al constitucionalismo moderno de la Revolución fueron, a tiempo, recogidos por otros países y sin la menor duda, por los países de América Latina. En estos, en particular, los principios de constitucionalismo tanto de la Revolución americana como de la Revolución francesa, encontraron de inmediato campo de cultivo, habiéndose desarrollado conforme a moldes propios, lo que significó un avance sustancial del derecho constitucional republicano durante el siglo pasado e inicios del presente siglo, cuando todavía la mayoría de los países europeos estaban regidos por monarquías.

La realidad de este proceso, en todo caso, fue que algunas antiguas colonias españolas en América Latina, como es el caso de Venezuela, no recibieron influencia alguna inicial, para la Constitución de sus Estados independientes en 1811, del régimen político–constitucional español, que en ese momento era el propio del Antiguo Régimen, por lo demás, en crisis general por la invasión napoleónica. España, durante el siglo pasado, siguió siendo además una Monarquía, en la cual ni siquiera una Declaración de Derechos se dictó, por lo que sólo ha sido con la Constitución de 1978 que España entra, definitivamente, en los moldes del

107 Véase en Allan R. Brewer–Carías, *Las Constituciones de Venezuela*, Biblioteca de la Academia de Ciencias Políticas y Sociales, Caracas, 1997, p. 475

108 Véase las referencias en Allan R. Brewer–Carías, *Reflexiones sobre el constitucionalismo en América*, Editorial Jurídica Venezolana, Caracas 2001, pp. 139 y ss.

constitucionalismo moderno (declaración de derechos, control de la constitucionalidad de las leyes, Constitución como norma) .

En consecuencia fueron las transformaciones constitucionales de la Revolución americana y de la Revolución francesa las que tuvieron mayor influencia directa en la construcción inicial del sistema constitucional venezolano, de manera que para entender adecuadamente nuestras propias instituciones, tenemos que tener en cuenta los aportes recibidos de las mismas.

III. LOS PRINCIPIOS DEL CONSTITUCIONALISMO MODERNO Y LA CONSTITUCIÓN DE CÁDIZ

Treinta y cinco (35) años después de que tuvo lugar la Revolución Americana de 1776 y veintidós (22) años después de que se produjera la Revolución Francesa de 1789, en España y en sus colonias americanas se comenzaron a producir los sucesos que, en conjunto, conformaron lo que se puede denominar la "Revolución Hispano Americana"[109], que se inició, constitucionalmente hablando, en paralelo, con la sanción de la "Constitución Federal para los Estados de Venezuela" de 21 de diciembre de 1811, y tres meses después con la sanción de la "Constitución de la Monarquía Española" de Cádiz, de 19 de marzo de 1812.

Las dos primeras Revoluciones transformaron radicalmente el orden político constitucional que existía s finales del siglo XVIII, que era el del Antiguo Régimen, habiendo sido sus principios constitucionales los que sirvieron de fuente de inspiración para la tercera. De los mismos se nutrieron, entre 1808 y 1812, tanto los precursores y próceres de la Independencia de Venezuela en la tarea de elaborar las bases para la creación de un nuevo Estado independiente, que era el segundo en su género en la historia política del mundo moderno después de los Estados Unidos de Norte América; como los miembros del Consejo de Regencia que derivó de la guerra de independencia contra Francia que convocarían las Cortes de Cádiz para transformar una Monarquía absoluta en una Monarquía constitucional, lo que antes sólo había ocurrido en Francia como consecuencia de la Revolución Francesa.

La Constitución de Cádiz, sin duda, puede decirse que tuvo influencia en la gran mayoría de las antiguas Colonias españolas que lograron su independencia después de 1820[110]. Incluso, en algunos casos, la propia Constitución de Cádiz que ya en 1824 había cesado en su vigencia en España, llegó a ser aplicada provisionalmente en las nacientes Repúblicas, como por ejemplo ocurrió en México donde los Alcaldes juraron en 1824 "guardar la Constitución española, mientras se concluye la

109 Véase Allan R. Brewer-Carías, *Reflexiones sobre la Revolución Americana (1776), la Revolución Francesa (1789) y la Revolución Hispanoamericana (1811-1830) y sus aportes al constitucionalismo moderno*, Universidad Externado de Colombia, Bogotá 2008.

110 Véase por ejemplo, Jorge Mario García Laguardia, Carlos Meléndez Chaverri, Marina Volio, *La Constitución de Cádiz y su influencia en América (175 años 1812-1987),* San José, 1987; Manuel Ferrer Muñoz, *La Constitución de Cádiz y su aplicación en la Nueva España,* UNAM México, 1993; Ernesto de la Torre Villas y Jorge Mario García Laguardia, *Desarrollo histórico del constitucionalismo hispanoamericano,* UNAM, México 1976.

de la Nación mexicana".[111] Sin embargo, esa influencia no se produjo en los iniciales movimientos de independencia, y en particular, en los que tuvieron lugar en las antiguas Provincias de Venezuela[112], contra las cuales, desde el 1 de agosto de 1810, el Consejo de Regencia de España e Indias había decretado el total bloqueo de sus costas y territorio, a lo que siguió un estado de guerra y beligerancia que no cesó durante el período de funcionamiento de las Cortes y que éstas no se atrevieron a anular[113]. En aquellas colonias, en realidad, dicha Constitución de Cádiz, en lugar de ser un modelo a seguir era el símbolo de la Monarquía contra la cual se luchaba.

Pero dejando aparte esta particular situación histórica constitucional de las antiguas Provincias de Venezuela, la Constitución de Cádiz fue un texto fundamental para el desarrollo de los principios del constitucionalismo moderno, habiendo servido, a pesar de su corta vigencia inicial (1812-1814), de modelo a muchos movimientos constitucionales en Europa y América.

En efecto, fue en dicho texto constitucional donde por primera vez en Europa se recogieron los principios del constitucionalismo moderno que habían legado las Revoluciones norteamericana y francesa, lo que implicó que con motivo de su nueva puesta en vigencia entre 1820 y 1824 a raíz del golpe de Estado que obligó al Rey a jurarla, la Constitución de Cádiz adquiriera una importante connotación, particularmente, porque en ese momento, en el mundo latino no había otro modelo constitucional que pudiera servir de fuente de inspiración para las ideas democrático liberales. No debe olvidarse, en efecto, que en 1812 y luego, en 1820, las Constituciones francesas iniciales (1791, 1793) ya habían caído en un olvido histórico con el consiguiente desdibujamiento de su contenido, entre otros factores, por el régimen revolucionario del Terror y de su producto inmediato, el Directorio, que se había constituido de acuerdo a la Constitución de 1795 (Año III); por el golpe de Estado que ya Bonaparte había dado en 1799 que, entre otros aspectos, condujo a la eliminación de la misma Declaración de los Derechos del Hombre y el Ciudadano desde 1789 (Constitución del Año VIII), símbolo fundamental de la Revolución, del contenido de la Constitución de 1799; por la creación del Consulado vitalicio, a cargo de Napoleón, con la Constitución de 1802 (Año X); por la formación del Imperio y la consagración de Napoleón Bonaparte como Emperador vitalicio con la Constitución de 1804 (Año XII); por la posterior eliminación de la República (1808); y finalmente, por la restauración de la Monarquía a partir de 1814, con la coronación de Luís XVIII, luego de la derrota de Napoleón por los aliados europeos, que veían en la Revolución francesa la fuente de todos los males políticos del momento.

---

111 Véase Diario de sesiones del Congreso (México), 2 de mayo de 1824, p. 586. Citado por Demetrio Ramos, "Las Cortes de Cádiz y América" en *Revista de Estudios Políticos*, N° 126, Instituto de Estudios Políticos, Madrid 1962, nota 422, p. 631.

112 Véase Allan R. Brewer-Carías, "El paralelismo entre el constitucionalismo venezolano y el constitucionalismo de Cádiz (o de cómo el de Cádiz no influyó en el venezolano" en *Libro Homenaje a Tomás Polanco Alcántara*, Estudios de Derecho Público, Universidad Central de Venezuela, Caracas 2005, pp. 101-189.

113 Véase Demetrio Ramos, "Las Cortes de Cádiz y América", *loc. cit.*, p. 467.

Ante el vacío conceptual revolucionario que había resultado de todos esos factores, puede decirse que fue la Constitución de Cádiz de 1812 la que sustituyó a las francesas como fuente de inspiración para los movimientos liberales, al haber incorporado en su texto, desde 1812, los principios del constitucionalismo que se había iniciado tanto en Norteamérica como en Francia.

Esos principios del constitucionalismo moderno, como se ha analizado, son los que giran en torno a la idea de Constitución, de la soberanía nacional y del gobierno representativo, de la declaración de derechos del hombre y del ciudadano, de la separación de poderes y de las formas de gobierno, del rol del Poder Judicial y de la nueva organización territorial del Estado, y que han sido los que han condicionado toda la historia constitucional del mundo a partir del siglo XIX. Los mismos se comenzaron a arraigar en España precisamente a raíz de la convocatoria de las Cortes de Cádiz y desde su instalación el 24 de septiembre de 1810, y fueron los que posteriormente se recogieron en el texto de la Constitución de la Monarquía Española de 19 de marzo de 1812[114].

Como se ha dicho, la Constitución sólo tuvo un corto período inicial de vigencia de dos años hasta su anulación en 4 de mayo de 1814[115], período en el cual, además, tuvo una dificultosa o casi nula aplicación, al menos en las Colonias Americanas. Sin embargo, su texto fue el vehículo para que todos esos principios, adoptados en la misma, influyeran en el constitucionalismo de muchos países hispanoamericanos y europeos, contribuyendo a la quiebra del antiguo Régimen en Europa.[116]

El *primero* de esos principios fue la noción misma de Constitución como carta política escrita, emanación de la soberanía popular, de carácter rígida y permanente, contentiva de normas de rango superior, inmutables en ciertos aspectos, y que no sólo organiza al Estado sino también una parte dogmática donde se declaran los valores fundamentales de la sociedad y los derechos y garantías de los ciudadanos.

Hasta el momento de producirse las Revoluciones norteamericana y francesa, esa idea de Constitución no existía, y las Constituciones, a lo sumo, era cartas otorgadas por los Monarcas a sus súbditos. Por tanto, la práctica de Constituciones escritas

---

114 El texto de la Constitución de 1812 y de los diversos Decretos de las Cortes de Cádiz los hemos consultado en *Constituciones Españolas y Extranjeras,* Tomo I, Ediciones de Jorge de Esteban, Taurus, Madrid 1977, pp. 73 y ss.; *Constitución Política de la Monarquía Española promulgada en Cádiz de 19 de marzo de 1812,* Prólogo de Eduardo García de Enterría, Civitas, Madrid, 1999.

115 En pleno proceso de configuración política de Venezuela y en plena guerra de independencia, el 11 de diciembre de 1813, España firmó el Tratado con Francia en el que se reconoció a Fernando VII como Rey, y éste, cinco meses después, el 4 de mayo de 1814 adoptó su célebre manifiesto sobre abrogación del Régimen Constitucional mediante el cual se restableció la autoridad absoluta del Monarca, declarando "nulos y de ningún valor ni efecto, ahora, ni en tiempo alguno, como si no hubiesen pasado jamás…, y se quitasen de en medio del tiempo" la Constitución y los actos y leyes dictados durante el período de gobierno constitucional. Véase en *Constituciones Españolas y Extranjeras, op. cit.,* pp. 125 y ss.

116 Véase en general, M. Artola (ed), *Las Cortes de Cádiz,* Madrid 1991; Rafael Jiménez Asensio, *Introducción a una historia del constitucionalismo español,* Valencia 1993; J.F. Merino Merchán, *Regímenes históricos españoles,* Tecnos, Madrid 1988; Jorge Mario García Laguardia "Las Cortes de Cádiz y la Constitución de 1812. Un aporte americano" en Jorge Mario García Laguardia, Carlos Meléndez Chaverri, Marina Volio, *La Constitución de Cádiz y su influencia en América (175 años 1812-1987),* San José 1987, pp. 13 y ss.

producto de la voluntad popular fue iniciada en las Colonias inglesas de Norteamérica cuando se convirtieron en Estados independientes en 1776, dando nacimiento al concepto racional-normativo de Constitución como un documento escrito y sistemático que emana de la soberanía popular, referido a la organización política de la sociedad, estableciendo los poderes de los diferentes cuerpos estatales y generalmente precedidos por una lista de derechos inherentes al hombre.

Después de las Constituciones que adoptaron las antiguas colonias norteamericanas en 1776, la primera Constitución nacional del mundo moderno fue la de los Estados Unidos de América de 1787, la cual fue seguida por la de Francia de 1791. La tercera Constitución moderna nacional, fue la republicana de Venezuela de 1811; y la cuarta, precisamente, la de la Monarquía Española adoptada por las Cortes de Cádiz en 1812, incluso en ausencia del Monarca Fernando VII que estaba confinado en Francia.

La Constitución de Cádiz estuvo imbuida de este principio de la Constitución como Ley superior a la cual deben someterse los órganos del Estado, concebida como texto escrito y rígido para limitar del poder, producto de la soberanía nacional. Por este carácter de texto fundamental, la Constitución dispuso por ejemplo, en cuanto al plan general de enseñanza que el Estado debía concebir, que se debía establecer la obligación de que "la Constitución política de la Monarquía [se debía explicar] en todas las universidades y establecimientos literarios, donde se enseñen las ciencias eclesiásticas y políticas" (art. 368)

En esta forma, dado el carácter supremo de la Constitución de 1812, el constitucionalismo moderno se inició en España precisamente con ella, en Cádiz, y no con el Estatuto o Constitución de Bayona de 1808, la cual sólo había sido una Carta otorgada por Napoleón al ocupar los territorios de España, luego de haber supuestamente oído una Junta Nacional.

La Constitución de Cádiz, en cambio fue emanación de la soberanía nacional, expresada por los diputados de las Cortes que habían sido electos mediante sufragio a dos niveles. Como tal expresión de la voluntad popular, la Constitución, además, fue concebida en forma muy rígida tal como resultó de los procedimientos dispuestos para su reforma (arts. 376 a 384), así como por el principio general de su inmodificabilidad por un período de 8 años, durante los cuales, se dispuso, no podía proponerse "alteración, adición ni reforma en ninguno de sus artículos" (art. 375).

Este carácter de la Constitución como norma suprema y de obligatorio cumplimiento se plasmó, además, en el Título X de la misma que estableció el régimen de "la observancia de la Constitución", en el cual se incorporaron normas como el derecho general de todos los españoles de peticionar ante las Cortes o ante el Rey, en una especie de acción popular, "para reclamar la observancia de la Constitución"(art. 373); y además, la obligación general de todas toda persona que fuera a ejercer cargos públicos, civiles, militares o eclesiásticos, de prestar juramento, al tomar posesión de su destino, de guardar la Constitución" (art. 374). Igual obligación se previó para los individuos integrantes de los ayuntamientos y de las diputaciones Provinciales (art. 337).

El *segundo* de los principios del constitucionalismo moderno producto de los acontecimientos políticos de Norteamérica y Francia del siglo XVIII, fue la también nueva idea política del papel que a partir de esos momentos históricos se le confirió al pueblo en la constitucionalización del Estado, el cual se convirtió en soberano.

Con esas Revoluciones, la Constitución comenzó a ser producto de la voluntad popular, dejando de ser una mera carta otorgada de un Monarca, trasladándose la soberanía al pueblo. En los Estados Unidos de América, las Asambleas coloniales asumieron la soberanía, y fueron los representantes de los nuevos Estados los que adoptaron la Constitución de 1787, a partir de la cual la representación nacional se concentró en el Senado y la Cámara de representantes, integrados por senadores electos en representación de los Estados, dado en régimen federal adoptado, y por representantes también electos, en un sistema electoral de dos grados. En Francia, la soberanía se trasladó del Monarca al pueblo y a la Nación; y a través de la idea de la soberanía del pueblo, surgieron todas las bases de la democracia y el republicanismo. Por ello, todas las Constituciones revolucionarias francesas de 1791, 1793, 1795, 1799 y las reformas imperiales de 1802 y 1804 fueron sometidas a aprobación popular, hasta que con la Restauración de la Monarquía en 1814, la Constitución pasó a ser una Carta otorgada por el Monarca, en ese caso por Luis XVIII. Con la Revolución, además, una Asamblea Nacional unicameral asumió la representación popular, incluso como poder constituyente, por lo que en la Constitución que dictó, que fue la de 1791, también se dispuso que correspondía a la Asamblea Nacional, igualmente unicameral, ser el órgano de la representación popular.

En España, la Constitución de Cádiz de 1812, para asegurar la representación popular, siguió el esquema inicial francés y configuró a las Cortes conforme a la fórmula unicameral, lo cual ya se había dispuesto en el Reglamento de elecciones dictado por la Junta Central Gubernativa del Reino el 6 de octubre de 1809 para la elección misma de las Cortes, en las cuales la nobleza no encontró representación alguna. En esta forma puede decirse que la Constitución de Cádiz recogió plenamente el principio de la soberanía nacional, como poder supremo de una comunidad, que con la misma también pasó del Monarca quién antes la ejercía por la gracia de Dios, a la Nación española, con lo que se puso fin al principio de la soberanía absoluta del Monarca que había sido lo característico del Antiguo Régimen. Precisamente por ello, la Constitución de 1812 fue decretada por "las Cortes generales y extraordinarias de la Nación española", es decir, por el cuerpo representativo de la Nación, declarándose expresamente en ella que "la soberanía reside esencialmente en la Nación" (art. 3). De ello derivó, entonces, que el Rey tuviera un poder delegado, por la nación conforme a la Constitución, habiendo dejado de ser sólo Rey "por la gracia de Dios", comenzando además a serlo por "la Constitución" (art. 173).

Este principio de la soberanía nacional, en todo caso, como se dijo, ya había aparecido esbozado en el Decreto de las Cortes de Cádiz dictado el día de su constitución, el 24 de septiembre de 1810, al disponer la atribución del Poder Ejecutivo al Consejo de Regencia, para lo cual se llamó a sus miembros a prestar el siguiente juramento ante las Cortes:

> ¿Reconocéis la *soberanía de la nación representada* por los diputados de estas Cortes generales y extraordinarias? ¿Juráis obedecer sus decretos, leyes y

constitución que se establezca según los santos fines para que se han reunido, y mandar observarlos y hacerlos executar?[117]

Correspondiendo la soberanía a la Nación, la forma de ejercerla fue, por supuesto, mediante representantes electos, por lo que, los diputados electos popularmente a las Cortes fueron "representantes de toda la Nación, nombrados por los ciudadanos" (art. 27). Con ello se rompió la configuración estamental de la representación propia del Antiguo Régimen, conforme al cual se aseguraba la participación del clero, la nobleza y la burguesía, actuando cada estamento por separarlo, conforme a las instrucciones que recibían. El carácter unicameral de las Cortes eliminaron toda posibilidad de representación de los estamentos en alguna otra cámara. La Constitución, sin embargo, incorporó la figura del Consejo de Estado que había sido creada por la Constitución francesa de 1795, en el cual, en cierta forma, quedó asegurada alguna representación a la nobleza.

En todo caso, como consecuencia del principio de la representación, la Constitución de Cádiz incorporó por primera vez en la historia constitucional de España un completo sistema de elecciones libres para la elección de los diputados a las Cortes, con una regulación detallada del sistema electoral. Se estableció, para ello, un procedimiento electoral indirecto, en cuatro fases de elección de compromisarios de parroquias, de partido y de provincia; conforme al cual estos últimos elegían los diputados a Cortes. El sufragio fue limitado, reservado a los hombres y censitario respecto de los elegidos.

El *tercer* principio del constitucionalismo que derivó de las Revoluciones norteamericana y francesa fue el reconocimiento y declaración formal de la existencia de derechos naturales del hombre y de los ciudadanos, con rango constitucional que, por tanto, debían ser respetados por el Estado. La libertad se constituyó con esos derechos como un freno a los poderes del Estado, con lo que se ponía fin al Estado absoluto e irresponsable. En esta forma, a las Declaraciones de Derechos que precedieron a las Constituciones de las Colonias norteamericanas cuando se independizaron en 1776, les siguió la Declaración de Derechos del Hombre y del Ciudadano de Francia de 1789. En ese mismo año, la ausencia en la Constitución de los Estados Unidos de Norteamérica de 1787 de una declaración de derechos, se suplió con la sanción de diez Enmiendas, en las cuales se formuló el *Bill of Rights*.

En Francia, sin embrago, el texto de la Declaración de Derechos que había permanecido en los textos constitucionales de 1791, 1793 y 1795, desapareció de las Constituciones a partir de la Constitución de 1799, que se dictó después del golpe de Estado de Bonaparte que originó el Consulado provisorio.

La tercera de las declaraciones de derechos fundamentales en la historia del constitucionalismo moderno, fue la Declaración de Derechos del Pueblo adoptada el 1° de julio de 1811 por la sección de Caracas del Congreso General de Venezuela, texto que meses después se recogió ampliado, en el Capítulo VII de la Constitución de diciembre de 1811.

---

117 Rafael Flaquer Martequi, "El Ejecutivo en la revolución liberal", en M. Artola (ed), *Las Cortes de Cádiz, op. cit.*, p. 47.

En la Constitución de Cádiz, sin embargo, contrariamente a la fórmula de las Constituciones coloniales norteamericanas y de la Constituciones francesas, no se incorporó una declaración de derechos del hombre y el ciudadano se dispuso, sin embargo, como obligación general de la Nación, "conservar y proteger por leyes sabias y justas, la libertad civil, la propiedad y los demás derechos legítimos de todos los individuos que la componen" (art. 4).

En virtud de esta declaración general, y en ausencia de otra declaración enumerativa de derechos, la Constitución, a lo largo de su articulado específicamente reguló muchos derechos de las personas, entre ellos, el derecho de las personas a terminar sus diferencias mediante árbitros elegidos por ambas partes (art. 280); el derecho a ser juzgado por los jueces naturales, es decir, "por ninguna comisión, sino por el tribunal competente determinado con anterioridad por la ley' (art. 247); el derecho a la libertad personal de manera que solo podía decretarse la prisión por orden judicial luego de una información sumaria (art. 287), con la garantía del derecho a ser oído (art. 290) mediante declaración sin juramento (art. 291), salvo en caso de haber sido arrestado in fraganti (art. 292), así como a ser informado de los cargos (art. 300); el derecho a no ser sometido a tormento (art. 303); el derecho a no ser sancionado con pena de confiscación de bienes (art. 304); y el derecho a la inviolabilidad de la casa, la cual sólo podía ser allanada "en los casos que determine la ley para el buen orden y seguridad del Estado" (art. 306).

Además, la Constitución de 1812 estableció la libertad de todos los españoles "de escribir, imprimir y publicar sus ideas políticas sin necesidad de licencia, revisión o aprobación alguna anterior a la publicación, bajo las restricciones y responsabilidad que establezcan las leyes" (art. 371); en particular las derivadas de la declaración del artículo 12 en el sentido de que "la religión de la nación española es y será perpetuamente la Católica Apostólica Romana, y la nación la protege por leyes sabias y justas y prohíbe el ejercicio de cualquier otra").

Por último, deben destacarse las previsiones de la Constitución en materia de derechos sociales, al disponer que "en todos los pueblos de la Monarquía se establecerán escuelas de primeras letras, en las que se enseñará a los niños a leer, escribir y contar, y el catecismo de la religión católica, que comprenderá también una breve exposición de las obligaciones civiles"(art. 366); y se "arreglará y creará el número competente de universidades y de otros establecimientos de instrucción, que se juzguen convenientes para la enseñanza de todas las ciencias, literatura y bellas artes" (art. 367).

El *cuarto* principio del constitucionalismo moderno, dentro de la misma línea de limitación al poder del Estado para garantizar la libertad de los ciudadanos, y que derivó de las Revoluciones francesa y americana fue la idea fundamental de la separación de poderes, la cual se formuló inicialmente en las Constituciones provinciales norteamericanas, como la de *Virginia* en 1776, y marco todo el contenido de la Constitución de los Estados Unidos de 1787. El principio, por supuesto, se recogió aún con mayor fuerza en el sistema constitucional que resultó del proceso revolucionario francés, donde se le agregaron, como elementos adicionales, el principio de la supremacía del Legislador resultado de la consideración de la ley como expresión de voluntad general; y el de la prohibición a los jueces de interferir en cualquier forma en el ejercicio de las funciones legislativas y administrativas.

El principio de la separación de poderes comenzó a tener aplicación en España, en el Decreto dictado por las Cortes de Cádiz el día de su constitución, el 24 de septiembre de 1810, que partía del supuesto de que no convenía "queden reunidos el Poder Legislativo, el Ejecutivo y el Judiciario", declarando entonces que las propias Cortes, que venían de arrogarse la soberanía nacional, "se reservan el ejercicio del poder legislativo en toda su extensión". En cuanto al Poder Ejecutivo, el mismo, en ausencia del Rey, se delegó al Consejo de Regencia; y en cuanto al Poder Judicial, las Cortes declararon que confirmaban "por ahora a todos los tribunales y justicias establecidas en el reino, para que continúen administrando justicia según las leyes".

La secuela de ello fue que en la Constitución de Cádiz de 1812, también se adoptó el principio de separación de poderes, siguiendo más el esquema francés inicial, de la Monarquía constitucional, al atribuirle el Poder Ejecutivo al Monarca. La Constitución de Cádiz, en efecto, fue una Constitución de la Monarquía, para lo cual declaró que "el Gobierno de la Nación española es una Monarquía moderada hereditaria" (art. 14), posibilitando entonces la configuración del Estado conforme al principio de la separación de poderes y su limitación.

Conforme al mismo, las potestades estatales se distribuyeron así: la potestad de hacer las leyes se atribuyó a las Cortes con el Rey (art. 15); la potestad de hacer ejecutar las leyes, al Rey (art. 16); y la potestad de aplicar las leyes en las causas civiles y criminales, a los tribunales (art. 17). Esto último se ratificó en el artículo 242, al disponer que "La potestad de aplicar las leyes en las causas civiles y criminales pertenece exclusivamente a los tribunales"

En cuanto a las Cortes, estas se configuraron como un parlamento unicameral, con independencia respecto de los otros poderes del Estado, cuyos diputados eran inviolables por sus opiniones (art. 128), sin que el Rey las pudiera disolver. Las Cortes, además, eran autónomas en cuanto a dictar sus propias normas y reglamentos internos (art. 127).

El *quinto* principio del constitucionalismo que derivó de las Revoluciones americana y francesa se refirió al Poder Judicial y a la idea misma de la función de impartir justicia, la cual a partir de esos acontecimientos dejaría de ser administrada e impartida por el Monarca y comenzaría a ser impartida, en nombre de la Nación, por funcionarios con alguna independencia. Además, con motivo de los aportes de la Revolución americana, los jueces asumieron la función fundamental en el constitucionalismo moderno de controlar la constitucionalidad de las leyes.

En particular, en cuanto al Poder Judicial, conforme al principio de la separación de poderes, la Constitución de Cádiz estableció específicamente su autonomía al garantizarse a los magistrados y jueces que "no podrán ser depuestos de sus destinos, sean temporales o perpetuos, sino por causa legalmente probada y sentenciada; ni suspendidos, sino por acusación legalmente intentada" (art. 252). Por otra parte, la Constitución dispuso que "ni las Cortes ni el Rey podrán ejercer en ningún caso las funciones judiciales, avocar causas pendientes, ni mandar abrir los juicios fenecidos" (art. 243); y los tribunales "no podrán ejercer otras funciones que las de juzgar y hacer que se ejecute lo juzgado (art. 245). Ello conllevaba la prohibición a los tribunales de "suspender la ejecución de las leyes, ni hacer reglamento alguno para la administración de justicia" (art. 246).

Por otra parte, en relación con las funciones del Tribunal Supremo de Justicia (art. 259) para garantizar la Constitución, solo se le atribuyó competencia en el artículo 261, para "oír las dudas de los demás tribunales sobre la inteligencia de alguna ley, y consultar sobre ellas al Rey con los fundamentos que hubiere, para que promueva la conveniente declaración en las Cortes".

El *sexto* principio del constitucionalismo que derivó de los acontecimientos revolucionarios de Norteamérica y Francia se refirió a la configuración de una nueva organización territorial del Estado, antes desconocida, basada en principios de descentralización del poder. Frente a las Monarquías absolutas organizadas conforme al principio del centralismo político y a la falta de uniformismo político y administrativo, esas Revoluciones dieron origen a nuevas formas de organización territorial del Estado que originaron, por una parte, el federalismo, particularmente derivado de la Revolución americana con sus bases esenciales de gobierno local, y por la otra, el municipalismo, originado particularmente como consecuencia de la Revolución francesa.

En España, en cuanto a la división provincial, la Constitución de Cádiz la enunció y posteriormente, en particular a partir de 1833, la misma siguió en parte la influencia de la división territorial departamental de la post Revolución francesa; y en cuanto al régimen municipal, desde 1812 se adoptaron los principios del municipalismo que derivaron de la Revolución francesa.

En efecto, en materia de organización territorial del poder, la Constitución de Cádiz reguló en cierta forma un Estado Unitario descentralizado[118], conforme a la cual la Constitución reguló el gobierno de las provincias y pueblos mediante la creación de Diputaciones Provinciales y Ayuntamientos. Cuando el artículo 16 enumeró los ámbitos territoriales que comprendían el territorio español, tanto en la Península como en América septentrional y meridional, estaba enumerando las "provincias" las cuales, en cuanto a su gobierno interior, se regularon en los artículos 324 y siguientes de la Constitución. Allí se estableció que el gobierno político de las Provincias residía en un jefe superior nombrado por el Rey (art. 324); y que en cada una de ellas habría una Diputación llamada provincial para promover su prosperidad, presidida por el jefe superior (art. 325) e integrada por siete individuos elegidos (art. 326) por los mismos electores de partido que debían nombrar los diputados de Cortes (art. 328).

El esquema territorial provincial de Cádiz, en todo caso, fue efímero y sólo fue por Decreto de 22 de enero de 1822 cuando se intentó dar a la Provincia una concreción territorial definida, estableciéndose lo que puede considerarse como la primera división regular del territorio español, en cierto número de provincias. Fue luego, por Real Decreto de 30 de noviembre de 1833, cuando se estableció en forma definitiva a la Provincia como circunscripción administrativa del Estado unitario español[119].

---

118 Véase Alfredo Gallego Anabitarte, "España 1812, Cádiz. Estado Unitario, en perspectiva histórica" en M. Artola (ed), *Las Cortes de Cádiz, op. cit.* p. 140 y ss.

119 Véase Antonio María Calero Amor, *La División Provincial de 1833. Bases y Antecedentes,* IEAL, Madrid 1987; Luis Morell Ocaño, "Raíces históricas de la concepción constitucional de las Provincias", *Revista Española de Derecho Administrativo,* N° 42, Civitas, Madrid 1984, pp. 349 a 365.

En cuanto al régimen local, la Constitución dispuso la existencia de ayuntamientos en los pueblos, para su gobierno interior, compuestos por alcaldes, regidores y el procurador síndico (art. 309); todos electos (art. 312, 313, 314). A tal efecto, el artículo 310 dispuso que "se pondrá ayuntamiento en los pueblos que no le tengan, y en que convenga le haya, no pudiendo dejar de haberle en los que por sí o con su comarca lleguen a mil almas, y también se les señalará término correspondiente". Se siguió en este aspecto la municipalización del territorio que había caracterizado al proceso francés después de la Revolución.

Estos principios del constitucionalismo moderno adoptados por el proceso constituyente de Cádiz, como se ha dicho, iniciaron en España el tránsito hacia el constitucionalismo e influyeron en el diseño constitucional de buena parte de los países latinoamericanos que declararon su independencia con posterioridad al funcionamiento de las Cortes de Cádiz.

Ello no ocurrió, sin embargo, en aquellos países como Venezuela, que declararon su independencia antes de la instalación de las Cortes de Cádiz, y con ello su incorporación a las corrientes del constitucionalismo moderno bajo la influencia directa de los mismos principios que surgieron de la Revolución francesa y de la Revolución de Independencia de Norteamérica, a finales del siglo XVIII.

IV. LA REVOLUCIÓN DE CARACAS DE 1810 Y LOS INICIOS DEL CONSTITUCIONALISMO VENEZOLANO

La historia política de Venezuela[120] como nación independiente[121], así como, en general, la historia política de toda América Latina independiente[122], puede decirse

---

120 Sobre la historia política venezolana, véase: Rafael Arráiz Lucca, *Venezuela: 1830 a nuestros días. Breve historia Política*, Editorial Alfa, Caracas 2007; Antonio Arellano Moreno, *Mirador de la Historia Política de Venezuela,* Caracas, 1967; Jesús A. Cova, *Resumen de la Historia de Venezuela*, Caracas, 1982; Ramón Escobar Salóm, *Evolución Política de Venezuela,* Caracas, 1972; Juan Bautista Fuenmayor, *Historia de la Venezuela Política Contemporánea*, 1899–1969, 10 tomos, Caracas, 1975; Manuel Vicente Magallanes, *Historia Política de Venezuela*, Universidad Central de Venezuela, Caracas 1997 (Madrid, 1972); José Siso Martínez, *Historia de Venezuela*, México, 1962; Guillermo Morón, *Historia de Venezuela*, 5 vols., Caracas, 1971; Level de Goda, *Historia Contemporánea de Venezuela. Política y Militar*, Imprenta Nacional, Caracas 1954; Ramón J. Velásquez, "Evolución Política en el último medio siglo", en *Venezuela Moderna, Medio Siglo de Historia*, 1926–1976, Fundación Eugenio Mendoza, Caracas, 1979, pp. 11–433; José L. Salcedo Bastardo, *Historia Fundamental de Venezuela*, Caracas, 1970; *Pensamiento Político Venezolano del Siglo XIX* (Colección dirigida por Ramón J. Velásquez), 12 tomos, Presidencia de la República, Caracas, 1961; *Ciento cincuenta años de Vida Republicana*, Presidencia de la República, Caracas, 1964; *El Pensamiento político venezolano del siglo XX, Documentos para su estudio* (Colección dirigida por Ramón J. Velásquez), Congreso de la República, 15 tomos, Caracas, 1983.

121 En América Latina el caso de Venezuela es resaltante y contradictorio: fue el primer país latinoamericano en proclamar su independencia política en 1810 y sus líderes políticos y militares lo fueron también de gran parte de la América Latina, correspondiendo a Simón Bolívar, por ejemplo, el título de Libertador no sólo de su tierra natal, Venezuela, sino de Colombia, Ecuador, Perú y Bolivia, y, sin embargo, ha sido uno de los países latinoamericanos más dependientes económicamente por ser un país monoproductor y monoexportador de petróleo; fue el primer país de América Latina en proclamar la democracia como base de su régimen político en 1811 pero fue el país que menos disfrutó de la democracia en toda su historia política hasta 1958; fue el primer país de América Latina en tener Constitución Política en 1811, pero ha sido el país de América Latina que más Constituciones ha tenido, formalmente hablando, en toda su historia política, habiendo sido la de 1961, la que más años de vigencia ha tenido.

que comenzó el 19 de abril de 1810, cuando el Cabildo o Ayuntamiento de Caracas, al transformarse en una "Suprema Junta Conservadora de los Derechos de Fernando VII en las Provincias de Venezuela", desconociendo la autoridad de la Regencia española y reconociendo la autoridad del Rey, asume automáticamente el gobierno de la Provincia[123]. Lo que aparentemente constituyó en sus inicios una reacción local, de una de las Provincias de España, en América, contra las acciones napoleónicas en la metrópoli española, pronto constituiría realmente la primera manifestación de independencia frente a España, en las Provincias Americanas, lo cual días después (27 de Abril) se comunicaría a todos los Ayuntamientos de América, invitándolos "a la grande obra de la confederación americana–española"[124].

En este proceso emancipador sin duda, la situación política de la Monarquía española a comienzos del siglo XIX, y la propia lucha de Independencia que se desarrolló en la Península, fueron determinantes.

1. *Antecedentes del proceso constituyente del Estado venezolano*

Como se ha dicho, a diferencia de lo ocurrido en la mayoría de los países latinoamericanos en los cuales, de una manera u otra, después de 1820 la Constitución de Cádiz contribuyó a la formación del constitucionalismo; puede decirse que en Venezuela dicho texto no tuvo influencia alguna y su conocimiento, incluso, fue escasísimo. La razón fue que el constitucionalismo venezolano, montado también sobre la base de los antes indicados principios que derivaron de las Revoluciones americana y francesa, se comenzó a formular antes de la instalación de las Cortes de Cádiz y aún antes de que entrara en vigencia la Constitución de Cádiz.

En efecto, seis meses después de que se hubiera dictado el reglamento para la elección delos constituyentes de las Cortes de Cádiz (6–10–1809) pero cinco meses antes de la instalación de las mismas el 24 de septiembre de 1810, en Caracas, el 19 de abril de 1810, el Ayuntamiento de la capital de la Provincia de Venezuela había dado un golpe de Estado, iniciándose un proceso constituyente que concluyó con la sanción de la Constitución Federal para los Estados de Venezuela del 21 de diciembre de 1811, dictada también, tres meses antes de la sanción de la Constitución de Cádiz el 18 de marzo de 1812.

---

122 Debe señalarse que unos meses antes, el 10 de agosto de 1809, se produjo una insurrección en Quito, en virtud de la cual un grupo de criollos comandados por Juan Pío Montúfar, Marqués de Selva Alegre, depusieron a las autoridades coloniales y establecieron una Junta Suprema jurando lealtad a Fernando VII, en lo que se ha considerado como el primer grito de independencia de las colonias españolas de América. El movimiento, sin embargo, no llegó a cristalizar y a los tres meses las tropas del Virrey del Perú ya habían ocupado la capital y restablecido el gobierno español. Véanse los documentos de Montúfar y de Rodríguez de Quiroga, Ministro de Gracia y Justicia de la Junta de Quito en José Luis Romero y Luis Alberto Romero (Coordinadores), *Pensamiento Político de la Emancipación*, Biblioteca Ayacucho, Tomo I, Caracas 1985, pp. 47–50.

123 Véase el Acta del Ayuntamiento de Caracas del 19 de abril de 1810 en *El 19 de Abril de 1810,* Instituto Panamericano de Geografía e Historia, Caracas, 1957, pp. 11 y ss.

124 Véase la relación detallada de los acontecimientos y los escritos de Rafael Seijas, Arístides Rojas, L. Vallenilla Lanz, Cristóbal L. Mendoza y otros, en *El 19 de abril de 1810*, *cit.*, pp. 63 y ss.

Por ello, puede decirse que el constitucionalismo moderno se inició en América Latina, en unas de las Provincias más relegadas del Imperio Español, aquellas que sólo, en 1777, habían sido agrupadas en la Capitanía General de Venezuela. Hasta ese entonces habían sido Provincias aisladas sometidas, algunas, a la Audiencia de Santa Fe, en el Nuevo Reyno de Granada, y otras, a la Audiencia de Santo Domingo, en lo que había sido la Isla *La Hispagniola.* La revolución contra la monarquía española, en América, por tanto, puede decirse que no se inició en las capitales virreinales ni en las Provincias ilustradas del Nuevo Mundo, sino en Caracas, la capital de una de las más pobres del Continente Americano, la Provincia de Venezuela.

En todo caso, este proceso constituyente que se desarrolló en Venezuela, en paralelo con España, tuvo en buena parte los mismos antecedentes.

A. *Los cambios políticos de comienzos del Siglo XIX: la invasión napoleónica de España y la crisis de la Monarquía*

A comienzos del Siglo XIX, en Francia, la Revolución ya había concluido después del Terror, y había sido eclipsada y secuestrada por un régimen autoritario que en 1802 había hecho de Napoleón Cónsul vitalicio, en 1804 lo había proclamado Emperador, por supuesto, también vitalicio conforme al principio hereditario, y que en 1808 había suprimido la República. Toda Europa estaba amenazada y buena parte de ella había sido ocupada o sometida por el Emperador, quien conducía un Estado en guerra.

España, fronteriza, no escapó a las garras de Napoleón y al juego de su diplomacia continental[125]. En esta forma, como consecuencia del Tratado de *Fontainebleau* del 27 de octubre de 1807, suscrito entre representantes de la Corona española y del Imperio napoleónico, ambos Estados se habían acordado el reparto de Portugal, cuyos príncipes habían huido a América, previéndose incluso el otorgamiento a título hereditario del territorio del Algarve a Manuel Godoy, Ministro favorito de Carlos IV. En una cláusula secreta del Tratado se disponía la invasión de Portugal por las tropas napoleónicas a través de España.

Pero la verdad es que las tropas napoleónicas ya se encontraban en España y habían atravesado la frontera portuguesa diez días antes de la firma del Tratado, lo que implicó que para marzo de 1808, más de 100.000 hombres de los ejércitos napoleónicos se encontraban en España. El Rey Carlos IV ya habría conocido de la conjura de su hijo para arrebatarle el Trono y apresar a Godoy, y supuestamente lo habría perdonado. Por otra parte, desde febrero de 1808 ya había un regente en Portugal (*Junot),* que actuaba en nombre del Embajador, con lo que el Tratado de *Fontainebleau* y el reparto de Portugal había quedado invalidado. Napoleón, primero, apostó a que la familia real española hubiera podido seguir el ejemplo de la de Portugal y huyera a Cádiz y de allí a América; luego cambió de parecer, e impuso

125 Véase Carlos Rojas, *La vida y la época de Carlos IV,* Madrid 1997; José Luis Comellas, *Historia de España Contemporánea,* Madrid 1999; Javier Paredes (coord.), *Historia contemporánea de España,* Barcelona 1998; Joseph Fontana, *La crisis del antiguo Régimen 1808–1833,* Barcelona 1992; y *Documentos de Historia Contemporánea de España,* Madrid 1996.

como condición para el reparto del centro del Reino portugués a España, la entrega a Francia de todo el territorio de España al norte del Ebro, incluyendo los Pirineos.

La presencia de las tropas francesas en España y la concentración de las españolas en Aranjuez, originaron toda suerte de rumores, incluso, la posible huída del Monarca hacia Andalucía y América, lo que estaba descartado. Sin embargo, tales rumores tuvieron que ser aclarados por el Monarca manifestando en proclama a los españoles, que la concentración de tropas en Aranjuez no tenía que defender a su persona ni acompañarle a un viaje "que la malicia os ha hecho suponer como preciso".

La concentración de tropas en Aranjuez, sin embargo, lo cierto es que era parte de una conspiración en marcha contra el gobierno de Godoy, que tenía como protagonistas, entre otros, al mismo Príncipe de Asturias, Fernando (futuro Fernando VII), quien buscaba también la abdicación de su padre Carlos IV, con la complacencia de los agentes franceses y la ayuda del odio popular que se había generado contra Godoy por la ocupación francesa del reino.

En la noche del 18 de marzo de 1808 estalló el motín de Aranjuez[126], revuelta popular que condujo a la aprehensión de Godoy y el destrozo de sus dependencias por la turba y en fin, a la abdicación de Carlos IV en su hijo Fernando tal y como fue anunciada el 19 de marzo de 1808, como parte de las intrigas de este.

En la misma noche, Carlos IV ya hablaba con sus criados de que no había abdicado, y a los dos días, el 21 de marzo de 1808 se arrepintió de su abdicación, aclarando en un manifiesto lo siguiente:

> "Protesto y declaro que todo lo manifestado en mi decreto del 19 de marzo abdicando la Corona en mi hijo, fue forzado, por precaverse mayores males, y la efusión de sangre de mis queridos vasallos, y por tanto, de ningún valor".

También escribió a Napoleón, aclarándole la situación, diciéndole:

> "Yo no cedí a favor de mi hijo. Lo hice por la fuerza de las circunstancias, cuando el estruendo de las armas y los clamores de la guarnición sublevada me hacían reconocer la necesidad de escoger la vida o la muerte, pues esta última habría sido seguida por la de la reina"

A pesar de estas manifestaciones, no solo jamás recuperaría la Corona, sino que los tres días Fernando VII entraría triunfante en Madrid, iniciando un corto reinado de días, en el cual, mediante uno de sus primeros decretos ordenaba la requisa de los bienes de Godoy contra los cuales se volcó la saña popular en todo el territorio del Reino.

Pero a las pocas horas de la entrada del nuevo Rey, en Madrid también había llegado a la ciudad, 23 de marzo de 1808, el general Joaquín *Murat*, designado Lugarteniente de Napoleón en España, quien ordenó salvar a Godoy de un seguro

---

126. Véase un recuento de los sucesos de marzo en Madrid y Aranjuez y todos los documentos concernientes a la abdicación de Carlos IV en J.F. Blanco y R. Azpúrua, *Documentos para la historia de la vida pública del Libertador*, Ediciones de la Presidencia de la República, Caracas, 1983, Tomo II, pp. 91 a 153.

linchamiento al que se lo pretendía dejar someter. *Murat*, además, materialmente desconoció la presencia misma del nuevo Rey en la ciudad que ya estaba ocupada por los franceses.

Por orden de *Murat*, el anterior monarca Carlos IV y su familia, fueron trasladados a El Escorial el 9 de abril de 1808 para luego ir a Bayona el 30 de abril de 1808 donde los esperaba Napoleón. A Bayona ya había llegado Fernando VII el 20 de abril y el mismo Godoy lo hizo el 26 de abril de 1808. Todos habían recurrido al Emperador en busca de apoyo y reconocimiento, con lo cual éste había quedado convertido en el árbitro de la crisis política de la Monarquía española.

Estando el reino, en sus manos decidió apropiárselo: primero el 5 de mayo de 1808 obtuvo una nueva abdicación de Carlos IV, esta vez, en el mismo Napoleón; segundo, al día siguiente, el 6 de mayo de 1808, hizo que Fernando VII abdicara de la Corona en su padre Carlos IV, sin informarle lo que ya este había hecho; y tercero, unos días después, el 10 de mayo de 1808, el mismo Fernando VII renunció sus derechos a la Corona española en el mismo Napoleón.

El hermano del Emperador, José Bonaparte, fue instalado en Madrid como Rey de España, guardándose las formas políticas mediante el otorgamiento de un Estatuto constitucional, conocido como la Constitución de Bayona de 1808.

En todo caso, el vacío de poder que se había originado en Madrid, por el fáctico secuestro de los Monarcas españoles en territorio francés, había provocado una rebelión popular que estalló en Madrid el 2 de mayo de 1808, que originaron sangrientos hechos por la represión desatada por la guarnición francesa.

El Emperador había jurado vengar a los muertos franceses, y sin duda, el apoderamiento del reino de España era parte de esa venganza; pero los muertos españoles por los trágicos fusilamientos del 3 de mayo, fue el pueblo español el que los vengó, al propagarse la rebelión por toda España, con el común denominador de la reacción contra las tropas francesas.

Como secuela del vacío de poder y de la rebelión generalizada, en España se multiplicó la formación de Juntas Provinciales y locales que asumieron el poder popular, integrados por los notables de cada lugar, y se inició la guerra de independencia. Para septiembre de 1808, la necesidad de conformar una unidad de dirección a la guerra y a la política era imperiosa, lo que condujo a la formación de una Junta Central integrada por personalidades ilustradas, algunas de las cuales, incluso, habían formado parte del gobierno de Carlos IV.

La opción entre constituir una Regencia o una Junta Central que se ocupara de la conducción de los asuntos del Reino en ausencia de Fernando VII, terminó imponiendo la necesidad de la convocatoria a las Cortes, lo que se consultó al país en 1809. La Junta Central que funcionaba en Sevilla, ante el avance de las tropas francesas, tuvo que retirarse hacia la Isla de León (San Fernando), donde terminó por designar una Junta de Regencia el 29 de enero de 1810, poniendo fin a sus funciones y convocando paralelamente a la Nación a Cortes Generales, mediante elección de representantes conforme al Reglamento que se dictó al efecto por el Consejo de Regencia el 6 de octubre de 1810, que incluía también a representantes de los territorios de las colonias americanas, a las cuales se las quería integrar al Reino.

Las Cortes se conformaron con representantes electos y con muchos suplentes designados en la propia Isla de León, de americanos residentes en la Península. Se reunieron el 24 de septiembre de 1810 y cinco meses después, se trasladaron a Cádiz, reuniéndose en el oratorio de San Felipe Neri, donde se desarrollaron sus sesiones. El trabajo constituyente de las Cortes de Cádiz concluyó con la sanción de la Constitución de la Monarquía española de 18 de marzo de 1812, cuyo texto revolucionó a España, sentando las bases para el derrumbamiento del Antiguo Régimen y para el inicio del constitucionalismo moderno en España, plasmado en los principios de soberanía nacional, división de poderes, libertad de imprenta y en la abolición de los privilegios y de la inquisición.

Luego de celebrado en Valençay un Tratado secreto entre Napoleón y Fernando VII el 8 de diciembre de 1813, el primero renunciaba al trono de España y este último entró a España el 29 de marzo de 1814 con el propósito de jurar la Constitución que le había impuesto el Consejo de Regencia. Había pasado 6 años en el exilio, y regresó no para seguir la obra de los constituyentes de Cádiz, sino para acabar con ella. El 4 de mayo de 1814 derogó las Cortes de Cádiz y anuló la Constitución de 1812, reinstaurando el absolutismo, y declarando reos de muerte a todos los que defendieran la Constitución anulada. El 1° de octubre de 1814 Carlos IV de nuevo, abdicaría por segunda vez en su hijo los derechos al Trono de España y al Imperio de las Indias.

En todo caso, los mismos hechos que derivaron de la invasión napoleónica a España y la debilidad o inexistencia del gobierno en la península, envuelta en la guerra de independencia contra los franceses, fueron los que provocaron la revolución de independencia de las Provincias de Venezuela, con la creación de la Junta Suprema conservadora de los derechos de Fernando VII el 19 de abril de 1810, la convocatoria a elecciones del Congreso General de las Provincias de Venezuela, la declaratoria solemne de la Independencia de Venezuela el 5 de julio de 1811 y la sanción de la Constitución Federal para los Estados de Venezuela de 21 de diciembre de 1811, con la cual se adoptaron los principios del constitucionalismo moderno, incluso antes que se plasmaran en la Constitución de Cádiz de 1812.

Ahora bien, unos años antes, para 1802 y durante el reinado de Carlos IV, puede decirse que la faz política del mundo ya había comenzado a cambiar. Carlos IV había iniciado su reinado a la muerte de su padre, el Rey Carlos III, el 14 de diciembre de 1788, dos años después de que se había creado la Real Audiencia de Caracas (1786), con la cual las Provincias de la Capitanía General de Venezuela estructurada en 1777 habían adquirido una completa integración.

Fue precisamente el inicio del reinado de Carlos IV, el que habría de coincidir con los dos acontecimientos políticos antes mencionados, de la mayor importancia en el mundo moderno, como fueron la Revolución americana y la Revolución francesa; y además, con la difusión masiva de ambos acontecimientos y sus secuelas políticas, lo que contribuyó al resquebrajamiento de los cimientos del mismo Estado Absoluto; y su penetración tanto en España como en las provincias americanas.

En efecto, en 1783, el mismo año en el cual nació Simón Bolívar, el Libertador, el Conde de Aranda, Ministro de Carlos III y Plenipotenciario para los ajustes entre España, Francia e Inglaterra, firmaba un Tratado que obligaba a Inglaterra a reconocer la Independencia de sus colonias en Norte América y, con tal motivo, se dirigió al Rey diciéndole que la firma de dicho Tratado había dejado en su alma "una impresión dolorosa", que se veía obligado a manifestársela, pues consideraba que el reconocimiento de la independencia de las Colonias Inglesas era "un motivo de temor y de pesar"; y agregaba:

> "Esta República Federal ha nacido pigmea, por decirlo así y ha necesitado el apoyo de la fuerza de dos Estados tan poderosos como la España y la Francia para lograr su independencia. Tiempo vendrá en que llegará a ser gigante, y aún coloso muy temible en aquellas vastas regiones. Entonces ella olvidará los beneficios que recibió de ambas potencias y no pensará sino en engrandecerse. Su primer paso será apoderarse de las Floridas para dominar el Golfo de México. Estos temores son, Señor, demasiado fundados y habrán de realizarse dentro de pocos años si aún no ocurriesen otros más funestos en nuestras Américas"[127].

Esos hechos "más funestos", precisamente, se sucedieron a los pocos años, y a ello contribuyeron, entre otras factores, los propios republicanos españoles que influyeron directamente en Venezuela.

B. *La difusión en América de los principios de la Revolución francesa*

En efecto, la Declaración de los Derechos del Hombre y del Ciudadano proclamada por la Revolución francesa, había sido prohibida en América por el Tribunal de la Inquisición de Cartagena de Indias en 1789[128]. Antes que conociera divulgación alguna en el Nuevo Mundo, en 1790, incluso los Virreyes del Perú, México y Santa Fe, así como el Presidente de Quito, alguna vez, y varias el Capitán General de Venezuela, habían participado a la Corona de Madrid:

> "Que en la cabeza de los americanos comenzaban a fermentar principios de libertad e independencia peligrosísimos a la soberanía de España"[129].

Y fue precisamente en la última década del siglo XVIII cuando comenzó a desparramarse por los ilustrados criollos el fermento revolucionario e independentista, a lo cual contribuyeron diversas traducciones de la prohibida Declaración de los Derechos del Hombre y del Ciudadano, entre las cuales debe destacarse la realizada por Antonio Nariño en Santa Fe de Bogotá, en 1792, que circuló en 1794[130], y que fue objeto de una famosísima causa en la cual fue condenado a diez años de presidio en África, a la confiscación de todos sus bienes y a extrañamiento perpetuo de la América, mandándose quemar por mano del verdugo el libro de donde había sacado los Derechos del Hombre[131]. Casi dos décadas después, Antonio Nariño presidiría el gobierno del Estado de Cundinamarca.

---

127. Véase en J. F. Blanco y R. Azpúrua, *op. cit.* Tomo I, p. 190.

128. Véase P. Grases, *La Conspiración de Gual y España y el Ideario de la Independencia,* Caracas, 1978, p. 13.

129. Véase en J. F. Blanco y R. Azpúrua, *op. cit.,* Tomo I, p. 177.

130. *Idem.,* p. 286.

131. Véase los textos en *idem.,* pp. 257–259.

Por esa misma época, el Secretario del Real y Supremo Consejo de Indias había dirigido una nota de fecha 7 de junio de 1793 al Capitán General de Venezuela, llamando su atención sobre los designios del Gobierno de Francia y de algunos revolucionarios franceses, como también de otros promovedores de la subversión en dominios de España en el Nuevo Mundo, que –decía– "Envían allí libros y papeles perjudiciales a la pureza de la religión, quietud pública y debida subordinación de las colonias"[132].

Pero un hecho acaecido en España iba a tener una especial significación en todo este proceso: el 3 de febrero de 1796, día de San Blas, debía estallar en Madrid una conspiración planeada para establecer la República en sustitución de la Monarquía, al estilo de lo que había acontecido años antes en Francia. Los conjurados, capitaneados por Juan Bautista Mariano Picornell y Gomilla, mallorquín de Palma, fueron apresados en la víspera de la Revolución. Conmutada la pena de muerte que recayó sobre ellos por intervención del Agente francés, se les condenó a reclusión perpetua en los Castillos de Puerto Cabello, Portobelo y Panamá, en tierras americanas[133]. La fortuna revolucionaria llevó a que de paso a sus destinos en esos "lugares malsanos de América"[134], los condenados fueran depositados en las mazmorras del Puerto de La Guaira, donde en 1797 se encontrarían de nuevos reunidos. Allí, los conjurados de San Blas, quienes se fugarían ese mismo año de 1797[135], entraron en contacto con los americanos de La Guaira, provocando la conspiración encabezada por Manuel Gual y José María España, de ese mismo año, considerada como "el intento de liberación más serio en Hispano América antes del de Miranda en 1806"[136].

Sin embargo, como se dió cuenta en el largo "Resumen" que sobre esa conspiración se presentó al Gabinete de Madrid:

> "Sé descubrió esta conspiración por un mulato oficial de barbero, el cual se presentó al provisor, éste al teniente del rei, y ambos al gobernador con la noticia de haber oído este mulato al comerciante de aquella ciudad don Manuel Montesinos, las palabras siguientes: Ya somos todos iguales''[137].

La revolución, por supuesto, como todas, se creía estaba lista, y había adoptado entre sus señas un soneto que decía:

> "En Santa Fe se cree ya todo listo, en España no se duda, y los anuncios previstos, no dejan la menor duda"[138].

Sin embargo, ello no fue así. La Revolución fracasó, y habría de pasar otra década para que se iniciara la Revolución hispanoamericana. Pero el legado de esa

132. *Idem.*, p. 247.

133. Véase P. Grases, *op. cit.,* p. 20.

134. *Idem,* pp. 14 y 17.

135. Véase en J.F. Blanco y R. Azpúrua, *op. cit.,* Tomo I, p. 287; P. Grases, *op. cit.,* p. 26.

136. P. Grases, *op. cit.*, p. 27.

137 Véase en J. F. Blanco y R. Azpúrua, *op. cit.,* Tomo I, p. 332.

138. *Idem.*, p. 313.

conspiración fue un conjunto de papeles que habrían de tener la mayor influencia en el proceso constitucional de Hispanoamérica, entre los que se destaca una obra sobre los *Derechos del Hombre y del Ciudadano*, prohibida por la Real Audiencia de Caracas el 11 de diciembre de ese mismo año 1797, la cual la consideró como una obra que llevaba:

> "[T]oda su intención a corromper las costumbres y hacer odioso el real nombre de su majestad y su justo gobierno; que a fin de corromper las costumbres, siguen sus autores las reglas de ánimos cubiertos de una multitud de vicios, y desfigurados con varias apariencias de humanidad..."[139].

El libro, con el título *Derechos del Hombre y del Ciudadano con varias máximas Republicanas y un Discurso Preliminar dirigido a los Americanos,* probablemente impreso en Guadalupe, en 1797, en realidad contenía una traducción de la Declaración francesa que procedió el Acta Constitucional de 1793[140]. Por tanto, no era una traducción de la Declaración de los Derechos del Hombre y del Ciudadano de 1789, incorporada a la Constitución Francesa de 1791, que era la que había sido la traducida por Nariño en Bogotá; sino de la Declaración del texto constitucional de 1793, mucho más amplio y violento pues correspondió a la época del Terror, constituyendo una invitación a la revolución activa[141].

Pues bien, este texto tiene una importancia capital, para el constitucionalismo de Venezuela, pues influyó directamente en la ordenación jurídica de la República, cuyo Congreso General en su sección de la Provincia de Caracas, después del proceso de independencia iniciado en 1810, aprobó solemnemente la "Declaración de Derechos del Pueblo" el 1° de julio de 1811[142], la cual, después de las declaraciones norteamericanas y de la francesa, puede considerarse como la tercera de las Declaraciones de derechos fundamentales en la historia del constitucionalismo moderno, recogida, notablemente ampliada, en la Constitución del 21 de diciembre del mismo año 1811[143].

Pero después de la conspiración de Gual y España, y declarada la guerra entre Inglaterra y España (1804), otro acontecimiento importante influiría también en la independencia de Venezuela, y fueron los desembarcos y proclamas de Francisco de Miranda en las costas de Venezuela (Puerto Cabello y Coro), en 1806, los que se han considerado como los más importantes acontecimientos relativos a la emancipación de América Latina antes de la abdicación de Carlos IV y los

139. P. Grases, *op. cit.*, p. 30.

140. *Idem.*, pp. 37 y ss.

141. *Idem.*

142. Véase Allan Brewer–Carías, *Las Constituciones de Venezuela,* Madrid, 1985, pp. 175 y sigts. Allan R. Brewer–Carías, *Los Derechos Humanos en Venezuela. Casi 200 años de Historia,* Caracas, 1990, pp. 71 y ss.

143 Esas Declaraciones de derechos, que influyeron todo el proceso constitucional posterior, sin duda, como lo ha demostrado el Profesor Pedro Grases, tuvieron su principal base de redacción en el mencionado documento, traducción de Picornell, vinculado a la conspiración de Gual y España, principal promotor de la conspiración de San Blas. Véase, P. Grases, *op. cit.*, pp. 27 y ss.

posteriores sucesos de Bayona[144]. Miranda, por ello, ha sido considerado como el Precursor de la Independencia del continente americo–colombiano, a cuyos pueblos dirigió sus proclamas independentistas basadas en la formación de una federación de Cabildos libres[145], lo cual luego se pondría en práctica, en Venezuela, entre 1810 y 1811.

C. *Los motivos del inicio del proceso constituyente en la Provincia de Venezuela*

Dos años después de los desembarcos de Miranda, y a raíz de la abdicación de Carlos IV, el panorama político de la Monarquía española se ensombreció abruptamente. Fernando VII había asumido la Corona el 20 de marzo de 1808, y ello había sido participado a las Provincias americanas por Reales Cédulas, entre las cuales está la de 20 de abril de 1808 librada al Capitán General de Venezuela[146] y que fue abierta por el Ayuntamiento de Caracas el 15 de julio de 1808[147], cuatro meses después de haber sido expedida, pero dos meses después de otros dos acontecimientos que ya habían ocurrido: la renuncia de la Corona, de Fernando VII en su padre (1–5–1808)[148] y de la cesión de Carlos IV a Napoleón de sus derechos al Trono de España y de las Indias (5–5–1808)[149].

En efecto, las disputas políticas reales entre padre e hijo, la protesta del primero ante Napoleón, de su abdicación forzosa y provocada por la violencia, y la ocupación del territorio español por los ejércitos del Emperador, con la represión, por ejemplo, del 2 de mayo de 1808 en Madrid[150], condujeron a la celebración de los Tratados de Bayona del 10 de mayo de 1808 mediante los cuales Carlos IV y Fernando VII cedieron solemnemente todos sus derechos al Trono de España e Indias al Emperador Napoleón "como el único que, en el Estado a que han llegado las cosas, puede restablecer el orden" a cambio de asilo, pensiones y propiedades en territorio francés[151].

El proceso constituyente venezolano, por tanto, tuvo sus antecedentes en los mismos hechos que originaron el proceso constituyente de Cádiz, los cuales sin embargo, tuvieron repercusiones más graves en América, entre otras cosas, por lo lento y difícil de las comunicaciones entre la Metrópolis y las provincias americanas. De ello resulta que haya sido, como se dijo, el día 15 de julio de 1808 cuando el Ayuntamiento de Caracas abrió la Real Cédula del 20 de abril de ese mismo año,

144. O.C. Stoetzer, *Las Raíces Escolásticas de la Emancipación de la América Española,* Madrid, 1982, p. 252.

145. Francisco de Miranda, *Textos sobre la Independencia,* Biblioteca de la Academia Nacional de la Historia, Caracas, 1959, pp. 95 y ss., y 115 y ss.

146 Véase en J. F. Blanco y R. Azpúrua, *op. cit.,* tomo II, p. 126.

147 *Idem.,* pp. 127 y 160.

148 *Idem.,* p. 133.

149 *Idem.,* p. 142.

150 *Idem.,* p. 153.

151 *Idem.,* pp. 142 a 148.

mediante la cual se comunicaba a la Provincia de Venezuela que el 18 de marzo de 1808, el Rey Fernando VII había accedido al trono.

Sin embargo, para el momento en el cual el Cabildo de Caracas se enteró de ese acontecimiento, como se ha dicho, muchas otras cosas ya habían sucedido en España, que hacían totalmente inútil la noticia inicial: el 1° de mayo de 1808, dos meses antes, ya Fernando VII había dejado de ser Rey por renuncia de la Corona, en su padre Carlos IV; y este ya había cedido a Napoleón sus derechos al Trono de España y de las Indias, lo que había ocurrido el 5 de mayo de 1808. Incluso, una semana antes de recibir tan obsoleta noticia, ya José Napoleón, proclamándose "Rey de las Españas y de las Indias", había decretado la Constitución de Bayona, el 6 de julio de 1808.

No es de extrañar, por tanto, los efectos políticos que tuvieron en Venezuela las tardías noticias sobre las disputas políticas reales entre padre a hijo; sobre la abdicación forzosa del Trono provocada por la violencia de Napoleón, y sobre la ocupación del territorio español por los ejércitos del Emperador.

Desde el 25 de mayo de 1808, Napoleón también había nombrado al Gran Duque de Berg, como Lugar–teniente general del Reyno[152] y manifestaba a los españoles: "Vuestra Monarquía es vieja: mi misión se dirige a renovarla: mejorará vuestras instituciones; y os haré gozar de los beneficios de una reforma, sin que experimentéis quebrantos, desórdenes ni convulsiones". Prometía, además, "una Constitución que concilie la santa y saludable autoridad del soberano con las libertades y el privilegio del Pueblo"[153].

Esa Constitución prometida, precisamente, iba a ser la de Bayona, la cual sin embargo, no dio estabilidad institucional alguna al Reino, pues antes de su otorgamiento, en el mes de mayo de 1808, ya España había iniciado su guerra de Independencia contra Francia, en la cual los Ayuntamientos tuvieron un papel protagónico al asumir la representación popular por fuerza de las iniciativas populares[154]. Por ello, a medida que se generalizó el alzamiento, en las villas y ciudades, se fueron constituyendo Juntas de Armamento y Defensa, encargadas de la suprema dirección de los asuntos locales y de sostener y organizar la resistencia frente a los franceses.

Esas Juntas, aun cuando constituidas por individuos nombrados por aclamación popular, tuvieron como programa común la defensa de la Monarquía simbolizada en la persona de Fernando VII, por lo que siempre obraron en nombre del Rey. Sin embargo, con ello puede decirse que se produjo una revolución política, al sustituirse el sistema absolutista de gobierno por un sistema municipal, popular y democrático, completamente autónomo[155]. La organización de tal gobierno provocó la estructuración de Juntas Municipales las cuales a la vez concurrieron, mediante delegados, a la formación de las Juntas Provinciales, las cuales representaron a los Municipios agrupados en un determinado territorio.

---

152 *Idem.*, p. 153.

153 *Idem.*, p. 154.

154 Véase A. Sacristán y Martínez, *Municipalidades de Castilla y León,* Madrid, 1981, p. 490.

155 *Cfr.*O. C. Stoetzer, *op. cit.*, p. 270.

El 17 de junio de 1808, por ejemplo, la Junta Suprema de Sevilla explicaba a los dominios españoles en América los "principales hechos que han motivado la creación de la Junta Suprema de Sevilla que en nombre de Fernando VII gobierna los reinos de Sevilla, Córdoba, Granada, Jaén, provincias de Extremadura, Castilla la Nueva y las demás que vayan sacudiendo el yugo del Emperador de los franceses"[156].

Pero, como antes se dijo, sólo fue un mes después, el 15 de julio de 1808, cuando en el Ayuntamiento de Caracas, se conoció formalmente, la Real Cédula de proclamación de Fernando VII[157]; y fue al día siguiente, el 16 de julio, que llegó al mismo Ayuntamiento la noticia de la renuncia de Fernando VII, de la cesión de los derechos de la Corona por parte de Carlos IV a Napoleón y del nombramiento del Lugar–teniente del Reino[158]. El correo para el conocimiento tardío de estas noticias, en todo caso, había correspondido a sendos emisarios franceses que habían llegado a Caracas, lo que contribuyó a agravar la incertidumbre.

Ante esas noticias, el Capitán General de Venezuela formuló la declaración solemne del 18 de julio de 1808, expresando que en virtud de que "ningún gobierno intruso e ilegítimo puede aniquilar la potestad legítima y verdadera... en nada se altera la forma de gobierno ni el Reinado del Señor Don Fernando VII en este Distrito"[159]. A ello se sumó, el 27 de julio, el Ayuntamiento de Caracas al expresar que "no reconocen ni reconocerán otra Soberanía que la suya (Fernando VII), y la de los legítimos sucesores de la Casa de Borbón"[160].

En esa misma fecha, el Capitán General se dirigió al Ayuntamiento de Caracas exhortándolo a que se erigiese en esta Ciudad "una Junta a ejemplo de la de Sevilla"[161], para cuyo efecto, el Ayuntamiento tomó conocimiento del acto del establecimiento de aquélla[162] y acordó estudiar un "Prospecto" cuya redacción encomendó a dos de sus miembros, y que fue aprobado el 29 de julio de 1808, pasándolo para su aprobación al "Presidente, Gobernador y Capitán General"[163].

Este, sin embargo, nunca llegó a considerar la propuesta, incluso a pesar de la representación que el 22 de noviembre de 1808 le habían enviado las primeras notabilidades de Caracas designadas para tratar con él sobre "la formación y organización de la Junta Suprema". En dicha representación se constataba la

---

156 Véase el texto de la manifestación "de los principales hechos que han motivado la creación de la Junta Suprema de Sevilla que en nombre de Fernando VII gobierna los reinos de Sevilla, Córdoba, Granada, Jaén, provincias de Extremadura, Castilla la Nueva y las demás que vayan sacudiendo el yuyo del Emperador de los franceses" del 17 de junio de 1808 en J. F. Blanco R. Azpúrua, *op. cit.*, Tomo II, pp. 154–157.

157 *Idem.*, p. 127.

158 *Idem.*, p. 148.

159 *Idem.*, p. 169.

160 *Idem.*, p. 169.

161 *Idem.*, pp. 170–174. *Cf.* C. Parra Pérez, *Historia de la Primera República de Venezuela,* Biblioteca de la Academia Nacional de la Historia, Caracas, 1959, Tomo I. pp. 311 y ss., y 318.

162 Véase el acta del Ayuntamiento del 28–7–1808 en J.F. Blanco y R. Azpúrua, *op. cit.*, Tomo II, p. 171.

163 Véase el texto del prospecto y su aprobación de 29–7–1809, *Idem.*, pp. 172–174. *Cf.* C. Parra Pérez, *op. cit.*, p. 318.

instalación de Juntas con el nombre de Supremas en las capitales de las provincias de la Península, sobre las cuales se dijo:

> "Ha descansado y descansa el noble empeño de la nación por la defensa de la religión, del rey, de la libertad e integridad del Estado, y estas mismas le sostendrán bajo la autoridad de la Soberana Central, cuya instalación se asegura haberse verificado. Las provincias de Venezuela no tienen ni menos lealtad ni menos ardor, valor ni constancia, que las de la España europea".

Por ello le expresaron que creían que era:

> "De absoluta necesidad se lleve a efecto la resolución del Sr. Presidente, Gobernador y Capitán General comunicada al Ilustre Ayuntamiento, para la formación de una Junta Suprema, con subordinación a la Soberana de España que ejerza en esta ciudad la autoridad suprema, mientras regresa al trono nuestro amado rey Fernando VII"[164].

A tal efecto, para "precaver todo motivo de inquietud y desorden" decidieron nombrar "representantes del pueblo" para que tratasen con el Presidente, Gobernador y Capitán General "de la organización y formación de la dicha Junta Suprema"[165]. Ante esto, el Presidente, Gobernador y Capitán, General Juan de Casas, quien desde el año anterior (1807) se había encargado del cargo a la muerte del titular, a pesar de que había manifestado sobre la conveniencia de la constitución de la Junta de Caracas, no sólo no accedió a la petición que se le formuló, sino que la consideró como un atentado contra el orden y seguridad públicas, por lo cual persiguió y juzgó a los peticionarios[166].

Se comenzó, así, a afianzar el sentimiento popular de que el gobierno de la Provincia era probonapartidista lo cual se achacó también al Mariscal de Campo, Vicente de Emparan y Orbe, nombrado por la Junta Suprema Gubernativa como Gobernador de la Provincia de Venezuela, en marzo de 1809[167].

Esta Junta Suprema Central y Gubernativa del Reyno se había constituido en Aranjuez el 25 de septiembre de 1808, y se había trasladado luego a Sevilla el 27 de diciembre de 1809, integrada por mandatarios de las diversas provincias del Reino, la cual tomó la dirección de los asuntos nacionales[168]. Fue por ello que el 12 de enero de 1809, el Ayuntamiento de Caracas reconoció en Venezuela a dicha Junta Central, como gobierno supremo del imperio[169].

Días después, fue que la Junta Suprema Central por Real Orden de 22 de enero de 1809, la que dispuso que:

164 Véase el texto, J.F. Blanco y R. Azpúrua, *op. cit.*, pp. 179–180; *Cfr.* C. Parra Pérez, *op. cit.*, p. 133.

165 Véase en J.F. Blanco y R. Azpúrua, *op. cit.*, pp. 179–180.

166 *Idem.*, pp. 180–181. *Cf.* L. A. Sucre, *Gobernadores y Capitanes Generales de Venezuela,* Caracas, 1694, pp. 312–313.

167 *Cf.* L. A. Sucre, *op. cit.*, p. 314.

168 Véase el texto en J. F. Blanco y R. Azpúrua, *op. cit.*, Tomo II, pp. 174 y 179.

169 *Cf.* C. Parra Pérez, *op. cit.*, Tomo II, p. 305.

> "Los vastos y preciosos dominios que la España posee en las Indias no son propiamente colonias o factorías, como los de otras naciones, sino una parte esencial e integrante de la monarquía española...".[170]

Como consecuencia de esta importantísima declaración se consideró, que las Provincias de América debían tener representación y constituir parte de la Junta Suprema Central, a cuyo efecto se dispuso la forma cómo habrían de elegirse los diputados y vocales americanos, los cuales, por supuesto, de haber sido electos, habrían representado una absoluta minoría en relación a los representantes peninsulares[171].

En todo caso, para comienzos de 1809, ya habían aparecido en la Península manifestaciones adversas a la Junta Suprema Central y Gubernativa, a la cual se había acusado de usurpadora de autoridad. Ello condujo, en definitiva, a la convocatoria a Cortes para darle legitimación a la representación nacional, lo que la Junta hizo por Decretos de 22 de mayo y 15 de junio de 1809, fijándose la reunión de las Cortes para el 1° de marzo de 1810, en la Isla de León[172]. En dichas Cortes, en todo caso, debían estar representadas las Juntas Provinciales del Reino y representantes de las Provincias de Indias, que debían ser electos conforme al reglamento dictado el 6 de octubre de 1809. En cuanto a los representantes de América, después de interminables discusiones sobre su número y la forma de elección al final efectivamente fueron designados, pero en forma supletoria por americanos residentes en Cádiz, por una Junta regulada por Decreto del 1° de enero de 1810[173].

Ahora bien, en mayo de 1809, como se dijo, ya había llegado a Caracas el nuevo Presidente, Gobernador y Capitán General de Venezuela, Vicente Emparan; y en ese mismo mes, la Junta Suprema Gubernativa advertía a las Provincias de América sobre los peligros de la extensión de las maquinaciones del Emperador a las Américas[174].

El temor que surgió en Caracas respecto del subyugamiento completo de la Península, sin duda, provocó que comenzara la conspiración por la independencia de la Provincia de Venezuela de lo cual, incluso, estaba en conocimiento Emparan antes de que llegara a Caracas[175]. Su acción de gobierno, por otra parte lo llevó a enemistarse incluso con el clero y con el Ayuntamiento, lo que contribuyó a acelerar la reacción criolla. Así, ya para fines de 1809 en la Provincia había un plan para

170 Véase el texto en J.F. Blanco y R. Azpúrua, *op. cit.*, Tomo II, pp. 230–231. *Cf.* O. C. Stoetzer, *op. cit.*, p. 271.

171 Ello fue protestado en América. Véase por ejemplo el Memorial de Agrarios de C. Torres de 20–11–1809 en J. F. Blanco y R. Azpúrua, *op. cit.*, Tomo II, pp. 243–246; *Cf.* O.C. Stoetzer, *op. cit.*, p. 272. A tal efecto se estableció un procedimiento de elección que se aplicó, por ejemplo en la Provincia de Guayana. Véase los textos en en J. F. Blanco y R. Azpúrua, *op. cit.*, Tomo II, pp. 260–261.

172 Véase el texto en J.F. Blanco y R. Azpúrua, *op. cit.*, Tomo II, pp. 234–235

173 Véase E. Roca Roca, *América en el Ordenamiento Jurídico de las Cortes de Cádiz*, Granada, 1986, p. 21 *Cfr.* J. F. Blanco y R. Azpúrua, *op. cit.*, tomo II, pp. 267–268.

174 Véase el texto en J.F. Blanco y R. Azpúrua, *op. cit.*, Tomo II, pp. 250–254.

175 *Cf.* G. Morón, *Historia de Venezuela*, Caracas, 1971, Tomo III, p. 205.

derribar el gobierno en el cual participaban los mas destacados jóvenes caraqueños, entre ellos, Simón Bolívar, quien había regresado de España en 1807, todos amigos del Capitán General[176]. Este adoptó diversas providencias al descubrir el plan, pero fueron débiles, provocando protestas del Ayuntamiento[177].

Paralelamente, el 29 de enero de 1810, luego de los triunfos franceses en Andalucía, la Junta Central Gubernativa del Reino había resuelto reconcentrar la autoridad del mismo, nombrando un Consejo de Regencia asignándole el poder supremo, aun cuando limitado por su futura sujeción a las Cortes que debían reunirse meses después[178]. Se anunciaba, así, la disposición de que "las Cortes reducirán sus funciones al ejercicio del poder legislativo, que propiamente les pertenece; confiando a la Regencia el del poder ejecutivo"[179].

El Consejo de Regencia, en ejercicio de la autoridad que había recibido, el 14 de febrero de 1810 dirigió a los españoles americanos una "alocución" acompañada de un Real Decreto disponiendo la concurrencia a las Cortes Extraordinarias, al mismo tiempo que de diputados de la Península, de diputados de los dominios españoles de América y de Asia[180].

Entre tanto, en las Provincias de América se carecía de noticias sobre los sucesos de España, cuyo territorio, con excepción de Cádiz y la Isla de León, estaba en poder de los franceses. Estas noticias y la de la disolución de la Junta Suprema Central y Gubernativa por la constitución del Consejo de Regencia, sólo se llegaron a confirmar en Caracas el 18 de abril de 1810[181].

La idea de la desaparición del Gobierno Supremo en España, y la necesidad de buscar la constitución de un gobierno para la Provincia de Venezuela, para asegurarse contra los designios de Napoleón, sin duda, fue el último detonante del inicio de la revolución de independencia de América.

2. *El golpe de Estado del 19 de abril de 1810 y la Junta Suprema de Venezuela Conservadora de los Derechos de Fernando VII*

El Ayuntamiento de Caracas, en efecto, en su sesión del 19 de abril de 1810, al día siguiente de conocerse la situación política de la Península, depuso a la autoridad constituida y se erigió, a sí mismo, en Junta Suprema de Venezuela Conservadora de los Derechos de Fernando VII[182].

176 C. Parra Pérez, *op. cit.,* Tomo I, pp. 368–371.

177 *Idem.,* p. 371.

178 Véase J. F. Blanco y R. Azpúrua, *op. cit.,* Tomo II, pp. 265–269.

179 *Idem.,* Tomo II, p. 269.

180 Véase el texto en *Idem.,* Tomo II, pp. 272–275.

181 *Cf. Idem.,* Tomo II, pp. 380 y 383.

182 Véase el libro *El 19 de abril de 1810,* Instituto Panamericano de Geografía e Historia, Caracas 1957.

Con este acto se dio un golpe de Estado habiendo recogido el Acta de la sesión del Ayuntamiento de Caracas, el primer acto constitucional de un nuevo gobierno y el inicio de la conformación jurídica de un nuevo Estado[183].

En efecto, la decisión adoptada por el Ayuntamiento de Caracas deponiendo al Gobernador Emparan del mando de la Provincia de Venezuela, consistió en la asunción del "mando supremo" o "suprema autoridad" de la Provincia[184], "por consentimiento del mismo pueblo"[185].

Se estableció, así, un "nuevo gobierno" que fue reconocido en la capital, al cual quedaron subordinados "todos los empleados del ramo militar, político y demás"[186]. El Ayuntamiento, además, procedió a destituir las antiguas autoridades del país y a proveer a la seguridad pública y conservación de los derechos del Monarca cautivo, y ello lo hizo "reasumiendo en sí el poder soberano"[187].

La motivación de esta Revolución se expuso en el texto del Acta, en la cual se consideró que por la disolución de la Junta Suprema Gubernativa de España, que suplía la ausencia del Monarca, el pueblo había quedado en "total orfandad", razón por la cual se estimó que:

> "El derecho natural y todos los demás dictan la necesidad de procurar los medios de conservación y defensa y de erigir en el seno mismo de estos países un sistema de gobierno que supla las enunciadas faltas, ejerciendo los derechos de la soberanía, que por el mismo hecho ha recaído en el pueblo".

Para adoptar esa decisión, por supuesto, el Ayuntamiento tuvo que desconocer la autoridad del Consejo de Regencia[188], considerando que:

---

183 Véase en general T. Polanco, "Interpretación jurídica de la Independencia" en *El Movimiento Emancipador de Hispanoamérica, Actas y Ponencias,* Caracas, 1961, Tomo IV, pp. 323 y ss.

184 Véase el texto del Acta del Ayuntamiento de Caracas de 19 de Abril de 1810 en Allan R. Brewer–Carías, *Las Constituciones de Venezuela, cit.*, p. 157.

185 Así se establece en la "Circular" enviada por el Ayuntamiento el 19 de abril de 1810 a las autoridades y corporaciones de Venezuela. Véase J. F. Blanco y R. Azpúrua, *op. cit.*, Tomo II, pp. 401–402. Véase también en *Textos oficiales de la Primera República de Venezuela,* Biblioteca de la Academia Nacional de la Historia, 1959, Tomo I, p. 105.

186 *Idem.*

187 Así se indica en el oficio de la Junta Suprema al Inspector General Fernando Toro el 20 de abril de 1810. Véase en J.F. Blanco y R. Azpúrua, *op. cit.,* Tomo II, p. 403 y Tomo I, p. 106, respectivamente.

188 Lo que afirma de nuevo, en comunicación enviada al propio Consejo de Regencia de España explicando los hechos, razones y fundamentos del establecimiento del nuevo gobierno. Véase J. F. Blanco y R. Azpúrua, *op. cit.,* Tomo II, p. 408; y *Textos oficiales, op. cit.,* Tomo I, pp. 130 y ss. En particular, en comunicación del 3 de mayo de 1810, la Junta Suprema de Caracas se dirigió a la Junta Suprema de Cádiz y a la Regencia, cuestionando la asunción por esas corporaciones "que sustituyéndose indefinidamente unas a otras, sólo se asemejan en atribuirse todas una delegación de la soberanía que, no habiendo sido hecha ni por el Monarca reconocido, ni por la gran comunidad de españoles de ambos hemisferios, no puede menos de ser absolutamente nula, ilegítima, y contraria a los principios sancionados por nuestra legislación" (*Idem* p. 130); agregando que "De poco se necesitará para demostrar que la Junta Central carecía de una verdadera representación nacional; porque su autoridad no emanaba originariamente de otra cosa que de la aclamación tumultuaria de algunas capitales de provincias, y porque jamás han tenido en ellas los habitantes del nuevo hemisferio la parte representativa que legítimamente les corresponde. En otras palabras, desconocemos al nuevo Consejo de Regencia" (*Idem,* p. 134).

> "No puede ejercer ningún mando ni jurisdicción sobre estos países, porque *ni ha sido* constituido por *el voto de* estos *fieles habitantes*, cuando han sido ya declarados, no colonos, sino partes integrantes de la corona de España, y, como tales han sido llamados al ejercicio de la *soberanía* interna y a la reforma de la Constitución Nacional".

En todo caso, el Ayuntamiento estimó que aun cuando pudiera prescindirse de lo anterior, dicho Consejo de Regencia, por las circunstancias de la guerra y de la conquista y usurpación de las armas francesas en la Península, era impotente y sus miembros no podían valerse a sí mismos.

De allí que en el Cabildo Extraordinario, al ser forzado el Presidente, Gobernador y Capitán General a renunciar, el mando quedó depositado en el Ayuntamiento. Así se expresó, además, en el Acta de otra sesión del Ayuntamiento, del mismo día 19 de abril de 1810, con motivo del "establecimiento del nuevo gobierno" en la cual se dispuso que los nuevos empleados debían prestar juramento ante el cuerpo prometiendo:

> "Guardar, cumplir y ejecutar, y hacer que se guarden, cumplan y ejecuten todas y cualesquiera ordenes que se den *por esta Suprema Autoridad soberana de estas Provincias,* a nombre de nuestro rey y señor don Fernando VII"[189].

Se estableció, así, en Caracas, "una Junta Gubernativa de estas Provincias, compuesta del Ayuntamiento de esta Capital y de los vocales nombrados por el voto del pueblo"[190], y en un Manifiesto donde se hablaba de "la revolución de Caracas" y se refería a "la independencia política de Caracas", la Junta Gubernativa prometió:

> "Dar al nuevo gobierno la forma provisional que debe tener, mientras una Constitución aprobada por la *representación nacional legítimamente constituida,* sanciona, consolida y presenta con dignidad política a la faz del universo la provincia de Venezuela organizada, y gobernada de un modo que haga felices a sus habitantes, que pueda servir de ejemplo útil y decoroso a la América"[191].

La Junta Suprema de Venezuela comenzó por asumir en forma provisional, las funciones legislativas y ejecutivas, definiendo en el Bando del 25–04–1810, los siguientes órganos del Poder Judicial: "El Tribunal Superior de apelaciones, alzadas y recursos de agravios se establecerá en las casas que antes tenía la audiencia"; y el Tribunal de Policía "encargado del fluido vacuno y la administración de justicia en todas las causas civiles y criminales estará a cargo de los corregidores"[192].

En todo caso, este movimiento revolucionario iniciado en Caracas en abril de 1810, meses antes de la instalación de las Cortes de Cádiz, indudablemente que

189 Véase el texto en *Idem.*, J.F. Blanco y R. Azpúrua, *op. cit.*, Tomo I, p. 393.

190 Así se denomina en el manifiesto del 1° de mayo de 1810. Véase en *Textos oficiales..., cit.*, Tomo I. p. 121.

191 Véase el texto en J. F. Blanco y R. Azpúrua, *op. cit.*, Tomo II, p. 406, y en *Textos oficiales..., cit.*, Tomo I, p. 129.

192 *Textos oficiales de la Primera República de Venezuela,* Tomo I, pp. 115–116

siguió los mismos moldes de la Revolución francesa y tuvo además la inspiración de la Revolución norteamericana[193], de manera que incluso, puede considerarse que fue una Revolución de la burguesía, de la nobleza u oligarquía criolla, la cual, al igual que el tercer estado en Francia, constituía la única fuerza activa nacional[194]. Inicialmente entonces, la revolución de independencia en Venezuela fue el instrumento de la aristocracia colonial, es decir, de los blancos o mantuanos, para reaccionar contra la autoridad colonial y asumir el gobierno de las tierras que habían sido descubiertas, conquistadas, colonizadas y cultivadas por sus antepasados[195].

No se trató, por tanto, inicialmente, de una revolución popular, pues los pardos, a pesar de constituir la mayoría de la población, apenas comenzaban a ser admitidos en los niveles civiles y sociales como consecuencia de la Cédula de "Gracias, al Sacar", vigente a partir de 1795 y que, con toda la protesta de los blancos, les permitía a aquellos adquirir mediante el pago de una cantidad de dinero, los derechos reservados hasta entonces a los blancos notables[196].

Por ello, teniendo en cuenta la situación social preindependentista, sin duda que puede calificarse de "insólito" el hecho de que en el Ayuntamiento de Caracas, transformado en Junta Suprema, se le hubiera dado representación no sólo a estratos sociales extraños al Cabildo, como los representantes del clero y los denominados del pueblo, sino a un representante de los pardos[197].

---

193 Véase José Gil Fourtoul, *Historia Constitucional de Venezuela,* Tomo primero, *Obras Completas,* Vol. I, Caracas, 1953, p. 209.

194 *Cf.* José Gil Fortoul, *op. cit.*, Tomo primero, p. 200; Pablo Ruggeri Parra, *Historia Política y Constitucional de Venezuela,* Tomo I, Caracas, 1949, p. 31.

195 En este sentido, por ejemplo, L. Vallenilla Lanz es categórico, al considerar que "en todo proceso justificativo de la Revolución (de independencia) no debe verse sino la pugna de los nobles contra las autoridades españolas, la lucha de los propietarios territoriales contra el monopolio comercial, la brega por la denominación absoluta entablada de mucho tiempo atrás por aquella clase social poderosa y absorbente, que con razón se creía dueña exclusiva de esta tierra descubierta, conquistada, colonizada y cultivada por sus antepasados. En todas estas causas se fundaba no sólo el predominio y la influencia de que gozaba la nobleza criolla, sino el legítimo derecho al gobierno propio, sin la necesidad de apelar a principios exóticos tan en pugna con sus exclusividades y prejuicios de casta". Véase Laureano Vallenilla Lanz, *Cesarismo Democrático.* Estudio sobre las bases sociológicas de la Constitución efectiva en Venezuela, Caracas 1952, pp. 54 y 55.

196 Véase sobre la Real Cédula de 10–2–1795 sobre gracias al sacar en J. F. Blanco y R. Azpúrua, *op. cit.,* Tomo I, pp. 263 a 275. *Cf.* Federico Brito Figueroa, *Historia Económica y Social de Venezuela. Una estructura para su estudio*, Tomo I, Caracas, 1966, p. 167; y L. Vallenilla Lanz, *Cesarismo Democrático,* Caracas 1952, pp. 13 y ss. En este sentido, debe destacarse que en la situación social preindependentista había manifestaciones de luchas de clase entre los blancos o mantuanos que constituían el 20 por 100 de la población y los pardos y negros 61 por 100, que luego van a aflorar en la rebelión de 1814. *Cf.* F. Brito Figueroa, *op. cit.,* tomo I, pp. 160 y 173. *Cf.* Ramón Díaz Sánchez, "Evolución social de Venezuela (hasta 1960)", en M. Picón Salas y otros, *Venezuela Independiente 1810–1960,* Caracas, 1962, p. 193.

197 Véase Gil Fortoul, *op. cit.,* Tomo primero, pp. 203, 208 y 254. Es de tener en cuenta, como señala A. Grisanti, que "El Cabildo estaba representado por las oligarquías provincianas extremadamente celosas de sus prerrogativas políticas, administrativas y sociales, y que detentaban el Poder por el predominio de contadas familias nobles o ennoblecidas, acaparadoras de los cargos edilicios...". Véase Ángel Grisanti, Prólogo al libro *Toma de Razón, 1810 a 1812,* Caracas, 1955. El cambio de actitud del Cabildo caraqueño, por tanto, indudablemente que se debe a la influencia que sus miembros ilustrados recibían del igualitarismo de la Revolución Francesa: *Cf.* L. Vallenilla Lanz, *Cesarismo Democrático, cit.*, p. 36. Este autor insiste en relación a esto de la manera siguiente: "Es en nombre de la Enciclopedia, en nombre

3. *La Revolución en las otras Provincias de la Capitanía General de Venezuela*

Luego de la Revolución de Caracas del 19 de abril de 1811, la Junta Suprema de Venezuela envió emisarios a las principales ciudades de las otras Provincias que conformaban la Capitanía General de Venezuela para invitarlas a adherirse al movimiento de Caracas. En todas esas Provincias con excepción de Coro y Maracaibo,[198] y ante la creencia de que la Metrópoli estaba gobernada por Napoleón y había sido disuelto el Gobierno Supremo, se desarrolló un proceso revolucionario provincial con manifiestas tendencias autonomistas, en muchos casos mediante la creación de Juntas Supremas provinciales.[199]

En consecuencia, el 27 de abril de 1810, en Cumaná, el Ayuntamiento asumió la representación de Fernando VII, y "su legítima sucesión".

El 5 de julio de 1810, el Ayuntamiento de Barinas decidió proceder a formar "una Junta Superior que recibiese la autoridad de este pueblo que la constituye mediante ser una provincia separada".

El 16 de septiembre de 1810, el Ayuntamiento de Mérida decidió "en representación del pueblo", adherirse a la causa común que defendían las Juntas Supremas y Superiores que ya se habían constituido en Santa Fé, Caracas, Barinas, Pamplona y Socorro, y resolvió, con representación del pueblo, se erigiese una Junta "que asumiese la autoridad soberana".

El Ayuntamiento de Trujillo convino en instalar "una Junta Superior conservadora de nuestra Santa Religión, de los derechos de nuestro amadísimo, legítimo, soberano Don Fernando VII y su Dinastía y de las derechos de la Patria".

El 12 de octubre de 1811, en la Sala Consistorial de la Nueva Barcelona se reunieron "las personas visibles y honradas del pueblo de Barcelona" y resolvieron declarar la independencia con España de la Provincia y unirse con Caracas y Cumaná, creándose al día siguiente, una Junta Provincial para que representara los derechos del pueblo[200].

V. LAS CAUSAS DE LA INDEPENDENCIA EXPLICADAS EN LONDRES EN 1812, CUANDO LA CONSTITUCIÓN DE CÁDIZ COMENZABA A CONOCERSE Y LA REPUBLICA COMENZABA A DERRUMBARSE

En 1812, durante los mismos meses en los cuales las Cortes Generales del Reino de España se reunían en Cádiz y las autoridades españolas estaban en el proceso de dar a conocer la Constitución de la Monarquía Española de 18 de marzo de 1812, en

de la filosofía racionalista, en nombre del optimismo humanitario de Condorcet y de Rousseau como los revolucionarios de 1810 y los constituyentes de 1811, surgidos en su totalidad de las altas clases sociales, decretan la igualdad política y civil de todos los hombres libres", *op. cit.*, p. 75.

198 Véase las comunicaciones de la Junta Suprema respecto de la actitud del Cabildo de Coro y del Gobernador de Maracaibo, en *Textos Oficiales...*, *cit.*, Tomo I, pp. 157 a 191. Véase además los textos que publican J. F. Blanco y R. Azpúrua, *op. cit.*, Tomo II, p. 248 a 442, y 474 a 483.

199 Véase en *Las Constituciones Provinciales*, Biblioteca de la Academia Nacional de la Historia, Caracas, 1959, pp. 339 y ss.

200 Véase las Actas de la Independencia de las diversas ciudades de la Capitanía General de Venezuela en *Las Constituciones Provinciales,* Academia Nacional de la Historia, 1959, pp. 339 y ss.

Londres salía publicado un libro intitulado *Interesting Official Documents Relating to the United Provinces of Venezuela, W. Glidon,* Rupert–Street, Haymarket, para Longman and Co. Paternoster–Row; Durlau, Soho–Square; Hartding, St. Jame's Street; y W. Mason, N° 6, Holywell Street, Strand, &c. &c, London 1812.[201]

En esta obra se recopilaron, precedidos de unas *Observaciones Preliminares*, los más importantes *documentos oficiales* que habían sido adoptados y sancionados durante el año precedente (1811) por el Congreso General de la Confederación de Venezuela. Se trató de la primera Asamblea constituyente integrada por diputados electos, representantes de las primeras siete provincias que en la América Hispana se habían declarado independientes de España, desconociendo expresamente no sólo a la Regencia de la Monarquía española sino a las propias Cortes Generales de Cádiz.[202] La misma, como dice Juan Garrido Rovira,

> "asumió el reto de los tiempos y marcó los ideales político–culturales de los siglos, entre otros: Independencia política; especial consagración de la libertad de pensamiento; separación de poderes; sufragio, representación y participación de los ciudadanos en el gobierno; equidad social; consagración y respeto de los derechos y deberes del hombre; limitación y control del poder; igualdad política y civil de los hombres libres; reconocimiento y protección de los derechos de los pueblos indígenas; prohibición del tráfico de esclavos; gobierno popular, responsable y alternativo; autonomía del poder judicial sobre bases morales; la nación por encima de las facciones."[203]

Se trataba, por tanto de los documentos más importantes que podían contribuir, en 1812, a explicar la situación de Venezuela en la lucha por su independencia ya declarada respecto de España. Allí estaban incluidas, no sólo el *Acta de*

---

201 Véase la edición facsimilar que hemos hecho de esta obra en 2012 en Allan R. Brewer-Carías, *Documentos Constitucionales de la Independencia/ Constitucional Documents of The Independence 1811*, Colección Textos Legislativos N° 52, Editorial Jurídica Venezolana, Caracas 2012, 644 pp. En las páginas 301 a 644 es reproduce el libro: "*Interesting Documents relating to Caracas/ Documentos Interesantes relativos a Caracas; Interesting Official Documents relating to the United Provinces of Caracas, viz. Preliminary Remarks, The Act of Independence. Proclamation, Manifesto to the World of the Causes which have compelled the said provinces to separate from the Mother Country; together with the Constitution framed for the Administration of their Government. In Spanish and English*," con una Introducción General del autor sobre el significado y la importancia de dicho libro. Se trató de una obra con doble texto, en castellano y en ingles, que se siguen paralelamente a lo largo de sus páginas, con el texto en español en las páginas pares, y el inglés en las impares. Su presentación editorial la describió exactamente Carlos Pi Sunyer señalando que: "Forma la anteportada un grabado de T. Wogeman; una alegoría al gusto de la época, con una figura femenina que representa América, otra que simboliza la república, y lleva una tablilla en la que está escrita la palabra "Colombia", y un querubín con un rollo de pergamino con el título "Constitución de Venezuela." En la portada figura el título completo de la obra, en inglés, con numerosas viñetas de buen gusto. Una obra de agradable presentación e interesante contenido." Véase Carlos Pi Sunyer. *Patriotas Americanos en Londres (Miranda, Bello y otras figuras)*, (Ed. y prólogo de Pedro Grases), Monteávila Editores, Caracas 1978, p. 211.

202 Sobre los aspectos constitucionales del proceso de independencia de Venezuela a partir de 1810, véase Allan R. Brewer-Carías, *Historia Constitucional de Venezuela*, Tomo I, Editorial Alfa, Caracas 2008, pp. 195-278.

203 Véase Juan Garrido Rovira, *El Congreso Constituyente de Venezuela*, Bicentenario del 5 de julio de 1811, Universidad Monteávila, Caracas 2010, p. 12.

Independencia de 5 de julio de 1811, es decir de "la declaración solemne que hizo el Congreso General de Venezuela de la independencia absoluta de esta parte de la América Meridional;" sino el texto de la *Constitución de la Confederación de los Estados de Venezuela* de 21 de diciembre de 1811; algunos artículos de la *Declaración de los Derechos del Pueblo* adoptada por la Sección Legislativa de la provincia de Caracas del Congreso General de 1° de julio de 1811;[204] y el "*Manifiesto* que hizo al mundo la Confederación de Venezuela en la América Meridional" de fecha 30 de julio de 1811, "formado y mandado publicar por acuerdo del Congreso General de sus Provincias Unidas," y firmado en el "Palacio Federal de Caracas," en el cual se explicaron "las razones en que se ha fundado su absoluta independencia de España, y de cualquiera otra dominación extranjera." El libro, en edición bilingüe, además, como se dijo, estaba precedido de un texto "oficial" (sin firma) del nuevo Estado, como *Observaciones Preliminares*, en el cual se resumían y sintetizaban las mencionadas razones, ampliándoselas. Con todos estos documentos, como lo decía en el *Manifiesto*, se buscaba que los "¡Hombres libres, compañeros de nuestra suerte!" dieran una "mirada imparcial y desinteresada" sobre lo que estaba ocurriendo en Venezuela.[205]

Con dicha publicación, dada la ausencia de textos en inglés que ofrecieran datos sobre el proceso de independencia que se había iniciado formalmente en Hispano América con los sucesos de Caracas, se pretendía, como se afirmó en las *Observaciones Preliminares*, ilustrar sobre la situación de Venezuela, que había sido la primera provincia:

> "en romper las cadenas que la ligaban á la Madre Patria, al cabo de dos años empleados en vanos esfuerzos para obtener reformas y desagravios, después de haber sufrido quantos oprobios é indignidades pudieron acumularse sobre ella, ha proclamado por fin aquel sagrado é incontestable derecho que tiene todo pueblo para adoptar las medidas mas conducentes á su bienestar interno, y mas eficaces para repeler los ataques del enemigo exterior."

A tal efecto, se informaba que "la urgencia de las causas qua la han compelido a esta medida extrema aparece en el *Manifiesto* que dirige al mundo imparcial; y la justicia, de las miras de sus representantes, dirigidas a la salud de sus constituyentes, se echa también de ver en la Constitución formada para la formación y administración de las leyes, como en el resultado de sus declaraciones solemnes," textos conforme a los cuales "los habitantes de Venezuela han visto por la primera vez definidos sus derechos y aseguradas sus libertades."

En fin, se afirmaba en las *Observaciones Preliminares,* además, que "en los documentos que componen este volumen, no se hallarán ni principios menos grandes, ni consecuencias menos justas, que en las mas celebres medidas de las Cortes, cuya liberalidad y filantropía es harto inferior á la de los Americanos;" y se

---

204 Véase el texto de estos documentos en Allan R. Brewer-Carías, *Las Constituciones de Venezuela*, Academia de Ciencias Políticas y Sociales, Caracas 2008, Tomo I, pp. 545-579.

205 En las citas que se hacemos de los documentos, se utilizan las siguientes abreviaturas: **OP**: *Observaciones Preliminares*; **AI**: *Acta de la Independencia* de 5 de julio de 1811; **M**: *Manifiesto que hace al mundo la Confederación de Venezuela en la América Meridional*, de 30 de julio de 1811.

indicaba que "el ejemplo que da Venezuela al resto de la América Española" era "como la Aurora de un día sereno," exclamándose que "¡Ojala que ninguna ocurrencia siniestra retarde ó impida los progresos" de dicha causa americana.

Las ironías políticas del destino de los pueblos quisieron, sin embargo, que esas "siniestras ocurrencias" acaecieran, y que para el momento en el cual el libro que explicaba la independencia de unas provincias americanas comenzó efectivamente a circular en Inglaterra, momento coincidente con la época en la cual la propia Constitución de Cádiz comenzaba a conocerse tanto en la Península como América, aquel gobierno de la Venezuela independiente, producto del primigenio proceso político de emancipación Hispanoamericana cuyas causas eran precisamente las que en el libro se buscaba explicar al mundo, ya fuera cosa del pasado.

La caída de la primera República de Venezuela se había materializado con la Capitulación del General Francisco de Miranda el 25 de julio de 1812, para cuando el libro estaba saliendo de la imprenta, lo que había provocado la ocupación militar de la Provincia de Caracas por parte de Comandante General del Ejército de S.M. Católica, Domingo de Monteverde, quien había sido destinado por las Cortes de Cádiz para la pacificación de Venezuela.

Este había llegado a las costas de Venezuela por Coro en febrero de ese mismo año 1812 desde Puerto Rico,[206] por las mismas costas en la cuales seis años antes también había desembarcado Francisco de Miranda en una fallida expedición independentista desde Nueva York. Con Monteverde en Venezuela, a partir del mes siguiente, luego del terrible terremoto de Caracas 23 de marzo de 1812 que devastó física y moralmente a la Provincia, se produjo la total devastación institucional de la misma.[207] El orden republicano que se había comenzado a construir fue totalmente

---

206 Véase los documentos en *Archivo del General Miranda*, La Habana, 1950, tomo XXIV, pp. 509 a 530. Además, en José Félix Blanco y Ramón Azpúrua, *Documentos para la Historia de la Vida Pública del Libertador de Colombia, Perú y Bolivia. Puestos por orden cronológico y con adiciones y notas que la ilustran*, La Opinión Nacional, Vol. III, Caracas 1877, Edición facsimilar: Ediciones de la Presidencia de la República, Caracas 1977, 1983, pp. 679 y ss. Además, en José de Austria, *Bosquejo de la Historia Militar de Venezuela,* Biblioteca de la Academia Nacional de la Historia, Tomo I, Caracas 1960, pp. 340 y ss. (José de Austria fue contemporáneo del proceso de Independencia; había nacido en Caracas en 1791).

207 El arte final del libro, sin duda, se terminó de componer después de la fecha de la sanción de la Constitución de Cádiz (18 de marzo de 1812), lo que se evidencia de la nota que se colocó al pie de página del texto en inglés al artículo 67 de la Constitución de 1811 (que establecía que el día 15 de febrero de cada año el Congreso se debía instalar en la ciudad Federal, que era Caracas), en la cual se expresó que "con motivo del último terremoto de Caracas" (que había sido el 23 de marzo de 1811, y cuya noticia sólo habría llegado a Inglaterra varias semanas después), "mediante una reciente ley del Congreso, Valencia ha sido hecha capital Federal, donde se reunieron los diputados". Por la misma razón, en cambio, es de suponer que la composición final del libro tuvo lugar antes de que se conocieran en Londres las noticias de la Capitulación de Francisco de Miranda (que fue el 25 de julio de 1811), pues de lo contrario alguna nota también se hubiese agregado al texto, salvo que deliberadamente no se hubiese hecho para no desmoronar el proyecto editorial. En tal sentido, Carlos Pi Sunyer presumiendo que el libro debió salir de la imprenta hacia finales de 1812, expresó que: "Es probable que en el momento de aparecer, Bello ya conociese los acontecimientos que motivaron la caída de la primera República de Venezuela; ya que, el 12 de octubre, López Méndez dirige una comunicación a Lord Castlereagh, refiriéndose a los mismos, escrita en letra de Bello, fecha en que es de creer que aún no hubiese salido en libro, o acababa de salir." Véase Carlos Pi Sunyer. *Patriotas Americanos en Londres... op. cit.*, p. 222.

demolido, abrogándose por supuesto la Constitución Federal de 1811, e ignorándose además el texto de la misma Constitución de Cádiz que debía jurarse en las provincias ocupadas, recomenzando así en la Provincia, trescientos años después del Descubrimiento, la aplicación de la "ley de la conquista;" y además, buscándose la destrucción de la memoria historia con el saqueo de los Archivos de la Provincia, y la destrucción y desaparición de los propios documentos de la independencia.

Abrogada la Constitución de 1811 por la fuerza militar, las autoridades invasoras debían procurar la publicación en Venezuela de la Constitución de Cádiz, recién sancionada cuando estos acontecimientos ocurrían, para lo cual el Capitán General Fernando Mijares recién nombrado Gobernador de la antigua Provincia de Venezuela, cargo que materialmente no llegó a ejercer efectivamente jamás, el 13 de agosto de 1812 le remitió a Monteverde, desde Puerto Cabello, veinte ejemplares del texto constitucional monárquico, con las correspondientes órdenes y disposiciones que habían dado las Cortes para su publicación y observancia[208]. Y así lo hizo Monteverde, pero "a la manera militar" el 21 de noviembre de 1812, asumiendo sin embargo un poder omnímodo contrario al texto constitucional gaditano.[209] .Sobre la Constitución de Cádiz, o más bien, sobre su no aplicación en Venezuela, el mismo Monteverde informaría al gobierno de la Metrópoli con toda hostilidad diciéndole que si había llegado a publicar la Constitución de Cádiz, había sido "por un efecto de respeto y obediencia, no porque consideré a la provincia de Venezuela merecedora todavía de que participase de los efectos de tan benigno código."[210] Durante toda su campaña en Venezuela entre 1812 y 1813, desconoció la exhortación de amnistía que habían hecho las propias Cortes de Cádiz en octubre de 1810, desconoció los términos de la Capitulación que había firmado con Francisco de Miranda el 25 de julio de 1812, desconoció las previsiones de la propia Constitución de 1812 y desconoció las decisiones judiciales adoptadas por la Audiencia con motivo de la persecución política que desarrolló. Aplicó, en fin "la ley de la conquista,"[211] y ello fue lo que en definitiva premiaron las Cortes de Cádiz al haber felicitado mediante Orden de 21 de octubre de 1812, a Domingo Monteverde y a las tropas bajo su mando, "por los importantes y distinguidos servicios prestados en la pacificación de la Provincia de Caracas."[212]

Todo esto ocurría en Venezuela, mientras en Londres comenzaba a circular en 1812, el libro *Interesting Official Documents Relating to the United Provinces of Venezuela*, que daba de una realidad distinta, cuya implementación había sido forzosamente pospuesta.

---

208 Véase José de Austria, *Bosquejo de la Historia militar…*, *op. cit.*, Tomo I, p. 364.

209 Véase Manuel Hernández González, "La Fiesta Patriótica. La Jura de la Constitución de Cádiz en los territorios no ocupados (Canarias y América) 1812-1814," en Alberto Ramos Santana y Alberto Romero Ferrer (eds), *1808-1812: Los emblemas de la libertad*, Universidad de Cádiz, Cádiz 2009, pp. 104 ss.

210 Véase José de Austria, *Bosquejo de la Historia militar…*, *op. cit.*, Tomo I, p. 370.

211 *Idem.*

212 Véase en Eduardo Roca Roca, *América en el Ordenamiento Jurídico…*, *op. cit.*, p. 81.

1. *Algo sobre el libro en inglés de 1812 y las razones de su publicación en Londres*

Este libro, por lo antes dicho, en realidad resultó ser una especie de publicación oficial "post mortem" que, "en vida," había mandado a editar la República a través del Gobierno del entonces recién creado Estado de Venezuela, el cual costeó la edición. La misma, además, fue coordinada por la recién designada Delegación Oficial de la Venezuela republicana ante el Gobierno británico que para ese momento estaba instalada en Londres, precisamente en la casa de Francisco de Miranda, una de las más destacadas víctimas de traición de sus subalternos[213] y, por ello, de la ley de la conquista de Monteverde, quien murió precisamente en Cádiz, en la prisión de la carraca en 1816. La intención del libro era, en todo caso, explicar a los ingleses las razones y las causas de las decisiones políticas que entre 1808 y 1811 se habían adoptado antes del movimiento de Cádiz, en las antiguas colonias españolas ubicadas en la parte meridional del Continente Americano, las Provincias que conformaban la antigua capitanía General de Venezuela y que habían conducido al inicio del proceso de independencia de la América Española.

La importancia del libro, a pesar de haber aparecido en medio de una situación de guerra, era, por tanto, bastante singular, a lo que se suma su extraordinario valor documental, incluso en tiempos actuales. Como se dijo, para el momento de su publicación, muchos de los originales de los documentos en él publicados, incluyendo el *Acta de la Independencia* de 5 de julio de 1811, habían desaparecido en el saqueo de Caracas durante la ocupación realista, de lo que resultó que el único texto "auténtico y oficial" de tan preciado documento era precisamente el que se había publicado en el libro de Londres en 1812. Por ello, noventa años después de la publicación del libro, en 1903, la Academia Venezolana de la Historia consideró y declaró formalmente que la versión del *Acta de la Independencia* publicada en dicho libro londinense de 1812, era la única considerada como auténtica; criterio que fue incluso adoptado oficialmente por el Gobierno de Venezuela, al ordenar el Presidente Cipriano Castro en 1903, la publicación en español[214] de aquellos *Interesting Official Documents.*[215]

---

213 Véase Giovanni Meza Dorta, *Miranda y Bolívar. Dos visiones*, Ed. Bid & co. Editor, Caracas 2007, p. 152 ss.

214 En el Decreto publicado en *Gaceta Oficial* N° 8.863 de 28 de mayo de 1903, declaró que en virtud de que el libro estaba agotado, existiendo en Venezuela solo una copia que había sido adquirida por la Academia Nacional de la Historia, se ordenaba la publicación de la edición original con sólo la versión en castellano de los documentos, había sido también publicada en Londres en 1812, manteniendo el orden y la ortografía de dicha primera edición.

215 Véase en *Prólogo a los Anales de Venezuela,* Academia Nacional de la Historia, Caracas, 1903. La versión en castellano de las *Observaciones Preliminares* que preceden los diversos documentos del libro, se publicó en J.F. Blanco y R. Azpúrua, *Documentos para la Historia de la Vida Pública del Libertador..., op. cit.,* Tomo III, pp. 391-395. El texto completo de la versión en español de los documentos se publicaron en 1959 por la Academia Nacional de la Historia, en el libro intitulado: *La Constitución Federal de Venezuela de 1811 y Documentos Afines* ("Estudio Preliminar" por Caracciolo Parra-Pérez), Biblioteca de la Academia Nacional de la Historia, Sesquicentenario de la Independencia, Caracas 1952, 238 pp.; reeditado por Fundación Polar, Caracas 2009.

En todo caso, los documentos publicados en el libro de Londres eran, para ese momento, los más importantes documentos publicados en ingles en relación con el proceso de la revolución de independencia de Hispano América que había comenzado precisamente con la independencia de las provincias de Venezuela en 1810,[216] en el cual por primera vez tuvieron aplicación práctica, de campo y en conjunto, todos los principios del constitucionalismo moderno que solo unas décadas antes se habían materializado en los documentos de la Revolución Norteamericana (1776) y de la Revolución Francesa (1789).[217]

Como es sabido, ese proceso se encendió cuando en Caracas se supieron las noticias sobre la ocupación del territorio español por los ejércitos de Napoleón y sobre la adopción de la Constitución de Bayona el 6 de julio de 1808 que había sido otorgada por el Emperador al tener secuestrados en la misma ciudad, al rey Carlos IV y a su hijo Fernando VII; hechos que fueron considerados formalmente en la sesión del Cabildo de Caracas del 15 de agosto de 1808. En dicha sesión, incluso, se llegó a formular por algunos de sus miembros la propuesta de establecer en Caracas una Junta conservadora de los derechos de Fernando VII, como las que se habían venido estableciendo en las diferentes ciudades españolas de la Península para sostener los derechos del Rey depuesto, y quien ya para esa fecha había sido sustituido por Napoleón, quien había nombrado a su hermano José Bonaparte, Rey de España. La propuesta, sin embargo, fue firmemente objetada por el entonces Gobernador Juan de Casas, quien como Teniente Rey y Auditor de Guerra durante el gobierno del Capital General Manuel de Guevara y Vasconcelos (1799–1807) había asumido en año anterior (1807) como Capitán General. Había sido precisamente durante el Gobierno de Guevara y Vasconcelos y de este su Teniente Rey, Casas, cuando, por ejemplo, José María España, uno de los cabecillas de la llamada Conspiración de Gual y España (1797),[218] la primera de las víctimas de la idea republicana en Venezuela, había sido ahorcado con gran despliegue de terror en la Plaza Mayor de Caracas (1799); y cuando Francisco de Miranda desembarcaría en la Vela de Coro en 1806 con su pequeña expedición independentista, permaneciendo en Coro por sólo cinco días.

---

216 Debe recordarse que unos meses antes, el 10 de agosto de 1809, en Quito tuvo lugar una insurrección en la cual un grupo de criollos bajo el mando de Juan Pío Montúfar, Marqués de Selva Alegre, depusieron las autoridades coloniales y establecieron una *Junta Suprema* jurando lealtad a Fernando VII, en lo que se ha considerado como el primer grito de independencia en las colonias hispanoamericanas. Sin embargo, el movimiento no llegó a cristalizar, y tres meses después las tropas del Virrey del Perú y habían ocupado la capital y restablecido el gobierno español. Véase los documentos de Montúfar y de Rodríguez de Quiroga, Secretario de Gracia y Justicia de la *Junta Suprema* de Quito, en José Luis Romero y Luis Alberto Romero (Coordinadores), *Pensamiento Político de la Emancipación*, Biblioteca Ayacucho, Tomo I, Caracas 1985, pp. 47–50.

217 Véase Allan R. Brewer-Carías, *Reflexiones sobre la Revolución Norteamericana (1776), la Revolución Francesa (1789) y la Revolución Hispanoamericana (1810-1830) y sus aportes al Constitucionalismo Moderno*, 2ª Edición Ampliada Universidad Externado de Colombia, Editorial Jurídica Venezolana, Bogotá 2008.

218 Véase Pedro Grases, *La Conspiración de Gual y España y el Ideario de la Independencia*, Caracas 1978; Allan R. Brewer-Carías, *Los Derechos Humanos en Venezuela: Casi 200 años de Historia*, Academia de Ciencias Políticas y Sociales, Caracas 1990, pp. 53 ss.

Si bien los agitadores criollos no lograron hacer que el Cabildo se constituyese en Junta Suprema conservadora de los derechos de Fernando VII, en sus sesiones si se impuso la solemne proclamación del heredero de Carlos IV como Rey de las Españas, a partir de lo cual nada pudo detener el desarrollo de la revolución en medio de la agitación general de la provincia, particularmente por las noticias que seguían llegando, aún cuando tardíamente durante el año siguiente (1809), sobre la invasión general de España por los ejércitos franceses. Dicha invasión había llegado a abarcar casi todo el territorio peninsular, habiendo quedado reducido el funcionamiento del gobierno provisional de la *Junta Central*, a la Isla de León en Cádiz.

Todos estos hechos continuaron alarmando a las colonias españolas y a sus Cabildos, llegando a provocar en Caracas, el 19 de abril de 1810, la expulsión del nuevo Gobernador y Capitán General, Mariscal de Campo Vicente de Emparan y Orbe, quien había tomado posesión del cargo el año anterior, en mayo de 1809. Emparan era conocido en las provincias de Venezuela, pues había servido como Gobernador General de Cumaná, entre 1792 y 1804, con ideas liberales, al punto de que se le atribuye haber ayudado a embarcar clandestinamente a Manuel Gual, el otro responsable de la Conspiración de 1797, para Trinidad. Lo cierto fue que no pudo detener la conspiración, de manera que en aquél 19 de abril, luego de rechazar la propuesta de constituir una Junta y dar por terminada la sesión del Cabildo, al salir para asistir a los oficios propios del jueves santo en la Catedral de Caracas, fue obligado por la muchedumbre a volver al mismo ("A Cabildo, señor, el pueblo os llama a cabildo para manifestar su deseo"),[219] en cuya sesión se resolvió sustituir al propio Cabildo por un nuevo gobierno provincial y local que se creó el mismo 19 de abril de 1810, a cargo de una *Junta Suprema Conservadora de los Derechos de Fernando VII.*

Los efectos de estos hechos, con los que inició el propio proceso de independencia de Hispanoamérica, se extendieron rápidamente, y siguiendo "el ejemplo que Caracas dio," durante el mismo año de 1810, en siete de las nueve provincias que formaban la Capitanía General de Venezuela, se produjeron similares movimientos,[220] al igual que los que ocurrieron, por ejemplo, en otras jurisdicciones, como en Buenos Aires, el 25 de mayo de 1810, y en Bogotá, en la Nueva Granada el 20 de julio de 1810.

Expulsado el Capitán General Emparan, y después de la consolidación del nuevo gobierno en la Provincia de Caracas, la *Junta Suprema* de Caracas decidió convocar, en enero de 1811 y conforme al Reglamento de elecciones y reunión de diputados que había sido adoptado el 11 de junio de 1810,[221] a la elección de los diputados representantes de todas las Provincias que integraban la antigua Capitanía General de Venezuela para formar un Congreso General con el objeto establecer

219 Véase sobre estos sucesos, Juan Garrido Rovira, *La Revolución de 1810*, Universidad Monteávila, Caracas 2009, pp. 97 ss.

220 Véase por ejemplo, *Actas de Independencia. Mérida, Trujillo y Táchira en 1810*, Halladas y publicadas por Tulio Febres Cordero, 450 Años de la Fundación de Mérida, 1558-2008, Mérida 2007.

221 Véase en Allan R. Brewer-Carías, *Las Constituciones de Venezuela*, Academia de Ciencias Políticas y Sociales, Tomo I, Caracas 2008, pp. 535-543.

instrumentos comunes de defensa y de gobierno. Una vez electos los diputados, e instalado el Congreso General en marzo de 1811, sus deliberaciones condujeron a la adopción, entre otros documentos, de la primera declaración formal de derechos humanos en Hispano América (1° de julio de 1811), la tercera del mundo moderno,[222] algunos de cuyos artículos se publicaron en el libro; de la primera Declaración formal de Independencia política de una antigua colonia española (5 de julio de 1811);[223] y de la primera de las Constituciones de un país independiente producto de la revolución Hispanoamericana, la Constitución federal de los Estados de Venezuela (21 de diciembre de 1811), que fue la tercera Constitución republicana del mundo moderno,[224] luego de la Norteamericana (1787) y de la Francesa (1791), en la cual, además, después de la Constitución Norteamericana, por primera vez en el constitucionalismo moderno se adoptó la forma federal de gobierno. Todos estos eventos tuvieron lugar durante tres largos años (1808–1811), incorporando a Venezuela en las corrientes del constitucionalismo moderno, incluso antes que en España, proceso que allí se inició con la Constitución de la Monarquía Española de Cádiz de 1812.[225]

Todos estos actos estatales sancionados en 1811 en las provincias de Venezuela, fueron precisamente los que traducidos al inglés, formaron el cuerpo documental más significativo del libro *Interesting Official Documents* publicado al año siguiente en Londres, lo que sin duda fue posible debido a las importantes relaciones que a comienzos del siglo XIX ya estaban establecidas entre muchos destacados hispanoamericanos y el mundo político e intelectual inglés. La presencia en Londres de Francisco de Miranda, quien era el más destacado exilado venezolano de entonces y quizás el más perseguido y buscado de todos los americanos por la Corona, y uno de los más importantes promotores y precursores del movimiento independentista de América Hispana, fue sin duda fundamental en el establecimiento de esas relaciones. Tenía allí su residencia desde 1799, después de haber servido en los Ejércitos napoleónicos y haber viajado extensamente por toda Europa e incluso a los Estados Unidos, desde donde lideró, en 1806, una importante expedición con propósitos independentistas hasta a las costas de Venezuela, donde llegó a desembarcar proclamando ideas libertarias y de independencia. Sobre Miranda, con razón, William Spence Robertson, dijo que había sido "Precursor, Caballero Errante y Promotor de la libertad hispanoamericana. Fue el primer sudamericano ilustrado que realizó un viaje por los Estados Unidos y por Europa. Su vida ofrece un interés incomparable, porque fue el único personaje de su tiempo que

222 *Idem*, pp. 549-551 ss.

223 *Idem*, pp. 545-548.

224 *Idem*, pp. 555-579.

225 Véase Allan R. Brewer-Carías, "La Constitución de Cádiz de 1812 y los principios del constitucionalismo moderno: su vigencia en Europa y en América," en *Anuario Jurídico Villanueva*, III, Año 2009, Villanueva Centro Universitario, Universidad Complutense de Madrid, Madrid 2009, pp. 107-127; "El paralelismo entre el constitucionalismo venezolano y el constitucionalismo de Cádiz (o de cómo el de Cádiz no influyó en el venezolano)," en *Libro Homenaje a Tomás Polanco Alcántara*, Estudios de Derecho Público, Universidad Central de Venezuela, Caracas 2005, pp. 101-189, y en *La Constitución de Cádiz. Hacia los orígenes del Constitucionalismo Iberoamericano y Latino*, Unión Latina-UCAB, Caracas 2004, pp. 223-331.

participó en la lucha por la independencia de las Trece Colonias, la Revolución Francesa y la guerra de liberación de la América hispana."[226]

El libro *Interesting Official Documents*, por tanto, puede decirse que fue la última manifestación respecto de Venezuela, aunque indirecta, de las empresas editoriales que desde 1799 Francisco de Miranda había iniciado en Londres a favor de la independencia hispanoamericana, y que comenzaron con la publicación de la *Carta a los Españoles Americanos* del ex–jesuita Juan Pablo Viscardo y Guzmán, notable precursor intelectual de la independencia hispanoamericana. Este, al fallecer en Londres en 1798, unas semanas antes del regreso de Miranda a esa ciudad luego de terminar su periplo en la Francia revolucionaria, había legado sus papeles al Ministro norteamericano en Londres, Rufus King, quien para preservar las ideas del destacado peruano entregó algunos de los manuscritos a Miranda, amigo de ambos.[227] Entre esos papeles estaba la famosa *Carta* que había escrito unos años antes en París, en 1791, y que apareció publicada en Londres en 1799, por iniciativa de Miranda y King, como libro sin nombre de autor en la portada y con pie de imprenta en Filadelfia, con el título *Lettre aux espagnols américaines par un de leurs compatriotes*," Philadelphie, MDCCXCXIX, indicándose sin embargo en la "Advertisment" que su autor había sido Viscardo y Guzmán. Dos años después en 1801, Miranda hizo traducir la carta al castellano y de nuevo la publicó, esta vez con pie de imprenta en Londres, como *Carta dirigida a los españoles americanos por uno de sus compatriotas,* P. Boyle, London 1801. La Carta, gracias a la difusión que le dio Miranda tendrá una enorme influencia en el movimiento independentista de América Hispana, reflejándose su contenido, por ejemplo, en el Acta de Independencia y la Constitución de Venezuela de 1811, y en la Carta de Jamaica del Libertador Simón Bolívar de 1815.[228]

Después de estas primeras traducciones y ediciones, durante la primera década del Siglo XIX, Miranda, sin duda, fue el punto de atracción y de atención en Londres sobre todo lo que tuviera que ver con los asuntos relativos a la independencia hispanoamericana. A él acudían todos los que de Hispanoamérica llegaban o pasaban por Londres, y él a su vez mantenía contacto con prominentes personas del gobierno británico, principalmente con quien había sido destacado primer Ministro, William Pitt, buscando el apoyo británico para el proceso hispanoamericano. En las labores editoriales en favor de la difusión de las ideas independentistas, en las cuales contó con financiamientos importantes de

226 Véase Robertson, William Spence (1929), *The Life of Miranda*. The University of North Carolina Press, Chapel Hill 1929, Vol. 1.

227 Miranda habría utilizado sólo algunos de los papeles, pues la casi totalidad de los mismos que nunca estuvieron en los Archivos de Miranda, se encontraron en los archivos del mismo destacado político norteamericano quien los había recibido originalmente, Rufus King. Véase Merle E. Simmons, *Los escritos de Juan Pablo Viscardo y Guzmán. Precursor de la Independencia Hispanoamericana*, Universidad Católica Andrés Bello, Caracas, pp. 15-19.

228 Véase Georges L. Bastin, "Francisco de Miranda, "precursor" de traducciones," en *Boletín de la Academia Nacional de Historia de Venezuela,* N° 354, Caracas 2006, pp. 167-197, y también en http://www.histal.umontreal.ca/pdfs/FranciscoMirandaPrecursorDeTradu-cciones.pdf

hispanoamericanos exiliados,[229] desarrolló una estrecha amistad con el destacado escritor y editorialista escocés James Mill,[230] quien entre el universo de temas de su atención se interesó por los asuntos hispanoamericanos. Esa alianza entre Miranda y Mill quizás es la clave para identificar al "escritor," o más bien, al seudónimo "William Burke" cuya obra tendría una especial importancia en la promoción del proceso de independencia de Hispanoamérica y de la figura de Miranda personalmente.

La primera obra publicada con la autoría atribuida a William Burke en Inglaterra fue el libro *History of the Campaign of 1805 in Germany, Italy, Tyrol, by William Burke, Late Army Surgon, London, Printed for James Ridgway, Nº 170, Opposite Bond Street, Picadilly, 1806,*[231] relativo a las guerras que desarrollaron las potencias aliadas europeas contra Francia después de que Napoleón había ocupado casi toda Europa y amenazaba con invadir a Inglaterra.[232] Se trata de una detallada crónica política militar de las guerras napoleónicas de ese año y de las reacción de las grandes potencias Europeas contra Francia, con referencia particular a la Batalla de Trafalgar de octubre de 1805 entre la Flota combinada de Francia y España y la Armada británica, que podría fin a los intentos napoleónicos de invadir Inglaterra. En el Apéndice del libro se incluyen importantes documentos y tratados entre las

---

229 Se destaca, por ejemplo, las contribuciones a las actividades editoriales de Miranda de la prominente familia Fagoaga, de México, desde la llegada a Londres en 1809 del segundo marqués del Apartado, José Francisco Fagoaga y Villaurrutia, su hermano Francisco y su primo Wenceslao de Villaurrutia, luego del movimiento autonomista que encabezó el Ayuntamiento de Ciudad de México en 1808. Entre los amigos comunes de los Fagoaga y Miranda se encontraba José María Antepara, quien se asoció a los proyectos editoriales de Miranda, en libros, como la republicación de la carta de Viscado y Guzmán, y en el periódico *El Colombiano*, que apareció en Londres cada quince días, entre marzo y mayo de 1810. En la concepción y publicación del mismo, con el financiamiento de los Fagoaga, colaboraron Manuel Cortés Campomanes, Gould Francis Leckie, James Mill y José Blanco White antes de fundar su propio periódico *El Español*. Véase Salvador Méndez Reyes, "La familia Fagoaga y la Independencia," Ponencia al 49 Congreso Internacional de Americanistas, Quito 1997, publicado en http://www.naya.org.ar/congresos/contenido/49CAI/Reyes.htmen

230 James Mill, destacado filósofo e historiador escocés (1773-1836), padre a su vez de John Stuart Mill, fue un escritor prolífico, siendo sus obras más conocidas: *History of Bristish India* (1818), *Elements of Political Economy* (1821), *Essay on Government* (1828) y *Analysis of the Phenomena of the Human Mind* (1829). Como editorialista, antes de la publicación de esas obras, tocó todos los temas imaginables, y en muchas ocasiones se refirió a temas relativos a la independencia hispanoamericana, citando por ejemplo, documentos de Juan Pablo Viscardo y Guzmán. El estudio "Pensamientos de un inglés sobre el estado y crisis presente de los asuntos en Sudamérica, publicado en 1810 en *El Colombiano*, que fue el periódico que editó Miranda en Londres ese año, debió ser de Mill, lo que se evidencia de las referencias que en él se hacen a trabajos suyos sobre Hispanoamérica publicados años antes en la *Edimburgh Review* (enero y julio de 1809). Dicho trabajo fue además reproducido en la *Gazeta de Caracas* del 25 de enero de 1811, llevado a Venezuela, junto con tantos otros papeles por Miranda, en diciembre de 1810. Véase Mario Rodríguez, *"William Burke" and Francisco de Miranda. The Word and the Deed in Spanish America's Emancipation*, University Press of America, Lanham, New York, London 1994, pp. 267-268.

231 Véase las referencias en Joseph Sabin, *Bibliotheca Americana. A Dictionary of Books relating to America, from its Discovery to the Present Time* (continued by Wilberforce Eames, and completed by Robert William Glenroie Vail, New York, 1868-1976.

232 En este libro se identifica a Burke como antiguo médico militar. Véase la referencia en *Annual Review and History of Literature for 1086*, Arthur Aikin, Ed., Longman etc, Ridgway, London 1807, p. 162

potencias aliadas, así como diversas proclamas de Napoleón. En la portada del libro se identificaba a Burke como "Late Army Surgeon."

Seguidamente también apareció publicada en Londres bajo la autoría del mismo William Burke, otra obra completamente distinta y sobre un tema que no tenía relación alguna con la anterior, titulada *South American Independence: or the Emancipation of South America, the Glory and Interest of England, by William Burke, the author of the Campaign of 1805,* F. Ridgway, London 1806. Lo cierto sin embargo, es que en la propia portada del libro se evidencia la intención de vincular al autor de este libro con la obra anterior, al indicarse que es el mismo autor del libro sobre la *Campaign of 1805*, es decir, el mismo "antiguo cirujano militar." Con ello, sin duda, se buscaba consolidar la construcción de un nombre en el mundo editorial, con una continuidad publicista, pero que en realidad no correspondía a persona alguna conocida en el Reino Unido en esa época.[233] La continuidad de la autoría atribuida a Burke se seguirá consolidando en obras posteriores hasta 1812, en ninguna de las cuales, sin embargo, se lo identifica como médico militar o ni como veterinario. En esta obra de 1806 sobre Sur América, que aparece en Londres mientras Miranda está comandando la expedición para invadir a Venezuela, sin embargo, se aprecia la clara intervención del mismo, sin duda conforme a los papeles que seguramente habría dejado listos antes de su viaje, concluyendo el libro con una solicitud de ayuda monetaria al gobierno británico "con cifras precisas que correspondían a los proyectos de Miranda."[234]

Después de la edición de este libro sobre la independencia hispanoamericana, ocurrieron dos acontecimientos importantes en las relaciones de Inglaterra con Hispanoamérica: en primer lugar, la expedición, desembarco y retirada del General Francisco de Miranda en 1806 en las costas de Coro en la provincia de Venezuela; y la expedición, desembarco y rendición del general John Whitelock, Comandante en Jefe de las fuerzas británicas en el Río de la Plata, en Buenos Aires en 1807. Al análisis de estos dos importantes acontecimientos se dedicó otra obra, como complemento de la anterior, publicada también bajo el nombre del mismo William Burke, titulada: *Additional Reasons for our Immediately Emancipating Spanish*

---

233 Sobre el William Burke que supuestamente escribió entre 1805 y 1810 no hay referencias biográficas algunas en el Reino Unido; por lo que puede decirse que no existió como persona, salvo en las carátulas de los libros que llevan el nombre. El William Burke conocido décadas anteriores (1729-1797) fue el autor, junto con su primo Edmund Burke (quien a su vez fue el autor del conocido libro *Reflections on the Revolution in France. And on the Proceeding in Certain Societies in London Relative to That Event in a Letter Intended to Have Been Sent to a Gentleman in Paris,* 1790) del libro: *An Account of the European Settlements in America, in six Parts*, Rand J. Dodsey, London 1760. Años después a los de la publicación de los libros del supuesto William Burke de comienzos del siglo XIX, el otro William Burke conocido fue un célebre criminal (1792-1829) quien junto con William Hare, ambos irlandeses, se dedicó a saquear tumbas y comerciar con cadáveres, por lo que fue juzgado y ahorcado en 1829. Su cadáver fue disecado ante 2000 estudiantes de medicina en la Universidad de Edimburgo, y su esqueleto puede aún verse en el Edinburgh University Museum. Véase la referencia en R Richardson, *Death, Dissection and the Destitute,* Routledge & Kegan Paul, London 1987, y en http://www.sciencemuseum.org.uk/broughttolife/peo-ple/burkehare.aspx

234 Véase Georges L. Bastin, "Francisco de Miranda, "precursor" de traducciones," en *Boletín de la Academia Nacional de Historia de Venezuela,* N° 354, Caracas 2006, pp. 167-197, y también en http://www.histal.umontreal.ca/pdfs/FranciscoMiranda PrecursorDeTraducciones.pdf

America: deducted from the New and Extraordinary Circumstances of the Present Crisis: and containing valuable information respecting the Important Events, both at Buenos Ayres and Caraccas: as well as with respect to the Present Disposition and Views of the Spanish Americans: being intended to Supplement to "South American Independence," by William Burke, Author of that work, F. Ridgway, London 1807.[235] Se destaca, de Nuevo, en esta obra, el lazo de unión que se continúa haciendo en cadena, entre el autor de esta obra y la anterior de 1806.

La primera parte de esta obra se destinó a analizar y criticar el último de los acontecimientos mencionados, es decir, la fracasada invasión británica a la ciudad de Buenos Aires en junio de 1807, con un ejército de cerca de 10.000 hombres, después de haber ocupado a Montevideo en abril de ese año. La resistencia de los bonaerenses fue definitiva, batiendo a las fuerzas británicas, de lo que resultó la capitulación en condiciones humillante para Whitelocke, ratificada en julio 1807, quedando obligado a evacuar en 48 horas la frontera meridional del río de la Plata, y a liberar la ciudad de Montevideo en los 2 meses subsiguientes, lo que efectivamente ocurrió el 1 de septiembre cuando Whitelocke abandonó el estuario junto con todo su ejército. Al llegar a Inglaterra en enero de 1808 a Inglaterra, fue sometido a un consejo de guerra que lo encontró culpable de todos los cargos que se le formularon, dándolo de baja y declarándolo "inepto e indigno de servir a S.M. en ninguna clase militar." Con esos hechos, como se dice en el libro, los Generales y Almirantes británicos quedaron convencidos que Sur América nunca sería británica."[236]

La segunda parte de la obra se destinó a analizar la expedición de Miranda el año anterior de 1806, quien con el conocimiento de las autoridades británicas y de los Estados Unidos, aún cuando sin su apoyo oficial, zarpó el 3 de febrero con uno grupo de hombres desde Nueva York, para invadir la provincia de Venezuela. Luego de tocar puerto en Haití, el 17 de febrero, donde el Emperador Jean Jacques Dessalines había sido recién asesinado y el líder Petion estaba en proceso de consolidar su poder, llegó a las islas de Curacao, Aruba y Bonaire, desde donde desembarcó en Puerto Cabello el 25 de abril, fracasando en su empresa invasora. Luego de tocar puerto en Grenada el 27 de mayo, donde se entrevistó con el Almirante Alexander Cochrane, comandante de la flota británica en el Caribe, obteniendo su ayuda con barcos y suministros, llegó a Trinidad el 2 de junio, desde donde el 23 de julio zarpó hacia la Vela de Coro, donde desembarcó Miranda a comienzos de Agosto de 1806. La expedición tenía propósitos independentistas, pero no encontró eco en la población ya advertida por las autoridades coloniales, quedando los resultados de la expedición en las Proclamas escritas por Miranda en

235 En la "Second Edition Enlarged, Ridoway, London 1808," se le agregó al libro la "Letter to the Spanish Americans" de Juan Pablo Viscardo y Guzmán, que Miranda había publicado en Londres en francés, en 1799, y en español, en 1801, pp. 95-124.

236 Véase William Burke, *Additional Reasons for our Immediately Emancipating Spanish America: deducted from the New and Extraordinary Circumstances of the Present Crisis: and containing valuable information respecting the Important Events, both at Buenos Ayres and Caraccas: as well as with respect to the Present Disposition and Views of the Spanish Americans: being intended to Supplement to "South American Independence," By William Burke, Author of that work,* F. Ridgway, London 1808, p. 407.

Trinidad y en Coro, en su carácter de "Comandante General del Ejército Colombiano, a los pueblos habitantes del Continente Américo–Colombiano."[237] Por el fracaso de la expedición, Miranda sacó sus tropas el 14 de agosto hacia Aruba. De esa empresa, además del relato del libro de Burke, se publicó en Nueva York un libro crítico: *The History of Don Francisco de Miranda's Attempt to Effect a revolution in South America in a Series of Letters*, Boston 1808, London 1809, probablemente escrito por uno de los norteamericanos participantes en la empresa.[238] De Aruba Miranda pasó a Trinidad en noviembre de 1806, y luego a Barbados donde se reunió con el Almirante Cochrane y el Coronel Gabriel de Rouvray, quien viajó a Londres como su representante personal, con toda la documentación de la expedición para buscar el apoyo británico para una nueva invasión, donde llegó en diciembre de 1806. El Conde de Rouvray, sin duda, antes de que llegara Miranda a Londres, entró en contacto con James Mill, y fue cuando William Burke pudo producir este libro *Additional Reasons.* Miranda permaneció en Barbados hasta comienzos de 1808, cuando regresó a Londres, no sin antes haberse reunido en Barbados con Rouvray, quedando en Londres James Mill como su representante.[239]

Se argüía finalmente en el libro *Additional Reasons* de Burke de 1807, que si Gran Bretaña le hubiese dado efectivo apoyo, la expedición de Miranda no hubiese fracasado, destinándose entonces la segunda mitad del texto a promocionar al General Miranda como la persona más indicada para llevar la tarea de independizar Hispanoamérica con el apoyo inglés. Para ello, se incluyó en el libro una sucinta biografía de Miranda, sin duda escrita por él mismo o bajo su inmediata dirección, donde se resume su vida desde su nacimiento en Caracas en 1754 (1750), y que completándose con datos adicionales, permite describirla desde su viaje a España a los 17 años "rechazando el fanatismo y opresiones" que privaban en la Provincia; su incorporación a un Regimiento militar de la Corona española en Cádiz, época en la cual conoció a John Turnbull (1776), quien luego sería uno de sus importantes apoyos financieros futuros; sus actuaciones militares en el Norte de África y en Norte América, en la toma de Pensacola y las Bahamas (1781); su decisión de viajar y acrecentar conocimientos, lo que lo llevó a Norte América (1783–1784) donde se relacionó con los líderes de la Revolución Norteamericana (Washington, Hamilton, entre otros) con quienes discutió ya sus planes de liberación de "Colombia;" y a Londres (1785), donde conoció al Coronel William Steuben Smith, quien había sido Ayuda de Campo de George Washington, y con quien inició su viaje de observación militar hacia Prusia (1785). Publicaciones en Londres sobre Miranda, alertaron a las autoridades españolas de su presencia en Europa, lo que le impidió regresar a Londres de inmediato, recibiendo noticias del peligro de ser secuestrado. Viajó entonces Miranda a Sajonia, Austria, Italia, Egipto, Trieste, Constantinopla, el Mar Negro y Crimea (1786), donde, después de conocer al Príncipe Gregory Potemkin

237 Véase Francisco de Miranda, *Textos sobre la Independencia,* Academia Nacional de la Historia, Caracas 1959, pp. 93-99.

238 Véase Mario Rodríguez, *"William Burke" and Francisco de Miranda. The Word and the Deed in Spanish America's Emancipation*, University Press of America, Lanham, New York, London 1994, p. 108.

239 *Idem*, p. 153.

de Rusia, viajó con él a Kiev como huésped del gobierno ruso, donde fue recibido por la Emperatriz Caterina de Rusia, de quien recibió apoyo efectivo a sus proyectos. Con pasaporte Ruso, Petersburgo fue a Suecia, Noruega y Dinamarca, donde de nuevo supo de las intenciones del gobierno español de detenerlo en Estocolmo. Pasó luego a los Países Bajos y Suiza desde donde vía Paris y Marsella, donde llegó usando otro nombre (M. de Meroff), regresó a Inglaterra en la víspera de la Revolución, en junio de 1789, esperando encontrar apoyo a sus proyectos de independizar Hispanoamérica. Allí se entrevistó con el primer Ministro William Pitt (1790), no encontrando los apoyos que esperaba. Ello lo llevó a viajar a Paris, con las mismas ideas, con la intención de ir a Rusia (1792). En París la Revolución ya se había instalado, de manera que la invasión de la Champaña por las fuerzas prusianas, lo llevaron a aceptar un puesto de comando militar en las fuerzas francesas bajo las órdenes del General Charles Dumouriez, con el rango de Mariscal de Campo (1792). Por sus ejecutorias militares fue nombrado Comandante en Jefe del Ejército del Norte. El desastre militar de Neerwinden, que obligó al ejército francés a evacuar los Países Bajos, resultando en acusaciones contra Dumouriez de querer reinstaurar la Monarquía, originó un proceso contra éste, quien quiso involucrar a Miranda en sus actuaciones. Este, a pesar de que pudo salir inocente del proceso que se desarrolló en su contra ante el Tribunal Revolucionario de Paris, regresó a Londres donde el entonces Primer Ministro William Pitt (1798), comenzó a atender sus planes sobre la independencia de Hispanoamérica.

Hasta aquí llegan las referencias a la corta biografía de Miranda contenida en el libro,[240] a las que habría que agregar su retorno a Francia entre 1800 y 1801, donde de nuevo estuvo preso, y su regreso a Londres donde se encerró a estudiar los Clásicos y a concebir su expedición libertaria hacia Venezuela, con el apoyo inglés, pero comandada por americanos y no por los británicos, con lo que Estados Unidos estaba de acuerdo. De allí si viaje a Nueva York en noviembre de 1805, donde su amigo William Steuben Smith lo ayudó a montar la expedición, y donde el Presidente Thomas Jefferson y el secretario de Estado James Madison fueron debidamente informados.

En el libro *Additional Reasons,* luego de la breve biografía de Miranda, se pasa de seguidas a formular una defensa del Precursor ante las calumnias que se habían difundido contra él respecto de sus intenciones en la expedición a Venezuela, calificándose a Miranda como el "Washington de Sur América," para luego formular la propuesta de que el General Miranda fuera inmediatamente ayudado por una fuerza militar de seis a ocho mil hombres para lograr la independencia de su propio país, Caracas, y desde allí del resto de Hispanoamérica. Miranda, se argumentaba, podía lograr en esa forma lo que ningún ejército británico podría pretender directamente, pues sería rechazado tal como había precisamente ocurrido en Buenos Aires. La empresa de la independencia de Hispanoamérica, en la forma que se planteaba, se decía en el libro, no debía demorarse ni un día más.

La concepción de estos libros de Burke sobre la independencia de Hispanoamérica y la promoción que en ellos se hacía del General Miranda, e

---

240 Véase William Burke, *Additional Reasons for our Immediately Emancipating Spanish America:..., cit.*, pp. 64-74.

incluso, tomando en cuenta el relativo a las guerras napoleónicas de 1805 donde se identifica a su autor como un antiguo médico militar que habría participado en las mismas, dada la ausencia, como hemos dicho, de toda referencia sobre una persona alguna con ese nombre en la Inglaterra de comienzos del Siglo XIX, permiten pensar que los mismos fueron libros de "orden colaborativo,"[241] publicados en realidad con la participación de Francisco de Miranda y de sus amigos londinenses, entre ellos, por supuesto, James Mill, la principal pluma detrás del mismo, para promover el proceso de independencia de Hispanoamérica y exigir una acción rápida de parte de Inglaterra.[242] Ello es lo que ha llevado a confirmar, como hemos dicho, que "William Burke" solo fuera un seudónimo utilizado para publicar en Londres trabajos relativos a la independencia Hispanoamericana,[243] seudónimo que "viajaría" igualmente a Caracas en las valijas de Miranda para seguir siendo usado para publicar trabajos de Mill sobre las bondades de la experiencia del gobierno y Constitución de los Estados Unidos, así como trabajos de Miranda y de Juan Germán Roscio.[244]

Lo cierto, en todo caso, es que bajo el nombre de William Burke, sobre todo después que Miranda viajó a Caracas, se comenzaron a publicar en la *Gazeta de Caracas,* entre noviembre de 1810 y marzo de 1812, editoriales y artículos varios

---

241 Véase Eugenia Roldán Vera, *The British Book Trade and Spanish American Independence. Education and Knowledge Transmission in Transcontinental Perspective*, Ashgate Publishing, London 2003, p. 47.

242 Por ejemplo, Georges Bastin, en su trabajo "Francisco de Miranda, 'precursor' de traducciones," explica que es muy clara la intervención de Miranda en la publicación del libro de Burke: *South American Independence: or the Emancipation of South America, the Glory and Interest of England*, de 1807, diciendo además de que –como antes indicamos– en este documento "en su última parte solicita al gobierno una ayuda monetaria con cifras precisas que correspondían a los proyectos de Miranda," que "En 1808, Miranda de nuevo prepara buena parte del otro libro de Burke titulado *Additional Reasons for our immediately emancipating Spanish America...* del que se hacen dos ediciones en Londres. En la segunda edición ampliada, como se dijo, Miranda incluye su traducción al inglés de la *Lettre aux Espagnols Américains* de Viscardo y Guzmán así como cinco documentos con el título "Cartas y Proclamas del General Miranda". Luego, colaborando Miranda y Mill, siguieron como William Burke, escribiendo artículos en el *Annual Register* y en *The Edinburgh Review*." En particular, en enero de 1809, James Mill con la colaboración de Miranda publica un artículo sobre la "Emancipation of Spanish America," en *Edinburgh Review*, 1809, N° 13, pp. 277-311. Véase Georges Bastin, "Francisco de Miranda, 'precursor' de traducciones," en *Boletín de la Academia Nacional de Historia de Venezuela,* N° 354, Caracas 2006, pp. 167-197; y también en http://www.histal.umon-treal.ca/pdfs/FranciscoMirandaPrecursorDeTraducciones.pdf

243 Mario Rodríguez es quien ha estudiado más precisa y exhaustivamente a "William Burke" como el seudónimo bajo el cual James Mill habría escrito varios artículos sobre Hispanoamérica. Véase Mario Rodríguez, *"William Burke" and Francisco de Miranda: The World and Deed in Spanish America's Emancipation*, University Press of America, Lanham, New York, London 1994, pp. 123 ss.; 510 ss.. Véase igualmente Ivan Jasksic, *Andrés Bello. La pasión por el orden*, Editorial Universitaria, Imagen de Chile, Santiago de Chile 2001, p. 96, p. 133.

244 No es de extrañar que Augusto Mijares diga que las recomendaciones de Burke "recuerdan inmediatamente algunos de los proyectos de Miranda, cuya terminología sigue a veces Burke." Véase Augusto Mijares, "Estudio Preliminar," William Burke, *Derechos de la América del Sur y México,* Vol. 1, Academia de la Historia, Caracas 1959, p. 21. Por otra parte, en la carta de Roscio a Bello de 9 de junio de 1811, se acusa a Miranda de haber disculpado Burke ante el Arzobispo, en la polémica sobre el trema religioso, afirmando que el escrito en concreto que la había originado, había sido de la autoría de "Ustáriz, Tovar y Roscio," *Idem*, p. 26.

con el título de "Derechos de la América del Sur y México," algunos de los cuales, incluso, originaron importantes polémicas como por ejemplo sobre la tolerancia religiosa en España,[245] y que fueron traducidos al castellano algunos y otros más bien escritos por Miranda, por James Mill y por Juan Germán Roscio. Setenta de esos escritos fueron recopilados en un libro publicado en Caracas en 1812, con el mismo título *Derechos de la América del Sur y México, por William Burke, autor de "La Independencia del Sur de América, la gloria e interés de Inglaterra," Caracas, en la imprenta de Gallager y Lamb, impresores del Supremo Gobierno, 1811.*[246]

En este último libro, donde se encuentra la misma vinculación del autor con el del libro anterior, en todo caso, se pueden encontrar las mismas raíces del movimiento editorial iniciado en 1799 en Londres con la participación de Miranda, y de los escritos de James Mill, enriquecidos, al pasar el Atlántico, con las ideas y propuestas de los ideólogos venezolanos de la independencia, en particular de Juan Germán Roscio. En algunas de las entregas de Burke en la *Gaceta de Caracas* que se publican en esta obra, incluso se disiente de las opiniones del mismo Miranda. Sólo la leyenda histórica cuenta que supuestamente Burke, "publicista irlandés," "amigo" de Miranda, habría viajado de Londres a Nueva York y luego a Caracas a finales de 1810, "posiblemente animado por patriotas residentes en Londres;"[247] que durante su estadía en Caracas habría participado como uno de los "agitadores importantes del momento"[248] junto con los otros patriotas, en el proceso de independencia; y que incluso, por haber disentido con Miranda, este "le impidió salir del país, aunque al parecer llevaba pliegos del Gobierno para los Estados Unidos del Norte."[249] Debe señalarse, en todo caso, que los datos sobre el "choque entre Miranda y Burke" donde fueron detallados contemporáneamente fue en la carta que el 9 de junio de 1811, Juan Germán Roscio dirigió a Andrés Bello quien estaba en Londres, donde expuso toda su inquina contra el Precursor. Sin duda, si en ese año crucial Roscio estaba en contra de las posiciones de Miranda, también tenía que estar "Burke," pues era el nombre con el cual Roscio, como Editor de la *Gaceta de Caracas*, también escribía en la misma, a veces traduciendo los trabajos de Mill, a veces directamente. La leyenda histórica cuenta, en todo caso, que al final de la

---

245 Véase el texto del escrito de Burke en la *Gaceta de Caracas* N° 20, de 19 de febrero de 1811, en Pedro Grases (Compilador), *Pensamiento Político de la Emancipación Venezolana*, Biblioteca Ayacucho, Caracas 1988, pp. 90 ss. Debe mencionarse, por otra parte, que John Mill se había ocupado específicamente del tema de la tolerancia religiosa entre 1807 y 1809, en colaboración con Jeremy Bentham.

246 Véase en la edición de la Academia de la Historia, William Burke, *Derechos de la América del Sur y México,* 2 vols., Caracas 1959. Quizás por ello, José M. Portillo Valdés, señaló que "William Burke" más bien habría sido, al menos por los escritos publicados en Caracas, una "pluma colectiva" usada por James Mill, Francisco de Miranda y Juan Germán Roscio. Véase José M. Portillo Valdés, *Crisis Atlántica: Autonomía e Independencia en la crisis de la Monarquía Española*, Marcial Pons 2006, p 272, nota 60. En contra véase Karen Racine, *Francisco de Miranda: A Transatlantic Life in the Age of Revolution*, SRBooks, Wilmington, 2003, p. 318.

247 Véase la "Nota de la Comisión Editora," William Burke, *Derechos de la América del Sur y México,* Vol. 1, Academia de la Historia, Caracas 1959, p. xi.

248 Véase Elías Pino Iturrieta, *Simón Bolívar*, Colección Biografías de El Nacional N° 100, Editora El Nacional, Caracas, 2009, p. 34.

249 Véase las referencias en Augusto Mijares, "Estudio Preliminar," William Burke, *Derechos de la América del Sur y México,* Vol. 1, Academia de la Historia, Caracas 1959, pp. 25, 3.

República, Burke habría supuestamente escapado hacia Curazao en julio de 1812, y que habría fallecido a fines de ese mismo año en Jamaica.

Pero antes de que William Burke hiciera acto de presencia en Caracas de la mano de Miranda donde este llegó el 10 de diciembre de 1810, con todos los antecedentes editoriales que tenía en Londres, fue él quien recibió en Londres cinco meses antes, en Julio de ese mismo año a los miembros de la Delegación Oficial que había sido enviada por el nuevo Gobierno de la Provincia de Venezuela que conformaba la Junta Conservadora de los Derechos de Fernando VII formada el 19 de abril del mismo año 1810, introduciéndolos en su importante circulo de influencias inglesas, españolas e hispanoamericanas. La Delegación tenía la delicada misión de buscar la intervención del gobierno británico a los efectos de procurar evitar la ruptura total del gobierno español con las provincias venezolanas que el proceso de independencia estaba a punto de provocar, y a la vez, a los efectos de buscar protección de las provincias frente a Francia.

Los Miembros de tal Delegación eran nada menos que Simón Bolívar, quien luego sería a partir de 1813 el líder indiscutido de la independencia y liberación de Hispano América; Luis López Méndez, destacado patriota venezolano, y Andrés Bello, quien fungía como secretario de la Delegación, y quien años después sería el más destacado intelectual de Hispano América o como lo llamo Pedro Grases, "el primer humanista de América."[250] Miranda los introdujo ante las autoridades británicas y fue el vehículo para ponerlos en contacto con la comunidad de intelectuales y políticos británicos, entre ellos James Mill y Jeremy Bertham, y los Hispanos y Americanos que desde Gran Bretaña disentían del proceso de Cádiz, y apoyaban la revolución Hispanoamericana, como José María Blanco y Crespo, mejor conocido como Blanco–White, y habían conformado un importante círculo editorial para difundir sus ideas.

En esos mismos días en los que los visitantes venezolanos estaban aclimatándose a la vida londinense, en septiembre de 1810, incluso, en la misma línea de los libros de William Burke, aparecería publicado otro importante libro, esta vez con el apoyo financiero de la familia Fagoaga de México, y editado por José María Antepara, titulado *South American Emancipation. Documents, Historical and Explanatory Showing the Designs which have been in Progress and the Exertions made by General Miranda for the South American Emancipation, during the last twenty five years,* R. Juigné, London 1810.[251] El libro es una recopilación de documentos, la mayoría de Miranda o sobre Miranda y todos provenientes del Archivo del Miranda, incluyendo la *Carta* de Viscardo y Guzmán, y el artículo de James Mill sobre la "Emancipación de Sur América"[252] que era un comentario y glosa sobre dicha

250 Véase Pedro Grases, *Andrés Bello: El primer Humanista de América*, Ediciones El Tridente, Buenos Aires 1946; *Escritos Selectos*, Biblioteca Ayacucho, Caracas 1988, p. 119.

251 Véase la primera edición en español en el libro: José María Antepara, *Miranda y la emancipación suramericana, Documentos, históricos y explicativos, que muestran los proyectos que están en curso y los esfuerzos hechos por el general Miranda durante los últimos veinticinco años para la consecución de este objetivo* (Carmen Bohórquez, Prólogo; Amelia Hernández y Andrés Cardinale, Traducción y Notas), Biblioteca Ayacucho, Caracas 2009.

252 Véase James Mill, "Emancipation of Spanish America," en *Edinburgh Review*, 1809, Nº 13, pp. 277-311.

Carta. Todos los documentos fueron suministrados, sin duda, por el mismo Miranda para su edición, en la cual debió colaborar el mismo Mill, con un prólogo de Jesús María Antepara fechado el 1° de septiembre de 1810. Se trató, por tanto, de la última actividad editorial londinense de Miranda, cuyo producto, incluso, es posible que nunca hubiera llegado a tener en sus manos al salir de la imprenta, pues al mes siguiente, en octubre de 1810, viajaría hacia Venezuela.

El objetivo de esta obra, de nuevo, era tratar de presionar al Gobierno británico, persuadiendo a la opinión pública sobre la necesidad de apoyar a Francisco de Miranda en el proceso de liberación de Hispanoamérica, y sobre el gran potencial que ello significaba para la prosperidad inglesa a largo plazo. Posiblemente Miranda, para esta empresa editorial, habría obtenido financiamiento importante de los Fagoaga, consintiendo que apareciera el nombre de José María Antepara como editor, y que éste hiciese el prólogo al libro.[253]

Fue, por tanto, en ese efervescente entorno hispanoamericano británico en el cual se movió la delegación venezolana en Londres, donde Bolívar sólo permaneció unos meses, regresando a Venezuela en diciembre del mismo año 1810. Miranda, por su parte, también salió de Londres en octubre de 1810 llegando a Caracas, igualmente, en diciembre del mismo año, después de haber permanecido treinta años fuera de Venezuela. Una vez en Caracas, Miranda participó activamente en el proceso de independencia, como miembro de la Junta Patriótica y diputado por el Pao al Congreso General de 1811.

La vuelta de los viajeros a Caracas, en todo caso, coincidió con un momento crucial en la historia de Hispanoamérica, cuando la rebelión de Caracas ya estaba siendo fuertemente repelida por las autoridades españolas, por más precarias que estas fueran, dada la situación de desbandada provocada por la invasión napoleónica. Debe recordarse que entando Bolívar, López Méndez y Bello ya en Londres, en agosto de 1810, el Consejo de Regencia, que había sido recién creado por la Junta Central al convocar las Cortes Generales, había decretado el bloqueo de las costas de Venezuela. En enero de 1811, al mes de regresar Bolívar y Miranda a Caracas, el mismo Consejo de Regencia había designado a Antonio Ignacio de Cortavarría como Comisionado Real para "pacificar" a los venezolanos, quien tuvo a su cargo la organización de la invasión de Venezuela desde el cuartel general colonial que se había ubicado en la isla de Puerto Rico. Conforme a ello, como se dijo, al año siguiente, en febrero de 1812, el designado Comandante General de los Ejércitos de la Corona, Domingo de Monteverde, desembarcaría en Coro, en las mismas costas donde seis años antes habría desembarcado brevemente Francisco de Miranda (1806).

Con Caracas devastada por el terremoto de 24 de marzo de 1812, Monteverde venció al ejercito republicano comandado por Francisco de Miranda, a quien el Congreso General había delegado en abril de 1812 la totalidad de los poderes del Estado. Miranda sin duda era un militar experimentado, quien como se dijo había sido Comandante en Jefe del Ejército del Norte de la República Francesa,

253 Véase Salvador Méndez Reyes, "La familia Fagoaga y la Independencia," Ponencia al 49 Congreso Internacional de Americanistas, Quito 1997, publicado en http://www.naya.org.ar/congresos/contenido/49CAI/Reyes.htmen.

participando en las guerras napoleónicas (1792–1799). También había participado, al servicio de la Armada española, en el sitio de Pensacola, en América del Norte, en 1781, y en 1782, en la expedición naval que intentó conquistar las Bahamas británica, lo que provocó su ascenso a Teniente Coronel y Ayudante de Campo de Juan Manuel Cajigal, nombrado también Gobernador de Cuba y quien había sido Coronel en el regimiento de Cádiz donde Miranda inició su vida militar. Ambos fueron acusados por participar en alguna conspiración relativa a intereses de Jamaica, y aunque fueron exonerados en 1977, pues Cajigal había ido a pelear su caso en España, Miranda había optado por escapar de Cuba hacia los Estados Unidos donde permaneció entre 1783 y 1784. Sin duda, Miranda, formado militarmente en Europa, creía en el honor del Código militar, de manera que confiando en el mismo, vencidos los ejércitos republicanos, el 25 de julio de 1812 firmó el Armisticio con Monteverde. Desafortunadamente para la libertad, para su vida, y la historia de la independencia de Hispanoamérica, Monteverde ignoró y violó el Armisticio, y asumiendo, como se ha dicho, la "ley de la conquista" como la única ley a ser aplicada, encarceló y envió a prisión a Cádiz a muchos de los líderes de la república, incluyendo Miranda, quien falleció años después en la prisión de La Carraca. Monteverde los consideró a todos ellos como los "monstruos" "origen y raíz primitiva de todos los males de América." De la persecución, Bolívar logró escapar a Cartagena, en la Nueva Granada desde donde escribió en 1813, como antes se dijo, su famoso Manifiesto de Cartagena, organizando un Ejercito con el cual invadió Venezuela, iniciando la más sangrienta de las guerras de independencia de toda América Hispana, las cuales concluyeron con la restauración de la República en diciembre de 1819, y la definitiva derrota de los ejércitos realista en la Batalla de Carabobo en 1821.

Por consiguiente, como antes se dijo, para el momento en el cual comenzaron a circular las copias del libro *Interesting Official Documents*, el gobierno de la Confederación de las Provincias Unidas de Venezuela había desaparecido, sus dependencias y archivos habían sido saqueados, sus territorios habían sido ocupados por los ejércitos españoles, y sus líderes habían sido encarcelados o exilados, iniciándose un largo período de guerra que duró una larga década. De todo ello, sin embargo, quedaba el libro, como publicación oficial que había sido ordenada por aquél gobierno a los efectos de explicar en inglés y en Europa, las causas de la independencia. Por ello, las *Observaciones Preliminares* que lo preceden aparecieron sin indicación de su autor. En todo caso, a pesar de que el proceso de independencia que el libro explicaba y justificaba hubiese sido interrumpido por la guerra, su importancia fue sin duda singular, al punto de que su contenido de inmediato fue objeto de citas y comentarios.[254]

Sobre el proceso de edición de la obra, sin duda, hay que pensar que Andrés Bello habría tenido el papel principal, pues para cuando esos documentos llegan a

254 Véase por ejemplo, la cita al "Manifiesto de Venezuela" en José Guerra (seudónimo de Fray Servando Teresa de Mier), *Historia de la revolución de Nueva España o antiguamente Anahuac o Verdadero origen y causas con la relación de sus progresos hasta el presenta año 1813*, Guillermo Glindon, Londres 1813, Vol. II, p. 241, nota. Véase la cita en Carlos Pi Sunyer. *Patriotas Americanos en Londres (Miranda, Bello y otras figuras),* (Ed. y prólogo de Pedro Grases), Monteávila Editores, Caracas 1978, p. 218.

Londres a comienzos de 1812 (donde estaba el texto de la Constitución de 21 de diciembre de 1811), Miranda ya tenía dos años en Caracas. Recuérdese por otra parte, que Bello había sido redactor de la *Gaceta de Caracas* desde 1808 a 1810, habiendo sido la primera publicación periódica a raíz de la introducción de la imprenta en Venezuela en 1808, en forma por demás, más que tardía.[255] Bello, por otra parte, había sido Oficial Mayor de la Capitanía General de Venezuela, y en los meses antes de su viaje a Londres, había sido colaborador de la Secretaria de Relaciones Exteriores de la *Junta Suprema* que estaba a cargo de Juan Germán Roscio. Además, antes de su viaje a Londres, ya Bello contaba con una obra publicada en Caracas, en el mismo año 1808, que fue su conocido *Resumen de la Historia de Venezuela.*

Bello tenía, por tanto, la formación necesaria para ocuparse de la edición de tan importante testimonio. A la partida de Miranda y Bolívar, Bello se había quedado instalado en Londres en la propia casa de Miranda, en su condición de Secretario de la Delegación venezolana ante el gobierno británico, posición que le permitió entrar en contacto y establecer relaciones con la comunidad de habla hispana londinense. Sin duda, por todo ello, fue el relevo de Miranda en las empresas editoriales en Londres, habiendo revisado la edición y quizás corregido la traducción al inglés de los documentos del libro, a pesar de que su segunda lengua, al llegar a Londres en julio de 1810, era el francés. Entre los miembros prominentes de la comunidad hispana y americana en Londres estaba, por ejemplo, José María Blanco–White, distinguido exilado español disidente del proceso de Cádiz, editor del periódico *El Español,* que publicaba el Librero francés Durlau.[256] Se trataba de uno de los primeros europeos en haber defendido el proceso de independencia de Hispanoamérica,[257] por lo que estando vinculado al mundo editorial londinense, sin duda, fue el vehículo a través del cual Bello, quien había permanecido en estrecho contacto epistolar con Roscio, tuviera a su cargo el cuidado de la edición del libro,[258] por el mismo librero francés Durlau, con sede en Soho Square de Londres.

El libro londinense, como se ha dicho, contenía todos los documentos que fundamentaron el primer movimiento independentista de América Hispana desarrollado en las Provincias de Venezuela en los mismos meses y años en los que

255 En el Taller de Mateo Gallagher y Jaime Lamb, habiendo sido la primera publicación, la *Gaceta de Caracas* el 24 de octubre de 1808. La imprenta la había llevado a América Francisco de Miranda en su expedición de 1806, habiéndola dejado en Trinidad cuando decidió retirarse de las costas de Venezuela. La imprenta la compró Mateo Gallagher, quien era el editor del *Trinidad Weekly Courant*, y con su socio Jaime Lamb, ambos ingleses, la llevaron a Caracas en 1808, junto con Francisco González de Linares, por encargo del Capitán General Juan de Casas. La Real Hacienda concedió un préstamo con hipoteca para el funcionamiento de la imprenta, siendo la Gobernación su principal cliente. En ella, como se dijo, se editó la *Gaceta de Caracas*, cuyo redactor era Andrés bello, funcionario de la Gobernación y Capitanía General. Véase "Introducción de la imprenta en Venezuela," en Pedro Grases, *Escritos Selectos*, Biblioteca Ayacucho, Caracas 1988, pp. 97 ss.

256 Véase *The Life of the Reverend Joseph Blanco White, written by himself with portions of his correspondence*, John Hamilton Thom, London 1845 (Sevilla 1988), p. 228.

257 El Acta de la Independencia fue publicada en *El Español*, Nº XVI, Londres 30 de octubre de 1811, p. 44. Por ello, entre otras razones, el Consejo de Regencia prohibió su circulación en América.

258 Esta es la misma apreciación de Carlos Pi Sunyer, *Patriotas Americanos en Londres. Miranda, Bello y otras figuras*, Monteavila Editores, Caracas 1978, pp. 217-218.

se desarrolló el proceso constituyente de Cádiz, en los que se explicaban las razones de la independencia, las cuales se pueden agrupar conforme a las siguientes líneas de argumentación:

Primero, mediante la explicación de la situación general de América en relación con España, "condenada por más de tres siglos a no tener otra existencia que la de servir a aumentar la preponderancia política de España" (M);

Segundo, con la precisión de cómo, entre las causas que en forma inmediata originaron la independencia de Venezuela, estuvo la crisis política de la Corona española desde los hechos de El Escorial en 1807, con la traición de Fernando a su padre Carlos IV, materializada en los sucesos de Aranjuez de 1808, hasta los de Bayona en 1811, con la abdicación de la Corona española en el Emperador de los franceses, y el traslado de la misma a su hermano, como rey de España y las Américas;

Tercero, con la explicación de cómo el proceso de independencia se gestó durante tres años, desde 1808, cuando en la Provincia de Venezuela, al conocerse las noticias de los sucesos de Aranjuez y de Bayona, se quiso establecer una Junta Suprema para la conservación de los derechos de Fernando VII, a la usanza de las que proliferaron en la Península, lo cual fue rechazado por las autoridades coloniales, hasta que se declaró la independencia en 1811;

Cuarto, mediante la explicación de la miopía de la Regencia, primero en la reacción tardía y mal concebida respecto del reconocimiento de la existencia política de América en el marco de la Monarquía española, y luego, en declararle la guerra a la Provincia de Venezuela, lo cual fue secundado por las Cortes de Cádiz y ejecutado a través de autoridades para la "pacificación" establecidas en Puerto Rico;

Quinto, con la explicación, igualmente, de la miopía de las Cortes de Cádiz en haber continuado con el estado de guerra y el bloqueo contra las Provincias de Venezuela, lo que originó una situación particular en Venezuela, que disiente del resto de los países de América Latina, y que fue que al haber concebido ya su propia Constitución en 1811 conforme a todos los principios liberales imaginados y siguiendo los moldes del constitucionalismo norteamericano y francés del siglo XVIII, la reacción de las provincias fue contra las propias Cortes de Cádiz y la Constitución de 1812, que se quiso imponer militarmente, pero para no cumplirse;

Sexto, con la explicación de la justificación que existía y que podían haberse esgrimido para desconocer el Juramento que se había prestado el 19 de abril de 1810 para la conservación de los derechos de Fernando VI, considerado "Rey presuntivo, inhábil para reinar" (M), cuando debió declararse la independencia.

Séptimo, con el cuestionamiento de raíz de la supuesta pertenencia de América al territorio español.

Y finalmente *octavo*, mediante la explicación del significado del derecho de insurrección de los pueblos ante gobiernos tiránicos como base del proceso de independencia de Venezuela.

Estas páginas están destinadas a comentar, con base a lo expresado en los documentos contenidos en el libro *Interesting Official Documents Relating to the United Provinces of Venezuela*, sobre estos aspectos.

2. *Las referencias a la situación general de Hispano América en relación con España y la ausencia de reformas*

En el *Acta de la Independencia* se aclaró expresamente que sus redactores no querían empezar "alegando los derechos que tiene todo país conquistado, para recuperar su estado de propiedad e independencia, y procedieron a olvidar "la larga serie de males, agravios y privaciones que el derecho funesto de conquista" había causado "indistintamente a todos los descendientes de los descubridores, conquistadores y pobladores de estos países," por lo que "corriendo un velo sobre los trescientos años de dominación española en América," procedieron a presentar los hechos "auténticos y notorios que han debido desprender y han desprendido de derecho a un mundo de otro, en el trastorno, desorden y conquista que tiene ya disuelta la nación española" (AI).

Fue el *Manifiesto* de 1811, por tanto, el que sí se refirió abundantemente a esa situación general de América en relación con España, comenzando por destacar que había sido el "instinto de la propia seguridad" el que al fin había dictado a los americanos "que había llegado el momento de obrar, para coger el fruto de trescientos años de inacción y de paciencia;" considerando que si bien "el descubrimiento del Nuevo Mundo" había sido "uno de los acontecimientos más interesantes a la especie humana," no iba a ser "menos la regeneración de este mismo mundo degradado desde entonces por la opresión y la servidumbre," de manera que "levantándose del polvo y las cadenas," la revolución de América iba a ser la "más útil al género humano"..."cuando, constituida y gobernada por sí misma, abra los brazos para recibir a los pueblos de Europa,"..."como amigos, y no como tiranos: como menesterosos, y no como señores; no para destruir, sino para edificar; no como tigres, sino como hombres." (M).

"Escrito estaba," se explicó en el *Manifiesto*, "que no debía gemir la mitad de la especie humana bajo la tiranía de la otra mitad," constatándose sin embargo que lo que había ocurrido en Europa y en América durante esos trescientos años, mostraba que "todo, todo aceleraba los progresos del mal en un mundo, y los progresos del bien en el otro." Se destacó, por ejemplo, "la injusticia" de la "dependencia y degradación" de América "cuando todas las naciones han mirado como un insulto a la equidad política, el que la España despoblada, corrompida y sumergida en la inacción y la pereza por un gobierno despótico, tuviese usurpados exclusivamente a la industria y actividad del continente los preciosos e incalculables recursos de un mundo constituido en el feudo y monopolio de una pequeña porción del otro" (M). América, por ello, era una alternativa para la España agobiada por el desgobierno, y era una "ventajosa alternativa que la América esclava presentaba a través del océano a su señora la España, cuando agobiada por el peso de todos los males y minada por todos los principios destructores de las sociedades, le pedía que la quitase las cadenas para poder volar a su socorro." No fueron sin embargo atendidos los clamores de la América, y en particular de Venezuela, como se afirmó en el *Manifiesto*, habiendo sido Venezuela "la primera" que había jurado "a la España los auxilios generosos que ella creía homenaje necesario;" "que había conocido "los desórdenes que amenazaban la destrucción de la España;" que había proveído "a su propia conservación, sin romper los vínculos que la ligaban con ella; "que sintió los efectos de su ambiciosa ingratitud;" y que había sido "hostilizada por sus hermanos." De allí se concluyó en el *Manifiesto* que Venezuela entonces iba "a ser la primera" que iba a recobrar "su independencia y dignidad civil en el Nuevo Mundo" (M).

"Para justificar esta medida de necesidad y de justicia," fue precisamente que se elaboró el *Manifiesto* para "presentar al Universo las razones" de la independencia, y llamar la atención de que "los intereses de Europa no pueden estar en contraposición con la libertad de la cuarta parte del mundo que se descubre ahora a la felicidad de las otras tres;" y de que "sólo una Península Meridional puede oponer los intereses de su gobierno a los de su nación para amotinar el antiguo hemisferio contra el nuevo, ya que se ve en la impotencia de oprimirlo por más tiempo." La conducta represiva de España frente a Venezuela, se consideraba en el *Manifiesto* suficiente para justificar "no sólo nuestra independencia, sino hasta la declaración de una enemistad irreconciliable con los que, directa o indirectamente, hubiesen contribuido al desnaturalizado sistema adoptado contra nosotros;" conscientes sus redactores de que "no podemos salir de la condición de siervos, sin pasar por la calumniosa nota de ingratos, rebeldes y desagradecidos" (M).

3. *La crisis política de la Corona española a partir de 1808 y la revolución de Caracas*

La razón principal que como detonante originó el proceso de independencia en las provincias de Venezuela fue, sin duda, la crisis política de la Corona Española, tal como se da cuenta explicativa en los documentos publicados en el libro londinense de 1812. Así, por ejemplo, en el *Acta de la Independencia* se declara, que ella fue producto de la "plena y absoluta posesión" de los derechos de "las provincias unidas de Caracas, Cumaná, Barinas, Margarita, Barcelona, Mérida y Trujillo, que forman la Confederación Americana de Venezuela en el Continente Meridional, reunidos en Congreso," que recobraron:

> "justa y legítimamente desde el 19 de abril de 1810, en consecuencia de la jornada de Bayona y la ocupación del Trono español por la conquista y sucesión de otra nueva dinastía constituida sin nuestro consentimiento."

Y en la misma *Acta de la Independencia* se afirmó que:

> "Las cesiones y abdicaciones de Bayona; las jornadas de El Escorial y de Aranjuez, y las órdenes del lugarteniente Duque de Berg, a la América, debieron poner en uso los derechos que hasta entonces habían sacrificado los americanos a la unidad e integridad de la nación española."

Por tanto, la historia política de Venezuela como nación independiente,[259] al igual que en general, la historia política de la América Hispana independiente efectivamente comenzó hace doscientos años, el 19 de abril de 1810, cuando el Cabildo de Caracas se transformó en la *Suprema Junta Conservadora de los*

---

259 Véase en general sobre la historia política de Venezuela, véase, Rafael Arráiz Lucca, *Venezuela: 1830 a nuestros días. Breve historia Política*, Editorial Alfa, Caracas 2007; y Allan R. Brewer-Carías, *Historia Constitucional de Venezuela*, 2 Tomos, Editorial Alfa, Caracas 2008; *Pensamiento Político Venezolano del Siglo XIX* (Colección dirigida por Ramón J. Velásquez), 12 tomos, Presidencia de la República, Caracas, 1961.

Derechos de Fernando VII en las Provincias de Venezuela, desconociendo la autoridad del Consejo de Regencia, aun cuando reconociendo la autoridad del Rey entonces depuesto, y en todo caso asumiendo el gobierno de la Provincia.[260] Esto ocurría sólo seis meses después de que se hubiera dictado el reglamento para la elección de los constituyentes de las Cortes de Cádiz (6 de octubre de 1809) pero cinco meses antes de la instalación de las mismas el 24 de septiembre de 1810. Con el golpe de Estado que se había dado, se inició un proceso constituyente que concluyó con la sanción de la Constitución Federal para los Estados de Venezuela del 21 de diciembre de 1811, dictada también, tres meses antes de la sanción de la Constitución de Cádiz el 18 de marzo de 1812.

Lo que aparentemente era el inicio de una reacción local de una entidad municipal de una de las provincias españolas en América, contra la invasión napoleónica en la península ibérica, rápidamente se transformó en la primera expresión exitosa de independencia respecto de España, lo cual días después (27 de abril de 1810) se ordenaría fuese informado a todos los Ayuntamientos de América, invitándolos a participar en "el gran trabajo de la Confederación Hispanoamericana."[261]

En ese proceso, sin duda, la situación política de la Corona Española a comienzos del siglo XIX, así como la lucha por la independencia desarrollada en la propia Península española contra los franceses, fueron determinantes. Como se dijo en las *Observaciones Preliminares* del libro londinense, no se necesitaban pruebas

> "para conocer con evidencia, que las ideas que se esparcieron en las colonias sobre la desesperada situación de la España a la entrada de los franceses en la Andalucía, y el temor de ser arrastrados a caer en manos de los usurpadores, fueron las causas principales de la resolución tomada por los Americanos de no confiar más tiempo su seguridad á la administración de los Europeos, y de poner sus negocios al cuidado de Juntas ó Asambleas Provinciales, formadas al ejemplo y por los mismos medios que las de España."

Debe recordarse, en efecto, que a comienzos del Siglo XIX, en Francia, la Revolución ya había concluido después del Terror, y la República había sido eclipsada y secuestrada por un régimen autoritario que en 1802 había hecho de Napoleón Cónsul vitalicio, en 1804 lo había proclamado Emperador, por supuesto, también vitalicio conforme al principio hereditario, y que en 1808 había suprimido a la propia República. Toda Europa estaba amenazada y buena parte de ella había sido ocupada o sometida por el Emperador, quien conducía un Estado en guerra. España, fronteriza, no escapó a las garras de Napoleón y al juego de su diplomacia continental[262]. En esta forma, como consecuencia del Tratado de *Fontainebleau* del 27 de octubre de 1807 suscrito entre representantes de la Corona española y del

---

260 Véase el Acta del Cabildo de Caracas del 19 de abril de 1810 en *El 19 de Abril de 1810*, Instituto Panamericano de Geografía e Historia, Caracas, 1957, pp. 11 y ss.; y Allan R. Brewer-Carías, *Las Constituciones de Venezuela*, *op. cit.*, Tomo I, pp. 531-533.

261 Véase la relación detallada de los acontecimientos y los escritos de Rafael Seijas, Arístides Rojas, L. Vallenilla Lanz, Cristóbal L. Mendoza y otros, en *El 19 de abril de 1810*, *op. cit.*, pp. 63 ss.

262 Véase Joseph Fontana, *La crisis del Antiguo Régimen 1808–1833*, Barcelona 1992.

Imperio napoleónico, ambos Estados se habían acordado el reparto de Portugal, cuyos príncipes habían huido a América, previéndose incluso el otorgamiento a título hereditario del territorio del Algarve a Manuel Godoy, Ministro favorito de Carlos IV. En una cláusula secreta del Tratado se disponía la invasión de Portugal por las tropas napoleónicas a través de España.

Pero la verdad es que las tropas napoleónicas ya se encontraban en España y habían atravesado la frontera portuguesa diez días antes de la firma del Tratado, lo que implicó que para marzo de 1808, más de 100.000 hombres de los ejércitos napoleónicos ya se encontraban en España. El Rey Carlos IV habría conocido de la conjura de su hijo para arrebatarle el Trono y apresar a Godoy, y supuestamente lo habría perdonado. Por otra parte, desde febrero de 1808 ya había un regente en Portugal (*Junot),* que actuaba en nombre del Embajador, con lo que el Tratado de *Fontainebleau* y el reparto de Portugal había quedado invalidado. Napoleón, primero apostó a que la familia real española hubiera podido seguir el ejemplo de la de Portugal[263] y huyera a Cádiz y de allí a América; pero luego cambió de parecer, e impuso como condición para el reparto del centro del Reino portugués a España, la entrega a Francia de todo el territorio de España al norte del Ebro, incluyendo los Pirineos.

La presencia de las tropas francesas en España y la concentración de las españolas en Aranjuez, originaron toda suerte de rumores, incluso, la posible huída del Monarca hacia Andalucía y América, lo que se había descartado. Sin embargo, tales rumores tuvieron que ser aclarados por el Monarca manifestando en proclama a los españoles, que la concentración de tropas en Aranjuez no tenía que defender a su persona ni acompañarle a un viaje "que la malicia os ha hecho suponer como preciso". La concentración de tropas en Aranjuez, sin embargo, lo cierto es que era parte de una conspiración en marcha contra el gobierno de Godoy, que tenía como protagonistas, entre otros, al mismo Príncipe de Asturias, Fernando (futuro Fernando VII), quien buscaba también la abdicación de su padre Carlos IV, con la complacencia de los agentes franceses y la ayuda del odio popular que se había generado contra Godoy, por la ocupación francesa del reino.

---

263 Antes de que llegaran las tropas francesas que desde noviembre de 1807 ya habían invadido España, a la frontera con Portugal, el Príncipe Juan de Braganza, quien era regente del reino de Portugal por enfermedad de su madre la Reina María, y su Corte, se refugiaron en Brasil, instalándose el gobierno real el Río de Janeiro en marzo de 1808. Ocho años después, en 1816, el príncipe Juan asumió la Corona del Reino Unido de Portugal, Brasil y Algaves (con capital en Río de Janeiro), como Juan VI. En la península, Portugal quedaba gobernado por una Junta de regencia que estaba dominada por el comandante de las fuerzas británicas. Una vez vencido Napoleón en Europa, Juan VI regresó a Portugal dejando como regente del Brasil a su hijo Pedro. A pesar de que las Cortes devolvieron al territorio del Brasil a su status anterior y requirieron el regreso a la Península al regente Pedro, este, en paralelo a las Cortes portuguesas, convocó también a una Asamblea Constituyente en Brasil, proclamando la independencia del Brasil en septiembre de 1822, donde el 12 de octubre de ese mismo año fue proclamado Emperador del Brasil (Pedro I de Braganza y Borbón). En 1824 se sancionó la Constitución Política Imperial del Brasil. Dos años después, en 1826, el Emperador brasileño regresaría a Portugal a raíz de la muerte de su padre Juan VI, para asumir el reino portugués como Pedro IV, aún cuando por corto tiempo. Véase, Félix A. Montilla Zavalía, "La experiencia monárquica americana: Brasil y México", en *Debates de Actualidad*, Asociación argentina de derecho constitucional, Año XXIII, N° 199, enero/abril 2008, pp. 52 ss.

En la noche del 18 de marzo de 1808 estalló el motín de Aranjuez[264], revuelta popular que condujo a la aprehensión de Godoy y el destrozo de sus dependencias por la turba y en fin, a la abdicación de Carlos IV en su hijo Fernando tal y como fue anunciada el 19 de marzo de 1808, como parte de las intrigas de este. En la misma noche, Carlos IV ya hablaba con sus criados de que no había abdicado, y a los dos días, el 21 de marzo de 1808 se arrepintió de su abdicación, aclarando en un manifiesto lo siguiente:

> "Protesto y declaro que todo lo manifestado en mi decreto del 19 de marzo abdicando la Corona en mi hijo, fue forzado, por precaverse mayores males, y la efusión de sangre de mis queridos vasallos, y por tanto, de ningún valor".

También escribió a Napoleón, aclarándole la situación, diciéndole:

> "Yo no cedí a favor de mi hijo. Lo hice por la fuerza de las circunstancias, cuando el estruendo de las armas y los clamores de la guarnición sublevada me hacían reconocer la necesidad de escoger la vida o la muerte, pues esta última habría sido seguida por la de la reina"

A pesar de estas manifestaciones, Carlos IV no solo jamás recuperaría la Corona, sino que los tres días Fernando VII entraría triunfante en Madrid, iniciando un corto reinado de días, en el cual, mediante uno de sus primeros decretos, ordenaba la requisa de los bienes de Godoy contra los cuales se volcó la saña popular en todo el territorio del Reino. Pero a las pocas horas de la entrada del nuevo Rey, en Madrid también había llegado a la ciudad, 23 de marzo de 1808, el general Joaquín Murat, Capitán general de las tropas francesas en España, quien ordenó salvar a Godoy de un seguro linchamiento al que se lo pretendía dejar someter. Murat, además, materialmente desconoció la presencia misma del nuevo Rey en la ciudad que ya estaba ocupada por los franceses.

Por orden de Murat, además, el anterior monarca Carlos IV y su familia, el 9 de abril de 1808 fueron trasladados a El Escorial para luego ir a Bayona el 30 de abril de 1808 donde los esperaba Napoleón. A Bayona ya había llegado Fernando VII el 20 de abril, y el mismo Godoy lo hizo el 26 de abril de 1808. Todos habían recurrido al Emperador en busca de apoyo y reconocimiento, con lo cual éste había quedado convertido en el árbitro de la crisis política de la Monarquía española.

Estando el reino en sus manos, decidió apropiárselo: primero el 5 de mayo de 1808 obtuvo una nueva abdicación de Carlos IV, esta vez, en el mismo Napoleón; segundo, al día siguiente, el 6 de mayo de 1808, hizo que Fernando VII abdicara de la Corona en su padre Carlos IV,[265] sin informarle lo que ya este había hecho; y tercero, unos días después, el 10 de mayo de 1808, la firma de los Tratados de Bayona mediante los cuales Carlos IV y Fernando VII cedieron solemnemente todos sus derechos al Trono de España e Indias al Emperador Napoleón[266] "como el único

264 Véase un recuento de los sucesos de marzo en Madrid y Aranjuez y todos los documentos concernientes a la abdicación de Carlos IV en J.F. Blanco y R. Azpúrua, *Documentos para la Historia de la Vida Pública del Libertador…, op. cit.*, Tomo II, pp. 91 a 153.

265 *Idem*, Tomo II, p. 133.

266 *Idem*, Tomo II, p. 142.

que, en el Estado a que han llegado las cosas, puede restablecer el orden" a cambio de asilo, pensiones y propiedades en territorio francés[267]. Desde el 25 de mayo de 1808, además, Napoleón también había nombrado a Joachim Murat, Gran Duque de Berg y de Cléves, como Lugar–teniente general del Reyno,[268] y manifestaba a los españoles:

> "Vuestra Monarquía es vieja: mi misión se dirige a renovarla: mejorará vuestras instituciones; y os haré gozar de los beneficios de una reforma, sin que experimentéis quebrantos, desórdenes ni convulsiones". Prome-tía, además, "una Constitución que concilie la santa y saludable autoridad del soberano con las libertades y el privilegio del Pueblo"[269].

El hermano del Emperador, José Bonaparte, a su vez, fue instalado en Madrid como Rey de España, guardándose las formas políticas mediante el otorgamiento de un Estatuto constitucional, conocido como la Constitución de Bayona de julio 1808, la cual sin embargo, no dio estabilidad institucional alguna al Reino, pues antes de su otorgamiento, en el mes de mayo de 1808, ya España había iniciado su guerra de Independencia contra Francia, en la cual los Ayuntamientos tuvieron un papel protagónico al asumir la representación popular por fuerza de las iniciativas populares[270]. El fáctico secuestro de los Monarcas españoles en territorio francés, en efecto había provocado una rebelión popular que estalló en Madrid el 2 de mayo de 1808, que originaron sangrientos hechos por la represión desatada por la guarnición francesa.[271] El Emperador juró vengar a los muertos franceses, y sin duda, el apoderamiento del reino de España fue parte de esa venganza; pero los muertos españoles por los trágicos fusilamientos del 3 de mayo, fue el pueblo español el que los vengó, al propagarse la rebelión por toda España, con el común denominador de la reacción contra las tropas francesas. Por ello, a medida que se generalizó el alzamiento, en las villas y ciudades, se fueron constituyendo Juntas de Armamento y Defensa, que asumieron el poder popular, integradas por los notables de cada lugar, y encargadas de la suprema dirección de los asuntos locales y de sostener y organizar la resistencia frente a los franceses, iniciándose la guerra de independencia.

Esas Juntas, aun cuando constituidas por individuos nombrados por aclamación popular, tuvieron como programa común la defensa de la Monarquía simbolizada en la persona de Fernando VII, por lo que siempre obraron en nombre del Rey. Sin embargo, con ello puede decirse que se produjo una revolución política, al sustituirse el sistema absolutista de gobierno por un sistema municipal, popular y democrático, completamente autónomo[272]. La organización de tal gobierno provocó

---

267 *Idem,* Tomo II, pp. 142 a 148.

268 *Idem,* Tomo II, p. 153.

269 *Idem,* Tomo II, p. 154.

270 Véase A. Sacristán y Martínez, *Municipalidades de Castilla y León,* Madrid, 1981, p. 490.

271 Véase F. Blanco y R. Azpúrua, *Documentos para la Historia de la Vida Pública del Libertador..., op. cit.,* Tomo II, p. 153.

272 Véase O. C. Stoetzer, *Las Raíces Escolásticas de la Emancipación de la América Española,* Madrid, 1982, p. 270.

la estructuración de Juntas Municipales las cuales a la vez concurrieron, mediante delegados, a la formación de las Juntas Provinciales, las cuales representaron a los Municipios agrupados en un determinado territorio.

De todo lo antes dicho, por tanto, era claro que la crisis política de España, que precedió el proceso de independencia, había sido, sin duda, una de las causas principales de la misma. Ello se afirmó y argumentó extensamente en el *Manifiesto* de 1811, al señalar que cuando "Caracas supo las escandalosas escenas de El Escorial y Aranjuez," ya "presentía cuáles eran sus derechos y el estado en que los ponían aquellos grandes sucesos;" y que si bien "todos conocen el suceso del Escorial en 1807," sin embargo, "quizá habrá quien ignore los efectos naturales de semejante suceso." Por ello, en el *Manifiesto* se hizo el siguiente resumen de los aspectos más relevantes del mismo, con la debida aclaratoria, sin embargo, de que no era el ánimo del Congreso "entrar a averiguar el origen de la discordia introducida en la casa y familia de Carlos IV;" que se atribuían "recíprocamente la Inglaterra y la Francia, y ambos gobiernos tienen acusadores y defensores." Incluso, en el *Manifiesto* se hacía referencia a que tampoco era el propósito hacer referencia al "casamiento ajustado entre Fernando y la entenada de Bonaparte, la paz de Tilsit, las conferencias de Erfuhrt, el tratado secreto de S. Cloud y la emigración de la casa de Braganza al Brasil" (M).

En cambio, lo que se consideró "cierto y lo propio" de los venezolanos, fue que "por la jornada del Escorial quedó Fernando VII declarado traidor contra su padre Carlos IV." Sobre ello, se afirmó:

> "Cien plumas y cien prensas publicaron a un tiempo por ambos mundos su perfidia y el perdón que a sus ruegos le concedió su padre; pero este perdón como atributo de la soberanía y de la autoridad paterna relevó al hijo únicamente de la pena corporal; el Rey, su padre, no tuvo facultad para dispensarle la infamia y la inhabilidad que las leyes constitucionales de España imponen al traidor, no sólo para obtener la dignidad real, pero ni aun el último de los cargos y empleos civiles. Fernando no pudo ser jamás Rey de España ni de las Indias" (M).

El recuento de los sucesos posteriores se hizo de la siguiente manera:

> "A esta condición quedó reducido el heredero de la Corona, hasta el mes de marzo de 1808 que, hallándose la Corte en Aranjuez, se redujo por los parciales de Fernando a insurrección y motín el proyecto frustrado en El Escorial. La exasperación pública contra el ministerio de Godoy sirvió de pretexto a la facción de Femando para convertir indirectamente en provecho de la nación lo que se calculó, tal vez, bajo otros designios. El haber usado de la fuerza contra su padre, el no haberse valido de la súplica y el convencimiento, el haber amotinado el pueblo, el haberlo reunido al frente del palacio para sorprenderlo, arrastrar al ministro y forzar al Rey a abdicar la Corona, lejos de darle derecho a ella, no hizo más que aumentar su crimen, agravar su traición y consumar su inhabilidad para subir a un trono desocupado por la violencia, la perfidia y las facciones. Carlos IV, ultrajado, desobedecido y amenazado con la fuerza, no tuvo otro partido favorable a su decoro y su venganza que emigrar a Francia para implorar la protección de Bonaparte a favor de su dignidad real ofendida. Bajo la nulidad de la renuncia de Aranjuez, se juntan en Bayona todos los

Borbones, atraídos contra la voluntad de los pueblos a cuya salud prefirieron sus resentimientos particulares; aprovechóse de ellos el Emperador de los franceses, y cuando tuvo bajo sus armas y su influjo a toda la familia de Femando, con varios próceres españoles y suplentes por diputados en Cortes, hizo que aquél restituyese la Corona a su padre y que éste la renunciase en el Emperador, para trasladarla en seguida a su hermano José Bonaparte" (M).

Todo esto –se afirma en el *Manifiesto* de 1811– se ignoraba o se sabía "muy por encima" en Venezuela, "cuando llegaron a Caracas los emisarios del nuevo Rey," sosteniendo que "la inocencia de Fernando, en contraposición de la insolencia y despotismo del favorito Godoy," había sido "el móvil de su conducta, y la norma de las autoridades vacilantes el 15 de julio de 1808;" de manera que ante "la alternativa de entregarse a una potencia extraña o de ser fiel a un Rey que aparecía desgraciado y perseguido," el Congreso General afirmó que:

"triunfó la ignorancia de los sucesos del verdadero interés de la Patria y fue reconocido Fernando, creyendo que mantenida por este medio la unidad de la nación, se salvaría de la opresión que la amenazaba y se rescataría un Rey de cuyas virtudes, sabiduría y derechos estábamos falsamente preocupados" (M).

El resultado fue que:

"Fernando, inhábil para obtener la corona, imposibilitado de ceñirla, anunciado ya sin derechos a la sucesión por los próceres de España, incapaz de gobernar la América y bajo las cadenas y el influjo de una potencia enemiga, se volvió desde entonces, por una ilusión, un príncipe legítimo, pero desgraciado, se fingió un deber el reconocerlo, se volvieron sus herederos y apoderados cuantos tuvieron audacia para decirlo, y aprovechando la innata fidelidad de los españoles de ambos mundos empezaron a tiranizarlos nuevamente los intrusos gobiernos que se apropiaron la soberanía del pueblo a nombre de un Rey quimérico, y hasta la junta Mercantil de Cádiz quiso ejercer dominio sobre la América" (M).

El tema también fue objeto de consideraciones en el Acta de Independencia, donde se observó que:

"Cuantos Borbones concurrieron a las inválidas estipulaciones de Bayona, abandonando el territorio español, contra la voluntad de los pueblos, faltaron, despreciaron y hollaron el deber sagrado que contrajeron con los españoles de ambos mundos, cuando, con su sangre y sus tesoros, los colocaron en el Trono a despecho de la casa de Austria; por esta conducta quedaron inhábiles e incapaces de gobernar a un pueblo libre, a quien entregaron como un rebaño de esclavos.

Los intrusos gobiernos que se abrogaron la representación nacional aprovecharon pérfidamente las disposiciones que la buena fe, la distancia, la opresión y la ignorancia daban a los americanos contra la nueva dinastía que se introdujo en España por la fuerza; y contra sus mismos principios, sostuvieron entre nosotros la ilusión a favor de Fernando, para devorarnos y vejarnos impunemente cuando más nos prometían la libertad, la igualdad y la fraternidad, en discursos pomposos y frases estudiadas, para encubrir el lazo de una representación amañada, inútil y degradante.

> Luego que se disolvieron, sustituyeron y destruyeron entre sí las varias formas de gobierno de España, y que la ley imperiosa de la necesidad dictó a Venezuela el conservarse a sí misma para ventilar y conservar los derechos de su Rey y ofrecer un asilo a sus hermanos de Europa contra los males que les amenazaban, se desconoció toda su anterior conducta, se variaron los principios, y se llamó insurrección, perfidia e ingratitud, a lo mismo que sirvió de norma a los gobiernos de España, porque ya se les cerraba la puerta al monopolio de administración que querían perpetuara nombré de un Rey imaginario."

Estas ideas se retomaron en las *Observaciones Preliminares* al libro londinense, aún con otro lenguaje, insistiendo en que "reforma ha sido el grito general," considerando que en Europa, se habían "visto naciones enteras combatir animosamente por extirpación de abusos envejecidos" de manera que "aquellos mismos que más acostumbrados estaban á arrastrar las cadenas del despotismo, se han acordado de sus derechos largo tiempo olvidados, y se han reconocido todavía hombres;" de manera que no podía esperarse que la América Española,

> "cuyos habitantes habían sido tanto tiempo hollados y esclavizados, y donde mas que en otra parte alguna era indispensable una reforma, fuese la única que permaneciese tranquila, la única que resignada con su triste destino viese indolentemente, que quando los Gobiernos de la Península se ocupaban en mejorar la condición del Español Europeo, á ella sola se cerraba toda perspectiva de mejor suerte" (OP).

Al contrario, la América española también había sentido el "choque eléctrico" de los contrastes de manera que "penetrados los Americanos de la justicia de sus demandas," comenzaron a reclamarlas, particularmente frente a la "doble opresión de la Corona y del monopolio" y las "gravosas é irracionales restricciones que agobiaban a todas las clases, y sofocaban en ellas toda especie de actividad y de industria," con "leyes, extraviadas de su benéfico objeto, que no servían ya para el castigo del culpable, ni para la protección del inocente." En esa situación, se argumentaba en dichas *Observaciones Preliminares*, lo que se veían a cada paso eran "actos de la mas bárbara arbitrariedad" careciendo los "nativos de una equitativa participación en los empleos de confianza ó de lucro," prevaleciendo un sistema de gobierno ignominioso "contrario á los mas esenciales derechos del género humano, y opuesto á los dictados de la justicia y de la razón." En una palabra, concluía las *Observaciones Preliminares*, la condición de los americanos no podía considerarse sino como la de un "oscuro" "vasallaje feudal de la España." En las Provincias, por otra parte, existían "vacíos inmensos en todos los ramos de industria, ocasionados "por la grosera ignorancia de los mas comunes inventos," sometidas como estaban a "un sistema de monopolio, dictado por el injusto principio de preferencia á los pocos, y tan hostil á la fecundidad de las artes," denunciándose en particular que en la Provincia de Caracas no se permitió "ensenar matemáticas, tener imprenta, escuela de pilotaje, ni clase de derecho público, ni se toleró que hubiese Universidad en Mérida;" (OP) todo lo cual no podía "contradecirse por los mal descarados panegiristas del poder arbitrario, ni paliarse por las especiosas producciones de las prensas de Cádiz, empeñadas en probar las ventajas de la dependencia y del monopolio."

En fin, se argumentó en las *Observaciones Preliminares* que no se podía pretender que sólo a las provincias de las Américas se les negasen sus derechos, y el poder "velar sobre su integridad," se les exigiera "que para la distribución de justicia" tuvieran que "atravesar un océano de dos mil leguas," y que en "momentos tan críticos como el actual, subsistan desnudos de todas las atribuciones de los seres políticos, y dependan de otra nación, que un enemigo poderoso amenaza aniquilar;" y que quedasen "como una nave sin timón," expuestos "a los rudos embates dé la mas furiosa tempestad política, y prontas a ser la presa de la primera nación ambiciosa que tenga bastante fuerza para apoderarse de ellas."

4. *El proceso de independencia gestado durante los años 1808 a 1811, producto de la incomprensión de la Regencia y sus agentes locales*

Después de los sucesos de El Escorial, Aranjuez y Bayona, el proceso de la independencia de Venezuela se enmarcó en el curso de tres épocas, como se dijo en el *Manifiesto*, cuando "desde el 15 de julio de 1808" se arrancaron a los venezolanos "las resoluciones del 19 de abril de 1810 y 5 de julio de 1811," cuyas tres épocas –se afirmó– "formarán el primer período de los fastos de Venezuela regenerada, cuando el buril imparcial de la historia trace las primeras líneas de la existencia política de la América del Sur." Ese tiempo de "tres años" que transcurrieron "desde que debimos ser libres e independientes y hasta que resolvimos serlo" y, en particular, "desde el 19 de abril de 1810 hasta el 5 de julio de 1811," si bien estuvo signado por "una amarga y penosa alternativa de ingratitudes, insultos y hostilidades por parte de España," se consideró en el *Manifiesto* como la época "más interesante de la historia de nuestra revolución" (M).

Sobre ello, en el *Manifiesto* se comienza por dar cuenta de que cómo en Caracas las autoridades locales aceptaron "los despachos del lugarteniente Reino, Murat," y "apoyando" sus órdenes exigían a los venezolanos "el reconocimiento del nuevo Rey" (M). Ello, hizo estallar la revolución.

En efecto, la primera de las fechas que se menciona en el *Manifiesto*, como el inicio del proceso de independencia, es la del 15 de julio de 1808, que fue precisamente cuando formalmente llegaron al Cabildo de Caracas las noticias sobre la asunción de la Corona por Fernando VII el 20 de marzo de 1808, después de los sucesos de Aranjuez. Tales hechos se participaron a la Capitán General de Venezuela mediante Reales Cédulas, entre las cuales estaba la de 20 de abril de 1808 (Real Cédula de proclamación de Fernando VII),[273] la cual fue precisamente la que fue abierta por el Ayuntamiento de Caracas el 15 de julio de 1808,[274] cuatro meses después de haber sido expedida.

Por supuesto, para ese momento, dos meses antes, en mayo de 1808 también habían ocurrido otros gravísimos hechos, ya mencionados, como fueron la renuncia de la Corona, por parte de Fernando VII en su padre y de la cesión de la Corona por parte de Carlos IV a Napoleón; hechos que hacían totalmente inútil la noticia inicial,

273 Véase en J. F. Blanco y R. Azpúrua, *Documentos para la Historia de la Vida Pública del Libertador...*, *op. cit.*, Tomo II, pp. 126, 127.

274 *Idem*, Tomo II, pp. 127 y 160.

pues además, una semana antes de recibirla, como se dijo, ya José Napoleón, proclamándose "Rey de las Españas y de las Indias", había decretado la Constitución de Bayona, el 6 de julio de 1808. No es de extrañar, por tanto, los devastadores efectos políticos que tuvieron en Venezuela las tardías noticias sobre las disputas políticas reales entre padre a hijo; sobre la abdicación forzosa del Trono provocada por la violencia de Napoleón, y sobre la ocupación del territorio español por los ejércitos del Emperador; y peor aún, cuando el correo utilizado para el conocimiento tardío de estas noticias había correspondido a sendos emisarios franceses que habían llegado a Caracas, lo que contribuyó a agravar la incertidumbre.

Ante las noticias recibidas, el Capitán General de Venezuela Juan de Casas formuló la declaración solemne del 18 de julio de 1808, expresando que en virtud de que "ningún gobierno intruso e ilegítimo puede aniquilar la potestad legítima y verdadera... en nada se altera la forma de gobierno ni el Reinado del Señor Don Fernando VII en este Distrito."[275] A ello se sumó, el 27 de julio, el Ayuntamiento de Caracas al expresar que "no reconocen ni reconocerán otra Soberanía que la suya (Fernando VII), y la de los legítimos sucesores de la Casa de Borbón."[276]

En esa misma fecha, el Capitán General Casas se dirigió al Ayuntamiento de Caracas exhortándolo a que se erigiese en esta Ciudad "una Junta a ejemplo de la de Sevilla,"[277] para cuyo efecto, el Ayuntamiento tomó conocimiento del acto del establecimiento de aquélla[278] y acordó estudiar un "Prospecto" cuya redacción encomendó a dos de sus miembros, y que fue aprobado el 29 de julio de 1808, pasándolo para su aprobación al "Presidente, Gobernador y Capitán General."[279]

Este, sin embargo, nunca llegó a considerar la propuesta, incluso a pesar de la representación que el 22 de noviembre de 1808 le habían enviado las primeras notabilidades de Caracas designadas para tratar con él sobre "la formación y organización de la Junta Suprema".

Sobre este proyecto de 1808 de crear una Junta Suprema de Gobierno, en el *Manifiesto* de 1811 se indicó sobre la reacción del Capitán General Emparan ante la

---

275 *Idem,* Tomo II, p. 169.

276 *Idem.,* Tomo II, p. 169.

277 El 17 de junio de 1808, por ejemplo, la Junta Suprema de Sevilla explicaba a los dominios españoles en América los "principales hechos que han motivado la creación de la Junta Suprema de Sevilla que en nombre de Fernando VII gobierna los reinos de Sevilla, Córdoba, Granada, Jaén, provincias de Extremadura, Castilla la Nueva y las demás que vayan sacudiendo el yugo del Emperador de los franceses". Véase el texto de la manifestación "de los principales hechos que han motivado la creación de la Junta Suprema de Sevilla que en nombre de Fernando VII gobierna los reinos de Sevilla, Córdoba, Granada, Jaén, provincias de Extremadura, Castilla la Nueva y las demás que vayan sacudiendo el yuyo del Emperador de los franceses" del 17 de junio de 1808 en J. F. Blanco y R. Azpúrua, *Documentos para la Historia de la Vida Pública del Libertador..., op. cit.,* Tomo II, pp. 154–157, y 170-174. Véase C Parra Pérez, *Historia de la Primera República de Venezuela,* Biblioteca de la Academia Nacional de la Historia, Caracas, 1959, Tomo I. pp. 311 y ss., y 318

278 Véase el acta del Ayuntamiento del 28 de julio de 1808 en J.F. Blanco y R. Azpúrua, *Documentos para la Historia de la Vida Pública del Libertador..., op. cit.,* Tomo II, p. 171.

279 Véase el texto del prospecto y su aprobación de 29 de julio de 1809, *Idem.,* pp. 172–174; y C. Parra Pérez, *Historia de la Primera República..., op. cit.,* p. 318.

Audiencia, declarando "que no había en Caracas otra ley ni otra voluntad que la suya," haciéndose recuento de "su capricho y arbitrariedad" y de los varios excesos y violencias cometidos, entre los que se destacó el haber arrojado fuera de las Provincias "al Capitán D. Francisco Rodríguez y al Asesor del Consulado D. Miguel José Sanz," quienes fueron "confinados a Cádiz y Puerto Rico;" el encadenamiento y condena al trabajo de obras públicas, sin forma ni figura de juicio, "a una muchedumbre de hombres buenos arrancados de sus hogares con el pretexto de vagos;" todo ello, para "después de sostener a todo trance su ignorancia y su orgullo; después de mil disputas escandalosas con la Audiencia y el Ayuntamiento; después de reconciliarse, al fin, con estos déspotas todos los togados para hacerse más impunes e inexpugnables contra nosotros," convenir "en organizar y llevar a cabo el proyecto, a la sombra de la falacia, del espionaje y la ambigüedad"[280] (M). En el *Manifiesto* de 1811, por ello, se hizo específica referencia a órdenes como la expedida el 30 de abril de 1810, para que, "so color de no atender sino a la guerra, se embruteciesen más España y América, se cerrasen las escuelas, no se hablase de derechos ni premios, ni se hiciese más que enviar a España dinero, hombres americanos, víveres, frutos preciosos, sumisión y obediencia." Además, se daba cuenta de que "bajo las más severas conminaciones se restablecía la Inquisición política con todos sus horrores, contra los que leyesen, tuviesen o recibiesen otros papeles, no sólo extranjeros, sino aun españoles, que no fuesen de la fábrica de la Regencia." Incluso se denunció en el *Manifiesto* que se habían mandado "abrir sin excepción alguna todas las correspondencias de estos países, atentado desconocido hasta en el despotismo de Godoy, y adoptado sólo para hacer más tiránico el espionaje contra la América" (M).

En todo caso, luego de los hechos de 1808, se había comenzado a afianzar el sentimiento popular de que el gobierno de la Provincia era pro–bonapartidista lo cual se achacó también al Mariscal de Campo, Vicente de Emparan y Orbe, quien había sido nombrado por la Junta Suprema Gubernativa como Gobernador de la Provincia de Venezuela, en marzo de 1809[281]. Esta Junta Suprema Central y Gubernativa del Reyno se había constituido en Aranjuez el 25 de septiembre de 1808, y se había trasladado luego a Sevilla el 27 de diciembre de 1809, integrada por mandatarios de las diversas provincias del Reino, la cual tomó la dirección de los asuntos nacionales[282]. Fue por ello que el 12 de enero de 1809, el Ayuntamiento de Caracas reconoció en Venezuela a dicha Junta Central, como gobierno supremo del imperio[283].

Días después, la Junta Suprema Central dispondría por Real Orden de 22 de enero de 1809, que las Provincias americanas habían cesado de ser "colonias o

280 En el *Manifiesto* se indica que lo expuesto resulta de testimonios auténticos que reposaban en los archivos "a pesar de la vigilancia con que se saquearon" por las autoridades españolas.

281 Véase en L. A. Sucre, *Gobernadores y Capitanes Generales…, op. cit.*, p. 314.

282 Véase el texto en J. F. Blanco y R. Azpúrua, *Documentos para la Historia de la Vida Pública del Libertador…, op. cit.*, Tomo II, pp. 174 y 179.

283 Véase Parra Pérez, *Historia de la Primera República …, op. cit.*, Tomo II, p. 305.

factorías," formando "parte esencial e integrante de la monarquía española,[284] disponiendo entonces que las mismas debían tener representación y constituir parte de la Junta Suprema Central, previéndose sin embargo una exigua representación si se la comparaba con la que tenían los representantes peninsulares.[285]

En todo caso, para comienzos de 1809, ya habían aparecido en la Península manifestaciones adversas a la Junta Suprema Central y Gubernativa, a la cual se había acusado de usurpadora de autoridad. Ello condujo, en definitiva, a la convocatoria a Cortes para darle legitimación a la representación nacional, lo que la Junta hizo por Decretos de 22 de mayo y 15 de junio de 1809, fijándose la reunión de las Cortes para el 1° de marzo de 1810, en la Isla de León[286]. En dichas Cortes, en todo caso, debían estar representadas las Juntas Provinciales del Reino y representantes de las Provincias de Indias, que debían ser electos conforme al reglamento dictado el 6 de octubre de 1809. En cuanto a los representantes de América, después de interminables discusiones sobre su número y la forma de elección al final efectivamente fueron designados, pero en forma supletoria por americanos residentes en Cádiz, por una Junta regulada por Decreto del 1° de enero de 1810.[287] Sobre la representación que se ofreció a los americanos, la misma se resintió en el *Manifiesto* de 1811, en el cual se destacó al contrario, la falta de representación que se pretendió dar a las provincias americanas en las Cortes, al punto de afirmar que

> "si los trescientos años de nuestra anterior servidumbre no hubieran bastado para autorizar nuestra emancipación, habría sobrada causa en la conducta de los gobiernos que se arrogaron la soberanía de una nación conquistada, que jamás pudo tener la menor propiedad en América, declarada parte integrante de ella; cuando se quiso envolverla en la conquista."

Se agregó en el *Manifiesto* que "si los gobernantes de España hubiesen estado pagados por sus enemigos no habrían podido hacer más contra la felicidad de la nación vinculada en su estrecha unión y buena correspondencia con la América," destacándose cómo "con el mayor desprecio a nuestra importancia y a la justicia de nuestros reclamos, cuando no pudieron negarnos una apariencia de representación, la sujetaron a la influencia despótica de sus agentes sobre los Ayuntamientos a quienes se sometió la elección." Y peor aún, cuando los americanos comparaban la situación de la representación en España, donde "se concedía hasta a las provincias ocupadas por los franceses y a las Islas Canarias y Baleares un representante a cada 50.000 almas, elegido libremente por el pueblo," pero en América "apenas bastaba

---

284 Véase el texto en J.F. Blanco y R. Azpúrua, *Documentos para la Historia de la Vida Pública del Libertador..., op. cit.,* Tomo II, pp. 230–231; O. C. Stoetzer, *Las Raíces Escolásticas de la Emancipación..., op. cit.,* p. 271.

285 Sobre ello véase el "Memorial de Agrarios" de C. Torres de 20 de noviembre de 1809 en J. F. Blanco y R. Azpúrua, *Documentos para la Historia de la Vida Pública del Libertador..., op. cit.,* Tomo II, pp. 243–246; y O.C. Stoetzer, *Las Raíces Escolásticas de la Emancipación..., op. cit.,* p. 272.

286 Véase el texto en J.F. Blanco y R. Azpúrua, *Documentos para la Historia de la Vida Pública del Libertador..., op. cit.,* Tomo II, pp. 234–235.

287 Véase E. Roca Roca, *América en el Ordenamiento Jurídico..., op. cit.,* p. 21; J. F. Blanco y R. Azpúrua, *Documentos para la Historia de la Vida Pública del Libertador..., op. cit.,* Tomo II, pp. 267–268.

un millón para tener derecho a un representante, nombrado por el Virrey o Capitán General bajo la firma del Ayuntamiento."

Ahora bien, en mayo de 1809, como se dijo, ya había llegado a Caracas el nuevo Presidente, Gobernador y Capitán General de Venezuela, Vicente Emparan y Orbe; y en ese mismo mes, la Junta Suprema Gubernativa advertía a las Provincias de América sobre los peligros de la extensión de las maquinaciones del Emperador a las Américas.[288] Como se indicó en las *Observaciones Preliminares* del libro londinense, que "había motivo para desconfiar de los Virreyes y Capitanes Generales" se comprobó por los sucesos posteriores, pues los mismos no tuvieron "reparo en proclamar la doctrina de que la América debe correr igual suerte que la Península, y que si la una es conquistada, debe someterse la otra al mismo señor. Los jefes coloniales estaban preparados para esta ocurrencia, y habiendo sido escogidos por el Príncipe de Paz, nada era mas natural que el que volviesen á sus antiguas miras."

Ese temor que surgió en Caracas respecto del subyugamiento completo de la Península, sin duda, fue el que provocó que comenzara la conspiración por la independencia de la Provincia de Venezuela de lo cual, incluso, estaba en conocimiento Emparan antes de que llegara a Caracas[289]. Su acción de gobierno, por otra parte lo llevó a enemistarse incluso con el clero y con el Ayuntamiento, lo que contribuyó a acelerar la reacción criolla. Así, ya para fines de 1809 en la Provincia había un plan para derribar el gobierno en el cual participaban los más destacados jóvenes caraqueños, entre ellos, Simón Bolívar, quien había regresado de España en 1807, todos amigos del Capitán General[290]. Este adoptó diversas providencias al descubrir el plan, pero fueron débiles, provocando protestas del Ayuntamiento[291].

En la Península, el 29 de enero de 1810, después de haber convocado la elección de los diputados a Cortes, la Junta Central Gubernativa del Reino resolvió reconcentrar la autoridad del mismo, cesando en sus funciones y nombrando un Consejo de Regencia al cual asignó el poder supremo. Pero en las Provincias de América se carecía de noticias sobre los sucesos de España, cuyo territorio, con excepción de Cádiz y la Isla de León, estaba en poder de los franceses. Estas noticias y la de la disolución de la Junta Suprema Central y Gubernativa por la constitución del Consejo de Regencia, sólo se llegaron a confirmar en Caracas el 18 de abril de 1810,[292] y fueron esas noticias el último detonante del inicio de la revolución de independencia de América. Fue así como el Ayuntamiento de Caracas, en su sesión del 19 de abril de 1810, al día siguiente de conocerse la situación política de la Península, depuso a la autoridad constituida y se erigió, a sí mismo, en Junta Suprema de Venezuela Conservadora de los Derechos de Fernando

---

288 Véase el texto en J.F. Blanco y R. Azpúrua, *Documentos para la Historia de la Vida Pública del Libertador..., op. cit.,* Tomo II, pp. 250–254.

289 Véase G. Morón, *Historia de Venezuela,* Caracas, 1971, Tomo III, p. 205.

290 C. Parra Pérez, *Historia de la Primera República ..., op. cit.,* Tomo I, pp. 368–371.

291 *Idem.,* p. 371.

292 Véase *Idem,* Tomo II, pp. 380 y 383.

VII[293]. Con este acto, sin duda, se dió un golpe de Estado en la Provincia, habiendo recogido el Acta de la sesión del Ayuntamiento de Caracas, el primer acto constitucional de un nuevo gobierno y el inicio de la conformación jurídica de un nuevo Estado,[294] y además, la deposición del Gobernador Emparan del mando de la Provincia de Venezuela. El Cabildo, así, asumió el "mando supremo" o "suprema autoridad" de la Provincia,[295] respaldado "por consentimiento del mismo pueblo"[296].

Se estableció, así, un "nuevo gobierno" a cargo de "una Junta Gubernativa de estas Provincias, compuesta del Ayuntamiento de esta Capital y de los vocales nombrados por el voto del pueblo,"[297] al cual quedaron subordinados "todos los empleados del ramo militar, político y demás"[298]. El Ayuntamiento, además, procedió a destituir las antiguas autoridades del país y a proveer a la seguridad pública y conservación de los derechos del Monarca cautivo, y ello lo hizo "reasumiendo en sí el poder soberano,"[299] desconociendo la autoridad del Consejo de Regencia.

Sobre estos hechos del día jueves Santo 19 de abril de 1811, se expresó en el *Manifiesto* de 1811, que en el mismo "se desplomó en Venezuela el coloso del despotismo, se proclamó el imperio de las leyes y se expulsaron los tiranos con toda la felicidad, moderación y tranquilidad que ellos mismos han confesado y ha llenado de admiración y afecto hacia nosotros a todo el mundo imparcial." Ese día, cuando la independencia debió declararse, Venezuela, con "una mano firme y generosa" depuso "a los agentes de su miseria y su esclavitud," y colocando

> "el nombre de Fernando VII a la frente de su nuevo gobierno, juraba conservar sus derechos, prometía reconocer la unidad e integridad política de la nación española, abrazaba a sus hermanos de Europa, les ofrecía un asilo en sus infortunios y calamidades, detestaba a los enemigos del nombre español, procuraba la alianza generosa de la nación inglesa y se prestaba a tomar parte en la felicidad y en la desgracia de la nación de quien pudo y debió separarse para siempre" (M).

---

293 Véase el libro *El 19 de abril de 1810, op. cit.,* Caracas 1957.

294 Véase en general T. Polanco, "Interpretación jurídica de la Independencia" en *El Movimiento Emancipador de Hispanoamérica, Actas y Ponencias,* Caracas, 1961, Tomo IV, pp. 323 y ss.

295 Véase el texto del Acta del Ayuntamiento de Caracas de 19 de Abril de 1810 en Allan R. Brewer-Carías, *Las Constituciones de Venezuela, op. cit.,* pp. 531-533.

296 Así se establece en la "Circular" enviada por el Ayuntamiento el 19 de abril de 1810 a las autoridades y corporaciones de Venezuela. Véase J. F. Blanco y R. Azpúrua, *Documentos para la Historia de la Vida Pública del Libertador..., op. cit.,* Tomo II, pp. 401–402. Véase también en *Textos Oficiales de la Primera República de Venezuela,* Biblioteca de la Academia Nacional de la Historia, 1959, Tomo I, p. 105.

297 Así se denomina en el Manifiesto del 1° de mayo de 1810. Véase en *Textos Oficiales..., cit.,* Tomo I. p. 121.

298 *Idem.*

299 Así se indica en el oficio de la Junta Suprema al Inspector General Fernando Toro el 20 de abril de 1810. Véase en J.F. Blanco y R. Azpúrua, *Documentos para la Historia de la Vida Pública del Libertador..., op. cit.,* Tomo II, p. 403 y Tomo I, p. 106, respectivamente.

Los venezolanos, se dijo en el *Manifiesto*, reconocieron "los *imaginarios derechos* del hijo de María Luisa," y respetando la desgracia de la nación, dieron dando parte de la "resolución a la misma *Regencia que desconocíamos*, le ofrecimos no separarnos de la España siempre que hubiese en ella un *gobierno legal*, establecido por *la voluntad de la nación* y en el cual tuviese la *América la parte* que le da la justicia, la necesidad y la importancia política de su territorio" (M).

En todo caso, la Junta Suprema de Venezuela comenzó por asumir en forma provisional, las funciones legislativas y ejecutivas, definiendo en el Bando del 25 de abril de 1810, los siguientes órganos del Poder Judicial: "El Tribunal Superior de apelaciones, alzadas y recursos de agravios se establecerá en las casas que antes tenía la audiencia"; y el Tribunal de Policía "encargado del fluido vacuno y la administración de justicia en todas las causas civiles y criminales estará a cargo de los corregidores"[300].

En todo caso, este movimiento revolucionario iniciado en Caracas en abril de 1810, meses antes de la instalación de las Cortes de Cádiz, indudablemente que siguió los mismos moldes de la Revolución francesa y tuvo además la inspiración de la Revolución norteamericana[301], de manera que incluso, puede considerarse que fue una Revolución de la burguesía, de la nobleza u oligarquía criolla, la cual, al igual que el tercer estado en Francia, constituía la única fuerza activa nacional[302]. Inicialmente entonces, la revolución de independencia en Venezuela fue el instrumento de la aristocracia colonial, es decir, de los blancos o mantuanos, para reaccionar contra la autoridad colonial y asumir el gobierno de las tierras que habían sido descubiertas, conquistadas, colonizadas y cultivadas por sus antepasados.[303] No se trató, por tanto, inicialmente, de una revolución popular, pues los pardos, a pesar de constituir la mayoría de la población, apenas comenzaban a ser admitidos en los niveles civiles y sociales como consecuencia de la Cédula de "Gracias, al Sacar", vigente a partir de 1795 y que, con toda la protesta de los blancos, les permitía a aquellos adquirir mediante el pago de una cantidad de dinero, los derechos reservados hasta entonces a los blancos notables.[304] Por ello, teniendo en cuenta la

300 *Textos oficiales..., op. cit.*, Tomo I, pp. 115–116.

301 Véase José Gil Fortoul, *Historia Constitucional de Venezuela,* Tomo primero, *Obras Completas,* Vol. I, Caracas, 1953, p. 209.

302 Véase José Gil Fortoul, *Historia Constitucional de Venezuela, op. cit.*, Tomo primero, p. 200; Pablo Ruggeri Parra, *Historia Política y Constitucional de Venezuela,* Tomo I, Caracas, 1949, p. 31.

303 En este sentido, por ejemplo, L. Vallenilla Lanz es categórico, al considerar que "en todo proceso justificativo de la Revolución (de independencia) no debe verse sino la pugna de los nobles contra las autoridades españolas, la lucha de los propietarios territoriales contra el monopolio comercial, la brega por la denominación absoluta entablada de mucho tiempo atrás por aquella clase social poderosa y absorbente, que con razón se creía dueña exclusiva de esta tierra descubierta, conquistada, colonizada y cultivada por sus antepasados. En todas estas causas se fundaba no sólo el predominio y la influencia de que gozaba la nobleza criolla, sino el legítimo derecho al gobierno propio, sin la necesidad de apelar a principios exóticos tan en pugna con sus exclusividades y prejuicios de casta". Véase Laureano Vallenilla Lanz, *Cesarismo Democrático*. Estudio sobre las bases sociológicas de la Constitución efectiva en Venezuela, Caracas 1952, pp. 54 y 55.

304 Véase sobre la Real Cédula de 10–2–1795 sobre gracias al sacar en J. F. Blanco y R. Azpúrua, *Documentos para la Historia de la Vida Pública del Libertador..., op. cit.,* Tomo I, pp. 263 a 275. *Cf.* Federico Brito Figueroa, *Historia Económica y Social de Venezuela. Una estructura para su estudio*, Tomo

situación social preindependentista, sin duda que puede calificarse de "insólito" el hecho de que en el Ayuntamiento de Caracas, transformado en Junta Suprema, se le hubiera dado representación no sólo a estratos sociales extraños al Cabildo, como los representantes del clero y los denominados del pueblo, sino a un representante de los pardos.[305] Estos actos políticos fueron criticados públicamente en *Manifiesto* publicado en Filadelfia por el antiguo Capitán General Emparan el 6 de julio de 1810,[306] los cuales fueron refutados en la "Refutación á la Proclama del Excapitán General Emparan," la cual como "contestación del Gobierno de Venezuela" se mandó a publicar y la cual fue redactada por Ramón García de Sena[307] (hermano de Manuel García de Sena, el traductor de las obras de Paine), quien fue redactor de *El Publicista Venezolano* (órgano del Congreso General de 1811), y después sería destacado oficial del Ejercito de Venezuela, Secretario de Guerra y marina en 1812 y, además, aparece firmando la extensísima "Constitución de la República de Barcelona Colombiana," de 12 de enero de 1812.[308]

Luego de la Revolución de Caracas del 19 de abril de 1811, la Junta Suprema de Venezuela se dirigió con fecha 3 de mayo de 1810 a la Junta de Regencia de España, en respuesta a los papeles que se habían recibido de la Junta Suprema de Cádiz y del Consejo de Regencia requiriendo el "reconocimiento" de la última como "legítima depositaria de la soberanía española," no solo informándole sobre los acontecimientos y decisiones del nuevo gobierno de Caracas, sino a los efectos de comunicarle formalmente que el gobierno de Venezuela "desconocía" a tal Regencia como gobierno de España.[309] Sobre la Regencia, cuyo gobierno se calificó en el

---

I, Caracas, 1966, p. 167; y L. Vallenilla Lanz, *Cesarismo Democrático, op. cit.*, pp. 13 y ss. En este sentido, debe destacarse que en la situación social pre-independentista había manifestaciones de luchas de clase entre los blancos o mantuanos que constituían el 20 por 100 de la población y los pardos y negros 61 por 100, que luego van a aflorar en la rebelión de 1814. *Cf.* F. Brito Figueroa, *op. cit.*, tomo I, pp. 160 y 173. *Cf.* Ramón Díaz Sánchez, "Evolución social de Venezuela (hasta 1960)", en M. Picón Salas y otros, *Venezuela Independiente 1810–1960,* Caracas, 1962, p. 193.

305 Véase Gil Fortoul, *Historia Constitucional de Venezuela, op. cit.*, Tomo primero, pp. 203, 208 y 254. Es de tener en cuenta, como señala A. Grisanti, que "El Cabildo estaba representado por las oligarquías provincianas extremadamente celosas de sus prerrogativas políticas, administrativas y sociales, y que detentaban el Poder por el predominio de contadas familias nobles o ennoblecidas, acaparadoras de los cargos edilicios...". Véase Angel Grisanti, Prólogo al libro *Toma de Razón, 1810 a 1812,* Caracas, 1955. El cambio de actitud del Cabildo caraqueño, por tanto, indudablemente que se debe a la influencia que sus miembros ilustrados recibían del igualitarismo de la Revolución Francesa: *Cf.* L. Vallenilla Lanz, *Cesarismo Democrático, op. cit.*, p. 36. Este autor insiste en relación a esto de la manera siguiente: "Es en nombre de la Enciclopedia, en nombre de la filosofía racionalista, en nombre del optimismo humanitario de Condorcet y de Rousseau como los revolucionarios de 1810 y los constituyentes de 1811, surgidos en su totalidad de las altas clases sociales, decretan la igualdad política y civil de todos los hombres libres", *op. cit.*, p. 75.

306 En el Nº I de *El Mercurio Venezolano*, de enero de 1811, se glosó el dicho Manifiesto de Emparan, y se prometía sería respondido en el número siguiente del periódico. Véase la edición facsimilar en http://cic1.ucab.edu.ve/hmdg/bases/hmdg/textos/Mercurio/Mer_Enero1811.pdf.

307 Véase el texto en *El Mercurio Venezolano*, Nº II, Febrero 1811, pp. 1-21, edición facsimilar publicada en http://cic1.ucab.edu.ve/hmdg/bases/hmdg/textos/Mercurio/Mer_Febrero1811.pdf.

308 Véase *Las Constituciones Provinciales* (Estudio Preliminar por Ángel Francisco Bice), Biblioteca de la Academia Nacional de la Historia, Caracas 1959, p. 249.

309 Véase el texto, redactado por José de Las LLamosas y Martín Tovar Ponte, quien luego fue Diputado de San Sebastián en el Congreso general, en *El Mercurio Venezolano*, Nº I, Enero de 1811, pp. 7-14, edi-

Manifiesto como "intruso e ilegítimo," se indicaba que a la vez que declaraba libres a los americanos "en la teoría de sus planes," los "sujetaba en la práctica a una *representación diminuta e insignificante,* creyendo que a quien nada se le debía, estaba en el caso de contentarse con lo que le diesen sus señores." Pretendía la Regencia mantener la ilusión de los americanos quienes ya conocían "lo poco que debíamos esperar de la política de los *intrusos apoderados de Fernando*: no ignorábamos que si no debíamos depender de los virreyes, ministros y gobernadores, con mayor razón no podíamos estar sujetos a un *Rey cautivo y sin derechos ni autoridad, ni a un gobierno nulo e ilegítimo,* ni a una nación incapaz de tener derecho sobre otra, ni a un ángulo peninsular de la Europa, *ocupado casi todo* por una fuerza extraña" (M).

Por otra parte, la Junta Suprema de Caracas, envió emisarios a las principales ciudades de las otras Provincias que conformaban la Capitanía General de Venezuela para invitarlas a adherirse al movimiento de Caracas. En todas esas Provincias con excepción de Coro y Maracaibo,[310] y ante la creencia de que la Metrópoli estaba gobernada por Napoleón y había sido disuelto el Gobierno Supremo, se desarrolló un proceso revolucionario provincial con manifiestas tendencias autonomistas, en muchos casos mediante la creación de Juntas Supremas provinciales.[311] En consecuencia, el 27 de abril de 1810, en Cumaná, el Ayuntamiento asumió la representación de Fernando VII, y "su legítima sucesión". El 5 de julio de 1810, el Ayuntamiento de Barinas decidió proceder a formar "una Junta Superior que recibiese la autoridad de este pueblo que la constituye mediante ser una provincia separada". El 16 de septiembre de 1810, el Ayuntamiento de Mérida decidió "en representación del pueblo", adherirse a la causa común que defendían las Juntas Supremas y Superiores que ya se habían constituido en Santa Fé, Caracas, Barinas, Pamplona y Socorro, y resolvió, con representación del pueblo, se erigiese una Junta "que asumiese la autoridad soberana". El Ayuntamiento de Trujillo convino en instalar "una Junta Superior conservadora de nuestra Santa Religión, de los derechos de nuestro amadísimo, legítimo, soberano Don Fernando VII y su Dinastía y de las derechos de la Patria". El 12 de octubre de 1811, en la Sala Consistorial de la Nueva Barcelona se reunieron "las personas visibles y honradas del pueblo de Barcelona" y resolvieron declarar la independencia con España de la Provincia y unirse con Caracas y Cumaná, creándose al día siguiente, una Junta Provincial para que representara los derechos del pueblo[312].

---

ción facsimilar publicada en http://cic1.ucab.edu.ve/hmdg/ba-ses/hmdg/textos/Mercurio/Mer_Enero1811.pdf

310 Véase las comunicaciones de la Junta Suprema respecto de la actitud del Cabildo de Coro y del Gobernador de Maracaibo, en *Textos Oficiales..., cit.*, Tomo I, pp. 157 a 191. Véase además los textos que publican J. F. Blanco y R. Azpúrua, *Documentos para la Historia de la Vida Pública del Libertador..., op. cit.*, Tomo II, p. 248 a 442, y 474 a 483.

311 Véase en *Las Constituciones Provinciales, op. cit.*, pp. 339 y ss.

312 Véase las Actas de la Independencia de las diversas ciudades de la Capitanía General de Venezuela en *Las Constituciones Provinciales,* Academia Nacional de la Historia, 1959, pp. 339 y ss.

La secuela del rápido y expansivo proceso revolucionario de las Provincias de Venezuela, fue que para junio de 1810 ya se había comenzado a hablar oficialmente de la "Confederación de Venezuela"[313], y la Junta de Caracas con representantes de Cumaná, Barcelona y Margarita, ya venía actuando como Junta Suprema pero, por supuesto, sin ejercer plenamente el gobierno en toda la extensión territorial de la Capitanía General. De allí la necesidad que había de formar un "Poder Central bien constituido" es decir, un gobierno que uniera las Provincias, por lo que la Junta Suprema estimó que había "llegado el momento de organizarlo" convocando a elecciones de diputados para conformar el Congreso General de las Provincias.

A tal efecto, se en junio de 1810 la Junta aprobó el Reglamento de Elecciones de dicho cuerpo[314], y envió a Londres, continuando la política exterior iniciada al instalarse, a los comisionados Simón Bolívar y Luis López Méndez, con Andrés Bello de Secretario, para estrechar las relaciones con Inglaterra, y solicitar auxilios inmediatos para resistir la amenaza de Francia. Los comisionados lograron, básicamente, esto último; concretizado en el compromiso de Inglaterra de defender al gobierno de Caracas "contra los ataques o intrigas del tirano de Francia"[315]. Los comisionados venezolanos, como lo señaló Francisco de Miranda con quien se relacionaron en Londres, habían continuado lo que el Precursor había iniciado "desde veinte años a esta parte... en favor de nuestra emancipación o independencia"[316]. En todo caso, Bolívar y Miranda regresaron a Caracas en diciembre de 1810, y habiendo sido electo Francisco de Miranda como diputado por el Pao para formar el "Congreso General de Venezuela", el cual se instaló el 2 de marzo de 1811.[317]

El 1° de julio de 1811, el Congreso ya había proclamado los *Derechos del Pueblo*[318], declaración que puede considerarse como la tercera declaración de derechos de rango constitucional en el constitucionalismo moderno.

El 5 de julio de 1811, el Congreso integrado por los representantes de las provincias de Margarita, de Mérida, de Cumaná, de Barinas, de Barcelona, de Trujillo y de Caracas, aprobó la Declaración de Independencia, pasando a

---

313 Véase la "refutación a los delirios políticos del Cabildo de Coro, de orden de la Junta Suprema de Caracas" de 1° de junio de 1810 en *Textos Oficiales*..., *op. cit.*, Tomo I, p. 180.

314 Véase el texto en *Textos Oficiales*..., *op. cit.*, Tomo II, pp. 61–84; y en Allan R. Brewer–Carías, *Las Constituciones de Venezuela, op. cit.*, Tomo I, pp. 535-543.

315 Véase la circular dirigida el 7 de diciembre de 1810 por el Ministro Colonial de la Gran Bretaña a los jefes de las Antillas Inglesas, en J. F. Blanco y R. Azpúrua, *Documentos para la Historia de la Vida Pública del Libertador*..., *op. cit.* Tomo II, p. 519. Asimismo, la nota publicada en la *Gaceta de Caracas* del viernes 26 de octubre de 1810 sobre las negociaciones de los comisionados. Véase en J. F. Blanco y R. Azpúrua, *Documentos para la Historia de la Vida Pública del Libertador*..., *op. cit.*, Tomo II, p. 514.

316 Véase la Carta de Miranda a la Junta Suprema de 3 de agosto de 1810 en J. F. Blanco y R. Azpúrua, *Documentos para la Historia de la Vida Pública del Libertador*..., *op. cit.*, Tomo II, p. 580.

317 Véase C. Parra Pérez, *Historia de la Primera República*..., *op. cit.*, Tomo I, Caracas 1959, pp. 15 y 18.

318 Véase Allan R. Brewer–Carías, *Las Constituciones de Venezuela, op. cit.*, pp. 549-551. Véase las referencias en el libro de Pedro Grases, *La conspiración de Gual y España y el ideario de la Independencia*, Caracas 1978.

denominarse la nueva nación, como Confederación Americana de Venezuela[319]; y en los meses siguientes, bajo la inspiración de la Constitución norteamericana y la Declaración francesa de los Derechos del Hombre[320], redactó la primera Constitución Federal para los Estados de Venezuela y la de todos los países latinoamericanos, la cual fue sancionada el 21 de diciembre de 1811,[321] con clara inspiración en los aportes revolucionarios de Norteamérica y Francia. En ella, se consagró expresamente la división del Poder Supremo en tres categorías: Legislativo, Ejecutivo y Judicial,[322] con un sistema de gobierno presidencial; estableciéndose la supremacía de la Ley como "la expresión libre de la voluntad general,"[323], y la soberanía que residiendo en los habitantes del país, se ejercía por los representantes.[324] Sus 228 Artículos estuvieron destinados a regular el Poder Legislativo (arts. 3 a 71), el Poder Ejecutivo (arts. 72 a 109), el Poder Judicial (arts. 110 a 118), las Provincias (arts. 119 a 134) y los Derechos del Hombre a ser respetados en toda la extensión del Estado (arts. 141 a 199).

Dicha Constitución, que fue promulgada antes de que se hubiese promulgado la de Cádiz el 19 de marzo de 1812 y, en paralelo, a las reuniones de las Cortes de

---

319 Véase el texto de las sesiones del 5 de julio de 1811 en *Libro de Actas... cit.*, pp. 171 a 202. Véase el texto Acta de la Declaración de la Independencia, en Allan R. Brewer–Carías, *Las Constituciones de Venezuela, cit.*, pp. 545-548.

320 Véase José Gil Fortoul, *Historia Constitucional de Venezuela, op. cit.*, Tomo Primero, pp. 254 y 267.

321 Véase *Libro de Actas del Supremo Congreso de Venezuela 1811–1812*, (Estudio Preliminar: Ramón Díaz Sánchez), Biblioteca de la Academia Nacional de la Historia, 2 vols. Caracas 1959. Véase el texto en Allan R. Brewer–Carías *Las Constituciones de Venezuela, op. cit.*, pp. 555-579. Además, en *La Constitución Federal de Venezuela de 1811 y documentos afines,* Biblioteca de la Academia Nacional de la Historia, Caracas 1959, pp. Véase además, Juan Garrido Rovira, "La legitimación de Venezuela (El Congreso Constituyente de 1811)", en Elena Plaza y Ricardo Combellas (Coordinadores), *Procesos Constituyentes y Reformas Constitucionales en la Historia de Venezuela: 1811–1999*, Universidad Central de Venezuela, Caracas 2005, tomo I, pp. 13–74.

322 En el *Preliminar* de la Constitución se señala expresamente, que "El ejercicio de esta autoridad confiada a la Confederación no podrá jamás hallarse reunido en sus diversas funciones. El Poder Supremo debe estar dividido en Legislativo, Ejecutivo y Judicial, y confiado a distintos Cuerpos independientes entre sí, y en sus respectivas facultades...". Además, el artículo 189 insistía en que "los tres Departamentos esenciales del Gobierno, a saber: el Legislativo, el Ejecutivo y el Judicial, es preciso que se conserven tan separados e independientes el uno del otro cuanto lo exija la naturaleza de un gobierno libre lo que es conveniente con la cadena de conexión que liga toda fábrica de la Constitución en un modo indisoluble de Amistad y Unión".

323 "La Ley es la expresión libre de la voluntad general o de la mayoría de los ciudadanos, indicada por el órgano de sus representantes legalmente constituidos. Ella se funda sobre la justicia y la utilidad común, y ha de proteger la libertad pública e individualidad contra toda opresión o violencia". "Los actos ejercidos contra cualquier persona fuera de los casos y contra las formas que la Ley determina son inicuos, y si por ellos se usurpa la autoridad constitucional o la libertad del pueblo serán tiránicos" (Arts. 149 y 150).

324 "Una sociedad de hombres reunidos bajo unas mismas Leyes, costumbres y Gobierno forma una soberanía". La soberanía de un país, o supremo poder de reglar o dirigir equitativamente los intereses de la comunidad reside pues, esencial y originalmente, en la masa general de sus habitantes y se ejercita por medio de apoderados o representantes de éstos, nombrados y establecidos conforme a la Constitución". "Ningún individuo, ninguna familia particular, ningún pueblo, ciudad o partido puede atribuirse la soberanía de la sociedad, que es imprescindible, inalienable e indivisible en su esencia y origen, ni persona alguna podrá ejercer cualquier función pública del Gobierno, si no lo ha obtenido por la Constitución" (Art. 143, 144 y 145).

Cádiz que se habían instalado el 24 de septiembre de 1810, y en las cuales también se había comenzado a delinear una Constitución Monárquica de democracia representativa; aún cuando no tuvo vigencia real superior a un año debido a las guerras de independencia, indudablemente que condicionó la evolución de las instituciones políticas y constitucionales venezolanas hasta nuestros días. En el momento, sin embargo, la labor de construcción del Estado independiente quedó a medio hacer, pues apenas se instaló el gobierno republicano en la capital Valencia, el 1 de marzo de 1812, la reacción realista se comenzó a sentir con el Capitán de fragata Domingo de Monteverde a la cabeza, lo que fue facilitado, como se dijo, por los efectos devastadores del terremoto que desoló a Caracas el 24 del mismo mes de marzo de 1812, que los Frailes y el Arzobispo de Caracas atribuyeron a un castigo de Dios por la revolución de Caracas[325].

La amenaza de Monteverde y la necesidad de defender la República llevaron al Congreso, el 4 de Abril de 1812, a delegar en el Poder Ejecutivo todas las facultades necesarias[326], y éste, el 23 de abril de 1812, nombró Generalísimo a Francisco de Miranda, con poderes dictatoriales. En esta forma, la guerra de independencia, obligó, con razón, a dejar de un lado la Constitución. Como el Secretario de Guerra, José de Sata y Bussy (quien había sido Diputado de San Fernando de Apure en el Congreso General) le comunico en correspondencia dirigida al Teniente General Francisco de Miranda ese mismo día 23 de abril de 1812:

> "Acaba de nombraros el Poder Ejecutivo de la Unión, General en Jefe de las armas de toda la Confederación Venezolana con absolutas facultades para tomar cuantas providencias juzguéis necesarias a salvar nuestro territorio invadido por los enemigos de la libertad Colombiana; y bajo este concepto no os sujeta ley alguna ni reglamento de los que hasta ahora rigen estas Repúblicas, sino que al contrario no consultareis mas que la Ley suprema de salvar la patria; y a este efecto os delega el Poder de la Unión sus facultades naturales y las extraordinarias que le confirió la representación nacional por decreto de 4 de este mes, bajo vuestra responsabilidad"[327].

En la sesión del 4 de abril de 1812, se había acordado que "la medida y regla" de las facultades concedidas al Poder Ejecutivo fuera la salud de la Patria; y que siendo esa la suprema ley, "debe hacer callar las demás"[328]; pero a la vez, se acordó participar a las "Legislaturas Provinciales" la vigencia de la Constitución Federal sin perjuicio de las facultades extraordinarias al Poder Ejecutivo.[329]

El Congreso, el 4 de abril de 1812, además, había exhortado a las mismas "Legislaturas provinciales" que obligaran y apremiasen a los diputados de sus provincias a que sin excusa ni tardanza alguna se hallaren en la ciudad de Valencia

---

325 Véase J.F. Blanco y R. Azpúrua, *Documentos para la Historia de la Vida Pública del Libertador.. , op. cit.*, Tomo III, pp. 614 y ss.

326 Véase *Libro de Actas del Congreso de Venezuela 1811–1812,* Biblioteca de la Academia Nacional de la Historia, tomo II, Caracas, 1959, pp. 397 a 399.

327 Véase *Archivo del General Miranda, op. cit.*, Tomo XXIX, pp. 396 y 397.

328 Véase *Libro de Actas del Congreso de Venezuela..., op. cit.*, p. 398.

329 *Idem*, p. 400.

para el 5 de julio de 1812, para determinar lo que fuera más conveniente a la causa pública[330]. Esta reunión nunca se pudo realizar.

En esta forma, en la historia constitucional venezolana, a los pocos meses de sancionada la Constitución de 1811 se produjo, por la necesidad de salvar la República, la primera ruptura del hilo constitucional. La dictadura sin embargo, duró poco, pues el 25 de julio de 1812 se produjo la Capitulación de Miranda y la aceptación de la ocupación del territorio de la provincia de Caracas por Monteverde.[331] El coronel Simón Bolívar (1783–1830), quien tenía a su cargo la plaza militar de Puerto Cabello, la perdió y a mediados de Julio, antes de la Capitulación, comunicó los sucesos a Miranda.[332] Entre las múltiples causas de la caída de la Primera República está, sin duda la pérdida de Puerto Cabello. Monteverde desconoció los términos del Armisticio, Miranda fue detenido a comienzos de agosto, y Bolívar logró salir de La Guaira a fines de agosto hacia Curazao y luego a Cartagena.

Fue entonces el 3 de diciembre de 1812 cuando se publicó en Caracas la Constitución de Cádiz, la cual sin embargo tampoco tuvo aplicación alguna. La misma, como es sabido, incluso en la Península había tenido aplicación limitada pues el país seguía en gran parte ocupado por los franceses y el Rey permanecía ausente; y cuando regresó, en 1814, fue para desconocer la soberanía de las Cortes de Cádiz y terminar derogando el texto constitucional.

En todo caso, toda esta evolución institucional en Venezuela había ocurrido en el corto período de tres años entre 1808 y 1811, desde cuando en la Provincia de Venezuela se recibieron las noticias de los sucesos de Aranjuez y de Bayona, y se quiso establecer en vano una Junta Suprema para la conservación de los derechos de Fernando VII, a la usanza de las que proliferaron en la Península. El *Manifiesto* de 1811 publicado en el libro londinense, expresó, por tanto, que había sido en vano el hecho de que se hubiese declarado y publicado en España que ésta "había empezado a existir de nuevo desde el abandono de sus autoridades, desde las cesiones de los Borbones e introducción de otra dinastía," y que recobrando "su absoluta independencia y libertad," "daban este ejemplo a las Américas para que ellas recuperasen los mismos derechos que allí se proclamaban.[333] (M). Se consideró así, que la Junta Central aún cuando variando el lenguaje de la liberalidad y la franqueza, "adoptó la perfidia el talismán de Fernando, inventado por la buena fe;" sofocando, "aunque con maña y suavidad, el proyecto sencillo y legal de Caracas, para imitar la conducta representativa de los gobiernos de España," haciendo referencia al "Proyecto del año de 1808, para hacer una Junta de Gobierno y conservación como las de España," con lo que se entabló "un nuevo género de

---

330 *Ibídem*, pp. 398–399.

331 Véase los documentos en *Archivo del General Miranda*, tomo XXIV, *op, cit.*, pp. 509 a 530. Además, en J.F. Blanco y R. Azpúrua, *Documentos para la Historia de la Vida Pública del Libertador…, op. cit.*, pp. 679 y ss.

332 *Idem*. pp. 415 a 430.

333 En el Manifiesto se citan en apoyo, "Varios impresos que salieron en el primer ímpetu de la revolución de España. El Conde de Floridablanca, contestando por la Junta Central al Consejo de Castilla. Manifiesto de la misma junta. Y la Universidad de Sevilla, respondiendo la consulta de ésta".

despotismo, bajo el nombre facticio de un Rey reconocido por generosidad y destinado a nuestro mal y desastre, por los que usurpaban la soberanía" (M).

El *Manifiesto* dio entonces cuenta de cómo durante esos años "se ocultaban las derrotas y desgracias de las armas en España; se forjaban y divulgaban triunfos pomposos e imaginarios contra los franceses en la Península y en el Danubio;" y a la vez "se figuraban conspiraciones, se inventaban partidos y facciones, se calumniaba a todo el que no se prestaba a iniciarse en los misterios de la perfidia, se inventaban escuadras y emisarios franceses en nuestros mares y nuestro seno, se limitaban y constreñían nuestras relaciones con las Colonias vecinas, se ponían trabas a nuestro comercio; todo con el fin de tenernos en una continua agitación, para que no fijásemos la atención en nuestros verdaderos intereses." Sin embargo, a pesar de ello, los venezolanos empezaron "a desconfiar de los Gobiernos de España y sus agentes;" y comenzaron a descubrir "todo el horroroso porvenir" que los amenazaba, tomando conocimiento de "la verdadera suerte de la Península, el desorden de su Gobierno, la energía de sus habitantes, el formidable poder de sus enemigos y la ninguna esperanza de su salvación" (M). Los venezolanos, decía el *Manifiesto* "encerrados en nuestras casas, rodeados de espías, amenazados de infamia y deportación, apenas podíamos lamentar nuestra situación, ni hacer otra cosa que murmurar en secreto contra nuestros vigilantes y astutos enemigos." Sin embargo, "exhalados en la amargura y la opresión," "encerrados en las cuatro paredes de su casa e incomunicados entre sí," se afirma que "apenas hubo un ciudadano de Caracas que no pensase que había llegado el momento de ser libre para siempre, o de sancionar irrevocablemente una nueva y horrorosa servidumbre" (M).

Y así fueron comenzando todos a:

> "descubrir la nulidad de los actos de Bayona, la invalidación de los derechos de Fernando y de todos los Borbones que concurrieron a aquellas ilegítimas estipulaciones: la ignominia con que habían entregado como esclavos a los que los habían colocado en el trono contra las pretensiones de la Casa de Austria; la connivencia de los intrusos mandatarios de España a los planes de la nueva dinastía; la suerte que estos planes preparaban a la América, y la necesidad de tomar un partido que pusiese a cubierto al Nuevo Mundo de los males que le acarreaba el estado de sus relaciones con el antiguo" (M).

Y en España, se dijo en el mismo *Manifiesto*, "nada veían más que desorden, corrupción, facciones, derrotas, infortunios, traiciones, ejércitos dispersos, provincias ocupadas, falanges enemigas y un gobierno imbécil y tumultuario, formado de tan raros elementos." Y así decía:

> "Tal era la impresión uniforme y general que advertían en el rostro de todos los venezolanos los agentes de la opresión, destacados a sostener a toda costa la infame causa de sus constituyentes: cada palabra producía una proscripción; cada discurso costaba una deportación a su autor, y cada esfuerzo o tentativa para hacer, en América lo mismo que en España, si no hacia derramar la sangre

de los americanos era, sin duda, una causa suficiente para la ruina, infamia y desolación de muchas familias."[334]

Hubo en España, como lo dice el *Manifiesto*, un "errado cálculo:" al momento en el cual, "menesterosa y desolada, pendiente su suerte de la generosidad americana, y casi en el momento de ser borrada del catálogo de las naciones," sin embargo, "parecía que, trasladada al siglo XVI y XVII, empezaba a conquistar de nuevo a la América con armas más terribles que el hierro y el plomo." Y los americanos, por su parte, cada día captaban nuevas pruebas de la suerte que los amenazaba, "colocados en la horrorosa disyuntiva de ser vendidos a una nación extraña o tener que gemir para siempre en una nueva e irrevocable servidumbre."

Había resonado en los oídos de Caracas, en todo caso, el ruido de "la irrupción de los franceses en las Andalucías, la disolución de la Junta Central, a impulsos de la execración pública y la abortiva institución de otro nuevo proteo gubernativo, bajo el nombre de Regencia." Esta, se dijo, anunciaba "con ideas más liberales," que "cualquiera otra época hubiera ésta deslumbrado a los americanos," procurando reforzar la ilusión en los americanos "con promesas brillantes, teorías estériles y reformas y anuncios" de que su suerte no estaba "en las manos de los virreyes, de los ministros, ni de los gobernadores." Pero al mismo tiempo, sus agentes "recibían las más estrechas órdenes para velar sobre nuestra conducta, sobre nuestras opiniones y no permitir que éstas saliesen de la esfera trazada por la elocuencia que doraba los hierros preparados en la capciosa y amañada carta de emancipación."

En fin, durante ese tiempo, se dijo en el *Manifiesto*,

> "antes de las resultas de nuestra transformación política, llegaban cada día a nuestras manos nuevos motivos para hacer, por cada uno de ellos, lo que hicimos después de tres siglos de miseria y degradación. En todos los buques que llegaban de España venían nuevos agentes a reforzar con nuevas instrucciones a los que sostenían la causa de la ambición y la perfidia, con el mismo objeto se negaba el permiso de regreso a España a los militares y demás empleados europeos, aunque lo pidiesen para hacer la guerra contra los franceses" (M).

5. *La guerra y el bloqueo ordenado por la Regencia contra Venezuela a partir de 1810, y la nueva conquista*

Durante esos mismos años 1808 a 1811, cuando en las antiguas colonias americanas de Venezuela se desarrollaba un proceso de construcción institucional de un Estado independiente, en España la situación institucional también era precaria. Luego de los alzamientos generalizados contra la invasión francesa a partir de mayo de 1808, y la sucesiva y espontánea constitución de Juntas Provisionales en los pueblos y ciudades para la defensa de la nación, para septiembre de 1808, la necesidad de conformar una unidad de dirección a la guerra y a la política era imperiosa, lo que condujo a la formación de una Junta Central integrada por

334 En el *Manifiesto* se cita la "Deportación de varios oficiales de concepto y ciudadanos de rango y probidad, decretada en 20 de marzo de 1810 por Emparan."

personalidades ilustradas, algunas de las cuales, incluso, habían formado parte del gobierno de Carlos IV.

La opción entre constituir una Regencia o una Junta Central que se ocupara de la conducción de los asuntos del Reino en ausencia de Fernando VII, terminó imponiendo la necesidad de la convocatoria a las Cortes generales, lo que se consultó al país en 1809. La Junta Central que funcionaba en Sevilla, ante el avance de las tropas francesas, tuvo que retirarse hacia la Isla de León (San Fernando), donde terminó por designar una Junta de Regencia el 29 de enero de 1810, poniendo fin a sus funciones y convocando paralelamente a la Nación a Cortes Generales, mediante elección de representantes conforme al Reglamento que luego dictaría el Consejo de Regencia el 6 de octubre de 1810, que incluía también a representantes de los territorios de las colonias americanas, a las cuales se las quería integrar al Reino.

Antes, sin embargo, el 1° de agosto de 1810, el Consejo de Regencia había declarado en estado de riguroso bloqueo a la Provincia de Caracas, por haber sus habitantes "cometido el desacato de declararse *independientes* de la metrópoli, y creando una junta de gobierno para ejercer la pretendida *autoridad independiente.*"[335] Sin duda, los acontecimientos de Caracas habían sido los de una auténtica revolución política, con un golpe de Estado dado contra las autoridades españolas por el Cabildo Metropolitano, el cual había asumido el poder supremo de la Provincia, desconociendo toda autoridad en la Península, incluyendo el Consejo de Regencia.

Esta situación de confrontación entre España y Venezuela, quedó destacada con gran profusión en el *Manifiesto* de 1811, con el cual el Congreso General de Venezuela explicó al mundo las razones de la Independencia. En el mismo, en efecto, se denunció que no sólo habían sido "los mandones de nuestro territorio los que estaban autorizados para sostener la horrorosa trama de sus constituyentes" sino que "desde los funestos y ominosos reinados de las juntas de Sevilla, Central y Regencia y con un sistema de francmasonería política bajo un pacto maquiavélico, estaban todos de acuerdo en sustituirse, reemplazarse y auxiliarse mutuamente en los planes combinados contra la felicidad y existencia política del Nuevo Mundo."

En el *Manifiesto* se denunció la conducta de los dirigentes de la Península con respecto a la América, considerándose que había sido "mucho más dura e insultante" "comparada con la que aparece respecto de la Francia;" y los "gobiernos intrusos, ilegítimos, imbéciles y tumultuarios" que en la Península se habían llamado hasta ese momento "apoderados del Rey o representantes de la nación." En fin, se denunció que la "América sola es la que está condenada a sufrir la inaudita condición de ser hostilizada, destruida y esclavizada," pues "parece que la independencia de América causa más furor a España que la opresión extranjera que

335 Véase en J. F. Blanco y R. Azpúrua, *Documentos para la Historia de la Vida Pública del Libertador... op. cit.*, Tomo II, p. 571. El bloqueo lo ejecutó el Comisionado Regio Cortabarría desde Puerto Rico, a partir del 21 de enero de 1811. Véase en J. F. Blanco y R. Azpúrua, *Documentos para la Historia de la Vida Pública del Libertador..., op. cit.*, Tomo III, p. 8; C. Parra Pérez, *Historia de la Primera República..., op. cit.*, Tomo I, p. 484.

la amenaza, al ver que contra ella se emplean con preferencia recursos que no han merecido aún las provincias que han aclamado al nuevo Rey."

Los mismos sentimientos se expresaron en el *Acta de Independencia* en la cual se explicó que a pesar de la moderación y generosidad mostrada por las Provincias hacia España, "se nos declara en estado de rebelión, se nos bloquea, se nos hostiliza, se nos envían agentes a amotinarnos unos contra otros, y se procura desacreditarnos entre las naciones de Europa implorando sus auxilios para oprimirnos;" "se nos condena a una dolorosa incomunicación con nuestros hermanos; y para añadir el desprecio a la calumnia se nos nombran apoderados, contra nuestra expresa voluntad, para que en sus Cortes dispongan arbitrariamente de nuestros intereses bajo el influjo y la fuerza de nuestros enemigos" y finalmente se dijo que

> "para sofocar y anonadar los efectos de nuestra representación, cuando se vieron obligados a concedérnosla, nos sometieron a una tarifa mezquina y diminuta y sujetaron a la voz pasiva de los Ayuntamientos, degradados por el despotismo de los gobernadores, la forma de la elección: lo que era un insulto a nuestra sencillez y buena fe, más bien que una consideración a nuestra incontestable importancia política."

Y se agregó en el Acta de la Independencia que sordos siempre a los gritos de justicia que se expresaban desde América, los gobiernos de España lo que procuraron fue "desacreditar todos nuestros esfuerzos declarando criminales y sellando con la infamia, el cadalso y la confiscación," todas las tentativas que, en diversas épocas, habían hecho algunos americanos para la felicidad de su país."

Según el *Manifiesto*, la reacción del Consejo de Indias contra Venezuela equivalía a pretender "conquistar de nuevo a Venezuela con las armas de los Alfingers y Weslers,"[336] los factores alemanes a quienes Carlos V había "arrendado estos países," a los efectos de continuar el sistema de dominación española en América," con lo que en definitiva se afirmaba que "el nombre de Fernando" había perdido "toda consideración entre nosotros y debe ser abandonado para siempre."

Debe observarse que el centro de operaciones para la lucha contra Venezuela lo ubicó la Regencia en la isla de Puerto Rico, que constituyó, como se dijo en el *Manifiesto,*

> "la guarida de todos los agentes de la Regencia, el astillero de todas las expediciones, el cuartel general de todas las fuerzas antiamericanas, el taller de todas las imposturas, calumnias, triunfos y amenazas de los Regentes; el refugio de todos los malvados y el surgidero de una nueva compañía de filibusteros, para que no faltase ninguna de las calamidades del siglo XVI a la nueva conquista de la América en el XIX."

A cargo de las operaciones contra la Provincia estaría el Gobernador de Puerto Rico, Salvador Meléndez y Bruna, calificado en el *Manifiesto* como el "Bajá Meléndez" o "el tirano de Borriquen" a quien se le acusó de declarar la guerra a las

---

336 Se refirió el *Manifiesto* a los "Primeros tiranos de Venezuela, autorizados por Carlos V y promovedores de la guerra civil entre sus primitivos habitantes".

Provincias, constituyéndose además, en "carcelero gratuito de los emisarios de paz y confederación," y de haber robado "con la última impudencia más de 100.000 pesos de los caudales públicos de Caracas, que se habían embarcado en la fragata Fernando VII para comprar armamento y ropa militar en Londres."

En la Provincia, en cambio, "aun a pesar de tanto insulto, de tanto robo y de tanta ingratitud," los asuntos de gobierno continuaban sin variar conforme al juramento de la conservación de los derechos de Fernando VII, de manera que "el acto sublime de su representación nacional, se publicó a nombre de Fernando VII"; bajo su "autoridad fantástica" se sostuvieron "todos los actos de nuestro gobierno y administración, que ninguna necesidad tenía ya de otro origen que el del pueblo que la había constituido;" y conforme a "las leyes y los códigos de España," se juzgó una "horrible y sanguinaria conspiración de los europeos" e incluso las mismas se infringieron "para perdonarles la vida," y no manchar con la sangre la memoria de nuestra revolución;" e incluso, "bajo el nombre de Fernando" se buscó unir a la Confederación a las provincias de Coro y Maracaibo que y se anunciaba en el *Manifiesto* "reconquistaremos a Guayana, arrancada dos veces de nuestra confederación, como lo está Maracaibo, contra el voto general de sus vecinos."

De todos estos acontecimientos, parecía "que ya no quedaba nada que hacer para la reconciliación de España o para la entera y absoluta separación de la América" y a pesar de que "Venezuela quiso agotar todos los medios que estuviesen a su alcance, para que la justicia y la necesidad no le dejasen otro partido de salud que el de la independencia que debió declarar desde el 19 de abril de 1810," dada la repercusión que los principios de la revolución habían tenido en toda América, y en particular "desde el Orinoco hasta el Magdalena y desde el Cabo Codera hasta los Andes," tuvo "que endurar nuevos insultos antes que tomar el partido doloroso de romper para siempre con sus hermanos." Así, se expresó en el *Manifiesto* de 1811 que:

> "sin haber hecho Caracas otra cosa que imitar a muchas provincias de España y usar de los mismos derechos que había declarado en favor de ella y de toda la América, el Consejo de Regencia; sin haber tenido en esta conducta otros designios que los que le inspiraba la suprema ley de la necesidad para no ser envueltos en una suerte desconocida y relevar a los Regentes del trabajo de atender al gobierno de países tan extensos como remotos, cuando ellos protestaban no atender sino a la guerra; sin haber roto la unidad e integridad política con la España; sin haber desconocido como podía y debía, los caducos derechos de Fernando; lejos de aplaudir por conveniencia, ya que no por generosidad, tan justa, necesaria y modesta resolución, y sin dignarse contestar siquiera o someter al juicio de la nación nuestras quejas y reclamaciones, se la declara en estado de guerra, se anuncia a sus habitantes como rebeldes y desnaturalizados; se corta toda comunicación con sus hermanos; se priva de nuestro comercio a la Inglaterra; se aprueban los excesos de Meléndez, y se le autoriza para cometer cuanto le sugiriese la malignidad de corazón, por más opuesto que fuese a la razón y justicia, como lo demuestra la orden de 4 de septiembre de 1810, desconocida por su monstruosidad aun entre los déspotas de Constantinopla y del Indostán; y por no faltar un ápice a los trámites de la conquista, se envía bajo el nombre de pacificador un nuevo Encomendero, que con muchas más prerrogativas que los conquistadores y pobladores se apostase

en Puerto Rico para amenazar, robar, piratear, alucinar y amotinar a unos contra otros, a nombre de Fernando VII" (M).

Se refería el *Manifiesto* a la decisión de la Regencia de nombrar a Antonio Ignacio de Cortavarría o Cortabarría como Comisionado Regio a cargo de la pacificación de las Provincias de Venezuela, con sede en Puerto Rico. Hasta entonces, como se observó en el *Manifiesto*, a pesar de las ordenes que se habían dado al gobernador Meléndez de Puerto Rico, "los progresos del sistema de subversión, anarquía y depredación que se propuso la Regencia luego que supo los movimientos de Caracas," habían sido lentos; pero "trasladado ya el foco principal de la guerra civil" más cerca de las Provincias, adquirieron más intensidad capitaneados por "los caudillos asalariados por Cortabarría y Meléndez," con la "discordia soplada de nuevo por Mijares, hinchado y ensoberbecido con la imaginaria Capitanía General de Venezuela."[337] De ello resultó, no sólo el derramamiento de sangre americana en las costas de Coro, sino "los robos y asesinatos" cometidos en dichas costas "por los piratas de la Regencia;" "el miserable bloqueo destinado a seducir y conmover nuestras poblaciones litorales;" "los insultos hechos al pabellón inglés;" "la decadencia de nuestro comercio;" "la horrorosa perfidia de Guayana y la deportación insultante de sus próceres a las mazmorras de Puerto Rico;" y "los generosos e imparciales oficios de reconciliación, interpuestos sinceramente por un representante del Gobierno británico en las Antillas[338] y despreciados por el pseudo pacificador." De todo ello, se denunció en el *Manifiesto*, derivaban

> "todos los males, todas las atrocidades y todos los crímenes que son y serán eternamente inseparables de los nombres de Cortabarría y Meléndez en Venezuela y que han impelido a su gobierno a ir más allá de lo que se propuso al tomar a su cargo la suerte de los que lo honraron con su confianza."

El *Manifiesto* denunció con énfasis lo que llamó "la misión de Cortabarría en el siglo XIX, comparado el estado de la España que la decretó y el de la América a quien se dirigía," lo cual demostró "hasta qué punto ciega el prestigio de la ambición a los que fundan en el embrutecimiento de los pueblos todo el origen de su autoridad." Con el sólo hecho del nombramiento del mencionado pacificador Cortabarría, –se dijo en el *Manifiesto*–, "habría bastante para autorizar nuestra conducta" reproduciéndose con ello involuntariamente en la imaginación de los redactores del *Manifiesto*, "el espíritu de Carlos V, la memoria de Cortés y Pizarro y los males de Moctezuma y Atahualpa" "al ver renovados los adelantados, pesquisidores y encomenderos" pero después de "trescientos años de sumisión y sacrificios." Sobre la misión de Cortabarría, se concluía señalando que

> "La plenipotencia escandalosa de un hombre autorizado por un gobierno intruso e ilegítimo, para que con el nombre insultante de pacificador despotizase, amotinase, robase y (para colmo del ultraje) perdonase a un pueblo

337 Se refería el documento a Fernando Mijares designado Capitán General de Venezuela en sustitución de Emparan, pero quien nunca llegó a ejercer el cargo en la capital.

338 El *Manifiesto* se refería al Oficio del Excmo. Sr. Almirante Cochrane, en la Secretaría de Estado.

noble, inocente, pacífico, generoso y dueño de sus derechos solo puede creerse en el delirio impotente de un gobierno que tiraniza a una nación desorganizada y aturdida con la horrorosa tempestad que descarga sobre ella" (M).

6. *La continuación de la guerra contra Venezuela por las Cortes de Cádiz, y su falta de representación respecto de América*

Las Cortes de Cádiz una vez instaladas, nada variaron respecto de la guerra declarada contra las provincias de Venezuela por la Regencia. Las mismas, convocadas por el Consejo de Regencia, se conformaron con representantes electos y con muchos suplentes designados en la propia Isla de León, de americanos residentes en la Península. Se reunieron el 24 de septiembre de 1810 y cinco meses después, se trasladaron a Cádiz, reuniéndose en el oratorio de San Felipe Neri, donde se desarrollaron sus sesiones.

El trabajo constituyente de las Cortes de Cádiz concluyó con la sanción de la Constitución de la Monarquía española de 18 de marzo de 1812, cuyo texto revolucionó a España, sentando las bases para el derrumbamiento del Antiguo Régimen y para el inicio del constitucionalismo moderno en España, plasmado en los principios de soberanía nacional, división de poderes, libertad de imprenta y en la abolición de los privilegios y de la inquisición. Pero al igual que la Constitución de Venezuela de 1811 que tuvo corta vida, la Constitución de Cádiz también tuvo corta vigencia. No debe olvidarse que luego de celebrado en Valençay un Tratado secreto entre Napoleón y Fernando VII el 8 de diciembre de 1813, el primero renunció al trono de España, con lo cual Fernando VII pudo entrar a España el 29 de marzo de 1814 con el propósito de jurar la Constitución que le había impuesto el Consejo de Regencia. Había pasado 6 años en el exilio, y regresó, lamentablemente, no para seguir la obra de los constituyentes de Cádiz, sino para acabar con ella. El 4 de mayo de 1814 derogó las Cortes de Cádiz y anuló la Constitución de 1812, reinstaurando el absolutismo, y declarando reos de muerte a todos los que defendieran la Constitución anulada. El 1° de octubre de 1814 Carlos IV de nuevo, abdicaría por segunda vez en su hijo los derechos al Trono de España y al Imperio de las Indias.

Sin embargo, las bases del constitucionalismo habían quedado sentadas. Debe recordarse que una vez instaladas las Cortes en 1810, el primero de sus decretos (Decreto N° 1) fue para declarar "nula, de ningún valor ni efecto la cesión de la Corona que se dice hecha en favor de Napoleón" reconociendo a Fernando VII como Rey.[339] Además, "no conviniendo queden reunidos el Poder Legislativo, el Ejecutivo y el Judiciario", se reservaron las Cortes Generales el Poder Legislativo y atribuyeron al Consejo de Regencia el ejercicio del Poder ejecutivo[340]. En esa sesión de instalación de las Cortes en la Isla de León concurrieron 207 diputados, entre ellos 62 americanos, suplentes, y entre ellos, supuestamente dos por la Provincia de Caracas, los señores Esteban Palacios y Fermín de Clemente, quienes también

339 Véase J. F. Blanco y R. Azpúrua, *Documentos para la Historia de la Vida Pública del Libertador...*, *op. cit.*, Tomo II, pp. 657.

340 Véase en E. Roca Roca, *América en el Ordenamiento Jurídico...*, *op. cit.*, p. 193.

habían sido designados como suplentes, reclutados en la Península[341]. Debe recordarse que sólo 15 días antes, el 8 de septiembre de 1810, el Consejo de Regencia había dictado normas para la elección de dichos diputados suplentes.

Es cierto que los diputados suplentes que habían sido designados por Venezuela pidieron instrucciones a la Junta Suprema de Caracas, la cual sin embargo respondió, el 1° de febrero de 1811, que consideraba la reunión de las Cortes "tan ilegal como la formación del Consejo de Regencia" y, por tanto, que "los señores Palacios y Clemente carecían de mandato alguno para representar las Provincias de Venezuela", por lo que "sus actos como diputados eran y serían considerados nulos."[342] Ya el 23 de enero de 1811, la Junta Suprema se había dirigido a los ciudadanos rechazando el nombramiento de tales diputados suplentes, calificando a las Cortes como "las Cortes cómicas de España."[343]

Por ello, la ruptura constitucional derivada de la Independencia de Venezuela no sólo se había operado de parte de la Junta Suprema de Caracas en relación con la Regencia sino que continuó con respecto de las Cortes, las cuales además, se involucraron directamente en el conflicto. Por ello, en Venezuela se las consideraron como "ilegítimas y cómicas," rechazándose en ellas toda representación de las Provincias de Venezuela, que se pudiera atribuir a cualquiera.

Se afirmó entonces en el *Manifiesto* incluido en el libro londinense, que irritaba "ver tanta liberalidad, tanto civismo y tanto desprendimiento en las Cortes con respecto a la España desorganizada, exhausta y casi conquistada; y tanta mezquindad, tanta suspicacia, tanta preocupación y tanto orgullo con América, pacífica, fiel, generosa, decidida a auxiliar a sus hermanos y la única que puede no dejar ilusorios, en lo esencial, los planes teóricos y brillantes que tanto valor dan el Congreso español;" denunciándose que "a ninguna de las provincias rendidas o contentas con la dominación francesa se le ha tratado como a Venezuela;" "ninguna de ellas ha sido hasta ahora declarada traidora, rebelde y desnaturalizada como Venezuela, y para ninguna de ellas se ha creado una comisión pública de amotinadores diplomáticos para armar españoles contra españoles, encender la guerra civil e incendiar todo lo que no se puede poseer o dilapidar a nombre de Fernando VII" (M).

En el conflicto abierto, por ejemplo, las Cortes llegaron incluso a "premiar" formalmente a comienzos de 1812 a las Provincias de la antigua Capitanía General

341 Véase J. F. Blanco y R. Azpúrua, *Documentos para la Historia de la Vida Pública del Libertador...*, *op. cit.*, Tomo II, pp. 656. Véase además, Eduardo Roca Roca, *América en el Ordenamiento Jurídico...*, *op. cit.*, pp. 22 y 136.

342 Véase el texto en *Gaceta de Caracas*, martes 5 de febrero de 1811, Caracas, 1959, Tomo II, p. 17. Véase además, C. Parra Pérez, *Historia de la Primera República...*, *op. cit.*, Tomo I, p. 484.

343 "Nuestros antiguos tiranos tienden nuevos lazos para prendernos. Una misión vergonzosa y despreciable nos manda que ratifiquemos el nombramiento de los diputados suplentes que ellos aplicaron a Venezuela. Las Cortes cómicas de España siguen los mismos pasos que su madre la Regencia: ellas, más bien en estado de solicitar nuestro perdón por los innumerables ultrajes y vilipendios con que nos han perseguido, y reducidas a implorar nuestra protección generosa por la situación impotente y débil en que se encuentran, sostienen, por el contrario, las hostilidades contra la América y apuran, impía y bárbaramente, todos los medios para esclavizarnos." Véase *Textos Oficiales...*, *op. cit.*, Tomo II, p. 17.

de Venezuela que no se habían sumado al movimiento independentista (Maracaibo, Coro, Guayana), ni habían elegido diputados al Congreso General que en 1811.[344]

Sobre las Cortes, el *Manifiesto* de 1811 explicó que luego de los "rápidos y raros gobiernos" que se habían sucedido en España desde la Junta de Sevilla, "se apeló a una aparente liberalidad," y "se aceleraron y congregaron tumultuariamente las Cortes que deseaba la nación, que resistía el gobierno comercial de Cádiz y que se creyeron al fin necesarias para contener el torrente de la libertad y la justicia, que rompía por todas partes los diques de la opresión y la iniquidad en el nuevo mundo." Sin embargo, al analizar su composición, el Congreso General en el *Manifiesto*, se preguntó incrédulo sobre "por qué especie de prestigio funesto para España se cree que la parte de la nación que pasa el océano o nace entre los trópicos adquiere una constitución para la servidumbre, incapaz de ceder a los conatos de la libertad;" afirmando como harto estaban demostrados en los papeles públicos de la Provincia de Venezuela, todos:

> "los vicios de que adolecen las Cortes con respecto a la América y el ilegítimo e insultante arbitrio adoptado por ellas para darnos una representación que resistiríamos, aunque fuésemos, como vociferó la Regencia, partes integrantes de la nación y no tuviésemos otra queja que alegar contra su gobierno sino la escandalosa usurpación que hace de nuestros derechos, cuando más necesita de nuestros auxilios."

El Congreso General destacó en el *Manifiesto* que estaba efuso de que a las Cortes habría llegado la noticia de las razones que había dado la Junta de Caracas "a su pérfido enviado,"[345] cuando "frustradas las misiones anteriores, inutilizadas las cuantiosas remesas de gacetas llenas de triunfos, reformas, heroicidades y lamentos, y conocida la ineficacia de los bloqueos, pacificadores, escuadras y expediciones," en la Península:

> "se creyó que era necesario deslumbrar el amor propio de los americanos, sentando bajo el solio de las Cortes a los que ellos no habían nombrado, ni podían nombrar los que crearon suplentes con los de las provincias ocupadas, sometidas y contentas con la dominación francesa."

Así, denunció el *Manifiesto* del Congreso General de 1811, que

> "se escribió el elocuente manifiesto que asestaron las Cortes en 9 de enero de este año [1811] a la América,[346] con una locución digna de mejor objeto; bajo la

---

344 Véase el texto de los Decretos en Eduardo Roca Roca, *América en el Ordenamiento Jurídico..., op. cit.*, pp. 79–80.

345 Se refirió al Congreso General a la "conducta execrable y notoria de Montenegro, desnaturalizado por el Gobierno Español."

346 Se refería al "Manifiesto de las Cortes generales y extraordinarias a la Nación" de 9 de enero de 1811, donde se daban las razones para la independencia de España frente a las pretensiones de Napoleón. Véase el texto publicado en *El Mercurio Venezolano*, Vol. I, Caracas, febrero 1811. Véase el texto del periódico en versión facsimilar en http://cic1.ucab.edu.ve/hmdg/ba-ses/hmdg/textos/Mercurio/Mer_Febrero1811.pdf. Debe destacarse que el redactor de *El Mercurio* en 1811 era precisamente Francisco Isnardy, Secretario del Congreso General, quien como tal firmó el *Manifiesto* del Congreso de 1811. En la nota que precede el texto del Manifiesto de las Cortes generales, sin duda de la pluma de Is-

brillantez del discurso, se descubría el fondo de la perspectiva presentada para alucinarnos. Temiendo que nos anticipásemos a protestar todas estas nulidades, se empezó a calcular sobre lo que se sabía, para no aventurar lo que se ocultaba. Fernando, desgraciado, fue el pretexto que atrajo a sus pseudo representantes los tesoros, la sumisión y la esclavitud de la América, después de la jornada de Bayona; y Fernando, seducido, engañado y prostituido a los designios del Emperador de los franceses, es ya lo último a que apelan para apagar la llama de la libertad que Venezuela ha prendido en el continente meridional."

Pero a pesar de tal manifestación de las Cortes "destinada a conmover la América," el Congreso General indicó en el *Manifiesto* que era del convencimiento "que entre las cuatro paredes de las Cortes se desatienden de nuestra justicia, se eluden nuestros esfuerzos, se desprecian nuestras resoluciones, se sostienen a nuestros enemigos, se sofoca la voz de nuestros imaginarios representantes, se renueva para ellos la Inquisición,[347] al paso que se publica la libertad de imprenta y se controvierte si la Regencia pudo declararnos libres y parte integrante de la nación."

Por otra parte, la persecución contra la Provincia "desde la isla de Puerto Rico" no cesó con la integración de las Cortes, por lo que en el *Manifiesto* del Congreso General se dio cuenta de que:

> "Meléndez, nombrado Rey de Puerto Rico por la Regencia," quedó "por un decreto de las Cortes con la investidura equivalente de gobernador, nombres sinónimos en América, porque ya parecía demasiado monstruoso que hubiese dos reyes en una pequeña isla de las Antillas españolas. Cortabarría solo bastaba para eludir los efectos del decreto, dictado sólo por un involuntario sentimiento de decencia. Así fue que cuando se declaraba inicua, arbitraria y tiránica la investidura concedida por la Regencia a Meléndez y se ampliaba la revocación a todos los países de América que se hallasen en el mismo caso que Puerto Rico, nada se decía del plenipotenciario Cortabarria, autorizado por la misma Regencia contra Venezuela, con las facultades más raras y escandalosas de que hay memoria en los fastos del despotismo orgánico."

---

nardy, se redactó el siguiente texto parodiando lo que podría haber dicho Napoleón, y cuyo texto se recoge en el *Manifiesto* del Congreso General, al decirse que: "En uno de nuestros periódicos ("*Mercurio Venezolano*", de febrero de 1811), hemos descubierto el verdadero espíritu del manifiesto en cuestión, reducido al siguiente raciocinio que puede mirarse como su exacto comentario "La América se ve amenazada de ser víctima de una nación extraña o de continuar esclava nuestra; para recobrar sus derechos y no depender de nadie, ha creído necesario no romper violentamente los vínculos que la ligaban a estos pueblos; Fernando ha sido la señal de reunión que ha adoptado el Nuevo Mundo, y hemos seguido nosotros; él está sospechado de connivencia con el Emperador de los franceses y si nos abandonamos ciegamente a reconocerlo demos un pretexto a los americanos que nos crean aún sus representantes para negarnos abiertamente esta representación; puesto que ya empiezan a traslucirse en algunos puntos de América estos designios, manifestemos de antemano nuestra intención de no reconocer a Fernando sino con ciertas condiciones; éstas no se verificarán jamás y mientras que Fernando, ni de hecho ni de derecho, es nuestro Rey, lo seremos nosotros de la América, y este país tan codiciado de nosotros y tan difícil de mantener en la esclavitud, no se nos irá tan pronto de las manos."

347 En el *Manifiesto* se indicó que había "noticias positivas de que el Sr. Mejía, Suplente de Santa Fe, ha sido encerrado en la Inquisición por su liberalidad de ideas."

Y precisamente, después del decreto de las Cortes, se denunció en el *Manifiesto* del Congreso General de 1811, fue que se habían sentido "más los efectos de la discordia, promovida, sostenida y calculada desde el fatal observatorio de Puerto Rico;" que se habían "asesinados inhumanamente los pescadores y costaneros en Ocumare por los piratas de Cortabarría;" que habían "sido bloqueadas, amenazadas e intimadas Cumaná y Barcelona;" que se habían "organizado y tramado una nueva y sanguinaria conjuración contra Venezuela, por el vil emisario introducido pérfidamente en el seno pacífico de su patria para devorarla; que se había "alucinado a la clase más sencilla y laboriosa de los alienígenas de Venezuela; y que "por las sugestiones del pacificador de las Cortes, después del decreto de éstas," se había turbado e interrumpido "la unidad política de nuestra Constitución," promoviéndose la discordia entre las Provincias:

> "para que en un mismo día quedase sumergida Venezuela en la sangre, el llanto y la desolación, asaltada hostilmente por cuantos puntos han estado al alcance de los agitadores, que tiene esparcidos contra nosotros el mismo Gobierno que expidió el decreto a favor de Puerto Rico y de toda la América. El nombre de Fernando VII es el pretexto con que va a devorarse el Nuevo Mundo; si el ejemplo de Venezuela no hace que se distingan, de hoy más, las banderas de la libertad clara y decidida, de las de la fidelidad maliciosa y simulada" (M).

7. *La justificación del desconocimiento del Juramento dado en 1811 por la Provincia de Caracas para la conservación de los derechos de Fernando VII*

Como la revolución de Caracas iniciada el 19 de abril de 1810 se había realizado mediante la deposición de las autoridades coloniales españolas, nombrándose en su lugar una Junta Suprema Conservadora de los Derechos de Fernando VII, a la usanza de las Juntas peninsulares, la misma que el Gobernador se había negado a aceptar en 1808, en los documentos que se publicaron en el libro londinense, muchos párrafos se destinaron a justificar y explicar las razones de la ruptura del juramento prestado.

Así, en el *Manifiesto* de 1811, en efecto, se expresó que aún cuando todos "los males de este desorden y los abusos de aquella usurpación podrían creerse no imputables a Fernando," quien había sido "reconocido ya en Venezuela cuando estaba impedido de remediar tanto insulto, tanto atentado y tanta violencia cometida en su nombre," se consideró:

> "necesario remontar al origen de sus derechos para descender a la nulidad e invalidación del generoso juramento con que los hemos reconocido condicionalmente, aunque tengamos que violar, a nuestro pesar, el espontáneo silencio que nos hemos impuesto, sobre todo lo que sea anterior a las jornadas del Escorial y de Aranjuez."

El tema era considerado como de orden moral y jurídico, por lo que en el *Manifiesto* se consideró necesario no "dejar nada al escrúpulo de las conciencias, a los prestigios de la ignorancia y a la malicia de la ambición resentida," afrontando el tema explicando las razones de Venezuela para haberse desprendido del "juramento condicional con que reconoció a Femando VII," en abril de 1810, al haber "declarado su independencia de toda soberanía extraña" en julio de 1811. A tal efecto se explicó, que dicho "juramento promisorio" no había sido "otra cosa que un vínculo accesorio que supone siempre la validación y legitimidad del contrato que por él se rectifica," por lo que de no haber habido "vicio que lo haga nulo o ilegítimo," "la obligación de cumplirlas está fundada sobre una máxima evidente de la ley natural." Y en cuanto al "Juramento" ante Dios, se afirmó que "jamás podrá Dios ser garante de nada que no sea obligatorio en el orden natural, ni puede suponerse que acepte contrato alguno que se oponga a las leyes que él mismo ha establecido para la felicidad del género humano."

En todo caso, se argumentó que "aun cuando el juramento añadiese nueva obligación a la del contrato solemnizado por él, siempre sería la nulidad del uno inseparable de la nulidad del otro," de manera que "si el que viola un contrato jurado es criminal y digno de castigo, es porque ha quebrantado la buena fe, único lazo de la sociedad, sin que el perjurio haga otra cosa que aumentar el delito y agravar la pena." Se agregó que "la ley natural que nos obliga a cumplir nuestras promesas y la divina que nos prohíbe invocar el nombre de Dios en vano, no alteran en nada la naturaleza de las obligaciones contraídas bajo los efectos simultáneos e inseparables de ambas leyes, de modo que la infracción de la una supone siempre la infracción de la otra."

Bajo estos principios, sin duda expuestos de la mano de los juristas que integraban el Congreso General, en el *Manifiesto* se procedió a analizar "el juramento incondicional con que el Congreso de Venezuela ha prometido conservar los derechos que legítimamente tuviese Fernando VII, sin atribuirle ninguno que, siendo contrario a la libertad de sus pueblos, invalidase por lo mismo el contrato y anulase el juramento," para lo cual se comenzó por constatar que, al fin, "a impulsos de la conducta de los gobiernos de España han llegado los venezolanos a conocer la nulidad en que cayeron los tolerados derechos de Fernando por las jornadas del Escorial y Aranjuez, y los de toda su casa por las cesiones y abdicaciones de Bayona;" concluyéndose que

> "de la demostración de esta verdad nace como un corolario la nulidad de un juramento que, además de condicional, no pudo jamás subsistir más allá del contrato a que fue añadido como vinculo accesorio. Conservar los derechos de Fernando, fue lo único que prometió Caracas el 19 de abril, cuando ignoraba aún si los había perdido; y cuando aunque los conservase con respecto a la España, quedaba todavía por demostrar si podía ceder por ellos la América a otra dinastía, sin su consentimiento."

En todo caso, fueron "las noticias que a pesar de la opresión y suspicacia de los intrusos gobiernos de España" se llegaron a saber en Venezuela sobre "la conducta de los Borbones y los efectos funestos que iba a tener en América esta conducta," lo que permitió que se formaran

> "un cuerpo de pruebas irrefragables de que no teniendo Fernando ningún derecho, debió caducar, y caducó, la conservaduría que le prometió Venezuela y el juramento que solemnizó esta promesa (Jurabis in veritate, et in judicio, et in justitia, Jerem. Cap. 4). De la primera parte del aserto es consecuencia legítima la nulidad de la segunda."

Pero el *Manifiesto* de 1811 fue más allá afirmándose en él que "Ni el Escorial, ni Aranjuez, ni Bayona fueron los primeros teatros de las transacciones que despojaron a los Borbones de sus derechos sobre la América. Ya se habían quebrantado en Basilea[348] y en la Corte de España las leyes fundamentales de la dominación española en estos países," habiendo Carlos IV cedido "contra una de ellas[349] la isla de Santo Domingo a Francia" y enajenado "la Luisiana en obsequio de esta nación extranjera."

Por ello, se afirmó en el *Manifiesto*, que

> "estas inauditas y escandalosas infracciones autorizaron a los americanos contra quienes se cometieron y a toda la posteridad del pueblo colombiano, para separarse de la obediencia y juramento que tenía prestado a la Corona de Castilla, como tuvo derecho para protestar contra el peligro inminente que amenazaba a la integridad de la monarquía en ambos mundos, la introducción de las tropas francesas en España antes de la jornada de Bayona, llamadas sin duda por alguna de las facciones borbónicas para usurpar la soberanía nacional a favor de un intruso, de un extranjero, o de un traidor."

Volviendo a las acciones en Venezuela que se produjeron desde el 15 de julio de 1808 hasta el 5 de julio de 1811, y ante las pretensiones de que se pudiera oponer a los venezolanos el juramento dado para la conservación de los derechos de Fernando VII "para perpetuar los males que la costosa experiencia de tres años nos ha demostrado como inseparables de tan funesto y ruinoso compromiso," el Congreso General indicó en el *Manifiesto* que ya era tiempo de abandonar dicho "talismán que, inventado por la ignorancia y adoptado por la fidelidad, está desde entonces amontonando sobre nosotros todos los males de la ambigüedad, la suspicacia y la discordia," considerando que "Fernando VII es la contraseña universal de la tiranía en España y en América."

El desconocimiento de Fernando VII, como supuesto rey, y por tanto, del juramento que se había dado en 1810 para conservar sus derechos, eran pues evidentes en la mente del Congreso General de Venezuela en 1811, cuyos miembros, en el *Manifiesto*, oponiendo "tres siglos de agravios contra ella, por tres años de esfuerzos lícitos," además protestaron, de pasada, que si "la hiel y el veneno" hubiesen sido los agentes de la "solemne, veraz y sencilla manifestación," de protesta ante el Juramento de conservar los derechos de Fernando VII, hubieran:

> "empezado a destruir los derechos de Fernando por la ilegitimidad de su origen, declarada en Bayona por su madre y publicada en los periódicos franceses y españoles; haríamos valer los defectos personales de Fernando, su ineptitud para reinar, su débil y degradada conducta en las Cortes de Bayona, su nula e insignificante educación y las ningunas señales que dio para fundar las gigantescas esperanzas de los gobiernos de España, que no tuvieron otro origen

---

348 Se cita el *Tratado de Basilea* de 15 de julio de 1795.

349 Se cita *Ley 1, tít. 1 de la Recopil. de Indias.*

que la ilusión de la América ni otro apoyo que el interés político de Inglaterra, muy distante de los derechos de los Borbones."[350]

Pero, se proclamó en el *Manifiesto*, que como "la decencia es la norma de nuestra conducta," sus redactores estaban "prontos a sacrificar" las "mejores razones," particularmente considerando que hartas eran "las alegadas para demostrar la justicia, necesidad y utilidad de nuestra resolución, a cuyo apoyo sólo faltan los ejemplos con que vamos a sellar el juicio de nuestra independencia." De manera que se declaraba en el *Manifiesto* que "aun cuando hubiesen sido incontestables los derechos de los Borbones e indestructible el juramento que hemos desvanecido, bastaría solo la injusticia, la fuerza y el engaño con que se nos arrancó para que fuese nulo e inválido, desde que empezó a conocerse que era opuesto a nuestra libertad, gravoso a nuestros derechos, perjudicial a nuestros intereses y funesto a nuestra tranquilidad."

En fin, el en el *Manifiesto* se afirmó en general que:

> "Tres distintas oligarquías nos han declarado la guerra, han despreciado nuestros reclamos, han amotinado a nuestros hermanos, han sembrado la desconfianza y el rencor entre nuestra gran familia, han tramado tres horribles conjuraciones contra nuestra libertad, han interrumpido nuestro comercio, han desalentado nuestra agricultura, han denigrado nuestra conducta y han concitado contra nosotros las fuerzas de la Europa, implorando, en vano, su auxilio para oprimirnos. Una misma bandera, una misma lengua, una misma religión y unas mismas leyes han confundido, hasta ahora, el partido de la libertad con el de la tiranía. Fernando VII libertador ha peleado contra Fernando VII opresor, y si no hubiésemos resuelto abandonar un nombre sinónimo del crimen y la virtud, sería al fin esclavizada la América con lo mismo que sirve a la independencia de la España."

Los mismos sentimientos se expresaron en el *Acta de la Independencia*, indicando que cuando los venezolanos "fíeles a nuestras promesas, sacrificábamos nuestra seguridad y dignidad civil por no abandonar los derechos que generosamente conservamos a Fernando de Borbón, hemos visto que a las relaciones de la fuerza que le ligaban con el emperador de los franceses ha añadido los vínculos de sangre y amistad, por los que hasta los gobiernos de España han declarado ya su resolución de no reconocerle sino condicionalmente." Se declaró entonces en el *Acta* que en "esta dolorosa alternativa" habían "permanecido tres años en una indecisión y ambigüedad política, tan funesta y peligrosa," "hasta que la necesidad nos ha obligado a ir más allá de lo que nos propusimos, impelidos por la conducta hostil y desnaturalizada de los gobiernos de España, que nos ha relevado del juramento condicional con que hemos sido llamados a la augusta representación que ejercemos."

---

350 Se acotó en el *Manifiesto* que "la opinión pública de España y la experiencia de la revolución del Reino, nos suministrarían bastantes pruebas de la conducta de la madre y de las cualidades del hijo, sin recurrir al manifiesto del ministro Azanza (Publicado después de la jornada de Bayona y circulado en esta Capital, a pesar de la anterior opresión), y a las memorias secretas de María Luisa".

8. *El cuestionamiento de la pertenencia de los territorios de la América hispana a la Corona española*

En otro aspecto sobre las causas de la independencia, en el *Manifiesto*, se entró a considerar y cuestionar los títulos que pudo haber tenido España sobre las Américas, y a afirmar los derechos que sobre esas tierras más bien tenían los Americanos descendientes de los conquistadores.

A tal efecto, se partió del principio constante "que América no pertenece, ni puede pertenecer al territorio español;" y que si bien

> "los derechos que justa o injustamente tenían a ella los Borbones, aunque fuesen hereditarios, no podían ser enajenados sin el consentimiento de los pueblos y particularmente de los de América, que al elegir entre la dinastía francesa y austríaca pudieron hacer en el siglo XVII lo que han hecho en el XIX."

En cuanto a "la Bula de Alejandro VI y los justos títulos que alegó la Casa de Austria en el Código Americano, – se dijo en el *Manifiesto*– no tuvieron otro origen que el derecho de conquista, cedido parcialmente a los conquistadores y pobladores por la ayuda que prestaban a la Corona para extender su dominación en América."

En todo caso, parecía:

> "que, acabado el furor de conquista, satisfecha la sed de oro, declarado el equilibrio continental a favor de la España con la ventajosa adquisición de la América, destruido y aniquilado el Gobierno feudal desde el reinado de los Borbones en España y sofocado todo derecho que no tuviese origen en las concesiones o rescriptos del Príncipe, quedaron suspensos de los suyos los conquistadores y pobladores."

Por lo que en estricta lógica jurídica, "demostrada que sea la caducidad e invalidación de los que se arrogaron los Borbones," entonces debían

> "revivir los títulos con que poseyeron estos países los americanos descendientes de los conquistadores, no es perjuicio de los naturales y primitivos propietarios, sino para igualarlos en el goce de la libertad, propiedad e independencia que han adquirido, con más derecho que los Borbones y cualquier otro a quien ellos hayan cedido la América sin consentimiento de los americanos, señores naturales de ella."

En el *Manifiesto* se insistió en esto, además, señalando considerar "que la América no pertenece al territorio español es un principio de derecho natural y una ley del derecho positivo," pues "ninguno de los títulos, justos o injustos, que existen de su servidumbre, puede aplicarse a los españoles de Europa;" de manera que "toda la liberalidad de Alejandro VI, no pudo hacer otra cosa, que declarar a los reyes austríacos promovedores de la fe, para hallar un derecho preternatural con que hacerlos señores de la América." Pero:

> "Ni el título de Metrópoli, ni la prerrogativa de Madre Patria pudo ser jamás un origen de señorío para la península de España: el primero lo perdió desde que salió de ella y renunció sus derechos el monarca tolerado por los americanos, y la segunda fue siempre un abuso escandaloso de voces, como el

de llamar felicidad a nuestra esclavitud, protectores de indios a los fiscales e hijos a los americanos sin derecho ni dignidad civil."

El *Manifiesto*, constataba además, que "por el sólo hecho de pasar los hombres de un país a otro para poblarlo, no adquieren propiedad los que no abandonan sus hogares ni se exponen a las fatigas inseparables de la emigración;" en cambio,

> "los que conquistan y adquieren la posesión del país con su trabajo, industria, cultivo y enlace con los naturales de él, son los que tienen un derecho preferente a conservarlo y transmitirlo a su posteridad nacida en aquel territorio, y si el suelo donde nace el hombre fuese un origen de la soberanía o un título de adquisición, seria la voluntad general de los pueblos y la suerte del género humano, una cosa apegada a la tierra como los árboles, montes, ríos y lagos."

Y con cierta ironía, para reforzar el aserto, se afirmó en el *Manifiesto* que: "jamás pudo ser tampoco un título de propiedad para el resto de un pueblo el haber pasado a otro una parte de él para probarlo;" ya que

> "por este derecho pertenecería la España a los fenicios o sus descendientes, y a los cartagineses donde quiera que se hallasen; y todas las naciones de Europa tendrían que mudar de domicilio para restablecer el raro derecho territorial, tan precario como las necesidades y el capricho de los hombres."

En fin, de todo ello, resultaba, como se afirmó en el Acta de Independencia, que "es contrario al orden, imposible al Gobierno de España, y funesto a la América, el que, teniendo ésta un territorio infinitamente más extenso, y una población incomparablemente más numerosa, dependa y esté sujeta aun ángulo peninsular del continente europeo."

9. *Sobre el derecho a la rebelión de los pueblos y el carácter representativo de los gobiernos*

En atención a todas las "sólidas, públicas e incontestables razones de política" para justificar las causas de la independencia, a las cuales por lo demás se destinan todos los documentos publicados en el libro londinense, y que se expresaron sumariamente en el *Acta de Independencia*, la conclusión fue que los venezolanos "en uso de los imprescriptibles derechos que tienen los pueblos para destruir todo pacto convenio o asociación que no llena los fines para que fueron instituidos los gobiernos, creemos que no podemos ni debemos conservar los lazos que nos ligaban al gobierno de España, y que, como todos los pueblos del mundo, estamos libres y autorizados, para no depender de otra autoridad que la nuestra." Ello fue precisamente lo que llevó a que, cumpliendo a la vez el "indispensable deber" de "proveer a nuestra conservación, seguridad y felicidad, variando esencialmente todas las formas de nuestra anterior constitución" hubiesen declarado:

> "solemnemente al mundo que sus Provincias unidas son, y deben ser desde hoy, de hecho y de derecho, Estados libres, soberanos e independientes y que están absueltos de toda sumisión y dependencia de la corona de España o de los que se dicen o dijeren sus apoderados o representantes, y que como tal Estado libre e independiente tiene un pleno poder para darse la forma de gobierno que sea conforme a la voluntad general de sus pueblos" (AI).

Se trataba, sin duda a la manifestación más clara del ejercicio del derecho de rebelión o de insurrección, como un "indispensable deber proveer a nuestra conservación, seguridad y felicidad, variando esencialmente todas las formas de nuestra anterior constitución" (AI), el cual se expresó con más detalle en los otros documentos publicados en el libro londinense.

En efecto, en el *Manifiesto* de 1811, entre las justificaciones de la independencia de Venezuela, se recurrió al "derecho de insurrección de los pueblos" frente a los gobiernos despóticos. A tal efecto, se partió de la afirmación de que "los gobiernos no tienen, no han tenido, ni pueden tener otra duración que la utilidad y felicidad del género humano;" y "que los reyes no son de una naturaleza privilegiada, ni de un orden superior a los demás hombres; que su autoridad emana de la voluntad de los pueblos." De manera que luego largas y razonadas citas sobre la rebelión de los pueblos de Israel en la Historia antigua, que no un habrían sido "protestados por Dios," se concluyó en el *Manifiesto* con la pregunta de si acaso debía ser "peor condición el pueblo cristiano de Venezuela para que, declarado libre por el Gobierno de España, después de trescientos años de cautiverio, pechos, vejaciones e injusticias, no pueda hacer lo mismo que el Dios de Israel que adora, permitió en otro tiempo a su pueblo, sin indignarse ni argüido en su furor."

La respuesta en el *Manifiesto* no fue otra que "Su dedo divino es el norte de nuestra conducta y a sus eternos juicios quedará sometida nuestra resolución," afirmándose que "si la independencia del pueblo hebreo no fue un pecado contra la ley escrita, no podrá serlo la del pueblo cristiano contra la ley de gracia," argumentándose que "jamás ha excomulgado la Silla Apostólica a ninguna nación que se ha levantado contra la tiranía de los reyes o los gobiernos que violaban el pacto social," de manera que:

> "Los suizos, los holandeses, los franceses y los americanos del Norte proclamaron su independencia, trastornaron su constitución y variaron la forma de su gobierno, sin haber incurrido en otras censuras que las que pudo haber fulminado la Iglesia por los atentados contra el dogma, la disciplina o la piedad y sin que éstas trascendiesen a la política ni al orden civil de los pueblos."

En las *Observaciones Preliminares* al libro también se insistió sobre el tema del derecho de los pueblos a la rebelión y a la representación, partiéndose del "principio invariable, que las sociedades deben gobernarse por si mismas." A tal efecto, en las *Observaciones Preliminares* se hizo referencia a la obra de John Locke para quien, se dijo,

> "todo gobierno legitimo se deriva del consentimiento del pueblo, porque siendo los hombres naturalmente iguales, no tiene ninguno de ellos derecho de injuriar á los otros en la vida, salud, libertad ó propiedades, y ninguno de quantos componen la sociedad civil está obligado ó sujeto al capricho de otros, sino solamente á leyes fixas y conocidas hechas para el beneficio de todos: no deben establecerse impuestos, sin el consentimiento de la mayoridad, expresado por él; pueblo mismo ó por sus apoderados: los Reyes y Principes, los Magistrados y Funcionarios de todas clases, no exercen otra autoridad legítima, que la que les ha sido delegada por la nación; y por tanto, cuando esta autoridad no emplea en el pro comunal, tiene el pueblo el derecho de reasumirla, sean cuales fueres las manos en que estuviere colocada."

Concluyéndose en las *Observaciones Preliminares* que precisamente "estos inenagenables derechos" fueron los que ejerció Venezuela, cuando "sus habitantes han tomado la resolución de administrar por si mismos sus intereses, y no depender mas tiempo de gobernantes, que contaban con entregarlos á la Francia;[351] estando seguros de que

> "las páginas de la historia no podrán menos de recordar con aprobación, el uso que en tales circunstancias ha hecho aquel pueblo de sus derechos: derechos, cuya existencia ha sido reconocida por los Españoles más ilustrados, y entre otros por Don Gaspar Jovellanos, quien en el famoso dictamen presentado á la Junta Central el 7 de Octubre de 1808, dice expresamente: "que quando un pueblo descubre la sociedad de que es miembro en inminente peligro, y conoce que los administradores de aquella autoridad que debe gobernarle y defenderle están sobornados y esclavizados, entra naturalmente en la necesidad de defenderse á si mismo, y de consiguiente adquiere un legitimo aunque extraordinario derecho de insurrección." ¿Se dirá pues que tales máximas, solo son fundadas para los Españoles Europeos, y no para los Americanos?".

En las *Observaciones Preliminares* se recurrió por una segunda vez al pensamiento de John Locke,[352] refiriéndolo como "nuestro inimitable Locke,"[353] indicando que el mismo observaba justamente "que las revoluciones no son nunca ocasionadas por pequeños vicios en el manejo de los negocios públicos." Al contrario,

> "Grandes desaciertos en los que administran, muchas leyes injustas y perniciosas, y todos los deslices de la fragilidad humana son todavía poca parte para que el pueblo se amotine ó murmure; pero si una larga serie de abusos, prevaricaciones y artificios, que todos llevan un mismo camino, hacen visible al pueblo un designio, de manera que todos resientan el peso que los oprime, y vean el término, á que son conducidos, no será de extrañar que se levanten y depositen el poder en manos que les aseguren los objetos para que fué instituido el Gobierno."

Por último, en las *Observaciones Preliminares* también se recurrió a Montesquieu a quien se atribuyó la una "máxima" o "ley inmutable," de que "las naciones solo pueden salvarse por la restauración de sus principios perdidos," concluyéndose entonces que:

> "El único modo de efectuarlo que quedaba á los Americanos, era el de tener gobernantes de su propia elección, y responsables á ellos por su conducta: con tales condiciones hubieran accedido gustosos á formar una parte igual y

351 Se hizo referencia a "las ordenes de Joseph Napoleón a los diferentes gobiernos de América".

352 Se hizo referencia a *Tratado sobre el Gobierno civil*, Lib. 3 § 225.

353 Carlos Pi Sunyer expresó que esta frase podría abonar la tesis de que las *Observaciones Preliminares* pudieran haber sido escritas por un inglés, lo cual sin embargo descartó, atribuyendo el uso de la misma más al hecho de que el texto estaba dirigido al público inglés. Carlos Pi Sunyer. *Patriotas Americanos en Londres..., op. cit.,* p. 216.

constitutiva de la nación Española. Solo, pues, el importante fin de su seguridad, y el de libertarse de los males de una orfandad política, induxeron el pueblo de Venezuela á colocar su confianza en un cuerpo de Representantes de su propia elección. El suceso feliz de sus trabajos aparece en las declaraciones del pueblo, mismo, y en el contraste del que era el país; y de lo que ya comienza á ser".

*

Como se puede apreciar de lo anterior, el libro *Interesting Official Documents Relating to the United Provinces of Venezuela* contenía todos los documentos fundamentales que sostenían y justificaban el proceso de independencia de Venezuela desarrollado en aquéllos tres fundamentales años entre 1808 y 1811, constituyendo un conjunto documental de primera importancia política y constitucional, que reflejan todas las circunstancias y vicisitudes de lo que fue el primer movimiento independentista de América Hispana desarrollado en siete provincias de la antigua Capitanía General de Venezuela, y que dio origen a la revolución Hispanoamericana.

El movimiento, en todo caso, siguió algunos de los actos y pasos que se habían dado treinta años antes en los Estados Unidos y veinte años antes en Francia. Los documentos del libro también reflejaron los detalles del primer proceso constituyente que se desarrolló en Hispanoamérica después que la independencia fue declarada formalmente, evidenciando el tremendo esfuerzo constitucional desarrollado, entre otros, por destacados juristas que participaron en su redacción a los efectos de edificar un nuevo Estado federal y republicano independiente en territorios de antiguas colonias españolas, desligado del poder monárquico. Esas provincias se habían declarado Estados soberanos adoptando cada una de ellas su propia Constitución o forma de gobierno (Constituciones Provinciales), siguiendo los principios del constitucionalismo moderno, solo unas décadas después que habían emergido de las revoluciones norteamericana y francesa.[354]

El libro, en su conjunto, tenía por objeto explicar al mundo, documentalmente, las razones que tuvieron esas antiguas provincias para declararse independientes; y en particular como se dijo, estaban destinados a Inglaterra, donde según se indicó en las *Observaciones Preliminares*, hasta entonces, las "prensas Británicas no han hecho 'hasta ahora' otra cosa, que estampar sobre las revoluciones Americanas una señal de reprobación, presentándonos solamente miras superficiales y hechos alterados, y esto casi siempre con el colorido de la preocupación ó de la malignidad: de modo que aun las causas y la tendencia de las revoluciones han sido groseramente desconocidas ó desfiguradas" (OP). En las *Observaciones Preliminares*, por ello, se manifestó que Venezuela, con "la resolución de hacerse independiente," sabía que provoca-ría "toda la cólera de sus enemigos," por lo que con la publicación de los documentos del libro, se esperaba "de la ilustración y

---

354 Véase *Las Constituciones Provinciales* (Estudio Preliminar por Ángel Francisco Brice), Biblioteca de la Academia Nacional de la Historia, Caracas 1959; Allan R. Brewer-Carías, *Historia Constitucional de Venezuela*, Tomo I, Editorial Alfa, Caracas 2008, pp. 239 ss.

liberalidad" de Inglaterra, "que tan mezquinos sentimientos no tendrán cabida en sus habitantes, y que no faltan entre ellos hombres que miren con el placer más vivo y puro los progresos de la libertad general, y la extensión de la felicidad del género humano."

Por ello, incluso, en la propia *Acta de Independencia*, sus redactores declararon que "antes de usar de los derechos de que nos tuvo privados la fuerza, por más de tres siglos, y nos ha restituido el orden político de los acontecimientos humanos," procedieron a "patentizar al Universo las razones que han emanado de estos mismos acontecimientos y autorizan el libre uso que vamos a hacer de nuestra Soberanía."

Todos los documentos contenidos en el libro, por otra parte, fueron producto de la pluma de un formidable equipo de juristas venezolanos que participó desde el inicio en el proceso de independencia. A ellos también, sin duda, se debe su participación en la concepción y confección del libro. Por ejemplo, en cuanto a las *Observaciones Preliminares* que lo preceden, aún cuando su autoría se ha atribuido a Andrés Bello, entre otros factores, por una referencia que sobre ello hizo contemporáneamente Fray Servando Maria de Mier, en el sentido de que el texto sobre "la insurrección de Venezuela" habría sido "un sólido y elocuente opúsculo del Secretario de la Legación,"[355] de su lectura estimamos que sin descartar la presencia de la pluma de Bello, lo más probable es que su texto haya sido obra, al igual que todos los documentos que contiene el libro, de un colectivo donde tomaron parte en aproximaciones sucesivas los más destacados juristas que en Caracas habían participado en el Congreso General, y en el gobierno republicano. Ellos habían sido quienes entre 1810 y 1812 fueron confeccionando y participando directamente en la redacción de los textos de los *Interesting Officials Documents* mismos, y en particular del *Manifiesto* que se incluye en el libro. Es decir, tratándose de un libro publicado por iniciativa del Gobierno, expresando la posición oficial del mismo sobre el proceso de independencia, es imposible pensar que no hubieran participado en alguna forma en la redacción de las *Observaciones Preliminares* los mismos autores de los documentos, en las que se resumían sus propios puntos de vista.[356] Ellos fueron, como se analiza en el Capítulo siguiente, fundamentalmente: Juan Germán Roscio, Francisco Isnardy, Francisco Javier Ustáriz, Miguel José Sanz y Francisco de Miranda.

VI. LOS GRANDES PERÍODOS HISTÓRICOS DE LA CONFORMACIÓN CONSTITUCIONAL DEL ESTADO DURANTE LOS SIGLOS XIX Y XX

Con todos los antecedentes antes mencionados fue que se sancionó la Constitución de 1811 que dio origen al Estado de Venezuela luego de la ruptura

355 Es el criterio del mismo Carlos Pi Sunyer, *Patriotas Americanos en Londres..., op. cit.*, pp. 211-223. Véase el comentario en Ivan Jasksic, *Andrés Bello. La pasión por el orden*, Editorial Universitaria, Imagen de Chile, Santiago de Chile 2001.

356 Incluso, de la lectura las *Observaciones Preliminares* y del *Manifiesto*, se evidencia la presencia de la misma pluma que participó en la redacción de algunos escritos de William Burke, por ejemplo, en las consideraciones en torno al significado del Juramento a Fernando VII o de la expresión "Madre Patria" en relación a España. Véase William Burke, *Derechos de la América del Sur y México,* Vol. 1, Academia de la Historia, Caracas 1959, pp. 239 y 243.

política con España. Durante los dos siglos que han transcurrido desde entonces, el Estado venezolano independiente formalmente ha estado regido por 26 textos constitucionales que fueron sancionados, sucesivamente, en los años 1811, 1819, 1821, 1830, 1857, 1858, 1864, 1874, 1881, 1891, 1893, 1901, 1904, 1909, 1914, 1922, 1925, 1928, 1931, 1936, 1945, 1947, 1953, 1961 y 1999.[357]

Sin embargo, ese excesivo número de textos constitucionales, no significa que en nuestro país haya habido, literal y jurídicamente hablando, 26 "Constituciones" diferentes. En realidad, la gran mayoría de dichos textos sólo fueron meras enmiendas o reformas parciales de los precedentes, muchas provocadas por factores circunstanciales del ejercicio del poder, que no incidieron sobre aspectos sustanciales del hilo constitucional. Sin embargo, al no existir en nuestra tradición constitucional hasta 1961, el mecanismo formal de la "Enmienda" (recogido en las Constituciones de 1961 y 1999), aquellas reformas constitucionales parciales efectuadas hasta 1953 dieron origen a la promulgación sucesiva de Constituciones, autónomas unas de otras, pero de contenido casi idéntico.

Pero, por otra parte, si constitucionalmente hablando hemos tenido menos Constituciones que las 26 sancionadas, desde el punto de vista político hemos tenido muchos más "actos constitucionales" que los 26 textos formales de Constituciones, ya que los mismos, en más de una ocasión, no se sucedieron unos a otros. Las múltiples rupturas del hilo constitucional que tuvieron origen en revoluciones sucesivas entre 1812 y 1899, y luego, entre 1945 y 1958, y posteriormente en 1999 por decisiones de la Asamblea Nacional Constituyente, condujeron a la adopción de importantes actos constitucionales, diversos y particulares, cuyo análisis complementa nuestra evolución constitucional.[358]

En todo caso, el análisis global de todas estas Constituciones y actos constitucionales en nuestra evolución política, pone en evidencia que regímenes constitucionales derivados de verdaderos pactos o imposiciones políticas a la sociedad, diferentes sustancialmente unos de otros, ha habido pocos, por lo que en nuestra evolución constitucional pueden distinguirse cinco grandes períodos políticos: cuatro que se sucedieron hasta 1998[359], y el último, que se inició en 1999 y que aún está en proceso de conformación. Esos diversos regímenes políticos, conforme a los cuales haremos el análisis de la conformación político–constitucional del Estado, son los siguientes:

---

357 Véanse los textos de todas las Constituciones de Venezuela desde 1811 a 1999 en Allan R. Brewer–Carías, *Las Constituciones de Venezuela*, Academia de Ciencias Políticas y Sociales, 2 vols., Caracas 2008.

358 Véanse igualmente los textos de todos actos estatales de rango constitucional a partir de 1810 y los actos constitucionales que significaron ruptura del hilo constitucional hasta 1999, en Allan R. Brewer–Carías, *Las Constituciones de Venezuela*, Academia de Ciencias Políticas y Sociales, 2 vols., Caracas 2008. En las Partes siguientes de esta obra, seguimos, en buena parte, lo que hemos expuesto en el *Estudio Preliminar* sobre "La conformación político- constitucional del Estado Venezolano", publicada en el Tomo I de esa obra, pp. 23-526.

359 Véase *Informe sobre la descentralización en Venezuela 1993, Memoria del Dr. Allan R. Brewer–Carias, Ministro de Estado para la Descentralización (junio 1993 – febrero 1994)*, Caracas 1994, pp. 17 ss.; Allan R. Brewer Carías, *Instituciones Políticas y Constitucionales*, Tomo I, *Evolución histórica del Estado*, Caracas 1996.

El *primer* período (1811–1863) que corresponde al de la estructuración del **Estado independiente y autónomo (semi–descentralizado)** que comprende tres lapsos bien diferenciados: en primer lugar, el que corresponde a las Constituciones del proceso primario de formación del Estado independiente (1811–1819); en segundo lugar, el que corresponde a la República de Colombia (1821–1930) en la cual Venezuela fue inmersa; y en tercer lugar, el del nuevo Estado venezolano autónomo (1830–1863), que surgió de la Constitución de 1830 con la cual se consolidó la República autónoma y conservadora, una de las que ha tenido mayor años de vigencia, con reformas parciales en dos oportunidades (1857–1858). Este período concluyó con las guerras federales de 1858–1863.

Este primer ciclo político–constitucional del **Estado independiente y autónomo semi–descentralizado**, estuvo dominado por la generación de los líderes y próceres de la Independencia, y sus sucesores. El proyecto que lo caracterizó fue la construcción e implantación de un Estado nuevo, fundado en las ex–colonias españolas, basado, en cuanto a la forma del Estado, en la organización de las Provincias que nos quedaron como legado del régimen español; Provincias que se habían desarrollado en el sistema colonial como organizaciones administrativas altamente descentralizadas. Precisamente, fue por esa enorme descentralización y autonomía provincial que existía en los territorios de la Capitanía General de Venezuela que, como forma para estructurar un Estado nuevo –que fue lo que se propuso ese liderazgo político–, se escogió el esquema federal.

Por ello, puede decirse que Venezuela como Estado Independiente, nació bajo una forma federal de Estado, porque, entre otros factores, en el constitucionalismo de la época no había otra forma para construir un Estado con base en la estructura político–territorial de ex–colonias descentralizadas. La "Confederación de los Estados de Venezuela", por ello, fue el esquema político tomado de la experiencia norteamericana para unir lo que estaba y había estado siempre desunido, salvo en los treinta años anteriores a la Independencia, a raíz de la creación, en 1777, de la Capitanía General de Venezuela, que comprendía el grupo de Provincias que conformaron nuestro territorio; pero en todo caso, incomunicadas entre sí, y altamente disgregadas.

La progresiva instauración de un Poder Central dentro de las vicisitudes iniciales de la Guerra de Independencia, antes y después de la separación de la Gran Colombia, llevaron al mismo liderazgo que hizo la Independencia, y que asumió el control del Estado a partir de 1830, a no entender los cambios que habían provocado, y a pretender aplicar, a finales de la década de los cincuenta del siglo pasado, los mismos criterios políticos iniciales, como si no hubieran transcurrido casi tres décadas de vida republicana. Precisamente, hacia fines de la década de los cincuenta del siglo XIX, fue la lucha entre el Poder Central, que había sido construido por los propios líderes regionales en el Gobierno, y el poder regional, que se había afianzado en las Provincias, lo que provocó la ruptura del sistema, culminando con las Guerras Federales (1858–1863). No faltaron, en ese período de crisis, reformas constitucionales en 1857 y 1858, las cuales en nuestra historia, siempre han sido el preludio del derrumbe de los sistemas. De allí el gran temor que siempre hemos expresado en relación a las reformas constitucionales cuando se plantean como la única solución a los problemas de un sistema político en crisis.

Así, la Constitución se reformó en 1857 y 1858 y de allí, en medio de la guerra, no hubo más remedio que llamar al prócer, al que había estado actuando en la vida política del país desde la Independencia, y la había dominado por completo. José Antonio Páez fue llamado como el salvador del país, y la realidad fue que no duró sino meses en el poder, con dictadura y todo, acabando definitivamente con el sistema, y concluyendo la última fase de las Guerras Federales.

El *segundo* período (1863–1901), que corresponde a la federalización del Estado, fue marcado por la Constitución que configuró el **Estado Federal** (1864), bajo cuya fórmula se desarrolló la autocracia liberal, con modificaciones parciales en múltiples ocasiones (1874, 1881, 1891, 1893). Este período concluyó con la Revolución Liberal Restauradora de 1899 y las "guerras" libradas contra los caudillos regionales.

En efecto, del derrumbe del Estado autónomo semidescentralizado, surgió un nuevo Estado, un nuevo liderazgo político en el poder y un nuevo proyecto político, que fue el del **Estado Federal**. El cambio fue radical. Basta repreguntarse quién podía saber en 1856, por ejemplo, quienes eran Zamora o Falcón, qué representaban o dónde estaban. Eran, sin duda, líderes locales, pero sin que se sospechara siquiera de su potencialidad para dominar el país. Incluso, el mismo Antonio Guzmán Blanco no era la persona que en esos momentos de crisis podría vislumbrase como el que dominaría el segundo gran ciclo de la historia política del país, que va de 1863 hasta comienzo de este Siglo.

Lo cierto es que en 1863 surgió un nuevo sistema político, un nuevo liderazgo, un nuevo Estado y un nuevo proyecto político. El anterior sistema fue barrido y comenzó la instauración de uno nuevo, en este caso, basado en la forma federal del Estado, con una disgregación extrema del Poder.

Antonio Guzmán Blanco fue *primus inter pares* en el sistema político que dominaron los caudillos regionales, y entre otros instrumentos, en los primeros lustros del período, gobernó a través de lo que se llamaron las Conferencias de Plenipotenciarios, que no eran otra cosa que la reunión de los diversos caudillos regionales en Caracas, para resolver los grandes problemas del país; un país, además, paupérrimo, endeudado y sometido progresivamente a la autocracia central que al ser abandonada por el Gran Civilizador, quien se retiró a Francia, contribuyó progresivamente al deterioro del debilitado Poder Central.

La última década del Siglo pasado también estuvo signada por las reformas constitucionales de 1891 y 1893, entre otros factores y como ha sido una constante en nuestra historia, para extender el período constitucional. Sin embargo, la crisis política derivada de la confrontación liberal de los liderazgos regionales no se podía resolver con reformas constitucionales; el problema era el del deterioro general del sistema, entre otros factores, por la lucha sin cuartel entre el Poder Central y los caudillos regionales.

Este ciclo histórico concluyó con las secuelas de la Revolución Liberal Restauradora, la cual, frente al Poder Central, pretendía restaurar el ideal liberal y federalista, y a cuya cabeza surgió Cipriano Castro; y luego, con la guerra que Juan Vicente Gómez desarrolló a comienzos de este Siglo, para terminar el liderazgo caudillista regional, y consolidar la hegemonía andina.

El *tercer* período (1901–1945), que corresponde a la consolidación del Estado Nacional, estuvo signado por las Constituciones que dieron forma al **Estado autocrático centralizado** (1901, 1904, 1909, 1914, 1922) que logró su versión más acabada en 1925, producto de la dictadura que se iniciaba como "petrolera", y que fue reformada, luego, parcialmente, en varias ocasiones (1928, 1929, 1931), incluso al final de la época del predominio de los gobernantes andinos (1936–1945). Este período concluyó con la Revolución de Octubre de 1945.

En efecto, la Revolución Liberal Restauradora, en 1899, como se señaló, se inició en defensa de la soberanía de los Estados que se pensaba lesionada con la designación provisional de los Presidentes de los mismos por el Gobierno Central. Por ello, la protesta de Cipriano Castro, que provocó su primera proclama, fue contra las decisiones del Congreso Nacional respecto al nombramiento provisional por el Presidente de la República, de los Presidentes de los Estados que se habían recién reinstaurado, después de que en la época de Guzmán Blanco se habían convertido en "secciones" de agrupaciones territoriales mayores. Pero esa idea original, luego, el propio caudillo de los Andes, Juan Vicente Gómez, se encargó de desvirtuarla como motivo de la revolución, y con una evolución dentro de la misma causa. La salida de Castro del Poder, –enjuiciado por la Corte Federal y de Casación–, puso fin, definitivamente, al ciclo del Estado Federal, dándose inicio a un nuevo ciclo histórico en nuestra vida política, el ciclo del **Estado Autocrático Centralizado**, que se inició a comienzos del presente siglo, concluyendo en 1945.

Durante este ciclo del Estado Autocrático Centralizado, se comenzó la verdadera integración del país y se consolidó el Estado Nacional, el cual, en muchos países de América Latina ya se había consolidado mucho antes, hacia mitades del siglo pasado. En este sentido, puede considerarse que ese proceso fue tardío en Venezuela, por la disgregación nacional que produjo el federalismo del siglo pasado, y la aparición, luego, del Estado Autocrático Centralizado, en la primera mitad de este siglo.

Pero de nuevo, después de varias décadas de autocracia centralista, y de construcción del Estado Central, que fue acabando progresivamente con todos los vestigios del Estado Federal, salvo con su nombre, el liderazgo político andino no supo o no quiso entender los cambios que habían venido provocando en la sociedad y en las relaciones de poder, la propia consolidación e integración del Estado Nacional, el cambio político en el mundo como consecuencia de las dos guerras mundiales, y el proceso general de democratización que se estaba iniciando a comienzos de los años cuarenta.

Por ejemplo, los sucesores políticos de Gómez, a pesar de la apertura democrática y de modernización iniciada por López Contreras y Medina, no supieron entender que el sufragio universal, directo y secreto en el año 1945, después de la Segunda Guerra Mundial, era el elemento esencial para consolidar la democracia que comenzaba a nacer. Se reformó la Constitución, de nuevo, en ese año, pero a pesar del clamor de los nuevos actores políticos, producto del sindicalismo naciente y de la apertura democrática que surgió desde fines de los años 30, no se estableció el sufragio universal y directo, y lo que se consagró fue el sufragio universal limitado sólo para darle el voto a las mujeres en las elecciones municipales, excluyéndolas de las elecciones nacionales; sin modificarse el sistema de elección indirecta para Presidente de la República.

Se reformó, sin embargo, la Constitución en 1945, pero sin tocarse los aspectos esenciales del régimen; por ello, dicho texto y el régimen político que se había iniciado a principios de siglo, no duraron sino algunos meses más, hasta que se produjo la Revolución de Octubre de 1945. Basta leer el Acta Constitutiva de la Junta Revolucionaria de Gobierno, para constatar, al menos formalmente, la idea de que la Revolución se hacía, entre otros factores, para establecer el sufragio universal, directo y secreto en beneficio del pueblo venezolano.

El *cuarto* período (1945–1999), que corresponde al de la democratización del Estado petrolero, estuvo signado por la Constitución de 1947, la cual a pesar de su corta vigencia (1947–1948), inspiró al texto constitucional de 1961, que ha sido el de más larga duración en el país. Este período comprende la etapa inicial del populismo democrático (1945–1948), el interregno de la intervención y dictadura militar (1948–1958) y el período del **Estado Democrático Centralizado de Partidos** que comenzó en 1958 y que se desarrolló al amparo del texto constitucional de 1961 hasta 1999.

En efecto, en 1945, de nuevo, terminó un ciclo histórico, y quedó barrido el sistema, su liderazgo y la generación que había asumido el proyecto político iniciado a principios del Siglo XX, instaurándose, en su lugar, un sistema de **Estado Democrático**, pero igualmente **Centralizado**. En esta forma, el centralismo que se inició a principios del Siglo pasado, como sistema estatal, no terminó en 1945, al concluir el ciclo autocrático centralizado, sino que se prolongó durante el ciclo democrático centralizado que se instauró a partir de la década de los cuarenta, basado en los dos pilares fundamentales que caracterizaron al Estado y al sistema político durante el Siglo XX: la democracia de partidos y el Estado Centralizado.

En efecto, en primer lugar, el sistema político iniciado en 1945 y sobre todo, consolidado a partir de 1958, fue el de un régimen democrático, pero de democracia de partidos, conforme al cual los partidos políticos monopolizaron la representatividad y la participación política; en definitiva, el poder, asumiendo la conducción política del país, sin que hubiera otra forma de participar que no fuera sino a través de los partidos políticos. Esta situación, por supuesto, era perfectamente legítima, pero los partidos políticos, lamentablemente, a lo largo de los últimos cuarenta años del siglo pasado y de desarrollo del sistema, se cerraron en si mismos y comenzaron a configurarse como un fin en si mismos, de manera que, incluso, no sólo no había otra forma de participar políticamente sino a través de los partidos, sino que el acceso a los mismos partidos políticos fue progresivamente cerrándose y, por tanto, sin canales de participación adicionales. Progresivamente, además, se produjo el ahogamiento de todo el nuevo liderazgo que había estado surgiendo a pesar de la dirigencia tradicional, y que, sin la menor duda, está comenzando a irrumpir y a asumir la conducción del país.

En este proceso de centralismo democrático, los partidos no sólo ahogaron la sociedad civil, penetrando a los gremios y a todas las sociedades intermedias, sino que además, ahogaron a los Estados y Municipios. Los Estados quedaron como meros desechos históricos; sus Asambleas Legislativas, como meras formas de reducto del activismo político partidista local, y los Ejecutivos Estadales, como meros agentes del Poder Nacional, particularmente agentes de carácter policial; funciones que compartían con las de gestores para sus jurisdicciones de alguna que otra obra pública que podían lograr del Poder Central.

Todo ese proceso contribuyó a configurar la gran entelequia contemporánea del Estado Federal, vacío de contenido, donde no había efectivo poder político regional y local, ni niveles intermedios de poder, habiendo quedado concentrado todo el poder político, económico, legislativo, tributario, administrativo o sindical, en el centro. El centralismo de Estado fue, así, acompañado de otros centralismos, como por ejemplo, el de los partidos políticos, organizados internamente bajo el esquema del centralismo democrático. En igual sentido se desarrolló un centralismo sindical, como otro elemento fundamental en la interpretación del sistema.

Todo este sistema, desde la década de los ochenta, comenzó a resquebrajarse, y se desmorono a la vista de los ojos de los venezolanos, de manera que de la crisis resultó el vacío de poder y de liderazgo partidista que se llenó con el asalto al poder que se efectuó a partir de 1999, en fraude a la Constitución y a la propia democracia, bajo el comando de Hugo Chávez Frías, imponiendo un esquema estatal autoritario centralizado.

Como consecuencia de ello, el *quinto* período de nuestra historia política constitucional (1999–), aún en proceso de configuración, se inició en 1999–2000, con la conformación constitucional de las bases de un **Estado autoritario centralizado** y populista al cual se le ha querido imponer un signo socialista, y que se ha desarrollado al amparo de la Constitución de 1999, desmoronando las bases del Estado de derecho, de la separación de poderes, de la federación, de los sistemas de control del poder y de la propia democracia representativa. Dicha Constitución fue el producto de una Asamblea Nacional Constituyente electa en 1999, que no estaba prevista ni regulada en la Constitución entonces vigente de 1961; Asamblea que antes de la sanción de la nueva Constitución, dio un golpe de Estado contra la Constitución de 1961 y contra todos los poderes públicos constituidos, designando nuevas autoridades e irrumpiendo contra el principio democrático. Posteriormente, al amparo de la Constitución de 1999 hasta la actualidad (2008), progresivamente se ha venido configurando como un Estado autoritario socialista que con supuesto apoyo popular, ha estado ahogando los derechos y libertades constitucionales de los venezolanos, y la propia democracia; razón por la cual los cambios constitucionales que se intentaron efectuar en 2007 mediante una "reforma constitucional" que no se adaptaba a las previsiones constitucionales en la materia, tenían precisamente por fin efectuar una transformación radical del Estado, y trastocar el Estado Social y Democrático de Derecho y de Justicia de orden civil que formalmente regula, para convertirlo en un Estado Socialista, Centralizado, Policial y Militarista, donde hubiera desaparecido definitivamente la democracia representativa, el principio de alternabilidad republicana y toda idea de descentralización del poder, y con la cual se hubiera retrocedido en materia de protección de los derechos humanos, y se hubiera concentrado todo el poder en la Jefatura del Estado, desapareciendo la libertad económica y el derecho de propiedad.[360] Ello no era posible hacerlo constitucionalmente con el procedimiento de la "reforma", sino que requería del procedimiento de convocatoria de una Asamblea Nacional Constituyente (art. 347).

360 Véase Allan R. Brewer–Carías, *La reforma constitucional de 2007 (Inconstitucionalmente sancionada por la Asamblea Nacional el 2 de noviembre de 2007)*, Editorial Jurídica Venezolana, Caracas 2007.

Dicha reforma constitucional, en todo caso, fue rechazada por el voto popular en referendo que tuvo lugar el 2 de diciembre de 2007.

Todas las Constituciones sancionadas entre 1811 y 1999, los sucesivos y diversos actos constitucionales dictados y los regímenes políticos de los períodos históricos antes mencionados, en todo caso, han conformado políticamente al país desde 1810 hasta la actualidad (2008) en una evolución caracterizada por una accidentada vida política, económica y social, la cual sin embargo, ha sido distinta a la de los otros países latinoamericanos, y a la de otros países cuyo proceso de construcción nacional e institucional ha sido consecuencia de un proceso de descolonización más reciente. La independencia de Venezuela, como la de todos los países latinoamericanos respecto de la Metrópoli española, se selló en forma definitiva hace casi 200 años, a principios del siglo XIX y la primera Constitución política latinoamericana, precisamente la de la Confederación de de los Estados de Venezuela, data de 1811, es decir, de muy pocos años después de la independencia de Norteamérica de la metrópoli inglesa y de la revolución Francesa.

Por ello, la evolución histórica de la conformación constitucional del Estado y de los cambios constitucionales ocurridos en Venezuela desde 1811, los expondremos dividiendo este libro en los cinco períodos o ciclos políticos antes indicados.

TERCERA PARTE

EL PERÍODO DE LA CONSTITUCIÓN DEL ESTADO INDEPENDIENTE (1811–1830) Y AUTÓNOMO (1830–1863)

Como consecuencia de la revolución desarrollada entre 1810 y 1811, se comenzó el proceso de construcción del Estado y el primer período de la historia constitucional de Venezuela, durante el cual se produjo la consolidación y constitucionalización del *Estado Independiente* de España (1811–1819) e integrado a la *Gran Colombia* (1819–1830), y luego del *Estado Autónomo*, al separarse Venezuela de Colombia (1830–1863). Es un ciclo histórico durante el cual dominaron la escena política las generaciones que habían hecho la Independencia y que habían surgido a la vida pública al calor de las guerras que la consolidaron. El Proyecto Político que signó ese período fue el de la consolidación de un nuevo Estado que nació de la Independencia y como consecuencia de los trabajos del Primer Congreso General de 1811.

I. EL CONGRESO GENERAL DE VENEZUELA DE 1811

En efecto, la secuela del rápido y expansivo proceso revolucionario de las Provincias de Venezuela, fue que para junio de 1810 ya se comenzaba a hablar oficialmente de la "Confederación de Venezuela"[1], y la Junta de Caracas con representantes de Cumaná, Barcelona y Margarita, ya venía actuando como Junta Suprema pero, por supuesto, sin ejercer plenamente el gobierno en toda la extensión territorial de la Capitanía General. De allí la necesidad que había de formar un "Poder Central bien constituido" es decir, un gobierno que uniera las Provincias, por lo que la Junta Suprema estimó que había "llegado el momento de organizarlo" a cuyo efecto, convocó:

> "A todas las clases de hombres libres al primero de los goces del ciudadano, que es el de concurrir con su voto a la delegación de los derechos personales y reales que existieron originariamente en la masa común".

---

1 Véase la "refutación a los delirios políticos del Cabildo de Coro, de orden de la Junta Suprema de Caracas" de 1–6–1810 en *Textos Oficiales de la Primera República,* Caracas 1959, Tomo I, p. 180.

En esta forma, la Junta llamó a elegir y reunir a los diputados que habían de formar "la Junta General de Diputación de las Provincias de Venezuela", para lo cual dictó, el 11 de junio de 1810, el Reglamento de Elecciones de dicho cuerpo[2], en el cual se previó, además, la abdicación de los poderes de la Junta Suprema en la Junta General, quedando sólo como Junta Provincial de Caracas (Cap. III, art. 4). Este Reglamento de Elecciones, sin duda, fue el primero de todos los dictados en materia electoral en el mundo hispanoamericano.

El mismo mes en el cual la Junta Suprema dictó el Reglamento de Elecciones, continuando la política exterior iniciada al instalarse, los comisionados Simón Bolívar, Luis López Méndez y Andrés Bello viajaron a Londres con la misión de estrechar las relaciones con Inglaterra, y solicitar auxilios inmediatos para resistir la amenaza de Francia. Los comisionados lograron, básicamente, esto último; concretizado en el compromiso de Inglaterra de defender al gobierno de Caracas "contra los ataques o intrigas del tirano de Francia"[3]. Los comisionados venezolanos, como lo señaló Francisco de Miranda con quien se relacionaron en Londres, habían continuado lo que el Precursor había iniciado "desde veinte años a esta parte... en favor de nuestra emancipación o independencia"[4]. En todo caso, Bolívar y Miranda regresaron a Caracas en diciembre de 1810, y Francisco de Miranda ya había sido electo diputado por el Pao para formar el "Congreso General de Venezuela", el cual se instaló el 2 de marzo de 1811[5].

Paralelamente, en la Península continuaba el proceso para la conformación de las Cortes que había convocado la Junta de Regencia, las cuales se instalaron finalmente, como se dijo, en la Isla de León, el 24 de septiembre de 1810. El Decreto N° 1 de las Cortes de esa fecha, declaró "nula, de ningún valor ni efecto la cesión de la Corona que se dice hecha en favor de Napoleón" y reconocieron a Fernando VII como Rey[6]. Además, "no conviniendo queden reunidos el Poder Legislativo, el Ejecutivo y el Judiciario", reservaron a las Cortes Generales el Poder Legislativo y atribuyeron al Consejo de Regencia el ejercicio del Poder ejecutivo[7].

En la sesión de instalación de las Cortes en la Isla de León concurrieron 207 diputados, entre ellos 62 americanos, suplentes, y entre ellos, dos por la Provincia de Caracas, los señores Esteban Palacios y Fermín de Clemente, quienes también

---

2 Véase el texto en *Textos Oficiales...*, *op. cit.*, Tomo II, pp. 61–84; y en Allan R. Brewer–Carías, *Las Constituciones de Venezuela*, Academia de Ciencias Políticas y Sociales, Caracas 1997, pp. 161 a 169.

3 Véase la circular dirigida el 7–12–1810 por el Ministro Colonial de la Gran Bretaña a los jefes de las Antillas Inglesas, en J. F. Blanco y R. Azpúrua, *Documentos para la historia de la vida pública del Libertador*, Ediciones de la Presidencia de la República, Caracas 1978, Tomo II, p. 519. Asimismo, la nota publicada en la *Gaceta de Caracas* del viernes 26 de octubre de 1810 sobre las negociaciones de los comisionados. Véase en J. F. Blanco y R. Azpúrua, *op. cit.*, Tomo II, p. 514.

4 Véase la Carta de Miranda a la Junta Suprema de 3–8–1810 en J. F. Blanco y R. Azpúrua, *op. cit.*, Tomo II, p. 580.

5 C. Parra Pérez, *Historia de la Primera República de Venezuela*, Biblioteca de la Academia Nacional de la Historia, Tomo I, Caracas 1959, pp. 15 y 18.

6 *Idem*, Tomo II, pp. 657

7 Véase en E. Roca Roca, *América en el ordenamiento jurídico de las Cortes de Cádiz*, Granada 1986., p. 193.

habían sido designados como suplentes, reclutados en la Península[8]. Debe recordarse que sólo 15 días antes (08–09–1810), el Consejo de Regencia había dictado normas para la elección de dichos diputados suplentes.

Los diputados suplentes que habían sido designados por Venezuela pidieron instrucciones a la Junta Suprema de Caracas, la cual respondió, el 1° de febrero de 1811, que consideraba la reunión de las Cortes "tan ilegal como la formación del Consejo de Regencia" y, por tanto, que "los señores Palacios y Clemente carecían de mandato alguno para representar las Provincias de Venezuela", por lo que "sus actos como diputados eran y serían considerados nulos[9]. Ya en enero de 1811, la Junta Suprema se había dirigido a los ciudadanos rechazando el nombramiento de tales diputados suplentes, calificando a las Cortes como "las Cortes cómicas de España"[10].

Por su parte, el 1° de agosto de 1810, el Consejo de Regencia había declarado en estado de riguroso bloqueo a la Provincia de Caracas, por haber sus habitantes "Cometido el desacato de declararse *independientes* de la metrópoli, y creando una junta de gobierno para ejercer la pretendida *autoridad independiente*"[11].

Los acontecimientos de Caracas habían sido los de una auténtica revolución política, con un golpe de Estado dado contra las autoridades españolas por el Cabildo Metropolitano, el cual había asumido el poder supremo de la Provincia, desconociendo toda autoridad en la Península, incluyendo el Consejo de Regencia y las propias Cortes de Cádiz. Estas, como se dijo, se tildaban de ilegítimas y cómicas, rechazándose en ellas toda representación de las Provincias de Venezuela, que se pudiera atribuir a cualquiera.

Por ello, la ruptura constitucional derivada de la Independencia de Venezuela no sólo se había operado de parte de la Junta Suprema de Caracas en relación con la Regencia y las Cortes, sino también de parte de las autoridades de la Península respecto del nuevo gobierno de la Provincia de Venezuela, proceso en el cual las Cortes se involucraron directamente. Así fue que, por ejemplo, las Cortes "premiaron" a las Provincias de la antigua Capitanía General de Venezuela que no se habían sumado al movimiento independentista (Maracaibo, Coro, Guayana). Por ello, mediante el Decreto CXXXIII de 6 de febrero de 1812, las Cortes concedieron a la ciudad de Guayana el adorno de su escudo de armas con trofeos de cañones, balas, fusiles, bandera y demás insignias militares, como premio por haber apresado a los rebeldes de Nueva Barcelona en la acción del 5 de septiembre de 1811; y por Decreto CCXII de 8 de diciembre de 1812 le concedió el título de "muy noble y

---

8 *Ibídem,* Tomo II, pp. 656. Véase además, Eduardo Roca Roca, *América en el ordenamiento jurídico de las Cortes de Cádiz,* Granada 1986, pp. 22 y 136.

9 Véase el texto en *Gaceta de Caracas,* martes 5 de febrero de 1811, Caracas, 1959, Tomo II, p. 17. Véase además, C. Parra Pérez, *Historia de la Primera República de Venezuela,* Biblioteca de la Academia Nacional de la Historia, Tomo I, Caracas 1959, p. 484.

10 Véase *Textos Oficiales de la Primera República,* Caracas 1959, Tomo II, p. 17.

11 Véase en J. F. Blanco y R. Azpúrua, *op. cit.,* Tomo II, p. 571. El bloqueo lo ejecutó el Comisionado Regio Cortabarría desde Puerto Rico, a partir del 21 de enero de 1811, *Cfr.* en J. F. Blanco y R. Azpúrua, *op. cit.,* Tomo III, p. 8; C. Parra Pérez, *op. cit.,* Tomo I, p. 484.

muy leal", con motivo de los sucesos de Venezuela ocurridos del 15 al 16 de marzo de 1812.

Por su parte, las Cortes distinguieron a la ciudad de Coro, por Decreto CCXXXVVII de 21–03–13, con el título de "muy noble y leal" y escudo alusivo, otorgándose la distinción de "Constancia de Coro" a favor de los Capitulares por el comportamiento de la ciudad en las turbulencias que habían "inflingido a varias provincias de Venezuela" y su defensa frente a los insurgentes de Caracas en 28 de noviembre de 1812.

En cuanto a la ciudad de Maracaibo, por Decreto CCXXXVIII de 21–03–13 recibió el título de "muy noble y leal" por las mismas razones de Coro, otorgándose a los miembros del Ayuntamiento la "Constancia de Maracaibo".

Como se dijo, estos reconocimientos de las Cortes derivaban del hecho de que las provincias de Maracaibo y Guayana y la ciudad de Coro, no se habían sumado a la revolución de Independencia, ni habían conformado el Congreso General que en 1811 sancionó la Constitución Federal para los Estados de Venezuela[12].

En todo caso, en medio de la situación de ruptura total entre las Provincias de Venezuela y la Metrópolis, se realizaron las elecciones del Congreso General de Venezuela, en las cuales participaron siete de las nueve Provincias que para finales de 1810 existían en el territorio de la Capitanía General de Venezuela[13], habiéndose elegido 44 diputados por las Provincias de Caracas (24), Barinas (9), Cumaná (4), Barcelona (3), Mérida (2), Trujillo (1) y Margarita (1)[14].

Las elecciones se efectuaron siguiendo la orientación filosófica del igualitarismo de la Revolución francesa, consagrándose el sufragio universal para todos los hombres libres[15].

El Reglamento General de Elecciones de 10 de junio de 1810 había reconocido el derecho del sufragio, con las siguientes excepciones:

> "Las mujeres, los menores de 25 años, a menos que estuviesen casados y velados, los dementes los sordomudos, los que tuviesen una causa criminal abierta, los fallidos, los deudores a caudales públicos, los extranjeros, los transeúntes, los vagos públicos y notorios, los que hubiesen sufrido pena corporal aflictiva o infamatoria y todos los que tuviesen casa abierta o poblada, esto es, que viviesen en la de otro vecino particular a su salario y expensas o en actual servicio suyo, a menos que según la opinión común del vecindario fuesen propietarios por lo menos de dos mil pesos en bienes, muebles o raíces libres".

---

12 Véase el texto de los Decretos en Eduardo Roca Roca, *América en el ordenamiento jurídico de las Cortes de Cádiz,* Granada 1986, pp. 79–80

13 Participaron las provincias de Caracas, Barinas, Cumaná, Barcelona, Mérida, Trujillo y Margarita, *Cf.* José Gil Fortoul, *Historia Constitucional de Venezuela, cit.*, Tomo primero, p. 223. *Cf.* J. F. Blanco y R. Azpúrua, *op. cit.*, Tomo II, pp. 413 y 489.

14 Véase C. Parra Pérez, *Historia de la Primera República de Venezuela*, Academia de la Historia, Caracas 1959, Tomo I, p. 477.

15 Véase en Allan R. Brewer–Carías, *Las Constituciones de Venezuela, op. cit.*, p. 166.

En esta forma, puede decirse que dichas elecciones configuraron las primeras elecciones relativamente universales que se desarrollaron en Venezuela y en América Latina, en el siglo XIX y en el presente siglo, hasta 1946, pues ya en la primera Constitución de Venezuela de 1811, el sufragio se restringió por razones económicas, reservándose, por tanto, a la nobleza criolla o a la alta burguesía asimilada. La elección fue indirecta y en dos grados, y los diputados electos en segundo grado formaron la "Junta General de Diputados de las Provincias de Venezuela"[16] la cual declinó sus poderes en un Congreso Nacional en el cual se constituyeron los representantes. El 2 de marzo de 1811, los diputados se instalaron en Congreso Nacional, con el siguiente juramento:

> "Juráis a Dios por los sagrados Evangelios que váis a tocar, y prometéis a la patria conservar y defender sus derechos y los del Señor F. VII, sin la menor relación a influjo de la Francia, independiente de toda forma de gobierno de la península de España, y sin otra representación que la que reside en el Congreso General de Venezuela"[17].

El Congreso se instaló, para defender y conservar además de los derechos de la Patria:

> "[Y] los del Señor D. Fernando VII, sin la menor relación o influjo de la Francia, independientes de toda forma de gobierno de la península de España, y sin otra representación que la que reside en el Congreso General de Venezuela"[18].

Desde la instalación del Congreso General se comenzó a hablar en todas las Provincias de la "Confederación de las Provincias de Venezuela", las cuales conservaron sus peculiaridades políticas propias, a tal punto que al mes siguiente, en la sesión del 6 de abril de 1812, el Congreso General resolvió exhortar a las "Legislaturas provinciales" que acelerasen la formación de sus respectivas Constituciones[19]

En todo caso, el Congreso había sustituido a la Junta Suprema y había adoptado el principio de la separación de poderes para organizar el nuevo gobierno, designando el 5 de marzo de 1811, a tres ciudadanos para ejercer el Poder Ejecutivo Nacional, turnándose en la presidencia por períodos semanales –el primero en presidir la Junta fue Cristóbal Hurtado de Mendoza, Cristóbal Mendoza (1772–1829)–, y constituyendo, además, una Alta Corte de Justicia.

El 28 de marzo de 1811, el Congreso nombró una comisión para redactar la Constitución de la Provincia de Caracas, la cual debía servir de modelo a las demás Provincias de la Confederación. Esta comisión tardó mucho en preparar el proyecto, por lo que algunas Provincias, como se indica más adelante, procedieron a dictar las

---

16 Véase Gil Fortoul, *op. cit.*, Tomo primero, p. 224.

17 Gil Fortoul, Tomo I, p. 138

18 *Idem*, Tomo II, p. 16.

19 Véase *Libro de Actas del Supremo Congreso de Venezuela 1811–1812*, Biblioteca de la Academia Nacional de la Historia, Caracas, 1959, Tomo II, p. 401.

suyas para organizarse políticamente. El 1° de julio de 1811, el Congreso ya había proclamado los Derechos del Pueblo[20], declaración que puede considerarse como la tercera declaración de derechos de rango constitucional en el constitucionalismo moderno.

El 5 de julio de 1811, el Congreso aprobó la Declaración de Independencia, pasando a denominarse la nueva nación, como Confederación Americana de Venezuela[21]; y en los meses siguientes, bajo la inspiración de la Constitución norteamericana y la Declaración francesa de los Derechos del Hombre[22], redactó la primera Constitución de Venezuela y la de todos los países latinoamericanos, la cual se aprobó el 21 de diciembre de 1811[23], con clara inspiración en los aportes revolucionarios de Norteamérica y Francia.

En cuanto a la influencia francesa, debe recordarse que el texto traducido de la Declaración de los Derechos del Hombre y del Ciudadano en la versión de la Constitución francesa de 1793, era el que había sido motor fundamental de la conspiración de Gual y España de 1797[24]. Por lo que respecta a la influencia de Norteamérica, la Constitución de 1787 y las Enmiendas de 1789, habían sido traducidas del inglés al español en 1810 por Joseph Manuel Villavicencio[25] natural de la Provincia de Caracas. Además, las obras de Thomas Paine, conocidas por la elite venezolana, habían sido traducidas y publicadas numerosas veces desde 1810 en Venezuela, Perú y en Filadelfia, desde donde se distribuyeron copiosamente por los restantes países de América Latina. Una de las más importantes obras de Paine fue la que tradujo Manuel García de Sena, titulada *La Independencia de la Costa Firme justificada por Thomas Paine treinta años ha. Extracto de sus obras,* publicada en 1811 en la imprenta que T. y J. Palmer tenían en Filadelfia. Este libro, de 288 páginas, contiene fragmentos de las obras de Paine *De Common Sense, De Disertation on the First–Principles of Government* y otras, y además los siguientes textos legales norteamericanos: Declaración de Independencia de 4 de julio de 1776; Artículos de Confederación y Perpetua Unión de 8 de julio de 1778; Constitución de Massachussets; Relación de la Constitución de Connecticut; Constitución de Nueva

20 Véase Allan R. Brewer–Carías, *Las Constituciones de Venezuela, op. cit.*, pp. 175 a 177.

21 Véase el texto de las sesiones del 5 de julio de 1811 en *Libro de Actas... cit.*, pp. 171 a 202. Véase el texto Acta de la Declaración de la Independencia, cuya formación se encomendó a Juna Germán Roscio, en P. Ruggeri Parra, *op. cit.*, apéndice, Tomo I, pp. 79 y ss. Asimismo en Francisco González Guinán, *Historia Contemporánea de Venezuela,* Caracas, 1954, Tomo I, pp. 26 y ss.; y el Allan R. Brewer–Carías, *Las Constituciones de Venezuela, cit.*, pp. 171 y ss.

22 *Cf.* José Gil Fortoul, *op. cit.*, Tomo Primero, pp. 254 y 267

23 Véase el texto de la Constitución de 1811, en *La Constitución Federal de Venezuela de 1811 y Documentos afines* (Estudio Preliminar de C. Parra Pérez), Caracas, 1959, pp. 151 y ss., y en Allan R. Brewer–Carías, *Las Constituciones de Venezuela, cit.*, pp. 179 y ss.

24. Véase las referencias en el libro de Pedro Grases, *La conspiración de Gual y España y el ideario de la Independencia*, Caracas 1978.

25. *Constitución de los Estados Unidos de América*, editado en Philadelphia en la imprenta Smiht & M'Kennie, 1810.

Jersey; Constitución de la República de Pennsylvania y la Constitución de Virginia[26].

Esta obra, también traducida en 1810, llevó una dedicatoria del propio García de Sena, la cual tenía el propósito de "ilustrar principalmente a sus conciudadanos sobre la legitimidad de la Independencia y sobre el beneficio que de ella debe desprenderse, tomando como base la situación social, política y económica de los Estados Unidos[27]. En 1811 García de Sena también tradujo la obra de John M'Culloch, *Historia concisa de los Estados Unidos desde el descubrimiento de América hasta el año 1807*[28].

Estas obras tuvieron una enorme repercusión en Venezuela y en América Latina en general[29]. En Caracas, en los tiempos de la Independencia, circulaban de mano en mano, siendo su lectura de moda. Incluso, en la *Gazeta de Caracas,* en los números de los días 14 y 17 de enero de 1812, se publicó parte del libro de García de Serna contentivo de la traducción de la obra de Paine[30].

Fue precisamente a través de esas traducciones de Picornell, de Villavicencio y de García de Sena, que los textos producto de las Revoluciones Americana y Francesa penetraron en Venezuela e influenciaron directamente en los redactores de las Constituciones Provinciales en Venezuela y la Constitución de 1811.

II. LAS CONSTITUCIONES PROVINCIALES ANTERIORES A LA CONSTITUCIÓN FEDERAL DE DICIEMBRE DE 1811

En efecto, el constitucionalismo venezolano puede decirse que se comenzó a formular con anterioridad a la propia sanción de la Constitución de 1811, con los actos de la Junta Suprema de Caracas y, luego, de la Junta Suprema de las Provincias de Venezuela y del Congreso General de las Provincias; y particularmente, con

26 Una moderna edición de esta obra es *La Independencia de la Costa Firme, justificada por Thomas Paine treinta años ha.* Traducido del inglés al español por don Manuel García de Sena. Con prólogo del profesor Pedro Grases, Comité de Orígenes de la Emancipación, núm. 5. Instituto Panamericano de Geografía e Historia, Caracas, 1949.

27 *Ibídem,* en el prólogo de Grases, p. 10. Grases subraya con mucha atingencia el fenómeno de difusión de las nuevas ideas hechas desde Venezuela. Cuando se realice una investigación tan acuciosa en otros países, podrá comprenderse mejor el fenómeno. No hay duda, como lo hemos asentado en otras páginas, que las Gacetas hispanoamericanas, principalmente la de Caracas, esparcieron por toda América buena parte de los modernos principios. De otra obra de Paine existe una traducción hecho por Santiago Felipe Puglia, a quien tanto se debe en la difusión de obras de carácter político; ésta es la siguiente: Thomas Paine. *El derecho del hombre para el uso y provecho del género humano.* Traducido del inglés por Santiago Felipe Puglia. Imprenta de H.C. Carey e Hijos, Filadelfia, 1822. En ella Paine hace una glosa de varios de los principios constitucionales norteamericanos y de su teoría política y filosófica.

28 Editada en Philadelphia en la misma imprenta de T.Y.J. Palmer, 1812.

29 *Cf.* en general, Pedro Grases, *Libros y Libertad,* Caracas 1974; y "Traducción de interés político cultural en la época de la Independencia de Venezuela" en *El Movimiento Emancipador de Hispano América, Actas y Ponencias,* Academia Nacional de la Historia, Caracas 1961, Tomo II, pp. 105 y ss.; Ernesto de la Torre Villas y Jorge Mario Laguardia, *Desarrollo Histórico del Constitucionalismo Hispanoamericano,* UNAM, México 1976, pp. 38–39.

30. Véase Pedro Grases "Manual García de Sena y la Independencia de Hispanoamérica" en la edición del libro de García de Sena, que realizó el Ministerio de Relaciones Interiores, Caracas 1987, p. 39.

la sanción de varias Constituciones Provinciales[31], en particular, las de Barinas, Mérida y Trujillo[32].

1. *El Plan de Gobierno de la Provincia de Barinas de 26 de marzo de 1811*

A los 24 días de la instalación del Congreso General, y cuatro días antes del nombramiento de la comisión para la redacción de lo que sería el modelo de las Constituciones Provinciales, la Asamblea Provincial de Barinas, el 26 de marzo de 1811 adoptó un "Plan de Gobierno"[33] constituyendo una Junta Provincial o Gobierno Superior compuesto de 5 miembros a cargo de toda la autoridad en la Provincia hasta que el Congreso de todas las Provincias Venezolanas dictase la Constitución Nacional (art. 17).

En el Plan de Gobierno, además se repuso el Cabildo para la atención de los asuntos municipales (art. 4) y se regularon las competencias del mismo en materia Judicial, como tribunal de alzada respecto de las decisiones de los Juzgados subalternos (Art 6). Las decisiones del Cuerpo Municipal podían ser llevadas a la Junta Provincial por vía de súplica (art. 8).

2. *La Constitución Provisional de la Provincia de Mérida de 31 de julio de 1811*

En Mérida, reunido el Colegio Electoral con representantes de los pueblos de los ocho partidos capitulares de Mérida, La Grita y San Cristóbal y de las Villas de San Antonio, Bailadores, Lovatera, Egido y Timotes, adoptó una "Constitución Provisional que debe regir esta Provincia, hasta que, con vista de la General de la Confederación, pueda hacerse una perpetua que asegure la felicidad de la provincia"[34].

Este texto se dividió en doce capítulos, en los cuales se reguló lo siguiente:

En el *Primer Capítulo*, la forma de "gobierno federativo por el que se han decidido todas las provincias de Venezuela" (art. 1), atribuyéndose la legítima representación provincial al Colegio Electoral, representante de los pueblos de la Provincia (art. 2).

El gobierno se dividió en tres poderes: Legislativo, Ejecutivo y Judicial, correspondiendo el primero al Colegio Electoral el segundo a un cuerpo de 5 individuos encargados de las funciones ejecutivas; y el tercero a los Tribunales de Justicia de la Provincia (art. 3).

La Constitución declaró, además, que "Reservándose esta Provincia la plenitud del Poder Provincial para todo lo que toca a su gobierno, régimen y administración interior, deja en favor del Congreso General de Venezuela aquellas prerrogativas y

---

31 Véase en general, Carlos Restrepo Piedrahita, *Primeras Constituciones de Colombia y Venezuela 1811–1830*, Bogotá 1996, pp. 37 y ss.

32 Véase Allan R. Brewer–Carías, *Instituciones Políticas y Constitucionales*, Tomo I, *Evolución histórica del Estado*, Caracas 1996, pp. 277 y ss.

33 *Las Constituciones Provinciales*, *cit.*, pp. 334 y ss.

34 *Idem.*, p. 255.

derechos que versan sobre la totalidad de las provincias confederadas, conforme al plan que adopte el mismo Congreso en su Constitución General" (art. 6).

En el *Segundo Capítulo* se reguló la Religión Católica, Apostólica y Romana como Religión de la Provincia (art. 1), prohibiéndose otro culto público o privado (art. 2). Se precisó, en todo caso, que "la potestad temporal no conocerá, en las materias del culto y puramente eclesiásticas, ni la potestad espiritual en las puramente civiles sino que cada una se contendrá dentro de sus límites" (art. 4).

En el *Tercer Capítulo* se reguló el Colegio Electoral, como "legítima representación Provincial", con poderes constituyentes y legislativos provinciales (arts. 1, 2 y 35); su composición por ocho electores (art. 3) y la forma de la elección de los mismos, por sistema indirecto (arts. 3 a 31), señalándose que se debía exigir a los que fueran a votar, que "depongan toda pasión e interés, amistad, etc., y escojan sujetos de probidad, de la posible instrucción y buena opinión pública" (art. 10). Entre las funciones del Colegio Electoral estaba el "residenciar a todos los funcionarios públicos luego que terminen en el ejercicio de su autoridad" (Art 36).

En el *Cuarto Capítulo* se reguló al Poder Ejecutivo, compuesto por cinco individuos (art. 1), en lo posible escogidos de vecinos de todas las poblaciones de la provincia y no sólo de la capital (art. 2); con término de un año (art. 3); sin reelección (art. 4); hasta un año (art. 5). En este capítulo se regularon las competencias del Poder Ejecutivo (arts. 14 a 16) y se prohibió que "tomara parte ni se introduciera en las funciones de la Administración de Justicia" (art. 20). Se precisó, además, que la Fuerza Armada estaría "a disposición del Poder Ejecutivo" (art. 23), correspondiéndole además "la General Intendencia de los ramos Militar, Político y de Hacienda" (art. 24).

El *Capítulo Quinto* de la Constitución Provisional de la Provincia de Mérida, dedicado al Poder Judicial, comienza por señalar que "No es otra cosa el Poder Judicial que la autoridad de examinar las disputas que se ofrecen entre los ciudadanos, aclarar sus derechos, oír sus quejas y aplicar las leyes a los casos ocurrentes" (art. 1) y se atribuye a todos los jueces superiores e inferiores de la Provincia, y particularmente al Supremo Tribunal de apelaciones de la misma (art. 2), compuesto por tres individuos, abogados recibidos (art. 3). En el capítulo se regularon, además, algunos principios de procedimiento y las competencias de los diversos tribunales (arts. 4 a 14).

En el *Capítulo Sexto* se reguló el "Jefe de las Armas" atribuyéndose a un gobernador militar y comandante general de las armas sujeto inmediatamente al Poder Ejecutivo, pero nombrado por el Colegio Electoral (art. 1) y a quien correspondía "la defensa de la Provincia" (art. 4). Se regularon, además, los empleos de Gobernador Político e Intendente, reunidos en el gobernador militar para evitar sueldos (art. 6), con funciones jurisdiccionales (arts. 7 a 10), teniendo el Gobernador Político el carácter de Presidente de los Cabildos (art. 11) y de Juez de Paz (art. 12).

El *Capítulo Séptimo* está destinado a regular "los Cabildos y Jueces inferiores". Se atribuye, allí, a los Cabildos, la "policía" (art. 2) y se definen las competencias municipales, englobadas en el concepto de policía (art. 3). Se regula la Administración de Justicia a cargo de los Alcaldes de las ciudades y villas (art. 4), con aplicación ante el Tribunal Superior de Apelaciones (art. 5).

En el *Capítulo Octavo* se regula la figura del "Juez Consular", nombrado por los comerciantes y hacendados (art. 1), con la competencia de conocer los asuntos de comercio y sus anexos con arreglo a las Ordenanzas del consulado de Caracas (art. 3) y apelación ante el Tribunal Superior de Apelación (art. 4).

En el *Capítulo Noveno* se regula la "Milicia", estableciéndose la obligación de toda persona de defender a la Patria cuando ésta sea atacada, aunque no se le pague sueldo (art. 2).

El *Capítulo Décimo* reguló el "Erario Público", como "el fondo formado por las contribuciones de los ciudadanos destinado para la defensa y seguridad de la Patria, para la sustentación de los ministros y del culto divino y de los empleados de la administración de Justicia, y en la colectación y custodia de las mismas contribuciones y para las obras de utilidad común (art. 1). Se estableció también el principio de legalidad tributaria al señalarse que "toda contribución debe ser por utilidad común y sólo el Colegio Electoral las puede poner" (art. 3), y la obligación de contribuir al indicarse que "ningún ciudadano puede negarse a satisfacer las contribuciones impuestas por el Gobierno" (art. 4).

El *Capítulo Undécimo* está destinado a regular "los derechos y obligaciones del Hombre en Sociedad", los cuales también se regulan en el *Capítulo Duodécimo y Último* que contiene "disposiciones generales". Esta declaración de derechos, dictada después que el 1° de julio del mismo año 1811 la Sección Legislativa del Congreso General para la Provincia de Caracas había emitido la *Declaración de Derechos del Pueblo, sigue las mismas líneas de ésta publicación sobre "Derechos del Hombre y del Ciudadano con varias máximas republicanas y un discurso preliminar dirigido a los americanos"* atribuido a Picornel y que circuló con motivo de la Conspiración de Gual y España de 1797[35].

3. *El Plan de Constitución Provisional Gubernativo de la Provincia de Trujillo de 2 de septiembre de 1811*

Los representantes diputados de los distintos pueblos, villas y parroquias de la Provincia de Trujillo, reunidos en la Sala Constitucional aprobaron un "Plan de Constitución Provincial Gubernativo"[36] el 2 de septiembre de 1811, constante de 9 títulos.

El *Primer Título* está dedicado a la Religión Católica, como Religión de la Provincia, destacándose, sin embargo, la separación entre el poder temporal y el poder eclesiástico.

El *Título Segundo* reguló el "Poder Provincial", representado por el Colegio de Electores, electos por los pueblos. Este Colegio Electoral se reguló como Poder Constituyente y a él corresponderá residenciar a todos los miembros del Cuerpo Superior del Gobierno.

---

35 Véase la comparación en Pedro Grases, *La Constitución de Gual y España y el Ideario de la Independencia*, Caracas, 1978, pp. 71 y ss.

36 Véase *Las Constituciones Provinciales*, *op. cit.*, pp. 297 y ss.

El *Título Tercero* reguló la "forma de gobierno", estableciéndose que la representación legítima de toda la Provincia residía en el prenombrado Colegio Electoral, y que el Gobierno particular de la misma residía en dos cuerpos: el Cuerpo Superior de Gobierno y el Municipal o Cabildo.

El *Título Cuarto* reguló, en particular, el "Cuerpo Superior de Gobierno", integrado por cinco (5) vecinos, al cual se atribuyeron funciones ejecutivas de gobierno y administración.

El *Título Quinto*, reguló el "Cuerpo Municipal o de Cabildo" como cuerpo subalterno, integrado por cinco (5) individuos: dos alcaldes ordinarios, dos Magistrados (uno de ellos Juez de Policía y otro como Juez de Vigilancia Pública), y un Síndico personero.

El *Título Sexto*, relativo al "Tribunal de Apelaciones", atribuyó al Cuerpo Superior de Gobierno el carácter de Tribunal de Alzada.

El *Título Séptimo* reguló las "Milicias", a cargo de un Gobernador y Comandante General de las Armas de la Provincia, nombrado por el Colegio Electoral, pero sujeto inmediatamente al Cuerpo Superior de Gobierno.

El *Título Octavo*, reguló el Juramento que deben prestar los diversos funcionarios; y el *Título Noveno*, relativo a los "Establecimientos Generales", reguló algunos de los derechos de los ciudadanos.

III. LA CONSTITUCIÓN FEDERAL DE LOS ESTADOS DE VENEZUELA DE 1811

1. *Las bases del constitucionalismo en 1811*

La Constitución Federal para los Estados de Venezuela fue sancionada por el Congreso General el 21 de diciembre de 1811, integrado por los representantes de las provincias de Margarita, de Mérida, de Cumaná, de Barinas, de Barcelona, de Trujillo y de Caracas, [37], antes de que se hubiese promulgado la Constitución de Cádiz el 19 de marzo de 1812, y en paralelo a las reuniones de las Cortes de Cádiz que se habían instalado el 24 de septiembre de 1810, y en las cuales también se había comenzado a delinear una Constitución Monárquica de democracia representativa.

Esta Constitución, aún cuando no tuvo vigencia real superior a un año debido a las guerras de independencia, indudablemente que condicionó la evolución de las instituciones políticas y constitucionales venezolanas hasta nuestros días; habiendo recogido en su texto los aportes esenciales antes indicados del constitucionalismo norteamericano y francés, recién formulados. Sus 228 Artículos estuvieron

---

37 Véase *Libro de Actas del Supremo Congreso de Venezuela 1811–1812*, (Estudio Preliminar: Ramón Díaz Sánchez), Biblioteca de la Academia Nacional de la Historia, 2 vols. Caracas 1959. Véase el texto en Allan R. Brewer–Carías *Las Constituciones de Venezuela*, Madrid, 1985, pp. 181 a 205. Además, en *La Constitución Federal de Venezuela de 1811 y documentos afines*, Biblioteca de la Academia Nacional de la Historia, Caracas 1959, pp. Véase además, Juan Garrido Rovira, "La legitimación de Venezuela (El Congreso Constituyente de 1811)", en Elena Plaza y Ricardo Combellas (Coordinadores), *Procesos Constituyentes y Reformas Constitucionales en la Historia de Venezuela: 1811–1999*, Universidad Central de Venezuela, Caracas 2005, tomo I, pp. 13–74.

destinados a regular el Poder Legislativo (arts. 3 a 71), el Poder Ejecutivo (arts. 72 a 109), el Poder Judicial (arts. 110 a 118), las Provincias (arts. 119 a 134) y los Derechos del Hombre que se respetará en toda la extensión del Estado (arts. 141 a 199). En el Capítulo I, además, se reguló la Religión, proclamándose a la Religión Católica, Apostólica y Romana como la religión del Estado y la única y exclusiva de los habitantes de Venezuela (Art. 1).

Por otra parte, la Constitución, apartándose sustancialmente del igualitarismo político que reinó durante el primer año de independencia del país va a restringir el sufragio al consagrar requisitos de orden económico para poder participar en las elecciones[38] reservándose entonces el control político del naciente Estado a la aristocracia criolla y a la naciente burguesía parda. Esta restricción al sufragio, por otra parte, sólo va a eliminarse parcialmente a partir de 1857, bien entrada ya la crisis social que provocaría la Guerra Federal. En esta forma la Constitución de 1811 evidentemente afianzó el poder de la oligarquía criolla, el cual sólo va a ser quebrantado a los pocos años con la rebelión popular de 1814 y, posteriormente, en las guerras federales. A pesar de ello, los constituyentes del año 1811 consagraron expresamente el igualitarismo civil que va a caracterizar a Venezuela hasta nuestros días y que provocará sucesivas revoluciones sociales, al establecer la igualdad[39] como uno de los "derechos del hombre en sociedad"[40], derivados del "pacto social"[41]. En particular, esta igualación social conllevaba la eliminación de los

---

38 En este sentido, contrariamente al universalismo que caracterizó la elección de los constituyentes de 1811, éstos en el texto de la Constitución de ese año, consagraron el derecho de sufragio a "todo hombre libre" pero restringiéndolo a "si a esta calidad añade la de ser ciudadano venezolano, residente en la Parroquia o Pueblo donde sufraga; si fuere mayor de veintiún años, siendo soltero, o menor siendo casado y velado, y si poseyere un caudal libre del valor de seiscientos pesos en las Capitales de Provincias siendo soltero, y de cuatrocientos siendo casado, aunque pertenezcan a la mujer, o de cuatrocientos en las demás poblaciones en el primer caso, y doscientos en el segundos o si tuviere grado u aprobación pública en una ciencia o arte liberal o mecánica; o si fuere propietario o arrendador de tierras para sementeras o ganado con tal que sus productos sean los asignados para los respectivos casos de soltero o casado" (Art. 20). *Cfr.* R. Díaz Sánchez, "Evolución Social de Venezuela (hasta 1960)", en M. Picón Salas y otros, *Venezuela Independiente 1810–1960*, Caracas, 1962, p. 197, y C. Parra Pérez, Estudio preliminar a la *Constitución Federal de Venezuela de 1811*, p. 32. Es de destacar, por otra parte, que las restricciones al sufragio también se establecieron en el sufragio pasivo, pues para ser representante se requería gozar de "una propiedad de cualquier clase" (Art. 15) y para ser Senador, gozar de "una propiedad de seis mil pesos" (Art. 49). *Cfr.* J. Gil Fortoul, *Historia Constitucional de Venezuela*, Obras Completas, tomo I, Caracas, 1953, p. 259.

39 "La igualdad consiste en que la Ley sea una misma para todos los ciudadanos, sea que castigue o que proteja. Ella no reconoce distinción de nacimiento ni herencia de poderes" (Art. 154).

40 Los derechos del hombre en sociedad, de acuerdo al texto constitucional, eran la libertad, la igualdad, la propiedad y la seguridad (Arts. 151 y ss.), lo cual formó "el cimiento revolucionario burgués sobre el cual se asentarán en el futuro los cánones constitucionales de Venezuela". Véase R. Díaz Sánchez, *loc. cit.*, p. 193.

41 "Después de constituidos los hombres en sociedad han renunciado a aquella libertad ilimitada y licenciosa a que fácilmente los conducían sus pasiones, propia sólo del estado salvaje. El establecimiento de la sociedad presupone la renuncia de esos derechos funestos, la adquisición de otros más dulces y pacíficos, y la sujeción a ciertos deberes mutuos". El pacto social asegura a cada individuo el goce y posesión de sus bienes, sin lesión del derecho que los demás tengan de los suyos" (Art. 141 y 142). La influencia de Rousseau no podía ser más clara en el texto constitucional de 1811.

"títulos"[42] y la restitución de los derechos "naturales y civiles" a los pardos[43], y con ello, el elemento que va a permitir a éstos incorporarse a las luchas contra la oligarquía criolla. Por otra parte, y a pesar de que el texto constitucional declaró abolido el comercio de esclavos[44], la esclavitud como tal no fue abolida y se mantuvo hasta 1854, a pesar de las exigencias del Libertador en 1819[45].

En el Orden jurídico–político, la Constitución de 1811 no sólo consagraba expresamente la división del Poder Supremo en tres categorías: Legislativo, Ejecutivo y Judicial, conforme a la fórmula de Montesquieu y Rousseau[46], con un sistema de gobierno presidencial; sino que se consagraba la supremacía de la Ley como "la expresión libre de la voluntad general" conforme al texto de la Declaración de 1789[47], y la soberanía que residiendo en los habitantes del país, se ejercía por los representantes[48].

---

42 "Quedan extinguidos todos los títulos concedidos por el anterior gobierno y ni el Congreso, ni las Legislaciones Provinciales podrán conceder otro alguno de nobleza, honores o distinciones hereditarias..." (Art. 204). Por otra parte, la Constitución de 1811 expresamente señalaba que: "Nadie tendrá en la Confederación de Venezuela otro título ni tratamiento público que el de *ciudadano*, única denominación de todos los hombres libres que componen la Nación..." (Art. 226), expresión que ha perdurado en toda nuestra historia constitucional.

43 "Del mismo modo, quedan revocadas y anuladas en todas sus partes las leyes antiguas que imponían degradación civil a una parte de la población libre de Venezuela conocida hasta ahora bajo la denominación de *pardos*; éstos quedan en posesión de su estimación natural y civil y restituidos a los imprescindibles derechos que les corresponden como a los demás ciudadanos" (Art. 203).

44 "El comercio inicuo de negros prohibido por decreto de la Junta Suprema de Caracas en 14 de agosto de 1810, queda solemne y constitucionalmente abolido en todo el territorio de la Unión, sin que puedan de modo alguno introducirse esclavos de ninguna especie por vía de especulación mercantil" (Art. 202)

45 *Cfr.* Parra Pérez, "Est. Preliminar", *loc. cit.*, p. 32. En su discurso de Angostura de 1819, Simón Bolívar imploraba al Congreso "la confirmación de la libertad absoluta de los esclavos, como imploraría por mi vida y la vida de la República", considerando a la esclavitud como "la hija de las tinieblas". Véase el Discurso de Angostura en J. Gil Fortoul, *op. cit.*, Apéndice, tomo Segundo, pp. 491 y 512.

46 En el *Preliminar* de la Constitución se señala expresamente, que "El ejercicio de esta autoridad confiada a la Confederación no podrá jamás hallarse reunido en sus diversas funciones. El Poder Supremo debe estar dividido en Legislativo, Ejecutivo y Judicial, y confiado a distintos Cuerpos independientes entre sí, y en sus respectivas facultades...". Además, el artículo 189 insistía en que "los tres Departamentos esenciales del Gobierno, a saber: el Legislativo, el Ejecutivo y el Judicial, es preciso que se conserven tan separados e independientes el uno del otro cuanto lo exija la naturaleza de un gobierno libre lo que es conveniente con la cadena de conexión que liga toda fábrica de la Constitución en un modo indisoluble de Amistad y Unión".

47 "La Ley es la expresión libre de la voluntad general o de la mayoría de los ciudadanos, indicada por el órgano de sus representantes legalmente constituidos. Ella se funda sobre la justicia y la utilidad común, y ha de proteger la libertad pública e individualidad contra toda opresión o violencia". "Los actos ejercidos contra cualquier persona fuera de los casos y contra las formas que la Ley determina son inicuos, y si por ellos se usurpa la autoridad constitucional o la libertad del pueblo serán tiránicos" (Arts. 149 y 150).

48 "Una sociedad de hombres reunidos bajo unas mismas Leyes, costumbres y Gobierno forma una soberanía". La soberanía de un país, o supremo poder de reglar o dirigir equitativamente los intereses de la comunidad reside pues, esencial y originalmente, en la masa general de sus habitantes y se ejercita por medio de apoderados o representantes de éstos, nombrados y establecidos conforme a la Constitución". "Ningún individuo, ninguna familia particular, ningún pueblo, ciudad o partido puede atribuirse la soberanía de la sociedad, que es imprescindible, inalienable e indivisible en su esencia y origen, ni persona

Todo este mecanismo de separación de poderes y de hegemonía del Poder Legislativo, configurará en los primeros años de la vida republicana de Venezuela, todo un sistema de contrapeso de poderes para evitar la formación de un poder fuerte que no sólo originará la caída de la Primera República[49] sino que condicionando la vida republicana en las décadas posteriores, por ejemplo, permitirá la reacción del Congreso de Colombia contra el Libertador en 1827 al suspenderle sus facultades extraordinarias[50]; provocará la renuncia del primer Presidente civil de Venezuela, doctor José María Vargas[51], y llevará al Presidente Monagas a reaccionar contra el Congreso en 1848, en lo que se ha llamado "el día del fusilamiento contra el Congreso"[52]. Contra esa debilidad del Poder Ejecutivo constitucionalmente consagrada, el cual además inicialmente era tripartito[53] –que recogió el esquema que había establecido el Congreso, en marzo de 1811, para designar las personas que integraron el "Supremo Poder Ejecutivo"– el primero que va a reaccionar va a ser el Libertador, al estimar que el Gobierno constituido conforme al texto de 1811, no se identificaba "al carácter de las circunstancias, de los tiempos y de los hombres que lo rodean"[54].

Por ello, en su Discurso de Angostura en 1819 va a reaccionar violentamente contra la fórmula de gobierno prevista en el texto de 1811, en particular contra la primacía del Congreso[55] y el carácter tripartito del Ejecutivo[56], y propondrá al

---

alguna podrá ejercer cualquier función pública del Gobierno, si no lo ha obtenido por la Constitución" (Art. 143, 144 y 145).

49 El "obstruccionismo suicida" (Mijares) de "la maldita Cámara de Caracas" (Espejo) ante las exigencias de Francisco de Miranda, se tienen como una de las causas de la caída de la Primera República. *Cfr.* C. Parra Pérez, *Historia de la Primera República de Venezuela,* Caracas, 1959, tomo II, pp. 7 y 3 ss.; Augusto Mijares, "La Evolución Política de Venezuela" (1810–1960)", en M. Picón Salas y otros, *Venezuela Independiente, cit.,* p. 31. De ahí el calificativo de la "Patria Boba" que se le da a la Primera República. *Cfr.* R. Díaz Sánchez, *loc. cit., pp.* 199 y s.

50 *Cfr.* Augusto Mijares, *loc. cit.,* pp. 56 y 65.

51 *Cfr.* J. Gil Fortoul, *op. cit.,* tomo II, pp. 220 y ss.; Augusto Mijares, *loc. cit.,* p 90.

52 Véase los comentarios sobre los sucesos del 24 de enero de 1848, en Gil Fortoul *op. cit.,* Tomo Segundo, pp. 291 y ss.

53 "El Poder Ejecutivo Constitucional de la Confederación residirá en la ciudad Federal depositado en tres individuos elegidos popularmente"... (Art. 72). La primera Junta designada en marzo de 1812, ya en vigor la nueva Constitución, la presidió Francisco Espejo (1758–1814).

54 Esto lo señalaba en el Manifiesto de Cartagena de 1812. Véase en J. Fortoul, *op. cit.,* Tomo Primero pp. 329 y 330. Además, en su Discurso de Angostura, al criticar la adopción de las instituciones norteamericanas por los constituyentes de 1811, indicaba: "¿No sería muy difícil aplicar a España el Código de libertad política, civil y religiosa de Inglaterra? Pues aún es más difícil adoptar en Venezuela las Leyes de Norteamérica. ¿No dice el *Espíritu de las Leyes* que éstas deben ser propias para el pueblo que se hacen? ¿Que es una gran casualidad que las de una nación puedan convenir a otra? ¿Que las leyes deben ser relativas a lo físico del país, al clima, a la calidad del terreno, a su situación, a su extensión, al género de vida de los pueblos? ¿Referirse al grado de libertad que la Constitución puede sufrir, a la religión de los habitantes, a sus inclinaciones, a sus riquezas, a su número, a su comercio, a sus costumbres, a sus modales? ¡He aquí el Código que debíamos consultar, y no el de Washington!. Véase en Simón Bolívar, *Escritos Fundamentales*, Caracas, 1982, p. 121.

55 Decía en su Discurso de Angostura lo siguiente: "Aquí el Congreso ha ligado las manos y la cabeza a los magistrados. Este cuerpo deliberante ha asumido una parte de las funciones ejecutivas, contra la máxima de Montesquieu, que dice que un cuerpo representativo no debe tomar ninguna resolución activa: debe hacer leyes, y ver si se ejecutan las que hace. Nada es tan contrario a la armonía de los poderes,

Congreso la adopción de una fórmula de gobierno con un Ejecutivo fuerte[57], lo cual, sin embargo, no fue acogido por la Constitución de 1819, ni por las Constituciones posteriores, salvo las que se hicieron a la medida de los caudillos y dictadores.

2. *El Pacto federativo en la Constitución de 1811: la Confederación de las Provincias*

La Constitución se inició con un "Preliminar" relativo a las "Bases del Pacto Federativo que ha de constituir la autoridad general de la Confederación", donde se precisaron la distribución de poderes y facultades entre la Confederación y los Estados confederados (las Provincias).

Se estableció, en esta forma, la forma federal del Estado por primera vez en el constitucionalismo moderno después de su creación en la Constitución de los Estados Unidos de Norteamérica, conforme al siguiente esquema:

---

como su mezcla. Nada es tan peligroso respecto al pueblo, como la debilidad del Ejecutivo; y si en su reino (Inglaterra) se ha juzgado necesario concederle tantas facultades, en una república son éstas infinitamente más indispensables". Véase en Simón Bolívar, *Escritos Fundamentales, cit.*, pp. 132 y 133.

56 En su Discurso de Angostura, señalaba, además: "La Constitución Venezolana, sin embargo, de haber tomado sus bases de la más perfecta, si se atiende a la corrección de los principios y a los efectos benéficos de su administración, difirió esencialmente de la América en un punto cardinal y sin duda el más importante. El Congreso de Venezuela, como el Americano participa de algunas de las atribuciones del Poder Ejecutivo. Nosotros además, subdividimos este Poder, habiéndolo sometido a un cuerpo colectivo sujeto por consiguiente a los inconvenientes de hacer periódica la existencia del gobierno, de suspenderla y disolverla siempre que se separaran sus miembros. Nuestro Triunvirato carece, por decirlo así, de unidad, de continuación y de responsabilidad individual; está privado de acción momentánea, de vida continua, de uniformidad real, de responsabilidad inmediata; y un gobierno que no posee cuanto constituye su moralidad, debe llamarse nulo". Véase en Simón Bolívar, *Escritos Fundamentales, cit.*, p. 121.

57 En su Discurso de Angostura, al comparar la situación política de Inglaterra, el Libertador señalaba: "Por exorbitante que parezca la Autoridad del Poder Ejecutivo de Inglaterra, quizás no es excesiva en la República de Venezuela. Fijemos nuestra atención sobre esa diferencia, y hallaremos que el equilibrio de los poderes debe distribuirse de dos modos. En las repúblicas el Ejecutivo debe ser el más fuerte, porque todo conspira contra él, en tanto que en las monarquías el más fuerte debe ser el Legislativo porque todo conspira en favor del Monarca...". "Si no se ponen al alcance del Ejecutivo todos los medios que una justa atribución le señala, cae inevitablemente en la nulidad o en su propio abuso, quiero decir, en la muerte del gobierno, cuyos herederos son la anarquía, la usurpación y la tiranía." "Que se fortifique pues, todo el sistema de gobierno, y que el equilibrio se establezca de modo que no se pierda, y de modo que no sea propia delicadeza una causa de decadencia. Por lo mismo que ninguna forma de gobierno es tan débil como la democracia, su estructura debe ser de la mayor solidez, y sus instituciones consultarse para la estabilidad. no es así contemos con una sociedad discola, tumultuaria y anárquica, y con un establecimiento social donde tengan su imperio la felicidad, la paz y la justicia...". "Separando con límites bien señalados la jurisdicción ejecutiva de la jurisdicción legislativa, no me he propuesto dividir, sino enlazar con los vínculos de la armonía que nace de la independencia, estas: potestades supremas, cuyo choque prolongado jamás ha dejado de aterrar: a uno de los contendientes. Cuando deseo atribuir al Ejecutivo una suma de facultades superiores a la que antes gozaba, no he deseado autorizar a un déspota para que tiranice la República, sino impedir que el despotismo deliberante sea la causa inmediata de un círculo de vicisitudes despóticas en que alternativamente la anarquía sea reemplazada por la oligarquía y por la democracia". Véase en Simón Bolívar, *Escritos Fundamentales, cit.*, pp. 132, 133, 134 y 139. Todas estas ideas las tiene en cuenta Bolívar, cuando formula su proyecto de Constitución para Bolivia en 1826, al resumir en su Discurso a los Legisladores el papel del Presidente de la República así: "Viene a ser en nuestra Constitución como el sol que, firme en su centro, da vida al universo". Véase en J. Gil Fortoul, *op. cit.*, Tomo Segundo, Apéndice. D. 593.

"En todo lo que por el Pacto Federal no estuviere expresamente delegado a la Autoridad general de la Confederación, conservará cada una de las Provincias que la componen su Soberanía, Libertad e Independencia; en uso de ellas tendrán el derecho exclusivo de arreglar su Gobierno y Administración territorial bajo las leyes que crean convenientes, con tal que no sean de las comprendidas en esta Constitución ni se opongan o perjudiquen a los Pactos Federativos que por ella se establecen".

En cuanto a las competencias de la Confederación "en quien reside exclusivamente la representación Nacional", se dispuso que estaba encargada de:

"Las relaciones extranjeras, de la defensa común y general de los Estados Confederados, de conservar la paz pública contra las conmociones internas o los ataques exteriores, de arreglar el comercio exterior y el de los Estados entre sí, de levantar y mantener ejércitos, cuando sean necesarios para mantener la libertad, integridad e independencia de la Nación, de construir y equipar bajeles de guerra, de celebrar y concluir tratados y alianzas con las demás naciones, de declararles la guerra y hacer la paz, de imponer las contribuciones indispensables para estos fines u otros convenientes a la seguridad, tranquilidad y felicidad común, con plena y absoluta autoridad para establecer las leyes generales de la Unión y juzgar y hacer ejecutar cuanto por ellas quede resuelto y determinado".

En relación con la Confederación, debe señalarse que la Declaración solemne de la Independencia de Venezuela del 5 de julio de 1811, se había formulado por los representantes de las "Provincias Unidas de Caracas, Cumaná, Barinas, Margarita, Barcelona, Mérida y Trujillo, que forman la confederación Americana de Venezuela en el Continente Meridional", reunidos en Congreso[58]; y esos mismos representantes, reunidos en "Congreso General", fueron los que elaboraron la "Constitución Federal para los Estados Unidos de Venezuela", sancionada el 21 de diciembre de 1811[59]. Venezuela, por tanto, como Estado independiente, se configuró, como una Federación de Provincias y se estructuró sobre la base de la división provincial que había legado el régimen político de la Monarquía española.

En efecto, durante todo el proceso español de conquista y colonización en América, desde comienzos del siglo XVI hasta el inicio del siglo XIX, la *Provincia* se configuró como la estructura territorial básica para lo militar, la administración y el gobierno y la administración de justicia en los territorios de Ultramar. Estas Provincias, como unidades territoriales básicas, giraban en torno a una ciudad que con sus autoridades locales (Ayuntamiento o Cabildo) hacía de cabeza de Provincia.

La Provincia, así, durante todo el período del dominio español en América hasta comienzos del siglo XIX, fue una institución territorial creada y desarrollada por la Monarquía española especialmente para el gobierno y la administración de los territorios de América, no existiendo en esos tiempos en la Península una institución

---

58 Véase en Allan R. Brewer–Carías, *Las Constituciones de Venezuela, op. cit.*, p. 171.

59 *Idem.*, p. 179

territorial similar; al punto de que el término mismo de Provincia no tenía, en la Metrópoli, hasta los tiempos de Cádiz, ni siquiera un significado definido.

En efecto, en las leyes del Reino de Castilla, las cuales en el inicio de la conquista fueron las que básicamente se aplicaron en América, el término "provincia" no se refería a una división administrativa o política organizada, sino más bien se usaba como equivalente de región, comarca o distrito e incluso de tierra sin régimen político o administrativo estable o fijo[60]. En ese mismo sentido se siguió utilizando con posterioridad, hasta el punto de que las provincias que existían en la Península para fines del siglo XVIII, tenían más realidad en los diferentes estudios que se habían elaborado por la Corona para uniformar la Administración territorial del Estado, que en la organización política existente[61].

En todo caso, fue sólo a partir de la Constitución de Cádiz de 1812, dictada después del establecimiento del Estado venezolano como Estado independiente, que la Administración Provincial comenzó a implantarse en el Estado de la España peninsular, uniformizada luego a partir de las reformas de 1833 que, siguiendo el esquema francés de los Departamentos, dividió la totalidad del territorio español en Provincias[62].

La Provincia hispano–americana, en cambio, como se ha dicho, fue anterior a la Provincia peninsular, y su concepción durante la conquista y colonización, siguió los trazos de la institución que con el mismo nombre se desarrolló en el Imperio Romano para el gobierno y administración de los territorios conquistados por el ejército romano fuera de Italia (Ultramar) y que estaban a cargo de un gobernador, (*propetor, procónsul o legati*)[63].

Esas Provincias que habían sido agrupadas en la Capitanía General de Venezuela en 1777, precisamente fueron las que se confederaron en 1811, bajo la influencia directa de la Constitución norteamericana[64]. Se insiste, al declararse la

---

60 Véase J. Cerdá Ruiz–Funes, "Para un Estudio sobre los Adelantados Mayores de Castilla (Siglo XIII–XV), *Actas del II Symposium Historia de la Administración,* Madrid, 1971, p. 191

61 T. Chiossone, *Formación Jurídica de Venezuela en la Colonia y la República,* Caracas, 1980, p. 74, nota 69.

62 Véase el Real Decreto de 30 de noviembre de 1833, mandando hacer la división del territorio español en la Península e Islas adyacentes, en 49 provincias, en T.R. Fernández y J.A. Santamaría, *Legislación Administrativa Española del Siglo XIX,* Madrid, 1977, pp. 115 y ss.

63 A. Posada. *Escritos Municipalistas y de la Vida Local,* Madrid, 1979, p. 284. *Cf.* Vicente de la Vallina Velarde, *La Provincia, Entidad Local, en España,* Oviedo 1964, pp. 20 y ss; J. Arias, *Manual de Derecho Romano,* Buenos Aires, 1949, p. 58; F. Gutiérrez Alviz, *Diccionario de Derecho Romano,* Madrid, 1948, p. 504; T. Chiossone, *op. cit.,* p. 74, nota N° 69.

64 En relación a la imitación de la idea federal de los Estados Unidos por los Constituyentes de 1811, E. Wolf la califica de "imitación artificial". *Tratado de Derecho Constitucional Venezolano.* Caracas, 1945, tomo I, p. 58, y P. Ruggeri Parra, de "traslado" de las instituciones norteamericanas *Historia, Política y Constitucional de Venezuela*, tomo I, Caracas, 1949, p. 44. Debe destacarse, en todo caso, que si bien hubo, indudablemente influencia de la Constitución norteamericana en la configuración federal de la Constitución de 1811, como lo reconoció el propio Libertador, la adopción de la forma federal fue básicamente una consecuencia de la autonomía local y de los Cabildos o Ayuntamientos coloniales, según el esquema heredado de España y arraigado en Latinoamérica en el momento de la independencia. Había, según lo señala Vallenilla Lanz, una tendencia "hacia la disgregación anárquica, bautizada desde 1810 con el nombre de Federación o Confederación". Véase L. Vallenilla Lanz, *Disgregación*

independencia de los países latinoamericanos de España a comienzos del siglo XIX, puede decirse que el sistema administrativo de las nacientes repúblicas del Nuevo Mundo era completamente descentralizado: las Provincias que formaban la Capitanía General de Venezuela, tenían el poder local, y el más claro ejemplo de ello lo configuró la declaración de independencia del 19 de abril de 1810 por el Cabildo de Caracas y la invitación que formuló a los demás Cabildos o Ayuntamientos de América Latina para la formación de aquella gran confederación americo–española soñada por los notables locales. Por otra parte, fueron siete las Provincias de la Capitanía General de Venezuela las que constituyeron la República Federal del año 1811, y fue el poder local–federal que ese texto consagró[65], el que marcó el inicio de un sistema de gobierno descentralizado en Venezuela, en el cual, a pesar de las propuestas del Libertador, el poder quedó alojado en las Provincias–Ciudades, siendo el gobierno central una entelequia. A esta debilidad del poder central, el propio Libertador atribuyó la caída de la Primera República en 1812.

A partir de ese momento la idea federal va a acompañar toda nuestra historia política y condicionar nuestras instituciones desde su mismo nacimiento. En la "Constitución Federal para los Estados de Venezuela" de 1811, las provincias que formularon el "Pacto Federativo", eran soberanas, por lo que toda autoridad no delegada a la autoridad general, quedaba conservada por aquéllas. Con la Federación de 1811, a cuya fórmula se opusieron en el mismo momento de su concepción Bolívar y Miranda[66], se inició en Venezuela un largo proceso de desarticulación institucional, que sólo va a ser controlado por los caudillos que lo gobernaron durante el Siglo XIX y que fueron eliminados en el primer tercio del Siglo XIX, con el fin de la Federación caudillista.

Esa fórmula federal de 1811, sin embargo, tuvo indudablemente su causa profunda en el temor de los primeros republicanos, siguiendo la ortodoxia liberal, por el establecimiento de una autoridad fuerte y central[67] y, más aún, el temor de los

---

e Integración. Ensayo sobre la formación de la Nacionalidad Venezolana, Caracas, 1953 p. LIII. La federación, de acuerdo con este autor, fue en América Latina "la expresión más evidente de la herencia española y de la descentralización a que estaban habituados estos pueblos", *Idem.*, p. LIV; por tanto, "el movimiento disgregatorio, que en 1810 tuvo el mismo carácter de Federación de Ciudades, sé transformó por circunstancias particulares, en Federación Caudillesca hasta el reconocimiento de la autoridad del Libertador", *Ibídem.*, p. LXX. En relación a la influencia de la Constitución de Cádiz en la obra de nuestros primeros constituyentes, véase J. M. Casal Montbrún. *La Constitución de 1961 y la Evolución Constitucional de Venezuela*, tomo II, Forma de Estado Caracas, 1972, Vol. I, pp. 23 y ss. Véase, además, los comentarios de Humberto J. de La Roche, "El Federalismo en Venezuela" en *Los Sistemas Federales en América Latina*, UNAM, 1972, pp. 557 y ss.

65 En esta forma puede decirse con Humberto J. La Roche que "el federalismo venezolano fue una consecuencia de la tradición histórica. ...fue un sistema que no olvidó la autonomía de las provincias para consustanciarla con la nueva forma del Estado venezolano", en "El Federalismo en Venezuela", *loc. cit.*, p. 513.

66 *Cfr.* José Gil Fortoul, *op. cit.*, Tomo Primero, p. 225. Sobre el sistema federal y su evolución, véase lo expuesto en Allan R. Brewer–Carías, *Instituciones Políticas y Constitucionales*, tomo I, *Evolución histórica del Estado,* Caracas 1996, pp. 97 y ss. y 595 y ss.

67 Tal como se señaló, la reacción contra la Monarquía absoluta que condicionó todo el movimiento revolucionario en Francia, y que originó la búsqueda política del debilitamiento del poder (p.ej.: el sistema de frenos y contrapesos), se reflejó en EE.UU. en la fórmula federal, que importaron luego las Provincias latinoamericanas.

representantes de las diversas Provincias de Venezuela en relación a la hegemonía natural de Caracas, lo que provocó inclusive que la "Ciudad Federal" que se establecía en la Constitución, se ubicara en la ciudad de Valencia. El caudillismo político regional venezolano, que tanta influencia tuvo en toda nuestra historia, encontró entonces consagración formal en el primer texto constitucional, que garantizaba el poder de la aristocracia regional sobre sus regiones frenando la hegemonía de la capital tradicional. En vano serán los esfuerzos del Libertador para erradicar la idea federal de nuestras instituciones políticas, expuestos fundamentalmente en el Manifiesto de Cartagena y en el Discurso de Angostura[68]; sus ideas originales y su esfuerzo por desarrollar instituciones políticas propias en Venezuela y América Latina como vías de transición entre la sociedad colonial y la República independiente, lamentablemente no van a ser seguidas, y en la segunda Constitución de Venezuela de 1819, y en las siguientes, aún cuando momentáneamente el calificativo federal desaparece, se va a seguir bajo una forma centralista el mismo esquema político de fondo de autonomía regional y localista y, por tanto, de fomento a la autoridad de los caudillos militares[69].

---

68 Entre las causas que debilitaron al gobierno de la Primera República y que provocaron su caída en 1812, Bolívar señaló en su Manifiesto de Cartagena a "su forma federativa", agregando que "el sistema federal bien que sea el más perfecto y más capaz de proporcionar la felicidad humana en sociedad, es, no obstante, el más opuesto a los intereses de nuestros nacientes Estados". Véanse las referencias en J. Gil Fortoul, *op. cit.,* tomo I, p. 51. En su Discurso de Angostura aún es más duro el Libertador al criticar la fórmula federal venezolana: "Cuanto más admiro la excelencia de la Constitución Federal de Venezuela, tanto más me persuado de la imposibilidad de su aplicación en nuestro Estado". Al sistema federal lo califica como "débil y complicado" para el cual "no estamos preparados". Pero la parte de más interés de su Discurso en relación a esta materia, es aquella en la cual desenmascara la realidad de la fórmula federal: el "empeño inconsiderado de aquellos provinciales..." ante el cual "cedieron nuestros legisladores". Fue la presión del regionalismo y caudillismo local lo que originó el pacto federal y el comienzo del fin de la República. Bolívar dice: "El primer Congreso en su Constitución federal más consultó ese espíritu de las provincias, que la idea sólida de formar una República indivisible y central. Aquí cedieron nuestros Legisladores al empeño inconsiderado de aquellos provinciales seducidos por el deslumbrante brillo de la felicidad del pueblo americano, pensando en que las bendiciones de que goza son debidas exclusivamente a la forma de gobierno, y no al carácter y costumbres de los ciudadanos". Por último, insistía en lo siguiente: "Ya disfruta el pueblo de Venezuela de los derechos que legítima y fácilmente puede gozar; moderemos ahora el ímpetu de las pretensiones excesivas que quizás le suscitaría la forma de un gobierno incompetente para él: abandonemos las formas federales que no nos convienen, abandonemos el triunvirato del Poder Ejecutivo, y concentrándolo en un Presidente, confiémosle la autoridad suficiente para que logre mantenerse luchando contra los inconvenientes anexos a nuestra reciente situación, al estado de guerra que sufrimos, y a la especie de los enemigos externos y domésticos contra quienes tenemos largo tiempo que combatir. Que el Poder Legislativo se desprenda de las atribuciones que corresponden al Ejecutivo". Véase el texto en J. Gil Fortoul *op. cit.,* Tomo Segundo, pp. 494, 495, 496, 506 y 507.

69 Es de observar que Bolívar, previendo la separación definitiva de Venezuela de la Gran Colombia y la designación de Páez como el Primer Presidente de la República, según éste lo narra, le aconsejó a Páez "una y mil veces que al verificar la separación me opusiera con todo mi influjo a la adopción del sistema federal, que en su opinión era sinónimo de desorden y disolución, recomendándome mucho la Constitución boliviana. Encargábame también que al verificarse la separación partiéramos la deuda, la tierra y el ejército; que entonces él vendría a establecerse en Venezuela: pero que si se adoptaba el sistema federal, no se quedaba ni de mirón". J.A. Páez, *Autobiografía*, tomo I, Nueva York, 1870, p. 375. Sobre el carácter centralista de la Constitución de 1819 en cuanto a la eliminación del órgano deliberante de las Provincias, véase J. M. Casal Montbrún, *op. cit.,* Vol. I, p. 34.

Ahora bien, si es cierto que la Constitución de 1811, como se dijo, tuvo un lapso real de duración menor de un año por la caída de la Primera República en manos de los españoles, el regionalismo caudillista perduró aun estando la República en guerra. En los años posteriores a 1812, desechadas las instituciones republicanas, sólo la autoridad de Bolívar es capaz de dar coherencia a las actividades de los caudillos militares regionales, quienes inclusive en alguna oportunidad, al tratar de desconocer la autoridad del Libertador y de reinstaurar formalmente la República Federal, como sucedió con el denominado Congreso de Cariaco de 1817, debieron ser reprimidos con la pena capital[70]. De manera que si bien la autoridad nacional no se regía por la Constitución de 1811, pues de hecho la guerra la había puesto en manos de Bolívar, la autoridad regional local, al contrario, era muy celosa, no del texto de la Constitución del año 11, sino del espíritu regionalista y, por ende, caudillista local de su contenido[71].

En todo caso, la Constitución de 1811 destinó su Capítulo V a regular las Provincias, estableciéndose límites a su autoridad, en particular, que no podían "ejercer acto alguno que corresponda a las atribuciones concedidas al Congreso y al Poder Ejecutivo de la Confederación" (Art. 119). "Para que las leyes particulares de las Provincias no puedan nunca entorpecer la marcha de los federales –agregó el artículo 124– se someterán siempre al juicio del Congreso antes de tener fuerza y valor de tales en sus respectivos Departamentos, pudiéndose, entre tanto, llevar a ejecución mientras las revisa el Congreso".

El Capítulo, además, reguló aspectos relativos a las relaciones entre las Provincias y sus ciudadanos (Arts. 125 a 127); y al aumento de la Confederación mediante la incorporación eventual de Coro, Maracaibo y Guayana que no formaron parte del Congreso (Arts. 128 a 132).

En cuanto al gobierno y administración de las Provincias, la Constitución de 1811 remitió a lo dispuesto en las Constituciones Provinciales, indicando el siguiente límite:

> "*Artículo 133*. El gobierno de la Unión asegura y garantiza a las provincias la forma de gobierno republicano que cada una de ellas adoptare para la administración de sus negocios domésticos, sin aprobar Constitución alguna que se oponga a los principios liberales y francos de representación admitidos en ésta, ni consentir que en tiempo alguno se establezca otra forma de gobierno en toda la confederación".

3. *El principio de la separación de poderes*

En el Preliminar de la Constitución también se formuló, como principio fundamental del constitucionalismo, la separación de poderes en esta forma:

---

70 *Cfr*. Augusto Mijares, *loc. cit.,* pp. 49, 55 y 56.

71 El origen del caudillismo, como forma de mando, lo sitúa Mijares en los años 1813 a 1819, y a la base del mismo, la idea federal estampada en la Constitución de 1811. Véase a Mijares. *loc. cit.,* pp. 34 y 366.

"El ejercicio de esta autoridad confiada a la Confederación no podrá jamás hallarse reunido en sus diversas funciones. El Poder Supremo debe estar dividido en Legislativo, Ejecutivo y Judicial, y confiado a distintos Cuerpos independientes entre sí y en sus respectivas facultades".

Además, el artículo 189 insistía en que:

"Los tres Departamentos esenciales del Gobierno, á saber: el Legislativo, el Ejecutivo y el Judicial, es preciso que se conserven tan separados e independientes el uno del otro cuanto lo exija la naturaleza de un gobierno libre lo que es conveniente con la cadena de conexión que liga toda fábrica de la Constitución en un modo indisoluble de Amistad y Unión".

En el orden jurídico–político, la Constitución de 1811 no sólo consagró expresamente la división del Poder Supremo en las tres ramas señaladas con un sistema de gobierno presidencial; sino que además, consagró la supremacía de la Ley como "la expresión libre de la voluntad general" conforme al texto de la Declaración Francesa de 1789[72], y la soberanía que residiendo en los habitantes del país, se ejercía por los representantes[73]. En todo caso, todo este mecanismo de separación de poderes con un acento de debilidad del Poder Ejecutivo configuró, en los primeros años de la vida republicana de Venezuela, todo un sistema de contrapeso de poderes para evitar la formación de un poder fuerte, a lo que se atribuyó la caída de la Primera República[74], y condicionó la vida republicana en las décadas posteriores.

A. *El Poder Legislativo (Capítulo II)*

El *Capítulo II* tuvo por objeto regular al "Poder Legislativo" atribuido al Congreso General de Venezuela, el cual fue dividido en dos Cámaras, una de Representantes y un Senado (Art. 3).

---

72 "La Ley es la expresión libre de la voluntad general o de la mayoría de los ciudadanos, indicada por el órgano de sus representantes legalmente constituidos. Ella se funda sobre la justicia y la utilidad común, y ha de proteger la libertad pública e individualidad contra toda opresión o violencia". "Los actos ejercidos contra cualquier persona fuera de los casos y contra las formas que la Ley determina son inicuos, y si por ellos se usurpa la autoridad constitucional o la libertad del pueblo serán tiránicos" (Arts. 149 y 150).

73 "Una sociedad de hombres reunidos bajo unas mismas Leyes, costumbres y Gobierno forma una soberanía". "La soberanía de un país, o supremo poder de reglar o dirigir equitativamente los intereses de la comunidad reside, pues, esencial y originalmente, en la masa general de sus habitantes y se ejercita por medio de apoderados o representantes de éstos, nombrados y establecidos conforme a la Constitución". "Ningún individuo, ninguna familia particular, ningún pueblo, ciudad o partido puede atribuirse la soberanía de la sociedad, que es imprescindible, inalienable e indivisible en su esencia y origen, ni persona alguna podrá ejercer cualquier función pública del Gobierno, si no lo ha obtenido por la Constitución" (Art. 143, 144 y 145).

74 *Cfr.* C. Parra Pérez, *Historia de la Primera República de Venezuela,* Caracas, 1959, Tomo II, pp. 7 y 3 ss.; Augusto Mijares, "La Evolución Política de Venezuela" (1810–1960)", en M. Picón Salas y otros, *Venezuela Independiente, cit.,* Caracas 1962, p. 31. De ahí el calificativo de la "Patria Boba" que se le da a la Primera República. *Cfr.* R. Díaz Sánchez, "Evolución social de Venezuela (hasta 1960), en *idem,* pp. 199 y s.

En dicho Capítulo se reguló el proceso de formación de las leyes (Arts. 4 a 13); la forma de elección de los miembros de la Cámara de Representantes y del Senado (Art. 14 a 51) con una regulación detallada del proceso de elección de manera indirecta en congregaciones parroquiales (Art. 26) y en congregaciones electorales (Art. 28); sus funciones y facultades (Art. 52 a 66); el régimen de sus sesiones (Art. 67 a 70); y sus atribuciones especiales (Art. 71). La Constitución, siguiendo la tendencia general, restringió el sufragio al consagrar requisitos de orden económico para poder participar en las elecciones[75] reservándose entonces el control político del naciente Estado a la aristocracia criolla y a la naciente burguesía parda.

B. *El Poder Ejecutivo (Capítulo III)*

El *Capítulo III* reguló el "Poder Ejecutivo", el cual se dispuso que residiría en la ciudad federal "depositado en tres individuos elegidos popularmente" (Art. 72) por las Congregaciones Electorales (Art. 76) por listas abiertas (Art. 77). En el Capítulo no sólo se reguló la forma de elección del triunvirato (Arts. 76 a 85), sino qué se definieron las atribuciones del Poder Ejecutivo (Arts. 86 a 99) y sus deberes (Arts. 100 a 107).

De acuerdo a la forma federal de la Confederación, se reguló la relación entre los Poderes Ejecutivos Provinciales y el Gobierno Federal, indicándose que aquéllos eran, en cada Provincia, "los agentes naturales e inmediatos del Poder Ejecutivo Federal para todo aquello que por el Congreso General no estuviere cometido a empleados particulares en los ramos de Marina, Ejército y Hacienda Nacional" (Art. 108).

C. *El Poder Judicial (Capítulo IV)*

El *Capítulo IV* estuvo destinado a regular el Poder Judicial de la Confederación depositado en una Corte Suprema de Justicia (Arts. 110 a 114) con competencia originaria entre otros, en los asuntos en los cuales las Provincias fueren parte interesada y competencia en apelación en asuntos civiles o criminales contenciosos (Art. 116).

4. *Los Derechos del Hombre (Capítulo VIII) y otras disposiciones generales*

El *Capítulo VIII* se dedicó a los "Derechos del Hombre que se reconocerán y respetarán en toda la extensión del Estado", distribuidos en cuatro secciones: Soberanía del pueblo (Arts. 141 a 159), Derechos del hombre en sociedad (Arts. 151 a 191), Derechos del hombre en sociedad (Arts. 192 a 196) y Deberes del cuerpo social (Arts. 197 a 199).

---

75 *Cfr.*, R. Díaz Sánchez, "Evolución Social de Venezuela (hasta 1960) ", en M. Picón Salas y otros, *Venezuela Independiente 1810–1960*, Caracas, 1962, p. 197, y C. Parra Pérez, Estudio preliminar a la *Constitución Federal de Venezuela de 1811*, p. 32. Es de destacar, por otra parte, que las restricciones al sufragio también se establecieron en el sufragio pasivo, pues para ser representante se requería gozar de "una propiedad de cualquier clase" (Art. 15) y para ser Senador, gozar de "una propiedad de seis mil pesos" (Art. 49). *Cfr.* J. Gil Fortoul, *Historia Constitucional de Venezuela*, Obras Completas, Tomo I, Caracas, 1953, p. 259.

En este Capítulo se recogieron, enriquecidos, los artículos de la Declaración de los Derechos del Pueblo de 1811, y en su redacción se recibió la influencia directa del texto de las Declaraciones de las antiguas colonias norteamericanas, de las Enmiendas a la Constitución de los Estados Unidos de América, de la Declaración Francesa y en relación con esta última, de los documentos de la conspiración de Gual y España de 1797[76].

En particular, debe destacarse entre estas normas, las relativas al igualitarismo civil derivadas del principio de igualdad, como uno de los "derechos del hombre en sociedad" derivados, a su vez, del "pacto social" (arts. 141, 142). Los derechos del hombre en sociedad, de acuerdo al texto constitucional, eran la libertad, la igualdad, la propiedad y la seguridad (Arts. 151 y ss.), y el artículo 154 de la Constitución, en esta forma, dispuso que:

> "La igualdad consiste en que la Ley sea una misma para todos los ciudadanos, sea que castigue o que proteja. Ella no reconoce distinción de nacimiento ni herencia de poderes" (Art. 154).

Este igualitarismo del espíritu de la Constitución en relación a los diversos estratos sociales de la República perduró con posterioridad, y no sólo fue lo que permitió a los españoles fomentar la sublevación de los negros esclavos de Barlovento el año 1812[77], sino que abrió el camino para la rebelión popular de 1814 comandada por J. T. Boves, a la sazón bajo las filas realistas[78]. En efecto, quizás una de las características fundamentales de las guerras de independencia en Venezuela, es que éstas no sólo fueron guerras civiles entre los criollos patrióticos y los españoles colonialistas, sino que realmente llegaron a configurarse como auténticas guerras sociales y económicas[79], con agudas y profundas características de "lucha social de amos contra esclavos, terratenientes contra la población rural enfeudada, y de lucha étnica definida por las pugnas igualmente violentas de negros, mulatos y zambos contra blancos"[80].

La independencia en Venezuela, que originalmente se concibió por la aristocracia y nobleza criolla, como una revolución política, inmediatamente después de la caída de la Primera República, desencadenó en una guerra que, aparte

---

76 Véase Allan R. Brewer–Carías, *Los Derechos Humanos en Venezuela: casi 200 años de Historia*, Caracas 1990, pp. 101 y ss.

77 *Cfr.* Francisco Javier Yanes, *Relación Documentada de los Principales Sucesos Ocurridos en Venezuela desde que se declaró Estado Independiente hasta el año de 1821*, tomo I, Caracas, 1943, p. 51.

78 Para una relación detallada de esta rebelión, véase Juan Uslar Pietri, *Historia de la Rebelión Popular de 1814*. Contribución al estudio de la Historia de Venezuela París, 1954.

79 Véase L. Vallenilla Lanz, *Cesarismo Democrático. Estudios sobre las bases sociológicas de la Constitución efectiva de Venezuela*, Caracas, 1952, p. 200. Este autor señala que la revolución que nos emancipó de España, emancipó al mismo tiempo las clases populares de la sumisión a que estaban sometidas bajo el antiguo régimen, señalando que en Venezuela "la guerra resolvió hasta el fondo de nuestras más bajas clases populares; y sobre las mismas y la desaparición de las aristocracias municipales, surgió el igualitarismo". Véase en *Disgregación..., cit., pp.* LXXV y LXXVI.

80 Véase F. Brito Figueroa, *Historia Económica y Social de Venezuela. Una estructura para su estudio*, Caracas, 1966. tomo I, pp. 269 y 270. R. Díaz Sánchez, califica a la guerra de independencia como de "sesgo clasista" *loc. cit.*, p. 195.

de sus aspectos políticos de lucha entre independentistas y realistas, provocó una verdadera revolución social[81].

En el centro de la rebelión popular estuvo J. T. Boves, el cual, si bien luchando del lado realista, movilizó socialmente las clases desposeídas, los esclavos y los pardos, contra los ricos, los amos y los blancos o mantuanos[82] produciéndose en todos los rincones del país una aniquilación física de éstos[83]. El origen del mestizaje venezolano había comenzando y, con él, una diferente estructura social que colocó al país en condiciones excepcionales comparadas con las de otros países latinoamericanos[84]. Pero la quiebra de la autoridad social de la aristocracia criolla, provocada por estas guerras, afianzó indudablemente el poder de los caudillos regionales y militares quienes se convertían por muchos años en "la única fuerza de conservación social"[85]. Se comprende, por tanto, la lucha del Libertador contra la fórmula federal de gobierno, la cual, en 1819, afianzaría el poder de los caudillos regionales, conspirando contra la coherencia institucional de la República.

En cuanto al pacto social, los artículos 141 y 142 de la Constitución 1811 dispusieron:

> "Después de constituidos los hombres en sociedad han renunciado a aquella libertad ilimitada y licenciosa a que fácilmente los conducían sus pasiones,

---

81 En este sentido, L. Vallenilla Lanz señala acertadamente, al comparar la situación de las guerras de independencia en Venezuela con las de otros países latinoamericanos, lo siguiente: "Cuando en otros países de Hispanoamérica la revolución de Independencia se redujo casi a un cambio de autoridades y el Gobierno supremo pasó sin hondas modificaciones de las manos de los agentes de España a las de la aristocracia criolla habituada a la supremacía social, municipal y económica, constituyéndose en oligarquías que aún perduran como en Chile y Colombia; en Venezuela los primeros movimientos revolucionarios comienzan también encabezados por las clases elevadas pero al cabo de catorce años de cruentísima lucha y por causas étnicas y mesológicas que particularizan nuestra evolución, diferenciándola de la de casi todos los pueblos del continente, se observa con absoluta claridad, que una verdadera revolución social se había realizado en el organismo de la antigua Capitanía General", *Cesarismo...*, *cit.*, p. 200.

82 Por ello Boves fue calificado por Juan Vicente González. como "el primer caudillo de la democracia venezolana". Véase J. V. González, *Biografía de José Félix Ribas*, Madrid, 1917, p. 139; calificativo que J. Uslar Pietri, estima como acertado, en *op. cit.*, p. 89. F. Brito Figueroa, califica a Boves, como un "verdadero caudillo popular", *op. cit.*, tomo I, p. 196. Un magnífico cuadro no sólo psicológico sino social de la época en que vivió Boves, puede apreciarse en F. Herrera Luque, *Boves, el Urogallo*, Caracas, 1972.

83 La guerra y la rebelión de 1814 condujeron a una "destrucción sistemática de la raza blanca" (Véase J. Uslar Pietri, *op. cit.*, p. 104), lo que llevó a Morillo, el general español que fue enviado a Venezuela a imponer el orden inclusive en las filas realistas, a escribir en 1815, muerto Boves, que "la mortandad y la desolación que una guerra, tan cruel ha ocasionado, va disminuyendo de un modo conocido la raza de los blancos, y casi no se ven sino gentes de color, enemigos de aquellos, quienes ya han intentado acabar con todos", llegando a calificar la guerra de independencia, como "una guerra de negros contra blancos". Véanse las citas en J. Uslar Pietri, *op. cit.*, p. 200 *Cfr.* en F. Brito Figueroa, *op. cit.*, tomo I, p. 271.

84 Venezuela, en este sentido, es uno de los países con mayor porcentaje de población mixta (mestiza y mulata), que supera el 70 por ciento, contra un 8 por ciento de población negra y un 1,5 por ciento de amerindios.

85 Véase L. Vallenilla Lanz, *Cesarismo...*, *cit.*, p. 119. De esta apreciación es que este autor desarrolla su concepción del "Gendarme Necesario", la cual si bien pudo tener base de sustentación aplicada a la situación político social de los primeros años de la República, la utilizó para justificar la dictadura de J. V. Gómez.

propia sólo del estado salvaje. El establecimiento de la sociedad presupone la renuncia de esos derechos funestos, la adquisición de otros más dulces y pacíficos, y la sujeción a ciertos deberes mutuos. El pacto social asegura a cada individuo el goce y posesión de sus bienes, sin lesión del derecho que los demás tengan de los suyos" (Art. 141 y 142).

Por último, el *Capítulo IX,* en unos Dispositivos Generales estableció normas sobre el régimen de los indígenas (Arts. 200) y su igualdad (Arts. 201); la ratificación de la abolición del comercio de negros (Art. 202); la igualdad de los pardos (Art. 203); y la extinción de títulos y distinciones (Art. 204).

En particular, en cuanto a la igualación social las normas de la Constitución conllevaron a la eliminación de los "títulos"[86] y la restitución de los derechos "naturales y civiles" a los pardos[87], y con ello, el elemento que iba a permitir a éstos incorporarse a las luchas contra la oligarquía criolla. Se debe destacar, por otra parte, que a pesar de que el texto constitucional declaró abolido el comercio de esclavos[88], la esclavitud como tal no fue abolida y se mantuvo hasta 1854; a pesar de las exigencias del Libertador en 1819[89].

Se reguló, además, el juramento de los funcionarios (Arts. 206 a 209); la revocación del mandato (Art. 209 y 210), las restricciones sobre reuniones de sufragantes y de congregaciones electorales (Arts. 211 a 214); la prohibición a los individuos o grupos de arrogarse la representación del pueblo (Art. 215); la disolución de las reuniones no autorizadas (Art. 216); el tratamiento de "ciudadano" (Art. 226); y la vigencia de la Recopilación de las Leyes de Indias mientras se dictaban el Código Civil y Criminal acordados por el Congreso (Art. 228).

5. *La supremacía y la rigidez constitucional*

Por último, debe destacarse la cláusula de supremacía de la Constitución contenida en el artículo 227, así:

> "La presente Constitución, las leyes que en consecuencia se expidan para ejecutarla y todos los tratados que se concluyan bajo la autoridad del gobierno

---

86 "Quedan extinguidos todos los títulos concedidos por el anterior gobierno y ni el Congreso, ni las Legislaciones Provinciales podrán conceder otro alguno de nobleza, honores o distinciones hereditarias..." (Art. 204). Por otra parte, la Constitución de 1811, expresamente señalaba que: "Nadie tendrá en la Confederación de Venezuela otro título ni tratamiento público que el de *ciudadano*, única denominación de todos los hombres libres que componen la Nación..." (Art. 236), expresión que ha perdurado en toda nuestra historia constitucional.

87 "Del mismo modo, quedan revocadas y anuladas en todas sus partes las leyes antiguas que imponían degradación civil a una parte de la población libre de Venezuela conocida hasta ahora bajo la denominación de *pardos*; éstos quedan en posesión de su estimación natural y civil y restituidos a los imprescindibles derechos que les corresponden como a los demás ciudadanos" (Art. 203).

88 "El comercio inicuo de negros prohibido por decreto de la Junta Suprema de Caracas en 14 de agosto de 1810, queda solemne y constitucionalmente abolido en todo el territorio de la Unión; sin que puedan de modo alguno introducirse esclavos de ninguna especie por vía de especulación mercantil" (Art. 202).

89 *Cfr.* Parra Pérez; "Estudio Preliminar", *loc. cit.,* p. 32. En su discurso de Angostura de 1819, Simón Bolívar imploraba al Congreso "la confirmación de la libertad absoluta de los esclavos, como imploraría por mi vida y la vida de la República", considerando a la esclavitud como "la hija de las tinieblas". Véase el Discursó de Angostura en J. Gil Fortoul, *op. cit.,* Apéndice, Tomo Segundo, pp. 491 y 512.

de la Unión serán la Ley Suprema del Estado en toda la extensión de la Confederación, y las autoridades y habitantes de las Provincias estarán obligados a obedecerlas religiosamente sin excusa ni pretexto alguno; pero las leyes que se expiden contra el tenor de ella no tendrán ningún valor sino cuando hubieren llenado las condiciones requeridas para una justa y legítima revisión y sanción".

Esta cláusula de supremacía y la garantía objetiva de la Constitución se ratificó en el Capítulo VIII sobre los Derechos del Hombre, al prescribirse en su último artículo, lo siguiente:

> "*Artículo 199.* Para precaver toda transgresión de los altos poderes que nos han sido confiados, declaramos: Que todas y cada una de las cosas constituidas en la anterior declaración de derechos están exentas y fuera del alcance del Poder General ordinario del gobierno y que conteniendo o apoyándose sobre los indestructibles y sagrados principios de la naturaleza, toda ley contraria a ellos que será absolutamente nula y de ningún valor".

Los *Capítulos VI y VII* se refirieron a los procedimientos de revisión y reforma de la Constitución (Arts. 135 y 136) y a la sanción o ratificación de la Constitución (Arts. 138 a 140).

6. *Los principios del constitucionalismo moderno en la Constitución de Venezuela de 1811 y la influencia francesa y norteamericana*

En la Constitución de 1811, sin duda, como se aprecia de su contenido general, los principios del constitucionalismo derivados tanto de la Revolución Americana como de la Revolución Francesa encontraron de inmediato un campo de cultivo, habiéndose sin embargo desarrollado conforme a moldes propios, no habiendo recibido influencia alguna inicial del régimen político–constitucional español moderno, que al momento de sancionarse la Constitución (1811), también sentaba las bases para la remoción del Antiguo Régimen, en medio de la crisis general por la invasión napoleónica. Esos principios encajaron en el proceso constituyente venezolano de 1811, meses antes de la sanción de la Constitución de Cádiz.

En efecto, la Constitución de 1811 recibió de la Constitución americana la influencia de la forma federal del Estado, del presidencialismo como sistema de gobierno dentro del esquema de la separación de poderes, y del control de la constitucionalidad, como secuela de la garantía objetiva de la Constitución. Pero en cuanto a la redacción del texto constitucional de 1811, la influencia directa de la Constitución francesa es evidente, particularmente en la regulación detallada de la forma de elección indirecta de los representantes, en el reforzamiento de la separación de poderes, y en la extensa Declaración de Derechos fundamentales que contiene.

Con frecuencia se ha argumentado que lo básico del texto de la Constitución venezolana de 1811 provino de la Constitución norteamericana, lo que no es exacto, no sólo por el contenido de ambas, sino por la extensión de los textos: 7 artículos –aún cuando extensos cada uno– en la Constitución norteamericana de 1787, contra 228 artículos de la Constitución venezolana de 1811. En realidad, este texto se inspiró de los principios de la Constitución americana y, a la vez, de la redacción del texto de las Constituciones revolucionarias francesas, tanto en su parte dogmática como en su parte orgánica[90].

Desde el punto de vista constitucional, por tanto, es evidente que la conformación inicial del Estado venezolano no recibió influencia alguna de las instituciones españolas que en paralelo se estaban conformando. Recordemos de nuevo que en 1811, España aún era una Monarquía invadida por las tropas napoleónicas, en plena guerra de independencia frente al invasor francés, y que fue a partir de 1812, con la Constitución de Cádiz, que comenzó a recibir los aportes del constitucionalismo moderno, como el principio de la separación de poderes. Sin embargo, España continuó siendo una Monarquía durante todo el siglo XIX, en tanto que la evolución republicana de Venezuela que comenzó en 1811, con todos sus altibajos políticos, se desarrolló sin interrupciones hasta el presente. Venezuela, por tanto, al contrario de lo que sucedió en otros países de América Latina, no recibió inicialmente influencia alguna derivada de la Constitución de Cádiz, la cual sólo rigió en parte de su territorio durante la confusión de la guerra de independencia, al contrario de lo que sucedió en otros países de América Latina, que al haber logrado su independencia más tarde a comienzos del siglo XIX, recibieron la influencia de la Constitución gaditana.

A. *La idea de Constitución*

Ya hemos señalado que la idea de Constitución como documento escrito, de valor superior y permanente conteniendo las normas fundamentales de la organización del Estado y una Declaración de los Derechos de los Ciudadanos fue, sin duda, el aporte fundamental de la Revolución americana al constitucionalismo moderno. Posteriormente, en 1791, la Asamblea Nacional francesa sancionó la segunda Constitución en la historia constitucional del mundo moderno, regulando extensamente una Monarquía Constitucional, e incorporando al texto la Declaración de Derechos (17 artículos) de rango constitucional, la cual, por tanto, fue el gran aporte a la idea de Constitución de la Revolución francesa.

La Constitución de Venezuela de 1811 también adoptó, como se ha dicho, la noción de la supremacía de la Constitución la cual, además, para 1803 ya había sido desarrollada por el Presidente de la Corte Suprema de los Estados Unidos, el juez Marshall, en el famoso caso *Marbury vs. Madison*[91]. Por ello, incluso, en el propio texto de la Constitución de 1811 se estableció expresamente el principio de la supremacía constitucional, en el referido artículo 227 que siguió la orientación de la cláusula de supremacía de la Constitución norteamericana (Art. 4), pero con mucho mayor alcance.

90 Véase en general Allan R. Brewer–Carías, *Reflexiones sobre la Revolución Americana (1776) y la Revolución Francesa (1789) y sus aportes al constitucionalismo moderno,* Caracas 1991. Las consideraciones que se hacen en las páginas siguientes siguen lo expuesto en dicho libro. *Cf.* Allan R Brewer–Carías, *La formación del Estado venezolano,* separata del libro Paramillo, UCAT, San Cristóbal 1996, pp. 201 a 359.

91. *Marbury v. Madison*, S.V.S. (1 Cranch) 137. Véase los comentarios en Allan R. Brewer–Carías, *Judicial Review in Comparative Law,* Cambrigde 1989, pp. 101 y ss.

Además, luego de establecer y declarar los derechos fundamentales, la Constitución de 1811 agregó, en su artículo 199, que "Toda ley contraria a ellas que se expida por la Legislatura federal o por las Provincias será absolutamente nula y de ningún valor".

B. *La democracia, el republicanismo y la soberanía del pueblo*

Como hemos dicho anteriormente, el segundo de los principios del constitucionalismo moderno, que derivaron del constitucionalismo norteamericano, es el de la democracia y el republicanismo basado en el concepto de soberanía del pueblo, enfrentada a la legitimidad monárquica del Estado.

Estos principios fueron recogidos en la Declaración venezolana de Derechos del Pueblo de 1811, cuyos primeros dos artículos de la Sección "Soberanía del Pueblo" establecieron:

> "La soberanía reside en el pueblo; y el ejercicio de ella en los ciudadanos con derecho a sufragio, por medio de sus apoderados legalmente constituidos" (Art. 1);
>
> "La soberanía, es por su naturaleza y esencia, imprescindible, inajenable e indivisible" (Art. 2).

La Constitución de 1811, en todo caso, definió la soberanía popular conforme a la misma orientación:

> "Una sociedad de hombres reunidos bajo unas mismas leyes, costumbres y gobiernos forma una soberanía" (Art. 143).
>
> "La soberanía de un país o supremo poder de reglar o dirigir equitativamente los intereses de la comunidad, reside, pues esencial y originalmente en la masa general de sus habitantes y se ejercita por medio de apoderados o representantes de estos, nombrados y establecidos conforme a la Constitución" (Art. 144).

Conforme a estas normas, por tanto, en las antiguas Provincias coloniales de España que formaron Venezuela, la soberanía del Monarca español había cesado. Incluso, desde el 19 de abril de 1810, la soberanía había comenzado a ejercerse por el pueblo, que se dio a sí mismo una Constitución a través de sus representantes electos. Por ello, la Constitución de 1811, comenzó señalando:

> "En nombre de Dios Todopoderoso, *Nosotros, el pueblo* de los Estados de Venezuela, usando de nuestra soberanía...hemos resuelto confederarnos solemnemente para formar y establecer la siguiente Constitución, por la cual se han de gobernar y administrar estos Estados".

La idea del pueblo soberano, por tanto, que no sólo provino de la Revolución francesa sino, antes, de la Revolución americana, y se arraigó en el constitucionalismo venezolano desde 1811, contra la idea de la soberanía monárquica que aún imperaba en España en ese momento.

La idea de representatividad republicana, por supuesto, también se recogió en la Constitución venezolana de 1811, en la cual, se estableció que la soberanía se ejercitaba sólo "por medio de apoderados o representantes de éstos, nombrados y establecidos conforme a la Constitución" (Art. 144). Por ello, agregó la Constitución de 1811:

> "Ningún individuo, ninguna familia, ninguna porción o reunión de ciudadanos, ninguna corporación particular, ningún pueblo, ciudad o partido, puede atribuirse la soberanía de la sociedad que es imprescindible, inajenable e indivisible, en su esencia y origen, ni persona alguna podrá ejercer cualquier función pública del gobierno si no la ha obtenido por la constitución" (Art. 146).

Como se dijo, este dogma de la soberanía del pueblo y de la democracia republicana fue recogido de inmediato en América Latina, a raíz de la Independencia, y basta para darse cuenta, leer los motivos de la Junta Suprema de Venezuela en 1810 para convocar a elecciones, al adoptar el Reglamento de las mismas, constatando la falta de representatividad de las Provincias en el gobierno de Caracas, lo que debía remediarse constituyéndose un poder central[92]. La Junta, así, al dirigirse a los habitantes de Venezuela señaló:

> "Sin una representación común, vuestra concordia es precaria, y vuestra salud peligra. Contribuid a ella como debéis y como desea el gobierno actual".
>
> El ejercicio más importante de los derechos del pueblo es aquel en que los transmite a un corto número de individuos, haciéndolos árbitros de la suerte de todos".

De allí, el llamamiento de la Junta:

> "Todas las clases de hombres libres son llamadas al primero de los goces de ciudadano, que es el concurrir con su voto a la delegación de los derechos personales y reales que existieron originariamente en la masa común y que le ha restituido el actual interregno de la Monarquía".

El Congreso formado por los diputados electos, e instalado a comienzos de 1811, entonces, no sólo declaró los Derechos del Pueblo (1° de julio) y la Independencia (5 julio), sino que sancionó la Constitución que a la usanza del texto de la Constitución norteamericana de 1787, está precedida por la siguiente declaración:

> *"Nosotros, el pueblo* de los Estados Unidos de Venezuela, usando de nuestra soberanía y deseando establecer entre nosotros la mejor administración de justicia, procurar el bien general, asegurar la tranquilidad interior, proveer en común la defensa exterior, sostener nuestra libertad e independencia política, conservar pura e ilesa la sagrada religión de nuestros mayores, asegurar perpetuamente a nuestra posteridad el goce de estos bienes y estrechados mutuamente con la más inalterable unión y sincera amistad, hemos resuelto confederarnos solemnemente para formar y establecer la siguiente Constitución, por la cual se han de gobernar y administrar estos estados..."

El republicanismo y asambleísmo, en todo caso, fue una constante en toda la evolución constitucional de la naciente República, por lo que desde las campañas

92 Véase el texto en J.F. Blanco y R. Azpúrua, *op. cit.,* Tomo II, pp. 504 y ss.

por la independencia de Simón Bolívar, el empeño por legitimar el poder por el pueblo reunido o a través de elecciones, fue siempre una constante en nuestra historia política[93].

C *La distribución vertical de los poderes del Estado*

a. *El Estado federal, la descentralización política y el gobierno local del constitucionalismo americano*

Otro de los aportes fundamentales de la Revolución Norteamericana fue la introducción de la forma del "Estado federal" como fórmula para hacer posible la existencia de estados independientes compatibles con un poder central con suficientes atribuciones para actuar por sí solo en un nivel federal; la cual fue inmediatamente seguida en Venezuela, en 1811, y décadas después, por los grandes países latinoamericanos (México, Argentina, Brasil).

Pero la forma de Estado Federal en nuestros países, como se ha dicho, a pesar de la influencia norteamericana, no fue una copia mecánica y artificial de la recién creada forma federal de los Estados Unidos de América. Al contrario, la adopción de la forma federal en América Latina obedeció a la realidad político territorial que nos había legado la colonización española y lusitana, de manera que la Federación vino a ser la solución institucional para formar Estados independientes, particularmente en las áreas coloniales compuestas por una gran extensión territorial (Argentina, México, Brasil, Venezuela) y múltiples demarcaciones territoriales coloniales

El primer país que adoptó el federalismo como forma de Estado en el mundo moderno, después de su implantación en los Estados Unidos de Norteamérica, fue entonces Venezuela, al constituirse como Estado independiente de la metrópoli española. Ello tuvo su razón de ser en el hecho de que en América Latina, en la época colonial, España había conformado un sistema de gobierno y administración altamente descentralizado, organizado en Virreinatos, Capitanías Generales, Provincias, Corregimientos y Gobernaciones, como antes había ocurrido con todos los grandes imperios históricos. La Provincia así, conforme al concepto romano, era la unidad colonial básica de Ultramar, especialmente establecida para el gobierno colonial, hasta el punto de que para la organización político territorial de la propia España peninsular en Provincias, sólo fue en 1830 que se adoptó, pero conforme al modelo napoleónico de Estado centralizado.

Desde comienzos del siglo XVI, en cambio, como se ha dicho, la Provincia fue la unidad territorial básica de las colonias en América Latina, conformándose políticamente en torno a centros poblados (política de poblamiento), con sus Cabildos y gran autonomía. Así surgió, en un proceso de 300 años, un sistema de ciudades–Estados coloniales diseminado en nuestros países.

---

93 Véase Allan R. Brewer–Carías, "Ideas centrales sobre la organización del Estado en la obra del Libertador y sus proyecciones contemporáneas", *Boletín de la Academia de Ciencias Políticas y Sociales*, Caracas 1984, N° 95–96, pp. 137 y ss.

Al estallar el proceso independentista en 1810, en los Estados latinoamericanos se produjo un proceso similar al que años antes había sucedido en los Estados Unidos, signado por un doble objetivo: por una parte, la independencia en relación a la Metrópoli y por la otra, la unión de las diversas Provincias distantes, aisladas y autónomas que conformaban unidades organizativas superiores. En ese proceso, cabe preguntarse: ¿Cuál podía ser la forma de Estado que podían adoptar nuestros países, de entre los esquemas existentes en el mundo?

No debe olvidarse que el mundo europeo del momento, lo único que mostraba, como forma de Estado, era el monárquico, siendo éste el sistema de integración tanto de grandes como de pequeñas entidades territoriales. La revolución de independencia en América Latina se inició contra la Monarquía, por lo que era inconcebible construir los nuevos Estados inventado un régimen monárquico criollo (quedaron como excepciones, sin embargo, los "imperios" de los Estados más extensos territorialmente, Brasil y México, de corta duración). No habiendo Monarquías, por tanto, el esquema de distribución vertical del poder propio de la forma federal resultaba perfectamente adecuado a nuestras realidades y a nuestra dispersión territorial. Ese fue el caso de Venezuela.

Al momento de la Independencia, el sistema español había dejado en el territorio de las nuevas Repúblicas un sistema de poderes autónomos provinciales y citadinos, hasta el punto de que la Declaración de Independencia la realizan los Cabildos en las respectivas provincias, iniciándose el proceso en el Cabildo de Caracas el 19 de abril de 1810. Se trataba, por tanto, de construir un Estado en territorios disgregados en autonomías territoriales descentralizadas en manos de Cabildos o Ayuntamientos coloniales. Por ello, en Venezuela, al convocarse elecciones, en 1810, para la constitución de un Congreso General, la Junta Suprema de Caracas lo hizo partiendo del supuesto de que había "llegado el momento de organizar un Poder central bien constituido",[94] preguntándose en su proclama:

> "¿Cómo se podrían de otro modo trazar los límites de las autoridades de las Juntas provinciales, corregir los vicios de que también adolece la Constitución de éstas, dar a las provincias gubernativas aquella unidad sin la cual no puede haber ni orden, ni energía; consolidar un plan defensivo que nos ponga a cubierto de toda clase de enemigos; formar, en fin, una confederación sólida, respetable, ordenada, que restablezca de todo punto la tranquilidad y confianza, que mejore nuestras instituciones y a cuya sombra podamos aguardar la disipación de las borrascas políticas que están sacudiendo al Universo".

Por ello, el Congreso General, en definitiva dictó en diciembre de 1811, la "Constitución Federal para los Estados de Venezuela". Pero el Poder Central Federal constituido, como había sucedido inicialmente en los Estados Unidos, estaba estructurado con grandes signos de debilidad, estando el poder fundamental en las Provincias constituidas como estados soberanos. Esta debilidad ya la había apuntado De Tocqueville, en su observación sobre el sistema norteamericano; y debe observarse que ella siempre se ha considerado como una de las principales causas del fracaso de la Primera República en 1812.

94 Véase el texto en J.F. Blanco y R. Azpúrua, *op. cit.*, Tomo II, pp. 504 y ss.

De allí, la afirmación definitiva del Libertador Simón Bolívar en una carta al Gobernador de la Provincia de Barinas, el 12 de agosto de 1813:

> "Jamás la división de poder ha establecido y perpetuado gobiernos; sólo su concentración ha infundido respeto para una nación".

Debe destacarse, por otra parte, que si bien De Tocqueville fue también un crítico de la forma federal del Estado, elogió los efectos beneficiosos de la descentralización política y del gobierno local, como características del sistema americano. Dijo:

> "Los partidarios de la centralización en Europa, sostienen que el poder gubernamental administra mejor las localidades de lo que ellas mismas podrían hacerlo; esto puede ser cierto cuando el Poder Central es ilustrado y las localidades no tienen cultura, cuando es activo y ellas son inertes, cuando tienen la costumbre de actuar y ellas la de obedecer".

Pero cuando el pueblo es ilustrado, consciente de su propio interés, y acostumbrado a pensar por sí mismo, como lo había visto en Norteamérica, dijo:

> "Estoy persuadido por el contrario, de que en ese caso la fuerza colectiva de los ciudadanos será siempre más poderosa para producir el bienestar social que la autoridad del gobierno".

Finalmente señaló que:

> "Las ventajas políticas que los norteamericanos obtienen del sistema de descentralización me lo hacen preferir al sistema central... lo que más admiro en Norteamérica no son los efectos administrativos de la descentralización, son sus efectos políticos. En los Estados Unidos, la patria se siente en todas partes. Es venerada desde la aldea hasta la Unión".

Al comparar la situación con Europa, concluía:

> "Sólo los pueblos que tienen escasa o ninguna institución provincial niegan su utilidad; es decir, que aquellos que no conocen esa institución son los únicos que hablan mal de ella".

Sin embargo, un hecho es evidente del esquema colonial español en América Latina, conforme al cual, sin haber logrado la autonomía de las colonias inglesas en Norteamérica producto de la inexistencia de un esquema global de organización territorial manejado desde la Metrópoli, como sí lo hubo en España (Casa de Contratación de Sevilla, Consejo de Indias, Virreinatos, Audiencias, Capitanías Generales, Provincias, Gobernaciones y Corregimientos), sin embargo, había provocado el desarrollo de una intensa vida municipal en los Cabildos compuestos en su mayoría por criollos. Por ello, fueron los Cabildos los que hicieron la independencia y los que la proclamaron, iniciando el proceso el Cabildo de Caracas, el 19 de abril de 1810, al asumir el poder político autonómico. Y no podía ser otra la institución política colonial que asumiera en ese momento facultades soberanas, pues dentro del contexto histórico político, se trataba de cuerpos realmente representativos de los diversos estratos sociales libres que reflejaban legítimamente los derechos populares.

Recuérdese que el Cabildo de Caracas en 1810, inicia la Revolución de independencia y asume el poder político local, con sus diputados por el clero, el pueblo y por el gremio de los pardos con voto libre en las discusiones y con los mismos derechos que los otros miembros, lo cual le dio un carácter representativo inicial. Pero la Revolución de independencia surgió, también, de un Cabildo participativo, pues fue el pueblo en definitiva el que rechazó el mando al Capitán General Emparán. Después de reiniciada la sesión del Ayuntamiento el 19 de abril de 1810, provocada en parte por la concentración de vecinos en las inmediaciones de las Casas Consistoriales, ante su pregunta dirigida al pueblo amotinado desde el balcón de la Casa Capitular, como se recoge en el Acta de la Sesión, de "si quería que continuase en el ejercicio del Poder", el pueblo respondió por la voz de los conjurados "no lo queremos", por lo cual quedó aquél despojado, en el acto "de la autoridad que investía, e interrumpida y protestada así la dominación de España en Venezuela". De este hecho deja constancia el Acta respectiva así: "notificaron al pueblo su deliberación, y resultando conforme en que el mando supremo quedase depositado en este Ayuntamiento".

Por ello, Venezuela, como República independiente, tuvo su origen en un Cabildo representativo y participativo, por lo que en su estructuración política posterior, en las Constituciones Provinciales a partir de 1812, se reguló en forma detallada el Poder Municipal. En todo caso, desde 1811 se adoptó la forma federal del Estado que aún rige en nuestros días.

b. *Los principios de la organización territorial del Estado del constitucionalismo revolucionario francés*

Otro de los aportes del constitucionalismo revolucionario francés al constitucionalismo moderno fue el relativo a la organización territorial y a la autonomía local, que como se ha dicho, tuvo una influencia directa en el mundo y, particularmente, en Venezuela.

La idea del Poder Municipal penetró en América Latina, y en 1811, Venezuela recogió sus influencias, al igual que las de la Revolución americana. Siendo como estaba constituido el nuevo Estado por Provincias, para organizarlas internamente, los constituyentes venezolanos tomaron el esquema territorial francés, pero no en el texto de la Constitución de 1811 que organizaba una "Confederación", sino en el de las Constituciones Provinciales. No se olvide que conforme a la Constitución de 1811, las Provincias eran "Estados Soberanos", correspondiéndoles disponer, en sus respectivas Constituciones, la organización territorial interna. Por tanto, una vez dictada la Constitución de 21 de diciembre de 1811, las Provincias comenzaron a dictar sus Constituciones regulándose, en ellas, la organización territorial del país.

Es de destacar, así, por ejemplo, el esquema territorial establecido en la "Constitución de la Provincia de Venezuela" (enero 1811)[95]; cuyo territorio comprendía el área central del país, y que dividió la Provincia en cinco Departamentos, los Departamentos en Cantones, los Cantones en Distritos y

95. Véase el libro *Las Constituciones Provinciales,* Biblioteca de la Academia Nacional de la Historia, Caracas 1959, pp. 61 y ss.

estableció Municipalidades en las Capitales de Distritos. Se creó así, en 1811, el Poder Municipal en la Constitución Provincial de Venezuela, con los aportes de la propia tradición municipal que provenía de la España Colonial. Sin embargo, desde el punto de vista de la organización territorial, el municipalismo venezolano puede considerarse que no tiene su origen en el español, sino más bien en la concepción francesa, que luego recogió España, con posterioridad, a partir de 1830.

D. *El principio de la separación de poderes*

El cuarto de los principios del constitucionalismo moderno fue el principio de separación orgánica de poderes el cual, como hemos dicho, también fue seguido en todas las Repúblicas latinoamericanas, después de la Independencia y, en particular, en la Constitución venezolana de 1811, en la cual se consagró expresamente la división del Poder Supremo en tres: Legislativo, Ejecutivo y Judicial "confiado a distintos cuerpos independientes entre sí y en sus respectivas facultades" (Preámbulo), configurándose un sistema de gobierno presidencial. De allí la siguiente expresión del Preámbulo de la Constitución de 1811:

> "El ejercicio de la autoridad confiada a la Confederación no podrá jamás hallarse reunido en sus diversas funciones. El Poder Supremo debe estar dividido en Legislativo, Ejecutivo y Judicial, y confiado a distintos cuerpos independientes entre sí y en sus respectivas facultades".

Sin embargo, el principio de la separación de poderes no se concibió como el establecimiento de compartimientos estancos, sino conforme a un sistema de pesos, contrapesos, e interferencias constitucionales radicalmente distintos al sistema francés. De este, sin embargo, se siguió la concepción de la ley como expresión de la voluntad general, recogida expresamente en la Declaración venezolana de Derechos del Pueblo de 1811, al establecer que:

> "La ley se forma por la expresión libre y solemne de la voluntad general, y ésta se expresa por los apoderados que el pueblo elige para que representen sus derechos" (Art. 3 Segunda Sección).

Asimismo, en el texto de la Constitución de 1811 se estableció:

> "La ley es la expresión libre de la voluntad general o de la mayoría de los ciudadanos, indicadas por el órgano de sus represententes legalmente constituidos. Ella se funda sobre la justicia y la utilidad común y ha de proteger la libertad pública e individual contra toda opresión o violencia" (Art. 149).

La Constitución de 1811, sin embargo, no siguió el postulado tan radical francés de la supremacía de la ley, y en cambio, formuló el principio de la supremacía constitucional al declarar como "absolutamente nulas y sin ningún valor" las leyes contrarias a los derechos fundamentales (Art. 199); y en general, al considerar sin "ningún valor" las leyes contrarias a la Constitución, la cual se declaró como la "Ley Suprema del Estado" (Art. 227).

Por otra parte, como se ha dicho, entre las instituciones constitucionales nacidas en Norteamérica, la que tal vez tuvo la más distinguida originalidad, fue el papel asignado al Poder Judicial en el sistema de separación de poderes, con la fundamental competencia de controlar la constitucionalidad y legalidad de los actos de los demás poderes, lo que fue inconcebible en los orígenes del constitucionalismo francés.

Ese rol fundamental del Poder Judicial se comenzó a esbozar en América Latina, al establecerse en la Constitución de Venezuela de 1811, expresamente en su texto, el principio de la supremacía constitucional y la garantía objetiva de la Constitución (Art. 199 y 227) –lo que en los Estados Unidos había sido creación de la jurisprudencia de la Corte Suprema a partir de 1803–; con lo cual se abrió paso al desarrollo futuro del control de la constitucionalidad de las leyes, establecido como sistema mixto en Venezuela y Colombia, desde el Siglo XIX, a la vez difuso y concentrado.

E. *La declaración de los derechos y libertades fundamentales*

En cuanto a la declaración formal y escrita de derechos y libertades fundamentales del hombre que derivó del constitucionalismo norteamericano y francés, ella también se formuló en la Provincia de Venezuela donde la Sección Legislativa del Congreso General, el 1° de julio de 1811, adoptó la *"Declaración de Derechos del Pueblo",* incluso, antes de la firma del Acta de la Independencia el 5 de julio de 1811. Se trató de la primera declaración de derechos fundamentales con rango constitucional adoptada luego de la Revolución Francesa, en la historia del constitucionalismo moderno, con lo cual se inició una tradición constitucional que ha permanecido invariable en Venezuela.

El texto de la Declaración de 1811, luego recogido y ampliado en la Constitución de ese mismo año puede decirse, que es la traducción de la Declaración de Derechos del Hombre y del Ciudadano que precedió la Constitución francesa de 1793, y que, como se ha dicho, llegó a Venezuela antes de 1797, a través de José María Picornell y Gomilla, uno de los conjurados en la llamada "Conspiración de San Blas", de Madrid, de 1794, quien, una vez que la misma fue descubierta, fue deportado a las mazmorras españolas del Caribe.

En el Puerto de La Guaira, en 1797, Picornell entró en contacto con los criollos Gual y España, y en la conspiración que llevaba el nombre de ambos, de ese año, también debelada, circuló la traducción de los Derechos del Hombre. Ese texto fue el que, catorce años después, sirvió para la Declaración de Derechos del Pueblo de 1811 y luego para el capítulo respectivo de la Constitución de 1811. En ese texto, sin embargo, se incorporó una novedosa norma que no encuentra antecedentes ni en los textos constitucionales norteamericanos ni franceses, y es la que contiene la "garantía objetiva" de los derechos, y que declara "nulas y de ningún valor" las leyes que contrariaran la declaración de derechos, de acuerdo a los principios que ya se habían establecido en la célebre sentencia *Marbury v. Madison*, de 1803, de la Corte Suprema de los Estados Unidos.

IV. LAS CONSTITUCIONES PROVINCIALES POSTERIORES A LA CONSTITUCIÓN DE 1811

Pero el proceso constituyente venezolano y la adopción de los principios del constitucionalismo moderno no concluyeron con la sanción de la Constitución de 1811, sino que continuaron en la sanción de otras constituciones Provinciales con posterioridad.

En efecto, la Constitución Federal para los Estados de Venezuela del 21 de diciembre de 1811, al regular el Pacto Federativo, dejó claramente expresado que las Provincias conservaban su Soberanía, Libertad e Independencia, y que:

> "en uso de ellas tendrán el derecho exclusivo de arreglar su gobierno y administración territorial bajo las leyes que crean convenientes, con tal que no sean de las comprendidas en esta Constitución ni se opongan o perjudiquen a los Pactos Federativos que por ella se establecen".

En virtud de ello, las Provincias conservaron la potestad ya ejercida por algunas con anterioridad en el marco de la Confederación que se formaba, para dictar sus Constituciones. De estas Constituciones Provinciales dictadas después de la promulgación de la Constitución Federal, han llegado hasta nuestros días el texto de la de Barcelona y la de Caracas. La primera puede decirse que ya estaba redactada cuando se promulgó la Constitución Federal. La segunda, se adaptó más a lo que los redactores de ésta pensaban de lo que debía ser una Constitución Provincial en el seno de la Federación que se estaba conformando; era precisamente la "Constitución modelo" que se había elaborado para las Provincias.

1. *La Constitución Fundamental de la República de Barcelona Colombiana de 12 de enero de 1812*

A los pocos días de promulgada la Constitución Federal del 21 de diciembre de 1811, el pueblo barcelonés, por la voz de sus Asambleas Primarias, por la de sus Colegios Electorales y por la de sus funcionarios soberanos, proclamó la "Constitución fundamental de la República de Barcelona Colombiana"[96] verdadero Código Constitucional de 19 títulos y 343 artículos. Este texto fue redactado por Francisco Espejo y Ramón García de Sena[97], y por ello tiene gran importancia histórica, quizás además, por la posible vinculación de este último con el traductor de Thomas Paine. En efecto, este había publicado en 1791–1792 el libro *The Rights of Man*, dedicado a defender la Declaración de los Derechos del Hombre de 1789, el cual tuvo una gran influencia en la consolidación del régimen constitucional norteamericano. Correspondió a Manuel García de Sena traducir extractos de varias obras de Paine, habiéndose publicado en 1811, en Philadelphia, el libro *La Independencia de la Costa Firme justificada por Thomas Paine treinta años ha (Filadelfia 1811), extracto de sus obras traducido del inglés al español por D. Manuel García de Sena*[98]. Esta importantísima obra contenía, además, la traducción de la Constitución de los Estados Unidos de América así como la de las Constituciones de las antiguas colonias de Massachussetts, Connecticut, New Jersey, Pennsylvania y Virginia, y a través de ella puede decirse que esos textos fueron conocidos en América española, no sólo en Venezuela sino en Argentina, en 1811[99]. En todo caso, los textos franceses y norteamericanos tuvieron en la

96 Véase en *Las Constituciones Provinciales*, *op. cit.*, pp. 151 y ss.

97 Véase Ángel Francisco Brice, "Estudio Preliminar" al libro *Las Constituciones Provinciales*, *op. cit.*, p. 39.

98 Véase las referencias en Pedro Grases, *op. cit.*, p. 60.

99 *Idem.*, nota 2.

Constitución Provincial de Barcelona, sin dejar de mencionar el texto de los *Derechos de Hombre y del Ciudadano* de 1797, de Picornel.

El *Título Primero* de la Constitución contiene los "Derechos de los habitantes de la República de Barcelona Colombiana" y sus 38 artículos son copia casi exacta de los *Derechos del Hombre y del Ciudadano* de 1797, correspondiendo a Francisco Espejo la redacción de este Título[100]. Termina dicho Título con la proclamación del principio de la separación de poderes entre el Legislativo, Ejecutivo y Judicial, a la usanza de las Declaraciones de las colonias norteamericanas así:

> "38. Siendo la reunión de lo poderes el germen de la tiranía, la República declara que la conservación de los derechos naturales y civiles del hombre de la libertad y tranquilidad general, depende esencialmente de que el Poder Legislativo jamás ejerza el Ejecutivo o Judicial, ni aún por vía de excepción. Que el ejecutivo en ningún caso ejerza el legislativo o Judicial y que el Judicial se abstenga de mezclarse en el Legislativo o Ejecutivo, conteniéndose cada uno dentro de los límites que les prescribe la Constitución, a fin de que se tenga el gobierno de las leyes y no el gobierno de los hombres".

El *Titulo Segundo* estaba destinado a regular la organización territorial de la "República de Barcelona", como única e indivisible (art. 1), pero dividida en cuatro Departamentos (art. 2), los cuales comprendían un número considerable de pueblos, en los cuales debía haber una magistratura ordinaria y una parroquia para el régimen civil y espiritual de los ciudadanos (art. 3).

El *Título Tercero* reguló a los "ciudadanos", con una clasificación detallada respecto de la nacionalidad, siendo los Patricios, los ciudadanos barceloneses, es decir: "los naturales y domiciliados en cualesquiera de los Departamentos del Estado, bien procedan de padres originarios de la República o de extranjeros". Se reguló detalladamente el *status* de los extranjeros.

El *Título Cuarto*, se refiere a la soberanía con normas como las siguientes: "la soberanía es la voluntad general unida al poder de ejecutarla"; "*ella* reside en el pueblo; es una, indivisible, inalienable e imprescriptible; pertenece a la comunidad del Estado; ninguna sección del pueblo; ni individuo alguno de éste puede ejercerla". "La Constitución barcelonesa es representativa. Los representantes son las Asambleas Primarias: los Colegios Electorales y los Poderes Supremos, Legislativo, Ejecutivo y Judicial". "El gobierno que establece es puramente popular y democrático en la rigurosa significación de esta palabra".

El *Título Quinto* regula en detalle las Asambleas Primarias y sus facultades, y las condiciones para ser elector y el acto de votación. Estas Asambleas Primarias debían ser convocadas por las Municipalidades, y su objeto era "constituir y nombrar entre los parroquianos un determinado grupo de electores que concurran a los Colegios Electorales a desempeñar sus funciones".

El *Título Sexto*, por su parte, reguló a los "Colegios Electorales y sus facultades". Correspondía a los Colegios Electorales la elección de los funcionarios de la Sala de Representantes y de los Senadores de la Legislatura Provincial; la elección del

100 *Idem.*, p. 150, nota 1. Véase la comparación de los textos en las pp. 84 y ss.

Presidente y Vicepresidente del Estado; los miembros de la Municipalidad en cada Departamento; y las Justicias Mayores y Jueces de Paz.

El *Título Séptimo* se refiere al Poder Legislativo, el cual "se deposita en una Corte General nombrada de Barcelona, compuesta de dos Cámaras, una de Representantes, y la otra de Senadores". En este Título se reguló extensamente el régimen de elección de los miembros de dichas Cámaras, su funcionamiento, facultades comunes y privativas, régimen parlamentario y el procedimiento de formación de las leyes. Entre las funciones que se asignaban a esta Corte General, además de dictar leyes, se precisó que bajo este nombre general de ley se comprendían los actos concernientes a "la formación de un Código Civil, Criminal y Judicial, en cuya ampliación ocupará principalmente sus atenciones".

El *Título Octavo* reguló el Poder Ejecutivo, a cargo del Presidente de la República de Barcelona, sus condiciones, atribuciones y poderes.

El *Título Noveno* reguló todo lo concerniente al Vicepresidente, como suplente del Presidente.

El *Título Décimo* se refiere al "Poder Judicial". Allí se reguló el Poder Judicial Supremo confiado a un Tribunal de Justicia, con sus competencias en única instancia y en apelación, y sus poderes de censura de la conducta y operaciones de los Jueces ordinarios.

El *Título Undécimo*, reguló a las "Municipalidades", con la precisión de que "En cada una de las cuatro ciudades actualmente existentes en el territorio de la República (Barcelona, Aragua, Pao y San Diego de Cabrutica) y en todas las demás ciudades y villas que en adelante se erigieren, habrá un cuerpo municipal compuesto de dos corregidores de primera y segunda nominación y seis regidores". Según la votación obtenida en su elección, el Regidor que hubiere obtenido mayor número de votos era considerado como Alguacil Mayor, el que más se le acercaba, como Fiel Ejecutor y el que menos votos obtuviera se consideraba el Síndico general. Correspondía a la Municipalidad el Registro Civil y la Policía.

El *Título Duodécimo* reguló a los "Justicias Mayores", que a la vez que jueces de policía en las ciudades, villas y pueblos, eran los residentes natos de la Municipalidad y Jueces Ordinarios de Primera instancia en las controversias civiles y criminales.

El *Título Decimotercero* reguló a los "Jueces de Paz" con competencia para "trazar y componer las controversias civiles de los ciudadanos antes que las deduzcan en juicio, procurándoles cuantos medios sean posibles de acomodamiento entre sí".

El *Título Decimocuarto* está destinado a regular el "culto", estableciéndose a la Religión Católica y Apostólica como "la única que se venera y profesa públicamente en el territorio de la República, y la que ésta protege por sus principios constitucionales". El Obispo, conforme a este Título se elegía en la misma forma que se elegía al Presidente del Estado, con la única diferencia de que en los Colegios Electorales tendrían voto los eclesiásticos.

El *Título Decimoquinto* reguló la "Fuerza Pública"; el *Título Decimosexto* reguló la "Hacienda"; el *Título Decimoséptimo* reguló la "sanción del Código Constitucional"; el *Título Decimoctavo*, estableció el régimen de "Revisión del

Código Constitucional"; y el *Título Decimonoveno*, el régimen del "juramento constitucional"

2. *La Constitución para el gobierno y administración interior de la Provincia de Caracas del 31 de enero de 1812*

Apenas instalado el Congreso General, en marzo de 1811, como ya se indicó se designó una comisión de diputados para redactar la Constitución de la Provincia de Caracas, para que sirviera de modelo a las demás de la Confederación. El trabajo no pudo hacerse rápidamente, y no solo muchas Provincias dictaron antes y después sus cartas constitucionales, sino que incluso, la Sección Legislativa del Congreso General establecida para la Provincia de Caracas dictó el 1° de julio de 1811, la Declaración de Derechos del Pueblo. Esta misma Sección Legislativa sólo concluyó su tarea de redactar la Constitución Provincial luego de la sanción de la Constitución Federal, aprobándose un texto de 328 artículos agrupados en catorce capítulos destinados, como lo indica su Preámbulo, a regular el gobierno y administración interior de la Provincia. Más que la Constitución de una "República" soberana, como había sido el caso de la Constitución Provincial de Barcelona este texto se acomoda al de una Provincia en el marco de una Confederación. Por ello, la Constitución Provincial de Caracas hace especial énfasis en la necesidad de "organizar equitativamente la distribución y la representación del pueblo en la legislatura provincial"[101].

El *Capítulo Primero* se refiere a la "Religión" declarándose que "la Religión Católica, Apostólica y Romana que es la de los habitantes de Venezuela hace el espacio de tres siglos, será la única y exclusiva de la Provincia de Caracas, cuyo gobierno la protegerá". (art. 1).

El *Capítulo Segundo* reguló detalladamente "la división del territorio". Allí se precisó que "el territorio de la Provincia de Caracas se dividirá en Departamentos, Cantones y Distritos" (arts. 2 a 4). Los Distritos debían ser un territorio con más o menos 10.000 habitantes y los Cantones, con más o menos 30.000 habitantes (art. 5). Los Departamentos de la Provincia eran los siguientes: Caracas, San Sebastián, los Valles de Aragua, (capital La Victoria), Barquisimeto y San Carlos (art. 6), y en la Constitución se precisa al detalle cada uno de los Cantones que conforman cada Departamento, y sus capitales (arts. 7 a 11); así como cada uno de los Distritos que conforman cada Cantón, con los pueblos y villas que abarcaban (arts. 12 a 23).

El *Capítulo Tercero* está destinado a regular "los sufragios parroquiales y congregaciones electorales", es decir, el sistema electoral indirecto en todo detalle, en relación a la forma de las elecciones y a la condición del elector, (arts. 24 a 30). Por cada mil almas de población en cada parroquia debía haber un elector (art. 31). Los Electores, electos en los sufragios parroquiales, formaban en cada Distrito, Congregaciones Electorales (art. 32). También debían elegirse electores para la escogencia en cada parroquia de los agentes municipales (art. 24). Estas congregaciones electorales eran las que elegían los Representantes de la Provincia para la Cámara del gobierno federal; a los tres miembros del Poder Ejecutivo de la

101 Véase en *Las Constituciones Provinciales*, *op. cit.*, pp. 63 y ss.

Unión; al Senador o Senadores por el Distrito, para la Asamblea General de la Provincia; al representante por el Distrito, para la Cámara del Gobierno Provincial; y al elector para la nominación del Poder Ejecutivo de la provincia (art. 33). Los Electores electos en cada Distrito, para la elección del Poder Ejecutivo, formaban las Juntas Electorales que reunidas en las capitales de Departamentos, debían proceder a la nominación (art. 49).

El *Capítulo Cuarto* está destinado a regular a las "Municipalidades". Sus miembros y los agentes municipales, se elegían por los electores escogidos para tal fin en cada parroquia (art. 24 y 59). La Constitución, en efecto, estableció que en cada parroquia debía elegirse un agente municipal (art. 65) y que los miembros de las municipalidades también debían elegirse (art. 67). El número de miembros de las Municipalidades variaba, de 24 en la de Caracas, dividida en dos cámaras de 12 cada una (art. 90); 16 miembros en las de Barquisimeto, San Carlos, La Victoria y San Sebastián (art. 92); y luego de 12, 8 y 6 miembros según la importancia y jerarquía de las ciudades (arts. 91 a 102). Las Municipalidades capitales de Distrito debían llevar el Registro Civil (art. 70) y se les atribuían todas las competencias propias de vida local en una enumeración que cualquier régimen municipal contemporánea envidiaría (art. 76). La Municipalidad gozaba "de una autoridad puramente legislativa" (art. 77) y elegía los Alcaldes (art. 69) que eran las autoridades para la administración de justicia, y proponían al Poder Ejecutivo los empleos de Corregidores (arts. 69 y 217) que eran los órganos ejecutivos municipales. En ellas tenían asiento, voz y voto, los agentes municipales que debían ser electos en cada parroquia (arts. 65 y 103).

El *Capítulo Quinto* reguló al "Poder Legislativo" de la Provincia que residía en una Asamblea General compuesta por un Senado y una Cámara de Representantes (art. 130). En detalle, el texto reguló su composición, funcionamiento, poderes y atribuciones y el sistema de elección de sus miembros (arts. 230 a 194).

El *Capítulo Sexto* reguló el "Poder Ejecutivo" de la Provincia, que residía en 3 individuos electos por los Electores de cada Distrito (arts. 195 y 196). Se reguló la forma de elección y las condiciones de elegibilidad de los miembros del Poder Ejecutivo (arts. 196 a 207) así como sus atribuciones (arts. 308 a 233).

El *Capítulo Séptimo* está destinado al "Poder Judicial", en el cual se dispuso que se conservaba provisionalmente la organización del mismo que existía (art. 234) y que a nivel inferior era administrado, además de por Jueces de Primera Instancia, por los Alcaldes y Corregidores con apelación ante las Municipalidades (arts. 240 a 250). En las materias civiles y criminales, sin embargo, se estableció que la justicia sería administrada por dos Cortes Supremas de Justicia (art. 259) y por los Magistrados inferiores de primera instancia antes indicados (Art 235). En cada Departamento se establecieron Tribunales Superiores (art. 251) y en general se establecieron normas de procedimiento judicial relativas al juicio verbal, que se estableció como norma general (art. 240).

Los *Capítulos Octavo y Noveno* se refieren a la "elección de los Senadores para el Congreso General y su remoción", así como de los Representantes (arts. 275 a 280).

El *Capítulo Diez* se refiere al "Fomento de la literatura" donde se reguló al Colegio y Universidad de Caracas (art. 281) y el fomento de la cultura (art. 282).

Los *Capítulos Once y Doce* están destinados a regular la revisión y reforma de la Constitución (arts. 283 a 291) y su sanción o ratificación (art. 292 a 259).

El *Capítulo Trece*, indica que "se acuerdan, declaran, establecen y se dan por insertos literalmente en esta Constitución los derechos del hombre que forman el Capítulo Octavo de la Federal, los cuales están obligados a observar, guardar y cumplir todos los ciudadanos de este Estado" (art. 296).

El *Capítulo Catorce* sostiene una serie de "Disposiciones Generales, donde se regulan, en general, otros derechos de los ciudadanos así como deberes (arts. 297 a 234), concluyéndose con la formulación expresa de la garantía objetiva de la Constitución, en el sentido de que "las leyes que se expidieren contra el tenor de ella no tendrán valor alguno sino cuando hubieren llenado las condiciones requeridas para una justa y legítima revisión y sanción (de la Constitución)" (art. 325).

Este texto constitucional concluye con una "Despedida" de la "Sección Legislativa de Caracas, dirigida a los habitantes de la Provincia", al terminar sus sesiones y presentar la Constitución Provincial en la cual se hace un recuento del proceso de conformación institucional de la Confederación y del Gobierno Federal hasta ese momento, justificándose la propuesta de formar una "sección legislativa provisoria para Caracas" del Congreso General, compuesta con la separación de sus diputados al mencionado Congreso General, la cual tuvo a su cargo la elaboración del texto constitucional provincial[102].

V. LAS VICISITUDES CONSTITUCIONALES DURANTE LAS GUERRAS DE INDEPENDENCIA (1811–1819)

1. *La Constitución de 1811, la dictadura de Miranda y los intentos de jurar la Constitución de Cádiz*

Como se dijo, la Constitución de 1811 se sancionó el 21 de diciembre de dicho año, constituyéndose institucionalmente el *Estado Independiente*. Sin embargo, ello no significó la renuncia de España a los realistas locales al control político de la antigua Capitanía General Venezuela. Algunas provincias de ésta como Coro, Maracaibo y Guayana habían desconocido la legitimidad del gobierno de Caracas, reconociendo el gobierno de la Regencia, y las insurrecciones realistas se produjeron en muchas ciudades de la Confederación recién nacida.

En febrero de 1812, el Comandante General del Ejecutivo de S. M. Católica y luego Capitán General de las Provincias de Venezuela, Domingo de Monteverde, desembarcó en Coro e inició la campaña de recuperación realista de la República. Las antiguas formas institucionales de la Colonia, sin duda, habían comenzado a ser sustituidas por las nuevas instituciones republicanas establecidas en cada una de las Provincias, reguladas en las Constituciones Provinciales y, a nivel federal (nacional) conforme a la Constitución de diciembre de 1811.

Pero todo ello quedó a medio hacer, pues apenas se instaló el gobierno republicano en la capital Valencia, el 1 de marzo de 1812, la reacción realista se comenzó a sentir con el Capitán de fragata Domingo de Monteverde a la cabeza, lo

---

102 Véase en *Las Constituciones Provinciales*, *op. cit.*, pp. 137 y ss.

que fue facilitado por los efectos devastadores del terremoto que desoló a Caracas el 24 del mismo mes de marzo de 1812, que los Frailes y el Arzobispo de Caracas atribuyeron a un castigo de Dios por la revolución de Caracas[103].

La amenaza de Monteverde y la necesidad de defender la República llevaron al Congreso, el 4 de Abril de 1812, a delegar en el Poder Ejecutivo todas las facultades necesarias[104], y éste, el 23 de abril de 1812, nombró Generalísimo a Francisco de Miranda, con poderes dictatoriales. En esta forma, la guerra de independencia, obligó, con razón, a dejar de un lado la Constitución. Como el Secretario de Guerra José de Sata y Bussy le comunico en correspondencia dirigida al Teniente General Francisco de Miranda ese mismo día 23 de abril de 1812:

> "Acaba de nombraros el Poder Ejecutivo de la Unión, General en Jefe de las armas de toda la Confederación Venezolana con absolutas facultades para tomar cuantas providencias juzguéis necesarias a salvar nuestro territorio invadido por los enemigos de la libertad Colombiana; y bajo este concepto no os sujeta ley alguna ni reglamento de los que hasta ahora rigen estas Repúblicas, sino que al contrario no consultareis mas que la Ley suprema de salvar la patria; y a este efecto os delega el Poder de la Unión sus facultades naturales y las extraordinarias que le confirió la representación nacional por decreto de 4 de este mes, bajo vuestra responsabilidad"[105].

En la sesión del 4 de abril de 1812, se había acordado que "la medida y regla" de las facultades concedidas al Poder Ejecutivo fuera la salud de la Patria; y que siendo esa la suprema ley, "debe hacer callar las demás"[106]; pero a la vez, se acordó participar a las "Legislaturas Provinciales" la vigencia de la Constitución Federal sin perjuicio de las facultades extraordinarias al Poder Ejecutivo[107].

El Congreso, el 04–04–12, además, había exhortado a las mismas "Legislaturas provinciales" que obligaran y apremiasen a los diputados de sus provincias a que sin excusa ni tardanza alguna se hallaren en la ciudad de Valencia para el 05–07–12, para determinar lo que fuera más conveniente a la causa pública[108]. Esta reunión nunca se pudo realizar.

En esta forma, en nuestra historia constitucional, a los pocos meses de sancionada la Constitución de 1811 se produjo, por la necesidad de salvar la República, la primera ruptura del hilo constitucional.

---

103 Véase J.F. Blanco y R. Azpúrua, *op. cit.*, Tomo III, pp. 614 y ss.

104 Véase *Libro de Actas del Congreso de Venezuela 1811–1812,* Biblioteca de la Academia Nacional de la Historia, tomo II, Caracas, 1959, pp. 397 a 399.

105 Ver *Archivo del General Miranda*, tomo XXIX, La Habana, 1950, pp. 396 y 397.

106 Véase *Libro de Actas del Congreso de Venezuela..., op. cit.,* pág. 398

107 *Idem,* p. 400

108 *Ibídem,* pág. 398–399

La dictadura duró poco, pues el 25 de julio de 1812 se produjo la Capitulación de Miranda y la aceptación de la ocupación del territorio de la provincia de Caracas por Monteverde[109].

El coronel Simón Bolívar (1783–1830), quien tenía a su cargo la plaza militar de Puerto Cabello, la perdió y a mediados de Julio, antes de la Capitulación, comunicó los sucesos a Miranda[110]. Entre las múltiples causas de la caída de la Primera República está, sin duda la pérdida de Puerto Cabello. Monteverde desconoció los términos del Armisticio, Miranda fue detenido a comienzos de agosto, y Bolívar logró salir de La Guaira a fines de agosto hacia Curazao y luego a Cartagena.

Fue el 3 de diciembre de 1812 cuando se publicó en Caracas la Constitución de Cádiz, la cual no tuvo aplicación alguna. La misma, como es sabido, incluso en la Península había tenido aplicación limitada pues el país seguía en gran parte ocupado por los franceses y el Rey permanecía ausente; y cuando regresó, en 1814, fue para desconocer la soberanía de las Cortes de Cádiz y terminar derogando el texto constitucional.

Para la publicación en Venezuela de la Constitución, el Capitán General Fernando Mijares le había remitido a Monteverde, desde Puerto Cabello, el 13 de agosto de 1812, 20 ejemplares del texto, con las correspondientes órdenes y disposiciones de las Cortes, para su publicación y observancia[111]. Sobre la publicación de la Constitución, el mismo Monteverde informó al gobierno de la Metrópoli sobre la desaplicación de su texto, así:

> "[Si] publiqué la Constitución, fue por un efecto de respeto y obediencia, no porque consideré a la provincia de Venezuela merecedora todavía de que participase de los efectos de tan benigno código"[112].

De estos acontecimientos, por lo demás, dio cuenta Simón Bolívar en su documento "Exposición suscinta de los hechos del Comandante español Monteverde, durante el año de su donación en las Provincias de Venezuela" de fecha 20 de septiembre de 1813:

> "Pero hay un hecho, que comprueba mejor que ninguno la complicidad del Gobierno de Cádiz. Forman las Cortes la constitución del Reino, obra por cierto de la ilustración, conocimiento y experiencia de los que la compusieron. La tuvo guardada Monteverde como cosa que no importaba, o como opuesta a sus ideas y las de sus consejeros. Al fin resuelve publicarla en Caracas. La publica ¿y para qué? No sólo para burlarse de ella, sino para insultarla y contradecirla con hechos enteramente contrarios. Convida a todos, les anuncia tranquilidad,

---

109 Véase los documentos en *Archivo del General Miranda*, tomo XXIV, *cit.*, pp. 509 a 530. Además, en J.F. Blanco y R. Azpúrua, *op. cit.*, pp. 679 y ss. Además, en José de Austria, *Bosquejo de la Historia Militar de Venezuela,* Biblioteca de la Academia Nacional de la Historia, Tomo I, Caracas 1960, pp. 340 y ss. (José de Austria fue contemporáneo del proceso de Independencia; había nacido en Caracas en 1791)

110 *Idem*. pp. 415 a 430.

111 Véase José de Austria, *Bosquejo de la Historia militar...*, *op. cit.*, Tomo I, p. 364.

112 *Idem*, Tomo I, p. 370.

les indica que se ha presentado el arca de paz, concurren los inocentes vecinos, saliendo muchos de las cavernas en que se ocultaban, le creen de buena fe y, como el fin era sorprender a los que se le habían escapado, por una parte se publicaba la Constitución española, fundada en los santos derechos de libertad, propiedad y seguridad, y por otra, el mismo día, andaban partidas de españoles y canarios, prendiendo y conduciendo ignominiosamente a las bóvedas, a los incautos que habían concurrido a presenciar y celebrar la publicación.

Es esto un hecho tan notorio, como lo son todos los que se han indicado en este papel, y se explanarán en el manifiesto que se ofrece. En la provincia de Caracas, de nada vale la Constitución española; los mismos españoles se burlan de ella y la insultan. Después de ella, se hacen prisiones sin sumaria información; se ponen grillos y cadenas al arbitrio de los Comandantes y Jueces; se quita la vida sin formalidad, sin proceso…"[113].

En Venezuela, por tanto, la situación era de orden fáctico pues el derrumbamiento del gobierno constitucional fue seguido, en paralelo, por el desmembramiento de las instituciones coloniales. Por ello, Monteverde durante toda su campaña en Venezuela en 1812 y 1813, había desconocido la exhortación que habían hecho las Cortes de Cádiz, en octubre de 1810, sobre la necesidad de que en las provincias de Ultramar donde se hubiesen manifestado conmociones (sólo era el caso de Caracas), si se producía el "reconocimiento a la legítima autoridad soberana" establecida en España, debía haber "un general olvido de cuanto hubiese ocurrido indebidamente"[114]. La reacción de los patriotas contra la violación por Monteverde de la Capitulación de Miranda, llevó al mismo Monteverde a constatar, en representación dirigida a la Regencia el 17 de enero de 1813, que:

> "Desde que entré en esta Capital y me fui imponiendo del carácter de sus habitantes, conocí que la *indulgencia era un delito* y que la tolerancia y el disimulo hacían insolentes y audaces a los hombres criminales".

Agregaba su apreciación sobre "la frialdad que advertí el día de publicación de la Constitución y la falta de concurrencia a actos públicos de alegría", lo que lo apartaron de sus intentos de gobernar con dulzura y afabilidad. Convocó a una Junta que, en consecuencia, ordenó "la prisión de los que se conocían adictos a la revolución de 1810" y se rebeló contra la propia Real Audiencia que "había puesto en libertad algunos mal vistos del pueblo que irritaban demasiado mi fueros", ordenando a los Comandantes militares que no liberaran los reos a la justicia[115].

Por ello, el 30 de diciembre de 1812 en oficio dirigido al Comandante militar de Puerto Cabello, Monteverde, en desprecio del Tribunal, le ordenaba:

> "Por ningún motivo pondrá usted en libertad hombre alguno de los que estén presos en esa plaza por resulta de la causa de infidencia, sin que preceda orden

---

113 *Ibídem,* Tomo II, pp. 111 a 113.

114 Véase el Decreto V, 15–10–10, en Eduardo Roca Roca, *op. cit.*, p. 199

115 Véase el texto en J.F. Blanco y R. Azpúrua, *op. cit.*, Tomo IV, p. 623–625

mía, aún cuando la Real Audiencia determine la soltura, en cuyo caso me lo participará Ud. para la resolución que corresponde"[116].

La Real Audiencia acusó a Monteverde de infractor de las leyes, por lo que decía en su representación que "se me imputa que perturbo estos territorios, los inquieto y pongo en conmoción, violando las leyes que establecen su quietud"[117].

Monteverde concluyó su representación declarando su incapacidad de gobernar la Provincia, señalando que:

> "[A]sí como Coro, Maracaibo y Guayana merecen estar bajo la protección de la Constitución de la Monarquía, Caracas y demás que componían su Capitanía General, no deben por ahora participar de su beneficio hasta dar pruebas de haber detestado su maldad, y bajo este concepto deben ser tratadas por la *ley de la conquista*; es decir, por la dureza y obras según las circunstancias; pues de otro modo, todo lo adquirido se perderá"[118].

Los años 1813 y 1814, por tanto, en Venezuela fueron años de guerra total, de guerra a muerte, no habiendo tenido aplicación efectiva ni la Constitución Federal de 1811 ni la Constitución de Cádiz de 1812.

Monteverde comandaba una dictadura militar[119] represiva y despiadada contra los que habían tomado partido por la revolución de 1810. Por su parte, la respuesta de los patriotas se resume en la proclamación de Simón Bolívar, desde Mérida, el 8 de julio de 1813:

> "Las víctimas serán vengadas: los verdugos exterminados. Nuestra bondad se agotó ya, y puesto que nuestros opresores nos fuerzan a una guerra mortal, ellos desaparecerán de América, y nuestra tierra será purgada de los monstruos que la infestan. Nuestro odio será implacable, y la guerra será a muerte"[120].

En las Provincias de Venezuela, en consecuencia, no había Constitución alguna que no fuera el mando militar de realistas y patriotas. Conforme la guerra corría por todo el territorio Monteverde, Boves y sus seguidores, gobernaron con la más brutal *ley de la conquista;* y Bolívar y los patriotas gobernaron con la ley dictatorial del *"plan enérgico",* del "poder soberano" de quien había sido proclamado Libertador, y que, como decía Bolívar, "tan buenos sucesos me ha proporcionado"[121].

Como lo decía el Arzobispo de Caracas, Narciso Coll y Prat en un Edicto Circular de 18 de diciembre de 1813, al recomendar la observancia de la *"ley de la Independencia"* adoptada el 5 de julio de 1811:

> "Esta ley estuvo sin vigor, mientras las armas Españolas ocuparon estas mismas Provincias, más al momento que vencieron las de la República, y a su

---

116 Véase el texto en José de Austria, *op. cit.,* Tomo I, pp. 365 y 366.

117 Véase en J.F. Blanco y R. Azpúrua, *op. cit.,* Tomo IV, pp. 623–625

118 *Idem*

119 Véase J. Gil Fortoul, *op. cit.,* Tomo I, p. 214

120 Véase J. Gil Fortoul, *op. cit.,* Tomo I, p. 216

121 Véase J. Gil Fortoul, *op. cit.,* p. 221

triunfo se unió la aquiescencia de los pueblos, ella recobró todo su imperio, y ella es la que hoy preside en el Estado venezolano"[122].

Pero las Cortes de Cádiz, en todo caso, habían felicitado mediante Orden de 21 de octubre de 1812, a Domingo Monteverde y a las tropas bajo su mando, "por los importantes y distinguidos servicios prestados en la pacificación de la Provincia de Caracas"[123].

Meses después, el 15 de diciembre del mismo año 1812 Bolívar dio al público su "Memoria dirigida a los ciudadanos de la Nueva Granada por un caraqueño" conocida como el Manifiesto de Cartagena[124], en la cual expuso las causas de la pérdida de Venezuela, entre ellas, la debilidad del régimen político adoptado en la Constitución de 1811.

2. *La guerra total y el asambleísmo*

En 1813, Bolívar inició en Cartagena, con el apoyo del Congreso de Nueva Granada, la "Campaña Admirable"; en mayo ya estaba en Mérida; el Decreto de Guerra a Muerte lo dictó en Trujillo en julio[125] y entró a Caracas en agosto de 1813. En su primera comunicación al Congreso de la Nueva Granada el 8 de agosto de 1813 con el informe de la liberación de la capital de Venezuela, Simón Bolívar, General en Jefe del Ejército Libertador, señaló:

> "Interin se organiza el Gobierno legal y permanente, me hallo ejerciendo la autoridad suprema, que depondré en manos de una Asamblea de notables de esta capital, que debe convocarse para erigir un gobierno conforme a la naturaleza de las circunstancias y de las instrucciones que he recibido de ese augusto Congreso"[126].

En el Manifiesto del día siguiente 9 de agosto de 1813 que dirigió a sus conciudadanos, en el cual resumió los planes para la organización del Estado, insistió en la misma idea anterior de legitimar el poder:

> "Una asamblea de notables, de hombres virtuosos y sabios, debe convocarse solemnemente para discutir y sancionar la naturaleza del gobierno, y los funcionarios que hayan de ejercerla en las críticas y extraordinarias circunstancias que rodean a la República. El Libertador de Venezuela renuncia para siempre, y protesta formalmente, no aceptar autoridad alguna que no sea la que conduzca a nuestros soldados a los peligros para la salvación de la Patria"[127].

---

122 J.F. Blanco y R. Azpúrua, Tomo IV, p. 726

123 Véase en Eduardo Roca Roca, *op. cit.*, p. 81

124 Véase el texto en Simón Bolívar, *Escritos Fundamentales*, Monte Ávila Editores, Caracas, 1982, pp. 57 y ss.; y en *Proclamas y Discursos del Libertador*, Caracas, 1939, pp. 11 y ss.

125 Véase el texto en Proclama y Discursos del Libertador, *cit.*, pp. 33 a 35.

126 Véase en *Escritos del Libertador,* Sociedad Bolivariana de Venezuela, tomo V, Caracas, 1969, p. 5.

127 *Idem.*, p. 10.

Ello lo reiteró en una nueva comunicación al Presidente del Congreso de Nueva Granada el 14 de agosto de 1813, en la cual le indicó "la próxima convocatoria de una Asamblea popular, para determinar la naturaleza del gobierno y la Constitución del Estado", anunciándole la organización de los Departamentos Supremos de la Administración[128]. El Libertador tuvo, sin duda, en 1813, una obsesión por reorganizar el Estado y legitimar el poder supremo que había conquistado con las armas, a cuyo efecto pidió asesoramientos diversos sobre un Plan de Gobierno Provisorio[129].

La liberación de la Provincia de Caracas, sin embargo, no significó la liberación de Venezuela. En todo el país, la guerra continuó, y la figura de Boves, caudillo al servicio de los realistas, está en el centro de la tragedia de Venezuela en 1814[130].

Coincidiendo con la brutal guerra que se sucedió en Venezuela, Fernando VII en cuyo nombre se había producido la independencia de Venezuela, el 4 de mayo de 1814 anuló la Constitución de Cádiz, y los demás actos constitucionales dictados a su amparo, declarándolos "nulos y de ningún valor ni efecto, ahora ni en tiempo alguno, como si no hubiesen pasado jamás".

En esta forma, puede decirse que por que las bases del constitucionalismo venezolano ya habían sido sentadas antes de la sanción de la Constitución de Cádiz, y porque esta no tuvo aplicación en Venezuela, la misma no tuvo influencia alguna en el constitucionalismo de Venezuela. Después de su anulación, en todo caso, siguió la guerra brutal de independencia de las Provincias de Venezuela, por lo que dicho texto no pudo haber tenido influencia alguna en el constitucionalismo posterior. Era demasiado español, y Venezuela había declarado la guerra a todo lo español; y por su parte, España le había declarado la guerra a los venezolanos, lo que se materializó en el hecho del envío en 1815, de la mayor expedición armada hacia América, compuesta por 15.000 hombres al mando del Mariscal de Campo Pablo Morillo, para pacificar a las Provincias de Venezuela; la cual llegó en abril de ese año 1815 a las costas orientales del país[131]

En todo caso, en las mismas filas patrióticas se produjeron bandos, y el Libertador es expulsado de Venezuela, en oriente, luego de la emigración que dirigió de Caracas a Barcelona en septiembre de 1814, con destino a Cartagena, donde llegó por segunda vez. El Congreso de la Nueva Granada lo nombro "Capitán General de los Ejércitos de la Confederación", pero los conflictos internos en Cartagena, lo obligaron a renunciar al mando, y salió en mayo de 1815 para Jamaica.

El 6 de septiembre de 1815 escribe la célebre Carta de Jamaica (Contestación de un americano meridional a un caballero de esta isla)[132], donde entre otros aspectos, expuso sus ideas políticas sobre el gobierno que requería Venezuela. Pasó a Haití en

128 *Ibídem.*, p. 30.

129 Véase los documentos más notables en este sentido en *Simón Bolívar y la Ordenación del Estado en 1813* (Estudios preliminares de Pedro Grases y Tomás Polanco), Caracas, 1979.

130 Véase Juan Uslar Prietri, *Historia de la Rebelión Popular del año 1814, cit.*

131 Véase José Gil Fortoul, *op. cit.*, Tomo I, p. 237

132 Véase en Simón Bolívar, *Escritos Fundamentales, cit.*, pp. 82 y ss.

1816, donde lo acogió el Presidente Alejandro Petión; y desde allí realizó la "Expedición de Los Cayos" con destino a Venezuela, llegando a Margarita, donde se proclamó, de nuevo, "el gobierno independiente de Venezuela"; ratificándole una Asamblea al Libertador, la Jefatura Suprema del Estado y de los Ejércitos de Venezuela.

En una Proclama a los venezolanos el 8 de mayo de 1816, ya había afirmado:

> "El Congreso de Venezuela será nuevamente instalado donde y cuando sea vuestra voluntad. Como los pueblos independientes me han hecho el honor de encargarme de la autoridad suprema, yo os autorizo para que nombréis vuestros diputados en Congreso, sin otra convocación que la presente; confiándoles las mismas facultades soberanas que en la primera época de la República"[133].

Como muestra de las continuas disensiones entre los jefes patriotas, el General Mariño, segundo jefe de la expedición de Los Cayos y del Ejército, ratificado en la Asamblea de Margarita, desconoció la autoridad de Bolívar, y se estableció un gobierno federal, nombrándose un Ejecutivo plural.[134]

Bolívar regresa a Haití; y en 1817, de regreso a Venezuela, conquistó la libertad de Guayana, y en operaciones sucesivas logró el reconocimiento de su jefatura suprema que había sido desconocida de nuevo, en el denominado Congreso de Cariaco reunido en mayo 1817. Entre los acontecimientos que a ello contribuyeron debe mencionarse el proceso y fusilamiento del General Piar, uno de los disidentes participantes del Congreso de Cariaco, en octubre de 1817.

A partir de ese mes se declaró a Angostura como capital del Gobierno de Venezuela y residencia provisional de las autoridades, y entre las primeras decisiones del Libertador, deben citarse las destinadas a establecer las bases del sistema provisional de Gobierno. Ello lo resumió en el Discurso de instalación del Consejo de Estado en Angostura, el 1° de noviembre de 1817, en el cual, entre otros aspectos, señaló:

> "[...] cuando el pueblo de Venezuela rompió los lazos opresivos que lo unían a la nación española, fue su primer objeto establecer una Constitución sobre las bases de la política moderna, cuyos principios capitales son la división de poderes y el equilibrio de las autoridades. Entonces, proscribiendo la tiránica institución de la monarquía española, adoptó el sistema republicano más conforme a la Justicia; y entre las formas republicanas escogió la más liberal de todas, la federal. Las vicisitudes de la guerra, que fueron tan contrarias a las armas venezolanas, hicieron desaparecer la República y con ella todas sus instituciones".

En dicho Discurso, el Libertador argumentó el porqué la guerra había impedido "dar al gobierno de la República la regularidad constitucional que las actas del Congreso habían decretado en la primera época", precisando, al referirse al tercer período de la República iniciado en Margarita, luego de la expedición de Los Cayos

---

133 Proclamas y Decretos del Libertador, *cit.*, p. 146.

134 Véase José Gil Fortoul, *op. cit.*, Tomo I, pp. 246–247

en 1816, lo siguiente: "En la isla de Margarita volvió a tomar una forma regular la marcha de la República; pero siempre con el carácter militar desgraciadamente anexo al estado de guerra. El tercer período de Venezuela no había presentado hasta aquí, un momento favorable, en que se pudiese colocar al abrigo de las tempestades el arca de nuestra Constitución". Reseñó el Libertador, en ese Discurso, que por la Asamblea de Margarita del 6 de mayo de 1816 se había creado y nombrado "un poder ejecutivo bajo el título de Jefe Supremo de Venezuela. Así, sólo faltaba la institución del cuerpo legislativo y del poder judicial", por lo que agregaba, que: "La creación del Consejo de Estado debía llenar las funciones del poder legislativo, correspondiendo a una Alta Corte de Justicia el tercer poder del cuerpo soberano"[135].

El Libertador, además, en ese excepcional documento sobre organización constitucional, daba cuenta de la organización regular de las provincias libres de Venezuela, mencionando a los diversos gobernadores civiles y militares de las mismas, y entre ellos al General Páez en las Provincias de Barinas y Casanare, y Monagas en la Provincia de Barcelona. Ambos ejercerían la Presidencia de la República décadas después.

Al año siguiente (1818) se realizó la campaña del Centro, enfrentándose los ejércitos Republicanos a los del General Morillo. El Libertador, en la sesión del Consejo de Estado del 1° de octubre de 1818, propuso la convocatoria del Congreso de Venezuela a fin de acelerar "la marcha de la restauración de nuestras instituciones republicanas", manifestando "la necesidad y la importancia de la creación de un cuerpo constituyente que dé al Gobierno una forma y un carácter de legalidad y permanencia"[136].

El Consejo de Estado aprobó un "Reglamento para la segunda convocación del Congreso de Venezuela" que debía instalarse en enero de 1819, y que entre otras tareas tendría la de "Tratar de Gobierno y Constitución". Realizadas las elecciones durante 1818, el Congreso de Angostura se instaló el 15 de febrero de 1819, y en esa oportunidad el Libertador leyó su hermoso Discurso de Angostura en el cual expuso sus ideas sobre el Estado y su organización, configurándose como la exposición de motivos del Proyecto de Constitución que sometió a la consideración de dicha Asamblea[137]. El Congreso designó, además, al Libertador Presidente interino del Estado de Venezuela[138], y continuó la guerra saliendo inmediatamente para Apure, y luego para la Nueva Granada, para sellar en Boyacá la independencia de Colombia.

El Congreso sancionó la Constitución de Angostura de 1819, influida por los principios del constitucionalismo moderno que se habían incorporado en la

135 *Idem.*, pp. 173 y 174.

136 Véase Pedro Grases, "Notas Editorial", en *El Libertador y la Constitución de Angostura de 1819*, Caracas, 1969, p. 7.

137 Véase Ángel Francisco Brice, Prólogo a las *Actas del Congreso de Angostura*, Instituto de Derecho Público, Caracas, 1969, pp. 9 y ss.

138 Véase el Acta de 16 de febrero de 1819, *Idem.*, p. 101.

Constitución de 1811 y las propias ideas del Libertador[139], en cuya elaboración como es fácil deducir, no hubo influencia alguna de la Constitución de Cádiz, la cual por lo demás, como se dijo, para 1814 ya había sido anulada; como tampoco hubo tal influencia en las Constituciones de Cúcuta de 1821, mediante la cual se creó la República de Colombia desapareciendo Venezuela, ni en la Constitución de Valencia de 1830, mediante la cual se reconstituyó el Estado de Venezuela.

3. *La Constitución de Cádiz en Europa*

En efecto, la Constitución de Cádiz sólo estuvo en vigencia en España y sus dominios escasos dos años (19–03–1812/04–05–1814), pues fue anulada por el mismo Fernando VII en 1814. Fue sólo seis años después, en marzo de 1820, luego del sublevamiento y pronunciamiento del coronel Rafael Riego, fraguada en el cuerpo de expedicionarios que debían partir para América precisamente para apaciguar la sublevación en estas tierras, que Fernando VII manifestaría su decisión de jurar de nuevo la Constitución, la cual permanecería en vigencia otros tres años y medio (10–03–1820/01–10–1823)[140].

A pesar de estas vicisitudes, y de la ausencia de influencia en la primera Constitución venezolana de 1811, sin embargo, la Constitución de la Monarquía española de Cádiz de 1812, tuvo un impacto importantísimo en el constitucionalismo del mundo latino. Había sido la segunda Constitución europea en recoger los principios del constitucionalismo moderno que se generaron en las Revoluciones Norteamericana (Constitución de 1787) y Francesa (Constitución de 1791), por lo que su influencia además de manifestarse en las antiguas colonias americanas, con excepción de Venezuela y Colombia, también tuvo un importante impacto en Europa misma, particularmente luego de su restauración en 1820.

Fue precisamente la entrada en vigencia en España de la Constitución de 1812, el 19 de marzo de 1820, la que condujo a que hubiera tenido una influencia inmediata en algunos procesos revolucionarios que se desarrollaban en Europa, como por ejemplo en Italia[141], donde los revolucionarios napolitanos comandados por la sociedad secreta la Carbonaria, no sólo tuvieran a España como el ejemplo a seguir, sino que consideraban a la Constitución de Cádiz como la más democrática de todos los Estados europeos. Por ello, a los pocos meses del pronunciamiento de Riego en España, en julio de 1820, los carbonarios napolitanos serían los que obligarían al rey Fernando I a otorgar la Constitución de Cádiz, la cual por Edicto de 7 de julio pasó a ser la Constitución del Reino de las Dos Sicilias "salvo las modificaciones que la representación nacional, constitucionalmente convocada, creerá oportuno adoptar para adaptarla a las circunstancias particulares de los reales dominios"[142]. La Constitución de Cádiz, además sería el estandarte que también tendrían, junto con

---

139 *El Libertador y la Constitución de Angostura de 1819,* (ed: Pedro Grases), Prólogo: Tomás Polanco, Caracas 1970. Véase en general, *Los Proyectos Constitucionales de Simón Bolívar, El Libertador 1813–1830,* Caracas 1999.

140 Véase José F. Merino Merchán, *Regímenes históricos españoles*, Tecnos, Madrid 1988, pp. 60 y 61.

141 Véase Juan Ferrando Badía, "Proyección exterior de la Constitución de Cádiz" en M. Artola (ed), *Las Cortes de Cádiz, Ayer, 1–1991*, Marcial Pons, Madrid 1991, p. 241.

142 *Idem*, p. 237.

los carbonarios, los revolucionarios piamonteses que en el Reino de Cerdeña también obligarían por la fuerza a que se otorgara la Constitución española.

Pero la mayor influencia de la Constitución de Cádiz después de 1820, sin duda se produciría en Hispanoamérica, particularmente en los países en los cuales para esa fecha aún no se había proclamado la independencia, que eran la mayoría[143]. La excepción, como se dijo, la constituyeron Venezuela y Colombia, donde las bases constitucionales de sus Estados se comenzaron a echar antes de que se promulgara la Constitución de Cádiz.

No se olvide, como antes hemos indicado y ahora recapitulamos por lo que se refiere al primer período de vigencia de la Constitución de Cádiz (1812–1814), que desde 1810, ya se había declarado la independencia en las Provincias de Venezuela (Caracas 19–04–1810; Cumaná 27–04–1810; Barinas, 05–05–1810; Mérida 16–09–1810; Trujillo 09–10–1810; La Grita 11–10–1810; Barcelona 12–10–1810 y San Cristóbal 28–10–1810); que en 1811 ya se había sancionado la Constitución Federal de los Estados de Venezuela[144]; y que entre 1811 y 1812 ya se habían dictado muchas Constituciones provinciales tanto en Venezuela[145] como en Colombia[146].

Por lo que se refiere al segundo período de vigencia de la Constitución de Cádiz (1820–1823), debe recordarse que desde meses antes, en 1819, ya se había adoptado la Constitución política de Venezuela de Angostura, la cual rigió también en las antiguas provincias de Cundinamarca; y que ya se había dictado la Ley constitucional de la Unión de los pueblos de Colombia, como consecuencia de lo cual se sancionó la Constitución de Cúcuta de 1821 con la que se conformó la República de Colombia; inspirada, sin duda, en la de Angostura.

4. *La guerra de independencia y la tenencia de la tierra*

En cuanto al régimen de la tenencia de la tierra, la guerra de independencia, antes que a la enajenación de tierras públicas, a lo que condujeron inicialmente fue al acrecentamiento de los bienes patrimoniales del Estado, como consecuencia de la Ley de 3 de septiembre de 1817, que declaró secuestrados y confiscados a favor de la República los bienes muebles e inmuebles pertenecientes al gobierno español, a sus vasallos de origen europeo o a los americanos realistas[147]. Esta confiscación, generalizada condujo luego al reparto de los bienes confiscados, proceso que se inició con la Ley de 10 de octubre de 1817 sobre repartimiento de bienes nacionales entre los militares, la cual dispuso que las propiedades de españoles que no se

143 Véase por ejemplo, Manuel Ferrer Muñoz, *La Constitución de Cádiz y su aplicación en la Nueva España*, UNAM, México 1993.

144 Véase en Allan R. Brewer–Carías, *Las Constituciones de Venezuela, cit.*, pp. 285 y ss.

145 Barcelona 12–01–1811; Barinas 26–03–1811. Véase en el libro *Las Constituciones provinciales*, Biblioteca de la Academia Nacional de la Historial, Caracas 1959, pp. 151 y ss.

146 Véase Carlos Restrepo Piedrahita, *Primeras Constituciones de Colombia y Venezuela 1811–1830*, Universidad Externado de Colombia, Bogotá 1996.

147 Véase en José Gil Fortoul, *Historia Constitucional de Venezuela*, Berlín, 1907, Tomo I p. 264

pudieren enajenar a beneficio del erario público, sería repartidas y adjudicadas a los del ejército en cantidades proporcionales[148]

Tres años después, luego de sancionada la Constitución de Angostura de 1819, se dictó por el mismo Congreso de Angostura la Ley de 6 de enero de 1820 sobre repartimiento de bienes nacionales entre los servidores de la patria, en la cual se previó como recompensas extraordinarias, la adjudicaciones en bienes nacionales a quienes habían servido durante la guerra de independencia[149].

Las llamadas leyes de reparto de bienes confiscados siguieron aprobándose, esta vez por el Congreso de la Villa del Rosario de Cúcuta, y así se sancionó la Ley de 28 de septiembre de 1821, mediante la cual se hicieron asignaciones de bienes nacionales a los que sirvieron a la República. En esta Ley, en efecto, en primer lugar se confirmaron las anteriores asignaciones hechas a los militares tanto por la Ley de 6 de enero de 1820 decretada por el Congreso de Venezuela, como por la Ley de 10 de octubre de 1817 (art. 1) que había sido dictada por el antiguo Consejo de Estado que había creado el Libertador; y en segundo lugar, se precisó que para el pago de las asignaciones que correspondían a los militares, se destinaban todos los bienes raíces que se habían sido confiscados, y si estos no alcanzaban se autorizaba a conceder terrenos baldíos. Además, se autorizaba "bastantemente al Poder Ejecutivo para que satisfaga á los militares su haber con los bienes nacionales, observando en lo posible la igualdad y proporción que demanda la justicia" (art. 7).

A la normativa de reparto de bienes nacionales a los militares, la siguió un mes después, la Ley de 11 de octubre de 1821, la cual vino a ser, hasta cierto punto, la primera regulación general republicana sobre enajenación de tierras baldías y creación de las oficinas de agrimensuría. La Ley, por tanto, derogó "el método de composición establecido particularmente por la Instrucción de 15 de octubre de 1754", y cualesquiera otras leyes para la enajenación de las tierras baldías, disponiendo que esta enajenación debía en lo sucesivo verificarse por los precios y con las formalidades que se detallaban en la ley (art 3).

La Ley que fue dictada por el Congreso General de Colombia, se basó en los siguientes considerandos que tenían que ver con el fomento a la agricultura y la obtención de ingresos fiscales por la venta de baldíos: "1. Que uno de sus primeros deberes es fomentar la agricultura por cuantos medios estén a su alcance; 2. Que la enagenación de tierras baldías a precios cómodos y equitativo, debe contribuir poderosamente a tan importantes objeto; 3 Que los productos de esta enagenación son necesarios para cubrir los inmensos gastos y erogaciones a que están sujetas las rentas públicas." Con fundamento en esta política general de enajenación de baldíos, la Ley dispuso con carácter general, que podían "enagenarse en lo sucesivo así en las provincias marítimas como en las del interior, las tierras baldías que no han sido antes concedidas a persona alguna, ó que habiéndolo sido por composición, han vuelto al dominio de la República según lo dispuesto en leyes anteriores" (art 1). La

148 Véase la referencia a esta ley en el encabezamiento de la Ley de 6 de enero de 1820, y en el art. el art. 1 de la Ley de 28 de septiembre de 1821

149 Véase en el libro *Actas del Congreso de Angostura,* Instituto de Derecho Público, Universidad Central de Venezuela, Caracas 1969, pp. 383 y ss. Referencia a esta Ley se encuentra en el art. 1 de la Ley de 28 de septiembre de 1821

única excepción a esta regla de enajenabilidad la constituían "las tierras de comunidades de indios y de los pastos y egidos de villas y ciudades sobre las que continuarán observándose las que rigen en particular" (art. 2).

Por otra parte, en esta Ley se consiguen las primeras normas republicanas (post coloniales) tendientes a regularizar la tenencia y propiedad de la tierra, pues se buscaba conocer cuáles eran las tierras que continuaban siendo baldías, pero garantizándose a todas las personas que se hallaban en ese momento "en posesión de las tierras baldías con casas y labranzas en ellas, sin título alguno de propiedad", que serían "preferidos en las ventas, siempre que en concurrencia de otros se allanan a pagar el mismo precio que se ofrece por ellas" (art 4). Por otra parte, la Ley reconoció la propiedad de quienes poseyeran tierras baldías por tiempo inmemorial o a título de justa prescripción, exigiendo que las personas interesadas el registro de sus propiedades rurales en las oficinas particulares de cada provincia. Con base en estas Leyes, el Congreso dictó el Decreto de 11 de junio de 1823 autorizando al Poder Ejecutivo para promover eficazmente la inmigración de extranjeros europeos y norte americanos en el territorio de la República, por lo que tomando en cuenta la existencia de "dilatadas tierras baldías" ordenaba que para "este objeto podrá disponer de hasta 3 millones de fanegadas de tierras propias del Estado", incluso de forma que no estaba sujeto a las disposiciones de la Ley de 11 de octubre de 1821[150]. Posteriormente, por Decreto de 1 de mayo de 1826 se dispuso que a tal fin, se agregaba un millón más de fanegadas de tierras baldías[151].

Por último, también debe hacerse mención al Decreto de 26 de julio de 1823, sobre repartimiento de tierras a militares en la provincia de Apure y Casanare, conforme Ley de 28 de septiembre de 1821, en la cual se dispuso que "Los que quieran el total de la asignación de sus haberes en tierras baldías, les serán adjudicadas del modo que previene la citada ley; pero necesariamente se les adjudicará una parte de su haber en dichas tierras" (art. 3)[152].

150 Véase en *Cuerpo de Leyes de la República de Colombia 1821–1827, cit.*, p. 128

151 Véase en *Cuerpo de Leyes de la República de Colombia 1821–1827, cit.*, p. 461

152 Véase en *Cuerpo de Leyes de la República de Colombia 1821–1827, cit.*, p. 152

VI. EL INICIO DEL CONSTITUCIONALISMO HISPANO AMERICANO EN 1810–1811, COMO OBRA DE CIVILES, Y EL DESARROLLO DEL MILITARISMO A PARTIR DE 1812, EN AUSENCIA DE RÉGIMEN CONSTITUCIONAL[153]

Como se ha visto, la independencia de las Provincias que conformaban el territorio de lo que desde 1777 había sido la Capitanía General de Venezuela, y la estructuración en dicho territorio de un nuevo Estado con forma federal, se materializó entre 1810 y 1811, antes de que las Cortes de Cádiz sancionaran la Constitución de la Monarquía española de marzo de 1812.

Dicho nuevo Estado se organizó conforme a los principios del constitucionalismo moderno que a comienzos del siglo XIX se estaban consolidando, producto de las ideas que se habían venido expandiendo en el mundo occidental luego de las revoluciones Norte Americana y Francesa de finales del siglo XVIII.[154]

El inicio de todo ese proceso constituyente venezolano se sitúa en los sucesos del 19 de abril de 1810, cuando el Cabildo de Caracas, trasformado en "Junta Conservadora de los Derechos de Fernando VII," asumió el gobierno de la Provincia de Caracas, deponiendo del mando a las autoridades españolas; es decir, cuando en el territorio de la Provincia se constituyó un nuevo gobierno independiente de la Corona Española que, además, desconoció, sucesivamente a la Junta Suprema de España, al Consejo de Regencia y a las propias Cortes que ya se habían instalado en Cádiz.[155] Dicho proceso constituyente culminó, luego de que se efectuaron elecciones para elegir los diputados de las diversas provincias conforme al reglamento adoptado en 1810, para constituir el Congreso General de las Provincias Unidas de Venezuela, el cual adoptó, el 1° de julio de 1811, la Declaración de Derechos del Pueblo; el 5 de julio de 1811, la declaración formal de Independencia, procediendo a la creación formal del nuevo Estado de Venezuela con la sanción el

153 El texto de esta parte presentado como Ponencia ante el *VI Simposio Internacional sobre la Constitución de Cádiz, "Los hombres de Cádiz y de las Américas. Bases de la identidad social y política hispanoamericana*", Ayuntamiento de Cádiz, Cádiz 23 de noviembre de 2012. El historiador Guillermo Morón, Decano de la Academia Nacional de la Historia y de los historiadores del país, me ha honrado en haber leído esta Ponencia, formulándome el siguiente comentario: "*Pero lo que deseo dejar aquí como testimonio es el agrado, y admiración, con que releí anoche su Ponencia. Si ya algunos historiadores jóvenes comienzan a darse cuenta de su tesis central, la Independencia fue obra de héroes civiles, la República fue creada con constitución por civiles, no se había, que yo sepa, razonado, explicitado, aclarado, tan lúcida y documentalmente, como Usted lo hace. / Tengo sus libros, los he leído. Y agradecido su honestidad como historiador al citar las fuentes y a quienes le precedieron en algunos puntos cardinales de nuestro pasado. / No me sorprende la claridad de sus conclusiones, el conocimiento de lo ocurrido (19 de abril, 5 de julio, primera Constitución) y la filosofía de la Historia que caracterizan toda su obra.*" (email de 1° de noviembre de 2012).

154 Véase Allan R. Brewer-Carías, *Reflexiones sobre la Revolución Norteamericana (1776), la Revolución Francesa (1789) y la Revolución Hispanoamericana (1810-1830) y sus aportes al constitucionalismo moderno*, 2ª Edición Ampliada, Universidad Externado de Colombia, Editorial Jurídica Venezolana, Bogotá 2008.

155 Véase Enrique Viloria V. y Allan R. Brewer-Carías, *La revolución de Caracas de 1810* (con prólogo de Guillermo Morón), Colección Salamanca, Historia, Educación y Geografía (Biblioteca Guillermo Morón) 44, Centro de Estudios Ibéricos y Americanos de Salamanca, Caracas 2011.

21 de diciembre de 1811, de la Constitución Federal de los Estados de Venezuela. Dicho proceso constituyente, además, se completó después de la aprobación de varias Constituciones provinciales, con la sanción el 31 de enero de 1812 de la Constitución para el Gobierno y Administración de la Provincia de Caracas, que era la Provincia más importante del nuevo Estado federal.[156]

1. *Los hombres de América*

Los hombres de América, próceres de la independencia venezolana, por tanto, no fueron otros que los que entre 1810 y 1811 tuvieron a su cargo la conducción del proceso constituyente del nuevo Estado independiente, es decir, los abogados y políticos que como hombres de ideas, la mayoría de ellos egresados del Colegio Santa Rosa, origen de la actual Universidad Central de Venezuela, participaron en todos los actos políticos que siguieron a la rebelión de Caracas y que concibieron y redactaron los actos y documentos constitutivos del nuevo Estado. Como ideólogos y, además, como hombres de acción, esos creadores estuvieron presentes y participaron en todos los acontecimientos políticos que ocurrieron en esas fechas, comprometiéndose personalmente con los mismos, habiendo suscrito todos los actos constituyentes subsiguientes. Fueron, en fin, los hombres que en Venezuela tuvieron un rol histórico equivalente al que en la historia de los Estados Unidos de América se conocen como los "padres fundadores" (G. Washington, J. Adams, T. Jefferson, J. Madison, B. Franklin, S. Adams, T. Paine, P. Henry, A. Hamilton, G. Morris, entre otros).[157]

En Venezuela, esos próceres o padres fundadores de la República, todos civiles ilustrados, fueron hombres de la talla de Juan Germán Roscio, Francisco Javier Ustáriz, Francisco Iznardi y Miguel José Sanz; y quienes junto con Lino de Clemente, Isidoro Antonio López Méndez, Martín Tovar y Ponce, invariablemente participaron en los más importantes actos de la independencia. La mayoría de ellos, en efecto, formaron parte de la Junta Conservadora de los Derechos de Fernando VII el 19 de abril de 1810, como funcionarios que eran del Cabildo o como diputados por el pueblo que se incorporaron al mismo (Roscio); fueron miembros como Vocales de la Junta Suprema de gobierno que se organizó días después, por el Bando del 23 de abril de 1810, y en la misma Roscio fue quien redactó el Reglamento para la elección de los diputados al Congreso General; fueron electos como diputados al Congreso General, conforme al Reglamento de Elecciones dictado por la Junta Suprema el 11 de junio de 1810; participaron en el acto de instalación del Congreso General de diputados el día 3 de marzo de 1811; suscribieron la Ley sobre los Derechos del Pueblo sancionada por el Congreso General en la Sección Legislativa para la Provincia de Caracas el 1° de julio de 1811; suscribieron el Acta de la Independencia del 5 de julio de 1811; suscribieron la Constitución Federal de los Estados de Venezuela de 21 de diciembre de 1811; y suscribieron la Constitución de la Provincia de Caracas del 31 de enero de 1812.

---

156 Véase Allan R. Brewer-Carías, *Los inicios del proceso constituyente hispano y americano. Caracas 1811 – Cádiz 1812*, bid & co. Editor, Caracas 2011, pp. 75 ss.

157 Véase Joseph J. Ellis, *Founding Brothers. The Revolutionary Generation*, Vintage Books, New York, 2000.

Por haber sido parte de ese grupo de fundadores del Estado, buena parte de ellos pasaron a engrosar el grupo a quienes Domingo Monteverde, el jefe español invasor del territorio a comienzos de 1812, calificó como los "monstruos, origen y raíz primitiva de todos los males de América,"[158] grupo en el cual también estaban otros ilustres diputados que fueron apresados por Monteverde, entre quienes destacaron Juan Paz del Castillo y Díaz, Juan Pablo Ayala, José Cortés de Madariaga; José Mires, Manuel Ruiz y Antonio Barona.

2. *Los próceres civiles en 1810–1811*

Entre todos ellos, sin embargo, hay un pequeño grupo que deben recordarse específicamente, al cual correspondió el peso de concebir la República. Entre ellos destaca, ante todo, Juan Germán Roscio (1763–1821), experimentado abogado, conocido en la Provincia por haber protagonizado una importante batalla legal para su aceptación en el Colegio de Abogados de Caracas, luego de haber sido rechazado por su condición de *pardo*. Roscio, además, había sido Fiscal en la Administración colonial, y en tal carácter incluso, perseguidor judicial de los miembros de la expedición de Francisco de Miranda en 1806, que fueron infortunadamente apresados en el intento de desembarco en las costas de Ocumare.

Como abogado, sin embargo, Roscio fue uno de los que en abril de 1810 se rebeló contra la autoridad colonial, habiendo sido uno de los "representantes del pueblo" incorporados en la Junta Suprema el 19 de abril de 1810. En la Junta fue luego designado como Secretario de Relaciones Exteriores, por lo que se lo considera como el primer Ministro de Relaciones Exteriores del país. En la misma Junta, como secretario de Estado, Roscio fue quien el 14 de agosto de 1810 firmó la orden de la Junta Suprema de constitución de la "Sociedad Patriótica de Agricultura y Economía"[159] o la Junta patriótica de la cual Miranda llegó a ser su Presidente. Posteriormente, en momentos del funcionamiento del Congreso General, Roscio además, fue nombrado como Ministro de Gracia, Justicia y Hacienda.[160]

Roscio, por otra parte, fue el redactor del muy importante *Reglamento para la elección y reunión de diputados que han de componer el Cuerpo Conservador de los derechos del Sr. D. Fernando VII en las Provincias de Venezuela* de 11 de junio de 1810, considerado como el primer Código Electoral de América Latina,[161] y conforme al mismo, fue electo diputado al Congreso General por el partido de la Villa de Calabozo. Roscio, por tanto, fue redactor de la importante Alocución que

---

158 *Idem*

159 Véase *Textos Oficiales de la Primera República de Venezuela,* Biblioteca de la Academia de Ciencias Políticas y Sociales, Caracas 1982, Tomo I, pp. 215-216.

160 De ello se da cuenta en la sesión del Congreso del 17 de julio de 1811. Véase Ramón Díaz Sánchez, "Estudio Preliminar," *Libro de Actas del Segundo Congreso de Venezuela 1811-1812,* Academia nacional de la Historia, Caracas 1959, Tomo I, p. 220.

161 Véase sobre la primera manifestación de representatividad democrática en España e Hispanoamérica en 1810, es decir, la elección de diputados a las Cortes de Cádiz conforme a la *Instrucción* de la Junta Central Gubernativa del Reino de enero de 1810, y la elección de diputados al Congreso General de Venezuela conforme al *Reglamento* de la Junta Suprema de Venezuela de junio de 1810, en Allan R. Brewer-Carías, Los *inicios del proceso constituyente Hispano y Americano Caracas 1811- Cádiz 1812,* Bid & Co. Editores, Caracas 2011, pp. 9 ss.

presidió a dicho Reglamento, donde se sentaron las bases del sistema republicano representativo.[162]

Junto con Francisco Isnardi, Secretario del Congreso, Roscio fue figura clave en la redacción del *Acta de la Independencia* del 5 de julio de 1811; así como en la redacción del *Manifiesto que hace al mundo la Confederación de Venezuela en la América Meridional*, que se adoptó en el Congreso General el 30 de julio de 1811, explicando "las razones en que se ha fundado su absoluta independencia de España, y de cualquiera otra dominación extranjera, formado y mandado publicar por acuerdo del Congreso General de sus Provincias Unidas."[163]

Roscio fue también comisionado por el Congreso, junto con Gabriel de Ponte, Diputado de Caracas, y Francisco Javier Ustáriz, diputado por partido de San Sebastián, para colaborar en la redacción de la *Constitución Federal de las Provincias de Venezuela* de 21 de diciembre de 1811, y fue incluso miembro suplente del Ejecutivo Plural de la Confederación designado en 1812. Era fluente en inglés, e incluso fue el traductor de trabajos bajo el nombre de William Burke publicados en la *Gaceta de Caracas*, de la cual fue Redactor en sustitución de Andrés Bello. Roscio, además, fue uno de los pocos venezolanos que mantuvo a partir de 1810 directa correspondencia con Andrés Bello cuando ya este estaba en Londres, y con José M. Blanco White, el editor en Londres del periódico *El Español.*[164] En agosto de 1812, fue apresado por Domingo Monteverde, y fue finalmente enviado junto con Francisco de Miranda a la prisión de La Carraca, en Cádiz, como uno de los mencionados monstruos origen "de todos los males de América." Después de ser liberado en 1815, gracias a la intervención del gobierno británico, llegó a Filadelfia donde publicó en 1817 su conocido libro *El triunfo de la libertad sobre el despotismo, En la confesión de un pecador arrepentido de sus errores políticos, y dedicado a desagraviar en esta parte a la religión ofendida con el sistema de la tiranía,* en la Imprenta de Thomas H. Palmer.[165]

Por todo ello, a Juan Germán Roscio se ha considerado como "la figura más distinguida del movimiento de independencia desde 1810,"[166] y como "el más conspicuo de los ideólogos del movimiento" de independencia;[167] es decir, el más

---

162 Véase Ramón Díaz Sánchez, "Estudio Preliminar", *Libro de Actas del Segundo Congreso de Venezuela 1811-1812, op. cit*, Tomo I, p. 91.

163 Véase el texto en *Libro de Actas del Segundo Congreso de Venezuela 1811-1812*, Academia Nacional de la Historia, Caracas 1959, Tomo I, p. 82. Véanse los comentarios de Luis Ugalde s.j., *El pensamiento teológico-político de Juan Germán Roscio*, Universidad Católica Andrés Bello, bid & co. Editor, Caracas 2007, pp. 30, 39.

164 Andrés Bello y López Méndez entregaron a Blanco White la carta de Roscio de 28 de enero de 1811, la cual fue contestada por éste último el 11 de julio de 1811. Ambas cartas se publicaron en *El Español,* y reimpresas en José Félix Blanco and Ramón Azpúrua, *Documentos para la historia de la vida pública del Libertador,* Ediciones de la Presidencia de la República, Caracas 1978., Tomo III, pp. 14-19.

165 La segunda edición de 1821 fue hecha también en Filadelfia en la Imprenta de M. Carey e hijos.

166 Véase Ramón Díaz Sánchez, "Estudio Preliminar", *Libro de Actas del Segundo Congreso de Venezuela 1811-1812, op. cit.* Tomo I, p. 61.

167 Véase Manuel Pérez Vila, "Estudio Preliminar," *El Congreso Nacional de 1811 y el Acta de la Independencia*, Edición del Senado, Caracas 1990, p. 6.

destacado de los próceres de la independencia, el cual como todos los otros fue olvidado como tal.

Otros de los destacados próceres civiles de la independencia, también olvidado, fue el mencionado Francisco Isnardi (1750–1814), de origen italiano (Turín), quien después de haber vivido en Trinidad, pasó a las provincias de Venezuela donde por sus amplios conocimientos de física, astronomía y medicina, por encargo del entonces Gobernador del golfo de Cumaná, Vicente de Emparan, elaboró el mapa de la costa de dicho golfo. Ello produjo sospechas y acusado de trabajar para los ingleses, fue perseguido por las autoridades coloniales de Venezuela, confiscándoseles sus bienes. Luego de ser absuelto en Madrid, regresó a Margarita en 1809, donde ejerció la medicina, pasando luego a Caracas donde entabló amistad con Andrés Bello. Para 1810 trabajaba como cirujano del cuerpo de artillería, y junto con Bello se encargó de la redacción de la *Gaceta de Caracas*. Participó activamente en los eventos que siguieron a la revolución del 19 de abril de 1810, habiendo sido, entre 1811 y 1812, el editor de los más importantes periódicos republicanos como *El Mercurio Venezolano,* la propia *Gaceta de Caracas* y *El Publicista de Venezuela*. Si bien no fue diputado, tuvo la importantísima posición de Secretario del Congreso General durante todo su funcionamiento, a quien el Congreso General encomendó, junto con Roscio, la redacción del *Acta de la Independencia* del 5 de julio de 1811.[168] Igualmente fue co–redactor de importante *Manifiesto* al Mundo del Congreso General. Isnardi fue también uno de los "ocho monstruos" patriotas encarcelados por Monteverde, habiendo sido también enviado a prisión a Cádiz, donde falleció en 1814.

Además, en ese proceso fundacional estuvo Francisco Javier Ustáriz, (1772–1814) también distinguido jurista, quien igualmente fue incorporado en 1810 a la *Junta Suprema* como "representante del pueblo." También fue electo diputado al Congreso General por el partido de San Sebastián, habiendo sido, junto con Roscio, uno de los principales redactores de la *Constitución Federal* de 1811, y de la Constitución de la Provincia de Caracas de enero de 1811.

El otro distinguido jurista prócer de la independencia fue Miguel José Sanz (1756–1814), quien también tuvo una destacada actuación en la Capitanía General durante el periodo colonial. Fue relator de la Audiencia de Caracas, decano del Colegio de Abogados de Caracas, y uno de los promotores de la Academia de Derecho Público y Español que se instaló en 1790. En 1793, fue uno de los miembros del Real Consulado de Caracas, y asesor jurídico del mismo; y entre 1800 y 1802 redactó las Ordenanzas para el gobierno y policía de Santiago de León de Caracas. Por diferencias con miembros del Cabildo fue expulsado en 1809 a Puerto Rico, regresando meses después de la rebelión civil de abril de 1810. Junto con José Domingo Díaz, fue redactor entre 1810 y 1811 del *Semanario de Caracas*. Amigo de Francisco de Miranda, Sanz ocupó brevemente la Secretaría del Congreso de 1811, cargó que abandonó para ocupar la Secretaría de Estado, Guerra y Marina. Como tal, firmó la orden del Ejecutivo para la publicación del *Acta de la*

168 Véase *Libro de Actas del Segundo Congreso de Venezuela 1811-1812, cit.*, Tomo I, p. 201; Luis Ugalde s.j., *El pensamiento teológico-político de Juan Germán Roscio*, bid & co. editor, Caracas 2007, p. 30.

Independencia. También actuó como Presidente de la Sección Legislativa de la provincia de Caracas, y debió sin duda haber sido uno de los propulsores de la adopción de la *Declaración de Derechos del Pueblo* de 1811. Tras la Capitulación de 1812 fue encerrado en los calabozos de Puerto Cabello.

Todos estos juristas, además, se habían nutrido de las ideas que derivaban del proceso revolucionario e independentista de Norteamérica, que como hemos dicho, a su vez habían penetrado a través del trabajo de traducción efectuado por varios venezolanos, como Joseph Manuel Villavicencio respecto de la Constitución de los Estados Unidos de América;[169] y Manuel García de Sena, respecto de la traducción de las obras de Thomas Paine, el gran ideólogo de la revolución Norteamericana, y los textos constitucionales más importantes adoptados por las Colonias independientes (1776–1790).[170]

A todos estos políticos y juristas se une en su condición de prócer fundamental de la Independencia, Francisco de Miranda (1750–1816), el hombre más universal de su tiempo, y quien una vez que regresó a Caracas a finales de 1810, no sólo se incorporó al Congreso como diputado, sino que participó activamente en las discusiones de la Junta Patriótica, habiendo sido el más importante suministrador de ideas y escritos, que eran parte de su Archivo, para la configuración del nuevo Estado. Tuvo un rol protagónico en todos los sentidos, habiendo sido llamado a hacerse cargo de la República como Generalísimo, luego de la invasión del territorio de la provincia por los ejércitos españoles al mando de Monteverde. La pérdida del Castillo de Puerto Cabello comandado por Simón Bolívar, y con ello, el arsenal de la República, lo obligó a negociar un armisticio con Monteverde en julio de 1812. Después de haber sorteado durante varias décadas persecuciones, juicios y amenazas de prisión, terminó siendo vilmente apresado por sus subalternos y entregado a Monteverde a los pocos días de la firma de la capitulación de San Mateo, falleciendo prisionero en Cádiz en 1816.

Al grupo de los próceres se une también Andrés Bello, el más destacado humanista de América, quien al contrario de Miranda, más bien abandonó Caracas al formar parte de la misión de Comisionados enviados a Londres por la Junta Suprema de Caracas, como Secretario de la delegación, de donde nunca más volvió a Venezuela. Bello había ocupado en la administración colonial la importante posición de Oficial Mayor de la Capitanía General y redactor de la *Gaceta de Caracas*. Después de coincidir unos meses con Miranda en Londres en 1810, heredó toda la red de contactos que éste había tejido en Inglaterra en pro de la independencia americana.

169 *Constitución de los Estados Unidos de América*, editado en Filadelfia en la imprenta Smith & M'Kennie, 1810.

170 Una moderna edición de esta obra es *La Independencia de la Costa Firme, justificada por Thomas Paine treinta años ha.* Traducido del inglés al español por don Manuel García de Sena. Con prólogo de Pedro Grases, Comité de Orígenes de la Emancipación, núm. 5. Instituto Panamericano de Geografía e Historia, Caracas, 1949.

3. *Las fuentes de inspiración*

Todos esos próceres de la independencia, en una forma u otra, se habían nutrido de las ideas que derivaron del proceso revolucionario francés y de la revolución de independencia de los Estados Unidos de Norteamérica, las cuales penetraron en la Capitanía General no sólo a partir de 1810 con los papeles del Archivo de Miranda, sino incluso con anterioridad por el trabajo que venían realizado varios venezolanos. Es así, por ejemplo, que ya en 1810, al comenzar la revolución en Venezuela, Joseph Manuel Villavicencio, natural de la Provincia de Caracas, publicó la primera traducción de la *Constitución de los Estrados Unidos de America,*[171] la cual circuló profusamente en América Hispana, a pesar de la prohibición que la Inquisición había impuesto a ese tipo de publicaciones.

Además, las obras de Thomas Paine,[172] conocidas por la elite venezolana, también fueron traducidas y publicadas numerosas veces desde 1810 distribuyéndose copiosamente por Hispano América, destacándose la traducción realizada por Manuel García de Sena (hermano de Ramón García de Sena, de importante actuación en el proceso de independencia), quien desde 1803 había fijado su residencia en Filadelfia. Esa traducción de denominó como: *La Independencia de la Costa Firme justificada por Thomas Paine treinta años ha. Extracto de sus obras,*[173] y fue publicada en 1811 en la imprenta que T. y J. Palmer. Este libro contenía la primera traducción al castellano del famoso panfleto de Paine "*Common Sense*" (Philadelphia, 1776), de dos de sus principales disertaciones: "*Dissertations on the Principles of Government*," y además, de la Declaración de Independencia (4 de julio de 1776), de los artículos de la Confederación (1778), del texto de la Constitución de los Estados Unidos y Perpetua Unión (8 de julio de 1778) y de sus primeras Doce Enmiendas (1791, 1798, 1804); del texto de las Constituciones de Massachusetts (1780), de New Jersey (1776), de Virginia (1776), y de Pennsylvania (1790); así como la relación de la Constitución de Connecticut.[174]

Posteriormente, García de la Sena también publicó en 1812, en la misma casa de T. and J. Palmer en Filadelfia, la traducción al castellano de la tercera edición (1808) del libro de John M'Culloch, *Concise History of the United States, from the Discovery of America, till 1807*, con el título *Historia Concisa de los Estados Unidos desde el descubrimiento de la América hasta el año 1807.*

---

171 *Constitución de los Estados Unidos de América*, editado en Filadelfia en la imprenta Smith & M'Kennie, 1810.

172 Veáse sobre el significado de la obra de Paine en la Independencia de los Estados Unidos, por ejemplo, Joseph Lewis, *Thomas Paine. Author of the declaration of Independence,* Freethouht Press, New York 1947.

173 Una reimpresión de esta obra se realizó por el Ministerio de Relaciones Exteriores de Venezuela en 1987, como Edición conmemorativa del Bicentenario de la Constitución de los Estados Unidos de América, Caracas 1987.

174 Una moderna edición de esta obra es *La Independencia de la Costa Firme, justificada por Thomas Paine treinta años ha.* Traducido del inglés al español por don Manuel García de Sena. Con prólogo de Pedro Grases, Comité de Orígenes de la Emancipación, núm. 5. Instituto Panamericano de Geografía e Historia, Caracas, 1949.

En 1811, por tanto, todos esos trabajos y documentos eran piezas esenciales para explicar en la América hispana el significado y alcance de la revolución norteamericana, proceso en el cual los trabajos de Paine tuvieron una importancia destacada, moldeando e influenciando en la redacción de los documentos constitucionales de la independencia. Por ello, entre los primeros actos del gobierno de Domingo Monteverde en 1812, fue la incautación de los ejemplares de la referida traducción de Manuel García de Sena.

Esta traducción de García de Sena, como él mismo lo expresó, tenían el propósito de "ilustrar principalmente a sus conciudadanos sobre la legitimidad de la Independencia y sobre el beneficio que de ella debe desprenderse, tomando como base la situación social, política y económica de los Estados Unidos." Sus obras, como se dijo, tuvieron una enorme repercusión en los tiempos de la Independencia Venezuela y en América Latina en general,[175] circulando de mano en mano. Incluso, en la *Gazeta de Caracas,* que se inició en 1808 con la introducción de la imprenta en la Provincia, en los números de los días 14 y 17 de enero de 1812 se publicó parte del libro de García de Sena contentivo de la traducción de la obra de Paine.[176]

En la *Gaceta de Caracas*, además, a partir de noviembre de 1810 comenzaron a aparecer una serie de editoriales bajo el nombre de William Burke, nombre que en definitiva resultó ser un pseudónimo utilizado fundamentalmente bajo la dirección de Francisco de Miranda para difundir algunos papeles y escritos que formaban parte de su Archivo personal, con escritos por ejemplo de James Mill que se referían a las ideas constitucionales de entonces, especialmente las originadas en el sistema norteamericano.[177] Todos esos editoriales, publicados entre noviembre de 1810 y marzo de 1812, fueron incluso recogidos en un libro en dos tomos con el título de *Derechos de la América del Sur y México*,[178] publicados por la propia *Gaceta de Caracas* A finales de 1811.

En cuanto a la influencia francesa, debe recordarse que el texto traducido por Picornell y Gomilla de la Declaración de los Derechos del Hombre y del Ciudadano

---

175 Véase en general, Pedro Grases, *Libros y Libertad,* Caracas 1974; y "Traducción de interés político cultural en la época de la Independencia de Venezuela," en *El Movimiento Emancipador de Hispano América, Actas y Ponencias,* Academia Nacional de la Historia, Caracas 1961, Tomo II, pp. 105 y ss.; Ernesto de la Torre Villas y Jorge Mario Laguardia, *Desarrollo Histórico del Constitucionalismo Hispanoamericano,* UNAM, México 1976, pp. 38–39.

176 Véase Pedro Grases "Manual García de Sena y la Independencia de Hispanoamérica" en la edición del libro de García de Sena que realizó el Ministerio de Relaciones Interiores, Caracas 1987, p. 39.

177 Véase los comentarios sobre los trabajos atribuidos a "William Burke," en Allan R. Brewer-Carías, "Introducción General" al libro *Documentos Constitucionales de la Independencia/ Constitucional Documents of the Independence 1811*, Colección Textos Legislativos N° 52, Editorial Jurídica Venezolana, Caracas 2012, pp. 59-299.

178 Véase en la edición de la Academia de la Historia, William Burke, *Derechos de la América del Sur y México,* 2 Vols., Caracas 1959. Quizás por ello, José M. Portillo Valdés, señaló que "William Burke" más bien habría sido, al menos por los escritos publicados en Caracas, una "pluma colectiva" usada por James Mill, Francisco de Miranda y Juan Germán Roscio. Véase José M. Portillo Valdés, *Crisis Atlántica: Autonomía e Independencia en la crisis de la Monarquía Española*, Marcial Pons 2006, p. 272, nota 60. En contra véase Karen Racine, *Francisco de Miranda: A Transatlantic Life in the Age of Revolution*, SRBooks, Wilmington, 2003, p. 318.

en la versión de la Constitución francesa de 1793, era el que había sido motor fundamental de la conspiración de Gual y España de 1797.[179]

Fue precisamente a través de todas esas traducciones de Picornell, de Villavicencio y de García de Sena, que los textos producto de las Revoluciones Americana y Francesa penetraron en Venezuela e influenciaron directamente en los redactores de las Constituciones Provinciales en Venezuela y la Constitución de 1811.

4. *Los documentos constitucionales*

Con todo ese arsenal de ideas, los próceres fundadores de la República participaron en la rebelión independentista del 19 de abril de 1810; conformaron el nuevo gobierno de Caracas en sustitución de lo que había sido el gobierno de la Capitanía General y de la Provincia de Caracas; organizaron y participaron en la elección de los diputados al Congreso General de las provincias de dicha Capitanía a partir de junio de 1810; declararon solemnemente la Independencia el 5 de julio de 1811; redactaron la Constitución Federal de los Estados de Venezuela de 21 de diciembre de 1811[180] y la Constitución de la Provincia de Caracas de 31 de enero de 1812;[181] estos últimos textos, modelos acabados de lo que podían ser textos constitucionales de un nuevo Estado republicano de comienzos del siglo XIX, influidos por todos los principios del constitucionalismo moderno.

Esas Constituciones fueron sancionadas por el Congreso General de la Confederación de Venezuela, destacándose la *Constitución federal* de 21 de diciembre de 1811, con la cual se integró el nuevo Estado nacional con siete Estados provinciales (Caracas, Barcelona, Cumaná, Margarita, Barinas, Trujillo, Mérida) que habían resultado de la transformación de las antiguas Provincias que habían formado la antigua Capitanía General de Venezuela. A dicha Constitución le siguió la Constitución provincial de enero de 1812 sancionada por la "Sección Legislativa de la Provincia de Caracas del mismo Congreso General de Venezuela," es decir, por los diputados electos en la Provincia que integraban dicho Congreso General, en enero de 1812.

La elaboración de ambos textos constitucionales Federal y Provincial de Caracas, se realizó en paralelo en las sesiones del Congreso General, lo que se evidencia, por ejemplo, del encargo hecho en la sesión del 16 de marzo de 1811, recién instalado el propio Congreso, a los diputados Francisco Javier Uztáriz, Juan Germán Roscio y Gabriel de Ponte, Diputados los tres por la Provincia de Caracas por los partidos capitulares de San Sebastián de los Reyes, Calabozo y la ciudad de Caracas, como

---

179. Véase las referencias en el libro de Pedro Grases, *La conspiración de Gual y España y el ideario de la Independencia*, Caracas 1978.

180 Véase en Allan R. Brewer-Carías, *Las Constituciones de Venezuela*, Academia de Ciencias Políticas y Sociales, Caracas 2008, Tomo I; *Historia Constitucional de Venezuela*, Editorial Alfa, Caracas 2008, Tomo I.

181 Véase sobre esta Constitución provincial, Allan R. Brewer-Carías, *La Constitución de la Provincia de Caracas de 31 de enero de 1812*, Academia de Ciencias Políticas y Sociales, Caracas 2012.

comisionados para redactar la Constitución Federal de Venezuela[182]; y del anuncio efectuado en la sesión del Congreso General diez días después, el 28 de marzo de 1811, cuando se informó además, que se había encomendado a los mismos mencionados diputados Francisco Javier Uztáriz y Juan Germán Roscio la elaboración de "la Constitución provincial de Caracas, con el objeto de que sirviese de modelo a las demás provincias del Estado y se administrasen los negocios uniformemente."[183].

Por ello, en la sesión del Congreso General del 19 de julio de 1811 se dejó constancia de que era un mismo grupo de diputados los "encargados de trabajar la Constitución Federal y la Constitución particular de la provincia de Caracas."[184] Además, en la sesión del Congreso General del 20 de julio de 1811, el mismo Ustáriz decía que el Congreso le había encomendado junto con Roscio y de Ponte, "para que formase la Constitución federal de los Estados Unidos de Venezuela."[185]

En cumplimiento de tales encargos, Ustáriz comenzó a presentar pliegos del proyecto de Constitución en la sesión del Congreso General del 21 de agosto de 1811,[186] dejándose constancia en la sesión del Congreso del 26 de julio de 1811, por ejemplo, de la presentación de un importante "Proyecto para la Confederación y Gobiernos provinciales de Venezuela,"[187] donde se formulaba un ensayo de distribución de las competencias que debían corresponder al nivel del Estado federal, y al nivel de los Gobiernos provinciales. [188]

Se trató, por tanto, de un proceso constituyente tanto nacional como provincial que se desarrolló en paralelo en el seno del mismo cuerpo de diputados, por una parte, para la conformación de un Estado federal en todo el ámbito territorial de lo que había sido la antigua Capitanía General de Venezuela, con la participación de todos los diputados del Congreso de todas las provincias; y por la otra, para la conformación del marco constitucional de gobierno para una de las provincias de dicha Federación, la de Caracas, incluso, como se dijo, para que el texto sirviera de modelo para la elaboración de las otras Constituciones provinciales.

Otro grupo de diputados que también debe mencionarse dentro de los próceres de la independencia, son aquellos que si bien no participaron en los hechos de la Revolución de 19 de abril de 1810, fundamentalmente porque no eran vecinos de Caracas, o como fue el caso de Francisco de Miranda, no estaban en ese entonces en Caracas, sin embargo sí estuvieron presentes en todos los hechos y actos políticos

182 En la despedida de la Sección Legislativa de la Provincia de Caracas al concluir sus sesiones y presentar la Constitución provincial 19 de febrero de 1812. Véase *Textos Oficiales de la Primera República de Venezuela,* Biblioteca de la Academia de Ciencias Políticas y Sociales, Caracas 1982, Tomo II, p. 216.

183 *Idem*, Tomo II, p. 216.

184 *Idem,* Tomo II, p. 109.

185 Véase Ramón Díaz Sánchez, "Estudio Preliminar", *Libro de Actas del Segundo Congreso de Venezuela 1811-1812*, Academia Nacional de la Historia, Caracas 1959, Tomo I, p. 230.

186 *Idem*, Tomo I, p. 317.

187 Véase el texto en *El pensamiento constitucional hispanoamericano hasta 1830*, Biblioteca de la Academia nacional de la Historia, Caracas 1961, Tomo V, pp. 41-44.

188 Véase *Textos Oficiales de la Primera República de Venezuela, cit.,* Tomo II, pp. 111-113.

posteriores antes mencionados, como fueron además, los siguientes diputados, todos por otros partidos de la Provincia de Caracas: Felipe Fermín Paúl, por San Sebastián de los Reyes; Fernando de Peñalver, Luis José de Cazorla y Juan Rodríguez del Toro, por Valencia; Juan José de Maya, por San Felipe; Gabriel Pérez de Págola, por Ospino; José Ángel Álamo, por Barquisimeto; y José Vicente de Unda, por Guanare. Otros distinguidos civiles y abogados, además, tuvieron participación activa en el gobierno, particularmente en el Poder Ejecutivo plural, donde estuvieron Juan de Escalona, Cristóbal Mendoza y Baltasar Padrón, o como Secretarios de Estado, como fue el caso del mismo Miguel José Sanz.

A todos les correspondió desarrollar un intenso trabajo para el diseño y construcción constitucional del nuevo Estado, inspirado en las mejores ideas constitucionales de la época; proceso que como se dijo terminó en la elaboración de la primera Constitución republicana del mundo moderno después de la Constitución de los Estados Unidos de América de 1787, y a la Constitución de la Monarquía Francesa de 1791,[189] como fue la Constitución Federal para las Provincias de Venezuela de 21 de diciembre de 1811.

5. *La guerra: la ley de la conquista y la ley marcial*

Pero lamentablemente, todo ello fue destruido en pocos meses, por fuerza de la guerra y sobre todo, por fuerza de la incomprensión de los nuevos líderes producto de la misma, lo que produjo que Venezuela, muy pronto, entrara en un proceso histórico que fue marcado por el síndrome del "olvido de los próceres,"[190] producto de la fuerza bruta del militarismo que a partir de 1812 se apoderó del país y de su historia, arraigándose en el suelo de la República. El primer síntoma de ello fue la sustitución del régimen constitucional de 1811, sucesivamente, primero por la "ley de la conquista" impuesta por el invasor español Domingo Monteverde, y segundo por la "ley marcial" impuesta por Simón Bolívar; proceso que comenzó a manifestarse, precisamente, a partir del momento en el cual el país que encontraba preparándose para celebrar el primer aniversario formal de la independencia, a comienzos de julio de 1812.

A partir de entonces, el país entró en una guerra que se prolongó por casi una década, en medio de la cual no sólo desapareció el constitucionalismo, recibiendo el

---

189 El texto la declaración francesa de derechos del hombre y del ciudadano se conocía en Venezuela por la publicación que quedó de la Conspiración de Gual y España, *Derechos del Hombre y del Ciudadano con Varias Máximas Republicanas y un Discurso Preliminar dirigido a los Americanos*, con la traducción que Juan Bautista Picornell y Gomilla hizo de la declaración Francesa de 1793, texto que además, fue publicado de nuevo en Caracas en 1811, en la Imprenta de J. Baillio, libro considerado por Pedro Grases como "digno candidato a 'primer libro venezolano'." Véase en Pedro Grases, "Estudio sobre los 'Derechos del Hombre y del Ciudadano'," en el libro *Derechos del Hombre y del Ciudadano* (Estudio Preliminar por Pablo Ruggeri Parra y Estudio histórico-crítico por Pedro Grases), Academia Nacional de la Historia, Caracas 1959. Véase además, en Allan R. Brewer-Carías, *Las Declaraciones De Derechos Del Pueblo y del Hombre de 1811* (Bicentenario de la Declaración de "Derechos del Pueblo" de 1º de julio de 1811 y de la "Declaración de Derechos del Hombre" contenida en la Constitución Federal de los Estados de Venezuela de 21 de diciembre de 1811), con Prólogo de Román José Duque Corredor, Academia de Ciencias Políticas y Sociales, Caracas 2011.

190 Véase Giovanni Meza Dorta, *El olvido de los próceres*, Editorial Jurídica Venezolana, Caracas 2012.

país la mayor expedición militar jamás enviada antes por España a América (Morillo, 1814) sino que al final de la misma, en 1821, incluso el país mismo llegó a desaparecer como Estado, quedando el territorio de lo que había sido la federación de Venezuela como un "departamento" más de otro nuevo Estado creado contra toda lógica histórica por Simón Bolívar, como fue la República de Colombia, establecida con la Constitución de Cúcuta de ese año, luego de que Simón Bolívar hubiera propuesto al Congreso de Angostura la sanción de la Ley de Unión de los Pueblos de Colombia en 1819.[191]

Ese entierro de la obra de los próceres de la independencia que construyeron la República mediante sus ejecutorias civiles entre el 19 de abril de 1810 con la constitución de la Junta Suprema de Caracas y marzo de 1812 con la instalación del Congreso en la ciudad federal de Valencia, en todo caso, como siempre acaece en la historia, se produjo por la conjunción de varios hechos, en este caso, sin embargo, todos ellos de carácter estrictamente militar. Esos hechos fueron: *primero*, la invasión del territorio nacional en febrero de 1812 por una fuerza militar extranjera comandada por Domingo Monteverde, dirigida desde Puerto Rico, donde la Regencia de España y luego, las propias Cortes de Cádiz, había situado el cuartel general español para la pacificación de las provincias de Venezuela; *segundo*, el fracaso militar ocurrido en el novel ejército venezolano, específicamente, como consecuencia de la pérdida del arsenal de la República, al caer el Castillo de Puerto Cabello en manos realistas, en los primeros días del mes de julio de 1812, el cual estaba al mando del coronel Simón Bolívar, quien hubo de abandonar la plaza con los pocos oficiales que le quedaron leales; *tercero*, la consecuente Capitulación del ejército republicano que estaba comandado por Francisco de Miranda, a quien el Congreso le había otorgado plenos poderes para enfrentar la invasión militar de la provincia, y que se materializó el 25 de julio de 1812 en la firma de un Armisticio entre los enviados de Miranda y Monteverde, mediante el cual se le aseguró la ocupación militar española de las provincias; *cuatro*, la decisión militar, injustificada, inicua y desleal, adoptada en la noche del 30 de julio de 1812 por un grupo de oficiales del ejército republicano al mando del mismo Simón Bolívar, e inducidos por oficiales traidores que ya habían negociado con Monteverde, de apresar a su superior, el general Francisco de Miranda, acusándolo de traidor, y quien luego de salvarse de ser fusilado in situ como pretendía Bolívar, fuera entregado inmisericordemente a Monteverde, para no recobrar más nunca su libertad; *quinto*, la violación sistemática del tratado militar que se había suscrito, por parte de Monteverde, quien persiguió a todos los que habían participado en la creación de la República, estableciendo en la provincia una dictadura militar y sometiendo al país, no a la Constitución de Cádiz recién sancionada, sino a la "ley de la conquista," lo que se prolongó hasta 1814 en medio de la más espantosas represión militar; *sexto*, por la nueva invasión del territorio venezolano en 1814 por la que sería históricamente la mayor fuerza militar que hubiese enviado jamás la Corona española a América al mando del mariscal Morillo, con quien Bolívar llegaría a firmar un Armisticio para regularizar la guerra; *séptimo*, la también

191 Véase los textos en Allan R. Brewer-Carías, *Las Constituciones de Venezuela*, Academia de Ciencias Políticas y Sociales, Caracas 2008, Tomo I.

invasión militar del territorio de Venezuela desde la Nueva Granada en 1813, esta vez un ejército autorizado por el Congreso de Nueva Granada, al mando de Simón Bolívar, y los contundentes triunfos del ejército republicano de liberación que llevaron a proclamar a Bolívar como El Libertador, quien por la fuerza militar ocupó intermitentemente los territorios de las provincias de Venezuela hasta 1819; y *octavo*, la ausencia de régimen constitucional alguno en los territorios de Venezuela desde 1813 hasta 1819, por el sometimiento efectivo de los mismos por los ejércitos republicanos, no a la Constitución de 1811, la cual lamentablemente nunca más se puso en vigencia como tal, sino que más bien fue estigmatizada, imponiéndose en su lugar la "ley marcial," lo que se extendió hasta 1819 cuando Bolívar buscó, aún cuando efímeramente, reconstituir el Estado venezolano con una nueva Constitución (Angostura).

En particular, de todos esos hechos, deben destacarse los de orden "constitucional" que se produjeron, de entrada, como consecuencia de la ocupación militar de las Provincias por el ejército español, luego de la Capitulación de julio de 1812. Monteverde y sus nuevas autoridades, una vez que desconocieron la Constitución federal republicana de diciembre de 1811, de hecho obviaron poner en vigencia régimen constitucional alguno.

La pretendida publicación de la recién sancionada Constitución de Cádiz, que era a lo que debían proceder, en efecto, llevó al nuevo Capitán General de Venezuela, Fernando Mijares, quien recién había sido nombrado para un cargo que nunca llegó a ejercer efectivamente pues el mismo fue asumido y usurpado por Monteverde; a enviarle a éste, el 13 de agosto de 1812, unos días después de la detención de Miranda, unos ejemplares del texto constitucional monárquico con las correspondientes órdenes y disposiciones que habían dado las Cortes para su publicación y observancia.[192] Sin embargo, Monteverde retrasó de hecho la jura de la Constitución, aclarándole incluso posteriormente a la Audiencia que si se había diferido su publicación no había sido por descuido, ni omisión ni capricho, sino por "circunstancias muy graves," que impedían su aplicación en Provincias como las de Venezuela, "humeando todavía el fuego de la rebelión más atroz y escandalosa," considerando a quienes la habitaban como "una sociedad de bandoleros, alevosos y traidores," indicando que si publicaba la Constitución no respondería "por la seguridad y tranquilidad del país."[193]

Es decir, como Monteverde no estimaba a "la provincia de Venezuela merecedora todavía de que participase de los efectos de tan benigno código"[194] solo llegó a publicar y jurar la Constitución de Cádiz "a la manera militar," el 21 de noviembre de 1812, y luego, en Caracas, el 3 de diciembre de 1812, asumiendo sin

192 Véase José de Austria, *Bosquejo de la Historia Militar de Venezuela,* Biblioteca de la Academia Nacional de la Historia, Tomo I, Caracas 1960, p. 364.

193 Véase carta de Monteverde a la Audiencia de 29 de octubre de 1812. Citada en Alí Enrique López y Robinzon Meza, "Las Cortes españolas y la Constitución de Cádiz en la Independencia de Venezuela (1810-1823)," en José Antonio Escudero (Dir.), *Cortes y Constitución de Cádiz. 200 Años*, Espasa Libros, Madrid 2011, Tomo III, pp. 613, 623.

194 Véase José de Austria, *Bosquejo de la Historia militar..., op. cit.,* Tomo I, p. 370.

embargo un poder omnímodo contrario al texto constitucional gaditano mismo.[195] Monteverde además, desconoció la exhortación que habían hecho las propias Cortes de Cádiz, en octubre de 1810, sobre la necesidad de que en las provincias de Ultramar donde se hubiesen manifestado conmociones (sólo era el caso de Caracas), si se producía el "reconocimiento a la legítima autoridad soberana" establecida en España, debía haber "un general olvido de cuanto hubiese ocurrido indebidamente"[196]. Nada de ello ocurrió en las Provincias de Venezuela, donde la situación con posterioridad a la firma de la Capitulación de julio de 1812 fue de orden fáctico, pues el derrumbamiento del gobierno constitucional fue seguido en paralelo, por el desmembramiento de las antiguas instituciones coloniales, bajo la autoridad militar.

A esa inundación militar inicial de la República, invadida por los ejércitos españoles, siguió la también invasión militar republicana de los territorios de las Provincias, desde la Nueva Granada, la cual tampoco restableció el orden constitucional republicano.

En efecto, desde que Simón Bolívar llegó a Cartagena de Indias a finales de diciembre de 1812, gracias al salvoconducto que le había suministrado Monteverde, en retribución "a los servicios prestados" a la Corona, en su primera alocución pública que fue el llamado Manifiesto de Cartagena, calificó la construcción institucional de la República reflejada en la Constitución federal de diciembre de 1811, como propia de una "república aérea" atribuyéndole a dicha concepción y a sus autores la caída misma de la República, lo que, posteriormente originaría en la Nueva Granada el despectivo calificativo de la "patria boba" para referirse a ese período de nuestra historia.[197] Simón Bolívar, en efecto, diría a los seis meses de haber detenido y entregado a Miranda al invasor Monteverde, quizás cuando buscaba explicar su conducta, que:

> "los códigos que consultaban nuestros magistrados no eran los que podían enseñarles la ciencia práctica del Gobierno, sino los que han formado ciertos buenos visionarios que, imaginándose *repúblicas aéreas*, han procurado alcanzar la perfección política, presuponiendo la perfectibilidad del linaje

---

195 Véase Manuel Hernández González, "La Fiesta Patriótica. La Jura de la Constitución de Cádiz en los territorios no ocupados (Canarias y América) 1812-1814," en Alberto Ramos Santana y Alberto Romero Ferrer (eds), *1808-1812: Los emblemas de la libertad*, Universidad de Cádiz, Cádiz 2009, pp. 104 ss.

196 Véase el Decreto V, 15-10-10, en Eduardo Roca Roca, *América en el Ordenamiento Jurídico de las Cortes de Cádiz*, Granada 1986, p. 199.

197 Véase, por ejemplo, por lo que se refiere a la Nueva Granada, el empleo del término en el libro *La Patria Boba*, que contiene los trabajos de J.A. Vargas Jurado (*Tiempos Coloniales*), José María Caballero (*Días de la Independencia)*, y J.A. de Torres y Peña (Santa Fé Cautiva), Bogotá 1902. El trabajo de Caballero fue publicado con los títulos *Diario de la Independencia*, Biblioteca de Historia Nacional, Bogotá 1946, y *Diario de la Patria Boba*, Ediciones Incunables, Bogotá 1986. Véase también, José María Espinosa, *Recuerdos de un Abanderado, Memorias de la Patria Boba 1810-1819*, Bogotá 1876.

humano. Por manera que tuvimos filósofos por Jefes, filantropía por legislación, dialéctica por táctica, y sofistas por soldados."[198]

No es de extrañar con semejante apreciación, que Bolívar pensase que como las circunstancias de los tiempos y los hombres que rodeaban al gobierno en ese momento eran "calamitosos y turbulentos, [el gobierno] debe mostrarse terrible, y armarse de una firmeza igual a los peligros, sin atender a leyes, y constituciones, ínterin no se restablece la felicidad y la paz."[199] Por ello concluía afirmando tajantemente que "entre las causas que han producido la caída de Venezuela, debe colocarse en primer lugar la naturaleza de su constitución que, repito, era tan contraria a sus intereses, como favorable a los de sus contrarios."[200]

Debe mencionarse, sin embargo, que apenas iniciada su "Campaña Admirable" desde Nueva Granada para la recuperación del territorio de la República, una vez liberada la provincia de Mérida en mayo de 1813, Bolívar proclamó, desde allí, "el establecimiento de la Constitución venezolana, que regía los Estados antes de la irrupción de los bandidos que hemos expulsado;" y que al mes siguiente, desde Trujillo, al tomar conciencia del sesgo social de la guerra que se estaba ya librando, el 15 de junio de 1813, en su proclama de guerra a muerte, Bolívar también anunció que su misión era "restablecer los Gobiernos que formaban la Confederación de Venezuela" indicando que los Estados ya liberados (Mérida y Trujillo) se encontraban ya "regidos nuevamente por sus antiguas Constituciones y Magistrados."[201]

Sin embargo, esa intención duró poco, no sólo por el contenido del mismo decreto de Guerra a Muerte donde se ordenó pasar por las armas ("contad con la muerte") a todo aquél, español o americano que "aún siendo indiferente" no obrara "activamente en obsequio de la libertad de Venezuela,"[202] sino por su declaración y proclamación desde Caracas, al año siguiente, el 17 de junio de 1814, de la *ley marcial*, entendiendo por tal "la cesación de toda otra autoridad que no sea la militar," con orden de alistamiento general, anunciando para quienes contravinieran la orden que "serán juzgados y sentenciados como traidores a la patria, tres horas después de comprobarse el delito."

A partir de entonces, la ley militar rigió completamente en el bando republicano en los territorios de Venezuela, sumándose sí a la "ley de la conquista" que ya había impuesto Monteverde desde que había ocupado el territorio de la República, violado la Capitulación que había suscrito con Miranda, y había recibido a éste preso entregado por sus propios subalternos. Ello le permitió a Monteverde, en

198 Véase Simón Bolívar, "Manifiesto de Cartagena," en *Escritos Fundamentales,* Caracas, 1982 y en *Itinerario Documental de Simón Bolívar. Escritos selectos*, Ediciones de la Presidencia de la República, Caracas 1970, pp. 30 ss. y 115 ss.

199 *Idem.*

200 *Idem.*

201 "Discurso a la Municipalidad de Mérida, 31 de mayo de 1813, en Hermánn Petzold Pernía, *Bolívar y la ordenación de los Poderes Públicos en los Estados Emancipados*, Caracas 1986, p. 32.

202 "Decreto de guerra a muerte," de 13 de junio de 1813 (versión facsimilar) en Hermánn Petzold Pernía," *Bolívar y la ordenación de los Poderes Públicos en los Estados Emancipados*, Caracas 1986, p. 33.

representación que dirigió a la Audiencia de Caracas el 30 de diciembre de 1812, a afirmar que si bien Coro, Maracaibo y Guayana, que habían sido las provincias de la Capitanía que no habían participado en la conformación del Estado federal de 1811, "merecen estar bajo la protección de la Constitución de la Monarquía," es decir, de la de Cádiz que había pretendido jurar en Caracas bajo rito militar, en cambio afirmaba que "Caracas y demás que componían su Capitanía General, no deben por ahora participar de su beneficio hasta dar pruebas de haber detestado su maldad, y bajo este concepto deben ser tratadas por la ley de la conquista; es decir, por la dureza y obras según las circunstancias; pues de otro modo, todo lo adquirido se perderá."[203]

Así quedaron los territorios del Estado de Venezuela sumidos bajo la ley militar, la ley marcial o la ley de la conquista, barriéndose con todo lo que fuera civilidad, contribuyendo desde entonces, con el militarismo resultante, con el desplazamiento, secuestro y sustitución de los próceres de la independencia, quienes fueron apresados y entregados a los españoles, como Francisco de Miranda, o fueron perseguidos y detenidos por éstos (Roscio, Iznardi, Ustáriz) a raíz de los acontecimientos de la noche del 30 de julio de 1812,

Con el abandono del constitucionalismo inicial de la República, primero por el invasor español, y luego por los republicanos que salieron a su defensa, pero que lamentablemente lo despreciaron por provenir de "filósofos" y "sofistas," se inició el proceso que condujo a que los verdaderos próceres de la independencia fueran olvidados, pero no por ingratitud de los venezolanos, sino porque históricamente, en definitiva, fueron secuestrados por el militarismo que en desdeño al civilismo republicano culparon a los próceres de la independencia por el fracaso de la propia República de 1811–1812. De ello resultó que además, fueran posteriormente suplantados por los nuevos héroes militares, a quienes incluso la historia comenzó a atribuir la propia independencia de Venezuela, cuando lo que los militares hicieron, con Bolívar a la cabeza fue, mediante una extraordinaria campaña militar, liberar a un país que ya era independiente y que estaba ocupado militarmente por fuerzas enemigas.

Ese proceso de secuestro y suplantación de los próceres y de los hacedores de la institucionalidad republicana, y el olvido subsiguiente en el cual cayeron, en todo caso, fue inducido, no tanto por los militares que liberaron el territorio, sino por quienes escribieron la historia, que fueron los que hicieron pensar que los próceres habían sido los héroes militares libertadores, atribuyéndoles el rol de "próceres de la independencia" que no tuvieron. Y a los secuestrados por la historia les ocurrió lo que por ejemplo le pasa, a medida que transcurre el tiempo, inexorablemente, a toda persona privada de su libertad por secuestro o prisión, o que ha sido extrañada de su país, y es que en el mediano plazo y a la larga, inevitablemente cae en el olvido.

Solo ese efecto del tiempo, combinado con la suplantación histórica, explica, por ejemplo, que una vez que Francisco de Miranda fuera apresado por sus subalternos, y fuera entregado al invasor español, al desaparecer en vida de la escena por su

203 "Representación dirigida a la Regencia el 17 de enero de 1813,", en J.F. Blanco y R. Azpúrua, *Documentos para la historia de la vida pública del Libertador,* Ediciones de la Presidencia de la República, Caracas 1978., Tomo IV, pp. 623–625.

prisión en La Guaira, Puerto Cabello, Puerto Rico y Cádiz hasta 1816 cuando murió, hubiera caído rápidamente en el olvido al ser enterrado en vida por el pensamiento, la escritura y la acción de los héroes militares, incluyendo entre ellos a Bolívar quien pasó 16 años sin siquiera nombrarlo.[204] En ello, sin duda, jugaron papel preponderante los apologistas de los nuevos líderes que salieron de las cenizas de las guerras posteriores.

6. *Los próceres olvidados*

Pero nunca es tarde para volver la mirada hacia el pasado y hacia nuestros orígenes como país, y así tratar de identificar realmente quienes fueron los verdaderos próceres de la independencia de Venezuela, lo que nos permite no sólo buscar rescatarlos del olvido, poniendo en su respectivo lugar en la historia a aquellos a quienes se los puso a suplantarlos indebidamente; sino para entender el origen mismo de nuestras instituciones constitucionales.

Para ello lo que debe quedar en claro, en todo caso, es que en Venezuela, contrariamente a lo que se piensa y se celebra, la independencia fue un proceso político y civil, obra del antes mencionado grupo de destacadísimos pensadores e intelectuales que la concibieron, diseñaron y ejecutaron durante un período de menos de dos años que se desarrolló entre abril de 1810 y enero de 1812, logrando la configuración de un nuevo Estado Constitucional en lo que antes habían sido antiguas colonias españolas, inspirado en los principios fundamentales del constitucionalismo moderno que recién se habían derivado de las Revoluciones Americana y Francesa de finales del Siglo XVIII, y que entonces estaban en proceso de consolidación. La independencia, por tanto, no fue obra de militares, quienes a partir de 1813 libraron importantes batallas para buscar la liberación del territorio de la nueva y recién nacida República, después de que había sido invadido por el ejército español en febrero de 1812.

Por ello las importantes batallas militares desarrolladas a partir de 1813 al mando de Simón Bolívar, no fueron realmente batallas por la independencia del país que ya antes se había consolidado, sino por la liberación de su territorio invadido. La República nació a partir del 19 de abril de 1810, y se consolidó constitucionalmente con la declaración de Independencia del 5 de julio de 1811 y la sanción de la Constitución Federal para los Estados de Venezuela de 21 de diciembre de 1811. La República, en consecuencia no nació ni con la Constitución de Angostura de 1819, ni mucho menos con la Constitución de Cúcuta de 1821 con la cual, más bien, desapareció como Estado al integrarse su territorio a la naciente República Colombia. Tampoco nació la República con la Constitución de 1830, con la cual en realidad, lo que ocurrió fue la reconfiguración del Estado de Venezuela.

Entre todas esas Constituciones, sin duda, la Constitución Federal de los Estados de Venezuela de 21 de diciembre de 1811, en el marco de la cual se dictó la Constitución provincial de Caracas, obra ambos de aquellos destacados juristas

---

204 Después de 1812, en sus escritos, Bolívar solo llegó a mencionar a Miranda, incidentalmente, en una nota de respuesta a una carta de presentación de Leandro Miranda que en 1828 le había enviado Pedro Antonio Leleux, Secretario que había sido de Miranda.

próceres de la independencia, tuvo la importancia histórica de que fue la tercera Constitución de ámbito nacional que se sancionó en el mundo moderno.

La Constitución de la Provincia de Caracas de 31 de enero de 1812, tiene también la importancia de ser parte del segundo grupo de Constituciones provinciales que se sancionaban en la historia del constitucionalismo moderno, después de las que se habían adoptado a partir de 1776 en las trece antiguas Colonias inglesas en Norteamérica y que luego formaron los Estados Unidos de América, y que fueron las Constituciones o Formas de Gobierno de New Hampshire, Virginia, South Carolina, New Jersey Rhode Island, Connecticut, Maryland, Virginia, Delaware, New York y Massachusetts.[205] Venezuela fue, así, el segundo país en la historia del constitucionalismo moderno en haber adoptado la forma federal de gobierno a los efectos de unir como un nuevo Estado, lo que antes habían sido antiguas Provincias coloniales, y adoptar también Constituciones provinciales.

Esos textos como se dijo, fueron producto de la imbricación de Legislaturas en un mismo Cuerpo de representantes, la del Congreso General y la de la Sección Legislativa de la Provincia de Caracas, lo que explica que en la sesión del Congreso General del 31 de enero 1812 se diera cuenta formalmente de que la Constitución provincial de Caracas iba a firmarse ese mismo día;[206] hecho del cual además se dio anuncio en la sesión del mismo Congreso General del día siguiente, del 1 de febrero de 1812.[207]

La concepción y conducción del proceso constituyente venezolano, que en ese momento era a la vez el inicio del proceso constituyente de toda la América hispana fue, por tanto, insistimos, obra, no de militares, sino de esos destacados e ilustrados diputados y funcionarios, juristas y políticos que lo integraban,[208] casi todos

---

205 El texto de casi todas estas Constituciones se conocía en Caracas a partir de 1810 por la traducción que hizo Manuel García de Sena, en la obra *La Independencia de la Costa Firme, justificada por Thomas Paine treinta años ha,* editada en Filadelfia en 1810. Véase la edición, con prólogo de Pedro Grases, del Comité de Orígenes de la Emancipación, núm. 5. Instituto Panamericano de Geografía e Historia, Caracas, 1949. El texto de la Constitución de los Estados Unidos de América también se conocía por la traducción contenida en dicho libro, y por la que hizo en Joseph Manuel Villavicencio, *Constitución de los Estados Unidos de América*, editado en Filadelfia en la imprenta Smith & M'Kennie, 1810. Además, amplios estudios sobre el sistema norteamericano americano, su constitución y la federación salieron publicados entre 1810 y 1811 bajo el nombre de William Burke en la *Gaceta de Caracas*, y recogidos todos y publicados en 1811, por la misma imprenta como William Burke, *Derechos de la América del Sur y México*, 2 vols., Caracas 1811.

206 Véase *Libro de Actas del Segundo Congreso de Venezuela 1811-1812,* Academia Nacional de la Historia, Caracas 1959, Tomo II, p. 307.

207 Véase *Libro de Actas del Segundo Congreso de Venezuela 1811-1812, cit.,* Tomo II, p. 309. Como se dijo, con posterioridad, el 19 de febrero de 1812 luego de haberse promulgado la Constitución de la Provincia de Caracas, la Sección Legislativa para la Provincia del Congreso General dirigió una "despedida a los habitantes de Caracas al terminar sus sesiones y presentar la Constitución," (firmada por los diputados Felipe Fermín Paúl, Martín Tovar, Lino de Clemente, Francisco Xavier Ustáriz, José Ángel Alamo, Nicolás de Castro, Juan Toro, Tomás Millano." Véase en *Textos Oficiales de la Primera República de Venezuela, cit.,* Tomo II, p. 216.

208 Véase la lista y nombres de todos los diputados en Manuel Pérez Vila "Estudio Preliminar," *El Congreso Nacional de 1811 y el Acta de la Independencia*, Edición del Senado, caracas 1990, pp. 7-8; Juan Garrido, *El Congreso Constituyente de Venezuel*a, Universidad Monteávila, Caracas 2010, pp. 76-79.

formados a finales del siglo XVIII en la Universidad de Caracas, y muchos de ellos con experiencia en funciones de gobierno, antes de la Revolución de abril de 1810, en las instancias de administración y gobierno coloniales de la Capitanía General de Venezuela.

Es lamentable, por ello, que todos esos próceres de nuestra independencia hayan caído en el olvido, lo que se debió, sin embargo, lamentablemente a la necesidad de buscar un culpable en los acontecimientos políticos, tan arraigado en la idiosincrasia venezolana.

Para ello, aquellos próceres, fueron estigmatizados de todos los males por ser los culpable o responsables de la caída de la primera República, por haber diseñado una "República aérea," cuando dicha caída sólo se debió a una conjunción de factores devastadores, entre otros, la invasión del territorio por Monteverde en febrero de 1812; los efectos del terremoto del 23 de marzo de 1812 que destruyó físicamente la provincia de Caracas hasta los Andes; las deserciones políticas y militares que afectaron las filas republicana tempranamente, y la pérdida del Castillo de Puerto cabello, donde estaba el arsenal de la nueva República, a manos de Simón Bolívar.

Además, al ser dichos próceres, los "responsables" de todos los males de la naciente República, ello fue así tanto para los mismos republicanos según lo comenzó a difundir Simón Bolívar a fines del mismo año 1812, como para los españoles, para quienes además fueron "los monstruos, origen y raíz primitiva de todos los males de América." De todo ello, era obvio que terminarían rápidamente secuestrados por quienes desde las trincheras militares hicieron la guerra para la recuperación del territorio de la República, y por quienes desde ese ángulo contaron la historia.

Por eso, incluso, la celebración del día de la independencia en Venezuela aún en nuestros días no es un acto que sea puramente civil, como en cambio lo fue la sanción misma y firma del Acta en el seno del Congreso General el 5 de julio de 1811; sino que es un acto esencialmente militar; y la independencia en sí misma, lejos de identificarse con los actos civiles desarrollados en los orígenes de la república entre 1810 y 1812, se confunde con las guerras de liberación del territorio, ya independiente, de la ocupación española que culminaron con la batalla de Carabobo en 1821, que se engloban bajo la denominación de las guerras de independencia.

Ciertamente, en esos años se libraron verdaderas "guerras de independencia" incluso por el mismo Ejército y bajo el mismo liderazgo de Bolívar, pero ello fue en la Nueva Granada, en Ecuador, en el Perú y en Bolivia. No en Venezuela, que era territorio independiente desde 1810–1811, donde las guerras que a partir de 1813 lideró Bolívar fueron guerras de liberación de un Estado ya independiente, invadido por los españoles. Estado independiente en el cual, precisamente se inició el constitucionalismo moderno o liberal de la América Hispana en 1810–1811.

VII. LA CONSTITUCIÓN DE ANGOSTURA (1819) Y LA UNIÓN DE LOS PUEBLOS DE COLOMBIA: LAS LEYES FUNDAMENTALES Y CONSTITUCIONALES DE 1819 Y 1821, Y LA CONSTITUCIÓN DE 1821

1. *Los antecedentes de la Constitución de 1819*

La Constitución política de Venezuela, sancionada en Angostura, la capital de Guayana, de 15 de agosto de 1819,[209] tuvo como antecedente el texto de la Constitución de 1811, de la cual tomó muchas disposiciones, entre ellas, la declaración de derechos, los principios democráticos representativos y la separación de poderes; y además, tuvo la influencia directa de las ideas del general Simón Bolívar, para entonces jefe supremo de la República, quien las había expresado tanto en el Proyecto que elaboró para presentarlo en el Congreso de Angostura, como en su Discurso de presentación ante en el mismo[210]; los cuales además, seguían la línea de pensamiento que había delineado en el Manifiesto de Cartagena (1812) y en la Carta de Jamaica (1815)[211]. La Constitución de 1819, sin embargo, tuvo una importante disidencia respecto del texto de la Constitución de 1811, al establecer conforme a la orientación de Bolívar, un Estado unitario en contraste con la forma federal inicial.

En efecto, el Estado Federal en 1811 había estado dividido en Provincias, precisamente delimitadas sobre las antiguas provincias coloniales, en las cuales existían Legislaturas Provinciales (la denominación de "Diputaciones provinciales", que fueron su equivalente, apareció en la Constitución de Cádiz del año siguiente), a las cuales correspondía dictar la Constitución propia de cada Provincia, siendo el ejemplo más acabado la Constitución de la Provincia de Caracas de 31 de enero de 1812 (sancionada dos meses antes que la de Cádiz), con 328 artículos[212]. En cada Provincia, el Gobernador era electo en la forma establecida en la Constitución provincial. Además, cada Provincia regulaba su propia división territorial, por lo que por ejemplo, el territorio de la Provincia de Caracas se dividió en Departamentos, Cantones y Distritos conforme a la terminología francesa (art. 2).

Frente a esta forma federal del Estado que había privado en la concepción de la Constitución de 1811, y que sin duda había conducido al imperio del caudillismo local y regional alentado por las guerras de independencia, la oposición del Libertador fue pertinaz, lo que en definitiva provocó que el texto constitucional de

---

209 Véase en general, Carolina Guerrero, "Los constituyentes de la Unión Colombiana: Una creación limitada y menguada", en Elena Plaza y Ricardo Combellas (Coordinadores), *Procesos Constituyentes y Reformas Constitucionales en la Historia de Venezuela: 1811–1999*, Universidad Central de Venezuela, Caracas 2005, tomo I, pp. 75–106

210 Véase los textos en *El Libertador y la Constitución de Angostura*, (ed. Pedro Grases), Publicaciones del Congreso de la República, Caracas, 1969.

211 El Manifiesto de Cartagena (1812) y la Carta de Jamaica (1815) pueden consultarse, entre otros, en Simón Bolívar, *Escritos Fundamentales*, Caracas, 1982 y en *Itinerario Documental de Simón Bolívar. Escritos selectos*, Ediciones de la Presidencia de la República, Caracas 1970, pp. 30 y ss. y 115 y ss. Véase además, Simón Bolívar, *Carta de Jamaica*, Ediciones del Ministerio de Educación, Caracas 1965 y Ediciones de la Presidencia de la República, Caracas 1972.

212 Véase en *Las Constituciones provinciales*, *cit.*, pp. 61 y ss.

1819 organizara una República "unitaria y centralista"[213], tal como lo dice el texto constitucional en el Titulo II: "una e indivisible" (art. 1°), aún cuando con una división territorial de diez Provincias (Barcelona, Barinas, Caracas, Coro, Cumaná, Guayana, Maracaibo, Margarita, Mérida y Trujillo) (art. 2°), todas bajo la autoridad de un gobernador sujeto inmediatamente al Presidente de la República (Título IX, Sección Primera, Art. 1°), sin prever regulación alguna respecto de órgano legislativos en las provincias.

La organización constitucional del Estado en la Constitución de Angostura, en todo caso, solo tendría aplicación escasos años, no sólo porque la guerra continuó, sino porque en 1821 Venezuela se integraría a la República de Colombia[214].

En la Constitución de la República de Colombia de Cúcuta de 1821[215], por tanto, puede decirse que el centralismo de Estado continuó y se acentuó al integrarse las provincias de Cundinamarca, Venezuela y Ecuador, por lo cual el territorio de la República de Colombia que estableció, se lo dividió en Departamentos, los cuales quedaron bajo el mando político de Intendentes. Estos eran nombrados por el Presidente de la República con acuerdo del Senado, y le estaban sujetos (art. 121, 122, 151 y 152). Los Departamentos se dividían en Provincias, y en cada una de ellas había un Gobernador con subordinación al Intendente del departamento respectivo, nombrado también por el Presidente de la República (art. 153). El Intendente, en todo caso, era a la vez gobernador de la provincia en cuya capital residía (art. 154); y las provincias se subdividían en cantones, donde existían cabildos o municipalidades (art. 155).

Por otra parte, en cuanto a la organización del Estado, las ideas de Bolívar sobre la Presidencia Vitalicia, el Senado Hereditario y el original Poder Moral[216], si bien absolutamente novedosas para el constitucionalismo de la época, sin embargo, en Angostura fueron dejadas aparte, y el texto constitucional, siguiendo la base de la Constitución de 1811, estableció un sistema de gobierno presidencial, pero esta vez abandonando el esquema triunviral y optando por el unipersonal, que aún tiene el país; siguió con el sistema de separación de poderes y previó el elenco de los derechos y garantías del hombre ya establecido en el texto de 1811.

2. *La Unión de las Provincias de Cundinamarca y Venezuela y la desaparición del Estado de Venezuela*

La Constitución de 1819, por otra parte, no sólo rigió en las provincias de Venezuela, pues durante el mismo año de 1819, Bolívar, quien había participado en la Campaña de Apure y a mediados de ese año había pasado la Cordillera hacia Nueva Granada y en agosto ya había triunfado en la Batalla de Boyacá; había

213 Para un análisis de la labor del Congreso de Angostura, véase Pedro Grases (ed.), *Actas del Congreso de Angostura*, Instituto de Derecho Público, Universidad Central de Venezuela, Caracas, 1969.

214 Véase la Ley Fundamental de la República de Colombia de 1819 y la Ley Fundamental de la Unión de los Pueblos de Colombia de 1821, en Allan R. Brewer–Carías, *Las Constituciones de Venezuela*, *cit.*, pp. 373–376.

215 Véase el texto en Allan R. Brewer–Carías, *Las Constituciones de Venezuela*, *cit.*, pp. 379–395.

216 En anexo a la Constitución de 1819, sin embargo, se publicó el Título correspondiente al Poder Moral. Véase en Allan R. Brewer–Carías, *Las Constituciones de Venezuela*, *cit.*, pp. 367–371.

declarado a las provincias de Cundinamarca como sujetas al Congreso y al Gobierno de Angostura. Así consta en su Proclama del 8 de septiembre de 1819 en la cual, además, abogaba por la "reunión de la Nueva Granada y Venezuela en una República", precisando que una Asamblea Nacional así debía decidirlo[217].

Por ello, a su regreso a Angostura desde la Nueva Granada, el 14 de diciembre de 1819 propuso la creación de la República de Colombia, señalando: "La reunión de la Nueva Granada y Venezuela es el objeto único que me he propuesto desde mis primeras armas: es el voto de los ciudadanos de ambos países, y es la garantía de la libertad de la América del Sur"[218]. Conforme a esta propuesta, el 17 de diciembre de 1819, el mismo Congreso de Angostura sancionó la Ley Fundamental de la República de Colombia, conforme a la cual las Repúblicas de Venezuela y Colombia "quedaban desde ese día reunidas en una sola, bajo el título glorioso de la República de Colombia"[219].

De acuerdo a esta Ley, "el Poder Ejecutivo sería ejercido por un Presidente, y en su defecto por un Vicepresidente, nombrados interiormente por el actual Congreso" (art. 4), y se dividió la República de Colombia, en tres grandes Departamentos: Venezuela, Quito y Cundinamarca (art. 6), los cuales debían ser Administrados por un Jefe cada uno, con el título de Vicepresidente (art. 6). En tal virtud, la Ley Fundamental prescribió que el Congreso debía ponerse en receso el 15 de agosto de 1820, debiendo procederse a nuevas elecciones para el Congreso General de Colombia (art. 11), que debía reunirse en la Villa del Rosario de Cúcuta el 1° de enero de 1821. En la misma sesión del 17 de diciembre de 1819, el Congreso, de nuevo eligió al General Bolívar como Presidente del Estado de Colombia y Vicepresidente a Francisco Zea; y como Vicepresidente de los Departamentos de Cundinamarca y Venezuela, al General Santander y Juan G. Roscio, respectivamente.

El Libertador regresó a la Nueva Granada y entró en Bogotá en marzo de 1820. Regresó a Venezuela a fines de ese mismo mes, y hacia fines de ese año suscribe el Armisticio y el Tratado de Regularización de la guerra con Morillo el 25 y 26 de noviembre, entrevistándose ambos jefes en Santa Ana, el 27 de noviembre. Morillo encargó del ejército español a Miguel de la Torre y se embarcó para España. Al poco tiempo, el Armisticio se rompió, por el pronunciamiento del gobierno de la Provincia de Maracaibo a favor de una República democrática, incorporándose a Colombia.

El 24 de junio de 1821 se libró la Batalla de Carabobo, y con ello se selló definitivamente la independencia de Venezuela. El 30 de Junio de 1821 el Libertador, en una proclama dirigida a los habitantes de Caracas, además de anunciar que: "Una victoria final ha terminado la guerra en Venezuela", les precisó la configuración de la Gran Colombia: "la unión de Venezuela, Cundinamarca y

---

217 Véase Vicente Lecuna (ed.), *Proclamas y Discursos del Libertador*, Edición ordenada por el gobierno de Eleazar López Contreras, caracas 1939, p. 240.

218 Véase en Pedro Grases (ed.), *Actas del Congreso de Angostura, cit.*, pp. 349 y ss., y en V. Lecuna (ed), *Proclamas y Decretos del Libertador, op. cit.*, p. 245.

219 Véase *Actas del Congreso de Angostura, cit.*, pp. 356 y ss.).

Quito ha dado un nuevo realce a vuestra existencia política y cimentado para siempre vuestra estabilidad. No será Caracas la capital de una República será sí, la capital de un vasto departamento gobernado de un modo digno de su importancia. El Vicepresidente de Venezuela goza de las atribuciones que corresponden a un gran Magistrado"[220].

El Congreso General de Colombia se reunió en Cúcuta en mayo de 1821 y el 12 de julio ratificó la Ley Fundamental de la Unión de los pueblos de Colombia. El 30 de agosto, el Congreso sancionó la Constitución de 1821, y a comienzos de octubre el Libertador aceptó la Presidencia de Colombia que el Congreso le ofreció, siempre que se le autorizara a continuar a la cabeza del ejército dejando todo el gobierno del Estado al General Santander, elegido Vicepresidente[221]. Con tal carácter de Presidente Bolívar le puso el ejecútese a la Constitución, el 6 de octubre de 1821, ejerciendo la Presidencia de Colombia hasta 1830.

Debe destacarse, por otra parte, que en 1821, al instalarse el Congreso de Cúcuta se planteó por primera vez en la historia constitucional del país, la discusión política pública sobre las relaciones entre Estado e Iglesia y la permanencia o no de la Ley de Patronato Eclesiástico. Este proceso inicial culminó en 1824, con la aprobación de la Ley de Patronato Eclesiástico que estuvo en vigencia en Venezuela hasta 1964, y que dio origen a un largo período de pleno dominio y control del Estado sobre la Iglesia, contrariamente a lo que con posterioridad acaeció en Colombia con la regularización de las relaciones Iglesia–Estado mediante un Concordato. La aplicación de la Ley de Patronato Eclesiástico a partir de 1826 va a caracterizarse por un empeño de todos los gobiernos de subordinar la Iglesia al Estado, para desplazarla del control social que tradicionalmente ejercía: en 1826 se regulan los conventos; en 1833 se ratifica la Ley de Patronato y se suprimen los Diezmos, con lo cual el clero comienza a depender del Tesoro Público; en 1834 se establece la libertad de cultos; en 1848 se produce la abolición de los conventos de hombres; a partir de 1853 el Estado comienza a desarrollar Escuelas Nacionales en las sedes y con las rentas de los antiguos conventos clausurados; y en 1856 se separan el Seminario y la Universidad que desde su fundación habían estado juntos y regidos por la Iglesia.

3. *Las ideas centrales de Bolívar sobre la organización del Estado en la Constitución de Angostura de 1819*

Simón Bolívar fue, sin duda, un hombre de Poder. Lo ejerció militarmente, lo condujo civilmente, y además, lo concibió institucionalmente. Por ello, si bien es cierto que no llegó a participar activamente en la concepción constitucional del primigenio Estado venezolano en 1811[222], su intensa labor política y militar

---

220 Véase en *Proclamas y Decretos del Libertador, cit.*, p. 263.

221 Véase en *Proclamas y Decretos del Libertador, cit.*, p. 266.

222 Bolívar, después de cumplir su misión en Londres en 1810, al regresar a Caracas participó en las discusiones de la Sociedad Patriótica que se celebraban en paralelo a las sesiones del Congreso General, y en ella, el 3 de julio de 1811, en la víspera de la declaración de Independencia, exigió al Congreso que debía "oír a la Junta Patriótica, centro de las luces y de todos los intereses revolucionarios", clamando por la necesidad de declarar la Independencia de España, diciendo: "Pongámos sin temor la piedra fundamen-

posterior no se redujo a comandar las guerras de independencia y a ejercer la conducción política de nuestro país en momentos de total desorganización, sino que además, desarrolló ideas para la reconstrucción del Estado[223], adaptada a la convulsa sociedad que quedó en estas tierras después de la Independencia.

A. *El republicanismo y la representatividad*

Ese Estado de acuerdo a las modernas corrientes del constitucionalismo que comenzaban a formularse en esa época, debía conciliar el Poder con las libertades, de manera que el Estado fuera, como debe ser, la organización política de la sociedad para garantizar la libertad, basado en la soberanía popular y en el republicanismo.

En esa concepción liberal, la organización del Poder del Estado tenía que tener un sustento popular y democrático, y no podía resultar de la imposición de una persona. De allí el carácter republicano y no monárquico de nuestro régimen político desde la misma Independencia. Por ello, el establecimiento de un orden constitucional con base en la soberanía popular legitimado a través de una Asamblea o Congreso, fue una constante en el pensamiento y acción del Libertador. No sólo así lo expresó en sus magistrales documentos políticos: el Manifiesto de Cartagena (1812), la Carta de Jamaica (1815) y el Discurso de Angostura (1819), sino que lo planteó repetidamente a lo largo de su vida: en 1813, en su comunicación al Congreso de Bogotá al conquistar Caracas, luego de la Campaña Admirable[224]; en 1814, en su Discurso en la Asamblea de 2 de enero en la Iglesia de San Francisco, en Caracas[225], en 1816, en su Proclama al desembarcar en Margarita e iniciar la campaña de Oriente y Guayana[226]; en 1817 al instalar el Consejo de Estado en Angostura[227], en 1818, en su Discurso en la sesión del Consejo de Estado el 1° de octubre y en su Proclama a los venezolanos el 22 de octubre[228]; en 1819, en su Proclama a los granadinos el 8 de septiembre, luego de la Batalla de Boyacá al plantear la unión de la Nueva Granada y Venezuela[229]; en 1824, en su Proclama a los peruanos el 25 de diciembre de 1824, con motivo de la Batalla de Ayacucho[230]; en 1825, en su alocución al Congreso constituyente del Perú, en Lima, el 10 de febrero[231]; en 1826, en su discurso ante el Congreso constituyente de Bolivia el 25

---

tal de la libertad suramericana: vacilar es perdernos". Véase en Sociedad Bolivariana de Venezuela, *Escritos del libertador,* Tomo IV, Ediciones Cuatricentenario de la Ciudad de Caracas 1968, p. 81.

223 Véase lo expuesto en Allan R. Brewer–Carías. "Ideas centrales sobre la organización del Estado en la obra del Libertador y sus proyecciones contemporáneas", en *Boletín de la Academia de Ciencias Políticas y Sociales* enero–junio 1984, No. 95–96, pp. 137 y ss.

224 Véase *Escritos del Libertador, cit.*, tomo V. p. 5.

225 Véase *Proclamas y Discursos del Libertador, cit.*, p. 85.

226 *Idem.*, p. 146.

227 *Ibídem.*, pp. 171 y 172.

228 *Ibídem.*, p. 193.

229 *Ibídem.*, p. 240.

230 *Ibídem.*, pp. 298 y 299.

231 *Ibídem.*, pp. 300 y 303.

de mayo[232] al presentar el Proyecto de Constitución para Bolivia[233], y en su Proclama a los venezolanos en Maracaibo, el 16 de diciembre de 1826, en la cual les exigía frente a las tendencias separatistas, no matar la patria, y prometía "llamar al pueblo para que delibere" en una Gran Convención Nacional donde "el pueblo ejercerá libremente la omnipotencia, allí decretará sus leyes fundamentales" y concluía: "Nadie sino la mayoría, es soberana"[234]; en 1828, en su Mensaje a la Convención de Ocaña el 29 de febrero de 1828[235] y en su Discurso ante el Consejo de Gobierno en Bogotá después de la disolución de aquella Convención[236]; en 1829, en la convocatoria que hizo a los pueblos de Colombia para que manifestaran su opinión sobre el gobierno y la Constitución[237], y en fin, 1830, en su Mensaje al Congreso Constituyente de la República de Colombia el 20 de enero de 1830[238] y en su Proclama a los colombianos al dejar el mando, el 24 de enero de 1830[239].

En todos estos escritos, el Libertador planteó siempre la necesidad de que la organización del Estado y su Constitución y gobierno, fueran una manifestación de la soberanía popular y no el producto de la voluntad de un Jefe Supremo. Por ello, en todos los casos en que le correspondió asumir el Poder Público en su totalidad, siempre buscó su legitimación a través de la consulta a los pueblos y de la reunión de un Congreso o Asamblea. Ahora bien, en la concepción de la organización constitucional del estado con base en la soberanía popular, los dos sistemas mencionados de la distribución horizontal y vertical del Poder, se encuentran desarrollados y cuestionados en la obra del Libertador.

Por ello, la Constitución de 1819, además de contener una extensa declaración de Derechos y deberes del hombre y del ciudadano (34 artículos, Título I), en su Título 5°, siguiendo los principios de la de 1811 dispuso que "La soberanía de la nación reside en la universidad de los ciudadanos. Es imprescriptible e inseparable del pueblo"; y que "El pueblo de Venezuela no puede ejercer por sí otras atribuciones de la soberanía que la de las elecciones ni puede depositarla toda en unas solas manos" (art. 2). A tal efecto, se reguló un sistema democrático representativo republicano de gobierno.

B. *El sistema electoral en la Constitución de Angostura: las Asambleas Parroquiales y las asambleas electorales de los departamentos*

En cuanto al sistema electoral en la Constitución de Angostura, el mismo siguió exactamente la orientación de la Constitución de 1811, de Asambleas parroquiales y Departamentales (que a la vez había seguido la orientación del Reglamento de

232 *Ibídem.*, pp. 322 y ss.

233 Véase Simón Bolívar, *Proyecto de Constitución para la República Boliviana,* Lima, 1826, con notas de Antonio José de Sucre, Caracas, 1978.

234 *Proclamas y Discursos del Libertador*, *cit.*, p. 344.

235 *Idem.*, p. 370.

236 *Ibídem.*, p. 379.

237 Véase en José Gil Fortoul, *Historia Constitucional de Venezuela*, Berlín 1904, tomo I, p. 468.

238 Véase *Proclamas y Discursos del Libertador*, *cit.*, pp. 391 y ss.

239 *Idem.*, p. 399.

elección y reunión de diputados de 11 de junio de 1810), con las mismas atribuciones. (Título 4°). En efecto, el sistema representativo en la Constitución de 1819, se reguló en el Título 4° relativo a las Asambleas parroquiales y departamentales; estableciéndose un sistema de elección indirecta para los representantes ante la Cámara de Representantes, con la precisión de que "Pasados diez años, las elecciones se harán inmediatamente por el pueblo, y no por medio de electores" (art. 8, Sección Segunda).

A tal efecto, conforme a la división territorial del país (Provincias, Departamentos y Parroquias) se regularon elecciones en dos niveles, en las Parroquias y en los Departamentos.

En cuanto a las elecciones parroquiales, se dispuso que en cada Parroquia, los ciudadanos activos (vecinos no suspensos) y con determinadas rentas, conformaban la Asamblea parroquial (cuerpo de electores de cada parroquia), la cual debía ser convocada por el agente departamental y en elecciones que debían ser públicas y por tanto con la presencia indispensable de los votantes, le correspondía nombrar el elector o electores que correspondan a la parroquia, que en la Asamblea departamental debían elegir a los representantes de la Cámara de Representantes; elegir el juez del departamento y a los miembros municipales del departamento; y nombrar el juez de paz de la parroquia y los jurados.

Es de destacar, que estas Asambleas parroquiales, por tanto, no se convocaban sólo para elegir a los electores de segundo grado, sino que tenían funciones electivas directas respecto de los jueces y los miembros de los cabildos y municipalidades.

Concluidas las elecciones en una sesión, que debía durar no más de cuatro días, la asamblea debía disolverse indicándose que "cualquier otro acto más allá de lo que previene la Constitución no solamente es nulo, sino atentado contra la seguridad pública" (art. 9).

El agente departamental, presidente de la asamblea, debía remitir a la municipalidad de la capital del departamento los registros de las elecciones para archivarlos y participar a los electores que corresponden a la parroquia sus nombramientos, señalándoles el día en que debían hallarse en la misma capital.

Efectuadas las elecciones parroquiales, se pasaba a las elecciones departamentales mediante la constitución de la asamblea electoral en la capital de cada departamento, presidida por el prefecto y compuesta de los electores parroquiales electos en las Asambleas parroquiales que estuviesen presentes. La Asamblea debía realizar sus funciones en una sola sesión de ocho días a lo más, indicándose que "Ni antes ni después de las elecciones podrá ocuparse de otros objetos que los que le previene la presente Constitución. Cualquier otro acto es un atentado contra la seguridad pública y es nulo" (art. 2).

Las Asambleas departamentales (electores de segundo grado elegidos en las parroquias) tenían la función de elegir al Presidente de la República y al Vicepresidente; nombrar el representante o representantes ante la Cámara de Diputados y a sus suplentes; examinar el registro de las elecciones parroquiales para los miembros de los cuerpos municipales; hacer el escrutinio de todos los sufragios de las parroquias y declarar legítimo el nombramiento del número constitucional de vecinos que reúnan la mayoría absoluta de votos; declarar juez de paz de cada parroquia al ciudadano que haya reunido la mayoría absoluta de sufragios; hacer la misma declaratoria o la misma elección respecto al juez departamental; y formar la lista de jurados de cada parroquia.

Como se ha dicho, este sistema electoral de un grado y dos grados que se estableció en la Constitución de 1811 y que antes se había establecido en el reglamento de elecciones y reunión de diputados de 1810, precedió al sistema electoral establecido en la Constitución de Cádiz de 1812, el cual consistía básicamente en un sistema indirecto pero en tres niveles.

En efecto, recordemos que en la Constitución de Cádiz[240], en primer lugar estaban las Juntas Electorales de parroquia integradas por todos los ciudadanos avecindados y residentes en el territorio de la parroquia respectiva (art. 35), las cuales debían nombrar un elector parroquial por cada 200 vecinos (art. 38). La junta parroquial debía elegir "à pluralidad de votos once compromisarios", para que estos nombrasen el elector o electores de la parroquia" (arts. 41 y 53). A diferencia de lo dispuesto en la Constitución de Venezuela de 1811, en la cual las asambleas parroquiales, además de elegir electores de segundo grado, elegían por ejemplo a los jueces de departamento y de paz y a los miembros municipales; en la Constitución de Cádiz las Juntas parroquiales sólo tenían por función elegir a los electores de segundo grado. Por otra parte, al igual que en la Constitución venezolana de 1811, en la de Cádiz se dispuso que "verificado el nombramiento de electores, se disolverá inmediatamente la junta, y cualquiera otro acto en que intente mezclarse será nulo" (art. 57).

En segundo lugar estaban las Juntas electorales de partido, compuestas por los electores parroquiales que se debían congregar en la cabeza de cada partido, a fin de nombrar el elector o electores que debían concurrir a la capital de la provincia para elegir los diputados de Cortes (art. 59). Eran presididas por el jefe político o el alcalde primero del pueblo cabeza de partido (art. 67).

Y en tercer lugar, estaban las juntas electorales de provincia, que se componían con los electores de todos los partidos de cada provincia a fin de nombrar los diputados que le correspondían asistir a Cortes, "como representantes de la nación" (art. 78), y además, en votación separada, a los suplentes (art. 90).

La diferencia fundamental entre ambos sistemas, radicaba que en Cádiz era una elección indirecta de tres grados en tanto que en Caracas era directa e indirecta de dos grados; y en ambas Constituciones, los electores del último grado eran los que elegían a los representantes, sea a Cortes o a la Cámara de Representantes. En la Constitución de 1811, además, los electores de segundo grado también elegían al Presidente de la República.

El mismo esquema de las Constituciones de 1811 y 1819 se siguió en la Constitución de Angostura de 1821 (arts. 12 y ss.), con la única diferencia de que las asambleas electorales de segundo grado dejaron de ser departamentales y se convirtieron en provinciales, por el cambio en la organización territorial al comprender la República de Colombia, a Cundinamarca, Venezuela y Ecuador; y

---

240 Véase el texto en *Constitución Política de la Monarquía Española promulgada en Cádiz a 19 de marzo de 1812*, (Prólogo de Eduardo García de Enterría), (edición facsimilar de la Imprenta Nacional de Madrid, 1820), Civitas Madrid, 1999.

que las mismas, como asambleas provinciales, además de elegir a los representantes que debían integrar la Cámara de Representantes, y al Presidente y Vicepresidente, también elegían a los senadores (art. 34), superándose el concepto de Senador Vitalicio que estaba plasmado en la Constitución de 1819.

C. *La distribución horizontal del poder: la separación de poderes y el Ejecutivo fuerte*

a. *El principio constitucional de la separación de poderes*

La primera Constitución de Venezuela y de todos los países latinoamericanos, sancionada el 21 de diciembre de 1811, como se dijo, se inspiró en los principios desarrollados como consecuencia de las Revoluciones norteamericana y francesa, estableciéndose en consecuencia, la igualdad como uno de los "derechos del hombre en sociedad" (éstos eran conforme al artículo 151, la libertad, la igualdad, la propiedad y la seguridad) derivados del "pacto social". Esta concepción pactista encuentra su expresión en el propio texto constitucional, al expresar sus artículos 141 y 142, lo siguiente:

> "Después de constituidos los hombres en sociedad han renunciado a aquella libertad limitada y licenciosa a que fácilmente los conducían sus pasiones, propias sólo del estado salvaje. El establecimiento de la sociedad presupone la renuncia de esos derechos funestos, la adquisición de otros más dulces y pacíficos, y la sujeción a ciertos deberes mutuos".
>
> "El pacto social asegura a cada individuo el goce y posesión de sus bienes, sin lesión del derecho que los demás tengan a los suyos".

En el orden jurídico–político, la Constitución de 1811, además, consagró expresamente la división del Poder Supremo en tres: Legislativo, Ejecutivo y Judicial "confiado a distintos cuerpos independientes entre sí y en sus respectivas facultades" (Preámbulo), conforme a la más pura fórmula revolucionaria francesa, señalando expresamente que:

> "El ejercicio de esta autoridad confiada a la Confederación no podrá jamás hallarse reunida en sus diversas funciones" (Preámbulo), siendo preciso que "se conserven tan separados e independientes el uno del otro cuando lo exija la naturaleza de un gobierno libre" (art. 189).

La separación de poderes era, así, la garantía esencial de la libertad. Ello llevó a Andrés Bello a considerar que el ensanche de la libertad civil en todos los pueblos civilizados de la tierra: "era debido casi exclusivamente a la observancia que tienen en ellos el principio de feliz invención que determina y separa los poderes constitucionales..."; y agregaba:

> "Cualquiera que sea la forma de gobierno, la observancia de este principio debe ser la columna de los derechos civiles; y faltando él, no se podrá contar

con ninguno de los bienes que deben asegurar al individuo las leyes de una sociedad organizada"[241].

Sin embargo, este mecanismo de separación de poderes y de hegemonía del Poder Legislativo en Venezuela, se reguló en los primeros años de la vida republicana, en forma tal, para evitar la formación de un poder fuerte, que no sólo originó la caída de la Primera República sino como se verá más adelante originó críticas del Libertador Simón Bolívar.

Ahora bien, todo este mecanismo de separación de poderes y hegemonía del Poder Legislativo, configuró en los primeros años de la vida republicana de Venezuela, todo un sistema de contrapeso de poderes para evitar la formación de un poder fuerte, que no sólo originó la caída de la Primera República sino que condicionó la vida republicana en las décadas posteriores. Contra esta debilidad del Poder Ejecutivo constitucionalmente consagrada, el cual además era tripartito, el primero en reaccionar fue el Libertador Simón Bolívar en su Manifiesto de Cartagena en 1812 y luego en su Discurso de Angostura en 1819, en el cual propondría al Congreso la adopción de una fórmula de gobierno con un Ejecutivo fuerte, lo cual, sin embargo, no fue acogido por la Constitución de 1819.

Decía en su Discurso de Angostura: "Aquí el Congreso ha ligado las manos y hasta la cabeza a los Magistrados. Este cuerpo deliberante ha asumido una parte de las funciones Ejecutivas, contra la máxima de Montesquieu, que dice que un Cuerpo Representativo no debe tomar ninguna resolución activa: debe hacer Leyes, y ver si se ejecutan las que hace. Nada es tan contrario a la armonía de los Poderes, como su mezcla. Nada es tan peligroso con respecto al pueblo como la debilidad del Ejecutivo". Y agregaba: "En las Repúblicas el Ejecutivo debe ser el más fuerte porque todo conspira contra él; en tanto que en las Monarquías el más fuerte debe ser el Legislativo, porque todo conspira en favor del Monarca...". Y concluía diciendo: "Por lo mismo que ninguna forma de Gobierno es tan débil como la democrática, su estructura debe ser de la mayor solidez; y sus instituciones consultarse para la estabilidad. Si no es así, contemos con que se establece un ensayo de Gobierno, y no un sistema permanente: contemos con una Sociedad díscola, tumultuaria, anárquica, y no con un establecimiento social, donde tengan su imperio la felicidad, la paz y la justicia"...[242].

Insistió además, en su Discurso de Angostura: "Cuando deseo atribuir al Ejecutivo una suma de facultades superiores a la que antes gozaba, no he deseado autorizar a un déspota para que tiranice la República, sino impedir que el despotismo deliberante sea la causa inmediata de un círculo de vicisitudes despóticas en que alternativamente la anarquía sea reemplazada por la oligarquía y por la monocracia"[243].

La Constitución de 1819, en consecuencia, estableció un sistema de separación de poderes, con un presidencialismo reforzado, insistiendo en el Titulo 5°, art 2, que:

---

241 Véase Allan R. Brewer–Carías, *La concepción del Estado en la obra de Andrés Bello,* Madrid, 1983, pp. 66 y 67.

242 Veáse el texto en Simón Bolívar, *Escritos Fundamentales,* Caracas, 1982, pp. 132 y ss.

243 *Idem.*, p. 139.

"El poder soberano estará dividido para su ejercicio en legislativo, ejecutivo y judicial" (art. 2).

b. *El Poder Legislativo: El Congreso General de Venezuela*

El Título 6° de la Constitución de 1819, siguiendo la orientación de la de 1811, dispuso que el poder legislativo debía ser ejercido por el Congreso General de Venezuela, dividido en dos Cámaras, la de Representantes y el Senado. La Cámara de representantes se integraba por los representantes electos en segundo grado, por las Asambleas departamentales; y el Senado, integrado por igual número que los representantes, se lo reguló de carácter vitalicio, cuyos miembros (después de que fueron elegidos por el Congreso de Angostura por primera vez) serían designados en caso de muerte o destitución, por la Cámara de Representantes para presentarlos al Senado, "a pluralidad de votos tres candidatos entre los ciudadanos más beneméritos por sus servicios a la República, por su sabiduría y virtudes".

La Constitución de 1819, sin embargo, a diferencia de la Constitución de 1811, enumeró una serie de atribuciones exclusivas y propias del Congreso, como proponer y decretar todas las leyes; fijar los gastos públicos; establecer toda suerte de impuestos, derechos o contribuciones y velar sobre la inversión y tomar cuenta de ella al poder ejecutivo, sus ministros o agentes; Contraer deudas sobre el crédito del Estado; establecer un Banco nacional; determinar el valor, peso, tipo y nombre de la moneda que será uniforme en toda la República; fijar los pesos y medidas que también serán uniformes; establecer los tribunales de justicia; decretar la creación o suspensión de todos los empleos públicos y señalarles rentas, disminuirlas o aumentarlas; librar cartas de naturaleza a los extranjeros; conceder honores y decoraciones personales a los ciudadanos que hayan hecho grandes servicios al Estado; decretar honores públicos a la memoria de los grandes hombres; decretar la recluta y organización de los ejércitos de tierra, determinar su fuerza en paz y guerra y señalar el tiempo que deben existir según las proposiciones que le haga el poder ejecutivo; decretar la construcción y equipamiento de una marina, aumentarla y disminuirla según las proposiciones del mismo poder ejecutivo; formar las ordenanzas que deben regir a las fuerzas de mar y tierra; decretar la guerra según la proposición formal del poder ejecutivo; requerir al poder ejecutivo para que negocie la paz; ratificar y confirmar los tratados de paz, de alianza, de amistad, de comercio y de neutralidad; elegir la ciudad, capital de la República, que debe ser su residencia ordinaria, pero puede variarla cuando lo juzgue conveniente; decretar el número y especie de tropas que deben formar su guardia y nombrar el jefe de ella; permitir o no el paso de tropas extranjeras por el territorio de la República; permitir o no el paso o residencia de tropas en el círculo constitucional; y permitir o no la estación de escuadras navales extranjeras en los puertos de la República por más de un mes.

Muchas de estas atribuciones tienen una redacción similar a las reguladas en la Constitución de Cádiz para las Cortes.

En cuanto a las leyes, el artículo 11 dispuso que "Ningún proyecto de ley se entenderá sancionado ni será ley del Estado hasta que no haya sido firmado por el poder ejecutivo", habiéndose previsto la posibilidad de devolución así: "Si éste no creyere conveniente hacerlo, devolverá el proyecto a la cámara de su origen, acompañándole sus reparos, sea sobre faltas en las fórmulas o en lo sustancial, dentro del término de diez días, contado desde su recibo.

c. *El Poder Ejecutivo: el Presidente de la República*

El Presidente de la República, electo en las Asambleas electorales departamentales, ejercía el Poder Ejecutivo. Para la elección, el voto de cada elector debía contener los nombres de dos ciudadanos de Venezuela, de manera que el que obtenía las dos terceras partes de votos de electores departamentales era elegido presidente de la República; y el que le siguiere inmediatamente en el número de votos con mayoría absoluta se declaraba vicepresidente de la República.

Conforme se regula detalladamente en el Título 7° de la Constitución de 1819, el Presidente era el comandante en jefe de todas las fuerzas de mar y tierra y está exclusivamente encargado de su dirección, pero no podrá mandarlas en persona (art. 1); y declaraba la guerra a nombre de la República después que el Congreso la hubiera decretado (art. 7).

Celebraba treguas y hacía la paz, pero ningún tratado tenía fuerza hasta que no fuera ratificado por el Congreso (art. 8). También, celebraba todos los tratados de alianza, amistad, comercio y naturalidad con los príncipes, naciones o pueblos extranjeros, sometiéndolos todos a la sanción y ratificación del Congreso, sin la cual no tendrán fuerza (art. 9).

El Presidente nombraba todos los empleos civiles y militares que la Constitución no reservare (art. 2); era jefe de la administración general de la República (art. 4), y tenía a su cargo la conservación del orden *y* tranquilidad interior y exterior (art. 5)

El Presidente convocaba al Congreso en los períodos señalados por la Constitución y lo presidía en la apertura de sus sesiones; también podía convocarlo extraordinariamente, siempre que la gravedad de alguna ocurrencia lo exigiera (art. 11).Igualmente, convocaba las asambleas primarias o parroquiales por medio de las municipalidades en los períodos señalados por la Constitución (art. 12).

Las leyes, como se dijo, debían ser promulgadas por el Presidente, quien las mandaba a ejecutar y cumplir (art. 13); y además, mandaba a cumplir y hacer ejecutar las sentencias pronunciadas por el Senado en los casos determinados por la Constitución y las que sean dadas por el poder judicial de la República (art. 14). Se destaca, sin embargo, una atribución específica de intervención ejecutiva en la función judicial, y es que conforme al artículo 15 del Título, "En los casos de injusticia notoria que irrogue perjuicio irreparable puede rechazar la sentencia del poder judicial, fundando su oposición. Si éste la confirma de nuevo y el Senado no está reunido, suspende su ejecución hasta que, reunido, le consulte si deba o no cumplirse". El Presidente también podía otorgar indultos (arts. 17, 19).

En la Constitución de 1819, por otra parte, se estableció directamente en el texto la enumeración de los Ministerios del despacho del Ejecutivo, que fueron: Relaciones Exteriores, Interior, Justicia, Hacienda, Marina y Guerra. Posteriormente las Secretarías se redujeron a cinco, al no incluirse la Secretaría de Justicia en la enumeración del texto constitucional de 1821, y llegan a tres en la Constitución de 1830, al preverse las Secretarías de Interior y Justicia; de Hacienda; y de Guerra y Marina. Esta Constitución de 1830, fue la última que incluyó la enumeración de las Secretarías o Despachos Ministeriales, pues en la Constitución de 1857, si bien se exigían cuatro Secretarías, no se les indicó competencias específicas, cuya determinación se dejó a la ley.

Por último, se destaca entre las atribuciones del Presidente que en caso de conmoción interior a mano armada que amenazare la seguridad del Estado, podía "suspender el imperio de la Constitución en los lugares conmovidos o insurrectos por un tiempo determinado si el Congreso estuviere en receso. Las mismas facultades se le conceden en los casos de una invasión exterior y repentina, en los cuales podrá también hacer la guerra, pero ambos decretos contendrán un artículo convocando el Congreso para que confirme o revoque la suspensión" (art. 20).

En cuanto a la Constitución de 1821, debe señalarse que si bien siguiendo la orientación centralista de la anterior, dividió la República en Departamentos y Provincias[244], en la misma se descartaron los principios del Ejecutivo fuerte que había propugnado Bolívar, debilitando aún más su posición en relación a la que consagraba el texto de 1819, con grandes controles por parte del Senado y del Consejo de Gobierno que estableció[245].

d. *El Poder Judicial*

En cuanto al Poder Judicial, de acuerdo con el Título 8° de la Constitución de 1819, estaba depositado en una Corte Suprema de Justicia compuesta por 5 miembros, que residía en la capital, y en los demás tribunales (art. 1). Para el nombramiento de los magistrados de la Corte Suprema se debía proceder así: Eran propuestos por el presidente de la República a la Cámara de Representantes en número triple; esta Cámara los reducía al doble y lo presentaba al Senado para que éste nombrase los que debían componerla (art. 4). Los empleos de ministros de la alta corte de Justicia eran vitalicios (art. 5).

La Corte Suprema de Justicia conocía y determinaba en el último grado las causas de su resorte, no exceptuadas en la Constitución; pero también ejercía las funciones de tribunal de primera instancia, en los casos concernientes a embajadores, ministros, cónsules o agentes diplomáticos con noticia del presidente de la República; conflictos de competencias suscitadas entre los tribunales superiores; controversias que resultaren de los tratados y negociaciones que hiciera el poder ejecutivo; y en las diferencias o pleitos que se suscitaren entre una o muchas provincias o entre un individuo y una o más provincias.

Por otra parte, en cada capital de provincia debía funcionar un tribunal superior de apelaciones, compuesto de tres letrados, nombrados por el presidente de la República a propuesta de la alta corte; el cual debía conocer de las causas que se

---

244 Véase artículo 6° de la Ley Fundamental y artículo 150 de la Constitución. En 1821 a Venezuela se le señalaron tres Departamentos: Orinoco formado por las Provincias de Guayana, Cumaná, Barcelona y Margarita el Departamento de Venezuela, con las Provincias de Caracas y Barinas y el Zulia, con las de Coro, Trujillo, Mérida y Maracaibo. En 1824 se creó un nuevo Departamento en Venezuela, el de Apure y en 1826, se creó el de Maturín. *Cfr.* los datos en Augusto Mijares, "La Evolución Política de Venezuela" (1810–1960)", en M. Picón Salas y otros, *Venezuela Independiente 1810–1960*, Caracas, 1962, p. 67

245 Véase Pablo Ruggeri Parra, *Historia Política y Constitucional de Venezuela,* Tomo I, Editorial Universitaria, Caracas 1949, pp. 68, 62 y 64; José Gil Fortoul, *Historia Constitucional de Venezuela*, Berlín, 1909, Tomo I, p. 622.

elevaren en apelación de los juzgados inferiores de la provincia y de las competencias promovidas entre ellos.

D. *La organización territorial del Estado: centralismo y federalismo*

Pero la estructuración del Estado, como organización política de la sociedad para garantizar la libertad, no sólo se ha fundamentado en un sistema de distribución horizontal del Poder, sino también en un sistema de distribución vertical del poder en el territorio, en niveles locales o municipales, como ocurrió en la Revolución francesa, o en niveles intermedios federales, como ocurrió en la revolución norteamericana, con la implantación de la forma federal,

Sin embargo, la distribución vertical efectiva no fue un principio que acompañó al nacimiento del Estado Liberal de Derecho, como sucedió con el principio de la separación de poderes. Al contrario, puede decirse que el Estado que emergió de la Revolución francesa fue un Estado tan centralizado como el del Antiguo Régimen, y paradójicamente constituyó el instrumento de la Revolución para la implantación de sus postulados: la eliminación de los privilegios y prerrogativas en manos de particulares mediante su transferencia al Estado, única forma de garantizar la igualdad propugnada por los postulados constitucionales.

Como consecuencia, el Estado Liberal, con su separación horizontal de poderes, surgió como un Estado Centralizado, con una Administración Centralizada, que concentraba el poder en el nivel nacional. Por ello, Alexis de Tocqueville, al analizar el sistema político federal de los Estados Unidos, consideraba como el "más funesto todos los vicios", como "inherente al sistema federal mismo,..." "la debilidad relativa del gobierno de la Unión", pues estimaba que "una soberanía fraccionada será siempre más débil que una soberanía completa"[246]. Por ello, también, la rotunda afirmación de Bolívar en la comunicación que dirigió el 12 de agosto de 1813 al Gobernador de Barinas en la cual le expuso sus ideas fundamentales para la organización y buena marcha del Estado: "Jamás la división del poder ha establecido y perpetuado gobiernos, sólo su concentración ha infundido respeto para una nación"[247].

Puede decirse, por tanto, que el modelo de Estado que surgió de la Revolución francesa y que influenció a las nacientes Repúblicas latinoamericanas, fue el Estado Nacional centralizado. Liberalismo y centralismo burocrático fueron, así, los cimientos sobre los cuales el Estado Nacional se conformó durante todo el siglo pasado, y ello permitió, sin duda, el desarrollo de las sociedades industriales contemporáneas. Este esquema, además, fue el que permitió el afianzamiento del intervencionismo y el desarrollo del dirigismo como filosofías de acción política contemporáneas.

Sin embargo, en esa configuración del Estado a comienzos del siglo pasado, la organización política de los Estados Unidos había sido una disidencia importante, pues por la extensión de su territorio y por el desarrollo de la democracia, se montó sobre un principio contrario a la concentración y centralización del poder, es decir,

---

246 Véase Alexis de Tocqueville, *La democracia en América,* México, 1973.

247 Véase el texto en *Escritos del Libertador,* tomo V, *cit.,* p. 24.

sobre una distribución vertical del poder, que originó la forma federal del Estado. A pesar de ser una fórmula política de organización de la sociedad específica para el sistema de vida norteamericano, tuvo una gran influencia en la organización de otros Estados y, en particular, de las nacientes repúblicas latinoamericanas.

En efecto, como se ha dicho, al momento de la independencia, el sistema español había dejado en el territorio de las nuevas repúblicas un sistema de poderes autónomos Provinciales y Citadinos, hasta el punto de que la declaración de independencia la realizan los Cabildos en las respectivas Provincias, iniciándose el proceso en el Cabildo de Caracas el 19 de abril de 1810. Se trataba, por tanto, de construir estados, en territorios disgregados en autonomías territoriales descentralizadas en manos de Cabildos o Ayuntamientos coloniales. La federación, así, fue hasta cierto punto la fórmula sacada de la Constitución norteamericana para integrar pueblos habituados a un sistema de poderes descentralizados, y ella fue adoptada en nuestra república. En esta forma, como hemos dicho, la Constitución de 1811, recibió la influencia directa de aquella Constitución en la configuración del Estado, como un Estado Federal, y a partir de ese momento, a pesar de la crítica de Bolívar, del interregno de Angostura y de la República de Colombia (1819–1830), la idea federal en una forma u otra ha sido una constante en la historia política de Venezuela.

Por la adopción del esquema federal, hemos destacado cómo en 1811 el Estado se dividió en Provincias, cada una de las cuales debía dictarse su propia Constitución en relación con la organización de sus propios poderes públicos, pero indicándose en la Constitución federal, la necesaria existencia de Legislaturas provinciales en las diversas provincias, a cargo del Poder Legislativo provincial (arts. 25, 48, 124, 130, 134 y 135). Estas Legislaturas provinciales, precedieron, sin duda a las Diputaciones provinciales de Cádiz.

E. *El centralismo en el pensamiento de Bolívar*

El Libertador, como se dijo, fue un crítico feroz de la forma federal, y por tanto, de todo esquema de distribución vertical del poder en nuestras nacientes repúblicas, y a todo lo largo de su vida política no cesó de condenar el federalismo y alabar el centralismo como la forma de Estado adecuada a nuestras necesidades.

Así, en el Manifiesto de Cartagena, en 1812, al año siguiente de la sanción de la Constitución y caída la Primera República, escribía... "lo que debilitó más al Gobierno de Venezuela fue la forma federal que adoptó, siguiendo las máximas exageradas de los derechos del hombre, que autorizándolo para que se rija por si mismo, rompe lo pactos sociales y constituye a las naciones en anarquía". "Tal era el verdadero estado de la Confederación. Cada Provincia se gobernaba independientemente: y a ejemplo de éstas cada ciudad pretendía iguales facultades alegando la práctica de aquéllas, y la teoría de que todos los hombres y todos los pueblos gozan de la prerrogativa de instituir a su antojo el gobierno que les acomode". "El sistema federal, bien que sea el más perfecto y más capaz de proporcionar la felicidad humana en sociedad, es, no obstante, el más opuesto a los intereses de nuestros nacientes Estados"[248].

Coincidía el Libertador con Alexis de Tocqueville, quien como hemos señalado, afirmaba respecto de la Constitución de los Estados Unidos que, "se parece a esas bellas creaciones de la industria humana que colman de gloria y de bienes a aquellos que las inventan pero permanecen estériles en otras manos"[249].

Ahora bien, frente al esquema federal, el Libertador propugnaba una forma de Estado centralizado. Por ello afirmaba, en el mismo Manifiesto de Cartagena: "Yo soy del sentir que mientras no centralicemos nuestros gobiernos americanos, los enemigos obtendrán las más completas ventajas; seremos indefectiblemente envueltos en los horrores de las disensiones civiles y, conquistados vilipendiosamente por ese puñado de bandidos que infestan nuestras comarcas"[250].

Esto mismo lo repitió al año siguiente, en la comunicación que dirigió en 1813 al Gobernador de Barinas, en la cual expuso sus ideas fundamentales para la organización y buena marcha del Estado, en la cual afirmó "...no son naciones poderosas y respetadas sino las que tienen un gobierno central y enérgico"[251].

Posteriormente, en 1815, en su famosa Carta de Jamaica, insistió el Libertador en sus críticas al sistema federal al constatar que: ...así como Venezuela ha sido la República americana que más se ha adelantado en instituciones políticas, también ha sido el más claro ejemplo de la ineficacia de la forma democrática y federal para nuestros nacientes Estados"[252]; y posteriormente, en 1819, expresaba en su Discurso de Angostura; "Cuanto mas admiro la excelencia de la Constitución Federal de Venezuela, tanto más persuado de la imposibilidad de su aplicación a nuestro Estado"[253]. "El magnífico sistema Federativo –decía– no era dado a los venezolanos ganarlo repentinamente al salir de las cadenas. No estábamos preparados para tanto bien; el bien como el mal, da la muerte cuando es súbito y excesivo". Y agregaba: "Horrorizado de la divergencia que ha reinado y debe reinar entre nosotros por el espíritu sutil que caracteriza al gobierno federativo, he sido arrastrado a rogaros para que adoptéis el Centralismo y la reunión de todos los Estados de Venezuela en una República sola, e indivisible ..."[254].

Este criterio político del Libertador a favor del centralismo lo va a acompañar hasta el fin de sus días. Así lo vemos expuestos en 1829 en una carta que envía desde Guayaquil a su antiguo edecán general Daniel Florencio O'Leary, al calificar al sistema federal, como; "...una anarquía regularizada, o más bien es la Ley que prescribe implícitamente la obligación de disociarse y arruinar el Estado con todos sus individuos", lo que llevó a afirmar rotundamente: "Yo pienso que mejor sería

---

248 Véase el texto en Simón Bolívar, *Escritos Fundamentales, cit.*, pp. 61 y 62.

249 Véase en Alexis de Tocqueville, *op. cit.*, p. 159.

250 Véase en Simón Bolívar, *Escritos Fundamentales, cit.*, 63.

251 Véase en *Escritos del Libertador*, tomo V, *cit.*, p. 24.

252 *Idem.*, p. 97.

253 *Ibídem.*, p. 120.

254 *Ibídem.*, p. 140.

para la América adoptar el Corán que el gobierno de los Estados Unidos, aunque es el mejor del mundo..."[255].

4. *El Estado centralizado de 1819*

Precisamente bajo la influencia de Bolívar, como se ha dicho, la Constitución de 1819 (Título 2°) reguló a la República de Venezuela como "una e indivisible" (art. 1); dividiendo sin embargo su territorio en 10 provincias cuyos límites y demarcaciones debían ser fijadas por el Congreso. A su vez, cada provincia se dividía en Departamentos y Parroquias, cuyos límites y demarcaciones también se debían fijar por el Congreso, "observándose, entre tanto, los conocidos al tiempo de la Constitución Federal" (art. 3). Se precisó, sin embargo, que se haría "una división más natural del territorio en Departamentos, Distritos y Partidos dentro de diez años, cuando se revea la Constitución" (art. 4).

En el Título 9° de la Constitución de 1819 sobre la organización interior del Estado, se reguló lo concerniente a la administración de las provincias, estableciéndose que en cada capital de provincia debía haber un gobernador sujeto inmediatamente al Presidente de la República, el cual sin embargo, no mandaba las armas que estaban a cargo de un comandante militar (art. 1). Estos gobernadores de las provincias tenían las siguientes funciones (art. 20): ejercer la alta policía en toda ella y presidir las municipalidades; velar sobre el cumplimiento de las leyes; proponer al presidente los prefectos departamentales; y ser intendente de las rentas de la provincia.

En cada uno de los departamentos, que era la división territorial interna de las provincias, había un prefecto y una municipalidad. Sin embargo, el gobernador era a la vez prefecto del departamento de la capital de la provincia. (art. 2). El prefecto en cada departamento era a la vez teniente del gobernador de la provincia en todas sus atribuciones y confirmaba los agentes departamentales que nombrase la municipalidad (art. 3).

En cuanto a la municipalidad que debía existir en cada departamento (art. 4), la misma ejercía la policía municipal; nombraba los agentes departamentales; estaba especialmente encargada del cumplimiento de la Constitución en su departamento; proponía al gobernador de la provincia por conducto del prefecto o por diputaciones las reformas y mejoras que podían hacerse en la administración de su departamento para que las pasase al presidente de la República; formaba y llevaba un registro de los censos de la población del departamento por parroquias con expresión de estado, domicilio, edad, caudal y profesión de cada vecino; formaba y llevaba un registro de todos los niños que nacían en el departamento, conforme a las partidas que había asentado en cada parroquia el agente, con expresión del día de su nacimiento, del nombre de sus padres y padrinos, de su condición; es decir, si es legítimo o natural; formaba y llevaba otro registro de los que morían en el departamento, con expresión de su edad, estado y vecindario.

Los departamentos, como se ha dicho, se dividieron en parroquias, y en cada una de ellas había un agente departamental, que era a la vez, el teniente del prefecto en

---

255 *Ibídem*., pp. 200 y 201.

todas sus atribuciones. En la capital de departamento, la municipalidad debía elegir entre su seno el agente que debe presidir la asamblea primaria o parroquial; y en las demás funciones de agente eran ejercidas por el prefecto en la parroquia capital del departamento (art. 5).

La estructura del gobierno interior en la Constitución de Angostura, por tanto, respondió a la orientación centralista que impuso el Libertador, la cual lo acompañaría hasta el fin de sus días. Así la vemos expuesta en 1829 en una carta que envía desde Guayaquil a su antiguo edecán general Daniel Florencio O´Leary, al calificar al sistema federal, como; "...una anarquía regularizada, o más bien es la Ley que prescribe implícitamente la obligación de disociarse y arruinar el Estado con todos sus individuos", lo que llevó a afirmar rotundamente: "Yo pienso que mejor sería para la América adoptar el Corán que el gobierno de los Estados Unidos, aunque es el mejor del mundo..."[256].

Sin embargo, a pesar de la clara posición del Libertador sobre el sistema federal, este no sólo se volvió a reflejar en Venezuela en la Constitución de 1830, sino que después de las Guerras Federales se consolidó en la Constitución de 1864. Otros países latinoamericanos siguieron también el modelo federal y otros optaron, sin embargo, por el modelo unitario.

Posteriormente, a pesar de la clara posición del Libertador sobre el sistema federal, este, sin embargo, no sólo se impuso en Venezuela en la Constitución de 1830, sino después de las Guerras Federales en la Constitución de 1864. Otros países latinoamericanos siguieron también el modelo federal y otros optaron, sin embargo, por el modelo unitario.

En todo caso, puede decirse que la dicotomía clásica puede decirse que nunca existió en la práctica con criterios y fronteras definidoras precisas. Nunca ha existido un Estado Unitario puro, sin algunas formas de entes descentralizados, así como tampoco ha existido un Estado Federal puro, completamente descentralizado. La crisis del Estado Nacional Centralizado ha provocado por ello, la crisis de las formas clásicas tanto de Estados Unitarios como de Estados Federales, pues ambas han sido el soporte de aquél, y ella se ha puesto en evidencia en un doble proceso contradictorio que en ellos se ha operado; el Estado Unitario ha tendido cada vez más a descentralizarse, pero sin llegar al esquema ideal e inexistente del federalismo clásico; y el Estado Federal se ha caracterizado por un creciente proceso de centralismo, sin llegar, tampoco, al extremo del Estado Unitario, y comenzando a regresar, ahora, hacia nuevas formas descentralizadoras. Por ello el signo contemporáneo de la evolución del Estado parece ser el de una convergencia hacia soluciones de organización política descentralizada similares: los Estados Unitarios tienden a regionalizarse y los federalismos, después de haberse centralizado, vuelven a seguir esquemas descentralizadores.

No hay que olvidar que en ese proceso evolutivo la democracia pluralista transformó los viejos Estados Unitarios, pues provocó el surgimiento de niveles inferiores de poder a nivel local: la democracia implicó, así, la descentralización de los Estados Unitarios por lo que en éstos se puede distinguir, siempre, un grado de

256 *Ibídem*, pp. 200 y 201.

descentralización local, en el sentido de la existencia de colectividades político–territoriales menores: municipios o comunas, con autonomía político–territorial.

Pero las propias exigencias de la democracia pluralista han provocado la necesidad de establecer un sistema político o forma de Estado, que acerque más las instituciones políticas a los ciudadanos, asegure la participación democrática en varios niveles territoriales y no sólo en el nivel local, y permita la efectiva satisfacción de las necesidades colectivas en sociedades industrializadas y urbanas complejas.

De allí que haya sido una tendencia general contemporánea en todos los Estados Unitarios, la aparición, primero, de niveles intermedios desconcentrados (Regiones o Departamentos) para la acción nacional y resolución de los asuntos públicos; y luego, un proceso de regionalización política, dando origen a una nueva forma de Estado que comienza a delinearse: la del Estado Regional, institucionalizada ya en Italia, España, Bélgica y Francia.

En todo caso, el proceso de descentralización política que se observa tanto en Estados Unitarios como Federales debe verse como una técnica de perfeccionamiento de la democracia, al hacerla más participativa y representativa, y que al igual que la primacía del Ejecutivo, es una exigencia que debe guiar el proceso de reforma del Estado también, para garantizar la libertad, en este caso, democrática.

5. *Las bases constitucionales para la definición de los límites territoriales del Estado de acuerdo a los de la Capitanía General de Venezuela*

Debe señalarse, por otra parte, que fue en la Ley fundamental de la Unión de los pueblos de Colombia de 1821 y en la Constitución de 1821, en las cuales por primera vez se determinó el territorio del Estado venezolano sobre la base de los territorios de la Capitanía general de Venezuela establecida en 1777.

En efecto, en la Constitución Federal de 1811, se dejó a cada una de las Provincias que establecieron el Pacto Federal "el derecho exclusivo de arreglar su gobierno y administración territorial bajo las leyes que crean convenientes"; el cual también "gozarán todos aquellos territorios que por división del actual o por agregación a él vengan a ser parte de esta Confederación". Por ello, el artículo 128 de la Constitución, conforme a esa declaración, se destinó a las otras Provincias que formaban la Capitanía General de Venezuela: Coro, Maracaibo y Guayana, las cuales "luego que libres de la operación que sufren puedan y quieran unirse a la Confederación, serán admitidas a ella".

En esta forma, aun cuando sin una definición expresa, el territorio de la Confederación en 1811 se formuló por el de las Provincias cuyos representantes habían sancionado la Constitución, y que formaban parte de la Capitanía General de Venezuela. Fue por ello, que la Constitución de 1819, decretada por los representantes de las Provincias "de nuestro territorio que se han liberado ya del despotismo español", en su título II, Sección Primera, artículo 2 estableció que "El territorio de la República de Venezuela se divide en diez Provincias que son: Barcelona, Barinas, Caracas, Coro, Cumaná, Guayana, Maracaibo, Margarita, Mérida y Trujillo. Sus límites y demarcaciones se fijarán por el Congreso". Este texto, sin definir el ámbito del territorio del Estado, al dividirlo en el de las Provincias, remitía al territorio de estas para su determinación.

Fue entonces a partir de la Ley Fundamental de la Unión de los pueblos de Colombia de 1821 y de la Constitución de esa misma fecha, que se comenzó a definir el territorio de la República por el que formaba la Capitanía General, de Venezuela establecida por Real Cédula de 8 de septiembre de 1777[257], tal como estaba configurado en 1810 antes del proceso político iniciado el 19 de abril de ese año. En esta forma, puede decirse que se siguió el principio del derecho internacional público americano, conocido como el *uti possidetis juris,* según el cual nuestro país tenía derechos sobre los territorios que correspondían, en 1810 a la Capitanía General de Venezuela, de tal manera que los límites territoriales del país, eran los mismos que correspondían en ese año a dicha entidad colonial, en relación al virreinato de la Nueva Granada, el Brasil y la Guayana Holandesa[258].

El artículo 5° de dicha Ley Fundamental dispuso así:

> *"Art. 5.* El territorio de la República de Colombia será comprendido *dentro de los límites de la antigua Capitanía General de Venezuela* y el Virreinato y Capitanía del Nuevo Reino de Granada. Pero la asignación de sus términos precisos queda reservada para tiempo más oportuno".

En la Constitución de Colombia de 1821 conforme a la orientación de la Ley Fundamental, el territorio de la República se definió así:

> *"Art. 6.* El territorio de Colombia es el mismo que comprendía el antiguo Virreinato de la Nueva Granada y a la *Capitanía General de Venezuela".*

En la Constitución de 1830, luego de la separación de Venezuela de la República de Colombia y su Constitución como Estado independiente, se definió el territorio de Venezuela, comprendiendo "todo lo que antes de la transformación política de 1810 se denominaba *Capitanía General de Venezuela*" la cual para su mejor administración se dividió en provincias, cantones y parroquias (art. 5). Esta norma de la Constitución de 1830 sustancialmente quedó con la misma redacción en la Constitución de 1857 (Art. 3), cambiando solamente el tiempo del verbo "denominaba" por "denominó". La Constitución de 1858 volvió a utilizar el tiempo "denominaba" agregando que comprendía lo que "se denominaba Capitanía General de Venezuela, con todos sus derechos y pertenencias".

La Constitución Federal de 1864 simplificó la redacción, al indicar que: "Los limites de los Estados Unidos que componen la Federación Venezolana, son los mismos que en el año 1810 correspondían a la antigua *Capitanía General de*

---

257 De acuerdo a esta Real Cédula quedaban sometidos al Capitán General de la Provincia de Venezuela, los gobernadores de las Provincias de Cumaná, Guayana y Maracaibo y las islas de Margarita y Trinidad, tanto en lo gubernativo y militar, con lo que quedaba políticamente configurada la Capitanía General de Venezuela, completamente segregada del virreinato de Santa Fe. Véase F. González Guinán, *Historia Contemporánea de Venezuela,* Tomo I, Caracas, 1954, p. 11. Véase además, el texto en *La Capitanía General de Venezuela 1777 – 8 de septiembre– 1977,* Edición de la Presidencia y del Concejo Municipal del Distrito Federal, Caracas, 1977.

258 Véase Ernesto Wolf, *Tratado de Derecho Constitucional Venezolano,* Tomo I, Caracas, 1945, p. 40.

Venezuela"(art. 3). Igual redacción se conservó en la Constitución de 1874 (Art. 3), y con variantes de redacción en las Constituciones de 1881 (Art. 3), y de 1891 (Art. 8). En la Constitución de 1893, se varió el texto, en la siguiente forma: "El territorio de los Estados Unidos de Venezuela es el mismo que en el año 1810 correspondía a la *Capitanía General de Venezuela*" (art. 3). Solo fue en 1901 cuando se modificó la redacción para recoger las modificaciones al territorio derivadas de tratados internacionales.

Esta forma de definir el territorio referido a la Capitanía General de Venezuela, si bien era claro –lo que no dejó de ser conflictivo– respecto de Colombia, ya que se estableció en la Ley Fundamental y la Constitución en la cual ambos países se unieron (1821), habría de ser más problemática respecto de los territorios que formaron la Provincia de Guayana (1568), y que llegaban al este del río Esequibo. Así lo sostuvo siempre Venezuela, pero el Reino Unido por su parte siempre sostuvo que los territorios al oeste de dicho río formaban parte de las colonias que había adquirido mediante el Tratado Anglo–Holandés de 1814, conocido como la Convención de Londres firmado al fin de las guerras napoleónicas.

En efecto el primer reconocimiento de la posesión de territorios en la zona de Guayana por parte de otros países europeos distintos a España, ocurrió con la firma del Tratado de Münster de enero de 1648, con el cual se puso fin a la guerra de los 80 Años o la Rebelión holandesa (1566–1648), y en el cual España reconoció a Holanda como Estado independiente; y ambos países acordaron mutuamente mantener la navegación y el comercio que realizaban en las Indias Orientales y Occidentales y continuar en posesión y goce de las tierras, pueblos, castillos, fortalezas que tenían respectivamente en dichas Indias y en Brasil y en las costas de Africa, Asia y América. Poco tiempo después, en 1656, después de haber sido desplazados de Brasil por los portugueses, los holandeses se concentraron en Guayana donde habían establecido colonias y regulaciones de tráfico comercial en toda la zona del Esequibo, controlando mediante la poderosa Compañía de las Indias Occidentales toda la costa entre los ríos Orinoco y Amazonas. El Reino Unido llegó a capturar la colonia durante 1665 y luego en 1796; en 1802 fue recuperada por los holandeses, quienes finalmente fueron desalojados de nuevo por los ingleses en 1803, esta vez como resultado del comienzo de las Guerras Napoleónicas (1803–1815).

En agosto de 1814, por tanto, en plena guerra de independencia de Venezuela, se firmó el Tratado Anglo–Holandés, mediante el cual el Reino Unido le devolvió a Holanda las posesiones coloniales que habían tenido en América, África y Asia al momento de haberse iniciado la guerra, en enero de 1803, con excepción de las del Cabo de Buena Esperanza (Africa) y en Sur América, de las colonias de Demerara, Esequibo y Berbice, las cuales fueron oficialmente cedidas al Reino Unido, consolidándose en 1831 como la Guayana Británica.

Todos estos acontecimientos coincidieron, en España, con la invasión de las tropas napoleónicas a la Península, la abdicación de Carlos IV y Fernando VII (1808), la guerra de independencia española (1808–1812), y la sanción y abolición de la Constitución de Cádiz (1812–1814); y en Venezuela, con el inicio de la revolución de independencia a partir de abril de 1810, la sanción de la Constitución de 1811 y la guerra de independencia que sólo terminaría en 1824.

Esta coincidencia explica, sin duda, la ausencia de cuestionamiento alguno por España respecto de los efectos territoriales del Tratado Anglo–Holandés de 1814, en el cual, por lo demás, no se definía la frontera occidental de las posesiones inglesas. Por ello, en 1835 los ingleses comisionaron al explorador y naturalista alemán, Robert Schomburgk, para delinear la frontera resultando la conocida Linea Schomburgk, que incorporaba a la Guayana británica unas 30,000 millas cuadradas adicionales.

Fue a partir de la publication del mapa de las Colonias británicas de acuerdo con dicha Linea Schomburgk en 1840, que comenzó oficialmente la disputa fronteriza entre Venezuela y el Reino Unido. En 1850, luego de negociaciones que no llegaron a acuerdo alguno, los países acordaron no ocupar la zona en reclamación, lo cual fue quebrantado a finales del mismo año por el reino Unido como consecuencia del asentamiento de pobladores en la zona y la constitución de la British Guiana Mining Company, para la explotación de minas de oro que habían sido descubiertas. Con ello se reinició de nuevo la disputa que concluiría a fin de Siglo con el Laudo de Paris.

VIII. LA RECONSTITUCIÓN DEL ESTADO DE VENEZUELA EN LA CONSTITUCIÓN DE VALENCIA DE 1830 Y EL FIN DE LA REPÚBLICA DE COLOMBIA

1. *Las vicisitudes de la destrucción de la República de Colombia y la reconstitución del Estado de Venezuela*

Entre las ideas políticas fundamentales del Libertador en la organización constitucional de nuestros Estados, como hemos señalado, estuvo también la Unión de Venezuela con la Nueva Granada y Quito, en lo que se ha denominado la Gran Colombia, y que constitucionalmente se estableció en las Leyes Fundamentales de 1819 y 1821, y luego, en la Constitución de Cúcuta de 1821.

En cuanto a la Constitución de 1821, siguiendo la orientación centralista de la anterior, dividió la República en Departamentos y Provincias[259], pero descartó los principios del Ejecutivo fuerte que propugnaba Bolívar, debilitando aún más su posición en relación a la que consagraba el texto de 1819, con grandes controles por parte del Senado y del Consejo de Gobierno que estableció.[260]

Bolívar había sido electo Presidente de la república de Colombia en 1821, pero su ausencia del ejercicio de la Presidencia de esta vasta República de Colombia, por encontrarse comandando los ejércitos en el Sur, y el desarrollado carácter localista y regional de las autoridades de los Departamentos creados en la nueva República,

---

259 Véase artículo 6° de la Ley Fundamental y artículo 150 de la Constitución. En 1821 a Venezuela se le señalaron tres Departamentos: Orinoco formado por las Provincias de Guayana, Cumaná, Barcelona y Margarita el Departamento de Venezuela, con las Provincias de Caracas y Barinas y el Zulia, con las de Coro, Trujillo, Mérida y Maracaibo. En 1824 se creó un nuevo Departamento en Venezuela, el de Apure y en 1826, se creó el de Maturín. *Cfr.* los datos en Augusto Mijares, *loc. cit.*, p. 67.

260 *Cfr.* P. Ruggeri Parra, *op. cit.*, Tomo I, pp. 68, 62 y 64; José Gil Fortoul, *op. cit.*, Tomo I, p. 622.

particularmente los de Venezuela[261], provocando el desconocimiento paulatino de la unidad de la Gran Colombia y de la autoridad del Gobierno de Bogotá, donde se había situado desde 1821 la capital provisional. El caudillismo militar y regional que tanto se desarrolló con motivo de las guerras de independencia, y la anarquía personalista que implicó, indudablemente que provocaron la destrucción de la Gran Colombia.

No debe olvidarse que las guerras de independencia, que se extienden hasta 1824, si bien hicieron inaplicables, formalmente, los textos constitucionales de 1811, 1819 y 1821, consolidaron los poderes de los caudillos militares regionales y locales bajo cuyas tropas se habían ganado y perdido batallas. La Provincia–Ciudad–Estado que había quedado como legado de la época colonial se consolidaría con el agregado militar fáctico, que no sólo permitió desconocer Constituciones, como sucedió respecto al texto de 1821 por la Municipalidad de Caracas y el poder militar de Páez, sino que inclusive años antes llegó a poner en duda y discusión la autoridad del Libertador[262].

En la Constitución de 1819, si bien su tendencia teórica, por las presiones del Libertador, fue por el establecimiento de un sólido poder central[263] la división de la República en Provincias[264], a cargo de "un Gobernador sujeto inmediatamente al Presidente de la República", y el establecimiento de "municipalidades" en los Departamentos (divisiones de las Provincias) con atribuciones propias, inclusive proponer el nombramiento del Gobernador de la Provincia que correspondía a los "miembros municipales" electos por votación[265] indudablemente que contribuyó a consolidar el poder regional–local de los caudillos militares, quienes sustituyeron a la aristocracia criolla colonial en el control de los organismos locales[266].

---

261 El historiador R. M. Baralt resume así los sentimientos de Venezuela, respecto de la Constitución de Cúcuta de 1821. "No fue recibida en Venezuela la Constitución de Cúcuta ni incondicionalmente ni con grandes muestras de alegría. Destruida la soberanía del país, dividido éste en departamentos minados de leyes propias y colocado al centro del Gobierno en la distante Bogotá, no podían los venezolanos vivir contentos bajo aquel pacto de unión, por más que la guerra lo hiciese necesario". *Cit.,* por Augusto Mijares, *loc. cit.,* p. 69.

262 Como sucedió en el denominado *Congreso de Cariaco*, que fue uno de los detonantes del fusilamiento de Piar.

263 De allí la declaración del artículo 1° (Título II) de la Constitución de 1819: "La República de Venezuela es una e indivisible".

264 Las Provincias en que se dividía el territorio de la República en la Constitución de 1819 fueron básicamente las mismas referidas en la Constitución de 1811: Barcelona, Barinas, Caracas, Coro, Cumaná, Guayana, Maracaibo, Margarita, Mérida y Trujillo. Véase artículo 2, Título I, Sección Primera.

265 Artículos 1, 2 y 4 de la Sección Segunda del Título IX de la Constitución de 1819.

266 En la época colonial inmediatamente anterior a la independencia, la aristocracia criolla, como clase privilegiada, "había monopolizado el derecho de los cargos concejiles" (véase, Jesús González Cabrera, *Caracas y su Régimen Municipal,* Caracas, 1961, p. 62, *cit.,* por Julio Castro Guevara, *Esquema de la evolución municipal en Venezuela*, Caracas, 1968, p. 57) y ello le permitió asumir el poder local, al declararse la independencia. Véase lo indicado en el parágrafo 3. Sin embargo, la lucha social que condenó a los blancos y mantuanos durante las guerras de independencia, provocó la toma de posición en los cuerpos municipales de los del "partido" del caudillo regional–militar correspondiente. Tal como lo señala L. Vallenilla Lanz, "durante algunos años más lucharán los Cabildos por sus antiguas prerrogativas, pretenderán asumir como antaño la representación de los intereses comunes y aun los generales del país, pero sucumbirán al fin ahogados bajo el poder avasallador del caudillismo que surgía por evolu-

La Constitución 1821, al unir los territorios de Colombia (Nueva Granada) y Venezuela en la República de Colombia, formalmente centralizó aun más el gobierno del nuevo Estado, el cual se dividió en Departamentos pero con "una administración, subalterna dependiente del gobierno nacional"[267]. Sin embargo la situación de guerra que todavía continuaba, el poder de los caudillos militares regionales y los poderes de las autoridades municipales, desde el primer momento conspiraron contra este texto y su pretendida centralización, hasta que lograron por sobre los deseos del Libertador e inclusive expulsándolo de Venezuela, la separación de ésta de la República de la Gran Colombia y la formación, en 1830, de la República de Venezuela.

En todo caso, en el proceso de destrucción de la Gran Colombia, varios hechos pueden destacarse. En primer lugar, el Gobierno de Bogotá, ejercido por el Vicepresidente Santander en ausencia de Bolívar, no tuvo nunca poder real sobre los jefes militares en guerra de Venezuela, y particularmente, sobre el general Páez[268]. En segundo lugar, la reacción localista de la Municipalidad de Caracas contra el régimen constitucional de 1821, que inclusive condujo a que dicha Municipalidad se negase a jurar fidelidad completa al texto constitucional, institucionalizó la tendencia separatista de los venezolanos de la Gran Colombia[269]. En tercer lugar, los conflictos entre las autoridades civiles y militares en Venezuela, que condujeron en 1826 a la separación temporal de Páez de la Comandancia General de las tropas, y que posteriormente, en los sucesos denominados de La Cosiata condujeron a que se reconociera su jefatura militar en contra de las decisiones del gobierno de Bogotá[270]; En cuarto lugar, la asunción por Bolívar del Poder Supremo en agosto de 1828, lo que lo lleva incluso a suprimir las Municipalidades; y por último, después de 1826 el inicio del predominio absoluto del general Páez en Venezuela, con la anuencia del Libertador para evitar una nueva guerra civil, y su renuncia a hacerse "jefe de facciones" de carácter caudillesco[271].

---

ción regresiva del seno de la revolución, no quedando sino como supervivencias de un organismo social hondamente transformado...", *Disgregación e integración*, Caracas, p. 100, *cit.*, por J. Castro Guevara *op. cit.*, p. 661.

267 Artículo 6 de la Ley Fundamental de la Unión de los Pueblos de Colombia, de 1821.

268 El mismo Soublette, Jefe Superior del Departamento de Venezuela, reconocía que no tenía ningún poder sobre los jefes militares venezolanos (Páez y Mariño) y que sólo Bolívar podía controlarlos. Véase la carta dirigida por Soublette al Libertador en Noviembre de 1821 en las *Memorias de O'Leary,* tomo VIII, p 26, *cit.,* por Augusto Mijares, *loc. cit*, p 70.

269 *Cfr.* Augusto Mijares, *loc. cit.*, p. 68; José A. Páez, *op. cit.*, tomo I, pp. 292 y ss.; en particular, p. 371; José Gil Fourtoul, *op. cit.*, tomo I, pp. 470 y ss., y 585.

270 *Cfr.* Augusto Mijares, *loc. cit.*, pp. 75 y ss.; José Gil Fortoul, *op. cit.*, tomo I, pp. 587 y ss. El mismo General Páez consideró la época de los años posteriores al año 1826, como dolorosa y "la más funesta" de su vida. Véase J. A. Páez, *op cit.*, tomo I, pp. 286 y 292 y ss.

271 *Cfr.* José Gil Fortoul, *op. cit.*, Tomo primero, p. 616. Bolívar escribía, en efecto: "Mas vale estar con el que conmigo, porque yo tengo enemigos y Paéz goza de opinión popular". "La República se va a dividir en partidos; en cualquier parte que me halle me buscarán por caudillo del que se levante allí; y ni mi dignidad ni mi puesto me permiten hacerme jefe de facciones". Véase las citas en Augusto Mijares, *loc. cit.*, pp. 78 y 80. *Cfr.* J.A. Paéz, *op. cit.*, tomo I, p. 375.

Por otra parte, debe destacarse que los caudillos militares y regionales venezolanos, se habían constituido en los herederos directos del poder económico de la aristocracia criolla aniquilada, y en los años posteriores a 1830, en los principales aliados de ésta. Tal como lo destacó Vallenilla Lanz, "el latifundio colonial pasó sin modificación alguna a las manos de Páez, Monagas y otros caudillos, quienes habiendo entrado a la guerra sin bienes algunos de fortuna, eran a poco de constituida Venezuela los más ricos propietarios del país"[272].

A ello contribuyeron los Tribunales de Secuestros y las Leyes de Reparto de los bienes confiscados en las guerras de independencia a los extranjeros y a los criollos, por ambos lados (realistas y patriotas) entre 1817 y 1824, y que repartidos entre los guerreros fueron paulatinamente adquiridos a precios irrisorios por los caudillos militares[273]. En esta forma, "el latifundio colonial se integró como elemento fundamental de la estructura económica (monopolio individual o familiar, monocultivo, técnicas rudimentarias) y en las relaciones de producción basadas en la esclavitud y en la servidumbre de la población rural, jurídicamente libre"[274]. Por ello, los caudillos militares y regionales, de origen popular, posteriormente como propietarios y terratenientes, se convirtieron paulatinamente en conservadores, y de la alianza entre la oligarquía local y aquellos, no solo se producirá la separación definitiva de Venezuela de la República de Colombia[275] sino que se constituirá la República de Venezuela, autónoma con un gobierno netamente oligárquico y conservador[276].

En todo caso, el proceso formal de la separación definitiva de Venezuela de Colombia se inició en 1829, como consecuencia de la circular expedida por el Libertador el 31 de agosto de 1829, confirmada el 16 de octubre de ese año, en la cual excitó a los pueblos a manifestar sus opiniones sobre la forma de gobierno que debía adoptar Colombia, sobre la Constitución que debía adoptar el Congreso, y sobre la elección del Jefe del Estado[277].

En efecto, a pesar de que en julio de ese año el colegio electoral de Venezuela, reunido en Caracas, había aprobado por unanimidad un proyecto de instrucciones para los diputados que irían al Congreso constituyente, en las cuales se planteaba la necesidad de sostener la Constitución de Cúcuta[278], en la ciudad de Valencia, reunida una Asamblea Popular el 23 de noviembre de 1829, convocada por el

---

272 Véase L Vallenilla Lanz, *Cesarismo . cit.*, p. 107. *Cfr.* John Duncan Powell, *Political mobilization of the Venezuela Peasant, Cambridge* (Mass.) 1971, p. 16. En 1840 el diario *El Venezolano*, decía que Páez, quien era Presidente en ese momento, era "el más rico propietario del país, el de más pingues y seguras rentas". *Cit.*, por F. González Guinán, *Historia Contemporánea de Venezuela,* Caracas, 1954., tomo III, p. 156.

273 *Cfr.* L Vallenilla Lanz, *Cesarismo..., cit.*, pp. 104 y ss.; F. Brito Figueroa, *op. cit.*, tomo I, pp. 192 y ss.; P. Ruggeri Parra, *op. cit.*, tomo I p. 48. José Gil Fortoul, *op. cit.*, Tomo segundo, p. 187.

274 Véase F. Brito Figueroa, *op. cit.*, tomo I, p. 220.

275 *Cfr.* Gil Fortoul, *op. cit.*, tomo I, pp. 612 y 614.

276 De ahí el calificativo de "Oligarquía Conservadora" que J. Gil Fortoul da al Gobierno de Venezuela después de 1830. Véase J. Gil Fortoul, *op. cit.*, Tomo Segundo, pp. 7 y ss. y 186.

277 Véase José Gil Fortoul, *Historia Constitucional de Venezuela,* Berlín, 1904, tomo I, p. 468.

278 Véase José Gil Fortoul, *op. cit.*, tomo I. p. 470.

Gobernador de la Provincia de Carabobo, "convinieron todos unánimemente en que Venezuela no debe estar unida a la Nueva Granada y Quito, porque las leyes que convienen a aquellos territorios, no son a propósito para éste, enteramente distinto por costumbres, clima y producciones", y acordaron también que se dirigiese "esta petición al Congreso constituyente, para que teniéndola en consideración provea los medios más justos, equitativos y pacíficos, a fin de conseguir la separación sin necesidad de ocurrir a vías de hecho; antes bien proporcionando a este país una reunión en que sus habitantes, congregados legítimamente, expresen su voluntad; y que en todo caso ella sea definitiva, sin que los otros Estados tengan derecho de intervención en sus resoluciones". La remisión de esa Acta se acordó hacerla por conducto del "Jefe Superior Civil y Militar, General en Jefe, benemérito J. A. Páez"[279].

Una reunión similar se realizó en Caracas, en el edificio de San Francisco, en los días siguientes, el 25 y 26 de noviembre de 1829 y allí se acordó la "Separación del Gobierno de Bogotá y desconocimiento de la autoridad del General Bolívar y que S.E. el benemérito General José Antonio Páez sea jefe de estos Departamentos y que reuniendo como reúne la confianza de los pueblos, mantenga el orden público y todos los ramos de la Administración, bajo las formas existentes, mientras se instala la convención"[280].

La reacción antibolivariana de estos acuerdos, sin embargo, fue mitigada por el propio Páez, quien luego de convocar otra asamblea en Caracas, el 24 de diciembre de 1829, reconoció el papel del Libertador en la independencia, y se dirigió a él encareciéndole "ejerza su poderosa influencia para que nuestra separación y organización se haga en paz"[281].

El 2 de enero de 1830 comenzaron en Bogotá, las sesiones preparatorias del Congreso constituyente que había convocado el Libertador el año anterior, pero once días después, el 13 de enero, J. A. Páez convocó por Decreto la realización de elecciones para un Congreso constituyente venezolano, en Valencia, que debía instalarse el 30 de abril, lo cual solo ocurrió el 6 de mayo de 1830. Entre febrero y abril, a instancias de Bolívar en el Congreso de Bogotá, se reunieron en Cúcuta comisionados de Colombia y Venezuela para tratar de llegar a un acuerdo pacífico, esfuerzos que a pesar de la labor del Mariscal Sucre, fracasaron.

Bolívar, que tenía la resolución de abandonar el poder, manifestó al Congreso de Bogotá que no aceptaría la Presidencia de la República, y el 1° de marzo, éste encargó del Ejecutivo al Presidente interino del Consejo de Estado, General Domingo Caicedo. El Congreso de Bogotá adoptó la Constitución de Colombia el 29 de abril de 1830[282], y por Decreto separado acordó ofrecérsela a Venezuela para su adopción.

---

279 Véase el texto en José Gil Fortoul, *op. cit.*, tomo I, pp. 470 y 471.

280 Véase el texto en José Gil Fortoul, *op. cit.*, tomo I, p. 472.

281 Véase José Gil Fortoul, *op. cit.*, tomo I, p. 473.

282 Véase en general, Herviz Geralda González Camacho, "El proceso constituyente del Congreso Admirable, Bogotá 1830", en Elena Plaza y Ricardo Combellas (Coordinadores), *Procesos Constituyentes y Re-*

El Congreso de Valencia, reunido desde mayo de 1830, el 10 de julio había dictado un Reglamento de Organización Provisional del Estado, conforme al cual, el Poder Ejecutivo provisional se depositó en una persona con la denominación de Presidente del Estado de Venezuela, teniendo un Consejo de Gobierno compuesto por el Vicepresidente de la República, de un Ministro de la Corte Suprema de Justicia nombrado por ella, de dos Secretarios del Despacho y de dos Consejeros elegidos por el Congreso.

José Antonio Páez (1790–1873) fue nombrado Presidente provisional y Diego Bautista Urbaneja, como Vicepresidente.

El Congreso, además, el 6 de agosto de 1830 expidió un Decreto sobre garantías de los venezolanos para el gobierno provisorio[283], y consideró la propuesta del Congreso de Bogotá sobre la Constitución adoptada por el mismo, el 29 de abril. Sobre ello, el 17 de agosto de 1830, decretó: "Que Venezuela ocupada de su propia Constitución conforme a la voluntad unánime de los pueblos, no admite la Constitución que se le ofrece, ni como existe, ni con reformas cualesquiera que sean; pero que está dispuesta a entrar en pactos recíprocos de federación que unan, arreglen y representen las altas relaciones nacionales de Colombia, luego que ambos Estados estén perfectamente constituidos y que el General Bolívar haya evacuado el territorio de Colombia"[284].

El Congreso de Valencia sancionó la Constitución del Estado de Venezuela el 22 de septiembre de 1830, a la cual puso el ejecútese el General Páez, Presidente del Estado, el 24 de septiembre de 1830, fecha en la cual el Congreso dictó un nuevo Decreto sobre la publicación y el juramento del texto constitucional.[285]

El 17 de diciembre de 1830 murió el Libertador Simón Bolívar: el mismo día, once años después que se había sancionado en Angostura, la Ley Fundamental de la República de Colombia, y el mismo año en el cual aquella gran nación desapareció, por la separación de Venezuela, y su Constitución como República autónoma.

La separación Venezuela de la República de Colombia, en todo caso, por la necesidad de redefinir los territorios de ambos Estados, condujo al inicio de conversaciones diplomáticas entre los dos países para establecer la aplicación del principio del *uti possidetis juris*. Así se llego a suscribir el Tratado de amistad, alianza, comercio, navegación y límites de 14 de diciembre de 1833, entre los Ministros Santos Michelena de Venezuela y Lino de Pombo de Colombia, que buscaba resolver la situación, es decir, buscaba determinar la frontera entre los dos países con la aplicación de la regla del *uti possidetis juris* que tanto Colombia como

---

formas Constitucionales en la Historia de Venezuela: 1811–1999, Universidad Central de Venezuela, Caracas 2005, tomo I, pp. 107–129.

283 Véase el texto en *Leyes y Decretos de Venezuela,* tomo I, 1830–1840, Biblioteca de la Academia de Ciencias Políticas y Sociales, Caracas, 1982, pp. 30 y 31.

284 Véase el texto en *Leyes y Decretos de Venezuela,* tomo I, 1830–1840, *cit.*, p. 33.

285 Véase en general, Eleonora Gabaldón, La Constitución de 1830 (El debate parlamentario y la opinión de la prensa), Instituto Biblioteca Nacional, Ed. Turnes, Caracas 1991; y Enrique J. Sánchez falcón, "El Congreso constituyente venezolano de 1830", en Elena Plaza y Ricardo Combellas (Coordinadores), *Procesos Constituyentes y Reformas Constitucionales en la Historia de Venezuela: 1811–1999*, Universidad Central de Venezuela, Caracas 2005, tomo I, pp. 131–154.

Venezuela invocaban para la determinación de sus respectivos territorios; Tratado que lamentablemente no fue aprobado por el Congreso de Venezuela, razón por la cual no entró en vigencia[286].

2. *El republicanismo y la democracia*

La Constitución del 24 de septiembre de 1830, que consolidó la República autónoma de Venezuela[287] es, quizás uno de los textos que más influencia tuvo en el proceso constitucional venezolano, dado los largos años de vigencia que tuvo hasta 1857. Fue un Texto que siguió la misma línea constitucional que se había iniciado en Venezuela con la Constitución de 1811, de cuyo texto recibió una influencia fundamental así como de las Constituciones de 1819 y 1821, aún cuando mitigando el centralismo que Bolívar le había propugnada en ellas.

La Constitución declaró que la soberanía residía esencialmente en la nación y no podía ejercerse sino por los poderes políticos que establecía (art. 3), cuyos titulares debían ser electos. Por ello, la Constitución dispuso que el pueblo no podía ejercer por sí mismo otras atribuciones de la soberanía que no fueran las elecciones primarias "ni depositará el ejercicio de ella en una sola persona" (art. 7). A tal efecto, se declaró que el gobierno sería "siempre republicano, popular, representativo, responsable y alternativo" (art. 6). Incluso, en esta materia la Constitución de 1830 incluyó una cláusula pétrea al disponer en el artículo 228 que "la autoridad que tiene el Congreso para reformar la Constitución no se extiende a la forma del Gobierno, que será siempre republicano, popular, representativo, responsable y alternativo".

Todos los venezolanos podían elegir y ser elegidos para los destinos públicos, siempre que fueran ciudadanos (art. 13), condición que sólo tenían los dueños de inmuebles con renta anual fuera de 50 pesos o tener una profesión, oficio o industria útil que produjera 100 pesos anuales, sin dependencia de otro en clase de sirviente doméstico, o que gozaran de un sueldo anual de 150 pesos (art. 14).

Se siguió así, con la condición censitaria del sistema electoral que se había establecido desde la Constitución de 1811 (art. 26)[288]. La Constitución exhortaba a

---

286 Véase el texto en Leandro Área y Elka Nieschulz de Stockhausen, *El Golfo de Venezuela. Documentación y Cronología,* Caracas, 1984, pp. 80 a 89. En ese libro puede verse el dictamen de la Cámara de Representantes de Venezuela de 7 de abril de 1835 planteando la desaprobación del Proyecto (p. 90), el Decreto Legislativo que aprueba sólo parte del articulado del Tratado (p. 99 y 100), y el dictamen del Senado sobre el Proyecto (pp. 103 a 110).

287 Véase los comentarios de Páez sobre las causas que motivaron a Venezuela a separarse de la Unión Colombiana, en J. A. Páez, *Autobiografía,* Nueva York, 1870, Tomo II, *cit.,* pp. 1 y ss. Debe señalarse, que la elección de diputados que formaron el Congreso de Venezuela se hizo en base a un Decreto expedido por el General Páez, que estableció el sufragio restringido por razones económicas. *Cfr.* F. González Guinán, *Historia Contemporánea de Venezuela, cit.,* Tomo II, p. 11. Véase el texto del Decreto en Allan R. Brewer–Carías, *Las Constituciones de Venezuela, cit.,* pp. 411 y ss.

288 *Cfr.* las apreciaciones de L. Vallenilla Lanz. *Cesarismo Democrático, cit.,* p. 193, y de P. Ruggeri Parra, *Historia Política y Constitucional de Venezuela, cit.,* Tomo II, p. 17. "Bueno malo este régimen –dice Gil Fortoul, al referirse a la oligarquía conservadora (1830–1848)–, su existencia dependía por necesidad de la limitación del sufragio a la clase rica o ilustrada", en *Historia Constitucional de Venezuela, cit.,* Tomo II, p. 311.

los ciudadanos a tener presente que "del interés que todos tienen en las elecciones nace el espíritu nacional que, sofocando los partidos, asegura la manifestación de la voluntad general y que del acierto de las elecciones en las asambleas primarias y electorales es que principalmente dependen la duración, la conservación y el bien de la República" (art. 17).

Una vez que la primera autoridad civil de cada parroquia, asociándose con 2 vecinos notables designados por el concejo municipal del cantón, formase la lista de los electores o sufragantes parroquiales (art. 18), se procedía a realizar el proceso electoral en dos niveles:

En primer lugar, en el nivel parroquial donde en asambleas parroquiales, que presidía el primer juez de cada parroquia, elegían al elector o electores que correspondan al cantón respectivo (arts. 21–23). En las provincias que hubieran de dar un solo representante se nombraban 10 electores, distribuyéndolos entre los cantones a proporción de la población de cada uno; y en las provincias que hubieran de nombrar 2 o más representantes, se elegirían tantos electores cuantos correspondieran a los cantones de que se componían, debiendo elegir todo cantón un elector por cada 4.000 almas y uno más por un residuo de 2.000. Todo cantón, aunque no alcanzare a 4.000 mil almas, debía nombrar un elector (art. 25).

El escrutinio de las votaciones parroquiales se debía hacer por la autoridad civil del cantón en asociación con el concejo municipal (art. 29), correspondiéndole declarar constitucionalmente electos a quienes resultaren con mayor número de votos (art. 30), a quienes se debía dar aviso inmediatamente para que concurrieran a la misma capital el día designado al efecto.

Se procedía entonces a la elección en el segundo grado, en las asambleas o colegios electorales compuesto de los electores nombrados por los cantones (art. 32), para cuya constitución debían participar al menos las dos terceras partes de todos los electores (art. 34). Reunidos los colegios electorales, conforme al artículo 36 de la Constitución, debían proceder a elegir por mayoría absoluta de votos (art. 41) a los siguientes funcionarios: Presidente del Estado; Vicepresidente; Senadores de la provincia y suplentes; Representantes de la misma y de otros tantos para suplir sus faltas; y miembros para las Diputaciones provinciales y de igual número de individuos en clase de suplentes.

En los casos en los cuales ningún candidato hubiere alcanzado la mayoría absoluta, se debía concretar la votación a los dos individuos que hayan obtenido mayor número de sufragios y se debía proceder a un segundo escrutinio, del cual debía resultar la mayoría, debiendo, en casos de empate, decidirse por la suerte.

En cuanto al sistema de derechos políticos y garantías individuales enumeradas ampliamente en los artículos 188 a 219, el texto siguió la orientación de las Constituciones precedentes, y de la Declaración de los derechos del pueblo de 1811.

3. *La fórmula mixta (centro federal) en el proceso de reconstitución de Venezuela*

En cuanto a la forma de Estado, la Constitución de 1830 estableció una fórmula mixta, transaccional, entre centralismo y federación, pues las discusiones que precedieron su sanción en 1830, habían estado signadas por la misma discusión sobre la estructura federal o centralista del nuevo Estado venezolano.

No hay que olvidar que la misma constitución del Estado de Venezuela, separado de Colombia, había sido producto de las fuerzas centrífugas del regionalismo.

De ello se optó, en definitiva, por una fórmula "centro federal o mixta", como la denominó el Congreso[289], según la cual el Estado era unitario pero las Provincias en las cuales se lo dividió, que eran las que conformaban el territorio que tenía la antigua Capitanía General de Venezuela antes de la transformación política de 1810 (art. 5)[290], gozaban de amplia autonomía e, inclusive, contaban además con un gobernador designado por el Presidente del Estado, del cual eran "agente natural e inmediato"(art. 170); y con una Diputación Provincial compuesta por diputados electos en segundo grado. La denominación de "diputación" provincial ciertamente que se había adoptado en la Constitución de Cádiz[291], pero la concepción de las mismas en realidad, reflejaba el sistema eleccionario de diputados a las "Asambleas provinciales" establecidas en la Constitución de 1811.

Estas Diputaciones intervenían en la designación de los Gobernadores de Provincia mediante la presentación de ternas al Presidente del Estado (art. 161.4). También podían solicitar la remoción de los mismos. Por tanto, si bien los gobernadores dependían del Poder Ejecutivo, significaban el "equilibrio" entre el centralismo y federación que los constituyentes buscaron[292].

Las Diputaciones provinciales tenían amplísimas competencias, que contrastaban con las que se habían previsto para las Asambleas provinciales en las Constituciones anteriores, y que evidencian el proceso de distribución territorial del poder que marcó la concepción del Estado. Entre dichas competencias se destacan, conforme al artículo 161 de la Constitución, las siguientes: informar a la Cámara de Representantes las infracciones y abusos que se hayan cometido contra la Constitución y las leyes y velar en el exacto cumplimiento de éstas; denunciar al Poder Ejecutivo o a la Cámara de Representantes con los datos necesarios los abusos y mala conducta del gobernador y demás empleados de la provincia, los abusos, malversación y poca eficacia en la recaudación, inversión y manejo de las rentas del Estado; presentar a la Corte Suprema de Justicia tantos letrados con las cualidades necesarias cuantas sean la plazas que hayan de proveerse en la Corte Superior del distrito a que cada provincia corresponda a fin de que la Corte Suprema forme de entre los presentados una terna para el nombramiento de cada ministro; presentar al Poder Ejecutivo ternas para el nombramiento de gobernadores y pedir la remoción de estos empleados cuando falten a sus deberes y su continuación sea

289 Véase en J. Gil Fortoul, *Historia Constitucional de Venezuela*, Tomo II, *cit.*, pp. 19 y 20. *Cfr.* P. Ruggeri Parra, *Historia Política y Constitucional de Venezuela*, Tomo II, *cit.*, p. 17.

290 Los Diputados que conformaron el Congreso Constituyente de Valencia provenían de las siguientes Provincias 11 Provincias: Apure, Barcelona, Barinas, Caracas, Carabobo, Coro, Cumaná, Guayana, Maracaibo, Margarita y Mérida. Véase en Allan R. Brewer–Carías, *Las Constituciones de Venezuela*, *cit.*, p. 460.

291 *Cfr.* J. M. Casal Montbrún, "Estudio Preliminar", *La Constitución de 1961 y la Evolución Constitucional de Venezuela*, Tomo II, Vol. I, Caracas, 1972, pp. 23 y 32.

292 Artículo 156 y siguientes de la Constitución de 1830 y particularmente los artículos 164,4 y 170. Véase los comentarios sobre esta Constitución en J. Gil Fortoul, *Historia Constitucional de Venezuela, cit.*, Tomo II, pp. 77 y ss. F. González Guinán, *Historia Contemporánea de Venezuela, cit.*, Tomo II, pp. 135 y ss.; y Ruggeri Parra, *Historia Política y Constitucional de Venezuela, cit.*, Tomo II, pp. 17 y ss.

perjudicial al bien de la provincia; pedir a la autoridad eclesiástica con los datos necesarios la remoción de los párrocos que observen una conducta notoriamente reprensible y perjudicial al bien de sus feligreses; presentar al gobernador ternas para el nombramiento de jefes de cantón y de los empleados en la administración de las rentas provinciales; recibir de las Corporaciones y ciudadanos de la provincia las peticiones, representaciones e informes que se dirijan para hacer uso de ellas si son de su inspección o darles el curso conveniente; supervigilar en el cumplimiento de la ley de manumisión y ejercer las demás atribuciones que ella le designe; hacer con proporción el repartimiento de las contribuciones que decrete el Congreso entre los cantones de cada provincia; hacer, según la ley, el reparto de reemplazos para el ejército y armada con que deba contribuir la provincia; establecer impuestos provinciales o municipales en sus respectivas provincias para proveer a sus gastos y arreglar el sistema de su recaudación e inversión; determinar el número y dotación de los empleados en este ramo y los demás de la misma clase que estén bajo su inspección; liquidar y fenecer sus cuentas respectivas; contratar empréstitos sobre los fondos provinciales o municipales para las obras de sus respectivos territorios; resolver sobre la adquisición, enajenación o cambio de edificios, tierras o cualesquiera otros bienes que pertenezcan a los fondos provinciales o municipales; establecer bancos provinciales; fijar y aprobar anualmente el presupuesto de los gastos ordinarios y extraordinarios que demanda el servicio municipal en cada provincia; formar los reglamentos que sean necesarios para el arreglo y mejora de la policía urbana y rural, según lo disponga la ley, y velar sobre su ejecución; promover y establecer por todos los medios que estén a su alcance escuelas primarias y casas de educación en todos los lugares de la provincia, y al efecto podrá disponer y arreglar del modo que sea más conveniente la recaudación y administración de los fondos afectos a este objeto, cualquiera que sea su origen; promover y decretar la apertura de caminos, canales y posadas y la construcción de puentes, calzadas, hospitales y demás establecimientos de beneficencia y utilidad pública que se consideren necesarios para el bien y prosperidad de la provincia, pudiendo a este fin aceptar y aprobar definitivamente las propuestas que se hagan por compañías o particulares, siempre que no sean opuestas a alguna ley de la República; procurar la más fácil y pronta comunicación de los lugares de la provincia entre sí y la de éstos con los de las vecinas, la navegación interior, el fomento de la agricultura y comercio por los medios que estén a su alcance, no siendo contrarios a alguna ley; favorecer por todos los medios posibles los proyectos de inmigración y colonización de extranjeros industriosos; acordar el establecimiento de nuevas poblaciones y la traslación de las antiguas a lugares más convenientes y promover la creación, suspensión o reunión de cantones en la respectiva provincia; conceder temporalmente y bajo determinadas condiciones privilegios exclusivos en favor del autor o autores de algún invento útil e ingenioso y a los empresarios de obras públicas con tal que se consideren indispensables para su ejecución y no sean contrarios a los intereses de la comunidad; y pedir al Congreso o al Poder Ejecutivo, según la naturaleza de las peticiones, cuanto juzguen conveniente a la mejora de la provincia y no esté en las atribuciones de las diputaciones.

Las ordenanzas o resoluciones de las Diputaciones provinciales se debían pasar para su ejecución al gobernador, quien tenía el derecho de objetarlas (art. 162). Las Diputaciones, conforme se establecía en el artículo 167, no podrán deliberar sobre ninguno de los negocios comprendidos en las atribuciones del Congreso y del Poder Ejecutivo ni dictar órdenes o celebrar acuerdos contrarios a la Constitución o a las leyes.

Las Provincias se dividieron en cantones y parroquias, y en cada cantón la Ley atribuyó la autoridad gubernativa y económica a los "jefes políticos" designados por el Gobernador (art. 176), quienes presidían los "Consejos municipales" integrados, a su vez, por alcaldes y concejales designados por las Diputaciones Provinciales (art. 179).

En esta forma, el pacto centro–federal, disminuyó la autonomía municipal que el texto constitucional de 1819 consagró, en beneficio de las Diputaciones Provinciales, donde se alojó el poder de los caudillos regionales para, inclusive, discutir el poder central[293]. El sistema electoral que estableció, por otra parte, reservaba a la oligarquía económica el control de todas las asambleas y autoridades siguiendo la orientación de los textos constitucionales anteriores, lo cual confirmaba el carácter oligárquico del gobierno[294].

Este federalismo–centralista que se previó en el texto de 1830, en todo caso, es el que de hecho o de derecho hemos tenido hasta la actualidad, en nuestra historia político–constitucional.

4. *La separación horizontal de los poderes y el sistema presidencial*

Por otra parte, la Constitución siguió el esquema del constitucionalismo venezolano anterior, estableciendo un sistema de separación de poderes, así: "El Poder Supremo se dividirá para su administración en Legislativo, Ejecutivo y Judicial. Cada Poder ejercerá las atribuciones que le señala esta Constitución, sin excederse de sus límites respectivos" (art. 8).

A. *El Poder Legislativo: el Congreso*

El poder legislativo, se atribuyó al Congreso, compuesto por dos Cámaras: la de Representantes y la de Senadores (Art. 48), cuyos miembros se elegían en segundo grado por las asambleas provinciales de electores. La cámara del Senado estaba compuesta por dos Senadores por cada una de las Provincias que hubiera en la República (Art. 60). Tanto los senadores como los representantes tenían "este carácter por la nación y no por la provincia que los nombraba", y no podían "recibir órdenes ni instrucciones particulares de las asambleas electorales ni de las Diputaciones provinciales" (art. 80).

---

293 En la *Memoria* de la Secretaría de Interior y Justicia de 1832 se denunció en efecto, cómo las Diputaciones de Caracas y Mérida traspasaron los límites establecidos por la Constitución en "escandalosa infracción", arrogándose funciones atribuidas al Poder Legislativo Nacional. Véase las referencias en J. M. Casal Montbrún, *loc. cit.*, tomo II, Vol. I, anexo 13 del Estudio Preliminar, p. 117.

294 *Cfr.* las apreciaciones de L. Vallenilla Lanz, *Cesarismo Democrático*, Caracas, 1952, p. 193, y de P. Ruggeri Parra, *op. cit.*, tomo II, p. 17. "Bueno malo este régimen –dice Gil Fortoul, al referirse a la oligarquía conservadora (1830–1848)–, su existencia dependía por necesidad de la limitación del sufragio a la clase rica o ilustrada". Véase *op. cit.*, Tomo Segundo, p. 311.

Cada Cámara tenía algunas atribuciones privativas (arts. 57 y 65); y en general, al Congreso correspondía, conforme al artículo 87, las mismas atribuciones antes señaladas que establecía la Constitución de 1819.

B. *El Poder ejecutivo: el Presidente y el Vicepresidente*

El Poder Ejecutivo, conforme al sistema presidencial de gobierno, estaba a cargo del Presidente de la República (art. 103), pero con la figura de un Vicepresidente (art. 109); ambos electos en segundo grado. El Presidente de la República debía ser electo por las dos terceras partes de los votos de los electores que hubieran sufragado en los colegios electorales (art. 105), y no podía ser reelecto inmediatamente (art. 108), con lo cual se estableció el principio de la no reelección inmediata que perduró en nuestro sistema constitucional hasta 1999.

La Constitución estableció tres secretarías para el despacho de los negocios correspondientes al Poder Ejecutivo: una del Interior y Justicia, otra de Hacienda y otra de Guerra y Marina, debiendo el Ejecutivo agregar a cualquiera de ellas el Despacho de las Relaciones Exteriores (art. 134). Los Secretarios se configuraron en la Constitución, como "los órganos precisos e indispensables del Gobierno" y, como tales, debían autorizar todos los decretos, reglamentos, órdenes y providencias que expediere", de manera que las que no estuviesen autorizadas por el respectivo Secretario no debían ser ejecutadas por ningún tribunal ni persona pública o privada, aunque aparecieran firmadas por el Presidente de la República (art. 136). Los Secretarios del Despacho, además, debían dar cuenta a cada Cámara en sus primeras sesiones del estado de sus respectivos ramos y además, cuantos informes se les pidieran por escrito o de palabra, reservando solamente lo que no convenga publicar (art. 137).

El artículo 117 de la Constitución, atribuyó al Presidente como Jefe de la administración general de la República una serie de atribuciones.

La Constitución creó un Consejo de Gobierno compuesto del Vicepresidente de la República que lo presidía de cinco Consejeros y de los Secretarios del Despacho (art. 123), que tenía a su cargo, básicamente, funciones consultivas (art. 127). Uno de los cinco Consejeros era un miembro de la Corte Suprema de Justicia nombrado por ella cada dos años, y los otros cuatro eran nombrados por las dos Cámaras del Congreso reunidas en una de sus primeras sesiones cada cuatro años y serán reemplazados por mitad cada dos años (art. 124). El Consejo debía elegir cada dos años un Vicepresidente de entre los miembros que no fueran nombrados por el Ejecutivo para que reemplazase las faltas del Vicepresidente del Estado.

C. *El Poder Judicial: La Corte Suprema*

El Poder Judicial, se asignó a la Corte Suprema, de Cortes superiores, de Juzgados de primera instancia y de los demás Tribunales creados por la ley (art. 144), previéndose que en las causas criminales la justicia se debía administrar por jurados (art. 142)

Para el nombramiento de los ministros de la Corte Suprema, los candidatos debían ser propuestos por el Presidente de la República a la Cámara de Representantes en número triple; la Cámara debía reducir este número al doble y lo debía presentar al Senado para que éste nombrara los que debían componer la Corte (art. 147).

Entre las atribuciones de la Corte Suprema, además de las relativas a juzgar y sentenciar en las causas que se formasen contra el Presidente de la República y Vicepresidente encargado del Poder Ejecutivo; de las causas de responsabilidad que por mal desempeño en el ejercicio de sus funciones se formasen a los secretarios del Despacho, y de las otras causas contenciosas respecto de altos funcionarios, se destaca la competencia para "Oír las dudas de los demás Tribunales sobre la inteligencia de alguna ley y consultar sobre ellas al Congreso por el conducto del Poder Ejecutivo si las considerase fundadas para la conveniente declaratoria" (ord. 10), lo que abría la posibilidad del control de constitucionalidad de las leyes. A tal efecto, la propia Constitución dispuso que "Ningún funcionario público expedirá, obedecerá ni ejecutará órdenes manifiestamente contrarías a la Constitución o las leyes o que violen de alguna manera las formalidades esenciales prescritas por éstas o que sean expedidas por autoridades manifiestamente incompetentes" (art. 186).

5. *Liberales y Conservadores*

El texto de 1830 fue el que durante el siglo XIX más años de vigencia tuvo (27 años), el cual bajo la autoridad directa o indirecta de los caudillos militares (Páez y Monagas) representantes entonces de la oligarquía, contribuyó a un notable auge de las actividades económicas, por supuesto, bajo el signo del más puro liberalismo económico que exportaban los teóricos europeos.

Basta recordar, por ejemplo, la famosa Ley del 10 de abril de 1834 que legalizaba la usura estableciendo una supuesta libertad de contratos, para comprender la preponderancia de los capitalistas usurarios en la sociedad e instituciones políticas de la época, y las reacciones que contra la misma surgieron, inclusive de parte de "conservadores" como Fermín Toro[295].

Páez gobernó al país como Presidente en un primer período, entre 1831 y 1835, durante el cual, en el ámbito interno, hubo de enfrentar los desmanes de bandidos como Dionisio Cisneros, y en el ámbito internacional, iniciar las negociaciones para la redacción del Tratado de límites con Colombia (1833), el cual nunca entró en vigencia por falta de sanción por parte del Congreso. En 1831 la capital de la República pasó de Valencia a Caracas.

---

295 El texto de la Ley de 10 de abril de 1830 fue el siguiente: "Art. 1. Puede pactarse libremente que para hacer efectivo el pago de cualquier acreencia se rematasen en los bienes del deudor por la cantidad que se ofrezca por ellos el día y hora señalados para la subasta. Art. 2. En todos los demás contratos, así como el interés que en ellos se estipule, cualquiera que sea, también se ejecutará estrictamente la voluntad de los contratantes. Art 3. Para el remate de que habla el artículo 1° se observarán las formalidades prescritas por las leyes del procedimiento ejecutivo. Art. 4. En los remates que se celebren en virtud de lo dispuesto en el artículo 1° de esta ley cesa el privilegio de retracto, y ninguna corporación ni persona podrá reclamar lesión ni restricción *in integrum*. Art. 5. El acreedor o acreedores pueden ser licitados en la subasta. Art. 6. El rematador, por el acto de remate y posesión subsecuente, se hace dueño de la propiedad rematada. Art. 7. Se derogan todas las demás leyes que se opongan a las disposiciones de la presente. *Cfr.* el texto en J. Gil Fortoul, *op. cit.,* Tomo Segundo p. 68; F. Brito Figueroa, *Historia Económica y Social de Venezuela*, tomo I, Caracas, 1966, pp. 238 y 239. Véase Fermín Toro, *Reflexiones sobre la Ley de 10 de abril de 1834,* Caracas, 1941.

En el momento de elegirse el sucesor de Páez, a pesar del apoyo que le dio al General Carlos Soublette, afianzada la oligarquía económica, salió electo Presidente en febrero de 1835, su candidato, el doctor José María Vargas (1786–1854)[296], ganándole entre otros a Santiago Mariño. Dos meses después Vargas renuncia a la Presidencia al aprobarse una Ley impositiva que había objetada, la cual no se le aceptó. Los conflictos entre "partidos" militaristas y civiles y particularmente los originados por la denominada "Revolución de las Reformas" que liderizó Pedro Carujo y otros próceres, c la detención de Vargas quien fue exilado hacia Saint Thomas. Páez había sido encargado de Ejército, restableció el orden constitucional y Vargas regresó en agosto de 1835. La situación había afianzado el poder personal de Páez, lo que aunado a los conflictos entre el Presidente Vargas y el Congreso, y a la falta de sanciones a los insurrectos, lo obligaron a renunciar en abril de 1836, terminando el período constitucional en 1839, con gobiernos ejercidos por los Vicepresidentes Andrés Navarrete, José María Carreño[297] y Carlos Soublette (1789–1870) con el apoyo de las oligarquías económicas[298].

En 1838 el general Páez fue electo de nuevo Presidente de la República (1839–1843), continuando Soublette en la Vice–Presidencia. En ese período, en 1842, el Congreso decreta el traslado de los restos del Libertador Simón Bolívar de Santa Marta a Caracas, correspondiendo a Páez, quien se había opuesto a los planes integracionistas de Bolívar, y a recibir sus restos.

En esta época, además, la influencia de las doctrinas sociales europeas, la libertad irrestricta de la prensa y el deseo de llevar "hombres nuevos" a la política y al gobierno, provocaron el surgimiento de una corriente política que se llamó a sí misma como "liberal" y que calificó al gobierno y a la oligarquía como conservadora, iniciándose entonces la polarización de la vida política venezolana entre liberales y conservadores. En todo caso, la bandera liberal asumió la lucha social que se había iniciado desde las guerras de independencia y, por tanto, contó rápidamente con gran apoyo popular[299], promovido por políticos de la talla de

---

296 Gil Fortoul, refiere que de los candidatos a la Presidencia en 1834 (Mariño, Soublette, Urbaneja, Salom y Gómez), Vargas era quien "juntaba los votos" de los propietarios y agricultores, del comercio, y "de cuantos en suma querían ya substraer a la República de toda tutela personal... para sobreponer definitivamente el Poder Civil a las agitaciones armadas". Véase J. Gil Fortoul, *op. cit.*, Tomo Segundo, p. 189. *Cfr.* C. Parra Pérez, *Mariño y las Guerras Civiles*, tomo I (La Revolución de las Reformas), Madrid, 1958, quien señala a Vargas como candidato de "los oligarcas", p. 206.

297 *Cfr.* J. Gil Fortoul, *op. cit.*, Tomo Segundo, pp. 185 a 225; Augusto Mijares, "La Evolución Política de Venezuela (1810–1960)" en M. Picón Salas y otros, *Venezuela Independiente 1810–1860*, Caracas, 1962, p. 90. Los incidentes entre Vargas y el Congreso, puede decirse que se iniciaron el mismo año 1835, *Cfr.* F. González Guinán, *op. cit.*, tomo II, p. 345.

298 Gil Fortoul señala, en este sentido, que entre los candidatos presidenciales en 1842 (Santos Michelena y Diego Bautista Urbaneja), el general Soublette era considerado como garantía para el porvenir, por "los propietarios, agricultores y capitalistas, que en el régimen oligárquico constituían o determinaban con su influjo las mayorías electorales". Véase Gil Fortoul, *op. cit.*, Tomo Segundo, p. 244. *Cfr.* F. González Guinán, *op. cit.*, tomo III, pp. 251 y ss.

299 "Si los liberales merecen su nombre –dice Gil Fortoul–, es porque, cuando sus adversarios tendían, por timidez o por sistema, a mantener el *status quo* constitucional, y a esperar al progreso de la iniciativa privada, ellos instintivamente querían avanzar, aunque a menudo sin saber cómo; presentían que la escuela liberal clásica de no intervención del Gobierno, cuyos verdaderos representantes fueron los conservadores (en política abundan los epítetos absurdos) presentían que esta escuela había de modificar,

Antonio Leocadio Guzmán, quien había fundado el periódico *El Venezolano* (1840), en torno al cual se consolidó el Partido Liberal de Venezuela.

Esta corriente de pensamiento político, en todo caso, contrastaba con la más ortodoxa actitud liberal clásica del gobierno y sus gobernantes, particularmente de Soublette[300]. En efecto, este había sido elegido en 1843 como Presidente para el período 1843–1847, y cuando llegó el momento de su sucesión, Antonio Locadio Guzmán, quien aspiraba a la Presidencia llegó a conmocionar socialmente la Venezuela del año 1846, promoviendo revueltas políticas y sociales como reacción a las acciones del Gobierno contra las Municipalidades y la prensa, por las cuales se le condenó a muerte[301], quedando inhabilitado.

Páez apoyó para la Presidencia a José Tadeo Monagas (1784–1878) quien fue electo para el período 1847–1851, con el apoyo de Soublette y de los conservadores, pero tan pronto se posesionó de la Presidencia luego de una decisión de la Corte Suprema que lo sugería, conmutó la pena de muerte de Guzmán, quien al poco tiempo sería su Ministro y luego su Vicepresidente (1849–1853), y formó gobierno con los liberales, pasando los conservadores y el Congreso que lo habían elegido, a la oposición[302]. Se inició así, el período de gobierno liberal que duraría hasta 1858.

En efecto, la oposición conservadora promovió una acusación política contra el Presidente Monagas y como secuela de su discusión, se produjo una reacción popular contra el Congreso, el cual fue asaltado, provocada por el Partido Liberal, pues en dicho organismo se situaba la representación del régimen conservador. Como resultado de los acontecimientos del 24 de enero de 1846, el Congreso perdió

---

precisamente con la intervención del gobierno, para acelerar la evolución de un pueblo nuevo e inculto; comprendían, por último, que existiendo en todo organismo social tendencias progresistas y tendencias reaccionarias, los gobiernos benéficos son los que saben describir aquéllas y encauzarlas paralizando las otras", *op. cit.,* Tomo Segundo, p. 318. *Cfr.* F. González Guinán, *op. cit.,* tomo III, pp. 147 y ss. Véase la magnífica colección publicada por la Presidencia de la República, *El Pensamiento político Venezolano del Siglo XIX,* Caracas, 11 tomos. L. Vallenilla Lanz al criticar la afirmación de que el movimiento liberal haya sido obra exclusiva de Antonio Leocadio Guzmán, señala expresamente que "la aparición del Partido Liberal no es otra cosa que la continuación de la lucha social empeñada desde la independencia, la manifestación, principalmente, de ese gran desequilibrio entre las razas pobladoras de nuestros territorios, cuya íntima fusión no se ha verificado sino por los medios violentos de las revoluciones, porque no de otro modo han podido romperse las vallas que los poderosos prejuicios de clase han opuesto a la evolución igualitaria", *cit.,* por J. Gil Fortoul, *op. cit.,* Tomo segundo, p. 232, nota al pie de página, *Cfr.* L. Vallenilla Lanz, *Disgregación e Integración,* Caracas. 1953. pp. XLV y ss.

300 Gil Fortoul califica a Soublette como "discípulo efectivamente de la escuela liberal inglesa de *non intervention*"... "convencido de que los pueblos no necesitan para su desarrollo normal la vigilancia continua, y menos la tutela del Gobierno". Véase José Gil Fortoul, *op. cit.,* Tomo Segundo, pp. 245 y 257. *Cfr.* Augusto Mijares, *loc. cit.,* p. 96; Gonzaléz Guinán, *op. cit.,* tomo III, p. 374. Se comprende porque tenía entonces el apoyo político de la oligarquía económica.

301 Señala Gil Fortoul, que a Guzmán se le juzgó como promotor de una revolución social y política a cuyo fin excitaba las pasiones populares con promesas atentatorias de las leyes existentes, cuales el reparto de la tierra y la libertad de los esclavos. Véase Gil Fortoul, *op. cit.,* Tomo Segundo, p. 279. Véase las referencias a las acciones del gobierno contra las Municipalidades y la Prensa, en F. González Guinán, *op.* cit, tomo IV pp. 146 y ss.; y los comentarios sobre el juicio a Guzmán, *Idem.* pp 216 y ss., y R. Díaz Sánchez, *Guzman*, *cit.,* pp. 323 y ss.

302 *Cfr.* F. González Guinán, *op. cit.,* tomo IV, pp. 205 y ss. 210, 302, 310 y ss., 343 y ss., 356, 361 y ss., y tomo V, p 22

sus prerrogativas y abandonó su actitud oposicionista[303], parte de los conservadores, bajo la dirección militar de Páez, se lanzaron a la guerra civil, pero pronto habrían de ser vencidos; y Páez, luego de varios años encarcelado, fue expulsado del país en 1850.

Bajo la orientación liberal, el Congreso sometido al Presidente Monagas y al Vicepresidente Guzmán, aprobó leyes de importancia como las de modificación, en 1848, de la Ley de libertad de los contratos de 1834, estableciendo al contrario y en base al principio de igualdad, limitaciones al cobro de intereses contractuales y a la autonomía de la voluntad; y la abolición de la pena de muerte en 1849[304].

En 1850 se verificaron nuevas elecciones y contra las pretensiones presidenciales del Vicepresidente Guzmán y del Partido Liberal, el Presidente José Tadeo Monagas impuso la candidatura de su hermano José Gregorio Monagas (1795–1858), quien inició su período en 1851. La reacción del Partido Liberal y de parte del Conservador no se hizo esperar y contra lo que se comenzó a denominar la dinastía de los Monagas, se desataron movimientos armados en 1853 y 1854, sin ningún éxito. Antonio Locadio Guzmán, en todo caso, se había alejado de la República en una misión diplomática en el Perú[305].

En el orden social y económico, el gobierno de José Gregorio Monagas (1851–1855) no realizó mayores cambios, y sólo se recuerda su labor, por la aprobación en 1854 de la Ley de abolición de la esclavitud promovida por los propios propietarios[306] y como medida para promover la reelección de José Tadeo Monagas, al concluir el Período presidencial de su hermano. En 1855, en efecto, José Tadeo Monagas reasume la Presidencia de la República para el período 1855–1859, consolidándose la autocracia como forma de gobierno, lo que llevó inclusive, a que en el año siguiente, en 1856, se hubiera aprobado por el Congreso un Decreto sobre

303 Con este acontecimiento denominado "el día del fusilamiento del Congreso" (*Cfr.* Augusto Mijares, *loc. cit.*, p. 105) se produce, según Gil Fortoul, el fin de la oligarquía conservadora y el inicio de la oligarquía liberal, *op. cit.*, Tomo Segundo, p. 309, y Tomo Tercero, pp. 9 y ss. Véase los comentarios sobre los acontecimientos del 24 de enero, en A. Páez, *op. cit.*, tomo II, p. 451; C. Parra Pérez, *Mariño...*, *cit.*, Vol. III (El 24 de enero), Madrid, 1960, pp. 23 y ss.; F. González Guinán, *op. cit.*, tomo IV, pp. 411 y ss.

304 *Cfr.* J. Gil Fortoul, *op. cit.*, Tomo Tercero, pp. 26 y 38; F. González Guinán, *op. cit.*, tomo IV, pp. 480 y ss.

305 *Cfr.* J. Gil Fortoul, *op. cit.*, Tomo Tercero, pp. 42 y ss.; González Guinán *op. cit.*, tomo V, pp. 136 y ss., 295 y ss., y 369 y ss.

306 En 1845 ya se había presentado un proyecto de Ley al Congreso para contratar un empréstito en el extranjero para emancipar completamente a los esclavos, indemnizando a sus dueños, el cual no se aprobó por la situación electoral de 1846. *Cfr.* José Gil Fortoul, *op. cit.*, Tomo Segundo p. 311. F. Brito Figueroa señala en este sentido, que los terratenientes auspiciaron la ley, cuando sintieron que el mantenimiento de los esclavos les significaba una carga muy onerosa a la situación de la agricultura en la época, lo que se confirma por el hecho de que por una parte recibieron una indemnización por la emancipación, y no perdieron de hecho lo servicios del esclavo libre, pero sin las cargas que la esclavitud imponía. Véase F. Brito Figueroa, *op. cit.*, tomo I, pp. 249 y ss. *Cfr.* las disposiciones sobre la obligación impuesta al Estado de indemnizar a los antiguos dueños de esclavos y el modo de hacerlo, así como el impuesto especial creado con este objeto, en P. Ruggeri Parra, *op. cit.*, tomo II, p. 38; Brito Figueroa, *op. cit.*, tomo I, p. 251; J. Gil Fortoul, *op. cit.*, Tomo Tercero, pp. 51 y 52, F. González Guinán, *op. cit.*, tomo V, p. 354.

reformas de la Constitución que eludía los procedimientos propios de la Constitución rígida que establecía el texto de 1830[307].

En todo caso, la transacción centro–federal del texto de 1830, no satisfizo ni a los que propugnaban un gobierno centralista ni a los que buscaban la consolidación de un sistema completamente federal, y ya, en la llamada Revolución de las Reformas contra el Presidente Vargas, los federalistas habían insistido en lo inoperante de la organización provincial y propugnaban la transformación de las Provincias en Estados, y de las Diputaciones Provinciales en Legislaturas[308].

Esto evidencia que los años de la República durante la vigencia de la Constitución de 1830, continuaron bajo el conflicto de los poderes regionales–caudillistas–militares contra el recién creado poder civil–nacional[309], lo cual condujo a la reforma constitucional de 1857.

IX. LAS CONSTITUCIONES DE 1857 Y 1858 Y LAS GUERRAS FEDERALES

1. *La Constitución de 1857*

Institucionalmente, los acontecimientos de los años 1856 y siguientes, y particularmente la Constitución de 1857, la cual no tuvo sino un año escaso de duración, van a ser de enorme importancia para el desarrollo histórico–político de la República, por varios hechos: ante todo, con la reforma constitucional promovida por Monagas en 1857 para extender el período presidencial y reelegirse antes de finalizar su período[310] se inicia la larga historia de reformas constitucionales circunstanciales que caracteriza nuestra evolución constitucional desde 1857, muchas de ellas precisamente para establecer la reelección o aumentar el período constitucional presidencial, como sucedió incluso con la rechazada reforma constitucional de 2007.

---

307 *Cfr.* Luis Mariñas Otero, *Las Constituciones de Venezuela*, Madrid, 1965, p. 38; J. Gil Fortoul, *op. cit.*, Tomo Tercero, p. 76; F. González Guinán *op. cit.*, tomo VI, pp. 34 y 44.

308 Véase el Manifiesto de la Revolución de las Reformas de 1835, en J.M. Casal Montbrún, *op. cit.*, tomo II, Vol. I, pp. 47 y 123. En dicho documento se calificaba a la Constitución de 1830 como "inadecuada a nuestras circunstancias y adversa a los deseos manifestados por el pueblo, inventándose un sistema mixto y contradictorio desconocido hasta entonces y que sólo puede tener por objeto halagar las ideas y miras del Ejecutivo reinante". *Idem*, p. 123.

309 Por ejemplo, es de destacar el rechazo del Presidente José Gregorio Monagas al Proyecto de Ley sobre Organización del Régimen Interior de la República en 1853, que buscaba reforzar el poder de las Diputaciones Provinciales, alegando que se afectaba "el principio centro–federal" y "se limitaban las facultades del Poder Ejecutivo". Véase las referencias en J. M. Casal Montbrún, *op. cit.*, tomo II, Vol. I, pp. 48 y 124 y ss.

310 La reforma constitucional de 1857 establecía en el artículo 1° de las Disposiciones Transitorias que "el Congreso en Cámaras reunidas y por las dos terceras partes de sus miembros presentes, procederá a nombrar por esta vez al Presidente y Vicepresidente de la República para el primer período constitucional. Entre tanto los actuales continuarán con sus destinos hasta que sean reemplazados por los que se nombren". *Cfr.* los comentarios sobre la reforma, en F. González Guinán, *op. cit.*, tomo VI, pp. 63, 78 y 82. Véase en general, Francisco Delgado, "La constitución de 1857: 'Por esta vez' ", en Elena Plaza y Ricardo Combellas (Coordinadores), *Procesos Constituyentes y Reformas Constitucionales en la Historia de Venezuela: 1811–1999*, Universidad Central de Venezuela, Caracas 2005, tomo I, pp. 155–177.

Como la elección del Presidente se atribuía en la reforma citada, al Congreso, con anterioridad, en 1856 y mediante la reforma de la Ley de división territorial de la República, se aumentaron a veinte las Provincias que la Constitución de 1830 fijaba en once, decisión que la Constitución Federal de 1864 ratificaría posteriormente[311].

Con esta medida quedaron cesantes los gobernadores interinos y se eligieron nuevos congresantes todos afectos al régimen de Monagas[312]. En esta forma se inició también una larga historia de modificaciones político–territoriales de la República, al antojo de los gobernantes, que caracterizó las divisiones territoriales, sobre todo a partir de 1881, y que perduró durante todo el resto del siglo XIX y buena parte del siglo XX. Por otra parte la reforma constitucional de 1857 reaccionó contra los poderes de las Provincias que el compromiso centro–federal de la Constitución de 1830 les había dado; y ello de dos maneras: por una parte, eliminando la competencia de las Diputaciones Provinciales para intervenir en la elección de gobernadores, lo que en 1857 se atribuyó sólo a la competencia del Presidente de la República[313], y en segundo lugar, mediante el establecimiento de un nuevo poder, el "Poder Municipal", al cual se le concedió autonomía[314], y al cual teóricamente se le trasladaron las competencias de las Diputaciones Provinciales que en el texto de 1857 desaparecen[315]. En esta forma, se estructuró el Poder Municipal autónomo, pero inofensivo hacia el poder central, lo cual va a perdurar hasta nuestros días, y se eliminó completamente el elemento federal que hasta la fecha existía, lo cual originará, ante el conflicto centralismo–federación, las Guerras Federales.

En esta forma, en las Provincias, el "régimen político" quedó a "cargo de un Gobernador dependiente y de libre nombramiento del Poder Ejecutivo y en los cantones (divisiones de las Provincias), el Poder Municipal se ejercía "por los Concejos Municipales", a quienes correspondía el "gobierno de los cantones y parroquias en lo económico y administrativo", compuesto por funcionarios

---

311 La Ley se dictó el 28 de abril de 1856, *Cfr.* F. González Guinán, *op. cit.*, tomo VI, p. 37.

312 *Cfr.* José Gil Fortoul, *op. cit.*, Tomo Tercero, p. 78; F. González Guinán *op. cit.*, tomo VI, pp. 43 y ss.

313 Artículo 88 de la *Constitución* de 1857.

314 Artículos 85 y 87 de la *Constitución* de 1857.

315 En su Mensaje al Congreso de 1857, el Presidente J. T. Monagas planteaba la necesaria reforma de las instituciones políticas y, por ende, de la Constitución, alegando que el texto de 1830 establecía "un sistema complicado de Gobierno, que participaba del régimen central al mismo tiempo que del régimen federal, confió a las Diputaciones provinciales toda la parte legislativa del poder municipal, y a los gobernadores la parte ejecutiva de ese mismo poder; pero hizo a las Diputaciones además de responsables de sus actos, dependientes del Congreso General, y a los gobernadores dependientes del Poder Ejecutivo... Tan extraña combinación produjo, desde el principio, el desorden que acompaña siempre a la confusión de los derechos y deberes... prevaleciendo el elemento centralizador, en pugna siempre con el elemento llamado federal, que surgía de cuando en cuando... Pero lo peor de esta equivocada combinación consiste en que, aun cuando hubiera sido verdaderamente independiente el poder municipal, la Constitución lo centraliza también en las Diputaciones y gobernadores contra su peculiar naturaleza... Se estableció de este modo un poder, que se ha creído federal, con los elementos del poder municipal, a expensas de los pueblos, que no han gozado del beneficio de ninguno, y sólo han sufrido el atraso y los perjuicios que eran consiguientes a semejante desorden". Véase en J. M. Casal Montbrún, *op. cit.*, tomo II, Vol. I, pp. 130 y 131.

electos[316]. La lucha del poder central contra las apetencias regionales–federales–caudillistas, se pretendió resolver a favor del poder central, asfixiando el poder de las Provincias y creando el Poder Municipal[317]; en definitiva, sesgando la aspiración a un federalismo progresivo que los constituyentes de 1830 buscaron, lo cual explica, entre otros factores, la precaria vigencia de la Constitución de 1857[318].

2. *La Revolución de Marzo de 1858 y la Constitución de 1858*

La reforma constitucional de 1857 se ha visto como una reacción del poder central contra el federalismo caudillista regional [319] y, por tanto, como una reacción contra los caudillos locales, que dominaban la vida política del país, desintegrada en feudos provinciales. Monagas mismo era un caudillo regional que había dominado siempre en el Oriente del país, y su reacción contra su mismo poder real, provocaría evidentemente su caída, en la cual se aliaron conservadores y liberales.

Estos, en efecto, en el mismo momento en que se produce la reforma constitucional y la reelección de Monagas, estaban preparando los mecanismos para hacer efectiva una reacción contra el personalismo y la autocracia de Monagas, y como jefe de la misma, denominada la Revolución de Marzo, se designó al general Julián Castro[320] (1810–1875), quien era Gobernador de la Provincia de Carabobo, y uno de los caudillos regionales del centro. En pocos días y por primera vez en la historia política del país, una "revolución", en marzo de 1858, había triunfado[321], provocando el exilio de Monagas; y con este triunfo, se inició en nuestra historia una larga y sucesiva lista de "revoluciones" triunfantes contra gobiernos, hasta 1958.

La Revolución de Marzo de 1858, en todo caso, desde el punto de vista formal, significó una ruptura del hilo constitucional, lo cual no sucedía en la República desde 1829; y desde el punto de vista sustancial, significó el fin de la hegemonía del Partido Liberal. Julián Castro, "General en Jefe del Ejército Libertador, Encargado de la organización provisional de la República" expidió diversos Decretos, y entre los más importantes, desde el punto de vista constitucional, están: el Decreto constituyendo un Consejo de Estado (20 de marzo de 1858); el Decreto de 23 de marzo de 1858 modificando las leyes relativas al régimen político de las Provincias; y el Decreto de 19 de abril de 1858 convocando a elecciones, para constituir la

---

316 Artículos 85, 86 y 88 de la Constitución de 1857.

317 Sobre el significado de la creación del Poder Municipal en 1857, véase Julio Castro Guevara, *Esquema de la Evolución Municipal en Venezuela*, Caracas, 1968 pp. 71 y ss. Las facultades autonómicas del Municipio se ampliaron en la Ley sobre Poder Municipal del mismo año de 1857, *idem.*, p. 72 y ss.

318 Véase J. M. Casal Montbrún, *op. cit.*, tomo II, Vol. I, p. 50.

319 Gil Fortoul, califica a este período de nuestra historia constitucional como la "Reacción centralista", *op. cit.*, Tomo Tercero, pp. 75 y ss.

320 *Cfr.* Brito Figueroa, *op. cit.*, tomo I, p. 318; J. Gil Fortoul, *op. cit.*, Tomo Tercero, pp. 88 y 93; Augusto Mijares, *loc. cit.*, p. 111; F. González Guinán, *op. cit.*, tomo VI, pp. 89 y 98, 123 y 131 y ss.

321 En los seis años que siguen al plan de Monagas en 1857, al contrario con lo sucedido con los intentos revolucionarios de los años anteriores, triunfa la Revolución de Marzo contra Monagas (1858); los batallones de Casas derrocan a Castro (1858), los de Echezuría a Gual y proclaman la dictadura de Páez (1861); y finalmente la Federación derroca al gobierno dictatorial de Páez en 1863; y como dice J. Gil Fortoul "seguirán triunfando otras revoluciones", *op. cit.*, Tomo Tercero, p. 90.

Convención Nacional. En julio de 1858, además, ordenó la expulsión de Venezuela de todos los jefes del partido Liberal (Juan Crisóstomo Falcón, Ezequiel Zamora, Antonio Locadio Guzmán), quienes no tuvieron otro camino que la guerra.

En 1858, además, se dispuso la convocatoria a "la gran Convención Nacional aclamada por los pueblos para reconstituir la República sobre las sólidas bases de la más amplia libertad y para rehabilitar los sagrados principios de moral y de justicia que han sido lamentablemente conculcados" (art. 1)[322], a cuyo efecto se llamó "a todos los venezolanos al ejercicio de su soberanía para elegir por voto libre, universal y directo, los Diputados" (art. 2), eliminándose, por primera vez en nuestra historia constitucional, las restricciones al voto, en particular las de carácter económico, establecidas en la Constitución de 1857 (art. 15). Con anterioridad, sólo las elecciones efectuadas para constituir el Congreso de 1811, habían tenido una universalidad similar.

Instalada la Convención en Valencia, el 5 de julio de 1858, cuya composición fue, sin embargo, fundamentalmente conservadora, tres días después, el 8 de julio, ésta emitió una "Resolución organizando el gobierno provisional que produjo la Revolución del 5 de marzo y que designa la ciudad de Valencia como residencia del gobierno provisional"[323]. Dicha Resolución dispuso: "El Poder Ejecutivo de la República estará a cargo de un Magistrado con la denominación de Jefe provisional del Estado hasta que se instalen los funcionarios ordinarios que han de regir la República en este ramo, o hasta que la Convención resuelva otra cosa, y se ejercerá conforme a la Constitución de 1830 y leyes existentes en cuanto sean practicables" (art. 1), y además, resolvió declarar "en toda su fuerza y vigor el título de la Constitución de 1830 que establece las garantías de los venezolanos" (art. 11). En esta forma, la Constitución de 1857 quedaba formalmente sin vigor.

Las discusiones de la Convención de Valencia, de nuevo estuvieron signadas por el tema de la forma federal o centralista del Estado[324], y condujeron a que, con fecha 24 de diciembre de 1858 se sancionara la Constitución de ese año.

Este texto significó una vuelta al espíritu de la Constitución de 1830: adoptó de nuevo una forma mixta, tratando de conjugar los intereses del gobierno central con los regionales, aun cuando sin utilizar el nombre de "federación"[325].

---

322 Véase el texto de éste y los anteriores en *Leyes y Decretos de Venezuela*, tomo III, 1851–1860, Biblioteca de la Academia de Ciencias Políticas y Sociales, Caracas, 1862, pp. 607 y ss. Véase en general, Arturo Peraza Celis, "Proceso Constituyente de 1858", en Elena Plaza y Ricardo Combellas (Coordinadores), *Procesos Constituyentes y Reformas Constitucionales en la Historia de Venezuela: 1811–1999*, Universidad Central de Venezuela, Caracas 2005, tomo I, pp. 179–223.

323 Véase el texto en *Leyes y Decretos de Venezuela*, tomo III, 1851–1860, *cit.*, pp. 670 y 671.

324 *Cfr.* J. Gil Fortoul, *op. cit.*, tomo III, pp. 114, 118 y 120; Augusto Mijares, *loc. cit.*, p. 113; F. González Guinán, *op. cit.*, tomo VI, pp. 183, 238 y ss., 287 y ss. Véase en general, Eleonora Gabaldón, *La Ideología Federal en la Convención de Valencia. Tiempo y debate*, Academia nacional de la Historia, Caracas 1987.

325 Este hecho llevará a Antonio Leocadio Guzmán a declarar cínicamente en 1867 lo siguiente: "No sé de dónde han sacado que el pueblo de Venezuela le tenga amor a la Federación, cuando no sabe lo que esta palabra significa: esa idea salió de mí y de otros que nos dijimos: supuestos que toda revolución necesita de bandera, ya que la Convención de Valencia no quiso bautizar la Constitución con el nombre de federal, invoquemos nosotros esa idea; porque si los contrarios hubieran dicho Federación nosotros hubié-

Además del Poder Nacional, estableció siguiendo la terminología del texto de 1857, un "Poder Municipal no sólo a nivel de cantones, sino a nivel de las Provincias[326], el cual se ejercía por un Concejo y un Jefe Municipal. Previó además, la existencia de Gobernadores, como agentes del Poder Nacional, pero elegidos por votación universal, directa y secreta[327].

La Constitución, entonces, conservó la división del territorio de la República en "Provincias, cantones y parroquias" (Art. 3), pero incorporó una norma que fue el antecedente de los "territorios federales", referida a los "territorios despoblados que se destinen a colonias y los ocupados por tribus indígenas", estableciendo que los mismos podían "ser separados de las provincias a que pertenezcan, por los Congresos constitucionales y regidos por leyes especiales" (art. 6).[328].

La Convención terminó sus sesiones en febrero de 1859, no sin antes haber designado como Presidente interino de la República a Julián Castro, y después de expedir Decretos y Leyes destinados a la realización de elecciones nacionales, previstas para fines de ese año.

Con el texto de 1858, aun cuando también se buscaba establecer una transacción con la fórmula mixta, indudablemente que los poderes locales salieron fortalecidos tanto a nivel de las Legislaturas Provinciales como de los Concejos Cantonales: el caudillismo regional federalista había llegado a su apogeo de poder político, y sólo faltaban las guerras federales para que se consagrara formalmente la Federación en Venezuela. En todo caso la Constitución de 1858, a pesar de la composición conservadora de la Convención de Valencia, tuvo una marcada tendencia liberal, pues no sólo consagró constitucionalmente por primera vez en Venezuela el voto universal, directo y secreto[329] sino que se ampliaron considerablemente, en base a los principios liberales, los derechos individuales[330]. Sin embargo, las trabas al

---

ramos dicho Centralismo". *Cfr.* en J. Gil Fortoul, *op. cit.,* Tomo Tercero, pp. 136 y 137; Augusto Mijares, *loc. cit.,* pp. 113 y 114; Ramón Díaz Sánchez, "Evolución Social de Venezuela (hasta 1960)" en M. Picón Salas y otros, *Venezuela Independiente*, *cit.,* pp. 249 y 250. Vallenilla Lanz califica de "oportunistas" y "falsas" las expresiones de Guzmán, pues "no sólo en Venezuela, sino en casi toda la América Española, se habló de Federación y de confederación mucho antes de hablarse abiertamente de independencia...", *Disgregación... cit.,* p. LVI.

326 "El Poder Municipal se ejercerá por una Legislatura y un Gobernador en las Provincias; por un Consejo y un Jefe Municipal en los cantones y por los demás funcionarios y corporaciones que establezca la Legislatura provincial". Art. 122, Constitución de 1858.

327 Artículos 135 y 137, Constitución de 1858.

328 Hasta esa fecha, algunos territorios habían sido objeto de un régimen especial, y particularmente eso sucedió con el territorio conocido como Río Negro, que por Decreto 2, de junio de 1856, se había organizado como Provincia de Amazonas, estableciéndose un régimen especial. Véase en *Recopilación de Leyes y Decretos Reglamentarios de Venezuela,* Tomo XVII, Caracas, 1944, p. 186.

329 "Son ciudadanos y por lo tanto, tienen derecho de elegir para el ejercicio de los poderes públicos: 1. Todos los venezolanos mayores de 21 años; 2. Los que sin tener esa edad, sean o hayan sido casados" (Art. 11). "Los derechos de ciudadanos se suspenden: 1° Por enajenación mental, 2° Por condenación a pena corporal en virtud de sentencia ejecutoriada mientras se cumple dicha pena, 3° Por interdicción judicial" (Art. 12).

330 *Cfr.* José Gil Fortoul, *op. cit.,* Tomo Tercero, p. 125, y Augusto Mijares, *loc. cit.*, p. 113.

poder central perduraron, debilitándose no sólo frente a las Provincias, sino en su misma conformación[331].

En todo caso, la alianza conservadora–liberal en torno a Castro, va a durar muy poco, y como causa del conflicto están las medidas a adoptarse contra el depuesto Presidente Monagas, con motivo de las cuales, por primera vez en nuestra historia política, se manifestó agudamente la intervención de las potencias imperialistas europeas y en particular, de Inglaterra y Francia, cuyas representaciones le habían dado asilo. Un "protocolo" firmado con las Legaciones europeas que habían dado asilo a Monagas, por un ministro liberal sin consentimiento de los ministros conservadores, provoca la renuncia del primero, y la consecuente alianza del Partido Liberal con las potencias extranjeras contra el gobierno de Castro, cuyas Armadas habían bloqueado el puerto de La Guaira para garantizar la salida de Monagas del país.

3. *Los cambios en el sistema electoral en las Constituciones de 1857 y 1858*

Con la Constitución de 1857 se iniciaron unos importantes cambios en el sistema de elecciones de la república, tanto para elegir al Presidente de la República como a los miembros de las Asambleas de representantes que deben destacarse.

En efecto, en cuanto a la universalidad del sufragio, a pesar de que las elecciones para los miembros del Congreso General que en 1811 se realizaron mediante sufragio universal, excluidos sólo los esclavos; el propio texto constitucional de 1811 estableció restricciones, particularmente de carácter económico en el ejercicio del sufragio, el cual se reservó a los varones (Arts. 26 a 30). Sólo fue, por tanto, a partir de la Constitución de 1857 cuando se eliminaron los requisitos económicos para tener la condición de elector (Art. 12). En cuanto al voto femenino, en las Constituciones no se hizo mención a su exclusión, pero en la práctica no se garantizó. La Constitución de 1936, sin embargo, estableció expresamente su exclusión y sólo fue en el Estatuto Electoral de 1946 dictado luego de la Revolución de octubre de 1945 donde se consagró en general expresamente el voto femenino, lo que recogió luego la Constitución de 1947.

Debe destacarse que para tener la condición de ciudadano y, por tanto, de elector, las Constituciones de 1819 a 1857 exigían saber leer y escribir, lo cual limitaba el sufragio de los analfabetos. Esta condición se eliminó en la Constitución de 1858 (Art. 11), llegando la Constitución de 1864 a limitar el sufragio sólo a menores de 18 años (Art. 16, Ord. 11). En la Constitución de 1925, se otorgó la calidad de electores a los venezolanos mayores de 21 años, (Art. 32, Ord. 12), lo que se siguió en la Constitución de 1936. Por ello, en la evolución del sistema electoral, es de destacar también que fue la reforma de la Constitución de 1936, sancionada a la muerte de Gómez, la que restringió aún más el derecho al sufragio, al atribuir el derecho a "los venezolanos varones, mayores de veintiún años, que sepan leer y escribir y que no estén sujetos a interdicción ni a condena penal que envuelva la inhabilitación política" (Art. 32, Ord. 14).

---

331 *Cfr.* J. Gil Fortoul, *op. cit.*, Tomo Tercero, pp. 126 y 127.

El cuanto al carácter directo o indirecto del sufragio, por lo que se refiere a las elecciones presidenciales, desde la Constitución de 1811 hasta la Constitución de 1858 el sistema electoral fue indirecto y la elección del Presidente de la República se realizó por Colegios Electorales o Asambleas Electorales, electos a su vez por sufragio restringido; de manera que fue a partir de la Constitución de 1858 hasta la de 1874, que las elecciones presidenciales se realizaron en forma directa por los electores, en sufragio fundamentalmente universal. Esta tendencia se revirtió en la Constitución de 1881 que estableció de nuevo la elección indirecta del Presidente de la República, la cual se atribuyó a un Consejo Federal designado por el Congreso, regulación que permaneció en la Constitución de 1891.

La Constitución de 1893 volvió a establecer el sistema electoral directo y secreto (Art. 63), lo cual se eliminó de nuevo en la Constitución de 1901, al establecer un sistema electoral indirecto para Presidente de la República con participación de los Concejos Municipales (Art. 82). A partir de este texto constitucional y hasta la Constitución de 1945, el sistema electoral para elegir el Presidente continuó siendo indirecto, efectuándose la elección por el Congreso o por un Cuerpo Electoral designado por éste. Sólo fue a partir de la Constitución de 1947 que se estableció la elección del Presidente de la República en forma directa y secreta y, como se dijo, mediante sufragio universal.

Para las elecciones de las Asambleas representativas, puede decirse que la elección de Senadores al Congreso Nacional, en toda nuestra evolución constitucional, con excepción de las Constituciones de 1947 (Art. 154), y de 1961 (Art. 148), siempre fue indirecta, realizándose la elección, generalmente por las Asambleas Legislativas de los Estados Federados, por el Congreso Constituyente o por los Colegios Electorales Provinciales. En cuanto a la elección de Diputados al Congreso Nacional, desde la Constitución de 1811 hasta la Constitución de 1830, la elección de Diputados al Congreso Nacional se realizó mediante el sistema indirecto; de manera que fue a partir de la Constitución de 1858 que se estableció la elección directa de los Diputados al Congreso, con la sola excepción de la Constitución de 1936, que estableció una elección indirecta de los Diputados al Congreso Nacional por las Municipalidades de cada Estado Federado (Art. 55).

Otro elemento de la evolución del sistema electoral venezolano está marcado por la transición del sufragio público al sufragio secreto. En las primeras Constituciones de la República de 1811 y 1830, el sistema de voto público fue exigido, y fue en esta materia donde la Constitución de 1857 también estableció el gran cambio al prever la garantía del sufragio secreto, lo cual perduró hasta 1874, cuando la Constitución de ese año volvió a establecer el sufragio público. Ello fue cambiado de nuevo por la Constitución de 1893 al exigir, como en todas las Constituciones posteriores, el sufragio secreto, con la sola excepción de la Constitución de 1936, que no estableció nada al respecto.

Por último, en cuanto al sistema de escrutinio para la elección del Presidente de la República, la evolución marcó una transición de un sistema electoral de mayoría calificada a un sistema de mayoría relativa. En efecto, las Constituciones de 1811 y 1857 exigieron una mayoría de las dos terceras partes de la votación para la elección presidencial, previendo la Constitución de 1857, por ejemplo, el recurso a una segunda votación entre los dos candidatos que hubieran sacado mayor número de votos, cuando ninguno hubiere obtenido la mayoría calificada (Art. 59). Esta exigencia de la obtención de las dos terceras partes de la votación para la elección del Presidente fue modificada por la Constitución de 1858, la cual exigió la mayoría absoluta, exigencia que permaneció en el texto constitucional hasta la Constitución de 1922. A partir de esa fecha, las Constituciones nada indicaron sobre sistema de escrutinio, hasta que la Constitución de 1947 previó la elección directa del Presidente de la República por mayoría relativa de votos, lo que ha permanecido hasta la Constitución de 1999.

4. *El inicio del sistema de control de constitucionalidad en la Constitución de 1858*

Un aspecto constitucional que debe destacarse es que la Constitución de 1858 tuvo, además, una enorme importancia pues fue en la misma donde por primera vez se consagró la competencia de la Corte Suprema en materia de control de constitucionalidad de las leyes, al asignársele competencia para "declarar la nulidad de los actos Legislativos sancionados por las Legislaturas Provinciales, a petición de cualquier ciudadano, cuando sean contrarios a la Constitución" (artículo 113, ordinal 8). Aún cuando en forma limitada para la sola impugnación de las leyes estadales, puede decirse que con esta previsión constitucional se originó en Venezuela el recurso de inconstitucionalidad con carácter de acción popular, otorgada a "cualquier ciudadano", pero limitado.

Este sistema, que perseguía evitar las invasiones de los Estados en las competencias del Poder Central, se invirtió totalmente en la Constitución Federal de 1864, para proteger a los Estados frente a las invasiones en sus competencias y derechos autonómicos por parte del Poder Central. En dicho texto se señaló que: "Todo acto del Congreso o del Ejecutivo Nacional que viole los derechos garantizados a los Estados en esta Constitución o ataque su independencia, deberá ser declarado nulo por la Alta Corte, siempre que así lo pida la mayoría de las Legislaturas" (artículo 92). En esta forma se eliminó la popularidad del recurso y se limitó la legitimación activa a las Legislaturas estadales cuando lo decidieran por mayoría. Se consagró, sin embargo, en la Constitución de 1864, la competencia de la Corte Suprema para "declarar cual sea la Ley vigente cuando se hallen en colisión las nacionales entre sí o éstas con las de los Estados o las de los mismos Estados" (artículo 89, ordinal 9), lo cual, si bien no constituía un control de la constitucionalidad de las leyes, permitía a la Corte ejercer un control de la vigencia y legalidad del ordenamiento normativo.

Esta situación se mantuvo invariable hasta que el texto constitucional de 1893 extendió este control de la vigencia y legalidad del ordenamiento normativo, a otros actos estatales y a su conformidad con la Constitución, al atribuir a la Corte Suprema competencia para "declarar cual sea la Ley, decreto o resolución vigente cuando estén en colisión las nacionales entre sí, o éstas con las de los Estados, o las de los mismos Estados, o cualquiera con esta Constitución (artículo 110, ordinal 8). Se consagró, así, de nuevo, el recurso de inconstitucionalidad, extendido a "la ley, decreto o resolución", manteniéndose además la norma de protección de los derechos de los Estados frente a las invasiones de sus competencias por el Poder Nacional (artículo 123).

Por otra parte, en el mismo texto constitucional de 1893, por primera vez se consagró una protección efectiva, al menos teóricamente, a los derechos garantizados en el texto fundamental, al señalar que los que los menoscabaren o dañaren "serán tenidas como inconstitucionales y carecerán de toda eficacia" (artículo 17); norma que en fórmula similar va a ser mantenida en todas las constituciones posteriores. La misma Constitución atribuyó a la Corte Suprema competencia para declarar "la nulidad de todos los actos dictados con usurpación de autoridad y de las decisiones acordadas por requisición directa o indirecta de la guerra o de reunión del pueblo en actitud subversiva" (artículo 110, ordinal 9; 118 y 119), fórmula que con variantes permaneció en los textos posteriores. Por ello, indudablemente, en este texto constitucional de 1893 puede situarse el punto de partida de un efectivo control de la constitucionalidad de los actos estatales concentrado en la Corte Suprema. Este control se completaría a partir del código de Procedimiento Civil del 14 de mayo de 1897 al consagrar el control difuso de la constitucionalidad que permite a todo juez inaplicar una ley que estime inconstitucional, norma recogida en el Código de 1916 (artículo 7), aún vigente en 1977.

Este sistema de la Constitución de 1893, con la sola excepción del texto constitucional de 1901 que consagró una vía indirecta de control de la constitucionalidad que podían promover los Tribunales, de oficio o a instancia de parte, ante la Corte Suprema (artículo 106, ordinal 8), se ha mantenido más o menos en los mismos términos en todos los textos constitucionales posteriores, siempre en proceso de ampliación, de manera que en la Constitución de 1925, se agregó la competencia de la Corte Suprema para declarar la nulidad de las Ordenanzas Municipales que menoscabasen o dañasen los derechos garantizados a los ciudadanos (artículo 34), y posteriormente, en la Constitución de 1936, se incluyó en la enumeración a los Reglamentos (artículo 34); y en la Constitución de 1936 se consagró la amplitud total del recurso respecto de cualquier "acto violatorio de la Constitución" y no sólo violatorio de los derechos garantizados por la misma (artículo 123, ordinal 11), lo cual ha permanecido en la evolución constitucional posterior. Todo ello culminó con el completo sistema de justicia constitucional que establecieron las Constituciones de 1961 y 1999.

5. *La Asamblea Constituyente de 1858 y el inicio de la práctica histórica de la convocatoria de Asambleas Constituyentes para recomponer el hilo constitucional*

Con la convocatoria en Valencia de la *Gran Convención Nacional*, que sancionó la Constitución de 31 de diciembre de 1858, se recompuso el orden constitucional que había sido roto con el golpe de Estado contra el gobierno del Presidente Monagas, que se efectuó con la Revolución de Marzo de 1858 comandada por Julián Castro, luego de que el año anterior, en 1857 se había reformado la Constitución de 1830. Con ello se inició el proceso venezolano de convocatoria de Asambleas Constituyentes como consecuencia de rupturas del hilo constitucional, a los efectos de recomponerlo[332].

332 Véase en general, Elena Plaza, "A manera de conclusión: las funciones políticas de los procesos constituyentes venezolanos, 1811–1999", en Elena Plaza y Ricardo Combellas (Coordinadores), *Procesos constituyentes y reformas constitucionales en la Historia de Venezuela: 1811–1999*, Tomo II, Univer-

Antes, en sentido estricto, existieron dos Asambleas Constituyentes en el sentido de congresos de representantes convocados con el objeto de constituir un Estado, es decir, establecer la organización política de una sociedad dada, en un territorio determinado, y que fueron el *Congreso General* de 1811 reunido en Caracas con el objeto de constituir el Estado venezolano independiente de la Corona Española con la sanción de la Constitución Federal para los Estados de Venezuela 21–12–1811; y el *Congreso Constituyente* convocado en Valencia, en 1830 por el General Páez, para constituir el Estado venezolano separado de la Gran Colombia y la sanción de la Constitución del Estado venezolano de 1830. A partir de 1858, las Asambleas Constituyentes no tuvieron por objeto, obviamente, constituir el Estado, sino reconstituir el hilo constitucional que había sido roto generalmente por un golpe de fuerza. La única excepción fue la Asamblea Nacional Constituyente de 1999 que no fue producto de un golpe de Estado, sino que más bien el golpe de Estado lo dio la misma.[333]

En efecto, luego de la sanción de la Constitución de 1858, la misma fue anulada por José Antonio Páez en 1862, en medio de las Guerras Federales, de cuya conclusión resultó la convocatoria de una *Asamblea Constituyente* que se reunió en Caracas en 1864, y que sancionó la Constitución de los Estados Unidos de Venezuela del 13 de abril de 1864, con la que se inició el segundo período constitucional de la historia de Venezuela, el del Estado Federal.

Después de múltiples vicisitudes políticas que afectaron la vigencia de la Constitución de 1864, que fue reformada en 1874, 1881 y 1891, con motivo del irregular procedimiento seguido en la última reforma, se generó la Revolución Legalista de 1892 comandada por Joaquín Crespo, de la cual resultó la convocatoria de una nueva *Asamblea Nacional Constituyente* que se reunió en Caracas en 1893, y que sancionó la Constitución de los Estados Unidos de Venezuela de 1893.

En 1899 se desarrolló la Revolución Liberal Restauradora comandada por Cipriano Castro, quien al año siguiente convocó una *Asamblea Nacional Constituyente* que sancionó la Constitución de 29 de marzo de 1901, con la que se inició el tercer período constitucional de Venezuela, el del Estado Centralizado Autocrático. Después de la Revolución Reivindicadora comandada por Manuel Antonio Matos, y del triunfo militar de Gómez contra los caudillos liberales, en 1904 el Congreso asumió las funciones, facultades y derechos que corresponden al *Poder Constituyente,* y sancionó la Constitución de 1904.

La consolidación de Gómez en el poder después de 1908 originó la convocatoria de un *Congreso de Diputados Plenipotenciarios* que promulgó un Estatuto Constitucional Provisorio de 1914 y luego sancionó la Constitución de 1914, la cual a su vez fue enmendada o reformada durante el régimen de Gómez en 1922, 1925, 1928, 1929 y 1931; y luego de su muerte en 1936 y 1945.

---

sidad Central de Venezuela, Caracas 2005, pp. 809–830; Allan R. Brewer–Carías, Las Asambleas Constituyentes en la Historia de Venezuela, *El Universal*, Caracas, 08/09/98, p. 1–5.

333 Véase Allan R. Brewer–Carías, *Golpe de Estado y proceso constituyente en Venezuela*, UNAM, México 2002.

El 18 de Octubre de 1945 estalló la Revolución de Octubre comandada por militares y el Partido Acción Democrática contra el gobierno del Presidente Medina, iniciándose en esta forma el cuarto de los períodos políticos de nuestra historia el del Estado Democrático Centralizado, para lo cual la Junta Revolucionaria de Gobierno convocó en 1946 la elección de una *Asamblea Constituyente* que se reunió en Caracas y sancionó la Constitución de 5 de julio de 1947.

Cinco años después de que el 24 de noviembre de 1948 se produjera un golpe de Estado contra el gobierno del Presidente Gallegos, mediante el cual la Junta Militar en el Acta de Constitución del Gobierno Provisorio dispuso la aplicación de la Constitución de 1936, como había sido reformada en 1945; en 1953 se eligió una *Asamblea Constituyente* de los Estados Unidos de Venezuela, que fue la que sancionó la Constitución de 15 de abril de 1953. Luego de un nuevo golpe de Estado el 23 de enero de 1958, la Junta Militar y la subsiguiente Junta de Gobierno asumieron el poder continuando en aplicación la Constitución de 1953, hasta que el Congreso que había sido electo en 1958 conforme a dicho texto, siguiendo sus normas se reformó totalmente la Constitución, sancionando la Constitución del 23 de enero de 1961, con la cual se consolidó el régimen democrático en el país.

La Constitución de 1961, como ninguna antes en toda la historia constitucional, no establecía como mecanismo para su reforma la convocatoria de una Asamblea Constituyente, sino sólo los procedimientos de enmienda y de reforma. Sin embargo, a pesar de ello y con base en una ambigua sentencia de la Sala Político Administrativa de la Corte Suprema de Justicia en 1999, el recién electo Presidente de la República Hugo Chávez convocó una *Asamblea Nacional Constituyente*, que fue electa ese mismo año y la cual, después de intervenir todos los poderes públicos, con lo cual dio un golpe de Estado, sancionó la Constitución de 31 de diciembre de 1999, que fue aprobada mediante referendo. En la Constitución de 1999 se reguló expresamente por primera vez en las Constituciones venezolanas, además de los procedimientos de enmienda y de reforma constitucional, la posibilidad de convocar una Asamblea Nacional Constituyente para efectuar reformas sustanciales, cambiando el Estado y el ordenamiento jurídico.

6. *Las Guerras Federales y la Dictadura de J.A. Páez (1861)*

Antes de que se sancionara la Constitución de 1858 en la Convención de Valencia para recomponer el hilo constitucional que había sido roto, puede decirse que ya los preparativos e inicio de la guerra civil que se convertiría en las Guerras Federales, ya estaban en curso[334], y a la cabeza de la reacción contra el gobierno estaban Antonio Leocadio Guzmán y el Gral. Juan Crisóstomo Falcón, cuyo partido, el Liberal, se oponía al del gobierno que se denominó Partido Constitucional[335]. La

334 Véase José S. Rodríguez, *Contribución al Estudio de la Guerra Federal en Venezuela,* tomo I, Caracas, 1960, pp. 202 y ss. *Cfr.* F. González Guinán *op. cit.,* tomo VI, pp. 187 y 192 y 301 y ss.

335 El Partido Constitucional del Gobierno, se denominó por sus adversarios como Godo, Oligarca, Conservador, Central, Centralista y Colorado; y el partido de la Revolución se denominó Liberal, Federalista o Federal ("federal") y Amarillo. Los colores, en virtud de las banderas de combate. *Cfr.* J. Gil Fortoul, *op. cit.,* p. 135. Sobre la denominación de los partidos históricos, véase R. A. Rondón Márquez, Guzmán Blanco, *El Autócrata Civilizador o Parábola de los Partidos Políticos Tradicionales en la Historia de Venezuela*, tomo II, Caracas, 1944, pp. 377 y ss.

bandera de la Federación enarbolada por el Partido Liberal, dará lugar a la "guerra larga", de carácter social, que se inició a comienzos de 1859 al pronunciarse la ciudad de Coro por la Federación por boca del comandante Tirso Salaverría. Los insurrectos de Coro buscaron a los exilados a Curazao, entre ellos a Zamora.

Esta Guerra Federal, como guerra civil, evidentemente que produjo profundas consecuencias en nuestra historia político–social que deben destacarse: por una parte, desde el punto de vista político, condujo al triunfo del regionalismo y caudillismo locales frente al poder central, siendo la federación, la forma política reafirmadora del poder de los caudillos regionales y de la desintegración político–feudal de la República[336]. Por otra parte, y desde el punto de vista social, a pesar de sus promotores, la Guerra Federal desencadenó en el país una segunda revolución social, continuación de la que se había producido en las guerras de independencia, pero todavía más anárquica que aquella[337], pues provocó la desaparición física de

336 De acuerdo con la expresión de L. Vallenilla Lanz, el régimen federal que se consagró formalmente en 1864, fue la sanción constitucional del feudalismo caudillesco o federación caudillesca. *Disgregación..., cit.*, p. LXX. *Cfr.* la cita también en Wolf, *Tratado de Derecho Constitucional Venezolano*, tomo I, Caracas, 1945, p. 88. J. M. Hernández Ron, lo califica como "federalismo de componenda". Véase su prólogo al tomo II de Pablo Ruggeri Parra, *op. cit.*, p. 10. Por otra parte, Ramón J. Velásquez la califica de "alianza de intereses feudales" y confirma así la relación entre la federación y el latifundismo–feudal en Venezuela: "Cada uno de los Estados de la alianza federal es en realidad un gran feudo, subdividido o repartido en verdaderas encomiendas políticas entre los tenientes o aliados de los grandes señores provinciales quienes de esta manera garantizan al que está en Caracas la seguridad de la paz o de los contingentes humanos necesarios para hacer la guerra". "El poder de Guzmán Blanco, primero, y más tarde el de Joaquín Crespo, no se basa en la existencia de un poderoso ejército nacional, de unas finanzas ordenadas o de un verdadero aparato administrativo sino en el cumplimiento de un pacto que une, para el disfrute del poder, a los señores terratenientes y guerreros esparcidos en las vastas, poco desarrolladas y bastante aisladas provincias que forman la República. Es una alianza entre iguales, dentro de lo cual cada señor goza de sus privilegios y domina sobre una realidad semibárbara cuya permanencia defiende evitando toda posibilidad de cambio o reforma". Véase R. J. Velásquez, *La Caída del Liberalismo Amarillo, Tiempo y Drama de Antonio Paredes*, Caracas, 1973, pp. VII y VIII. Augusto Mijares, señala que cuando se practicó la federación "fue en forma anárquica, para convertir cada región de la República en feudo de los caudillos triunfantes", *loc. cit.*, p. 125. J. Nucete Sardi, señala que la Federación "desfeudalizó, aun cuando creó nuevos caudillismos político y militares"... "Hubo una federación de caudillos", en "El Manuscrito de un Coronel Federal" (Prólogo), en Emilio Navarro, *La Revolución Federal, 1859 a 1863*, Caracas, 1963, pp. X y XI. En otro lugar, el mismo Vallenilla Lanz insiste en que "lo que nuestros teóricos del federalismo consideraban ingenuamente como una novedad, no tendía a otro resultado sino al de cubrir con un ropaje republicano las formas disgregativas y rudimentarias de la colonia, dándole el nombre pomposo de Estados o Entidades Federales a las ciudades o Distritos Capitulares, que eran entonces lo que casi son todavía (1929): pequeñas ciudades con extensas y desiertas jurisdicciones territoriales", en *Disgregación..., cit.*, p. LVII. Domingo Alberto Rangel, también señala dentro de la misma orientación que el sistema federal, como el feudal reposará en "un tácito pacto de vasallaje"; "El Presidente de la República actuará como un 'Primus interpares' de la numerosa familia de caudillos que se apropian de las distintas regiones del país", en *Los Andinos en el Poder*, Caracas, 1964, p. 71.

337 J. Gil Fortoul, al calificarla de revolución social, señala que "el término de Federación se transforma radicalmente en el cerebro de la gente inculta hasta perder su significación puramente política de autonomía local, para convertirse en bandera de todo género de reivindicaciones democráticas, y en tendencia a una definitiva igualación de todas las clases sociales", *op. cit.*, Tomo Tercero, p. 137. L. Vallenilla Lanz, al referirse a las masas populares que soportaron la federación, señala lo siguiente: "Las masas populares que habían sido realistas con Boves y patriotas con Páez durante la guerra de independencia fueron después, liberales con Guzmán y Zamora en el 46 y federales con el mismo Zamora, con Falcón y con Sotillo en el 59", *Cesarismo..., cit.*, p. 194.

gran parte de la oligarquía, es decir, de las clases privilegiadas y los blancos, a manos de los resentimientos populares, conduciendo a una igualación social, afianzada posteriormente en el mestizaje[338].

Sin embargo, es de destacar que las guerras federales, a pesar de su carácter social y de la rebelión que provocaron en las poblaciones rurales contra los dueños de la riqueza territorial, no transformaron la estructura latifundista, pues la propiedad de la tierra pasó de los caudillos militares conservadores a los caudillos militares federales[339]. De ahí que en la segunda mitad del siglo XIX se afiance el latifundismo en Venezuela, como base de la estructura social y económica del país, hasta el advenimiento de la explotación petrolera defraudándose las bases revolucionarias de carácter social de la Guerra Federal.

Las consecuencias de la Guerra Federal, en todo caso, no han cesado de ser fuente de opiniones divergentes[340], y quizás lo que en su momento revelaron fue la gran debilidad de las instituciones de la República que condujeron a la anarquía.

Debe recordarse que a los tres meses de asumido el poder, en Junio de 1858, Julián Castro había expulsado del territorio nacional a una fracción del partido liberal que no había encontrado posiciones en el gobierno, entre los cuales estaban los que luego serian los caudillos federales: Juan Crisóstomo Falcón, Ezequiel Zamora, Antonio Leocadio Guzmán, a quienes hay que agregar a Antonio Guzmán Blanco ya expatriado desde septiembre de 1857. En Saint Thomas, en octubre de 1858, algunos de los expulsados formaron la Junta Patriótica de Venezuela y formularon la primera proclama de la Federación[341].

---

338 En esta "revolución social más amplia y profunda que la misma revolución antes política que social, de la Independencia". "desaparece la oligarquía, se resuelven definitivamente todas las castas y se realiza de hecho la igualdad democrática", *Idem.*, p. 53. Véase, además, *Ibídem.*, pp. 161 y ss. Agrega Gil Fortoul lo siguiente: "Durante los cuatro o cinco años que siguieron al de la emancipación, no se nota ningún cambio social ni político debido a la influencia de los nuevos ciudadanos (esclavos libres). Muchos continúan viviendo como peones y colonos en las haciendas de sus antiguos señores; otros se dispersan por ciudades y campos, todos van a confundirse poco a poco con la masa de mestizos que forman la mayoría de la población venezolana. En la vida pública no empiezan a intervenir algunos sino por consecuencia de las guerras federales"..., *op. cit.,* p. 132. Por su parte, L. Vallenilla Lanz, señala claramente que "nuestras contiendas civiles posteriores a la Independencia, no han sido como las de otros países de Hispanoamérica, choques de dos oligarquías que se disputan el predominio político. Verdaderas revoluciones sociales, éstas han sido como las etapas de esta evolución que al cabo de un Siglo ha dado por resultado el triunfo del igualitarismo", *Cesarismo..., cit.,* p. 291, F. Brito Figueroa, también considera a las guerras federales, como una guerra social, *op. cit.,* tomo I, pp. 289, 258 y 317 y ss.

339 Véase F. Brito Figueroa, *op. cit.,* tomo II, p. 295. R. Díaz Sánchez considera que con las guerras federales, "todo el esquema social queda modificado. Ya no habrá más castas en Venezuela. Subsistirán ciertamente las clases, pero definidas no conforme al patrón estamental de otros tiempos sino por la posición económica", *loc. cit.,* p. 253.

340 Véase las apreciaciones de A. Mijares, *loc. cit.,* pp. 122 y ss.; Pablo Ruggeri Parra, por ejemplo, sostiene que el sentimiento igualitario no se debió ni a la guerra ni a la Constitución Federal, sino al resultado de un proceso que data de los orígenes de la nacionalidad. A su juicio, "la guerra federal fue una calamidad nacional sin resultado alguno favorable para el país", *op. cit.,* tomo II, p. 63. Véase las diversas opiniones citadas por F. Brito Figueroa, *op. cit.,* tomo I, pp. 327 y ss.

341 Véase J. Gil Fortoul, *Historia Constitucional de Venezuela,* tomo II, Berlín 1904, pp. 367 y 368.

Al mes siguiente de designado Castro Presidente interino y a los pocos días de terminada la Convención de Valencia, el General Falcón se puso a la cabeza de la revolución federal, después de la proclama de la Federación el 20 de febrero de 1859, en Coro. En los meses siguientes el General Zamora recorrió al país, enfrentando sus tropas a las constitucionales. En julio de 1859 el General Páez, quien no había aceptado formar parte del gobierno de Castro, viaja a Nueva York, el General Falcón desembarca en las costas de Puerto Cabello y expide en Palmasola su Proclama contra la Constitución de Valencia, y en ese mismo mes, el propio Presidente Castro publica una alocución en la cual, materialmente toma el partido federal. A finales de julio de 1859, el General Castro es depuesto de la Presidencia y obligado a renunciar y hecho preso. Por ello se encargó del Poder Ejecutivo al Designado Pedro Gual, hasta que en septiembre asumió el Vicepresidente Manuel Felipe Tovar.

Efectuadas elecciones a fines de 1859, el Congreso de 1860 proclamó a Manuel Felipe de Tovar (1803–1866), como Presidente de Venezuela, Vicepresidente a Pedro Gual y Designado a León de Febres Cordero[342]. En junio de 1860, al año de haber sido depuesto, en las Cámaras Legislativas se promovió contra el General Castro, la acusación de traición e infracción de la Constitución, y de haber atentado contra la forma de gobierno en ella establecida, razón por la cual en Junio fue declarado culpable del delito de traición y expatriado. Las guerras continuaron con triunfos federales y conservadores, de manera que Zamora le ganó al gobierno la batalla de Santa Inés (1859), pero murió en el sitio de San Carlos en 1860; y en ese mismo año el general Febres Cordero la ganó en defensa del gobierno al general Falcón en la batalla de Coplé. A mediados de marzo de 1861 el General Páez regresó al país, llamado por el partido dictatorial. El Presidente Manuel Felipe Tovar, quien había sido electo en 1860 en las primeras elecciones directas y secretas republicanas para el período 1860–1864, designó a Páez como Jefe del Ejército, quien para ese momento (1861) se desempeñaba como representante diplomático en los Estados Unidos.

A fines de mayo, el Presidente Tovar renunció al cargo, y asumió el Ejecutivo, el Vicepresidente Gual, quien encargó de nuevo a Páez del mando supremo del Ejército. El 29 de agosto de 1861, el Presidente Gual fue detenido, y a partir de esa fecha comienzan a dejar de respetarse las formas legales en relación al ejercicio del poder[343]. Páez asume de hecho el poder y se declara la Dictadura[344].

En esa forma, la ruptura formal de la Constitución de 1858 se produjo con el Decreto del 10 de septiembre de 1861, de "José Antonio Páez, General en Jefe de

342 *Idem.*, p. 380.

343 La fecha del 29 de agosto de 1861 -dice Gil Fortoul- marca la agonía del régimen establecido desde 1830. Hasta entonces, todos los partidos inclusive el partido reaccionario de Monagas, habían procurado justificar sus propósitos, y aun sus errores, con preceptos de leyes vigentes o con nuevos actos legislativos. En cambio, la dictadura se implanta a mano violenta. *Op. cit*, Tomo Tercero, p. 192. *Cfr.* F. González Guinán, *op. cit.*, tomo VII, pp. 337 y ss.

344 Véase Elena Plaza, *Versiones de la Tiranía en Venezuela. El último Régimen del General José Antonio Páez 1861–1863,* Ediciones de la Facultad de Ciencias Jurídicas y Políticas, Universidad Central de Venezuela, Caracas, 2000.

los Ejércitos y Jefe Supremo de la República", mediante el cual, desde esa fecha quedó "encargado del mando de la República como Jefe supremo civil y militar" (art. 1°), declarando que su gobierno duraría "hasta tanto que se consiga la pacificación de la República" (art. 2)[345]. Posteriormente, por Decreto del 1° de enero de 1862, el General Páez organizó el "Gobierno del Jefe Supremo", al estimar que era justo y conveniente que la República no carezca por más tiempo de bases constitutivas. En este texto, por tanto, se dictaron unas bases constitucionales mínimas de la República, en las cuales se decretaron derechos del ciudadano, y previeron normas de organización mínima del Poder Supremo, de las provincias y de la Justicia. En el Artículo 6° de ese texto, el General Páez expresó: "En nombre y por autoridad de los pueblos continuaré ejerciendo el Poder Supremo hasta que la República se constituya legalmente"[346]. A este acto, de evidente carácter inconstitucional, siguieron otros formalmente expedidos: los Decretos de 1° de enero de 1862 organizando el Consejo de Estado y estableciendo la forma de elección de quien debía sustituir al Jefe Supremo; y el Decreto 2 de enero de 1862, derogando las leyes del Código de Imprenta de 1855 y estableciendo restricciones a la libertad de imprenta, cuyos abusos, se decía en la motivación, habían "sido verdaderamente escandalosos y han causado a la sociedad profundo daño"[347].

Algo más de un año y medio estuvo Páez en el poder, período durante el cual las guerras federales continuaron, a pesar de algunos intentos de poner fin a las mismas, en los cuales participaron, como negociadores, el propio General Páez y el General Falcón. A comienzos de 1863, los ejércitos federales dominaron el país, razón por la cual se concluyó, en mayo de 1863, el Convenio de Coche, suscrito entre el Secretario General del Jefe Supremo de la República, Pedro José Rojas, y el General y Jefe de las Fuerzas Federales, Antonio Guzmán Blanco.

En dicho Convenio, "con el objeto de realizar la pacificación del país", acordaron convocar una Asamblea que debía reunirse en 30 días, compuesta por 80 miembros elegidos "la mitad por el Jefe Supremo de la República (Páez) y la otra mitad por el Presidente Provisional de la Federación" (Falcón), Asamblea a la cual el Jefe Supremo debía entregar el mando de la República, y cuyo primer acto debía ser el nombramiento del gobierno que debía presidir la República mientras ésta se organizaba[348]. Finalizaban así las hostilidades, y con ello la Dictadura y las Guerras Federales, iniciándose el gobierno federal en el país, y con ello el segundo de los grandes período de nuestra historia política y constitucional. Páez salió de Venezuela en agosto de 1863 hacia Estados Unidos y ya no regresaría más al país, falleciendo en Nueva York en 1873. Nadie, sin embargo, había ejercido tanta influencia durante el primer período de la historia del país, como luego la ejerció

---

345 Véase en *Leyes y Decretos de Venezuela,* tomo II, 1851–1860, Biblioteca de la Academia de Ciencias Políticas y Sociales, Caracas, 1982, pp. 95 a 97.

346 *Idem.*, pp. 250 y 252, y pp. 505 y ss., respectivamente.

347 *Ibídem*, pp. 252 a 254 y pp. 505 y ss., respectivamente.

348 Véase el texto del Convenio de Coche y su antecedente, en José S. Rodríguez, *op. cit.,* Tomo Segundo, pp. 336 y ss.; J. Regino Pachano, *Biografía del Mariscal Juan C. Falcón*. Caracas, 1960, pp. 178 y 179; en F. González Guinán, *op. cit.,* tomo VIII, pp. 123 y ss., y J. Gil Fortoul, *op. cit.,* Tomo Tercero, pp. 214 y ss.

durante el segundo período de nuestra historia, Antonio Guzmán Blanco, quien para cuando salió Páez de Venezuela, ya había sido designado en junio de 1863 como Vicepresidente por la Asamblea Nacional convocada en la Victoria, de acuerdo con lo pautado en el Tratado de Coche, donde se había designado presidente provisional al general Falcón

CUARTA PARTE

EL PERÍODO DE LA FEDERACIÓN Y DE LA AUTOCRACIA (1863–1901)

El segundo de los grandes períodos históricos en la evolución política del país se inició al finalizar las guerras federales (1858–1863), hecho que produjo un cambio total en el panorama político dando lugar al predominio del partido liberal por un lapso de 38 años hasta 1901. El Proyecto político federal, su implementación y desarrollo signó la labor de las generaciones de fines del siglo XIX.

I. LA INSTAURACIÓN DEL RÉGIMEN FEDERAL

1. *El Gobierno Federal Provisional (1863)*

La Asamblea Nacional convocada por el General Páez por Decreto de 6 de junio de 1863[1], conforme a lo acordado en el Convenio de Coche, se instaló en La Victoria y el 17 de junio de 1863 nombró al General Juan Crisóstomo Falcón (1820–1870) como Presidente Provisional de la República y a Antonio Guzmán Blanco, como Vicepresidente para el período 1863–1865. El General Falcón debía "ejercer con el carácter de Presidente del Gobierno de la República, mientras que se reúna la Asamblea Constituyente que él ha de convocar, y se organiza definitivamente al país", y el 13 de agosto, como se dijo, Páez salió al exilio.

A partir del 24 de julio de 1863, el General en Jefe Juan C. Falcón, Presidente provisional de la Nación, comenzó a organizar el gobierno de la República, dictando al efecto varios Decretos, creando el cargo de Procurador General de la Nación, organizando al gobierno central y creando el Ministerio de la Marina[2]. Mediante Decreto de 8 de Agosto de 1863, mientras se expedían las leyes y decretos correspondientes se declararon "en su fuerza y vigor las leyes civiles y criminales que estaban vigentes antes del día 15 de marzo de 1858, en todo aquello en que directa o indirectamente no se opongan al sistema federal proclamado por los pueblos" (art. 1), con excepción del Código de Comercio, el cual se declaró

---

1 Véase en *Leyes y Decretos de Venezuela*, tomo IV, 1861–1870, Biblioteca de la Academia de Ciencias Políticas y Sociales, Caracas, 1829, p. 263.

2 *Idem.*, pp. 264 a 266.

vigente[3]. Quedaba así derogado el primer Código Civil de la República dictado ese mismo año[4].

El 12 de agosto de 1863 el Presidente de la República comenzó a establecer formalmente las bases de "la forma representativa federal" del Estado, a cuyo efecto fijó las atribuciones del gobierno general, estableciendo que "todo lo que no esté atribuido al gobierno general corresponde naturalmente a la administración particular de los Estados" (considerandos y Art. 4º). Se aclaraba, sin embargo, en el Decreto, que también correspondía al gobierno general, "lo que sea esencialmente nacional por ser de aquellas medidas que abrazan a todos los Estados y que propendan a su prosperidad, orden, adelanto y bienestar" (art. 20)[5] con lo que se estableció así, el principio de repartición de competencias entre el nivel federal–nacional y el de los Estados miembros, que aún perdura en la Constitución de 1961.

El General Falcón convocó la Asamblea Constituyente de la Federación Venezolana estableciendo las modalidades de elecciones de los Diputados[6], y el 16 de agosto de 1863 dictó un Decreto de garantías de los venezolanos, entre las cuales se consagró el sufragio sin otra restricción que la minoridad [7].

Se practicaron elecciones y la Asamblea Constituyente, instalada en diciembre de 1863 bajo la presidencia de Antonio Locadio Guzmán, en diversos actos de rango constitucional [8] ratificó al general Falcón como Presidente de los Estados Unidos de Venezuela, y a Antonio Guzmán Blanco como Vicepresidente[9], y ratificó, asimismo todos los actos que habían "consumado en ejercicio de la autoridad omnímoda que le confirieron los pueblos"[10].

La Asamblea Constituyente, además, el 26 de diciembre de 1863, declaró vigentes las atribuciones reservadas al gobierno general de los Estados Unidos de Venezuela, que el 8 de abril había fijado el General Falcón[11], y el 29 de febrero de 1864, resolvió fijar el radio de acción exclusivo del Gobierno General, erigiendo al Distrito Federal, cuya organización y régimen político y administrativo se decretó el 9 de marzo por el General Falcón[12].

---

3 *Ibídem.*, p. 267.

4 En relación al Código Civil de 1863 y su derogatoria, véase F. González Guinán, *Historia Contemporánea de Venezuela*, tomo VIII, Caracas, 1954, pp. 92 y 162.

5 Véase el texto en *Leyes y Decretos de Venezuela*, tomo IV, *cit.*, p. 268.

6 *Idem.*, pp. 269 a 271. Véase en general, Rafael Lugo Felice, "Proceso Constituyente de 1863", en Elena Plaza y Ricardo Combellas (Coordinadores), *Procesos Constituyentes y Reformas Constitucionales en la Historia de Venezuela: 1811–1999*, Universidad Central de Venezuela, Caracas 2005, tomo I, pp. 225–264.

7 Véase el texto en *Leyes y Decretos de Venezuela*, tomo IV, *cit.*, pp. 271–272. Véase además a J. Gabaldón Márquez (ed.), *Documentos Políticos y Actos Ejecutivos y Legislativos de la Revolución Federal*, Caracas, 1959 pp. 163 y ss.

8 Véase J. Gabaldón M. (ed.), *op. cit.*, pp. 163 y ss.

9 Véase el Decreto en *Leyes y Decretos de Venezuela*, tomo IV, *cit.*, p. 296.

10 Véase en *Leyes y Decretos de Venezuela,* tomo IV, *cit.*, p. 296.

11 Véase en *Leyes y Decretos de Venezuela,* tomo IV, *cit.*, p. 297.

12 Véase en *Leyes y Decretos de Venezuela,* tomo IV, *cit.*, pp. 207 y 306. Véase además Allan R. Brewer–Carías, *El Régimen de Gobierno Municipal en el Distrito Federal Venezolano,* Caracas, 1968.

El 28 de marzo de 1864, la Asamblea sancionó la Constitución de los Estados Unidos de Venezuela[13] la cual estableció, formalmente, a la forma federal del Estado venezolano[14].

2. *La Constitución de 1864 y la alianza caudillista–federal–regional*

Con la Constitución de 1864 se inició, por tanto, una nueva etapa en la conformación constitucional del Estado en Venezuela, pues se distribuyó el poder de la República[15] en entidades federales–feudales autónomas[16] con gobierno propio elegido por sufragio directo y secreto (Artículos 13 y 22), confinándose el Poder Nacional a un Distrito Federal, como territorio neutro (Artículos 13,3; 43,2; 72,20 y 84)[17].

La vida política nacional en las décadas posteriores y hasta comienzos del siglos XX, se va a centrar en la existencia de esta alianza de caudillos regionales formalizada por la Constitución federal[18] y que será la garantía de supervivencia de las autoridades nacionales (federales); alianza y situación que concluirá a comienzos del siglo XX, al iniciarse la integración política del país mediante la fuerza y creación de un Ejército Nacional bajo las órdenes de Gómez, que le permitirá después gobernar dictatorialmente hasta 1935[19]. Las luchas de las guerras federales,

13 En relación a esta Constitución dice Ruggeri Parra que con ella "no se hubiera podido gobernar el país, ni siquiera en días de paz. Sus violaciones son coetáneas a su sanción, y no se la obedeció ni en la forma, ni en el fondo, en los diez años que estuvo vigente", en *Historia Política y Constitucional de Venezuela*, tomo II, Caracas, 1949, p. 62. El sistema federal, según Gil Fortoul, fue "violado infinitas veces por el Partido Federal" *Historia Constitucional de Venezuela*, tomo III, Caracas, 1953, p. 136, véase los comentarios a la Constitución, en F. González Guinán, *op. cit.*, tomo VIII, pp. 267 y ss.

14 De acuerdo con el artículo 1° de la Constitución, "Las Provincias de Apure, Aragua, Barcelona, Barinas, Barquisimeto, Carabobo, Caracas, Coro, Cumaná, Guárico, Guayana, Maracaibo, Maturín, Mérida, Margarita, Portuguesa, Táchira, Trujillo y Yaracuy, se declaran Estados independientes y se unen para formar una Nación libre y soberana, con el nombre de Estados Unidos de Venezuela", siendo los límites de cada Estado (Art. 2°) los establecidos en la Ley de 28 de abril de 1856 dictada en el último gobierno de Monagas para lograr su reelección. La denominación de la República va a perdurar hasta que la Constitución de 1953 la cambie por la de República de Venezuela.

15 "Los Estados que forman la Unión Venezolana reconocen recíprocamente sus autonomías, se declaran iguales en entidad política y conservan en toda su plenitud la soberanía no delegada expresamente en esta Constitución (Art. 12). Hasta tal punto se opera la desintegración formal, que desaparece la norma constitucional que los textos anteriores consagraban y según la cual la República debía organizarse mediante un gobierno "republicano popular, representativo, responsable y alternativo" (por ejemplo, Art. 6° Constitución de 1830); y al contrario, ahora son los Estados de la Unión quienes deben organizarse "conforme a los principios de Gobierno Popular Electivo, Federal Representativo, Alternativo y Responsable", (artículo 23,1 Constitución de 1864).

16 Hasta tal punto que, por ejemplo, el Gobierno Nacional no podía "situar en un Estado fuerza ni jefes militares con mando, aunque sea del mismo Estado ni de otro, sin el permiso del Gobierno del Estado en que se deba situar la fuerza", (Art. 100 de la Constitución de 1864).

17 Véase en general A. R. Brewer–Carías, *El Régimen de Gobierno Municipal en el Distrito Federal Venezolano*, Caracas, 1965; Allan R. Brewer–Carías, "Caracas", en D. Rowar, *The Government in the Federal Capitals*, Toronto, 1973, pp. 113 y ss. Véase lo expresado en la Octava Parte, tomo II.

18 Véase Allan R. Brewer–Carías, "La Revitalización del Federalismo" en *Política, Estado y Administración Pública*, Caracas, 1978.

19 *Cfr.* Ramón J. Velásquez, *La caída del liberalismo amarillo. Tiempo y Drama de Antonio Paredes*, Caracas, 1973, pp. XIII y ss.

que eran "asunto de forma"[20], sin embargo, consolidaron el sistema federal y los poderes de los caudillos regionales, en perjuicio de la democracia. Por otra parte, si bien se ratificó en el texto de la Constitución de 1864 el voto popular, universal y secreto, que ya había consagrado el texto de 1858[21], el ejercicio del mismo se hizo nugatorio, pues entre el 80 y el 90 por ciento de la población era analfabeta y la ley exigía leer y escribir para el ejercicio del sufragio, por lo que la participación en el proceso político quedó limitada a una minoría privilegiada, identificada con la nueva oligarquía de la riqueza comercial y terrateniente[22].

Desde el ángulo de la forma del Estado, la Constitución de 1864 "reunió" veinte Provincias que se declaraban "independientes" y "reconocían recíprocamente sus autonomías"[23].

Estas provincias se unieron "para formar una Nación libre y soberana, con el nombre de Estados Unidos de Venezuela", denominación que perdurará hasta la Constitución de 1947, cambiándose a partir de 1953 por la de República de Venezuela. Las Provincias, así, comenzaron a denominarse Estados, y en las "Bases de la Unión", fórmula que perduró hasta la Constitución de 1945 y que se eliminó a partir de 1947, aquellos Estados se comprometieron a una serie de postulados donde estaban expuestas las bases de este Pacto Federal o más bien, el pacto regional–caudillista–federalista que daba soporte al Estado Nacional y al poder central, y que se manifestó particularmente en la organización de las fuerzas armadas. Estas estaban formadas por "la milicia ciudadana que organizaban los Estados", compuesta, "con individuos voluntarios, con un contingente proporcionado que dará cada Estado llamando al servicio a los ciudadanos que deban prestarlo conforme sus leyes", no pudiendo en ningún caso el Gobierno Nacional "situar en un Estado fuerza ni jefes militares con mando, que no sean el mismo Estado, ni de otro, sin el permiso del Gobierno del Estado en que se deba situar la fuerza[24]. La ausencia de un Ejército Nacional, y la consolidación de las milicias regionales irregulares bajo el

---

20 Véase Lisandro Alvarado, *Historia de la Revolución Federal, cit.*, R. Díaz Sánchez, "Evolución Social de Venezuela hasta 1960", en M. Picón Salas y otros, *Venezuela Independiente 1810–1860*, Caracas, 1962, p 254.

21 El artículo 14,11 de la Constitución de 1864 garantizaba a los venezolanos "la libertad de sufragio para las elecciones populares, sin más restricciones que la menor de edad de dieciocho años".

22 *Cfr.* F. Brito Figueroa, *Historia Económica y Social de Venezuela*, tomo I, Caracas, 1966, p. 332 y Augusto Mijares, "La Evolución Política de Venezuela (1810–1960)", en M. Picón Salas y otros, *Venezuela Independiente cit.*, p. 123. Gil Fortoul señaló en relación a la burla de las promesas sociales de las guerras federales, que "los evangelistas del régimen federativo, tan convencidos como sus adversarios de la necesidad o conveniencias o ventaja —para ellos— de una oligarquía territorial o militar o intelectual, hiciesen después en el Gobierno cuanto les fue posible por retroceder la Federación a su esencia de teoría política, bautizando con ella la Constitución para no contradecir el programa de su partido, pero despojándolo del concepto de igualación de clases que durante los años de lucha armada predominó en el pueblo", *Historia Constitucional de Venezuela*, tomo III, Caracas, 1953, pp. 136 y 137.

23 Esta expresión la consagraron todos los textos constitucionales hasta 1961, cuando la Constitución vigente la cambió: "Los Estados son autónomos iguales como entidades políticas" (Art. 16). Los Estados que formaron la República Federal de 1864 fueron los siguientes: Apure, Aragua, Barcelona, Barinas, Barquisimeto, Carabobo, Caracas, Cojedes, Coro, Cumaná, Guárico, Guayana, Maracaibo, Maturín, Mérida, Margarita, Portuguesa, Táchira, Trujillo y Yaracuy.

24 Arts. 94 y 100 de la Constitución de 1864.

comando de los caudillos regionales, daba, a través de este pacto de señores regionales–feudales, soporte al poder nacional; y sólo será a comienzos de este siglo cuando mediante la formación de un Ejército nacional, Gómez integrará por la fuerza de las armas a la República. El federalismo, desde el punto de vista administrativo, tal como tanto se ha dicho, fue ciertamente una ficción y una farsa[25] que no impidió al Poder Nacional intervenir en la administración de los Estados; pero desde el punto de vista político–militar, muy lejos estuvo de ser irreal; al contrario, fue la base de sustentación de una República disgregada y dividida en feudos regionales.

El establecimiento formalmente de la Federación implicó, por supuesto, una distribución vertical del Poder Público, entre el que tenían los Estados "independientes" y el que se atribuían, en las Bases de la Unión, a la Nación. Sin embargo, contrariamente a lo que las instituciones de 1857 y 1858 señalaban, no se utilizó en el texto de 1864 la expresión "Poder Público" ni su división. En 1857 se señalaba que el Poder Público se dividía en "Legislativo, Ejecutivo, Judicial y Municipal" (art. 6°) en una mezcla de distribución horizontal y vertical; y en 1858, se dividió el Poder Público en "Nacional y Municipal" (art. 9), con una clara connotación de distribución vertical, ya que el Poder Municipal se ejercía entre otros, "por una Legislatura y un Gobernador en la provincia; por un Concejo y un Jefe Municipal en los cantones" (art. 122).

En 1864, por tanto, sin decirlo, esta división vertical del Poder Público, entre el Nacional y el Estadal, se consolidó, eliminándose consiguientemente toda referencia al Poder Municipal, quedando a partir de esa fecha en poder de los Estados el establecimiento de "la reglas fundamentales de su régimen y gobierno interior"[26]. Fue sólo en el texto constitucional de 1893 cuando por primera vez, dentro del sistema federal, se consagró "la autonomía del Municipio y su independencia del poder político del Estado en todo lo concerniente a su régimen económico y administrativo"[27], independencia que se estableció posteriormente, también expresamente respecto del Poder Federal (art. 14, C. 1936). La expresión "Poder Público" y su división se restableció en la Constitución de 1901, al distribuírselo en "el Poder Federal y el Poder de los Estados" (art. 29), agregándose a esta división el "Poder Municipal" a partir de 1925 (art. 51).

La Federación de 1864, sin embargo, formalmente tuvo elementos particulares, sobre todo si se la compara con el esquema utilizado en la época en otros países, pues desde el inicio tenía una carga centralista. Basta para darse cuenta de ello constatar el hecho de que en las Bases de la Unión, los Estados se comprometieron

---

25 J. M. Casal Montbrún (Estudio Preliminar), *La Constitución de 1961 y la Evolución Constitucional de Venezuela*, tomo II, vol. I, Caracas, 1972, pp. 56 y ss.; y Humberto J. La Roche, "El Federalismo en Venezuela", en *Los Sistemas Federales en América Latina*, UNAM, 1972, p. 573. De allí que se haya hablado de las "Repúblicas Federales Centralizadas" respecto de las latinoamericanas: Véase William S. Strokes, "The Centraliced Federal Republics of Latin America", en Peer G. Snow, *Government and Politics in Latin America*, New York, 1967, pp. 158 y ss.

26 Artículo 13 de las Constituciones de 1864 y 1874; y artículo 13,2 de las Constituciones de 1881 a 1891.

27 Artículo 13,2 de la Constitución de 1893; artículo 13,3 de la Constitución de 1901; artículo 73 de la Constitución de 1904; artículo 12,3 de la Constitución de 1909; artículo 19,4 de las Constituciones de 1914 y 1922, y artículo 14 de las *Constituciones* de 1925, 1928, 1929, 1931, 1936 y 1945.

"a tener para todos ellos una misma legislación sustantiva, civil y criminal" (art. 13,22), con lo cual desde el mismo inicio del proceso legislativo básico de Venezuela, los Códigos fundamentales fueron y siguen siendo nacionales, y nunca se dictaron por los Estados. En el esquema federal debe mencionarse, sin embargo, que el Poder Judicial correspondía básicamente a los Estados, por ello, la Constitución de 1864 declaró expresamente que "Los Tribunales de Justicia de los Estados son independientes: las causas en ellos iniciadas conforme a su procedimiento especial y en asuntos de exclusiva competencia, terminarán en los mismos Estados sin sujeción al examen de ninguna autoridad extraña" (art. 91).

Conforme a ese esquema, la Alta Corte Federal, tenía una competencia limitada a los asuntos que concernían a la Nación (art. 89). Sólo fue en la Constitución de 1945 que desapareció de la Constitución la referencia a los Tribunales de los Estados, salvo en las Disposiciones Transitorias (art, 89), produciéndose la nacionalización de la Justicia en nuestro país al reservar los Estados "al Poder Federal", todo lo relativo a la administración de justicia en el territorio nacional (art. 89).

En cuanto al nivel nacional, la Constitución distribuyó el Poder entre una Legislatura Nacional, integrada por dos Cámaras, una de Senadores y otra de Diputados, correspondiendo a los Estados determinar la manera de hacer el nombramiento de sus miembros (art. 89); el Ejecutivo Nacional a cargo del Presidente de la República, electo por los ciudadanos de todos los Estados en votación directa y secreta "de manera que cada Estado tenga un voto, que será el de la mayoría relativa de sus electores" (art. 89) y por la Alta Corte Federal, cuyos miembros eran nombrados por el Congreso, a proposición de las Legislatura de los Estados (art. 89).

Esta organización federal, si bien desde el punto de vista político–regional tuvo vigencia mientras los caudillos regionales dominaron el país, como consecuencia de la integración política que el dictador J. V. Gómez realizó autoritariamente del país, perdió toda su vigencia. Administrativamente, durante el siglo XIX, fue una entelequia formal que encubría una Administración centralizada, y al perder su único objetivo –pacto de descentralización político–regional–caudillista–, a partir de las primeras décadas del siglo XX, no ha tenido real vigencia, siendo el ropaje formal de un Estado centralizado administrativa y políticamente hablando. Es importante insistir en torno a los aspectos políticos y administrativos de la Federación, pues las apreciaciones tan generalizadas relativas a su carácter ficticio, deben aplicarse sólo a la concepción de Federación, como fórmula de descentralización administrativa. Ciertamente, la Federación no significó descentralización sino que su contenido se violó desde el inicio: los caudillos de turno en el poder, desarrollaron una política administrativa de carácter meramente centralista; pero ello, indudablemente a cambio de la descentralización político–militar.

En este último aspecto, todo lo contrario de una ficción, la Federación fue una realidad, con enorme arraigo histórico, ligada al caudillismo y al latifundismo regional. Desaparecidos éstos por la concentración del poder militar y de la propiedad territorial en torno a Gómez, la Federación entonces pasó a ser un mero recuerdo histórico de las luchas civiles del siglo XIX; algo vacío como se reguló en las Constituciones de 1961 y 1999, al disponer que "la República de Venezuela es un Estado Federal, en los términos consagrados por esta Constitución", lo que equivale a decir muy poco.

En todo caso, la Federación de 1864 y su esquema constitucional fueron el producto de un proceso político social que se desarrolló durante las guerras federales, y que dieron origen a muchas expectativas y aspiraciones populares. Estas, en todo caso, quedaron defraudadas, y las mismas ofertas y recompensas a las tropas federales no se cumplieron por el gobierno de Falcón[28]. Las reacciones de los mismos liberales y federales a escala regional no se hicieron esperar[29] y desde 1864 estalla de nuevo la guerra civil comandando el propio Presidente Falcón las fuerzas gubernamentales, ocupando sucesivamente Guzmán Blanco la Presidencia interina[30], que alternaba con las funciones de negociador de sucesivos empréstitos en el exterior[31].

3. *Los Estados, Caracas y el Distrito Federal en la historia constitucional*

A partir de la Constitución de 1864, y hasta el texto constitucional de 1953, las Constituciones enumeraron los Estados que conformaron la Unión, habiendo sido establecidos sus límites en la Ley de 28 de abril de 1856 sobre División Territorial. Después de las recomposiciones territoriales que hizo Guzmán Blanco conforme a las cuales se llegó a reducir el número de Estados a nueve, a la mencionada Ley de 1856 fue que remitió la Constitución de 1909 cuando reconstituyeron los 20 Estados que existían al sancionarse la Constitución de 1830 (Arts. 4 y 5). Disposiciones similares se repitieron en las todas Constituciones sucesivas, hasta la de 1953, en la cual se eliminó la referencia a los límites previstos con relación a aquella Ley de 1856. Sin embargo, básicamente han seguido siendo los mismos regulados en la misma.

Por otra parte, en cuanto a la capital del Estado, Caracas había sido tradicionalmente la Capital desde que el Gobernador Juan de Pimentel trasladó la capital desde Coro a Caracas en 1577. Posteriormente, creada la Capitanía General de Venezuela, en 1777, que agrupaba a las diversas Provincias que luego conformaron el territorio de la República, Caracas, continuó siendo la capital; y fue el Ayuntamiento capitalino el que, precisamente, provocó la declaración de independencia en 1810[32].

---

28 Es interesante destacar las referencias a este aspecto que hace un testigo de las guerras federales y crítico del gobierno de Falcón, Emilio Navarro *La Revolución Federal, 1859 a 1863;* Caracas, pp. 151 y 155.

29 Véase José S. Rodríguez, *Contribución al Estudio de la Guerra Federal en Venezuela*, tomo II, Caracas, 1960, pp. 34 y ss. Regino Pachano, *Biografía del General Juan C. Falcón*, Caracas, 1960, pp. 195 y ss.; L. Level de Goda, *Historia Contemporánea de Venezuela Política* y *Militar* (1858–1896), tomo I, Barcelona, 1893, pp. XVIII y ss.

30 *Cfr.* F. González Guinán, *op. cit.,* tomo VIII, pp. 318 y ss., J. R. Pachano, *op. cit.,* p. 195.

31 Sobre el empréstito de la Federación y sus críticas, véase R. A. Rondón Márquez, Guzmán Blanco. *El Autócrata Civilizador o Parábola de los Partidos Políticos Tradicionales en la Historia de Venezuela*, tomo II, Caracas, 1944, pp. 135 y ss., y 1466 y ss.

32 Para la elaboración de esta parte, hemos seguido lo expuesto en Allan R. Brewer–Carías, *El régimen de Gobierno Municipal en el Distrito Federal,* Caracas, 1968. Véase también, Allan R. Brewer–Carías, *El Régimen Municipal de Venezuela,* Caracas, 1984.

En 1811, el Congreso de ese año fijó a Valencia como capital provisional del Estado, constituyéndose allí el gobierno el 3 de abril de 1812, trasladándose posteriormente a La Victoria, el 27 de abril de ese año. Meses más tarde, y en plena guerra de la independencia, al triunfar los realistas y al caer la Primera República, el 30 de julio de 1812, la capital vuelve a ser Caracas.

El 8 de mayo de 1817, el Congreso de Cariaco designó la ciudad de La Asunción, en la isla de Margarita, por capital provisional, siendo trasladada posteriormente a Angostura (hoy Ciudad Bolívar) por el Libertador, también como capital provisional, en noviembre del mismo año. En 1819, el Congreso de Angostura designó a ciudad del Rosario de Cúcuta por capital provisional de Colombia, y allí se instaló en enero de 1821. Ese mismo año, el primer Congreso Constituyente de Colombia designó a Bogotá por capital del gran Estado, en el cual Caracas quedó como la capital del Departamento de Venezuela.

Posteriormente, con motivo del movimiento de separación de Venezuela de la República de Colombia, en cuya implementación jugó un papel importante la Municipalidad de Caracas, en enero de 1830 ya se había establecido allí la capital en Caracas, habiendo sido trasladada posteriormente a Valencia y declarada como tal por el Constituyente venezolano de ese mismo año.

Posteriormente, por Decreto del Congreso de 25 de mayo de 1831, es erigida nuevamente Caracas como capital de la República, y desde esta fecha, salvo en el segundo semestre de 1858 que se traslada la capital a Valencia, Caracas va a permanecer hasta nuestros días como capital de la República y asiento de los Poderes Nacionales.

Este carácter de la ciudad de Caracas como capital y sede de los Poderes Nacionales se va a regularizar a partir de 1864, con la erección del Distrito Federal en su territorio. A partir de esa fecha la evolución de Caracas y de su régimen municipal va estar ligada al régimen del Distrito Federal.

En efecto, la Constitución de 22 de abril de 1864 consagró entre las Bases de la Unión de los Estados, el compromiso de éstos de "ceder a la Nación el terreno que necesite para el Distrito Federal" (Art. 41, Ord. 3°) siendo competencia de la Legislatura Nacional "erigir y organizar el Distrito Federal, en un terreno despoblado que no excederá de diez millas cuadradas y en que se edificará la ciudad capital de la Unión" (Art. 43, Ord. 2). Por supuesto, esta disposición en la mente del mismo Constituyente, estaba destinada a no cumplirse al agregar la norma que el "*Distrito* será *provisionalmente* el designado por la Asamblea Constituyente o el que designare la Legislatura Nacional". En efecto, Caracas había sido de hecho y de derecho la capital de la República, y este carácter no podía ni pudo cambiarse por decisión política alguna. De ahí que el Distrito Federal, provisionalmente, se organizó en zona ya poblada: la de Caracas, en el "territorio comprendido dentro de los Departamentos de Caracas, Maiquetía y La Guaira", cuya organización, también provisionalmente, decretó el "Gran Ciudadano Mariscal Presidente de los Estados Unidos de Venezuela", Juan C. Falcón, mediante Decreto de 8 de marzo de 1864 que organizó el Distrito Federal en su Régimen Político y Administrativo[33]. En todo caso, fue en la Constitución de 1901 que desapareció toda idea ilusoria de erigir el Distrito federal en algún lugar despoblado.

En sus inicios, el Distrito tenía tres Poderes Públicos, "Legislativo, Ejecutivo y Judicial", ejerciendo el Poder Legislativo "una Legislatura en las materias de interés general" integrada por diputados "elegidos por votación universal, directa y, secreta" y que tenía competencia para legislar sobre todas las materias que no pertenecieran al Poder Nacional; y el Poder Ejecutivo, por un Gobernador que era "de libre nombramiento y remoción del Poder Ejecutivo General", de quien era asimismo "su inmediato agente"[34].

Posteriormente, el Ejecutivo Nacional, por Decreto de 31 de octubre de 1867, organizó nuevamente al Distrito Federal en su régimen Político y Administrativo[35], conservando la figura del Gobernador, de libre nombramiento del Ejecutivo Nacional, pero eliminando la Legislatura distrital, la cual se sustituyó por tres Consejos Departamentales compuestos por diputados elegidos provisionalmente por el Ministro del Interior. Posteriormente, por Decreto de 17 de junio de 1872, se reorganizó el Distrito Federal, estableciéndose en él un incipiente régimen municipal, al sustituirse los Consejos Departamentales que existían po un Concejo Municipal compuesto por tantos miembros como parroquias tuviera el Distrito, con la particularidad de que era presidido por el Gobernador del Distrito. En 1879 y 1880 se establecieron dos Concejos Municipales, al dividirse en territorio en dos Departamentos, Libertador y Vargas, también presididos por el Gobernador y sus Prefectos[36].

Fue la Constitución de 1893, la que inició el proceso de constitucionalización del Distrito Federal, cuyo régimen hasta ese momento estaba regulado, básicamente en Decretos, abriendo la etapa en la cual se estableció la autonomía municipal del Distrito, al crearse en el Distrito un Municipio autónomo a cargo de un Concejo Municipal compuesto por concejales electos por votación directa y secreta. Esta situación duró hasta el Estatuto Constitucional Provisorio de 1914, con el cual se eliminó del texto constitucional la consagración de la autonomía del Municipio del Distrito Federal, situación que duró hasta 1936 cuando se restableció al indicarse en su artículo 6 que "La Municipalidad del Distrito Federal, como todas las demás de la República, será completamente autónoma e independiente del Poder Federal en lo relativo a su régimen económico y administrativo y podrá establecer libremente su sistema rentístico". Ese fue el régimen que en líneas generales se siguió aplicando en el Distrito Federal hasta que desapareció en la Constitución de 1999, que creó el Distrito Capital que no se llegó a configurar, consagrándose un sistema de gobierno a dos niveles que comenzó a funcionar en 2000.

---

33 Véase en *Leyes y Decretos Reglamentarios de los Estados Unidos de Venezuela*. Tomo VII, Caracas, 1943, p. 60.

34 *Idem.*, p. 62

35 *Ibídem*, p. 52.

36 *Idem*

II. LAS REVOLUCIONES DURANTE EL RÉGIMEN FEDERAL

1. *La Revolución Azul de 1868 y los Monagas*

La Federación, formalmente constituida, provocó la disgregación política del país, en el cual se desarrollaron los caudillos regionales, que no tardaron en entrar rivalidades. Este feudalismo político cobró su primera víctima en el propio general Falcón.

En efecto, desde junio de 1863, se habían multiplicado las rivalidades entre los jefes militares locales y regionales, lo cual se agravó por la ausencia de Falcón de la capital, Caracas, como consecuencia de lo cual, Guzmán Blanco ejerció la Presidencia en dichas ausencias en las oportunidades en las cuales no estaba de misión en Europa.

Por ello, para 1868, el país ya estaba en una virtual guerra civil con jefes políticos y militares en todas las regiones, amenazando el poder central. Esta situación condujo a la firma del Tratado de Antímano, en mayo de 1868, entre el Presidente encargado (Bruzual) y uno de los generales del Centro (Rojas), a quien se nombró Comandante en Jefe de los Ejércitos de Occidente, Centro y Oriente. El viejo caudillo, José Tadeo Monagas, inició en Oriente una revolución, desconociendo el Tratado de Antímano y la autoridad militar atribuida a Rojas, y marchó en mayo de 1868 sobre Caracas. Falcón salió del país y dejó encargado al Designado Bruzual, quien fue depuesto por la llamada Revolución Azul, cuyas tropas, con Monagas al frente, entraron en Caracas en junio de 1868[37].

El 27 de junio de 1868, José Tadeo Monagas, en su carácter de "General en Jefe de los Ejércitos de la Revolución", dictó un Decreto reorganizando la Administración ejecutiva general y disponiendo que el personal de la misma continuaría siendo el mismo establecido en la Constitución, pero presidido por uno de los seis Ministros del Despacho elegido entre ellos. Para dictar este Decreto, el General Monagas se basó en las siguientes consideraciones: "Que la Revolución popular de la que soy primer servidor armado, lejos de atentar contra el espíritu de las instituciones republicanas democráticas bajo la forma federal, aspiran a que ellas sean practicadas lealmente"; "Que esa Revolución ha tenido su origen en la pertinaz conculcación de dichas instituciones, precisamente por los mismos magistrados que fueron encargados de velar por ellas y dirigir su cumplimiento, de manera de hacer necesario e indispensable el apartamiento absoluto de esos magistrados desleales y su reemplazo por ciudadanos dignos de la confianza de la República"; "Que cumplido como lo está ese primer propósito de la Revolución por la espléndida victoria que en las calles de la ciudad acaban de obtener sus armas, han quedado vacantes los destinos de la Administración ejecutiva, en la forma en que se hallaba constitucionalmente organizada"; y "Que es de urgente necesidad llegar esas faltas, ya para establecer el lazo de unión entre los Estados ya para atender a los

37 *Cfr.* Manuel Briceño, *Los Ilustres o la Estafa de los Guzmanes,* Caracas, p. 97; F. González Guinán, *op. cit.*, tomo IX, pp. 9, 37, 123 y ss y 138; L. Level de Goda, *op. cit.*, tomo I, p. XIX. El nombre "azul" de la revolución se deriva de la bandera de guerra.

compromisos de nuestra nacionalidad para el exterior"[38]. En ese mismo Decreto, el General en Jefe de los Ejércitos de la Revolución, nombró a los Ministros, quedando así constituido un "Ejecutivo, provisional de Venezuela" que presidió el Ministro de Relaciones Exteriores, Guillermo Tell Villegas.

Tres días después, el Ejecutivo Provisional de Venezuela dictó el Decreto de 30 de junio de 1868 declarando "vigente la Constitución federal de 1864 y todas las leyes y decretos hasta hoy expedidos, en lo que no se opongan al espíritu de la Revolución"[39].

El Ejecutivo Nacional de los Estados Unidos de Venezuela, por Decreto de 28 de octubre de 1868, convocó a una reunión ordinaria del Congreso Nacional para el 1° de enero de 1869, instando a los Estados que no hubiesen practicado elecciones nacionales, a hacerlo "sin pérdida de tiempo" para que la Legislatura pudiese instalar el día prefijado[40], y así proceder a la elección del Presidente de la República. El 18 de noviembre de 1868, sin embargo, falleció el General José Tadeo Monagas, "Jefe de los Ejércitos de la República"[41], quien era el candidato seguro a ser electo a la Presidencia. El propio Congreso de los Estados Unidos de Venezuela, en Resolución de 12 de febrero de 1869, al declarar a quienes consideraba como miembros legítimos del Congreso y fijar la fecha para el escrutinio de las elecciones del Presidente de la República, se basó entre otros, en el considerando de "Que habiendo desgraciadamente sobrevenido el fallecimiento del ilustre ciudadano General José Tadeo Monagas, antiguo prócer de la Independencia Suramericana y Comandante en Jefe de los Ejércitos de la Revolución, en quien se sabe por notoriedad que había votado para Presidente de la Unión gran parte de los Estados, es de conveniencia pública apresurar el escrutinio de dichas elecciones, zanjando todas las dificultades que a ello se opongan, a fin de que en vista de aquel desgraciado acontecimiento, resuelva el Congreso lo conveniente"[42].

El General José Ruperto Monagas hijo del anciano prócer, como Primer Designado, asumió la Presidencia en marzo de 1869, para cumplir el resto del período constitucional. Los conservadores lograron que se excluyera a los liberales del poder, repitiéndose así el esquema de 1858[43], produciéndose persecuciones y sublevaciones en el país. En agosto de ese mismo año 1869 se verificaron elecciones presidenciales para un nuevo período constitucional, y salió electo de nuevo José Ruperto Monagas, y precisamente en ese mismo mes, Antonio Guzmán Blanco, víctima, junto con su padre Antonio Leocadio Guzmán, de los ataques conservadores, se convierte en el Jefe indiscutible del Partido Liberal, razón por la cual fue expulsado a Curazao.

---

38 Véase en *Leyes y Decretos de Venezuela*, tomo IV, 1861–1870, Biblioteca de la Academia de Ciencias Políticas y Sociales, Caracas, 1982, pp. 874 y 875.

39 *Idem.*, p. 876.

40 *Ibídem.*, p. 883.

41 El Ejecutivo Nacional, con tal motivo, decretó un Duelo Nacional, véase *Leyes y Decretos de Venezuela*, tomo IV, *cit.*, p. 886.

42 *Idem.*, pp. 889 y 890.

43 *Cfr.* L. Level de Goda, *op. cit.*, tomo I, p. XX; Augusto Mijares, *loc. cit.*, p. 125; F. González Guinán, *op. cit.*, tomo IX, pp. 172 y 212.

2. *La Revolución de Abril de 1870 y el inicio del predominio de Guzmán Blanco*

En esta situación conflictiva, los liberales, excluidos del poder, se unieron de nuevo contra el gobierno de J. R. Monagas y se lanzaron a una nueva revolución armada contra el gobierno conservador, la cual triunfó en abril de 1870 teniendo al frente a Antonio Guzmán Blanco[44] (1829–1899). Se inició así, con la Revolución de Abril, el predominio en la vida política venezolana de la segunda mitad del siglo XIX de Antonio Guzmán Blanco, quien va a durar dieciocho años (1870–1888) en el control del poder.[45]

La Constitución de 1864 siguió formalmente vigente, pero con las modificaciones de los gobiernos revolucionarios. Así había ocurrido con la Revolución Azul en 1868, y así ocurrió con la Revolución de Abril de 1870. Guzmán Blanco, "General en Jefe de los Ejércitos de la República", en tal carácter, en su Proclama y Decreto del 27 de abril de 1870, advirtió que "Ni los Pueblos armados en esta santa Revolución, ni los Ejércitos que tan rápida y gloriosamente han formado, ni los ilustres Jefes que los han conducido a la victoria, ni yo mismo, en quien habéis concentrado la autoridad, tenemos la representación legítima de la soberanía nacional, sino de una manera transitoria, bajo el imperio de la necesidad". Por ello, al estimar que era "el pacto fundamental de la República el que demarca el camino de nuestros deberes, mandamiento nacional, consagrado por los Estados autónomos de la Federación, es a esos Estados, y nada más que a ellos, que debemos volver los ojos en este día", razón por la cual decreto una convocatoria a un Congreso de Plenipotenciarios, a celebrarse en la ciudad de Valencia (art. 1), declarando además, que quedaban "desconocidos por la Revolución Federal que presido, todas las elecciones, leyes, contratos, decretos, resoluciones y demás actos expedidos desde el veintiocho de junio de 1868 hasta el día de hoy, que he ocupado esta capital, y todo pacto o capitulación entre Jefes y fuerzas beligerantes, queda sujeto para su validez a mi aprobación[46].

Por supuesto, la amplitud de esta norma de desconocimiento de buena parte del ordenamiento jurídico, llevó a que posteriormente por Resolución del Ministerio del Interior y de Justicia de 3 de noviembre de 1872, fuese aclarada e interpretada, de manera que se excluían de dicho desconocimiento los actos judiciales y en general los contratos, agregándose: "Esta ha sido la mente del legislador (sic) al dictar el decreto mencionado: de otra suerte sobrevendría el trastorno de toda noción de justicia y la magistratura Judicial quedaría despojada de su más precioso ministerio que consiste en imprimir a su actos el sello de la estabilidad"[47].

En la misma Proclama y Decreto del 27 de Abril de 1870, Guzmán Blanco convocó a "todos y cada uno de los gobiernos de los Estados Unidos de Venezuela", para que "elijan un Plenipotenciario que por la vía más corta y segura se dirija a la

---

44 *Cfr.* F. González Guinán, *op. cit.*, tomo IX, pp. 233, 45 y 328 y ss.

45 Véase Germán Carrera Damas, *Formulación definitiva del Proyecto Nacional: 1870–1900*, Cuadernos Lagoven, Caracas 1988.

46 Véase en *Leyes y Decretos de Venezuela*, tomo V, 1870–1873; Biblioteca de la Academia de Ciencias Políticas y Sociales, Caracas, 1982; pp. 1 y 2.

47 Véase en *Leyes y Decretos de Venezuela,* tomo V, *cit.*, p. 2.

ciudad de Valencia", a los efectos de que se instalasen "en el Congreso", cuyo primer acto sería convocar "a los pueblos de Venezuela a elecciones populares, conforme a la Constitución de 1864 y leyes vigentes de la materia". "En el mismo acto –agregaba ese Decreto– el Congreso de Plenipotenciarios elegirá al ciudadano que haya de desempeñar provisionalmente la Presidencia de la República, y al primero y segundo Designados que supla sus faltas" (art. 4°).

El Congreso de Plenipotenciarios, se reunió en Valencia el 12 julio de 1870, y presidido por Antonio Leocadio Guzmán, celebro cinco *Conferencias*, como se denominaron sus sesiones. En ellas, los plenipotenciarios declararon que el Congreso participaba "de las condiciones de una corporación diplomática", y que sus funciones tendían "a reconstituir el Gobierno Federal", a cuyo efecto acordaron designar un gobierno provisional, que luego, al restablecerse la paz, debía proceder a convocar elecciones del Gobierno constitucional, de acuerdo a la Constitución de 1864. En la Conferencia del 13 de julio, el Congreso designó al General Antonio Guzmán Blanco, por unanimidad, Presidente provisional de los Estados Unidos de Venezuela[48], a quien se le confirió un "poder dictatorial" como posteriormente lo indicó el propio Congreso de los Estados Unidos de Venezuela, en el Decreto de 19 de abril de 1873, mediante el cual le confirió el título de "Ilustre Americano Regenerador de Venezuela"[49].

A pesar de que en los años siguientes, el Gobierno provisional tuvo que seguir enfrentando a quienes lo desconocían y seguían en guerra en varias partes del país, Guzmán Blanco, con el respaldo liberal inició la reconstrucción de la Nación, gravemente quebrantada como resultado de las guerras federales, caracterizándose los años de su gobierno por el signo del liberalismo y secularismo. En efecto, a los dos meses de estar en el poder y aún antes de que el Congreso de Plenipotenciarios de Valencia lo nombrara Presidente Provisional, dictó el célebre Decreto sobre Instrucción Pública, gratuita y obligatoria, de 27 de junio de 1870, cumpliendo así la exigencia que la Constitución de 1864, ya contenía[50].

Por otra parte, durante los primeros años de su gobierno se agudizaron los conflictos con la Iglesia Católica, y con el Arzobispo Guevara y Lira, llegando a expulsarlo y a suspender los Seminarios de Caracas, Mérida, Guayana, Maracaibo y Barquisimeto[51], imponiendo el carácter generalmente laicista y positivista de los estudios superiores[52]. En 1873, además, se prohibió la aceptación de "primicias" que desde la suspensión de los diezmos los fieles daban voluntariamente a la Iglesia; y en ese mismo año se promulgó el Decreto sobre Esponsales y Matrimonio, que

---

48 *Ibídem.*, pp. 65 y ss.; pp. 535 y ss., respectivamente. Véanse además, Augusto Mijares, *loc. cit.*, p. 126; F. González Guinán, *op. cit.*, tomo IX, p. 352.

49 Véase en *Leyes y Decretos de Venezuela,* tomo V, *cit.*, p. 821.

50 *Cfr.* R. Díaz Sánchez, *loc. cit.,* pp. 258 y 262. Véase además R. Díaz Sánchez, *Guzmán, Elipse de una ambición de Poder*, Caracas, 1953, p 553. La Constitución de 1864 establecía en su artículo 14,12 como garantía de los venezolanos, "La libertad de la enseñanza que será protegida en toda su extensión. El Poder Público queda obligado a establecer gratuitamente la educación primaria y de artes y oficios". Véase el texto del Decreto en *Leyes Decretos de Venezuela,* tomo V, *cit.,* pp. 58 y ss.

51 *Cfr.* R. A. Rondón Márquez, *op. cit.,* tomo II, pp. 154.

52 *Cfr.* Ramón Díaz Sánchez, *loc. cit.,* pp. 263 y ss.

establecieron el Matrimonio Civil, y el Decreto que organizó el Registro Civil. Ello tuvo gran influencia en la redacción de la legislación civil, ratificada en el Código Civil de 20 de febrero de 1873, que estableció el matrimonio y el Registro Civil en sustitución de las instituciones eclesiásticas.[53]

En 1874, además, se disolvieron todos los conventos, exclaustrando a las monjas, e incautando sus bienes; y en 1875 Guzmán Blanco incluso propuso al Congreso la aprobación de una ley que separase la Iglesia Venezolana de su centro en Roma.

Los conflictos en el país, en guerras diseminadas en todo el territorio contra los caudillos regionales, se extendieron hasta 1872. Por Decreto de 17 de junio de ese año 1872, Guzmán Blanco convocó "a los pueblos de Venezuela al ejercicio de su soberanía" mediante elecciones que se debían hacer conforme lo indicado en la Constitución de 1864[54]; acompañándolo de una alocución en la cual declaró que "La guerra ha terminado quedando vencida la oligarquía en todas partes y de todas maneras, y la anarquía escarmentada tan ruidosa como ejemplarmente", indicando que "Comienza la era de la paz". Sobre las elecciones que convocó, señaló que "La fórmula práctica de la Revolución de 1870, tiene que ser la reivindicación de la soberanía popular. La libertad de estas elecciones que vamos a realizar, establecerá el punto de partida para la estabilidad futura de Venezuela, así como el atentado contra las elecciones de 1846, estableció el punto de partida para un cuarto de siglo de guerra civil, hasta desaparecer el partido que lo consumó"[55].

Una vez realizadas las elecciones, el Congreso se instaló en febrero de 1873. Éste, que estaba presidido por Antonio Leocadio Guzmán, padre del Presidente provisional Antonio Guzmán Blanco, por Resolución del 1° de marzo de ese año, una vez oído el Mensaje que éste le presentó proponiendo, entre otros aspectos, una reforma constitucional[56], aprobó todas las leyes, decretos, resoluciones y demás actos dictados por el General Antonio Guzmán Blanco, en su carácter de Presidente provisional de la República, en uso de las facultades omnímodas que le fueron concedidas por el Congreso de Plenipotenciarios de los Estados.

En abril de 1873 el Congreso eligió Presidente de los Estados Unidos de Venezuela al General Guzmán Blanco, quien gobernó hasta 1877, en un primer período que se ha denominado el *septenio* (1870–1877). El Congreso, por Acuerdo de 17 de mayo de 1873, excitó al Poder Ejecutivo a dirigir un mensaje circular a los Presidentes de Estado, para que plantearan en las Legislaturas respectivas las reformas constitucionales que había propuesto el Presidente provisional al Congreso[57], lo que condujo a la reforma constitucional de 1874. Durante esos años el partido Liberal pasó a ser el Gran partido Liberal Amarillo.

---

53 Previamente al Código Civil, se había dictado una Ley sobre el Matrimonio Civil y un Decreto sobre el Registro Civil. Véase el texto del Decreto en *Leyes y Decretos de Venezuela*. tomo IV, *cit.*, pp. 58 y ss. *Cfr.* Ramón Díaz Sánchez, *loc. cit.*, p. 260; F González Guinán *op. cit.*, tomo X, pp. 126 y ss. R. A. Rondón Márquez, *op. cit.*, tomo II, pp. 153 y ss.

54 Véase el texto en *Leyes y Decreto de Venezuela*, tomo IV, *cit.*, p. 120.

55 *Idem.*, p. 121.

56 *Cfr.* González Guinán, *op. cit.*, tomo X, p. 145.

57 Véase *Leyes y Decretos de Venezuela*, tomo IV, *cit.*, p. 84; 825.

3. *El inicio de la Codificación en Venezuela*

Con la instalación del Congreso a comienzos de 1873, habiendo quedado legitimados los actos de la Revolución de Abril, se dio efectivo inicio al proceso de codificación en Venezuela, al ratificarse la vigencia los Códigos fundamentales que había promulgado Guzmán Blanco el 20 de febrero de 1873: Código Civil, Código de Comercio, Código Penal, Código Militar, Código de Procedimiento Civil y Código de Hacienda.

En efecto, ese proceso de codificación[58], sin duda, se había iniciado tardíamente motivado por las guerras de independencia y las guerras internas que se sucedieron en el país durante toda la primera mitad del siglo XIX. Por ello, a pesar de la declaración de independencia de España a partir de 1811, el ordenamiento jurídico fundamental que rigió en la República hasta 1863, conforme a la Ley de 13 de mayo de 1825 del Congreso de Colombia, estuvo conformado por las leyes dictadas por el gobierno español hasta 1808 y que estaban en observancia en el territorio de Colombia; la Recopilación de las Leyes de los Reynos de Indias, la Nueva Recopilación de Castilla y las Leyes del Código de las Siete Partidas.

En 1863, se dictó el primer Código Civil, que estuvo inspirado fundamentalmente en el Código Civil de Chile de 1855, obra de Andrés Bello, el cual sin embargo, tuvo una corta vigencia por efecto de las guerras federales. En 1867, se sancionó entonces un nuevo Código Civil, esta vez inspirado en el Código Civil español vigente en ese año, el cual rigió hasta 1873. En este año se promulgó un nuevo Código Civil, cuyo modelo fue en esta oportunidad el Código italiano, y que marca un paso singular en la evolución legislativa venezolana, pues conforme al régimen político liberal de la época, se estableció la completa secularización del matrimonio y del Registro Civil y se reguló particularmente, el régimen de las sucesiones.

En 1881 el Código Civil fue reformado, y entre las innovaciones más importantes de la reforma, se destaca el establecimiento de normas peculiares en materia de derecho internacional privado sobre bienes muebles, y de normas sobre el derecho de familia, en particular, sobre el matrimonio. El Código sufrió una serie de reformas en 1880, 1896, 1904, 1916 y 1922, y luego fue sustancialmente reformado en 1942.

En el campo mercantil, el primer Código de Comercio data del 15 de febrero de 1862, el cual fue reemplazado por el del 29 de agosto del mismo año. Posteriormente, el 20 de febrero de 1873 se dictó un nuevo Código de Comercio que tuvo por modelo básicamente al Código francés, aun cuando pueden notarse otras influencias, como las del Código de Comercio español de 1829, del Código italiano de 1865 y de algunas leyes alemanas e inglesas. El Código de 1873 se sustituyó por el dictado el 8 de abril de 1904, el cual también se orientó por distintas fuentes de inspiración: francesas, especialmente en materia de derecho marítimo y de quiebras; alemanas, en lo relativo al derecho de retención; españolas y latinoamericanas,

58 Véase Allan R. Brewer–Carías, "50 años en la evolución institucional de Venezuela 1926–1976", en R. J. Velásquez et al., *Venezuela Moderna, Medio Siglo de Historia 1926–1976*, Fundación Eugenio Mendoza, 2ª. edición, Barcelona 1979, pp. 533–761.

particularmente chilenas, en lo que respecta al transporte, seguros y pagaré. En materia de actos de comercio, sociedades mercantiles, cheque y atraso, ese Código tiene influencia decisiva del Código italiano de 1882. En 1919 se produjo una reforma del Código de 1904 que modificó sustancialmente el derecho cambiario, acogiéndose las propuestas del Proyecto de La Haya de 1912, y que recibe nuevas influencias del Código italiano de 1882. Este fue el Código que, con algunas reformas parciales en 1938, 1942 y 1945, se sustituyó por el de 1953.

El Primer Código Penal también se sancionó en Venezuela en 1863, pero también con efímera vigencia, por haber sido derogado por la triunfante revolución federal. El primer Código con efectiva vigencia fue entonces el Código de 1873 con el cual se inició la autonomía legislativa del derecho penal venezolano. El mismo se lo calificó de original, pues habría sido redactado tomando en cuenta nuestra realidad social, teniendo sin embargo como modelo el Código español de 1850 y tomando disposiciones del Código italiano.

Este Código, después de 24 años de vigencia, fue derogado por el Código de 1897, inspirado completamente en el Código italiano de 1889, importándose instituciones ajenas a nuestra realidad. El Código Penal fue reformado posteriormente en 1904 y 1912, y en estas reformas se volvió al espíritu del Código inicial de 1873. Con la reforma de 1915 se volvió al modelo italiano acogido en el Código Penal de 1897 resultando, a partir de esa fecha y con la última reforma de importancia de 1926, la consagración definitiva de normas ya establecidas, además, desde el Código de 1873. Ese fue el Código Penal que rigió en el país hasta las reformas más sustanciales de finales del Siglo XX y principios del siglo XXI.

4. *La reforma constitucional de 1874, la Revolución Reivindicadora de 1879 y la reforma constitucional de 1881*

Durante el primer período constitucional de Guzmán Blanco, y conforme a sus propias iniciativas, en 1874 se reformó la Constitución de 1864 en sólo algunos artículos, entre cuyas regulaciones deben destacarse el establecimiento del voto "directo, público, escrito y firmado" en las votaciones populares, lo que implicó eliminar el voto secreto, y la reducción del período constitucional de Senadores y Diputados y del Presidente de los Estados Unidos de Venezuela a dos años (Artículos 13, ordinal 23 y 63; y artículos 21 y 69)[59].

En 1877 sucedió a Guzmán Blanco en la Presidencia de la República el general Francisco Linares Alcántara (1825–1878), elegido por el Congreso bajo la influencia del propio Guzmán Blanco[60] para el período 1877–1878, lo cual se hacía evidente por la exigencia que la Constitución dictada en 1874, hizo del voto público[61]. Con esta exigencia del voto público se cambió radicalmente el sentido

59 Véase en general, Antonio J. "Pacheco Amistesarove, "El proceso constituyente de 1874", en Elena Plaza y Ricardo Combellas (Coordinadores), *Procesos Constituyentes y Reformas Constitucionales en la Historia de Venezuela: 1811–1999*, Universidad Central de Venezuela, Caracas 2005, Tomo I, pp. 265–315.

60 *Cfr.* Augusto Mijares, *loc. cit.*, p. 126; F. González Guinán, *op. cit.*, tomo XI, pp. 224 y ss.

61 Como se dijo, el artículo 63 de la Constitución de 1874 estableció que "la elección de Presidente se hará por los ciudadanos de todos los Estados en votación directa y pública, de manera que cada Estado tenga

igualitario que la Constitución Federal de 1864 establecía, y se abrió clara y burdamente la posibilidad de la influencia directa del gobernante en la elección de su sucesor.

Al concluir Guzmán Blanco su período presidencial, se le comenzó a atacar políticamente con diversas acusaciones de corrupción relacionadas con el contrato del ferrocarril de La Guaira a Caracas y con la disposición de los bienes confiscados a la Iglesia. En mayo de 1877 Guzmán optó por ejercer un cargo diplomático que no llegó a desempeñar, por su renuncia, y en ese mismo mes, el Presidente Alcántara permitió el regreso de exiliados políticos, y entre ellos del arzobispo Guevara y Lira. En esta forma, Linares Alcántara, a pesar de haber sido elegido por la presión de Guzmán Blanco, se separó de su tutelaje[62].

El período presidencial había sido reducido en la reforma constitucional de 1874 a dos años, pero antes de concluirlo el Presidente Alcántara falleció, sin haber podido, a su vez lograr una reforma constitucional para ampliarlo a cuatro años[63]. En diciembre de 1878 se reunió el Congreso, donde hubo una clara actitud antiguzmancista, y eligió en sustitución de Alcántara, como primer Designado, al General José Gregorio Valera, hermano de Alcántara, y como segundo Designado, al General José Gregorio Cedeño[64].

Este último no aceptó la designación, y proclamó en cambio la Revolución Reivindicadora a favor de Guzmán, a quien se le reconoció como Jefe. Escasas batallas permitieron a los "reivindicadores" entrar a Caracas, y asumir el poder, proclamándose a Guzmán Blanco, Director Supremo de la Guerra y de la Reivindicación Nacional.

En efecto, Guzmán Blanco entró en Caracas el 26 de febrero de 1879, y ese mismo día, en su carácter de "Ilustre Americano, Pacificador y Regenerador de Venezuela y Supremo Director de la Guerra", dirigió una alocución a los venezolanos, en la cual señaló que frente a "la más traidora usurpación del Poder Público" que había realizado el gobierno de Alcántara a quien calificó de "soldado tan ignorante como violento e inmoral", "todos los Estados de la Unión, con insólita unanimidad popular, habían apelado a las armas para reivindicar los derechos de la Nación, llamándome con el carácter de Supremo Director de la reorganización política y administrativa"[65], concluyendo con esta afirmación de propósitos: "Hoy, después del triunfo nacional, colocado a la cabeza del gobierno político y administrativo, creo interpretar el sentimiento y aspiraciones públicas, consagrándome a reorganizar la Administración Nacional, a equilibrar el presupuesto, a revivir la instrucción popular, a recomenzar las obras públicas, a

---

un voto, que será el de la mayoría relativa de sus electores", correspondiendo al Congreso realizar el escrutinio y declarar la elección (Arts. 64 y 65). Además, en el artículo 13,23 se exigía que en las elecciones populares el sufragio debía ser "directo, público, escrito y firmado por el sufragante... a presencia de la Junta que presida la votación".

62 *Cfr.* Augusto Mijares, *loc. cit.*, p. 127; R J. Velásquez, *op. cit.*, p. 14.

63 *Cfr.* Augusto Mijares *loc. cit.*, p. 127; F. González Guinan, *op. cit.*, tomo XI, p. 426.

64 *Idem.*

65 Véase el texto en la *Recopilación de Leyes y Decretos de Venezuela*, tomo VIII (1878–1880), Caracas, 1884, p. 175.

restablecer la inmigración, a refundar el crédito público interior y exterior, a hacer nuevos tratados públicos que den valores a nuestros productos en los grandes mercados del mundo; y a modificar las instituciones, sustituyendo el derecho público de la Confederación Helvética, al derecho público de los Estados Unidos de la América del Norte, que hasta ahora nos ha servido de norma, sin el buen éxito alcanzado por nuestro modelo". En esta forma anunciaba su intención de modificar la Constitución[66].

Al día siguiente, el 27 de febrero de 1879, Guzmán Blanco "Ilustre Americano, Pacificador y Regenerador de Venezuela y Supremo Director de la Reivindicación", "en uso de las facultades que me han conferido los pueblos para la reorganización política y administrativa de la República", para legitimar el gobierno de hecho, convocó "a un Congreso de Plenipotenciarios compuesto de los Presidente de los Estados, o de los ciudadanos que hagan sus veces, los que podrán nombrar, en caso de no poder concurrir, quien los represente", que debía reunirse el 27 de abril de 1879, y que tenía por misión fijar "las instituciones que provisionalmente deben regir al país, mientras son reformadas conforme a las fórmulas legales" (art. 3°). El Congreso de Plenipotenciarios, además, debía elegir "el ciudadano que haya de desempeñar provisionalmente la Presidencia de la República, hasta que sea sustituido constitucionalmente" (art. 4)[67]. El mismo día 27 de febrero de 1977, Guzmán Blanco creó un Consejo de Administración, compuesto por 12 miembros y presidido por el Ministro de Relaciones Interiores, el cual debía intervenir "con su voto deliberativo en la expedición de los Decretos Ejecutivos"[68].

El 27 de abril se reunió el Congreso de Plenipotenciarios y al día siguiente acordó su misión al precisar que "sus funciones serán, reconstituir el gobierno Federal, fijando las instituciones que provisionalmente deben regir el país y resolviendo las materias que someta a su consideración el supremo Director de la Reivindicación Nacional", estableciendo que su modo de proceder sería por Conferencias[69]. El primer acto que adoptó el Congreso fue declarar "írritos, nulos y destituidos de todo valor y fuerza legal, todos los actos dictados desde el 12 de septiembre de 1878 por el gobierno que rompió en esa fecha los títulos de su autoridad legal convocando una Asamblea con el nombre de Constituyente, para reformar de una manera arbitraria las instituciones nacionales; y nulos también todos los actos de dicha Asamblea revolucionaria reunida en la Capital de la Unión el 11 de diciembre del mismo año para continuar la usurpación"[70].

El 30 de abril de 1879, el Congreso de Plenipotenciarios acordó "reducir a siete grandes Estados los veinte de que se compone la Unión Venezolana, rigiéndose la reducción por la Ley de 28 de abril de 1856". Dichos Estados debían organizarse "indefectiblemente conforme a los principios del gobierno popular, electivo, federal, representativo, alternativo y responsable, facultándolos para proveer a todos los

66 *Idem.*, p. 175; y p. 565, respectivamente.

67 *Ibídem.*, pp. 175 y 176; y p. 567, respectivamente.

68 *ibídem.*, p. 176; y p. 569, respectivamente. .

69 *Ibídem.*, pp. 191 y 192; y p. 573, respectivamente.

70 *Ibídem.*, p. 191 y 192; y pp. 573, respectivamente.

medios de su defensa interior". Se acordó, asimismo, por el Congreso, que las bases de la Unión serían las mismas que establecía la Constitución de 1874, "con sólo la sustitución del voto público con el sufragio secreto que traía la Carta Federal de 1864, la suspensión de lo que se refiere a la elección del Presidente de la Unión, el establecimiento del censo electoral y la declaratoria del sufragio obligatorio". Y, por último, se acordó que las garantías de los venezolanos "son y serán las mismas que están consignadas en el título 3° de la mencionada Constitución de 1874"[71]. En esta forma, el Congreso Plenipotenciario fijó, en actos de indudable carácter constitucional, el régimen político del Estado. A ello se agrega el Acuerdo de 1° de mayo de 1879, estableciendo la organización del Poder Judicial de la Unión, dividido en Alta Corte Federal y Corte de Casación[72]; el Acuerdo de 3 de mayo sobre la Legislatura Nacional, compuesta de dos Cámaras, una de Senadores y otra de Diputados, fijándose la forma de elección de sus miembros[73]; y dos Acuerdos de 5 de mayo del mismo año, uno sobre el Consejo Federal y su composición[74], y otro sobre el nombramiento de Presidente provisional de la República por el propio Congreso, en el cual se estableció un cronograma para la reorganización política del país: convocatoria a elecciones para 1880, instalación del Congreso, elección del Presidente de la República que terminaría su período en 1882 y sanción de la Constitución[75].

Por último, el Congreso de Plenipotenciarios, el 6 de mayo de 1879, declaró "en vigencia la Constitución de 1874 y las leyes que regían el 12 de septiembre de 1878", "en lo que no se oponga a lo acordado en estas *conferencias*, en que el Congreso de Plenipotenciarios, colocándose a la altura de las necesidades de la política de Venezuela, trasmite a los futuros Congresos la voluntad de los Estados de la Unión, al ocuparse de complementar la gran Revolución Reivindicadora"[76] y creyendo haber dado fin a sus trabajos, el día siguiente, el 7 de mayo de 1879, los presentó al General Guzmán Blanco para aprobación[77].

El General Guzmán Blanco, el 9 de mayo de 1879 dirigió un Mensaje al Congreso de Plenipotenciarios, en el cual además de sugerir algunos cambios sobre las normas relativas al régimen constitucional que se había establecido en las *conferencias*, expresó: "Creo haber llevado la misión que me confiaron los pueblos. Está restablecido el orden constitucional y reorganizada en lo principal toda la Administración Pública. Debo pues resignar la Dictadura, y lo hago llamando al Presidente de la Alta Corte Federal, a quien designa la Constitución para suceder al Presidente siempre que ocurra una falta absoluta. Os toca pues elegir al Presidente que debe presenciar las elecciones del período provisional"[78].

---

71 *Ibídem.*, p. 192; y p. 575, respectivamente.

72 *Ibídem.*, p. 193; y p. 577, respectivamente.

73 *Ibídem.*, p. 193 y 579, respectivamente.

74 *Ibídem.*, pp. 193 y 194; y p. 581, respectivamente.

75 *Ibídem.*, p. 194; y p. 583 respectivamente.

76 *Ibídem.*, p. 194 p. 585 respectivamente.

77 *Ibídem.*, p. 197.

78 *Ibídem.*, p. 220.

El Congreso, el mismo día 10 de mayo de 1879, designó por unanimidad a Guzmán Blanco Presidente provisional de la República, el cual aceptó, y en el mismo acto solicitó permiso "para separarse del país con el objeto de trasladar su familia a la Patria". El Congreso, en su sesión del 12 de mayo de 1879 acordó el permiso y autorizó al Presidente para celebrar convenios con gobiernos europeos en relación a la comercialización de los productos naturales del país y a la reducción de la deuda externa[79].

El Congreso de los Estados Unidos de Venezuela se reunió en marzo de 1880, y en ese mismo mes eligió a Guzmán Blanco como Presidente Constitucional de los Estados Unidos de Venezuela. El Congreso, de 1881, modificó la Constitución, a la cual se denominó Constitución Suiza[80], por la creación en ella del Consejo Federal propuesto por Guzmán, integrado por algunos miembros de las Cámaras Legislativas[81], a quien se atribuyó la facultad de nombrar al Presidente de la República[82].

En la Constitución de 1881, además, se redujo el número de los Estados constituyéndose los establecidos en 1864, en "nueve grandes entidades políticas", denominándose "secciones" a los viejos Estados agrupados (art. 1 a 4); y se inició el proceso de centralización formal del federalismo. Por ejemplo, a partir de ese texto constitucional, los Estados cedieron "al Gobierno de la Federación la administración de las minas, terrenos baldíos y salinas, con el fin de que las primeras sean regidas por un sistema de explotación uniforme, y que los segundos se apliquen en beneficio de los pueblos" (art. 13,15), cuando antes los Estados tenían la libre administración de sus productos naturales (art. 13,16, C. 1864); y además, reservaron "al Poder Federal el montante de la tercera parte de la renta de tránsito, productos de las minas, tierras baldías y salinas, para ser invertido en el fomento del país" (art. 12,33), con lo cual se inició el proceso de vaciamiento de competencias tributarias de los Estados, lo cual se acentúa posteriormente hasta materialmente extinguirse[83].

Como se dijo, Guzmán Blanco fue elegido para un segundo período (1881–1884) en la Presidencia, período durante el cual se celebraron los actos con motivo del centenario del natalicio del Libertador, con lo que comenzó en el país el culto bolivariano; y al fin del período, habiendo completado cinco nuevos años en

---

79 *Ibídem.*, pp. 220 y 221.

80 *Cfr.* Augusto Mijares, *loc. cit.*, p. 127; R. J. Velásquez, *op. cit.*, pp. 29 y ss. Véase en general, Elide Rivas, "El proceso constituyente y la Constitución de 1881. Un federalismo a la Suiza", en Elena Plaza y Ricardo Combellas (Coordinadores), *Procesos Constituyentes y Reformas Constitucionales en la Historia de Venezuela: 1811–1999*, Universidad Central de Venezuela, Caracas 2005, Tomo I, pp. 317–339.

81 El Consejo Federal se componía "de un Senador y de un Diputado por cada una de las Entidades políticas, y de un Diputado por el Distrito Federal, que se elegirán por el Congreso cada dos años...", *artículo* 61 de la Constitución de 1881. Debe destacarse, además, que en otra de las innovaciones de la Constitución de 1881, los Estados Federales quedaron reducidos a nueve entidades, entre ellas una con el nombre de Guzmán Blanco (Art. 1°).

82 "El Consejo Federal elige de sus miembros el Presidente de los Estados Unidos de Venezuela..." (Art. 62), quien duraba dos años en sus funciones (Art. 63).

83 Véase lo expuesto en Allan R. Brewer–Carías, *Instituciones Políticas y Constitucionales,* tomo II, Caracas 1996.

ejercicio directo del poder (el quinquenio)[84], hizo elegir al General Joaquín Crespo (1841–1898) como Presidente (1884–1886). Retorna a Francia y al término de la presidencia de Joaquín Crespo, éste prepara de nuevo la Aclamación para Guzmán Blanco, quien reasume la Presidencia en 1886[85] hasta 1888. Al año siguiente regresa a Europa y al final del período, que concluye un Encargado (Hermógenes López), hace elegir al doctor Juan Pablo Rojas Paúl (1826–1905) como Presidente para el período 1888–1890[86], período en el cual de nuevo, se produjo una reacción antiguzmancista. Guzmán murió en Paris en 1899.

Durante todo el período de predominio de Guzmán Blanco, sin embargo, no quedaron eliminadas las insurrecciones caudillistas regionales[87], lo cual confirma la apreciación de que el poder central se ejercía y duraba en virtud del pacto tácito de respeto a las reparticiones feudales que configuraban la República[88].

Por otra parte, y si bien durante esos años la República progresó notablemente en el campo intelectual y de las obras públicas[89], en el campo de la corrupción política alcanzó niveles notables[90]. En el orden económico y social, a pesar de sus orígenes "federales", el gobierno de Guzmán Blanco fue aristocratizante y signado por el liberalismo económico en pleno apogeo en Europa[91], con lo cual, a pesar de la interrupción de las guerras federales, la República siguió básicamente la orientación del segundo tercio del mismo siglo, pero con una diferencia sustancial: el poder económico se había desplazado hacia el latifundio[92].

---

84 Se denominó este segundo período, como el quinquenio. *Cfr.* Augusto Mijares, *loc. cit.*, p. 126; R. Díaz Sánchez, *loc. cit.*, p. 258; F. González Guinán, *op. cit.*, tomo XIII, p. 7.

85 *Cfr.* Augusto Mijares, *loc. cit.*, pp. 127 y 129; R. Díaz Sánchez, *loc. cit.*, p. 258, F. González Guinán, *op. cit.*, tomo XIII, pp. 85 y ss., y pp. 99, 269 y 295.

86 El doctor Rojas Paúl fue el primer civil que ocupó la Presidencia en más de cincuenta años. El anterior había sido el doctor Vargas. *Cfr* Augusto Mijares, *loc. cit.*, p. 127; F. González Guinán, *op. cit.*, tomo XIII, p. 498; tomo XIV, pp. 101, 113 y ss.

87 *Cfr.* por ejemplo, F. González Guinán, *op. cit.*, tomos X y XI; Augusto Mijares.

88 *Cfr.* Ramón J. Velásquez, *op.cit.*, p. VIII. Domingo A. Rangel, en este sentido, señaló que el sistema desde 1860 reposaba "en el equilibrio inestable que proporcionaba un caudillo nacional ... al régimen de los hombres de presa instaurado por la Revolución Federal", *Los Andinos en el Poder*, Caracas, 1964, pp. 71 y ss.

89 *Cfr.* Augusto Mijares, *loc. cit.*, pp. 141 y ss.

90 Guzmán Blanco no sólo se hizo rodear de una orgía de lisonjas a su persona y de aduladores (*Cfr.* Augusto Mijares, *loc. cit.*, p. 133), que dio origen a la célebre denominación de la Adoración Perpetua para ese grupo o corte (*Cfr.*, por ejemplo, Pedro Emilio Coll. "La adoración Perpetua", *en Antología de Costumbristas Venezolanos del Siglo XIX*, Caracas, 1964 Biblioteca Popular Venezolana, Nº 95, pp. 366 y ss.), sino que el enfrentamiento ilícito *se* proclamó y hasta se pretendió defender públicamente. *Cfr.* Augusto Mijares, *loc. cit.*, pp. 134 y ss.; R. A. Rondón Márquez, *op. cit.*, tomo II, pp. 104 y ss.

91 *Cfr.* Díaz Sánchez, *loc. cit.*, p. 256.

92 En este sentido, señala con acierto Domingo A. Rangel, que "la burguesía mercantil fue desplazada del poder en 1864. El triunfo de la Revolución Federal significará la irrupción del latifundio, reencauchado de caudillo sobre el escenario nacional. Los intereses del agro empiezan a predominar sobre los del comercio capitalino. La desintegración del Estado nacional que entroniza la Guerra Federal no es más si la juzgamos en su justa perspectiva, que la hegemonía de la gran propiedad feudal, regionalista y desparramada sobre el orden integrador y centralista del comercio. Cuando Guzmán Blanco amenaza destruir a los conservadores "hasta como núcleo social", evidentemente se dirige a los comerciantes hostiles a su

5. *La ocupación del territorio y el desarrollo de los "territorios federales"*

La Constitución Federal de 1864, dividió el territorio en Estados, incorporando entre las atribuciones de la Legislatura, la de "establecer con la denominación de Territorios el régimen especial con que deben existir temporalmente regiones despobladas o habitadas por indígenas no civilizados", los cuales dependerían inmediatamente del Ejecutivo de la Unión. Esta norma se conservó en la Constitución de 1874 (Art. 43,22) y en ésta se agregó entre las Bases de la Unión como obligación de los Estados, la de "dejar al Gobierno de la Unión la libre administración de los Territorios Amazonas y Goagira, hasta que puedan optar a la categoría de Estados" (Art. 13, Ord. 20).

Ahora bien, fue precisamente con base en la Constitución de 1864 que se organizó el primer Territorio en el país, el Amazonas, el 27 de julio de 1864, cuya Ley de organización se dictó posteriormente, el 21 de octubre de 1873[93], reformada luego, por Decreto de 11 de febrero de 1876[94]. Estos instrumentos se reformaron posteriormente por el Código Orgánico de los Territorios Alto Orinoco y Amazonas de 10 de diciembre de 1880, con motivo de la división del Territorio Amazonas[95].

Bajo la vigencia de la Constitución de 1864, se creó también, en 1871, el Territorio Federal Colón que abarcó las Islas del Mar Caribe[96], luego denominadas Dependencias Federales, y el Territorio Federal Mariño en 1872[97]; bajo la vigencia de la Constitución de 1874 se creó el Territorio Goagira[98], y el Territorio Federal Tucacas[99], y un Territorio Federal en el Departamento Maracay del Estado Guzmán Blanco[100].

En la Constitución de 1881, la división territorial de la República continuó siendo en Estados, terminología adoptada desde 1864, pero sus límites continuaban siendo los de las antiguas Provincias conforme a la Ley de 28 de abril de 1856 (Art. 2°). Sin embargo, en el Título relativo a las Bases de la Unión, al regularse las obligaciones de los Estados de la Federación, se estableció la de dejar al Gobierno de la Federación la administración de los Territorios «Amazonas» y la «Goagira», y la de las Islas que corresponden a la Nación, hasta que sea conveniente elevarlas a otra categoría (Art. 31, Ord. 8°). En esta Constitución de 1881, en todo caso se continuó atribuyendo a la Legislatura Nacional competencia para "establecer, con la denominación de Territorios, el régimen especial con que deben existir regiones

---

gobierno. No puede haberle formulado tal ultimátum histórico a los latifundistas que ya lo eran sus propios conmilitones, los caudillos de Partido Liberal", *op. cit.*, p. 91.

93 *Idem*, pp. 185 y 182

94 *Ibídem;* p. 176.

95 *Ibídem*, pp. 146 y ss.

96 Decreto de 22–8–71, *Ídem*, p. 209.

97 Decreto de 3–9–72, *Ibídem*, p. 327

98 Decreto de 25–8–74, *Ibídem*, p. 305.

99 Decreto de 24–3–79, *Ibídem*, p. 331.

100 Decreto de 12–3–79, *Ibídem*, p. 309.

despobladas de indígenas no reducidos o civilizados. Tales territorios dependerán inmediatamente del Ejecutivo de la Unión" (Art. 43, Ord. 22).

Con base en la Constitución de 1881 se organizó en ese mismo año el Territorio Federal Yuruary que forma hoy parte del Estado Bolívar[101]; se creó el Territorio Federal Caura en 1882, en parte de lo que hoy es el Estado Bolívar[102], y se dictó el Código Orgánico de los Territorios Federales Yuruary, El Caura, La Goagira, Colón, Alto Orinoco y Amazonas de 23–8–1882 que incorporó y reformó los respectivos Decretos anteriores y estableció disposiciones comunes a ellos[103]. Asimismo, bajo la vigencia de la Constitución de 1881 se creó, en 1882, el Territorio Federal Armisticio[104], en parte de lo que hoy es el Estado Táchira; y asimismo, en 1884, se creó el Territorio Federal Delta Amacuro[105].

En la Constitución de 1893 se eliminó la posibilidad de que los Territorios se establecieran por ley, estableciéndose directamente en el texto la existencia de dos Territorios: Colón y Amazonas, tal como ya estaban regulados legislativamente, pues los otros habían sido eliminados. Por ello, en las Bases de la Unión, los Estados se obligaron "a dejar al Gobierno de la Unión la libre administración de los Territorios Colón y Amazonas. Los Territorios Delta y Goagira se reincorporarán a los Estados a que pertenecían antes de ser erigidos en Territorios" (Art. 13, Ord. 8°). Asimismo, entre las atribuciones del Congreso de los Estados Unidos de Venezuela se reguló, sólo, la, de "establecer el régimen especial de administración aplicable a los Territorios Colón y Amazonas" (Art. 44, Ord. 21).

Con posterioridad a la vigencia de la Constitución de 1893 se dictó el Decreto de la Organización del Territorio Federal Amazonas[106] en el cual habían sido, de nuevo, refundidos los Territorios Alto Orinoco y Amazonas[107] y el Decreto de 4 de julio de 1895, sobre organización del Territorio Colón[108].

El Territorio Delta Amacuro, eliminado en 1883, se restableció en 1901[109]; y el Territorio Federal Yuruary, que había sido eliminado en 1891, se restableció en 1900[110], habiéndose dictado su Código Orgánico el 20 de febrero de 1901[111].

Por tanto, para el momento de promulgarse la Constitución de 1901, existían en el país cuatro Territorios Federales: Amazonas, Delta Amacuro, Colón y Yuruary. En 1904 quedaron los dos primeros que sobrevivieron hasta que en 1991 se dictó la Ley especial que da categoría de Estado al Territorio Federal Delta Amacuro, y en

101 Decreto de 3–9–81, *Ibídem*, p. 367

102 Decreto de 9–2–82, *Ibídem*, p. 203

103 *Ibídem*, pp. 97 y ss.

104 *Ibídem*, p. 196.

105 Decreto 27–2–84, *Ibídem*, p. 91

106 Decreto 23–10–93, *Ibídem*, p. 91

107 Decreto 21–10–93, *Ibídem*, p. 236

108 Decreto 4–7–95, *Ibídem*, p. 210

109 Decretos de 21–10–83, y de 26–4–1901, *Ibídem*, pp. 236 y 302

110 Decretos de 31–7–91 y de 15–12–1900 en *Ibídem*, pp. 353 y 352

111 *Ibídem*, p 341

1992 se dictó la Ley especial que eleva a la categoría de Estado al Territorio Federal Amazonas[112].

III. EL PRINCIPIO DEL FIN DEL PERÍODO: LA REFORMA CONSTITUCIONAL DE 1891, LA REVOLUCIÓN LEGALISTA DE 1892 Y LA REFORMA CONSTITUCIONAL DE 1893

En 1890, el Consejo Federal eligió para un nuevo período (1890–1892) al candidato de Rojas Paúl, doctor Raimundo Andueza Palacio (1843–1900), quien a través de la reforma constitucional de 1891, al modificarse las normas relativas a la reforma de la Constitución, pretendió ampliar su período constitucional. En efecto, en el artículo 118 se estableció que la Constitución podía reformarse cuando lo acordaren las dos terceras partes de los miembros de la Legislatura Nacional, sometiéndola posteriormente a la aprobación de la Legislatura de los Estados, con lo que se hizo mucho más flexible la Constitución, al eliminarse la iniciativa exclusiva que tenían las Legislaturas Estatales para las reformas.

La Constitución de 1891 establecía que el período constitucional de dos años comenzaría el 20 de febrero de 1892 (art. 122), lo cual ratificó la Constitución de 1891, al indicar que "el período constitucional seguirá contándose, para los destinos de la Administración General de la República, a partir del 20 de febrero de 1892, fecha en que se puso en práctica la Constitución reformada". Por tanto, el período de duración del mandato del Presidente Andueza Palacios, concluía en 1892, por lo que al pretender reformar la Constitución y ampliar la duración del período presidencial, a cuatro años, ello no se le podía aplicar. Pero otras fueron sus intenciones. En efecto, el Congreso en 1891, luego de la reforma constitucional de ese año, aprobó un nuevo proyecto de reforma para ampliar el período presidencial a cuatro años y satisfacer los deseos continuistas de Andueza, al establecer que el Presidente sería electo por votación popular, directa y secreta y supuestamente debía asumir en 1894[113]. Con ello, el período de Andueza se extendería de 1892 a 1894. Este Proyecto fue sometido a las Legislaturas estadales y aprobado por ellas, y debía sancionarse por el Congreso en 1892.[114] El Congreso, donde tenía mayoría Andueza, no pudo reunirse para sancionar ese Proyecto y para nombrar el Consejo Federal que debía elegir al nuevo Presidente para el período 1892–1894, y de ello se encargaron los propios representantes partidarios de Andueza. En esta forma, a partir del 20 de febrero de 1892, el poder quedó, de hecho, en manos de Andueza, lo que provocó que el General Joaquín Crespo se levantara en armas al frente de la Revolución Legalista, que hizo su entrada a Caracas el 6 de octubre de 1892[115]. Meses antes Andueza había encargado de la Presidencia a Guillermo Tell Villegas, y éste, luego, a su hijo, Guillermo Tell Pulido, miembros del Consejo Federal.

---

112 Véase en *Gaceta Oficial* N° 4.295 Extra de 3–8–91 y N° 35.015 de 29–7–92, respectivamente

113 Véase Ambrosio Perera, *Historia Orgánica de Venezuela* Caracas, 1943, p. 209.

114 Véase en general, Ángel Zerpa Aponte, "Los procesos constituyentes de 1892 y 1893: La constitucionalización de la "caída del liberalismo amarillo"", en Elena Plaza y Ricardo Combellas (Coordinadores), *Procesos Constituyentes y Reformas Constitucionales en la Historia de Venezuela: 1811–1999*, Universidad Central de Venezuela, Caracas 2005, Tomo I, pp. 341–412

115 Véase R. A. Rondón Márquez, *Crespo y la Revolución Legalista*, Caracas, 1973.

El General Joaquín Crespo, como "Jefe de la Revolución y General en Jefe del Ejército Nacional", mediante Decreto de 7 de octubre de 1892 asumió "el Poder Ejecutivo de la República" y nombró a sus Ministros[116], y posteriormente, por Decreto Ejecutivo de 18 de octubre de 1892, como Jefe del Poder Ejecutivo de la República, en uso de las facultades que le había conferido "la Revolución Nacional", procedió "a reorganizar la República", y a fijar el "régimen que debe observarse en el período de reconstitución moral y política en que se halla hoy la Nación", garantizando a los venezolanos los derechos individuales, civiles y políticos "que les han reconocido todas las Constituciones desde 1830" (art. 1), declarando "vigentes todas las leyes y decretos de la República legalmente sancionados en cuanto no se opongan a los principios e intereses de la Revolución Nacional", y a declarar nulos "las leyes, decretos y Resoluciones dictados por los gobiernos de la usurpación, a contar del 14 de marzo de 1892"[117].

Posteriormente, el General Crespo; como Jefe del Ejecutivo Nacional, convocó "a los pueblos a elecciones para una Asamblea Nacional" (art. 1), mediante "voto directo y secreto de los ciudadanos" (art. 2), y que se instalaría el 1° de mayo de 1883. Esa Asamblea, de acuerdo al artículo 7 de dicho Decreto, "dictará, en nombre de la soberanía de la República, la nueva Constitución de los Estados Unidos de Venezuela"[118].

La Asamblea Nacional se instaló el 4 de mayo de 1893, y el 12 de junio de ese año, sancionó la Constitución de 1893. Además, acordó aprobar los actos de gobierno del General Crespo, organizó provisionalmente a la República, y encargó al General Crespo del Gobierno provisional[119].

La Constitución de 1893 modificó de nuevo la división político–territorial de la República, eliminando el nombre de Guzmán Blanco de ella[120], eliminó el Consejo Federal que se había establecido en la Constitución de 1881[121]; y elevó el período constitucional del Presidente a cuatro años (art. 71). Además, este texto de 1893, a pesar de que siguió la orientación de los precedentes en el proceso de reducción del federalismo, estableció por primera vez a nivel constitucional "la autonomía del Municipio y su independencia del poder político del estado en todo lo concerniente a su régimen económico y administrativo" (art. 13, ord. 2), con lo cual se estableció el principio de la división del Poder Público, no sólo hacia los Estados de la Federación, sino hacia el Municipio, que luego formulará expresamente la Constitución de 1925 (art. 51). Debe mencionarse, además, entre las reformas de la Constitución de 1893, la eliminación del voto público en las elecciones populares y su sustitución por el voto secreto (art. 13, ord. 24); y la elevación del derecho al

---

116 Véase el Texto en *Recopilación de Leyes y Decretos de Venezuela*, tomo XVI, Caracas, 1896, pp. 190 y 191

117 *Idem.*, p. 191; y pp. 625 respectivamente.

118 *Ibídem.*, p. 267; y pp. 627 respectivamente.

119 *Cfr.* Augusto Mijares, *loc. cit.*, p. 145; R. A. Rondón Márquez, *op. cit.*, tomo II, pp. 316 y 320 ss. Véase, además, R.A. Rondón Márquez, *Crespo y la Revolución Legalista*, Caracas, 1973.

120 Artículo 1° de la *Constitución* de 1893. *Cfr.* Ramón J. Velásquez, *op. cit.*, p. 88.

121 Los artículos 79 y siguientes de la Constitución de 1893, sin embargo, establecieron un Consejo de Gobierno con facultades y composición distintas.

sufragio a los mayores de 21 años que desde 1864 había sido fijado a los de 18 años (art. 14, ord. 11).

Otra reforma de importancia en relación con los contratos del Estado (de interés nacional), fue la incorporación en la Constitución de la cláusula de inmunidad absoluta de jurisdicción[122], al disponerse en el artículo 149 que "En todo contrato de interés público, se establecerá la cláusula, de que «las dudas y controversias que puedan suscitarse sobre su inteligencia y ejecución, serán decididas por los tribunales venezolanos y conforme a las leyes de la República.»".

En esta forma, se previó la inmunidad absoluta, y además, se prescribió la obligación de que en todo contrato se estableciera la cláusula, lo que difiere del sistema constitucional de 1999 conforme al cual en virtud de la Constitución, se entiende incorporada la cláusula a los contratos, pero previendo la inmunidad relativa. Fue en efecto, en la Constitución de 1947 cuando se cambiaron los dos elementos que se establecieron en 1883: se abandonó el sistema de inmunidad absoluta, sustituyéndose por uno de inmunidad relativa, porque la cláusula se consideraba incorporada en los contratos "si fuera procedente de acuerdo a la naturaleza de los mismos"; y, además, se adoptó el esquema actual de considerar incorporada la cláusula aun cuando no estuviera expresa, con lo cual no es necesario que se indique en el texto del contrato que esa cláusula forma parte del mismo, sino que en virtud de la Constitución ella está incorporada (art. 151).

Luego de reformada la Constitución, el General Crespo fue electo Presidente para el período 1894–1898, y al final de su período murió en combate frente a una rebelión del General José Manuel Hernández[123]. Su sucesor, elegido por su influencia, General Ignacio Andrade (1836–1925), sólo gobernó pocos meses de su período (1898–1902), pues al ejercer la atribución de designar Presidente provisionales de las Secciones aún no organizadas como Estados de la Federación[124], provocó el "levantamiento en armas del General Cipriano Castro en el Táchira, quien a la cabeza de la Revolución denominada Liberal Restauradora, tomó a Caracas en 1899[125]. Una vez más, la acción del poder central contra su soporte caudillista regional, iba a provocar la caída del gobierno.

---

122 Véase en general, *Jan Sinclair, The Law of Sovereign Immunity. Recent Development,* Académie International de Droit Comparé, Recueil des Cours, 1980, Vol. II, La Haya, 1981, pp. 201 y ss.

123 Véase los comentarios sobre el "Mocho" Hernández y la muerte de Crespo, en Ramón J. Velásquez, *op. cit.,* p. 179; R. A. Rondón Márquez, *Guzmán Blanco..., cit.,* tomo II, pp. 323 y ss. Asimismo, R. A. Rondón Márquez, *Crespo..., cit.,* pp. 183 y ss.

124 La Constitución de 1893, en cierta forma, regresa a la conformación federal de la República prevista en la Constitución de 1881 que había creado nueve grandes Estados de los veinte anteriores, pasando muchos de éstos a formar secciones de ellos; la Constitución de 1893 había previsto la construcción de dichas secciones en Estados (Art. 4º). El Congreso, por acuerdo del 22 de abril de 1899, autorizó al Presidente Andrade para nombrar los Presidentes provisionales de las secciones. *Cfr.* Ramón J. Velásquez, *op. cit.,* pp. 184 y ss.; R. A. Rondón Márquez, *Guzmán Blanco..., cit.,* tomo II, p. 328.

125 *Cfr.* Ramón Velásquez, *op. cit.,* pp. 206 y ss., y 242 y ss.; Domingo A. Rangel, *op. cit.,* pp. 69 y ss.; Augusto Mijares, *loc. cit.,* p. 114; R. A. Rondón Márquez, Guzmán Blanco..., *cit.,* tomo II, pp. 328 y ss.; José Ramón Pocaterra, *Memorias de un Venezolano de la Decadencia,* Caracas, 1937, tomo I, pp. 19 y ss.

En efecto la Constitución de 1893 se había conformado por la Unión de los nueve grandes Estados existentes (art. 1°). Su artículo 4°, sin embargo establecía que las Secciones de dichos Estados (equivalentes a los Estados de 1864) podrían recuperar su categoría de Estados, "siempre que así lo pidan las dos terceras partes de sus Distritos, por el órgano de quienes los representen en el seno de la Asamblea Legislativa", previéndose que una Ley reglamentaria el procedimiento.

El Congreso Nacional, sin embargo, el 27 de abril de 1899, considerando que "las secciones de los actuales Estados de la República reclaman del Congreso una Ley que los autorice para constituirse en Entidades autónomas" lo cual reclamaba la intervención del Congreso "en asunto de excepcional gravedad para la República"; y considerando "que no determinando la Constitución de 1881 ni la de 1893 las reglas transitorias a que deben someterse los Estados en el instante en que recuperen su soberanía, toca hacerlo al Congreso Nacional, desde luego que ellas van a regir sobre toda la Nación", acordó, en primer lugar, que debía procederse "a practicar por los medios legales las enmiendas de los artículos 1, 2 y 4 (de la Constitución) con el fin de que puedan reconstituirse los veinte Estados de la Federación a que se refiere la Constitución de 20 de marzo de 1864" (art. 9°); en segundo lugar, que "entre tanto se lleva a término la enmienda constitucional, serán organizados provisionalmente de manera autonómica las Secciones que no hayan recuperado todavía su categoría de Estados Federales" (art. 2); en tercer lugar, autorizar "al Presidente de la República para designar Presidentes provisionales de las Secciones que se organicen conforme a lo preceptuado en este Acuerdo" (art. 5); y en cuarto lugar, que hechas las enmiendas de la Constitución, las elecciones de 1901 se practicarán en toda la República, conforme a la reorganización constitucional que se repara por medio de este Acuerdo, en el cual se reconoce el derecho de las secciones y se les devuelve su categoría de Entidades autonómicas" (art. 9)[126].

Sin duda, este Acuerdo vulneraba la Constitución de 1893 y a pesar de pretender acentuar la autonomía de los Estados, al atribuir la designación de los Presidentes de éstos al Poder Central provocó la reacción de los caudillos regionales[127], y con ello, la llegada de los andinos al Poder y el fin del ciclo histórico político que se inició después de las guerras federales.

IV. LAS SOLUCIONES A LAS DISPUTAS TERRITORIALES DE FINES DEL SIGLO XIX

Durante finales del Siglo XIX se concluyeron diversos tratados que concluyeron en arreglos territoriales respecto de las fronteras del país, las cuales no habían sido delimitadas, particularmente en relación con Colombia, Guayana Británica y Brasil.

En esta forma, respecto de la frontera con Colombia, mediante el Tratado de Arbitramiento sobre límites firmado en Caracas el 14 de septiembre de 1881, ambos países "deseando poner término a la cuestión de límites territoriales", "con el objeto

---

126 Véase el texto en *Recopilación de Leyes y Decretos de Venezuela*, tomo XXII, 1899, Caracas, 1903, pp. 466 a 48.

127 Véase la proclama del General Cipriano Castro al iniciar la Revolución Liberal Restauradora el 24 de mayo de 1899, en *Programas Políticos Venezolanos de la Primera Mitad del siglo XX* (ed. Naudy Suárez Figueroa), Caracas, 1977, tomo I, p. 31.

de alcanzar la verdadera delimitación territorial de derecho" y en vista de que no habían podido "ponerse de acuerdo en cuanto a los respectivos derechos o *uti possidetis juris,* de 1810", convinieron en "someterlo al juicio y sentencia del gobierno de su Majestad el Rey de España, en calidad de árbitro, Juez de derecho, los puntos de diferencia en la expresada cuestión de límites, a fin de obtener un fallo definitivo e inapelable, según el cual todo el territorio que pertenecía a la jurisdicción de la antigua Capitanía General de Caracas por actos regios del antiguo Soberano hasta 1810, quede siendo territorio jurisdiccional de la República de Venezuela, y todo lo que por actos semejantes y en esa fecha perteneció a la jurisdicción del Virreinato de Santa Fe, quede siendo territorio de la actual República llamada Estados Unidos de Colombia" (Art. 1)[128].

El 16 de marzo de 1891 fue firmado en Madrid el Laudo Arbitral sobre cuestión de límites (Laudo Español), en el cual se determinó "la línea de frontera en litigio entre la República de Colombia y los Estados Unidos de Venezuela", a cuyo efecto se dividió la demarcación en seis secciones: "1° La Goagira; 2° Línea de las Sierras de Perijá y de Motilones; 3° San Faustino; 4° Línea de la Serranía de Tamá; 5° Línea del Sarare, Arauca y Meta; 6° Línea del Orinoco y Río Negro"[129].

Con fecha 30 de diciembre de 1898, se suscribió el Pacto que reglamenta la ejecución del Laudo relativo al asunto de límites[130], y las partes resolvieron ejecutar dicha sentencia arbitral y proceder "a la demarcación y al amojonamiento de los límites que traza aquella sentencia, en la extensión en que no los constituyan ríos, las cumbres de una sierra o una serranía" (Art. 1). A tal efecto, las partes acordaron nombrar una Comisión Mixta, la cual por razones de guerra interior en los dos países, sólo pudo instalarse a comienzos de 1900, habiéndose suspendido sus trabajos al año siguiente[131].

En cuanto a la frontera con el Reino Unido, el 2 de febrero de 1897 se celebró un Tratado de Arbitraje entre los Estados Unidos de Venezuela y su Majestad la Reina del Reino Unido de la Gran Bretaña[132], mediante el cual "deseando estipular el arreglo amistoso de la cuestión que se ha suscitado entre sus respectivos gobiernos acerca de límites de los Estados Unidos de Venezuela y la Colonia de la Guayana Británica", resolvieron someter dicha cuestión a arbitramiento, designando al efecto un Tribunal Arbitral "para determinar la línea divisoria entre los Estados Unidos de Venezuela y la Colonia de Guayana Británica" (Art. 1). Debe destacarse que en la primera de las Reglas destinadas a los árbitros, se estableció la siguiente "Una

---

128 Véase el texto en *Tratados Públicos, Acuerdos Internacionales de Venezuela,* Vol. I. 1820–1900, Caracas, 1924, pp. 360 y 361. El texto de dicho Tratado fue aclarado después de la muerte de Alfonso XII, mediante Tratado de 15 de febrero de 1886. Véase en *Tratados Públicos...,* Vol. I, *cit.,* pp. 443 a 446.

129 Publicado en la *Gaceta de Madrid* de 17–3–1891, Véase en *Tratados Públicos...* Vol. I, *cit.,* pp. 456 a 462

130 Véase el texto en *Tratados Públicos...* Vol. I, *cit.,* pp. 478 a 481.

131 Véase *Tratados Públicos...*Vol. *I, cit,* pp. 481 y Vol. II (1900–1920), p. 600. Véase las actas de Caicara, de Castilletes, de Caño de Majayure, de Guerrero, de Guarero, de Caracas, de Pamplona de Tamá, de las fuentes del Río Táchira, de la ribera del Río Arauca, de El Paso del Viento y de Puerto España entre 1900 y 1901 en *Tratados Públicos..., cit.,* Vol. III, pp. 390 a 409.

132 Véase el texto en *Tratados Públicos...,* Vol. I, *cit.,* pp. 491 a 496.

posesión adversa o prescripción por el término de 50 años constituirá un buen título. Los árbitros podrán estimar que la dominación política exclusiva de un Distrito, así como la efectiva colonización de él, son suficientes para constituir una posesión adversa o crear título de prescripción".

Con esta regla, sin duda, Venezuela abandonaba el principio del *uti possidetis* que el Reino Unido nunca aceptó. Los árbitros rindieron su decisión el 3 de octubre de 1899 (Laudo de París) determinando "la línea de demarcación entre los Estados Unidos de Venezuela y la Guayana Británica"[133]. Los gobiernos de Venezuela y de la Gran Bretaña nombraron sendas Comisiones para delinear técnicamente la línea divisoria, establecida en el Laudo de París de 1899, las cuales realizaron sus trabajos entre 1900 y 1905. En todo caso, antes de promulgarse la Constitución de 1901 ya se habían levantado las Actas de Morajuana, Mururuna, Haiowa y Salto de San Víctor[134].

Por otra parte, en relación con el Brasil, la República de Venezuela y su Majestad el Emperador del Brasil "reconociendo la necesidad de ajustar un convenio definitivo sobre los límites entre sus respectivos términos" suscribieron el 5 de mayo de 1859 un Tratado de Límites y Navegación Fluvial[135], en el cual se declaró y definió la línea divisoria fronteriza entre los dos países. Las partes, además, acordaron designar una comisión mixta para la demarcación de la línea en los puntos en que fuese necesario (Art. 3), la cual realizó labores en 1879, 1880 y 1882 a 1884 aprobadas por Protocolos de límites suscritos en 1905[136].

Por último debe mencionarse que en 1857 se celebró con Holanda la Convención de arbitramiento relativa a la soberanía de la Isla de Aves, firmada en Caracas el 5 de agosto de 1857[137], en la cual se convino en que "la cuestión del derecho de dominio y soberanía en la isla de aves" sería sometida a arbitramento de una potencia amiga, previamente escogida de común acuerdo (Art. 1). La Reina Isabel II de España, con fecha 30 de junio de 1865 dictó el correspondiente Laudo en la cuestión relativa al dominio y soberanía de la Isla de Aves[138], declarando que la isla correspondía a Venezuela.

---

133 Véase el texto en *Tratados Públicos* ..., Vol. I, *cit.*, pp. 496 a 498.

134 Véase los textos en *Tratados Públicos* L, Vol. III, *cit.*, 1920–1925, Caracas, 1950, pp. 382 a 390.

135 Véase el texto en *Tratados Públicos*... Vol. I, *cit.*, pp. 224 a 230

136 Véase las referencias en *Tratados Públicos*..., Vol. II, *cit.*, pp. 54, 55 y 508; y el texto de las actas en Vol. VIII (1920–1925), Caracas, 1950, pp. 366 a 382.

137 Véase en *Tratados Públicos*..., Vol. I, *cit.*, pp. 207 a 209.

138 Véase en *Tratados Públicos*..., Vol. III, *cit.*, pp. 100 a 105.

QUINTA PARTE

EL PERÍODO DEL ESTADO NACIONAL CENTRALIZADO Y AUTOCRÁTICO (1901–1935) Y SU LIBERALIZACIÓN (1936–1945)

El tercer gran ciclo histórico de la evolución político–constitucional del país se inició en 1899 con la llegada de los andinos al poder luego del deterioro total del poder central, y tuvo una duración de 46 años hasta que la Revolución de Octubre de 1945 provocó el tercer gran cambio político del Estado. El Proyecto Político que se desarrolló durante esa primera mitad del siglo XX fue el de la consolidación del Estado Nacional y la centralización del poder, como reacción a la disgregación federal liberal que había resultado del período anterior.

En efecto, con la entrada del General Cipriano Castro en Caracas, al frente de la Revolución Liberal Restauradora[1], se va a iniciar un giro completo en el panorama institucional y político del país, que conducirá a la conclusión del predominio nacional de los caudillos regionales del Centro; a la eliminación del propio caudillismo regional y, con él, de los partidos políticos tradicionales (Liberal y Conservador) y de la forma federal del Estado[2]; a la extinción de las guerras civiles que sólo el caudillismo regional podía provocar[3], y a la integración política nacional

1 Véase, en general, *El Pensamiento Político de la Restauración Liberal,* en la colección *El Pensamiento Político Venezolano en el Siglo XX* (Colección dirigida por Ramón J. Velásquez), tomo I, 2 vols., Caracas 1983 (Prólogo sobre la "Ideología Política de Cipriano Castro y el problema del poder", de Eleonora Gabaldón y Judith Gamus de Wiessel).

2 Hasta entonces los caudillos regionales del centro habían sido eje del Gobierno central: Bolívar, Páez, Monagas, Castro, Guzmán Blanco, Crespo. A partir de 1899 el predominio en el poder central se desplazará hacia los caudillos andinos, *Cfr.* R. Díaz Sánchez, "Evolución Social de Venezuela (hasta 1960)", en M. Picón Salas y otros, *Venezuela Independiente, 1810–1960*, Caracas, 1962, p. 279. Por otra parte, la eliminación de los últimos vestigios de la federación se consuma constitucionalmente a partir de la Constitución de 1925. *Cfr.* sobre la extinción del federalismo caudillista a comienzos de este siglo: D. A. Rangel, *Los Andinos en el Poder*, Caracas, 1964, p. 74; R. Díaz Sánchez, *loc. cit.*, p. 288. Sin embargo, el inicio del fin de los caudillos regionales se produce con el triunfo de Castro y Gómez en las guerras civiles de 1901 a 1903. *Cfr.* R. J. Velásquez, *La caída del Liberalismo Amarillo. Tiempo y Drama* de Antonio Paredes, Caracas, 1973, pp. 265 y ss.

3 La guerra de la Revolución Libertadora en 1901 será la última de las guerras civiles venezolanas. *Cfr.* R. A. Rondón Márquez, *Guzmán Blanco. El Autócrata Civilizador o Parábola de los Partidos Políticos*

mediante el establecimiento de un Ejército Nacional como soporte del poder central[4]. En esta tarea, la dictadura de Juan Vicente Gómez desde 1908 a 1935, sin duda, fue decisiva.

En cuanto al Estado venezolano, en todo caso, el período que se inicia en 1901, y que culmina con la muerte de Juan Vicente Gómez, tiene la especial significación de haber consolidado al Estado nacional centralizado mediante un proceso de centralización política militar, de los ingresos públicos, fiscal, administrativa y legislativa. El centralismo del Estado, sin duda bajo la inspiración de la idea autoritaria del "gendarme necesario", fue el proyecto político que las generaciones de comienzos del siglo pasado realizaron, y cuyo legado nos dejaron.

Nuestro Estado centralizado contemporáneo sin duda es tributario directo de aquel sistema, a pesar de la sustitución de la autocracia por la democracia. Por ello es quizá esta mala convivencia actual entre centralismo y democracia la que ha resquebrajado la fe de muchos en la misma, y ha contribuido a que los aíres autoritarios hayan vuelto a soplar en el país. El reto fundamental de la reforma del Estado, sin embargo, desde el punto de vista democrático, sigue siendo la distribución del poder y la sustitución del Estado centralizado por uno descentralizado precisamente para perfeccionar la democracia. De ahí la importancia que tiene para comprender el Estado contemporáneo analizar este proceso de centralización del primer tercio de este siglo en sus diversos ángulos: político, militar, tributario, fiscal, administrativo y legislativo[5].

I. LA CENTRALIZACIÓN POLÍTICA: EL FIN DEL FEDERALISMO

1. *Cipriano Castro, la Revolución Liberal Restauradora de 1899 y las Constituciones de 1901 y 1904*

Frente a un Estado federal, que durante el siglo pasado tuvo una vigencia incuestionable desde el punto de vista político, el proceso de centralización política del Estado se realiza a través de sucesivas reformas constitucionales, en las cuales se

---

Tradicionales en la Historia de Venezuela, Caracas, 1944, tomo II, pp. 361 y ss. Véase Mariano Picón Salas, *Los días de Cipriano Castro*, Barquisimeto, 1955.

4 En este sentido, R. J. Velásquez señala que la base de sustentación del régimen liberal desde 1870 lo constituyó el binomio Partido–Ejército que desapareció a partir de 1903. "Hasta los días del Gobierno del General Ignacio Andrade (1898), el llamado ejército nacional que se aloja en los cuarteles, mal atendido y peor dotado no tuvo ninguna significación como factor de poder nacional. La verdadera fuerza para la defensa del gobierno estaba constituida por los ejércitos particulares que los jefes locales reclutaban en los momentos de peligro...". A partir de Castro, y la organización de un Ejército Nacional, se reemplazará "el binomio Partido–Ejército de los liberales amarillos, por un trípode, Jefe–Ejército–Administración, que perdurará como forma de organización del poder hasta octubre de 1945", *op. cit.*, pp. XI y XII. *Cfr.* D. H. Levine, *Conflict and Political Change in Venezuela,* Princenton, 1973, p. 22. Véase, además, Ángel Ziemn, *El Gomecismo y la formación del Ejército Militar*, Caracas, 1979. En realidad el trípode Jefe–Ejército–Administración, salvo el interregno democrático de partido dominante 1945–1948, duró hasta 1958.

5 Véase Allan R. Brewer–Carías, "El desarrollo institucional del Estado Centralizado en Venezuela (1899–1935) y sus proyecciones contemporáneas" en *Revista de Estudio de Administración Local Autonómica*, N° 227, Madrid, 1985, pp. 487 a 514 y N° 228, Madrid, 1985, pp. 695 a 726.

va progresivamente desmontando el federalismo, lo cual se inicia al llegar Castro al poder.

El General Cipriano Castro, en efecto, entró en Caracas el 22 de octubre de 1899, lo cual fue anunciado por el Ejecutivo Nacional, en alocución dirigida a los habitantes de Caracas ese mismo día, en la cual indicó que pondría en sus manos "el gobierno de la República"[6].

En tal virtud, por Decreto de 23 de octubre de 1899, el General Cipriano Castro (1858–1924), como "Jefe Supremo de la Revolución Liberal Restauradora", simplemente dispuso: "Artículo 1°; Asumo desde hoy el Poder Ejecutivo de la República, mientras ésta se reconstituye bajo la forma estrictamente constitucional; Artículo 2°; Por Decretos separados se dispondrá lo conveniente para llegar a la reorganización definitiva de la República en las diversas ramas de la Administración"[7].

Posteriormente, por Decreto de 27 de octubre del mismo año 1899, como "General en Jefe de los Ejércitos de la República, Jefe Supremo de la Revolución Liberal Restauradora y en ejercicio del Poder Ejecutivo Nacional", considerando "que por virtud de los acontecimientos que han determinado el triunfo de la Revolución Liberal Restauradora, la situación política que ha surgido en la República es extraordinaria y de un carácter provisional", y "que mientras se llega a la reconstitución normal del país es indispensable establecer un régimen que, aunque transitorio, asegure y proteja los derechos e intereses políticos y sociales de la ciudadanía"; decretó, en primer lugar, la "vigencia en todo el territorio de la República de todos lo derechos, garantías y prerrogativas que la Constitución Nacional de 1893 reconoce y otorga a los venezolanos"; y en segundo lugar, que igualmente estarían "en vigencia las demás disposiciones de la expresada Constitución, en cuanto no se opongan a los fines de la Revolución Liberal Restauradora y sean compatibles con la naturaleza del gobierno que de ella ha surgido"[8].

A los seis días de haber entrado en Caracas, el 28 de octubre de 1899, el General Castro, considerando que una de las legítimas aspiraciones de la voluntad popular, cuya "expresión soberana" era la Revolución Liberal Restauradora, era "devolver a todos los Estados que se unieron después de la Gran Campaña Federal para constituir los Estados Unidos de Venezuela, la plenitud de su soberanía", mediante un Decreto Ejecutivo declaró como "Entidades autonómicas" que constituyeron los Estados Unidos de Venezuela, los mismos veinte Estados que reconoció la Constitución federal de 1864, con los mismos límites de las Secciones que constituían los grandes Estados que creó la Constitución de 1881[9]; lo cual se

---

6 Véase el texto en *Recopilación de Leyes y Decretos de Venezuela,* tomo XXII, 1899, Caracas, 1903, p. 622

7 *Idem,* p. 622.

8 *Ibídem,* p. 624.

9 *Ibídem,* p. 625

modificó por Decreto de 15 de marzo de 1900, al establecerse que los límites serían los fijados por la Constitución de 1864[10].

Castro se había alzado en armas contra el Gobierno porque el Congreso había atentado contra el federalismo y la autonomía estadal al haber atribuido al Presidente el nombramiento de los Gobernadores. Su Revolución Liberal Restauradora, por tanto, también se había hecho en nombre del sistema federal. De allí esta primera medida autonomista, la cual, ciertamente, será la última, pues en lo sucesivo todas las decisiones públicas conspirarán contra el federalismo.

Por Decreto de 3 de octubre de 1900, el General Castro convocó una Asamblea Nacional Constituyente para instalarse el 20 de febrero de 1901, a cuyo efecto estableció las normas para las elecciones y los requisitos para ser electo Diputado. Esa Asamblea Nacional Constituyente debía tener entre sus atribuciones: Dictar la nueva Constitución; conocer de los Actos del Gobierno surgido de la Revolución Liberal Restauradora; dictar la Ley de elecciones populares para la organización del Gobierno Constitucional; nombrar al ciudadano que debía desempeñar provisionalmente la Presidencia de la República de Venezuela hasta la inauguración del período constitucional, y dictar las leyes y demás medidas que juzgase necesarias para la organización del Gobierno provisional (art. 6º)[11].

La Asamblea Nacional Constituyente nombró a Cipriano Castro Presidente interino hasta 1902, y sancionó una nueva Constitución, la de 1901, elevando a seis años el período constitucional (art. 73) eliminando el sufragio universal, al colocar en manos de los Concejos Municipales la elección del Presidente de la República (art. 82). Así, los Concejos eligieron a Castro para el período 1902–1908.

La reforma constitucional de 1901, además aumentó los poderes del Presidente de la República (art. 89), eliminando el Consejo de Gobierno que el texto anterior (1893) estableció (art. 79), y formalmente dispuso, por primera vez desde la Constitución de 1858, la división del Poder Público, esta vez en "el Poder Federal y el Poder de los Estados" (art. 29), acrecentando las facultades de los órganos del Poder Federal. En efecto, en cuanto al Congreso de los Estados Unidos de Venezuela, compuesto de acuerdo a la tradición invariable, por la Cámara de Senadores y la de Diputados (art. 31), el artículo 54 amplió considerablemente, a través de una enumeración detallada, las materias sobre las cuales debía legislar el Poder Federal; y en cuanto al Presidente de la Unión, quien ejercía el Ejecutivo Federal, se le ampliaron considerablemente sus poderes (art. 89), con lo cual se sentaron las bases del centralismo presidencial que se desarrolló a lo largo de este siglo, reestableciéndose además la figura de los Vice–Presidentes (art. 75).

Durante el gobierno de Castro, algunos hechos de gran importancia se van a producir. En primer lugar, en los primeros años de este siglo y del gobierno de Castro, los resultados de una política de empréstito desarrollada a todo lo largo del

10 Véase el texto en *Recopilación de Leyes y Decretos de Venezuela*, tomo XXIII, 1900, Caracas, 1907, p. 36.

11 *Idem.*, pp. 222 y 223. Véase en general, Ángel Zerpa Aponte, "El primer proceso constituyente del Siglo XX: La Constituyente de 1901", en Elena Plaza y Ricardo Combellas (Coordinadores), *Procesos Constituyentes y Reformas Constitucionales en la Historia de Venezuela: 1811–1999*, Universidad Central de Venezuela, Caracas 2005, Tomo II, pp. 419–449.

siglo XIX, van a evidenciarse: el país había sido progresivamente hipotecado y los prestamistas lo reclamaban[12]. La reacción de éstos se concretizó a escala internacional con la reclamación armada de las deudas y el bloqueo de los puertos venezolanos por Inglaterra, Alemania e Italia, táctica normal de las manifestaciones imperialistas de esa época. Castro no sucumbió ante las amenazas y apeló a la fuerza interna y a la "represión contra lo extranjeros"[13] como forma de contrarrestar las acciones de la "planta insolente del extranjero"[14]. De estos hechos se formuló en 1902 la llamada "Doctrina Drago", por el Ministro de Relaciones Exteriores de Argentina, Luis María Drago, quien ante las medidas de fuerza adoptadas por Alemania, Gran Bretaña e Italia contra Venezuela, formuló su tesis denegatoria del cobro compulsivo de las deudas públicas por los Estados[15].

Por otra parte, otra fuerza imperialista que reclamaba exclusividad en relación a la intervención en América Latina, los Estados Unidos, invocarían de nuevo la Doctrina Monroe ("América para los americanos") y reaccionarían contra las pretensiones europeas, con lo cual el conflicto entró en la etapa de negociaciones[16]. Con la intervención de los Estados Unidos se firmó el protocolo de Washington el 13 de febrero de 1903, mediante el cual Venezuela se comprometió a ceder al gobierno Británico el 30% del producto de los ingresos aduaneros de los puertos de La Guaira y Puerto Cabello. Como resultado de esta situación y las pretensiones de Estados Unidos quedaron claras y reconocidas en relación a América Latina; y respecto de Venezuela, cobraban en especie la mediación en el conflicto, pues se iniciaba el proceso que conduciría a la explotación incontrolada de las riquezas del subsuelo por los monopolios norteamericanos[17].

La mediación norteamericana, por otra parte, no se había realizado por simpatía al Gobierno de Castro, contra el cual ya habían reaccionado al intervenir el capital norteamericano en la denominada Revolución Libertadora que el General Matos comandó contra el gobierno en 1901, aglutinando los descontentos de los caudillos centrales contra la intromisión de los Andes en los negocios del poder[18]. Los

---

12 *Cfr.* Domingo A. Rangel, *op. cit.*, p. 92; R. J. Velásquez, *op. cit.*, pp. 124 y s.

13 *Cfr.* Domingo A. Rangel, *op. cit.*, p. 143.

14 La célebre Proclama de Castro de 9 de diciembre de 1902, comenzaba así: "Venezolanos: ¡La planta insolente del extranjero ha profanado el sagrado suelo de la Patria! Un hecho insólito en la historia de las Naciones cultas, sin precedentes, sin posible justificación, hecho bárbaro, porque atenta contra los más rudimentarios principios del Derecho de Gentes; hecho innoble, porque es fruto del contubernio inmoral y cobarde de la fuerza y la alevosía, es el hecho que acaban de realizar en la rada de La Guaira, hace pocos momentos, las Escuadras alemana e inglesa ...", véase en *El Pensamiento Político de la Restauración Liberal*, *cit.*, tomo I, vol. I, pp. 282 y 283.

15. Véase Victorino Jiménez y Núñez, *La Doctrina Drago y la Política Internacional.* Madrid, 1927.

16 *Cfr.* Augusto Mijares, "La Evolución Política de Venezuela (1810–1960)" en M. Picón Salas y otros, *Venezuela Independiente*, *cit.*, p. 147; B. J. Velásquez *op. cit.*, pp. 309 y ss. Véase en general, Luis M. Drago, *La República Argentina y el caso de Venezuela*, Buenos Aires, 1903.

17 Véase Domingo A. Rangel, *op. cit.*, p. 146 y ss.

18 La participación en la Revolución Libertadora de la empresa explotadora de asfalto de Venezuela, la *N. Y. and Bernudez Co.*, está fuera de toda duda, lo que provocó que el mismo Castro decretara la intervención estatal de dicha empresa. *Cfr.* R. Betancourt, Venezuela, *Política y Petróleo*, México, 1956, pp. 14 y ss.; Domingo A. Rangel, *op. cit.*, pp. 119 y ss. y 148 y ss.; R. Díaz Sánchez, *loc. cit.*, p. 303. Véase el libro de V. O. Thorber, *Origen del Capital Norteamericano en Venezuela. La Época del Asfalto (1884–*

triunfos de Castro contra la intervención extranjera, aliada, en el campo nacional con los caudillos centrales, sin embargo, no fueron capitalizados en la institucionalización interna[19], y sólo será necesario que Castro se aleje del país en 1908 para que el Vicepresidente, General Juan Vicente Gómez, tome el poder para no dejarlo hasta su muerte en 1935, y ejercerlo bajo el signo del terror y la tortura. Pero dentro de los hechos de importancia que se suscitaron durante el gobierno de Castro, deben también destacarse los triunfos militares del Vicepresidente Gómez entre 1901 y 1903, en los cuales vence a todos los caudillos regionales, y que contribuirán a formar el Ejército Nacional, con el cual posteriormente gobernará al país[20].

La Constitución de 1901, como todas las anteriores, había establecido la no reelección inmediata del Presidente de la República (art. 73), por lo que el General Castro promovió una nueva reforma de la Constitución, la que realizó el Congreso que asumió el poder constituyente en 1904, para extender su período constitucional, que finalizaba en 1908, hasta 1911 (art. 146 de la Constitución de 1901 y 132 de la Constitución de 1904).[21]

La reforma constitucional de 1904, además, estableció una nueva división territorial de la Nación, en "Distritos" (art. 21), los cuales se consideraron partes constitutivas de la Federación Venezolana (art. 3). Estos Distritos, de acuerdo a este texto, se reunieron en 13 Estados, reduciéndose los 20 Estados restablecidos en 1901, que se comprometían a reconocer "la autonomía municipal de los Distritos" (art. 3).

Por tanto, a partir de 1904, constitucionalmente se estableció la autonomía municipal, no de los Municipios, sino de los Distritos en que se dividían los Estados, "cuyas Municipalidades" eran entonces las autónomas, situación que se mantuvo hasta la Constitución de 1953 (art. 7, ord. 3 y 109).

De nuevo en 1904 se repitió el esquema de 1857: la autonomía municipal sirvió de excusa para minimizar el poder de los Estados, los cuales se vieron disminuidos en beneficio del Poder Federal y de estos nuevos Distritos autónomos, con un nivel territorial tan grande que por lo demás impedirían la formación y desarrollo efectivo de un poder local o municipal. Ese "Distrito" autónomo de las Constituciones Castristas, sólo fue a partir de 1989, con la reforma del régimen municipal, cuando se cambió por el "Municipio" autónomo que desde 1961 regulaba la Constitución (arts. 25 y 18).

1907), cit., por R. Díaz Sánchez, *loc. cit.,* p. 302; *Cfr.* R. A. Rondón Márquez, *op. cit.,* tomo II, pp. 352 y ss.; R. J. Velásquez cita, además, como soportes de esta Revolución, al Cable francés, la empresa naviera norteamericana Orinoco y el grupo alemán del Gran Ferrocarril de Venezuela, *op. cit.,* p. XII.

19 *Cfr.* Domingo Alberto Rangel, *op. cit.,* p. 151.

20 *Cfr.* R. J. Velásquez, *op. cit.,* p. XIII; Domingo A. Rangel, *op. cit.,* pp. 153 y ss. A los caudillos que no vencen, se los "archiva" posteriormente en el Consejo de Gobierno que creó la Constitución de 1909. *Cfr.* R. A. Rondón Márquez, *op. cit.,* tomo II, p 372; J. R. Pocaterra, *op. cit.,* tomo I, pp. 174 y ss.

21 Véase en general, Antonio J. Pacheco Amistesarove, "El proceso constituyente y la Constitución de 1904", en Elena Plaza y Ricardo Combellas (Coordinadores), *Procesos Constituyentes y Reformas Constitucionales en la Historia de Venezuela: 1811–1999*, Universidad Central de Venezuela, Caracas 2005, Tomo II, pp. 451–491.

En la Constitución de 1901, por otra parte, por primera vez en la evolución constitucional, se admitió que el territorio que en 1810 correspondía a la Capitanía General de Venezuela, y que formaba el territorio nacional, había sido modificado por la vía de Tratados internacionales, como en efecto había sucedido, particularmente por los arreglos territoriales efectuados a fines del Siglo XIX. Por ello, el artículo 1° de esa Constitución dispuso que. "El territorio de los Estados Unidos de Venezuela es el mismo que en el año 1810 correspondía a la Capitanía General de Venezuela con las modificaciones que resulten de Tratados Públicos" (art. 1). En esta forma, la Constitución se adaptó a la realidad, pues el territorio de la República ya no era el mismo al que Venezuela había tenido en 1810, pues durante el Siglo XIX, diversos tratados para demarcar fronteras se habían celebrado con Colombia, el Reino Unido y Brasil.

2. *Juan Vicente Gómez, la Rehabilitación Nacional y las Reformas Constitucionales de 1909, 1914 y 1922*

En el ámbito interno, el proceso de desmantelamiento del federalismo siguió a partir de 1908, al asumir el poder Juan Vicente Gómez (1857–1935). El General Castro, estando enfermo, decidió salir del país a tratarse en Europa, quedando Gómez, como Vicepresidente, encargado del Ejecutivo Nacional. Éste, en medio de una reacción anticastrista y en lo que consideró como una "evolución dentro de la misma causa"[22], inició el período llamado de la Rehabilitación Nacional[23].

Para ello, previamente, la Corte Federal y de Casación había suspendido a Castro del ejercicio de la Presidencia con motivo de sendos enjuiciamientos iniciados contra él por varios delitos, facilitándole a Gómez la consolidación de su poder.

Durante el período de Gómez, que se extiende hasta su muerte en 1935; la Constitución se reformará siete veces (1909, 1914, 1922, 1925, 1928, 1929 y 1931)[24] y se amoldará sucesivamente a los intereses y conveniencias del dictador. Con la reforma de 1909 se estableció la elección del Presidente por el Congreso, lo cual va a permanecer en vigencia hasta 1946 (art. 75); se fijó su período en cuatro años contados a partir de 1910, y se otorgaron amplísimos poderes al Presidente Provisional, con lo cual se formalizó la dictadura (Arts. 150 y 156), eliminándose la figura de las Vicepresidencias establecidas en 1901. En 1914 se dictó un Estatuto

---

22 *Cfr.* Ramón J. Velásquez, *op. cit.*, p. XIII; R. A. Rondón Márquez, *op. cit.*, tomo II, pp. 366 y ss. Véase sobre los pormenores del golpe de estado J. V. Gómez a C. Castro; Domingo A. Rangel, *Gómez, El amo del poder,* Caracas, 1975, pp. 157 y ss. Véase la Alocución del General Juan Vicente Gómez como Encargado de la Presidencia de la República en *Los pensadores positivistas y el gomecismo,* en la colección *El Pensamiento Político Venezolano del Siglo XX,* tomo III, vol. I, Caracas, 1983, pp. 3 y 4; y *Programas Políticos Venezolanos de la Primera Mitad del Siglo XX* (ed. Naudy Suárez), Caracas, 1977, tomo I, p. 35.

23 Sobre el período de la dictadura de Gómez, véanse los volúmenes sobre *La oposición a la Dictadura Gomecista y Los Pensadores Positivistas y el Gomecismo*, en la colección *El Pensamiento Político Venezolano del Siglo XX, cit.*, tomo II, 3 vols. y tomo III, 3 vols.

24 Véase en general, Francisco Delgado, "Procesos constituyentes y reformas constitucionales durante el régimen gomecista", en Elena Plaza y Ricardo Combellas (Coordinadores), *Procesos Constituyentes y Reformas Constitucionales en la Historia de Venezuela: 1811–1999*, Universidad Central de Venezuela, Caracas 2005, Tomo II, pp. 493–538.

Constitucional Provisorio que creó por primera vez, a nivel constitucional, el cargo de Comandante en Jefe del Ejército Nacional (art. 43), del cual no se separó Gómez hasta su muerte[25] y que le permitió gobernar el país, aún sin ejercer la Presidencia de la República[26], y se dictó, luego, la Constitución de 1914, que amplió el período constitucional a siete años, eliminando la prohibición de reelección del Presidente de la República (art. 84, C. 1909 y art. 128, C. 1914) lo que le permitió ser electo para un segundo período (1915–1922).

En 1922 se reformó nuevamente la Constitución, reestableciéndose las dos Vicepresidencias (art. 78) que habían sido eliminadas en 1909, que ocuparán su hermano y su hijo[27].

En todo caso, en 1920 puede decirse que comienza en Venezuela el lento proceso de regulación de la explotación de petróleo que comenzaba a buscarse en el país. Hasta ese año, el régimen de los hidrocarburos había estado regulado en la legislación general de minas cuyos antecedentes databan del Siglo XIX, y si bien en 1918 y 1920 ya se habían dictado dos Reglamentos especiales sobre el "Carbón, petróleo y sustancias similares", es sólo con la promulgación de la Ley de Hidrocarburos y demás Minerales Combustibles del 30 de junio de 1920, presentado por el Ministro Gumersindo Torres, cuando este ordenamiento positivo adquirió autonomía y especialización, aun cuando, además de aplicarse a los hidrocarburos hasta 1943, también se aplicó al carbón.

Una de las innovaciones de esta ley fue mixtificar los sistemas de exploración y explotación, al exigirse un permiso, de otorgamiento forzoso por parte del Ejecutivo, para la primera operación; y un contrato Especial celebrado por el Ejecutivo y aprobado por el Congreso, para la segunda operación.

La nueva Legislación de los hidrocarburos, que entre otros aspectos, regulaba un derecho preferente de los propietarios del suelo para la exploración y explotación; desarrollaba la institución de las Reservas Nacionales de Hidrocarburos; aumentaba los impuestos y reducía la extensión territorial de las parcelas de exploración y explotación; originó la reacción de las empresas petroleras que veían en ella una limitación de sus actividades. Esta reacción y la posición complaciente respecto de las empresas de J. V. Gómez, provocaron la reforma de la ley al año siguiente en 1921, y se promulgó una Ley de Hidrocarburos que favorecía indudablemente los intereses de los concesionarios, lesionando los intereses de la Nación. En 1922 se volvió a modificar la ley, perfeccionándose las instituciones recogidas en las Leyes de 1920 y 1921, y en particular, se sustituyó la expresión "Contratos Especiales" por el de concesiones, régimen que permaneció hasta que las mismas dejaron de existir en 1975 con motivo de la nacionalización de la industria petrolera. La Ley de 1922

---

25 Sobre la importancia de este cargo en la dictadura de Gómez, véase su propio criterio en su mensaje al Congreso en 1929, en Jorge Luciani, *La Dictadura Perpetua de Gómez y sus Adversarios*, Caracas, 1936, pp. 59 y 60; R. Betancourt, *op. cit.*, p. 71.

26 Durante la dictadura de Gómez ejercieron la Presidencia hombres de confianza como V. Márquez Bustillos y J. B. Pérez.

27 Ocuparon las Vicepresidencias Juan Crisóstomo Gómez, hermano del dictador, y José Vicente Gómez, su hijo. El primero fue asesinado en 1923, y el segundo abandonó Venezuela antes de terminar su período y falleció en Suiza.

estableció, además, la clasificación de las concesiones, distinguiéndose las concesiones de exploración, explotación, manufactura y refinación y de transporte.

3. *La dictadura petrolera y la constitucionalización del centralismo: La Constitución de 1925*

En 1922, además, se produce el descubrimiento del pozo petrolero Los Barrosos 2, por la Standard Oil en los alrededores de Cabimas, con lo que la explotación petrolera pasó en el país a nuevas dimensiones, de manera que en pocos años los ingresos por exportación de petróleo superaron los producidos por la exportación del café. Con este nuevo descubrimiento y los ingresos que producía, al amparo de la dictadura de Gómez se desarrolló la dominación progresiva de la explotación petrolera por las empresas y consorcios extranjeros, adquiriendo la penetración imperialista en Latinoamérica proporciones desmesuradas.

La dictadura de Gómez, en este sentido, ha sido calificada como "una dictadura petrolera"[28], pues al amparo del régimen, las empresas norteamericanas y del grupo angloholandés[29] tomaron posesión y se repartieron el suelo y subsuelo nacionales, para lo cual tuvieron la colaboración de muchos burócratas y amigos del dictador, quienes, enriquecidos por su intermediación, pasaron a formar buena parte de la nueva oligarquía económica del país[30].

Esta política de explotación extranjera de la riqueza petrolera venezolana[31], no sólo sentó las bases de la dependencia económica del país en las décadas posteriores, sino que produjo otras repercusiones internas en relación a la economía agrícola: no sólo se produjo la concentración de la propiedad rural por motivos petroleros convirtiéndose los latifundios caudillistas y militares del siglo XX en propiedades de los allegados al dictador y de las empresas petroleras y sus

---

28 Véase F. Brito Figueroa, *Venezuela, Siglo* XX, La Habana, 1967, pp. 31 y 33, 40 y 197. *Cfr.* también en F. Brito Figueroa, *Historia Económica Social de Venezuela*, Caracas, 1966, tomo II, pp. 359 y ss.

29 No hay que olvidar, en este sentido, que después de la caída del dictador Porfirio Díaz en México en 1911, los capitales norteamericanos invertidos en una industria petrolera que la Constitución mexicana comenzaba a mexicanizar en 1917, vuelan hacia Venezuela, pues allí encuentran el dictador complaciente que habían perdido en México. *Cfr.* Rómulo Betancourt, *op. cit.*, pp. 37 y ss. En esta forma, la complacencia de la dictadura de Gómez con los intereses norteamericanos, trajo como consecuencia que no se hicieran sentir en Venezuela, las manifestaciones intervencionistas de carácter militar de la "política de dólar" de las primeras décadas de este siglo, que, sin embargo, se produjeron en México, Guatemala, Honduras, Costa Rica, Panamá, Colombia, Cuba, Santo Domingo y Puerto Rico, cuando en alguna forma estuvo en peligro el capital privado norteamericano invertido. Véase un interesante recuento de todas estas investigaciones en Claude Julien, *L'Empire Americain*, París, 1972, Primera Parte, pp. 65 y ss.

30 La influencia y penetración de las empresas fue de tal naturaleza, que no sólo se hacen a su medida las leyes de hidrocarburos de principios de los años veinte (*Cfr.* Rómulo Betancourt, *op. cit.*, pp. 46 y ss.), sino que hacen otorgar legalmente el poder expropiatorio a las empresas concesionarias. *Cfr.* las referencias a la colaboración de la oligarquía económica y de los amigos del dictador en la labor de las empresas petroleras, en F. Brito Figueroa, *Historia..., cit.*, tomo II, pp. 367 y ss.; Domingo A. Rangel, *Los Andinos..., op. cit.*, p. 222 y ss. (las citas sucesivas de D. A. Rangel se refieren a este libro); Eduardo Arcila Farías, "Evolución de la Economía de Venezuela", en Mariano Picón Salas y otros, *Venezuela Independiente*, *cit.*, p. 383.

31 A lo que debe agregarse la entrega de la explotación del hierro durante otra dictadura, la de Pérez Jiménez, en la década de los cincuenta.

intermediarios[32], sino que se produjo el empobrecimiento progresivo del campo por el abandono de la explotación agrícola[33].

En este contexto se dictó la Constitución de 1925, con la que permitió al Presidente de la República ausentarse de la capital sin dejar encargado en la Presidencia (art. 79, ord. 6); se consagró la posibilidad de que el Presidente de la República nombrara los Presidentes de Estado; prohibió a los Estados tener fuerzas armadas propias, con lo que se extinguieron formalmente los últimos vestigios del sistema federal (arts. 15,8 y 17,2), y se eliminó la necesidad de aprobación legislativa de las concesiones de explotación de hidrocarburos, que los textos anteriores exigían[34], con lo cual se puso en evidencia la presión de las empresas petroleras y la complacencia del régimen.

La Constitución de 1925, sin la menor duda, a pesar de su carácter circunstancial, constituye el texto que consolidó al Estado centralizado, que con ropaje federal había solidificado la autocracia, y, hasta cierto punto, fue la expresión más clara de la integración político–nacional que había iniciado el dictador J. V. Gómez. En efecto, como se dijo, la motivación central de la reforma de 1925 estuvo en permitir la ausencia de la capital del Presidente de la República sin necesidad de que estuviese obligado a separarse de su cargo, contrariamente a lo que se establecía en los textos anteriores, que confinaban la acción del Presidente al Distrito Federal. Ya para esa fecha Juan Vicente Gómez había fijado su residencia en Maracay.

Por ello, el texto de 1925 le permitió "actuar en cualquier punto del país donde se encuentre, en el sentido de que le es potestativo comunicar desde allí sus instrucciones a los Ministros del Despacho para las resoluciones que éstos hayan de librar en Caracas, en los asuntos que motiven dichas instituciones de conformidad con la Constitución y las leyes" (art. 98).

La Constitución de 1925, formalmente, conservó la forma federal del Estado, e incluso estableció por primera vez en forma expresa la distribución del Poder Público "entre el Poder Federal, el de los Estados y el Municipal" (art. 51), situación que ha perdurado hasta la actualidad. Sin embargo, este texto puede decirse,

32 *Cfr.* F. Brito Figueroa, *Venezuela Siglo XX, cit.,* pp. 40 y ss. John Duncan Powell, *Political Mobilization of the Venezuelan Peasant*, Cambridge (Mass.), 1971, pp. 21 y ss., y 45.

33 Venezuela a principios del siglo XX y durante el siglo XIX, había basado su economía de exportación en el café. A partir de 1926 abandona materialmente esa posición y el petróleo pasa a ocupar el primer lugar como producto de exportación por sobre el café, quedando éste en tercer lugar, una vez que se inició la explotación del hierro en la década de los cincuenta. Cierto es que la característica del país exportador de materias primas no ha cambiado desde el siglo pasado en Venezuela; sin embargo, el cambio ha sido radical si se piensa que ahora dependemos de un producto que se gasta y no se renueva, lo cual, como ha dicho Uslar Pietri, "si no se transforma la economía venezolana como consecuencia de los beneficios del petróleo, las consecuencias que se producirían serán catastróficas" (véase *De una a otra Venezuela,* Caracas, 1944). Sobre la posición de Gómez en relación a la producción del café, véase Domingo A. Rangel, *op. cit.,* pp. 265 y s., y sobre la decadencia agrícola en general, *idem.,* pp. 293 y ss.

34 El texto de la Constitución de 1922 otorgaba al Congreso la facultad de "aprobar o negar... los títulos y concesiones de minas y las enajenaciones de tierras baldías..." (Art. 58, 10, a); en cambio, en la Constitución 1925 se consagra el principio contrario: "No están sujetos a la aprobación del Congreso las concesiones mineras ni los títulos de tierras baldías..." (Art. 78, 6).

realmente, que marcó el inicio del fin del federalismo en Venezuela y ello por varias razones:

En primer lugar, se incorporó al texto constitucional como obligación de los Estados el que "jamás podrán romper la unidad nacional" (art. 12), con lo que se reafirmó la idea del Estado–Nación frente a la disgregación institucional precedente.

En segundo lugar, en este texto constitucional se estableció la posibilidad de que en las Constituciones de los Estados se delegase en el Presidente de la República la posibilidad de designar los funcionarios de los mismos, con lo cual se hizo nugatoria su autonomía (art. 17, ord. 2), consagrándose un evidente predominio del Poder Central.

En tercer lugar, en el texto de 1925 los Estados reservaron al Poder Federal, por primera vez a nivel constitucional, "Todo lo relativo al Ejército, la Armada y la Aviación Militar", por lo que se aclaró que "Ni los Estados ni las Municipalidades podrán mantener otras fuerzas que las de policía y guardias de cárceles, salvo las que organicen por orden del Gobierno Federal" (art. 15, ord. 8). Con ello se consolido la estructuración a nivel del Poder Federal, del Ejército Nacional con el cual gobernó y consolidó su poder el dictador.

Con esto quedaba muy lejos la disgregación federal de 1864, que consagraba el texto de ese año, y que más bien prohibía al Poder Central situar fuerzas ni jefes militares en los territorios de los Estados sin el permiso del gobierno del Estado (art. 100).

En cuarto lugar, en esta Constitución de 1925 se ampliaron considerablemente las materias reservadas al Poder Central por los Estados de la Federación en las "Bases de la Unión". Así, se agregaron a la materias reservadas ya existentes, entre otras: la administración de la justicia federal en toda clase de juicios, en virtud de la cual, desde esta fecha los Tribunales de los Estados podían ejercer funciones de Tribunales federales en los casos en que la ley se las atribuyera; y todo lo relativo a la organización, cobro e inversión de los impuestos de estampillas, timbres fiscales, cigarrillos, tabacos, registro, herencias, fósforos, aguardientes, licores y todo lo demás que, con carácter de impuestos nacionales, estableciese la ley, con lo que quedó amplísimo el ámbito de la potestad tributaria nacional (art. 15).

En quinto lugar, la Constitución de 1925 estableció por primera vez, en el texto constitucional, la institución del situado constitucional como un aporte anual que del Presupuesto Nacional debía hacerse a los Estados, equivalente al 12 por 100 del total de "ingresos por Rentas" (art. 17,4) en sustitución de la figura que existía anteriormente y que consistía en la delegación que los Estados hacían al Poder Federal de ciertas materias rentísticas para que éste distribuyera su producto líquido entre los Estados (art. 19. ord. 28).

En sexto lugar, con este texto de 1925, el régimen municipal recibió un amplio soporte al consagrarse, constitucionalmente, materias reservadas a las Municipalidades: "organizar sus servicios de policía, abastos, cementerios, ornamentación municipal, arquitectura civil, alumbrado público, acueductos, tranvías urbanos y demás de carácter municipal" (art. 18, ord. 1).

En séptimo lugar, fue en la Constitución de 1925 que adquirieron fisonomía constitucional propia, las islas del mar de las Antillas, como "Dependencias Federales", ya que hasta 1914 sólo habían sido reguladas mediante leyes formando parte de territorios federales, como el Territorio Federal Colón, creado en 1871, y que conforme a la Ley Orgánica de 1905[35], estaba "compuesto de todas las islas pertenecientes a Venezuela, que se hallen en el mar Caribe con excepción de la Isla de Margarita, que forma la Sección Oriental del Distrito Federal (Art. 1), con capital en San Pedro, en la Isla de Coche. Este Territorio Federal, por dicha Ley, se dividió en dos Municipios, el Municipio Oriental con cabecera en San Pedro, Isla de Coche, y el Municipio Occidental, con cabecera en el Gran Roque (Art. 2)".

En la Constitución de 1914, sólo se previó expresamente que "Las islas pertenecientes a la Unión Venezolana en el Mar de las Antillas *dependen* directamente del Ejecutivo Federal para su gobierno y administración, hasta tanto sean pobladas y puedan constituir uno o más Territorios". Esta "dependencia" fue precisamente, lo que motivó en la Constitución de 1925, la denominación "Dependencias Federales" que se les dio a las islas, como una división formal más del territorio nacional (Art. 3°).

Por último, fue en la Constitución de 1925 donde se estableció expresamente la potestad del Presidente de restringir o suspender los derechos constitucionales (art. 36).

En el marco de la Constitución de 1925, además, se produjo otra nueva reforma de la Ley de Hidrocarburos, cuyo objetivo fundamental consistió en adaptarla al texto de la nueva Constitución, eliminando la intervención del Congreso en la aprobación de las concesiones de hidrocarburos, que había sido tradicional en el ordenamiento jurídico del país. La Ley de Hidrocarburos volvió a reformarse en 1928, aclarándose el modo de otorgar nuevas concesiones que tuvieran por objeto concesiones anteriormente renunciadas, caducadas o anuladas; y en ese mismo año de 1928 se dictó la Ley de Vigilancia para impedir la contaminación de las aguas por el petróleo, destinada a proteger las colectividades donde se asentaba la industria petrolera, particularmente en la zona del Lago de Maracaibo. La Ley de Hidrocarburos se reformó nuevamente en 1935, y mediante ella se establecieron las ventajas especiales para la Nación en materia de impuestos negociables entre el Estado y el solicitante de concesiones de exploración y explotación; y fue a través de estas normas como fue posible aumentar el impuesto superficial de exploración en las concesiones que se otorgaron a partir de 1935 y en 1936, 1944, 1945, 1956 y 1957.

4. *Las Reformas constitucionales de 1928, 1929 y 1931*

Con posterioridad a la Constitución de 1925, el texto constitucional se reformó en el período de la dictadura de Gómez tres veces más: en 1928, 1929 y 1931. En la reforma de 1928 se eliminaron las Vicepresidencias establecidas en 1922 y se consagró expresamente en el texto constitucional, en el título relativo a los derechos constitucionales, en la regulación de la libertad de expresión de pensamiento, la prohibición de "la propaganda del comunismo" (art. 32, ord. 6)[36], como reacción

35 *Ibídem*, p. 215.

36 Artículo 32, ordinal 6. La única fuente de oposición política al gobierno de Gómez estuvo centrada en los grupos estudiantiles. *Cfr.* D. H. Levine, *Conflict and Political Change in Venezuela*, Princenton,

evidente a los movimientos estudiantiles de febrero de ese año, resultado de la creación en 1927, de la Federación de Estudiantes de Venezuela luego presidida por Raul Leoni. En la "Semana del Estudiante" de febrero de 1828 se destacarían entre tantos otros que conformaron la "generación del 28", Jóvito Villalba, Joaquín Gabaldón Márquez y Rómulo Betancourt.

La Constitución se reformó en 1929 y se estableció el cargo de Comandante en Jefe del Ejército, como órgano estatal autónomo (arts. 128 y 129), en virtud de que Gómez había manifestado su decisión de no ser candidato a reelección al fin de su tercer período constitucional (1921–1929). En tal virtud, a partir de 1929, Gómez asumió tal función, siendo electo Presidente de la República Juan Bautista Pérez, para el período 1929–1936, aun cuando renunció en 1931. Con motivo de esta renuncia, en 1931 se reformó de nuevo la Constitución para regularizar la elección de Gómez nuevamente, e integrar de nuevo el poder civil al militar (art. 128). En marzo del mismo año 1931, el grupo de estudiantes que habían escapado de la detención, y que habían tomado la vía del exilio, firmarían en Barranquilla, Colombia, el "Plan de Barranquilla", que quedaría como un programa político y de acción que guiaría buena parte del proceso político futuro, y en el cual incluso ya se anunciaba la necesidad de la convocatoria de una Asamblea Constituyente.

De las diferencias respecto del Plan, surgieron los primeros partidos políticos, como el Comunista (1931), y luego Acción Democrática (1941).

II. LA CENTRALIZACIÓN MILITAR: LA CREACIÓN DEL EJÉRCITO NACIONAL

El centralismo político, proceso que culmina en este texto de 1925, fue posible por la centralización militar, que llevó a la creación de un Ejército Nacional.

Como hemos señalado, la disgregación política federal del siglo pasado produjo la consolidación en 1864 de un sistema de milicias estatales a cargo de cada Entidad político–territorial, prohibiéndose al Poder Federal en la propia Constitución situar en un Estado fuerza o jefes militares con mando, y aun cuando fueran del mismo Estado o de otro, sin permiso del Gobierno del Estado en que se debía situar la fuerza. El sistema federal por tanto, era contrario a la idea de un Ejército Nacional, aun cuando las Constituciones preveían la existencia de una "fuerza pública nacional" formada "con individuos voluntarios, con un contingente proporcionado quedará cada Estado, llamando al servicio a los ciudadanos que deban prestarlo conforme a las leyes", correspondiendo en todo caso a la Legislatura Nacional el "fijar anualmente la fuerza armada de mar y tierra y dictar las ordenanzas del Ejército".

Sin embargo, como se ha dicho, esa fuerza pública nacional no constituyó la verdadera fuerza de sustentación y defensa de los Gobiernos, sino que ésta estuvo constituida por los Ejércitos particulares que los jefes locales reclutaban en los momentos conflictivos.

1973, p. 22. Véase *La Oposición a la Dictadura Gomecista* (El movimiento estudiantil de 1928. Antología documental), en la colección *El Pensamiento Político del Siglo XX*", *cit.*, tomo V. vol. 1.

Esta situación permaneció así hasta la llegada al poder de Cipriano Castro, quien a partir de 1900 comienza a tomar medidas para transformar la fuerza pública nacional, que ya era su "Ejército Restaurador", en un Ejército Nacional.

Modificaciones constitucionales resultaban necesarias: así en la reforma de 1901 desaparece, por primera vez desde 1864, la norma que prohibía al Gobierno nacional situar en los Estados fuerzas o jefes con mando. Continuaron, sin embargo, coexistiendo la fuerza pública nacional y la de los Estados, pero con el establecimiento del principio de que "todos los elementos de guerra existentes en el territorio de la República, a la promulgación de esta Constitución, pertenecen al Gobierno nacional". En esta forma se nacionalizó la guerra, y sus elementos, las armas, y aun cuando se siguió permitiendo a los Estados adquirir el armamento y demás elementos de guerra necesarios para su seguridad interior, ello se eliminó en la reforma constitucional de 1904, donde se afirmó que "todos los elementos de guerra pertenecen a la Nación". Ello conducirá en 1914 a la Reglamentación Nacional sobre Fabricación, Comercio y Porte de Armas, lo que originará en 1922 la promulgación de la Ley de la materia, antecedente de la actual Ley de Armas y Explosivos. Por otra parte, a este proceso de nacionalización del Ejército debe agregarse que a partir de la Constitución de 1901 se había atribuido facultad al Ejecutivo Nacional para utilizar la fuerza pública para poner término a la colisión armada entre dos o más Estados, con lo cual se formalizó le hegemonía militar del Poder Central.

La necesaria formación del Ejército Nacional provocó cambios institucionales de importancia en lo militar, reforzados por los triunfos del Vicepresidente Gómez contra los caudillos regionales. Así la Constitución de 1904 ya había atribuido al Presidente de la República la facultad de "dirigir la guerra y mandar el Ejército y la Armada, en persona, o a nombrar quien haya de hacerlo", lo que si bien se elimina en el Estatuto Constitucional Provisorio de 1914, en el cual por primera vez a nivel constitucional se regula el Ejército Nacional, cuya conducción se atribuye a "un Comandante en Jefe", que, por supuesto, es el General Gómez, se vuelve a consagrar en la Constitución de 1914, porque Gómez vuelve a ser Presidente, agregándose dentro de las atribuciones presidenciales el "organizar el Ejército y la milicia nacionales". Esto permanece hasta la Constitución de 1929, en la cual con motivo de la separación del General Gómez de la Presidencia la República, se previó una disposición transitoria, conforme a la cual el Congreso, para el período constitucional 1929–1936, debía elegir un Comandante en Jefe del Ejército Nacional, "quien mandará el Ejército, la Aviación y la Marina", resultando, por supuesto, electo el General Gómez.

La renuncia de Juan Bautista Pérez a la Presidencia de la República en 1931 provocó la asunción de Gómez de nuevo, de la Presidencia, reformándose la Constitución otra vez para atribuirle de nuevo la facultad de "mandar el Ejército, la Aviación y la Marina por sí mismo o por medio de la persona o personas que designe" y dirigir la guerra, refundiéndose el cargo de Comandante en Jefe con el de Presidente.

En esta forma, reflejado en los textos constitucionales, el Ejército Nacional va a ser una de las grandes creaciones de los Gobiernos de Castro y Gómez, y por supuesto el principal instrumento para la centralización política y la eliminación del caudillismo federal. Como reflejo de ello, la Academia Militar, creada en 1903, comenzaría a funcionar a partir de 1910; en 1912 la Escuela Náutica de Venezuela en Puerto Cabello, y en 1920 la Escuela de Aviación Militar en Maracay. En 1911 también había comenzado a funcionar la Escuela de Aplicación Militar para incorporar la vieja oficialidad al proceso de profesionalización, y en 1912 la Escuela de Clases para los niveles militares inferiores. El Ministro de Guerra y Marina, por su parte, fue el brazo ejecutor administrativo del proceso de centralización, control y dirección de las Fuerzas Armadas que asumió el Presidente Gómez; y el Ejército Nacional fue el instrumento del Gobierno para el mantenimiento del orden interno en el país. La centralización militar en una fuerza nacional, con la eliminación de las fuerzas estatales, comandada racionalmente, fue así causa, efecto y soporte de la centralización política que se produjo en el Estado nacional.

Esta centralización militar tuvo, por supuesto, un reflejo importantísimo en la legislación de la materia, particularmente en los Códigos Militares. Debe señalarse que desde 1873 existía en el país un Código Militar, verdadero cuerpo reglamentario exhaustivo de la vida militar de 1.488 artículos, que había sido reformado en 1882 (1.687 artículos). Sin embargo, es en 1904 cuando sufre una importantísima reforma que lo lleva a 1.953 artículos, casi más extenso que los propios Códigos Civiles de la época. Asimismo, en 1903 se dicta el Código de la Marina de Guerra (1.574 artículos), reformado luego en 1904. Estos textos fueron luego sustituidos por la Ley Orgánica del Ejército y la Armada de 1933, antecedente de la actual Ley Orgánica de las Fuerzas Armadas Nacionales. En la materia también debe mencionarse la Ley del Servicio Militar Obligatorio de 1926, reformada en 1933, antecedente de la actual Ley de Conscripción Militar, y señalarse que en 1933, además, se había dictado el Código de Justicia Militar y Naval, sustituido luego por el Código de Justicia Militar de 1938, antecedente directo del actualmente vigente.

III. LA CENTRALIZACIÓN ADMINISTRATIVA

1. *La centralización de los ingresos públicos: La figura del Situado Constitucional*

Pero el proceso de centralización del Estado, con sus elementos políticos y militares, se manifestó también en el ámbito de los ingresos públicos, particularmente los tributarios.

En efecto, en el esquema federal del siglo pasado los ingresos públicos se repartieron entre el nivel federal y el de los Estados. Correspondieron siempre al Poder Federal los impuestos de aduanas, lo que por lo demás eran los más importantes, además de ser la renta aduanera el único arbitrio rentístico seguro que poseía la República. Este estaba integrado básicamente por los impuestos a las importaciones, pues las propias Constituciones prohibían gravar las exportaciones, dada nuestra dependencia de la exportación de productos agrícolas (café, cacao, etc.).

Los Estados, por su parte, durante el siglo pasado tenían entre sus atribuciones la libre administración de sus productos naturales, incluidas las minas, con la aclaratoria constitucional de que "las salinas las administrarán con entera independencia del Gobierno central", como lo indicaba la Constitución de 1874.

En la Constitución de 1881 se precisó esta repartición de competencias tributarias, la cual quedó establecida en la forma siguiente: como tributo nacional se establecían los aduaneros, "cuyas rentas formarán el Tesoro de la Unión"; y para los Estados se establecían los siguientes ingresos como rentas propias: primero, las dos terceras partes del total que produjera en todas las aduanas de la República el impuesto que se cobraba como contribución de tránsito, aun cuando de esto una tercera parte debía reservarse al Poder Federal para invertirse en el fomento del país; y segundo, las dos terceras partes de lo que produjeran las minas, terrenos baldíos y salinas, que a partir de 1881 comenzaron a ser administradas por el Poder Federal, aún cuando ello también debía reservarse al Poder Federal una tercera parte para ser invertido en el fomento del país.

Esas rentas de los Estados, que a partir de 1881 comenzaron a ser percibidas por el Poder Federal, se distribuían entre todos los Estados de la Federación, con proporción a la población que cada uno tuviera. El proceso de vaciamiento del federalismo, desde el ángulo de los ingresos en esta forma, había comenzado por la asunción nacional de la Administración de Rentas Estatales y lentamente va a seguir hasta comienzos de este siglo. Un paso en este sentido fue la precisión, de 1893, de la posibilidad del Congreso de suprimir o reducir por Ley nacional los ingresos de los Estados, aun cuando en esos casos el Congreso debía establecer la manera de devolver a los Estados la parte de la renta que se suprimiera, norma que se mantuvo posteriormente hasta que desaparecen materialmente los ingresos propios de los Estados; en el periodo de consolidación del Estado centralizado, a partir de 1899, que es cuando se produce la completa centralización de las rentas públicas en el nivel nacional.

Es cierto que la Constitución de 1901 continuó previendo como rentas de los Estados el producto de los impuestos territoriales o de tránsito que se cobraran en las Aduanas, el ingreso derivado de las minas, terrenos baldíos y salinas, a lo cual se agregó el producto del papel sellado y el impuesto sobre sus productos naturales no provenientes de terrenos baldíos; y que en la Constitución de 1904 se agregó a las rentas de los Estados una cuota, parte de la renta de tabaco y de aguardiente. Sin embargo, a partir de 1901 expresamente los Estados delegaron al Congreso la facultad de crear y organizar la renta básica de los mismos (art. 6, ord. 29º), con lo cual su manejo lo asumió el Poder Federal.

Este proceso de centralización tributaria a nivel nacional se consolidó en la Constitución de 1925, en la cual se estableció la figura del Situado Constitucional, que era para cada Estado la parte que proporcionalmente a su población le correspondiera de una suma fija, que debía erogarse del Tesoro a favor de los Estados "en compensación de la renta proveniente de sus tierras baldías y de las demás que anteriormente constituían dicho Situado". En dicho texto, sin embargo, continuaban enumerándose como rentas de los Estados el impuesto del papel sellado, que luego pasa a ser competencia nacional en los años cuarenta, y el impuesto al consumo, con una serie de limitaciones que lo hicieron y que lo han hecho posteriormente inexistente.

En esta forma, el centralismo del Estado, como producto del período histórico que concluye en 1945, se evidencia en el campo tributario o de los ingresos al nacionalizarse todos ellos, y al desaparecer las rentas propias de los Estados y depender éstos del Situado Constitucional.

2. *La centralización fiscal: La estructuración de la Hacienda Pública*

Pero dentro del proceso de consolidación del Estado centralizado en el primer tercio de este siglo, deben también destacarse las medidas de centralización fiscal que se operaron en la segunda década del siglo, y que se engloban en la reforma de la Hacienda Pública, motorizada por el ministro Román Cárdenas.

Esta centralización fiscal tuvo varias manifestaciones, incluso a nivel legislativo. La primera de ellas consistió en la centralización en el Ministerio de Hacienda de la administración de los ingresos públicos, con lo cual el Gobierno nacional adquirió el control directo y total sobre los recursos fiscales. A principios de siglo, hemos dicho, los ramos de ingresos estaban constituidos por la renta aduanera, que era la más importante, y por los otros ramos de la renta interna. La administración de la mayoría de éstos, sin embargo, no se hacía por las oficinas públicas, sino por particulares, mediante concesión o arrendamiento, lo cual, por lo demás, hacía que su rendimiento efectivo fuera inseguro, constituyendo ingresos nominales que no llegaban a realizarse íntegramente.

Precisamente, en contraste con esta situación, la centralización administrativa de estas rentas se produjo por la asunción progresiva por parte de la Administración Pública de la Hacienda de su administración y manejo. Así en 1905 el Gobierno asumió la administración de la renta de estampillas, creada por el Decreto de 1870, que estableció la instrucción obligatoria y gratuita y que se administraba por arrendamientos. En 1908 se rescindió el contrato de arrendamiento de la renta de fósforo, y esta contribución pasó a ser administrada por el Ministerio de Fomento.

Posteriormente, en 1914, el Ministerio de Hacienda asumió directamente el manejo de la renta de cigarrillos, recaudada mediante estampillas de cigarrillos y papel timbrado oficial, la cual se administraba también por el sistema de contrato de concesión. A partir de 1915 el mismo Ministerio va controlando progresivamente la administración de la renta de licores y aguardientes; y en 1916 el Estado asume también directamente la renta de salinas, que también estaba arrendada.

En cuanto a la renta aduanera, el producto de la misma tampoco era percibido directamente por el Ministerio de Hacienda en virtud del contrato que el Gobierno tenía celebrado desde finales del siglo XIX con el Banco de Venezuela, mediante el cual aquél se comprometió a entregar a dicho Instituto bancario el producto de las rentas de la aduanas marítimas y terrestres, a lo cual se había también agregado el producto de la renta de papel sellado, registros, tierras baldías, almacenaje, minas, producto de los consulados y subvenciones por contratos especiales. Aun después de constituido el Banco Central de Venezuela, el Servicio de Tesorería lo siguió prestando el Banco de Venezuela como Banco auxiliar, mediante contrato aprobado por Ley. En todo caso, en materia aduanera, en 1915 se realizó una profunda reforma con el cambio del arancel de aduana sustituyéndose el sistema empírico tradicional por un conjunto de denominaciones científicas genéricas que permitieron una identificación más segura.

Debe señalarse, por otra parte, que la renta minera, escasa antes de 1925, a partir de ese año, por la explotación petrolera, se va a convertir en el renglón más importante de renta interna comparado con los rubros tradicionales, llegando en ese año a aportar el 33 por ciento del total de la renta interna y el 14 por 100 de la renta global. Al final del período gomecista la renta minera llegará a proporcionar más de la mitad del total de la renta global, y Venezuela sería el segundo país productor y primer exportador de petróleo. Sin embargo, la ausencia de impuestos directos en el país (excepto el de sucesiones, de escaso rendimiento) y la liberalidad impositiva respecto de la industria petrolera, reflejadas, entre otros aspectos, en la exoneración de los derechos de importación de maquinaria y equipo, no permitieron que revirtiera al país en esa época mayor porcentaje de la riqueza petrolera, situación que llevó al ministro Gumersindo Torres a afirmar en 1931 que "había sido preferible no cobrar impuesto alguno de explotación en cambio del pago de los derechos de aduana exonerados".

A pesar de esta escasa participación del sector público en los beneficios de la riqueza petrolera producidas por las empresas concesionarias, los recursos provenientes de la industria a partir de los años veinte contribuyeron a la consolidación del Estado centralizado, el cual contaba entonces con mayores recursos fiscales y con una centralización en el Ministerio de Hacienda de la recaudación y fiscalización de las rentas públicas. La Hacienda pública, como concepto administrativo–fiscal, con dirección y administración centralizada en despacho ministerial, contribuyó así a afianzar el Estado centralizado.

Pero la centralización fiscal y estructuración de la Hacienda se debe también a la introducción definitiva en la Ley Orgánica de la Hacienda Pública de 1918 del principio de la Unidad del Tesoro y, por tanto, de la no afectación de rentas a gastos específicos. Este principio quizás es el instrumento que más va a contribuir a la centralización fiscal del Estado; y aun cuando su concepto hoy es elemental, sin embargo en 1915 fue realmente revolucionario en relación a la situación precedente, que era la contraria.

En efecto, hasta 1915 rigió en Venezuela el sistema de "apartados" que consistía en destinar determinado ramo de rentas para cubrir con sus ingresos determinado ramo de gastos. Como ejemplos deben citarse el "fondo de abolición", derivado de la Ley de 1854 de abolición de la esclavitud, y que afectaba rentas, por ejemplo por destilación en alambiques, para destinarlas al pago de la indemnización que se debía a los antiguos propietarios de esclavos.

El Servicio de Instrucción Pública, creado en 1870, funcionó hasta 1915 mediante la afectación para el sostenimiento de las escuelas, del producto íntegro del impuesto nacional de estampillas, llamadas de escuela, que gravaba la circulación de títulos, a lo cual se agregó el producto del impuesto de estampillas de correo, de timbres y papel timbrado para cigarrillos y de derechos de registro.

El sistema de apartados, por ejemplo, afectó invariablemente determinadas rentas para atender las necesidades de crédito público, por lo que casi todos los empréstitos extranjeros suscritos desde 1823 contaron con cláusulas por las cuales se afectaban ramos de rentas para el pago del servicio de interés y amortización de los capitales. Por ejemplo, en el Protocolo de Washington de 1903, celebrado a raíz del bloqueo por armadas europeas a los puertos venezolanos ese año, se comprometió para su cumplimiento el 30 por ciento de las entradas aduaneras de los puertos de La Guaira y Puerto Cabello, llegándose a estipular que si el Gobierno dejaba de cumplir dicha obligación, la Administración de las Aduanas se pondría a cargo de "funcionarios belgas" hasta que las deudas quedaran satisfechas. Asimismo, en el Convenio de París de 1905, respecto de las deudas inglesas y alemanas, se afectó el 60 por 100 de los derechos de aduana que se produjeran en las otras aduanas del país para pagarlas.

Con el principio de la Unidad del Tesoro desapareció el sistema de apartados y se concentró en el Tesoro la totalidad de los ingresos para con ello cubrir la totalidad de los gastos, con lo cual el Estado asumió el control directo de las rentas. Con posterioridad la ruptura del principio de la Unidad del Tesoro en la Ley Orgánica de Hacienda de 1928 se va a permitir sólo mediante la creación de los Institutos autónomos.

La reforma de 1918, por otra parte, incidió en el Presupuesto, el cual comenzó a ser un programa de gastos y de ingresos destinados a cubrirlos. Con anterioridad, y como consecuencia del sistema de apartados, la ley del Presupuesto se limitaba a repartir el monto probable de las contribuciones que se votaban primero, para luego votar los gastos, los cuales quedaban limitados por el total de los ingresos probables. La consolidación del sistema presupuestario fue otro signo de la centralización fiscal del Estado.

3. *La centralización y desarrollo de la administración pública*

El proceso de centralización política y fiscal mediante la asunción de competencias por el nivel federal, y que se refleja en las sucesivas reformas constitucionales que amplían las materias que los Estados reservaron al Poder nacional, se materializó además en el establecimiento de un cada vez más poderoso aparato administrativo del Poder central integrado por los Ministerios como brazo efectivo del Estado centralizado.

En efecto, cuando Castro asume el poder estaba vigente la Ley de Ministerios de 1898, en la cual se establecieron los Despachos de Relaciones Interiores, Relaciones Exteriores, Hacienda, Crédito Público, Guerra y Marina, Instrucción Pública, Fomento (Agricultura, Industria y Comercio) y de Obras Públicas y de Correo y Teléfonos. Esos nueve Ministerios en la Ley de 1913 se reducen a los siete que habían salido de la Administración guzmancista: Relaciones Interiores, Relaciones Exteriores, Hacienda, Guerra y Marina, Fomento, Obras Públicas e Instrucción Pública, los cuales permanecen en igual número a pesar de que la Ley de Ministerios se reforma en seis ocasiones hasta 1929 (1915, 1920, 1922, 1926, 1928 y 1929).

En esas reformas sucesivamente fueron ampliándose las competencias ministeriales en los más variados órdenes. Sin embargo, sólo es en la reforma de 1931 que se crea un nuevo Ministerio, el de Salubridad y Agricultura y Cría, y sólo será en la reforma de 1936 que se crean los Ministerios de Sanidad y Asistencia Social, de Agricultura y Cría y de Comunicaciones, llegándose a nueve Despachos Ministeriales. Posteriormente (hasta 1976, cuando se produce una reforma ministerial importante con la creación de nuevos Ministerios) sólo se crearán el Ministerio del Trabajo (1945), el Ministerio de Justicia y el Ministerio de Minas e Hidrocarburos (1950).

Debe señalarse además que en 1910 se había creado la Secretaría General de la Presidencia de la República, que recogió la Ley de Ministerios de 1926, como órgano de asistencia al Presidente para la conducción del Gobierno. El Estado centralizado que emerge de la dictadura gomecista, por tanto, contaba con una Administración pública poderosa que sucesivamente fue configurándose en torno a los Ministerios, en los cuales se había formado una nueva burocracia, alentada por la estabilidad del régimen y por los mayores recursos fiscales provenientes de las actividades petroleras. Esta centralización administrativa provocó además con las reformas de la Hacienda pública, la aparición por primera vez en nuestra estructura administrativa de la que hoy llamamos "la Administración descentralizada", con la creación en 1928 de dos Institutos autónomos: el Banco Agrícola y Pecuario y el Banco Obrero.

Después de 1935, sin duda, el proceso de centralismo administrativo en el nivel nacional se hará hasta la época contemporánea con estos instrumentos paradójicamente "descentralizados", pues será mediante los Institutos autónomos nacionales que el Poder nacional penetrará en todos los ámbitos nacionales avasallando las ya reducidas competencias estatales y municipales a costa, ciertamente, del progreso en muchos órdenes. Así, desde estas Instituciones nacionales, el Estado centralizado prestará el servicio de electrificación, teléfonos, abastecimiento de aguas, recolección de aguas negras e incluso recolección de basura, y construirá, por ejemplo, viviendas populares y vías de comunicación.

IV. LA CENTRALIZACIÓN LEGISLATIVA: EL PROGRESO DEL PENSAMIENTO JURÍDICO

Por último, el proceso de consolidación del Estado centralizado en las primeras tres décadas de este siglo se reflejó también en una importante obra de centralización legislativa, consecuencia, además, del progreso que tuvieron las ciencias jurídicas en nuestro país bajo el Gobierno autocrático de Gómez. Este desarrollo y centralización legislativa tuvo dos vertientes: en el ámbito de la codificación general y en materia legislativa especial.

En el campo de la codificación, durante la consolidación del Estado centralizado se produjeron importantes reformas en los Códigos fundamentales, que, dicho sea de paso, en nuestro sistema federal del siglo pasado se configuraban como una disidencia del mismo, en virtud de que siempre la legislación civil, criminal y procesal fue nacional o federal y nunca de la competencia estatal.

En la propia Constitución de 1864, al instaurarse el sistema federal, en las "Bases de la Unión de los Estados" éstos se comprometieron, entre otros aspectos, "a tener para todos ellos una misma legislación sustantiva, civil y criminal", lista a lo que se agregó en 1881 las "Leyes de Procedimiento Civil y Criminal".

En consecuencia, la codificación básica en Venezuela tuvo carácter nacional, y así en la segunda mitad del siglo pasado se dictaron los Códigos Civil y Penal y de Comercio. Esta labor global, a pesar de los esfuerzos previos incompletos, correspondió al Gobierno de Guzmán Blanco, lo que le permitió indicar a los legisladores en su mensaje al Congreso en 1873 lo siguiente: "Os entrego la República en perfecta paz, os presento un Código Civil, un Código Penal y un Código Mercantil que organizan nuestra vida civil". Y ello era cierto, pues hasta esa fecha habían regido en nuestro país la *Recopilación de las leyes de los reynos de Indias*, que habían sido puestas en vigencia después del nacimiento de la República Autónoma en 1830.

En consecuencia, la labor codificadora nacional ya se había iniciado antes de la llegada de Castro al poder. Sin embargo, a partir de los inicios de su Gobierno, y luego durante el régimen gomecista, la codificación nacional se perfecciona, encargándose de la revisión de la legislación a los más destacados juristas del país, los cuales desarrollan una encomiable labor de modernización jurídica.

Durante las tres primeras décadas del siglo XX, en esta forma, el Código Civil se reformó en 1916 y 1922; el Código Penal en 1904, 1912, 1915 y 1926; el Código de Comercio en 1904 y 1919; el Código de Procedimiento Civil en 1904 y 1916, y el Código de Enjuiciamiento Criminal en 1904, 1911, 1915 y 1926. En esta tarea, como se dijo, intervinieron los mejores juristas de la época, y en ese período se produjo un importante desarrollo del pensamiento jurídico, teniendo como resultado una influyente bibliografía y la aparición tanto en Caracas como en el interior de reputadas revistas jurídicas.

Como resultado de ese proceso, lo cierto es que la legislación penal vigente sigue siendo básicamente la concebida en el Código Penal de 1926, con ligeras reformas; el Código de Procedimiento Civil vigente hasta 1986 fue el de 1916; el Código de Comercio de 1919, que había refundido las Leyes de Bolsa de 1917, la Ley de Sociedades Cooperativas de 1917 y la Ley sobre Actividades de Sociedades Extranjeras en Venezuela de 1918, sólo sufrió ligeras reformas en 1956; y el Código de Enjuiciamiento Criminal de 1916 configuró el proceso penal hasta la promulgación del Código Orgánico Procesal Penal de 1998/2001. Sólo el Código Civil sufrirá modificaciones importantes después de 1935, en 1942 y recientemente en 1982, al igual que el Código de Procedimiento Civil, en 1985.

Pero en el campo de la legislación especial el proceso de centralización legislativa en el Estado nacional fue más notorio y contrasta con la situación del sistema federal del siglo pasado.

En efecto, después de la consolidación definitiva del Estado federal en 1864, salvo en materia de Códigos nacionales y alguna que otra materia que se reservaba a nivel federal, como el régimen de la nacionalidad, la autonomía de los Estados que conformaron la Federación implicó que éstos asumieran la competencia legislativa para dictar sus propias leyes, y por supuesto, administrar su propia justicia. La realidad del federalismo del siglo pasado resulta así además del examen de la legislación de las entidades federales, elaborada por lo demás, por las élites ilustradas de cada Región. Entre esa legislación destacan los Códigos de Policía de cada Estado, que regularon su actividad administrativa y que constituyeron no sólo verdaderos monumentos jurídicos de la legislación venezolana del siglo pasado sino antecedentes evidentes de la mayoría de los aspectos de la legislación especial de este siglo.

A partir de 1864, por tanto, los Estados asumieron el papel de promulgar la legislación especial básica del país, sustituyendo la labor antes desarrollada por las ordenanzas municipales, y es precisamente en los Códigos de Policía que comienza a legislarse en el país, sobre sanidad, defensa forestal, tránsito, urbanismo, régimen del trabajo aprovechamiento de las aguas y, en general, sobre los servicios públicos; y en todos ellos con una sorprendente uniformidad.

El proceso de centralización de competencias en el nivel federal a costa de las competencias de los Estados en las primeras décadas de este siglo produjo por tanto un proceso de centralización legislativa que se evidencia en el inicio o consolidación de una legislación nacional, dictada en materias de antaño reguladas en los viejos Códigos de Policía de los Estados. En el período de Castro y Gómez, por tanto, surge la legislación fundamental en todos los órdenes por el vaciamiento de competencias estatales, transfiriéndose además muchas de dichas competencias a los Distritos autónomos establecidos a partir de 1904. Esto se regulariza en la Constitución de 1925, dando origen, en consecuencia, a nuevas Ordenanzas de Policía, dictadas entonces a nivel de las Municipalidades, muchas de las cuales continúan en su concepción básica aún vigentes.

De nuevo aquí apreciamos las consecuencias del centralismo como; reacción contra el nivel intermedio de los Estados, lo que se materializa en el reforzamiento de un nivel municipal a nivel de Distritos lo suficientemente alejados, sin embargo, de las comunidades, de manera de impedir el desarrollo político propio de éstas.

En materia de legislación especial, en todo caso es en las primeras décadas de este siglo que se comienzan a regular coherentemente los aspectos fundamentales de la vida del país como reflejo del centralismo. Dejando aparte los cuerpos normativos en materia de organización administrativa, militar, tributaria y fiscal, a los cuales hemos hecho referencia, en este período, entre las más importantes, se producen las siguientes legislaciones básicas, en las cuales están los antecedentes de muchas de las normas que están en la legislación vigente.

En materia de actividades crediticias, si bien las primeras regulaciones sobre Bancos datan de 1860 (Ley de Bancos de Depósitos y Circulación), de 1894 (Ley de Bancos Hipotecarios) y de 1895 (Ley de Bancos), la Ley de Bancos se va a reformar en 1903, 1904, 1910, 1911, 1913, 1918, 1926 y 1935, dictándose además la Ley de Cédulas Hipotecarias en 1916. En 1928 se dicta además la primera Ley sobre Inspección y Vigilancia de las Empresas de Seguros.

La legislación relativa a la educación se va a redactar en su concepción moderna en 1915 y 1924. Antes de 1915 existía el Código de Instrucción Pública de 1897 (con reformas en 1904, 1905, 1910 y 1912), pero en 1915 se promulgan, en sustitución del Código, la Ley Orgánica de Instrucción, la Ley de Instrucción–Obligatoria, la Ley de Inspección Oficial de la Instrucción, la Ley de Instrucción Primaria Pública, la Ley de Instrucción Secundaria Pública, la Ley de Instrucción Especial, la Ley de Instrucción Normalista Pública, la Ley de Instrucción Superior y la Ley de Certificados y Títulos Oficiales, las cuales sufren reformas importantes en 1926. Allí, sin duda, están los antecedentes, pero con una técnica legislativa superior, de la actual Ley Orgánica de Educación. En 1904, además, se crea la Academia Nacional de Medicina, en 1915 la Academia de Ciencias Políticas y Sociales y en 1917 la Academia de Ciencias Físicas, Matemáticas y Naturales.

En materia de sanidad, en 1912 se dicta la primera Ley de Sanidad Nacional, con reformas posteriores en 1919, 1920 y 1923, y que culmina con la Ley vigente de 1942; además, en 1912 se dicta la Ley de Vacunas, en 1913 la Ley de Defensa Sanitaria Vegetal y Animal, en 1915 la Ley de Ejercicio de la Farmacia y en 1930 la Ley de Narcóticos.

En el campo laboral, en 1928 se dicta la primera Ley del Trabajo, reformada luego en 1936, en la cual está el antecedente inmediato de la actual legislación en la materia.

En el área de protección de los recursos naturales renovables, en 1910 se dictó la Ley de Bosques, y luego en 1915 la Ley de Montes y Aguas, con reformas en 1921. En 1931 se promulgó la Ley de Bosques y Aguas, reformada en 1935, antecedente inmediato de la Ley Forestal de Suelos y Aguas de 1966, pero con una técnica legislativa muy superior a la misma.

En el campo de los recursos naturales no renovables, el viejo Código de Minas, cuyo origen se sitúa en 1845, se sustituyó en 1915 por la Ley de Minas, que luego se reformó, sucesivamente en 1918, 1920, 1922, 1925, 1928, 1934 y 1936, conforme avanzó la explotación del subsuelo. Además, en 1920 se dictó la Ley de Hidrocarburos y demás minerales combustibles, que sustituyó los viejos Reglamentos de carbón, petróleo y sustancias similares de 1904, 1914 y 1918. Estas normas dieron origen, posteriormente, a la Ley de Hidrocarburos de 1936, reformada en 1938 y 1942. Esos cuerpos normativos estuvieron vigentes hasta 1999 y 2000, cuando se sancionaron las nuevas Ley Orgánica de Hidrocarburos y la Ley de Minas.

Por supuesto, en este período de principios del siglo XX, los avances de las comunicaciones hacen aparecer nuevas necesidades de regulación legal, por lo que en 1920 se dictó la Ley de Aviación; y en 1915 se había comenzado a regular el tráfico por carreteras, que, concluyó luego en la Ley de Tránsito Terrestre de 1926. En 1912 se dictó la Ley de Concesiones Ferrocarrileras, substitutiva de una regulación dispersa del siglo XIX; en 1909 se dictó la Ley de Telégrafo y Teléfonos, sustituyendo las viejas leyes orgánicas del Telégrafo Nacional de 1899, y en 1921 se reguló la radiotelegrafía.

A los efectos del proceso de electrificación, se dictó la Ley de Servidumbre de Conductores Eléctricos de 1928. En 1909 se promulga la Ley de Expropiación por Causa de Utilidad Pública y Social, substitutiva de viejos decretos legislativos del siglo pasado sobre restricciones a la propiedad; y para regular las obras públicas en ese mismo año se dicta el Decreto Reglamentario de Obras Públicas que aún no hemos logrado sustituir ni actualizar en nuestro país. Estos instrumentos facilitaron el desarrollo de las comunicaciones mediante la construcción de carreteras, lo que condujo a la integración física del país.

Un último aspecto debe destacarse, en particular de la Constitución de 1925 en relación con el progreso jurídico y fue la introducción del control judicial de la legalidad de los actos administrativos por la vía contencioso–administrativa, al establecerse por primera vez, en su artículo 120, la posibilidad de que la Corte Federal y de Casación declarase "la nulidad de los Decretos o Reglamentos que dictare el Poder Ejecutivo para la ejecución de las leyes cuando alteren su espíritu, razón o propósito de ellas"; es decir, se previó la posibilidad de un recurso contencioso–administrativo de anulación pero sólo contra actos administrativos generales o individuales dictados por el Presidente de la República. Esta atribución de la Corte fue luego ampliada respecto de todos los actos administrativos a partir de la Constitución de 1931 (artículo 120, ordinal 12) cuando estuviesen viciados de ilegalidad o abuso de poder. Fue luego en la Constitución de 1961 que la atribución de la Corte Suprema de Justicia en materia contencioso–administrativa de anulación se amplió, para evitar equívocos, para declarar la nulidad de los actos administrativos generales o individuales contrarios a derecho e incluso por desviación de poder (artículo 206), lo cual se recogió en la Constitución de 1999 (art. 259).

Sin embargo, en materia del entonces llamado contencioso–administrativa de plena jurisdicción, desde la Constitución de 1880 (artículo 145) la Corte Suprema tenía atribución para "conocer de las controversias que resulten de los contratos o negociaciones que celebre el Poder Ejecutivo por sí solo o por medio de agentes".

En la Constitución de 1925, y a partir de ella, esta atribución fue precisada al atribuirse a la Corte Federal y de Casación la facultad de "conocer en juicio contencioso de todas las cuestiones sobre nulidad, caducidad, resolución, alcance, interpretación, cumplimiento y cualesquiera otra que se susciten entre la nación y los contratistas o concesionarios a consecuencia de contratos celebrados por el Ejecutivo Federal" (artículo 120, ordinal 13). En la Constitución de 1961, sin embargo, se eliminó toda referencia a esta competencia, pasando a ser regulada en la Ley Orgánica de la Corte Suprema de Justicia. También en materia del entonces llamado contencioso de plena jurisdicción, a partir de la Constitución de 1925, se atribuyó a la Corte Federal y de Casación, competencia para "conocer enjuicio contencioso y en los casos que determine la Ley, de las reclamaciones por daños y perjuicios que se propusieren contra la Nación, y de todas la demás acciones por sumas de dinero que se intenten contra ella" (artículo 120, ordinal 15). En la Constitución de 1947, esta competencia se declaró como procedimiento contencioso–administrativo (artículo 24 y 220, ordinal 12), y sólo en la Constitución de 1961 fue que se le atribuyó competencia específica a los órganos de la jurisdicción contencioso–administrativa para "condenar al pago de sumas de dinero y a la reparación de daños y perjuicios originados en responsabilidad de la Administración" (artículo 47 y 206). (259 C. 1999)

V. LA CUESTIÓN TERRITORIAL DURANTE LA ÉPOCA DE GÓMEZ

Como se ha dicho, la Constitución de 1901 había seguido la línea constitucional de definir al territorio del Estado conforme al que había sido de la Capitanía General de Venezuela en 1810, agregando sólo las modificaciones resultantes de Tratados. Esa redacción se siguió posteriormente en las Constituciones de 1904 (Art. 1) y 1909 (Art. 3°), agregándose en el Estatuto Constitucional Provisorio de 1914 (Art. 2), en la Constitución de ese año y en la de 1922, la mención a "las islas venezolanas en el mar de las Antillas" (Art. 1°). Ese texto se repitió en las Constituciones de 1925, 1928, 1929, 1931, 1936, 1945 y 1947.

Ahora bien, durante la época de Gómez se celebraron los siguientes Tratados y Acuerdos fronterizos:

En relación a la frontera con Colombia, el 3 de noviembre de 1916 en Bogotá, se firmó entre los dos países una convención para la completa demarcación de la frontera[37] en vista de la discrepancia que había respecto de la ejecución práctica del Laudo Español de 1891. Mediante dicha convención, las partes acordaron someter a la decisión de un Arbitro de derecho la cuestión de si la ejecución del Laudo podía hacerse parcialmente como lo sostenía Colombia, o tenía que hacerse íntegramente como lo sostenía Venezuela, a los efectos de que pudieran ocuparse los territorios reconocidos a cada una de las dos Naciones y que no estaban ocupados por ellas antes del Laudo de 1891 (Art. 1). Además, las partes convinieron en encargar al

37 Véase el texto en *Tratados Públicos, Acuerdos Internacionales de Venezuela,* Vol. I. 1820–1900, Caracas, 1924 Vol. II, *cit.*, pp. 599 a 602

Árbitro la completa determinación del deslinde y amojonamiento de la frontera fijada en el Laudo Español (Art. 3). El Consejo Federal suizo, llamado a decidir como Arbitro las divergencias de límites entre Colombia y Venezuela en virtud del compromiso de 1916, dictó su sentencia arbitral en Berna el 24 de marzo de 1922[38], acordando la posibilidad de ejecución parcial del Laudo Español, como lo reclamaba Colombia (Art. 1), y por tanto, la ocupación definitiva de los territorios que habían sido delineados hasta ese momento (Art. 2); y resolviendo la organización de una Comisión Arbitral que debía resolver por delegación del Consejo Federal, en cuanto a los trabajos de deslinde y amojonamiento (Art. 3).

La organización de la Comisión de Expertos se estableció por Resolución del Consejo Federal suizo el 29 de mayo de 1922[39], habiéndose dictado el Reglamento Interno de la misma, en Berna, el mismo 29 de mayo de 1922[40]; y los dos países celebraron un arreglo, por cambio de notas para facilitar los trabajos de la Comisión de expertos suizos encargada de la demarcación de la frontera en septiembre de 1922[41].

A partir de 1923, la Comisión Suiza de Expertos dictó varias sentencias para la fijación de las fronteras en 9 de abril de 1923, la relativa a la frontera de la región de San Faustino (Primera Sección de la Comisión Suiza de Expertos)[42]; en 30 de abril de 1923, la relativa a la frontera entre el curso del Atabapo y el del Guainía (Segunda Sección de la Comisión Suiza de Expertos)[43]; en 19 de septiembre de 1923, la colocación de un hito en la ribera izquierda del río Zulia[44]; en 5 y 15 de octubre de 1923, y 13 de mayo de 1924, la relativa a la frontera entre el Catatumbo y el Zulia[45]; y en 5 de marzo de 1924, la relativa a la frontera en la región Arauca–Meta (Segunda Sección de la Comisión Suiza de Expertos)[46].

Posteriormente, los dos países en 17 de diciembre de 1928, celebraron un acuerdo por cambio de notas, sobre puntos relativos a la frontera común[47] estableciendo Comisiones Mixtas a los efectos de realizar los trabajos técnicos de demarcación. Las Comisiones realizaron su trabajo entre 1930 y 1932[48], lo que provocó, también, la celebración de Convenios adicionales sobre demarcación, por cambio de notas, en 1932[49] y en 1938[50].

---

38 Véase el texto en *Tratados Públicos...*, Vol. III, *cit.*, pp. 35 a 40

39 Véase el texto en *Tratados Públicos...*, Vol. III, *cit.*, pp. 40 a 43.

40 Véase el texto en *Tratados Públicos:..*, Vol. III, *cit.*, pp. 43 a 45

41 Véase el texto en *Tratados Públicos...*, Vol. III, *cit.*, pp. 48 a 50.

42 Véase el texto en *Tratados Públicos...*, Vol. III, *cit.*, pp. 56 a 67

43 Véase el texto en *Tratados Públicos...*, Vol. III, *cit.*, pp. 68 a 72

44 Véase el texto en *Tratados Públicos...*, Vol. III, *cit.*, pp. 79 a 82.

45 Véase el texto en *Tratados Públicos...*, Vol. III, *cit.*, pp. 82 a 86 y 91 a 93

46 Véase el texto en *Tratados Públicos...*, Vol. III, *cit.*, pp. 87 a 96

47 Véase el texto en *Tratados Públicos...*, Vol. IV, (1925–1932), Caracas, 1933, pp. 253 a 260

48 Véase las actas en *Tratados Públicos...*, Vol. IV, *cit.*, pp. 302 a 356.

49 Véase las Actas en *Tratados Públicos...*, Vol. IV, *cit.*, pp. 356 a 360.

50 Véase el texto en *Tratados Públicos...*, Vol. VI (1936–1942), Caracas, 1942, pp. 61 a 63.

Por último con fecha de 5 de abril de 1941, en Cúcuta, los gobiernos de los Estados Unidos de Venezuela y de Colombia suscribieron el Tratado sobre demarcación de Fronteras y Navegación de los Ríos Comunes, con el cual se "concluye, en lo que aún falta, la demarcación de sus fronteras, confirma para lo restante los pactos que regulan su alindamiento, y prevé normas a su recíproco comercio y demás relaciones de vecindad y convivencia". En tal virtud, los dos Estados "declaran que la frontera entre las dos Naciones está en todas sus partes definida por los pactos y actos de alindamiento y el presente Tratado; que todas las diferencias sobre la materia de límites quedan terminadas; y que reconocen como definitivos e irrevocables los trabajos de demarcación hechos por las Comisiones Demarcadoras en 1901, por la Comisión de Expertos Suizos, y los que se hagan de común acuerdo por los comisionados designados" conforme a lo dispuesto en el propio Tratado (Art. 1).

Estos comisionados debían demarcar la frontera común en determinados puntos indicados, "mediante hitos perdurables qué colocarán de modo que dicha frontera pueda ser reconocida con exactitud en cualquier tiempo" (Art. 1, Parágrafo 4°)[51].

La Comisión Mixta realizó sus labores en 1942, construyendo los diversos hitos, muchos de los cuales fueron posteriormente reconstruidos en 1959[52].

Con el Tratado de 1941[53], se concluyó el largo proceso de más de un siglo de delimitación de las fronteras terrestres entre Venezuela y Colombia. Queda ahora pendiente la delimitación de las áreas marinas y submarinas entre los dos países.

En relación con la frontera con la Guayana Inglesa, después de la Constitución de 1901 se continuó realizando la demarcación de la línea fronteriza entre Venezuela y la Guayana Británica, y a tal efecto se levantaron entre los Comisionados las Actas de Georgetown en 1902 y 1905[54]. Esta última de 10 de enero de 1905 consistió en un convenio entre los gobiernos en el cual aceptaban como correctas las posiciones de los puntos fronterizos de demarcación según el Laudo de París[55].

Posteriormente, en 1932, se celebró un Acuerdo entre Venezuela y Gran Bretaña sobre el punto de convergencia de las fronteras de Venezuela, el Brasil y la Guayana Británica, concluido por cambio de notas[56], a proposición de Venezuela. Esta propuesta de nuestro país fue "que la referida frontera quedara determinada por una línea recta que, partiendo de la fuente del río Venamo, vaya a terminar en el punto del Monte Roraima donde coinciden las tres fronteras de Venezuela, la Guayana

51 Véase el texto del Tratado, en *Tratados Públicos...*, Vol. VI (1936–1942), *cit.*, pp. 703 a 707

52 Véase las actas de reconstrucción de hitos, de 1959 en *Tratados Públicos...*, Vol. XII (1957–1959), Caracas, 1979, pp. 495 a 500.

53 Véase los comentarios de Eleazar López Contreras, quien era Presidente de la República al momento de la firma del Tratado en su trabajo *Proceso de límites entre Venezuela y Colombia,* New York, 1953, 38 pp.

54 Véase en *Tratados Públicos..., cit.,* Vol. III, pp. 382 a 390

55 Véase en *Tratados Públicos..., cit.,* Vol. III, p. 388.

56 Véase en *Tratados Públicos..., cit.,* Vol. IV, pp. 360 a 362

Británica y el Brasil, punto recientemente fijado y marcado con un poste por las Comisiones de los tres países"[57].

En efecto, en el Acta de inauguración de dos hitos en el Monte Roraima levantada el 29 de diciembre de 1931, la Comisión Mixta Venezolana–Brasileña, al referirse a uno de ellos declaró: "Este hito se halla situado en la divisoria de aguas cotinga–arabopo y señala el comienzo de la frontera entre Venezuela y el Brasil en el Monte Roraima. Marca igualmente el punto terminal de la frontera entre Venezuela y la Guayana Británica, como también el comienzo de la frontera entre el Brasil y la propia Guayana"[58].

Con posterioridad a esas actas, entre Gran Bretaña y Venezuela antes de 1961 se suscribió el Tratado sobre la Isla de Patos (situada entre Trinidad y Venezuela) el 26 de febrero de 1942, mediante el cual Gran Bretaña transfirió a nuestro país "el título y todos los derechos de soberanía sobre dicha isla que en lo sucesivo será considerada como parte del territorio de Venezuela"[59]. En esa misma fecha, los dos países suscribieron el Tratado sobre las aguas submarinas del Golfo de Paria[50] mediante el cual las partes definieron sus respectivos intereses respecto del lecho del mar y del subsuelo fuera de las aguas territoriales, texto que constituyó un precedente fundamental en el derecho del mar en materia de delimitación de áreas marinas y submarinas.

Con posterioridad a 1901, entre Venezuela y Brasil se suscribió un Protocolo para la demarcación de la frontera común a los dos países, en Caracas, el 9 de diciembre de 1928[61] , mediante el cual debían constituirse comisiones mixtas para en un lapso prefijado realizar la demarcación, comisiones que no llegaron a constituirse[62]. Posteriormente, realizaron demarcaciones en 1914–1915 unas comisiones mixtas venezolano–brasileras relativas a la Piedra del Cocuy[63] hasta que se convino, mediante Protocolo suscrito el 24 de julio de 1928 en Río de Janeiro"[64] en sustituir las estipulaciones del Protocolo de 1905, y nombrar sendas Comisiones por los países para constituir una Comisión Mixta con el objeto de demarcar la frontera entre los dos países, partiendo de las demarcaciones efectuadas en 1914–1915. Con fecha 7 de noviembre de 1929, los dos países suscribieron un Acuerdo por cambio de notas para la ejecución del Protocolo del año anterior[65], mediante el cual se determinaron las instrucciones sobre la Comisión Mixta Brasilero–Venezolana a los efectos de la demarcación.

57 Véase en *Tratados Públicos..., cit.,* Vol. IV, pp. 361 y 362

58 Véase en *Tratados Públicos..., cit.,* Vol. IV, pp. 301.

59 Véase en *Tratados Públicos..., cit.,* Vol. IV, pp. 717 y 718.

60 Véase en *Tratados Públicos..., cit.,* Vol. IV, pp. 718 a 273

61 Véase en *Tratados Públicos..., cit.,* Vol. IV, p. 241 a 244.

62 *Cfr.* lo indicado en *Tratados Públicos..., cit.,* Vol. IV, p. 242.

63 *Cfr.* lo indicado en *Tratados Públicos..., cit.,* Vol. IV, p. 243.

64 Véase en *Tratados Públicos..., cit.,* Vol. IV, pp. 241 a 244.

65 . Véase en *Tratados Públicos..., cit.,* Vol. IV, p. 238 a 289.

Esta Comisión inició sus tareas en 1930[66] y en períodos sucesivos hasta mitades de la década de los sesenta realizó la demarcación de la frontera entre los dos países[67].

VI. EL INICIO DEL FIN DEL PERÍODO: LA MUERTE DEL DICTADOR Y LA LIBERALIZACIÓN DEL RÉGIMEN: LA CONSTITUCIÓN DE 1936 Y SU REFORMA EN 1945

1. *La reforma constitucional de 1936 y el gobierno de López Contreras*

Muerto Gómez en 1935, a partir del año 1936, comienza a producirse indudablemente el surgimiento de una nueva Venezuela, no sólo desde el punto de vista político sino también desde el punto de vista social y económico en virtud de los efectos de la explotación petrolera[68]. En efecto, no sólo resurge paulatinamente el ejercicio de los derechos políticos y las libertades públicas inexistentes cuando Gómez, sino que se reinicia la marcha del país en el campo demográfico, social y cultural, paralizada durante más de un cuarto de siglo[69].

Gómez, ciertamente fue el "Gendarme Necesario", según la tesis de Vallenilla Lanz[70], es decir, integró políticamente a un país disgregado en feudos caudillistas regionales [71] y, por ello, concluyó el sistema federal en Venezuela; pero paralelamente, paralizó el país por treinta años, precisamente en la época en que se hubiera podido construir la etapa del despegue en el desarrollo económico de Venezuela, utilizando adecuadamente la riqueza petrolera. Por ello, la Venezuela que despertó en 1936 era una Venezuela atrasada, ignorante de lo que sucedía en el

66 Véase el Acta de 23 de noviembre de 1930 en *Tratados Públicos..., cit.,* vol. IV, pp. 298 y 299.

67 *Cfr.* J. A. Zambrano Velazco, *Sumario..., cit.,* p. 69.

68 Véase "El debate político en 1936", en la Colección *El Pensamiento Político Venezolano del siglo XX*, Caracas, 1983, tomo VIII, 3 vols. *Cfr.* Allan R. Brewer–Carías, "50 años en la Evolución Institucional de Venezuela 1926–1976, en Ramón J. Velásquez y otros, *Venezuela Moderna, Medio Siglo de Historia* (1926–1976), Caracas, 1979, pp. 533 y 761.

69 *Cfr.* Domingo A. Rangel, *Los Andinos en el Poder*, Caracas, 1964, pp. 294 y ss. La apreciación de la parálisis en los campos del desarrollo industrial, de la educación, de la salubridad, puede verse en R. J. Velásquez, *La caída del Liberalismo Amarillo. Tiempo Drama de Antonio Paredes*, Caracas, 1973, pp. XX y ss., quien califica con razón a Venezuela en esa época como "una nación secuestrada", p. XX; y en Domingo A. Rangel, *op. cit.,* pp. 287 y ss.

70 Véase L. Vallenilla Lanz, *Cesarismo Democrático, Estudios sobre las bases sociológicas de la Constitución efectiva de Venezuela*, Caracas, 1952, pp. 119 y ss.

71 *Cfr.* D. H. Levine, *Conflict and Political Change in Venezuela*, Princenton, 1973, pp. 14, 15 y 19. Véase Laureano Vallenilla Lanz, *Disgregación e Integración. Ensayo sobre la formación de la Nacionalización Venezolana*, Caracas, 1953, p. I y III. Al comentar los extremos a que llegó la represión y el terror durante la dictadura de Gómez. R. Díaz Sánchez señala que "este fue el precio que Venezuela pagó por la extirpación del primitivo feudalismo de las regiones, fuente perenne de guerras internas y fábrica de caudillos rapaces e incultos". *Cfr.* R. Díaz Sánchez, "Evolución Social de Venezuela (hasta 1960)" en Mariano Picón Salas y otros, *Venezuela Independiente 1810–1960,* Caracas, 1962, p. 288. Por otra parte, debe destacarse que en la eliminación del caudillismo regional contribuyó la concentración de la riqueza latifundista en las manos de Gómez y sus allegados. *Cfr.* F. Brito Figueroa, *Historia Económica y Social de Venezuela*, Caracas, 1966, tomo II, pp. 482 y ss.

mundo, y abiertamente saqueada por los inversionistas extranjeros. El cambio que se inició desde 1936, por ello, fue ciertamente revolucionario[72].

A la muerte de Gómez asumió el poder su Ministro de Guerra, general Eleazar López Contreras (1883–1973), y a los pocos meses se sancionó la reforma de la Constitución de 1936.[73] El gobierno de López Contreras en ejecución del llamado "Programa de febrero" presentado luego de los trágicos resultados de la manifestación realizada ante la Gobernación de Caracas, y posteriormente en el marco de la Constitución de junio de 1936, indudablemente que se conformó como un régimen de transición de la dictadura a la democracia[74], que, por tanto, ni fue continuación de la dictadura de Gómez ni la cambió radicalmente, pero sentó las bases de ese cambió, y ello es suficiente históricamente para comprender su papel.

La Constitución de 1936 había sido elaborada por el mismo Congreso que existía antes de la muerte de Gómez, aun cuando conservadora desde el punto de vista político, y en ella se reconoció por primera vez en un texto constitucional los derechos de carácter social, los cuales dieron origen a la Ley del Trabajo promulgada meses después, y limitó el derecho de propiedad (arts. 32,3 y 32,8).

En el ámbito político, se regularon y reconocieron los derechos políticos, los cuales comenzaron a ejercerse, aun cuando el texto constitucional ratificaba la consideración de las "doctrinas comunistas y anarquistas" como "contrarias a la independencia, a la forma política y a la paz social de la Nación", lo cual no será eliminado sino en 1945 (art. 32,6)[75]. El sistema de sufragio, asimismo, permaneció inmodificado en cuanto al carácter indirecto, pues la elección del Presidente se continuaba realizando por el Congreso, el cual eligió a López Contreras para un período de cinco años (1936–1941), prohibiéndose la reelección (arts. 95, 96 y 132). El régimen de López Contreras, a pesar de sus restricciones, fue testigo del nacimiento de los movimientos obreros y de masas, así como de los movimientos políticos, antecedentes de los partidos políticos, en cuya formación los antiguos estudiantes del año 1928 jugarían un gran papel[76].

En cuanto a la forma del Estado, debe señalarse que el Estado que emerge de la dictadura de J. V. Gómez, indudablemente que no fue ni la sombra del que había

---

72 *Cfr.* Augusto Mijares, "Evolución Política de Venezuela 1810–1960", en M. Picón Salas y otros, *Venezuela Independiente, 1810–1960,* Caracas, 1962, pp. 154 y ss.

73 Véase en general, Enrique Sánchez Falcón, "La reforma constitucional de 1936", en Elena Plaza y Ricardo Combellas (Coordinadores), *Procesos Constituyentes y Reformas Constitucionales en la Historia de Venezuela: 1811–1999*, Universidad Central de Venezuela, Caracas 2005, Tomo II, pp. 539–562.

74 Al morir Gómez, como señala Domingo A. Rangel, nadie había pensado qué hacer políticamente hablando para transformar el régimen, *op. cit.,* p. 252. Véase sobre el régimen de transición, E. López Contreras, *Proceso Político Social (1923–1936),* Caracas, 1955.

75 Domingo A. Rangel señala que la desorientación y confusión de los movimientos políticos en 1936 fue tal, que se agotaron en pura demagogia y gestos de anarquía (*op. cit.,* p. 252), que sólo recuerdan demagogia guzmancista liberal de los años posteriores a 1840.

76 *Cfr.* R. A. Rondón Márquez, *Guzmán Blanco. El Autócrata Civilizador Parábola de los Partidos Políticos Tradicionales en la Historia de Venezuela*, Caracas, 1944, tomo II, p. 374. Sobre la generación de 1928. Véase Domingo A. Rangel, *op. cit.,* pp. 233 y ss.; Joaquín Gabaldón Márquez, *Memoria y Cuento de la Generación del 28*, Caracas, 1958; y María de Lourdes Acedo de Sucre y Carmen Margarita Nones Mendoza, *La generación venezolana 1928. Estudio de una élite política*, Caracas, 1967.

sido fácil presa del dictador: no sólo aparecía ahora integrado políticamente, sino que debido a los recursos fiscales provenientes del petróleo, aparecía como una entidad de un enorme poder económico. Por otra parte, la política administrativa de la dictadura, siguiendo la orientación de los gobiernos de la segunda mitad del siglo XIX, había sido progresivamente centralista, de manera que en las sucesivas reformas constitucionales, se le fueron quitando o limitando poderes a los entes locales: los Estados y Municipalidades.

A pesar de la forma "federal", el Estado de 1936 era un Estado casi completamente centralizado, y si bien la justicia permanecía en cierta forma en poder de los Estados, como ya hemos dicho, la Constitución de 1945 dio el golpe de gracia a la descentralización, al nacionalizarse las actividades judiciales[77].

Bajo la vigencia de la Constitución de 1936 se inició, en todo caso, el proceso de transformación social del país, a cuyo efecto el texto constitucional no sólo comenzó a regular los derechos sociales, en particular, como se dijo, los de carácter laboral (art. 23,8), sino que dio un vuelco definitivo en la evolución de dos de las libertades que constituyen el pilar de la organización socio–económico–política del Estado Moderno: la propiedad y la libertad económica.

En efecto, en cuanto a la propiedad, la regulación de algunas limitaciones y restricciones a la misma, que se habían venido estableciendo desde 1914 (art. 22,2), en 1925 (art. 32,2) se amplió, pues se agregó una nueva posibilidad de limitación en cuanto a la adquisición y transferencia de determinadas clases de propiedad, sea por su naturaleza, por su condición o situación en el territorio (art. 32,2).

Además, se estableció el principio de la reforma agraria al prescribirse que "la Nación favorecerá la conservación y difusión de la mediana y de la pequeña propiedad rural, y podrá, mediante trámites legales y previa indemnización, expropiar tierras no explotadas de dominio privado para dividirlas o para enajenarlas en las condiciones que fije la Ley" (art. 32,2); y se amplió la posibilidad de confiscación, en particular, como consecuencia de delitos contra la cosa pública, previsión dirigida a los bienes del dictador Gómez y de sus colaboradores (art. 32,2).

En el ámbito de la libertad económica, el texto de la Constitución de 1936 fue asimismo de la primera importancia, pues transformó radicalmente la forma y ámbito de su regulación, y sus normas orientaron el proceso constitucional posterior, hasta el texto constitucional vigente.

En efecto, en primer lugar, la Constitución reguló la libertad de trabajo y de las industrias, incorporando a su texto una serie de disposiciones, como se dijo, relativas a las relaciones laborales y a la protección de los trabajadores (art. 32,2), que dan origen a la primera Ley del Trabajo promulgada meses después; en segundo lugar, amplió las posibilidades de que la libertad de industria y la del trabajo pudieran ser limitadas por razones de "interés público o las buenas costumbres" lo que abarcó posibilidades mayores que el solo orden público previstos en los textos constitucionales anteriores, desde 1909 (art. 32,2); y en tercer lugar, consagró la posibilidad expresa para el Estado de "reservar el ejercicio de determinadas

77 Mediante el artículo 15, 7, los Estados convinieron por primera vez: "reservar al poder Federal"... "todo lo relativo a la Administración de Justicia y a Ministerio Público en el territorio nacional".

industrias, para asegurar los servicios públicos y la defensa y crédito de la Nación" (art. 32,9), con lo que se le dio consagración constitucional a la intervención directa y activa del Estado en la economía.

Bajo el amparo de la Constitución de 1936, por otra parte, el Ejecutivo Nacional tuvo que enfrentar los efectos de la crisis económica y social que produjo la II Guerra Mundial, para lo cual acudió a la figura de la restricción o suspensión de los derechos y garantías constitucionales. Conforme a ello desde fines de 1939 hasta 1944 se dictó, mediante Decretos–Leyes emanados en virtud de la restricción de esa garantía, lo que puede considerarse que fue la legislación básica del país en materia económica, y origen de la actual[78].

Por otra parte, fue a partir de 1936, cuando se inicia realmente en Venezuela el movimiento sindical. En ese año la industria petrolera se encontraba en pleno desarrollo y había crecido considerablemente el número de personas que prestaban servicios en las empresas concesionarias. Con la muerte de Gómez y los inicios de libertad política puede decirse, entonces, que el sindicalismo en Venezuela había comenzado.

En 1936 se constituye el Sindicato de Obreros y Empleados Petroleros de Cabimas; en Caracas se establece la Asociación Nacional de Empleados (ANDE) que jugaría un destacado papel en el movimiento sindical y político–social del país; en el Zulia se constituye la Unión de Trabajadores del Zulia y en Caracas, de nuevo, la Federación Obrera Venezolana. Se produce un llamamiento a Huelga General para el 14 de febrero convocada por varias organizaciones sindicales y por la Federación de Estudiantes de Venezuela, y los acontecimientos de ese día van a marcar el inicio del proceso político venezolano de la época post–gomecista. El 1° de mayo de 1936 es la primera oportunidad en que se celebra en Venezuela el Día Internacional de la Clase Obrera.

Para el mes de junio de 1936 se produce un llamado de huelga general por varias organizaciones sindicales en un acto organizado como protesta a la Ley para garantizar el Orden Público y el Ejercicio de los Derechos Individuales (Ley Lara), y la "Huelga de Junio" que también se extiende a la zona petrolera, es el primero de los movimientos huelgarios de la industria petrolera en 1936. La Ley del Trabajo es promulgada en julio de 1936 y ante el incumplimiento de sus previsiones por las empresas concesionarias, se produjo la huelga petrolera de diciembre de 1936 que se extendió por un período de 43 días en toda la región occidental. Terminó la huelga mediante un Decreto del Presidente López Contreras en el cual se concedía sólo un aumento irrisorio de salarios. Las empresas petroleras continuarían desconociendo los sindicatos y la contratación colectiva hasta 1946.

En medio de la huelga petrolera se instaló en Caracas el Primer Congreso de Trabajadores de Venezuela donde se aprobó la constitución de la Confederación Venezolana del Trabajo (CVT) el 31 de diciembre de 1936, dando origen así, a la central obrera de mayor importancia en el movimiento sindical venezolano. La conclusión de la huelga petrolera en 1937 dio origen a la disolución gubernamental

---

78 Véase Allan R. Brewer–Carías, *Evolución del Régimen Legal de la Economía 1939–1979*, Valencia, 1980.

de los sindicatos más importantes y al pase a la clandestinidad o semiclandestinidad del movimiento obrero. La Confederación Venezolana del Trabajo, en cierta forma, había muerto al nacer.

En el año de 1937, sin embargo, se constituye un organismo que habría de tener una actuación muy importante en la defensa de los derechos e intereses de los maestros: la Federación Venezolana de Maestros.

El gobierno de López Contreras decretó la celebración del Día del Trabajador el 24 de julio en lugar del 1° de mayo, lo cual va a ser cuestionado en la Conferencia Sindical Nacional celebrada en abril de 1938 en el local de la Federación Sindical de Trabajadores del Distrito Federal, a la cual concurrieron 99 sindicatos

2. *Los orígenes del sistema de partidos del Siglo XX*

En efecto, la liberación política parcialmente iniciada por el gobierno de E. López Contreras y luego consolidada por el gobierno de Isaías Medina Angarita, dio lugar a la constitución, entre 1936 y 1945, de diecisiete partidos políticos, la mayoría de los cuales tuvieron como fundadores y participantes a los miembros de la Federación Venezolana de Estudiantes (FVE), entidad a la cual había correspondido motorizar los movimientos estudiantiles de 1928. La "generación del 28", por tanto, asumió la lucha política y el monopolio de los partidos en 1936, y de la larga lucha entre los gobiernos de transición y los partidos generalmente de izquierda, sólo llegaron a traspasar los acontecimientos de la Revolución de Octubre de 1945, los partidos Acción Democrática (AD), que asumió el poder, y el Partido Comunista de Venezuela (PCV), pues el Partido Unión Republicana Democrática se constituyó en 1946 como oposición de la izquierda democrática al partido AD[79].

Los líderes de estos partidos, con Rómulo Betancourt a la cabeza, indudablemente que fueron factores fundamentales en la consolidación del régimen democrático. En 1936, al separarse de la Federación Venezolana de Estudiantes otro núcleo estudiantil, se constituyó la Unión Nacional de Estudiantes (UNE), opositora de la línea política de la izquierda originada por aquélla, dando lugar posteriormente a la constitución del Partido Acción Electoral (AE), el cual después de 1945 se convertiría en el Comité de Organización Política Electoral Independiente (COPEI), de orientación demócrata o socialcristiana, cuyos líderes con Rafael Caldera a la cabeza también fueron factores fundamentales en la consolidación del régimen democrático en Venezuela.

3. *El gobierno de Isaías Medina Angarita y la Constitución de 1945*

En 1941, el Congreso eligió como Presidente al candidato de López Contreras, el general Isaías Medina Angarita (1897–1953), cuyo gobierno abrió el camino a una

79 Para un estudio de los antecedentes de los principales partidos políticos venezolanos. Véase Manuel Vicente Magallanes, *Partidos Políticos Venezolanos,* Caracas, 1960; Rafael Gallegos Ortiz, *La Historia Política de Venezuela de Cipriano Castro a Pérez Jiménez,* Caracas, 1960, y el trabajo de Manuel Vicente Magallanes, ampliación y reedición del citado. *Los Partidos Políticos en la Evolución Histórica Venezolana,* Caracas, 1973.

burguesía liberal reformadora[80], y promulgó en 1942, dos instrumentos legales de grandísima importancia, además de sentar las bases legislativas de casi todo el futuro sistema jurídico en esas materia: la Ley de Hidrocarburos, que uniformizó el régimen de concesiones previendo la reversión, y que consolidó las posibilidades para un control del Estado en la industria; y la Ley de Impuesto sobre la Renta, base del sistema tributario venezolano. Además, se sancionó el Código Civil de 13 de agosto de 1942, que es el que básicamente ha seguido vigente, el cual marcó una etapa fundamental en la evolución legislativa, pues incorporo a la misma las modernas teorías que, sobre todo en el campo social, requerían aplicación en virtud del desarrollo del país. Dicho Código, en este sentido, introdujo innovaciones muy importantes en materia de matrimonio, filiación, patria potestad, propiedad y sucesiones. En materia de obligaciones también introdujo importante reformas, inspiradas en su mayoría, en el Proyecto Franco Italiano de las Obligaciones.

En particular debe destacarse la regulación del régimen de los hidrocarburos en 1943, pues con la Ley de Hidrocarburos de ese año, presentada al Congreso durante el gobierno del Presidente Medina Angarita por el Ministro de Fomento Eugenio Mendoza, puede decirse que se comienza la verdadera institucionalización de la industria petrolera, con un régimen que garantizaba mejor los derechos de la Nación. Antes de la ley de 1943, sin embargo, debe destacarse la reforma de 1938 que, entre otros aspectos previo, por primera vez, la posibilidad de que el Estado crease institutos autónomos o empresas de su propiedad destinadas a la explotación directa de los hidrocarburos; modificó el régimen de las exoneraciones de derechos de importación, consagradas desde 1922 como un derecho de los concesionarios, estableciéndolas como de otorgamiento facultativo por parte del Estado; y aumentó los impuestos a la explotación de los hidrocarburos.

En todo caso, la Ley de Hidrocarburos de 1943 fue, sin duda, el texto mejor concebido y estructurado que tuvo el país en la materia, y su valor más destacado está en haber implantado un régimen uniforme aplicable a las concesiones de hidrocarburos, otorgadas con anterioridad o posterioridad a dicha ley, estableciendo así, la debida unidad jurídica del régimen y eliminando la multiplicidad legislativa que hasta entonces existía debido al respeto a los derechos adquiridos, que todas las leyes anteriores consagraban. La Ley de 1943 introdujo la figura de la Conversión para permitir a los concesionarios existentes acogerse a sus disposiciones y reemplazar los títulos de las concesiones, lo que implicó, sin embargo, la extensión por 40 años más de vigencia, de las concesiones otorgadas con anterioridad que ya estaban próximas a vencerse, siendo éste, sin duda, uno de los aspectos más criticados de la ley.

Al final del gobierno del Presidente Medina, durante el cual se inició una política de intervencionismo estatal y de fomento de la producción nacional, se reformó el texto constitucional de 1936, dando origen a una nueva Constitución, la de 1945[81],

80 *Cfr.* F. Brito Figueroa, *Historia... cit.*, tomo II, pp. 508 y ss., 629 y ss. Sobre el apoyo del Partido Comunista al gobierno de Medina, véase D. Levine, *op. cit.*, p. 29.

81 Véase en general, Linda Núñez, "El reforma constitucional del 1945", en Elena Plaza y Ricardo Combellas (Coordinadores), *Procesos Constituyentes y Reformas Constitucionales en la Historia de Venezuela: 1811-1999*, Universidad Central de Venezuela, Caracas 2005, Tomo II, pp. 563-585.

en la cual se incorporaron disposiciones que reflejaban la situación económica de emergencia provocada por la II Guerra Mundial, otorgándose amplios poderes al Estado de control de la economía nacional (art. 32,9); se ampliaron los poderes del Gobierno Central aun cuando se conservaba, de nombre, la forma federal del Estado (arts. 15 y 78); y se liberalizaron los derechos políticos al eliminarse la prohibición que desde el texto constitucional de 1928 se establecía respecto del comunismo[82].

En particular, debe insistirse que la emergencia económica que legislativamente se reguló por Decretos–Leyes durante el período 1939–1944, influyó en la reforma constitucional de 1945, habiéndose redactado el texto relativo a la garantía económica en forma distinta al texto de 1936, dándose cabida, precisamente, a la posibilidad de las medidas económicas de emergencia. Así se facultó al Poder Federal para "dictar en circunstancias extraordinarias, las medidas de orden económico que fueren necesarias para racionalizar y regular la producción, circulación y consumo de la riqueza" (art. 32, ord. 9).

Pero los cambios que se habían producido en el orden económico y social, no se lograron producir en el orden político. Los partidos políticos en proceso de formación reclamaban el sufragio universal y directo, y una nueva clase política emergente no tenía cómo acceder al poder. La dirigencia que venía del régimen autocrático y de su propia liberalización no entendió la magnitud de los cambios y de nuevo fue necesaria una revolución para que el ciclo histórico que se había iniciado en 1899, concluyera.

Debe mencionarse, por último, que en la Constitución de 1945 se produjo la nacionalización del sistema judicial, eliminándose la competencia de los Estados en la materia que quedó como exclusiva competencia del Poder nacional, eliminándose en consecuencia la estructura de los tribunales a nivel de cada Estado, que habían estado regulados por la Ley Orgánica de la Corte Federal y de Casación y de los demás Tribunales de la República de 6 de agosto de 1941.

---

82 *Cfr.* D. H. Levine, *op. cit.*, p. 27, quien califica a Medina como iniciador del proceso de liberación política y de libertad de organización en Venezuela.

SEXTA PARTE

EL PERÍODO DE LA DEMOCRATIZACIÓN DEL ESTADO Y DE LA SOCIEDAD (A PARTIR DE 1945): EL ESTADO DEMOCRÁTICO CENTRALIZADO DE PARTIDOS (1958–1998)

El cuarto de los grandes ciclos históricos en la evolución política del país, comenzó, así, con la Revolución de Octubre de 1945, que llevó al partido Acción Democrática al poder, iniciándose el proceso de democratización no sólo del Estado sino de la sociedad venezolana y que originó el sistema político de Estado democrático centralizado de Partidos que predominó durante toda la segunda mitad del siglo XX. El proyecto político que definió la actuación de las generaciones que condujeron al país en esa segunda mitad del siglo XX, fue el del establecimiento y mantenimiento de un régimen democrático de gobierno, aunado a los esfuerzos de democratizar la sociedad y la economía. El sistema constitucional de Estado de Partidos, se moldeó en este período.

I. EL PROCESO DE INSTAURACIÓN DE LA DEMOCRACIA

1. *La Revolución de Octubre de 1945*

La Constitución de 1945 no tuvo una vigencia superior a cinco meses, pues el 18 de octubre del mismo año, un golpe militar llevó al Poder a una Junta de Gobierno que presidió Rómulo Betancourt, quien era el jefe del principal partido de oposición, Acción Democrática. Con ese acontecimiento, además, aparecería también en la escena política, como actor militar del golpe, el Mayor Marcos Pérez Jiménez, quien después sería a su vez, dictador por casi una década (1950–1958).

La consecuencia de esta alianza militar con un partido populista mucho se ha evaluado con posterioridad: en ella algunos situaron el nacimiento de la democracia en Venezuela[1], y otros el comienzo del neocolonialismo económico del país[2]. En

1 *Cfr.* Domingo A. Rangel, *Los andinos en el Poder*, Caracas, 1964, p. 237. Véase, Roberto J. Alexander, *The Venezuela Democratic Revolution. A profile of the Regime of Rómulo Betancourt,* New Jersey, 1964.

todo caso, como proceso que en su momento parecía que era inevitable, lo cierto es que significó una ruptura del hilo constitucional y del proceso político de transición hacia la democracia que se había iniciado lentamente después de la muerte de Gómez, consolidándose el sectarismo en el poder[3], derrumbándose al poco tiempo, por la incapacidad de sus dirigentes de consolidar alianzas democráticas, dando origen a un régimen militar que gobernaría por diez años hasta 1958.

Desde el punto de vista constitucional, la Revolución de Octubre, en todo caso, tiene una importancia singular: con dicho movimiento se produjo, por primera vez en el siglo XX, la ruptura del hilo institucional al romperse también el hilo constitucional. En efecto, durante todo el siglo XIX, las "Revoluciones" triunfantes, particularmente, la Revolución de Marzo (1858), la Dictadura de Páez (1861), la Revolución Federal (1863), la Revolución Azul (1868), la Revolución de Abril (1870), la Revolución Reivindicadora (1879), la Revolución Legalista (1892) y la Revolución Liberal Restauradora (1899), desde el punto de vista constitucional consistieron en el establecimiento formal de un gobierno de *facto*, al margen de una Constitución vigente, la cual quedaba tácitamente derogada a medida que el nuevo gobierno fuera dictando Decretos que, incluso, tuvieron rango constitucional. Esto mismo sucedió en 1945, con la Revolución de Octubre.

En efecto, entre los últimos Decretos dictados por el Presidente Isaías Medina Angarita durante su mandato, estuvo el publicado en la *Gaceta Oficial* del mismo día 18 de octubre de 1945[4], fecha en la cual se consumó el golpe militar contra su gobierno, mediante el cual se restringieron un conjunto de garantías constitucionales. Dicho Decreto el N° 350 del 18–10–45, en vista de que habían "ocurrido actos de rebelión en varios cuarteles de las guarniciones de Caracas y Maracay, que pueden dar motivo a graves acontecimientos y que han puesto en peligro el orden constitucional y la paz y la seguridad de la República", suspendió "el ejercicio de las garantías ciudadanas en todo el territorio de la República, con las únicas excepciones que la propia Constitución establece en el citado artículo 37, mientras dure la situación mencionada".

El golpe militar, sin embargo, estaba dado y en la *Gaceta Oficial* siguiente, publicada el 23–10–45, apareció el "Acta Constitutiva de la Junta Revolucionaria de Gobierno de los Estados Unidos de Venezuela" en la cual ésta se constituyó en Poder Ejecutivo de la Nación (art. 1), la cual lleva fecha del 19–10–45[5]. En esa misma *Gaceta Oficial* se publicó el "Comunicado del Gobierno Provisional a la Nación" de la misma fecha 19–10–45, en la cual se afirmaba que "será mantenido en vigencia el Decreto de suspensión de garantías constitucionales hasta tanto no sea recuperado el orden público turbado para cuyo efecto pedimos y esperamos la

---

2 F. Brito Figueroa, por ejemplo, señala que las actividades de la burguesía industrial nacional auspiciadora de una política de intervención del Estado, en la economía con sentido nacionalista, que actuó entre 1940 y 1945, por el golpe militar de 1945, cambió radicalmente bajo la orientación del nuevo gabinete, transformado después, en dictadura neoliberal. Véase F. Brito Figueroa *Historia Económica y Social de Venezuela*, tomo II, Caracas, 1966, p. 361 *Cfr.* Domingo A. Rangel, *op. cit.*, p. 324.

3 Véase Domingo A. Rangel, *op. cit.*, p. 317.

4 Véase *Gaceta Oficial* N° 21.840 de 18–10–45.

5 Véase *Gaceta Oficial* N° 21.481 de 23–10–45.

colaboración ciudadana". Además, en el Decreto N° 1 del 20–10–45 de la Junta Revolucionaria se indicó claramente, en su artículo 1, que "Se mantiene en vigencia el ordenamiento jurídico nacional en tanto no resulte derogado directa o indirectamente por los Decretos que sancione este gobierno que con el asentimiento popular ha asumido los plenos poderes de la Soberanía Popular".

Estos Decretos de la Junta, además, se los considera con validez inimpugnable, lo cual se declaró expresamente mediante el Decreto N° 369 del 9–7–46, en el cual se dispuso que "la validez de los Decretos de la Junta Revolucionaria de Gobierno de los Estados Unidos de Venezuela y la de los actos y decisiones de los organismos por ella instituidos, contra los cuales no se hubiere concedido expresamente, por el Decreto de su creación, recurso alguno, no podrá ser impugnada por vía de acción ni de excepción. Las acciones y recursos que hayan sido intentados quedarán sin efecto"[6].

Sin duda, esta fue una de las manifestaciones más perfectas de la ausencia de un Estado de Derecho y de la consagración jurídica de la arbitrariedad; a pesar de que por Decreto N° 217 de 15–03–46 la Junta Revolucionaria hubiera dictado un estatuto de garantías. Esta situación perduró hasta el 17 de diciembre de 1946, oportunidad en la cual, instalada la Asamblea Nacional Constituyente que había sido electa, ésta asumió la función de dictar la Carta Fundamental de la República y un Estatuto Electoral según la declaración sobre el objetivo de la Asamblea Nacional Constituyente (art. 1). En todo caso, aun cuando la Asamblea señaló que mientras no se sancionara la Constitución se abstendría de considerar otras materias, sin embargo, estableció la excepción respecto de los asuntos que "ella misma califique de urgentes, el examen de los actos de la Junta Revolucionaria de Gobierno, la organización y funcionamiento del gobierno provisional de la República... y los proyectos que con carácter de urgencia presente aquel organismo ejecutivo".

Posteriormente, después de la sanción de la Constitución de 1947 y reorganizado el funcionamiento de los Poderes Públicos, el Congreso asumió las funciones legislativas.

2. *La Constitución de 1947*

En todo caso, la Junta Revolucionaria de Gobierno, presidida por Rómulo Betancourt (1908–1981), al cuestionar la Constitución del 1945, dictó en marzo de 1946 un Estatuto para la elección de representantes a la Asamblea Nacional Constituyente además del mencionado Decreto de Garantías ciudadanas, cuyas normas, evidentemente tenían rango constitucional, derogatorias de lo previsto en el texto de 1945. Así, mediante la instauración del sufragio directo y realmente universal, con la participación por primera vez del voto femenino, se realizaron las elecciones para la Asamblea Constituyente, la cual dictó un Estatuto provisorio de garantías y sancionó la Constitución del 5 de julio de 1947.[7]

---

6 Véase en *Gaceta Oficial* N° 22.054 de 9–7–46.

7 Véase en general, Ingrid Jiménez Monsalve, "Asamblea Nacional Constituyente 1946–1947. Logros y fracasos de un programa político", en Elena Plaza y Ricardo Combellas (Coordinadores), *Procesos Constituyentes y Reformas Constitucionales en la Historia de Venezuela: 1811–1999*, Universidad Central de Venezuela, Caracas 2005, Tomo II, pp. 587–621.

Este texto, en la historia constitucional del país, indudablemente que tuvo un carácter revolucionario, no sólo en cuanto a técnica y expresión, sino en cuanto al contenido, pues desarrolló ampliamente los derechos sociales, limitó los derechos económicos, y estableció el derecho al sufragio universal, directo y secreto, con lo cual se inició la democracia representativa en Venezuela (arts. 44 y 47). En cuanto a la forma del Estado, el texto de 1947, que luego sirvió de modelo al de 1961, estableció una correlación y balance entre los Poderes Nacionales (Legislativo, Ejecutivo y Judicial) divididos en forma tradicional (arts. 84 y 137) y conservó, a pesar del centralismo inmanente de su texto, vestigios del régimen federal[8]. Conforme a la nueva Constitución, se realizaron elecciones en 1947, resultando electo Presidente el escritor Rómulo Gallegos, candidato del partido Acción Democrática en el Poder, por una mayoría abrumadora de votos.

La Constitución de 1947, en efecto, a pesar de su vigencia efímera de algo más de un año, y de que, por tanto, muchas de sus disposiciones no llegaron a aplicarse, cambió completamente en cuanto al fondo y a la forma, la tradición constitucional precedente, incluso en el número de los artículos que la conformaron que doblaron a los de los textos anteriores. Comenzó, incluso, con una Declaración Preliminar, equivalente al Preámbulo de las Constituciones posteriores (1961 y 1999), en la cual se formularon los principios fundamentales de dicho pacto de organización política, entre ellos, "la sustentación de la democracia, como único e irrenunciable sistema de gobernar su conducta interior, y la colaboración pacífica en el designio de auspiciar ese mismo sistema de gobierno y relaciones de todos los pueblos de la tierra", lo cual recogió luego el texto constitucional de 1961 y en cierta forma el de 1999 en sus preámbulos.

En cuanto a la forma del Estado, la Constitución de 1947 lo dividió territorialmente en Estados, un Distrito Federal, los Territorios Federales y las Dependencias Federales (arts. 2 y 9), estas últimas formadas por las islas del Mar Caribe de acuerdo a la figura que había sido creada por la Constitución de 1925 (arts. 3 y 10). El territorio de los Estados de acuerdo al artículo 2 de la Constitución de 1947, y siguiendo la orientación de la de 1904 (art. 7,3), se dividió en Distritos Municipales y el de éstos, a su vez, en Municipios" (art. 2). De acuerdo a esta división político territorial, el Poder Público se distribuyó verticalmente "entre el Poder Municipal, el de los Estados y el Nacional" (art. 86) (fórmula que luego recogió la Constitución de 1999), correspondiendo, sin embargo, el ejercicio del primero, a los Concejos Municipales ubicados en cada "distrito" de los Estados y no en los Municipios (art. 109). Se inició así una confusión que perduró hasta 1989, entre la Municipalidad (Distrito Municipal) y el Concejo Municipal órgano que representaba a la Municipalidad, a quien se atribuyó el ejercicio del Poder Municipal.

En este esquema de distribución vertical del Poder, la Constitución de 1947, si bien conservó el nombre de Estados Unidos de Venezuela, eliminó el Título inicial

---

8 En la Disposición Transitoria 7ª se remitió a la realización de un plebiscito, la decisión sobre la elección de los gobernadores de Estado por voto universal, directo y secreto, o sólo su designación por el Ejecutivo Nacional. Esta falta de visión política en superar la vieja consigna federal, es reconocida por los propios jefes de gobierno de esa época.

que habían tenido las Constituciones desde 1864, relativo a las "Bases de la Unión", y lo sustituyó por un extenso título relativo al Poder de los Estados, en el cual se conservaron competencias sustantivas de éstos en materia de desarrollo económico y físico (art. 121). En cuanto al Poder Municipal, la Constitución de 1947 destinó también un desusado y extenso título a su regulación, con detalle respecto del ámbito de la autonomía "de los Concejos Municipales" (art. 111) y de la competencia del "Poder Municipal" (art. 112), la cual también tenía un contenido amplio (como el de la Constitución de 1999), aun cuando con previsión expresa, en muchos casos, respecto de que esa competencia debía ejercerse "con sujeción a las leyes y reglamentos nacionales" (art. 112, 2 y 3)[9] con lo cual se limitó sustancialmente la referida autonomía del Poder Municipal, como igualmente ocurre en el texto constitucional de 1999.

La Constitución de 1947 destinó, por otra parte, un extenso articulado a la regulación de los "deberes y derechos individuales y sociales" (arts. 20 a 78), siguiendo las líneas del constitucionalismo de la época. Así, reguló detalladamente las garantías individuales (Art 29 a 46), los derechos de la familia (arts. 47 a 50), el derecho a la salud y a la seguridad social (arts. 51 y 52), los derechos concernientes a la educación (arts. 53 a 60), el derecho al trabajo (arts. 6 a 61), los derechos de carácter económico (arts. 65 a 75), y las normas relativas a la suspensión y restricción de garantías (arts. 76 a 78). Además, reguló el derecho al sufragio, estableciéndolo por primera vez en el siglo XX en un texto constitucional, con carácter universal, directo y secreto para la elección de todos los cuerpos representativos y del Presidente de los Estados Unidos de Venezuela, respecto de todos los venezolanos, hombres y mujeres, mayores de 18 años (art. 81).

En cuanto a la regulación de la propiedad privada y de la libertad económica, la Constitución de 1947 siguió la orientación iniciada en el texto de 1936, estableciendo la función social de la propiedad, la cual, en consecuencia, podía ser sometida a las contribuciones, restricciones y obligaciones que estableciera la Ley con fines de utilidad pública o interés general (art. 65)[10], orientación que se siguió en las Constituciones de 1961 y 1999. En cuanto a la libertad económica, la Constitución de 1947 estableció las bases contemporáneas del intervencionismo estatal, no sólo al permitir limitaciones a dicha libertad por razones sanitarias o de seguridad pública, sino al consagrar el derecho del Estado de "dictar medidas de orden económico para planificar, racionalizar y fomentar la producción, y regular la circulación y el consumo de la riqueza, a fin de lograr el desarrollo de la economía nacional" (art. 73)[11], en una fórmula que también se siguió en las Constituciones posteriores.

En cuanto al Poder Nacional, al eliminarse el título de las "Bases de la Unión", se estableció en el texto del 1947 un título especial dedicado al mismo, en el cual se

9 Véase, por ejemplo, en cuanto a las competencias en materia urbanística, lo expresado en Allan R. Brewer–Carías, *Urbanismo y Propiedad Privada*, Caracas, 1980, pp. 135 y ss.

10 Véase lo expuesto en Allan R. Brewer–Carías, *Instituciones Políticas y Constitucionales*, *Evolución histórica del Estado,* tomo I, Caracas 1996, Quinta Parte.

11 Véase lo expuesto en Allan R. Brewer–Carías, *Instituciones Políticas y Constitucionales*, *op. cit.*, tomo I, Quinta Parte.

enumeró su competencia (art. 138) en el estilo que luego se recogió en los artículos 136 de la Constitución de 1961 y 156 de la de 1999. Se previó consecuencialmente, en virtud de la tendencia centralista que este texto conllevaba, la posibilidad de que las Cámaras Legislativas descentralizaren competencias nacionales hacia los Estados y Municipalidades (art. 139), lo cual recogieron las Constituciones de 1961 (artículo 137) y 1999 (arts. 157, 158).

Se reguló detalladamente lo relativo a las relaciones internacionales (art. 104 a 108), a las Fuerzas Armadas Nacionales (arts. 93 a 103) y a la Hacienda Pública Nacional (arts. 231 a 247) de manera muy diferente a la tradición constitucional precedente, y en cuanto al Poder Nacional, éste, dividido en Poder Legislativo, Ejecutivo y Judicial (art. 139), fue objeto de una regulación orgánica detallada (art. 137 y 222), que han seguido muy de cerca las Constituciones de 1961 y 1999, aún cuando en ésta última con el agregado de dos otros Poderes Públicos: Ciudadano y Electoral.

En este contexto, debe destacarse particularmente como innovación, la regulación por primera vez a nivel constitucional de instituciones como el Ministerio Público a cargo del Fiscal General de la República (arts. 223 a 227) y la Contraloría General de la República (arts. 241 a 247) con autonomía funcional, y la Procuraduría General de la República (arts. 228 a 230) como institución diferenciada del Ministerio Público, dentro de la misma orientación luego recogida por la Constitución de 1961; y que la Constitución de 1999 completó, al configurar el Poder Ciudadano (Ministerio Público, Contraloría General, Defensor del Pueblo) y el Poder Electoral.

A pesar del excelente texto constitucional democrático de 1947, la práctica política del trienio 1945–1948 lamentablemente impidió el establecimiento de un sistema político con reglas de juego claramente establecidas, debido a la tendencia hegemónica del partido Acción Democrática, gran triunfador en las elecciones de 1946 y 1947, con una mayoría más que abrumadora. Esto provocó conflictos políticos y sociales al gobierno que impidieron a Acción Democrática realizar mayores transformaciones efectivas que no fueran, en materia económica y petrolera, la consolidación de las medidas adoptadas en el gobierno de Medina y el establecimiento de la fórmula del 50/50 en la participación fiscal en los beneficios de la industria petrolera, pues a los pocos meses de la elección de Rómulo Gallegos (1884–1969) como Presidente de la República, los mismos militares que habían dado el golpe en 1945 desplazaron del poder a Acción Democrática en noviembre de 1948.

3. *La dictadura militar (1948–1958) y la Constitución de 1953*

En efecto, el 24 de noviembre de 1948 se produjo el golpe militar que derrocó el gobierno constitucional del Presidente Rómulo Gallegos. Según consta del "Acta de Constitución del Gobierno Provisorio de los Estados Unidos de Venezuela el 24 de noviembre de 1948"[12], las Fuerzas Armadas asumieron "el control de la situación de la República" mediante una Junta Militar de Gobierno presidida por Carlos Delgado

12 Véase en *Gaceta Oficial* Nº 22.778 de 25–11–48

Chalbaud, quien había sido Ministro de Defensa de Gallegos, y dispusieron que para todas las cuestiones de orden constitucional recibiría aplicación "la Constitución Nacional promulgada el 20 de julio de 1936, reformada el 5 de mayo de 1945, sin perjuicio de que la Junta de acatamiento a aquellas disposiciones de carácter progresista de la Constitución Nacional promulgada el 5 de julio de 1947".

En todo caso, en dicha Acta se dispuso que: "Se mantiene el ordenamiento legal de la República en cuanto no resulte contrario a lo dispuesto en la presente Acta y a los fines que originaron el Gobierno Provisorio". En esta forma se derogó la Constitución de 1947 y se puso en vigencia el texto de 1945, que los mismos militares impidieron aplicar tres años antes.

Con motivo del asesinato del Presidente de la Junta Militar de Gobierno, Carlos Delgado Chalbaud (1909–1950), el 13 de noviembre de 1950, y por cuanto el Acta de Constitución del Gobierno Provisorio del 24 de noviembre de 1948 no establecía "la forma de llenar la falta absoluta que ha ocurrido" se promulgó otra "Acta por la cual los representantes de las Fuerzas Armadas Nacionales determinan la modificación del Acta de Constitución del Gobierno Provisorio de fecha 24 de noviembre de 1948" la cual se publicó en la *Gaceta Oficial* del 27 de noviembre de 1950 [13]. En esa misma *Gaceta Oficial* se publicó, además, el "Acta por la cual se modifica el Acta de Constitución del Gobierno Provisorio de fecha 24 de noviembre de 1948", en la cual se indicó que la Junta denominaría en lo adelante "Junta de Gobierno de los Estados Unidos de Venezuela", presidida desde entonces por un civil, Germán Suárez Flamerich. El acto del 24 de noviembre de 1948 conservó toda su fuerza y vigor; iniciándose una escalada represiva inusitada, particularmente contra los miembros del partido Acción Democrática.

El régimen había decidido darle legitimidad al autoritarismo, y convocó para el 30 de noviembre de 1952 elecciones para una Asamblea Constituyente que indudablemente ganó la oposición democrática, con Jóvito Villalba como el candidato con mayor número de votos. Los resultados de las elecciones fueron desconocidos por el gobierno, lo que llevó a Pérez Jiménez a asumir el poder el 2 de diciembre de 1952 como Presidente Provisional de la República, lo que constó en el "Acta por la cual los representantes de las Fuerzas Armadas Nacionales modifican las Actas de Constitución del Gobierno Provisorio de fecha 24 de noviembre de 1948 y 27 de noviembre de 1950 publicada en la *Gaceta Oficial* del mismo día[14]. En todo caso, el Acta de 24 de noviembre de 1948 conservaba toda su fuerza y vigor.

El 9 de enero de 1953, la Asamblea Constituyente elegida fraudulentamente, decretó que Pérez Jiménez seguiría en ejercicio del Poder Ejecutivo, hasta tanto "entre en funciones el Gobierno Constitucional de la Nación", y además dispuso que:

> "*Artículo 1.* Se mantiene en vigencia el ordenamiento constitucional y legal establecido en el Acta de Constitución del Gobierno Provisorio de los Estados Unidos de Venezuela de fecha 24 de noviembre de 1948, modificada el 27 de

13 Véase en *Gaceta Oficial* Nº 23.390 de 27–11–60.

14 Véase en *Gaceta Oficial* Nº 24.002 de 2–12–52.

noviembre de 1950 y el 2 de diciembre de 1952, mientras no resulte modificado por esta Asamblea".

Se aseguraba, así, la continuidad del ordenamiento jurídico de la República.

Durante el mandato del Gobierno de facto, en diversas oportunidades fueron suspendidas las garantías constitucionales, pero ello se refirió básicamente a las libertades individuales.

La Asamblea Constituyente sancionó la Constitución en abril de 1953[15], teniendo como modelo el texto de 1945, pero resultando mucho más conservadora política, social y económicamente hablando; mucho más centralista; y de contenido formal bastante simplista, si se compara su redacción con la Constitución de 1947. Luego de su sanción, Pérez Jiménez asumiría como "Presidente Constitucional de la República" para el período 1953–1958.

La Constitución de 1953, en cuanto a la forma del Estado, formalmente estableció el mismo principio de distribución vertical del Poder Público formulado en los textos precedentes a partir de 1925, "entre el Poder Municipal, el de los Estados y el Nacional" (art. 40), y destinó capítulos específicos a regular a los Estados (arts.11 y 17), a las Municipalidades, que continuaron existiendo a nivel de los Distritos (arts. 18 y 21), y al Poder Nacional (arts. 59 a 135). Sin embargo, cambió radicalmente el principio básico del federalismo de 1864 (art. 90), que habían repetido todas las Constituciones precedentes hasta 1947, y que colocaba el poder residual en los Estados. La Constitución de 1947, por ejemplo, en esa tendencia, atribuyó a los Estados competencia en "todo lo no reservado expresamente por esta Constitución o las leyes, a la Nación o Municipalidades" (art. 121,8), y si bien se apartó de la tradición constitucional que regulaba este poder residual, como una materia de reserva constitucional, permitiendo en cambio, que por ley se atribuyeran competencias al nivel nacional, el principio del poder residual de los Estados siempre estuvo vigente.

La Constitución de 1953, al contrario, cambió el nivel residual y se lo atribuyó al Poder Nacional, al establecer como competencia de éste, "toda otra materia que la presente Constitución no atribuya a los otros Poderes" (art. 60,29), con lo cual, formalmente, se acabó con uno de los últimos vestigios del federalismo. La Constitución de 1953, además abandonó la denominación de la Nación como "Estados Unidos de Venezuela" que el texto de 1864 había impuesto, y se adoptó la denominación contemporánea de República de Venezuela (art. 2).

Debe indicarse, además, que los derechos individuales y sociales en la Constitución de 1953, formalmente, sufrieron una merma sustancial en su regulación, estableciéndose respecto de ellos sólo fórmulas escuetas (arts. 28 a 37), aun cuando en materia de propiedad, se conservó el grado de limitación previsto en el texto de 1947 (art. 35,9), ampliándose incluso las posibilidades de limitación e intervención del Estado en el campo económico (art. 12,12).

---

15 Véase en general, Elisa Escovar León, "Asamblea nacional Constituyente de 1953", en Elena Plaza y Ricardo Combellas (Coordinadores), *Procesos Constituyentes y Reformas Constitucionales en la Historia de Venezuela: 1811–1999*, Universidad Central de Venezuela, Caracas 2005, Tomo II, pp. 623–682.

En cuanto a la continuidad del ordenamiento jurídico anterior, la Disposición Transitoria Tercera de la Constitución fue explícita al indicar que: "Entre tanto se completa la legislación determinada en Capítulo sobre Garantías individuales de esta Constitución, se mantienen en vigor las disposiciones correspondientes del Gobierno Provisorio y se autoriza al Presidente de la República para que tome las medidas que juzgue convenientes a la preservación en toda forma de la seguridad de la Nación, la conservación de la paz social y mantenimiento del orden público". En esta forma, se aseguró la continuidad del orden legal, lo cual perduró hasta el golpe de Estado que se produjo en enero de 1958 contra el gobierno del General Pérez Jiménez.

En noviembre de 1957 se convocaron las elecciones previstas en la Constitución para el nuevo período constitucional, pero con la modalidad de un plebiscito a realizarse el 15 de diciembre de 1957. La política represiva fue desafiada por el movimiento estudiantil y la movilización que realizó la Junta Patriótica que habían constituido los representantes de los partidos políticos, la mayoría desde la clandestinidad, llevó al gobierno a realizar un nuevo fraude electoral y con ello, el inicio de la desbandada oficial y la rebelión militar, todo lo cual concluyó con una huelga general el 21 de enero de 1958, y dos días después, el 23 de enero, con la huída del país de Pérez Jiménez. Terminaba así una dictadura que había conducido, sin duda, una de las más represivas y desnaturalizadoras de nuestra historia[16], de lo cual resultó que un movimiento militar con respaldo popular asumió el poder, contando con el apoyo de los grupos económicos y de todos los partidos políticos. Fue así que se abrió, la etapa democrática que durante la segunda mitad del siglo XX se desarrolló en el país.

4. *El Golpe de Estado del 23 de enero de 1958 y la Revolución Democrática*

El 23 de enero de 1958 se produjo el golpe de Estado contra el gobierno dictatorial del General Marcos Pérez Jiménez, el cual fue dado, de nuevo, por las Fuerzas Armadas Nacionales con el objeto de enrumbar al país "hacia un Estado democrático de derecho", tal como consta del Acta Constitutiva de la Junta Militar de Gobierno de la República de Venezuela publicada en la Gaceta Oficial del mismo día[17].

La Junta, de acuerdo a esta Acta, asumió "todos los Poderes del Estado", y expresamente se consagró, sobre la continuidad del orden jurídico, lo siguiente:

> "*Art. 3*. Se mantiene en plena vigencia el ordenamiento jurídico nacional en cuanto no colida con la presente Acta Constitutiva y con la realización de los fines del nuevo gobierno, a cuyo efecto la Junta Militar dictará, mediante Decreto refrendado por el Gabinete Ejecutivo, las normas generales y particulares que aconseje el interés de la República, inclusive la referentes a la nueva organización de las ramas del Poder Público".

---

16 Véase Andrés Stambouli, *Crisis Política Venezuela 1945–1958*, Caracas, 1980; José Rodríguez Iturbe. *Crónica de la Década Militar*, Caracas, 1984.

17 Véase en *Gaceta Oficial* Nº 45.567 de 23–01–58

En la misma fecha del 23 de enero de 1958, según consta en la misma *Gaceta Oficial*, la Junta Militar de Gobierno fue ampliada en su integración y transformada en Junta de Gobierno, con la participación de civiles.

En la "Ratificación de Principios" que la Junta de Gobierno hizo Pública en la Gaceta Oficial del 8–3–58 [18] se precisaron los términos del ordenamiento jurídico de la República y de su establecimiento en la siguiente forma:

> "Fue en principio esencial de la Constitución de la Junta de Gobierno enrumbar el país hacia un Estado democrático de derecho. A tal efecto, se mantuvo en plena vigencia el ordenamiento jurídico nacional, el cual sólo sería modificado por las normas generales y particulares que aconsejare el interés de la República, mediante Decretos refrendados por el Gabinete Ejecutivo".
>
> "Conforme al espíritu del Acta Constitutiva, ha sido criterio unánime de la Junta de Gobierno y del Consejo de Ministros el usar con discreción de las facultades extraordinarias de carácter legislativo...".

Por tanto, durante el mandato de la Junta de Gobierno, entre enero de 1958 y marzo de 1959, estuvo en vigencia, en lo no afectado por el Acta Constitutiva, la Constitución de 1953. Este texto, luego de instaladas las Cámaras Legislativas electas en diciembre de 1958, permaneció en vigencia hasta el 23 de enero de 1961, cuando se promulgó la Constitución de 1961, elaborada por las Cámaras Legislativas, conforme al procedimiento que aquel texto de 1953 establecía.[19] En 1958 también había sido electo Rómulo Betancourt en la Presidencia de la República para el período 1959–1964.

La Constitución de 1961 ha sido la que en toda la historia constitucional ha tenido mayor vigencia (38 años) siendo la segunda la de 1830, que tuvo 27 años de aplicación. Puede decirse inclusive que así como en el momento político de 1830, que condujo a un acuerdo de los líderes militares–regionalistas que concluyó en lo que se denominó el Pacto Centro–Federal, contribuyó a que esa Constitución tuviese vigencia suficiente durante el proceso de consolidación del Estado, una vez que se separó de la Gran Colombia precisamente por el acuerdo expreso, inicialmente, y tácito posteriormente, para mantener la naciente República; asimismo, esa explicación puede darse en el caso de la vigencia de la Constitución de 1961 la cual también fue el producto de un pacto político nuevo, que se construyó a partir de 1958.

El modelo de este texto de 1961 fue el de 1947, pero resultando con múltiples mejoras[20]. Desde 1958 en todo caso el país vivió bajo un régimen político

---

18 Véase en *Gaceta Oficial*, N° 25.605 de 08–03–58

19 Véase en general, Manuel Rachadell, "El proceso político en la formación y vigencia de la Constitución de 1961", en Elena Plaza y Ricardo Combellas (Coordinadores), *Procesos Constituyentes y Reformas Constitucionales en la Historia de Venezuela: 1811–1999*, Universidad Central de Venezuela, Caracas 2005, Tomo II, pp. 683–732.

20 En particular, sobre la Constitución de 1961, véase nuestra obra: *Instituciones Políticas y Constitucionales*, Universidad Católica del Táchira, Editorial Jurídica Venezolana, VII Tomos, Caracas–San Cristóbal, 1998. Véase además, *La Constitución de 1961 y la evolución constitucional de Venezuela*, Ediciones del Congreso de la República, Caracas, 1972–1973, 2 tomos (4 volúmenes); *Estudios sobre*

democrático representativo, monopolizado por los partidos políticos, habiéndose sucedido en la Presidencia, por primera vez en la historia política del país, varios Presidentes por la vía del sufragio universal, directo y secreto[21]. Así, después de que se eligió a Rómulo Betancourt (1908–1981) antes de la entrada en vigencia de la Constitución, para el período 1959–1964, durante su vigencia fueron electos: Raúl Leoni (1905–1972) para el período 1964–1969; Rafael Caldera (1916–) para el período 1969–1974; Carlos Andrés Pérez (1922–) para el período 1974–1979; Luis Herrera Campíns (1925–2007) para el período 1979–1984; Jaime Lusinchi (1924–) para el período 1984–1989; de nuevo, Carlos Andrés Pérez para el período 1989–1994, el cual no concluyó, habiendo sido designado por el Congreso, Ramón J. Velázquez (1916–) para el período entre junio de 1993 y febrero de 1994; de nuevo, Rafael Caldera para el período 1994–1999, y en 1998, Hugo Chávez Frías fue electo para el período 1999–2004. La Constitución de 1961 se sustituyó por la de 1999, y conforme al Régimen de Transición del Poder Público dictado por la Asamblea Nacional Constituyente después de sancionada la última, al truncarse el período presidencial de Chávez que se había iniciado en 1999, ello condujo a que fuera electo de nuevo, en 2000, conforme a la nueva Constitución, para el período 2001–2007, habiéndo sido luego reelecto en 2006 para el período 2007–2013. Lo cierto es que en 2008, Chávez ya era el Presidente de la República que en toda la historia venezolana había estado más tiempo seguido en ejercicio de la Presidencia.

La Constitución de 1961, conforme a la tradición constitucional que se inició en 1811, fue un texto que reguló la parte orgánica del Estado, y los derechos y garantías constitucionales en su parte dogmática, a lo largo de 250 artículos. Al sancionarse, fue una de la Constituciones más avanzadas del momento, habiendo servido de modelo en muchos aspectos para constituciones posteriores, particularmente en el mundo de habla hispana. Este texto fue el fruto de un consenso entre las diversas fuerzas y actores políticos de comienzos de la década de los sesenta por lo que puede considerarse como un auténtico Pacto Político de la sociedad venezolana, elaborado por el liderazgo de una generación que ya tenía más de dos décadas de acción política; y en un momento histórico en el cual el espíritu de unidad y de concordia derivada del derrocamiento de la dictadura, materializado en la suscripción del acuerdo interpartidista denominado Pacto de Punto Fijo (1958), facilitaron la elaboración de un texto pluralista que representara la aspiraciones de todos los venezolanos.

Precisamente por esas características, el texto constitucional fue lo suficientemente amplio y flexible como para permitir que todas las corrientes ideológicas lo tuvieran como su instrumento político futuro; y lo suficientemente programático y general, como para permitir su desarrollo de acuerdo a la orientación política de los

---

la Constitución Libro Homenaje a Rafael Caldera, 4 Tomos, Caracas, 1980 y Allan Brewer–Carías, *La Constitución y sus Enmiendas*, Caracas, 1991.

21 Ello ha llevado a que desde 1973, se haya estimado a la democracia venezolana como una de las pocas efectivas y competitivas de América Latina. Véase Daniel H. Levine, *op. cit.,* p. 3. *Cfr.* D. H. Blank, *Politics in Venezuela*, 1973, p. 272. Sobre el proceso político democrático en estos años, véase lo expuesto respecto al sistema electoral y al sistema de partidos en Allan R. Brewer–Carías, *Instituciones Políticas y Constitucionales,* tomo III, Caracas 1996, pp. 403 y ss.

gobiernos, configurándose como la expresión formal de un auténtico Proyecto Político Nacional.

La Constitución de 1961, así, no se concibió como una camisa de fuerza para el proceso político venezolano, sino como un canal lo suficientemente amplio como para que se pudiera navegar libremente. En sólo dos aspectos la Constitución fue realmente rígida e inflexible: en el establecimiento de una democracia pluralista, que permitió la participación de todas las fuerzas y corrientes políticas –de allí la consagración constitucional del principio de la representación proporcional–; y en la asignación a los partidos políticos de la tarea de conducir políticamente al país. Esto, sin duda, en los años de su vigencia, se logró con creces: la democracia se consolidó completamente en Venezuela, signada por un pluralismo ideólogo auténtico, y los partidos políticos controlaron todos los aspectos de la vida nacional.

La Constitución dio algunos de sus frutos políticos fundamentales, creando una situación de estabilidad prolongada como nunca antes se había conocido en el siglo XX. Sin embargo esta estabilidad, y la ausencia de rupturas del sistema político por voluntad de los partidos políticos, con frecuencia hicieron olvidar la necesidad de perfeccionar la democracia como ejercicio político, dando origen a muchas distorsiones que no fueron debidamente superadas. La Constitución de 1961, en todo caso, daba todas las posibilidades para el logro de este perfeccionamiento, las cuales, sin embargo, no se aprovecharon políticamente, salvo en algunos aspectos como los concernientes a los intentos fallidos de descentralización política de la Federación de comienzos de los años noventa.

Dada la importancia de la Constitución de 1961 en la conformación del Estado venezolano, haremos un breve análisis de la misma, para lo cual estudiaremos, en una primera parte, los condicionantes políticos del texto constitucional; en la segunda y tercera parte, las regulaciones fundamentales del texto en relación tanto a la Constitución política como a la Constitución económica que contiene; en la cuarta parte, algunos efectos políticos de la aplicación de la Constitución en las décadas de su vigencia; y en la quinta parte, las deficiencias que al final del período existían en la ejecución de la Constitución y las transformaciones constitucionales que se requerían en relación con la organización del Estado.

II. LOS CONDICIONANTES POLÍTICOS DE LA CONSTITUCIÓN DE 1961: LA REVOLUCIÓN DEMOCRÁTICA DE 1958 Y EL PACTO DE PUNTO FIJO

La Constitución de 1961 fue la que en toda la historia política de Venezuela, desee 1811, tuvo mayor lapso de vigencia (hasta 1999), siguiéndola la de 1830, que tuvo 27 años de vigencia (hasta 1857). En este último caso, el momento político que condujo al acuerdo entre los líderes militares–regionalistas desembocó en lo que se denominó el Pacto Centro–Federal, fue lo que contribuyó a que esa Constitución tuviese vigencia suficiente durante el proceso de consolidación del Estado, una vez que se separó de la Gran Colombia. En ese momento hubo un acuerdo expreso, inicialmente, y tácito posteriormente, para mantener la naciente República, después de la separación de la Gran Colombia. De allí los años de vigencia de aquel texto. Hasta cierto punto, esa misma explicación podría darse en el caso de la vigencia de la Constitución de 1961, la cual también fue el producto de un pacto político que buscó darle estabilidad al sistema político democrático que se constituyó a partir de 1958, que fue el pacto de Punto Fijo.

1. *La Revolución Democrática de 1958 y las reglas de juego del sistema político*

En efecto, el origen de la Constitución de 1961 está en la Revolución Democrática de 1958 y en el establecimiento, como consecuencia de ella, de unas reglas de juego, tanto del sistema político en general, como del sistema de partidos. A partir de 1958, los partidos políticos que asumieron el control del sistema político, fueron los mismos que habían actuado democráticamente en el trienio 1945–1948 y que habían nacido a comienzos de esa década, pero en 1958 con una nueva actitud. La discordia interpartidista al extremo que caracterizó el proceso político de los años cuarenta, se cambió por un sistema en el cual la discordia se mantuvo al mínimo, pues aquella situación sin duda, había sido la que provocó el derrocamiento del Presidente Rómulo Gallegos (1948) por los mismos militares que tres años antes habían llevado a Rómulo Betancourt al Poder, dando así inicio a la dictadura militar que duró una década. Por eso, el mismo Betancourt, al referirse al régimen iniciado en 1958, afirmó que "la discordia interpartidista se mantuvo al mínimo y así revelaron sus conductores que habían aprendido la dura lección que a todos los venezolanos nos dio el despotismo"[22].

Pero, por supuesto, no sólo aprendieron la dura lección del despotismo que se mantuvo durante 10 años encarnado por la dictadura de Pérez Jiménez, sino que realmente, quizás lo que más aprendieron fue que la discordia interpartidista al extremo, desarrollada en el trienio 45/48, no podía ser un sistema político que podía funcionar, porque no estaba fundado en reglas de juego claras que permitieran la participación política. Por tanto, más que la experiencia de la dictadura, lo que motivó a los líderes políticos a instaurar el nuevo régimen fue la experiencia del fracaso del sistema político establecido a mitades de la década de los cuarenta, que se basó, precisamente, en esa "discordia interpartidista" llevada al máximo, y que no permitió que se estabilizara el sistema político. Lo que caracterizó el sistema de partidos en esa época, como lo afirmó Juan Carlos Rey, "no eran relacionados entre competidores que se respetan mutuamente sino entre enemigos jurados que aspiran a destruirse"[23]. Por eso afirmó el mismo R. Betancourt, que en 1958, "los partidos políticos venezolanos, obligados por el despotismo a laborar en la clandestinidad, convinieron en una acción concertada y unida para abrirle a Venezuela caminos hacia el orden democrático"[24].

En esta forma, la Revolución Democrática de 1958 tuvo su origen y fundamento en la acción concertada de los partidos fundamentales y sus líderes. De allí que Ramón J. Velázquez, al comentar la reunión que tuvieron los líderes políticos fundamentales en Nueva York, en la primera quincena de 1958, señaló que "pasaron revista a la situación política venezolana, analizaron los graves errores y los aciertos

22 Véase R. Betancourt, *La Revolución Democrática en Venezuela*, tomo I, Caracas 1968, p. 9.

23 Véase "El Sistema de Partidos Venezolanos" en Juan Carlos Rey, *Problemas Socio–Político de América Latina*, Caracas 1980, p. 313.

24 *Op. cit.*, p. 7.

del pasado y terminaron por aceptar la tesis que el porvenir sería suyo en la medida en que entendieran que el poder político es el producto de alianzas y de acuerdos entre los diversos sectores que integran un país"[25].

El pacto político que enrumbó el proceso democrático a partir de 1958, buscaba eliminar la hegemonía de cualquiera de los partidos políticos y la exclusión de los otros en el proceso político, así como el establecimiento de un sistema de partidos competitivos que se respetaban mutuamente, el cual debía estar comprometido, por sobre todo al mantenimiento del régimen democrático; y la expresión formal de ese pacto político fue el denominado Pacto de Punto Fijo[26], suscrito el 31 de octubre de 1958 entre los líderes de los tres partidos políticos democráticos fundamentales del país. La Constitución de 1961, puede decirse, fue el producto directo de aquel pacto, desde el punto de vista de la organización del Estado y su régimen político.

2. *El Pacto de Punto Fijo (1958)*

El Pacto de Punto Fijo constituyó un acuerdo entre los tres principales partidos, partiendo del supuesto de que ellos tenían "la responsabilidad de orientar la opinión para la consolidación de los principios democráticos...", para lograr puntos de unidad y de cooperación entre ellos.

En tal sentido, en él pueden distinguirse tres principios de carácter general que lo motivaron, así como una serie de compromisos políticos concretos.

Se trató de un acuerdo de convivencia entre los partidos, para garantizar el desarrollo de un proceso electoral (1958), que condujera a la formación de un gobierno democrático con participación de los diversos sectores políticos; para lo cual los partidos acordaron establecer unas pautas de convivencia basadas en el mutuo respecto, inteligencia y cooperación entre las diversas fuerzas políticas, sin perjuicio de la autonomía organizativa de cada una de ellas o de sus características ideológicas, como garantía para no romper el frente unitario que ellas implicaban, prolongar la tregua política, despersonalizar el debate y erradicar la violencia partidista.

Ese esfuerzo de cooperación entre las fuerzas políticas tenía como fin inmediato lograr, entre todos, que se desarrollase el proceso electoral de diciembre de 1958, y que los poderes públicos que resultaren electos de ese proceso, respondieran a pautas democráticas. Se trataba, por tanto, de un acuerdo para el establecimiento de un sistema democrático, para lo cual adquirieron el compromiso de establecer un gobierno y unos cuerpos representativos, que debían agrupar equitativamente todos los sectores de la sociedad interesados en la estabilidad de la República como sistema popular del gobierno. Por tanto, aquí, el Pacto fue más allá del acuerdo de respeto mutuo y de cooperación, y se convirtió en un acuerdo de hacer y lograr la participación de todos los sectores interesados en la estabilidad republicana y en la

25 Véase Ramón J. Velásquez, "Aspectos de la Evolución Política en Venezuela en el último medio siglo" en Ramón J. Velásquez y otros, *Venezuela Moderna, Medio Siglo de Historia 1926–1976,* Caracas 1979, p. 219.

26 Véase el texto en Presidencia de la República, *Documentos que hicieron historia*, tomo II, Caracas 1962, pp. 443 a 49.

formación del nuevo gobierno, lo cual se hizo realidad, no sólo en la estructuración del primer gobierno de Rómulo Betancourt, en 1959, con participación ministerial de los tres principales partidos, sino por el establecimiento del principio de la representación proporcional de las minorías, para lograr la "equitatividad" en los cuerpos deliberantes, de manera que todos los sectores de la sociedad interesados en la estabilidad republicana estuviesen representados en ellos, sin que quedasen algunos de aquéllos fuera del juego político. Por tanto, quedaron fuera del pacto, las fuerzas que habían apoyado la dictadura, las que se alineaban con la conspiración militar y con el Partido Comunista de Venezuela, no interesados en el momento en la estabilidad republicana, como quedó demostrado por la lucha subversiva interna que se desarrolló durante más de un lustro, a partir de esa fecha.

Los partidos, además, conforme al Pacto establecieron varios compromisos formales, entre los cuales destacó la defensa de la constitucionalidad y del derecho a gobernar conforme el resultado electoral, lo cual, en definitiva, se configuraba como un acuerdo de unidad popular defensivo del sistema constitucional, del sistema democrático y de las elecciones que se iban a realizar. Para lograr este compromiso, debe recordarse que la Revolución Democrática de 1958 no provocó la derogación de la Constitución de 1953 que había sido producto de la dictadura, de manera que el Acta Constitutiva de gobierno que se constituyó el 23 de enero de 1958, dejó en vigencia el régimen constitucional precedente, que era el de la Constitución de 1953, con las modificaciones que la Junta de Gobierno pudiera adoptar[27], con lo que no se procedió, como había ocurrido en otros casos de ruptura del hilo constitucional precedentes, a convocarse una Asamblea Constituyente. Ese proceso se consideró que podía contribuir a la ruptura de la propia unidad que se buscaba restablecer, de la propia tregua política y de la despersonalización del debate. Así, se dejó en vigencia el régimen constitucional de 1953, y se fue directamente a un proceso electoral, de acuerdo a la Ley Electoral que se había dictado en mayo de ese mismo año 1958 por la Junta de Gobierno, a los efectos de elegir al Presidente de la República y a una Asamblea–Congreso que debía elaborar la nueva Constitución[28].

Este primer compromiso implicó no sólo la voluntad común de respetar las autoridades electas sino la obligación general de defenderlas contra todo intento de Golpe de Estado que se pudieran producir, incluso como "oposición legal y democrática al Gobierno", considerándose como un delito contra la patria, la colaboración con la fuerzas y con los hechos subversivos, que pudieran provocar la ruptura de la estabilidad constitucional y democrática que resultara de las elecciones.

El otro compromiso esencial fue el de la constitución de un gobierno de unidad nacional como exigencia de la estabilidad del Estado de Derecho, por el tiempo que perdurasen los factores que amenazaban el ensayo republicano, para entre otros aspectos, evitar que la discordia interpartidista y la oposición sistemática debilitaran el movimiento hacia la democracia. A tal efecto, se buscó asegurar que las corrientes

---

27 Véase el Art. 3 del Acta Constitutiva de la Junta Militar de Gobierno de la República de Venezuela, en *Gaceta Oficial* N° 25.567 de 23–1–58.

28 Por Decreto–ley N° 20 de 3–2–58 se había derogado la Ley de Elecciones de 1957 (*Gaceta Oficial* N° 25.576 de 3–2–58), declarando inexistentes el *plebiscito* y elecciones celebrados en diciembre de 1957.

políticas nacionales estuvieran representadas en el gobierno de unidad, junto con los sectores independientes, a los efectos de garantizar la participación de todos los actores en el proceso político.

Para todos esos fines, el Pacto dispuso que los partidos debían establecer un programa mínimo común para concurrir al proceso electoral, de manera que ninguno de los partidos debía incluir en sus programas puntos contrarios al programa mínimo común; y en cuanto a la discusión pública de los puntos que no estuvieran en el programa mínimo común, debía mantenerse dentro de "los límites de tolerancia y mutuo respecto", a lo cual los obligaban los intereses superiores de la "unidad popular y de la tregua política" y de la "tolerancia mutua". Los partidos se comprometieron, además, a realizar una campaña positiva, imbuida de un espíritu unitario y que evitara planteamientos y discusiones que pudieran precipitar "la pugna interpartidista, la desviación personalista del debate y divisiones profundas" que luego pudieran comprometer la formación del Gobierno de la Unidad Nacional.

En este excepcional documento político, por tanto, no sólo había un programa mínimo común, no sólo se comprometían los partidos a no discutir públicamente puntos disidentes con el mismo; a no incorporar en sus programas puntos contrarios; y a discutir públicamente los asuntos divergentes en forma que no comprometiera la unidad, sino además, se estableció el compromiso de realizar la campaña en forma tal que no se cayera en lo que se quería evitar: la pugna interpartidista, las desviaciones personalistas, y las divisiones entre los diversos partidos que pudieran comprometer la formación del futuro gobierno. Concluyó el documento con el compromiso de todos de respaldar el nuevo gobierno y de prestarle leal y democrática colaboración.

Sin duda, en 1958 los partidos políticos habían aprendido la dura lección política de la lucha interpartidista extrema, basada en la destrucción del adversario y la hegemonía de un partido sobre otros, que había provocado la destrucción del sistema democrático en la década de los cuarenta y con ello el advenimiento de la dictadura. Como resultado de ello se suscribió este Pacto de Punto Fijo que ha sido calificado por Juan Carlos Rey como "uno de los más notables ejemplos que cabe encontrar en sistema político alguno, de formalización e institucionalización de unas comunes reglas de juego, al mismo tiempo que muestran la lucidez de la élite de los partidos políticos venezolanos"[29].

Mediante este compromiso político, por tanto, se estableció en Venezuela un sistema de partidos, basado en relaciones mixtas de cooperación y conflictos, para asegurar la defensa del sistema frente a los enemigos antagónicos que no estaban incorporados al Pacto: las fuerzas perezjimenistas por una parte y las fuerzas de la extrema izquierda, por la otra, que conspiraban contra el régimen democrático.

3. *La consecuencia del Pacto: La Constitución de 1961*

El Pacto de Punto Fijo, puede decirse, tuvo como producto fundamental no sólo la realización de las elecciones presidenciales y legislativas en diciembre de 1958, sino la elaboración de la Constitución de 1961, lo que resulta del hecho de que la

29 *Loc. cit.*, p. 315.

primera tarea que se impusieron los Senadores y Diputados electos en diciembre de 1958 fue la elaboración de dicha Constitución, a cuyo efecto, el 2 de febrero de 1959 se instaló la Comisión de Reforma de Constitucional, como Comisión Bicameral en el Congreso electo.

En la historia constitucional venezolana sólo ha habido dos casos en los cuales una Constitución, luego de una ruptura del hilo constitucional o un cambio político radical no se elaboró por una Asamblea Constituyente, sino por el Congreso conforme la regulación constitucional, lo que ocurrió con las Constituciones de 1936 y de 1961.

En 1936, luego de la muerte del dictador J. V. Gómez, el Congreso que existía fue el que reformó la Constitución, lo cual se explica porque al asumir el poder Eleazar López Contreras se abrió un período de transición, sin que hubiese una ruptura total del sistema anterior. Sin embargo, en 1958 a pesar de que si hubo una ruptura completa en el proceso político, pues inclusive en febrero se declaró inexistente el plebiscito que se había celebrado el 15 de diciembre de 1957 y las elecciones realizadas en esa fecha para los cuerpos representativos, los cuales fueron formalmente disueltos, no se optó por convocar una Asamblea Constituyente, aun cuando por supuesto, de manera que, fue el Congreso electo en el nuevo régimen el que elaboró y sancionó la Constitución.

La Comisión de Reforma Constitucional, como se dijo, se instaló el 2 de febrero de 1959 y en su segunda reunión el 23 de febrero de 1959 llegó a tres acuerdos básicos que orientaron la elaboración del Proyecto; en primer lugar, se acordó tomar como base de discusión para la elaboración de la Constitución, el texto de la Constitución de 1947, y de allí todas las semejanzas que existieron entre el texto de 1947 y el de 1961; en segundo lugar, se acordó que los miembros de la Comisión y los partidos políticos debían precisar los puntos de divergencia con relación al texto de la Constitución de 1947; y en tercer lugar, se acordó también, que debían precisarse los puntos de divergencia entre los partidos políticos respecto al proceso de reforma constitucional[30].

Ello condujo al acuerdo tácito de que la reforma constitucional debía concebirse en el seno de la propia Comisión al elaborarse el Proyecto, de manera que no debía abrirse la discusión en las Cámaras Legislativas al presentarse el Proyecto a las mismas[31], con lo cual se buscaba evitar que no se llegaran a acuerdos de consenso. Se buscaba así, que la Constitución fuera un pacto político, como debe ser toda Constitución, de la sociedad venezolana en un momento determinado, de manera que como se afirmó en la propia Exposición de Motivos de la Constitución, el texto aprobado no representó una opción rígida político–ideológica, dejándose "cierta flexibilidad al legislador ordinario para resolver cuestiones e injertar modificaciones que correspondan a las necesidades y a la experiencia de la República sin tener que apelar a la reforma constitucional" [32].

---

30 Véase el texto en *La Constitución de 1961 y la evolución constitucional Venezuela*, tomo I, Vol. 1, Caracas 1971, pp. 5, 6 y 7

31 *Loc. cit.*, pp. 6 y 7.

32 Véase el texto en *Revista de la Facultad de Derecho*, N° 21, Caracas 1961 pp. 205 y ss.

Esto se evidenció en dos aspectos fundamentales, primero, en el establecimiento de un régimen político democrático, con previsiones para su mantenimiento que marca la Constitución política del Estado; y en el establecimiento de un peculiar sistema político–económico–social, que configura la Constitución económica. En efecto, la Constitución estableció una superestructura política caracterizada por el establecimiento de una democracia, con sus instituciones, y el mantenimiento de la misma, como una reacción contra el poder absoluto. Por tanto, el sistema político se construyó teniendo en cuenta la experiencia anterior que había sido la de un poder absoluto, y por eso, dio origen a unas instituciones políticas determinadas comprometidas con la democracia. En cuanto al régimen del sistema económico y social, se percibe el punto de transacción entre las diversas fuerzas políticas, sentando las bases de una democracia económica y de una democracia social, con la posibilidad de intervención del Estado, lo que originó un texto que podía ser canalizado o desarrollado por los gobiernos, según su orientación ideológica.

III. EL RÉGIMEN POLÍTICO EN LA CONSTITUCIÓN DE 1961[33]

1. *Principios del régimen político*

La Constitución de 1961, siguiendo la tradición iniciada en 1811 y reforzada en 1863, estableció una forma del Estado Federal, con una gran carga centralista producto de la evolución política del siglo XX; y un régimen democrático pluralista que dio origen a una democracia de partidos. El Estado Federal centralizado y la democracia de partidos, en su funcionamiento hasta 1999, condujo a que el régimen político resultante fuera calificado como de un Estado democrático centralizado de Partidos.

A. *La Federación Centralizada*

De acuerdo al artículo 2 de la Constitución de 1961, "la República de Venezuela es un Estado Federal, en los términos consagrados por esta Constitución", a cuyo efecto se siguió la división del territorio nacional en 22 Estados (art. 9) conforme a la división político–territorial adoptada en 1856, y además, en un Distrito Federal donde estaba la Capital de la República, Caracas, sede de los órganos supremos del Poder Nacional (art. 11); y en las Dependencias Federales, estas últimas formadas por las islas existentes en el mar territorial o en el que cubre la plataforma continental (art. 14). Tanto los Estados como el Distrito Federal, estaban divididos en Municipios, existiendo para 1999, 338 Municipios en todo el territorio nacional.

De acuerdo a los términos de la Constitución, se consagró un sistema de distribución vertical del Poder Público, entre la República (Poder Público Nacional), los Estados (Poder Público Estadal), y los Municipios (Poder Público Municipal), formalmente como un sistema de descentralización política, en el cual tanto los Estados como los Municipios gozaban de autonomía política (arts. 16 y 25), y tenían asignadas una serie de competencias exclusivas que ejercían sin que existiera ningún

33 Véase Allan R. Brewer–Carías, "El sistema constitucional venezolano" en la obra colectiva dirigida por Domingo García Belaúnde, Francisco Fernández Segado y Rubén Hernández Valle sobre *Sistemas Constitucionales Iberoamericanos*, Madrid, 1992 pp. 717–815.

tipo de control de tutela entre los diversos niveles territoriales. En consecuencia, los actos de los Estados y los Municipios sólo podían ser impugnados ante los órganos del Poder Judicial que ejercen, sea la jurisdicción Constitucional o la contencioso–administrativa (arts. 29 y 215).

La forma federal del Estado, sin embargo, no fue acompañada en el texto constitucional de una efectiva descentralización de competencias, particularmente a nivel de los Estados, de manera que conforme al artículo 136 de la Constitución, se reservó al Poder Nacional una larga cantidad de competencias públicas, que abarcaban materialmente casi todas las actividades de un Estado incluyéndose, además, como competencia de los órganos nacionales "la que corresponda por su índole o naturaleza" (art. 136,25). Conforme a ello y siguiendo la tradición centralista cuyo inicio se remonta a comienzos del Siglo XX, el Congreso Nacional legislativamente continúo el proceso centralizador en perjuicio de los Poderes de los Estados, particularmente en cuanto a las competencias concurrentes que preveía la Constitución.

Además, el desbalance en la distribución vertical de competencias entre los tres niveles del Poder Público, se acentuó por la peculiar distribución del poder tributario que estableció la Constitución, ampliamente previsto a nivel nacional (art. 136,8); y algo a nivel municipal (art. 31,3); pero ausente a nivel estadal, salvo las que pudieran derivarse del carácter residual de las competencias públicas (art. 18).

El excesivo centralismo a que llevó la práctica legislativa desarrollada durante todo el siglo XX, sin dudas, planteó exigencias de reforma política, particularmente provocadas por la elección por voto directo, universal y secreto de los Gobernadores de los Estados, hecho que ocurrió por primera vez en diciembre de 1989; lo que provocó que se sancionara la muy importante Ley de Descentralización, Competencias del Poder Público de 28 de diciembre de 1989[34] con lo que se pretendió iniciar fallidamente, el *desideratum* por la federación y descentralización política que formularon los redactores de la Constitución en 1961, y que condujo a la previsión de la propia política de descentralización en la Constitución (art. 137).

B. *La democracia de partidos*

La Constitución de 1961, producto de la Revolución democrática de 1958, estableció un régimen político de democracia representativa liberal y pluralista, conforme al cual todos los órganos políticos del Estado (a nivel nacional, el Presidente de la República, los Senadores y los Diputados al Congreso; a nivel estadal, los Gobernadores y los Diputados a las Asambleas Legislativas; y a nivel municipal, los Alcaldes y los miembros de los Concejos Municipales) debían ser electos por votación popular, directa, universal y secreta (arts. 4, 19, 22, 27, 138, 151 y 183) .

Conforme a ese sistema, y con base en la aplicación del principio constitucional de la representación proporcional, cada cinco años, siendo esa la duración del

34 Véase en *Gaceta Oficial* N° 4.133 Ext. de 28–12–89. Véase lo expuesto en Allan R. Brewer–Carías, *Instituciones Políticas y Constitucionales*, *El Poder Público–Nacional, Estadal, Municipal,* tomo II, Caracas 1996, Octava Parte.

período constitucional nacional (art. 135), se celebraron elecciones en el país (1958, 1963, 1968, 1973, 1978, 1983, 1988, 1993, 1998). Al haberse establecido, conforme al artículo 135 de la Constitución, la duración de los Poderes Públicos de los Estados y de los Municipios en 3 años, por la Ley sobre el Período de los Poderes Públicos de los Estados de 1989 y por la Ley Orgánica de Régimen Municipal del mismo año[35].La elección de los Gobernadores, Alcaldes y Concejales se produjo a partir de diciembre de 1989.

Ahora bien, el esquema del Estado centralizado provocó en el país, durante los 38 años de vigencia de la Constitución, el desarrollo de un sistema pluralista de democracia de partidos, de carácter multipartidista, de todos los signos ideológicos, en el cual éstos asumieron materialmente el monopolio de la representatividad y de la participación. Los partidos políticos, cuya existencia se reconoció en la Constitución (art. 114), asumieron el papel protagónico en el proceso democrático, controlando todas las instancias políticas y penetrando en todos los niveles de la sociedad civil. Ello provocó que muchas veces el centro efectivo de las decisiones políticas hubiera pasado a los órganos directivos de los partidos políticos, que controlaban los órganos representativos. El Estado fue así un Estado de partidos.

2. *Los derechos constitucionales*

Siguiendo la tradición iniciada en materia de derechos individuales con la "Declaración de Derechos del Pueblo" de 1811 y con el texto de la Constitución de ese mismo año, enriquecida con los aportes jurídicos en materia de derechos sociales incorporados a las formas constitucionales de 1936 y, principalmente, de 1947, la Constitución de 1961 estuvo signada por la declaración de los derechos fundamentales, razón por la cual, incluso, inició su Preámbulo con la expresión de que la sanción de la propia Constitución tenía entre otros aspectos "el propósito de proteger el trabajo, amparar la dignidad humana; ...mantener la igualdad social y jurídica, sin discriminaciones derivadas de raza, sexo, credo o condición social; ... cooperar con las demás naciones y, de modo especial con las Repúblicas hermanas del Continente en... la garantía universal de los derechos individuales y sociales de la persona humana... sustentar el orden democrático como único e irrenunciable medio de asegurar los derechos y la dignidad de los ciudadanos".

Con base en estos propósitos, de los 250 artículos de la Constitución, 73 se destinaron a regular los Deberes, Derechos y Garantías en cuatro capítulos donde se regularon los derechos individuales, los derechos sociales, los derechos económicos y los derechos políticos[36]. La Constitución estableció, además, la cláusula abierta relativa a derechos y garantías, en el sentido de que como lo expresó la Exposición de Motivos, éstas se basan "sobre la noción esencial de la persona humana y se deja fuera de toda duda la interpretación de que no pueden quedar las garantías a merced de que exista o no una legislación que explícitamente las consagre y reglamente".

---

35 Véase en *Gaceta Oficial* N° 34.208 de 28–4–89; y en *Gaceta Oficial* N° 4.409 Extra, de 15–6–89.

36 Véase lo expuesto en Allan R. Brewer–Carías, *Instituciones Políticas y Constitucionales, Los Derechos y Garantías Constitucionales,* tomo IV, Caracas 1996, Tercera Parte.

Por ello, el texto del artículo 50 que estableció, al igual que se recogió en el artículo 22 de la Constitución de 1999, que:

> "La enunciación de los derechos y garantías contenida en esta Constitución no debe entenderse como negación de otros que, siendo inherentes la persona humana, no figuren expresamente en ella".

A. *Los derechos individuales*

En forma detallada la Constitución reguló los Derechos Individuales, comenzando por la formulación de la libertad, como el derecho de todos "al libre desenvolvimiento de su personalidad, sin limitaciones que las que derivan del derecho de los demás y del poder público y social" (art. 43), disposición que sustituyó el enunciado tradicional de que todos pueden hacer lo que no perjudique a otro y nadie está obligado a hacer lo que la ley no ordene, ni impedido ejecutar lo que ella no prohíba.

Además, la Constitución estableció expresamente el principio de la irretroactividad de la Ley, excepto cuando imponga menor pena (art. 44).

En el Capítulo relativo a los derechos individuales, la Constitución enumeró expresamente el derecho a la vida como inviolable, y la prohibición de la pena de muerte (art. 58); el derecho de todos a la protección contra los perjuicios a su honor, reputación o vida privada (art. 59); y el principio de la inviolabilidad de la libertad y seguridad personal (art. 60). En relación a esta última, se detalló el régimen y limitaciones a las medidas de privación a la libertad, sólo en virtud de las obligaciones cuyo incumplimiento hubiera sido definido por la Ley como delito o falta (arts. 60,1 y 2); la prohibición a las medidas de incomunicación y la proscripción a las torturas y procedimientos que causaren sufrimiento físico o moral (art. 60,3); la garantía a no ser obligado a prestar juramento ni constreñido a declarar ni a reconocer culpabilidad en causa penal contra sí mismo (art. 60,4); el derecho a la defensa en materia penal, con la sola excepción de poder ser juzgados en ausencia sólo los reos de delito contra la cosa pública (art. 60,5); la garantía a la excarcelación, una vez fuera ordenada por la autoridad competente (art. 60,6); la garantía a no ser condenado a penas perpetuas o infamantes, con el establecimiento de un plazo máximo (30 años) para las penas restrictivas a la libertad (art. 60,7); la garantía non bis in ídem (art. 60,8); la prohibición al reclutamiento forzoso (art. 60,9); y el régimen de las medidas de interés social en relación a los sujetos en estado de peligrosidad (art. 60,10).

Se estableció, además, la garantía de la igualdad y la no discriminación (art. 61); la inviolabilidad del hogar doméstico (art. 62); la inviolabilidad de la correspondencia (art. 63); la libertad de tránsito (art. 64); la libertad de conciencia y de cultos (art. 65); el derecho a la libre expresión de pensamiento y sus limitaciones mínimas (anonimato, propaganda de guerra), con la prohibición de la censura previa (art. 66); el derecho de petición (art. 67); el derecho de acceso y utilización de los órganos de la administración de justicia y el derecho a la defensa (art. 68); el derecho a ser juzgado por los jueces naturales y el principio *nullum crimen nulla poena sine lege* (art. 69); el derecho de asociación (art. 70) y el derecho de reunión pública o privada (art. 71).

Por último, la Constitución reguló la nacionalidad venezolana, como reflejo del derecho universal de la persona a tener una nacionalidad, tanto originaria (con aplicación del *jus soli* y del *jus sanguinis*) como derivada (naturalización), y estableció el principio de la igualdad entre extranjeros y venezolanos, en cuanto los derechos y deberes, con las limitaciones o excepciones establecidas por la misma Constitución y las leyes (art. 45). No admitió la Constitución de 1961 la doble nacionalidad (lo que se ha regulado expresamente en la Constitución de 1999); y en cuanto a los derechos políticos, expresamente los reservó a los venezolanos (art. 45), salvo la posibilidad para los extranjeros de ejercer el sufragio en las elecciones municipales (art. 111).

B. *Los derechos sociales*

En cuanto a los Derechos Sociales, en el Capítulo correspondiente, la Constitución estableció múltiples obligaciones al Estado, de proteger las asociaciones y corporaciones (art. 72), la familia (art. 73) la maternidad (art. 74), al niño (art. 75), a las comunidades indígenas (art. 77) y a la salud (art. 76). Todas estas obligaciones de protección estaban acompañadas por la formulación del derecho de todos a prestaciones diversas de parte del Estado.

Además, se reguló el derecho a la educación y la obligación del Estado de prestar los servicios educativos (art. 78); la libertad de cátedra y de enseñanza (art. 79) y el régimen de los que podían enseñar (Art . 81), y la protección a la educación privada (art. 79) conforme a los fines que se le definieran a la educación para "el pleno desarrollo de la personalidad, la formación de ciudadanos aptos para la vida y para el ejercicio de la democracia, el fomento de la cultura y el desarrollo del espíritu de solidaridad humana" (art. 80).

La Constitución reguló, además, el régimen del ejercicio de profesiones que requerían título (art. 82); y estableció las obligaciones del Estado en cuanto al fomento de la cultura (art. 83).

Por último, en materia de derechos civiles, la Constitución estableció una larga y detallada enumeración de los derechos laborales: derecho al trabajo (art. 84); la protección del trabajo (art. 85); límite de la jornada de trabajo (art. 86); el régimen del salario justo (art. 87); la garantía de la estabilidad laboral (art. 88); el régimen de responsabilidad de los patronos (art. 89); el fomento de la contratación colectiva (art. 90); el derecho a la sindicalización laboral (art. 91); el derecho de huelga (art. 92);y la protección de la mujer y el menor trabajadores (art. 93). La Constitución concluyó el Capítulo, con el establecimiento de la obligación para el Estado de desarrollar progresivamente el sistema de seguridad social (art. 9).

C. *Los derechos económicos*

La Constitución, en el Capítulo de los Derechos Económicos, además de regular la Constitución económica del país, estableció expresamente entre los derechos económicos, en primer lugar, el derecho de propiedad, que se garantizó, aun cuando sometible, en virtud de su función social, a contribuciones, restricciones y obligaciones que establezca la Ley con fines de utilidad pública o de interés general (art. 99); el derecho a la propiedad intelectual e industrial (Art 100); la garantía de la expropiación, sólo mediante sentencia firme y pago de justa indemnización (art. 101); y la prohibición de las confiscaciones (art. 102).

En segundo lugar, la Constitución estableció el derecho al libre ejercicio de las actividades lucrativas (libertad económica), sin más limitaciones que las previstas en la Constitución y las que establezcan las leyes por razones de seguridad, de sanidad y otras de interés social (art. 96).

Además, se establecieron en la Constitución importantes normas sobre la participación del Estado en la economía que inciden en el ejercicio de los derechos económicos, consagrándose la potestad de que mediante ley, el Estado pudiera reservarse determinadas industrias y servicios, lo que originó la nacionalización petrolera de 1975, así como la potestad para dictar medidas para planificar la economía.

D. *Los derechos políticos*

Por último, la Constitución estableció detalladamente el conjunto de los derechos políticos como privativos de los venezolanos (art. 45), salvo por lo que se refiere al derecho activo al sufragio en las elecciones municipales (art. 111). Así, se reguló el derecho al voto, que además se declaró como una función pública de ejercicio obligatorio (art. 110); el régimen de los electores (art. 111) y el derecho al desempeño de funciones públicas, con el régimen de los elegibles (art. 112). La Constitución garantizó a tal efecto, la libertad y el secreto del voto, el principio de la representación proporcional de las minorías, y la independencia de los organismos electorales (art. 113).

Por otra parte, en la Constitución se reguló el derecho de los venezolanos de asociarse en partidos políticos para participar, por métodos democráticos, en la orientación de la política nacional, partidos que deben funcionar con métodos democráticos internos y a los cuales la ley debe garantizarles la igualdad (art.114).

Finalmente, en el Capítulo de los Derechos Políticos, encontraron regulación expresa el derecho de manifestación (art. 115), y el reconocimiento por la Constitución del asilo a favor de cualquier persona que sea objeto de persecución o se hallare en peligro, por motivos políticos (art. 116).

Como se dijo, los derechos políticos se reservaron a los venezolanos y en principio, derivado del principio de igualdad, podían ejercerse tanto por los venezolanos por nacimiento como por los venezolanos por naturalización. Sin embargo, la Constitución estableció una serie de excepciones respecto del ejercicio de ciertas funciones públicas, que reservó a los venezolanos por nacimiento: Presidente de la República (art. 182); Ministros (art. 119); Senadores (art. 149); Diputados (arts. 19 y 152); Magistrados de la Corte Suprema de Justicia (art. 213); Contralor General de la República (art. 237); Fiscal General de la República (art. 219); Procurador General de la República (art. 201), y Gobernador del Estado (art. 21).

E. *La recepción del derecho y protección internacionales*

Durante la vigencia de la Constitución de 1961, Venezuela aprobó en 1977 y en 1978, mediante Ley, tanto la Convención Interamericana de Derechos Humanos (Pacto de San José de Costa Rica), como los Pactos Internacionales de Naciones

Unidas sobre Derechos Civiles y Políticos, y Derechos Económicos y Sociales[37]. Por tanto, el régimen de garantías y protección de dichos textos internacionales desde entonces son Ley vigente en la República, estando el Estado sometido a la jurisdicción de la Corte Interamericana de los Derechos Humanos.

3. *Los órganos constitucionales*

La Constitución de 1961, como se dijo, organizó al Estado con forma federal, de forma que la distribución vertical del Poder Público se efectuó en tres niveles: el Poder Nacional atribuido a la República; el Poder de los Estados atribuido a los Estados Miembros de la Federación; y el Poder Municipal atribuido a los Municipios. Todas estas ramas del Poder Público, conforme al artículo 118 de la Constitución "tienen sus funciones propias, pero los órganos a los que incumbe su ejercicio colaborarán entre sí en la realización de los fines del Estado". Estos órganos constitucionales, por tanto, no sólo se regularon en el nivel nacional, sino también en el nivel estadal y municipal.

A. *Los órganos constitucionales de la República*

El Poder Nacional, de acuerdo a la Constitución, estaba dividido en la trilogía clásica de Poder Legislativo Nacional, Poder Ejecutivo Nacional y Poder Judicial (que se ha abandonado en la Constitución de 1999), lo que dio origen a una separación orgánica de poderes que configuró, respectivamente, a las Cámaras Legislativas; al Presidente de la República, los Ministros y demás órganos de la Administración Pública; y a la Corte Suprema de Justicia y demás Tribunales de la República. Este esquema de separación orgánica se formuló conforme a un sistema de gobierno presidencial aun cuando con elementos de sujeción parlamentaria.

Además, la Constitución reguló una serie de órganos constitucionales con autonomía funcional en el sentido de que no dependían de la trilogía clásica de órganos constitucionales. La duración del mandato de todos los órganos nacionales (período constitucional) fue de 5 años (art. 135).

a. *El Congreso: Senado y Cámara de Diputados*

Durante la vigencia de la Constitución de 1961, el Poder Legislativo se ejerció por el Congreso, integrado por dos Cámaras: el Senado y la Cámara de Diputados (art. 138), siguiéndose la tradición bicameral que se había iniciado en 1811. Estas Cámaras Legislativas se podían reunir en sesión conjunta en los casos establecidos en la Constitución y en las leyes, y para dictar su Reglamento interno (art. 138); y además, cada Cámara tenía sus funciones privativas (art. 158), y ambas, actuando como cuerpos legisladores, de acuerdo al procedimiento previsto en la Constitución sancionaban las leyes (art. 162). Por tanto, el sistema es bicameral incluso en materia legislativa; el cual la Constitución de 1999 ha abandonado, sustituyéndolo por un sistema unicameral a cargo de la Asamblea Nacional.

Las Cámaras tenían en la Constitución dos períodos de sesiones ordinarias al año (marzo a julio y octubre a noviembre) pero podían reunirse en sesiones

---

37 Véase en *Gaceta Oficial* N° 2.146 de 28–1–78.

extraordinarias, cuando así las convocase el Presidente de la República (art. 190,9). Durante el receso de las Cámaras Legislativas funcionaba una Comisión Delegada del Congreso, con funciones de investigación y de ejercicio de algunas de las atribuciones privativas de las Cámaras (art. 179). Correspondía al Congreso legislar sobre las materias de la competencia nacional y sobre el funcionamiento de las distintas ramas del Poder Nacional; así como ejercer el control de la Administración Pública. Adicionalmente, la Constitución le atribuyó el privilegio de decretar amnistías (art. 139).

a'. *Composición y garantías*

Los miembros de las Cámaras Legislativas, conforme a la Constitución, eran electos por votación universal y directa con aplicación, además, del principio de la representación proporcional de las minorías (arts. 148 y 151).

El Senado estaba integrado por 46 Senadores fijos (dos por cada uno de los 22 Estados y 2 por el Distrito Federal) más los Senadores adicionales que resultaren de la aplicación del principio de la representación de las minorías mediante la aplicación del Cuociente Electoral Nacional. Además, eran miembros natos del Senado, con el carácter de Senadores vitalicios, los ex–Presidentes de la República, es decir, los ciudadanos que hubieran desempeñado la Presidencia de la República por elección popular, salvo que sí hubiesen sido condenados por delitos cometidos en el desempeño de sus funciones (art. 148). En todo caso, para ser Senador se requería ser venezolano por nacimiento y mayor de treinta años (art. 149).

En cuanto a la Cámara de Diputados, estaba integrada por un número de Diputados determinado según la base de población que regulase la Ley, pero que no podía exceder del 1% de la población total del país (art. 151), y que estaba fijada en la Ley Orgánica del Sufragio en el 0,55 por ciento de la población total del país (art. 3) estimada por ejemplo en 1990, en 18 millones de habitantes. En todo caso, de acuerdo a la Constitución, e independientemente de la base de población, en cada Estado se debían elegir por lo menos dos diputados; y para ser diputado se requería ser venezolano por nacimiento y mayor de veintiún años (art. 152).

En las elecciones legislativas de diciembre de 1993, por ejemplo, la composición de las Cámaras Legislativas resultó así: 46 Senadores (44 por elección directa y 4 adicionales por cuociente) y además 3 Senadores vitalicios; y 201 Diputados (182 por elección directa y 19 adicionales por cuociente).

Tanto los Senadores como los Diputados gozaban de inmunidad parlamentaria por lo que no podían ser arrestados, detenidos, confinados, ni sometidos a juicio penal, a registro personal o domiciliario, ni coartados en el ejercicio de sus funciones (art. 143); y además tenían la garantía de que no podía exigírseles responsabilidad en ningún tiempo por votos y opiniones emitidos en el ejercicio de sus funciones (art. 142). Mediante "Ley que establece normas especiales de procedimientos referidas a la responsabilidad civil de los parlamentarios" de 28 de diciembre de 1989[38], además, se estableció que la acción civil derivada del delito referida a votos u opiniones dadas por Senadores o Diputados incorporados a la

---

38 Véase en *Gaceta Oficial* N° 4.153 Ext. de 28–12–89.

Cámara respectiva, sólo podía ejercerse conjuntamente con la acción penal, restringiéndose, en todo caso, la ejecución de medidas preventivas.

b'. *Atribuciones privativas de las Cámaras Legislativas*

El sistema bicameral tradicional en Venezuela, además de la forma de composición de las Cámaras, se fundamentaba en la atribución de potestades privativas a cada una de las Cámaras. Así, el Senado tenía la atribución de iniciar la discusión de los proyectos de ley relativos a tratados y convenios internacionales y de otorgar autorización al Ejecutivo Nacional en diversos asuntos como el nombramiento del Procurador General de la República y de jefes de misiones diplomáticas; el empleo de misiones militares; el ascenso de oficiales de las Fuerzas Armadas; y la enajenación de bienes inmuebles del dominio privado de la Nación. Además el Senado debía autorizar al Presidente de la República para salir del territorio nacional, y autorizar su enjuiciamiento (art. 150).

La Cámara de Diputados, por su parte, tenía como atribución privativa iniciar la discusión del presupuesto y de todo proyecto de ley concerniente al régimen tributario; y dar voto de censura a los Ministros, con posibilidad de que si era aprobado por las 2/3 partes de los Diputados presentes, ello acarreaba la remoción del Ministro (Art 153). Este era uno de los elementos importantes de sujeción parlamentaria del sistema de gobierno presidencial.

c'. *La función legislativa*

Al Congreso le correspondía fundamentalmente, la función de legislar sobre las materias nacionales y sobre el funcionamiento de las distintas ramas del Poder Nacional (art. 139), y a tal efecto, en la Constitución se estableció un detallado procedimiento para la formación de las leyes las cuales se definieron formalmente, como "los actos que sancionen las Cámaras como cuerpos colegisladores" (art.162). Por tanto, en materia legislativa, el sistema bicameral conducía a que las dos Cámaras tuvieran plenas e iguales facultades colegisladoras, con las únicas restricciones señaladas, respecto del inicio de la discusión de ciertas leyes, exclusivamente, en algunas de las Cámaras: en el Senado, las leyes aprobatorias de Tratados Internacionales; y en la Cámara de Diputados, las leyes de Presupuesto y de carácter tributario. Debe señalarse, en todo caso, que no todos los tratados o convenios internacionales que celebrase el Ejecutivo Nacional debían ser aprobados mediante Ley para que tuvieran validez, pues no requerían de dicha aprobación los convenios que ejecutasen o perfeccionasen obligaciones preexistentes de la República; que aplicasen principios expresamente reconocidos por ella; que ejecutasen actos ordinarios de las relaciones internacionales o que implicasen el ejercicio de facultades que la Ley atribuyera expresamente al Ejecutivo Nacional (art. 128).

El procedimiento para la formación de las leyes se regulaba detalladamente, desde la previsión de la iniciativa legislativa atribuida a los tres poderes clásicos del Estado y a un número de al menos 20.000 electores (art. 165); hasta la forma y modalidades de la participación de cada Cámara en la discusión de las mismas, debiendo recibir todo proyecto de ley al menos dos discusiones en cada Cámara (art. 166). Se estableció expresamente el "derecho de palabra" que los Ministros tenían en la discusión de las leyes, así como el mismo derecho que tenían los Magistrados de la Corte Suprema de Justicia en la discusión de las leyes sobre organización y procedimientos judiciales (art. 170).

Una vez sancionada una Ley por el Congreso, el Presidente debía promulgarla mediante su publicación en la *Gaceta Oficial* (art. 174), estableciéndose expresamente, sin embargo, la posibilidad del veto presidencial, mediante la devolución del texto al Congreso, facultándose en todo caso al Presidente de la República, a ocurrir a la Corte Suprema de Justicia por vía de control judicial de la inconstitucionalidad de la ley, contra la ley sancionada y no promulgada (art. 173). Se reguló así, en la Constitución, además del control difuso y concentrado a posteriori de la inconstitucionalidad de las leyes, un sistema de control concentrado preventivo de la inconstitucionalidad, a iniciativa del Presidente de la República.

Debe destacarse, por último que la Enmienda Constitucional N° 2 de 1983,[39] redujo el quórum de las Cámaras para sesionar y funcionar, de la mayoría absoluta a la tercera parte de sus miembros (art. 156), conservándose sin embargo la necesidad de que estuviesen presentes la mayoría absoluta de los miembros para el acto de votación. Con esto se persiguió agilizar la labor legislativa, lo que se completó con la creación, en dicha Enmienda, de la Comisión Legislativa, a la cual correspondía discutir y aprobar proyectos de ley individualmente determinados cuando así lo acordasen las Cámaras en sesión conjunta, correspondiendo luego la sanción definitiva de la Ley, en una sola discusión, por parte de las Cámaras en sesión conjunta (art. 5). Ello hasta cierto punto, significó el desdibujamiento del bicameralismo colegislador.

d'. *La función de control*

El Congreso ejercía también el control de la Administración Pública Nacional, expresión que comprendía la Administración Central y Descentralizada (art. 230), a cuyo efecto se atribuyó tanto a los cuerpos legislativos o sus comisiones, potestad para realizar las investigaciones que juzgasen convenientes (art. 160).

En tal sentido se obligó a los funcionarios públicos, incluyendo los de los institutos autónomos, a comparecer ante las Cámaras o sus comisiones, y suministrarles las informaciones y documentos que requirieran para cumplimiento de sus funciones. La obligación mencionada correspondía también a los particulares, quedando a salvo los derechos y garantías establecidas en la Constitución (art. 160).

En esta labor de control del Congreso sobre la Administración Pública, la Contraloría General de la República debía prestarle colaboración, en carácter de órgano auxiliar (art. 236).

El control que ejercían las Cámaras, en todo caso, no sólo era de carácter administrativo sino también político, y de allí que los Ministros estaban obligados a concurrir a las Cámaras cuando fueran llamados a informar o a contestar las interpelaciones que se les hicieran (art. 199), y que la Cámara de Diputados tuviera la atribución de aprobar votos de censura respecto de aquéllos (art. 153).

---

39 Véase en general, Julia Alcibíades, "Enmiendas a la Constitución de 1961", en Elena Plaza y Ricardo Combellas (Coordinadores), *Procesos Constituyentes y Reformas Constitucionales en la Historia de Venezuela: 1811–1999*, Universidad Central de Venezuela, Caracas 2005, Tomo II, pp. 733–764.

El Presidente de la República y los Ministros, en todo caso, debían presentar al Congreso un Mensaje anual el primero (art. 191), y una Memoria y Cuenta los otros (art. 197), que debían considerar las Cámaras Legislativas. Tanto el Presidente como los Ministros eran responsables de sus actos (arts. 192, 197 y 198), y en relación a estos últimos, ningún pronunciamiento de los cuerpos legislativos los liberaba de su responsabilidad por los actos del respectivo despacho (art. 198).

Por último, se debe destacar la función de control del Congreso sobre la celebración de contratos de interés público nacional por parte del Estado, los cuales debían someterse a la aprobación del Congreso (art. 126).

b. *El Ejecutivo Nacional y la Administración Pública*

El Poder Ejecutivo se ejercía por el Presidente de la República y los demás funcionarios que determinasen la Constitución y la Ley (art. 181), y particularmente por los Ministros, que eran sus órganos directos (art. 193).

a'. *El Presidente de la República*

El Presidente de la República, que se elegía por votación universal y directa por mayoría relativa de votos (art. 183), era a la vez Jefe del Estado y del Ejecutivo Nacional (art. 181). La Constitución prohibía la reelección inmediata y sólo podía ser reelecto quien hubiera ejercido la Presidencia de la República, diez años después de terminar su mandato (art. 185), lo que significaba que no se permitía la reelección inmediata ni, por tanto, el ejercicio del cargo por dos períodos constitucionales consecutivos.

El Presidente tenía asignadas múltiples competencias expresas que se materializaban en la emisión de actos administrativos, y entre ellas, la de nombrar y remover los Ministros y el Gobernador del Distrito Federal; ejercer la Comandancia de las Fuerzas Armadas Nacionales; dirigir las relaciones exteriores; declarar el Estado de Emergencia y restringir y suspender las garantías constitucionales; reglamentar las leyes; dictar Decretos Leyes previa habilitación legislativa en materia económica y financiera o para la creación o supresión de servicios públicos; administrar la Hacienda Pública Nacional y ejecutar el Presupuesto, y convocar al Congreso a sesiones extraordinarias (art. 190). Las competencias del Presidente en algunos casos las ejercía solo y en otros, en Consejo de Ministros, integrado por los Ministros (art. 193); y las decisiones (Decretos) en todo caso, debían estar refrendadas por los mismos (art. 190).

b'. *Los Ministros y la Administración Pública*

Los Ministros, como se dijo, eran regulados como los órganos directos del Presidente de la República (art. 193), pudiendo éste nombrar Ministros de Estado (sin cartera ministerial) además de los Ministros a cargo de los Ministerios que debía determinar la Ley Orgánica de la Administración Central (arts. 193 y 194)[40]. Los Ministros debían ser venezolanos por nacimiento, mayores de treinta años y de estado seglar (art. 195).

---

40 Véase en *Gaceta Oficial* Nº 3.945 Extra, de 30–12–86.

La organización ministerial configuraba el núcleo de la Administración Central, a la que debía agregarse la Procuraduría General de la República, órgano al cual correspondía representar y defender judicial o extrajudicialmente los intereses patrimoniales de la República y prestar asesoría jurídica a la Administración Pública Nacional (art. 202). La Procuraduría estaba a cargo del Procurador General de la República, nombrado por el Presidente de la República pero con la autorización del Senado (arts. 150,7 y 201).

Además de la Administración Central, también conformaban la Administración Pública Nacional sujeta al Ejecutivo Nacional, la Administración descentralizada y, en particular, los institutos autónomos que sólo podían ser creados por Ley (art. 230); y las Fuerzas Armadas Nacionales.

Debe destacarse que la Constitución de 1961, como reflejo del proceso de constitucionalización del derecho administrativo, estableció diversas normas sobre el funcionamiento de la Administración Pública, en particular, respecto de los funcionarios públicos, su estabilidad (carrera administrativa) y su necesaria neutralidad política (art. 122); las incompatibilidades mínimas en el ejercicio de los cargos públicos (art. 123); las prohibiciones de contratar con los entes públicos (art. 124); y la prohibición de que se ejercieran simultáneamente la autoridad militar y la civil, excepto por el Presidente de la República, quien era, por razón de su cargo, Comandante en Jefe de las Fuerzas Armadas Nacionales (art. 131).

c'. *Las Fuerzas Armadas Nacionales*

La Constitución reguló escueta pero expresamente a las Fuerzas Armadas Nacionales, como una "institución apolítica, obediente y no deliberante, organizada por el Estado para asegurar la defensa nacional, la estabilidad de las instituciones democráticas y el respeto a la Constitución y a las leyes, cuyo acatamiento estará siempre por encima de cualquier otra obligación". La Constitución agregó, además, que las "Fuerzas Armadas Nacionales estarán al servicio de la República y en ningún caso al de una persona o parcialidad política" (art. 132).

c. *Los órganos del Poder Judicial*

El Poder Judicial en Venezuela, a pesar de la forma federal del Estado, desde 1945 ha sido uno y único a nivel nacional, y conforme a la Constitución de 1961 se ejercía por la Corte Suprema de Justicia y por los demás Tribunales que determinase la Ley Orgánica del Poder Judicial[41] y las leyes reguladoras de las jurisdicciones especiales (contencioso–administrativa, laboral, agraria, tributaria, etc.) (art. 204).

La Constitución garantizó la independencia y autonomía del Poder Judicial (art. 207) y al efecto estableció la estabilidad de los jueces (carrera judicial) (arts. 207 y 208) y las normas sobre inspección del funcionamiento de los tribunales, sin menoscabo de tal autonomía e independencia (art. 210).

Pero en particular, la Constitución reguló a la Corte Suprema de Justicia que se instituyó como el más alto Tribunal de la República por lo que contra sus decisiones

---

41 Véase en *Gaceta Oficial* N° 3.995 Extra, de 13–7–87. Véase lo expuesto en Allan R. Brewer–Carías, *Instituciones Políticas y Constitucionales, op. cit.*, tomo III, Décima Parte.

no se admitía recurso alguno (art. 211). Sus Magistrados eran nombrados por el Congreso, debiendo ser venezolanos por nacimiento, abogados y mayores de treinta años (art. 213). La Corte Suprema funcionaba en Salas, en particular, la Sala Político–Administrativa, la Sala de Casación Civil y la Sala Casación Penal, con cinco Magistrados en cada una de ellas (art. 212), teniendo fundamentalmente competencias en materia de justicia constitucional en Sala Plena (declarar la nulidad de los actos estatales violatorios de la Constitución), y de justicia contencioso–administrativo y de casación en el campo judicial común, en las diversas salas. Además, la Constitución atribuyó a la Corte la decisión previa sobre si había o no mérito para enjuiciar al Presidente de la República y a los altos funcionarios públicos, y la atribución de dirimir las controversias entre los órganos del Poder Público Nacional, Estadal y Municipal (art. 215).

En cuanto a la competencia de los tribunales nacionales en relación a las actuaciones del Estado, la Constitución estableció el principio de inmunidad jurisdiccional del Estado Venezolano respecto de la competencia de tribunales extranjeros, aun cuando en forma relativa al exigir que en los contratos de interés nacional, si no fuere improcedente, se debía considerar incorporada una cláusula según la cual las deudas y controversias que pudieran suscitarse sobre dichos contratos y que no llegasen a ser resueltas amigablemente por las partes contratantes serían decididas por los Tribunales competentes de la República, en conformidad con sus leyes, sin que por ningún motivo ni causa pudieran dar origen a reclamaciones extranjeras (art. 127).

d. *Los órganos constitucionales con autonomía funcional*

Pero adicionalmente a los órganos que resultaban de la distribución horizontal clásica del Poder Público Nacional (Legislativo, Ejecutivo y Judicial), la Constitución de 1961 reguló el funcionamiento de otros órganos constitucionales que gozaban de autonomía funcional, en el sentido de que si bien ejercían el Poder Público, no tenían dependencia alguna ni respecto del Ejecutivo Nacional, ni respecto de los órganos del Poder Legislativo o Judicial. Estos órganos, en la Constitución de 1999 se configuraron como dos nuevos Poderes del Estado: Ciudadano y Electoral.

En primer lugar, en la Constitución se reguló a la *Contraloría General de la República*, órgano que tenía a su cargo el control, vigilancia y fiscalización de los ingresos, gastos y bienes nacionales, así como de las operaciones relativas a los mismos (art. 234), pudiendo sus funciones extenderse a los institutos autónomos y a las administraciones estadales o municipales, sin menoscabo de la autonomía que a éstas garantizaba la Constitución (art. 235), lo que se efectuó por la Ley Orgánica de la Contraloría General de la República dictada en 1975[42]. El Contralor General era designado por el Congreso (art. 238), y debía ser venezolano por nacimiento, mayor de treinta años y de estado seglar (art. 237).

En segundo lugar, la Constitución estableció al *Ministerio Público,* órgano al cual correspondía velar por la exacta observancia de la Constitución y las leyes y en

42 Véase en *Gaceta Oficial* N° 3.482 Extra, de 1984.

particular, intentar la acción penal en los casos de delitos de acción pública; velar por el respeto de los derechos y garantías constitucionales, la celeridad y buena marcha de la administración de Justicia, por el correcto cumplimiento de las leyes y la garantía de los derechos humanos en las cárceles; e intentar las acciones a que haya lugar para hacer efectiva la responsabilidad civil penal, administrativa o disciplinaria en que hubieran incurrido los funcionarios públicos con motivo del ejercicio de sus funciones (art. 220). Sus funciones estaban reguladas en la Ley Orgánica del Ministerio Público[43]. El *Fiscal General de la República* también era nombrado por el Congreso, y debía ser venezolano por nacimiento, abogado y de estado seglar (art. 219).

En tercer lugar, la Constitución de 1961 previó la existencia del *Consejo de la Judicatura*, órgano constitucional que debía crear la Ley con el objeto de asegurar la independencia, eficacia, disciplina y decoro de los Tribunales y garantizar a los jueces los beneficios la carrera judicial (art. 217).

La Ley Orgánica del Poder Judicial de 1970 creó dicho organismo el cual luego fue regulado por la Ley Orgánica del Consejo de la Judicatura de 1988[44], y fue eliminado en la Constitución de 1999. Sus miembros, en número de cinco, eran designados tres por la Corte Suprema de Justicia, uno por el Ejecutivo Nacional y el quinto por el Congreso.

Por último, como órgano con autonomía funcional, aun cuando previsto sólo en forma indirecta en la Constitución al garantizar la independencia de los organismos electorales (art. 113), mediante la Ley Orgánica del Sufragio[45] fue establecido el *Consejo Supremo Electoral*, a cargo de desarrollar y controlar los procesos electorales, y cuyos Miembros también eran designados por el Congreso.

B. *Los órganos constitucionales de los Estados Miembros de la Federación*

Como se ha señalado, la Constitución también estableció un sistema de separación orgánica de Poderes a nivel de los 22 Estados Miembros de la Federación, consecuencia de la distribución del Poder Público de los Estados en Poder Legislativo y Poder Ejecutivo, lo que dio origen a las Asambleas Legislativas y a los Gobernadores en cada Estado, cuyos órganos tenían un período de duración constitucional (art. 135) de tres años conforme a la Ley sobre duración de los períodos de los Poderes Públicos de los Estados de 1988 .

a. *Las Asambleas Legislativas*

El Poder Legislativo en los Estados se ejercía por las respectivas Asambleas Legislativas, integradas por Diputados electos por votación directa, la mitad en forma uninominal y la otra mitad por listas con representación proporcional de las minorías (art. 19) en un número que variaba según la población del Estado, desde 11 hasta 23 Diputados conforme a lo dispuesto en la Ley Orgánica del Sufragio (art. 5).

---

43 Véase en *Gaceta Oficial* N° 1.434 Extra, de 16–9–70.

44 Véase en *Gaceta Oficial* N° 34.068 de 7–10–88.

45 Véase en *Gaceta Oficial* N° 4.124 Extra. de 14–9–89.

Las Asambleas eran competentes para legislar sobre las materias de la competencia estadal, examinar y controlar los actos de la Administración Pública Estadal, y en particular, aprobar o improbar anualmente la gestión del Gobernador (arts. 19 y 20).

En caso de improbación de la gestión del Gobernador, ello acarreaba la inmediata destitución en el caso de que fuera acordada expresamente y por el voto de las 2/3 partes de los miembros de la respectiva Asamblea (art. 24). En tal caso, se producía una falta absoluta del Gobernador, y si tal falta ocurría antes de que el Gobernador cumpliera la mitad del período de gobierno que como se dijo era de tres años, debía entonces realizarse una nueva elección, tal como lo preveía la Ley de Elección y Remoción de los Gobernadores de Estado de 1989. De lo contrario, se preveía un régimen interinario, de suplencia por el resto del período a cargo de la persona que designase por votación secreta la respectiva Asamblea Legislativa (art. 21).

b. *Los Gobernadores de Estado*

Conforme a lo dispuesto en la Constitución de 1961, los Gobernadores de Estado eran del libre nombramiento y remoción del Presidente de la República, hasta tanto se dispusiera otra cosa mediante ley, por lo que al sancionarse la Ley sobre Elección y Remoción de Gobernadores de Estado de 1989[46], en diciembre de ese año comenzaron a ser electos por votación directa y por mayoría relativa, en la circunscripción electoral de cada Estado (art. 22), debiendo ser venezolanos por nacimiento, mayores de treinta años y de estado seglar (art. 21).

Los Gobernadores, conforme a la Constitución ejercían el gobierno y la administración de cada Estado, correspondiéndole un doble carácter de ser Jefes del Ejecutivo del Estado y además, agentes del Ejecutivo Nacional en su respectiva circunscripción (art. 21).

La remoción de Gobernadores podía producirse, además de por la causal ya señalada de la improbación de su gestión por la Asamblea Legislativa, por otras dos causales establecidas en la Ley sobre Elección y Remoción de Gobernadores de Estado: por condena penal que implique privación de la libertad dictada mediante sentencia definitivamente firme (art. 13,2), y por Acuerdo del Senado, tomado por los 2/3 partes de sus miembros a solicitud escrita y motivada del Presidente de la República, en sesión especial en la cual se garantizase al Gobernador respectivo su derecho a la defensa y en la cual debiera responder las preguntas que se le formulen (art. 15).

c. *Los órganos municipales*

La Constitución de 1961, al establecer las bases del régimen municipal no estableció detalle organizativo para los Municipios, dejando su desarrollo a la Ley Orgánica de Régimen Municipal y a las leyes que en conformidad con ella dictasen las Asambleas Legislativas de cada Estado (art. 26), a las cuales correspondía, por lo

---

46 Véase en *Gaceta Oficial* N° 4.086 Extra. de 14–4–89.

demás, la organización de los Municipios y la división política territorial del respectivo Estado (art. 17,2).

La Constitución, en realidad, sólo se limitó a establecer que "la organización municipal será democrática y responderá a la naturaleza propia del gobierno local" (art. 27), conforme a lo cual fue la Ley Orgánica de Régimen Municipal, particularmente en la reforma de 1989[47], la que estableció un régimen de separación orgánica de Poderes a nivel Municipal, distinguiendo a los Alcaldes electos por votación directa, como la autoridad ejecutiva de gobierno y administración municipal; de los Concejos Municipales, cuyos miembros (Concejales) también eran electos por votación directa, a cargo funciones deliberantes, legislativas y de control municipal. Para evitar conflictos, la Ley Orgánica estableció que el Alcalde presidía el Concejo Municipal, aun cuando sin voto.

La duración en sus funciones, tanto del Alcalde como de los miembros de Concejos Municipales era de tres años, conforme se establecía en la Ley Orgánica de Régimen Municipal, dictada conforme al artículo 135 de la Constitución.

4. *El régimen electoral*

Siendo el gobierno de la República, como lo disponía el artículo 3° de la Constitución, "democrático, representativo responsable y alternativo", y residiendo la soberanía en el pueblo como lo proclamaba el artículo 4°, éste la ejercía, "mediante el sufragio, por los órganos del Poder Público". Así, el sufragio era el instrumento por excelencia de concretización del sistema democrático, conforme al régimen electoral.

A. *El derecho activo y pasivo al sufragio*

Conforme a la Constitución de 1961, el voto era "un derecho y una función pública", por lo que su ejercicio se consideraba obligatorio, dentro de los límites y condiciones establecidos en la Ley Orgánica del Sufragio (art. 110).

Eran electores, es decir, tenían derecho activo al sufragio todos los venezolanos que hubieran cumplido 18 años y no estuviesen sujetos a interdicción civil ni a inhabilitación política, lo que sólo podía ser decidido por los órganos judiciales (art. 111). Se consagró, así, el carácter universal absoluto del sufragio (arts. 148, 151 y 183), sin discriminaciones de ningún tipo (art. 61), como un derecho político de los venezolanos. La Constitución admitía, sin embargo, el principio de que en las elecciones municipales el voto podía hacerse extensivo a los extranjeros, lo que fue regulado en la Ley Orgánica del Sufragio respecto de los extranjeros con más de 10 años de residencia en el país (arts. 45 y 111).

Pero además de universal, el derecho activo al sufragio era un derecho al sufragio *directo*, tal como se precisó expresamente en la Constitución respecto de todos los órganos representativos (arts. 19, 148, 151 y 183). Adicionalmente, la Constitución exigió que la legislación garantizase "*la libertad y el secreto del voto*"

---

47 Véase en *Gaceta Oficial* N° 4.409 Extra. de 15-6-89. Véase lo expuesto en Allan R. Brewer-Carías, *Instituciones Políticas y Constitucionales, op. cit.*, tomo II, Novena Parte.

y consagrase "el derecho de representación proporcional de las minorías" (art. 113), lo que ratificó al regular los cuerpos representativos (arts. 19, 148 y 149).

En definitiva, el derecho al voto (sufragio activo) como derecho político, estaba regulado en el propio texto constitucional como un derecho al sufragio universal, directo, secreto y libre para la elección del Presidente de la República (art. 183), y de los Senadores (art. 148), y Diputados al Congreso Nacional (art. 151); de los Gobernadores de Estado (art. 22), y de los Diputados a las Asambleas Legislativas (art. 19); y de los Alcaldes: y miembros de los Concejos Municipales (arts. 25 y 27). A lo que debe agregarse, el derecho a la elección por mayoría relativa en los casos de órganos unipersonales (Presidente de la República, Gobernadores y Alcaldes) (art. 183), y a la elección con representación proporcional de las minorías en las elecciones por listas (art. 113) y en todo caso, para la elección de Senadores y Diputados al Congreso Nacional (arts. 148 y 151) y de Diputados a las Asambleas Legislativas (art. 19).

En cuanto al derecho pasivo al sufragio, eran elegibles y aptos para el desempeño de funciones públicas los electores que supieran leer y escribir, mayores de 21 años sin más restricciones que las establecidas en la Constitución, como por ejemplo, nacionalidad venezolana por nacimiento, estado seglar y mayoría de 30 años para Presidente de la República (art. 180), nacionalidad venezolana por nacimiento y mayor de 30 años para Senadores (art. 148) y nacionalidad venezolana por nacimiento para Diputados al Congreso Nacional y a las Asambleas Legislativas (arts. 19 y 152).

B. *El sistema electoral*

De acuerdo a los principios constitucionales, desde 1958 y cada cinco años (1958, 1963, 1973, 1978, 1983, 1988, 1993 y 1998) se realizaron elecciones libres para la escogencia del Presidente de la República, de los Senadores y Diputados al Congreso Nacional, de Diputados a las Asambleas Legislativas y de Concejales, habiéndose producido una regular alternabilidad republicana. El sistema electoral que se estableció y aplicó para las elecciones de los cuerpos representativos, conforme al postulado constitucional del derecho a la representación proporcional de las minorías, hasta 1989 fue el sistema basado en postulación y escrutinio por listas cerradas bloqueadas mediante el sistema D'Hondt y la aplicación de cuocientes electorales.

En 1988 y 1989 se adoptaron importantes reformas al sistema, que buscaron perfeccionarlo para hacerlo más representativo. En tal sentido, además de haberse establecido la elección directa de Gobernadores de los Estados Miembros de la Federación y de Alcaldes Municipales, lo que ocurrió por primera vez en diciembre 1989, se aprobó la reforma de la Ley Orgánica del Sufragio estableciéndose una variación en el sistema electoral mediante listas al aprobarse un sistema de voto uninominal alternativo al voto por listas, el cual se aplicó por primera vez para la elección de concejales en diciembre de 1989. Este sistema fue reformado nuevamente en materia municipal, en 1992, para la elección unipersonal de Concejales y en 1993 para la elección unipersonal del 50% de los Diputados. La Ley Orgánica se reformó nuevamente en 1995 en la víspera de las elecciones regionales y en 1996 se sancionó en las Cámaras una nueva reforma que afectaría el sistema uninominal.

La Constitución exigía además, como principio, que los organismos electorales debían estar integrados "de manera que no predomine en ellos ningún partido o agrupación política, y sus componentes gozarán de los privilegios que la Ley establezca para asegurar su independencia en el ejercicio de sus funciones" (art. 113). De allí que la Ley Orgánica del Sufragio hubiese organizado la administración del sistema electoral, atribuyéndole su conducción al Consejo Supremo Electoral, configurado como órgano dotado de autonomía funcional y, por tanto, no dependiente ni del Congreso, ni del Ejecutivo Nacional ni de los órganos del Poder Judicial.

Los miembros del Consejo Supremo Electoral eran designados por el Congreso, teniendo derecho a una representación en el mismo los partidos políticos que hubieran obtenido una representación superior a un determinado porcentaje de la votación total en las elecciones precedentes, en virtud del derecho expreso que establece la Constitución de los partidos políticos de ejercer vigilancia sobre el proceso electoral" (art. 113).

C. *El régimen de los partidos políticos*

Los partidos políticos en Venezuela habían encontrado consagración constitucional expresa, no sólo al otorgárseles el derecho de vigilancia sobre los procesos electorales, sino al regularse expresamente como mecanismos de participación política, todo lo cual fue eliminado en la Constitución de 1999.

En efecto, la Constitución de 1961 consagró en su artículo 114, como derecho político, el derecho de todos los venezolanos aptos para el voto, es decir, los mayores de 18 años no sujetos a interdicción civil ni a inhabilitación política, "de asociarse en partidos políticos para participar, por métodos democráticos, en la orientación de la política nacional" (art. 114).Ello implicaba que los partidos políticos antidemocráticos, es decir, los que "de manera sistemática propugnen o desarrollen actividades contra el orden constitucional", como lo estableció la Ley de Partidos Políticos, Reuniones Públicas y Manifestaciones de 1964[48], podían ser disueltos por la Corte Suprema de Justicia, actuando como juez constitucional, a instancia del Presidente de la República (art. 29).

Esta ley estableció en detalle el régimen de los partidos políticos en el país, con normas sobre su constitución y funcionamiento, en las cuales se tendía a asegurar el carácter democrático de los mismos y garantizar la igualdad de todos ellos ante la ley, norma que buscaba asegurar el régimen multipartidista y a proscribir la posible hegemonía de un partido político respecto a los otros.

En todo caso, la aplicación sucesiva de procesos electorales cada cinco años, a partir de 1958, si bien desarrolló en Venezuela el sistema multipartidista y pluralista que perseguía la Constitución y que en algunos procesos, por ejemplo, para elecciones nacionales, había llevado a participar a más de 20 partidos políticos nacionales (1973, 1983, 1988), la práctica política condujo al predominio de dos partidos políticos de centro (social–demócrata y demócrata cristiano) que acapararon más del 80% del total de votos (1973, 1978, 1983, 1988) quedando la totalidad de

---

48 Véase en *Gaceta Oficial* N° 27.725 de 30–4–65.

los partidos de izquierda que habían participado en las elecciones siempre, con menos de un 10% de la votación.

5. *Las garantías constitucionales*

La Constitución de 1961, al consagrar un Estado de Derecho estableció no sólo limitaciones a la actuación de los Poderes Públicos, y consagró los derechos fundamentales, sino que precisó las garantías para que la Constitución fuera efectivamente la ley suprema del país, y fuera respetada. Estas garantías, por supuesto, se manifiestan en medios procesales de protección de la Constitución y de los derechos fundamentales[49] .

Además de la garantía objetiva de la Constitución al declarar como nulos y sin ningún valor, los actos estatales que fueran contrarios a sus disposiciones (arts. 46; 119 y 120), la Constitución de 1961 estableció múltiples mecanismos judiciales para garantizar la supremacía constitucional, y en particular, los sistemas de justicia constitucional a través del control de la constitucionalidad de las leyes, y del amparo a los derechos fundamentales; y el control contencioso administrativo.

A. *El método difuso*

Dada la garantía objetiva de la Constitución, el sistema difuso de la constitucionalidad de las leyes se estableció en Venezuela desde el siglo XIX, habiéndose consagrado expresamente en el artículo 20 del Código de Procedimiento Civil, cuya norma fue incorporada expresamente al ordenamiento jurídico en 1887.

Dicha disposición autoriza a todos los tribunales de la República al decidir un caso concreto sometido a su juicio, para declarar la inaplicabilidad de las leyes y otros actos normativos, cuando consideren que éstos violan la Constitución, aplicando así con preferencia el Texto Fundamental. Esta posibilidad, de aplicación regular y normal, sea a instancia de las partes en el proceso y aun de oficio por el juez, sólo estaba sometida a los medios procesales de revisión judicial ordinarios (apelación) o al recurso de casación cuando éste normalmente procediera, no existiendo en Venezuela bajo la vigencia de la Constitución de 1961 ningún recurso extraordinario específico que pudiera ejercerse contra esas decisiones judiciales para ante la Corte Suprema, como se estableció en la Constitución de 1999. Por supuesto, en estos casos de aplicación del método difuso, la decisión del juez tiene efectos inter partes y declarativos, es decir, *ex tunc*.

B. *El método concentrado*

Además del método difuso de control de la constitucionalidad las leyes, el sistema constitucional venezolano desde 1858, ha configurado también, en paralelo, un sistema concentrado de control de constitucionalidad de las leyes que la Constitución de 1961 atribuyó a la Corte Suprema de Justicia, en forma *a priori*, como consecuencia de un veto presidencial a las leyes por el Presidente de la

49 Véase lo expuesto en Allan R. Brewer–Carías, *Instituciones Políticas y Constitucionales*, *op. cit.*, tomo IV, Décima Quinta Parte; y en tomo V, *El Derecho y Acción de Amparo,* Décima Séptima Parte.

República por razones de constitucionalidad, o *a posteriori*, mediante el conocimiento de las acciones populares de inconstitucionalidad.

En esta forma, la Constitución de 1961, adoptó siguiendo la tradición que se remonta a 1858, el método de control concentrado de la constitucionalidad de las leyes vigentes, habiéndose atribuido a la Corte Suprema de Justicia competencia para declarar la nulidad de los actos normativos del Estado (leyes del Congreso Decretos–Leyes, actos parlamentarios sin forma Ley de carácter normativo, Reglamentos Ejecutivos, Leyes de Asambleas Legislativas, Ordenanzas Municipales) cuando fueran violatorios de la Constitución (art. 215), y fuera requerida la decisión de la Corte mediante una *acción popular*, es decir, que podía ser ejercida en cualquier tiempo (sin lapso de caducidad alguno) por cualquier habitante de la República (sin requisitos de legitimación de ningún tipo). El procedimiento en estos juicios de nulidad se reguló detalladamente en la Ley Orgánica de la Corte Suprema de Justicia de 1976[50].

La decisión de la Corte Suprema de Justicia, que en estos casos de control de constitucionalidad de las leyes se ejercía por la Corte en Pleno, producía efectos *erga omnes*, correspondiéndole a la Corte en su decisión, disponer los efectos de la misma en el tiempo, es decir, *ex tunc* o *ex nunc* según procediera.

C. *El derecho de amparo a los derechos fundamentales y la acción de amparo*

El artículo 49 de la Constitución de 1961 estableció por primera vez en nuestras Constituciones, como derecho fundamental de los habitantes del país, el derecho de amparo a los derechos fundamentales al prescribir que:

> "Los tribunales ampararán a todo habitante de la República en el goce y ejercicio de los derechos y garantías que la Constitución establece, en conformidad con la Ley".

Esta norma puede decirse que tiene su antecedente remoto en el texto de la Constitución de 1830, en la cual el artículo garantizó "la libertad que tienen todos los venezolanos de reclamar sus derechos ante los depositarios de la autoridad pública" la cual "en ningún tiempo será impedida ni limitada"; consagrando, además, la garantía de que las personas "deberán hallar un remedio pronto y seguro con arreglo a las leyes de las injurias y daños que sufrieren en sus personas, en sus propiedades, en su honor y estimación".

Sin embargo, la institución del amparo constitucional no se reguló expresamente en los textos constitucionales sucesivos sino en la norma señalada de la Constitución de 1961, la cual, por lo demás incluso se desarrolló tardíamente, en 1988 cuando se sancionó la Ley Orgánica de Amparo a los Derechos y Garantías Constitucionales[51], En esta Ley se reguló esta potestad judicial de amparo con el poder atribuido a los jueces de poder restablecer inmediatamente la situación jurídica infringida, mediante un procedimiento breve y sumario, sea mediante el ejercicio de una acción

---

50 Véase en *Gaceta Oficial* N° 1.893 Extra de 30–7–76.

51 Véase en *Gaceta Oficial* N° 33.891 de 22–1–88.

autónoma de amparo, sea mediante la formulación de una pretensión de amparo junto con alguna otra acción ordinaria.

En efecto, la Ley Orgánica de Amparo estableció en primer lugar la posibilidad del ejercicio de una acción de amparo ante cualquier Juez de Primera Instancia con competencia afín al derecho constitucional violado, contra cualquier violación o amenaza de violación de todos los derechos fundamentales (individuales, económicos, sociales y políticos) incluso de los no enumerados expresamente en el texto constitucional pero que fueran inherentes a la persona humana (art. 50), que provinieran de actos, hechos u omisiones de entes públicos y de entes públicos y de particulares. La acción de hábeas corpus se reguló en la Ley Orgánica como la acción de amparo para proteger la libertad y seguridad personales, en cuyo caso se atribuyó competencia a los Tribunales de Primera Instancia en lo Penal.

En esta forma, la acción de amparo que ha sido recogida en la Constitución de 1999, procede tanto contra actos u omisiones del Estado como de los particulares que violen o amenacen violar derechos fundamentales. En el caso de actos estatales, la acción de amparo procede contra leyes o actos normativos; contra actos administrativos y contra decisiones judiciales incluso contra omisiones de los entes públicos que puedan lesionar los derechos fundamentales o amenazar su violación, quedando excluidos los casos, por ejemplo, de irreparabilidad de la violación u aceptación de la misma, en cuyo caso la Ley declara inadmisible la acción.

Los Tribunales competentes para conocer de la acción de amparo, son todos los Tribunales de Primera Instancia con competencia afín con el derecho constitucional violado, pudiendo incluso ejercerse ante cualquier Tribunal, cuando no exista en la localidad respectiva un tribunal de primera instancia.

En segundo lugar, la acción de amparo puede formularse como presentación acumulada a cualquier otra acción, de manera que por ejemplo, puede formularse junto con los recursos contencioso–administrativos, con las acciones populares de inconstitucionalidad de leyes o con los recursos judiciales ordinarios.

En todo caso, el procedimiento que reguló la Ley es de carácter breve y sumario, para ser resuelto en lapsos de días, atribuyéndose al juez amplísimos poderes de decisión para restablecer la situación jurídica infringida o para disponer lo necesario para ello, pudiendo por supuesto formular mandamientos de hacer o de no hacer, de carácter obligatorio, y sancionando con prisión las conductas que desconozcan las sentencias de amparo.

D. *La justicia contencioso–administrativa*

Por último, dentro de las garantías constitucionales de carácter procesal, la Constitución de 1961 estableció expresamente la jurisdicción contencioso-administrativa, atribuyéndole a dichos tribunales competencia "para anular los actos administrativos generales o individuales contrarios a derecho, incluso por desviación de poder, condenar al pago de sumas de dinero y a la reparación de daños y perjuicios originados en responsabilidad de la Administración y disponer lo necesario para el restablecimiento de las situaciones jurídicas subjetivas lesionadas por la actividad administrativa" (art. 206); norma que también se recogió en la Constitución de 1999.

Los Jueces contencioso–administrativos, es decir, la Sala Político Administrativa de la Corte Suprema de Justicia, la Corte Primera de lo Contencioso–Administrativo y los Tribunales Superiores con competencia contencioso–administrativa, en sus respectivos ámbitos de competencia, en esa forma ejercen el control de la constitucionalidad y legalidad de los actos administrativos nacionales, estadales y municipalidades.

6. *Vigencia del régimen constitucional y su inviolabilidad*

La Constitución de 1961 fue por supuesto una constitución rígida, al limitarse las posibilidades de su modificación sólo mediante procedimientos complejos de reforma o enmienda, según los casos, constituyendo la vía de la Enmienda una importantísima innovación del texto de 1961.

En tal sentido, en la Exposición de Motivos del texto se señala lo siguiente:

> "...Desde el primer momento la Comisión hubo de plantearse el problema de darle una mayor rigidez al texto fundamental, con el objeto de evitar en lo posible, la multiplicidad de reformas que por no conllevar, como frecuentemente ha ocurrido en nuestro país, cambios sustanciales en las instituciones, dan la desfavorable impresión de mudanza permanente y de inestabilidad jurídica. Apoyándose generalmente en los problemas de la reelección y de la amplitud del lapso constitucional, han surgido entre nosotros múltiples textos que dejaron intocadas las materias de fondo que son las que reflejan en verdad la transformación de la vida social, económica y jurídica de la Nación. Apenas se puede decir, con propiedad, que en las Constituciones de 1864 y 1947, se incorporan disposiciones que vienen a marcar hitos en nuestra historia constitucional".

Por tanto, las reformas del resto de los textos constitucionales en la mayoría de los casos, no fueron reformas sustanciales.

En todo caso, para evitar esas modificaciones, se diferenciaron en la Constitución dos procedimientos para su modificación, sometidos a requisitos distintos: la reforma, y la enmienda según que se toquen o no aspectos fundamentales del pacto político constitucional.

En esta forma, la reforma era el procedimiento que debía seguirse si se iban a modificar las decisiones fundamentales o básicas para organizar políticamente a la comunidad; en cambio la enmienda debía referirse a aquellos aspectos de la Carta Fundamental donde predominase más lo incidental que lo fundamental. La enmienda era, entonces, un instrumento para facilitar cambios no fundamentales pero, a la vez, adoptar un sistema distinto al que se establecía en la estructura política; es, en definitiva, la modificación de "artículos que permite dejar incólume el texto original o fundamental". En cambio, la reforma consistiría en un "cambio en lo más profundo del contenido de la Carta, modificaciones del espíritu mismo del Constituyente, en fin, derogación de la Constitución y su sustitución por otra". Por eso, aparte de otras diferencias fundamentales, había una esencial entre los procedimientos para la reforma y la enmienda, y era que en el primero, necesariamente debía someterse el proyecto a referéndum "para que el pueblo se pronuncie a favor o en contra de la reforma". En la enmienda esto no era necesario, y se preveía en cambio la aprobación del Proyecto por las Asambleas Legislativas de los Estados (Arts. 245 y 246).

En todo caso, durante la vigencia de la Constitución de 1961 se aprobaron dos enmiendas constitucionales; en 1973, al restringirse las condiciones de elegibilidad; y en 1983, al regularse, de nuevo, sistemas diferentes para las elecciones de representantes: modificarse el funcionamiento de las Cámaras Legislativas y del trámite de formación de las leyes; y establecerse una fecha distinta para la iniciación del período constitucional.

La Constitución, por otra parte, estableció la posibilidad de que en caso de emergencia (conflicto interior o exterior, o cuando existan fundados motivos de que uno u otro ocurran), de conmoción que pudieran perturbar la paz de la República o de graves circunstancias que afectasen la vida económica y social, el Presidente de la República podía restringir o suspender las garantías constitucionales o algunas de ellas (arts. 240 y 241) con excepción de las consagradas en el artículo 58 (el derecho a vida y la prohibición de la pena de muerte) y en los ordinales (el derecho a no ser incomunicado ni sometido a tortura o a otros procedimientos que causen sufrimiento físico o moral) y 7° (el derecho a no ser condenado a penas perpetuas o infamantes, ni a penas restrictivas de la libertad que excedan de 30 años) del artículo 60.

En uso de estas facultades extraordinarias, solamente por breves períodos se restringieron algunas garantías individuales a comienzos de la década de los sesenta para hacer frente a la subvención armada, y en febrero de 1989, para hacer frente a disturbios y saqueos generalizados que se produjeron en varias ciudades del país, y en 1992 con ocasión de dos intentos de golpe militar.

En materia de garantía a la libertad económica, en cambio, la situación fue distinta, y la misma, particularmente por lo que se refiere a la reserva legal, fue restringida desde el mismo día en que entró en vigencia la Constitución de 23 de enero de 1961 hasta 1991. Ello significó, en la práctica, que los Presidentes de la República durante buena parte del período democrático, mediante Decretos–Leyes que se fundamentaron en dicha restricción de la garantía de la libertad económica, regularon muchos aspectos de la economía, paralelamente a las regulaciones mediante Ley formal que ha adoptado el Congreso.

Por otra parte, como reflejo de la voluntad de los constituyentes para mantener el sistema democrático, el propio texto constitucional rechazó cualquier modalidad conforme a la cual la Constitución pudiera quedar sin vigencia, disponiendo el principio de la inviolabilidad, previsto en el artículo 250 que estableció que: "Esta Constitución no perderá su vigencia, si dejare de observarse por acto de fuerza o fuere derogada por cualquier otro medio distinto del que ella misma dispone. En tal eventualidad (cuando por acto de fuerza se tratara de quitar su vigencia) todo ciudadano investido o no de autoridad, tendrá deber de colaborar en el restablecimiento de su efectiva vigencia".

En esta forma, la rebelión para restablecer la efectiva vigencia del texto constitucional si se dejare de observar por acto de fuerza, estaba legitimada, imponiéndose a todo ciudadano el deber de colaborar en el restablecimiento de su efectiva vigencia. La Exposición de Motivos de la Constitución señaló, con razón, que esta era una disposición sin precedentes en el constitucionalismo contemporáneo, citando como antecedente el artículo 136 de la Constitución de México que proclama el principio de que; "...la Constitución no perderá su fuerza y vigor, aun cuando por alguna rebelión se interrumpa su observancia..."; a cuyo efecto, los redactores señalaron que creían "que esa disposición contribuirá eficazmente a la salud y a la estabilidad de nuestro orden institucional, subrayando la responsabilidad en que incurren los ciudadanos que colaboran con los usurpadores y previendo al mismo tiempo un procedimiento fácil para liquidar con justicia y rapidez, el saldo de irregularidades que siempre dejan como herencia los regímenes de fuerza..."[52].

IV. ASPECTOS RELEVANTES DE LAS RELACIONES INTERNACIONALES EN EL MARCO DE LA CONSTITUCIÓN DE 1961

1. *La cuestión de los límites territoriales y la delimitación de áreas marinas y submarinas*

En el artículo 7 de la Constitución de 1961, en cuanto a la determinación del territorio con referencia al que correspondía a la Capitanía General de Venezuela antes de la transformación política iniciada en 1810, que era la tradición constitucional desde 1821, se precisó que ello era "con las modificaciones resultantes de los tratados celebrados *válidamente* por la República", respecto de lo cual la Exposición de Motivos de la Constitución fue explícita al indicar que "se agregó el adverbio «válidamente» para demostrar, en forma inequívoca, la voluntad de la República de aceptar sólo aquellas modificaciones en su *status* territorial que hayan sido el resultado de libre y válida determinación"[53].

Con esta salvedad constitucional se abrió la posibilidad formal de cuestionar la validez de decisiones concernientes a las fronteras que habían sido discutidas con anterioridad, en relación a la frontera con la Guayana Británica, como consecuencia del Laudo de París de 1899. Este Laudo había sido injusto como resultado de compromisos políticos entre las grandes potencias, lo cual quedó evidenciado a partir de 1949, cincuenta años después, particularmente después de conocerse un Memorando escrito por el abogado Severo Mallet–Provost, quien había sido un joven asistente de uno de los jueces del Tribunal de París, publicado post mortem en la *American Journal of International Law*. En el mismo se indicaba que el Presidente del Tribunal había presionado a varios de sus miembros para adoptar una decisión impuesta por un arreglo político entre Gran Bretaña y Rusia. El Memorando había sido dictado cinco años antes por Mallet–Prevost al Juez Otto Schoenrich, quien había sido su socio en la firma Curtis, Mallet–Prevost, Colte and Mosle, con la instrucción de que solo se publicara después de su muerte, a discreción del juez Schoenrich. Mallet–Prevost murió el 10 de diciembre de 1948, y el Memorando salió publicado meses después.

Si bien las manifestaciones oficiales en contra del Laudo de 1899 antes de 1961[54] fueron esporádicas, después de la reforma constitucional de 1961 y con vista del memorando de Mallet–Prevost se comenzaron a acentuar particularmente a partir de

52 *Loc. cit.*, p. 146.

53 Véase en *Revista de la Facultad de Derecho,* N° 21, UCV, Caracas, p. 376

54 Véase la información y documentación contenida en el libro editado por la Cancillería, *Reclamación de la Guayana Esequiba,* Caracas, 1981, pp. 40 y ss.

la declaración del Embajador venezolano y del Canciller venezolano en las Naciones Unidas en 1962[55], y en concreto de la nota de reclamación territorial presentada el 5 de noviembre de 1963 por el Canciller venezolano al Ministro de Relaciones Exteriores de Gran Bretaña[56] con ocasión de las conversaciones que celebraron en Londres entre los días 5 al 7 de ese mes y año[57].

Entre 1963 y 1965 continuaron las conversaciones entre ambos gobiernos, y el 10 de diciembre de 1965 en Comunicado conjunto, los Ministros de Relaciones Exteriores, señalaron que: "discutieron vías y procedimientos para poner fin a la controversia que amenazaba quebrantar las tradicionalmente cordiales relaciones que Venezuela, por una parte, y el Reino Unido y la Guayana Británica, por la otra" y que "se intercambiaron ideas y propuestas para un arreglo práctico de la controversia"[58].

Los Ministros, acordaron celebrar una conferencia en Ginebra en febrero de 1966, en la cual se celebró el "Acuerdo para resolver la controversia entre Venezuela y el Reino Unido de Gran Bretaña e Irlanda del Norte sobre la frontera entre Venezuela y Guayana Británica, de 17 de febrero de 1966[59], considerando que estaba próxima la independencia de la Guayana Británica y que cualquier controversia pendiente entre Venezuela y el Reino Unido y Guayana Británica perjudicaría la colaboración que debe existir entre los países. Se consideró que debía ser resuelta la controversia amistosamente, para lo cual se acordó establecer "una Comisión Mixta con el encargo de buscar soluciones satisfactorias para el arreglo práctico de la controversia entre Venezuela y el Reino Unido surgida como consecuencia de la contención venezolana de que el Laudo arbitral de 1899 sobre la frontera entre Venezuela y Guayana Británica es nulo e írrito". El acuerdo de Ginebra estableció además, que si en un plazo de cuatro años la Comisión Mixta no hubiere llegado a un acuerdo completo para la solución de la controversia, referirá al gobierno de Venezuela y al gobierno de Guayana en su Informe Final cualesquiera cuestiones pendientes, los cuales debían escoger uno de los medios de solución pacífica previstos en el artículo 33 de la Carta de las Naciones Unidas (Art. IV, 1).

En mayo de 1966 se produjo el acto de independencia de Guayana Británica, y Venezuela declaró que reconocería al nuevo Estado de Guayana, con la reserva territorial de que "la independencia de Guayana Británica, no implica reconocimiento ni en forma alguna, renuncia o disminución de los derechos territoriales reclamados por Venezuela"[60]. Por otra parte, a partir de la independencia de Guyana, el gobierno del nuevo Estado comenzó a ser parte del Acuerdo de Ginebra conforme lo dispuso su artículo VII, y en la nota de reconocimiento de Venezuela al nuevo Estado, de 26 de mayo de 1966, se reiteró la consideración de que el Laudo de París era "nulo e írrito", y se expresó ante el

55 Véase en *Reclamación,.., cit.,* pp. 18 a 21

56 Véase en *Reclamación..., cit.,* p. 23 y 24

57 Véase el Comunicado conjunto de 7–11–63 en *Reclamación..., cit.* p. 25.

58 Véase en *Reclamación..., cit.,* pp. 66 y 67

59 Véase la Ley aprobatoria de 15 de abril de 1966 en *Gaceta Oficial* Nº 28.008 de 15–4–66.

60 Véase en *Reclamación..., cit.,* p. 105.

nuevo país, y ante la comunidad internacional, que Venezuela "se reserva expresamente sus derechos de soberanía territorial sobre toda la zona que se encuentra a la margen izquierda del precitado río; en consecuencia, el territorio de la Guayana Esequiba sobre el cual Venezuela se reserva expresamente sus derechos soberanos, limita al Este con el Nuevo Estado de Guyana, a través de la línea del río Esequibo, tomando éste desde su nacimiento hasta su desembocadura en el Océano Atlántico"[61].

Vencido el plazo fijado para que la Comisión Mixta formulara una propuesta, y en vista del interés del gobierno de Venezuela de evitar que se aplicaran en ese momento los mecanismos que establecía, se optó por continuar en la búsqueda de una vía negociada con Guayana, a cuyo efecto se firmó el Protocolo de Puerto España de 18 de junio de 1970[62], mediante el cual se suspendió por un período de 12 años el funcionamiento del artículo IV del Acuerdo de Ginebra,[63] previendo que en la fecha en que el Protocolo dejare de tener vigencia, se reanudaría entonces el Acuerdo de Ginebra (art. IV) en el punto en el que hubiera sido suspendido, es decir, como si el Informe Final de la Comisión Mixta hubiera sido presentado en esa fecha.

El Protocolo de Puerto España venció el 18 de julio de 1982, y un año antes, mediante comunicado de 10 de abril de 1981, el gobierno de Venezuela hizo pública su decisión de no prorrogar el Protocolo de Puerto España, lo que trajo luego como consecuencia la reactivación de los procedimientos señalados en el Acuerdo de Ginebra: así se expresó formalmente en la Declaración Oficial del 2 de mayo de 1981, y en el comunicado del Ministerio del 11 de diciembre de 1981. En este último se precisó la consecuencia de la decisión adoptada, que era la reactivación del artículo IV del Acuerdo de Ginebra, que remitía a los medios de solución pacífica recogidos por el artículo 33 de la Carta de las Naciones Unidas que son: 1) Negociación, 2) Investigación, 3) Mediación, 4) Conciliación, 5) Arbitraje, 6) Arreglo Judicial, 7) Recurso a Organismos o Acuerdos Regionales, 8) Otros medios pacíficos"[64].

Al término de vigencia del Protocolo, Venezuela en definitiva optó por la negociación, lo cual fue rechazado por Guyana contraponiendo acudir ante la Corte Internacional de Justicia, lo cual fue rechazado por Venezuela. Transcurridos tres meses sin que se hubiera podido llegar a un acuerdo, Venezuela refirió la escogencia

61 Véase en *Reclamación..., cit.,* p. 108

62 Véase el texto en *Reclamación..., cit.,* pp. 139 a 141

63 *Cfr.*, lo indicado en la Exposición de Motivos del Proyecto de ley aprobatoria del Protocolo de Puerto España, en *Reclamación..., cit.,* pp. 133 y ss. Debe señalarse que ese Proyecto de Ley nunca fue discutido ni sancionado

64 Véase dichos documentos en el libro citado por el Ministerio de Relaciones Exteriores, *Recopilación de las introducciones a las memorias del Despacho correspondientes, al Quinquenio 1979–1983, Documentos sobre la cuestión de Guyana,* Caracas, 1984, partes correspondientes al Libro Amarillo de 1981, pp. 2 y ss., en particular la 7.

al Secretario de las Naciones Unidas[65], y desde 1982, el asunto está en sus manos, lo que ha sido reiterado posteriormente por los cancilleres de ambos países[66].

Por otra parte, durante la vigencia de la Constitución de 1961, se inició el proceso de delimitación de la áreas marinas y submarinas con otros Estados, teniendo como antecedente el Tratado sobre las Áreas Marinas del Golfo de Paria, suscrito en Caracas el 26 de febrero de 1942 entre Venezuela y Gran Bretaña, que se ha considerado como el primer Tratado de delimitación de áreas marinas y submarinas que se haya suscrito[67]. En él se delimitaron las áreas del lecho del mar y del subsuelo fuera de las aguas territoriales en el Golfo de Paria, originando una solución equitativa. Este tratado fue sustituido posteriormente por el Tratado entre la República de Venezuela y la República de Trinidad y Tobago sobre delimitación de Áreas Marinas y Submarinas aprobado por Ley de 6 de noviembre de 1990[68].

Las leyes nacionales relativas al Mar Territorial, Zona Contigua, Plataforma Continental y Zona Económica Exclusiva, en todo caso, habían delineado el principio del necesario acuerdo entre los Estados ribereños para la delimitación de las áreas marinas y submarinas. Así, la Ley sobre Mar Territorial, Plataforma Continental, Protección de la Pesca y Espacio Aéreo, de 1956, al referirse al Mar Territorial, estableció que: "En caso de que el límite establecido por el presente artículo colida con aguas territoriales extranjeras, se resolverá la cuestión mediante acuerdos u otros medios reconocidos por el Derecho Internacional (art. 1); y en la Ley por la cual se estableció una Zona Económica Exclusiva a lo largo de las costas continentales e insulares de la República de 1978 también se indicó al precisarse la extensión de la Zona Económica Exclusiva, que "en los casos en que esa extensión produzca superposición con las Zonas Económicas Exclusivas de otros Estados, la delimitación de las respectivas zonas se hará en la medida en que resulte necesario, mediante acuerdo con esos Estados" (art. 2). En cuanto a las bases para llegar a esos Acuerdos, éstas no estaban predeterminadas para Venezuela, pues al suscribirse las Convenciones de Ginebra sobre Mar Territorial y Zona Contigua y sobre Plataforma Continental, aprobadas por leyes de 1961, Venezuela se reservó el artículo 12 de la primera y el 6 de la segunda, que establecían el principio de la línea media equidistante para los casos de costas de dos Estados que sé hallan frente a frente.

En esta forma, en materia de delimitación de áreas marinas y submarinas en el caso de Venezuela la necesidad de Acuerdos era ineludible, pues sin ellos no era posible fijar el mar territorial y sin fijar el mar territorial no era posible fijar la Zona Contigua, la Plataforma Continental y la Zona Económica Exclusiva; y a la falta de

65 Véase la parte relativa al Mensaje del Ministro al Congreso en 1983, en la misma publicación, *Recopilación..., cit.*, pp. 2 a 6.

66 Véase la parte relativa al Mensaje del Ministro al Congreso en 1983, en la misma, publicación, *Recopilación..., cit.*, pp. XXVI y XXVII. Véase, asimismo, el Mensaje que los Ministros de Relaciones Exteriores de Venezuela y Guyana dirigieron al Secretario General de las Naciones Unidas, sobre su responsabilidad según el artículo IV (2) del Acuerdo de Ginebra, en *El Universal*, Caracas, 19–2–85, p. 1–1.

67 Véase en *Tratados Públicos..., cit.*, Vol. IV, pp. 719 a 723. Véase Isidro Morales Paúl, *Discurso de Incorporación a la Academia de Ciencias Políticas y Sociales*, Caracas, 1982, p. 23.

68 Véase en *Gaceta Oficial* N° 34.588 de 6–11–90. Reimpreso por error de copia en *Gaceta Oficial* N° 34.745 de 28–6–91; y en *G.O.* N° 34.752 de 10–7–91

acuerdos entre los Estados interesados, hubiéramos tenido que recurrir a otros medios reconocidos por el derecho internacional, los cuales no eran otros que los medios pacíficos de solución de controversias previstos en los artículos 83 y siguientes de la Carta de la ONU y en el Tratado Americano de Soluciones Pacíficas de Bogotá de 1948, y que son, además de la negociación, la investigación, la conciliación, la mediación, los buenos oficios, el arbitraje, la solución judicial por acuerdo entre las partes, el recurso o acuerdos u organismos regionales; o a los órganos superiores de la ONU.

Ahora bien, con base a estas exigencias Venezuela fue suscribiendo Tratados de delimitación de áreas marinas y submarinas, con todos los Estados con los cuales colindan sus áreas[69] excepto con Colombia, país con el cual aún no se ha logrado.

En efecto, el 30 de marzo de 1978 se celebró el Tratado de Delimitación entre la República de Venezuela y el Reino de los Países Bajos aprobado por Ley de 20 de julio de 1978[70], mediante el cual se delimitaron las áreas marinas y submarinas entre Venezuela y las Antillas Neerlandesas, previéndose que "las líneas de delimitación marítimas fijadas por el presente Tratado, constituyen los límites entre las Altas Partes Contratantes de los mares territoriales, las plataformas continentales, las zonas económicas exclusivas o cualesquiera áreas marinas o submarinas que han sido o que pudieran ser establecidas por las Partes, de conformidad con el Derecho Internacional" (art. 1). Mediante este Tratado se delimitó el área en 4 sectores: entre el Oeste de Aruba y Territorio Venezolano; entre las Islas de Sotavento de las Antillas Neerlandesas (Aruba, Bonaire y Curazao) y la Costa Norte de Venezuela; entre Bonaire y Territorio Venezolano; y entre las Islas de Aves, Saba y San Eustaquio.

En el mismo año 1978, el 28 de marzo se suscribió el Tratado de Delimitaciones de Fronteras Marítimas entre la República de Venezuela y los Estadas Unidos de América aprobado por ley de 20 de julio de 1978[71], mediante la cual se estableció el límite entre la Isla de Aves y los Archipiélagos las Aves y Los Roques de Venezuela y las Islas de Puerto Rico y Santa Cruz dependientes de los Estados Unidos de América, con lo cual se definió una Zona Económica Exclusiva entre las islas señaladas en una extensión cercana a las 300 millas.

El 3 de marzo de 1979, se suscribió el Tratado sobre delimitación de Áreas Marinas y Submarinas entre la República de Venezuela y la República Dominicana, aprobado por Ley de 26 de julio de 1980[72], mediante el cual ambos países establecieron los límites marítimos "de las plataformas continentales, las zonas económicas exclusivas o cualesquiera áreas marinas o submarinas que hayan sido o que pudieran ser establecidas por las partes" (art. 1). La línea limítrofe fue trazada tomando como punto de base el archipiélago de Los Monjes (art. 2, sector A)

---

69 Véase Isidro Morales Paúl, *Delimitación de Áreas Marinas y Submarinas al Norte de Venezuela*, Caracas, 1983.

70 Véase en *Gaceta Oficial* Nº 2.291 Extra de 26–7–78 y en *Gaceta Oficial* Nº 2.342 Extra de 14–12–78

71 Véase en *Gaceta Oficial* Nº 2.290 Extra de 21–7–78 y Nº 2.342 Extra de 14–12–78.

72 Véase en *Gaceta Oficial* Nº 2.642 Extra de 13–8–80.

preservándose la salida del Lago de Maracaibo y del Golfo de Venezuela hacia el mar Caribe.

Por último, el 17 de julio de 1980 se celebró el Tratado de Delimitación entre el Gobierno de la República de Venezuela y el Gobierno de la República Francesa aprobado por ley de 15 de julio de 1982[73], mediante el cual se fijó la línea de delimitación marítima entre la República de Venezuela y la República francesa, costa afuera de Guadalupe y Martinica y de la Isla de Aves (art. 1).

En esa forma, efectuada la delimitación de Áreas Marinas y Submarinas con Gran Bretaña (Trinidad), Francia (Guadalupe y Martinica), Estados Unidos de América (Puerto Rico), República Dominicana y los Países Bajos (Antillas Neerlandesas), quedó sólo por delimitar las áreas marinas y submarinas con Colombia, para lo cual desde 1970 se efectuaron diversos intentos de negociación a los efectos de resolver el diferendo[74] lo cual no ha sido posible lograr.

2. *Las relaciones con la Iglesia Católica*

La Constitución destinó el artículo 130 a regular las bases de las relaciones entre la Iglesia y el Estado, a cuyo efecto estableció lo siguiente:

> *Art. 130.* "En posesión como está la República del derecho de Patronato Eclesiástico lo ejercerá conforme lo determine la ley. Sin embargo, podrán celebrarse convenios o tratados para regular las relaciones entre la Iglesia y el Estado".

En esta forma, sin desconocerse el tradicional sistema del Patronato, abrió la posibilidad de modificarlo y establecer un convenio con la Iglesia, próximo al sistema de Concordato, a los efectos de poner fin a conflictos y tensiones entre la Iglesia y el Estado, que se remontan al inicio de nuestra vida Republicana[75].

En efecto desde la instalación de la Junta Conservadora de los Derechos de Fernando VII en las Provincias de Venezuela en 1810, ésta asumió las potestades del Real Patronato de la Corona Española, y a pesar de algunos intentos por establecer un concordato, el 25 de julio de 1834 se promulgó la Ley que declara a la República en ejercicio del Derecho de Patronato Eclesiástico[76] que al separarse Venezuela de la República de Colombia, se puso en vigencia en nuestro país a partir de 1830[77]. Esta Ley de Patronato Eclesiástico declaró la necesidad de que la República de Colombia continuase en el ejercicio del derecho de Patronato qué los reyes de España tuvieron con la Iglesia (Art. 1) y permitía y regulaba la injerencia

73 Véase en *Gaceta Oficial* N° 32.544 de 24–8–82 y 3.025 Extra de 7–10–82.

74 Véase información sobre el asunto en Leandro Area y Elike Nieschulz de Sockausen, *El Golfo de Venezuela, Documentación y Cronología,* Caracas 1984, pp. 200 y ss.

75 Sobre el tema véase José Rodríguez Iturbe, *Iglesia y Estado en Venezuela 1824–1964,* Caracas, 1968; y Jesús Leopoldo Sánchez, "El convenio Eclesiástico, las Constituciones Hispanoamericanas y los Códigos Nacionales" en *Estudios sobre la Constitución. Libro Homenaje a Rafael Caldera.* Tomo III, Caracas, 1979, pp. 1723 y ss.

76 Véase en *Compilación Legislativa de Venezuela,* 1953, Tomo III, pp. 822 y ss.

77 Véase el Decreto Legislativo que declara vigente y manda observar la Ley de Patronato de 15 de marzo de 1833, *ídem,* p. 832.

del Estado en la administración y organización de la Iglesia, en el respeto a la disciplina externa e interna de la Iglesia, y en la administración de los bienes eclesiásticos e, incluso, atribuiría a los Tribunales conocer de los asuntos contenciosos que se suscitaren en la materia. Esta Ley de 1824 se complementó con la Ley de División Territorial Eclesiástica[78] y con la Ley por la cual se dispone la manera de llevar las cuentas de fábricas de las Iglesias[79].

Posteriormente, en 1911 se dictó el Decreto sobre el Ejercicio de la Inspección Suprema de Cultos[80] en el cual se hacía referencia a la Ley de Patronato Eclesiástico de 1824, que se mandaba a aplicar respecto del ejercicio de todo culto tolerado. Esta suprema inspección del Estado sobre los cultos, con antecedentes en la Constitución de 1904 (Art. 17, Ord. 3), se encuentra en la Constitución de 1961, al regular la libertad religiosa como un derecho individual (Art. 65).

En todo caso, sólo fue en la Constitución de 1947 cuando, a pesar de la referencia al Patronato Eclesiástico, se estableció la posibilidad de celebrar convenios con la Santa Sede, en idénticos términos al artículo 130 de la Constitución de 1961. Con base en esta orientación, al inicio del período democrático, el Presidente Betancourt, en su Mensaje de Toma de Posesión de la Presidencia en febrero de 1959, planteó la necesidad de iniciar conversaciones con la Santa Sede, para establecer un *Modus Vivendi* entre la Iglesia y el Estado en "sustitución de los inoperantes cartabones contenidos en la Ley de Patronato Eclesiástico, legislación perteneciente casi a la prehistoria de nuestro derecho público"[81]. Esta posición, producto del consenso político del Pacto de Punto Fijo condujo no sólo a la inclusión en la Constitución de 1961 de la norma mencionada, sino a la celebración del *Modus Vivendi* entre la Santa Sede y el Estado venezolano en 1964[82], en el cual se regularon las relaciones entre la Iglesia y el Estado,

3. *El proceso de integración andina y la Comunidad Andina de Naciones*

El artículo 108 de la Constitución de 1961 estableció que "la República favorecerá la integración económica latinoamericana", a cuyo fin se debía procurar coordinar recursos y esfuerzos para fomentar el desarrollo económico y aumentar el bienestar y seguridad comunes. Con esta norma se plasmaban en la Constitución las bases para el inicio del proceso de integración económica.

En efecto, como consecuencia de las actividades desarrolladas por la Comisión Económica para la América Latina de las Naciones Unidas, de las negociaciones llevadas a cabo entre diversos países latinoamericanos a finales de la década de los cincuenta[83] en 1960, puede decirse que se inició el proceso de integración

78 La última reforma fue de 1923. *Idem.*, pp. 836 y 837.

79 *Idem.*, p. 834.

80 *Idem.*, p. 833

81 Citado por José Rodríguez Iturbe, *op. cit.*, p. 225.

82 Véase en *Gaceta Oficial* N° 27.551 de 24–9–64.

83 Véase los documentos más importantes de estas negociaciones en *Multilateral Economie Cooperation in Latín America,* Vol. I, *cit.*, pp. 33 y ss.

económica en América Latina, con la firma del Tratado de Montevideo[84] que creó la Asociación Latinoamericana del Libre Comercio (ALALC) y la zona respectiva en todo el ámbito suramericano[85].

Este Tratado, al cual se adhirió Venezuela en 1966[86], tenía entre sus objetivos inmediatos, la constitución de una zona de libre comercio, es decir, la eliminación de los derechos de aduana y demás restricciones en el comercio de los productos originarios de los países miembros de la zona, pero conservando cada uno de ellos la individualidad aduanera respecto de terceros países no miembros de tal área. Como toda zona de este tipo, la ALALC buscaba la liberación del comercio intrazonal, pero sin llegar a constituir una unión aduanera. El proceso de conformación y perfeccionamiento de esta zona de libre comercio, que debía haberse concluido definitivamente en 1972 y que por las dificultades de funcionamiento de la ALALC, se extendió hasta 1980[87], se dificultó por la excesiva protección de las economías nacionales que permitía el Tratado y la ausencia de poderes supranacionales de los órganos de la Asociación: todas las decisiones fueron adoptadas, después de un laborioso proceso de negociaciones entre las partes. En todo caso, en la Declaración de Presidentes de América de 1967, suscrita en Punta del Este[887], se indicó que el Mercado Común Latinoamericano que se resolvió crear progresivamente a partir de 1970 en un período no superior a 15 años, se debía basar en el desarrollo completo y la progresiva convergencia entre el Mercado Común Centroamericano y la ALALC.

Estas dos organizaciones de integración se estimaron entonces como los instrumentos adecuados para la formación del futuro Mercado Común Latinoamericano, que después de la reforma de la Carta de la OEA de 1967, constituía en cierta forma parte y objetivo del sistema interamericano[89].

---

84 Véase en Instruments relating to the Economic Integration of Latin America, *cit.,* pp. 207 y ss. The Inter–American System, *cit.*, pp. 485 y ss. Véase además en los apéndices del libro de Sidney Dell, *A Latin American Common Market?*, *cit,* pp. 228 y ss.; en Multilateral Economic co–operation in Latin America, Vol. I, *cit.*, pp. 57 y ss.; y en *International Organisation and Integration, cit.,* pp. 1073 y ss.

85 El Tratado de Montevideo fue ratificado por Argentina, Bolivia (1967), Brasil, Chile, Colombia, (1961), Ecuador (1961), México, Paraguay, Perú, Uruguay y Venezuela (1966). La ALALC en esta forma, constituyó el área de integración más amplia de los países en vías de desarrollo: con una población de alrededor de 240 millones de habitantes y una superficie de alrededor de 19 millones de Km2.

86 Véase la Ley Aprobatoria del Tratado en *Gaceta Oficial* N° 1.244 Extr. de 10–10–68.

87 Así se dispuso en el Protocolo de Caracas modificatorio del Tratado de Montevideo de 12 de diciembre de 1969. Véase en *Foro Nacional sobre Venezuela y la Integración Latinoamericana 1971.* Documentación Informativa, Tomo I, Caracas, 1971, p. 566.

88 Véase en *Instruments Related to the Economic Integration al Latin America, cit.,* pp. 395 y ss. Véase igualmente en *Foro Nacional sobre Venezuela y la Integración Latinoamericana, 1971,* Documentación Informativa, Tomo I, *cit.*, pp. 297 y ss.

89 Artículo 40 del Protocolo de Buenos Aires, por el cual se reformó la Carta de la OEA, establece expresamente que los Estados miembros reconocen que la integración de los países en desarrollo del Hemisferio es uno de los objetivos del Sistema Interamericano y, en consecuencia, deben orientar sus esfuerzos y adoptar las medidas necesarias para acelerar el proceso de integración, con miras a establecer un Mercado Común Latinoamericano en él menor tiempo posible. Véase en *Instruments Relating to the Economic Integration of Latin America, cit.,* p. 1.968; asimismo en *International Organisation and Integration, cit.,* p. 40.

Pero el impulso que aparentemente se le dio desde el punto de vista político a la ALALC, hizo temer a los países de menor desarrollo relativo y los de mercado insuficiente, que la ALALC podía resultar un proceso en definitiva ventajoso para los países más desarrollados de la región (Argentina, Brasil y México)[90], en perjuicio de aquéllos, lo que provocó que los países andinos, se comprometieran en la creación entre ellos de una unidad económica subregional dotada de un mercado ampliado, tarifa externa común y política industrial coordinada que les permitiera participar en términos de equilibrio y equidad, en un Mercado Común Latinoamericano. La fórmula del acuerdo subregional, en esta forma, ya había sido promovida por la Declaración de Bogotá de 1966, adoptada por los Presidentes de los países andinos y ratificada en la Declaración de los Presidentes de América de 1967[91]. Ello condujo al establecimiento mediante el Acuerdo de Cartagena de 1968, del "Grupo Andino" de Integración Subregional que se configuró, sin lugar a dudas, como el esquema de integración económica más acabado y desarrollado de América Latina, y que a partir de 1996, se fue transformando en la Comunidad Andina de Naciones de la cual, sin embargo, Venezuela se ha retirado en 2006.

Por otra parte, es de destacar que en 1974 Venezuela y México decidieron promover un mecanismo de cooperación y consulta entre los países latinoamericanos, para mejorar la posición de éstos en el comercio internacional, mediante un instrumento distinto de los utilizados hasta ese momento.

Surgió así la idea del Sistema Económico Latinoamericano (SELA), el cual se constituyó por el llamado Convenio de Panamá el 17 de octubre de 1975 suscrito por 25 Estados de América Latina y el Caribe[92]; y que tiene su sede en Caracas.

La finalización del período de transición previsto en el Tratado de Montevideo que constituyó la ALALC, para fines de 1973, prorrogada por el Protocolo de Caracas, hasta fines de 1980, aunado al estancamiento y crisis de la ALALC derivado, fundamentalmente, de la fórmula empleada para su implementación, a través de negociaciones producto por producto[93]; llevaron a los países miembros en 1980, en la Conferencia de la Asociación celebrada en Acapulco, México, a aprobar el proyecto de un nuevo Tratado de transformación de la ALALC en la Asociación Latinoamericana de Integración (ALADI) que fue constituida por el Tratado de Montevideo de 1980, suscrito el 12 de agosto de 1980 por los gobiernos de Bolivia, Brasil, Colombia, Chile, Ecuador, México, Paraguay, Perú, Uruguay y Venezuela[94], dado que estaban persuadidos "que la integración económica regional constituye

---

90 Véase los comentarios sobre los problemas que plantea a un proceso de integración económica, la presencia de países de mayor tamaño, en Ernst B. Haas, "The Study of Regional Integration: Reflections on the Joy and Anguist of Prertheorizing", in *International Organization,* Vol. XXIV, 1970, p. 615

91 La Declaración de Bogotá de 1966 fue firmada por los Presidentes de Colombia, Chile y Venezuela y por los representantes personales de los Presidentes de Ecuador y Perú, el 16 de agosto de 1966. Bolivia se adhirió a dicha Declaración en 1967. Véase el texto en *Foro Nacional sobre Venezuela y la Integración Latinoamericana 1971,* Documentación Informativa, Tomo II, Caracas, 1971, pp. 7 y ss.

92 Véase la Ley. aprobatoria en *Gaceta Oficial* Nº 30.886 de 5–1–78. *Cfr.* Juan Mario Vacchino, *Integración Económica Internacional,* Caracas, 1981, pp. 578 y ss.

93 Véase Juan Mario Vacchino, *op, cit.,* pp. 476 y ss.

94 Véase la Ley aprobatoria en *Gaceta Oficial* Nº 3.033 de 18–10–82

uno de los principales medios para que los países de América Latina puedan acelerar su proceso de desarrollo económico y social, a fin de asegurar un mejor nivel de vida para sus pueblos".

Ahora bien, en la Declaración de Bogotá de los Presidentes de Colombia, Chile y Venezuela y de los representantes de los Presidentes de Ecuador y Perú de 16 de agosto de 1966, éstos asumieron el compromiso de acelerar el proceso de integración dentro del marco de la ALALC y de adoptar medidas concretas a favor de los países de menor desarrollo relativo y mercado insuficiente. Asimismo, asumieron compromisos para coordinar sus políticas de desarrollo industrial; suscribir convenios de complementación para establecer nuevas industrias o expandir las existentes: establecer una Corporación de Fomento para la promoción y realización de los proyectos de interés común; y establecieron una Comisión Mixta Intergubernamental para elaborar el acuerdo subregional de integración de los países andinos[95]. Posteriormente en la Declaración de los Presidentes de América de 1967 se propició, por ello, la concertación "de acuerdos subregionales, de carácter transitorio, con regímenes de desgravación interna y armonización de tratamiento hacia terceros, en forma más acelerada que los compromisos generales y que sean compatibles con el objetivo de la integración regional"[96].

En el mismo año 1967, en la reunión, del Consejo de Ministros de Relaciones Exteriores de la ALALC, se dictaron sendas Resoluciones relativas a las normas a las que debían ajustarse los acuerdos subregionales que se firmasen en el seno de la ALALC; y a las bases del acuerdo subregional, entre Colombia, Chile, Ecuador, Perú y Venezuela, delegándose al Comité Ejecutivo Permanente de la ALALC el examen y declaración de compatibilidad del Acuerdo subregional con el Tratado de Montevideo[97]. Así, el 26 de mayo de 1969, después de un largo período de negociaciones, los países signatarios de fe Declaración de Bogotá de 1966[98], con excepción de Venezuela, firmaron el Acuerdo de Cartagena, es decir, el Acuerdo de Integración Subregional del Grupo de países andinos al cual se adhirió Venezuela en 1973[99].

El Grupo Andino nació entonces, y ante todo, como un proceso de integración económica que se realizó dentro de los marcos del Tratado de Montevideo y, por tanto, de la ALALC. De ahí que una de las primeras decisiones que se adoptaron después de su firma, fue la Resolución de la ALALC[100], declaratoria de la

---

95 Véase en *loc. cit.,* p. 297.

96 Véase en *loc. cit.,* p. 7.

97 Resoluciones N° 202 (CM–II/VI–E) N 203 (CM–II/VI–E) de 2 de septiembre de 1967 y N° 222 (VII) de 17 de diciembre de 1967. Véase en *Foro Nacional sobre Venezuela y la Integración Latinoamericana 1971, cit.,* Tomo I, pp. 199 y ss.

98 Bolivia, Chile, Colombia, Ecuador y Perú. El Acuerdo quedó abierto a la adhesión de las demás partes contratantes del Tratado de Montevideo (Art. 109). Venezuela inició el proceso de adherirse al firmarse el Consenso de Lima el 13 de febrero de 1973 y al aprobar la Comisión del Acuerdo la Decisión N° 70, relativa a las "Condiciones para la adhesión de Venezuela al Acuerdo de Cartagena".

99 Véase el texto del Acuerdo en *El Pacto Andino,* Madrid, 1973, pp. 303 y ss. La Ley Aprobatoria se publicó en *Gaceta Oficial* Extraordinaria N° 1.620 de 1–11–73

100 Véase, Resolución del Comité Ejecutivo Permanente de la ALALC, N° 179, de 9 de julio de 1969, que declara la compatibilidad con el Tratado de Montevideo del Acuerdo de Integración Subregional suscri-

"compatibilidad" del Pacto Andino con el Tratado de Montevideo, como el mismo texto del Acuerdo de Cartagena lo requería[101]. Ello no significó, sin embargo, que el Acuerdo de Cartagena no tuviera autonomía propia, sino que conformó en un mecanismo complementario de los esfuerzos que dentro de la ALALC se desarrollaban para la formación del futuro Mercado Común Latinoamericano, que a partir de 1980 es el objetivo de la ALADI.

El Acuerdo de Cartagena, en esta forma, puede considerarse como el único efectivo proceso de integración en América Latina acordado entre los países andinos y que estableció las bases para un Mercado Común Andino entre Bolivia, Colombia, Chile, Ecuador, Perú y Venezuela, que superaba los 5.440 millones de Km^2, con una población superior a los 68 millones de habitantes, y con un volumen de comercio exterior al constituirse, superior a los 11.000 millones de dólares. Mediante el esquema de integración andina previsto en el Tratado y sus varias modificaciones[102], se persiguen tres objetivos fundamentales: promover el desarrollo equilibrado y armónico de los países miembros en condiciones de equidad, mediante la integración y la cooperación económica y social; acelerar su crecimiento y la generación de ocupación; facilitar su participación en el proceso de integración regional, con miras a la formación gradual de un Mercado Común Latinoamericano.

Para realizar dichos objetivos el Acuerdo de Cartagena previo diversos mecanismos entre los cuales deben destacarse: la armonización gradual de políticas económicas y sociales y la aproximación de las legislaciones nacionales; la programación conjunta, la intensificación del proceso de industrialización subregional y la ejecución de programas industriales; un programa de liberalización del intercambio comercial; un arancel externo común e integración física (Artículos 1 y 2, Acuerdo).

Una pieza fundamental de ese proceso fue la decisión de la Comisión del Acuerdo de Cartagena, N° 24 de 1970 que aprobó el Régimen Común de Tratamiento de los Capitales Extranjeros y sobre Marcas, Patentes, Licencias y Regalías[103], con lo cual se reguló uniformemente en todos los países miembros del

---

to por Bolivia, Colombia, Chile, Ecuador y Perú, en *Foro Nacional sobre Venezuela y la Integración Latinoamericana 1971, cit.*, Tomo I, p. 284.

101 El artículo 110 de Acuerdo de Cartagena exigía que el mismo fuera sometido a la consideración del Comité Ejecutivo Permanente de la ALALC a los efectos de que éste declarara la compatibilidad de aquél con el Tratado de Montevideo

102 Véase el Protocolo adicional de 1976, el Protocolo adicional de Lima de 1977, el Protocolo adicional de Arequipa de 1978, aprobados por Ley y publicados, respectivamente, en *Gaceta Oficial* N° 31.109 de 12–11–76; N° Extra 2.118 de 30–12–77; y N° Extra 2.310 de 20–9–78. Véase el "Protocolo de Quito" modificatorio del Acuerdo de Cartagena, aprobado por ley publicada en *Gaceta Oficial* N° 33.958 de 4–5–88.

103 Esta Decisión N° 24, de 31 de diciembre de 1970 fue aprobada por Ley. Véase *Gaceta Oficial* N° 1.620 Extra de 1–11–73. La referida Decisión N° 24 fue objeto de ajustes en la Decisión N° 37 de 24 de junio de 1971, mediante el cual se establecieron los "ajustes al régimen común de tratamiento a los capitales extranjeros sobre marcas, patentes, licencias y regalías" cuyo texto también se aprobó por Ley. Véase *Gaceta Oficial* N° 1.620 Extra de 1–11–73. Con motivo de la adhesión de Venezuela al Grupo Andino, en la Decisión N° 70 de la Comisión de 1973, se aprobaron además otras modificaciones a los artículos 1 y 13 de la Decisión N° 24 (Artículos 33 y 34 de la Decisión N° 70), también aprobadas por Ley. Véase en la misma *Gaceta Oficial* N° 1.620 Extra de 1–11–73. Posteriormente en 1973, mediante las decisio-

Grupo, el régimen de las inversiones extranjeras; y otra fue la Decisión 85 sobre Régimen común de la Propiedad Industrial, la cual nunca fue aprobada por Ley en Venezuela, por lo que nunca fue aplicada en el país. Esta decisión fue sustituida por la Decisión 313 sobre el mismo Régimen Común, la cual, sin embargo, y sin aprobación legislativa, se publicó en *Gaceta Oficial*[104] y comenzó a ser aplicada. En efecto, con esa publicación efectuada conforme a las normas del artículo 2 del Tratado que creó el Tribunal Andino, se comenzó a aplicar la Decisión 313 en el país, razón por la cual un reclamo de inconstitucionalidad fue intentado en, 1992 contra el referido acto de publicación, argumentándose que era necesaria una ley aprobatoria previa. La Decisión N° 313 fue posteriormente derogada y sustituida por la Decisión N° 344 de 21–10–93 publicada en la *Gaceta Oficial* del Acuerdo de Cartagena N° 142 de 29–10–93, y publicada también en la *Gaceta Oficial* de la República, sin aprobación legislativa previa[105].

El marco institucional del Acuerdo de Cartagena, se conformó, además de por el Consejo de Ministros de Relaciones Exteriores del Grupo, que era un órgano de mero carácter intergubernamental, por cuatro órganos comunitarios principales: la Comisión, la Junta, el Tribunal Andino de Justicia, y como órgano deliberante común, el Parlamento Andino. En 1996 se adoptó el Protocolo de Quito que cambió el nombre al Grupo Andino por Comunidad Andina, consolidándose su marco supranacional, de la cual Venezuela se retiró en 2006.

V. EL RÉGIMEN DEMOCRÁTICO EN LA CONSTITUCIÓN DE 1961

Hemos señalado que la Constitución de 1961 fue realmente inflexible en el establecimiento de una democracia pluralista en Venezuela, la cual se desarrolló durante su período de vigencia, cuyas instituciones constitucionales estuvieron ciertamente condicionadas por "el espíritu del 23 de enero", no sólo en cuanto al establecimiento del régimen sino en cuanto a su mantenimiento[106].

1. *El establecimiento del régimen democrático de Gobierno*

El primer efecto evidente del Pacto de Punto Fijo y de la revolución democrática del 23 de enero de 1958 fue el establecimiento de un sistema democrático en la Constitución, producto directo del movimiento revolucionario cívico–militar contra una dictadura, basado en una coexistencia de partidos y de ideologías y en el respeto mutuo de ellos, reconociendo sus diferencias, pero en un sistema de colaboración. En la base de la Constitución, si se quiere, estaba un pluralismo ideológico, por lo que puede decirse que la Constitución estableció un régimen de democracia pluralista, que admitía la participación en el proceso político, de todos los sectores interesados en el mantenimiento de la democracia.

---

nes Nos. 103 y 109 se reformó nuevamente la Decisión 24, las cuales fueron aprobadas por Ley. Véase en *Gacetas Oficiales* Nos. 2.052 de 20–6–77 y 2.112 de 22–12–77, respectivamente.

104 *G.O.* N° 4.451 Extra de 5–8–92

105 Véase *G.O.* N° 4.676 Extra de 18–1–94. La decisión N° 313, además, había sido reglamentada por Decreto N° 2.887 de 15–4–93, *G.O.* N° 35.226 de 4–6–93.

106 Véase lo expuesto en Allan R. Brewer–Carías, *Instituciones Políticas y Constitucionales*, *op. cit.*, Tomo III, Décima Segunda Parte.

El establecimiento del sistema democrático, como primer efecto del proceso político unitario plasmado en el Pacto de Punto Fijo, dio origen, al menos, a tres regulaciones institucionales fundamentales en la Constitución: un régimen de gobierno democrático; un sistema de libertades públicas, y un sistema de separación de poderes.

A. *El régimen de gobierno democrático*

El artículo 3 de la Constitución estableció expresamente que el gobierno de la República es y será siempre democrático, por lo que no sólo estableció la democracia, sino un claro compromiso a su mantenimiento. Además, este régimen de gobierno democrático, expresamente, debía ser representativo, responsable y alternativo.

Debe recordarse, además, que el propio Preámbulo de la Constitución de 1961 también se refirió al sistema democrático, al establecer que se dictó con el propósito de "...sustentar el orden democrático como único e irrenunciable medio de asegurar los derechos y la dignidad de los ciudadanos"; y con el propósito de "favorecer pacíficamente la extensión del orden democrático a todos los pueblos de la tierra".

Por otra parte, el sistema de gobierno que se estableció fue el propio de una democracia representativa, como lo decía el mismo artículo que debía ejercerse a través de representantes electos. Por ello, el artículo 4 precisó que "la soberanía reside en el pueblo, quien la ejerce, mediante el sufragio, por órgano del Poder Público", es decir, a través de representantes, que debían ser electos. Esto se reafirmó, a nivel local, en el artículo 29 que definió como parte de la autonomía municipal "la elección de sus propias autoridades"; a nivel nacional, en los artículos 111 a 113, 140, 148, 151 y 138; y a nivel estadal en los artículos 19 y 22, en los cuales se reguló el sistema electoral.

B. *El régimen de libertades públicas*

Pero además de establecerse el régimen de democracia pluralista, responsable, alternativa y representativa, en la Constitución se estableció un sistema de libertades públicas, cuya vigencia efectiva estaba ligada a la democracia. El propio Preámbulo lo estableció al disponer que "el orden democrático es el único e irrenunciable medio asegurar los derechos y la dignidad de los ciudadanos...". Por tanto, como parte de este sistema democrático, estaba el establecimiento de un sistema de libertades públicas, de derechos y garantías a las cuales se destinó, como se ha visto, todo el Título III de la Constitución, donde se clasificaron, inclusive, en cuatro categorías: derechos individuales; derechos sociales; derechos económicos y derechos políticos.

Este sistema de derechos y garantías, jurídicamente hablando, lo que estableció fue un sistema de relaciones entre el Estado y los ciudadanos: por una parte, se regulaban como tales derechos y libertades de los ciudadanos, y por otra parte, se manifiestan como una serie de obligaciones de hacer o de no hacer a cargo del Estado. Por tanto, tratándose, básicamente, de derechos de los particulares y ciudadanos, respecto del Estado se establecían obligaciones de prestar determinados servicios para hacer efectivos aquellos derechos, o de abstenerse de intervenir para garantizar las libertades. Por ejemplo, el derecho de los particulares a la protección de la salud (artículo 76) originaba la obligación de los entes públicos de proteger la salud y de establecer los servicios para dar asistencia sanitaria (artículo 76). Pero otras garantías constitucionales más que derechos, constituían libertades: la inviolabilidad del hogar doméstico (artículo 62), por ejemplo, da origen a una obligación de abstención del Estado, es decir, de que autoridades no deben violar el hogar doméstico; la inviolabilidad de la vida (artículo 58), obliga a los entes públicos a no atentar contra la vida; la garantía de la libertad personal (artículo 60), obliga al Estado y sus funcionarios, a no atentar contra la seguridad y la libertad personal.

Por tanto, el sistema de libertades públicas y derechos constitucionales derivado del régimen democrático, da origen a un conjunto de relaciones jurídicas que conforman la base de la sociedad, que dan origen a obligaciones del Estado de carácter prestacional, que se traducen en servicios públicos, o a obligaciones de no hacer, que se traducen en abstenciones del Estado, de no atentar contra determinadas libertades y de asegurar que estas libertades se mantengan incólumes e inviolables.

Por supuesto, cuando se analiza el catálogo de derechos y libertades establecido en la Constitución de 1961, se aprecia que una regulación democrática que hubiera dado plena efectividad a esos derechos y libertades, podría haber significado una transformación total de la sociedad venezolana. Pero como se trataba de un pacto político realista, la Constitución misma al establecerlos, dejó en gran parte su complementación al legislador; de allí esa flexibilidad de que hablaron sus redactores en la Exposición de Motivos del Proyecto. En efecto, en primer lugar, muchos derechos fueron consagrados en forma programática, por lo que a veces, no todos eran ejercitables directamente. Se trataba de programas que debían ser desarrollados por el legislador, de manera que su vigencia efectiva dependía, en realidad, de la labor legislativa posterior. Por ello, muchos derechos constitucionales no llegaron a ser totalmente efectivos, porque no hubo regulaciones legales concretas. Por ejemplo, decía la Constitución que las comunidades indígenas debían ser protegidas mediante un régimen de excepción que estableciera la ley (artículo 77), pero durante la vigencia de la Constitución ninguna ley se dictó para la protección a las comunidades indígenas y su incorporación progresiva a la vida nacional.

En segundo lugar, si bien se establecieron otra serie de derechos y garantías directamente en la Constitución, esta admitía que estos derechos y garantías, en diversos grados, pudieran ser limitados por el legislador, de manera que incluso en algunos casos la previsión era de tal naturaleza que el ejercicio del derecho dependía del legislador.

Por ello, en la Constitución, realmente, sólo había tres libertades absolutas que se ejercían en virtud del solo texto y ni siquiera eran limitables: el derecho a la vida (artículo 58); el derecho a no ser incomunicado, ni sometido a tortura (artículo 60, ordinal 3º), y el derecho a no ser condenado a penas perpetuas o infamantes, o a penas restrictivas de la libertad personal mayores de 30 años (artículo 60, ordinal 7º). Estos tres derechos, inclusive, no podían ser objeto de restricción o suspensión por vía ejecutiva, ni siquiera en estado de emergencia (artículo 241). Salvo estos tres derechos, todos los demás eran o limitables o regulables, o fueron consagrados en forma tal, que su ejercicio mismo no podía ser efectivo sino cuando el legislador lo prescribiera.

Por otra parte, y aun cuando era una de las bases del régimen democrático y de la consagración de este régimen de libertades públicas, una pieza fundamental del régimen quedó definida casi como un programa. Fue el caso del régimen del amparo a las libertades, que se consagró, a la vez, como uno de los derechos fundamentales. En efecto, el artículo 49 de la Constitución establecía el derecho que todos tienen a ser amparados por los Tribunales en el goce y ejercicio de los derechos y garantías constitucionales, "en conformidad con la Ley". Esto provocó que la jurisprudencia inicial en la materia de la Corte Suprema, hubiera estimado que la efectividad de este derecho quedaba sujeto a la promulgación de la ley, criterio que luego fue totalmente superado[107]. Sin embargo, en cuanto al amparo a la libertad personal, la Constitución estableció su efectividad inmediata al regular, en la Disposición Transitoria Quinta, el *habeas corpus,* reglamentándolo de manera provisional; a fin de no dejar en suspenso su eficacia, hasta tanto se dictase la ley especial que lo reglamentara.

A partir del 22 de enero de 1988, entró en vigencia la Ley Orgánica de Amparo sobre Derechos y Garantías Constitucionales, conforme a lo previsto en el (artículo 49) de la Constitución, quedando así sin efecto la Disposición Transitoria Quinta, tal y como lo señala expresamente el (artículo 1) de Ley Orgánica de Amparo sobre Derechos y Garantías Constitucionales. "...La garantía de la libertad personal que regula el *habeas corpus* constitucional, se regirá por esta Ley...".

Por tanto, frente al elenco magnífico de libertades, derechos y garantías constitucionales, que podría considerarse formalmente casi perfecto, se podía apreciar, sin embargo, que muchos eran limitables o regulables por el legislador, e incluso, su ejercicio podía ser suspendido o restringido por vía ejecutiva, y otros sólo podían ejercerse cuando se dictasen regulaciones posteriores.

Por supuesto, en esta materia de los derechos y garantías constitucionales surge el principio constitucional de la reserva legal, en sentido de que la regulación y limitación de los mismos es materia reservada al legislador, lo cual se configura como otra de las bases fundamentales de su regulación. Sin embargo, debe admitirse que esa reserva legal se rompió cuando se restringieron o se suspendieron las garantías por Decreto ejecutivo (artículo 190,24), ya que la restricción o suspensión ampliaba las funciones reguladores del Poder Ejecutivo, aun cuando sin limitar las funciones del Parlamento. Un ejemplo muestra esta situación, que resultó anómala: La Constitución estableció, al regular la libertad económica, que "la ley dictará normas para impedir la indebida elevación de los precios..." y, en efecto, la Ley de Protección al Consumidor de 1974 estableció todo un sistema de regulación de precios de bienes que debían declarar previamente, como de primera necesidad. Sin embargo, mediante Decreto–Ley N° 1.971 de 18 de abril de 1983, dictado en restricción de garantías de la libertad económica, se estableció un sistema de regulación de precios para todo tipo de bienes, modificándose el sistema de la Ley

107 Véase lo expuesto en Allan R. Brewer–Carías, *Instituciones Políticas y Constitucionales*, *op. cit.*, Tomo III, Décima Cuarta Parte.

de Protección al Consumidor[108]. Así, mediante un Decreto–Ley, se modificó una Ley.

C. *El sistema de distribución del poder*

Pero aparte del régimen de gobierno democrático y del sistema de libertades y garantías con todos sus requerimientos, como un tercer elemento del establecimiento del sistema democrático como efecto del Pacto político de 1958, la Constitución estableció un doble sistema de distribución del Poder Público, siguiendo las líneas del constitucionalismo clásico: un sistema de distribución horizontal del Poder y un sistema de distribución vertical del Poder[109].

En cuanto al sistema de distribución horizontal del Poder Público la Constitución estableció un sistema de separación orgánica de poderes que es, también, una garantía del régimen democrático, donde se estableció una relación de independencia entre los poderes, y un mecanismo de frenos y contrapesos entre ellos.

En particular, la Constitución previó la autonomía e independencia del Poder Judicial, como garantía de la propia democracia y pieza fundamental del sistema democrático (artículo 208), a cuyo efecto creó el Consejo de la Judicatura para la administración y gobierno del Poder Judicial.

Por otra parte, el texto fundamental estableció un sistema de distribución vertical del Poder, que tuvo su base en la forma federal del Estado, razón por la cual en los tres niveles territoriales que conlleva (nacional, estadal y municipal) se estableció el principio del gobierno democrático representativo, desde el momento en que se establece que los Concejos Municipales y las Asambleas Legislativas de los Estados deben formarse por autoridades electas, estableciéndose, inclusive, la posibilidad de que los Gobernadores de Estado sean electos, si así lo determinaba la Ley (artículo 22), como en efecto se reguló en 1989, en la ley de elección y remoción de los Gobernadores.

En el nivel nacional, por supuesto, tanto el Presidente de la República como los miembros de las Cámaras Legislativas también debían ser electos por votación universal, directa y secreta (Arts. 148, 151 y 183).

2. *Mantenimiento del régimen democrático de Gobierno: El Estado de partidos*

El primer efecto evidente del espíritu del 23 de Enero y del Pacto de Punto Fijo, fue, por tanto, el establecimiento de un sistema democrático en la Constitución a través de los mecanismos institucionales antes analizados; y el segundo efecto fue la previsión de una serie de instituciones para *mantener* el sistema democrático, respondiendo a esa expresión del artículo 3° de la Constitución que señala que el Gobierno de la República de Venezuela no sólo es democrático, sino que "*será siempre democrático...*".

---

108 Véase en *Gaceta Oficial* N° 32.708 de 20–4–83. Véase Allan R. Brewer–Carías "Recientes regulaciones en materia de control de precios" en *Revista de Derecho Público*, N° 13, Caracas, 1983, pp. 83 y ss.

109 Véase lo expuesto en Allan R. Brewer–Carías, *Instituciones Políticas y Constitucionales*, *op. cit.*, Tomo II, Sexta Parte.

Para lograr el mantenimiento del régimen democrático, la Constitución previó dos órdenes de regulaciones institucionales: un sistema de partidos políticos, de democracia de partidos y un Estado centralizado, que sólo fue después de tres décadas de consolidación, tardíamente, a partir 1990, que comenzó a descentralizarse[110].

A. *El sistema de partidos: la democracia de partidos*

En efecto, hemos dicho que la Constitución estableció un sistema democrático de gobierno alternativo, pluralista, responsable y representativo, pero además, estableció un sistema de partidos políticos que puede calificarse, sin duda, como un sistema de "democracia de partidos", el cual fue un efecto directo de las reglas de juego que establecieron en el Pacto de Punto Fijo, y que inspiraron el texto constitucional.

a. *Las reglas de juego del sistema*

El sistema de partidos políticos venezolanos del período democrático, puede decirse que tuvo su origen en la década de los cuarenta, con raíces en la de los treinta. Sin embargo, en los años 1945–1948 el sistema no era el de una relación entre competidores políticos que se respetaran mutuamente, sino que era un sistema de relaciones entre partidos enemigos que aspiraban destruirse unos a otros. No había reglas de juego de cooperación, y la única regla, si se quiere, era la búsqueda de la hegemonía y la destrucción del enemigo. Por eso, se ha dicho que el sistema se configuró como uno de conflicto entre partidos antagónicos e irreconciliables, que buscaban su mutua eliminación, pues no había aceptación mutua, ni tolerancia. Al contrario, había rechazo y discordia. Por eso, como se ha dicho, frente a la situación de los cuarenta, el Pacto de Punto Fijo resultó un acuerdo entre los partidos políticos tendiente a asegurar un mínimo de entendimiento para que el sistema funcionara. Había el convencimiento, a partir de 1958, de que nada se ganaba con volver a establecer un régimen democrático, si no se aseguraba el mantenimiento y el funcionamiento del sistema democrático.

Por tanto, debía establecerse un sistema conforme al "espíritu del 23 de Enero", que asegurara el funcionamiento del sistema y evitase el enfrentamiento y la discordia entre los partidos. Por ello, frente al sistema anterior de relación entre competidores irreconciliables se estableció un sistema de cooperación que pudiera unir a los partidos frente al enemigo común identificado en quienes antagonizaban el sistema democrático y la propia Constitución. En esta forma, las reglas de juego que estaban en el Pacto de Punto Fijo, de mutuo respeto y tolerancia son las que, en nuestro criterio, se reflejaron en la Constitución, cuando estableció un sistema de partidos que, vinculado al sistema democrático, puede calificarse como de democracia de partidos.

---

110 Véase Allan R. Brewer–Carías, *Problemas del Estado de Partidos*, Caracas, 1989. Además, "La crisis de las instituciones: responsables y salidas *Revista de la Facultad de Ciencias Jurídicas y Políticas*, N° 64, 1985, pp. 129 a 155. Véase lo expuesto en Allan R. Brewer–Carías, *Instituciones Políticas y Constitucionales*, *op. cit.*, Tomo III, Décima Segunda Parte.

Ese sistema de democracia de partidos se fundamentó en dos elementos derivados de la aplicación de la Constitución: por una parte, en la que la representatividad democrática era una representatividad por los partidos políticos; y segundo, en que los partidos acumularon la mayor cuota de participación política.

b. *La representatividad por los partidos*

En efecto, de acuerdo a la Constitución, los partidos políticos eran los que básicamente aseguraban la representación, entre otros aspectos por la previsión del principio de la representación proporcional de las minorías como modo de escrutinio (artículo 113) en las elecciones de los cuerpos representativos (artículos 19, 148 y 151). Este sistema fue el instrumento por excelencia para asegurar la representatividad a través de los partidos y para la consolidación de este sistema de democracia de partidos, con lo que se aseguró a los partidos, el monopolio de la representatividad en los cuerpos representativos, siempre que, por supuesto, aceptasen las reglas del juego democrático. De allí la expresión "partidocracia" que se utilizó para calificar la democracia de partidos. La Enmienda Constitucional N° 2 de 1983, estableció las bases para la reforma de este sistema de escrutinio, y su sustitución por otra de nivel estatal y municipal.[111]

c. *La participación política a través de los partidos*

Pero además del mecanismo de representatividad por los partidos, la democracia de partidos, como sistema establecido para mantener el régimen democrático, también otorgó a éstos, en el propio texto constitucional, el monopolio de la participación política. En efecto, la Constitución marcadamente reguló como instrumentos de participación política, a los partidos políticos, y así resultó básicamente al establecer el derecho de todos "a asociarse en partidos políticos" (artículo 114) agregando que ello era "para participar, por métodos democráticos, en la orientación de la política nacional". Por eso se exigía en el propio texto constitucional, que los partidos tuvieran, a su vez, carácter democrático y se garantizaba además, su igualdad ante la Ley.

La Constitución reconoció, por tanto, a los partidos políticos, como instrumentos para participar en la vida política y para asegurar la representatividad democrática.

Ahora bien, este efecto del Pacto de Punto Fijo, del mantenimiento del régimen democrático, a través de un sistema de partidos, que originó una democracia de partidos, reflejado en estos dos puntos que hemos señalado: representatividad a través de los partidos políticos, por el establecimiento del sistema electoral de representación proporcional y participación política a través de los partidos políticos, por su establecimiento expreso en la propia Constitución, fue el que operó y se desarrolló en Venezuela en las últimas décadas del Siglo XX. Así el control del sistema democrático quedó en manos de los partidos políticos, asegurándose el monopolio de la representación democrática y de la participación política. Se logró

111 Véase en general, Julia Alcibíades, "Enmiendas a la Constitución de 1961", en Elena Plaza y Ricardo Combellas (Coordinadores), *Procesos Constituyentes y Reformas Constitucionales en la Historia de Venezuela: 1811–1999*, Universidad Central de Venezuela, Caracas 2005, Tomo II, pp. 733–764.

establecer, entonces, un sistema de democracia de partidos, de partidocracia que requería que se determinase después de décadas de aplicación, si debía ser el único mecanismo de representatividad y de participación o si, al contrario, como lo propusimos, la sociedad venezolana había avanzado lo suficiente como para buscar otros medios de representación y mecanismos de participación. En la búsqueda de ello se quedaron los propósitos de la fallida reforma del Estado[112].

B. *El Estado centralizado*

a. *La reacción contra el federalismo*

El segundo orden de instituciones constitucionales orientadas inicialmente al mantenimiento del sistema democrático, como resultado de la decisión política unitaria contenida en la Constitución, fueron las que consolidaron un Estado centralizado, motivado por el temor al federalismo[113].

Por supuesto, ello fue el resultado, ante todo, de un proceso evolutivo de centralización del Estado, en el cual, si se quiere, habían ganado las fuerzas de integración frente a las de disgregación en la estructuración política de la sociedad venezolana. Ese proceso evolutivo tuvo su origen, por supuesto, en todos los problemas del caudillismo, del localismo y del regionalismo que durante el siglo XIX tuvieron tanta repercusión en la vida política venezolana. Lo cierto, en todo caso, es que todavía, en nuestra política contemporánea, cuando se habla de federación, algunos evocan las guerras federales; y cuando se busca otorgarle mayor autonomía a las entidades político–territoriales, a los Estados de la Federación, como sucedió a partir de la sanción de la Ley Orgánica de Descentralización, Delimitación y Transferencia de Competencias del Poder Público en 1989, se ha pensado en la posibilidad del separatismo. Son reminiscencias del siglo XIX, cuya vida política quedó traumatizada, en nombre del federalismo, por el caudillismo. De allí, que la opción centralismo–federación, también apareció en la propia Constitución de 1961.

En efecto, la propia Exposición de Motivos de la Constitución dedicó una parte muy extensa al tratamiento de la forma del Estado venezolano, y particularmente, el problema de su forma federal. La Exposición de Motivos inclusive, recogió la polémica que surgió en la Comisión Bicameral desde las primeras reuniones, la cual se planteó en los dos extremos del pensamiento sobre el problema federal: Algunos plantearon la eliminación de la Federación, definitivamente, como forma del Estado venezolano; y otros, al contrario, plantearon la tesis de reforzar la Federación, como instrumento descentralizador.

En esta forma, la Exposición de Motivos de la Constitución dijo lo siguiente: "La Comisión se abocó al estudio de si resultaba conveniente mantener la forma federal del Estado venezolano. La vieja polémica de centralistas y federalistas pudo empezar a revivirse en nuestras primeras reuniones, que habrían tomado un curso de

112 Sobre el tema véase Allan R. Brewer–Carías, *El Estado, Crisis y Reforma,* Caracas 1983.

113 Sobre el federalismo véase lo expuesto en Allan R. Brewer–Carías, *Instituciones Políticas y Constitucionales, op. cit.*, Tomo I, Segunda y Tercera Parte y en la Octava Parte, Tomo II.

discusiones infecundas, como lo ha sido en gran parte esta polémica a lo largo de nuestra historia". En esta forma se reconoció, en este texto, no sólo la tradición del problema y la polémica que ha generado, sin duda infecunda, por lo que dentro del espíritu unitario que ya hemos destacado y que orientó los trabajos de la Comisión, la Exposición de Motivos, señaló que: "Los trabajos se dirigieron hacia el encuentro de una fórmula capaz de evitar lo árido de las contradicciones y ofrecer una solución cónsona con nuestros antecedentes y con la estructura real del Estado"[114].

Con ello se estaba diciendo que partiendo del proceso político precedente con tendencia centralista sobre todo durante este siglo, la fórmula que debía adoptarse debía ser cónsona con la estructura real del Estado venezolano, el cual, sin duda, a comienzos de los años sesenta, era un Estado centralizado. Y agregó la Exposición de Motivos: "Quienes pensaron en la eliminación de la forma federal, creyeron que era preferible reemplazar la estructura de la federación por un sistema de descentralización administrativa o de autonomías progresivas funcionarían más de acuerdo con la realidad venezolana; quienes pronunciaron por el mantenimiento de la forma federal del Estado arguyeron entre otros motivos los de origen histórico que hicieron arraigar el movimiento federalista en el sentimiento nacional".

De este resumen de las dos posiciones, se confirma que la estructura real del Estado era la centralista y que para no caer en contradicciones, estableciendo un real Estado Federal, había que regular una forma de Estado, que sin dejar de ser federal fuera centralista. Y no otra cosa se hizo: se reconoció que no había descentralización política en el sistema, y que lo federal era una cuestión de tradición histórica. Las dos posiciones, sin embargo, eran inaceptables: si había una forma federal tradicional como forma ideal de descentralización, lo lógico era aprovechar esa forma y darle contenido y no pensar en eliminarla para estructurar una forma nueva de descentralización. Por supuesto, mantener la federación sólo por razones históricas contenido descentralizador, tampoco tenía sentido.

El argumento de la Comisión, en todo caso, para consolidar la Federación centralizada que estaba en la Constitución, fue el siguiente:

La Comisión comenzó por reconocer que el federalismo en el sentido de la organización social y el nombre mismo de la Federación, constituían un hecho cumplido y hondamente enraizado en la conciencia de los venezolanos. Por otra parte, estimó que, a pesar de no haberse realizado efectivamente, la Federación seguía siendo para el espíritu de la mayoría un desiderátum, hacia el cual debía tender la organización de la República.

De esto último resultó una declaración importante: se consideraba como un desiderátum, la Federación, hacia el cual debe tender la organización de la República. Es decir, se reconocía que la forma del Estado no era propiamente la de una Federación, sino que debíamos tender a ser Federación. Y agregó la Exposición de Motivos: "Pensó también la Comisión que la semántica en la vida política y jurídica no tiene contenido inmutable. Los vocablos se entienden, no sólo por su significación literal, sino por el ambiente histórico y las circunstancias en las cuales

114 Véase la Exposición de Motivos en *Revista de la Facultad de Derecho*, UCV, N° 21, 1961, pp. 371 y ss.

se han realizado los valores que representan. La palabra "democracia" en Francia es inseparable del establecimiento del régimen republicano y de la abolición de la monarquía; la palabra "democracia" en Inglaterra se armoniza con la subsistencia de la monarquía británica. Los vocablos tienen su acepción propia, que es la que le atribuyen los hechos históricos".

Partiendo de esa premisa, concluyó la Exposición de Motivos así:

> "Federación", en unas partes significó la integración de unidades dispersas para formar un todo armónico; "Federación" en los países de América Latina significó a veces la disgregación de una unidad en comunidades locales. Pero "Federación" en Venezuela, propiamente hablando, representa un sistema peculiar de vida, un conjunto valores y de sentimientos que el Constituyente está en el deber de respetar en la medida en que los intereses del pueblo lo permitan. Por ello se adoptó la definición con que se abre el primer Título: "La República de Venezuela es un Estado Federal en los términos establecidos por esta Constitución. Es decir, que es una federación en la medida y forma peculiar en que esta idea ha sido vivida dentro de la sociedad venezolana".

Por supuesto, con ello no se estaba diciendo absolutamente nada, salvo que se trataba de una federación en un Estado Centralista. Se siguió, así, una tradición contradictoria: el mantener la forma federal y el espíritu federalista que ha acompañado a toda la historia republicana, por una parte; y por la otra, al reaccionar contra la federación, como forma de disgregación, y consolidar un Estado Centralizado, que es el que venía estableciéndose como reacción frente a lo que fuese el localismo, el caudillismo y los problemas que ello produjo con las guerras federales y todos los conflictos internos derivados de autonomía local, hasta principios del siglo XX. Por ello se llegó a esa solución de compromiso contradictoria: "Estado Federal en los términos consagrados en la Constitución", es decir, una Federación centralizada.

Pero aparte de que esto haya sido la culminación de un proceso histórico evolutivo, sin duda, pensamos que la opción que los Constituyentes de 1961 hicieron por un Estado Federal Centralizado, con tendencia, como desiderátum hacia la descentralización, fue también una acción provocada por la exigencia política del mantenimiento del sistema democrático. En efecto, así como se estableció un sistema de democracia de partidos como opción política para mantener el sistema democrático, así también se optó por una forma de Estado Centralizado como la mejor garantía para implantar ese sistema democrático. Ciertamente, no hubiera sido fácil mantener el sistema democrático en el momento naciente de la República democrática, si se hubiera dado mucha autonomía y libertad a las diversas comunidades político–territoriales de la República: los Estados y Municipios. Por tanto, la opción por el Estado Centralizado con forma federal, aparte de ser producto de una evolución histórica, fue el producto de una voluntad del Constituyente de mantener el sistema democrático, considerando que la mejor forma de mantenerlo era a través de un sistema de democracia de partidos que operara en un aparato estatal centralizado, controlable desde el punto central. Porque sin duda, todo efecto descentralizador implica disminución de los poderes centrales de control.

Ahora bien, este Estado Centralista, establecido como reacción contra el federalismo, se manifestó básicamente en el fortalecimiento del Poder Nacional y en el consecuente debilitamiento de los poderes estadales.

b. *El fortalecimiento del Poder Nacional y el debilitamiento de los Poderes Estadales*

El primer efecto de la reacción contra el federalismo estuvo en el fortalecimiento del Poder Nacional y en el debilitamiento de poderes de los Estados, lo cual, por supuesto, también fue el resultado de un proceso evolutivo, que se manifestó básicamente en el de repartición de competencias entre los niveles territoriales nacionales y estadales como consecuencia del sistema de distribución vertical del Poder Público, con evidente desenlace ya señalado.

En efecto, si se analiza el artículo 136 de la Constitución relativo a las competencias del Poder Nacional, se evidencia una ampliación de las competencias nacionales que, materialmente, provocó que el Poder Nacional tuviera que ver con todo lo que sucedía en el país. Lo que quedó en poder de los entes territoriales locales, fue realmente un residuo sin mayor importancia, producto de una evolución desarrollada durante décadas de fortalecimiento del Poder Nacional frente a los poderes de los Estados federados o al Poder Municipal. Sobre esto también se ocupó la Exposición de Motivos de la Constitución, cuando al comentar el Capítulo II dedicado a las competencias del Poder Nacional, constató que el tema "ha sido uno de los más desordenadamente redactados en la Carta Fundamental. La adición sucesiva en cada reforma constitucional, que se ha hecho de nuevas y mayores atribuciones al Poder Nacional, no ha sido siempre acompañada por un estudio técnico y una redacción apropiada de las correspondientes originales". Y agregó al comentar el artículo 136 de la Constitución:

> "la redacción que ofrecemos no pretende presentarse como perfecta. Tenemos conciencia de su imperfección y creemos que puede mejorarse todavía. Sin embargo, creemos que su redacción, el orden en que se expresan las materias y la utilización de vocablos más precisos para distinguir aquellas materias que en su integridad corresponden al Poder Nacional, de aquella en que éste sólo dicta normas y regulaciones nos hace pensar que el texto del proyecto está muy mejorado en relación a los antecedentes".

Una de las cuestiones que más preocupó a la Comisión Bicameral, fue el relativo al sistema de distribución de competencias entre el Poder Nacional y los Estados federados, es decir, el de la competencia residual. "Según el pacto federal –continúa la Exposición de Motivos– los Estados sólo delegan en el Poder Nacional aquellas materias que expresamente se enumeran, y que después de la Constitución de 1864 aparecieron bajo el concepto de reservas a la competencia federal. Era la norma básica la de que los Estados conservan en toda su plenitud la soberanía no delegada en la Constitución".

En las Constituciones anteriores se utilizaba un sistema distinto. La de 1947 excluía del Poder Estadal toda materia que la Constitución no atribuyera expresamente a otro Poder en una norma que tenía ya antecedentes directos en la Constitución de 1936 reformada en 1945, en la que se expresaba entre las competencias de los Estados: "Por último cualquiera otra materia que la presente

Constitución no atribuya a alguno de los Poderes que integran el Gobierno Federal y que no hayan sido emunciados en este artículo...".; aun cuando es de señalar que todavía entonces se mantenía el precepto federativo de la conservación por los Estados de la soberanía no delegada en la Constitución. La Constitución de 1953 agravó el proceso de centralización y suprimió la previsión descentralizadora que el Constituyente de 1947 había establecido.

Constatada, por tanto, la evolución del proceso centralizador que culminó en 1953, donde se invirtió la competencia residual atribuyéndosela al Poder Nacional y no a la de los Estados, la Comisión Bicameral concluyó señalando lo siguiente:

> "...El sistema que después de detenido análisis hemos adoptado en nuestro Proyecto es el siguiente: a) Por una parte, conservamos el principio federal, según el cual es de la competencia de cada Estado: "Todo lo que no corresponda de conformidad con esta Constitución, a la competencia nacional o municipal". Con ello la competencia residual se atribuye fundamentalmente a las entidades federativas; b) Se declara, sin embargo, que pueda haber materias no previstas que, por su índole o naturaleza, deben corresponder al Poder Nacional. Pensamos que esto podría suceder, por ejemplo, con las derivaciones de la energía nuclear, o con otros asuntos que el desarrollo de la técnica u otras circunstancias puedan hacer aparecer, y que, por su misma índole, no corresponden a la competencia residual de los Estados. De esta manera hemos creído conciliar el derecho inminente de las entidades que integran la Federación, con los supremos intereses de la República".

Y luego concluyó la Exposición: "Se conserva en el Proyecto una acertada previsión de la Carta de 1947: la de que el Congreso, por el voto de las 2/3 partes de sus miembros podrá atribuir a los Estados o a los Municipios determinadas materias de la competencia nacional, a fin de promover la descentralización administrativa..."; norma que se ha ejecutado por primera vez en 1989 al sancionarse la Ley Orgánica de Descentralización, Delimitación y Transferencia de Competencias del Poder Público.

Esta fórmula constitucional centro–federal que adoptó la Constitución de 1961, siguió sin duda, el mismo sistema conciliatorio que se adoptó para el establecimiento de otras instituciones en el texto fundamental: permitía su desarrollo en la dirección que quisiera la conducción política. Así, en principio, fue un esquema federal con competencias residuales a favor de los Estados, pero con una competencia nacional (art. 136) amplísima, que se podía extender cuando ello fuera necesario por su índole o naturaleza, lo que permitía centralizar materialmente todo. El esquema centralista que resultó, sin embargo, podía mitigarse estableciéndose la posibilidad expresa de que el Poder Nacional pudiera descentralizarlas.

En todo caso, con la enumeración de competencias en el artículo 136 de la Constitución, a favor del Poder Nacional, y en el artículo 30 de la Constitución, a favor de los Municipios, el residuo que quedaba a los Estados, como tal, era casi inexistente, y sólo un esfuerzo imaginativo podía contribuir a identificar las materias concurrentes o residuales que podían corresponderles[115]. En definitiva, la Constitución estableció una forma de Estado centralizado con membrete federal, precisa y contradictoriamente como reacción frente al federalismo, y que se caracterizó por el fortalecimiento del Poder Nacional en el artículo 136, al definirse las competencias nacionales; por el debilitamiento de los Poderes estadales por la inocuidad de los poderes residuales, y por la ausencia de recursos financieros de los Estados y su dependencia frente a los recursos fiscales que provienen del Poder Nacional.

En este sentido, debe destacarse que junto con el proceso de nacionalización o centralización de competencias y el consecuente vaciamiento de competencias de los Estados, paralelamente se desarrolló un proceso de minimización de competencias tributarias de los Estados, eliminándoseles, materialmente, todo Poder tributario, compensándoles esta situación con el establecimiento de un sistema de retribución o de devolución nacional a los Estados, de recursos financieros, que adquirió el nombre de Situado Constitucional.

El Situado Constitucional, así, no ha sido otra cosa que una especie de devolución, por el Poder Central, a los Estados, de recursos financieros, en compensación por los poderes tributarios que se han centralizado, y se configuró como una partida anual en la Ley de Presupuesto Nacional por un monto equivalente al 20% de los ingresos ordinarios que debe distribuirse entre los Estados y el Distrito Federal (si se establecen, también habría que incluir a los Territorios Federales) (Art. 229). Este ha sido tradicionalmente el ingreso fundamental de los Estados (98%).

Pero además, la centralización progresiva de competencias, también comprendió los bienes de los Estados, y progresivamente las Constituciones han atribuido su administración al Poder Nacional. Por ello, el ordinal 10° del artículo 136 atribuyó al Poder Nacional competencia respecto del "régimen y administración de las minas e hidrocarburos salinas, tierras baldías, y ostrales de perlas", con cual, materialmente se le quitó a los Estados, la administración de sus bienes, como una muestra más del centralismo.

Sin embargo, para mitigarlo, el propio texto constitucional trajo una previsión expresa, que fue desarrollada legislativamente, según la cual "La ley establecerá un sistema de asignaciones económicas especiales en beneficio de los Estados, en cuyo territorio se encuentren situados los bienes que se mencionan en este ordinal.". (Art. 136, ord. 10°), es decir, las minas e hidrocarburos, salinas, tierras baldías, y ostrales de perlas, "sin perjuicio de que también puedan establecerse asignaciones especiales en beneficio de otros Estados"[116]. En este caso, las asignaciones debían estar sujetas a las normas de coordinación previstas en el artículo 229 de la Constitución, es decir, a las previstas para la inversión del Situado Constitucional en coordinación con planes administrativos nacionales.

---

115 Véase el esfuerzo realizado en el texto de la Constitución del Estado Yaracuy de 31–12–79, en *Gaceta Oficial* del Estado Yaracuy de 1–1–80.

116 Véase la Ley de Asignaciones Económicas Especiales para los Estados derivados de Minas e Hidrocarburos, en *G.O.* N° 36.110 de 18–12–1996.

De nuevo, en estas normas se observa el matiz conciliador de posiciones de la Constitución: centralizó la administración de los bienes de los Estados; en compensación previó la posibilidad de que se les atribuyeran asignaciones económicas especiales, pero su inversión debía coordinarse con el Poder Nacional, por lo que, de nuevo, se abría la posibilidad de centralizar.

En todo caso, es evidente que este sistema centralizado que previó la Constitución de 1961 tuvo una motivación política concreta, aparte de ser el resultado de un proceso evolutivo: consolidar el régimen democrático de partidos, minimizando el desarrollo de poderes políticos locales que en el naciente Estado democrático de inicio de los sesenta pudieran conspirar contra el mantenimiento del sistema democrático. Posiblemente, si se hubiera establecido una forma de Estado descentralizado en 1961, no se hubiera podido controlar las fuerzas centrífugas del proceso político, y hubiera sido más difícil consolidar el sistema democrático. Transcurridos varias décadas de democracia, sin embargo, y consolidada ésta, el perfeccionamiento de la misma impuso la necesidad de evaluar el esquema de Estado centralizado y plantear las exigencias de descentralización política contemporánea, proceso que se inició en 1990 con la promulgación de la Ley de Descentralización, Delimitación y Transferencia de Competencias del Poder Público en 1989.

C. *Las bases legislativas para la descentralización política de la Federación*

En efecto, la Comisión Especial de la Cámara de Diputados designada en 1989 para la elaboración del Proyecto de Ley de Transferencia de Competencias a los Estados, elaboró un Proyecto de Ley que fue sancionado el 28 de diciembre de 1989, denominado “Ley Orgánica de Descentralización, Delimitación y Transferencia de Competencias del Poder Público”[117] que entró en vigencia el 1° de enero de 1990, en la cual se establecieron las bases legislativas para la descentralización política de la Federación en Venezuela, mediante el reforzamiento del papel no sólo de los Estados, sino incluso del Distrito Federal al cual también debe extenderse la normativa de la Ley “en medida que le sea aplicable” (Art. 2). Si se creaban nuevos Territorios Federales, también se les debía aplicar la Ley[118].

Con esa Ley de 1989, puede decirse que se comenzó a tratar de reversar la situación de la organización de los Estados, que estaba constitucionalmente minimizada en Venezuela, en gran parte dado que los gobernadores de los mismos, no sólo eran designados libremente por el Presidente de la República, sino que eran agentes del Ejecutivo Nacional[119].

Fue en realidad la crisis de finales de los años ochenta, derivada de las exigencias de democratización, la que precipitó las reformas que habían venido

---

117 Véase en *Gaceta Oficial* N° 4.153 Extra, de 28–12–89. Véase en Allan R. Brewer–Carías y otros, *Leyes para la descentralización política de la Federación*, Caracas, 1990.

118 En relación al proceso de descentralización a partir de 1989 véase *Informe sobre la Descentralización en Venezuela 1993,* Memoria del Ministro de Estado para la Descentralización. Caracas, 1994.

119 *Cfr.* Allan R. Brewer–Carías, *Instituciones Políticas y Constitucionales*, t. II, “El Poder nacional, estadal y municipal”, San Cristóbal y Caracas, Universidad Católica del Táchira y Edit. Jurídica venezolana, 1996, pp. 367 y ss.

siendo elaboradas por la sociedad civil y los trabajos de la Comisión para la Reforma del Estado, y que para ese entonces apuntaban a cuatro frentes: reforma electoral, reforma de los partidos políticos, reforma de la forma federal del Estado (descentralización política) y reforma municipal. El descontento popular, además, se había manifestado en las elecciones municipales durante la década de los ochenta, donde la alta abstención (en un país donde ésta nunca había sido superior al 7%) fue el detonante necesario para que los partidos políticos se dieran cuenta de la gravedad de la crisis y de la necesidad de realizar las reformas, como una cuestión de supervivencia del sistema. Así, a finales de la década de los ochenta, se sentaron las bases para la reforma político –estadal, con la aprobación de leyes de descentralización política, de régimen municipal y de reforma electoral.

En todo caso, la discusión política pública del tema, condujo, en una primera fase, a la sanción en 1989, de la Ley relativa a la elección directa del órgano ejecutivo de los estados de la Federación, los gobernadores, buscando superar el esquema tradicional conforme al cual los gobernadores de los estados eran de la libre designación y remoción por el Presidente de la República; reflejo claro, sin duda, del esquema de Federación centralizada existente.

Conforme a esa Ley sobre elección y remoción de los gobernadores de estado[120], la primera elección de gobernadores se efectuó en diciembre de 1989. Sin embargo, era evidente que por supuesto, el problema de la crisis del federalismo del Estado venezolano no se podía resolver con la sola elección directa de los gobernadores por voto popular. Esa era, sin duda, una pieza importante que debía adoptarse en un proceso general de descentralización política a través de la redefinición del federalismo; pero reducir el problema a la sola elección directa de los gobernadores era confundir la parte con el todo, y no percatarse de que con una reforma de esa naturaleza, realizada en forma aislada, no se solucionaba el problema de fondo global, que era el del centralismo. En efecto, nada se ganaba con elegir a los gobernadores de estado si éstos no tenían materialmente atribuciones estadales que ejercer, ya que básicamente actuaban sólo como agentes del Ejecutivo nacional. Era necesario, por tanto, que se realizara un esfuerzo adicional para comenzar el proceso de convertir a los estados de la Federación en entidades con competencias autónomas de importancia, a los efectos de que la elección de los gobernadores fuera un paso más de avance en el proceso de descentralización política.

Era indispensable, por tanto, iniciar el proceso de reformulación de la Federación centralizada, de manera de cambiar el sistema de distribución de competencias entre la República a los órganos que ejercen el poder nacional (federal) y los estados, cuyos órganos ejercen el poder estadal.

En definitiva, se trataba de replantearse el sistema de distribución vertical del poder público, o, en otras palabras, los términos conforme a los cuales la Constitución de 1961 regulaba el Estado federal (art. 2). Para ello se recurrió a lo que establecía el artículo 137 C. de 1961, en el cual se autorizaba al Congreso para con el voto de las dos terceras partes de los miembros de cada Cámara (Diputados y Senado), para atribuir a los estados o a los municipios determinadas materias de la

---

120 Véase en *Gaceta Oficial* Extra. N° 4.086 del 14 de abril de 1989.

competencia nacional, a fin de promover la descentralización administrativa. Como consecuencia de ello se sancionó la mencionada Ley Orgánica de Descentralización, Delimitación y Transferencia de Competencias del Poder Público de 28 de diciembre de 1989, que entró en vigencia el 1° de enero de 1990[121], en la cual se establecieron las bases legislativas para la descentralización política de la Federación en Venezuela, mediante el reforzamiento del papel no sólo de los estados, sino incluso del antiguo Distrito Federal, al cual también debía extenderse la normativa de la ley en la medida que fuera posible (art. 2). Dicha Ley Orgánica, después de una aplicación importante hasta 1993, a pesar de que continuó en vigencia después de entrada en vigencia de la Constitución de 1999[122], lamentablemente entró en desuso.

Dicha Ley, como lo indicaba su artículo 1°, tuvo por objeto desarrollar los principios constitucionales para promover la descentralización administrativa; delimitar competencias entre el poder nacional y los estados; determinar las fuentes de ingresos de los estados; coordinar los planes anuales de inversión de las entidades federales con los que realice el Ejecutivo nacional en ellas; y facilitar la transferencia de la prestación de los servicios del poder nacional a los estados. Pero a pesar de su entrada en vigencia en 1990, en realidad, solo fue a partir de junio de 1993 y hasta febrero de 1994, cuando la descentralización se asumió como una política gubernamental, a cuyo efecto el Presidente de la República en Consejo de Ministros no sólo aprobó cerca de quince reglamentos de la Ley, sino que alentó el proceso, habiéndose suscrito los primeros convenios de transferencia de servicios en materia de competencias concurrentes, como la salud, entre la República y cinco de los estados de la Federación[123]. En esa tarea, fue fundamental la designación de un Ministro de Estado para la Descentralización[124].

VI. LA EVOLUCIÓN DE LA CONSTITUCIÓN ECONÓMICA Y LA NACIONALIZACIÓN DE LA INDUSTRIA PETROLERA

Durante todo el régimen democrático y conforme al modelo de Estado social de Derecho establecido en la Constitución de 1961, se configuró una Constitución económica montada sobre un modelo económico de libertad, como opuesto al de economía dirigida; similar al que en general existe en los países occidentales democráticos y al cual, progresivamente se han dirigido los países que se conocían como socialistas.

---

121 Véase en *Gaceta Oficial* Extra N° 4.153 del 28 de diciembre de 1982. *Cfr.* en materia de descentralización política lo expuesto Allan R Brewer–Carías, *Instituciones Políticas y Constitucionales*, t. II, "Evolución histórica del Estado", *cit.* pp. 229 y ss.; 458 y ss.; y 536 y ss.; y t. II, "El Poder nacional, estadal y municipal", *cit.*, y 394 y ss.

122 La Asamblea Nacional incluso reformó alguno de sus artículos en 2003, adaptando la terminología de su articulado al texto de la Constitución. Véase Ley de reforma de 14 de agosto de 2003, en *Gaceta Oficial* N° 37.753 del 14 de agosto de 2003.

123 Véase *Informe sobre la Descentralización en Venezuela, 1993. Memoria del Dr. Allan R. Brewer–Carías, Ministro del Estado para la Descentralización*, Caracas, 1994.

124 Véase decreto N° 3.032 de 7 de junio de 1993 en *Gaceta Oficial* N° 35.229 del 9 de junio de 1993.

La aplicación práctica de ese modelo constitucional provocó, desde el punto de vista político, la consolidación del régimen democrático representativo y pluralista, en un país que, en 1958, podía considerarse como el que tenía menos tradición democrática de todos los de América Latina. Desde el punto de vista económico, y a pesar de los múltiples problemas de desarrollo económico–social que continúan existiendo, el modelo enmarcó el desenvolvimiento de una economía basada en la libertad económica y la iniciativa privada, pero con una intervención importante y necesaria del Estado para asegurar los principios de justicia social que constitucionalmente debían orientar el régimen económico.

Por otra parte, el Estado, al ser titular, desde siempre, del dominio público sobre el subsuelo conforme a la pauta que marcaron las Ordenanzas de Nueva España, en vigencia en los territorios de las antiguas Provincias Coloniales de España en el Mar Caribe desde la segunda mitad del siglo XVII, en Venezuela se convirtió en la entidad económica más poderosa del país, por ser dueño del petróleo, lo que lo llevó a intervenir en forma importante en la actividad económica.[125]

1. *La Constitución Económica en el texto constitucional de 1961*

A. *Estado democrático y social de derecho y su modelo económico*

En efecto, uno de los signos más característicos del constitucionalismo contemporáneo es, sin duda, el de la constitucionalización de los principios reguladores de la economía. El sistema económico, junto con el territorio, la población y el gobierno, está indisolublemente ligado a la idea misma del Estado contemporáneo, por lo que éste es inconcebible o al menos, impreciso, constitucionalmente hablando, si no se tiene en cuenta el elemento económico. De allí la inevitable realidad del constitucionalismo contemporáneo, que muestra el hecho de que las Constituciones, consideradas como normas supremas del ordenamiento jurídico directamente aplicable a los sujetos de derecho, además de los clásicos contenidos orgánicos (derivado del régimen de distribución del Poder Público), y dogmáticos (caracterizado por la enumeración y garantía de los derechos individuales, económicos, sociales y políticos) regulan adicionalmente, el marco jurídico fundamental para la estructura y funcionamiento de la actividad económica.

Es decir, las Constituciones contemporáneas además de su contenido político, formulan jurídicamente, una Constitución económica para ordenar la totalidad de la actividad económica, sea que ésta corresponda ser desarrollada por el sector público, sea por los particulares.

No se trata, sólo, de que las Constituciones regulen, conforme a la tradición iniciada por la Constitución de *Weimar*, los derechos económicos y sociales de los ciudadanos con sus implicaciones tanto de limitación a la actividad estatal como de obligaciones de prestación a cargo de la Administración del Estado, sino que cada

---

125 Véase Allan R. Brewer–Carías, "Reflexiones sobre la Constitución Económica", *Revista de Derecho Público,* EJV, N° 43, Caracas 1990, pp. 5–16; y en *Estudios sobre la Constitución Española. Homenaje al Profesor Eduardo García de Enterría.* Madrid, 1991, Tomo V, pp. 3839 a 3853. Véase lo expuesto en la Quinta Parte, Tomo I. Véase Ricardo Combellas, "La Constitución Económica" en COPRE, *Una Constitución para el Ciudadano,* Caracas, 1994, pp. 395 y ss.

vez con más frecuencia contienen normas que regulan la economía nacional globalmente considerada, es decir, el marco jurídico conforme a la cual se debe desarrollar.

A esta tendencia generalizada no escapó la Constitución de 1961, la cual contenía, regulada extensivamente, una Constitución económica, es decir, una regulación jurídica constitucional de la economía, cuyos antecedentes se sitúan en el texto de la Constitución de 1947. Este texto, además de que proclamaba en su Preámbulo como razón de la existencia de la Nación Venezolana, "la libertad espiritual, política y económica del hombre, asentada en la dignidad humana, la justicia social y la equitativa participación de todo el pueblo en el disfrute de la riqueza nacional", contenía un Capítulo con el título *"De la economía nacional"* (Arts. 65 a 75) en el cual, además de regular la propiedad y la libertad de industria y comercio, se establecía el marco fundamental del proceso económico.

Aquella Constitución (de 1947), la cual tuvo escasos meses de vigencia, inspiró directamente el texto constitucional de 1961, el cual como lo afirmaron los Proyectistas en la Exposición de Motivos, "no es una simple Ley Orgánica de régimen político, sino la formulación de un esquema conforme al cual debe desenvolverse la vida de un pueblo". Por ello, siguiendo la mejor tradición constitucional, la Constitución de 1961 también estuvo precedida de un Preámbulo o declaración preliminar formulada como la base o presupuesto que sirvió de fundamento al texto constitucional y señaló, además, los valores sociales, económicos, políticos y jurídicos que inspiraban la acción del Estado.

En ese Preámbulo se establecieron los principios fundamentales que conformaron un modelo específico de Estado, que, luego se reguló detalladamente en el texto del articulado, el que se conoce con la denominación de *Estado democrático y social de Derecho,* que responde a un modelo económico concreto, en el cual si bien se reconoce y garantiza la iniciativa privada y la libertad económica, como base de un sistema que es opuesto, por tanto, al modelo de economía dirigida; el Estado tiene un papel ordenador y conformador de la realidad económica que debe cumplir en vista de realizar la justicia social, en cuyos principios debe fundamentarse el régimen económico. Equivale este modelo económico sin duda, al denominado de *"economía social de mercado"* en los países europeos.

Ahora bien, consecuencialmente, en el Preámbulo de la Constitución de 1961 se estableció el principio y término de las actividades económicas, es decir, la base fundamental de la Constitución económica al prescribirse como objetivos de, ésta, el "proteger y enaltecer el trabajo amparar la dignidad humana, promover el bienestar general y la seguridad social; lograr la participación equitativa de todos en el disfrute de la riqueza, según los principios de la justicia social, y fomentar el desarrollo de la economía al servicio del hombre". Con esa formulación del Preámbulo, sin duda, en materia de principios, puede decirse que estábamos en presencia de un *Estado Social* cuya tarea es procurar o lograr una sociedad más justa (la justicia social), asumiendo obligaciones prestacionales frente a los ciudadanos y ordenando y regulando la realidad económica y social para el logro de tales objetivos.

Por supuesto, la Constitución de 1961, además, desde el punto de vista político, organizó un *Estado Democrático* cuyo objetivo fundamental, como lo señaló el mismo Preámbulo, era el "sustentar el orden democrático como único e irrenunciable medio de asegurar los derechos y la dignidad de los ciudadanos". Este *Estado Democrático,* basado en el objetivo de "asegurar la libertad, la paz y la estabilidad de sus instituciones", siempre de acuerdo al Preámbulo, buscaba "mantener la igualdad social y jurídica, sin discriminaciones derivadas de raza, sexo, credo o condición social" y respetar "la garantía universal de los derechos individuales y sociales de la persona humana".

Conforme a todos esos postulados, por tanto, el Estado que organizó la Constitución de 1961, como se dijo, era un Estado democrático y social del Derecho, el cual además de su contenido social, fundamentó su existencia en el establecimiento y garantía de los derechos fundamentales; en el pluralismo democrático y la representatividad por vía de sufragio; en el sometimiento al derecho (principio de legalidad) y en la sumisión al control judicial. En todo caso, debe advertirse que la Constitución de 1961, aún cuando organizó y reguló un modelo de Estado democrático y social de Derecho no utilizó dicha expresión para calificarlo, al contrario de lo que luego ha establecido por ejemplo, la Constitución española de 1978, en cuyo artículo 1° se declara al Estado como, un "Estado social de Derecho" (Art. 1,1), conforme a la línea constitucional iniciada por la Constitución de la República Federal de Alemania.

B. *La flexibilidad de la Constitución económica*

Conforme a la orientación del Preámbulo, el marco de la Constitución económica se reguló en el Capítulo relativo a los *"Derechos económicos"* (Arts. 95 a 109) en el cual, como lo expresó la Exposición de Motivos, se reunieron *"los postulados más importantes que deben regir la acción del Estado y la de los participantes en el campo económico"* o en otros términos *"las orientaciones más importantes de algo tan fundamental como es la vida económica".* Ello se hizo, por supuesto, de manera flexible, o si se quiere, como lo expresaron los proyectistas, sin someterlo a "moldes excesivamente rígidos", de manera de "no coartar la acción legislativa", por supuesto, de los sucesivos gobiernos democráticos.

Por tanto, si bien la opción respecto del modelo económico en la Constitución, fue por un modelo de libertad económica fundamentado en principios de justicia social, ello se hizo en forma tal que, como lo expresó la Exposición de Motivos, *"deja cierta flexibilidad al legislador ordinario para resolver cuestiones e injertar modificaciones que correspondan a las necesidades y a la experiencia de la República, sin tener que apelar a una reforma constitucional".* En materia económica, por supuesto, esa flexibilidad en la formulación de los postulados, es la que pudo permitir la actuación sucesiva de gobiernos democráticos, cada uno con sus propias concepciones económicas e ideológicas, sin que para implantarlas se hicieran necesarias reformas constitucionales, como sucedió por ejemplo, con la experiencia del gobierno socialista en Chile a comienzos de la década de los setenta, que exigía una reforma constitucional a los efectos de establecer las distintas formas de propiedad (pública, mixta, privada) que formulaba la ideología socialista del gobierno.

La Constitución venezolana, al contrario, aun cuando como se dijo no formuló una Constitución económica neutra, lo hizo de manera que permitía el libre juego democrático de las ideologías y el establecimiento de gobiernos de orientación más socialista (socialismo democrático) o más liberales; o en otros términos, una mayor o menor intervención del Estado, según las exigencias del logro de la justicia social. Como lo resumieron los proyectistas de la Constitución:

> "Por supuesto, la libertad económica que la Constitución garantiza no es la que puede impedir al Estado reservarse determinadas industrias la explotación o servicios de interés público por razones de conveniencia nacional y dictar medidas para planificar, racionalizar y fomentar la producción, así como regular la circulación, la distribución y el consumo de las riquezas con el objeto de impulsar el desarrollo económico del país. La protección a la iniciativa privada que la Constitución consagra se ve dentro de este orden de cosas como una consecuencia lógica de la acción del Estado y el reconocimiento de la necesidad de que aquélla contribuya eficazmente al desarrollo nacional".

La Constitución económica en el Texto Fundamental de 1961, por tanto, no sólo no estaba formulada rígidamente sino que además no conducía, en modo alguno, a que el modelo económico formulado se tuviera que concretar políticamente en una vía exclusiva o excluyente; al contrario, permitía muchas y diferentes posibilidades, pero siempre dentro de los fundamentos de la propia Constitución económica, que por lo demás, en forma expresa precisó el artículo 95 de la Constitución al postular que "El régimen económico de la República se fundamentará en principios de justicia social que a aseguren a todos una existencia digna y provechosa para la comunidad".

Por tanto, al haber diferentes aproximaciones políticas al logro de la justicia social, no sólo la Constitución no rigidizó ninguna opción, sino que al contrario, permitió, por ejemplo, dentro del modelo de libertad económica fundamentado en principios de justicia social, mayor o menor intervención del Estado según la orientación ideológica del programa del gobierno correspondiente, como lo reconoció expresamente la Corte Suprema de Justicia, al comentar el contenido de los artículos 95 a 98 de la Constitución:

> "Las actividades del sector público pueden aumentar en la misma medida en que disminuyen las del sector privado o viceversa, de acuerdo con el uso que hagan las autoridades de los poderes que les confiere el Constituyente en las citadas disposiciones, y, en razón, de ello, es posible que un servicio pase del sector público al sector privado para que sea explotado como actividad comercial o industrial sin fines de lucro, o que el Estado reasuma la responsabilidad de prestar el servicio directamente o por medio de un órgano contratado por él, entre otros, motivos por «razones de convivencia nacional» según dice, el Constituyente en las disposiciones antes citadas"[126].

De ello resulta, por ejemplo, que tanto la nacionalización, como la privatización, como políticas económicas, encontraron cabida en el texto constitucional de 1961, siempre por supuesto dentro del modelo económico formulado por la Constitución, el de la libertad económica fundamentada en principios de Justicia social.

---

126 Sentencia de la Sala Político Administrativa de 5–10–70, en *Gaceta Oficial* N° 1.447 Extra de 15–12–70.

Este modelo, indudablemente de economía mixta, en todo caso, a pesar de su formulación flexible, no podía conducir, pues hubiera sido contrario a la Constitución, ni a una privatización total de la economía eliminando toda intervención del Estado, ni a una estatización total de la economía ahogando la iniciativa y propiedad privadas; al contrario, conforme a la Constitución económica, tanto del Estado como los particulares participaban en el proceso económico, atribuyéndose incluso al Estado unos objetivos concretos que no podía renunciar a cumplir.

C. *Los objetivos del Estado en la Constitución económica*

En efecto, de acuerdo al texto constitucional, en el marco del modelo económico adoptado, además de los objetivos generales formulados en el Preámbulo como marco de toda la actividad económica, el Estado tenía un papel fundamental que cumplir para lograr la "participación equitativa de todos en el disfrute de la riqueza, según los principios de la justicia social", (Preámbulo), "asegurar a todos una existencia digna y provechosa" (Art. 95) y "fomentar el desarrollo de la economía al servicio del hombre" (Preámbulo); el cual debía estar encauzado conforme a los siguientes objetivos:

En primer, lugar, la Constitución atribuyó al "*Estado",* es decir, a la globalidad de la organización política de la sociedad, lo que comprendía los entes que conformaban el sector público y que ejercían el Poder Público frente a las actividades privadas, el objetivo fundamental de promover "el desarrollo económico y la diversificación de la producción, con el fin de crear nuevas fuentes de riqueza, aumentar el nivel de ingresos de la población y fortalecer la soberanía económica del país" (Art. 95). En un Estado con forma federal como el venezolano, estos objetivos, por supuesto, correspondían tanto a la República en el nivel nacional, como a los Estados miembros de la Federación y a los Municipios, en forma concurrente, en cada nivel territorial. Por tanto, no sólo la promoción del desarrollo económico y la diversificación de la producción era responsabilidad de la República como Estado Nacional, sino también la responsabilidad de cada Estado miembro de la Federación en su territorio, de los Municipios en el ámbito local e, incluso, de las otras entidades políticas que conformaban la República; el Distrito Federal y los Territorios Federales (cuando se establecieran).

Se debe destacar, incluso, cómo la Ley Orgánica de Descentralización, Delimitación y Transferencia de Competencias del Poder Público de diciembre de 1989, sancionada para revitalizar el Federalismo, incluyó dentro de las materias a ser transferidas del Poder Central a los Estados, "la planificación, coordinación y promoción de su propio desarrollo integral" (Art 4,1). Este objetivo de promover e impulsar el desarrollo económico del país, como fin fundamental del Estado en el campo económico, se repitió nuevamente en el artículo 98 del Texto Fundamental al regular los poderes estatales en relación a la iniciativa privada.

En segundo lugar, al establecer las bases del sistema tributario, es decir, de la tributación que podía imponerse no sólo por la República (Art. 136,8), sino por los Estados (Art. 18) y los Municipios (Art. 31), la Constitución formuló otro objetivo fundamental del Estado en materia económica, el cual era procurar la justa distribución de las cargas según la capacidad económica del contribuyente, atendiendo al principio de la progresividad, así como "la protección de la economía nacional y la elevación del nivel de vida del pueblo" (Art. 223).

En la Constitución económica, por tanto, en cuanto se refiere al sector público, la participación e intervención del Estado en la economía, además de tener que perseguir los objetivos establecidos en el Preámbulo (proteger y enaltecer el trabajo, amparar la dignidad humana, promover el bienestar general y la seguridad social; lograr la participación equitativa de todos en el disfrute de la riqueza, según los principios de la justicia social, y fomentar el desarrollo de la ,economía al servicio del hombre), y buscar que el régimen económico se fundamente efectivamente "en principios de justicia social que aseguren a todos una existencia digna y provechosa para la colectividad" (Art. 95); en particular, al promover el desarrollo económico y la diversificación de la producción, debía perseguir "crear nuevas fuentes de riquezas aumentar el nivel de ingresos de la población y el fortalecer la soberanía económica del país" (Art. 95). Adicionalmente, al establecer el sistema tributario, éste debía perseguir "la protección de la economía nacional y la elevación del nivel de vida del pueblo" (Art. 223).

Por último, también debe mencionarse el objetivo que la Constitución asignaba al Estado en materia económica, en el contexto latinoamericano y en el marco de la "integración económica latinoamericana" que la República *debía favorecer.* A este fin, prescribió la Constitución que "se procurará coordinar recursos y esfuerzos para fomentar el desarrollo económico y aumentar el bienestar y seguridad comunes" (Art. 108).

D. *La iniciativa privada, la libertad económica y sus limitaciones*

La Constitución de 1961 formuló la Constitución económica, como se dijo, conforme al modelo de libertad económica y libre iniciativa privada fundamentadas en los principios de justicia social.

El principio fundamental de la libertad, base de todo el régimen constitucional, lo formuló el artículo 43 de la Constitución al prescribir que "Todos tienen el derecho al libre desenvolvimiento de su personalidad, sin más limitaciones que las que derivan del derecho de los demás y del orden público y social". Con esta fórmula, según lo expresa la Exposición de motivos de la Constitución, se sustituyó "el enunciado tradicional de que todos pueden hacer lo que no perjudique a otro y nadie está obligado a hacer lo que la ley no ordene ni impedido de ejecutar lo que aquella no prohíba", siendo por tanto aplicable su contenido al ámbito de la libertad económica, sometida, por tanto, a las limitaciones que deriven "del derecho de los demás y del orden público y social", con lo que no sólo garantizaba la concurrencia (respecto al derecho de los demás al ejercicio de la libertad económica) prohibiéndose, incluso, expresamente los monopolios (Art. 97); sino que se sometía la libertad a la consecución de los objetivos generales de la Constitución económica consignados en el Preámbulo y en el artículo 95, conforme al cual la actividad económica, incluso la privada se debía fundamentar "en principios de justicia social que aseguren a todos una existencia digna y provechosa para la colectividad" (Art. 95). Por ello, también, las limitaciones que circundaban la libertad económica, se podía fundamentar en el "orden público y social" (Art. 43).

Pero en particular, adicionalmente, la Constitución formuló el principio de la libertad económica como el derecho de todos a "dedicarse libremente a la actividad lucrativa de su preferencia" (Art. 96), fórmula que sustituyó la tradicional "libertad de industria y comercio". Esta libertad, por supuesto, correspondía, conforme a la Constitución, a "todos", es decir, a todos los sujetos de derecho y por tanto, no sólo a los venezolanos sino también a los extranjeros. Sin embargo, si bien la Constitución garantizó la igualdad de derechos y deberes entre venezolanos y extranjeros, ello lo estableció "con las limitaciones o excepciones establecidas por esta Constitución y las leyes" (Art. 45), destacándose, dentro de las normas de la Constitución económica, el régimen de las inversiones extranjeras al disponer que "la ley establecerá las normas relativas a la participación de los capitales extranjeros en el desarrollo económico nacional" (Art. 107).

La libertad económica, sin embargo, no se estableció en la Constitución como absoluta, sino que se la sometió a las limitaciones "previstas en esta Constitución y las que establezcan las leyes por razones de seguridad, de sanidad u otras de interés social" (Art. 96). Se estableció, por tanto, la garantía constitucional fundamental de esta libertad que consistió en la reserva legal (ley formal) respecto de las limitaciones a la misma, aparte de las limitaciones a la libertad económica que la propia Constitución estableció, por ejemplo, al reservar al Estado directamente la posesión y el uso de las armas de guerra, y someter a limitaciones legales la fabricación, comercio, posesión y uso de otras armas (Art. 133); al prescribir la posibilidad que tenía el Estado mediante ley, de "reservarse determinadas industrias, explotaciones o servicios de interés público por razones de conveniencia nacional". (Art. 97); al regular que por ley se podían establecer obras y servicios de interés público (obras públicas y servicios públicos), a cargo del Estado, que sin embargo podían otorgarse mediante concesión a los particulares (Art. 97); al prescribir que, en todo caso, el Estado debía tener el control de la industria pesada (Art. 97) aun cuando ésta fuera desarrollada por los particulares, al indicar que en los casos de empresas explotadoras de recursos naturales, "los ferrocarriles, carreteras, oleoductos y obras de comunicación o de transporte" que construyeran debían "estar al servicio del público, en las condiciones y con las limitaciones que establezca la Ley" (Art. 104); y al establecer la figura de la reversión en materia de concesiones mineras, en los siguientes términos: "Las tierras adquiridas con destino a la exploración o explotación de concesiones mineras, comprendidas las de hidrocarburos y demás minerales combustibles, pasarán en plena propiedad a la Nación, sin indemnización alguna, al extinguirse por cualquier causa la concesión respectiva" (Art. 103).

El ejercicio de la libertad económica, en todo caso, base del modelo económico de la Constitución, no sólo debía fundarse en los principios de justicia social (Art. 95), sino que no podía significar lesión a la misma libertad ejercida por otros. De allí que la Constitución impuso al legislador el deber de que por ley se dictasen "normas para impedir la usura, la indebida elevación de los precios y, en general, las maniobras abusivas encaminadas a obstruir o restringir la libertad económica" (Art. 96).

Ahora bien, y dentro de la garantía de la reserva legal, la Constitución autorizó el establecimiento de limitaciones a la libertad económica con una amplitud considerable, al señalar que por ley se le podían establecer limitaciones "por razones de seguridad, de sanidad u otras de interés social". (Art. 96).

Pero además de consagrar expresamente la libertad económica, la Constitución de 1961, también garantizó la iniciativa privada en materia económica al prescribir que "El Estado protegerá la iniciativa privada, sin perjuicio de la facultad de dictar medidas para planificar, racionalizar y fomentar la producción, y regular la circulación, distribución y consumo de la riqueza a fin de impulsar el desarrollo económico del país" (Art. 98). La garantía de la iniciativa privada, por tanto, no escapó del objetivo general de contribuir al desarrollo económico del país, hacia lo cual el Estado debía orientarla con los poderes planificadores, reguladores y de fomento que la Constitución le atribuyó expresamente. Los sectores económicos privados, en todo caso, debían ser oídos "en los asuntos que interesan a la vida económica".

El principio se estableció en el artículo 109 de la Constitución al prescribir que la Ley debía "regular la integración, organización y atribuciones de los cuerpos consultivos que se juzgan necesarios para oír la opinión de los sectores económicos privados, la población consumidora, las organizaciones sindicales de trabajadores, los colegios de profesionales y las universidades, en los asuntos que interesen la vida económica".

Por otra parte, dentro de los derechos económicos de los particulares que se garantizaron en la Constitución, estaba el derecho de propiedad, el cual, en virtud de la "función social" que siempre debía cumplir, estaba sometido "a las contribuciones, restricciones y obligaciones que establezca la Ley con fines de utilidad pública o de interés general" (Art. 99). De nuevo, aquí estaba la garantía de la reserva legal para el establecimiento de las limitaciones a la propiedad, que sólo podían formular el Legislador mediante Ley formal, o en los casos autorizados en la Constitución, el Presidente de la República mediante Decretos–Leyes, con fines de utilidad pública o de interés social que, en definitiva, delineaban el concepto de función social. En cuanto a la propiedad privada de inmuebles rurales, la Constitución formuló el principio de que "el régimen latifundista es contrario al, interés social", por lo que autorizó al Legislador a que mediante ley formal dispusiera "lo conducente a su eliminación", y al establecimiento de "normas encaminadas a dotar de tierra a los campesinos y trabajadores rurales que carezcan de ella, así como a proveerlos de los medios necesarios para hacerla producir" (Art. 105), lo que se reguló, incluso antes de promulgase la Constitución, en la Ley de Reforma Agraria de 1960[127].

Además, y también en relación a la propiedad privada, en cuanto ésta implicara aprovechamiento de recursos naturales, la Constitución estableció el principio de que el Estado debía atender "a la defensa y conservación de los recursos naturales de su territorio", fueran renovables o no renovables; y de que en todo caso, "la explotación de los mismos estará dirigida primordialmente al beneficio colectivo de los venezolanos" (Art. 106), lo que implicaba, en todo caso, una limitación adicional, derivada de la función social que la propiedad privada debía cumplir.

Por último, la Constitución también garantizó los derechos sobre obras científicas, literarias y artísticas, invenciones, denominaciones, marcas y lemas los

127 Véase en *Gaceta Oficial* N° 611 Extra. de 19–3–60.

cuales sin embargo, sólo gozaban de "protección por el tiempo y en las condiciones que señala la Ley" (Art. 100), previéndose de nuevo, en todo caso, la garantía fundamental de la reserva legal.

Debe señalarse, además, en relación a la propiedad e incluso en relación a los derechos sobre bienes inmateriales, que la Constitución adicionalmente estableció dos garantías frente a su eventual extinción por parte del Estado.

En primer lugar, reguló la institución de la expropiación, la cual podía ser declarada respecto de cualquier clase de bienes solo "por causa de utilidad pública o de interés social, mediante sentencia firme y pago de justa indemnización" (Art. 101). En cuanto al previo pago de la indemnización sin embargo, la propia Constitución estableció la posibilidad que mediante Ley "en la expropiación de inmuebles, con fines de reforma agraria o de ensanche y mejoramiento de poblaciones, y en los casos que por graves razones de interés nacional determine la Ley, podrá establecerse el diferimiento del pago por tiempo determinado o su cancelación parcial mediante la emisión de bonos de aceptación obligatoria, con garantía suficiente", (Art. 101).

En segundo lugar, la Constitución formuló la garantía general respecto de que "no se decretarán ni ejecutarán confiscaciones" (Art. 102), abriendo sin embargo, dos excepciones: las medidas que fueran aceptadas por el derecho internacional y los casos en los cuales el Congreso decretase "por acuerdo aprobado por la mayoría absoluta de sus miembros, la incautación de todos o parte de los bienes" de las personas responsables de actos de fuerza contra la vigencia de la Constitución y de los funcionarios de los gobiernos que se pudieran organizar subsecuentemente, salvo que hubieran contribuido a restablecer el imperio de la misma. La incautación de bienes, en esos casos, también podía ser decretada respecto de "quienes se hayan enriquecido ilícitamente al amparo de la usurpación". Dicha incautación, en todo caso, se reguló "para resarcir a la República de los perjuicios que se le hayan causado" (Art. 250).

Por último, además de la regulación de la libertad económica y del derecho de propiedad, en la Constitución se establecieron indirectamente otros derechos económicos como inherentes al sistema, y que pueden englobarse en un conjunto de derechos constitucionales a la protección de la libertad económica y de la iniciativa privada. Por ejemplo, al establecerse imperativamente que "no se permitirán monopolios" (Art. 97), de ello se deducían derechos de protección económica contra las conductas monopólicas que pudieran afectar la libertad económica; y al establecerse la obligación para el Legislador de dictar normas "para impedir la usura, la indebida elevación de los precios y, en general, las maniobras abusivas encaminadas a obstruir o restringir la libertad económica" (Art. 96), se deducían derechos económicos, por ejemplo, a la protección de la competencia o concurrencia.

E. *Los principios de la intervención del Estado en la economía*

El modelo económico que estableció la Constitución, si bien se fundamentó en la libertad económica y la iniciativa privada, prescribió expresamente que ésta debía fundamentarse en "principios de justicia social que aseguren a todos una existencia digna y provechosa para la colectividad" (Art. 95). En consecuencia, el sistema no se concebía sin que el Estado tuviera una intervención decisiva con el objeto de garantizar, conforme lo formuló el Preámbulo de la Constitución, que se protegiera y enalteciera el trabajo; se amparara la dignidad humana; se promoviera el bienestar general y la seguridad social; se buscara lograr la participación equitativa de todos en el disfrute de la riqueza, según los principios de la justicia social; se fomentara el desarrollo de la economía al servicio del hombre y se mantuviera la igualdad social y jurídica, sin discriminaciones derivadas de raza, sexo, credo o condición social. En consecuencia, como pieza esencial de la Constitución económica, además de los objetivos señalados que se asignaron al Estado, se le atribuyó expresamente una serie de poderes de intervención en la vida económica.

En primer lugar, estaban los poderes de regulación de la actividad económica (Estado Regulador) que como se ha dicho, en todo caso, requerían como garantía de una ley, siempre que se tratase de la imposición de limitaciones a la libertad económica y a la iniciativa privada. Así, las limitaciones a la libertad económica "por razones de seguridad, de sanidad u otras de interés social" (Art. 96) sólo podían establecerse por Ley. Asimismo, sólo la ley podía establecer "normas para impedir la usura, la indebida elevación de los precios y, en general, las maniobras abusivas encaminadas a obstruir o restringir la libertad económica (Art. 96); y sólo la Ley podía establecer las regulaciones que permitieran al Estado "dictar medidas para planificar, racionalizar y fomentar la producción, y regular la circulación, distribución y consumo de la riqueza" (Art. 98). En el mismo sentido, en cuanto a la propiedad privada, sólo por Ley se podían establecer las contribuciones, restricciones y obligaciones a que debía someterse en virtud de su función social, con fines de utilidad pública o de interés general (Art. 99); y sólo por Ley debía disponerse lo conducente a la eliminación del latifundio (Art. 105).

En segundo lugar, estaban los poderes de planificación y ordenación de la actividad económica (Estado planificador) como tarea de ordenación de la misma, mencionadas en el artículo 98 del texto fundamental (planificar la producción a fin de impulsar el desarrollo económico del país) e indirectamente previstos en el artículo 191 que exigía al Presidente de la República, en su Mensaje Anual al Congreso, la exposición de los "lineamientos del plan de desarrollo económico y social de la Nación", y en el artículo 229 que autorizó la sanción de una ley con normas para "coordinar la inversión del situado constitucional (es decir, la partida del presupuesto nacional destinada a distribuirse entre los Estados miembros de la Federación) con planes administrativos desarrollados por el Poder Nacional". Con la Enmienda Constitucional N° 2 de 1983, la función planificadora del Estado se especificó adicionalmente en la Constitución económica, al prescribirse que "El Ejecutivo Nacional en el transcurso del primer año de cada período constitucional presentará para su aprobación, a las Cámaras Legislativas en sesión conjunta, las líneas generales del plan de desarrollo económico y social de la Nación" (Art. 7) con lo cual no sólo el propio Ejecutivo Nacional y la Administración Pública debían estar vinculados al plan aprobado, sino que las propias Cámaras Legislativas debían sujetarse al mismo, por ejemplo, al sancionar las leyes de Presupuesto y los créditos adicionales, al mismo, en el período de ejecución del plan.

En tercer lugar, estaban los poderes de control (Estado de control), por ejemplo, para proteger la propia libertad económica en su ejercicio recíproco por los sujetos de derecho y asegurar que se ajustase a los principios de justicia social.

Siendo los límites de la libertad "el derecho de los demás y el orden público y social" (Art. 43), el Estado tenía los poderes de control para evitar que ellos se traspasasen. Por ello, la prohibición constitucional respecto a los monopolios, que "no se permitirán", (Art. 97), y la potestad expresa para que la ley dicte "normas para impedir la usura, la indebida elevación de los precios y, en general, las maniobras abusivas encaminadas a obstruir, o restringir la libertad económica" (Art. 96). Dentro de los poderes de control, se destacaban, además, aquellos que ejercía el Estado sobre determinadas actividades económicas de producción, como la "industria básica pesada" que aun cuando sea desarrollada por los particulares, conforme a la Constitución, debía estar siempre bajo control del Estado (Art. 97).

En cuarto lugar, estaban los poderes del Estado para reservarse determinados servicios de interés público (Estado de servicios públicos) (Art. 97) lo que implica siempre, una restricción a la libertad económica, pues el que se declare una actividad, determinada como servicio público no significa otra cosa que sustraerla de las actividades que pueden realizar, libremente, los particulares. Esta reserva, por otra parte, comporta siempre una obligación de prestación o prestacional que asume el Estado, sea de manera exclusiva, con exclusión de toda actividad privada, sea con participación de la iniciativa privada, en algunos casos, mediante el régimen de concesiones. En este caso, la Constitución estableció, que "sólo podrán otorgarse, en conformidad con la ley, concesiones con carácter de exclusividad, y por tiempo limitado, para el establecimiento y la explotación de obras y servicios de interés público" (Art. 97).

En quinto lugar, estaban los poderes del Estado de participar directamente en la actividad, económica, como empresario en cualquier tipo de actividades industriales, comerciales y de servicio (Estado Empresario), establecidos en forma tal, sin limitación de ningún tipo, de manera que no había visos algunos de subsidiaridad. Por tanto, el Estado no tenía límites constitucionales expresos para participar en la actividad económica y ser propietario de medios de producción, salvo, por supuesto, los que derivaban de la misma formulación del modelo económico que impedía una estatización total de la economía y la eliminación de la iniciativa privada. Por tanto, en un régimen de economía mixta y dentro de los mismos marcos de la Constitución económica, es decir, fundamentada en principios de justicia social que aseguren a todos una existencia digna y provechosa para la colectividad, el Estado podía desarrollar una actividad empresarial en concurrencia con las actividades económicas privadas, con poderes, incluso, para reservarse determinadas industrias y explotaciones.

En esta materia, la Constitución, en primer lugar estableció la reserva para el Estado de poseer y usar armas de guerra, de manera que "todas las que existan o se introduzcan en el país pasarán a ser propiedad de la República, sin indemnización ni proceso" (Art. 133).

Además, en segundo lugar el artículo 97 de la Constitución estableció que "el Estado podrá reservarse determinadas industrias, explotaciones o servicios de interés público por razones de conveniencia nacional", de lo que resultó, en primer lugar, una cláusula habilitatoria para que el Estado pudiera reservarse actividades económicas, en cuyo caso, quedarían excluidas del ámbito de la libre iniciativa privada; y en segundo lugar, una cláusula limitativa, en cuanto que sólo podía incidir en "determinadas" industrias, explotaciones o servicios, es decir, la posibilidad constitucional de reserva de actividades económicas al Estado no podía conducir a una estatización general de la economía.

La reserva del Estado de actividades económicas, hemos dicho, implicaba que un sector de actividad económica (de industrias, explotaciones o servicios de interés público) quedaba excluida de la libre iniciativa privada, correspondiendo al Estado su realización, e implicando, una vez dictada la reserva, por Ley, que los particulares que realizaban actividades económicas en las áreas reservadas, debían cesar en ello.

Este poder de reserva fue usado expresamente en cuatro ocasiones hasta 1999, durante la vigencia de la Constitución de 1961: la reserva del mercado interno de los hidrocarburos (1973), la reserva de la industria del gas natural (1972), la reserva de la industria del mineral de hierro (1975), y la reserva de la industria y el comercio de los hidrocarburos (1975), y en estos cuatro casos, la reserva fue total, excluyéndose la posibilidad de realización de dichas actividades por los particulares, salvo a través de mecanismos de asociación con el Estado. Es de advertir, además que la reserva en sí misma, no implicaba pago de indemnización alguna a los particulares que realizaban la actividad concreta y debían cesar, salvo cuando el Estado, además de formular la reserva, decidiese asumir y apropiarse de los bienes que los particulares tenían afectados a la actividad, en cuyo caso debía expropiarlos conforme a lo establecido en el artículo 101 del Texto Fundamental, es decir, mediante sentencia firme y pago de justa indemnización. En consecuencia, la reserva de actividades económicas por ley y la expropiación de los bienes de particulares que estaban afectos a la actividad, como medidas conjuntas, conformaron en Venezuela la figura de la nacionalización, que se aplicó, entre otras, en materia de la industria petrolera en 1975, por supuesto, sólo respecto de esta industria, pues el subsuelo (el petróleo) siempre ha sido del dominio público del Estado.

Pero la participación del Estado en actividades empresariales, por supuesto, podía realizarse también en concurrencia con los particulares, estableciéndose en la Constitución que una Ley debía determinar "lo concerniente a las industrias promovidas y dirigidas por el Estado; (Art. 97), y, que "los intereses del Estado en corporaciones o entidades de cualquier naturaleza", y por supuesto de carácter económico "estarán sujetos al control del Congreso, en la forma que la Ley establezca" (Art. 230).

Por último, en el marco de los poderes de intervención del Estado en la economía, se deben mencionar los clásicos poderes de fomento (Estado de fomento) que derivaban expresamente de la obligación impuesta al Estado de "proteger la iniciativa privada" con la atribución en el artículo 98, de, entre otras potestades, la de dictar medidas para "fomentar la producción, a fin de impulsar el desarrollo económico del país". Por supuesto, también derivaban los poderes de fomento del objetivo general que se le definió al Estado en la Constitución, de "promover el desarrollo económico y, la diversificación de producción, con el fin de crear nuevas fuentes de riqueza; aumentar el nivel de ingresos de la población y fortalecer la soberanía económica del país" (Art. 96).

Conforme a todo este esquema de economía mixta, durante la vigencia de la Constitución de 1961 y con base en la riqueza petrolera, puede decirse que el ámbito del sector público respecto del sector privado dependió de la política económica y social concreta del gobierno[128] conforme al objetivo de buscar el desarrollo económico y social del país. Por ello, las decisiones del Estado de asumir y desarrollar directamente la industria petrolera y petroquímica, la industria siderúrgica, la industria del gas natural, la comercialización de los productos derivados del petróleo, para sólo hacer referencia a aquellas actividades que no constituyen un servicio público en sentido estricto, ello no lo hizo con el solo criterio especulativo o de obtención de un beneficio económico[129], como sería el principal criterio de las actividades desarrolladas por el sector privado, sino básicamente como mecanismo para asegurar la soberanía económica del país, promover su desarrollo económico y social, y elevar el nivel de vida de la población a través de mecanismos de redistribución de la riqueza. Los mismos fines también condujeron al propio Estado en los últimos años del siglo pasado, a promover el desarrollo del sector privado, liberalizando la economía y privatizando empresas, cuando la crisis económica derivada del peso de la deuda externa y la disminución del ingreso petrolero así lo aconsejaron.

2. *La influencia del petróleo y la participación estatal en la industria petrolera*

Ahora bien, plantearse la situación y potestad interventora del Estado en un sistema de economía mixta como el de Venezuela hasta 1999, exige hacer una referencia a una de las causas fundamentales de la transformación de Venezuela en las últimas décadas y quizás uno de los motivos que provocaron la institucionalización del sistema de economía mixta: el petróleo y su explotación y control.

Es claro, en este sentido, que así como no pueden comprenderse bien los rasgos, fundamentales de la transformación del país sin la referencia a las vicisitudes del auge petrolero[130], en la misma forma, no podría calibrarse adecuadamente el papel que el Estado juega en la economía venezolana, sin una referencia al proceso de control, venezolanización y nacionalización paulatina de la industria petrolera.

En tal sentido, puede decirse que la historia político–económica de Venezuela a partir de los años treinta hasta la década de los sesenta del siglo pasado, es realmente

---

128 Véase sentencia de la antigua Corte Suprema de Justicia en Sala Político Administrativa de 5–10–70 en *G.O.*, Nº 1.447, extraordinario de 15–12–70, p. 11. Véase además en Allan R. Brewer–Carías, *Jurisprudencia de la Corte Suprema 1930–1974 y Estudios de Derecho Administrativo,* Tomo I (El ordenamiento constitucional y funcional del Estado), Caracas, 1975, pp. 133 y ss.

129 Tal como lo ha apreciado la Corte Suprema: "... no son idénticos los motivos que determinan la acción estatal y la de los particulares en los campos que respectivamente, le sean, asignados: la satisfacción de las necesidades colectivas constituye uno de los fines del Estado y no la ocasión o el medio de obtener una ganancia, ni aun en el caso de que los usuarios estén obligados a pagar una retribución para el servicio que se les preste. En cambio, es, la especulación entendida en el sentido de obtener un beneficio lícito en el ejercicio de una actividad lucrativa, la que impulsa generalmente a los particulares a encargarse de la gestión de servicios de utilidad pública. Por tanto, lo que es para los particulares un simple negocio, puede significar para el Estado, en la generalidad de los casos, el cumplimiento de un deber insoslayable". Véase sentencia de la CSJ en SPA de 5–10–70 en *G.O.* Nº 1.447 extraordinaria, de 15–12–70, p. 11.

130 Véase D. E. Blank, *Politics in Venezuela,* 1973, pp. 31 y ss. y 273.

la historia de la lucha entre los intereses del país y los de las empresas petroleras extranjeras y, por tanto, la historia de la progresiva intervención y control del Estado sobre dicha industria. Con motivo de los resultados económicos de la explotación petrolera, se tuvo conciencia de que el problema económico de Venezuela, a diferencia del de otros países latinoamericanos, realmente no era iniciar un crecimiento económico, sino mantener ese crecimiento a una tasa elevada[131]; pero logrando, paralelamente, por una parte, la disminución de la dependencia económica mediante la obtención de una mayor participación en los beneficios, en la diversificación y en la operación de la industria petrolera; y por la otra, la reducción de la dependencia de la exportación de un solo producto, mediante la diversificación de la producción, el control y venezolanización de las inversiones extranjeras; todo ello (desarrollo económico) para la realización del desarrollo social y la ordenación del territorio.

En cuanto a la mayor participación en los beneficios de la industria petrolera, y después de finalizar la dictadura de Gómez (1935), las décadas siguientes fueron testigos de la realización de esfuerzos crecientes en tal sentido. En efecto, es necesario tener en cuenta que habiendo sido el petróleo y el subsuelo propiedad del Estado y la explotación de hidrocarburos realizada básicamente a través de concesiones, los beneficios de esta industria fundamental revirtieron al país a través de tres renglones de gastos: en primer lugar, los gastos destinados a cubrir los costos corrientes, tales como compras de materiales y pago de sueldos y salarios; en segundo lugar, los gastos destinados a cubrir los impuestos a la industria; y en tercer lugar, los gastos destinados a nuevas inversiones y al pago de las concesiones[132]. Entre estos renglones es evidente que el segundo fue la fuente más importante a través de la cual fluyeron recursos a la economía nacional, y en este campo pudo observarse una creciente participación del Estado en los beneficios de la industria, lo cual convirtió a Venezuela en la nación pionera de esta lucha, entre los países exportadores de petróleo[133].

En efecto, a partir de la aprobación de la Ley de Hidrocarburos de 1943[134] se inició un proceso de ampliación de los poderes del gobierno en relación a la industria petrolera, los cuales antes de esa fecha eran casi inexistentes. El paso más significativo en esta materia ocurrió en 1945, cuando la Junta Revolucionaria de Gobierno que presidía Rómulo Betancourt, mediante el Decreto N° 112 del 31 de

---

131 La verdadera tasa de crecimiento de Venezuela en el período de la postguerra fue una de las más elevadas del mundo. Su PTB per cápita en 1975 era más de seis veces el de Asia y África y cerca de tres veces el de la América Latina. *Cfr.* M. F. Hassan *Crecimiento Económico y Problemas de Empleo en Venezuela,* Caracas, 1973, p. 7.

132 *Cfr.* M. F. Hassan, *op. cit.,* pp. 15 y ss. Por supuesto que el renglón que más ha contribuido al crecimiento económico, de Venezuela ha sido el segundo. *Cfr:* Armando Córdova y Hector Silva Michelena, Aspectos Teóricos del Subdesarrollo, Caracas, 1967, p. 140

133 No hay que olvidar que Venezuela fue la promotora de la Organización de Países Exportadores de Petróleo (OPEP) en 1960. *Cfr.* Eduardo Acosta Hermoso, *Análisis histórico de la OPEP,* Mérida, 1969; Mustafá el Sayed, *L'Organisation des pays exportateurs de pétrole,* París, 1967; y Luis Vallenilla, *Auge, Declinación y Porvenir del Petróleo Venezolano,* Caracas, 1973.

134 Véase las referencias a las vicisitudes de dicha Ley, en Isaías Medina Angarita, *Cuatro Años de Democracia,* Caracas, 1964, pp. 77 y ss.; y Luis Vallenilla, *op. cit.,* pp. 150 y ss.

diciembre, estableció un impuesto extraordinario y adicional para gravar el exceso de utilidades de las empresas petroleras, y en 1946, cuando la Asamblea Nacional Constituyente, elevó el impuesto complementario que gravaba la industria petrolera, previsto en la Ley de Impuesto sobre la Renta en 1942.

A pesar de que la tesis del gobierno en este campo era que "en ningún caso las empresas petroleras llegaran a recibir una participación en las ganancias anuales, superiores a las entradas que percibiera el Estado", en realidad, la denominada fórmula del 50/50 en la distribución de los beneficios de la industria entre el gobierno y las empresas petroleras, sólo fue posteriormente establecida en forma expresa en la modificación de la Ley de Impuesto sobre la Renta aprobada por el Congreso de 1948, doce días antes de que se produjera el golpe militar que derrocó al Presidente Rómulo Gallegos[135].

Ahora bien, precisamente en este año 1948, se produjo un importante cambio en la situación de la demanda energética mundial, pues los Estados Unidos, en relación a sus requerimientos energéticos, pasó a convertirse en país importador de petróleo y, por ello, pasó a depender progresivamente de fuentes energéticas de otros países[136]. Se comprende, por ello, la política norteamericana evidenciada en esa misma época por controlar y asegurar las fuentes productoras de petróleo para cubrir las exigencias de un consumo interno, lo cual resultó claro de la política que se siguió en el Medio Oriente y en Venezuela. Cualquier manifestación nacionalista de estos países que pudiera comprometer los suministros de petróleo, fue entonces extinguida, y basta señalar como ejemplo, para darse cuenta de ello, el bloqueo a los intentos nacionalistas de Mossadegh, en Irán[137] y la complacencia norteamericana respecto al golpe militar de Venezuela. La benevolencia de la dictadura militar de Pérez Jiménez no sólo estaba asegurada, sino que se manifestó generosamente en 1956 y 1957 con el otorgamiento de nuevas concesiones a las empresas petroleras,

---

135 Véase las referencias en R. Betancourt, *Venezuela, Política y Petróleo,* México, 1956, pp. 243 y 246; y en Luis Vallenilla, *op. cit.*, pp. 166 y ss. y 205 y ss. Es de destacar que esta medida que elevó la participación del Estado en los beneficios de la industria petrolera al 50 por ciento, ha sido considerada como el inicio de una larga lucha de los países productores y exportadores de petróleo en el mundo, y que posteriormente en la década de los cincuenta comenzó a ser imitada por los países árabes. *Cfr.* Jean Jacques Berreby,"Les Conflicts Pétroliers Contemporains", *Ilevue Francaise de Science Politique,* Vol. XXII; N° 6, 1972, pp. 1.193 y ss.; Denis Bauchard, *Le Jeu Mondial des Pétroliers,* París, 1970, p. 63.

136 *Cfr.* Taki Rifai, "La Crise Pétroliere (1970–1971)", *Revue Francaise de Science Politique,* Vol. XXII, N° 6, 1972, pp. 1.214, 1.216 y 1.220.

137 *Cfr.* Jean–Jacques Berreby, *loc. cit.*, p. 1.194. Es de destacar a modo de ejemplo que en 1973, el Presidente Nixon se refirió claramente a lo sucedido en 1951 en Irán y a la actitud norteamericana, al amenazar nuevamente a los países árabes, y particularmente a Libia y Arabia Saudita, en relación a cualquier decisión que pudiera comprometer el suministro de petróleo a Estados Unidos: *"Oil without a market* – dijo Nixon– *as Mr. Mossadegh learned many, many years ago, doesn't do a country much good. The innevitable result* (de las presiones árabes) is *that they will lose their market, and other sources will be developed".* Véase el texto en *Times* (European Edition), September 17, 1978, p. 18. Sobre la nacionalización petrolera en Irán véase G. Neveu, "La Nationalisation de l'industrie Petrolière en Iran" en H. Puget (ed.), *Les Nationalisations en France et a l Etranger,* Vol. II, París, 1958, pp. 301 y ss.

en una extensión considerable en relación a todas las existentes para ese momento[138]. Fueron las últimas concesiones que se otorgaron en el país.

Con posterioridad a 1958, durante todo el período democrático, y siguiendo la orientación política definida en el trienio 1945–1948, se siguió la política de "no más concesiones", pero no se formularon alternativas de contratación o de explotación directa, para que se pudiera asegurar el desarrollo eficaz de la industria. En efecto, la Corporación Venezolana del Petróleo, Instituto Autónomo que se configuraba como la empresa estatal para la participación pública en la industria, no tuvo el soporte necesario ni fue destinataria de concesiones. Sólo fue después que la reforma de la ley en 1967 estableció la modalidad de contratación denominada de "Contratos de Servicios" y que las Bases de éstos se aprobaron en 1969, suscribiéndose los primeros en 1970, cuando puede decirse que comenzó la participación de la CVP en la industria petrolera. Antes, sin embargo, con motivo del Decreto nº 187, de 3 de noviembre de 1964, se había reservado a la CVP una parte del mercado interno de la gasolina, estableciéndose una obligación para las concesionarias de ceder a la misma hasta el 33 % del consumo interno.

La reforma de la ley en 1967, en todo caso, tuvo por objeto establecer claramente las modalidades de explotación directa, tanto por el Ejecutivo Nacional como por entes descentralizados (Institutos Autónomos y Empresas del Estado) de los hidrocarburos, estableciéndose en esos casos un régimen distinto a las concesiones, que fue el de las Asignaciones, que podían explotarse a través de convenios o "contratos de servicio".

Ahora bien, en relación con el mencionado proceso de obtención de una mayor participación en los beneficios de la industria petrolera que se había iniciado entre 1943 y 1948 y que se vio interrumpido por diez años (1948–1958), debe destacarse una nueva reforma de la Ley de Impuesto sobre la Renta, decretada esta vez en 1958 por la Junta de Gobierno que asumió el poder a la caída de la dictadura de Pérez Jiménez, elevando la participación del gobierno al 60 por ciento, aproximadamente, de los beneficios de la industria petrolera y de la industria del hierro[139]. Posteriormente, en 1970, durante el gobierno del Presidente Rafael Caldera, al sancionarse una nueva reforma de la Ley de Impuesto sobre la Renta, que eliminó los antiguos impuestos a la industria, se estableció un impuesto único del 60 por ciento sobre los beneficios de las empresas petroleras y mineras, lo cual elevó la participación total del Estado en 1972, hasta alrededor del 87 por ciento de los beneficios de las empresas petroleras.

En 1974, en una reforma de la misma Ley, el Presidente C.A. Pérez elevó el impuesto único que gravaba el enriquecimiento neto anual de las empresas petroleras al 63 y medio por ciento, y en 1975, otra reforma lo elevó al 72 por

---

138 M. F. Hassan, *op. cit.*, p. 23, señala que la extensión de estas concesiones fue casi igual a la otorgada con anterioridad, lo cual evidentemente no es exacto. *Cfr.* Luis Vallenilla, *op.cit.*, p. 219.

139 Véase la Ley de Impuesto sobre la Renta dictada por Decreto–Ley de 19 de diciembre de 1958, *G.*O. Nº 577 Extraordinario, de la misma fecha. Véase las referencias a dicha reforma, en Luis Vallenilla, *op. cit.*, pp. 257 y ss.

ciento, con lo que el Estado en dicho año tenía una participación en las utilidades del negocio petrolero próxima al 98 por ciento[140].

Paralelamente a estas medidas impositivas, el Estado adoptó en la misma reforma de la Ley de Impuesto sobre la Renta de 1970, medidas de enorme importancia tendientes a contrarrestar, a los efectos fiscales, el deterioro de los precios de exportación del petróleo[141], provocado por la política de Estados Unidos sobre sus propios precios de producción, lo que en definitiva incidía sobre la determinación, en Venezuela, de la base imponible y sobre el ingreso fiscal por concepto petrolero[142]. En esta forma, desde 1971 el Ejecutivo Nacional fijó unilateralmente los valores de exportación del petróleo con lo que las empresas petroleras debieron pagar un impuesto adicional sobre la diferencia entre los ingresos por ventas de exportación por ellas declaradas a efectos fiscales, y los valores fijados por el Ejecutivo Nacional[143]

Las medidas adoptadas a partir de los años sesenta, sin embargo, no se redujeron a la obtención de una mayor participación en los beneficios de la industria petrolera, sino a lograr una mayor participación en la industria. En este sentido, la política

---

140 Véase las reformas parciales de la Ley de Impuesto sobre la Renta de 1970, 1974 y 1975 en *G.O.* Nº 1.448, Ext. de 18–1–70, Nº 1.702 Ext. de 31–10–14, y el Nº 1.720 Ext. 25–1–75. El Art. 58 de la Ley quedó redactado así: "El enriquecimiento global neto anual de toda persona o comunidad determinado de acuerdo con las normas establecidas en el Título III de la presente Ley (empresas mineras o de hidrocarburos) se gravará con una tasa del setenta y dos por ciento (72%). En cuanto al porcentaje fiscal de la participación en los beneficios de la industria, *Cfr.* Rafael Caldera, *Habla el Presidente,* Vol. IV, Caracas, 1973, pp. 564 y 569. En 1973 se establecía este beneficio en el 89 por ciento (89%). *Cfr.* Cordiplan, *Notas para la evaluación de la Obra el Gobierno* (1969–1973), Caracas, 1973, p. 16. Por su parte, M. F. Hassan, *op. cit.,* p. 24 establece este porcentaje en el setenta y cinco por ciento (75%).

141 Conforme al artículo 41 de la Ley de Impuesto sobre la Renta de 18 de diciembre de 1970, "el Ejecutivo Nacional fijará por períodos sucesivos hasta de tres años cada uno, los valores de los artículos o mercancías exportados en el puerto venezolano de embarque. Cuando el monto resultante de la aplicación de los valores fijados por el Ejecutivo Nacional exceda de los ingresos por ventas de exportación declarados por el contribuyente, se efectuará un pago complementario de impuesto sobre la diferencia". Véase en *Gaceta Oficial* Nº 1.448; Extraordinario, de 18 de diciembre de 1970. Véase los comentarios de Luis Vallenilla, *op. cit.,* pp. 502 y ss.

142 *Cfr.* Taki Rafai, *loc. cit.,* pp. 1.216 y ss. En este sentido, C. Julien señala que entre 1965 y 1970, el precio del barril del petróleo importado por Estados Unidos desde Venezuela disminuía de 2,47 a 2,30 dólares. Véase *L'Empire Americain,* París, 1962, p. 6. Es de destacar, por ello, que en la reforma a la Ley de Impuesto sobre la Renta de 1966 se iniciaron los esfuerzos por la determinación justa de los precios de exportación del petróleo a los efectos fiscales, pero mediante la figura de los "convenios de precios" celebrados entre el gobierno y las empresas petroleras, posteriormente abandonada. En 1993, por ley especial se eliminaron los valores de exportación para la determinación de la renta.

143 En pago a la facultad atribuida al Ejecutivo Nacional, los Ministerios de Minas e Hidrocarburos y de Hacienda establecieron los valores de exportación de los crudos y de los derivados de hidrocarburos. *Cfr.*, el Informe anexo a Rafael Caldera, *IV Mensaje del Presidente al Congreso, cit.,* p. 183. En esta forma, por ejemplo, en enero de 1973 se estableció un valor promedio de exportación del petróleo de 3,14 dólares por barril, y en julio de 1973 se elevó a 3,75 dólares por barril. (*Cfr.* la información en *El Nacional,* Caracas, 28 de julio de 1973). Posteriormente, en noviembre de 1973, luego de la crisis producida por la cuarta guerra en el Medio Oriente, se elevó el valor promedio de exportación a 7,24 dólares por barril, y en noviembre del mismo año se elevó a 7,74 dólares por barril. Para enero de 1974 dicho valor promedio se estableció en 14,08 dólares por barril (*Cfr. El Nacional*, Caracas, 29 de diciembre de 1973). Diez años después, en abril de 1984, el valor promedio se estableció en 24,40 dólares por barril (*Cfr. El Nacional*, Caracas, 20–5–84)

conservacionista del petróleo que condujo al no otorgamiento de nuevas concesiones durante el gobierno del partido Acción Democrática en los años 1945–1948[144], aun cuando, como se dijo, se suspendió durante el gobierno de Pérez Jiménez, se continuó a partir de 1958. Como complemento de esta política, en 1960 se creó la Corporación Venezolana de Petróleo como empresa estatal[145], la cual puede decirse que fue sólo a partir de la reforma de la Ley de Hidrocarburos de 1967[146], reguladora de la figura de los contratos de servicio como sustitutiva de las concesiones, cuando inició una participación operativa en las actividades de exploración y explotación de hidrocarburos[147].

Por otra parte, es de destacar que las concesiones de explotación de hidrocarburos otorgadas con anterioridad a la Ley de 1943, conforme a sus disposiciones, debían comenzar a revertir al Estado sin compensación, en 1983, pues la duración de las mismas se había fijado en cuarenta años a partir de dicha fecha[148]. Para garantizar que dicha reversión se produjera en forma tal que asegurara al Estado la posibilidad de la continuación de la explotación, en 1971 se dictó la Ley sobre bienes afectos a reversión en las concesiones de hidrocarburos[149], la cual aumentó el control del Estado sobre las operaciones de todos los bienes de las empresas afectos a las concesiones.

Debe señalarse, además, que las medidas nacionalistas en el campo de los hidrocarburos y sus derivados, tendientes a lograr una mayor participación directa del Estado en las actividades petroleras y sus derivados, también se manifestaron en la década de los sesenta, con la creación del Instituto Venezolano de Petroquímica[150], cuyas actividades comenzaron a desarrollarse promisoriamente en los primeros años de la década de los setenta[151]. En todo caso, es de destacar que estas medidas adquirieron importancia considerable en el gobierno del Presidente Caldera, al aprobarse, en 1972, la Ley que reserva al Estado la industria del gas natural[152] y, en 1973, la Ley que reserva al Estado la explotación del mercado

144 Véase R. Betancourt, *op. cit.*, pp. 233 y ss.

145 Véase el Decreto–Ley Nº 260 de la Corporación Venezolana del Petróleo de 19 de abril de 1960, *Gaceta Oficial* Nº 26.234 de abril de 1960. Véase las referencias a la denominada "Era de Pérez Alfonzo", en Luis Vallenilla, *op. cit.*, pp. 255 y ss.

146 Véase las referencias a dicha Ley, en Luis Vallenilla, *op. cit.*, pp. 832 y ss.

147 En 1973 el promedio diario de producción de petróleo de la CVP (100.000 barriles diarios) quintuplicaba el correspondiente a 1968, *Cfr.* Cordiplan, *Notas para la Evaluación de la Obra de Gobierno* (1969–1979), *cit.*, p. 19. En 1972, las utilidades netas de dicha empresa fueron de 56 millones de bolívares, y en 1973 se estimaban en 80 millones de bolívares. *Cfr. El Nacional,* Caracas, 8 de septiembre de 1978, p. C–4.

148 Véase Art. 29 de la Ley de Hidrocarburos de 1948. *Cfr.* Los comentarios de Luis Vallenilla, *op. cit.*, p. 1566.

149 La Ley fue aprobada en 30 de julio de 1971. Véase *Gaceta Oficial* Nº 29.577 del 6 de agosto de 1971.

150 El IVP fue creado por Decreto–Ley Nº 367 de 29 de junio de 1956. ,Véase en *Gaceta Oficial* Nº 25.091 de 30 de junio de 1956

151 Desde la fundación del IVP hasta 1968 la inversión en la industria petroquímica fue de 577 millones de bolívares, mientras que de 1969 a 1972 fue de 1.350 millones de bolívares. *Cfr.* Cordiplan. *Notas para la evaluación de la Obra de Gobierno* (1969–1973), *cit.*, p. 28.

152 Véase la Ley en *Gaceta Oficial* Nº 29.594 de 26 de agosto de 1971.

interno de los productos derivados del petróleo[153], que permitieron a la Corporación Venezolana del Petróleo la explotación monopolística del gas natural y la comercialización de la gasolina y demás derivados, del petróleo[154].

Además, en previsión del comienzo del vencimiento de las concesiones petroleras en 1983, en 1971 se dictó también la Ley sobre Bienes Afectos a Reversión en las concesiones de Hidrocarburos, tendiente a asegurar el funcionamiento adecuado de la industria al producirse tal acontecimiento.

3. *La nacionalización de la industria petrolera en 1975*

A. *La Ley Orgánica de reserva al Estado la Industria y el Comercio de los Hidrocarburos*

Sin embargo, fue en 1975 cuando mediante Ley Orgánica de Nacionalización del 29 de agosto[155] el Estado se reservó por razones de conveniencia nacional, "todo lo relativo a la exploración del territorio nacional en busca del petróleo, asfalto y demás hidrocarburos; a la explotación de yacimientos de los mismos; a la manufactura o refinación, transporte por vías especiales y almacenamiento; al comercio interior y exterior de las sustancias explotadas y refinadas, y a las obras que su manejo requiera"[156]. En esta forma, de acuerdo a lo previsto en el artículo 97 de la Constitución, se estableció un monopolio de derecho a favor de la Nación sobre la industria petrolera, que debía manejarse por medio de entes de propiedad de la República (art. 5). La consecuencia de la Ley de Reserva fue la extinción de las concesiones de hidrocarburos y la obligación impuesta a las empresas privadas que operaban la industria de transferir al Estado la propiedad de las mismas, para lo cual se establecieron normas especiales relativas al procedimiento expropiatorio (art. 13 y ss.).

La Ley no estableció normas particulares relativas a la organización de la Administración Petrolera Nacional, habilitando al Poder Ejecutivo para organizarla de acuerdo a las siguientes bases: la creación de las empresas que juzgase necesario para el desarrollo regular y eficiente de las actividades reservadas, con las formas jurídicas que considerara conveniente; y la atribución a una de las empresas de las funciones de coordinación, supervisión y control de las actividades de las demás, pudiendo asignarle la propiedad de las acciones de cualesquiera de esas empresas. Se creó así la empresa Petróleos de Venezuela S.A. (PDVSA), de la cual pasaron a depender las empresas filiales que se formaron con las antiguas concesionarias[157].

---

153 Véase la Ley en *Gaceta Oficial* N° 1.591. Extraordinaria, de 22 de junio de 1973.

154 La participación de las ventas de la CVP en el mercado interno de hidrocarburos había pasado del 19 por ciento en 1968 al 35 por ciento en 1973. *Cfr.* Cordiplan, *Notas para la evaluación de la Obra de Gobierno (1969–1973) cit.*, p. 20.

155 *Gaceta Oficial* N° 1.769, Extr., de 29 de agosto de 1975.

156 Artículo 1. Véase R. Duque Corredor, *El derecho de la nacionalización petrolera,* 1978; y además, Instituto de Derecho Público, *Archivo de Derecho Público y Ciencias de la Administración,* Vol. III. *El Régimen Jurídico de las Nacionalizaciones en Venezuela,* 2 Tomos, Caracas, 1981.

157 Véase Allan R. Brewer–Carías, "Aspectos Organizativos de la Industria Petrolera Nacional en Venezuela" en *Archivo de Derecho Público de Ciencias de la Administración,* IDP–UCV, Vol. III, Tomo 1 (1972–1979), Caracas, 1981, pp. 407–492.

En esta forma, después de más de cincuenta años de explotación petrolera mediante el sistema de concesiones, a partir de 1975 el Estado venezolano comenzó la difícil tarea de dejar su posición de rentista y asumir la de empresario en una industria por demás compleja. A partir de 1985, en todo caso, consolidada la industria petrolera nacionalizada, Petróleos de Venezuela S.A. (PDVSA), era considerada como la empresa líder en América Latina[158].

En el proceso político–económico constitucional venezolano, sin duda, la nacionalización de la industria petrolera realizada en 1975, tuvo una importancia fundamental, al utilizarse para ello la posibilidad que tenía el Estado, conforme al artículo 97 de la Constitución de 1961, de reservarse determinadas actividades económicas. En efecto, si entendemos por nacionalización "la transformación de empresas privadas en empresas del Estado" con el objeto de "sustraer los medios de producción y distribución de riquezas de la propiedad privada para ponerlos en manos de la Nación o de aquellos órganos que representan los intereses colectivos de la misma"[159]; o en otros términos, "el acto gubernativo de alto nivel, destinado a un mejor manejo de la economía nacional o a su reestructuración, por el cual: la propiedad privada sobre empresas de importancia es transformada de manera general, e impersonal en propiedad colectiva y queda en el dominio del Estado a fin de que éste continúe la explotación de ellas son las exigencias del interés general"[160], es indudable que la nacionalización de la industria petrolera en Venezuela, fue un auténtico proceso de nacionalización.

El Estado venezolano, mediante la citada Ley Orgánica que Reserva al Estado la Industria y el Comercio de los Hidrocarburos, del 29 de agosto de 1975, indudablemente nacionalizó esta industria, transformando de manera general en el sector, la propiedad privada de las empresas petroleras en propiedad pública, mediante la reserva que hizo de esa industria y comercio de los hidrocarburos. En esta forma, adquiriéndose la propiedad de dichas empresas, se reestructuró la economía nacional.

Al día siguiente de la promulgación de la Ley de Nacionalización, el Presidente de la República dictó el decreto N° 1.123, del 30 de agosto de 1975[161], mediante el cual se creó la empresa Petróleos de Venezuela S.A. (PDVSA), como "una empresa estatal, bajo la forma de Sociedad Anónima, que cumplirá y ejecutará la política que dicte en materia de hidrocarburos, el Ejecutivo Nacional, por órgano del Ministerio de Minas e Hidrocarburos, en las actividades que le sean encomendadas",

158 Véase la información en *El Universal,* Caracas, 13–12–81, p. 1–13; *El Universal,* Caracas, 15–10–82, p. 1–14; *El Nacional,* Caracas; 13–12–82, p. D–5; *El Diario de Caracas,* Caracas, 9–12–84, p. 28; y *El Nacional,* Caracas, 14–2–85, p. A–l.

159 Véase Allan R. Brewer–Carías, "Aspectos Organizativos de la Industria Petrolera Nacionalizada", en Marcos Kaplan (coordinador). *Petróleo y Desarrollo en México y Venezuela.* UNAM, México, 1981, pp. 333 y ss.

160 León Julliot de la Morandière: "Prólogo" a Konstantin Katzarov, *Teoría de la Nacionalización,* p. 5, México, 1963; y Eduardo Novoa Monreal; *Nacionalización y recuperación de recursos naturales ante la Ley Internacional,* p. 50, México, 1974.

161 Véase en *Gaceta Oficial* N° 1.770, Extr., de 30 de agosto de 1975. El decreto de creación de la empresa ha sido modificado por Decreto N° 250, del 23–8–1979, en *Gaceta Oficial* N° 31.810 del 30–8–1979.

dictándose, además, sus estatutos (arts. 1 y 2). La motivación central de la creación de PDVSA fue la consideración de que era "de prioritaria necesidad proceder a la constitución e integración de las empresas estatales que, tendrán a su cargo la continuación y desarrollo de la actividad petrolera reservada al Estado". La empresa se creó con un capital de dos mil quinientos millones de bolívares (Bs. 2.500.000.000,0), representado en cien (100) acciones de la exclusiva propiedad de la República de Venezuela, como única accionista[162] y los estatutos sociales de la misma fueron registrados en el Registro Mercantil respectivo el día 15 de septiembre de 1975[163].

La Ley de Reserva estableció un período de transición de cuatro meses, para hacer efectiva la nacionalización, el cual se extendió hasta el 31 de diciembre de 1975, oportunidad en la cual se hizo efectiva la extinción de las concesiones de hidrocarburos que habían sido otorgadas por el Ejecutivo Nacional (art. 44) y a través de las cuales durante más de sesenta años se había efectuado la explotación petrolera en el país. Durante esos cuatro meses se negoció con las empresas petroleras la indemnización que la ley había acordado cancelarles, y se las hizo constituir sendas empresas en el país, cuyas acciones fueron luego transferidas a Petróleos de Venezuela S.A.

A partir del 1° de enero de 1976, así, Venezuela comenzó a regir la industria petrolera nacionalizada, a través de las empresas estatales que fueron creadas para tal fin.

No es difícil imaginar, por tanto, la importancia que reviste el estudio de las peculiaridades del proceso venezolano de nacionalización de la industria petrolera, el cual se realizó dentro del marco del ordenamiento constitucional entonces vigente y sin que se produjeran mayores traumas y conflictos con las empresas transnacionales; es decir, se realizó, como un proceso político, desarrollado políticamente, sin violentarse los derechos particulares.

B. *Las bases constitucionales de la nacionalización*

La nacionalización petrolera, es decir, la obligatoriedad impuesta a todas las empresas concesionarias que operaban en la industria y el comercio de los hidrocarburos que el Estado se reservó por razones de conveniencia nacional, de transferirle a éste la propiedad de las mismas, mediando indemnización, es una institución que, como se dijo, en Venezuela ha tenido su fundamento constitucional en la ya señalada figura de la reserva al Estado de industrias o sectores económicos.

En efecto, conforme al artículo 97 de la Constitución de 1961, el Estado, al reservarse la industria y el comercio de los hidrocarburos, estableció un verdadero y

---

162 Cláusulas 4, 5 y 6. El capital, íntegramente suscrito, se pagó en un 40 por ciento al constituirse la empresa, habiéndose pagado el 60 por ciento restante el 2–1–1976. Véase Petróleos de Venezuela, *Informe Anual* 1977. p. 38.

163 La inscripción de los Estatutos se efectuó en el Registro Mercantil de la Circunscripción Judicial del Distrito Federal y Estado Miranda, el día 15 de septiembre de 1975, bajo el N° 23 del Tomo *99–A;* y fueron publicados en *Gaceta Municipal del Distrito Federal,* N° 413, Extra. del 25–9–1975.

auténtico monopolio de Derecho[164], y con ello inició el proceso nacionalizador. Sin embargo, la reserva no es el único elemento del proceso de nacionalización. La misma implicó fundamentalmente una prohibición impuesta a los particulares de realizar actividades propias del sector reservado o nacionalizado, lo que afectó tanto a aquellos concesionarios o empresas que venían realizando actividades en el sector, como a cualquier otro particular o empresa, hacia el futuro. Después de la reserva, los concesionarios o empresas que operaban en el sector, no debían continuar realizando sus actividades; y hacia el futuro ningún otro particular podía realizar nuevas actividades en el sector.

Por ello, la nacionalización no se agotó con la reserva, sino que requirió de otros actos complementarios mediante los cuales se asegurara que la gestión de las empresas y bienes existentes afectados a la industria y al comercio de los hidrocarburos, la cual se nacionalizaba, se transfirieran al Estado, y que la actividad productiva o de servicios no se detuviera ni entorpecería.

De allí que la reserva estuviese acompañada, como lo exigía el ordenamiento jurídico venezolano, de la expropiación de las empresas que operaban en el sector nacionalizado, para asegurar el traspaso rápido de los bienes de los concesionarios al Estado.

Debe destacarse, además, que por el hecho de la reserva, es decir, de la prohibición impuesta por ella a los concesionarios de realizar actividades en el respectivo sector, desde el momento mismo en que se produjo la reserva, esos particulares o empresas no debían operar más. Sin embargo, en el caso de la industria petrolera, después del momento en que se promulgó la Ley de Reserva, se permitió a las empresas existentes la posibilidad de operar durante 4 meses, sólo con motivo de asegurar la continuación de la industria hasta ejecutar una efectiva expropiación, y en forma transitoria, sometidas a la fiscalización y control del Estado.

De lo señalado anteriormente, resulta claro que una auténtica nacionalización de un sector económico se produce cuando se dan conjuntamente la medida de reserva con la técnica expropiatoria. Esta última es el mecanismo para hacer efectiva la voluntad del Estado de asumir la actividad económica objeto de la reserva. Esto fue lo que sucedió en el proceso de nacionalización de la industria petrolera en 1975, el cual, además, indudablemente que estaba condicionado por un objeto fundamental: que la industria y las unidades económicas empresariales, continuaran funcionando a cabalidad, desde el momento mismo de la expropiación. Para asegurar este objetivo fundamental, el proceso expropiatorio en la nacionalización petrolera debió versar sobre las *empresas* petroleras, es decir, sobre las unidades económico–productivas o de servicios que manejaban la industria petrolera, de manera que éstas no se vieran afectadas en su funcionamiento con el cambio de titularidad a favor del Estado[165].

---

164 Vicenzo Spagnuolo Vigorita: "Las Empresas Nacionalizadas", en Evelio Verdera y Truells (ed.), *La Empresa Pública,* Tomo II, p. 1.430. Zaragoza, 1970.

165 Allan R. Brewer–Carías: "Comentarios en torno a la nacionalización petrolera", en Revista *Resumen,* N° 55, pp. 22 a 24. Caracas, 24 de noviembre de 1974.

En este sentido, en el proceso nacionalizador de la industria petrolera, lo ideal hubiera sido que la expropiación hubiese versado sobre las *empresas* más que sobre bienes particularizados, mediante un simple traspaso de acciones de los concesionarios, al Estado. Esta fue la modalidad utilizada, por ejemplo, en las nacionalizaciones efectuadas en Francia con posterioridad a la liberación sobre las empresas bancarias, empresas de seguros y empresas de transportes aéreos[166]. En estos casos, se produjo la transferencia de las empresas con todo su patrimonio, al Estado, mediante una transferencia de acciones.

Sin embargo, una solución simple y rápida como la anotada, hubiera exigido, en el caso de la industria petrolera, la existencia, jurídicamente hablando, de sociedades anónimas constituidas en Venezuela, para que pudiera operarse el traspaso de acciones. La realidad, sin embargo, era otra y la casi totalidad de las empresas petroleras eran empresas extranjeras domiciliadas en Venezuela conforme al artículo 354 del Código de Comercio. Por ello, al no estar constituidas en Venezuela, el patrimonio de las mismas afectado a las actividades productivas o de servicios en el país, no estaba representado por títulos accionarios específicos que pudieran ser transferidos a la República

La expropiación de las empresas petroleras en Venezuela, como resultado de la nacionalización de la industria, se refirió, por tanto, a los bienes afectados a los procesos productivos o de servicios. Al no poderse expropiar propiamente a las empresas, sino a los bienes que las formaban, el Estado hizo constituir las nuevas empresas, cuyo capital fue el que se transfirió al Estado.

Ahora bien, resumiendo lo señalado anteriormente, puede decirse que la reserva tiene como consecuencia dos efectos fundamentales: en primer lugar, establecer a favor del Estado, un monopolio de derecho; y en segundo lugar, establecer, como consecuencia, una prohibición para los particulares de realizar actividades en el sector reservado, en virtud de la exclusión de la libertad económica que implica.

Por esta sola reserva, el Estado no tiene obligación alguna de indemnizar a los particulares excluidos. Pero si además de la reserva, ésta se acompaña con la exigencia y obligación impuesta a los particulares y empresas afectadas, de transferir forzosamente al Estado las instalaciones con que operaban, estaremos en presencia de la figura de la nacionalización, que sí da derecho a indemnización, tal como sucedió en materia petrolera.

En el ordenamiento jurídico venezolano, por tanto, la figura de la reserva junto con la decisión del Estado de asumir la actividad reservada, expropiando los bienes o empresas particulares que actuaban en el sector, dieron origen a una nueva institución, que es la nacionalización, sometida a sus propias normas indemnizatorias, de acuerdo a la interpretación que haga la ley de la "justa indemnización" a que se refería el artículo 101 de la Constitución. En este sentido, por ejemplo, las normas para calcular la indemnización con motivo de las nacionalizaciones de las industrias del hierro y del petróleo, establecidas en el Decreto–Ley que reserva al Estado la industria de la explotación de mineral de

166 Jean Rivero: *Le Régime des Nationalisations.* Extrait du Juris Clesseur Civil Annexes, pp. 13 y 16, Paris, 1948.

hierro[167] y en la Ley Orgánica que reserva al Estado la industria y el comercio de los hidrocarburos, de 29 de agosto de 1975, fueron distintas a las previstas en la Ley de Expropiación por Causa de Utilidad Pública o Social; y entre otros factores porque no se trató de una expropiación, pura y simplemente, de empresas.

Se trató, como se dijo, de una nacionalización, donde la reserva afecta y excluye la actividad económica en el sector reservado, y la transferencia forzosa de las empresas se produce respecto de todas las que operan en el sector, con la prohibición para los particulares de seguir desarrollando o realizar en el futuro actividades en dicho sector; en cuyo caso, lo que se produce es la exclusión de la libertad económica respecto a un determinado sector. Por eso, los principios de la expropiación no pueden aplicarse, tal como están en la legislación tradicional, a la expropiación que acompaña a la reserva estatal, pues en este caso, la nueva institución que surge, la nacionalización, condiciona el tratamiento del proceso.

C. *Las características políticas y jurídicas de la nacionalización petrolera*

La peculiaridad de la nacionalización petrolera en Venezuela, no sólo resultó de su realización con apego al ordenamiento jurídico vigente, sino de que fue un proceso que se llevó a cabo políticamente, sin la producción de conflictos con las empresas concesionarias, realizado por políticos y sometido a un amplísimo debate democrático en el país. Por eso, el proceso de nacionalización petrolera en Venezuela, afortunadamente, no fue un proceso que condujo a confrontaciones con las empresas transnacionales, es decir, no fue un proceso traumático, sino que se caracterizó por ser un proceso de nacionalización concertada.[168] Para realizarla se acudió a las figuras que permitían el ordenamiento jurídico: la reserva al Estado de sectores económicos y el pago de la indemnización por la apropiación, por el Estado, de los bienes que estaban afectados a la actividad reservada; sin que esto se hubiese realizado violentando ni desconociendo el orden jurídico ni el derecho que correspondía a las empresas transnacionales. Venezuela, así, negoció la nacionalización, o si se quiere, evitó el conflicto.

Se puede estar o no de acuerdo con la forma cómo se desarrolló el proceso de nacionalización petrolera venezolana, el cual, puede decirse que fue un proceso negociado con las empresas, las cuales convinieron con la indemnización que se les ofreció. Ello sin embargo, no elimina la naturaleza del proceso como una verdadera nacionalización, pues para que ésta exista, ni es necesario violentar el orden jurídico ni es necesario violentar los derechos de los particulares. Si el orden jurídico admite el proceso nacionalizador, y si se puede negociar con los particulares la indemnización por sus derechos, la nacionalización puede hacerse sin conflictos ni traumas. He allí la peculiaridad del proceso venezolano.

Pero el proceso, además, tuvo unas modalidades jurídicas peculiares.

---

167 Decreto–Ley Nº 580, del 26 de noviembre de 1974, en *Gaceta Oficial* Nº 30.577, del 16 de diciembre de 1974

168 Véase las declaraciones del Presidente Carlos Andrés Pérez en 1975, al producirse la nacionalización; dos años después, al celebrarse los dos años de constitución de la empresa petrolera venezolana, y posteriormente, al concluir su período presidencial en 1978, en Véase en *El Universal,* Caracas, 21–12–1975, p. 1–1.; *El Universal,* Caracas, 01–12–1977, p. 1–10; *El Universal,* Caracas, 28–11–1978, p. 2–28.

En efecto, la Ley Orgánica que reserva al Estado la Industria y el Comercio de los Hidrocarburos, de 1975, estableció, siguiendo la orientación constitucional, "que se reserva al Estado, por razones de conveniencia nacional, todo lo relativo a la explotación del territorio nacional en búsqueda de petróleo, asfalto y demás hidrocarburos; a la explotación de yacimientos de los mismos, a la manufactura o refinación, transporte por vías especiales y almacenamiento; al comercio exterior e interior de las substancias explotadas y refinadas, ya las obras que su manejo requiera, en los términos señalados por esta ley". Como consecuencia de lo establecido en este ar-tículo 1, el mismo agregó que las concesiones otorgadas por el Ejecutivo Nacional quedaban extinguidas, aun cuando dicha extinción se haría efectiva el día 31 de diciembre de 1975.

Este artículo de la ley estableció, en primer lugar, la reserva a favor del Estado de la actividad económica relacionada con la industria y comercio de los hidrocarburos. La consecuencia fundamental de esta reserva, fue, en primer lugar, la extinción de las concesiones otorgadas para la exploración y explotación de los hidrocarburos a empresas particulares, con anterioridad a la ley, extinción que se hizo efectiva el día 31 de diciembre de 1975; y en segundo lugar, el establecimiento de un monopolio de derecho a favor del Estado ya que, conforme a lo que establece el artículo 59 de la Ley, el Estado ejercería todas esas actividades reservadas "directamente por el Ejecutivo Nacional o por medio de entes de su propiedad, pudiendo celebrar los convenios operativos necesarios para la mejor realización de sus funciones, sin que en ningún caso estas gestiones afecten la esencia misma de las actividades atribuidas".

Pero no sólo se trataba de establecer una reserva a favor del Estado, sino que la ley, además, conllevó a una verdadera nacionalización, es decir, a la asunción por parte del Estado de las actividades económicas que venían estando a cargo de las empresas concesionarias. A tal efecto, la ley estableció los mecanismos necesarios para expropiar a dichas empresas, si acaso no se llegaba a un arreglo amigable o avenimiento en relación al monto de la correspondiente indemnización.

En tal sentido, el artículo 12 de la Ley estableció que el Ejecutivo Nacional, dentro de los 45 días continuos y subsiguientes a la fecha de promulgación de la Ley, es decir, dentro de los 45 días siguientes al 29 de agosto de 1975, y por órgano del Ministerio de Minas e Hidrocarburos, debía hacer a los concesionarios una oferta formal de una indemnización, por todos los derechos que los concesionarios tuvieran sobre los bienes afectos a las concesiones de las cuales eran titulares.

La indemnización que el Estado debía cancelar a los concesionarios, de acuerdo al artículo 15 de la Ley, correspondía a los derechos sobre los bienes expropiados, y no podía ser superior al valor neto de las propiedades, plantas y equipos, entendiéndose como tal, el valor de adquisición menos el monto acumulado de depreciación y amortización, a la fecha de la solicitud de expropiación, según las libros usados por el respectivo concesionario a los fines del Impuesto sobre la Renta. El mismo artículo 15 de la ley estableció una serie de declaraciones que debían hacerse a dicha indemnización antes de su pago.

De acuerdo a esas normas, el Ministro de Minas e Hidrocarburos presentó a las veintidós empresas concesionarias las ofertas de indemnización, previéndose el pago de acuerdo a dos sistemas: una parte pagada en efectivo, cancelándose el material existente para el 31 de diciembre; y otro para el pago por concepto de equipos e instalaciones, que debía efectuarse en bonos de la deuda pública, conforme, a lo autorizado por el artículo 16 de la ley[169]. Las empresas concesionarias contestaron la oferta presentada por el Ejecutivo Nacional dentro de los 15 días siguientes, y como consecuencia de ello, se llegó, entre el Ejecutivo Nacional y las empresas concesionarias, a un avenimiento, el cual se hizo constar en las llamadas Actas–Convenios, suscritos por el Procurador General de la República y las empresas concesionarias, conforme a las instrucciones impartidas por el Ejecutivo Nacional por órgano del Ministerio de Minas e Hidrocarburos; Actas de Avenimiento o Convenios cuyos efectos se producirían para la fecha de extinción de las concesiones, es decir, para el 31 de diciembre de 1975.

El día 28 de noviembre de 1975 concluyó la firma de las Actas Convenios entre la Procuraduría General de la República y las empresas concesionarias[170]. De acuerdo a lo previsto en el artículo 12 de la Ley, el Ejecutivo Nacional, por órgano del Ministro de Minas e Hidrocarburos, sometió las Actas–Convenios a la aprobación y consideración de las Cámaras Legislativas, en sesión conjunta, habiéndose iniciado el debate en el Congreso el día 10 de diciembre[171]. Las Actas Convenios fueron aprobadas y el acuerdo de aprobación respectivo fue publicado el 18 de diciembre de 1975[172] y de acuerdo a dichas Actas se pagó, una indemnización estimada para el 31 de diciembre de 1975, a las principales empresas concesionarias y participantes, que ascendió a la cantidad de cuatro mil trescientos cuarenta y siete millones, novecientos treinta mil trescientos cincuenta y dos bolívares (Bs. 4.347.930.352,00)

La ley había previsto mecanismos para expropiar a las empresas concesionarias si no se lograba el avenimiento previsto en el artículo 12 de la Ley, pero no fue necesario acudir a dicho procedimiento, ya que se logro el acuerdo.

En la Cláusula Cuarta de Actas Convenios suscritas por la República y algunas de las principales empresas concesionarias, se establecieron las bases para que éstas procedieran a constituir sendas compañías anónimas que progresivamente irían asumiendo la operación integral de la industria; en compañías anónimas, que luego serían trasladas a la República, al extinguirse las concesiones el 31 de diciembre de 1975, tal como sucedió.

D. *El proceso de formalización jurídica de la industria petrolera nacionalizada*

La Ley que Reserva al Estado la Industria y el Comercio de los Hidrocarburos promulgada el 29 de agosto de 1975, dispuso expresamente que "el Estado debía ejercer las actividades reservadas, directamente por el Ejecutivo Nacional o por medio de entes de su propiedad" (art. 5), con lo cual teóricamente el legislador dejó a la decisión del Ejecutivo Nacional el atender la industria nacionalizada a través de

---

169 Véase Irene Rodríguez Gallad y Francisco Yánez: *Cronología Ideológica de la Nacionalización Petrolera en Venezuela,* Caracas 1977, p. 403.

170 *Idem* p. 424.

171 *Ibídem,* p. 430

172 Véase en *Gaceta Oficial* N° 1.784, Extr. de 18 de noviembre de 1975.

la propia Administración Central ("directamente por el Ejecutivo Nacional", dice el artículo 5°) o a través de la Administración Descentralizada del Estado ("por medio de entes de su propiedad", agrega el mismo artículo 59).

Sin embargo, a pesar de esta aparente libertad, en realidad la ley dio directamente la pauta al Ejecutivo Nacional para la administración de la industria petrolera a través de formas descentralizadas. El artículo 69, de la Ley, en efecto, precisó que a los fines de ejercer las actividades nacionalizadas, "el Ejecutivo Nacional organizará la administración y gestión de las actividades reservadas" a cuyo efecto debía crear, con las formas jurídicas que considerase convenientes, las empresas que juzgase necesario para el desarrollo regular y eficiente de tales actividades, pudiendo atribuirles el ejercicio de una o más de éstas, modificar su objeto, fusionarlas o asociarlas, extinguirlas o liquidarlas y aportar su capital a otra u otras de esas mismas empresas. Estas empresas debían ser de la propiedad del Estado, y en caso de revestir la forma de sociedades anónimas, podían ser constituidas con un solo socio. Además, debía atribuir a una de las empresas las funciones de coordinación, supervisión y control de las actividades de las demás, pudiendo asignarle la propiedad de las acciones de cualesquiera de esas empresas. Dichas empresas debían regirse por la ley y sus reglamentos, por sus propios estatutos, "por las disposiciones que dictase el Ejecutivo Nacional y por las del derecho común que les fueren aplicables".

De acuerdo a estas normas, no hay duda de que en la intención del legislador fue estructurar la Administración Petrolera Nacional a través de empresas del Estado (entes o personas estatales) con forma de sociedad mercantil y por tanto con un régimen preponderantemente de derecho privado. La aparente posibilidad de que el Estado pudiera ejercer las actividades reservadas "directamente por el Ejecutivo Nacional" (art. 5) en cuanto se refiere a las actividades que se venían realizando por empresas privadas de capital extranjero y que se nacionalizaban, estaba desvirtuada en la propia ley (arts. 5, 6 y 7) al "sugerir" la constitución de empresas (entes de la propiedad del Estado, como lo señala el artículo 5° con forma de sociedad mercantil. Por supuesto, para realizar las actividades nuevas en relación a las que efectivamente se nacionalizaron, el Ejecutivo Nacional podía hacerlo directamente[173].

Conforme a la orientación señalada, el Ejecutivo Nacional, mediante el Decreto N° 1.123, de 30 de agosto de 1975[174], considerando que era "de prioritaria necesidad proceder a la constitución e integración de las empresas estatales que tendrán a su cargo la continuación y desarrollo de la actividad petrolera reservada al Estado", decretó la creación de una empresa estatal, bajo la forma de sociedad anónima, que debía cumplir la política que dictase en materia de hidrocarburos el Ejecutivo Nacional, por órgano del Ministerio de Minas e Hidrocarburos, en las actividades que le fueran encomendadas (art. 1). El decreto de creación de la empresa se registró en el Registro Mercantil de la Circunscripción Judicial del Distrito Federal y Estado

---

173 *Cfr.* Andrés Aguilar M., "Régimen Legal de la Industria y el Comercio de los Hidrocarburos", en *Boletín de la Academia de Ciencias Políticas y Sociales,* N° 66-67, Caracas, 1976, pp. 13 y 14.

174 Véase en *Gaceta Oficial* N° 1.770, Extr., de 30–8–1975. El decreto de creación fue modificado mediante Decreto N° 250, del 23–8–1979, en *Gaceta Oficial* N° 31.810 del 30–8–1979.

Miranda bajo el N° 23, tomo *99–A,* con fecha 15 de septiembre de 1975[175]. No hay duda, por tanto, de que la naturaleza jurídica de Petróleos de Venezuela S.A., es la de una persona estatal con forma jurídica de derecho privado. Es decir, es una "empresa estatal" o empresa del Estado, de propiedad íntegra del mismo y que responde a las políticas que aquél dicte, y como tal, está integrada dentro de la organización general de la Administración del Estado, como ente de la administración descentralizada, pero con forma jurídica de sociedad anónima, es decir, de persona de derecho privado.

En cuanto a las empresas operadoras, resultaba clara la intención del legislador de crearlas con forma de sociedades anónimas, cuyas acciones debían ser tenidas en propiedad por la empresa matriz Petróleos de Venezuela. La propia Ley Orgánica de Reserva, había dispuesto la conversión del Instituto Autónomo Corporación Venezolana del Petróleo en sociedad anónima, lo cual se cumplió en diciembre de 1975. En ese mismo mes se constituyeron las restantes trece empresas operadoras iniciales, también con forma societaria.

De esta manera, tanto Petróleos de Venezuela S.A., como las catorce operadoras iniciales se constituyeron, en el ordenamiento jurídico venezolano, como personas jurídicas estatales con forma de derecho privado; y en el ámbito económico, como empresas públicas o, más propiamente, como empresas del Estado. Igual naturaleza jurídico–económica tuvieron todas las filiales de Petróleos de Venezuela posteriormente establecidas y entre ellas, las cuatro operadoras petroleras que resultaron de la primera reorganización de la industria y que fueron Lagovén, Maravén, Menevén y Corpoven; la empresa Petroquímica (Pequivén); y la empresa de investigaciones petroleras (INTEVEP)[176].

4. *La participación del capital privado en la industria petrolera nacionalizada mediante convenios operativos y de asociación a partir de 1994*

Como antes se dijo, conforme a la previsión del artículo 97 de la Constitución de 1961 se sancionó la Ley que Reserva al Estado la Industria y el Comercio de los Hidrocarburos (en lo adelante Ley de Nacionalización), con la cual se nacionalizó la industria y el comercio de los hidrocarburos. Como es sabido, la nacionalización no se produjo respecto del petróleo ni de los yacimientos en si mismos, los cuales siempre han sido del Estado como titular del dominio público sobre el subsuelo, como ahora, incluso, la Constitución de 1999 lo declara expresamente (art. 12).

Dicha Ley, como decisión política, se dictó en medio de una gran polémica y expectativa, pues se trataba de nacionalizar la principal industria del país; y uno de los temas de mayor discusión, en todo caso, fue el de si con la nacionalización se reservaba total y absolutamente al Estado la industria y el comercio de los hidrocarburos, o si se dejaba alguna posibilidad de que en alguna forma el sector privado pudiera participar en las actividades reservadas.

Esa discusión y controversia se centró, así, en la redacción del artículo 5° de la Ley Orgánica, el cual en definitiva estableció que:

---

175 Véase en *Gaceta Municipal* del Distrito Federal N° 413, Extr., de 25–9–1975.

176 Véase Enrique Viloria, *Petróleos de Venezuela,* Caracas, 1983.

"Artículo 5°. – El Estado ejercerá las actividades señaladas en el artículo 1° de la presente Ley directamente por el Ejecutivo Nacional o por medio de entes de su propiedad, pudiendo celebrar los convenios operativos necesarios para la mejor realización de sus funciones, sin que en ningún caso estas gestiones afecten la esencia misma de las actividades atribuidas.

En casos especiales y cuando así convenga al interés público, el Ejecutivo Nacional o los referidos entes podrán, en el ejercicio de cualquiera de las señaladas actividades, celebrar convenios de asociación con entes privados, con una participación tal que garantice el control por parte del Estado y con una duración determinada. Para la celebración de tales convenios se requerirá la previa autorización de las Cámaras en sesión conjunta, dentro de las condiciones que fijen, una vez que hayan sido debidamente informadas por el Ejecutivo Nacional de todas las circunstancias pertinentes".

Se distinguieron, así, a los efectos de permitir la participación del sector privado en la industria, dos modalidades contractuales: los convenios operativos y los convenios de asociación que se podían establecer con empresas privadas.[177]

Los primeros, es decir, los convenios operativos no afectaban en forma alguna la reserva que se había hecho al Estado de la industria, y podían suscribirse todos los que las empresas petroleras nacionalizadas considerasen necesarios para la mejor realización de sus actividades. Dichos convenios operativos, por supuesto, en ningún caso afectaban la esencia misma de las actividades atribuidas o reservadas al Estado.

Los convenios de asociación, en cambio, permitían al Estado asociarse con particulares para realizar las actividades reservadas, lo que implicaba un régimen jurídico excepcional de asociación o participación del sector privado en las actividades reservadas, lo que exigía la intervención previa del órgano legislativo para que pudieran suscribirse.

En todo caso, era sólo a través de los referidos convenios de asociación que en la Ley de Nacionalización se permitía la participación del capital privado en la industria petrolera nacionalizada, es decir, en la industria y comercio de los hidrocarburos.

Esa participación, sin embargo, no fue permitida durante los primeros veinte años de vigencia de la Ley; situación que cambió a comienzos de la década de los noventa, por las transformaciones ocurridas en el mercado petrolero mundial.

A. *La apertura petrolera en 1994 y los Convenios de asociación*

En efecto, en 1994, el Ejecutivo Nacional presentó al Congreso para su autorización previa, conforme a lo regulado en dicho artículo 5° de la Ley de Nacionalización, un Proyecto de Marco de Condiciones a los fines de la celebración de "Convenios de Asociación para la Exploración a Riesgo de nuevas áreas y la producción de Hidrocarburos bajo el Esquema de Ganancias Compartidas". Con

177 Véase en Isabel Boscán de Ruesta, *La actividad petrolera y la nueva Ley Orgánica de Hidrocarburos,* FUNEDA, Caracas 2002, pp. 127 y ss.

ello se buscaba permitir, mediante Convenios de Asociación con el capital privado, la exploración y, en consecuencia, el posible descubrimiento de nuevas reservas de hidrocarburos, especialmente de crudos livianos y medianos, particularmente tomando en cuenta que en los 10 años subsiguientes se presentarían oportunidades de mercado que exigían un aumento de la capacidad de producción del país para atender la cuota que le correspondía en el incremento de la demanda petrolera mundial.

En tal sentido, el Ejecutivo Nacional consideró que los nuevos Convenios de Asociación contribuirían a la consolidación y al crecimiento de la industria petrolera nacional, sin menoscabo de la soberanía estatal sobre los recursos energéticos; partiendo del supuesto de que el petróleo había sido y continuaría siendo pilar fundamental y motor del crecimiento y del desarrollo económico del país, pero para lo cual se hacía necesario seguir consolidando el sector petrolero tanto público como privado.

Las Cámaras Legislativas mediante Acuerdo de 4 de julio de 1995, conforme a lo solicitado por el Ejecutivo, autorizaron la "celebración de los Convenios de Asociación para la exploración a riesgo de nuevas áreas y la producción de hidrocarburos bajo el esquema de ganancias compartidas"[178], conforme al Marco de Condiciones que se detalló en el artículo 2 del Acuerdo.

Entre las disposiciones de dicho Marco, se dispuso que el Ejecutivo Nacional debía determinar Áreas geográficas que se describieron en un Anexo, en favor de una filial de Petróleos de Venezuela, S.A. "para realizar las actividades relacionadas con la exploración y explotación de yacimientos de hidrocarburos, con el transporte por vías especiales, almacenamiento y comercialización de la producción obtenida en las Áreas, y con las obras que su manejo requiera, todo de conformidad con la dispuesto en la Ley Orgánica que Reserva al Estado la Industria y el Comercio de los Hidrocarburos" (Primera).

A los efectos de la celebración de los Convenios de Asociación, se dispuso que la Filial debía llevar a cabo los procesos de licitación que fueran necesarios para seleccionar a las empresas inversionistas privadas con las cuales celebrarían los Convenios de Asociación para realizar las actividades descritas conforme al artículo 5° de la Ley Orgánica que Reserva al Estado la Industria y el Comercio de los Hidrocarburos (Segunda). Con la firma de cada Convenio por parte de los Inversionistas y la Filial, y de conformidad con los términos y condiciones establecidos, quedaba entonces constituida una asociación para realizar las actividades descritas en cada una de las Áreas correspondientes (Tercera). A los efectos de asegurar el control del Estado se dispuso, además, que antes de dar inicio a las actividades del Convenio, en cada uno de los Convenios debía constituirse un "Comité de Control", conformado por igual número de miembros designados por los Inversionistas y la Filial de PDVSA, que debía presidir un miembro designado por esta última. Para la validez de las deliberaciones y decisiones del Comité, se precisó que se requería la presencia y el consentimiento de los miembros designados por la Filial, teniendo el Presidente doble voto para resolver los casos de empate (Cuarta).

178 Véase en *Gaceta Oficial* N° 35.754 de 17-07-95

A los efectos de implementar el Convenio de Asociación, se dispuso que los Inversionistas y la Filial debían constituir, antes de iniciar las actividades del Convenio, una sociedad anónima o Empresa Mixta en Venezuela, en la cual la Filial debía poseer el 35% del capital social y los Inversionistas el 65%. La Empresa Mixta tenía por finalidad dirigir, coordinar y supervisar las actividades de exploración, producción, transporte y comercialización objeto del Convenio (Quinta).

Se dispuso, además, que la Empresa Mixta quedaba facultada para llevar a cabo por sí misma, o hacer realizar por terceros, las operaciones requeridas para cumplir el objeto del Convenio, si así los considerase conveniente.

Dentro de los términos y condiciones de la Asociación pautados en el Convenio, se debía establecer el compromiso de los Inversionistas de llevar a cabo las actividades exploratorias en el Área por su exclusiva cuenta y riesgo, con base a un plan establecido. Cumplido el Plan de Exploración, la continuación del esfuerzo exploratorio debía ser aprobada por el Comité de Control; y con esa aprobación se otorgaba a los Inversionistas el derecho a continuar la exploración por su exclusiva cuenta y riesgo (Sexta).

Si en el curso de cualquier fase del esfuerzo exploratorio se descubrían yacimientos de hidrocarburos dentro del Área, los Inversionistas debían definir las características y comercialidad de tales descubrimientos con base a un plan que debía ser aprobado por el Comité de Control. Además, ejecutado el Plan de Evaluación, los Inversionistas debían definir la viabilidad de la explotación comercial del descubrimiento y someter a la aprobación del Comité de Control un plan para desarrollar la producción. La explotación de los yacimientos de crudos pesados que fuesen descubiertos, estaba supeditada al resultado de los estudios de factibilidad que se debían realizar para determinar su viabilidad comercial y al Plan de Desarrollo correspondiente.

En cuanto a la explotación, uso y comercialización del gas asociado a la producción de crudos en un Área de Desarrollo, se debía efectuar en conformidad con las disposiciones legales aplicables y mediante la utilización de normas y técnicas de general aceptación en la industria petrolera internacional. En caso de que fueran descubiertos yacimientos de gas libre, su evaluación, desarrollo y comercialización estaba sujeto, dentro de la Asociación, a los acuerdos específicos que se establecieren entre las partes, en función de las características de los yacimientos y las circunstancias de su futura explotación. Aprobado el Plan de Desarrollo, los Inversionistas debían entonces desarrollar, conforme al mismo, los descubrimientos del Área de Desarrollo; y en ejecución del Convenio de Asociación, la Filial y los Inversionistas, debían establecer un Consorcio en el cual la Filial, debía adquirir una participación de un 35% para financiar el desarrollo.

La duración del Convenio debía incluir un lapso preestablecido para realizar el esfuerzo exploratorio, de 3 a 5 años, dependiendo de la complejidad del Área, y 20 años de operación comercial a partir de la aprobación del Plan de Desarrollo correspondiente a cada Área de Desarrollo. El plazo de la fase exploratoria podía ser extendido en conformidad con la Condición Sexta, por un lapso entre 2 y 4 años. En ningún caso, sin embargo, el Convenio podía tener una duración que excediera el término de 39 años contados a partir de la entrada en vigencia del Convenio. (Décima primera).

Conforme al marco aprobado por las Cámaras Legislativas, en los años subsiguientes, entre 1993 y 1997 se celebraron varias rondas de negociaciones para la asignación y la creación de asociaciones[179], originándose diversos Convenios de Asociación para entre otros, el desarrollo de la importante faja Petrolífera del Orinoco. Todas estas asociaciones se constituyeron conforme al marco del Acuerdo del Congreso, con el cual, como se dijo, se dio inicio a la denominada *apertura petrolera*, el cual sin embargo fue impugnado por razones de inconstitucionalidad e ilegalidad por ante la Corte Suprema de Justicia en 1995, juicio que concluyó cuatro años después, el 17 de agosto de 1999, cuando la Corte Suprema dictó sentencia declarando sin lugar la acción de nulidad que se había intentado. Muchas de las personas que intentaron la acción popular de inconstitucionalidad contra el Acuerdo del Congreso autorizando la apertura petrolera y los Convenios de Asociación, a los pocos meses después de dictada la sentencia pasaron a formar parte del nuevo gobierno, y desde allí comenzaron el proceso de desmantelamiento de la industria petrolera y de la apertura petrolera.

En dicha sentencia, en todo caso, se consideró a los Convenios de asociación con inversionistas privados que habían sido autorizados por el Congreso, como impregnados de las características propias de la "contratación administrativa" para lo cual la Corte precisó las notas identificatorias de los contratos administrativos y del "régimen especial que regula su tratamiento jurídico", indicando que esas notas esenciales eran "la noción de *"servicio público"* y la consecuente incorporación en el texto de los contratos –tácita o expresamente– de las denominadas *"cláusulas exorbitantes,"* las cuales en realidad no definen los contratos como tales contratos administrativos, "por ser una consecuencia y no un elemento determinante de éste"; concluyendo entonces que "la característica que por antonomasia identifica un contrato administrativo es el servicio público que se pretende con él, el interés general o la utilidad pública perseguida".

En cuanto a los Convenios de Asociación autorizados por el Congreso, la Corte admitió que los mismos "contienen *per se* la noción de servicio público, por tratarse de contrataciones que se postulan como aquellas que más claramente revelan su condición de administrativa".

179 Se destacan: En primer lugar, las denominadas Asociaciones Estratégicas para las operaciones en la Faja Petrolífera del Orinoco, que fueron las siguientes: Petrozuata, S.A., en asociación con *ConocoPhillips*; Sincrudos de Oriente, S.A.(Sincor, S.A.) en asociación con *Total* y *Statoil*; Petrolera Cerro Negro, S.A., en asociación con *Exxon Mobil* y *British Petroleum;* y Petrolera Hamaca, C.A. (Petrolera Ameriten) en asociación con *ConocoPhillips* y *Chevron*. En segundo lugar, las asociaciones constituidas para proyectos de Exploración a Riesgo y Ganancias Compartidas que fueron las siguientes: en el Golfo de Paria Oeste en asociación con *ConocoPhillips, Eni Venezuela B.V* y *OPIC Karimun Corporation*; en el Golfo de Paria Este, en asociación con *ConocoPhillips, Inelectra, Eni y OPIC Karimun Corporation*; y en La Ceiba, en asociación con *Exxon Mobil* y *Petro–Canadá*. Además debe mencionarse la Asociación Estratégica autorizada en 2001, para la producción de Bitúmen, diseño, construcción y operación de un módulo de producción y emulsificación de bitúmen natural para la elaboración de Orimulsión, que fue Orifuels Sinoven, S.A., (Sinovensa), en asociación con *China National Petroleum Corporation – CNPC Services de Venezuela* y *PetroChina Fuel Oil Company*

B. *El control del Estado en la ejecución de los Convenios de asociación*

El artículo 5 de la Ley de Nacionalización no sólo reservó al Estado la industria petrolera, sino que dispuso que al permitir la celebración de Convenios de asociación con empresas privadas para la realización de las actividades reservadas a la República, debía asegurarse el control del Estado sobre los Convenios.

Sobre ello, la antigua Corte Suprema de Justicia, en sentencia anterior de 23 de abril de 1991, al referirse al control a que se refería el artículo 5° de la Ley de Nacionalización, había distinguido entre el control sobre los Convenios y el control accionario sobre empresas mixtas, señalando que "lo determinante es el control del convenio, que es una noción más jurídica que económica o patrimonial, y por ello se refiere a "participación" sin calificarla de alguna manera"[180]. En el caso de los Convenios de asociación, por tanto, se trata siempre de un control contractual interno o corporativo, que se manifiesta por la vía de la participación económica o financiera mayoritaria en el capital de la empresa o asociación; o por la vía de reservarse el Estado, en el mismo convenio, una intervención decisiva en la conducción y administración de la empresa o asociación. Este último supuesto fue precisamente el que se previó en el Acuerdo del Congreso autorizando los Convenios de Asociación, con la creación del Comité de Control en relación con "las decisiones fundamentales de interés nacional relacionadas con la ejecución del Convenio"; Comité en el cual los miembros designados por la Filial de PDVSA tenían asegurada la presencia y el consentimiento.

Sobre este tema del control, además, la antigua Corte Suprema en la señalada sentencia sobre el caso de la apertura petrolera, de 1999, al analizar las reglas de funcionamiento del señalado Comité de Control, indicó que "garantizan que el control que debe ejercer el Estado directamente o a través de entes de su propiedad (las filiales), está presente en cada Asociación que se pacte"; agregando que: "las condiciones que marcan la existencia del Comité de Control son reveladoras del estricto control que se pretende de las políticas en materia de hidrocarburos y en la toma de las decisiones fundamentales de la Asociación que repercutan en aquellas políticas. De esta forma, un Comité integrado paritariamente por representación de la filial y del inversionista, presidido por un representante de la filial con derecho a doble voto en casos de empate, son indudable garantía de la presencia del Estado en el destino de estas Asociaciones, no obstante que éste tiene una participación hasta del 35% del capital accionario".

Ahora bien, todo este amplio esquema de reserva al Estado de la industria petrolera en todos sus aspectos, y el régimen de la limitada participación de las empresas privadas en el negocio petrolero sólo mediante Convenios de Asociación sometidos al control del Estado, puede decirse que fue cambiado radicalmente a partir de la sanción de la Constitución de 1999 y particularmente con la nueva legislación relativa a los hidrocarburos, al punto de que se pudo hablar, al inicio, específicamente, de un proceso de desnacionalización de la industria petrolera a partir de 1999, que luego se convirtió en un proceso de estatización de la industria a partir de 2006.

---

180 Véase en Oscar Pierre Tapia, *Jurisprudencia*, abril de 1991, p. 137.

VII. LA CRISIS TERMINAL DEL SISTEMA POLÍTICO DEMOCRÁTICO DE PARTIDOS

Como se ha dicho, el Pacto de Punto Fijo de 1958 que originó la Constitución de 1961, fue producto, por una parte, del fracaso de dicha élite política en haber logrado establecer un régimen democrático a partir de 1945, montado sobre la hegemonía de un partido político dominante, exclusivista y exclusionista, sin tener en cuenta que toda democracia debe construirse sobre el pluralismo partidista, donde el diálogo, la tolerancia, la negociación y la conciliación sean instrumentos de acción; y por la otra, de la consecuencial y dolorosa experiencia del régimen militar que sucedió a dicho fracaso en la década 1948–1958.

La lección aprendida condujo a la inmodificable voluntad del liderazgo político, en 1958, de implantar un régimen democrático en Venezuela, país que en esa época era de los que menos tradición y cultura democrática tenía en toda América Latina.

En esa tarea los partidos políticos asumieron el papel protagónico, desarrollándose un Estado democrático centralizado de partidos, en lo cual tuvieron un extraordinario éxito: la democracia se implantó en Venezuela[181]; pero, lamentablemente, de Estado de partidos se pasó a partidocracia, pues los partidos se olvidaron que eran instrumentos para la democracia y no su finalidad.

En efecto, conforme a ese sistema político, los partidos políticos asumieron el monopolio de la participación y de la representatividad en todos los niveles del Estado y de las sociedades intermedias, lo que sin duda había sido necesario en el propio inicio del proceso. Pero con el transcurrir de los años se olvidaron de abrir el cerco que tendieron para controlarlo y permitir que la democracia corriera más libremente[182]; y al final del último período constitucional de la década de los ochenta, la crisis del sistema estalló cuando el centro del poder político definitivamente se ubicó fuera del Gobierno y del aparato del Estado, en la cúpula del Partido Acción Democrática que en ese momento dominaba el Ejecutivo Nacional, el Congreso y todos los cuerpos deliberantes representativos; y que había nombrado como Gobernadores de Estado incluso a sus Secretarios Generales regionales, y que designaba hasta los Presidentes de cada uno de los Concejos Municipales del país. El gobierno del Partido Acción Democrática durante el período 1985–1989 hizo todo lo contrario de lo que reclamaban las casi tres décadas de democracia, que era la apertura frente a la autocracia partidista que se había desarrollado, y la previsión de nuevos canales de participación y representatividad. Ese fue el Gobierno donde más se habló de reforma del Estado y durante el mismo se nombró la Comisión Presidencial para la Reforma del Estado (COPRE)[183], para

181 Véase Allan R. Brewer–Carías, *Cambio Político y Reforma del Estado en Venezuela,* Madrid, 1975, pp. 178 y ss.

182 Véase Allan R. Brewer–Carías, *El Estado. Crisis y Reforma, Caracas,* 1982, pp. 7 a 89; Allan R. Brewer–Carías, *El Estado Incomprendido. Reflexiones sobre el sistema político y su reforma,* Caracas, 1985.

183 La COPRE fue creada por Decreto Nº 404 de 17–12–84, *Gaceta Oficial* Nº 33.127 de 17–12–84. El conjunto de estudios y libros publicados por la COPRE y las propuestas de reforma que formuló durante su existencia de tres lustros, constituye un aporte muy significativo a la bibliografía jurídico política ve-

precisamente no ejecutar nada en ese campo, sino todo lo contrario, pues en ese período de gobierno fue que apareció la partidocracia con toda su figura autocrática[184]. De esa época, sin embargo, afortunadamente quedaron los estudios de la Comisión Presidencial para la Reforma del Estado.

El "Caracazo" es decir, la protesta popular generalizada que se produjo en Caracas, la capital de la República, el 27 de febrero de 1989[185], a escasos días de la toma de posesión del nuevo Presidente electo por segunda vez, Carlos Andrés Pérez, fue el signo trágico del estallido social de la crisis del sistema de Estado de partidos, seguido de dos intentos militaristas de golpe de Estado, del 4 de febrero comandado por el entonces Teniente Coronel Hugo Chávez Frías, y del 27 noviembre de 1992, los cuales, además de atentatorios contra la Constitución, costaron centenares de vidas[186].

Se trataba, en definitiva, de la crisis terminal del sistema político[187] que había sido instaurado a partir de los años cuarenta del siglo XX, y que montado sobre un esquema de Estado centralizado de partidos, como dijimos, tuvo como proyecto político la implantación de la democracia en el país de América Latina que para entonces era el que menos tradición democrática tenía. Más de cuarenta años después de la Revolución democrática de 1958 y más de cincuenta años después del fin del primer ensayo democrático en 1948, en Venezuela se había desarrollado una de las democracias más viejas de América Latina, pero ante el asombro de otros países latinoamericanos que la envidiaban, era de las que menos prestigio tenía incluso en el propio país.

---

nezolana. Véase en particular el Proyecto de Reforma Integral del Estado en COPRE, *La Reforma del Estado (Proyecto de Reforma Integral del Estado),* Vol. I, Caracas 1988.

184 Véase Allan R. Brewer–Carías, *Problemas del Estado de Partidos,* Caracas 1988, pp. 14 y ss.

185 Véase sobre esta protesta J. Civit y L.P. España, "Análisis socio–político a partir del estallido del 27 de febrero", en *Cuadernos del Cendes,* Nº 10, UCV, Caracas 1989, pp. 35 a 46.

186 Sin embargo, asombrosamente, el partido Movimiento al Socialismo (MAS) los calificó como una "conducta democrática" de los militares para expresar su descontento (*El Nacional*, Caracas 28–06–98, p. D–3). Véase sobre el intento de golpe militar del 4 de febrero de 1992: H. Sonntag y T. Maingón, *Venezuela: 4–F 1992. Un análisis socio–político,* Caracas 1992; G. Tarre Briceño, *4 de febrero–El espejo roto,* Caracas 1994. Sobre los delitos cometidos en dichos movimientos, en 2000 la Asamblea Nacional dictó la Ley de Amnistía Política General (*G.O.* Nº 36.934 del 17–04–2000

187 Véase Pedro Guevara, *Estado vs. Democracia,* Caracas 1997; Miriam Kornblith, *Venezuela en los 90. Crisis de la Democracia,* Caracas, 1998. Por nuestra parte, véase lo que expusimos en Allan R. Brewer–Carías, *Cinco siglos de Historia y un País en Crisis,* Academia de Ciencias Políticas y Sociales y Comisión Presidencial del V Centenario de Venezuela, Caracas 1998, pp. 95 a 117; Allan R. Brewer–Carías, "La crisis terminal del sistema político" en *Una evaluación a estos cuarenta años de democracia, El Globo,* Caracas, 24–11–97, pp. 12 y 13; Allan R. Brewer–Carías, *La crisis terminal del sistema político venezolano y el reto democrático de la descentralización,* Ponencia al IV Congreso Venezolano de Derecho Constitucional, Caracas, noviembre 1995. Dicho texto está publicado en Allan R. Brewer–Carías, *El Poder Nacional y el Sistema democrático de gobierno, Instituciones Políticas y Constitucionales,* tomo III, Caracas–San Cristóbal, 1996, pp. 655 a 678. Véase además lo expuesto en Allan R. Brewer–Carías, "Presentación" al libro *Los Candidatos Presidenciales ante la Academia,* Academia de Ciencias Políticas y Sociales, Caracas, 1998, pp. 9 a 66. Véase además, Allan R. Brewer–Carías *Asamblea Constituyente y Ordenamiento Constitucional,* Caracas 1999, pp. 15 a 85, cuyo texto seguimos en estas páginas.

Lamentablemente, la crisis del sistema político de partidos condujo a que se la confundiera a veces deliberadamente, con una supuesta crisis de la democracia en si misma como régimen político, contribuyendo a su desprestigio; cuando en realidad de lo que se trataba era de perfeccionarla y liberarla del despotismo o autocracia de los partidos. Por ello, hemos insistido en que no era la democracia la que ha estado en crisis, pues el régimen político democrático no es lo mismo que el sistema político de Estado de partidos, que si es el que estaba en crisis[188].

El proyecto político ideado por el liderazgo que asumió el poder a partir de los años cuarenta, y luego a partir de 1958, indudablemente que se desarrolló, y el país se democratizó. El problema es que ese mismo liderazgo y los partidos políticos que contribuyeron a la consolidación y mantenimiento de la democracia, décadas después no llegaron a entender la obra que habían realizado y todavía aún muchos no la entienden.

Los venezolanos se habituaron a la democracia y la gran mayoría de los votantes en las elecciones de 1999 y 2000 habían incluso nacido en democracia, y tan habituados estaban a ella que, a pesar de su desprestigio, parecía natural el disfrute de la libertad sin que el riesgo de perderla fuera motivo de particular preocupación. Se pensaba que tenía que cambiar, aun cuando la gran mayoría no sabía cómo; y el liderazgo político de los partidos encargados de orientar, no comprendió que para continuar y sobrevivir, la democracia tenía que perfeccionarse y, al contrario, siguió tratando de conducir al país como si estuviese en la etapa inicial de la democratización de los años cincuenta.

Esta incomprensión fue, precisamente, la que condujo a la crisis política terminal de los últimos años, donde un cambio inevitable comenzó a desarrollarse; tal y como había ocurrido a mitades del siglo XIX en la víspera de la Revolución Federal, cuando finalizó la etapa del Estado independiente semi–centralizado; como sucedió a fines del mismo siglo XIX, en la víspera de la Revolución Liberal Restauradora, con el fin del período del Estado federal liberal; y como también había ocurrido hace más de medio siglo en la víspera de la Revolución de Octubre (1945), con el fin de la era del Estado autocrático centralizado. En cada uno de esos fines de períodos políticos se puede apreciar, históricamente, el mismo signo de agotamiento del proyecto político y del liderazgo que lo desarrolló. La incomprensión de lo hecho y, a pesar de todas las advertencias, de la necesidad de renovar y transformar el sistema, fue lo que contribuyó, en cada caso, a su deterioro final y a su colapso, y eso fue lo que también ocurrió en Venezuela a finales de la década de los noventa.

En esos años, el país estaba en una situación algo similar, con una crisis institucional global, pues la mayoría no sólo no creía ni confiaba en el Parlamento, ni en el Poder Judicial, ni en la Administración Pública, ni en las fuerzas de seguridad ciudadana, sino que tampoco creía ni confiaba en los partidos políticos, ni en las sociedades intermedias que éstos penetraron y controlaron, como los sindicatos, los colegios profesionales y los gremios. Y además, en medio de una de

188 Véase Allan R. Brewer–Carías, "La crisis de las instituciones: responsables y salidas" en *Revista de la Facultad de Ciencias Jurídicas y Políticas,* N° 64, Caracas 1985, pp. 130 a 155. Dicho texto está publicado en Allan R. Brewer–Carías, *Evolución Histórica del Estado, Instituciones Políticas y Constitucionales,* tomo I, *op. cit.,* pp. 523 a 541.

las crisis económicas más agudas del Estado petrolero, en la cual, sin conciencia alguna de lo que significa, los grupos que lo habían controlado habían educado a la población para que pidiera más como si la riqueza petrolera fuera inagotable, y como si no se hubiera comprobado que el modelo de repartir dadivosamente esa riqueza había sido, no sólo una fuente de corrupción, sino una de las causas de la crisis por la que atravesaba el país. Lo lamentable es que todo este desprestigio institucional del aparato del Estado y de las organizaciones políticas y sociales; en definitiva, de la forma de gobernar, arrastró a la propia democracia, a la cual se asociaba la corrupción y la ineficiencia. Y así comenzaron a surgir cantos de sirenas autoritarios que se apoderaron hasta del nombre de Bolívar y de la Patria, opacando las propias virtudes de la democracia.

La mayoría, sin embargo, quería cambios radicales, pero contrariamente a cualquier autoritarismo, en libertad; por ello, esa mayoría que quería en fin que la gobernaran, no llegó a tomar conciencia de que la libertad estaba en riesgo de quedar perdida si la conducción de aquellos cambios totales pasaba o se quedaba en manos de un liderazgo antidemocrático. Por ello, el verdadero dilema que tuvieron los venezolanos en esos tiempos, era cómo lograr los cambios inevitables, indispensables y necesarios que se requerían en libertad y, por tanto, sin perder la democracia que no era, precisamente, la culpable del deterioro ni estaba en su destrucción el camino para la reconstrucción de la Nación.

En todo caso, a finales de los noventa, en Venezuela se estaba produciendo la terminación de uno de los grandes ciclos históricos de su historia, el período democrático (1945–1999) a cuyo aceleramiento, sin duda, contribuyó el hecho político más importante que se produjo en el siglo XX después de la introducción de la elección universal y directa del Presidente de la República a raíz de la Revolución de Octubre de 1945, y que fue la elección directa de Gobernadores y Alcaldes, a partir de 1989.[189] Esa fue, realmente, una decisión de sobrevivencia, pues no había otra forma de enfrentarse al proceso electoral de 1989, después de la protesta popular del 27 de febrero de ese año, que no fuera con el sometimiento a un proceso electoral en los Estados, distinto al nacional y para ello, la pieza clave era la elección directa de los Gobernadores. Esa decisión fue un signo del inicio de un esfuerzo de democratización de la democracia, a lo que se agregó la elección directa de Alcaldes, establecida en la reforma de la Ley Orgánica de Régimen Municipal de ese mismo año[190]; y se entendió que no había otra forma de atender a las expectativas derivadas de la elección, que no fuera transfiriendo poder y competencias nacionales a los Gobernadores, lo que se hizo con la Ley de Descentralización y Transferencia de competencias del poder público[191]. En consecuencia, la descentralización estuvo en el centro de este proceso de

189 Véase *Informe sobre la Descentralización en Venezuela 1993. Memoria del Dr. Allan R. Brewer–Carías, Ministro de Estado para la Descentralización*, Caracas 1994, pp. 13 a 20.

190 Véase Allan R. Brewer–Carías, "Municipio, democracia y participación. Aspectos de la crisis", *Revista Venezolana de Estudios Municipales,* N° 11, Caracas, 1988, pp. 13 a 30.

191 Véase el texto de las leyes en Allan R. Brewer–Carías y otros, *Leyes y Reglamentos para la Descentralización de la Federación, cit.*, pp. 273 y ss. Allan R. Brewer–Carías y otros, *Ley Orgánica de Régimen Municipal,* Caracas 1990, pp. 269 y ss.

transformación que se había venido produciendo en el país, signado por la búsqueda de una mayor participación, con una repercusión progresiva en la apertura de la propia democracia[192], y mediante la reforma del sistema electoral[193].

En todo caso, Venezuela sólo podía salvar su democracia si efectivamente se descentralizaba el Estado y el sistema político, para acercarla más al ciudadano, para que pudieran participar en ella; y esto sólo podía lograrse llevando el Poder cerca de las comunidades, organizaciones o regiones; es decir, descentralizando el poder. Sin descentralización efectiva del poder, considerábamos que la democracia, no podría sobrevivir[194], como por otra parte lo enseñaba la experiencia universal, en el sentido de que la democratización ha llegado a convertirse en condición para su sobrevivencia[195]. Por ello es que no existen ni han existido autocracias descentralizadas[196].

Pero sin duda, a pesar de todas las advertencias, las reformas en tal sentido se iniciaron demasiado tarde[197], sin que el liderazgo se anticipara a la crisis, y más bien en medio de ella. Con posterioridad, un año después del intento de golpe militar de 1992, en 1993, el Presidente de la República Carlos Andrés Pérez fue enjuiciado y lo sustituyó transitoriamente el Presidente Ramón J. Velázquez hasta terminar el período del primero; lapso durante el cual se le dio un gran impulso institucional al proceso de descentralización[198].

La elección presidencial de 1993 pudo haber constituido la apertura de la vía democrática para el cambio político que ya resultaba indispensable y que podía superar el centralismo partidocrático, pero lamentablemente, la opción popular se inclinó por el menos indicado de los candidatos para motorizar cambio alguno, el Presidente Rafael Caldera, bajo cuya segunda presidencia el sistema político de Estado centralizado de partidos entró en la etapa definitiva de crisis terminal.

---

192 Véase Allan R. Brewer–Carías, "La Reforma Política del Estado: la Descentralización Política" en Allan R. Brewer–Carías, *Estudios de Derecho Público, (Labor en el Senado 1982),* tomo I, Caracas 1983, pp. 15 a 39.

193 Véase Allan R. Brewer–Carías, *Ley Orgánica del Sufragio,* Caracas 1993. Véase sobre el sistema electoral de 1993, J.G. Molina y C. Pérez Baralt, "Venezuela ¿un nuevo sistema de partidos? Las elecciones de 1993, en *Cuestiones Políticas,* N° 13, 1994, pp. 63 a 99.

194 Véase Allan R. Brewer–Carías, *Federalismo y Municipalismo en la Constitución de 1999. Una reforma insuficiente y regresiva,* Caracas 2001.

195 Véase Allan R. Brewer–Carías, "La descentralización territorial: autonomía territorial y regionalización política" en *Revista de Estudios de la vida local,* N° 218, Madrid 1983, pp. 209 a 232.

196 Véase Allan R. Brewer–Carías, *Reflexiones sobre la Organización Territorial del Estado en Venezuela y en la América Colonial*, Caracas 1997, pp. 108 y ss.

197 Véase en general, sobre las propuestas de reforma política y constitucional: COPRE *Constitución y Reforma. Un proyecto de Estado Social y Democrático de Derecho,* Caracas 1991; Ricardo Combellas (coordinador), *Venezuela, Crisis Política y Reforma Constitucional,* Caracas 1993; y COPRE, *Una Constitución para el ciudadano,* Caracas 1994. Más recientemente: Miguel Van der Dijs, *Transformaciones posibles del Estado venezolano,* Caracas 1999.

198 Véase *Informe sobre la Descentralización en Venezuela 1993. Memoria del Dr. Allan R. Brewer–Carías,* Ministro de Estado para la Descentralización, Caracas, 1993.

SÉPTIMA PARTE

LA CRISIS POLÍTICA Y LOS INICIOS DEL AUTORITARISMO CONSTITUCIONAL CON LA CONFIGURACIÓN DEL ESTADO AUTORITARIO CENTRALIZADO A PARTIR DE 1999

En los años 1998 y 1999, la crisis de la democracia, de su consolidación y afianzamiento, ya no se podía solucionar con una simple reforma constitucional, sino abriendo efectivamente nuevos canales de representatividad y participación democrática para llenar el vacío que había dejado el deterioro de los partidos políticos tradicionales y que de nuevo colocaron al país en una orfandad política.

Al finalizar el siglo XX, en medio de la crisis terminal de gobernabilidad y de pérdida de legitimación del Poder, en Venezuela no había otra salida para la reconstitución democrática del sistema político, que no fuera convocando democráticamente a una Asamblea Constituyente; propuesta que se había formulado precisamente en la víspera del intento de golpe de Estado de 1992[1] y después del mismo[2], incluso por el Consejo Consultivo que había designado el Presidente Pérez a raíz del intento de golpe[3], y que llegó a ser incluido en el Proyecto de Reforma General de la Constitución[4].

En los años subsiguientes, incluso el Fiscal General de la República la planteó a la Cámara de Diputados como el camino más racional y prudente para superar la crisis política[5], lo que tuvo eco en diversos grupos e instituciones y personalidades[6].

---

1 Frente Patriótico, *Por una Asamblea Constituyente para una nueva Venezuela*, Caracas 1991.

2 Véase en *El Nacional*, Caracas 01–03–92, p. D–2.

3 Véase Consejo Consultivo de la Presidencia de la República, *Recomendaciones del Consejo Consultivo al Presidente de la República,* Caracas 1992, p. 15.

4 Congreso de la República, Comisión Bicameral para la Revisión de la Constitución, *Proyecto de Reforma General de la Constitución de 1961 con Exposición de Motivos,* Caracas, Marzo 1992, pp. 49 y ss.

5 Véase *El Fiscal General y la Reforma Constitucional*. Comunicación del Dr. Ramón Escovar Salom al Presidente de la Cámara de Diputados Dr. Luis Enrique Oberto. Ministerio Público, Caracas 08–07–92. Véase, además, R. Escovar Salom, "Necesidad de una Asamblea Nacional Constituyente" en *Cuadernos Nuevo Sur,* N° 2–3, julio–diciembre, Caracas 1992, pp. 156 a 160.

Pero los partidos políticos y el gobierno fueron impermeables a dichas propuestas, con lo cual la exigencia de cambio político al final del período constitucional del Presidente Caldera ya era incontenible, particularmente ante el deterioro y desmoronamiento de los partidos políticos tradicionales, en particular Acción Democrática y Copei, y el consecuente vacío político que dejaron. Ello condujo a que el candidato popular que había enarbolado la bandera del cambio, Hugo Chávez Frías, a quien el Presidente Caldera había indultado, hubiera ganado la elección presidencial el 6 de diciembre de 1998[7].

Con ello, sin embargo, se abría la posibilidad de una vía democrática para el cambio político en el país, particularmente mediante la convocatoria a una Asamblea Constituyente lo cual había sido bandera esencial del candidato Chávez, sin dejar de ser compartida por muchos otros que se le opusieron[8].

El reto que entonces tenían los venezolanos era la convocatoria democrática de la Asamblea Constituyente mediante el referendo consultivo que la Ley Orgánica del Sufragio y Participación Política de 1997[9], había previsto (art. 181). Para ello se propuso que en las elecciones de noviembre o diciembre de 1998, se incluyera una tercera tarjeta para efectuar la consulta sobre el tema de la convocatoria a una Constituyente[10], de manera que el Congreso que se eligiera en noviembre de 1998 asumiera la tarea inmediata prioritaria, por mandato popular, de proceder a la reforma de la Constitución para regular la Asamblea Constituyente y así poder convocarla constitucionalmente en 1999[11]. Ello, sin embargo, no se logró por la incomprensión del liderazgo político sobre lo que estaba ocurriendo, con lo que se abrió la vía para que se procediera a su convocatoria sin previsión constitucional, como lo había anunciado el entonces candidato presidencial Hugo Chávez Frías.

---

6 Véase los trabajos de Ricardo Combellas, “Asamblea Constituyente. Estudio jurídico–político” y de Ángel Álvarez, “Análisis de la naturaleza de la crisis actual y la viabilidad política de la Asamblea Constituyente” en COPRE, *Asamblea Constituyente: Salida democrática a la crisis,* Folletos para la Discusión Nº 18, Caracas 1992. Frente Amplio Proconstituyente *¿Qué es la Constituyente?, El Nacional,* Caracas, 30–06–94; Oswaldo Álvarez Paz, *El Camino Constituyente,* Gobernación del Estado Zulia, Maracaibo, Junio 1992; Hermánn Escarrá Malavé, *Democracia, reforma constitucional y asamblea constituyente,* Caracas 1995.

7 En la elección presidencial de 1998 Hugo Chávez Frías obtuvo el 56,20% de los votos válidos, seguido por Henrique Salas Römer, con 39,99%. La abstención fue de aproximadamente el 35,27%. Véase en *El Universal,* Caracas 11–12–98, p. 1–1.

8 Véase Allan R. Brewer–Carías, “Reflexiones sobre la crisis del sistema político, sus salidas democráticas y la convocatoria a una Constituyente”, en “Presentación” del libro *Los Candidatos Presidenciales ante la Academia,* Academia de Ciencias Políticas y Sociales, Caracas, 1998, pp. 11 a 66.

9 Véase en *Gaceta Oficial Extraordinaria* Nº 5.200 de 30–12–97.

10 Véase Enrique Ochoa Antich, Véase *El Universal,* Caracas 30–06–98, p. 1–16; *El Nacional,* Caracas 31–07–98, p. D–6; *El Universal,* Caracas 31–07–98, pp. 1–2; y *El Nacional,* Caracas 18–08–98, p. D–4; Oswaldo Álvarez Paz, “Constituyente a la Vista”, *El Universal,* Caracas 06–08–98, p. 1–5; y sus declaraciones en *El Globo,* Caracas 14–08–98, p. 4; en *El Nacional,* Caracas 24–08–98, p. D–3 y en *El Universal,* Caracas 24–08–98, p. 1–18; Véase Ricardo Combellas, *¿Qué es la Constituyente? Voz para el futuro de Venezuela*, Caracas 1998; R. Combellas (coordinador) *Constituyente. Aportes al Debate*, COPRE, Konrad Adenauer Stiftung, Caracas 1998. Véase además, Juan M. Raffalli Arismendi, *Revolución, Constituyente y Oferta Electoral,* Caracas 1998

11 Véase lo que expusimos al respecto, en noviembre de 1998, en Allan R. Brewer–Carías, *Asamblea Constituyente y Ordenamiento Constitucional,* Caracas 1999, pp. 78 a 85.

I. LA PROPUESTA PARA LA ELECCIÓN DE UNA ASAMBLEA CONSTITUYENTE NO REGULADA EN LA CONSTITUCIÓN DE 1961 Y SUS VICISITUDES JURÍDICAS Y CONSTITUCIONALES EN 1999

1. *La convocatoria de la Asamblea Constituyente en 1999 al margen de la Constitución vigente*

Efectivamente, una vez posesionado en la Presidencia de la República, Hugo Chávez Frías procedió a convocar la elección de una Asamblea Constituyente en 1999,[12] que no estaba regulada en la Constitución vigente de 1961. Con ello, se inició entonces la batalla legal por encauzar el proceso constituyente dentro del marco de la constitucionalidad, de manera que la necesaria convocatoria de la Asamblea se hiciese sin la ruptura constitucional que había caracterizado las anteriores Asambleas Constituyentes en toda nuestra historia.

La pauta en la materia, aún cuando bastante ambigua, la dio la Corte Suprema de Justicia en Sala Político Administrativa, en sentencias dictadas el 19 de enero de 1999, (casos: *Referendo Consultivo I y II*), con motivo de resolver sendos recursos de interpretación que se le habían formulado, sobre la posibilidad de convocar un referendo consultivo sobre la Asamblea Constituyente conforme al artículo 181 de la Ley Orgánica del Sufragio, y la posibilidad de la convocatoria de la misma, no estando dicha instancia política prevista en la Constitución de 1961[13].

Era evidente que la Constitución de 1961 debía ser objeto de una reforma puntual para regular la Asamblea Nacional Constituyente como un instrumento político para la reforma constitucional, a los efectos de que pudiese ser convocada, ya que dicha institución no se encontraba dentro de los mecanismos de revisión de la Constitución. La verdad es que nada impedía que se convocara a un referendo consultivo para consultar al pueblo sobre el tema de la convocatoria a una Constituyente; en cambio, la Constitución nada regulaba para que una reforma constitucional sólo se derivase de una consulta popular, sin que su texto fuera previamente discutido y sancionado por las Cámaras que integraban el Congreso mediante el procedimiento de Reforma General y luego sancionado mediante referendo aprobatorio.

En todo caso, en el dilema entre supremacía constitucional y soberanía popular, la única forma para que la segunda prevaleciera sobre la primera tenía que ser por vía de una interpretación constitucional emitida por la Corte Suprema de Justicia, lo que se concretó en las sentencias señaladas, de las cuales se dedujo, a pesar de que no resolvieron expresamente el tema, que se podía convocar un referendo consultivo

---

12 Véase en general, Ricardo Combellas, "El proceso constituyente y la Constitución de 1999", en Elena Plaza y Ricardo Combellas (Coordinadores), *Procesos Constituyentes y Reformas Constitucionales en la Historia de Venezuela: 1811–1999*, Universidad Central de Venezuela, Caracas 2005, Tomo II, pp. 765–807.

13 Véase el texto de las sentencias en Allan R. Brewer–Carías, *Poder Constituyente Originario y Asamblea Nacional Constituyente, op. cit,* pp. 25 a 53; y véanse los comentarios a dichas sentencias en ese mismo libro, pp. 55 a 114 y en Allan R. Brewer–Carías, *Asamblea Constituyente y Ordenamiento Constitucional, op. cit.*, pp. 153 a 228. Igualmente en *Revista de Derecho Público*, N° 77–80, Editorial Jurídica Venezolana, Caracas 1999, pp. 56 y ss. y 68 y ss.

sobre la Asamblea Constituyente, y que la misma en definitiva se podía crear mediante la voluntad popular al margen de la Constitución de 1961. Las sentencias, en efecto, sólo resolvieron que era "procedente convocar a un referendo en la forma prevista en el artículo 181 de la Ley Orgánica del Sufragio y Participación Política, para consultar la opinión mayoritaria, respecto de la posible convocatoria a una Asamblea Constituyente, en los términos expuestos en este fallo" pero no que dicha convocatoria e instalación de una Constituyente podía hacerse sin regularla previamente en la Constitución. Es decir, la solicitud de los recurrentes de si "con fundamento en dicha norma puede convocarse un Referendo que sirva de base para la convocatoria de una Asamblea Constituyente *sin que medie una Enmienda o una Reforma de la Constitución*", no fue resuelto expresamente[14].

La Corte, sin embargo, había hecho en las sentencias una serie de consideraciones sobre el derecho inherente de las personas a la participación política, sobre el poder constituyente y los poderes constituidos y sobre las revisiones constitucionales que tocaron aspectos esenciales del constitucionalismo y que permitían vaticinar una posición jurídica futura en caso de nuevos conflictos.

Por ello, con dichas sentencias se abrió el camino para la estructuración de una tercera vía para reformar la Constitución de 1961, distinta a la Reforma General y la Enmienda previstas en sus artículos 245 y 246, antes indicadas, como consecuencia de una consulta popular para convocar una Asamblea Constituyente[15].

El primer paso para ello lo dio el Presidente de la República el día 2 de febrero de 1999, el mismo día que tomó posesión de su cargo, dictando el Decreto N° 3 mediante el cual tomó la iniciativa de decretar "la realización de un referendo para que el pueblo se pronunciase sobre la convocatoria de una Asamblea Nacional Constituyente" (art. 1); "con el propósito de transformar el Estado y crear un nuevo ordenamiento jurídico que permita el funcionamiento efectivo de una Democracia Social y Participativa"(primera pregunta); y buscando que el pueblo lo autorizara, pura y simplemente, para que el propio Presidente "mediante un Acto de Gobierno fije, oída la opinión de los sectores políticos, sociales y económicos, las bases del proceso comicial en el cual se elegirán los integrantes de la Asamblea Nacional Constituyente" (Segunda pregunta)[16]. De ese contenido resultaba entonces, que el Decreto violaba el artículo 181 de la Ley Orgánica del Sufragio y Participación Política, que se invocó como su base legal, en virtud de que las preguntas evidenciaban que en lugar de convocarse un referendo consultivo, lo que el Presidente estaba convocando en realidad, era un referendo decisorio y autorizatorio

---

14 *Idem*. Sobre esta decisión de la sentencia, Lolymar Hernández Camargo señala: "lejos de dar una respuesta directa a la importante interrogante planteada, abre la posibilidad para que se realice el referendo consultivo, pero no establece con precisión el mecanismo que permita tal convocatoria, sino que entrega tal cometido a los 'órganos competentes' " en *La Teoría del Poder Constituyente. Un caso de estudio: el proceso constituyente venezolano de 1999*, UCAT, San Cristóbal, 2000, pp. 54 a 63.

15 Véase Allan R. Brewer–Carías, "La configuración judicial del proceso constituyente o de cómo el guardián de la Constitución abrió el camino para su violación y para su propia extinción", en *Revista de Derecho Público*, N° 77–80, Editorial Jurídica Venezolana, Caracas 1999, pp. 453 y ss.; y *Golpe de Estado y proceso constituyente en Venezuela*, UNAM, México, 2001, pp. 60 y ss.

16 Véase en *Gaceta Oficial* N° 36.634 de 02–02–99.

no regulado ni previsto en dicha norma legal[17], no para que la Asamblea reformara la Constitución, sino para que asumiera un poder total y pudiera incluso sustituir a los poderes constituidos aún antes de la aprobación de la reforma constitucional, delegando además en el Presidente de la República el poder soberano de decidir sobre las bases comiciales de la Constituyente, lo que vulneraba los principios más elementales del Estado de derecho y era incompatible con los valores supremos de una sociedad democrática.

Como era de esperarse, a las pocas semanas, el Decreto N° 3, tratándose como era de un acto administrativo, fue impugnado por inconstitucionalidad ante la Sala Político–Administrativa de la Corte Suprema de Justicia[18], por ser un instrumento que podía servir para un fraude a la Constitución, e igualmente fueron impugnados los actos del Consejo Supremo Electoral convocando el referendo. Una de dichas acciones de nulidad, fue decidida por la Sala Político Administrativa en sentencia de 18–03–99, mediante la cual se anuló la Segunda Pregunta de la convocatoria al referendo[19]; afirmándose que la actuación de la Asamblea Constituyente era posible porque lo permitía la Constitución de 1961, lo que implicaba afirmar que la misma no podía perder vigencia alguna durante la actuación de la Asamblea Nacional Constituyente, la cual debía encontrar en dicho texto el límite de su actuación, lo que significaba que los poderes constituidos, durante el funcionamiento de la Asamblea, debían continuar actuando conforme a la Constitución que estaba vigente, no pudiendo la Asamblea ni disolverlos ni asumir directamente sus competencias constitucionales[20].

Días antes de ser publicada dicha sentencia, el día 10 de marzo de 1999, sin embargo y sin duda ya advertido, el Presidente de la República, emitió un nuevo acto administrativo reformatorio del Decreto N° 3, mediante el cual ordenó publicar en *Gaceta Oficial* la propuesta del Ejecutivo Nacional mediante la cual fijaba las bases de la convocatoria de la Asamblea Nacional Constituyente, para ser *sometida para la aprobación del pueblo en el referendo* convocado[21]. En esas bases, sin embargo, se incorporó una, la Décima, en la cual se afirmaba que "Una vez instalada la Asamblea Nacional Constituyente, *como poder originario que recoge la soberanía popular*, deberá dictar sus propios estatutos de funcionamiento, teniendo

---

17 Como lo señaló Ricardo Combellas, "Estamos hablando de un referendo consultivo, no de un referendo decisorio, cuya aprobación demanda necesariamente en Venezuela, tal como lo propuso con visión avanzada la Comisión Bicameral, una reforma constitucional", en *¿Qué es la Constituyente? Voz para el futuro de Venezuela, cit.*, p. 38.

18 Véase un texto de la acción de nulidad en Allan R. Brewer–Carías, *Asamblea Constituyente y Ordenamiento Constitucional*, Academia de Ciencias Políticas y Sociales, Caracas 1999, pp. 255 a 321. Véase la relación de todas las acciones de nulidad intentadas en Carlos M. Escarrá Malavé, *Proceso Político y Constituyente,* Caracas 1999, anexo 4.

19 Véase el texto de la sentencia en Allan R. Brewer–Carías, *Poder Constituyente Originario y Asamblea Nacional Constituyente,* Caracas 1999, pp. 169 a 185. Igualmente en *Revista de Derecho Público*, N° 77–80, Editorial Jurídica Venezolana, Caracas 1999, pp. 73 y ss.

20 Véase Allan R. Brewer–Carías, *Golpe de Estado y proceso constituyente en Venezuela, op. cit.*, p. 160.

21 Contenido en un "Aviso Oficial" publicado en *G.O.* N° 36.658 de 10–03–99, con las bases de la convocatoria de la asamblea nacional constituyente, para ser sometida para la aprobación del pueblo en el referéndum convocado para el 25 de abril de 1999.

como límites los valores y principios de nuestra historia republicana, así como el cumplimiento de los tratados internacionales, acuerdos y compromisos válidamente suscritos por la República, el carácter progresivo de los derechos fundamentales del hombre y las garantías democráticas dentro del más absoluto respeto de los compromisos asumidos".

Este texto fue reproducido por el Consejo Nacional Electoral en la nueva convocatoria que tuvo que hacer para el referendo, de manera que la Resolución respectiva que dictó, de nuevo fue impugnada por considerarse que desacataba el fallo de la Corte Suprema del 18 de marzo de 1999, cuando le pretendía atribuir "carácter originario" a la futura Asamblea Nacional Constituyente.

Dicha impugnación fue resuelta por la Sala Político Administrativa, en la sentencia de 13 de abril de 1999[22], en la cual observó que ciertamente, "en la sentencia dictada por esta Sala el 18 de marzo de 1999 se expresó con *meridiana claridad* que la Asamblea Constituyente a ser convocada, 'no significa, en modo alguno, por estar precisamente vinculada su estructuración al propio espíritu de la Constitución vigente, bajo cuyos términos se producirá su celebración, la alteración de los principios fundamentales del Estado democrático de derecho', y que 'en consecuencia, es la Constitución vigente la que permite la preservación del Estado de derecho y la actuación de la Asamblea Nacional Constituyente, en caso de que la voluntad popular sea expresada en tal sentido en la respectiva consulta". En consecuencia, a los efectos de que no se indujera "a error al electorado y a los propios integrantes de la Asamblea Nacional Constituyente, si el soberano se manifestase afirmativamente acerca de su celebración, en lo atinente a su alcance y límites", la Sala ordenó que se eliminase la frase *"como poder originario que recoge la soberanía popular",* a cuyo efecto corrigió y reformuló expresamente el texto de la base comicial octava, sin dicha frase.

Después de todas estas vicisitudes judiciales, y de la corrección del Decreto N° 3 de 2 de febrero de 1999, que fue el primer acto violatorio de la Constitución de 1961 en todo aquél proceso, el proceso constituyente quedó abierto, habiéndose celebrado el referendo consultivo el 25 de abril de 1999, en el cual votaron 4.137.509 de los 11.022.936 electores registrados con una abstención electoral del 62.2%. La votación por el "*sí*" representó un 92,4% y la votación "no" un 7,6%[23].

En consecuencia, la Asamblea Nacional Constituyente fue electa el 25 de julio de 1999, en una votación donde la abstención fue del 53.7%[24], resultando, de un

---

22 Véase el texto en Allan R. Brewer–Carías, *Poder Constituyente Originario y Asamblea Nacional Constituyente*, Caracas 1999, pp. 190 a 198. Igualmente en *Revista de Derecho Público*, N° 77–80, Editorial Jurídica Venezolana, Caracas 1999, pp. 85 y ss.

23 Véase José E. Molina V. y Carmen Pérez Baralt, "Procesos Electorales. Venezuela, abril, julio y diciembre de 1999" en *Boletín Electoral Latinoamericano,* CAPEL–IIDH, N° XXII, julio–diciembre 1999, San José, 2000, pp. 61 y ss.

24 José E. Molina y Carmen Pérez Baralt, "Procesos electorales. Venezuela, abril, julio y diciembre 1999", en CAPEL–IIDH, *Boletín Electoral Latinoamericano,* N° XXII, *cit.,* pp. 63 y ss.

total de 131 constituyentes electos, 125 con el apoyo del Presidente Chávez, con lo que la "oposición" quedó formada por sólo 6 constituyentes[25].

La Asamblea, en todo caso, estaba sometida a las bases aprobadas por la voluntad popular expresada en el referendo consultivo del 25 de abril de 1999; razón por la cual, durante su funcionamiento debió haber respetado la vigencia de la Constitución de 1961, la cual sólo podía perder vigencia cuando el pueblo se pronunciara, mediante posterior referendo aprobatorio, sobre la nueva Constitución. Sin embargo, ello no fue así, y si bien es cierto que el golpe de Estado que significó el inconstitucional Decreto N° 3 del 2 de febrero de 1999 de convocatoria del referendo consultivo, al irrumpir contra la Constitución, no llegó a materializarse pues sus vicios fueron corregidos judicialmente; fue en cambio la Asamblea Nacional Constituyente la que en un proceso sucesivo materializó el golpe de Estado contra la Constitución, desacatando además las órdenes judiciales emanadas de la Corte Suprema, al haber asumido desde su instalación en agosto de 1999, un poder constituyente originario que no tenía conferido.

2. *La ruptura del hilo constitucional de la Constitución de 1961 por la Asamblea Nacional Constituyente*

En efecto, la ruptura del hilo constitucional en Venezuela y el golpe de Estado contra la Constitución de 1961, puede decirse que lo dio la propia Asamblea Nacional Constituyente que se instaló el 3 de agosto de 1999[26], al aprobar su Estatuto de Funcionamiento[27] e, inconstitucionalmente[28], se declaró a sí misma "*depositaria de la voluntad popular y expresión de su Soberanía con las atribuciones del Poder Originario para reorganizar el Estado Venezolano y crear un nuevo ordenamiento jurídico democrático*", auto atribuyéndose, además, potestad para "en uso de las atribuciones que le son inherentes, *podrá limitar o decidir la cesación de las actividades de las autoridades que conforman el Poder Público*" (artículo 1). Como consecuencia de ello, la Asamblea también resolvió que "todos los organismos del Poder Público *quedaban subordinados*" a la misma y, en consecuencia, que estaban en la obligación de *cumplir y hacer cumplir* los "actos jurídicos estatales" que emitiera (parágrafo primero, artículo 1°).

En esta forma, la Asamblea se auto atribuyó potestades públicas por encima de la Constitución de 1961, cuyas normas, por disposición de la propia Asamblea, se dispuso que sólo se mantendrían en vigencia "en todo aquello que no colida o sea

25 Cuatro electos en la circunscripción nacional (Allan R. Brewer–Carías, Alberto Franceschi, Claudio Fermín y Jorge Olavarría) y dos en las circunscripciones regionales (Antonio Di'Giampaolo y Virgilio Avila Vivas).

26 En el acto de instalación, el discurso dado por quien venía de ser electo presidente de la Asamblea concluyó con estas frases "la Asamblea Nacional Constituyente es originaria y soberana", en *Gaceta Constituyente (Diario de Debates), Agosto–Septiembre 1999,* Sesión de 03–08–99, N° 1, p. 4.

27 Véase *Gaceta Constituyente (Diario de Debates), Agosto–Septiembre 1999,* Sesión de 07–08–99, N° 4, p. 151.

28 Véase los votos salvados por razones de inconstitucionalidad respecto de la aprobación del Estatuto en Allan R. Brewer–Carías, *Debate Constituyente, (Aportes a la Asamblea Nacional Constituyente)* tomo I, *(8 agosto–8 septiembre 1999)*, Caracas 1999, pp. 15 a 39. Así mismo, en *Gaceta Constituyente (Diario de Debates), Agosto–Septiembre 1999*, Sesión de 07–08–99, N° 4, pp. 6 a 13.

contrario con los actos jurídicos y demás decisiones de la Asamblea Nacional Constituyente" (parágrafo segundo, artículo 1°)[29].

Con la asunción de este poder, la Asamblea había consumado el golpe de Estado, pues se daba a sí misma una carta blanca para violar una Constitución que estaba vigente, y someter a todos los órganos del Poder Público constituido y electos a que le estuviesen "subordinados", imponiéndoles la obligación de cumplir sus "actos jurídicos estatales"; ruptura del hilo constitucional que luego se materializó mediante sucesivos actos constituyentes que la propia antigua Corte Suprema de Justicia no supo controlar hasta que fue cesada, víctima de su propia debilidad.

Notoria fue una confusa sentencia del 14 de octubre de 1999 (caso: *Impugnación del Decreto de Regulación de las Funciones del Poder Legislativo*)[30] en la cual la Corte, cambiando el criterio que había sustentado en la sentencia anterior de la Sala Político Administrativa del 18 de marzo de 1999, desligó a la Asamblea de las previsiones de la Constitución de 1961, permitiendo que aquélla pudiera desconocerla, con lo que ilegítimamente "legitimó" el golpe de Estado que la Asamblea había dado al desconocer la Constitución de 1961.

En *primer lugar*, el primero de los actos constituyentes dictados por la Asamblea en violación de la Constitución de 1961[31], fue el contenido en el "Decreto mediante el cual se declara la *reorganización de todos los órganos del Poder Público*" de fecha 12 de agosto de 1999[32], para cuya emisión la Asamblea invocó que ejercía "el poder constituyente otorgado por este [el pueblo]mediante referendo..."; es decir, que ejercía un "poder constituyente" que supuestamente le había otorgado el "poder constituyente" (pueblo) en el "referendo", lo cual no era cierto. Lo cierto es que la Asamblea se fundamentó, para aprobar el Decreto, en "lo dispuesto en el artículo primero del Estatuto de esta Asamblea", en el cual la Asamblea se auto confirió, a sí misma, el supuesto carácter de poder constituyente originario.; auto atribuyéndose en el Decreto la potestad de disponer "la intervención, modificación o suspensión de los órganos del Poder Público que así considere...". Con esta decisión, sin duda, la Asamblea había materializado, técnicamente, el golpe de Estado, con lo que procedió a intervenir y a regular a casi todos los órganos constituidos del Poder Público, comenzando por los órganos que ejercían el Poder Legislativo.

---

29 Véase en *Gaceta Constituyente (Diario de Debates), Agosto–Septiembre 1999*, Sesión de 07–08–99, N° 4, p. 144. Véase el texto, además, en *Gaceta Oficial* N° 36.786 de 14–09–99. Como ha señalado Lolymar Hernández Camargo, con la aprobación del Estatuto "quedó consumada la inobservancia a la voluntad popular que le había impuesto límites a la Asamblea Nacional Constituyente… Se auto proclamó como poder constituyente originario, absoluto e ilimitado, con lo cual el Estado perdió toda razón de ser, pues si se mancilló la voluntad popular y su manifestación normativa (la Constitución), no es posible calificar al Estado como de derecho ni menos aun democrático", en *La Teoría del Poder Constituyente, cit.*, p. 73.

30 Véase en *Revista de Derecho Público*, N° 77–80, Editorial Jurídica Venezolana, Caracas 1999, pp. 111 y ss.

31 Véase en Allan R. Brewer–Carías, *Debate Constituyente*, tomo I, *op. cit.*, pp. 43 a 56; y en *Gaceta Constituyente (Diario de Debates), Agosto–Septiembre de 1999, cit.*, Sesión de 12–08–99, N° 8, pp. 2 a 4. Véase el texto del Decreto en *Gaceta Oficial* N° 36.764 de 13–08–99.

32 *Gaceta Oficial* N° 36.764 de 13–08–99.

En *segun*do lugar, el 19 de agosto de 1999, la Asamblea Nacional Constituyente resolvió declarar "al Poder Judicial en emergencia" (art. 1°), creando una Comisión de Emergencia Judicial, que asumió el proceso de intervención[33], lesionando la autonomía e independencia del Poder Judicial, y suplantando los órganos regulares del gobierno y administración de la Justicia[34]. El Decreto tuvo la misma fundamentación que los anteriores en el sentido de que la Asamblea se había ido construyendo a la medida; el ejercicio del poder constituyente originario supuestamente otorgado por éste a la Asamblea mediante referendo; el artículo 1° del Estatuto de Funcionamiento de la propia Asamblea y el artículo único del Decreto de la Asamblea que declaró la reorganización de todos los Poderes Públicos constituidos.

Con posterioridad a la aprobación del Decreto de Reorganización del Poder Judicial, la Junta Directiva de la Asamblea emitió otro Decreto complementario de la intervención del Poder Judicial denominado "Decreto de Medidas Cautelares Urgentes de Protección al Sistema Judicial", el cual ni siquiera fue aprobado por la Asamblea, ni publicado en *Gaceta Oficial,* sino que fue dictado por la "Junta Directiva de la Asamblea Nacional Constituyente y la Comisión de Emergencia Judicial autorizadas por la Asamblea en una sesión extraordinaria del 7 de octubre de 1999", y el mismo día fue reformado[35]. Con este Decreto, en todo caso, se inició el proceso de suspensión masiva de jueces y su sometimiento a procedimientos disciplinarios, y de incorporación de los suplentes.

Posteriormente en noviembre de 1999 la Asamblea dictó otro Decreto confiriendo facultades a la Comisión de Emergencia Judicial para reglamentar el plan de evaluación de los jueces, determinar la permanencia o sustitución de los mismos y el régimen de selección y concursos[36]. El resultado de toda esta intervención del Poder Judicial fue la designación indiscriminada de "nuevos" jueces sin concursos, los cuales quedaron dependientes del nuevo Poder que los había designado.

Lo lamentable de todo este proceso de intervención política del poder judicial fue que la Corte Suprema de Justicia, en fecha 23 de agosto de 1999, adoptó un desafortunado Acuerdo[37], en el cual fijó posición ante el Decreto de Reorganización del Poder Judicial dictado por la Asamblea Nacional Constituyente; y sobre la designación de uno de sus propios magistrados como integrante de la ilegítima Comisión de Emergencia Judicial; con el cual, en definitiva, aceptó la inconstitucionalidad, lo que inexorablemente condujo a su disolución posterior.

---

33 *Gaceta Oficial* N° 36.772 de 25–08–99 reimpreso en *Gaceta Oficial* N° 36.782 de 08–09–99.

34 Véase en Allan R. Brewer–Carías, *Debate Constituyente,* tomo I, *op. cit.,* p. 57 a 73; y en *Gaceta Constituyente (Diario de Debates), Agosto–Septiembre de 1999, cit,* Sesión de 18–08–99, N° 10, pp. 17 a 22. Véase el texto del Decreto en *Gaceta Oficial* N° 36.782 de 08–09–99.

35 *Gaceta Oficial* N° 36.825 de 09–11–99.

36 *Gaceta Oficial* N° 36.832 de 18–11–99.

37 Véanse nuestros comentarios sobre el Acuerdo en Allan R. Brewer–Carías, *Debate Constituyente,* tomo I, *op. cit.,* pp. 141 y ss. Véanse además, los comentarios de Lolymar Hernández Camargo, *La Teoría del Poder Constituyente, cit.,* pp. 75 y ss.

En *tercer lugar*, en efecto, el 25 de agosto de 1999, la Asamblea dictó el "Decreto mediante el cual *se regulan las funciones del Poder Legislativo*"[38] que reformó cinco días después, el 30 de agosto de 1999[39]; arrogándose esta vez directa y abiertamente un "poder constituyente originario" que nadie le había otorgado, sino ella misma en su propio Estatuto de funcionamiento. Mediante este Decreto, la Asamblea materialmente declaró la cesación de las Cámaras Legislativas (Senado y Cámara de Diputados), cuyos miembros habían sido electos en noviembre de 1998, atribuyéndole además, inconstitucionalmente, la función legislativa del Estado a la Comisión Delegada del Congreso y a la propia Asamblea Constituyente[40].

En el Decreto de regulación del Poder Legislativo, la Asamblea también intervino y eliminó las Asambleas Legislativas de los Estados de la Federación, violando la Constitución y vulnerando su autonomía de los Estados al disponer que las funciones de las mismas serían ejercerían por unas Comisiones Delegadas de cada una, regulando la forma de su integración (art. 11); y además, revocando el mandato de los Diputados de las Asambleas que no integrasen las Comisiones delegadas respectivas (art. 12). En cuanto a los Concejos Municipales de los Municipios del país, si bien no se los eliminó, se les prohibió realizar operación alguna con los ejidos municipales, y aprobar o modificar los Planes de Desarrollo Urbano Local (art. 14), lo que se configuraba en una lesión a la autonomía municipal que garantizaba la Constitución de 1961 (art. 30), la cual, de nuevo, resultó violada.

En *cuarto lugar,* el 26 de agosto de 1999, la Asamblea decretó la suspensión de las elecciones municipales que debían convocarse el 28 de noviembre de 1999[41], lo que constituía una decisión inconstitucional[42], pues para que pudiera realizarse dicha suspensión debía haberse reformado la Ley Orgánica del Sufragio, que dispusiera que los alcaldes, concejales y miembros de juntas parroquiales electos en 1998 continuarían ejerciendo sus mandatos.

II. LA ELABORACIÓN Y SANCIÓN DE LA CONSTITUCIÓN DE 1999

Luego de cumplida la primera etapa de funcionamiento de la Asamblea Constituyente (agosto septiembre) interviniendo los poderes constituidos en violación de la Constitución de 1961, la Asamblea sumió entonces el rol para el cual

---

38 *Gaceta Oficial* N° 36.772 de 25–08–99.

39 *Gaceta Oficial* N° 36.776 de 31–08–99.

40 Véase en Allan R. Brewer–Carías, *Debate Constituyente,* tomo I, *op. cit.,* pp. 75 a 113; y en *Gaceta Constituyente (Diario de Debates), Agosto–Septiembre 1999, cit.,* Sesión de 25–08–99, N° 13, pp. 12 a 13 y 27 a 30 y Sesión de 30–08–99, N° 16, pp. 16 a 19. Véase el texto del Decreto en *Gaceta Oficial* N° 36.772 de 26–08–99. Con posterioridad, sin embargo, y con la intermediación de la Iglesia Católica, el 9–9–99, la directiva de la Asamblea llegó a un acuerdo con la directiva del Congreso, con lo cual, de hecho, se dejó sin efecto el contenido del Decreto, siguiendo el Congreso funcionando conforme al régimen de la Constitución de 1961. Véase el texto del Acuerdo en *El Nacional,* Caracas 10–9–99, p. D–4.

41 *Gaceta Oficial* N° 36.776 de 31–08–99.

42 Véase en Allan R. Brewer–Carías, *Debate Constituyente,* tomo I, *op. cit.,* pp. 115 a 122; y en *Gaceta Constituyente (Diario de Debates), Agosto–Septiembre 1999, cit.,* Sesión de 26–08–99, N° 14, pp. 7 a 8, 11, 13 y 14. Véase el texto del Decreto en *Gaceta Oficial* N° 36.776 de 31–08–99.

había sido electa, que era la elaboración y sanción de una nueva Constitución. Para ello, se designaron 20 Comisiones Permanentes las cuales elaboraron aisladamente sendas partes correspondientes del Proyecto de articulado, que la Comisión Constitucional de la Asamblea entre el 28 de septiembre y el 18 de octubre de 1999, integró en un anteproyecto de Constitución, iniciándose la discusión en las sesiones plenarias el 19 de octubre de 1999[43].

Para esta labor no se siguió la técnica tradicional de la elaboración previa de un Anteproyecto por una Comisión amplia o la adopción de un texto como anteproyecto como había ocurrido en 1958 cuando se adoptó como anteproyecto el texto de la Constitución de 1947. El Presidente de la República, incluso, había enviado a la Asamblea un documento[44] el cual, sin embargo, ni siquiera fue considerado como tal por la Asamblea.

La discusión y aprobación del proyecto de Constitución se efectuó desde el 19 de octubre al 17 de noviembre de 1999, en solo 19 sesiones plenarias dedicadas a la primera discusión, y 3 sesiones plenarias, para la segunda discusión[45]. El referendo aprobatorio de la Constitución se efectuó el 15 de diciembre de 2000, en un proceso en el cual de los 10.860.789 votantes inscritos sólo votaron 4.819.786, de los cuales votaron por el "sí", 3.301.475 (71,78%) y votaron por el "no" 1.298.105 (28,22%), con una abstención del 55,62% (6.044.003 electores) por lo que sólo el 32% de los venezolanos con derecho al voto aprobaron la nueva Constitución[46]. Una vez realizado el referendo, la Constitución fue proclamada por la Asamblea Nacional Constituyente el 20 de diciembre de 1999[47], y entró en vigencia el 30 de ese mismo mes y año, fecha de su publicación en la *Gaceta Oficial*[48].

La nueva Constitución, lamentablemente, no aseguró dicha transformación del Estado para perfeccionar la democracia, de manera de garantizar el reemplazo del Estado centralizado de partidos, que estaba y sigue en crisis terminal, por uno descentralizado y participativo[49], respecto de lo cual ningún debate sobre el tema se efectuó en la Asamblea. La nueva Constitución, a pesar de que denominó al Estado como "Federal descentralizado" (art. 4), no logró superar el esquema centralista de

---

43 Véase *Gaceta Constituyente (Diario de Debates), Octubre–Noviembre 1999,* Sesión de 19–10–99, Nº 23.

44 Hugo Chávez Frías, *Ideas Fundamentales para la Constitución Bolivariana de la V República,* Caracas agosto 1999.

45 Véase el texto de los votos salvados en Allan R. Brewer–Carías, *Debate Constituyente,* tomo III, *op. cit.*, pp. 107 a 308.

46 Véase Allan R. Brewer–Carías, *La Constitución de 1999, cit.*, p. 13.

47 Véase Asamblea Nacional Constituyente, *Gaceta Constituyente (Diario de Debates), Noviembre 1999–Enero 2000,* Sesión de 20–12–99, Nº 49, pp. 5 y 6. En la ocasión de la proclamación de la Constitución, firmamos su texto al haber aprobado popularmente, pero exigimos se indicará nuestra reserva y votos salvados. Véase Allan R. Brewer–Carías, *La Constitución de 1999,* 1ª Edición, Caracas 2000, p. 392.

48 *Gaceta Oficial* Nº 36.860 de 30–12–99.

49 Por ello no sólo no firmamos el Proyecto, sino que en el referendo consultivo del 15–12–99 votamos negativamente. Véase los argumentos para ello en Allan R. Brewer–Carías, *Debate Constituyente,* tomo III, *op. cit.*, pp. 309 a 340. Sólo firmamos el texto constitucional en el acto de su proclamación, el 20–12–99, una vez que fue aprobado en el referendo del 15–12–99, en virtud de que ya había una decisión popular.

la Constitución de 1961, quedando con Estados minimizados políticamente, sin recursos tributarios propios que se le quitaron totalmente y con entes legislativos regionales que no pasan de ser las Asambleas Legislativas tradicionales con otros nombres, pero ahora reguladas por el Poder Nacional.

El centralismo del Estado, en la misma resultó agravado con la eliminación del Senado, institución que podía permitir una representación igualitaria de los Estados para participar en la formulación de las políticas nacionales; y la descentralización política, como condición para el perfeccionamiento de la democracia, la verdad es que quedó pospuesta, defraudándose así al país en su conjunto.

Pero no sólo no se superó el centralismo del Estado, sino que la Asamblea no cambió nada en relación con la partidocracia, es decir, el sistema en el cual los partidos políticos han ejercido el monopolio de la representación popular y de la participación política. Lo único que se aprobó fue la eliminación de la denominación "partidos políticos" en el texto Constitucional, pero con un claro objetivo hegemónico del partido de gobierno: del Estado multipartidista se sentaron las bases para el Estado de partido único.

El gran cambio político democrático que debía haber ocurrido con la Constitución de 1999, no encontró cabida en la nueva Constitución, por lo que con ella no era posible superar la crisis del Estado centralizado de partidos y llegar a perfeccionarse la democracia, lo que sólo podía lograrse con un sistema político descentralizado y participativo, que ha quedado ausente de la Constitución.

Por lo demás, al centralismo y a la partidocracia en la nueva Constitución se agregó una concepción fuertemente estatista del sistema socio económico, contrario a toda idea de libertad y solidaridad social, en el cual el Estado sustituye a la propia sociedad y a las iniciativas particulares. El signo de la Constitución aprobada es el paternalismo estatal que minimiza la educación privada, los servicios médicos particulares y la participación de los individuos, incluso los asegurados, en el manejo de la seguridad social.

La verdad es que la Asamblea Constituyente no había sido electa en 1999 para constitucionalizar los fracasos del Estado centralizado y estatista, por ejemplo en materia de seguro social o de los servicios públicos de salud, ni para reducir las iniciativas privadas en la educación.

A continuación analizaremos los aspectos más relevantes del nuevo texto Constitucional, el cual recogió buena parte de lo que se había establecido en la Constitución de 1961.

III. ALGUNAS INNOVACIONES RESPECTO DE LOS PRINCIPIOS FUNDAMENTALES DE LA ORGANIZACIÓN DEL ESTADO

1. *La denominación de la República como República Bolivariana de Venezuela*

La innovación más destacada del artículo 1° de la Constitución de 1999, es la denominación de la República como "República Bolivariana de Venezuela", que había sido propuesta por el Presidente de la República, en el texto *Ideas Fundamentales para la Constitución Bolivariana de la V República,* (Caracas 05–08–99), la cual si bien fue rechazada por los constituyentes que lo apoyaban en la primera discusión, luego se cambiaron radicalmente de parecer aprobándola en segunda discusión[50].

Se cambió así el anterior nombre de "República de Venezuela", que tenía la República desde 1811 y luego desde 1830. En el período 1819–1830 la República desapareció, integrada a la República de Colombia, por lo que la idea de la República Bolivariana, históricamente y de acuerdo con la concepción del Libertador Simón Bolívar apuntaba a una organización política que implicó la desaparición de Venezuela como Estado. Además, el calificativo de bolivariana resultaba totalmente contradictoria con la forma Federal del Estado, la cual Simón Bolívar tanto había rechazado, propugnando el centralismo de Estado[51].

El cambio de nombre, por tanto, nada tenía que ver con Simón Bolívar y su pensamiento, y lo que explica es sólo su motivación político partidaria, partisana o partidista que derivaba de la denominación inicial del Movimiento político que estableció el Presidente de la República y que, como partido político, pretendió funcionar con el nombre de "Movimiento Bolivariano 200", denominación que tuvo que ser cambiada por exigencias de la Ley Orgánica del Sufragio. El partido del Presidente de la República entonces era y es el "partido bolivariano" que se pretendió incluso consolidar como "partido militar", imponiéndose como nombre de la República.

2. *El Estado Democrático y Social de Derecho y de Justicia*

El artículo 2 de la Constitución define a Venezuela como un Estado democrático y social de derecho y de justicia, denominación que con el agregado respecto del Estado de justicia, siguió la tradición del constitucionalismo contemporáneo, tal como estaba expresado, por ejemplo, en la Constitución española (art. 1°), en la Constitución de Colombia (art. 1°) y en la Constitución de la República Federal de Alemania (art. 20,1)[52].

La idea de Estado social es la de un Estado con obligaciones sociales, de procura de la justicia social, lo que lo lleva a intervenir en la actividad económica y social, como Estado prestacional. Tal carácter social deriva principalmente del valor fundamental de la igualdad y no discriminación que deriva del Preámbulo y del artículo 1° de la Constitución, que además de derecho fundamental (art. 21) es el pilar de actuación del Estado (art. 2); y de la declaración del principio de la justicia social como base del sistema económico (art. 299)[53].

---

50 Véase *Gaceta Constituyente (Diario de Debates), Noviembre 1999–Enero 2000,* Sesión de 12–11–99, N° 42, pp. 4 a 6. Véase además, nuestro voto salvado sobre este artículo en Allan R. Brewer–Carías, *Debate Constituyente, (Aportes a la Asamblea Nacional Constituyente),* tomo III, (*18 octubre– 30 noviembre 1999)*, Caracas 1999, p. 251

51 Véase Allan R. Brewer–Carías, "Ideas Centrales sobre la organización del Estado en la obra del Libertador y sus proyecciones contemporáneas" en *Boletín de la Academia de Ciencias Políticas y Sociales,* Caracas, enero–junio 1984, N° 95–96, pp. 137 y ss.

52 Véase Allan R. Brewer–Carías, *Debate Constituyente, (Aportes a la Asamblea Nacional Constituyente),* tomo II, *(9 septiembre–17 de octubre 1999),* Caracas 1999, *cit.*, pp. 21, 30 y 31.

53 Véase lo expuesto sobre el tema en Allan R. Brewer–Carías, *Evolución histórica del Estado, Instituciones Políticas y Constitucionales,* tomo I, Caracas–San Cristóbal 1996, pp. 508, 513 a 516, y 593 y ss.

El Estado democrático, es el que fundamenta toda la organización política de la Nación en el principio democrático. Ello deriva también del Preámbulo (sociedad democrática) y de los artículos 2, 3, 5 y 6 de la Constitución. El primer valor, por tanto, del constitucionalismo es la democracia, quedando plasmado el Estado democrático en los principios fundamentales del texto constitucional, comenzando por la forma de ejercicio de la soberanía mediante mecanismos de democracia directa y de democracia representativa[54].

El Estado de derecho es el Estado sometido al imperio de la Ley como lo señala el Preámbulo, es decir, el Estado sometido a la legalidad. Ello deriva no sólo del principio de la supremacía constitucional consagrado en el artículo 7 y del sometimiento de los órganos del Poder Público a la Constitución y las leyes (art. 137), sino de los sistemas de control de constitucionalidad (arts. 334 y 336) y de control contencioso–administrativo (art. 259) que constituyen la garantía de la Constitución[55].

Por último, el Estado de justicia es el Estado que tiende a garantizar la justicia por encima de la legalidad formal, estableciendo no sólo el valor justicia en el Preámbulo y en el artículo 1°, sino regulando expresamente el derecho de acceso a la justicia y a la obtención de una tutela efectiva de los derechos e intereses de las personas, organizando unos tribunales que deben garantizar una justicia gratuita, accesible, imparcial, idónea, transparente, autónoma, independiente, responsable, equitativa y expedita, sin dilaciones indebidas, sin formalismos o reposiciones inútiles (art. 26).

3. *La forma del Estado: la "Federación descentralizada"*

La forma del Estado venezolano durante toda su existencia desde 1811, puede decirse que ha sido la federal, lo que implica el reconocimiento de autonomías territoriales en el nivel intermedio, es decir, de los Estados federados. Pero la Federación venezolana, a partir de 1901, cuando se produjo el colapso del sistema de Estado federal liberal que se había instaurado en 1864, comenzó a ser una Federación centralizada, habiéndose centralizado el Estado en todos los órdenes[56]; lo que continuó a pesar del cambio político de 1946 y 1958, desarrollándose a partir de esa fecha la forma democrática de la Federación centralizada que hemos tenido en las últimas décadas. La gran transformación política que había que establecer en la Constitución de 1999 era, por tanto, sustituir efectivamente la Federación centralizada por una Federación descentralizada[57].

---

54 *Idem*, pp. 507, 510 a 513, y 599.

55 *Ibídem*, pp. 509, 516 a 521, y 600.

56 Véase Allan R. Brewer–Carías, *Evolución histórica del Estado, Instituciones Políticas y Constitucionales,* tomo I, Caracas–San Cristóbal 1996, pp. 351 y ss.; y en Allan R. Brewer–Carías, "El desarrollo institucional del Estado Centralizado en Venezuela (1899–1935) y sus proyecciones contemporáneas" en *Revista de Estudios de la Vida Local y Autonómica*, N° 227 y 228, Madrid 1985, pp. 487 a 514 y 695 a 726, respectivamente.

57 Véase Allan R. Brewer–Carías, *Debate Constituyente,* tomo I, *op. cit.*, pp. 155 a 170; y tomo II, *op. cit.*, pp. 227 a 233.

Grandes esfuerzos se hicieron en la materia, pero la reforma y profundización de la descentralización política como forma de perfeccionar la democracia que debió ser el tema central del debate constituyente[58], no pasó del nominalismo expresado tanto en el Preámbulo como en el artículo 4 que precisa que "La República Bolivariana de Venezuela es un Estado federal descentralizado en los términos consagrados por esta Constitución"; fórmula más o menos similar a la del artículo 2 de la Constitución de 1961 que decía que "La República de Venezuela es un Estado federal, en los términos consagrados por esta Constitución".

En la Constitución de 1999, salvo en el nominalismo, no se avanzó mayormente en relación con lo que existía en el texto de 1961. En realidad, sólo se constitucionalizaron aspectos ya establecidos en la Ley Orgánica de Descentralización, Delimitación y Transferencia de Competencias del Poder Público de 1989, que ya tenía rango de ley constitucional en lo que se refería a la transferencia a los Estados de competencias del Poder Nacional[59].

Pero no hubo los avances y transformaciones necesarias para hacer realidad la descentralización de la Federación, como era el cambio necesario en la distribución de los recursos tributarios hacia los Estados; y más bien se retrocedió institucionalmente al eliminarse el Senado y establecerse una Asamblea Nacional Unicameral (art. 186), y al permitirse la limitación por ley nacional de la autonomía de los Estados (art. 162) y de los Municipios (art. 168), lo que es negar, de entrada, la idea misma de descentralización política que está basada en el concepto de autonomía territorial, precisamente entre los entes políticos–territoriales.

En consecuencia, la denominación de "Federación descentralizada" para identificar la forma del Estado es, sin duda, un avance nominal, pero en los términos establecidos en la Constitución, lo que no significa realmente avance alguno, sino consolidación y mantenimiento parcial de reformas que se venían realizando desde 1989, con algunos retrocesos.

4. *La soberanía popular y el régimen democrático*

El artículo 5° de la Constitución, establece lo siguiente:

> "La soberanía reside intransferiblemente en el pueblo, quien la ejerce directamente en la forma prevista en esta Constitución y en la Ley, e indirectamente, mediante el sufragio, por los órganos que ejercen el Poder Público".

Con esta norma, si bien se siguió la tradición republicana de la soberanía popular iniciada en 1811, en particular, el concepto de representatividad política (democracia indirecta), se complementó con la previsión del ejercicio directo de la democracia, mediante los mecanismos de participación previstos en el artículo 62

58 Véase Allan R. Brewer–Carías, *Poder Constituyente Originario y Asamblea Nacional Constituyente*, Caracas 1999, pp. 269 y ss.

59 Véase Carlos Ayala Corao, "Naturaleza y alcance de la descentralización estadal" en Allan R. Brewer–Carías y otros, *Leyes para la Descentralización Política de la Federación*, Caracas 1994, pp. 99 y ss.; Allan R. Brewer–Carías, *Asamblea Constituyente y Ordenamiento Constitucional*, Caracas 1999, pp. 122 y ss.

que consagra el derecho de todos los ciudadanos "de participar libremente en los asuntos públicos, directamente o por medio de sus representantes".

De ello deriva, por tanto, que la representatividad democrática siempre tiene que tener su fuente en elecciones populares universales, directas y secretas (art. 70), destinadas a elegir a los titulares de los órganos que ejercen el Poder Público que, por supuesto, son los que establece la Constitución conforme a los principios de distribución y separación del Poder Público (art. 136). Sin embargo, en el texto de la Constitución de 1999 se eliminó del léxico constitucional la palabra "representativo" cuando en el artículo 6 se calificó al gobierno democrático[60], aún cuando quedó como "electivo", conforme a un discurso político que ha pretendido que hay que sustituir la "democracia representativa" por una "democracia participativa"[61].

Pero la verdad es que no existe democracia que no sea representativa, siendo de la esencia del régimen político democrático la idea de representación, de manera que el pueblo, titular de la soberanía, no la ejerce directamente, sino a través de representantes. Por lo demás, la democracia representativa no se opone a democracia participativa, y lo que se ha establecido en materia de referendos (consultivas, aprobatorios, abrogatorios y revocatorios) (arts. 78 y sigts.), en realidad son manifestaciones de democracia directa. Igual ocurre con las previsiones sobre las consultas populares, la revocatoria del mandato, la iniciativa legislativa, constitucional y constituyente, el cabildo abierto y la asamblea de ciudadanos y ciudadanas.

Sin embargo, lo grave de esta confusión, y del engaño sobre el verdadero sentido de la democracia participativa; es que con ello se ha pretendido ejecutar un proyecto político basado en un pretendido apoyo popular, que pretende acaparar el poder y consolidarlo como hegemónico, concentrado y autoritario, todo lo contrario a lo que impone un régimen democrático.

La democracia para que sea participativa, tiene que ser una forma de vida y su ejercicio tiene que ser cotidiano. Para que el ciudadano pueda participar en los asuntos públicos, como cosa regular, tiene que tener acceso al poder, lo tiene que tener cerca, lo que implica un bien arraigado y desarrollado sistema de gobierno local, en cada lugar, asentamiento urbano o rural, basado en la descentralización política. Pero descentralizar, creando autoridades locales en los niveles territoriales más pequeños, implica desparramar el poder, lo que es todo lo contrario a la concentración del Poder y al centralismo que ha venido desarrollando al amparo de la Constitución de 1999, a pesar de que se la proclame como reguladora de la "democracia participativa".

---

60 Véase nuestro voto salvado por la omisión en *Gaceta Constituyente (Diario de Debates), Noviembre 1999–Enero 2000*, Sesión de 12–11–99, Nº 42, p. 7.

61 En la Cumbre Presidencial de las Américas de Québec, celebrada en abril de 2001, el Presidente Chávez formuló objeciones al Proyecto de Carta Democrática de la OEA pretendiendo que se sustituyera democracia representativa por democracia participativa. Véanse las referencias en Luis Henrique Ball, "Nadando contra la corriente en Québec", *El Universal,* Caracas 27–04–01, p. 2–11; y Adolfo R. Tayardat, "La pírrica victoria de San José", *El Nacional,* Caracas 16–06–01, p. A–8. En todo caso dicha posición fue abandonada y el Ministro de Relaciones Exteriores de Venezuela en agosto de 2001, quien manifestó su acuerdo con la definición de democracia representativa en la referida Carta Democrática. Véase *El Nacional,* Caracas 28–08–01, p. A–2.

Lo que se ha hecho es utilizar la Constitución de manera engañosa para, que en nombre de la sustitución de la democracia representativa por una supuesta democracia participativa, acabar con la propia democracia como régimen político sustituyéndola por un régimen autoritario, centralizador y concentrador del Poder.

Pero en contraste con esa política, por ejemplo, la Constitución estableció una forma de participación de la sociedad civil, absolutamente excepcional en el derecho comparado, en la gestión de los asuntos públicos, al establecer que la postulación para cargos de Magistrados del Tribunal Supremo de Justicia, de los Miembros del Consejo Nacional Electoral, del Defensor del Pueblo, del Contralor General de la República y del Fiscal General de la República debía hacerse ante la Asamblea Nacional, por sendos Comités de Postulaciones integrados por "representantes de los diferentes sectores de la sociedad" (arts. 270, 295 y 279). Lamentablemente, sin embargo, desde la sentencia del Tribunal Supremo de Justicia de 30 de junio de 2000 (Nº 656) (caso: *Defensor del Pueblo*), y posteriormente por las leyes dictadas por la Asamblea (Poder Electoral, Tribunal Supremo de Justicia, Poder Ciudadano), dicha participación fue confiscada y los Comités de postulaciones quedaron convertidos en simples Comisiones parlamentarias ampliadas.

5. *El estatuto de las personas y de los ciudadanos*

La Constitución de 1999 siguió las líneas tradicionales de las Constituciones anteriores sobre el régimen de los extranjeros y nacionales, es decir, en personas que no tienen vínculo jurídico esencial con el Estado y las que si lo tienen. Por ello, el artículo 45 de la Constitución de 1961 establecía que "Los extranjeros tienen los mismos deberes y derechos que los venezolanos, con las limitaciones o excepciones establecidas por esta Constitución y las leyes". Esta norma, sin embargo, desapareció del texto constitucional y nada se establece en la Constitución de 1999.

No obstante, es evidente que el principio sigue rigiendo en la forma expresada, derivada del derecho fundamental a la igualdad ante la ley (art. 21) y de la regulación expresa de la nacionalidad y ciudadanía, lo que por exclusión permite construir el régimen de los extranjeros.

En cuanto a la nacionalidad, las innovaciones fundamentales de la Constitución de 1999 se refirieron a la nacionalidad venezolana por naturalización, con la exigencia constitucional de al menos 10 años de residencia para obtener la carta de naturaleza; con la reforma a la naturalización derivada del matrimonio, que ahora no sólo beneficia a la extranjera casada con venezolano sino también al extranjero casado con venezolana; con las facilidades especiales para los naturales de países latinoamericanos y del Caribe y de España, Portugal e Italia, respecto de los cuales se redujo el término de residencia para la obtención de la carta de naturaleza; y con la admisión de la doble nacionalidad, es decir, que los venezolanos, sea por nacimiento o por naturalización, puedan tener otra nacionalidad sin perder la venezolana[62]. Este último principio, consagrado en el artículo 34 al prescribir que "la nacionalidad venezolana no se pierde al optar o adquirir otra nacionalidad",

---

62 Véase nuestro voto salvado en relación con la redacción original de esta norma en Allan R. Brewer–Carías, *Idem*, p. 254.

cambió radicalmente el régimen anterior, conforme al cual, de acuerdo con el artículo 39 de la Constitución de 1961, la nacionalidad venezolana se perdía por opción o adquisición voluntaria de otra nacionalidad. La Constitución sin embargo, estableció restricciones en cuanto al ejercicio de altos cargos públicos al exigir no sólo la nacionalidad originaria, sino como única nacionalidad (art. 41).

Otra innovación en la materia fue la previsión expresa en el artículo 39 de la Constitución, sobre la ciudadanía que corresponde a los venezolanos, así como el principio de igualdad que deriva del artículo 40 entre venezolanos por nacimiento y venezolanos por naturalización en cuanto al ejercicio de los derechos políticos, "con las excepciones establecidas en la Constitución". Estas excepciones, en general, se establecen en el artículo 41 que dispone que sólo los venezolanos por nacimiento y sin otra nacionalidad, podrán ejercer los cargos de Presidente de la República, Vicepresidente Ejecutivo, Presidente y Vicepresidentes de la Asamblea Nacional, Magistrados del Tribunal Supremo de Justicia, Presidente del Consejo Nacional Electoral, Procurador General de la República, Contralor General de la República, Fiscal General de la República, Defensor del Pueblo, Ministros de los despachos relacionados con la seguridad de la Nación, finanzas, energía y minas, educación; Gobernadores y Alcaldes de los Estados y Municipios fronterizos y aquellos contemplados en la Ley Orgánica de la Fuerza Armada Nacional.

Por otra parte, para ejercer los cargos de Diputado a la Asamblea Nacional, Ministro, Gobernadores y Alcaldes de Estados y Municipios no fronterizos, la Constitución exige que los venezolanos por naturalización deben tener domicilio con residencia ininterrumpida en Venezuela no menor de quince años y cumplir los requisitos de aptitud previstos en la ley (art. 41).

6. *La supremacía constitucional*

Dentro de los principios fundamentales de la organización del Estado, otro de los que son esenciales al constitucionalismo moderno, es el de la supremacía constitucional, el cual se consagró expresamente en el texto de la Constitución[63], al disponer el artículo 7 de la Constitución, que "la Constitución es la norma suprema y el fundamento el ordenamiento jurídico", y que "todas las personas y los órganos que ejercen el Poder Público están sujetos a esta Constitución".

La consecuencia de la consagración expresa del principio de la supremacía constitucional es la previsión del control difuso y concentrado de la constitucionalidad de las leyes[64]; y por la otra, la obligación de todos los jueces de asegurar la integridad de la Constitución (art. 334).

7. *Régimen constitucional de la integración económica regional*

En el artículo 153 de la Constitución de 1999, el proceso de integración económica latinoamericano y andino, encontró el fundamento constitucional que antes no había tenido. La precaria previsión del artículo 108 de la Constitución de

---

63 Véase Allan R. Brewer–Carías, *Debate Constituyente*, tomo II, *op. cit.*, p. 24.

64 Véase en general Allan R. Brewer–Carías, *Justicia Constitucional, Instituciones Políticas y Constitucionales*, tomo VII, Caracas–San Cristóbal, 1997.

1961, impedía a Venezuela ingresar decididamente al proceso de integración[65], por lo que, en contraste, la norma ahora contenida en el artículo 153[66], permite en *primer lugar,* la creación de órganos supranacionales, a los cuales se pueden atribuir competencias que la Constitución asigna a los órganos del Poder Público, para que pueda existir un derecho comunitario; y *segundo lugar*, que las normas comunitarias no sólo tienen aplicación directa e inmediata en el derecho interno, desde que se considera que son parte integrante del ordenamiento legal vigente, sino que tienen aplicación preferente en relación a las leyes nacionales que se les opongan.

8. *El régimen de la seguridad y defensa de la Nación*

En materia de seguridad y defensa, la Constitución de 1999 también contiene un cambio sustancial respecto de la Constitución de 1961, la cual sólo destinaba tres disposiciones relativas al tema: la que regulaba el régimen de las armas (art. 133) con antecedentes en la Constitución de 1901; la que establecía la prohibición del ejercicio simultáneo de la autoridad civil y la militar por un mismo funcionario, con excepción del Presidente de la República quien es Comandante en Jefe de las Fuerzas Armadas por razón de su cargo (art. 131); y la que regulaba en general a las Fuerzas Armadas (art. 132).

En la Constitución de 1999, el régimen de la seguridad y defensa aparece con una normativa más militarista, en una forma que no tiene antecedentes en nuestro constitucionalismo[67].

Conforme al artículo 322 el término seguridad de la Nación que se concibe como una función estatal; y la defensa de la Nación como responsabilidad de todas las personas naturales y morales que se encuentren en el territorio nacional. Por ello, a pesar de la concepción estatista de la seguridad que se establece en el artículo 322, como responsabilidad esencial del Estado, en el artículo 326 se la establece como una *corresponsabilidad* entre el Estado y la sociedad civil para dar cumplimiento a los principios de independencia, democracia, igualdad, paz, libertad, justicia, solidaridad, promoción y conservación ambiental y afirmación de los derechos humanos, así como en la satisfacción progresiva de las necesidades individuales y colectivas de los venezolanos sobre las bases de un desarrollo sustentable y productivo de plena cobertura para la comunidad nacional.

La Constitución de 1999, además, creó (art. 323) el Consejo de Defensa de la Nación como el máximo órgano de consulta para la planificación y asesoramiento del Poder Público en los asuntos relacionados con la defensa integral de la Nación, su soberanía y la integridad de su espacio geográfico y para establecer el concepto estratégico de la Nación.

Por último, las antiguas Fuerzas Armadas Nacionales (Ejército, Armada, Aviación y Guardia Nacional), en la Constitución de 1999 pasaron a ser una sola

---

65 Véase Allan R. Brewer–Carías, *Implicaciones constitucionales del proceso de integración económica regional,* Caracas, 1997.

66 Véase Allan R. Brewer–Carías, *Debate Constituyente,* tomo I, *op. cit.,* pp. 171 a 182

67 Véase nuestros votos salvados sobre diversas normas del Título en Allan R. Brewer–Carías, *Debate Constituyente,* tomo III, *op. cit.,* pp. 228 a 233 y 303 a 306.

institución, la Fuerza Armada Nacional, integrada, sin embargo, conforme al artículo 328, por el Ejército, la Armada, la Aviación y la Guardia Nacional, que funcionan de manera integral dentro del marco de su competencia para el cumplimiento de su misión, con un régimen de seguridad social integral propio, según lo establezca su respectiva ley orgánica.

En el artículo 328 se precisó el carácter de la Fuerza Armada como institución esencialmente profesional, sin militancia política, organizada por el Estado para garantizar la independencia y soberanía de la Nación y asegurar la integridad del espacio geográfico, mediante la defensa militar, la cooperación en el mantenimiento del orden interno y la participación activa en el desarrollo nacional, de acuerdo con la Constitución y la ley. En el cumplimiento de sus funciones, está al servicio exclusivo de la Nación y en ningún caso al de persona o parcialidad política alguna. Sus pilares fundamentales son la disciplina, la obediencia y la subordinación.

No aparece en la Constitución, sin embargo, el carácter apolítico y no deliberante de la Fuerza Armada que establecía el artículo 132 de la Constitución de 1961, ni la obligación esencial de la Fuerza Armada Nacional de asegurar "la estabilidad de las instituciones democráticas y el respeto a la Constitución y las leyes, cuyo acatamiento estará siempre por encima de cualquier otra obligación", como lo disponía dicha norma.

En cuanto a los miembros de las Fuerzas Armadas, la Constitución de 1999, les otorga el derecho de voto (art. 325), y además precisó que los ascensos militares se obtienen por mérito, escalafón y plaza vacante y son competencia *exclusiva* de la Fuerza Armada Nacional, aún cuando deben estar regulados por la ley respectiva (art. 331). Se eliminó, así, la previsión de la Constitución de 1961 conforme a la cual los ascensos de altos oficiales debían obtener autorización parlamentaria (art. 150, ord. 5°).

De toda esta normativa resulta un acentuado esquema constitucional militarista cuya combinación con el centralismo y el presidencialismo conduce al autoritarismo, sobre todo cuando se constata que en la Constitución de 1999 quedó eliminada toda idea de sujeción o subordinación de la autoridad militar a la autoridad civil, consagrándose, al contrario, una gran autonomía de la autoridad militar y de la Fuerza Armada Nacional, unificadas las cuatro fuerzas, con la posibilidad de intervenir en funciones civiles.

Ello se evidencia de las siguientes regulaciones: *primero,* de la eliminación de la tradicional prohibición de que la autoridad militar y la civil no pueden ejercerse simultáneamente, que establecía el artículo 131 de la Constitución de 1961; *segundo*, de la eliminación del control por parte de la Asamblea Nacional respecto de los ascensos de los militares de alta graduación (art. 331), que en el constitucionalismo histórico siempre se había previsto; *tercero*, de la eliminación del carácter no deliberante y apolítica de la institución militar, como lo establecía el artículo 132 de la Constitución de 1961, lo que abre la vía para que la Fuerza Armada, como institución militar, pueda deliberar políticamente e intervenir y dar su parecer sobre los asuntos de los que estén resolviendo los órganos del Estado; *cuarto,* de la eliminación de la obligación de la Fuerza Armada de velar por la estabilidad de las instituciones democráticas que preveía el artículo 132 de la Constitución de 1961; *quinto,* lo que es más grave aún, de la eliminación de la obligación de la Fuerza Armada de respetar la Constitución y las leyes "cuyo acatamiento estará siempre por encima de cualquier otra obligación", como lo decía el artículo 132 de la Constitución de 1961; *sexto,* de la atribución de los militares, en forma expresa, del derecho al sufragio (art. 330), lo cual podría ser incompatible, políticamente, con el principio de obediencia; *séptimo,* del sometimiento a la autoridad de la Fuerza Armada de todo lo concerniente con el uso de armas y no sólo las de guerra, lo que se le quita a la Administración civil del Estado (art. 324); *octavo,* de la atribución, en general, a la Fuerza Armada de competencias en materia de policía administrativa (art. 329); *noveno,* del establecimiento del privilegio procesal a favor de los generales y almirantes de que para poder ser enjuiciados, el Tribunal Supremo de Justicia debe declarar previamente si hay o no mérito para ello (art. 266, ord. 3); y *décimo*, de la adopción en la Constitución del concepto ya histórico de la doctrina de la seguridad nacional, como globalizante, totalizante y omnicomprensiva, conforme a la cual todo lo que acaece en el Estado y la Nación, concierne a la seguridad del Estado, incluso el desarrollo económico y social (art. 326).

Todo lo anterior da origen a un esquema militarista que si bien constitucionalmente es una novedad, ha venido conduciendo a un apoderamiento de la Administración civil del Estado por la Fuerza Armada, a la cual, incluso se le atribuye en la Constitución "la participación activa en el desarrollo nacional" (art. 328).

Todo lo anterior, muestra un cuadro de militarismo realmente único en nuestra historia constitucional que ni siquiera se encuentra en las Constituciones de los regímenes militares.

IV. ASPECTOS RESALTANTES DE LA CONSTITUCIÓN POLÍTICA

Conforme a la tradición constitucional venezolana, la Constitución Política del texto de 1999, formalmente organiza al Estado con forma federal, mediante un sistema de distribución del Poder Público en tres niveles: Nacional, Estadal y Municipal, atribuyendo su ejercicio a diversos órganos y asignando competencias exclusivas en los tres niveles, además de las competencias concurrentes entre ellos. Establece, además, las bases del sistema político democrático y el régimen de los derechos políticos.

1. *El sistema político*

El sistema político que ha estado vigente en el país desde mitades del Siglo pasado ha sido el del Estado centralizado de partidos, donde los partidos políticos asumieron el monopolio de la representatividad y de la participación, de manera que el sistema electoral se concibió para asegurar la representatividad exclusiva de los partidos políticos en las asambleas representativas, lo que condujo, por supuesto, a que sólo se pudiera participar en política a través de los partidos[68].

Ese fue el sistema político que entró en crisis en la década de los ochenta y que debía ser cambiado radicalmente con la nueva Constitución. Sin embargo, el

68 Véase Allan R. Brewer–Carías, *Cambio Político y Reforma del Estado en Venezuela,* Madrid 1975, pp. 202 y ss.

articulado de la Constitución[69] en esta materia, si bien abrió nuevos espacios para la participación política a través de los referendos, conservó el sistema electoral personalizado y de representación proporcional, que tal como se ha concebido a hecho que el sistema de Estado de partidos haya continuado, con el agravante de que la representatividad política ha sido asumida por los solos partidos de gobierno, con el agravante de que a partir de 2007 se pretende que sea un "partido único".

A continuación, en todo caso, analizaremos las disposiciones más importantes de la nueva Constitución en cuanto al sistema político de democracia participativa que nominalmente se persigue.

A. *El derecho a la participación política*

La Constitución comienza el Capítulo de los Derechos Políticos con la consagración, en el artículo 62, del derecho a la participación política de todos los ciudadanos, libremente, en los asuntos públicos, directamente o por medio de sus representantes elegidos, lo que no estaba dispuesto en el texto constitucional de 1961; y en la misma orientación de lo indicado en el artículo 5° de la Constitución, lo que consolida la idea de un sistema político democrático representativo y participativo[70].

Declaró, además, la Constitución, que la participación del pueblo en la formación, ejecución y control de la gestión pública es el medio necesario para lograr el protagonismo que garantice su completo desarrollo, tanto individual como colectivo; siendo obligación del Estado y deber de la sociedad facilitar la generación de las condiciones más favorables para la práctica de la participación.

Por otra parte, el artículo 70 de la Constitución enumera como medios de participación y protagonismo del pueblo en ejercicio de su soberanía, por una parte, *en lo político*: la elección de cargos públicos, el referendo, la consulta popular, la revocatoria del mandato, la iniciativa legislativa, constitucional y constituyente, el cabildo abierto y la asamblea de ciudadanos cuyas decisiones deben ser de carácter vinculante, entre otros; y por la otra, *en lo social y económico,* las instancias de atención ciudadana, la autogestión, la cogestión, las cooperativas en todas sus formas incluyendo las de carácter financiero, las cajas de ahorro, la empresa comunitaria y demás formas asociativas guiadas por los valores de la mutua cooperación y la solidaridad.

B. *El sistema electoral y la democracia representativa*

La Constitución reguló al sufragio como un derecho (art. 63) eliminándose toda consideración del voto como un deber, como lo disponía la Constitución de 1961 (art. 110)[71], que debe ejercerse mediante votaciones libres, universales, directas y

---

69 Véase los planteamientos que formulamos en relación con la reforma al sistema político y a los derechos políticos en Allan R. Brewer–Carías, *Debate Constituyente,* tomo II, *op. cit.,* p. 119 a 134.

70 Véase nuestra proposición de este artículo en Allan R. Brewer–Carías, *Debate Constituyente,* tomo II, *op. cit.,* p. 137.

71 Véase nuestra propuesta sobre el artículo en Allan R. Brewer–Carías, *Debate Constituyente,* tomo II, *op. cit.,* pp. 125.

secretas, estableciendo la norma el principio general de que la ley debe garantizar la personalización del sufragio y la representación proporcional.

Con esto se consagraron dos elementos esenciales del sistema electoral: por una parte, la llamada "personalización del sufragio", que no es otra cosa que la exigencia de la nominalidad, es decir, del necesario voto por nombre y apellido, sea que el escrutinio sea uninominal, en cuyo caso, no puede ser de otra forma que nominal o personificado, pues se vota por una persona; sea que el escrutinio sea plurinominal, es decir, por listas en una misma circunscripción, donde se elige a varias personas en forma nominal.

Pero por otra parte, constitucionalmente se establece que la ley debe garantizar la representación proporcional, para lo cual se requiere inexorablemente el escrutinio plurinominal, es decir, varios candidatos en una circunscripción electoral. Es decir, la representación proporcional excluye la elección uninominal en la elección de asambleas representativas, lo que implica que el sistema electoral que exige garantizar la Constitución es la votación por listas, en circunscripciones plurinominales, en forma nominal.

En cuanto a los electores, el artículo 64 de la Constitución califica como tales a todos los venezolanos que hayan cumplido 18 años de edad no sujetos a interdicción civil o inhabilitación política; atribuyendo expresamente a los integrantes de la Fuerza Armada Nacional en situación de actividad, el derecho al sufragio de conformidad con la ley. Los militares, sin embargo, no pueden participar en actos de propaganda, militancia o proselitismo político (art. 330). Esto, sin duda, constituye una novedad en el proceso político, en el cual tradicionalmente los militares no habían tenido derecho de voto, con el riesgo de acentuar un militarismo constitucional totalmente inconveniente[72].

En el texto de la Constitución de 1999 no hay una norma que sea equivalente al artículo 112 de la Constitución de 1961 que establecía el derecho ciudadano a ser electo y desempeñar funciones públicas. Es decir, no existe en la Constitución de 1999 una norma general que regule el derecho de los ciudadanos a ejercer cargos públicos y a ser elegidos, lo cual es una falla evidente.

En la materia, lo único que regula la Constitución son normas restrictivas o prohibitivas. Así, en general, el artículo 65 de la Constitución establece que no podrán optar a cargo alguno de elección popular quienes hayan sido condenados por delitos cometidos durante el ejercicio de sus funciones y otros que afecten el patrimonio público, dentro del tiempo que fije la ley, a partir del cumplimiento de la condena y de acuerdo con la gravedad del delito.

Por otra parte, en cuanto a los integrantes de la Fuerza Armada Nacional en situación de actividad, el artículo 330, establece que a los mismos no les está permitido optar a cargos de elección popular.

De acuerdo con el artículo 67 de la Constitución la postulación para cargos elegibles puede ser hecha por iniciativa propia, o por las asociaciones políticas. Así,

---

72 Véase nuestro voto salvado sobre esta norma en Allan R. Brewer–Carías, *Debate Constituyente,* tomo III, *op. cit.*, p. 232 y 305.

todos los ciudadanos tienen derecho a concurrir a los procesos electorales postulando candidatos.

Con carácter general, el artículo 66 de la Constitución, consagra el derecho de los electores a que sus representantes rindan cuentas públicas, transparentes y periódicas sobre su gestión[73], "de acuerdo con el programa presentado" (art. 66). La última frase agregada a esta norma, que no propusimos, implica la exigencia constitucional indirectamente establecida, de que toda candidatura para cargo elegible debe acompañarse de un programa que ha de ser presentado al electorado. Esta exigencia, sin embargo, es de difícil cumplimiento en los casos de elecciones plurinominales de representación proporcional.

C. *El sistema de partidos políticos y de asociación política*

En un marcado criterio reactivo contra los partidos políticos, en la Constitución de 1999 se eliminó tal expresión (sólo se regulan a las "organizaciones con fines políticos") estableciéndose, en cambio, un conjunto de regulaciones contra lo que habían sido los partidos políticos tradicionales.

La Constitución, en esta forma, pretendió ignorar a los partidos políticos cuando éstos son los que han controlado el poder y aún lo controlan. En efecto, como hemos dicho, la crisis del sistema político venezolano desencadenada a partir de la década de los ochenta del siglo pasado tuvo su motivo fundamental en la incomprensión de los partidos políticos y de su liderazgo respecto de los logros democráticos que habían alcanzado para Venezuela a partir de los inicios de la década de los sesenta. La democratización del país había comenzado a plantear exigencias de representatividad y de participación más allá de los propios partidos, de manera que se abriera la democracia y se descentralizara el poder y la participación, situación que los partidos no entendieron.

En todo caso, a finales del siglo XX, todos los males políticos de la República se atribuyeron a los partidos políticos, al Pacto de Punto Fijo y a la Constitución de 1961, centrándose el discurso político del nuevo liderazgo autoritario militarista y populista en la destrucción y anatema de aquellos. En ese contexto se desarrolló el proceso constituyente de 1999 y la sanción de la nueva Constitución. Un nuevo partido político constituido a la medida del nuevo liderazgo sirvió para el apoderamiento electoral del poder a partir de 1999, al cual acompañaron viejos y marginados partidos políticos que también participaron en el proceso de apoderamiento.

La Constitución de 1999, en definitiva, no ha cambiado nada respecto del sistema político de Estado centralizado de partidos que quedó incólume, con más centralismo, habiéndose en realidad, en la práctica política, cambiado unos partidos por otros, pero con mayor centralismo y con cúpulas más autocráticas, como son los partidos que han apoyado el proyecto concentrador y centralista del presidente Hugo Chávez.

---

73 Véase nuestra propuesta sobre este artículo en Allan R. Brewer–Carías, *Debate Constituyente,* tomo II, *op. cit.,* p. 138.

Pero, a pesar de ello, la Constitución de 1999 engaña, al pretender ignorar en sus regulaciones a los partidos políticos, siendo que el partidismo o la partidocracia está más arraigada que nunca. La Constitución de 1999, en efecto, comenzó por eliminar el derecho político de los ciudadanos a agruparse en partidos políticos para participar en la conducción de la vida política nacional, como lo regulaba la Constitución de 1961. Esto dejó de ser un derecho político de los ciudadanos, y la Constitución de 1999 pasó a regular sólo la existencia de "agrupaciones con fines políticos" (art. 67), lo que en definitiva puede ser cualquier asociación o agrupación y no necesariamente un partido político. Sin embargo, en la práctica, lo que siguen existiendo son los partidos políticos en su configuración más tradicional.

La reacción contra la falta de democratización interna de los partidos políticos, y su conducción por cúpulas eternizadas de dirigentes, condujo a la inclusión de una disposición en la Constitución, conforme a la cual no sólo la designación de sus directivos debe realizarse mediante elecciones, sino que, incluso, la escogencia de los candidatos de los partidos políticos a los cuerpos y cargos representativos, debe realizarse mediante votación interna democrática (art. 67). Para ello, la Constitución, incluso, impuso la obligación de la organización de dichas elecciones internas, por el Consejo Nacional Electoral (art. 293, ord. 6).

Además, por los problemas derivados del financiamiento público a los partidos políticos que regulaba la Ley Orgánica del Sufragio y Participación Política, lo que había conducido a un acaparamiento de dichos fondos por los partidos tradicionales, los redactores de la Constitución reaccionaron contra ello, prohibiendo simplemente dicho financiamiento público y exigiendo control respecto del financiamiento privado de los partidos (art. 67). Indudablemente, con esto, se retrocedió en lo que es la constante en todo el mundo democrático, habiéndose abierto, de hecho, la posibilidad de financiamiento público irregular e ilegítimo a los partidos de gobierno[74].

La Constitución, además, al establecer que los diputados a la Asamblea Nacional "no están sujetos a mandatos ni instrucciones, sino sólo a su conciencia" (art. 200), condujo a la pretensión de la eliminación de las fracciones parlamentarias de los partidos políticos en la Asamblea Nacional. Incluso, las antiguas e importantes sedes de las fracciones parlamentarias de los partidos políticos fueron desmanteladas, regulándose en la Constitución el principio expreso de que los diputados integrantes de la Asamblea Nacional representan sólo al pueblo en su conjunto.

Todo esto, sin embargo, no fue más que otro engaño constitucional: las fracciones parlamentarias sólo cambiaron de nombre y comenzaron a llamarse "grupos de opinión" y se reúnen cerca de la sede de la Asamblea Nacional. El Presidente de la Asamblea y otros líderes parlamentarios de los partidos de gobierno sucesivamente han anunciado y amenazado, públicamente, sobre el control de la Asamblea y de los votos de los que disponen. En la práctica política, en todo caso,

74 Véase J.C. Rey y otros, *El financiamiento de los partidos políticos y la democracia en Venezuela*, Caracas 1981; Allan R. Brewer–Carías, "Consideraciones sobre el financiamiento de los partidos políticos en Venezuela" en *Financiación y democratización interna de partidos políticos. Aproximaciones. Memoria IV Curso Anual Interamericano de Elecciones*, Instituto Interamericano de Derechos Humanos–CAPEL, San José, 1991, pp. 121 a 139.

después de la entrada en vigencia de la Constitución, los partidos han tenido más presencia que nunca, al punto de que sin ningún recato, el Presidente de la República es el Presidente del Partido de Gobierno, y todo la mayoría de su gabinete está formada por directivos del partido, al punto de que en 2007, con la creación del "partido socialista único" por parte del gobierno, ello fue una operación del Estado, usando los recursos y medios públicos y hasta el propio Consejo Nacional Electoral para su formación. Como nunca antes, la simbiosis partido político–Administración Pública se ha enquistado en Venezuela, abriéndose así vasos comunicantes que permiten canalizar financiamientos específicos, como incluso no se llegaron a ver en la época dorada de la partidocracia de comienzos de los años ochenta.

Lo que en definitiva ocurrió como consecuencia del proceso constituyente, fue el cambio de unos partidos por otros en el control del poder y en el dominio del juego electoral. La partidocracia o democracia de partidos ha seguido incólume, con los mismos vicios clientelares y los mismos controles por cúpulas no electas en elecciones internas libres y democráticas. Nada, por tanto, ha cambiado en el sistema político, salvo la denominación de los partidos políticos, ahora son otros, y otro es su liderazgo.

Por último, debe destacarse que la Constitución atribuyó a un órgano del Poder Público (Poder Público Electoral) como es el Consejo Nacional Electoral, la potestad de "organizar las elecciones de las organizaciones con fines políticos" (art. 293,6), con lo cual se incluyó un principio de intervención estatal intolerable en relación con los partidos políticos.

D. *El sistema de referendos y la democracia directa*

Como se señaló, tanto el artículo 5° como el 62 de la Constitución prevén el ejercicio del sufragio y del derecho a la participación política mediante la elección de representantes o en forma directa, a través de los mecanismos previstos en la Constitución y en la ley, en particular, además de los previstos en el artículo 70, mediante los referendos que son de 4 tipos en la Constitución: el referendo consultivo, el referendo revocatorio, el referendo aprobatorio, y el referendo abrogatorio[75].

2. *La distribución vertical del Poder Público: Nacional, Estadal y Municipal*

En las Constituciones venezolanas, la forma federal del Estado concretizada en la distribución vertical del Poder Público, comenzó a expresarse formalmente en texto constitucional en la Constitución de 1858, que estableció que "El Poder Público se divide en Nacional y Municipal" (art. 9). Posteriormente, en la Constitución de 1901 se retomó la fórmula, expresándose que "El Poder Público se distribuye entre el Poder Federal y el Poder de los Estados" (art. 29), lo que se repitió en todas las Constituciones posteriores hasta la de 1925, en la cual se agregó al Poder Municipal así: "El Poder Público se distribuye entre el Poder Federal, el de los Estados y el Municipio" (art. 51).

---

75 Véase nuestra propuesta respecto de este articulado en Allan R. Brewer–Carías, *Debate Constituyente*, tomo II, *op. cit.*, pp. 138 a 143.

La norma se repitió en las Constituciones posteriores hasta que en la Constitución de 1947 se invirtió la enumeración así: "El Poder Público se distribuye entre el Poder Municipal, el de los Estados y el Nacional..." (art. 86), lo que se repitió en la Constitución de 1953 (art. 40). La Constitución de 1961 no utilizó la fórmula tradicional y se limitó a señalar que "Cada una de las ramas del Poder Público tienen sus funciones propias..." (art. 118), aludiendo, sin duda, a las ramas Nacional, Estadal y Municipal, pero sin enumerarlas.

Ahora la Constitución de 1999 volvió a la fórmula tradicional[76], al disponer en su artículo 136 que: "El Poder Público se distribuye entre el Poder Municipal, el Poder Estadal y el Poder Nacional", lo que se completa con la fórmula de colaboración o cooperación entre los Poderes que regulaba la Constitución de 1961 (art. 118), se recoge en el artículo 136 de la Constitución[77].

En todo el texto constitucional, en consecuencia, se pueden encontrar disposiciones que se refieren, en general, al Poder Público que, por tanto, rigen respecto de los órganos de los tres niveles territoriales; y disposiciones específicamente destinadas a cada uno de los niveles[78].

3. *La organización del Poder Público Nacional*

La Constitución en su artículo 136, además de organizar al Estado conforme al principio de la distribución vertical del Poder Público (Nacional, Estadal y Municipal), establece el régimen del Poder Público Nacional conforme al principio de la separación orgánica de poderes, rompiendo con la tradicional división tripartita del Poder (Legislativo, Ejecutivo y Judicial) y agregando dos más (Ciudadano y Electoral) en la siguiente forma: "El Poder Público Nacional se divide en Legislativo, Ejecutivo, Judicial, Ciudadano y Electoral".

A. *La penta división del poder y la ausencia de independencia entre los poderes*

En Venezuela como en toda América Latina, en las últimas décadas habían comenzado a aparecer con arraigada autonomía constitucional otros órganos del Poder Público Nacional, que no se encontraban sometidos o sujetos a los órganos de los clásicos poderes Legislativos, Ejecutivos y Judiciales, como fue el caso de las Contralorías Generales, la Defensorías del Pueblo o de los Derechos Ciudadanos, el Ministerio Público, los Consejos de la Magistratura o de la Judicatura, y los órganos de conducción electoral.

Esta evolución autonomista puede decirse que encontró un paso formal de gran importancia en la Constitución de 1999, al regularizarse el rango constitucional de

---

76 Véase Allan R. Brewer–Carías, *Debate Constituyente, (Aportes a la Asamblea Nacional Constituyente)*, tomo II, *(9 septiembre–17 octubre de 1999)*, Caracas, 1999, p. 161 a 164.

77 Véase Allan R. Brewer–Carías, *El Poder Público: Nacional, Estadal y Municipal, Instituciones Políticas y Constitucionales*, tomo II, Caracas–San Cristóbal, 1996, p. 111 y ss.

78 Véase Allan R. Brewer–Carías, "Consideraciones sobre el régimen constitucional de la organización y funcionamiento de los Poderes Públicos" en *Derecho y Sociedad, Revista de Estudiantes de Derecho de la Universidad Monte Ávila*, Nº 2, Caracas abril 2001, pp. 135 a 149.

dichos órganos y el *status* de órganos del Poder Público que tenían, pasándose a una pentadivisión del Poder Público Nacional, que establece la separación entre los poderes Legislativo, Ejecutivo Judicial, Ciudadano y Electoral. El Poder Legislativo ejercido por la Asamblea Nacional; el Poder Ejecutivo, por el Presidente de la República y demás funcionarios del Gobierno y Administración Pública; el Poder Judicial, por el Tribunal Supremo de Justicia y demás Tribunales; el Poder Ciudadano, por la Contraloría General de la República, el Ministerio Público (Fiscalía General de la República) y el Defensor del Pueblo, y el Poder Electoral, por el Consejo Nacional Electoral y demás órganos electorales.

La esencia del principio de la separación de poderes en la Constitución es que cada órgano del Poder Público tiene sus funciones propias, que ejerce con autonomía e independencia, en un sistema de balances y contrapesos conforme al cual ningún órgano del Poder Público está sujeto a otro ni puede estarlo, salvo en lo que se refiere a los mecanismos de control judicial, control fiscal o la protección de derechos humanos.

La separación pentapartita del Poder Público Nacional en la Constitución de 1999, sin embargo, es engañosa, pues encubre un peligroso sistema de sujeción de unos poderes a otros, que constituyen la puerta abierta a la concentración del Poder Público y al autoritarismo.

De hecho, aún antes de que entrara en vigencia la Constitución, al dictarse el Régimen de Transición del Poder Público por la Asamblea Nacional Constituyente, el 22–12–99, ésta, con la abrumadora mayoría oficialista que la controlaba, antes incluso de que la Constitución entrara en vigencia mediante su publicación (31–12–99), designó a todos los titulares de los Poderes Públicos: al Presidente de la República, que había puesto su cargo a "la orden de la Asamblea", a los integrantes de la Comisión Legislativa Nacional (Congresillo), que sustituyó transitoriamente al Congreso (Senado y Cámara de Diputados) que había sido extinguido; a los Magistrados del Tribunal Supremo de Justicia, que había sido "creado" con sus Salas; al Fiscal General de la República; al Contralor General de la República, al Defensor del Pueblo y a los miembros del Consejo Nacional Electoral, todos designados a dedo, con personas afectas o sometidas al nuevo poder. Al poco tiempo, el fracaso de los Miembros del Consejo Nacional Electoral en conducir y organizar las primeras elecciones después de la puesta en vigencia de la Constitución, de mayo de 2000, condujo a su destitución y a la designación de otros, no precisamente conforme a lo que exigía la Constitución a través de un Comité de Postulaciones que no se estableció.

Luego, al pretender el Fiscal General de la República ejercer sus funciones e ingenuamente, quizás, pretender que era autónomo e independiente sometiendo a un antejuicio de méritos al Presidente del Congresillo y Coordinador General del partido de gobierno, fue consecuentemente destituido por la Asamblea Nacional. Igual suerte corrió la Defensora del Pueblo quien pretendió también ejercer sus funciones con autonomía. La destitución vino encubierta por la supuesta designación definitiva, por la Asamblea Nacional recién electa, de dichos funcionarios titulares de los órganos del Poder Ciudadano, no precisamente conforme a las pautas constitucionales que exigían la Constitución de sendos Comités de Postulaciones integrados por representantes de la sociedad civil. La Asamblea, para ello, dictó una Ley de Postulaciones obviando las normas expresas de la Constitución, nombrando directamente a los funcionarios con la votación exclusiva de la mayoría oficialista, inventando unas "mesas de diálogo" no previstas en la Constitución. La Constitución fue burlada, como se ha dicho, y la Asamblea nombró a nuevos Fiscal General de la República y Defensor del Pueblo, afectos al Poder y ratificó al Contralor General de la República, como premio por no haber ejercido sus funciones de control fiscal.

La práctica constitucional del ejercicio del Poder hegemónico puso en evidencia que lejos de una separación de poderes, se estaba en presencia de una concentración del poder en la Asamblea Nacional y una sujeción de aquél y de ésta al Presidente de la República.

La Constitución, en todo caso, es engañosa en esta materia, pues después de proclamar la separación de poderes, la contradice al someter y sujetar los poderes públicos a la Asamblea Nacional. En efecto, un sistema de separación de poderes implica ante todo que el mandato de los titulares de los órganos que ejercen el Poder Público no puede ser revocado por otro órgano del Poder Público y que los titulares tienen el derecho de permanecer en sus cargos hasta su término, sin poder ser removidos, salvo mediante enjuiciamiento penal. Esto sin embargo, está roto en la Constitución de 1999, al atribuirse a la Asamblea Nacional la potestad de remover conforme se regule en la Ley que la propia Asamblea debe dictar, a los magistrados del Tribunal Supremo (art. 265), al Fiscal General de la República, al Defensor del Pueblo, al Contralor General de la República (art. 279) y a los miembros del Consejo Nacional Electoral (art. 296).

Así, la separación de poderes y la autonomía e independencia que supuestamente existe en la flamante pentadivisión del Poder es un engaño, al incorporarse, por primera vez en el constitucionalismo venezolano, la sujeción en última instancia de todos los poderes públicos no electos a la Asamblea Nacional, lo que puede conducir a una concentración del poder en el órgano político como lo ha demostrado la práctica de la transición constitucional. La Constitución, por tanto, es engañosa al proclamar una separación de poderes, cuando establece el germen de su indebida concentración política.

B. *El sistema presidencial de gobierno*

Por otra parte, en la relación entre el Poder Ejecutivo Nacional y el Poder Legislativo, la Constitución optó por continuar con el sistema presidencial de gobierno, aún cuando se le hayan incrustado algunos elementos del parlamentarismo como ya había sucedido en la Constitución de 1961.

Sin embargo, en la Constitución de 1999, el presidencialismo se ha exacerbado por la extensión del período constitucional del Presidente de la República, con reelección inmediata; y por la pérdida de balance o contrapeso de los dos poderes, entre otros aspectos por la eliminación del bicameralismo.

En efecto, el modelo presidencial escogido se combina con los siguientes cuatro factores: en *primer lugar,* la extensión del período presidencial a seis años; y en *segundo lugar,* la reelección inmediata del Presidente de la República (art. 230). Ello atenta contra el principio de la alternabilidad republicana al permitir un largo período de gobierno de 12 años. Pero los dos elementos anteriores se combinan con otros dos: *tercero,* lo complicado del referendo revocatorio del mandato (art. 72), lo que lo hace prácticamente inaplicable; y *cuarto,* la eliminación del principio de la elección del Presidente por mayoría absoluta y doble vuelta, que estaba en el proyecto aprobado en primera discusión del proyecto de Constitución. Ello se eliminó en segunda discusión, conservándose la elección por mayoría relativa (art. 228) que preveía la Constitución de 1961 y, por tanto, de gobiernos electos con una minoría de votos, que hace al sistema ingobernable.

Con este modelo presidencialista, al que se agrega la posibilidad de disolución de la Asamblea por el Presidente de la República, aún cuando en casos excepcionales de tres votos de censura parlamentaria al Vicepresidente Ejecutivo (art. 240); se exacerba el presidencialismo que no encuentra contrapeso en el bicameralismo que se eliminó, sino más bien refuerzo en otras reformas, como la regularización de las leyes habilitantes o de delegación legislativa a los efectos de emisión de Decretos–leyes y no sólo en materia económica y financiera (art. 203), lo que ha significado un atentado a la garantía constitucional de la reserva legal.

Otro elemento que debe mencionarse en la relación entre los Poderes del Estado, es la atribución dada al Tribunal Supremo de Justicia para decretar, sin mayores precisiones "la destitución del Presidente de la República" (art. 233).

C. *El Poder Legislativo Nacional: la Asamblea Nacional*

El Poder Legislativo Nacional se ejerce por la Asamblea Nacional como cuerpo unicameral, en lo que la Constitución de 1999 cambió radicalmente la tradición bicameral que caracterizaba a los órganos del Poder Legislativo Nacional desde 1811, y establecer una sola Cámara Legislativa lo que, por lo demás, es contradictorio con la forma federal del Estado, y con la descentralización política[79].

De acuerdo con el artículo 186 de la Constitución, la Asamblea Nacional está integrada por diputados elegidos en cada entidad federal, es decir, en los Estados y el Distrito Capital por votación universal, directa, personalizada y secreta con representación proporcional, según una base poblacional del 1,1% de la población total del país. Cada entidad federal tiene derecho a elegir, además, tres diputados adicionales a los antes señalados.

Los pueblos indígenas de la República tienen derecho a elegir tres diputados de acuerdo con lo establecido en la ley electoral, respetando sus tradiciones y costumbres (art. 125).

En todo caso, cada diputado debe tener un suplente escogido en el mismo proceso.

En cuanto al período constitucional de los diputados y, por tanto, de la Asamblea, el artículo 192 dispone que durarán 5 años en el ejercicio de sus funciones, pudiendo ser reelegidos por dos períodos consecutivos como máximo.

De acuerdo con el artículo 210 de la Constitución, los diputados son representantes del pueblo y de los Estados en su conjunto, no sujetos a mandatos ni instrucciones, sino sólo a su conciencia, de manera que su voto en la Asamblea

---

79 Véase nuestro voto salvado sobre este tema en Allan R. Brewer–Carías, *Debate Constituyente,* tomo III, *op. cit.,* pp. 196 a 198.

Nacional es personal (art. 201). La práctica política, sin embargo, ha conducido a lo contrario pues nunca como en los últimos años ha habido mayor sujeción de los parlamentarios a los dictados del partido de gobierno y de su presidente que ha sido el Presidente de la República.

Entre las competencias de la Asamblea (art. 187), además de las competencias para legislar en las materias de la competencia nacional y sobre el funcionamiento de las distintas ramas del Poder Nacional (ord. 1) y dar voto de censura al Vicepresidente Ejecutivo y a los Ministros o Ministras (ord. 10); se destaca la de remover a los Magistrados del Tribunal Supremo de Justicia (art. 265), al Contralor General de la República, al Fiscal General de la República y al Defensor del Pueblo (art. 279); y a los integrantes del Consejo Nacional Electoral (art. 296), atribuciones que, sin duda, constituyen una contradicción con el principio de la autonomía del Poder Judicial, del Poder Ciudadano y del Poder Electoral.

Además, la Asamblea ejerce funciones de control sobre el Gobierno y la Administración Pública Nacional, en los términos consagrados en esta Constitución y la ley (ord. 3).

En cuanto al proceso legislativo, como elementos novedosos, la Constitución, al igual que lo había hecho la Constitución de 1961, reguló a las *leyes* orgánicas pero sólo como las que así denomina la Constitución; las que se dicten para organizar los Poderes Públicos o para desarrollar los derechos constitucionales y las que sirvan de marco normativo a otras leyes (art. 203); incorporando además, otra innovación, en relación con el control constitucional *a priori* de las mismas al disponer que las leyes que la Asamblea Nacional haya calificado de orgánica deben ser remitidas, antes de su promulgación, a la Sala Constitucional del Tribunal Supremo de Justicia, para que se pronuncie acerca de la constitucionalidad de su carácter orgánico.

Por otra parte, la Constitución de 1999 amplió la legitimidad para la iniciativa para la discusión de las leyes ante la Asamblea la cual corresponde conforme al art. 204: al Poder Ejecutivo Nacional (ord. 1); a la Comisión Delegada y a las Comisiones Permanentes (ord. 2); a los integrantes de la Asamblea Nacional, en número no menor de tres (ord. 3); al Tribunal Supremo de Justicia, cuando se trate de leyes relativas a la organización y procedimientos judiciales (ord. 4); al Poder Ciudadano, cuando se trate de leyes relativas a los órganos que lo integran (ord. 5); al Poder Electoral, cuando se trate de leyes relativas a la materia electoral (ord. 6); a los electores en un número no menor del 0,1% de los inscritos en el registro electoral permanente (ord. 7); y a los Consejos Legislativos estadales, cuando se trate de leyes relativas a los Estados.

Otra innovación de importancia en esta materia fue la establecida en el artículo 211 que estableció en forma general que durante el procedimiento de discusión y aprobación de los proyectos de leyes, la Asamblea Nacional o las Comisiones Permanentes, deben consultar a los otros órganos del Estado, a los ciudadanos y a la sociedad organizada para oír su opinión sobre los mismos.

En particular, además, conforme al artículo 206, los Estados deben ser consultados por la Asamblea Nacional, a través de los Consejos Legislativos, cuando se legisle en materias relativas a los mismos. La ley debe establecer los mecanismos de consulta a la sociedad civil y demás instituciones de los Estados, por parte de los Consejos en dichas materias.

En la discusión de las leyes, como lo dispone el artículo 211, tienen derecho de palabra los Ministros en representación del Poder Ejecutivo; el magistrado del Tribunal Supremo de Justicia a quien éste designe, en representación del Poder Judicial; el representante del Poder Ciudadano designado por el Consejo Moral Republicano; los integrantes del Poder Electoral; los Estados, a través de un representante designado por el Consejo Legislativo y los representantes de la sociedad organizada, en los términos que establezca el reglamento de la Asamblea Nacional.

En materia de veto presidencial en la promulgación de las leyes, el artículo 214, dispuso que el Presidente puede solicitar a la Asamblea Nacional, mediante exposición razonada, que modifique alguna de las disposiciones de la ley o levante la sanción a toda la ley o parte de ella; sobre lo cual la Asamblea Nacional debe decidir por mayoría absoluta de los diputados presentes y debe remitirle la ley para la promulgación. Sin embargo, cuando el Presidente de la República considere que la ley o alguno de sus artículos es inconstitucional, puede solicitar el pronunciamiento de la Sala Constitucional del Tribunal Supremo de Justicia, en el lapso de diez días que tiene para promulgar la misma; debiendo decidir la Sala en el término de 15 días contados desde el recibo de la comunicación del Presidente de la República. Si el Tribunal niega la inconstitucionalidad invocada o no decidiese en el lapso anterior, el Presidente de la República debe promulgar la ley dentro de los 5 días siguientes a la decisión del Tribunal o al vencimiento de dicho lapso.

Por último, en cuanto a los instrumentos de control político y administrativo, conforme a la tradición constitucional anterior, el artículo 222 de la Constitución precisa que la Asamblea Nacional puede ejercer su función de control mediante los siguientes mecanismos: las interpelaciones, las investigaciones, las preguntas, las autorizaciones y las aprobaciones parlamentarias previstas en la Constitución y en la ley y cualquier otro mecanismo que establezcan las leyes y su reglamento.

En ejercicio del control parlamentario, la Asamblea puede declarar la responsabilidad política de los funcionarios públicos[80] y solicitar al Poder Ciudadano que intente las acciones a que haya lugar para hacer efectiva tal responsabilidad.

Por otra parte, tanto la Asamblea como sus Comisiones pueden realizar las investigaciones que juzguen convenientes en las materias de su competencia, de conformidad con el reglamento (art. 223).

D. *El Poder Ejecutivo Nacional*

Conforme al artículo 225 de la Constitución, el Poder Ejecutivo se ejerce por el Presidente de la República, el Vicepresidente Ejecutivo, los Ministros y demás funcionarios que determinen la Constitución y la ley.

Dado el sistema presidencial de gobierno que se conserva en la Constitución, el artículo 226 dispone que el Presidente de la República es a la vez el Jefe del Estado

---

80 Véase sobre esto Allan R Brewer–Carías "Aspectos del control político sobre la Administración Pública" en *Revista de Control Fiscal,* N° 101, Contraloría General de la República, Caracas 1981, pp. 107 a 130.

y del Ejecutivo Nacional, en cuya condición dirige la acción del Gobierno; y su elección se debe siempre realizar por votación universal, directa y secreta, en conformidad con la ley (art. 227). No puede ser elegido Presidente de la República quien esté en ejercicio del cargo de Vicepresidente Ejecutivo, o de Gobernador ó Alcalde en el día de su postulación o en cualquier momento entre esta fecha y la de la elección (art. 229).

De acuerdo con la misma orientación de la Constitución de 1961, se debe proclamar electo el candidato que hubiere obtenido la mayoría de votos válidos (art. 228), es decir, la mayoría relativa; no habiendo aprobado la Asamblea la propuesta de reforma que se formuló buscando que se estableciera el principio de la mayoría absoluta y la doble vuelta en la elección presidencial[81].

De acuerdo con el artículo 230, el período del Presidente de la República es de 6 años, pudiendo ser reelegido de inmediato y por una sola vez, para un período adicional. Estimamos que no era conveniente regular la reelección inmediata extendiendo a la vez el período constitucional del Presidente de los 5 años que establecía la Constitución de 1961 (art. 135) a 6 años; por ello propusimos que el período fuese de 4 años para que hubiera reelección[82].

Una de las innovaciones de la Constitución de 1999 fue la creación de la figura del Vicepresidente Ejecutivo, como órgano directo y colaborador inmediato del Presidente de la República en su condición de Jefe del Ejecutivo Nacional (art. 238); figura que no cambia el carácter presidencial del sistema de gobierno, como resulta de sus atribuciones y del hecho de que es del libre nombramiento y remoción del Presidente[83].

Conforme al artículo 240, la aprobación de una moción de censura al Vicepresidente Ejecutivo, por una votación no menor de las 3/5 partes de los integrantes de la Asamblea Nacional, implica su remoción. En estos casos, el funcionario removido no puede optar al cargo de Vicepresidente Ejecutivo o de Ministro por el resto del período presidencial. Por otra parte, la remoción del Vicepresidente Ejecutivo en tres oportunidades dentro de un mismo período constitucional, como consecuencia de la aprobación de mociones de censura, faculta al Presidente de la República para disolver la Asamblea Nacional.

Esta es la única posibilidad que tiene el Presidente de la República de disolver la Asamblea, la cual se puede considerar como de difícil materialización, salvo que la propia Asamblea así lo provoque aprobando el tercer voto de censura. En todo caso, el decreto de disolución conlleva la convocatoria de elecciones para una nueva legislatura dentro de los 60 días siguientes a su disolución.

En todo caso, la Asamblea no puede ser disuelta en el último año de su período constitucional.

---

81 Véase nuestro voto salvado en Allan R. Brewer–Carías, *Debate Constituyente,* tomo III, *op. cit.*, pp. 191 y 195.

82 Véase nuestro voto salvado en Allan R. Brewer–Carías, *Debate Constituyente,* tomo III, *op. cit.*, pp. 199 y 289.

83 Véase los comentarios críticos en torno a esta reforma en Carlos Ayala Corao, *El Régimen Presidencial en América Latina y los planteamientos para su Reforma,* Caracas, 1992.

En cuanto a los Ministros son órganos directos del Presidente de la República, y reunidos conjuntamente con este y con el Vicepresidente Ejecutivo, integran el Consejo de Ministros (art. 242). Los Ministros tienen derecho de palabra en la Asamblea Nacional y en sus Comisiones (art. 211). Además, pueden tomar parte en los debates de la Asamblea Nacional, sin derecho al voto (art. 245).

El artículo 246 de la Constitución establece que la aprobación de una moción de censura a un Ministro por una votación no menor de las 3/5 partes de los integrantes presentes de la Asamblea Nacional, implica su remoción.

En este caso, el funcionario removido no puede optar al cargo de Ministro ni de Vicepresidente Ejecutivo por el resto del período presidencial.

Los Ministros reunidos con el Presidente y con el Vicepresidente integran el Consejo de Ministros (art. 242), forma en la cual, conforme al artículo 236 de la Constitución, el Presidente de la República debe obligatoriamente ejercer un conjunto de atribuciones (numerales 7, 8, 9, 10, 12, 13, 14, 18, 20, 21 y 22).

Las reuniones del Consejo de Ministros las preside el Presidente de la República pero puede autorizar al Vicepresidente Ejecutivo para que las presida cuando no pueda asistir a ellas. En todo caso, las decisiones tomadas deben ser ratificadas por el Presidente de la República.

Conforme al mismo artículo 242 de la Constitución, de las decisiones del Consejo de Ministros son solidariamente responsables el Vicepresidente Ejecutivo y los Ministros que hubieren concurrido, salvo aquellos que hayan hecho constar su voto adverso o negativo. Por supuesto que dicha responsabilidad solidaria también comprende al Presidente de la República cuando presida el cuerpo.

El Procurador General de la República debe asistir al Consejo de Ministros, pero con sólo derecho a voz (art. 250). La Procuraduría General de la República se define en la Constitución, como un órgano del Poder Ejecutivo Nacional que asesora, defiende y representa judicial y extrajudicialmente los intereses patrimoniales de la República (art. 247). En particular, la Constitución exige que la Procuraduría debe ser consultada para la aprobación de los contratos de interés público nacional.

Por último, otra innovación de la Constitución de 1999 fue la creación del Consejo de Estado como órgano superior de consulta del Gobierno y la Administración Pública Nacional (art. 251), presidido por el Vicepresidente Ejecutivo, el cual sin embargo no ha sido puesto en funcionamiento. Tiene a su cargo recomendar políticas de interés nacional en aquellos asuntos a los que el Presidente de la República reconozca de especial trascendencia y requiera su opinión. Corresponde a la ley respectiva determinar sus funciones y atribuciones[84].

84 Véase nuestro voto salvado sobre este tema en Allan R. Brewer–Carías, *Debate Constituyente*, tomo III, *op. cit.*, p. 199. En los primeros dos años de vigencia de la Constitución, este órgano no se había creado.

E. *El Poder Judicial*

a. *Los principios de la justicia*

Conforme al artículo 253 de la Constitución, la potestad de administrar justicia emana de los ciudadanos y se imparte en nombre de la República por autoridad de la ley.

Además, conforme al artículo 26 de la Constitución, el Estado debe garantizar "una justicia gratuita, accesible, imparcial, idónea, transparente, autónoma, independiente, responsable, equitativa y expedita, sin dilaciones indebidas ni formalismos o reposiciones inútiles".

El sistema de justicia, es decir, los órganos del Poder Judicial están constítuidos por el Tribunal Supremo de Justicia, los demás tribunales que determine la ley, el Ministerio Público, la Defensoría Pública, los órganos de investigación penal, los auxiliares y funcionarios de justicia, el sistema penitenciario, los medios alternativos de justicia, los ciudadanos que participan en la administración de justicia conforme a la ley y los abogados autorizados para el ejercicio.

El principio de la independencia del Poder Judicial está declarado en el artículo 254 de la Constitución, el cual, además, establece la autonomía financiera del mismo. Dicha norma, en efecto, dispone que el Tribunal Supremo de Justicia goza de "autonomía funcional, financiera y administrativa".

A tal efecto, dentro del presupuesto general del Estado se le debe asignar al sistema de justicia una partida anual variable, no menor del 2% del presupuesto ordinario nacional, para su efectivo funcionamiento, el cual no puede ser reducido o modificado sin autorización previa de la Asamblea Nacional. Lamentablemente, lo que aparecía como una norma constitucional rígida, se cambió al atribuir a la Asamblea Nacional la posibilidad de reducir o modificar el porcentaje señalado.

El artículo 26 de la Constitución garantiza la "justicia gratuita" por lo que conforme al mismo artículo 254 de la Constitución, el Poder Judicial no está facultado para establecer tasas, aranceles, ni exigir pago alguno por sus servicios.

Conforme al artículo 257, el proceso constituye un instrumento fundamental para la realización de la justicia. Por ello, las leyes procesales deben establecer la simplificación, uniformidad y eficacia de los trámites y adoptarán un procedimiento breve, oral y público.

En ningún caso se debe sacrificar la justicia por la omisión de formalidades no esenciales. Esto lo complementa el artículo 26 de la Constitución al establecer que el Estado debe garantizar una justicia expedita, sin dilaciones indebidas, sin formalismos o reposiciones inútiles.

Por su parte, el artículo 258 de la Constitución remite a la Ley para promover el arbitraje, la conciliación, la mediación y cualesquiera otros medios alternativos para la solución de conflictos.

b. *Las jurisdicciones en la Constitución*

En la Constitución se establecen algunas normas que regulan en particular, las jurisdicciones constitucional, disciplinaria judicial, contencioso administrativo, electoral, penal, militar, justicia de paz y jurisdicción indígena.

Así, la Constitución de 1999 establece expresamente que corresponde al Tribunal Supremo de Justicia en Sala Constitucional, ejercer exclusivamente la jurisdicción constitucional, para declarar la nulidad de las leyes y demás actos de los órganos que ejercen el Poder Público, dictados en ejecución directa e inmediata de la Constitución o que tengan rango de Ley (art. 334).

El artículo 267 de la Constitución establece la jurisdicción disciplinaria judicial, remitiendo a la Ley la determinación de los Tribunales disciplinarios que la ejercerán. El régimen disciplinario de los magistrados y jueces debe estar fundamentado en el *Código de Ética* del Juez Venezolano, que debe dictar la Asamblea Nacional. El procedimiento disciplinario debe ser público, oral y breve, conforme al debido proceso, en los términos y condiciones que establezca la ley. Lamentablemente, sin embargo, la prolongación de la transitoriedad constitucional y del funcionamiento de la Comisión de Funcionamiento del Poder Judicial creada por la Asamblea Constituyente, han impedido sistemáticamente la estructuración de esta importante jurisdicción.

Siguiendo la orientación del artículo 206 de la Constitución de 1961, el artículo 259 de la Constitución de 1999 dispone que:

> "La jurisdicción contencioso administrativa corresponde al Tribunal Supremo de Justicia y a los demás tribunales que determine la ley. Los órganos de la jurisdicción contencioso administrativa son competentes para anular los actos administrativos generales o individuales contrarios a derecho, incluso por desviación de poder; condenar al pago de sumas de dinero y a la reparación de daños y perjuicios originados en responsabilidad de la Administración; conocer de reclamos por la prestación de servicios públicos; y disponer lo necesario para el restablecimiento de las situaciones jurídicas subjetivas lesionadas por la actividad administrativa".

De acuerdo con el artículo 297 de la Constitución debe existir una jurisdicción contencioso–electoral ejercida por la Sala Electoral del Tribunal Supremo de Justicia y los demás tribunales que determine la ley.

Conforme al artículo 261, la jurisdicción penal militar es parte integrante del Poder Judicial, y sus jueces deben ser seleccionados por concurso. Su ámbito de competencia, organización y modalidades de funcionamiento se deben regir por el sistema acusatorio, de acuerdo con lo previsto en el Código Orgánico de Justicia Militar. En todo caso, la comisión de delitos comunes, violaciones de derechos humanos y crímenes de lesa humanidad, serán juzgados por los tribunales ordinarios, limitándose la competencia de los tribunales militares a delitos de naturaleza militar.

Siguiendo la orientación de la Ley Orgánica de la Justicia de Paz, el artículo 258 remite a la ley la organización de la justicia de paz en las comunidades previendo, además, que los jueces de paz deben ser elegidos por votación universal, directa y secreta, conforme a la ley.

Conforme al artículo 260 de la Constitución se autoriza a las autoridades legítimas de los pueblos indígenas para aplicar en su hábitat instancias de justicia con base en sus tradiciones ancestrales y que sólo afecten a sus integrantes, según sus propias normas y procedimientos, siempre que no sean contrarios a la

Constitución, a la ley y al orden público. En todo caso, la ley debe determinar la forma de coordinación de esta jurisdicción especial con el sistema judicial nacional.

c. *Los principios de la carrera judicial*

Ahora bien, en cuanto a la carrera judicial, de acuerdo con lo dispuesto en el artículo 255 de la Constitución, el ingreso a la carrera judicial y el ascenso de los jueces se debe hacer por concursos de oposición públicos que aseguren la idoneidad y excelencia de los participantes y serán seleccionados por los jurados de los circuitos judiciales, en la forma y condiciones que establezca la ley. El nombramiento y juramento de los jueces corresponde al Tribunal Supremo de Justicia. La ley debe garantizar la participación ciudadana en el procedimiento de selección y designación de los jueces. Lamentablemente, nada de esto se ha implementado, y en 2007 todavía no se habían realizado los concursos públicos, y en su sustitución, lo que se establecieron fueron sistemas de titulación de jueces suplentes sin concursos, en clara violación de la Constitución.

La Constitución además, concibió al Comité de Postulaciones Judiciales (art. 270), como un órgano asesor del Poder Judicial para la selección de los candidatos a magistrados del Tribunal Supremo de Justicia (art. 264). Igualmente, el Comité debe asesorar a los colegios electorales judiciales para la elección de los jueces de la jurisdicción disciplinaria.

Este Comité de Postulaciones Judiciales debía estar integrado por representantes de los diferentes sectores de la sociedad, de conformidad con lo que establezca la ley. Sin embargo, la Ley Orgánica del Tribunal Supremo de Justicia de 2004, lo que reguló fue una comisión parlamentaria ampliada, controlada por el parlamento, burlando la disposición constitucional.

Por otra parte, la constitución dispuso que los jueces sólo podían ser removidos o suspendidos de sus cargos mediante los procedimientos expresamente previstos en la ley (art. 255), es decir, los juicios disciplinarios, llevados por jueces disciplinarios, los cuales hasta 2007 no se habían establecido.

La Constitución dispuso además, en el artículo 255, la responsabilidad personal de los jueces, por error, retardo u omisiones injustificadas, por la inobservancia sustancial de las normas procesales, por denegación, parcialidad, y por los delitos de cohecho y prevaricación en que incurran en el desempeño de sus funciones. Con la finalidad de garantizar la imparcialidad y la independencia en el ejercicio de sus funciones, el artículo 256 de la Constitución prescribe que los magistrados, jueces, fiscales del Ministerio Público y defensores públicos, desde la fecha de su nombramiento y hasta su egreso del cargo respectivo, no pueden, salvo el ejercicio del voto, llevar a cabo activismo político partidista, gremial, sindical o de índole semejante, ni realizar actividades privadas lucrativas incompatibles con su función, ni por sí ni por interpuesta persona, ni ejercer ninguna otra función pública a excepción de actividades educativas.

La Constitución, por último, prohibió a los jueces asociarse entre sí (art. 256), lo que constituye, sin duda, una limitación constitucional al derecho de asociación (art. 52).

d. *El Tribunal Supremo de Justicia y sus atribuciones en el gobierno y administración del sistema judicial*

La Constitución de 1999 creó el Tribunal Supremo de Justicia en sustitución de la Corte Suprema de Justicia, el cual funciona en Sala Plena y en Salas Constitucional, Político–Administrativa, Electoral, de Casación Civil, Casación Penal y de Casación Social, cuya integración y competencia deben ser determinadas por su ley orgánica, regulándose sólo la competencia de la Sala Social en lo referente a la casación agraria, laboral y de menores (art. 262).

El artículo 263 de la Constitución establece con todo detalle los requisitos para ser Magistrado del Tribunal Supremo de Justicia, remitiendo el artículo 264 de la Constitución a la Ley para la determinación del procedimiento de elección de los Magistrados del Tribunal Supremo.

Sin embargo, precisa directamente que, en todo caso, podrán postularse candidatos ante el Comité de Postulaciones Judiciales que debe estar integrado por representantes de los diferentes sectores de la sociedad, (art. 270), por iniciativa propia o por organizaciones vinculadas con la actividad jurídica. El Comité, oída la opinión de la comunidad, debe efectuar una preselección para su presentación al Poder Ciudadano, el cual debe efectuar una segunda preselección que debe ser presentada a la Asamblea Nacional, la cual en definitiva, es la que debe efectuar la selección[85].Los ciudadanos pueden ejercer fundadamente objeciones a cualquiera de los postulados ante el Comité de Postulaciones Judiciales, o ante la Asamblea Nacional.

Lamentablemente, este Comité supuestamente integrado por representantes de los diversos sectores de la sociedad, se convirtió, en virtud de la Ley Orgánica del Tribunal Supremo de 2004, en una comisión parlamentaria ampliada, controlada por el Parlamento, con lo que nada de lo que se quiso cambiar se logró.

El artículo 264 dispuso que los magistrados del Tribunal Supremo de Justicia deben ser elegidos por un único período de doce años. En consecuencia, se excluye la reelección de los Magistrados. De acuerdo con el artículo 265, los magistrados del Tribunal Supremo de Justicia pueden ser removidos por la Asamblea Nacional mediante una mayoría calificada de las dos terceras partes de sus integrantes, previa audiencia concedida al interesado, en caso de faltas graves ya calificadas por el Poder Ciudadano, en los términos que la ley establezca. Con esta disposición, la autonomía e independencia de los magistrados, puede decirse que desapareció, conformando una vía de ingerencia no conveniente ni aceptable de la instancia política del Poder en relación con la Administración de Justicia.

El Tribunal Supremo de Justicia, ejerce, en exclusiva, a través de la Sala Constitucional la Jurisdicción constitucional (art. 334); es la máxima autoridad judicial en la jurisdicción contencioso–administrativa (art. 259); resuelve los conflictos entre autoridades judiciales; conoce en exclusiva de los recursos de

85 Véase nuestro voto salvado en esta materia en Allan R. Brewer–Carías, *Debate Constituyente*, tomo III, *op. cit.*, pp. 201 y ss. y 290. En el 2000, la designación de los Magistrados del Tribunal Supremo se hizo desconociendo las normas constitucionales.

casación y de interpretación y tiene a su cargo declarar si hay o no méritos para el enjuiciamiento de altos funcionarios (art. 266).

Una de las innovaciones de la Constitución de 1999 fue el atribuir al Tribunal Supremo de Justicia el "Gobierno y la Administración del Poder Judicial", eliminando al Consejo de la Judicatura que como órgano con autonomía funcional ejercía estas funciones conforme a la previsión del artículo 217 de la Constitución de 1961.

De acuerdo con el artículo 267, entonces, corresponde al Tribunal Supremo de Justicia, la dirección, el gobierno y la administración del Poder Judicial, la inspección y vigilancia de los tribunales de la República y de las Defensorías Públicas. Igualmente, le corresponde la elaboración y ejecución de su propio presupuesto y del presupuesto del Poder Judicial, conforme a los principios establecidos en el artículo 254. Para el ejercicio de estas atribuciones, el Tribunal Supremo en pleno debe crear una Dirección Ejecutiva de la Magistratura, con sus oficinas regionales.

F. *El Poder Ciudadano*

Otra innovación de la Constitución de 1999 fue declarar formalmente como formando parte de la distribución del Poder Público Nacional, además del Poder Legislativo Nacional, del Poder Ejecutivo Nacional y del Poder Judicial, tanto al Poder Ciudadano como al Poder Electoral (art. 136).

En cuanto al Poder Ciudadano, el mismo lo ejercen dos órganos de rango Constitucional con tradición en el país, como la Contraloría General de la República y el Ministerio Público (Fiscalía General de la República) y un órgano nuevo creado por la Constitución de 1999, el Defensor del Pueblo, en la orientación general de los organismos similares creados en toda América Latina. Así, conforme al artículo 273 de la Constitución los órganos del Poder Ciudadano son la Defensoría del Pueblo, el Ministerio Público y la Contraloría General de la República y sus titulares, designados por períodos de 7 años, reunidos, forman el Consejo Moral Republicado (art. 274).

Estos órganos tienen a su cargo, como atribución común de conformidad con la Constitución y la ley, prevenir, investigar y sancionar los hechos que atenten contra la ética pública y la moral administrativa; velar por la buena gestión y la legalidad en el uso del patrimonio público, el cumplimiento y la aplicación del principio de la legalidad en toda la actividad administrativa del Estado, e igualmente, promover la educación como proceso creador de la ciudadanía, así como la solidaridad, la libertad, la democracia, la responsabilidad social y el trabajo (art. 274).

En todo caso, el Poder Ciudadano es independiente y sus órganos gozan de autonomía funcional, financiera y administrativa, a cuyo efecto, dentro del presupuesto general del Estado se le debe asignar una partida anual variable. Sin embargo, dichos funcionarios pueden ser removidos por la Asamblea nacional, con lo que queda lesionada su autonomía e independencia.

Los representantes del Consejo Moral Republicano deben formular a las autoridades, y funcionarios de la Administración Pública, las advertencias sobre las faltas en el cumplimiento de sus obligaciones legales. De no acatarse estas advertencias, el Consejo Moral Republicano puede imponer las sanciones establecidas en la ley.

En caso de contumacia, el Presidente del Consejo Moral Republicano debe presentar un informe al órgano o dependencia al cual esté adscrito el funcionario público, para que esa instancia tome los correctivos de acuerdo con el caso, sin perjuicio de las sanciones a que hubiere lugar en conformidad con la ley (art. 275).

Además, conforme al artículo 278, el Consejo Moral Republicano debe promover todas aquellas actividades pedagógicas dirigidas al conocimiento y estudio de la Constitución, al amor a la patria, a las virtudes cívicas y democráticas, a los valores trascendentales de la República y a la observancia y respeto de los derechos humanos.

A los efectos del nombramiento de los titulares de los órganos del Poder Ciudadano por la Asamblea Nacional, el Consejo Moral Republicano debe convocar un Comité de Evaluación de Postulaciones del Poder Ciudadano, que debe estar integrado por representantes de diversos sectores de la sociedad.

Dicho Comité debe adelantar un proceso público de cuyo resultado se debe obtener una terna por cada órgano del Poder Ciudadano, que debe ser sometida a la consideración de la Asamblea Nacional que, mediante el voto favorable de las 2/3 partes de sus integrantes, escogerá en un lapso no mayor de treinta días continuos, al titular del órgano del Poder Ciudadano que esté en consideración.

Si concluido este lapso no hay acuerdo en la Asamblea Nacional, el Poder Electoral debe someter la terna a consulta popular.

El artículo 279 dispone, sin embargo, que en caso de no haber sido convocado el Comité de Evaluación de Postulaciones del Poder Ciudadano, la Asamblea Nacional debe proceder, dentro del plazo que determine la ley, a la designación del titular del órgano del Poder Ciudadano correspondiente.

Lamentablemente, en esta materia, la Asamblea Nacional al sancionar en 2001 la Ley Orgánica del Poder Ciudadano[86], no llenó el vacío legal que había justificado la llamada transitoriedad constitucional, y proceder a regular detalladamente la forma de integración del Comité de Evaluación de Postulaciones del Poder Ciudadano, para asegurar la participación ciudadana mediante su integración con representantes de diversos sectores de la sociedad. La Ley solamente se refiere a la materia en el artículo 23, donde sólo se indica el número de miembros de dicho Comité, que no debe ser menor de 25 personas, agregando que los requisitos para la escogencia de los 25 integrantes del Comité "serán establecidos en el Ordenamiento Jurídico Interno del Consejo Moral Republicano", confiscándose de nuevo el derecho ciudadano a la participación política.

En esta forma, al hacerse las designaciones en diciembre de 2007 lo que se constituyó, de nuevo, fue una Comisión parlamentaria ampliada.

En cuanto a la Contraloría General de la República (art. 287), y el Ministerio Público (art. 284), como órganos ahora integrantes del Poder Ciudadano, el régimen constitucional de las mismas sigue las mismas orientaciones que las que estaban en

86 *G.O.* N° 37.310 de 25–10–01.

la Constitución de 1961. La novedad constitucional en esta materia fue la creación de la Defensoría del Pueblo, a cargo del Defensor del Pueblo, a quien compete la promoción, defensa y vigilancia de los derechos y garantías establecidos en la Constitución y los tratados internacionales sobre derechos humanos, además de los intereses legítimos, colectivos y difusos de los ciudadanos (art. 280); y cuya actividad se rige por los principios de gratuidad, accesibilidad, celeridad, informalidad e impulso de oficio (art. 283).

G. *El Poder Electoral*

Otra innovación de la Constitución de 1999 fue que elevó al rango constitucional al órgano de control electoral, el cual conforme a la Constitución de 1961 (art. 113) sólo tenía rango legal. Así, el artículo 292 dispone que el Poder Electoral se ejerce por el Consejo Nacional Electoral como ente rector y, como organismos subordinados a éste, la Junta Electoral Nacional, la Comisión de Registro Civil y Electoral y la Comisión de Participación Política y Financiamiento, con la organización y el funcionamiento que establezca la ley orgánica respectiva.

Entre las funciones del Poder Electoral (artículo 293) además de la organización, administración, dirección y vigilancia de todos los actos relativos a la elección de los cargos de representación popular de los poderes públicos, así como de los referendos (ord. 5), está la de organizar las elecciones de sindicatos, gremios profesionales y organizaciones con fines políticos en los términos que señale la ley. Asimismo, puede organizar procesos electorales de otras organizaciones de la sociedad civil a solicitud de éstas, o por orden de la Sala Electoral del Tribunal Supremo de Justicia (ord. 6). Esto se configura como una injerencia intolerable del Estado en las organizaciones intermedias de la sociedad.

El artículo 296 exige que el Consejo Nacional Electoral debe estar integrado por cinco personas no vinculadas a organizaciones con fines políticos; tres de ellos serán postulados por la sociedad civil, uno por las facultades de ciencias jurídicas y políticas de las universidades nacionales, y uno por el Poder Ciudadano.

Los tres integrantes postulados por la sociedad civil deben tener seis suplentes en secuencia ordinal, y cada designado por las Universidades y el Poder Ciudadano tendrá dos suplentes, respectivamente.

El artículo 295 crea un Comité de Postulaciones Electorales de candidatos a integrantes del Consejo Nacional Electoral, el cual debe estar integrado por representantes de los diferentes sectores de la sociedad, de conformidad con lo que establezca la ley. Lamentablemente, sin embargo, también en este caso, la Ley Orgánica del Poder Electoral lo que ha organizado en lugar del Comité, es una comisión parlamentaria ampliada, sujeta al parlamento. En todo caso, los integrantes del Consejo Nacional Electoral son designados por la Asamblea Nacional con el voto de las 2/3 partes de sus integrantes. Los integrantes del Consejo Nacional Electoral escogerán de su seno a su Presidente, de conformidad con la ley.

Los integrantes del Consejo Nacional Electoral duran siete años en sus funciones y deben ser elegidos por separado: los tres postulados o postuladas por la sociedad civil al inicio de cada período de la Asamblea Nacional, y los otros dos a la mitad del mismo (art. 296).

En este caso también, los integrantes del Consejo Nacional Electoral pueden ser removidos por la Asamblea Nacional, previo pronunciamiento del Tribunal Supremo de Justicia (art. 296), lo que en si mismo es la negación de la autonomía e independencia de sus titulares.

En esta materia, como ocurrió con los Comités de Postulaciones del Poder Judicial y del Poder Ciudadano, la Ley Orgánica del Poder Electoral de 2002 también configuró el Poder de Postulaciones Electorales como una Comisión Parlamentaria ampliada, distorsionando las previsiones constitucionales sobre participación de la sociedad civil. Por lo demás, la omisión legislativa en la designación de los miembros del Consejo Nacional Electoral llevó a la Sala Constitucional en 2003 a designarlos, pero sin ajustarse a las previsiones constitucionales y legales.

4. *La organización del* Poder *Público Estadal*

La distribución territorial del Poder Público en el marco de la federación implica la estructuración, en forma descentralizada, de las entidades políticas, las cuales por esencia gozan de autonomía. Por ello, el artículo 159 de la Constitución establece que los Estados que son un total de 24, son entidades "autónomas e iguales en lo político", con personalidad jurídica plena, y quedan obligados a mantener la independencia, soberanía e integridad nacional, y a cumplir y hacer cumplir la Constitución y las leyes de la República.

Esta autonomía, por supuesto, es política (elección de sus autoridades), organizativa (se dictan su Constitución), administrativa (inversión de sus ingresos), jurídica (no revisión de sus actos sino por los tribunales) y tributaria (creación de sus tributos); y sus límites deben ser los establecidos en la Constitución, razón por la cual la Ley nacional no podría regular a los Estados. Sin embargo, esta autonomía está limitada en la Constitución en forma absolutamente inconveniente, al remitir el artículo 162 a la ley nacional para establecer "el régimen de la organización y el funcionamiento de los Consejos Legislativos Estadales, es decir, el órgano que ejerce el Poder Legislativo en los Estados". Esa materia debería ser competencia exclusiva de los Estados a ser regulados en sus respectivas Constituciones (art. 164, ord. 1).

Limitaciones similares se establecen en la Constitución en cuanto al ejercicio de las competencias. Por ejemplo, en materia de tributos, en la Constitución no sólo se ha dejado la materia a una legislación nacional futura, sino que en definitiva, el Poder Nacional es el llamado a regular el ejercicio de la potestad tributaria, estadal y municipal (art. 156, ord. 13).

En cuanto a las competencias, las que son de carácter concurrente sólo pueden ejercerse por los Estados conforme a las "leyes de base" que dicte el Poder Nacional (art. 165); y en algunos casos, como en materia de policía, la función de policía estadal sólo puede ejercerse conforme a la legislación nacional aplicable (art. 164, ord. 6). Todo lo anterior configura una autonomía limitada, lo que es lo mismo que una descentralización más nominal que real.

Por otra parte, en cuanto a la igualdad de los Estados, la misma ha perdido la garantía que le daba la representación igualitaria en el Senado, al haberse previsto en la Constitución una Asamblea Legislativa unicameral.

De acuerdo con el artículo 160, el gobierno y administración de cada Estado corresponde a un Gobernador, que es elegido por un período de 4 años por mayoría de las personas que votan. El Gobernador puede ser reelegido de inmediato y por una sola vez, para un período adicional.

Lamentablemente no se estableció la elección por mayoría absoluta y doble vuelta, para asegurar la legitimidad de la representación[87].

En cuanto al Poder Legislativo estadal, este se ejerce en cada Estado por un Consejo Legislativo conformado por un número no mayor de 15 ni menor de 7 integrantes, quienes proporcionalmente deben representar a la población del Estado y a los Municipios (art. 162).

El artículo 162 contiene una norma que sin duda atenta contra la autonomía de los Estados, al establecer que la ley nacional debe regular el régimen de la organización y el funcionamiento del Consejo Legislativo, cuando eso corresponde a las Constituciones que deben dictar los Consejos Legislativos de los Estados (art. 164).

En todo caso, en cuanto a su competencia, los Consejos Legislativos tienen las atribuciones siguientes: 1) Legislar sobre las materias de la competencia estadal; 2) Sancionar la Ley de Presupuesto del Estado; y 3) Las demás que le atribuya la Constitución y la ley (art. 162).

5. *La organización del Poder Público Municipal*

De acuerdo con el artículo 168 de la Constitución, los Municipios constituyen la unidad política primaria de la organización nacional, gozan de personalidad jurídica y autonomía dentro de los límites de la Constitución y de la ley[88]. En todo caso, la organización municipal debe ser democrática y debe responder a la naturaleza propia del gobierno local (art. 169).

La autonomía municipal comprende, conforme al artículo 168, lo siguiente: 1. La elección de sus autoridades; 2. La gestión de las materias de su competencia; y 3. La creación, recaudación e inversión de sus ingresos. Además, conforme lo establecía el artículo 29 de la Constitución de 1961, los actos de los Municipios no pueden ser impugnados sino ante los tribunales competentes, de conformidad con la Constitución y la ley; por lo que no pueden ser revisados, en forma alguna, por los órganos del Poder Nacional ni de los Estados.

De acuerdo con el mismo artículo 168, las actuaciones de los Municipios en el ámbito de sus competencias se deben cumplir incorporando la participación ciudadana al proceso de definición y ejecución de la gestión pública y en el control y evaluación de sus resultados, en forma efectiva, suficiente y oportuna, conforme a la ley.

---

87 Véase nuestro voto salvado sobre esto en Allan R. Brewer–Carías, *Debate Constituyente,* tomo III, *op. cit.*, p. 191 y 192.

88 Véase nuestras propuestas para la reforma hacia un Nuevo Municipalismo en Allan R. Brewer–Carías, *Debate Constituyente,* tomo I, *op. cit.*, pp. 164 a 169; y los comentarios críticos al proyecto constitucional en tomo II, *op. cit.*, pp. 230 y ss.

El artículo 169, en el mismo sentido que el artículo 26 de la Constitución de 1961, dispone que la organización de los Municipios y demás entidades locales se deben regir por la Constitución, por la normas que para desarrollar los principios constitucionales establezcan las leyes orgánicas nacionales, y por las disposiciones legales que en conformidad con aquellas dicten los Estados mediante sus Consejos Legislativos.

Una de las críticas más importantes que se habían formulado respecto de nuestro régimen municipal, era el excesivo uniformismo en la organización municipal, que ha hecho prácticamente inaplicable la Ley Orgánica de Régimen Municipal en muchos de los Municipios actuales[89]. Por ello, el artículo 169, establece que la legislación que se dicte para desarrollar los principios constitucionales relativos a los Municipios y demás entidades locales, debe obligatoriamente establecer diferentes regímenes para su organización, gobierno y administración, incluso en lo que respecta a la determinación de sus competencias y recursos, atendiendo a las condiciones de población, desarrollo económico, capacidad para generar ingresos fiscales propios, situación geográfica, elementos históricos y culturales y otros factores relevantes. En particular, dicha legislación debe establecer las opciones para la organización del régimen de gobierno y administración local que debe corresponder a los Municipios con población indígena. La Ley Orgánica del Poder Público Municipal de 2005, sin embargo, no reguló nada de esto.

Además de los Municipios, la Constitución regula expresamente a otras entidades locales como las Mancomunidades, los Distritos Metropolitanos y las Parroquias.

En cuanto al gobierno y administración del Municipio, el mismo corresponde al Alcalde, quien además, y en los términos del Código Civil (art. 446 y siguientes) tiene el carácter de la primera autoridad civil (art. 174)[90]. El Alcalde debe ser elegido por un período de 4 años por mayoría de las personas que votan, y podrá ser reelegido de inmediato y por una sola vez, para un período adicional. Tampoco se estableció, en este caso, el principio de la elección por mayoría absoluta, como se había planteado en la discusión constitucional[91].

El artículo 175 de la Constitución, atribuye la función legislativa del Municipio al Concejo, integrado por concejales elegidos en la forma establecidas en la Constitución, en el número y condiciones de elegibilidad que determine la ley. Lamentablemente no se estableció en la Constitución el principio de la elección uninominal de concejales, para asegurar la efectiva representatividad de las comunidades y sus electores, remitiéndose el sistema electoral al principio de la representación proporcional destinado a permitir la representatividad de partidos[92].

---

89 Véase nuestra propuesta en Allan R. Brewer–Carías, *Debate Constituyente*, tomo I, *op. cit.*, p. 165.

90 Las competencias en materia de registro civil, en consecuencia, deben ser asumidas por los Alcaldes. Véase sobre esto Allan R. Brewer–Carías, *Informe sobre la Descentralización en Venezuela 1993, Memoria del Ministro de Estado para la Descentralización, op. cit.*, pp. 957 y ss.

91 Véase nuestro voto salvado en Allan R. Brewer–Carías, *Debate Constituyente*, tomo III, *op. cit.*, p. 195.

92 Véase nuestro voto salvado en Allan R. Brewer–Carías, *Debate Constituyente*, tomo III, *op. cit.*, pp. 195 y 196.

6. *El problema del Estado federal descentralizado con un marco centralista*

Uno de los grandes cambios políticos que debió propugnar la nueva Constitución era transformar definitivamente la Federación centralizada que hemos tenido durante los últimos cien años, por una Federación descentralizada, con una efectiva distribución territorial del poder hacia los Estados y Municipios[93]. En tal sentido apuntaba la reforma constitucional no sólo al concebirse la forma del Estado como un Estado federal descentralizado (art. 4), sino al preverse a la descentralización política de la Federación como una política nacional de carácter estratégico (art. 158).

Sin embargo, el resultado final del esquema constitucional de distribución territorial del poder, no significó avance sustancial alguno respecto del proceso de descentralización que se venía desarrollando durante la última década del siglo pasado, al amparo de la Constitución de 1961[94]; y más bien, en muchos aspectos significó un retroceso institucional.

Por ello, la denominación de "Estado federal descentralizado", en definitiva, no pasa de ser el mismo "desideratum" inserto en la Constitución de 1961, hacia el cual se puede ir, pero que no se consolidó en la Constitución.

En este caso, incluso, como se ha señalado, el régimen se concibe en forma contradictoria, pues institucionalmente se limita en forma amplia la autonomía de los Estados y Municipios, al remitirse su regulación a la Ley, y se lesiona la igualdad de los Estados al eliminarse el Senado y con ello, la posibilidad de la participación política igualitaria de los Estados en la conducción de las políticas nacionales.

En efecto, como se ha dicho, en la Constitución se estableció una organización unicameral de la Asamblea Nacional (art. 186) que no sólo rompió una tradición que se remonta a 1811, sino que es contradictoria con la forma federal del Estado, que exige una Cámara Legislativa con representación igualitaria de los Estados, cualquiera que sea su población, y que sirva de contrapeso a la cámara de representación popular según la población del país. La eliminación del Senado o Cámara Federal fue, por tanto, un atentado contra la descentralización política efectiva, al extinguir el instrumento para la igualación de los Estados en el tratamiento de los asuntos nacionales en la Asamblea Nacional; y además, un retroceso tanto en el proceso de formación de las leyes nacionales, como en el ejercicio de los poderes de control parlamentario sobre el Ejecutivo.

Por otra parte, la autonomía de los entes territoriales, Estados y Municipios, exige su garantía constitucional, en el sentido de que no puede ser limitada por ley nacional posterior. De ello se trata al establecerse una distribución constitucional del Poder en el territorio. En la Constitución, sin embargo, la regulación del funcionamiento y la organización de los Consejos Legislativos Estadales se remite a la ley nacional (art. 162), lo cual, además de contradictorio con la atribución de los Estados de dictarse su Constitución para organizar sus poderes públicos (art. 164,

---

93 Véase nuestras propuestas en Allan R. Brewer–Carías, *Poder Constituyente Originario y Asamblea Nacional Constituyente*, Caracas 1999, pp. 271 y ss.

94 Véase en general Allan R. Brewer–Carías, *Informe sobre la Descentralización en Venezuela 1993, Memoria del Ministro de Estado para la Descentralización,* Caracas 1993.

ord. 1), es una intromisión inaceptable del Poder Nacional en el régimen de los Estados.

En cuanto a los Municipios, la autonomía municipal tradicionalmente garantizada en la propia Constitución, también se encuentra interferida, al señalarse que los Municipios gozan de la misma, no sólo "dentro de los límites" establecidos en la Constitución, sino en la ley nacional (art. 168), con lo cual el principio descentralizador básico, que es la autonomía, queda minimizado.

Por otra parte, en cuanto a la distribución de competencias entre los entes territoriales, el proceso de descentralización exigía, ante todo, la asignación efectiva de competencias tributarias a los Estados, sobre todo en materia de impuestos al consumo, como sucede en todas las Federaciones. Los avances que el Proyecto tenía en esta materia en la primera discusión fueron abandonados, y en la segunda discusión se le quitaron a los Estados todas las competencias tributarias que se le habían asignado,[95] con lo que se retrocedió al mismo estado que existía en la Constitución de 1961. En esta forma, los Estados seguirán dependientes del Situado Constitucional, el cual puede incluso disminuirse, además de que se le fijó un tope máximo (20% de los ingresos nacionales) que en la Constitución de 1961 no tenía (sólo había un mínimo); y si bien se crea en la Constitución el Consejo Federal de Gobierno (art. 185) como órgano intergubernamental, su organización por ley nacional puede conducir a su control por los órganos nacionales.

Conforme a lo anterior, en líneas generales, el esquema de Federación centralizada de la Constitución de 1961 no logró ser totalmente superado en la nueva Constitución, y si bien se habla de descentralización, sigue siendo un desideratum, no actualizado. La gran reforma del sistema político, necesaria e indispensable para perfeccionar la democracia, en todo caso, era desmontar el centralismo del Estado y distribuir el Poder Público en el territorio; única vía para hacer realidad la participación política. Ello sólo justificaba el proceso constituyente; pero su decisión se pospuso y con ello, se perdió la gran oportunidad de comenzar a sustituir el Estado centralizado por un Estado descentralizado. La Asamblea Constituyente, para superar la crisis política, debió diseñar la transformación del Estado, descentralizando el poder y sentar las bases para acercarlo efectivamente al ciudadano. Al no hacerlo, ni transformó el Estado ni dispuso lo necesario para hacer efectiva la participación.

V. ASPECTOS DE LA CONSTITUCIÓN SOCIAL Y DEL RÉGIMEN DE LOS DERECHOS Y GARANTÍAS

Así como la Constitución Política regula la organización del Estado mediante sistemas de distribución y división (separación) del Poder Público; la Constitución Social tiene por objeto regular el estatuto de las personas y de la sociedad civil y sus relaciones con el Estado. Ello se concreta en el régimen de los derechos y deberes constitucionales de las personas, en el cual se establece esa relación Estado–Sociedad.

---

95 *Gaceta Constituyente (Diario de Debates), Noviembre 1999–Enero 2000*, Sesión de 13–11–99, N° 43, pp. 54 y ss.

En esta materia de los derechos constitucionales y, en particular, en relación con los derechos humanos, sin duda, la Constitución de 1999 fue un texto en el cual se incorporaron notables innovaciones signadas por la progresividad de la protección de los derechos humanos, como resulta del texto del Capítulo I sobre Disposiciones Generales del Título IV sobre los Deberes, Derechos Humanos y Garantías[96].

Sin embargo, también ha habido notables regresiones específicas, como la eliminación del derecho de protección de los niños, a la violación de la reserva legal como garantía de los derechos por la previsión de la delegación legislativa al Ejecutivo, y de las regulaciones excesivamente paternalistas y estatistas en el campo de los derechos sociales, en las cuales se ha marginado a la sociedad civil.

1. *El régimen general de los derechos humanos*

El artículo 19 de la Constitución de 1999 comienza el Título relativo a los "Deberes, Derechos y Garantías constitucionales", con una innovación en la materia, disponiendo que el Estado debe garantizar a toda persona, conforme al principio de progresividad y sin discriminación alguna, el goce y ejercicio irrenunciable, indivisible e interdependiente de los derechos humanos. El respeto y garantía de los derechos, por tanto, son obligatorios para los órganos del Poder Público de conformidad con la Constitución, los tratados sobre derechos humanos suscritos y ratificados por la República y las leyes que los desarrollen.

Se establece así, en primer lugar, la garantía estatal de los derechos humanos, conforme al principio de la progresividad y no discriminación; y en segundo lugar, la obligación estatal de respetarlos y garantizarlos no sólo conforme a la Constitución y a las leyes sino conforme a los tratados sobre derechos humanos ratificados por la República.

Al igual que en el artículo 43 de la Constitución de 1961, el artículo 20 de la Constitución de 1999 consagra el principio de la libertad, como fundamento de todo el sistema en la materia al establecer que:

> *Artículo 20:* Toda persona tiene derecho al libre desenvolvimiento de su personalidad, sin más limitaciones que las que derivan del derecho de las demás y del orden público y social.

Como se había señalado en la Exposición de Motivos de la Constitución de 1961, esta norma "sustituye el enunciado tradicional de que todos pueden hacer lo que no perjudique a otro y nadie está obligado a hacer lo que la ley no ordene ni impedido de ejecutar lo que ella no prohíba".

Los derechos humanos garantizados y protegidos conforme a la Constitución, no son sólo los enumerados en su texto sino todos los demás que sean inherentes a la persona humana. Así se establecía en el artículo 50 de la Constitución de 1961 lo que permitió, conforme a dicha norma, que la jurisprudencia incorporara, con rango

---

96 Véase las propuestas que formulamos en está materia en Allan R. Brewer–Carías, *Debate Constituyente, (Aportes a la Asamblea Nacional Constituyente)*, tomo II, *(9 septiembre–17 octubre 1999)*, Caracas 1999, pp. 77 a 115.

constitucional, muchos derechos humanos no enumerados en el texto constitucional[97], y se recoge, ampliado, en el artículo 22 de la Constitución de 1999.

Por último, una de las grandes innovaciones de la Constitución de 1999 en esta materia, ha sido el otorgarle rango constitucional a los Tratados internacionales sobre derechos humanos, siguiendo los antecedentes de la Constitución del Perú de 1979 (art. 105), de la Constitución Argentina de 1994 (art. 75) y la orientación de la jurisprudencia de la Corte Suprema sentada desde antes de dictarse la sentencia de declaratoria de nulidad de la Ley de Vagos y Maleantes de 14–10–97[98].

Estos antecedentes llevaron a la inclusión de una norma[99], en el artículo 23, de la cual se destacan los siguientes aspectos: primero, la jerarquía constitucional de los tratados, pactos y convenciones sobre derechos humanos; segundo, la aplicación prevalente de los mismos en relación con la Constitución y las leyes, si establecen normas más favorables; y tercero, la aplicación inmediata y directa de los mismos por los órganos que ejercen el Poder Público.

2. *El régimen general de las garantías constitucionales*

En la Constitución de 1999 también se han incorporado un conjunto de regulaciones muy importantes, relativas a las garantías constitucionales de los derechos humanos, es decir, de los instrumentos que permiten hacer efectivo el ejercicio de los derechos[100].

En efecto, en la Constitución se regula ampliamente la garantía de la irretroactividad de la ley (art. 24); la garantía de la nulidad de los actos violatorios de derecho y de la responsabilidad de los funcionarios (art. 25); la garantía de la igualdad ante la ley (art. 21); la garantía judicial y el derecho de acceso a la justicia que tiene toda persona para hacer valer sus derechos e intereses, incluso los colectivos o difusos, a la tutela efectiva de los mismos y a obtener con prontitud la decisión correspondiente (art. 26). De esta norma, se destaca no sólo el derecho de acceder a la justicia para la protección de sus derechos e intereses, incluso de carácter colectivo y difuso[101], sino el derecho a la tutela efectiva de los mismos, y el derecho a obtener con prontitud la decisión correspondiente.

Además, en el mismo artículo constitucional se establecen los principios generales del sistema judicial al establecer que:

97 El último ejemplo importante fue la definición del derecho a la participación política como derecho inherente a las personas en la sentencia de la Corte Suprema del 19–01–99 que abrió la vía constitucional hacia la elección de la Asamblea Nacional Constituyente. Véase el texto en Allan R. Brewer–Carías, *Poder Constituyente Originario y Asamblea Nacional Constituyente*, Caracas 1999, p. 41.

98 Véase por ejemplo, sentencia de la Sala Político–Administrativa de 29–05–97 (caso: *ACOMISUR)*, en *Revista de Derecho Público,* N° 69–70, Caracas 1997, pp. 178–179.

99 Véase Allan R. Brewer–Carías, *Debate Constituyente,* tomo II, *op. cit*, pp. 111 a 115.

100 Véase en general, Allan R. Brewer–Carías, *El derecho y la acción de amparo, Instituciones Políticas y Constitucionales,* tomo V, 1998, pp. 11 y ss.

101 Véase sobre los intereses colectivos y difusos, Allan R. Brewer–Carías, *Jurisdicción contencioso–administrativa, Instituciones Políticas y Constitucionales,* tomo VII, Caracas, 1997, pp. 83 y ss.

El Estado garantizará una justicia gratuita, accesible, imparcial, idónea, transparente, autónoma, independiente, responsable, equitativa y expedita, sin dilaciones indebidas, sin formalismo o reposiciones inútiles.

La Constitución regula, además, la garantía de protección mediante recursos efectivos: el derecho y la acción de amparo y la acción de *habeas data* (art. 27)[102], conforme a todos los principios fundamentales en materia de amparo que se desarrollaron en aplicación de la Ley Orgánica de Amparo sobre Derechos y Garantías Constitucionales[103].

La más importante de las garantías constitucionales, además del acceso a la justicia, es que ésta se imparta de acuerdo con las normas establecidas en la Constitución y las leyes, es decir, en el curso de un debido proceso. Estas garantías se han establecido detalladamente en el artículo 49 que exige que "el debido proceso se aplicará a todas las actuaciones judiciales y administrativas", regulándose las siguientes en forma detallada: el derecho a la defensa; la presunción de inocencia; el derecho a ser oído; el derecho al ser juzgado por su juez natural, que debe ser competente, independiente e imparcial; las garantías de la confesión; el principio *nullum crimen nulla poena sine lege*; el principio *non bis in ídem* y la garantía de la responsabilidad estatal por errores o retardos judiciales.

Pero entre las garantías constitucionales de los derechos humanos, sin duda, la más importante es la garantía de la reserva legal, es decir, que las limitaciones y restricciones a los derechos sólo pueden establecerse mediante ley formal[104]. De allí la remisión que los artículos relativos a los derechos constitucionales hacen a la ley.

Pero ley, en los términos de la garantía constitucional, sólo puede ser el acto emanado de la Asamblea Nacional actuando como Cuerpo Legislador (art. 202). Este es el único acto que puede restringir o limitar las garantías constitucionales, como lo indica el artículo 30 de la Convención Americana sobre Derechos Humanos.

Sin embargo, esta garantía puede considerarse que se ha violentado en el propio texto constitucional, al regular la "delegación legislativa" al Presidente de la República, mediante las llamadas "leyes habilitantes" (art. 203), para poder dictar actos con rango y valor de ley en cualquier materia (art. 236, ord. 8), que en la Constitución de 1961 sólo estaban reducidos a materias económicas y financieras (art. 190, ord. 8).

Esto podría abrir la vía constitucional para la violación de la reserva legal que, como se dijo, es la garantía constitucional más importante en relación con la efectiva vigencia y ejercicio de los derechos humanos.

La Corte Interamericana de Derechos Humanos, en todo caso, ha decidido formalmente en la opinión consultiva OC–6/86 de 9–3–86 que la expresión "leyes"

---

102 Véase Allan R. Brewer–Carías, *El Derecho y la acción de amparo, Instituciones Políticas y Constitucionales,* tomo V, *op. cit.,* pp. 163 y ss.

103 Véase Allan R. Brewer–Carías, Carlos M. Ayala Corao y Rafael Chavero, *Ley Orgánica de Amparo sobre derechos y garantías constitucionales,* Caracas 2007.

104 Véase Allan R Brewer–Carías, "Consideraciones sobre la suspensión o restricción de las garantías constitucionales", *Revista de Derecho Público,* Nº 37, Caracas 1989, pp. 6 y 7.

en el artículo 30 de la Convención sólo se refiere a las emanadas de "los órganos legislativos constitucionalmente previstos y democráticamente electos"[105], por lo que en ningún caso las leyes habilitantes podrían autorizar al Presidente de la República para dictar "decretos–leyes" restrictivos de derechos y garantías constitucionales.

Por último, entre las garantías constitucionales, en el artículo 29 de la Constitución se estableció expresamente la obligación del Estado de investigar y sancionar legalmente los delitos contra los derechos humanos cometidos por sus autoridades[106], y en el artículo 30 de la Constitución[107] se estableció la obligación del Estado de indemnizar integralmente a las víctimas de violaciones a los derechos humanos que le sean imputables, y a sus derechos habientes, incluido el pago de daños y perjuicios. A tal efecto, en la Constitución se exige que el Estado adopte las medidas legislativas y de otra naturaleza, para hacer efectivas estas indemnizaciones.

> El Estado, además, debe proteger a las víctimas de delitos comunes y debe procurar que los culpables reparen los daños causados.

El colorario internacional de las garantías constitucionales está en el artículo 31 de la Constitución[108], que regula el acceso a la justicia internacional para la protección de los derechos humanos en la siguiente forma: como derecho de toda persona con el objeto de solicitar el amparo a sus derechos humanos[109].

Por otra parte, la Constitución establece la obligación para el Estado de adoptar, conforme a procedimientos establecidos en la Constitución y la ley, las medidas que sean necesarias para dar cumplimiento a las decisiones emanadas de los órganos internacionales previstos en este artículo.

3. *Los derechos individuales*

El Capítulo IV del Título III de la Constitución se destina a regular "los derechos civiles", los que, en realidad, en castellano y conforme a la tradición constitucional venezolana, son los *derechos individuales*[110]. En realidad, la expresión "derechos civiles" es una traducción de la expresión en inglés, *"civil rights"* que se incorporó

---

105 Véase "La expresión "leyes" en el artículo 30 de la Convención Americana sobre Derechos Humanos" (Opinión Consultiva, OC–6/86) Corte Interamericana de Derechos Humanos, en *Revista IIDH*; Instituto Interamericano de Derechos Humanos Nº 3, San José 1986, pp. 107 y ss.

106 Véase Allan R. Brewer–Carías, *Debate Constituyente,* tomo II, *op. cit.,* p. 104.

107 *Idem,* p. 106.

108 *Ibídem,* p. 107

109 Véase Carlos M. Ayala Corao, *Del amparo constitucional al amparo Interamericano como Institutos para la protección de los Derechos Humanos,* EJV–IIDH, Caracas 1998.

110 Véase la utilización de la expresión "derechos individuales" desde la Constitución de 1858 en Allan R. Brewer–Carías, *Las Constituciones de Venezuela,* Caracas, 1997, p. 488; y Allan R. Brewer–Carías, *Instituciones Políticas y Constitucionales,* tomo IV, *Los Derechos y garantías constitucionales, op. cit.,* pp. 53 y ss.

en la traducción al español del Pacto Internacional de Derechos Civiles y Políticos de Naciones Unidas, que es ley en la República[111].

Se regula, así el derecho a la vida, como inviolable, con la prohibición de que se pueda establecer la pena de muerte (art. 43). En la Constitución de 1999, se reforzó la previsión de este derecho, obligándose en particular al Estado a proteger "la vida de las personas que se encuentren privadas de su libertad, prestando el servicio militar o civil, o sometidas a su autoridad en cualquier otra forma".

La Constitución, además, reguló expresamente el derecho al nombre (art. 56); y el derecho a la inviolabilidad de la libertad personal (art. 44), con los siguientes derechos y garantías: garantías ante el arresto o detención; derecho a la defensa y a no estar incomunicado; límite personal de las penas; la identificación de la autoridad; el derecho a la excarcelación; la protección frente a la esclavitud o servidumbre; la prohibición de la desaparición forzosa de personas (art. 45).

Se reguló, además, detalladamente, el derecho a la integridad personal (art. 46), con los siguientes derechos: el derecho a no ser sometido a torturas o penas degradantes; el derecho de los detenidos al respeto a la dignidad humana; el derecho a decidir sobre experimentos y tratamientos; y la responsabilidad de los funcionarios.

Adicionalmente, el texto constitucional, conforme a la tradición de los textos anteriores, consagra el derecho a la inviolabilidad del hogar doméstico (art. 47); la inviolabilidad de las comunicaciones privadas (art. 48); la libertad de tránsito (art. 50)[112]; el derecho de petición y a la oportuna respuesta (art. 51); y el derecho de asociación.

En relación con este último derecho, el artículo 52 establece que toda persona tiene derecho de asociarse con fines lícitos, de conformidad con la ley, estando obligado el Estado a facilitar el ejercicio de este derecho. Este derecho sin embargo, encuentra limitaciones de rango constitucional, en el artículo 256 respecto de los jueces, a quienes se prohíbe asociarse; y en el artículo 294,6 en cuanto a la inherencia del Estado en las elecciones de los gremios profesionales, que deben ser organizadas por el Consejo Supremo Electoral, como órgano del Poder Público (Poder Electoral).

En relación con los derechos individuales, la Constitución garantiza, además, el derecho de reunión (art. 53); el derecho a la libre expresión del pensamiento (art. 57); y el derecho a la información *oportuna, veraz e imparcial,* así como el derecho de réplica y rectificación cuando se vean afectados directamente por informaciones inexactas o agraviantes (art. 58)[113].

Una larga polémica se planteó respecto de la utilización de los adjetivos "oportuna, veraz e imparcial" para calificar la información que toda persona tiene

---

111 Véase en *Gaceta Oficial Extraordinaria* N° 2146 de 28–01–78.

112 Véase nuestras observaciones sobre esta norma en Allan R. Brewer–Carías, *Debate Constituyente,* tomo III, *op. cit.,* pp. 150 y 151.

113 Véase en torno al derecho a la libre expresión del pensamiento y a la rectificación y respuesta: Allan R. Brewer–Carías, y otros, *La libertad de expresión amenazada (sentencia 1.013),* EJV–IIDH, Caracas 2001.

derecho a recibir, no porque no deba ser así, sino porque todos estos calificativos en la Constitución podrían dar lugar a que desde el Estado pueda establecerse algún control para determinar la veracidad, la oportunidad o la imparcialidad de la información, y con ello el establecimiento de alguna "verdad oficial"[114]. En una Constitución signada por el principio de la progresión en la mayoría de los derechos individuales, esta regresión en materia de derechos individuales es inadmisible, pues abre una grieta que puede servir al autoritarismo.

En el marco de los derechos individuales, además, encuentran regulación expresa la libertad religiosa (art. 59); el derecho a la protección del honor y la intimidad (art. 60); el derecho a la libertad de conciencia (art. 61); el derecho de protección por parte del Estado (art. 55).

4. *Los derechos sociales y de las familias*

En el campo de los derechos sociales y de las familias, la Constitución de 1999 contiene extensas y complejas declaraciones, muchas de las cuales no guardan relación con el principio de la alteridad, que atribuyen al Estado innumerables obligaciones y que en gran parte marginalizan a la sociedad civil. El esquema, globalmente considerado es altamente paternalista.

Por una parte la Constitución reguló una serie de derechos sociales que pueden denominarse como derechos de protección, y son los siguientes: la protección de las familias (art. 75);[115] la protección de la maternidad (art. 76) [116]; la protección del matrimonio "entre un hombre y una mujer", (art. 77); la protección de los niños (art. 78) y los derechos de los jóvenes (art. 79) (no se estableció, sin embargo, que este derecho a protección integral lo tienen los niños desde su concepción, como lo establecía el artículo 74 de la Constitución de 1961)[117]; la protección de los ancianos (art. 80); y los derechos de los discapacitados (art. 81), regulándose expresamente en el artículo 101, la obligación para los medios televisivos de incorporar subtítulos y traducción a la lengua de señas para las personas con problemas auditivos.

La Constitución reguló, además, expresamente, el derecho a la vivienda (art. 82), como una declaración[118]; y el derecho a la salud[119] y a su protección (art. 83). En esta materia, a los efectos de que el Estado pueda garantizar "el derecho a la protección de la salud", el artículo 84 le impone la obligación de crear, ejercer la rectoría y gestionar un "sistema público nacional de salud", de carácter intersectorial, descentralizado y participativo, integrado al sistema de seguridad

---

114 Véase nuestro voto salvado sobre esta norma en Allan R. Brewer–Carías, *Debate Constituyente,* tomo III, *op. cit.,* pp. 154 a 156.

115 Véase nuestro voto salvado en relación con este concepto de la familia como "asociación" en Allan R. Brewer–Carías, *Debate Constituyente,* tomo III, *op. cit.,* p. 163.

116 Véase nuestra posición en la discusión de este artículo, en *idem,* p. 164.

117 Véase nuestro voto salvado en esta materia en Allan R. Brewer–Carías, *Debate Constituyente*, tomo III, *op. cit.,* pp. 165 y 166 y 262 a 265.

118 Véase nuestro voto salvado en Allan R. Brewer–Carías, *Debate Constituyente,* tomo III, *op. cit.,* pp. 167.

119 Véase nuestro voto salvado en Allan R. Brewer–Carías, *Debate Constituyente*, tomo III, *op. cit.,* pp. 169 y 170 y 265 y 266.

social, regido por los principios de gratuidad, universalidad, integralidad, equidad, integración social y solidaridad.

Es decir, el servicio de salud se concibe constitucionalmente como integrado al sistema de seguridad social (como un subsistema) y se lo concibe como gratuito y universal, lo que no guarda relación alguna con el sistema de seguridad social que se establece para los afiliados o asegurados. El servicio de salud, en realidad, tiene esas características, pero siempre que esté fuera del sistema de seguridad social. Esta norma, en realidad constitucionaliza inconvenientemente el régimen de la seguridad social de las últimas décadas, que no ha funcionado[120].

Se establece además, con rango constitucional, que los bienes y servicios públicos de salud son propiedad del Estado y no pueden ser privatizados.

Por último, se establece el principio de que la comunidad organizada tiene el derecho y el deber de participar en la toma de decisiones sobre la planificación, ejecución y control de la política específica en las instituciones públicas de salud.

En el artículo 85 de la Constitución se establece que es una obligación del Estado, el financiamiento del sistema público de salud, que debe integrar los recursos fiscales, las cotizaciones obligatorias de la seguridad social y cualquier otra fuente de financiamiento que determine la ley[121]. El Estado, además, debe garantizar un presupuesto para la salud que permita cumplir con los objetivos de la política sanitaria.

Finalmente, el artículo 85 termina su normación indicando que el Estado "regulará las instituciones públicas y privadas de salud", en la única norma en la que se nombra a las instituciones privadas de salud, pero como el objeto de regulación.

En cuanto al derecho a la seguridad social, el artículo 86 de la Constitución lo regula "como servicio público de carácter no lucrativo, que garantice la salud y asegure protección en contingencias de maternidad, paternidad, enfermedad, invalidez, enfermedades catastróficas, discapacidad, necesidades especiales, riesgos laborales, pérdida de empleo, desempleo, vejez, viudedad, orfandad, vivienda, cargas derivadas de la vida familiar y cualquier otra circunstancia de previsión social"[122].

5. *Los derechos laborales*

En el mismo Capítulo relativo a los derechos sociales y de la familia, la Constitución de 1999, en la misma orientación de la Constitución de 1961, incorporó el conjunto de derechos laborales al texto constitucional, pero esta vez ampliándolos y rigidizándolos aún mas, llevando a rango constitucional muchos derechos que por su naturaleza podrían ser de rango legal. Se reguló, así, expresamente, el derecho y el deber de trabajar (art. 87); la igualdad en el trabajo

---

120 Véase nuestro voto salvado sobre esto en Allan R. Brewer–Carías, *Debate Constituyente,* tomo III, *op. cit.,* pp. 170 y 226.

121 Véase nuestro voto salvado en Allan R. Brewer–Carías, *Debate Constituyente,* tomo III, *op. cit.,* pp. 171 y 267.

122 Véase nuestro voto salvado en Allan R. Brewer–Carías, *Debate Constituyente,* tomo III, *op. cit.,* pp. 172 a 174 y 257 a 270.

(art. 88); la protección estatal al trabajo (art. 89); la jornada laboral y el derecho al descanso (art. 90); el derecho al salario (art. 91); el derecho a prestaciones sociales (art. 92); el derecho a la estabilidad laboral (art. 93); las responsabilidades laborales; el derecho a la sindicalización (art. 95); el derecho a la contratación colectiva (art. 96); y el derecho a la huelga (art. 97).

Sobre el derecho a la sindicalización, debe destacarse la injerencia del Estado en el funcionamiento de los sindicatos, al establecer el artículo 294,6 de la Constitución la competencia del Consejo Nacional Electoral, que es un órgano del Poder Público (Poder Electoral) para "organizar las elecciones de los sindicatos y gremios profesionales". En consecuencia, en Venezuela, los sindicatos no son libres de organizar la elección de sus autoridades y representantes, sino que las mismas deben ser organizadas por el Estado.

6. *Los derechos culturales y educación*

La Constitución además, consagró una serie de derechos relativos a la cultura, como la libertad y la creación cultural y la propiedad intelectual (art. 98); los valores de la cultura y la protección del patrimonio cultural (art. 99); la protección de la cultura popular (art. 100) y a la información cultural (art. 101), estableciendo que el Estado debe garantizar la emisión, recepción y circulación de la información cultural. A tal efecto, se impone a los medios de comunicación el deber de coadyuvar a la difusión de los valores de la tradición popular y la obra de los artistas, escritores, compositores, cineastas, científicos y demás creadores y creadoras culturales del país.

En cuanto al derecho a la educación, el artículo 102 de la Constitución comienza estableciendo, en general, que "la educación es un derecho humano y un deber social fundamental, es democrática, gratuita y obligatoria". La consecuencia de lo anterior es la previsión del mismo artículo 102, en el sentido de imponer al Estado la obligación de asumir la educación como "función indeclinable" y de máximo interés en todos sus niveles y modalidades, y como instrumento del conocimiento científico, humanístico y tecnológico al servicio de la sociedad.

En consecuencia, constitucionalmente se declara a la educación como un servicio público; precisándose, sin embargo, que "el Estado estimulará y protegerá la educación privada que se imparta de acuerdo con los principios contenidos en esta Constitución y en las Leyes".

Se regula, además, el derecho a la educación integral, la gratuidad de la educación pública; y el carácter obligatorio de la educación en todos sus niveles, desde el maternal hasta el nivel medio diversificado. La impartida en las instituciones del Estado es gratuita hasta el pregrado universitario (art. 103). Además, se establece el régimen de los educadores; (art. 104); el derecho a educar (art. 106); y la educación ambiental e histórica (art. 107). En el artículo 108, se precisa, además, que los medios de comunicación social, públicos y privados, deben contribuir a la formación ciudadana.

Además, los centros educativos deben incorporar el conocimiento y aplicación de las nuevas tecnologías, de sus innovaciones, según los requisitos que establezca la ley.

En la Constitución de 1999, además, se constitucionalizó el principio de la autonomía universitaria (art. 109); se reguló el régimen de las profesiones liberales (art. 105); el régimen de la ciencia y la tecnología (art. 110); y el derecho al deporte (art. 111).

7. *Los derechos ambientales*

La Constitución de 1999 también constituye una novedad en cuanto a la regulación de los derechos constitucionales relativos a los derechos ambientales, que precisan el derecho al ambiente (art. 127); la política de ordenación territorial (art. 128); los estudios de impacto ambiental y el régimen de los desechos tóxicos; y las cláusulas contractuales ambientales obligatorias (art. 129).

8. *Los derechos de los pueblos indígenas*

Otra de las innovaciones de la Constitución de 1999, polémica por cierto, fue la incorporación de un conjunto de normas sobre los derechos de los pueblos indígenas, respecto de los cuales sólo había una escueta norma de protección en la Constitución de 1961 (art. 77). La forma como quedaron redactados estos artículos, sin embargo, la consideramos altamente discriminatoria en relación al conjunto de la población venezolana en favor de un grupo porcentualmente reducido de etnias que no superan el 1.5% de la población venezolana[123].

El capítulo comienza en el artículo 119, con la siguiente redacción:

> "*Artículo 119:* El Estado reconocerá la existencia de los pueblos y comunidades indígenas, su organización social, política y económica, sus culturas, usos y costumbres, idiomas y religiones, así como su hábitat y derechos originarios sobre las tierras que ancestral y tradicionalmente ocupan y que son necesarias para desarrollar y garantizar sus formas de vida. Corresponderá al Ejecutivo Nacional, con la participación de los pueblos indígenas, demarcar y garantizar el derecho a la propiedad colectiva de sus tierras, las cuales serán inalienables, imprescriptibles, inembargables e intransferibles de acuerdo con lo establecido en esta Constitución y la ley".

De esta norma surge, ante todo, el peligro del reconocimiento de un Estado dentro del Estado, desde que se reconoce que puede haber, en específico, en el país, un *pueblo,* con su *organización política* en sus propios *territorios.* Estos elementos: pueblo, gobierno y territorio son los componentes esenciales de todo Estado, lo que podría originar, en el futuro, problemas en cuanto a la integridad territorial. Precisamente por ello, sin embargo, fue que se incorporó el artículo 126, con el siguiente texto:

> "*Artículo 126:* Los pueblos indígenas, como culturas de raíces ancestrales, forman parte de la Nación, del Estado y del pueblo venezolano como único, soberano e indivisible. De conformidad con esta Constitución tienen el deber de salvaguardar la integridad y la soberanía nacional".

123 Véase nuestro voto salvado sobre esta norma y la propuesta de redacción alternativa en Allan R. Brewer–Carías, *Debate Constituyente,* tomo III, *op. cit.,* pp. 186 a 190.

El término pueblo no podrá interpretarse en esta Constitución en el sentido que se le da en el derecho internacional.

Conforme al artículo 120, el aprovechamiento de los recursos naturales en los hábitats indígenas por parte del Estado se debe hacer sin lesionar la integridad cultural, social y económica de los mismos e, igualmente, está sujeto a previa información y consulta a las comunidades indígenas respectivas. Por interpretación en contrario, todo otro aprovechamiento por parte de los particulares de estos mismos recursos no estarían sujetos a la previa información y consulta.

El artículo 121 de la Constitución declara el derecho de los pueblos indígenas a mantener y desarrollar su identidad étnica y cultural, cosmovisión, valores, espiritualidad y sus lugares sagrados y de culto.

A tal efecto se obliga al Estado a fomentar la valoración y difusión de las manifestaciones culturales de los pueblos indígenas, los cuales tienen derecho a una educación propia y a un régimen educativo de carácter intercultural y bilingüe, atendiendo a sus particularidades socioculturales, valores y tradiciones.

Igualmente, el artículo 122 establece el derecho de los pueblos indígenas a una salud integral que considere sus prácticas y culturas. En consecuencia, se obliga al Estado a reconocer su medicina tradicional y las terapias complementarias, con sujeción a principios bioéticos.

Por otra parte, el artículo 123 de la Constitución establece el derecho de los pueblos indígenas a mantener y promover sus propias prácticas económicas basadas en la reciprocidad, la solidaridad y el intercambio; sus actividades productivas tradicionales, su participación en la economía nacional y a definir sus prioridades.

Además, se consagra el derecho de los pueblos indígenas a servicios de formación profesional y a participar en la elaboración, ejecución y gestión de programas específicos de capacitación, servicios de asistencia técnica y financiera que fortalezcan sus actividades económicas en el marco del desarrollo local sustentable.

Por otra parte, el Estado también está obligado a garantizar a los trabajadores y trabajadoras pertenecientes a los pueblos indígenas el goce de los derechos que confiere la legislación laboral.

En el artículo 124 de la Constitución se garantiza y protege la propiedad intelectual colectiva de los conocimientos, tecnológicas e innovaciones de los pueblos indígenas, exigiendo que toda actividad relacionada con los recursos genéticos y los conocimientos asociados a los mismos perseguirán beneficios colectivos. La Constitución, además, prohíbe el registro de patentes sobre estos recursos y conocimientos ancestrales.

Por último, el artículo 125 de la Constitución consagra el derecho de los pueblos indígenas a la participación política; garantizando el artículo 182 de la Constitución, "la representación indígena en la Asamblea Nacional y en los cuerpos deliberantes de las entidades federales y locales con población indígena, conforme a la ley".

9. *Los deberes constitucionales*

En el Capítulo X del Título III se establecen el conjunto de deberes constitucionales de las personas, los cuales se complementan con otras disposiciones del texto constitucional: el deber de defender a la patria (art. 130); el deber de acatar la Constitución (art. 131); los deberes de solidaridad social (art. 132); el deber de contribuir con los gastos públicos (art. 133); el deber de prestar el servicio civil y militar (art. 134); el deber de educarse (art. 102); el deber de trabajar (art. 87); y los deberes de los padres e hijos (art. 76).

10. *Los problemas de una Constitución social concebida para el paternalismo y el populismo*

La Constitución Social o del ciudadano, como hemos señalado, es la que establece las relaciones entre el Estado y la Sociedad y sus componentes individuales, compuesta por el conjunto de libertades y derechos de los ciudadanos y habitantes del país, antes indicados, con sus correlativos deberes de parte del Estado y sus autoridades de protección, abstención o de prestación social. Lo cierto es que no puede haber un derecho consagrado constitucionalmente que no tenga un deber u obligación correlativo a cargo del Estado.

En esta materia, a pesar de los avances que contiene la nueva Constitución, por ejemplo, en la enumeración de los derechos individuales y en la constitucionalización, con rango constitucional, de los Tratados internacionales sobre derechos humanos a los cuales se les prescribió aplicación preferente cuando sean más favorables; consideramos que contiene muchos aspectos negativos específicos, como la grave lesión a la garantía de la reserva legal respecto de los derechos constitucionales en virtud de la delegación legislativa al Presidente de la República que en forma amplia regula la Constitución; y como las fallas en la protección de los derechos del niño y en el régimen del derecho a la información.

Sin embargo, desde el punto de vista social, el principal problema de la Constitución es la confusión entre las buenas intenciones y los derechos constitucionales y el engaño que puede derivar de la imposibilidad de satisfacer algunos de los que se enuncian como derechos sociales.

En efecto, en la consagración de los derechos humanos, uno de los principios esenciales de orden constitucional es el denominado principio de alteridad, que implica que todo derecho comporta una obligación y que todo titular de un derecho tiene que tener relación con un sujeto obligado. No hay, por tanto, derechos sin obligaciones ni obligados; por lo que la consagración de supuestos "derechos" que son más bien políticas públicas, que no pueden originar justiciabilidad concreta frente a determinados obligados, por imposibilidad conceptual, no es más que un engaño.

Así sucede, por ejemplo, con varios de los derechos y garantías sociales, tal y como se consagraron en la Constitución, cuya satisfacción es simplemente imposible. Constituyen, más bien, declaraciones de principio y de intención de indiscutible carácter teleológico y político, pero difícilmente pueden concebirse como "derechos" por no poder existir un sujeto con obligación de satisfacerlos.

Es el caso, por ejemplo, del "derecho a la salud", que se consagra como "un derecho social fundamental, obligación del Estado, que lo garantizará como parte del derecho a la vida" (art. 83). Lo cierto es que es imposible que alguien garantice la salud de nadie y que constitucionalmente se pueda consagrar el derecho a la salud. Ello equivaldría a consagrar en la Constitución, el derecho a no enfermarse, lo cual es imposible pues nadie puede garantizar a otra persona que no se va a enfermar. En realidad, el derecho que se consagra en materia de salud, como derecho constitucional, es el "derecho a la protección de la salud", lo que comporta la obligación del Estado de velar por dicha protección, estableciendo servicios públicos de medicina preventiva y curativa. De resto, regular el "derecho a la salud", por imposibilidad de la alteridad, es una ilusión.

Lo mismo podría señalarse, por ejemplo, del derecho que se consagra en la Constitución a favor de "toda persona", "a una vivienda adecuada, segura, cómoda, higiénica, con servicios básicos esenciales que incluyan un hábitat que humanice las relaciones familiares, vecinales y comunitarias" (art. 82). Este "derecho", como está consagrado, es de imposible satisfacción; se trata, más bien, de una declaración de principio o de intención de política pública bellamente estructurada que no puede conducir a identificar a un obligado a satisfacerla que sea justiciable, y menos al Estado.

También resulta una ilusión establecer en la Constitución, pura y simplemente, que "toda persona tiene derecho a la seguridad social como servicio público no lucrativo que garantice la salud y asegure protección en contingencias... de previsión social"; siendo igualmente una imposibilidad prever que "El Estado tiene la obligación de asegurar la efectividad de este derecho, creando un sistema de seguridad social..." (art. 86).

De nuevo aquí, la intención es maravillosa, pero no para pretender regularla como un "derecho" constitucional con una obligación estatal correlativa, también de rango constitucional, cuya satisfacción es imposible. Se confundieron, en esta materia, las buenas intenciones y declaraciones sociales con derechos y obligaciones constitucionales, que originan otro tipo de relaciones jurídicas, incluso con derecho de ser amparados constitucionalmente.

Además, del texto de la Constitución social se evidencia un excesivo paternalismo estatal y la minimización de las iniciativas privadas en materia de salud, educación y seguridad social.

En efecto, en la regulación de los derechos sociales, en la Constitución no sólo se ponen en manos del Estado excesivas cargas, obligaciones y garantías, de imposible cumplimiento y ejecución en muchos casos, sino que se minimiza, al extremo de la exclusión, a las iniciativas privadas. En esta forma, servicios públicos esencial y tradicionalmente concurrentes entre el Estado y los particulares, como los de educación, salud y seguridad social, aparecen regulados con un marcado acento estatista y excluyente.

Por ejemplo, en materia de salud, se dispone que para garantizarla "el Estado creará, ejercerá la rectoría y gestionará un sistema público nacional de salud, ... integrado al sistema de seguridad social, regido por los principios de gratuidad, universalidad, integralidad, equidad, integración social y solidaridad" (art. 84). Se trata, por tanto, de un sistema público de salud, regulado como un servicio público gratuito que forma parte del sistema de seguridad social. Nada se dice en la norma sobre los servicios privados de salud, aún cuando en otro artículo se indica que el Estado "regulará las instituciones públicas y privadas de salud" (art. 85).

En materia de seguridad social, el rasgo estatista del sistema es aún mayor: se declara la seguridad social como un servicio público de carácter no lucrativo, estando obligado el Estado "de asegurar la efectividad de este derecho, creando un sistema de seguridad social universal, integral, de financiamiento solidario, unitario, eficiente y participativo, de contribuciones directas o indirectas", precisándose, además, que las cotizaciones obligatorias sólo "podrán ser administradas con fines sociales bajo la rectoría del Estado" (art. 86). Se excluye así, en principio, toda iniciativa privada en materia de seguridad social y se minimiza la participación privada en la administración reproductiva de los fondos de pensiones.

En materia de educación, la tendencia estatista es similar: se regula la educación, en general, como un derecho humano y un deber social fundamental; se la declara en general como "democrática, gratuita y obligatoria" y se la define como "un servicio público" que el Estado debe asumir "como función indeclinable" (art. 102). Nada se indica en la norma que se refiere a la educación privada, y sólo es en otro artículo que se consagra el derecho de las personas "a fundar y mantener instituciones educativas privadas bajo la estricta inspección y vigilancia del Estado, previa aceptación de este" (art. 106). La posibilidad de estatización de la educación, por tanto, no tiene límites en la Constitución, habiéndose eliminado del texto constitucional la disposición, que en la materia preveía la Constitución de 1961 de que "El Estado estimulará y protegerá la educación privada que se imparta de acuerdo con los principios contenidos en esta Constitución y en las leyes" (art. 79).

VI. ALGUNOS ASPECTOS DE LA CONSTITUCIÓN ECONÓMICA

El tercer componente normativo de toda Constitución contemporánea, además de la *Constitución Política* que regula la organización del Estado mediante la distribución territorial y división orgánica del Poder Público; y de la *Constitución Social* que regula el estatuto de las personas y de los ciudadanos, y su relación con el Estado al igual que la relación general entre la sociedad y el Estado; es la *Constitución Económica* que tiene por objeto establecer los principios del régimen de las relaciones económicas y el papel que, en las mismas, corresponde a la iniciativa privada y al propio Estado.

En el constitucionalismo venezolano, puede decirse que en las últimas cinco décadas se ha venido desarrollando un régimen constitucional y político propio de una sociedad democrática, con la configuración, en la Constitución del 23 de enero de 1961, y ahora, en la del 30 de diciembre de 1999, de un Estado Social de Derecho, y la formulación, en esos textos, de una Constitución Económica que opta por un modelo económico de libertad como opuesto al de economía dirigida, similar al que existe en todos los países occidentales.

La aplicación práctica de ese modelo constitucional ha provocado, desde el punto de vista político, la consolidación del régimen democrático representativo, pluralista y, ahora, con vocación participativa; y desde el punto de vista económico, y a pesar de los múltiples problemas de desarrollo económico–social que continúan existiendo, el modelo ha enmarcado el desenvolvimiento de una economía basada en la libertad económica y la iniciativa privada, pero con una intervención importante y necesaria del Estado para asegurar los principios de justicia social que constitucionalmente deben orientar el régimen económico.

Además, el Estado, al ser titular desde siempre del dominio público sobre el subsuelo conforme a la pauta que marcaron las Ordenanzas de Nueva España, en vigencia en los territorios de las antiguas Provincias Coloniales de España en el Mar

Caribe desde la segunda mitad del siglo XVII, en el caso de Venezuela ha convertido al Estado en la entidad económica más poderosa del país, por ser dueño del petróleo, lo que le ha llevado a intervenir en forma importante en la actividad económica.

Siguiendo, en cierta forma, las orientaciones de la Constitución de 1961 en materia de Constitución Económica[124], la Constitución de 1999 establece igualmente, pero sin decirlo, un sistema económico de economía social de mercado[125] que se fundamenta en la libertad económica, pero que debe desenvolverse conforme a principios de justicia social, que requieren de la intervención del Estado.

1. *Principios del sistema económico*

En esa orientación, precisamente se inscribe el contenido del artículo 299, al prescribir que el régimen socioeconómico de la República se fundamenta en los siguientes principios: justicia social, democratización, eficiencia, libre competencia, protección del ambiente, productividad y solidaridad, a los fines de asegurar el desarrollo humano integral y una existencia digna y provechosa para la colectividad.

El sistema económico, por tanto, se fundamenta en la libertad económica, la iniciativa privada y la libre competencia, pero con la participación del Estado como promotor del desarrollo económico, regulador de la actividad económica, y planificador con la participación de la sociedad civil, como se indica más adelante.

2. *El régimen de los derechos económicos*

En el Título de los "Derechos, Deberes y Garantías Constitucionales" se incorporó un Capítulo que enumera los *derechos económicos* de las personas, en la siguiente forma: por una parte la libertad económica (art. 112); y por la otra el derecho de propiedad y la expropiación (art. 115). Esta norma sigue la orientación del constitucionalismo venezolano[126], aún cuando deben destacarse algunas variaciones en relación con su equivalente en la Constitución de 1961 (art. 99), que son las siguientes: *primero,* no se establece que la propiedad privada tiene una función social que cumplir, como lo indicaba la Constitución de 1961; *segundo,* en la nueva Constitución se enumeran los atributos del derecho de propiedad (uso, goce y disposición) lo que era materia de rango legal (art. 545 del Código Civil); y *tercero,* en cuanto a la expropiación, se exige en el nuevo texto constitucional que el

---

124 Véase Allan R. Brewer–Carías, "Reflexiones sobre la Constitución Económica" en *Estudios sobre la Constitución Española. Homenaje al Profesor Eduardo García de Enterría,* Madrid 1991, pp. 3839 a 3853.

125 Véase lo que expusimos ante la Asamblea, en Allan R. Brewer–Carías, *Debate Constituyente*, tomo III, *op. cit.*, pp. 15 a 52.

126 Véase Allan R. Brewer–Carías "El derecho de propiedad y libertad económica. Evolución y situación actual en Venezuela" en *Estudios sobre la Constitución. Libro Homenaje a Rafael Caldera,* tomo II, Caracas 1979, pp. 1139 a 1246.

pago de la justa indemnización sea "oportuno". En esa forma, en general, la norma garantiza con mayor fuerza el derecho de propiedad[127].

La Constitución, además, prohíbe que se decreten o ejecuten confiscaciones de bienes salvo en los casos permitidos por la propia Constitución y, en particular, por vía de excepción, mediante sentencia firme, respecto de los bienes de personas naturales o jurídicas, nacionales o extranjeras, responsables de delitos cometidos contra el patrimonio público, o de quienes se hayan enriquecido ilícitamente al amparo del Poder Público y los provenientes de las actividades comerciales, financieras o cualesquiera otras vinculadas al tráfico ilícito de sustancias psicotrópicas y estupefacientes (art. 116 y 271).

El artículo 307 de la Constitución declara al régimen latifundista como contrario al interés social, y remite al legislador para disponer lo conducente en materia tributaria para gravar las tierras ociosas y establecer las medidas necesarias para su transformación en unidades económicas productivas, rescatando igualmente las tierras de vocación agrícola.

Por otra parte, la norma establece el derecho de los campesinos y demás productores agropecuarios a la propiedad de la tierra, en los casos y formas especificados por la ley respectiva. Esto implica el establecimiento de obligaciones constitucionales al Estado para proteger y promover las formas asociativas y particulares de propiedad para garantizar la producción agrícola, y para velar por la ordenación sustentable de las tierras de vocación agrícola con el objeto de asegurar su potencial agroalimentario.

Excepcionalmente dispone el mismo artículo constitucional, que el legislador creará contribuciones parafiscales con el fin de facilitar fondos para financiamiento, investigación, asistencia técnica, transferencia tecnológica y otras actividades que promuevan la productividad y la competitividad del sector agrícola.

Una innovación constitucional en materia económica es el derecho que regula el artículo 117, de todas las personas a disponer de bienes y servicios de calidad, así como a una información adecuada y no engañosa sobre el contenido y características de los productos y servicios que consumen, a la libertad de elección y a un trato equitativo y digno.

3. *El régimen de la intervención del Estado en la economía*

En el texto constitucional se regulan las diferentes facetas de la intervención del Estado en la economía, como se han venido desarrollando en las últimas décadas[128].

En primer lugar, de las normas constitucionales se puede construir la figura del Estado promotor, es decir, que no sustituye a la iniciativa privada, sino que fomenta y ordena la economía para asegurar su desarrollo. Ello resulta de las siguientes regulaciones: la promoción del desarrollo económico (art. 299); la promoción de la iniciativa privada (art. 112); la promoción de la agricultura para la seguridad

---

127 Véase, además, los comentarios que formulamos sobre el régimen de la propiedad en Allan R. Brewer–Carías, *Debate Constituyente*, tomo I, (8 agosto–8 Septiembre 1999), Caracas 1999, pp. 201 y ss.

128 Véase Allan R. Brewer–Carías, *Instituciones Políticas y Constitucionales*, tomo I, *op. cit.*, pp. 594 y ss.

alimentaria (art. 305); la promoción de la industria (art. 302); la promoción del desarrollo rural integrado (art. 306); la promoción de la pequeña y mediana industria (art. 308); la promoción de la artesanía popular (art. 309); y la promoción del turismo (art. 310).

En el texto constitucional, por otra parte, se establecen un conjunto de atribuciones que facultan al Estado para regular el ejercicio de los derechos económicos, como resulta de lo antes expuesto y, en particular, se precisa el régimen de la prohibición de los monopolios (art. 113), declarándose contrarios a los principios fundamentales de esta Constitución cualquier acto, actividad, conducta o acuerdo de los y las particulares que tengan por objeto el establecimiento de un monopolio o que conduzcan, por sus efectos reales e independientes de la voluntad de aquellos o aquellas, a su existencia, cualquiera que fuere la forma que adoptare en la realidad[129]. También se declaró constitucionalmente contraria a dichos principios, el abuso de la posición de dominio que un particular, un conjunto de ellos o una empresa o conjunto de empresas, adquiera o haya adquirido en un determinado mercado de bienes o de servicios, con independencia de la causa determinante de tal posición de dominio, así como cuando se trate de una demanda concentrada. En todos los casos antes indicados, el Estado debe adoptar las medidas que fueren necesarias para evitar los efectos nocivos y restrictivos del monopolio, del abuso de la posición de dominio y de las demandas concentradas, teniendo como finalidad la protección del público consumidor, los productores y productoras y el aseguramiento de condiciones efectivas de competencia en la economía.

Por otra parte, la Constitución reguló el régimen de las concesiones estatales (art. 113); el régimen de protección a los consumidores o usuarios (art. 117); el régimen de la política comercial (art. 301); y los principios sobre los ilícitos económicos (art. 114).

En lo que concierne a la intervención del Estado en la economía, como Estado empresario, la Constitución regula en forma específica, el régimen de la creación de empresas estatales (art. 300); el régimen de la nacionalización petrolera y el régimen de la reserva de actividades económicas al Estado.

Sobre estos últimos aspectos, el artículo 302 de la Constitución, luego de intensos debates[130] estableció que "el Estado se reserva, mediante la ley orgánica respectiva y por razones de conveniencia nacional, la actividad petrolera". En esta forma, la reserva de la industria petrolera efectuada mediante la Ley Orgánica que reserva al Estado la Industria y el Comercio de los Hidrocarburos de 1975[131], adquirió rango constitucional en el texto de 1999, pero conforme lo establezca la ley orgánica respectiva, la cual puede ser modificada. La reserva, por tanto, puede

129 Véase nuestro criterio sobre esta norma en Allan R. Brewer–Carías, *Debate Constituyente,* tomo III, *op. cit.,* pp. 185 y 186.

130 Véase *Gaceta Constituyente (Diario de Debates), Noviembre 1999–Enero 2000,* Sesión de 14–11–99, N° 44, pp. 3 y ss. Véase nuestro voto salvado en primera discusión en Allan R. Brewer–Carías, *Debate Constituyente,* tomo III, *op. cit.*, pp. 209 y 210.

131 Véase nuestros comentarios sobre ese proceso en Allan R. Brewer–Carías, "Aspectos organizativos de la industria petrolera nacionalizada", en *Archivo de Derecho Público y Ciencias de la Administración,* Instituto de Derecho Público UCV, Vol. III, tomo I, Caracas 1981, pp. 407 a 492.

considerarse que no es ni rígida ni absoluta, sino flexible, conforme lo establezca la ley orgánica respectiva.

En particular, en todo caso, en la Constitución (art. 303) se estableció expresamente que por razones de soberanía económica, política y de estrategia nacional "el Estado conservará la totalidad de las acciones de Petróleos de Venezuela, S.A"., o del ente creado para el manejo de la industria petrolera, exceptuando la de las filiales, asociaciones estratégicas, empresas y cualquier otra que se haya constituido o se constituya como consecuencia del desarrollo de negocios de Petróleos de Venezuela, S.A. En esta forma, lo que de acuerdo con la Constitución debe permanecer como propiedad de la República (no del Estado) son las acciones de PDVSA, es decir, del holding de la industria petrolera, pero no de las filiales, las cuales son, en realidad, las que realizan las actividades económicas en la industria.

El mismo artículo 302 de la Constitución, también establece que el Estado se puede reservar, mediante ley orgánica, y por razones de conveniencia nacional, industrias, explotaciones, servicios y bienes de interés público y de carácter estratégico.

En este caso, distinto al de la industria petrolera ya reservada desde 1975, se trata de una previsión que sigue la orientación del artículo 97 de la Constitución de 1961, y que se refiere tanto a otras actividades ya reservadas en el pasado (por ejemplo la industria del mineral de hierro), como a la posibilidad, en el futuro, que se pueda dictar una reserva de actividades económicas de interés público o de carácter estratégico[132].

4. *El régimen tributario*

El régimen tributario de la Constitución, respecto del cual formulamos diversas propuestas[133], lamentablemente no quedó integrado constitucionalmente y resultó con una dispersión e insuficiencia injustificable. Las siguientes, sin embargo, son las normas más destacadas en esta materia.

En forma casi idéntica que lo establecido en el artículo 223 de la Constitución de 1961, el artículo 316 de la Constitución de 1999 dispuso que el sistema tributario debe procurar la justa distribución de las cargas públicas según la capacidad económica del contribuyente, atendiendo al principio de progresividad, así como la protección de la economía nacional y la elevación del nivel de vida de la población, y se sustentará para ello en un sistema eficiente para la recaudación de los tributos[134]. Se reguló, además, el principio de la legalidad tributaria (art. 317) [135] y se

---

132 Véase nuestro voto salvado en primera discusión en Allan R. Brewer–Carías, *Debate Constituyente,* tomo III, *op. cit.,* pp. 210 y 211.

133 Véase, Allan R. Brewer–Carías, *Debate Constituyente* (*Aportes a la Asamblea Nacional Constituyente),* tomo III, *(9 septiembre–17 octubre 1999)*, Caracas 1999, pp. 253 a 286; y tomo II, *op. cit.*, pp. 53 a 91.

134 Véase la propuesta de ampliación de esta norma que formulamos en nuestros votos salvados, en Allan R. Brewer–Carías, *Debate Constituyente*, tomo III, *op. cit.,* pp. 53 a 91, 218 y 295 y ss.

135 Véase nuestro voto salvado sobre esta norma en Allan R. Brewer–Carías, *Debate Constituyente,* tomo III, *op. cit.,* pp. 220 a 226.

estableció en forma expresa lo que constituye una novedad en nuestro ordenamiento constitucional, que es el principio de que "ningún tributo puede tener efecto confiscatorio". Ello lo propusimos repetidamente en los debates[136], siguiendo la tendencia existente en el derecho comparado[137].

En el artículo 156, ordinal 13 se atribuye al Poder Nacional la potestad de dictar la legislación que garantice la coordinación y armonización de las distintas potestades tributarias (nacional, estadal y municipal), para definir principios, parámetros y limitaciones, específicamente para la determinación de los tipos impositivos o alícuotas de los tributos estadales y municipales, así como para crear fondos específicos que aseguren la solidaridad interterritorial.

En esta forma se establece en la nueva Constitución, una nueva forma de limitación mediante ley nacional, de la autonomía de los Estados y Municipios.

El texto del artículo 18 de la Constitución de 1961 fue básicamente recogido, a propuesta nuestra[138], en el artículo 183 de la Constitución que prohíbe a los Estados y los Municipios el establecimiento de tributos sobre importación, exportación o tránsito sobre bienes, sobre las demás materias rentísticas de la competencia nacional; y sobre consumo de bienes en casos específicos.

Sin embargo, en cuanto a los gravámenes relativos a la agricultura, la cría, la pesca y la actividad forestal, la nueva Constitución eliminó la prohibición constitucional impuesta a los Estados y Municipios, y se estableció que sólo pueden ser gravados en la oportunidad, forma y medida que lo permita la ley.

5. *El régimen fiscal y económico del Estado*

Por otra parte, en la Constitución de 1999, también constituyendo una novedad, se incorporaron unas secciones sobre el régimen fiscal y presupuestario; el sistema monetario nacional y la coordinación macroeconómica; estableciéndose, además, en general, que los principios y disposiciones establecidas en la Constitución para la administración económica y financiera nacional, deben regular la de los Estados y Municipios, en cuanto sean aplicables (art. 311 a 317).

Además, por primera vez en el constitucionalismo venezolano se incorporaron al texto fundamental un conjunto de normas relativas al Banco Central de Venezuela y a la política macroeconómica del Estado (arts. 318 a 321).

6. *El régimen de los bienes públicos*

Por último, en materia económica, la nueva Constitución trae un conjunto de disposiciones constitucionales, muchas novedosas, sobre el régimen de los bienes del Estado, que deben destacarse.

---

136 Véase, Allan R. Brewer–Carías, *Debate Constituyente*, tomo II, *op. cit.*, p. 279; y tomo III, *op. cit.*, pp. 70 y ss.

137 Véase Allan R. Brewer–Carías, "Les protections constitutionnelles et légales contre les impositions confiscatoires", *Rapports Generaux. XIII Congrès International de Droit Comparé,* Montreal 1990, pp. 795 a 824. Véase también en Allan R. Brewer–Carías, *El Poder Público: Nacional Estadal y Municipal, Instituciones Políticas y Constitucionales*, tomo II, Caracas, San Cristóbal 1996, pp. 85 y ss.

138 Véase Allan R. Brewer–Carías, *Debate Constituyente,* tomo II, *op. cit.*, p. 282 y tomo III, *op. cit.*, p. 81.

En la nueva Constitución se declaran como bienes del dominio público y que, por tanto, en los términos del Código Civil (art. 543) son inalienables e imprescriptibles a los yacimientos mineros y de hidrocarburos, cualquiera que sea su naturaleza, existentes en el territorio nacional, bajo el lecho del mar territorial, en la zona económica exclusiva y en la plataforma continental, (art. 12)[139].

La misma norma del artículo 12 de la Constitución dispone que las costas marinas son bienes del dominio público; entendiéndose por tales costas, la parte de la ribera que baña el mar, es decir, la playa o zona que está entre la alta y la baja marea, como lo ha establecido la jurisprudencia de la Corte Suprema[140]. El artículo 304 de la Constitución dispone que todas las aguas son bienes del dominio público de la Nación, insustituibles para la vida y el desarrollo. Corresponde a la ley establecer las disposiciones necesarias a fin de garantizar su protección, aprovechamiento y recuperación, respetando las fases del ciclo hidrológico y los criterios de ordenación del territorio[141].

En cuanto a las tierras baldías, estás de acuerdo con el Código Civil, son los bienes inmuebles que no tienen dueño (art. 542), y que se atribuyen a los Estados. La nueva Constitución les asigna la "administración" de las tierras baldías de su jurisdicción" (art. 164, ord. 5), cambiando el régimen de la Constitución de 1961 que reservaba dicha administración de baldíos al Poder Nacional (art. 136, ord. 10).

En cuanto a los ejidos municipales en la Constitución de 1999 se repitió el dispositivo del artículo 32 de la Constitución de 1961, en el sentido de su inalienabilidad e imprescriptibilidad (art. 181).

En la Constitución sin embargo, se agregó una disposición novedosa que en forma similar a la definición de las tienen baldías en relación con los Estados, considera que los terrenos situados dentro del área de las poblaciones de los Municipios, carentes de dueño, se consideran terrenos ejidos, sin menoscabo de legítimos derechos de terceros, válidamente constituidos. Igualmente, el artículo 181 de la Constitución constituye en ejidos, las tierras baldías ubicadas en el área urbana, quedando sólo exceptuadas las tierras correspondientes a las comunidades y pueblos indígenas. Además, se establece que la ley debe determinar la conversión en ejidos de otras tierras públicas.

---

139 En esta forma se le dio rango constitucional a lo ya previsto en la Ley de Minas (art. 2) (*Gaceta Oficial* N° 5382 de 28–09–99) y en la Ley Orgánica de Hidrocarburos Gaseosos (art. 1°) (*Gaceta Oficial* N° 36.793 de 23–9–99). Véase nuestra propuesta sobre esto en Allan R. Brewer–Carías, *Debate Constituyente*, tomo II, *op. cit.*, pp. 35 y 39.

140 Véase la sentencia de la Corte Suprema de Justicia en Sala Político Administrativa de 13–08–64 en *Gaceta Forense* N° 45, 1964, p. 235 a 237; y en Allan R. Brewer–Carías, *Jurisprudencia de la Corte Suprema 1930–1974 y Estudios de Derecho Administrativo,* tomo II, Caracas 1976, pp. 523 a 528

141 Véase Allan R. Brewer–Carías, "La declaratoria de todas las aguas como del dominio público en el derecho venezolano", en *Revista de la Facultad de Derecho y Ciencias Sociales*, N° 3–4, XXIII, Montevideo, 1975, pp. 157 a 167. Además, véase Allan R. Brewer–Carías *Derecho y Administración de las Aguas y otros Recursos Naturales Renovables,* Caracas 1976, pp. 79 a 91; y *Ley de Aguas*, Editorial Jurídica Venezolana, Caracas 2007.

7. *Los problemas de una Constitución económica concebida para el estatismo*

El paternalismo estatal en el campo social analizado anteriormente, también conduce inexorablemente a la concepción de una Constitución económica con una gran carga estatista. En efecto, como hemos señalado, la tercera parte de la Constitución, como toda Constitución contemporánea, está destinada a regular la Constitución económica, en la cual se establecen las reglas de juego del sistema económico del país, el cual sigue concibiéndose, en principio, como un sistema de economía mixta, que se basa en reconocer la iniciativa privada y los derechos de propiedad y libertad económica, pero fundamentándolo en principios de justicia social, lo que permite la intervención del Estado en la economía, en algunos casos en forma desmesurada.

En esta materia, a pesar de que en las discusiones del Proyecto se lograron establecer algunos equilibrios importantes entre la libertad económica y la intervención del Estado, existe un marcado acento estatista, lo que aunado a las consecuencias fiscales del paternalismo social y del populismo que contiene, hacen materialmente inviable financieramente el rol del Estado, sobre todo en el largo plazo, previéndose un esquema de terrorismo tributario que informa la Disposición Transitoria Quinta, contrario a la iniciativa privada.

En efecto, la Constitución no sólo es manifiestamente estatista en materia económica, al atribuir al Estado la responsabilidad fundamental en la gestión y prestación de los servicios públicos básicos en materia de salud, educación y seguridad social, y de los de carácter domiciliario como distribución de agua, electricidad y gas, sino que ello también deriva de la regulación, en el mismo, de un conjunto de potestades reguladoras, de control y de planificación.

Las normas relativas a la economía, por tanto, son básicamente las destinadas a prever la intervención del Estado, destinándose a lo privado, en realidad, las escuetas normas reguladoras de la libertad económica (art. 112) y de la propiedad privada (art. 115). No existe, sin embargo, el equilibrio necesario entre lo público y lo privado, privilegiándose en el sector privado sólo actividades no fundamentales en la generación de riqueza y empleo como la agrícola (art. 305), la artesanía (art. 309), la pequeña y mediana empresa (art. 308), y el turismo (art. 310).

A ello se agregan normas de control y persecución como las relativas a los monopolios y a los delitos económicos (arts. 113 y 114); la declaración como del dominio público del subsuelo, las costas marítimas y las aguas (arts. 112 y 304) lo que abre un campo importante adicional respecto del control estatal del uso y aprovechamiento de dichos bienes; la reserva al Estado de la industria petrolera, y la posibilidad de reserva de otras actividades, servicios o explotaciones de carácter estratégico (art. 302); y las normas que prevén las potestades planificadoras del Estado, tanto a nivel nacional (arts. 112 y 299) como a nivel local (art. 178).

El Estado, así, en la Constitución es responsable de casi todo, y puede regularlo todo. La iniciativa privada aparece marginal y marginada. No se asimiló la experiencia del fracaso del Estado regulador, de control, planificador y empresario de las últimas décadas, ni se entendió la necesidad de privilegiar las iniciativas privadas y estimular la generación de riqueza y empleo por la sociedad.

El resultado del texto constitucional en materia económica, visto globalmente y en su conjunto, es el de una Constitución hecha para la intervención del Estado en la economía y no para el desarrollo de la economía por los privados bajo el principio de la subsidiariedad de la intervención estatal.

Por otra parte, el Estado que se concibe en el texto constitucional, cuando se analiza en su conjunto el enorme cúmulo de responsabilidades que se le atribuyen en el campo social, de la salud, educación, seguridad social y cargas laborales, con exclusión sistemática de las iniciativas privadas, lo hacen totalmente incapaz, financieramente, para atenderlas. Para la previsión de las regulaciones del Estado paternalista previstas en la Constitución, no hubo cálculo alguno de costos, lo que coloca al Estado, si pretendiese asumirlas y cumplirlas, de entrada, en una situación de quiebra, por estar obligado a pagar más de lo que es capaz y puede recaudar en impuestos, máxime en un país en el cual no hay hábito ciudadano de contribuyente.

Si a ello se agrega la previsión con rango constitucional de que la gestión fiscal debe equilibrarse en un marco plurianual del presupuesto "de manera que los ingresos ordinarios deben ser suficientes para cubrir los gastos ordinarios" (art. 311); no se entiende cómo será posible la atención por el Estado de todas las obligaciones que se le imponen.

En todo caso, la enorme responsabilidad social atribuida al Estado y los costos financieros que conlleva su atención, por supuesto que implicarán, de reducirse los ingresos petroleros derivados de los altos precios del petróleo, la exacerbación del ejercicio de la potestad tributaria del Estado en sus diversos niveles territoriales y, de inmediato, en el nivel nacional y en el nivel municipal. Ello exigía, por sobre todo, el establecimiento de un adecuado equilibrio entre la potestad pública y los derechos de los individuos, de manera que el ejercicio de la primera no afectase la capacidad económica de los contribuyentes ni sus garantías constitucionales, que requieren de protección especial.

La Constitución, en esta materia, no reguló nada específico sobre el necesario respeto de la capacidad contributiva de las personas ni sobre el principio de que la imposición debía revertir hacia los contribuyentes–ciudadanos, en servicios públicos adecuados. Nada se reguló en el texto constitucional, además, sobre las garantías constitucionales del contribuyente frente al ejercicio de la potestad tributaria, ya que es precisamente con ocasión de su ejercicio que todo el poder del Estado se puede volcar sobre los individuos. Al contrario, las únicas normas nuevas previstas en la Constitución en esta materia, tienden a castigar la evasión fiscal con penas privativas de la libertad personal (art. 317), estableciéndose en las Disposiciones Transitorias normas destinadas a regularizar el terrorismo fiscal (Disposición Transitoria Quinta), elaboradas pensando como si sólo las grandes empresas fueran contribuyentes, a quienes sólo hay que perseguir, e ignorando que en un sistema de Estado con incapacidad financiera estructural, todas las personas son o deben ser potencialmente contribuyentes y, por tanto, sujetos de persecución fiscal.

En esta materia consideramos que la Constitución se olvidó del ciudadano y de la protección y seguridad que había que brindarle.

VII. LOS SISTEMAS DE PROTECCIÓN Y GARANTÍA DE LA CONSTITUCIÓN

El artículo 7 de la Constitución de 1999, reafirma que la Constitución es la norma suprema y el fundamento de todo el ordenamiento jurídico, de manera que todas las personas y los órganos que ejercen el Poder Público están sujetos a la misma; constituyendo, además, uno de los deberes constitucionales "cumplir y acatar" la Constitución (art. 131). Ello conduce a la previsión, en el propio texto constitucional, de un conjunto de sistemas para la protección y garantía de esa supremacía constitucional que, sin duda, constituye uno de los pilares fundamentales del constitucionalismo contemporáneo y del Estado de Derecho[142].

1. *La garantía de la Constitución: el control judicial de la constitucionalidad*

La consolidación en Venezuela del Estado de Derecho, como ha ocurrido en todo el constitucionalismo moderno, está en el establecimiento de un completo sistema de control de la constitucionalidad de los actos estatales, es decir, de justicia constitucional[143].

A. *Aspectos de la justicia constitucional* [144]

a. *La competencia judicial*

En efecto, siendo la Constitución norma suprema y el fundamento del ordenamiento jurídico (art. 7); dicha supremacía no tendría efectividad si no fuera por la existencia de un sistema de justicia constitucional para garantizarla.

De allí que el artículo 334 de la Constitución atribuya a todos los jueces, en el ámbito de sus competencias y conforme a lo previsto en la Constitución y la ley, la obligación "de asegurar la integridad de la Constitución"[145].

En consecuencia la justicia constitucional como competencia judicial para velar por la integridad y supremacía de la Constitución, corresponde a todos los jueces en cualquier causa o proceso que conozcan y, además, en particular, cuando conozcan de acciones de amparo o de las acciones contencioso–administrativa al tener la potestad para anular actos administrativos por contrariedad a la Constitución (como forma de contrariedad al derecho) (art. 259)[146]; y no sólo al Tribunal Supremo de Justicia. Este, sin embargo, en forma particular, tiene expresamente como competencia garantizar "la supremacía y efectividad de las normas y principios constitucionales", correspondiéndole ser "el máximo y último intérprete de la Constitución" y velar "por su uniforme interpretación y aplicación" (art. 335); y, en particular, ejercer la jurisdicción constitucional (arts. 266, ord. 1° y 336).

---

142 Véase Allan R. Brewer–Carías, *Evolución Histórica del Estado, Instituciones Políticas y Constitucionales*, tomo I, Caracas, San Cristóbal 1996, pp. 47 y ss.

143 Véase Allan R. Brewer–Carías, *La Justicia Constitucional, Instituciones Políticas y Constitucionales*, tomo VI, Caracas 1996.

144 Véase en general Allan R. Brewer–Carías, *El sistema de justicia constitucional de 1999,* Caracas 2000, 130 pp.; y "La justicia constitucional en la constitución de 1999", en *Derecho Procesal Constitucional,* Colegio de Secretarios de la Suprema Corte de Justicia de la Nación, México 2001, pp. 931 a 961.

145 Véase nuestra propuesta en relación con este artículo en Allan R. Brewer–Carías, *Debate Constituyente (Aportes a la Asamblea Nacional Constituyente),* tomo II, *(9 septiembre–17 octubre 1999)*, Caracas 1999, pp. 24 y 34.

146 Véase Allan R. Brewer–Carías, *La Justicia Contencioso–Administrativa, Instituciones Políticas y Constitucionales*, tomo VII, Caracas 1997, pp. 26 y ss.

b. *El control difuso de la constitucionalidad de las leyes*

Una de las formas específicas para el ejercicio de la justicia constitucional, es la posibilidad que tiene todo juez de la República de ser juez de la constitucionalidad de las leyes. Se trata del método denominado de control difuso de control de la constitucionalidad de leyes que existe en nuestro país desde el siglo XIX[147], que estaba regulado en el artículo 20 del Código de Procedimiento Civil.

Ahora bien, a los efectos de consolidar constitucionalmente el método de control difuso de la constitucionalidad de las leyes, como ha ocurrido en otros países como Colombia, por ejemplo, desde 1910 (art. 4) y, en Guatemala, 1965 (art. 204), Bolivia, 1994 (art. 228), Honduras, 1982 (art. 315) y Perú, 1993 (art. 138); se incorporó a la Constitución una disposición similar[148], que terminó siendo ubicada en el artículo 334[149], con el siguiente texto:

> "En caso de incompatibilidad entre esa Constitución y una ley u otra norma jurídica, se aplicarán las disposiciones constitucionales, correspondiendo a los tribunales en cualquier causa, aun de oficio, decidir lo conducente".

En esta forma, el método de control difuso de la constitucionalidad, adquirió en nuestro país rango constitucional, el cual, incluso, puede ser ejercido *de oficio* por los tribunales[150].

c. *El control concentrado de la constitucionalidad de las leyes: la Jurisdicción Constitucional*

Pero además de constitucionalizarse el control difuso de la constitucionalidad de las leyes, en la Constitución de 1999 se precisó el régimen del control concentrado de la constitucionalidad de las leyes, configurándose claramente al Tribunal Supremo de Justicia, como Jurisdicción constitucional, a los efectos de la anulación de las mismas.

Por ello, el mismo artículo 334 de la Constitución dispone:

> Corresponde exclusivamente a la Sala Constitucional del Tribunal Supremo de Justicia como jurisdicción constitucional, declarar la nulidad de las leyes y demás actos de los órganos que ejercen el Poder Público dictados en ejecución directa e inmediata de la Constitución o que tengan rango de ley.

En esta forma quedó definitivamente establecida la diferencia entre la jurisdicción contencioso–administrativa y la Jurisdicción constitucional, por el

---

147 Véase Allan R. Brewer–Carías, *Judicial Review in Comparative Law*, Cambridge 1989, pp. 127 y ss.; Allan R. Brewer–Carías, *La Justicia Constitucional, Instituciones Políticas y Constitucionales*, tomo VI, *cit.*, pp. 86 y ss.

148 Véase nuestras propuestas respecto del artículo 7 en Allan R. Brewer–Carías, *Debates Constituyentes*, tomo II, *op. cit.*, pp. 24 y 34.

149 Véase Allan R. Brewer–Carías, *Debate Constituyente (Aportes a la Asamblea Nacional Constituyente)*, tomo III, (18 octubre–30 noviembre 1999), Caracas 1999, pp. 94 a 105.

150 Esta ha sido una de las características del sistema venezolano. Véase Allan R. Brewer–Carías, *La Justicia Constitucional, Instituciones Políticas y Constitucionales*, tomo VI, *op. cit.*, p. 101.

objeto del control y no por los motivos de control[151], por lo que sólo compete a la Jurisdicción constitucional conocer de la anulación, por inconstitucionalidad, por supuesto, de las leyes y demás actos dictados en ejecución directa e inmediata de la Constitución (como los actos de gobierno, o los interna *corporis* de la Asamblea) o que tengan rango de Ley (Decretos–Leyes); correspondiendo, en cambio, a la jurisdicción contencioso–administrativa conocer de la nulidad de los actos administrativos, incluidos los Reglamentos, por motivos de inconstitucionalidad y de ilegalidad (contrariedad del derecho).

B. *Las competencias del Tribunal Supremo de Justicia en materia de justicia constitucional*

Una de las novedades de la Constitución de 1999 ha sido la creación de la Sala Constitucional del Tribunal Supremo de Justicia (art. 262), a la cual se le ha atribuido la Jurisdicción constitucional (art. 266, ord. 1°) consistente en la potestad anulatoria de las leyes y demás actos de igual rango y jerarquía, y el ejercicio de otras competencias en materia de justicia constitucional.

a. *La potestad anulatoria por inconstitucionalidad*

La Sala Constitucional del Tribunal Supremo, como Jurisdicción constitucional, tiene las siguientes atribuciones de control concentrado de la constitucionalidad de determinados actos estatales, con poderes anulatorios, previstas en el artículo 336:

"1. Declarar la nulidad total o parcial de las *leyes nacionales* y demás actos con *rango de ley* de la Asamblea Nacional que colidan con esta Constitución.

2. Declarar la nulidad total o parcial de las *Constituciones* y *leyes estadales*, de las *ordenanzas municipales* y demás actos de los cuerpos deliberantes de los Estados y Municipios dictados en *ejecución directa e inmediata* de la Constitución y que colidan con ésta.

3. Declarar la nulidad total o parcial de los *actos con rango de ley* dictados por el Ejecutivo Nacional que colidan con esta Constitución.

4. Declarar la nulidad total o parcial de los *actos en ejecución directa e inmediata* de la Constitución, dictados por cualquier otro órgano estatal en ejercicio del Poder Público".

La acción para la solicitud de declaratoria de nulidad de las leyes, es una acción popular, que puede intentarse por cualquier ciudadano conforme a una tradición que se remonta al año 1858[152].

---

151 Véase Allan R. Brewer–Carías, *La Justicia Contencioso–Administrativa, Instituciones Políticas y Constitucionales,* tomo VII, *op. cit.*, pp. 26 a 33.

152 Véase Allan R. Brewer–Carías, *El sistema mixto o integral de control de constitucionalidad en Colombia y Venezuela,* Bogotá 1995, pp. 10 y ss.

b. *El control previo de la constitucionalidad de actos estatales*

El Tribunal Supremo de Justicia en Sala Constitucional, además, tiene las siguientes competencias para controlar la constitucionalidad de actos estatales antes de su entrada en vigencia:

En *primer lugar,* la prevista en el artículo 336, ordinal 5° en relación con los *tratados internacionales* de:

> "5. Verificar, a solicitud del Presidente o Presidenta de la República o de la Asamblea Nacional, la conformidad de la Constitución con los tratados internacionales suscritos por la República antes de su ratificación".

En *segundo lugar,* la prevista en el artículo 203 de la Constitución conforme al cual, la Sala Constitucional debe pronunciarse sobre la constitucionalidad del carácter orgánico, antes de su promulgación, de las *leyes orgánicas* que así hayan sido calificadas por la Asamblea Nacional.

En *tercer lugar*, la prevista en el artículo 204 de la Constitución, en los casos del veto presidencial a las leyes, conforme al cual la Sala Constitucional debe pronunciarse sobre la inconstitucionalidad de una ley o de algunos de sus artículos, a solicitud del Presidente de la República, antes de la promulgación de la ley.

c. *La revisión obligatoria de la constitucionalidad de los Decretos de Estado de Emergencia*

De acuerdo con el artículo 339 de la Constitución, el Decreto que declare el Estado de Excepción debe ser presentado a la Sala Constitucional del Tribunal Supremo, para que se pronuncie sobre su inconstitucionalidad. Por ello, el artículo 336 le atribuye a la Sala, competencia expresa para dicha revisión, que puede ejercer aún de oficio.

d. *El control de constitucionalidad de las leyes por omisión*

Otra institución novedosa en materia de justicia constitucional que establece la Constitución de 1999, es el denominado control de la constitucionalidad de las leyes por omisión al atribuirle, el artículo 336, a la Sala Constitucional, competencia para:

> "7. Declarar la inconstitucionalidad de la omisión del poder legislativo municipal, estadal o nacional, cuando haya dejado de dictar las normas o medidas indispensables para garantizar el cumplimiento de la Constitución, o las haya dictado en forma incompleta, y establecer el plazo y, de ser necesario, los lineamientos de su corrección".

e. *El control de la constitucionalidad de las leyes mediante la declaración de colisión*

Conforme a una tradicional competencia de la Corte Suprema de Justicia (art. 215, ord. 5° de la Constitución de 1961), el artículo 336 de la Constitución de 1999 le atribuye al Tribunal Supremo competencia para "resolver las colisiones que existan entre diversas disposiciones legales y declarar cuál de éstas debe prevalecer" (ord. 8).

f. *La resolución de controversias constitucionales entre los órganos del Poder Público*

El Tribunal Supremo, en Sala Constitucional, también tiene competencia, conforme al artículo 336, para "dirimir las controversias constitucionales que se susciten entre cualesquiera de los órganos del Poder Público" (ord. 9).

Esta competencia de orden constitucional tiene por objeto resolver los conflictos entre los órganos del Poder Público, tanto en su distribución vertical (República, Estados y Municipios), como en su división horizontal a nivel nacional (Poder Legislativo, Poder Ejecutivo, Poder Judicial, Poder Ciudadano, Poder Electoral) y a nivel estadal y municipal (Poder Legislativo y Poder Ejecutivo).

Es decir, se trata de resolución de controversias sobre atribuciones *constitucionales* entre los órganos del Poder Público; que son distintas a las controversias administrativas que se susciten entre la República, los Estados, Municipios u otro ente público, las que compete ser resueltas por la Sala Político–Administrativa del Tribunal Supremo (art. 266, ord. 4º), como jurisdicción contencioso–administrativa.

g. *La revisión de las sentencias dictadas por los tribunales de instancia en cuestiones de constitucionalidad*

Por último, el artículo 336 de la Constitución atribuye a la Sala Constitucional, competencia para:

> "Revisar las sentencias definitivamente firmes de amparo constitucional y de control de constitucionalidad de leyes o normas jurídicas dictadas por los tribunales de la República, en los términos establecidos por la ley orgánica respectiva.

Por supuesto, esta competencia no se configura como la de una apelación ni como la de una segunda instancia general en la materia. Se trata de una competencia excepcional para que la Sala Constitucional pueda revisar, a su juicio y discreción, mediante un recurso extraordinario que se puede ejercer contra sentencias de última instancia dictadas por los tribunales de la República (excluido, por supuesto, el Tribunal Supremo y sus Salas) en materia de amparo constitucional o en ejercicio de control difuso de la constitucionalidad de las leyes.

Esta potestad de revisión no es obligatoria, sino que se ejerce a juicio de la Sala, en forma discrecional. De lo que se trata, fue de evitar que se pudiera abrir un recurso extraordinario de obligatoria decisión por la Sala, contra todas las sentencias referidas, lo cual sería imposible de manejar, por la magnitud de casos.

C. *El Tribunal Supremo como supremo intérprete de la Constitución*

De acuerdo con el artículo 335 de la Constitución el Tribunal Supremo de Justicia debe garantizar la supremacía y efectividad de las normas y principios constitucionales; y es el máximo y último intérprete de la Constitución, por lo que debe velar por su uniforme interpretación y aplicación.

En todo caso, el valor de las interpretaciones constitucionales que, en particular, establezca la Sala Constitucional sobre el contenido o alcance de las normas y principios constitucionales "son vinculantes para las otras Salas del Tribunal Supremo de Justicia y demás tribunales de la República".

Se le da, así, a las interpretaciones constitucionales de la Sala, valor de precedente, de obligatoria aplicación por los demás tribunales y, además, por las otras Salas del Tribunal Supremo.

Ello, no excluye, sin embargo, la competencia de las otras Salas para tomar decisiones en materia constitucional e interpretar la Constitución, al aplicarla en los casos concretos que conozcan. Todas las Salas deben considerarse que son en sí mismas el Tribunal Supremo.

2. *El régimen de los estados de excepción*

El Capítulo II del Título relativo a la "Protección de la Constitución", está destinado a regular las circunstancias excepcionales que pueden originar situaciones de excepción que afecten gravemente la seguridad de la Nación, de las instituciones y de las personas, y que ameritan la adopción de medidas político constitucionales para afrontarlas.

A. *Los estados de excepción*

El artículo 337 de la Constitución califica expresamente como estados de excepción, las circunstancias de orden social, económico, político, natural o ecológico, que afecten gravemente la seguridad de la Nación, de las instituciones y de los ciudadanos y ciudadanas, a cuyo respecto resultan insuficientes las facultades de las cuales se disponen para hacer frente a tales hechos.

Se trata, por tanto, de circunstancias excepcionales que sobrepasan las posibilidades de su atención mediante los mecanismos institucionales previstos para situaciones normales. El artículo 338 remite a una Ley Orgánica para regular los estados de excepción y determinar las medidas que pueden adoptarse con base en los mismos[153].

El artículo 338 de la Constitución, además, precisa los diversos tipos específicos de estados de excepción, en la siguiente forma:

Puede decretarse el estado de alarma cuando se produzcan catástrofes, calamidades públicas u otros acontecimientos similares que pongan seriamente en peligro la seguridad de la Nación o de sus ciudadanos. Dicho estado de excepción debe tener una duración de hasta treinta días, siendo prorrogable por treinta días más.

El estado de emergencia económica puede decretarse cuando se susciten circunstancias económicas extraordinarias que afecten gravemente la vida económica de la Nación. Su duración debe ser de sesenta días prorrogables por un plazo igual.

También puede decretarse el estado de conmoción interior o exterior en caso de conflicto interno o externo, que ponga seriamente en peligro la seguridad de la

153 Véase la Ley Orgánica sobre los Estados de Excepción en *Gaceta Oficial* N° 37.261 de 15–08–01.

Nación, de sus ciudadanos o de sus instituciones. En este caso, la duración puede ser de hasta por noventa días, siendo prorrogable hasta por noventa días más.

B. *El Decreto de estado de excepción*

En las circunstancias excepcionales antes mencionadas, corresponde al Presidente de la República, en Consejo de Ministros, decretar los estados de excepción. (art. 337).

De acuerdo con el artículo 339, el Decreto que declare el estado de excepción, debe ser presentado, dentro de los ocho días siguientes de haberse dictado, a la Asamblea Nacional, o a la Comisión Delegada, para su consideración y aprobación, y a la Sala Constitucional del Tribunal Supremo de Justicia, para que se pronuncie sobre su constitucionalidad.

El Decreto debe cumplir con las exigencias, principios y garantías establecidos en el Pacto Internacional de Derechos Civiles y Políticos y en la Convención Americana sobre Derechos Humanos.

El Presidente de la República puede solicitar a la Asamblea Nacional la prórroga del Decreto por un plazo igual, y puede ser revocado por el Ejecutivo Nacional o por la Asamblea Nacional o por su Comisión Delegada, antes del término señalado, al cesar las causas que lo motivaron. En todo caso, la aprobación de la prórroga de los estados de excepción corresponde a la Asamblea Nacional (art. 338).

C. *La restricción de las garantías constitucionales*

En los casos en los cuales se decreten estados de excepción, el Presidente de la República en Consejo de Ministros también puede restringir temporalmente las garantías consagradas en la Constitución, salvo las referidas a los derechos a la vida, prohibición de incomunicación o tortura, el derecho al debido proceso, el derecho a la información y los demás derechos humanos intangibles (art. 377).

A esta lista de garantías constitucionales que no pueden restringirse en forma alguna, y que están reguladas en los artículos 43, 43 ord. 2 y 46, ord. 1, 49 y 58; se deben considerar como "los demás derechos humanos intangibles" cuyas garantías tampoco pueden restringirse, a los indicados en el Pacto Internacional de Derechos Civiles y Políticos (art. 4), y en la Convención Americana de Derechos Humanos (art. 27), y que son: la garantía de la igualdad y no discriminación; la garantía de no ser condenado a prisión por obligaciones contractuales; la garantía de la irretroactividad de la ley; el derecho a la personalidad; la libertad religiosa; la garantía de no ser sometido a esclavitud o servidumbre; la garantía de la integridad personal; el principio de legalidad; la protección de la familia; los derechos del niño; la garantía de la no privación arbitraria de la nacionalidad y el ejercicio de los derechos políticos al sufragio y el acceso a las funciones públicas.

En esta forma, en *primer lugar,* se eliminó de la Constitución la posibilidad de que se pudiesen "suspender" las garantías constitucionales, como lo autorizaba el artículo 241, en concordancia con el artículo 190, ordinal 6 de la Constitución de 1961, y que dio origen a tantos abusos institucionales, quedando la potestad de excepción, a la sola posibilidad de "restringir" (art. 236, ord. 7) las garantías constitucionales.

En *segundo lugar*, se exige expresamente que el Decreto que declare el estado de excepción y restrinja las garantías, obligatoriamente debe "regular el ejercicio del derecho cuya garantía se restringe" (art. 339). Es decir, no basta "restringir" una garantía constitucional pura y simplemente, sino que es indispensable que en el mismo Decreto se regule (normativamente) en concreto el ejercicio del derecho. Por ejemplo, si se restringe la libertad de tránsito, en el mismo Decreto de restricción debe especificarse en qué consiste la restricción, como podría ser la prohibición de circular a determinadas horas (toque de queda), por ejemplo, o en determinados vehículos[154].

D. *La garantía del normal funcionamiento de los Poderes Públicos*

La declaratoria del estado de excepción en ningún caso interrumpe el funcionamiento de los órganos del Poder Público (art. 339).

Además, la declaración de los estados de excepción no modifica el principio de la responsabilidad del Presidente de la República, ni la del Vicepresidente Ejecutivo, ni la de los Ministros de conformidad con la Constitución y la ley (art. 232).

3. *La revisión constitucional*

La rigidez de la Constitución se concretiza en la previsión de procedimientos y vías institucionales específicas para la revisión de la Constitución, la cual en ningún caso puede hacerse por la Asamblea Nacional mediante el solo procedimiento de formación de las leyes. En general, se exige para la revisión constitucional la participación del pueblo como poder constituyente originario.

En la Constitución de 1999 se han establecido tres mecanismos institucionales para la revisión constitucional que se distinguen según la intensidad de las transformaciones que se proponen, y que son las Enmiendas constitucionales, las Reformas Constitucionales y la Asamblea Nacional Constituyente. Cada procedimiento tiene su sentido y ámbito de aplicación según la importancia de las modificaciones a la Constitución, de manera que para la aprobación de las "enmiendas" se estableció la sola participación del pueblo como poder constituyente originario manifestado mediante referendo aprobatorio; para la aprobación de la "reforma constitucional" se estableció la participación de uno de los poderes constituidos, –la Asamblea Nacional– y, además, del pueblo como poder constituyente originario manifestado mediante referendo; y para la revisión constitucional mediante una "Asamblea Nacional Constituyente", se estableció la participación del pueblo como poder constituyente originario, de dos maneras, primero, para la elección de los miembros de la Asamblea Constituyente, y segundo, manifestado mediante referendo.

Sobre estos tres mecanismos para la revisión constitucional, la propia Sala Constitucional del Tribunal Supremo de Justicia ha señalado que:

---

154 Véase las críticas a la suspensión no regulada de garantías constitucionales en Allan R. Brewer–Carías, "Prólogo" al libro de Daniel Zovatto G., *Los Estados de Excepción y los derechos humanos en América Latina*, Caracas, San José, pp. 24 y ss.

"Cada uno de estos mecanismos de reforma tiene sus peculiaridades, los cuales con una somera lectura del texto constitucional se puede apreciar que, por ejemplo, el procedimiento de enmienda, va a tener por objeto la adición o modificación de uno o varios artículos de la Constitución, tal como lo señala el artículo 340 de la Carta Magna. Por su parte, la reforma constitucional, se orienta hacia la revisión parcial de la Constitución, así como la sustitución de una o varias de sus normas (artículo 342). Ambos mecanismos, están limitados por la no modificación de la estructura fundamental del texto constitucional, y por un referéndum al cual debe estar sometido para su definitiva aprobación, Ahora bien, en el caso de que se quiera transformar el Estado, crear un nuevo ordenamiento jurídico y redactar una nueva Constitución, el texto constitucional vigente consagra la posibilidad de convocatoria a una Asamblea Nacional Constituyente (Artículo 347 *eiusdem*). Igualmente, las iniciativa para proceder a la enmienda, reforma o convocatoria de la Asamblea Constituyente, están consagradas en el texto constitucional de manera expresa"[155].

De lo anterior resulta que no puede utilizarse uno de los procedimientos de revisión constitucional para fines distintos a los regulados en la propia Constitución, pues de lo contrario, se incurriría en un fraude constitucional[156], tal como ocurrió con la reforma constitucional sancionada por la Asamblea Nacional el 2 de noviembre de 2007, que fue rechazada por voto popular en el referendo del 2 de diciembre de 2007. A ello nos referimos más adelante.

A. *Las Enmiendas constitucionales*

El procedimiento de la Enmienda para la reforma constitucional, tiene por objeto la adición o modificación de uno o varios artículos de la Constitución, sin alterar su estructura fundamental (art. 340).

De acuerdo con el artículo 341, ordinal 1, la iniciativa para la Enmienda puede partir del quince por ciento de los ciudadanos inscritos en el registro civil y electoral; o de un treinta por ciento de los integrantes de la Asamblea Nacional o del Presidente de la República en Consejo de Ministros. Cuando la iniciativa parta de la Asamblea Nacional, la enmienda requiere la aprobación de ésta por la mayoría de

155 Véase sentencia N° 1140 de la Sala Constitucional de 05–19–2000, en *Revista de Derecho Público*, N° 84, Editorial Jurídica Venezolana, Caracas, 2000.

156 La Sala Constitucional del Tribunal Supremo de Justicia en la sentencia N° 74 de 25–01–2006 señaló que un *fraude a la Constitución* ocurre cuando se destruyen las teorías democráticas "mediante el procedimiento de cambio en las instituciones existentes aparentando respetar las formas y procedimientos constitucionales", o cuando se utiliza "del procedimiento de reforma constitucional para proceder a la creación de un nuevo régimen político, de un nuevo ordenamiento constitucional, sin alterar el sistema de legalidad establecido, como ocurrió con el *uso fraudulento de los poderes* conferidos por la ley marcial en la Alemania de la Constitución de *Weimar*, forzando al Parlamento a conceder a los líderes fascistas, en términos de dudosa legitimidad, la plenitud del poder constituyente, otorgando un poder legislativo ilimitado"; y que un *falseamiento de la Constitución* ocurre cuando se otorga "a las normas constitucionales una interpretación y un sentido distinto del que realmente tienen, que es en realidad una modificación no formal de la Constitución misma", concluyendo con la afirmación de que "*Una reforma constitucional sin ningún tipo de límites, constituiría un fraude constitucional*". Véase en *Revista de Derecho Público,* Editorial Jurídica Venezolana, N° 105, Caracas 2006, pp. 76 ss.

sus integrantes y se debe discutir, según el procedimiento establecido en esta Constitución para la formación de leyes (art. 341,2).

De esta norma se deduce, por tanto, que la discusión legislativa de las Enmiendas sólo se produce cuando la iniciativa parta de la Asamblea Nacional. Por tanto, si la Enmienda parte de una iniciativa popular o del Presidente de la República, no se somete a discusión ni a aprobación por la Asamblea Nacional, sino que directamente se debe someter a referendo aprobatorio (art. 341,3 y 4), al cual deben concurrir al menos el 25% de los electores inscritos, bastando para la aprobación que haya mayoría de votos afirmativos (art. 73).

Conforme a lo establecido en el artículo 346, el Presidente de la República está obligado a promulgar las Enmiendas dentro de los 10 días siguientes a su aprobación.

Por último, la Constitución exige que las enmiendas sean numeradas consecutivamente. Se deben publicar a continuación de la Constitución sin alterar el texto de ésta, pero anotando al pie del artículo o artículos enmendados la referencia de número y fecha de la enmienda que lo modificó.

B. *Las Reformas constitucionales*

En cuanto a las Reformas constitucionales, conforme al artículo 342 de la Constitución, tienen por objeto una revisión parcial de la Constitución y la sustitución de una o varias de sus normas que no modifiquen la estructura y principios fundamentales del texto constitucional.

De lo anterior resulta que la diferencia entre la Enmienda y la Reforma es muy sutil: aquella tiene por objeto "la adición o modificación de uno o varios artículos de la Constitución, sin alterar su estructura fundamental"; ésta tiene por objeto, "la sustitución de una o varias de sus normas que no modifiquen la estructura y principios fundamentales del texto constitucional". En definitiva, podría decirse que la Enmienda tiene por objeto "añadir o modificar" unos artículos y la Reforma la "sustitución" de unos artículos, pero en uno u otro caso, sin alterar o modificar la estructura fundamental de la Constitución.

Sin embargo, el procedimiento para la reforma es más complejo, pues requiere que el texto sea discutido y aprobado por la Asamblea Nacional antes de ser sometido a referendo.

En efecto, la iniciativa de la Reforma de la Constitución la puede ejercer la Asamblea Nacional mediante acuerdo aprobado por el voto de la mayoría de sus integrantes; el Presidente de la República en Consejo de Ministros o a solicitud de un número no menor del quince por ciento de los electores inscritos en el registro civil y electoral (art. 342).

Conforme al artículo 343, la iniciativa de reforma constitucional debe ser tramitada por la Asamblea Nacional en dos discusiones (art. 343). El proyecto de reforma constitucional aprobado por la Asamblea Nacional debe ser sometido a referendo dentro de los treinta días siguientes a su sanción (art. 344).

El pueblo, en el referendo, se debe pronunciar en conjunto sobre la reforma, pero puede votarse separadamente hasta una tercera parte de ella, si así lo aprueba un número no menor de una tercera parte de la Asamblea Nacional o si en la iniciativa de reforma así lo hubiere solicitado el Presidente de la República o un número no menor del cinco por ciento de los electores inscritos en el registro civil y electoral.

La Reforma constitucional se debe declarar aprobada si el número de votos afirmativos es superior al número de votos negativos (art. 345).

En caso de que no sea aprobada la reforma, el artículo 345 dispone que la iniciativa de la reforma no puede presentarse de nuevo en un mismo período constitucional a la Asamblea Nacional.

El Presidente de la República debe promulgar las reformas dentro de los diez días siguientes a su aprobación. Si no lo hiciere, se aplica lo previsto en el artículo 216 de la Constitución (art. 346).

C. *La Asamblea Nacional Constituyente*

Por último, como mecanismo de revisión constitucional, la Constitución de 1999, producto de una Asamblea Nacional Constituyente que como institución para la reforma constitucional no estaba prevista ni regulada en la Constitución de 1961; prevé precisamente dicho mecanismo en los artículos 347 y siguientes.

El artículo 347 comienza precisando lo que es lo esencial en este proceso: que el pueblo de Venezuela es el depositario del poder constituyente originario[157]; y que en consecuencia, en ejercicio de dicho poder puede convocar una Asamblea Nacional Constituyente "con el objeto de transformar al Estado, crear un nuevo ordenamiento jurídico y redactar una nueva Constitución".

La Asamblea Nacional Constituyente en la Constitución de 1999, por tanto, no está concebida como "poder originario" alguno, el cual queda reservado al pueblo, en forma intransferible. Sin embargo, contradictoriamente se especifica en el artículo 349 que los poderes constituidos no pueden en forma alguna impedir las decisiones de la Asamblea Nacional Constituyente, con lo cual la misma podría sobreponerse a los poderes constituidos.

La iniciativa de convocatoria a la Asamblea Nacional Constituyente corresponde al Presidente de la República en Consejo de Ministros; a la Asamblea Nacional, mediante acuerdo de la dos terceras partes de sus integrantes; a los Concejos Municipales en cabildos, mediante el voto de las dos terceras partes de los mismos; y al quince por ciento de los electores inscritos en el registro electoral (art. 348).

Ahora bien, sobre esta figura de la Asamblea Nacional Constituyente como mecanismo para la reforma constitucional, debe observarse lo siguiente:

En primer lugar, su convocatoria no está sometida a referendo consultivo previo, regulado, sin embargo, en la propia Constitución (art. 71) tratándose como en efecto se trata de una materia de especial trascendencia nacional, debió haberse previsto el referendo consultivo de acuerdo con la experiencia de 1999, conforme a la cual la Asamblea Nacional Constituyente de 1999 fue el producto final del referendo consultivo del 25–04–99.

---

157 Véase lo expuesto en Allan R. Brewer–Carías, *Poder Constituyente originario y Asamblea nacional Constituyente*, Caracas 1999.

En segundo lugar, la aprobación de la Constitución que emane de la Asamblea Nacional Constituyente no está sometida a referendo aprobatorio, el cual, sin embargo, está ahora regulado en la Constitución (art. 73 y 74). En contraste, también debe recordarse que la Constitución de 1999, sancionada por la Asamblea Nacional Constituyente, fue aprobada mediante referendo del 15–12–99 para poder entrar en vigencia. Asimismo, en contraste, debe destacarse que la propia Constitución exige que en los casos de Enmiendas y de Reformas constitucionales, las mismas deben ser sometidas a referendos aprobatorios (arts. 341 y 344).

En tercer lugar, nada se especifica en la Constitución en cuanto al "estatuto" de la Asamblea Nacional Constituyente, es decir, sobre su integración, la forma de elección de sus miembros y la duración. La determinación de este estatuto, por tanto, quedaría en manos del ente convocante, lo cual es totalmente inconveniente.

La figura de la Asamblea Nacional Constituyente, tal como está regulada, lamentablemente se configura como una grieta estructural en los cimientos del orden constitucional, abriendo las puertas a la arbitrariedad[158], pues en una forma más expedita que el referendo revocatorio de mandatos (art. 72), mediante la convocatoria a una Asamblea Nacional Constituyente, por ejemplo por la sola voluntad del Poder Ejecutivo, podría decretarse la cesación de todos los titulares de los órganos del Estado y cambiar la totalidad de la estructura constitucional venezolana, sin intervención popular de naturaleza alguna. Ello contradice el propio espíritu de la Constitución que habla de participación política hasta la saciedad.

VIII. EL SENTIDO DE LAS "DISPOSICIONES TRANSITORIAS" DE LA CONSTITUCIÓN DE 1999 QUE FUERON APROBADAS POPULARMENTE

La Constitución sancionada por la Asamblea Nacional Constituyente en noviembre de 1999, sometida a aprobación popular mediante el referendo del 15–12–99, contiene 28 Disposiciones Transitorias que contienen normas para asegurar la vigencia inmediata de la Constitución; posponer la vigencia de algunas normas; y regular el programa legislativo para la ejecución de la Constitución. Esa fue la voluntad expresada por el poder constituyente originario (el pueblo) en torno a la transitoriedad constitucional.

Ahora bien, a los efectos de regular la inmediata transición entre los titulares de los órganos del Poder Público que establecía la Constitución de 1961, que habían sido electos en noviembre y diciembre de 1998; y los nuevos órganos del Poder Público previstos en la Constitución de 1999, dichas Disposiciones Transitorias nada establecían.

En efecto, la voluntad de la Asamblea Nacional Constituyente expresada en el proyecto de Constitución que sancionó y había sometido a votación, no había régimen alguno que pudiera hacer pensar en la insuficiencia de los textos normativos integrados en las Disposiciones Transitorias. Tampoco fue voluntad de

158 Véase Miriam Kornblich "Luz y sombra de la Constitución de 1999: La Asamblea Constituyente", *El Universal*, Caracas, 15–06–01, pp. 2 a 15.

los constituyentes disponer alguna transición distinta a la contenida en las referidas Disposiciones Transitorias.

El intento de combinar un referendo consultivo junto con el referendo aprobatorio de la Constitución, para conocer la opinión popular sobre la cesación del mandato de las autoridades ejecutivas de la República motorizado por la Asamblea, había sido abortado por la propia Asamblea Nacional Constituyente[159].

Por tanto, la ausencia de previsión expresa en las Disposiciones Transitorias de la Constitución, de normas que buscaran asegurar la *inmediata sustitución* de los titulares de los órganos del Poder Público que habían sido electos en 1998, como lo argumentamos en su momento[160], conducía a la siguiente situación constitucional en un régimen democrático tal como se había aprobado en el referendo del 15 de diciembre de 1999:

En cuanto a los órganos del Poder Público Nacional, la nueva Constitución establecía una Asamblea Nacional unicameral. Sin embargo, al no preverse una Disposición Transitoria expresa que dispusiera otra cosa, mientras se elegía la nueva Asamblea Nacional, las Cámaras Legislativas (Senado y Cámara de Diputados) cuyos miembros habían sido electos en noviembre de 1998 debían continuar funcionando. Los diputados y senadores no podían dejar de ejercer sus funciones, pues de lo contrario se podía producir un vacío institucional insalvable en la propia Constitución, totalmente inaceptable.

La elección de los nuevos diputados a la Asamblea Nacional, por otra parte, debía realizarse conforme a las leyes electorales vigentes, adaptadas a la Constitución por el Consejo Supremo Electoral conforme a sus competencias para resolver las dudas y vacíos que suscitasen las leyes (art. 293, Ord. 1°) y la interpretación del Tribunal Supremo de Justicia.

En todo caso, la permanencia de los diputados y senadores derivaba del principio elemental del funcionamiento del Estado, de que mientras un nuevo funcionario no tome posesión de un cargo, el funcionario anterior está obligado a permanecer en el mismo. De lo contrario, podría incurrir en el delito de abandono de funciones (art. 209 Código Penal). Por ello, también, en relación con el Presidente de la República que había sido electo en diciembre de 1998, éste debía permanecer en su cargo hasta que se produjese la elección de un nuevo Presidente de la República conforme a las previsiones de la nueva Constitución.

En cuanto a los Magistrados de la Corte Suprema de Justicia, también debían permanecer en sus cargos hasta tanto la nueva Asamblea Nacional que se eligiera regulara legalmente el nuevo Tribunal Supremo de Justicia y nombrara sus Magistrados conforme a las nuevas Salas, de acuerdo con los nuevos criterios previstos en la Constitución en cuanto a la transparencia para la postulación y selección (Comité Postulaciones Judiciales).

---

159 Véase *Gaceta Constituyente (Diario de Debates), Noviembre 1999–Enero 2000,* Sesión de 19–11–99, N° 46, p. 3; y Sesión de 9–12–99, N° 48, pp. 5 y ss.

160 Véase los comentarios que hemos hecho en Allan R. Brewer–Carías, *La Constitución de 1999,* Caracas 2000, pp. 253 y ss.

En lo que se refiere al Fiscal General de la República, al Contralor General de la República, y a los miembros del Consejo Nacional Electoral, también debían permanecer en sus cargos, hasta tanto la nueva *Asamblea Nacional* que se eligiese, designara sus sustitutos conforme al procedimiento y criterios de transparencia de postulación y selección previstos en la nueva Constitución. (Comité de Postulaciones del Poder Ciudadano).

Por su parte, en cuanto al nombramiento del Defensor del Pueblo, que también era una creación de la nueva Constitución, en este caso, la Constitución expresamente previó la única solución constitucional para la transición de funcionarios del Poder Público, al atribuir a la propia Asamblea Nacional Constituyente, en la Disposición Transitoria Novena, la potestad de efectuar tal *nombramiento provisional* del Defensor, hasta tanto la nueva Asamblea Nacional que se eligiese designase definitivamente a dicho funcionario.

Se destaca, por tanto, que la Constitución sancionada por la Asamblea Nacional Constituyente y aprobado en el referendo de 15–12–99, sólo estableció un régimen de transición respecto del nombramiento un solo funcionario, el Defensor del Pueblo, sin disponer nada distinto respecto de los otros órganos de los otros poderes del Estado, cuya transición tenía que regirse, entonces, ineludiblemente, por los principios antes indicados. El Constituyente que, en definitiva, fue el pueblo al aprobar la Constitución el 15–12–99, no había dispuesto otra cosa.

En cuanto a los órganos del Poder Estadal, los Diputados a las Asambleas Legislativas electos en noviembre de 1998, en ausencia de Disposición Transitoria constitucional alguna que regulara algo distinto, también debían continuar en sus cargos y dichos órganos debían continuar funcionando, hasta tanto se eligiera, conforme a la nueva Constitución, a los miembros de los nuevos Consejos Legislativos Estadales.

En igual forma, en cuanto a los Gobernadores de Estado que habían sido electos en noviembre de 1998, debían permanecer en sus cargos hasta tanto se eligieran los nuevos Gobernadores conforme a la nueva Constitución.

En cuanto a los órganos del Poder Municipal, tanto los Alcaldes como los Concejales miembros de los Concejos Municipales, conforme a lo previsto en el Decreto de la Asamblea Nacional Constituyente de 26–8–99[161], cuyo período además, estaba vencido, debían permanecer en sus cargos, hasta tanto fueran electos los nuevos Concejales y Alcaldes conforme a las previsiones de la nueva Constitución.

El anterior debía ser, en un régimen democrático, en estricta lógica constitucional y en ausencia de previsiones expresas en las Disposiciones Transitorias de la Constitución, el régimen de transición de los órganos del Poder Público. Este, por otra parte, fue el sentido de la regulación contenida, por ejemplo, en el Decreto de la Asamblea Nacional Constituyente de "Régimen de Transición del Poder Público", dictado el 22–12–99[162] pero referida sólo a la transición respecto de los órganos del Poder Ejecutivo (Nacional, Estadal y Municipal), así:

161 *Gaceta Oficial* N° 36.776 de 31–08–99.

162 Véase en *Gaceta Oficial* N° 36.859 de 29–12–99.

Artículo 16: El actual Presidente de la República, los actuales Gobernadores de los Estados y Alcaldes de los Municipios continuarán en el ejercicio de sus funciones hasta tanto se produzca su elección mediante comicios populares.

Una regulación similar, en ausencia de Disposiciones Transitorias en la Constitución, era la que el principio democrático exigía respecto de todos los otros cargos electivos para regular la transición de los órganos del Poder Público.

Sin embargo, la Constitución de 1999, a pesar de que había sido aprobada por el pueblo el 15–12–99, fue inmediatamente burlada por la Asamblea Nacional Constituyente, en un proceso que comenzó una semana después del referendo, con la sanción del Decreto mencionado de Régimen de Transición del Poder Público de 20–12–99; lo que luego continuarían haciendo sucesivamente los diversos órganos de los "nuevos" Poderes Públicos, cuyos titulares fueron designados en dicho decreto por la propia Asamblea Nacional Constituyente, al margen de la propia Constitución, y aún antes de que entrara en vigencia.

IX. LA RUPTURA DEL HILO CONSTITUCIONAL POR LA ASAMBLEA NACIONAL CONSTITUYENTE AL DICTAR EL 22 DE DICIEMBRE DE 1999 UNAS "DISPOSICIONES CONSTITUCIONALES TRANSITORIAS" NO APROBADAS POR EL PUEBLO MEDIANTE REFERENDO APROBATORIO

1. *Los intentos fallidos de sancionar un régimen constitucional de transición del Poder Público*

El 19 de noviembre de 1999, el mismo día de la firma del Proyecto de Constitución, la Asamblea Nacional Constituyente había aprobado un Decreto convocando a un "referendo consultivo" que debía realizarse el mismo día fijado para el referendo aprobatorio de la Constitución (15–12–99), el cual tenía por objeto que:

> "[...] el pueblo venezolano se pronuncie sobre la permanencia o no, de la Presidencia de la República y a las gobernaciones de cada una de las 23 entidades, sujetas a elección popular en ejercicio de sus funciones"[163].

Como se trataba de convertir el referendo destinado a la aprobación de la Constitución en una especie de plebiscito que no se ajustaba al texto de la Constitución que había sido difundido para su aprobación refrendaria, en una forma por demás confusa, la Asamblea, el 9 de diciembre de 1999, a escasos días antes de la realización del referendo aprobatorio, revocó sin motivación alguna la mencionada parte plebiscitaria del referendo convocado, supuestamente por decisión de "una plenaria" anterior, lo cual era falso[164].

---

163 *Gaceta Constituyente (Diario de Debates), Noviembre 1999–Enero 2000, cit.*, Sesión 19–11–99, Nº 46, p. 3.

164 *Gaceta Constituyente (Diario de Debates), Noviembre 1999–Enero 2000, cit.*, Sesión 09–12–99, Nº 48, p. 5.

En todo caso, el primer intento de modificar las Disposiciones Transitorias de la Constitución que ya había sido sancionada, y cuyo texto había sido difundido para el referendo aprobatorio y en el cual nada había sobre la terminación del mandato de los titulares de los órganos del Poder Público, había quedado frustrado, pero sólo por poco tiempo[165]. En efecto, en la sesión ordinaria siguiente de la Asamblea, celebrada el 20 de diciembre de 1999, luego de la aprobación por el referendo del 15 de diciembre de la Constitución e incluso de su proclamación, la Asamblea Nacional Constituyente que ya para ese momento técnicamente había concluido su misión con ese acto de proclamación[166], procedió a dictar un Decreto en el cual, al constatar que el lapso máximo de funcionamiento de la Asamblea fijado por la base comicial del referendo consultivo del 25 de abril de 1999, había sido de 180 días, resolvió extenderlo y convocar para el 30 de enero de 2000 la sesión de clausura de la Asamblea[167].

En los "Considerandos" del Decreto, sin embargo, se puso en evidencia la intención de la Asamblea, que no era otra que seguir ejerciendo el poder constituyente "originario" que se había auto atribuido, al margen incluso del texto de la nueva Constitución ya aprobada popularmente, con lo que se institucionalizó el golpe de Estado, en ese momento contra la nueva Constitución[168]. En dichos "Considerandos" para fijar la sesión de clausura de la Asamblea para el 30–1–00, la Asamblea declaró que:

> "Los poderes otorgados a la Asamblea Nacional Constituyente han sido reconocidos por la Corte Suprema de Justicia, en sentencia, como *originario y supraconstitucional"*.

En esta forma, se recurría nuevamente a la doctrina de la Corte Suprema de Justicia, supuestamente contenida en la sentencia de 14 de octubre de 1999 (caso: *Decreto de regulación de funcionamiento del Poder Legislativo)*, alegando la Asamblea que sus "poderes" no sólo eran "originarios" sino "supraconstitucionales", es decir, por encima de la propia Constitución recién aprobada y promulgada. Precisamente con base en ese "Considerando", a renglón seguido la Asamblea Nacional Constituyente anunció su plan de violación constitucional, al constatar que:

---

165 Debe destacarse que el constituyente Hermánn Escarrá Malavé, en la sesión de la Asamblea de 15–11–99, distinguía entre las Disposiciones Transitorias y un supuesto "Régimen Transitorio" que debía ser aprobado por referendo y sobre el cual dijo que no se le preguntara. Véase *Gaceta Constituyente (Diario de Debates), Noviembre 1999–Enero 2000, cit.*, Sesión de 15–11–99, N° 45, p. 9.

166 Por eso a partir de esa Sesión no acudimos a ninguna otra Sesión de la Asamblea salvo la realizada para ejecutar la Disposición Transitoria Primera de la Constitución consistente en la aprobación de la Ley Especial del Distrito Metropolitano de Caracas. Véase *Gaceta Constituyente (Diario de Debates), Noviembre 1999–Enero 2000, cit.*, Sesión de 25–04–00, N° 58, pp. 8 y ss.

167 *Gaceta Constituyente (Diario de Debates), Noviembre 1999–Enero 2000, cit.*, Sesión de 20–12–99, N° 49, p. 6.

168 Por ello, Lolymar Hernández Camargo señaló que la Constitución de 1999 era de "observancia dudosa", preguntándose "si en Venezuela existe válidamente la Constitución y el Estado de Derecho", en *La Teoría del Poder Constituyente, cit.*, p. 76.

Se requería decretar los actos constitucionales necesarios para la transición hacia el nuevo Estado previsto en la Constitución aprobada por el pueblo de Venezuela. Si ello era necesario, en realidad, ello debió haberse previsto en el texto de la Constitución que se sometió a referendo aprobatorio, pues a partir de su realización, lo que contenía la "Constitución aprobada por el pueblo de Venezuela" era lo único válido y vigente constitucionalmente hablando, sobre el régimen para "la transición hacía el nuevo Estado"; sin embargo, en las Disposiciones Transitorias de la Constitución sometida a referendo por la propia Asamblea Nacional Constituyente, como se ha dicho, nada se dispuso sobre ello.

La Asamblea, en cierta forma, había cometido un fraude y había engañado al pueblo: sancionó una Constitución y la sometió a aprobación popular y el mismo día en que la proclamó, decretó su violación mediante el anuncio de la extensión de su permanencia para ejercer poderes "supraconstitucionales" (por encima de la Constitución) por algo más de un mes, para dictar "actos constitucionales" que sin embargo no estaban autorizados en las Disposiciones Transitorias de la Constitución que recién el pueblo había aprobado y que contrariaron sus normas.

2. *El inconstitucional régimen de transición del Poder Público dictado después de aprobada la nueva Constitución por el pueblo*

La primera burla a la Constitución de 1999, por tanto, fue realizada por la propia Asamblea Nacional Constituyente en los días posteriores a su aprobación popular que había ocurrido en medio de la conmoción nacional que había provocado el dramático y masivo deslave ocurrido el mismo 15 de diciembre de 1999 en el Litoral Central del país (Estado Vargas); y ello se hizo mediante la emisión de un nuevo Decreto no autorizado por el pueblo, el de "Régimen de Transición del Poder Público", el 22 de diciembre de 1999[169], dos días después de la "proclamación" de la Constitución pero antes de su entrada en vigencia, pues la publicación de la Constitución en *Gaceta Oficial* había sido deliberadamente demorada hasta el 30 de diciembre de 1999[170].

En efecto, ante la ausencia de alguna regulación en las Disposiciones Transitorias de la nueva Constitución que se refiriera a cesación en sus cargos de los titulares de los órganos del Poder Público y al nombramiento de nuevos funcionarios para ello, y ante el afán sobrevenido en el nuevo poder de sustituir a todos los titulares de los órganos del Estado sin esperar la elección de la nueva Asamblea Nacional; la Asamblea Nacional Constituyente, antes de la publicación de la nueva Constitución, con fecha 22–12–99, sin tener competencia constitucional alguna para ello y, por tanto, en forma ilegítima, dictó el Decreto de "Régimen de Transición del Poder Público" disponiendo así lo que el pueblo el 15–12–99 no había querido resolver de esa forma.

---

169 Véase en *Gaceta Oficial* N° 36.859 de 29–12–99.

170 Véase en *Gaceta Constituyente (Diario de Debates), Noviembre 1999–Enero 2000, cit.,* Sesión de 22–12–9, N° 51, pp. 2 y ss. Véase *Gaceta Oficial* N° 36.859 de 29–12–99; y *Gaceta Oficial* N° 36.860 de 30–12–99.

Para hacerlo, de nuevo, la Asamblea se fundamentó en los supuestos poderes que se había auto atribuido en el artículo 1° de su Estatuto de Funcionamiento, respecto de la potestad de decidir la cesación de las autoridades de los órganos del Poder Público; supuestos poderes que también consideró como derivados del referendo del 25 de abril de 1999 "para hacer efectivo el proceso de transición hacia el régimen establecido en la Constitución de 1999", lo que no estaba escrito en norma alguna; y, finalmente, en el "carácter presupuesto y supra constitucional" de las normas que aprobase la Asamblea, para lo cual de nuevo invocó la sentencia del 06–10–99 (publicada el 14–10–99) de la Corte Suprema de Justicia, que había resuelto el recurso de nulidad intentado contra el Decreto de la Regulación del Poder Legislativo, en la cual sólo se le había atribuido rango supra constitucional a las previsiones de las bases comiciales del *referendo* del 25–4–99, pero no a los actos de la Asamblea Nacional Constituyente.

Dicho "Régimen de Transición del Poder Público", como se precisó en el Capítulo I del Decreto, tenía por objeto establecer un régimen de transición para "permitir la vigencia inmediata de la Constitución" (art. 1). La verdad es que nada impedía dicha vigencia inmediata y habían sido las Disposiciones Transitorias de la Constitución aprobada por el pueblo, las que habían dispuesto los aspectos concernientes a los efectos inmediatos o mediatos, según los casos, de las normas de la Constitución.

La Asamblea, sin autoridad alguna, resolvió dictar el mencionado régimen de transición cuyas previsiones, como se señaló en su texto, supuestamente "desarrollan y complementan las Disposiciones Transitorias" (art. 2) de la nueva Constitución. Nada de esto había sido autorizado en el nuevo texto constitucional, aprobado por el pueblo, por lo que la Asamblea Nacional Constituyente no tenía competencia alguna para ello.

Es decir, la Asamblea, sin ningún poder derivado del pueblo, ilegítimamente, decidió dictar por sí misma y al margen de la nueva Constitución que ella misma había redactado, sancionado y proclamado dos días antes (20–12–99) un régimen constitucional transitorio no establecido en el texto de la nueva Constitución y sin someterlo a aprobación popular por la vía de referendo.

Supuestamente, para suplir los vacíos que la misma Asamblea había originado al no prever, el régimen de transición del Poder en las Disposiciones Transitorias de la Constitución, la Asamblea, en lugar de aplicar, en general, el mencionado principio de continuidad del Poder que se reflejó en el artículo 16 del Decreto, incurrió en usurpación de autoridad, la del poder constituyente originario del pueblo, quien era el que podía aprobar ese régimen transitorio en el referendo del 15–12–99, y lo estableció una semana después (22–12–99), en el antes mencionado Decreto, y violó, además, las bases comiciales del referendo del 25 de abril de 1999. La Asamblea Nacional Constituyente había continuado con su táctica del golpe de Estado.

En este Decreto, fundamentalmente, la Asamblea Nacional Constituyente tomó el siguiente conjunto de decisiones en cuanto a los órganos del Poder Público:

A. *La eliminación del Congreso y el nombramiento de una Comisión Legislativa Nacional*

La Asamblea, en primer lugar, decidió la definitiva disolución del Congreso y acordó la cesación en sus funciones de los senadores y diputados (art. 4) que habían sido electos un año antes. Esta decisión, violatoria del principio democrático, indudablemente que fue la que creó un vacío constitucional, pues implicaba que hasta que se produjera la elección de los nuevos miembros de la nueva Asamblea Nacional, la República podía carecer de órgano legislativo nacional.

Por ello, para "suplir" el vacío que la misma Asamblea Nacional Constituyente creaba, tomó otra decisión, que fue la de "crear" un nuevo órgano no previsto en la nueva Constitución aprobada por el pueblo, ni en la de 1961, para lo cual no tenía poder ni autoridad alguna, siendo en consecuencia, totalmente ilegítimo. Se trató de una "Comisión Legislativa Nacional" (denominada "Congresillo"), a la cual le asignó el Poder Legislativo Nacional "hasta tanto se elijan y tomen posesión los diputados integrantes de la Asamblea Nacional" (art. 5), y cuyos miembros también fueron designados por la Asamblea (art. 5), a dedo, con integrantes afectos al nuevo poder y a los partidos de gobierno. Posteriormente, mediante otro acto constituyente de 28–01–00, la Asamblea Nacional Constituyente también "en ejercicio del poder constituyente originario" que se había arrogado, nombró a otro miembro de la referida Comisión Legislativa Nacional[171].

Esta Comisión Legislativa Nacional debía funcionar "en forma permanente" desde su instalación el día 1° de febrero de 2000 (art. 7), hasta la fecha de "la reunión efectiva de la Asamblea Nacional" (art. 8); y debía asumir todos "los derechos y obligaciones" del Congreso de la República (art. 9).

Por supuesto, estas decisiones de la Asamblea Nacional Constituyente violaban las bases comiciales establecidas en el referendo del 25–4–99, pues la decisión de dar por terminado un mandato popular resultado de una elección democrática, y nombrar para integrar un órgano legislativo, así fuera temporalmente, a un conjunto de personas que no había sido electas popularmente para que legislasen y controlasen sin tener la representación popular, violaba el principio democrático representativo (la garantía democrática), el principio de progresividad del derecho político a la participación y elección, y los tratados internacionales que obligan a la República a asegurar el ejercicio efectivo de la democracia representativa (Carta de la OEA y Convención Americana de Derechos Humanos, art. 23).[172]

En consecuencia, esta "Comisión Legislativa Nacional", creada por la Asamblea, con "representantes" no electos popularmente, era absolutamente ilegítima, y constituyó una grotesca burla a la nueva Constitución.

Con posterioridad, la Asamblea Nacional Constituyente, en fecha 30–01–2000, dictó un Decreto de Ampliación de las Competencias de la Comisión Legislativa Nacional[173], en el cual asignó a dicha Comisión una serie de competencias

171 *Gaceta Oficial* N° 36.903 de 01–03–00.

172 Véase lo que expusimos en Allan R. Brewer–Carías, *Debate Constituyente,* tomo I, *op. cit.*, p. 76 a 81.

173 *Gaceta Oficial* N° 36.884 de 03–02–00.

especiales para considerar diversas materias y dictar legislación al respecto. La Asamblea dictó el Decreto nuevamente "en ejercicio del poder soberano constituyente originario", con lo cual ya no era posible asignarle ningún otro calificativo al poder que se había otorgado a la Asamblea; habiendo sido calificado dicho Decreto por sentencia N° 1454 de fecha 18–2–01 de la Sala Constitucional del Tribunal Supremo de Justicia, (caso*: C.A. Good Year de Venezuela*) como de "rango constitucional".

En efecto, las inconstitucionalidades de la Asamblea y la burla a la Constitución fueron sucesiva y lamentablemente "lavadas" por el nuevo Tribunal Supremo, que había sido precisamente designado a dedo para ello, conforme al referido régimen transitorio. En consecuencia, con ocasión de la impugnación del "Acuerdo mediante el cual se recomienda la reincorporación a sus puestos de trabajo de los dirigentes sindicales y trabajadores injusta e inconstitucionalmente despedidos en las diferentes regiones del país", que había dictado por la Comisión Legislativa Nacional en fecha 19–5–00[174] en ejercicio de las atribuciones que le otorgó la Asamblea Nacional Constituyente mediante el antes referido Decreto de Ampliación de Competencias, la Sala Constitucional señaló:

> "Siendo en fecha 14 de octubre de 1999 la entonces Corte Suprema de Justicia en Pleno, dictaminó que las bases comiciales consultadas mediante Referendo de 25 de abril del mismo año, ostentaban rango *supra constitucional* respecto a la Constitución de 1961, es por lo que se ha concluido que los actos normativos u organizativos dictados por la Asamblea Nacional Constituyente, en ejecución de dichas bases comiciales, tienen *rango constitucional*. Visto que en el encabezamiento del "Decreto de Ampliación de las competencias de la Comisión Legislativa Nacional", dicha Asamblea hace referencia implícita a las referidas bases comiciales, al fundar sus potestades en el "*referendo aprobado democráticamente el veinticinco de abril de mil novecientos noventa y nueve*", es por lo que el mencionado Decreto de ampliación tendría, en rigor, *rango constitucional".*

Por último, debe mencionarse que la Junta Directiva de la Asamblea Nacional Constituyente, mediante Resolución del 19–01–00[175], también había resuelto la reestructuración de los servicios administrativos del Poder Legislativo Nacional, y había creado al efecto una Comisión de Reestructuración del Poder Legislativo Nacional.

B. *La disolución de las Asambleas Legislativas de los Estados y el nombramiento de Comisiones Legislativas Estadales*

La Asamblea Nacional Constituyente, en el Decreto del 22–12–99, también se burló de la nueva Constitución, cuando declaró la "disolución de las Asambleas Legislativas de los Estados" (art. 11), para lo cual no tenía autoridad alguna de carácter constitucional, al no haberse resuelto ello en esa forma en las Disposiciones

174 *Gaceta Oficial* N° 36.965 de 05–06–00.

175 *Gaceta Oficial* N° 36.880 de 28–01–00.

Transitorias de la Constitución; pues ni siquiera ello estaba establecido en su Estatuto de Funcionamiento. Además, la Asamblea decidió la cesación en sus funciones, de los diputados que integraban las Asambleas (art. 11).

Pero la Asamblea Nacional Constituyente, al igual que lo que ocurrió con el Poder Legislativo Nacional, a nivel estadal también creó, sin competencia alguna, sendas "Comisiones Legislativas Estadales", atribuyendo el nombramiento de sus miembros, incluso, a la "Comisión Coordinadora de la Asamblea Nacional Constituyente" (art. 12). Ello no sólo era ilegítimo, al no estar prevista esa facultad en norma alguna, sino que también era violatorio de las bases comiciales aprobadas en el referendo del 25–04–99, así como de la antes mencionada garantía democrática, que era uno de sus límites supra constitucionales.

La Constitución de 1999 sigue el principio democrático representativo, y no admitía ni admite que se pueda atribuir el poder de legislar en representación del pueblo a unos órganos integrados por personas no electas popularmente, en esos casos, designadas por la propia Asamblea Nacional Constituyente, sin poder constitucional alguno para ello.

Posteriormente, la Comisión de Coordinación de la Asamblea Nacional Constituyente, supuestamente "de conformidad con las facultades otorgadas por dicha Asamblea en sesión del 22–12–99", las cuales no se identificaban, resolvió el 04–01–00 dictar un "Régimen para la integración de las Comisiones Legislativas de los Estados"[176], para lo cual creó una "Comisión Receptora Nacional" para la selección de los candidatos a dichas Comisiones Legislativas, atribuyéndoles competencias a las Comisiones Legislativas de los Estados, lo que no había hecho el Régimen Transitorio del Poder Público, "usurpando", además, en consecuencia, dicha Comisión Coordinadora, las "potestades" de regulación constitucional que se había "auto–atribuido" la Asamblea Nacional Constituyente.

C. *El control de Alcaldías y Concejos Municipales*

En cuanto a los órganos del Poder Municipal, el artículo 15 del Decreto de la Asamblea de fecha 22–12–99[177] estableció que los Concejos Municipales y los Alcaldes "actuales", ejercerían sus funciones "bajo la supervisión y control de la Asamblea Nacional Constituyente o de la Comisión Legislativa Nacional" hasta tanto se eligieran popularmente sus nuevos integrantes; atribuyendo a la Comisión Coordinadora de la Asamblea Nacional Constituyente o la Comisión Legislativa Nacional la potestad de sustituir parcial o totalmente la integración de los Concejos Municipales, así como sustituir a los Alcaldes, en los casos de graves irregularidades administrativas.

Esta norma también constituyó una burla a la nueva Constitución, pues violaba en su totalidad la garantía de la autonomía municipal prevista en la Constitución, así como el principio democrático respecto de las autoridades municipales que impone que las mismas sólo pueden ser electas popularmente.

---

176 *Gaceta Oficial* N° 36.865 de 07–01–00.

177 Véase *Gaceta Constituyente (Diario de Debates), Noviembre 1999–Enero 2000, cit.*, Sesión de 22–12–99, N° 51, p. 5.

D. *La eliminación de la Corte Suprema de Justicia, la creación del Tribunal Supremo y de sus Salas, la designación de los Magistrados y la creación de la Comisión de Funcionamiento y Reestructuración del Poder Judicial*

El artículo 17 del Decreto dispuso, además, que la Corte Suprema de Justicia, sus Salas y dependencias desaparecían y pasaban a conformar el nuevo Tribunal Supremo de Justicia, por lo que, además de las Salas Político Administrativa, de Casación Penal y de Casación Civil de la Corte Suprema de Justicia, cuya extinción se decretó, la Asamblea creó las Salas Constitucional, Social y Electoral que preveía la nueva Constitución y que aún no había entrado en vigencia.

En el artículo 19 del Decreto, la Asamblea, además, designó los Magistrados que pasaban a integrar el Tribunal Supremo de Justicia, sin sujetarse a las condiciones establecidas en la nueva Constitución para dichos cargos, entre los cuales estaba quien en los dos últimos meses había sido el Presidente de la Corte Suprema de Justicia. Sus servicios habían sido reconocidos.

En materia de funcionamiento del Poder Judicial, por otra parte, era patente la ausencia de Disposiciones Transitorias en la nueva Constitución, pero esa había sido la voluntad de la Asamblea y del pueblo al aprobar la Constitución mediante el referendo del 15–12–99. Dichas Disposiciones Transitorias, en efecto, sólo contenían una mención en la *Disposición Transitoria Cuarta,* en relación con una "Comisión de Funcionamiento y Reestructuración del Sistema Judicial" únicamente a los efectos de que desarrollase transitoriamente el "sistema de defensa pública" hasta que se dictase la ley respectiva. Y nada más. Incluso, dicha Comisión prevista en dicha Disposición Transitoria, no existía al redactarse y someterse a referendo la Constitución el 15–12–99 y sólo fue posteriormente, en el Decreto de la Asamblea Nacional Constituyente del 22–12–99, que se creó "la Comisión de Funcionamiento y Reestructuración del Sistema Judicial" (art. 27). Ese órgano, sin embargo, constitucionalmente sólo tenía la competencia prevista en la mencionada Disposición Transitoria Cuarta de la Constitución de 1999, de desarrollar el sistema de defensa pública.

Ahora bien, en esta materia, la Asamblea Nacional Constituyente tomó diversas decisiones totalmente incongruentes. Como se ha dicho, comenzó en el Decreto, antes de entrar en vigencia la nueva Constitución, nombrando provisionalmente (art. 20) a los Magistrados del Tribunal Supremo de Justicia (art. 19) y de las nuevas Salas (art. 17) que para ese momento ni siquiera existían por no estar en vigencia el nuevo texto constitucional, y "creó", incluso, las Salas, (art. 17), para lo cual no tenía competencia constitucional alguna.

Por otra parte, la Asamblea adoptó diversas normas transitorias no previstas en la nueva Constitución para asegurar la "vigencia inmediata" de la misma que aún no estaba en vigencia, y dispuso que el Consejo de la Judicatura pasaría a conformar la Dirección Ejecutiva de la Magistratura del Tribunal Supremo de Justicia, conforme a lo dispuesto en el artículo 267 de la Constitución que aún no estaba en vigencia, a cuyo fin dispuso la cesación en sus funciones de los consejeros del Consejo de la Judicatura (art. 26).

A renglón seguido, dispuso otro nuevo régimen transitorio, en relación al anterior, también transitorio, sin competencia alguna para ello, al señalar que mientras el Tribunal Supremo no organizase la referida Dirección Ejecutiva, el gobierno y administración, la inspección y vigilancia de los Tribunales, y todas las competencias que la legislación para ese momento vigente atribuían al Consejo de la Judicatura, serían ejercidas por la "Comisión de Funcionamiento y Reestructuración del Sistema Judicial" (art. 21).

La Asamblea Nacional Constituyente así, incluso para después de que la nueva Constitución entrara en vigencia, pretendió confiscarle una de sus nuevas funciones al Tribunal Supremo de Justicia, cuyos miembros había designado, y atribuírsela a una "Comisión" creada y designada por la propia Asamblea y no por el nuevo Tribunal Supremo; situación irregular que el propio Tribunal Supremo de Justicia aceptó resignadamente en los años posteriores.

Por otra parte, la disposición del artículo 23 del Decreto del 22–12–99 constituía una verdadera Disposición Transitoria que debió haber sido incorporada en las de la Constitución, y que dictó la Asamblea en evidente usurpación de autoridad, la del pueblo, disponiendo que la competencia disciplinaria judicial que correspondía a los tribunales disciplinarios de conformidad con el artículo 267 de la Constitución aprobada, sería ejercida por la Comisión de Funcionamiento y Reestructuración del Sistema Judicial: "de acuerdo con el presente régimen de *transición y hasta* que la Asamblea Nacional *apruebe la legislación* que determine los *procesos y tribunales* disciplinarios".

Conforme a la nueva Constitución sólo los jueces pueden ejercer la función judicial (art. 253), por lo que era totalmente ilegítimo y contrario a la garantía del debido proceso (art. 49), el atribuir funciones judiciales a una Comisión como la mencionada, que no era un Tribunal. Si se trataba de establecer, así fuera arbitrariamente, un régimen transitorio para la jurisdicción disciplinaria, las funciones judiciales que implica debieron atribuirse a tribunales o jueces preexistentes, y no a una "Comisión" *ad hoc*, pues ello, además, violaba la garantía del debido proceso y del juez natural que la nueva Constitución regulaba expresamente (art. 49).

Con posterioridad la Asamblea Nacional Constituyente dictó otros dos Decretos el 18–01–00, en relación con el Poder Judicial, también, "en ejercicio del poder soberano constituyente originario", que fueron el relativo a la designación del Inspector de Tribunales[178]; y el relativo a la designación de los miembros de la Comisión de Funcionamiento y Reestructuración del Poder Judicial[179].

E. *La designación de los titulares de los órganos del Poder Ciudadano*

La Asamblea Nacional Constituyente, en el Decreto sobre Régimen de Transición del Poder Público de 22–12–99, no sólo nombró al Defensor del Pueblo (art. 34), que era para lo único que tenía competencia constitucional en las Disposiciones Transitorias de la Constitución, sino también al Contralor General de la República (art. 36) y al Fiscal General de la República (art. 35), en forma provisional mientras la Asamblea Nacional, una vez que se eligiese, designara a los nuevos titulares.

178 *Gaceta Oficial* N° 36.878 de 26–01–00.

179 *Gaceta Oficial* N° 36.878 de 26–01–00.

Incluso, en el Decreto le asignó al Contralor General de la República una competencia no prevista en norma alguna del ordenamiento, que era la posibilidad de *intervenir* las Contralorías Estadales y Municipales y designar con carácter provisional a los titulares de esas entidades (art. 37), con lo cual violaba la autonomía de los Estados y Municipios garantizada en la nueva Constitución.

F. *La designación de los miembros del Consejo Nacional Electoral*

En cuanto al Poder Electoral, por último, la Asamblea Nacional Constituyente, careciendo totalmente de competencia para ello, y en forma ilegítima, en el Decreto del 22–12–99 se auto–atribuyó competencia para designar a los integrantes del Consejo Nacional Electoral (art. 40), designaciones que realizó días después, con carácter provisorio, al nombrar a personas, todas vinculadas al nuevo poder y a los partidos que apoyaban al gobierno, lo que incluso no garantizaba la imparcialidad electoral necesaria, burlándose del artículo 296 de la nueva Constitución.

Además, la Asamblea se autoatribuyó competencia para fijar la oportunidad de las primeras elecciones para los cargos representativos previstos en la Constitución (art. 39), y se autoatribuyó competencia para dictar el Estatuto Electoral que debería regir en los primeros comicios para la elección de todos los cuerpos representativos legislativos y los órganos ejecutivos del Poder Público.

G. *La asignación por el Tribunal Supremo de Justicia de rango constitucional al "Régimen de transición del Poder Público" que lo había creado*

El Decreto sobre el Régimen de Transición del Poder Público fue impugnado ante la Sala Plena de la antigua Corte Suprema de Justicia en fecha 29 de diciembre de 1999, respecto a los nombramientos del Fiscal General de la República, Contralor General de la República, Magistrados del Tribunal Supremo de Justicia, Defensora del Pueblo, Directivos del Consejo Nacional Electoral y miembros de la Comisión Legislativa Nacional ("Congresillo").

Luego de la remisión del expediente a la Sala Constitucional del nuevo Tribunal Supremo de Justicia, ésta, mediante sentencia N° 4 de fecha 26 de enero de 2000 (caso: *Eduardo García,* consideró que el Decreto era "un acto de rango y naturaleza constitucional" y, además "de naturaleza organizativa, por el cual se produjo la designación de altos funcionarios del Poder Público Nacional, el cual se fundamenta en los propósitos de reorganización del Estado, conferidos a la Asamblea Nacional Constituyente.

El Tribunal Supremo, además, concluyó señalando que:

> "Tomando en cuenta lo antes señalado, estima la Sala que, dado el carácter *originario del poder* conferido *por el pueblo* de Venezuela a la Asamblea Nacional Constituyente, mediante la pregunta N° 1 y la Base Comicial Octava del referendo consultivo nacional, aprobado el 25 de abril de 1999, y por tanto *la no sujeción de este poder al texto constitucional vigente para la época*, la demanda propuesta, al fundamentar las presuntas transgresiones en la referida

Constitución y no en los parámetros y principios consagrados en las bases fijadas en el citado referendo, conduce forzosamente a su improcedencia"[180].

De igual manera, la Sala Constitucional del Tribunal Supremo de Justicia se pronunció sobre el Decreto del "Régimen de Transición del Poder Público", al ser éste impugnado en fecha 17 de enero de 2000. En efecto, mediante sentencia Nº 6 de fecha 27 de enero de 2000, el Tribunal Supremo de Justicia declaró improcedente la acción de nulidad interpuesta contra el referido Decreto con base en los siguientes argumentos:

> "En tal sentido, entiende la Sala que hasta la fecha de la publicación de la nueva Constitución, la que le precedió (1961) estuvo vigente, lo cual se desprende de la Disposición Derogatoria Única; y como *los actos de la Asamblea Nacional Constituyente no estaban sujetos a la Constitución derogada*, los mismos sólo podrían estar regulados –como fuera señalado por la sentencia de la Corte Suprema de Justicia en Pleno antes referida– por normas supra constitucionales. Así, por argumento en contrario, sólo los actos dictados por la Asamblea Nacional Constituyente con posterioridad a la publicación de la nueva Constitución estarían sujetos a ésta.
>
> De todo lo anterior emerge que el acto de la Asamblea Nacional Constituyente impugnado en esta oportunidad publicado en la Gaceta Oficial número 36.859 del 29 de diciembre de 1999, esto es, con anterioridad a la vigencia de la Constitución de la República Bolivariana de Venezuela de 1999, *no esta sujeto ni a ésta, ni a la Constitución de 1961"*[181].

En esta forma, el Tribunal Supremo de Justicia, atribuyó rango constitucional al régimen transitorio que había inventado la Asamblea Nacional Constituyente, desligándolo tanto de la Constitución de 1961 como de la propia Constitución de 1999; régimen transitorio que, además, contenía el acto de designación de los propios Magistrados. Lo menos que podían haber hecho era inhibirse, pero no fue así; y esa y otras sentencias que juzgaron dicho régimen, constituyeron violación del principio elemental del Estado de derecho conforme al cual nadie puede ser juez en su propia causa.

El Tribunal Supremo de Justicia creado, precisamente, en el Decreto sobre el Régimen de Transición del Poder Público, fue el que se encargó entonces de avalarlo, incluso en otra sentencia Nº 180 de 28 de marzo de 2000 (caso: *Allan R. Brewer–Carías y otros*)[182], con motivo de declarar sin lugar la demanda de nulidad intentada contra el Estatuto Electoral del Poder Público dictado por la Asamblea el 30 de enero de 2000[183].

De todas esas decisiones, resultó la siguiente situación irregular:

---

180 Véase en *Revista de Derecho Público*, Nº 81, Editorial Jurídica Venezolana, Caracas 2000, pp. 93 y ss.

181 Véase en *Revista de Derecho Público*, Nº 81, Editorial Jurídica Venezolana, Caracas 2000, pp. 125 y ss.

182 Véase en *Revista de Derecho Público*, Nº 81, Editorial Jurídica Venezolana, Caracas 2000, pp. 86 y ss.

183 Véase en *Gaceta Oficial* Nº 36.884 de 03–02–00.

1. La Asamblea Nacional Constituyente aprobó el 17 de noviembre de 1999 una Constitución con un régimen transitorio previsto en sus Disposiciones Transitorias, que implicaban la permanencia de los titulares de los órganos de los Poderes Públicos, hasta que fueran electos los nuevos titulares. Al ser aprobada popularmente en referendo de 15–12–99, puede considerarse que esa fue precisamente, la expresión de la voluntad popular y de la voluntad de la Asamblea Nacional Constituyente que sancionó y proclamó la Constitución. Por tanto, no quedó vacío legal alguno respecto de la transición constitucional.

2. Dicha Constitución de 1999, con dicho régimen transitorio, fue sometida a referendo aprobatorio, y así fue aprobada por el pueblo el 15–12–99, siendo proclamada formalmente por la Asamblea Nacional Constituyente el 20–12–99.

3. Con posterioridad, dos días después, la Asamblea Nacional Constituyente cambió de opinión y resolvió alterar el régimen transitorio que estaba previsto en la Constitución de 1999 que ya había sido aprobada en referendo, y antes de que se publicara, el 22–12–99 dictó el Régimen de Transición del Poder Público, que sustituyó a todos los titulares de los órganos del Poder Público y modificó su estructura. Dicho régimen originó, entonces, un supuesto "vacío legal" que la propia Asamblea pretendió llenar con normas de rango constitucional no aprobadas por el pueblo.

4. El Tribunal Supremo de Justicia, en su sentencia del 28–3–2000, le atribuyó a dicho Régimen de Transición del Poder Público, dictado por la Asamblea Nacional Constituyente sin aprobación popular, rango y valor constitucional, contrariando así la base comicial novena del referendo del 25–4–99, que se configuraba como el conjunto normativo supra constitucional que constituía el límite de la actuación de la Asamblea.

5. En el país, entonces, y como consecuencia de la sentencia del Tribunal Supremo, existieron dos regímenes constitucionales paralelos: uno contenido en la Constitución de 1999, aprobada por el pueblo; y otro, dictado con posterioridad a dicha aprobación por la Asamblea Nacional Constituyente, no aprobado por el pueblo y de vigencia imprecisa hasta que se apruebe toda la legislación que prevé la propia Constitución de 1999, lo cual puede durar décadas.

El Tribunal Supremo de Justicia, lamentablemente, en lugar de cumplir su deber como contralor de la constitucionalidad, quiso resolver el vacío creado por la Asamblea después de aprobada la Constitución de 1999 por referendo popular, violentó el ordenamiento constitucional y frustró la esperanza de que se afianzara el Estado de Derecho, precisamente cuando comenzaba a entrar en aplicación la nueva Constitución.

Todo este sistema de doble régimen constitucional paralelo y yuxtapuesto lo confirmó la Sala Constitucional, posteriormente, en la sentencia N° 1562 del 12 de diciembre de 2000 con motivo de resolver sobre la pretensión de amparo que había acumulado la Defensora del Pueblo a la acción de nulidad por inconstitucionalidad que intentó contra la Ley Especial para la Ratificación o Designación de los Funcionarios y Funcionarias del Poder Ciudadano y Magistrados y Magistradas del

Tribunal Supremo de Justicia para el Primer Período Constitucional de 14–11–00[184], en el cual señaló:

> "A partir de la aprobación de las bases comiciales y la instalación de la Asamblea Nacional Constituyente surge una situación inédita en el constitucionalismo nacional. En una primera fase, hasta la promulgación de la actual Constitución, sin ruptura constitucional de ninguna especie, siguió vigente la Constitución de la República de Venezuela de 1961, coexistiendo con los actos que dictó la Asamblea Nacional Constituyente, en lo que contraríen a dicha Constitución, adquirieron la categoría de actos constitucionales, ya que es el pueblo soberano, por medio de sus representantes, quien deroga puntualmente disposiciones constitucionales, creando así un doble régimen, donde como ya lo ha señalado esta Sala, coexistía la Constitución de 1961 con los actos constituyentes. Una segunda etapa, de este sistema constitucional, surge a partir de la promulgación de la Constitución de la República Bolivariana de Venezuela, la cual crea una serie de instituciones no previstas en las cartas fundamentales anteriores, pero cuyas pautas de funcionamiento no fueron consagradas en el texto constitucional, quedando sujetas a una regulación posterior mediante leyes que dictare la Asamblea Nacional.
>
> Para evitar el vacío institucional mientras se promulguen las leyes, la Asamblea Nacional Constituyente decretó el Régimen de Transición del Poder Público (*Gaceta Oficial* N° 36.920 de 28 de marzo de 2000), de manera que las instituciones delineadas en la Constitución de 1999, aun no desarrolladas por las leyes, pudieran funcionar, evitándose así que las normas constitucionales quedaran sin contenido. Este régimen de transición, que se fue complementando con otras normativas emanadas del poder constituyente, necesariamente tiene naturaleza constitucional, ya que integra la Constitución, vigente mientras las instituciones se normalicen, por lo que no puede considerarse que los poderes actuales sean ilegítimos o inconstitucionales, si se fundan en el Régimen de Transición del Poder Público. Basta leer el *artículo 2 del Régimen de Transición del Poder Público,* para constatar que dicho régimen desarrolla y complementa las disposiciones transitorias de la Constitución de 1999. La normalización total de instituciones nuevas como el Poder Ciudadano y el Tribunal Supremo de Justicia, requieren de leyes orgánicas que desarrollen el texto constitucional, y mientras ellas no se dicten, las mismas se rigen por dos cuerpos legales coexistentes e integrativos: Decreto sobre el Régimen de Transición del Poder Público y la Constitución de la República Bolivariana de Venezuela, en lo que se complementan.
>
> Por ello, en fallo de esta Sala, de fecha 30 de junio de 2000 (caso: *Defensoría del Pueblo*), la Sala enfatizó, que cuando las leyes orgánicas respectivas se dictaren, cesaría definitivamente el régimen provisorio que gobierna a las instituciones, actualmente carentes de dichas leyes especiales, pero mientras tanto, conformaban un solo bloque constitucional el Régimen de Transición del

---

184 *Gaceta Oficial* N° 37.077 de 14–11–00.

Poder Público y la Constitución de la República Bolivariana de Venezuela, tal como lo ha apuntado esta Sala en fallos de fechas 14 de marzo y 28 de marzo de 2000"[185].

3. *Las secuelas del régimen transitorio y las sucesivas actuaciones de la Asamblea Nacional Constituyente al margen de la Constitución*

La Asamblea Nacional Constituyente, al haber dispuesto en el Régimen de Transición del Poder Público, en una forma que no estaba prevista en la Constitución aprobada por el pueblo, la cesación en sus cargos de los representantes electos un año antes, no tuvo otra alternativa que pretender llenar el vacío que ella misma había creado, con el establecimiento de un régimen electoral para las primeras elecciones de 2000, sobre lo cual nada se había regulado en las Disposiciones Transitorias de la Constitución. Y así, con fecha 30 de enero del 2000 en el día de su propia cesación, dictó un Estatuto Electoral del Poder Público[186], mediante el cual derogó parcialmente la Ley Orgánica del Sufragio y Participación Política; y además, mediante Decreto de igual fecha, 30 de enero del 2000, fijó para el día 28 de mayo del 2000 la realización de las primeras elecciones nacionales, estadales y municipales y para representantes ante el Parlamento Andino y el Parlamento Latinoamericano, las cuales por el fracaso del Consejo Nacional Electoral nombrado por la propia Asamblea, tuvieron que ser suspendidas y realizadas varios meses después.

Dichos actos, en virtud de la vigencia inmediata y el poder derogatorio de la Constitución (de sus artículos y de sus Disposiciones Transitorias) estaban sujetos y tenían que ajustarse a lo dispuesto en la Constitución de 1999. Sin embargo, de nuevo, no fue así como lo interpretó el Tribunal Supremo de Justicia, al decidir la impugnación de dicho Decreto sobre el Estatuto Electoral[187], en particular en la sentencia N° 179 (caso: *Gonzalo Pérez Hernández*) del 28 de marzo de 2000, en la cual se señaló que:

> "...Es claro que si la vigente Constitución prevé la legislación electoral como competencia de la Asamblea Nacional, ésta no puede, por razones lógicas, ejercer dicha competencia antes de ser instituida. Por eso, la Disposición Transitoria Octava de la Constitución de la República Bolivariana de Venezuela prevé la atribución del Consejo Nacional Electoral para convocar, organizar y supervisar los procesos electorales, mientras se promulgan las leyes electorales previstas en la Constitución vigente, pero no para dictar las normas conforme deba discurrir dicho proceso. La prescripción de la Base Transitoria Octava responde a este carácter inmanente y necesario de la transición al prever la competencia del Consejo Nacional Electoral y el propio régimen electoral que, al no poder ser sancionado por la Asamblea Nacional, y no estar

185 Véase en *Revista de Derecho Público*, N° 84, Editorial Jurídica Venezolana, Caracas 2000, pp. 108 y ss.

186 Véase en *Gaceta Oficial* N° 36.884 de 03-02-00.

187 Véase en general Carlos Luis Carrillo Artiles, "El desplazamiento del principio de supremacía constitucional por la vigencia de los interregnos temporales", *Revista de Derecho Constitucional*, N° 3, Caracas 2000, pp. 77 y ss.

explicitado en la Constitución de la República Bolivariana de Venezuela, sólo puede ser sancionado por la Asamblea Nacional Constituyente, pues la Disposición Transitoria Octava carecería de sentido si las previsiones de la vigente Constitución, incluido el artículo 298 *eiusdem*, pudieran ser aplicadas en el período de transición"[188].

La Sala Constitucional al decidir esto, sin duda, se había olvidado de consultar el artículo 293, ordinal 1° de la nueva Constitución que le atribuía competencia al Consejo Nacional Electoral, como una de las ramas del Poder Público Nacional, para "resolver las dudas y vacíos" que las leyes electorales "susciten y contengan" y, por tanto, así poder adaptar la normativa electoral que estaba vigente a la nueva Constitución para la realización de las mencionadas primeras elecciones. En todo caso, el Tribunal Supremo de Justicia tenía el poder para interpretar la ley y adaptarla a la nueva Constitución como ya lo había hecho en la materia electoral, en la sentencia N° 17 de la Sala Electoral de 14–03–2000 al resolver que la Asamblea Nacional no tenía "diputados adicionales".

En todo caso, el Tribunal Supremo de Justicia, continuó señalando en su sentencia que:

> "El Estatuto Electoral del Poder Público ha integrado el régimen constitucional nacido del proceso constituyente, en orden a hacer efectivo el proceso de transición hacia la plena vigencia de la Constitución de la República Bolivariana de Venezuela, de acuerdo con la pregunta 1° del Referendo del 25 de abril de 1999. Esta Sala considera que sólo por una ficción jurídica podría distinguirse la naturaleza de la Constitución de la República Bolivariana de Venezuela y las otras normas sancionadas por la Asamblea Nacional Constituyente, aunque estas últimas normas tengan una vigencia determinada diferente a la vigencia indefinida de la Carta Magna. La Sala considera, asimismo, que todas las normas sancionadas por la Asamblea Nacional Constituyente, incluida la Constitución de la República Bolivariana de Venezuela, constituyen un sistema normativo constitucional, cuya teleología tiende a "la transformación del Estado y la creación de un nuevo ordenamiento jurídico", mediante un proceso que garantice la continuidad institucional, el Estado de Derecho y la "implantación efectiva de la organización y funcionamiento de las instituciones previstas por la Constitución aprobada".

En esta forma, el Tribunal Supremo continuó otorgándole rango constitucional a todas las actuaciones de la Asamblea Nacional Constituyente, incluso las dictadas con posterioridad a la entrada en vigencia de la nueva Constitución, burlándose de sus disposiciones y contrariando la misma doctrina de la Sala, expresada en la sentencia N° 6 dictada el 17–01–00 conforme a la cual:

---

188 Véase en *Revista de Derecho Público*, N° 81, Editorial Jurídica Venezolana, Caracas 2000, pp. 82 y ss.

> "Los actos dictados por la Asamblea Nacional Constituyente con posterioridad a la publicación de la nueva Constitución estarían sujetos a ésta"[189].

En la misma fecha 28–3–00, la Sala Constitucional dictó otra sentencia (N° 180) con motivo de otra impugnación del Estatuto Electoral (caso: *Allan R. Brewer–Carías y otros*), en la cual, con razonamientos totalmente alejados de lo que es el control de constitucionalidad, contradictorios, y partiendo de premisas falsas, esta vez no fue que declaró improcedente el recurso intentado, sino que lo declaró sin lugar, basándose en la consideración de las consecuencias que originaría la declaratoria con lugar de la acción de inconstitucionalidad propuesta, con razonamientos de mérito, es decir, de oportunidad o conveniencia, muy alejados del control de constitucionalidad que debía ejercer un Tribunal Constitucional, sobre todo si los argumentos de mérito eran falsos, como el afirmar que "si tal pedimento fuese declarado con lugar, no se podría elegir la Asamblea Nacional, desapareciendo así uno de los poderes en que se divide el Estado, y dejando sin efecto el sistema democrático" (…); que de ser nulo el Estatuto Electoral del Poder Público, "dejaría en un limbo jurídico la elección de la Asamblea Nacional, hasta el punto que no podría realizarse su elección", que entonces "Venezuela dejaría de ser un Estado Democrático, ya que uno de sus poderes, la Asamblea Nacional (Poder Legislativo) no podría instalarse, y aceptar tal situación es violar flagrantemente no sólo la Constitución vigente, sino los principios de organización política que la informan"; y que "declarar una nulidad del Estatuto que regula las únicas elecciones posibles para normalizar el funciona–miento del Estado es una irresponsabilidad que conduce a la negación del sistema democrático, al dejar indefinida la instalación de la Asamblea Nacional, con sus deberes esenciales para la vida del Estado"[190].

La visión apocalíptica y desconsolada de esta sentencia produjo que la acción se declarara contraria "al orden público constitucional", la que se hubiera disipado suavemente si sólo se hubiera considerado la acción intentada desde el punto de vista jurídico–constitucional, no de mérito, y se hubiera percatado de que la nueva Constitución había creado no una división tripartita del Poder Público Nacional, sino una división pentapartita (no sólo Legislativo, Ejecutivo y Judicial, sino también el Ciudadano y el Electoral), que originaba el Poder Electoral, con todas las características del Poder Público Nacional y con las competencias que le asignaba el artículo 292 de la Constitución, precisamente para resolver todos los "cataclismos" institucionales que se imaginó.

Sólo bastaba que la Sala hubiera tenido en cuenta un artículo de la Constitución, el art. 292, y ello hubiera evitado que condujera a la Sala Constitucional a pronunciar tan alucinada y apocalíptica sentencia. Todos los problemas, inconvenientes o incomodidades que significaban ejercer el control de constitucionalidad en ese caso, se hubieran disipado si la Sala hubiera "descubierto" que la misma Constitución preveía la salida institucional a la inconstitucionalidad cometida por la Asamblea Nacional Constituyente, consistente en que el Poder Electoral ejerciera

189 Véase en *Revista de Derecho Público*, N° 81, Editorial Jurídica Venezolana, Caracas 2000, pp. 95 y ss.

190 Véase en *Revista de Derecho Público*, N° 81, Editorial Jurídica Venezolana, Caracas 2000, pp. 86 y ss.

sus competencias de adaptar la legislación electoral que estaba vigente a la nueva Constitución, precisamente con las orientaciones de interpretación constitucional que debía darle la Sala Constitucional. Toda la imaginación que la Sala Constitucional ya había desplegado en la "interpretación" constitucional, al punto de crear todo un cuerpo normativo sobre el procedimiento de amparo, modificando incluso la Ley Orgánica de Amparo, en la sentencia N° 7 de fecha 01–02–00 (caso: *José A. Mejía y otros*)[191] pudo haberse ejercido en este caso del Estatuto Electoral.

Pero aquí, el nuevo poder, al cual los Magistrados le debían su nombramiento, podía reaccionar "inconvenientemente"; en cambio, en materia de amparo, nadie protestaría. Cuando la justicia constitucional es moldeable según la presencia o presión del poder y se pone a su servicio, la mejor construcción jurídico–formal sobre control de constitucionalidad como la que contiene la Constitución de 1999, lamentablemente queda diluida y no sirve de mucho, salvo para consolidar la arbitrariedad.

En todo caso, para justificar la "constitucionalidad" del Estatuto Electoral, la Sala Constitucional no analizó los alegatos de inconstitucionalidad formulados, sino que de nuevo se basó en la consideración del rango constitucional del Régimen Transitorio creado por la Asamblea Nacional Constituyente, a la cual le asignó incluso después de la entrada en vigencia de la nueva Constitución de 1999, el carácter de "poder constituyente originario" y, por tanto, por encima de la propia Constitución[192].

No tuvo en cuenta la Sala Constitucional que si esas normas no se incorporaron a la Constitución y a sus Disposiciones Transitorias fue porque esa fue la voluntad popular expresada en el referendo del 15–12–99, y nadie tenía el poder de sustituirse al pueblo, ni la Asamblea Nacional Constituyente ni su producto primario, el Tribunal Supremo de Justicia. Con esta sentencia, ambos órganos incurrieron en usurpación de la voluntad popular. Ninguna razón constitucional podía invocar la Sala Constitucional para decir que la Ley Orgánica del Sufragio y Participación Política, con las adaptaciones que el Poder Electoral debía establecer conforme a su competencia de "reglamentar las leyes electorales y resolver las dudas y vacíos que susciten o contengan (art. 293,1), no podía regir las primeras elecciones de órganos del Poder Público, y menos cuando el Constituyente en la Disposición Transitoria Octava había dispuesto que "mientras no se promulguen las nuevas leyes electorales previstas en esta Constitución los procesos electorales serán convocados, organizados, dirigidos y supervisados por el Consejo Nacional Electoral".

Esta decisión, sin duda, violó la soberanía popular expresada en el referendo del 25 de abril de 1999, ya que, de acuerdo con la base comicial novena que si tenía rango supra constitucional como lo consideró la antigua Corte Suprema de Justicia, y cuyo contenido no consideró el Tribunal Supremo, las nuevas normas constitucionales del proceso constituyente, para entrar en vigencia debían ser

191 Véase los comentarios a esta sentencia en Allan R. Brewer–Carías, *El sistema de justicia constitucional en la Constitución de 1999,* Caracas 2000, pp. 49 y ss.

192 Véase en *Revista de Derecho Público*, N° 81, Editorial Jurídica Venezolana, Caracas 2000, pp. 86 y ss.

aprobadas por referendo popular. Sin aprobación popular, por tanto, no podía haber norma alguna de rango constitucional.

De acuerdo con esta decisión, se consolidó el criterio de que podía haber un régimen constitucional transitorio no previsto en la Constitución de 1999 ni aprobado por el pueblo, dictado por la Asamblea Nacional Constituyente. Como antes señalamos, se olvidó el Tribunal Supremo de consultar la base comicial novena (la sentencia sólo hizo referencia a las bases primera y octava) que al contrario impuso, con carácter supra constitucional, la exigencia de que la Constitución y toda norma de rango constitucional producto de la Asamblea Nacional Constituyente, tenía que ser aprobada por el pueblo mediante referendo, para poder considerarse aprobada definitivamente.

En la misma fecha 30–01–00, la Asamblea Nacional Constituyente dictó otro Decreto mediante el cual fijó para el día 28–05–2000 la elección de los nuevos órganos representativos del Estado[193]. Este Decreto también fue impugnado junto con el Estatuto Electoral del Poder Público ante el Tribunal Supremo de Justicia. El Máximo Tribunal, en la antes señalada sentencia N° 180 de fecha 28 de marzo de 2000, al analizar los vicios imputados al Decreto de fijación de la fecha para las elecciones que violaba la nueva Constitución, señaló que la Constitución de 1999, a pesar de su vigencia, *no era aplicable* para la fijación de la fecha de las elecciones.

Se dio inicio, así, a una serie de sentencias de la Sala Constitucional en las cuales este máximo intérprete de la Constitución, al cual le correspondía y le corresponde velar por su integridad (art. 334) y garantizar su supremacía y efectividad (art. 335), se atribuyó la facultad de indicar cuándo la Constitución era o no era aplicable en diversos casos concretos. En este caso, consideró que surgía "una aparente antinomia entre el numeral 17 del artículo 6 del Régimen de Transición del Poder Público y la fecha de fijación de las elecciones, pero considerando que ambas determinaciones emanan del poder constituyente dentro del régimen de transición", la Sala pasó a resolverla, considerando que como "el Poder Constituyente contiene una suma de todos los poderes", a pesar de que el Régimen Transitorio autorizó "a la Comisión Legislativa Nacional para fijar fecha de los comicios de elección popular, la propia Asamblea, se reservó la fijación de la fecha para la elección de la Asamblea Nacional, Consejos Legislativos de los Estados, Concejos Municipales, Presidente de la República, Gobernadores de Estado y Alcaldes de Municipios, lo que podía hacer por su especial naturaleza" [194].

En esta forma, la Sala Constitucional, para justificar que la Constitución de 1999, a pesar de su vigencia e imperatividad, *no se aplicaba* para fijar las primeras elecciones de 2000, llegó a atribuirle a la Asamblea Nacional Constituyente carácter soberano ("es soberana", afirmó la Sala), por lo que supuestamente "no necesitaba ceñirse a las leyes u otras normas jurídicas", olvidando que el único soberano es el pueblo y que una Asamblea de representantes nunca "es soberana".

Con esta decisión se dio inicio a otras dictadas con posterioridad, en las cuales con base en la supuesta "transitoriedad", la Sala Constitucional justificó la no

193 *Gaceta Oficial* N° 36.884 de 03–02–00.

194 Véase en *Revista de Derecho Público*, N° 81, Editorial Jurídica Venezolana, Caracas 2000, pp. 86 y ss.

vigencia o la inaplicabilidad de la Constitución. Por lo visto, el pueblo soberano aprobó una Constitución para que fuera burlada, siendo la Sala Constitucional, al concluir la Asamblea Nacional Constituyente sus funciones, la llamada a orquestar la burla.

En cuanto a las elecciones del 28–05–00, las mismas fueron "suspendidas" por imposibilidad de su realización, por el Tribunal Supremo de Justicia en Sala Constitucional mediante sentencia de 25–05–00, al declarar con lugar un amparo interpuesto por representantes de la sociedad civil (Liliana Ortega en representación de COFAVIC y Elías Santana en representación de Queremos Elegir) alegando la representación de intereses colectivos o difusos[195].

Con posterioridad, la Asamblea Nacional Constituyente continuó dictando Decretos y tomando decisiones sin ajustarse a la Constitución de 1999, ya vigente, como ocurrió con la sanción de la Ley de Presupuesto 2000[196] y de la Ley Especial de Crédito Público para atender a las calamidades públicas, consecuencia de la catástrofe nacional producida por las constantes precipitaciones de lluvia[197] de 24–1–00[198], ambas en el ejercicio "del poder soberano constituyente originario" que supuestamente tenía.

La Asamblea Nacional Constituyente, nuevamente "en ejercicio del poder soberano constituyente originario" que se había arrogado a sí misma ilegítimamente, dictó el Decreto de 28–01–00[199] mediante el cual dispuso la reincorporación a la Fuerza Armada del personal militar participante e involucrado en los fallidos levantamientos militares de 4 de febrero y 27 de noviembre de 1992, que calificó como "acciones cívico–militares", y que habían sido objeto de separación de la Fuerza Armada Nacional como consecuencia directa de tales hechos (art. 1).

En ejercicio del mismo "poder soberano constituyente originario" y en los actos de la Asamblea antes indicados como fundamento de los Decretos anteriores, en fecha 27–01–00 la Asamblea Nacional Constituyente dictó un "Régimen Transitorio de Remuneración de los más altos funcionarios de los Estados y Municipios"[200], el cual derogó expresamente la Ley Orgánica sobre Emolumentos y Jubilaciones de Altos Funcionarios de las Entidades Federales y Municipales (art. 10).

Por otra parte, mediante Decreto de 30–01–00, la Asamblea Nacional Constituyente dictó supuestas medidas para "garantizar la libertad sindical"[201], creando una Comisión Nacional Electoral Sindical para garantizar la realización de elecciones libres, democráticas, universales, directas y secretas para elegir a los directivos de las organizaciones sindicales de trabajadores. Este Decreto lo dictó de

---

195 Véase *El Universal,* Caracas 26–05–00, p. 1–2. Véase la sentencia en *Revista de Derecho Público,* N° 82, Caracas 2000, pp. 32 y ss.

196 Véase *Gaceta Constituyente (Diario de Debates), Noviembre 1999–Enero 2000, cit.,* Sesión de 21–12–99, N° 50, pp. 2 y ss.

197 *Gaceta Oficial* N° 36.881 de 31–01–00.

198 *Gaceta Oficial* N° 36.883 de 02–02–00.

199 *Gaceta Oficial* N° 36.878 de 28–01–00.

200 *Gaceta Oficial* N° 36.880 de 28–01–00.

201 *Gaceta Oficial* N° 36.904 de 02–03–00.

nuevo, la Asamblea, con posterioridad a la entrada en vigencia de la nueva Constitución, "en ejercicio del poder soberano constituyente" que supuestamente le había dado el pueblo mediante el referendo del 25–04–00, en concordancia con el Estatuto de Funcionamiento de la Asamblea (art. 1) y el Decreto que había declarado la reorganización de todos los órganos del Poder Público. Este Decreto también fue considerado por la Sala Constitucional del Tribunal Supremo, como parte del régimen constituyente del país, al conocer de la acción de amparo interpuesta por varias organizaciones sindicales contra la Resolución del Consejo Nacional Electoral N° 1115–1979 de 15–11–00 convocando a un referendo aprobatorio sobre la renovación de la dirigencia sindical (referendo sindical)[202].

En la sentencia respectiva N° 1447 de 28–11–2000 que declaró improcedente el amparo, la Sala Constitucional consideró a dicho Decreto como "parte integrante del sistema constitucional vigente, por ser un acto constituyente sancionado por la Asamblea Nacional Constituyente el 30 de enero de 2000"[203].

La Sala Constitucional formuló la misma consideración en la sentencia N° 1490 de 01–12–2000 mediante la cual declaró improcedente otro amparo intentado por otra organización sindical contra el referendo sindical. Ratificó, así, la Sala Constitucional la tesis que venía elaborando sobre la existencia a partir del 30–12–99, de dos Constituciones paralelas: una aprobada por el pueblo en el referendo de 15–12–00 y otra conformada por normas de rango constitucional sancionadas por la Asamblea Nacional Constituyente antes y después de que fuese publicada la Constitución de 1999.

En todo caso, la dificultad de aplicación del Decreto de intervención sindical dictado por la Asamblea Nacional Constituyente llevó a la nueva Asamblea Nacional, al poco tiempo de su elección, a dictar un Acuerdo de fecha 10–10–00[204] mediante el cual exhortó a los trabajadores del país "a poner en marcha el proceso constituyente de las organizaciones sindicales, con el fin de democratizar el movimiento sindical", convocando al efecto a un referendo nacional sobre la democratización y reorganización del movimiento laboral–sindical venezolano, y la convocatoria y elección de una Asamblea Constituyente de Trabajadores", lo que vulneraba el principio constitucional que garantizaba la libertad sindical, razón por la cual la Asamblea Nacional modificó el texto de las preguntas que proponía para el referendo sindical, en un nuevo Acuerdo de fecha 13–11–00[205], en el cual se buscaba consultar al pueblo sobre la renovación de la dirigencia sindical, suspendiéndose temporalmente en sus funciones los directivos de las centrales, federaciones y confederaciones sindicales establecidas en el país. El Consejo Nacional Electoral no analizó la constitucionalidad de la pregunta que propuso la Asamblea Nacional para el llamado referendo sindical, y dictó la Resolución N° 001115–1979 del 15–11–00[206] mediante la cual convocó a todos los electores para

202 *Gaceta Oficial* N° 37.081 de 20–11–00.

203 Véase en *Revista de Derecho Público*, N° 84, Editorial Jurídica Venezolana, Caracas 2000, pp. 134 y ss.

204 *Gaceta Oficial* N° 37.057 de 16–10–00.

205 *Gaceta Oficial* N° 37.078 de 15–11–00.

206 *Gaceta Oficial* N° 37.081 de 20–11–00.

que participaran en el proceso refrendario sindical que debía realizarse el 3–12–00 conjuntamente con las elecciones municipales, como lo había dispuesto la Asamblea Nacional. El referendo sindical se realizó con una abstención electoral que constituyó récord histórico en el país[207], resultando aprobado por una exigua votación. Así, por voluntad popular se había dispuesto la violación de la Constitución.

La Sala Constitucional del Tribunal Supremo de Justicia, decidió la acción de amparo, y como era de esperarse la declaró improcedente mediante sentencia N° 1490 de 01–12–00, y legitimó la intervención pública de los sindicatos, argumentando que no consideraba "contrario a la libertad sindical el referendo destinado al cumplimiento de los derechos consagrados en dicho artículo, máxime cuando el referendo apunta a la renovación de la dirigencia sindical según los principios de alternabilidad y elección universal, directa y secreta, consagrados en el artículo 95 citado. El referendo, según la pregunta que lo conforma, no implica, pues, suspensión o intervención administrativas, sino protección del Estado para hacer efectiva la democracia sindical, por lo que la inconstitucionalidad alegada está excluida en la medida en que la consulta al pueblo versa sobre la instrumentación del propio texto fundamental, exigido por su artículo 95".

X. EL FRACASO DEL PROCESO CONSTITUYENTE DE 1999 COMO INSTRUMENTO DE CONCILIACIÓN POLÍTICA

El proceso constituyente de 1999, en contraste con todos los que ha habido en la historia política del país, tuvo una peculiaridad que lo diferencia de aquellos, e incluso de procesos similares ocurridos en otros países con anterioridad, y es que como sucedió en Colombia en 1991, no fue producto de la ruptura fáctica militar del hilo constitucional como consecuencia de una revolución, una guerra o un golpe de Estado, sino que dicho proceso, con todos sus problemas, se desarrolló en democracia. El golpe de Estado, en realidad, como antes se ha analizado, en Venezuela lo dio la propia Asamblea Nacional Constituyente electa en julio de 1999, al irrumpir contra la Constitución vigente en ese momento, que era la de 1961[208].

Ahora bien, en medio de la crisis terminal del sistema político de democracia centralizada de partidos que venía funcionando[209], y de los conflictos políticos

---

207 La abstención fue del 76,57%. Véase *El Universal,* Caracas 04–12–00, p. 1–1 y 1–2, y *El Universal,* Caracas 08–12–00, p. 1–1. Del 23% de los votantes que acudieron al referendo (2.632.523) el 64,49% votó "si" (1.632.750) y el 26,60% votó "no" (719.771). Véase *El Universal,* Caracas 05–12–00, p. 1–2, y *El Universal,* Caracas 08–12–00, p. 1–1.

208 Véase en general, Allan R. Brewer–Carías, *Golpe de Estado y Proceso Constituyente en Venezuela,* México 2002.

209 Véase Allan R. Brewer–Carías, *La crisis de las instituciones: responsables y salidas,* Cátedra Pío Tamayo, Centro de Estudios de Historia Actual (mimeo) Facultad de Economía y Ciencias Sociales, Universidad Central de Venezuela, Caracas 1985; publicado también en *Revista del Centro de Estudios Superiores de las Fuerzas Armadas de Cooperación,* N° 11, Caracas 1985, pp. 57–83; y en *Revista de la Facultad de Ciencias Jurídicas y Políticas,* N° 64, Universidad Central de Venezuela, Caracas 1985, pp. 129–155. Véase también Allan R. Brewer–Carías, *Instituciones Políticas y Constitucionales,* Vol. I

originados por la falta de evolución del sistema, el proceso constituyente de 1999 no podría ni debía tener otra motivación distinta que no fuera la necesidad de recomponer el sistema democrático y asegurar su gobernabilidad. Ello requería de un pacto político de todos los componentes de la sociedad que asegurara la participación de todos los sectores, para diseñar el funcionamiento de la democracia y la reforma del Estado. Para ello era que debía elegirse la Asamblea Constituyente, y por eso, es que precisamente, en la convocatoria del referéndum consultivo sobre la misma decretada el 2 de febrero de 1999, se trataba de preguntarle al pueblo su opinión sobre la convocatoria de una Asamblea Nacional Constituyente: "con el propósito de transformar el Estado y crear un nuevo ordenamiento jurídico que permita el funcionamiento efectivo de una democracia social y participativa"[210].

Esa y no otra debió ser la razón de ser del proceso constituyente en 1999 y salvo por posiciones circunstanciales de carácter político, era difícil que alguien en el país no estuviera de acuerdo con esos propósitos.

Sin embargo, la forma cómo se eligió la Asamblea impidió la participación de todos los sectores de la sociedad en el proceso constituyente, de manera que la Asamblea no fue un mecanismo para promover el diálogo y consolidar la paz, permitiendo la competitividad y convivencia, sino que sirvió para acentuar las diferencias fundamentales entre los sectores políticos y agravar la crisis política, profundizándose la fraccionalización del país[211]. Y una década después de realizado el proceso constituyente, la conclusión es que tampoco se lograron los propósitos que lo motivaron, pues no hubo efectiva reforma del Estado para asegurar la democracia social y participativa. Es decir, nada de lo que había que cambiar en el sistema político fue cambiado; y más bien el resultado constitucional del proceso constituyente, fue la acentuación de los aspectos más negativos del sistema

El proceso constituyente, en ese sentido, fue un fracaso[212], y si bien en los últimos años han ocurrido cambios políticos de gran importancia, los mismos para lo que han servido es para permitir el apoderamiento de la totalidad del poder por un grupo que ha aplastado a todos los otros, abriendo heridas y rivalidades sociales y políticas, que no se habían presenciado en décadas, y acentuando los conflictos sociales y políticos del país. Ese nuevo liderazgo político se entronizó en todos los niveles del Poder, habiendo quedado desplazado el liderazgo político y partidista hasta ese momento existente.

(*Evolución histórica del Estado)*, Universidad Católica del Táchira, Editorial Jurídica Venezolana, San Cristóbal–Caracas, 1996, pp. 523–541

210 Véase el texto en *Gaceta Oficial* N° 36.634 de 2 de febrero de 1999, y su modificación en *Gaceta Oficial* N° 36.658 de 10 de marzo de 1999. Véase la critica a dicho decreto como un fraude constitucional en Allan R. Brewer–Carías, *Asamblea Constituyente y ordenamiento constitucional*, Biblioteca de la Academia de Ciencias Políticas y Sociales, Caracas 1999, pp. 229 ss.

211 Véase sobre la discusión política en 1998 sobre el necesario carácter inclusivo del proceso constituyente en *Idem*, pp. 38 ss.

212 Véase Allan R. Brewer–Carías, "El proceso constituyente y la fallida reforma del Estado en Venezuela" en *Estrategias y propuestas para la reforma del Estado*, Universidad Nacional Autónoma de México, México 2001, pp. 25–48; y en Allan R. Brewer–Carías, *Reflexiones sobre el constitucionalismo en América*, Editorial Jurídica Venezolana, Caracas 2001, pp. 243–253.

La Constitución, sin duda, introdujo importantes cambios y reformas, como, por ejemplo, la separación pentapartita del Poder Público, la eliminación del Senado como parte del Poder Legislativo Nacional, la consagración de la reelección presidencial, la creación de la figura del Vicepresidente de la República, la creación del Defensor del Pueblo, y la constitucionalización de los tratados internacionales sobre derechos humanos con lo cual la regulación de los mismos fue perfeccionada y ampliada en muchos aspectos.

Sin embargo, ninguna de esas reformas produjeron un cambio efectivo en el sistema político de Estado democrático centralizado representativo de partidos. A pesar del verbalismo constitucional, el Estado ha continuado montado sobre una democracia meramente representativa de partidos, solo que básicamente ha sido uno, el del gobierno; el Estado ha seguido siendo centralizado a pesar de que se lo haya denominado como "descentralizado"; y el presidencialismo se ha exacerbado, agregándose a los poderes del Estado, el poder militar, sin sujeción a la autoridad civil como nunca antes había ocurrido en nuestro constitucionalismo. En definitiva, hay un nuevo y acentuado centralismo y partidismo, con un acentuado presidencialismo y un nuevo militarismo constitucionalizado.

Esas reformas constitucionales que se introdujeron en el texto de la Constitución de 1999 para dejar todo igual o peor desde el punto de vista democratizador; pueden agruparse en relación con los mismos aspectos respecto de los cuales se requería y continúa requiriéndose una reforma política para perfeccionar la democracia.

1. *La pervivencia de la democracia representativa de partidos*

La partidocracia o democracia monopolizada en forma exclusiva por los partidos políticos, sistema en la cual los partidos políticos monopolizan la representatividad, controlan la participación política y todas las manifestaciones del poder, ha continuado en Venezuela a pesar del proceso constituyente de 1999 o quizás, como consecuencia de la forma hegemónica como aquél se desarrolló.

En efecto, como hemos señalado anteriormente, la Asamblea Nacional Constituyente electa el 25 de julio de 1999, se constituyó con 141 miembros de los cuales 135 fueron electos de las listas de candidatos apoyados abiertamente por el Presidente de la República que había sido electo meses antes, en diciembre de 1998, y de su partido de gobierno. La Asamblea, por tanto, fue un instrumento de imposición y exclusión y lejos estuvo de ser un instrumento constitucional para establecer un pacto político de la sociedad venezolana que se plasmara en una nueva Constitución. Al contrario, la Constitución de 1999 puede considerarse como un texto impuesto por la mayoría partidista y partidaria del Presidente de la República en la Asamblea Nacional Constituyente, que estuvo sometida a sus designios.

Como consecuencia del proceso constituyente, es cierto, los partidos políticos tradicionales casi desaparecieron, habiéndose trastocado el sistema multipartidista tradicional por un sistema de partido hegemónico, cuyo Presidente es el propio Presidente de la República y cuyos coordinadores y directores son los Ministros del gabinete. La Constitución dispone que los funcionarios públicos no pueden estar al servicio de parcialidad alguna, sino al servicio del Estado (art. 145), pero ello no se ha aplicado durante su vigencia desde 1999. Además, el sistema electoral no ha sido cambiado ni en la nueva Constitución ni en la práctica legislativa posterior, conservándose el sistema de representación proporcional personificado, que es un instrumento de dominio partidista.

La nueva Constitución, sin embargo, formalmente estableció un conjunto de regulaciones que evidenciaron lo que puede denominarse una reacción contra los partidos políticos, pero las cuales en la práctica también han constituido letra muerta.

Entre estas se destacan las siguientes: primero, la eliminación del léxico constitucional de la misma expresión "partidos políticos" y su sustitución por el de organizaciones con fines políticos (art. 67); segundo, la imposición constitucional a los diputados de representar al pueblo en su conjunto y del voto a conciencia, sin estar sujetos a mandatos ni instrucciones, ni a ataduras partidistas (art. 201) lo cual no se ha cumplido; tercero, la pretendida eliminación de las fracciones parlamentarias en la Asamblea Nacional, existiendo en su lugar "bloques de opinión", los cuales han controlado los votos en forma más férrea; cuarto, la obligación de los representantes de rendir cuenta pública de su gestión (art. 197) y de acompañar su candidatura con un programa (art. 66), lo cual no se ha cumplido; quinto, la obligación de los partidos políticos de escoger sus directivos y candidatos mediante procesos de votación internos (art. 67), lo cual tampoco se ha cumplido; sexto, la atribución al Consejo Nacional Electoral de la organización de las elecciones internas de los partidos políticos (art. 293,6), lo cual si bien constituye una intolerable ingerencia estatal en la sociedad política, tampoco se ha cumplido; y séptimo, la prohibición constitucional del financiamiento público a los partidos políticos (art. 67) lo cual lamentablemente ha provocado no sólo al financiamiento privado ilegítimo (narcotráfico, comisiones para el partidos), sino al financiamiento público irregular y corrupto, difícil de identificar en un sistema donde no existe control fiscal ni parlamentario del ejercicio del poder, precisamente por su control hegemónico partidista que el gobierno ejerce en todos los niveles.

Pero a pesar de todas estas normas "reactivas" contra los partidos políticos, sin embargo, estos siguen siendo el eje del proceso político, aún cuando desde 1999 se trate de nuevos partidos, entre ellos el del Presidente de la República. Se trata de su instrumento electoral y político, que en 2006 desde el propio Estado, y como una operación y política estatal conducida por los altos funcionarios del mismo, se comenzó a crear un partido socialista único, al cual, sin embargo, algunos partidos de la alianza gubernamental se negaron a integrarse como fue el caso del partido Comunista de Venezuela.

La democracia venezolana, por tanto, sigue siendo esencialmente representativa de los partidos políticos, los cuales la controlan totalmente. Nada ha cambiado en el sistema, salvo que desde el 2000 hay un nuevo partido, con nuevos nombres y nuevos líderes, y un Presidente de la República que impunemente ha actuado como Presidente del partido de gobierno. Además, el sistema se ha configurado con nuevas e intolerables ingerencias en la sociedad civil, al atribuirse por ejemplo al Consejo Nacional Electoral, la potestad de organizar todas las elecciones sindicales y de gremios profesionales (art. 293,6). Ello ha originado un permanente conflicto irresoluble, entre las organizaciones sindicales y el gobierno, con la frecuente intervención de la OIT en defensa de los sindicatos.

Pero por otra parte, es cierto que la Constitución de 1999 es quizás el texto constitucional que más emplea la palabra "participación", regulando el derecho constitucional a la participación política (art. 62) y calificando al sistema de gobierno como democracia participativa, sentando incluso las bases para un municipalismo que concrete la participación (art. 184). Sin embargo, nada de ello ha ocurrido y con un régimen con tendencia a la centralización y concentración del poder, donde la participación se confunde con la movilización social –que si la ha habido– no habrá efectiva descentralización política a pesar de que, incluso, la Constitución califica como una política nacional (art. 158).

Sin embargo, debe destacarse que en un aspecto la Constitución de 1999 materializó directamente el espíritu de participación que la verbaliza, estableciendo directamente un mecanismo para la participación "de los diversos sectores de la sociedad civil" en la designación de los titulares de los Poderes Públicos no electos por vía de sufragio universal, es decir, de los Magistrados del Tribunal Supremo de Justicia (Poder Judicial), del Contralor General de la República, del Fiscal General de la República y del Defensor del Pueblo (Poder Ciudadano) y de los miembros del Consejo Nacional Electoral (Poder Electoral). En todos estos casos, y como una reacción contra los partidos políticos que tradicionalmente habían escogido y se repartían esas posiciones mediante el control de los votos de diputados en el antiguo Congreso Nacional; la Constitución de 1999 le quitó expresamente a la Asamblea Nacional el poder discrecional para hacer tales designaciones, y estableció un complejo sistema conforme al cual las postulaciones para esos cargos sólo la pueden hacer sendos Comités de Postulaciones integrados "por representantes de los diversos sectores de la sociedad" (arts. 264, 279, 295). En esta forma, la Asamblea Nacional no puede recibir directamente postulaciones para esos cargos y no puede designar a nadie que no haya sido postulado por los Comités de Postulaciones.

Por supuesto, este sistema de participación política previsto en la Constitución, fue concebido como reacción contra el tradicional control de los partidos políticos en el parlamento y en los referidos nombramientos; pero como el partido de gobierno ejercía una hegemonía partidista en la Asamblea Nacional, no renunció a ella y simplemente, ya en el año 2000, dictó una Ley Especial mediante la cual no sólo no se desarrolló la Constitución, sino que más bien se la violó, atribuyéndose, a si misma, como Asamblea Nacional, mediante una Comisión parlamentaria, tales designaciones.[213] Ello, lamentablemente fue amparado por la supuesta e indefinida transitoriedad constitucional, convalidada por la Sala Constitucional del Tribunal Supremo de Justicia, a pesar, incluso, de la acción de nulidad y amparo que ejerció contra dicha Ley, la entonces Defensora del Pueblo.

Con posterioridad, la Asamblea Nacional, consolidó la desnaturalización de los Comités de Postulaciones trastocándolos en Comisiones parlamentarias ampliadas, con la sanción de las Leyes Orgánicas del Poder Electoral, del Poder Ciudadano y del Tribunal Supremo de Justicia. La consecuencia ha sido que en todos los casos de designación de los titulares de estos Poderes públicos, se ha irrespetado la voluntad del constituyente de que los Comités de Postulaciones estuvieran integrados sólo por

---

213 Véase Allan R. Brewer–Carías, "La participación ciudadana en la designación de los titulares de los órganos no electos de los Poderes Públicos en Venezuela y sus vicisitudes políticas", en *Revista Iberoamericana de Derecho Público y Administrativo*, Año 5, Nº 5–2005, San José, Costa Rica 2005, pp. 76–95.

representantes de los diversos sectores de la sociedad civil, y no por diputados, quienes como funcionarios públicos, por esencia son representantes de la "sociedad política". Lo más grave en esta materia ocurrió en 2007 con la designación de los titulares de los órganos del Poder Ciudadano, cuya integración ni siquiera fue regulada en la Ley Orgánica del Poder Ciudadano de 2001, lo que llevó a la configuración fáctica de una Comisión Parlamentaria ampliada, integrada básicamente por diputados. Sobre ello, la Fiscal General de la República nombrada inconstitucionalmente por dicha Comisión llegó a afirmar, en contra del principio más elemental sobre la competencia de los órganos del Estado que siempre requiere texto expreso que "Lo que no está expresamente prohibido, está legalmente permitido. Ninguna norma señala de manera expresa la prohibición de que el comité esté constituido por diputados de la Asamblea Nacional o de los Consejos Legislativos"[214].

Aparte de lo anterior, sin embargo, no puede dejar de mencionarse que la Constitución de 1999 incorporó al constitucionalismo todos los mecanismos imaginables de democracia directa, regulando todos los referendos imaginables (arts. 71 a 74). Sin embargo, en casi una década de vigencia de la Constitución, sólo se efectuó en 2004 un referendo revocatorio presidencial, que terminó siendo trastocado por el Consejo Supremo Electoral en un referendo "ratificatorio" del Presidente luego de un interminable proceso para reducir y encasillar la participación popular[215].

Pero en relación con la forma de gobierno democrático, el aspecto de las reformas constitucionales de 1999 que podía considerarse como parte de la reforma del Estado, era el de la atribución a los representantes de los diversos sectores de la sociedad civil la potestad exclusiva de postular a los candidatos para ocupar las altas posiciones en los órganos del Poder Público no electos popularmente. Sin embargo, como hemos señalado, se trató de una reforma fallida, burlada, por la Asamblea Nacional y la Sala Constitucional del Tribunal Supremo de Justicia.

2. *La pervivencia de la Federación centralizada con el nombre de Federación descentralizada*

La gran reforma política del Estado que debió haber signado los debates de la Asamblea Nacional Constituyente, era la concerniente al reforzamiento del federalismo mediante la descentralización política de la Federación. Se trataba de avanzar en las reformas que se habían iniciado en 1989, con la elección directa de los gobernadores de Estado y con el inicio de transferencias de competencias nacionales a los Estados mediante la Ley Orgánica de Descentralización y Transferencia de competencias del Poder Público (1998). Era necesario prever una más precisa distribución de competencias exclusivas entre el nivel nacional, el de los

214 Véase las declaraciones de la Sra. Luisa Ortega Díaz en *El Universal*, Caracas 21–12–2007

215 Véase Allan R. Brewer–Carías, "La Sala Constitucional vs. el derecho ciudadano a la revocatoria de mandatos populares: de cómo un referendo revocatorio fue inconstitucionalmente convertido en un "referendo ratificatorio", *Crónica sobre la "In" Justicia Constitucional. La Sala Constitucional y el autoritarismo en Venezuela*, Colección Instituto de Derecho Público, Universidad Central de Venezuela, N° 2, Caracas 2007, pp. 349–378;

Estados y el de los Municipios, así como la identificación, también más precisa, de las competencias concurrentes entre las diversas entidades político–territoriales. Por lo demás, el aspecto más importante en el cual se debió avanzar para hacer realidad la descentralización política de la Federación, era la previsión expresa de competencias tributarias propias para los Estados. En esta materia, sin embargo, nada se avanzó respecto de lo que ya había ocurrido con las reformas iniciadas en 1989.[216]

Más bien hubo notables retrocesos: primero, se eliminó el Senado y el bicameralismo en el Parlamento nacional, eliminándose, en consecuencia, toda posibilidad de igualdad entre los Estados (art. 159), pues la única instancia en la cual podrían ser iguales es cuando tienen un mismo voto, con igual valor, en una Cámara Federal; segundo, la competencia tradicionalmente residual de los Estados de la Federación fue trastocada, estableciéndose además, una competencia residual a favor del Poder Nacional en toda materia tributaria no atribuida expresamente a los Estados y Municipios (art. 156,12); tercero, ninguna competencia tributaria fue asignada expresamente a los Estados, por lo que incluso la competencia tradicional en materia de impuestos al consumo que tenían como competencia originaria, fue eliminada totalmente (art. 156,12); cuarto, se estableció que los Estados sólo podrán tener competencias tributarias en las materias que le sean asignadas expresamente por ley nacional (art. 167,5); quinto, las competencias que se identifican como exclusivas de los Estados de orden sustantivo, sólo pueden ejercerse de conformidad con la legislación nacional que se dicte (art. 164); sexto, la autonomía de los Estados fue duramente lesionada, al prescribirse que la regulación de las materias de competencia concurrente sólo pueden dictarla los Consejos Legislativos, cuando en el nivel nacional se dicten leyes de base y sólo conforme a ellas (art. 165); y séptimo, la autonomía estadal fue seriamente limitada al atribuirse a la ley nacional (art. 162) la regulación del régimen y funcionamiento de los Consejos Legislativos de los Estados que son parte de sus poderes públicos, y respecto de los cuales debía corresponder a los Estados regularlos en su propia Constitución (art. 164,1).

La Federación, en la Constitución de 1999, por tanto, sólo es formalmente "descentralizada" en el calificativo inserto en el artículo 4 de la Constitución; pues en la práctica, está tanto o más centralizada que en la Constitución de 1961. En esta materia, la reforma política que se realizó fue regresiva, acentuándose el centralismo.

3. *La concentración del Poder Público, el presidencialismo y el militarismo*

El tercer aspecto en el cual resultaban necesarias reformas políticas y constitucionales para perfeccionar la democracia, es el que concierne a la separación orgánica de poderes, para el establecimiento de sus autonomías, balances, contrapesos y controles. En esta materia, en la Constitución de 1999 se introdujo una reforma constitucional de importancia, consistente en la sustitución de la clásica división tripartita del Poder Público (Legislativo, Ejecutivo y Judicial) por una

216 Véase Allan R. Brewer–Carías, *Federalismo y Municipalismo en la Constitución de 1999,* Caracas 2001.

división pentapartita, al agregarse al Poder Ciudadano y al Poder Electoral como parte de la separación orgánica de Poderes.

Sin embargo, es de la esencia de todo sistema de separación orgánica de poderes la consagración efectiva de la autonomía e independencia entre los poderes, lo que implica, fundamentalmente, que la permanencia de los titulares de los Poderes Públicos no puede estar sujeta a decisiones de los otros poderes del Estado, salvo por lo que respecta a las competencias del Tribunal Supremo de enjuiciar a los altos funcionarios del Estado. Pero salvo estos supuestos de enjuiciamiento, los funcionarios públicos designados como titulares de los órganos del Poder Público, sólo deberían cesar cuando se les revoque su mandato mediante referendo; por lo que los titulares de los Poderes Públicos no electos, tendrían derecho a permanecer en sus cargos durante todo el período de tiempo de su mandato. Esta era la tradición del constitucionalismo venezolano.

Ahora, sin embargo, en la Constitución de 1999, esta autonomía entre los poderes del Estado quedó trastocada, distorsionándose la propia esencia de la separación de poderes al atribuirse a la Asamblea Nacional la potestad de remover tanto a los Magistrados del Tribunal Supremo de Justicia (art. 265), como a los titulares de los órganos del Poder Ciudadano, es decir, al Contralor General de la República, al Fiscal General de la República y al Defensor del Pueblo (art. 279) y a los Miembros del Consejo Nacional Electoral (art. 296). Es decir, los titulares de los órganos del Poder Electoral, del Poder Judicial y del Poder Ciudadano han quedado a la merced de la Asamblea Nacional, la cual, como órgano político, puede disponer la remoción de aquellos. Esto es la negación de la separación de poderes, y más bien es un signo de concentración del Poder en una Asamblea que, además, está controlada por el partido de gobierno y por tanto, directamente por el Presidente de la República, quien es el Presidente en ejercicio de dicho partido. Esto ha sido la negación a la separación de poderes y, más bien, es el signo más evidente de su concentración en una sola Magistratura, con grave riesgo para la libertad.

Pero en otro aspecto de la separación de poderes, entre el Legislativo y el Ejecutivo que concierne al sistema de gobierno, tampoco se introdujeron reformas esenciales, salvo las que han provocado la exacerbación del presidencialismo, abandonándose así el sistema tradicional del presidencialismo moderado o con sujeción parlamentaria que con todos sus problemas operativos, era la tradición de nuestro constitucionalismo reciente. Esta exacerbación del presidencialismo, en efecto, resulta de los siguientes elementos: primero, la elección presidencial por mayoría relativa (art. 228), abandonándose la propuesta de la elección por mayoría absoluta y doble vuelta, para buscar una mayor legitimidad que se había propuesto durante el proceso constituyente; segundo, la extensión del período presidencial de 5 a 6 años (art. 230); tercero, la previsión por primera vez en más de un siglo, de la reelección presidencial inmediata (art. 230); cuarto, la atribución al Presidente de la República de la potestad de legislar, cuando sea habilitado mediante ley, sin que haya límites en cuanto a las materias que pueden ser objeto de la delegación legislativa (arts. 203 y 236,8); y quinto, la posibilidad que tiene el Presidente de la

República para disolver las Cámaras Legislativas en el caso de que se produzcan tres votos de censura contra el Vicepresidente de la República (art. 236,21).[217]

Por último, debe señalarse en relación con la separación de poderes, que en la Constitución de 1999 lamentablemente se trastocó la tradicional concepción constitucional de la sujeción del poder militar al poder civil, estableciéndose, al contrario, un régimen específico sobre la "seguridad de la Nación" y de la Fuerza Armada (arts. 322 y sgts.), cuyo único vínculo con el poder civil, materialmente, es la coincidencia de la figura del Presidente de la República con el de Comandante en Jefe de la Fuerza Armada Nacional (art. 236,5). Además, se atribuyó al Presidente de la República la potestad de ejercer el mando supremo de la Fuerza Armada Nacional, la de promover sus oficiales a partir del grado de coronel o capitán de navío (arts. 236, 5 y 6), correspondiendo a la propia Fuerza Armada Nacional las otras promociones.

La Constitución de 1999, por tanto, está imbuida de un militarismo nunca conocido en el constitucionalismo venezolano anterior, el cual se concretiza, entre otros, en las siguientes regulaciones que apuntan a la eliminación de la tradicional subordinación de la autoridad militar a la civil: primero, la eliminación de la prohibición que establecían las Constituciones anteriores del ejercicio simultáneo de autoridad civil y autoridad militar; segundo, la eliminación del control por parte del Parlamento de los ascensos militares; tercero, el abandono de la previsión constitucional del carácter no deliberante y apolítico de la institución militar; cuarto, la eliminación de la obligación constitucional de velar por la estabilidad de las instituciones democráticas que preveía la Constitución de 1961; quinto, la atribución a los militares del derecho al sufragio activo (art. 330); sexto, el establecimiento del privilegio del antejuicio de mérito ante el Tribunal Supremo de Justicia para el enjuiciamiento de altos oficiales (art. 266,3); séptimo, la atribución a la Fuerza Armada del control sobre todas las armas, incluso las civiles (art. 324); octavo, la atribución a la Fuerza Armada Nacional de competencias generales en materia de policía administrativa (art. 329); y por último, la introducción en la Constitución de principios relativos a la doctrina de la seguridad nacional, globalizante y omnicomprensiva, abandonada en el constitucionalismo latinoamericano de las últimas décadas (art. 322 y sigts).[218]

Lamentablemente, las reformas constitucionales antes referidas relativas a aspectos de concentración del poder y debilitamiento de la autonomía e independencia entre los poderes públicos; al presidencialismo exacerbado, y al militarismo; configuraron un marco constitucional abierto al autoritarismo "democrático" o de presidencialismo plebiscitario, que puede llegar a impedir toda idea de democracia basada en la participación política, y pretender centrar las relaciones de poder en una supuesta relación directa entre un líder y el pueblo, sin siquiera la intermediación de partidos, y sólo con un "partido único militar" que, con el apoyo de la fuerza, apuntale un sistema político populista. Todas esas reformas constitucionales, por supuesto, en nada han contribuido a la democratización del Estado y del país.

---

217 Véase Allan R. Brewer–Carías, *La Constitución de 1999,* Caracas 2000.

218 *Idem.*

4. *La inacabada crisis política*

Del panorama anterior resulta, por tanto, que la reforma política para el perfeccionamiento de la democracia, a pesar de la reforma constitucional de 1999, continuó siendo una tarea pendiente en Venezuela, pues las reformas constitucionales efectuadas no llegan a configurarse como el proceso que exigía la democracia venezolana para sustituir el Estado democrático centralizado de partidos por un Estado, igualmente democrático, pero descentralizado y participativo.

La Constitución de 1999, por tanto, no condujo a una mayor democratización del país y, al contrario, para lo que fue usada fue para constitucionalizar el autoritarismo, el cual, en definitiva, ha demostrado ser un instrumento profundamente antidemocrático, caracterizado por un partidismo a ultranza; un centralismo avasallante; la ausencia de efectivo control del poder; la sumisión del Poder Legislativo al Ejecutivo; el avasallamiento del Tribunal Supremo de Justicia; la inexistencia del Poder Ciudadano; y la impunidad y corrupción rampantes. El propio Presidente de la República resumió la situación en 2001, al decir públicamente: "La ley soy yo. El Estado soy yo"[219].

Por ello, puede decirse que el régimen constitucional de 1999, no fue un régimen constitucional definitivo y consolidado; pues ni siquiera logró ser el producto de un consenso político, habiendo sido, al contrario, el resultado de la imposición de un grupo político sobre el resto de la población. Su duración, por tanto, es previsible que sea corta, tanta como dure en el control del poder, el grupo que lo asaltó en 1999. La Constitución de 1999, por tanto, puede considerarse como una Constitución de transición, dictada en medio de la crisis de un sistema político, pero que produjo su solución, razón por la cual, posteriormente ha continuado pendiente la realización de la reforma del sistema político para su democratización. La excepcional oportunidad histórica que tuvo el Presidente Hugo Chávez Frías en sus manos para realizar los cambios que la democracia requería, puede decirse que se perdió, y ya es claro que el objetivo de su gobierno es su eliminación.

Por ello, lo que pudo haber sido un gobierno de cambio para profundizar la democracia que permitiera iniciar, con el propio Siglo XXI, un nuevo ciclo histórico político de democracia descentralizada y participativa, no ha resultado otra cosa que una deformación y caricatura de todos los vicios del ciclo iniciado en 1945, el cual, por tanto, no ha concluido, por lo que puede decirse que la crisis política que estalló en 1989, continúa agravada. Y no hay que extrañarse pues históricamente estas crisis políticas han durado siempre en promedio dos décadas. No debe dejarse de recordar, por ejemplo, que la crisis y cambio político entre el primero (1811–1864) y el segundo período (1864–1901) de nuestra historia republicana duró aproximadamente 26 años, desde 1848, el día del fusilamiento del Congreso con las Revoluciones de Marzo, la Azul y la de Abril y las guerras federales incluidas, hasta 1874 cuando Guzmán Blanco se consolidó en el Poder; que el tránsito entre el

---

219 Véase en *El Universal*, Caracas 4–12–01, pp. 1–1 y 2–1. Incluso, esa expresión, siempre atribuida al Rey Luis XIV, cuando en 1661 decidió gobernar sólo después de la muerte del cardenal Mazarin, nunca la llegó a pronunciar. Véase Yves Giuchet, *Histoire Constitutionnelle Française (1789–1958)*, Ed. Erasme, Paris 1990, p.8.

segundo (1864–1901) y tercer período (1901–1945) de nuestra historia política, duro aproximadamente 20 años, iniciándose en 1888, al dejar Guzmán Blanco el vacío de poder, con las Revoluciones Legalistas, Liberal Restauradora y Libertadora incluidas, hasta la consolidación de Juan Vicente Gómez en el Poder, en 1908; y el tránsito del tercero (1901–1945) al cuarto período político (1945–1998) de nuestra historia, duro 23 años, iniciándose con la muerte de Gómez en 1935, con la Revolución de Octubre y la década militar incluidas, hasta la consolidación de la democracia, consecuencia del Pacto de Punto Fijo, en 1958.

La crisis política que está marcando al fin del cuarto período de nuestra historia (1945–1998), como antes indicamos, puede decirse que afloró con el Caracazo en 1989, incluyendo, de paso, los intentos de golpes militares de 1992, (uno de ellos precisamente comandado por Hugo Chávez Frías); el enjuiciamiento del Presidente de la República en 1993; la instalación de un gobierno de transición en 1993–1994; el proceso constituyente de 1999; el régimen de transitoriedad constitucional imperante desde entonces; la renuncia del Presidente de la República, Hugo Chávez Frías, en abril de 2002 y la crisis política que de ello derivó; el referendo revocatorio presidencial de 2004 y sus secuelas políticas; el total apoderamiento de la Asamblea Nacional por el partido de gobierno en 2005, por la renuncia de los partidos de oposición a convalidar lo que consideraban un fraude electoral; la reelección presidencial en 2006; y la rechazada reforma constitucional de 2007. Todo ello ha hecho que la crisis de gobernabilidad haya continuado en medio de un proceso de destrucción institucional nunca antes experimentado.

En todo caso, por lo que respecta al período de estos años de crisis que ha transcurrido desde la sanción de la Constitución de 1999, se destacan los mencionados sucesos de abril de 2002, que condujeron al Presidente de la República, Hugo Chávez, a abandonar su cargo, o como lo informó públicamente al país el Jefe de su propio Alto Mando Militar, General en Jefe Lucas Rincón, que se le hubiera solicitado "al señor Presidente de la República la renuncia a su cargo, la cual aceptó". Tal hecho produjo en Venezuela una crisis de gobierno, por ausencia de titulares del Poder Ejecutivo, en medio de un proceso de desobediencia militar a la autoridad del propio Presidente de la República y de los altos mandos militares; la cual rápida y lamentablemente se trastocó en una ruptura del hilo constitucional por la proclamación de un denominado "gobierno de transición" que rompió el principio democrático representativo, al pretender eliminar la Asamblea Nacional.

OCTAVA PARTE

LA PERSISTENCIA DE LA CRISIS Y LAS VICISITUDES POLÍTICO CONSTITUCIONALES DURANTE LA VIGENCIA DE LA CONSTITUCIÓN DE 1999: LA CRISIS DE LA DEMOCRACIA Y EL AUTORITARISMO ESTABLECIDO EN FRAUDE A LA CONSTITUCIÓN Y A LA PROPIA DEMOCRACIA

Los nueve años de vigencia de la Constitución de 1999 (1999–2008) han estado signados por el conflicto entre la democracia como régimen político consagrado en la Constitución y arraigada en la cultura popular luego de 40 años de su aplicación (1958–1998), y el autoritarismo que se ha venido construyendo en esos mismos años en fraude a la Constitución y a la propia democracia. El conflicto, además, ha sido entre la supremacía constitucional y el voluntarismo gubernamental por imponer su voluntad autoritaria mediante interpretaciones torcidas de las normas constitucionales.

Esta Parte está destinada, precisamente, a analizar las vicisitudes político constitucionales del país durante esta ya larga primera década del Siglo XXI, durante la cual se ha venido progresivamente minando el régimen democrático y demoliendo el Estado Constitucional.

En efecto, el patrimonio histórico–político–cultural más importante que Venezuela tenía en los comienzos del Siglo XXI, sin duda, era el de la democracia como régimen político y como forma de vida, lo que debería implicar tanto la garantía de los derechos y libertades públicas como el funcionamiento del Estado de Derecho. Las cuatro décadas de democracia que tuvo el país (1958–1999) antes de que Hugo Chávez Frías asumiera el poder, sin duda, surtieron todos sus efectos, y estos se produjeron precisamente en un país que, para cuando se inició el período democrático, era el que menor tradición democrática tenía entre todos los países de América Latina. A comienzos del Siglo XX, en cambio, con todos sus defectos y problemas, Venezuela seguía siendo el país de América Latina con la democracia contemporánea más vieja y experimentada, incluso a pesar de los esfuerzos internos por destruirla.

La verdad es que los venezolanos nos habíamos habituado a la democracia. Ese fue el gran legado que dejaron los partidos políticos tradicionales que dominaron la vida política durante la segunda mitad del siglo pasado; y el hecho de que al final del Siglo no hubieran comprendido las exigencias que planteaba su propia obra democrática, lo que los hizo colapsar, no significa en absoluto que la democracia no se hubiera arraigado hasta la médula en el pueblo y en las instituciones. Ello habituó al venezolano, también, a vivir en libertad; y en esta situación, el pueblo no acepta ni tolera el autoritarismo, y rechaza la violencia. Incluso el rechazo de la reforma constitucional sancionada por la Asamblea Nacional en noviembre de 2007, mediante referendo popular del 2 de diciembre de 2007, es una muestra de ello.

Por otra parte, si la crisis del sistema de Estado de Partidos produjo el vacío político que caracterizó el sistema político desde finales de la década de los noventa del siglo pasado, lo que originó el marcado deseo y esperanza de cambio político democrático por la cual votó la mayoría en 1998; ello no fue para acabar con la democracia y las libertades públicas, sino para perfeccionar la propia democracia, para hacerla más representativa y más participativa.

Por ello, la reacción no fue contra la democracia representativa en si misma, como muchos lo intentaron interpretar, sino contra la autocracia partidista y la ausencia de participación ciudadana. De allí que incluso, en 1999 se hubiera sancionado una Constitución que estableció una serie de principios inspirados en una marcada reacción contra el predominio de los partidos políticos, que podían haber conducido al establecimiento efectivo de esa democracia más representativa y más participativa por la que tanto se había clamado. En la Constitución, sin embargo, también se incorporaron normas que podían afectar el Estado de Derecho[1].

En todo caso, a veces parece no entenderse que lo que el pueblo quería era, precisamente, más representación y no sólo de partidos, y más participación política y presencia de la sociedad civil conformada por organizaciones contrapuestas al Estado, y menos Estado, para lo cual era indispensable la efectiva descentralización territorial del Poder Público. No se ha entendido que, en definitiva, en un pueblo con una cultura democrática arraigada, el cambio que se quería era para perfeccionar la democracia, no para destruirla. Para ello había que arraigar uno de los componentes esenciales de la democracia que es el control del poder y, por tanto, el rechazo a su ejercicio concentrado y autoritario.

---

1 Por ello, la Comisión Interamericana de Derechos Humanos, en sus Observaciones Preliminares Nº 23/02 de fecha 10–05–02 con motivo de la visita *in loco* efectuada a Venezuela después de los acontecimientos de abril de 2002, señaló lo siguiente: "22. Sin perjuicio de estos significativos avances constitucionales, la Comisión nota que el texto constitucional también incluye diversos elementos que pueden dificultar la vigencia efectiva del Estado de Derecho. Entre esas disposiciones figuran el requisito de un antejuicio de mérito para altos oficiales de la Fuerza Armada (artículo 266, inciso 3) previo a la investigación de delito; y la estipulación de la Contraloría General de la Fuerza Armada Nacional sin clarificación de su relación con la Contraloría General de la República (artículo 291) y la participación del Consejo Nacional Electoral en elecciones sindicales. El artículo 58, que estipula el derecho a la información oportuna, veraz e imparcial ha sido objeto de críticas, incluidas la de esta Comisión. Por otra parte, el artículo 203 incluye el concepto de leyes habilitantes y permite la posibilidad de la delegación de facultades legislativas al Presidente de la República, sin establecerse límites al contenido de la delegación. Con ello, como ya ha sucedido, puede permitirse la creación de figuras penales a través de normas del Ejecutivo y no de leyes de la Asamblea Nacional, en contradicción con lo que exige la Convención Americana sobre Derechos Humanos. Asimismo, la Constitución ha suprimido algunas disposiciones constitucionales importantes para el Estado de Derecho, como son el control parlamentario de los ascensos militares, la disposición que establecía el carácter no deliberante y apolítico de la Fuerza Armada y la prohibición de que la autoridad militar y la civil puedan ejercerse simultáneamente."

Sin embargo, como consecuencia de la práctica política y constitucional constante, después de 1999 la democracia venezolana ha caído en una profunda crisis, en todos sus elementos esenciales y componentes fundamentales, en los términos como se definieron en la Carta Democrática Interamericana adoptada en el marco de la Organización de Estados Americanos en Lima, en septiembre de 2001[2].

I. ALGUNOS ASPECTOS DE LA SITUACIÓN DE LA DEMOCRACIA A COMIENZOS DEL SIGLO XXI (1999–2002)

Durante los primeros años del gobierno del Presidente Chávez, en efecto, puede decirse que la crisis de la democracia se agudizó y con ello los problemas de gobernabilidad, provocando incluso la renuncia del propio Presidente de la República el 12 de abril de 2002, como consecuencia de la desobediencia militar que derivó de la violenta reacción gubernamental contra una multitudinaria manifestación popular, que exigía dicha renuncia.

La crisis de la democracia se había agudizado en los tres años precedentes. En ese período, el año 1999 se había agotado básicamente en el desarrollo del proceso constituyente, en el cual, la Asamblea Constituyente, que dio un golpe de Estado contra la Constitución de 1961, fue el instrumento utilizado para el asalto al poder. En 2000 fue cuando en realidad comenzó a estructurarse el nuevo gobierno, con nuevas autoridades conformadas de acuerdo con la transitoriedad constitucional que había legado la Asamblea Constituyente, con la cual las instituciones del Estado comenzaron a funcionar al margen de la Constitución, y lamentablemente con la anuencia de la Sala Constitucional del Tribunal Supremo de Justicia. Durante ese año, además, se efectuaron las primeras elecciones generales de acuerdo con la nueva Constitución, reeligiéndose al Presidente de la República, y eligiéndose a los diputados de la nueva Asamblea Nacional, la cual comenzó a funcionar en agosto de ese mismo año. También se efectuaron las elecciones de Gobernadores y Alcaldes.

Debe recordarse que la Asamblea Nacional Constituyente al dictar el Decreto del Régimen Transitorio de 22 de diciembre de 1999, se había auto atribuido competencia tanto para fijar la oportunidad de dichas primeras elecciones generales (art. 39), como para dictar un Estatuto Electoral del Poder Público que debía regir en dichos primeros comicios para la elección de los órganos ejecutivos del Poder Público, que sancionó el 30 de enero de 2000[3], derogando parcialmente la Ley Orgánica del Sufragio y Participación Política. En la misma fecha, la misma Asamblea Nacional Constituyente, sin autoridad alguna para ello, mediante otro Decreto, fijó para el día 28 de mayo del 2000 la realización de las primeras elecciones nacionales, estadales y municipales y para representantes ante el Parlamento Andino y el Parlamento Latinoamericano. En el Estatuto Electoral, a fin de controlar sus decisiones, se dispuso que las relativas a "la organización de los comicios previstos en el presente Estatuto Electoral (los primeros procesos

---

2 Adoptada en la Asamblea general realizada en Lima el 11 de septiembre de 2001. Véase el texto en Allan R. Brewer–Carías, *La crisis de la democracia venezolana. la Carta Democrática Interamericana y los sucesos de abril de 2002,* Los Libros de El Nacional, Colección Ares, Caracas 2002, 263 pp.

3 Véase en *Gaceta Oficial* nº 36.884 de 03–02–00.

comiciales de 2000) requerirán del voto de una mayoría calificada de por lo menos cuatro (4) de sus integrantes" (art. 29).

Ante el rotundo fracaso del Consejo Nacional Electoral nombrado por la propia Asamblea Constituyente para organizar dichas elecciones inicialmente fijadas para mayo de 2002, las mismas tuvieron que ser suspendidas con la intervención de la Sala Constitucional del Tribunal Supremo (a la cual el Estatuto Electoral otorgaba la competencia exclusiva en materia de amparo contra las decisiones del Consejo Nacional Electoral, art. 30, Parágrafo Primero), mediante sentencia nº 483 de 29 de mayo de 2000 (Caso: *Queremos Elegir y otros*) en la cual se declaró con lugar un amparo constitucional con efectos *erga omnes*[4], debiendo entonces realizarse dichas elecciones varios meses después, en agosto de 2000.

Ese fracaso del Consejo Nacional Electoral obligó a la destitución–renuncia de sus integrantes, razón por la cual la Comisión Legislativa Nacional, órgano legislativo también transitorio no regulado en la Constitución y, por tanto ilegítimo, que había sido también nombrado a dedo por la misma Asamblea Nacional Constituyente el mismo 22 de diciembre de 1999, entonces designó un nuevo Consejo Nacional Electoral. Si bien para ello no respetó la estricta normativa constitucional sobre el Comité de Postulaciones y la participación de la sociedad civil, la Comisión parlamentaria respectiva oyó a diversos sectores de la misma, resultando el nombramiento de un grupo de personas la mayoría independientes[5]. Ese Consejo Nacional Electoral fue entonces el que organizó las elecciones de agosto de 2000, y dada su composición, para fines del año 2002 aparecía con una mayoría de miembros independientes del poder político.

En todo caso, el aparato del Estado comenzó realmente a funcionar durante 2001, año en el cual, sin embargo, la Asamblea Nacional efectuó la primera delegación legislativa, autorizando al Presidente de la República, mediante Ley Habilitante para legislar en materialmente todos los aspectos fundamentales del orden jurídico, lo que efectivamente hizo a finales de 2001. Para comienzos de 2002, la democracia venezolana ya se encontraba en aguda crisis, en sus elementos esenciales, tal como los mismos habían sido definidos en septiembre de 2001 en la Carta Democrática Interamericana. Esos elementos en crisis, en cierta forma, fueron la antesala a la crisis de abril de 2002 que derivó en la renuncia del Presidente de la República a su cargo.

1. *La situación de la democracia representativa y sus deformaciones*

En efecto, la Carta Democrática Interamericana comenzó señalando que el ejercicio efectivo de la democracia representativa es la base del Estado de derecho y del régimen constitucional (art. 2); declaración con la cual en América Latina pude decirse que se revalorizó a la democracia representativa, a pesar de todos los

4 Véase en *Revista de Derecho Público*, N° 82, (abril–junio), Caracas 2000, pp. 332 y ss.

5 Véase el Decreto en *G.O.* N° 36.965 de 05–06–2000.

esfuerzos y sugerencias que se habían formulado para sustituir el calificativo de "representativa" que identifica la democracia, por el de "democracia participativa"[6].

Esa democracia representativa, como base del Estado de derecho y del régimen constitucional, era la que desde hacía varios lustros necesitaba ser perfeccionada para que efectivamente fuera representativa del pueblo, de sus organizaciones, regiones, comunidades y vecindades; y no sólo de unos cuantos partidos políticos que la acapararon. Ese era el gran cambio político que los venezolanos habían reclamado en 1998; lo que no sólo se manifestó en la elección del Presidente Chávez como candidato anti partido, sino en el voto en "contra" de los partidos tradicionales, y en una gran abstención electoral[7].

La democracia representativa, en todo caso, en la práctica política posterior a 1999, lamentablemente se siguió distorsionando, pues la misma comenzó a entenderse como instrumento para "representar" exclusivamente a los partidos de gobierno, sin admitir otra posible representatividad. Ello incluso, se pretendió constitucionalizar años después con la rechazada reforma constitucional de 2007, que buscaba establecer una doctrina oficial de Estado, única y socialista, discriminatoria políticamente de cualquier otra ideología o partidos que no la compartieran.

En el país, de una democracia de representación exclusivamente partidista pero pluralista de las décadas anteriores, se pasó a una democracia de representación de un solo partido mayoritario, el de gobierno, el cual comenzó a acaparar la mayoría en los cuerpos representativos. Ello condujo a la formación de una nueva autocracia partidista como no se había visto en Venezuela en las décadas anteriores, la cual comenzó a ejercer el partido de gobierno después de 1999, que no sólo no admitió disidencia, sino que no admitió que la mayoría que detentaba, por ejemplo, en la Asamblea Nacional, pudiera ser cambiada democráticamente ni siquiera por la disidencia de antiguos adeptos. En tal sentido, deben recordarse la iniciales manifestaciones formales de diputados del partido de gobierno en la Asamblea Nacional en 2001, ante la posible pérdida de la mayoría que habían detentado, considerando que si ello ocurría, simplemente era el fin de la democracia como sustento del régimen político[8].

---

6 Ello ocurrió en la Reunión de Jefes de Estado y de Gobierno de las Américas (Tercera Cumbre de las Américas) celebrada en Québec en 2001 y en la Asamblea General de la OEA, celebrada en San José, Costa Rica, en 2001

7 En las elecciones presidenciales de diciembre de 1988, la proporción de votos que obtuvieron los partidos Acción Democrática (AD) (Social Demócrata) y COPEI (Socialcristiano) fue del 92.75% (AD 52,75% y COPEI 40,08%); en cambio, 10 años después, en 1998, obtuvieron 11,3% (AD 9,1% y COPEI 2,2%). La abstención en las elecciones parlamentarias de noviembre de 1998 fue del 46%. Véase José E. Molina V. y Carmen Pérez Baralt "Procesos Electorales. Venezuela Abril/Diciembre 1999", en *Boletín Electoral Latinoamericano IIDH/CAPEL*, Vol. XXII, San José Julio–Dic. 1999, pp. 58. La abstención en las elecciones municipales y el referendo sindical del 03–12–00, fue del 77%. Véase, *El Universal*, Caracas, 04–12–00, p. 1-1; 05–12–00, p. 1-1; 08–12–00, p. 1-1.

8 El diputado Francisco Ameliach, Secretario de Organización del partido de gobierno, dijo públicamente que "si se pierde la mayoría en el Parlamento, por una traición, se cierra la vía democrática para llegar al fin del proceso". Ello, dijo, no significaba el cierre del Parlamento sino lo siguiente: "A través de la mayoría, el Parlamento puede revocar las leyes, revocar ministros, acusar al Presidente. Si eso se cierra, ¿Estaremos dispuestas algunas personas a echar atrás lo que se ha avanzado en este proceso? ¿El pueblo

Es decir, se comenzó a conformar una "democracia" que no admitía cambio alguno de mayorías; en otras palabras, una democracia "representativa" que sólo se concebía y aceptaba cuando representaba exclusivamente al mayoritario partido de gobierno, pero no cuando pudiera llegar a representar a otras fuerzas y organizaciones políticas. Por ello, la democracia representativa en Venezuela como base del Estado de derecho y del régimen constitucional, tal y como se anunció formalmente, solo se concebía si ella sólo servía para representar única o mayoritaria al partido de gobierno[9].

El clamor por el cambio en democracia basado en la reacción contra la exclusiva representatividad de los partidos políticos tradicionales, la verdad es que fue marginada por la exclusiva representatividad de un solo partido político, el del gobierno. Además, desde el inicio se produjeron violaciones respecto de todas las normas constitucionales que regulaban a los partidos, entre las cuales se destacan las siguientes:

Primero, la que regula la necesidad de que las elecciones internas de las autoridades de los mismos fueran organizadas por el Consejo Nacional Electoral (art. 297,6), que fue ignorada pues dicha elección nunca ocurrió conforme a esa norma.

Segundo, la que buscaba garantizar la renovación interna de los partidos, lo que nunca se pudo realizar en el partido de gobierno, pues su Presidente ha sido el Presidente de la República y la directiva ha estado compuesta por los altos funcionarios del Estado que éste ha designado[10].

Tercero, la que regulaba la prohibición constitucional de que los funcionarios públicos estuvieran exclusivamente al servicio del Estado y no de parcialidad alguna (art. 145), norma que nunca se ha cumplido, pues Venezuela ha tenido un Presidente que ha actuado más como jefe de un partido político, que como jefe de gobierno y del Estado.

---

lo perdonaría? Les digo a esos diputados que tengan mucho cuidado con lo que hacen porque el pueblo se va a manifestar". *El Universal,* Caracas 28–12–01, p. 1–2. Por su parte, la diputada Cilia Flores de la fracción parlamentaria del partido de gobierno, ante la posibilidad de la pérdida de mayoría en la Asamblea Nacional, señaló "El pueblo que decida. Si esto llegara a pasar hay que preguntarle al pueblo qué quiere, porque él ya tomó una decisión con el voto. Ahora, si algunos diputados, por voluntad individual, deciden otra cosa, nosotros responsablemente tenemos que ir a preguntarle al pueblo qué quiere"; Véase *El Universal,* Caracas, 29–12–01, p. 1–4.

9 La diputada Cilia Flores, de la fracción parlamentaria del partido de gobierno, señaló claramente que "El pueblo eligió este Parlamento en una proporción determinada. Decidió que una minoría importante estuviera compuesta por diputados del MVR que representamos el proyecto de cambio, revolucionario, liderado por Chávez. El diputado que en ese momento se aparte de esa línea estaría traicionando, no al Presidente, sino al pueblo que lo trajo aquí a representarlos a ellos y al proyecto revolucionario"; Véase *El Universal,* Caracas, 29–12–01, p. 1–4. En otro periódico declaraba: "Quien se aparte es un traidor… Que el pueblo diga si quiere cerrar o no a la Asamblea; si avala las actitudes de algunos colegas que parecieran proteger intereses subalternos y no al pueblo"; Véase *El Nacional,* Caracas, 29–12–01, p. D–2.

10 Véase sobre el control y participación del Presidente de la República en el comando técnico del partido de gobierno (Movimiento Quinta República) en *El Universal,* Caracas, 11–03–01, p. 1–6 y 27–08–01, p. 1–8; Véase *El Nacional,* Caracas, 27–08–01, pp. A–1 y D–1; 25–09–01, p. D–1; y 01–10–01, p. D–1.

Cuarto, la norma que establecía la prohibición del financiamiento público a los partidos políticos (art. 67), la cual por la progresiva imbricación del partido de gobierno al Estado, no ha encontrado vigencia absoluta.

Por otra parte, la regulación constitucional que eliminó las fracciones parlamentarias en la Asamblea Nacional, lo que originó fue su cambio de denominación por el de "grupos de opinión", pero no significó la finalización de la otrora tímida práctica de instrucción de voto a los diputados. Al contrario, a partir de 2000, el partido de gobierno contó en la Asamblea Nacional con una fracción parlamentaria con férrea sujeción a la línea partidista, como antes nunca se conocía[11]. El voto a conciencia del que habla la Constitución respecto de los diputados (art. 201), por tanto, había quedado convertido en letra muerta, y la disposición que establecía que los diputados son sólo representantes del pueblo y no están sujetos a instrucciones ni directrices, también se había convertido en letra muerta.

Ello explica que cuando unos diputados del partido de gobierno a finales de 2001 y comienzos de 2002 decidieron pensar por sí mismos, y creyeron que podían tener conciencia propia para disentir, a la cual no podían traicionar, lo menos que se les dijo fue que eran traidores, siendo atropellados y perseguidos por sus antiguos compañeros[12]. Lo mismo ha seguido ocurriendo en los años posteriores, y en particular volvió a ocurrir en 2007, cuando los representantes del Partido Podemos que había sido aliado incondicional del partido de gobierno, manifestaron su oposición a la reforma constitucional sancionada por la Asamblea Nacional y echazada popularmente en 2007, por lo que también fueron calificados de "traidores" por el propio Presidente de la República y sus antiguos aliados.

En Venezuela, por tanto, la democracia representativa no se montó sobre el pluralismo, la tolerancia, la disidencia, la discusión, el diálogo y el consenso, y lo que se construyó desde 1999 fue una deformación de la democracia representativa, que siguió siendo exclusiva de partidos políticos, pero reducidos a los del gobierno, que fue lo que los venezolanos quisieron cambiar en 1998. Esa democracia para 2002 ya estaba lejos de las previsiones de la Carta Democrática Interamericana.

2. *La situación de la democracia participativa y la marginalización del derecho a la participación ciudadana*

Pero la Carta Democrática Interamericana no sólo reafirmó la necesidad de un ejercicio efectivo de la democracia representativa como base del Estado de derecho

---

11 La diputada Cilia Flores, quien habló como vocera de la fracción parlamentaria del partido de gobierno, ante la disidencia expresada por algunos diputados del mismo, fue clara al expresar que "los diputados emerrevistas no son independientes y se deben a una disciplina. El que se asuma como independiente que ponga el cargo a la orden y se lance como candidato independiente", en *El Nacional,* Caracas, 27–12–01, p. D–2.

12 Véase las declaraciones de Ernesto Alvarenga, (*El Nacional,* Caracas, 04–01–02, p. D–1, *El Universal,* Caracas, 04–01–02, p. 1–3, 14–01–02, p. 1–4). Además, el diputado Jordán Hernández, del partido de gobierno, quien aceptó la candidatura a la presidencia de la Asamblea Nacional apoyado por la oposición confrontando la línea oficialista, fue expulsado del partido como lo anunció el propio Presidente de la República, en *El Nacional,* Caracas, 07–01–01, p. D–1.

y del régimen constitucional, sino que postuló, con razón, que esa democracia representativa se debía reforzar y profundizar con la participación permanente, ética y responsable de la ciudadanía en un marco de legalidad, conforme al respectivo orden constitucional (art. 2). Agregó la Carta, además, que la participación de la ciudadanía en las decisiones relativas a su propio desarrollo es un derecho y una responsabilidad y, además, condición necesaria para el pleno y efectivo ejercicio de la democracia. Por ello, afirma que la promoción y fomento de las diversas formas de participación, fortalece la democracia (art. 6).

El perfeccionamiento de la democracia que había venido clamando el pueblo de Venezuela, consistía y consiste, por tanto, en hacerla realmente participativa, de manera que la ciudadanía, con base en el derecho a la participación política, pueda participar en la gestión de los asuntos públicos en forma permanente y no sólo y exclusivamente a través de los partidos políticos, como ha sucedido en las últimas décadas.

La Constitución de 1999, en su letra, sin duda está imbuida totalmente del concepto de participación, de manera que no sólo declara al gobierno de la República y de todas las entidades políticas como participativo (art. 6), sino que consagra formalmente el derecho a la participación política (art. 62) e, incluso, enumera, los diferentes medios de participación en lo político, más allá de la elección de cargos públicos: mediante el referendo, la consulta popular, la revocación del mandato, las iniciativas legislativas, constitucional y constituyente, el cabildo abierto y la asamblea de ciudadanos cuyas decisiones, incluso, dice la Constitución, que serán de carácter vinculante (art. 70).

Además, la Constitución reguló directamente algunos medios específicos de participación en la gestión pública, como son:

Primero, en el ejercicio de la función legislativa mediante la imposición a la Asamblea Nacional de la obligación de consultar a los órganos del Estado, a los ciudadanos y a la sociedad organizada, para oír su opinión sobre los proyectos de leyes (art. 211); y de la obligación de consultar a los Estados, a través de sus Consejos Legislativos, cuando se legisle en materias relativas a los mismos (art. 206). Esta obligación, sin la menor duda, se traslada al Presidente de la República en los casos de delegación legislativa mediante leyes habilitantes (art. 203), pues de lo contrario, se cometería un fraude a la Constitución.

Segundo, en el proceso de designación por la Asamblea Nacional de los titulares de los órganos del llamado Poder Ciudadano (Fiscal General de la República, Contralor General de la República, y Defensor del Pueblo), del Poder Electoral (Consejo Nacional Electoral) y del Poder Judicial (Magistrados del Tribunal Supremo de Justicia), al disponerse expresamente que la postulación de los candidatos a dichos cargos corresponde exclusivamente a sendos Comités de Postulaciones que deben estar integrados sólo "por representantes de los diferentes sectores de la sociedad" (arts. 270, 279, 295)[13].

---

13 La Constitución de Honduras, en la reforma de 2002, estableció un Comité de Nominaciones para la designación de los Magistrados de la Corte Suprema de Justicia, el cual fue regulado por Ley especial.

Sin embargo, ese carácter participativo del régimen democrático en Venezuela, que deriva de esas precisas y terminantes normas constitucionales, desde 2000 fue marginado. Ello ocurrió, en primer lugar, con el retroceso que se imprimió a la acción de gobierno en materia de descentralización política, ahogándose progresivamente a los Estados y Municipios, y todo signo de autonomía política local sin la cual no puede haber participación. Para ello, a partir de 2000 se comenzaron a estructurar al margen de la organización del Estado, otros mecanismos, básicamente de movilización popular, como fueron los iniciales Círculos Bolivarianos organizados desde la Presidencia de la República, y a partir de 2006, los Consejos Comunales, también controlados desde la Presidencia de la República.

En segundo lugar, en cuanto al derecho a la participación en el proceso de formación de las leyes, el mismo desde el inicio fue sistemáticamente burlado. Ello ocurrió, particularmente en 2001, con motivo de la ejecución de la Ley Habilitante, que llevó al Presidente de la República en noviembre de ese año a dictar 48 Decretos–Leyes sobre materias delegadas de primera importancia en el país, sin haber sometido los proyectos a la consulta pública como lo exigía la Constitución. Esto ocurrió, incluso, en violación de la Ley Orgánica de la Administración Pública que había sido promulgada en octubre de 2001, en la cual sanciona con nulidad absoluta (art. 137) los textos legales y reglamentarios que emanen del Ejecutivo Nacional sin seguir el procedimiento de consulta pública establecido[14]. Lo mismo ha ocurrido en 2007 y 2008 con los decretos leyes dictados en ejecución de la ley habilitante que se dictó en enero de 2007.

En tercer lugar, lo mismo ocurrió en relación con el derecho a la participación ciudadana en la designación de los órganos de los Poderes Públicos Ciudadano, Electoral y Judicial, a través de representantes de los diversos sectores de la sociedad, lo cual se vulneró sistemáticamente por la Asamblea Nacional, comenzando con la sanción de la "Ley Especial para la Ratificación o Designación de los Funcionarios y Funcionarias del Poder Ciudadano y Magistrados y Magistradas del Tribunal Supremo de Justicia para el primer período constitucional" de noviembre de 2000, y luego, al sancionar las Leyes orgánicas del Poder Electoral (2002), del Poder Ciudadano (2001) y del Tribunal Supremo de Justicia (2004).

Mediante estas leyes lo que reguló la Asamblea nacional fueron sendas Comisiones Parlamentarias integradas con mayoría de diputados para escoger a los referidos funcionarios, con lo cual se sustituyó a los Comités de Postulaciones regulados en la Constitución, que debían estar exclusivamente integrados "por representantes de los diversos sectores de la sociedad". La sociedad civil fue así marginada, y los titulares de los órganos de los Poderes Ciudadano (Fiscal General de la República, Defensor del Pueblo y Contralor General de la República), Electoral y Judicial han sido nombrados con la más absoluta discrecionalidad. Incluso en el caso de los Magistrados del Tribunal Supremo se designaron sin atender algunos de los criterios objetivos que la Constitución estableció como

14 Véase Allan R. Brewer–Carías, "Apreciación general sobre los vicios de inconstitucionalidad que afectan los Decretos Leyes Habilitados" en *Ley Habilitante del 13–11–2000 y sus Decretos Leyes,* Academia de Ciencias Políticas y Sociales, Serie Eventos N° 17, Caracas 2002, pp. 63 a 103.

condición para ocupar dichos cargos. A través de toda esta legislación, se consolidó el control político del Ejecutivo al controlar la Asamblea Nacional[15].

Debe destacarse, en relación con estas violaciones al derecho a la participación político, que en 2000, la Defensora del Pueblo incluso impugnó la antes mencionada Ley Especial para la Ratificación o Designación de los Altos Funcionarios de los Poderes Ciudadano y Judicial, por inconstitucional[16]; acción respecto de la cual el Tribunal Supremo nunca se pronunció, y más bien lo que hizo la Sala Constitucional fue decidir en sentencia de 12 de diciembre de 2000, que la Constitución de 1999 simplemente no se aplicaba, en cuanto a los requisitos para ser Magistrado, a los propios Magistrados que aspiraban ser "ratificados", que eran los mismos que estaban sentenciando[17]. El principio más elemental en la historia del derecho según el cual nadie puede ser a la vez juez y parte en un proceso, es decir, nadie puede decidir en causa propia, fue vulnerado por el órgano judicial que estaba llamado, precisamente, a velar por la integridad de la Constitución (art. 335)[18]. Sin embargo, el Tribunal Supremo decidió con fundamento en la "transitoriedad constitucional"

15 El tema ya en 2001 lo destacó la Comisión Interamericana de Derechos Humanos en el comunicado de prensa N° 23/02 que emitió el 10–05–02, y en las Observaciones Preliminares que formuló el 10–05–02, indicando en definitiva que "28. La Comisión se encuentra preocupada por la posible falta de independencia y autonomía de los otros poderes respecto al Poder Ejecutivo, pues indicarían que el equilibrio de poderes y la posibilidad de controlar los abusos de poder que debe caracterizar un Estado de Derecho estaría seriamente debilitado. Al respecto, la CIDH debe señalar que la separación e independencia de los poderes es un elemento esencial de la democracia, de conformidad con el artículo 3 de la Carta Democrática Interamericana. 29. La Comisión considera perentorio que se adopten las leyes orgánicas de manera de establecer los mecanismos previstos en la Constitución de la República Bolivariana de Venezuela, para la selección de los magistrados del Tribunal Supremo de Justicia, así como del Defensor del Pueblo, del Fiscal General de la República y del Contralor General de la República". Véase la referencia en Allan R. Brewer–Carías, *La crisis de la democracia venezolana. La Carta Democrática Interamericana y los sucesos de abril de 2002*, Los Libros de El Nacional, Colección Ares, Caracas 2002.

16 Véase en *El Universal*, Caracas, 15–12–00, p. 1–4. La Defensora del Pueblo Dilia Parra había señalado en relación con la Ley que "se estaría cometiendo una falta al sistema democrático, ya que fue secuestrado el derecho a la participación ciudadana y no hay posibilidad de ser plural", en *El Universal*, Caracas, 21–11–00, p. 1–4. El Fiscal General de la República Javier Elechiguerra, también impugnó la ley ante el Tribunal Supremo, (*El Nacional*, Caracas, 09–11–00, p. D–2; *El Universal*, Caracas, 13–12–00, p. 1–2). Dichos funcionarios, ejercieron esos recursos pensando que como titulares de órganos del Poder Público, gozaban de autonomía. Por ello, fueron relevados de sus cargos por la propia Asamblea, cuando aplicó la inconstitucional Ley. La verdad es que el Ministro del Interior, Luis Miquilena, había anunciado que la Asamblea Nacional designaría "a dedo" a los órganos del Poder Ciudadano, (*El Nacional*, Caracas, 29–08–00, p. D–1); y antes, el Presidente de la Comisión de Reestructuración del Poder Judicial, Manuel Quijada, había señalado que la Constitución de 1999 en cuanto a la elección de los órganos del Poder Público era "letra muerta" y que la Asamblea Nacional debía hacer la elección "como lo hacía el extinto Congreso"; (*El Universal*, Caracas, 28–01–00, p. 1–2). En todo caso, también, la elección irregular de los titulares de los Poderes Públicos mediante la Ley de Designaciones fue justificada por el entonces Vicepresidente Ejecutivo Isaías Rodríguez, luego electo Fiscal General de la República conforme a dicha Ley inconstitucional, (*El Nacional*, Caracas, 01–09–00, p. D–3).

17 El Director General de la Defensoría del Pueblo Juan Navarrete, había señalado que ello se debía a que "muchos de los Magistrados no responden a los requisitos necesarios para ser ratificados", (*El Universal*, Caracas, 14–12–00, p. 1–2).

18 Incluso, la Defensora del Pueblo, Dilia Parra, había pedido la inhibición de los Magistrados, (*El Universal*, Caracas, 16–12–00, p. 1–4).

que había elaborado jurisprudencialmente, con lo cual se "justificaron" normas que se apartaban del texto constitucional.

Con todo ello, ya para 2002 la democracia participativa, en sus previsiones constitucionales directas, puede decirse que había sido marginada por los propios órganos del Estado, los cuales, al contrario, deberían ser los llamados a asegurar su ejercicio efectivo.

3. *La situación de los derechos humanos y los efectos de su irrespeto*

Pero la Carta Democrática Interamericana, además de consagrar el derecho a la democracia y la obligación de los gobiernos de promoverla y defenderla; y definir a la democracia mediante sus contenidos representativos y participativos; para que no hubiera dudas, enumeró los *elementos esenciales* de la democracia representativa (art. 3).

El primero de dichos elementos esenciales es el respeto a los derechos humanos y las libertades fundamentales; y tan importante es la relación entre la democracia y los derechos constitucionales, que la propia Carta Democrática precisó que aquella es indispensable para el ejercicio efectivo de las libertades fundamentales y los derechos humanos, en su carácter universal, indivisible e interdependiente, consagrados en la Constitución y en los instrumentos interamericanos e internacionales de derechos humanos (art. 7).

Pero para 2002, en Venezuela, por la concentración del poder que se había producido y la ausencia de controles efectivos del poder y de contrapesos políticos, ya los derechos humanos habían sufrido reveses en su ejercicio y protección, con una acumulación como antes no había ocurrido.

La Comisión Interamericana de Derechos Humanos nunca antes había recibido tantas denuncias de violaciones de derechos humanos, como las que le han llegado partir de 2000 en relación con actos de terrorismo derivados de secuestros vinculados a la guerrilla colombiana; irrespeto a libertad sindical; atentados a la libertad de reunión y de asociación; violaciones a las garantías del debido proceso; injerencia del Poder Ejecutivo en los otros Poderes del Estado; sujeción del Poder Judicial; irrespeto al derecho a la vida y seguridad personal por ejecuciones extrajudiciales y creación de grupos parapoliciales; ataques a la libertad de expresión, restricciones al derecho a informar y violaciones al derecho a la privacidad de las comunicaciones.

Por otra parte, la violencia física ejercida por grupos de personas que habían manifestado actuar en nombre del partido de gobierno o de agrupaciones patrocinadas por el gobierno, contra manifestantes, contra medios de comunicación y contra la libre actuación de los diputados a la Asamblea Nacional y de los Consejos Legislativos, constituyeron prácticas de amedrentamiento, amenaza y destrucción no sólo contra el ejercicio de los derechos constitucionales sino contra la oposición y contra la propia democracia[19]. A ello se debe agregar la discriminación

---

19 Desde comienzos de 2002, la táctica del partido de gobierno de amedrentar con turbas callejeras a los opositores y disidentes ya se había multiplicado alarmantemente, con asaltos a las universidades (*El Universal*, Caracas, 27–04–01, p. 4–1; *El Nacional*, Caracas, 27–04–01, p. C–2); ataques a periodistas,

política que se desató en el país, precisamente a raíz de los sucesos de abril de 2002, como "política de Estado", nunca visto en la historia política del país, contra toda disidencia política de oposición, a la que se acusó de "golpista"; y luego, contra los tres millones y medio de personas que firmaron la petición de la realización del referendo revocatorio presidencial de 2004, y contra los empleados despedidos de la empresa petrolera estatal en 2002–2003, después del paro petrolero de ese año.

4. *La situación del Estado de derecho y el acceso al poder*

El *segundo elemento* esencial de la democracia conforme a la Carta Democrática Interamericana es el acceso al poder y su ejercicio, con sujeción al Estado de derecho. Esto implica que para que haya democracia, el acceso al poder sólo puede realizarse con apoyo a los métodos constitucionales y, además, que el ejercicio del poder se debe hacer con sujeción al Estado de derecho, es decir, de nuevo, respetándose la Constitución y el orden jurídico. No hay democracia, por tanto, donde no hay respeto a la Constitución.

Es evidente que en materia de elección de cargos representativos este principio se ha respetado en Venezuela y en tal sentido, en los últimos años, se han realizado numerosas elecciones. En cambio, se vulneró abiertamente, como antes se destacó, en cuanto al acceso al poder respecto de los órganos de los Poderes Públicos cuyos titulares no son electos popularmente, como los órganos del Poder Ciudadano, del Poder Electoral y del Poder Judicial. Sobre ello, incluso, se refirió en 2002 la Comisión Interamericana de Derechos Humanos al destacar la necesidad de fortalecer el Estado de Derecho, al señalar en el Comunicado de Prensa del 10–05–02, y en sus Observaciones Preliminares de la misma fecha, entre otros aspectos, que "la poca credibilidad de las instituciones de control debido a la incertidumbre sobre la constitucionalidad de su designación y la parcialidad de sus actuaciones", representan una clara debilidad de los pilares fundamentales para la existencia del Estado de Derecho en un sistema democrático en los términos de la Convención Americana y de la Carta Democrática Interamericana", urgiendo "al fortalecimiento del Estado de Derecho en Venezuela a la mayor brevedad posible"[20].

---

reporteros (*El Nacional,* Caracas, 18–01–02, p. D–1) y camarógrafos de *Globovisión* y de *Radio Caracas Televisión* (*El Nacional,* Caracas, 21–01–02, p. D–2), que dieron lugar a medidas cautelares por la Comisión Interamericana de Derechos Humanos; contra las manifestaciones de grupos de protesta de la sociedad civil y de la oposición (*El Universal,* Caracas, 09–01–02, 1–4); contra los diputados de oposición y los disidentes del partido de gobierno (*El Nacional,* Caracas, 06–01–02, p. D–2; *El Nacional,* Caracas, 09–01–02, p. D–3; *El Nacional,* Caracas, 08–01–02, p. 1–2); contra el diario *El Nacional*(*El Nacional,* Caracas, 08–01–02, p. A–1; 09–01–02, p. D–1; *El Nacional,* Caracas, 10–01–02, p. D–1). Jorge Olavarría denunció estas tácticas, como fascistas, las cuales comenzaron a aparecer desde el 31–01–99, cuando se instalaron las Cámaras Legislativas del anterior Congreso, negándole su carácter de expresión del pueblo, *El Nacional,* Caracas, 21–01–02, p. D–5.

20 Véase la cita en Allan R. Brewer–Carías, *La crisis de la democracia venezolana. La Carta Democrática Interamericana y los sucesos de abril de 2002,* Los Libros de El Nacional, Colección Ares, Caracas 2002.

5. *La situación de la democracia fracturada por la dependencia del Poder Electoral*

En *tercer lugar*, otro elemento esencial de la democracia conforme a la Carta Democrática Interamericana, es la celebración de elecciones periódicas, libres, justas y basadas en el sufragio universal y secreto, como expresión de la soberanía del pueblo. El régimen electivo, por tanto, es esencial en la democracia representativa para lo cual el órgano de control electoral es también esencial para asegurar su efectividad y el carácter justo de las elecciones.

La Constitución de 1999 erigió al Poder Electoral como un componente del Poder Público con independencia orgánica, autonomía funcional y presupuestaria; despartidización de los organismos electorales, imparcialidad y participación ciudadana; descentralización de la administración electoral; transparencia y celeridad del acto de votación y escrutinio (art. 294). Sin embargo, todos estos principios con los que se podrían asegurar elecciones libres y justas, hasta 2002 no se habían desarrollado legislativamente, por lo que los miembros del Consejo Nacional Electoral encargados de implementar la democracia representativa, comenzaron a ser designados "transitoriamente" por un órgano legislativo también transitorio llamado Comisión Legislativa Nacional, sin que se hubiera constituido el Comité de Postulaciones Electorales "integrado por representantes de los diferentes sectores de la sociedad" que establecía el artículo 295 de la Constitución. Con la transitoriedad constitucional creada por la Asamblea Nacional Constituyente el 22 de diciembre de 1999, puede decirse que comenzó la lesión a la autonomía del Poder Electoral[21].

Todo ello sirvió para debilitar progresivamente la democracia representativa en Venezuela, pues las elecciones las dirigió y la ha seguido dirigiendo un órgano en el cual la sociedad civil y la mayoría de los partidos políticos no han confiado[22]. La esperada Ley Orgánica del Poder Electoral, sólo fue sancionada en octubre de 2002, y si bien en aplicación de sus disposiciones se efectuó una primera designación de los miembros del Consejo, luego por imposibilidad de lograrse la mayoría calificada que se requería para ello en la Asamblea Nacional, la Sala Constitucional resolvió la

21 El Consejo Nacional Electoral a través de su Vicepresidente Alfredo Avella, ante el requerimiento del Presidente de la República en enero de 2001 de que anulará las elecciones del Presidente y Directorio de la CTV, a los cuales desconoció como autoridades legítimas del movimiento sindical, (*El Nacional*, Caracas, 08–01–2002, p. D–1), le indicó al Presidente su desacuerdo con la intromisión del Ejecutivo en el Poder Electoral, indicando "La majestad y la autonomía del Poder Electoral fueron maltratados, porque cualquier opinión o sugerencia, aunque sea general, puede anticipar la decisión y eso es sumamente inconveniente, pues ya es sabido que si la decisión que tomemos se parece al pronóstico, eso se presta a suspicacias", (*El Nacional*, Caracas, 09–01–02, p. D–3).

22 Al problema de la composición del Consejo Nacional Electoral, la Comisión Interamericana de Derechos Humanos en sus Observaciones Preliminares del día 10–05–02, le dedicó las siguientes consideraciones: "50. Durante su visita in loco, la Comisión recibió numerosas observaciones referentes a la composición del Consejo Nacional Electoral, titular del poder electoral en los términos de la Constitución. Sus integrantes no han sido seleccionados de conformidad con el procedimiento pautado por la propia Constitución. La mayoría de sus miembros, incluido su Presidente, habrían renunciado sin que se haya abierto el procedimiento de selección para escoger al nuevo Consejo como lo pauta la Constitución. Ello implicaría que, en la práctica, el Consejo se ve impedido de adoptar decisiones en todos los asuntos de importancia para los procesos electorales de todo tipo bajo su jurisdicción".

omisión legislativa, designando directamente a los miembros del Consejo Nacional Electoral, todos afectos al gobierno, sin ajustarse a lo que exigía la Ley Orgánica, secuestrándose así al Poder Electoral.

6. *La situación de la democracia y las limitaciones al pluralismo*

El *cuarto* de los elementos esenciales de la democracia representativa, es el régimen plural de partidos y organizaciones políticas, a lo cual la Carta Democrática destina otra norma postulando que el fortalecimiento de los partidos y de otras organizaciones políticas es prioritario para la democracia (art. 5). En definitiva, se trata del principio del pluralismo político, el cual se opone a toda idea de concentración del poder y de organización política de la sociedad promovida por el Estado o desde el Estado.

El régimen democrático plural, en esta forma, siempre se contrapone al superpoder del Estado, buscando que los partidos y organizaciones políticas estén siempre fuera de la esfera del Estado y de su influencia, de manera que los individuos y grupos sociales desarrollen libremente su personalidad. El pluralismo, además, es el que puede asegurar elecciones libres, la alternabilidad gubernamental y la participación política y, a través de esta, la descentralización del poder. El régimen plural de partidos y organizaciones políticas, en definitiva, es el antídoto contra el totalitarismo que se caracteriza por la existencia de una fuente de autoridad única que incluso pretende apropiarse de la soberanía.

El pluralismo político, por tanto, implica la existencia democrática de una multiplicidad de grupos políticos, partidos y organizaciones, que articulen la sociedad fuera del alcance del Estado. Por eso, incluso, la Constitución se refiere en muchas normas a las asociaciones u organizaciones con fines políticos (art. 67), a las organizaciones de la sociedad civil (art. 293,6; 296) y a la sociedad organizada (art. 211). Pero en contraste, la Constitución confiere al Poder Electoral, que es un órgano del Estado, una inadmisible injerencia en las organizaciones de la sociedad civil, al atribuirle el poder de organizar las elecciones de sindicatos, gremios profesionales y organizaciones con fines políticos (art. 293,6). Esto, por sí mismo, es un atentado al pluralismo político y una estatificación inconveniente de las organizaciones sociales. Ello es más grave si el Poder Electoral no goza de efectiva independencia respecto del Poder Ejecutivo, como ha sucedido con el Consejo Nacional Electoral.

En todo caso, los grupos de la sociedad fuera del ámbito del poder del Estado y de su alcance, son los que garantizan el pluralismo político como elemento esencial de la democracia. Por eso, incluso, la Constitución, como se ha dicho, impone a los funcionarios públicos la obligación de estar "al servicio del Estado y no de parcialidad alguna" (art. 145) para deslindar con claridad la organización política de la sociedad (el Estado) de los grupos organizados de la sociedad (partidos y organizaciones de la sociedad civil), prohibiéndose, incluso, en la Constitución, aún cuando inconvenientemente y contrario a lo establecido en la Carta Democrática (art. 5), el financiamiento de las asociaciones con fines políticos con fondos provenientes del Estado (art. 67).

Pero en contraste, en la práctica política desde 2000, el pluralismo político fue lesionado, por una parte, al integrarse el partido de gobierno al Estado en una forma nunca antes conocida en la historia política venezolana. Como se dijo, el Presidente de la República ha sido el Presidente del partido de gobierno y sus Ministros más cercanos han sido los directivos del mismo. Ello incluso condujo, años después, a que durante el año 2007, se hubiera desarrollado una política de Estado, dirigida por los altos funcionarios del mismo, a la creación del Partido Socialista Único. El Estado en muchos aspectos, por tanto, parece haber estado al servicio del partido de gobierno y éste al servicio del Estado. Las otras organizaciones políticas y partidos distintos al partido de gobierno, han tendido a ser marginados por el Poder.

Por otra parte, la integración del partido de gobierno al Estado, ha hecho recordar la aplicación de la vieja técnica del "botín" respecto de la Administración Pública, que ha provocado la conformación de una "nueva" función pública integrada casi exclusivamente por militantes del partido de gobierno[23].

Por otra parte, el pluralismo ha sido olvidado por la concentración del poder en el Ejecutivo, cuyo jefe ha sido a la vez Presidente del partido de gobierno que ha controlado todas las instancias del poder, y a través de éstas, ha intentado controlar a las organizaciones de la sociedad civil como los sindicatos y gremios profesionales, cuyas elecciones las controla un órgano del Estado sometido políticamente, como lo ha sido el Poder Electoral.

Incluso, en este aspecto de lesión al pluralismo, desde 2000, desde el poder del Estado, se desarrolló una sistemática política de amedrentamiento e injerencia del Estado en los asuntos de la Iglesia, acompañada de ataques personales a sus jerarcas[24], hasta con intentos de división de la propia Iglesia, para intentar debilitar su liderazgo espiritual[25].

7. *La situación de la democracia por la ausencia de efectiva separación y control del poder y su distorsión*

El *quinto* elemento esencial de la democracia representativa conforme a la Carta Democrática Interamericana, es la separación e independencia de los poderes públicos. Se trata, en definitiva, de la necesaria existencia de instrumentos de control y limitación del poder mediante su distribución y separación, para que puedan servir de contrapeso y balance.

Sin control institucional del poder no puede haber democracia, pues, en definitiva, todos los elementos esenciales de la misma antes analizados dependen de

---

23 Quizás por ello, el jefe del Directorio del denominado "Comando Político de la Revolución", Guillermo García Ponce, anunció formalmente, la "depuración" de la Administración Pública, para cerrar "la brecha por la cual se han colado trepadores y oportunistas no identificados políticamente con el proceso", en *El Nacional*, Caracas, 22–01–02, p. D–1.

24 Los ataques del Presidente Chávez contra la Iglesia Católica han sido constantes durante su gobierno, muchos de ellos personalizados en el Presidente de la Conferencia Episcopal, Monseñor Baltasar Porras, y el Nuncio Apostólico (*El Nacional,* Caracas, 25–01–02, p. A–2; *El Nacional,* Caracas, 26–01–02, p. A–2).

25 El Padre Luis Ugalde S.J., Rector de la Universidad Católica Andrés Bello señalaba, sin embargo, que "Chávez no podrá dividir la Iglesia", *El Universal,* Caracas, 31–01–02, p. 1–1. Véase por ejemplo, en sentido disidente, lo expuesto por el Padre Jesús Gazo, *El Universal,* Caracas, 16–10–00, p. 1–12. Sin embargo, ya para finales de 2000 y principios de 2002, la Iglesia aparecía en las encuestas de opinión, en el primer lugar de aceptación de los venezolanos.

este último: sólo controlando al poder es que puede haber respeto a los derechos humanos y a las libertades fundamentales; sólo controlando al poder es que puede alcanzarse la sujeción al Estado de derecho; sólo controlando el poder es como puede haber elecciones periódicas, libres, justas y basadas en el sufragio universal y secreto como expresión de la soberanía del pueblo; y sólo controlando al poder es que puede existir un régimen plural de partidos y organizaciones políticas[26]. Por tanto, sin separación e independencia de los poderes públicos, tanto vertical como horizontal, no hay ni puede haber democracia.

La Constitución de 1999, por ello, establece una doble distribución (separación e independencia) de los poderes públicos: por una parte, *la distribución vertical* al asignar el Poder Público al Poder Municipal, al Poder Estadal y al Poder Nacional, cada uno con autonomía política; y por la otra, *la distribución horizontal* al dividir al Poder Nacional, en cinco poderes: Legislativo, Ejecutivo, Judicial, Ciudadano y Electoral, cada uno con independencia y autonomía (art. 136).

La distribución vertical del Poder es consecuencia de la forma de Estado de Federación descentralizada (art. 4) que consagra la Constitución, cuyo texto erige a la descentralización en una política nacional para, precisamente, profundizar la democracia, acercando al poder a la población y creando las mejores condiciones, tanto para el ejercicio de la democracia como para la prestación eficaz y eficiente de los cometidos estatales (art. 158). Como antes se dijo, la descentralización política es esencial para la democracia participativa, pues la participación ciudadana en la gestión de los asuntos públicos sólo es posible acercando el poder al ciudadano y, en consecuencia, multiplicando la organización política primaria que es la municipal.

Lamentablemente, después de años de esfuerzos por implementar una política descentralizadora a partir de 1989, con todos los altos, bajos y retrocesos, a partir de 1998 el país sufrió un progresivo proceso de centralización y concentración de recursos y competencias públicas en el Poder Nacional, en perjuicio de la autonomía de Estados y Municipios. La propia Constitución de 1999, en esta materia, es contradictoria, pues paralelamente a la exaltación de la descentralización, redujo la autonomía de Estados y Municipios y llegó, incluso, a nacionalizar la organización del órgano legislativo estadal (los Consejos Legislativos), los cuales pasaron a ser regulados por una Ley nacional dictada en 2001.

El proceso de centralismo, además, ha ahogado financieramente a los Estados y, consecuentemente, a los Municipios, nacionalizándose definitivamente el manejo de los Fondos de financiamiento vinculados al IVA (FIDES) y a los hidrocarburos (Asignaciones Especiales), los cuales han pasado a ser controlados y distribuidos al antojo por los órganos nacionales. La democracia, por tanto, como régimen político, comenzó a retroceder a partir de 2000 por los embates del centralismo.

A ello se agregó, con posterioridad, el proceso de desmunicipalización del país iniciado formalmente en 2006 mediante la creación de los Consejos Comunales, sin autonomía ni origen electoral algunos, dependientes del Poder Central.

---

26 Véase sobre el tema y las críticas al Proyecto inicial de Carta Democrática Interamericana, antes de su aprobación, en Allan R. Brewer–Carías, *Reflexiones sobre el Constitucionalismo en América,* Caracas, 2001, pp. 44 y ss.; y 130 y ss.

Pero en el funcionamiento del Estado, el principal y más esencial de los elementos de la democracia, es el principio de separación de poderes, de manera de que el poder controle al poder y exista un balance y contrapeso entre los poderes del Estado, como antídoto a la concentración del poder y al autoritarismo. No existe democracia cuando el ejercicio del Poder Público está concentrado en unas solas manos. En este aspecto, en contraste, también a partir de 2000, la democracia en Venezuela ha sufrido un descalabro por la concentración del Poder Público en las solas manos del Poder Ejecutivo.

Como se ha dicho, la Asamblea Nacional ha estado dominada y totalmente controlada por el partido de gobierno, cuyo presidente ha sido el Presidente de la República. En esta forma, la Asamblea Nacional ha actuado conforme a sus instrucciones y ha legislado lo que le ha propuesto, tal como ocurrió con las Leyes Habilitantes de 2001 y 2007, sin mayor debate.

Al haber el Poder Ejecutivo controlado a su antojo al Poder Legislativo, mediante este control también ha controlado a su antojo a los otros poderes del Estado, cuyos titulares han sido designados irregularmente por una Asamblea Nacional sometida. Por ello, desde 2000, los otros poderes nacionales no han sido capaces de dar signos reales de autonomía e independencia, y ello ha sido particularmente grave en relación con el Poder Judicial.

Como se ha señalado, en cuanto al Tribunal Supremo de Justicia, la designación inicial de sus Magistrados se hizo el 22 de diciembre de 1999 por la Asamblea Nacional Constituyente con base en el antes indicado Régimen de Transición del Poder Público que no fue sometido a referendo aprobatorio, y al cual, el mismo Tribunal Supremo le reconoció rango constitucional, con la cual los Magistrados así nombrados decidieron en causa propia.

Posteriormente, cuando la Asamblea Nacional, en 2000, ya en vigencia la Constitución, debió nombrar a los Magistrados del Tribunal Supremo, muchos de ellos aspiraban a ser ratificados y, como antes se dijo, de nuevo juzgaron en causa propia y resolvieron que los requisitos que la Constitución establecía para ser Magistrado, no se les aplicaba. Luego, con la sanción de la Ley Orgánica del Tribunal Supremo de Justicia de 2004, el control del máximo tribunal de la República por el Poder Ejecutivo, se consolidó.

Por otra parte, el propio Tribunal Supremo de Justicia en múltiples decisiones de 2000 convalidó la ilegítima transitoriedad constitucional y decidió en coincidencia con las actuaciones ejecutivas. El control por excelencia que corresponde al Poder Judicial respecto de las actuaciones del Poder Ejecutivo, por tanto, y muy lamentablemente, en muchos casos quedó en entredicho.

Adicionalmente, la intervención del Poder Judicial decretada por la Asamblea Nacional Constituyente en 1999 continuó, incluso al margen del Tribunal Supremo y con su anuencia, de manera que las normas constitucionales que establecen incluso una jurisdicción disciplinaria (art. 267) nunca se han puesto en vigencia. La provisionalidad de los jueces ha sido la regla y con ello, lamentablemente, la quiebra de su autonomía e independencia, por la dependencia respecto del poder[27]. Por ello, la Comisión Interamericana de Derechos Humanos en 2002 ya señalaba que "luego de casi tres años de reorganización del Poder Judicial, un número significativo de los jueces tiene carácter provisorio, que oscila entre el 60 y el 90% según las distintas fuentes. Ello afecta la estabilidad, independencia y autonomía que debe regir a la judicatura", indicando que "el problema de la provisionalidad de los jueces se ha profundizado y aumentado desde que el presente Gobierno inició un proceso de reestructuración judicial"[28].

En el Poder Ciudadano la situación no ha sido menos dramática. Desde 2000 la Contraloría General de la República no ha actuado como órgano contralor e, incluso, el Contralor General pareció querer convertirse en una especie de juez, alegando que nada había resuelto en los casos más conocidos y publicitados de corrupción pública y administrativa, porque no se le habían presentado pruebas, cuando en realidad, dirige un órgano de control fiscal que es un órgano de investigación y averiguación administrativa[29].

En cuanto al Defensor del Pueblo, muy poca actuación ha tenido en los casos más sonados de violación de derechos constitucionales, como el referido a los grupos de exterminio policiales, la violación al derecho a la participación, o en los atentados contra la libertad de expresión que, incluso, han originado la adopción de medidas cautelares por la Comisión Interamericana de Derechos Humanos. Lamentablemente, los órganos de control internacional habían tenido que actuar ante la carencia de la actuación del Defensor del Pueblo, a pesar de la amplísima gama de competencias que tiene en la Constitución (art. 281).

En todo caso, la sujeción de los órganos del Poder Público al Poder Ejecutivo a través de la Asamblea Nacional que los designó en forma excluyente y conforme a los dictados que provenían del Poder Ejecutivo, ya para 2000 había provocado una concentración del poder en Venezuela que, como antes se ha señalado, minaba el elemento esencial de la democracia consistente en la separación e independencia de los poderes públicos.

8. *La situación de la democracia y los problemas de la transparencia gubernamental*

La Carta Democrática Interamericana también estableció como componentes fundamentales de la democracia, la transparencia de las actividades gubernamentales, la probidad, la responsabilidad de los gobiernos en la gestión

---

27 Desde mayo de 2001 el Tribunal Supremo de Justicia comenzó a reconocer el fracaso de la emergencia judicial, y el hecho de que no habían desaparecido las causas que habían justificado el decreto de la Asamblea Nacional Constituyente de intervención del Poder Judicial, *El Universal*, Caracas, 30–05–01, p. 1–4. En agosto de 2001, se anunciaba que el 90% de los jueces eran provisionales, *El Universal*, Caracas, 15–08–01, p. 1–1.

28 Véase el texto en Allan R. Brewer–Carías, *La crisis de la democracia venezolana. La Carta Democrática Interamericana y los sucesos de abril de 2002*, Los Libros de El Nacional, Colección Ares, Caracas 2002.

29 Véase en *El Nacional*, Caracas, 08–01–02, p. D–2; 17–01–02, p. D–4

pública, el respeto por los derechos sociales y la libertad de expresión y de prensa (art. 4).

Lamentablemente, estos componentes también han presentado en Venezuela, un saldo negativo desde el inicio de la vigencia de la Constitución de 1999.

Entre los componentes fundamentales del ejercicio de la democracia, en efecto, está la transparencia de las actividades gubernamentales, lo que significa que las mismas deben ser realizadas en forma abierta, franca y con confianza, sometidas al escrutinio de los ciudadanos. En cambio, son contrarias a la exigencia de la transparencia las actividades gubernamentales ocultas, que se realizan de espaldas a la ciudadanía, desconfiando de la misma y que niegan la participación.

En tal sentido, el gobierno que se inició en 2000 no fue un gobierno transparente; y al contrario, la transparencia se sustituyó por el trabajo secreto, oculto y escondido, como por ejemplo sucedió con la elaboración de los Decretos Leyes delegados en 2001, cuyo texto, incluso, sólo fue conocido por los propios órganos públicos encargados de su ejecución, después de que se publicaron en la *Gaceta Oficial.* Las organizaciones políticas y de la sociedad civil fueron las grandes marginadas en ese proceso, en el cual, como se dijo, no se respetó la exigencia constitucional de la consulta pública.

Ello siguió ocurriendo posteriormente y, en particular, con los decretos leyes dictados con base en la Ley habilitante de 2007 y con el mismo texto de la propuesta de reforma constitucional de 2007 que finalmente rechazada por el pueblo.

9. *La situación de la democracia y las limitaciones a la libertad de expresión*

La libertad de expresión y de prensa, por otra parte, desde los primeros años del gobierno del Presidente Chávez sufrió atentados severos de parte del Presidente de la República o bajo su incitación; e, incluso, el propio Tribunal Supremo con la sentencia 1.013 de 12–06–2001, la limitó contrariando la Constitución[30].

30 Véase en *El Nacional,* Caracas, 29–06–01, p. D–2 y 02–01–02, p. D–1; *El Universal,* Caracas, 23–07–01, p. 1–4. La Sala Constitucional del Tribunal Supremo de Justicia dictó la sentencia 1.013 de 12–06–01 mediante la cual inconstitucionalmente restringió la libertad de expresión, resucitando las leyes de desacato. (Véase los comentarios en *El Universal,* Caracas, 15–06–01, p. 1–4; *El Nacional,* Caracas, 15–06–01, p. D–1; 16–06–01, p. D–4; 24–06–01, p. H–1; 23–06–01, P. D–1. Véase en general, Allan R. Brewer–Carías, Héctor Faúndez Ledesma, Pedro Nikken, Carlos M. Ayala Corao, Rafael Chavero Gazdik, Gustavo Linares Benzo y Jorge Olavarría, *La Libertad de Expresión Amenazada. Sentencia 1.013,* Instituto Interamericano de Derechos Humanos, Editorial Jurídica Venezolana, Caracas 2001. Véase la reseña de presentación de dicho libro en *2001,* Caracas, 06–10–01, p. 10). Véase la reacción del Relator sobre Libertad de Expresión de la Comisión Interamericana de Derechos Humanos, Santiago Cantón, (*El Nacional*, Caracas, 21–06–01, p. D–1); y además los comentarios de Pedro Nikken, (*El Nacional,* Caracas, 23–06–01, p. D–1; Carlos Ayala Corao, *El Universal,* Caracas, 24–06–01, p. 1–12; Alberto Quiroz Corradi, *El Nacional,* Caracas, 24–06–01, p–E–8; y Héctor Faúndez, *El Nacional,* Caracas, 24–06–01, p. D–2, y Allan R. Brewer–Carías, *El Nacional,* Caracas, 26–06–01, p. D–2). Véase también la opinión de Hermann Escarrá contra la sentencia, (*El Nacional,* Caracas, 05–08–01, p. D–1), la cual lo condujo a renunciar a su cargo de agente de Venezuela ante los organismos interamericanos de derechos humanos, presionado entre otros por el Tribunal Supremo, (*El Nacional,* Caracas, 27–07–01, p. D–7; *El Universal,* Caracas, 07–08–01, p. 1–6). Véase en general la condena de la Comisión Interamericana de Derechos Humanos en relación con las denominadas "leyes de desacato" que revive la sentencia 1013, (*El Universal,* Caracas, 20–01–01, p. 1–4). El Secretario Ejecutivo de la Comisión San-

Dichos ataques también se han realizado mediante la amenaza y el amedrentamiento gubernamental a los medios de comunicación y a sus directivos[31], así como a periodistas y reporteros[32], y además, ya para 2000 se había consolidado una abierta violación al derecho ciudadano a la información, por el abuso incontrolado de las llamadas "cadenas" presidenciales, con las cuales la Secretaría de la Presidencia de la República obligó a todos los medios de comunicación a transmitir mensajes políticos del Presidente de la República, como jefe de partido y no del Estado o de Gobierno, incluso impidiendo que se informase a la ciudadanía sobre otros acontecimientos a los cuales tenía derecho[33].

10. *La situación de la democracia y los problemas de sujeción de los militares al poder civil*

La Carta Democrática Interamericana precisó, además, que la subordinación constitucional de todas las instituciones del Estado a la autoridad civil legalmente constituida es fundamental para la democracia (art. 4). Esto apunta, ante todo, a la subordinación de la autoridad militar a la autoridad civil.

Sin embargo, en contraste, en Venezuela, la militarización progresiva del Estado a partir de 2000, como política gubernamental, rompió dicha subordinación[34]; e incluso, comenzó a vislumbrarse el peligro de surgimiento de un partido militar al

---

tiago Cantón, condenó además dichas leyes, con ocasión de su visita a Caracas, (*El Universal,* Caracas, 07–02–02, p. 1–6).

31 Aparte de los ataques y agresiones contra periodistas y reporteros por turbas organizadas por el partido de gobierno, que fue objeto de debate ante la Asamblea Nacional, (*El Nacional,* Caracas, 18–01–02, p. D–1), también el gobierno ha coaccionado a los medios de comunicación.

32 El 07–01–02, *El Nacional,* fue sitiado por una turba dirigida por el partido de gobierno, (*El Nacional,* Caracas, 08–01–02, p. A–1); hecho grave defendido por el propio Presidente de la República, lo que originó que la Comisión Interamericana de Derechos Humanos hubiera intervenido y adoptado medidas cautelares, ordenando al gobierno la adopción de protección, las cuales incluso han sido desacatadas. (Véase los comentarios de Carlos Ayala Corao, *El Nacional,* Caracas, 11–01–02, p. D–2; y Pedro Nikken, *El Universal*, Caracas, 15–01–02, p. 1–5). Santiago Cantón, Secretario Ejecutivo de la Comisión Interamericana de Derechos Humanos destacó que "los actos de hostigamiento y desprestigio en contra de periodistas y medios de comunicación tienen un grave efecto multiplicador sobre las violaciones a los derechos humanos de toda la población venezolana", (*El Universal,* Caracas, 09–02–02, p. 1–6).

33 Un caso destacado de esta limitación se produjo el 23–01–02 con motivo de la multitudinaria marcha organizada por la oposición en la ciudad de Caracas. La más importante y multitudinaria marcha política que se haya producido jamás en el país, (*El Nacional,* Caracas, 24–01–02, p. A–1; *El Universal,* Caracas, 25–01–02, p. 1–C). Las "cadenas" del Presidente de la República para trasmitir sus actos políticos durante las mismas horas, lesionaron el derecho a informar de los medios y el derecho a ser informados de los ciudadanos. Por ello, los diputados de oposición solicitaron al Tribunal Supremo de Justicia la nulidad del artículo 209 de la Ley de Telecomunicaciones, que permite las referidas cadenas "por contrarias al derecho a la información", (*El Nacional*, Caracas, 08–02–02, p. D–6).

34 El militarismo ha sido denunciado incluso por quienes han estado cerca del Presidente en años anteriores. Pablo Medina, por ejemplo, Secretario General del Partido Patria para Todos, que fue partido de la coalición de gobierno, insistió en que el Presidente pretendía imponer un militarismo autoritario, (*El Universal,* Caracas, 23–03–00, p. 1–7); en la militarización del régimen de Chávez, (*El Nacional,* Caracas, 12–01–02. p. D–3), en que Chávez busca militarizar el gobierno (*El Nacional,* Caracas, 15–01–02, p. D–6). Véase el Informe de Consultores 21 para Veneconomía sobre militarización del gobierno, (*El Universal,* Caracas, 23–12–01, p. 1–10).

servicio del Presidente de la República[35]. Basta recordar cómo mediante el llamado "Plan Bolívar 2000" los recursos públicos que debían ser manejados para actividades de carácter social por los Gobernadores de Estado, pasaron a ser manejados por los Comandantes de Guarnición, con el catastrófico resultado administrativo denunciado en todos los niveles, con grave perjuicio a la propia institución militar. La militarización del gobierno por otra parte, incluso se reflejó en la extensión ilegítima del ámbito de la justicia militar para juzgar delitos o faltas civiles[36]. También se manifestó en las designaciones que se efectuaron para muchos altos cargos de la Administración Pública, de ex militares del entorno personal del Presidente de la República, o de militares activos[37].

La militarización, en todo caso, para 2000 ya había comenzado a producir efectos negativos dentro de la propia Fuerza Armada, cuyos generales activos comenzaron a mostrar preocupación por la politización de la Fuerza Armada[38].

Debe señalarse, por último, que la politización en la Fuerza Armada fue alentada desde el inicio por el propio Presidente de la República, al justificar la eliminación de la Constitución de la prohibición que existía de ser "deliberantes". Ello contribuyó a justificar las manifestaciones de Generales, en actos públicos, en respaldo del Presidente de la República como jefe de partido más que como Comandante en Jefe de la Fuerza Armada, y de su proyecto político. Ello motivó, también, manifestaciones públicas de oficiales de la Fuerza Armada, en rechazo al

---

35 Los militares, incluso, como Fuerza Armada hicieron público un comunicado de adhesión al Jefe de Gobierno y a la revolución. (*El Nacional,* Caracas, 09–11–01, p. D–1; 08–11–01, p. D–1). Norberto Ceresole lo consideró como un comunicado "legítimo" del "partido militar", (*El Nacional,* Caracas, 11–11–01, p. D–4). El Ministro de la Secretaría de la Presidencia afirmó, por la insistencia del Presidente de que su "revolución" es armada, que "las armas que apoyan a Chávez son las de la Fuerza Armada Nacional", (*El Nacional,* Caracas, 19–12–01, p. D–2.)

36 Véase, por ejemplo, en el caso del enjuiciamiento de Pablo Aure la opinión de Carlos Ayala Corao, *El Universal,* Caracas, 14–01–01, p. 1–4.

37 En enero de 2002, así sucedía por ejemplo, con el Vicepresidente Ejecutivo de la República; el Secretario del Presidente; el Ministro, Viceministro y Director de Recursos Humanos del Ministerio de Relaciones Exteriores; el Ministro del Interior, el Viceministro de Seguridad Ciudadana, el Director de la Dirección de Inteligencia y el Director de la Dirección de Extranjería, los Directores del Fondo Único Social, de Fontur y del Setra; los Presidentes de Petróleos de Venezuela, de la Corporación Venezolana de Guayana, de Avensa, de Conatel, del Instituto Aeropuerto Internacional Simón Bolívar, de Cadafe. (Veáse *El Nacional,* Caracas, 25–01–02, p. D–1 y 27–01–02, p. D–4). Entre tanto más de 100 oficiales no afectos al Presidente están en disponibilidad o en cargos en el exterior, (*El Nacional,* Caracas, 27–01–02, p. H–1).

38 Así, en un documento considerado por los generales de la Fuerza Armada, al contrario se indicó: "Tenemos que buscar una proyección y participación apartidista del Ejército en el desarrollo del país… así como evitar el empleo de la imagen de la organización para fortalecer y proyectar una forma o modelo político partidista e ideología personal en particular o como elemento de intimidación o amenaza hacia masas oponentes o a la sociedad civil en general". (Véase *Tal Cual,* Caracas, 22–01–02, p. 16 y 23–01–02, p. 16). El documento fue elaborado por el General Néstor González, Comandante de las Escuelas del Ejército, quien posteriormente fue relevado de su cargo. (El texto completo puede leerse en *El Nacional,* Caracas, 25–01–02, p. D–6). Posteriormente salió publicado otro documento atribuido a la firma de 3.400 oficiales de la Fuerza Armada, en el cual se cuestionaba la política gubernamental del Presidente H. Chávez, exigiendo su enjuiciamiento por desviación de fondos, *El Nacional,* Caracas, 02–02–02, p. D–4.

Presidente de la República y sus políticas[39]. Por ello, con razón, la Comisión Interamericana de Derechos Humanos en 2002 ya advertía que "La realidad en la región demuestra que la deliberación de las Fuerzas Armadas suele ser la antesala para fracturas constitucionales que en todos los casos conducen a graves violaciones a los derechos humanos", precisando que era responsabilidad "de todos los sectores, pero prioritariamente del Gobierno, [de] asegurar que las Fuerzas Armadas cumplan exclusivamente los roles de defensa de la soberanía nacional para la que han sido creadas y entrenadas."

11. *La situación de la democracia y el precario funcionamiento del Estado de Derecho*

Por último, la Carta Democrática Interamericana también precisó que el respeto al Estado de derecho por todas las entidades y sectores de la sociedad, era igualmente fundamental para la democracia. Esta, en definitiva, sólo puede existir en un Estado de derecho. Pero cuando las instituciones públicas y el control sobre las mismas no funcionan por la concentración del Poder en unas manos, es difícil dibujar bien un Estado de derecho[40]. Lo lamentable es que ello provocó que la violencia se hubiera comenzado a institucionalizar[41].

Un ejemplo del mal funcionamiento del control y balance entre los poderes del Estado fue la emisión de 48 leyes de primera importancia para el país, en 2001, mediante decretos con fuerza de ley, dictados por el Presidente de la República en ejecución de una Ley Habilitante, violándose abiertamente la Constitución[42].

El Presidente de la República, en efecto, al dictar el conjunto de decretos leyes delegados, violó el derecho constitucional a la participación ciudadana que garantizan los artículos 62, 70, 206 y 211 de la Constitución, al no haber sometido a

---

39 El hecho inicial más notorio fue el discurso del Coronel de la Aviación Pedro Vicente Soto, pronunciado en un acto público sobre libertad de expresión y democracia el 07–02–02, en el cual solicitó la renuncia del Presidente Chávez, (*El Universal*, Caracas, 08–02–02, pp. 1–1 y 1–2). Los intentos de detención del oficial por efectivos de la Policía Militar fueron obstruidos por grupos de ciudadanos que espontáneamente reaccionaron, lo que provocó una concentración popular con marcha hasta la residencia presidencial, (*El Nacional,* 09–02–02, p. D–1). Las manifestaciones públicas de militares activos contra el gobierno del Presidente H. Chávez, se acrecentaron enormemente en octubre de 2002.

40 La expresión del Presidente de la República de que "El Estado soy yo. La ley soy yo", (*El Universal,* Caracas, 04–12–00, p. 1–1; 2–1), no se le había oído a ningún otro jefe de gobierno en la historia, desde que Luis XIV lo señaló en el Siglo XVII. Véase Allan R. Brewer–Carías, *Reflexiones sobre la Revolución Americana (1776) y la Revolución Francesa (1789) y sus aportes al constitucionalismo moderno*, Caracas 1992, p. 136.

41 El Presidente de la República, en el acto de juramentación del Ministro de Educación, en enero de 2002, justificó la violencia para defender su "revolución". Antes había dicho que tenía "su fusil a la mano para defender la "revolución", (*El Nacional,* Caracas, 19–11–01, p. D–1). El Secretario de la organización del partido de gobierno Francisco Ameliach, luego señaló que "estoy dispuesto a defender este proceso revolucionario en el escenario que sea, como sea y contra quien sea. El pueblo organizado unido saldrá en defensa de la Patria, el pensamiento del Libertador y la revolución, (*El Nacional,* Caracas, 21–11–01, p. D–4). Guillermo García Ponce, desde la cúpula del MBR–200, ya afirmaba que "si nos toca, defenderemos la revolución con las armas", (*El Universal,* Caracas, 13–05–01, p. 1–4). Luego fue nombrado Jefe del llamado "Comando Político de la Revolución".

42 Véase lo expuesto por Allan R. Brewer–Carías, en *El Universal,* Caracas, 25–11–01, p. 1–2 y en la *Revista Primicia,* N° 206, Caracas, 11–12–01, "Informe Especial", 8 pp.

consulta pública los proyectos legislativos como lo exigían dichas normas y; además, con buena parte de los mencionados decretos leyes se violó la garantía constitucional de la reserva legal que consagra la Constitución y la Convención Americana de Derechos Humanos, que reserva al órgano legislativo compuesto por diputados o representantes electos, la regulación y limitación de los derechos humanos, como el derecho de propiedad o la libertad económica, cuyo régimen es indelegable. Además, muchos de esos decretos leyes estaban viciados de usurpación de funciones y eran constitucionalmente nulos (art. 138), por haber sido dictados por el Presidente de la República sin haber sido habilitado o sin que hubiera delegación legislativa, violando además el artículo 203 de la Constitución que exige que los decretos leyes delegados se deben someter a las directrices, propósitos y marco de las materias establecidas en la Ley Habilitante, y violando también el artículo 218, que sólo permite que las leyes sean derogadas por otras leyes y nunca por decretos sin habilitación. Adicionalmente, muchos de los decretos leyes tenían vicios intrínsecos y singulares de inconstitucionalidad, por ejemplo, por ser confiscatorios así fuera de propiedades públicas municipales y estadales, además de privadas, como sucede con la Ley de Zonas Costeras; o de los atributos de la propiedad rural, como el uso, goce y disfrute que la Constitución garantiza, y que fueron violados por la Ley de Tierras y Desarrollo Rural[43].

En una sociedad democrática regida por un Estado de Derecho, la posibilidad de controlar la constitucionalidad de esos actos de rango legal, si las instituciones funcionaran, estaría garantizada: *primero*, por el Defensor del Pueblo, actuando en defensa de los derechos constitucionales vulnerados; *segundo*, por el Tribunal Supremo, conociendo diligentemente de las acciones de inconstitucionalidad; *tercero*, por el Fiscal General de la República, iniciando acciones para determinar las responsabilidades de los funcionarios que hubieran podido dictar o ejecutar actos violatorios de derechos humanos; y *cuarto*, por la Asamblea Nacional iniciando una discusión abierta para la revisión de las leyes. Sin embargo, ya para 2002 ninguno de dichos sistemas de control tenían vigencia efectiva.

Por otra parte, en la Asamblea Nacional, en diciembre 2001, se expulsó del partido de gobierno a los diputados que se atrevieron a instalar una Comisión Especial para el estudio y revisión de los decretos leyes habilitados, considerando que la Asamblea nunca podía revisar los decretos leyes y que la Comisión, a lo sumo, para lo que podía servir, era para justificarlos[44]. La reacción de la opinión pública, en todo caso, provocó que el Ejecutivo Nacional procediera a reformar

43 Véase Allan R. Brewer–Carías, "Apreciación general sobre los vicios de inconstitucionalidad que afectan los Decretos Leyes Habilitados" en *Ley Habilitante del 13–11–2000 y sus Decretos Leyes,* Academia de Ciencias Políticas y Sociales, Serie Eventos Nº 17, Caracas 2002, pp. 63 a 103.

44 Aun cuando el Presidente de la República había declarado que las leyes dictadas mediante los decretos leyes en 2001 no estaban sujetas a modificación alguna, en especial, las Leyes de Tierras y de Hidrocarburos, (*El Nacional,* Caracas, 21–12–01, p. D–1 y *El Globo,* Caracas 16–12–01, p. 2); luego, en su mensaje anual ante la Asamblea Nacional, aceptó que esta podía reformar dichas leyes, (*El Nacional,* Caracas, 16–01–02, pp. A–1 y D–1). Dijo el Presidente "Señores diputados, es importante que si a ustedes les llega la solicitud de algún diputado venezolano o algún sector que decide modificar algunas de las leyes habilitantes, ustedes tienen la legitimidad y potestad para hacerlo", (*El Nacional,* Caracas, 16–01–02, p. D–21).

algunas de las leyes dictadas mediante Decretos–Leyes, pero por la vía irregular de la reimpresión en Gaceta Oficial "por error material"[45].

De lo anteriormente expuesto puede decirse que en 2002, a la luz de la Carta Democrática Interamericana, la democracia estaba en peligro o al menos, en estado precariedad, lo que ponía en riesgo las propias libertades públicas y ameritaba la cercana atención y la solidaridad de la comunidad internacional, en especial, dentro del Sistema Interamericano, para evitar un descalabro al compromiso democrático de las naciones americanas y a la vocación democrática del pueblo de Venezuela.

II. LOS SUCESOS DE ABRIL DE 2002 Y LAS CONSECUENCIAS DE LA ANUNCIADA RENUNCIA DEL PRESIDENTE HUGO CHÁVEZ FRÍAS A LA PRESIDENCIA DE LA REPÚBLICA

En medio de la crisis del régimen democrático en el país, evidenciado por la situación en la cual se encontraba su funcionamiento tal como se ha resumido anteriormente, se produjo la renuncia del Presidente de la República a su cargo, originándose una falta absoluta en el mismo la cual, sin embargo, no pudo ser cubierta por el Vice Presidente, como lo establecía el artículo 233 de la Constitución, lo que originó una situación constitucional inédita de ausencia de titulares del Poder Ejecutivo[46].

1. *Los antecedentes políticos de la anunciada renuncia del Presidente de la República a su cargo el 12 de abril de 2002*

En efecto, en la madrugada del 12 de abril de 2002, el Alto Mando Militar del Presidente Hugo Chávez anunció públicamente al país que se le había pedido la renuncia al Presidente de la República y que éste la había aceptado. Ello fue, sin duda, una secuela de la crisis política de la democracia que se había agravado entre 1999 y 2002; habiendo tenido entre sus causas inmediatas, la directa ingerencia política que el Ejecutivo Nacional había desplegado por primera vez desde 1975, en el manejo gerencial de la industria petrolera nacionalizada.

Dicha industria, desde su creación, había estado tradicionalmente fuera del botín funcionarial que había caracterizado históricamente en general a la Administración Pública[47], sobre lo cual había un pacto político tácito para preservarla. Sin embargo, en los primeros meses de 2002, la industria estatal comenzó a sentirse amenazada de politización, originándose un conflicto que involucró a la Alta Gerencia de la empresa petrolera estatal y se extendió por un largo período de seis semanas, con paros que, incluso, afectaron la producción y el suministro de petróleo, de la que en

---

45 Sobre la reimpresión de la Ley de Zonas Costeras, (Véase *El Nacional*, Caracas, 21–12–01, p. D–1 y 22–12–01, p. D–2; *El Universal*, Caracas, 21–12–01, p. 2–1); y sobre la reimpresión de la Ley del Estatuto de la Función Pública, (*El Universal*, Caracas, 01–12–01, p. 2–4).

46 Véase sobre el tema tratado en esta sección; Allan R. Brewer–Carías, *La crisis de la democracia venezolana. La Carta Democrática Interamericana y los sucesos de abril de 2002*, Los Libros de El Nacional, Colección Ares, Caracas 2002.

47 Véase sobre los principios de organización de la industria petrolera al momento de la nacionalización, entre otros documentos, véase *Archivo de Derecho Público y Ciencias de la Administración,* Vol. III, 1972–1979, Instituto de Derecho Público, UCV, Caracas, 1981, Tomo 2.

ese momento era la principal y más importante industria de Venezuela e, incluso, de toda América Latina[48].

---

48 El conflicto en Petróleos de Venezuela, S.A. (PDVSA) se inició con el anuncio de la designación de Gastón Parra Luzardo como Presidente de la empresa en sustitución del General Guaicaipuro Lameda (*El Universal,* 10–02–02, p. 2–1). A pesar de las protestas, que originó el anuncio, Parra fue juramentado el 13 de febrero (*El Nacional,* 14–02–02, p. E–1). Luego de la posposición de la designación de la nueva Junta Directiva, el 25–02–02, un grupo de altos gerentes publicaron un remitido rechazando la politización de PDVSA. Paralelamente, sin embargo, apareció publicado en la *Gaceta Oficial* la designación de los nuevos miembros de la Junta, para lo cual no se respetaron los criterios que por convención no escrita habían privado durante 27 años para reconocer los méritos en el ascenso de los altos gerentes. En Asamblea Pública sin precedentes, los altos gerentes de la industria rechazaron tales nombramientos (*El Universal,* 27–02–02, p. 2–1; *El Nacional,* 27–02–02, p. E–1). Días después, el personal (empleados) de la industria se encontraba protestando en la calle contra las violaciones a la meritocracia en la industria (*El Nacional,* 01–03–02, p. E–1; 05–03–02, p. E–1). La Procuraduría General de la República calificó de ilegal dicha protesta, iniciándose amenazas de despidos del personal gerencial (*El Nacional,* 09–03–02, p. E–1). La amenaza de un paro petrolero por los empleados fue cuestionada por la Ministra del Trabajo (*El Universal,* 09–03–02, p. 2–1) y el Ministro del Interior y de Justicia advirtió que debían responder ante la Inspectoría del Trabajo por el abandono de sus cargos (*El Universal,* 11–03–02, p. 2–1). El 11–03–02, el Presidente de la República anunciaba que impediría en toda forma que la industria petrolera se paralizara, pero a la vez en la industria se iniciaba una "operación morrocoy" en algunas instalaciones (*El Nacional,* 12–03–02, p. E–1; *El Universal,* 12–03–02, p. 2–1). La Ministra del Trabajo calificó el conflicto como abandono del trabajo (*El Nacional,* 12–04–02, p. E–1). La respuesta a ello fue la lentitud en la operación de un despacho de petróleo a una embarcación fletada por Cuba (*El Nacional,* 13–03–02, p. E–1). Paralelamente el llamado "Comando Político de la Revolución" consideraba la idea de la militarizar a PDVSA (*El Nacional,* 13–03–02, p. D–4), y la Procuraduría General de la República rechazaba la constitución de un Sindicato de Ejecutivos de la Industria (*El Nacional,* 15–03–02, p. E–1). El Presidente de la República, ratificó públicamente a la directiva cuestionada de PDVSA, y amenazó con militarizar la industria, cuestionando a la alta gerencia (*El Nacional,* 18.–03–02, p. D–2). Las protestas se generalizaron, y el 20 de marzo hubo una inasistencia masiva en la industria (*El Nacional,* 21–03–02, p. E–1; *El Nacional,* 22–03–02, p. E–1). El conflicto se había generalizado y para el 25 de marzo ya había reuniones entre la alta gerencia de la industria y representantes de las ONG de la sociedad civil para apoyar sus reclamos (*El Nacional,* 26–03–02, p. D–1). Para comienzos de abril el conflicto estaba totalmente declarado (*El Nacional,* 02–04–02, p. 1–2; *El Nacional* 04–02–02, p. E–1), iniciándose un proceso de paro petrolero (*El Universal,* 05–04–02, p. 1–2) que llegó a paralizar totalmente algunas refinerías (*El Nacional,* 06–04–02, p. E–1) y a situaciones conflictivas de calle en diversas instalaciones petroleras, anunciándose la creación de un sindicato de la nómina mayor de la industria (*El Universal,* 06–04–02, p. 1–2). El conflicto petrolero, además, había originado demoras en los embarques (*El Universal,* 11–04–02, p. 2–1) y en la operación de refinerías (*El Nacional,* 10–04–02, p. E–4).

La movilización general del país había sido motivada por el conflicto de PDVSA, y uno de los pedimentos fundamentales había sido la renuncia de la directiva nombrada por el Presidente de la República, sin respetarse los criterios de mérito en la industria. El General Luis Camacho Kairuz, Viceministro de Seguridad Ciudadana en el Ministerio del Interior, en la interpelación que le hizo la Comisión Parlamentaria Especial de la Asamblea Nacional para investigar los sucesos de 2002, se refirió a la recomendación que se le había formulado al gobierno de que se solicitase la renuncia a la Junta Directiva de PDVSA. Véase en el libro de Albor Rodríguez (ed), *Verdades, Mentiras y Videos. Lo más relevante de las interpelaciones en la Asamblea Nacional sobre los sucesos de abril,* Libros *El Nacional*, Caracas 2002, p. 63. La Junta Directiva, como lo informó el Presidente de la República el 15 de abril de 2002, efectivamente llegó a renunciar el día 11–04–02, pero el Presidente no lo anunció al país y prefirió la confrontación total. Quizás, si hubiese hecho caso a la recomendación que le hizo el General Manuel Rosendo de ceder al entendimiento y llamar al diálogo, (*El Universal,* 11–05–02, p. 1–4), no se hubieran producido los hechos del 12 de abril. Solo fue el 15–04–02, sin embargo, cuando el Presidente anunció la renuncia de la Directiva de PDVSA. Evidentemente, muy tarde, y cuando ya no tenía efecto alguno.

El propio Presidente de la República llegó a intervenir directa y personalmente en el conflicto, anunciando públicamente el día 7 de abril de 2002, el despido de siete altos directivos de la empresa Petróleos de Venezuela S.A. (PDVSA), en tono altamente degradante y denigrante[49], lo que fue el detonante para que el mismo domingo 7 de abril se produjera una concentración espontánea de personas en una de las principales sedes de la empresa, en Caracas[50].

El conflicto desembocó rápidamente la decisión que al día siguiente adoptó la Confederación de Trabajadores de Venezuela (CTV), de convocar a un Paro Nacional por 24 horas, prorrogable, para el día martes 9 de abril de 2002, en apoyo a las peticiones de la industria petrolera. Dicho paro fue respaldado por la Federación Nacional de Cámaras y Asociaciones de Producción (Fedecámaras)[51]. Los presidentes de ambas instituciones, Carlos Ortega y Pedro Carmona, respectivamente, anunciaron dicha convocatoria, la cual fue respaldada por diversas organizaciones y asociaciones no gubernamentales representativas de sectores de la sociedad, y por los partidos políticos de oposición. Incluso, el Bloque de Prensa que agrupaba a los diarios y periódicos del país se sumó al paro, de manera que el martes 9 de abril de 2002 no circularon los periódicos nacionales, con algunas excepciones.

El martes 9 de abril de 2002, se cumplió un paro nacional de trabajadores y empresarios con versiones contrapuestas sobre su efectividad: el gobierno informó que la situación era normal, desplegando una campaña a través de los medios de comunicación escritos y visuales en contra del paro, declarándolo incluso ilegal y subversivo; y los convocantes del paro y, en general, los voceros de la oposición, informaron sobre la paralización del país. Durante el día 8 de abril de 2002 el gobierno había realizado muchas transmisiones oficiales "en cadena" obligatoria, a través de la conexión simultánea de todos los medios de comunicación de televisión y radio, para interrumpir la convocatoria al paro; y el día martes 9 de abril de 2002, durante la realización del paro, se repitieron también múltiples "cadenas" que informaron sobre el supuesto fracaso de la convocatoria a paro, e impedían a los medios de comunicación informar sobre lo que estaba ocurriendo. El Vicepresidente de la República, incluso, declaró en cadena oficial, que: "Si tenemos que responder cada cinco minutos con una cadena (de radio y televisión) en aras de que la información veraz sea transmitida a todos los venezolanos, lo vamos a hacer"[52].

El mismo día martes 9 de abril de 2002, la Relatoría de la Libertad de Expresión de la Comisión Interamericana de Derechos Humanos, manifestando preocupación por la utilización abusiva de las cadenas oficiales en las programaciones televisivas, partiendo del hecho de que "en los últimos dos días el gobierno ha hecho uso de las cadenas nacionales en más de 30 oportunidades con una duración de 15 a 20 minutos cada una" y concluyendo con la apreciación de que "el uso abusivo" de las

49 Véase *El Universal,* 08–04–02, p. 1–2. El Presidente de la República días después pediría públicamente perdón por esa conducta, *El Nacional,* 16–04–02, p. D–1; *El Universal,* 16–04–02, p. 1–2; *Tal Cual,* 16–04–02, p. 13.

50 En la Urbanización Chuao, *El Universal*, 09–04–02, p. 4–1

51 Véase en *El Universal,* 06–04–02, p. 1–4; 07–04–02, p. 1–2; 08–04–02, p. 1–4, 1–6; *El Nacional,* 07–04–02, p. E–1.

52 Véase en *El Nacional,* 10–04–02, p. D–1.

mismas: "Viola el artículo 13 de la Convención Americana de Derechos Humanos referido al ejercicio de la libertad de expresión y contradice lo establecido en la Declaración de Principios sobre la libertad de Expresión de la Comisión Interamericana en Derechos Humanos"[53].

Es de destacar que por primera vez en la historia de la comunicación, las plantas televisoras se rebelaron contra las transmisiones "en cadena" y el día martes 9 de abril de 2002 decidieron dividir la imagen en las pantallas de la transmisión en televisión en dos, colocando en una parte la imagen y transmisión oficial y en la otra parte la imagen y transmisión propia, aclarando en un texto escrito que la transmisión "en cadena" se hacía por imposición oficial, la cual se consideraba como violatoria de lo previsto en la Ley General de Telecomunicaciones[54].

El día miércoles 10 de abril de 2002, la prensa nacional, que había comenzado a circular de nuevo, anunciaba la decisión de la CTV adoptada el 9 de abril de 2002, de prorrogar el paro por 24 horas más, es decir, para el día miércoles 10 de abril de 2002, afirmando su Presidente, Carlos Ortega, que ello se producía "en virtud de la conducta agresiva e intolerante del gobierno como respuesta al planteamiento de los trabajadores"[55]. El Presidente de Fedecámaras, Pedro Carmona, también anunciaba la decisión de prorrogar al paro cívico empresarial convocado por un día más, para el día miércoles 10 de abril de 2002, "ante la violación manifiesta de que ha hecho el gobierno de la Constitución y las leyes en el manejo de los medios de comunicación en el día de ayer"[56].

Es de advertir que durante los dos días de paro se habían realizado manifestaciones públicas en apoyo de PDVSA, en una de las sedes de la industria en Caracas (Chuao), así como en diversas ciudades del interior del país.

Al final del día miércoles 10 de abril de 2002, luego de cumplidos dos días de paro nacional de trabajadores y empresarios, tanto la CTV como Fedecámaras, acordaron realizar una huelga general indefinida a partir del jueves 11 de abril de 2002, en virtud de que las demandas de los sectores que representaban "no han sido atendidas y lejos de resolver los problemas, estos se han profundizado". El Presidente de Fedecámaras destacó que la convocatoria a huelga general como la que se estaba haciendo, ocurría así por "primera vez en la historia" del país, como "máxima expresión de rechazo a un gobierno en ejercicio"[57]. La convocatoria a huelga general, por otra parte, fue respaldada por los diversos partidos políticos de oposición y por las asociaciones no gubernamentales de la sociedad, quedando constituida una Coordinadora por la Democracia y Libertad. Dichas organizaciones convocaron a una marcha cívica para el día jueves 11 de abril de 2002 en la ciudad de Caracas, hasta la sede de PDVSA.

---

53 Véase en *El Nacional,* 10–04–02, pp. A–1; D–1 y D–2.

54 *Idem*

55 Véase en *El Universal,* 10–04–02, p. 1–7 y 1–10; *El Nacional,* 10–04–02, p. A–1 y E–1.

56 *Idem*

57 Véase en *El Universal,* 11–04–02, pp. 1–1 y 1–8.

2. *La desobediencia militar y la masacre del 11 de abril de 2002*

Antes de tales convocatorias, el mismo día miércoles 10 de abril de 2002, apareció en la televisión el General R. Damián Bustillos, de la Guardia Nacional, dirigiéndose a la opinión pública "con la finalidad de hacer conocimiento que el ciudadano Presidente de la República le ha ordenado a la Guardia Nacional, la utilización de la fuerza con la finalidad que retire a las personas que se encuentran frente a PDVSA"; aconsejando "al Alto Mando Militar que se encuentra en estos momentos reunidos en Fuerte Tiuna, que no tomen acción"" contra los manifestantes, y señalando que "es una locura presidencial que va a empañar el nombre de la Fuerza Armada y en especial de mi querida Guardia Nacional"[58]. Se trataba de la primera manifestación, en esa semana de abril, de desobediencia de un alto oficial activo de la Fuerza Armada en contra de supuestas órdenes presidenciales.

El mismo día miércoles 10 de abril de 2002, otro alto oficial, esta vez del Ejército, el General Néstor González González, también aparecía en la televisión criticando abiertamente al Presidente de la República, destacando la relación del gobierno con la guerrilla colombiana y criticando el uso de instalaciones militares para actividades políticas[59].

Pero la actitud de desobediencia militar se evidenció fundamentalmente, cuando diversos oficiales generales se negaron a implementar el denominado "Plan Avila" para enfrentar la marcha cívica multitudinaria que se estaba efectuando el 11 de abril. Como lo informó ante la Comisión Especial de la Asamblea Nacional que investigó los hechos de abril de 2002, el General Manuel Rosendo, Jefe del Comando Unificado de la Fuerza Armada Nacional y precisamente el principal responsable de la aplicación de dicho Plan, el mismo está llamado a aplicarse sólo cuando se dan los siguientes cuatro supuestos: "1) Que grupos subversivos o desafectos al sistema democrático ejecuten acciones violentas, que atenten contra la estabilidad del sistema democrático y pongan en peligro la seguridad de las personas y sus propiedades; 2) Que las alteraciones del orden público sean de tal magnitud que el empleo de los organismos de seguridad del Estado sean insuficientes para su restablecimiento; 3) Que nacionales de otros países realicen actividades tendientes a perturbar el orden interno en apoyo de acciones belicosas contra nuestro país; y 4) Que la máxima autoridad de la entidad federal, al considerar que la situación escapa a su control, solicite la intervención de la Fuerza Armada Nacional"[60].

Sin duda, se trataba de un plan bélico de carácter disuasivo y represivo, destinado a ser aplicado en casos extremos y extraordinarios como los indicados, para restablecer el orden público quebrantado, pero que no era aplicable en el caso de una marcha cívica de protesta.

---

58 Véase en *El Nacional,* 11–04–02, p. D–1; Revista *Primicia,* Edición Especial, 20–04–02, p. 49. *Cfr.* la cita de esta declaración en la sentencia de la Sala Plena Accidental del Tribunal Supremo de Justicia de 14–08–02 (Caso: Antejuicio de mérito a Oficiales de la Fuerza Armada Nacional).

59 Véase en *El Nacional,* 11–04–02, p. D–1

60 Véase la interpelación al General Rosendo en Albor Rodríguez, *Verdades, Mentiras y Vi-deos....op. cit.,* pp. 115–116.

En todo caso, en las interpelaciones efectuadas por la Comisión Especial citada de la Asamblea Nacional, quedó evidenciado que el Presidente de la República, en horas del mediodía del día 11 de abril dio la orden de aplicar el "Plan Avila"[61], orden que no fue cumplida[62], particularmente por el General Rosendo, quien asumió la:

> "...responsabilidad de no ordenar la ejecución del Plan Avila en la guarnición de Caracas, atendiendo al artículo 68 de la Constitución, que prohíbe el uso de armas de fuego en el control de manifestaciones... les puedo decir que entre el deber de ordenar un plan y el deber de preservar lo más preciado que tiene una persona, que es su vida, opté por respetar la vida. No solamente y como se ha dejado ver, la de las personas que iban en la marcha de Chuao a Miraflores sino también de las personas que se encontraban en las adyacencias de Miraflores, además de preservar la vida de mis soldados y profesionales, porque nadie puede decir que allí no iba a pasar nada."[63]

La decisión de incumplimiento de la orden de ejecutar el "Plan Avila", la asumió el General Rosendo como Jefe del Comando Unificado de las Fuerzas Armadas Nacionales, porque "no se daban las suposiciones y las condiciones no estaban para que se aplicara el Plan Avila... Fui yo quien tomó la determinación de no ordenar la aplicación del Plan Avila"[64]

En la interpelación que se efectuó al General Efraín Vásquez Velazco Comandante General del Ejército, ante la Comisión de la Asamblea Nacional, también señaló que cuando recibió información de que material de guerra (tanques) había salido de Fuerte Tiuna con instrucciones de la ejecución del Plan Avila, ordenó que se detuviera la acción y que el material de guerra regresara[65].

La reacción de altos oficiales de las Fuerzas Armadas ante la orden del Presidente de la República, de negarse a aplicar a una marcha pacífica, aunque multitudinaria, un plan de guerra represivo, se configuró, sin duda, como una desobediencia militar la cual, por lo demás, encontraba amparo constitucional en el artículo 68 de la Constitución que "prohíbe el uso de armas de fuego y sustancias tóxicas en el control de manifestaciones pacíficas" y en el artículo 25 que da derecho a los funcionarios de negarse a ordenar ni ejecutar actos que violen o menoscaben los derechos garantizados en la Constitución, aún cuando estén amparados por órdenes superiores, las cuales en ningún caso le pueden servir de excusa ante la responsabilidad en la cual incurrirían si las cumplen.

---

61 Así lo afirmó el Ministro de la Defensa, José Vicente Rangel, véase en Albor Rodríguez, *Verdades, Mentiras y Videos, ... op. cit.*, p. 106.

62 Diosdado Cabello, Vicepresidente Ejecutivo Nacional señaló: "Cuando el General Rosendo desobedece la orden del Presidente, allí comienza a evidenciarse ante todo el mundo el alzamiento militar; un General desobedeciendo la orden del Presidente de la República, de su Comandante en Jefe, creo que eso ha de haber sido a las 2:00 de la tarde...", *idem*, p. 108.

63 *Idem*, pp. 107–108.

64 *Idem*, pp. 109, 112, 113, 114.

65 *Idem*, p. 111. Esto lo confirmó el General José Vietri Vietri, *idem*, p. 112.

Un primer motivo de la actitud de desobediencia militar ante las órdenes presidenciales, en la tarde del 11 de abril, por tanto, puede considerarse que fue el rechazo a ejecutar un plan bélico represivo contra una manifestación pacífica[66]. El segundo motivo, en este caso de desconocimiento de la autoridad del Presidente de la República y del Alto Mando Militar, puede considerarse que se produjo en la noche del mismo día 11 de abril, al concluir la marcha cívica con muchos muertos y heridos, cuando diversos oficiales en nombre de los diversos componentes de la Fuerza Armada Nacional, reaccionaron contra tales hechos[67].

En efecto, la situación política al final del día 11 de abril era muy conflictiva. El Presidente de la República enfrentaba la mayor crisis de sus más de tres años de gobierno, la cual se agravó en la noche de ese día jueves 11 de abril de 2002, luego de la jornada de paro nacional de ese día y de los trágicos sucesos que ocurrieron en la tarde de ese mismo día.

La manifestación que había sido convocada por todos los sectores políticos, organizaciones de la sociedad civil, sectores laborales y empresariales para el día jueves 11 de abril de 2002 en horas de la mañana, resultó ser una de las concentraciones públicas más multitudinarias de la historia política del país. Cuando llegó a la sede de PDVSA, espontánea y colectivamente se produjo su continuación hacia el Palacio Presidencial de Miraflores en el centro de Caracas. Las consignas de respaldo a PDVSA se mezclaron entonces con la solicitud de renuncia del Presidente de la República, atravesando la manifestación toda la ciudad capital, la cual quedó ocupada por una masa humana en muchos kilómetros de avenidas. Al llegar a las inmediaciones del Palacio de Miraflores, resultaron quince personas muertas a bala y más de un centenar de heridos, en la que había sido durante todo el día una manifestación pacífica e, incluso, festiva[68].

Durante la tarde del mismo día jueves 11 de abril de 2002, sin embargo, el General en Jefe Lucas Rincón, Jefe del Alto Mando Militar en compañía de numerosos oficiales y en cadena de radio y televisión, había emitido un mensaje señalando que: “Se ha comentado que el Sr. Presidente de la República se encuentra detenido en Fuerte Tiuna o en Miraflores, lo desmiento categóricamente. El Sr. Presidente se encuentra en su Despacho. Desmiento categóricamente la renuncia del Alto Mando Militar.”

Ahora bien, una vez llegada la marcha a las cercanías del Palacio de Miraflores y producidos los primeros hechos de violencia, el General Carlos Alfonzo Martínez, de la Guardia Nacional efectuó una declaración pública en la cual expresaba no

---

66 Como lo señaló el Coronel Julio Rodríguez Salas, quien afirmó ser el autor del decreto de renuncia del Presidente de la República (*El Nacional,* 19–04–02, p. D–1), “los oficiales se opusieron a la aplicación de un plan de guerra para reprimir a la población civil indefensa” (*El Universal,* 29–07–02, p. 1–6).

67 Como lo señaló el Contralmirante Daniel Comisso Urdaneta ante la Comisión Especial de la Asamblea Nacional “El aspecto común de todos los pronunciamientos es el apego a la Constitución, no uso de las armas, no salen las unidades, rechazo a los hechos violatorios de la Constitución y, por supuesto, que también hubo allí un factor común, un desconocimiento del Alto Mando Militar en todos los pronunciamientos”, en Albor Rodríguez, *Verdades, Mentiras y Videos..., op. cit.,* p. 23.

68 Véase las apreciaciones publicadas en *El Nacional,* 13–04–02, p. D–13

estar "de acuerdo con los resultados de la jornada de hoy", señalando que hubieran podido evitarse y destacando lo siguiente:

> "[...] resulta ser que detrás de los miembros de la Guardia Nacional habían miembros del otro bando, círculos bolivarianos o lo que están estacionados al frente del Palacio de Miraflores y ellos sí ejercían violencia sobre el resto de los manifestantes y vimos como la Guardia Nacional en vez de reprimir a ambos frentes por igual o hacer acciones para separar ambos bandos, solamente se dirigió contra el bando de las personas que venían en forma pacífica..."[69]

La transmisión en televisión de la marcha cívica y de sus trágicos resultados, fue interrumpida por una "cadena" presidencial. El Presidente, a las 4:33 p.m., había denunciado el paro como insurreccional y señaló que no permitiría que la marcha llegara a Miraflores.[70]

En respuesta a la división de las señales en las pantallas de televisión en dos, con la imagen de la cadena presidencial, por una parte, y por la otra, la imagen de los trágicos resultados de la marcha con individuos disparando sobre los manifestantes, las señales de las televisoras comerciales fueron sacadas del aire por órdenes presidenciales[71].

Durante la noche se originaron toda suerte de hechos políticos de gran relevancia. Luis Miquilena, quien había sido Presidente de la Asamblea Nacional Constituyente, Ministro, Coordinador del partido de gobierno y soporte fundamental del Presidente Chávez, declaró en televisión esa noche que el gobierno se había llenado las manos de sangre, y que:

> "El Presidente es el principal responsable de lo que ha ocurrido en la tarde de hoy. De esa responsabilidad no lo salvará nadie. Ahora las instituciones tienen que funcionar. La Fiscalía, el Poder Judicial y creo que hay posibilidad de que la Asamblea Nacional empiece a funcionar".

Y agregó, al marcar su deslinde con el gobierno del cual había formado parte, lo siguiente:

> "Durante esos años hice lo posible y hasta lo imposible con el propósito de que se entendiera que el manejo de la democracia no es una gallera, no es la confrontación con la confrontación misma".
>
> "Quiero manifestar este sentimiento de dolor a los familiares y amigos, víctimas de esta criminal agresión sin precedentes en la historia de nuestra Nación.
>
> Este es el resultado, el producto de la siembra del odio que se ha venido predicando en nuestro país y que al final no tiene otro resultado que el que hoy

---

69 Véase el texto de la declaración citada en la sentencia de la Sala Plena Accidental del Tribunal Supremo de Justicia de 14–08–02, (Caso: *Antejuicio de mérito a Oficiales de la Fuerza Armada Nacional*).

70 Véase en *El Universal*, 12–04–02, p. 1–6.

71 Véase la referencia hecha por el General Luis Camacho Kairuz, Viceministro de Seguridad Ciudadana, en Albor Rodríguez, (ed), *Verdades, Mentiras y Videos,... op. cit.* p. 69.

existe. El llamado a Udes. es porque quería públicamente marcar distancia de lo que es ese gobierno, que constituyó parte de nuestra experiencia al que aporté en los términos de mi vida todo lo que era posible aportar"[72].

Durante la noche del día jueves 11 de abril de 2002, y como consecuencia de los hechos ocurridos durante la tarde, como se dijo, se produjeron las manifestaciones de desobediencia de militares, sin uso de las armas, contra la autoridad presidencial y del Alto Mando Militar[73], todas trasmitidas por televisión, de parte de altos oficiales de los diversos componentes de la Fuerza Armada (Ejército, Aviación, Armada y Guardia Nacional)[74].

Así, el Vicealmirante Héctor Ramírez Pérez, junto con otros oficiales, en mensaje al país "para evitar un derramamiento de sangre" señaló:"Hemos decidido dirigirnos al pueblo para desconocer al actual régimen de gobierno y la autoridad del Presidente Chávez y del Alto Mando Militar por contrariar los principios y garantías democráticas y menoscabar los derechos humanos venezolanos"[75].

Luego vino la manifestación del Viceministro de Seguridad Ciudadana, General Luis A. Camacho Kairuz, también por televisión, haciendo un "llamado al gobierno nacional para que renuncie ya". El Inspector General de la Guardia Nacional, General Carlos Alfonso Martínez, acompañado, entre otros, de los generales Rafael Damiani y Luis Camacho Kairuz que ya habían hecho manifestaciones públicas en contra del gobierno, también en mensaje televisivo, habló del uso indebido de la Guardia Nacional que enfrentaron la manifestación. Dijo el General Martínez:

> "Esta tarde, lamentándolo, en una acción del Comando General 5, utilizando al Regional como escudos, otros entes dispararon, contra una marcha pacífica

---

72 Véase en *El Universal,* 12–04–02, p. 1–6.

73 La reseña de la secuencia de las manifestaciones de desobediencia militar por parte de los diversos componentes de la Fuerza Aérea puede verse en Clodovaldo Hernández, "Historia caliente. Cuatro días que fueron como una año", *El Universal,* 20–04–02, p. 1–2.

74 Debe señalarse, que durante el mes de febrero había habido varios pronunciamientos públicos de oficiales activos, solicitándole la renuncia al Presidente de la República, entre ellos, del Coronel Pedro V. Soto, *El Universal,* 13–02–02, p. 1–2; del Teniente Coronel Hugo Sánchez, *El Nacional,* 15–02–02, p. D–2; del Contralmirante C. Molina Tamayo (*El Universal,* 19–02–02, p. 1–2; *El Nacional,* 19–02–02, p. D–1); y del General Gómez Ruiz, quien "pidió al Presidente entregar el poder pacíficamente" (*El Nacional,* 26–02–02, p. D–2). El Presidente H. Chávez desestimó los pronunciamientos en lo que llamó en ese momento el "goteo militar" (*El Universal,* 27–02–02, p. 1–4; *El Nacional,* 27–02–02, p. D–2).

75 Véase en el libro de la Cadena Capriles, *Objetivo: Miraflores, Retratos de un país herido,* Caracas 2002, p. 16. La última frase coincide con lo que indica el artículo 350 de la Constitución. *Cfr. El Nacional,* 13–04–02, p. D–4. El Tribunal Supremo de Justicia en Sala Plena Accidental en su sentencia de 14–08–02, señaló en relación con esta intervención del Vicealmirante Héctor Ramírez Pérez acompañado de otros oficiales, que "hicieron un pronunciamiento ante los medios de comunicación, en el cual desconocieron al gobierno, porque consideraron, riesgo manifiesto de agravamiento de la conflictividad social y con fundamento en los artículos 57 y 350 de la Constitución de la República Bolivariana de Venezuela, porque presuntamente se lesionaron derechos humanos, debido a que el artículo 328 de la Carta Magna, le imponía a la Fuerza Armada nacional, mantener el orden interno y evitar derramamiento de sangre".

que no llevaba armas, que no tenía intenciones sino simplemente ir al Palacio a manifestar su criterio"[76]

El General Efraín Vázquez Velazco, Comandante General del Ejército, acompañado de Altos Oficiales de ese componente, también en mensaje televisivo aclaró sobre el proceso de desconocimiento de la autoridad presidencial, que no se trataba de un golpe de estado o de una insurrección, sino de una posición de solidaridad con todo el pueblo venezolano, al cual pidió "perdón" por el atropello cometido. Dijo el General Vázquez Velazco:

> "Hoy se violaron todos los derechos consagrados en nuestra Constitución. Murieron venezolanos por incapacidad de diálogo del Gobierno Nacional. Todo esto se advirtió al Alto Mando Militar hoy, con tiempo, y no se tomaron las medidas pertinentes. Existen grupos armados llamados Bolivarianos que ofenden el nombre del Libertador, que se dedican a pregonar la maldad y utilizar armas, lo que constituye un delito en nuestra Constitución. Se ha utilizado oficiales de la Fuerza Armada Nacional con fines políticos dentro de los cuarteles. Se ha mancillado el honor de las Fuerzas Armadas Nacionales y hemos perdido la identidad de nuestro uniforme"[77].

En relación con este pronunciamiento del General Vásquez Velazco, la Sala Plena Accidental del Tribunal Supremo de Justicia en sentencia de 14 de agosto de 2002 (Caso: Antejuicio de mérito a oficiales de la Fuerza Armada Nacional), expresó lo siguiente:

> "Posteriormente, el General Efraín Vásquez Velazco (Comandante General del Ejército) el 11–04–2002 a las 09:00 pm, se pronunció ante los medios de comunicación manifestando que se violaron los Derechos Humanos, consagrados en la Constitución de la República Bolivariana de Venezuela, porque murieron venezolanos por incapacidad de diálogo y el Alto Mando lo advirtió con tiempo pero no se tomaron las medidas necesarias.
>
> Asimismo dijo que existían grupos armados bolivarianos que ofendían el nombre del Libertador, porque pregonan la maldad y utilizan armas (delitos según la Constitución de la República Bolivariana de Venezuela) y se utilizaron oficiales de la Fuerza Armada Nacional con fines políticos. Por ello consideró se había manchado el honor de la Fuerza Armada Nacional, perdido la identidad con los uniformes, y violentado la autoridad del Comandante del Ejército al recibir órdenes directas del Presidente de la República, un subalterno del citado General Vásquez. Le pidió perdón al pueblo por los sucesos acaecidos porque la Fuerza Armada Nacional no cumplieron su cometido por creer que dicha Fuerza no era para agredir al pueblo, ni para combatirlo.
>
> Como Comandante General del Ejército le ordenó a todos sus comandantes de batallones, brigadas y divisiones que permanecieran en sus unidades porque eso no era un golpe de estado, ni una insubordinación, era una posición de

---

76 Véase en *El Universal,* 12–04–02, p. 1–2.

77 Véase en *El Universal,* 11–04–02, p. 1–2.

solidaridad, con todo el pueblo venezolano y dijo que fue fiel y leal al Presidente, pero los muertos de ese día no los podía tolerar y, con fundamento en los artículos 328 y 350 de la Constitución de la República Bolivariana de Venezuela estaban obligados a tomar esa decisión.

Destacó que dicho pronunciamiento, no era insubordinación, sino un acompañamiento a todo el pueblo venezolano ante lo que consideró un atropello a todos los venezolanos. (Folio 17 y 18 querella).

De lo anterior se evidencia que con tal pronunciamiento no se desconoció al gobierno del Presidente de la República, porque lo que desconoció fue la orden dictada por el Presidente de la República de aplicar el Plan Avila porque resultaba contrario a la protección de los derechos humanos de la ciudadanía y ello significaría una masacre, así como repudió junto con los otros Altos Oficiales, el genocidio perpetrado por los círculos oficialistas contra la sociedad civil indefensa.

Posteriormente, oficiales de la Fuerza Aérea Venezolana se comprometieron a no reprimir al pueblo con las armas de la República, solicitando la búsqueda de conciliación y el diálogo. Además, en la madrugada del día 12 de abril se pronunció la Armada en un comunicado en el cual respaldaban las declaraciones de los demás componentes de la Fuerza Armada"[78].

Adicionalmente, entre las manifestaciones de altos oficiales, se destaca la efectuada también por televisión, por el General Francisco Uzón, Ministro de Finanzas del Gobierno, anunciando su renuncia "para facilitar el desenvolvimiento del nuevo gobierno" con lo que el propio Ministro de Finanzas del gobierno del Presidente Chávez, reconocía que habría un nuevo gobierno. En relación con el Presidente de la República señaló que había hablado con él: "Para que se retire de la Presidencia sin ningún tipo de contratiempos. Le hablé como un amigo de muchos años, a los fines que su salida se haga sin traumas y sin sangre. Aseguró que el Alto Mando Militar le había solicitado la renuncia."[79]

Ese era el cúmulo de informaciones oficiales emitidas por televisión, de lo que estaba ocurriendo en el gobierno y las cuales, por tanto, eran de conocimiento público de todos los ciudadanos en Venezuela y en el resto del mundo. Como lo confirmó luego el propio Jefe del Alto Mando Militar, General en Jefe, Lucas Rincón, Inspector General de la Fuerza Armada Nacional:

---

78 En dicha sentencia del Tribunal Supremo de Justicia en Sala Plena Accidental de fecha 14–08–02, en relación con este pronunciamiento señaló: "El 12–04–2002 a las 3:15 a.m., es decir, casi una hora después de la alocución del General Lucas Rincón anunciando la renuncia del Presidente de la República, el Almirante Vicente Quevedo (Inspector General de la Armada) se pronunció lamentando profundamente los hechos violentos y trágicos acaecidos ese día y se sumó al profundo sentimiento de tristeza que embarga al pueblo venezolano, respaldó las declaraciones de los demás componentes y su apoyo a la sociedad civil. Hizo un llamado a la calma". Si bien la sentencia de la Sala Plena fue luego anulada por el propio Tribunal Supremo por razones formales, su razonamiento jurídico es esclarecedor sobre los efectos jurídicos de la renuncia del Presidente.

79 El general Usón luego sería condenado penalmente por ofender a las Fuerzas Armadas, en violación de todos sus derechos constitucionales.

"Eran pronunciamientos en contra pues del Presidente y del gobierno, incluso, algunos conocidos por todos nosotros, desconociendo la autoridad del señor Presidente y desconociendo también la autoridad del comandante natural, el comandante del componente, el comandante de la Fuerza".

En todo caso, en relación con todos los pronunciamientos militares antes mencionados y al analizar en especial el efectuado por la Armada, el Tribunal Supremo de Justicia en Sala Plena Accidental, en la citada sentencia del 14 de agosto de 2002, (Caso: Antejuicio de mérito a oficiales de la Fuerza Armada Nacional), señaló lo siguiente:

"Al analizar esta alocución es forzoso concluir que los hechos producidos en la ciudad Capital durante la tarde del 11 de abril de 2002, fueron efectivamente violentos y trágicos como indicó el Almirante Quevedo y tuvieron la magnitud suficiente para que ese componente de la Fuerza Armada diera su respaldo a los otros componentes después de que se había anunciado la renuncia del Presidente.

Coincidió entonces la Armada con la naturaleza del móvil de los pronunciamientos de los imputados y eso refuerza la idea que ellos tuvieron de que procedían correctamente. Por todo lo anterior no queda otro camino sino concluir en que tales eventos fueron de tal gravedad que pudieron justificar la conducta de los imputados al creer lícita su forma de proceder.

Subraya la Sala que ninguno de los pronunciamientos de los imputados fue puro y simple con la intención de impedir o dificultar el ejercicio del gobierno, sino que cada uno de ellos tuvo como causa los hechos de violencia que se estaban produciendo en el País como consecuencia de la citada marcha y la implementación del Plan Avila.

Esto significa, se reitera, que procedían convencidos de lo correcto y legítimo de su proceder, por cuanto su formación se oponía al acatamiento de una orden que consideraba reprochable y ello aleja la idea de malignidad".

3. *El anuncio militar oficial y público de la renuncia del Presidente Chávez*

El 11 de abril de 2002, sin duda, había una grave crisis política y militar en el país que tenía como común denominador el desconocimiento de la autoridad presidencial, y cuyo toque final lo dio en la madrugada del día viernes 12 de abril de 2002, a las 3:00 a.m., también en mensaje transmitido por televisión, el General en Jefe, Lucas Rincón, Inspector General de la Fuerza Armada y Jefe del Alto Mando Militar del Presidente H. Chávez, acompañado de otros integrantes de éste, al anunciar al país y al mundo lo siguiente:

"Pueblo venezolano, muy buenos días, los miembros del Alto Mando Militar deploran los lamentables acontecimientos sucedidos en la ciudad capital el día de ayer. Ante tales hechos se le solicitó al señor Presidente de la República la renuncia a su cargo, la cual aceptó. Los miembros del Alto Mando Militar ponemos, a partir de este momento, nuestros cargos a la orden, los cuales entregaremos a los oficiales que sean designados por las nuevas autoridades”[80].

Sobre este comunicado televisado, el Tribunal Supremo de Justicia en Sala Plena Accidental, en sentencia de 14 de agosto de 2002, fijó su criterio en los términos siguientes:

> “Tal comunicado, emanado del Alto Mando Militar, tiene que ser interpretado en el sentido de que ese Alto Mando Militar tampoco estaba de acuerdo con la implementación de las actividades denunciadas por los imputados y que además, también hacía responsable al Presidente de la República de tales circunstancias, al punto de que solicitó su renuncia.
>
> En efecto, de no ser así sería incomprensible esa justificación para ello. Además, el General en Jefe hace un llamado al pueblo a mantener la calma y, como es lógico, no se puede mantener lo que no existe, por lo cual es forzoso concluir que la alteración de la paz interior de la República, según lo expuesto por el Alto Mando Militar, o no se dio o no fue responsabilidad de los imputados”.

Ahora bien, el mismo General Lucas Rincón, en la interpelación parlamentaria que le hizo la Comisión Especial designada por la Asamblea Nacional para investigar los sucesos de abril, el 04–05–02, explicó la situación de la manera siguiente:

> “Entonces le manifesté: mire Presidente, yo me voy a permitir hacer un anuncio acerca de la solicitud que le está haciendo el personal de oficiales generales, almirantes insurgentes para evitar un enfrentamiento entre nosotros y un posible enfrentamiento entre la población y por supuesto, insisto en esto, evitar un derramamiento de sangre”[81].

Posteriormente, ante una pregunta del Diputado Alfonso Marquina, dio la siguiente respuesta:

> “Cuando yo anuncié lo de la renuncia, porque esa era la información que yo tenía en ese momento, por supuesto que el Alto Mando y mi persona, el Alto Mando de ese entonces, pusimos el cargo a la orden ¿Por qué? Porque es obvio que quien está siendo interpelado en el día de hoy, no iba a trabajar con un gobierno de facto”[82].

Luego, ante una pregunta de la diputada Vestalia Araujo, dio la siguiente respuesta:

> “Cuando el Presidente me dice eso (que el Presidente había aceptado que estos señores le estaban solicitando la renuncia y que habían aceptado unas garantías y consideraciones que el Presidente exigía), yo le dije, bueno entonces

---

80 *Cfr.* en Albor Rodríguez, (ed), *Verdades, Mentiras y Videos... op. cit.*, pp. 13 y 14

81 *Idem*, p. 9

82 *Ibidem*, p. 10

nosotros también ponemos el cargo a la orden. ¿A quién? Bueno, de las nuevas autoridades que iban a existir, no se quienes iban a existir, pero al final aquí como que no hubo, no se pusieron de acuerdo".

El General Rincón, en esa misma interpelación, ante la pregunta de si consideraba "que la situación del país el 11 de abril era de una total ingobernabilidad" respondió:

> "En la medida que fueron sucediéndose los acontecimientos, pues la situación se fue poniendo bastante difícil, indiscutiblemente que es así, sobre todo ya en altas horas de la noche y comienzo de la madrugada".

Agregó, además, el General Rincón que no se pudo comunicar con el Vicepresidente Ejecutivo Diosdado Cabello. El general Vásquez Velasco también declaró ante la Comisión Especial de la Asamblea Nacional que intentó ponerse en contacto con el Vicepresidente Diosdado Cabello, y no lo localizó pues "él mismo ha dicho aquí que no estaba"[83].

Todo lo anterior ocurría en Fuerte Tiuna, que era la sede del Alto Mando Militar y de la Comandancia del Ejército. El General Rincón, en la interpelación que le hizo la Comisión Especial de la Asamblea Nacional, diría que: "La situación no era fácil: cierre de alcabalas, cierre de la Avenida Los Ilustres, la Carlota tomada, informes de la Armada y el pronunciamiento de generales y almirantes..."

Sobre la anunciada renuncia del Presidente de la República, el General Rincón agregó en esa interpelación, al destacar la actitud de insubordinación militar y el desconocimiento de su condición de General en Jefe, que llamó al Presidente:

> "Eso era para ver si se tranquilizaba la situación. El Presidente me dijo que estudiaría esa solicitud siempre y cuando estuviera apegada a la Constitución y se cumplieran ciertas garantías. Después volví a llamar. La situación está peor. Los oficiales me manoteaban y me preguntaban ¿cuándo va a hablar? Entonces le dije que me tomaría la libertad de anunciar la solicitud... En ese momento, los golpistas habían aceptado las condiciones de Chávez. Me permití redactar a mano el texto que anuncié con toda responsabilidad para evitar enfrentamiento... Fue un planteamiento moral. Posteriormente a mi conversación, los golpistas negaron las condiciones y el señor Presidente se negó a renunciar"[84].

Agregó, finalmente, que "Estoy convencido de que fui factor fundamental para evitar el derramamiento de sangre y a lo mejor, una guerra civil".

Sobre la situación referida por el General Rincón, el General Baduel, uno de los oficiales que aseguró el regreso del Presidente Chávez a la Presidencia de la República el día 15 de abril de 2002, señaló:

---

83 Véase en *El Nacional,* 18–05–02, p. D–1.

84 Véase en Albor Rodríguez, (ed) *Verdades, Mentiras y Videos, op. cit.,* p. 10. Sobre el anuncio público de la renuncia del Presidente de la República como "planteamiento moral", véase la reseña de la interpelación al General Lucas Rincón, en *El Nacional,* 05–05–02, p. 18. La información de la renuncia presidencial la hizo el General Lucas Rincón, también a los generales de la Fuerza Armada; así lo señaló el Vicealmirante H. Ramírez Pérez, al indicar que el General Lucas Rincón les dijo "Nosotros los del Alto Mando vamos a renunciar y ya el Presidente va a renunciar, *El Nacional,* 05–05–02, p. H–7.

"Más tarde, ya en la madrugada, al Presidente se lo llevan a Fuerte Tiuna... Allí es cuando mi General Rincón sale diciendo que había renunciado. Estábamos ya en la madrugada del 12. Varias veces intenté hablar de nuevo con el Presidente y no lo logré. Fue cuando me di cuenta de que estaba incomunicado y de que algo raro estaba ocurriendo. Yo no se qué razones habría tenido el General en Jefe para formular ese anuncio. Pero entiendo que era un momento de mucha confusión. En todo caso, son los órganos jurisdiccionales los que determinarán si procedió de mala fe o si su actitud fue producto de toda esa confusión"[85].

Días después aparecerían publicados en *El Nacional,* sendas copias facsimilares, primero de un borrador de documento fechado el sábado 13 de abril de 2002 supuestamente redactado por el Presidente de la República y sin firma, en el cual señalaba que "consciente de que he sido depuesto de la Presidencia de la República declaro que abandono el cargo" y "declaro que he removido de su cargo ante la evidencia de los acontecimientos, al Vicepresidente Ejecutivo Ing. Diosdado Cabello"; y segundo, de un texto dirigido "al pueblo venezolano (o a quien pueda interesar), indicando que "No he renunciado al Poder Legítimo que el pueblo me dio", con fecha 13 de abril de 2002, a las 14:45 p.m., debidamente firmado[86].

En todo caso, el propio General en Jefe Lucas Rincón, en la interpelación parlamentaria que se le hizo, afirmó que él mismo sólo supo que el Presidente de la República no había renunciado, casi dos días después de que el había anunciado dicha renuncia al país; "al día siguiente, ya en la noche", es decir, en la noche del día 13 de abril de 2002. Dijo "Posteriormente a mi conversación, los oficiales golpistas negaron al Presidente las exigencias anteriormente aceptadas por ellos mismos, por lo tanto el señor Presidente no aceptó. Por supuesto que esto que estoy afirmando en este momento, lo supe yo al día siguiente, ya en la noche".

Si el General en Jefe, Jefe del Alto Mando Militar, pasó casi dos días convencido de que el Presidente Chávez había renunciado, después que él mismo había hecho el anuncio al país, nada distinto podía esperarse que pensaran el resto de los venezolanos y el mundo.

La alternativa que planteó el General Baduel respecto del anuncio que había hecho el General Rincón de la renuncia del Presidente de la República, entre si era producto "de mala fe" o "de toda esa confusión" podría, incluso, no ser exacta; sino según las propias expresiones del General Rincón, producto del convencimiento de que la renuncia efectivamente se había producido y que había sido aceptada por el Presidente, a quien se le habían aceptado sus condiciones.

Ese convencimiento, formulado además, como un "planteamiento moral" como él mismo lo calificó, convenció al país, y a sus ciudadanos. Y no podría ser de otro modo. No puede pretenderse que el anuncio público por televisión de un funcionario de tan elevado rango dentro del Estado y con el más elevado rango dentro de la Fuerza Armada, formulado en medio de una tremenda crisis de gobernabilidad, no tuviera efectos en esa misma madrugada. No podía sino ser creíble.

---

85 Véase entrevista con la periodista Argelia Ríos, *El Universal,* 06–05–02, p. 1–8.

86 Véase en *El Nacional,* 18–04–02, p. D–1

De lo anterior resulta, por tanto, que en la madrugada del 12 de abril de 2002, el país se produjo una crisis constitucional de gobierno provocada por el antes indicado anuncio público televisado que hizo el General Lucas Rincón, Jefe del Alto Mando Militar, acompañado por sus integrantes, de que "ante los lamentables acontecimientos sucedidos en la ciudad capital...se solicitó al Señor Presidente de la República la renuncia a su cargo, la cual aceptó" y de que "los miembros del Alto Mando Militar ponemos a partir de ese momento nuestros cargos a la orden, los cuales entregaremos a los oficiales que sean designados por las nuevas autoridades".

Por ello, el General Belisario Landis, Comandante de la Guardia Nacional dijo: "La noche del 11 de abril, el General Rincón nos ordenó que colocáramos nuestros cargos a la orden" [87]; y sobre el sentido del anuncio del General Lucas Rincón en el ámbito militar, el General Efraín Vásquez Velasco, señaló "La renuncia del Presidente para el ámbito militar no es lo mismo que para el ámbito civil. Esa es una orden y tiene que cumplirse"[88].

Como lo dijo el Tribunal Supremo de Justicia en Sala Plena Accidental en la citada sentencia del 14 de agosto de 2002:

> "Una vez que se anunció por el General en Jefe la renuncia del presidente y del Alto Mando Militar, todo el País tenía el derecho y la obligación de creer, tal como sucedió con la OEA, que en Venezuela existía crisis en el poder ejecutivo por carencia de titular de la Presidencia".

El Tribunal Supremo, además en su sentencia señaló lo siguiente:

> "Por lo que respecta a que uno de los imputados apareció como ministro de la Defensa se observa que si el general en Jefe anunció que el Alto Mando Militar pondría sus cargos a la orden de las nuevas autoridades, eso se traducía, necesariamente, en el reconocimiento de esas nuevas autoridades y por tal razón es imposible reprochar a quien creyó actuar en el mismo sentido de sus superiores, amén de que en ningún momento se demostró la aceptación del cargo".

El anuncio del General en Jefe Lucas Rincón, por tanto, produjo, sin duda, consecuencias jurídicas constitucionales y políticas graves,[89] pues con el mismo se le dijo al país y al mundo entero, simplemente que en Venezuela no había gobierno, es decir, no había Poder Ejecutivo y que, incluso habría unas nuevas autoridades[90].

---

87 Véase en *El Nacional*, 18–04–02, p. D–6.

88 Véase en *El Universal*, 18–05–02, p. 1–4. *Cfr.* en Albor Rodríguez (ed) *Verdades, Mentiras y Videos, op. cit.*, p. 12. En igual sentido se refirió la esposa del general, Gladis de Vásquez, señalando "El pronunciamiento lo hizo el General en Jefe Lucas Rincón. Si los civiles aceptamos el anuncio de renuncia de boca del Inspector, imagínate para un militar que su General en Jefe diga que renunció. Eso se convierte en una orden y a partir de allí ellos tienen que actuar en base a lo que dijo el General Lucas", *El Universal*, 18–06–02, p. 1–8.

89 Véase lo que expusimos sobre la crisis de gobierno que se originó en *El Universal*, 18–05–02, p. D–4.

90 Incluso, el Ministro de la Defensa, José Vicente Rangel comentó el mismo día 12–04–02, sobre el tema de la ruptura del hilo constitucional, que habría "*un nuevo gobierno*"; dijo no saber donde estaba el Vicepresidente Ejecutivo e indicó que "no hemos presentado renuncia puesto que a nosotros nos reemplazan", *El Nacional*, 13–04–02, p. D–9. El Tribunal Supremo de Justicia en Sala Plena Accidental en sen-

En efecto, desde el punto de vista constitucional, la renuncia de un Presidente de la República constituye una falta absoluta, y la misma, conforme al artículo 233 de la Constitución, la suple temporalmente el Vicepresidente Ejecutivo. El General Lucas Rincón, al anunciar la renuncia del Presidente, no le indicó al país como lo mandaba la Constitución, que en consecuencia el Vicepresidente Ejecutivo Diosdado Cabello, había quedado en ejercicio del Poder Ejecutivo, lo que hubiera implicado que el Alto Mando Militar habría permanecido inalterado. Al contrario, afirmó que sus integrantes ponían sus cargos a la orden de "nuevas autoridades", lo que implicaba, jurídicamente, también el anuncio de que en Venezuela no había nadie en ejercicio del Poder Ejecutivo, y que supuestamente habría "nuevas autoridades".

La Constitución de 1999 no regula una solución jurídica en los casos en los cuales se produce falta absoluta que involucre a la vez al Presidente y del Vicepresidente, en el sentido de que no establece quién asume, en ese caso, el Poder Ejecutivo. Al contrario, en la Constitución de 1961 si se regulaban los supuestos de sucesión presidencial transitoria, al disponer que en caso de falta absoluta del Presidente, mientras el Congreso elegía un nuevo Presidente, se encargaba de la Presidencia el Presidente del Congreso, a falta de éste, el Vicepresidente del mismo (Presidente de la Cámara de Diputados) y, en su defecto, el Presidente de la Corte Suprema de Justicia (art. 187). Esta sucesión no se reguló en la Constitución de 1999.

Con el anuncio al país y al mundo entero hecho por el General Lucas Rincón, por tanto, en Venezuela se produjo una crisis de gobierno que la Constitución no resolvía[91]. Además, no había ninguna razón para que alguien pudiera poner en duda el anuncio de la renuncia del Presidente y de la propia renuncia del Alto Mando Militar, y de que habría "nuevas autoridades". El anuncio, se insiste, no lo hizo cualquier ciudadano ni cualquier funcionario; lo hizo el más alto General de la

---

tencia de 14–08–02, al reseñar está entrevista hecha a Rangel, en la cual no contestó las preguntas de la periodista Gioconda Scoto sobre si había habido o no golpe de estado, dejó sentado lo siguiente: "Llama la atención a la Sala que el entonces Ministro de la Defensa no haya sido tajante al calificar los acontecimientos que se acababan de producir y más bien prefirió decir que se trataba de un problema semántico y que dijo no ser poder para reconocer a alguien, ¡precisamente el Ministro de la Defensa!"

91 La ex Magistrada de la Corte Suprema de Justicia, Hildegard Rondón de Sansó expresó, sobre la crisis de gobierno que se produjo el 12–04–02, que la ruptura del hilo constitucional se produjo "no por razones de fuerza, sino por las imprecisiones de la Carta Magna frente a la forma de suplir la falta absoluta derivada de la renuncia tanto del Presidente como del Vicepresidente Ejecutivo de la República. El vacío de la Constitución se cubriría a través de decretos leyes de *facto*, de modo que el nuevo régimen busque y encuentre su propia juridicidad", *El Nacional*, 13–04–02, p. D–10. El Dr. René Buroz Arismendi, abogado de los oficiales generales y almirantes a quienes se le siguió un antejuicio de mérito en el Tribunal Supremo, expresó su criterio sobre los efectos del anuncio del General Rincón: "El vacío de poder se generó cuando el General Lucas Rincón en presencia del Alto Mando militar afirmó que el Presidente había renunciado junto a su gabinete. En ese momento no había visiblemente ninguna autoridad que asumiera el cargo de Presidente", *El Universal*, 11–07–02, p. 1–8. Como lo afirmó el periodista Cleodobaldo Hernández, "la confirmación oficial (de la renuncia) se produjo con la alocución de Lucas Rincón" , *El Universal*, 20–04–02, p. 1–2. Por ello, lo afirmado por Pedro Carmona: "acepté la Presidencia porque Lucas Rincón proclamó la renuncia de Chávez", en entrevista con Milagros Socorro, *El Nacional*, 18–04–02, p. E–1.

República con el más alto rango en la jerarquía militar, que había sido designado, además, por el propio Presidente de la República cuya renuncia anunciaba.

Como lo dijo con extrema claridad el Tribunal Supremo de Justicia en Sala Plena Accidental en su citada sentencia de 14 de agosto de 2002, (Caso: Antejuicio de mérito a oficiales de la Fuerza Armada Nacional), a partir del momento en el cual el General en Jefe Lucas Rincón, leyó su comunicado, como antes se indicó, "... todo el país tenía el derecho y la obligación de considerar como cierta tal afirmación al punto de que inclusive rebasó las fronteras de nuestro país", agregando que:

> "A partir de ese momento, todos los ciudadanos del país tenían el derecho y, más aún, la obligación de considerar como cierta tal afirmación al punto de que inclusive rebasó las fronteras de nuestro país..."

Por otra parte, debe destacarse que en esos momentos de crisis no hubo, además, ningún pronunciamiento oficial de los otros Poderes Públicos, particularmente del Tribunal Supremo de Justicia o de su Sala Constitucional, la cual era la única que podía dar una interpelación constitucional que llenara el vacío normativo de la Constitución. El Tribunal Supremo sólo se pronunció en la reunión que tuvieron sus Magistrados el día 12 de abril de 2002, condenando a los graves acontecimientos ocurridos en el país que motivaron los pronunciamientos militares, pero nada decidió en aras a restablecer la continuidad constitucional. Al contrario, el Presidente de dicho Tribunal, Iván Rincón, más bien lo que hizo fue renunciar a su cargo para facilitar la labor del nuevo gobierno[92].

---

92 El periodista Edgar López reseñó la renuncia de Iván Rincón a su cargo de Presidente del Tribunal Supremo de Justicia, con ocasión de la reunión del Tribunal el día 12–04–02 en horas del mediodía, antes de la instalación del llamado gobierno de transición. Señaló que Iván Rincón renunció en estos términos: "A objeto de facilitar la transitoriedad, la continuidad de las instituciones y el respeto al Estado de derecho y la seguridad jurídica, pongo a la orden el cargo de Magistrado de la Sala Constitucional y Presidente del Tribunal Supremo de Justicia", *El Nacional,* 2002, p. D–6. La ex Presidenta de la Corte Suprema de Justicia, Cecilia Sosa, sobre la renuncia del Presidente del Tribunal Supremo de Justicia señaló que ello "hizo que el Tribunal Supremo de Justicia en pleno mantuviera un silencio cómplice con respecto a los hechos del 11 de abril de 2002", *El Universal,* 03–05–02, p. 1–9; agregando que el Presidente del Tribunal Supremo: "era el garante, el que debía evitar que nadie violara la Constitución, pero no lo hizo. El debía alertar a todos los venezolanos sobre la ruptura del hilo democrático, pero no lo hizo. Tenemos a la cabeza del Poder Judicial a un hombre que violó su juramento de cumplir y hacer cumplir las leyes. Tenemos al frente del TSJ a un presidente indigno de su cargo. No tiene condiciones morales ni éticas. Ese señor no puede dictar más sentencias en este tribunal y mucho menos puede juzgar a los generales y almirantes que estarían implicados en la transitoriedad a la que él se plegó". La ex–Magistrado Sosa acudió al Tribunal Supremo de Justicia a requerir se le "aceptara" la renuncia al Presidente del mismo, y cuando fue consultada sobre por qué sólo requirió la renuncia a Rincón, respondió: "El fue el único que nos puso la renuncia por escrito, así que yo espero que los demás magistrados también le acepten esa renuncia (*El Universal,* 03–05–02, p. 1–9). Es decir, ni el Tribunal Supremo ni su Presidente se pronunciaron en forma alguna sobre la crisis de gobierno que existía, originada por el anuncio de la renuncia del Presidente de la República". La Magistrado Blanca Rosa Mármol de León, en cambio, "denunció la posición genuflexa del máximo Tribunal ante el entonces Presidente H. Chávez. Lamentó que el Tribunal Supremo de Justicia no hubiera condenado de manera específica los delitos cometidos en los alrededores de Miraflores. Véase la reseña del periodista Edgar López. *El Nacional,* 2002, p. D–6. En otra reseña periodística de Edgar López, se ponen en evidencia las mutuas acusaciones y recusaciones entre sí, de los Magistrados del Tribunal Supremo, particularmente entre su Presidente Rincón y el Vicepresidente Arriechi, en relación con la actitud asumida por los Magistrados el 12 de abril de 2002. Se menciona el acta de la reunión del Tribunal Supremo del 12 de abril y la decisión de

En todo caso, frente al anuncio de la renuncia del Presidente de la República, los ciudadanos debían tener confianza legítima en lo que había dicho el Jefe del Alto Mando Militar. Como lo ha decidido, incluso, el Tribunal Supremo de Justicia al desarrollar el principio de la confianza legítima,

> "Dicha confianza se basa en signos externos producidos por la Administración lo suficientemente concluyentes para que induzcan racionalmente (al ciudadano) a confiar en la apariencia de legalidad de una actuación administrativa concreta, moviendo su voluntad a realizar determinados actos... que después no concuerdan con las verdaderas consecuencias de los actos que realmente y en definitiva son producidos con posterioridad por la Administración"[93].

Precisamente por ello, luego de anunciar la renuncia del Jefe del Estado, por esa confianza legítima que deben tener los ciudadanos en lo expresado por tan alto funcionario militar, éste no podría en ningún caso excusarse jurídicamente[94]. Nadie puede alegar su propia torpeza, dice un viejo principio del derecho romano, o como sucede con la figura del "estoppel" en el ámbito del derecho internacional, cuando un funcionario con sus palabras o con su conducta, produce voluntariamente a otra persona la creencia de la existencia de un determinado estado de cosas y la induce a actuar de manera que altere su previa posición jurídica, el primero no puede alegar frente a la segunda que en realidad existía un estado de cosas diferente.

"los Magistrados de continuar en sus cargos", *El Nacional,* 15–06–02, p. D–1; *El Universal,* 04–07–02, p. 1–8. Confróntese con la información contenida en los reportajes de los periodistas Irma Álvarez, *El Universal,* Caracas, 23–06–02, p. 1–9; y 08–07–02, p. 1–8; y Alejandra Hernández, *El Universal,* 14–06–02, p. 1–4. Véase además las informaciones en *El Nacional,* 19–06–02, p. D–1; 27–06–02, p. D–1; *El Universal,* 19–06–02, p. 1–10; 04–07–02, p. 1–8; 05–07–02, p. 1–7.

93 Sentencia N° 098 de 01–08–2001. En dicha sentencia se sigue el criterio del Tribunal Supremo de España en sentencia del 08–06–89. Sobre este tema, en otra sentencia del tribunal Supremo de España de fecha 1 de febrero de 1990, citada en la conferencia sobre "El Principio de la Confianza Legítima en el Derecho Venezolano" de la entonces Magistrado de la Sala Político Administrativa de la Corte Suprema de Justicia, Hildegard Rondón de Sansó en las *III Jornadas Internacionales de Derecho Administrativo "Allan Randolph Brewer–Carías"* en 1998, se estableció lo siguiente: "En el conflicto que suscita entre la legalidad de la actuación administrativa y la seguridad jurídica derivada de la misma, *tiene primacía ésta última* por aplicación de un principio, que aunque no extraño a los que informan nuestro ordenamiento jurídico, ya ha sido recogido implícitamente, por esta Sala, que ahora enjuicia, en su Sentencia de 28 de febrero de 1989 (R. 1458) y reproducida después en su última de 1990, y cuyo principio si bien fue acuñado en el ordenamiento jurídico de la República Federal de Alemania, ha sido asumido por la jurisprudencia del Tribunal de Justicia de las Comunidades Europeas de las que forma parte España, y que consiste en el "principio de protección de la confianza legítima" que ha de ser aplicado, no tan sólo cuando se produzca cualquier tipo de convicción psicológica en el particular beneficiado, *sino más bien cuando se base en signos externos producidos por la Administración lo suficientemente concluyentes para que le induzcan razonablemente a confiar en la legalidad de la actuación administrativa,* unido a que, dada la ponderación de los intereses en juego –interés individual e interés general– la revocación o la dejación sin efectos del acto, hace crecer en el patrimonio del beneficiado que confió razonablemente en dicha situación administrativa unos perjuicios que no tiene por qué soportar derivados de unos gastos o inversiones...".

94 Véase estos planteamientos sobre la crisis de gobierno y la confianza legítima en *El Nacional,* 16–05–02, p. D–4.

En efecto, en las relaciones entre Estados, cuando un Estado, por sus declaraciones, sus actos o sus comportamientos manifestados a través de sus funcionarios, ha llevado a otro Estado a creer en la existencia de un cierto estado de cosas con base en cuya creencia le ha incitado a actuar o a abstenerse de actuar, de tal modo que de ello ha resultado una modificación de sus posiciones respectivas, el primero no puede, por "estoppel", establecer frente al segundo un estado de cosas diferentes del que ha representado anteriormente como existente. Por ello, en el ámbito internacional tan efectos jurídicos produjo la anunciada renuncia del Presidente Chávez por el Jefe de su Alto Mando Militar que, conforme lo indicó el Secretario General de la OEA, en su Informe del 18 de abril de 2002:

> "El Grupo de Río consideró la renuncia del Presidente Chávez como un hecho cumplido, así como también la destitución del vicepresidente y de su gabinete, por lo cual no se solicitó su restitución como parte de las acciones necesarias para defender el orden constitucional".

Es decir, incluso en el ámbito internacional los Presidentes representantes de los Estados americanos del Grupo de Río, que en esas mismas fechas 11 y 12 de abril estaban reunidos en San José, Costa Rica, consideraron la renuncia del Presidente *como un hecho cumplido*, por lo que no podría, en forma alguna el Estado venezolano, reclamar a los Estados que consideraron como un hecho cumplido la renuncia del Presidente de la República, por causa del anuncio del Jefe del Alto Mando Militar[95].

Por otra parte, no podría alegarse que habría habido una equivocación en la expresión utilizada por el Jefe del Alto Mando Militar, pues la inducción a errar resultaría la misma. Y menos aún podría afirmarse que, en realidad, no habría habido renuncia del Presidente sino un supuesto "abandono del cargo", como lo sugirió el propio Presidente de la República, pues ello podría implicar la imputación al propio Presidente de un delito que castiga el Código Penal (abandono del cargo de funcionarios públicos) (art. 209).

El Presidente de la República, en la Rueda de Prensa que dio al reasumir la Presidencia, el día 15 de abril de 2002, ante los corresponsales extranjeros, dio la siguiente versión de su anunciada renuncia:

> "Vamos a ver qué es lo que quiere este grupo de generales. Comenzamos a pedirles información y entonces mandaron redactada la renuncia para que yo la firmara. Un fax. La leo. Buscamos la Constitución y es cuando digo el artículo 233, creo que es, si mal no recuerdo, si aquí está ¿ve?: 'Serán faltas absolutas del Presidente de la República su muerte, su renuncia o su destitución decretada por sentencia del Tribunal Supremo de Justicia'. Yo les respondo con una serie de condiciones. El abandono –y aquí entonces me empecé a fijar mucho–, al

95 Por ello, sin duda, el Presidente de El Salvador, Sr. Flores, justificó el voto de confianza que dio al gobierno provisional señalando que "la información que nosotros teníamos es que el Presidente Chávez había renunciado. Habiendo renunciado el Presidente Chávez había que darle un voto de confianza al nuevo". *El Nacional,* 18–04–02, p. A–3. Véase sobre el tema de la renuncia del Presidente Chávez y su repercusión en el ámbito interamericano, Humberto de la Calle, *El día que Chávez renunció. El golpe en la intimidad de la OEA*, Ediciones B, Bogotá 2008.

'abandono del cargo, declarado como tal por la Asamblea Nacional, así como la revocación popular de su mandato'... Entonces comenzamos nosotros a discutir dos posibilidades: una renuncia o abandono del cargo. Entonces le digo a William Lara: 'Me gusta más abandono del cargo, porque tiene que ser ratificado por la Asamblea Nacional'. Claro, aún yo aceptando mi sacrificio, pero cuidando la Constitución y se lo dije a todo ese grupo de militares que estaban allá reunidos: 'Miren, yo estoy dispuesto a irme si la situación llegó a este extremo, sí, pero exijo que se respete la Constitución'.

Ellos habían respondido que sí, que estaba bien, que iban a asumir que abandoné el cargo. Le dije a William Lara: 'Vayan preparándose en la Asamblea Nacional, llámate a los partidos de oposición y al MVR para que busquen una figura de consenso y no se rompa el hilo constitucional. Sólo en esas condiciones yo estoy dispuesto a irme', y entonces Lucas me llama desde allá, y me pregunta: 'Mire Presidente, están esperando que usted responda, que firme el papel o cuál es su respuesta'.

He aceptado abandonar el cargo, pero si se cumplen las condiciones que estoy exigiendo. ¿Cuáles son?: el respeto a la vida y la integridad física y los derechos humanos de todos los que me acompañaron en este gobierno; de todos mis soldados y oficiales que aquí están leales conmigo y, en última instancia, la de mi familia y de mí mismo. Puse la condición de que tiene que ser firmado con garantes, y empecé a llamar a la Iglesia, embajadores, etc.

Yo estaba dispuesto, ante la contundencia de los hechos que amenazaban con ser más graves y sangrientos, a abandonar el cargo, pero estaba agarrado a la Constitución. Pero, por supuesto, yo jamás tuve la intención de renunciar a mi cargo por presiones. Sólo pensé en abandonar el cargo, y en La Orchila, antenoche, también llegó una comisión en la que estaba el cardenal Ignacio Velasco. Él es testigo excepcional de todo esto, así como un señor general, un general que es fiscal y un coronel que era del equipo. Pusieron un avión allá en La Orchila y me dijeron, 'Bueno, Presidente, aquí está la renuncia. Estaban tratando de enderezar las cosas, yo no sabía lo que aquí estaba pasando en verdad, nada, estaba totalmente incomunicado, pues, y entonces yo digo: 'Mira, cómo me vas a pedir que yo firme un decreto con fecha atrasada', porque me llevaron un decreto como si yo fuera un niño con fecha de 11 de abril. Dije: 'No, yo no voy a firmar esto'. Primero, porque no voy a renunciar; segundo, porque el decreto tiene fecha atrasada; tercero, no estoy informado para nada de lo que está ocurriendo allá; cuarto, hay una serie de condiciones que yo pondría, y ustedes saben cuáles".[96]

Sobre la supuesta confusión entre "renuncia" y "abandono del cargo" por parte del General Lucas Rincón que mencionó el Presidente Chávez el 15–04–02 al recuperar el ejercicio de la Presidencia[97], el Coronel Rodríguez Salas, quien dijo haber elaborado el decreto de la renuncia del Presidente, y habérselo llevado y negociado con él, señaló:

---

96 Véase en *El Nacional,* 18–04–02, p. D–1.

97 Véase en *Tal cual,* 16–04–02, p. 13.

"El General Rincón no confundió abandono del cargo con renuncia, es que en ese momento era renuncia y no abandono lo que Chávez había aceptado. Jamás se habló de abandono del cargo allí cuando Lucas entrega el mando". El Coronel Rodríguez también indicó que fue el 13–04–02 cuando Chávez le propuso lo de abandono del cargo"[98].

El General Néstor González, quien había sido uno de los generales que se había pronunciado públicamente contra la autoridad del Presidente de la República el 10–04–02[99] en relación con esta versión de los hechos dada por el Presidente en la interpelación que le hizo la Comisión Especial de la Asamblea Nacional sobre los hechos de abril, el día 14–05–02, señaló lo siguiente, según lo reseñó la periodista Cenovia Casas:

> "González González también se refirió a la renuncia del primer mandatario y al vacío de poder que hubo por su decisión. Señaló que Chávez se dirigió directa y voluntariamente a la Comandancia General del Ejército, donde manifestó como única condición que le garantizaran su seguridad física y le permitieran irse a Cuba en compañía de algunos miembros de su familia y colaboradores. "Es importante entender que Chávez pretendía abandonar al país, a sus seguidores y dejar una estela de muertos que con sólo escuchar la recomendación del general de división Rosendo y de Rojas Pérez se hubiese evitado", explicó.
>
> Afirmó que no es veraz la narración de los hechos que hizo el Presidente al pueblo venezolano y a la comunidad internacional: "Él nunca fue hecho preso por ningún profesional militar. Se presentó directamente a la Comandancia General del Ejército, solicitó que lo dejarán irse a Cuba en repetidas oportunidades y pidió perdón por no haber podido cumplirle a todos los venezolanos. Dijo que su salida aliviaría la crisis, con lo cual trató de dejar a la Nación envuelta en un caos y con decenas de muertos".
>
> Según González González, esa fue su única condición y no que su salida se apegase a la Constitución, tal y como lo manifestó en el Parlamento Rincón Romero.
>
> Ante los hechos de sangre ocurridos, el Alto Mando decidió dejarlo en el país por razones éticas y legales, y no políticas. Expresó que Chávez quedó en custodia, a la orden la FAN, para que respondiera por los sucesos"[100].

---

98 Véase en *El Nacional,* 19–04–02, p. D–1.

99 Véase *El Nacional,* 11–04–02, p. D–1

100 Véase en *El Nacional,* 15–05–02, p. D–1. En la interpelación que la Comisión Especial de la Asamblea Nacional le hizo al General Néstor González González, este expresó lo siguiente: "El presidente Chávez no es veraz en cuanto a su narración de los hechos al pueblo venezolano y a la comunidad internacional. El nunca fue hecho preso por ningún profesional militar para conducirlo a la Comandancia General del Ejército; él se presentó directamente a la Comandancia, él pidió que lo dejasen ir a Cuba en repetidas oportunidades, y pidió perdón por no haber podido cumplir con todos los venezolanos, y (dijo) que su salida aliviaría la crisis que vivíamos. Trató así de dejar a la Nación envuelta en un caos y con decenas de muertos, esa fue su única condición, no que su salida se apegase a la Constitución, tal como él quiere hacer creer o como lo ha manifestado abiertamente el general Lucas Rincón Romero en esta misma sala; su objetivo era Cuba. El Alto Mando en ejercicio acepta la renuncia del Presidente, pero delibera en

Un testigo de excepción de la posición del Presidente Chávez respecto de su renuncia, fue Monseñor Baltasar Porras, Presidente de la Conferencia Episcopal quien fue llamado por el propio Presidente, para que le sirviera de garantía de su integridad. El Tribunal Supremo de Justicia en Sala Plena Accidental en sentencia de 14 de agosto de 2002, (Caso: Antejuicio de mérito a los oficiales de la Fuerza Armada Nacional), citó el acta de entrevista a Monseñor Porras con Fiscales ante el Tribunal Supremo, en la sede de la Conferencia Episcopal, el 05–05–02 en la cual manifestó:

> "[...] Me llamó el Ministro Rodríguez Chacín y me pasó al Presidente, quien me preguntó si yo estaba dispuesto a garantizarle la vida a él, sus familiares, a los civiles y militares que se encontraban en el Palacio de Miraflores, porque él había decidido abandonar la Presidencia y además dijo el Presidente que esta decisión la había tomado luego de consultar con sus asesores y a las nueve de la noche los reunió para comunicarles su decisión y que por tal motivo requería mi presencia para que le garantizara la vida y lo acompañara hasta la escalerilla del avión que lo conduciría al exterior del país".

Además, Monseñor Porras en entrevista con la periodista Cenovia Casas, señaló que el Presidente había dicho:

> "Les dije que yo destituía a Diosdado (Diosdado Cabello, el Vicepresidente) porque sé que no podía quedar al frente, porque no sería aceptado por todos, y para facilitarles el camino les propuse que pusieran allí (en el documento de renuncia) la destitución de Diosdado y de todo el gabinete y mi renuncia".

Monseñor Porras indicó, además, que el Presidente le expresó a los generales su condición de salir del país, en estos términos: "Pienso que son menos problemas para ustedes si me dejan ir del país, y que seré mayor problema para ustedes, si permanezco en el país"[101].

Sobre estos hechos, en el escrito presentado por el Fiscal General de la República solicitando antejuicio de mérito por el delito de rebelión militar a varios generales por los sucesos del 12 de abril de 2002, se reseña la versión dada por el Presidente Chávez sobre su renuncia ante los fiscales del Ministerio Público, así:

> "Lucas –el Inspector General de la Fuerza Armada Nacional, General de División del Ejército Lucas Rincón Romero, actualmente, ministro de la Defensa– me llama por teléfono y me dice: Mire Presidente, aquí, bueno, me están presionando. Aquí todos estos oficiales están alzados. Aquí está el Alto Mando Militar que se mantiene con usted, a excepción del general Vásquez Velazco. Entonces él me pregunta: ¿A usted por fin le llegó el decreto? Sí, lo

cuanto a su salida del país en función de los hechos de sangre ocurridos durante el día y la posible responsabilidad directa del Presidente en la situación política, social, económica y militar el país (...) El Alto Mando en ejercicio decide dejarlo en el país en términos éticos y legales y no con visión política, por cuanto considera que han ocurrido hechos de sangre graves, por lo cual el Presidente queda en calidad de custodia a la orden de la Fuerza Armada Nacional". Véase en Albor Rodríguez (ed), *Verdades, Mentiras y Videos, op. cit.*, p. 13.

101 Véase en *El Nacional,* 20–04–02, p. D–1.

tengo aquí, le dije. Pero usted acepta entonces la renuncia. Que me están presionando para que nosotros también renunciemos (...) Yo le digo a Lucas: Bueno, si en el marco de las condiciones que han aceptado, en el marco de esas condiciones, yo acepto la renuncia (...) diles allá, Lucas, que para evitar enfrentamientos y pasar a una situación más grave, yo, en el marco de esas condiciones que ellos ya conocen, yo acepto esa renuncia. Bueno, luego sale él, que seguía bajo presión; sale el Alto Mando Militar y dijo lo que dijo: El Presidente ha aceptado la renuncia".

De acuerdo con el comentario del periodista Edgar López en el diario *El Nacional,* donde se refiere al documento del Fiscal General de la República:

> "El registro textual de la declaración de Chávez ante los representantes del Ministerio Público permite identificar que una de las condiciones exigidas por el Presidente de la República era que le permitieran salir del país. Sin embargo, también exigía que se acelerara un acuerdo político para asegurar el más inmediato retorno a la normalidad institucional, habida cuenta de que los oficiales alzados rechazaban la posibilidad de que el vicepresidente Diosdado Cabello lo sustituyera: "Yo no puedo irme del país así como si nada, tengo una serie de condiciones...", habría insistido Chávez en cuanto a su eventual renuncia al cargo.
>
> Según el relato, cuando el mandatario se encontraba detenido en Fuerte Tiuna se le volvió a conminar para que renunciara, esta vez con mayor contundencia: "... entonces tomó la palabra un general de la Guardia Nacional, no me acuerdo cómo se llama este hombre, uno de los generales de división de la Guardia Nacional. Entonces, él hace un razonamiento, Dice: Nosotros no podemos aceptar que él se vaya del país, porque cómo vamos a explicarle al pueblo después por permitirnos que se fuera un asesino o quien produjo todas estas muertes, todas estas cosas (...) tiene que ir preso por este genocidio, por toda esta sangre..."[102].

En todo caso, haya habido renuncia o abandono del cargo, el General en Jefe, Lucas Rincón, con su anuncio en nombre de todo el Alto Mando Militar, produjo política, constitucional y jurídicamente una crisis de gobierno, induciendo a los ciudadanos y al mundo entero a creer que el país carecía de órganos que ejercieran el Poder Ejecutivo. Ello, además, como se ha dicho, planteaba el grave problema constitucional derivado del vacío normativo de la Constitución que no resuelve expresamente la sucesión presidencial en caso de ausencia del Presidente y del Vicepresidente. Quien podía resolverlo era el Tribunal Supremo de Justicia, el cual se reunió el día 12 de abril en horas de mediodía, pero lejos de pronunciarse sobre los acontecimientos, lo único que se supo de su reunión fue que su Presidente del mismo había renunciado para facilitar la labor de las nuevas autoridades, es decir, en definitiva también reconocía que habría nuevas autoridades.

Pero los acontecimientos del 12 de abril de 2002 con motivo del anuncio del General en Jefe Lucas Rincón sobre la renuncia del Presidente de la República,

102 Véase en *El Nacional,* 29-05-02, p. D-1

también produjeron otra serie de consecuencias jurídicas. El Vicepresidente Ejecutivo se juramentó con posterioridad ante el Presidente de la Asamblea Nacional. Esa juramentación podría interpretarse como la confirmación de que se había producido una falta absoluta, por renuncia, del Presidente de la República[103]. Ese hecho, sin duda, produjo efectos jurídicos que se incorporaron al cuadro de confusión derivado de la crisis de gobierno mencionada.

Por otra parte, como antes señalamos, el mismo Presidente del Tribunal Supremo de Justicia decidió renunciar a su cargo para facilitar las labores de las "nuevas autoridades" anunciadas por el General en Jefe, Lucas Rincón. La renuncia de un funcionario pone fin a su relación funcionarial, por lo que una vez formulada, sobre todo cuando la misma no tiene que ser aceptada por otro funcionario como es el caso de los Magistrados del Tribunal Supremo, produce efectos inmediatos. Ello implica que luego de renunciar, el funcionario renunciante no podría volver a asumir su cargo, y lo que tendría sería sólo una acción para exigirle responsabilidad al funcionario que por el principio de la confianza legítima, lo indujo a tomar una decisión partiendo de una situación creada con el anuncio público.

Incluso, como se señaló, el Comandante General de la Guardia Nacional, Belisario Landis también renunció a su cargo. Así lo dijo en la interpelación que le hizo la Comisión Especial de la Asamblea Nacional que investigó los sucesos de abril de 2002:

> "No conozco los detalles de ese proceso de renuncia o no renuncia... En la noche del 11 de abril o en la madrugada del 12 de abril, el General Lucas Rincón informó al país que el Alto Mando había puesto sus cargos a la orden de las nuevas autoridades... Yo le cumplí a cabalidad las instrucciones al General Rincón y al otro día esa misma madrugada redacté mi renuncia...."

Como se puede apreciar, además del legítimo convencimiento de los ciudadanos de la veracidad de lo anunciado, muchas otras fueron las consecuencias jurídicas producidas por el anuncio del Jefe del Alto Mando Militar sobre la renuncia del Presidente de la República, sobre la propia renuncia de los integrantes del mismo y sobre que habría nuevas autoridades en el país[104]. Lo que es claro es que conforme

---

103 Sobre el efecto de la "juramentación" del Vicepresidente Diosdado Cabello, el abogado Tulio Álvarez señaló: "Chávez se separó del cargo en forma definitiva el 12 de abril. La prueba de su decisión está en boca del General Lucas Rincón y el Alto Mando. Como reconocimiento de tal acto, el Presidente de la Asamblea Nacional juramentó a Diosdado Cabello, como Jefe de Estado provisorio". Véase "¿Qué pasó con Diosdado?", *Así es la Noticia*, 03–05–02, p. 9.

104 Por ejemplo, debe destacarse la recusación que presentó el 09–07–02 el Fiscal General de la República, Isaías Rodríguez, en el antejuicio de mérito que se seguía contra varios oficiales generales y almirantes por el delito de rebelión militar, contra la Magistrada María Cristina Parra de la Sala de Casación Penal, por considerar el Fiscal General que la imparcialidad de dicha Magistrada quedaba comprometida por el hecho de que "el día 12 de abril del presente año, se encontraba presente en el acto de auto–juramentación como Presidente provisorio de la República, del ciudadano Pedro Carmona Estanga, el cual se llevó a cabo en el Palacio de Miraflores, y quien fue presentado por los oficiales objeto del antejuicio de mérito como Presidente de la Junta Provisional de gobierno en horas de la madrugada de ese mismo día". Ante tal recusación, en su respuesta, la Magistrada Parra de Rojas alegó que "decidí asistir a dicho acto luego de la declaración que diera a través de los medios de comunicación social, el General en Jefe Lucas Rincón Romero, en ese momento Inspector General de la Fuerza Armada Nacional y posteriormente designado Ministro de la Defensa por el Presidente Hugo Chávez Frías, según la cual el re-

al principio de la confianza legítima, los hechos mencionados produjeron consecuencias jurídicas por la primacía del principio de la seguridad jurídica; y quien indujo a la adopción de determinados actos debía responder por los efectos producidos con su conducta.

En todo caso, la situación de crisis de gobierno que había sido real y efectiva, la confirmó el propio Presidente de la República, H. Chávez, en la mañana del día domingo 14 de abril de 2002, ya reinstalado en el Palacio de Miraflores, luego de dictar un Decreto mediante el cual "reasumió" la Presidente de la República, luego de una "falta temporal" la cual habría sido suplida por el Vicepresidente Diosdado Cabello. Confirmó que, efectivamente, oficiales de la Fuerza Armada le habían solicitado su renuncia y que, con tal motivo, había discutido dos posibilidades con sus colaboradores: renuncia o abandono del cargo, informándole al Presidente de la Asamblea Nacional como se dijo, lo siguiente: "Me gusta más abandono del cargo porque tiene que ser ratificado por la Asamblea Nacional".

El Presidente de la República, después de haber acusado de "cobardes" a todo el Alto Mando Militar por haberlo traicionado[105] al reincorporarse a su cargo y anunciar la ratificación del General Lucas Rincón, a quien además, designó luego Ministro de la Defensa, excusó "la confusión" que éste había tenido, así:

> "He designado, he ratificado al General en Jefe Rincón, Lucas Rincón, como Inspector de la Fuerza Armada y pido para él, sé, ciertamente Lucas anunció al país que yo había renunciado, pero él estaba totalmente confundido y presionado además allá en Fuerte Tiuna y en un estado de presión y de confusión lo dijo, esa es la verdad; ¿Qué él estaba comprometido? No, pues jamás yo lo hubiera ratificado, no, no, y está trabajando duro y viajando y hablando con los militares, llamándoles pues a todos a la reflexión".[106]

En todo caso, aún cuando el General Rincón se hubiera podido haber confundido en su mensaje al país, y en lugar de anunciar que el Presidente de la República había abandonado su cargo, hubiera anunciado que había renunciado, en ambos casos se evidenciaba una crisis de gobernabilidad, pues no anunció que el Vicepresidente Ejecutivo hubiera estado en ejercicio de las funciones de Presidente, lo que implicaba la continuación del Alto Mando Militar; sino más bien, como se ha dicho, que los Miembros del mismo ponían "a partir de ese momento" sus cargos a la orden, los cuales entregarían "a los oficiales que sean designados por las nuevas autoridades".

De lo anterior sólo se podía deducir que el país carecía de gobierno civil, por renuncia o abandono del cargo de las altas autoridades del Poder Ejecutivo. Y eso

---

ferido Presidente Chávez habría renunciado al cargo". En consecuencia, mi presencia en el mencionado acto no constituyó en forma alguna reconocimiento de las actuaciones realizadas por los generales y almirantes objeto del presente antejuicio de mérito, actuaciones que desconocía para ese momento y que en la actualidad no conozco en detalle, pues no he accedido al expediente respectivo".

105 Sobre la actitud del Alto Mando Militar presidido por el General Lucas Rincón, el Presidente de la República había señalado un día antes que "Todo el Alto Mando me traicionó. Cobardes y desleales!", *El Nacional*, 02–05–02, p. D–4 y 03–05–02, p. 1–4; *El País*, Madrid, 03–05–02, p. 10.

106 Rueda de Prensa ante los medios de comunicación extranjeros, *El Nacional,* 16–05–02, p. D–1.

fue lo que entendieron no sólo los militares,[107] sino los ciudadanos venezolanos y el mundo entero. Así resultó de las afirmaciones de los funcionarios y oficiales de la

107 Se pueden mencionar los siguientes oficiales: *General Manuel Rosendo*: (Jefe del Comando Unificado de la Fuerza Armada Nacional): "...con relación a la renuncia del señor Presidente, Comandante en Jefe de la Fuerza Armada yo quiero decirles lo siguiente, por fax el General Hurtado recibió la propuesta de la renuncia y en forma personal se le entregó al señor Presidente, posteriormente el General Damiani, el General Camacho Kairuz y el General Vargas Herrera le llevaron el original del documento que había recibido el General Hurtado por fax...". *José Vicente Rangel:* (Ministro de la Defensa): "...La única comunicación que hubo entre el Presidente de la República y el General en Jefe, fue estando ya el General en Jefe en Fuerte Tiuna, el Presidente le expresó que si se garantizaba la vida de todas las personas que estaban en Miraflores, si se le permitía dirigirse en una alocución al país y si se le garantizaba poder abandonar el país en condiciones de seguridad, él podía considerar la renuncia...En base a esta afirmación es que se produce la declaración del General Rincón...". *General Efraín Vásquez Velazco* (Comandante General del Ejército): "...General Manuel Rosendo, quien me informó que el Presidente había decidido renunciar si le daban un avión para irse al exterior...Al segundo, el Ministro de la Defensa José Vicente Rangel, quien me dio el mismo mensaje y que enviara dos Generales al canal 8, que el Presidente iba a ratificar su renuncia allí...A las 3 de la mañana el General en Jefe Lucas Rincón Romero, participó al país que el Presidente había renunciado y minutos más tarde, el Presidente llegó a la Comandancia del Ejército con su Jefe de Casa Militar, escolta, los Generales Hurtado y Rosendo... el ciudadano Ministro de la Defensa me llamó y me dijo, que el Presidente había decidido renunciar y que se iba para Cuba, y que le enviara a los Generales para el Canal 8, se le enviaron a los Generales para el Canal 8, no es que, a obligar al Presidente a que renunciara, ni a que dijeran otra cosa, sino que fuera allá a esperar la renuncia. Estos oficiales se devolvieron al Fuerte, porque el Presidente nunca fue allí....el General Lucas nunca me dijo a mí que él tenía la renuncia escrita del Presidente, sí me dijo que el Presidente había renunciado...". *General Pedro Pereira Olivares* (Jefe del Estado Mayor del Comando Unificado de la Fuerza Armada Nacional): "...en la Inspectoría General se encontraban reunidos varios Generales y almirantes comentando la situación, esperábamos la llegada del General en Jefe Lucas Rincón, cuando éste llegó acompañado de varios miembros del Alto Mando, el General en Jefe nos invitó a su oficina informándonos que el Presidente había renunciado y que él se preparaba para realizar este anuncio acompañado del Alto Mando Militar y que el Alto Mando iba a poner sus cargos a la orden.... Cuando estos oficiales, altos oficiales de la Fuerza Armada Nacional, anuncian la renuncia de un Presidente y es un hecho, ese hecho conmueve al país y crea una incertidumbre en las Fuerzas Armadas, por favor, o a menos que haya estado planificado así, a menos que haya estado planificado así, repito, por qué más del 25%, porque a mí me dice el General en Jefe, General en Jefe de 3 soles, le dice al país que el Presidente renunció, aceptó la renuncia, y el país tiene que creerle a su General en Jefe que es uno solo, por favor Diputado, usted le creería? ¿por qué más del 95% de los militares activos entendieron que el Presidente había renunciado, generando tranquilidad en las 36 guarniciones?..." *General Camacho Kairuz* (Viceministro de Seguridad Ciudadana): "...el General Lucas Rincón anunció la renuncia del Presidente y la renuncia del Alto Mando, yo llegué a Fuerte Tiuna y salió una comisión de Generales y yo fui con ellos, yo dije, bueno, mira vamos allá a llevarle la renuncia al Presidente... llegaron a Fuerte Tiuna, yo no le solicité la renuncia, ya el Presidente había acordado renunciar, él no firmó efectivamente la renuncia, sí estaba en el salón en donde nuevamente le presentaron la misma renuncia, el mismo documento, que yo le llevé inicialmente, se lo volvieron a presentar y él se negó afirmarlo y eso fue todo, pero ya él había aceptado que había abandonado el cargo, que iba a renunciar, lo que no hubo fue el acuerdo de bajo qué condiciones, él quería irse a Cuba y hubo una decisión de los altos mandos militares que no se iba a Cuba, sino que se quedaba en Venezuela, así que eso es todo lo que sucedió. Así que yo no le he solicitado la renuncia al Presidente, ya el General Lucas Rincón había anunciado que el Presidente había renunciado, y por eso hice mi señalamiento al principio...". *Contralmirante Daniel Comisso Urdaneta*: "...Luego al enterarme de que el Presidente se trasladaría a la Sede del Comando General del Ejercito me dirigí hacía allí, y estuve presente junto a más o menos 30 o 40 Generales, Monseñor Baltazar Porras, Monseñor Azuaje, en la reunión en la cual el Presidente manifiesta las condiciones bajo las cuales había renunciado, recordando que eran las salida del país con garantía de seguridad física para él y para su familia, y garantía de integridad física para sus ministros...Cuando el Presidente, fíjese usted, el Presidente negoció su renuncia en Miraflores y él llega a la Comandancia General del Ejército diciendo, "yo renuncié bajo estos términos...". General Carlos Alfonso Martínez (Inspector General de la Guardia

Fuerza Armada en las múltiples afirmaciones que se hicieron en las interpelaciones efectuadas por la Comisión Especial de la Asamblea Nacional que investigó los hechos de abril de 2002.

4. *El fallido intento de establecer un gobierno de transición que contrariaba la Constitución*

En la madrugada del día 12 de abril de 2002, luego de producirse los diversos pronunciamientos de desobediencia militar y de que el General en Jefe Lucas Rincón, Jefe del Alto Mando Militar anunciara que se le había solicitado la renuncia al Presidente de la República, y que éste la había aceptado, el General Efraín Vásquez Velazco, Comandante General del Ejército, anunció al país el nombramiento del Dr. Pedro Carmona, como encargado de un gobierno de transición. Tal y como lo reseñó el Tribunal Supremo de Justicia en Sala Plena Accidental en sentencia de 14 de agosto de 2002, (Caso: Antejuicio de mérito a los oficiales de la Fuerza Armada Nacional):

> "A pesar de que el Fiscal no achacó expresamente a los imputados lo relativo a la constitución de un gobierno provisorio, por lo cual su consideración es ajena a esta decisión, el mundo sabe que el 12 de abril de 2002, después de que el General en Jefe anunciara la renuncia del Presidente, un grupo de militares entre los cuales se encontraba el imputado General Efraín Vásquez Velazco, anunció el nombramiento del Dr. Pedro Carmona Estanga como Presidente interino o provisional de una junta de gobierno.
>
> También es sabido que esta persona, la tarde de ese día, prestó juramento e hizo público un Decreto por el cual asumió la presidencia de la nación, destituyó a los componentes de los poderes públicos y cambió el nombre de la República, entre otras cosas.
>
> Fue en esas condiciones cuando los militares anunciaron el nombramiento del Presidente provisorio.
>
> Evidentemente que carecían de competencia para esa actuación, aún cuando por mandato legal se les deba reconocer la buena fe en su actuación y no puede la Sala aplaudir ni silenciar esa conducta por mucho que se acepte que estuvo preñada de buenas intenciones.
>
> Ahora, si no existía Presidente en ejercicio y antes se habían producido los graves acontecimientos que los militares como móvil de sus pronunciamientos; que la OEA condenó tal y como lo hiciera este Alto Tribunal, no puede decirse que con ello se pretendía impedir u obstaculizar el ejercicio de un poder ejecutivo sin titular, ni alterar el orden y la paz interior de la nación, que ya se

---

Nacional): "...Estando en esto observo en la televisión al General en Jefe Lucas Enrique Rincón Romero, Inspector General de la Fuerza Armada Nacional, anunciando al país la renuncia del ciudadano Presidente y del Alto Mando, quedando ellos a las órdenes de las nuevas autoridades a ser nombradas, para proceder de inmediato a la entrega de sus cargos, El Presidente tomó la palabra y explicó que él estaba de acuerdo en firmar el documento si se le daban las garantías de cumplirse con sus exigencias, de lo contrario él no firmaba la renuncia...". *Cfr.* en la recopilación efectuada por Albor Rodríguez, *Verdades, Mentiras y Videos, op. cit.*

había roto por elementos exógenos a los imputados. Más aún, afirmó el general Vásquez Velazco e hicieron público los medios de comunicación social, que al no conseguir a ninguno de los llamados a suceder al Presidente en caso de falta absoluta, llamó al Presidente de este Tribunal para preguntarle si a él correspondía la asunción de ese cargo, pero éste le aseguró que tocaba al Vicepresidente.

Esta forma de actuar, claramente evidenciada que no era su intención la toma del poder sino la de restaurar la paz interior y la buena marcha de las instituciones ya que de lo contrario, no se puede explicar esa pregunta".

Ahora bien, el acto de juramentación del Dr. Pedro Carmona como encargado de la Presidencia de la República, ocurrió el 12 de abril de 2002 a últimas horas de la tarde, en un acto que fue transmitido por televisión.

Se trató de un acto en el cual se leyó un decreto de un "gobierno de transición democrática" que presidiría Carmona, el cual sin embargo no llegó a publicarse en la Gaceta Oficial, no habiendo producido efecto jurídico alguno. Dicho Decreto, luego de basarse en el artículo 350 de la Constitución y en una serie de considerandos que reflejaban las graves violaciones al orden constitucional que efectivamente había cometido el gobierno del Presidente Chávez en los años precedentes, contenía una serie de decisiones que contrariaban la Constitución y cesaban a los titulares de los poderes públicos[108]. El contenido de esa decisión fue inconstitucional y violatoria, además, de la Carta Democrática Interamericana de la OEA, por violación del principio de la democracia representativa al cesar en sus cargos a los diputados a la Asamblea Nacional. Por ello, con razón, la Asamblea General de la Organización de Estados Americanos en su sesión del 18 de abril de 2002, consideró que en Venezuela se había producido una ruptura del orden constitucional y de la democracia, aplicándose así, por primera vez, la Carta Democrática Interamericana, no para condenar a un gobierno sino para defender su legitimidad democrática.

Lo que se imponía en la situación que había derivado de la anunciada renuncia del Presidente de la República por el Jefe de su Alto Mando Militar, era proceder a restablecer la gobernabilidad democrática, mediante un mecanismo de transición[109] particularmente porque la Constitución debía continuar en vigencia y porque Venezuela estaba vinculada a la doctrina democrática que establece para América la antes señalada Carta Democrática Interamericana adoptada por la OEA en la Asamblea General realizada en Lima el 11 de septiembre de 2001. Dicho documento, sin duda, es el más importante que se ha producido en América sobre la democracia y su ejercicio.

---

108 Véase el texto del Decreto en *El Universal,* 12–04–02, p. 1–2. También en el folleto *Análisis Jurídico al golpe de 12 de abril*, (Con preámbulo de Lenín Aquino), Fondo editorial El Comercio, Maracay, 2002, 32 pp.

109 El General Efraín Vásquez Velazco, quien en la madrugada del 12 de abril había resuelto llamar a Carmona para que se encargara de la transición, luego de la anunciada renuncia del Presidente de la República por el Jefe del Alto Mando Militar, señaló "Nosotros no le dijimos "mira, haz un decreto y elimina a todo el mundo, porque si ese hubiera sido el caso, mejor me hubiera puesto yo ahí"; en Albor Rodríguez, *Verdades, Mentiras y Videos, op. cit.*, p. 28

Es evidente que muchos de estos elementos esenciales y componentes fundamentales de la democracia que enumera la Carta democrática, como se reseñó anteriormente, habían sido vulnerados por la práctica gubernamental, por lo que la Carta Democrática Interamericana debió haber sido el documento básico para recomponer el gobierno democrático en Venezuela[110]. No se podía, por tanto, luego del anuncio del General Lucas Rincón que provocó la crisis de gobierno, regular una transición "democrática" violándose los principios de la misma.[111].

Múltiples habían sido las críticas expresadas contra las actuaciones del gobierno en los años precedentes sobre violaciones de derechos humanos, incluidos los trágicos asesinatos cometidos el 11 de abril de 2002; la ruptura del principio de separación de poderes por la forma inconstitucional como se eligieron sus titulares; la ausencia de control efectivo entre los poderes públicos; las violaciones al Estado de derecho; el menoscabo de la libertad sindical; las restricciones a la libertad de expresión; la lesión al pluralismo político por la intromisión de un partido en la estructura del Estado; la deliberancia militar y la formación de grupos paramilitares, violando la regla de que el monopolio de las armas corresponde a la Fuerza Armada Nacional. Todos estos hechos constituían elementos importantes de un expediente sobre violaciones a la Carta Democrática Interamericana que podían comprometer internacionalmente al gobierno, pero que nada tenían que ver con la legitimidad democrática de la Asamblea Nacional.

Sin embargo, como consecuencia del desafortunado decreto del denominado gobierno de transición leído en la tarde del 12 de abril, la Carta Democrática

---

110 Sobre el proceso de desobediencia civil y militar que había ocurrido en el país por las violaciones a los principios democráticos contenidos en la Carta Democrática Interamericana y los aspectos jurídicos de la crisis de gobierno que ocurrió en la madrugada del 12–02–02, véanse mis declaraciones a Edgar López, *El Nacional*, 13–04–02, p. D–2. Véase la reseña sobre el trabajo que veníamos elaborando relativo a la Carta Democrática Interamericana y la democracia en Venezuela, en *El Universal*, 05–05–02, p. 1–2. Véase nuestra posición contraria a la disolución de la Asamblea Nacional expresada el mismo día 12 de abril después de oír el texto del Decreto de instalación del llamado gobierno de transición en la reseña que hizo el periodista Edgar López al señalar que "Dos horas más tarde se comunicó nuevamente con *El Nacional* para solicitar que en la reseña de la entrevista se incluyera su oposición a la disolución de la Asamblea Nacional, pues ello sí significaba la ruptura del hilo constitucional. Lamentablemente no fue posible realizar la precisión en esa oportunidad, pero Brewer–Carías insistió ayer en que Carmona Estanga hizo caso omiso a su advertencia", *El Nacional,* 17–04–02, p. D–2.

111 Por ello, con fundamento en el texto de la Constitución y de la Carta Democrática Interamericana, el mismo día 12 de abril de 2002 expresamos nuestra opinión jurídica contraria a la decisión que se pretendía adoptar en el decreto del llamado gobierno de transición, que consideramos violentaba el principio democrático representativo, particularmente al suspender la Asamblea Nacional, lo que en lugar de salvaguardar los principios de la Carta Democrática, los contrariaba. Véase en Allan R. Brewer–Carías, *La crisis de la democracia venezolana. La Carta Democrática Interamericana y los sucesos de abril de 2002,* Los Libros de El Nacional, Colección Ares, Caracas 2002, y *En mi propia defensa. Respuesta preparada con la asistencia de mis defensores Rafael Odreman y León Enrique Cottin contra la infundada acusación fiscal por el supuesto delito de conspiración,* Colección Opiniones y Alegatos Jurídicos No. 13, Editorial Jurídica venezolana, Caracas 2006, 606 pp. Véase la reseña de la rueda de prensa que el autor dio el 16–04–2002 en *El Nacional*, 17–04–02, p. D–2; *El Nuevo País*, 17–04–02, p. 2; *El Universal*, 17–04–02, p. 1–4. Véase el testimonio de Pedro Carmona a quien le expresamos nuestra diferencia con el Decreto, en su libro *Testimonio ante la Historia*, Caracas 2004, pp. 107–108; y en su declaración jurada ante Notario Público en Bogotá el 23–02–2006, publicada en Allan R. Brewer–Carías, *En mi propia defensa, cit*, pp. 591–598.

terminó aplicándose a Venezuela pero no por las violaciones del gobierno del Presidente Chávez a la Carta, sino con motivo de las violaciones al principio de la democracia representativa al instalarse el gobierno de transición, provocando la reacción de la OEA[112].

La secuela de toda esta crisis política y constitucional fue que los militares, cuyas altas autoridades habían desobedecido al Presidente de la República, lo repusieron en el poder unos días después. La crisis de gobernabilidad, sin embargo, no cesó, y durante los años siguientes, las personas que directa o indirectamente tuvieron alguna relación con los hechos derivados de la crisis política de abril de 2002, fueron objeto de persecución política sistemática. Cinco años después, en diciembre de 2007, en todo caso, el Presidente de la República dictó mediante Decreto–Ley en ejecución de la Ley habilitante de enero del mismo año, una Ley Especial de Amnistía,[113] mediante la cual se extinguieron de pleno derecho las acciones penales, judiciales, militares y policiales instruidas en relación con presuntos delitos políticos por los siguientes hechos relacionados con la crisis política de abril de 2002, vinculados a la renuncia del Presidente de la República a su cargo: la redacción o la firma del decreto del gobierno de facto; la toma violenta de las Gobernaciones del Estado Mérida y del Estado Táchira; la privación ilegítima de la libertad del Ministro de Interior y Justicia y el allanamiento de la residencia de una diputado; el ingreso a la fuerza al Palacio de Justicia del Estado Táchira; la comisión de los delitos de instigación a delinquir y rebelión militar hasta el 2 de diciembre de 2.007; los hechos acaecidos el 11 de abril de 2.002 en Puente Llaguno, que no constituyeron ofensas de lesa humanidad; la toma violenta de las instalaciones de la planta televisiva Venezolana de Televisión; los hechos violentos ocurridos en los Buques Petroleros en diciembre de 2002; y hechos que configuren o constituyan actos de rebelión civil hasta el 2 de diciembre de 2007.

---

112 En la reunión de Presidentes latinoamericanos del Grupo de los 15 en San José de Costa Rica, se produjo una reacción internacional contra las decisiones adoptadas que atentaban contra los principios de la Carta Democrática Interamericana y solicitaron del Secretario General de la OEA la convocatoria de una Asamblea General Extraordinaria de la organización, *El Nacional*, 13–04–02, p. A–9. El Secretario General Cesar Gaviria, por ello destacó que el cierre de la Asamblea Nacional "fue lo que más indignación causó a los Cancilleres", *El Nacional*, 17–04–02, p. A–4. Por ello, el Secretario General de la OEA, en el Informe que presentó a la Asamblea General el 18–04–02, destacó lo siguiente: "Podemos afirmar que el gobierno apenas en la fase de instauración, sin ninguna legitimidad democrática, fue fruto de decisiones tomadas por los militares. En carta que fue del conocimiento de los miembros del Consejo Permanente, quien presidía lo que se auto calificó como gobierno provisional, expresamente reconoció la ruptura constitucional". Agregó, además, el Secretario General en su Informe, en relación con el gobierno transitorio que se instaló, que: "Además, por las decisiones que tomó y que significaban el cierre de los organismos elegidos popularmente, la intervención del poder judicial y de todos los organismos del llamado "poder moral", y en la práctica la derogatoria de la Constitución y de muchos de los actos realizados bajo su desarrollo". El Secretario General, por otra parte, formuló una serie de recomendaciones al gobierno del Presidente Chávez, particularmente, sacar a los militares del debate político. Véase *El Universal,* 18–04–02, p.12; *El Nacional,* 18–04–02, p. A–4. Véase el editorial de *El Nacional* "Los Consejos de Gaviria", 18–04–02, p. A–8

113 Véase en *Gaceta Oficial* Nº 5.870 Extraordinario del 31–12–2007

III. LOS INTENTOS DE SOLUCIÓN ELECTORAL A LA CRISIS POLÍTICA: EL SECUESTRO DEL PODER ELECTORAL Y LA CONFISCACIÓN DEL DERECHO A REVOCAR MANDATOS POPULARES (2002– 2004)

1. *La búsqueda de una salida electoral a la crisis política y los intentos fallidos de realizar un referendo consultivo por la paralización del Poder Electoral*

La crisis política de abril de 2002 dividió a la sociedad venezolana profundamente, y la propuesta de exigir la renuncia del Presidente de la República siguió planteándose mediante los mecanismos democráticos previstos en la Constitución[114], que exigían, al menos, que se regularizara la conformación del Poder Electoral, y de su órgano fundamental que era el Consejo Nacional Electoral, el cual sólo había sido transitoriamente nombrado por la Asamblea Nacional Constituyente en el Régimen Transitorio del Poder Público de 1999, en el cual se dispuso, dada su provisionalidad, la exigencia de una mayoría calificada de sus miembros para la toma de sus decisiones, en lugar de la mayoría absoluta.

Para ello y para garantizar la transparencia electoral, sin duda era necesario que se dictara la Ley Orgánica del Poder Electoral, y se nombraran los nuevos miembros del Consejo Nacional Electoral conforme a sus previsiones y a las de la Constitución. La Ley Orgánica fue sancionada el 20 de septiembre de 2002[115], en la cual sin embargo se incluyó una Disposición Transitoria Séptima con la precisión de que los miembros del Consejo Nacional Electoral provisionalmente designados en 1999, debían continuar en el ejercicio de las funciones "hasta tanto se designen y tomen posesión de sus cargos las nuevas autoridades de ese organismo, *y sus decisiones se harán de conformidad con esta Ley*", es decir, por mayoría simple habiéndose así eliminado la transitoria mayoría calificada que había impuesto en 2000 la Asamblea Nacional Constituyente.

Esta Disposición Transitoria de la Ley Orgánica, que cambiaba el quórum para la toma de decisiones del Consejo fue impugnada, precisamente por el Presidente de la República, y la Sala Constitucional, mediante sentencia nº 2747 de 7 de noviembre de 2002 (Exp. 02–2736), si bien declaró sin lugar la solicitud presidencial, sentó el absurdo criterio de que mientras se elegían los nuevos miembros del Consejo Nacional Electoral, sin embargo, seguía vigente el régimen transitorio que se estaba derogando, considerando que el mismo "no colide la Disposición Transitoria Séptima de la Ley Orgánica del Poder Electoral, el cual más bien lo complementa"; pero contradictoriamente agregando en la misma sentencia, que una vez en vigencia la Ley Orgánica, "mientras se designen los miembros del Consejo Nacional Electoral, quienes ostenten los cargos de dicho Consejo, en razón de la Disposición Transitoria impugnada, aplicarán la Ley Orgánica del Poder Electoral". En la misma

114 Véase sobre lo que exponemos en esta sección: Allan R. Brewer–Carías, *La Sala Constitucional versus el Estado democrático de derecho. El secuestro del Poder Electoral y de la Sala Electoral del Tribunal Supremo y la confiscación del derecho a la participación política*, Los Libros de El Nacional, Colección Ares, Caracas 2004; y Allan R. Brewer–Carías, *Crónica de la "In" Justicia Constitucional. La Sala Constitucional y el autoritarismo,* Colección Instituto de Derecho Público, Editorial Jurídica Venezolana, Caracas 2007, pp. 195–363.

115 Véase en *Gaceta Oficial* el 19 de noviembre de 2002.

sentencia, además, la Sala Constitucional, previendo la posible existencia de un "vacío" institucional en el Poder Electoral, por las eventuales dificultades en su designación por la Asamblea, anunciaba que de producirse, la propia Sala establecería los "correctivos" necesarios[116].

En todo caso, el sentido de la contradicción que contenía la sentencia sobre la aplicabilidad de la Ley Orgánica del Poder Electoral, una vez que entrara en vigencia, al Consejo Nacional Electoral existente, sólo fue clarificado 10 días después, cuando la misma Sala Constitucional, al decidir un recurso de interpretación que había sido introducido por el propio Consejo Nacional Electoral el 9 de julio de 2002, para "determinar la vigencia del artículo 29 del Estatuto Electoral del Poder Público, relativo al quórum para la toma de decisiones del Directorio del Consejo Nacional Electoral, en aquellos asuntos distintos al ámbito de aplicación de ese Decreto", mediante la sentencia nº 2816 de 18 de noviembre de 2002 (Caso: *Consejo Nacional Electoral*) concluyó señalado que si estaba vigente.

Al contrario, era evidente que no lo estaba pues el Estatuto Electoral se había dictado sólo para regir en las primeras elecciones post constitucionales de 2000, por lo que una vez que estas se realizaron, sus normas habrían decaído. La verdad es que dada la integración del Consejo Nacional Electoral que había designado la Comisión Legislativa Nacional, que por estar conformado por una mayoría de independientes (3/2) que no seguían la línea política del gobierno, en el seno del cuerpo se había planteado la duda sobre el quórum, pues si la mayoría necesaria para decidir era la calificada entonces no se podrían, por ejemplo, convocar referendos.

La Sala Constitucional, sin embargo, para llegar a su absurda conclusión, en sentencia del 18 de noviembre de 2002 revivió el régimen transitorio que la Asamblea Nacional, había expresamente sustituido con la Ley Orgánica del Poder Electoral que después de haber sido sancionada en septiembre de 2002 había sido "estratégicamente" publicada dos meses después, al día siguiente de la decisión de la Sala, en *Gaceta Oficial* el 19 de noviembre de 2002.

Para llegar a la absurda conclusión, en la sentencia nº 2816 de la Sala del día anterior a la publicación de la Ley Orgánica, consideró que el régimen transitorio "sigue en vigor, en lo que no haya sido derogado", estimando que "uno de los aspectos regulados por el Estatuto Electoral del Poder Público se refiere al mínimo requerido (*quórum*) para la toma de decisiones por parte de la Junta Directa del Consejo Nacional Electoral"(art. 29)" y que "resulta desatinado pretender que el *quórum* especial a que hace referencia la norma antes transcrita, solamente se refiera a los primeros procesos comiciales", todo lo cual había derogado el artículo 25 de la Ley Orgánica del Sufragio y Participación Política de 1998, al prever un *quórum* de

116 Sobre este tema véase Allan R. Brewer–Carías, *La Sala Constitucional versus El Estado democrático de Derecho. El secuestro del Poder Electoral y de la Sala Electoral del Tribunal Supremo y la confiscación del derecho a la participación política*, Los Libros de El Nacional, Colección Ares, Caracas 2004, 172 pp.; y "El secuestro del Poder Electoral y de la Sala Electoral del Tribunal Supremo y la confiscación del derecho a la participación política mediante el referendo revocatorio presidencial: Venezuela: 2000–2004" en *Revista Costarricense de Derecho Constitucional*, Tomo V, Instituto Costarricense de Derecho Constitucional, Editorial Investigaciones Jurídicas S.A. San José, Costa Rica 2004. pp. 167–312; y en *Revista Jurídica del Perú,* Año LIV, nº 55, marzo–abril. Lima 2004. pp. 353–396.

mayoría simple para la toma de decisiones por parte del Directorio del Consejo Nacional Electoral.

En definitiva, luego de toda esta argumentación, la Sala, a pesar de que ya tenía conocimiento de que la Ley Orgánica del Poder Electoral ya había sido sancionada en septiembre de 2002 (pues había dictado sobre ella, diez días antes, la sentencia nº 2747 antes citada), concluyó que el Estatuto Electoral del Poder Público, regiría:

> "[...] los venideros procesos comiciales, especialmente en cuanto al mínimo requerido (*quórum*) de, por lo menos, cuatro de los cinco integrantes del Consejo Nacional Electoral, para la decisiones relativas a su organización, hasta tanto finalice la transición una vez promulgada la Ley Orgánica del Poder Electoral, que regulará su organización y funcionamiento, y sean designados por la Asamblea Nacional, conforme a la Constitución vigente, los nuevos integrantes del Consejo Nacional Electoral".

Ello significaba, en definitiva, que a pesar de que al día siguiente (19–11–2002) entraría en vigencia la nueva Ley Orgánica del Poder Electoral, en cuanto al quórum de decisión del Consejo Nacional Electoral, hasta tanto se nombrasen los nuevos miembros del Cuerpo conforme a esa Ley, no regiría el artículo 14 de dicha Ley Orgánica (que establecía una mayoría simple de 3/5) sino el artículo 29 del mencionado Estatuto, que requería una mayoría calificada (4/5).

La razón política de esta decisión era clara: impedir que el Consejo Nacional Electoral pudiera funcionar con la mayoría simple de tres votos de cinco pues los miembros afectos al gobierno eran minoría, y sólo eran dos. Pero con el correr del tiempo, y ante la imposibilidad de la Asamblea Nacional de poder designar a los nuevos miembros del Consejo Nacional Electoral, la correlación de fuerzas internas en el Consejo existente habrían variado aún más, contando el gobierno sólo con uno de los cinco votos del cuerpo.

Por tanto, a pesar de la torcida interpretación de la Sala Constitucional sobre la mayoría calificada requerida, que con la composición del Consejo permitía la toma de decisiones sin influencia oficialista, la única forma de impedir que el Consejo Nacional Electoral pudiera decidir, y por ejemplo, convocar a referendos sobre la renuncia del Presidente de la República, era bloqueando materialmente la posibilidad de que pudiera tomar decisión alguna, lo que sólo se podía hacer eliminando a uno de los miembros del Cuerpo no afecto al gobierno, de manera que sólo quedaran cuatro votos, en cuyo caso el Consejo sólo podría funcionar con decisiones unánimes, lo que era lo mismo que congelarlo.

Y ello fue precisamente lo que ocurrió con motivo de la solicitud que se formuló de realización de un referendo consultivo (art. 71, Constitución) sobre la renuncia del Presidente de la República, presentada el 3 de diciembre de 2002 ante el Consejo Nacional Electoral por un grupo de ciudadanos que durante los últimos meses de 2002 con el respaldo de las firmas de más de dos millones de electores. El Consejo Nacional Electoral, en una decisión adoptada con una votación de 4/1, mediante Resolución nº 021203–457 del mismo día 3 de diciembre de 2002[117]

117 *Gaceta Electoral* nº 168 de 05–12–2002.

resolvió aceptar la solicitud que se le había formulado con el objeto de preguntarle a los ciudadanos si estaban o no "de acuerdo con solicitar al Presidente de la República Ciudadano Hugo Rafael Chávez Frías la renuncia voluntaria a su cargo"; fijando la fecha de realización de dicho referendo para el 2 de febrero de 2003.

Los esfuerzos del gobierno y de los partidos que lo apoyaron, desde entonces se dirigieron a impedir que se pudiera realizar referendo alguno en esta materia, lo que marcó la actividad política y constitucional en el país durante los años 2003 y 2004. Para ello, un grupo de diputados a la Asamblea Nacional impugnó por ilegalidad ante la Sala Electoral del Tribunal Supremo la referida Resolución del Consejo Nacional Electoral así como los actos anteriores dictados por el Consejo Nacional Electoral (18 de noviembre de 2002) en los cuales había incorporado al cuerpo como miembro suplente al ciudadano Leonardo Pizani. Esta impugnación fue el motivo para que en los meses siguientes se lograra congelar la actuación del Consejo Nacional Electoral, e impedir la realización del referendo convocado, es decir, impedir que se pudieran tomar decisiones de naturaleza alguna, y en particular, que se pudiera evaluar popularmente el mandato presidencial.

Leonardo Pizani, en efecto, había sido designado el 5 de junio de 2000 para integrar el Consejo como miembro suplente, y luego en octubre del mismo año había presentado a la Asamblea su renuncia al cargo, sin que se hubiera considerado aceptado por ésta. Dos años después, el 11 de noviembre de 2002, manifestó a la Asamblea su voluntad de "*retirar*" dicha renuncia que como se dijo, no había sido ni tramitada ni aceptada, por considerar que había la *"necesidad imperiosa de conformar un Consejo Nacional Electoral",* y fue por ello que el Consejo Nacional Electoral el 18 de noviembre de 2002, admitió su incorporación, con lo cual se pudieron adoptar una serie de decisiones entre las cuales estaba la convocatoria al referendo consultivo antes mencionado. Ellas fueron, precisamente las decisiones impugnadas.

La Sala Electoral Accidental, entonces, mediante sentencia nº 3 de 22 de enero de 2003 (Caso: *Darío Vivas y otros*), consideró que no había razón que justificara la exigencia de que se "aceptara" la renuncia del Sr. Pizani para que ella se hubiese considerado como efectuada, concluyendo mediante un amparo cautelar que con la incorporación del Sr. Pizani al Consejo la integración del mismo "no resulta apegada a la legalidad", ordenando entonces al Consejo "abstenerse de sesionar con la presencia y participación como Miembro Principal, del ciudadano Leonardo Pizani", y suspendiendo a la vez los efectos de la Resolución del Cuerpo mediante la cual se había convocado al referendo consultivo sobre la renuncia del Presidente de la República.

En esta forma, el Poder Electoral, con sólo cuatro miembros, fue compelido ilegítimamente a actuar con la mayoría calificada de cuatro miembros derivada de la interpretación del régimen constitucional transitorio que había hecho la Sala Constitucional en sentencia antes comentada, es decir, por unanimidad. Ello fue lo mismo que haber decretado el secuestro del Poder Electoral, el cual no pudo adoptar ninguna nueva decisión, dada la correlación de fuerzas en su seno. Por ello, la misma Sala Electoral limitó la actuación de los miembros del Consejo a realizar sólo los actos "indispensables para garantizar el normal funcionamiento administrativo" del Consejo, y en consecuencia "abstenerse de iniciar la organización de procesos electorales, referendarios, u otros mecanismos de participación ciudadana en los asuntos públicos, así como suspender los ya iniciados de ser el caso, hasta tanto se resuelva la presente controversia".

En esta forma, de manera *extrapetita* pero expedita, la Sala Electoral en una sentencia de carácter cautelar redujo al Consejo Nacional Electoral a ser un simple conserje o guardián de sus bienes. Dos meses después, en todo caso, mediante sentencia nº 32 de 19 de marzo de 2003 (Caso: *Darío Vivas y otros*), publicada el 26 de marzo de 2003, la Sala Electoral declararía la nulidad "de los actos del Consejo Nacional Electoral atinentes a la realización del referendo consultivo cuya celebración estaba prevista para el 2 de febrero del presente año" (2003), ordenando además, "la desincorporación del ciudadano Leonardo Pizani de la actual Junta Directiva del Consejo Nacional Electoral". La Sala Electoral, además, ratificó la congelación del Consejo al disponer de nuevo que sus decisiones debían adoptarse, no conforme a la Ley Orgánica del Sufragio, sino con el quórum exigido por el Estatuto Electoral del Poder Público conforme a se había establecido en la sentencia nº 2816 del 18 de noviembre de 2003 de la Sala Constitucional de este Tribunal Supremo de Justicia, es decir, "de manera unánime por cuatro (4) de sus integrantes actuales", hasta tanto la Asamblea Nacional designase a los nuevos integrantes.

Quedó así, el Consejo Nacional Electoral, definitiva y completamente paralizado y secuestrado tanto por la Sala Constitucional como por la Sala Electoral del Tribunal Supremo, y truncada la voluntad popular de convocar un referendo consultivo sobre la renuncia del Presidente de la República.

2. *El secuestro y control oficial del Consejo Nacional Electoral mediante la Sala Constitucional del Tribunal Supremo y las vicisitudes de la convocatoria del referendo revocatorio presidencial*

Luego del secuestro del Poder Electoral, la única salida que a comienzos de 2003 podía tener una solución electoral a la crisis política de gobernabilidad, tenía que comenzar por desbloquear al Consejo Nacional Electoral, mediante la designación de sus nuevos miembros por la Asamblea Nacional, de acuerdo con las previsiones de la nueva Ley Orgánica del Poder Electoral, que como se dijo, había sido publicada en noviembre de 2002[118].

Debe señalarse, sin embargo, que a los efectos de dichas designaciones, la Ley Orgánica no había respetado la exigencia constitucional sobre la integración del Comité de Postulaciones Electorales con representantes de los diversos sectores de la sociedad, y en cambio lo que estableció fue una "comisión parlamentaria" ampliada con el nombre de Comité de Postulaciones (art. 19), integrada por 21 miembros, de los cuales 11 eran Diputados y 10 "postulados por los otros sectores de la sociedad", con lo que se había además, confiscado el derecho a la participación política de los diversos sectores de la sociedad civil de integrar en forma exclusiva el Comité de Postulaciones.

Ahora bien, la situación de extrema polarización política del país impedía toda posibilidad de que los nuevos miembros del Consejo Nacional Electoral pudieran ser designados por la Asamblea Nacional, dado que era política y materialmente

118 Véase en *Gaceta Oficial* nº 37.573 de 19-11-2002.

imposible, por la correlación de fuerzas entre los partidos que apoyaban al gobierno y a la oposición, que en el seno de la Asamblea Nacional se pudiera reunir la mayoría requerida de las 2/3 partes de sus integrantes (art. 296) para designarlos.

La situación entonces era por una parte, que no era posible que se produjera la designación de los miembros del Consejo Nacional Electoral; por la otra, que no había un Consejo Nacional Electoral que pudiera tomar decisiones. Todo ello impedía que la crisis política pudiera tener una solución electoral, por ejemplo, particularmente mediante la convocatoria de un referendo revocatorio del mandato del Presidente de la República (art. 72, Constitución), una vez descartada la posibilidad de realizar un referendo consultivo sobre dicha renuncia conforme lo había decidido la Sala Electoral. Sobre el mismo, además, se pronunciaría la Sala Constitucional en sentencia nº 23 de 22 de enero de 2003 (caso: *Harry Gutiérrez Benavides y Johbing Richard Álvarez Andrade*), en la cual interpretó el artículo 71 de la Constitución en relación con el referendo consultivo que había sido convocado por el Consejo Nacional Electoral (y anulado por la Sala Electoral), decidiendo que el mismo, a todo evento, no hubiera tenido "carácter vinculante en términos jurídicos, respecto de las autoridades legítima y legalmente constituidas, por ser éste un mecanismo de democracia participativa cuya finalidad no es la toma de decisiones por parte del electorado en materias de especial trascendencia nacional, sino su participación en el dictamen destinado a quienes han de decidir lo relacionado con tales materias".

Descartada por todas las vías la posibilidad y efectividad de referendo consultivo sobre la renuncia del Presidente de la República, se planteó entonces en la oposición la vía del referendo revocatorio de su mandato; y así incluso quedó plasmado luego de arduas negociaciones en la Mesa de Negociación y Acuerdos que se había establecido como consecuencia de la crisis del 12–13 de abril de 2002, en el Acuerdo suscrito entre el gobierno y la oposición de fecha 23 de mayo de 2003, denominado "Acuerdo entre la representación del Gobierno de la República Bolivariana de Venezuela y los Factores Políticos y Sociales que lo apoyan y la Coordinadora Democrática y las Organizaciones Políticas y de la Sociedad Civil que la conforman", en el cual entre, otros asuntos, se expresó lo siguiente:

> "12. Las partes, en cumplimiento del objetivo establecido en la Síntesis Operativa para buscar acuerdos con el fin de contribuir a la solución de la crisis del país por la vía electoral, coincidimos en que dicha solución se logra con la aplicación del Artículo 72 de la Constitución de la República Bolivariana de Venezuela, en el que se prevé la eventual celebración de referendos revocatorios del mandato de todos los cargos y magistraturas de elección popular que han arribado a la mitad del período para el cual fueron elegidos (Gobernadores, Alcaldes, Legisladores Regionales y Diputados a la Asamblea Nacional), o arribarán a dicha mitad en el transcurso de este año, como es el caso del Presidente de la República conforme a la sentencia del Tribunal Supremo de Justicia del 13 de febrero del 2003. Tales referendos, incluyendo los ya solicitados y los que se solicitaren en adelante, serán posibles si son formalmente requeridos por el número exigido de electores y se aprueban por el nuevo Consejo Nacional Electoral, una vez que se establezca que se han cumplido los requisitos constitucionales y legales".

Quedaba entonces fijada la salida constitucional a la crisis política en la realización de un referendo revocatorio del mandato del Presidente de la República. Para ello, en todo caso, era necesario que se designara el nuevo Consejo Nacional Electoral, lo que también se había plasmado en el Acuerdo antes mencionado suscrito en la Mesa de Negociación y Acuerdos entre el gobierno y la oposición, al declarar:

> "Coincidimos en que resulta indispensable contar a la brevedad posible con un árbitro electoral confiable, transparente e imparcial, a ser designado en la forma prevista en la Constitución. En este sentido, se considera muy importante el trabajo que se está adelantando en la Asamblea Nacional. Las dos partes manifestamos su disposición a coadyuvar como factor de entendimiento en todo lo referente a la conformación y operatividad del Árbitro Electoral, sin interferir en el proceso normal que se está llevando a cabo por el Poder Legislativo Nacional".

La Asamblea Nacional había cumplido los pasos previos para la designación de los miembros del Consejo Nacional Electoral, mediante la recepción y selección de postulaciones conforme a lo que la Ley Orgánica del Poder Electoral establecía; sin embargo, dada la imposibilidad de lograr una decisión política de la Asamblea Nacional para la designación del nuevo Consejo Nacional Electoral que pudiera tomar decisiones, y dado que judicialmente se había prohibido al Consejo Nacional Electoral existente el poder tomar decisiones como la que se había acordado en la Mesa de Negociación y Acuerdos, ello condujo a la Sala Constitucional del Tribunal Supremo a tratar de remendar las consecuencias del secuestro anterior que junto con la Sala Electoral había realizado respecto del Poder Electoral; procediendo de nuevo, a un nuevo secuestro del Poder Electoral, esta vez con motivo de conocer de un recurso de inconstitucionalidad de la comisión legislativa (art. 336,7, Constitución) que se había intentado contra la Asamblea Nacional, por no haber designado a los miembros del Consejo Nacional Electoral.

La Sala Constitucional del Tribunal Supremo comenzó dictando la sentencia nº 2073 de 4 de agosto de 2003 (Caso: *Hermánn Escarrá Malave y otros*) para resolver sobre la omisión del órgano legislativo, y al constatar la inconstitucionalidad de la situación de la falta de acuerdo parlamentario, otorgó a la Asamblea Nacional omisa, un plazo de 10 días para que cumpliera con su obligación con la indicación de que si no lo hacía, la Sala corregiría la situación haciendo los nombramientos[119]. Y así ocurrió, procediendo a suplir la omisión de la Asamblea Nacional pero no sólo desde el punto de vista jurídico sino político, de manera que lo que el gobierno no pudo lograr a través de la mayoría de la Asamblea, lo lograría a través de la Sala Constitucional del Tribunal Supremo, es decir, el control del Consejo Nacional Electoral.

---

119 Véase el análisis detallado de la sentencia en Allan R. Brewer–Carías, *La Sala Constitucional versus el Estado democrático de derecho. El secuestro del Poder Electoral y de la Sala Electoral del Tribunal Supremo y la confiscación del derecho a la participación política*, Los Libros de El Nacional, Colección Ares, Caracas 2004, pp. 37 ss.

No en balde la propia Sala Constitucional había anunciado en su sentencia previa N° 2073 de 4 de agosto de 2003, que dichos nombramientos "trasciende lo jurídico".

En la sentencia subsiguiente N° 2341 del 25 de agosto de 2003 (Caso: *Hermánn Escarrá M. y otros*), la Sala Constitucional, en efecto, para adoptar las decisiones respecto de la omisión constatada, señaló que se trataría de un nombramiento provisional para lo cual sólo "en lo posible, aplicará la Ley Orgánica del Poder Electoral con las variables necesarias derivadas de la naturaleza de las medidas provisorias", afirmando su poder de nombrar personas así no fueran candidateados por las entidades determinadas en la Constitución. Además, la Sala procedió a limitar la autonomía del Cuerpo que nombraba, designando ella misma quién sería su Presidente y su Vicepresidente, violando lo establecido en el artículo 296 de la Constitución; y procedió, además, a secuestrar al Consejo Nacional Electoral que nombraba, cercenándole su potestad para designar a los titulares de los órganos del Poder Electoral, designando directamente al Secretario y al Consultor Jurídico del Consejo Nacional Electoral; a los integrantes de los órganos subordinados (Junta Nacional Electoral; Comisión de Registro Civil y Electoral; Comisión de Participación Política y Financiamiento), integrándolos con miembros principales y suplentes del organismo, en la forma como la propia Sala lo determinó; y a los miembros de un Consejo de Participación Política. En esa forma, los miembros del Consejo Nacional Electoral y todo los otros funcionarios nombrados por la Sala Constitucional, fueron juramentados por ella el día 27 de agosto de 2003; y a partir de entonces, ese Consejo Nacional Electoral secuestrado por la Sala Constitucional, comenzó a confiscarle a los ciudadanos el derecho a la participación política, particularmente estableciendo todos los obstáculos imaginables para la realización del referendo revocatorio presidencial que se había acordado en la Mesa de Negociación y Acuerdos.

En esta materia, el artículo 6 de la Constitución dispone que el gobierno de la República es de mandatos revocables; el artículo 70 de la misma identifica como uno de los medios de participación en lo político, a "la revocación del mandato"; y el artículo 72, dispone que todos los cargos y magistraturas de elección popular son revocables, a cuyo efecto, una vez transcurrida la mitad del período para el cual fue elegido un funcionario, un número no menor del 20% de los electores inscritos en la correspondiente circunscripción en el momento de formular la solicitud, puede solicitar la convocatoria de un referendo para revocar su mandato.

La Constitución, nada estableció respecto del momento en el cual podía iniciarse el proceso de la recolección de firmas con el objeto de solicitar la realización del referendo revocatorio[120], pero es evidente que si el derecho para presentar la solicitud nace una vez transcurrido la mitad del período constitucional, entonces las firmas, que son la expresión concreta de la manifestación de voluntad, deben recogerse con posterioridad a esa fecha. En todo caso, el tema es de reserva legal, y para 2003 nada de ello se había regulado legislativamente. Lo que había en materia interpretativa era una sentencia de la Sala Constitucional que precisó que las firmas

120 Así lo constató la Sala Constitucional en sentencia n° 137 de fecha 13 de febrero de 2003 (Caso*: Freddy Lepage y otros).*

"lógicamente deben preceder a la solicitud"[121], lo que condujo a que se interpretara que ese proceso podía ejecutarse aún antes de transcurrida la mitad del período del mandato del Presidente Chávez, para presentar la solicitud posteriormente, una vez transcurrido ese lapso.

Y fue en tal sentido que la oposición al Presidente de la República convocó a un proceso de recolección de firmas para respaldar una declaración sobre la revocación del mandato del Presidente[122], denominado el "Firmazo", el cual se realizó el 2 de febrero de 2003, es decir, más de seis meses antes de que hubiera transcurrido la mitad del período constitucional del Presidente[123]. Las firmas fueron presentadas ante el Consejo Nacional Electoral el día 20 de agosto de 2003 por un grupo de partidos políticos y organizaciones con fines políticos, pero la presentación estuvo signada por la discusión sobre la oportunidad para recoger las firmas en respaldo de la solicitud de referendo y la forma cómo debió haberse formulado la petición.

La discusión y la interpretación que se había hecho de la frase antes mencionada de que las firmas lógicamente debían preceder a la solicitud contenida en la sentencia de la Sala Constitucional nº 137 de fecha 13 de febrero de 2003 (caso: *Freddy Lepage y otros)*, había llegado al mismo Tribunal Supremo, por lo que la Sala Constitucional una semana antes de la consignación de las firmas ante el Consejo Nacional Electoral, se vio en la necesidad de publicar una "nota de prensa", el 14 de agosto de 2003, en la cual informaba que la Sala no se había pronunciado sobre el tema de la oportunidad para la recolección de las firmas, ni tampoco sobre "lo relacionado con la validez de dichas firmas, todo lo cual es competencia del Consejo Nacional Electoral, según las normas que rigen su funcionamiento".

En respuesta a la documentación y firmas sobre la revocatoria del mandato del Presidente de la República, que se habían consignado ante el Consejo Nacional Electoral el 20 de agosto de 2003, dicho organismo, mediante Resolución nº 030912–461 de fecha 12 de septiembre de 2003, después de constatar la incertidumbre que originaba la ausencia de regulación legal sobre la materia[124],

---

121 *Idem.*

122 El texto del encabezamiento de las planillas rezaba así: "Iniciativa de Convocatoria a un Referendo Revocatorio del Mandato del Presidente de la República". Nosotros, los firmantes de esta Planilla, inscritos en el registro Electoral, tomamos la iniciativa de convocar a un referendo revocatorio del mandato del Presidente de la república, ciudadano Hugo Rafael Chávez Frías, de conformidad con lo establecido en el artículo 72 de la Constitución. A tal efecto, sugerimos la siguiente pregunta: ¿De conformidad con lo previsto en el artículo 72 de la Constitución de la República Bolivariana de Venezuela, está usted de acuerdo con revocar el mandato al Presidente de la República Hugo Rafael Chávez Frías?.

123 En esa oportunidad se informó que se habían recogido en respaldo de la solicitud, 3.236.320 firmas de electores inscritos en el registro electoral.

124 El Consejo expuso en la Resolución lo siguiente: "estos medios de participación política como derechos constitucionales que son, pueden ser ejercitados desde su sola regulación constitucional, pero la ausencia de desarrollo legislativo de los mismos hace que su ejercicio esté sujeto a un contexto de altísima incertidumbre. Por consiguiente, a los fines de completar el régimen del derecho constitucional, se harán necesarias la intervención del legislador por vía general o bien la intervención pretoriana del juez, caso por caso, como fuentes de desarrollo y complementación del derecho tal y como aparece regulado en la Constitución".

declaró inadmisible la solicitud presentada al considerar, entre otros aspectos[125], que las firmas que respaldaban las solicitudes "fueron suscritas de manera extemporánea por anticipada, esto es, antes de que naciera la titularidad del derecho del referendo revocatorio".

El tema, en todo caso, una vez rechazada la solicitud, unos días después fue regulado en forma expresa, en las Normas de Referendos Revocatorios dictadas por el Consejo Nacional Electoral[126], estableciéndose que la recolección de firmas para la solicitud de los referendos revocatorios, sólo puede tener lugar una vez que haya trascurrido la mitad del período del funcionario electo[127].

---

125 La Resolución expresó sobre la forma de la solicitud, lo siguiente: "En estricto sentido, pues, el texto firmado por quienes participaron el "Firmazo" no es expresión de una solicitud o petición dirigida a este Organismo Electoral del que se prescinde totalmente y, de otro lado, se omiten datos formales, estimados por la Sala Constitucional como formas esenciales que las solicitudes deben cumplir inexorablemente, tales como la indicación de la "fecha de toma de posesión efectiva " del cargo del funcionario cuestionado y la mención del Poder Electoral como destinatario de la solicitud". Por ello, el Consejo Nacional Electoral la declaró "inadmisible...porque las planillas cuyas firmas respaldarían la solicitud de los presentantes no contienen una manifestación de voluntad que llene los requisitos del artículo 72 de la Constitución, según la jurisprudencia citada de la Sala Constitucional del Tribunal Supremo de Justicia y, en todo caso, tales planillas no contienen una solicitud o petición dirigida a este Poder Electoral".

126 Resolución nº 030925–465, mediante la cual se dictan las "Normas para Regular los Procesos de Referendos Revocatorios de Mandatos de Cargos de Elección Popular", en *Gaceta Oficial* nº 37.784 del 26 de septiembre de 2003. Estas normas, en nuestro criterio, vulneraron el derecho a la participación política consagrado en la Constitución, pues antes que facilitar su ejercicio, establecieron trabas y requisitos que afectaron su ejercicio y lo limitaron más allá de lo permitido en la Constitución. Estas limitaciones afectaron la formulación de la petición por los electores, pues sin fundamento constitucional alguno establecieron que las firmas en respaldo de la petición de los referendos sólo podía estamparse en un formulario preestablecido en papel especial diseñado por el Consejo Nacional Electoral, que las dichas firmas sólo se podían estampar en unos lugares precisos y en un plazo de sólo unos días preestablecidos, eliminándose además, el derecho de los ciudadanos que estuviesen fuera del país de poder respaldar con su firma la petición. Al contrario, la manifestación de voluntad de respaldo a una solicitud de referendo revocatorio es un derecho constitucional que todos los ciudadanos tienen a la participación política, el cual no puede restringirse ni siquiera por ley, por lo que menos aún puede restringirse mediante actos reglamentarios, como el contenido en la mencionada Resolución. Así, por lo demás, lo ha afirmado la Sala Constitucional del Tribunal Supremo de Justicia en sentencia nº 321 de 22–02–2002, en la cual señaló que las limitaciones a los derechos constitucionales "derivan por sí mismas del texto constitucional, y si el legislador amplía el espectro de tales limitaciones, las mismas devienen en ilegítimas". La condición de ciudadano y el ejercicio de los derechos políticos de los mismos, por tanto, no puede restringirse a sólo unos días; y esa condición no se pierde, en forma alguna, por encontrarse la persona fuera del país.

127 En el caso del Presidente de la República, al haberse juramentado el 18 de agosto de 2000 la mitad de su período fue el 18 de agosto de 2003. Era a partir de esa fecha cuando podía presentarse la solicitud de revocatoria de su mandato. La Sala Constitucional en sentencia nº 457 de 05–04–2001 (Caso: *Francisco Encinas Verde*) resolvió que: "a) el inicio del actual período del Presidente es la fecha de su toma de posesión, previa juramentación ante la Asamblea Nacional, el día 19–08–99, de acuerdo con los artículos 3 y 31 del Estatuto Electoral del Poder Público, y la duración es la de un período completo, es decir, por seis años, a tenor de lo dispuesto en el citado artículo 3 *eiusdem*; si se admitiera el acortamiento del actual período se violaría este artículo; b) el próximo período constitucional comienza el 10–01–07, según lo dispone el artículo 231 de la Constitución de la República Bolivariana de Venezuela; c) el Presidente de la República deberá continuar en el ejercicio de sus funciones de acuerdo a lo establecido en el artículo 231 de la Constitución de la República Bolivariana de Venezuela, es decir, hasta el 10–01–07". Este criterio fue ratificado en sentencia de la misma Sala nº 759 de 16–05–2001 (Caso: *Asamblea Nacio-*

Con estas normas el Poder Electoral inició la confiscación del derecho ciudadano a la participación política mediante la iniciativa popular de solicitud de convocatoria de referendos revocatorios, al encasillar de tal manera el ejercicio del derecho, que lo ha hecho de casi imposible ejercicio, estableciendo además, nuevas condiciones para la procedencia de la revocación del mandato no contempladas en el marco constitucional vigente. Mediante esas normas, además, el Consejo Nacional Electoral asumió el control total del derecho de petición a los efectos de solicitar la convocatoria de un referendo revocatorio, el cual sólo puede ejercerse mediante firmas obtenidas en la forma, en los lugares y con las formalidades fijadas por la autoridad electoral y bajo su estricta supervisión mediante observadores del Consejo Nacional Electoral. Se trató de una limitación al derecho de petición que la propia Constitución garantiza en forma general, no admitida en su texto (art. 51).

En esa forma, la firma de una solicitud o petición, que es un derecho ciudadano, de ejercicio personal, en el caso de las peticiones para los referendos revocatorios, se convirtió en un acto público a ser realizado en unos lugares predeterminados, en unas planillas preestablecidas, en unos días fijos (4 días) y bajo la vigilancia del Estado, donde además de la firma se debe estampar la huella dactilar.

Las organizaciones con fines políticos o las agrupaciones de ciudadanos que promuevan la iniciativa, deben consignar las planillas firmadas ante el Consejo Nacional Electoral, el cual debe entonces proceder "a efectuar la verificación de los requisitos previstos en el artículo 72 de la Constitución de la República Bolivariana de Venezuela" (art. 27), disponiendo las Normas los casos en los cuales las firmas o solicitudes no se considerarán fidedignas y en consecuencia se estimarán como solicitudes inválidas (art. 29).[128]

El resultado del proceso de validación debe finalmente publicarse, y en un plazo de cinco días continuos siguientes a la publicación, "el elector firmante que fuera rechazado, podrá acudir personalmente ante el Consejo Nacional Electoral, a los fines de subsanar cualquier error material en que haya incurrido la Administración Electoral durante la verificación de sus datos. En caso contrario, quedará firme su rechazo. Asimismo, el elector que alegue que no firmó la planilla, podrá acudir al Consejo Nacional Electoral a los fines de solicitar su exclusión inmediata del cómputo de las firmas. En ambos supuestos, el Consejo Nacional Electoral publicará el formato de las comunicaciones mediante las cuales los electores harán sus solicitudes".

Una vez dictadas dichas Normas en septiembre de 2003, y a pesar de su carácter extremadamente limitante para el ejercicio del derecho de petición, organizaciones políticas de oposición formularon ante el Consejo Nacional Electoral la participación correspondiente sobre el inicio del procedimiento para la solicitud de revocatoria del mandato del Presidente de la República conocida como El

---

nal), y por la Sala Constitucional en "Comunicado" de 04–02–2003 (*V.* la cita en sentencia nº 137 de 13–02–2003 (Caso: *Freddy Lepage y otros*).

128 A los efectos de esta verificación, con fecha 20 de noviembre de 2003, el Consejo Nacional Electoral dictó la Resolución nº 031120–794, contentiva de las "Normas sobre los criterios de validación de las firmas y de las planillas de recolección de firmas para los procesos de referendo revocatorio de mandatos de cargos de elección popular", en la cual se fijaron los diversos criterios para ello.

Reafirmazo. El Consejo Nacional Electoral, mediante Resolución nº 031015–529 de fecha 15 de octubre de 2003 fijó como fecha para efectuar la recolección de firmas relativas a la solicitud para la convocatoria, el día 28 de noviembre de 2003, con un plazo de cuatro días hasta el día 1° de diciembre de ese año. A tal efecto, el Consejo Nacional Electoral publicó en la prensa la información sobre los Centros de recolección de firmas[129].

Después de cumplirse todas las formalidades y los muy engorrosos requisitos que conforman el procedimiento para la obtención de firmas"[130], las organizaciones promotoras de la solicitud, anunciaron haber consignado el 19 de diciembre de 2003 ante el Consejo Nacional Electoral un total de planillas con 3.467.050 firmas[131]. Aún antes de la consignación de las firmas, sin embargo, se había iniciado una polémica en el seno del Consejo Nacional Electoral sobre los criterios, no para validarlas sino para anularlas, y si ello se refería a las firmas o a las planillas[132]. Sólo fue en la segunda semana de enero de 2004 cuando se comenzó a realizar la verificación de las firmas, mediante un instructivo relativo a la validación de planillas y actas[133].

El excesivo formalismo que comenzó a aplicarse en la revisión fue advertido por los observadores internacionales[134]; y el 7 de febrero de 2004 uno de los Ministros del Poder Ejecutivo ya indicaba la necesidad de invalidar muchas firmas, lo que fue protestado por miembros del Poder Electoral considerando las declaraciones como irrespeto a la autonomía de dicho Poder[135].

En todo caso, en materia de validación de las firmas y planillas, para el 9 de febrero de 2004, la discusión en el propio Consejo Nacional Electoral comenzó a centrarse sobre las objeciones que se habían formulado respecto de las planillas con firmas en las cuales los nombres y apellidos de las personas firmantes y sus números de cédulas de identidad, se habían escrito en caligrafía similar por personas distinta. En las Normas que regían el procedimiento de verificación y validación nada se decía al respecto, y más bien lo único que se exigía es que la firma fuera manuscrita (art. 29,3) pero no los datos de identificación (nombre, apellido y número de cédula

---

129 Véase por ejemplo, *El Nacional*, Caracas 27–11–200, p. A–7; *El Nacional*, Caracas 30–11–200, p. A–9.

130 Antes de que terminara el plazo para ello ya el Presidente de la República calificaba el proceso como un "megafraude". *V. El Nacional*, Caracas 01–12–2003, p. A–4, y en particular, las declaraciones sobre ello de Cesar Gaviria, Secretario General de la OEA. Miembros del Consejo Nacional Electoral, en respuesta, solicitaban que cualquier denuncia se presentara ante el organismo. *Idem. V.* la declaración del Presidente del Consejo Nacional Electoral en *El Nacional*, Caracas 01–12–2003, p. A–4.

131 Véase en *El Nacional*, Caracas 17–12–2003, p. A–1 y A–4. *V.* también *El Nacional*, Caracas 19–12–2003, p. A–2.

132 Véase en. *El Nacional*, Caracas 13–12–2003, p. A–1; *El Nacional*, Caracas 16–12–2003, p. A–2

133 Véase en *El Nacional*, Caracas 09–01–2004, p. A–3; *El Nacional*, Caracas 13–01–2004, p. A–2.

134 Véase las observaciones de los representantes del Centro Carter y de la OEA en *El Nacional*, Caracas 03–02–2004, p. A–1

135 Véase en *El Nacional*, Caracas 08–01–2004, p. A–2

de identidad), respecto de los cuales no se exigía que fueran de puño y letra de los peticionantes[136].

Por ello, en medio de denuncias varias[137], los observadores internacionales en el proceso advertían, con razón, que el Consejo Nacional Electoral en el proceso de verificación de las firmas, debía privilegiar la voluntad del firmante sobre los tecnicismos[138], lo que por lo demás es lo que derivaba del principio del Estado de Justicia, que conforme al artículo 26 de la Constitución debe ser "sin formalismos".

Pero para el 17 de febrero de 2004, ya la prensa anunciaba que de las casi 3 millones y medio de firmas entregadas respaldando la petición de convocatoria de un referendo revocatorio del mandato del Presidente de la República, sólo algo más de un millón de firmas no tendrían observaciones[139]; y a la vez, que se había intentado ante la Sala Electoral del Tribunal Supremo de Justicia una acción de amparo para proteger el derecho a la participación política contra el supuesto criterio de validación sobrevenido que se anunciaba respecto de las planillas de firmas donde los datos de identificación de los firmantes se habían escrito con la misma caligrafía[140]. El 20 de febrero de 2004 ya el Presidente del Consejo Nacional Electoral anunciaba sobre la objeción que se habían formulado a 213.190 planillas, de las cuales 148.190 era por presentar similar caligrafía[141].

Entre el 21 y 23 de febrero de 2004 se discutió en el Consejo Nacional Electoral sobre un "instructivo" que debía guiar el trabajo del Comité Técnico Superior mediante el cual se formalizaría el rechazo de las planillas con similar caligrafía (planillas planas) que afectaba 148.000 planillas, pero el mismo no pudo ser aprobado[142] hasta el día 24 de febrero de 2004[143] en una votación de tres a dos. Al

136 Solamente en unas "Normas para Regular las Actividades de los Observadores del Consejo Nacional Electoral en la Recolección de Firmas y de los Agentes de Recolección de Firmas de los Presentantes de las solicitudes de Convocatorias de Referendos Revocatorios de Mandatos de Cargos de Elección Popular" (Resolución nº 031030–74 de 30–10–2003) se disponía que los observadores debían "Entregar a los firmantes formato en el cual estos mismos plasmarán, con base a la información que le suministre el Agente de Recolección de Firmas, los datos de la Planilla de Recolección de Firmas en la cual han manifestado su voluntad" (Art. 4). *V.* el reportaje de Alfredo Meza, *El Nacional*, Caracas 09–02–2004.

137 Véase las declaraciones del Diputado Carlos Berrizbeitia, denunciando que "se está gestando un fraude con la anulación de las planillas tipo planas" en *El Nacional*, Caracas 09–02–2004, p. A–2.

138 Véase las declaraciones de los representantes del Centro Carter y de la OEA, en *El Nacional*, Caracas 14–02–2004, p. A–2.

139 Véase en *El Nacional*, Caracas 17–02–2004, p. A–1 y A–2

140 Véase las declaraciones Enrique Ochoa Antich, accionante del amparo, en *El Nacional*, Caracas 17–02–2004, p. A–2. *V.* la información sobre el criterio de la Consultoría Jurídica del Consejo Nacional Electoral en *El Nacional*, Caracas 19–02–2004, p. A–1.

141 Reconocía, además, que si bien el tema de las "planillas planas" no estaba contemplado en las Normas, se trataba de "hechos sobrevenidos que provocan duda que debe resolver el directorio". *V.* reportaje de Marianela Palacios, *El Nacional*, Caracas 20–02–2004, p. A–2.

142 Véase en *El Universal*, Caracas 21–02–2004, p. 1–1; *El Universal*, Caracas 22–02–2004, p. 11–1; *El Nacional*, Caracas 24–02–2004, p. 1–3.

143 Según lo informó el periodista Alfredo Meza, había triunfado la propuesta "que sostenía que era una violación de la norma que los agentes que recogieron las firmas transcribieran el nombre y el número de cédula de los participantes, por lo que había que colocar en observación todas aquellas rúbricas que se derivaron de esa mecánica". *El Nacional,* Caracas 25–02–2004, p. A–2. La "norma" sin embargo, no

día siguiente, el Vicepresidente de la República se apresuró a señalar que la decisión adoptada era "impecable desde el punto de vista jurídico y procedimental", y el Ministro de la Defensa diría que la haría respetar[144].

Los dos miembros del Consejo Nacional Electoral que habían salvado su voto en la decisión adoptada, destacaron la crisis institucional que se había abierto en el Cuerpo con la decisión. Uno de ellos expresó que "Aquí no se están respetando las normas establecidas. El nuevo criterio de planillas planas no estaba en las normas. Choca contra todo lo que estaba establecido. Es un grave golpe el que se ha dado al referendo revocatorio"[145]; la otra rectora miembro del Consejo "consideró la decisión como una abierta violación de la Constitución y de las normas del referéndum revocatorio aprobadas por el directorio". Se ha confundido el acto personalísimo que establecen las normas con la transcripción de datos. La normativa decía que sólo la firma y la huella. La manifestación de la voluntad debe respetarse"[146].

En todo caso, con la decisión tomada se terminaba de confiscar el derecho ciudadano a la participación política mediante la solicitud de convocatoria de un referendo revocatorio, de manera que el día 28 de febrero ya se leía en la prensa un "aviso" del Consejo Nacional Electoral donde informaba cuándo y cómo serían reconocidas las firmas"[147], con normas de invalidación de firmas que no estaban en vigencia para cuando se inició el procedimiento, aplicándoselas, además, retroactivamente. El proceso confiscatorio del derecho ciudadano a formular una petición para la convocatoria de un referendo revocatorio del mandato del Presidente de la República, concluyó con la adopción de la Resolución nº 040302-131 del Consejo Nacional Electoral de 2 de marzo de 2004[148].

---

aparece en Resolución alguna del Poder Electoral y sólo se adoptaría *ex post facto* en un "Instructivo" el día 24–02–2004, denominado "Instructivo sobre el tratamiento por el Comité Técnico Superior de las Firmas de Caligrafía Similar o Renglones de Planillas Llenadas por la misma Persona", el cual tampoco fue publicado ni en Gaceta Oficial ni siquiera en la página web del Consejo Nacional Electoral. *V.* las referencias al "Instructivo" en la sentencia de la Sala Electoral nº 24 del 15–032994, en la cual suspendió los efectos de dicho Instructivo.

144 Véase en *El Nacional*, Caracas 26–02–2004, p. A–6.

145 Véase. lo expresado por Ezequiel Zamora al periodista Alfredo Meza en *El Nacional*, Caracas 25–02–2004, p. A–2.

146 Véase lo expresado por Sobella Mejías, en *El Nacional*, Caracas 25–02–2004, p. A–2.

147 Véase en *El Nacional*, Caracas 28–02–2004, p. A–9; *El Nacional*, Caracas 29–02–2004, p. A–11.

148 En la Resolución el Consejo hizo "del conocimiento público que en el procedimiento revocatorio iniciado en relación con el ciudadano Hugo Rafael Chávez Frías, Presidente de la República, la actividad de verificación de las solicitudes y firmas adelantada por este Poder Electoral", había arrojado como "resultados preliminares", entre otros, de las 388.108 planillas procesadas sometidas a la verificación física por el Organismo, y 39.060 planillas invalidadas en razón del incumplimiento de las "Normas sobre los Criterios de Validación de las Firmas y de las Planillas de recolección de firmas para los proceso de Referendo Revocatorio de Mandatos de Cargos de Elección Popular", en especial, "los numerales 2; 3; 4 y 5". Además, 3.086.013 solicitudes procesadas del universo de planillas validadas según actas, de las cuales 1.832.493 solicitudes se consideraban validadas para la convocatoria del referendo revocatorio, 143.930 solicitudes rechazadas en razón del Registro Electoral; 233.573 solicitudes rechazadas en razón del artículo 3 y los numerales 1, 6 y 7 de las "Normas sobre los Criterios de Validación de las Firmas y de las Planillas de recolección de firmas para los proceso de Referendo Revocatorio de Mandatos de Cargos de Elección Popular", ratificadas por la opinión unánime de los cinco supervisores del Comité

En la misma, de las firmas que habían consignado los solicitantes de la convocatoria del referendo, Asociación Civil Súmate, que eran 3.467.050 firmas; el Consejo Nacional Electoral admitía en su Resolución que después del proceso de validación, existían 1.832.493 solicitudes validadas para la convocatoria del referendo revocatorio. Si a esa cifra se le sumaban las 876.017 firmas que se colocaron bajo observación, el total era de 2.708.510 firmas. Pero para solicitar el referendo revocatorio en el caso del Presidente de la República[149] bastaban 2.405.856 de firmas, por lo que la Resolución había cambiado todo: con ella se le había confiscado a los ciudadanos su derecho ciudadano a solicitar o formular una petición para convocar un referendo revocatorio del mandato del Presidente de la República. Nada menos se podía esperar de un Poder Electoral secuestrado por el poder político, a través de decisiones de la Sala Constitucional del Tribunal Supremo de Justicia. Y efectivamente, la Resolución había cambiado todo: llevó al país a una situación de violencia generalizada nunca antes conocida, precisamente porque el ciudadano sintió que le había sido impunemente arrebatado su derecho.

Debe señalarse, además, que desde el 28 de febrero de 2004, es decir, varios días antes de que la Resolución fuera aprobada por el Consejo Nacional Electoral, el organismo ya anunciaba en "Avisos" publicados en la prensa que *sólo serían reconocidas las firmas* de los solicitantes, cuando éstos hubieran llenado "legalmente los datos de identidad con tu puño y letra, firmaste y colocaste tu huella dactilar", o cuando las personas hubieran sido "asistidos para llenar la planilla con tus datos, debido a algún impedimento y quedó constancia de ello". El no "reconocimiento" de las firmas conforme a esos criterios, significaba que las mismas entonces pasarían a "observación"; y entonces, se indicaba, debían pasarse "a observación" por errores en los recolectores, que sin embargo podían ser subsanados "en las jornadas de reparación a realizarse próximamente[150]".

Esto fue, precisamente, lo que luego "decidió" o ratificó el Consejo Nacional Electoral en su Resolución, adoptada después de que una gran marcha de protesta organizada por la oposición el día 27 de febrero de 2004, precisamente en defensa de las firmas y solicitudes consignadas, que fue brutalmente reprimida por las fuerzas de seguridad del Estado, con la que se quería entregar un documento en la reunión de Presidentes del "Grupo de los 15" en Caracas[151]. Ello fue precisamente

Técnico Superior; y 876.017 solicitudes se colocaron "bajo observación, calificadas por la opinión unánime de los cinco supervisores del Comité Técnico Superior, susceptibles de ser ratificadas por la vía del reparo, en razón de constituir solicitudes o firmas de similar caligrafía, de acuerdo a lo previsto en el artículo 31, Capítulo V, de las Normas para regular los Procesos de Referendos Revocatorios de Mandatos de Cargos de Elección Popular, instrumento publicado en la *Gaceta Electoral* nº 181, de fecha 20 de noviembre de 2003". *V.* en *El Nacional*, Caracas 03–02–2004, p. A–2. La Resolución se publicó en la página web del Consejo Nacional Electoral, indicándose erradamente como fecha de la misma el "8 de enero de 2004", cuando al final del texto se afirma que fue aprobada el 02–03–2004.

149 El Presidente de la República, fue electo en 2000 con 3.757.774 votos.

150 Véase en *El Nacional*, Caracas 28–02–2004, p. A–9.

151 Véase en *El Nacional*, Caracas 28–02–2004, p. A–1 y A–2. Dos semanas antes, otra multitudinaria marca de la oposición con el mismo fin se había realizado en Caracas, *V. El Universal*, Caracas, 15–02–2004, p. 1–1; *El Nacional*, Caracas 1–02–2004, p. A–1.

lo que originó una ola de protestas cívicas generalizadas en todo el país[152], la mayoría de ellas de carácter espontáneo. Estas fueron de nuevo y en forma continuada, brutalmente reprimidas por la Guardia Nacional, en una forma nunca antes vista en el país (por la nueva tecnología de represión existente y por el odio demostrado por la fuerza pública en la represión), originando detenciones ilegales y violaciones generalizadas a los derechos a la vida, libertad, seguridad e integridad personales[153]. La protesta contra la brutal represión fue nacional[154] y mundialmente[155] expresada, y el 6 de marzo de 2004 se efectuó en Caracas una extraordinaria y multitudinaria manifestación de rechazo contra la represión del gobierno[156]. El largo camino recorrido para solicitar la convocatoria al referendo revocatorio presidencial, una vez más quedaba truncado[157].

La decisión del Consejo Nacional Electoral, en todo caso, era un acto administrativo definitivo, y siendo su revisión, por el propio Consejo Nacional Electoral, materialmente imposible[158], sólo quedaba su revisión judicial por la Sala Electoral del Tribunal Supremo, y efectivamente, dicha Sala Electoral, al conocer de un recurso de nulidad con pretensión de amparo contra dicha decisión, suspendió sus efectos en medida cautelar de amparo dictada mediante sentencia nº 24 del 15 de marzo de 2004 (Caso*: Julio Borges, César Pérez Vivas, Henry Ramos Allup, Jorge Sucre Castillo, Ramón José Medina y Gerardo Blyde vs. Consejo Nacional Electoral*), lo que implicaba que el procedimiento de convocatoria al referendo debía continuar.

Las consecuencias políticas de dicha decisión, en un sistema constitucional donde la separación de poderes no garantiza totalmente su independencia, las

---

152 Véase por ejemplo, *El Universal*, Caracas 28–02–2004, p. 1–1; *El Nacional*, Caracas 01–03–2004, p. A–1; *El Nacional*, Caracas 02–03–2004, p. A–1.

153 Véase en *El Nacional*, Caracas 04–03–2004, p. A–1; *El Nacional*, Caracas 06–03–2004, p. A–1.

154 Véase por ejemplo la declaración de los decanos de las facultades de derecho y miembros de la Academia de Ciencias Políticas y Sociales, en *El Nacional*, Caracas 06–03–2004, p. A–4.

155 Véase por ejemplo la manifestación de la Sociedad Internacional para los Derechos Humanos, firmada entre otros por los Presidentes de Polonia, Lituania y República Checa, Lech Walesa, Vitautas Landsbergis y Vaclav Havel. *V.* en *El Nacional*, Caracas 06–03–2004, p. A–2.

156 Véase en. *El Nacional*, Caracas, 07–03–2004, pp. A–1; A–2; A–3

157 La Coordinadora Democrática de Venezuela, en *Comunicado* del 05–04–2004, resumía así el camino recorrido en el empeño de buscar una salida democrática y electoral a la crisis política: "En los últimos años, hemos recorrido las diferentes opciones electorales que nos brinda nuestra Constitución. Se recogieron y entregaron suficientes firmas para activar el Referendo Consultivo y luego de que este fue convocado por el Consejo Nacional Electoral, el proceso fue abortado por la Sala Electoral del Tribunal Supremo de Justicia, la misma a la que hoy el gobierno le niega competencia para decidir sobre temas electorales. Luego se realizó el Firmazo; las firmas recogidas en esa oportunidad fueron suficientes otra vez para activar el Referéndum, pero quedaron invalidadas por el CNE por considerarlas extemporáneas. Finalmente, se realizó el Reafirmazo y por tercera vez se recogieron suficientes firmas siguiendo un procedimiento sumamente estricto y blindado en el cual participaron funcionarios del propio CNE, efectivos del Plan República, testigos del oficialismo y Observadores Nacionales e Internacionales. Sin embargo, a pesar de todo esto, la Directiva del CNE ha puesto en duda la validez de la voluntad popular expresada durante esa histórica jornada". *V.* en *Globovisión.com,* Caracas 05–04–2004

158 Véase la posición de la Coordinadora Democrática en; *El Nacional*, Caracas, 04–03–2004, p. A–4; *El Universal*, Caracas, 04–03–2004, p. 1–2.

reacciones y amenazas no se hicieron esperar contra la Sala Electoral, tanto de parte del Poder Legislativo como del Poder Ejecutivo, e incluso, de órganos del Poder Ciudadano[159].

En cuanto al Poder Legislativo, fue primero la Junta directiva de la Asamblea Nacional, y después, la plenaria de la misma, el 16 de marzo de 2004, las que adoptarían un "Acuerdo" donde se "condena enfáticamente" el fallo por considerarlo "absolutamente irrito y nulo", y lo más grave, exhortaban al Poder Ciudadano para que calificara la conducta de los magistrados de la Sala como "falta grave" a los efectos de poder ser removidos por la propia Asamblea Nacional[160].

La sugerencia de la Asamblea Nacional, por supuesto, surtió efectos de inmediato, de manera que el mismo día 16 de marzo de 2004, por una parte, representantes del partido de gobierno solicitarían ante el Tribunal Supremo de Justicia en Pleno, el inicio de un antejuicio de mérito para enjuiciar a los Magistrados Alberto Martini Urdaneta, Rafael Hernández Uzcátegui y Orlando Gravina Alvarado de la Sala Electoral[161], seguramente por el "delito" de haber sido independientes y autónomos como jueces; y por la otra, el Consejo Moral Republicano (Poder Ciudadano), como consecuencia de la solicitud de la Asamblea Nacional, acordaría con base en el artículo 275 de la Constitución y el artículo 32 de la Ley Orgánica del Poder Ciudadano, iniciar el procedimiento de calificación de las presuntas faltas atribuidas a los mismos Magistrados de la Sala Electoral del Tribunal Supremo, en relación con la decisión anunciada por esa instancia del máximo Tribunal sobre el proceso refrendario[162].

Pero también se produciría la reacción del Poder Ejecutivo contra una Sala del Tribunal Supremo, a través del Vice Presidente Ejecutivo de la República, quién calificaría a la sentencia como inconstitucional, subversiva, mafiosa e inmoral, reivindicando además un supuesto tutelaje de la Sala Constitucional del Tribunal Supremo de Justicia sobre el Consejo Nacional Electoral y en general sobre la materia electoral, en razón que haber sido esa Sala la que había nombrado al Consejo Nacional Electoral por la omisión de la Asamblea Nacional, lo que en criterio del representante Poder Ejecutivo "significa que todo lo relativo a la cuestión electoral corresponde estrictamente al CNE, y vía recurso a la Sala

---

159 La decisión fue públicamente cuestionada por el Fiscal General de la República, Isaías Rodríguez, quien estimó que más que una medida cautelar lo que había dictado la Sala Electoral había sido una decisión de fondo. Señaló que el contenido de la decisión: "hace de la cautelar una decisión de fondo y no una medida provisoria, y se corre el riesgo de que cause en sí misma el agravio o el daño que pretende evitar, desnaturalizándose el contenido de ella. Es decir, pasa a ser una decisión de fondo mas no provisoria"...Por lo demás, la cautelar adelanta opinión sobre la nulidad y pudiéramos estar ante una extralimitación de atribuciones. La decisión de la Sala Electoral ha incurrido en un evidente desorden procesal, puesto que pareciera que con una medida provisional se pretende anular un acto administrativo que para los promotores del amparo constituye el verdadero fondo de la acción. *V.* en *El Universal*, Caracas 16–03–2004.

160 Véase en *Globovisión.com*, Caracas 16–03–2004.

161 *Idem.*

162 *Ibidem.* En dicho procedimiento, con fecha 18–03–2004, el Consejo Moral Republicano requeriría de la Sala Constitucional del Tribunal Supremo de Justicia copia del Expediente de la solicitud de avocamiento que cursaba ante la misma. *V. El Universal*, Caracas 19–03–2004.

Constitucional", a cuyas decisiones se acogerían por supuestamente ser la única con "jurisdicción en esta materia, y que es la que resguarda precisamente a la Constitución de 1999"[163].

En todo caso, todas las manifestaciones de los Poderes Legislativo, Ciudadano y Ejecutivo en contra de la decisión adoptada por la Sala Electoral al suspender los efectos de la decisión del Consejo Nacional Electoral, lo que evidenciaban una vez más, en general, era la reacción del poder político contra un órgano del Poder Judicial, cuando se sintió que podía actuar con autonomía e independencia, es decir, que escapaba de su control y que no lo tenían totalmente a su servicio.

Dicha sentencia de la Sala Electoral, en todo caso, una semana después sería anulada por la Sala Constitucional del Tribunal Supremo mediante sentencia nº 442 del 23 de marzo de 2004, al conocer de un recurso de revisión (Caso: *Ismael García vs. Sentencia nº 24 de la Sala Electoral*). Esta sentencia de la Sala Constitucional fue rechazada fuertemente por la Sala Electoral mediante sentencia nº 27 del 29 de marzo de 2004[164], dictada en el mismo expediente (Caso: *Julio Borges, César Pérez Vivas, Henry Ramos Allup, Jorge Sucre Castillo, Ramón José Medina y Gerardo Blyde vs. Consejo Nacional Electoral*), en la cual señaló que la misma no podía:

> "[...] menos que causar asombro, por decir lo menos, pues además de manifestar desconocimiento de las actuaciones cursantes en el cuaderno separado en el cual se dictó la sentencia de naturaleza interlocutoria por ella revisada –y en el que consta que si hubo oposición a la medida de amparo cautelar por distintos interesados– constituye un pronunciamiento que la vicia de falso supuesto, de hecho y de derecho [...]"[165]

Ante esta situación, era evidente que la única fórmula para despojar a la Sala Electoral de toda posibilidad de decidir en la causa contencioso electoral en la que era juez natural (Caso: *Julio Borges, César Pérez Vivas, Henry Ramos Allup, Jorge Sucre Castillo, Ramón José Medina Y Gerardo Blyde vs. Consejo Nacional Electoral*), sin duda, era que la Sala Constitucional se avocara al conocimiento de la misma, tal como se le había solicitado, lo cual por supuesto no era procedente. Incluso, la misma Sala Electoral, en su sentencia nº 27 del 29 de marzo de 2004, antes citada, había sido enfática en considerar que el mencionado avocamiento era "a todas luces, inadmisible o en todo caso improcedente de conformidad con la

---

163 Véase en *El Universal*, Caracas, 17–03–2004. Incluso, en un inusitado "Comunicado" emitido por la Embajada de Venezuela en Washington el día anterior, 15–03–2004, su afirmaba tajantemente que: "La decisión de la Sala Electoral es contraria a los artículos 335 y 336 de la Constitución de la República Bolivariana de Venezuela. Bajo la Constitución, esta Sala no tiene la competencia para tomar decisiones en materia constitucional. En cambio, el árbitro final de la interpretación constitucional es la Sala Constitucional de la Corte Suprema. Por lo tanto, la decisión de la Sala Electoral está en contra de los principios del debido proceso y en contra de la Ley". Véase también en *Globovisión.com*, Caracas 16–03–2004.

164 Exp. AA70–E–2004–000021- AA70–V–2004–000006.

165 Véase el análisis detallado de estas sentencias en Allan R. Brewer–Carías, *La Sala Constitucional versus el Estado democrático de derecho. El secuestro del Poder Electoral y de la Sala Electoral del Tribunal Supremo y la confiscación del derecho a la participación política*, Los Libros de El Nacional, Colección Ares, Caracas 2004, 172 pp. 118 ss.

pertinente jurisprudencia, además de la circunstancia de haber sido solicitado por una persona que no es parte en los procesos judiciales involucrados".

La Sala Electoral en todo caso, dictó su decisión definitiva en el juicio de nulidad mediante sentencia nº 37 de 12 de abril de 2004[166], anulando los actos del Consejo Nacional Electoral que habían objetado las firmas para la convocatoria del referendo revocatorio presidencial, pero el mismo día, la Sala Constitucional mediante sentencia nº 566 de 12 de abril de 2004[167] (la cual había sido supuestamente anunciada el día 31 de marzo de 2004), decidiría avocarse al conocimiento de la causa, y posteriormente, al resolver una solicitud de aclaratoria de dicha sentencia nº 566, mediante sentencia nº 628 de 23 de abril de 2004[168], declararía la sentencia nº 37 de la Sala Electoral como nula de nulidad absoluta. Con ello, de nuevo y por segunda vez se produciría el secuestro de la Sala Electoral del Tribunal Supremo por parte de la Sala Constitucional del mismo Tribunal Supremo[169].

Además, con esta decisión de la Sala Constitucional, quedaba confirmada la confiscación del derecho a la participación política mediante la solicitud de convocatoria del referendo revocatorio del mandato del Presidente de la República, que había quedado consolidada con la Resolución nº 040302–131 del 2 de marzo de 2004 del Consejo Nacional Electoral. Ello significa que los promotores de la convocatoria del referéndum en la cual se había resuelto de que las, 3.041.437 de solicitudes consignadas ante el organismo electoral, 740.237 no cumplían con los criterios originales establecidos para la validación, y que además, 876.017 solicitudes "pasaban a observación", es decir, no se aceptaban, por presentar los datos sobre identidad de los solicitantes en "caligrafía similar", exigiendo sobre las mismas que fueran "reparadas", es decir, que los firmantes acudieran ante los centros que se establecerían, en los días precisos para ello, a ratificar sus firmas o a objetarlas.

Paralelamente a la adopción de las decisiones judiciales que consolidaron el secuestro de la Sala Electoral, el Consejo Nacional Electoral había estado elaborando en discusiones con los "actores" de las solicitudes de referendos revocatorios[170], las *Normas que tienen por objeto regular la fase de reparo* las cuales fueron aprobadas el 20 de abril de 2004, con los votos salvados de dos de los

166 Véase en *Idem,* pp. 143 ss.

167 Véase en *Idem,* pp. 136 ss.

168 Véase en *Idem,* pp. 136 ss.

168 Véase en *Idem,* pp. 155 ss.

169 Véase el análisis detallado de estas sentencias en *Idem,* pp. 95 ss.

170 La Coordinadora Democrática, en comunicado de 05–04–2004 y en representación de la oposición, señaló que a pesar de que estaba convencida de que la razón le asistía, sin embargo, estaba dispuesta a hacer pública una propuesta de reparos que consideró haría factible la realización del Referendo Revocatorio Presidencial en el corto plazo, que contempló varios puntos: garantizar la transparencia de los resultados; garantizar un procedimiento eficaz de reparo; garantizar un punto de partida adecuado; y las fechas pare el mecanismo de reparos y la celebración del Referendo Revocatorio debería establecerse de manera tal que el RR estuviera convocado a más tardar en los primeros días de agosto. V. la posición de la Coordinadora Democrática en *El Nacional*, Caracas, 04–03–2004, p. A–4; *El Universal*, Caracas, 04–03–2004, p. 12–; y en *Globovisión.com* (Documentos).

cinco rectores del organismo[171]. A los efectos del reparo, se estableció que los interesados debían acudir personalmente (no admitiéndose representación alguna) a los Centros de Reparo establecidos (en los Centros de Votación) para manifestar su voluntad atendiendo al tipo de reparo, donde las Mesas estarían integradas por Agentes designados por el Consejo Nacional Electoral, que debían funcionar durante un período de 5 días por un lapso de 12 horas continuas para cada día, mecanismo que desvirtuaba una vez más el derecho ciudadano de peticionar, convirtiendo una solicitud para convocar un referendo revocatorio en un procedimiento más complejo que el de una propia votación.

La posibilidad de realización del referendo revocatorio del mandato del Presidente de la República, conforme a las solicitudes que se habían formulado ante el Consejo nacional Electoral, quedaba entonces sometida a lo que había resuelto el Consejo Nacional Electoral sobre el procedimiento de "reparo", que en la práctica se convirtió en un "tercer firmazo" con menos posibilidades y con menos días, sometiéndose a los ciudadanos a intensas presiones políticas y gubernamentales, pues en definitiva, lo que constitucionalmente era el simple ejercicio de un derecho ciudadano de peticionar, a los ojos y oídos del poder político y del Gobierno se había convertido en una afrenta contra el Presidente de la República y contra todos los órganos del Estado, dispuestos a vengarla contra más de tres millones de venezolanos, que quedaban marginados de toda posible relación con el Estado, incluso para el ejercicio de sus más elementales derechos.

3. *El referendo revocatorio presidencial de 2004 convertido inconstitucionalmente en un referendo "reafirmatorio"*

Luego de efectuados los reparos a las firmas de la petición de convocatoria al referendo revocatorio presidencial, conforme a las Normas que había adoptado el Cuerpo, finalmente el 15 de agosto de 2004 se efectuó el referendo revocatorio del mandato del Presidente de la República, Hugo Chávez Frías, quien había sido electo en agosto de 2000 con una votación de 3.757.774 electores.

En dicho referendo votaron a favor de la revocatoria de su mandato 3.989.008 electores, es decir, un número mayor que aquellos que lo eligieron, por lo que conforme al artículo 72 de la Constitución, se debía considerar revocado su mandato y se debía proceder de inmediato a realizar una elección para cubrir la falta absoluta que se había producido.

Dicho referendo revocatorio del mandato presidencial, sin embargo, por una interpretación del Consejo Nacional Electoral, evidentemente contraria a la Constitución, contenida en una norma de un acto administrativo, y luego, por una frase inserta en una sentencia de la Sala Constitucional del Tribunal Supremo de Justicia, fue convertido, de golpe, en un "referendo ratificatorio" del mandato del Presidente de la República, sin asidero constitucional alguno.

En efecto, el artículo 72 de la Constitución dispone que "Cuando igual o mayor número de electores o electoras que eligieron al funcionario o funcionaria hubieren votado a favor de la revocación, siempre que haya concurrido al referendo un

---

171 Véase el texto en *Globovisión.com* (Documentos).

número de electores o electoras igual o superior al veinticinco por ciento de los electores o electoras inscritos, se considerará revocado su mandato y se procederá de inmediato a cubrir la falta absoluta conforme a lo dispuesto en esta Constitución y en la ley".

Como lo ha dicho la Sala Constitucional del Tribunal Supremo de Justicia, en sentencia nº 2750 de 21 de octubre de 2003 "El artículo 72 también dispone que sólo se revocará el mandato del funcionario *si votan a favor* de ello al menos una cantidad de personas igual al número de quienes lo eligieron en su momento, como una manera de impedir que funcionarios que alcanzaron su puesto con altos porcentajes de apoyo popular puedan perderlo por simple mayoría"[172]. En consecuencia, a los efectos de que se produzca la revocatoria del mandato, además del quórum de asistencia de electores igual o superior al 25% de aquellos que estén inscritos en el registro civil y electoral, se requiere que voten a favor de tal revocatoria un número de electores inscritos en el Registro Electoral para el momento de la celebración del referendo, igual o mayor de los que eligieron al funcionario. En el caso del referendo revocatorio del mandato del Presidente de la República ocurrido el 15 de agosto de 2004, por tanto, bastaba para la revocatoria del mismo, que votaran a favor de tal revocatoria un número de electores igual o mayor a 3.757.774, que había sido el número de votantes que lo habían elegido en agosto de 2000. Por tanto, conforme a la doctrina incluso sentada por la Sala Constitucional en sentencia nº 1139 de 5 de junio de 2002 (Caso: *Sergio Omar Calderón y William Dávila*), se produce la revocación de un mandato de elección popular como consecuencia de un referendo revocatorio, cuando "la votación favorable a la revocación [sea] igual o mayor que la que el funcionario obtuvo cuando fue electo". Y nada más.

La Constitución, por ello, regula un referendo revocatorio de mandatos de elección popular y no de un referendo "ratificatorio" de tales mandatos, el cual no existe en el texto constitucional. Este no regula plebiscito alguno, sino un referendo revocatorio de mandatos; y precisamente por ello, nada indica la Constitución para el caso de que si bien voten a favor de la revocatoria de un mandato un número de electores superior al número de votos que obtuvo el funcionario cuando fue electo, paralelamente, en dicha votación refrendaria se pronunciaren por la no revocación, un número mayor de votos. Ello podría ocurrir, pero la Constitución no le atribuye a ese hecho efecto jurídico constitucional alguno, limitándose a regular los efectos revocatorios del referendo, y nada más: basta que la votación a favor de la revocación del mandato sea igual o mayor que la que el funcionario obtuvo cuando fue electo, para que quede el mandato revocado. Y ello es así, incluso a pesar de que el Registro Electoral haya variado con el transcurso del tiempo.

Sin embargo, de manera evidentemente inconstitucional, en las *Normas para regular los procesos de Referendos Revocatorias de mandatos de Elección Popular* dictadas por el Consejo Nacional Electoral mediante acto administrativo de 25 de septiembre de 2003[173], si bien se estableció que se considera revocado el mandato

---

172 Caso: *Carlos E. Herrera Mendoza, Interpretación del artículo 72 de la Constitución*, en *Revista de Derecho Público*, nº 93–96, Editorial Jurídica Venezolana, Caracas 2003.

173 Resolución nº 030925–465 de 25–09–2003.

"si el número de votos a favor de la revocatoria es igual o superior al número de los electores que eligieron al funcionario", se agregó la frase: "*y no resulte inferior al número de electores que votaron en contra de la revocatoria*" (Art. 60). Con este agregado, en una norma contenida en un acto administrativo que por tanto es de rango sublegal, se restringió el derecho ciudadano a la revocatoria de mandatos populares, al establecerse un elemento que no está en la Constitución relativo a los efectos del voto por la "no revocación". Con ello se pretendió trastocar la naturaleza "revocatoria" del referendo que regula el artículo 72 de la Constitución, y se lo quiso convertir en un referendo "ratificatorio" de mandatos de elección popular.

Lo inaudito de este fraude constitucional, es que dicho criterio luego sería avalado por la propia Sala Constitucional del Tribunal Supremo en una frase contenida en la sentencia nº 2750 de 21 de octubre de 2003 (Caso: *Carlos E. Herrera Mendoza, Interpretación del artículo 72 de la Constitución*), en la cual señaló que: "Se trata de una especie de relegitimación del funcionario y en ese proceso democrático de mayorías, incluso, si en el referendo obtuviese más votos la opción de su permanencia, debería seguir en él, aunque voten en su contra el número suficiente de personas para revocarle el mandato"[174].

Se trataba, en efecto, de una simple "apreciación" de la Sala Constitucional, sobre un criterio de que el funcionario revocado constitucionalmente, sin embargo, en esa circunstancia "debería" permanecer en el cargo. En el texto de la sentencia, además, nada se dijo que se tratara de una "interpretación vinculante" de la Constitución.

En un referendo revocatorio no puede haber, por tanto, votos "por la permanencia" del funcionario en el cargo; lo que hay son votos por la revocatoria o por la no revocatoria del mandato; es decir, hay votos SI o votos NO. Los votos por la no revocatoria del mandato son votos negativos (NO); y un voto negativo "por la no revocatoria" del mandato no puede ser convertido en un voto positivo (SI) "por la permanencia" del funcionario en su cargo o por la "ratificación del mandato". Ello sería cambiar la naturaleza del referendo revocatorio, lo que efectivamente ocurrió en Venezuela en agosto de 2004.

En efecto, en esa frase de la sentencia antes citada, la Sala Constitucional cambió la naturaleza de la revocación del mandato, y lo convirtió en un mecanismo para "relegitimar" o para "ratificar" mandatos de elección popular, cuando ello no fue la intención del Constituyente. Lo que la Constitución regula es la revocatoria popular de mandatos, y para ello, lo único que exige en materia de votación es que un número "igual o mayor de electores que eligieron al funcionario hubieren votado a favor de la revocación".

Es tan evidente que la citada sentencia modificó la Constitución, que con ocasión de la realización del referendo revocatorio del mandato del Presidente de la República que se efectuó el 15 de agosto de 2004, e independientemente de las denuncias que se formularon en relación a los manejos fraudulentos que acompañaron el proceso de votación, y que se formularon ante el Consejo Nacional Electoral, este órgano, mediante Resolución nº 040826–1118 de 26 de agosto de

174 En *Revista de Derecho Público*, nº 93–96, Editorial Jurídica Venezolana, Caracas 2003

2004, no sólo dio los datos definitivos de la votación efectuada en el referendo revocatorio, sino que acordó "ratificar" al Presidente de la República en su cargo en "acto solemne", hasta la terminación del período constitucional en enero de 2007.

En efecto, en la *página web* del Consejo Nacional Electoral del día 27 de agosto de 2004, apareció la siguiente nota en la cual se informó que:

> "El Presidente del Consejo Nacional Electoral, Francisco Carrasquero López, se dirigió al país en cadena nacional para anunciar las cifras definitivas y oficiales del evento electoral celebrado el pasado 15 de agosto, *las cuales dan como ratificado en su cargo al Presidente de la República,* Hugo Rafael Chávez Frías, con un total de 5 millones 800 mil 629 votos a favor de la opción "No"
>
> En la contienda electoral participaron 9 millones 815 mil 631 electores, de los cuales 3.989.008 se inclinaron por la opción "Sí" para revocar el mandato del Presidente Chávez. La totalización arrojó que la opción "No" alcanzó el 59,25% de los votos, mientras el "Sí" logró el 40,74% del total general, y la abstención fue del 30,02%.
>
> Vale destacar que para estos comicios el Registro Electoral se incrementó significativamente, alcanzando un universo de 14.027.607 de electores con derecho a sufragar en el RR.
>
> Con base en la expresión de la voluntad popular, el Consejo Nacional Electoral, este viernes 27 de agosto, ratificará en la Presidencia de la República Bolivariana de Venezuela a Hugo Chávez Frías, quien culminará su período constitucional en el año 2006".

De la información contenida en dicha nota, resultaba claro que los electores que votaron por la revocatoria del mandato del Presidente, que fueron 3.989.008, constituían un número mayor que el de los electores que en su momento habían elegido al Presidente, que fueron 3.757.774, lo que conforme al texto expreso del artículo 72 de la Constitución bastaba para que se considerara revocado el mandato. Sin embargo, en la misma nota, y al contrario de lo que se establecía en la Constitución, se consideraba que con la referida votación el Presidente de la República habría sido "ratificado" en su cargo.

Además, siguiendo la orientación de esta nota, el Consejo Nacional Electoral en la mencionada Resolución nº 040826–1118 de 26 de agosto de 2004, resolvió "publicar los resultados de la totalización de actas de escrutinio correspondiente al referendo revocatorio presidencial, celebrado el 15 de agosto de 2004"; siendo su texto leído en el acto solemne efectuado en la sede de dicho organismo el día 27 de agosto de 2004. En dicha Resolución, que sólo fue publicada días después en *Gaceta Electoral* del 30 de agosto de 2004[175], el Consejo Nacional Electoral publicó "los resultados de la totalización de Actas de Escrutinio correspondientes al referendo revocatorio presidencial celebrado el 15 de agosto de 2004", indicando que los votos por la opción SI, es decir, por la revocatoria del mandato del Presidente de la República fueron de 3.989.008 votos; y que los votos por la opción

175 *Gaceta Electoral* nº 210 de 30–08–2004.

NO fueron de 5.800.629 votos. El Presidente de la República, como se dijo, había sido electo en agosto de 2000 con 3.757.774 votos, por lo que conforme al artículo 72 de la Constitución su mandato había quedado revocado.

Sin embargo, el Consejo Nacional Electoral en la mencionada Resolución de 26 de agosto de 2004, señaló que vistos los resultados de la votación señalados,

> "[Con] con fundamento en el artículo 20 de las Normas para la Totalización y Proclamación de los Resultados del Referendo Revocatorio Presidencial del 15 de agosto de 2004 y *especialmente, con atención a lo dispuesto en la doctrina vinculante con el artículo 72 de la Constitución de la República establecida por la Sala Constitucional del Tribunal Supremo de Justicia en su sentencia de fecha 21 de octubre de 2001,* el Consejo Nacional Electoral *hace constar que el mandato* popular del ciudadano Hugo Rafael Chávez Frías, titular de la cédula de identidad nº 4.258.228, como Presidente de la República de la República, *ha sido ratificado por el pueblo venezolano en la jornada electoral del 15 de agosto pasado y, por consiguiente, el mencionado ciudadano tiene derecho a ocupar y ejercer el señalado cargo público, hasta la culminación del actual período constitucional".*

Con esta Resolución, puede decirse que se consolidó el fraude constitucional que se había venido configurando, al trastocarse una "revocación de mandato" en una supuesta "ratificación de mandato" de un funcionario que había quedado constitucionalmente revocado.

Además, la propia Asamblea Nacional participó en la configuración del fraude constitucional, y en la misma fecha 27 de agosto de 2004 realizó una sesión solemne para entregarle al Presidente de la República, un "Acuerdo de la Asamblea Nacional *sobre ratificación* del Presidente de la República", en uno de cuyos Considerandos se afirmó:

> "Que el resultado del proceso refrendario ha expresado de manera clara e inequívoca la ratificación del mandato del Presidente Constitucional Hugo Chávez Frías, representando una incuestionable victoria democrática de la voluntad mayoritaria del pueblo heroico del Libertador Simón Bolívar, en el esfuerzo colectivo para consolidar y profundizar la revolución democrática, pacífica, la justicia social y la autodeterminación nacional, proceso y proyecto político comprometido con el logro de los fines y propósitos contenidos en la Constitución de la Republica Bolivariana de Venezuela".

Una vez "ratificado" el Presidente de la República en su cargo, en todos los niveles de la Administración Pública y de las organizaciones políticas se desató una persecución y discriminación política contra todos los ciudadanos que habían firmado la petición del referendo reformatorio presidencial nunca antes vista en el país. Un Diputado se encargó de obtener ilegítimamente la información de los más de tres millones y medio de ciudadanos que peticionaron y la publicó (Lista Tascón), habiendo sido ello el instrumento de discriminación más aberrante que se haya aplicado jamás en Venezuela. Así, el ejercicio de un derecho ciudadano a la participación política, no sólo les fue confiscado a los ciudadanos, sino que se convirtió en un acto objeto de persecución y discriminación política.

El Poder Electoral, de toda la trayectoria político constitucional desde 2002 a 2004, perdió credibilidad por parte de la ciudadanía y la oposición democrática. Por ello, por ausencia de garantías sobre su autonomía, la oposición decidió no concurrir a las elecciones parlamentarias de 2005 para la renovación de los Diputados a la Asamblea Nacional, la cual resultó dominada totalmente por los candidatos de los partidos de gobierno.

Ese mismo Poder Electoral, a través del Consejo Nacional Electoral, fue el que organizó el proceso de elección presidencial de diciembre de 2006, en el cual fue reelecto el Presidente Chávez para un segundo y último período. Como consecuencia de ello, el Presidente de dicho Consejo Nacional Electoral, Jorge Rodríguez, fue inmediatamente designado por el Presidente de la República como Vicepresidente Ejecutivo de la República, cargo que desempeñó durante un año y del cual fue removido, luego de que en el referendo de 2 de diciembre de 2007 se rechazara abrumadoramente la propuesta de reforma constitucional que el propio Presidente de la República había propuesto para crear un Estado Socialista en sustitución del Estado democrático y social de derecho que regula la Constitución de 1999.

IV. LA INTERMINABLE INTERVENCIÓN DEL PODER JUDICIAL Y LA AUSENCIA DE INDEPENDENCIA Y AUTONOMÍA DE LOS JUECES

Pero paralelamente al secuestro del Poder Electoral, en Venezuela, en los años de vigencia de la Constitución de 1999, también se ha producido un proceso sistemático de intervención y demolición de la independencia y autonomía del Poder Judicial.

Entre los valores fundamentales que expresa la Constitución de 1999, dentro de la concepción del Estado como "Estado de Justicia" (artículo 1), está precisamente el valor "justicia", el cual por lo demás, ha sido muy analizado por la Sala Político Administrativa del Tribunal Supremo de Justicia, entre cuyas sentencias se destaca la Nº 659 de 24 de marzo de 2000 (Caso: *Rosario Nouel vs. Consejo de la Judicatura y Comisión de Emergencia Judicial*)[176]. Sin embargo, dicho valor ha tenido muy poca aplicación y efectividad en la práctica, dado que durante todo el tiempo de vigencia de la Constitución de 1999, caracterizado por la existencia de una permanente y anormal situación de emergencia judicial.

Ello, en lugar de haber abonado el campo de la Judicatura para la aplicación de los principios constitucionales, lo que ha provocado es la progresiva y sistemática demolición de la autonomía e independencia del Poder Judicial por parte de los diversos órganos del Estado, incluido el propio Tribunal Supremo de Justicia[177], sin

176 Véase en *Revista de Derecho Público*, Nº 81 (enero–marzo), Editorial Jurídica Venezolana, Caracas, 2000, p. 103 y 104.

177 Véase Allan R. Brewer–Carías, "La progresiva y sistemática demolición institucional de la autonomía e independencia del Poder Judicial en Venezuela 1999–2004", en el libro: *XXX Jornadas J.M Domínguez Escovar, Estado de derecho, Administración de justicia y derechos humanos,* Instituto de Estudios Jurídicos del Estado Lara, Barquisimeto 2005, pp. 33–174; y "La justicia sometida al poder [La ausencia de independencia y autonomía de los jueces en Venezuela por la interminable emergencia del Poder Judicial (1999–2006)]" en en *Derecho y democracia. Cuadernos Universitarios*, Órgano de Divulgación Académica, Vicerrectorado Académico, Universidad Metropolitana, Año II, Nº 11, Caracas, sep-

las cuales los valores de la Constitución en materia de justicia, no pasan de ser sólo simples enunciados.

Ese proceso de control político sobre el Poder Judicial, comenzó con las actuaciones de la Asamblea Nacional Constituyente en 1999 la cual declaró una "emergencia judicial" que no ha cesado en los años posteriores, estando dentro de las últimas actuaciones en el tiempo, después de la sanción de la Ley Orgánica del Tribunal Supremo de Justicia en mayo de 2004, la decisión de la Sala Constitucional de dicho Tribunal de junio de 2005, mediante la cual designó a los miembros de la Comisión de Reestructuración y Funcionamiento del Poder Judicial, con la consecuente "regularización" en 2006 o titulación de los jueces provisorios como definitivos, sin concurso alguno, en violación abierta de la Constitución.

1. *El inicio del sometimiento de los jueces al poder: La intervención constituyente del Poder Judicial*

Como se ha analizado anteriormente, la Asamblea Nacional Constituyente electa en julio de 1999, luego de intensos debates sobre la problemática del Poder Judicial y de su gobierno[178], al instalarse en agosto de ese mismo año, se auto atribuyó el carácter de "poder constituyente originario" y con ello asumió potestades públicas por encima de la Constitución de 1961, de cuya interpretación había surgido[179], asumiendo la tarea de intervenir todos los Poderes Públicos constituidos[180].

Para ello, la Asamblea comenzó dictando un "Decreto mediante el cual se declaró la reorganización de todos los órganos del Poder Público" de fecha 12 de agosto de 1999[181], el cual fue seguido por el "Decreto mediante el cual se regulan las funciones del Poder Legislativo"[182]. Con ello se materializó jurídicamente el golpe de Estado que dio la Asamblea Nacional Constituyente, al violar la Constitución de 1961 y extinguir un órgano constitucional constituido y electo por votación popular como era el antiguo Congreso; intervenir sus funciones legislativas; limitar la autonomía de los Estados y Municipios, y lesionar la autonomía de las Contralorías.

---

tiembre 2007, pp. 122–138; y en *Cuestiones Internacionales. Anuario Jurídico Villanueva 2007*, Centro Universitario Villanueva, Marcial Pons, Madrid 2007, pp. 25–57.

178 Véase Allan R. Brewer–Carías, "La configuración judicial del proceso constituyente o de cómo el guardián de la Constitución abrió el camino para su violación y para su propia extinción", en *Revista de Derecho Público*, N° 77–80, Editorial Jurídica Venezolana, Caracas, 1999, pp. 453 y ss.

179 Con ello se comenzó a ejecutar el golpe de estado constituyente. Véase Allan R. Brewer–Carías, *Golpe de Estado y Proceso Constituyente en Venezuela*, UNAM, México, 2002. Como ha señalado Lolymar Hernández Camargo, con la aprobación del Estatuto "quedó consumada la inobservancia a la voluntad popular que le había impuesto límites a la Asamblea Nacional Constituyente… Se auto proclamó como poder constituyente originario, absoluto e ilimitado, con lo cual el Estado perdió toda razón de ser, pues si se mancilló la voluntad popular y su manifestación normativa (la Constitución), no es posible calificar al Estado como de derecho ni menos aun democrático", en *La Teoría del Poder Constituyente. Un caso de estudio: el proceso constituyente venezolano de 1999*, UCAT, San Cristóbal 2000, p. 73.

180 Véase Allan R. Brewer–Carías, *La Constitución de 1999, Derecho Constitucional Venezolano*, Tomo I, Editorial Jurídica Venezolana, Caracas, 2004, pp. 99 y ss.

181 *Gaceta Oficial* N° 36.764 de 13–08–99.

182 *Gaceta Oficial* N° 36.772 de 25–08–99

Una semana después, la Asamblea resolvió declarar "al Poder Judicial en emergencia" (art. 1°), a cuyo efecto creó una "Comisión de Emergencia Judicial", la cual asumió el proceso de intervención del Poder Judicial[183], y la cual no ha cesado. En su inicio asumió atribuciones como la de evaluar el desempeño de la propia antigua Corte Suprema de Justicia (arts. 3,3 y 4), decidir sobre la destitución y suspensión de jueces y funcionarios judiciales, y sobre y la designación de suplentes o conjueces para sustituir temporalmente a los jueces destituidos o suspendidos (art. 8).

Dicha declaratoria de Emergencia Judicial, conforme se aprobó en agosto de 1999, supuestamente debía tener vigencia hasta que se sancionara la nueva Constitución (art. 32), lo que ocurrió en diciembre de 1999. Sin embargo, en la práctica, la situación de emergencia ha sido *sine die*, fundamentalmente por la falta del Tribunal Supremo de Justicia en asumir el gobierno judicial conforme a las competencias que le asignó la nueva Constitución de 1999 (art. 267), así como por la prórroga de la transitoriedad constitucional por obra de la Asamblea Nacional, dada su propia omisión en dictar las leyes necesarias.

El Tribunal Supremo de Justicia, en efecto, a partir de enero de 2000, fue complaciente con la forma irregular e inconstitucional de la intervención del Poder Judicial, a cuyo efecto, como cómplice en el proceso de sometimiento político del mismo, se abstuvo deliberadamente de asumir sus propias funciones de gobierno judicial conforme a la Constitución. Esa transitoriedad de la inconstitucional emergencia, incluso, lejos de haberse eliminado, fue formalmente prorrogada en mayo de 2004, con la sanción de la nueva Ley Orgánica del Tribunal Supremo de Justicia[184].

En todo caso, con fundamento en aquél Decreto de la emergencia judicial, se produjo la inconstitucional intervención del Poder Judicial, se destituyeron y suspendieron centenares de jueces con precaria garantía al derecho a la defensa, se designaron jueces suplentes e interinos sin sistema alguno de selección que no fuera la sola voluntad del designante, y se ha procedido luego a transformarlos en jueces titulares, sin concurso alguno. Con ello, el Poder Judicial en Venezuela quedó signado por la provisionalidad[185] y la temporalidad convertida luego en titularidad, con su inevitable secuela de dependencia respecto del nuevo Poder, sin que se hubiera realizado concurso alguno para la selección de jueces.

Además, también en 1999, la Asamblea Nacional Constituyente dictó otro Decreto mediante el cual confirió una serie de facultades a la Comisión de Emergencia Judicial, completamente al margen de la Constitución, con supuesta

---

183 *Gaceta Oficial* N° 36.772 de 25–08–99 reimpreso en *Gaceta Oficial* N° 36.782 de 08–09–99.

184 *Gaceta Oficial* N° 37.942 de 19–05–2004. Véase los comentarios en Allan R. Brewer–Carías, *Ley Orgánica del Tribunal Supremo de Justicia. Procesos y procedimientos constitucionales y contencioso administrativos*, Editorial Jurídica de Venezolana, Caracas 2004.

185 Por ello, sólo dos años después del inicio del proceso de intervención, en agosto de 2001, los Magistrados del Tribunal Supremo de Justicia ya admitían que más del 90% de los jueces de la República eran provisionales. Véase *El Universal*, Caracas 15–08–01, p. 1–4. En mayo de 2001 otros Magistrados del Tribunal Supremo reconocían el fracaso de la llamada "emergencia judicial". Véase *El Universal*, Caracas 30–05–01, p. 1–4.

duración "hasta el 16 de diciembre del presente año" (1999), para reglamentar el plan de evaluación de los jueces, determinar la permanencia o sustitución de los mismos y el régimen de selección y concursos (art. único)[186].

El resultado de toda esta intervención del Poder Judicial fue la "depuración" de la Justicia, y la designación indiscriminada de "nuevos" jueces, sin concursos, quedando dependientes del nuevo Poder que los había designado.

La Corte Suprema de Justicia, por su parte, en fecha 23 de agosto de 1999, y con motivo de la inconstitucional decisión de la Asamblea Constituyente de intervenir el Poder Judicial, adoptó un desafortunado Acuerdo[187] con el cual se hizo cómplice de la violación de la Constitución y de la propia autonomía del Supremo Tribunal, en el cual no sólo fijó posición ante el Decreto de Reorganización del Poder Judicial dictado por la Asamblea Nacional Constituyente, sin condenarlo; sino que aceptó la designación de uno de sus propios Magistrados como miembro integrante de la ilegítima Comisión de Emergencia Judicial. Con dicho Acuerdo, en definitiva, la Corte Suprema de Justicia había decretado su propia extinción, como de hecho ocurrió sólo tres meses después, el 20 de diciembre de 1999.

Esta intervención constituyente del Poder Judicial en Venezuela, fue el inicio del proceso de demolición de la autonomía e independencia del mismo, y de su sometimiento a los designios de quienes controlan el poder político desde el Poder Ejecutivo y la Asamblea Nacional. La base para esta intervención del Poder judicial, por otra parte, quedó asegurada en la propia Constitución, al establecer un esquema de concentración del poder que contradice la penta división del poder Público, y que ha asegurado la sujeción de todos los poderes del Estado al Ejecutivo.

2. *La ausencia de autonomía e independencia del Poder Judicial por el germen constitucional de concentración del poder, en contradicción con la penta división del poder público*

Como es sabido, Venezuela es el único país del mundo que ha establecido formalmente en su Constitución, no la clásica división tripartita del Poder Público entre el Poder Legislativo, el Poder Ejecutivo y el Poder Judicial a los efectos de asegurar la separación de poderes y el control del poder por el poder, tal y como fue definido en los orígenes del constitucionalismo moderno hace más de 200 años; sino una penta división del poder, además de entre los tres clásicos Legislativo, Ejecutivo y Judicial, entre dos más, el Poder Ciudadano y el Poder Electoral (artículo 136, Constitución). Se trata, por tanto, de una penta división del Poder Público, conforme a la cual, supuestamente todos son autónomos e independientes entre sí, entre los cuales se destaca el Poder Judicial, concebido como una de las ramas del Poder público nacional que actúa con independencia y autonomía respecto de los demás Poderes del Estado.

---

186 *Gaceta Oficial* N° 36.832 de 18–11–99

187 Véase nuestros comentarios sobre el Acuerdo, en Allan R. Brewer–Carías, *Debate Constituyente (Aportes a la Asamblea Nacional Constituyente),* Tomo I, Fundación de Derecho, Caracas 1999, pp. 141 y ss. Véanse además, los comentarios de Lolymar Hernández Camargo, *La Teoría del Poder Constituyente, cit.*, pp. 75 y ss.

Pero lamentablemente, el balance y contrapeso que supuestamente debería existir entre las cinco ramas de los Poderes del Estado, en su división horizontal a nivel nacional, en la práctica no existe, ya que, lamentablemente, fue la propia Constitución la que estableció el germen del "desbalance" entre los Poderes del Estado, lo que ha conducido al centralismo y al autoritarismo, al asignar a la Asamblea Nacional la potestad de remover a los Magistrados del Tribunal Supremo de Justicia y a las autoridades de los Poderes Electoral y Ciudadano. Por ello, precisamente, al momento de ser sometido el texto constitucional a aprobación mediante referéndum, el 15 de diciembre de 1999, al oponernos a dicha aprobación refrendaria del texto constitucional, denunciamos que en el mismo se establecería:

> "Un esquema institucional concebido para el autoritarismo derivado de la combinación del centralismo del Estado, el presidencialismo exacerbado, la democracia de partidos, la concentración de poder en la Asamblea y el militarismo, que constituye el elemento central diseñado para la organización del poder del Estado. En mi opinión –agregaba–, esto no era lo que se requería para el perfeccionamiento de la democracia; la cual al contrario, se debió basar en la descentralización del poder, en un presidencialismo controlado y moderado, en la participación política para balancear el poder del Estado y en la sujeción de la autoridad militar a la autoridad civil"[188].

Y efecto, la Constitución de 1999, al establecer la penta división del Poder Público, en paralelo atribuyó a la Asamblea Nacional la potestad general de *remover* a los Magistrados del Tribunal Supremo de Justicia (art. 265), al Contralor General de la República, al Fiscal General de la República y al Defensor del Pueblo (art. 279); así como a los integrantes del Consejo Nacional Electoral (art. 296).

Con la previsión en la Constitución de estas solas atribuciones, en realidad, a pesar de la rimbombante penta división del Poder Público, lo que estableció fue la evidente primacía del Poder Legislativo (la Asamblea Nacional) sobre el Poder Judicial, el Poder Ciudadano y el Poder Electoral, ya que los titulares de cuyos órganos, en definitiva, en última instancia materialmente dependen de la voluntad política del Legislador, como en efecto ha ocurrido. El Poder Ejecutivo subsiste en el esquema constitucional vigente en Venezuela, siempre que controle, políticamente al Poder Legislativo, lo que ha ocurrido efectivamente en los últimos siete años, pues con ello controla todos los Poderes del Estado, como también ha ocurrido en la práctica. Al contrario, si en el esquema constitucional, el Poder Ejecutivo llegase a perder el control político del Poder Legislativo, la rimbombante penta división del Poder Público de la Constitución estallaría en mil pedazos eliminando toda forma de gobernabilidad.

En todo caso, conforme a este esquema constitucional, el sólo hecho de que los Magistrados del Tribunal Supremo, aún cuando sean elegidos por la Asamblea Nacional por un período de doce años (artículo 264), puedan ser removidos por la misma Asamblea en cualquier momento (artículo 265), implica que han quedado a

---

188 Documento de 30 de noviembre de 1999. Véase en Allan R. Brewer–Carías, *Debate Constituyente (Aportes a la Asamblea Nacional Constituyente)*, Tomo III, Fundación de Derecho Público, Editorial Jurídica Venezolana, Caracas 1999, p. 339.

la merced del poder político, como en efecto ha ocurrido. Es cierto que la Constitución exige para la remoción de los Magistrados del Tribunal Supremo una mayoría calificada de las dos terceras partes de los integrantes de la Asamblea, previa audiencia concedida al interesado, en caso de faltas graves que sean previamente calificadas por el Poder Ciudadano, en los términos que la ley establezca. Sin embargo, ello no elimina el germen de dependencia que está previsto en la Constitución, y menos cuando la Ley Orgánica del Tribunal Supremo de Justicia ha establecido una nueva forma de remoción de los Magistrados, en evidente fraude a la Constitución, con el voto de la mayoría absoluta, cuando se trate de "revocación del acto administrativo de nombramiento de los Magistrados".

En efecto, la dependencia del Poder Judicial respecto del poder político se agravó en Venezuela, en mayo de 2004, con la sanción por la propia Asamblea Nacional de la muy esperada Ley Orgánica del Tribunal Supremo de Justicia[189], con la cual no sólo se aumentó el número de Magistrados del Tribunal Supremo, consolidándose el control del mismo por el Poder Ejecutivo, sino que se aumentó la dependencia de los Magistrados al haberse regulado en forma inconstitucional la posibilidad de su remoción con el voto de los integrantes de la Asamblea Nacional por mayoría absoluta.

En efecto, el artículo 23 párrafo 3° de la Ley Orgánica, conforme lo dispone la Constitución, reiteró que los Magistrados del Tribunal Supremo de Justicia pueden ser removidos de sus cargos en casos de faltas graves, por la Asamblea Nacional, previa la solicitud y calificación de las faltas que realizare el Poder Ciudadano, en cuyo caso, la remoción debe ser acordada por una mayoría calificada de las 2/3 partes de los integrantes de la Asamblea Nacional, previa audiencia del Magistrado. Conforme a la Ley Orgánica, a partir del momento en que el Poder Ciudadano califique la falta como grave y solicite la remoción por unanimidad, el Magistrado queda suspendido del cargo, hasta la decisión definitiva de la Asamblea Nacional. Sin embargo, basta leer la enumeración de los supuestos de "falta grave", para constatar lo precaria que, en definitiva, resulta la estabilidad de los Magistrados, cuya permanencia en sus funciones queda a la merced de la mayoría calificada de la Asamblea Nacional.

Sin embargo, la exigencia constitucional de una mayoría parlamentaria de las 2/3 partes de los diputados integrantes de la Asamblea (Art. 265), por supuesto, en una situación de extrema polarización política, hace muy difícil a la Asamblea poder proceder a remover a los magistrados que pudieran ser incómodos al Poder político, por lo que la Asamblea, en un evidente fraude a la Constitución "inventó" otra causal de remoción de los Magistrados, que denominó como "anulación del nombramiento de los Magistrados", la cual se puede adoptar con mayoría absoluta, en lugar de la mayoría calificada que exige la Constitución.

Esta inconstitucional potestad, por supuesto, fue ejercida en forma inmediata por la Asamblea Nacional, el 15 de junio de 2004, al aprobar un informe de una Comisión que investigaba la crisis en el Poder Judicial, en el cual se recomendó

189 Véase en *Gaceta Oficial* N° 37942 de 20–05–2004. Véase sobre dicha Ley, véase Allan R. Brewer–Carías, *Ley Orgánica del Tribunal Supremo de Justicia. Procesos y procedimientos constitucionales y contencioso–administrativos,* Editorial Jurídica Venezolana, Caracas 2004

"anular" el acto el nombramiento de quien para el momento era el Magistrado Vicepresidente del Tribunal Supremo, en razón de haber supuestamente "suministrado falsa información para el momento de la aceptación de su postulación para ser ratificado en ese cargo"[190]. Debe precisarse que dicho Vicepresidente del Tribunal Supremo había sido precisamente el Magistrado Ponente en la sentencia de la Sala Plena Accidental de 14 de agosto de 2002, (Caso: Antejuicio de mérito a oficiales de la Fuerza Armada Nacional), que consideró que lo que había ocurrido en el país el 12 de abril de 2002 no había sido una crisis gubernamental debido al vacío de poder provocado por la renuncia del Presidente de la República, sentencia que había sido intensamente criticada por el Presiente de la República, y que dos años después, complacientemente sería anulada por la Sala Constitucional del Tribunal Supremo por motivos formales. El mencionado magistrado, incluso había sido protegido en su titularidad por una decisión de amparo adoptada por la Sala Constitucional con ocasión de una decisión anterior de la Asamblea Nacional contra el mismo el 3 de diciembre de 2002[191]. La Sala, sin embargo, en vista de la efectiva "remoción" del magistrado, muy "convenientemente" no extendió la protección constitucional de amparo que se la había otorgado, lo que originó efectivamente su "remoción" o la "revocación de su nombramiento".

La mayor lesión a la autonomía e independencia del Poder Judicial en Venezuela, por tanto, es la sola posibilidad de que los magistrados del Tribunal Supremo, nombrados por la Asamblea Nacional, puedan ser removidos por la propia Asamblea, incluso con el voto de la mayoría absoluta de sus miembros. Esta es una regulación que, en esos términos, no existe en ningún país democrático.

3. *La inconstitucional lesión a la independencia del Tribunal Supremo con la burla a la exigencia de participación ciudadana en la designación de sus magistrados*

Por otra partes, y a pesar de la antes mencionada amenaza permanente de remoción que existe sobre todos los Magistrados del Tribunal Supremo si llegan a apartarse de la línea política del poder, en el texto de la Constitución se hizo un gran esfuerzo para al menos asegurar que la elección de los Magistrados del Tribunal Supremo, así como de los demás integrantes del Poder Ciudadano y del Poder Electoral, se hiciese de manera tal que desde un nombramiento transparente se pudiera garantizar su autonomía e independencia, sobre todo en relación con el poder político de los partidos. Para ello, la Constitución estableció directamente a nivel nacional algunos mecanismos para garantizar la participación directa de los representantes de los diversos sectores de la sociedad en la toma de decisiones para el nombramiento o elección de dichos altos funcionarios del Estado, al reservarles la potestad de postulación de los candidatos.

En concreto, la Constitución reguló extensivamente la integración de unos "Comités de Postulaciones" para la designación, por la Asamblea Nacional, de los

---

190 Según la investigación parlamentaria, el Magistrado no habría tenido 15 años como profesor universitario titular, ni tampoco estudios de postgrado. Véase la información en *El Nacional*, Caracas, 16–06–2004, p. A–5.

191 Véase la información en *El Nacional*, Caracas, 18–06–2004, p. A–4.

titulares de los órganos no electos popularmente del Poder Público (Poder Judicial, Poder Ciudadano, Poder Electoral), sólo entre los candidatos postulados por dichos Comités; Comités que debían estar necesaria y solamente integrados por representantes de los diversos sectores de la sociedad.

Esta reforma constitucional se adoptó como consecuencia de crítica generalizada que se había formulado al sistema tradicional de designación de los dichos altos funcionarios públicos no electos popularmente, por parte del antiguo Congreso Nacional, es decir, del Fiscal General, del Contralor General y de los Magistrados de la Corte Suprema, tal como la establecía la Constitución de 1961, conforme a la cual el órgano legislativo tenía todo el poder discrecional para, mediante solo acuerdos entre los partidos políticos, efectuar dichas designaciones[192].

Por ello, en la Asamblea Nacional Constituyente de 1999, en esta materia, en sentido contrario a la práctica política anterior, se impuso el principio de la participación popular sobre el principio de la representatividad, y si bien se le atribuyó a la Asamblea Nacional la competencia para designar a los titulares de los órganos no electos popularmente del Poder Público, la reforma constitucional más importante que se introdujo en la materia, consistió en *quitarle a la Asamblea la potestad discrecional para hacer tales nombramientos*. A tal efecto, la Constitución reguló en forma expresa y precisa, la necesaria e indispensable *participación activa de la sociedad* en dichos nombramientos, al atribuirle a unos Comités de Postulaciones integrados por "representantes de los diversos sectores de la sociedad", la *potestad exclusiva* de hacer las postulaciones ante la Asamblea Nacional, de los candidatos para ocupar dichos altos cargos de órganos constitucionales. El sistema constitucional adoptado, en consecuencia, por una parte, buscaba impedir que se pudieran formular postulaciones directamente para tales designaciones, ante la Asamblea Nacional; y por otra parte, buscaba asegurar que la Asamblea Nacional no pudiera designar para dichos cargos personas distintas a las postuladas por los Comités de Postulaciones.

Esos Comités de Postulaciones, integrados por *representantes de los diferentes sectores de la sociedad,* se concibieron como organizaciones no estatales, de la sociedad civil en las cuales, por tanto, no podían formar parte ni funcionarios estatales ni los representantes populares a la Asamblea nacional y a los otros cuerpos deliberantes de elección popular.

Pero a pesar de todas estas regulaciones constitucionales, que exigen la formación de Comités de Postulaciones integrados por representantes de los diversos sectores de la sociedad para la designación por la Asamblea Nacional, de los altos funcionarios del Estado no electos popularmente (Magistrados del Tribunal Supremo de Justicia, del Fiscal General de la República, del Contralor General de la República y del Defensor del Pueblo, así como de los miembros del Consejo Nacional Electoral), y de la insistencia en el texto de la Constitución del tema de la participación política de los administrados en las actividades estatales, en la práctica política y legislativa, dicha participación no se ha asegurado, habiéndose conservado

192 Véase por ejemplo, Allan R. Brewer–Carías, *Los problemas del Estado de Partidos*, Editorial Jurídica Venezolana, Caracas 1988.

y aún más, asegurado, en cabeza de la Asamblea Nacional, materialmente del mismo poder discrecional que tenía el antiguo Congreso Nacional en la designación de dichos funcionarios.

En efecto, la violación a la Constitución comenzó con la sanción por la Asamblea Nacional de la llamada "Ley Especial para la Ratificación o Designación de los Funcionarios y Funcionarias del Poder Ciudadano y Magistrados y Magistradas del Tribunal Supremo de Justicia para el primer período constitucional" de noviembre de 2000, mediante la cual se creó una Comisión Parlamentaria integrada con mayoría de diputados para escoger a los referidos funcionarios, sustituyéndose a los Comités de Postulaciones regulados en la Constitución, que debían estar exclusivamente integrados "por representantes de los diversos sectores de la sociedad". La sociedad civil fue así marginada, y los titulares de los órganos de los Poderes Ciudadano y Judicial fueron nombrados con la más absoluta discrecionalidad (Fiscal General de la República, Defensor del Pueblo y Contralor General de la República) y los Magistrados del Tribunal Supremo se designaron, incluso y sin atender algunos de los criterios objetivos que la Constitución establece como condición para ocupar dichos cargos. A través de esta legislación, se consolidó el control político del Ejecutivo a través del dominio de la Asamblea Nacional en relación con todos los Poderes Públicos. Esta violación constitucional fue advertida desde el inicio[193], y la misma ha continuado en particular respecto del nombramiento de los Magistrados del Tribunal Supremo.

La Constitución, en efecto, concibe al Comité de Postulaciones Judiciales (art. 270), como un órgano asesor del Poder Judicial para la selección de los candidatos a Magistrados del Tribunal Supremo de Justicia (art. 264), el cual debe estar

193 Este problema constitucional, por ejemplo, fue destacado por el Secretario General de la OEA, en su Informe a la Asamblea General de fecha 18 de abril de 2002, y lo destacó con mayor fuerza la Comisión Interamericana de Derechos Humanos en el comunicado de prensa N° 23/02 que emitió el 10 de mayo de 2002, en el cual destacó los cuestionamientos que había recibido "relacionados con la legitimidad del proceso de elección de los máximos titulares del Poder Judicial..., procedimientos éstos no contemplados por la Constitución Venezolana. La información recibida indica que dichas autoridades no fueron postuladas por los comités establecidos por la Constitución sino sobre la base de una ley dictada por la Asamblea Nacional con posterioridad a la aprobación de la Constitución..." (N° 7). El tema lo desarrolló más detenidamente la propia Comisión Interamericana en la Observaciones Preliminares de fecha 10 de mayo de 2002, constatando que "Las reformas constitucionales introducidas en la forma de elección de estas autoridades no fueron utilizadas en este caso. Esas normas eran precisamente las que buscaban limitar injerencias indebidas, asegurar mayor independencia e imparcialidad y permitir que diversas voces de la sociedad sean escuchadas en la elección de tan altas autoridades" (N° 26); agregando: '27. La Comisión también pudo constatar diversos cuestionamientos al ejercicio de las facultades del poder judicial sin la debida independencia e imparcialidad. En diversas oportunidades, el Tribunal Supremo de Justicia habría adoptado decisiones exclusivamente fundadas en favorecer los intereses del Poder Ejecutivo. Entre otros, se mencionaron las decisiones sobre el cuestionamiento a la Ley Especial para la Ratificación o Designación de los Funcionarios y Funcionarias del Poder Ciudadano y Magistrados y Magistradas del Tribunal Supremo de Justicia, y la decisión sobre la duración del período presidencial. 28. La Comisión se encuentra preocupada por la posible falta de independencia y autonomía de los otros poderes respecto al Poder Ejecutivo, pues indicarían que el equilibrio de poderes y la posibilidad de controlar los abusos de poder que debe caracterizar un Estado de Derecho estaría seriamente debilitado. Al respecto, la CIDH debe señalar que la separación e independencia de los poderes es un elemento esencial de la democracia, de conformidad con el artículo 3 de la Carta Democrática Interamericana.

"integrado por representantes de los diferentes sectores de la sociedad, de conformidad con lo que establezca la ley". En esta forma, la Constitución estableció un *mecanismo directamente regulado en el texto fundamental* que asegura la participación de los "diversos sectores de la sociedad" en la gestión de asuntos públicos.

Pero estas disposiciones constitucionales, como se dijo, han continuado siendo violadas y burladas, habiendo sido el Legislador el que ha incurrido en fraude constitucional al establecer en definitiva, otro sistema de elección de Magistrados escapándose del control de los representantes de la sociedad civil.

En efecto, en la Ley Orgánica del Tribunal Supremo de Justicia de 2004[194], el Comité de Postulaciones Judiciales, en lugar de estar integrado sólo y exclusivamente "por representantes de los diversos sectores de la sociedad" como lo exige la Constitución, se dispuso que estaría integrado por "once (11) miembros principales, con sus respectivos suplentes, cinco (5) de lo cuales deben ser elegidos del seno del órgano legislativo nacional, y los otros seis (6) miembros, de los demás sectores de la sociedad, los cuales se deben elegir en un procedimiento público (Art. 13, párrafo 2º).

Se trata, en este caso, entonces y en la práctica, de una "Comisión parlamentaria ampliada" establecida con sede en la propia Asamblea Nacional (Art. 13); cuando, por esencia, los diputados a la Asamblea Nacional, no pueden considerarse representantes de la sociedad civil, y menos en funcionarios autónomos e independientes.

En esta forma, luego de aumentarse el número de Magistrados del Tribunal Supremo con esa reforma a la ley a 35 Magistrados, a través de este comité de postulaciones se aseguró el control político de las designaciones, lo que incluso fue anunciado públicamente por su Presidente durante el proceso de selección, en el sentido de que no sería electa para magistrado persona alguna que no estuviera en la línea del proceso político conducido por el Ejecutivo.

4. *La interminable intervención política del Poder Judicial con la complicidad del Tribunal Supremo de Justicia*

La Constitución de 1999 eliminó la figura del Consejo de la Judicatura que había establecido la Constitución de 1961 para el gobierno y administración del Poder Judicial, y en su lugar, se asignó dichas funciones al Tribunal Supremo de Justicia, para lo cual dispuso que el mismo tendría una Dirección Ejecutiva de la Magistratura (art. 267). Además, en la *Disposición Transitoria Cuarta,* se hizo mención a una "Comisión de Funcionamiento y Reestructuración del Sistema Judicial", la cual, sin embargo, para el momento de la aprobación refrendaria de la Constitución el 15 de diciembre de 1999 no existía, pues la que existió durante el funcionamiento de la Asamblea Nacional Constituyente, como se dijo, había sido la "Comisión de Emergencia Judicial". Sin embargo, a pesar de esta incongruencia, la

---

194 *Gaceta Oficial* Nº 37.942 de 20–05–2004. Véase los comentarios a la Ley en Allan R. Brewer–Carías, *Ley Orgánica del Tribunal Supremo de Justicia. Procesos y procedimientos constitucionales y contencioso–administrativos*, Caracas, 2004.

mención que hace dicha Disposición Transitoria sobre esa inexistente para ese momento "Comisión de Funcionamiento y Reestructuración del Sistema Judicial", fue sólo y únicamente a los efectos de que desarrollase transitoriamente, hasta que se dictase la ley respectiva, el "sistema de defensa pública".

Dicha Comisión de Funcionamiento y Reestructuración del Sistema Judicial, sin embargo, fue luego irregularmente creada mediante un decreto dictado por la Asamblea Nacional Constituyente, después de que la Constitución fuera aprobada por referéndum, denominado "Decreto del Régimen de Transición del Poder Público" (art. 27) de 22 de diciembre de 1999[195], en el cual se dispuso que mientras el Tribunal Supremo organizaba la referida Dirección Ejecutiva de la Magistratura, el gobierno y administración del Poder Judicial, la inspección y vigilancia de los Tribunales, y todas las competencias que la legislación para ese momento vigente, atribuían al antiguo Consejo de la Judicatura, serían ejercidas por la Comisión de Funcionamiento y Reestructuración del Sistema Judicial (art. 21).

En esta forma, la Asamblea Nacional Constituyente, en forma evidentemente contraria a la Constitución, le confiscó al Tribunal Supremo, cuyos miembros había designado cesando a los antiguos magistrados de la anterior Corte Suprema, una de sus nuevas funciones, incluso para que no la pudiera ejercer después de que la nueva Constitución entrara en vigencia, y se la atribuyó a una "Comisión" creada y designada por la propia Asamblea Constituyente, y no por el nuevo Tribunal Supremo; situación irregular que el propio Tribunal Supremo de Justicia luego aceptó resignadamente por más de un lustro, renunciando a ejercer sus competencias constitucionales.

Por otra parte, la disposición del artículo 23 del Decreto del 22 de diciembre de 1999 constituía una verdadera "Disposición Transitoria constitucional" que debió haber sido incorporada en las de la propia Constitución, la cual, sin embargo no estaba en el proyecto aprobado popularmente y que la Asamblea Constituyente dictó en evidente usurpación de la voluntad popular (la del pueblo), disponiendo que la competencia disciplinaria judicial que conforme a la Constitución debe corresponder a los tribunales disciplinarios de conformidad con lo que se regula en el artículo 267 de la Constitución recién aprobada, sería ejercida por la referida Comisión de Funcionamiento y Reestructuración del Sistema Judicial, y no por los jueces. Dicho artículo 23 del decreto, en efecto, dispuso esa inconstitucional transitoriedad: "De acuerdo con el presente régimen de *transición y hasta* que la Asamblea Nacional *apruebe la legislación* que determine los *procesos y tribunales* disciplinarios".

Pero contrariamente a ello, conforme a la nueva Constitución, sólo los jueces pueden ejercer la función disciplinaria judicial (art. 253), por lo que era totalmente ilegítimo y contrario a la garantía del debido proceso (art. 49), el atribuir funciones judiciales disciplinarias respecto de los jueces a una "Comisión" *ad hoc* como la mencionada, que no era ni es un Tribunal. Si se trataba de establecer, así fuera arbitrariamente, un régimen transitorio para la jurisdicción disciplinaria, las funciones judiciales que ello implica constitucionalmente, debieron atribuirse por

---

195 Véase en *Gaceta Oficial* N° 36859 de 29–12–99. Véase los comentarios en Allan R. Brewer–Carías, *La Constitución de 1999. Derecho Constitucional Venezolano, cit.*, pp. 1017 y ss.

ejemplo a tribunales o jueces preexistentes, y no a una "Comisión" *ad hoc*, pues ello, además, violaba la garantía del debido proceso y del juez natural que la nueva Constitución regulaba expresamente (art. 49).

Con posterioridad al Decreto sobre Régimen Transitorio de diciembre de 1999 que creó la mencionada Comisión, la Asamblea Nacional Constituyente dictó otros dos Decretos el 18 de enero de 2000 en relación con el Poder Judicial, también "en ejercicio del poder soberano constituyente originario", que fueron el relativo a la designación del Inspector de Tribunales[196], y el relativo a la designación de los miembros de la Comisión de Funcionamiento y Reestructuración del Poder Judicial[197].

Esta situación de absoluta transitoriedad y de inaplicación del texto constitucional, se ha prolongado por la omisión del mismo Tribunal Supremo hasta el presente, a pesar de que el 2 de agosto de 2000, el Tribunal dictó la "Normativa Sobre la Dirección, Gobierno y Administración del Poder Judicial", con la cual supuestamente se daría satisfacción al expreso mandato constitucional del artículo 267, supuestamente para "poner fin a la vigencia del régimen transitorio dictado por el Constituyente", lo cual sin embargo, no ocurrió.

En efecto, el artículo 1° de la referida Normativa el Tribunal Supremo dispuso la creación de "la Dirección Ejecutiva de la Magistratura como órgano auxiliar del Tribunal Supremo de Justicia, con la finalidad de que ejerza por delegación las funciones de dirección, gobierno y administración del Poder Judicial". Esta Dirección Ejecutiva de la Magistratura se erigió entonces como un órgano del Tribunal Supremo en el ejercicio de sus atribuciones relativas a la dirección, gobierno y administración del Poder Judicial, es decir, se trató de un órgano que ejerce por delegación tales atribuciones que, se insiste, son propias de este Tribunal Supremo de Justicia.

Pero en materia de jurisdicción disciplinaria de los jueces, en el artículo 30 de la misma Normativa, el Tribunal Supremo, sin justificación ni competencia algunas, y en fraude a la Constitución, prorrogó la existencia y funcionamiento de la Comisión de Funcionamiento y Reestructuración, que debía ser organizada en la forma que determinase el Tribunal Supremo de Justicia, la cual sólo tendría a su cargo, luego de la vigencia de la referida Normativa, "funciones disciplinarias mientras se dicta la legislación y se crean los correspondientes Tribunales Disciplinarios".

El Tribunal Supremo, así renunció a sus funciones incluso en materia normativa respecto del gobierno del Poder judicial, y tan fue así, que fue la propia "Comisión de Funcionamiento y Reestructuración del Sistema Judicial", la que, sin base constitucional o legal alguna, en noviembre de 2000 dictó la nueva "normativa" para la sanción y destitución de los jueces, contenida en el Reglamento de la Comisión y Funcionamiento y Reestructuración del Sistema Judicial[198]; "normativa", con el cual procedió definitivamente a "depurar" el Poder Judicial de jueces no afectos al régimen. Lo insólito, es que dicho "reglamento" ni siquiera fue dictado por el propio

196 *Gaceta Oficial* N° 36.878 de 26–01–00.

197 *Gaceta Oficial* N° 36.878 de 26–01–00.

198 Véase en *Gaceta Oficial* N° 37.080, de 17–11–2000.

Tribunal Supremo que, conforme a la Constitución, es el que tiene a su cargo el gobierno y administración del Poder Judicial, y ésta lo haya aceptado sumisamente, avalando el funcionamiento de una inconstitucional Comisión, admitiendo no sólo que esta dictase sus propias normas de funcionamiento, sino el régimen disciplinario de los jueces, es decir, el régimen sancionatorio y de destitución de los mismos.

Continuó así dicha Comisión, esta vez por voluntad del mismo Tribunal Supremo, en el ejercicio de funciones transitorias en materia disciplinaria que son esencialmente judiciales; situación que fue nuevamente prorrogada por la Ley Orgánica del Tribunal Supremo de Justicia de mayo de 2004[199], en cuya Disposición Transitoria Única, párrafo 2, e) se dispuso que:

> "e) La Comisión de Funcionamiento y Reestructuración del Sistema Judicial sólo tendrá a su cargo funciones disciplinarias, mientras se dicte la legislación y se crea la jurisdicción disciplinaria y los correspondientes tribunales disciplinarios".

La norma constitucional que exige que "la jurisdicción disciplinaria judicial estará a cargo de los tribunales disciplinarios que determine la ley" (art. 267), por tanto, durante todos los años de vigencia de la Constitución, ha sido letra muerta; años durante los cuales los jueces no han tenido garantía alguna en cuanto a su estabilidad, y su permanencia en el Poder Judicial ha quedado a la merced de una Comisión "no judicial", la cual los ha suspendido a mansalva, particularmente cuando han dictado decisiones que no han complacido al Poder.

Lamentablemente en esta materia, sin embargo, el "activismo judicial" de la Sala Constitucional que la ha llevado, incluso, a juzgar de oficio la inconstitucionalidad de la omisión del Legislador, por ejemplo, al no haber sancionado en el tiempo requerido la Ley Orgánica del Poder Municipal[200], no ha sido aplicado para tratar de obligar al legislador a dictar las leyes básicas para garantizar, precisamente, la autonomía e independencia del Poder Judicial, que el Tribunal Supremo administra y gobierna, mediante la garantía de estabilidad de los jueces.

Dos piezas claves establecidas en la Constitución para garantizar la autonomía e independencia de los jueces, es precisamente, todo el régimen el régimen instituido, primero, para garantizar el nombramiento de jueces idóneos e independientes, sólo mediante concursos públicos; y segundo, para garantizar la remoción de los jueces sólo mediante juicios disciplinarios desarrollados con las garantías del debido proceso por ante jueces disciplinarios. Sin embargo, ninguna de estas dos garantías constitucionales de la autonomía en independencia de los jueces, ha tenido aplicación durante los años de vigencia de la Constitución.

---

199 Véase en *Gaceta Oficial* Nº 37942 de 20–05–2004.

200 Véase la sentencia Nº 3118 de 06–10–2003 en *Revista de Derecho Público*, Nº 93–96, Editorial Jurídica Venezolana, Caracas 2003. Véanse los comentarios en Allan R. Brewer–Carías, *La Constitución de 1999. Derecho Constitucional Venezolano*, Tomo II, *cit.*, pp. 970 y ss.

5. *La inconstitucional conversión de jueces temporales en jueces titulares sin concursos públicos de oposición para el nombramiento de los jueces*

De acuerdo con lo dispuesto en el artículo 255 de la Constitución, "el ingreso a la carrera judicial y el ascenso de los jueces" se debe hacer "por concursos de oposición públicos que aseguren la idoneidad y excelencia de los participantes y serán seleccionados por los jurados de los circuitos judiciales, en la forma y condiciones que establezca la ley", correspondiendo dicho nombramiento y juramento de los jueces al Tribunal Supremo de Justicia. La norma agrega, además, que "La ley debe garantizar la participación ciudadana en el procedimiento de selección y designación de los jueces" y que "Los jueces sólo pueden ser removidos o suspendidos de sus cargos mediante los procedimientos expresamente previstos en la ley".

Esta norma, sin embargo, también ha sido letra muerta en el Poder Judicial en Venezuela desde que ocurrió la intervención del Poder Judicial por la Asamblea Nacional Constituyente en 1999, mediante la creación de la Comisión de Emergencia Judicial. Dicha Comisión y su sucesora, la Comisión de Funcionamiento y Reestructuración del Sistema Judicial creada en el mencionado Régimen de Transición del Poder Público el 22 de diciembre de 1999, en efecto, tuvieron a su cargo no sólo la destitución de cientos de jueces en el país, extinguiendo la garantía de la estabilidad de los jueces, sino el nombramiento de sus sustitutos sin concurso alguno.

Es decir, la Comisión Judicial del Tribunal Supremo de Justicia nombrada en agosto de 2000, que comenzó a funcionar en paralelo con la Comisión de Funcionamiento, además, continuó la política de estructurar un Poder Judicial integrado por jueces provisionales o temporales, los cuales llegaron a conformar más del 90% del universo de los jueces, quienes han quedado dependientes y vulnerables a las presiones del poder[201], habiendo materialmente desaparecido la autonomía e independencia del Poder Judicial.

Sobre este problema de la administración de justicia en Venezuela, la Comisión Interamericana de Derechos Humanos ya desde mayo de 2002[202], había señalado lo siguiente:

> "8. Otro aspecto vinculado a la autonomía e independencia del Poder Judicial es lo relativo al carácter provisorio de los jueces. La CIDH no desconoce que el problema de la provisionalidad de los jueces en Venezuela es de larga data. Según lo informado a la CIDH durante la visita, actualmente habría entre un 60% un 90% de jueces provisionales lo cual, a consideración de la CIDH, afecta la estabilidad, independencia y autonomía que debe regir a la judicatura. La Comisión expresa la importancia de que se inicie en Venezuela de manera inmediata y conforme a su legislación interna y las obligaciones internacionales

---

201 Véase lo indicado en el Informe de Human Rights Watch *Manipulando el Estado de Derecho: Independencia del Poder Judicial amenazada en Venezuela*, junio de 2004, Vol. 16, Nº 3 (B), p. 11, donde se habla incluso de los "jueces desechables".

202 Véase "Comunicado de Prensa" de 10–05–2000, en *El Universal*, Caracas 11–5–2002.

derivadas de la Convención Americana, un proceso destinado a revertir la situación de provisionalidad de la mayoría de los jueces"[203]

Los concursos públicos para la designación de los jueces que se intentaron desarrollar en marzo de 2000, mediante una normativa que fue dictada, no por el Tribunal Supremo de Justicia, sino por la Comisión de Funcionamiento y Reestructuración del Sistema Judicial,[204] fueron suspendidos definitivamente poco tiempo después; y tanto la destitución de los jueces sin fórmula de juicio ni derecho a ser oídos, como la designación a dedo de sus sustitutos temporales, siguió siendo la regla en el funcionamiento del Poder Judicial.

Lo absurdo del régimen transitorio que eliminó todo el sistema de concurso para el ingreso a la carrera judicial que exige la Constitución, llegó a su clímax con la sentencia de la Sala Constitucional del Tribunal Supremo de Justicia No. 1424 de 3 de mayo de 2005, dictada con ocasión de decidir un recurso de nulidad por inconstitucionalidad del artículo 6,23 de la Ley Orgánica del Tribunal Supremo de Justicia que atribuía a la Sala Político Administrativa del mismo Tribunal la competencia para designar los jueces de la jurisdicción contencioso administrativa, a los efectos de que como lo solicitaron los recurrentes, "en consecuencia se designe a los jueces de la jurisdicción contencioso-administrativa, a través de los procedimientos de concurso de oposición aplicado a las demás jurisdicciones del país, tal como lo prevé el mandato constitucional plasmado en el artículo 255 de la Constitución." En dicha sentencia, sin embargo, la Sala resolvió declarar *de oficio* una medida cautelar suspendiendo la aplicación de la norma impugnada, alegando como "peligro en la mora", "el riesgo de que la Sala Político-Administrativa, con apoyo en la Ley, haga designaciones durante la pendencia de este juicio las cuales,

---

203 Véase "Comunicado de Prensa" de 10-05-2000, en *El Universal*, Caracas 11-5-2002. En el texto de las Observaciones Preliminares formuladas por la Comisión el día 10-05-2002, se ahondó en el tema de la provisionalidad de los jueces, indicando: 30. Otro aspecto vinculado a la autonomía e independencia del Poder Judicial es lo relativo al carácter provisorio de los jueces. Al respecto, luego de casi tres años de reorganización del Poder Judicial, un número significativo de los jueces tiene carácter provisorio, que oscila entre el 60 y el 90% según las distintas fuentes. Ello afecta la estabilidad, independencia y autonomía que debe regir a la judicatura. / 31. La Comisión no desconoce que el problema de la provisionalidad de los jueces precede en muchos años a la presente administración. Sin embargo, la Comisión ha sido informada que el problema de la provisionalidad de los jueces se ha profundizado y aumentado desde que el presente Gobierno inició un proceso de reestructuración judicial. El Presidente del Tribunal Supremo de Justicia informó a la CIDH sobre la marcha del proceso destinado a corregir dicha situación. /32. El poder judicial ha sido establecido para asegurar el cumplimiento de las leyes y es indudablemente el órgano fundamental para la protección de los derechos humanos. En el sistema interamericano de derechos humanos, el funcionamiento adecuado del poder judicial es un elemento esencial para prevenir el abuso de poder por parte de otros órganos del Estado, y por ende, para la protección de los derechos humanos. Para que el poder judicial pueda servir de manera efectiva como órgano de control, garantía y protección de los derechos humanos, no sólo se requiere que éste exista de manera formal, sino que además el poder judicial debe ser independiente e imparcial. /33. La Comisión expresa la importancia de que, de manera inmediata y conforme a la legislación interna y las obligaciones internacionales derivadas de la Convención Americana, se acelere el proceso destinado a revertir la situación de provisionalidad en que se encuentra un número significativo de jueces venezolanos. La necesidad de que la designación de jueces se realice con todas las garantías, no puede justificar que la situación de provisionalidad se mantenga por largos períodos.

204 Véase Normas de Evaluación y Concursos de Oposición para ingresos y permanencia en el Poder Judicial de 13-03-2000.

pese a que sean legales, podrían ser declaradas luego inconstitucionales, con nefastas consecuencias para todo el Sistema de Justicia"; por lo que entonces resolvió que durante "la tramitación de esta causa las designaciones a que se refiere la norma cuya suspensión provisional se acuerda se harán por la Comisión Judicial del Tribunal Supremo de Justicia, mediante el mismo procedimiento a través del cual se nombra el resto de los jueces de la República" es decir, sin concurso. En consecuencia, de una designación de jueces de la Jurisdicción Contencioso-Administrativa por el máximo tribunal de dicha Jurisdicción (la Sala Político Administrativa) con posibilidad de velar más adecuadamente por el nivel de los mismos, se pasó a la designación sin concurso de dichos jueces como se ha hecho con "el resto de los jueces de la República"; y todo ello, por decisión de la Sala Constitucional del Tribunal Supremo de Justicia.

Toda esta irregular conformación de la judicatura en Venezuela, por jueces provisorios y temporales, que fueron siendo designados sin concurso, en sustitución de todos los que habían sido destituidos o removidos sin garantía el debido proceso, el propio Tribunal Supremo buscó en convertirla en "regular," mediante la aprobación y entrada en vigencia desde septiembre de 2005, de una normativa con la cual se pretendió establecer ese proceso de "reconversión," regulando una inconstitucional transformación de dichos jueces provisorios en "jueces titulares," sin el concurso público de oposición que exige la Constitución. Como lo observó el profesor Rafael Chavero, luego de la "purga de jueces con años de servicio, luego de que se operó un sistema perverso de remociones discrecionales, se comenzó a otorgar titularidad a aquellos jueces que demostraron seguir las directrices de los órganos de gobierno del poder judicial."[205]

A los efectos de llevar a cabo esta violación de la Constitución, en efecto, el Tribunal Supremo de Justicia dictó unas "Normas de Evaluación y Concurso de oposición para el ingreso y ascenso de la carrera judicial" mediante Acuerdo de 6 de julio de 2005,[206] en las cuales, luego de regular muy detalladamente los concursos públicos para el nombramiento de jueces, suspende su aplicación durante un año (2005-2006) en unas Disposiciones Finales y Transitorias, en cuyo artículo 46 estableció una llamada "Regularización de la Titularidad de los Jueces Provisorios," a los efectos "de regular la situación de los Jueces no titulares."[207] Para ello, incluso antes de dictarse estas normas, la Sala Plena del Tribunal Supremo de Justicia en fecha 6 de abril de 2005, había aprobado "el proyecto de normas presentado por la Escuela Nacional de la Magistratura que incluye el Programa Especial para la Regularización de la Titularidad (PET), conformado por un Programa Académico de Capacitación, evaluación médica y psicológica, evaluación de desempeño, y el

---

205 Véase Rafael J. Chavero Gazdik, *La Justicia Revolucionaria. Una década de Reestructuración (o Involución) Judicial en Venezuela,* Editorial Aequitas, Caracas 2011, p. 304.

206 Véase en *Gaceta Oficial* Nº 38282 de 29-09-2005. Dicho Acuerdo, sin embargo, no derogó expresamente las Normas de Evaluación y Concursos de oposición para ingresos y permanencia en el Poder Judicial que había dictado la Comisión de Funcionamiento y reestructuración del Sistema Judicial en 2000.

207 Sobre este programa de "regularización de la titularidad" de los jueces véase lo que indican los representantes del profesor Brewer-Carías, en el *Escrito de Solicitudes, Argumentos y Pruebas*, 7 de julio de 2012, párr. 77 ss.

correspondiente examen de conocimiento, todo de acuerdo con lo previsto en la presente normativa." La referida norma del artículo 46 agregó que "El referido programa tendrá una vigencia de doce meses contados a partir de la aprobación por la Sala Plena del Tribunal Supremo de Justicia de las presentes normas". Con ello, se buscó titularizar a todos los jueces provisionales y transitorios, que para el momento de entrada en vigencia de las normas tuvieran solo más de tres meses en ejercicio de sus cargos,[208] de manera que la misma norma agregó además que solo "aquellos jueces que, para la fecha en que cese la vigencia de dicho Programa, mantengan la condición de Provisorios, Temporales o Accidentales, y no tengan al menos tres (3) meses en el ejercicio de sus funciones judiciales", serán los que deben "participar y aprobar el Programa de Formación Inicial (PFI) para obtener la titularidad."

En esta forma, el propio Tribunal Supremo, en evidente contrariedad a la Constitución, dispuso la conversión de los jueces temporales, provisorios y accidentales en "jueces titulares," sin cumplir con los concursos públicos de oposición establecidos en la Constitución, mediante un procedimiento que se desarrolló en las referidas Normas, basadas en una supuesta evaluación que se le hace a cada juez provisorio, individualmente considerado, al cual se le da un "curso de formación" de pocos días, y se le hace un examen, sin concurso público. Este proceso, que se ha realizado desde 2005, es lo que le permitió al Presidente del Tribunal Supremo de Justicia, anunciar públicamente en octubre de 2006, que "para diciembre de 2006, 90% de los jueces serán titulares,"[209] hecho que fue denunciado ante la Comisión Interamericana de Derechos Humanos como un nuevo atentado a la autonomía del Poder Judicial hecho en fraude a la Constitución.[210]

6. *La "regularización" de la inexistencia de la Jurisdicción Disciplinaria Judicial por parte de la Sala Constitucional del Tribunal Supremo en 2005, y la definitiva sumisión del Poder Judicial a control político*

La intervención, debido a la "emergencia" permanente a la cual se sometió al Poder Judicial en Venezuela, que condujo a que las normas constitucionales no llegasen a aplicarse, por supuesto que a lo que más afectó fue a la estabilidad de los jueces dada la inexistencia de la jurisdicción disciplinaria judicial prevista en la Constitución.

El Legislador, por tanto, estuvo en mora tanto en cuanto a la creación de dicha Jurisdicción, como en cuanto a la sanción del régimen disciplinario de los magistrados y jueces que debía estar además fundamentado en el Código de Ética

208 El artículo 47 de dichas normas transitorias, establece sobre la convocatoria a concurso, que "La Escuela Nacional de la Magistratura convocará a concurso sólo a aquellos jueces no titulares, con al menos tres (3) meses en el ejercicio de la función judicial para la fecha de inicio del Programa Académico de Capacitación. Tal convocatoria deberá cumplir con los requisitos de publicidad y fases establecidas en las presentes normas'.

209 Véase en *El Universal*, Caracas 11-10-2006.

210 Véase la denuncia de Cofavic, Provea, Espacio Público, Centro de Derechos Humanos de la UCAB, Unión Afirmativa y otras organizaciones no gubernamentales ante la Comisión Interamericana de Derechos Humanos, en Washington. Véase en *El Universal*, Caracas, 20 de octubre de 2006.

del Juez Venezolano que sólo llegó a ser dictado en 2010. Antes, sin embargo, en su lugar, como antes se dijo, la Asamblea Nacional lo que hizo fue dictar la Ley Orgánica del Tribunal Supremo de mayo de 2004 para prorrogar una vez más la emergencia, al disponerse en la Disposición Transitoria Única, párrafo 2, e) que la Comisión de Funcionamiento y Reestructuración del Sistema Judicial seguiría ejerciendo las funciones disciplinarias, "mientras se dicte la legislación y se crea la jurisdicción disciplinaria y los correspondientes tribunales disciplinarios." Es decir, como se dijo, el Legislador, de nuevo, había decidido legislar para prorrogar la transición en la materia y prorrogar una inconstitucional emergencia, que siguió durando *sine die*, mientras el propio legislador decidiera, en el futuro, si llegaba a legislar, lo que finalmente sólo hizo en 2010. Y todo ello, con la anuencia del propio Tribunal Supremo de Justicia, el cual avaló dicha prórroga y la violación de la Constitución en materia del régimen disciplinario del Poder judicial.

En esta materia, incluso, la propia Sala Constitucional del Tribunal Supremo, con ocasión de conocer de la inconstitucional omisión de la Asamblea Nacional al no haber enviado al Presidente de la República para su promulgación una Ley del Código de Ética del Juez que se había sancionado en 2005, en lugar de censurar la omisión legislativa y exigirle a la Asamblea Nacional que remitiera para su promulgación tal Ley, lo que hizo fue, contradictoriamente, prorrogar la existencia de la mencionada Comisión de Funcionamiento y Reestructuración del Sistema Judicial, llegando incluso a "designar y remover" a sus integrantes, sustituyéndose, la Sala Constitucional, en el propio Tribunal Supremo de Justicia. En efecto, en la sentencia N° 1957 de mayo de 2005, dictada con el motivo indicado, la Sala resolvió:

> "Observa la Sala, tal y como se indicó anteriormente, que la presente demanda se intentó con fundamento en la supuesta omisión en que incurrió la Asamblea Nacional, "por cuanto aún no han remitido la Ley sancionada el 16 de octubre de 2003 del Código de Ética del Juez o Jueza Venezolana' al Presidente de la República Bolivariana para que se proceda a su promulgación en la *Gaceta Oficial*."

Lo anterior trajo entre sus consecuencias, la continuidad en sus funciones de un órgano como la Comisión de Funcionamiento y Reestructuración del Sistema Judicial, el cual estaba destinado a regir durante un período de transición. En efecto, como se dijo, la Asamblea Nacional Constituyente había elaborado el "Régimen de Transición del Poder Público" de 22 de diciembre de 1999, en el cual se creó la Comisión de Funcionamiento y Reestructuración del Sistema Judicial en los siguientes términos:

> "*Articulo 28*. Se crea la Comisión de Funcionamiento y Reestructuración del Sistema Judicial que será integrada por los ciudadanos que designe la asamblea nacional constituyente.
>
> Las Designaciones que realice la Asamblea Nacional Constituyente lo serán hasta el funcionamiento efectivo de la Dirección Ejecutiva de la Magistratura,

de los Tribunales Disciplinarios y del Sistema Autónomo de la Defensa Publica".[211]

Por su parte, el artículo 24 del Régimen Transitorio destacó igualmente la transitoriedad de la referida Comisión, al disponer lo siguiente:

> "La competencia disciplinaria judicial que corresponda a los Tribunales disciplinarios de conformidad con el artículo 267 de la Constitución aprobada, será ejercida por la Comisión de Funcionamiento y Reestructuración Sistema Judicial de acuerdo con el presente régimen de transición y hasta que la Asamblea Nacional apruebe la legislación determine los procesos y tribunales disciplinarios".

En correspondencia con lo anterior, el Tribunal Supremo de Justicia, procedió a dictar la "Normativa sobre la Dirección, Gobierno y Administración del Poder Judicial," en cuyo capítulo correspondiente a las disposiciones finales y transitorias (artículo 30), dispuso que:

> "La Dirección Ejecutiva de la Magistratura iniciará su funcionamiento efectivo el día primero de septiembre del año dos mil.
>
> *(Omissis)*
>
> La Comisión de Funcionamiento y Reestructuración, **reorganizada en la forma que lo determine el Tribunal Supremo de Justicia**, sólo tendrá a su cargo funciones disciplinarias, mientras se dicta la legislación y se crean los correspondientes Tribunales Disciplinarios" (Resaltado de la Sala).[212]

Después de hacer las anteriores constataciones sobre previsiones normativas en la materia, la Sala, en lugar de velar por la corrección de la comisión legislativa, lo que hizo fue constatar que:

> "Visto que conforme a la Normativa sobre la Dirección, Gobierno y Administración del Poder Judicial corresponde a este Tribunal Supremo de Justicia, la reorganización de la Comisión de Funcionamiento y Reestructuración y visto que conforme al Decreto del Régimen de Transición del Poder Público, las designaciones que realizó la Asamblea Nacional Constituyente de los integrantes de dicha Comisión fueron realizadas de manera temporal hasta el funcionamiento efectivo de la Dirección Ejecutiva de la Magistratura y la Comisión Judicial, lo que constituye un hecho notorio en la actualidad, y visto que hasta la presente fecha la Asamblea Nacional ha omitido culminar el proceso de formación del Código de Ética del Juez o Jueza Venezolana."

Y con base en ello, "a los fines de reorganizar el funcionamiento de la referida Comisión, según lo establecido en el artículo 267 de la Constitución de la República Bolivariana de Venezuela y artículo 30 de la Normativa sobre la Dirección, Gobierno y Administración del Poder Judicial", pura y simplemente procedió a

---

211 Véase *Gaceta Oficial* N° 36.920 del 28 de marzo de 2000.

212 Véase *Gaceta Oficial* N° 37.014, de 15 de agosto de 2000.

ordenar la sustitución de los ciudadanos que se desempeñan como miembros integrantes de la citada Comisión por otros ciudadanos que procedió a designar. Es decir, la Sala Constitucional procedió a formalizar, aún más, la transitoriedad judicial y la inexistencia del régimen disciplinario judicial de los jueces.[213]

En la misma sentencia de la Sala Constitucional, No. 1793 de 19 de junio de 2005,[214] en la cual resolvió "suspender" la aplicación del Reglamento que contiene el procedimiento disciplinario aplicable a los jueces y juezas en sede administrativa, por ser contrario a los postulados constitucionales, y procedió a facultar a la Comisión de Funcionamiento y Reestructuración del Sistema Judicial para modificar su Reglamento y adecuarlo a las disposiciones constitucionales, hasta tanto entre en vigencia la legislación correspondiente. En efecto, luego de la anterior sentencia, y teniendo en cuenta su contenido, la Sala Constitucional consideró a la referida Comisión, según su propia jurisprudencia, como "un órgano de rango constitucional, (*V.*, sent. n° 731/2005 del 5 de marzo, recaída en el caso *Marcos Ronald Marcano Cedeño*) [...] sujeto a un régimen de transitoriedad, habida cuenta que el sistema jurídico que debe regir su funcionamiento aún no ha entrado en vigencia" pues como "lo ha reconocido esta Sala en sentencia del 28 de marzo de 2000 Caso *Gonzalo Pérez Hernández y Luis Morales Parada*), cuando dispuso que las normas supraconstitucionales "*mantienen su vigencia, mas allá del mandato cumplido de la Asamblea Nacional Constituyente, hasta que los poderes constituidos, entre ellos la Asamblea Nacional, sean electos y empiecen a ejercer su competencia normadora conforme a la Constitución vigente.*" Y con base en ello, así como en el "Reglamento de la Comisión de Funcionamiento y Reestructuración del Sistema Judicial" dictado por la propia Comisión[215] y el la Disposición Derogatoria, Transitoria y Final, literal e) de la Ley Orgánica del Tribunal Supremo de Justicia de 2004, estimó en definitiva:

> "que la Comisión de Funcionamiento y Reestructuración del Sistema Judicial está facultada para conocer y decidir los procedimientos disciplinarios -que han de ser públicos, orales y breves- en contra de los jueces, hasta tanto se dicte la legislación y se creen los correspondientes Tribunales Disciplinarios, conforme al artículo 267 de la Constitución de la República Bolivariana de Venezuela y, el Régimen Disciplinario de los Jueces que se regirá por el Código de Ética del Juez Venezolano o Jueza Venezolana, el cual originó la presente acción de inconstitucionalidad contra omisión legislativa.[216]

---

213 Véase las referencias a esta sentencia, en la sentencia N° 1793 de 19 de junio de 2005 de la misma Sala Constitucional, *Caso*: *Henrique Iribarren Monteverde, (acción de inconstitucionalidad por omisión contra la Asamblea Nacional*, en *Revista de Derecho Público,* N° 103, Editorial Jurídica venezolana, Caracas 2005, pp. 165 ss.

214 Véase Caso: *Henrique Iribarren Monteverde, (acción de inconstitucionalidad por omisión contra la Asamblea Nacional*), en *Revista de Derecho Público*, No 103, Editorial Jurídica venezolana, Caracas 2005, pp. 165 ss.

215 Véase acto administrativo N° 155, del 28 de marzo de 2000, publicado en *Gaceta Oficial de la República Bolivariana de Venezuela* N° 36.925, del 4 de abril de 2000.

216 *Id.*

Por otra parte, la Sala Constitucional consideró que normas del referido Reglamento eran contrarias a los artículo 257 y 267 de la Constitución, por lo cual "dado el vacío normativo existente sobre la materia, producto de la falta de adecuación de la legislación existente a los postulados constitucionales antes transcritos," procedió "de oficio" a suspender su aplicación. Sin embargo, "a fin de evitar la paralización de los procedimientos disciplinarios pendientes y los que haya lugar," la Sala Constitucional, con base en al artículo 336.7 de la Constitución que la autoriza a establecer los lineamientos para corregir la omisión, procedió a facultar:

> "a la Comisión de Funcionamiento y Reestructuración del Sistema Judicial para modificar su Reglamento y adecuarlo a las disposiciones constitucionales referidas supra; hasta tanto entre en vigencia la legislación correspondiente, y para cumplir con su cometido, podrá reorganizar su personal interno, designar el personal auxiliar que requiera y dictar su propio reglamento de funcionamiento, sin que ello colida con el Decreto del Régimen de Transición del Poder Público."[217]

La Sala Constitucional, así, en definitiva avaló la transitoriedad del régimen de ausencia de garantías a la estabilidad de los jueces, y en esta materia, como antes se dijo, no demostró activismo judicial alguno, y lejos de declarar la inconstitucionalidad de la comisión legislativa, lo que hizo fue asumir la dirección de la inconstitucional emergencia judicial, al haber primero removido a los miembros de la Comisión de Funcionamiento y Reorganización del Sistema Judicial y haber designado a los nuevos integrantes de dicho órgano interventor, y disponer la forma para que continuase la emergencia.

En esta materia, por tanto, como dijimos al inicio, el contraste entre la normativa constitucional, la realidad de la práctica política ha sido de flagrante desconocimiento de aquella: hay una serie de garantías constitucionales respecto de la autonomía e independencia del Poder Judicial que no han existido en la práctica, por la implantación de una anormal situación de "emergencia judicial" construida y gerenciada por la Asamblea Nacional y por el propio Tribunal Supremo de Justicia, órganos que han suspendido fácticamente la aplicación de la Constitución en lo que se refiere al régimen disciplinario de los jueces y, por tanto, en cuanto a la estabilidad de los mismos, sin lo cual no puede hablarse ni de autonomía ni de independencia judicial.

7. *La creación mediante el Código de Ética del Juez Venezolano, de una "Jurisdicción Disciplinaria Judicial" pero sometida al Poder Político, con jueces disciplinarios nombrados por la Asamblea Nacional sin tener competencia constitucional para ello*

Ahora bien, en paralelo al asalto final perpetrado contra el Tribunal Supremo de Justicia, y después de que durante más de una década se hubiese logrado la "depuración" o "purga" del Poder Judicial, en el mismo año 2010, a pesar de que parecía que había llegado el momento de ejecutar formalmente el mandato constitucional en materia de organización definitiva de la Jurisdicción Disciplinaria

---

217 *Id.*

Judicial, cesando a la Comisión ad hoc que se había utilizado para ejercer la función disciplinaria, lamentablemente ello no ocurrió. En efecto, como antes se dijo, en la reforma de la Ley Orgánica del Tribunal Supremo de Justicia de 2010 se había eliminado la Disposición Transitoria que disponía la sobrevivencia de la Comisión de Funcionamiento y Reestructuración del Sistema Judicial; y segundo, la Asamblea Nacional procedió a sancionar la Ley del Código de Ética del Juez Venezolano y la Jueza Venezolana,[218] derogando, finalmente, la vieja Ley Orgánica del Consejo de la Judicatura de 1998,[219] órgano que había desaparecido con la sanción de la Constitución de 1999; y derogando también, los artículos 38, 39, 40 de la vieja Ley de Carrera Judicial de 1998,[220] y los artículos 34, 35 y 36 de Ley Orgánica del Poder Judicial de 1998.[221]

Además, en la Disposición Derogatoria, también se derogó, "*salvo lo dispuesto en la Disposición Transitoria Tercera,* el Reglamento de la Comisión de Funcionamiento y Reestructuración del Sistema Judicial, publicado en la *Gaceta Oficial* de la República Bolivariana de Venezuela N° 38.317, de fecha 18 de noviembre de 2005." Parecía, con ello, que al fin se estaba iba a crear la esperada "Jurisdicción Disciplinaria Judicial" integrada por tribunales judiciales en el sistema judicial bajo la conducción del Tribunal Supremo de Justicia, por lo que se derogaba el reglamento de la Comisión ad hoc que sin ser un órgano judicial, había ejercido dicha "Jurisdicción." Pero la verdad es que no fue así, precisamente por lo dispuesto en la mencionada "Disposición Transitoria Tercera" de la Ley del Código de Ética del juez, en la cual se dispuso que:

> "*Tercera.* Hasta tanto se conformen los Colegios Electorales Judiciales para la elección de los jueces y juezas de la competencia disciplinaria judicial, la Asamblea Nacional procederá a designar los jueces y juezas y los respectivos suplentes del Tribunal Disciplinario Judicial y la Corte Disciplinaria Judicial, previa asesoría del Comité de Postulaciones Judiciales."

En realidad, a pesar de que con la reforma de la Ley Orgánica del Tribunal Supremo de Justicia de 2010 se había eliminado la Disposición Transitoria que disponía la sobrevivencia de la Comisión de Funcionamiento y Reestructuración del Sistema Judicial; con la sanción subsiguiente por la Asamblea Nacional de la Ley del Código de Ética del Juez Venezolano y la Jueza Venezolana,[222] lo que se hizo, en la práctica, fue cambiarle el nombre a la "Comisión de Funcionamiento y Reestructuración del Sistema Judicial" desdoblándola en dos, al crearse un "Tribunal Disciplinario Judicial" y una "Corte Disciplinaria Judicial" pero no integrada por jueces -que conforme a la Constitución sólo pueden ser designados por el Tribunal Supremo de Justicia (artículo 255)- sino por unos llamados "jueces disciplinarios" nombrados directamente en forma totalmente inconstitucional por la Asamblea Nacional, sin concurso público alguno y sin participación ciudadana

218 *Gaceta Oficial* N° 39.493 de 23-08-2010.

219 *Gaceta Oficial* N° 36.534, de 08-09-1998.

220 *Gaceta Oficial* N° 5.262, Extra. de 11-09-1998.

221 *Gaceta Oficial* N° 5.262, Extra. de 11-09-1998.

222 *Gaceta Oficial* N° 39.493 de 23-08-2010.

alguna, violándose, por tanto, todas las disposiciones constitucionales relativas al Poder Judicial. Por tanto, de un órgano inconstitucional como la mencionada Comisión ad hoc se pasó a otro órgano también inconstitucionalmente constituido, controlado directamente por el poder político representado por la Asamblea Nacional.[223] Al analizarse las normas del Código de Ética del Juez Venezolano de 2010, por tanto, en lo que respecta a la Jurisdicción Disciplinaria Judicial, tiene que tenerse en cuenta el abismo que de nuevo hay entre la letra de las normas y la práctica.

En cuanto a la letra de las normas, en efecto, se constata que la Ley crea los "Tribunales disciplinarios" como los "órganos que en el ejercicio de la jurisdicción tienen la competencia disciplinaria sobre los jueces o juezas de la República," y que son el Tribunal Disciplinario Judicial y la Corte Disciplinaria Judicial, con competencia para conocer y aplicar en primera y segunda instancia, respectivamente, los procedimientos disciplinarios por infracción a los principios y deberes contenidos en el mencionado Código de Ética (art. 39). Tanto el Tribunal Disciplinario Judicial como la Corte Disciplinaria Judicial deben estar integrados cada uno por tres jueces principales y sus respectivos suplentes (Arts. 41 y 43), que deben cumplir con las condiciones indicadas en la ley (art. 44); y a ambos órganos la Ley le encomendó la tarea de dictar "su reglamento orgánico, funcional e interno" (art. 45).[224]

La Ley del Código, por otra parte, estableció todo un complejo procedimiento para la selección y nombramiento de los "jueces disciplinarios" tanto de la Corte como del Tribunal Disciplinarios, en la mejor de las tradiciones de leguaje floridos de las previsiones constitucionales y legales, consistente en lo siguiente:

1. Los aspirantes a jueces deben ser elegidos por los Colegios Electorales Judiciales con el asesoramiento del Comité de Postulaciones Judiciales al cual se refiere el artículo 270 de la Constitución de la República (art. 46).

2. A tal efecto, los Colegios Electorales Judiciales deben estar constituidos en cada estado y por el Distrito Capital por un representante del Poder Judicial, un representante del Ministerio Público, un representante de la Defensa Pública, un representante por los abogados autorizados para el ejercicio, así como por diez delegados de los Consejos Comunales "legalmente organizados por cada una de las entidades federales en ejercicio de la soberanía popular y de la democracia participativa y protagónica." Los Consejos Comunales en asamblea de ciudadanos deben proceder a elegir de su seno a un vocero que los representará para elegir a los delegados que integrarán al respectivo Colegio de cada estado, conforme al procedimiento que establezca el reglamento de la ley que lo rija (art.. 47). El Consejo Nacional Electoral es el órgano responsable de la organización, administración, dirección y vigilancia de todos los actos relativos a la elección de los delegados de los Consejos Comunales (art. 48).

---

223 Tal como lo destacan los representantes del profesor Brewer-Carías, en el *Escrito de Solicitudes, Argumentos y Pruebas*, 7 de julio de 2012, párr. 71.

224 Dicho Reglamento se dictó en septiembre de 2011. Véase en *Gaceta Oficial* N° 39.750 del 05-09-2011

3. El Comité de Postulaciones Judiciales es el órgano competente para recibir, seleccionar y postular los candidatos a jueces disciplinarios que deben ser elegidos por los Colegios Electorales Judiciales (Art. 48). A tal efecto, el Comité de Postulaciones Judiciales debe efectuar una preselección de los candidatos que cumplan con los requisitos exigidos para ser juez de la Jurisdicción Disciplinaria Judicial y debe proceder a elaborar la lista definitiva de los candidatos (art. 49). Los ciudadanos y las organizaciones comunitarias y sociales pueden ejercer fundadamente objeciones ante el Comité de Postulaciones Judiciales sobre cualquiera de los postulados a ejercer los cargos de jueces de la Corte Disciplinaria Judicial y el Tribunal Disciplinario Judicial (Art. 49).

4. Los candidatos a jueces seleccionados por el Comité de Postulaciones Judiciales deben someterse a los Colegios Electorales Judiciales, a los que corresponde realizar la elección, debiendo dichos Colegios Electorales Judiciales notificar de la elección definitiva a la Asamblea Nacional (art. 49).

Todo este procedimiento complejo, sin embargo – y esta es la otra cara de la moneda – fue eliminado completamente, al incorporarse la mencionada Disposición Transitoria Tercera de la Ley conforme a la cual, "hasta tanto se conformen los Colegios Electorales Judiciales para la elección de los jueces de la competencia disciplinaria judicial," *se atribuye a la Asamblea Nacional,* en forma inconstitucional, la atribución de proceder "a designar los jueces y juezas y los respectivos suplentes del Tribunal Disciplinario Judicial y la Corte Disciplinaria Judicial, previa asesoría del Comité de Postulaciones Judiciales." Es decir, todo el detallado y complejo procedimiento previsto en la Ley ha sido letra muerta, y tan inaplicable que publicado el Código de Ética del Juez venezolano en agosto de 2010, ocho meses después, mediante Acto Legislativo de 9 junio de 2011,[225] la Asamblea Nacional designó a los referidos jueces de la Corte Disciplinaria Judicial y Tribunal Disciplinario Judicial, quienes habiéndose juramentado ante la propia Asamblea el 14 de junio de 2011, se constituyeron mediante Acta levantada el 28 de junio de 2011.[226]

La Disposición Transitoria Tercera antes mencionada de la Ley del Código de Ética del Juez venezolano, debe considerarse contraria a la Constitución, pues dispone el nombramiento de jueces por un órgano que conforme a la misma no puede tener esa competencia, violándose además el derecho constitucional a la participación ciudadana.[227] El artículo 255 de la Constitución, en efecto, dispone que "El nombramiento y juramento de los jueces o juezas corresponde al Tribunal Supremo de Justicia. La ley garantizará la participación ciudadana en el

225 *Gaceta Oficial* N° 39.693 de 10-06-2011

226 Véase el "Acta de Constitución del Tribunal Disciplinario Judicial," de 28-06-2011, en *Gaceta Oficial* N° 39.704 de 29-06-2011

227 Debe mencionarse incluso que el nombramiento de jueces y suplentes hecho por la Asamblea Nacional es tan "permanente" para la Corte Disciplinaria Judicial y Tribunal Disciplinario judicial, que en el Reglamento orgánico, funcional e interno de la Jurisdicción que dictaron en septiembre de 2011, se regula que "las faltas absolutas, temporales o accidentales de los jueces o juezas principales, serán cubiertas por el juez o jueza suplente, convocado según el *orden de designación de la Asamblea Nacional*" (art. 10) Véase en *Gaceta Oficial* N° 39.750 de 05-09-2011.

procedimiento de selección y designación de los jueces o juezas." Ni siquiera en forma transitoria esta disposición constitucional podría ser ignorada como ha ocurrido con la Ley del Código, razón por la cual los nombramientos de los llamados "jueces" de la Corte Disciplinaria Judicial y Tribunal Disciplinario Judicial por un órgano distinto al Tribunal Supremo de Justicia, es decir por la Asamblea Nacional, son inconstitucionales, como también, por tanto, la auto "constitución" de dichos tribunales.

Por otra parte, siendo órganos dependientes de la Asamblea Nacional, que es el órgano político por excelencia del Estado, es difícil imaginar que esos "jueces disciplinarios" nombrados por ella, puedan ser realmente en sus funciones "independientes y autónomos, por lo que su actuación sólo debe estar sujeta a la Constitución de la República y al ordenamiento jurídico," y que además, puedan dar cumplimiento cabal a los "principios de la jurisdicción disciplinaria" a que se refiere el artículo 3 del Código, en el sentido de que deben garantizar "el debido proceso, así como los principios de legalidad, oralidad, publicidad, igualdad, imparcialidad, contradicción, economía procesal, eficacia, celeridad, proporcionalidad, adecuación, concentración, inmediación, idoneidad, excelencia e integridad."

La antigua Comisión de Funcionamiento y Reestructuración del Sistema Judicial, aún cuando no era un órgano o tribunal judicial, al menos tenía una adscripción al Tribunal Supremo de Justicia, y sus miembros habían incluso sido designados por la Sala Constitucional. Fue sin duda un instrumento para asegurar el control político sobre los jueces, pero organizado en forma indirecta. En cambio, ahora, con la última reforma legal de 2010, al disponerse que los jueces de las Corte Disciplinaria Judicial y del Tribunal Disciplinaria Judicial sean designados por la Asamblea Nacional, lo que se ha asegurado es un mayor control político directo sobre los jueces en el país. Por otra parte, el Tribunal Supremo de Justicia, con la reforma, ha perdido incluso en contra de lo establecido en la Constitución, el gobierno y administración de una de las Jurisdicciones de rango constitucional, como es la Jurisdicción Disciplinaria Judicial (Art. 267). Puede decirse, por tanto, que nada ha variado desde 1999 en esta materia, de manera que la estabilidad de los jueces, como garantía de su independencia y autonomía, sigue sin tener aplicación en el país.

V. EL AUTORITARISMO CENTRALISTA ESTABLECIDO EN FRAUDE A LA CONSTITUCIÓN Y A LA DEMOCRACIA

1. *El autoritarismo popular y el fraude a la democracia*

En América Latina, después de la experiencia de tantos regímenes antidemocráticos y militaristas que ha habido, y de tantos autoritarismos con disfraces democráticos que ha se han desarrollado, a comienzos de este Siglo se logró adoptar en el seno de la Organización de Estados Americanos –no sin la disidencia, precisamente, de quien en Venezuela estaba urdiendo el fraude a la democracia[228]– una doctrina continental sobre la democracia y lo que esta significa como régimen político, con la aprobación en Lima, el 11 de septiembre de 2001, de la denominada *Carta Democrática Interamericana*. Es cierto que ese instrumento no es un tratado internacional vinculante, pero es el documento más importante en la materia adoptado como línea de conducta política democrática que, lamentablemente, muchos gobernantes de Estados no quieren volver siquiera a leer.

Esa *Carta Democrática*, en efecto, entre los *elementos esenciales de la democracia representativa* que enumera en su artículo 3, que deberían ser el pilar fundamental de la organización y funcionamiento de los Estados constitucionales, además del respeto a los derechos humanos y las libertades fundamentales; del acceso al poder y su ejercicio con sujeción al Estado de derecho; de la celebración de elecciones periódicas, libres, justas y basadas en el sufragio universal y secreto, como expresión de la soberanía del pueblo; y del régimen plural de partidos y organizaciones políticas; está la necesaria existencia –dice– de "la separación e independencia de los poderes públicos".

Y han sido precisamente todos esos elementos esenciales de la democracia los que, en los últimos años, lamentablemente han sido ignorados o resquebrajados en Venezuela, precisamente en nombre de una supuesta democracia participativa y de un supuesto Poder Popular donde el pueblo participe directamente. En efecto, en estos últimos años, por ejemplo, nunca antes había habido mayor violación a los derechos humanos, y basta, para constatar esta tragedia, sólo contabilizar el número de denuncias que se han formulado contra el Estado venezolano ante la Comisión Interamericana de Derechos Humanos. Ello ha sido, en el pasado, y es en el presente, el mejor termómetro para determinar en el Continente el grado de violaciones, por un Estado, de los derechos humanos.

Además, el acceso al poder se ha hecho contrariando el Estado de derecho, al violarse la separación e independencia de los poderes judicial, ciudadano y electoral. Todos están controlados por el sindicato establecido entre el Ejecutivo nacional y la Asamblea nacional, por lo que no es posible controlar el acceso al poder conforme a los postulados del Estado de Derecho[229].

---

228 El Presidente Chávez, desde la reunión de Jefes de Estado de la OEA en Québec, en abril de 2001, cuestionó la declaración sobre la "democracia representativa" tratando de sustituirla por "democracia participativa".

229 Véase Allan R. Brewer–Carías, *La Sala Constitucional versus el Estado democrático de derecho. El secuestro del poder electoral y de la Sala Electoral del Tribunal Supremo y la confiscación del derecho a la participación política*, Los Libros de El Nacional, Colección Ares, Caracas 2004; "El secuestro del Poder Electoral y la confiscación del derecho a la participación política mediante el referendo revocatorio presidencial: Venezuela 2000–2004", en *Revista Jurídica del Perú*, Año LIV Nº 55, marzo–abril 2004, Lima, pp. 353–396; "El secuestro del Poder Electoral y de la Sala Electoral del Tribunal Supremo y la confiscación del derecho a la participación política mediante el referendo revocatorio presidencial: Venezuela: 2000–2004", en *Revista Costarricense de Derecho Constitucional*, tomo V, Instituto Costarricense de Derecho Constitucional, Editorial Investigaciones Jurídicas S.A., San José 2004, pp. 167–312; "El secuestro de la Sala Electoral por la Sala Constitucional del Tribunal Supremo de Justicia, en *La Guerra de las Salas del TSJ frente al Referendum Revocatorio*, Editorial Aequitas, Caracas 2004, C.A., pp. 13–58"; "El secuestro del poder electoral y la conficación del derecho a la participación política mediante el referendo revocatorio presidencial: Venezuela 2000–2004, *Stvdi Vrbinati, Rivista tgrimestrale di Scienze Giuridiche, Politiche ed Economiche*, Año LXXI – 2003/04 Nuova Serie A – N.

En particular, el Poder Electoral, desde 2003 fue secuestrado con la complicidad de la Sala Constitucional del Tribunal Supremo, por lo que las elecciones que se han efectuado han carecido de justicia, y las últimas reformas políticas efectuadas y propuestas, simplemente apuntan a la sustitución de la representatividad electoral de sufragio directo por supuestas agrupaciones de ciudadanos en comunidades y consejos comunales cuyos integrantes no son electos mediante sufragio directo, sino designados desde la cúpula del Poder Popular, que controla el Presidente de la República, mediante el partido único.

El régimen plural de partidos se ha destrozado y el ya oficialmente anunciado Partido Único socialista, imbricado en el aparato del Estado y también dirigido por el Presidente de la República, se apoderará no sólo del supuesto Poder Popular, sino de toda la vida política y social del país, dado el capitalismo de Estado que se ha intensificado como consecuencia del Estado rico y petrolero. Como todo depende del Estado, sólo quien pertenezca al Partido Único podrá tener vida política, administrativa, económica y social.

Y todo esta distorsión institucional, sin que exista separación ni independencia entre los poderes públicos, no sólo en su división horizontal (Legislativo, Ejecutivo, Judicial, Ciudadano y Electoral) por el control que sobre ellos ejerce el Poder Ejecutivo; sino en su distribución vertical, donde las acciones de gobierno de los últimos años apuntan a la eliminación de la federación, la sustitución de los Estados federados por supuestas "ciudades federales", donde tendrán su sede los anunciados Consejos estadales o regionales del Poder Popular[230] y la definitiva eliminación de los municipios y su sustitución por consejos comunales y asambleas de ciudadanos. Todo ello con el fin de eliminar todo vestigio de descentralización política, es decir, de entidades políticas autónomas en el territorio, lo que imposibilita toda posibilidad de participación democrática.

Esta es la trágica situación de la democracia venezolana, la cual en la realidad actual, ya no pasa de ser una palabra vacía.

Pero además de los elementos esenciales de la democracia antes indicados, la misma *Carta Interamericana*, en su artículo 4° también definió los siguientes *componentes fundamentales del ejercicio de la democracia*: la transparencia de las actividades gubernamentales, la probidad, la responsabilidad de los gobiernos en la gestión pública, y el respeto por los derechos sociales y la libertad de expresión y de prensa. Además, se declaró como igualmente fundamentales para la democracia, la subordinación constitucional de todas las instituciones del Estado a la autoridad civil legalmente constituida y el respeto al Estado de derecho de todas las entidades y sectores de la sociedad. La democracia, por tanto, es mucho más que las solas elecciones y votaciones.

55,3, Università degli studi di Urbino, Urbino, 2004, pp.379–436; "El secuestro del Poder Electoral y la confiscación del derecho a la participación política mediante el referendo revocatorio presidencial: Venezuela 2000–2004". En *Boletín Mexicano de Derecho Comparado*, Instituto de Investigaciones Jurídicas, Universidad Nacional Autónoma de México, N° 112, México, enero–abril 2005 pp. 11–73.

230 Véase el anuncio del Consejo Presidencial del Poder Popular en *El Nacional*, 01–03–2007, p. 6.

Lamentablemente todos estos elementos esenciales, también han sido ignorados o resquebrajados en Venezuela, también en nombre de un supuesto Poder Popular: la actividad gubernamental desplegada por el Estado rico, y en los últimos años súbitamente riquísimo, manejado sin control en un país pobre, dejó de ser transparente por la específica ausencia de control fiscal, dada la sumisión del Poder Ciudadano (Contraloría General, Fiscal General y Defensor del Pueblo) al poder del Ejecutivo; situación que ha hecho desaparecer el mismo concepto de probidad pues no es posible exigir responsabilidad alguna al gobierno por la gestión pública, entre otros aspectos por la sumisión del poder judicial; todo ello, campeando la corrupción en forma antes nunca vista. Por otra parte, la procura de los derechos sociales –que ha sido el principal eslogan gubernamental, en particular hacia la comunidad internacional– ha sido montada en una política de distribución incontrolada de la riqueza petrolera, como si esta nunca fuera a disminuir, estatizándose todo en el país, desmantelándose el aparato productivo y sin generar inversión; y todo ello sin que los niveles de pobreza ni los niveles de desempleo hayan disminuido.

Por último, la libertad de expresión y de prensa, desde las censuras directas de la última dictadura militar de la década de los cincuenta, nunca ha estado tan amenazadas, imponiéndose la autocensura sobre la base de persecución a periodistas y medios disidentes, como tan repetidamente lo ha constatado la Relatoría de Libertad de Expresión de la Comisión Interamericana de Derechos Humanos y se deriva de las múltiples denuncias formuladas ante la Comisión y de las recomendaciones y medidas cautelares adoptadas por ésta.

Por otra parte, el militarismo se ha apoderado del Estado, de manera que aún cuando el régimen autoritario no haya sido fruto de un golpe militar[231], en definitiva, otro valor fundamentales para la democracia como es la subordinación constitucional de todas las instituciones del Estado a la autoridad civil legalmente constituida, por el apoderamiento militar del Estado y su imbricación con el partido único, se ha resquebrajado, habiendo quedado el respeto al Estado de derecho como otro valor pospuesto por todas las entidades y sectores de la sociedad.

En definitiva, durante los últimos años, en Venezuela se ha utilizado uno sólo de los elementos de la democracia, como es la realización de elecciones, para destruir todos los otros valores y componentes esenciales de la democracia. De allí el fraude a la democracia que ha ocurrido.

2. *El proceso de concentración del poder y el autoritarismo constitucional*

El problema de la concentración del poder, semilla del autoritarismo en Venezuela, deriva del texto de la propia Constitución de 1999. Por ello, con motivo de la realización del referendo aprobatorio de la misma celebrado el 15 de diciembre

231 Véase Allan R. Brewer–Carías, "El autoritarismo establecido en fraude a la Constitución y a la democracia y su formalización en Venezuela mediante la reforma constitucional. (De cómo en un país democrático se ha utilizado el sistema eleccionario para minar la democracia y establecer un régimen autoritario de supuesta "dictadura de la democracia" que se pretende regularizar mediante la reforma constitucional)" en el libro *Temas constitucionales. Planteamientos ante una Reforma,* Fundación de Estudios de Derecho Administrativo, FUNEDA, Caracas 2007, pp. 13–74.

de 1999, en un documento que elaboramos para explicar y justificar las razones por las cuales propugnamos el "voto No" en dicho referendo, advertimos que si la Constitución se aprobaba, en Venezuela se implantaría:

> "Un esquema institucional concebido para el autoritarismo derivado de la combinación del centralismo del Estado, el presidencialismo exacerbado, la democracia de partidos, la concentración de poder en la Asamblea y el militarismo, que constituye el elemento central diseñado para la organización del poder del Estado. En mi opinión –agregaba–, esto no es lo que se requería para el perfeccionamiento de la democracia; la cual al contrario, se debió basar en la descentralización del poder, en un presidencialismo controlado y moderado, en la participación política para balancear el poder del Estado y en la sujeción de la autoridad militar a la autoridad civil"[232] .

Lamentablemente, nuestra advertencia de entonces se ha venido haciendo realidad, y con base en la Constitución, a partir de 1999 se ha venido instrumentando un supuesto sistema democrático "participativo y protagónico" pero basado en la concentración y centralización del poder, lo cual es una contradicción, con consecuencias demoledoras para la propia democracia y el Estado de derecho.

Puede decirse, entonces, que la Constitución que sancionó la Asamblea Nacional Constituyente de 1999, configuró un *marco institucional autoritario*, que impide el desarrollo de la democracia misma y la consolidación del Estado de derecho. Al contrario de ese marco institucional y de la práctica constitucional que lo ha implementado en los últimos años, la Constitución que Venezuela requería para estos comienzos del Siglo XXI, tenía que haber sido una que asegurara el perfeccionamiento de la democracia mediante el diseño y efectiva implementación del principio de la separación orgánica de poderes, como antídoto efectivo frente al autoritarismo; y ello, incluso, consolidando la separación de poderes más allá de los tres clásicos Poderes del Estado (Legislativo, Ejecutivo y Judicial), haciendo partícipes efectivos del ejercicio del Poder Público con rango constitucional, a los clásicos órganos de control que siempre han existido en nuestros países latinoamericanos, como las Contralorías Generales, el Ministerio Público, los Defensores del Pueblo o de los Derechos Humanos y los órganos electorales.

Pero por más verbalismo florido en la consagración de la separación orgánica de poderes, incluso con cinco poderes del Estado (art. 136: Legislativo, Ejecutivo, Judicial, Ciudadano y Electoral), para que dicha separación pudiera ser efectiva tenía que haberse consolidado la independencia y la autonomía entre los mismos, de manera de asegurar la limitación y control del poder por el poder mismo. Ello, sin embargo, no se diseñó, y a pesar de la antes mencionada separación en cinco conjuntos de órganos del Estado, en la Constitución de Venezuela se encuentra una absurda distorsión de dicha separación, al otorgarse a la Asamblea Nacional, como órgano político que ejerce el Poder Legislativo y de control, no sólo la potestad de nombrar, sino de remover de sus cargos a los Magistrados del Tribunal Supremo de

---

232 Documento de 30 de noviembre 1999. Véase en Allan R. Brewer–Carías, *Debate Constituyente (Aportes a la Asamblea Nacional Constituyente)*, tomo III, Fundación de Derecho Público, Editorial Jurídica Venezolana, Caracas, 1999, p. 339.

Justicia, al Fiscal General de la República, al Contralor General de la República, al Defensor del Pueblo y a los Miembros del Consejo Nacional Electoral (art. 265, 279 y 296); en algunos casos, incluso, por simple mayoría de votos.

No puede hablarse de independencia de los poderes, sobre la cual descansa la propia separación y la posibilidad de control mutuo, cuando la existencia misma de los titulares (no electos democráticamente) de los órganos que ejercen los poderes del Estado se hacen depender de uno de ellos, el cual además es esencialmente de carácter político. Por ello, el sólo hecho de la previsión en el texto constitucional de tal poder de remoción en manos de la Asamblea Nacional, hace nugatoria la consagración formal de la independencia de los poderes, al tener conciencia sus titulares de que pueden ser removidos cuando efectivamente actúen con independencia[233].

Lamentablemente ello se ha manifestado en Venezuela, de manera que cuando ha habido mínimos signos de autonomía por parte de algunos titulares de órganos del Estado, que han osado manifestar, han sido removidos. Ello ocurrió por ejemplo con la Defensora del Pueblo, y el Fiscal General de la República originariamente designados por la Asamblea Nacional Constituyente en 1999, quienes por no apegarse a los dictados del poder, en 2000 fueron separados de sus cargos[234]; y con algunos Magistrados del Tribunal Supremo que se atrevieron a votar sentencias donde se cuestionaba el poder, lo que provocó que inmediatamente comenzaran a ser investigados y algunos de ellos incluso removidos de sus cargos, como ocurrió con el Primer Vicepresidente del Tribunal Supremo en junio de 2004; y otros debidamente "jubilados" o retirados[235].

En otros casos, la consecuencia que se ha producido por esa "dependencia" fáctica de los órganos de control frente a la Asamblea Nacional, ha sido su abstención total de ejercer las funciones de control que la Constitución les atribuye, como ha sucedido con el Contralor General de la República, cuya existencia misma ha sido motivo de conjetura; y de las complacencias del Defensor del Pueblo con el

---

233 Véase "Democracia y Control del Poder", en Allan R. Brewer–Carías, *Constitución, democracia y control del poder*, Centro Iberoamericano de Estudios Provinciales y Locales, Universidad de Los Andes, Mérida 2004.

234 Fue el caso del Fiscal General de la República designado en diciembre de 1999, que se le ocurrió que podía iniciar el procedimiento de antejuicio de mérito (penal) contra el entonces Ministro del Interior; y de la Defensora del Pueblo, que también pensó que podía impugnar la Ley Especial de la Asamblea Nacional de 2001 sobre nombramiento de los Magistrados del Tribunal Supremo sin cumplir con los requisitos constitucionales. Ambos fueron debidamente sustituidos en 2001.

235 Fue el caso del Magistrado Franklin Arrieche, Vice Presidente del Tribunal Supremo de Justicia, quien fue Ponente de la sentencia de la Sala Plena Accidental de 14–08–2002 que decidió el antejuicio de mérito a los generales que actuaron el 12 de abril de 2002), declarando que no había mérito para enjuiciarlos porque en esa ocasión no había ocurrido un golpe militar sino un vacío de poder; y de los Magistrados Alberto Martini Urdaneta, Presidente de la Sala Electoral y Rafael Hernández y Orlando Gravina, Magistrados de la misma Sala, quienes suscribieron la sentencia Nº 24 del 15–03–2004 (caso*: Julio Borges, César Pérez Vivas, Henry Ramos Allup, Jorge Sucre Castillo, Ramón José Medina y Gerardo Blyde vs. Consejo Nacional Electoral*), que suspendió los efectos de la Resolución Nº 040302–131 de 02–03–2004, del Consejo Nacional Electoral que en su momento impidió la realización del referendo revocatorio presidencial.

poder, que han provocado que se lo perciba, antes que como defensor de los ciudadanos frente al poder, como el defensor del poder frente a los ciudadanos.

Los efectos de esta dependencia han sido catastróficos en relación con el Poder Judicial, el cual como se ha analizado anteriormente, fue intervenido por la Asamblea Nacional Constituyente en 1999, y continúa intervenido con la lamentable anuencia y complicidad del propio Tribunal Supremo de Justicia, el cual se ha negado a asumir el completo gobierno del Poder Judicial, permitiendo que conviva con él una Comisión de Reorganización del Poder Judicial –a la cual ha legitimado– con poderes disciplinarios que son contrarios a lo que exige y manda la Constitución. A ello se suma el control político que la Asamblea Nacional ha asumido sobre los Magistrados del Tribunal Supremo, con la siempre "oportuna" advertencia de que pueden ser investigados y removidos incluso por mayoría absoluta de votos, como inconstitucionalmente se estableció en la Ley Orgánica del Tribunal Supremo de Justicia de 2004.

Pero si la primacía de la Asamblea Nacional sobre los Poderes Judicial, Ciudadano y Electoral es el signo más característico de la ejecución de la Constitución de 1999 en los últimos años, la distorsión de la separación de poderes convirtiéndola en un sistema de concentración del poder, también deriva de la primacía que desde el punto de vista político–partidista, a la vez tiene el Poder Ejecutivo sobre la Asamblea Nacional.

En la Constitución de 1999, el presidencialismo se ha exacerbado, entre otros factores, por la extensión del período presidencial a seis años; por la permisión de la reelección inmediata del Presidente de la República (art. 230), lo que atenta contra el principio de la alternabilidad republicana al permitir un posible largo período de gobierno de hasta 12 años; por lo complicado del referendo revocatorio del mandato (art. 72), lo que lo hace prácticamente inaplicable; y por la no adopción del principio de la elección del Presidente por mayoría absoluta y doble vuelta, conservándose la elección por mayoría relativa (art. 228), originando la posibilidad de gobiernos electos con una minoría de votos, lo que puede hacer al sistema ingobernable.

Con este modelo presidencialista, al que se agrega la posibilidad de disolución de la Asamblea Nacional por el propio Presidente de la República (art. 236,22), aún cuando en casos excepcionales cuando se aprueben tres votos de censura parlamentaria contra el Vicepresidente Ejecutivo (art. 240); se exacerbó el presidencialismo que no encuentra siquiera contrapeso en el antiguo bicameralismo que se eliminó.

El presidencialismo, además, se ha reforzado con otras reformas como la previsión de la delegación legislativa para autorizar al Presidente de la República, mediante "leyes habilitantes" emitir decretos–leyes no sólo en materias económicas y financieras (art. 203), lo que constituye un atentado a la garantía constitucional de la reserva legal particularmente en relación a la regulación de los derechos constitucionales. En esta forma, en evidente fraude a la Constitución, la potestad estatal de legislar sobre las materias de la competencia nacional se pretende trasladar del órgano que ejerce el Poder Legislativo (Asamblea Nacional) al Poder Ejecutivo, a pesar de que éste controla completamente al primero, donde no puede encontrar oposición alguna; legislación que se refiere, incluso, a materias que se afectan a los otros poderes del Estado, en particular, en su división horizontal (Legislativo,

Ejecutivo, Judicial, Ciudadano y Electoral) como en su distribución territorial (Estados y Municipios).

La Constitución de 1999, también dentro de sus innovaciones, consagró un acentuado esquema militarista como no se conocía en la última centuria; lo cual si se agrega al presidencialismo como forma de gobierno y a la concentración de poderes en la Asamblea Nacional y el Presidente de la República cuando la controla, lo que muestra es la apertura el autoritarismo como forma de gobierno, lamentablemente instalado en la República. En la Constitución, en efecto se eliminó toda idea de sujeción o subordinación de la autoridad militar a la autoridad civil; dándose, al contrario, una gran autonomía a la autoridad militar y a la Fuerza Armada, con la posibilidad incluso de intervenir sin límites en funciones civiles, bajo la comandancia general del Presidente de la República. Ello se evidencia, por ejemplo, tanto de la incorporación de algunas regulaciones como de la ausencia de las mismas: Primero, se eliminó la tradicional prohibición que existía en el constitucionalismo histórico respecto del ejercicio simultáneo de la autoridad civil con la autoridad militar; segundo, se eliminó el control civil parlamentario en relación con la promoción de militares de altos rangos, y que había sido diseñado por los hacedores de la República a comienzos del Siglo XIX.

Esa promoción es ahora una atribución exclusiva de la Fuerza Armada. Tercero, se eliminó la norma que establecía el carácter apolítico de la institución militar y su carácter no deliberante, lo cual abrió el camino para que la Fuerza Armada delibere e intervenga en los asuntos que estén resolviendo los órganos del Estado; cuarto, se eliminó de la Constitución la obligación de la Fuerza Armada de velar por la estabilidad de las instituciones democráticas que antes estaba prevista expresamente; quinto, y más grave aún, se eliminó la obligación de la Fuerza Armada de obedecer la Constitución y leyes, cuya observancia debía estar siempre por encima de cualquier otra obligación, como lo establecía la Constitución anterior; sexto, por vez primera en la historia del país, se le concedió a los militares el derecho al voto, lo cual ha mostrado ser políticamente incompatible con el principio de obediencia; séptimo, la nueva Constitución estableció el privilegio de que el Tribunal Supremo de Justicia debe decidir si hay méritos para juzgar a los militares de alto rango de la Fuerza Armada, lo cual siempre había sido un privilegio procesal reservado a altos funcionarios civiles, como el Presidente de la República; octavo, se sujetó el uso de cualquier tipo de armas en el país a la autoridad de la Fuerza Armada, control éste que antes estaba atribuido a la administración civil; noveno, se estableció la posibilidad de poder atribuir a la Fuerza Armada funciones de policía administrativa; y finalmente, décimo, se adoptó el concepto de la doctrina de seguridad nacional, definida de forma total, global y omnicomprensiva, conforme a la cual, como había sido desarrollada en los regímenes militares de América latina en los setenta, casi todo lo que suceda en la Nación concierne a la seguridad del Estado, aun el desarrollo económico y social[236].

236 Véase sobre el militarismo en la Constitución de 1999, Allan R. Brewer–Carías, "Razones para el Voto NO en el referéndum sobre la Constitución", (Documento de 30–11–1999), *Debate Constituyente (Aportes a la Asamblea Nacional Constituyente)*, tomo III, *cit.*, p. 325 y ss.

Todo esto ha dado origen a un esquema militar que es una novedad constitucional y ha venido conduciendo a una situación en la cual la Fuerza Armada, con el soporte del Jefe de Estado, se ha apoderado de la Administración civil del Estado, como ha venido ocurriendo en los últimos años. Todas estas disposiciones muestran un cuadro constitucional de militarismo verdaderamente único en la historia política y constitucional de América Latina, que no se encuentra ni siquiera en las Constituciones de los anteriores regímenes militares.

Con estos atentados al principio de la separación de poderes, Venezuela, con su nueva Constitución llena de contradicciones constitucionales (una Federación centralizada y sin Senado; un Poder Legislativo y una delegación legislativa ilimitada; y una penta división del Poder con una concentración inusitada del poder en el órgano político representativo), ha constitucionalizado el camino hacia el autoritarismo. La democracia, por tanto, con ese esquema constitucional difícilmente puede ser efectiva, y menos aún el Estado de derecho.

3. *El proceso de centralización del poder y la ausencia de efectiva participación política*

Pero el nuevo esquema de gobierno autoritario que en los últimos años ha encontrado arraigo en Venezuela, con origen electoral, no sólo ha sido posible por la constitucionalización de un esquema de concentración del Poder del Estado, con la consecuente sumisión del Poder Judicial al Poder Ejecutivo, que es contrario a la democracia y al Estado de derecho; sino además, por la distorsión del propio ejercicio de la democracia y de la participación popular, encubierta por un falaz discurso populista que pretende sustituir la democracia representativa por una "democracia participativa", como si se tratara, además, de conceptos dicotómicos, conduciendo en realidad a la propia destrucción de la democracia.

La participación política, es decir, la posibilidad para el ciudadano de participar en la toma de decisiones políticas, sólo es posible cuando el poder está cerca del ciudadano en un sistema estatal de descentralización del poder basado en la multiplicación de las autoridades locales con autonomía política[237]. Al contrario, en un esquema de Federación centralizada como la que consagra la Constitución venezolana de 1999, no sólo la participación política se torna en una ilusión retórica, sino que el sistema se convierte en fácil instrumento del autoritarismo[238].

Por ello, también con motivo de la realización del referendo aprobatorio de la Constitución de 1999, en el mismo documento explicativo de las razones por las cuales en su momento propugnamos el "voto No" en dicho referendo, advertíamos que:

---

237 Véase nuestras propuestas para el reforzamiento de la descentralización de la federación y el desmantelamiento de su centralización en Allan R. Brewer–Carías, *Debate Constituyente (Aportes a la Asamblea Nacional Constituyente),* tomo I, Fundación de Derecho Público, Editorial Jurídica Venezolana, Caracas 1999, pp. 155 y ss.

238 Véase los estudios "La opción entre democracia y autoritarismo (julio 2001)", pp. 41–59; "Democratización, descentralización política y reforma del Estado (julio–octubre 2001)", pp. 105–125; y "El Municipio, la descentralización política y la democracia (octubre 2001)", pp. 127–141, en Allan R. Brewer, *Reflexiones sobre el constitucionalismo en América*, Editorial Jurídica Venezolana, Caracas 2001.

> "La gran reforma del sistema político, necesaria e indispensable para perfeccionar la democracia era desmontar el centralismo de Estado y distribuir el Poder Público en el territorio; única vía para hacer realidad la participación política. La Asamblea Constituyente –agregábamos–, para superar la crisis política, debió diseñar la transformación del Estado, descentralizando el poder y sentar las bases para acercarlo efectivamente al ciudadano. Al no hacerlo, ni transformó el Estado ni dispuso lo necesario para hacer efectiva la participación"[239].

Sin embargo, a pesar del esquema centralizado del poder plasmado en la Constitución, esta utiliza en múltiples ocasiones la palabra participación y, además, proclama como valor global a la llamada "democracia participativa", pero sin permitir una efectiva participación política del ciudadano en la conducción de los asuntos públicos en entidades políticas autónomas y descentralizadas. La participación, en efecto, sólo es posible con la descentralización, y esta implica la creación de entidades territoriales autónomas. La participación, por tanto, es más que el ejercicio del derecho al sufragio y de la implementación de algunos mecanismos de democracia directa como los referendos, las asambleas de ciudadanos y los recién creados consejos comunales, los cuales no se configuren como instancias del poder del Estado ni tienen autonomía política, sino como instrumentos paralelos a su organización, del exclusivo uso y conducción del Jefe del Estado para la centralización del poder.

En realidad, en el discurso autoritario de la "democracia participativa", ésta, de democracia sólo tiene el nombre, siendo hábilmente utilizado frente a los fracasos políticos que han experimentado muchas de nuestras anquilosadas democracias meramente representativas y de partidos.

Muchas veces la expresión se utiliza sin que se sepa efectivamente de qué se trata y generalmente confundiendo indebidamente la democracia participativa con elementos de democracia directa. Pero en la mayoría de los casos se utiliza como engañosa y clara estrategia para acabar con la propia democracia representativa como régimen político, exacerbando la desconfianza en los partidos políticos y en las propias instituciones del Estado con estructuras e instituciones demasiado lejos del ciudadano.

La confusión originada por el clamor que a veces se siente en muchos de nuestros países de América Latina por la participación, la cual además, por esencia es contraria al autoritarismo, obliga a reflexionar sobre la propia democracia para poder situar el concepto de participación política donde le corresponde, que es precisamente en el ámbito local de la descentralización política.

Sin duda, los dos principios fundamentales de la democracia en el mundo contemporáneo siguen siendo la representación y la participación. La primera, la representación, si a algo se contrapone es a la democracia directa, por lo que la

---

239 Documento de 30 de noviembre de 1999. Véase en Allan R. Brewer–Carías, *Debate Constituyente (Aportes a la Asamblea Nacional Constituyente)*, tomo III, Fundación de Derecho Público, Editorial Jurídica Venezolana, Caracas 1999, p. 323.

dicotomía que existe en este caso es entre "democracia representativa" o indirecta y "democracia directa".

La segunda, la participación, a la vez, si a algo se contrapone no es a la representación, sino a la "exclusión" política, de manera que la dicotomía que en este plano surge es entre "democracia participativa" o de inclusión y "democracia de exclusión" o exclusionista. Y esto es precisamente lo que no se tiene claro cuando se habla de democracia participativa, en ciertos casos, queriendo referirse a los mecanismos de democracia directa; y en otros deliberadamente confundiéndose los conceptos, para buscar la eliminación o minimización de la representatividad, y establecer una supuesta relación directa entre un líder mesiánico y el pueblo, a través de los mecanismos institucionales incluso paralelos a los propios órganos electos del Estado, dispuestos para hacerle creer al ciudadano que participa, cuando lo que se está es sometiéndolo al control del poder central.

En cuanto a la democracia representativa o democracia indirecta, esta es y seguirá siendo de la esencia de la democracia[240]. Su sustitución es esencialmente imposible si de democracia se trata, sin perjuicio de que afortunadamente se haya venido enriqueciendo en las últimas décadas, precisamente con la introducción en nuestros sistemas políticos de mecanismos de democracia directa que la complementan, pero que jamás podrán sustituirla.

No puede existir en el mundo contemporáneo una democracia que sea sólo refrendaria, plebiscitaria o de cabildos abiertos permanentes; a pesar de que en casi todos los sistemas constitucionales contemporáneos se hayan incorporado mecanismos de consultas populares y de asambleas de ciudadanos con el objeto de complementar la representatividad. Además, como es el caso de la Constitución de Venezuela, se han regulado todos los tipos imaginable de referendos: consultivos, aprobatorios, decisorios, abrogatorios, autorizatorios y revocatorios; al igual que las iniciativas populares. Ello sin duda ha contribuido a la movilización popular y a la relativa manifestación directa de voluntad del pueblo; pero es claro que esos mecanismos no pueden sustituir a la democracia conducida por representantes electos. El reto en este punto, para contribuir a la consolidación del Estado democrático de derecho, es asegurar que dichos representantes sean realmente representativos de las sociedades y sus comunidades, y sean elegidos en sistemas de sufragio directo, universal y secreto donde impere el pluralismo político, y a través de procesos electorales transparentes que aseguren el acceso al poder con sujeción al Estado de derecho.

Pero sin duda, más interés contemporáneo tiene el segundo principio básico de la democracia, que es el de la participación política, lo que como antes se ha señalado, no es otra cosa que un régimen democrático de inclusión política, donde el ciudadano sea parte de su comunidad organizada con autonomía política, y contribuya a tomar las decisiones que le conciernen. Participar es estar incluido, por lo que la dicotomía en este caso de la participación política es la exclusión política, la cual además conlleva la de orden social y económico.

---

240 Véase nuestra propuesta sobre la regulación del principio democrático representativo y participativo en la Constitución de 1999 en Allan R. Brewer–Carías, *Debate Constituyente (Aportes a la Asamblea Nacional Constituyente)*, tomo I, *cit.*, pp. 183 y ss.

Lamentablemente, sin embargo, como antes hemos apuntado, en la doctrina política democrática con demasiada frecuencia se han confundido los conceptos, y cuando se habla de democracia participativa se la confunde y se la reduce a los mecanismos de democracia directa, cuando la democracia participativa es mucho más que eso.

Participar, en efecto, en el lenguaje común, es ser parte de..., es pertenecer, incorporarse, contribuir, estar asociado o comprometerse a...; es tener un rol, tomar parte activa, estar envuelto o tener una mano en...; es en fin, asociarse, compartir o tener algo que ver con... La participación, por tanto, en el lenguaje político no es otra cosa que ser parte de una comunidad política que por esencia debe gozar de autonomía política, en la cual el individuo tiene un rol específico de carácter activo conforme al cual contribuye a la toma de decisiones, la cual no se puede agotar, por ejemplo, en el sólo ejercicio del derecho al sufragio (que sin duda es una forma mínima de participación); o en ser miembro de sociedades intermedias, aún las de carácter político como los partidos políticos; o en votar en referendos (que es otra forma mínima de participación) en participar en asambleas de ciudadanos controladas por el poder central[241].

Participación política democrática, en realidad, es estar incluido en el proceso político y ser parte activa del mismo, sin mediatizaciones; es en fin, poder tener acceso a la toma de decisiones públicas. Y ello, en ninguna sociedad democrática se ha logrado permanentemente con las solas votaciones en referendos o consultas populares. Tampoco se logra con manifestaciones así sean multitudinarias, y menos de las que son obedientes y sumisas a un líder. Eso, que no es más que manifestación política, la historia se ha encargado de enseñárnosla en todas sus facetas, incluyendo las propias de los autoritarismos fascistas del Siglo pasado, la cual no se puede confundir con participación política.

Para que la democracia sea inclusiva o de inclusión, tiene que permitir al ciudadano poder ser parte efectivamente de su comunidad política que ante todo tiene que ser autónoma; tiene que permitirle desarrollar incluso conciencia de su efectiva pertenencia, es decir, de pertenecer en el orden social y político, por ejemplo, a una comunidad, a un lugar, a una tierra, a un campo, a una comarca, a un pueblo, a una región, a una ciudad, en fin, a un Estado, y ser electo para ello, como representante de la misma.

Por ello, la democracia participativa no es nada nuevo en la historia política; ha estado siempre, desde los mismos días de las Revoluciones del Siglo XIX en la teoría y prácticas políticas democráticas. En todos los países con democracias consolidadas, incluso, está imperceptiblemente arraigada en el nivel más ínfimo de los territorios de los Estados, en las entidades políticas autónomas como los Municipios o las Comunas; es decir, en la base de la distribución territorial del poder.

---

241 Véase Allan R. Brewer–Carías, "Democracia Municipal, Descentralización y Desarrollo Local" (Conferencia Inaugural del XXVI Congreso Iberoamericano de Municipios, Organización Iberoamericana de Cooperación Intermunicipal, Ayuntamiento de Valladolid, Valladolid, 13–15 de octubre de 2004), en *Revista Iberoamericana de Administración Pública,* Nº 11, julio–diciembre 2003, INAP, Madrid 2003, pp. 11–34.

El gran tema de la participación política, en todo caso, en democracias con carencia de participación, es determinar dónde y cómo es que se puede realmente participar, y la respuesta apunta a las entidades que sean consecuencia de la descentralización política del poder, que ante todo están dotadas de autonomía. De manera que dejando aparte y sin sustituir al sufragio y a los instrumentos de democracia directa, la participación política como democracia de inclusión en la cual el ciudadano pueda tomar parte personalmente en un proceso decisorio, interviniendo en actividades estatales y en función del interés general, sólo puede tener lugar en los estamentos territoriales más reducidos políticamente descentralizados y autónomos, en el nivel local, comunal o municipal. Es decir, sólo en los niveles territoriales inferiores autónomos de la organización del Estado, es que se puede montar una organización participativa que permita la incorporación del ciudadano individual, o en grupos o en comunidades, en la vida pública, y particularmente, en la toma de decisiones públicas generales o de orden administrativo.

De ello resulta que el tema central que tiene que resolverse cuando se habla con propiedad de democracia participativa, es el de la determinación del nivel territorial que se requiere para la participación como cotidianeidad democrática, y la opción más clásica está entre el municipio como entidad política autónoma desparramado en todos los rincones de un Estado, en cada villa, pueblo y caserío, situado bien cerca del ciudadano; o el gran municipio urbano o rural, situado bien lejos del ciudadano, y que en definitiva no sirve para nada.

Lo cierto, en definitiva, es que en la mayoría de los llamados países desarrollados democráticamente predomina la existencia de muchos municipios como entidades políticas autónomas, y entre ellos, de municipios pequeños[242]. En contraste, en América Latina, el municipio está demasiado lejos del ciudadano[243].

---

242 Por ejemplo, en Alemania, de sus 16.098 municipios, un 76% tiene menos de 5.000 habitantes; y en España, alrededor del 86% de sus más de 8.056 municipios, tienen menos de 5.000 habitantes, agrupando sólo el 16% de la población, y el 61% tiene menos de 1.000 habitantes. Debe destacarse además, ya que nos encontramos en Valladolid, como un ejemplo de lo que significa para un país tener territorialmente muchos pequeños municipios, el caso precisamente de esta Comunidad de Castilla y León, que alberga algo más de un cuarto del total de los Municipios de España, con 2.248 municipios para 2,484.603 habitantes, de los cuales el 68,5 %, es decir, 1.540 municipios tienen menos de 500 habitantes. Véase en *Informe sobre el Gobierno Local,* Ministerio para las Administraciones Públicas, Fundación Carles Pi i Sunyer d'Etudis Autonòmics y Locals, Madrid 1992, p. 27

243 En Argentina, para 37 MM de habitantes, hay 1617 municipios con un promedio de población de 22.882 habitantes; en Bolivia, para 8 MM de habitantes, hay 312 municipios con un promedio de población de 25.642 habitantes; en Brasil, para 168 MM de habitantes, hay 5.581 municipios con un promedio de población de 30.102 habitantes; en Chile, para 15 MM de habitantes, hay 340 municipios con un promedio de población de 44.117 habitantes; en Colombia, para 42 MM de habitantes, hay 1.068 municipios con un promedio de población de 39.326 habitantes; en Cuba, para 11 MM de habitantes, hay 169 municipios con un promedio de población de 65.389 habitantes; en Ecuador, para 12 MM de habitantes, hay 1.079 municipios con un promedio de población de 11.121 habitantes; en El Salvador, para 6 MM de habitantes, hay 262 municipios con un promedio de población de 22.900 habitantes; en Guatemala, para 11 MM de habitantes, hay 324 municipios con un promedio de población de 33.950 habitantes; en Honduras, para 6 MM de habitantes, hay 293 municipios con un promedio de población de 20.478 habitantes; en México, para 97 MM de habitantes, hay 2.418 municipios con un promedio de población de 40.116 habitantes; en Nicaragua, para 5 MM de habitantes, hay 143 municipios con un

En ambos Continentes los Municipios fueron tributarios de los mismos postulados centrales que derivaron de la Revolución Francesa, pero la enorme diferencia entre ellos fue que en Europa, desde comienzos del siglo XIX el Municipio se ubicó en cuanta aldea, pueblo, villa y ciudad existía, bien cerca del ciudadano; y en cambio, en América Latina, el Municipio colonial que traspasó las batallas de la Independencia, continuó como se lo había creado, ubicado en el nivel territorial de las antiguas Provincias coloniales, en los Cabildos metropolitanos, bien lejos del ciudadano.

En los primeros, la participación política es tan cotidiana en las cosas pequeñas que es imperceptible; en los segundos, simplemente no hay participación alguna. Tienen un ámbito territorial tan alto y extraño al ciudadano, que hace que no sirvan para nada, pues ni sirven para gerenciar adecuadamente los intereses locales ni para servir de instancias de participación política de la ciudadanía en la decisión o gestión de sus propios asuntos comunales.

Por tanto, la democracia participativa está real e indisolublemente ligada, no a la democracia directa, sino a la descentralización política y dentro de esta última, a la municipalización, y la misma no se puede materializar con solo propuestas de incorporación al régimen democrático de instrumentos como los referendos las consultas o las iniciativas populares y las asambleas de ciudadanos. La democracia participativa no se agota ni se debe confundir con la democracia directa, como suele suceder en muchos estudios sobre la democracia que propugnan se perfeccionamiento[244].

La participación política como cotidianeidad democrática o como parte de la democracia como forma de vida, sólo puede darse a nivel local. Por ello, la participación política o la democracia participativa están íntimamente unidas al localismo y a la descentralización políticas, que son las que pueden efectivamente a su vez limitar el poder, lo que es consustancial con la democracia. Por ello, no puede haber y nunca ha habido autoritarismos descentralizados que hayan podido permitir efectivamente la participación política; al contrario, la centralización política del poder es de la esencia de los autoritarismos y contraria a la democracia.

Es decir, la centralización política impide la participación, por lo que esta sólo es posible en sistemas de gobiernos donde el poder esté descentralizado políticamente y cerca del ciudadano; y no hay otra instancia en los Estados para que el ciudadano pueda participar, que no sea el gobierno local; lo demás es falacia y engaño, o mecanismos de democracia directa, que, insistimos, son otra cosa. Por ello es que el tema de la descentralización política, precisamente no tiene tanta notoriedad en los

---

promedio de población de 34.965 habitantes; en Paraguay, para 5 MM de habitantes, hay 212 municipios con un promedio de población de 23.585 habitantes; en Perú, para 25 MM de habitantes, hay 1808 municipios con un promedio de población de 13.827 habitantes; en República Dominicana, para 8 MM de habitantes, hay 90 municipios con un promedio de población de 88.889 habitantes; en Uruguay, para 3 MM de habitantes, hay 19 municipios con un promedio de población de 157894 habitantes; y en Venezuela, para 24 MM de habitantes, hay 338 municipios con un promedio de población de 71.006 habitantes. Véase las referencias en Allan R. Brewer–Carías, *Reflexiones sobre el constitucionalismo en América*, Editorial Jurídica Venezolana, Caracas 2001, pp. 139 y ss.

244 Véase por ejemplo, en Venezuela, el conjunto de estudios publicados en *Participación Ciudadana y Democracia*, Comisión Presidencial para la Reforma del Estado, Caracas 1998.

países europeos con democracias desarrolladas y consolidadas, donde la participación es de todos los días, en las pequeñas cosas que pueden tratarse en esos pequeños municipios urbanos y rurales.

De manera que sin temor a equivocarnos podemos afirmar que no sólo sin descentralización política o territorial, es decir, sin que exista una multiplicidad de poderes locales y regionales autónomos políticamente no puede haber participación política, sino que en definitiva no puede haber una democracia participativa. La descentralización política es, por tanto, la base de la democracia participativa y a la vez, el impulso del control del poder. El centralismo, en cambio, es la base de la exclusión política al concentrar el poder en unos pocos electos, y a la vez, el motivo del desprestigio de la democracia representativa por más aditivos de democracia directa o refrendaria que se le implante[245].

Por ello solo los autoritarismos temen y rechazan tanto la descentralización política como a la participación democrática, y eso es lo que ha venido ocurriendo en Venezuela, con el engaño de la "democracia participativa".

La idea de la "democracia participativa y protagónica" que se ha venido vendiendo por el gobierno autoritario venezolano, antes que un instrumento para la descentralización política, para lo que ha servido es para desmantelar lo poco que quedaba de ella, y en definitiva para acabar con la aún deficiente democracia representativa que nos queda, imposibilitando a la vez la real participación política.

En Venezuela, la gran transformación política que debió haberse producido en el proceso constituyente de 1999, para perfeccionar la democracia[246], que debió ser su principal motivación, debió consistir en sustituir efectivamente la forma estatal de la Federación Centralizada que se había desarrollado durante el Siglo pasado, por una

---

245 Por ello, en la conferencia que dictamos en el XXV Congreso de la Organización iberoamericana de Municipios, en Guadalajara, Jalisco, México, en 2001, decíamos que: "el debate contemporáneo en nuestros países por más democracia, tiene que centrarse en el rescate del proceso de descentralización política. Perfeccionar la democracia exige hacerla más participativa y más representativa, para lo cual la única vía posible que existe es acercando el Poder al ciudadano, y ello sólo puede lograrse descentralizando territorialmente el Poder del Estado y llevarlo hasta la más pequeña de las comunidades; es decir, distribuyendo el Poder en el territorio nacional". Y agregaba además, que "cualquiera que sea la forma de descentralización política, se trata de proyectos y propuestas contrapuestos radicalmente al centralismo de Estado y a la concentración del Poder, que son esencialmente antidemocráticos". En definitiva, la propuesta política que entonces formulamos, y ahora insistimos en ratificar, "busca el diseño en nuestros países, de un nuevo sistema político que la democracia exige, y que sólo puede tener por objeto hacerla más participativa, con gran presencia de la sociedad civil, y más representativa de las comunidades. Ello implica desparramar el poder en todo el territorio, hasta la última de las comunidades, para que el ciudadano y sus sociedades intermedias puedan realmente participar". Véase la conferencia sobre "El Municipio, la descentralización política y la democracia" en *XXV Congreso Iberoamericano de Municipios, Guadalajara, Jalisco, México del 23 al 26 de octubre de 2001*, Fundación Española de Municipios y Provincias, Madrid 2003, pp. 453 y ss.

246 Véase lo que propusimos durante la discusión del Proyecto de Constitución en Allan R. Brewer–Carías, "Propuesta sobre la forma federal del Estado en la nueva Constitución: Nuevo Federalismo y Nuevo Municipalismo" en *Debate Constituyente, (Aportes a la Asamblea Nacional Constituyente)*, tomo I, (8 agosto–8 septiembre), Caracas 1999, pp. 155 a 170); y "El reforzamiento de la forma federal del Estado Venezolano en la Nueva Constitución: Nuevo Federalismo y Nuevo Municipalismo", Ponencia presentada en *The International Conference on Federalism in an Era of Globalization*, Québec, Canadá octubre 1999 (mimeo), 13 pp.

Federación efectivamente descentralizada en dos niveles territoriales, el de los Estados y de múltiples Municipios autónomos.

Sin embargo, a pesar de los esfuerzos que se hicieron, la reforma no pasó del nominalismo, de las palabras y de las declaraciones. Así, tanto el Preámbulo como el artículo 4 de la Constitución, declaran lo que no es cierto, que "La República Bolivariana de Venezuela es un Estado federal descentralizado", pero agregando la norma, por supuesto, que ello es así sólo "en los términos consagrados por esta Constitución"; fórmula más o menos similar a la del artículo 2 de la Constitución de 1961 la cual, sin embargo, más modestamente se limitaba a declarar que "La República de Venezuela es un Estado federal" lo cual tampoco era cierto en términos políticos de distribución vertical del poder[247]. Ahora en la Constitución de 1999 se ha agregado que la Federación supuestamente es "descentralizada" lo cual, sin embargo, es contradicho por el propio texto de la Constitución, en cuyo articulado se centralizó aún más al poder del Estado[248].

En todo caso, "los términos consagrados por la Constitución" son la clave para determinar efectivamente el grado de descentralización política del Estado y por tanto, de la Federación; y la comparación entre unos y otros "términos" revela un mayor centralismo en el texto de 1999.

En la Constitución de 1999, en efecto y como antes se dijo, salvo en el nominalismo, no se avanzó mayormente en relación con lo que existía en el texto de 1961, a pesar de la constitucionalización parcial de aspectos que ya se habían establecido en las reformas legislativas de 1989 (Ley Orgánica de Descentralización, Delimitación y Transferencia de Competencias del Poder Público). Pero no hubo los avances y transformaciones necesarias para hacer realidad la descentralización de la Federación. Más bien se retrocedió institucionalmente en ello, al eliminarse el Senado, y con ello, el principio de igualdad institucional de los Estados, estableciéndose por primera vez en la historia constitucional de Venezuela una Asamblea Nacional unicameral (art. 186). Además se permitió la posibilidad de establecer limitaciones a la autonomía de los Estados (art. 162) e incluso de los Municipios (art. 168) mediante ley nacional, lo que se configura como una negación, de principio, de la idea misma de descentralización política, la cual al contrario tiene que estar basada en el concepto de autonomía territorial garantizada en la propia Constitución. Se estableció además, un precario ámbito de las competencias estadales cuyo ejercicio, además, se sujetó a lo regulado en la

---

247 Véase Allan R. Brewer–Carías, "Los problemas de la federación centralizada en Venezuela" en *Revista Ius et Praxis*, Facultad de Derecho y Ciencias Políticas, Universidad de Lima, N° 12, Perú, diciembre 1988, pp. 49–96; y "Problemas de la Federación centralizada (A propósito de la elección directa de Gobernadores)", en *IV Congreso Iberoamericano de Derecho Constitucional*, Universidad Nacional Autónoma de México, México 1992, pp. 85–131.

248 Véase Allan R. Brewer–Carías, *Federalismo y Municipalismo en la Constitución de 1999 (Alcance de una reforma insuficiente y regresiva),* Cuadernos de la Cátedra Allan R. Brewer–Carías de Derecho Público, N° 7, Universidad Católica del Táchira, Editorial Jurídica Venezolana, Caracas–San Cristóbal 2001, 187 pp. Véase además, Allan R. Brewer–Carías, "El 'Estado Federal descentralizado' y la centralización de la Federación en Venezuela. Situación y Perspectiva de una contradicción constitucional", en *Revista de Estudios de la Administración Local (REAL)*, 292–293, mayo–diciembre 2003, Madrid 2003, pp. 11–43.

legislación nacional; y una centralización tributaria que coloca a los Estados en una dependencia financiera más acentuada.

La declaración sobre "Estado federal descentralizado" que se incorporó en la Constitución de 1999 para identificar la forma del Estado, por tanto, no significó realmente avance alguno, más bien retroceso, al resultar agravados los principios de la Federación Centralizada que se había consolidado durante el Siglo XIX.

Pero incluso todo ello ha sido amenazado directamente de desaparecer, en aras de la organización del Poder Popular que supuestamente en lugar de los Estados de la federación originará regiones y un sistema de "ciudades federales", dirigidas por cuerpos integrados por supuestos representantes de los consejos comunales, no electos mediante sufragio universal, directo y secreto, sino designados a dedo, a fuerza de "participación". Así, los Gobernadores y los diputados miembros de Consejos Legislativos estadales, hasta ahora también electos por sufragio universal directo y secreto, están llamados a desaparecer, ahogados igualmente por el esquema centralizante de los Consejos Comunales del Poder Popular.

En cuanto al poder municipal, la gran reforma democrática que se requería en el país, era, esencialmente, acercar las instituciones locales autónomas al ciudadano, municipalizándose el territorio, para lo cual había que multiplicar los Municipios en lugar de reducirlos. Nada de eso se hizo, y más bien, por una parte, la Ley Orgánica del Poder Público Municipal de 2005[249] lo impidió, al establecer limitaciones mayores para la creación de entidades políticas locales autónomas; y por la otra, en lugar de multiplicarse los Municipios, lo que se han creado son Consejos comunales (Ley de los Consejos Comunales), que no son entidades políticas autónomas ni regidos por personas electas mediante sufragio universal directo y secreto, para precisamente eliminar los Municipios, cuando lo que debió haber ocurrido era la reforma de la Ley Orgánica para establecer entidades municipales como unidades políticas autónomas cerca de las comunidades y establecer la posibilidad de participación en dichas entidades políticas autónomas (descentralizadas).

Pero como se dijo, ello no se hizo así, y al contrario, con base en los elementos de democracia directa que se establecieron en la Constitución, como las "asambleas de ciudadanos cuyas decisiones son de carácter vinculante" (art. 70), en su lugar, en 2006 se dictó la Ley de los Consejos Comunales [250], que ha establecido un sistema institucional *centralizado*, en forma paralela al régimen municipal, para sustituirlo, mediante la supuesta participación popular, denominado "del Poder Popular", ignorando la propia existencia del régimen municipal; e iniciando formalmente el proceso de eliminación del municipio como instancia de democracia participativa. Ello lo anunció el propio Presidente de la República en enero de 2007, al juramentar los Ministros de su nuevo gabinete de "Ministerios del Poder Popular", anunciando

---

249 Véase *Gaceta Oficial* N° 38.204 de 8 de junio de 2005. La Ley Orgánica fue objeto de una reforma en noviembre de 2005, *Gaceta Oficial* N° 38.327 de 2 de diciembre de 2005; y luego en abril de 2006, *Gaceta Oficial* N° 5.806 Extra. de 10 de abril de 2006, reimpresa por error material en *Gaceta Oficial* N° 38.421 de 21 de abril de 2006. Véase Allan R. Brewer–Carías et al, *Ley Orgánica del Poder Público Municipal*, Editorial Jurídica Venezolana, Caracas 2005.

250 Véase en *Gaceta Oficial* N° 5.806 Extraordinaria del 10 de abril de 2006.

"la explosión revolucionaria del poder comunal, los consejos comunales" con lo cuales señaló que:

> "[...] debemos trascender ahora lo local, y debemos ir creando por ley en primer lugar, una especie de Confederación regional, local, nacional de Consejos Comunales. Tenemos que ir marchando hacia la conformación de un estado comunal y el viejo estado burgués que todavía vive, que está vivito y coleando, tenemos que irlo desmontando progresivamente mientras vamos levantando al estado comunal, el estado socialista, el estado bolivariano"[251].

Agregó, dos días después, en el acto de su juramentación para el nuevo período constitucional, que el objetivo era "transitar hacia el camino de una ciudad comunal donde no se necesiten alcaldías ni juntas municipales, sino sólo el poder comunal".[252]

La gran diferencia sin embargo, es que en democracia, los alcaldes y concejos municipales son electos por votación popular, directa, universal y secreta, y en cambio, en el esquema del poder comunal, los integrantes de los consejos comunales son designados directamente por el Presidente de la República mediante los agentes del partido único, por asambleas de ciudadanos debidamente controladas, sin sufragio directo alguno.

En ese sistema centralizado, en la concepción presidencial, los Consejos Comunales no tienen autonomía política alguna, ya que sus miembros no son electos por sufragio universal, directo y secreto como representantes del pueblo; a la "comunidad" se la concibe fuera del municipio, cuando conforme a la Constitución este debería ser la unidad política primaria en la organización nacional; y en un supuesto "marco constitucional de la democracia participativa y protagónica", también supuestamente se han pretendido regular los Consejos Comunales como "instancias de participación, articulación e integración entre las diversas organizaciones comunitarias, grupos sociales y los ciudadanos", pero sin autonomía ni descentralización política alguna. Es decir, como se dijo, con esta estructura paralela no autónoma, lo que ha comenzado es el desmantelamiento de la democracia representativa en el país.

La Ley de los Consejos Comunales de 2006, como se ha dicho, ha establecido dichas entidades sin relación alguna con los Municipios ni, por tanto, con la representación democrática, estableciendo una organización piramidal de Comisiones Presidenciales regionales y nacional que dirige directamente el Presidente de la República quien controla la asignación de recursos.

Y todo ello, centralizadamente estructurado para supuestamente permitir "al pueblo organizado ejercer directamente la gestión de las políticas públicas y proyectos orientados a responder a las necesidades y aspiraciones de las comunidades en la construcción de una sociedad de equidad y justicia social" (art. 2).

---

251 Discurso de Hugo Chávez, 08–01–2007.

252 Discurso de Hugo Chávez, *El Nacional* 11–01–2007, p. A–2.

Pero ello, como se dijo, se trata de una organización concebida bajo un esquema jerárquico centralizado (sin autonomía política alguna), totalmente dependiente de una "Comisión Presidencial para el Poder Popular" que preside y dirige el Presidente de la República, con recursos financieros que incluso superan los que corresponden al Poder Municipal, y que funciona en paralelo y desvinculado a los Municipios autónomos y a sus autoridades electas.

En dichos Consejos Comunales, se ubicaron las Asambleas de Ciudadanos como la instancia primaria para el ejercicio del poder, la participación y el protagonismo popular, cuyas decisiones son de carácter vinculante para el consejo comunal respectivo (art. 4,5).

Con esta Ley de los Consejos Comunales, en realidad, lo que también se inició fue una inconstitucional desmunicipalización de la participación ciudadana, sustituyéndose al Municipio como la unidad política primaria y autónoma en la organización nacional que establece la Constitución y que debe estar inserto en un sistema de descentralización política (distribución vertical) del poder; por un sistema de entidades sin autonomía política alguna, que se denominan del Poder Popular (Consejos Comunales), directamente vinculadas y dependientes, en un esquema centralizado del poder, del más alto nivel del Poder Ejecutivo Nacional, es decir, del Presidente de la República mediante una Comisión Presidencial del Poder Popular.

Así, los Alcaldes y los concejales miembros de Consejos Municipales, hasta ahora electos por sufragio universal directo y secreto, están llamados a desaparecer ahogados por el esquema centralizante de los Consejos Comunales del Poder Popular.

Y en todo este esquema centralista de la organización del ejercicio del poder central, el vaso comunicante que supuestamente asegurará la participación, parece ser que no será otro que el también anunciado Partido Único que presidiría el propio Jefe de Estado, imbricado en la burocracia estatal como nunca antes se había visto en Venezuela, y que como sistema político de gobierno ya había sido demolido en el mundo con la caída del Muro de Berlín.

Para que exista un Estado democrático de derecho no bastan las declaraciones contenidas en los textos constitucionales que hablen de "democracia participativa y protagónica" o de descentralización del Estado; así como tampoco basta con establecer un sistema eleccionario que permita elegir mediante sufragio a los representantes populares.

Aparte de que el mismo, por supuesto, debe asegurar efectivamente la representatividad, el pluralismo político y el acceso al poder conforme a los postulados del Estado de derecho.

Pero además, para que exista un verdadero Estado democrático de derecho es necesario e indispensable que el marco constitucional en el cual se pretenda que funcione el régimen democrático, permita efectivamente el control efectivo del poder por el poder mismo, incluso por el poder soberano del pueblo. Es la única forma de garantizar la vigencia del Estado de derecho, la democracia y el ejercicio real de los derechos humanos.

Y el control del Poder del Estado en un Estado democrático de derecho sólo se puede lograr dividiendo, separando y distribuyendo el Poder Público, sea horizontalmente mediante la garantía de la autonomía e independencia de los diversos poderes del Estado, para evitar la concentración del poder; sea verticalmente, mediante su distribución o desparramamiento en el territorio del Estado, creando entidades políticas autónomas con representantes electos mediante sufragio, para evitar su centralización. La concentración del poder al igual que su centralización, por tanto, son estructuras estatales esencialmente antidemocráticas.

Y allí radican, precisamente, los problemas del declarado Estado de derecho y de la supuesta democracia en Venezuela, la cual tiene su deformación en el propio texto constitucional de 1999, en el cual, lamentablemente, se estableció el esquema institucional que ha permitido la concentración del poder, alentando el autoritarismo y eliminando toda forma de control del poder; y que ha igualmente permitido la centralización del poder, iniciando el proceso de desmantelamiento del federalismo y del municipalismo, reforzando el mismo autoritarismo, distorsionando la posibilidad de participación política efectiva a pesar de los mecanismos de democracia directa que se recogieron. Es un ejemplo constitucional de autoritarismo constitucional con origen electoral, el cual, sin embargo, constituye la negación de lo que debe ser un Estado democrático de derecho.

Montado sobre ese autoritarismo constitucional, en enero de 2007, como antes se ha dicho, y con ocasión del inicio de su segundo período constitucional, el Presidente de la República comenzó a exponer los pasos a seguir para el desmantelamiento definitivo de la democracia en Venezuela, mediante un sistema de organización de un Poder Único, denominado del Poder Popular o del Poder comunal (estado comunal o estado socialista), completamente concentrado y centralizado, y conducido políticamente por un partido único. Y ambos, el Poder Popular y el partido único, con el objeto de imponer "la dictadura de la democracia", dirigidos por una sola persona, que sería el Presidente del Poder Popular y del partido único.

VI. EL ABANDONO DEL PROCESO DE INTEGRACIÓN ANDINA Y LA BÚSQUEDA DE INCORPORACIÓN AL MERCOSUR

Como antes se dijo, la cuestión constitucional de la integración regional andina[253] afortunadamente fue definitivamente resuelta en el artículo 153 de la Constitución de 1999[254], al desecharse la propuesta formulada por el Presidente Chávez y superarse la precaria previsión del artículo 108 de la Constitución de 1961 que impedía a Venezuela ingresar decididamente al proceso. En dicha norma se dispuso, en efecto, lo siguiente:

> "*Artículo 153:* La República promoverá y favorecerá la integración latinoamericana y caribeña, en aras de avanzar hacia la creación de una comunidad

---

253 Véase Allan R. Brewer-Carías, *Implicaciones constitucionales del proceso de integración económica regional,* Caracas, 1997; Allan R. Brewer-Carías, "Las exigencias constitucionales de los procesos de integración y la experiencia latinoamericana" en *Congreso de Academias Iberoamericanas de Derecho,* Academia Nacional de Derecho y Ciencias Sociales de Córdoba, Córdoba 1999, pp. 279-317.

254 Véase Allan R. Brewer-Carías, *La Constitución de 1999,* Caracas 2000, pp. 88 y 89. Véase la propuesta formulada al efecto en Allan R. Brewer-Carías, Debate Constituyente (Aportes a la Asamblea Nacional Constituyente), Tomo I, Fundación de Derecho Público, Editorial Jurídica Venezolana, Caracas 1999, pp. 171 y ss.

de naciones, defendiendo los intereses económicos, sociales, culturales, políticos y ambientales de la región. La República podrá suscribir tratados internacionales que conjuguen y coordinen esfuerzos para promover el desarrollo común de nuestras naciones, y que aseguren el bienestar de los pueblos y la seguridad colectiva de sus habitantes. Para estos fines, la República podrá atribuir a organizaciones supranacionales, mediante tratados, el ejercicio de las competencias necesarias para llevar a cabo estos procesos de integración. Dentro de las políticas de integración y unión con Latinoamérica y el Caribe, la República privilegiará relaciones con Iberoamérica, procurando sea una política común de toda América Latina. Las normas que se adopten en el marco de los acuerdos de integración serán consideradas parte integrante del ordenamiento legal vigente y de aplicación directa y preferente a la legislación interna".

De esta norma debe destacarse, por su importancia en materia de integración, en *primer lugar,* la aceptación por el orden constitucional interno de la creación de órganos supranacionales, a los cuales se pueden atribuir competencias que la Constitución asigna a los órganos del Poder Público, para que pueda existir un derecho comunitario; y *segundo lugar*, que las normas comunitarias dictadas por los órganos supranacionales no sólo tienen aplicación directa e inmediata en el derecho interno, desde que se considera que son parte integrante del ordenamiento legal vigente, sino que tienen aplicación preferente en relación con las leyes nacionales que se les opongan. Por tanto, las decisiones de los órganos jurisdiccionales comunitarios también tienen aplicación inmediata en el país[255].

A pesar de que con esta norma constitucional, la vía constitucional para reforzar la integración andina había quedado totalmente blindada, la voluntad contraria a la integración andina por parte del Gobierno del Presidente Chávez, así como a la participación de Venezuela en un proceso de integración que implicase cesión de áreas de soberanía a órganos supranacionales, en lugar de afianzar la particicipación del país en dicho proceso lo que provocó fue el abandono progresivo del mismo, provocando el entrabamiento de las relaciones con la Comunidad Andina y con los países que la integraban, como consecuencia de lo cual, en varias ocasiones, el Tribunal Andino de Justicia dictó decisiones condenando el incumplimiento de Venezuela de sus obligaciones comunitarias.

---

255 Véase en general, Jorge L. Suárez, "La Constitución venezolana y el Derecho Comunitario", en *El Derecho Público a comienzos del siglo XXI. Estudios homenaje al Profesor Allan R. Brewer-Carías,* Tomo III, Instituto de Derecho Público, UCV, Civitas Ediciones, Madrid, 2003, pp. 253-276; Marianella Zubillaga, "Los fundamentos del Derecho Comunitario y su soporte constitucional: la experiencia europea y andina", en *El Derecho Público a comienzos del siglo XXI. Estudios homenaje al Profesor Allan R. Brewer-Carías,* Tomo III, Instituto de Derecho Público, UCV, Civitas Ediciones, Madrid, 2003, pp. 281-307; Jorge L. Suárez M., "La Comunidad Andina, la responsabilidad del Estado y la Constitución venezolana", en *Estudios de Derecho Público: Libro Homenaje a Humberto J. La Roche Rincón,* Volumen II. Tribunal Supremo de Justicia, Caracas, 2001, pp. 489-648; Jorge L. Suárez M., "La Constitución venezolana de 1999 y la integración regional", en *Estudios de Derecho Administrativo: Libro Homenaje a la Universidad Central de Venezuela,* Volumen I. Imprenta Nacional, Caracas, 2001, pp. 440-472; y Véase Juan Carlos Sainz Borgo, "La regulación constitucional del proceso de Integración Andino", en *Libro Homenaje a Enrique Tejera París, Temas sobre la Constitución de 1999,* Centro de Investigaciones Jurídicas (CEIN), Caracas, 2001, pp. 241 a 271.

Después de seis años de complicadas relaciones internacionales, el 20 de abril de 2006 el Presidente Chávez anunció en una reunión que tuvo lugar en Asunción con los presidentes de Bolivia, Paraguay y Uruguay, el retiro de Venezuela de la Comunidad Andina de Naciones (CAN), de la que dijo "había muerto a raíz de los tratados de libre comercio TLC firmados por Perú y Colombia con los Estados Unidos" agregando que si antes había dicho que la Comunidad Andina de Naciones "está herida de muerte",

> [...] "hoy puedo decir que está muerta, la mataron. No existe, y nos estamos preparando para denunciarla: Venezuela se sale de la Comunidad Andina, no tiene sentido, hay que hacer otra cosa [...] le sirve a las élites, a las trasnacionales, pero no le sirve a los indios, a los negros, a los blancos o a los pobres. No le sirve a nuestro pueblo y no sólo no le sirve, lo afecta".[256]

Días después, el 22 abril 2006, la Secretaría General de la Comunidad Andina recibiría la comunicación del Ministro de Relaciones Exteriores de Venezuela, por medio de la cual se informaba formalmente la decisión de denunciar el Acuerdo de Cartagena, con lo cual, efectivamente, se hería gravemente el esfuerzo de integración andina.

La posición anti-integracionista del gobierno del Presidente Chávez por otra parte, quedó plasmada en la propuesta de reforma constitucional que formuló en 2007, y que a pesar de haber sido sancionada por la Asamblea nacional en noviembre de ese mismo año, fue rechazada por la voluntad popular expresada en el referendo de 2 de diciembre de 2007. En esa fallida reforma constitucional se propuso eliminar el muy importante artículo 153 de la Constitución, y sustituirlo por otra norma en la cual se buscaba eliminar los aspectos fundamentales del proceso de integración, estableciendo un conjunto de principios de política exterior, que nunca fueron explicados, ni podrían serlo, para crear una "Confederación y unión de América Latina y del Caribe" como "un gran bloque regional de poder político, económico y social", como un "espacio geopolítico, dentro del cual los pueblos y gobiernos de nuestra América vayan construyendo un solo proyecto Gran nacional, al que Simón Bolívar llamó 'Una Nación de Repúblicas'". Lo que en realidad se pretendía, con esta reforma, era eliminar las bases constitucionales para que Venezuela pudiera efectiva y permanentemente formar parte de un proceso de integración regional de orden supranacional.

En todo caso, en paralelo al abandono de Venezuela de la Comunidad Andina de Naciones, y a los intentos de introducir cambios constitucionales limitativos a la posibilidad de participación efectiva en procesos de integración supranacional como los antes mencionados, Venezuela solicitó su ingreso como País Miembro a Mercosur, en particular, al Tratado de Asunción, al Protocolo de Ouro Preto y al protocolo de Olivos para la Solución de Controversias del Mercosur, adhesión que fue aprobada mediante el Protocolo de 4 de junio de 2006, el cual como instrumento

---

256 Véase en Rosalba Cubillos. "Presidente Hugo Chávez anuncia su retiro de la CAN, *La República*, Bogotá, 20-04-2006.

internacional ya ha sido aprobado internamente por Argentina y Uruguay, y estuvo pendiente de aprobación por Brasil y Paraguay.[257]

En este proceso, en todo caso, el Estado venezolano tenía que pasar por el filtro del cumplimiento de la cláusula democrática que estableció en 1998 el Protocolo de Ushuaia, en cuyo artículo 1° se dispuso que *"La plena vigencia de las instituciones democráticas es condición esencial para el desarrollo de los procesos de integración entre los Estados Partes del presente Protocolo"*, y que los países miembros del Mercosur tenían que evaluar. Lamentablemente, el régimen autoritario de Venezuela establecido en fraude a la Constitución y a la democracia desde 1999, no cumplía con dicho condicionamiento, considerada la democracia en los términos de la *Carta Democrática Interamericana* de 2001.

Sin embargo, en el Brasil, finalmente en 2012 se aprobó el ingreso de Venezuela en el Mercosur quedando pendiente la aprobación en Paraguay, donde dicho ingreso no se aprobó. Fue entonces con ocasión de la exclusión del Paraguay del Mercosur, a raíz de la remoción del Presidente Lugo en 2012, que entonces Venezuela ingresó al Tratado.

VII. EL PROCESO DE ESTATIZACIÓN DE INDUSTRIAS

1. *La estatización de la industria petrolera a partir de 2006*

A. *El régimen de la industria petrolera en la Constitución de 1999*

Los yacimientos petroleros en Venezuela, como todos los mineros, siempre han sido del dominio público conforme a los principios que se establecieron en las Ordenanzas de Minería de Nueva España, recogidos en la legislación republicana a partir de la independencia[258]. En consecuencia, la industria petrolera y minera siempre ha estado sometida en Venezuela a técnicas de intervención del Estado mediante el otorgamiento de concesiones, autorizaciones o permisos a los particulares para su realización. Estos principios tradicionales del ordenamiento jurídico venezolano fueron reafirmados en la Constitución de 1999, en la cual se declaró a los yacimientos mineros y petroleros como bienes del dominio público; se reguló, en general, el régimen de las concesiones de explotación de los recursos naturales y se establecieron regulaciones específicas de protección al ambiente.

En efecto, en *primer lugar*, el artículo 12 de la Constitución declara que los yacimientos mineros y de hidrocarburos, cualquiera que sea su naturaleza, existentes en el territorio nacional, bajo el lecho del mar territorial, en la zona económica

---

257 Véase Roberto Chacón de Albuquerque, "El Mercosur y la adhesión de Venezuela", en *Revista de Derecho Público,* N° 111, Editorial Jurídica Venezolana, Caracas 2007.

258 Véase en general sobre el tema Isabel Boscán de Ruesta, "La propiedad de los yacimientos de los hidrocarburos. Evolución histórica", en *El Derecho Público a comienzos del siglo XXI. Estudios homenaje al Profesor Allan R. Brewer–Carías,* Tomo III, Instituto de Derecho Público, UCV, Civitas Ediciones, Madrid, 2003, pp. 3061–3105.

exclusiva y en la plataforma continental, pertenecen a la República, son bienes del dominio público y, por tanto, inalienables e imprescriptibles[259].

En *segundo lugar*, en cuanto al régimen de las concesiones, el artículo 113 de la Constitución regula las concesiones del Estado cuando se trate de explotación de recursos naturales propiedad de la Nación o de la prestación de servicios de naturaleza pública, con exclusividad o sin ella, las cuales se pueden otorgar por tiempo determinado, asegurando siempre la existencia de contraprestaciones o contrapartidas adecuadas al interés público. Además, el artículo 156, ordinal 16 de la Constitución, al enumerar las competencias del Poder Nacional, incluye el régimen y administración de las minas e hidrocarburos y el aprovechamiento de los bosques, suelos, aguas y otras riquezas naturales del país, precisando que el "Ejecutivo Nacional no podrá otorgar concesiones mineras por tiempo indefinido".

En *tercer lugar*, en la Constitución se estableció un novedoso Capítulo sobre los derechos ambientales, cuyas regulaciones se aplican, en particular, en los casos de explotación de recursos naturales como los mineros y de hidrocarburos. En particular, se establecieron las siguientes regulaciones:

Primero, en el artículo 127 se declara que es un derecho y un deber de cada generación proteger y mantener el ambiente en beneficio de sí misma y del mundo futuro. Además, toda persona tiene derecho individual y colectivamente a disfrutar de una vida y de un ambiente seguro, sano y ecológicamente equilibrado. Las consecuencias de estos derechos son que el Estado debe proteger el ambiente, la diversidad biológica, genética, los procesos ecológicos, los parques nacionales y monumentos naturales y demás áreas de especial importancia ecológica. Se agrega, además, que es una obligación fundamental del Estado, con la activa participación de la sociedad, garantizar que la población se desenvuelva en un ambiente libre de contaminación, en donde el aire, el agua, los suelos, las costas, el clima, la capa de ozono, las especies vivas, sean especialmente protegidos, de conformidad con la ley. Por último se prohíbe la patentabilidad del genoma de los seres vivos, remitiéndose a la ley que se refiere a los principios bioéticos la regulación de la materia.

Segundo, en el artículo 128 se impone al Estado la obligación de desarrollar una política de ordenación del territorio atendiendo a las realidades ecológicas, geográficas, poblacionales, sociales, culturales, económicas, políticas, de acuerdo con las premisas del desarrollo sustentable, que incluya la información, consulta y participación ciudadana. Una ley orgánica debe desarrollar los principios y criterios para este ordenamiento, con lo que se remite a la Ley Orgánica para la Ordenación del Territorio de 1983[260].

Tercero, en el artículo 129 de la Constitución se elevó a rango constitucional el requisito que hasta ese momento era de orden reglamentario, de exigir que todas las

---

259 En esta forma se le da rango constitucional a lo ya previsto en la Ley de Minas (art. 2) (*Gaceta Oficial* N° 5382 de 28–09–99) y en la Ley Orgánica de Hidrocarburos Gaseosos (art. 1°) (*Gaceta Oficial* N° 36.793 de 23–9–99). Véase nuestra propuesta sobre esto en Allan R. Brewer–Carías, *Debate Constituyente,* Tomo II, *op. cit.*, pp. 35 y 39.

260 Véase Allan R. Brewer–Carías, *Ley Orgánica para la Ordenación del Territorio,* Caracas, 1983.

actividades susceptibles de generar daños a los ecosistemas, deben ser previamente acompañadas de estudios de impacto ambiental y socio cultural.

Cuarto, en el mismo artículo 129 de la Constitución se dispone que el Estado debe impedir la entrada al país de desechos tóxicos y peligrosos, así como la fabricación y uso de armas nucleares, químicas y biológicas, remitiendo a una ley especial la regulación del uso, manejo, transporte y almacenamiento de las sustancias tóxicas y peligrosas.

Quinto, en el mismo artículo 129 de la Constitución se establece que en los contratos que la República celebre con personas naturales o jurídicas, nacionales o extranjeras, o en los permisos que se otorguen, que involucren los recursos naturales, se debe considerar incluida aun cuando no estuviera expresa, la obligación de conservar el equilibrio ecológico, de permitir el acceso a la tecnología y la transferencia de la misma en condiciones mutuamente convenidas y de restablecer el ambiente a su estado natural si éste resultara alterado, en los términos que fije la ley.

Como se dijo, estas normas constitucionales recogen la tradición normativa anterior, conforme a la cual, siendo los yacimientos mineros y de hidrocarburos del dominio público, su explotación industrial podía y puede desarrollarse por los particulares mediante concesiones, autorizaciones y permisos, con sujeción a las normas de protección ambiental. En cuanto al régimen de la industria minera, por otra parte, las técnicas de intervención del Estado a partir de 1999 han continuado siendo las mismas, girando en torno a la figura de la concesión. En cambio, en materia de la industria petrolera, la situación cambió radicalmente en 2000 pues en esta materia se produjo primero un proceso de desnacionalización petrolera, volviéndose en algunos sectores de actividad al esquema de las "concesiones" que había sido abolido en 1975, aún con otro nombre.; y luego, un proceso de estatización de a industria.

En efecto, una de las decisiones políticas más importantes que se tomaron en el país durante la segunda mitad del Siglo pasado, fue *la nacionalización de la industria petrolera*, es decir, la reserva que se hizo al Estado de "todo lo relativo a la exploración del territorio nacional en búsqueda de petróleo, asfalto y demás hidrocarburos; a la explotación de yacimientos de los mismos, a la manufactura o refinación, transporte por vías especiales y almacenamiento; al comercio exterior e interior de las substancias explotadas y refinadas, y a las obras que su manejo requiera". Así se estableció en el artículo 1° de la Ley que reserva al Estado la Industria y el Comercio de los Hidrocarburos de 1975[261].

Esa Ley Orgánica, al igual que las que se dictaron en los comienzos de los años setenta en relación con la nacionalización de la industria del gas natural (1971), la industria y explotación del mineral de hierro (1975), y el mercado interno de hidrocarburos (1973); se sancionó con base en la previsión del artículo 97 de la Constitución de 1961 que establecía la posibilidad de que el Estado pudiera

---

261 *Gaceta Oficial* N° 35.754 de 17–07–95. Véase en general, sobre la nacionalización petrolera de 1975, "Régimen jurídico de las nacionalizaciones en Venezuela", *Homenaje del Instituto de Derecho Público al Profesor Antonio Moles Caubet*, Archivo de Derecho Público y Ciencias de la Administración, Vol. VIII (1972–1979), Instituto de Derecho Público, Universidad Central de Venezuela, Caracas, 1981.

"reservarse determinadas industrias, explotaciones o servicios de interés público por razones de conveniencia nacional". Se trataba de una norma fundamental de la Constitución Económica que había adoptado el texto de 1961, de carácter mixto y flexible, que por ello permitía sin que existiera una rigidez constitucional, es decir, sin necesidad de estar reformando la Constitución al inicio de cada gobierno, ir conformando la política económica del Estado, como efectivamente ocurrió durante las tres décadas de vigencia de dicha Constitución[262]. Con esa decisión, en todo caso, quedó excluida del régimen de la industria petrolera, la técnica de las concesiones petroleras que la habían caracterizado desde inicios del Siglo XX.

En todo caso, conforme al marco constitucional de 1961, así como se podían nacionalizar industrias por razones de conveniencia nacional como ocurrió con la industria petrolera, en otras circunstancias y otros tiempos, se las podía privatizar. Por ello, así como inicialmente la nacionalización petrolera excluyó de la industria la participación del capital privado al eliminar las concesiones, luego de 20 años de consolidación de la industria nacionalizada, conforme a la propia Ley que reserva al Estado la industria y el comercio de los hidrocarburos (Ley de Nacionalización) (Art. 5) se procedió a iniciar la llamada "apertura petrolera" que buscaba hacer participar en la industria reservada, al capital privado mediante Convenios de Asociación con el Estado; e, incluso, se dictó la Ley Orgánica de Apertura del Mercado Interno de la Gasolina y otros Combustibles derivados de los Hidrocarburos para el Uso de Vehículos Automotores de 1998[263].

Precisamente, ante la propuesta de incluir en el proyecto de Constitución de 1999 el texto del artículo 5° de la Ley de Nacionalización de 1975, en el debate que tuvo lugar en la Asamblea Nacional Constituyente el 7 de noviembre de 1999, al referirnos al artículo 97 de la Constitución de 1961 señalamos, que:

> "Con una norma constitucional como esta, el Estado se reservó la industria y la comercialización de los hidrocarburos, incluyendo el gas; pero luego ha iniciado la apertura del mercado interno de los hidrocarburos y de los hidrocarburos gaseosos sin necesidad de reformar la Constitución, también por razones de conveniencia nacional que es, por supuesto, cambiante y dinámica. Por ello estimo que no tiene sentido, en el largo plazo, constitucionalizar el texto del artículo 5° de la Ley de Nacionalización Petrolera"[264]

La Constitución de 1999, en efecto y lamentablemente, al tratar algunos constituyentes de constitucionalizar la nacionalización de la industria petrolera[265] en el artículo 302, es decir, al tratar de elevar a rango constitucional los textos básicos

262 Véase lo que hemos expuesto sobre la Constitución económica en el texto de 1961 en Allan R. Brewer–Carías, "Consideraciones sobre la Constitución Económica" en *Estudios sobre la Constitución Española. Homenaje al profesor Eduardo García de Enterría*, Editorial Civitas, Madrid, 1991, pp. 3.839–3.853.

263 *Gaceta Oficial* N° 30.537 de 11–09–1998

264 Allan R, Brewer–Carías, *Debate Constituyente (Aportes a la Asamblea Nacional Constituyente)*, Tomo III, Caracas 1999, pp. 210 y ss.

265 Véase Gastón Parra Luzardo, *La Constituyente. Renacer de una esperanza ¿utopía?*, Caracas, 2002, pp. 45, 109 y ss. y 142 y ss.

de la Ley de Nacionalización de 1975 (arts. 1 y 5) sustituyendo el artículo 97 antes mencionado de la Constitución de 1961[266], lo que lograron fue el efecto contrario, es decir, la incorporación de una norma mal redactada e imprecisa[267], pero que dejó la definición del ámbito de la reserva a lo establecido "mediante la ley orgánica respectiva". Dicho artículo 302, en efecto reza en la materia que "El Estado se reserva, mediante la ley orgánica respectiva, y por razones de conveniencia nacional, la actividad petrolera y otras industrias, explotaciones, servicios y bienes de interés público y de carácter estratégico".

Lamentablemente, la búsqueda de rigidizar constitucionalmente la nacionalización de la industria petrolera en la Constitución de 1999, lo que produjo fue el efecto contrario, es decir, abrir la puerta para *la desnacionalización de la industria petrolera,* lo que además ocurrió en la práctica, encubierta por un discurso antiliberal.

Ese proceso, en efecto, comenzó coincidencialmente cuando se efectuaban los debates ante las Comisiones de la Asamblea Nacional Constituyente, al dictarse el Decreto–Ley N° 310 de 12 de septiembre de 1999 mediante el cual se sancionó la Ley Orgánica de Hidrocarburos Gaseosos[268]; y continuó un año después, con la emisión de otro Decreto–Ley, N° 1510 de 2 de noviembre de 2001, mediante el cual se sancionó la Ley Orgánica de Hidrocarburos [269] la cual, precisamente, derogó la Ley de Nacionalización petrolera de 1975. Además, en 1999 también se sancionó la Ley de Minas mediante Decreto–Ley N° 295 de 5 de septiembre de 1999[270], la cual, como se dijo, no varió mayormente el régimen de concesiones, autorizaciones y permisos mineros.

Sin embargo, en materia petrolera la situación ha sido distinta, pues para 2005, la reserva al Estado de actividades en el campo de los hidrocarburos era mucho más reducida; la intervención de la Asamblea Nacional para autorizar la participación del capital privado en dichas actividades era mucho más limitada; la constitucionalización de la nacionalización petrolera que se concibió en la Asamblea Nacional Constituyente en 1999, no sólo abrió la puerta de la desnacionalización de la industria petrolera, sino que condujo a la previsión expresa en la propia Constitución de la posibilidad de la venta de las acciones de las empresas filiales de PDVSA, lo que ni siquiera se hubiera podido imaginar durante la vigencia de la Ley

266 Por nuestra parte salvamos nuestro voto en relación con el artículo 302 de la Constitución, proponiendo en cambio conservar el texto del artículo 97 de la Constitución de 1961, por considerar que "Las reservas de rango constitucional de determinados bienes y servicios no son convenientes para el régimen constitucional flexible que requiere la economía, lo que debe hacerse por ley. No tiene sentido reservar constitucionalmente la industria petrolera, cuando se está en proceso de desestatizar la relativa al gas". Véase Allan R, Brewer–Carías, *Debate Constituyente (Aportes a la Asamblea Nacional Constituyente),* Tomo III, Caracas 1999, pp. 121 y ss.; y 210 y ss.

267 Véase las críticas a la norma y los comentarios sobre lo que realmente adquirió rango constitucional en la misma, en Isabel Boscán de Ruesta, *La actividad petrolera y la nueva Ley Orgánica de Hidrocarburos,* FUNEDA, Caracas, 2002, pp. 149 y ss.

268 *Gaceta Oficial* N° 36793 de 23–09–1999.

269 *Gaceta Oficial* N° 37323 de 13 de noviembre de 2001. Reformada parcialmente en 2006, *Gaceta Oficial* N° 38.493 del 4 de agosto de 2006.

270 *Gaceta Oficial* N° 5.382 Extraordinario de 28 de septiembre de 1999.

de Nacionalización petrolera de 1975; y se volvió incluso, en algunas actividades, al esquema de las antiguas "concesiones", las cuales ahora son llamadas "licencias" o "permisos", pero con contenido casi idéntico.

B. *La inicial "desnacionalización" de la industria petrolera en la Constitución de 1999 y su regulación en la Ley de Hidrocarburos de 2001*

El artículo 302 de la Constitución de 1999, luego de intensos debates[271] y como antes se ha comentado, modificó el texto de lo que era el artículo 97 de la Constitución de 1961, y pretendió establecer directamente en su texto la reserva al Estado de la industria petrolera, en la siguiente forma: "el Estado se reserva, mediante la ley orgánica respectiva y por razones de conveniencia nacional, la actividad petrolera".

En esta forma, los principios relativos a la reserva de la industria petrolera efectuada mediante la Ley de Nacionalización de 1975[272], al momento de sancionarse la Constitución de 1999 puede decirse que adquirieron rango constitucional[273], pero el ámbito de la reserva resultó completamente flexible pues quedó sujeto expresamente a lo que dispusiera la "ley orgánica respectiva". Así resultó, que la constitucionalización de la reserva de la industria petrolera no pasó de ser una declaración, sin efectos reales, la cual además se desdibujó al poco tiempo. En otros términos, la constitucionalización de la reserva al Estado de la industria petrolera a lo que condujo fue al inicio de lo que puede denominarse como la desnacionalización de la propia industria petrolera, al dictarse, en 1999, la Ley Orgánica de Hidrocarburos Gaseosos y, en 2001, la Ley Orgánica de Hidrocarburos[274].

En cuanto a la constitucionalización de la reserva al Estado de la industria petrolera, debe mencionarse, además, que con motivo de la propuesta de algunos constituyentes ante la Asamblea Nacional Constituyente, de constitucionalizar también la propiedad exclusiva del Estado sobre las acciones de Petróleos de Venezuela S.A.[275], en la Constitución de 1999 se incorporó el artículo 303 que establece expresamente que por razones de soberanía económica, política y de estrategia nacional "el Estado conservará la totalidad de las acciones de Petróleos de Venezuela, S.A. o del ente creado para el manejo de la industria petrolera".

---

271 Véase nuestro voto salvado en primera discusión en Allan R. Brewer–Carías, *Debate Constituyente,* Tomo III, *op. cit.,* pp. 209 y 210.

272 Véase nuestros comentarios sobre ese proceso en Allan R. Brewer–Carías, "Aspectos organizativos de la industria petrolera nacionalizada", en *Archivo de Derecho Público y Ciencias de la Administración,* Instituto de Derecho Público UCV, Vol. III, Tomo I, Caracas, 1981, pp. 407 a 492.

273 Esos principios son, como lo destacó Isabel Boscán de Ruesta, en primer lugar, que la reserva no fue concebida como un monopolio estatal absoluto y excluyente del sector privado; y en segundo lugar, el sistema piramidal estructurado para la administración petrolera nacional. Véase en *La actividad petrolera y la nueva ley Orgánica de Hidrocarburos,* FUNEDA, Caracas, 2002, p. 149.

274 *G.O.* Nº 37.323 del 13 de noviembre de 2001, reformada parcialmente en 2006, *Gaceta Oficial* Nº 38.493 del 4 de agosto de 2006.

275 Véase Gastón Parra Luzardo, *La Constituyente. Renacer de una esperanza ¿utopía?,* Caracas, 2002, pp. 159 y ss.

Pero lamentablemente, en la norma se agregó que se exceptuaba de esa reserva, la propiedad de las acciones "de las filiales, asociaciones estratégicas, empresas y cualquier otra que se haya constituido o se constituya como consecuencia del desarrollo de negocios de Petróleos de Venezuela, S.A". En esta forma, el efecto logrado fue el contrario al que se pretendía, pues la reserva de la propiedad de las acciones establecida constitucionalmente sólo quedó referida a las de Petróleos de Venezuela SA (PDVSA), es decir, a las del holding petrolero, pero no a las de sus empresas filiales, respecto de las cuales incluso la Constitución "aclaró" que las mismas si podrían ser enajenadas[276]. Incluso, la excepción se refiere en general a las acciones que pueda tener PDVSA en cualquier tipo de empresa, aún cuando se constituyan en el futuro, al referirse a las acciones "en asociaciones estratégicas, empresas y cualquier otra *que se haya constituido o se constituya* como consecuencia del desarrollo de negocios de Petróleos de Venezuela, S.A".

De lo anterior resulta un absoluto contrasentido consistente en la consagración constitucional de la posibilidad de la desnacionalización total de la industria petrolera. En efecto, se insiste, conforme al artículo 303 de la Constitución, lo que resultó es que lo que debe permanecer como propiedad de la República son las acciones de PDVSA, es decir, del holding de la industria petrolera, pero no de las acciones de las empresas filiales o de otras en las que PDVSA tenga acciones, las cuales en realidad son las que realizan todas las actividades operativas en la industria. En esta forma, puede decirse que fue el propio texto constitucional el que eliminó el principio de la reserva que estaba en la Ley de Nacionalización de 1975, al permitir que las acciones de todas las empresas del Estado operadoras de la industria petrolera nacionalizada pudieran ser vendidas al sector privado. Hubiera sido preferible, sin duda, que nada se hubiera regulado sobre el tema de la propiedad de las acciones de PDVSA en la Constitución, a que se constitucionalizara expresamente la posibilidad de la venta de las acciones de las filiales de PDVSA e incluso de las empresas que se constituyeron con motivo de la apertura petrolera desarrollada en los noventa mediante los Convenios de asociación.

En todo caso, las antes analizadas normas constitucionales puede decirse que son las que constituyeron el fundamento del proceso de desnacionalización petrolera que se comenzó a producir en el país, al regularse ampliamente conforme al marco constitucional, la participación de empresas privadas en las actividades industriales y comerciales vinculadas con los hidrocarburos, a través de la Ley Orgánica de

276 En relación con esta norma, salvamos nuestro voto al estimar que no era conveniente permitir la posible venta de acciones de las empresas filiales, lo que en todo caso es materia de política pública, que es cambiante. Véase nuestro voto salvado en segunda discusión del Proyecto de Constitución en Allan R. Brewer–Carías, *Debate Constituyente (Aportes a la Asamblea Nacional Constituyente),* Tomo III, Caracas, 1999, pp. 292–293. El constituyente Parra Luzardo, sin embargo no salvó su voto en relación con esta norma, aún cuando señale posteriormente que "no estuvo de acuerdo con el párrafo" agregado en segunda discusión respecto de la posible venta de acciones de las filiales y otras empresas. Véase Gastón Parra Luzardo, *La Constituyente. Renacer de una esperanza ¿utopía?,* Caracas, 2002, pp. 167.

Hidrocarburos (LOH)[277] y de la Ley Orgánica de Hidrocarburos Gaseosos (LOHG)[278].

El primer aspecto del proceso de desnacionalización de la industria derivó de la reducción que se produjo respecto del ámbito de las actividades que se reservaron al Estado, y que quedaron concentradas primero, a las actividades primarias; segundo, a las actividades realizadas en las refinerías que existían al momento de dictarse la Ley Orgánica de 2001; tercero, a las actividades de comercialización externa e interna de hidrocarburos naturales; y cuarto, a las actividades de comercialización externa e interna sobre los productos derivados cuya comercialización se reserve al Estado mediante Decreto que debe dictarse al efecto. En este estudio, interesa en particular referirnos al tema de la reserva de las actividades primarias y al régimen del capital privado en las mismas a través de empresas mixtas.

En cuanto a las actividades primarias en materia de hidrocarburos conforme a la definición de la Ley Orgánica de Hidrocarburos, comprenden "la exploración, la extracción de los hidrocarburos en estado natural, su recolección, transporte y almacenamiento inicial, así como, las relativas a las obras que su manejo requiera"(Art. 9). De esta definición se destaca que la reserva se refiere a las mencionadas actividades relativas, exclusivamente, a los hidrocarburos *en su estado natural*. En consecuencia no se refiere a hidrocarburos procesados o derivados.

Además, en cuanto a las actividades reservadas (recolección, transporte y almacenamiento) sólo se refiere a la recolección, transporte y almacenamiento *inicial*, es decir, el que se realiza primigeniamente luego de la extracción de los hidrocarburos en estado natural, y que se refiere por tanto a los *hidrocarburos en estado natural.*

Estas actividades primarias son reservadas al Estado (Art. 9 LOH), correspondiendo su desarrollo, sea directamente al Estado, a través del Ejecutivo Nacional, mediante empresas de la exclusiva propiedad del Estado (Empresas del Estado), o mediante empresas mixtas con capital del Estado en más del 50% del capital social (Arts. 22 y 27 al 32 LOH).

Por esta última vía, en todo caso, se permite la participación del capital privado en las actividades primarias, lo que no era permitido conforme a la Ley de nacionalización de 1975, pudiendo las mismas ser desarrolladas con participación del capital privado a través de empresas mixtas, que son aquellas en las cuales el Estado mantiene una participación mayor del 50% de su capital social, y que están reguladas en los artículos 33 a 37 de la LOH. Dichas empresas mixtas, en todo caso, se prevé que tengan una duración máxima de 25 años, prorrogable por un lapso a ser acordado por las partes, no mayor de 15 años (Art. 34 LOH).

De estas previsiones se destaca que al establecer la Ley Orgánica el porcentaje rígido de participación pública accionaria en las empresas mixtas mayor al 50% del capital social, se modificó el sentido del control estatal sobre los Convenios de

---

277 *Gaceta Oficial* N° 37.323 de 13–11–2001; reformada parcialmente en 2006, *Gaceta Oficial* n° 38.493 del 4 de agosto de 2006.

278 *Gaceta Oficial* N° 36.793 de 23–09–1999. El Reglamento de Ley Orgánica de Hidrocarburos Gaseosos (RLOHG) se publicó en *Gaceta Oficial* Extra. N° 5.471 de 05–06–2000.

Asociación que regulaba la Ley de Nacionalización derogada, y que permitía que con un capital mayoritario privado, el Estado pudiera suscribir Convenios de Asociación manteniendo el control del mismo, como antes se ha analizado.[279]

Ahora bien, conforme a las disposiciones de la Ley Orgánica, el Ejecutivo Nacional puede transferir a las empresas del Estado o a las antes mencionadas empresas mixtas, que la Ley denomina como "Empresas Operadoras", "el derecho al ejercicio de las actividades primarias", así como "la propiedad u otros derechos sobre bienes muebles o inmuebles del dominio privado de la República, requeridos para el eficiente ejercicio de tales actividades" (Art. 24).

A los efectos de la constitución de empresas mixtas para participar en actividades primarias de hidrocarburos, la Ley exige la aprobación previa de la Asamblea Nacional, a cuyo efecto, el Ejecutivo Nacional, por órgano del Ministerio de Energía y Minas, debe informarla de todas las condiciones y circunstancias pertinentes, incluidas las ventajas especiales previstas a favor de la República (Artículo 33 LOH). Además, para la selección de las empresas operadoras, el organismo público competente debe promover la concurrencia de diversas ofertas, a cuyo efecto, el Ejecutivo Nacional por órgano del Ministerio de Energía y Minas, debe crear los respectivos comités para fijar las condiciones necesarias y seleccionar a las empresas (Art. 37 LOH). Sin embargo, por razones de interés público o por circunstancias especiales de las actividades, en cuyo caso, el Ejecutivo nacional puede hacer una escogencia directa de las operadoras, previa aprobación del Consejo de Ministros.

C. *La situación de la participación del capital privado en la realización de actividades primarias mediante Convenios de asociación suscritos antes de la Ley Orgánica de 2001, y su estatización a partir de 2006*

La Ley Orgánica de Hidrocarburos de 2001, como se ha dicho, al derogar la Ley de nacionalización petrolera de 1975, declaró la reserva al Estado de las actividades primarias en materia de hidrocarburos, disponiendo, sin embargo, la posibilidad de participación del capital privado en las mismas mediante la constitución de empresas mixtas con un capital en el cual la empresa petrolera estatal tuviese más del 50% del capital social. La Ley Orgánica, además, derogó el régimen legal que permitía los convenios de asociación que regulaba el artículo 5 de la Ley de Nacionalización.

---

279 Por ello resulta incomprensible que en diciembre de 2001, después de que el Decreto–Ley se hubiera dictado por el Presidente de la República en Consejo de Ministros y publicado en *Gaceta Oficial* el 13 de noviembre de 2001, en virtud de que se dispuso en su texto que la Ley entraba en vigencia el día 1° de enero de 2002; en ese lapso el Ejecutivo Nacional se hubiera apresurado a someter a la Asamblea Nacional la solicitud de autorización para la celebración de de una Asociación conforme a los términos de la Ley de Nacionalización de 1975 que se estaba derogando por el mismo Decreto Ley ya publicado pero aún no vigente, y que la nueva Ley prohibía. De ello resultó el Convenio de Asociación Estratégica con la empresa estatal china, *China Nacional Oil and Gas Exploration and Development Corporation* como empresa filial de la empresa *China Nacional Petroleum Corporation* y la empresa Bitúmenes Orinoco (BITOR) filial de Petróleos de Venezuela SA PDVSA, para la producción de Bitúmen, diseño, construcción y operación de un módulo de producción y emulsificación de bitúmen natural para la elaboración de Orimulsión; en el cual la empresa BITOR sólo tenía el 30% de participación en el capital social. Véase el Acuerdo autorizatorio de la Asamblea Nacional en *Gaceta Oficial* N° 37.347 del 17 de diciembre de 2001.

La consecuencia de lo anterior fue que a partir del 1° de enero de 2002, no se pudieron suscribir nuevos convenios de asociación, lo que quizás explica el apresuramiento que tuvo el Ejecutivo Nacional de someter a la Asamblea Nacional, incluso luego de publicada la nueva Ley Orgánica en *Gaceta Oficial* el 13 de noviembre de 2001, pero antes de que entrara en vigencia el día 1° de enero de 2002, una solicitud de autorización para la celebración de un Convenio de Asociación conforme a los términos de la derogada Ley de Nacionalización de 1975, pero que la nueva Ley prohibía, con una empresa filial de la empresa estatal china, *China Nacional Petroleum Corporation* para la producción de bitúmen, y producción de Orimulsión, en la cual la Filial de PDVSA tenía el 30 % de participación en el capital social[280].

En todo caso, el cambio de régimen de participación del capital privado en la nueva Ley Orgánica de Hidrocarburos de 2001, no podía tener efectos retroactivos, por lo que los Convenios de Asociación que se habían suscrito con anterioridad a su entrada en vigencia, no sólo los resultantes de las rondas de negociaciones de 1993 y 1997, sino el autorizado a última hora en diciembre de 2001, continuaron vigentes en los términos contractuales conforme a los cuales habían sido suscritos, de acuerdo con el Marco autorizado por las Cámaras Legislativas. Ello cambió, sin embargo, a partir de 2006, cuando el Estado venezolano, después de haber establecido el marco para la "desnacionalización" de la industria petrolera, comenzó un proceso de "estatización" petrolera mediante la eliminación progresiva, a través de leyes, de la participación del capital privado en las actividades de la industria petrolera que se había desarrollado antes de la entrada en vigencia de la Ley Orgánica de Hidrocarburos en 2001.

Ese proceso de eliminación de la participación del capital privado en la industria petrolera efectuado de acuerdo con la Ley Orgánica de nacionalización de 1975, se verificó mediante tres instrumentos legislativos, a través de los cuales, por una parte, se dispuso la extinción, es decir, la terminación unilateral anticipada de los Convenios Operativos que existían mediante la *Ley de Regularización de la Participación Privada en las Actividades Primarias Previstas, abril 2006*; por la otra, se dispuso la terminación unilateral anticipada de los Convenios de Asociación y de Explotación a Riesgo que existían y que se habían suscrito entre 1993 y 2001, disponiéndose sin embargo, en este último caso, la posibilidad de que dichos convenios de asociación se pudieran convertir en empresas mixtas con capital del Estado en más del 50% del capital social (Arts. 22 y 27 al 32 LOH), mediante el *Decreto–Ley 5200, Ley de Migración a Empresas Mixtas de los Convenios de Asociación de la Faja Petrolífera del Orinoco, así como de los Convenios de Exploración a Riesgo y Ganancias Compartidas,* febrero 2007; y por último, se dispuso la "confiscación" de los intereses, acciones, participación y derechos de las empresas que participaban en dichos Convenios y Asociaciones, cuando no hubiesen acordado migrar a las referidas empresas mixtas, mediante la *Ley sobre los Efectos del Proceso de Migración a Empresas Mixtas de los Convenios de*

280 Véase el Acuerdo autorizatorio de la Asamblea Nacional en *Gaceta Oficial* N° 37.347 del 17 de diciembre de 2001.

Asociación de la Faja Petrolífera del Orinoco; así como de los Convenios de Exploración a Riesgo y Ganancias Compartidas, octubre 2007.

Conforme a las dos primeras leyes, al extinguirse los contratos administrativos existentes, puede decirse que se habría dispuesto la expropiación de los derechos contractuales que correspondían a las empresas privadas contratantes, la cual, sin embargo, se efectuó directamente mediante la Ley, sin seguirse el procedimiento general establecido en la Ley de Expropiación por causa de utilidad pública y social. Ello, sin embargo, conforme al artículo 115 de la Constitución, generaba derechos en cabeza de las empresas contratantes a ser justamente indemnizadas por los daños y perjuicios producidos por dicha terminación anticipada y unilateral de los contratos administrativos válidamente suscritos por el Estado. Sin embargo, conforme a la última de las leyes mencionadas, lo que podía ser entendido como un proceso de expropiación, por terminación unilateral y anticipada de contratos, se convirtió en una "confiscación" de derechos en el caso de las empresas que no llegaron a un acuerdo con el Estado para seguir operando bajo el esquema de empresas mixtas.

a. *La extinción de los Convenios Operativos*

En efecto, en cuanto a los Convenios Operativos que se habían suscrito conforme a la legislación anterior, entre las filiales de PDVSA y empresas privadas, el 18 de abril de 2006 se dictó la *Ley de Regularización de la Participación Privada en las Actividades Primarias Previstas*[281], cuyo específico objeto que se definió como "regularizar la participación privada en las actividades primarias", condujo a la extinción, mediante Ley, de los Contratos Operativos existentes, dado que el Legislador consideró que su ejercicio había:

> "[...] sido desnaturalizado por los Convenios Operativos surgidos de la llamada apertura petrolera, al punto de violar los intereses superiores del Estado y los elementos básicos de la soberanía" (art. 1).

En consecuencia, el artículo 2 de la Ley declaró que el contenido de los referidos Convenios Operativos surgidos de la llamada apertura petrolera, era "incompatible con las reglas establecidas en el régimen de nacionalización petrolera", disponiendo que "quedarán extinguidos y no podrá continuarse la ejecución de sus preceptos, a partir de la publicación de esta Ley en la *Gaceta Oficial*" (art. 2).

Es decir, a partir del 18 de abril de 2006, mediante una ley de la Asamblea Nacional se puso fin y se extinguieron los Convenios Operativos que existían, es decir, se dio por terminados en forma unilateral y anticipada a unos contratos administrativos que habían sido válidamente suscritos. No se trató, en este caso, de una rescisión unilateral del contrato por parte de la Administración contratante, que eran las empresas filiales de PDVSA, sino de una terminación anticipada y unilateral de dichos contratos por una decisión del órgano legislativo del Estado, a través de una Ley. En estos casos, la responsabilidad del Estado por los daños causados por la terminación unilateral y anticipada de los contratos y el derecho de

281 *Gaceta Oficial* N° 38.419 del 18 de abril de 2006.

los cocontratantes a ser indemnizados era incuestionables conforme al régimen de lo contratos administrativos, configurándose como una expropiación de derechos contractuales, así la decisión hubiera sido tomada mediante acto legislativo.

Dicha Ley, además, dispuso hacia el futuro que

> "[...] ningún nuevo contrato podrá otorgar participación en las actividades de exploración, explotación, almacenamiento y transporte inicial de hidrocarburos líquidos, o en los beneficios derivados de la producción de dichos hidrocarburos, a persona alguna de naturaleza privada, natural o jurídica, salvo como accionista minoritario en una empresa mixta, constituida de conformidad con la Ley Orgánica de Hidrocarburos en la cual el Estado asegure el control accionario y operacional de la empresa" (Art. 3).

Es decir, se ratificó legislativamente el principio que se había dispuesto en la Ley Orgánica de 2001 de que la participación del capital privado en las actividades primarias sólo podía realizarse mediante la constitución de las empresas mixtas reguladas en la Ley, que era lo que se proponía incluir en la rechazada reforma constitucional de 2007.

La consecuencia de la declaratoria de extinción de los Convenios Operativos existentes, además de la obligación para el Estado de indemnizar a los antiguos contratistas por los daños y perjuicios ocasionados por la terminación anticipada y unilateral de los Convenios y la expropiación de los derechos contractuales, sobre lo cual, sin embargo nada dispuso el texto de la Ley; fue que conforme se dispuso en el artículo 4 de la Ley:

> "[...] la República, directamente o a través de empresas de su exclusiva propiedad, reasumirá el ejercicio de las actividades petroleras desempeñadas por los particulares, a los fines de garantizar su continuidad y en razón de su carácter de utilidad pública e interés social, sin perjuicio de que se establezcan para tal efecto empresas mixtas sujetas a la aprobación de la Asamblea Nacional, previo informe favorable del Ejecutivo Nacional por órgano del Ministerio de Energía y Petróleo y de la Comisión Permanente de Energía y Minas de la Asamblea Nacional".

A tal efecto, la Asamblea Nacional ya había adoptado en marzo de 2006 el "Acuerdo mediante el cual se aprueban los Términos y Condiciones para la creación y funcionamiento de las Empresas Mixtas" (*G.O.* N° 38.410 de 31–03–2006).

b. *La terminación anticipada y unilateral de los Convenios de Asociación y los Convenios de exploración a riesgo y ganancias compartidas y la posibilidad de su transformación en empresas mixtas*

La Ley Habilitante de 1 de febrero de 2007[282] autorizó al Presidente de la República a dictar normas que permitieran al Estado,

282 *G.O.* N° 38.617 de 01–02–2007.

> "[...] asumir directamente, o mediante empresas de su exclusiva propiedad, el control de las actividades realizadas por las asociaciones que operan en la Faja Petrolífera del Orinoco, incluyendo mejoradores y las asignaciones de explotación a riesgo y ganancias compartidas, para regularizar y ajustar sus actividades dentro del marco legal que rige a la industria petrolera nacional, a través de la figura de empresas mixtas o de empresas de la exclusiva propiedad del Estado".

Con esta delegación legislativa se buscaba, en primer lugar, que el Estado asumiera "el control de las actividades realizadas por las asociaciones que operan en la Faja Petrolífera del Orinoco, incluyendo mejoradores y las asignaciones de explotación a riesgo y ganancias compartidas", lo que en si mismo era innecesario, pues dicho control ya existía conforme al esquema de toma de decisiones regulado en los Convenios de Asociación, aún cuando el Estado tuviera minoría accionaria en los mismos. Pero además, en segundo lugar, lo que se buscaba con la delegación legislativa era hacer lo que el Legislador con la Ley Orgánica de Hidrocarburos de 2001 no hizo, y no podía hacer, por no poder atribuirle efectos retroactivos a la misma, y aplicar la Ley Orgánica de 2001 a los Contratos de Asociación que habían sido suscritos válidamente conforme a la legislación anterior. Por ello la habilitación buscó "regularizar y ajustar sus actividades dentro del marco legal que rige a la industria petrolera nacional, a través de la figura de empresas mixtas o de empresas de la exclusiva propiedad del Estado".

En ejecución de tal delegación legislativa, el 26 de febrero de 2007, mediante Decreto Ley 5.200, el Ejecutivo Nacional dictó la *Ley de Migración a Empresas Mixtas de los Convenios de Asociación de la Faja Petrolífera del Orinoco, así como de los Convenios de Exploración a Riesgo y Ganancias Compartidas*[283], con la cual se dispuso la terminación unilateral y anticipada de los convenios de asociación suscritos entre 1993 y 2001, lo que implicaba, para los contratistas que no acordaran los términos unilaterales fijados por el Estado, la expropiación de sus derechos contractuales y el derecho consecuente a ser justamente indemnizados por los daños y perjuicios causados por la ejecución de dicha Ley.

En efecto, dicha Ley dispuso que:

> "[...] las asociaciones existentes entre filiales de Petróleos de Venezuela, S.A. y el sector privado que operan en la Faja Petrolífera del Orinoco, y en las denominadas de Exploración a Riesgo y Ganancias Compartidas, deberán ser ajustadas al marco legal que rige la industria petrolera nacional, debiendo transformarse en empresas mixtas en los términos establecidos en la Ley Orgánica de Hidrocarburos" (art. 1).

Esto significó, pura y simplemente, darle efectos retroactivos a la Ley Orgánica de Hidrocarburos de 2001, al imponer unilateralmente a los Convenios de Asociación suscritos conforme a la legislación anterior, la obligación de ajustarse a la nueva Ley.

---

283 *G.O.* Nº 38.623 de 16–2–2007.

A tal efecto, en esta Ley, de nuevo, se dispuso la terminación unilateral y anticipada de contratos administrativos que habían sido válidamente celebrados como Convenios de Asociación entre 1993 y 2001, entre las filiales de PDVSA y diversas empresas privadas para la realización de actividades primarias; disponiéndose además, que las mismas no sólo debían ajustarse al marco legal de la Ley Orgánica de 2001, a la cual *ex post facto* se le dio efectos retroactivos, sino se dispuso que:

> "[...] todas las actividades ejercidas por asociaciones estratégicas de la Faja Petrolífera del Orinoco, constituidas por las empresas Petrozuata, S.A.; Sincrudos de Oriente, S.A., Sincor, S.A., Petrolera Cerro Negro S.A y Petrolera Hamaca, C.A; los convenios de Exploración a Riesgo y Ganancias Compartidas de Golfo de Paria Oeste, Golfo de Paria Este y la Ceiba, así como las empresas o consorcios que se hayan constituido en ejecución de los mismos; la empresa Orifuels Sinovensa, S.A, al igual que las filiales de estas empresas que realicen actividades comerciales en la Faja petrolífera del Orinoco, y en toda la cadena productiva, *serán transferidas* a las nuevas empresas mixtas".

Es decir, no sólo se decidió unilateralmente la terminación anticipada de los contratos, sino que se dispuso que en caso de que los inversionistas privados socios en los Convenios que se extinguían estuviesen de acuerdo con la transferencia de los mismos a las nuevas empresas mixtas, los mismos lo que podían eran ser accionistas de las empresas mixtas con menos del 40% del capital social, teniendo como accionista por parte del Estado a la Corporación Venezolana del Petróleo, S.A. u otra filial de Petróleos de Venezuela, S.A., con una participación accionaria mínima del 60% del capital social (art. 2).

Para el caso de que las empresas accionistas de los Convenios de Asociación que se terminaban unilateral y anticipadamente mediante esta Ley de Migración, no acordaren con el Ejecutivo Nacional formar parte como accionistas de las nuevas empresas mixtas, el efecto de la Ley fue el de la expropiación de sus derechos contractuales, teniendo las mismas, conforme al artículo 115 de la Constitución derecho a ser justamente indemnizadas por los daños y perjuicios causados por la terminación unilateral y anticipada de los Contratos.

La decisión legislativa de poner fin unilateral y anticipadamente a los contratos de asociación, implicó la necesidad de asegurar la inmediata asunción por parte del Estado, de la operación industrial concreta de cada Convenio de asociación, a cuyo efecto, la Ley dispuso que la empresa estatal accionista de las posibles empresas mixtas fuera la Corporación Venezolana del Petróleo, S.A. o la filial de Petróleos de Venezuela, S.A. debía conformar de inmediato "una Comisión de Transición para cada asociación", a fin de "garantizar *la transferencia a la empresa estatal* el control de todas las actividades que las asociaciones realizan", en un proceso que culminó el 30 de abril de 2007 (art. 3), a cuyo efecto, el Estado, unilateralmente, a través del Ministerio respectivo, debía determinar la valoración de la nueva empresa mixta a ser establecida para sustituir a cada Convenio de asociación.

A pesar de que la Ley dispuso la transferencia inmediata de los Convenios de Asociación al Estado, y la consecuente asunción por la empresa estatal correspondiente de la operación de los Convenios, el artículo 4 de la Ley concedió a las empresas del sector privado que habían sido parte en los extinguidos Convenios de asociación de la Faja Petrolífera del Orinoco, y de las denominadas de Exploración a Riesgo y Ganancias Compartidas, un período de cuatro (4) meses a partir de la fecha de la publicación de la Ley (26–2–2007), es decir, hasta el 26 de junio de 2007, "para acordar los términos y condiciones de su *posible participación* en las nuevas Empresas Mixtas", se entiende, con el Ministerio respectivo, disponiéndose que además, en su caso, se le concederían "dos (2) meses adicionales para someter los señalados términos y condiciones a la Asamblea Nacional a fin de solicitar la autorización correspondiente de conformidad con la Ley Orgánica de Hidrocarburos".

Ahora bien, transcurrido el plazo antes indicado de 4 meses, que venció el 26 de junio de 2007, "sin que se hubiera logrado acuerdo para la constitución y funcionamiento de las Empresas Mixtas", entonces, la República, a través de Petróleos de Venezuela, S.A. o cualquiera de sus filiales, debía *asumir directamente las actividades* ejercidas por las asociaciones a fin de preservar su continuidad, en razón de su carácter de utilidad pública e interés social (Art. 5).

Nada dispuso la Ley de Migración sobre los derechos a ser indemnizadas de las empresas privadas que no hubieran llegado a un acuerdo para continuar como socios de las nuevas empresas mixtas. Sin embargo, como se ha dicho, la consecuencia de la aplicación retroactiva de la Ley de 2001 a los Convenios de Asociación suscritos válidamente con anterioridad a la misma, se configuró como una terminación anticipada y unilateral de los dichos Convenios de Asociación, y como una expropiación por Ley de los derechos contractuales de los contratantes en dichos Convenios, lo cual conforme al artículo 115 de la Constitución, les originó el derecho a ser justamente indemnizados por los daños y perjuicios causados.

En todo caso, de acuerdo con lo antes expuesto, conforme a la Ley de Migración a Empresas Mixtas de los Convenios de Asociación de la Faja Petrolífera del Orinoco, así como de los Convenios de Exploración a Riesgo y Ganancias Compartidas (Decreto Ley 5200) de febrero de 2000, en relación con las actividades que ejercieron las antiguas asociaciones estratégicas de la Faja Petrolífera del Orinoco, constituidas por las empresas Petrozuata, S.A.; Sincrudos de Oriente, S.A., Sincor, S.A., Petrolera Cerro Negro S.A y Petrolera Hamaca, C.A; los convenios de Exploración a Riesgo y Ganancias Compartidas de Golfo de Paria Oeste, Golfo de Paria Este y la Ceiba, así como las empresas o consorcios que se hayan constituido en ejecución de los mismos; la empresa Orifuels Sinovensa, S.A, al igual que las filiales de estas empresas que realizaban actividades comerciales en la Faja petrolífera del Orinoco, y en toda la cadena productiva, que se ordenó que fueran transferidas a nuevas empresas mixtas; resultó la constitución de algunas de dichas empresas mixtas, en las cuales participó el capital privado.[284]

---

284 Entre las principales empresas involucradas, Chevron Corp. (EE.UU.), BP PLC (Reino Unido), Total SA (Francia) y Statoil ASA (Noruega) aceptaron lo términos de negociación impuesta por el Estado y Exxon Mobil (EE.UU.) y ConocoPhillips (EE.UU.), no llegaron a un acuerdo, avenido sometido las disputas a arbitraje, ante el Centro Internacional de Arreglo de Diferencias Relativas a las Inversiones (CIADI), vinculado al Banco Mundial. En enero de 2008, se anunció en la prensa que la High Court de Londres había dictado una orden prohibiendo a PDVSA disponer de sus bienes mundialmente hasta por un monto de doce billones de dólares, mientras se decide el arbitraje; y que había obtenido decisiones judiciales similares en Holanda y las Antillas Holandesas. Véase la reseña de Simón Romero, "Court

En estos casos, conforme a la *Ley sobre los Efectos* del Proceso de Migración a Empresas Mixtas de los Convenios de Asociación de la Faja Petrolífera del Orinoco; así como de los Convenios de Exploración a Riesgo y Ganancias Compartidas de 5 de octubre de 2007[285], los convenios que habían dado origen a las asociaciones a las que se refirió la Ley de Migración a Empresas Mixtas de los Convenios de Asociación de la Faja Petrolífera del Orinoco, así como de los Convenios de Exploración a Riesgo y Ganancias Compartidas, "quedaron extinguidos" a partir de la fecha de publicación del "decreto que dispuso la transferencia del derecho a ejercer actividades primarias a las empresas mixtas que constituyeron conforme con lo previsto en dicha Ley" en la Gaceta Oficial de la República (art. 1).

En cuanto a los convenios en los que, conforme a la misma Ley de Migración a Empresas Mixtas de los Convenios de Asociación de la Faja Petrolífera del Orinoco, así como de los Convenios de Exploración a Riesgo y Ganancias Compartidas (Decreto Ley 5200) de febrero de 2000, ninguna de las empresas privadas que fueran parte en las asociaciones correspondientes, hubiera alcanzado un acuerdo de migración a empresa mixta dentro del plazo establecido en el Artículo 4 de dicha Ley, conforme a lo dispuesto en la Ley sobre los Efectos del Proceso de Migración a Empresas Mixtas de los Convenios de Asociación de la Faja Petrolífera del Orinoco; así como de los Convenios de Exploración a Riesgo y Ganancias Compartidas de 5 de octubre de 2007, dichos convenios quedaron extinguidos "a partir de la fecha de publicación" de dicha Ley en la Gaceta Oficial de la República (art. 1)

Como se dijo, la *Ley de Migración* (Decreto Ley 5.200) nada había indicado sobre los derechos a indemnización y compensación de las empresas privadas que no hubieran llegado a un acuerdo para continuar como socios de las nuevas empresas mixtas, en virtud de la terminación anticipada y unilateral de los Convenios y Asociaciones, que tenían de acuerdo con lo dispuesto en el artículo 115 de la Constitución. Sin duda, se trataba de una expropiación realizada por ley especial al margen de la Ley general de expropiación, que implicaba, de acuerdo con la Constitución, el derecho de las empresas privadas a ser indemnizadas.

Sin embargo, en lugar de procederse a ello, el Estado optó por definitivamente "confiscar" dichos derechos, al declarar pura y simplemente extinguidos los convenios a partir de la publicación de la *Ley sobre los Efectos del Proceso de Migración a Empresas Mixtas de los Convenios de Asociación de la Faja Petrolífera del Orinoco; así como de los Convenios de Exploración a Riesgo y Ganancias Compartidas* de 5 de octubre de 2007.

A los efectos de materializar dicha confiscación, el artículo 2 de la *Ley sobre los Efectos del Proceso de Migración,* dispuso expresamente que "los intereses, acciones y participaciones" en las asociaciones referidas en el Artículo 1 de la Ley de Migración en las sociedades constituidas para desarrollar los proyectos correspondientes, y en "los activos utilizados para la realización de las actividades de tales asociaciones, incluyendo derechos de propiedad, derechos contractuales y

---

Bars Sale of Billons in Oil Assets Held by Venezuela", en *The New York Times*, New York, 08–02–2008, p. C–2.

285 *Gaceta Oficial* N° 38.785 del 8 de octubre de 2007.

de otra naturaleza", que hasta el día 26 de junio de 2007 (conforme al plazo establecido en el Artículo 4 de la referida Ley), "correspondían a las empresas parte del sector privado con las cuales no se logró un acuerdo de migración a empresa mixta, quedan transferidos, con base en el principio de reversión, sin necesidad de acción o instrumento adicional, a las nuevas empresas mixtas constituidas como resultado de la migración de las asociaciones respectivas, salvo lo previsto en el Artículo 3 de la presente Ley". Esta disposición, de acuerdo con el régimen constitucional venezolano comporta una confiscación de dichos bienes lo cual está prohibido en la Constitución (art. 115).

Es decir, el Estado, mediante Ley, ordenó la trasferencia forzada de bienes de propiedad privada a las nuevas empresas mixtas constituidas sin indemnización ni proceso, en todos los casos en los cuales *algunas* de las otras empresas privadas del respectivo convenio o asociación hubieran acordado formar parte de las empresas mixtas. En el artículo 4 de la Ley se aclaró, que en esos casos, "las transferencias de intereses, acciones, participaciones y derechos" en ella previstas, "no generarán obligaciones tributarias en la República Bolivariana de Venezuela para ninguna persona o entidad".

Por otra parte, conforme al artículo 3 de la *Ley sobre los Efectos del Proceso de Migración*, en los casos en que "*ninguna* de las empresas que constituían la parte privada del convenio de asociación hubiera alcanzado un acuerdo de migración a empresa mixta dentro del plazo establecido", "los intereses, acciones, participaciones y derechos" de las mismas se ordenó que debían mantenerse "en propiedad de la filial de Petróleos de Venezuela, S.A. que hubiera asumido las actividades de la asociación de que se trate, hasta que el Ejecutivo Nacional determine la filial que en definitiva deberá asumir tales actividades".

Se trata, en todo caso, como se dijo, de una transferencia forzada de bienes de propiedad privada al Estado decretada por el Legislador, sin indemnización ni proceso algunos, lo que se configura como una confiscación prohibida en el artículo 113 de la Constitución, y la cual en forma alguna puede justificarse recurriéndose al "principio de la reversión", figura que es totalmente inaplicable en esos casos, y que está esencialmente asociada a la figura de las "concesiones" administrativas que a partir de 1975 no existen en materia de hidrocarburos. Recuérdese en cambio, que antes de esa fecha, en materia de concesiones de hidrocarburos el principio si estaba establecido en la propia Constitución de 1961 (art. 103) y en la vieja Ley de Hidrocarburos (art. 80), conforme a las cuales, por ejemplo, se dictó la "Ley sobre bienes afectos a reversión en las concesiones de hidrocarburos" de 1971[286]. En ausencia de texto legal expreso, por tanto, la reversión sólo puede proceder si se la ha regulado expresamente en el contrato de concesión[287].

---

286 Véase en *Gaceta Oficial* N° 29.577 de 06–08–1971

287 Como lo han dicho E. García de Enterría y T.R. Fernández, la reversión, bajo esta perspectiva, "pierde su antiguo carácter de elemento esencial de toda concesión y pasa a ser considerada como un elemento accidental del negocio, esto es, procedente únicamente en caso de pacto expreso, como una pieza más, allí donde esté concebida de ese modo, de la fórmula económica en que toda concesión consiste", en su *Curso de Derecho Administrativo. I.*, Decimotercera Edición, Thomson–Civitas 2006, p. 763.

Al igual que lo que dispuso la *Ley de Migración* (art. 13), el artículo 5 de la *Ley sobre Efectos del proceso de Migración* dispuso también que "todos los hechos y actividades objeto de la normativa" que contiene, "se regirán por las leyes de la República Bolivariana de Venezuela, y las controversias que de los mismos deriven estarán sometidas a su jurisdicción, en la forma prevista en la Constitución de la República Bolivariana de Venezuela".

c. *La reserva al Estado respecto de los bienes y servicios conexos con las actividades primarias de hidrocarburos en 2009*

Conforme a la Ley Orgánica de Nacionalización petrolera de 1975, y posteriormente, conforme a la Ley Orgánica de Hidrocarburos de 2001, además de la participación de las empresas privadas en las actividades reservadas de la industria y el comercio de hidrocarburos mediante los convenios operativos y los convenios de asociación que fueron terminados en 2007,[288] los particulares y empresas privadas también participaban y siguieron participando en las actividades no reservadas de la industria y el comercio de los hidrocarburos, particularmente prestando servicios o realizando obras mediante contratos celebrados con las empresas del Estado.

Ese fue el caso de las empresas que suscribieron mediante procesos licitatorios, incluso antes de la entrada en vigencia de la LOH, contratos con la empresa PDVSA Petróleo y Gas S.A. (luego PDVSA Petróleo. S.A.) para la prestación a PDVSA, por ejemplo, de los servicios de inyección de agua, de vapor o de gas, y de compresión de gas; y de los servicios vinculados a las actividades petroleras desarrolladas en particular, en el Lago de Maracaibo, como los servicios de lanchas para el transporte de personal, buzos y mantenimiento; los servicios de barcazas con grúa para transporte de materiales, diesel, agua industrial y otros insumos; los servicios de remolcadores; los servicios de gabarras planas, boyeras, grúas, de ripio, de tendido o reemplazo de tuberías y cables subacuáticos; los servicios de mantenimiento de buques en talleres, muelles y diques, tal como se enumeraron en el artículo 2 de la Ley de Reserva de 2009. En esos casos, la empresa petrolera nacional encomendó a empresas privadas, generalmente a consorcios que agrupaban a empresas extranjeras con nacionales, la realización de actividades que entonces no estaban reservadas al Estado, ni estaban destinadas a satisfacer necesidades colectivas, y que sólo estaban destinadas a prestar servicios eminentemente técnico a una sola empresa para la realización de sus actividades, como era el caso de PDVSA Petróleo y Gas S.A. La actividad que constituía el objeto de los contratos celebrados con empresas privadas

---

288 *V.* la Ley de Migración a Empresas Mixtas de los Convenios de Asociación de la Faja Petrolífera del Orinoco, así como de los Convenios de Exploración a Riesgo y Ganancias Compartidas (*Gaceta Oficial* N° 38.623 de 26–2–2007). Ley sobre los Efectos del Proceso de Migración a Empresas Mixtas de los Convenios de Asociación de la Faja Petrolífera del Orinoco; así como de los Convenios de Exploración a Riesgo y Ganancias Compartidas de 5 de octubre de 2007 (*Gaceta Oficial* N° 38.785 del 08–10–2007). Sobre estas leyes véase, Allan R. Brewer–Carías, "La estatización de los convenios de asociación que permitían la participación del capital privado en las actividades primarias de hidrocarburos suscritos antes de 2002, mediante su terminación anticipada y unilateral y la confiscación de los bienes afectos a los mismos", en Víctor Hernández Mendible (Coordinador), *Nacionalización, Libertad de Empresa y Asociaciones Mixtas*, Editorial Jurídica Venezolana, Caracas 2008, pp. 123–188.

o consorcios, por otra parte, a pesar de tratarse de actividades conexas con las actividades primarias de hidrocarburos que estaban a cargo de PDVSA, no sólo no eran actividades reservadas al Estado sino que no constituían en si mismas actividades de explotación petrolera.

Fue sin embargo, en 2009, cuando esas actividades o servicios conexos con la industria petrolera que no estaban reservadas al Estado, pasaron a ser reservada al mismo mediante la antes mencionada Ley Orgánica que reserva al Estado bienes y servicios conexos a las actividades primarias de Hidrocarburos,[289] en la cual se dispuso que a partir de la entrada en vigencia de dicha Ley pasarían a ser ejecutadas, "directamente por la República; por Petróleos de Venezuela, S.A. (PDVSA) o de la filial que ésta designe al efecto; o, a través de empresas mixtas, bajo el control de Petróleos de Venezuela, S.A., (PDVSA) o sus filiales." (Art. 1).

A los efectos de materializar la nacionalización que ello implicó, el artículo 3 de la Ley de Reserva de 2009, atribuyó al Ministerio con competencia en materia petrolera, la facultad de determinar mediante Resolución, los bienes y servicios de empresas o sectores que se encontraban dentro de las previsiones de sus artículos 1 y 2. Se dispuso además, que al dictarse dichas Resoluciones ministeriales, los contratos que se hubieran celebrado entre las empresas petroleras estatales y empresas privadas para la realización de las actividades que con la ley se reservaban al Estado, "se extinguirán de pleno derecho en virtud de la presente Ley," y además, se "reconoció" a dichos contratos "como contratos administrativos." (Art. 3).

Con estas previsiones se confirmó, por supuesto, que antes de la entrada en vigencia de la Ley de Reserva de 2009, no sólo las actividades que reguló no eran actividades "reservadas" al Estado, ni en la industria petrolera podían ser consideradas como "servicios públicos" (calificación reservada sólo a las actividades destinadas a satisfacer necesidades colectivas conforme al artículo. 60 de la LOH y en al artículo 5 de la LOHG), sino que los contratos celebrados por PDVSA y sus filiales con empresas p consorcios particulares respecto de las mismas, no eran ni podían considerarse en absoluto como "contratos administrativos," sino contratos de derecho privado de la Administración. Fue por tanto, con la Ley de Reserva de 2009, a partir de la misma y a sus solos efectos, que las referidas actividades en cambio comenzaron a ser consideradas como "actividades reservadas," que además comenzaron a ser consideradas como "servicios públicos", y que, adicionalmente, los contratos relativos a las mismas comenzaron a ser "reconocidos" como "contratos administrativos."

La reserva al Estado decidida en la Ley de Reserva de 2009, a diferencia de otras leyes anteriores que reservaron actividades al Estado, en este caso tuvo efectos inmediatos, de manera que el artículo 4 de la Ley precisó que a partir de su publicación, "Petróleos de Venezuela S.A., (PDVSA) o la filial que ésta designe, tomará posesión de los bienes, y control de las operaciones referidas a las actividades reservadas," lo que efectivamente ocurrió. Este constituyó, de acuerdo con la Exposición de Motivos de la Ley, un:

289 *Gaceta Oficial* N° 39.173 del 07-05-2009.

"mecanismo expedito, acorde a las necesidades de la industria petrolera, que permitirá a Petróleos de Venezuela o la filial que ésta designe, tomar posesión de los bienes, y control de las operaciones referidas a las actividades reservadas, como paso previo al inicio del proceso Expropiatorio."

A tal efecto la Ley autorizó al Ministerio con competencia en materia petrolera, para asumir "las medidas necesarias para garantizar la continuidad de las actividades objeto de la Ley," estando facultada para "solicitar el apoyo de cualquier órgano o ente del Estado." En este caso, fue la Guardia Nacional la utilizada.

Además, se impuso en la ley a "las personas naturales o jurídicas vinculadas a la materia, colaborar en la entrega pacífica y ordenada de las operaciones, instalaciones, documentación, bienes y equipos afectos a las actividades a las que se refiere la Ley, so pena de la aplicación de las sanciones administrativas y penales que pudieran corresponder, de conformidad con el ordenamiento jurídico." (Art. 4). Para asegurar la transferencia de todos los bienes y servicios, además, el artículo 8 de la Ley dispuso que todos "los permisos, certificaciones, autorizaciones y registros vigentes, pertenecientes a los operadores de las actividades reservadas, o que recaigan sobre bienes utilizados por las mismas, pasarán de pleno derecho, a la titularidad de Petróleos de Venezuela S.A., (PDVSA) o a la filial que ésta designe." Igualmente, para asegurar la transferencia al Estado, la Ley estableció que "los actos, negocios y acuerdos que se realicen, suscriban o ejecuten en cumplimiento de la Ley Orgánica, así como las cesiones, transferencias de bienes y cualesquiera otras operaciones, quedan exentos de los tributos nacionales" (Art. 9).

La nacionalización de los mencionados bienes y servicios conexos y la asunción inmediata de los mismos por parte de PDVSA, implicaba la obligación para el Estado de compensar a los accionistas privados de las empresas, a cuyo efecto dispuso la Ley de Reserva de 2009 que el Ejecutivo Nacional podrá "decretar la expropiación, total o parcial de las acciones o bienes de las empresas que realizan los servicios referidos" de conformidad con lo previsto en la Ley de Expropiación por Causa de Utilidad Pública o Social, en cuyo caso "el ente expropiante será Petróleos de Venezuela S.A., (PDVSA) o la filial que ésta designe"(Art. 6).

Al día siguiente de dictarse la Ley de Reserva de 2009, conforme a sus previsiones, el Ministerio del Poder Popular para la Energía y Petróleo dictó la Resolución N° 051 de 8 de mayo de 2009,[290] en la cual enumeró una larga lista de servicios de empresas o sectores y bienes "afectadas por las medidas de toma de posesión," (Art. 1), instruyéndose a Petróleos de Venezuela, S.A. o la filial que ésta designe, "a tomar el control de las operaciones y posesión inmediata de las instalaciones, documentación, bienes y equipos" mencionados (Art 2). En la Resolución, además, el Ministerio del Poder Popular para la Energía y Petróleo se reservó la aplicación de las medidas que considerase necesarias, para garantizar la continuidad de las actividades afectadas; y además, se reservó el derecho de determinar otros bienes, servicios de empresas o sectores y empresas afectadas por la Ley de Reserva de 2009 (Art 3).

---

290 *Gaceta Oficial* N° 39.174 del 08–05–2009.

Posteriormente, mediante Resolución N° 54 de 13 de mayo de 2009,[291] el mismo Ministerio del Poder Popular para la Energía y Petróleo enunció una serie de empresas que prestan servicios y poseen bienes esenciales (compresión de gas) que eran conexos con la realización de las actividades primarias previstas en la LOH, y que consideró se "subsumían" en las indicadas en el artículo 2 de la Ley de Reserva de 2009, con la advertencia de que "las enunciaciones en cuestión no tienen carácter taxativo sino meramente enunciativo" (Art. 1).

A los efectos de implementar la nacionalización decretada, en el artículo 2 de la Resolución se instruyó a Petróleos de Venezuela, S.A. o la filial que ésta designase, "a tomar el control de las operaciones y posesión inmediata de las instalaciones, documentación, bienes y equipos, afectos a las actividades" de dichas empresas, a cuyo efecto, debía dejarse asentada la información específica de las instalaciones, bienes y equipos afectados, mediante evaluación y levantamiento de acta a ser suscrita entre representantes de Petróleos de Venezuela, S.A. o de la filial designada y de las empresas afectadas; o mediante el mecanismos de levantamiento de un acta de inspección judicial o acta notarial, en un plazo no mayor de quince (15) días hábiles. Dejó a salvo la Resolución que "[e]n todo caso, si de la referida evaluación se determinase que no existe interés en la toma de posesión de los Servicios de Empresa o Sectores y Bienes enunciados anteriormente quedará sin efecto su afectación por parte de esta Resolución." El Ministerio del Poder Popular para la Energía y Petróleo, además, se reservó la aplicación de las medidas que considere necesarias, para garantizar la continuidad de las actividades afectadas por dicha Resolución; y asimismo, también se reservó el derecho de determinar otros bienes, servicios de empresas o sectores y empresas afectadas por la Ley Orgánica que Reserva al Estado Bienes y Servicios Conexos a las Actividades Primarias de Hidrocarburos (Art. 3).

Como consecuencia, todos los bienes y servicios conexos con la industria petrolera como los de inyección de agua, de vapor o de gas, de compresión de gas; y los servicios vinculados a las actividades petroleras desarrolladas en el Lago de Maracaibo (lanchas, barcazas, remolcadores; gabarras, mantenimiento de buques) fueron nacionalizados en la Ley de Reserva de 2009, Por tanto, y ello resulta del texto de la propia Ley de Reserva de 2009, las actividades de dichos servicios ni conforme a la Ley de Nacionalización Petrolera de 1975 ni a la Ley Orgánica de Hidrocarburos de 2001, podían considerarse como actividades que hubiesen estado reservadas al Estado. Se trataba de actividades "conexa con la industria petrolera," pero que en si mismas no eran actividad reservadas al Estado, ni eran actividades que fueran parte de la explotación de hidrocarburos, ni eran consideradas en forma alguna como "servicios públicos." Los contratos suscritos por PDVSA Petróleos S.A. para la prestación de dichos servicios, además, ni por la persona estatal que los suscribió ni por su objeto ni por su contenido tenían en modo alguno el carácter de "contratos administrativos."

En cambio, fue precisamente a partir del 7 de mayo de 2009 con motivo de la publicación de la Ley de Reserva de 2009, que en la misma ley, expresamente y con

291 *Gaceta Oficial* N° 39.177 del 13-05-2009.

vigencia a partir de entonces, la actividad que se había venido realizando empresas o consorcios particulares mediante contratos en relación con servicios conexos con la industria petrolera, comenzaron a ser actividades "reservadas por el Estado" (Art. 1), que además, se las declaró y comenzaron a ser consideradas en virtud de ley como "servicio público" (Art. 5), y que los contratos celebrados para su prestación por empresas privadas o consorcios fueron "reconocidos" *ex post facto* como "contratos administrativos" (Art. 3). Todo ello, por supuesto, con vigencia a partir de la publicación de la Ley y sin posibilidad constitucional alguna de que su articulado pudiera tener efecto retroactivo por prohibirlo el artículo 24 de la Constitución.

El texto de la propia Ley de Reserva de 2009, por tanto, al establecer *ex post facto* la reserva al Estado de las citadas actividades (bienes y servicios) conexas al Estado; al considerarlas como "servicio público;" y al declarar los contratos respectivos para su prestación por empresas o consorcios privados como "contratos administrativos," es la más precisa y contundente demostración de que antes de la entrada en vigencia de dicha Ley, es decir, antes del 7 de mayo de 2009, las actividades mencionadas no eran actividades reservadas al Estado, no eran consideradas como "servicio público," ni los contratos celebrados para su prestación tampoco podían considerarse como "contratos administrativos."

2. *Las nacionalizaciones de industrias siderúrgica y cementera en 2008*

La nacionalización de actividades económicas implica, siempre, no sólo el establecimiento mediante ley orgánica de un monopolio estatal al reservarse al Estado determinadas actividades económicas, sino la asunción forzosa por su parte de las empresas del sector nacionalizado, mediante siempre el pago de una justa compensación. Ello deriva de las previsiones de los artículos 155 y 302 de la Constitución.

En consecuencia, la nacionalización es un proceso que implica siempre la combinación de las varios factores: en primer lugar, la reserva al Estado mediante ley, y por razones de conveniencia nacional, de determinadas actividades económicas, con la decisión del legislador de que el Estado asuma las actividades y empresas que operaban en el sector reservado; segundo, la prohibición impuesta a los particulares y empresas privadas que operaban en dicho sector, de continuar operando; en tercer lugar, la obligación impuesta a los particulares de transferir al Estado las empresas que operaban en el sector; y cuarto, la obligación impuesta al Estado de pagar una justa compensación a los mismos por la transferencia forzosa de las mencionadas empresas.[292]

Conforme a estos postulados fue que, por ejemplo, se produjo en los años setenta la nacionalización de la industria del gas natural (Ley que reserva al Estado la industria del Gas Natural, de 26 de agosto de 1970),[293] en los casos en los cuales *el Estado decidió "asumir las operaciones de recolección, compresión y tratamiento en plantas que actualmente realizan los concesionarios"* (art. 8); la nacionalización de ;a industria del hierro (Decreto–Ley N° 580 que reserva al Estado la industria de

292 *V.* en general sobre las nacionalizaciones en Venezuela.

293 *Gaceta Oficial* N° 29.594, de 26 de agosto de 1971.

la explotación de mineral de hierro de 26 de noviembre de 1974),[294] y la industria y en comercio de hidrocarburos (Ley Orgánica que reserva al Estado la industria y el comercio de los hidrocarburos, de 29 de agosto de 1975).[295]

En 2007 se produjo el proceso de estatización de la empresa de teléfonos Compañía Nacional de Teléfonos de Venezuela (CANTV) y de la empresa La Electricidad de Caracas C.A. (ELECAR) y otras empresas del sector eléctrico, mediante la adquisición por parte del Estado de las acciones de las empresas, incluso mediante procesos de ofertas públicas de adquisición. En esos casos no se dictó Ley alguna de reserva, y la adquisición de las acciones se hizo mediante mecanismos de derecho privado. En 2007 y 2008, además, también se produjo el proceso de estatización de las actividades y empresas que tenían Convenios de Operación y Convenios de Asociación con empresas públicas petroleras, para el desarrollo de actividades en la industria petrolera, que como se dijo ya se había nacionalizado en 1975.

En 2008 y 2009, sin embargo, se produjeron auténticos procesos de nacionalización iniciados mediante la reserva al Estado de sectores de la economía, en la industria siderúrgica, de cemento y de actividades y servicios conexos con las actividades primarias de hidrocarburos, que son los que analizamos a continuación.

En efecto, mediante Decreto Ley N° 6.058 de 30 de abril de 2008,[296] emitido con base en la Ley Habilitante de 2007, se dictó la Ley orgánica de ordenación de las empresas que desarrollan actividades en el sector siderúrgico en la Región de Guayana, mediante la cual en reservó al Estado, por razones de conveniencia nacional "y en vista de su vinculación con actividades estratégicas para el desarrollo de la Nación, la industria de la transformación del mineral del hierro en la región de Guayana, por ser ésta una zona en la que se concentra el mayor reservorio de hierro, cuya explotación se encuentra reservada al Estado desde 1975" (art 1). Como consecuencia de esta reserva al Estado, y a los efectos de completar el proceso de nacionalización mediante la expropiación, se declaró "de utilidad pública y de interés social las actividades que desarrolla la sociedad mercantil SIDOR C.A., sus empresas filiales y afiliadas, así como las obras, trabajos y servicios que fueran necesarios para realizarlas" (Art 3).

La reserva al Estado con fines nacionalizadores produjo como consecuencia, que la ley ordenara "la transformación" de la mencionada "sociedad mercantil SIDOR C.A., sus empresas filiales y afiliadas, en empresas del Estado de conformidad con lo previsto en el artículo 100 de la Ley Orgánica de Administración Pública, con una participación estatal no menor del 60% de su capital social" (art. 3).

A los efectos de esta transformación empresarial, el artículo 4 de la ley dispuso que "la República, por órgano del Ministerio del Poder Popular para las Industrias Básicas y Minería o cualesquiera de sus entes descentralizados funcionalmente, serán los titulares del porcentaje accionario que corresponda al sector público en las nuevas Empresas del Estado, creadas como consecuencia de la "transformación"

294 *Gaceta Oficial* N° 30.577, de 16–12–74).

295 *Gaceta Oficial* N° 1.769, Extra. de 29–8–75.

296 *Gaceta Oficial* N° 38.928 del 12 de mayo de 2008.

ordenada. Por su parte, a los efectos de asegurar el traspaso de las actividades como consecuencia de la transformación ordenada, el artículo 5 de la ley dispuso la conformación dentro de los siete días siguientes, a partir de la fecha de publicación de la Ley, por parte de la República, por órgano del Ministerio del Poder Popular para las Industrias Básicas y Minería o cualesquiera de sus entes descentralizados funcionalmente, de una "Comisión de Transición" en las respectivas empresas, la cual debía incorporarse a la directiva existente en ese momento de la empresa SIDOR C.A., "a fin de garantizar la transferencia a las empresas Estatales del control de todas las actividades que realizan." Este proceso de transferencia culminó el 30 de Junio de 2008. A tal efecto, la Ley impuso a las "Empresas del sector privado que son accionistas en las sociedades" objeto de la nacionalización, la obligación de cooperar "para el logro de una transición ordenada y segura de la operación" (Art. 5).

Los actos, negocios y acuerdos que se debían realizar o suscribir a los efectos de la transformación a Empresa del Estado, así como las cesiones, transferencias de bienes y cualesquiera otras operaciones que pudiesen generar enriquecimiento o supusieran la enajenación, transmisión o venta de bienes destinados a conformar el patrimonio de dichas empresas, se dispuso en la ley que estarían exentos del pago de impuestos, tasas, contribuciones especiales o cualquier otra obligación tributaria (art 10).

Como en todo caso se trataba de una nacionalización, a los efectos de materializar la trasferencia forzosa y el pago de la compensación debida a las empresas privadas accionistas de las empresas del sector siderúrgico nacionalizadas por el proceso de nacionalización, el artículo 6 de la Ley les otorgó un plazo de sesenta días continuos, a partir de la fecha de publicación de la Ley Orgánica, es decir hasta el 12 de agosto de 2008 "para acordar los términos y condiciones de la posible participación accionaria en las nuevas empresas del Estado;" a cuyo efecto debía conformarse una Comisión Técnica, compuesta por representantes del Estado y el sector privado involucrado, a los fines de acordar el justiprecio, cuyo funcionamiento debía tener una duración de sesenta (60) días continuos prorrogables de mutuo acuerdo (Art 7).

En todo caso, si no se hubiese llegado al mencionado acuerdo para la transformación de la empresa nacionalizada en una Empresa del Estado para el día 12 de agosto de 2008, el artículo 8 de la ley dispuso que "la República, por órgano del Ministerio del Poder Popular para las Industrias Básicas y Minería o cualesquiera de sus entes descentralizados funcionalmente asumirá el control y la operación exclusiva de las mismas, a fin de preservar la continuidad en las actividades que desarrollan las empresas" nacionalizadas. En ese contexto, se dispuso que todos los trabajadores de las empresas nacionalizadas del sector siderúrgico gozarían de "inamovilidad laboral" a partir de la entrada en vigencia de la ley orgánica "hasta finalizar el proceso de transformación de las empresas y estarán amparados por las respectivas convenciones colectivas" (Arts. 9 y 11).

Adicionalmente y para el caso de que no se lograrse acuerdo alguno para la transformación en Empresas del Estado, el artículo 8 dispuso que se debía decretar la expropiación de las referidas acciones de las empresas nacionalizadas, de conformidad con lo previsto en la Ley de Expropiación por Causa de Utilidad Pública o Social. Sin embargo, el mismo artículo 8 de la Ley orgánica dispuso que

"Para el cálculo de la indemnización o del justiprecio de los bienes antes referidos, en ningún caso se tomarán en cuenta ni el lucro cesante ni los daños indirectos."

Por último, el artículo 12 de la Ley Orgánica dispuso que "todos los hechos y actividades vinculados al presente Decreto con Rango, Valor y Fuerza de Ley Orgánica se regirán por la legislación nacional, y las controversias que de los mismos deriven estarán sometidas a la jurisdicción venezolana, en la forma prevista en la Constitución de la República Bolivariana de Venezuela." Con ello lo que se dispuso fue que, por ejemplo, los acuerdos a que se llegasen para materializar la transferencia de acciones de la empresas nacionalizadas al Estado, los acuerdos para la participación de las empresas privadas antiguas accionistas en las nuevas empresas mixtas, por los acuerdos para el pago de la indemnización que acordaren los antiguos accionistas con el Estado, no podían someterse a arbitraje.

Posteriormente, y siguiendo el mismo esquema utilizado para la nacionalización de la empresa siderúrgica, mediante Decreto Ley N° 6.091 de 27 de mayo de 2008,[297] emitido con base en la Ley Habilitante de 2007, se dictó la Ley orgánica de ordenación de las empresas productoras de cemento, mediante la cual en reservó al Estado, por razones de conveniencia nacional "y en vista de su vinculación con actividades estratégicas para el desarrollo de la Nación, la industria de fabricación de cemento en la República de Venezuela (art 1). Como consecuencia de esta reserva al Estado, y a los efectos de completar el proceso de nacionalización mediante la expropiación, se declaró "de utilidad pública y de interés social las actividades que desarrollan las sociedades mercantiles Cemex Venezuela, S.A.C.A., Holcim Venezuela C.A. y C.A. Fabrica Nacional de Cementos, S.A.C.A. (Grupo Lafarge de Venezuela), sus empresas filiales y afiliadas, así como las obras, trabajos y servicios que fueran necesarios para realizarlas" (Art 3).

La reserva al Estado con fines nacionalizadores produjo como consecuencia, que la ley ordenara "la transformación" de las mencionadas "sociedades mercantiles Cemex Venezuela, S.A.C.A., Holcim Venezuela C.A. y C.A. Fabrica Nacional de Cementos, S.A.C.A. (Grupo Lafarge de Venezuela), sus empresas filiales y afiliadas, en empresas del Estado de conformidad con lo previsto en el artículo 100 y siguientes de la Ley Orgánica de Administración Pública, con una participación estatal no menor del 60% de su capital social" (art. 3).

A los efectos de esta transformación empresarial, el artículo 4 de la ley dispuso que "la República, por órgano del Ministerio del Poder Popular para las Industrias Básicas y Minería o cualesquiera de sus entes descentralizados funcionalmente, serán los titulares del porcentaje accionario que corresponda al sector público en las nuevas Empresas del Estado, creadas como consecuencia de la "transformación" ordenada. Por su parte, a los efectos de asegurar el traspaso de las actividades como consecuencia de la transformación ordenada, el artículo 5 de la ley dispuso la conformación dentro de los siete (7) días, a partir de la fecha de publicación de la Ley, por parte de la República, por órgano del Ministerio del Poder Popular para las Industrias Básicas y Minería o cualesquiera de sus entes descentralizados funcionalmente, de una "Comisión de Transición" en las respectivas empresas, la

297 *Gaceta Oficial* N° 5.886 Extra. of June 18, 2008.

cual debía incorporarse a las directivas existentes en ese momento de cada una de ellas, "a fin de garantizar la transferencia a las empresas Estatales del control de todas las actividades que realizan." Este proceso de transferencia culminó el 31 de diciembre de 2008. A tal efecto, la Ley impuso a las "Empresas del sector privado que son accionistas en las sociedades" objeto de la nacionalización, la obligación de cooperar "para el logro de una transición ordenada y segura de la operación" (Art. 5).

Los actos, negocios y acuerdos que se debían realizar o suscribir a los efectos de la transformación a Empresa del Estado, así como las cesiones, transferencias de bienes y cualesquiera otras operaciones que pudiesen generar enriquecimiento o supusieran la enajenación, transmisión o venta de bienes destinados a conformar el patrimonio de dichas empresas, se dispuso en la ley que estarían exentos del pago de impuestos, tasas, contribuciones especiales o cualquier otra obligación tributaria (art 10).

Como en todo caso se trataba de una nacionalización, a los efectos de materializar la trasferencia forzosa y el pago de la compensación debida a las empresas privadas accionistas de las empresas productoras de cemento nacionalizadas por el proceso de nacionalización, el artículo 6 de la Ley les otorgó un plazo de sesenta (60) días continuos, a partir de la fecha de publicación de la Ley Orgánica, es decir, hasta el 12 de agosto de 2008 "para acordar los términos y condiciones de la posible participación accionaria en las nuevas empresas del Estado;" a cuyo efecto debía conformarse una Comisión Técnica, compuesta por representantes del Estado y el sector privado involucrado, a los fines de acordar el justiprecio, cuyo funcionamiento debía tener una duración de sesenta (60) días continuos prorrogables de mutuo acuerdo (Art 7).

En todo caso, si no se hubiese llegado al mencionado acuerdo para la transformación de la empresa nacionalizada en una Empresa del Estado para el día 12 de agosto de 2008, el artículo 8 de la ley dispuso que "la República, por órgano del Ministerio del Poder Popular para las Industrias Básicas y Minería o cualesquiera de sus entes descentralizados funcionalmente asumirá el control y la operación exclusiva de las mismas, a fin de preservar la continuidad en las actividades que desarrollan las empresas" nacionalizadas. En ese contexto, se dispuso que todos los trabajadores de las empresas nacionalizadas productoras de cemento "que no fueran de dirección y confianza," gozarían de "inamovilidad laboral" a partir de la entrada en vigencia de la ley orgánica "hasta finalizar el proceso de transformación de las empresas y estarán amparados por las respectivas convenciones colectivas" (Arts. 9 y 11).

Adicionalmente y para el caso de que no se lograrse acuerdo alguno para la transformación en Empresas del Estado, el artículo 8 dispuso que se debía decretar la expropiación de las referidas acciones de las empresas nacionalizadas, de conformidad con lo previsto en la Ley de Expropiación por Causa de Utilidad Pública o Social. Sin embargo, el mismo artículo 8 de la Ley orgánica dispuso que "Para el cálculo de la indemnización o del justiprecio de los bienes antes referidos, en ningún caso se tomarán en cuenta ni el lucro cesante ni los daños indirectos."

Por último, el artículo 12 de la Ley Orgánica dispuso que "todos los hechos y actividades vinculados al presente Decreto con Rango, Valor y Fuerza de Ley Orgánica se regirán por la legislación nacional, y las controversias que de los mismos deriven estarán sometidas a la jurisdicción venezolana, en la forma prevista en la Constitución de la República Bolivariana de Venezuela." Con ello lo que se dispuso fue que, por ejemplo, los acuerdos a que se llegasen para materializar la transferencia de acciones de la empresas nacionalizadas al Estado, los acuerdos para la participación de las empresas privadas antiguas accionistas en las nuevas empresas mixtas, por los acuerdos para el pago de la indemnización que acordaren los antiguos accionistas con el Estado, no podían someterse a arbitraje.

3. *La nacionalización de la minería y la comercialización del oro en 2011*

De acuerdo con lo establecido en el artículo 12 de la Constitución, los yacimientos mineros, incluyendo el oro, cualquiera que sea su naturaleza, existentes en el territorio nacional, ubicados bajo el lecho del mar territorial, en la zona económica exclusiva y en la plataforma continental, pertenecen a la República y son bienes del dominio público, por lo que son inalienables e imprescriptibles.

Ello se repite en la Ley de Minas de 1999[298]en cuyo artículo 2 se precisó que "Las minas o yacimientos minerales de cualquier clase existentes en el territorio nacional pertenecen a la República, son bienes del dominio público y por tanto inalienables e imprescriptibles." Y ahora lo repite la Ley orgánica que reserva al estado las actividades de exploración y explotación del oro, así como las conexas y auxiliares a éstas,[299] en cuyo artículo 3, relativo a la "naturaleza jurídica de los yacimientos de oro" existentes en el territorio nacional cualquiera que sea su naturaleza, se insiste en que "pertenecen a la República y son bienes del dominio público y atributos de la soberanía territorial del Estado, por lo tanto inalienables, imprescriptibles y carentes de naturaleza comercial por ser recursos naturales no renovables y agotables." Lo último, por supuesto, no tiene sentido pues quizás no haya en el mundo ni en toda la historia de la humanidad un recurso natural no revocable y agotable que no sea tan comercial como el oro.

Ahora bien, a pesar de tratarse de bienes del dominio público, las actividades de exploración y explotación y aprovechamiento de los recursos mineros de oro, en ese contexto, había estado regulada en la Ley de Minas en cuyo artículo 7 se disponían las siguientes modalidades conforme a las cuales se podían realizar: a) Directamente por el Ejecutivo Nacional; b) Concesiones de exploración y subsiguiente explotación; c) Autorizaciones de Explotación para el ejercicio de la Pequeña Minería; d) Mancomunidades Mineras; y, e) Minería Artesanal.

La Ley de Minas, por otra parte, establecía la posibilidad de que el Estado cuando el Ejecutivo Nacional así lo considerase conveniente al interés público, se podía reservar mediante Decreto, "determinadas sustancias minerales y áreas que las contengan, para explorarlas o explotarlas solo directamente por órgano del Ministerio de Energía y Minas, o mediante entes de la exclusiva propiedad de la República" (Art. 23).

---

298 *Gaceta Oficial* N° 5.382 Extraordinario del 28 de septiembre de 1999

299 Véase Decreto Ley N° 8.413 de 23 de agosto de 2011 en *Gaceta Oficial* N° 39.759 del 16 de septiembre de 2011. Véanse los comentarios en Allan R. Brewer-Carías, "Comentarios sobre la Ley Orgánica de Nacionalización de la minería del oro y de la comercialización del oro," publicados en *Revista de Derecho Público* N° 127, julio–septiembre 2011, Editorial Jurídica Venezolana, Caracas 2011 pp. 65–77.

Ahora bien, ha sido el régimen general establecido en la Ley de Minas el que fue reformado, en relación específicamente con la minería del oro, mediante el mencionado Decreto Ley N° 8.413 de 23 de agosto de 2011, contentivo de la Ley orgánica que reserva al estado las actividades de exploración y explotación del oro, así como las conexas y auxiliares dictado en ejecución del artículo 1.9 de la Ley que Autoriza al Presidente de la República para dictar Decretos con Rango, Valor y Fuerza de Ley, en las Materias que se Delegan de 17 de diciembre de 2011;[300] indicándose en el mismo como propósito fundamental de la nacionalización el de:

> "revertir los graves efectos del modelo minero capitalista, caracterizado por la degradación del ambiente, el irrespeto de la ordenación territorial, el atentado a la dignidad y la salud de las mineras mineros y pobladoras pobladores de las comunidades aledañas a las áreas mineras, a través de la auténtica vinculación de la actividad de explotación del oro con la ejecución de políticas públicas que se traduzcan en el vivir bien del pueblo, la protección ambiental y el desarrollo nacional."

Lo menos que puede decirse de esta motivación de la Ley Orgánica de nacionalización de la minería del oro, es que ninguno de esos efectos enumerados es consecuencia de "modelo minero capitalista" alguno, pues si ha habido en Venezuela un sector de la economía altamente intervenido por el Estado esa ha sido precisamente la minería del oro. Esos efectos, si existen, sólo son atribuibles al propio Estado por falta de cumplimiento de las previsiones de la ley. Basta recordar las previsiones del artículo 5 de la Ley de Minas, donde se dispone que las actividades mineras reguladas por dicha Ley, se deben llevar "a cabo científica y racionalmente, procurando siempre la óptima recuperación o extracción del recurso minero, con arreglo al principio del desarrollo sostenible, la conservación del ambiente y la ordenación del territorio," imponiéndose a los titulares de derechos mineros además de un conjunto de obligaciones que el Estado estaba en la obligación de exigir.

Ahora bien, la Ley Orgánica de nacionalización de la minería del oro, como su nombre lo sugiere, reservó al Estado por razones de conveniencia nacional y carácter estratégico, no sólo "las actividades primarias" en materia de exploración y explotación de oro, sino la actividades "conexas y auxiliares al aprovechamiento del oro;" a cuyo efecto en su artículo 2, define por actividades primarias: "la exploración y explotación de minas y yacimientos de oro," y por actividades conexas y auxiliares: "el almacenamiento, tenencia, beneficio, transporte, circulación y comercialización interna y externa del oro, en cuanto coadyuven al ejercicio de las actividades primarias."

La consecuencia directa de esta reserva fue la asunción por parte del Estado conforme al artículo 302 de la Constitución, de la realización de las actividades de la minería del oro, lo que implica como principio, la exclusión de derecho alguno que pudieran haber tenido los particulares de poder realizar las actividades económicas de su preferencia, como lo dispone el artículo 112 de la Constitución en materia de minería del oro. A tal efecto, el artículo 5 de la Ley de nacionalización al referirse al

300 *Gaceta Oficial* N° 6.009 Extraordinario, de fecha 17 de diciembre de 2010

ejercicio de las actividades reservadas, que las mismas sólo pueden ser ejercidas, en primer lugar, "por la República o a través de sus institutos públicos, o empresas de su exclusiva propiedad, o filiales de éstas," es decir, por personas jurídicas estatales de derecho público o derecho privado; y en segundo lugar, "por Empresas Mixtas," en las cuales la República o alguna de las empresas de su exclusiva propiedad, o filiales de éstas, "tenga control de sus decisiones y mantenga una participación, mayor del cincuenta y cinco por ciento (55%) del capital social."

Esta reserva, por supuesto, afectó permisos ambientales otorgados a proyectos mineros por lo cual la Disposición Transitoria Primera de la ley Orgánica dispuso respecto de los que se encontrasen en ejecución para el momento de la entrada en vigencia de la Ley Orgánica, que debían permanecer vigentes y se debían entender transferidos a las empresas a las cuales se le asigne la continuidad de la ejecución de dichos proyectos, siempre y cuando no se modifique de manera sustancial el cumplimiento de las condiciones bajo las cuales esos permisos fueron otorgados.

La Ley Orgánica, por otra parte, en su artículo 27 declaró el mineral de oro y a las áreas mineras auríferas, como estratégicos para la Nación, a los fines de la declaratoria de zonas de seguridad a las que se refiere la Ley Orgánica de Seguridad de la Nación, como consecuencia de lo cual de acuerdo con la misma norma, se procedió a la militarización de dichas zonas, al disponer las competencias generales de Fuerza Armada Nacional Bolivariana en la materia.

Por otra parte, conforme al artículo 21 de la Ley Orgánica, la reserva al Estado hecha en la ley no sólo abarcó las actividades de la minería de oro, sino la venta y comercialización del oro, al disponerse que "todo el oro que se obtenga como consecuencia de cualquier actividad minera en el territorio nacional, será de obligatoria venta y entrega a la República Bolivariana de Venezuela, a través del ministerio del poder popular competente, o del ente o entes que éste designe." Como consecuencia, se estableció que "la República o los entes públicos designados al efecto ejercerán el monopolio de la comercialización del oro, en los términos que establezcan las políticas que dicte el Ejecutivo Nacional al respecto;" quedando excluidas del ámbito de aplicación de la ley de nacionalización, "la comercialización de las joyas de oro de uso personal."

En todo caso, corresponde al Ejecutivo Nacional, por órgano del ministerio del poder popular competente, la función de coordinar con las demás ramas del Poder Público, las medidas y acciones necesarias para garantizar el cumplimiento de la ley Orgánica (art. 33).

Por último, debe mencionarse que a pesar de la reserva al Estado decretada, y que abarca las actividades primarias y conexas o auxiliares, en cuanto al ejercicio de actividades conexas o auxiliares, la Disposición Transitoria Cuarta de la Ley Orgánica dispuso que "hasta que el ministerio con competencia en materia de minería dicte la resolución correspondiente," quienes realicen las actividades conexas o auxiliares, salvo la referida a la comercialización nacional e internacional del oro, quedan habilitadas para seguir ejerciendo dichas actividades.

Por otra parte, en cuanto a las empresas del Estado que hasta la publicación en *Gaceta Oficial* de la Ley Orgánica fueran titulares de asignaciones directas o derechos mineros vinculados con el mineral de oro, las mismas quedaron habilitadas para seguir realizando dichas actividades, en las mismas áreas correspondientes a los títulos extinguidos, hasta tanto el ministerio del poder popular con competencia en la materia las modifique.

Pero fue evidente que la reserva al Estado de las actividades de minería de oro establecida en la Ley Orgánica de nacionalización de la minería de oro no sólo implicó el establecimiento del régimen de reserva hacia el futuro, sino hacia el pasado, previendo la extinción obligatoria y anticipada de las concesiones, autorizaciones y títulos mineros, de que se habían otorgado en el país conforme a la ley de Minas de 1945 y de 1999, al disponer: en primer lugar, su terminación anticipada y obligatoria; en segundo lugar, un mecanismo legal para la eventual participación de los antiguos concesionarios en las nuevas empresas mixtas que se establezcan de acuerdo con la ley; y en tercer lugar, que los bienes y derechos afectos a dichas actividades mineras pasarían en plena propiedad a la República, regulando un régimen de expropiación e indemnización.

En cuanto a la antiguas concesiones mineras, a las autorizaciones para el ejercicio de la pequeña minería y a los contratos para la exploración y explotación de oro que habían sido otorgados y estaban existentes al momento de publicarse la Ley Orgánica, y que no fueran extinguidos "por acuerdo entre las partes," el artículo 14 de la misma previó que "quedarán extinguidas de pleno derecho, al término de noventa (90) días continuos contados desde la publicación en la *Gaceta Oficial* del presente Decreto Ley (lo que ocurrió el 16 de septiembre de 2011), es decir, el día 16 de diciembre de 2011. De acuerdo con la Disposición Transitoria Sexta de la Ley Orgánica, además, las oficinas de registro público inmobiliario correspondientes, deben dejar constancia de la extinción de las concesiones o de cualquier otro título o derecho minero, estampando la respectiva nota marginal, de oficio o a solicitud del ministerio del poder popular con competencia en la materia minera.

En virtud de la extinción de las concesiones, de las autorizaciones para el ejercicio de la pequeña minería y de los contratos de exploración y explotación de oro, la Ley Orgánica autorizó al ministerio del poder popular competente, "podrá dictar las medidas necesarias a fin de garantizar la continuidad de las actividades mineras que estime convenientes."

La Ley Orgánica de nacionalización de la minería de oro, en una forma relativamente similar a lo que ocurrió en materia petrolera en 2007 al extinguirse los Contratos de Asociación en materia de hidrocarburos (Ley de Migración a Empresas Mixtas de 2007), dispuso lo que se denominó en el artículo 12 como "proceso de migración," mediante el cual el Estado debe propender, facilitar y tener como objetivo fundamental, el cambio o transformación de las concesiones mineras, autorizaciones para el ejercicio de la pequeña minería y contratos para la exploración y explotación del oro, a un esquema de Empresa Mixta. Se dispuso, sin embargo, que el Ministerio del poder popular con competencia en la materia, debía hacer "especial consideración del caso de la pequeña minería, minería artesanal y mancomunidades mineras."

A los efectos de llevar adelante el "proceso de migración" o transformación de las concesiones mineras, autorizaciones para el ejercicio de la pequeña minería y contratos para la exploración y explotación del oro para lograr la participación de los interesados en convenios de empresas mixtas con entes del Estado, el artículo 13 de la Ley, a los efectos de conducir las negociaciones pertinentes, dispuso que el Ministerio del poder popular con competencia en la materia, debía designar una comisión que debía negociar con los concesionarios, con las personas autorizadas para el ejercicio de la pequeña minería o con los beneficiarios de contratos para la exploración y explotación de oro, la constitución de las Empresas Mixtas, estableciéndose un lapso perentorio para ello. A partir del vencimiento de dicho término a partir del 16 de diciembre de 2011, el Ministerio del poder popular con competencia en la materia o la empresa que éste designase, conforme a la Ley, debía tomar "posesión de los bienes y control de las operaciones relativas a las actividades reservadas, de conformidad con el cronograma que se establezca al efecto;" correspondiendole además, asumir las "medidas necesarias para garantizar la continuidad" de las actividades mineras (art. 15), a cuyo efecto se le autorizó en la Ley para "solicitar el apoyo de cualquier órgano o ente del Estado."

En cuanto a los bienes y derechos de los antiguos concesionarios mineros, de los antiguos titulares de autorizaciones para el ejercicio de la pequeña minería y o de los contratistas para la exploración y explotación del oro, que quedaron nacionalizdos, la Ley Orgánica dispuso que los mismos "pasarán en plena propiedad a la República, libre de gravámenes y cargas" (art. 16), lo que implicó la expropiación de los mismos generando el derecho de los antiguos titulares a ser indemnizados de acuerdo con el artículo 115 de la Constitución, es decir, mediante el "pago oportuno de justa compensación." La Ley Orgánica, sin embargo, en forma distinta a la garantizada en la Constitución sólo dispuso que la indemnización debida a los expropiados, era la que correspondía al "porcentaje de las inversiones no amortizadas del concesionario o los beneficiarios de contratos para la exploración y explotación de oro, sobre los bienes cuya propiedad se transfiere a la República," y sólo "según su valor en libro," y siempre que dichas inversiones hubiesen "sido debidamente notificadas al órgano o ente competente, en el marco del plan de explotación de la concesión o los contratos para la exploración y explotación de oro."

Se dispuso sin embargo en el mismo artículo 17 de la ley Orgánica que "en el caso de las autorizaciones para el ejercicio de la pequeña minería existentes, el ministerio del poder popular con competencia en la materia, podrá adoptar medidas especiales a los fines de la compensación de sus titulares."

Por último debe mencionarse que a los efectos de la constitución de las mencionadas empresas mixtas para la realización de las actividades primarias y las condiciones que deben regir la realización de las mismas, de acuerdo con el artículo 6, se requiere de la aprobación de la Asamblea Nacional mediante Acuerdo "adoptado con por lo menos la mayoría simple de los diputados," a cuyo efecto el Ejecutivo Nacional, por órgano del Despacho ejecutivo con competencia en la materia, debe informar a la Asamblea "de todas las circunstancias pertinentes a dicha constitución y condiciones, incluidas las ventajas especiales previstas a favor de la República." Debe recordarse, sin embargo, que en todo caso en que se tratase de la constitución de una empresa mixta con otro Estado o con una entidad oficial extranjera o con una sociedad no domiciliada en Venezuela, la exigencia de la aprobación legislativa estaba ya establecida en el 151 de la Constitución.

Estas empresas mixtas mediante las cuales puede desarrollarse la minería del oro, están sometidas en un todo, y en cada caso particular, a los términos y condiciones aprobados mediante Acuerdo que dicte la Asamblea Nacional, así como por las disposiciones que "dicte el Ejecutivo Nacional por órgano del ministerio del poder popular con competencia en la materia," aplicándoseles "supletoriamente" "las normas del Código de Comercio y las demás leyes que les fueran aplicables" (art 7). Este agregado, podría implicar otorgarle a la Asamblea Nacional para que a través de un Acuerdo (no de una ley) y a un Despacho ministerial, a través de resoluciones ministeriales, la potestad de establecer el régimen jurídico particular aplicable a las empresas mixtas del Estado que se establezcan para el desarrollo de la minería de oro, y en esa forma, poder establecer un régimen distinto al por ejemplo regulado en las previsiones del Código de Comercio, de la Ley Orgánica de la Administración Pública o de la Ley Orgánica de la Administración Financiera del Sector Público en materia de sociedades mercantiles del Estado, es decir, de empresas del Estado. Ello simplemente sería inconstitucional, pues las leyes sólo se modifican por otras leyes (Art. 218, Constitución), y si bien es cierto que una ley puede prever que sus normas sean de aplicación supletoria respecto de lo que se regule en otras leyes, una ley no puede establecer con carácter general que un conjunto de leyes sea de aplicación supletoria, no a lo dispuesto en leyes especiales, sino de lo dispuesto en actos legislativos que no tienen carácter de ley (Acuerdos) o en actos administrativos (resoluciones ministeriales).

Ahora bien, las empresas mixtas del Estado que se constituyan para la realización de actividades de minería de oro, por tanto, deben tener por una parte, siempre, un socio público, que debe ser o la República directamente o alguna de las empresas de su exclusiva propiedad, o filiales de éstas, el cual debe tener control de sus decisiones y mantenga una participación, mayor del cincuenta y cinco por ciento (55%) del capital social;" y por la otra, una persona natural o jurídicas que se asocien con los entes o empresas estatales en la constitución de la empresa mixta. En caso de que el socio del ente público en la empresa mixta sea una persona jurídica, el artículo 7 de la ley establece, solo en cuanto a las empresas mixtas "para la realización de actividades primarias" de minería de oro, que las mismas "no podrán ceder, enajenar o traspasar sus acciones, sin la previa autorización del ministerio del poder popular competente, en materia de minería;" teniendo siempre el Estado, en tal caso, el "derecho de preferencia para adquirir dichas acciones."

Por lo demás, la duración máxima de las empresas mixtas, no puede ser por más de veinte (20) años, prorrogables por un máximo de dos (2) períodos de hasta diez (10) años cada uno (art. 8).

NOVENA PARTE

LA PROPUESTA DE REFORMA CONSTITUCIONAL EN 2007 EN FRAUDE A LA CONSTITUCIÓN Y SU ILEGÍTIMA IMPLEMENTACIÓN MEDIANTE LA DESCONSTITUCIONALIZACIÓN DEL ESTADO, EN FRAUDE A LA VOLUNTAD POPULAR

En las elecciones presidenciales de 2006, el Presidente Chávez salió electo de nuevo como Presidente de la república para el período constitucional 2007-2013, lo que entendió, aún cuando ello no hubiera sido su propuesta electoral como candidato, como un respaldo popular a la política de implantación de un Estado socialista en el país, a cuyos esfuerzos dedicó materialmente todo el período constitucional hasta su fallecimiento, después de una enfermedad que le impidió completar el período constitucional y a la vez, le impidió iniciar el período constitucional 2013-2019 para el cual había sido electo en octubre de 2012.

I. LA PROPUESTA PRESIDENCIAL DE REFORMA CONSTITUCIONAL DE 2007 QUE FUE RECHAZADA POR EL PODER CONSTITUYENTE ORIGINARIO

1. *La propuesta de reforma constitucional de 2007 y su rechazo*

El Presidente de la República Hugo Chávez Frías, en enero de 2007, al tomar posesión de su segundo mandato presidencial (2007–2013), anunció al país que propondría una serie de reformas a la Constitución de 1999, para cuya elaboración designó un Consejo Presidencial para la Reforma de la Constitución[1]. Este estuvo presidido por la Presidenta de la Asamblea Nacional e integrado por altos funcionarios del Estado como fueron el Segundo Vicepresidente de la Asamblea Nacional y otros cuatro diputados; la Presidenta del Tribunal Supremo de Justicia; el Defensor del Pueblo; el Ministro del Trabajo; la Procuradora General de la República y el Fiscal General de la Republica.

En esta forma, el Presidente de la República comprometió de antemano en su proyecto a los titulares de materialmente todos los Poderes Públicos, indicando en

---

1 Véase Decreto N° 5138 de 17–01–2007, *Gaceta Oficial* N° 38.607 de 18–01–2007

forma expresa en el Decreto que el trabajo de dicho Consejo se debía realizar "*de conformidad con los lineamientos del Jefe de Estado en estricta confidencialidad*" (art. 2)[2]. Es decir, el Consejo no tenía libertad alguna de pensamiento, y su trabajo debía desarrollarse en estricta confidencialidad, lo que de por si es contrario a los principios que deben guiar cualquier reforma constitucional en un país democrático.

Las pautas para la reforma constitucional que en diversos discursos y alocuciones fue dando el Presidente de la República, apuntaron, por una parte, a la conformación de un Estado del Poder Popular o del Poder Comunal, o Estado Comunal, estructurado desde los Consejos Comunales que ya habían sido creados al margen de la Constitución en 2006[3], como unidades u organizaciones sociales no electas mediante sufragio universal, directo y secreto y sin autonomía territorial, supuestamente dispuestos para canalizar la participación ciudadana, pero conforme a un sistema de conducción centralizado desde la cúspide del Poder Ejecutivo Nacional; y por la otra, a la estructuración de un Estado socialista, con una doctrina socialista y "bolivariana" como doctrina oficial, sustituyendo al sistema plural de libertad de pensamiento y acción que siempre ha existido en el país y, en particular, sustituyendo la libertad económica y el Estado de economía mixta que siempre ha existido, por un sistema de economía estatista y colectivista, de capitalismo de Estado, sometido a una planificación centralizada, minimizando el rol del individuo y eliminando todo vestigio de libertad económica y de propiedad privada.

Es decir, el objetivo definido por el Presidente era transformar radicalmente al Estado y crear un nuevo ordenamiento jurídico, lo que no podía realizarse mediante el mecanismo de "reforma constitucional" que regula la Constitución, sino que exigía, conforme a su artículo 347, que se convocara y eligiera una Asamblea Nacional Constituyente, lo que, por supuesto, hubiera podido implicar que la reforma se le escapara de su control férreo.

En todo caso, el 2 de noviembre de 2007, la Asamblea Nacional, luego de haberle dado tres discusiones en algo más de un mes al Anteproyecto de reforma que el Presidente de la República le había presentado el 15 de agosto de 2007[4], sancionó el 2 de noviembre de 2007 el proyecto de reforma a la Constitución de 1999, el cual fue sometido a referendo que se fijó para el 2 de diciembre de 2007[5],

---

2 Ello también lo declaró públicamente, además, la Presidenta de la Asamblea Nacional al instalarse el Consejo. Véase en *El Universal*, 20–02–2007.

3 Ley de Consejos Comunales *Gaceta Oficial* N° 5.806 *Extraordinario,* 10–04–2006.

4 Véase el *Proyecto de Exposición de Motivos para la Reforma Constitucional, Presidencia de la República, Proyecto Reforma Constitucional. Propuesta del Presidente Hugo Chávez Agosto 2007.* El texto completo fue publicado como *Proyecto de Reforma Constitucional. Versión atribuida al Consejo Presidencial para la reforma de la Constitución de la república Bolivariana de Venezuela*, Editorial Atenea, Caracas 01 de julio de 2007.

5 Véase sobre la propuesta de reforma constitucional de 2007: Allan R. Brewer–Carías, *Hacia la consolidación de un Estado Socialista, Centralizado, Policial y Militarista,Comentarios sobre el sentido y alcance de las propuestas de reforma constitucional 2007,* Colección Textos Legislativos, N° 42, Editorial Jurídica Venezolana, Caracas 2007, 157 pp.; y *La Reforma Constitucional de 2007 (Comentarios al proyecto inconstitucionalmente sancionado por la Asamblea Nacional el 2 de noviembre de 2007)*, Colección Textos Legislativos, N° 43, Editorial Jurídica Venezolana, Caracas 2007, 224 pp.

en el cual, como se ha dicho, el poder constituyente originario se pronunció por rechazarlo por la mayoría de votos.

Hasta el día de dicho referendo, lo importante del proyecto de reforma constitucional, sin duda, era su contenido y alcance que conforme a la propuesta que los poderes constituidos del Estado (Poderes Ejecutivo, Legislativo y Electoral) habían adelantado, incluso en fraude a la Constitución. Sin embargo, después de realizado el referendo en el cual el pueblo se pronunció rechazando el proyecto de reforma[6], lo importante comenzó a ser dicha manifestación de la voluntad popular, es decir, la manifestación del poder constituyente originario de rechazo a una reforma constitucional que pretendía transformar radicalmente al Estado y a la sociedad venezolanas.

Como manifestación del poder constituyente originario ello significó que la reforma constitucional elaborada bajo la iniciativa del Presidente de la República no se puede presentar de nuevo ante la Asamblea Nacional en el mismo período constitucional, que en cuanto al Presidente de la República, después de su reelección en 2006, que vence en 2013. El rechazo popular a la reforma, por tanto, tiene un efecto definitivo sobre la misma, de manera que siendo la manifestación de voluntad del poder constituyente originario, tiene que ser respetada por todos los poderes constituidos. No pueden pretender estos, por tanto, en forma alguna, adelantar una reforma mediante otros mecanismos, similar a la que fue rechazada por el pueblo, por prohibirlo la Constitución. Por lo demás, siendo una manifestación ya efectuada de la voluntad popular, es decir, del poder constituyente originario, no puede ser ignorada, desconocida y mucho menos anulada por algún poder constituido del Estado como podría ser la Sala Constitucional del Tribunal Supremo, como inconstitucionalmente lo sugirió en algunas de las sentencias que declararon "improponible" las demandas de nulidad contra los actos del procedimiento de reforma constitucional[7].

Bajo este ángulo, en todo caso, es importante analizar qué fue lo que el poder constituyente originario rechazó y que, por tanto, al menos durante el resto del

6 Tomando en cuenta los resultados anunciados por el Consejo Nacional Electoral en día 2 de diciembre de 2007 en la noche, del universo de más de 16.109.664 de electores inscritos, sólo acudieron a votar 9.002.439 votantes, lo que significó un 44,11 % de abstención; y de los electores que votaron, votaron por rechazar la reforma (voto NO) por el Bloque de artículos marcado A, 4.504.354 de votantes, con 50.70% y por el Bloque de artículos marcado B, 4.522.332 de votantes, con 51.05%. Es decir, sólo votaron por aprobar la reforma (voto SI), por el bloque A 4.379.392 de votantes, con 49.29%; y por el bloque B 4.335.136 de votantes con 48.94%. Ello equivale que sólo al 28 % del universo de los electores inscritos en el Registro Electoral votaron por aprobar la reforma constitucional. En dicho referendo, por tanto, en realidad, no fue que "triunfó" el voto NO por poco margen como lo aludió el Presidente de la República, sino que lo que ocurrió fue que su propuesta de reforma fue rechazada por el 72% de los electores inscritos, quienes o votaron por el NO (50,70%) o simplemente no acudieron a votar para pronunciarse por la reforma.

7 Véase el estudio de dichas sentencias en Allan R. Brewer–Carías, *El juez constitucional vs. la supremacía constitucional. O de cómo la Jurisdicción Constitucional en Venezuela renunció a controlar la constitucionalidad del procedimiento seguido para la "reforma constitucional" sancionada por la Asamblea Nacional el 2 de noviembre de 2007, antes de que fuera rechazada por el pueblo en el referendo del 2 de diciembre de 2007*, New York, 4 de diciembre de 2007, en www.allanbrewercarias.com, Parte I,2 (Documentos, 2007)

período constitucional hasta 2013 no podría ser presentado de nuevo como reforma constitucional.

2. *La iniciativa y sanción de la reforma constitucional para trasformar radicalmente el Estado en fraude a la Constitución*

La rechazada reforma, en todo caso, era una propuesta de modificación constitucional que buscaba transformar aspectos esenciales y fundamentales del Estado, por lo que sin duda, de haber sido aprobada, hubiera sido una de las más sustanciales de toda la historia constitucional de Venezuela. Con ella, en efecto, se buscaba cambiar radicalmente el modelo de Estado descentralizado, democrático, pluralista y social de derecho que con todos sus problemas está regulado en la Constitución de 1999, por el de un Estado Socialista, centralizado, policial y militarista, con una doctrina oficial "bolivariana", que se identificaba como "el Socialismo del Siglo XXI"[8] y un sistema económico de capitalismo de Estado.

Esa reforma se sancionó, como se ha dicho, conforme a la propuesta que durante 2007 formuló el Presidente de la República, Hugo Chávez Frías, burlando el procedimiento que la Constitución requería para un cambio tan fundamental. Se trataba, por tanto, de una reforma fraudulenta o realizada en fraude a la Constitución, pues se utilizó para ello un procedimiento previsto para otros fines, engañando al pueblo[9].

La consecuencia de esta propuesta de reforma a la Constitución en relación con los ciudadanos, era que con la misma, de haber sido aprobada, se hubiera establecido en Venezuela, formalmente, una ideología y doctrina de Estado, de corte socialista y supuestamente "bolivariana", la cual en consecuencia, a pesar de su imprecisión – y he allí lo más peligroso–, se pretendía que fuera una doctrina "oficial", y por tanto, no hubiera admitido disidencia alguna. No se olvide que todos los ciudadanos tienen un deber constitucional esencial y es cumplir y hacer cumplir la Constitución (art. 131), por lo que de haberse aprobado la reforma, todos los ciudadanos hubieran tenido el deber de contribuir activamente en la implementación de la doctrina oficial del Estado. En ello no hubiera podido admitirse ni siquiera la neutralidad. Por tanto, todo pensamiento, toda expresión del pensamiento, toda acción o toda omisión que pudiera haber sido considerada como contraria a la

---

8 Véase el *Proyecto de Exposición de Motivos para la Reforma Constitucional, Presidencia de la República, Proyecto Reforma Constitucional. Propuesta del presidente Hugo Chávez Agosto 2007*, p. 19

9 La Sala Constitucional del Tribunal Supremo de Justicia en la sentencia Nº 74 de 25–01–2006 señaló que un *fraude a la Constitución* ocurre cuando se destruyen las teorías democráticas "mediante el procedimiento de cambio en las instituciones existentes aparentando respetar las formas y procedimientos constitucionales", o cuando se utiliza "del procedimiento de reforma constitucional para proceder a la creación de un nuevo régimen político, de un nuevo ordenamiento constitucional, sin alterar el sistema de legalidad establecido, como ocurrió con el *uso fraudulento de los poderes* conferidos por la ley marcial en la Alemania de la Constitución de *Weimar*, forzando al Parlamento a conceder a los líderes fascistas, en términos de dudosa legitimidad, la plenitud del poder constituyente, otorgando un poder legislativo ilimitado"; y que un *falseamiento de la Constitución* ocurre cuando se otorga "a las normas constitucionales una interpretación y un sentido distinto del que realmente tienen, que es en realidad una modificación no formal de la Constitución misma", concluyendo con la afirmación de que "*Una reforma constitucional sin ningún tipo de límites, constituiría un fraude constitucional*". Véase en *Revista de Derecho Público*, Editorial Jurídica Venezolana, Nº 105, Caracas 2006, pp. 76 ss.

doctrina oficial socialista y "bolivariana", o que simplemente la "autoridad" no considerase que contribuía a la construcción y siembra del socialismo, hubiera constituido una violación a un deber constitucional y hubiera podido, por tanto, ser criminalizada, es decir, hubiera podido haber dado lugar a sanciones incluso penales. Se trataba de crear un pensamiento único, que constitucionalmente no hubiera admitido disidencia.

En todo caso, lo que planteó el Presidente como "reforma constitucional", lo que propuso su Consejo Presidencial y lo que sancionó la Asamblea Nacional en noviembre de 2007, como se ha dicho, evidentemente que no constituía "una revisión parcial de la Constitución y la sustitución de una o varias de sus normas que no modifiquen la estructura y principios fundamentales del texto Constitucional", que es lo que conforme al artículo 342 puede realizarse mediante el procedimiento de la "reforma constitucional", que se desarrolla mediante la sola discusión y sanción del proyecto por la Asamblea Nacional y posterior sometimiento a referendo aprobatorio. Lo que se sancionó como proyecto de reforma constitucional por la Asamblea Nacional, en realidad, requería la convocatoria de una Asamblea Constituyente, y al no hacerlo, lo que el Presidente de la República y la Asamblea Nacional cometieron fue un fraude a la Constitución, como lo advirtieron reiteradamente las instituciones más representativas del país. [10] Incluso, sobre el tema se refirió en términos precisos el Magistrado Jesús Eduardo Cabrera, en su Voto salvado a la sentencia No. 2042 de la Sala Constitucional de 2 de noviembre de 2007:

> "En criterio de quien disiente, un sistema de organización social o económico basado en la propiedad y administración colectiva o estatal de los medios de producción, como lo es básicamente el socialista, en sus distintas concepciones, cual es el propuesto en el Proyecto de Reforma, chocaría con lo que quien suscribe, y la propia Sala, era considerado Estado Social, y ello –en criterio del disidente– puede afectar toda la estructura y los principios fundamentales del Texto Constitucional, hasta el punto que un nuevo ordenamiento jurídico tendría que ser creado para desarrollar la construcción del socialismo.

---

10 En tal sentido se pronunciaron, por ejemplo, las Academias de Medicina, de Ciencias Políticas y Sociales, y de Ingeniería y el Hábitat (23-10-2007, *El Universal*); la Conferencia Episcopal Venezolana (19-10-2007, *El Nacional*), el Instituto de Previsión Social del Abogado, los Colegios de Abogados de Distrito Capital, de los Estados Miranda, Aragua, Cojedes, Falcón, Lara, Guárico, Carabobo y la Confederación de Profesionales Universitarios de Venezuela (02-11-2007). Incluso, es significativo que el día 5 de noviembre de 2007, el general Raúl Baduel, quien fuera Ministro de la Defensa del Presidente Chávez hasta julio de 2007, se hubiera pronunciado públicamente sobre el tema advirtiendo sobre el proceder de los Poderes Ejecutivo y Legislativo "que innecesariamente y de forma atropellada, mediante procedimientos fraudulentos, quieren imponer una propuesta que requiere una consulta más amplia a través de una Asamblea Nacional Constituyente"; que con ello, ambos Poderes "le están quitando poder al pueblo alterando los valores, los principios y la estructura del Estado sin estar facultados para ello, ya que el Poder Constituyente reside en el pueblo y es el único capaz de llevar a cabo un cambio de esa magnitud", que "esta propuesta de reforma sólo le está quitando poder al pueblo por dos vías, primero, porque usurpa de manera fraudulenta el Poder Constituyente del pueblo y segundo, porque las autoridades de la nueva geometría del poder que se crearía no serían elegidas por el pueblo"; y que "de culminar este proceso con la aprobación del mismo por las vías propuestas y la Asamblea Nacional, se estaría consumando en la práctica un golpe de Estado, violando de manera descarada el texto constitucional y sus mecanismos e introduciendo cambios de manera fraudulenta", *El Universal*, Caracas, 6-11-07.

No es que Venezuela no puede convertirse en un Estado Socialista. Si ello lo decide el pueblo, es posible; pero a juicio del voto salvante, tal logro sería distinto al que la Sala ha sostenido en el fallo de 24 de enero de 2002 (Caso: Créditos Indexados) y ello conduciría no a una reforma de la Constitución sino a una nueva Constitución, la cual debería ser votada por el Poder Constituyente Originario. Al menos, en nuestro criterio esto es la consecuencia del fallo N° 85 de 24 de enero de 2002."

Y es que, en efecto, la reforma constitucional sancionada el 2 de noviembre de 2007 era de tal trascendencia, que así, incluso lo reconocieron, quizás sin darse cuenta, los propios diputados de la Asamblea Nacional cuando dispusieron que con la misma se sustituyera completamente la Constitución de 1999, ordenando a tal efecto en la Disposición Final que la Constitución –da haber sido aprobada por el pueblo– se imprimiera "íntegramente en un solo texto...con la reforma aquí sancionada y en el correspondiente texto único corríjanse los artículos aplicando la nueva terminología señalada en esta Reforma Constitucional, en cuanto sea aplicable suprimiéndose y sustituyéndose de acuerdo al contenido de esta Reforma así como las firmas, fechas y demás datos de sanción y promulgación". Es decir, de haberse aprobado la reforma por referendo, la Constitución hubiera tenido que conocerse como la "Constitución de 2007", es decir, una Constitución diferente, como efectivamente resultaba de su contenido. Por lo demás, con esa Disposición final se le pretendía dar carta blanca, no se sabe a quién, para que cambiase otras normas constitucionales sin procedimiento constitucional alguno, como ya ocurrió con la "reimpresión" de la Constitución de 1999 en marzo de 2000[11].

En todo caso, fue la voluntad de llevar adelante la reforma contrariando la Constitución y con la sola participación de una Asamblea Nacional, totalmente controlada y dominada por el Presidente y sus seguidores, y evitar los "riesgos" que podían derivar de la elección de una Asamblea Nacional Constituyente, lo que llevó al Presidente de la República y a sus seguidores, a repetir una vez más la táctica política del fraude a la Constitución, que ya era un común denominador del régimen instalado en el país a partir de 1999, es decir, utilizar las instituciones existentes aparentando respetar las formas y procedimientos constitucionales (en este caso el procedimiento de "reforma constitucional"), para en cambio proceder a una radical trasformación del Estado, o sea, como lo ha advertido el Tribunal Supremo al definir el fraude constitucional, a pretender realizar "la creación de un nuevo régimen político, de un nuevo ordenamiento constitucional, sin alterar el sistema de legalidad establecido"[12].

Esto como se dijo anteriormente, ya había ocurrido en febrero de 1999, mediante la convocatoria del referendo consultivo sobre la Asamblea Nacional Constituyente que no estaba entonces prevista en la Constitución vigente de 1961[13]; luego ocurrió

11 *Gaceta Oficial* N° 5453 Extraordinaria de 24–03–2000.

12 Véase la sentencia N° 74 de 25-01-2006 de la Sala Constitucional del Tribunal Supremo de Justicia en *Revista de Derecho Público,* N° 105, Editorial Jurídica Venezolana, Caracas 2006, pp. 76 ss.

13 Véase Allan R. Brewer-Carías, *Asamblea Constituyente y Ordenamiento Constitucional*, Academia de Ciencias Políticas y Sociales, Caracas 1999.

con la emisión por dicha Asamblea Constituyente, después de que la nueva Constitución de 1999 ya se había aprobado por referendo popular, el "Decreto del Régimen Transitorio de los Poderes Públicos" que obviamente no fue sometido a aprobación popular[14]; y continuó ocurriendo en los últimos años, con la destrucción progresiva y sistemática de la democracia y de las instituciones del Estado de derecho, utilizándose sus instituciones desde el ejercicio del poder, secuestrando de los derechos y libertades públicas[15].

En 2007, una vez más, para sancionar una reforma a la Constitución se utilizaron fraudulentamente sus propias previsiones pero para fines distintos a los establecidos en ellas, acudiéndose al procedimiento de "reforma constitucional" (art. 342), pero para producir una transformación radical del Estado, y trastocar el Estado Social y Democrático de Derecho y de Justicia de orden civil y convertirlo en un Estado Socialista, Centralizado, Policial y Militarista, donde se buscaba que desapareciera la democracia representativa, la alternabilidad republicana y toda idea de descentralización del poder, se retrocedía en materia de protección de los derechos humanos, y se concentraba todo el poder en la Jefatura del Estado, desapareciendo la libertad económica y el derecho de propiedad. Ello no era posible hacerlo constitucionalmente con el procedimiento de la "reforma", sino que requería del procedimiento de convocatoria de una Asamblea Nacional Constituyente (Art. 347). Por ello, en sentido similar, como lo reseñó el Tribunal Supremo de Justicia al referirse a un hecho histórico trascendente, ello también ocurrió "con el uso fraudulento de los poderes conferidos por la ley marcial en la Alemania de la Constitución de Weimar, forzando al Parlamento a conceder a los líderes fascistas, en términos de dudosa legitimidad, la plenitud del poder constituyente, otorgando un poder legislativo ilimitado"[16].

Todo este fraude constitucional que cometió la Asamblea Nacional al sancionar la reforma propuesta por el Presidente de la República, fraude que también cometió el propio Presidente al proponerla y el Consejo Presidencial para la Reforma Constitucional al avalarla, y el Consejo Nacional Electoral al convocar el referendo aprobatorio de la misma, comenzó a evidenciarse no sólo del contenido de los discursos y anuncios oficiales, sino de las propuestas formuladas por el mencionado Consejo (integrado, como se dijo, por los titulares de los demás Poderes Públicos) de cambios radicales respecto de una serie de artículos de la Constitución, y cuya

---

14 Véase Allan R. Brewer-Carías, *Golpe de Estado y proceso constituyente en Venezuela*, Universidad Nacional Autónoma de México, México 2002.

15 Véase Allan R. Brewer-Carías, "El autoritarismo establecido en fraude a la Constitución y a la democracia y su formalización en "Venezuela mediante la reforma constitucional. (De cómo en un país democrático se ha utilizado el sistema eleccionario para minar la democracia y establecer un régimen autoritario de supuesta "dictadura de la democracia" que se pretende regularizar mediante la reforma constitucional)" en el libro *Temas constitucionales. Planteamientos ante una Reforma*, Fundación de Estudios de Derecho Administrativo, FUNEDA, Caracas 2007, pp. 13-74. Véase también, "Constitution Making in Defraudation of the Constitution and Authoritarian Government in Defraudation of Democracy. The Recent Venezuelan Experience", en *Lateinamerika Analysen*, 19, 1/2008, GIGA, German Institute of Global and Area Studies, Institute of latin American Studies, Hamburg 2008, pp. 119-142.

16 Véase la sentencia de la Sala Constitucional del Tribunal Supremo de Justicia N° 74 de 25-01-2006, en *Revista de Derecho Público*, N° 105, Editorial Jurídica Venezolana, Caracas 2006, pp. 76 y ss.

divulgación, a pesar del "pacto de confidencialidad" que había ordenado el Presidente, se efectuó mediante documento en junio de 2007[17].

Si bien las propuestas del Consejo, en algunos casos, no fueron acogidas por el Presidente de la República en el "Anteproyecto para la primera reforma constitucional" presentado el 15 de agosto de 2007 ante la Asamblea Nacional[18], con las mismas ya se mostraba cual era el pensamiento y la intención de los más altos funcionarios del gobierno y el Estado que formaron dicho Consejo, razón por la cual, en definitiva, en su casi totalidad fueron luego consideradas y sancionadas por la Asamblea Nacional en el proyecto de reforma.

En todo caso, con el proyecto de reforma constitucional sancionado por la Asamblea Nacional en Noviembre de 2007, en Venezuela se pretendía efectuar una radical transformación del Estado y se buscaba sentar las bases para la creación de un nuevo ordenamiento jurídico, para:

Primero, transformar el Estado en un Estado Socialista, con una doctrina política oficial de carácter socialista, que se denominaba además como "doctrina bolivariana", con lo cual se eliminaba toda posibilidad de pensamiento distinto al oficial y, por tanto, toda disidencia, pues la doctrina política oficial se quería incorporar en la Constitución, como política y doctrina del Estado y la Sociedad, y que hubiera constituido un deber constitucional de todos los ciudadanos a cumplir y hacerla cumplir. Con ello, se buscaba sentar las bases para la criminalización de la disidencia.

Segundo, transformar el Estado en un Estado Centralizado, de poder concentrado bajo la ilusión del Poder Popular, lo que implicaba la eliminación definitiva de la forma federal del Estado, imposibilitando la participación política y degradando la democracia representativa; todo ello, mediante la supuesta organización de la población para la participación en los Consejos del Poder Popular, como los Comunales, que son instituciones sin autonomía política alguna, cuyos miembros se pretendía declarar en la propia Constitución, que no fueran electos. Dichos Consejos, creados por Ley en 2006, están controlados desde la Jefatura del gobierno y para cuyo funcionamiento, el instrumento preciso es el partido único que el Estado ha creado en 2007.

Tercero, transformar el Estado en un Estado de economía estatista, socialista y centralizada, propia de un capitalismo de Estado, con lo que se buscaba eliminar la

---

17 El documento circuló en junio de 2007 con el título Consejo Presidencial para la Reforma de la Constitución de la República Bolivariana de Venezuela, "Modificaciones propuestas". El texto completo fue publicado como *Proyecto de Reforma Constitucional. Versión atribuida al Consejo Presidencial para la reforma de la Constitución de la república Bolivariana de Venezuela*, Editorial Atenea, Caracas 01 de julio de 2007, 146 pp. Véase Allan R. Brewer-Carías, *Hacia la consolidación de un Estado Socialista, Centralizado, Policial y Militarista. Comentarios sobre el sentido y alcance de las propuestas de reforma constitucional 2007,* Colección Textos Legislativos, N° 42, Editorial Jurídica Venezolana, Caracas, 2007, p. 157.

18 Véase *Proyecto de Reforma Constitucional. Elaborado por el ciudadano Presidente de la República Bolivariana de Venezuela, Hugo Chávez Frías* Editorial Atenea, Caracas agosto 2007, 58 pp. En el Anteproyecto presentado por el Presidente de la República a la Asamblea Nacional, se formulan propuestas respecto de los artículos 11, 16, 18, 67, 70, 87, 90, 100, 112, 113, 115, 136, 141, 156, 167, 168, 184, 185, 225, 230, 236, 251, 252, 300, 302, 305, 307, 318, 320, 321, 328 y 329.

libertad económica y la iniciativa privada, y desaparecía la propiedad privada, que con la reforma dejaban de ser derechos constitucionales, buscándose darle al Estado la propiedad de los medios de producción, la planificación centralizada y la posibilidad de confiscar bienes de las personas materialmente sin límites, configurándolo como un Estado del cual todo dependía, y a cuya burocracia quedaba sujeta la totalidad de la población. Ello choca, sin embargo, con las ideas de libertad y solidaridad social que se proclaman en la propia Constitución, y lo que se buscaba era sentar las bases para que el Estado sustituyera a la propia sociedad y a las iniciativas particulares, minimizándoselas.

Cuarto, transformar el Estado en un Estado Policial (represivo), con la tarea fundamental de someter a toda la población a la doctrina oficial socialista y "bolivariana" que se pretendía constitucionalizar, y velar por que la misma se cumpliera en todos los órdenes, lo que se buscaba asegurar mediante la regulación, con acentuado carácter regresivo y represivo, del ejercicio de los derechos civiles en situaciones de excepción, para lo cual se preveían amplios márgenes de restricción y suspensión.

Quinto, transformar el Estado en un Estado Militarista, dado el rol que se le pretendía dar a la "Fuerza Armada Bolivariana" en su configuración y funcionamiento, toda sometida al Jefe de Estado, y con la propuesta de creación en la Constitución de la Milicia Popular Bolivariana como nuevo componente.

En esta forma, siete años después de la sanción de la Constitución de 1999, el mismo Presidente de la República que en aquél momento había motorizado la concepción y sanción de aquella, a través de sus seguidores, quienes controlaban totalmente la Asamblea Constituyente; en 2007 condujo el fraudulento proceso de cambiar de nuevo la Constitución, esta vez por una Asamblea Nacional también totalmente controlada por sus seguidores, pero con el objeto, en esta ocasión sí, de transformar radicalmente el sistema político constitucional venezolano, buscando establecer un Estado Centralizado del Poder Popular, como Estado Socialista, de economía estatal y centralizada, y como Estado Militarista y Policial de ideología única oficial, lo que se apartaba radicalmente de la concepción del Estado descentralizado, civil, social, democrático y pluralista de derecho y de justicia, y de economía mixta que regula la Constitución de 1999.

Con las reformas que fueron sancionadas por la Asamblea Nacional, y que el pueblo rechazó en el referendo, además, materialmente desaparecía la democracia representativa y las autonomías político territoriales, que se buscaba sustituir por un esquema estatal centralizado supuestamente montado sobre una democracia "participativa y protagónica" que estaba controlada total y centralizadamente desde arriba, por el Jefe de Estado, en la cual quedaba proscrita toda forma de descentralización política y autonomía territorial, y que a la vez, restringía los mecanismos de participación política que están directamente regulados en la Constitución, como son los referendos y la participación de la sociedad civil en los Comité de Postulaciones de altos funcionarios.

Como se ha dicho, las reformas sancionadas y rechazadas tuvieron su origen directo en el "*Anteproyecto para la 1era. Reforma Constitucional, Propuesta del*

Presidente Hugo Chávez", que presentó ante la Asamblea Nacional el 15 de agosto de 2007, y en las "Propuestas de Reforma Constitucional" formuladas en junio de 2007 por el Consejo Presidencial para la Reforma Constitucional,[19] de cuyo contenido se evidenciaba la magnitud del fraude constitucional que se comenzaba a cometer, utilizándose, para engañar al pueblo, un procedimiento inadecuado para hacer unas reformas sustanciales que afectaban casi todo el texto constitucional. Por la trascendencia de los cambios que se proponían, como se ha dicho, se debió haber recurrido al procedimiento de la convocatoria de una Asamblea Nacional Constituyente y no al procedimiento de "reforma constitucional". Al hacerlo, tanto el Presidente como su Consejo Presidencial – integrado, entre otros por la propia Presidenta del Tribunal Supremo y por el propio Defensor del Pueblo– comenzaron el proceso de reforma violando la Constitución[20], en fraude a la misma, tarea que completó la Asamblea Nacional el 2 de noviembre de 2007.

Afortunadamente, el pueblo, consultado en referendo el 2 de diciembre de 2007, rechazó la reforma propuesta, la cual por tanto no se pudo materializar.[21] Pero en realidad, de haber funcionado los mecanismos institucionales para la protección del Estado de derecho, el referendo convocado para el 2 de diciembre de 2007 hubiera podido detenerse por la Sala Constitucional del Tribunal Supremo de Justicia, como supremo guardián de la Constitución. La Sala, sin embargo, renunció a cumplir su obligación y se negó sistemáticamente a controlar la constitucionalidad del procedimiento de reforma constitucional.

---

19 En este sentido llamó la atención lo afirmado el 17-08-2007 por la Presidenta del Tribunal Supremo de Justicia, Presidenta de la Sala Constitucional y miembro del Consejo Presidencial para la Reforma Constitucional en el sentido de que, según reseñó Juan Francisco Alonso: "los diputados de la Asamblea Nacional no están facultados para realizar ninguna modificación distinta a las 33 que planteó el jefe del Estado, salvo que alguno de los cambios contenidos en el proyecto de reforma altere otras normas. "La reforma fue planteada por el Presidente, por lo tanto es lo que presentó el Presidente lo que debe ser estudiado (...) Si (algún artículo) tuviese conexión con los que se van a reformar, entonces por técnica legislativa deberían adecuarse, porque no puede haber artículos contradictorios", afirmó, al ser consultada sobre la posibilidad de que el Parlamento cambie alguna de las normas referidas a la estructura y funcionamiento del Poder Judicial". Véase en *El Universal*, 18-08-07.

20 Ello incluso fue advertido de inmediato por el Rector del Consejo Nacional Electoral, Sr. Vicente Díaz, quien el día 16–08–2007 indicó "que la propuesta presidencial para reformar el texto constitucional modifica las disposiciones fundamentales y por ello sería necesario convocar una Asamblea Constituyente para su aprobación". Véase en Unión Radio, 16 de agosto de 2007, http://www.unionradio.com.ve/Noticias/Noticia.aspx? noticiaid=212503.

21 Tomando en cuenta los resultados anunciados por el Consejo Nacional Electoral en día 2 de diciembre en la noche, de un universo de más de 16.109.664 de electores inscritos, sólo acudieron a votar 9.002.439 votantes, lo que significó un 44.11% de abstención; y de los electores que votaron, votaron por rechazar la reforma (voto NO) por el Bloque de artículos marcado A, 4.504.354 de votantes, con 50.70% y por el Bloque de artículos marcado B, 4.522.332 de votantes, con 51.05%. Es decir, sólo votaron por aprobar la reforma (voto SÍ), por el bloque A 4 379 392 votantes, con 49.29%; y por el bloque B 4.335.136 votantes con 48.94%. Ello equivale a que sólo el 28% del universo de los electores inscritos en el Registro Electoral votaron por aprobar la reforma constitucional. En dicho referendo, por tanto, en realidad, no fue que "triunfó" el voto NO por poco margen, como aludió el Presidente de la República, Hugo Chávez, sino que lo que ocurrió fue que su propuesta de reforma fue rechazada por el 72% de los electores inscritos, quienes, o votaron por el NO (50.7%), o simplemente no acudieron a votar para pronunciarse por la reforma.

3. *La renuncia por parte del Juez Constitucional a controlar el fraude a la Constitución perpetrado con la reforma constitucional de 2007*

En efecto, desde el momento en que la Constitución estableció detalladamente los procedimientos para la revisión de la Constitución, los mismos son obligatorios y debían ser respetados por los órganos constituidos del Estado. De esas previsiones se deriva el derecho ciudadano a que los procedimientos constitucionales se respeten como parte del derecho a la supremacía de la Constitución, de manera que toda violación de esos procedimientos es inconstitucional y atentatoria del derecho ciudadano a esa supremacía, y tiene que ser controlada por el juez constitucional.

Ello, sin embargo, fue desconocido por la Jurisdicción Constitucional en Venezuela, en particular, al decidir varias acciones de amparo constitucional que se ejercieron contra los actos estatales adoptados en sus diversas fases durante el procedimiento de reforma constitucional de 2007 inconstitucionalmente desarrollado: por el Presidente de la República, quien tuvo la iniciativa, por la Asamblea Nacional que discutió y sancionó el proyecto de reforma, y por el Consejo Nacional Electoral, que convocó a referendo aprobatorio el proyecto inconstitucionalmente sancionado. En todas y cada una de las sentencias que resolvieron las acciones intentadas,[22] la Sala Constitucional desconoció el derecho ciudadano a la supremacía constitucional y a la tutela judicial efectiva, y fue declarando inadmisibles o que no había lugar a ellas, considerando, por una parte, que no había legitimación alguna de parte de los recurrentes para intentar las acciones, y por la otra, con el absurdo argumento de que los actos estatales dictados en el procedimiento de reforma constitucional (la presentación del proyecto y la sanción de la Asamblea Nacional) no eran actos que producían efectos jurídicos externos, ni podían causar gravamen a los derechos de los ciudadanos, concluyendo que solamente hubieran podido ser impugnados cuando concluyera el procedimiento con el referendo aprobatorio de la reforma, y la reforma hubiera sido aprobada.

La primera decisión en esta materia, se adoptó por la Sala Constitucional mediante sentencia N° 1974 de 23 de octubre de 2007, (Ponencia Luisa Estella Morales) en el *Caso José Ignacio Guédez Yépez*, en una acción de amparo constitucional que había sido intentada antes de que la reforma constitucional fuera sancionada por la Asamblea Nacional, ejercida por un ciudadano en su propio nombre y en protección de derechos difusos y colectivos, contra la Asamblea Nacional por la amenaza de violación del derecho constitucional difuso correspondiente "a la alternabilidad democrática del poder" consagrado en el artículo 6 de la Constitución, por la eventual aprobación por la Asamblea Nacional, del proyecto de Reforma constitucional que le había presentado el Presidente de la República.

La Sala declaró **inadmisible** la acción, argumentando que el accionante:

---

22 Véase el estudio de dichas sentencias en Allan R. Brewer-Carías, "El juez constitucional vs. la supremacía constitucional. O de cómo la Jurisdicción Constitucional en Venezuela renunció a controlar la constitucionalidad del procedimiento seguido para la "reforma constitucional" sancionada por la Asamblea Nacional el 2 de noviembre de 2007, antes de que fuera rechazada por el pueblo en el referendo del 2 de diciembre de 2007", en *Revista de Derecho Público*, N° 112, Editorial Jurídica Venezolana, Caracas, 2007, pp. 661-694.

"no sólo no señaló de qué forma se verían afectados los intereses de la sociedad -o de alguna porción definida de la misma-, sino que al contrario de los planteamientos formulados por el accionante en torno a la interpretación y materialización del principio del alternabilidad, es preciso reiterar que la reelección en nuestro ordenamiento no supone un cambio de régimen o forma del Estado, y muy por el contrario, reafirma y fortalece los mecanismos de participación dentro del Estado Democrático, Social de Derecho y Justicia, que estableció el Constituyente en 1999 (*Cfr.* Sentencia de la Sala N° 1.488 del 28 de julio de 2006)"[23].

La Sala estimó, entonces, que la acción intentada "no corresponde a derechos o intereses difusos, sino a un interés particular del accionante de limitar el ámbito de la reforma constitucional propuesta", razón por la cual estimó que el presunto agraviado **carecía de legitimación** procesal para intentar una acción de amparo en tutela de derechos o intereses difusos o colectivos".

Por otra parte, en cuanto a la posibilidad de admitir una acción de amparo contra las amenazas a los derechos del accionante, la Sala, reiterando su jurisprudencia sobre que la necesidad de que la amenaza sea "inminente, factible y practicable por la persona a quien se le imputa el acto, hecho u omisión que se señala como lesiva", señaló que en el caso concreto de la acción de amparo contra la presunta amenaza que se derivaba de la posible sanción, en ese momento, del proyecto de reforma constitucional por la Asamblea Nacional, que esta sólo era un órgano que participaba en el proceso de reforma constitucional "pero en el marco del mismo, sólo corresponde al pueblo mediante referendo", concluyendo entonces señalando que "el presunto agraviado no puede pretender la materialización de una lesión constitucional, de un hecho futuro o incierto como lo es la eventual aprobación por parte de la Asamblea Nacional y consecuentemente del correspondiente referendo aprobatorio del texto de reforma constitucional"; y que "para que la supuesta amenaza se concrete y, en consecuencia, surta algún efecto jurídico, es necesario la verificación de un conjunto de circunstancias hipotéticas para que se materialice lo que a decir del accionante, constituye una amenaza de lesión constitucional"[24].

Posteriormente, mediante sentencia N° 2042 (Ponencia de Francisco A. Carrasquero), dictada en el Caso *Néstor Luís Romero* de 2 de noviembre de 2007, es decir, el mismo día en el cual la Asamblea Nacional sancionó el proyecto de reforma constitucional, la Sala Constitucional decidió una acción de amparo también intentada contra la amenaza de lesión de los derechos constitucionales del accionante derivados de los artículos 342 y siguientes de la Constitución, por parte del Presidente de la República y la Asamblea Nacional al pretender tramitar como reforma constitucional un proyecto que contenía modificaciones a la estructura y principios fundamentales del Estado, violando la Constitución. La acción había sido intentada específicamente contra el Presidente de la República, por haber presentado

---

23 Véase Sentencia del Tribunal Supremo de Justicia en Sala Constitucional N° 1974 de 23 de octubre de 2007, Caso *José Ignacio Guedez Yépez* en http://www.tsj.gov.ve/decisio-nes/scon/Octubre/1974-231007-07-1055.htm

24 *Ibídem*

el proyecto, y contra la Asamblea Nacional, por haberlo admitido para su discusión. En este caso, la Sala Constitucional también declaró inadmisible la acción, pero en este caso por falta de legitimación del recurrente, considerando que al intentar la acción, el mismo "no señaló, ni se evidencia de autos, de qué manera las actuaciones denunciadas como lesivas son susceptibles de vulnerar sus derechos constitucionales."[25]

Para decidir, la Sala recordó el "carácter personalísimo" de la acción de amparo, "de modo que sólo puede ser incoada por el afectado inmediato de la infracción constitucional, dejando a salvo supuestos especiales, como los reclamos efectuados en protección de los derechos colectivos o difusos, que nacen del reconocimiento de esta esfera de derechos por parte del artículo 26 de la Constitución, o el caso del amparo a la libertad y la seguridad personal, en el que cualquier persona está legitimada para intentarlo". En el caso concreto, por tanto, la Sala concluyó que: "el accionante no señaló cuál es la situación jurídica subjetiva lesionada o amenazada por las actuaciones que denunció como lesivas" siendo que "la denuncia planteada está referida a la supuesta amenaza de infracción constitucional producida por la inclusión en el contenido del Proyecto de Reforma presentado ante la Asamblea Nacional por iniciativa del Presidente de la República, de normas que, en opinión del accionante, modifican la estructura y principios fundamentales del Texto Constitucional, en contravención a los límites establecidos en el artículo 342 de la Constitución vigente". Sin embargo, decidió la Sala que el accionante "no expuso de qué forma su situación jurídica personal se vería afectada por las actuaciones denunciadas, ya que sólo se limitó a señalar la presunta inconstitucionalidad del aludido proyecto de reforma"[26].

Para afirmar esto, la Sala desconoció el derecho ciudadano a la supremacía constitucional, afirmando que del artículo 342 de la Constitución que regula el procedimiento de reforma constitucional, "no consagra derechos, garantías o libertades de carácter individual" ni "establece derechos difusos, ya que la misma no prevé una prestación genérica o indeterminada en cuanto a sus posibles beneficiarios, en los términos establecidos por la doctrina de esta Sala." Por último, la Sala consideró que la acción de amparo interpuesta no podía tampoco "ser considerada como ejercido en protección de derechos colectivos, ya que se ejerció en nombre propio y no en nombre de un sector poblacional determinado e identificable."[27]

Con base en estos argumentos declaró la inadmisibilidad de la acción de amparo interpuesta, contrariando doctrina de la propia Sala, como la sentada en sentencia que suspendió las elecciones generales de mayo de 2000, que benefició "tanto para

25 Véase sentencia del Tribunal Supremo de Justicia en Sala Constitucional N° 2042 del 2 de Noviembre de 2007, Caso *Néstor Luis Romero Méndez* en http://www.tsj.gov.ve/decisio-nes/scon/Noviembre/2042-021107-07-1374.htm

26 *Ibídem*

27 *Ibídem*

las personas naturales y organizaciones que han solicitado la protección de amparo constitucional como para todos los electores en su conjunto"[28].

A la anterior decisión N° 2042 -Caso *Néstor Luis Romero*- le siguió la sentencia de la misma Sala Constitucional N° 2191 de 22 de noviembre de 2007 (Ponente Marcos Tulio Dugarte), dictada en el Caso *Yvett Lugo Urbaéz* con motivo de la acción de amparo intentada, en esta oportunidad contra el acto sancionatorio de la reforma constitucional adoptado por la Asamblea Nacional el 2 de noviembre de 2007 y la convocatoria a referendo efectuada por el Consejo Nacional Electoral, porque dichos actos constituían una subversión del trámite procedimental para la modificación de la Constitución, pues el procedimiento de reforma constitucional no podía utilizarse para alterar la estructura y principios fundamentales de la Constitución Nacional.

En este caso, la Sala decidió que "**no ha lugar a la acción**", pues los actos impugnados supuestamente no causaban gravámenes susceptibles de control. Para llegar a esta conclusión, la Sala, citando dos previas decisiones de 7 de noviembre de 2007 (N° 2108, Caso *Jorge Paz Nava y otros*)[29] y de 13 de noviembre de 2007 (N° 2147, caso *Rafael Ángel Briceño*)[30] , reiteró su criterio de que "la reforma constitucional es un proceso complejo conformado por la concreción de múltiples factores para asegurar la legitimidad institucional y democrática del cambio"[31], el cual "se configura en etapas sucesivas en la que interactúan autoridades públicas (Presidente de la República), órganos del Estado (Asamblea Nacional y Consejo Nacional Electoral) y el pueblo, que en definitiva ostenta el poder para aprobar y validar mediante el voto la reforma propuesta."[32] Con base en ello, la Sala consideró que "las etapas tempranas o de formación del proyecto de reforma constitucional no causan gravamen alguno porque no exteriorizan sus efectos y, por lo tanto, no son susceptibles de control jurisdiccional"[33], de manera que "sólo será el desenvolvimiento de ese proceso el que determine la posibilidad de control de un acto que, sin exteriorizar sus efectos, puede ser objeto de control"[34].

Es decir, conforme al criterio de la Sala, debía esperarse la aprobación de la reforma mediante referendo para poder juzgar su constitucionalidad, pues

---

28 Véase sentencia de la Sala Constitucional N° 483 de 29-05-2000, Caso: *"Queremos Elegir" y otros*, en *Revista de Derecho Público*, N° 82, Caracas, 2000, Editorial Jurídica Venezolana, pp. 489-491.

29 Véase la sentencia del Tribunal Supremo de Justicia en Sala Constitucional N° 2108 del 7 de Noviembre de 2007, Caso *Jorge Paz Nava y otros* en http://www.tsj.gov.ve/decisio-nes/scon/Noviembre/2108-071107-07-1484.htm

30 Véase sentencia del Tribunal Supremo de Justicia en Sala Constitucional N° 2147 de 13 de Noviembre de 2007, Caso *Rafael Ángel Briceño*, en http://www.tsj.gov.ve/decisio-nes/scon/Noviembre/2147-131107-07-1476.htm

31 Véase sentencia del Tribunal Supremo de Justicia en Sala Constitucional N° 2191 del 22 de Noviembre de 2007, Caso *Yvett Lugo Urbaéz* en http://www.tsj.gov.ve/decisio-nes/scon/Noviembre/2191-221107-07-1605.htm. Criterio reiterado también en las sentencias 2108/2007; 2147/2007 y 2189/2007 de esta misma sala.

32 *Ibídem*

33 *Ibídem*

34 *Ibídem*

supuestamente los actos estatales de las diversas fases del procedimiento no producen efectos jurídicos externos. Para llegar a esta conclusión, la Sala afirmó que

> "el acto de la Asamblea Nacional sancionado el 2 de noviembre de 2007 contentivo de la "Reforma de la Constitución de la República Bolivariana de Venezuela" no es un acto normativo, por cuanto al no adquirir eficacia no produce efectos jurídicos externos, esto es, no afecta relaciones jurídicas abstractas o concretas, por lo que mal puede lesionar o amenazar derecho constitucional alguno ya que no posee carácter obligatorio y, por tanto, no puede órgano del Estado alguno o particular darle ejecución".[35]

Luego, analizando el procedimiento de reforma constitucional como si fuera equivalente al de formación de las leyes, concluyó la Sala señalando que en Venezuela no hay control previo de constitucionalidad sobre los proyectos de leyes, declarando entonces que no se puede impugnar en forma previa el acto sancionado por la Asamblea Nacional, declarando en consecuencia que "**no ha lugar a la acción**"[36].

Se observa, con esta decisión, que la Sala no fue que declaró "inadmisible" la acción, sino que con la misma, en realidad, **lo** que hizo fue negar el derecho ciudadano de acceso a la justicia y a la tutela judicial efectiva consagrados en la Constitución (Art. 26), al "inventar" la Sala un tipo de "decisión" no prevista en la Ley que rige sus funciones, de que "**no ha lugar a la acción**" que equivale a decidir, que el ciudadano en ese caso, no tiene derecho de acceder a la justicia. Ello es la negación misma del Estado de derecho.

Por otra parte, en cuanto a la acción de amparo ejercida contra el acto del Consejo Nacional Electoral convocando el referendo, la Sala lo declaró **inadmisible** porque dicho acto sólo se podía impugnar mediante acción de inconstitucionalidad por supuestamente tratarse de actos de ejecución directa de la Constitución, con lo cual, de otro plumazo, la Sala Constitucional renunció a proteger la Constitución, se negó a reconocer la existencia del derecho ciudadano a la supremacía constitucional, y negó la posibilidad de la acción de amparo contra actos del Consejo Nacional Electoral en contra del principio de la universalidad del amparo de otrora arraigada raíz en la jurisprudencia, expresada en la sentencia de la antigua Corte Suprema de Justicia, de 31 de enero de 1991 (Caso *Anselmo Natale)*, en la famosa frase de que "no puede existir ningún acto estatal que no sea susceptible de ser revisado por vía de amparo".[37]

La comentada sentencia N° 2191[38], se dictó en paralelo con la sentencia N° 2193 del mismo día 22 de noviembre de 2007 (Ponente: Carmen Zuleta de Merchán),

---

35 *Ibídem*

36 *Ibídem*

37 Citada por la sentencia de la Sala Político Administrativa de la misma antigua Corte Suprema de 24 de mayo de 1993, en *Revista de Derecho Público,* N° 55-56, Editorial Jurídica Venezolana, Caracas 1993, pp. 284-285.

38 Véase sentencia del Tribunal Supremo de Justicia en Sala Constitucional N° 2191 del 22 de Noviembre de 2007, Caso *Yvett Lugo Urbaéz* en http://www.tsj.gov.ve/decisio-nes/scon/Noviembre/2191-221107-07-1605.htm.

dictada en el Caso *Luis Hueck Henríquez*[39], con motivo de la interposición de una acción de amparo constitucional también contra los actos de la Asamblea Nacional y contra el Consejo Nacional Electoral mediante los cuales se aprobó el texto definitivo de la Reforma Constitucional y se convocó al referendo a que alude el artículo 346 de la Constitución, a cuyo efecto el recurrente adujo actuar "en nombre de los intereses colectivos y difusos de los inscritos en el Registro Electoral Permanente"[40].

Esta acción también fue declarada **inadmisible**, para lo cual la Sala estimó que en el caso concreto, no estaban presentes "aspectos que caracterizan a este tipo de derechos o intereses, y a los cuales se ha referido esta Sala en distintas oportunidades (entre otras, en sentencia del 18 de febrero de 2003, recaída en el Caso: *César Pérez Vivas*) como lo son que los hechos en que se funde la acción sean genéricos y que la prestación requerida sea indeterminada"[41], constatando que la acción intentada no perseguía "la protección de la calidad de vida de un grupo determinado o indeterminable de ciudadanos, sino que, en la forma en la cual fue planteada dicha pretensión, persigue un pronunciamiento jurisdiccional de esta Sala tendiente a restringir o anular dos actos dictados por órganos que ejercen el Poder Público en los términos previstos en el artículo 343 y 346 de la Constitución"[42]. De ello concluyó la Sala, señalando que "la pretensión de la parte accionante escapa del carácter protector de la calidad de vida que involucra la tutela de los derechos difusos, por cuanto no se persigue la protección de un bien común"[43].

En el caso concreto, además, la Sala señaló que "la lesión constitucional se le atribuye a un proyecto de reforma aprobado por la Asamblea Nacional y que será sometido a referendo próximamente", lo que supuestamente "quiere decir que la efectividad del texto definitivo **aún no se ha verificado** y, por lo tanto, no se cumple con el requisito de la inmediatez de la lesión"[44], razón por la cual declaró la inadmisibilidad de la acción.

En otra sentencia N° 2198 de 23 de noviembre de 2007 (Ponente: Arcadio Delgado Rosales), Caso *Moisés Troconis Villarreal*[45], la misma Sala Constitucional también declaró **inadmisible** otra acción de amparo intentada, esta vez por quien había sido un magistrado del Tribunal Supremo, intentada contra la sanción de la reforma constitucional por la Asamblea Nacional, alegando violación al "derecho fundamental a la Constitución de la República, a su integridad y a su revisión", en particular, "del derecho y de la garantía constitucionales consagrados en los

39 Véase sentencia del Tribunal Supremo de Justicia en Sala Constitucional N° 2193 del 22 de Noviembre de 2007, Caso *Luis Hueck Henríquez* en http://www.tsj.gov.ve/decisio-nes/scon/Noviembre/2193-221107-07-1641.htm

40 *Ibídem*

41 *Ibídem*

42 *Ibídem*

43 *Ibídem*

44 *Ibídem*

45 Véase la sentencia del Tribunal Supremo de Justicia en Sala Constitucional, N° 2198 de 23 de Noviembre de 2007, Caso *Moisés Troconis Villareal* en http://www.tsj.gov.ve/decisiones/scon/Noviembre/2198-231107-07-1645.htm

artículos 334, primer párrafo y 342, primer párrafo, de la Constitución de la República". Para tal fin, la Sala consideró que no evidenciaba "que las precitadas normas consagren derechos, garantías o libertades de carácter individual o de naturaleza colectiva o difusa", sino más bien "estas disposiciones consagran competencias a ser ejercidas por el Poder Público"; decidiendo, en definitiva que "no contempla derechos" y que "al no advertirse en dichas normas ningún derecho o garantía, sino competencias y atribuciones a ser ejercidas por lo poderes públicos, esta Sala considera que en las aludidas disposiciones no existen derechos a ser tutelados."[46]

Por ello la Sala concluyó, en el caso concreto, que no había evidenciado del escrito del accionante "cómo las actuaciones denunciadas como lesivas son susceptibles de vulnerar sus derechos o garantías constitucionales", decidiendo también que carecía "de legitimación activa para incoar la acción de amparo".[47] Desconoció, así, la Sala Constitucional, de nuevo, el derecho ciudadano a la supremacía constitucional.

La Sala Constitucional, en efecto, al declarar la inadmisibilidad de estas acciones de amparo constitucional, en definitiva, lo que consideró fue que la norma del artículo 342 supuestamente no contenía derecho constitucional alguno, concluyendo como lo dijo en la antes citada sentencia N° 2042 (Caso *Néstor Luis Romero*) de 2 de noviembre de 2007, que el accionante "no tiene legitimación activa alguna para incoar la presente acción de amparo constitucional, por cuanto no señaló, ni se evidencia de autos, de qué manera las actuaciones denunciadas como lesivas son susceptibles de vulnerar sus derechos constitucionales", por lo cual declaró inadmisible la acción de conformidad con lo dispuesto en el artículo 19,5, de la Ley Orgánica del Tribunal Supremo de Justicia, "por la falta de legitimación del accionante".

El magistrado Pedro Rafael Rondón Haaz, en cambio, en dicha sentencia N° 2042 salvó su Voto por considerar básicamente que, al contrario, la norma del artículo 342:

> "entraña un evidente derecho de rango constitucional y alcance general para todos los ciudadanos, en el sentido de que, sólo por su condición de tales, en cuanto suscriptores del pacto social que es, en definitiva, una Constitución, que determina la directa afectación de su esfera jurídica constitucional cuando dicho pacto es alterado, lo cual les proporciona legitimación para la defensa de dicha esfera jurídica y título jurídico suficiente para exigir a los destinatarios directos de la norma (la Asamblea Nacional -mediante acuerdo aprobado por el voto de la mayoría de sus integrantes-, el Presidente o Presidenta de la República en Consejo de Ministros; o un número no menor del quince por ciento de los electores inscritos y electoras inscritas en el Registro Civil y Electoral, que son quienes tienen iniciativa para solicitarla), como conducta determinada de la cual es acreedor aquél, el estricto cumplimiento o apego a ella. En el peor de los

46 *Ibídem*

47 *Ibídem*

casos, se trataría, en términos análogos, de un interés -por oposición a derecho propiamente dicho- igualmente legitimador"[48]

El Magistrado salvante del voto ratificó entonces su criterio de que no cabe duda de que:

> "el artículo 342 entraña un derecho de todos -como miembros de la sociedad suscriptora del pacto social- a que la reforma constitucional proceda -y solo proceda- para "*una revisión parcial de esta Constitución y la sustitución de una o varias de sus normas que no modifiquen la estructura y principios fundamentales del Texto Constitucional*", de manera que, cuando el demandante alegó la supuesta vulneración de esta norma ante una eventual reforma constitucional que incluya modificaciones en la estructura y principios fundamentales del Estado, está, ciertamente, haciendo referencia a la supuesta lesión a derechos constitucionales difusos, los cuales tienen expresa protección constitucional según dispone el artículo 26 de la Constitución de la República Bolivariana de Venezuela"[49]

En la misma orientación restrictiva de las anteriores sentencias, la Sala Constitucional mediante sentencia N° 2211 (Ponente: Arcadio Delgado Rosales) de 29 de noviembre de 2007, Caso *Claudia Nikken y Flavia Pesci Feltri*[50], también declaró la **inadmisibilidad** de la acción de amparo que estas ciudadanas habían interpuesto en nombre propio como abogadas integrantes del sistema de justicia y asumiendo "la representación del Pueblo de Venezuela" contra el Presidente de la República, la Asamblea Nacional y el Consejo Nacional Electoral, con fundamento en los artículos 26, 27 y 333 de la Constitución, con la finalidad de que se proteja el derecho del pueblo de Venezuela al reconocimiento de su soberanía, que consideraron violado al rebasar dichos órganos los límites sustanciales de su competencia al darle curso a la reforma constitucional.

En este caso, la inadmisibilidad de la acción fue declarada por la Sala, por inepta acumulación de dos acciones que la Sala estimó como no acumulables, que eran la referida en el artículo 26, que es la acción de tutela de intereses colectivos o difusos, y la referida en el artículo 27, que es la acción de amparo. Sin embargo, ello no impidió que la Sala en forma expresa, desconociera el carácter de derecho constitucional del "*derecho del pueblo de Venezuela al reconocimiento de su soberanía*", el cual estimó que en '*sensu stricto*' **no es un derecho** (no está incluido como tal en el Título III de la Constitución), sino un principio contemplado expresamente en el Título I, artículo 5 de la Carta Fundamental," decisión con la cual el juez constitucional redujo la categoría de derechos constitucionales a los incluidos en el Titulo III de la Constitución, y desconociendo tal condición a los

---

48 Véase sentencia del Tribunal Supremo de Justicia en Sala Constitucional N° 2042 de 2 de Noviembre de 2007, Caso *Néstor Luis Romero Méndez* en http://www.tsj.gov.ve/decisio-nes/scon/Noviembre/2042-021107-07-1374.htm.

49 *Ibídem*

50 Véase Sentencia del Tribunal Supremo de Justicia en Sala Constitucional Nº 2211 de 29-11-2007, *Caso Claudia Nikken y Flavia Pesci Feltri*, en http://www.tsj.gov.ve/decisio-nes/scon/Noviembre/2211-291107-07-1617.htm

otros derechos fundamentales derivados de la organización del Estado, como el derecho a la democracia, el derecho al control del poder, el derecho a la supremacía constitucional y el derecho al reconocimiento de la soberanía popular.

En todo caso, la actitud de la Sala Constitucional del Tribunal Supremo en 2007 al renunciar a ejercer su rol de guardián de la Constitución, no es de extrañar. El día 17 de agosto de 2007, sólo dos días después de que el Presidente de la República había presentado su Anteproyecto de reforma constitucional ante la Asamblea Nacional para inconstitucionalmente y en fraude a la Constitución iniciar el procedimiento de "reforma constitucional", la Presidenta de la Sala Constitucional del Tribunal Supremo (es decir, de la Jurisdicción Constitucional) y del propio Tribunal Supremo, quien a la vez era miembro del Consejo Presidencial para la Reforma Constitucional, adelantándose a cualquier posible y previsible impugnación por inconstitucionalidad de la iniciativa presidencial y del trámite parlamentario, y emitiendo opinión impunemente, prejuzgando cualquier asunto, dijo lo siguiente conforme se reseñó en la prensa:

> "dejó en claro que la Sala Constitucional no tramitará ninguna acción relacionada con las modificaciones al texto fundamental, hasta tanto éstas no hayan sido aprobadas por los ciudadanos en el referendo. "Cualquier acción debe ser presentada después del referendo cuando la reforma ya sea norma, porque no podemos interpretar una tentativa de norma. Después de que el proyecto sea una norma podríamos entrar a interpretarla y a conocer las acciones de nulidad".[51]

Y eso fue, precisamente, lo que decidió la Sala Constitucional en su sentencia N° 2189 de Noviembre de 2007 (Caso *Confederación de Profesionales Universitarios de Venezuela (CONFEPUV)* y otros), (Ponente: Arcadio Delgado Rosales), en la cual participó la Magistrado Presidenta, pues no se inhibió como hubiera correspondido en un Estado de derecho al haber adelantado públicamente opinión sobre lo decidido comprometiendo su imparcialidad[52], declarando como

---

51 Reseña del periodista Juan Francisco Alonso, en *El Universal*, Caracas 18-08-2007. Luego de varias solicitudes de recursos de interpretación sobre el artículo 342 de la Constitución, la misma Presidenta de la Sala Constitucional se reservó la elaboración de las ponencias de las sentencias, y con motivo de su recusación que efectuaron los peticionantes por estar comprometida su imparcialidad en la materia al haber formado parte de la Comisión Presidencial para la Reforma Constitucional, en decisión de 01-11-2007, el magistrado J.E. Cabrera de la misma Sala, decidió que de la lectura del Decreto de creación del Consejo de Reforma (art. 5), "se desprende que la Secretaria Ejecutiva, cumplía funciones administrativas y no de redacción, corredacción, o ponencia sobre el contenido de un anteproyecto de reforma constitucional; por lo que la Dra. Luisa Estella Morales Lamuño no es -necesaria-mente- promovente del "Proyecto de Reforma Constitucional" que ha presentado el Presidente de la República, y los recusantes no señalan cuál aporte de la Secretaria Ejecutiva fue incorporado al Proyecto de Reforma, ni siquiera alguno que haga presumir la intervención de la Dra. Morales"; agregando que "Además, por ser parte del Consejo Presidencial, la Secretaria Ejecutiva no está dando ninguna recomendación sobre el juicio de nulidad de que trata esta causa, ya que nada ha manifestado en ese sentido, ni se le imputa declaración alguna de su parte que adelante opinión sobre la inconstitucionalidad denunciada en esta causa". Véase también, la Reseña periodística de JFA, *El Universal*, Caracas 2-11-2007.

52 Conforme al artículo 8 del Código de Ética del Juez, "La imparcialidad constituye supuesto indispensable para la correcta administración de justicia, y por ello el magistrado...juez... que se hallare incurso en alguna causal de inhibición o recusación o viere comprometida su imparcialidad por alguna circunstan-

"**improponible**" una acción de inconstitucionalidad contra el acto de la Asamblea Nacional que había sancionado la reforma constitucional.[53].

Al contrario, la inconstitucionalidad en el procedimiento de revisión constitucionalidad debía ser controlada por la Jurisdicción Constitucional que ejerce la Sala Constitucional, en sus fases, desde la iniciativa, la sanción por la Asamblea y la convocatoria de referendo, para lo cual tenía y tiene competencia al tratarse de acciones de nulidad de dichos actos estatales contrarios a la Constitución.

Lamentablemente ello no lo entendió así la Sala Constitucional, y sucesivamente, en diversas sentencias dictadas con motivo de variadas acciones de inconstitucionalidad intentadas contra los diversos actos estatales de las diversas fases del procedimiento de reforma constitucional, las fue sucesiva y sistemáticamente declarando como "**improponibles**", es decir, **negó incluso el derecho ciudadano acceder a la justicia y a obtener tutela judicial**.

En efecto, en sentencia N° 2108 de 7 de noviembre de 2007 (Ponente: Francisco Carrasqueño), dictada en el Caso *Jorge Paz y otros* con motivo de decidir una acción popular de inconstitucionalidad contra los actos ejecutados por el Presidente de la República el 15 de agosto de 2007; los actos del Ministro del Poder Popular del Despacho de la Presidencia; los actos de la Asamblea Nacional y de la Comisión Mixta, todos relacionados con el proyecto de reforma de la Constitución que por iniciativa del Presidente de la República tramitaba la Asamblea Nacional, la Sala la declaró la acción como "**improponible**", "inventando" así una nueva categoría de decisiones de la Jurisdicción Constitucional, distinta a la inadmisibilidad, o a declarar sin lugar la acción, consistente en **la negación del derecho ciudadano de accionar**, es decir, de acceso a la justicia y a una tutela judicial efectiva que consagra el artículo 26 de la Constitución. Eso, y no otra cosa, es esto de declarar como "**improponible**" una acción.

4. *Los rechazados cambios constitucionales que buscaban crear un Estado Socialista Centralizado*

El Presidente de la República, durante todo el año 2007, y en particular en su "Discurso de Presentación del Anteproyecto de reforma a la Constitución ante la Asamblea Nacional" en agosto de 2007[54], señaló con toda claridad que el objetivo central de la reforma que estaba proponiendo era "la construcción de la Venezuela bolivariana y socialista"[55]; es decir, como lo expresó, se trataba de una propuesta

---

cia previa o sobreviniente al proceso del cual deba conocer, debe separarse inmediatamente del mismo sin esperar a que se le recuse."

53 Véase la sentencia del Tribunal Supremo de Justicia en Sala Constitucional Nº 2189 de 22 de Noviembre de 2007, Caso *Confederación de Profesionales Universitarios de Venezuela (CONFEPUV) y otros*, en http://www.tsj.gov.ve/decisiones/scon/No-viembre/2189-221107-07-1596.htm.

54 Véase *Discurso de Orden pronunciado por el ciudadano Comandante Hugo Chávez Frías, Presidente Constitucional de la República Bolivariana de Venezuela en la conmemoración del Ducentécimo Segundo Aniversario del Juramento del Libertador Simón Bolívar en el Monte Sacro y el Tercer Aniversario del Referendo Aprobatorio de su mandato constitucional*, Sesión especial del día Miércoles 15 de agosto de 2007, Asamblea Nacional, División de Servicio y Atención legislativa, Sección de Edición, Caracas 2007.

55 *Idem*, p. 4

para sembrar "el socialismo en lo político y económico"[56], lo que –dijo– no se había hecho en la Constitución de 1999. Cuando ésta se sancionó –dijo el Jefe de Estado– "no proyectábamos el socialismo como camino", agregando, que "así como el candidato Hugo Chávez repitió un millón de veces en 1998, "Vamos a Constituyente", el candidato Presidente Hugo Chávez dijo: "Vamos al Socialismo", y todo el que votó por el candidato Chávez, votó por ir al socialismo"[57]. Por ello, el Anteproyecto de Constitución que presentó ante la Asamblea Nacional, era para "la construcción del Socialismo Bolivariano, el Socialismo venezolano, nuestro Socialismo, nuestro modelo socialista"[58], cuyo "núcleo básico e indivisible" era "la comunidad", "donde los ciudadanos y las ciudadanas comunes, tendrán el poder de construir su propia geografía y su propia historia"[59]. Y todo ello bajo la premisa de que "sólo en el socialismo será posible la verdadera democracia"[60], pero por supuesto, una "democracia" sin representación que, como lo propuso el Presidente y fue sancionado por la Asamblea Nacional en la rechazada reforma del artículo 136 de la Constitución, que decía que "no nace del sufragio ni de elección alguna, sino que nace de la condición de los grupos humanos organizados como base de la población". Es decir, se buscaba establecer una "democracia" que no era democracia, pues en el mundo moderno no hay ni ha habido democracia sin elección de representantes.

Todas estas propuestas que fueron rechazadas por el pueblo en diciembre de 2007, las resumió el Presidente en su Discurso del 15 agosto de 2007, así:

> "[...] en el terreno político, profundizar la democracia popular bolivariana; en el terreno económico, preparar las mejores condiciones y sembrarlas para la construcción de un modelo económico productivo socialista, nuestro modelo, lo mismo en lo político la democracia socialista; en lo económico, el modelo productivo socialista; en el campo de la Administración Pública incorporar novedosas figuras para aligerar la carga, para dejar atrás el burocratismo, la corrupción, la ineficiencia administrativa, cargas pesadas del pasado, que

---

56 *Idem*, p. 33.

57 *Idem*, p. 4. Es decir, se pretende imponer al 56% de los votantes que no votaron por la reelección presidencial, la voluntad expresada por sólo el 46% de los votantes inscritos en el Registro Electoral que votaron por la reelección del Presidente. Según las cifras oficiales del CNE, en las elecciones de 2006, de un universo de 15.784.777 votantes inscritos en el Registro Electoral, sólo 7.309.080 votaron por el Presidente.

58 Véase *Discurso*... p. 34

59 *Idem*, p. 32.

60 *Idem*, p. 35. Estos conceptos se recogen igualmente en la *Exposición de Motivos* para la Reforma Constitucional, Agosto 2007, donde se expresa la necesidad de "ruptura del modelo capitalista burgués" (p. 1), de desmontar la superestructura que le da soporte a la producción capitalista"(p. 2); de "dejar atrás la democracia representativa para consolidar la democracia participativa y protagónica"(p. 2); de "crear un enfoque socialista nuevo" (p. 2) y "construir la vía venezolana al socialismo"(p. 3); de producir "el reordenamiento socialista de la geopolítica de la Nación" (p. 8); de la "construcción de un modelo de sociedad colectivista" y "el Estado sometido al poder popular"(p. 11); de "extender la revolución para que Venezuela sea una República socialista, bolivariana", y para "construir la vía venezolana al socialismo; construir el socialismo venezolano como único camino a la redención de nuestro pueblo"(p. 19).

todavía tenemos encima como rémoras, como fardos en lo político, en lo económico, en lo social"[61].

Y todas estas propuestas de construcción del socialismo, además, el Presidente las vinculó al proyecto que Simón Bolívar había elaborado en plena guerra de independencia en 1819, el cual –dijo– "es perfectamente aplicable a un proyecto socialista: perfectamente se puede tomar la ideología bolivariana originaria, como elemento básico de un proyecto socialista"[62]. Sin embargo, basta leer el "Discurso de Angostura" del Libertador Simón Bolívar, al presentar el proyecto de Constitución de 1819 en Congreso reunido en aquella ciudad (Angostura), para captar que nada de lo que allí expresó tiene que ver con proyecto socialista alguno[63].

En todo caso, la reforma constitucional sancionada y rechazada popularmente, tocaba las bases fundamentales del Estado, en particular, en relación con la ampliación constitucional de la llamada "doctrina bolivariana"; con la sustitución del Estado democrático y social de derecho por el Estado Socialista; con la eliminación de la descentralización como política de Estado supuestamente en aras de la participación política, la cual por otra parte se limitaba.[64]

A. *El rechazo a la propuesta de establecer una "doctrina bolivariana" como doctrina del Estado socialista*

Una de las innovaciones de la Constitución de 1999, fue sin duda el cambio de la denominación de la República de Venezuela por el de "República Bolivariana de Venezuela" (art. 1), que nada tenía que ver con Simón Bolívar y su pensamiento, y ni siquiera con la idea de construcción del socialismo –pues incluso, como lo dijo el Presidente en su discurso del 15 de agosto de 2007, en ese momento no estaba

---

61 *Idem*, p. 74

62 *Idem*, p. 42.

63 Véase Simón Bolívar, *Escritos Fundamentales*, Caracas, 1982. Véase también, Pedro Grases (Ed), *El Libertador y la Constitución de Angostura de 1819,* Caracas, 1969; y José Rodríguez Iturbe (Ed.), *Actas del Congreso de Angostura,* Caracas, 1969.

64 Véase sobre la rechazada reforma constitucional de 2007: Allan R. Brewer-Carías, "Estudio sobre la propuesta presidencial de reforma constitucional para la creación de un Estado Socialista, Centralizado y Militarista en Venezuela (análisis del anteproyecto presidencial, agosto 2007," en *Anuario da Facultade de Dereito da Universidade da Coruña, Revista jurídica interdisciplinaria internacional*, Con. 12, La Coruña 2008, pp. 87-125; "La proyectada reforma constitucional de 2007, rechazada por el poder constituyente originario", en *Anuario de Derecho Público 2007,* Año 1, Instituto de Estudios de Derecho Público de la Universidad Monteávila, Caracas 2008, pp. 17-65; "La reforma constitucional en Venezuela de 2007 y su rechazo por el poder constituyente originario", en *Revista Peruana de Derecho Público,* Año 8, N° 15, Lima, Julio-Diciembre 2007, pp. 13-53; "El sello socialista que se pretendía imponer al Estado", en *Revista de Derecho Público*, N° 112, Editorial Jurídica Venezolana, Caracas 2007, pp. 71-76; "Estudio sobre la propuesta presidencial de reforma constitucional para la creación de un Estado Socialista, Centralizado y Militarista en Venezuela (Agosto 2007", *Revista de Derecho Público*", N° 111, (julio-septiembre 2007), Editorial Jurídica Venezolana, Caracas 2007, pp. 7-42; "Estudio sobre la propuesta de Reforma Constitucional para establecer un Estado Socialista, Centralizado Y Militarista (Análisis del Anteproyecto Presidencial, Agosto de 2007)", *Cadernos da Escola de Direito e Relações Internacionais da UniBrasil,* N° 07, Curitiba, 2007; "Hacia creación de un Estado socialista, centralizado y militarista en Venezuela (2007)", *Revista de Derecho Político*, N° 70, Madrid, septiembre-diciembre 2007, pp. 381-432

planteado–[65], habiendo obedecido en su momento a una motivación político partidaria, partisana o partidista[66], vinculada al partido "bolivariano" que no se podía utilizar.[67]

En 2007, todo ello cambió, de manera que al formular su propuesta de reforma constitucional, el Presidente de la República buscó identificar la doctrina bolivariana con otra cosa distinta al pensamiento del Libertador, como fue el modelo socialista de sociedad y Estado, y el "bolivarianismo" como su ideología política. Por ello se propuso denominar a todos los componentes de la Fuerza Armada como "bolivariana" (art. 156,8; 236,6; 328 y 329), a la cual se le asignaba el cumplimiento de su misión de defensa que debía realizar "mediante el estudio, planificación y ejecución de la doctrina militar bolivariana".

Además, en la reforma al artículo 103 de la Constitución, se buscaba completar el concepto de vinculación de lo bolivariano con el socialismo, al disponerse que la inversión prioritaria que debe realizar el Estado en materia educativa, debía ser "de acuerdo a los principios humanísticos del socialismo bolivariano, y tomando en cuenta las recomendaciones de la Organización de las Naciones Unidas".

B. *El rechazo a la propuesta de sustituir el Estado Democrático y Social de Derecho y de Justicia por el Estado Socialista*

El artículo 2 de la Constitución de 1999 define a Venezuela como un Estado democrático y social de derecho y de justicia, precisamente para diseñar un Estado no socialista, es decir, contrario al Estado Socialista que se pretendió crear con la rechazada reforma constitucional.

Ello resultaba de la propuesta de reforma que se pretendía respecto del artículo 16, donde se buscaba crean las comunas y comunidades como "el núcleo territorial básico e indivisible del Estado Socialista Venezolano"; del artículo 70, donde al definirse los medios de participación y protagonismo del pueblo en ejercicio directo de su soberanía mediante todo tipo de consejos, se pretendía indicar que era "para la construcción del socialismo", haciéndose mención a las diversas asociaciones "constituidas para desarrollar los valores de la mutua cooperación y la solidaridad socialista"; del artículo 112 donde se proponía indicar, en relación con el modelo económico del Estado, que era para crear "las mejores condiciones para la construcción colectiva y cooperativa de una economía socialista"; del artículo 113 en el cual se buscaba indicar la necesidad de la constitución de "empresas mixtas o unidades de producción socialistas"; del artículo 158, del que se buscaba eliminar toda mención a la descentralización como política nacional, y definir como política nacional, "la participación protagónica del pueblo, restituyéndole el poder y creando

---

65 Véase *Discurso...*, citado *supra*, nota 16, p. 4.

66 Véase lo que expusimos en Allan R. Brewer–Carías, *La Constitución de 1999*, Editorial Arte, Caracas 1999, pp. 44 ss.

67 De acuerdo con la Ley de Partidos Políticos, *Gaceta Oficial* N° 27.725, de 30–04–1965, los partidos políticos no pueden usar los nombres de los próceres ni los símbolos de la patria. La organización política que el Presidente había formado antes de la campaña presidencial de 1998, se llamó el Movimiento Bolivariano 2000, nombre que no podía ser usado. Por ello, el partido político que fundó se denominó Movimiento V Republica.

las mejores condiciones para la construcción de una democracia socialista"; del artículo 168 relativo al Municipio, en el que se buscaba precisar la necesidad de incorporar "la participación ciudadana a través de los Consejos del Poder Popular y de los medios de producción socialista"; del artículo 184 en el que se buscaba orientar la descentralización de Estados y Municipios para permitir "la construcción de la economía socialista"; del artículo 299, relativo al régimen socioeconómico de la República, en el que se pretendía indicar que se debía fundamentar "en los principios socialistas"; del artículo 300 relativo a la creación de empresas públicas, que se pretendía orientar sólo "para la promoción y realización de los fines de la economía socialista"; del artículo 318, sobre el sistema monetario nacional en el cual se pretendía indicar que debía "propender al logro de los fines esenciales del Estado Socialista", todo de acuerdo con el Plan de Desarrollo Integral de la Nación cuyo objetivo, se pretendía indicar que era "para alcanzar los objetivos superiores del Estado Socialista"; y del artículo 321 sobre el régimen de las reservas internacionales, respecto de las cuales los fondos que se pretendía regular, se buscaba declarar que fueran sólo para "el desarrollo integral, endógeno, humanista y socialista de la Nación".

C. *El rechazo a la propuesta de eliminar la descentralización como política de Estado*

La Constitución de 1999 en su artículo 4 no sólo precisó que "La República Bolivariana de Venezuela es un Estado federal descentralizado en los términos consagrados por esta Constitución"; sino que definió a la descentralización como política de Estado (arts. 16, 84, 166, 184, 185, 269, 272, 285, 300) para "profundizar la democracia, acercando el poder a la población y creando las mejores condiciones, tanto para el ejercicio de la democracia como para la prestación eficaz y eficiente de los cometidos estatales" (art. 158).

Todo esto se buscaba eliminar en la rechazada reforma constitucional de 2007, en la cual siguiendo la orientación de la práctica política centralista de los últimos años, se perseguía centralizar completamente el Estado, eliminándose todo vestigio de descentralización como organización y política pública, de autonomía territorial y de democracia representativa a nivel local, es decir, de la unidad política primaria en el territorio, lo que tocaba otro aspecto fundamental y medular del Estado venezolano, que es la forma federal.

Con la rechazada reforma constitucional, en efecto, se buscaba formular una supuesta "nueva geometría del poder" donde no había ni podía haber autonomías, con la propuesta de creación de nuevas instancias territoriales, todas sometidas al poder central, mediante las cuales el Poder Popular supuestamente iba a desarrollar "formas de agregación comunitaria política territorial" que constituían formas de autogobierno, pero sin democracia representativa alguna, sino sólo como "expresión de democracia directa" (art. 16). Con ello se buscaba, como lo dijo el Presidente de la república, "el desarrollo de lo que nosotros entendemos por descentralización, porque el concepto cuartorepublicano de descentralización es muy distinto al concepto que nosotros debemos manejar. Por eso, incluimos aquí la participación protagónica, la transferencia del poder y crear las mejores condiciones para la construcción de la democracia socialista"[68].

D. *El rechazo a la propuesta de eliminar la democracia representativa a nivel local*

De acuerdo con el artículo 5° de la Constitución de 1999, se definió a la democracia conforme a la representatividad política, es decir, la democracia indirecta (democracia representativa) conforme a la cual todos los órganos del Poder Público tienen que tener su origen en elección popular, la cual se complementó con la posibilidad de su ejercicio directo. La democracia, por tanto, para ser tal, tiene que ser representativa, mediante la elección de cargos públicos (art. 70), a través de votaciones libres, universales, directas y secretas (art. 63). Por ello, en la Constitución no existe ni puede existir democracia que no sea representativa, siendo de la esencia del régimen político democrático la idea de que el pueblo, titular de la soberanía, no la ejerce directamente, sino a través de representantes.

La democracia representativa, por supuesto, no se opone a la democracia participativa; y ésta no puede sustituir a la anterior. La democracia, para que sea participativa, además de esencialmente representativa, lo que tiene es que permitir al ciudadano participar en los asuntos públicos, teniendo acceso al poder lo que puede ocurrir sólo cuando lo tiene cerca. Ello implica necesariamente un bien arraigado y desarrollado sistema de gobierno local, en cada lugar, asentamiento urbano o rural, que goce de autonomía política, lo que sólo puede estar basado en la descentralización política, es decir, en la creación de entidades políticas autónomas que permitan el autogobierno local. En ese sentido, participar es sólo posible cuando mediante la descentralización, se crean autoridades locales en los niveles territoriales más pequeños, lo que implica desparramar el poder.

Este sistema democrático es contrario a la concentración del Poder y al centralismo que es lo que se buscaba encubrir con el rechazado proyecto de reforma constitucional, que estaba destinado a la construcción del socialismo, de una sociedad colectivista y de supuesta "participación protagónica"[69], eliminando de la Constitución toda referencia a la descentralización política, y por tanto, de efectiva posibilidad de participación, y además, la sustitución de la democracia representativa por una supuesta "democracia participativa".

Para ello, lo que se buscaba era acabar con la propia democracia como régimen político, tratando de sustituirla por un régimen autoritario, centralizador y

68 Véase *Discurso*…., citado *supra*, nota 16.

69 En la *Exposición de Motivos del Proyecto de Reforma Constitucional* presentado por el Presidente de la República en agosto 2007, se lee que el Poder Popular "es la más alta expresión del pueblo para la toma de decisiones en todos sus ámbitos (político, económico, social, ambiental, organizativo, internacional y otros) para el ejercicio pleno de su soberanía. Es el poder constituyente en movimiento y acción permanente en la construcción de un modelo de sociedad colectivista de equidad y de justicia. Es el poder del pueblo organizado, en las más diversas y disímiles formas de participación, al cual está sometido el poder constituido. No se trata del poder del Estado, es el Estado sometido al poder popular. Es el pueblo organizado y organizando las instancias de poder que decide las pautas del orden y metabolismo social y no el pueblo sometido a los partido políticos, a los grupos de intereses económicos o a una particularidad determinada", *cit.*, p 11.

concentrador del Poder que hubiera impedido la real participación política, al no existir entidades locales autónomas, y depender los consejos comunales de la cúspide del poder ejecutivo nacional. Ello se pretendía lograr con la eliminación de los entes territoriales descentralizados políticamente, sin las cuales no puede haber efectivamente democracia participativa, y la creación en su lugar de consejos del poder popular que no pasan de ser una simple manifestación de movilización controlada desde el Poder Central. Ello es lo que ha ocurrido, precisamente, con los Consejos Comunales creados por Ley en 2006[70], cuyos miembros no son electos mediante sufragio sino designados por Asambleas de ciudadanos controladas por el propio Poder Ejecutivo Nacional. Ello era lo que con la rechazada reforma constitucional, se pretendía consolidar en el texto fundamental, al proponerse una "nueva geometría del poder" en la cual se sustituía a los Municipios, por las comunidades, como el "núcleo territorial básico e indivisible del Estado Socialista Venezolano", que debían agrupar a las comunas (socialistas)[71] como "células sociales del territorio", las cuales se debían agrupar en ciudades que eran las que se pretendía concebir como "la unidad política primaria de la organización territorial nacional". En la rechazada reforma constitucional se buscaba establecer en forma expresa que los integrantes de los diversos Consejos del Poder Popular no nacían "del sufragio ni de elección alguna, sino que nace de la condición de los grupos humanos organizados como base de la población".

Con ello, en definitiva, en nombre de una "democracia participativa y protagónica", lo que se buscaba era poner fin en Venezuela a la democracia representativa a nivel local, y con ello, de todo vestigio de autonomía política territorial que es la esencia de la descentralización.

5. *Los rechazados cambios constitucionales que buscaban restringir el derecho ciudadano a la participación política*

A. *El rechazo a la propuesta de reducir el derecho a la participación política sólo para la ejecución de la ideología socialista*

Conforme al artículo 62 de la Constitución de 1999 todos tienen el derecho "de *participar libremente* en los asuntos públicos, directamente o por medio de sus representantes elegidos o elegidas", refiriéndose a "la participación del pueblo en la formación, ejecución y control de la gestión pública" como "el medio necesario para lograr el protagonismo que garantice su completo desarrollo, tanto individual como colectivo", a través de los mecanismos de participación enumerados en el artículo 70.

---

70 Véase los comentarios sobre ello en Allan R. Brewer–Carías et al, *Ley Orgánica del Poder Público Municipal,* Editorial Jurídica Venezolana, Caracas 2007, pp. 75 y ss.,

71 En la *Exposición de Motivos* del Proyecto de Reforma Constitucional presentado por el Presidente de la República en agosto 2007, a las comunas se las califica como "comunas socialistas", y se la define como "Es un conglomerado social de varias comunidades que poseen una memoria histórica compartida, usos, costumbres y rasgos culturales que los identifican, con intereses comunes, agrupadas entre sí con fines político–administrativos, que persiguen un modelo de sociedad colectiva de equidad y de justicia", *cit.,* p. 12

Con la rechazada reforma constitucional, dichos medios de participación política, entre los cuales se proponía incluir a los Consejos del Poder Popular, perdían su carácter libre y se buscaba que quedaran reducidos al único propósito de "la construcción del socialismo", de manera que quien no quisiera construir socialismo alguno, hubiera quedado excluido del derecho a la participación política, que sólo estaba destinado a desarrollar los valores de "la solidaridad socialista" y no era libre como indica el artículo 62.

Por otra parte, en sustitución del concepto amplio de participación ciudadana que establece el artículo 168 de la Constitución y que deben desarrollar los Municipios, con la rechazada reforma constitucional se pretendía establecer la obligación de los Municipios de "incorporar, dentro del ámbito de sus competencias, la participación ciudadana a través de los Consejos del Poder Popular y de los medios de producción socialista", eliminándose toda posibilidad de otras formas de participación, la cual dejaba de ser libre.

B. *El rechazo a la propuesta de eliminar la participación de los representantes de la sociedad civil en la postulación de altos funcionarios del Estado*

El proyecto de reforma constitucional de 2007, por otra parte, buscaba eliminar las formas de participación política de la sociedad civil en los asuntos públicos que directamente establece la Constitución de 1999, para la postulación de los candidatos a los cargos de Magistrados del Tribunal Supremo de Justicia, de Miembros del Consejo Nacional Electoral, del Defensor del Pueblo, del Contralor General de la República y del Fiscal General de la República. Esa postulación debe hacerse ante la Asamblea Nacional por sendos Comités de Postulaciones que necesariamente debían estar integrados por "representantes de los diferentes sectores de la sociedad" (arts. 264, 279, 295).

Estas previsiones de la Constitución de 1999 han sido distorsionadas por la práctica política y legislativa desarrollada desde que se sancionó la propia Constitución, tanto por parte de la entonces Asamblea Nacional Constituyente (1999) como luego por la Asamblea Nacional (2000), que fueron convirtiendo dichos Comités de Postulaciones en violación de la Constitución, en simples Comisiones parlamentarias ampliadas (2002–2007), limitando el derecho a la participación política de la sociedad civil[72]. Esa tendencia es la que se buscaba constitucionalizar con el rechazado proyecto de reforma constitucional, al buscarse regular los Comités de Postulaciones para la elección de los Magistrados del Tribunal Supremo de Justicia y de los titulares de los órganos del Poder Electoral y del Poder Ciudadano, en los cuales se pretendía eliminar su integración exclusiva por representantes de los diversos sectores de la sociedad, y pasando a estar integrados mayoritariamente por diputados, representantes del Poder Popular, en fin, por funcionarios del Estado (arts. 264, 295, 279).

---

72 Véase Allan R. Brewer–Carías, "La participación ciudadana en la designación de los titulares de los órganos no electos de los Poderes Públicos en Venezuela y sus vicisitudes políticas", en *Revista Iberoamericana de Derecho Público y Administrativo*, Año 5, N° 5–2005, San José, Costa Rica 2005, pp. 76–95.

C. *El rechazo a la propuesta de limitar al derecho a la participación política mediante referendos*

Con la rechazada propuesta constitucional, por otra parte, se buscaba restringir los mecanismos de democracia directa establecidos en la Constitución, particularmente en relación con los referendos consultivo, el referendo revocatorio, el referendo aprobatorio, y el referendo abrogatorio (art. 71 a 74). Respecto de todos ellos, en efecto, la rechazada propuesta de reforma constitucional pretendía elevar el porcentaje de firmas necesarias para que pudieran ser iniciados por iniciativa popular, es decir, hacer más dificultosa dicha iniciativa; y además, buscaba aumentar el porcentaje de votos necesarios para que los referendos pudieran tener efectos.

En particular, respecto del referendo revocatorio, con el rechazado proyecto de reforma constitucional se buscaba hacerlo menos participativo y más dificultoso, al buscarse establecer, en primer lugar, en vez de que la solicitud de convocatoria del mismo correspondiera directamente, como un derecho popular, a un número no menor del 20 % de los electores inscritos en la correspondiente circunscripción, que lo que hubiera podido hacerse era "solicitar al Consejo Nacional Electoral la activación del mecanismo para que los electores y electoras inscritos e inscritas en la correspondiente circunscripción del Registro Electoral, en un número no menor del treinta por ciento, soliciten la convocatoria de un referendo para revocar su mandato", distorsionado la iniciativa popular; en segundo lugar, en lugar de exigirse que sólo concurran al referendo un número de electores igual o superior al 25% de los electores inscritos para que se considere válido el referendo, con la rechazada reforma constitucional se buscaba que concurrieran al referendo el 40% de los electores inscritos; y en tercer lugar, adicionalmente a la exigencia de que se considerase revocado el mandato cuando voten a favor de la revocatoria "igual o mayor número de electores que eligieron al funcionario", con la reforma constitucional que ha sido rechazada popularmente, se buscaba exigir que "sea mayor el total de votos a favor que el total de votos en contra", así hubieran votado por la revocatoria más electores que los que eligieron al funcionario, con lo cual se perseguía distorsionar el referendo revocatorio y transformarlo en un "referendo ratificatorio".

D. *El rechazo a la propuesta de limitar el derecho a la participación política en materia de revisión de la Constitución*

En la Constitución de 1999 se establecen tres mecanismos institucionales para la revisión constitucional que se distinguen según la intensidad de las transformaciones que se proponen, y que son las Enmiendas constitucionales, las Reformas Constitucionales y la Asamblea Nacional Constituyente. En todos los caso, la Constitución ha previsto la iniciativa popular de las propuestas de cambios constitucionales, mediante la fijación de un porcentaje de ciudadanos que oscila entre el 15 y el 30% de los inscritos en el registro Electoral.

En la rechazada reforma constitucional, se hacía más difícil la iniciativa popular al proponerse en todos los casos, aumentar el porcentaje de ciudadanos que podían presentarla, y además, se buscaba hacer más dificultoso el proceso de modificación constitucional, al buscarse también aumentar el porcentaje de electores que debían concurrir a los referendos y de votos que se necesitan para aprobar los proyectos en los referendos (arts. 341 y ss.).

5. *Los rechazados cambios constitucionales que buscaban desmantelar la federación y centralizar totalmente al Estado*

A. *El rechazo a la propuesta de establecer una supuesta "nueva geometría del poder"*

La forma del Estado venezolano ha sido siempre formalmente la de una Federación, en la cual el Poder Público está distribuido en el territorio entre entidades políticas territoriales autónomas en tres niveles: el nivel nacional (República), el nivel estadal (Estados) y el nivel municipal (Municipios), cuyas respectivas autonomías garantiza la propia Constitución. Con la rechazada reforma constitucional de 2007, si bien no se eliminaba expresamente la palabra "federación", o la forma "federal" del Estado, la misma se vaciaba totalmente de contenido.

En particular, en cuanto a los Estados y Municipios sobre cuya concepción se monta el sistema federal, con la reforma que se pretendía hacer al artículo 16, desaparecía la garantía constitucional de la autonomía municipal y el principio de la descentralización político administrativa que establece la Constitución de 1999 como condición esencial de la división territorial.

En particular, en relación con los Municipios, con la rechazada reforma constitucional se buscaba quitarles el carácter de unidad política primaria que el artículo 168 de la Constitución de 1999 les garantiza, y en su lugar se proponía establecer a "la ciudad" como la unidad política primaria de la organización territorial nacional, entendida como "todo asentamiento poblacional dentro del municipio, e integrada por áreas o extensiones geográficas denominadas comunas".

Además, se buscaba definir a estas comunas, como las células sociales del territorio conformadas por las "comunidades", cada una de las cuales se proponía que constituyera "el núcleo territorial básico e indivisible del Estado Socialista Venezolano, donde los ciudadanos y las ciudadanas tendrán el poder para construir su propia geografía y su propia historia". En la rechazada propuesta de reforma constitucional, también se proponía crear la figura de la Ciudad Comunal que debía constituirse cuando en la totalidad de su perímetro, se hubieran establecido las comunidades organizadas, las comunas y el autogobierno comunal, pero asignándose su creación al Presidente de la República en Consejo de Ministros.

A partir de este esquema inicial, en el artículo 16 del proyecto de la rechazado de reforma constitucional, se buscaba cambiar radicalmente la división política del territorio nacional en "entidades políticas" (Estados, Distrito Capital, dependencias federales, territorios federales y Municipios y otras entidades locales) que conforme a la Constitución gozan esencialmente de autonomía política territorial, y deben tener un gobierno "electivo" (art. 6); por una "conformación" del territorio nacional a los fines político–territoriales y de acuerdo con una "nueva geometría del poder", por un Distrito Federal, por los estados, las regiones marítimas, los territorios federales, los municipios federales y los distritos insulares". En ese esquema, se proponía eliminar la exigencia constitucional de que todo el territorio se nacional se debe organizar en municipios, por la previsión de que sólo "los Estados se organizan en municipios" (art. 16), con lo que desaparecían si una parte del territorio se convertía en alguna de las "nuevas" entidades. Por ello es que precisamente, se buscaba que el Municipio desapareciera como unidad política primaria en la organización nacional.

Lo más notorio de la rechazada reforma constitucional es que mediante la misma, se buscaba autorizar al Presidente de la República, en Consejo de Ministros, para que "previo acuerdo aprobado por la mayoría simple de los diputados y diputadas de la Asamblea Nacional", pudiera "decretar regiones marítimas, territorios federales, municipios federales, distritos insulares, provincias federales, ciudades federales y distritos funcionales, así como cualquier otra entidad que establezca esta Constitución y la Ley", con lo que materialmente, la totalidad de la división político territorial de la República se pretendía que dejara de ser una materia de rango constitucional y pasara a ser una materia ni siquiera de regulación legislativa, sino solamente ejecutiva. En fin, lo que se pretendía con la rechazada reforma constitucional era la total centralización del poder, lo que se confirma mediante la asignación que se pretendía hacer al Presidente de la República para designar y remover "las autoridades respectivas" de dichas entidades que hubieran quedado sujetas completamente al Poder Central.

B. *El rechazo a la propuesta de restablecer el Distrito Federal sin autonomía política ni gobierno democrático local*

En cuanto al régimen político de la ciudad capital, (Caracas), la Constitución de 1999 aseguró definitivamente un régimen de gobierno local descentralizado y democrático, en el cual se debe garantizar la autonomía municipal y la participación política de las diversas entidades que componen la ciudad. De allí el esfuerzo por establecer un gobierno metropolitano a dos niveles, para asegurar por una parte, el gobierno global (metropolitano) de la ciudad y por la otra, asegurar el gobierno local. En esta forma en 1999 se eliminó la figura territorial del "Distrito Federal" que había quedado como vestigio decimonónico del esquema tradicional de las federaciones, en el cual la ciudad capital carece de autogobierno.

Con la rechazada reforma constitucional de 2007, lo que se pretendía era volver al mismo esquema del siglo XIX, ya superado en todas las capitales de todas las Federaciones del mundo, de restablecer un Distrito Federal sin garantía alguna de la autonomía municipal o territorial, ni del carácter democrático y participativo de su gobierno, cuyas autoridades se pretendía que quedaran totalmente sujetas y controladas por el Poder Nacional, y en particular, por el Presidente de la República a quien se buscaba atribuir la designación y remoción de sus autoridades.

Además, en la propuesta de reforma constitucional rechazada por el pueblo, se pretendía "nacionalizar" totalmente las competencias públicas respecto de todos los asuntos que concernieran a la ciudad capital, mediante la propuesta de asignar al "Poder Nacional por intermedio del Poder Ejecutivo" (con la colaboración y participación de todos los entes del Poder Público Nacional, Estadal y Municipal, así como del Poder Popular) disponer "todo lo necesario para el reordenamiento urbano, reestructuración vial, recuperación ambiental, logros de niveles óptimos de seguridad personal y pública, fortalecimiento integral de la infraestructura del hábitat de las comunidades, sistemas de salud, educación, cultura, deporte y recreación, recuperación total de su casco y sitios históricos, construcción de un sistema de pequeñas y medianas ciudades a lo largo de sus ejes territoriales de expansión". Es decir, todo lo que es propio de los gobiernos locales, se pretendía asignar al Ejecutivo Nacional.

C. *El rechazo a la propuesta de establecer un "Poder Popular" en la distribución vertical del Poder Público*

Con la rechazada propuesta de reforma constitucional, se buscaba agregar a la distribución vertical del Poder Público entre el Poder Municipal, el Poder Estadal y el Poder Nacional (art. 136), a un denominado "Poder Popular", que se pretendía concebir como el medio para que supuestamente "el pueblo" como el depositario de la soberanía, la ejerciera "directamente", pero con la advertencia expresa de que dicho "Poder Popular" "no nace del sufragio ni de elección alguna, sino que nace de la condición de los grupos humanos organizados como base de la población", sino mediante la constitución de comunidades, comunas y el autogobierno de las ciudades, a través de toda suerte de consejos comunales y de otra índole.

Se pretendía, así, agregar como un Poder Público más en el territorio, al Poder Popular, cuyos voceros, por ejemplo, con la rechazada reforma constitucional se pretendía que también formaran parte de los Comités de Postulaciones y Evaluaciones para la escogencia de los magistrados del Tribunal Supremo de Justicia, los titulares del Poder Ciudadano y los miembros del Consejo Nacional Electoral (arts. 264, 279 y 295).

D. *El rechazo a la propuesta de "nacionalización" de las competencias en el Poder Público*

Con la rechazada reforma constitucional, además, se buscaba trastocar la distribución de competencias públicas prevista en la Constitución entre los tres niveles territoriales de gobierno (nacional, estadal y municipal), de manera de centralizar materialmente todas las competencias del Poder Público en el nivel nacional (arts. 156, 164), vaciándose de competencias a los Estados y obligándose a los Municipios a transferir sus competencias a los Consejos Comunales, con lo que en definitiva hubieran quedado como entelequias vacías.

Pero entre las materias que con el rechazado proyecto de reforma constitucional se pretendía asignar al Poder Nacional, estaba la que se pretendía incorporar al artículo 156,10, para "la ordenación y gestión del territorio y el régimen territorial del Distrito Federal, los Estados, los Municipios, las Dependencias Federales y demás entidades regionales"; y en el Artículo 156,11, para "la creación, supresión, ordenación y gestión de provincias federales, regiones estratégicas de defensa, territorios federales, municipios federales, ciudades federales y comunales, distritos funcionales, regiones marítimas y distritos insulares". En esta forma, se pretendía con la reforma rechazada que los Estados y Municipios dejaran de ser "entidades políticas" perdiendo efectiva autonomía, y pasaran a depender totalmente del Poder Nacional, como órganos sin autonomía alguna, es decir, como administraciones periféricas del Poder Central sometidas a la ordenación y gestión que establezca el Poder Nacional.

Por ello también se buscaba reformar el artículo 164,2 de la Constitución, para establecer que los Estados tuvieran competencia para ejercer "la coordinación de sus municipios y demás entidades locales", lo que también hubiera implicado la eliminación de la autonomía municipal.

La centralización de todas las competencias del Poder Público en el nivel nacional llegaba a tal extremo en la rechazada reforma constitucional que con la misma se pretendía eliminar formalmente la tradicional competencia residual de los Estados (art. 164,11) –que existe en todas las federaciones del mundo–, respecto de toda otra competencia no asignada expresamente a los otros niveles de gobierno (nacional y municipal), y en cambio, establecer dicha competencia residual a favor del Poder nacional (art. 156,36), dejando a los Estados, sólo y exclusivamente, competencia en "todo lo que le atribuya esta Constitución o ley nacional" (art. 164,10).

E. *El rechazo a la propuesta de limitar la autonomía municipal y de eliminar las parroquias como entidades locales*

De acuerdo con el artículo 168 de la Constitución de 1999, la autonomía municipal respecto de los otros niveles de gobierno (nacional y estadal), está garantizada al disponer que sus actos "no pueden ser impugnados sino ante los tribunales competentes, de conformidad con la Constitución y la ley"; lo que implica que pueden ser revisados, en forma alguna, por los órganos del Poder Nacional ni de los Estados. Con el rechazada proyecto de reforma constitucional de 2007, se buscaba eliminar de este artículo no sólo la característica del Municipio de ser la unidad política primaria de la organización nacional, lo que se pretendía atribuir a la ciudad (art. 16), sino la mencionada autonomía jurídica e institucional de los Municipios, lo que hubiera permitido que sus actos hubieran podido ser impugnados y revisados por los otros órganos administrativos de los Estados.

El rechazado proyecto de reforma constitucional, además, pretendía eliminar del artículo 173 de la Constitución toda referencia a la existencia de las "parroquias" como entidades locales.

7. *Los rechazados cambios constitucionales en la organización y funcionamiento del Poder Nacional*

A. *El rechazo a la propuesta de reforma para acentuar el presidencialismo*

Con la rechazada reforma constitucional se pretendía acentuar el presidencialismo y la concentración del poder, por una parte, mediante el establecimiento de la posibilidad de reelección indefinida del Presidente de la República y el aumento del período constitucional del Presidente de 6 a 7 años (art. 230); y por la otra, mediante la ampliación de las competencias asignadas al Presidente de la República (art. 236).

En este último aspecto, lo que ha sido rechazado en el referéndum del 2 de diciembre de 2007 por voluntad del poder constituyente originario, fueron las propuestas de atribuir al Presidente de la República nuevas competencias, entre las cuales destacan:

1. Para resolver en materia de "la ordenación y gestión del territorio", y el "régimen territorial del Distrito Federal, los estados, los municipios, dependencias federales y demás entidades regionales, de acuerdo con la ley nacional" (art. 236,3), con lo que hubiera desaparecido todo vestigio de autonomía y división territorial, ya que dicha materia ni siquiera hubiera sido competencia del legislador, sino del Poder Ejecutivo.

3. Para "crear o suprimir las provincias federales, territorios federales, ciudades federales, distritos funcionales, municipios federales, regiones marítimas y distritos insulares, según lo establecido en esta Constitución, designar y remover sus autoridades, conforme a la ley, asimismo podrá crear ciudades comunales de acuerdo con esta Constitución"(art. 236,4), con lo cual se buscaba dejar en todo lo que concernía al territorio y su división en manos del Jefe de Estado.

4. Para "formular el Plan Nacional de Desarrollo y dirigir su ejecución" (art. 236,20), eliminándose la necesaria aprobación por parte de la Asamblea Nacional en relación con la formulación y ejecución del Plan Nacional de desarrollo que dispone la Constitución (art. 236, 18).

5. Para "decretar la suspensión o restricción de garantías" en casos de que declare estados de excepción (art. 236,9), cuando en el artículo 236,7 de la Constitución sólo se autoriza al Presidente a "restringir" garantías, pero nunca a "suspenderlas". Esta atribución se buscaba ratificar, además, en la reforma propuesta y rechazada respecto del artículo 337 de la Constitución, con la que se buscaba ampliar los poderes presidenciales en los estados de excepción (art. 338 y 339).

6. Para administrar "las reservas internacionales, así como el establecimiento y regulación de la política monetaria, en coordinación con el Banco Central de Venezuela" (236,13).

7. Para "decretar Regiones Estratégicas de Defensa a fin de garantizar la soberanía, la seguridad y defensa en cualquier parte del territorio y espacios geográficos de la República"; para "decretar autoridades especiales en situaciones de contingencia, desastres o cualquier otra que requiera la intervención inmediata y estratégica del Estado" (art. 11); para crear por decreto las ciudades comunales (art. 16); para "decretar regiones marítimas, territorios federales, municipios federales, distritos insulares, provincias federales, ciudades federales y distritos funcionales, así como cualquier otra entidad que establezca esta Constitución y la ley"(art. 16); y para designar y remover las autoridades respectivas de las regiones marítimas, territorios federales, Distrito Federal, municipios federales, distritos insulares, provincias federales, ciudades federales y distritos funcionales, así como cualquier otra entidad que establezca esta Constitución y la ley"(art. 16).

B. *El rechazo a la propuesta de reforma para acentuar la concentración del poder*

Con la rechazada reforma constitucional de 2007, además de haberse pretendido acentuar el centralismo y el presidencialismo, también se pretendía acentuar la concentración del poder, particularmente en la Asamblea Nacional, y mediante el dominio que sobre la misma ejerce el Presidente de la República, en definitiva en manos de este.

En tal sentido en la rechazada propuesta de reforma constitucional se pretendía reformar el sistema tanto para la selección de los titulares de los Poderes Judicial, Ciudadano y Electoral como para su remoción por la Asamblea Nacional.

A tal efecto, como se destacó anteriormente, con la rechazada reforma constitucional se pretendía cambiar radicalmente la conformación de los Comité de Postulaciones Judiciales (arts. 264, 279, 292), para convertirlos materialmente en

Comisiones parlamentarias, eliminando la exigencia de la Constitución de que deben estar integrados solamente por representantes de los diversos sectores de la sociedad, precisamente para neutralizar las componendas políticas de la Asamblea en dichas designaciones; y se buscaba además, eliminar el principio de la mayoría calificada de dos terceras partes para la designación de dichos altos funcionarios (art. 279).

Pero además, con la rechazada reforma constitucional, se pretendía establecer en general, la posibilidad de que los titulares de los Poderes Judicial (Magistrados del Tribunal Supremo de Justicia), Ciudadano (Contralor General de la República, Fiscal General de la República, Defensor del Pueblo) y Electoral (rectores del Consejo Nacional Electoral) pudieran ser removidos de sus cargos por la Asamblea Nacional mediante la mayoría de votos de los diputados, eliminándose la mayoría calificada de las dos terceras partes que establece la Constitución (art. 265, 279, 292).

C. *El rechazo a la propuesta de reforma para acentuar el militarismo*

En la rechazada reforma constitucional, se buscaba cambiar la denominación de la Fuerza Armada y de sus componentes para calificarlas de "bolivarianas" (art. 156,8; 236,6; 328 y 329) y, además, se buscaba eliminar la previsión constitucional de que la Fuerza Armada es una "institución esencialmente profesional, sin militancia política", y en su lugar se pretendía establecer que la misma constituía "un cuerpo esencialmente patriótico, popular y antiimperialista". Con ello, hubiera desaparecido la institución militar como institución profesional y la prohibición de que la misma no tuviera militancia política, buscándosela definir en cambio como "patriótico popular y antiimperialista", lo que hubiera abierto el camino constitucional para la integración de la Fuerza Armada Bolivariana en el partido político de su Comandante en Jefe, quien ejerce la Suprema Autoridad Jerárquica en todos sus Cuerpos, Componentes y Unidades, tal como se buscaba disponer en la reforma del artículo 236,6 de la Constitución.

Por otra parte, con la reforma constitucional que ha sido rechazada popularmente, en lugar de establecerse que los objetivos de la Fuerza Armada deben lograrse "mediante la defensa militar, la cooperación en el mantenimiento del orden interno y la participación activa en el desarrollo nacional", se pretendía establecer que se debían lograr "mediante el estudio, planificación y ejecución de la doctrina militar bolivariana, la aplicación de los principios de la defensa integral y la guerra popular de resistencia, la cooperación en tareas de mantenimiento de la seguridad ciudadana y del orden interno, así como la participación activa en planes para el desarrollo económico, social, científico y tecnológico de la Nación". Se buscaba así incorporar, la "doctrina militar bolivariana", como elemento esencial de la actuación de la Fuerza Armada, que era lo mismo que doctrina militar socialista, dada la vinculación que la rechazada reforma constitucional hacía entre "socialismo" y "bolivarianismo"; y se buscaba incorporar en la Constitución elementos de guerrilla como "la guerra popular de resistencia", convirtiéndose a la Fuerza Armada en una organización de policía nacional, al buscar atribuirle competencia en materia de mantenimiento de la seguridad ciudadana y del orden interno.

Adicionalmente, con la rechazada reforma constitucional, en lugar de establecerse como lo prevé la Constitución, que en el cumplimiento de sus funciones, la Fuerza Armada "está al servicio exclusivo de la Nación y en ningún caso al de persona o parcialidad política alguna", esta previsión se buscaba sustituirla por otra donde se pretendía indicar que en "el cumplimiento de su función, estará siempre al servicio del pueblo venezolano en defensa de sus sagrados intereses y en ningún caso al de oligarquía alguna o poder imperial extranjero", eliminándose la prohibición de que la Fuerza Armada pueda estar al servicio de persona o parcialidad política alguna. Con ello se buscaba abrir el camino constitucional para la integración de la Fuerza Armada en el partido político de su Comandante en Jefe, quien ejerce la Suprema Autoridad Jerárquica en todos sus Cuerpos, Componentes y Unidades (art. 236,6), quien la podía poner a su servicio o al servicio del partido del gobierno.

Con estas rechazadas reformas, se buscaba acentuar el carácter político de la Fuerza Armada y el militarismo del Estado, que la propia Constitución de 1999 ya había iniciado, al desaparecer del texto constitucional "el carácter apolítico y no deliberante" de la Fuerza Armada que establecía el artículo 132 de la Constitución de 1961; la obligación esencial que tenía la Fuerza Armada Nacional conforme a ese mismo artículo, de asegurar "la estabilidad de las instituciones democráticas y el respeto a la Constitución y las leyes, cuyo acatamiento estará siempre por encima de cualquier otra obligación"; la tradicional prohibición de que la autoridad militar y la civil no podían ejercerse simultáneamente que establecía el artículo 131 de la Constitución de 1961; y el control por parte de la Asamblea Nacional respecto de los ascensos de los militares de alta graduación (art. 331, C. 1961).

8. *Los rechazados cambios constitucionales en la Constitución Económica*

Uno de los componentes normativos esenciales de toda Constitución contemporánea, es la llamada *Constitución Económica* que deriva de los principios constitucionales que guían el régimen de las relaciones económicas y el papel que, en las mismas, corresponde a la iniciativa privada y al propio Estado, y que conforme al constitucionalismo desarrollado desde mitades del siglo pasado, está montada sobre un modelo económico de economía mixta, basado en el principio de la libertad como opuesto al de economía dirigida, similar al que existe en todos los países occidentales. Este sistema económico, por tanto, se fundamenta en la libertad económica, la iniciativa privada y la libre competencia, pero con la participación del Estado como promotor del desarrollo económico, regulador de la actividad económica, y planificador con la participación de la sociedad civil.

Conforme a esa orientación, la Constitución de 1999 establece un sistema económico de economía mixta, es decir, de economía social de mercado que se fundamenta en la libertad económica, pero que debe desenvolverse conforme a principios de justicia social, que requiere de la intervención del Estado. Ese régimen socioeconómico, conforme al artículo 299 de la Constitución de 1999, se fundamenta en los siguientes principios: justicia social, democratización, eficiencia, libre competencia, protección del ambiente, productividad y solidaridad, a los fines de asegurar el desarrollo humano integral y una existencia digna y provechosa para la colectividad. Por ello, el mismo artículo constitucional dispone expresamente que el Estado, "conjuntamente con la iniciativa privada", debe promover "el desarrollo armónico de la economía nacional con el fin de generar fuentes de trabajo, alto valor agregado nacional, elevar el nivel de vida de la población y fortalecer la soberanía económica del país, garantizando la seguridad jurídica, solidez, dinamismo, sustentabilidad, permanencia, equidad del crecimiento de la economía, para garantizar una justa distribución de la riqueza mediante una planificación estratégica democrática, participativa y de consulta abierta".

Como lo precisó la Sala Constitucional del Tribunal Supremo de Justicia en sentencia N° 117 de 6 de febrero de 2001, se trata de "un sistema socioeconómico intermedio entre la economía de libre mercado (en el que el Estado funge como simple programador de la economía, dependiendo ésta de la oferta y la demanda de bienes y servicios) y la economía interventora (en la que el Estado interviene activamente como el "empresario mayor")", conforme al cual, el texto constitucional promueve "expresamente la actividad económica conjunta del Estado y de la iniciativa privada en la persecución y concreción de los valores supremos consagrados en la Constitución"; persiguiendo "el equilibrio de todas las fuerzas del mercado y la actividad conjunta del Estado e iniciativa privada". Conforme a este sistema, dijo además la Sala Constitucional en esa sentencia, la Constitución: "propugna una serie de valores normativos superiores del régimen económico, consagrando como tales la libertad de empresa en el marco de una economía de mercado y fundamentalmente el del Estado Social de Derecho (*Welfare State*, Estado de Bienestar o Estado Socialdemócrata), esto es un Estado social opuesto al autoritarismo"[73].

La aplicación práctica de ese modelo constitucional, en todo caso, ha provocado el desarrollo de una economía basada en la libertad económica y la iniciativa privada, pero con una intervención importante y necesaria del Estado para asegurar los principios de justicia social que constitucionalmente deben orientar el régimen económico; lo que se ha acrecentado por el hecho de ser el Estado, el titular desde siempre del dominio público sobre el subsuelo.

Con el rechazado proyecto de reforma constitucional de 2007, se pretendía cambiar radicalmente este modelo, acentuando el desequilibrio existente entre lo público y lo privado, buscando transformarlo en un sistema de economía estatal, de planificación centralizada, propia de un Estado y economía socialista, donde desaparecía la libertad económica y el derecho de propiedad como derechos constitucionales.

A. *El rechazo a la propuesta de reforma para eliminar la libertad económica*

En artículo 112 de la Constitución establece como uno de los principios fundamentales del sistema constitucional, el derecho de todas las personas de poder dedicarse libremente a la actividad económica de su preferencia, sin más limitaciones que las previstas en la Constitución y las que establezcan las leyes, por

73 Esos valores aludidos conforme a la doctrina de la Sala Constitucional "se desarrollan mediante el concepto de libertad de empresa, que encierra, tanto la noción de un derecho subjetivo "a dedicarse libremente a la actividad económica de su preferencia", como un principio de ordenación económica dentro del cual se manifiesta la voluntad de la empresa de decidir sobre sus objetivos. En este contexto, los Poderes Públicos, cumplen un rol de intervención, la cual puede ser directa (a través de empresas) o indirecta (como ente regulador del mercado)". Véase en *Revista de Derecho Público,* N° 85–88, Editorial Jurídica Venezolana, Caracas, 2001, pp. 212–218.

razones de desarrollo humano, seguridad, sanidad, protección del ambiente u otras de interés social, a cuyo efecto, el Estado está obligado a promover "la iniciativa privada, garantizando la creación y justa distribución de la riqueza, así como la producción de bienes y servicios que satisfagan las necesidades de la población, la libertad de trabajo, empresa, comercio, industria, sin perjuicio de su facultad para dictar medidas para planificar, racionalizar y regular la economía e impulsar el desarrollo integral del país".

Con la rechazada propuesta de reforma constitucional de 2007, en cambio, se buscaba eliminar este derecho y la libertad económica, es decir, se pretendía quitarle rango constitucional, buscándose sustituir esta norma por otra en la cual lo que se establecía era la definición de una política estatal para promover "el desarrollo de un modelo económico productivo, intermedio, diversificado e independiente, fundado en los valores humanísticos de la cooperación y la preponderancia de los intereses comunes sobre los individuales, que garantice la satisfacción de las necesidades sociales y materiales del pueblo, la mayor suma de estabilidad política y social y la mayor suma de felicidad posible"; proponiéndose agregar que el Estado, asimismo, "fomentará y desarrollará distintas formas de empresas y unidades económicas de propiedad social, tanto directa o comunal como indirecta o estatal, así como empresas y unidades económicas de producción o distribución social, pudiendo ser estas de propiedad mixta entre el Estado, el sector privado y el poder comunal, creando las mejores condiciones para la construcción colectiva y cooperativa de una economía socialista".

Es decir, en un artículo como el 112 ubicado en el Capítulo constitucional sobre los derechos económicos, simplemente se buscaba eliminar el derecho al libre ejercicio de las actividades económicas y la propia libertad económica, lo que era contrario al principio de la progresividad en materia de derechos humanos y constitucionales que garantiza el artículo 19 de la Constitución.

Con la eliminación de este derecho, como derecho constitucional, lo que en definitiva se pretendía era desaparecer las garantías constitucionales al mismo y en particular la desaparición de la garantía de la reserva legal, es decir, que las limitaciones o restricciones al derecho sólo pueden establecerse mediante ley formal emanada de la Asamblea Nacional, y no mediante decretos reglamentarios del Ejecutivo.

Además, con la rechazada reforma constitucional respecto del artículo 299, se buscaba eliminar de la Constitución, como fundamentos del sistema económico, los principios de justicia social, libre competencia, democracia y productividad y en su lugar se buscaba establecer, entre otros, los principios socialistas, antiimperialistas, humanistas, a los fines asegurar el desarrollo humano integral y una existencia digna y provechosa para la colectividad. Por otra parte, la garantía del desarrollo armónico de la economía no se asignaba "al Estado conjuntamente con la iniciativa privada" como dispone la Constitución de 1999, sino "al Estado conjuntamente con la iniciativa comunitaria, social y personal".

Por otra parte, con la rechazada reforma constitucional, se buscaba cambiar radicalmente el régimen de la actividad económica, buscándose establecer en el artículo 113 una serie de limitaciones a la misma que iban mucho más allá de la restricción de los monopolios y la posición dominante de empresas, privilegiándose la economía estatal y los medios de producción socialista, proponiéndose agregar a la norma, que en general, "no se permitirán actividades, acuerdos, prácticas, conductas y omisiones de los y las particulares que vulneren los métodos y sistemas de producción social y colectiva con los cuales se afecte la propiedad social y colectiva o impidan o dificulten la justa y equitativa concurrencia de bienes y servicios", con lo cual hubiera quedado en manos del Estado la suerte de cualquier actividad económica particular.

B. *El rechazo a la propuesta de reforma para eliminar la propiedad privada*

Por otra parte, otro de los pilares fundamentales de la Constitución de 1999, además de la libertad económica, es la garantía del derecho de propiedad privada, que conforme al artículo 115 de la Constitución de 1999, se la concibe como el derecho que tiene toda persona "al uso, goce, disfrute y disposición de sus bienes", aún cuando sometida a "las contribuciones, restricciones y obligaciones que establezca la ley con fines de utilidad pública o de interés general". Dicha garantía implica que "sólo por causa de utilidad pública o interés social, mediante sentencia firme y pago oportuno de justa indemnización, podrá ser declarada la expropiación de cualquier clase de bienes".

Con el rechazado proyecto de reforma constitucional de 2007 se buscaba cambiar radicalmente el régimen de la propiedad privada, la cual se eliminaba como derecho constitucional, y quedaba materialmente reducida a la que pudiera existir sobre los bienes de uso, consumo y medios de producción legítimamente adquiridos, quedando por tanto minimizada y marginalizada en relación con la propiedad pública[74].

Además, se pretendía eliminar con la rechazada reforma constitucional la garantía de la propiedad al proponerse eliminar la exigencia de que "sólo" mediante expropiación podía extinguirse la propiedad como se ha establecido siempre en el ordenamiento constitucional, lo que abría la vía para que por ley se pudiera establecer otras formas de extinción de la propiedad.

C. *El rechazo a la propuesta de reforma para eliminar la autonomía del Banco Central de Venezuela y concentrar en el Presidente de la República el manejo del régimen fiscal y económico del Estado*

En materia del régimen fiscal, por primera vez en el constitucionalismo venezolano en la Constitución de 1999 se incorporaron un conjunto de normas relativas al Banco Central de Venezuela y a la política macroeconómica del Estado (arts. 318 a 321), atribuyéndosele en particular, al Banco Central de Venezuela,

74 Sobre esto, el magistrado Jesús Eduardo Cabrera en el Voto salvado a la sentencia Nº 2042 de la Sala Constitucional de 2 de noviembre de 2007 en la cual se declaró inadmisible un amparo constitucional ejercido contra el Presidente de la República y la Asamblea Nacional, con motivo de la inconstitucional "reforma constitucional", sostuvo lo siguiente: "El artículo 113 del Proyecto, plantea un concepto de propiedad, que se adapta a la propiedad socialista, y que es válido, incluso dentro del Estado Social; pero al limitar la propiedad privada solo sobre bienes de uso, es decir aquellos que una persona utiliza (sin especificarse en cual forma); o de consumo, que no es otra cosa que los fungibles, surge un cambio en la estructura de este derecho que dada su importancia, conduce a una transformación de la estructura del Estado. Los alcances del Derecho de propiedad dentro del Estado Social, ya fueron reconocidos en fallo de esta Sala de 20 de noviembre de 2002, con ponencia del Magistrado Antonio García García".

dotado de autonomía, el ejercicio de las competencias monetarias del Poder Nacional para formular y ejecutar la política monetaria, participar en el diseño y ejecutar la política cambiaria, regular la moneda, el crédito y las tasas de interés, administrar las reservas internacionales, y todas aquellas que establezca la ley.

Con el rechazado proyecto de reforma constitucional sancionado en noviembre de 2007 se buscaba cambiar total y radicalmente el régimen de la política monetaria y del Banco Central de Venezuela, eliminándosele sus competencias y su autonomía, y estableciendo su total dependencia directa respecto del Ejecutivo Nacional. A tal efecto, en el artículo 318 se buscaba precisar que "El sistema monetario nacional debe propender al logro de los fines esenciales del Estado Socialista y el bienestar del pueblo, por encima de cualquier otra consideración", y las competencias para fijar las políticas monetarias del Poder Nacional y ejercer las competencias monetarias del Poder nacional que la Constitución de 1999 asigna "exclusivamente" al Banco Central de Venezuela, se proponía que se atribuyeran al "Ejecutivo Nacional, a través del Banco Central de Venezuela en estricta y obligatoria coordinación". Como consecuencia de esas propuestas de reforma, rechazadas popularmente, también se propuso establecer la naturaleza totalmente dependiente, jerárquicamente, del Banco Central de Venezuela, como "ente del Poder Ejecutivo Nacional", eliminándose formalmente la autonomía del Banco Central, a proponer que la norma constitucional dijera que "es persona de derecho público sin autonomía para la formulación y el ejercicio de las políticas correspondientes", agregándose que "sus funciones estarán supeditadas a la política económica general y al Plan Nacional de Desarrollo de la Nación para alcanzar los objetivos superiores del Estado Socialista y la mayor suma de felicidad posible para todo el pueblo".

Además, en la rechazada reforma constitucional, se buscaba quitarle al Banco Central de Venezuela la competencia de "administrar las reservas internacionales" y en su lugar se pretendía establecer, que "las reservas internacionales de la República serán manejadas por el Banco Central de Venezuela, bajo la administración y dirección del Presidente o Presidenta de la República, como administrador o administradora de la Hacienda Pública Nacional".

Por último, en la rechazada reforma constitucional se buscaba eliminar del artículo 320 de la Constitución la previsión de que "en el ejercicio de sus funciones, el Banco Central de Venezuela no estará subordinado a directivas del Poder Ejecutivo y no podrá convalidar o financiar políticas fiscales deficitarias", eliminándose la necesidad de que la actuación coordinada del Poder Ejecutivo y del Banco Central de Venezuela se debe realizar "mediante un acuerdo anual de políticas", en el cual se debe establecer "los objetivos finales de crecimiento y sus repercusiones sociales, balance externo e inflación, concernientes a las políticas fiscal, cambiaria y monetaria; así como los niveles de las variables intermedias e instrumentales requeridos para alcanzar dichos objetivos finales", buscándose eliminar todo principio de coordinación entre el Ejecutivo Nacional y el Banco Central, el cual, como se dijo, ha quedado sin autonomía, como un brazo ejecutor dependiente del Ejecutivo y de lo que este disponga.

En la rechazada reforma constitucional, además, se buscaba eliminar la existencia del Fondo de Estabilización Macroeconómica, y en su lugar, lo que se proponía era la atribución del Presidente de la república de establecer "en coordinación con el Banco Central de Venezuela y al final de cada año, el nivel de las reservas necesarias para la economía nacional, así como el monto de las reservas excedentarias" con la propuesta de indicar que las mismas se debían destinar "a fondos que disponga el Ejecutivo Nacional para inversión productiva, desarrollo e infraestructura, financiamiento de las misiones y, en definitiva, el desarrollo integral, endógeno, humanista y socialista de la Nación".

9. *Los rechazados cambios constitucionales regresivos al régimen de los derechos constitucionales*

En materia de derechos constitucionales, dejando aparte las propuestas de reforma sobre derechos sociales las cuales pueden implementarse mediante ley y no requerían reforma constitucional alguna, respecto de los derechos individuales, en cambio, la rechazada propuesta de reforma constitucional tenía un notable carácter regresivo, completamente contrario a dicho principio de la progresividad, por lo que de haber sido aprobadas se hubiera configurado al Estado como un Estado Policial y represivo.

En particular, en cuanto al régimen de los estados de excepción derivados de circunstancias excepcionales que pueden originar situaciones que afecten gravemente la seguridad de la Nación, de las instituciones y de las personas, y que pueden ameritar la adopción de medidas político–constitucionales para afrontarlas (art. 337), la rechazada reforma constitucional buscaba cambiar radicalmente las previsiones sobre los mismos, ampliándose incluso sus categorías (art. 338), al buscar eliminar los límites temporales que pueden tener los estados de excepción y que conforme a la Constitución no pueden ser superiores a 90 días. En su lugar, en la rechazada reforma constitucional se buscaba disponer que los estados de excepción debían durar "mientras se mantengan las causas que los motivaron", lo que de haberse aprobada, los hubiera podido convertir en estados de excepción de duración ilimitada, y en todo caso, de duración sujeta a la sola discreción del Presidente de la República, con lo cual además, la Asamblea Nacional hubiera perdido la potestad que le daba el artículo 338 de la Constitución de 1999, de aprobar o negar la prórroga de los estados de excepción.

En esta materia de los Estados de excepción, una de las reformas de mayor interés de la Constitución de 1999, fue la eliminación de la posibilidad de que en los casos de estados de excepción, se pudieran "suspender" las garantías constitucionales como lo había autorizado la Constitución de 1961, habiendo dado origen a muchos abusos institucionales, quedando la potestad de excepción reducida a la sola posibilidad de "restringir" (art. 236,7) temporalmente las garantías constitucionales. Mediante la rechazada reforma constitucional, en una forma asombrosamente regresiva, en cambio se buscaba establecer la posibilidad de que por decisión del Presidente de la República, no sólo se pudiera "restringir" las garantías constitucionales, sino más grave aún, que se pudieran "suspender" dichas garantías (art. 337), lo cual es inadmisible en una sociedad democrática por lo que fue expresamente eliminado cuando se sancionó la Constitución de 1999.

Por otra parte, en la Constitución de 1999, entre las garantías consagradas en la Constitución que no pueden ser afectadas en los estados de excepción por decisión ejecutiva, están las referidas a los derechos a la vida, prohibición de incomunicación o tortura, el derecho al debido proceso, el derecho a la información y los demás derechos humanos intangibles". En cambio, en la rechazada reforma constitucional, en franca violación del principio de progresividad en materia de derechos humanos, se buscaba reducir los derechos y garantías que no podían ser suspendidos mediante una enumeración engañosa con el siguiente texto: "las referidas al derecho a la vida, la prohibición de tortura, la incomunicación, la desaparición forzosa, el derecho a la defensa, a la integridad personal, a ser juzgado o juzgada por sus jueces naturales y no ser condenado o condenada a penas que excedan los treinta años".

10. *Los efectos del referendo de rechazo de la reforma constitucional de diciembre de 2007 como expresión del poder constituyente originario, y el comienzo de su implementación en fraude a la voluntad popular*

Como se puede evidenciar de todo lo anteriormente expuesto, con el rechazado proyecto de reforma constitucional que había sido sancionado por la Asamblea Nacional el 2 de noviembre de 2007, se buscaba producir una radical y profunda transformación del Estado y la creación de un nuevo ordenamiento jurídico como quizás nunca antes se había producido en la historia constitucional de la República.

Dichas propuestas de reformas constitucionales, como se dijo, luego de que la Sala Constitucional del Tribunal Supremo de Justicia renunciara a controlar la inconstitucionalidad del errado procedimiento de "reforma constitucional" seguido (en lugar de la convocatoria de una Asamblea Nacional Constituyente), fueron rechazadas por el voto mayoritario del pueblo en el referendo del 2 de diciembre de 2007. Ello, sin embargo, no impidió que en los años siguientes se procediera en fraude a la Constitución y a la voluntad popular a su implementación mediante legislación ordinaria, evidentemente inconstitucional; de manera que tan pronto fue rechazada por el pueblo la Reforma Constitucional de 2007, el Presidente de la República y los directivos de la Asamblea Nacional anunciaron que a pesar del rechazo popular implementarían las reformas rechazadas, mediante leyes y decretos leyes, lo que efectivamente ha ocurrido en muchas áreas.

En particular muchas de las rechazadas reformas constitucionales fueron ilegítima y fraudulentamente implementadas mediante decretos leyes dictados por el Presidente de la República en ejecución de la Ley que Autoriza al Presidente de la República para Dictar Decretos con Rango, Valor y Fuerza de Ley, en las materias que se Delegan,"[75] la cual había sido sancionada coetáneamente con el anuncio presidencial de iniciar el proceso de reforma constitucional de 2007. Como este resultó rechazado por el pueblo, dicha ley de delegación legislativa fue el instrumento utilizado para implementar fraudulentamente muchas de las reformas rechazadas,[76] particularmente en el área económico y social para estructurar un Estado Socialista centralizado.

---

75 *Gaceta Oficial* N° 38.617, de fecha 1° de febrero de 2007

76 Véanse los trabajos de Lolymar Hernández Camargo, "Límites del poder ejecutivo en el ejercicio de la habilitación legislativa: Imposibilidad de establecer el contenido de la reforma constitucional rechazada vía habilitación legislativa," en *Revista de Derecho Público*, N° 115 *(Estudios sobre los Decretos Leyes)*, Editorial Jurídica venezolana, Caracas 2008, pp. 51 ss.; Jorge Kiriakidis, "Breves reflexiones en torno a los 26 Decretos-Ley de Julio-Agosto de 2008, y la consulta popular refrendaría de diciembre de 2007", *Idem*, pp. 57 ss.; y José Vicente Haro García, Los recientes intentos de reforma constitucional o

Ello, incluso se había comenzado a realizar en ejecución de dicha ley de delegación legislativa con el Decreto Ley N° 5841 de 12 de junio de 2007[77] mediante el cual se dictó la Ley Orgánica de Creación de la Comisión Central de Planificación, la cual constituyó el primer acto estatal formal con el que se comenzó la construcción de un Estado Socialista.[78] Posteriormente, luego de rechazada la reforma constitucional en el referendo realizado el 2 de diciembre de 2007, en ejecución de dicho Decreto Ley, la Asamblea Nacional aprobó el 13 de diciembre de 2007, al adoptar el *Plan de Desarrollo Económico y Social de la Nación 2007-2013* en ejecución de lo establecido en el artículo 32 del Decreto con Fuerza de Ley Orgánica de Planificación, en el cual se establecieron las bases de un "sistema de planificación, producción y distribución orientado hacia el socialismo, donde lo relevante es el desarrollo progresivo de la propiedad social sobre los medios de producción". A tal efecto, las propuestas de la rechazada Reforma Constitucional de 2007, que buscaban atribuir al Estado la facultad de controlar y asumir sectores de la producción agrícola, pecuaria, pesquera y acuícola, en particular la producción de alimentos, se materializaron en el Decreto Ley de Ley Orgánica de Seguridad y Soberanía Agroalimentaria[79] en la cual se atribuye al Estado no sólo autorizar la importación de alimentos, sino priorizar su producción, y además asumir directamente las actividades de distribución e intercambio de los mismos.

En la misma orientación, el Decreto Ley N° 6.130 de 03 junio de 2008, de Ley para el fomento y desarrollo de la economía popular, regula el "modelo socioproductivo comunitario", con diversas formas de organizaciones socioproductivas siguiendo el modelo socialista[80]. En igual orientación abiertamente socialista se dictó el Decreto Ley sobre la Ley para la Defensa de las Personas en el Acceso a los Bienes y Servicios que derogó la Ley de Protección al Consumidor y al Usuario,[81] con el objeto de regular toda la cadena de comercialización y todos los ámbitos económicos en materia de bienes y servicios, ampliando excesivamente las facultades del Estado al punto de poder efectuar confiscaciones de bienes y servicios.

En cuanto a las reformas en la democracia representativa para eliminarla del nivel local, tal y como se buscaba generalizar en la reforma constitucional rechazada de 2007, como se dijo, las mismas ya se habían comenzado a efectuar con la sanción en 2006 de la Ley de los Consejos Comunales,[82] como unidades u organizaciones

---

de cómo se está tratando de establecer una dictadura socialista con apariencia de legalidad (A propósito del proyecto de reforma constitucional de 2007 y los 26 decretos leyes del 31 de julio de 2008 que tratan de imponerla)", *Idem*, pp. 63 ss.

77 *Gaceta Oficial* N° 5.841 Extraordinaria del 22 de junio de 2007.

78 Véase Allan R. Brewer-Carías, "Comentarios sobre la inconstitucional creación de la Comisión Central de Planificación, centralizada y obligatoria", *Revista de Derecho Público*, N° 110, (abril-junio 2007), Editorial Jurídica Venezolana, Caracas 2007, pp. 79-89.

79 *Gaceta Oficial* N° 5.889 Extraordinaria con fecha 31 de julio de 2008.

80 *Gaceta Oficial* N° 5.890 Extraordinaria de 31 julio de 2008.

81 *Gaceta Oficial* N° 37.930 del 4 de mayo de 2004.

82 Ley de Consejos Comunales, *Gaceta Oficial,* N° 5806 *Extraordinario,* 10-04-2006. Véase Allan R. Brewer-Carías, "El inicio de la desmunicipalización en Venezuela: La organización del Poder Popular para eliminar la descentralización, la democracia representativa y la participación a nivel local", en *Al-*

sociales no electas mediante sufragio universal, directo y secreto y sin autonomía territorial, supuestamente dispuestos para canalizar la participación ciudadana, pero conforme a un sistema de conducción centralizado desde la cúspide del Poder Ejecutivo Nacional.

En cuanto a la eliminación del principio descentralizador como pilar fundamental del constitucionalismo venezolano, que con la reforma constitucional rechazada de 2007 se buscaba desmantelar completamente, minimizándose la forma Federal del Estado, mediante la centralización de competencias que eran de los Estados, la creación de órganos administrativos creados y dirigidos por el Ejecutivo Nacional, la atribución al Presidente de la República para intervenir en los asuntos regionales y locales; y el vaciamiento adicional de las competencias estadales y municipales mediante su transferencias a los consejos comunales. Para implementar estas reformas, no sólo se ha puesto en ejecución el último de los aspectos señalados obligando a Estados y Municipios de transferir sus competencias a entes locales controlados por el Poder Central (Consejos Comunales), sino que mediante el Decreto Ley N° 6.217 de 15 de julio de 2008, sobre la Ley Orgánica de la Administración Pública,[83] que ahora se aplica directamente a las Administraciones Públicas Nacional, Estadal y Municipal, al poner en ejecución el principio de planificación centralizada, las somete todas a lo que defina el Ejecutivo Nacional a través de la Comisión Central de Planificación. Esta Ley, además, atribuye al Presidente de la República, como se propuso en la rechazada reforma constitucional de 2007, la faculta de designar Autoridades Regionales que tendrían la función de planificación, ejecución, seguimiento y control de las políticas, planes y proyectos de ordenación y desarrollo del territorio aprobado conforme a la planificación centralizada.

En cuanto al sistema de distribución territorial de competencias entre el nivel nacional y el nivel estadal, la propuesta de reforma constitucional de 2007 perseguía eliminar la competencia "exclusiva" atribuida a los Estados en el artículo 164,10 de la Constitución en materia de "La conservación, administración y aprovechamiento de carreteras y autopistas nacionales, así como de puertos y aeropuertos de uso comercial, en coordinación con el Poder Nacional." En este caso, la fraudulenta implementación de la rechazada reforma correspondió hacerlo a la Sala Constitucional del Tribunal Supremo de Justicia, al decidir un recurso de interpretación introducido por el Procurador General de la República en representación del Ejecutivo Nacional, mediante la sentencia N° 565 de 15 de abril de 2008[84], en la cual, pura y simplemente "modificó" el contenido de esta norma constitucional y dispuso, mutándola, como interpretación vinculante de la misma,

---

DA, Opera Prima de Derecho Administrativo. Revista de la Asociación Internacional de Derecho Administrativo, Universidad Nacional Autónoma de México, México, 2007, pp. 49 a 67

83 *G.O.* Extra Nº 5.890 de 31-07-2008. Véase Allan R. Brewer-Carías, "El sentido de la reforma de la Ley Orgánica de la Administración Pública", *Revista de Derecho Público*, Nº 115, EJV, Caracas 2008, pp. 155 ss.

84 *Cfr.* Sentencia de la Sala Constitucional N° 565, Caso *Procuradora General de la República*, recurso de interpretación del artículo 164.10 de la Constitución de 1999 de fecha 15 de Abril de 2008, en http://www.tsj.gov.ve/de-cisiones/scon/Abril/565-150408-07-1108.htm.

que esa "competencia exclusiva" *no es tal competencia exclusiva*, sino una competencia "concurrente" y que, incluso, el Poder Nacional podía revertir a su favor la materia "descentralizada" eliminando toda competencia de los Estados. Aun cuando sobre ello se comenta en el próximo Capítulo, es de destacar que por el trastocamiento al orden jurídico que la sentencia provocaba, la Sala Constitucional instó a la Asamblea Nacional a dictar la legislación acorde con la "reforma" constitucional que efectuaba, lo cual efectivamente originó en marzo de 2009, la reforma de la Ley Orgánica de Descentralización, Delimitación y Transferencia de Competencias del Poder Público,[85] a los efectos de eliminar las competencias exclusivas de los Estados establecidas en los ordinales 3 y 5 del artículo 11 de dicha Ley, agregando dos nuevas normas que autorizan al Ejecutivo Nacional, para revertir la transferencia de las competencias a los Estados (Art. 8); y decretar la intervención de bienes y servicios públicos transferidos a los Estados en la materia (Art. 9). Con ello se completó el fraude constitucional dispuesto por la Sala Constitucional, trastocándose el régimen federal.[86]

En la misma orientación centralista, mediante la rechazada Reforma Constitucional de 2007 se buscaba eliminar como entidad político territorial dentro de la forma federal del Estado, al Distrito Capital donde tienen su sede los Poderes nacionales, y recrear la desaparecida figura del "Distrito Federal" como entidad totalmente dependiente del Poder Nacional, en particular del Presidente de la república, sin gobierno propio. Esto último, rechazada la reforma constitucional se ha hecho en fraude a la Constitución, mediante la sanción por la Asamblea Nacional en abril de 2009 de la Ley Especial Sobre la Organización y Régimen del Distrito Capital[87], mediante la cual, lejos de haber establecido una organización democrática de una entidad política de la Republica, lo ha regulado como una dependencia del Poder Nacional, con ámbito territorial según se indica en el artículo 4 igual al que "correspondían al extinto Distrito Federal a la fecha de entrada en vigencia de la Constitución de la República Bolivariana de Venezuela y que comprende el territorio del actual Municipio Bolivariano Libertador." Conforme a esta Ley, el Distrito Capital ahora y contrariando la Constitución, no tiene autoridades propias de gobierno, sino que es gobernada por el Poder Nacional mediante, un "régimen especial … de gobierno" que consiste en que el ejercicio de la función legislativa en el Distrito esta a cargo de la Asamblea Nacional, y que el órgano ejecutivo es ejercido por un Jefe de Gobierno (Art. 3), el cual de acuerdo con el artículo 7 de la Ley Especial es "de libre nombramiento y remoción" por parte del Presidente de la República, con lo que en el mismo territorio del Municipio Libertador se le ha superpuesto una estructura nacional, mediante una Ley nacional, totalmente inconstitucional.

---

85 *Gaceta Oficial* N° 39 140 del 17 de marzo de 2009.

86 Véase Allan R. Brewer-Carías, "La Sala Constitucional como poder constituyente: la modificación de la forma federal del estado y del sistema constitucional de división territorial del poder público, en *Revista de Derecho Público*, N° 114, (abril-junio 2008), Editorial Jurídica Venezolana, Caracas 2008, pp. 247-262.

87 *Gaceta Oficial* N° 39.156 de 13 de abril de 2009.

Otra de las reformas constitucionales que fueron rechazadas por el pueblo, se refirieron al ámbito militar y buscaban transformar la Fuerza Armada Nacional en una Fuerza Armada Nacional Bolivariana, y entre otros aspectos, agregando al Ejercito Nacional Bolivariano, la Armada Nacional Bolivariana, la Aviación Nacional Bolivariana y la Guardia Nacional Bolivariana, un nuevo componente que era la Milicia Nacional Bolivariana. Todo ello, a pesar del rechazo popular a la reforma, se ha hecho mediante el Decreto Ley sobre la Ley Orgánica de la Fuerza Armada Nacional, [88] mediante el cual efectivamente, la Fuerza Armada Nacional como se la denomina en la Constitución ahora se llama Fuerza Armada Nacional Bolivariana sujeta a la doctrina militar bolivariana, y se creó la Milicia Nacional Bolivariana como órgano de apoyo de la Fuerza Armada Nacional Bolivariana, todo conforme se había propuesto en la rechazada reforma constitucional.

II. LA "ENMIENDA CONSTITUCIONAL" DE 2009 PARA PERMITIR LA REELECCIÓN CONTINUA E INDEFINIDA, APROBADA EN FRAUDE A LA CONSTITUCIÓN, CON LA ANUENCIA DEL JUEZ CONSTITUCIONAL

Una de las reformas constitucionales que habían sido rechazadas en 2007 había sido la propuesta presidencial aprobada por la Asamblea Nacional tendiente a eliminar el límite constitucionalmente que imponía el artículo 230 de la Constitución para la reelección del Presidente de la República, al prever que sólo podía ser "reelegido de inmediato y por una sola vez, para un nuevo período," conforme al principio de la alternabilidad republicana establecido, como principio de gobierno, en el artículo 6 de la misma Constitución.

A pesar de la voluntad popular expresada en el referendo de diciembre de 2007, rechazando tal propuesta de reforma constitucional, un año después en diciembre de 2008, la Asamblea Nacional tomó la iniciativa de elaborar y proponer no otra "reforma constitucional" sino una "enmienda constitucional" para reformar el mismo artículo 230 de la Constitución. Ante la discusión y rechazo que suscitó la propuesta, que significada volver a someter en el mismo período constitucional al voto popular, como "enmienda," la misma propuesta de modificación de la Constitución que ya había sido rechazada como "reforma", contrariando el espíritu de la prohibición que establece el artículo 345 de la Constitución,[89] la Asamblea decidió en enero de 2009 extender la propuesta de "enmienda constitucional" no sólo respecto del artículo 350 de la Constitución, sino de los artículos 160, 162, 174, 192 del texto fundamental en los cuales también se establecía la restricción para la reelección, para también eliminarla respecto de los Gobernadores de Estado, de los miembros de los Consejos Legislativos de los Estados, de los Alcaldes municipales, y de los diputados a la Asamblea Nacional. En esta forma, el principio de la alternabilidad republicana que establece el artículo 6 de la Constitución como

---

88 Decreto Ley N° 6.239, sobre la Ley Orgánica de la Fuerza Armada Nacional Bolivariana, en *Gaceta Oficial* N° 5.891 Extra. de 31-07-2008.

89 Artículo 345 "...La iniciativa de reforma constitucional que no sea aprobada no podrá presentarse de nuevo en un mismo período constitucional a la Asamblea Nacional."

principio pétreo, quedaba materialmente eliminado en relación con todos los cargos de elección popular.

La "enmienda constitucional" se aprobó por la Asamblea nacional y se sometió al Consejo Nacional Electoral para la convocatoria del referendo aprobatorio que se fijó para el 15 de febrero de 2009.

Sin embargo, sobre ello había objeciones constitucionales importantes que debieron previamente dilucidarse, en particular, primero, sobre la posibilidad de utilizar la vía de la "enmienda" constitucional para obviar la prohibición constitucional de volver someter a consulta popular, en un mismo período constitucional, una "reforma" ya rechazada por el pueblo; y segundo, sobre la posibilidad de utilizar la vía de la "enmienda" para modificar uno de los principios pétreos del constitucionalismo venezolano como lo había sido el de la alternabilidad republicana.

Esas dudas fueron diligentemente resueltas por la Sala Constitucional del Tribunal Supremo de Justicia en decisión N° 53 de 3 de febrero de 2009,[90] dictada precisamente con el objeto de allanar el camino constitucional para la realización del referendo aprobatorio.[91] Como se dijo, este se realizó el 15 de febrero de 2009, habiéndose aprobado el proyecto de Enmienda Constitucional relativa a los artículos 160, 162, 174, 192 y 230 de la Constitución, estableciéndose en Venezuela, al contrario de la tradición constitucional anterior, el principio de la posibilidad de reelección continua e inmediata de cargos electivos, eliminando el principio constitucional de la alternabilidad republicana (Art. 6), y violando la prohibición constitucional de realizar una consulta popular sobre modificaciones a la Constitución ya rechazadas por el pueblo en un mismo período constitucional (Art. 345).

Por ello, dos temas precisos se sometieron a la interpretación de la Sala Constitucional en un recurso de interpretación que se había introducido el 11 de diciembre de 2008:

Primero, determinar si la prohibición constitucional establecida para someter a consulta popular una modificación constitucional ya rechazada popularmente en un mismo período constitucional también se aplica, cuando se somete la misma modificación a referendo por vía de Enmienda Constitucional, en el mismo período constitucional.

Segundo, determinar si la Enmienda de 2008-2009 que buscó establecer el principio de la reelección indefinida para cargos electivos, alteraba el principio de la "alternabilidad" del gobierno que el artículo 6 de la Constitución establece como un principio fundamental, que además es de carácter pétreo ("El gobierno **es y será**

---

90 Véase la sentencia N° 53, de la Sala Constitucional de 2 de febrero de 2009 (Caso: *Interpretación de los artículos 340,6 y 345 de la Constitución*), en http:/www.tsj.gov.ve/deci-sions/scon/Febrero/53-3209-2009-08-1610.html

91 Véanse los comentarios en Allan R. Brewer-Carías, "El Juez Constitucional vs. la alternabilidad republicana (La reelección continua e indefinida)," en *Revista de Derecho Público*, N° 117, enero marzo 2009, Editorial Jurídica Venezolana, Caracas 2009, pp. 205-214.

siempre... alternativo...), y que es común en los sistemas presidenciales de gobierno.[92]

1. *Insistencia sobre la distinción entre Enmienda Constitucional y Reforma Constitucional*

Para entender adecuadamente la sentencia, hay que tener presente los elementos comunes y de distinción entre los procedimientos de *Enmienda Constitucional y la Reforma Constitucional.*

Ambos procedimientos de modificación de la Constitución tienen en común", por una parte, que mediante ellos no se puede alterar o modificar la estructura y principios fundamentales de la Constitución (Arts. 340 y 342). Ello sólo puede hacerse mediante el procedimiento de la Asamblea Nacional Constituyente (Art. 347).

Por la otra, también tienen en común que ambos procedimientos requieren de aprobación popular mediante referendo para que la modificación tenga vigencia. En la Constitución no se regula poder constituyente "derivado" alguno. Solo hay un "poder constituyente originario" que es el pueblo, el cual tiene que aprobar por referendo tanto la Enmienda como la Reforma Constitucional, o la convocatoria a Asamblea nacional Constituyente.

La Asamblea Nacional y los órganos que tienen la iniciativa de Enmienda y de Reforma Constitucional, sólo coadyuvan en el proceso de modificación constitucional, pero no son "poder constituyente derivado".

En cuanto a la distinción entre la Enmienda Constitucional y la Reforma Constitucional, la misma existe, en primer lugar en cuanto al alcance del procedimiento de modificación:

La Enmienda Constitucional tiene por objeto la adición o modificación de artículos de la Constitución (no la supresión de ellos).

En cambio, la Reforma Constitucional tiene por objeto la revisión parcial y sustitución de artículos, siempre que no se afecten, como se dijo, los principios y la estructura fundamental del texto (Arts. 340, 342).

En segundo lugar, la otra distinción entre la Enmienda y la Reforma Constitucional se refiere a la iniciativa y a la intervención de la Asamblea Nacional en el procedimiento de modificación constitucional.

La Enmienda Constitucional no necesita ser discutida por la Asamblea Nacional, pero si su iniciativa parte de la propia Asamblea Nacional, la misma debe, primero apoyarla por el voto de al menos el 30% de sus integrantes y luego, aprobarla mediante el procedimiento de formación de las leyes con el voto de la mayoría de sus integrantes (Art. 341).

92 Las restricciones a la reelección presidencial son tradicionales en los sistemas presidenciales de gobierno, como son los de América Latina, y no en los sistemas parlamentarios como los que existen en Europa. Véase, Allan R. Brewer-Carías, *Reflexiones sobre la Revolución Norteamericana (1776), la Revolución Francesa (1789) y la Revolución Hispanoamericana (1810-1830) y sus aportes al constitucionalismo moderno*, Universidad Externado de Colombia, Bogotá 2008, pp. 106 ss.

En cuanto a la Reforma Constitucional, se debe presentar ante la Asamblea Nacional la cual siempre debe aprobarla en tres discusiones mediante voto de 2/3 de sus integrantes. Cuando la iniciativa de Reforma parta de la propia Asamblea Nacional, debe ser apoyada por mayoría de sus integrantes.

Por último, en tercer lugar, la Constitución también establece una distinción en cuanto a los efectos del rechazo popular de la modificación constitucional, en el sentido de que la prohibición constitucional de que se pueda presentar a la Asamblea Nacional otra iniciativa de reforma constitucional rechazada por el pueblo en el mismo período constitucional, sólo está establecida como efecto del rechazo a la Reforma Constitucional. Nada se establece en cuanto a los efectos del rechazo de la Enmienda Constitucional.

Fue en este marco constitucional, en el cual la Asamblea Nacional tomó la iniciativa y aprobó un proyecto de Enmienda Constitucional 2008-2009, que inicialmente sólo perseguía modificar el artículo 230 de la Constitución sobre reelección del Presidente, y que luego se extendió a los artículos 160, 162, 174 y 192 de la Constitución sobre reelección de otros cargos electivos, en los cuales se establecen límites para la reelección, a los efectos de eliminar dichos límites, el cual fue el definitivamente aprobado en el referendo del 15 de febrero de 2009.

Los Artículos 162 y 192 establecían que los miembros de Consejos Legislativos de los Estados y los Diputados a la Asamblea Nacional, sólo podrían reelegirse por dos períodos como máximo,

Los Artículos 160, 174, y 230 establecían que los Gobernadores y Alcaldes, y el Presidente de la República, solo podían reelegirse de inmediato y por una sola vez, para un nuevo período.

2. *El sentido de la prohibición temporal para las consultas al pueblo sobre modificación a la Constitución.*

Como se dijo, el 2 de diciembre de 2007 el pueblo rechazó con su voto popular expresado en el Referendo convocado para aprobar la Reforma Constitucional propuesta por el Presidente de la Republica ante la Asamblea Nacional, la propuesta, entre otros aspectos, de establecer la posibilidad de la reelección continua del Presidente de la República mediante la eliminación de la limitación constitucional a la reelección, antes indicada.[93]

Siendo la manifestación de la voluntad popular el rechazar la propuesta de modificación constitucional, conforme al artículo 345 de la Constitución no se podía someter de nuevo a consulta popular, la misma reforma en el mismo período constitucional.

Ello era lo que se había requerido que la Sala Constitucional interpretara. Sin embargo, sobre este primer punto respecto de si la prohibición contenida en el artículo 345 de la Constitución en el sentido de que la iniciativa de reforma constitucional que no fuese aprobada no podía presentarse de nuevo en un mismo

93 Véase Allan R. Brewer-Carías, *La reforma constitucional de 2007 (Comentarios al proyecto inconstitucionalmente sancionado por la Asamblea Nacional el 2 de noviembre de 2007)*, Editorial Jurídica Venezolana, Caracas 2007.

período constitucional a la Asamblea Nacional, la Sala Constitucional, confundiendo el sentido de la norma, sostuvo que la misma no estaba destinada a regular **los efectos de la manifestación de rechazo popular** de la modificación propuesta, sino que sostuvo que la norma estaba sólo **dirigida a regular a la Asamblea Nacional**, en el sentido de que lo que no podría era exigírsele que debatiera una reforma constitucional una vez que ya la había debatido en el mismo período constitucional y había sido rechazada por el pueblo. La Sala olvidó que la norma constitucional a lo que estaba dirigida era a regular las consultas a la voluntad popular en materia de modificación de la Constitución y sus efectos, y no los efectos de los debates en la Asamblea Nacional.

En efecto, la prohibición constitucional de volver a someter a consulta una reforma rechazada, en realidad está dirigida a regular los efectos de la voluntad popular expresada mediante referendo, en el sentido de que no se puede consultar al pueblo de nuevo la misma modificación constitucional que el pueblo ya ha rechazado en un mismo período constitucional.

Lo importante de la prohibición establecida en un Título de la Constitución relativo a la "Reforma Constitucional" que en Venezuela sólo puede realizarse con la participación del pueblo, es que la misma se refiere precisamente a los efectos de la expresión de la voluntad popular que es manifestación del poder constituyente originario, y no a los efectos del debate que pueda haber habido en la Asamblea Nacional en la materia, que no es poder constituyente, ni siquiera derivado, ya que no puede haber modificación constitucional alguna sin aprobación popular.

La decisión de la Sala Constitucional fue una nueva burla a la Constitución al ignorar la prohibición de sucesivas consultas populares, basándose en dos artilugios que se utilizaron en este caso de la Enmienda 2008-2009: primero, el utilizado por la Asamblea Nacional, en su iniciativa de Enmienda, al extenderla a otros artículos constitucionales además del 230, para tratar de diferenciar la Enmienda de 2008-2009 de la rechazada Reforma Constitucional de 2007; y segundo, el utilizado por la Sala Constitucional al considerar que la prohibición constitucional de consultar al pueblo sobre reformas rechazadas es sólo formal respecto de las discusiones en la Asamblea Nacional, ignorando su propósito esencial de respetar la voluntad popular una vez que esta se ha expresado en forma negativa respecto de una modificación de la Constitución.

Esa voluntad hay que respetarla, que es lo que persigue la Constitución, por lo que una vez que el pueblo se ha manifestado rechazando una modificación al texto constitucional no se lo puede estar convocando sucesivamente sin límites en el mismo período constitucional para volver a pronunciarse sobre lo mismo.

3. *El principio de la alternabilidad del gobierno*

Pero aparte de burlar la prohibición constitucional de sucesivas consultas populares en un periodo constitucional sobre modificaciones constitucionales una vez que el pueblo las ha rechazado, la Sala Constitucional procedió a mutar ilegítimamente la Constitución, eliminando el carácter de principio fundamental del gobierno que además de "democrático" y "electivo" conforme al artículo 6 de la Constitución, debe ser **siempre** "alternativo," considerando que dicho principio no se altera con las reformas propuestas en la Enmienda Constitucional 2008-2009.

Esta, como se dijo, propugnó establecer en la Constitución la posibilidad de la reelección continua y sin límites de los cargos electivos lo cual, lo que fue aprobado en el referendo, sin duda, alterando un principio fundamental del constitucionalismo venezolano establecido desde 1830 en casi todas las Constituciones, que es el de la "alternabilidad" en el gobierno, y que en el artículo 6 de la Constitución de 1999 se formula como uno de los principios fundamentales del gobierno, con una fórmula que lo convierte en una de las llamadas "cláusulas pétreas" o inmodificables. Dispone la norma que "El gobierno **es y será siempre**... alternativo...", lo que implica que ello nunca podría ser alterado. Esa fue la voluntad del pueblo al aprobar la Constitución.

Este principio fue incorporado por primera vez en la historia constitucional como reacción al continuismo en el poder y entre otros aspectos, con base en la propia "doctrina de Simón Bolívar" en la cual la República se fundamenta conforme al artículo 1 de la Constitución, al expresar en su *Discurso de Angostura* de 1819, que:

> "..La continuación de la autoridad en un mismo individuo frecuentemente ha sido el término de los gobiernos democráticos. Las repetidas elecciones son esenciales en los sistemas populares, porque nada es tan peligroso como dejar permanecer largo tiempo en un mismo ciudadano el poder. El pueblo se acostumbra a obedecerle y él se acostumbra a mandarlo; de donde se origina la usurpación y la tiranía. ... nuestros ciudadanos deben temer con sobrada justicia que el mismo Magistrado, que los ha mandado mucho tiempo, los mande perpetuamente."[94].

De acuerdo con esta doctrina, en el constitucionalismo venezolano la palabra usada al expresar el principio del gobierno "alternativo" o de la "alternabilidad" en el poder, siempre ha tenido el significado que la misma tiene en castellano cuando se refiere a cargos, y que implica la idea de que las personas deben **turnarse sucesivamente** en los cargos o que los cargos deben desempeñarse **por turnos** (Diccionario de la Real Academia Española).[95] Como lo señaló la Sala Electoral del Tribunal Supremo de Justicia en sentencia N° 51 de 18-3-2002, alternabilidad significa "**el ejercicio sucesivo de un cargo por personas distintas, pertenezcan o no a un mismo partido**."

Este principio de la alternabilidad, como principio fundamental, se concibió históricamente para enfrentar las ansias de perpetuación en el poder, es decir, el continuismo, y evitar las ventajas en los procesos electorales de quienes ocupan cargos y a la vez puedan ser candidatos para ocupar los mismos cargos. El principio de "gobierno alternativo," por tanto, no es equivalente al de "gobierno electivo." La elección es una cosa, y la necesidad de que las personas se turnen en los cargos es otra.

Ha sido este principio de la alternabilidad, como principio fundamental del constitucionalismo venezolano, el que ha implicado la inclusión en las

---

94 Véase en Simón Bolívar, *Escritos Fundamentales*, Caracas, 1982.

95 Véase el Voto Salvado a la sentencia N° 53, de la Sala Constitucional de 2 de febrero de 2009 (Caso: *Interpretación de los artículos 340,6 y 345 de la Constitución*), en http:/www.tsj.gov.ve/decisions/scon/Fe-brero/53-3209-2009-08-1610.html

Constituciones de limitaciones a las posibilidades de reelección en cargos electivos. Así sucedió en casi todas nuestras Constituciones, como las de 1830, 1858, 1864, 1874, 1881, 1891, 1893, 1901, 1904, 1909, 1936, 1845 y 1947[96] en las que se estableció, por ejemplo, la prohibición de la reelección del Presidente de la República para el período constitucional inmediato. En la historia constitucional del país, en realidad, la prohibición de la reelección presidencial inmediata solamente dejó de establecerse en las Constituciones de los gobiernos autoritarios: en la efímera Constitución de 1857; en las Constituciones de Juan Vicente Gómez de 1914, 1922, 1925, 1928, 1929 y 1931, y en la Constitución de Marcos Pérez Jiménez de 1953. Y ahora, en la Enmienda Constitucional de 2009 a la Constitución de 1999, propuesta por Hugo Chávez Frías.

La prohibición, en cambio, respecto del Presidente de la República, en el período democrático iniciado en 1958[97] fue más amplia y se extendió en la Constitución de 1961 a los dos períodos siguientes (10 años). La flexibilización del principio, en cambio, se produjo en la Constitución de 1999, en la cual se permitió la posibilidad de reelección presidencial de inmediato y por una sola vez, para un nuevo período. Conforme a ella, ya se reeligió al Presidente Chávez en 2006, y a pesar de que fue sancionada por una Asamblea Nacional Constituyente enteramente controlada por él, diez años después el mismo Presidente ya reelecto, es quien propuso reformarla.

Como se dijo, alternabilidad del gobierno es un principio del constitucionalismo venezolano y además, propio de los sistemas presidenciales de gobierno, que se opone al continuismo o a la permanencia en el poder por una misma persona, por lo que toda previsión que permita que esto ocurra, es contraria a dicho principio.

Este principio, por tanto, no se puede confundir con el principio "electivo" del gobierno o el más general principio "democrático" que el mismo artículo 6 de la Constitución establece. Una cosa es poder elegir a los gobernantes, y otra cosa es el principio de alternabilidad que impide poder escoger al mismo gobernante ilimitadamente.

Es contrario a la Constitución, por tanto, interpretar, como lo hizo la Sala Constitucional en su sentencia N° 53 de 03-02-2009, que el principio de la alternabilidad "lo que exige es que el pueblo como titular de la soberanía tenga la posibilidad periódica de escoger sus mandatarios o representantes", confundiendo "gobierno alternativo" con "gobierno electivo." Por ello es falso lo que afirmó la Sala Constitucional en el sentido de que "sólo se infringiría el mismo si se impide esta posibilidad al evitar o no realizar las elecciones". Con su sentencia, la Sala Constitucional de nuevo lo que hizo fue mutar ilegítimamente el texto de la Constitución, y al contrario de lo que afirmó, la eliminación de la causal de inelegibilidad para el ejercicio de cargos públicos derivada de su ejercicio previo por parte de cualquier ciudadano, sí trastocó el principio de alternabilidad en el ejercicio del poder.

---

96 Véase el texto de todas las Constituciones en Allan R. Brewer-Carías, *Las Constituciones de Venezuela*, 2 vols., Academia de Ciencias Políticas y Sociales, Caracas 2008.

97 Véase Allan R. Brewer-Carías, *Historia Constitucional de Venezuela*, 2 vols., Editorial Alfa, Caracas 2008.

Se insiste, lo expuesto por la Sala Constitucional se refirió al principio de gobierno "electivo" que en los términos del mismo artículo 6 de la Constitución, es el que implica que "el electorado, como actor fundamental del proceso democrático, acuda a procesos comiciales periódicamente en los que compitan, en igualdad de condiciones, las diversas opciones políticas que integran el cuerpo social;" pero no al principio de gobierno "alternativo" que implica que no se pueda elegir indefinidamente una misma persona para el mismo cargo, así haya hecho un "buen gobierno." El principio de la alternabilidad, para evitar el continuismo en el poder, precisamente implica la limitación que el pueblo, como poder constituyente originario, se ha impuesto a si mismo, en cuanto a que supuestamente pueda tener la "oportunidad de decidir entre recompensar a quienes estime como sus mejores gobernantes, o bien renovar completamente las estructuras del poder cuando su desempeño haya sido pobre." Esta supuesta "oportunidad," por el principio de la alternabilidad en la Constitución, pudo ejercerse antes de 1999, sólo después de que, en sus casos, transcurrieron uno o dos períodos constitucionales siguientes al ejercicio de la Presidencia por quien pretendiera de nuevo optar a dicho cargo, y en la Constitución de 1999 sólo ocurrió en 2006, por una sola vez para un período inmediato, mediante la reelección ya efectuada del Presidente Chávez. Pero establecer dicha "oportunidad" como reelección continua, sin límite, sería contrario al principio de la alternabilidad.

Por tanto, al contrario de lo que decidió la Sala Constitucional, la posibilidad de reelección continúa sí alteraba el principio fundamental del gobierno "alternativo", que es uno de los valores democráticos que informan nuestro ordenamiento jurídico. Dicho principio, que se alteraba al establecerse la posibilidad de elección continua de cargos electivos y que es distinto del principio del gobierno "electivo," al tener una formulación pétrea en el artículo 6 de la Constitución (es y será siempre) no podía ser objeto de modificación constitucional alguna, y en el supuesto negado de que pudiera ser modificado, ello no podía realizarse ni por los procedimientos de Enmienda ni de Reforma Constitucional sino sólo mediante la convocatoria de una Asamblea Nacional Constituyente.

La Sala Constitucional, con su sentencia N° 53 de 03-02-2009, una vez más al servicio del autoritarismo, sin embargo, mutó la Constitución a través de una interpretación, modificando ilegítimamente el sentido del principio del gobierno 'alternativo" que los venezolanos dispusieron **que siempre** debía regir sus gobiernos, obviando la prohibición constitucional de que se pudiera consultar en un mismo período constitucional, la voluntad popular sobre modificaciones constitucionales que ya el pueblo ha rechazado.

Esta inconstitucional sentencia, en todo caso, lo que tuvo por objeto fue despejar el camino para que el régimen autoritario pudiera someter a referendo una Enmienda Constitucional relativa a un principio fundamental, pétreo, de la Constitución, que sólo podía modificarse mediante la convocatoria a una Asamblea Nacional Constituyente.

III. LA ILEGÍTIMA MUTACIÓN DE LA CONSTITUCIÓN POR LA SALA CONSTITUCIONAL DEL TRIBUNAL SUPREMO DE JUSTICIA AL SERVICIO DEL AUTORITARISMO

Manuel García Pelayo, en su artículo sobre "El 'Status' del Tribunal Constitucional", [98] destacó como de la esencia del Estado constitucional en el mundo contemporáneo, el hecho de "que la Constitución en tanto que norma fundamental positiva, vincula a todos los poderes públicos incluido el Parlamento, y que, por tanto, la Ley no puede ser contraria a los preceptos constitucionales, a los principios de que éstos arrancan, o que se infieren de ellos, y a los valores a cuya realización aspira."[99] Por supuesto, la referencia era motivada por la idea clave de que la justicia constitucional, como instrumento para finalizar con el absolutismo del parlamento, estaba llamada a asegurar la sumisión del Parlamento y de la Ley a la Constitución; pero al referirse la Constitución como vinculante para "todos los poderes públicos," en esa expresión tenía que estar por supuesto incluido el Tribunal Constitucional, pues si en términos del mismo García Pelayo, se trataba de "un órgano constitucional instituido y directamente estructurado por la Constitución," [100] a pesar de ser el guardián último de la propia Constitución, el mismo tenía y tiene que estar también sometido a ella. Es decir, si el Tribunal Constitucional, "como regulador de la constitucionalidad de la acción estatal, está destinado a dar plena existencia al Estado de derecho y a asegurar la vigencia de la distribución de poderes establecida por la Constitución, ambos componentes inexcusables, en nuestro tiempo, del verdadero "Estado constitucional,"[101] para ello tiene que adaptarse a lo que la Constitución establece, y someterse a su normativa, estándole vedado mutarla.

Por su parte, en cuanto al mismo Tribunal Constitucional español, Eduardo García de Enterría lo calificó como el "comisario del poder constituyente, encargado de defender la Constitución y de velar por que todos los órganos constitucionales conserven su estricta calidad de poderes constituidos."[102] Si las Constituciones son normas jurídicas efectivas, que prevalecen en el proceso político, en la vida social y económica del país, y que sustentan la validez a todo el orden jurídico,[103] la solución institucional para preservar su vigencia y la libertad, está precisamente en establecer estos comisarios del poder constituyente, como guardianes de la Constitución, que al tener por misión asegurar que todos los órganos del Estado la acaten, también tienen que adaptarse a lo que el texto fundamental establece, sometiéndose a su normativa, estándole vedado mutarla.

Pero lamentablemente esta no ha sido siempre la situación con los tribunales constitucionales, y en la historia constitucional, particularmente en los autori-

---

98 Véase Manuel García Pelayo, "El 'Status' del Tribunal Constitucional", en *Revista Española da Derecho Constitucional,* vol. I, N° 1, Madrid, 1981

99 *Idem*, p. 18.

100 *Idem*, p. 15.

101 *Idem*, p. 15.

102 Véase E. García de Enterría, *La Constitución como norma y el Tribunal constitucional,* Madrid, 1985, p. 198.

103 *Idem*, pp. 33, 39, 66, 71, 177 y 187.

tarismos, no ha sido infrecuente que tribunales constitucionales, dado el poder que tienen asignados, lejos de garantizar el Estado de derecho, hayan sido los instrumentos utilizados por regímenes autoritarios para demoler sus bases. Lamentablemente, eso es precisamente lo que ha ocurrido en Venezuela a la vista del mundo democrático en la última década (1999-2009).

En efecto, en la Constitución Venezolana de 1999 el principio de la supremacía constitucional se encuentra formalmente expresado en su artículo 7 ("*La Constitución es la norma suprema y el fundamento del ordenamiento jurídico. Todas las personas y los órganos que ejercen el Poder Público están sujetos a esta Constitución*"), lo que implica que la Constitución debería prevalecer sobre la voluntad de todos los órganos constituidos del Estado, incluyendo el Tribunal Supremo de Justicia, por lo que su reforma sólo puede llevarse a cabo conforme se dispone en su propio texto, como expresión-imposición de la voluntad popular producto de ese poder constituyente originario.

La contrapartida de la obligación de los órganos constituidos de respetar la Constitución, de manera que el poder constituyente originario prevalezca sobre la voluntad de dichos órganos estatales constituidos, es el derecho constitucional que todos los ciudadanos tienen en un Estado Constitucional, a que se respete la voluntad popular expresada en la Constitución, es decir, *el derecho fundamental a la supremacía constitucional.*[104] Nada se ganaría con señalar que la Constitución, como manifestación de la voluntad del pueblo, debe prevalecer sobre la de los órganos del Estado, si no existiere el derecho de los integrantes del pueblo de exigir el respeto de esa Constitución, y además, la obligación de los órganos jurisdiccionales de velar por dicha supremacía.

La supremacía de la Constitución está asegurada mediante la previsión en el mismo texto constitucional, por una parte, de su máximo carácter rígido al disponerse la necesaria e indispensable intervención popular para efectuar cualquier cambio a la Constitución, de manera que sólo el poder constituyente originario del pueblo puede aprobar dichas modificaciones, no existiendo en el texto constitucional poder constituyente derivado alguno, distinto al propio pueblo; y por la otra, de todo un sistema de justicia constitucional para garantizar dicha supremacía.

Ya nos hemos referido anteriormente a los tres procedimientos establecidos en la Constitución para la reforma constitucional (Reforma constitucional, Enmienda constitucional y Asamblea Nacional Constituyente), en los cuales siempre el pueblo debe intervenir, aprobando por referendo tanto la Enmienda como la Reforma Constitucional, o la convocatoria a Asamblea Nacional Constituyente. Es decir en el sistema venezolano, ninguna modificación a la Constitución se puede adoptar sin

---

104 Véase Allan R. Brewer-Carías, "El amparo a los derechos y libertades constitucionales (una aproximación comparativa)" en Manuel José Cepeda (editor), *La Carta de Derechos. Su interpretación y sus implicaciones*, Editorial Temis, Bogotá 1993, pp. 21-81.

aprobación popular,[105] y cualquier modificación de la Constitución efectuada fuera de estos tres procedimientos, es inconstitucional e ilegítima.

En cuanto al sistema de justicia constitucional, la Constitución de 1999[106] como consecuencia de los principios de la supremacía y de la rigidez constitucional, ha establecido todo un sistema de justicia constitucional[107] de carácter mixto o integral[108], que combina el llamado método difuso con el método concentrado de control de constitucionalidad.

Así, la garantía de la supremacía constitucional se consagra, en primer lugar, mediante la asignación a todos los jueces de la República, en el ámbito de sus respectivas competencias y conforme a lo previsto en la Constitución y en la ley, de la obligación "de asegurar la integridad de la Constitución" (Art. 334). Y en segundo lugar, además, mediante la asignación al Tribunal Supremo de Justicia de la tarea de garantizar "la supremacía y efectividad de las normas y principios constitucionales", como "el máximo y último intérprete de la Constitución," y de velar "por su uniforme interpretación y aplicación" (Art. 335). También, la Constitución asigna en concreto a la Sala Constitucional del Tribunal Supremo, la Jurisdicción Constitucional (Arts. 266,1 y 336) mediante la cual ejerce el control concentrado de la constitucionalidad de las leyes y demás actos estatales de rango legal.

---

105 Véase Allan R. Brewer-Carías, "La intervención del pueblo en la revisión constitucional en América Latina", en *El derecho público a los 100 números de la Revista de Derecho Público 1980-2005*, Editorial Jurídica Venezolana, Caracas 2006, pp. 41-52.

106 Véase los comentarios a la Constitución en Allan R. Brewer-Carías, *La Constitución de 1999. Derecho Constitucional Venezolano*, Editorial Jurídica Venezolana, 2 Tomos, Caracas 2004.

107 En cuanto a nuestros trabajos, véase Allan R. Brewer-Carías, *El Sistema de Justicia Constitucional en la Constitución de 1999: Comentarios sobre su desarrollo jurisprudencial y su explicación a veces errada, en la Exposición de Motivos,* Editorial Jurídica Venezolana, Caracas, 2000; *Justicia Constitucional,* Tomo VII, *Instituciones Políticas y Constitucionales*, Editorial Jurídica Venezolana, Caracas, 1996; "La Justicia Constitucional en la Nueva Constitución" en *Revista de Derecho Constitucional*, N° 1, Septiembre-Diciembre 1999, Editorial Sherwood, Caracas, 1999, pp. 35-44; Allan R. Brewer-Carías, "La justicia constitucional en la Constitución de 1999", en *Derecho Procesal Constitucional*, Colegio de Secretarios de la Suprema Corte de Justicia de la Nación, A.C., Editorial Porrúa, México 2001, pp. 931-961; publicado también en *Reflexiones sobre el Constitucionalismo en América*, Editorial Jurídica Venezolana, Caracas, 2001, pp. 255-285; "Instrumentos de justicia constitucional en Venezuela (acción de inconstitucionalidad, controversia constitucional, protección constitucional frente a particulares)", en Juan Vega Gómez y Edgar Corzo Sosa (Coordinadores) *Instrumentos de tutela y justicia constitucional Memoria del VII Congreso Iberoamericano de Derecho Constitucional*, Instituto de Investigaciones Jurídicas, Serie Doctrina Jurídica, N° 99, México 2002, pp. 75-99.

108 En cuanto a nuestros trabajos, véase Allan R. Brewer-Carías, *Judicial Review in Comparative Law*, Cambridge University Press, Cambridge, 1989; *El sistema mixto o integral de control de la constitucionalidad en Colombia y Venezuela*, Universidad Externado de Colombia (Temas de Derecho Público N° 39) y Pontificia Universidad Javeriana (Quaestiones Juridicae N° 5), Bogotá 1995; publicado también en *Revista Tachirense de Derecho*, Universidad Católica del Táchira, N° 5-6, San Cristóbal, enero-diciembre 1994, pp. 111-164; en *Anuario de Derecho Constitucional Latinoamericano,* Fundación Konrad Adenauer, Medellín-Colombia 1996, pp. 163-246; y en G. J. Bidart Campos y J. F. Palomino Manchego (Coordinadores), *Jurisdicción Militar y Constitución en Iberoamérica, Libro Homenaje a Domingo García Belaúnde*, Instituto Iberoamericano de Derecho Constitucional (Sección Peruana), Lima 1997, pp. 483-560.

Conforme a estas previsiones, la Sala Constitucional del Tribunal Supremo de Justicia de Venezuela, sin duda, el instrumento más poderoso diseñado para garantizar la supremacía de la Constitución y el Estado de Derecho, la cual, por supuesto, como guardián de la Constitución, también está sometida a la Constitución. Como tal guardián, y como sucede en cualquier Estado de derecho, el sometimiento del tribunal constitucional a la Constitución es una preposición absolutamente sobreentendida y no sujeta a discusión, ya que sería inconcebible que el juez constitucional pueda violar la Constitución que está llamado a aplicar y garantizar. Esa la pueden violar los otros poderes del Estado, pero no el guardián de la Constitución. Pero por supuesto, para garantizar que ello no ocurra, el Tribunal Constitucional debe gozar de absoluta independencia y autonomía, pues un Tribunal Constitucional sujeto a la voluntad del poder en lugar del guardián de la Constitución se convierte en el instrumento más atroz del autoritarismo. El mejor sistema de justicia constitucional, por tanto, en manos de un juez sometido al poder, es letra muerta para los individuos y es un instrumento para el fraude a la Constitución.

Lamentablemente, sin embargo, esto último es lo que ha venido ocurriendo en Venezuela en los últimos años, donde la Sala Constitucional del Tribunal Supremo, como Juez Constitucional, lejos de haber actuado en el marco de las atribuciones expresas constitucionales antes indicadas, ha venido efectuando una inconstitucional interpretación constitucional mediante la cual ha venido asumiendo y auto-atribuyéndose competencias no sólo en materia de interpretación constitucional; sino en relación con los poderes de revisión constitucional de cualquier sentencia dictada por cualquier tribunal, incluso por las otras Salas del Tribunal Supremo de Justicia; con los amplísimos poderes de avocamiento en cualquier causa; con los supuestos poderes de actuación de oficio no autorizados en la Constitución; con los poderes de solución de conflictos entre las Salas; con los poderes de control constitucional de las omisiones del Legislador; con la restricción del poder de los jueces de ejercer el control difuso de la constitucionalidad de las leyes; y con la asunción del monopolio de interpretar los casos de prevalencia en el orden interno de los tratados internacionales en materia de derechos humanos.[109]

En ejercicio de estas competencias y poderes, como máximo intérprete de la Constitución, al margen de la misma y mediante interpretaciones inconstitucionales, la Sala Constitucional al ejercer su facultad de interpretación del contenido y alcance de las normas constitucionales (Art. 334) en muchos casos incluso sin que estas sean ambiguas, imprecisas, mal redactadas y con errores de lenguaje, ha venido ilegítimamente modificando ("reformando") el texto constitucional, legitimando y soportando la estructuración progresiva de un Estado autoritario. Es

109 Véase Allan R. Brewer-Carías, "*Quis Custodiet Ipsos Custodes*: De la interpretación constitucional a la inconstitucionalidad de la interpretación," en *VIII Congreso Nacional de derecho Constitucional, Perú*, Fondo Editorial 2005, Colegio de Abogados de Arequipa, Arequipa, septiembre 2005, pp. 463-489; y en *Revista de Derecho Público*, N° 105, Editorial Jurídica Venezolana, Caracas 2006, pp. 7-27.

decir, ha falseado el contenido de la Constitución, mediante una "mutación,"[110] ilegítima y fraudulenta de la misma.[111]

Y ello lo ha hecho el Juez Constitucional en Venezuela, lamentablemente, actuando como instrumento que ha sido del régimen autoritario,[112] como se ha analizado anteriormente, desde el momento mismo en el cual la Constitución fue sancionada y aprobada por el pueblo en diciembre de 1999, habiendo sucesivamente introducido múltiples modificaciones a la Constitución directamente, mediante sentencias interpretativas, o legitimando decisiones inconstitucionales de otros órganos del Estado, usurpando así el poder constituyente originario.

Estas modificaciones ilegítimas a la Constitución, por supuesto, al haber sido realizadas por el máximo guardián de la misma, que no tiene quien lo custodie, han quedado consolidadas en la vida político constitucional del país, al haber asumido la Sala Constitucional un poder constituyente derivado que no tiene y que no está regulado en el texto constitucional. La pregunta de siempre que suscita el poder incontrolado, ***Quis custodiet ipsos custodes,*** por tanto, aquí también ha adquirido todo su significado, pues no tiene respuesta.[113] A continuación me referiré a las mutaciones ilegítimas a la Constitución que considero más destacadas, ocurridas en la primera década de vigencia de la Constitución de 1999.[114]

1. *La creación jurisprudencial del recurso autónomo de interpretación abstracta de la Constitución*

La primera de las mutaciones ilegítimas de la Constitución efectuada por el Juez Constitucional, ha sido la creación por la Sala Constitucional de un recurso autónomo de interpretación de la Constitución no establecido ni en la Constitución ni en Ley alguna, que a la vez ha servido de vehículo para las otras mutaciones ilegítimas de la Constitución por la misma Sala Constitucional.

Es decir, muchas de las mutaciones constitucionales ilegítimamente efectuadas tienen su origen en interpretaciones inconstitucionales que ha hecho el Juez Constitucional, no al interpretar la Constitución con motivo de resolver una acción

---

110 Una mutación constitucional ocurre cuando se modifica el contenido de una norma constitucional de tal forma que aún cuando la misma conserva su contenido, recibe una significación diferente. Véase Salvador O. Nava Gomar, "Interpretación, mutación y reforma de la Constitución. Tres extractos" en Eduardo Ferrer Mac-Gregor (coordinador), Interpretación Constitucional, Tomo II, Ed. Porrúa, Universidad Nacional Autónoma de México, México 2005, pp. 804 ss. Véase en general sobre el tema, Konrad Hesse, "Límites a la mutación constitucional", en *Escritos de derecho constitucional*, Centro de Estudios Constitucionales, Madrid 1992.

111 Véase Néstor Pedro Sagües, *La interpretación judicial de la Constitución*, Buenos Aires 2006, pp. 56-59, 80-81, 165 ss.

112 Véase Allan R. Brewer-Carías, *Crónica sobre la "In" Justicia Constitucional. La Sala Constitucional y el autoritarismo en Venezuela*, Editorial Jurídica Venezolana, Caracas 2007.

113 Véase nuestros comentarios iniciales sobre esta sentencia en Allan R. Brewer-Carías, *El sistema de justicia constitucional en la Constitución de 1999 (Comentarios sobre su desarrollo jurisprudencial y su explicación, a veces errada, en la Exposición de Motivos)*, Editorial Jurídica Venezolana, Caracas 2000.

114 Véase Allan R. Brewer-Carías, *Reforma constitucional y fraude constitucional. Venezuela 1999-2009*, Academia de Ciencias Políticas y Sociales, Caracas, 2009.

de inconstitucionalidad u otro medio de control de la constitucionalidad de los actos estatales, sino al decidir "acciones o recursos autónomos de interpretación abstracta de la Constitución," muchos de ellos interpuestos por el propio Estado (Procurador General de la República), que la propia Sala Constitucional creó, a la vez, mutando ilegítimamente la Constitución.

En efecto, con anterioridad a la entrada en vigencia de la Constitución de 1999, el artículo 42,24 de la derogada Ley Orgánica de la Corte Suprema de Justicia había atribuido competencia a la Sala Político Administrativa de la antigua Corte Suprema para interpretar los "textos legales, en los casos previstos en la Ley." En esa misma tradición, la Constitución de 1999 estableció en forma expresa, la competencia del Tribunal Supremo de Justicia, para "conocer de los recursos de interpretación sobre el contenido y alcance de los textos legales", pero "en los términos contemplados en la ley" (artículo 266,6), atribución que debe ser ejercida "por las diversas Salas conforme a lo previsto en esta Constitución y en la ley" (único aparte, artículo 266). Por ello, el artículo 5, párrafo 1°, de la Ley Orgánica de 2004, atribuye a todas las Salas del Tribunal Supremo, competencia para:

> "52. Conocer del recurso de interpretación y resolver las consultas que se le formulen acerca del alcance e inteligencia de los textos legales, en los casos previstos en la ley, siempre que dicho conocimiento no signifique una sustitución del mecanismo, medio o recurso previsto en la ley para dirimir la situación si la hubiere".

Ahora bien, a pesar de que el ordenamiento constitucional y legal venezolano sólo regulaba y regula el recurso de interpretación respecto de textos legales, la Sala Constitucional creó jurisprudencialmente su propia competencia para conocer de recursos autónomos de interpretación abstracta e la Constitución, mediante una inconstitucional interpretación que le dio artículo 335 de la Constitución, que atribuye a todas las salas del Tribunal Supremo y no sólo a la Sala Constitucional, el carácter de "máximo y último intérprete de la Constitución"

En efecto, la Sala Constitucional en sentencia N° 1077 de 22 de septiembre de 2000, consideró que los ciudadano no requieren "de leyes que contemplen, en particular, el recurso de interpretación constitucional, para interponerlo"[115], procediendo a "crear" un recurso autónomo de interpretación abstracta de las normas constitucionales no previsto constitucional ni legalmente, basándose para ello en el artículo 26 de la Constitución que consagra el derecho de acceso a la justicia, del cual dedujo que si bien dicha acción no estaba prevista en el ordenamiento jurídico, tampoco estaba prohibida, agregando que, por lo tanto:

> "No es necesario que existan normas que contemplen expresamente la posibilidad de incoar una acción con la pretensión que por medio de ella se ventila, bastando para ello que exista una situación semejante a las prevenidas en la ley, para la obtención de sentencias declarativas de mera certeza, de

115 Véase Sentencia N° 1077 de la Sala Constitucional de 22-09-00, caso: *Servio Tulio León Briceño*. Véase en *Revista de Derecho Público*, N° 83, Caracas, 2000, pp. 247 y ss. Este criterio fue luego ratificado en sentencias de fecha 09-11-00 (N° 1347), 21-11-00 (N° 1387), y 05-04-01 (N° 457), entre otras.

condena, o constitutivas. Este es el resultado de la expansión natural de la juridicidad"[116].

En esta forma, la acción de interpretación de la Constitución, en criterio de la Sala Constitucional, es una acción de igual naturaleza que la de interpretación de la ley[117], es decir, tiene por objeto obtener una sentencia declarativa de mera certeza sobre el alcance y contenido de las normas constitucionales, que no anula el acto en cuestión, pero que busca en efecto semejante, ya que en estos casos, coincide el interés particular con el interés constitucional; agregando que:

La finalidad de tal acción de interpretación constitucional sería una declaración de certeza sobre los alcances y el contenido de una norma constitucional, y formaría un sector de la participación ciudadana, que podría hacerse incluso como paso previo a la acción de inconstitucionalidad, ya que la interpretación constitucional podría despejar dudas y ambigüedades sobre la supuesta colisión. Se trata de una tutela preventiva[118].

En cuanto a la legitimidad necesaria para interponer la demanda, la Sala Constitucional ha señalado que el recurrente debe tener un interés particular en el sentido de que:

> "Como persona pública o privada debe invocar un interés jurídico actual, legítimo, fundado en una situación jurídica concreta y específica en que se encuentra, y que requiere necesariamente de la interpretación de normas constitucionales aplicables a la situación, a fin de que cese la incertidumbre que impide el desarrollo y efectos de dicha situación jurídica".

La Sala precisó además que se "está ante una acción con legitimación restringida, aunque los efectos del fallo sean generales"; por lo que señaló que "puede declarar inadmisible un recurso de interpretación que no persiga los fines antes mencionados, o que se refiere al supuesto de colisión de leyes con la Constitución, ya que ello origina otra clase de recurso".

En la antes mencionada sentencia N° 1077 de 22-09-01, la Sala Constitucional reiteró su criterio sobre la legitimación activa para intentar el recurso de interpretación, señalando que el recurrente debe tener un "interés jurídico personal y directo", de manera que en la demanda se exprese con precisión, como condición de admisibilidad, "en qué consiste la oscuridad, ambigüedad o contradicción entre las normas del texto constitucional, o en una de ellas en particular; o sobre la naturaleza y alcance de los principios aplicables; o sobre las situaciones contradictorias o ambiguas surgidas entre la Constitución y las normas del régimen transitorio o del régimen constituyente"[119].

---

116 Sentencia N° 1077 de la Sala Constitucional de 22-09-00, caso: *Servio Tulio León Briceño*. Véase en *Revista de Derecho Público*, N° 83, Caracas, 2000, pp. 247 y ss.

117 *Idem*

118 *Ibídem*

119 Caso: *Servicio Tulio León Briceño*, en *Revista de Derecho Público*, N° 83, Caracas, 2000, pp. 247 y ss. Adicionalmente, en otra sentencia, N° 1029 de 13-06-2001, la Sala Constitucional atemperó el rigorismo de declarar inadmisible el recurso si no precisaba el contenido de la acción, ya que señaló que "La

En este caso de esta acción de interpretación constitucional, puede decirse que se está en presencia de un proceso constitucional, que requeriría de un accionante, como consecuencia de lo debería abrirse el proceso a un contradictorio; pues así como puede haber personas con interés jurídico en determinada interpretación de la Constitución, igualmente puede haber otras personas con interés jurídico en otra interpretación. En tal sentido, la Sala debería emplazar y citar a los interesados para garantizarles el que puedan hacerse parte en el proceso, y alegar a favor de una u otra interpretación del texto constitucional. Sin embargo, sobre esto, después de haber creado el recurso, la Sala Constitucional, en sentencia N° 2651 de 2 de octubre de 2003 (Caso: *Ricardo Delgado (Interpretación artículo 174 de la Constitución),* le negó el carácter de proceso constitucional señalando que en virtud de que "el recurso de interpretación debe tener como pretensión la exclusiva determinación del alcance de normas -en este caso constitucionales-", entonces "no hay *litis*, enfrentamiento entre unas partes, respecto de las cuales haya que procurar su defensa".

Por último, debe indicarse que en sentencia N° 1347, de 9 de noviembre de 2000, la Sala Constitucional delimitó el carácter vinculante de las interpretaciones establecidas con motivo de decidir los recursos de interpretación, señalando que:

> "Las interpretaciones de esta Sala Constitucional, en general, o las dictadas en vía de recurso interpretativo, se entenderán vinculantes respecto al núcleo del caso estudiado, todo ello en un sentido de límite mínimo, y no de frontera intraspasable por una jurisprudencia de valores oriunda de la propia Sala, de las demás Salas o del universo de los tribunales de instancia.

Como puede observarse de lo anterior, estamos en presencia de una mutación constitucional mediante la ampliación de competencias constitucionales propias que se ha arrogado la Sala Constitucional, a través de una inconstitucional interpretación de la Constitución, que no establece la posibilidad de este recurso autónomo y abstracto de interpretación de las normas constitucionales,[120] el cual, por lo demás no encuentra ningún antecedente en el derecho comparado sobre los sistemas de justicia constitucional.

2. *La aceptación por el Juez Constitucional de un régimen constitucional transitorio no aprobado por el pueblo, en paralelo al régimen transitorio incorporado en la Constitución*

La Constitución de 1999 fue sancionada por una Asamblea Nacional Constituyente conforme a un estatuto adoptado en referendo consultivo realizado en abril de 1999, en el cual se dispuso que la misma luego de sancionada tenía que someterse a aprobación popular. Y así fue que el pueblo, el 15 de diciembre de

---

solicitud deberá expresar: 1.- Los datos concernientes a la identificación del accionante y de su representante judicial; 2.- Dirección, teléfono y demás elementos de ubicación de los órganos involucrados; 3.- Descripción narrativa del acto material y demás circunstancias que motiven la acción."

120 Véase Allan R. Brewer-Carías, "Le recours d'interprétation abstrait de la Constitution au Vénézuéla", en *Le renouveau du droit constitutionnel, Mélanges en l'honneur de Louis Favoreu*, Dalloz, Paris, 2007, pp. 61-70

1999, mediante referendo aprobó la Constitución, con lo cual concluyó la misión de la Asamblea Nacional Constituyente.

Sin embargo ello no ocurrió así, pues una semana después de aprobada la Constitución, el 22 de diciembre de 1999, la Asamblea nacional Constituyente sancionó un Decreto de "Régimen de Transición del Poder Público,"[121] fundamentándose en supuestos poderes que se había auto atribuido en el artículo 1° de su Estatuto de Funcionamiento, respecto de la potestad de decidir la cesación de las autoridades de los órganos del Poder Público "para hacer efectivo el proceso de transición hacia el régimen establecido en la Constitución de 1999", y en el supuesto "carácter supraconstitucional" de las normas que aprobase la Asamblea, lo que por supuesto no estaba establecido en previsión alguna del ordenamiento. Para supuestamente "permitir la vigencia inmediata de la Constitución" (Art. 1), en el decreto la Asamblea procedió dictar normas constitucionales que supuestamente "desarrollan y complementan las Disposiciones Transitorias" (Art. 2) de la nueva Constitución, procediendo sin atribución alguna prevista en la nueva Constitución, a eliminar el anterior Congreso con sus Senadores y Diputados, y a nombrar en su lugar una Comisión Legislativa Nacional no prevista en la Constitución; a disolver las Asambleas Legislativas de los Estados, y nombrar en su lugar unas Comisiones Legislativas Estadales tampoco previstas en la Constitución; a intervenir las Alcaldías y Consejos Municipales; a eliminar la anterior Corte Suprema de Justicia, crear las Salas del Tribunal Supremo y fijarles el número de magistrados, lo que no estaba establecido en la Constitución, y nombrarlos sin cumplir lo que la Constitución exigía; a crear una Comisión de reorganización y Funcionamiento del Poder Judicial para intervenirlo, destituyendo jueces sin debido proceso, la cual aún en 2009 convive con el Tribunal Supremo, con su complicidad; a designar a los altos funcionarios de los diversos Poderes del Estado; y a dictar un Estatuto Electoral sin poder alguno para ello.

Ninguna de estas reformas fue aprobada por el pueblo. El Decreto de Régimen de Transición fue impugnado ante la Sala Constitucional por violación de la Constitución que venía de ser aprobada por el pueblo, la dicha Sala Constitucional que había sido producto de ese régimen de Transición constitucional, decidió en causa propia (la impugnación de su propia existencia), considerando que la Asamblea Nacional Constituyente tenía poder supraconstitucional para crear "normas constitucionales" sin aprobación popular, y que como consecuencia, en Venezuela existían dos regímenes constitucionales de transición: el que estaba en las disposiciones Transitorias aprobadas por el pueblo al aprobar la Constitución mediante referendo; y las aprobadas por la Asamblea Nacional Constituyente después de esa aprobación popular de la Constitución, sin que el pueblo las hubiera aprobado, pero antes de publicarla.

En sentencia N° 6 de fecha 27 de enero de 2000, la Sala Constitucional decidió que como el régimen de transición era un acto "publicado en la *Gaceta Oficial* N° 36.859 del 29 de diciembre de 1999, esto es, con anterioridad a la vigencia de la Constitución de la República Bolivariana de Venezuela de 1999, no está sujeto ni a

121 *Gaceta Oficial* N° 36.859 de 29-12-1999.

ésta, ni a la Constitución de 1961.[122] Luego en sentencia de 28 de marzo de 2000 (Caso: *Allan R. Brewer-Carías y otros*), con motivo de declarar sin lugar la demanda de nulidad intentada contra el Estatuto Electoral del Poder Público dictado por la Asamblea Constituyente el 30 de enero de 2000,[123] el Juez Constitucional ratificó su tesis de que para crear un nuevo ordenamiento jurídico y dictar una nueva Constitución que sustituyera a la de 1961, supuestamente la Asamblea Constituyente tenía varias alternativas para regular el régimen constitucional transitorio: *Una*, elaborar unas Disposiciones Transitorias que formaran parte de la Constitución para ser aprobada por el pueblo mediante referendo; y *otra*, dictar actos constituyentes aparte, de valor y rango constitucional, que originarían un régimen transitorio constitucional paralelo, no aprobado por el pueblo.

Con ello, fue el Juez Constitucional el que procedió a mutar ilegítimamente la Constitución, violando la soberanía popular, admitiendo que supuestamente, la Asamblea Nacional Constituyente podía dictar normas de rango constitucional, no aprobadas mediante referendo por el pueblo,[124] con lo que se inició un largo período de transitoriedad constitucional que diez años después no ha concluido, como se evidencia de la supervivencia de la misma Comisión de reorganización y funcionamiento del Poder Judicial, que ejerce las funciones disciplinarias sobre los jueces, que la Constitución exige que se realice solo por jueces disciplinarios integrantes de una jurisdicción disciplinaria (Art. 267). Venezuela, así ha tenido un régimen de transición constitucional no aprobado por el pueblo, por obra y gracia del Juez Constitucional el cual legitimó la usurpación de la voluntad popular.

3. *La transformación de los referendos revocatorios de cargos electivos en referendos "ratificatorios"*

En Venezuela el artículo 72 de la Constitución estableció como derecho político de los ciudadano la revocatoria de mandatos de todos los cargos de elección popular, a cuyo efecto se previó que transcurrida la mitad del período para el cual fue elegido el funcionario, por iniciativa popular de un número no menor del 20% de los electores inscritos en la correspondiente circunscripción, para convocar un referendo para revocar su mandato. La Constitución dispuso que "*Cuando igual o mayor número de electores o electoras* que eligieron al funcionario o funcionaria hubieren votado a favor de la revocación, siempre que haya concurrido al referendo un número de electores o electoras igual o superior al 25% de los electores o electoras inscritos, se considerará revocado su mandato y se procederá de inmediato a cubrir la falta absoluta conforme a lo dispuesto en esta Constitución y en la ley."

---

122 Véase en *Revista de Derecho Público*, N° 81, (enero-marzo), Editorial Jurídica Venezolana, Caracas, 2000, pp. 81 y ss.

123 Véase en *G.O.* N° 36.884 de 03-02-2000.

124 La Sala Constitucional llegó a afirmar que "Tal disposición, emanada del poder constituyente *que podía lo más,* cual era la transformación del Estado, lo que iba a adelantar mediante la aprobación de una nueva Constitución y del régimen de transición, claro *que podía lo menos,* dentro de su cometido de transformación del Estado, cual era dictar las normas que permitirían la transición entre el sistema constitucional abrogado y el nuevo, que conforme al texto constitucional de 1999, no podía de inmediato constituirse en todas sus instituciones". Véase en *Revista de Derecho Público*, N° 81, (enero-marzo), Editorial Jurídica Venezolana, Caracas, 2000, p. 86.

Es decir que los votos necesarios para que se produzca la revocatoria del mandato deben ser en un número igual o mayor de los votos de los electores que eligieron al funcionario, con independencia del número de votos que se hayan depositados contra la revocación; como incluso lo ratificó la Sala Constitucional en varias sentencias,[125] ya que de lo que se trata es de un referendo revocatorio de mandatos de elección popular y no de un referendo "ratificatorio" (plebiscitos) de tales mandatos, el cual no existe en el texto constitucional. Precisamente por ello, nada indica la Constitución para el caso de que si bien voten a favor de la revocación de un mandato un número de electores superior al número de votos que obtuvo el funcionario cuando fue electo, sin embargo, en la votación refrendaria se hubiesen pronunciado por la "no revocación" un número mayor de votos. Ello podría ocurrir, pero conforme al texto de la Constitución, no tendría efecto alguno, pues la regulación constitucional lo que establece es un referendo revocatorio: basta que la votación favorable a la revocación sea igual o mayor que la que el funcionario obtuvo cuando fue electo, para que quede revocado. Y ello es así, incluso a pesar de que el Registro Electoral haya variado con el transcurso del tiempo.

Sin embargo, de manera evidentemente inconstitucional, en las *Normas para regular los procesos de Referendos Revocatorios de mandatos de Elección Popular* dictadas por el Consejo Nacional Electoral en 25 de septiembre de 2003[126], si bien se estableció que se considera revocado el mandato "si el número de votos a favor de la revocatoria es igual o superior al número de los electores que eligieron al funcionario", se agregó la frase: "y no resulte inferior al número de electores que votaron en contra de la revocatoria" (Art. 60). Con este agregado, en una norma de rango sublegal, se restringió el derecho ciudadano a la participación política mediante la revocación de mandatos populares, al establecerse un elemento que no está en la Constitución relativo al voto por la "no revocación," trastocándose la naturaleza "revocatoria" del referendo que regula el artículo 72 de la Constitución, y en evidente fraude a la Constitución, se lo convirtió en un referendo "ratificatorio" de mandatos de elección popular. A partir de ese momento y luego del secuestro del Poder Electoral, en general en Venezuela se confiscó el derecho ciudadano a la revocatoria de mandatos de cargos de elección popular.[127]

---

125 Sentencia Nº 2750 de 21 de octubre de 2003, Caso: *Carlos Enrique Herrera Mendoza, (Interpretación del artículo 72 de la Constitución (Exp. 03-1989). Sentencia* Nº 1139 de 5 de junio de 2002 (Caso: *Sergio Omar Calderón Duque y William Dávila Barrios)* Véase en *Revista de Derecho Público,* Nº 89-92, Editorial Jurídica Venezolana, Caracas 2002, p. 171. Criterio seguido en la sentencia Nº 137 de 13-02-2003 (Caso: *Freddy Lepage Scribani y otros*) (Exp. 03-0287).

126 Resolución Nº 030925-465 de 25-09-2003.

127 Véase Allan R. Brewer-Carías, "El secuestro del Poder Electoral y la confiscación del derecho a la participación política mediante el referendo revocatorio presidencial: Venezuela 2000-2004", en *Boletín Mexicano de Derecho Comparado*, Instituto de Investigaciones Jurídicas, Universidad Nacional Autónoma de México, Nº 112. México, enero-abril 2005 pp. 11-73; en *Revista Jurídica del Perú*, Año LIV Nº 55, Lima, marzo-abril 2004, pp. 353-396; en *Revista Costarricense de Derecho Constitucional,* Tomo V, Instituto Costarricense de Derecho Constitucional, Editorial Investigaciones Jurídicas S.A., San José 2004, pp. 167-312; en *Stvdi Vrbinati, Rivista tgrimestrale di Scienze Giuridiche, Politiche ed Economiche*, Año LXXI – 2003/04 Nuova Serie A–N. 55,3, Università degli studi di Urbino, Urbino, Italia 2004, pp.379-436; y en Juan Pérez Royo, Joaquín Pablo Urías Martínez, Manuel Carrasco Durán,

Lo inaudito de este fraude constitucional, es que dicha "reforma" constitucional ilegítima fue avalada por la propia Sala Constitucional del Tribunal Supremo al decidir un recurso de interpretación abstracta de la Constitución en la sentencia N° 2750 de 21 de octubre de 2003 (Caso: *Carlos E. Herrera Mendoza, Interpretación del artículo 72 de la Constitución*), en la cual señaló que:

> "Se trata de una especie de relegitimación del funcionario y en ese proceso democrático de mayorías, incluso, **si en el referendo obtuviese más votos la opción de su permanencia, debería seguir en él**, aunque voten en su contra el número suficiente de personas para revocarle el mandato"[128].

En realidad, en un referendo "revocatorio" no puede haber votos por "la permanencia" del funcionario; lo que puede haber son votos por la "revocación" del mandato o por la "no revocación." El voto por la "no revocación" del mandato es un voto negativo (No); y un voto negativo no puede ser convertido en un voto positivo (Si) por la permanencia del funcionario. Con esta mutación de la Constitución, la Sala Constitucional cambió la naturaleza del referendo revocatorio, ratificando el trastocamiento de la naturaleza de la revocación del mandato, convirtiéndolo en un voto para "relegitimar" o para "ratificar" mandatos de elección popular, cuando ello no sólo no fue la intención del constituyente, sino que no puede derivarse del texto del artículo 72 de la Constitución. Lo único que la Constitución regula es la revocación de mandatos, y para ello, lo único que exige en materia de votación es que un número "igual o mayor de electores que eligieron al funcionario hubieren votado a favor de la revocación." Todo éste cambio de la Constitución tuvo un objeto preciso: evitar que el mandato del Presidente de República, Hugo Chávez, fuera revocado en 2004: el mismo fue electo en agosto de 2000 con 3.757.774 votos, por lo que bastaba para que su mandato fuese revocado, que el voto a favor de la revocación superara esa cifra. Como lo anunció el Consejo Nacional Electoral el 27 de agosto de 2004, el voto a favor de la revocación del mandato del Presidente de la República en el referendo efectuado ese mismo mes y año, fue de 3.989.008, por lo que constitucionalmente su mandato había quedado revocado.

Sin embargo, ya se había cambiado ilegítimamente la Constitución, e independientemente de las denuncias de fraude que se formularon respecto del referendo revocatorio del 15 de agosto de 2004, el Consejo Nacional Electoral el mencionado día 27 de agosto de 2004, no sólo dio los datos definitivos de la votación efectuada en el referendo revocatorio, sino que acordó "ratificar" al Presidente de la República en su cargo hasta la terminación del período constitucional en enero de 2007.[129]

Editores), *Derecho Constitucional para el Siglo XXI. Actas del Congreso Iberoamericano de Derecho Constitucional,* Tomo I, Thomson-Aranzadi, Madrid 2006, pp. 1081-1126.

128 Exp. 03-1989.

129 En efecto, en la *página web* del Consejo Nacional Electoral del día 27 de agosto de 2004, apareció la siguiente nota: "El presidente del Consejo Nacional Electoral, Francisco Carrasquero López, se dirigió al país en cadena nacional para anunciar las cifras definitivas y oficiales del evento electoral celebrado el pasado 15 de agosto, *las cuales dan como ratificado en su cargo al Presidente de la República*, Hugo Rafael Chávez Frías, con un total de 5 millones 800 mil 629 votos a favor de la opción "No". En la contienda electoral participaron 9 millones 815 mil 631 electores, de los cuales 3.989.008 se inclinaron por

4. *La transformación de las bases del sistema federal trastocando las competencias exclusivas de los estados en competencias concurrentes sometidas al poder nacional*

Ya nos hemos referido brevemente a la mutación constitucional efectuada por la Sala Constitucional a la forma Federal del Estado, ignorando el principio del artículo 4 de la Constitución que declara que "la República Bolivariana de Venezuela es un *Estado federal descentralizado* en los términos consagrados en esta Constitución" norma que, sin embargo, ciertamente se contradice en otras previsiones de la propia Constitución que permiten calificar la forma de Estado como la de una federación Centralizada."[130] A pesar de ello, sin embargo, en la Constitución se puede identificar un núcleo esencial del sistema de distribución de competencias entre los niveles territoriales, es decir, entre el Poder Municipal, el Poder Estadal y el Poder Nacional, que no puede cambiarse sino mediante una reforma constitucional (artículos 136, 156, 164, 178 y 179).[131]

Específicamente, en materia de infraestructura para la circulación y el transporte, la Constitución establece por una parte que, corresponde en forma exclusiva al Poder Nacional "el sistema de vialidad y de ferrocarriles nacionales (artículo 156,27),[132] pero que corresponde en forma exclusiva a los Estados, "La conservación, administración y aprovechamiento de carreteras y autopistas nacionales... en coordinación con el Poder Nacional;" competencia que deben ejercer sujetos a "la coordinación con el Poder Nacional," que éste debe regular.

---

la opción "Sí" para revocar el mandato del Presidente Chávez. La totalización arrojó que la opción "No" alcanzó el 59,25% de los votos, mientras el "Sí" logró el 40,74% del total general, y la abstención fue del 30,02%. Vale destacar que para estos comicios el Registro Electoral se incrementó significativamente, alcanzando un universo de 14.027.607 de electores con derecho a sufragar en el Referendo revocatorio. Con base en la expresión de la voluntad popular, el Consejo Nacional Electoral, este viernes 27 de agosto, *ratificará en la Presidencia de la República Bolivariana de Venezuela* a Hugo Chávez Frías, quien culminará su período constitucional en el año 2006. Y en efecto, en acto solemne efectuado ese día, el Consejo Nacional Electoral acordó "ratificar" al Presidente de la República en su cargo, a pesar de que un número de electores mayor que los que lo eligieron hubieran votado a favor de la revocación de su mandato. Otro tanto haría la Asamblea Nacional, sin que esa figura de la ratificación estuviese prevista en norma constitucional alguna." Véase además, *El Nacional*, Caracas, 28-08-2004, pp. A-1 y A-2

130 Véase nuestros estudios sobre el tema, elaborados apenas la Constitución fue sancionada: Allan R. Brewer-Carías, *Federalismo y Municipalismo en la Constitución de 1999 (Alcance de una reforma insuficiente y regresiva),* Editorial Jurídica Venezolana, Caracas-San Cristóbal 2001; "El Estado federal descentralizado y la centralización de la federación en Venezuela. Situación y perspectiva de una contradicción constitucional" en Diego Valadés y José María Serna de la Garza (Coordinadores), *Federalismo y regionalismo,* Universidad Nacional Autónoma de México, Tribunal Superior de Justicia del Estado de Puebla, Instituto de Investigaciones Jurídicas, Serie Doctrina Jurídica N° 229, México 2005, pp. 717-750.

131 Véase Allan R. Brewer-Carías, "Consideraciones sobre el régimen de distribución de competencias del Poder Público en la Constitución de 1999" en Fernando Parra Aranguren y Armando Rodríguez García Editores, *Estudios de Derecho Administrativo. Libro Homenaje a la Universidad Central de Venezuela, Facultad de Ciencias Jurídicas y Políticas, con ocasión del Vigésimo Aniversario del Curso de Especialización en Derecho Administrativo*, Tomo I, Tribunal Supremo de Justicia, Colección Libros Homenaje N° 2, Caracas 2001, pp. 107-136.

132 Véase Decreto N° 1.445, con fuerza de Ley de Sistema de Transporte Ferroviario Nacional en *G.O.* N° 37.313 del 30 de octubre de 2001.

Este tema de la forma federal del Estado y de la distribución territorial de competencias establecidas en los artículos 156 y 164 de la Constitución, como se dijo, fue uno de los que se quiso cambiar con la propuesta de reforma constitucional de 2007, rechazada, con la que se buscaba terminar de centralizar materialmente todas las competencias del Poder Público en el nivel nacional. [133] En particular con la reforma se buscaba "nacionalizar," la referida competencia que el artículo 164,10 de la Constitución de 1999 atribuye a los Estados en materia de la conservación, administración y aprovechamiento de autopistas y carreteras nacionales."[134]

El rechazo de la reforma constitucional, sin embargo fue suplido por la Sala Constitucional, en sentencia N° 565 de 15 de abril de 2008[135], dictada con motivo de decidir un recurso autónomo de interpretación de dicho artículo formulado por el Procurador General de la República, en la cual pura y simplemente la sala modificó el contenido de la norma constitucional y dispuso, como interpretación vinculante de la misma, que esa "competencia exclusiva" *no era tal competencia exclusiva*, sino una competencia concurrente y que, incluso, el Poder Nacional podía revertirla a su favor eliminando toda competencia de los Estados.[136]

La Sala Constitucional, en efecto, decidió que la Administración Nacional "en ejercicio de la potestad de coordinación pueda asumir directamente la conservación, administración y el aprovechamiento de las carreteras y autopistas nacionales, así como los puertos y aeropuertos de uso comercial,", y que "corresponde al Ejecutivo Nacional por órgano del Presidente de la República en Consejo de Ministros, decretar la intervención para asumir la prestación de servicios y bienes de las carreteras y autopistas nacionales, así como los puertos y aeropuertos de uso comercial," en aquellos casos que la prestación del servicio "por parte de los Estados es deficiente o inexistente."

Con esta interpretación, lo que el Juez Constitucional ha hecho es mutar el texto constitucional usurpando la soberanía popular a la cual está reservado el poder constituyente, cambiado la forma federal del Estado al trastocar el sistema de distribución territorial de competencias entre el Poder Nacional y los Estados, y en particular "nacionalizando," contra lo que expresamente dispone la Constitución, competencias atribuidas en forma exclusiva a los Estados. La reforma constitucional de 2007 que fue rechazada por el pueblo, en fraude a la Constitución, y a solicitud del representante del Poder Nacional (Procurador General de la República)

---

133 Véase Allan R. Brewer-Carías, *Hacia la Consolidación de un Estado Socialista, Centralizado, Policial y Militarista. Comentarios sobre el sentido y alcance de las propuestas de reforma constitucional 2007,* Colección Textos Legislativos, N° 42, Editorial Jurídica Venezolana, Caracas 2007, pp. 41 ss.

134 Véase Allan R. Brewer-Carías, *La Reforma Constitucional de 2007 (Comentarios al Proyecto Inconstitucionalmente sancionado por la Asamblea Nacional el 2 de Noviembre de 2007),* Colección Textos Legislativos, N° 43, Editorial Jurídica Venezolana, Caracas 2007, pp. 72 ss.

135 *Cfr.* Sentencia de la Sala Constitucional, N° 565, caso *Procuradora General de la República*, recurso de interpretación del artículo 164.10 de la Constitución de 1999 de fecha 15 de Abril de 2008, en http://www.tsj.gov.ve/de-cisiones/scon/Abril/565-150408-07-1108.htm

136 Véase los comentarios a la sentencia en Allan R. Brewer-Carías, "La Sala Constitucional como poder constituyente: la modificación de la forma federal del estado y del sistema constitucional de división territorial del poder público, en *Revista de Derecho Público*, No. 114, (abril-junio 2008), Editorial Jurídica Venezolana, Caracas 2008, pp. 247-262

fundamentándose en la existencia de una supuesta "incertidumbre jurídica en cuanto al alcance y límites de su competencia" que existía en el Ministerio de Infraestructura." El Procurador General de la República, en efecto, consideró que la norma "no era lo suficientemente clara para lograr establecer de una forma eficiente y precisa el ámbito y forma de actuación del Ejecutivo Nacional, respecto a la coordinación con los Estados de la administración, conservación y aprovechamiento de carreteras y autopistas nacionales, así como de puertos y aeropuertos de uso comercial."

El resultado de la petición de interpretación, fue que la Sala Constitucional, de oficio, reformó la Constitución, y pura y simplemente, eliminó la competencia exclusiva de los Estados en la materia, y la convirtió en una competencia concurrente sujeta a la técnica puntual de "descentralización" que puede ser intervenida, revertida y reasumida por el Poder Nacional. La Sala, en efecto, olvidándose de que se trata de una competencia exclusiva de los Estados que había sido descentralizada desde 1989 mediante la Ley de Orgánica de Descentralización, dispuso que como las carreteras y puentes nacionales son bienes de la República, lo que es obvio, "en caso de haber sido transferidos a los Estados *pueden ser cogestionados por éstos a través de convenios, pero también reasumidos por el Poder Público Nacional mediante un procedimiento de reversión, ya que la titularidad originaria de los mismos le corresponde a la República.*" Al contrario, de acuerdo con la Constitución, el hecho de que los puertos o aeropuertos comerciales, autopistas, carreteras y puentes sean "nacionales", en tanto bienes públicos, no autoriza en forma alguna como lo afirmó la Sala, que "Ejecutivo Nacional, podrá ejercer competencias exorbitantes como la *intervención* en aras de garantizar la continuidad, calidad, y normalidad de tales servicios; hayan sido o no, transferidos a los Estados."

Después de muchos argumentos y malabarismos interpretativos la Sala Constitucional pasó a modificar el artículo 164,10 de la Constitución y dispuso entonces como interpretación vinculante de dicha norma, que la misma no dice lo que dice, sino que lo que dice es lo contrario, así:

a. Que *no se trata de una competencia exclusiva*, sino de una *competencia concurrente* sobre la cual el legislador nacional debe "establecer mediante *leyes de base* reguladoras... de las *competencias concurrentes*, de la República con los Estados y los Municipios, sino también de las de estos últimos entre sí."

b. Que los Estados *no tienen la competencia exclusiva que la Constitución les asigna* sino que lo que pueden es "ejercer *conforme a la legislación base* y en coordinación con el Ejecutivo Nacional la conservación, administración y el aprovechamiento de las carreteras y autopistas nacionales, así como los puertos y aeropuertos de uso comercial, *previa transferencia de competencias conforme al procedimiento de descentralización territorial.*"

c. Que, por tanto, la Constitución no ha dispuesto distribución de competencias alguna en esta materia a favor de los Estados, sino que estos pueden sólo ser destinatarios "de una descentralización territorial" en la materia. Por ello, la Sala fue terminante en afirmar que "Sólo los Estados como entes político territoriales pueden ser objeto de una descentralización territorial sobre dichas materias."

d. Que los Estados no tienen la competencia exclusiva que les asigna la Constitución, en materia de carreteras y autopistas nacionales, así como de los puertos y aeropuertos de uso comercial nacionales (no Estadales), que son bienes y servicios nacionales; y que sólo en caso de sean "transferidos a los Estados (descentralización funcional) pueden ser cogestionados por éstos a través de convenios, pero también *revertidos*, ya que la titularidad originaria de los mismos le corresponde a la República, conforme al ordenamiento jurídico vigente." Sin embargo, de acuerdo con la Sala Constitucional, en estos casos, "se concibe que la Administración en ejercicio de la potestad de coordinación pueda *asumir directamente* la conservación, administración y el aprovechamiento de las carreteras y autopistas nacionales, así como los puertos y aeropuertos de uso comercial, en aras de mantener a buen resguardo los derechos de los usuarios a la prestación de un servicio público en condiciones de calidad."

En estos casos, sin base constitucional o legal alguna, la Sala Constitucional dispuso que "corresponde al Ejecutivo Nacional por órgano del Presidente de la República en Consejo de Ministros, decretar la intervención para asumir la prestación de servicios y bienes de las carreteras y autopistas nacionales, así como los puertos y aeropuertos de uso comercial, en aquellos casos que a pesar de haber sido transferidas esas competencias, la prestación del servicio o bien por parte de los Estados es deficiente o inexistente, sobre la base de los artículos 236 y 164.10 de la Constitución".

Después de una ilegítima "modificación constitucional" de esta naturaleza, realizada mediante interpretación vinculante, que trastocó el orden jurídico o, como lo dijo la propia Sala, la misma "genera una necesaria revisión y modificación de gran alcance y magnitud del sistema legal vigente." Por supuesto, después de lo que hizo, la Sala Constitucional no pudo concluir en otra forma que no fuera advirtiendo "de oficio y por razones de orden público constitucional, … que el contenido de la presente decisión debe generar una necesaria revisión y modificación del ordenamiento jurídico legal vigente," para lo cual exhortó a la Asamblea Nacional que "proceda a la revisión y correspondiente modificación de la normativa legal vinculada con la interpretación vinculante establecida en la presente decisión[137], en orden a establecer una regulación legal congruente con los principios constitucionales y derivada de la interpretación efectuada por esta Sala en ejercicio de sus competencias." Es decir, la Sala conminó al legislador a legislar en contra de la Constitución de 1999, y conforme a una ilegítima modificación constitucional de la misma impuesta por la propia Sala. Ello provocó, como antes se indicó, que después del triunfo electoral de la oposición en Estados y Municipios claves, desplazando los Gobernadores oficialistas en las elecciones de diciembre de 2008, la Asamblea Nacional muy diligentemente reformara en marzo de 2009, entre otras, la Ley Orgánica de Descentralización, Delimitación y Transferencia de Competencias

137 De ello resultaba según la sentencia: "la necesaria revisión general de la Ley Orgánica de Descentralización, Delimitación y Transferencia de Competencias del Poder Público, Ley General de Puertos y la Ley de Aeronáutica Civil, sin perjuicio de la necesaria consideración de otros textos legales para adecuar su contenido a la vigente interpretación," lo que efectivamente se hizo meses después.

del Poder Público,[138] a los efectos de eliminar las competencias exclusivas de los Estrados establecidas en los ordinales 3 y 5 del artículo 11 de dicha Ley, agregando dos nuevas normas en dicha Ley en las cuales se dispone que "el Poder Público Nacional por órgano del Ejecutivo Nacional, podrá revertir por razones estratégicas, de mérito, oportunidad o conveniencia, la transferencia de las competencias concedidas a los estados, para la conservación, administración y aprovechamiento de los bienes o servicios considerados de interés público general, conforme con lo previsto en el ordenamiento jurídico y al instrumento que dio origen a la transferencia" (Art. 8); y que "El Ejecutivo Nacional, por órgano del Presidente o Presidenta de la República en Consejo de Ministros, podrá decretar la intervención conforme al ordenamiento jurídico, de bienes y prestaciones de servicios públicos transferidos para su conservación, administración y aprovechamiento, a fin de asegurar a los usuarios, usuarias, consumidores y consumidoras un servicio de calidad en condiciones idóneas y de respeto de los derechos constitucionales, fundamentales para la satisfacción de necesidades públicas de alcance e influencia en diversos aspectos de la sociedad" (Art. 9). Con ello se completó el fraude constitucional dispuesto por la Sala Constitucional, trastocándose el régimen federal.

5. *La eliminación de la prohibición constitucional de financiamiento público a las actividades de los partidos políticos*

El artículo 67 de la Constitución de 1999 expresamente prohibió "el financiamiento de las asociaciones con fines políticos con fondos provenientes del Estado", al establecer enfáticamente que el mismo "no se permitirá",[139] cambiando así, radicalmente, el régimen de financiamiento público a los partidos políticos que se había previsto en el artículo 230 de la Ley Orgánica del Sufragio y Participación Política de 1998. En dicha Ley se había buscado establecer un mayor equilibrio y equidad para la participación de los partidos en la vida democrática y en especial en las campañas electorales, tratando de mitigar los desequilibrios y perversiones que podían producirse con el solo financiamiento privado a los partidos, con el riesgo de presencia de "narcofinanciamiento" por ejemplo, y el eventual financiamiento público indirecto, irregular y corrupto, sólo para los partidos de gobierno,[140] que en un sistema donde no existe control fiscal ni parlamentario del ejercicio del poder, puede magnificarse. Con la prohibición constitucional, al derogarse este artículo de la Ley Orgánica, quedó derogado con el régimen de financiamiento público a los partidos políticos, abandonándose la tendencia inversa que predomina en el derecho comparado. A pesar de lo absurdo de la prohibición constitucional, contraria a la

---

138 *Gaceta Oficial* N° 39.140 del 17 de marzo de 2009.

139 Véase sobre la versión inicial de esta norma y sobre nuestra propuesta para su redacción en Allan R. Brewer-Carías *Debate Constituyente (Aportes a la Asamblea Nacional Constituyente),* Tomo II (9 septiembre-17 octubre 1999). Fundación de Derecho Público-Editorial Jurídica Venezolana. Caracas, 1999, p. 129.

140 Véase en general sobre el tema, Allan R. Brewer-Carías, "Consideraciones sobre el financiamiento de los partidos políticos en Venezuela" en *Financiamiento y democratización interna de partidos políticos. Memoria del IV Curso Anual Interamericano de Elecciones,* San José, Costa Rica, 1991, pp. 121 a 139.

tendencia universal en la materia de financiamiento a los partidos políticos, el constituyente de 1999 estableció esa prohibición como parte del espíritu antipartidos que signó la aprobación de la Constitución.

Esta prohibición constitucional fue otro de los temas a los que se refirió la propuesta de reforma constitucional de 2007, con la cual expresamente se buscó modificar la mencionada prohibición constitucional del artículo 67, previéndose en la norma, al contrario, que "el Estado podrá financiar las actividades electorales", pero sin indicarse si se trata de un financiamiento a los partidos políticos en general. Como es sabido, la antes mencionada propuesta de Reforma Constitucional de 2007, fue rechazada por voluntad popular expresada abrumadoramente contra su aprobación en el referendo del 2 de diciembre de 2007, con lo que el régimen de financiamiento a los partidos políticos, a su funcionamiento interno y a sus actividades electorales continuó prohibida en la Constitución.

Sin embargo, a pesar de dicha prohibición constitucional y del rechazo popular a modificarla, la Sala Constitucional del Tribunal Supremo de Justicia, actuando como Jurisdicción Constitucional, en sentencia N° 780 de 8 de mayo de 2008 (Exp. N° 06-0785), mediante una interpretación constitucional vinculante, mutó la Constitución, sustituyéndose a la voluntad popular y al poder constituyente originario, disponiendo que "en lo que respecta al alcance de la prohibición de financiamiento público de asociaciones políticas" contenida en la mencionada norma, la misma:

> "se circunscribe a la imposibilidad de aportar fondos a los gastos corrientes e internos de las distintas formas de asociaciones políticas, pero... dicha limitación, no resulta extensiva a la campaña electoral, como etapa fundamental del proceso electoral".

Es decir, la Sala Constitucional, ante una norma tan clara e igualmente tan criticable como la contenida en el artículo 67 de la Constitución, cuya reforma se había intentado hacer en 2007 pero sin lograrse por ser rechazada por la voluntad popular, en esta sentencia ni más ni menos, se erigió en poder constituyente, sustituyendo al pueblo, y dispuso la reforma de la norma, vía su interpretación, en el mismo sentido que se pretendía en la rechazada reforma constitucional,[141] disponiendo en definitiva, que la prohibición constitucional "no limita que en el marco del proceso electoral y como gasto inherente a una fase esencial del mismo, el Estado destine fondos con el objeto de financiar el desarrollo de las campañas electorales, de los partidos y asociaciones políticas," es decir, lo contrario de lo que dispone la Constitución.

Es evidente que siendo el financiamiento de las campañas electorales la motivación fundamental del financiamiento de los partidos políticos, pues los mismos tienen por objeto conducir a la ciudadanía en las opciones democráticas que necesariamente desembocan en elecciones, la Ley Orgánica del Sufragio y participación Política había dispuesto el financiamiento de los paridos políticos; y

141 Véanse los comentarios en Allan R. Brewer-Carías, "El juez constitucional como Poder Constituyente: El caso del financiamiento de las campañas electorales de los partidos políticos en Venezuela," en *Revista de Derecho Público*, N° 117, enero marzo 2009, Editorial Jurídica Venezolana, Caracas 2009, pp. 195-204.

ello fue lo que sin embargo, se eliminó expresamente en la Constitución de 1999. En la Constitución de 1999, sin embargo, en su clara concepción antipartidos entre otras normas dispuso precisamente la prohibición constitucional del financiamiento público a los partidos políticos (art. 67) lo cual lamentablemente ha provocado la posibilidad no sólo al financiamiento privado ilegítimo (narcotráfico, comisiones de partidos), sino al financiamiento público irregular.[142] Y eso fue precisamente lo que se quiso corregir, de nuevo, con la proyectada Reforma Constitucional de 2007, la cual, sin embargo, fue rechazada por el pueblo.

Pero la Sala Constitucional, sin límite alguno, se sustituyó al pueblo y asumió el rol de poder constituyente originario, disponiendo que lo que la Constitución prohíbe cuando establece en el artículo 67 que no se permite "el financiamiento de las asociaciones con fines políticos con fondos provenientes del Estado", es sólo una prohibición al financiamiento por el Estado de "los gastos corrientes e internos de las distintas formas de asociaciones políticas", pero no de la "campaña electoral, como etapa fundamental del proceso electoral."

Es decir, el Juez Constitucional, simplemente, dispuso que la Constitución no dice lo que dice, sino todo lo contrario; que cuando dice que no se permite "el financiamiento de las asociaciones con fines políticos con fondos provenientes del Estado", no es eso lo que establece, sino lo que prohíbe es solamente "el financiamiento de los gastos corrientes e internos de las asociaciones con fines políticos con fondos provenientes del Estado"; y que los gastos de las campañas electorales de dichas asociaciones con fines políticas, en cambio, si pueden ser financiadas con fondos provenientes del Estado.

Y para llegar a esta conclusión, en una sentencia innecesariamente atiborrada de citas de autores sobre las técnicas de interpretación y la noción de democracia, y sobre las bondades del financiamiento público de las campañas electorales de los partidos políticos, concluyó en la mencionada distinción, de que una cosa es que el Estado financie "los gastos corrientes e internos" de los partidos políticos y otra cosa es que financie "sus campañas electorales," deduciendo sin fundamento alguno que lo que la Constitución prohíbe es lo primero y no lo segundo.

Se trata de una conclusión absurda, que contra toda lógica democrática, se deriva de una premisa falsa, y es que en sistemas democráticos supuestamente podría ocurrir que el Estado financie los gastos corrientes e internos de los partidos. Ello no se concibe en las democracias, por lo que no requiere de prohibición alguna. En democracias lo que se financia es el funcionamiento de los partidos pero con miras siempre a las campañas electorales, al punto de que este se suspende si los mismos no llegan a obtener un determinado porcentaje de votación en las elecciones.

Puede ser muy loable la intención del Juez Constitucional de permitir el financiamiento de las campañas electorales de los partidos políticos con fondos provenientes del Estado, pero habiendo sido ello prohibido expresamente por la

---

142 Véase en Allan R. Brewer-Carías, "Regulación jurídica de los partidos políticos en Venezuela" en *Estudios sobre el Estado Constitucional (2005-2006)*, Cuadernos de la Cátedra Fundacional Allan R. Brewer-Carías de Derecho Público, Universidad Católica del Táchira, N° 9, Editorial Jurídica Venezolana. Caracas, 2007, pp. 655-686.

Constitución[143] (ya que no tiene lógica afirmar que lo que se prohíbe es lo que nunca se ha permitido: el financiamiento de los gastos corrientes e internos de los partidos), sólo reformándola es que se podría lograr lo contrario. Y ello fue lo que en este caso hizo el Juez Constitucional en Venezuela: reformar la Constitución, usurpando el poder constituyente originario que es del pueblo e, incluso contra su propia voluntad expresada cinco meses antes al rechazar precisamente esa reforma constitucional en igual sentido, estableció la posibilidad de financiar las campañas electorales de los partidos políticos.

6. *La eliminación del rango supra constitucional de los tratados internacionales en materia de derechos humanos*

Siguiendo una tendencia universal contemporánea, que ha permitido a los tribunales constitucionales la aplicación directa de los tratados internacionales en materia de derechos humanos para su protección, ampliando progresivamente el elenco de los mismos, en el propio texto de las Constituciones se ha venido progresivamente reconociendo en forma expresa el rango normativo de los referidos tratados, de manera que en la actualidad pueden distinguirse cuatro rangos diversos reconocidos en el derecho interno, rango supra constitucional, rango constitucional, rango supra legal o rango legal.[144]

En el caso de la Constitución venezolana de 1999, el artículo 23 dispuso expresamente lo siguiente:

> "*Artículo 23*. Los tratados, pactos y convenciones relativos a derechos humanos, suscritos y ratificados por Venezuela, tienen jerarquía constitucional y prevalecen en el orden interno, en la medida en que contengan normas sobre su goce y ejercicio más favorables a las establecidas en esta Constitución y en las leyes de la República, y son de aplicación inmediata y directa por los tribunales y demás órganos del Poder Público".

Esta norma, sin duda, es uno de las más importantes en materia de derechos humanos en el país, única en su concepción en América Latina, pues por una parte, le otorga a los tratados internacionales en materia de derechos humanos no sólo rango constitucional, sino rango *supra constitucional,* es decir, un rango superior respecto de las propias normas constitucionales, los cuales deben prevalecer sobre

---

143 Por ello fue, incluso, que entre otros aspectos salvamos nuestro voto en relación con dicha norma. Véase Allan R. Brewer-Carías, *Debate Constituyente (Aportes a la Asamblea Nacional Constituyente)*, Tomo III (18 octubre-30 noviembre 1999). Fundación de Derecho Público-Editorial Jurídica Venezolana. Caracas, 1999. pp. 239, 259.

144 En relación con esta clasificación general, véase: Rodolfo E. Piza R., *Derecho internacional de los derechos humanos: La Convención Americana*, San José 1989; y Carlos Ayala Corao, "La jerarquía de los instrumentos internacionales sobre derechos humanos", en *El nuevo derecho constitucional latinoamericano*, IV Congreso venezolano de Derecho constitucional, Vol. II, Caracas 1996 y *La jerarquía constitucional de los tratados sobre derechos humanos y sus consecuencias*, México, 2003; Humberto Henderson, "Los tratados internacionales de derechos humanos en el orden interno: la importancia del principio *pro homine*", en *Revista IIDH*, Instituto Interamericano de Derechos Humanos, Nº 39, San José 2004, pp. 71 y ss. Véase también, Allan R. Brewer-Carías, *Mecanismos nacionales de protección de los derechos humanos*, Instituto Internacional de Derechos Humanos, San José, 2004, pp. 62 y ss.

las mismas en caso de regulaciones más favorables a su ejercicio. Además, por otra parte, el artículo establece el principio de la aplicación inmediata y directa de dichos tratados por los tribunales y demás autoridades del país. Su inclusión en la Constitución, sin duda, fue un avance significativo en la construcción del esquema de protección de los derechos humanos, que se aplicó por los tribunales declarando la prevalencia de las normas de Convención Americana de Derechos Humanos en relación con normas constitucionales y legales. Fue el caso, por ejemplo, del derecho a la revisión judicial de sentencias, a la apelación o derecho a la segunda instancia que en materia contencioso administrativa se excluía en la derogada Ley Orgánica de la Corte Suprema de Justicia de 1976,[145] respecto de la impugnación de actos administrativos ante la Jurisdicción contencioso administrativa emanados de institutos autónomos o Administraciones independientes'. La Constitución de 1999 solo reguló como derecho constitucional el derecho de apelación en materia de juicios penales a favor de la persona declarada culpable (Art. 40,1); por lo que en el mencionado caso de juicios contencioso administrativos, no existía una garantía constitucional expresa a la apelación, habiendo sido siempre declarada inadmisible la apelación contra las decisiones de única instancia de la Corte Primera de lo Contencioso. La aplicación del artículo 23 de la Constitución llevó finalmente a la Sala Constitucional del Tribunal Supremo, a resolver en 2000 la aplicación prevalente de la Convención Interamericana de Derechos Humanos, considerando:

> "que el artículo 8, numerales 1 y 2 (literal h), de la Convención Americana sobre Derechos Humanos, forma parte del ordenamiento constitucional de Venezuela; que las disposiciones que contiene, declaratorias del derecho a recurrir del fallo, son más favorables, en lo que concierne al goce y ejercicio del citado derecho, que la prevista en el artículo 49, numeral 1, de dicha Constitución; y que son de aplicación inmediata y directa por los tribunales y demás órganos del Poder Público."[146]

---

145 Véase los comentarios en Allan R. Brewer-Carías y Josefina Calcaño de Temeltas, *Ley Orgánica de la Corte Suprema de Justicia,* Editorial Jurídica Venezolana, Caracas 1978.

146 Sentencia N° 87 del 13 de marzo de 2000, Caso: *C.A. Electricidad del Centro (Elecentro) y otra vs. Superintendencia para la Promoción y Protección de la Libre Competencia. (Procompetencia*), en *Revista de Derecho Público*, N° 81, Editorial Jurídica Venezolana, Caracas 2000, pp. 157. La Sala Constitucional incluso resolvió el caso estableciendo una interpretación obligatoria, que exigía la re-redacción de la Ley Orgánica, disponiendo lo siguiente: "En consecuencia, visto que el último aparte, primer párrafo, del artículo 185 de la Ley Orgánica de la Corte Suprema de Justicia, dispone lo siguiente: "Contra las decisiones que dicto dicho Tribunal en los asuntos señalados en los ordinales 1 al 4 de este artículo no se oirá recurso alguno"; visto que la citada disposición es incompatible con las contenidas en el artículo 8, numerales 1 y 2 (literal h), de la Convención Americana sobre Derechos Humanos, las cuales están provistas de jerarquía constitucional y son de aplicación preferente; visto que el segundo aparte del artículo 334 de la Constitución de la República establece lo siguiente: "En caso de incompatibilidad entre esta Constitución y una ley u otra norma jurídica, se aplicarán las disposiciones constitucionales, correspondiendo a los tribunales en cualquier causa, aun de oficio, decidir lo conducente", ésta Sala acuerda dejar sin aplicación la disposición transcrita, contenida en el último aparte, primer párrafo, del artículo 185 de la Ley Orgánica en referencia, debiendo aplicarse en su lugar, en el caso de la sentencia que se pronuncie, de ser el caso, sobre el recurso contencioso administrativo de anulación interpuesto por la parte actora ante la Corte Primera de lo Contencioso Administrativo (expediente N° 99-22167), la disposición prevista en el último aparte, segundo párrafo, del artículo 185 *eiusdem*, y la cual es del tenor siguiente: 'Contra las sentencias definitivas que dicte el mismo Tribunal ... podrá interponerse apelación

Sin embargo, en sentencia N° 1.939 de 18 de diciembre de 2008 (Caso *Gustavo Álvarez Arias y otros*) la Sala Constitucional al declarar inejecutable una sentencia de la Corte Interamericana de Derechos Humanos, de fecha 5 de agosto de 2008, dictada en el caso de los ex-magistrados de la Corte Primera de lo Contencioso Administrativo (*Apitz Barbera y otros ("Corte Primera de lo Contencioso Administrativo") vs. Venezuela*), ha resuelto definitivamente que:

> "el citado artículo 23 de la Constitución no otorga a los tratados internacionales sobre derechos humanos rango "supraconstitucional", por lo que, en caso de antinomia o contradicción entre una disposición de la Carta Fundamental y una norma de un pacto internacional, correspondería al Poder Judicial determinar cuál sería la aplicable, tomando en consideración tanto lo dispuesto en la citada norma como en la jurisprudencia de esta Sala Constitucional del Tribunal Supremo de Justicia, atendiendo al contenido de los artículos 7, 266.6, 334, 335, 336.11 eiusdem y el fallo número 1077/2000 de esta Sala."

A los efectos de fundamentar su decisión, y rechazar la existencia de valores superiores no moldeables por el proyecto político autoritario, la Sala aclaró los siguientes conceptos:

> "Sobre este tema, la sentencia de esta Sala N° 1309/2001, entre otras, aclara que el derecho es una teoría normativa puesta al servicio de la política que subyace tras el proyecto axiológico de la Constitución y que la interpretación debe comprometerse, si se quiere mantener la supremacía de la Carta Fundamental cuando se ejerce la jurisdicción constitucional atribuida a los jueces, con la mejor teoría política que subyace tras el sistema que se interpreta o se integra y con la moralidad institucional que le sirve de base axiológica (*interpretatio favor Constitutione*). Agrega el fallo citado: "en este orden de ideas, los estándares para dirimir el conflicto entre los principios y las normas deben ser compatibles con el proyecto político de la Constitución (Estado Democrático y Social de Derecho y de Justicia) y no deben afectar la vigencia de dicho proyecto con elecciones interpretativas ideológicas que privilegien los derechos individuales a ultranza o que acojan la primacía del orden jurídico internacional sobre el derecho nacional en detrimento de la soberanía del Estado".
>
> Concluye la sentencia que: "no puede ponerse un sistema de principios supuestamente absoluto y suprahistórico por encima de la Constitución" y que son inaceptables las teorías que pretenden limitar "so pretexto de valideces universales, la soberanía y la autodeterminación nacional".
>
> En el mismo sentido, la sentencia de esta Sala N° 1265/2008 estableció que en caso de evidenciarse una contradicción entre la Constitución y una convención o tratado internacional, "deben prevalecer las normas constitucionales que privilegien el interés general y el bien común, debiendo

dentro del término de cinco días, ante la Corte Suprema de Justicia (*rectius:* Tribunal Supremo de Justicia)'. Así se decide." *Idem* p. 158.

aplicarse las disposiciones que privilegien los intereses colectivos...(...) sobre los intereses particulares..."[147]

En esta forma, la Sala Constitucional en Venezuela ha dispuesto una ilegítima mutación constitucional, reformando el artículo 23 de la Constitución al eliminar el carácter supranacional de la Convención Americana de Derechos Humanos en los casos en los cuales contenga previsiones más favorables al goce y ejercicio de derechos humanos respecto de las que están previstas en la propia Constitución.[148]

Debe advertirse, por otra parte, que tan se trata de una reforma constitucional ilegítima, que esa fue una de las propuestas de reforma que se formularon por el "Consejo Presidencial para la Reforma de la Constitución," designado por el Presidente de la República,[149] en informe de junio de 2007,[150] en el cual, en relación con el artículo 23 de la Constitución, lo que se buscaba era eliminar totalmente la jerarquía constitucional de las previsiones de los tratados internacionales de derechos humanos y su prevalencia sobre el orden interno, proponiéndose la formulación de la norma sólo en el sentido de que: "los tratados, pactos y convenciones relativos a derechos humanos, suscritos y ratificados por Venezuela, mientras se mantenga vigentes, forma parte del orden interno, y son de aplicación inmediata y directa por los órganos del Poder Público".

Esa propuesta de reforma constitucional que afortunadamente no llegó a cristalizar, era un duro golpe al principio de la progresividad en la protección de los derechos que se recoge en el artículo 19 de la Constitución, que no permite regresiones en la protección de los mismos.[151] Sin embargo, lo que no pudo hacer el régimen autoritario mediante una reforma constitucional, la cual al final fue rechazada por el pueblo, lo hizo la Sala Constitucional del Tribunal Supremo en su larga carrera al servicio del autoritarismo.[152]

---

147 Véase en http://www.tsj.gov.ve/decisiones/scon/Diciembre/1939-181208-2008-08-1572.html

148 Véase los comentarios en Allan R. Brewer-Carías, "El juez constitucional vs. La justicia internacional en materia de derechos humanos," en *Revista de Derecho Público*, No. 116, (julio-septiembre 2008), Editorial Jurídica Venezolana, Caracas 2008, pp. 249 ss.; y en "La ilegitima mutación de la Constitución por el juez constitucional mediante la eliminación del rango supra constitucional de los tratados internacionales sobre derechos humanos, y el desconocimiento en Venezuela de las sentencias de la Corte Interamericana de Derechos Humanos", trabajo enviado para ser publicado en el *Libro Homenaje al Capítulo Venezolano de la Asociación Mundial de Jóvenes Juristas y Estudiantes de Derecho*, Caracas 2009 (en prensa).

149 Véase Decreto Nº 5138 de 17-01-2007, *Gaceta Oficial* Nº 38.607 de 18-01-2007

150 El documento circuló en junio de 2007 con el título Consejo Presidencial para la Reforma de la Constitución de la República Bolivariana de Venezuela, "Modificaciones propuestas". El texto completo fue publicado como *Proyecto de Reforma Constitucional. Versión atribuida al Consejo Presidencial para la reforma de la Constitución de la república Bolivariana de Venezuela*, Editorial Atenea, Caracas 01 de julio de 2007, 146 pp.

151 Véase esta proyectada reforma constitucional Allan R. Brewer-Carías, *Hacia la consolidación de un Estado Socialista, Centralizado, Policial y Militarista. Comentarios sobre el sentido y alcance de las propuestas de reforma constitucional 2007,* Colección Textos Legislativos, Nº 42, Editorial Jurídica Venezolana, Caracas 2007, pp. 122 ss.

152 Véase entre otros aspectos, los contenidos en el libro Allan R. Brewer-Carías, *Crónica sobre la "In" Justicia Constitucional. La Sala Constitucional y el autoritarismo en Venezuela*, Colección Instituto de Derecho Público Nº 2, Universidad Central de Venezuela, Caracas 2007.

7. *La eliminación de la potestad de los jueces para aplicabilidad inmediata de los tratados internacionales en materia de derechos humanos*

En materia de derechos humanos, el artículo 23 de la Constitución no sólo otorga rango supraconstitucional a las normas de los tratados, pactos y convenciones internacionales relativos a derechos humanos suscritos y ratificados por Venezuela, "en la medida en que contengan normas sobre su goce y ejercicio más favorables a las establecidas en esta Constitución y en las leyes de la República", lo que como antes se ha visto ya ha sido mutado ilegítimamente; sino que declara además expresamente que los mismos son "de aplicación inmediata y directa por los tribunales y demás órganos del Poder Público" (Art. 23).

Sobre esta norma, la Sala Constitucional del Tribunal Supremo, al reivindicar un carácter de máximo y último intérprete de la Constitución y de los tratados, pactos y convenios sobre derechos humanos que no tiene, pues todas las Salas del Tribunal Supremo lo tienen, ha establecido en sentencia N° 1492 de 15 de julio de 2003 (Caso: *Impugnación de diversos artículos del Código Penal*), que por adquirir los mencionados tratados jerarquía constitucional e integrarse a la Constitución vigente, "*el único capaz de interpretarlas*, con miras al derecho venezolano, es el juez constitucional, conforme al artículo 335 de la vigente Constitución, en especial, al intérprete nato de la Constitución de 1999, y, que es la Sala Constitucional, y así se declara". De allí la Sala señaló que

> "es la Sala Constitucional quien determina cuáles normas sobre derechos humanos de esos tratados, pactos y convenios, prevalecen en el orden interno; al igual que cuáles derechos humanos no contemplados en los citados instrumentos internacionales tienen vigencia en Venezuela"[153].

Con esta decisión inconstitucional, la Sala Constitucional ha mutado ilegítimamente la Constitución, pues conforme a la norma de su artículo 23, esa potestad no sólo corresponde a la Sala Constitucional, sino a todos los tribunales de la República cuando actúen como juez constitucional, por ejemplo, al ejercer el control difuso de la constitucionalidad de las leyes o al conocer de acciones de amparo. La pretensión de la Sala Constitucional en concentrar toda la justicia constitucional no se ajusta a la Constitución y al sistema de justicia constitucional que regula, de carácter mixto e integral; y menos aún en materia de derechos humanos, cundo es la propia Constitución la que dispone que los tratados, pactos e instrumentos internacionales sobre derechos humanos ratificados por la República son "de aplicación inmediata y directa por los tribunales" (art. 23).

8. *La negación del derecho ciudadano a la protección internacional de los derechos humanos y la "inejecutabilidad" de las sentencias de la Corte Interamericana de Derechos Humanos*

Pero además del desconocimiento del rango supra constitucional de la Convención Americana de Derechos Humanos, la Sala Constitucional en la

153 Véase en *Revista de Derecho Público*, N° 93-96, Editorial Jurídica Venezolana, Caracas 2003, pp. 135 ss.

sentencia indicada N° 1.939 de 18 de diciembre de 2008, que se identifica como Caso *Gustavo Álvarez Arias y otros*, cuando en realidad es el Caso: *Estado venezolano vs. La Corte Interamericana de Derechos Humanos*, ha desconocido las decisiones de la Corte Interamericana de Derechos Humanos, declarándolas inejecutables, contrariando el régimen internacional de los tratados.

Con dicha sentencia, dictada en juicio iniciado por la Procuraduría General de la República que es un órgano dependiente del Ejecutivo Nacional, la sala Constitucional declaró "inejecutable" en Venezuela la sentencia de la Corte Interamericana de Derechos Humanos de fecha 5 de agosto de 2008," dictada en el caso de los ex-magistrados de la Corte Primera de lo Contencioso Administrativo (*Apitz Barbera y otros ("Corte Primera de lo Contencioso Administrativo") vs. Venezuela*). En dicha sentencia, la Corte Interamericana en demanda contra el Estado formulada por la Comisión Interamericana de derechos Humanos a petición de dichos ex magistrados de la Corte Primera de lo Contencioso Administrativo, decidió que el Estado Venezolano les había violado las garantías judiciales establecidas en la Convención Americana al haberlos destituido de sus cargos, condenando al Estado a pagar las compensaciones prescritas, a reincorporarlos en sus cargos o en cargos similares, y a publicar el fallo en la prensa venezolana.[154]

Ahora bien, aparte de que el caso de la Convención Americana de Derechos Humanos una vez que los Estados Partes han reconocido la jurisdicción de la Corte Interamericana de Derechos Humanos, conforme al artículo 68.1 de la Convención, los mismos "se comprometen a cumplir la decisión de la Corte en todo caso en que sean partes;"[155] es la propia Constitución la que ha garantizado expresamente en Venezuela el acceso de las personas a la protección internacional en materia de derechos humanos, con la obligación del Estado de ejecutar las decisiones de los órganos internacionales. A tal efecto el artículo 31 de de la Constitución dispone:

> "*Artículo 31.* Toda persona tiene derecho, en los términos establecidos por los tratados, pactos y convenciones sobre derechos humanos ratificados por la República, a dirigir peticiones o quejas ante los órganos internacionales creados para tales fines, con el objeto de solicitar el amparo a sus derechos humanos.
>
> El Estado adoptará, conforme a procedimientos establecidos en esta Constitución y en la ley, las medidas que sean necesarias para dar cumplimiento a las decisiones emanadas de los órganos internacionales previstos en este artículo.

---

154 Véase en www.corteidh.or.cr . Excepción Preliminar, Fondo, Reparaciones y Costas, Serie C N° 182.

155 Como lo señaló la Corte Interamericana de Derechos Humanos en la decisión del *Caso Castillo Petruzzi*, sobre "Cumplimiento de sentencia" del 7 de noviembre de 1999 (Serie C, N° 59), "Las obligaciones convencionales de los Estados parte vinculan a todos los poderes y órganos del Estado," (par. 3) agregando "Que esta obligación corresponde a un principio básico del derecho de la responsabilidad internacional del Estado, respaldado por la jurisprudencia internacional, según el cual los Estados deben cumplir sus obligaciones convencionales de buena fe (*pacta sunt servanda*) y, como ya ha señalado esta Corte, no pueden por razones de orden interno dejar de asumir la responsabilidad internacional ya establecida." (par. 4). Véase en Sergio García Ramírez (Coord.), *La Jurisprudencia de la Corte Interamericana de Derechos Humanos*, Universidad Nacional Autónoma de México, Corte Interamericana de Derechos Humanos, México, 2001, pp. 628-629.

No han faltado Estados, sin embargo, que se hayan rebelado contra las decisiones de la Corte Interamericana y hayan pretendido eludir su responsabilidad en el cumplimiento de las mismas. La sentencia de la Corte Interamericana en el Caso *Castillo Petruzzi* de 30 de mayo de 1999 (Serie C, núm. 52), es prueba de ello, pues después de que declarar que el Estado peruano había violado en un proceso los artículos 20; 7.5; 9; 8.1; 8.2.b,c,d y f; 8.2.h; 8.5; 25; 7.6; 5; 1.1 y 2,[156] la Sala Plena del Consejo Supremo de Justicia Militar del Perú se negó a ejecutar el fallo, considerando que la misma desconocía la Constitución Política del Perú y la sujetaba a "la Convención Americana sobre Derechos Humanos en la interpretación que los jueces de dicha Corte efectúan *ad-libitum* en esa sentencia."[157]

Ahora le ha correspondido a Venezuela seguir los pasos del régimen autoritario del Presidente Fujimori en el Perú, y la Sala Constitucional del Tribunal Supremo también ha declarado en la mencionada decisión N° 1.939 de 18 de diciembre de 2008 (Caso *Abogados Gustavo Álvarez Arias y otros*), como "inejecutable" la sentencia de la Corte Interamericana de Derechos Humanos Primera de 5 de agosto de 2008 en el Caso *Apitz Barbera y otros ("Corte Primera de lo Contencioso Administrativo") vs. Venezuela* acusando a la Corte Interamericana de haber usurpado el poder del Tribunal Supremo.[158]

---

156 Como consecuencia, en la sentencia la Corte Interamericana declaró "la invalidez, por ser incompatible con la Convención, del proceso en contra de los señores Jaime Francisco Sebastián Castillo Petruzzi" y otros, ordenando "que se les garantice un nuevo juicio con la plena observancia del debido proceso legal," y además, "al Estado adoptar las medidas apropiadas para reformar las normas que han sido declaradas violatoria de la Convención Americana sobre Derechos Humanos en la presente sentencia y asegurar el goce de los derechos consagrados en la Convención Americana sobre derechos Humanos a todas las personas que se encuentran bajo su jurisdicción, sin excepción alguna." Véase en http://www.tsj.gov.ve/decisiones/scon/Di-ciembre/1939-181208-2008-08-1572.html

157 Precisamente frente a esta declaratoria por la Sala Plena del Consejo Supremo de Justicia Militar del Perú sobre la inejecutabilidad del fallo de 30 de mayo de 1999 de la Corte Interamericana de Derechos Humanos en el Perú, fue que la misma Corte Interamericana dictó el fallo subsiguiente, antes indicado, de 7 de noviembre de 1999, declarando que "el Estado tiene el deber de dar pronto cumplimiento a la sentencia de 30 de mayo de 1999 dictada por la Corte Interamericana en el Caso *Castillo Petruzzi y otros.*" Sergio García Ramírez (Coord.), *La Jurisprudencia de la Corte Interamericana de Derechos Humanos*, Universidad Nacional Autónoma de México, Corte Interamericana de Derechos Humanos, México, 2001, p. 629 Ello ocurrió durante el régimen autoritario que tuvo el Perú en la época del Presidente Fujimori, y que condujo a que dos meses después de dictarse la sentencia de la Corte Interamericana del 30 de mayo de 1999, el Congreso del Perú aprobase el 8 de julio de 1999 el retiro del reconocimiento de la competencia contenciosa de la Corte, lo que se depositó al día siguiente en la Secretaría General de la OEA/ Este retiro fue declarado inadmisible por la propia Corte Interamericana, en la sentencia del Caso *Ivcher Bronstein* de 24 de septiembre de 1999, considerando que un "Estado parte sólo puede sustraerse a la competencia de la Corte mediante la denuncia del tratado como un todo." *Idem*, pp. 769-771. En todo caso, posteriormente en 2001 Perú derogó la Resolución de julio de 1999, restableciéndose a plenitud la competencia de la Corte interamericana para el Estado.

158 El tema, ya lo había adelantado la Sala Constitucional en su conocida sentencia N° 1.942 de 15 de julio de 2003 (Caso: *Impugnación de artículos del Código Penal, Leyes de desacato*) (Véase en *Revista de Derecho Público*, N° 93-96, Editorial Jurídica Venezolana, Caracas 2003, pp. 136 ss.) en la cual al referirse a los Tribunales Internacionales "comenzó declarando en general, que en Venezuela "por encima del Tribunal Supremo de Justicia y a los efectos del artículo 7 constitucional, no existe órgano jurisdiccional alguno, a menos que la Constitución o la ley así lo señale, y que aun en este último supuesto, la decisión que se contradiga con las normas constitucionales venezolanas, carece de aplicación en el país, y así se declara."

En su decisión, la Sala Constitucional, citando la previa decisión N° 1.942 de 15 de julio de 2003, y considerando que se trataba de una petición de interpretación formulada por la República, precisó que la Corte Interamericana de Derechos Humanos, no podía "pretender excluir o desconocer el ordenamiento constitucional interno," y que había dictado "pautas de carácter obligatorio sobre gobierno y administración del Poder Judicial que son competencia exclusiva y excluyente del Tribunal Supremo de Justicia" y establecido "directrices para el Poder Legislativo, en materia de carrera judicial y responsabilidad de los jueces, violentando la soberanía del Estado venezolano en la organización de los poderes públicos y en la selección de sus funcionarios, lo cual resulta inadmisible." Acusó además, a la Corte Interamericana de haber utilizado su fallo "para intervenir inaceptablemente en el gobierno y administración judicial que corresponde con carácter excluyente al Tribunal Supremo de Justicia," argumentando que con la "sentencia cuestionada" la Corte Interamericana pretendía "desconocer la firmeza de decisiones administrativas y judiciales que han adquirido la fuerza de la cosa juzgada, al ordenar la reincorporación de los jueces destituidos." Para realizar estas afirmaciones, la Sala Constitucional recurrió como precedente para considerar que la sentencia de la Corte Interamericana de Derechos Humanos era inejecutable en Venezuela, precisamente la decisión antes señalada de 1999 de la Sala Plena del Consejo Supremo de Justicia Militar del Perú, que consideró inejecutable la sentencia de la Corte Interamericana de 30 de mayo de 1999, dictada en el caso: *Castillo Petruzzi y otro*.

Pero no se quedó allí la Sala Constitucional, sino en una evidente usurpación de poderes, ya que las relaciones internacionales es materia exclusiva del Poder Ejecutivo, solicitó instó "al Ejecutivo Nacional proceda a denunciar esta Convención, ante la evidente usurpación de funciones en que ha incurrido la Corte Interamericana de los Derechos Humanos con el fallo objeto de la presente decisión; y el hecho de que tal actuación se fundamenta institucional y competencialmente en el aludido Tratado."

Así concluyó el proceso de desligarse de la Convención Americana sobre Derechos Humanos, y de la jurisdicción de la Corte Interamericana de Derechos Humanos por parte del Estado Venezolano, utilizando para ello a su propio Tribunal Supremo de Justicia.

Debe recordarse en efecto, que en esta materia la Sala Constitucional también ha dispuesto una ilegítima mutación constitucional, reformando el artículo 23 de la Constitución en la forma cómo se pretendía en 2007 en la antes mencionada propuesta del "Consejo Presidencial para la Reforma de la Constitución," designado por el Presidente de la República, al buscar agregar al artículo 23 de la Constitución, también en forma regresiva, que "corresponde a los tribunales de la República conocer de las violaciones sobre las materias reguladas en dichos Tratados", con lo que se buscaba establecer una prohibición constitucional para que la Corte Interamericana de Derechos Humanos pudiera conocer de las violaciones de la Convención Americana de Derechos Humanos. Es decir, con una norma de este tipo, Venezuela hubiera quedado excluida constitucionalmente de la jurisdicción de dicha Corte internacional y del sistema interamericano de protección de los derechos humanos.[159]

En esta materia, también, lo que no pudo hacer el régimen autoritario mediante una reforma constitucional, la cual al final fue rechazada por el pueblo, lo hizo la Sala Constitucional del Tribunal Supremo en su ya larga carrera al servicio del autoritarismo.

9. *La ilegítima mutación de la Constitución hecha por el juez constitucional en materia de antejuicios de mérito de altos funcionarios del estado*

El artículo 266,3 de la Constitución establece un privilegio a favor de altos funcionarios públicos, en el sentido de que para poder ser enjuiciados se requiere que previamente se declare, por el Tribunal Supremo de Justicia, si hay o no méritos para tal enjuiciamiento. Se trata del denominado antejuicio de mérito, siendo atribución del Tribunal Supremo:

> "3. Declarar si hay o no mérito para el enjuiciamiento del Vicepresidente Ejecutivo o Vicepresidenta Ejecutiva, de los o las integrantes de la Asamblea Nacional o del propio Tribunal Supremo de Justicia, de los Ministros o Ministras, del Procurador o Procuradora General, del Fiscal o la Fiscal General, del Contralor o Contralora General de la República, del Defensor o Defensora del Pueblo, los Gobernadores o Gobernadoras, oficiales, generales y almirantes de la Fuerza Armada Nacional y de los jefes o jefas de misiones diplomáticas de la República y, en caso afirmativo, remitir los autos al Fiscal o a la Fiscal General de la República o a quien haga sus veces, si fuere el caso; y si el delito fuere común, continuará conociendo de la causa hasta la sentencia definitiva".

En cuanto a la competencia para conocer de los juicios, la norma, dispone claramente lo que se desprende de su propio texto y del sentido propio de las palabras utilizadas: que en los casos en los cuales el Tribunal Supremo declare que hay méritos para enjuiciar a altos funcionarios indicados (distintos al Presidente de la República), si se trata de delitos comunes es el Tribunal Supremo el que debe conocer de la causa hasta sentencia definitiva; lo que significa que respecto de otros delitos, incluidos los políticos, los autos se deben remitir al Fiscal General de la República para que este siga el proceso ante la jurisdicción ordinaria. Sean cuales fueren las fallas que el interprete le encuentre a esta regulación, eso es lo que dispone la Constitución.

Sin embargo, la Sala Constitucional del Tribunal Supremo de Justicia, en sentencia N° 1684 del 4 de noviembre de 2008 (Caso: *Carlos Eduardo Giménez Colmenárez*, **Expediente** N° 08-1016), ha cambiado la redacción de la norma constitucional, usurpando la voluntad del pueblo al asumir el poder constituyente

---

159 Véase sobre esta proyectada reforma constitucional Allan R. Brewer-Carías, *Hacia la consolidación de un Estado Socialista, Centralizado, Policial y Militarista. Comentarios sobre el sentido y alcance de las propuestas de reforma constitucional 2007,* Colección Textos Legislativos, N° 42, Editorial Jurídica Venezolana, Caracas 2007, p. 122.

originario[160] en contravención con las exigencias del propio texto fundamental que expresamente dispone, no sólo los procedimientos que pueden ser seguidos para las reformas constitucionales (Enmienda, Reforma, Asamblea Constituyente) (arts. 340-349), sino la necesaria intervención del pueblo para efectuarla, mediante referendo o mediante la elección de una Asamblea Constituyente.

La Sala Constitucional, en efecto, en dicha sentencia, ha dispuesto que si el Tribunal Supremo declarase que hay méritos para enjuiciar a esos mismos altos funcionarios, en ese caso:

> "deben remitirse los autos al Fiscal o a la Fiscal General de la República o a quien haga sus veces, si el delito fuere común a los fines contemplados en el Código Orgánico Procesal Penal; y si el delito fuere político, continuará conociendo de la causa el Tribunal Supremo de Justicia en Sala Plena, hasta la sentencia definitiva."

Es decir, la Sala Constitucional reformó completamente la norma, estableciendo una regulación radicalmente distinta, en el sentido de que en casos de delitos comunes, en lugar de ser el Tribunal Supremo el que conozca de la causa hasta sentencia definitiva como lo dice expresamente el artículo 266,3 de la Constitución, sean los tribunales ordinarios los que conozcan de dichas causas; agregando, además, una previsión que no estaba en el texto de la Constitución, y es la relativa a los "delitos políticos", disponiendo una nueva competencia del Tribunal Supremo para conocer de las causas sobre los mismos, que no existe en la Constitución.

Para materializar esta usurpación la Sala Constitucional siguió un camino tortuoso, a través de los siguientes pasos:

Primero, partió de un auto de la Sala Plena del Tribunal Supremo en el cual ésta había renunciado a aplicar la Constitución y, consecuencialmente, declinó en la Sala Constitucional la competencia para conocer, no de un "recurso o acción de interpretación constitucional", sino de una declinatoria de competencia para resolver una colisión de leyes.

Segundo, la Sala Constitucional, al recibir los autos, convirtió de oficio, es decir, sin que nadie se lo hubiese pedido, dicha declinación de competencia en un "recurso o acción de interpretación constitucional," que supuestamente había intentado o interpuesto el propio Tribunal Supremo de Justicia en Sala Plena, para lo cual declaró que el máximo Tribunal de la República, tenía la "legitimación activa" necesaria para intentarlo; y que en virtud de ello, entonces, la Sala Constitucional tenía que resolverlo, cuando la Sala Plena, en realidad, no había intentado "recurso" o "acción" algunos y menos uno de interpretación constitucional, y lo único que había hecho era haber declinado la competencia para conocer de una colisión de leyes en la Sala Constitucional, que era lo que había solicitado la Fiscal General de la República.

---

160 Véase los comentarios en Allan R. Brewer-Carías, "La ilegítima mutación de la constitución hecha por el juez constitucional en materia de antejuicios de mérito de altos funcionarios del Estado", en *Revista de Derecho Público*, N° 116, (julio-septiembre 2008), Editorial Jurídica Venezolana, Caracas 2008, pp. 261 ss.

En efecto, el origen remoto del proceso fue una solicitud de antejuicio de mérito que formuló la Fiscal General de la República ante la Sala Plena del Tribunal Supremo, contra un Gobernador de uno de los Estados de la Federación (Estado Yaracuy), en la cual se planteó la necesidad de resolver una colisión de leyes que supuestamente existía entre los artículos 5 y 22 de la Ley Orgánica del Tribunal Supremo de Justicia y el artículo 378 del Código Orgánico Procesal Penal a los efectos de determinar el Tribunal que debía conocer el juicio penal contra un Gobernador de un Estado de la República, por la presunta comisión de los delitos de peculado doloso impropio, evasión de procesos licitatorios y concierto con contratista, tipificados en los artículos 52, 58 y 70 de la Ley contra la Corrupción.

En tal sentido, la Ley Orgánica del Tribunal Supremo de Justicia, en su artículo 5,2, siguiendo lo expresado en la Constitución, disponía que si el delito fuere común, el Tribunal Supremo era el que debía continuar conociendo de la causa hasta sentencia definitiva; y el Código Orgánico Procesal Penal, por su parte, establecía en su artículo 378, que "Cuando se trate de los otros altos funcionarios del Estado y se declare que hay lugar al enjuiciamiento, el Tribunal Supremo de Justicia deberá pasar los autos al tribunal ordinario competente si el delito fuere común, y continuará conociendo de la causa hasta sentencia definitiva, cuando se trate de delitos políticos, salvo lo dispuesto en la Constitución de la República respecto del allanamiento de la inmunidad de los miembros de la Asamblea Nacional". Se trataba, por tanto, de una previsión que no se ajustaba a lo dispuesto en la Constitución, por lo que debía considerarse como tácitamente derogada o contraria a la previsión constitucional.

Pero la Sala Plena (es decir, el Tribunal Supremo en pleno), a pesar de constatar esta situación, se declaró incompetente para aplicar la Constitución, lo que fue insólito, y resolvió que existía una colisión normativa entre el Código Orgánico Procesal Penal, por un lado, y la Constitución y la Ley Orgánica del Tribunal Supremo de Justicia, por el otro, que exigía "el examen y análisis de la disposición constitucional y de las disposiciones legales," pero renunciando a hacerlo, indicando:

> "que la Sala Plena sólo tiene competencia para decidir si procede o no la solicitud de antejuicio de mérito. Por consiguiente, no tiene competencia para examinar y analizar los artículos constitucional y legales que regulan la competencia del tribunal que conocerá un eventual juicio penal producto de la declaratoria con lugar del antejuicio de mérito; en casos como el presente, en los cuales se hace imprescindible acudir a la interpretación constitucional para resolver la colisión de normas supra referida; determinándose que tal competencia está atribuida constitucional y legalmente a la Sala Constitucional...."

Para llegar a esta conclusión, la Sala Plena consideró que la Constitución otorgaba a la Sala Constitucional "la competencia exclusiva para conocer de cualquier acción cuya naturaleza sea de orden constitucional," y que "consecuencia de ello, constituye la interpretación que del artículo 266 (numeral 3) de la Constitución de la República Bolivariana de Venezuela debe hacer la Sala Constitucional en relación con los artículos 5 y 22 de la Ley Orgánica del Tribunal Supremo de Justicia y el artículo 378 del Código Orgánico Procesal Penal." Planteado en esa forma, era evidente que la Sala Plena del Tribunal Supremo no tenía competencia para resolver sobre la colisión de leyes, que es una competencia expresa de la Sala Constitucional, por lo que la petición de la Fiscal General condujo a que la Sala Plena, mediante sentencia N° 90 de 22 de julio de 2008, declinara la competencia para conocer de tal colisión de leyes denunciada, en la Sala Constitucional.

Pero en lugar de resolver sobre la colisión de leyes, la Sala Constitucional, estimó de oficio, "de la solicitud planteada," que la misma se traducía "en realidad en una pretensión de interpretación" del contenido del artículo 266,3 de la Constitución, "específicamente en lo concerniente a la determinación del tribunal competente para seguir conociendo de la causa, una vez declarada con lugar la solicitud de antejuicio de mérito presentada en contra de cualquiera de los altos funcionarios públicos;" agregando además, que "la presunta colisión no se limita a las disposiciones aludidas contenidas en dos leyes orgánicas, sino que la antinomia también involucra una norma constitucional cuya redacción coincide con una de las disposiciones legales, es decir, la Ley Orgánica del Tribunal Supremo de Justicia."

De allí, en lugar de resolver la Sala Constitucional que la otra disposición legal (Código Orgánico Procesal Penal) era contraria a la disposición constitucional y a la propia la Ley Orgánica del Tribunal Supremo, por lo que debía considerarse derogada, sin embargo lo que hizo fue decidir que debía resolver la "antinomia entre leyes" pero considerando "imprescindible precisar mediante la interpretación" el adecuado sentido que debe darse al artículo 266.3 de la Constitución vigente, todo de conformidad con lo dispuesto en el artículo 5,52 y primer aparte de la Ley Orgánica del Tribunal Supremo de Justicia que regulan la acción de interpretación constitucional, es decir, como si se tratase de una "acción de interpretación constitucional," la cual sin embargo nadie había intentado. Para ello comenzó analizando los requisitos de admisibilidad de estas acciones, considerando que en este caso, "el recurso fue planteado" (cuando ningún recurso o acción había sido interpuesto) cumpliéndose dichos requisitos, en particular, el referente a la legitimación activa, considerando que la acción "la había interpuesto" el Tribunal Supremo de Justicia, en Sala Plena, como "interesada en la interpretación," ante otra de sus Salas, la Constitucional.

Después de hacer un recorrido histórico sobre la institución del antejuicio de mérito en las Constituciones anteriores, la Sala constató que la Constitución de 1961, que había sido derogada por la Constitución de 1999, en su artículo 215,2 establecía que en el caso de altos funcionarios del Estado, si la Corte Suprema de Justicia declaraba que *había mérito para el enjuiciamiento, debía* "pasar los autos al Tribunal ordinario competente, si el delito fuere común, o continuar conociendo la causa hasta sentencia definitiva, cuando se trate de delitos políticos, *salvo lo dispuesto en el artículo 144 con respecto a los miembros del Congreso...*". (Subrayado de la Sala). Es decir, la Sala constató que la Constitución anterior, que fue derogada por la Constitución de de 1999, sí distinguía entre delitos comunes y delitos políticos para disponer la competencia judicial para la continuación del proceso, lo que expresamente fue "suprimido" de esta última, y con ello se modificó "el criterio para determinar el órgano jurisdiccional competente que deberá continuar conociendo de la causa una vez declarada ha lugar la solicitud de antejuicio de mérito."

Sin atender al hecho de que esa fue precisamente la voluntad del Constituyente al cambiar el régimen, la Sala simplemente expresó que de la nueva norma le llamaba la atención "su inconsistencia con los antecedentes históricos de su creación," entrando en una larga disquisición sobre lo que debe entenderse por "delito común" y por "delito político," la cual concluyó señalando que "delitos comunes" son los "sancionados en la legislación criminal ordinaria," y que pueden lesionar u ofender bienes jurídicos individuales (como los delitos de violación, robo, hurto, lesiones, etc.) o causar daños o afectación de trascendencia social, como los delitos perpetrados contra la cosa o erario público, tipificados, por ejemplo, en la Ley contra la Corrupción; y los "delitos políticos" son aquellos "que atentan contra los poderes públicos y el orden constitucional, concretamente, los delitos de rebelión y sedición, así como también los que atentan contra la seguridad de la Nación, entre ellos la traición y el espionaje."

En cuanto al cambio introducido en el artículo 266,3 de la Constitución, la Sala simplemente concluyó señalando que "a pesar de representar un cambio, no se puede entender como una eliminación absoluta del vocablo, ya que el mismo se encuentra presente de manera tácita en el contenido de la norma, es decir, cuando el delito no sea común este se debe considerar político," lo que por lo demás, nadie duda. Pero de que el cambio en la norma constitucional se estableció, no hay la menor duda, aún cuando la Sala lo haya considerado en cuanto a "determinar el órgano jurisdiccional competente que deberá continuar conociendo de la causa una vez declarada ha lugar la solicitud de antejuicio de mérito" como "una sustancial alteración del espíritu, propósito y razón de la referida norma -en lo que respecta a sus antecedes históricos- ..."

Continuó la Corte considerando que la consecuencia jurídica que presenta la nueva norma constitucional al atribuirle al Tribunal Supremo continuar conociendo de las causas sólo en los casos de delitos comunes, "constituye una situación inconsistente con el criterio que históricamente se ha mantenido en nuestro ordenamiento jurídico sobre la naturaleza del delito común y del delito político y con ello del tribunal competente para conocer de los mismos;" considerando al contrario de lo dispuesto en la norma que:

> "en virtud de la respectiva entidad de los delitos y la distinta afectación del orden social, la competencia para el conocimiento de los delitos comunes debe corresponder a los tribunales ordinarios, mientras que en el caso de los delitos políticos el bien jurídico protegido a través del mismo es el orden jurídico y social del Estado."

Pero esto en realidad no fue así, siendo la voluntad del Constituyente que sólo quedaran en el conocimiento del Tribunal Supremo las causas por delitos comunes. Pero en lugar de respetar lo que decidió el pueblo al sancionar la Constitución, la Sala Constitucional consideró que:

> "atribuirle a la Sala Plena de este Máximo Tribunal el conocimiento de las causas instauradas contra los altos funcionarios públicos cuando el delito por ellos presuntamente cometido fuese calificado como "delito común", revela la existencia de un error material del Constituyente de 1999, y con ello una inconsistencia de la norma, es decir, que la solución aportada no responde a las propiedades que tomó en cuenta el mismo Constituyente para establecer el

supuesto de hecho de dicha consecuencia jurídica. Siendo así, se está en presencia de un enunciado que presenta una laguna, que a su vez conduce a una solución jurídica ilógica e inaceptable."

En otras palabras, la Sala Constitucional consideró "absurdo" que el Constituyente hubiese dispuesto lo que dispuso: "que solo si el delito es común corresponderá a la Sala Plena el enjuiciamiento de los altos funcionarios comprendidos en el cardinal 3 del artículo 266; mientras que si se tratare de un delito de naturaleza política deberán seguir conociendo del juicio los tribunales ordinarios."

Frente a esta solución constitucional del artículo 266,3 de la Constitución, que la Sala Constitucional consideró como una "solución inconsistente," la misma Sala Constitucional se preguntó en la sentencia si un juez podía "apartarse de la solución que le ha dado el constituyente a un caso;" y si "un juez, a la hora de resolver una controversia, sólo puede aplicar el derecho según el sentido evidente de las expresiones usadas por el 'legislador', sea éste constituyente o constituido;" concluyendo su inquisición con la afirmación de que "si bien los jueces están vinculados al derecho, el propio derecho los habilita para elaborar un juicio en caso de incongruencia, inconsistencia o falta de pertinencia en una norma, y corregir dicha situación;" y, además, de que los jueces tienen potestad "de corregir una falta de previsión normativa o apartarse de la solución dada por el legislador ante su evidente injusticia o incoherencia."

En otras palabras, que existe "la posibilidad de que los jueces, ante la ausencia de norma aplicable, o ante la incoherencia de la solución que una norma contiene, resuelva integrar el derecho en ambos casos;" y que "el juez no está atado de manos frente a una posible incoherencia o inconsistencia por parte del legislador."

En definitiva, la Sala consideró que en el caso había una "laguna axiológica" debido a la inconsistencia del enunciado del artículo 266,3 de la Constitución, en cuyo caso, consideró que "puede darse la posibilidad política y jurídica **de acudir a un texto constitucional derogado** para integrar dicha laguna," resolviendo, entonces que el artículo 266,3 de la Constitución no dice lo que dice sino que dice otra cosa; es decir, que dicha norma, a pesar de que dispone que en caso de declararse que hay méritos para el enjuiciamiento de los altos funcionarios, el Tribunal Supremo debe remitir los autos al Fiscal General de la República, si fuere el caso, "y si el delito fuere común, continuará conociendo de la causa hasta la sentencia definitiva," sin embargo no dispone lo que dispone sino que lo que dice es que en esos supuestos de declararse que hay méritos para el enjuiciamiento de los altos funcionarios, "deben remitirse los autos al Fiscal o a la Fiscal General de la República o a quien haga sus veces, si el delito fuere común a los fines contemplados en el Código Orgánico Procesal Penal; y si el delito fuere político, continuará conociendo de la causa el Tribunal Supremo de Justicia en Sala Plena, hasta la sentencia definitiva."

Y en esa forma, pura y simplemente, "vista la integración de la laguna axiológica de que adolecía la norma constitucional," la Sala declaró "resuelta la interpretación solicitada" modificando o "corrigiendo" ilegítimamente la Constitución.

IV. LA CREACIÓN DEL ESTADO DEL PODER POPULAR O ESTADO COMUNAL MEDIANTE LAS LEYES DEL PODER POPULAR DE DICIEMBRE DE 2010, EN FRAUDE A LA VOLUNTAD POPULAR Y A LA CONSTITUCIÓN

1. *Las leyes del Poder Popular creando el Estado Comunal en paralelo al Estado Constitucional*

La Constitución de 1999 de Venezuela constituyó al país como un **Estado Democrático y Social de Derecho y de Justicia**, "que propugna como valores superiores de su ordenamiento jurídico y de su actuación, la vida, la libertad, la justicia, la igualdad, la solidaridad, la democracia, la responsabilidad social y, en general, la preeminencia de los derechos humanos, la ética y el pluralismo político" (art. 2), organizando a la República como "un **Estado federal descentralizado**" que "se rige por los principios de integridad territorial, cooperación, solidaridad, concurrencia y corresponsabilidad" (art. 4).

Se trata, por tanto, de un **Estado Federal descentralizado, Democrático y Social de Derecho y de Justicia,**[161] que está montado sobre un sistema de distribución vertical del Poder Público en tres niveles territoriales de entidades políticas: el Poder Nacional que ejercen los órganos de la República; el Poder de los Estados que ejercen los Estados de la Federación, y el Poder Municipal (art. 136) que ejercen los Municipios, cada uno debiendo tener siempre un gobierno de carácter "electivo, descentralizado, alternativo, responsable, pluralista y de mandatos revocables," tal como lo manda el artículo 6 de la Constitución.[162]

No es posible, por tanto, constitucionalmente hablando, crear por ley instancias políticas que vacíen de competencias a los órganos de los diversos niveles territoriales del Estado (la República, los Estados, los Municipios y demás entidades locales) y menos aún establecerlos con funciones políticas, sin reformar la Constitución; sin que se asegure su carácter electivo-representativo mediante la elección de representantes del pueblo a través de sufragio universal, directo y secreto; sin que se asegure su autonomía política, propia del carácter descentralizado del Estado y del gobierno; y sin que se garantice su carácter pluralista, en el sentido

---

161 Véase el estudio de la Constitución en cuanto a la regulación de este modelo de Estado Constitucional en Allan R. Brewer-Carías, *La Constitución de 1999. Derecho Constitucional venezolano*, 2 tomos, Caracas 2004.

162 En el Reglamento de la Ley Orgánica del Consejo Federal de Gobierno, sin embargo, se ha definido el "federalismo" en forma totalmente contraria al esquema de división política territorial que consagra la Constitución, indicándose que ahora es un: "Sistema de organización política de la República Bolivariana de Venezuela, regido por los principios de integridad territorial, económica y política de la Nación venezolana, cooperación, solidaridad, concurrencia y corresponsabilidad entre las instituciones del Estado y el pueblo soberano, para la construcción de la sociedad socialista y del Estado Democrático y Social de Derecho y de Justicia, mediante la participación protagónica del pueblo organizado en las funciones de gobierno y en la administración de los factores y medios de producción de bienes y servicios de propiedad social, como garantía del ejercicio pleno de la soberanía popular frente a cualquier intento de las oligarquías nacionales y regionales de concentrar, centralizar y monopolizar el poder político y económico de la Nación y de las regiones"(art. 3). Véase en *Gaceta Oficial* N° 39.382 del 9 de marzo de 2010.

de que no pueden estar vinculados a una ideología determinada como es el Socialismo.

Ese modelo de Estado Constitucional desarrollado a partir de la Constitución de 1961 y que se consolidó formalmente en la Constitución de 1999, como se ha dicho, se intentó cambiar radicalmente mediante una Reforma Constitucional que fue sancionada por la Asamblea Nacional en noviembre de 2007 con el objeto de establecer un Estado Socialista, Centralizado, Militarista y Policial denominado Estado del Poder Popular o Estado Comunal, la cual sin embargo, una vez sometida a consulta popular, fue rechazada por el pueblo en el referendo de 7 de diciembre de 2007.[163]

Sin embargo, en burla a la voluntad popular y en fraude a la Constitución, como se ha dicho, desde antes de que se efectuara dicho referendo, la Asamblea Nacional, en abierta violación a la Constitución, comenzó a desmantelar el Estado Constitucional para sustituirlo por un Estado Socialista, imponiendo a la fuerza como ideología única la socialista, mediante la estructuración *paralela* de un Estado del Poder Popular o Estado Comunal, a través de la sanción de la Ley de los Consejos Comunales de 2006,[164] reformada posteriormente y elevada al rango de ley orgánica en 2009.[165]

Posteriormente, el empeño por implantar en Venezuela ese Estado Socialista y borrando todo vestigio de pluralismo, como se dijo, fue rechazado por el pueblo en el referendo sobre la reforma constitucional de diciembre de 2007, e incluso, fue indirectamente rechazado de nuevo con ocasión de las elecciones legislativas efectuadas el 26 de septiembre de 2010, las cuales fueron planteadas por el Presidente de la República y la mayoría oficialista de la propia Asamblea Nacional, quienes hicieron una masiva campaña a favor de sus candidatos, como una suerte de "plebiscito" respecto al propio Presidente, y de su actuación, y fundamentalmente de sus políticas socialistas que no pudo implementar con la rechazada reforma constitucional de 2007; "plebiscito" que el Presidente de la República y su partido perdieron abrumadoramente pues la mayoría del país votó en contra de las mismas.

Sin embargo, al haber perdido en dichas elecciones parlamentarias, el Presidente y su partido, teniendo aún el control absoluto sobre la Asamblea Nacional y sabiendo que luego de las elecciones legislativas de diciembre de 2010 ya no podrían imponer *ad libitum* la legislación que quisieran, antes de que los nuevos diputados electos a la Asamblea pudieran tomar posesión de sus cargos en enero de 2011, en diciembre de 2010, atropelladamente y de nuevo en fraude a la voluntad popular y a la Constitución, utilizaron la deslegitimada Asamblea Nacional precedente para proceder a la sanción de un conjunto de Leyes Orgánicas mediante las cuales se terminó de definir, al margen de la Constitución y en violación a la

---

163 Véase Allan R. Brewer-Carías, "La proyectada reforma constitucional de 2007, rechazada por el poder constituyente originario", en *Anuario de Derecho Público 2007,* Año 1, Instituto de Estudios de Derecho Público de la Universidad Monteávila, Caracas 2008, pp. 17-65.

164 Véase en *Gaceta Oficial* N° 5.806 Extra. de 10-04-2006

165 Véase en *Gaceta Oficial* N° 39.335 de 28-12-2009.

misma,[166] el marco normativo de un nuevo Estado Socialista, *paralelo al Estado Constitucional*, que se denomina "Estado Comunal" y que si nos atenemos a las experiencias históricas precedentes, todas fracasadas, unas desaparecidas como el de la Unión Soviética, y otros en vías de extinción como el de Cuba, no es otra cosa que un Estado Comunista, para el cual se adopta al Socialismo como doctrina oficial pública impuesta a los ciudadanos para poder participar, montado en un sistema Centralizado, Militarista y Policial para el ejercicio del poder; y se adoptan expresa y textualmente los postulados marxistas más tradicionales sobre el comunismo, como son la propiedad social de los medios de producción; eliminación de la división social del trabajo; y reinversión social del excedente productivo tal como ha quedado plasmado en la Ley Orgánica del Sistema Económico Comunal de 2010[167] (arts. 2; 3.2; 3.3;. 3.8; 5; 6.12; 6.15 y 9).

Las Leyes Orgánicas dictadas en diciembre de 2010, en efecto fueron las Leyes Orgánicas del Poder Popular, de las Comunas, del Sistema Económico Comunal, de Planificación Pública y Comunal y de Contraloría Social.[168] Además, en el mismo marco de estructuración del Estado Comunal montado sobre el Poder Popular se destaca la sanción de la Ley Orgánica del Consejo Federal de Gobierno,[169] y la reforma de la Ley Orgánica del Poder Público Municipal,[170] y de las Leyes de los Consejos Estadales de Planificación y Coordinación de Políticas Públicas,[171] y de los Consejos Locales de Planificación Pública.[172]

La deslegitimada Asamblea Nacional, además, sancionó una Ley habilitante autorizando al Presidente de la República para, por vía de legislación delegada, dictar leyes en todas las materias imaginables, incluso de carácter orgánico, vaciando así por un período de 18 meses, hasta 2012, a la nueva Asamblea Nacional de materias sobre las cuales poder legislar;[173] y la propia Asamblea Nacional en diciembre de 2010, en la víspera de cesar su mandato, reformó el Reglamento Interior y de Debates[174] para materialmente impedir que la nueva Asamblea Nacional que tomó posesión en enero de 2011, pueda funcionar.[175]

Ahora bien, el marco definitorio general del Estado Comunista con una ideología única Socialista que se quiere imponer a los venezolanos, y por el cual nadie ha

---

166 Véase el estudio de José Ignacio Hernández, Jesús María Alvarado Andrade y Luis A. Herrera Orellana, "Sobre los vicios de inconstitucionalidad de la Ley Orgánica del Poder Popular," en pp. 509 ss. de este libro.

167 Véase en *Gaceta Oficial* N° 6.011 Extra. de 21-12-2010.

168 Véase en *Gaceta Oficial* N° 6.011 Extra. de 21-12-2010. Véase en general: Allan R. Brewer-Carías et al., *Leyes Orgánicas del Poder Popular*, Editorial Jurídica Venezolana, Caracas 2011.

169 Véase en *Gaceta Oficial* N° 5.963 Extra. de 22-02-2010.

170 Véase en *Gaceta Oficial* N° 6.015 Extra. de 28-12-2010.

171 Véase en *Gaceta Oficial* N° 6.017 Extra. de 30-12-2010.

172 Véase en *Gaceta Oficial* N° 6.017 Extra. de 30-12-2010.

173 Véase en *Gaceta Oficial* N° 6.009 Extra. de fecha 17 de diciembre de 2010.

174 Véase en *Gaceta Oficial* N° 6.014 Extra. de 23 de diciembre de 2010.

175 Se redujeron las sesiones de la Asamblea a sólo cuatro por semana y se limitó el tiempo durante el cual los diputados podrían intervenir.

votado; montado sobre el supuesto ejercicio de la soberanía por el pueblo exclusivamente en forma directa a través del ejercicio del "Poder Popular" y el establecimiento de un "Estado Comunal," está contenido básicamente en las leyes antes mencionadas sancionadas en diciembre de 2010, cuyas disposiciones, conforme al artículo 6 de la LOPP, "son aplicables a todas las organizaciones, expresiones y ámbitos del Poder Popular, ejercidas directa o indirectamente por las personas, las comunidades, los sectores sociales, la sociedad en general y las situaciones que afecten el interés colectivo, acatando el principio de legalidad en la formación, ejecución y control de la gestión pública."

Es decir, las disposiciones de la LOPP y de las otras leyes son omnicomprensivas, aplicándose a todos, y a todo, como piezas esenciales de un nuevo y paralelo Estado regido por un principio de legalidad "socialista" que se impone a todos para la formación, ejecución y control de la gestión pública. Con estas leyes orgánicas, no cabe duda de la decisión política adoptada en diciembre de 2010 por la completamente deslegitimada Asamblea Nacional que había sido electa en 2005, y que ya no representaba a la mayoría de la voluntad popular que se expresó el 26 de septiembre de 2010 en contra del Presidente de la República, de la propia Asamblea Nacional y de la política socialista que han adelantado; de imponerle a los venezolanos en contra de la voluntad popular y en fraude a la Constitución, un modelo de Estado Comunista montado sobre el Socialismo como doctrina de Estado y como dogma político impuesto a la Sociedad, denominado "Estado Comunal," basado en el ejercicio del Poder Popular por el pueblo, como supuesta forma de ejercicio de la soberanía en forma directa (lo que no es cierto pues se ejerce mediante "voceros" que lo "representan" y que no son electos en votaciones universales, directas y secretas).

Ese modelo de Estado Comunal o Comunista, se ha establecido en forma paralela al Estado Constitucional como Estado federal descentralizado, democrático y social, de derecho, y de justicia previsto en la Constitución de 1999, establecido para el ejercicio del Poder Público por el pueblo tanto en forma indirecta mediante representantes electos en votaciones universales, directas y secretas, como en forma directa mediante los mecanismos autorizados en la Constitución, donde se incluye a las Asambleas de Ciudadanos.

Esta regulación, en paralelo, de dos Estados y dos formas de ejercicio de la soberanía, uno, el Estado Constitucional regulado en la Constitución y el otro, el Estado Comunal o Estado Comunista basado en el Socialismo exclusionista regulado en leyes orgánicas inconstitucionales, se ha dispuesto en forma tal que el segundo irá actuando como el árbol ***Ficus benjamina L.***, es decir, como "estranguladora," rodeando al primero hasta formar un tronco hueco, destruyéndolo.

En esta forma, al fraude a la Constitución, que fue la técnica constantemente aplicada por el gobierno autoritario en Venezuela desde 1999 para imponer sus decisiones a los venezolanos al margen de la Constitución,[176] se sumó en 2010 el fraude a la voluntad popular, al imponerle a los venezolanos mediante leyes

176 Véase Allan R. Brewer-Carías, *Reforma constitucional y fraude a la Constitución (1999-2009)*, Academia de Ciencias Políticas y Sociales, Caracas 2009; *Dismantling Democracy. The Chávez Authoritarian Experiment*, Cambridge University Press, New York 2010.

orgánicas, un modelo de Estado por el cual nadie ha votado y que cambia radical e inconstitucionalmente el texto de la Constitución de 1999, que no ha sido reformada conforme a sus previsiones, en abierta contradicción al rechazo popular mayoritario que se expresó en diciembre de 2007 respecto de la reforma constitucional que se intentó aprobar, incluso violando la propia Constitución, y al rechazo popular mayoritario del pueblo expresado respecto de la política del Presidente de la República y de su Asamblea Nacional con ocasión de las elecciones parlamentarias del 26 de septiembre de 2010.

Con las Leyes del Poder Popular, por tanto, se terminó de definir al margen de la Constitución, el marco normativo de un nuevo Estado, *paralelo al Estado Constitucional*, que se denomina "Estado Comunal" y que si nos atenemos a las experiencias históricas precedentes, todas fracasadas, unas desaparecidas como el de la Unión Soviética, y otros en vías de extinción como el de Cuba, no es otra cosa que un Estado Comunista, para el cual se adopta al Socialismo como doctrina oficial pública, impuesta a los ciudadanos para poder participar, montado sobre un sistema político centralizado, militarista y policial para el ejercicio del poder.

2. *El Estado Comunal o Comunista y el Poder Popular*

El objetivo fundamental de estas leyes, como se dijo, es la organización del "Estado Comunal" que tiene a la Comuna como a su célula fundamental, suplantando inconstitucionalmente al Municipio en el carácter que tiene de "unidad política primaria de la organización nacional" (art. 168 de la Constitución). A través de la organización de ese Estado Comunal o Comunista, se ejerce el Poder Popular, el cual se concreta en el ejercicio de la soberanía popular sólo directamente por el pueblo, y no mediante representantes. Se trata por tanto, de un sistema político estatal en el cual se ignora la democracia representativa violándose así abiertamente la Constitución de la República.

El Estado Comunista que se busca implantar con estas leyes, denominado Estado Comunal, *en paralelo* al Estado Constitucional, se basa en este simple esquema: como el artículo 5 de la Constitución dispone que "La soberanía reside intransferiblemente en el pueblo, quien la ejerce *directamente* en la forma prevista en esta Constitución y en la ley, e *indirectamente*, mediante el sufragio, por los órganos que ejercen el Poder Público," habiéndose estructurado el Estado Constitucional basado en el concepto de democracia representativa, es decir, el ejercicio de la soberanía en forma indirecta mediante el sufragio; entonces ahora se estructura el Estado Comunal, basado en el ejercicio de la soberanía en forma directa.

Ello incluso ha sido "legitimado" por las sentencias dictadas por la Sala Constitucional del Tribunal Supremo de Justicia cuando al analizar el carácter orgánico de las leyes, como en la dictada en relación con la Ley Orgánica de las Comunas, señaló que la misma se dictó:

> "en desarrollo del principio constitucional de la democracia participativa y descentralizada que postula el preámbulo constitucional y que reconocen los artículos 5 y 6 de la Constitución de la República Bolivariana de Venezuela, de cuyo contenido se extrae el principio de soberanía, cuyo titular es el pueblo, quien está además facultado para ejercerla "*directamente*" y no sólo

"*indirectamente*" por los órganos del Poder Público; así como del artículo 62 *ejusdem*, que estatuye el derecho de las personas a la libre participación en los asuntos públicos y, especialmente, el artículo 70 del mismo texto fundamental, que reconoce expresamente medios de autogestión como mecanismos de participación popular protagónica del pueblo en ejercicio de su soberanía, medios que son sólo enunciativos en los términos de la predicha norma."[177]

Es con base en estos principios que en el artículo 8.8 de la LOPP, se define al Estado comunal, como la:

> "Forma de organización político social, fundada en el Estado democrático y social de derecho y de justicia establecido en la Constitución de la República, en la cual el poder es ejercido directamente por el pueblo, con un modelo económico de propiedad social y de desarrollo endógeno sustentable, que permita alcanzar la suprema felicidad social de los venezolanos y venezolanas en la sociedad socialista. La célula fundamental de conformación del estado comunal es la Comuna.[178]

Se busca establecer así, un Estado Comunal en paralelo al Estado Constitucional: el primero basado en el ejercicio de la soberanía directamente por el pueblo; y el segundo, basado en el ejercicio de la soberanía indirectamente por el pueblo, mediante representantes electos por sufragio universal; en un sistema, en el cual el primero irá vaciando progresivamente de competencias al segundo. Todo ello es inconstitucional, particularmente porque en la estructura del Estado Comunal que se monta, el ejercicio de la soberanía en definitiva es indirecta mediante "representantes" que se "eligen" para ejercer el Poder Popular en nombre del pueblo, y que son denominados "voceros" o "vocerías," pero no son electos mediante sufragio.

El sistema que se busca montar, en definitiva, controlado todo por un Ministerio del Ejecutivo Nacional, lejos de ser un instrumento de descentralización –concepto que está indisolublemente unido a la autonomía política– es un sistema de centralización y control férreo de las comunidades por el Poder Central. Por ello la aversión al sufragio.[179] En ese esquema, una verdadera democracia participativa sería la que garantizaría que los miembros de los Consejos Comunales, las comunas

---

177 Véase la sentencia N° 1.330, Caso: Carácter Orgánico de la Ley Orgánica de Comunas, de fecha 17/12/2010. Véase en http://www.tsj.gov.ve/decisiones/scon/Diciembre/1330-171210-2010-10-1436.html

178 En la Ley Orgánica de las Comunas, sin embargo, se define al Estado Comunal de la siguiente manera: "Forma de organización político-social, fundada en el Estado democrático y social de derecho y de justicia establecido en la Constitución de la República, en la cual el poder es ejercido directamente por el pueblo, a través de los autogobiernos comunales, con un modelo económico de propiedad social y de desarrollo endógeno y sustentable, que permita alcanzar la suprema felicidad social de los venezolanos y venezolanas en la sociedad socialista. La célula fundamental de conformación del estado comunal es la Comuna" (art. 4.10).

179 Véase lo expuesto en los estudios de José Ignacio Hernández G., "Descentralización y Poder Popular," y Adriana Vigilanza García, "La descentralización política de Venezuela y las nuevas leyes del 'Poder Popular'," en Allan R. Brewer-Carías et al., *Leyes Orgánicas del Poder Popular*, Editorial Jurídica Venezolana, Caracas 2011, pp. 459 ss. y 477 ss., respectivamente.

y todas las organizaciones e instancias del Poder Popular fueran electas por sufragio universal, directo y secreto, y no a mano alzada por asambleas controladas por el partido oficial y el Ejecutivo Nacional, en contravención al modelo de Estado democrático y social de derecho y de justicia descentralizado establecido en la Constitución.

Pues bien, es en este contexto, y buscando establecer en paralelo al Estado Constitucional en el cual el pueblo ejerce indirectamente el Poder Público mediante representantes electos por sufragio universal directo y secreto, un Estado Comunal en el cual el pueblo supuestamente ejercería directamente el Poder Popular mediante voceros que no son electos por sufragio universal, directo y secretos, sino en asambleas de ciudadanos, el artículo 2 de la LOPP, define al Poder Popular, como:

> "el ejercicio pleno de la soberanía por parte del pueblo en lo político, económico, social, cultural, ambiental, internacional, y en todo ámbito del desenvolvimiento y desarrollo de la sociedad, a través de sus diversas y disímiles formas de organización, que edifican el estado comunal."

Todo lo cual no es más que una falacia, pues en definitiva en ese "edificio" del Estado Comunal se le niega al pueblo el derecho de elegir libremente, mediante sufragio universal, directo y secreto a quienes van a representarlo en todos esos ámbitos, incluyendo el internacional; y además, se niega toda idea de pluralismo al imponerse a los ciudadanos una ideología única compulsiva como es el socialismo. Se trata más bien de un "edificio" de organizaciones para evitar que el pueblo realmente ejerza la soberanía e imponerle mediante férreo control central políticas por las cuales nunca tendrá la ocasión de votar.

Por otra parte, según el artículo 4 de la LOPP, la finalidad de este Poder Popular que se ejerce por los órganos del Estado Comunal,

> "garantizar la vida y el bienestar social del pueblo, mediante la creación de mecanismos para su desarrollo social y espiritual, procurando la igualdad de condiciones para que todos y todas desarrollen libremente su personalidad, dirijan su destino, disfruten los derechos humanos y alcancen la suprema felicidad social; sin discriminaciones por motivos de origen étnico, religioso, condición social, sexo, orientación sexual, identidad y expresión de genero, idioma, opinión política, nacionalidad u origen, edad, posición económica, condición de discapacidad o cualquier otra circunstancia personal, jurídica o social, que tenga por resultado anular o menoscabar el reconocimiento, goce o ejercicio de los derechos humanos y garantías constitucionales."

Por supuesto todos estos principios de igualdad se rompen desde que el sistema de Estado Comunal o Comunista, paralelo al Estado Constitucional, se monta, como se ha dicho, sobre una concepción única, que es el Socialismo, de manera que quien no sea socialista está automáticamente discriminado y no puede participar. No es posible, por tanto, en el marco de esta Ley, poder conciliar el pluralismo que garantiza la Constitución y el principio de la no discriminación por razón de "opinión política" a que se refiere este artículo, con el resto de las disposiciones de la Ley que persiguen todo lo contrario, es decir, el establecimiento de un Estado

Comunista o Comunal, cuyas instancias sólo pueden actuar en función del Socialismo y en las cuales todo ciudadano que tenga otra opinión queda excluido.[180]

Es decir, mediante esta Ley Orgánica se ha establecido el marco definitorio de un nuevo modelo de Estado paralelo y distinto al Estado Constitucional, denominado el Estado Comunal basado en forma exclusiva y exclusionista en el socialismo como doctrina y práctica política, que es la organización política a través de la cual se produce el ejercicio del Poder Popular que es a la vez "el ejercicio pleno de la soberanía por parte del pueblo."

Ese Poder Popular se fundamenta, como se declara en el artículo 3 de la LOPP, "en el principio de soberanía y el sentido de progresividad de los derechos contemplados en la Constitución de la República, cuyo ejercicio y desarrollo está determinado por los niveles de conciencia política y organización del pueblo" (art. 3).

Con esta declaración, sin embargo, lejos de la universalidad, prevalencia y progresividad de los derechos humanos que se garantizan la Constitución, lo que se ha establecido es la desaparición total de la concepción universal de los derechos humanos, el abandono a su carácter prevalente y el retroceso ante los principios *pro homines* y *favor libertatis*, al condicionarse su existencia, alcance y progresividad a lo que se determine "por los niveles de conciencia política y organización del pueblo," es decir, por lo que dispongan y prescriban las organizaciones del Poder Popular con las que se busca "organizar" al pueblo, todas sometidas al Socialismo. Con ello desaparece la concepción de los derechos humanos como esferas que son innatas al hombre e inmunes frente al poder; pasándose a una concepción de los derechos humanos dependientes de lo que ordene un poder central, que en definitiva controla todo el "edificio" del Estado Comunal o Estado Socialista, como clara demostración del totalitarismo que está a la base de esta Ley.

En el mismo sentido se dispone en el artículo 5 de la LOPP, que "la organización y participación del pueblo en el ejercicio de su soberanía se inspira en la doctrina del Libertador Simón Bolívar, y se rige por los principios y valores socialistas,"[181] con

---

180 En el diario *El Nacional* del 12 de febrero de 2011, se reseñó lo siguiente: "Representantes de 120 consejos comunales del Distrito Capital y de Miranda denunciaron en una asamblea celebrada en presencia del diputado William Ojeda que son víctimas de discriminación por razones políticas. Aseguraron que aunque cumplieron con los requisitos para registrarse en Fundacomunal no pudieron iniciar el proceso porque no presentaron la planilla de inscripción en el PSUV, que es un requisito indispensable. "El Gobierno está aplicando una política de discriminación y exclusión. Está ocurriendo un *apartheid* político. Hay centenares de consejos comunales en el país que están organizados y que no han podido registrarse porque no militan en la tolda roja", indicó Ojeda." Véase en Diana Lozano Parafán, "Consejos Comunales rechazan discriminación. El diputado William Ojeda se reunió con representantes de 120 comunidades que no han podido inscribirse por razones partidistas," en *El Nacional*, Caracas 12-02-2011. Véase en http://impresodigital.el-nacional.com/ediciones/011/02/12/default.asp?cfg=1081FGHH666&iu=757

181 La misma expresión se utilizó en la Ley Orgánica de las Comunas respecto de la constitución, conformación, organización y funcionamiento de las mismas (art. 2); en la Ley Orgánica de los Consejos Comunales respecto de los mismos (art. 1), en la Ley Orgánica de Contraloría Social (art. 6); en la Ley Orgánica de Planificación Pública y Popular (art. 3), que regula la planificación pública, popular y participativa como herramienta fundamental para construcción de la nueva sociedad (art. 3); y en la Ley Orgánica del Sistema Económico Comunal respecto del mismo (art. 5).

lo cual, como se ha dicho, se vincula la organización del Estado Comunal que se organiza en paralelo al Estado Constitucional, con la ideología política socialista, es decir, con el ***socialismo***, el cual se define en el artículo 8.14 como:

> "un modo de relaciones sociales de producción centrado en la convivencia solidaria y la satisfacción de necesidades materiales e intangibles de toda la sociedad, que tiene como base fundamental la recuperación del valor del trabajo como productor de bienes y servicios para satisfacer las necesidades humanas y lograr la suprema felicidad social y el desarrollo humano integral. Para ello es necesario el desarrollo de la propiedad social sobre los factores y medios de producción básicos y estratégicos que permita que todas las familias, ciudadanos venezolanos y ciudadanas venezolanas posean, usen y disfruten de su patrimonio, propiedad individual o familiar, y ejerzan el pleno goce de sus derechos económicos, sociales, políticos y culturales."[182]

Lo primero que debe observarse respecto de esta norma, es la insostenible pretensión de vincular "la doctrina del Libertador Simón Bolívar" con los principios y valores socialistas. En la obra de Bolívar y en relación con su concepción del Estado nada puede encontrarse al respecto,[183] no siendo la norma sino una pretensión más de continuar manipulando el "culto" a Bolívar para justificar los autoritarismos, como tantas veces ha ocurrido antes en nuestra historia.[184] Con la

---

182 Igual definición se encuentra en el artículo 4.14 de la Ley Orgánica de las Comunas. También en el artículo 3 del Reglamento de la Ley Orgánica del Consejo federal de Gobierno se define el socialismo como "un modo de relaciones sociales de producción centrado en la convivencia solidaria y la satisfacción de las necesidades materiales e intangibles de toda la sociedad, que tiene como base fundamental la recuperación del valor del trabajo como productor de bienes y servicios para satisfacer las necesidades humanas y lograr la Suprema Felicidad Social y el Desarrollo Humano Integral. Para ello es necesario el desarrollo de la propiedad social sobre los factores y medios de producción básicos y estratégicos que permita que todas las familias y los ciudadanos y ciudadanas venezolanos y venezolanas posean, usen y disfruten de su patrimonio o propiedad individual o familiar, y ejerzan el pleno goce de sus derechos económicos, sociales, políticos y culturales." Véase en *Gaceta Oficial* N° 39.382 del 9 de marzo de 2010. Muchas son las definiciones de socialismo, pero en todas, se pueden identificar sus elementos básicos: (i) un sistema de organización social y económico, (ii) basado en la propiedad y administración colectiva o estatal de los medios de producción, y (iii) en regulación por el Estado de las actividades económicas y sociales y de la distribución de los bienes, (iv) buscando la progresiva desaparición de las clases sociales.

183 Véase Allan R. Brewer-Carías, "Ideas centrales sobre la organización el Estado en la Obra del Libertador y sus Proyecciones Contemporáneas" en *Boletín de la Academia de Ciencias Políticas y Sociales*, N° 95-96, enero-junio 1984, pp. 137-151.

184 Ha sido el caso de Antonio Guzmán Blanco en el siglo XIX y de Cipriano Castro, Juan Vicente Gómez, Eleazar López Contreras y Marcos Pérez Jiménez en el siglo XX. John Lynch ha señalado que: "El tradicional culto a Bolívar ha sido usado como ideología de conveniencia por dictadores militares, culminando con los regímenes de Juan Vicente Gómez y Eleazar López Contreras; quienes al menos respetaron, más o menos, los pensamientos básicos del Libertador, aún cuando tergiversaron su significado." Concluye Lynch señalando que en el caso de Venezuela, en la actualidad, el proclamar al Libertador como fundamento de las políticas del régimen autoritario, constituye una distorsión de sus ideas. Véase John Lynch, *Simón Bolívar: A Life*, Yale University Press, New Haven 2007, p. 304. .Véase también, Germán Carrera Damas, *El culto a Bolívar, esbozo para un estudio de la historia de las ideas en Venezuela*, Universidad Central de Venezuela, Caracas 1969; Luis Castro Leiva, *De la patria boba a la teología bolivariana*, Monteávila, Caracas 1987; Elías Pino Iturrieta, *El divino Bolívar. Ensayo sobre una religión republicana*, Alfail, Caracas 2008; Ana Teresa Torres, *La herencia de la tribu. Del mito de la*

norma, por otra parte y por supuesto, se viola abiertamente la garantía del derecho de propiedad que está en la Constitución (art. 115) que no permite su restricción sólo a la propiedad colectiva o social excluyendo la propiedad privada de los medios de producción.

El artículo 5 de la LOPP, por otra parte, define como "principios y valores socialistas" los siguientes:

> "democracia participativa y protagónica, interés colectivo, equidad, justicia, igualdad social y de género, complementariedad, diversidad cultural, defensa de los derechos humanos, corresponsabilidad, cogestión, autogestión, cooperación, solidaridad, transparencia, honestidad, eficacia, eficiencia, efectividad, universalidad, responsabilidad, deber social, rendición de cuentas, control social, libre debate de ideas, voluntariedad, sustentabilidad, defensa y protección ambiental, garantía de los derechos de la mujer, de los niños, niñas y adolescentes, y de toda persona en situación de vulnerabilidad, defensa de la integridad territorial y de la soberanía nacional. (art. 5).[185]

Este catálogo de "principios" por supuesto no están vinculados necesariamente al socialismo, ni son exclusivamente "principios y valores socialistas" como se pretende hacer ver, en una apropiación indebida que hace el legislador. El redactor de la norma, en realidad, lo que hizo fue copiar todo el elenco de principios que se encuentran definidos a lo largo de la Constitución, en muchas normas (Preámbulo y arts.1, 2, 3, 4, 6, 19, 20, 21, 22, 26, 84, 86, 102, 112, 137, 141, 153, 165, 257, 293, 299, 311, 316, 326, por ejemplo), y que son los valores del Estado Constitucional. Sólo en algún caso no se han atrevido a utilizar la terminología clásica como "libertad de expresión," y la han querido sustituir por "libre debate de ideas," lo que por supuesto no es lo mismo, sobre todo porque dicha libertad no se tolera en un Estado Socialista que sólo conoce de una ideología única.

Para desarrollar y consolidar el Poder Popular, ignorando los valores y principios constitucionales básicos que tienen que tener todas las instancias de gobierno en Venezuela que deben ser "electivos, descentralizados, alternativos, responsables, pluralistas y de mandatos revocables" tal como lo exige el artículo 6 de la Constitución, es que se ha dictado la LOPP para supuestamente generar

> "condiciones objetivas a través de los diversos medios de participación y organización establecidos en la Constitución de la República, en la ley y los que surjan de la iniciativa popular, para que los ciudadanos y ciudadanas ejerzan el pleno derecho a la soberanía, la democracia participativa, protagónica y corresponsable, así como a la constitución de formas de autogobierno comunitarias y comunales, para el ejercicio directo del poder" (art. 1).

---

independencia a la Revolución bolivariana, Editorial Alfa, Caracas 2009. Sobre la historiografía en relación con estos libros véase Tomás Straka, *La épica del desencanto*, Editorial Alfa, Caracas 2009.

185 Estos mismos principios se enumeran en relación con las comunas en el artículo 2 de la Ley Orgánica de las Comunas; en relación con la contraloría social en el artículo 6 de la Ley Orgánica de Contraloría Social; y en relación con la panificación pública y popular el artículo 3 de la ley Orgánica de Planificación Pública y Popular.

Conforme a la Constitución "la creación de nuevos sujetos de descentralización a nivel de las parroquias, las comunidades, los barrios y las vecindades" sólo es posible "a los fines de garantizar el principio de la corresponsabilidad en la gestión pública de los gobiernos locales y estadales y desarrollar procesos autogestionarios y cogestionarios en la administración y control de los servicios públicos estadales y municipales" (art. 184.6). Ello significa que los mecanismos de participación que puedan establecerse conforme a la Constitución no son para vaciar a las estructuras del Estado Constitucional, es decir, de los "gobiernos locales y estadales," sino para reforzarlas en la gestión pública. Por otra parte, conforme a la Constitución, no puede haber gobierno alguno que no sea *electivo, descentralizado y pluralista*; sin embargo, en la LOPP se define un Estado paralelo que es el Estado Comunal, montado sobre "gobiernos" o "autogobiernos" que no son ni electivos, ni descentralizados ni pluralistas.

Sobre estos, el artículo 14 de la LOPP, se limita a definir "el autogobierno comunal y los sistemas de agregación que surjan entre sus instancias" como "un ámbito de actuación del Poder Popular en el desarrollo de su soberanía, mediante el ejercicio directo por parte de las comunidades organizadas, de la formulación, ejecución y control de funciones públicas, de acuerdo a la ley que regula la materia."

En este contexto, además, a la "comunidad" se la define en la LOPP como el "núcleo espacial básico e indivisible constituido por personas y familias que habitan en su ámbito geográfico determinado, vinculadas por características e intereses comunes que comparten una historia, necesidades y potencialidades culturales, económicas, sociales, territoriales y de otra índole" (art. 8.4).[186]

3. *Los fines del Poder Popular*

El artículo 7 de la LOPP define los siguientes fines del Poder Popular, es decir, del "ejercicio pleno de la soberanía por parte del pueblo" a través "de sus diversas y disímiles formas de organización, que edifican el Estado Comunal" (art. 2):

1. Impulsar el fortalecimiento de la organización del pueblo, en función de consolidar la democracia protagónica revolucionaria y construir las bases de la sociedad socialista, democrática, de derecho y de justicia.

   Se destaca, en relación con lo que dispone la Constitución sobre la organización del Estado, el agregado de "socialista" que impone esta previsión, con lo cual se rompe el principio del pluralismo que garantiza la propia Constitución, abriendo la vía para la discriminación política de todo aquél ciudadano que no sea socialista, a quien se le niega, por tanto, el derecho a la participación política.

2. Generar las condiciones para garantizar que la iniciativa popular, en el ejercicio de la gestión social, asuma funciones, atribuciones y competencias de administración, prestación de servicios y ejecución de obras, mediante la transferencia desde los distintos entes político-

186 La misma definición se repite en la ley Orgánica de las Comunas (art. 4.4) y en la Ley Orgánica de los Consejos Comunales (art. 4.1).

territoriales hacia los autogobiernos comunitarios, comunales y los sistemas de agregación que de los mismos surjan.

Conforme al artículo 184.1 de la Constitución, esta transferencia de competencias sólo se puede referir a "servicios en materia de salud, educación, vivienda, deporte, cultura, programas sociales, ambiente, mantenimiento de áreas industriales, mantenimiento y conservación de áreas urbanas, prevención y protección vecinal, construcción de obras y prestación de servicios públicos" a cuyo efecto se pueden "establecer convenios cuyos contenidos estarán orientados por los principios de interdependencia, coordinación, cooperación y corresponsabilidad.".

3. Fortalecer la cultura de la participación en los asuntos públicos para garantizar el ejercicio de la soberanía popular.

4. Promover los valores y principios de la ética socialista: la solidaridad, el bien común, la honestidad, el deber social, la voluntariedad, la defensa y protección del ambiente y los derechos humanos.

   Estos, la verdad, no son valores de ninguna "ética socialista," sino como se ha dicho anteriormente, son valores de la democracia y civilización occidental, propios del Estado Constitucional.

5. Coadyuvar con las políticas de Estado en todas sus instancias, con la finalidad de actuar coordinadamente en la ejecución del Plan de Desarrollo Económico y Social de la Nación y los demás planes que se establezcan en cada uno de los niveles políticos-territoriales y las instancias político-administrativas que la ley establezca.

6. Establecer las bases que permitan al pueblo organizado el ejercicio de la contraloría social para asegurar que la inversión de los recursos públicos se realice de forma eficiente para el beneficio colectivo; y vigilar que las actividades del sector privado con incidencia social se desarrollen en el marco de las normativas legales de protección a los usuarios y consumidores.

   A los efectos de esta norma, el artículo 8.6 de la LOPP, define el control social, como el ejercicio de la función de prevención, vigilancia, supervisión, acompañamiento y control, practicado por los ciudadanos y ciudadanas de manera individual o colectiva sobre la gestión del Poder Público y de las instancias del Poder Popular, así como de las actividades privadas que afecten el interés colectivo (art. 8.6). Sin embargo, nada en la Constitución autoriza a que se asignen a entidades públicas comunitarias dependientes del Ejecutivo Nacional, competencias para ejercer vigilancia o contraloría social sobre las actividades privadas. Esa es una función que sólo pueden ejercer los entes político territoriales del Estado.

7. "Profundizar la corresponsabilidad, la autogestión y la cogestión."

A los efectos de esta norma, la Ley define la corresponsabilidad, como la "responsabilidad compartida entre los ciudadanos y ciudadanas y las instituciones del Estado en el proceso de formación, ejecución, control y evaluación de la gestión social, comunitaria y comunal, para el bienestar de las comunidades organizadas" (art. 8.7). La autogestión, se la define como el "conjunto de acciones mediante las cuales las comunidades organizadas asumen directamente la gestión de proyectos, ejecución de obras y prestación de servicios para mejorar la calidad de vida en su ámbito geográfico" (art. 8.2). Y la cogestión, se la define como el "proceso mediante el cual las comunidades organizadas coordinan con el Poder Público, en cualquiera de sus niveles e instancias, la gestión conjunta para la ejecución de obras y prestación de servicios necesarios para mejorar la calidad de vida en su ámbito geográfico"(art. 8.3).

Por otra parte, a los efectos de estas normas, la "comunidad organizada" se define en la LOPP como aquella "constituida por las expresiones organizativas populares, consejos de trabajadores y trabajadoras, de campesinos y campesinas, de pescadores y pescadoras y cualquier otra organización social de base, articulada a una instancia del Poder Popular[187] debidamente reconocida por la ley y registrada en el Ministerio del Poder Popular con competencia en materia de participación ciudadana" (art. 8.5). Por otra parte, en la Ley Orgánica del Consejo Federal de Gobierno[188] se encuentra otra definición, a los efectos de dicha ley, pero de la "sociedad organizada" que es la "constituida por consejos comunales, comunas y cualquier otra organización de base del Poder Popular" (art. 4); la cual conforme al Reglamento de dicha la Ley Orgánica del Consejo Federal de Gobierno, está "Constituida por consejos comunales, consejos de trabajadores y trabajadoras, de campesinos y campesinas, de pescadores y pescadoras, comunas y cualquier otra organización de base del Poder Popular debidamente registrada en el Ministerio del Poder Popular con competencia en materia de participación ciudadana."[189]

La Constitución, sin embargo, al referirse a las organizaciones comunitarias para poder ser sujetos de descentralización, las concibe sólo como entidades de carácter territorial, como "las parroquias, las comunidades, los barrios y las vecindades" que son las que pueden asumir conforme al artículo 186,6, "corresponsabilidad en la gestión pública de los gobiernos locales y estadales y desarrollar procesos autogestionarios y cogestionarios en la administración y control de los servicios públicos estadales y municipales."

4. *Las instancias del Poder Popular*

A. *Las diversas instancias del poder popular y su personalidad jurídica*

Las instancias del Poder Popular para el "ejercicio pleno de la soberanía por parte del pueblo" y que forman las "diversas y disímiles formas de organización, que edifican el Estado Comunal" (art. 2), conforme se precisa en el artículo 8.9 de la LOPP, están "constituidas por los diferentes sistemas de agregación comunal y sus articulaciones, para ampliar y fortalecer la acción del autogobierno comunal: *consejos comunales, comunas, ciudades comunales, federaciones comunales,*

187 La definición que se formula sobre la "comunidad organizada," es similar en la Ley Orgánica de las Comunas, como "constituida por las expresiones organizativas populares, consejos de trabajadores y trabajadoras, de campesinos y campesinas, de pescadores y pescadoras y cualquier otra organización de base, articuladas en una instancia del Poder Popular"(art. 4.5)

188 Véase en *Gaceta Oficial* N° 5.963 Extraordinario del 22 de febrero de 2010

189 Véase en *Gaceta Oficial* N° 39.382 del 9 de marzo de 2010.

confederaciones comunales y las que, de conformidad con la Constitución de la República, la ley que regule la materia y su reglamento, surjan de la iniciativa popular,"[190] constituyendo las "organizaciones de base del Poder Popular" aquéllas "constituidas por ciudadanos y ciudadanas para la búsqueda del bienestar colectivo" (art. 8.10).[191]

Todas estas instancias del Poder Popular reconocidas en la LOPP, como lo dispone su artículo 32, adquieren personalidad jurídica mediante el registro ante el Ministerio del Poder Popular de las Comunas, atendiendo a los procedimientos que se establezcan en el Reglamento de la Ley. Con ello, en definitiva, se deja en manos del Ejecutivo Nacional la decisión de registrar o no un consejo comunal, una comuna o una ciudad comunal, y ello lo hará, por supuesto, aplicando la letra de la Ley lo que significa que si no está dominada por "voceros" que no sean socialistas, no cabe su registro ni, por tanto, su reconocimiento como persona jurídica, así sea producto genuino de una iniciativa popular.

B. *Los voceros de las instancias del poder popular y su carácter no representativo*

Ninguna de las personas que ejercen la titularidad de los órganos del Poder Popular, y que se denominan "voceros" tienen su origen en elecciones efectuadas mediante sufragio directo, universal y secreto. Ni siquiera puede decirse que tienen su origen en elecciones indirectas, pues en ningún caso hay elección directa de primer grado.

En efecto, la LOPP no indica la forma de "elección" de los voceros de las instancias del Poder Popular, y lo que se regula en las diferentes leyes dictadas para normar las instancias del Poder Popular es una designación por órganos que no tienen su origen en elecciones directas universales y secretas. En particular, por ejemplo, en la Ley Orgánica de los Consejos Comunales, se dispone que los voceros de los mismos son "electos" por las asambleas de ciudadanos (arts. 4.6 y 11), y no precisamente mediante sufragio universal, directo y secreto como lo prescribe la Constitución, sino mediante una supuesta "votación popular" que no es organizada por el Poder Electoral, y que se realiza en asambleas abiertas en las cuales no hay garantía del sufragio. La Ley, sin embargo, si indica que todas las instancias del Poder Popular que sean "electas por votación popular," son revocables a partir del cumplimiento de la mitad del período de gestión correspondiente, en las condiciones que establece la ley (art. 17).

Debe indicarse, en efecto, que a la base de estas instancias del Poder Popular, están las Asambleas de Ciudadanos que si bien la LOPP no las regula específicamente ni las nombra en artículo alguno, sin embargo, las define como la "máxima instancia de participación y decisión de la comunidad organizada, conformada por la integración de personas con cualidad jurídica, según la ley que

---

190 En la Ley Orgánica de las Comunas, sin embargo, se define a las "instancias del Poder Popular como las constituidas "por los diferentes sistemas de agregación comunal: consejos comunales, comunas, ciudades comunales, federaciones comunales, confederaciones comunales y los otros que, de acuerdo a la Constitución de la República y la ley, surjan de la iniciativa popular." (art. 4.12)

191 Igual definición está contenida en la ley Orgánica del Sistema de Economía Comunal, art. 6.10

regule la forma de participación, para el ejercicio directo del poder y protagonismo popular, cuyas decisiones son de carácter vinculante para la comunidad, las distintas formas de organización, el gobierno comunal y las instancias del Poder Público, de acuerdo a lo que establezcan las leyes que desarrollen la constitución, organización y funcionamiento de los autogobiernos comunitarios, comunales y los sistemas de agregación que de éstos surjan" (art. 8.1).

C. *Sistemas de agregación comunal*

En el artículo 15.4 de la LOPP, se define a los sistemas de agregación comunal, a aquellas instancias que por iniciativa popular surjan entre los consejos comunales y entre las comunas; sobre lo cual el artículo 50 de la LOC precisa que "las instancias del Poder Popular podrán constituir sistemas comunales de agregación entre sí, con el propósito de articularse en el ejercicio del autogobierno, para fortalecer la capacidad de acción sobre aspectos territoriales, políticos, económicos, sociales, culturales, ecológicos y de seguridad y defensa de la soberanía nacional, de conformidad a la Constitución de la República y la ley."

La LOC enumeró en su artículo 60, los diversos tipos de sistemas de agregación comunal así:

1. El Consejo Comunal: como instancia de articulación de los movimientos y organizaciones sociales de una comunidad.
2. La Comuna: como instancia de articulación de varias comunidades organizadas en un ámbito territorial determinado.
3. La Ciudad Comunal: constituida por iniciativa popular, mediante la agregación de varias comunas en un ámbito territorial determinado.
4. Federación Comunal: como instancia de articulación de dos o más ciudades que correspondan en el ámbito de un Distrito Motor de Desarrollo.
5. Confederación Comunal: instancia de articulación de federaciones comunales en el ámbito de un eje territorial de desarrollo.
6. Las demás que se constituyan por iniciativa popular.

En particular, en cuanto a la Ciudad Comunal, la federación Comunal y la Confederación Comunal, las condiciones para su conformación deben ser desarrolladas en el Reglamento de cada Ley.

Ahora bien, de todas estas instancias del Poder Popular previstas para "el ejercicio del autogobierno," el artículo 15 de la LOPP sólo se refiere con algún detalle a los Consejos Comunales y a las Comunas, las cuales por lo demás, son las que han sido reguladas en la Ley Orgánica de los Consejos Comunales y en la ley Orgánica de Comunas; y a las Ciudades Comunales.

D. *Los Consejos Comunales*

Los Consejos Comunales se definen en la Ley como la "instancia de participación, articulación e integración entre los ciudadanos, ciudadanas y las diversas organizaciones comunitarias, movimientos sociales y populares, que permiten al pueblo organizado ejercer el gobierno comunitario y la gestión directa de las políticas públicas y proyectos orientados a responder a las necesidades, potencialidades y aspiraciones de las comunidades, en la construcción de nuevo modelo de sociedad socialista de igualdad, equidad y justicia social" (art. 15.1).[192]

Se destaca de esta definición legal, que los Consejos Comunales sólo y exclusivamente pueden tener por objeto contribuir a "la construcción de un nuevo modelo de sociedad socialista," en violación al principio del pluralismo que establece el artículo 6 de la Constitución, por lo que todo aquél ciudadano que no siga o acepte la doctrina socialista no tiene cabida en este nuevo Estado paralelo que se busca construir con esta Ley.

Esta instancia del Poder Popular constituida por los Consejos Comunales está regulada en la mencionada Ley Orgánica de los Consejos Comunales,[193] a cuyos "voceros," además, mediante la reforma de la Ley Orgánica del Poder Público Municipal de diciembre de 2010, se les ha asignado la función de designar a los miembros de las Juntas Parroquiales, las cuales, en consecuencia, fueron "degradadas" dejando de ser las "entidades locales" que eran, con gobiernos electos por sufragio universal directo y secreto, pasando a ser simples órganos "consultivos, de evaluación y articulación entre el Poder Popular y los órganos del Poder Público Municipal" (art. 35), cuyos miembros, además, los deben designar los voceros de los consejos comunales de la parroquia respectiva (art. 35), y sólo de entre aquellos avalados por la Asamblea de Ciudadanos "de su respectivo consejo comunal"(at. 36). A tal efecto, en forma evidentemente inconstitucional, la Ley de reforma del Poder Municipal, decretó la "cesación" en sus funciones de "los miembros principales y suplentes, así como los secretarios o secretarias, de las actuales juntas parroquiales, quedando las alcaldías responsables del manejo y destino del personal, así como de los bienes correspondientes" (Disposición Derogatoria Segunda).[194]

E. *Las Comunas*

Las Comunas, por su parte, que están concebidas en la LOPP como la "célula fundamental" del Estado Comunal, se las define en el artículo 15.2 como el "espacio socialista que como entidad local es definida por la integración de comunidades vecinas con una memoria histórica compartida, rasgos culturales, usos y costumbres que se reconocen en el territorio que ocupan y en las actividades productivas que le sirven de sustento y sobre el cual ejercen los principios de soberanía y participación protagónica como expresión del Poder Popular, en concordancia con un régimen de producción social y el modelo de desarrollo endógeno y sustentable contemplado en el Plan de Desarrollo, Económico y Social de la Nación."[195] Esta misma definición

---

192 Igual definición se establece en el artículo 2 de la ley Orgánica de los Consejos Comunales (art. 2).

193 Véase en *Gaceta Oficial* N° 39.335 de 28-12-2009

194 Véase en pp. 89 ss. Véase además, el estudio de Claudia Nikken, "La Ley Orgánica de los Consejos Comunales y el derecho a la participación ciudadana en los asuntos públicos," en Allan R. Brewer-Carías et al., *Leyes Orgánicas del Poder Popular*, Editorial Jurídica Venezolana, Caracas 2011, pp. 183 ss.

195 Igual definición se establece en el artículo 5 de la Ley Orgánica de las Comunas. En el reglamento de la ley Orgánica del Consejo Federal de Gobierno también se define la Comuna como: "Es un espacio socialista definido por la integración de comunidades vecinas con una memoria histórica compartida, ras-

de la Comuna como espacio socialista está en el artículo 5 de la Ley Orgánica de las Comunas; noción que implica que la misma está vedada a todo aquél que no sea socialista o que no crea en el socialismo o que no comulgue con el socialismo como doctrina política. La concepción legal de la Comuna, por tanto, es contraria al pluralismo democrático que garantiza la Constitución, siendo abiertamente discriminatoria y contraria a la igualdad que también garantiza el artículo 21 de la Constitución.

Por otra parte, en la norma mencionada de la LOPP se define a la Comuna como una "entidad local," y la misma calificación se encuentra en el artículo 1 de la Ley Orgánica de las Comunas, que las define "como entidad local donde los ciudadanos y ciudadanas en el ejercicio del Poder Popular, ejercen el pleno derecho de la soberanía y desarrollan la participación protagónica mediante formas de autogobierno para la edificación del estado comunal, en el marco del Estado democrático y social de derecho y de justicia" (art. 1). También en la reforma de la ley Orgánica del Poder Público Municipal de diciembre de 2010, se incluyó a las comunas en el listado de las "entidades locales territoriales," disponiéndose que las mismas, al estar reguladas por una legislación diferente como es la relativa al Poder Popular, y al deber constituirse "entre varios municipios," quedan exceptuadas de las disposiciones de la Ley Orgánica del Poder Público Municipal.

Ahora bien, en cuanto a calificar a las Comunas como "entidades locales," el Legislador deslegitimado de diciembre de 2010 olvidó que conforme a la Constitución (arts. 169, 173), esta expresión de entidad local sólo se puede aplicar a las entidades políticas del Estado en las cuales necesariamente tiene que haber "gobiernos" integrados por representantes electos mediante sufragio universal, directo y secreto (arts. 63, 169) ceñidos a los principios establecidos en el artículo 6 de la Constitución, es decir, tiene que ser "siempre democrático, participativo, electivo, descentralizado, alternativo, responsable, pluralista y de mandatos revocables." Conforme a la Constitución, por tanto, no puede haber "entidades locales" con gobiernos que no sean democráticos en los términos mencionados, y menos por "representantes" designados por otros órganos públicos.

Y esto es precisamente lo que ocurre con los llamados "gobiernos de las comunas," que conforme a esta legislación sobre el Poder Popular y sus organizaciones, no se garantiza su origen democrático mediante elección por sufragio universal, directo y secreto, siendo en consecuencia inconstitucional su concepción.

Debe destacarse, además, que en relación a el gobierno de las comunas, que como se establece en el artículo 28 de la LOPP, pueden transferir la gestión, la administración y la prestación de servicios a las diferentes organizaciones del Poder Popular. A tal efecto, las organizaciones de base del Poder Popular deben hacer las

---

gos culturales, usos, y costumbres, que se reconocen en el territorio que ocupan y en las actividades productivas que les sirven de sustento y sobre el cual ejercen los principios de soberanía y participación protagónica, como expresión del poder popular, en concordancia con un régimen de producción social y el modelo de desarrollo endógeno, sustentable y socialista contemplado en el Plan Nacional de Desarrollo" (art. 3). Véase en *Gaceta Oficial* N° 39.382 del 9 de marzo de 2010.

respectivas solicitudes formales, cumpliendo con las condiciones previas y requisitos establecidos en las leyes que regulen la materia.

Esta instancia del Poder Popular constituida por las Comunas ha sido regulada en la Ley Orgánica de las Comunas,[196] a cuyo estudio se dedica la parte V de esta "Introducción General."

F. *Las Ciudades Comunales*

Las ciudades comunales, conforme a la Ley, "son aquellas constituidas por iniciativa popular mediante la agregación de varias comunas en un ámbito territorial determinado" (art. 15.3). Siendo las Comunas, conforme a la Ley, el "espacio socialista" y "célula fundamental" del Estado Comunal, las Ciudades Comunales como agregación de varias comunas o sea de varios espacios socialistas, son concebidas también conforme a la Ley como Ciudades "socialistas" que como tales, están vedadas de hecho a todo aquel ciudadano o vecino que no sea socialista.

5. *Las organizaciones y expresiones organizativas del Poder Popular*

Además de las instancias del Poder Popular, en la LOPP se establecen previsiones tendientes a regular dos formas organizativas específicas del Poder Popular: las organizaciones y las expresiones organizativas del Poder Popular.

A. *Formas organizativas del Poder Popular*

a. *Las organizaciones del Poder Popular*

Conforme al artículo 9 de la LOPP, las organizaciones del Poder Popular "son las diversas formas del pueblo organizado, constituidas desde la localidad o de sus referentes cotidianos por iniciativa popular, que integran a ciudadanos y ciudadanas con objetivos e intereses comunes, en función de superar dificultades y promover el bienestar colectivo, para que las personas involucradas asuman sus derechos, deberes y desarrollen niveles superiores de conciencia política. Las organizaciones del Poder Popular actuarán democráticamente y procurarán el consenso popular entre sus integrantes."

Estas organizaciones del Poder Popular se constituyen por iniciativa de los ciudadanos y ciudadanas, de acuerdo con su naturaleza, por intereses comunes, necesidades, potencialidades y cualquier otro referente común, según lo establecido en la ley que rija el área de su actividad (art. 12).

Estas organizaciones del Poder Popular, al igual que las instancias del Poder Popular, conforme al artículo 32 de la LOPP, adquieren su personalidad jurídica mediante el registro ante el Ministerio del Poder Popular con competencia en materia de participación ciudadana, atendiendo a los procedimientos que se establezcan en el Reglamento de la presente Ley. Queda en manos del Ejecutivo Nacional, por tanto, el reconocimiento formal de estas organizaciones, de mantera que todas aquellas que no sean socialistas por ser contrarias a los fines prescritos en

---

196 Véase en *Gaceta Oficial* Nº 6.011 Extra. de 21-12-2010

la Ley (art.1), serían rechazadas. En las registradas, por lo demás, no tendrían cabida los ciudadanos que no compartan la ideología socialista.

b. *Las expresiones organizativas del Poder Popular*

En cuanto a las "expresiones organizativas del Poder Popular," conforme se dispone en el artículo 10 de la LOPP, las mismas son "integraciones de ciudadanos y ciudadanas con objetivos e intereses comunes, constituidas desde la localidad, de sus referentes cotidianos de ubicación o espacios sociales de desenvolvimiento, que de manera transitoria y en base a los principios de solidaridad y cooperación, procuran el interés colectivo."

Estas expresiones del Poder Popular se constituyen, por iniciativa popular y como respuesta a las necesidades y potencialidades de las comunidades, de conformidad con la Constitución de la República y la ley. (art. 13).

Conforme a la Disposición final Tercera, el ejercicio de la participación del pueblo y el estímulo a la iniciativa y organización del Poder Popular establecidos en la Ley, se deben aplicar en los pueblos y comunidades indígenas, de acuerdo a sus usos, costumbres y tradiciones.

B. *Los fines de las organizaciones y expresiones organizativas del Poder Popular*

Estas organizaciones y expresiones organizativas del Poder Popular, conforme al artículo 11 de la LOPP, tienen como fines los siguientes:

1. Consolidar la democracia participativa y protagónica, en función de la insurgencia del Poder Popular como hecho histórico para la construcción de la sociedad socialista, democrática, de derecho y de justicia.

Como antes se dijo, con el agregado de "socialista" que esta previsión impone a la sociedad, se rompe el principio del pluralismo que garantiza la propia Constitución, abriendo la vía para la discriminación política de todo aquél ciudadano que no sea socialista, a quien se le niega el derecho político a participar.

2. Impulsar el desarrollo y consolidación del sistema económico comunal, mediante la constitución de organizaciones socio-productivas, para la producción de bienes y servicios destinados a la satisfacción de necesidades sociales, el intercambio de saberes y conocimientos, así como la reinversión social del excedente.

La LOPP, a estos efectos, define como "sistema económico comunal" el conjunto de relaciones sociales de producción, distribución, intercambio y consumo de bienes y servicios, así como de saberes y conocimiento, desarrolladas por las instancias del Poder Popular, el Poder Público, o por acuerdo entre ambos, a través de organizaciones socio-productivas bajo formas de propiedad social comunal"(art. 8.13).

3. Promover la unidad, la solidaridad, la supremacía de los intereses colectivos sobre los intereses individuales y el consenso en sus áreas de influencia.

4. Fomentar la investigación y difusión de los valores, tradiciones históricas y culturales de las comunidades.
5. Ejercer la contraloría social.

6. *Ámbitos del Poder Popular*

La LOPP distingue los siguientes "ámbitos del Poder Popular" se definen en la Ley Orgánica y que en la terminología tradicional de derecho público no es otra cosa que competencias que se asignan al Poder Popular: la Planificación de Políticas Públicas, la Economía comunal, la Contraloría social, la Ordenación y gestión del territorio y la Justicia comunal.

A. *Planificación de políticas públicas*

La planificación de políticas públicas en los términos establecidos en la Ley Orgánica de Planificación Pública y Popular,[197] se define en el artículo 17 de la LOPP como "un ámbito de actuación del Poder Popular que asegura, mediante la acción de gobierno compartida entre la institucionalidad pública y las instancias del Poder Popular, el cumplimiento de los lineamientos estratégicos del Plan de Desarrollo Económico y Social de la Nación, para el empleo de los recursos públicos en la consecución, coordinación y armonización de los planes, programas y proyectos a través de los cuales se logre la transformación del país, el desarrollo territorial equilibrado y la justa distribución de la riqueza."

De esta previsión, llama la atención la distinción entre los órganos del Estado Constitucional que se denominan como "institucionalidad pública" y las instancias del Poder Popular, lo que confirma la intención de la ley de establecer un Estado paralelo, el Estado Comunal, para vaciar de contenido y ahogar en definitiva al Estado Constitucional.

Por otra parte, vinculada a esta competencia de planificación, en cuanto a la "planificación participativa," en la LOPP se la define como la "forma de participación de los ciudadanos y ciudadanas en el diseño, formulación, ejecución, evaluación y control de las políticas públicas" (art. 8.11); y en cuanto al "Presupuesto participativo," se lo define "como el mecanismo mediante el cual los ciudadanos y ciudadanas proponen, deliberan y deciden sobre la formulación, ejecución, control y evaluación de los presupuestos públicos, con el propósito de materializar los proyectos que permitan el desarrollo de las comunidades y el bienestar social general" (art. 8.12).

B. *Economía comunal*

La economía comunal, conforme se define en el artículo 18 de la LOPP, es un "ámbito de actuación del Poder Popular que permite a las comunidades organizadas la constitución de entidades económico-financieras y medios de producción, para la producción, distribución, intercambio y consumo de bienes y servicios, así como de saberes y conocimientos, desarrollados bajo formas de propiedad social comunal, en

---

197 Véase en *Gaceta Oficial* N° 6.011 Extra. de 21-12-2010

pro de satisfacer las necesidades colectivas, la reinversión social del excedente, y contribuir al desarrollo social integral del país, de manera sustentable y sostenible, de acuerdo con lo establecido en el Plan de Desarrollo Económico y Social de la Nación y la ley que regula la materia."

Este ámbito de actuación del Poder Público se ha regulado en la Ley Orgánica del Sistema Económico Comunal (LOSEC),[198] el cual se define en dicha Ley (art. 2) y en la Ley Orgánica de las Comunas como el "conjunto de relaciones sociales de producción, distribución, intercambio y consumo de bienes y servicios, así como de saberes y conocimiento, desarrolladas por las instancias del Poder Popular, el Poder Público, o por acuerdo entre ambos, a través de organizaciones socio-productivas bajo formas de propiedad social comunal" (art. 4.13).

Este sistema económico comunal, como se dijo, está regulado en la Ley Orgánica del Sistema Económico Comunal (LOSEC), que tiene por objeto "desarrollar y fortalecer el Poder Popular, estableciendo las normas, principios, y procedimientos para la creación, funcionamiento y desarrollo del sistema económico comunal, integrado por organizaciones socio-productivas bajo régimen de propiedad social comunal, impulsadas por las instancias del Poder Popular, del Poder Público o por acuerdo entre ambos, para la producción, distribución, intercambio y consumo de bienes y servicios, así como de saberes y conocimientos, en pro de satisfacer las necesidades colectivas y reinvertir social mente el excedente, mediante una planificación estratégica, democrática y participativa" (at. 1). La LOSEC, en particular, tiene por finalidad específica "fomentar el sistema económico comunal en el marco del modelo productivo socialista, a través de diversas formas de organización socio-productiva, comunitaria y comunal en todo el territorio nacional" (Art. 4.3).

Se trata de un sistema económico que se desarrolla exclusivamente "a través de organizaciones socio-productivas bajo formas de propiedad social comunal" las cuales conforme a la Ley son solamente las empresas del Estado Comunal creadas por las instancias del Poder Público; las empresas públicas creadas por los órganos que ejercen del Poder Público; las unidades productivas familiares; o los grupos de trueque, donde está excluida toda iniciativa privada y la propiedad privada de los medios de producción y comercialización de bienes y servicios, y está excluida la idea misma de la empresa privada.

Este Sistema Económico Comunal, cuyo establecimiento requería de una Asamblea Nacional Constituyente, se configura en paralelo y para sustituir el sistema de economía mixta que garantiza la Constitución de 1999, como un sistema económico estatista o controlado por el Estado, mezclado con previsiones propias de sociedades primitivas y lugareñas que en el mundo globalizado de hoy ya simplemente no existen, que presuponen la miseria como forma de vida, para regular y justificar el "trueque" como sistema, pensando quizás en sociedades agrícolas o recolectoras, donde al fin del día se podrían intercambiar unos pescados por una liebre; o una consulta profesional de abogado por el planchado de una ropa; y para crear una moneda al margen de la de curso legal que es el Bolívar, llamada "moneda

198 Véase en *Gaceta Oficial* N° 6.011 Extra. de 21-12-2010.

comunal" como medio de intercambio de bienes y servicios que recuerda a los viejos "vales" de las haciendas de hace más de un siglo, donde el campesino estaba confinado al ámbito geográfico de la economía que controlaba estrictamente el hacendado.

Por ello es que este sistema económico comunal se lo concibe como la "herramienta fundamental para construcción de la nueva sociedad," que supuestamente debe regirse sólo "por los principios y valores socialistas" que en esta LOSEC sin fundamento histórico alguno, también se declara que supuestamente se inspira en la doctrina de Simón Bolívar (art. 5).

En ese sistema, la propiedad privada queda reducida a la mínima expresión, sustituyéndosela en la Ley por la "propiedad social" como dominio del Estado, lo que significa que en la práctica, no se trata de ningún derecho que sea "de la sociedad," sino del aparato Estatal, cuyo desarrollo, regido por un sistema de planificación centralizada, elimina toda posibilidad de libertad económica e iniciativa privada, y convierte a las "organizaciones socio-productivas" en meros apéndices del aparato estatal.

Ese sistema de "propiedad social comunal" debe ser desarrollado exclusivamente a través de "organizaciones socio-productivas bajo formas de propiedad comunal," Siendo denominado como **modelo productivo socialista**, el cual está expresamente definido en la ley como el:

> "modelo de producción basado en la propiedad social, orientado hacia la eliminación de la **división social del trabajo** propio del modelo capitalista. El modelo de producción socialista está dirigido a la satisfacción de necesidades crecientes de la población, a través de nuevas formas de generación y apropiación así como de la **reinversión social del excedente**." (art. 6.12)

Se destaca de esta definición, sus tres componentes fundamentales: propiedad social, eliminación de la división social del trabajo y reinversión social del excedente; para lo cual los redactores de la norma, sin duda, se basaron quizás en algún Manual vetusto de revoluciones comunistas fracasadas, han parafraseado en la Ley lo que Carlos Marx y Federico Engels escribieron hace más de 150 años, en 1845 y 1846, sobre la sociedad comunista.

En el conocido libro *La Ideología Alemana*, en efecto, refiriéndose a la sociedad primitiva de la época, en muchas partes aún esclavista y en todas, preindustrial, después de afirmar que la propiedad es "el derecho de suponer de la fuerza de trabajo de otros" y declarar que la "división del trabajo y la propiedad privada" eran "términos idénticos: uno de ellos, referido a la esclavitud, lo mismo que el otro, referido al producto de ésta," Marx y Engels escribieron que:

> "la división del trabajo nos brinda ya el primer ejemplo de cómo, mientras los hombres viven en una sociedad natural, mientras se da, por tanto, una separación entre el interés particular y el interés común, mientras las actividades, por consiguientes no aparecen divididas voluntariamente, sino por

modo natural,[199] los actos propios del hombres se erigen ante él en un poder hostil y ajeno, que lo sojuzga, en vez de ser él quien los domine. En efecto, a partir del momento en que comienza a dividirse el trabajo, cada cual se mueve en un determinado circulo exclusivo de actividad, que le es impuesto y del cual no puede salirse; el hombre es cazador, pescador, pastor o crítico, y no tiene más remedio que seguirlo siendo, si no quiere verse privado de los medios de vida; al paso que en la sociedad comunista, donde cada individuo no tiene acotado un círculo exclusivo de actividades, sino que puede desarrollar sus aptitudes en la rama que mejor le parezca, la sociedad se encarga de regular la producción general, con lo que hace cabalmente posible que yo pueda por la mañana cazar, por la tarde pescar y por la noche apacentar ganado, y después de comer, si me place, dedicarme a criticar, sin necesidad de ser exclusivamente cazador, pescador, pastor o crítico, según los casos."[200]

Los redactores de la Ley, por tanto, no se han percatado de que las sociedades contemporáneas ya no se reducen a ser aquellas que vivían de la caza y de la pesca, o de la siembra y cría de animales, y de que en las sociedades globalizadas de la actualidad, es imposible no basar la producción en la división social del trabajo; y además, parece que ni siquiera se han percatado que después de tantos años de estancamiento y de miseria, tratando de imponer la sociedad comunista, el desarrollo del sistema capitalista es el que le ha permitido a China catapultarse económicamente, aún cuando sometida a una dictadura del Estado capitalista; y que en Cuba, el régimen comunista clama por su auto eliminación para lo cual en 2011 ha comenzado a lanzar a la calle a decenas de miles de antiguos asalariados o servidores del Estado, para forzarlos a desarrollar iniciativas privadas, basadas en la supuesta "esclavitud" de la división social del trabajo y en el supuesto producto de esa esclavitud, que es la propiedad, convencidos de que en el mundo contemporáneo no es posible "la eliminación de la división social del trabajo" como en cambio se propugna en el artículo 6.12 de la Ley del Sistema Económico Comunal, y de que sólo, precisamente, mediante la división social del trabajo, es posible la producción industrial, la generación de empleo y la generación de riqueza.

Por otra parte, para eliminar toda forma de generar riqueza y con ello, de trabajo libre y la generación de empleo, además de imponer la propiedad social, la ley Orgánica declara como pieza esencial del nuevo sistema económico comunal, la necesaria "reinversión social del excedente," como principio esencial que rige las organizaciones socio-productivas, definida como "el uso de los recursos remanentes provenientes de la actividad económica de las organizaciones socio-productivas, en pro de satisfacer las necesidades colectivas de la comunidad o la comuna, y contribuir al desarrollo social integral del país" (art. 6.19). Con este principio, los redactores de la Ley incorporaron a su articulado, otros de los pilares del sistema

---

199 Esta división "natural" se daba según Marx y Engels "en atención a las dotes físicas (por ejemplo, la fuerza corporal), a las necesidades, las coincidencias fortuitas, etc."

200 Véase en Karl Marx and Frederich Engels,"The German Ideology," en *Collective Works*, Vol. 5, International Publishers, New York 1976, p. 47. Véanse además los textos pertinentes en http://www.educa.madrid.org/cms_tools/files/0a24636f-764c-4e03-9c1d-6722e2ee60d7/ Texto%20Marx%20y%20Engels.pdf

comunista, tal como fue concebido por Marx y Engels, como contrapuesto al sistema capitalista, y es la necesaria "reinversión social de excedente" producto de la actividad económica. Lo cierto es que al contrario, las sociedades industriales se desarrollaron económicamente gracias a la acumulación del excedente económico que genera el empresario privado y a la reinversión de este excedente para generar mayor crecimiento, que fue en definitiva lo que generó la industrialización.

Basada, por tanto, en los principios utópicos comunistas de la "propiedad social de los medios de producción," la "eliminación de la división social del trabajo" y la "reinversión social del excedente," la Ley está sin duda concebida para implantar en Venezuela el sistema comunista como contrario al sistema capitalista.

Por supuesto, todo este sistema de economía comunal, como sistema de producción socialista está sometido a una planificación centralizada bajo el control directo del Poder Ejecutivo nacional, donde está proscrita toda iniciativa privada para su conducción, como se dijo, la ley ha establecido un Ministerio de las Comunas, como "órgano coordinador de las políticas públicas relacionadas con la promoción, formación, acompañamiento integral y financiamiento de los proyectos socio-productivos, originados del seno de las comunidades, las comunas o constituidos por entes del Poder Público conforme a lo establecido en el Plan de Desarrollo Económico y Social de la Nación, las disposiciones de la Ley, su Reglamento y demás normativas aplicables" (art 7), al cual se le asignan competencias que van desde otorgar la personalidad jurídica a las organizaciones socio-productivas, hasta dictar las políticas y lineamientos en materia de economía comunal, y proyectos socio-productivos, así como asignar los recursos para el desarrollo de las organizaciones socio-productivas.[201]

C. *Contraloría social*

En cuanto a la contraloría social, el artículo 19 de la LOPP la define como un "ámbito de actuación del Poder Popular para ejercer la vigilancia, supervisión, acompañamiento y control sobre la gestión del Poder Público, las instancias del Poder Popular y las actividades del sector privado que afecten el bienestar común, practicado por los ciudadanos y ciudadanas de manera individual o colectiva, en los términos establecidos en la ley que regula la materia.

Este ámbito de actuación del Poder Público se ha regulado en la Ley Orgánica del Contraloría Social,[202] donde se la define como "una función compartida entre las instancias del Poder Público y los ciudadanos, ciudadanas y las organizaciones del Poder Popular, para garantizar que la inversión pública se realice de manera transparente y eficiente en beneficio de los intereses de la sociedad, y que las actividades del sector privado no afecten los intereses colectivos o sociales" (art. 2).

---

201 Véase Jesús María Alvarado Andrade, "La 'Constitución económica' y el sistema económico comunal (Reflexiones Críticas a propósito de la Ley Orgánica del Sistema Económico Comunal)," en Allan R. Brewer-Carías et al., *Leyes Orgánicas del Poder Popular*, Editorial Jurídica Venezolana, Caracas 2011, pp. 375 ss. de este libro.

202 Véase en *Gaceta Oficial* N° 6.011 Extra. de 21-12-2010

Esta Ley Orgánica al organizar la Contraloría Social e imponer la doctrina socialista como la oficial y obligatoria, lo que ha creado en definitiva es un oscuro sistema general de espionaje y vigilancia social, que se atribuye a individuos o a las organizaciones comunales, basado en la denuncia y persecución contra cualquier persona o empresa privada que pudiera considerarse que no está actuado de acuerdo con la doctrina socialista impuesta, y que por esa razón pudiera considerarse que actúa contra el "bienestar común" o que afecta el "interés social o colectivo."

Al estudio de este sistema de Contraloría Social, tal como se regula en la Ley Orgánica de Contraloría Social, se dedica la VI de esta "Introducción General."[203]

D. *Ordenación y gestión del territorio*

La ordenación y gestión del territorio, conforme al artículo 20 de la LOPP, es un "ámbito de actuación del Poder Popular, mediante la participación de las comunidades organizadas, a través de sus voceros o voceras, en las distintas actividades del proceso de ordenación y gestión del territorio, en los términos establecidos en la ley que regula la materia."

E. *Justicia comunal*

En cuanto a la justicia comunal, el artículo 21 de la LOPP la define como un "ámbito de actuación del Poder Popular, a través de medios alternativos de justicia de paz que promueven el arbitraje, la conciliación, la mediación, y cualquier otra forma de solución de conflictos ante situaciones derivadas directamente del ejercicio del derecho a la participación y a la convivencia comunal, de acuerdo a los principios constitucionales del Estado democrático y social de Derecho y de Justicia, y sin contravenir las competencias legales propias del sistema de justicia ordinario.[204] Es

El artículo 22 de la LOPP, remite a una ley especial la regulación de la jurisdicción especial comunal, la cual debe establecer la organización, el funcionamiento, los procedimientos y normas de la justicia comunal, así como su jurisdicción especial. La Ley Orgánica de las Comunas es algo más explícita al señalar que "la ley respectiva establecerá la naturaleza, los procedimientos legales, las normas y condiciones para la creación de una jurisdicción especial comunal, donde se prevea su organización y funcionamiento, así como las instancias con competencia para conocer y decidir en el ámbito comunal, donde los jueces o juezas comunales serán elegidos o elegidas por votación universal, directa y secreta de los y las habitantes del ámbito Comunal mayores de quince años"(art. 57).

La actuación de esta jurisdicción comunal conforme se exige en el artículo 22 de la LOPP, "estará enmarcada dentro de los principios de justicia gratuita, accesible, imparcial, idónea, transparente, autónoma, independiente, responsable, equitativa y expedita, sin dilaciones indebidas y sin formalismos por reposiciones inútiles."

---

203 Véase Luis A. Herrera Orellana, "La Ley Orgánica de Contraloría Social: Funcionalización de la participación e instauración de la desconfianza ciudadana," en Allan R. Brewer-Carías et al., *Leyes Orgánicas del Poder Popular*, Editorial Jurídica Venezolana, Caracas 2011, pp. 359 ss. de este libro.

204 Esta misma definición se encuentra en el artículo 56 de la Ley Orgánica de las Comunas.

Con estas previsiones se termina de vaciar a los Municipios de una competencia constitucional que tienen asignada (art. 178.7), que se intentó realizar con la rechazada reforma constitucional de 2007, y que corresponde ser ejercida por jueces de paz que conforme al artículo 258 de la constitución deben ser elegidos por votación universal, directa y secreta.[205].

7. *Las relaciones entre el Poder Público y el Poder Popular (o la técnica del "matapalo")*

Como hemos señalado, el Estado Comunal que se establece en la LOPP, cuyas manifestaciones ejercen el Poder Popular, se ha establecido como un "Estado paralelo" al Estado Constitucional cuyos órganos electos por votación popular directa universal y secreta ejercen el Poder Público. Se trata de dos Estados establecidos en paralelo, uno en la Constitución y otro en una ley inconstitucional, pero con previsiones en la ley que de llegar a ser aplicadas, permitirán al Estado Comunal ahogar y secar al Estado Constitucional, comportándose como en botánica lo hace el árbol ***Ficus benjamina L.***, originario de la India, Java y Bali, conocido como "matapalo" que puede crecer como "estranguladora", como epífitos, rodeando al árbol huésped hasta formar un tronco hueco, destruyéndolo.

A tal efecto, en la LOPP se establecen unas previsiones para regular las relaciones entre el Estado o el Poder Público y el Poder Popular, que en general se dispone que "se rigen por los principios de igualdad, integridad territorial, cooperación, solidaridad, concurrencia y corresponsabilidad, en el marco del sistema federal descentralizado consagrados en la Constitución de la República" (art. 26), y que son las siguientes:

En *primer lugar*, se establece como obligación legal para los órganos, entes e instancias del Poder Público el promover, apoyar y acompañar las iniciativas populares para la constitución, desarrollo y consolidación de las diversas formas organizativas y de autogobierno del pueblo (art. 23).[206] En particular, incluso, la Ley Orgánica de Comunas dispone que "los órganos integrantes del Poder Ciudadano apoyarán a los consejos de contraloría comunal a los fines de contribuir con el cumplimiento de sus funciones" (art. 48).

En *segundo lugar*, se sujeta a todos los órganos del Estado Constitucional que ejercen el Poder Público, a los mandatos de las organizaciones del Poder Popular, al instaurarse un nuevo principio de gobierno, consistente en "gobernar obedeciendo." El artículo 24 de la LOPP en efecto dispone:

> *Artículo 24.* Actuaciones de los órganos y entes del Poder Público. Todos los órganos, entes e instancias del Poder Público guiarán sus actuaciones por el principio de gobernar obedeciendo, en relación con los mandatos de los ciudadanos, ciudadanas y de las organizaciones del Poder Popular, de acuerdo a lo establecido en la Constitución de la República y las leyes.

---

205 Véase la Ley Orgánica de la Justicia de Paz en *Gaceta Oficial* N° 4.817 Extra. de 21-12-1994).

206 Una norma similar está en el artículo 62 de la Ley Orgánica de las Comunas, a los efectos de "la constitución, desarrollo y consolidación de las comunas como forma de autogobierno."

Como las organizaciones del Poder Popular no tienen autonomía política pues no sus "voceros" no son electos democráticamente mediante sufragio universal, directo y secreto, sino designados por asambleas de ciudadanos controladas e intervenidas por el partido oficial y el Ejecutivo Nacional que controla y guía todo el proceso organizativo del Estado Comunal, en el ámbito exclusivo de la ideología socialista, sin que tenga cabida vocero alguno que no sea socialista, en definitiva esto de "gobernar obedeciendo" es una limitación a la autonomía política de los órganos del Estado Constitucional electos, como la Asamblea nacional, los Gobernadores y Consejos legislativos de los Estados y los Alcaldes y Concejos Municipales, a quienes se le impone en definitiva la obligación de obedecer lo que disponga el Ejecutivo Nacional y el partido oficial enmarcado en el ámbito exclusivo del socialismo como doctrina política. La voluntad popular expresada en la elección de representantes del Estado Constitucional, por tanto, no tiene valor alguno, y al pueblo se le confisca su soberanía trasladándola de hecho a unas asambleas que no lo representan.

En *tercer lugar*, en particular, se establece la obligación para el Poder Ejecutivo Nacional, para que "conforme a las iniciativas de desarrollo y consolidación originadas desde el Poder Popular," planifique, articule y coordine "acciones conjuntas con las organizaciones sociales, las comunidades organizadas, las comunas y los sistemas de agregación y articulación que surjan entre ellas, con la finalidad de mantener la coherencia con las estrategias y políticas de carácter nacional, regional, local, comunal y comunitaria"(art. 25).

En *cuarto lugar*, se establece la obligación para los órganos y entes del Poder Público en sus relaciones con el Poder Popular, de dar "preferencia a las comunidades organizadas, a las comunas y a los sistemas de agregación y articulación que surjan entre ellas, en atención a los requerimientos que las mismas formulen para la satisfacción de sus necesidades y el ejercicio de sus derechos, en los términos y lapsos que establece la ley" (art. 29). Igualmente se prevé que los órganos, entes e instancias del Poder Público, en sus diferentes niveles político-territoriales, deben adoptar "medidas para que las organizaciones socio-productivas de propiedad social comunal, gocen de prioridad y preferencia en los procesos de contrataciones públicas para la adquisición de bienes, prestación de servicios y ejecución de obras" (art. 30).[207]

En *quinto lugar*, se establece la obligación para la República, los estados y municipios, de acuerdo con la ley que rige el proceso de transferencia y descentralización de competencias y atribuciones, la obligación de trasferir "a las comunidades organizadas, a las comunas y a los sistemas de agregación que de éstas surjan; funciones de gestión, administración, control de servicios y ejecución de

207 En particular, conforme al artículo 61 de la Ley Orgánica de las Comunas, se dispone que "todos los órganos y entes del Poder Público comprometidos con el financiamiento de proyectos de las comunas y sus sistemas de agregación, priorizarán aquéllos que impulsen la atención a las comunidades de menor desarrollo relativo, a fin de garantizar el desarrollo territorial equilibrado.

obras atribuidos a aquéllos por la Constitución de la República, para mejorar la eficiencia y los resultados en beneficio del colectivo" (art. 27).[208]

Con ello, se dispone legalmente el vaciamiento de competencias de los Estados y Municipios, de manera que queden como estructuras vacías, con gobiernos representativos electos por el pueblo pero que no tienen materias sobre las cuales gobernar.

Este proceso se ha completado en la reforma de la Ley Orgánica de Régimen Municipal (LOPPM) y en la ley Orgánica del Consejo Federal de Gobierno (LOCGR). En efecto, la trasferencia de competencias de los Estados a los Municipios, a las comunidades y a los grupos vecinales que se prevé en la Constitución (art.184), y que en la LOPPM anterior se atribuía a los Consejos Legislativos de los Estados para establecer el procedimiento a dichos fines, se ha cambiado radicalmente, asignándose esa función al Consejo Federal de Gobierno organizado en la LOCFG, la cual se lo ha organizado de manera tal que está completamente controlado por el Ejecutivo Nacional (art. 11). En esta forma se ha limitado inconstitucionalmente la autonomía de los Estados y Municipios que les garantiza la Constitución.

A tal efecto, la LOPPM dispone, en su artículo 281 que "la transferencia de competencias y servicios de los estados a los municipios, y de éstos a las instancias del Poder Popular, se realizará de acuerdo a lo establecido en la Ley Orgánica del Consejo Federal de Gobierno," y en esta LOCFG, se asigna al Consejo, el atender "al establecimiento del régimen para la transferencia de las competencias entre los entes territoriales, y a las organizaciones detentadoras de la soberanía originaria del Estado"(art. 1); siendo por tanto ese órgano ahora el encargado de "de la planificación y coordinación de políticas y acciones para el desarrollo del proceso de descentralización y transferencia de competencias del Poder Nacional a los estados y municipios, " correspondiéndole establecer "los lineamientos que se aplican a los procesos de transferencia de las competencias y atribuciones de las entidades territoriales, hacia las organizaciones de base del Poder Popular" (art. 2). Lineamientos que además, declara esa LOCFG que son "vinculantes para las entidades territoriales (art. 2).

En el Reglamento de la Ley Orgánica del Consejo Federal de Gobierno de 2010, por otra parte, se definió la trasferencia de competencias como el:

> "Proceso mediante el cual las entidades territoriales restituyen al Pueblo Soberano, a través de las comunidades organizadas y las organizaciones de base del poder popular, las competencias en las materias que, de acuerdo con lo establecido en el artículo 14 de la Ley Orgánica del Consejo Federal de Gobierno, en concordancia con el artículo 184 de la Constitución de la República Bolivariana de Venezuela, decrete el Presidente o Presidenta de la República en Consejo de Ministros, sin que ello obste para que, por cuenta

---

208 Esta misma norma se repite en la Ley Orgánica de las Comunas (art. 64). El 31 de diciembre de 2010, aún estaba pendiente en la Asamblea Nacional la segunda discusión del proyecto de Ley Orgánica del Sistema de Transferencia de Competencias y atribuciones de los Estados y Municipios a las organizaciones del Poder Popular.

propia, cualquier entidad territorial restituya al Pueblo Soberano otras competencias, de acuerdo a lo establecido en el correspondiente Plan Regional de Desarrollo y previa autorización de la Secretaría del Consejo Federal de Gobierno."[209]

En *sexto lugar*, se establece que las instancias y organizaciones de base del Poder Popular contempladas en la LOPP, están exentas de todo tipo de pagos de tributos nacionales y derechos de registro, a cuyo efecto, se podrá establecer mediante leyes y ordenanzas de los estados y municipios, respectivamente, las exenciones aquí previstas para las instancias y organizaciones de base del Poder Popular (art. 31).

8. *El marginalización del Municipio en relación con las organizaciones del Poder Popular*

Para establecer el Poder Popular y el Estado Comunal, a los efectos de ahogar y estrangular progresivamente el Estado Constitucional, la primera de las instituciones territoriales afectadas ha sido el Municipio, del cual siendo la unidad política primara de la organización de la república, ha sido desvinculado del proceso de desarrollo comunal y de la participación popular. A tal efecto, diversas reformas se introdujeron en diciembre de 2010 a la Ley Orgánica del Poder Público Municipal (LOPP),[210] y entre ellas se destaca:

En primer lugar, la previsión como objetivo de la Ley además de la regulación de los Municipios y su gobierno, el proceso denominado de "descentralización y la transferencia a las comunidades organizadas, y a las comunas en su condición especial de entidad local, como a otras organizaciones del Poder Popular" (Art. 1). Se entiende que se trata de un proceso de transferencia de "competencias" aún cuando no se indica; sin embargo, la misma no puede calificarse como descentralización, pues está en el marco territorial y político, exige que las entidades receptoras de las competencias a ser transferidas, sean entidades locales como entidades políticas con gobiernos electos democráticamente. Las comunas, que se denominan como Entidades locales especiales" no son gobernadas por órganos cuyos integrantes sean electos por votación universal directa y secreta, y por tanto, no tienen autonomía política ni pueden formar parte del esquema de descentralización territorial del Estado.

En segundo lugar, el artículo 2 de la LOPPM, a pesar de que repite el aserto constitucional de que el Municipio "constituye la unidad política primaria de la organización nacional de la República," ya no habla de que "gozan de autonomía" como lo garantiza el artículo 168 de la Constitución, son que "ejerce sus competencias de manera autónoma." Ello, sin embargo, es contradicho en la propia Ley al establecerse que el artículo 110, que "el municipio se regirá por el Sistema Nacional de Planificación establecido en la ley que regula la materia," que como se sabe es una planificación centralizada.

---

209 Véase en *Gaceta Oficial* Nº 39.382 del 9 de marzo de 2010.

210 Véase en *Gaceta Oficial* Nº 6.015 Extraordinario del 28 de diciembre de 2010.

A tal efecto, en la LOPPM se elimina la iniciativa ejecutiva de la planificación local que se asignaba al Alcalde, quien debía presentar al Consejo Local de Planificación las líneas maestras de su plan de gobierno, y se establece que es el Consejo Local de Planificación Pública "el órgano encargado de diseñar el Plan Municipal de Desarrollo y los demás planes municipales, en concordancia con los lineamientos que establezca el Plan de Desarrollo Económico y Social de la Nación y los demás planes nacionales y estadales, garantizando la participación protagónica del pueblo en su formulación, ejecución, seguimiento, evaluación y control, en articulación con el Sistema Nacional de Planificación"(art. 111). Ese Consejo, además, en la LOPPM, queda encargado de "diseñar el Plan de Desarrollo Comunal, en concordancia con los planes de desarrollo comunitario propuestos por los consejos comunales y los demás planes de interés colectivo, articulados con el Sistema Nacional de Planificación, de conformidad con lo establecido en la legislaciones que regula las comunas, los consejos comunales y la presente Ley; contando para ello con el apoyo de los órganos y entes de la Administración Pública. A tales efectos, es deber de las instancias que conforman la organización del municipio, atender los requerimientos de los diversos consejos de planificación existentes en cada una de las comunas para el logro de sus objetivos y metas" (art. 112)

En tercer lugar, en la reforma de la LOPPM, se encasilla y limita su rol como promotor de la participación del pueblo sólo "a través de las comunidades organizadas," que son las que se regulan en las leyes sobre el Poder Popular identificadas con el socialismo, en contra de la previsión del artículo 62 de la Constitución que garantiza el carácter libre de la participación. La desvinculación de las comunidades organizadas respecto del Municipio, se asegura en la Ley, al excluirse su registro ante los órganos competentes "del Municipio" como decía la Ley Orgánica anterior que se reformó, previéndose ahora su registro sólo ante "los órganos competentes" (art. 33.3) que en las Leyes del poder Popular es el Ministerio de las Comunas. Es decir, con la reforma de la LOPPM, se produce una total desmunicipalización de las entidades comunales.

En cuarto lugar, a pesar de esta desmunicipalización, a las comunas se las incorpora en el régimen del Poder Público Municipal, como "entidad local territorial" (art. 19) aún cuando de "carácter especial" que conforme al artículo 19, "se rige por su ley de creación, puede constituirse dentro del territorio del Municipio o entre los límites político administrativo de dos o más municipios, sin que ello afecte la integridad territorial de los municipios donde se constituya." Como tal entidades locales de carácter especial, se las excluye completamente del régimen de la LOPPM quedando "reguladas por la legislación que norma su constitución, conformación, organización y funcionamiento" (art. 5). Ello se reafirma en el artículo 33 de la Ley al disponer que "los requisitos para la creación de la comuna, en el marco de su régimen especial como entidad local, se regirán por lo establecido en la Ley Orgánica de las Comunas."

En quinto lugar, se eliminó el carácter de entidad local de las parroquias, y por tanto, se eliminó su carácter democrático representativo. Es más, en la Disposición Transitoria segunda de la Ley se dispuso que a los 30 días siguientes a su publicación, "cesan en sus funciones los miembros principales y suplentes, así como los secretarios o secretarias, de las actuales juntas parroquiales." Eliminadas las

Juntas parroquiales, las cuales en el artículo 35, las pasaron a denominar "juntas parroquiales comunales," estas se regularon sólo como entidades con "facultades consultivas, de evaluación y articulación entre el poder popular y los órganos del Poder Público Municipal," con las funciones enumeradas en el artículo 37, de la cual se eliminó todo vestigio de gobierno local.

Dichas juntas parroquiales comunales, se estableció que deben ser "coordinada por una junta parroquial comunal integrada por cinco miembros y sus respectivos suplentes cuando corresponda a un área urbana y tres miembros y sus respectivos suplentes cuando sea no urbana, elegidos o elegidas para un período de dos años," no por el pueblo mediante sufragio, sino por "por los voceros de los consejos comunales de la parroquia respectiva," quienes "en dicha elección deberán ser fiel expresión del mandato de sus respectivas asambleas de ciudadanos." La norma agrega, que dicha designación, debe ser "validada por la asamblea de ciudadanos."

En la misma norma se estableció el principio de la revocatoria de los mandatos de los integrantes de las juntas parroquiales comunales, mandando a aplicar las condiciones y el procedimiento establecido para la revocación de los voceros de los consejos comunales, conforme a la Ley Orgánica que los regula.

Al desmunicipalizarse las juntas parroquiales comunales, y eliminarse su carácter de entidad política local de orden democrático representativo, el artículo 36 previó que sus miembros que deben ser avalados por la asamblea de ciudadanos, pueden ser menores de edad, aún cuando mayores de quince años, e incluso extranjeros.

DÉCIMA PARTE

LAS VICISITUDES CONSTITUCIONALES POR LAS FALTAS TEMPORALES Y LA FALTA ABSOLUTA DEL PRESIDENTE DE LA REPÚBLICA AL FINALIZAR EL PERÍODO CONSTITUCIONAL 2007-2013

I. LAS FALTAS TEMPORALES DEL PRESIDENTE DE LA REPÚBLICA (H. CHÁVEZ) ENTRE 2011 Y 2012, POR TRATAMIENTO MÉDICO EN LA HABANA, CUBA, Y EL FALSO GOBIERNO QUE FUNCIONÓ DURANTE SUS AUSENCIAS DEL TERRITORIO NACIONAL

En las redes sociales, vía Twitter, el día 22 de abril de 2012 se informó que "Chávez aprobó reforma a la Ley del Seguro Social, desde La Habana;" y luego, en la prensa del día 23 de abril de 2012 se informó que "el mandatario Hugo Chávez se dedica a gobernar por Twitter desde La Habana, donde permanece desde el 14 de abril para someterse a la última fase de su tratamiento de radioterapia;"[1] y en la prensa del día 24 de abril de 2012, se indicó que "Por más de una semana, mientras ha estado sometido a terapia de radiación, el único signo del usualmente muy visible Presidente fueron una serie de mensajes en su cuenta oficial de Twitter."[2]

El Presidente Hugo Chávez, en efecto, se encontraba en ese momento hospitalizado en esa ciudad, sometido a tratamiento médico por la enfermedad que lo aquejó desde 2011. Desde el punto de vista institucional, se trataba de otra ausencia del Presidente de la República del territorio nacional para someterse a tratamiento médico fuera del país, ya que debe haber considerado que los servicios médicos en Venezuela no eran los apropiados. Ese hecho, en si mismo se configuraba jurídica y constitucionalmente como una falta temporal del Presidente en cuanto al ejercicio de su cargo, lo cual conforme a la Constitución implicaba, sin que fuera necesario algún acto formal adicional, que el Vicepresidente Ejecutivo se encontrara en ejercicio de la Presidencia.

---

1 Véase la reseña de EFE, Caracas, "Capriles: Gobernar un país por Twitter es una burla," en *El Diario/La Prensa,* Nueva York, Lunes 23 de abril de 2012, p. 11.

2 Véase William Neuman, "Chavez Out of Sight but Big as Life on Twitter," en *The New York Times*, New York April 24, 2012, p. A-7.

Por ello, resultaba incomprensible que con un Vicepresidente en ejercicio de la Presidencia, el enfermo Presidente de la República desde una cama de hospital en La Habana, pudiera estar tratando de gobernar, y llegar pretender ponerle el ejecútese a una Ley, y ello anunciarlo por Twitter. Todo ello, por supuesto, originó una extraña situación constitucional durante esas ausencias presidenciales del territorio nacional por enfermedad, con consecuencias jurídicas lamentables, al tratarse de ignorar en Caracas, que la ausencia del territorio de un Presidente es precisamente eso, y nada más, es decir una ausencia física, y por ello una falta temporal, que no se puede ocultar ni desdibujar, pues quien está ausente no puede estar presente. Es decir, estando el Presidente de la República fuera del país, ausente del territorio nacional, alguien tenía que estar supliendo su falta temporal, es decir, alguien tenía que estar gobernando en el país. No podía estar fuera y no estarlo; y no podía gobernar vía twitter o estampando firmas electrónicas en documentos fijos.

Lo anterior, durante 2011 y 2012, originó una extravagante situación constitucional en el país, específicamente con la ausencia del Presidente Chávez del territorio nacional, primero durante un mes, entre el 5 de junio y el 4 de julio de 2011, cuando después de pasar breves días entre Brasil y Ecuador, tuvo que someterse súbitamente a tratamiento médico en La Habana, Cuba;[3] y luego, en la misma ciudad de La Habana, durante varias semanas de los meses de julio a septiembre de 2011, para someterse a un tratamiento de quimioterapia; y posteriormente, en abril de 2012, para someterse a un tratamiento de radioterapia; y luego finalmente en noviembre de 2012, y posteriormente en diciembre de 2012.

Toda esas ausencias del territorio nacional constituyeron, sin duda, faltas temporales en los términos del artículo 234 de la Constitución, independientemente de la razón o motivo que haya podido haber tenido el Presidente para viajar y permanecer en el exterior, de su justificación para el cumplimiento de sus funciones, del tratamiento de una enfermedad, o de si para ello, en su momento, obtuvo o no autorización de la Asamblea Nacional (art. 235) para viajar al exterior, si es que preveía permanecer ausente del territorio nacional por más de cinco días.

Como en los países normalmente la acción de un gobierno no se puede paralizar; como los seres humanos se enferman, incluso los Jefes de Estado y de Gobierno; y como ningún ser humano tiene, que se sepa, el don de la ubicuidad; a los efectos de que el gobierno continúe funcionando aún en los casos de ausencia temporal del Presidente de la República por ausentarse del territorio nacional, estas situaciones se prevén generalmente en las Constituciones, como precisamente se establece en la Constitución venezolana, al disponer que el Vicepresidente Ejecutivo suple las faltas temporales del Presidente de la República, lo que siempre ocurre cuando se ausenta del país por el tiempo que sea.

---

3 Véase la información en http://internacional.eluniversal.com/2011/06/08/chavez-llega-a-cuba-para-repasar-los-vinculos-bilaterales.shtml Véase En general, Allan R. Brewer-Carías, "La extraña situación constitucional respecto del funcionamiento del gobierno en Venezuela, durante la falta temporal del Presidente de la República, por su ausencia del territorio nacional entre el 5 de junio y el 4 de julio de 2011," *Revista de Derecho Público*, N° 126, (abril-junio 2011), Editorial Jurídica Venezolana, Caracas 2011, pp. 59-75.

Por tanto, el hecho que desde el 5 de junio de 2011 y por todo el resto de dicho mes de junio y hasta el 4 de julio de 2011, como el mismo Presidente de la República lo expresó en alocución televisiva desde La Habana el día 30 de junio de 2011,[4] él estuviese sometido a un fuerte tratamiento post operatorio después de dos operaciones para extirparle un tumor cancerígeno, la primera realizada el 10 de junio de 2011,[5] y la segunda, diez días después, el 20 de junio de 2011, incluso habiendo pasado cuatro días en Terapia Intensiva, como lo informó el propio Presidente el 4 de julio de 2011 al llegar a Caracas;[6] todo ello por más lamentable y grave que fuera, no podía paralizar la acción del gobierno del Estado. Igualmente ocurrió con las faltas temporales para el tratamiento de quimioterapia en La Habana en julio, agosto y septiembre del mismo año 2011. Posteriormente, ocurrió también en oportunidades sucesivas desde febrero de 2012, y finalmente desde el de abril de 2012, mediante una autorización sin límite de días, dada por la Asamblea Nacional; y luego en noviembre y diciembre de 2012.

En una lamentable situación como esa, había que dejar que el Presidente se ocupase de su salud, y se recuperase, por lo que para ello, constitucionalmente estaba dispuesto que el Vicepresidente Ejecutivo se debía encontrar en el país supliendo la ausencia temporal del Presidente de la República (arts. 234 y 239.8). Esa es la solución, como se dijo, que establece la Constitución para garantizar la continuidad del gobierno.

Frente a ello, por supuesto, debía esperarse que el Vicepresidente Ejecutivo asumiera la responsabilidad de su cargo, siendo totalmente inaceptable y, además, inconstitucional, que pudiera llegar a decir que él no estaba a cargo del Poder Ejecutivo, ni estaba supliendo la ausencia o falta temporal del Presidente de la República; es decir, que dijera que en Venezuela simplemente no había gobierno. En ese caso, sin embargo no ocurrió así, y al Vicepresidente Ejecutivo, ignorado la situación, y se negó a suplir la falta del Presidente.

1. *Las faltas temporales del Presidente de la República y la forma de suplirlas*

La Constitución establece que el Presidente de la República puede separarse temporalmente del ejercicio de su cargo, lo que ocurre en todas aquellas circunstancias de hecho, de la naturaleza que sean, en las cuales el Presidente se encuentre en la situación de no poder ejercer efectivamente el cargo. Es lo que la Constitución denomina como "falta temporal" al referirse a esas situaciones de hecho en las cuales el Presidente se encuentra separado del ejercicio del cargo por un tiempo. Como lo he expresado desde hace años "Una falta temporal puede

---

4 Véase la alocución por televisión del Presidente de la República del 30 de junio de 2011, desde La Habana, en http://www.eluniversal.com/2011/06/30/presidente-chavez-informo-que-le-fue-extirpado-un-tumor-cancerigeno.shtml

5 Véase la información del Ministro de Relaciones Exteriores, el 10 de junio de 2011, http://www.eluniversal.com/2011/06/10/operan-al-presidente-chavez-en-cuba.shtml.

6 Véase en *El Universal*, Caracas 5 de Julio de 2011, http://www.eluniver-sal.com/2011/07/05/chavez-advierte-que-batalla-contra-el-cancer-no-esta-ganada.shtml; *The Wall Street Journal*, New York, Tuesday , July 5, 3011, p. A8

consistir, por ejemplo, en ausencia por enfermedad o por un viaje dentro o fuera del territorio nacional."[7]

Los Presidentes, como cualquier persona humana, se enferman, y por ello, deben permanecer a resguardo, curándose, lejos de la carga del ejercicio del sus funciones como Jefe de Estado y del Ejecutivo Nacional; y en el mundo contemporáneo, con frecuencia viajan y se alejan efectivamente del centro del ejercicio de sus funciones. En todos esos casos, se está en presencia de faltas temporales, que como tantos acaecimientos propios de la persona humana, son en general situaciones de hecho, sucesos, que obligan a una persona a separarse de sus tareas ordinarias, que ocurren, y que, con frecuencia no se programan con anterioridad, es decir, no siempre se pueden planificar, ni se pueden "autorizar" previamente, como sucede precisamente con las enfermedades. Simplemente, en general, acaecen, y en muchos casos no pueden ser controlados por la persona. Por supuesto, en muchos otros casos, la situación de hecho que produce la falta temporal si puede efectivamente controlarse por la persona, casos en los cuales si podría anticipadamente programar su conducta.

Un Presidente de la República previsivo, por ejemplo, si bien no puede como cualquier humano anticiparse a su estado de salud y programar cuándo se va a enfermar, en muchos otros casos si puede programar su separación temporal del ejercicio del cargo, como sucede por ejemplo, cuando decide someterse a una operación quirúrgica o a un tratamiento médico, o decide realizar un viaje. Ello, sin embargo, no siempre puede ocurrir programadamente, porque la situación de hecho y la separación del ejercicio del cargo pueden producirse de manera súbita, sin posibilidad de programación previa alguna, como sucede por ejemplo con un accidente o una operación quirúrgica de urgencia o de emergencia, o con un viaje imprevisto.

Lo cierto, en todo caso, es que hay falta temporal, cuando una enfermedad, una situación cualquiera de salud, o un viaje al exterior, imposibilitan al Presidente poder estar en ejercicio efectivo de su cargo, en el lugar donde tienen su sede los órganos del Poder Nacional, que es la capital de la República, Caracas, y poder acudir efectivamente al lugar donde está el centro de sus operaciones como Jefe del Estado y del Ejecutivo Nacional.

Como se dijo, en particular, hay falta temporal del Presidente de la República en todo caso cuando se produce un viaje del mismo, cuando desde el punto de vista fáctico ello le impida ejercer efectivamente sus funciones, particularmente como Jefe del Ejecutivo Nacional, sea que el viaje se realice hacia el interior del país, o hacia al exterior del país, en este caso originando ausencia del territorio nacional.

En cuanto a los viajes al interior del país, conforme al artículo 18 de la Constitución, si bien la ciudad de Caracas es el asiento de los órganos del Poder Nacional, conforme a dicha norma ello "no impide el ejercicio del Poder Nacional en otros lugares de la República". Por ello, el Presidente de la República al viajar por el territorio nacional no se considera separado del ejercicio de las funciones de su cargo, las que puede continuar ejerciendo en otros lugares del territorio nacional.

---

7 Véase en Allan R. Brewer-Carías, *La Constitución de 1999. Derecho Constitucional Venezolano*, Editorial Jurídica Venezolana, Caracas 2004, p. 497.

Una falta temporal con ocasión de un viaje en el país, sin embargo, sólo se produciría si por alguna razón fáctica, natural, accidental o de emergencia, el Presidente se encontrase aislado sin poder por ejemplo, comunicarse.

En cuanto a los viajes al exterior, en cambio, todos constituyen una "ausencia" del Presidente del territorio nacional y del ejercicio de su cargo, es decir, todos constituyen faltas temporales del Presidente de la República. El ejercicio del Poder Nacional conforme a la Constitución, incluyendo el Poder Ejecutivo, no se puede ejercer sino en el territorio de la República, en principio, en el asiento de los órganos del Poder Nacional, que es la ciudad de Caracas, o en otros lugares de la República (art. 18, Constitución), pero nunca en el exterior. Un Presidente de la república nunca puede gobernar desde el exterior.

El Presidente de la República, por tanto, cuando viaja al exterior, es decir, fuera del territorio nacional, necesaria y obligatoriamente se separa temporalmente del ejercicio de su cargo. Ello por otra parte, constituye una situación respecto de la cual el Presidente no tiene entera libertad de decidir, en el sentido de que no es libre de ausentarse en viajes al exterior, cuando y como quiera y, por tanto, colocarse en situación de falta temporal en el ejercicio de sus funciones. De acuerdo con la Constitución, si el viaje al exterior, es decir, la ausencia del territorio nacional por el Presidente se prolonga por un lapso superior a cinco días consecutivos, los artículos 187.17 y 235 le imponen la necesidad de obtener la autorización de la Asamblea Nacional. Como toda autorización, que es distinto en derecho a una "aprobación," por supuesto, el acto de autorización emanado de la Asamblea Nacional tiene que emitirse previo a que ocurra la ausencia, nunca *ex post facto*. Las aprobaciones son las que en derecho, en general, se dan con posterioridad a la realización de un acto.

Lo importante a destacar en esto, sin embargo, es que la autorización de la Asamblea Nacional en esos casos de viajes al exterior, no es un condicionante, en forma alguna, para que la falta temporal se produzca. La autorización de la Asamblea no es una autorización para que se de la situación de falta temporal del Presidente. Esta se produce tácticamente, en forma automática, independientemente de que haya o no la autorización de la Asamblea Nacional para un viaje fuera del territorio nacional. La autorización legislativa es simplemente una de las tantas funciones de control político que ejerce la Asamblea Nacional respecto del Poder Ejecutivo. Otras autorizaciones de este tipo son, por ejemplo, la relativa al nombramiento de funcionarios diplomáticos (art. 187.14), el empleo de misiones militares (art. 187.16) y el enjuiciamiento del Presidente de la República (art. 266.2). La importancia de la autorización legislativa para la ausencia del territorio nacional resulta, además, del hecho de que en caso de receso de la Asamblea, la misma debe darla la Comisión Delegada (art. 196.2).

Por tanto, en todo caso de viaje al exterior, es decir, de ausencia del Presidente del territorio nacional, independientemente del tiempo de ausencia y de que se haya o no obtenido autorización de la Asamblea Nacional, hay siempre una falta temporal del Presidente. Es decir, independientemente de si el viaje es por un día, o por cinco días, o por un lapso superior a cinco días, siempre la ausencia del territorio nacional produce la situación de falta temporal del Presidente. Como se dijo, se trata de una situación fáctica que en estos casos de viajes fuera del territorio nacional se produce con el viaje en sí mismo, es decir, con la ausencia del territorio.

Ahora bien, de acuerdo con lo dispuesto en el artículo 234 de la Constitución, las faltas temporales del Presidente de la República son suplidas automáticamente por el Vicepresidente Ejecutivo, sin necesidad de "acto" oficial, formal o protocolar alguno, y sin necesidad de que se "juramente" ante órgano alguno, o que órgano alguno "declare" o "disponga" que hay "falta temporal." Este cargo de Vicepresidente Ejecutivo fue establecido en la Constitución de 1999, entre otras razones, precisamente para resolver las situaciones de falta temporal del Presidente de la República, como el "órgano directo y colaborador inmediato del Presidente de la República en su condición de Jefe del Ejecutivo Nacional" (art. 238), por lo cual expresamente se le atribuyó, entre sus competencias específicas, la de "suplir las faltas temporales del Presidente de la República (art. 239.5), lo que ocurre en forma automática cuando se produzca la falta temporal.

Ello llevó al Constituyente, incluso, a ser particularmente cuidadoso y disponer en su normativa lo que es la única causal de incompatibilidad de rango constitucional para el desempeño de cargos públicos basada en relaciones de parentesco, por consanguinidad o por afinidad con algún otro funcionario público, específicamente, con el Presidente de la República. Así, en el artículo 238 de la Constitución, luego de establecerse el cargo de Vicepresidente Ejecutivo, como se dijo, como órgano directo y colaborador inmediato del Presidente de la República en su condición de Jefe del Ejecutivo Nacional, la misma norma precisa que el mismo "no podrá tener ningún parentesco de consanguinidad ni de afinidad con éste."

Ahora bien, como hemos dicho, suplir las faltas temporales del Presidente es, precisamente, una de las atribuciones del Vicepresidente Ejecutivo, como lo indica el artículo 239.8 de la misma Constitución; atribución que explicó la "Exposición de Motivos" de la Constitución, al decir que el Vicepresidente es "el suplente formal del Presidente de la República en las diferentes hipótesis de faltas tanto absolutas como temporales que contempla el texto constitucional;" aclarando sin embargo que la figura del Vicepresidente en la Constitución no fue concebida como "el típico cargo que tiene la función de resolver la sucesión presidencial por la ausencia temporal o absoluta del Presidente de la República. Más que ello, el Vicepresidente es una institución que comparte con el Presidente el ejercicio de su jefatura de gobierno y responde políticamente por la gestión general del gobierno frente al Parlamento." La Exposición de Motivos concluyó indicando que las funciones que le otorga la Constitución al Vicepresidente "son esenciales para el normal desenvolvimiento del Ejecutivo Nacional."

En consecuencia, producida una falta temporal del Presidente de la República, de cualquier naturaleza que sea, el Vicepresidente la suple automáticamente, siendo ello su atribución constitucional directa, sin necesidad de que nadie lo autorice a ello, o que algún órgano la declare, y sin necesidad de que se juramente para ello ante nadie. Desde cuando un funcionario comienza a ocupar el cargo de Vicepresidente, éste presta el juramento de ley de cumplir fielmente sus atribuciones, entre las cuales está, expresamente, suplir las ausencias temporales del Presidente de la República. En consecuencia, producida una situación de falta temporal del Presidente, como la que se produjo por la ausencia del Presidente de la República del territorio nacional durante casi todo el mes de junio de 2012, y durante el mes de abril de 2012, nadie tenía ni tiene que decirle al Vicepresidente que supliera la falta temporal, y a nadie tenía que notificárselo.

Debe señalarse, por otra parte, que si bien esta es le atribución constitucional del Vicepresidente, la de suplir las faltas temporales del Presidente de la República, ello tiene un límite constitucional, y es que sólo puede extenderse por un lapso de "hasta por 90 días." Es decir, el Vicepresidente sólo puede estar en ejercicio de la Presidencia supliendo la falta temporal del Presidente por ese lapso de 90 días. Al vencerse dicho lapso, la Asamblea Nacional es entonces llamada por la Constitución (art. 234) para ejercer el control político sobre el Poder Ejecutivo, y la misma debe decidir en alguna de estas dos formas:

En primer lugar, la Asamblea Nacional puede decidir prorrogar el lapso inicial de 90 días de falta temporal del Presidente, "por 90 días más." Y nada más, de manera que en este caso, al concluir la prórroga de 90 días, es decir, cuando la falta temporal se extienda hasta los 180 días, automáticamente se produce la situación de falta absoluta del Presidente de la República.

En segundo lugar, "si una falta temporal se prolonga por más de 90 días consecutivos, la Asamblea Nacional debe decidir por mayoría de sus integrantes si debe considerarse que hay falta absoluta," en cuyo caso se daría el supuesto de abandono del cargo declarado por la Asamblea Nacional (art. 233).

De lo anterior resulta que en toda situación en la cual el Presidente se encuentre ausente del territorio nacional, independientemente de que para ello haya recibido o no autorización de la Asamblea Nacional (art. 235), ello constituye precisamente una falta temporal del Presidente de la República derivada de dicha ausencia, pues se encuentra fácticamente imposibilitado de ejercer sus de Jefe del Ejecutivo Nacional en la sede de los órganos del Poder Nacional, las cuales, en esa situación, corresponden ser ejercidas por Vicepresidente Ejecutivo supliendo la falta temporal del Presidente, particularmente aquellas que corresponden al Presidente como "Jefe del Ejecutivo Nacional," que son en relación con las cuales, de acuerdo con las expresas previsiones de la Constitución, el Vicepresidente es "órgano directo y colaborador inmediato" del Presidente. Este rol de suplir las faltas temporales del Presidente, por tanto, en principio no se extiende en la Constitución respecto de las atribuciones del Presidente como Jefe de Estado, salvo cuando el Presidente expresamente se las delegue al Vicepresidente (art. 239,9).

En particular, por ejemplo, en relación con el funcionamiento de las reuniones del Consejo de Ministros, al no poder asistir el Presidente por su falta temporal, por ejemplo, por su ausencia del territorio nacional, el mismo no las puede presidir y no se necesita de su autorización para que el Vicepresidente Ejecutivo las presida. Supliendo la falta temporal del Presidente, el Vicepresidente, como se dijo, es entonces quien preside las reuniones del Consejo de Ministros, en cuyo caso, las decisiones tomadas en el mismo, en caso de ausencia temporal del Presidente, no necesitan ser ratificadas por el Presidente de la República. De lo contrario, si no hubiese una situación de falta temporal ni el Vicepresidente estuviese supliendo al Presidente de la República, toda decisión adoptada en Consejo de Ministros sin la presencia del Presidente no tendría efectos hasta ser ratificada por el Presidente.

2. *La irregular e inconstitucional actuación de los órganos del Estado con motivo de la falta temporal del Presidente de la República en junio de 2011*

El Presidente Hugo Chávez anunció en su Programa de televisión *Aló Presidente* del 5 de junio de 2011 que después de haber sufrido una operación de rodilla que lo tuvo alejado de la actividad pública, retomaba su agenda internacional y que ese día saldría del territorio nacional rumbo a Brasil, a Ecuador y a Cuba, en misión oficial. Debe entenderse que el viaje al exterior del Presidente no estaba previsto para prolongarse por más de 5 días, como lo anunció el Ministro de Información del Gobierno,[8] y lo había señalado el propio Presidente días antes al afirmar que: "En Brasil estaremos día y medio, en Ecuador pueden ser dos y luego a Cuba."[9] Precisamente por ello, habiendo salido de Caracas el 5 de junio, llegó a Cuba el 8 de junio de 2011.[10] De lo contrario, como lo impone la Constitución, debía haber obtenido una autorización previa mediante Acuerdo de la Asamblea Nacional, la cual por lo demás, se publica en la *Gaceta Oficial*. Sin embargo, ni con anterioridad al viaje, ni después de su salida del territorio nacional, se publicó en la *Gaceta Oficial* Acuerdo alguno de la Asamblea Nacional en el cual se hubiese autorizando la permanencia del Presidente en el exterior, es decir, fuera del territorio nacional por un lapso mayor a los 5 días. Sólo fue en 14 de junio, diez días después de la salida del Presidente del país, y una vez ya hospitalizado en La Habana, Cuba, cuando la Asamblea Nacional, indudablemente *ex post facto*, emitió la autorización hasta ese momento faltante.

Los medios de comunicación informaron que el Presidente de la República, después de haber estado en Brasil y en Ecuador, había viajado a La Habana, Cuba, donde llegó el día 8 de junio de 2011,[11] y donde debió ser atendido por quebrantos de salud, al punto de haber sido operado inmediatamente según se anunció, de un "absceso pélvico," el 10 de junio de 2011.[12] Luego, como el propio Presidente lo informara en alocución de televisión del día 30 de junio de 2011 dese La Habana, [13] después de haberse sometido a una primera intervención quirúrgica fue sometida a una segunda operación mediante la cual se le extirpó un tumor cancerígeno. Ello lo informó a su llegada a Caracas el 4 de julio de 2011, al señalar que por causa de esta otra operación realizada el 20 de junio de 2011, estuvo en La Habana, Cuba, en Terapia Intensiva hasta el 24 de junio de 2011.[14] De todo ello resultó que durante

---

8 Véase la información del Ministro de Información dada el 5 de junio de 2011, al afirmar que "El presidente de la República Bolivariana de Venezuela, Hugo Chávez, realizará durante cinco días una gira presidencial por Brasil, Ecuador y Cuba," en http://www.eluniver-sal.com/2011/06/05/este-domingo-si-se-transmitira-alo-presidente.shtml.

9 El anuncio lo hizo en reunión del Consejo de Ministros transmitida por televisión el 1° de junio de 2011. Véase en http://www.diariocolatino.com/es/20110601/internacionales/93026/Ch%C3%A1vezvisitar%C3%A1-Brasil-Ecuador-y-Cuba-la-pr%C3%B3xima-semana.htm.

10 Véase la información en http://internacional.eluniversal.com/2011/06/08/chavez-llega-a-cuba-para-repasar-los-vinculos-bilaterales.shtml

11 *Ídem*

12 Véase la información del Ministro de Relaciones Exteriores, el 10 de junio de 2011, http://www.eluniversal.com/2011/06/10/operan-al-presidente-chavez-en-cuba.shtml.

13 Véase la alocución por televisión del Presidente de la República del 30 de junio de 2011, desde La Habana, en la cual sin embargo, informó que la primera operación tuvo lugar el día 11 de junio de 2011 desde La Habana, en http://www.eluniversal.com/2011/06/30/presi-dente-chavez-informo-que-le-fue-extirpado-un-tumor-cancerigeno.shtml.

14 Véase en *El Universal*, Caracas 5 de Julio de 2011, http://www.eluniver-sal.com/2011/07/05/chavez-advierte-que-batalla-contra-el-cancer-no-esta-ganada.shtml; *The Wall Street Journal*, New York, Tuesday, July 5, 3011, p. A8.

todo el mes de junio de 2011 y hasta el 4 de julio de 2011, el Presidente de la República permaneció en La Habana, Cuba, recluido en un centro hospitalario bajo estricto tratamiento médico.

Es obvio, por tanto, que el Presidente de la República, a partir del día 5 de junio de 2011 y hasta el 4 de julio de 2011 no estuvo en Caracas. Ello fue confirmado formalmente por la propia Asamblea Nacional, al aprobar un Acuerdo el día 14 de junio de 2011[15] en el cual declaró que el 31 de mayo de 2011, la mayoría de la misma ya había autorizado al Presidente para ausentarse del país a partir del 5 de junio de 2011, lo que en esta nueva ocasión se ratificó para que pudiera permanecer en el exterior por el tiempo que fuera necesario para recuperarse de la operación quirúrgica que se confirmó se había realizado en La Habana el 10 de junio de 2011.[16] El Presidente, luego, regresó al país el 4 de julio de 2011,[17] concluyendo así su falta temporal, al menos la motivada por la ausencia del territorio nacional.[18]

Debe destacarse que la Asamblea Nacional en el Acuerdo mencionado, formuló una denuncia de lo que consideró "interpretaciones tendenciosas" de las normas contenidas en la Constitución que supuestamente se habían formulado "con la intención de plantear la falta temporal del Presidente de la República," lo que, sin duda, evidenció un desconocimiento total de lo que significan las faltas temporales del Presidente de la República. Estas ni se decretan ni se declaran, ni se inventan; acaecen, es decir, constituyen situaciones de hecho, de manera que si el Presidente no está en el territorio nacional, simplemente no está, y ello no significa otra cosa sino una falta temporal, y nada lo puede remediar. Por tanto, si el Presidente, esté en La Habana, Cuba, recluido en un hospital, no puede estar al mismo tiempo, en el Palacio de Miraflores en Caracas, presidiendo el Consejo de Ministros y dictando decretos. No hay, por tanto, nada extraño, ni maligno ni tendencioso en decir, que como el Presidente de la República estaba ausente del territorio nacional, había una falta temporal. Era, simplemente, la realidad de los hechos.

Por tanto, no era otra cosa que una falsedad lo que se pudo apreciarse en la *Gaceta Oficial* de casi todo aquél mes de junio de 2011, donde apareció que el Presidente de la República, Hugo Chávez Frías, el mismo que se encontraba en Brasil, Ecuador y La Habana, firmando decretos y puniéndole el ejecútese a leyes en Caracas ("Dado en Caracas," dicen los textos) cuando ello era y es completamente falso, pues el Presidente estaba en Brasil, en Ecuador o básicamente en La Habana. Así se aprecia de la lectura de las *Gacetas Oficiales* No 39.689 de 6 de junio de

---

15 Véase en *Gaceta Oficial* N° 39695 de 14-6-2011.

16 Véase la alocución por televisión del Presidente de la República del 30 de junio de 2011, desde La Habana, en la cual sin embargo, informó que la primera operación tuvo lugar el día 11 de junio de 2011 desde La Habana, en http://www.eluniversal.com/2011/06/30/pre-sidente-chavez-informo-que-le-fue-extirpado-un-tumor-cancerigeno.shtml.

17 Véase en *El Universal*, Caracas 5 de Julio de 2011, http://www.eluniversal.com /2011/07/05/chavez-advierte-que-batalla-contra-el-cancer-no-esta-ganada.shtml; *The Wall Street Journal*, New York, Tuesday, July 5, 3011, p. A8.

18 Véase en general, Allan R. Brewer-Carías, "La extraña situación constitucional respecto del funcionamiento del gobierno en Venezuela, durante la falta temporal del Presidente de la República, por su ausencia del territorio nacional entre el 5 de junio y el 4 de julio de 2011," *Revista de Derecho Público*, N° 126, (abril-junio 2011), Editorial Jurídica Venezolana, Caracas 2011, pp. 59-75.

2011 hasta la N° 6029 Extraordinario de 1 de julio de 2011, donde aparecen los decretos del Presidente "dados en Caracas" lo que era falso, y además, refrendado por el Vicepresidente y por los Ministro, quienes dejaron constancia también falsamente de que supuestamente habían estado con el Presidente en Caracas. Es difícil, con esa insólita forma de gobernar, que alguien pueda realmente creer lo que se afirmó en los actos estatales que se publicaron en la *Gaceta Oficial,* en forma totalmente contraria a la seguridad jurídica.

3. *La bizarra e inconstitucional actuación de los órganos del Estado con motivo de las faltas temporales del Presidente de la República entre julio y septiembre de de 2011*

Ahora bien, con motivo del tratamiento de quimioterapia al cual el Presidente de la República debió comenzar a someterse contra el cáncer que se le había detectado, en lugar de seguirlo en Caracas, decidió seguirlo en La Habana, Cuba, donde entonces, con tal motivo, comenzó a ausentarse regularmente del territorio nacional, con lo que, de nuevo, se produjo sucesivamente una situación de falta temporal del Presidente en el ejercicio de sus funciones.[19]

La primera ocurrió entre los días entre los días 17 al 24 de julio de 2011, cuando permaneció en La Habana para someterse al mencionado tratamiento de quimioterapia. En este caso, sin embargo, como el Presidente estimó que su ausencia del territorio nacional y del ejercicio de la Presidencia tendría lugar por un lapso mayor de 5 días, conforme lo prescribe el artículo 235 de la Constitución, requirió de la Asamblea Nacional la autorización correspondiente. Ahora bien, lo que podía haberse desarrollado conforme al ordenamiento jurídico constitucional, y luego de la experiencia de la situación confusa ocurrida durante casi todo el mes de junio de 2011 cuando el Presidente tuvo que ser operado de urgencia en dos oportunidades en Cuba, se convirtió en una "bizarra" situación constitucional y administrativa derivada de la falta temporal del Presidente en el ejercicio de su cargo, que se quiso ignorar.

En efecto, durante los días previos a su proyectado viaje al exterior de julio de 2011, para recibir tratamiento médico, el Presidente de la República tomó varias decisiones administrativas de importancia que deben destacarse. En primer lugar, nombró den forma anticipada mediante Decreto N° 8307 de fecha 11 de julio de 2011, a uno de sus hermanos (Argenis Chávez Frías) como encargado del Ministerio del Poder Popular para la Energía Eléctrica y Presidente de CORPOLEC, en una forma completamente inusual en la práctica administrativa y política del país, particularmente por su forma anticipada, fijándolo para a un período fijo entre el 23 y el 30 de julio de 2011. El Decreto anticipado, sin embargo, no se publicó de inmediato, como es lo usual, sino diez días después de dictado, el 21 de julio de 2011,[20] una vez el que el Presidente ya estaba ausente del país.

---

19 Véase Allan R. Brewer-Carías, "Comentario sobre la bizarra situación constitucional y administrativa derivada de la ausencia temporal del Presidente de la República entre el 17 y 24 de julio de 2011 por encontrarse en tratamiento médico en La Habana, Cuba," en *Revista de Derecho Público* N° 127, julio-septiembre 2011, Editorial Jurídica Venezolana, Caracas 2011 p. 47-54,

20 *Gaceta Oficial* N° 39.718 de 21-7-2011

Como se ha señalado, de acuerdo con el artículo 239 de la Constitución, el Vicepresidente de la República tiene, entre sus atribuciones, la de ejercer aquellas que le delegue el Presidente de la República, por lo cual el Presidente de la República, en la víspera de su viaje al exterior, emitió el Decreto N° 8328 de 14 de julio de 2011,[21] mediante el cual delegó en el Vicepresidente Ejecutivo el ejercicio de un conjunto de atribuciones específicamente relacionadas con la administración financiera del sector público, nombramientos de algunos funcionarios y expropiaciones. Nada extraño había en esta delegación, lo que no puede decirse sin embargo de la forma de su ejercicio, pues los Decretos dictados a partir de esa fecha por el Vicepresidente Ejecutivo "por delegación, desconocieron la propia naturaleza de la delegación, pues si bien estuvieron firmados por el Vicepresidente delegado y, por supuesto, no los firmó el Presidente delegante quien además estaba fuera del país, estuvieron sin embargo absurda y extrañamente "encabezados" por el propio Presidente de la República, cuando precisamente había delegado la atribución.

Como se dijo, previendo que con el viaje que tenía programado para una sesión de quimioterapia en Cuba iba a tener una duración superior a cinco días, en fecha 15 de julio de 2011 y mediante oficio, se dirigió a la Asamblea Nacional solicitándole, conforme al artículo 187 de la Constitución, le fuera "otorgada autorización legislativa para ausentarme del territorio nacional a partir del próximo sábado 16 de julio del año en curso, con el fin de continuar en La Habana, República de Cuba, el plan de tratamientos necesarios para la recuperación plena de mi salud." Fue una solicitud de autorización para viajar al exterior y ausentarse del territorio nacional, lo que obviamente, como consecuencia, originaba una falta temporal. De acuerdo con lo que se informó en los medios de comunicación, el asunto fue debatido el día sábado 16 de julio de 2011 en una sesión extraordinaria de la Asamblea Nacional,[22] en la cual esta autorizó al Presidente "para viajar a la República de Cuba, donde cumplirá con la segunda fase del tratamiento médico al cual es sometido, tras haber sido operado de un tumor abscesado con células cancerígenas en la hermana nación, el pasado mes de junio." "Minutos después," según esas informaciones de los medios, el Presidente de la República quien habría visto el debate de la Asamblea por televisión, declaró que "**La autorización se me ha dado conservando mi condición de Presidente de la República"** [...] afirmando, según la reseña de prensa, QUE los diputados de la oposición que argumentaron que la ausencia del país era una ausencia temporal "perdieron la conciencia del límite del absurdo," y calificando de "estupidez los argumentos que señalan que su partida implica que hay una ausencia de jefe de Estado en el país."[23] Sin embargo, esa era la realidad: el viaje del Presidente hacia el exterior y su permanencia en fuera del territorio nacional, implicaba una falta temporal del Presidente, pues dejaba de estar en el país, para lo cual la Asamblea lo autorizó el 16 de julio de 2011 aún cuando el

21 *Gaceta Oficial* N° 39.715 de 18-07-2011

22 Véase por ejemplo la información en *El Correo del Orinoco*, 16-7-2011, en http://www.correodelorinoco.gob.ve/nacionales/asamblea-nacional-autorizo-al-presidente-chavez-para-viajar-a-cuba

23 Véase la información en *La República* del mismo día 16 de julio de 2011, en http://www.larepublica.ec/blog/internacional/2011/07/16/venezuela-asamblea-debate-si-autoriza-que-chavez-viaje-a-cuba-a-recibir-quimioterapia/

Acuerdo nunca se publicó en la *Gaceta Oficial*. Como consecuencia de ello, el Presidente estuvo ausente del territorio nacional entre el 17 de julio de 2011 y el 23 de julio de 2011, fecha esta última cuando regresó al país, y cesó su ausencia temporal provocada por el viaje al exterior, produciéndose entonces una escena francamente repulsiva para la civilidad, al ser recibido en el Aeropuerto Internacional de Maiquetía por unos Cadetes de la Armada, como lo mostró la televisión, todos en posición de "rodilla en tierra" ante el Presidente."[24]

Los actos del Presidente de la República adoptados como Jefe de Estado y Jefe del Ejecutivo Nacional, en principio deben estar firmados con firma autógrafa. En las normas que rigen el funcionamiento de la Administración Pública, en general, desde cuando se sancionó la Ley Orgánica de Procedimientos Administrativos de 1981,[25] se ha regulado la posibilidad de utilización de firmas electrónicas, pero mediante previsiones que no son aplicables respecto de los actos presidenciales, como el acto de Ejecútese de una Ley por ejemplo, estando realmente destinadas a facilitar la firma en caso de "actos administrativos repetitivos y frecuentes," para cuya emisión se puede recurrir a la firma electrónica, pero incluso, siempre que se haya emitido un Decreto previo del Presidente de la República autorizando dicho uso.

Sin embargo, en la víspera de su viaje a Cuba el 16 de julio de 2011, se anunció en los medios de comunicación que el Presidente de la República había recibido un "Certificado para generar firma electrónica" en un acto realizado "en Consejo de Ministros, desde el Palacio de Miraflores, en presencia del ministro del Poder Popular para Ciencia, Tecnología e Industrias Intermedias, Ricardo Menéndez y demás integrantes del gabinete ministerial." Sobre "la legalidad del proceso" dijo el mencionado Ministro. "Ya está lista lo que es la tarjeta con la Firma Electrónica donde va encriptada la información y está avalada por una Ley que fue promulgada en revolución," con lo que hacía referencia a la Ley de Mensaje de Datos y Firmas Electrónicas de 2001;[26] a lo que agregó la Superintendente de Servicios de Certificación Electrónica, Niurka Hernández González, que "A partir de hoy el presidente Chávez podrá firmar electrónicamente sus documentos, entiéndase mensaje de datos: correos electrónicos, acuerdos de cooperación memorandos, puntos de cuenta, oficios, contratos digitales, etc.; apalancando el proceso de cambio de revolución tecnológica." El Presidente, a su vez, recalcó sobre la garantía de Seguridad del servicio y la pertinencia de su uso que "Estando en la Habana, en

---

24 La imagen, en el lenguaje civil, mostró a unos militares "arrodillados" ante el Presidente, y en castellano, para usar los sinónimos, ello significa que todos estaban "postrados, inclinados, de hinojos, acuclillados, agachados, humillados" o con posición de "adorar o venerar." Véase la información en Noticiero Digital del 23-07-2011, 11.39 pm: "(foto) Cadetes arrodillados a la llegada del presidente Chávez." "La siguiente imagen muestra a cadetes de la Armada Venezolana arrodillados ante el presidente Chávez, a su llegada al aeropuerto de Maiquetía este sábado en la noche. La imagen es del sitio GPNoticias." Véase en http://www.noticierodigital.com:80/forum/viewtopic.php?t=788612

25 Véase en *Gaceta Oficial* N° 2.818 Extraordinario de 01-07-1981

26 Véase Ley de Mensaje de Datos y Firmas Electrónicas, Decreto-Ley N° 1.204, en *Gaceta Oficial* N° 37.148 de 28-02-2001

Moscú, en Washington, en Buenos Aires, uno firma electrónicamente y además está totalmente blindado (existe) la seguridad, que no haya firma falsa, ni nada."[27]

Sin embargo, a pesar de la fanfarria publicitaria con dicho acto sobre certificado de firma electrónica, la Ley de Mensaje de Datos y Firmas Electrónicas de 2001, aparte de que como ley ordinaria no puede derogar la Ley Orgánica de Procedimientos Administrativos, no puede servir para sustituir la firma autógrafa de decretos presidenciales ni de actos del Jefe de Estado y Jefe del Ejecutivo Nacional establecidos en la Constitución. Como lo advirtió la propia Superintendente de Servicios de Certificación Electrónica, en la forma antes indicada, con la mencionada Certificación, lo que se puede "firmar electrónicamente" son, "*entiéndase mensaje de datos*, citando algunos documentos electrónicos como "correos electrónicos, acuerdos de cooperación, memorandos, puntos de cuenta, oficios, contratos digitales." La Ley de Mensaje de Datos y Firmas Electrónicas, en efecto, es muy precisa en definir el ámbito de su aplicación respecto de "Mensaje de Datos y a toda información inteligible en formato electrónico"(art 1), definiendo con precisión a los "Mensajes de Datos" como "*toda información inteligible en formato electrónico o similar* que pueda ser almacenada o intercambiada por cualquier medio;" y por "Firma Electrónica" la "información creada o utilizada por el Signatario, *asociada al Mensaje de Datos*, que permite atribuirle su autoría bajo el contexto en el cual ha sido empleado."

Definitivamente, un Decreto presidencial no es, en los términos de esta Ley, un "Mensaje de Datos," pues no puede tener formato electrónico, al igual que por ejemplo, la decisión presidencial de ponerle el Ejecútese en Consejo de Ministros a una Ley para su publicación, tampoco puede considerarse como "Mensaje de Datos" pues tampoco puede tener forma electrónica. Esos actos jurídicos, por otra parte, no se "firman" por el Presidente como mera formalidad, que pueda sustituirse por una "Firma Electrónica" pues son actos jurídicos que requieren deliberación (no son "mensaje de Datos"), incluso en Consejo de Ministros.

Ahora bien, como se dijo, con todos estos preparativos, el Presidente salió de Venezuela el 16 de julio de 2011, de manera que el 17 de julio de 2011 ya estaba en La Habana para someterse al tratamiento médico que tenía prescrito;[28] ausencia temporal que se prolongó hasta el 24 de julio de 2011 cuando regresó a Caracas. Durante su ausencia temporal, como también resulta de la lectura de la *Gaceta Oficial*, se adoptaron una serie de actos ejecutivos, unos dictados y firmados por el Presidente de la República, "en el Palacio de Miraflores, en Caracas," cuando en realidad, estaba en Cuba; y otros dictados por el Vicepresidente supuestamente por delegación de atribuciones, pero comprometiendo la responsabilidad del Presidente.

Por su importancia y efectos, por ejemplo se destaca que durante la ausencia del Presidente de la República del territorio nacional, encontrándose en La Habana,

---

27 El sistema, se agregó en la información "se pondrá en funcionamiento a través de la Autoridad Excepcional de Seguridad para Altos Funcionarios de la República Bolivariana de Venezuela, proyecto de interés nacional que otorgará a Suscerte- ente regulador en la materia- el resguardo de toda la información." Véase en http://www.suscerte.gob.ve/index.php/es/no-ticias-mppctii/982-nota

28 Así se anunció, por ejemplo, en *El Universal*, 17-7-2011, en http://www.eluniversal.com/2011/07/17/chavez-llega-a-cuba-para-iniciar-tratamiento-de-quimioterapia.shtml

según la *Gaceta Oficial* N° 39.719 de 22 de julio de 2011, el mismo Presidente "apareció" en el Palacio de Miraflores, en Caracas, promulgando, es decir, poniéndole el "Ejecútese," a las siguientes Leyes: Ley Aprobatoria del Protocolo Adicional al Acuerdo Complementario en el Ámbito del Desarrollo del Programa Venesat-1 (Sistema Satelital Simón Bolívar) para el uso Conjunto de la Posición Orbital 78° Solicitada por la República Oriental del Uruguay para el Programa Urusat-3 entre la República Bolivariana de Venezuela y la República Oriental del Uruguay; Ley Aprobatoria del Acuerdo de Cooperación entre el Gobierno de la República Bolivariana de Venezuela y el Gobierno del estado Plurinacional de Bolivia para la Producción de Tecnologías Agrícolas; Ley Aprobatoria del Acuerdo Marco entre el Gobierno de la República Bolivariana de Venezuela y el Gobierno del estado Plurinacional de Bolivia para la Constitución de la Gran Nacional de Producción de Alimentos; Ley Aprobatoria del Protocolo al Acuerdo Marco de Cooperación entre el Gobierno de la República Bolivariana de Venezuela y el Gobierno de la República del Ecuador para Profundizar los Lazos de Comercio y Desarrollo; Ley Aprobatoria del Acuerdo de Comercio de los Pueblos para la Complementariedad Económica, Productiva entre el Gobierno de la República Bolivariana de Venezuela y el estado Plurinacional de Bolivia; Ley Aprobatoria del Memorando de Entendimiento entre el Gobierno de la República Bolivariana de Venezuela y el Gobierno del Estado Plurinacional de Bolivia para el Desarrollo de Actividades de Intercambio y Capacitación en Ciencia y Tecnología para la Exploración y Utilización del Espacio Ultraterrestre con Fines Pacíficos; y Ley Aprobatoria del Memorando de Entendimiento sobre el Plan de Trabajo de Factibilidad de un Proyecto Productivo Conjunto en el Sector Cemento en el Marco de la Gran Nacional de Manufactura, Ciencia y Tecnología entre el Gobierno de la República Bolivariana de Venezuela y el Gobierno del estado Plurinacional de Bolivia.

Por supuesto, todo ello fue completamente falso. El Presidente de la República el día 22 de julio de 2011 estaba en La Habana, Cuba, de donde regreso dos días después, el 24 de julio de 2011. Y es también falso que los Ministros, con sus refrendos, supuestamente pudieran haber dado fe de haber estado en el Palacio de Miraflores junto con el Presidente, y haber firmado junto con él, ese mismo día, el ejecútese a esas leyes, las cuales además, salieron publicadas en la *Gaceta Oficial* del mismo día, sin que en su texto se indicara nada de cómo apareció la firma del Presidente ese día en el Palacio de Miraflores.

El Presidente de la República, como se dijo, luego de concluido el primer tratamiento médico de quimioterapia que lo alejó del país durante diez días, regresó a Venezuela desde Cuba, el día 24 de julio de 2011.[29] En principio, habiendo cesado la falta temporal, debe presumirse que el Presidente reasumió sus funciones de Jefe de Estado y del Ejecutivo Nacional, aún cuando hubiera seguido vigente el Decreto de delegación de atribuciones y firma en el Vicepresidente que había dictado el 14 de julio de 2011, dictado con independencia de las posibles faltas temporales del Presidente. A partir del 26 de julio de 2011, en consecuencia, comenzaron a

---

29 Véase por ejemplo, http://noticias.terra.com.ar/internacionales/chavez-regresa-tras-qui-mioterapia-y-sin-celulas-malignas,43bded05bec51310VgnVCM10000098f154d0RCRD.html

aparecer publicados en la *Gaceta Oficial*, Decretos presidenciales varios, unos emitidos y firmados por el Presidente de la República y otros por el Vicepresidente de la República, pero con el mismo encabezamiento general antes mencionado, involucrando al Presidente en decisiones que no tomó, pues las tomó el funcionario delegado que era el Vicepresidente.

Posteriormente, el viernes 5 de agosto de 2011 se reportó en la prensa que el Presidente de la República había anunciado, "en un contacto telefónico con el canal del Estado," que había firmado la carta en la que solicitó a la Asamblea Nacional un nuevo "permiso para ausentarse del país y viajar a La Habana, Cuba, este sábado a continuar la segunda fase del tratamiento de quimioterapia;" solicitud que hizo pues pensaba que su ausencia del territorio nacional iba a ser mayor de cinco días.[30] A tal efecto, la Asamblea Nacional convocó una sesión extraordinaria para la discusión de la autorización parlamentaria para la ausencia temporal del Presidente del territorio nacional, la cual se realizó en la tarde del día 6 de agosto de 2011, autorizando dicha ausencia por unanimidad,[31] a cuyo efecto el Presidente viajó a Cuba ese mismo día en horas de la tarde.

Durante esta falta temporal del Presidente de la República debido a su ausencia del territorio nacional, se continuó con la errada publicación de decretos en la *Gaceta Oficial* firmados por el Vicepresidente, por delegación del Presidente, pero con la irregular inclusión del nombre del Presidente e indicación de sus atribuciones para emitirlo en el encabezamiento de los mismos, como si "en uso de sus atribuciones" estuviese dictando los decretos; lo que igualmente continuó luego del regreso al país del Presidente de la República, después de seguir su tratamiento de quimioterapia en La Habana, el 13 de agosto de 2011.[32]

Luego, en cuanto a la Tercera sesión de quimioterapia, y luego de la confusión mediática al anunciarse oficialmente que la Asamblea Nacional habría concedido una nueva autorización al Presidente para ausentarse del país,[33] que el propio Presidente Chávez aclaró el 27 de agosto de 2011,[34] al día siguiente el Presidente ingresó en el Hospital Militar de Caracas para someterse al referido tratamiento,[35] de donde salió el 5 de septiembre.

Sin embargo, la cuarta y última sesión de quimioterapia tuvo lugar de nuevo en La Habana, Cuba, para lo cual el Presidente se ausentó del país el 17 septiembre de 2011,[36] regresando a Venezuela el 22 de septiembre de 2011, con lo cual, dijo, "se

---

30 Véase en *Globovisión*, 5-8-2011, en http://www.globovision.com/news.php?nid=197862; en http://www.eluniversal.com/2011/08/05/chavez-solicita-permiso-para-ausentarse-del-pais-desde-maana.shtml; y en http://www.flickr.com/photos/globovision/6014704897/

31 Véase en http://www.globovision.com/news.php?nid=197931

32 Véase en *El Universal*, 14-8-2011 http://www.eluniversal.com/2011/08/14/chavez-regresa-al-pais-tras-terminar-sesiones-de-quimioterapia.shtml

33 Véase http://www.globovision.com/news.php?nid=199692.

34 Véase en *El Universal*, 27-8-2011, en http://www.eluniversal.com/2011/08/27/chavez-en-proximas-horas-iniciare-ciclo-de-quimioterapia.shtml

35 http://www.globovision.com/news.php?nid=200435

36 http://www.globovision.com/news.php?nid=202866

ha cerrado la fase de quimioterapia y ahora vamos a dedicarnos a la recuperación plena". Señaló que su salud está "muy bien" y llamó a desestimar los rumores que señalan lo contrario."[37]

4. *El recomienzo del falso gobierno intermitente a partir de febrero de 2012*

El 24 de febrero de 2012 el Presidente de la República Hugo Chávez viajó de nuevo a Cuba, pero esta vez para someterse a una nueva operación quirúrgica, anunciando que allí estaría por unos días. A tal efecto, la Asamblea Nacional había aprobado el día anterior, el 23 de febrero de 2012, la salida del Presidente para ausentarse del territorio nacional conforme al artículo 235 de la Constitución, ya que se trataba de una ausencia anunciada que se prolongaría por más de cinco (5) días; pero durante dicha ausencia temporal, el Vicepresidente Ejecutivo de nuevo se negó inconstitucionalmente a suplir la falta temporal del Presidente de la República como se lo imponía la Constitución (arts. 234 y 239.8); llegando incluso a formar y firmar actos estatales falsos.

Así, los días 27 y 28 de febrero de 2012, aparecieron publicados en las *Gacetas Oficiales* N° 39.871 y 39.172 varios Decreto presidenciales de designación de funcionarios, de creación de Institutos Públicos y empresas del Estado, e incluso de reglamentación de leyes (Reglamento N° 1 de la Ley Orgánica de Deporte, Actividad Física y Educación Física), de esas mismas fechas, todos según se afirmó, "Dados en Caracas" por el Presidente de la República, (aún cuando sin decir precisamente que fue en el "Palacio de Miraflores" como era lo usual), cuando ello era falso, pues el Presidente estaba en La Habana sometido a una operación quirúrgica. Es más, como lo anunció el Vicepresidente de la Republica el 28 de febrero de 2012, el Presidente de la República habría estado en una mesa de operaciones y se encontraba en recuperación.[38] La falsa afirmación de su presencia en Caracas cuando en realidad estaba en La Habana, la hizo el Sr. Elías Jaua, en su carácter de Vicepresidente Ejecutivo, lo cual fue ratificada por todos los Ministros que lo refrendan y que cohonestan la falsedad.

Lo mismo ocurrió dos meses después, a partir del 14 de abril de 2012, con motivo del nuevo traslado a La Habana del Presidente de la República para someterse a tratamiento de radioterapia, cuando en la *Gaceta Oficial* N° 39904 de 17 de abril de 2012, apareció publicado el Decreto N° 8917 de la misma fecha mediante el cual se creó la Comisión Nacional Presidencial para la televisión Digital terrestre (TDT), firmado por todos los ministros y supuestamente adoptado "en Consejo de Ministros," y también "Dado en Caracas," lo cual por supuesto también era falso, pues el Presidente no estaba en la ciudad capital. Frente a ello, en realidad, lo que quedaba por determinar, era si los funcionarios que cohonestaron la falsedad que contienen dichos decretos incurrieron en el delito previsto en el artículo 317 del Código Penal (Falsedad material cometida por funcionario público en acto público) donde se dispone que el "funcionario público que, en el ejercicio de sus funciones haya formado, en todo o en parte, algún acto falso o que haya alterado alguno

---

37 http://www.globovision.com/news.php?nid=203415

38 Véase en http://eltiempo.com.ve/venezuela/gobierno/jaua-chavez-esta-en-buena-condicion-fisica-tras-cirugia/45850

verdadero, de suerte que por él pueda resultar perjuicio al público o a los particulares, será castigado con presidio de tres a seis años."

II. LA FALTA TEMPORAL "DEFINITIVA" DEL PRESIDENTE CHÁVEZ, REELECTO EN OCTUBRE DE 2012, A PARTIR DEL 10 DE DICIEMBRE DE 2012, POR TRATAMIENTO MÉDICO EN LA HABANA, CUBA, Y LOS EFECTOS SOBRE LA AUSENCIA DE GOBIERNO

El Presidente de la República Hugo Chávez Frías, en todo caso, en el precario estado de salud que tenía, participó en la campaña electoral presidencial de 2012, habiendo resultado reelecto en el cargo el 7 de octubre de 2012, luego de lo que sin duda fue agotadora campaña que ninguna persona enferma debía haber soportado. Días después de la elección, el día 20 de octubre de 2012, el Presidente Chávez admitiría públicamente que su salud afectó su desempeño en la campaña para lograr su reelección para un tercer mandato, y el mes siguiente, el 27 de noviembre de 2012, a través de una comunicación dirigida a la Asamblea Nacional, solicitó nuevamente autorización para salir del territorio nacional por más de 5 días, y viajar a Cuba para iniciar un "tratamiento especial" de "varias sesiones de oxigenación hiperbárica", sin detallar su fecha de retorno.

Sin embargo, luego pasar nueve días en Cuba, el día 7 de diciembre de 2012, el Presidente Chávez regresó a Caracas anunciando el día siguiente, 8 de diciembre de 2012, una nueva recurrencia del cáncer que lo aquejaba, explicando al país que debía ser sometido a una nueva operación quirúrgica en Cuba, y precisando que en caso de que quedase inhabilitado para gobernar, estimaba que Nicolás Maduro, a quien había nombrado Vicepresidente Ejecutivo, debía ser el candidato en las elecciones respectivas. Obtenida la autorización de la Asamblea Nacional el día 10 de diciembre viajo a Cuba, y el 11 de diciembre fue sometido a una nueva operación quirúrgica contra el cáncer en La Habana. Desde esa fecha, nada más se supo del Presidente Chávez, ni siquiera a través de partes médicos, salvo los anuncios intermitentes que fueron hechos por sus Ministros. Así, por ejemplo, el 13 de diciembre de 2012, el Vicepresidente Nicolás Maduro afirmaba que el proceso postoperatorio de Chávez sería "complejo y duro" y pedía a los venezolanos estar "preparados" y "unidos" en estos días "difíciles;" y luego, el 30 de diciembre de 2012, tras anunciar una visita a Chávez en La Habana, el mismo Vicepresidente Maduro informaba que el estado de salud del mandatario presentaba "nuevas complicaciones", cuyo tratamiento no está "exento de riesgos".[39]

Ahora bien, una vez reelecto Presidente para el nuevo período 2013-2017, conforme lo exigía la Constitución, el Presidente debía comparecer ante la Asamblea Nacional el 10 de enero de 2013 a prestar juramento y tomar posesión del cargo, lo que, dado lo secreto de su estado de salud, generaba dudas y expectativas.[40]

---

39 Véase "Cronología de los problemas de salud del presidente Hugo Chávez," *El Universal*, Caracas 31 de diciembre de 2012 (05:36 PM), en http://www.eluniversal.com/nacional-y-politica/salud-presidencial/121231/cronologia-de-los-problemas-de-salud-del-presidente-hugo-chavez

40 Véase Allan R. Brewer-Carías, "Crónicas Constitucionales sobre el régimen constitucional en Venezuela con motivo de la ausencia del territorio nacional del Presidente (re-electo) de la República, a partir del 9

1. *Los problemas constitucionales derivados de la ausencia del Presidente Chávez del país, al final del período presidencial 2007-2013 y al comienzo del período constitucional 2013-2019*

A finales de diciembre de 2012, dada la incertidumbre existente sobre la situación constitucional que existía con motivo de terminar el período constitucional presidencial 2007-2012 en mismo día 10 de enero de 2013, cuando comenzaba el nuevo período presidencial 2013-2017, y la eventual posibilidad que había que el Presidente saliente y electo no compareciera ante la Asamblea, la situación constitucional en el país, era la siguiente:[41]

La intención del artículo 231 de la Constitución había sido la de establecer una fecha fija para el comienzo y el término cuándo del período constitucional para el cual se elige a un Presidente, que es de 6 años (art. 230), el cual se inicia el 10 de enero del año siguiente a la elección, cuando debe tomar posesión del cargo mediante juramentación ante la Asamblea Nacional (art. 231), y termina precisamente el día 10 de enero del año en el cual se completa el año sexto del período; período que en ningún caso es "prorrogable." Es un período que tiene un término fijo, con una fecha precisa de comienzo y terminación. El Presidente puede ser reelecto, por lo que en ese caso, al terminar el 10 de enero su período anterior (2007-2013), ese mismo día y no otro, comenzaba el nuevo período, que en ese momento era el de 2013-2019. Por eso es que debía juramentarse ese día y no otro, ante la Asamblea o excepcionalmente ante el Tribunal Supremo de Justicia, en el lugar donde dichos órganos tienen su asiento, que es la capital de la República (sede de los Poderes Públicos) (art. 18). En la situación de ese fin de año de 2012, el 10 de enero de 2013 terminaba el período constitucional del Presidente Chávez que se había iniciado el 10 de enero de 2007; y en ese mismo día debía comenzar un nuevo período constitucional para el cual había sido electo en octubre, para lo cual debía tomar posesión mediante juramentación en la forma indicada.

Incluso, la Sala Constitucional al decidir una solicitud de interpretación constitucional que le formuló el Presidente de la Asamblea Nacional el día 28 de febrero de 2001, mediante sentencia de 16 de mayo de 2001 (Exp. N° 01-0401), en relación con los artículos 230 y 231 de la Constitución, había decidido que los mismos "no requieren aclaración alguna, pues sus textos son explícitos. La duración del mandato del Presidente de la República es de seis años y la toma de posesión,

---

de diciembre de 2012 (Crónicas I-IX: 29-1-2012 / 12-1-2013)," en la *Revista digital "Elementos de juicio. Temas Constitucionales"* (http://www.elemen-tosdejuicio.com.co/), Bogotá, 19 de enero de 2013, en http://www.elemen-tosdejuicio.com.co/index.php?option=com_content&view=article&id=1583:cronicas-constitucionales-sobre-el-regimen-constitucional-en-venezuela-con-motivo-de-la-ausencia-del-territorio-nacional-del-presidente-re-electo-de-la-republica-a-partir-del-9-de-diciembre-de-2012&catid=47:columnista-1&Itemid=285

41 Estos comentarios fueron redactados entre el 27 y el 28 de diciembre de 2012, como respuestas a preguntas formuladas por el periodista Edgar López, del diario *El Nacional* de Caracas, para una entrevista que no fue publicada. Sólo aparecieron referencias en el reportaje: "Opinión sobre faltas temporales y absolutas del Presidente," en Edgard López, "Enero, lo más pronto posible", en *El Nacional*, Siete Díaz, Caracas 6 de enero de 2013, p. 3. Caracas, 6 de enero 2013. p. 3. Véase en http://impresodigital.el-nacional.com/ediciones/2013/01/06/print PV.asp?pageview=pS_3_p...

mediante juramento ante la Asamblea Nacional, el 10 de enero del primer año del período constitucional."

Por tanto, así como el Tribunal Supremo había dicho claramente en esa sentencia al referirse al primer período constitucional del Presidente Chávez que se había iniciado el 10 de enero de 2001, que "el período constitucional del Presidente Hugo Chávez Frías concluye el 10.01.07, término en el cual comienza el próximo período presidencial, conforme lo dispone el artículo 231 de la Constitución de la República Bolivariana de Venezuela," igualmente si el Tribunal Supremo hubiese tenido que decidir en enero de 2013, no podría decir nada distinto a que "el período constitucional del Presidente Hugo Chávez Frías concluía el 10 de enero de 2013, término en el cual comenzaba el próximo período presidencial, conforme lo dispone el artículo 231 de la Constitución de la República Bolivariana de Venezuela."

Pero el Presidente para esas fechas no estaba en Caracas, y había sospechas de que no regresaría. Frente a ello, toda ausencia del Presidente de la República del territorio nacional constituía siempre una falta temporal, lo que significaba que el Vicepresidente Ejecutivo, en esos casos, la suplía automáticamente, asumiendo el ejercicio de la Presidencia hasta por noventa días, prorrogables por decisión de la Asamblea Nacional hasta por noventa días más (art. 234). Como se ha dicho, la falta temporal, es una situación de hecho, que se produce, entre otros acaecimientos, precisamente por ausentarse del país. La falta temporal no se decreta ni se declara; sucede, de manera que toda ausencia del territorio nacional constituye siempre una falta temporal. Siendo una situación de hecho, en particular cuando se trata de una ausencia del territorio nacional que se produzca sin cumplir por ejemplo funciones oficiales, de acuerdo con la Constitución, si la falta temporal se prolonga por más de noventa días consecutivos, la Asamblea Nacional debe decidir por mayoría de sus integrantes si debe considerarse que hay falta absoluta (art. 234). Por otra parte, si la falta temporal del Presidente por viaje al exterior se prevé que es por menos de 5 días, la decisión de ausentarse no requiere de la autorización de la Asamblea Nacional. En cambio, esa autorización sí se requiere, conforme al artículo 231 de la Constitución, en los casos de ausencia del territorio nacional por más de 5 días. Pero en estos casos, la autorización no es para que pueda tener lugar la falta temporal. Esta, que es una situación de hecho, como se dijo, se produce siempre cuando hay ausencia del territorio nacional, independientemente del tiempo. Por otra parte, y por supuesto, la falta temporal puede ocurrir también aun estando en Presidente en el territorio nacional, en caso de hospitalización, por ejemplo.

En la situación que existía al final del mes de diciembre de 2012, el 10 de enero de 2013 terminaba el período constitucional que se había iniciado el 10 de enero de 2007, y debía comenzar uno nuevo. En esa fecha, Hugo Chávez Presidente, cesaba como Presidente por el período 2007-2013, que en ningún caso puede prorrogarse; y debía comenzar el nuevo período para el cual había sido electo (2013-2019) para lo cual debía juramentarse ante la Asamblea Nacional o excepcionalmente ante el TSJ. Si tal juramento no se producía, el Presidente electo no podía iniciar el ejercicio del cargo.

La Constitución, en relación con el Presidente electo, sólo regulaba expresamente el supuesto de que se produjera su "falta absoluta antes de tomar posesión" del cargo, en cuyo caso, mientras se elegía y tomaba posesión un nuevo Presidente que debía ser electo dentro de los 30 días consecutivos siguientes al 10 de enero, el Presidente de la Asamblea Nacional se debía encargar de la Presidencia. De acuerdo con la Constitución, la falta absoluta que por ejemplo en la situación de ese momento se podía producir antes de la toma de posesión el próximo 10 de enero, era por muerte, renuncia, o incapacidad física o mental permanente certificada por una junta médica designada por el Tribunal Supremo de Justicia y con aprobación de la Asamblea Nacional (art. 233). En esos casos, el Presidente de la Asamblea Nacional estaba obligado constitucionalmente a encargarse el 10 de enero de la Presidencia de la República, y no podía negarse a ello.

Situación distinta era que antes de la toma de posesión no se hubiera producido falta absoluta del Presidente electo, pero sin embargo, el 10 de enero, por cualquier circunstancia no se pudiera presentar a juramentarse para tomar posesión del cargo y a comenzar a ejercer como Presidente. La Constitución no regula esta situación que se podía producir cuando un Presidente electo, que no hubiera incurrido en una causal de falta absoluta, no tomase posesión de su cargo el día 10 de enero del año de inicio del período constitucional, que es el mismo día en el cual termina el período anterior. En estos casos no podía hablarse estrictamente de "falta temporal" pues como el Presidente electo no habría tomado posesión del cargo, no podía haber falta temporal alguna en el ejercicio de un cargo que no ejercía. En este supuesto, era necesaria una interpretación constitucional, y lo cierto, de ella, es que en ningún caso podía concluirse que el Presidente anterior quien terminaba el 10 de enero o su Vicepresidente en ejercicio temporal de la Presidencia quien también terminaba su cargo el mismo día 10 de enero de 2013, pudieran continuar ejerciendo el cargo después de terminado el periodo constitucional.

Por ello, en esa excepcional situación, la interpretación más acorde con la Constitución en nuestro criterio, era la que deriva de apreciar el texto fundamental en su integralidad, conforme a la intención del Constituyente, teniendo en cuenta la regulación relativa a la situación de falta absoluta del "Presidente" electo, y a la "falta temporal" del Presidente. De estas regulaciones, la conclusión debía ser que quien suplía la "falta temporal" del Presidente electo que no se presentase a tomar posesión de su cargo, era el Presidente de la Asamblea Nacional, mientras se resolvía la situación del Presidente electo cuando éste no se hubiera presentado a juramentarse. Esa situación se tenía que resolver en dos formas: primero, con la toma de posesión del Presidente electo de su cargo en la forma prescrita en la Constitución con posterioridad al 10 de enero, mediante su juramentación ante la Asamblea Nacional, o excepcionalmente ante el Tribunal Supremo, lo que en ningún caso podía ocurrir después de transcurridos 90 días contados a partir del 10 de enero, cuando debía procederse a convocar una nueva elección. Y en cuanto a esa posibilidad de juramentación ante el Tribunal Supremo para la toma de posesión del cargo por el Presidente, la misma es una medida excepcional, que sólo puede aplicarse cuando por alguna causa justificada y justificable, la juramentación no se pueda hacer ante la Asamblea Nacional, por ejemplo, si ésta no se ha podido instalar o no puede sesionar. La otra forma de resolución, era mediante la declaración formal (en principio por la Asamblea Nacional) de que después del 10 de enero lo que se habría producido era una falta absoluta del Presidente electo, lo que podía ocurrir si después de esa fecha moría; renunciaba; era destituido por sentencia del Tribunal Supremo de Justicia; era declarado incapaz permanente, física o mental, certificado por una junta médica designada por el Tribunal Supremo de Justicia y con aprobación de la Asamblea Nacional; o había abandonado el cargo, declarado tal abandono por la Asamblea Nacional (art. 233 de la Constitución). En este caso, declarada la ausencia absoluta, mientras se elegía y tomaba posesión un nuevo Presidente que debía ser electo dentro de los 30 días consecutivos siguientes a tal declaratoria, se debía encargar de la Presidencia el Presidente de la Asamblea Nacional. En todos los casos en los cuales el Presidente de la Asamblea estaba llamado a encargarse de la Presidencia de la República, se trataba de una obligación constitucional que no podía eludir ni negarse a cumplir.

En la situación a finales de 2012, había una situación de falta temporal del Presidente, como situación de hecho que se había producido por la ausencia del Presidente del territorio nacional. En esa situación, desde el 9 diciembre de 2012, cuando el Presidente salió para Cuba con autorización de la Asamblea, esa falta temporal debía haberse suplido automáticamente por el Vicepresidente sin que nadie la tuviera que haber "declarado". Estando el Presidente fuera del país, el que debía ejercer la Presidencia en Venezuela por mandato constitucional era el Vicepresidente, por lo que no tenía sentido ni fundamento constitucional alguno el tardíamente anunciado Decreto presidencial del 9 de diciembre de 2012, de delegación de funciones al Vicepresidente. Este ejercía de pleno derecho las funciones del Presidente cuando suplía su falta temporal, por lo que delegarle además, funciones, era innecesario y redundante.

Por otra parte, el hecho de que el Presidente hubiese sido reelecto no cambiaba la necesidad de que tuviera que juramentarse en la forma antes indicada ante la Asamblea nacional. La reelección presidencial no equivalía a la continuación de un mismo mandato, como erradamente lo apreció la Presidenta del Tribunal Supremo adelantado opinión en la materia constitucional.[42] Esa afirmación no tiene sentido alguno en el régimen constitucional venezolano. La reelección no es continuación de mandato alguno. En el caso del mandato presidencial 2007-2013, el mismo cesó el 10 de enero de 2013, y ese día se inició un nuevo mandato, y nada cambiaba esa situación constitucional el hecho de que fuera la misma persona quien cesaba en un mandato y debía iniciar otro. El Tribunal Supremo, en todo caso, podía interpretar las respectivas normas constitucionales, en caso de duda, ambigüedad o laguna, lo

42 La Presidenta del Tribunal Supremo, Luisa Estela Morales, ya el 2o de diciembre de 2012 había expresado según apareció en el reportaje: "TSJ atento a consultas sobre asunción de Chávez, pero hasta ahora no hay "nada que interpretar", en *Noticias24,* lo siguiente: "Para este momento sencillamente el presidente (Chávez) ha cumplido, de acuerdo con lo que establece la Constitución con solicitar un permiso a la Asamblea Nacional para asuntarse del país por más de cinco días. Hasta allí las otras circunstancias ya las conoce el país, pero no tiene por qué ser objeto de interpretación constitucional"... La magistrada Morales además matizó el tema al asegurar que en todo caso no se trataba de un nuevo presidente, sino de la continuidad de mandato de un jefe de Estado reelecto, como lo fue Chávez el pasado 7 de octubre en los comicios generales. "No es nuevo, es el mismo presidente, ¿verdad? y aquí hay un hecho muy importante que es la continuidad por la reelección del presidente", dijo Morales. La Constitución no menciona a presidentes reelectos y sólo especifica cuándo debe asumir el cargo el presidente electo." Véase en http://www.noticias24.com/vene-zuela/noti-cia/142468/tsj-sobre-la-fecha-de-asuncion-de-chavez-esperaremos-que-nos-hagan-la-consulta/. Como se expresa más adelante, precisamente al día siguiente, el 21 de diciembre de 2012 se conoció que se había formulado ante la Sala Constitucional la esperada "consulta."

que por supuesto debí hacer con independencia e imparcialidad, como supremo intérprete y garante de la Constitución y no como actor político.[43]

2. *Sobre la situación de falta de gobierno, a partir del 28 de diciembre de 2012, por la ausencia del territorio nacional del Presidente y del Vicepresidente Ejecutivo)*

Para fines de diciembre de 2012, a la situación anterior indicada de incertidumbre constitucional, adicionalmente, en el país ya ocurría una situación inédita y extraordinaria de carencia o falta de gobierno, por la falta temporal, por estar ausentes del territorio nacional, a la vez, tanto del Presidente Chávez como del Vicepresidente N. Maduro.

Se recuerda, con motivo de la ausencia del Presidente de la República del territorio nacional a partir del 9 de diciembre de 2013, se había producido su falta temporal la cual comenzó a ser suplida por el Vicepresidente Ejecutivo, en quien, además, el Presidente delegó un conjunto de atribuciones mediante Decreto N° 9315 de la misma fecha, publicado semanas después, y luego republicado en *Gaceta Oficial* No. 40.076 del 26 de diciembre de 2013. La consecuencia de la falta temporal del Presidente por estar ausente del territorio nacional fue la puesta en funcionamiento del artículo 234 de la Constitución, conforme al cual el Vicepresidente Ejecutivo suple al Presidente en sus funciones.

Es decir, estando el Presidente hospitalizado por grave enfermedad en La Habana, en una actividad evidentemente de carácter no oficial, en Venezuela, el Vicepresidente y solo el Vicepresidente Nicolás Maduro suplía las funciones del Presidente, tanto como Jefe de Estado y como Jefe del Ejecutivo Nacional, dirigiendo la acción de gobierno. Sin embargo, ocurrió que el Vicepresidente Maduro también salió del país el día 28 de diciembre de 2013, rumbo a La Habana, anunciando que el Ministro de Energía Eléctrica, Héctor Navarro, sería "encargado" de la Vicepresidencia "por el tiempo que estemos visitando a nuestro comandante Chávez."[44] Esa ausencia, sin embargo y a pesar de lo indefinido de su término anunciado, se presume que debió haber sido prevista por un lapso de menos de 5 días, pues de lo contrario el Vicepresidente encargado de la Presidencia hubiera tenido que solicitar autorización de la Asamblea Nacional, en los mismos términos en los cuales la hubiera debido solicitar el Presidente en esos casos (art. 235).

---

43 En la situación constitucional de la terminación del mandato del Presidente Chávez en enero de 2013, el Vicepresidente Ejecutivo N. Maduro, desde el día 10 de diciembre de 2012, al ausentarse el Presidente Chávez del país, ya había declarado a la prensa que: "Cualquier asunto que tenga que dirimirse, tenemos nuestra muy prestigiosa Sala Constitucional del Tribunal Supremo de Justicia, que ha demostrado gran capacidad para interpretar cualquier tema que sea necesario de la Constitución." Véase en http://www.el-nacio-nal.com/politica/Maduro-manos-TSJ-decision-prorroga_0_102592472.html. Días después, al día siguiente de las declaraciones antes mencionadas de la Presidenta del Tribunal Supremo de Justicia, el 21 de diciembre de 2012, se conoció que había sido presentado ante la Sala Constitucional del TSJ un recurso de interpretación sobre el artículo 231 de la Constitución (Expediente es 2012-1358). Ese recurso fue precisamente el decidido mediante sentencia N° 2 de 9 de enero de 2013. Véase en http://www.tsj.gov.ve/deci-siones/scon/Enero/02-9113-2013-12-1358.html

44 Véase en http://www.el-nacional.com/politica/Designacion-Navarro-vicepresidente-genero-dudas_0_108591083.html

Pero en cuanto a la posibilidad misma de la ausencia y falta temporal del Vicepresidente por ausentarse del país, lo cierto es que la Constitución no prevé en forma alguna tal posibilidad de que el Vicepresidente Ejecutivo, cuando esté supliendo las funciones del Presidente por su falta temporal, pueda también ausentarse del país y provocar la situación de falta total de Presidente. Tampoco prevé la Constitución que el Vicepresidente, supliendo al Presidente por su ausencia temporal, nombre a otra persona como Vicepresidente "encargado." El "nombramiento" de un Ministro, como el anunciado respecto del Ministro de Energía (Navarro) como "encargado" de la Vicepresidencia, por tanto, no tenía validez constitucional alguna, pues con ello en definitiva dicho Ministro estaría supliendo las funciones del Presidente, quién, sin embargo, no lo había nombrado Vicepresidente Ejecutivo. Sólo el Presidente de la República puede nombrar un Vicepresidente Ejecutivo (art. 236.3), y el Vicepresidente Ejecutivo no podía, a su vez, nombrar otro Vicepresidente (ni siquiera "encargado"), salvo en caso de que se produzca una falta absoluta del Presidente, en cuyo caso el Vicepresidente al asumir en pleno la Presidencia (cuando le corresponda) podría entonces designar un Vicepresidente.

Por todo ello, y quizás por la inconstitucionalidad esencial de la bizarra situación creada por el Vicepresidente Ejecutivo al abandonar el país y nombrar un "encargado" de la Vicepresidencia, el texto del "decreto" de designación de tal "encargado" de la Vicepresidencia, al 31-12-2013, no se conocía, ni había sido publicado en la *Gaceta Oficial*. Por tanto, al 31 de diciembre de 2012, Venezuela simplemente carecía de gobierno, sin que nadie en el territorio nacional cumpliera las funciones de Jefe de de Estado ni de Jefe del Ejecutivo Nacional.

3. *Sobre la inútil, superflua y absolutamente limitante delegación de atribuciones en el Vicepresidente Ejecutivo publicada el 26 de diciembre de 2012*

Hemos hecho referencia a que mediante Decreto N° 9.215 de fecha 9 de noviembre de 2012 dictado por el Presidente Chávez en la víspera de su definitiva ausencia del país, pero sólo publicado 12 días después, [45] el mismo delegó un conjunto de atribuciones de carácter estrictamente vinculados con la administración financiera del sector público, con la organización administrativa y con expropiaciones, en el Vicepresidente Ejecutivo, siendo dicho decreto el último firmado en Caracas. Estando a partir de esa fecha, el Vicepresidente Ejecutivo, supliendo la falta temporal del Presidente, en consecuencia, ningún sentido tenía proceder a "delegarle" unas funciones que el Vicepresidente Ejecutivo comenzaba ejercer automáticamente, de pleno derecho, ese mismo día, sobre todo porque en contrario a lo afirmado en uno de los "Considerandos" del mismo Decreto, el "tratamiento médico" al cual el Presidente anunciaba que debía "ser sometido," lo limitaba en forma total "en el desempeño del cargo," al punto de no poder volver a ejercer las funciones inherentes al mismo. El Decreto de delegación N° 9.315 de 9 de diciembre de 2012, en todo caso, sólo fue publicado diecisiete días después de que se iniciara la ausencia temporal del Presidente y de que fuera operado en La

45 Originalmente publicado en *Gaceta Oficial* N° 40.077 de 21 de diciembre de 2012, y republicado en *Gaceta Oficial* N° 40.078 de 26 de diciembre de 2012

Habana, en la *Gaceta Oficial* N° 40. 077 el 21 de diciembre de 2012, lapso durante el cual, postrado como estaba el Presidente en un hospital en el extranjero pasando por un complejo proceso postoperatorio, había estado y estaba total y absolutamente incapacitado para gobernar. En esa circunstancia, fue a partir de la publicación del Decreto de delegación el 26 de diciembre, cuando el mismo comenzó a surtir efectos, y en el mismo se exigía respecto de las más importantes atribuciones delegadas, que las mismas fueran objeto de decretos que sólo podían ser dictados "previa consulta al Presidente de la República, y aprobados en Consejo de Ministros" (art. 1.10), condición, la primera, de imposible ejecución por la salud presidencial.

Tal como se hizo la delegación, de la misma resultó que la voluntad del Presidente de la República al ausentarse del país, fue considerar (aún cuando inconstitucionalmente) que el Vicepresidente no lo suplía automáticamente durante su ausencia temporal, procediendo a delegarle atribuciones, y además, a someter absolutamente todos los actos que dictase distintos a los expresamente delegados en los 8 primeros numerales del artículo 1 del decreto referidos a temas de finanzas públicas, a consulta previa al Presidente y a su aprobación en Consejo de Ministros. Con base en tal decreto de delegación, por tanto, era evidente que el Vicepresidente Ejecutivo: primero no podía dictar ningún acto en ejercicio de sus funciones (distinto a los referidos a las materias financieras indicadas) sin la consulta previa al Presidente; y que en ningún caso podía dictar actos ejecutivos sólo, sino en Consejo de Ministros. Tal Decreto, por tanto, en las circunstancias en las cuales se dictó el 9 de diciembre de 2012 y en particular, en las que existían para el momento en el cual se publicó (21-12-2012) y se republicó (26-12-2012), momento en el cual por la gravedad postoperatoria el Presidente ausente éste estaba totalmente incapacitado para gobernar, la previsión del artículo 1.10 del Decreto le impedía al Vicepresidente materialmente dictar decisión alguna, al imponerle la obligación de someter a una "previa consulta al Presidente de la República" todos sus actos.

El decreto de delegación, como se dijo, se republicó en la *Gaceta Oficial* N° 40.078 del 26 de diciembre de 2012, por supuestas "fallas en los originales" que no se especificaron, supuestamente referidas "únicamente en un inconveniente en la enumeración de los artículos", quedando sin embargo la limitante impuesta al Vicepresidente (art. 1.10) sin modificación, en el sentido de que en todo caso, salvo las materias económicas delegadas (numerales 1 a 8 del art. 1) debía consultar previamente al Presidente, y en ningún caso podía dictar actos ejecutivos sólo, sino siempre en Consejo de Ministros. La primera limitante, por lo demás, a partir del 10 de diciembre era de imposible superación por la imposibilidad fáctica que había de que al Presidente pudiera consultársele nada sobre gobierno, dada su postración postoperatoria. La segunda limitante obligaba al Vicepresidente Ejecutivo a gobernar siempre en Consejo de Ministros.

Era jurídicamente imposible, por tanto, conforme a tal Decreto de delegación, que el Vicepresidente Ejecutivo, sin consultar previamente al Presidente de la República y sin aprobación en Consejo de Ministros pudiera por ejemplo nombrar, él solo, a un "Vicepresidente Encargado" para suplirlo a él mismo, y así ausentarse del país, originando su propia falta temporal, por carecer totalmente de competencia para ello. Ello hubiera sido una especie de delegación de facultades delegadas en cuyo caso se hubiera violado no sólo el propio texto del artículo 1.10 del Decreto de delegación sino el artículo 35 de la Ley Orgánica de la Administración Pública al cual remitía, que establece que la delegación no procede "3. Cuando se trate de competencias o atribuciones ejercidas por delegación"

A pesar de todo ello, sin embargo, al día siguiente de "reimprimirse" el Decreto de delegación presidencial, el Vicepresidente Maduro procedió a designar un funcionario para suplirlo a él mismo, como "Vicepresidente Encargado" y ejercer incluso las facultades que le había delegado el Presidente.

4. *Sobre la designación de un "Vicepresidente encargado" por tres días, por un Vicepresidente Ejecutivo "por delegación del presidente" quien no le delegó tal atribución, impidiéndole suplir su falta temporal*

El día 2 de enero de 2013, circuló la *Gaceta Oficial* Nº 40.080 de fecha 28 de diciembre de 2012, y con ella, se pudo conocer el contenido del Decreto No. 9333 de fecha 27 de diciembre de 2012 que se había anunciado en la prensa, mediante el cual el Presidente Hugo Chávez Frías, él mismo, y a la vez el Vicepresidente Ejecutivo, Nicolás Maduro, por delegación del primero, había nombrado a Héctor Navarro como:

> "Vicepresidente Ejecutivo de la República Bolivariana de Venezuela, en calidad de Encargado, a partir del 28 de diciembre de 2012 y hasta el 31 de diciembre de 2012, ambas fechas inclusive."

Ello significó que para cuando dicha *Gaceta Oficial* estuvo disponible a la lectura de los ciudadanos, no sólo la condición de "Vicepresidente Encargado" del Sr. Navarro ya había cesado, al haber tenido su nombramiento una fecha fija de terminación el 31 de diciembre de 2012, sino que se estaba produciendo la confirmación en forma auténtica de que a partir del 1 de enero de 2013, definitivamente nadie ejercía en Venezuela la Presidencia de la República en Venezuela, ya que el Presidente estaba fuera del territorio nacional, postrado en una cama de hospital en La Habana totalmente inhabilitado para ejercer el cargo; el Vicepresidente Ejecutivo también estaba fuera del territorio nacional, de visita al enfermo en La Habana, aún cuando había anunciado su regreso para el día 2 de enero; y el supuesto "Vicepresidente Encargado" por sólo tres días (28 al 31 de diciembre), ya para el 2 de enero cuando se conoció el texto del decreto que lo nombraba, había cesado en sus funciones.

Pero además, independientemente de la temporalmente inefectiva designación de un Vicepresidente Encargado por tres días mediante un decreto que nadie conoció sino cuando ya había cesado la encargaduría, lo que interesa destacar desde el punto de vista constitucional, es la figura del "Vicepresidente Ejecutivo Encargado."

Era evidente que la designación de los funcionarios públicos sólo puede realizarse por el funcionario competente, siendo una condición de validez del acto de designación, la competencia de que quien lo dicte, que debe ser expresa, en el sentido de que no se presume, debiendo estar establecida en la Constitución o en la ley. En cuanto al Vicepresidente Ejecutivo, la Constitución es absolutamente clara y precisa al indicar que dicho funcionario sólo puede ser designado, única y exclusivamente, por el Presidente de la República (art. 236.3), pudiendo considerarse dicho acto como un acto de gobierno dictado en ejecución directa de atribuciones constitucionales, siendo dicho funcionario su órgano directo y colaborador inmediato (art. 238), de su libre nombramiento y remoción (art. 236.3).

Siendo el nombramiento del Vicepresidente Ejecutivo de la competencia exclusiva del Presidente, éste es el único que también podría resolver designar a un funcionario como "encargado" de la Vicepresidencia Ejecutiva (principio del paralelismo de la competencia), por ejemplo, en caso de falta temporal del Vicepresidente titular. En ningún caso, un funcionario que ha sido designado por otro puede, a su vez, encargar de su propio cargo, a su propio arbitrio, a otro funcionario. Por tanto, no puede el Vicepresidente Ejecutivo, "encargar" por su propia decisión, a otro funcionario como encargado de su propio cargo. Ello sería, por ejemplo, como admitir que un Ministro designado por el Presidente de la República pueda, él mismo, a su voluntad, designar como "encargado" de su propio cargo ministerial a un funcionario distinto; o que un Director de un Ministerio designado por el Ministro respectivo pudiera, él mismo, a su propia voluntad, designar como encargado de su propio cargo de director a un funcionario distinto.

En consecuencia, es esencialmente inconstitucional que el Vicepresidente Ejecutivo designe a un "Vicepresidente Encargado", nombramiento que sólo podría efectuar quien nombró al Vicepresidente Ejecutivo, que es el Presidente de la Republica. Sin embargo, lo contrario fue precisamente lo que ocurrió en el caso del Decreto N° 9.333 de 27 de diciembre de 2012, el cual apareció en su encabezamiento como dictado por "Hugo Chávez Frías" Presidente de la República," lo cual era falso, "en ejercicio de la atribución **que me confiere** el numeral 3 del artículo 236 de la Constitución," y a renglón seguido procedió el Sr. Nicolás Maduro Moros, Vicepresidente Ejecutivo de la República, sin indicar que hubiera consultado previamente al Presidente (lo que evidentemente era imposible), "por delegación del Presidente de la República Hugo Chávez Frías, según Decreto N° 9.315 de fecha 09 de diciembre de 2012, publicado en la *Gaceta Oficial* de la República Bolivariana de Venezuela N° 40.077 de fecha 21 de diciembre de 2012, reimpreso en la Gaceta Oficial N° 40.078, de fecha 26 de diciembre de 2012" a emitir un decreto mediante el cual resolvió nombrar "Vicepresidente Ejecutivo de la República Bolivariana de Venezuela, en calidad de Encargado, a partir del 28 de diciembre de 2012 y hasta el 31 de diciembre de 2012, ambas fechas inclusive, al ciudadano Héctor Augusto Navarro Díaz, titular de la cédula de identidad N° V-3.714.184." El Decreto, por otra parte, está firmado solamente por el Vicepresidente Encargado, sin haber aprobado el texto en Consejo de Ministros como lo exigía el decreto de delegación.

El texto del decreto, por supuesto, es ambiguo, pues se dice que lo dicta Chávez "en ejercicio de la atribución *que me confiere* el numeral 3 del artículo 236 de la Constitución," pero en realidad lo dictó N. Maduro como Vicepresidente Ejecutivo, "por delegación del Presidente" citando el Decreto N° 9.315 de fecha 09 de diciembre de 2012 (publicado el 21 de diciembre y reimpreso el 26 de diciembre de 2012), en el cual no hay delegación alguna al Vicepresidente para que pueda nombrar un "Encargado" de su propio cargo, y precisamente por ello el Decreto de nombramiento del "Vicepresidente Encargado" no se basa en ningún numeral del artículo 1 del Decreto de delegación, precisamente porque ninguno prevé tal posibilidad o atribución.

En realidad, la única atribución "delegada" por el Presidente en el Vicepresidente Ejecutivo conforme a ese Decreto de delegación, que tiene relación con el nombramiento de funcionarios públicos, es la establecida en el artículo 6.1, que se refiere a "Dictar los Decretos mediante los cuales se nombran a Viceministros, así como a los Presidentes y miembros de las Juntas Directivas de los entes descentralizados funcionalmente cuyo nombramiento corresponde al Presidente de la República conforme a su instrumento de creación," lo cual no se refiere en forma alguna a la potestad de nombrar un Vicepresidente Ejecutivo, así fuera "encargado." Por otra parte, dicha decisión de nombrar un Vicepresidente nunca podría considerarse como una decisión "de carácter administrativo que me son atribuidas (al Presidente) por la Constitución y la Ley" como reza el artículo 1.18 del Decreto de delegación, pues el nombramiento de un Vicepresidente, así sea como "Encargado," es un acto de gobierno en el sentido de que lo dicta el Presidente en ejecución directa e inmediata de la Constitución.

Por último es de observar que el Vicepresidente Ejecutivo, al nombrar un "Vicepresidente Encargado" de su propio cargo, en definitiva lo que hizo fue en la práctica, delegar en el "Vicepresidente Encargado" las atribuciones que el Presidente le había delegado en el Decreto de delegación, lo cual como se dijo es contrario a la previsión del artículo 35.3 de la Ley Orgánica de la Administración Pública.

Todo este embrollo, por supuesto tiene un solo origen, que fue la inconstitucional negativa del Presidente a considerar que su ausencia del país no configuraba una falta temporal y considerar que sus faltas temporales no lo suple el Vicepresidente, y la inconstitucional negativa del Vicepresidente Ejecutivo de cumplir sus atribuciones constitucionales, entre las cuales estaba, ante todo, la de suplir al Presidente de la República (art. 239.8).

En todo caso, hasta el 3 de enero de 2013, no había en Venezuela nadie que condujera la acción de gobierno: había falta temporal del Presidente, quien estaba inhabilitado por complicaciones postoperatorias en un hospital de La Habana; también había falta temporal del Vicepresidente Ejecutivo quien no estaba en el país, por estar también en La Habana; y el Vicepresidente Ejecutivo "Encargado" había cesado en tal supuesto carácter el 31 de diciembre de 2012.

El 3 de enero, sin embargo, regresó a Venezuela el Vicepresidente Ejecutivo N. Maduro, seis días después de haber abandonado el territorio nacional. Estando el Vicepresidente supliendo al Presidente, su ausencia del país por viaje al exterior por más de 5 días, debió someterse al mismo régimen previsto en el artículo 235 para los viajes del Presidente, en virtud de estar constitucionalmente supliendo al Presidente de la República, en cuanto a la necesidad de solicitar la autorización de la Asamblea Nacional. En este caso, no ocurrió eso, violándose una vez más la Constitución. Suplir al Presidente, sin duda equivale a estar encargado de la Presidencia, por lo que el Vicepresidente no sólo tiene y ejerce las atribuciones del Presidente sino también sus obligaciones.

Bajo ese ángulo, debe aclararse que no era "desatino" alguno que se pueda decir que en los casos de ausencia del Presidente del territorio nacional, el Vicepresidente está encargado de la Presidencia durante la falta temporal. Ello no significa que se desconozca la titularidad del Presidente sobre su cargo, aún cuando el ejercicio del mismo esté temporalmente en manos de quien lo suple constitucionalmente que es el Vicepresidente.[46]

5. *Sobre las vicisitudes constitucionales con ocasión de la instalación de la Asamblea Nacional el 5 de enero de 2013, y las perspectivas subsiguientes*

De acuerdo con la Constitución, la Asamblea Nacional debe funcionar en sesiones ordinarias o extraordinarias. En cuanto a las primeras, el artículo 219 de la Constitución, dispone que anualmente hay dos: Hay un primer período de sesiones ordinarias que comienza, sin convocatoria previa, el día cinco de enero de cada año o el día posterior más inmediato posible y dura hasta el quince de agosto; y un segundo período que comienza el día quince de septiembre o el día posterior más inmediato posible y terminar el quince de diciembre.

Por tanto, en el primer año de inicio del período constitucional del Presidente de la República, como era el caso del período constitucional 2013-2019, luego de la elección presidencial de octubre de 2012, la instalación de la Asamblea Nacional el 5 de enero de 2013, y la elección en esa fecha de su directiva era de enorme importancia, pues era ante la misma, el día 10 de enero de 2013 que el Presidente electo en 2012 debía tomar posesión de su cargo mediante juramento ante la misma. Sólo "si por cualquier motivo sobrevenido el Presidente de la República no pudiese tomar posesión ante la Asamblea Nacional," el artículo 231 de la Constitución dispone que "lo hará ante el Tribunal Supremo de Justicia." La elección de la directiva de la Asamblea Nacional, según lo anunció el Presidente de la misma, Diosdado Cabello, a la prensa el día 4 de enero de 2013, no sería de carácter plural, por lo que en la misma no se preveía que hubiera representación de la oposición a pesar de tener ésta el 40% de los diputados[47]. Y efectivamente, el día 5 de enero de 2013, la directiva designada de la Asamblea, presidida por el mismo Diosdado Cabello, resultó integrada por otros diputados oficialistas.

Una vez instalada la Asamblea Nacional y designada su nueva directiva el 5 de enero de 2013, la toma de posesión de su cargo por parte del Presidente ante la misma era una condición formal de carácter esencial para que pudiera iniciar su período constitucional. No se trataba de un "formalismo" insustancial. Al contrario, tan sustancial era que si el Presidente no tomaba posesión ante la Asamblea Nacional no podía comenzar a ejercer su cargo, y sólo continuaría siendo "Presidente electo" pero sin poder ejercer el cargo. Por ser un requisito formal

---

46 Es un error del Ministro de Ministro del Poder Popular para la Comunicación e Información, Ernesto Villegas Poljak, afirmar en carta dirigida a Globovisión de fecha 3 de enero de 2013, que el Presidente Chávez era el único Presidente en ejercicio del cargo, cuando era evidente y elemental que no lo estaba, por estar postrado en una cama de hospital en La Habana, completamente inhabilitado para gobernar. Una cosa es la titularidad del cargo y otra cosa su ejercicio. El 3 de enero, una vez que el Vicepresidente regresó al país, éste comenzó de nuevo a suplir al Presidente en el ejercicio del cargo, sin que ello implique negarle la titularidad del cargo. Véase la carta en: http://www.lapatilla.com/site/2013/01/03/villegas-a-globovision-el-unico-presidente-de-venezuela-se-llama-hugo-chavez-carta/

47 "Cabello enfatizó el jueves la imposibilidad de alcanzar un acuerdo con el sector opositor en el Parlamento, aseverando que *"con esta oposición (...) no hay conciliación posible"*, en http://www.noticierovene-vision.net/politica/2013/enero/4/50616=diosdado-cabello-llama-a-manifestar-ante-parlamento-para-impe-dir-a-la-oposicion-

sustancial, la norma constitucional permite que "si por cualquier motivo sobrevenido" el Presidente de la República no pudiera tomar posesión de su cargo el día 10 de enero ante la Asamblea Nacional, que entonces la haga "ante el Tribunal Supremo de Justicia." La "flexibilidad dinámica" que abría dicho artículo, según expresión del Vicepresidente Ejecutivo de la República Nicolás Maduro,[48] quien desde el 10 de diciembre de 2012 suplía al Presidente Chávez en el ejercicio de la Presidencia, implicaba la necesidad de que existiera un "motivo sobrevenido" para que el Presidente no compareciera a tomar posesión de su cargo ante la Asamblea Nacional el día 10 de enero de 2013 (fecha hasta la cual el Vicepresidente Maduro podría suplir la falta temporal del Presidente Chávez); motivo que además, tenía que ser justificado y justificable. Un accidente de tránsito, por ejemplo, o un quebranto súbito de salud, sin duda, hubieran podido ser hechos sobrevenidos que podían impedirle a un Presidente electo presentarse ante la Asamblea nacional el día de la toma de posesión. Igualmente podía decirse del impedimento que podría causar algún hecho natural como un movimiento telúrico, o una inundación.

En todo caso, el hecho que puede válidamente impedir la comparecencia ante la Asamblea Nacional debe ser "sobrevenido" en el sentido de que su ocurrencia debe producirse con posterioridad a otro hecho esencial en relación con el cual se considera "sobrevenido," que en este caso no parece ser otro que el hecho que originó la condición de "Presidente electo," que sin duda es el acto de su elección. En este caso, se trata de la toma de posesión del cargo de Presidente para el cual la persona fue electa, por lo que se entiende que el hecho sobrevenido a que se refiere la norma es el que ocurre después de que la persona fue electa. Un hecho anterior a la elección, en tal sentido, no podría considerarse como "sobrevenido."

En el caso del Presidente Chávez (Presidente por el período 2007-2013), el hecho sobrevenido que le podría impedir tomar posesión ante la Asamblea Nacional del cargo de Presidente para el cual había sido electo en octubre de 2012 (período 2013-2019), por tanto, tenía que ocurrir después de su elección como Presidente el 7 de octubre de 2012. Y ese fue el caso, sin duda, de la operación a la cual fue sometido en La Habana el 11 de diciembre de 2012, y los efectos que tuvo físicamente tal hecho en relación con la salud del Presidente, que lo postró en una cama de hospital, imposibilitándolo de gobernar por estar además ausente del territorio nacional. Ese hecho, sin duda, podía constituir un "hecho sobrevenido," de acaecimiento posterior a su elección (7 de octubre de 2012), el cual con toda lógica y razonabilidad le podría impedir acudir a la Asamblea Nacional el día 10 de enero de 2013 y tomar posesión del cargo para el cual fue electo. Eso, al menos, era lo que se infería razonablemente de la cronología de los hechos después del 7 de octubre de 2012, según se fueron informado por la prensa unos días después, desde el 20 de

---

48 Maduro: "La Constitución establece que en todo caso como formalismo debe presentar su juramento ante la AN el 10 de enero, pero ya el 10 de enero comienza el nuevo periodo constitucional y el continúa en sus funciones y se establecerá (...) el momento que pueda prestar juramento ante el TSJ", indicó. Según el vicepresidente, el artículo 231 de la Constitución "abre una flexibilidad dinámica." "Es un formalismo presentar juramento ante la AN el 10 de enero. *El Universal*, Caracas 5-1-2013, en http://www.eluniver-sal.com/nacional-y-politica/salud-presidencial/130104/maduro-es-un-formalismo-presentar-juramento-ante-la-an-el-10-de-enero.

octubre de 2012 hasta el 30 de diciembre de 2012,[49] y ya a comienzos de 2013, en la forma siguiente:

- 4 de enero de 2013: "El Ministro de Comunicación e Información, Ernesto Villegas, anunció al país en cadena de radio y televisión que el Presidente de la República, Hugo Chávez, presenta una insuficiencia respiratoria producto de una "severa infección pulmonar" a raíz de la intervención quirúrgica a la que fue sometido el pasado 11 de diciembre."[50]

- 7 de enero de 2013: "El Ministro de Comunicación e Información, Ernesto Villegas, informó este lunes en cadena nacional que el presidente Chávez se encuentra en un estado "estacionario", luego de que se le diagnosticara una insuficiencia respiratoria. Dijo además que recibe el tratamiento adecuado y que el paciente responde de forma positiva a los medicamentos."[51]

Lo cierto de todo esto es que para el día 5 de enero de 2013, cuando se instaló la Asamblea Nacional en su primer período de 2013, y se eligió su nueva Directiva, existía con toda certeza un cuadro de gravedad en la salud del Presidente, lo que permitía considerar, con toda razonabilidad, que el mismo no acudiría ante la Asamblea Nacional a tomar posesión de su cargo el día 10 de enero de 2013, e incluso, que no regresaría a Venezuela antes de esa fecha desde La Habana, de manera que tampoco podía juramentarse ante el Tribunal Supremo de Justicia en Caracas, que es la sede de los Poderes Públicos nacionales.

Se planteaba por tanto, claramente, el tema de la falta del Presidente Chávez, para lo cual la Constitución, en la situación de ese día, sólo regulaba dos supuestos:

Primero, su falta temporal por estar ausente del país, la cual desde el 10 de diciembre de 2012 había suplido el Vicepresidente Ejecutivo N. Maduro, lo que debía hacer hasta el 10 de enero de 2013, cuando terminaba el mandato para el cual fue electo en 2006 (período 2007-2013) (art. 239.8). Ese día concluía el período constitucional 2007-2013, y con ello el mandato del gobierno, es decir, del Presidente Chávez, del Vicepresidente Maduro y de los Ministros.

Segundo, su falta absoluta, sólo si se llegaba a producir antes del 10 de enero de 2013, por su muerte, su renuncia, o su incapacidad física o mental permanente certificada por una junta médica designada por el Tribunal Supremo de Justicia y con aprobación de la Asamblea Nacional (art. 233), en cuyo caso debía procederse a una nueva elección universal, directa y secreta dentro de los treinta días consecutivos siguientes a dicha falta, y mientras se elegía y tomase posesión el nuevo Presidente, se debía encargar de la Presidencia de la República el Presidente de la Asamblea Nacional designado el 5 de enero de 2013 (art. 233).

---

49 Véase "Cronología de los problemas de salud del presidente Hugo Chávez," *El Universal*, Caracas 31 de diciembre de 2012 (05:36 PM), en http://www.eluniversal.com/nacional-y-politica/salud-presidencial/121231/cronologia-de-los-problemas-de-salud-del-presidente-hugo-chavez

50 Maduro: "Après la délicate opération du 11 décembre dernier, le commandant Chavez a souffert de complications suite à un grave infection pulmonaire. Cette infection a provoqué une insuffisance respiratoire qui implique un suivi strict de traitment," en "Chavez: des 'complications' après une 'grave infection pulmonaire'", en *Le Monde*, Paris 5-1-2013, p. 6.

51 El Ministro Villegas informó: "Chávez se encuentra en estado estacionario," Caracas 7-1-2013, en http://www.lapatilla.com/site/2013/01/07/villegas-en-cadena-nacional-2/

Pero como hemos dicho, la Constitución no regulaba expresamente la situación de falta de toma de posesión del Presidente electo, y sus secuelas después del 10 de enero de 2013, en cuyo caso, la interpretación constitucional más acorde con las regulaciones de la Constitución sobre faltas del Presidente, era que debía encargarse de la Presidencia de la República el Presidente de la Asamblea, que tenía legitimidad democrática por haber sido electo popularmente, quien debía nombrar un nuevo Vicepresidente y un nuevo Gabinete ejecutivo, hasta que se resolviera la situación del Presidente electo. En ningún caso el Vicepresidente Nicolás Maduro podía seguir en ejercicio del cargo de Vicepresidente Ejecutivo, que terminaba el 10 de enero, y menos podría "suplir" a un Presidente electo que no hubiera comenzado a ejercer su cargo por falta de toma de posesión.[52]

En este caso, de la situación de un Presidente electo que no tomaba posesión del cargo en la fecha y forma prescrita en la Constitución, constitucionalmente sólo podían darse dos soluciones: la primera, de acuerdo con los motivos sobrevenidos, que el Presidente electo se juramentase posteriormente, lo que en todo caso debía ocurrir en un lapso de 90 días, después de lo cual la Asamblea debía resolver sobre su falta absoluta; y la segunda, que por las circunstancias del caso, la Asamblea Nacional decidiera que se había producido una falta absoluta del Presidente en los casos establecidos en el artículo 233 de la Constitución, y que pudieran ser aplicables (su muerte, su renuncia, su incapacidad física o mental permanente certificada por una junta médica designada por el Tribunal Supremo de Justicia y con aprobación de la Asamblea Nacional). En todo caso de falta absoluta, se tenía que proceder a una nueva elección universal, directa y secreta dentro de los treinta días consecutivos siguientes a la declaración de tal falta absoluta.

Ahora bien, en el caso de la situación existente en el país para el 5 de diciembre de 2013, era legítimo prever que el Presidente no iba a concurrir a la toma de posesión ante la Asamblea Nacional el 10 de enero de 2013, como en efecto ocurrió, y ello, además, por el motivo sobrevenido ya bien conocido que era la enfermedad y quebranto de salud del Presidente Chávez, tal como había sido anunciado oficialmente. En esa situación, era evidente que el único camino constitucional del cual disponía el Presidente de la Asamblea Nacional al posesionarse temporalmente del cargo de Presidente el 10 de enero de 2013, era requerir del Tribunal Supremo que designase la junta médica que prevé el artículo 233 de la Constitución con aprobación de la Asamblea Nacional, para certificar la capacidad o la incapacidad física o mental permanente del Presidente para ejercer el cargo para el cual fue

52 Carece de todo fundamento constitucional lo afirmado el día 5-1-2013 por Herman Escarrá, en el sentido de que durante este período 2013-2019 "el Vicepresidente (Nicolás Maduro) queda en ejercicio de sus funciones," destacando que esto sucederá "así el Presidente no esté juramentado, porque se trata de un régimen especial de carácter temporal." Ello no tiene sustento en norma constitucional alguna, y ante la "situación sobrevenida" de que el Presidente electo no concurra a tomar posesión del cargo el día 10 de enero, no es cierto que esa sea la solución "en el marco de la Constitución." En este supuesto de motivo sobrevenido para la no concurrencia del Presidente electo ante la Asamblea a tomar posesión del cargo, la Constitución, en realidad, no provee "su propia ingeniería para resolver", la cual, por el contrario, es necesario integrar mediante la interpretación de sus normas. Véase Herman Escarrá, "En Venezuela no cabe el análisis de falta temporal o falta absoluta," en http://www.lapatilla.com/site/2013/01/05/hermann-escarra-en-venezuela-no-cabe-el-analisis-de-falta-temporal-o-falta-absoluta/

electo, de manera que en el segundo caso, el Presidente de la Asamblea pudiera proceder a convocar y que se realizase una nueva elección universal, directa y secreta dentro de los treinta días consecutivos siguientes a la declaración de tal falta absoluta por la certificación mencionada. Nada de ello, sin embargo, ocurrió.

6. *Sobre el significado constitucional del fin y del inicio el 10 de enero de 2013, de los períodos constitucionales 2007-2013 y 2013-2019, la necesaria toma de posesión en esa fecha del Presidente electo mediante su juramento ante la Asamblea, y los efectos de su no comparecencia.*

La Constitución establece fecha fija para la realización de actos estatales sólo en dos casos específicos: primero, para determinar el inicio (5 de enero y 15 de septiembre) y la terminación (15 de agosto y 15 de diciembre) de las sesiones ordinarias de la Asamblea Nacional (art. 219); y segundo, para determinar el inicio del período constitucional de seis años del Presidente de la República (art. 230), lo que se produce el 10 de enero del primer año de su período constitucional, mediante la toma de posesión de su cargo, juramentándose ante la Asamblea nacional (art. 231). En ambos casos, se trata de establecer fechas fijas con efectos jurídicos constitucionales específicos, que ni pueden ignorarse ni cambiarse, pues son de rango constitucional.

En cuanto al inicio del período constitucional del Presidente de la República, como se ha dicho, ello ocurre ineludiblemente el 10 de enero del año siguiente a la elección, que es el primer año de dicho período constitucional presidencial; fecha que no se puede cambiar, pues en esa misma fecha, en el sexto año, termina dicho período constitucional. Es decir, el día 10 de enero de inicio del período constitucional de un Presidente, coincide siempre con el día de terminación del período presidencial del Presidente anterior, ocurriendo ambos términos de inicio y terminación, el mismo día. No se trata, por tanto, de cualquier fecha ni la misma puede modificarse en forma alguna.

Ahora bien, es precisamente en esa fecha 10 de enero del primer año del período constitucional, que conforme a la Constitución el "candidato elegido" debe tomar "posesión del cargo" de Presidente de la República "mediante juramento ante la Asamblea Nacional." (art. 231), con lo que inicia su período constitucional. Ello significa que un Presidente electo para iniciar su período constitucional, es decir, para ejercer el cargo para el cual fue electo, tiene ineludiblemente que juramentarse ante la Asamblea Nacional (art. 231), y sólo "si por cualquier motivo sobrevenido" el Presidente "no pudiese tomar posesión ante la Asamblea Nacional, lo hará ante el Tribunal Supremo de Justicia." (art. 231). La toma de posesión del cargo, por tanto, es la condición esencial para que pueda ejercerse el mismo, para lo cual la Constitución establece una formalidad sustancial que es el juramento.

La Constitución, en efecto, establece el juramento como condición para ejercer un cargo público y tomar posesión del mismo, sólo en el caso de los jueces (art. 255) y del Presidente de la República; en cuyos casos tiene rango constitucional. En cuanto al juramento en relación con todos los otros funcionarios públicos, está regulado en la Ley de Juramento de 1945, en la cual se indica ante quién debe ser prestado; Ley que en todo caso dispone que "Ningún empleado podrá entrar en ejercicio de sus funciones sin prestar antes juramento de sostener y defender la

Constitución y las leyes de la república y de cumplir fiel y exactamente los deberes de su empleo" (art. 1).

El juramento, por tanto, es la condición esencial para que un funcionario público pueda tomar posesión de su cargo o pueda entrar en ejercicio del mismo, condición que como se dijo, sólo en dos casos tiene rango constitucional, en el caso de los jueces y en el caso del Presidente de la República. En los otros casos es un requisito de rango legal. En consecuencia, no se trata de un formalismo insustancial que pueda soslayarse o evitarse, y menos cuando tiene rango constitucional como es el caso del Presidente de la República o de los jueces. Sin juramento, sencillamente, el funcionario designado o electo no puede entrar en ejercicio de sus funciones, no puede tomar posesión de su cargo. Y ello es lo que ocurre, por ejemplo, con el Presidente electo de la República, quien para tomar posesión de su cargo tiene que juramentarse ante la Asamblea Nacional, pero no en cualquier día después de su elección, sino precisamente el 10 de enero del año siguiente a su elección, en la sesión correspondiente de la Asamblea Nacional, que es cuando comienza su período constitucional.

Entre el momento de la elección de un Presidente y el momento de su juramentación para tomar posesión del cargo, por tanto, se produce un período de transición en el cual coinciden, por una parte, un Presidente en ejercicio del cargo, en los últimos meses de su período constitucional; y por la otra, un Presidente electo, que aún siendo titular del cargo por elección, no puede ejercerlo sino a partir del 10 de enero siguiente una vez que se juramente ante la Asamblea Nacional. Durante ese período de transición, la Constitución regula la situación de las posibles faltas de ambos Presidentes: el que está en ejercicio de sus funciones, y el que solo es Presidente electo.

En cuanto al Presidente en ejercicio del cargo, la Constitución regula el régimen de la posible falta temporal y falta absoluta del mismo. En cuanto a la primera, la falta temporal, se regula en los artículos 234 y 239.4 de la Constitución donde se dispone que la suple el Vicepresidente Ejecutivo, quien es designado por el propio Presidente, de quien es su "órgano directo y colaborador inmediato" (art. 238). Esta es la situación constitucional que por ejemplo existió en el país desde el 10 de diciembre de 2012, cuando el Presidente de la República viajó a Cuba para someterse a una delicada operación que lo ha mantenido hospitalizado e inhabilitado para gobernar, cuando la falta temporal ha sido suplida por el Vicepresidente N. Maduro.

En cuanto a los casos de falta absoluta del Presidente de la República en funciones, en particular en el período de transición entre períodos constitucionales cuando coincide con el Presidente electo, si la misma llegare a ocurrir, estando al final del período constitucional (durante los últimos dos años del mismo), el Vicepresidente Ejecutivo es quien asume la Presidencia de la República "hasta completar dicho período," es decir, hasta el 10 de enero del año en el cual termina. Ello implica que en esos casos, constitucionalmente, el Vicepresidente Ejecutivo encargado de la Presidencia por falta absoluta del Presidente en funciones, no puede ejercer el gobierno sino hasta completar el periodo del Presidente que estaba en funciones, debiendo transferir el Poder Ejecutivo al Presidente electo en ese día 10 de enero.

En cuanto al Presidente electo, como se dijo, la Constitución exige que tome posesión del cargo el 10 de enero del primer año de su período constitucional. Con anterioridad a esa fecha, su status es de "Presidente electo," pero sin estar y sin poder estar en ejercicio del cargo, que sólo puede asumir al juramentarse ante la Asamblea Nacional el 10 de enero. Por tanto, mientras es Presidente electo, no se le puede aplicar en forma alguna las causales de "falta temporal" pues no está en ejercicio de cargo alguno. El régimen de las faltas temporales sólo se puede concebir respecto del Presidente en ejercicio del cargo, una vez que ha tomado posesión del mismo.

Por ello, respecto del Presidente electo, la Constitución sólo regula el supuesto de falta absoluta del mismo (art. 233) precisamente durante el período de transición, a cuyo efecto establece que en esos casos de falta absoluta del Presidente electo antes de tomar posesión del cargo, es decir, después de su elección y antes de 10 de enero siguiente, una vez que el Presidente en ejercicio completa su período y ejerce el cargo hasta esa misma fecha 10 de enero, a partir de la misma el Presidente de la Asamblea Nacional se debe encargar de la Presidencia de la República mientras se elige y toma de posesión el nuevo Presidente que debe elegirse.

Distinta era la situación que existía desde el 10 de diciembre de 2012, cuando por la falta temporal del Presidente Chávez, por estar sometido a cuidados médicos postoperatorios en Cuba, lo suplía en la Presidencia de la República el Vicepresidente Ejecutivo. En esa situación, había un Presidente titular que a la vez era Presidente electo, de manera que si se hubiese producido en ese período de transición entre los dos períodos constitucionales, una falta absoluta del Presidente Chávez, el Vicepresidente Ejecutivo Maduro que lo suplía temporalmente en el cargo, debía completar el período hasta el 10 de enero, y a partir de ese día, por imposibilidad de que el Presidente electo pudiera asumir el cargo, la interpretación constitucional más elemental imponía que se siguiese el mismo régimen de la falta absoluta del Presidente electo antes de la toma de posesión, es decir, que aparte de que el Vicepresidente Ejecutivo en ejercicio del cargo completase el período constitucional hasta esa misma fecha 10 de enero, a partir de la misma sólo el Presidente de la Asamblea Nacional hubiese podido encargarse de la Presidencia de la República mientras se elegía y tomaba posesión el nuevo Presidente que debía elegirse.

Pero esa situación no era la que previsiblemente podía darse en los días previos al 10 de enero de 2013, cuando en el período de transición entre los dos períodos constitucionales (2007-2013 y 2013-2019), el Presidente Chávez, titular del cargo del período 2007-2013, estaba hospitalizado en La Habana, y su falta temporal la suplía el Vicepresidente Ejecutivo, situación que se tenía que prolongar hasta el 10 de enero de 2013, cuando le correspondía al propio Presidente Chávez, como Presidente electo (o reelecto), tomar posesión del cargo y juramentarse para el nuevo período constitucional 2013-2019 para el cual había sido electo el 7 de octubre de 2012.

Sin embargo, por las informaciones oficiales de las cuales se disponía, dadas por el voceros gubernamentales desde el 11 de diciembre de 2012, en realidad, lo que era previsible era que el Presidente Chávez no acudiría ante la Asamblea Nacional a tomar posesión del cargo de Presidente de la República para el período 2013-2019, mediante su juramento ante la Asamblea. En esa situación, lo cierto es que, por una parte, el Vicepresidente Ejecutivo que lo suplía temporalmente en el ejercicio del cargo por los problemas de salud que lo aquejaban, sólo podía y debía completar el período constitucional correspondiente, es decir, el que terminaba el 10 de enero de 2013, en su carácter de Vicepresidente Ejecutivo de un Presidente que terminaba en sus funciones el 10 de enero al concluir su período constitucional; y por la otra, que a partir del 10 de enero, cuando comenzaba un nuevo período constitucional para el cual había sido electo el mismo Presidente Chávez, al no poder este tomar posesión del cargo por no poder juramentarse en la Asamblea ese día, y en ausencia de normas constitucionales expresas, debía interpretarse la Constitución para determinar quien debía en tal situación encargarse de la Presidencia y cuales debían ser sus tareas inmediatas. En ningún caso podía interpretarse que el Vicepresidente Ejecutivo que suplía la falta temporal del Presidente Chávez aún cuando él se negara a ello, pudiera seguir en ejercicio de la Presidencia "supliendo" a un Presidente que no podía tomar posesión del cargo y que él además se negaba a "suplir." Además, si el Presidente Chávez no acudía ante la Asamblea a juramentarse el 10 de enero de 2012, no entraba en ejercicio del cargo, por lo que mal podría pretenderse "suplir" a alguien en el ejercicio de un cargo cuyo ejercicio no se ha asumido por no haber tomado posesión del mismo.

Como se dijo, en esta materia de régimen de la no comparecencia del Presidente electo a tomar posesión de su cargo mediante juramento ante la Asamblea Nacional el 10 de enero, la Constitución sólo regula expresamente la hipótesis de que "si por cualquier motivo sobrevenido" el Presidente de la República electo "no pudiese tomar posesión ante la Asamblea Nacional," en ese caso, dispone la norma, "lo hará ante el Tribunal Supremo de Justicia" (art. 231). Esta regulación, por una parte, confirma la importancia de la fecha del 10 de enero que es la única en la cual el Presidente puede juramentarse ante la Asamblea Nacional, de manera que si por cualquier "motivo sobrevenido" no pudiese tomar posesión ante la Asamblea Nacional," entonces sólo puede hacerlo posteriormente "ante el Tribunal Supremo de Justicia."

No regula la norma expresamente quién debe encargarse de la Presidencia el 10 de enero en caso de incomparecencia del Presidente electo a tomar posesión de su cargo para el cual fue electo el año anterior. Evidentemente que no puede ser el Presidente de la República saliente, que termina su período ese día, ni puede ejercer dicha Presidencia el Vicepresidente Ejecutivo del Presidente saliente en caso de que para esa fecha hubiese estado supliéndolo temporalmente. El 10 de enero termina un período constitucional y comienza otro, y no podrían las autoridades ejecutivas en ejercicio en el período constitucional anterior, asumir el gobierno del período subsiguiente, simplemente porque es un nuevo período. Y poco importa que se trate de una misma persona que sea el Presidente titular del período constitucional anterior y el Presidente electo para el período siguiente, quien para asumir el cargo en este siguiente período debe juramentarse ante la Asamblea. Sin ese juramento no puede ejercer la Presidencia para ese segundo período.

Por tanto, a la no comparecencia del Presidente electo para asumir el cargo ante la Asamblea, como puede tener el mismo efecto que una falta absoluta del Presidente electo antes de tomar posesión del cargo que es lo que está regulado constitucionalmente, desde el punto de vista interpretativo, y ante la carencia de norma expresa que regule la situación, debe aplicársele analógicamente la misma regulación que la Constitución prevé para este último caso, que es que el 10 de enero se debe encargar de la Presidencia de la República el Presidente de la Asamblea Nacional, quien entre sus funciones inmediatas tiene la de determinar la situación constitucional derivada de la no comparecencia del Presidente electo, es decir, los "motivos sobrevenidos" que le impidieron presentarse ante la Asamblea, y que podrían dar lugar a un caso de falta absoluta, y con esto, a la convocatoria de una nueva elección.

Se destaca, en todo caso, que sea cual sea el motivo sobrevenido que le impide al Presidente electo comparecer a la sesión respectiva de la Asamblea Nacional el 10 de enero para tomar posesión del cargo mediante juramento, la Constitución dispone que este juramento para la toma de posesión del cargo "lo hará ante el Tribunal Supremo de Justicia," se entiende que posteriormente, dependiendo de la naturaleza y determinación que se haga sobre el "motivo sobrevenido," lo que ocurrirá siempre que el mismo no resulte finalmente en una falta absoluta. En todo caso y para el caso de que se pueda prestar el juramento con posterioridad al 10 de enero ante el Tribunal Supremo de Justicia, debe advertirse que el período constitucional del nuevo Presidente terminaría siempre el 10 de enero del año sexto del período constitucional y no en fecha posterior.

Ahora bien, en el contexto de la falta de comparecencia del Presidente electo a la juramentación ante la Asamblea el 10 de enero, en todo caso queda claro que el elemento esencial a considerar, y que es el que tiene que asumir el Presidente de la Asamblea Nacional al encargarse de la Presidencia de la República, es determinar en qué consistió el "motivo sobrevenido" que impidió la comparecencia del Presidente electo ante la Asamblea el 10 de enero.

Muchos ejemplos podrían darse para ilustrar la situación y fundamentar la lógica de la interpretación constitucional mencionada que exige que el Presidente de la Asamblea se encargue de la Presidencia mientras se determina la situación del Presidente electo no juramentado el 10 de enero. Podría tratarse por ejemplo, de un accidente aéreo, de un secuestro o en fin, de una desaparición, en cuyo caso el Presidente de la Asamblea Nacional como encargado de la Presidencia debe asegurar que se realice el proceso de constatación para determinar si dicho accidente, el secuestro o la desaparición produjeron o no una falta absoluta del Presidente electo. En el caso de un accidente aéreo la determinación podría ser más rápida que en los otros casos, en los cuales puede imponerse que transcurra más tiempo, aún cuando con un límite. De nuevo, en estos casos, hay que acudir a la interpretación constitucional y aplicar analógicamente previsiones que regulen situaciones similares, que en este caso sería la del artículo 234 de la Constitución que dispone que la Asamblea Nacional debe decidir por mayoría de sus integrantes si se considera que la prolongación de una falta temporal por más de 90 días debe considerarse como falta absoluta.

En todo caso en el que se considere que hay falta absoluta, también habría que aplicar analógicamente lo que prescribe la Constitución en los casos de falta absoluta del Presidente electo antes de tomar posesión de su cargo (art. 233), en el sentido de que el Presidente de la Asamblea como encargado de la Presidencia, debe velar porque se realice la elección correspondiente y tome posesión el nuevo Presidente. Siendo esta falta absoluta producida al inicio del período constitucional, esa elección debería realizarse dentro de los treinta días consecutivos siguientes, tal como se prescribe respecto de las faltas absolutas del Presidente que se produzcan durante los cuatro primeros años del período constitucional (art. 233). De esa norma, sin embargo, no puede aplicarse el régimen de encargaduría por parte del Vicepresidente Ejecutivo que sólo se prevé para casos de falta temporal de un Presidente en ejercicio, pues en la hipótesis de falta absoluta del Presidente electo como motivo de su no comparecencia el día 10 de enero, no podría haber Vicepresidente como "órgano directo y colaborador inmediato" del Presidente electo (art. 238), pues si este no pudo tomar posesión de su cargo el 10 de enero, mal podría haber nombrado a su Vicepresidente Ejecutivo para el período constitucional que se iniciaba ese día.

Pero sin duda, la falta de comparecencia del Presidente electo a la sesión de la Asamblea Nacional del 10 de enero del primer año del período constitucional, podría tener otras causas o "motivos sobrevenidos" que también podrían derivar en una falta absoluta del Presidente electo, y que en todo caso, habría que dilucidar a partir de esa fecha. Este era precisamente el caso que lo más probable era que se iba a presentar el 10 de enero de 2013, particularmente por lo que se derivaba de los propios anuncios gubernamentales sobre la salud del Presidente Chávez.

En efecto después de haber sido sometido a una operación delicada en La Habana el 11 de diciembre de 2012, en los primeros días de enero, específicamente el 4 de enero de 2013, el Ministro de Comunicación e Información anunció al país en cadena de radio y televisión que el Presidente de la República, Hugo Chávez, presentaba "una insuficiencia respiratoria producto de una 'severa infección pulmonar' a raíz de la intervención quirúrgica a la que fue sometido el pasado 11 de diciembre"[53]; y el 7 de enero de 2013, el mismo Ministro de Comunicación e Información, Ernesto Villegas, informó igualmente en cadena nacional que el presidente Chávez "se encuentra en un estado 'estacionario', luego de que se le diagnosticara una insuficiencia respiratoria."[54]

De lo anterior era más que previsible que el Presidente Chávez, como Presidente electo no se presentaría ante la Asamblea Nacional a prestar juramento y posesionarse del cargo de Presidente para el período 2013-2019 por estar gravemente enfermo y en una situación postoperatoria igualmente grave y delicada. En este caso, en la víspera del 10 de enero de 2013, por tanto, se estaba ya en presencia de un "motivo sobrevenido" que conforme al artículo 231 de la Constitución razonablemente le iba a impedir al Presidente regresar a Venezuela y tomar posesión ante la Asamblea. En ese supuesto, como antes se ha argumentado, ante la incomparecencia del Presidente electo, a partir del mismo 10 de enero, el Presidente de la Asamblea Nacional era el que debe encargarse de la Presidencia de la República.

53 Maduro: "Après la délicate opération du 11 décembre dernier, le commandant Chavez a souffert de complications suite à un grave infection pulmonaire. Cette infection a provoqué une insufficance respiratoire qui implique un suivi strict de traitment," en "Chavez: des 'complications' après une 'grave infection pulmonaire'", en *Le Monde*, Paris 5-1-2013, p. 6.

54 Villegas: "Chávez se encuentra en estado estacionario," Caracas 7-1-2013, en http://www.lapatilla.com/site/2013/01/07/villegas-en-cadena-nacional-2/

De la Presidencia de la República, evidentemente que no podría encargarse el Vicepresidente Ejecutivo Nicolás Maduro designado para el período constitucional que termina el mismo día 10 de enero, y menos aún cuando para esa fecha estaba supliendo la falta temporal del propio Presidente Chávez en el final de su período constitucional 2007-2013, que terminaba precisamente ese día. El 10 de enero, como se ha dicho, terminaba un período constitucional y comenzaba otro, y no podrían las autoridades ejecutivas en ejercicio en el período anterior, asumir el gobierno del período subsiguiente, simplemente porque era un nuevo período. Y poco importa que en este caso se trataba de una misma persona que era el Presidente titular del período constitucional anterior (2007-2013) y el Presidente electo para el período siguiente (2013-2019), quien para asumir el cargo en este siguiente período debía juramentarse ante la Asamblea. Sin ese juramento, como se ha dicho, no podía ejercer la Presidencia para ese segundo período, y su no comparecencia ante la Asamblea para asumir el cargo, por razones de salud, como podía tener el mismo efecto que una falta absoluta del Presidente electo antes de tomar posesión del cargo que es lo que esta regulado constitucionalmente, desde el punto de vista interpretativo, y ante la carencia de norma expresa que regule la situación, debía aplicársele analógicamente la misma regulación que la Constitución prevé para este último caso, que es que el 10 de enero se debía encargar de la Presidencia de la República el Presidente de la Asamblea Nacional, quien entre sus funciones inmediatas tenía la de determinar el "motivo sobrevenido" derivado de los problemas de salud anunciados oficialmente que afectan al Presidente electo, y que con seguridad le impedían presentarse ante la Asamblea, y que podían dar lugar a un caso de falta absoluta, y con esto a la necesidad de la convocatoria de una nueva elección.

En esta situación, de eventual falta de comparecencia del Presidente electo a la juramentación ante la Asamblea el 10 de enero por razones de salud, quedaba claro que el elemento esencial a considerar, y que era el que tenía que asumir el Presidente de la Asamblea Nacional al encargarse de la Presidencia de la República, era determinar en qué consistía el "motivo sobrevenido" que impedía la comparecencia del Presidente electo ante la Asamblea el 10 de enero. En este caso, como se había anunciado oficialmente que se trataba de enfermedad grave que aquejaba la salud del Presidente Chávez, el Presidente de la Asamblea Nacional como encargado de la Presidencia era quien debía asegurar que se realizase el proceso de constatación para determinar si dichos problemas de salud podían afectar la capacidad del Presidente para ejercer sus funciones, lo que podía desembocar incluso en la declaración de falta absoluta del Presidente electo.

En estos casos, ante la ausencia de regulación expresa constitucional para el supuesto de enfermedad como "motivo sobrevenido" que impedía la comparecencia del Presidente electo ante la Asamblea Nacional para tomar posesión del cargo el día 10 de enero de 2013, y que podía dar origen a una falta absoluta, debía aplicarse analógicamente la regulación constitucional establecida para las faltas absolutas del Presidente de la República (art. 233), a los efectos de determinar la naturaleza de la situación de su salud, lo que tratándose de un tema médico, debía encomendarse a la junta médica prevista en la norma que el Tribunal Supremo debía designar con aprobación de la Asamblea Nacional, para determinar y certificar sobre la capacidad o la "incapacidad física o mental permanente" del Presidente. Mientras ese procedimiento se desarrollaba, como se ha dicho, el Presidente de la Asamblea

Nacional debía encargarse de la Presidencia de la República por aplicación analógica de la previsión que regula la falta absoluta del Presidente electo (art. 233)

Si dicha junta médica certificaba que el Presidente de la República, por su situación de salud, estaba incapacitado para ejercer la Presidencia para el período 2013-2019, se debía proceder a declarar la falta absoluta del Presidente electo no juramentado y procederse a realizar una elección universal, directa y secreta dentro de los treinta días consecutivos siguientes a la declaratoria de tal incapacidad por la falta absoluta que ello implicaba, quedando el Presidente de la Asamblea Nacional encargado de la Presidencia mientras se elegía y tomaba posesión el nuevo Presidente (art. 233).

Si dicha junta médica, por el contrario, certificaba que el Presidente de la República, a pesar de la gravedad de su cuadro de salud, tal como había sido anunciado oficialmente, sí estaba en capacidad física y mental para asumir y ejercer el cargo de Presidente de la República, el Presidente de la Asamblea Nacional debía continuar como encargado de la Presidencia hasta que el enfermo Presidente electo se pudiera juramentar ante el Tribunal Supremo de Justicia, conforme se dispone en el artículo 231 de la Constitución. En este caso, tampoco existe previsión constitucional expresa sobre el tiempo que pueda transcurrir entre la declaratoria de capacidad por una junta médica y la toma de posesión mediante juramento ante el Tribunal Supremo, pero lo cierto es que no puede ser indefinido por atentar ello contra la gobernabilidad democrática. Ante la ausencia de norma expresa, en este caso, también hay que acudir a la interpretación constitucional y aplicarse analógicamente la previsión del artículo 234 que regula situaciones similares, conforme a la cual es la Asamblea Nacional la llamada a decidir por mayoría de sus integrantes si se considera que la prolongación de la enfermedad por más de 90 días debe considerarse como falta absoluta, en cuyo caso, como antes se ha dicho, quedaría el Presidente de la Asamblea encargado de la Presidencia mientras se elige y toma posesión el nuevo Presidente (art. 233).

La anterior era la situación constitucional para el comienzo del día 7 de enero de 2013, cuando ya se venían anunciando en declaraciones diversas del Vicepresidente Nicolás Maduro[55] y de la Procuradora General de la República[56] y de otros funcionarios públicos, que el Presidente Chávez no iba a concurrir a la Asamblea, y que supuestamente no era necesaria su juramentación para considerar que seguía ejerciendo el cargo de Presidente para el cual había sido electo; todo lo cual mostraba un cuadro de absoluta inconstitucionalidad.

---

55 El día 4 de enero de 2013, Globovisión informaba que "El vicepresidente Nicolás Maduro reiteró que en este momento Hugo Chávez "es Presidente en funciones" de Venezuela, pues la Asamblea Nacional aprobó "por unanimidad" que atendiera asuntos relacionados con su salud en Cuba. Aseguró que si el 10 de enero Chávez no pudiese estar presente en la Asamblea Nacional para tomar posesión de su cargo, el período constitucional arrancaría igualmente ese día y "el formalismo de su juramentación podrá resolverse ante el Tribunal Supremo de Justicia" cuando éste lo estipule." Globovisión.com, 4-1-2013. .

56 La Procuradora general de la república, Cilia Flores declaró que el Presidente "estaba en pleno ejercicio de su cargo" y que desde que se lo proclamó electo en octubre de 2012, ya tenía los símbolos del poder. Declaraciones a VTV, Caracas 6 de enero de 2013, véase en http://www.youtube.com/watch?v=prAZvXE93zQ

III. LA FALTA TEMPORAL "DEFINITIVA" DEL PRESIDENTE CHÁVEZ, O SU "FALTA ABSOLUTA" OCULTA, Y EL SINGULAR INICIO DEL NUEVO PERÍODO CONSTITUCIONAL 2013-2019, SIN PRESIDENTE

El día 8 de enero de 2013, el Grupo de Profesores de Derecho Público de las Universidades de Venezuela, emitió una "Declaración sobre la no comparecencia del Presidente electo a la toma de posesión de su cargo y la irregular pretensión de prorrogar las funciones de los integrantes del actual gobierno sin fundamento jurídico alguno,"[57] en la cual puntualizaron los aspectos jurídicos más relevantes de la situación constitucional derivada de la ausencia del Presidente de la República del territorio nacional, precisamente en el momento en el cual como Presidente electo, debía juramentarse ante la Asamblea nacional el 10 de enero de 2013 para tomar posesión del cargo. En la misma, entre otros conceptos indicaron que como el período presidencial es de seis años, que comienza el día 10 de enero del primer año, para poder tomar posesión del cargo para el nuevo período que se iniciaba el 10 de enero de 2013, el Presidente electo debía prestar juramento ante la Asamblea Nacional; juramento que no era una mera formalidad, sino una condición exigida por la Constitución para que el candidato electo pudiera tomar posesión del cargo. Por ello, la falta de juramento imposibilitaba al Presidente electo el convertirse en Presidente en ejercicio.

Precisaron además los Profesores, que en relación con dichos principios constitucionales, la reelección presidencial no alteraba su estricta aplicación, por lo que el Presidente, habiendo sido reelecto, también debía prestar juramento para tomar posesión del cargo para el nuevo período, sin que fuera admisible considerar la "continuidad" o "extensión" del período anterior, supuesto que no permitía, de ningún modo, la Constitución, ya que los períodos presidenciales son fijos e improrrogables. Precisaron los Profesores en la Declaración, además, que:

> "al no prestar juramento ante la Asamblea Nacional el próximo 10 de enero y al no tomar posesión del cargo para el cual fue electo el ciudadano Hugo Chávez Frías, debe entenderse –por aplicación analógica del artículo 233- que el Presidente de la Asamblea Nacional – única autoridad legitimada constitucional y popularmente para ello- debe asumir temporalmente el cargo de Presidente de la República."

En la Declaración, los Profesores de Derecho Público advirtieron que aún sin la juramentación del Presidente electo:

> "funcionarios del Gobierno correspondiente al período presidencial que está por culminar el 10 de enero pretenden mantenerse en ejercicio de sus cargos, incluido el Vicepresidente de la República, ciudadano Nicolás Maduro, sin fundamento jurídico alguno válido," a cuyo efecto, "se ha pretendido explicar que hay una continuación del período y que, por lo tanto, el ciudadano Hugo Chávez Frías mantiene su condición de Presidente, hasta que pueda tomar posesión del cargo mediante juramento."

---

57 Véase el texto en http://www.notirapida.com/ver_noticia.php?id=26651

1. *Sobre la anunciada usurpación del poder por la falta de juramentación del presidente electo ante la asamblea nacional el 10 de enero de 2013, y la falta de decisión al respecto por parte de la asamblea nacional el 8 de enero de 2013*

Y tenían razón los Profesores de Derecho Público en expresar su preocupación y, además, en advertir sobre el cuadro de usurpación de poder que se anunciaba, totalmente inconstitucional, el cual comenzó a concretarse ese mismo día 8 de enero de 2013, en horas de la tarde, con el texto de la comunicación que el Vicepresidente Ejecutivo Nicolás Maduro remitió al Presidente de la Asamblea Nacional, Diosdado Cabello, en el cual le indicó que el Presidente Chávez le había:

> "pedido informar que, de acuerdo con las recomendaciones del equipo médico que vela por el restablecimiento de su salud, el proceso de recuperación postquirúrgica deberá extenderse más allá del 10 de enero del año en curso, motivo por el cual no podrá comparecer en esa fecha ante la Asamblea Nacional, constituyendo un irrebatible hecho sobrevenido, por lo cual se invoca el artículo 231 de la Constitución de la República Bolivariana de Venezuela a objeto de formalizar, en fecha posterior, la juramentación correspondiente ante el Tribunal Supremo de Justicia."[58]

Sobre esta comunicación deben destacarse varios aspectos:

En primer lugar, que el Vicepresidente se dirigió al Presidente de la Asamblea "en nombre" del Presidente de la República, para agradecerle "la autorización constitucional que la Asamblea le otorgó en fecha 9 de diciembre de 2012" [...] "gracias a la cual se encuentra en La Habana." Ante esta afirmación, lo primero que debe observarse es que el Vicepresidente Ejecutivo, si bien constitucionalmente es el órgano directo y colaborador inmediato del Presidente de la República (art. 238), ello no lo convierte en su "representante" ni en su "mandatario."[59] Lo que sí corresponde en cambio al Vicepresidente es "suplir las faltas temporales del Presidente" (art.239.8), lo que sin embargo, el Vicepresidente Maduro no había cumplido cabalmente a pesar de que desde el 10 de diciembre de 2012 el Presidente Chávez estaba ausente del país.

La otra observación que debe formularse respecto de la comunicación del Vicepresidente es que en realidad, conforme al artículo 235 de la Constitución, la Asamblea Nacional sólo autorizó al Presidente para ausentase del país por un lapso superior a cinco días, y nada más. Se trata de una autorización que sólo se necesita cuando un Presidente se ausenta del territorio nacional por más de 5 días, sea cual fuere el motivo que la justifique y que evalúe la Asamblea. En este caso, por supuesto, se trataba además de una autorización que caducaba al concluir el periodo constitucional el 10 de enero de 2013, pues se le había otorgado al Presidente en ejercicio que concluía su mandato en esa fecha. Habiendo sido reelecto, el

58 Véase en http://www.lapatilla.com/site/2013/01/08/esta-es-la-famosa-carta-que-envio-ma-duro-anunciando-que-chavez-no-viene-foto

59 Véase lo expuesto por Manuel Rachadell, en "Tres observaciones a la carta de Maduro sobre la imposibilidad de juramentarse el Presidente electo ante la Asamblea Nacional." 9-1-2013, en: http://t.co/Sd5R2EwX

Presidente Chávez, una vez tomada posesión de su cargo para el nuevo período, podría entonces solicitar un nuevo permiso para ausentarse del país por más de cinco días.

En segundo lugar, el Vicepresidente Maduro en el tercer párrafo de la comunicación, cambió el sentido de la misma, abandonando el supuesto carácter de "representante" del Presidente, y en general expresó que el Presidente enfermo "ha pedido informar" (sin indicar cómo, cuándo, en qué forma y a quién) a la Asamblea sobre su estado de salud, y sobre la imposibilidad de su comparecencia ante la misma el día 10 de enero de 2013. Aparte de ser difícil de entender cómo una persona hospitalizada con un cuadro crítico de "insuficiencia respiratoria producto de una 'severa infección pulmonar' a raíz de una intervención quirúrgica" como lo informó oficialmente días antes el Ministro de Información,[60] quien además, el día anterior también había informado que esa situación se mantenía en "estado 'estacionario', luego de que se le diagnosticara una insuficiencia respiratoria"[61]; es difícil entender, -repito- cómo una persona en ese estado pueda haber tenido la posibilidad de pedir a alguien, que no se nombra, para que se informara a la Asamblea que de acuerdo con las recomendaciones del equipo médico que lo atendía (que no se conocen), no iba a poder comparecer ante la misma el 10 de enero de 2013. En una situación como esa, lo menos que podía requerirse del Vicepresidente era que hubiese acompañado a su comunicación el informe médico del equipo que velaba por el restablecimiento de la salud del Presidente, donde se explicara porqué el proceso de recuperación postquirúrgica debía extenderse más allá del día 10 de enero de 2013, es decir, más allá del término del período constitucional 2007-2013.

Sin embargo, nada de eso se hizo, y sólo se formuló una vaga afirmación de que dicho proceso de recuperación postoperatoria constituía un "irrebatible motivo sobrevenido" para no comparecer ante la Asamblea, invocándose el artículo 231 de la Constitución para indicar que en fecha posterior se formalizaría el juramento ante el Tribunal Supremo de Justicia.

Lo importante a destacar de la comunicación, sin embargo, es que no concluyó con petición o solicitud alguna formal del Presidente, y menos con una solicitud de que se otorgara permiso alguno para permanecer indefinidamente en el exterior recuperando su salud. Como se dijo, el término de su período constitucional ocurriría dos días después, y la Asamblea no podía dar permiso alguno para una falta temporal de un Presidente que no estaba en ejercicio. El Presidente había sido autorizado para ausentarse del país el 9 de diciembre de 2013, y en su condición de Presidente en ejercicio, esa autorización por supuesto cesaba en sus efectos el día 10 de enero de 2013, cuando terminaba su período constitucional. Luego de esa fecha, y si el Presidente entraba en posesión del cargo para el cual había sido reelecto, sin

---

60 Maduro: "Après la délicate opération du 11 décembre dernier, le commandant Chavez a souffert de complications suite à un grave infection pulmonaire. Cette infection a provoqué une insufficance respiratoire qui implique un suivi strict de traitment," en "Chavez: des 'complications' après une 'grave infection pulmonaire'", en *Le Monde*, Paris 5-1-2013, p. 6.

61 Villegas: "Chávez e encuentra en estado estacionario," Caracas 7-1-2013, en http://www.lapatilla.com/site/2013/01/07/villegas-en-cadena-nacional-2/

duda hubiera podido solicitar una nueva autorización para ausentarse del país por un lapso superior a cinco días para tratamiento médico. Por eso, en la comunicación, el Vicepresidente se cuidó de no formular petición alguna a la Asamblea.

La comunicación del Vicepresidente ni siquiera era una solicitud de prórroga del acto de toma de posesión y juramentación del Presidente para el nuevo período 2013-2019, lo cual la Asamblea no estaba autorizada a otorgar, limitándose su contenido a informar que el Presidente por su enfermedad "no podrá comparecer" el 10 de enero ante la Asamblea Nacional, constituyendo eso un "hecho sobrevenido," limitándose la comunicación a "invocar" el artículo 231 de la Constitución "a objeto de formalizar, en fecha posterior, la juramentación correspondiente ante el Tribunal Supremo de Justicia."[62]

A pesar de la ausencia de petición alguna, lo que en realidad se perseguía con esta comunicación enviada por el Vicepresidente Maduro a la Asamblea, era formalizar lo que ya se había venido sospechando y anunciando extraoficialmente, que no era otra cosa que hacer saber a la Asamblea que el Presidente de la República definitivamente no iba a comparecer ante la misma el 10 de enero de 2013 a tomar posesión del cargo para el cual había sido electo o reelecto, fecha en la que concluía su período constitucional 2007-2013.

La recepción de esta comunicación por la Asamblea, a pesar de que era simplemente informativa y nada peticionaba, en cambio si producía efectos jurídicos que la Asamblea estaba en la obligación de considerar y debatir, y que concernían a la situación constitucional del gobierno a partir del 10 de enero de 2013 cuando se iniciaba el nuevo período constitucional presidencial (2013-2019). Se informaba formalmente que el Presidente electo no tomaría posesión de su cargo, con lo que no podía iniciar el ejercicio del mismo, lo que implicaba la necesidad de debatir sobre quién se iba a encargar en esa fecha del cargo de Presidente de la República, no pudiendo ser otro que el Presidente de la propia Asamblea Nacional, lo que implicaba plantear ante la Asamblea que se separaría del cargo de Presidente de la misma a partir de esa fecha.

Pero no; la Asamblea Nacional, el 8 de enero de 2013, se limitó a "decidir" que debía aplicarse el artículo 231 de la Constitución, lo que por supuesto en ningún caso era necesario pues aún sin decidirlo, la norma constitucional siempre es imperativa. En definitiva, la Asamblea se abstuvo de resolver la cuestión constitucional que derivaba de aplicar precisamente dicha norma y que era determinar quién quedaría encargado de la Presidencia el 10 de enero de 2013, al término del período constitucional 2007-2013, al iniciarse el nuevo período constitucional (2013-2019) de un Presidente que no iba a poder tomar posesión de su cargo. Sobre esto nada se decidió.

En efecto, basta leer el texto del Acuerdo adoptado el 8 de enero de 2013 por la Asamblea Nacional, como consecuencia de la comunicación del Vicepresidente Ejecutivo, para constatar:

62 Véase en http://www.lapatilla.com/site/2013/01/08/esta-es-la-famosa-carta-que-envio-maduro-anunciando-que-chavez-no-viene-foto/

Primero, que se trató de un "pronunciamiento en respaldo a la decisión soberana del pueblo venezolano que reeligió al Comandante Presidente Hugo Chávez,"[63] decisión soberana que en realidad nadie estaba desconociendo, pues sin duda, el Consejo Nacional Electoral había anunciado su elección en octubre de 2012.

Segundo, el Acuerdo de la Asamblea reconoció el derecho del Presidente de la República "a la recuperación de su salud," derecho que tiene toda persona, y que nadie le estaba negando.

Y tercero, el Acuerdo de la Asamblea se limitó a "decidir" que:

> "en virtud de la comunicación del Vicepresidente Ejecutivo de la República que informa sobre el hecho sobrevenido, convoca a las instituciones del Estado venezolano actuar de conformidad con lo previsto en lo establecido en el artículo 231 de la Constitución de la República."

Para llegar a esta decisión absolutamente inútil, pues las normas constitucionales se aplican sin que nadie tenga que decidir convocar a que se acaten, en los "Considerandos" del "Pronunciamiento" se afirmó, entre otros aspectos, que el Vicepresidente había informado a la Asamblea que el Presidente Chávez "se encuentra en pleno proceso de recuperación," lo cual no era cierto pues nada de eso dijo el Vicepresidente (basta leer la Comunicación del Vicepresidente para constatarlo); y además, se afirmó que la reelección del Presidente Chávez el 7 de octubre constituye una decisión del "Poder Constituyente originario" [...] "que según el artículo 5 de la Constitución de la República es preponderante sobre cualquier otra formalidad," pero sin indicar de qué formalidad se trataba. Lo que es cierto, en todo caso, es que primero, no correspondía a la Asamblea establecer preponderancias entre derechos constitucionales, siendo ello competencia de los jueces; y segundo, conforme a esa misma norma, lo que podía ser preponderante era el derecho de la ciudadanía en general, es decir, del pueblo, a ser gobernado democráticamente por funcionarios electos mediante sufragio, no pudiendo ser "preponderante" sobre ello, el derecho de una persona reelecta para un cargo, que no puede ejercer, e imponerle al pueblo unos gobernantes por los cuales no ha votado.

De todo ello resulta que, en definitiva, la "decisión" adoptada por la Asamblea Nacional fue 'convocar' a los órganos del Estado para que actuaran conforme a lo previsto en el mencionado artículo 231 de la Constitución, que es el que prevé que el Presidente electo debe tomar posesión de su cargo el día 10 de enero "del primer año de su período constitucional, mediante juramento ante la Asamblea Nacional," y que "si por cualquier motivo sobrevenido" no lo pudiese hacer ante la Asamblea, "lo hará ante el Tribunal Supremo de Justicia."

Es decir, la Asamblea Nacional, en realidad, en su "Proclamación" no decidió, como se resumió en las informaciones de prensa derivadas del debate parlamentario,

---

63 Véase el texto en *Gaceta Oficial* N° 40.085 de 09-01-2013. Igualmente en: http://www.noticias24.com/venezuela/noticia/144813/la-imagen-oficialistas-respaldaron-mediante-documento-ausencia-de-chavez-el-10-e/

haberle otorgado "un permiso" al Presidente Chávez "por el tiempo que necesite"[64]; o un "permiso" para "que no se juramente el 10 de enero en la Asamblea Nacional"; o que se le habría otorgado un permiso "hasta que pueda volver de la situación sobrevenida" que presenta por su enfermedad,"[65] ni para que el Presidente electo pudiera "tomarse el tiempo que necesite para su recuperación plena" como también se informó.[66] Esta deformación informativa del contenido en el texto del Acuerdo de la Asamblea nacional, también se evidenció en algunas de las reseñas de opiniones de diputados que votaron a favor del "Pronunciamiento" y que se refirieron a un supuesto "permiso indefinido otorgado al Presidente."[67]

Al contrario de todo ello, basta leer el texto del Pronunciamiento para constatar que eso no fue lo "decidido" por la Asamblea Nacional, la cual, en realidad, no hubiera podido adoptar esas decisiones, por carecer de competencia para ello. Por ello es asombroso, por decir lo menos, lo expresado por la Fiscal General de la República, Sra. Ortega Díaz, en el sentido de que "es 'correcta' la decisión de la Asamblea Nacional de concederle al primer mandatario 'el tiempo que necesite' para reincorporarse a sus funciones, pues 'él está en posesión de su cargo,'"[68] cuando eso no fue lo que decidió la Asamblea. Se insiste, del texto del Pronunciamiento, en realidad, lo que resulta es que la Asamblea, simplemente, decidió que se aplicara el artículo 231 de la Constitución, y nada más, lo que por supuesto, como se dijo, era absolutamente innecesario, pues la imperatividad de la norma constitucional exige su cumplimiento sin que nadie así lo "declare."

Lo anterior lo que puso en evidencia es que el "Pronunciamiento" de la Asamblea Nacional a lo que dio origen fue a una "tesis oficial" de que la no comparecencia del Presidente de la República al acto de toma de posesión y juramentación el día 10 de enero de 2013, que fue lo que se informó oficialmente ante la Asamblea por el Vicepresidente, y por tanto, el hecho de que no pudiese iniciar su nuevo período constitucional (2013-2019), no tenía importancia ni efectos

---

64 Véase "AN otorga permiso al Presidente Chávez por el tiempo que necesite," en *El Universal*, Caracas 8-1-2013. En esa reseña se informa que "El presidente de la Asamblea Nacional, Diosdado Cabello, informó se aprobó conceder al presidente Hugo Chávez, quien se encuentra en Cuba de reposo tras haber sido sometido a una cirugía, "todo el tiempo que necesite para recuperarse y volver a Venezuela, cuando la causa sobrevenida haya desaparecido". El presidente de la Asamblea Nacional, Diosdado Cabello, informó se aprobó conceder al presidente Hugo Chávez, quien se encuentra en Cuba de reposo tras haber sido sometido a una cirugía, "todo el tiempo que necesite para recuperarse y volver a Venezuela, cuando la causa sobrevenida haya desaparecido." Véase en http://www.eluniversal.com/nacional-y-politica/salud-presiden-cial/130108/an-otorga-a-chavez-permiso-por-el-tiempo-que-necesite

65 Véase el texto en: http://www.lapatilla.com/site/2013/01/08/asamblea-nacional-otorga-permiso-a-chavez-hasta-que-pueda-volver/

66 Véase la reseña "La imagen: Este es el acuerdo aprobado hoy en la AN," en Noticias 24, 8 de enero, 2013, en http://www.noticias24.com/venezuela/noticia/144813/la-imagen-oficia-listas-respaldaron-mediante-docu-mento-ausencia-de-chavez-el-10-e/

67 Véase la reseña: "Pedro Carreño: el Presidente, el Vicepresidente y los ministros tienen continuidad administrativa," en http://globovision.com/articulo/pedro-carreno-el-presidente-el-vicepresidente-y-los-ministros-tienen-continuidad-administrativa

68 Véase " Ortega: No asume Cabello porque la falta del Presidente es temporal, no absoluta," en El Nacional, Caracas 8-1-2013, en http://www.el-nacional.com/politica/Ortega-Cabello-Presidente-temporal-absoluta

constitucionales algunos, pues como el Presidente había sido "reelecto" en octubre de 2012, y ya había sido "juramentado" en enero de 2007 al inicio del período que terminaba el 10 de enero, y "estaba en posesión de su cargo" (lo cual no es cierto pues estaba inhabilitado en una cama de hospital) entonces no había necesidad de una nueva juramentación.[69] Esa tesis oficial, en efecto, lo planteó la profesora Hildegard Rondón de Sansó quien en un trabajo difundido el mismo día 8 de enero, a raíz del "Pronunciamiento" de la Asamblea,[70] señaló que "existe continuidad en el país porque el jefe de Estado venezolano fue reelecto y en ese caso Hugo Chávez continúa en posesión de su mandato y no tendría que volver a juramentarse." Agregó que debían saberse dos cosas: "una de ella es la condición de Presidente electo por primera vez y otra muy diferente es un Presidente reelecto, la condición de la toma de posesión es en un día específico ante la Asamblea Nacional, y en el caso de que no pudiese producirse ante la Asamblea Nacional por una causa sobrevenida, lo haría ante el Tribunal Supremo de Justicia, pero en el caso del presidente Chávez, nos encontramos que él fue reelecto, él sigue en posesión de su mandato y decir que tiene que juramentar su cargo no tiene lógica."[71] La reseña de la entrevista a la profesora Sansó indicó su opinión de que en este momento lo que "está es transcurriendo el lapso para la fijación de un nuevo mandato", pero el Presidente venezolano "sigue en posesión de su cargo."[72] Este criterio era básicamente inconstitucional en cuanto a indicar que el Presidente no tenía que juramentarse para iniciar su período constitucional (2013-2019), producto de su reelección. Su juramentación en 2007 fue para el período constitucional 2007-2013, y nada más. Para el período constitucional 2013-2019 debía volver a tomar posesión de cargo mediante juramento porque su cargo anterior cesaba al concluir su período constitucional el 10 de enero de 2013, y nada cambia eso por el hecho de que el Presidente haya sido "reelecto." Debía comenzar a ejercer su nuevo período constitucional el día que se juramentase ante el Tribunal Supremo de Justicia, pero mientras esto no ocurriera, no estaba en posesión del cargo de Presidente para el período 2013-2019. Y por supuesto, si se llegase a juramentar en un futuro ante el

---

69 Por ello con razón, el profesor Ricardo Antela expresó que: "La redacción del Acuerdo finalmente aprobado por la mayoría oficialista en el Parlamento es confusa y deliberadamente indescifrable, para ocultar las consecuencias reales de esta fallida interpretación del artículo 231 de la Constitución, pero confesadas por el presidente de la Asamblea al terminar la sesión: Prorrogar indefinidamente el período constitucional del Poder Ejecutivo y el permiso que en ese contexto se le otorgó al presidente Chávez para curarse en el exterior; postergar indefinidamente la toma de posesión del presidente Chávez; y, entretanto, habilitar a Nicolás Maduro para asumir indefinidamente la condición de Presidente encargado, sin tener legitimidad electoral y constitucional para ejercer la presidencia de la República después del 10 de enero. Está claro que no es lo mismo un Presidente reelecto (que lo hay) que un Vicepresidente "reelecto" (que no lo hay ni podría haberlo)." Véase Ricardo Antela, "Donde está el Presidente", en Globovisión, Caracas 9-1-2013. Véase en http://globovision.com/ar-ticulo/donde-esta-el-presidente ,

70 Véase "La ex magistrada del TSJ, Hildegard Rondón de Sansó confirma que en Venezuela no existe vacío de poder," (8-1-2013), en http://www.aporrea.org/imprime/n221068.html Véase el texto en http://www.vtv.gob.ve/articulos/2013/01/08/hildegard-rondon-de-sanso-en-vene-zuela-no-e.

71 Véase igualmente en http://impresodigital.el-nacional.com/ediciones/2013/01/09/default.asp?cfg=577FZHC163&iu=757

72 Véase "La exmagistrada del TSJ, Hildegard Rondón de Sansó confirma que en Venezuela no existe vacío de poder," (8-1-2013), en http://www.aporrea.org/imprime/n221068.html Véase el texto en http://www.vtv.gob.ve/articulos/2013/01/08/hildegard-rondon-de-sanso-en-venezuela-no-e.

Tribunal Supremo, será desde ese momento que comenzará a estar en posesión de su cargo sin que se pudiera producir ningún "efecto retroactivo con fecha del 10 de enero" como lo afirmó la propia profesora Sansó.[73]

Al final del día 8 de enero de 2013, por tanto, el país entero seguía desinformado, y en la incertidumbre sobre la situación constitucional que se produciría dos días después, a partir del 10 de enero; aún cuando por supuesto, ya había demasiados elementos que apuntaban hacia una usurpación de autoridad, la autoridad del Presidente electo para el período constitucional 2013-2019, por parte de un Vicepresidente Ejecutivo como órgano directo de un Presidente que concluía sus funciones el mismo día 10 de enero de 2013.

La sospecha de la preparación general que se planeaba para que se produjera la usurpación de autoridad a partir del 10 de enero de 2013, por lo demás, contó con el aval de la opinión de la Fiscal General de la República, quien en un programa de televisión del día 8 de enero de 2013, expresó el mismo criterio de que el Presidente Chávez, postrado en una cama de hospital lejos de Venezuela, era "un presidente reelecto, pues ya está en posesión del cargo y fue juramentado en su momento", por lo que con motivo de la reelección, "de acuerdo con lo establecido en el artículo 230 de la Constitución," "actualmente existe una continuidad en el cargo porque sigue siendo el mismo Presidente y el mismo gabinete Ejecutivo." De ello, sin embargo, concluyó la Fiscal General expresando que "así el presidente Chávez no asista el próximo 10 de enero a la Asamblea Nacional, pues ya se informó que no estará presente, se debe convocar una sesión para dar inicio al período constitucional."[74]

Después de estas manifestaciones públicas, al comenzar el día 9 de enero de 2013, por tanto, la incertidumbre política y constitucional seguía campeando en Venezuela, pues ante la ausencia de decisión alguna por parte de la Asamblea Nacional, nadie sabía quién asumiría la Presidencia de la República el día 10 de enero de 2013, luego de la ya anunciada no comparecencia del Presidente electo a la sesión de la Asamblea Nacional que según la Fiscal General de la República debía ser en todo caso convocada, "para dar inicio al período constitucional."[75] Quedaba sólo esperar la sentencia anunciada de la Sala Constitucional del Tribunal Supremo de Justicia, resolviendo el recurso de interpretación que se había introducido el 21 de diciembre de 2012 respecto del sentido y alcance del artículo 231 de la Constitución.

73 *Ídem.*

74 Véase en Programa Contragolpe: "Fiscal General: Chávez es un presidente reelecto y está en posesión de su cargo," VTV, 8 de enero de 2013, en http://www.noticias24.com/vene-zuela/noticia/144829/fiscal-ortega-diaz-habla-sobre-el-10-e-y-la-ausencia-confirmada-de-chavez-para-la-fecha/

75 *Ídem.*

2. *Sobre la anunciada sentencia de la Sala Constitucional del Tribunal Supremo de 9 de enero de 2013 mediante la cual se conculcó el derecho ciudadano a la democracia y se legitimó la usurpación de la autoridad en golpe a la Constitución*

En un Estado constitucional democrático de derecho, además de los clásicos derechos civiles, políticos, sociales, económicos y ambientales, los ciudadanos tienen un conjunto de derechos que derivan de la propia concepción de dicho Estado de derecho, como son por ejemplo, el derecho ciudadano a la supremacía constitucional y el *derecho a la democracia*, de manera que los derechos políticos no se reducen a los que desde antaño generalmente se han establecido expresamente en las Constituciones, como son los clásicos derecho a elegir y a ser electo, el derecho de asociarse en partidos políticos, el derecho a ocupar cargos públicos o el derecho a la participación política.

Además de éstos, en la Constitución también se puede identificar igualmente como derecho político, el derecho a la democracia como un derecho ciudadano a la existencia de un régimen político en el cual se garanticen los siguientes *elementos esenciales* que precisamente enumera la *Carta Democrática Interamericana*: 1) el respeto a los derechos humanos y las libertades fundamentales; 2) el acceso al poder y su ejercicio con sujeción al Estado de derecho; 3) la celebración de elecciones periódicas, libres, justas y basadas en el sufragio universal y secreto, como expresión de la soberanía del pueblo; 4) el régimen plural de partidos y organizaciones políticas y 5) la separación e independencia de los poderes públicos (art. 3).[76] Este derecho a la democracia, por supuesto, sólo puede configurarse en Estados democráticos de derecho, y es inconcebible en los Estados autoritarios donde esos elementos esenciales no se pueden garantizar, por la ausencia de controles en el ejercicio del poder, aún se trate de Estados en los cuales, en fraude a la Constitución y a la propia democracia, los gobiernos puedan haber tenido su origen en algún ejercicio electoral. No debe olvidarse que "Es una experiencia eterna –como lo advirtió hace varias centurias Charles Louis de Secondat, Barón de Montesquieu– que todo hombre que tiene poder tiende a abusar de él; y lo hace hasta que encuentra límites" de lo que dedujo su famoso postulado de que "para que no se pueda abusar del poder es necesario que por la disposición de las cosas, el poder limite al poder"[77].

---

76 Véase Allan R. Brewer-Carías, "Sobre las nuevas tendencias del derecho constitucional: del reconocimiento del derecho a la Constitución y del derecho a la democracia", en *VNIVERSITAS, Revista de Ciencias Jurídicas (Homenaje a Luis Carlos Galán Sarmiento)*, Pontificia Universidad Javeriana, facultad de Ciencias Jurídicas, N° 119, Bogotá 2009, pp. 93-111; "Algo sobre las nuevas tendencias del derecho constitucional: el reconocimiento del derecho a la constitución y del derecho a la democracia," en Sergio J. Cuarezma Terán y Rafael Luciano Pichardo (Directores), *Nuevas tendencias del derecho constitucional y el derecho procesal constitucional*, Instituto de Estudios e Investigación Jurídica (INEJ), Managua 2011, pp. 73-94; "El derecho a la democracia entre las nuevas tendencias del Derecho Administrativo como punto de equilibrio entre los Poderes de la Administración y los derecho del administrado," en Víctor Hernández Mendible (Coordinador), *Desafíos del Derecho Administrativo Contemporáneo (Conmemoración Internacional del Centenario de la Cátedra de Derecho Administrativo en Venezuela*, Tomo II, Ediciones Paredes, Caracas 2009, pp. 1417-1439

77 *De l'Espirit des Lois* (ed. G. Tunc), Paris 1949, Vol. I, Libro XI, Cap. IV, pp. 162-163

Fue sido precisamente este derecho a la democracia, como derecho de los ciudadanos a ser gobernados por funcionarios electos democráticamente en elecciones libres y que acceden al poder en la forma prescrita en la Constitución, el que se violó abierta y flagrantemente en Venezuela por la Sala Constitucional del Tribunal Supremo de Justicia en sentencia No. 02 del día 9 de enero de 2013, al resolver un recurso de interpretación[78] intentado el 21 de diciembre de 2012, para determinar el contenido y alcance del artículo 231 de la Constitución, en particular, "en cuanto a si, la formalidad de la Juramentación prevista para el 10 de enero de 2013 constituye o no una formalidad sine qua non para que un Presidente Reelecto, continúe ejerciendo sus funciones y si tal formalidad puede ser suspendida y/o fijada para una fecha posterior."[79]

En esta sentencia, en definitiva, la Sala Constitucional resolvió que el *derecho que tiene un solo ciudadano* como era supuestamente el caso de H. Chávez, electo o reelecto como Presidente de la República, a ejercer el cargo para el cual fue electo, pero que al momento de tomar posesión del mismo mediante su juramentación ante la Asamblea Nacional conforme al artículo 231 de la Constitución, no pudo ni hubiera nunca podido hacerlo, para iniciar su acción de gobierno por un motivo sobrevenido como fue la operación quirúrgica y complicaciones postoperatorias, prevalecía sobre el *derecho de todos los ciudadanos* a estar gobernaos por gobernantes electos popularmente. Se violó así la Constitución, se violó el derecho ciudadano a la democracia, y se le impuso a los venezolanos la carga antidemocrática de comenzar el 10 de enero de 2013 a estar gobernados por funcionarios que no tienen legitimidad democrática pues no han sido electos.

Como se ha señalado, el artículo 231 de la Constitución cuya interpretación se buscó ante el Tribunal Supremo de Justicia, establece que:

> "El candidato elegido o candidata elegida tomará posesión del cargo de Presidente o Presidenta de la República el diez de enero del primer año de su período constitucional, mediante juramento ante la Asamblea Nacional. Si por cualquier motivo sobrevenido el Presidente o Presidenta de la República no pudiese tomar posesión ante la Asamblea Nacional, lo hará ante el Tribunal Supremo de Justicia."

La primera parte de la norma, en realidad, no requiere de interpretación alguna, pues concatenada con el artículo anterior que establece que el período constitucional del Presidente "es de seis años" (art. 230), dispone con toda claridad que el Presidente electo (o reelecto) debe tomar ("tomará") posesión del cargo "el diez de enero del primer año de su período constitucional, mediante juramento ante la Asamblea Nacional. Es la segunda parte de la norma la que sin duda requería de interpretación, por no regular con precisión quién debía encargarse de la Presidencia de la República en el nuevo periodo que se iniciaba cuando por motivos sobrevenidos el Presidente electo no comparecía a tomar posesión de su cargo mediante juramento ante la Asamblea.

---

78 Expediente Nº 12-1358, Solicitante: Marelys D'Arpino

79 Véase el texto de la sentencia en http://www.tsj.gov.ve/decisiones/scon/Enero/02-9113-2013-12-1358.html

Por ello, en relación con la primera parte de la norma (que no requería interpretación), la Sala Constitucional precisó, desmintiendo afirmaciones que se habían hecho con anterioridad por altos funcionarios del Estado, que el juramento previsto en la norma constitucional del artículo 231, "no puede ser entendido como una mera formalidad carente de sustrato y, por tanto, prescindible sin mayor consideración," sino que más bien se trata de una "solemnidad para el ejercicio de las delicadas funciones públicas" con "amplio arraigo en nuestra historia republicana," que "procura la ratificación, frente a una autoridad constituida y de manera pública, del compromiso de velar por el recto acatamiento de la ley, en el cumplimiento de los deberes de los que ha sido investida una determinada persona."

Partiendo de esta afirmación que rechazaba el criterio de que la juramentación era un mero formalismo,[80] la Sala Constitucional se refirió al juramento en el caso del Presidente de la República, indicando que el mismo "debe tener lugar ante la Asamblea Nacional, como órgano representativo de las distintas fuerzas sociales que integran al pueblo, el 10 de enero del primer año de su período constitucional." Precisó además, la Sala, que "si por "*cualquier motivo sobrevenido*", a tenor de la citada norma, la misma no se produce ante *dicho órgano* y en la *mencionada oportunidad*, deberá prestarse el juramento ante el Tribunal Supremo de Justicia, sin señalarse una oportunidad específica para ello" (Cursiva y negritas de la Sala).

Esto significó, en criterio de la Sala Constitucional, que el acto de juramentación no es una "formalidad prescindible, sino que al contrario "debe tener lugar, aunque por la fuerza de las circunstancias ("*cualquier motivo sobrevenido*") sea efectuado en otras condiciones de modo y lugar."

En todo caso, luego de estas aclaratorias, la Sala Constitucional precisó que el objetivo de la interpretación de la norma constitucional que se le requirió, no era el determinar el carácter imprescindible del acto de la juramentación, que no lo era, sino a determinar "con certeza los efectos jurídicos de la asistencia o inasistencia al acto de "*toma de posesión y juramentación ante la Asamblea Nacional*", el 10 de enero próximo [de 2013], por parte del *Presidente reelecto*."

Para ello, la Sala Constitucional consideró "imprescindible tomar en consideración el derecho humano a la salud y los principios de justicia, de preservación de la voluntad popular –representada en el proceso comicial del 7 de octubre de 2012- y de continuidad de los Poderes Públicos," refiriéndose además, a

---

80 Al contrario, el día anterior a la sentencia, en la reseña de un programa de televisión, se informó que la Fiscal General de la República, Sra. Ortega, afirmaba que "Estamos en presencia de un presidente reelecto y el requisito que exige el 231 es la toma de posesión, y toma posesión del cargo a través del juramento, pero como es reelecto él está en posesión de cargo y él está en el cargo por el juramento", puntualizó. Por ello señaló que las posibles circunstancias planteadas en el 231 de la Constitución "no se hacen necesarias" porque el presidente Chávez sigue en la posición del cargo. Precisó que dicha formalidad no puede poner "en riesgo la estabilidad de un país, la institucionalidad, el estado de derecho, social, sencillamente porque el Presidente que está en posesión del cargo, se encuentra debidamente autorizado por la Asamblea Nacional para recuperarse de su estado de salud". En "Fiscal Ortega Díaz: Presidente Chávez y tren ministerial están en posesión de su cargo," en http://www.patriagrande.com.ve/temas/vene-zuela/fiscal-ortega-diaz-presidente-chavez-tren-ministerial-posesion-cargo/

la tradición constitucional en la materia, particularmente conforme se consagraba en la Constitución de 1961.

De este último análisis, y contrariamente a lo que se establecía en el artículo 186 de la Constitución de 1961 que regula la consecuencia jurídica de la no comparecencia del Presidente entrante al acto de juramentación, al precisar que "*Cuando el Presidente electo no tomare posesión dentro del término previsto en este artículo, el Presidente saliente resignará sus poderes ante la persona llamada a suplirlo provisionalmente en caso de falta absoluta, según el artículo siguiente, quién los ejercerá con el carácter de Encargado de la Presidencia de la República hasta que el primero asuma el cargo*"; ante la ausencia de una norma similar en la Constitución de 1999, la Sala Constitucional concluyó que ello "impide considerar la posibilidad de que, una vez concluido el mandato presidencial, deba procederse como si se tratara de una falta absoluta, a los efectos de la suplencia provisional que cubriría el Presidente de la Asamblea Nacional."

Por supuesto, era evidente que la falta de comparecencia al acto de juramentación, en si misma conforme a la Constitución de 1999, no puede ser considerada como una "falta absoluta," pues no encuadra en ninguno de los supuestos establecidos en el artículo 233 de la Constitución, que por lo demás se aplican al Presidente electo en virtud de la misma norma, sólo cuando se produce "antes de tomar posesión";[81] pero nada autoriza a señalar (incluso habiéndose incorporado la reelección inmediata a la Constitución de 1999) que para la solución constitucional del hecho de la no comparecencia y determinar en esos casos quién se debe encargar de la Presidencia de la República, no deba procederse "como si se tratara de una falta absoluta" del Presidente electo y que conforme al artículo 233 de la Constitución conlleva a que sea el Presidente de la Asamblea Nacional en que se encargue de la Presidencia. Así como puede considerarse correcta la apreciación de la Sala de que la falta de comparecencia del Presidente electo al acto de toma de posesión no puede *per se* considerarse como una "falta absoluta,"[82] sin embargo no puede considerarse correcta la apreciación de la misma Sala de negar que en esos casos, para determinar quién se debía encargar de la Presidencia, hubiera que rechazar a esos solos efectos, que se procediera "como si se tratara de una falta absoluta" encargándose el Presidente de la Asamblea de la Presidencia mientras el Presidente electo se juramenta ante el Tribunal Supremo, quién en definitiva es el

81 La Sala, en la sentencia agregó sobre esto que "considerar que la solemnidad del juramento, en la oportunidad prefijada del 10 de enero y ante la Asamblea Nacional, suponga una especie de falta absoluta que, no sólo no recoge expresamente la Constitución, sino que antagoniza con la libre elección efectuada por el soberano, en franco desconocimiento de los principios de soberanía popular y democracia protagónica y participativa que postulan los artículos 2, 3, 5 y 6 del Texto Fundamental." Dijo además la Sala en este aspecto que "al no evidenciarse del citado artículo 231 y del artículo 233 *eiusdem* que se trate de una ausencia absoluta, debe concluirse que la eventual inasistencia a la juramentación prevista para el 10 de enero de 2013 no extingue ni anula el nuevo mandato para ejercer la Presidencia de la República, ni invalida el que se venía ejerciendo."

82 Esto lo reitera la sala en otro párrafo de la sentencia al señalar que "las vacantes absolutas no son automáticas ni deben presumirse. Estas están expresamente contempladas en el artículo 233 constitucional y, al contrario de lo que disponían los artículos 186 y 187 de la Constitución de 1961, la imposibilidad de juramentarse (por motivos sobrevenidos) el 10 de enero de 2013, no está expresamente prevista como causal de falta absoluta."

único que tiene legitimidad democrática, pues fue a su vez electo popularmente, y asegurar así el derecho a la democracia.

Por otra parte, la Sala argumentó que "la falta de juramentación ante la Asamblea Nacional, el 10 de enero, tampoco produce tal suerte de ausencia, pues la misma norma admite que dicha solemnidad sea efectuada ante este Máximo Tribunal, en una fecha que no puede ser sino posterior a aquella." Ello es correcto en cuanto al hecho de que se permita en la norma que la juramentación pueda hacer en una fecha posterior, pero es innegable que si el Presidente electo no acudía a juramentarse el 10 de enero por estar postrado en una cama de hospital, fuera de Venezuela, gravemente enfermo, en ese caso, su "ausencia" era patente, como cuestión de hecho, que el Presidente del Congreso se encargarse de la Presidencia, hasta que cesase la ausencia.

La Sala Constitucional luego pasó a argumentar que "en el caso de una autoridad reelecta y, por tanto, relegitimada por la voluntad del soberano," sería un "contrasentido mayúsculo considerar que, en tal supuesto, existe una indebida prórroga de un mandato en perjuicio del sucesor, pues la persona en la que recae el mandato por fenecer coincide con la persona que habrá de asumir el cargo." Esta afirmación no tiene sentido alguno, pues en ningún caso en que se posponga el acto de toma de posesión de un Presidente se puede operar una "prorroga" del mandato del período constitucional que termina; por lo que la afirmación es contradicha en la misma sentencia al afirmarse de seguidas que "tampoco existe alteración alguna del período constitucional pues el Texto Fundamental señala una oportunidad precisa para su comienzo y fin: el 10 de enero siguiente a las elecciones presidenciales, por una duración de seis años (artículo 230 *eiusdem*)." Por ello, es que al no presentarse al acto de toma de posesión, el nuevo mandato se inicia indefectiblemente el 10 de enero, y para ello es que mientras comparece el Presidente electo para tomar posesión del nuevo mandato, se debe encargar el Presidente de la Asamblea Nacional. Nada cambia esta solución constitucional el hecho de que el Presidente electo sea a la vez "reelecto."

La Sala Constitucional, a renglón seguido pasó luego a referirse a otro aspecto jurídico en el ejercicio de cargos públicos, que nada tiene con la norma constitucional que se buscaba interpretar, y es el referido al "*Principio de Continuidad Administrativa*", como técnica que impide la paralización en la prestación del servicio público," según el cual, "la persona designada para el ejercicio de alguna función pública no debe cesar en el ejercicio de sus atribuciones y competencias, hasta tanto no haya sido designada la correspondiente a sucederle (*vid.* sentencia n° 1300/2005)." Ciertamente es un principio elemental del derecho administrativo de la función pública, pero que no se puede aplicar a la terminación de un período constitucional y al inicio del otro.[83] La Sala Constitucional, en efecto, erradamente resolvió que:

83 Como lo expresó el profesor Ricardo Combellas en declaraciones a BBC Mundo: "Ese es un principio muy sano del derecho administrativo: que independientemente de los cambios en la dirección administrativa de los asuntos del estado, las funciones del gobierno continúan. Lo que está planteado es que ha terminado un período constitucional y que eso no es un supuesto de continuidad administrativa sino es un supuesto de renovación de los poderes públicos que tienen un plazo limitado en la Constitución." En

"En relación con el señalado principio de continuidad, en el caso que ahora ocupa a la Sala, resultaría inadmisible que ante la existencia de un desfase cronológico entre el inicio del período constitucional (10 de enero de 2013) y la juramentación de un Presidente reelecto, se considere (sin que el texto fundamental así lo paute) que el gobierno (saliente) queda *ipso facto* inexistente. No es concebible que por el hecho de que no exista una oportuna "*juramentación*" ante la Asamblea Nacional quede vacío el Poder Ejecutivo y cada uno de sus órganos, menos aún si la propia Constitución admite que tal acto puede ser diferido para una oportunidad ulterior ante este Supremo Tribunal."

Por supuesto, esta afirmación, absolutamente errada, ignoró primero que como la misma sentencia lo afirmó antes, que el Texto Fundamental señala para el período constitucional "una oportunidad precisa para su comienzo y fin: el 10 de enero siguiente a las elecciones presidenciales, por una duración de seis años (artículo 230)." Y por supuesto, en esa fecha, en ningún caso se produce "vacío del Poder Ejecutivo" alguno pues al terminar su período el Presidente en ejercicio, en esa fecha 10 de enero, el Presidente electo toma posesión de su cargo iniciando el nuevo período, y si por algún motivo sobrevenido no lo puede hacer, se encarga de la Presidencia el Presidente de la Asamblea Nacional.[84] No hay, en caso alguno, tal vacío, debiendo corresponder al Presidente encargado designar el nuevo tren ejecutivo de Vicepresidente y Ministros, estando por supuesto obligados los anteriores a permanecer en sus cargos hasta ser reemplazados en virtud del señalado principio de continuidad administrativa.

Luego pasó la Sala Constitucional a considerar la situación específica del Presidente Chávez, a pesar de que la sentencia interpretativa debía ser abstracta, notando,

"por si aún quedaran dudas, que en el caso del Presidente Hugo Rafael Chávez Frías, no se trata de un candidato que asume un cargo por vez primera, sino de un Jefe de Estado y de Gobierno que no ha dejado de desempeñar sus funciones y, como tal, seguirá en el ejercicio de las mismas hasta tanto proceda a juramentarse ante el Máximo Tribunal, en el supuesto de que no pudiese acudir al acto pautado para el 10 de enero de 2013 en la sede del Poder Legislativo.

De esta manera, a pesar de que el 10 de enero de 2013 se iniciaba un nuevo periodo constitucional, dijo la Sala, "la falta de juramentación en tal fecha no

---

Carlos Chirinos, "El limbo de consecuencias impredecibles", BBC Mundo, 11 de enero de 2013. En: http://www.bbc.co.uk/mun-do/movil/noticias/2013/01/130110_venezuela_constityente_combellas_opinion_cch.shtml

84 Es en este contexto que debe leerse lo reiterado por la misma Sala en la sentencia, "tal como señaló esta Sala en los antes referidos fallos números 457/2001 y 759/2001, que no debe confundirse "*la iniciación del mandato del Presidente con la toma de posesión, términos que es necesario distinguir cabalmente*". Efectivamente, el nuevo periodo constitucional presidencial se inicia el 10 de enero de 2013, pero el constituyente previó la posibilidad de que "*cualquier motivo sobrevenido*" impida al Presidente la juramentación ante la Asamblea Nacional, para lo cual determina que en tal caso lo haría ante el Tribunal Supremo de Justicia, lo cual necesariamente tiene que ser *a posteriori*."

supone la pérdida de la condición del Presidente Hugo Rafael Chávez Frías, ni como Presidente en funciones, ni como candidato reelecto, en virtud de existir continuidad en el ejercicio del cargo."

En estas afirmaciones, la Sala Constitucional, sin duda incurrió en varios errores fácticos y jurídicos:

El primero, fue afirmar que el Presidente Chávez, en las circunstancias de su enfermedad e inhabilitación desde la operación quirúrgica efectuada en La Habana el 11 de diciembre de 2012, podía considerarse que es "un Jefe de Estado y de Gobierno que no ha dejado de desempeñar sus funciones." Por supuesto que no había perdido la titularidad de su cargo, pero al contrario de lo afirmado por la Sala, desde el 11 de diciembre de 2012 el Presidente Chávez había estado postrado en una cama de hospital totalmente imposibilitado de ejercer sus funciones de Jefe de Estado y Jefe de Gobierno, situación constitucional que se configuraba como de falta temporal por estar ausente del país. El mismo Presidente Chávez previó que su ausencia del país sería por más de 5 días y por ello, él mismo solicitó la autorización correspondiente a la Asamblea Nacional (art. 235). Su falta temporal, en consecuencia, era un hecho evidente, que imponía la obligación en el Vicepresidente de suplirla conforme a la Constitución, no siendo posible afirmar que durante su enfermedad y postración en La Habana "no ha dejado de desempeñar sus funciones." Por otra parte, en esta materia de falta temporal, menos sentido y fundamento constitucional tuvo la errada afirmación de la Sala Constitucional de que la solicitud de autorización a la Asamblea Nacional que pudiera formular el Presidente para ausentarse del territorio nacional por un lapso superior a cinco días, se refiere "exclusivamente a la autorización para salir del territorio nacional, no para declarar formalmente la ausencia temporal en el cargo." De nuevo, la Sala Constitución ignoró la Constitución: las faltas temporales en el ejercicio de la Presidencia constituyen una cuestión de hecho, que no se declara. Si el Presidente en gira por el interior del país, sufre un accidente de tránsito que lo mantiene inconsciente y hospitalizado por un tiempo, sin duda, origina una falta temporal que suple el Vicepresidente, así el Presidente no la haya "decretado" anunciando que iba a tener el accidente con sus consecuencias.

Por lo demás, toda ausencia del territorio nacional se configura como una falta temporal (que temporalmente el Presidente no está en ejercicio de sus funciones por imposibilidad física), por lo que no es más que un gran disparate la afirmación que hizo la sala Constitucional en su sentencia, en el sentido de que: "*(ii)* No debe considerarse que la ausencia del territorio de la República configure automáticamente una falta temporal en los términos del artículo 234 de la Constitución de la República Bolivariana de Venezuela, sin que así lo dispusiere expresamente el Jefe de Estado mediante decreto especialmente redactado para tal fin." Esto no tiene lógica y mucho menos asidero constitucional.[85]

---

85 Sobre ello, el profesor Ricardo Combellas en declaraciones a BBC Mundo: "eso me parece un planteamiento absurdo, porque se le solicita al sujeto sobre el cual actúa la falta temporal que se pronuncie. Imagínese, no es el caso del presidente Chávez, sino de un presidente que esté incapacitado en una clínica recibiendo cuidado especial, incapaz de tomar voluntariamente una decisión. Entonces quedamos en un limbo jurídico si el presidente no se pronuncia. Poner ese requisito, que no establece la Cons-

Pero además, también careció de toda base constitucional la afirmación infundada de la Sala Constitucional de que con posterioridad al 10 de enero de 2013 "conserva su plena vigencia el permiso otorgado por la Asamblea Nacional, por razones de salud, para ausentarse del país por más de cinco (5) días," lo cual no es cierto pues fue otorgada para un Presidente en funciones cuyo período constitucional terminó el 10 de enero de 2013.[86]

Y más infundada fue la afirmación de que con motivo de la ausencia del Presidente Chávez del territorio nacional desde el 10 de diciembre de 2012, en la situación que resultó de la operación a la que fue sometido el 11 de diciembre de 2012, "no se configura la vacante temporal del mismo al no haber convocado expresamente al Vicepresidente Ejecutivo para que lo supla por imposibilidad o incapacidad de desempeñar sus funciones." No causa sino asombro leer esta afirmación, ante normas tan precisas como las de los artículos 234 y 239.8 de la Constitución que afirman, clara, pura y simplemente, que "las faltas temporales del Presidente serán suplidas por el Vicepresidente" y que entre las atribuciones del Vicepresidente está la de "suplir las faltas temporales del Presidente," lo que opera automáticamente, resultado de una situación de hecho, sin que nadie lo decrete o lo decida, y sin que el Presidente deba "convocar al Vicepresidente" para que cumpla su obligación constitucional. Sin embargo, lo que ha ocurrió en ese período en Venezuela es que el Vicepresidente no cumplió con su obligación constitucional de suplir las frecuentes ausencias temporales del Presidente.[87]

La segunda observación que debe formularse a lo afirmado en la sentencia de la Sala Constitucional, y que causa mayor asombro, es la que asevera que el Presidente Chávez, una vez concluido su mandato del período constitucional 2007-2013, como jefe de Estado y de Gobierno "seguirá en el ejercicio de las mismas hasta tanto proceda a juramentarse ante el Máximo Tribunal, en el supuesto de que no pudiese acudir al acto pautado para el 10 de enero de 2013 en la sede del Poder Legislativo." Al contrario, si el Presidente ya electo, o reelecto, al concluir su período constitucional 2007-2013, no se presentaba al acto de la toma de posesión y juramentación ante la Asamblea Nacional, simplemente no podía comenzar en su período constitucional 2013-2019 al no entrar en ejercicio del cargo ni poder

---

titución, me parece un exabrupto." En Carlos Chirinos, "El limbo de consecuencias impredecibles", BBC Mundo, 11-1-2013, en http://www.bbc.co.uk/mundo/movil/noticias/2013/01/130110venezuela_cons-tityente_combellas_opinion_cch.shtml

86 Como lo indicó el profesor Manuel Rachadell, "Chávez tiene el permiso de la Asamblea Nacional, otorgado por unanimidad del 9 de diciembre pasado, para ausentarse del país "por un lapso superior a los cinco días consecutivos" (art. 235), el cual mantiene su vigencia hasta el vencimiento del período constitucional el 10 de enero próximo, porque la Asamblea Nacional no puede dar permisos para el período siguiente. Llegados a esta fecha, si el Presidente electo no toma posesión del cargo, la Asamblea Nacional no tiene competencia para darle permiso ni prórroga para la juramentación de cumplir la Constitución." Véase Manuel Rachadell, "Tres observaciones a la carta de Maduro sobre la imposibilidad de juramentarse el Presidente electo ante la Asamblea Nacional." 9-1-2013, en: http://t.co/Sd5R2EwX

87 Como lo apuntó el profesor Manuel Rachadell: "a ejecutar acciones en el estrecho ámbito de la delegación que le hizo el Presidente, dada la ficción de que Chávez no ha incurrido en falta temporal ni absoluta. De esta forma, Chávez sigue siendo, para el oficialismo, el Presidente en funciones, aún cuando se encuentre sumido, frecuente o esporádicamente (no se sabe), en períodos de inconsciencia por anestesia o por otros motivos. Durante esos períodos, Venezuela no tiene Presidente." *Ídem*.

cumplir sus funciones. Sus funciones del período 2007-2013 concluyeron el 10 de enero, por lo que era una imposibilidad constitucional que a partir del 10 de enero pudiera seguir "en el ejercicio de las mismas;" y como no se juramentó el 10 de enero ante la Asamblea, no podía asumir el ejercicio del cargo de Presidente para el período 2013-2019. [88] En consecuencia, fue un gran disparate y no tiene asidero constitucional alguno la afirmación de la Sala Constitucional de que:

> "*(iv)* A pesar de que el 10 de enero próximo se inicia un nuevo período constitucional, no es necesaria una nueva toma de posesión en relación al Presidente Hugo Rafael Chávez Frías, en su condición de Presidente reelecto, en virtud de no existir interrupción en el ejercicio del cargo."

Al contrario, precisamente porque el 10 de enero de 2013 se iniciaba un nuevo período constitucional, era absolutamente necesaria una nueva toma de posesión del Presidente Chávez Frías, en su condición de Presidente reelecto, en virtud de que el período constitucional 2007-2013 terminó y de que el período 2013-2019 no podía iniciar sin tal juramento, produciéndose en ese caso, inevitablemente, una interrupción en el ejercicio del cargo.[89] La Sala Constitucional al hacer esta afirmación infundada, contradijo lo expresado en su propia sentencia en el sentido de que el juramento previsto en el artículo 231 de la Constitución, "no puede ser entendido como una mera formalidad carente de sustrato y, por tanto, prescindible sin mayor consideración" sino que más bien se trata de una "solemnidad para el ejercicio de las delicadas funciones públicas" con "amplio arraigo en nuestra historia republicana," que "procura la ratificación, frente a una autoridad constituida y de manera pública, del compromiso de velar por el recto acatamiento de la ley, en el cumplimiento de los deberes de los que ha sido investida una determinada persona." Ese juramento debe hacerse ante la Asamblea Nacional que está compuesta por los representantes del pueblo, y con ello, el pueblo puede tomar conocimiento de quién es que va a gobernarlo. Es una especie de acto constitutivo de "fe de vida" del Presidente, de su propia existencia física, y de su capacidad para

88 Como también lo ha indicado Manuel Rachadell, "La interpretación que le ha dado la fracción gubernamental en la Asamblea Nacional de que Chávez sigue siendo Presidente en ejercicio, cuya ausencia del acto de juramentación no tendría ninguna incidencia porque es una simple formalidad, que no es necesario que el Presidente de la Asamblea Nacional se juramente para cubrir la ausencia (que ni es temporal ni absoluta) del Presidente, porque tal función la ejerce, parcialmente, el Vicepresidente Ejecutivo de la República, carece de toda fundamentación en la Ley Suprema. No hay continuidad administrativa al concluir el período constitucional y comenzar el otro, ni siquiera en el supuesto de la reelección, y el nombramiento del Vicepresidente Ejecutivo caduca, como el del Presidente que lo ha designado, al vencimiento del período constitucional, el 10 de enero próximo". *Ídem.*

89 Por ello, el profesor Román José Duque Corredor considera esta afirmación "falsa de toda falsedad" agregando que "La reelección no es un mecanismo del ejercicio del cargo o para el ejercicio del cargo, sino un derecho del funcionario que ejerce un cargo electivo de poderse postular como candidato para un nuevo período para ese cargo y no de continuar en el mismo cargo. De modo que por tratarse de una nueva elección, si existe interrupción en su ejercicio. Si no fuera así, entonces, se trataría de un plebiscito y no de una elección, que es lo que parece piensan los Magistrados de la referida Sala que ha ocurrido con el candidato Hugo Chávez que se postuló para las elecciones del 7 de octubre de 20102 para ser Presidente para el nuevo período 2013-2019." Véase Román José Duque Corredor, Observaciones a la sentencia de la Sala Constitucional de 9 de enero de 2013. Véase en http://www.uma.edu.ve/interna/424/0/novedades_del_de-recho_publico

gobernar, realizado ante los representantes del pueblo. Y ello no puede eliminarse porque el electo haya sido reelecto, y menos aún cuando ha permanecido ausente del país durante un mes, sin que la nación tenga conocimiento claro de su estado.

Después de todos las anteriores comentadas "consideraciones para decidir," la Sala Constitucional puntualizó lo que debió ser el objeto de la interpretación solicitada, en el sentido de que "la Constitución establece un término para la juramentación ante la Asamblea Nacional, pero no estatuye consecuencia para el caso de que por "*motivo sobrevenido*" no pueda cumplirse con ella de manera oportuna y, por el contrario, admite expresamente esa posibilidad, señalando que pueda efectuarse la juramentación ante el Tribunal Supremo de Justicia," resumen que implicaba precisamente pasar a determinar quien debía en esa situación encargarse de la Presidencia de la República mientras el Presidente electo por las causas sobrevenidas alegadas procedía a tomar posesión del cargo. La Sala Constitucional, sin embargo, en lugar de cumplir su función interpretativa de la segunda parte de la norma del artículo 231 de la Constitución, se limitó a reafirmar lo que la propia norma constitucional dispone en el sentido de que la juramentación del Presidente reelecto podía ser efectuada en una oportunidad posterior al 10 de enero de 2013 ante el Tribunal Supremo de Justicia, de no poder realizarse dicho día ante la Asamblea Nacional; agregando sólo su apreciación de que le correspondía al propio Tribunal fijar dicho acto "una vez que exista constancia del cese de los motivos sobrevenidos que hayan impedido la juramentación."

Y de allí, sin resolver la consecuencia jurídica derivada del hecho de que por un "motivo sobrevenido" el Presidente electo no pudiera tomar posesión del cargo con su juramentación ante la Asamblea Nacional el día fijado constitucionalmente, la Sala concluyó su sentencia, afirmando como por arte de magia, sin que las "consideraciones para decidir" en realidad fundamentaran y condujeran a ello, que:

> "*(vi)* En atención al principio de continuidad de los Poderes Públicos y al de preservación de la voluntad popular, no es admisible que ante la existencia de un desfase cronológico entre el inicio del período constitucional y la juramentación de un Presidente reelecto, se considere (sin que el texto fundamental así lo paute) que el gobierno queda *ipso facto* inexistente. En consecuencia, el Poder Ejecutivo (constituido por el Presidente, el Vicepresidente, los Ministros y demás órganos y funcionarios de la Administración) seguirá ejerciendo cabalmente sus funciones con fundamento en el principio de la continuidad administrativa."

Sobre esto, que es en definitiva la parte resolutiva de la sentencia y que pretendió legitimar una usurpación de autoridad,[90] deben formularse las siguientes observaciones:

---

90 Con razón la diputada María Corina Machado expresó el 11 de enero de 2013: "que el acto que vimos ayer no tiene precedentes. Dijo que Venezuela amaneció con un gobierno usurpado y el Vicepresidente, los ministros y la Procuradora General pretenden seguir ejerciendo sus cargos. "Todos los cargos de gobierno cesaron el pasado jueves y ante esa pretensión, todos su actos son nulos, como lo establece el artículo 138 de la Constitución", recalcó. Reiteró que Diosdado Cabello ha violado su juramento, porque debió llamar a la sesión solemne de toma de posesión del nuevo período presidencial y agregó que

Primero, es una apreciación errada y sin fundamento considerar que "ante la existencia de un desfase cronológico entre el inicio del período constitucional y la juramentación de un Presidente reelecto, se considere (sin que el texto fundamental así lo paute) que el gobierno queda *ipso facto* inexistente." Ello no tenía posibilidad de ocurrencia. Si el Presidente electo por un motivo sobrevenido no podía prestar su juramento ante la Asamblea nacional, e, incluso, tampoco ante el Tribunal Supremo, el hecho de que el período constitucional anterior concluyera no implicaba "que el gobierno queda *ipso facto* inexistente." Esta no es más que una lucubración llevada al absurdo que no tiene asidero alguno en el derecho constitucional, salvo en la visión distorsionada de la Sala Constitucional, al negarse a interpretar la norma constitucional que se le solicitó, y que precisamente era con el objeto de determinar, como el gobierno no puede dejar de existir, quién en esa situación se encargaba de la Presidencia de la República. Así como el Presidente de la Asamblea se debe encargar de la Presidencia en caso de falta absoluta del Presidente electo antes de la toma de posesión de su cargo, con la misma lógica de que ejerza interinamente la Presidencia un funcionario con legitimidad electiva, en caso de que por motivo sobrevenido el Presidente electo no pueda tomar posesión de su cargo y juramentarse, quien debe encargarse de la Presidencia para iniciar el nuevo período constitucional es el Presidente de la Asamblea nacional.[91]

Segundo, luego de la errada apreciación anterior, y sin resolver el tema central de la interpretación solicitada sobre quién se debía encargar de la Presidencia de la República a partir del 10 de enero de 2013, la Sala se limitó a afirmar que "En consecuencia, el Poder Ejecutivo (constituido por el Presidente, el Vicepresidente, los Ministros y demás órganos y funcionarios de la Administración) seguirá ejerciendo cabalmente sus funciones con fundamento en el principio de la continuidad administrativa."

En cuanto al Presidente, no sólo ello era inconstitucional porque no se había juramentado para tomar posesión de su cargo y entrar en ejercicio de sus funciones

---

"no reconocemos a Maduro como Vicepresidente, porque hay una situación de ilegitimidad profunda". Aseguró que en Venezuela no existe separación de poderes, "tenemos un TSJ sumiso, nuestra soberanía está siendo pisoteada". Véase reseña de Programa Primera página de Globovisión, 11-1-2013, en http://www.lapatilla.com/site/2013/01/11/maria-corina-nuestra-soberania-esta-siendo-pisoteada/

91 El profesor Román José Duque Corredor expuso sobre la errada conclusión de la sentencia su apreciación de que:"La continuidad de los poderes públicos no se afecta, ni tampoco el gobierno queda *ipso facto* inexistente, cuando de pleno derecho se establece un régimen transitorio precisamente para el caso que los funcionarios que deban ejercer sus funciones no lo puedan hacer, como ocurre cuando por su falta absoluta el candidato electo o reelecto Presidente no pueda asumir su cargo en la fecha programada, en cuyo caso el gobierno sigue existiendo en forma transitoria pero en manos del Presidente de la Asamblea Nacional. Y precisamente para garantizar la voluntad popular, ante la falta absoluta del candidato electo o reelecto para el inicio del nuevo período, la Constitución prevé que se realicen nuevas elecciones y que la Presidencia, transitoriamente hasta la nueva elección, la ejerza un funcionario elegido mediante sufragio directo y universal y no el Vicepresidente que no fue elegido ni designado para el nuevo período. Así como si dicha falta ocurre después del inicio del período y con posterioridad a la toma de posesión, el gobierno lo ejerza el Vicepresidente que si fue designado por el Presidente electo, que tomo posesión del cargo, pero que dejó su cargo por alguna falta absoluta, y ello solo mientras se llevan a cabo nuevas elecciones para que la voluntad popular se pueda manifestar." Véase Román José Duque Corredor, Observaciones a la sentencia de la Sala Constitucional de 9 de enero de 2013. Véase en http://www.uma.edu.ve/interna/424/0/novedades_del_derecho_publico

para el nuevo período constitucional, sino porque por lo que se había informado oficialmente, su estado de salud lo imposibilita e inhabilita totalmente para ejercer el cargo y las funciones inherentes al mismo. Respecto del Presidente de la República no tenía sentido alguno invocar el principio de continuidad administrativa, pues como Jefe del Estado y del Gobierno, lo que le correspondía prioritariamente era dirigir la acción de gobierno (art. 226).

Lo resuelto por la Sala Constitucional, en realidad, fue la decisión que sus Magistrados adoptaron de poner el gobierno de Venezuela para el inicio del período 2013-2019, en manos de funcionarios que no han sido electos popularmente, contrariando el principio democrático. No es que con fundamento en el principio de la continuidad administrativa, la Sala Constitucional resolvió que mientras fueran reemplazados en sus cargos, el Vicepresidente, los Ministros y demás órganos y funcionarios de la Administración estaban obligados a ejercer cabalmente sus funciones; sino que lo que resolvió la Sala Constitucional violando la Constitución y el derecho ciudadano a la democracia, fue que en el nuevo período constitucional 2013-2019 que se inició el 10 de enero de 2013, sin Presidente en ejercicio por haber estado éste confinado a una cama de hospital en La Habana con graves problemas de salud, el gobierno de la República se puso a cargo de funcionarios no electos, sin legitimidad democrática, como eran el Vicepresidente y de los Ministros que habían sido nombrados en el período constitucional anterior, hasta cuando el propio Tribunal Supremo fijase la oportunidad de que el Presidente electo enfermo se juramentase ante el mismo.

Ni más ni menos que un golpe contra la Constitución,[92] dado por un Juez Constitucional que estaba llamado a defender su supremacía e integridad, vulnerando el derecho ciudadano a ser gobernados por gobernantes electos.

La decisión de la Sala Constitucional, por lo demás, fue totalmente inconveniente para la gobernabilidad de la República. El Vicepresidente Maduro a quien se deja gobernando el país, conforme a lo decidido en la misma sentencia, supuestamente no está supliendo una falta temporal del Presidente Chávez pues éste, según la Sala, ni la decretó ni la invocó, de manera que supuestamente sólo podía actuar como Vicepresidente, con las atribuciones que tenía en la Constitución (art. 239) y las que el Presidente Chávez le delegó mediante Decreto N° 9315 de 9 de diciembre de 2012,[93] de contenido absolutamente limitativo.

De resultas, a partir del 10 de enero de 2013, por voluntad la Sala Constitucional del Tribunal Supremo de Justicia en Venezuela, comenzó a gobernar en Venezuela, un funcionario que supuestamente no había estado supliendo al Presidente de la República electo y enfermo, que sólo podía ejercer sus atribuciones establecidas en la Constitución (art. 239) y las enumeradas en el decreto de delegación de diciembre de 2013, y quién entre otras atribuciones que sólo al Presidente en ejercicio podía ejercer, por ejemplo, no podía nombrar y remover los Ministros; no podía dirigir las

---

92 También puede calificarse la situación como golpe de Estado, pues en definitiva, todo golpe contra la Constitución es un golpe de Estado. Véase Claudio J. Sandoval, ¿Golpe de Estado en Venezuela?, en *El Universal*, Caracas 10 de enero de 2013, en http://www.eluni-versal.com/opinion/130110/oea-golpe-de-estado-en-venezuela.

93 Véase en *Gaceta Oficial* N° 40.078 del 26 de diciembre de 2012

relaciones exteriores de la República y celebrar y ratificar los tratados, convenios o acuerdos internacionales; no podía dirigir las Fuerza Armada Nacional ni tendía el carácter de Comandante en Jefe de la misma, no pudiendo ejercer la suprema autoridad jerárquica de ella y fijar su contingente; no podía ejercer el mando supremo de la Fuerza Armada Nacional, promover sus oficiales a partir del grado de coronel o capitán de navío, y nombrarlos para los cargos que les son privativos; no podía declarar los estados de excepción y decretar la restricción de garantías en los casos previstos en esta Constitución; no podía convocar a la Asamblea Nacional a sesiones extraordinarias; no podía reglamentar total o parcialmente las leyes, sin alterar su espíritu, propósito y razón; no podía negociar los empréstitos nacionales; no podía celebrar los contratos de interés nacional conforme a la Constitución y la ley; no podía designar, previa autorización de la Asamblea Nacional o de la Comisión Delegada, al Procurador General de la República y a los jefes o jefas de las misiones diplomáticas permanentes; no podía formular el Plan Nacional de Desarrollo y dirigir su ejecución previa aprobación de la Asamblea Nacional; no podía conceder indultos; no podía fijar el número, organización y competencia de los ministerios y otros organismos de la Administración Pública Nacional, así como también la organización y funcionamiento del Consejo de Ministros, dentro de los principios y lineamientos señalados por la correspondiente ley orgánica; no podía disolver la Asamblea Nacional en el supuesto establecido en la Constitución; no podía convocar referendos; ni podía convocar y presidir el Consejo de Defensa de la Nación.[94]

A esta absurda ingobernabilidad era a lo que conducía la sentencia de la Sala Constitucional; a raíz de la cual el gobierno comenzó incluso a perseguir a quienes argumentaran o informaran sobre la correcta interpretación que debía darse a las normas constitucionales y sobre la inconstitucional decisión del Tribunal Supremo y sus efectos;[95] de manera que hasta los estudiantes universitarios que comenzaron a protestar contra la sentencia de la Sala Constitucional, fueron por ello amenazados con cárcel.[96]

---

94 Véase sobre esta situación, Manuel Rachadell, "Continuidad de la presidencia compartida o un país presidencialista sin Presidente," Caracas, 10 de enero de 2013, en http://manuelrachadell@blogspot.com .

95 El 9 de enero de 2013, el consultor jurídico de Globovisión, Ricardo Antela, explicó sobre el nuevo procedimiento administrativo sancionatorio abierto por la Comisión Nacional de Telecomunicaciones (CONATEL) contra la estación de TV, "por la difusión de cuatro micros informativos sobre el articulado de la Constitución", que a juicio del ente regulador, "incitan al odio, la zozobra y la alteración del orden público", prohibiendo de entrada "a la televisora retransmitir dichos mensajes o algunos similares." En horas de la tarde de ese mismo día el "presidente de la Asamblea Nacional, Diosdado Cabello; y el ministro Rafael Ramírez, habían sugerido al ente regulador "iniciar una investigación contra el canal por difundir el artículo 231 de la Constitución.". Véase la información en http://globovision.com/articulo/conatel-notifica-a-globovision-de-nuevo-procedimiento-administrativo-sancionatorio

96 El Gobernador del Estado Táchira, José Gregorio Vielma Mora, afirmó a la prensa "que los estudiantes de las universidades Católica y de Los Andes de esa entidad, que manifestaron en contra del fallo del Tribunal Supremo de Justicia, estaban ebrios y otros consumieron drogas para "valentonarse en contra de la autoridad". "Son delincuentes", aseveró. Advirtió al rector académico de la ULA, Omar Pérez Díaz y demás profesores, que irá a la Fiscalía a denunciarlos. "No mienta (Pérez Díaz), usted está promoviendo la violencia en Táchira. Les están pagando desde el extranjero. "Tienen armamento y municiones dentro de la universidad", acusó.

3. *Sobre el "golpe a la Constitución" perpetrado por todos los poderes públicos (legislativo, ejecutivo y judicial)*

La Fiscal General de la República había dicho públicamente en los primeros días de enero de 2013, con razón, y con motivo de la sesión de la Asamblea Nacional del 8 de enero cuando se hizo del conocimiento de la misma que el Presidente Chávez, reelecto en octubre de 2013, no se presentaría el 10 de enero de 2013 a tomar posesión de su cargo mediante su juramento ante la Asamblea, como lo exige el artículo 231 de la Constitución; que aún en ese caso, "la Asamblea Nacional debía celebrar la sesión prevista para ese acto para dar inicio al período constitucional 2013-2019."[97] Ese período inició ese día, como fecha fija, conforme a la Constitución, y así no compareciera el Presidente electo a tomar posesión de su cargo, como lo indicó la Fiscal general, la Asamblea debía realizar la sesión y tomar formalmente conocimiento de esa circunstancia.

Si embargo, nada de eso ocurrió el día 10 de enero; fecha en la cual la Asamblea Nacional no sesionó. Ese día, en Caracas, lo que hubo fue un acto público de calle, con la participación de altos funcionarios del Estado, entre ellos el Vicepresidente Ejecutivo N. Maduro y el Presidente de la Asamblea Nacional D. Cabello, y algunos invitados extranjeros, dedicados a recordar al Presidente ausente.

Para resolver la anunciada ausencia del Presidente electo Chávez en acto que debió realizarse en la Asamblea, el día anterior, la Sala Constitucional del Tribunal Supremo de Justicia había dictado la antes comentada sentencia No. 02 de 9 de enero de 2013,[98] mediante la cual pretendió resolver, sin éxito, una solicitud de interpretación del artículo 231 de la Constitución que se le había requerido el 21 de diciembre de 2012, y en la cual, sin interpretar realmente nada, y menos aún declarar la supuesta "interpretación" como "vinculante," concluyó disponiendo que como consecuencia de la ya anunciada no comparecencia del "Presidente reelecto" el día 10 de enero de 2013 ante la Asamblea Nacional a tomar posesión de su cargo, y ante la posibilidad que podría haber de que tomara posesión del cargo y prestar dicho juramento posteriormente, no se podía considerar en ese día de terminación del período constitucional 2007-2013 "que el gobierno queda *ipso facto* inexistente," por lo que entonces resolvió que:

> "el Poder Ejecutivo (constituido por el Presidente, el Vicepresidente, los Ministros y demás órganos y funcionarios de la Administración) seguirá

De seguir protestando "van a ser tratados como bandas criminales e irán a la cárcel de Santa Ana". Véase en http://m.notitarde.com/nota.aspx?id=159398

97 Ortega Díaz: "Así el presidente Chávez no asista el próximo 10 de enero a la Asamblea Nacional, pues ya se informó que no estará presente, se debe convocar una sesión para dar inicio al período constitucional."

Véase en Programa Contragolpe: "Fiscal General: Chávez es un presidente reelecto y está en posesión de su cargo," VTV, 8 de enero de 2013, en http://www.noticias24.com/vene-zuela/noticia/144829/fiscal-ortega-diaz-habla-sobre-el-10-e-y-la-ausencia-confirmada-de-chavez-para-la-fecha/

98 Expediente Nº 12-1358, Solicitante: Marelys D'Arpino. Véase el texto de la sentencia en: http://www.tsj.gov.ve/decisiones/scon/Enero/02-9113-2013-12-1358.html

ejerciendo cabalmente sus funciones con fundamento en el principio de la continuidad administrativa."

Con esta decisión, cuyo contenido es materialmente imposible que pueda decirse que fue resultado de una "interpretación" del artículo 231 de la Constitución, la Sala Constitucional, en realidad, formalizó el golpe a la Constitución[99] que luego de venir anunciándose, se estaba dando, y que concluyó el día 10 de enero, con la participación de los otros poderes públicos. Primero, con la participación del Poder Ejecutivo al no comparecer el Presidente de la República a tomar posesión de su cargo, y el Vicepresidente Ejecutivo usurpar la autoridad de este a partir de esa fecha; segundo, con la participación de la Asamblea Nacional, al abstenerse de decidir nada ante el anuncio de la no comparecencia del Presidente ante ella y sobre la necesidad de verificar la realidad del "motivo sobrevenido" que se alegaba para ello; y tercero con la participación del Tribunal Supremo de Justicia, con la sentencia de 9 de enero, dictada en el sistema de justicia constitucional "a la carta" a que la Sala Constitucional tenía acostumbrado al país.

La consecuencia de esa participación colectiva en el golpe a la Constitución, fue que el Vicepresidente Maduro, quien venía ejerciendo el cargo de Vicepresidente en el período constitucional anterior, comenzó a ejercer el Poder Ejecutivo, y quien aún sin quererlo ni reconocerlo, hasta esa fecha suplía la ausencia temporal del Presidente saliente y reelecto, produciéndose así, por decisión del Juez Constitucional, una "continuidad" en el ejercicio de sus cargos de todos los funcionarios ejecutivos nombrados en el período constitucional que fenecía, hacia el nuevo período constitucional presidencial; todo ello en medio de una gran informalidad.

Comenzó así, de hecho, a conducir la acción del Poder Ejecutivo un funcionario que no había sido electo por votación directa, universal y secreta, violándose el derecho ciudadano a la democracia y a ser gobernados sólo por funcionarios electos.

Era evidente que constitucionalmente, como lo expresó el profesor Román José Duque Corredor,

> "*4.* Al no haber comparecido a prestar juramento ante la Asamblea Nacional hoy 10 de enero y no tomar posesión para el cargo para el cual fue electo el candidato ciudadano Hugo Chávez, por aplicación analógica del artículo 233, de la misma Constitución, el Presidente de la Asamblea Nacional, es la única

---

99 Para calificar lo ocurrido en Venezuela se ha utilizado la expresión de "golpe de Estado". Y ciertamente, un golpe de estado ocurre, no sólo cuando se usurpa el poder y autoridad por las fuerzas armadas, sino como lo ha señalado el profesor Diego Valadés, ocurre cuando se produce "el desconocimiento de la Constitución por parte de un órgano constitucionalmente electo"; agregando, incluso, como ejemplo que "un presidente elegido conforme a la Constitución no puede invocar una votación, así sea abrumadoramente mayoritaria, para desconocer el orden constitucional. Si lo hace habrá dado un golpe de Estado." Véase Diego Valadés, *Constitución y democracia,* UNAM, México 2000, p. 35; y "La Constitución y el Poder" en Diego Valadés y Miguel Carbonell (Coordinadores), *Constitucionalismo Iberoamericano del siglo XXI,* Cámara de Diputados, UNAM, México 2000, p. 145. Preferimos sin embargo utilizar en este caso la expresión de golpe a la Constitución, pues ha sido concebido, dado y conducido desde el propio Estado por los órganos de los Poderes Públicos nacionales, en particular, del Poder Legislativo, del Poder Judicial y del Poder Ejecutivo.

autoridad legítima que puede asumir en forma temporal el cargo de Presidente de la República, hasta por un máximo de noventa días, prorrogables por el mismo tiempo, por decisión de la Asamblea Nacional.

5. La autorización que se otorgó al Presidente Hugo Chávez para ausentarse del país, por más de cinco días, se le concedió como Presidente en funciones y no como Presidente electo y por ello no se extiende el período presidencial, que vence hoy 10 de enero, por lo que tal autorización termina también en esa fecha." [100]

De lo expresado por Duque, por tanto, quedaba claro que "la extensión del período constitucional vencido, significa una gran inseguridad jurídica y un irrespeto a la institucionalidad democrática."[101]

Un preciso resumen de lo ocurrido en Venezuela, como pocas veces se encuentra en la prensa escrita extranjera sobre Venezuela, se puede encontrar en el trabajo de Paulo A. Paranagua en *Le Monde*, Paris, 10 de enero de 2013, titulado: "La crisis en Venezuela y el caso de Paraguay: dos pesos, dos medidas," en la siguiente forma:

"Hugo Chávez no estuvo en Caracas este 10 de enero para la investidura de su nuevo mandato presidencial. Ha desaparecido de la circulación desde hace un mes. Según quienes lo rodean, está hospitalizado en Cuba, donde ha sido operado cuatro veces por un cáncer cuya naturaleza permanece como un "secreto de defensa" celosamente guardado.

El Vicepresidente Nicolás Maduro podía suplirlo siempre que el mandato del Sr. Chávez estuviera en vigencia. Ese mandato ha terminado el 10 de enero. En Venezuela, el Vicepresidente no es elegido, es nombrado por el Presidente en ejercicio, que puede removerlo tantas veces quiera, como un ministro. No se trata de un "ticket" de candidatos a la presidencia y vicepresidencia que se presente ante los electores.

Eso equivale a decir que el Vicepresidente no tiene legitimidad alguna proveniente de sufragio universal. Cuando comienza un nuevo mandato presidenta, el jefe de Estado debe designar su Vicepresidente. Con la condición, bien entendido, de haber sido él mismo investido en buena y debida forma.

---

100 Román José Duque Corredor, Presidente de la Fundación Alberto Adriani, "Extensión del periodo vencido Genera inseguridad jurídica e irrespeta la institucionalidad democrática," Caracas 10 de enero de 2013.

101 *Ídem*. En sentido coincidente, la Presidente del Colegio de Abogados de Caracas consideró que "el alargamiento del período presidencial "por una continuidad administrativa" no prevista en el texto constitucional, configura una interpretación arbitraria y acomodaticia a la conveniencia política del partido de gobierno y en fraude a la Constitución posibilita que asuma el Poder Ejecutivo Nacional una autoridad manifiestamente ilegítima, que no ha sido electa sino nombrada a dedo, gracias a la inobservancia de la Constitución con la consecuente aplicación de los Artículos 138 Constitucional: "Toda autoridad usurpada es ineficaz y sus actos son nulos" y 333: "Esta Constitución no perderá su vigencia si dejare de observarse por acto de fuerza o porque fuere derogada por cualquier otro medio distinto al previsto en ella." Véase Yvett Lugo Urbaez, Presidente del Colegio de Abogados de Caracas, "Sobre la interpretación del artículo 231 Constitucional realizada por la Sala Constitucional del Tribunal Supremo de Justicia," 10-1-2013. Véase en http://xa.yimg.com/kq/groups/22886415/2000-842813/name/Pronunciamiento%20ar-ticulo%20231.pdf y en http://www.ilustrecolegiodeabogadosdeca-racas.com/

En Venezuela, a partir del 10 de enero, la falta de la Presidencia debía ser suplida por el Presidente de la Asamblea Nacional, Diosdado Cabello, quien tiene, él mismo, legitimidad que viene de las urnas. En caso de falta temporal del Presidente de la República, puede reemplazarlo por 90 días, renovables una sola vez. En caso de falta absoluta, el Presidente de la Asamblea asume la suprema magistratura y debe convocar elecciones en un lapso de 30 días.

Pretender que la investidura presidencial del 10 de enero es una formalidad porque Chávez, reelegido en octubre de 2012, se sucedería a si mismo, es una engañifa que sigue poco a la Constitución escrita y adoptada por los chavistas. Igualmente, pretender "prolongar" el mandato presidencial hasta una hipotética mejoría del Sr. Chávez y entregar la responsabilidad del Estado a Nicolás Maduro, cuyo cargo concluyó el 10 de enero, es una distorsión de la ley fundamental."[102]

Lo ocurrido, en todo caso, no es otra cosa que una manifestación más, y sin duda extrema, del desmantelamiento total del principio de la separación de poderes que se había producido en los últimos 14 años,[103] particularmente con la destrucción total de la independencia y autonomía del Poder Judicial, [104] y con ello, de la base fundamental de la democracia como sistema político,[105] lo que llevó al sometimiento

---

102 Véase Paulo A. Paranagua, ".La crise au Venezuela et le cas du Paraguay: deux poids, deux mesures," en http://america-latina.blog.lemonde.fr/2013/01/10/la-crise-au-venezuela-et-le-cas-du-paraguay-deux-poids-deux-mesures/?utm_source=dlvr.it&utm_medium=twitter#xtor=RSS-3208001

103 Véase Allan R. Brewer-Carías, "El principio de la separación de poderes como elemento esencial de la democracia y de la libertad, y su demolición en Venezuela mediante la sujeción política del Tribunal Supremo de Justicia," en *Revista Iberoamericana de Derecho Administrativo, Homenaje a Luciano Parejo Alfonso,* Año 12, N° 12, Asociación e Instituto Iberoamericano de Derecho Administrativo Prof. Jesús González Pérez, San José, Costa Rica 2012, pp. 31-43; "Los problemas del control del poder y el autoritarismo en Venezuela", en Peter Häberle y Diego García Belaúnde (Coordinadores), *El control del poder. Homenaje a Diego Valadés,* Instituto de Investigaciones Jurídicas, Universidad Nacional Autónoma de México, Tomo I, México 2011, pp. 159-188.

104 Véase Allan R. Brewer-Carías, "Sobre la ausencia de independencia y autonomía judicial en Venezuela, a los doce años de vigencia de la constitución de 1999 (O sobre la interminable transitoriedad que en fraude continuado a la voluntad popular y a las normas de la Constitución, ha impedido la vigencia de la garantía de la estabilidad de los jueces y el funcionamiento efectivo de una "jurisdicción disciplinaria judicial"), en *Independencia Judicial,* Colección Estado de Derecho, Tomo I, Academia de Ciencias Políticas y Sociales, Acceso a la Justicia org., Fundación de Estudios de Derecho Administrativo (Funeda), Universidad Metropolitana (Unimet), Caracas 2012, 9-103; "La demolición de las instituciones judiciales y la destrucción de la democracia: La experiencia venezolana," en *Instituciones Judiciales y Democracia. Reflexiones con ocasión del Bicentenario de la Independencia y del Centenario del Acto Legislativo 3 de 1910,* Consejo de Estado, Sala de Consulta y Servicio Civil, Bogotá 2012, pp. 230-254 "La justicia sometida al poder [La ausencia de independencia y autonomía de los jueces en Venezuela por la interminable emergencia del Poder Judicial (1999-2006)]" en *Cuestiones Internacionales. Anuario Jurídico Villanueva 2007,* Centro Universitario Villanueva, Marcial Pons, Madrid 2007, pp. 25-57, y en *Derecho y democracia. Cuadernos Universitarios*, Órgano de Divulgación Académica, Vicerrectorado Académico, Universidad Metropolitana, Año II, N° 11, Caracas, septiembre 2007, pp. 122-138; "La progresiva y sistemática demolición institucional de la autonomía e independencia del Poder Judicial en Venezuela 1999-2004", en *XXX Jornadas J.M Domínguez Escovar, Estado de derecho, Administración de justicia y derechos humanos*, Instituto de Estudios Jurídicos del Estado Lara, Barquisimeto, 2005, pp. 33-174.

105 Véase Allan R. Brewer-Carías, *Dismantling Democracy. The Chávez Authoritarian Experiment*, Cambridge University Press, New York, 2010; "La demolición del Estado de derecho y la destrucción de la

total de los diversos poderes del Estado a un control férreo, unipersonal, que incluso acaba de funcionar en enero de 2013, en nombre del Presidente enfermo e inhabilitado, siendo este uno de sus principales legados luego de catorce años de autoritarismo.

Por ello, Sr. José Miguel Insulza, Secretario General de la Organización de Estados Americanos, ante el requerimiento de entidades de Venezuela de que la institución confrontara lo ocurrido en el país con los principios de la *Carta Democrática Interamericana*, según se informó públicamente se limitó a indicar que la OEA "respeta la decisión de los poderes constitucionales de Venezuela de aplazar indefinidamente la toma de posesión del Presidente Hugo Chávez," precisando simplemente que "El tema ha sido ya resuelto por los tres poderes del Estado de Venezuela: *lo planteó el Ejecutivo, lo consideró el Legislativo, y lo resolvió el Judicial"*, de lo que concluyó afirmando que "Las instancias están agotadas y por lo tanto el proceso que se llevará a cabo en ese país es el que han decidido los tres poderes."[106]

Tan simple y elemental como eso, y cualquier consideración de si esos tres poderes son efectivamente independientes y autónomos, por lo visto no tiene importancia alguna, particularmente de cara a la *Carta Democrática Interamericana* adoptada por la propia OEA en la cual se determina con precisión, como "componentes esenciales" de la democracia, tanto "la separación e independencia de los poderes públicos" como "el acceso al poder y su ejercicio con sujeción al Estado de derecho," y un "régimen plural de partidos y organizaciones políticas," en adición al "respeto a los derechos humanos y las libertades fundamentales," y "a la celebración de elecciones periódicas, libres, justas y basadas en el sufragio universal y secreto, como expresión de la soberanía del pueblo" (art. 3). Eso, para el Secretario General de la OEA, por lo visto no tiene interés ni importancia.

En ese proceso ocurrido en Venezuela de sometimiento progresivo de los poderes del Estado a control político férreo, en todo caso, el rol más importante y trágico lo había tenido el Tribunal Supremo de Justicia, el cual lejos de ser el supremo garante de la Constitución, por el control político ejercido sobre el mismo, particularmente sobre su Sala Constitucional, lamentablemente se convirtió en el instrumento más certero para asegurar el autoritarismo en el país,[107] impartiendo una

---

democracia en Venezuela," en *Revista Trimestral de Direito Público (RTDP),* N° 54, Instituto Paulista de Direito Administrativo (IDAP), Malheiros Editores, Sao Paulo, 2011, pp. 5-34.

106 J. M. Insulza: "OEA respeta decisión de los poderes constitucionales sobre la toma de posesión del presidente Chávez" 11-1-2013, en http://www.noticierovenevision.net/politica/2013/enero/11/51405=oea-respeta-decision-de-los-poderes-constitucionales-sobre-la-toma-de-posesion-del-presidente-chavez; y en http://globovision.com/articulo/oea-respeta-cabalmente-decision-del-tsj-sobre-toma-de-posesion-de-chavez

107 Véase Allan R. Brewer-Carías, "El juez constitucional al servicio del autoritarismo y la ilegítima mutación de la Constitución: el caso de la Sala Constitucional del Tribunal Supremo de Justicia de Venezuela (1999-2009)", en *Revista de Administración Pública*, N° 180, Madrid 2009, pp. 383-418, y en *IUSTEL, Revista General de Derecho Administrativo*, N° 21, junio 2009, Madrid, ISSN-1696-9650

justicia constitucional distorsionada,[108] muchas veces "a la carta" conforme a las peticiones siempre "oportunas" del abogado del Estado o de ciudadanos "interesados," por la vía de un inventado[109] y absolutamente endémico recurso autónomo de interpretación abstracta de la Constitución.[110]

Ello, en definitiva, es lo único que puede explicar la emisión de sentencias como la N° 02 del día 9 de enero de 2013, para resolver un recurso de interpretación abstracta sobre el contenido y alcance del artículo 231 de la Constitución,[111] en la cual, como se ha dicho, la Sala Constitucional aplicando un principio del derecho administrativo de la función pública como es el de la "continuidad administrativa," resolvió poner el gobierno de Venezuela para el inicio del período constitucional 2013-2019 en manos de funcionarios que no habían sido electos popularmente, y que, por tanto, carecían de legitimidad democrática (como eran el Vicepresidente y de los Ministros que habían sido nombrados en el período constitucional anterior 2007-2013), hasta cuando el propio Tribunal Supremo fijase la oportunidad para que el Presidente electo enfermo se juramentase ante el mismo, cuando pudiera, sin haberse molestado siquiera a tener a la vista prueba alguna de la situación de salud del Presidente, lo que por lo demás podía requerir de oficio.

Basta releer la norma "interpretada" para constatar que la misma sólo indica que el candidato elegido debe tomar posesión del cargo de Presidente de la República "el diez de enero del primer año de su período constitucional, mediante juramento ante la Asamblea Nacional," y que "si por cualquier motivo sobrevenido" no pudiere "tomar posesión ante la Asamblea Nacional, lo hará ante el Tribunal Supremo de Justicia." Y nada más. En forma alguna, puede ser interpretada violando el principio democrático que está a la base de la propia Constitución (art. 5), y que impone que el cargo de Presidente de la República debe ejercerse por una persona elegida por el pueblo.

---

108 Véase Allan R. Brewer-Carías, *Crónica sobre la "in" justicia constitucional. La Sala Constitucional y el autoritarismo en Venezuela*, Colección Instituto de Derecho Público, Universidad Central de Venezuela, N° 2, Caracas 2007, 702 pp.; *Práctica y distorsión de la justicia constitucional en Venezuela (2008-2012),* Colección Justicia N° 3, Acceso a la Justicia, Academia de Ciencias Políticas y Sociales, Universidad Metropolitana, Editorial Jurídica Venezolana, Caracas 2012, 520 pp.; *La patología de la justicia constitucional,* Editorial Investigaciones Jurídicas/ Editorial Jurídica Venezolana, San José, Costa Rica 2012, 596 pp.

109 Véase Allan R. Brewer-Carías, "La ilegítima mutación de la constitución por el juez constitucional: la inconstitucional ampliación y modificación de su propia competencia en materia de control de constitucionalidad. Trabajo elaborado para el *Libro Homenaje a Josefina Calcaño de Temeltas*. Fundación de Estudios de Derecho Administrativo (FUNEDA), Caracas 2009, pp. 319-362

110 Recurso que hemos criticado desde el inicio. Véase Allan R. Brewer-Carías, "*Quis Custodiet Ipsos Custodes*: De la interpretación constitucional a la inconstitucionalidad de la interpretación", en *VIII Congreso Nacional de derecho Constitucional, Perú*, Fondo Editorial 2005, Colegio de Abogados de Arequipa, Arequipa, septiembre 2005, pp. 463-489; y en *Revista de Derecho Público*, Nº 105, Editorial Jurídica Venezolana, Caracas 2006, pp. 7-27; "Le recours d'interprétation abstrait de la Constitution au Venezuela", en *Le renouveau du droit constitutionnel, Mélanges en l'honneur de Louis Favoreu*, Dalloz, Paris 2007, pp. 61-70

111 Véase el texto de la sentencia en http://www.tsj.gov.ve/decisiones/scon/Enero/02-9113-2013-12-1358.html

Mediante este tipo de sentencias, lamentablemente, en este caso, y progresivamente, en Venezuela se ha venido mutando la Constitución, cambiándole el sentido a sus normas[112] conforme a lo requerido por el gobierno, incluso para implementar reformas constitucionales que han sido rechazadas por el pueblo, como ocurrió con la Reforma Constitucional de 2007,[113] muchas de cuyas previsiones popularmente rechazadas se implementaron por la Sala Constitucional,[114] o mediante leyes inconstitucionales respecto de las cuales la Sala Constitucional se ha negado a ejercer el control de constitucionalidad.[115]

Por supuesto, con un Juez Constitucional sometido al poder no es fácil que pueda haber control del poder, que es lo esencial en un Estado de Derecho.

---

112 Véase Allan R. Brewer-Carías, "La fraudulenta mutación de la Constitución en Venezuela, o de cómo el juez constitucional usurpa el poder constituyente originario,", en *Anuario de Derecho Público*, Centro de Estudios de Derecho Público de la Universidad Monteávila, Año 2, Caracas 2009, pp. 23-65; y "La ilegítima mutación de la Constitución por el juez constitucional y la demolición del Estado de derecho en Venezuela," *Revista de Derecho Político*, N° 75-76, *Homenaje a Manuel García Pelayo*, Universidad Nacional de Educación a Distancia, Madrid, 2009, pp. 291-325.

113 Véase sobre ese proyecto de reforma constitucional Allan R. Brewer-Carías, *La reforma constitucional de 2007 (Comentarios al Proyecto inconstitucionalmente sancionado por la Asamblea Nacional el 2 de noviembre de 2007)*, Colección Textos Legislativos, N° 43, Editorial Jurídica Venezolana, Caracas 2007.

114 Véase en general Allan R. Brewer-Carías, *Reforma constitucional y fraude a la Constitución (1999-2009)*, Academia de Ciencias Políticas y Sociales, Caracas 2009; y por ejemplo en materia de forma del Estado, "La Ilegítima mutación de la Constitución y la Legitimidad de la Jurisdicción Constitucional: La "Reforma" de la forma federal del Estado en Venezuela mediante interpretación constitucional," en *Anuario N° 4, Diciembre 2010*, Instituto de Investigación Jurídicas, Facultad de Jurisprudencia y Ciencias Sociales, Universidad Dr. José Matías Delgado de El Salvador, El Salvador 2010, pp. 111-143 (ISSN 2071-2472; "La ilegitima mutación de la Constitución y la legitimidad de la jurisdicción constitucional: la "reforma" de la forma federal del Estado en Venezuela mediante interpretación constitucional," en *Memoria del X Congreso Iberoamericano de Derecho Constitucional*, Instituto Iberoamericano de Derecho Constitucional, Asociación Peruana de Derecho Constitucional, Instituto de Investigaciones Jurídicas-UNAM y Maestría en Derecho Constitucional-PUCP, IDEMSA, Lima 2009, tomo 1 , pp. 29-51; "La Sala Constitucional como poder constituyente: la modificación de la forma federal del estado y del sistema constitucional de división territorial del poder público, en *Revista de Derecho Público*, N° 114, (abril-junio 2008), Editorial Jurídica Venezolana, Caracas 2008, pp. 247-262.

115 Véase en Allan R. Brewer-Carías, "La desconstitucionalización del Estado de derecho en Venezuela: del Estado Democrático y Social de derecho al Estado Comunal Socialista, sin reformar la Constitución," en *Libro Homenaje al profesor Alfredo Morles Hernández, Diversas Disciplinas Jurídicas*, (Coordinación y Compilación Astrid Uzcátegui Angulo y Julio Rodríguez Berrizbeitia), Universidad Católica Andrés Bello, Universidad de Los Andes, Universidad Monteávila, Universidad Central de Venezuela, Academia de Ciencias Políticas y Sociales, Vol. V, Caracas 2012, pp. 51-82; en Carlos Tablante y Mariela Morales Antonorzzi (Coord.), *Descentralización, autonomía e inclusión social. El desafío actual de la democracia*, Anuario 2010-2012, Observatorio Internacional para la democracia y descentralización, En Cambio, Caracas 2011, pp. 37-84; en *Estado Constitucional*, Año 1, N° 2, Editorial Adrus, Lima, junio 2011, pp. 217-236; en Revista *Aequitas*, Facultad de Ciencias Jurídicas, Universidad de El Salvador, Tercera Etapa, Año V, Número 5, Buenos Aires 2011, pp. 105-138; y en *Revista Aequitas Virtual*, Número 15 - Año V - Facultad de Ciencias Jurídicas, Universidad de El Salvador, Buenos Aires, Mayo 2011 (Sección "Derecho Constitucional"), en http://www.salva-dor.edu.ar/juri/aequitasNE/nro-quince/Derecho%20cons-titucional%20Allan%20R.Brewer-Carias.pdf

IV. EL INICIO DEL PERÍODO CONSTITUCIONAL EL 10 DE ENERO DE 2013 CON UN GOBIERNO NO ELECTO IMPUESTO POR EL TRIBUNAL SUPREMO, CON UN JEFE DE ESTADO Y DEL EJECUTIVO NACIONAL AUSENTE

A partir del día 10 de enero de 2013, por tanto, por imposición del Tribunal Supremo de Justicia mediante sentencia N° 02 de 9 de enero de 2013,[116] se inició en Venezuela el nuevo período constitucional presidencial 2013-2019, sin que el Presidente de la República, quién había sido electo en octubre de 2012, hubiese tomado posesión de su cargo como lo exigía el artículo 231 de la Constitución, lo que debió haber ocurrido mediante juramento ante la Asamblea Nacional ese mismo día 10 de enero de 2013.

Como consecuencia de la ausencia del Presidente de la República de dicho acto que marcaba el inicio del período constitucional 2013-2019, el pueblo de Venezuela a través de sus representantes, que son precisamente los diputados electos y que conforman la Asamblea Nacional, no pudo constatar que el Presidente, quien había sido electo tres meses antes, dada su seria condición de salud como fue informado ante la Asamblea el 8 de enero de 2013, pero que se sabía desde que fue diagnosticada el junio de 2011, estaba o no en condiciones de gobernar.

1. *Sobre el funcionamiento del gobierno constitucional con un Presidente enfermo en La Habana, pero que sin embargo firmaba decretos en Caracas, conducido en Venezuela por un Vicepresidente Ejecutivo con atribuciones limitadas*

El juramento de un Presidente para iniciar su período constitucional, como se ha dicho, es un acto solemne mediante el cual comparece ante el pueblo a expresar su voluntad de comenzar a ejercer sus funciones de gobierno, jurando cumplir cabalmente con sus obligaciones; y para el pueblo, es la forma de constatar que quien fue electo no sólo está vivo sino en condiciones plenas para ejercer su cargo. Por ello, ese acto de juramento ante el pueblo, como resulta de la doctrina sentada años atrás por el mismo Tribunal Supremo de Justicia en sentencia N° 780 del 8 de mayo de 2008 (Caso Gobernador del Estado Carabobo), constituye "una solemnidad imprescindible," para la "toma de posesión" de la cual depende "el inicio de la acción de gobierno" y, por tanto, "condiciona la producción de los efectos jurídicos" de la "función ejecutiva" del Presidente electo y, el consiguiente, "desarrollo de las facultades de dirección y gobierno" de Estado, "así como la gestión del interés público que satisface real y efectivamente las necesidades colectivas," considerando, en fin que "de ello depende el funcionamiento de uno de los poderes del Estado."[117]

116 Expediente N° 12-1358, Solicitante: Marelys D'Arpino. Véase el texto de la sentencia en: http://www.tsj.gov.ve/decisiones/scon/Enero/02-9113-2013-12-1358.html

117 En la parte pertinente relativa al inicio del período constitucional del Gobernador como jefe del Ejecutivo en un Estado (Estado Carabobo), la Sala Constitucional del Tribunal Supremo decidió como sigue: "Ciertamente y tal como señaló esta Sala en la decisión N° 780 del 8 de mayo de 2008, la eficacia tangible del principio democrático constituye un parámetro esencial en la determinación de la finalidad humanista del Estado y como quiera que el inicio de la acción de gobierno depende de la correspondiente toma de posesión, resulta patente que el acto de juramentación del jefe del ejecutivo estadal constitu-

Pero como se ha dicho, a pesar de lo esencial de esa solemnidad, y aún reconociendo su carácter "imprescindible," el Tribunal Supremo de Justicia en la sentencia N° 02 del 9 de enero de 2013[118] dispuso que la no comparecencia anunciada del Presidente de la República para su toma de posesión el día siguiente 1 de enero de 2013, por encontrarse totalmente incapacitado para ello por yacer en una cama de hospital en La Habana después de haber sido operado un mes antes (11 de diciembre de 2012), por el hecho de que había sido "reelecto" terminando ese mismo día su período anterior (2007-2013), en virtud de que como eventualmente podría prestar dicho juramento posteriormente, no pudiendo considerarse en ese día de terminación del período constitucional 2007-2013, por su ausencia, "que el gobierno queda *ipso facto* inexistente," resolvió que:

> "el Poder Ejecutivo (constituido por el Presidente, el Vicepresidente, los Ministros y demás órganos y funcionarios de la Administración) seguirá ejerciendo cabalmente sus funciones con fundamento en el principio de la continuidad administrativa."[119]

A partir de ese día, por tanto, y por lo que respecta a nuevo período constitucional, a pesar de que existía una falta efectiva del Presidente de la República por su ausencia del territorio nacional, el Tribunal Supremo de Venezuela le impuso a los venezolanos un gobierno no electo, violando el principio democrático.

Es cierto, como lo precisó el profesor Hérman Escarrá, que la no realización del acto de juramentación el 10 de enero de 2013 "no significa que no es Presidente de la República el Presidente," es decir, no significa que el Presidente Chávez cuya falta absoluta no había sido informada como ocurrida, tenía la titularidad del cargo de Presidente de la República, condición que sin duda tenía después de haber sido electo; sin embargo, como también lo precisó el profesor Jesús María Casal, "si el Jefe del Estado no hace acto de presencia en ese momento confirmaría en principio que está incapacitado para asumir el próximo mandato," o como lo expresó el

---

ye una solemnidad imprescindible para la asunción de la magistratura estadal y, por tanto, condiciona la producción de los efectos jurídicos de una de las funciones esenciales de los entes político territoriales, a saber, la función ejecutiva del gobernador electo y, el consiguiente, desarrollo de las facultades de dirección y gobierno de la entidad, así como la gestión del interés público que satisface real y efectivamente las necesidades colectivas, resulta patente la difusividad del asunto planteado ya que de ello depende el funcionamiento de uno de los poderes del Estado Carabobo". Véase la sentencia N° 780 del 8 de mayo de 2008 (Caso Gobernador del Estado Carabobo).

118 Expediente N° 12-1358, Solicitante: Marelys D'Arpino. Véase el texto de la sentencia en: http://www.tsj.gov.ve/decisiones/scon/Enero/02-9113-2013-12-1358.html

119 Sobre esta sentencia, lejos de considerar que con la misma se dio un "golpe a la Constitución, el profesor Héctor Faúndez Ledezma, lo que estimó es que "No hay nada de qué sorprenderse. El error está en asumir que un tribunal en el que no hay una sola persona con sólida trayectoria jurídica pueda interpretar correctamente la Constitución. Lo absurdo es pretender que un tribunal, integrado personas elegidas en función de su compromiso con un proyecto político y de su lealtad a un caudillo, pueda actuar con independencia e imparcialidad. Lo extravagante es pensar que un tribunal presidido por quien ha afirmado que "la división de poderes debilita al Estado" pueda decidir con independencia en un asunto que concierne, precisamente, a este Gobierno." Véase Héctor Faúndez Ledezma, "Santa palabra", *El Nacional*, 18-1-2013. en http://www.el-nacional.com/hector_faundez/Santapalabra_0_1199-89466.html

profesor Jesús María Alvarado Andrade, "Si [el Presidente] no se juramenta en esa fecha no puede ejercer constitucionalmente. Estaríamos en un desempeño del cargo de facto."[120]

Una cosa es la titularidad del cargo, y otra, por tanto, es su ejercicio. Nadie le negaba al Presidente, porque se informaba oficialmente que estaba vivo pero enfermo, la titularidad de su cargo, sin embargo, constitucionalmente, a partir del 10 de enero de 2013, cuando cesó como Presidente en el período constitucional 2007-2013, por su falta de juramentación para el período constitucional 2013-2019 no podía ejercer su cargo, pues no había tomado posesión del mismo. Sin embargo, sin ninguna base constitucional, como se ha argumentado, el Tribunal Supremo le impuso a los Venezolanos a partir del 10 de enero de 2013, un gobierno conformado por el "Poder Ejecutivo (constituido por el Presidente, el Vicepresidente, los Ministros y demás órganos y funcionarios de la Administración)" que existía antes del 10 de enero de 2013, el cual dispuso que "seguirá ejerciendo cabalmente sus funciones con fundamento en el principio de la continuidad administrativa."

En cuanto al Presidente de la República que continuaba, según la Sala, "ejerciendo cabalmente sus funciones" ello no pasaba de ser un buen deseo o un buen pensamiento, pues por las también informaciones oficiales suministradas desde el gobierno, desde el 11 de diciembre de 2012 el Presidente no sólo estaba ausente del territorio nacional, sino que desde donde permanecía, estaba totalmente incapacitado para gobernar.[121]

De manera que no era cierto, como lo afirmó la Sala Constitucional, que el Poder Ejecutivo estaba conducido por el Presidente de la República, ni que éste pudiera ejercer su cargo, y menos "continuar" ejerciéndolo en forma alguna. En el cuadro de gravedad del Presidente, en realidad, a esa fecha, lo único que se sabía como signo de su condición era que en algún momento había "apretado" la mano del Vicepresidente de la República, según información suministrada por él mismo.[122] Al contrario de lo que afirmó la Sala, había una evidente falta efectiva del Presidente de la República del país y del ejercicio del cargo para el cual había sido electo.

---

120 Véase lo que expusieron en el programa reseñado en; "Toma de posesión. Visiones jurídicas sobre el 10 de enero," en *El Universal,* 10 de enero de 2013, en http://www.eluniver-sal.com/nacional-y-politica/salud-presidencial/130110/visiones-juridicas-sobre-el-10-de-enero

121 El 13 de enero de 2013, el Ministro de Información Villegas, informaba: "El presidente de Venezuela, Hugo Chávez, evoluciona favorablemente de la cirugía a la que fue sometido el pasado 11 de diciembre, aunque aún necesita "medidas específicas" para la solución de la "insuficiencia respiratoria" que se le originó como consecuencia de una infección. "A pesar de su delicado estado de salud después de la compleja intervención quirúrgica del 11 de diciembre pasado en los últimos días la evolución clínica general ha sido favorable", véase en http://www.lapatilla.com/site/2013/01/13/villegas-en-minutos-comunicado-oficial-sobre-salud-de-chavez/

122 "Maduro: "Chávez me apretó la mano con una fuerza gigantesca," indicando que "En uno de los saludos lo saludé (a Chávez) con la mano izquierda y me apretó con una fuerza gigantesca mientras hablábamos", comentó Maduro durante una entrevista exclusiva que ofreció al canal interestatal Telesur desde Cuba, donde se encuentra desde el pasado 29 de diciembre acompañando al gobernante y a sus familiares."Véase en Larazón.com, 2 de enero de 2013, en http://www.larazon.es/detalle_normal/noticias/554672/maduro-chavez-me-apreto-la-mano-con-una-fuerza

Según la información oficial, no se trataba constitucionalmente una "falta absoluta," pero si podía considerarse como una falta equivalente a una "falta temporal" producida por el hecho por estar ausente del territorio nacional. Sin embargo, esa realidad de los hechos la negó el Tribunal Supremo y más bien le dijo a los venezolanos que "no debe considerarse que la ausencia del territorio de la República configure automáticamente una falta temporal en los términos del artículo 234 de la Constitución de la República Bolivariana de Venezuela, sin que así lo dispusiere expresamente el Jefe de Estado *mediante decreto especialmente redactado para tal fin*." O sea que quien va a quedar incapacitado temporalmente de ejercer el cargo por un hecho futuro que está fuera de su control (una intervención quirúrgica, por ejemplo), está en la obligación de saberlo anticipadamente (ser clarividente), de anunciarlo, y es más, en este caso, de disponerlo y decretarlo personalmente. De lo contrario, puede estar postrado en una cama de hospital lejos de la sede del gobierno, y sin embargo, estar y continuar en ejercicio de su cargo.

No se necesita mucha lógica para entender lo absurdo, ilógico, irracional, inadmisible, irrazonable, desatinado, en fin, falso, de esta afirmación de la Sala Constitucional. [123] Desde el 10 de enero de 2013, el Presidente Chávez efectivamente estaba ausente, y no estaba en capacidad de gobernar. En definitiva, estaba en una falta efectiva del ejercicio del cargo, por imposibilidad física de ejercerlo.[124]

---

123 Por ello Pablo Aure explicaba: "En Venezuela se votó por Hugo Chávez, pero debido a una "interpretación" que jamás se podrá entender, el Tribunal Supremo de Justicia en Sala Constitucional, nos dijo que Hugo Chávez tiene permiso para estar ausente del país hasta que se cure o regrese a Venezuela, pero sigue estando en pleno ejercicio de sus funciones. La triste razón que esgrimió la Sala fue la siguiente: "No debe considerarse que la ausencia del territorio de la República configure automáticamente una falta temporal en los términos del artículo 234 de la Constitución de la República Bolivariana de Venezuela, sin que así lo dispusiere expresamente el Jefe de Estado mediante decreto especialmente redactado para tal fin..."(sic) Es decir, que si Chávez muere o queda incapacitado para ejercer sus funciones seguirá mandando desde el más allá, o nos seguiremos calando a los usurpadores que el TSJ imponga." Véase Pablo Aure, "Hasta Cuando. Pueblo humillado" *El Carabobeño*, 14-1-2013, en http://www.el-carabobeno.com/impreso/articulo/45785/pueblo-humillado

124 En relación con esta falta efectiva, debe indicarse que el profesor Hermán Escarrá, llegó a negar su existencia que en este caso diciendo que "No hay falta temporal ni hay falta absoluta. No existe la figura de la falta en este momento, porque hay un hecho sobrevenido y hay un permiso otorgado por la Asamblea Nacional. En el orden jurídico, está permisado el Presidente reelecto para hacerse la operación y continuar con los cuidados que sean necesarios." El razonamiento, por supuesto no tiene asidero constitucional alguno: Ciertamente no habría "falta absoluta" en los términos constitucionales pues se informaba que el Presidente permanecía con vida, y no habría "falta temporal" en los términos constitucionales a partir del 10 de enero de 2013, porque el Presidente no había tomado posesión de su cargo, pero evidentemente que hasta el 10 de enero de 2013 había una "falta temporal" en los términos constitucionales, por la ausencia del Presidente del territorio nacional desde el 10 de diciembre de 2012, yaciendo en una cama de hospital recuperando su salud. Esa falta efectiva del Presidente continuo a partir del 10 de enero de 2013, y ello le impidió tomar posesión de su cargo. Por lo demás, no es cierto que, como dijo Escarrá, haya habido "un permiso otorgado por la Asamblea Nacional" al "Presidente reelecto para hacerse la operación y continuar con los cuidados que sean necesarios," agregando que "el permiso fue otorgado para una operación" que "hay que esperar el restablecimiento del Presidente de la República," y que es por "el tiempo de la gravedad de la enfermedad, el tiempo que requiera el Presidente porque ese fue el permiso que se le dio." Véase lo expuesto por Hermann Escarrá, en "Escarrá sostiene que "no hay vacío de poder" y que "el Ejecutivo Nacional es legítimo" en *Yaesnoticia.com* 13-1-2013, en http://yaesnoti-cia.com/nacionales/escarra-sostiene-que-no-hay-vacio-de-poder-y-que-el-ejecutivo-

Ello lo que implicaba era que en razón de la imposición del Tribunal Supremo y del mencionado e inaplicable "principio de continuidad administrativa" en el cual la Sala Constitucional fundamentó su decisión, a partir del 10 de enero de 2013, el Poder Ejecutivo en Venezuela, de hecho, estaba constituido sólo por "el Vicepresidente, los Ministros y demás órganos y funcionarios de la Administración," funcionarios todos que efectivamente eran los que podían, en los términos de la sentencia de la Sala, seguir realmente "ejerciendo cabalmente sus funciones con fundamento en el principio de la continuidad administrativa."

Dejando aparte el caso de los Ministros y demás funcionarios, interesa sobre todo, en ausencia del Presidente de la República, precisar las funciones del Vicepresidente de la República, pues si se hubiese aplicado la Constitución, la "falta temporal" del Presidente de la República en este caso de ausencia del territorio nacional, por viaje al exterior y sometimiento a una operación quirúrgica que imposibilitara al Presidente ejercer sus funciones, el Vicepresidente Ejecutivo, para el 10 de enero de 2015 hubiera estado supliendo al Presidente en el ejercicio de sus funciones. La imposición de la continuidad en el ejercicio del cargo resuelta por la Sala Constitucional hubiera significado, en ese caso, que el Vicepresidente Ejecutivo hubiera continuado supliendo la falta temporal del Presidente y hubiera podido ejercer todas sus funciones constitucionales. Esa es precisamente una de sus atribuciones esenciales previstas en el artículo 239.8 de la Constitución "suplir las faltas temporales del Presidente de la República" (además, art. 234), que se quiso ignorar. En efecto, tanto el Presidente Chávez como el Vicepresidente Maduro se negaron a aplicar estas normas constitucionales, rehusando a considerar la ausencia del primero del territorio nacional como "falta temporal," y lo mismo hizo la Sala Constitucional, al disponer que sólo si el Presidente la hubiese "decretado" al abandonar el territorio nacional la misma hubiera podido materializarse.

El absurdo que resultó de todo esto, es que el gobierno no electo que le impuso la Sala Constitucional a los venezolanos a partir del 10 de enero de 2013, estaba conducido por un funcionario quién, como Vicepresidente, supuestamente no suplía la falta temporal del Presidente, es decir, no podía ejercer las funciones del Presidente, teniendo en cambio sólo sus funciones establecidas en el artículo 239 de la Constitución, y las escasas y limitadas funciones que el Presidente le había delegado en la víspera de su viaje al exterior en diciembre de 2012, sometidas "a consulta previa al Presidente" y a su aprobación en Consejo de Ministros. Situación más bizarra no podía uno imaginarse, al punto de que el profesor Escarrá al afirmar que "Nadie ha sustituido al Presidente reelecto," agregó que "El Presidente reelecto

---

nacional-es-legitimo/. Ello simplemente no es cierto, pues la Asamblea el 9 de diciembre de 2012, lo que otorgó fue una autorización al Presidente de la República para ausentarse del país por un período de más de cinco días, que es a lo único a lo que se refiere el control político que ejerce el Parlamento frente a las ausencias del territorio nacional conforme al artículo 235 de la Constitución: ausencias del territorio que se prolonguen por más de 5 días. Y si el tiempo de permanencia fuera del territorio nacional, por la razón o motivo que fuera, es por más de 90 días, entonces entra en aplicación el artículo 234 de la Constitución. Lo expuesto por Escarrá equivale a considerar como lo ha observado atinadamente Antonio Sánchez García que el presidente Chávez: "continuaría al mando imaginario de una presidencia virtual, bajo un permiso indeterminado, tanto tiempo como su sobrevivencia asimismo virtual lo hiciera posible."Véase en *Antonio Sánchez García,* "La rambolesca y triste historia de una satrapía anunciada" 11-1-2013, en http://m.notitarde.com/no-ta.aspx?Id=159364.

ha delegado en el Vicepresidente atribuciones adicionales a las que ya la Constitución prevé."[125]

Era evidente que el Decreto de delegación e diciembre de 2012 cesó en sus efectos, por caducar, a partir del 10 de enero de 2013, al terminar el período constitucional para el cual fue dictado. Sin embargo, y asumiendo que con la decisión de la Sala Constitucional el mismo también había sido "prorrogado" en sus efectos, el resultado de todo lo anterior, es que al no estar el Vicepresidente supliendo la "falta temporal" del Presidente, por haberlo así resuelto el Presidente y el propio Tribunal Supremo, en su ausencia, el Vicepresidente Ejecutivo comenzó a conducir el Poder Ejecutivo con facultades muy limitadas, entre las cuales no estaban las enumeradas en el artículo 236 de la Constitución asignadas al Presidente de la República.

Ello, sin embargo, no fue impedimento para que el Vicepresidente, de nuevo, pero esta vez en virtud de la "continuidad administrativa" decretada por la Sala Constitucional, procediera a designar de nuevo, mediante Decreto No. 9350 de 11 de enero de 2013, "por delegación del Presidente," a un "Vicepresidente Encargado" por suplir su ausencia del territorio nacional para ir a Cuba,[126] designando a tal efecto al ministro de Energía Eléctrica, Héctor Navarro.[127] El Vicepresidente Ejecutivo no tenía entre sus atribuciones la de nombrar Vicepresidentes Encargados, facultad que sólo puede ejercer quien lo nombra a él, que es el Presidente de la República. Ningún funcionario público está facultado en el ordenamiento jurídico venezolano a designar a nadie para que se encargue de su propio cargo. La designación por lo tanto también carecía de toda lógica administrativa

Posteriormente, a pesar de que la atribución del Presidente de la República de rendir cuenta de su gestión anualmente ante la Asamblea nacional es de carácter personalísimo, el Vicepresidente Ejecutivo N. Maduro lo hizo supuestamente "en su nombre" el día 15 de enero de 2013, sin tener competencia alguna para ello, ya que supuestamente no suplía la "falta temporal" del Presidente, ni esa atribución está dentro de las funciones delegadas. El artículo 237 de la Constitución dispone que "dentro de los diez primeros días siguientes a la instalación de la Asamblea Nacional, en sesiones ordinarias, el Presidente de la República presentará, cada año, *personalmente* a la Asamblea un mensaje en que dará cuenta de los aspectos políticos, económicos, sociales y administrativos de su gestión durante el año inmediatamente anterior." Se trata, de la única norma constitucional en la cual se exige la *actuación personal* del Presidente, y en este caso, se trataba de dar cuenta de la gestión del último año del periodo constitucional 20107-2013. Pues haciendo caso omiso de esta previsión constitucional el Vicepresidente presentó la memoria y

125 Véase en "Escarrá sostiene que "no hay vacío de poder" y que "el Ejecutivo Nacional es legítimo" en *Yaesnoticia.com* 13-1-2013, en http://yaesnoticia.com/nacionales/escarra-sostiene-que-no-hay-vacio-de-poder-y-que-el-ejecutivo-nacional-es-legitimo/

126 Véase en http://globovision.com/articulo/raul-castro-se-reunio-con-nicolas-maduro-diosda-do-cabello-y-rafael-ramirez y en http://www.lapatilla.com/site/2013/01/11/maduro-viaja-hoy-a-cuba/

127 Decreto N° 9.350, de fecha 11 de enero de 2013 en *Gaceta Oficial* N° 40.088, de fecha 11 de enero de 2013

cuenta presidencial el 15 de enero de 2013, por orden del Presidente sin indicar cómo y cuando fue dada la misma.[128] Luego aclararía que no presentó tal Memoria y Cuenta sino que lo que hizo, por orden del Presidente, fue entregar por escrito los documentos correspondientes a la misma en virtud de que el artículo 236.17 le atribuye al Presidente facultad para dirigir a la Asamblea Nacional, por intermedio del Vicepresidente Ejecutivo "informe y mensajes especiales" lo cual por supuesto no era el caso.[129]

En todo caso, en la oportunidad de consignar la Memoria y Cuenta del Presidente ante la Asamblea Nacional, el Vicepresidente Maduro anunció que "El presidente Chávez acaba de designar Ministro de Relaciones Exteriores al compañero Elías Jaua Milano y además vicepresidente político de gobierno. Elías Jaua queda a la orden de esta soberana Asamblea Nacional."[130] Nada informó sin embargo sobre cuándo o cómo el Presidente había hecho tal nombramiento, y sobre ello, los venezolanos tuvieron conocimiento formal sólo cuando se publicó en la *Gaceta Oficial* N° 40.090 de 15 de enero de 2013, un Decreto N° 9.351 de esa misma fecha, mediante el cual el mismo Presidente Hugo Chávez habría nombrado a "Elías Jaua Milano, como Ministro del Poder Popular para Relaciones Exteriores;" y el Decreto N° 9.352, de la misma fecha, mediante el cual el mismo Presidente Hugo Chávez habría nombrado al mismo Jauao, como "Sexto Vicepresidente del Consejo de Ministros Revolucionarios del Gobierno Bolivariano para el Área Política," tal como se lee en la *Gaceta*, "con el propósito de fortalecer la democracia protagónica revolucionaria, consolidando la base sociopolítica del Socialismo, conformando espacios de participación política que garanticen la consolidación del Poder Popular, así como realizar un efectivo seguimiento a la ejecución e implementación de las

---

128 Maduro: "Estamos cumpliendo por orden del Presidente la entrega por escrito del informe del Gobierno que él preside. Bajo sus órdenes estamos actuando y cumpliendo de manera impecable esta Constitución". "El 10 de enero comenzó el período 2013-2019 del único Presidente que tenemos: Hugo Chávez Frías." Véase la nota de Globovisión: "Maduro: Actuamos por orden del Presidente al entregar por escrito el informe de su Gobierno," en http://globovision.com/articulo/nicolas-maduro-presentara-memoria-y-cuenta-del-2012. Algunos de los diputados de la oposición se retiraron de la sesión respectiva. Véase en http://www.noticias24.com/internacionales/noticia/51294/video-de-brewer-carias-hablando-sobre-lo-que-dice-la-constitucion-del-10-e/

129 En la reseña de declaraciones dadas por el Vicepresidente Maduro en el acto de entrega de las Propuestas de la Fuerza Armada Nacional al Plan de la Patria 2013-2019, se informó que: "Maduro declaró que desde siempre el gobierno y su persona tuvieron "claro" que no podía ser él, en su carácter de vicepresidente, el que presentara la Memoria y Cuenta a manera de discurso ante la Asamblea Nacional porque eso sí hubiese sido una violación de la Constitución. "El Presidente me dio la orden de dirigirme a la Asamblea a entregar su Memoria y Cuenta por escrito porque como vicepresidente no podía rendir la memoria y cuenta ahí, eso lo tuvimos absolutamente claro desde siempre." Detalló que la forma en que entregó los libros están acorde con el cumplimiento de los artículos 236 y 237 de la Constitución... Maduro parafraseó la orden que le dio el presidente Hugo Chávez para entregar por escrito la Memoria y Cuenta. "El Presidente dijo: '15 de enero estoy citado por la Asamblea, no podemos fallar. A pesar de que estoy de permiso por el 235 por voto unánime de la Asamblea Nacional para los asuntos que solicité por esta operación no podemos fallar, asiste a la Asamblea y entrega por escrito el mensaje, y dales un saludo breve de mi parte". Véase "Maduro no presentó la Memoria y Cuenta para no violar Constitución," *El Universal*, 16-1-2013, en http://www.eluniversal.com/nacional-y-politica/130116/maduro-no-presento-la-memoria-y-cuenta-para-no-violar-constitucion

130 Véase en la nota de Globovisión, "Elías Jaua es el nuevo canciller de la república por orden de Chávez," en http://globovision.com/articulo/elias-jaua-es-el-nuevo-canciller-de-la-republica

medidas y decisiones adoptadas en el Consejo de Ministros Revolucionarios del Gobierno Bolivariano, coadyuvando en el desempeño institucional de las órganos a quienes corresponda la ejecución de dichas medidas, promoviendo la coordinación y cooperación interorgánica de la Administración Pública a todos los niveles;" texto que es como decir nada y decir todo, a la vez.

Lo que se destaca de estos dos decretos, es que con ellos el gobierno impuesto a los venezolanos por el Tribunal Supremo de Justicia a partir del 10 de enero de 2013, comenzó a actuar sobre la base de una falsedad, porque los dos Decretos aparecieron como firmados en Caracas ("Dado en Caracas')[131] el día 15 de enero de 2013, cuando era conocido y notorio que Chávez no estaba ni estuvo en Caracas, y ni siquiera se sabía si estaba vivo, sino que lo que se informaba era que estaba ausente del territorio nacional, por yacer en una cama de hospital en La Habana, Cuba, recuperándose, según informó el Vicepresidente Maduro de los "estragos" de unas complicaciones postoperatorias.[132] Esos estragos, sin duda, habían sido los que le impidieron estampar su firma en la comunicación enviada a la Asamblea Nacional el 8 de enero de 2013 anunciando que no comparecería a la sesión prevista para la toma de posesión del cargo.

Sin embargo, su firma si apareció en estos dos decretos, "**dados en Caracas**" sobre lo cual el Vicepresidente Ejecutivo Maduro afirmó que "El presidente Chávez ha dado una orden y *ha firmado un decreto* y el decreto ha salido como salen centenares de decretos durante el año [...] El Presidente Chávez como jefe de Estado dio la orden de designar a Elías Jaua, firmó el punto de cuenta, *firmó el decreto* y el decreto fue publicado, sencillo como eso, como siempre ha sido."[133] Es decir, el Vicepresidente Maduro afirmó oficialmente que el Presidente Chávez efectivamente firmó el decreto, afirmación que se entiende sólo podría hacer por tener conocimiento de causa, es decir, por ejemplo por haber sido testigo del hecho. Tendría en tal caso que tener la explicación del don de la ubicuidad del Presidente Chávez de haber estado a la vez, el mismo día 15 de enero, en La Habana y en Caracas, o del propio Vicepresidente Maduro para haber estado igualmente en esos dos lugares, el mismo día 15 de enero.

---

131 Como lo expresa el profesor José Ignacio Hernández, "La referencia a Caracas no es general. No se menciona a esa ciudad por ser la capital de la República. No. Se menciona a Caracas pues fue el lugar en el cual los Decretos fueron emitidos por el Presidente de la República. Y el acto se emite en el sitio en el cual está el Presidente al momento de dictar el acto." Véase en José Ignacio Hernández, "Sobre la firma del Presidente Chávez", *Prodavinci.com*, 17 de enero de 2013, en http://prodavinci.com/2013/01/17/actualidad/sobre-la-firma-del-presi-dente-hugo-chavez-por-jose-ignacio-hernandez-g/

132 Véase Entrevista a Nicolás Maduro, "Tratamiento del presidente Chávez es para superar "estragos" de infección respiratoria," *Globovisión* 17 de enero de 2013, en http://globovision.com/articulo/maduro-ahora-tratamiento-de-chavez-es-para-superar-estragos-de-insuficiencia-respiratoria

133 Véase William Neuman, "Critics Question Chávez Signature on an Official Decree," *The New York Times*, New York January 18, 2013, p. A3; y "Tratamiento del presidente Chávez es para superar "estragos" de infección respiratoria," *Globovisión* 17 de enero de 2013, en http://globovision.com/articulo/maduro-ahora-tratamiento-de-chavez-es-para-superar-estragos-de-insuficiencia-respiratoria

Es evidente, en todo caso, que permaneciendo el Presidente Chávez en La Habana, esa firma que apareció estampada en unos Decreto de fecha 15 de enero de 2013, definitivamente no se estampó en Caracas como falsamente se indica en los textos, sino que si efectivamente se firmó, debe haberse estampado en La Habana, tal como se deduce de lo afirmado por el propio Ministro Jaua, nombrado en los mismos al Decretos, al decir que "desde La Habana el presidente Hugo Chávez está 'ejerciendo el poder'" [...] "Chávez está mandando y por eso fui nombrado canciller."[134] Como lo advirtió el profesor José Ignacio Hernández: "Aquí tenemos una contradicción sin solución aparente: si los Decretos fueron firmados en Caracas, como se afirma en su texto, entonces el Presidente tuvo que firmarlos en Caracas, lo que probaría que no está ausente del país, a pesar de lo que se afirma en el discurso oficial. Pero si los Decretos no fueron firmados en Caracas, como en efecto sucedió, entonces dichos decretos declaran un hecho falso. Y si esos hechos son falsos, ¿no podrían plantearse dudas sobre la veracidad de los otros elementos de los Decretos, incluida la firma del Presidente?"[135]

Con todos ello, de toda esa contradicción, lo cierto es que con estos decretos se inició en Venezuela una especie de gobierno virtual, donde el Vicepresidente Ejecutivo no suplía al Presidente, y sólo tenía competencia para ejercer sus atribuciones constitucionales y las que le fueron delegadas, con las limitaciones impuestas por el Presidente Chávez, de manera que cada vez que fuera necesario emitir un decreto de los que no podía dictar el Vicepresidente, en las circunstancias en que el Presidente supuestamente permanecía en La habana, seguramente irían apareciendo decretos debidamente "firmados" por el Presidente Chávez, "dados en Caracas," es decir, en la ciudad asiento de los órganos de los Poderes Públicos. En el futuro, ya se sabía que se haría para que esa firma en solitario y virtual, pudiera, por ejemplo, estamparse en actos ejecutivos con decisiones que requirieran ser adoptados en reunión de Consejo de Ministros.

Ante esta modalidad de "firmas virtuales," en todo caso, debe recordarse que en relación con los actos ejecutivos, la firma de los documentos como principio esencial debe estar estampada en forma autógrafa. La firma no puede ser una firma

---

134 Véase la nota de prensa Jaua: "Chávez está mandando y por eso fui nombrado canciller," donde se recoge su afirmación de que "desde La Habana el presidente Hugo Chávez está "ejerciendo el poder", por lo que pidió a la oposición que respete "la legitimidad del Gobierno y que abandone el camino de generar zozobra e incertidumbre." Véase en *El Universal* 17 de enero de 2013, en http://www.eluniversal.com/nacional-y-politica/130117/jaua-chavez-esta-mandando-y-por-eso-fui-nombrado-canciller

135 Véase en José Ignacio Hernández, "Sobre la firma del Presidente Chávez", Prodavinci, 17 de enero de 2013, en http://prodavinci.com/2013/01/17/actualidad/sobre-la-firma-del-presidente-hugo-chavez-por-jose-ignacio-hernandez-g/ Un exmagistrados de la Corte Primera de lo Contencioso Administrativo, el mismo día, demandó ante el Tribunal Supremo la tacha de falsedad conforme al numeral 6 del artículo 1.380 del Código Civil, que le permite "tachar de falso los documentos públicos firmados por un funcionario que haga constar falsamente que el documento se firmó en una fecha y sitio diferente al de su verdadera realización." Dijo a la prensa: "Se debe presumir que esa firma es fidedigna", de puño y letra del Jefe de Estado. Sin embargo el documento expresa que el decreto ha sido firmado en Caracas el 15 de enero de 2013. "Eso es un testimonio falso del Presidente". Véase "Demandan ante el TSJ falsedad del decreto que designó a Elías Jaua como canciller," en Microiuris.com, 17 de enero de 2013, en http://aldiavenezuela.microju-ris.com/2013/01/17/demandan-ante-el-tsj-falsedad-del-decreto-que-designo-a-elias-jaua-como-canciller/

"fotocopiada" o "escaneada" y luego copiada en forma superpuesta en un documento. Por ello, entre las condiciones de validez de los actos administrativos que establece la Ley Orgánica de Procedimientos Administrativos de 1981,[136] está que se estampe el "sello de la oficina," y además, que "el original del respectivo instrumento contendrá la firma autógrafa del o de los funcionarios que lo suscriban" (art. 18.7). La Ley Orgánica establece, además, la posibilidad de que mediante decreto específicamente dictado para tal efecto se pueda estampar la firma por "medios mecánicos" que ofrezcan garantías de seguridad, en actos "cuya frecuencia lo justifique" (art. 18.7), lo que por supuesto no es aplicable respecto de los actos presidenciales, como el acto de nombramiento de un Ministro, la reglamentación de una Ley o la puesta del Ejecútese de una Ley.

Por otra parte, debe recordarse que en la víspera de uno de los viajes del Presidente Chávez a Cuba el 16 de julio de 2011, se anunció en los medios de comunicación que el Presidente de la República había recibido un "Certificado para generar firma electrónica" conforme a la Ley de Mensaje de Datos y Firmas Electrónicas de 2001.[137] Fue sin duda un avance administrativo para las comunicaciones, pero por supuesto no para que la "firma electrónica" pudiera en forma alguna servir para sustituir la "firma autógrafa" de decretos presidenciales ni de actos del Jefe de Estado y Jefe del Ejecutivo Nacional establecidos en la Constitución. Con la firma electrónica prevista en dicha Ley lo que se pueden firmar son *mensajes de datos* y nada más;[138] y en los términos precisos de la Ley, esos mensajes de datos son "*toda información inteligible en formato electrónico o similar* que pueda ser almacenada o intercambiada por cualquier medio," como por ejemplo los correos electrónicos, memorandos, puntos de cuenta, oficios, contratos digitales. Por ello la Ley de Mensaje de Datos y Firmas Electrónicas es precisa al definir la "Firma Electrónica" como la "información creada o utilizada por el Signatario, *asociada al Mensaje de Datos*, que permite atribuirle su autoría bajo el contexto en el cual ha sido empleado." No hay firma electrónica, por tanto, sin mensaje de datos, por lo que definitivamente, un Decreto presidencial como es por ejemplo la decisión presidencial de nombrar un Ministro, que no es en los términos

---

136 Véase en *Gaceta Oficial* N° 2.818 Extraordinario de 01-07-1981

137 Véase Ley de Mensaje de Datos y Firmas Electrónicas, Decreto-Ley N° 1.204, en *Gaceta Oficial* N° 37.148 de 28-02-2001. El sistema, se informó entonces "se pondrá en funcionamiento a través de la Autoridad Excepcional de Seguridad para Altos Funcionarios de la República Bolivariana de Venezuela, proyecto de interés nacional que otorgará a Suscerte- ente regulador en la materia- el resguardo de toda la información." Véase en http://www.sus-certe.gob.ve/index.php/es/noticias-mppctii/982-nota

138 En 2011, la Superintendente de Servicios de Certificación Electrónica, Niurka Hernández González, fue enfática al informar que "A partir de hoy el presidente Chávez podrá firmar electrónicamente *sus documentos, entiéndase mensaje de datos*: *correos electrónicos, acuerdos de cooperación memorandos, puntos de cuenta, oficios, contratos digitales*, etc; apalancando el proceso de cambio de revolución tecnológica." El Presidente, a su vez, recalcó sobre la garantía de Seguridad del servicio y la pertinencia de su uso que "Estando en la Habana, en Moscú, en Washington, en Buenos Aires, uno firma electrónicamente y además está totalmente blindado (existe) la seguridad, que no haya firma falsa, ni nada." Véase en http://www.suscerte.gob.ve/index.php/es/noticias-mppctii/982-nota

de esa Ley un "mensaje de datos" ni puede tener "formato electrónico," no puede legalmente estar firmado con "firma electrónica," aparte de que ello es imposible[139]

Por último, no debe dejar de mencionarse en relación con los decretos presidenciales de nombramiento de Ministros, que estos, una vez debidamente nombrados por el Presidente de la República, para poder ejercer su cargo después de nombrados, como todos los funcionarios, deben prestar juramento "de sostener y defender la Constitución y Leyes de la República y de cumplir fiel y exactamente los deberes de su empleo" ante quien lo nombró. Así lo establece la Ley de Juramento de 1945, aún vigente, al disponer que "ningún empleado podrá entrar en ejercicio de sus funciones sin prestar antes juramento de sostener y defender la Constitución y Leyes de la República y de cumplir fiel y exactamente los deberes de su empleo (art. 1), debiendo los Ministros prestar dicho juramento ante el Presidente de la República (art. 4).[140]

Es decir Elías Jaua, "nombrado" Ministro de Relaciones Exteriores por el Presidente Chávez desde La Habana, como él mismo lo informó, aún cuando el decreto hubiera estado falsamente "dado en Caracas," tenía necesariamente que prestar juramento ante el Presidente para poder "entrar en ejercicio del cargo," lo que debía hacer mediante acto solemne que, de nuevo, no podía tener lugar sino en el asiento de los órganos que ejercen el Poder Público que es la ciudad de Caracas (art. 18, Constitución).[141] Mientras no prestase juramento, sus actos simplemente no eran válidos, pues no estaba legalmente en ejercicio del cargo.

---

139 Por lo demás, como lo ha precisado el profesor José Ignacio Hernández al preguntarse "¿la firma que vimos en los Decretos es una firma electrónica?", indicando claramente que "No lo es: más bien es una firma que en apariencia es autógrafa, o como se dice, a "puño y letra", y que debe entenderse que así consta en el original. Quisiera insistir que la firma electrónica, primero, aplica sólo para mensajes de datos -no un Decreto, ciertamente- y además, esa firma siempre es digital, pues se crea y se expresa en medios electrónicos. No es, ciertamente, la firma escaneada que se coloca en un Decreto que consta en un medio físico." Véase en José Ignacio Hernández, "Sobre la firma del Presidente Chávez", Prodavinci, 17 de enero de 2013, en http://prodavinci.com/2013/01/17/actualidad/sobre-la-firma-del-presidente-hugo-chavez-por-jose-ignacio-hernandez-g/

140 Véase en *Gaceta Oficial* N° 21.799 del 30 de agosto de 1945

141 Como lo reafirma el profesor José Ignacio Hernández, "el Ministro designado debe prestar juramento ante el Presidente antes de comenzar a ejercer las funciones de su cargo. Pero el Presidente reelecto está ausente en el extranjero, con lo cual el requisito de la juramentación no puede ser llevado a cabo en Venezuela ¿Puede el Ministro designado juramentarse en el extranjero? Ya analizamos antes que el juramento es un acto territorial: si el Presidente no puede juramentarse en el extranjero, entonces, el Ministro designado tampoco podría juramentarse en el extranjero, con lo cual, no puede ejercer el cargo para el cual fue designado." Véase en José Ignacio Hernández, "Sobre la firma del Presidente Chávez", Prodavinci, 17 de enero de 2013, en http://prodavinci.com/2013/01/17/actualidad/sobre-la-firma-del-presidente-hugo-chavez-por-jose-ignacio-hernandez-g/

2. *Sobre la ausencia absoluta de gobierno durante el primer mes de la inconstitucional "continuidad administrativa" decretada por el Tribunal Supremo de Justicia, y la continuación de la "falta temporal" absoluta" del Presidente electo y no juramentado, a pesar de su anunciado regreso al país, el 18 febrero de 2013*

El día 18 de febrero de 2013 se anunció oficialmente que el Presidente electo Hugo Chávez Frías había regresado en horas de la madrugada a Venezuela, y que había sido trasladado desde un Hospital en La Habana hasta el Hospital Militar en Caracas,[142] sin que nunca más alguien lo hubiera visto, ni se hubiera dado evidencia alguna de dicho regreso, ni en qué forma o condiciones se produjo, salvo los anuncios oficiales[143] de quienes conducían la inconstitucional "continuidad administrativa" decretada por el Tribunal Supremo a partir del 10 de enero de 2013.

Lo cierto es que hasta el 18 de febrero de 2013, el Presidente Chávez se había informado que había permanecido recluido por 68 días (desde el 10 de diciembre de 2012) en un hospital en La Habana lo que le impidió que el día 10 de enero de 2013, fecha que era la prescrita en el artículo 231 de la Constitución, pudiera tomar posesión del cargo para el cual había sido reelecto en octubre de 2012, mediante juramento, por estar absolutamente impedido de hacerlo en ese momento, ya que estaba ausente del país. Para resolver la cuestión constitucional planteada de un Presidente electo, ausente del país que no pudo tomar posesión de su cargo, fue que el Tribunal Supremo de Justicia mediante sentencia N° 02 de 9 de enero de 2013,[144] resolvió decretar inconstitucionalmente y *sine die*, la existencia de la antes mencionada "continuidad administrativa" para el nuevo período constitucional presidencial 2013-2019, que comenzó a partir de dicho día 10 de enero de 2013.

Después de esa fecha y como consecuencia de la no comparecencia del Presidente electo ante la Asamblea Nacional, el mismo permaneció algo más de otro mes en La Habana, impedido incluso hasta de comunicarse, salvo por apretones de mano, como lo informaron voceros oficiales; hasta el 18 de febrero de 2013 cuando se informó que pasó a estar recluido en un Hospital en Caracas; y todo ello, sin que

---

142 Véase la reseña en *El Universal*, Caracas 18-2-2013, "Chávez vuelve a Venezuela. El presidente de Venezuela, Hugo Chávez, regresó a Caracas procedente de La Habana, más de dos meses después de que viajara a Cuba para someterse a la cuarta operación de un cáncer que le fue diagnosticado en junio de 2011, y se encuentra en el hospital militar de Caracas," en http://www.eluniversal.com/nacional-y-politica/salud-presidencial/130218/chavez-vuelve-a-venezuela . A través de la cuenta Twitter @chavezcandanga, el Ptresidente habría mandado un mensaje a las 2.30 de la madrigada con el siguiente texto: "Hemos llegado de nuevo a la Patria venezolana. ¡¡Gracias Dios mío!! Gracias ¡¡Pueblo amado!! Aquí continuaremos el tratamiento."

143 El día 20 de febrero de 2013, el presidente Evo Morales informaba en New York, en la sede de las Naciones Unidas, que él mismo no había podido ver al Presidente Chávez el día 19 de febrero cuando estuvo en Caracas para tal fin: Dijo "Yesterday I tried to visit, we spoke with his doctors, he's resting, he's still in treatment." Véase en Rick Gladstone, "Chávez Family 'Encouraged,' Bolivia Lider Says at U.N." en *The New York Times*, Nueva York, 21-2-2013, p. A10.

144 Expediente N° 12-1358, Solicitante: Marelys D'Arpino. Véase el texto de la sentencia en: http://www.tsj.gov.ve/decisiones/scon/Enero/02-9113-2013-12-1358.html. Véase, entre otros, la crítica a la sentencia formulada por Enrique Sánchez Falcón, "La Constitución y el "Vacío De Poder," en http://www.uma.edu.ve/admini/ckfinder/userfiles/files/La%20Constitución%20y%20el%20vacío%20de%20poder.pdf

quienes estaban a cargo de asegurar la supuesta "continuidad administrativa" hubieran informado verazmente al país sobre la situación de salud del Presidente enfermo y electo en octubre de 2012. Sólo se difundieron vagas noticias de que luchaba contra una enfermedad, de la cual sólo se había informado que había sido operado varias veces, o las más concretas informaciones de que había tenido graves complicaciones postoperatorias, incluyendo unas de tipo respiratorio,[145] indicándose oficialmente el 16 de febrero de 2013, es decir, cuatro días antes de su anunciado regreso, que debido a una traqueotomía "respiraba por una cánula traqueal," lo que le impedía hablar.[146] Ello no impidió, sin embargo, que unas semanas antes, el Ministro de Relaciones Exteriores, Elías Jaua, nombrado "en Caracas" por el Presidente electo, ausente del país y quién no había tomado posesión de su cargo, luego de un viaje a La Habana, hubiera afirmado el 22 de enero de 2013 a su regreso a Caracas, que había "conversado con Chávez en La Habana."[147]

En todo caso, lo cierto es que la situación del paciente para el 18 de febrero de 2013, fecha en la cual se anunciaba que había regresado al país, si estaba vivo, era absolutamente delicada, lo que imponía la necesidad de replantear la cuestión constitucional de la ausencia de titular del Poder Ejecutivo electo popularmente para el período constitucional que inició el 10 de enero de 2013, por la "falta temporal" del mismo, ahora no por su ausencia del país (pues se anunció su regreso, sin que nadie diera fe de ello), sino por el hecho de estar supuestamente recluido en un Hospital en Caracas, sin poder tomar posesión de su cargo por los quebrantos de

---

145 Véase Entrevista a Nicolás Maduro, "Tratamiento del presidente Chávez es para superar "estragos" de infección respiratoria," *Globovisión* 17 de enero de 2013, en http://globo-vision.com/articulo/maduro-ahora-tratamiento-de-chavez-es-para-superar-estragos-de-insuficiencia-respiratoria . El 21 de Febrero de 2013, en Cadena de Radio y Televisión el Ministro de Comunicación e Información, Ernesto Villegas, afirmó que dicha "insuficiencia respiratoria surgida en el curso del postoperatorio, persiste y su tendencia no ha sido favorable por lo cual continúa siendo tratada. Véase en *El Universal*, 21-2-2013 en http://www.eluniversal.com/nacional-y-politica/130221/insuficiencia-respiratoria-de-chavez-persiste

146 El ministro de Comunicación e Información, Ernesto Villegas, informó ese día en cadena de radio y televisión que al Presidente le persistía "un cierto grado de insuficiencia" y "presenta respiración a través de cánula traqueal que le dificulta temporalmente el habla," sometido a un "tratamiento enérgico para la enfermedad de base, que no está exento de complicaciones," oportunidad en la cual se publicitó una fotografía que se dijo era de 14 de febrero de 2013 del Presidente con sus hijas, que sin embargo, no mostraban en forma alguna lo que se anunciaba, ni por la vestimenta de los que posaron en la fotografía ni por la asepsia que una situación como la escrita requería. Continuó el Ministro informando que "después de dos meses de un complicado proceso postoperatorio, el paciente se mantiene consciente, con integridad de las funciones intelectuales, en estrecha comunicación con su equipo de gobierno y al frente de las tareas fundamentales inherentes a su cargo." Sin embargo, el Ministro de Ciencia y tecnología Arreaza, informaba en el canal multiestatal Telesur, que Chávez "tiene dificultad para comunicarse verbalmente (...) Uno lo que tiene es que poner atención y él comunica perfectamente sus decisiones, cuando no las escribe (...) Pero perfectamente se comunica y se da a entender. No tiene la voz que lo caracteriza, pero esto es un proceso que es reversible y esperamos volverlo a escuchar." Véase la reseña de María Lilibeth Da Corte, "Chávez respira por cánula traqueal que le dificulta hablar. Arreaza: Él comunica perfectamente sus decisiones, cuando no las escribe," en *El Universal*, Caracas 16-2-2013, en http://www.eluni-versal.com/nacional-y-politica/130216/chavez-respira-por-canula-traqueal-que-le-dificulta-hablar Véase igualmente en http://globovision.com/articulo/mi-nistro-villegas-en-breve-comunicado-y-fotografias-del-presidente-chavez

147 Véase la reseña de Ender Ramírez Padrino, "Jaua informó que se reunió con el presidente en La Habana," *El Nacional*, 21 de enero de 2013, en http://www.el-nacional.com/politica/Jaua-asegura-converso-Chavez-Habana_0_122390427.html

salud que padecía, mientras el gobierno del país por imposición del Tribunal Supremo mediante una "continuidad administrativa," estaba en manos de unos funcionarios nombrados en el período presidencial anterior que había concluido el 10 de enero de 2013.

Tal como se informó en la prensa por un periodista luego de entrevistas efectuadas en el Tribunal Supremo de Justicia, "el anuncio del regreso del presidente Hugo Chávez al país [...] en la práctica no tendrá ningún impacto en la manera como el Gobierno ha venido funcionando en las última semanas," afirmándose que así lo aseguraron "fuentes del Tribunal Supremo de Justicia", las cuales aclararon que "no han cesado los motivos sobrevenidos (las consecuencias de la operación a la que fue sometido el mandatario en diciembre en Cuba) que motivaron la sentencia número 2 de la Sala Constitucional del 9 de enero pasado, gracias a la cual el Jefe del Estado y sus ministros siguieron en sus funciones, pese a que el primero no cumplió con el requisito de tomar posesión el 10 de enero;" agregando que "Los magistrados consultados indicaron que el vicepresidente Nicolás Maduro podrá seguir al frente del Ejecutivo, tomando las decisiones económicas y administrativas en el marco de la delegación que le otorgó el presidente Chávez en diciembre pasado, tal y como ha ocurrido en las últimas semanas."[148]

Sin embargo, lo cierto fue que durante los casi 40 días de gobierno bajo el régimen de la mencionada "continuidad administrativa" contados desde el 10 de enero de 2013 hasta el 18 de febrero de 2013, Venezuela simplemente no sólo careció de gobierno constitucional, sino que careció de gobernantes que pudieran desarrollar acción alguna de gobierno, limitándose el Vicepresidente a dictar decretos, mediante delegación, habiendo incluso llegado a dictar decretos inconstitucionales en materias que no fueron ni podían haber sido delegadas, como son los de reglamentación de las leyes, en particular, de las leyes que regulan las relaciones laborales y las telecomunicaciones. Basta revisar la *Gaceta Oficial*, donde se publican los actos de gobierno en Venezuela, para constatar esa ausencia absoluta de "acción de gobierno," salvo algún nombramiento defectuoso, y las inconstitucionalidades en las cuales se incurrió.

En efecto, entre los escasos actos de gobierno dictados en ese período se destaca la mencionada supuesta designación directamente por el Presidente Chávez, de Elías Jaua Milano como Ministro del Poder Popular para Relaciones Exteriores, y además como "Sexto Vicepresidente del Consejo de Ministros Revolucionarios del Gobierno Bolivariano para el Área Política."[149] Los dos decretos de tales nombramientos, tal como se anunció oficialmente en la *Gaceta Oficial*, fueron "dados," es decir, emitidos y firmados, por el Presidente H. Chávez, en Caracas ("Dado en Caracas') el día 15 de enero de 2013, lo que por supuesto era

148 Véase la reseña de Juan Francisco Alonso, "TSJ: Vuelta del Presidente no debe alterar al Gobierno. Nicolás Maduro podrá seguir dirigiendo el país como hasta ahora," en *El Universal*, 19-2-2013, en http://www.eluniversal.com/nacional-y-politica/130219/tsj-vuelta-del-presi-dente-no-debe-alterar-al-gobierno

149 Véase Decretos N° 9.351 y Decreto N° 9.352 de 15 de enero de 2013, *Gaceta Oficial* N° 40.090 de la misma fecha

completamente falso pues estaba ausente del territorio nacional, yaciendo en una cama de hospital en La Habana, en un estado de incapacidad tal, que una semana antes, el 8 de enero de 2013, no había podido siquiera firmar la comunicación enviada a la Asamblea Nacional anunciando que no iba a comparecer a la sesión prevista para la toma de posesión de su cargo, la cual fue firmada en su nombre por el Vicepresidente Maduro.

En el caso de la anunciada designación del Ministro, además de ser completamente falsa al menos en cuanto a que había sido "dada en Caracas," por lo que se refiere a la firma estampada en el Decreto tal como se publicó en la *Gaceta Oficial*, la misma parecía ser un montaje gráfico,[150] que lo menos que podía provocar era que cualquier representante de un gobierno extranjero que entrara en relación con Venezuela procediera a hacer estudiar la situación constitucional formal de la autenticidad del nombramiento del Ministro que está precisamente a cargo de los asuntos exteriores.

En todo caso, y salvo por lo que se refiere a esos "actos de gobierno" dictados en los días anteriores y en la semana que siguió a tal nombramiento, hasta el 21 de enero de 2013, la *Gaceta Oficial* dio cuenta de que el único y solo acto de gobierno dictado por el Vicepresidente de la República, supuestamente por delegación del Presidente según el Decreto N° 9.315 de fecha 09 de diciembre de 2012, fue el Decreto N° 9.350 de 11 de enero de 2013, mediante el cual, sin tener competencia alguna para ello conforme a la citada delegación presidencial, nombró un "Vicepresidente Ejecutivo de la República en calidad de Encargado" por dos días, entre el 11 y el 13 de enero de 2013, que fue el Ministro Héctor Navarro (*Gaceta Oficial* N° 40.088 de 11-1-2013). Ello lo que originó fue que durante esos dos días, cuando el Vicepresidente se ausentó del territorio nacional, el país careció en forma absoluta de cualquier tipo de gobierno.[151] En todo caso, después del 13 de enero y hasta el 21 de enero de 2113, ningún otro decreto presidencial se adoptó,[152] y sólo fue el 22 de enero de 2013 cuando aparecieron publicados en *Gaceta Oficial* varios decretos relacionados con cambios en la organización administrativa descentralizada funcionalmente (empresas del Estado, Fundaciones, Fondos).

---

150 Véase la "Experticia realizada por el Laboratorio Grafotécnico Orta Poleo sobre firmas del Presidente en la gaceta Oficial del 15 de diciembre de 2013 designado a Elías Jaua // @RaymondOrta," de 17 de enero de 2013, en la cual se concluye sobre dichas firmas que "son reproducciones tomadas de otra firma presente en otro soporte o documento." Véase en http://www.tuabogado.com/venezuela/podium-juridico/249-criminalistica/3083-experticia-sobre-firmas-de-gaceta-oficial-del-15-de-enero-2013.

151 En esos días, y en relación con el gobierno de Venezuela, sólo se destaca la lamentable y forzada separación del embajador de Panamá ante la OEA, Cochéz, por haber criticado la situación institucional en Venezuela, de carencia de gobierno legítimo, y haber exigido la discusión en ese organismo interamericano sobre la situación de la democracia en Venezuela. Ello le valió la destitución por el Presidente de Panamá. Véase las reseñas en *El Universal*, 17-1-2013, sobre la discrepancia del presidente de Panamá con la opinión de Cochéz, en http://www.eluniversal.com/nacional-y-politica/130117/martinelli-estado-panameno-no-comparte-opiniones-de-cochez; y el texto de la carta de Cochéz al Presidente de Panamá de 18 de enero de 2013 en http://www.noticiasvenezola-nas.com.ve/index.php/161919/esta-es-la-explosiva-carta-que-cochez-le-envio-a-martinelli/

152 Véanse las *Gacetas Oficiales* N° 40.091 de 16-1-2013; N° 40.092 de 17-1-2013; N° 40.093 de 18-1-2013; N° 40.094 de 21-1-2013, y N° 40.095 de 22-1- 2013. En dichas Gacetas no se publicó decreto presidencial alguno.

El mismo día 22 de enero de 2013, y ante la persistente falta temporal del Presidente electo, la Presidenta del Tribunal Supremo de Justicia declaraba en la prensa que "Será el presidente de la República que nos dirá 'estoy en condiciones de comparecer ante el tribunal para mi juramentación;'" y que los Magistrados del Tribunal estaban seguros que "el presidente en algún momento se presentará al país y realizará su juramentación."[153] El mismo día 22 de enero el Vicepresidente Maduro anunciaron que junto con el ministro Ramírez, estaban saliendo para La Habana, donde supuestamente había sido esperado "en el aeropuerto de La Habana por dirigentes venezolanos que se encuentran en la isla como el canciller Elías Jaua, la Procuradora General Cilia Flores y la ministra de la presidencia, almirante Carmen Meléndez."[154] El día 24 de enero se anunció que el Vicepresidente Maduro había regresado de La Habana, declarando a la prensa "que el retorno al país del presidente Chávez no tiene fecha definida" aún cuando "el estado clínico de primer mandatario nacional, Hugo Chávez, está en el mejor momento del postoperatorio, después de las complicaciones que sufrió luego tras su última intervención quirúrgica en La Habana, Cuba," recordó "lo difícil que ha sido el proceso de recuperación del mandatario venezolano." Sobre el regreso del Presidente indicó que no tenía fecha definida ya que dependía de varios factores agregando que "Hay que coordinar con el equipo médico, con el propio presidente Chávez, y hacerlo en el momento exacto, que esté en las mejores condiciones [...] El objetivo fundamental en este momento es que su tratamiento lo culmine, se recupere."[155]

Entre el 23 y el 28 de enero de 2013 sólo se dictaron unos decretos de orden administrativo, todos "por delegación" presidencial por el Vicepresidente Maduro, y el 28 de enero de 2013, el Vicepresidente Maduro viajó a Santiago de Chile, sin que nadie se hubiese quedado en Venezuela supuestamente encargado del Poder Ejecutivo (es decir, durante esos días el país quedó sin jefe del Ejecutivo Nacional), para asistir a la cumbre de la Comunidad de Estados Latinoamericanos y Caribeños (Celac) con la Unión Europea en Santiago de Chile, y allí dio lectura a una carta según informó, firmada "de puño y letra y con tinta roja" por el Presidente Chávez, la cual dado que la firma era materialmente un calco de la estampada en el decreto "dado en Caracas," una semana antes nombrando al Ministro de Relaciones Exteriores, también generó dudas sobre la su autenticidad, entre otros factores, por las características de la misma que no denotaba signo alguno del agotamiento inevitable de quien tiene dos meses en terapia intensiva.[156] Sin embargo, el Ministro de Información declaró que se trataba de una carta "firmada por el presidente en el

153 Véase "Luisa Estella Morales.: TSJ espera a que Chávez diga que está "en condiciones," en *Últimas Noticias*. 22-1-2013, en http://www.ultimasnoticias.com.ve/noticias/actuali-dad/politica/tsj-espera-a-que-cha-vez-diga-que-esta-en-condicion.aspx

154 Véase la reseña en *El Universal*, 23-1-2013, en http://www.eluniversal.com/nacional-y-politica/130123/maduro-anuncia-que-saldra-en-los-proximos-minutos-a-la-habana

155 Véase la reseña en *Noticiero Venevisión* 24-1-2013, en http://www.noticierovenevi-ion.net/politica/2013/enero/24/52595=nicolas-maduro-afirma-que-retorno-al-pais-del-presidente-chavez-no-tiene-fecha-definida

156 Véase la explicación sobre el montaje de las firmas en *Noticiero Digital.com*, 4 de febrero de 2013, en http://www.noticierodigital.com/forum/viewtopic.php?t=938712

ejercicio cotidiano que tiene de la jefatura del Estado,"[157] lo cual no sólo era incierto pues la jefatura de un Estado cualquiera no se podía ejercer desde la cama de terapia intensiva de un hospital ubicado en otro Estado, sino difícilmente creíble dado el estado de salud que los mismos voceros oficiales del gobierno atribuían al presidente Chávez.

Las informaciones referenciales, sin embargo, continuaron, y al día siguiente 29 de enero de 2013, el Ministro Jorge Arreaza informaba a la prensa que habría estado "reunido con el presidente Hugo Chávez en La Habana," asegurando que había aprobado recursos "para financiar proyectos en distintas áreas" así como la adquisición de un inmueble (Sambil Candelaria).[158] De ello resultaba una nueva versión oficial que abandonaba la anterior del estado de salud del Presidente, al punto de que un diputado del partido de gobierno llegó a calificar la petición de un diputado de la oposición solicitando una junta médica para verificar el estado de salud del presidente, como "una traición."[159] En los días subsiguientes continuó el cambio de la matriz de opinión sobre la salud del presidente, de manera que a comienzos de febrero ya el Vicepresidente Maduro afirmaba que el presidente Chávez se había reunido con el Presidente de la Asamblea Nacional y el Ministro de Defensa, con quienes habría abordado varios temas, indicando que "el ciclo postoperatorio se cerró y el presidente entró en una nueva fase de tratamientos para su enfermedad, recuperándose paulatinamente, tomando fuerza."[160]

Entretanto, en Caracas, la "acción de gobierno" continuó siendo absolutamente inexistente, de manera que sólo se dictaron decretos de orden administrativo sobre temas de organización administrativa en el período de delegación presidencial durante la permanencia del Presidente Chávez en La Habana, hasta que se anunció su regreso al país el 18 de febrero de 2013. En ese período, sin embargo, sólo se pueden identificar dos decretos como manifestación efectiva de acción de gobierno, como fue el Decreto N° 9.386 de 18-2-2013 mediante el cual se reformó el Reglamento de la Ley de Alimentación para los Trabajadores y las Trabajadoras, y el Decreto N° 9.389, adoptando el Estándar de Televisión Digital Japonés ISDB-T, los cuales puede considerarse que fueron completamente inconstitucionales pues en el decreto de delegación de atribuciones al Vicepresidente de diciembre de 2012 (Decreto N° 9.315 de fecha 09 de diciembre de 2012 publicado en la *Gaceta Oficial* N° 40.077 de fecha 21 de diciembre de 2012, reimpreso en la *Gaceta Oficial* N° 40.078, de fecha 26 de diciembre de 2012), el Presidente de la República no le delegó la reglamentación de las leyes que le atribuye el artículo 236.10 de la

---

157 Véase la reseña de *La Nación*, 28 de enero de 2013, http://www.lanacion.com.ar/1549565-maduro-llevo-una-carta-de-chavez-a-los-presidentes-de-la-region.

158 Véase la reseña: "Arreaza: Chávez está cada día más incorporado en sus funciones", en *El Universal* 29 enero 2013 http://www.eluniversal.com/nacional-y-politica/salud-presi-dencial/130129/arreaza-chavez-esta-cada-dia-mas-incorporado-en-sus-funciones

159 Véase la reseña en *El Universal* 30-1-2013 en http://www.eluniversal.com/nacional-y-politica/salud-presidencial/130130/abp-gobierno-confunde-al-pais-con-declaraciones-sobre-salud-de-chavez

160 "Nicolás Maduro dice que pronto habrá noticias Presidente se reunió con Cabello y Ministro de Defensa" en *El Universal*, 2-1-2013, en http://www.eluniversal.com/nacional-y-politica/130201/presidente-se-reunio-con-diosdado-cabello-y-ministro-de-defensa

Constitución, lo cual por lo demás está excluido expresamente de las materias delegables (art. 35.1, Ley Orgánica de la Administración Pública).

En todo caso, el mismo día en el cual apareció publicado en *Gaceta Oficial* el inconstitucional decreto reglamentario sobre alimentación de trabajadores, fue que se anunció que el Presidente de la República había regresado al país, lo que originó que ese mismo día, según informó la prensa, la Presidenta del Tribunal Supremo de Justicia hubiera indicado que el Tribunal Supremo entonces estaba listo para juramentar al Presidente "en cualquier momento", agregando la información que "'lo único que se espera es la decisión del presidente y su equipo médico', quienes también determinarían si la ceremonia sería pública o privada y dónde podría realizarse, precisó la fuente"[161]

Por supuesto, si la Presidenta del Tribunal Supremo llegó a decir lo antes indicado, incurrió en un gravísimo error, desconociendo el sentido de la ceremonia de juramentación del Presidente de la República al tomar posesión de su cargo El hecho de que la Constitución exija que dicho juramento y toma de posesión se haga ante la Asamblea Nacional (art. 231), es en el sentido de que se trata de un acto público que se realiza ante los representantes del pueblo, reunidos en sesión de la Asamblea, siendo esa la forma que tiene el pueblo de constatar que quien los va a gobernar está en capacidad de hacerlo. Se trata de una especie de constatación, o de "fe de vida" y de las condiciones del Presidente electo para comenzar a ejercer sus funciones, que el pueblo hace mediante ese acto público. Por ello, el propio Tribunal Supremo estableció en la citada sentencia Nº 2 de 9 de enero de 2013 que el acto de juramentación era una "solemnidad para el ejercicio de las delicadas funciones públicas" que se configura como "una tradición con amplio arraigo en nuestra historia republicana y procura la ratificación, frente a una autoridad constituida y *de manera pública*, del compromiso de velar por el recto acatamiento de la ley, en el cumplimiento de los deberes de los que ha sido investida una determinada persona."[162] Y además de público, el juramento debe realizarse de viva voz, con el presidente electo diciendo en forma audible, que jura cumplir la Constitución y las leyes de la República, de manera que ello no puede hacerse por gestos ni por escrito.[163]

Excepcionalmente, sin embargo, si por causa sobrevenida la juramentación no puede tener lugar en el día prescrito constitucionalmente ante la Asamblea Nacional, la Constitución dispone que podrá hacerse ante el Tribunal Supremo de Justicia (art. 231), se entiende, ante el Tribunal en su sede, en Sala Plena, es decir ante el pleno de todos sus Magistrados, en un acto que igualmente tiene que ser público y

---

161 Véase la reseña "TSJ listo para juramentar a Chávez "en cualquier momento" La presidenta del Tribunal Supremo de Justicia, Luisa Estella Morales / AVN, *El Nacional* 18-2-2013, en http://www.el-nacional.com/politica/TSJ-juramentar-Chavez-cualquier-momento_0_139187505.html

162 Véase el texto de la sentencia en: http://www.tsj.gov.ve/decisiones/scon/Enero/02-9113-2013-12-1358.html

163 Es totalmente incorrecto lo expresado por el profesor Herman Escarrá en el sentido de que "No existe una norma en particular que señala que el presidente debe dar un discurso o decir 'sí juro', bastaría con una expresión escrita o un gesto". Véase la reseña: "Bastaría con una expresión escrita o un gesto' para que Chávez jure el cargo," en *El Mundo.es*, 19-2-2013, en http://www.elmundo.es/america/2013/02/20/ve-nezuela/1361318829.html

publicitado para que surta el mismo efecto del juramento ante el pueblo, a través de los Magistrados del Tribunal Supremo de Justicia. Sólo en caso de fuerza mayor, por ejemplo, como podría ser un terremoto que hubiera destruido la sede del Tribunal, éste podría fijar otro lugar para el juramento; situación que afecta y concierne al Tribunal Supremo, y no a quien debe juramentarse.

Por tanto, sería absolutamente contrario al espíritu de la Constitución que se hiciera una juramentación y toma de posesión del Presidente electo por ejemplo, ante la directiva o una Sala del Tribunal Supremo, y no ante el pleno de sus Magistrados; que se hiciese en otra parte que no sea la sede del Tribunal Supremo, como en un hospital, y más contrario a la Constitución sería que eso se hiciese en un acto privado, en secreto, fuera de la mirada del público.

Por otra parte, para que un Presidente electo pueda tomar posesión de su cargo y juramentarse, tiene que estar en condiciones físicas y de salud para hacerlo, y por lo que declaraban los funcionarios gubernamentales el 19 de febrero de 2013, dos días después de la anunciado regreso del presidente electo, parecía que el presidente Chávez no estaba en condición de hacerlo, ni de gobernar. Así, por ejemplo, el gobernador del Estado Aragua, Tareck El Aissami, aseguró ese día en declaraciones a la empresa estatal de televisión (VTV), que en la reunión que sostuvieron los mandatarios regionales oficialistas con el vicepresidente Nicolás Maduro, éste les informó "en detalle" del tratamiento del presidente Hugo Chávez, habiendo "conocido en detalle el nuevo ciclo de tratamiento de cara a la recuperación del presidente Chávez que ha venido superando poco a poco toda esta adversidad y tiene que cumplir su tratamiento," aclarando que "Al presidente Chávez no le podemos exigir más nada..." [164]En el mismo sentido resultó de lo que declaró el diputado al Parlatino, Rodrigo Cabezas, al criticar las declaraciones ofrecidas por el cardenal Jorge Urosa Savino en torno a la llegada del presidente Hugo Chávez e invitarlo a juramentarse, expresando: "Vi la declaración de un máximo representante de la Iglesia Católica, invitando a que el Presidente se juramente ya, y asuma el mandato. Lo digo desde mi alma, es una declaración cínica, raya con lo inhumano. Hugo Chávez ha *regresado para continuar el tratamiento, sigue siendo un paciente*;"[165] lo que no es otra cosa que decir que no regresó al país para juramentarse y tomar posesión de su cargo.

De ello resultaba, por tanto, que el presidente Chávez, al anunciarse su llegada a Venezuela, no sólo no estaba en condiciones de juramentarse ni de tomar posesión de su cargo, en definitiva de gobernar, sino que había regresado a continuar hospitalizado, y no a juramentarse.

Ello, por supuesto, no era constitucionalmente posible. No podía existir la figura de un Presidente electo que no se juramentase ni tomase posesión de su cargo, sin que nadie viera, y que en su lugar existiera un gobierno sin legitimidad democrática impuesto por un Tribunal que tampoco había sido electo. En medio de la

164 Véase en *El Nacional,* 20-2-2013, en http://www.el-nacional.com/politica/Aissami-Cono-cimos-detalle-tratamiento-Presidente_0_139787949.html

165 Véase la reseña "Cabezas califica de "cínico e inhumano" que Urosa pida juramentación de Chávez,", en *Noticias 24/Venezuela*, 19-2-2013, en http://www.noticias24.com/vene-zuela/noticia/151785/cabe-zas-califica-de-cinico-e-inhumano-que-urosa-pida-juramentacion-de-chavez/

"continuidad administrativa" que impuso el Tribunal Supremo en su sentencia de enero de 2013, luego del anunciado regreso del Presidente electo, y su no juramentación, lo que hacía era que "continúase" la situación de "falta temporal" que comenzó a producirse desde el 10 de diciembre de 2012, cuando el Presidente de la República se ausentó del país para viajar a La Habana, y que los poderes públicos en Venezuela no habían aceptado como tal, y que debió haber cesado al terminar su mandato del período constitucional 2007-2013. En efecto, dado el inconstitucional régimen de "continuidad administrativa" decretado por el Tribunal Supremo de Justicia a partir del 10 de enero de 2013, la mencionada "falta temporal" iniciada el 10 de diciembre de 2012 había continuado, no habiendo cambiado nada con el anunciado regreso del Presidente electo a Caracas, pues había continuado yaciendo en una cama de Hospital, como "paciente," en tratamiento, por lo que seguía estando en situación de "falta temporal" para el ejercicio del cargo. Hemos dicho que la falta temporal es siempre una situación de hecho que no se decreta, simplemente acaece, y estar hospitalizado y más en terapia intensiva, siempre origina una falta temporal.

Esto significa, que en virtud de la ausencia de regulación de la situación de "falta temporal" de un Presidente electo cuando no toma posesión de su cargo, y luego de la sentencia del Tribunal Supremo, como consecuencia de la "continuidad administrativa" que impuso, la falta temporal que comenzó el 10 de diciembre de 2013 había continuado, y la misma en cualquier caso, exigía que el Tribunal Supremo procediera a iniciar la designación de una Junta médica para determinar si dicha falta, por la enfermedad, debía convertirse en una falta absoluta del Presidente (art. 233). Pero en todo caso, lo cierto es que si el Tribunal Supremo no tomaba esa iniciativa, esa falta temporal iniciada el 10 de diciembre de 2012, sólo podía llegar a tener un lapso de duración de noventa días, al término del cual la Asamblea Nacional, o renovaba dicho lapso por otro igual, o resolvía declarar la falta absoluta (art. 234).

No debe olvidarse que la Asamblea Nacional, al autorizar el 9 de diciembre de 2012 la salida del Presidente de la República del territorio nacional, no le dio ningún "permiso" para permanecer fuera del territorio nacional por un tiempo específico y tampoco por el tiempo impreciso que requiriera su curación; ni mucho menos un supuesto "permiso para curarse." El artículo 235 de la Constitución es muy claro al indicar que la ausencia del territorio nacional por parte del Presidente "requiere autorización de la Asamblea Nacional o de la Comisión Delegada, cuando se prolongue por un lapso superior a cinco días consecutivos," y nada más. Por lo que esa autorización no se otorga por ningún término específico, y sólo es necesaria si la ausencia del territorio nacional, que se configura como una falta temporal del Presidente, es por más de cinco días. No tiene ningún sentido, en consecuencia, y más bien es un soberano disparate, que se dijera en febrero de 2013 que el Presidente, en diciembre de 2012, había solicitado a la Asamblea Nacional un "permiso" "para curarse" y que como no estaba sano, supuestamente dicho "permiso" no había vencido, por lo que entonces, tomaría juramento "cuando esté bueno y sano."[166]

Al contrario, de acuerdo con la Constitución y con la interpretación efectuada de su artículo 231 en la sentencia mencionada Nº 2 de la Sala Constitucional del 9 de enero de 2013, el acto de juramentación "será fijado por el Tribunal Supremo de Justicia, una vez que exista constancia del cese de los motivos sobrevenidos que hayan impedido la juramentación," por lo que siendo tal juramentación la condición indispensable para que el Presidente electo comenzara a ejercer su cargo para el período 2013-2017, el Tribunal Supremo de Justicia en Sala Plena (no una de sus Salas ni la directiva), tenía ante el país la obligación de determinar y dejar constancia si los motivos sobrevenidos (enfermedad) que impidieron la juramentación el 10 de enero de 2013 habían cesado, o si por el contrario, por los problemas de salud que aquejaban al Presidente, no tenía las condiciones físicas y mentales necesarias y permanentes para desempeñar el cargo para el cual había sido electo en octubre de 2012.

Para ello, el Tribunal Supremo de justicia en Sala Plena no podía hacer otra cosa que no fuera establecer la prueba fehaciente, mediante la designación de una Junta médica, que determinase: (i) que el Presidente estaba en condiciones físicas o mentales permanentes de poder desempeñar el cargo y juramentarse, y en consecuencia proceder a fijar la fecha para la juramentación pública del Presidente electo ante el pleno de los magistrados del propio Tribunal,[167] o (ii) que el Presidente electo no tenía la capacidad física o mental permanente para ejercer y tomar posesión de su cargo, dando entonces inicio al procedimiento para que la Asamblea Nacional declarase la falta absoluta del Presidente. Y ello estaba obligado a hacerlo, particularmente luego de que el 22 de febrero de 2013 se diera el primer comunicado oficial sobre la salud del Presidente Chávez desde el anuncio de su regreso a Venezuela el lunes 18 de febrero, en el cual el Ministro de Comunicación e Información, Ernesto Villegas, anunció que persistía "la insuficiencia respiratoria

---

166 Dijo Aristóbulo Istúriz, dirigente del partido de gobierno: "El presidente pidió un permiso para demorar su juramentación. Cuando cesen las causas que originaron ese permiso, podrá jurarse." Véase la reseña de la declaración de Isturiz, en la cual llegó a afirmar que "El Presidente se va a juramentar cuando se vaya a juramentar", en "Istúriz dice que permiso de Chávez no ha vencido," en *El Tiempo.com.ve,* 19-2-2013, en http://eltiempo.com.ve/vene-zuela/politica/isturiz-dice-que-permiso-de-chavez-no-ha-vencido/80288; y en *ElMundo.es,* 19-2-2013, en http://www.elmundo.es/america/2013/02/20/venezuela/1361318829.html. Véase igualmente el texto de las declaraciones de Istúriz, en *La Prensa. El diario libre de Panamá*, Panamá, 19-2-2013, p. 33A.

167 A tal efecto, el día 21 de enero de 2013, los profesores Cecilia Sosa Gómez y José Vicente Haro "actuando en nombre propio y en defensa de la Constitución," solicitaron formalmente ante la Sala Plena del Tribunal Supremo de Justicia "el cumplimiento de la juramentación diferida" del Presidente electo Hugo Chávez "ordenada por la sentencia de la Sala Constitucional de este Tribunal de 9 de enero de 2013," y que por tanto, dicha Sala Plena procediera urgentemente a designar la referida Junta Médica "que certifique sobre el diagnóstico y pronóstico de la enfermedad del Presidente de la República Hugo Chávez Frías y si está en condiciones físicas y mentales permanentes de desempeñar el cargo de Presidente [...] como lo exige el artículo 233 de la Constitución. En caso de que la Certificación Médica permita la juramentación, porque las condiciones físicas y mentales del Presidente le permitan el desempeño de sus funciones constitucionales, solicitamos que esa Sala Plena proceda a la juramentación pública del ciudadano Hugo Chávez Frías lo antes posible, para asegurar la estabilidad institucional de la nación y el cumplimiento efectivo de la Constitución."

que afectó al presidente Chávez durante el postoperatorio de sus intervenciones quirúrgicas contra el cáncer que padece"; y que dicha "insuficiencia respiratoria surgida en el curso del postoperatorio persiste y su tendencia *no ha sido favorable*, por lo cual continúa siendo tratada,"[168] lo más probable mediante respiración asistida.

3. *La "falta temporal absoluta" o "falta indefinida" del Presidente electo, no juramentado e internado en un hospital en Caracas, quien sin embargo firmaba el ejecútese de leyes "en el Palacio de Miraflores."*

Si algo caracterizó el gobierno del Presidente Chávez desde sus inicios, fue el uso de la arte o técnica del desconcierto como política gubernamental,[169] la cual se siguió aplicando por quienes usurparon el gobierno, manifestada en el tratamiento informativo de la "falta temporal absoluta" que había originado una falta absoluta de gobierno. Como lo puntualizaron las Academias Nacionales en el Pronunciamiento que hicieron el 22 de febrero de 2013:

> "El Acuerdo de la Asamblea Nacional del 8 de enero de 2013 y la posterior sentencia de la Sala Constitucional del día 9 del mismo mes y año, relativos a la juramentación del Presidente de la República, ya ampliamente divulgados, han afectado la credibilidad de los poderes públicos y la institucionalidad del Estado de Derecho, y ello ha agravado la incertidumbre sobre su seguridad jurídica y sobre la conservación del orden democrático y republicano.
>
> Actualmente, la sociedad venezolana se mantiene bajo una gran indefinición respecto del funcionamiento del Poder Ejecutivo, por cuanto es un hecho notorio que el Presidente reelecto no se encuentra en ejercicio de sus funciones y no se sabe, según informaciones de voceros oficiales, cuándo podría asumirlas. No hay que repetir lo poco revelado. Aunque es incuestionable y totalmente respetable el derecho del Presidente a la salud, ello debe conformarse a las regulaciones constitucionales, pues de no corregirse de inmediato la situación antes mencionada ella dejará profundas heridas en las instituciones democráticas y republicanas del país.
>
> Respecto a la aplicación del régimen de faltas temporales y absolutas de quien ejerce la Presidencia, o de quien ha sido elegido para este cargo, en atención a lo escuetamente revelado hasta ahora hay un tema clínico que requiere una explicación clara y directa por médicos venezolanos designados según la normativa aplicable y de manera inmediata e impostergable. En una sociedad democrática, la información sobre una enfermedad grave y el estado de la salud del Presidente de la República son asuntos de interés público que incumben a la ciudadanía y, además, son asuntos que afectan a la transparencia

---

168 Véase en Globovisión, 21-2-2013, en http://globovision.com/articulo/hoy-sera-emitido-un-comunicado-oficial-sobre-la-salud-del-presidente-chavez; William Neuman, "Venezuela: Chávez Continues Treatment," en *The New York Times*, New York, 22-2-2013, p. A6; Ezequiel Minaya, "Downcast on Chávez's Condition," en *The Wall Street, Journal*, New York, 22-2-2013, p. A12.

169 Véase lo que expusimos en 2001 en Allan R. Brewer-Carías, "Venezuela: Historia y crisis política" en *Derecho y Sociedad. Revista de Estudiantes de Derecho de la Universidad Monteávila*, N° 3, Caracas, Abril 2002, pp. 217-244

democrática. El orden democrático y republicano se caracteriza, además del respeto por las reglas de selección, asunción y funcionamiento de los órganos de los poderes públicos, por la garantía del derecho ciudadano de acceso a una información veraz, seria y objetiva. Toda versión que no informe de manera efectiva o la deforme debe ser irrestrictamente inaceptada."

Concluían las Academias Nacionales afirmando también con razón que:

> "La actual situación de inseguridad jurídica e incertidumbre debe ser superada de manera tal que permita la toma de las medidas políticas, sociales y económicas indispensables para el gobierno de la República, que ya se hacen impostergables. Es un legítimo reclamo de la soberanía nacional exigir que las supremas decisiones de la República sean tomadas e informadas a la Nación directamente por quien detenta el mandato popular, sin intermediarios y dentro del territorio nacional. Cada funcionario electo es responsable personalmente ante el electorado y ante el ordenamiento jurídico del Estado."[170]

Por ello, el diario *El Universal* concluyó su Editorial del 1° de marzo de 2013, titulado "Nuestra Tribuna. La voluntad popular," afirmando que "Sin duda, la situación actual, con el Presidente ausente y sin señales convincentes de su capacidad para ejercer el cargo para el que fue electo, no es sostenible y requiere especial atención a la brevedad. La voluntad popular está de por medio." No sin antes argumentarse en el Editorial que:

> "El Vicepresidente Ejecutivo de la República no es un funcionario de elección popular. Nicolás Maduro fue designado por el presidente, Hugo Chávez Frías, quien está ausente del país desde el 11 de diciembre del año pasado sin ofrecer declaraciones a los medios o encabezar actos oficiales. Solo dos poderes públicos son escogidos en elecciones por los ciudadanos: el Poder Ejecutivo y el Poder Legislativo. De allí la lógica Constitucional en cuanto a que si se produce una ausencia temporal o absoluta, quien suple al jefe del Estado, es el presidente de la Asamblea Nacional, Diosdado Cabello. No Nicolás Maduro, Vicepresidente Ejecutivo."

Constatándose además que:

> "Es verdad que el Tribunal Supremo encontró una fórmula para mantener la continuidad de Gobierno en manos del propio Chávez, pero en la práctica, debido a la enfermedad y a la real ausencia de Chávez, es Maduro quien ejerce las funciones del Presidente, cuando las mismas están reservadas constitucionalmente al funcionario electo, no al designado."

En el Editorial, además, se precisó, con razón, al analizar las atribuciones del Presidente de la República en la Constitución, que "en la mayoría de las materias de

170 Véase el texto en http://www.acienpol.org.ve/cmacienpol/Resources/Pronunciamientos/Pronunciamiento%20de%20las%20Academias%20Continuidad%20del%20ejercicio%20de%20la%20presidencia-%2022%20de%20febrero.pdf

su competencia no existe delegación. Son funciones para un Presidente electo. No para un vicepresidente designado burocráticamente."[171]

Estas dos expresiones de opinión, de las Academias Nacionales y de uno de los diarios de mayor circulación del país, evidenciaban que para comienzos de marzo de 2013, efectivamente ya era tiempo de poner término al desconcierto, pues la situación de secreto y falsedad ya no era sostenible.

Pero nada ocurrió. Había, al contrario, un hecho cierto, y era que de la lectura de la *Gaceta Oficial*, se evidenciaba la ausencia absoluta de Decretos presidenciales que son la manifestación de voluntad esencial de la acción de gobierno (no de la Administración que se maneja mediante Resoluciones Ministeriales),[172] excepto en la *Gaceta Oficial* N° 41.114 de 20 de febrero de 2013, donde se publicó la Ley de Reforma Parcial del Decreto N° 8.807, con Rango, Valor y Fuerza de Ley que crea Contribución Especial por Precios Extraordinarios y Precios exorbitantes en el Mercado Internacional de Hidrocarburos, la cual sancionada por la Asamblea Nacional el mismo día 20 de febrero, apareció con la "firma" del Presidente Hugo Chávez Frías, dando el ejecútese, en el "Palacio de Miraflores, en Caracas, a los veinte días del mes de febrero de dos mil trece" lo cual era completamente falso pues el Presidente, según se informaba, permanecía recluido en el Hospital Militar. Todos los ministros que supuestamente estuvieron en Consejo de Ministros con el Presidente de la República en el Palacio de Miraflores, para darle el Ejecútese a esta Ley junto con el Presidente, sin duda mintieron, y ello en documento público, atentando contra la fe pública.

Lo mismo ocurrió con las Leyes Aprobatorias del Acuerdo de Cooperación en Materia de Comunicación e Información entre la República Bolivariana de Venezuela y el Estado de Palestina; del Acuerdo Complementario en Materia Energética al Acuerdo Marco para la Cooperación y el Establecimiento de una Comisión de Alto Nivel entre el Gobierno de la República Bolivariana de Venezuela y el Gobierno de la República Francesa; del Acuerdo entre el Gobierno de la República Bolivariana de Venezuela y el Consejo Monetario Regional del Sucre Relativos a su Sede, Inmunidades y Privilegios; del Convenio de Extradición entre el Gobierno de la República Bolivariana de Venezuela y el Gobierno de la República Francesa; del Convenio de Cooperación entre el Gobierno de la República Bolivariana de Venezuela y el Gobierno de la República Oriental del Uruguay para la Colaboración, el Intercambio y la Complementación de Experiencias entre el Plan Uruguayo «Ceibal» y el Proyecto Venezolano «Canaima Educativo»; del Acuerdo Complementario al Acuerdo Marco de Cooperación entre la República Bolivariana de Venezuela y el Estado de Palestina en Materia de Salud;

171 Véase "Nuestra Tribuna, La voluntad popular," *El Universal*, Caracas 1-3-2013, en http://www.eluniver-sal.com/opinion/130301/la-voluntad-popular

172 Para el 1° de marzo de 2013, el último acto presidencial que había sido era el Decreto N° 9.396, dictado por el Vicepresidente Maduro por delegación, mediante el cual se declaró una Insubsistencia al Presupuesto de Gastos para el Ejercicio Fiscal 2013 (recién aprobado, por lo demás) (*Gaceta Oficial* N° 40.113 de 19-2-2013), y ningún decreto más. Ningún decreto presidencial se publicó en las *Gacetas Oficiales* Nos. 40.114 de 20-2-2013; 40.115 de 21-2-2013; 40.116 de 22-2-2013; 40.117 de 25-2-2013; 40.118 de 26-2-2013; 40.119 de 27-2-2013, y 40.120 de 28-2-2013

y del Acuerdo Complementario al Acuerdo Marco de Cooperación en Materia Cultural entre la República Bolivariana de Venezuela y el Estado de Palestina, a todas las cuales, sancionadas el 5 de febrero de 2013, también, en Consejo de Ministros celebrado "en el Palacio de Miraflores" con todos los Ministros el día -26 de febrero de 2013, el Presidente Chávez supuestamente le puso el Ejecútese estampando su firma (que es exacta en todas las leyes) junto con todos los Ministros, lo cual era falso pues estaba, según se informaba, yaciendo en una cama de hospital en el Hospital Militar de Caracas.

O sea que los únicos actos de gobierno "adoptados" por el Presidente de la República desde el 21 de febrero hasta el 1 de marzo de 2013, como es el ponerle el "Ejecútese" de las leyes para su publicación y vigencia, estaban viciados de falsedad. O simplemente se trataba de una burla cruel, y un irrespeto con el Presidente enfermo, haciéndolo aparecer en el Palacio de Miraflores, reunido en Consejo de Ministros, firmando el ejecútese de leyes, cuando ello evidentemente no era cierto.

Ni el 20 de febrero, ni el 26 de febrero de 2013 el Presidente estuvo en el Palacio de Miraflores en sesión alguna del Consejo de Ministros, ni firmó el Ejecútese de las leyes mencionadas. Sin embargo, el 22 de febrero, el Vicepresidente Maduro informaba a la prensa, pasadas las 11.30 pm., desde la sede del Hospital Militar que "el Presidente de la República, Hugo Chávez, "está recibiendo sus tratamientos" y que "sigue con la asistencia de una cánula para su respiración", agregando que "el mandatario se comunica por escrito, y que logró sostener con el equipo de Gobierno una reunión que se extendió cerca de cinco horas," y que "dio instrucciones económicas y comunicó sobre otros temas a su equipo de gobierno utilizando "vías escritas" y "distintas vías de entendimiento".[173] Precisó adicionalmente que "estuvieron "reunidos desde horas de la tarde, hasta esta hora, cinco horas y media en tres sesiones de trabajo".[174] La información la dio también el Presidente de la Asamblea Nacional, Diosdado Cabello, quien sin embargo precisó que "el encuentro duró 5 horas, aunque advirtió que "eso no implica que el primer mandatario nacional esté totalmente recuperado, pero sí aseguró que éste está atendiendo las labores del Gobierno".[175] El Vicepresidente Maduro, el 27 de febrero de 2013, reiteraba

173 "Maduro asegura que se reunió con Chávez por más de cinco horas," en *El Universal*, 23 de febrero de 2013, en http://www.eluniversal.com/nacional-y-politica/salud-presidencial/130-223/maduro-asegura-que-se-reunio-con-chavez-por-mas-de-cinco-horas.

174 Véase "Maduro asegura que se reunió con Chávez por más de cinco horas," en *El Universal*, 23 de febrero de 2013, en http://www.eluniversal.com/nacional-y-politica/salud-presidencial/130223/maduro-asegura-que-se-reunio-con-chavez-por-mas-de-cinco-horas; y En "Maduro: Chávez continúa con cánula traqueal y usa distintas vías de entendimiento," Publicado por caracas en Febrero 23, 2013 , en http://venezuelaaldia.com/2013/02/maduro-chavez-continua-con-la-canula-traqueal-y-usa-distintas-vias-de-entendimiento/.

175 Véase Gabriela Turzi Vegas, "Cabello: Chávez no está totalmente recuperado pero atiende sus labores," en *El Universal*, lunes 25 de febrero de 2013, en http://www.eluni-versal.com/nacio-nal-y-politica/130225/cabello-chavez-no-esta-totalmente-recuperado-pero-atiende-sus-labores

públicamente que "el Jefe de Estado ha dado órdenes a pesar de su reposo, y explicó que la cánula traqueal que lleva no le impide comunicarse." [176]

Aparte de lo insensato que es someter a un enfermo de la gravedad que según se informaba aquejaba al Presidente, a unas sesiones de trabajo gubernamental por largas horas durante la noche, como lo anunciaron sus subalternos, todo lo expuesto no generaba sino rumores y desinformación, lo que confirmó lo expuesto por Alberto Barrera Tyszka, al expresar el 24 de febrero de 2013 que "Los silencios oficiales suelen multiplicar las teorías de las conspiraciones. Ante el vacío de información, resulta muy tentador imaginar que existe un orden oculto y enemigo, perfectamente orquestado para ocultarnos la realidad."[177] Y es que el mismo día 22 de febrero, horas antes de la anunciada "reunión de gobierno" del Presidente Chávez con varios de sus Ministros, el propio Ministro de Relaciones Exteriores, Elías Jaua, informaba desde Guinea Ecuatorial que la "deficiencia respiratoria de Chávez se ha incrementado en las últimas horas," y que "sigue aplicándose tratamiento para la enfermedad de base y ese ha sido tolerado positivamente por el paciente."[178] Dos días después diría a la prensa que era un "chantaje," una "crueldad" y una "falta de humanidad" exigirle al presidente Hugo Chávez, que "aparezca y juramente el cargo," sosteniendo que "el Presidente tiene el derecho a tomarse el tiempo para recuperarse."[179] En todo caso, parecía que el Secretario General de la Organización de Estados Americanos tenía más conocimiento de la situación que los

---

176 Véase "Maduro afirma que cánula no le impide al Presidente comunicarse," *El Universal*, 27 de febrero de 2013, en en http://www.eluniversal.com/nacional-y-politica/130227/maduro-afirma-que-canula-no-le-impide-al-presidente-comunicarse

177 Véase Alberto Barrera Tyszka: "Un paciente más", 24 de febrero, 2013, publicado en: http://www.lapatilla.com/site/2013/02/24/alberto-barrera-tyszka-un-paciente-mas/ Por ello, por ejemplo, sobre la cadena del Vicepresidente Maduro del 22 de febrero, Elides Rojas observaba que "Desde las últimas horas de la tarde comenzó una de las más fuertes olas de rumores que se recuerde desde que arrancó la historia del cáncer y los ciclos de hospitalización-quimio, hospitalización-radio, hospitalización-silencio, hospitalización-desaparición. La cosa fue más o menos así. El hombre está muy grave. Nuevamente en coma. Más adelante la gravedad cambió de tono y se convirtió en fatal noticia. Extrema cautela en los medios y guardia permanente. Nada de concretarse la información. [...] Nada anormal Un Chávez con muy poca capacidad respiratoria, asistido y con una cánula instalada, posiblemente sedado, justo en plena lucha contra el terrible cáncer que lo aqueja, estaba trabajando con Maduro y otros próceres de lo más tranquilo, "comunicándose por diferentes vías"." En Elides Rojas, "La extraña cadena del viernes a medianoche," en *El Universal*, Caracas, 24.02.2013, en http://www.eluniversal.com/blogs/sobre-la-marcha/130224/la-extrana-cadena-del-viernes-a-medianoche#.USpHNOK-Xfl.twitter Por ello también, el coordinador nacional del partido Primero Justicia afirmó que "es "falso" que Nicolás Maduro haya estado cinco horas con el Presidente, según pudo constatarlo con pacientes del Hospital Militar. "Digan la verdad al país" pues "no se puede seguir tolerando a un presidente encargado que le miente todos los días a los venezolanos". Véase "Falso lo de las 5 horas: Para Julio Borges, el Gobierno "miente y está lleno de contradicciones" *El Universal* , domingo 24 de febrero de 2013, en http://www.eluniversal.com/nacional-y-politica/salud-presidencial/130224/para-julio-borges-el-gobierno-miente-y-esta-lleno-de-contradicciones

178 Véase Jaua: "Deficiencia respiratoria de Chávez se ha incrementado," en *El Universal*, 22 de febrero de 2013, http://www.eluniversal.com/nacional-y-politica/salud-presidencial/130-222/jaua-deficiencia-respiratoria-de-chavez-se-ha-incrementado

179 Véase en "Jaua acusa a la oposición de crueldad por exigir que Chávez aparezca," en *El Universal*, 26-2-2013,http://www.eluniversal.com/nacional-y-politica/salud-presidencial/13-0226/jaua-acusa-a-la-oposicion-de-crueldad-por-exigir-que-chavez-aparezca

desinformados ciudadanos venezolanos, al afirmar desde Paris, luego de dictar una conferencia sobre la democracia en América del Sur en la Casa de América Latina, el mismo día 22 de febrero de 2013, que "El tema será resuelto la próxima semana, ya sabremos cuál será la situación del presidente y si va a poder gobernar o no."[180]

Para la resolución del "tema," por ejemplo, la ex magistrada de la Sala de Casación Penal del Tribunal Supremo de Justicia, Blanca Rosa de Mármol, el 28 de febrero de 2013 anunciaba que se había adherido a la solicitud que el 21 de enero habían formulado los profesores Cecilia Sosa y José Vicente Haro requiriendo del Tribunal Supremo que se designase "una junta médica que determine el verdadero estado de salud del presidente Hugo Chávez, antes de que pueda ser juramentado," lo que debió requerirse por el Tribunal, antes de dictar su sentencia del 9 de enero, indicando que "debió proceder a la juramentación de una junta médica, para que se establezca si la ausencia del mandatario es temporal o permanente."[181]

Pero nada ocurría en el gobierno. Por una parte, se hacía aparecer al Presidente enfermo como firmando ejecútese de leyes en el Palacio de Miraflores, y por la otra, se decía que estaba gobernando desde su cama de hospital, donde se comunicaba por señas, incluso escritas, y además el Vicepresidente Maduro, quién se negó siempre a suplir al Presidente, usurpaba sus funciones, por ejemplo, compareciendo ante la Asamblea Nacional a rendir cuenta de la gestión de gobierno de un Presidente enfermo que sólo él, personalmente, podía hacer conforme al artículo 237 de la Constitución, dando cuenta "de los aspectos políticos, económicos, sociales y administrativos de su gestión durante el año inmediatamente anterior."[182] Se recuerda que el 15 de enero de 2013, Maduro había consignado dicha Memoria y Cuenta ante el Parlamento, declarando que él estaba "claro que no podía ser él, en su carácter de vicepresidente, el que presentara la Memoria y Cuenta a manera de discurso ante la Asamblea Nacional porque eso sí hubiese sido una violación de la Constitución."[183] Sin embargo, más de un mes después, el 28 de febrero de 2013, aparentemente ya no estaba tan claro y lo que hizo fue aprovechar la presentación de Memoria y Cuenta por los Ministros, para formular él, verbalmente, la Memoria y Cuenta que el Presidente no había presentado personalmente.

El 2 de marzo de 2013, para completar la desinformación, el Vicepresidente Maduro explicaba sobre la salud del Presidente que entonces decía que estaba

---

180 Véase "Insulza: "la próxima semana se sabrá si Chávez puede gobernar o no," en *El Universal*, Caracas, 22 de febrero de 2013, en http://www.eluniversal.com/nacional-y-politica/salud-presidencial/130222/insulza-la-proxima-semana-se-sabra-si-chavez-puede-gobernar-o-no

181 Véase "Ex magistrada Mármol pidió al TSJ que se designe junta médica para Chávez ,"*El Universal* , 28 de febrero de 2013, en http://www.eluniversal.com/nacional-y-politica/salud-presidencial/130228/exmagis-trada-marmol-pidio-al-tsj-que-se-designe-junta-medica-para-chav

182 En el mismo acto, los Ministros presentaron sus cuentas anuales conforme al artículo 244 de la Constitución. Véase "Ender Ramírez Padrino, *El Nacional*, 28-2-2013, "Maduro: El 2012 fue un año de retos y avances," en http://www.el-nacional.com/politica/Maduro-consigna-Memoria-Cuenta-AN_0_145187725.html .

183 Véase "Maduro no presentó la Memoria y Cuenta para no violar Constitución," *El Universal*, 16-1-2013, en http://www.eluniversal.com/nacional-y-politica/130116/maduro-no-presento-la-memoria-y-cuenta-para-no-violar-constitucion Sin embargo, parece que esa claridad ya no la tenía el 18 de febrero de 2013 cuando hizo lo que un mes antes juzgó como inconstitucional.

sometido a tratamiento de quimioterapia y radioterapia, calificándolos de tratamientos complementarios para el tratamiento del cáncer del cual había sido operado cuatro veces.[184]

En todo caso, ya para esa fecha, como lo dijo, el Editorial de *El Universal* del 1° de marzo de 2013, antes citado, "la situación actual, con el Presidente ausente y sin señales convincentes de su capacidad para ejercer el cargo para el que fue electo, no es sostenible y requiere especial atención a la brevedad." [185] El mismo diario *El Universal* agregaba en otro Editorial, del 3 de marzo de 2013, que luego de que el Tribunal Supremo de Justicia había decidido "continuar el mandato de Hugo Chávez, manteniendo un precario hilo constitucional," "alargar esta extraña figura pudiera llevar a otra situación más polémica todavía: la ausencia indefinida, a todas luces un estado anormal y definitivamente inconstitucional que no es sostenible en el tiempo y, a la larga, con profundo impacto internacional."[186]

Es decir, ya no era posible seguir engañando o burlándose de la gente, y menos de la voluntad popular. Recordemos la frase atribuida a Abraham Lincoln, "Puedes engañar a todo el mundo algún tiempo. Puedes engañar a algunos todo el tiempo. Pero no puedes engañar a todo el mundo todo el tiempo."[187] Por ello, ya era tiempo de que el gobierno robado fuera devuelto al pueblo, de manera que este lo asumiera votando democráticamente por un nuevo Presidente.

V. LA FALTA ABSOLUTA DEL PRESIDENTE CHÁVEZ, CON OCASIÓN DE SU ANUNCIADO FALLECIMIENTO EL 5 DE MARZO DE 2013, Y LA CONSOLIDACIÓN, DE HECHO, DE UN GOBIERNO DE SUCESIÓN PRESIDENCIAL AL MARGEN DE LA CONSTITUCIÓN

Tal como venía siendo anunciado por los voceros oficiales del gobierno desde principios del mes de marzo de 2013, después de haber participado al país que el Vicepresidente Ejecutivo y otros Ministros habían estado con el Presidente Hugo Chávez Frías en una reunión de gabinete de 5 horas unos días antes durante la noche

---

184 Dijo Maduro: "A mediados de enero fue mejorando, se pudo controlar la infección, pero siguió con los problemas de insuficiencia respiratoria, después hubo un mejoramiento general, como lo informamos, de todo el cuadro clínico, de sus órganos vitales, de su fortaleza, y los médicos con el presidente Chávez decidieron iniciar los tratamientos complementarios ¿Ustedes saben qué son los tratamientos complementarios, verdad? Son las quimioterapias que se le aplican a los pacientes después de las operaciones". Véase "Maduro informó que Chávez recibe tratamientos complementarios," en *El Universal*, 1-3-2013, en http://www.eluniversal.com/nacional-y-politica/salud-presidencial/130301/ma-duro-informo-que-chavez-recibe-tratamientos-complementarios Véase igualmente, William Neuman, "Chávez Back On Treatment For cancer,", *The New York Times*, New York, 2-3-2013, p. A8

185 Véase "Nuestra Tribuna. La voluntad popular," en *El Universal,* Caracas, 1-3-2013, en http://www.eluniversal.com/opinion/130301/la-voluntad-popular

186 Véase "Nuestra Tribuna, La ausencia indefinida," *El Universal*, Caracas 3-3-2013, en http://www.eluniversal.com/opinion/130303/la-ausencia-indefinida

187 "You may fool all the people some of the time, you can even fool some of the people all of the time, but you cannot fool all of the people all the time." Es una frase atribuida a Lincoln que se dice expreso en un discurso en Clinton (Illinois), el 2 de septiembre de 1858, aún cuando no se ha conseguido en los documentos que lo sobrevivieron. Véase en James H. Billington, *Respectfully Quoted: A Dictionary of Quotations*, Compiled by the Library of Congress, Parágrafo N° 609.

el día 23 de febrero,[188] y luego de diversos anuncios sobre el agravamiento de la salud del Presidente, tal y como se afirmó en la sentencia N° 141 de 8 de marzo de 2013 de la Sala Constitucional del Tribunal Supremo de Justicia, "el 5 de marzo de 2013, el Vicepresidente Ejecutivo ciudadano Nicolás Maduro Moros anunció, desde la sede del Hospital Militar de Caracas 'Dr. Carlos Arvelo,' el lamentable fallecimiento del Presidente de la República ciudadano Hugo Chávez Frías"[189]; hecho que ocurrió según dicho anuncio, a las 4.25 pm.,[190] sesenta años después del fallecimiento de Joseph Stalin, hecho éste que ocurrió el día 5 de marzo de 1953.

El día anterior, 4 de marzo de 2013, el Ministro de Comunicaciones ya había anunciado al país que Chávez había tenido "un empeoramiento de la función respiratoria relacionado con el estado de inmunodepresión propio de su situación clínica," presentando "una nueva y severa infección" siendo su estado de salud "muy delicado,"[191] lo que presagiaba ya un desenlace final. Ello fue confirmado el mismo día 5 de marzo en horas de mediodía en una extraña y sombría rueda de prensa o reunión de gabinete presidida por el Vicepresidente Ejecutivo Nicolás Maduro, convocada "luego de que se informara oficialmente de un deterioro en la salud del presidente Hugo Chávez"[192] donde ya se anunciaba, sin anunciarlo, lo que evidentemente había ocurrido o estaba ocurriendo, y que era el fallecimiento del Presidente Chávez. De allí lo que siguió fue el anuncio formal del hecho del fallecimiento unas pocas horas después, en exposiciones separadas y televisadas del Vicepresidente Nicolás Maduro,[193] del Presidente de la Asamblea Nacional, Diosdado Cabello[194] y del Ministro de la Defensa, general Diego Molero Bellavía.[195] Se trató, en todo caso, de un hecho singular en la vida política del país,

---

188 Véase "Maduro asegura que se reunió con Chávez por más de cinco horas," en *El Universal*, 23 de febrero de 2013, en http://www.eluniversal.com/nacional-y-politica/salud-presi-dencial/130223/maduro-asegura-que-se-reunio-con-chavez-por-mas-de-cinco-horas; y En "Maduro: Chávez continúa con cánula traqueal y usa distintas vías de entendimiento," Publicado por Caracas en Febrero 23, 2013 , en http://venezuelaaldia.com/2013/02/maduro-chavez-continua-con-la-canula-traqueal-y-usa-distintas-vias-de-entendimiento/.

189 Véase el texto de la sentencia de interpretación del artículo 233 de la Constitución en http://www.tsj.gov.ve.decisiones/scon/Marzo/141-9313-2013-13-0196.html.

190 Afirmando incluso que no descartaba "que la enfermedad del presidente Chávez haya sido inducida." Véase "Muere el presidente Hugo Chávez,", en *ElTiempo.com*, 5-3-2013, en http://www.eltiem-po.com/mundo/latinoamerica/ARTICULO-WEB-NEW_NOTA_INTERIOR-12639963.html

191 "Villegas, "El estado general sigue siendo delicado," en Kikiriki, 4-3-2023, en http://www.kikiriki.org.ve/villegas-el-estado-general-sigue-siendo-delicado/

192 Véase "Venezuela transmitirá reunión entre Maduro, Gabinete y militares: oficial," en Reuters, 5-3-2013, en http://ar.reuters.com/article/topNews/idARL1N0BX9B220130305

193 Véase en "Muere el presidente Hugo Chávez,", en *ElTiempo.com*, 5-3-2013, en http://www.eltiem-po.com/mundo/latinoamerica/ARTICULO-WEB-NEW_NOTA_INTERIOR-12639963.html

194 Véase en http://cnnespanol.cnn.com/2013/03/05/diosdado-cabello-nuestros-hijos-tendran-patria-gracias-a-lo-que-hizo-chavez/

195 Véase lo expresado por Diego Molero Bellavía, Ministro de la Defensa, al comprometerse en que las Fuerzas Armadas respetarían la Constitución, expresando,, "Vicepresidente Nicolás Maduro, señor Diosdado Cabello, presidente de la Asamblea Nacional, y todos los poderes, cuenten con la Fuerza Armada, que es del pueblo y para el pueblo," en "Ministro de la defensa venezolano hace un llamado a la unidad," CNN, 5-3-2013, en CNN es la Noticia, 5-3-2013, en http://cnnespanol.cnn.com/2013/03/05/ministro-de-la-defensa-venezolano-hace-un-llamado-a-la-unidad/

pues desde que el presidente Juan Vicente Gómez falleció en diciembre de 1935 estando en ejercicio del cargo, no había ocurrido en Venezuela que un Presidente de la República falleciera siendo titular del cargo, y nunca con la popularidad que había tenido el Presidente Chávez.

Como hecho relevante en la vida política del país, el mismo, sin duda, produjo una serie de consecuencias jurídicas constitucionales que deben identificarse claramente. El derecho precisamente regula las consecuencias jurídicas que ciertos hechos o actos adoptados por los sujetos de derecho producen en determinados momentos, así como las relaciones jurídicas que se establecen entre esos sujetos de derecho. Normas, actos y sujetos de derecho configuran, en definitiva, el mundo en el cual opera el derecho, de manera que el hecho del fallecimiento de una persona titular del cargo de Presidente de República, quién incluso no se posesionó del mismo, amerita ser analizado para tratar de establecer sus consecuencias jurídicas. Ese hecho del fallecimiento del Presidente de la República Hugo Chávez Frías, se produjo además en medio de una serie de otros hechos y actos jurídicos que condicionaron sus efectos jurídicos y que es necesario tener también presente para determinar dichas consecuencias jurídicas.

Esos fueron, en líneas generales, los siguientes:

Primero, que el Presidente Chávez había sido reelecto Presidente de la República el 7 de octubre de 2012 para el período constitucional 2013-2019, cuando ya estaba en ejercicio del cargo de Presidente para el cuala la vez había sido reelecto en 2006 para el período constitucional 2007-2013; período este que terminaba el 10 de enero de 2013.

Segundo, que el Presidente Chávez, desde el día 10 de diciembre de 2012 había viajado a La Habana, luego de haber obtenido autorización de la Asamblea Nacional pues se ausentaría del territorio nacional por más de 5 días (art. 234, Constitución), para someterse a una operación quirúrgica, después de la cual nunca más se le vio en público ni se supo de él fehacientemente.

Tercero, que la ausencia del Presidente del territorio nacional constituyó una falta temporal (art. 234, Constitución) que constitucionalmente el Vicepresidente Ejecutivo estaba obligado a suplir, lo que en ese caso, el Vicepresidente que era Nicolás Maduro se negó a hacer, habiendo permanecido en Caracas, con viajes frecuentes a La Habana, conduciendo la acción de gobierno sólo mediante una delegación de atribuciones que el Presidente Chávez había decretado el 9 de diciembre de 2012.

Cuarto, que para tomar posesión del cargo de Presidente para el nuevo período constitucional 2013-2019, el Presidente Chávez debía juramentarse ante la Asamblea Nacional el día 10 de enero de 2013 (art. 231, Constitución).

Posteriormente llegó a afirmar que las Fuerzas Armadas no iban a "fallarle" al fallecido Presidente, y le pedían a los votantes que "cumplieran con la voluntad del comandante Chávez y todos votaran por Nicolás Maduro." Véase la referencia en Ezequiel Minaya, "Military Poses Risk for Next Venezuelan Leader," in *The Wall Street Journal*, April 12, 2013, p. A22.

Quinto, que si ese día 10 de enero de 2013, el Presidente electo, por alguna causa sobrevenida, no podía prestar juramento ante la Asamblea Nacional, lo podía hacer posteriormente ante el Tribunal Supremo de Justicia (art. 231, Constitución).

Sexto, que en esa fecha 10 de enero de 2013, en todo caso, comenzaba el nuevo período constitucional 2013-2019 (art. 231, Constitución), así no se produjera el acto formal de juramentación del Presidente electo, y éste se juramentase posteriormente ante el Tribunal Supremo.

Séptimo, que el Vicepresidente Nicolás Maduro informó a la Asamblea Nacional el 8 de enero de 2013, que el Presidente de la República, dado su estado de salud, no iba a comparecer ante la Asamblea el día 10 de enero de 2013 para juramentarse en su cargo, permaneciendo en La Habana.

Octavo, que el Presidente Chávez, efectivamente no compareció ante la Asamblea Nacional a tomar posesión del cargo para el período constitucional 2013-2019, de manera que su fallecimiento ocurrió sin haberse juramentado ni haber tomado posesionado de su cargo.

Noveno, que antes de que se iniciara el nuevo periodo constitucional el 10 de enero de 2013, sin embargo, el Tribunal Supremo de Justicia, el día 9 de enero de 2013, decidió mediante una sentencia interpretativa, que en virtud de que el Presidente Chávez había sido reelecto y había estado en ejercicio de la Presidencia de la República, su no comparecencia ante la Asamblea Nacional no significaba que no continuara en ejercicio de sus funciones junto con todo su gabinete (Vicepresidente y Ministros), todos ellos nombrados en el período constitucional que concluía el 10 de enero de 2013; para lo cual la Sala Constitucional del Tribunal Supremo aplicó a la cuestión constitucional planteada el "principio de la continuidad administrativa."[196]

Décimo, que luego de que se anunciara que el Presidente Chávez había sido trasladado desde un Hospital en La Habana al Hospital Militar de Caracas el día 18 de febrero de 2013, donde supuestamente permaneció recluido sin ser visto en público, al anunciarse su fallecimiento el día 5 de marzo de 2013, puede decirse que cesó el régimen de "continuidad administrativa" del Presidente electo, de su Vicepresidente y del tren ministerial anterior, que el Tribunal Supremo había dispuesto que continuaban en sus funciones, fundamentándose en el hecho de que para el 9 de enero de 2013 el Presidente reelecto estaba en ejercicio de su cargo, por lo que hasta que se juramentase, todos debían continuar en el desempeño de sus funciones o en el ejercicio de sus cargos, y entre ellos el Vicepresidente y sus Ministros, hasta que el Presidente se juramentase; y

Decimoprimero, que tal juramento y la toma de posesión del cargo por el Presidente electo nunca pudo tener lugar, a causa del fallecimiento del Presidente.

---

196 La Sala dijo en la sentencia, en cuanto al Presidente Chávez, que se trataba "de un Jefe de Estado y de Gobierno que no ha dejado de desempeñar sus funciones y, como tal, seguirá en el ejercicio de las mismas hasta tanto proceda a juramentarse ante el Máximo Tribunal." Agregó además, que " la falta de juramentación en tal fecha no supone la pérdida de la condición del Presidente Hugo Rafael Chávez Frías, ni como Presidente en funciones, ni como candidato reelecto, en virtud de existir continuidad en el ejercicio del cargo". Véase, Expediente Nº 12-1358, Solicitante: Marelys D'Arpino. Véase el texto de la sentencia en: http://www.tsj.gov.ve/decisiones/scon/Enero/02-9113-2013-12-1358.html

Para entender bien las consecuencias constitucionales de éste último hecho, por tanto, es bueno recordar con precisión lo que decidió la Sala Constitucional del Tribunal Supremo de Justicia, en la sentencia N° 2 del 9 de enero de 2013 sobre la no comparecencia anunciada del Presidente de la República para su toma de posesión el día siguiente, 10 de enero de 2013, por encontrarse totalmente incapacitado para ello por yacer en una cama de hospital en La Habana después de haber sido operado un mes antes (11 de diciembre de 2012).

La Sala Constitucional consideró que en virtud de que el Presidente Hugo Chávez había sido "reelecto" Presidente para el período 2013-2019, terminando el 10 de enero de 2013 su período constitucional anterior (2007-2013), y que como eventualmente podría prestar dicho juramento posteriormente ante el propio Tribunal Supremo, entonces no podía considerarse que en ese día de terminación del período constitucional 2007-2013, por su ausencia, "que el gobierno queda *ipso facto* inexistente," resolviendo entonces que: "el Poder Ejecutivo (constituido por el Presidente, el Vicepresidente, los Ministros y demás órganos y funcionarios de la Administración) seguirá ejerciendo cabalmente sus funciones con fundamento en el principio de la continuidad administrativa," por supuesto, hasta que se juramentase y tomase posesión de su cargo ante el propio Tribunal.

Fue conforme a esa sentencia, entonces, el Tribunal, por una parte, decidió que el Presidente de la Asamblea Nacional, Diosdado Cabello no debía encargarse de la Presidencia de la República, tal como le correspondía conforme al principio democrático y que exigía la aplicación analógica de la norma que regula la falta absoluta del Presidente antes de su toma de posesión (art. 233); por la otra, aseguró la continuidad en el ejercicio de su cargo del Presidente de la República reelecto a pesar de estar postrado en una cama de hospital; y finalmente, decidió que el Vicepresidente Maduro a partir del 10 de enero de 2013 continuaría en ejercicio del cargo de Vicepresidente Ejecutivo. Consolidó así el Tribunal Supremo la usurpación de la voluntad popular, imponiéndole a los venezolanos un gobierno de hecho a cargo de funcionarios no electos: el Vicepresidente y los Ministros, que habían sido designados por el Presidente Chávez en el período constitucional anterior (2007-2013), y quienes continuaron ejerciendo sus cargos, situación que conforme a la sentencia de la Sala Constitucional debía permanecer hasta que el Presidente se juramentara. Esto último, ya evidentemente era una falacia pues, sin duda, para ese momento, todo el gobierno ya debía saber sobre la condición de salud del Presidente y la imposibilidad que ya habría de que efectivamente se pudiera juramentar y tomar posesión de su cargo.

Hasta el 5 de marzo de 2013, por tanto, en virtud de la mencionada sentencia del Tribunal Supremo, el Vicepresidente Maduro continuó ejerciendo atribuciones del Poder Ejecutivo, pero sin siquiera haberse encargado de la Presidencia y sin siquiera suplir al Presidente en su falta temporal como se lo imponía el artículo 234 de la Constitución, no habiéndose dictado actos de gobierno algunos ni decretos presidenciales en los últimos días antes del 5 de marzo de 2013.[197]

---

197 Véase *Gacetas Oficiales* Nos 40.121 de 1-3-2013; Nos 40.122 de 4-3-2013; Nos 40.123 de 5-3-2013, Nos 40.124 de 6-3-2013.

El anuncio del fallecimiento del Presidente electo, quién según estableció la sentencia Nº 2 del Tribunal Supremo de enero de 2013, como había sido reelecto; a pesar de no haberse juramentado en cargo, sin embargo, había continuado en ejercicio de sus funciones del Poder Ejecutivo (aun cuando, de hecho, ello era imposible por su situación de salud), y con él, el Vicepresidente Ejecutivo y los Ministros; en todo caso, originaba una serie de cuestiones jurídicas inmediatas que requerían solución urgente, las cuales giraban en determinar, jurídica y constitucionalmente, quién, a partir del 5 de marzo de 2013, debía encargarse de la Presidencia de la República en ese supuesto de efectiva falta absoluta de un Presidente electo, no juramentado, mientras se procedía a una nueva elección presidencial. En virtud de que el Presidente electo ya no podía tomar posesión de su cargo, el régimen de la "continuidad administrativa" impuesto por el Tribunal Supremo, al producirse la falta absoluta del Presidente con su fallecimiento, sin duda cesaba. Todo cambió, por tanto, cuando se anunció el fallecimiento del Presidente y se produjo su efectiva falta absoluta.

La norma constitucional que rige los supuestos de falta absoluta del Presidente de la República es el artículo 233, el cual dispone los tres supuestos generales en los cuales ese hecho puede ocurrir, con sus consecuencias jurídicas inmediatas:[198]

Primero, que la falta absoluta se produzca ***antes de que el Presidente electo tome posesión del cargo***, en cuyo caso, dice la norma, el Presidente de la Asamblea Nacional ***se encarga*** de la Presidencia de la República mientras se realiza una nueva elección y toma posesión el nuevo Presidente. En este caso, el Presidente de la Asamblea no pierde su investidura parlamentaria, ni asume la Presidencia de la República, sino que solo se "encarga" temporalmente de la misma.

Segundo, que la falta absoluta se produzca ***dentro de los primeros cuatro años del periodo constitucional,*** se entiende por supuesto después de ya el Presidente electo haya tomado posesión de su cargo mediante su juramentación, en cuyo caso, dice la norma, el Vicepresidente Ejecutivo ***se encarga*** de la Presidencia mientras se realiza una nueva elección y toma posesión el nuevo Presidente. Dicho Vicepresidente, por supuesto, debe haber sido nombrado por el propio Presidente de la República antes de su falta absoluta, durante el ejercicio de su cargo. En este caso, el Vicepresidente Ejecutivo tampoco pierde su investidura, ni asume la Presidencia de la República, sino que solo se "encarga" temporalmente de la misma.

Tercero, que la falta absoluta se produzca ***durante los últimos dos años del período constitucional***, en cuyo caso, el Vicepresidente Ejecutivo ***asume*** la Presidencia de la República hasta completar el período. En este caso, el Vicepresidente Ejecutivo si pierde su investidura y asume en forma permanente el

198 El artículo 233 dispone en la materia", lo siguiente, "Cuando se produzca la falta absoluta del Presidente electo o Presidenta electa **antes de tomar posesión**, se procederá a una nueva elección universal, directa y secreta dentro de los treinta días consecutivos siguientes. Mientras se elige y toma posesión el nuevo Presidente o la nueva Presidenta, se encargará de la Presidencia de la República el Presidente o Presidenta de la Asamblea Nacional. // Si la falta absoluta del Presidente o Presidenta de la República se produce **durante los primeros cuatro años del período constitucional**, se procederá a una nueva elección universal, directa y secreta dentro de los treinta días consecutivos siguientes. Mientras se elige y toma posesión el nuevo Presidente o la nueva Presidenta, se encargará de la Presidencia de la República el Vicepresidente Ejecutivo o la Vicepresidenta Ejecutiva".

cargo de Presidente de la República, hasta completar el período constitucional, debiendo nombrar un nuevo Vicepresidente Ejecutivo. En es el único caso en la Constitución en el cual el Vicepresidente podría considerarse como "Presidente encargado de la República."

El fallecimiento anunciado del Presidente de la República Hugo Chávez Frías el 5 de marzo de 2013, sin haberse juramentado ni haber tomado posesión de su cargo, ni ante la Asamblea Nacional ni ante el Tribunal Supremo de Justicia, exigía precisar, por tanto, cuál de los dos primeros supuestos antes mencionados debía aplicarse para determinar la sucesión presidencial, siendo el primero totalmente inaplicable.

Como el régimen de la "continuidad administrativa" decretada ilegítimamente por el Tribunal Supremo concluyó evidentemente el mismo día cuando se produjo la falta absoluta del Presidente Chávez, quien por su estado de salud para el momento de su anunciada muerte no pudo juramentarse ni pudo tomar posesión de su cargo, es claro que se aplicaba el primer supuesto previsto en el artículo 233 de la Constitución, ya que la falta absoluta del Presidente electo se produjo en todo caso "***antes de tomar posesión***" de su cargo. La primera parte de la norma se aplica en los dos supuestos que conforme a sus previsiones podrían darse: primero, que el fallecimiento del Presidente ocurra sin tomar posesión de su cargo antes del inicio del período constitucional el 10 de enero; o segundo, que el fallecimiento del Presidente ocurra sin tomar posesión de su cargo por alguna causa sobrevenida después de haberse iniciado el período constitucional el 10 de enero. Este último fue, precisamente, el supuesto que ocurrió el 5 de marzo de 2013, de manera que conforme a la norma del artículo 233 de la Constitución, el Presidente de la Asamblea Nacional, Diosdado Cabello debió de inmediato encargarse de la Presidencia de la República, *ex constitutione*.[199]

Por ello, con razón, el profesor José Ignacio Hernández, explicó que "interpretando de manera concordada los artículos 231 y 233 de la Constitución, puede concluirse que ante la falta absoluta del Presidente electo antes de tomar posesión (mediante juramento), deberá encargarse de la Presidencia el Presidente de la Asamblea Nacional. Es ésa la conclusión que aplica al caso concreto, pues el Presidente Hugo Chávez falleció sin haber prestado juramento, que es el único mecanismo constitucional previsto para tomar posesión del cargo, con lo cual debería asumir la Presidencia quien fue designado como Presidente de la Asamblea Nacional."[200]

Por tanto, en ese mismo momento en que se anunció la falta absoluta del Presidente Chávez, de inmediato, el Vice-Presidente Maduro dejó de ejercer las

---

199 Así por ejemplo lo consideró el diputado Soto Rojas, al señalar tras el fallecimiento del Presidente Chávez que "Diosdado Cabello debe juramentarse y nuestro candidato es Nicolás Maduro", en referencia a las próximas elecciones que deben realizarse," en *6to. Poder*, 5-3-2013, en http://www.6topoder.com/venezuela/politica/diputado-soto-rojas-diosdado-cabello-debe-juramentarse-y-nuestro-candidato-es-nicolas-maduro/

200 Véase José Ignacio Hernández, "A propósito de la ausencia absoluta del Presidente,", en PRODAVINCI, 5-3-2013, en http://prodavinci.com/blogs/a-proposito-de-la-ausencia-abso-luta-del-presidente-de-la-republica-por-jose-ignacio-hernandez-g/

funciones del Presidente, por haber cesado la llamada "continuidad administrativa" impuesta por la Sala Constitucional, la cual dependía de que el Presidente electo pudiera llegar a tomar posesión efectiva de su cargo; y el Presidente de la Asamblea, sin necesidad de acto alguno, se debía, *ex constitutione*, encargar de la Presidencia de la República.

Sin embargo, debe mencionarse que una primera lectura del artículo 233 de la Constitución, también podía conducir a considerar, (i) que como la falta absoluta se produjo después de iniciado el periodo constitucional, el cual comenzó el 10 de enero, así no se hubiera juramentado el Presidente electo; (ii) que entonces, como la falta absoluta se produjo "durante los primeros cuatro años del periodo constitucional"; y (iii) que como ya existía una interpretación constitucional, aunque errada, dispuesta por la Sala Constitucional, de que desde el 10 de enero de 2013 había una "continuidad administrativa", haciendo que los titulares del Poder Ejecutivo anterior siguieran en funciones (Presidente, Vicepresidente y ministros); entonces se podía aplicar el segundo supuesto de falta absoluta previsto en el artículo 233 (la que ocurría durante los primeros cuatro años del período constitucional que comenzó el 10 de enero de 2013), lo que podía conducir a considerar que el Vicepresidente Ejecutivo debía encargarse de la Presidencia quien ya estaba en funciones por la mencionada "continuidad administrativa" decretada por el Tribunal Supremo.

Esta aproximación que podía derivarse de una primera lectura de la norma, sin embargo, debía descartarse, porque la denominada "continuidad administrativa" que se había fundamentado en el hecho de que había un Presidente electo, que era Hugo Chávez, quien por causas conocidas, pero sobrevenidas, no había podido tomar posesión de su cargo, pero supuestamente lo haría; había cesado totalmente con el anuncio del fallecimiento del Presidente. A partir de entonces ya la "continuidad administrativa" no podía sobrevivirle, pues la misma estaba ligada a su propia existencia, razón por la cual, como la falta absoluta se producía entonces sin que el Presidente Chávez hubiese llegado a tomar posesión efectiva de su cargo mediante su juramento, entonces el Presidente de la Asamblea Nacional era quien debía encargarse de la Presidencia.

Sin embargo, ello no ocurrió así, incumpliendo éste último el mandato de la Constitución, y fue la segunda opción a la cual hicimos referencia, la que de hecho se impuso en el ámbito del gobierno, de manera que el mismo día 5 de marzo de 2013, la Procuradora General de la República, afirmaba a la prensa que con la muerte del Presidente Hugo Chávez, "inmediatamente se pone en vigencia el artículo 233, que establece que se encarga el Vicepresidente Nicolás Maduro (...) Ya la falta absoluta determina que el que se encarga es el Vicepresidente, Nicolás Maduro."[201] Y ello ocurrió efectivamente así, evidenciado en *Gaceta Oficial* del mismo día, mediante la publicación del Decreto N° 9.399 declarando Duelo Nacional, dado y firmado por Nicolás Maduro, ni siquiera como "Vicepresidente

201 Véase "Muerte de Chávez," 06/03/2013, 03:16:00 pm.: Aseguró la Procuradora General de la República Cilia Flores: La falta absoluta determina que se encargará el Vicepresidente Maduro," en *Notitarde.com*, 7-3-2013, en http://www.notitarde.com/Muerte-de-Chavez/Cilia-Flores-La-falta-absoluta-determina-que-se-encargara-el-Vicepresidente-Maduro/2013/03/06/169847

encargado de la Presidencia," sino como "Presidente Encargado de la República."[202] Nada se supo, ese día, por lo demás, de la posición del Presidente de la Asamblea Nacional Diosdado Cabello sobre el porqué no había dado cumplimiento a la norma constitucional que lo obligaba a encargarse de la Presidencia.[203]

Lo cierto es que el Vicepresidente Maduro para ese momento había dejado de ser Vicepresidente, pues el régimen de la llamada "continuidad administrativa" había cesado, pues había sido impuesta por el Tribunal Supremo para permitirle al Presidente Chávez que se pudiera juramentar posteriormente en su cargo una vez recuperada su salud, a lo cual tenía derecho, como lo indico el Tribunal Supremo, y pudiera en ese caso tomar posesión de su cargo. Esa posibilidad fue precisamente la que se disipó con el anuncio del fallecimiento del Presidente, concluyendo allí tal régimen de la "continuidad administrativa," entrando en aplicación, precisamente, el primer supuesto del artículo 233 de una falta absoluta del Presidente ocurrida ***antes de que tomara posesión de su cargo***, lo que nunca pudo hacer, en cuyo caso debía encargarse de la Presidencia el Presidente de la Asamblea Nacional.

Sin embargo, el gobierno que conducía el Vicepresidente Maduro, quien venía ejerciendo el Poder Ejecutivo desde el 10 de enero de 2013 gracias a la sentencia del Tribunal Supremo, y que conforme a la misma solo se sostenía en la esperanza de que el Presidente Chávez se pudiera llegar a juramentar y tomar posesión de su cargo; continuó ilegítimamente ejerciéndolo a pesar del anuncio del fallecimiento del Presidente Chávez, y de que, por ese solo hecho, ya esa toma de posesión no podría ocurrir. Sin embargo, el mismo día 5 de marzo, ya el Vicepresidente Maduro emitió el mencionado Decreto N° 9.399 declarando Duelo Nacional,[204] como se dijo, ni siquiera como tal "Vicepresidente encarado de la Presidencia," sino como "Presidente encargado de la República."[205] Sin dejar de considerar que con ese

---

202 *Gaceta Oficial* N° 40.123 de 5 de marzo de 2013

203 Sobre el tema de la sucesión presidencial en este caso, el profesor Hermán Escarrá, en una entrevista de televisión ese mismo día 5 de marzo, afirmaba que ante la muerte de Hugo Chávez se abrían dos ámbitos de actuación, de manera que (i), "si era el caso de "un Presidente electo que no ha tomado posesión; en este caso [...] debe sustituir la falta el Presidente de la Asamblea Nacional, Diosdado Cabello"; y que (ii), si era el caso de "un Presidente en ejercicio de sus funciones," entonces en ese caso "le corresponde al Vicepresidente sustituir por el periodo en el que debe convocarse a elecciones para que al final sea el pueblo el que decida quién será su Presidente." De estas opciones, según sus propias palabras, el primer supuesto era el que aparentemente se aplicaba. Pero no; fue la segunda opción, la que consideró aplicable el profesor Escarrá, argumentando que la sentencia del Tribunal Supremo de 9 de enero de 2013 había dicho que "Chávez era un Presidente reelecto que nunca estuvo ausente, 'por lo que debía entonces aplicarse el Artículo 233 de la Constitución.' [...] El Vicepresidente queda encargado, puesto que aunque el Presidente no se juramentó, de conformidad a la sentencia, estaba en el cargo cumpliendo sus funciones." Agregó además, el profesor Escarrá, que "Maduro dejó de ser vicepresidente en el momento en que se supo de la muerte del presidente Chávez y se decretó la falta absoluta. Una vez que opera la falta absoluta asume el poder el vicepresidente." Véase "Hermann Escarrá: Maduro es Presidente encargado desde que se anunció la muerte de Chávez," en Globovisión.com, 6-3-2013, en http://globovision.com/articulo/hermann-escarra-maduro-es-presidente-encargado-desde-que-se-anuncio-la-muerte-de-chavez r

204 *Gaceta Oficial* 40.123 de 5 de marzo de 2013

205 Con relación a este Decreto, que fue refrendado por todos los Ministros y publicado en Gaceta Oficial, Juan Manuel Raffalli apreció que "no hay duda de que Nicolás Maduro es el Presidente encargado de la República," llamando la atención respecto a que "Maduro no ha designado un Vicepresidente y si osten-

Decreto, efectivamente y de hecho, el Vicepresidente Maduro asumió sin título alguno la Presidencia de la República, es decir, ilegítimamente; sin embargo consideramos que debe puntualizarse que de acuerdo con el texto de la Constitución, en cualquier caso en el cual se produzca una falta absoluta del Presidente en los términos del artículo 233 de la Constitución, tanto el Presidente de la Asamblea Nacional como del Vicepresidente, es sus respectivos casos, lo que deben y pueden hacer es "encargarse" de la Presidencia, pero nunca pasan a ser "Presidentes encargados de la República." Salvo que se trate de falta absoluta ocurrida en los dos últimos años del período constitucional en cuyo caso, el Vicepresidente ***asume*** el cargo de Presidente, es decir, es Presidente, en ningún otro caso, sea en caso del Presidente de la Asamblea Nacional o del Vicepresidente Ejecutivo, en los supuestos respectivos previstos en la Constitución, puede decirse que se convierten en "Presidentes encargados" ya que en ningún caso pierden su investidura. Al contrario, siguen siendo titulares de sus respectivos cargos de Presidente de la Asamblea y de Vicepresidente, y es en ese carácter que se pueden "encargar" de la Presidencia. En el caso del Vicepresidente Ejecutivo, cuando se "encarga" de la Presidencia, no puede auto considerarse ni ser calificado como "Presidente encargado de la República" como erradamente se indicó en el Decreto N° 9399 declarando Duelo Nacional. Y esta no es una cuestión de redacción, es una cuestión sustantiva, pues el Vicepresidente, cuando se encarga de la Presidencia, no deja de ser Vicepresidente; es más, es porque es Vicepresidente que se encarga de la Presidencia.

Por tanto, no es correcto afirmar que el Vicepresidente, en esos supuestos, se transforme en "Presidente encargado de la República," ni que el mismo pueda designar un Vicepresidente. Esto sólo lo puede hacer un Presidente electo una vez en funciones, pero no un Vicepresidente encargado de la Presidencia. El Vicepresidente, en la Constitución, además de tener atribuciones, tiene cargas o deberes, y uno de ellos es precisamente "encargarse" de la Presidencia en esos casos, por lo que debe asumir todas sus consecuencias. Por ello es que, por ejemplo, no puede en ningún caso ser candidato a Presidente en las elecciones a las que debe procederse en el breve lapso de 30 días. Precisamente, conforme a artículo 229 de la Constitución, quien esté en ejercicio del cargo de Vicepresidente en el día de su postulación o en cualquier momento entre esta fecha y la de la elección, no puede ser elegido Presidente. Y como el Vicepresidente no puede abandonar su cargo de Vicepresidente al encargarse de la Presidencia, simplemente no puede ser candidato a Presidente.

Esa debió haber comenzado a ser la situación constitucional del Vicepresidente Maduro después de haberse encargado de la Presidencia el día 5 de marzo de 2013. Sin embargo, no fue así, y el anuncio antes mencionado de la Procuradora General

---

ta la doble condición de Presidente y Vicepresidente, no puede ser candidato," e indicando que "para que pueda ser candidato, tendría que designar a un Vicepresidente." Véase en "Raffalli: Maduro no puede ser candidato mientras también ostente la Vicepresidencia," en *6to. Poder*, Caracas 7-3-2013, en http://www.6topo-der.com/venezuela/politica/raffalli-maduro-no-puede-ser-candidato-mientras-tambien-ostente-la-vicepresidencia/; y en "Dudas Constitucionales. ¿Maduro es Vicepresidente y encargado de la Presidencia, o es Presidente encargado a secas?, en *El Universal*, 8-3-2013, en http://www.eluniver-sal.com/opinion/130308/dudas-constitucionales

de la República, de que el Vicepresidente Maduro había pasado a ser "Presidente encargado de la República," mostraba otra realidad, inconstitucional, a lo que se agregaba la situación inconstitucional derivada de la declaración dada por el Ministro de la Defensa al afirmar pocas horas después de darse a conocer oficialmente la muerte del Presidente Chávez, que "Ahora más que nunca, la FAN debe estar unida para llevar a Maduro a ser el próximo presidente electo de todos los venezolanos."[206] Para una institución como la Fuerza Armada, "sin militancia política" y que "está al servicio exclusivo de la Nación y en ningún caso al de persona o parcialidad política alguna" (art. 328, Constitución), esa manifestación violaba abiertamente el texto fundamental. Luego le correspondería a la Sala Constitucional del Tribunal Supremo de Justicia, en sentencia N° 141 de 8 de marzo de 2013, que se comenta más adelante, consolidar todo este fraude constitucional.

Pero volvamos a la situación el día 5 de marzo. Nicolás Maduro, como Vicepresidente encargado de hecho de la Presidencia (porque ello correspondía al Presidente de la Asamblea Nacional), y como "Presidente encargado de la República" como se autodenominó, en todo caso, tenía entre sus atribuciones inmediatas velar por que se procediera "a una nueva elección universal, directa y secreta dentro de los treinta días consecutivos siguientes" contados a partir de la falta absoluta del Presidente, es decir, contados a partir del 5 de marzo de 2013.[207]

Esto significaba que la elección presidencial conforme a la Constitución, debía necesariamente efectuarse en ese lapso, para lo cual el Consejo Nacional Electoral debía adoptar todos los actos y realizar todas diligencias necesarias, como la convocatoria, postulación, y organización electoral.[208] Y en ese proceso electoral, en ningún caso el Vicepresidente podía ser candidato a la Presidencia, primero, porque la Constitución expresamente establece que quien esté en ejercicio del cargo de

---

206 En "Ministro de la Defensa venezolano: "La Fuerza Armada Nacional debe estar unida para llevar a Maduro a ser presidente", en Vínculocrítico.com. Diario de América, España y Europa, en http://www.vinculocritico.com/politica/venezuela/elecciones-venezuela/fuerzas-militares-venezolanas/muere-chavez/muerte-chavez/anuncio-muerte-chavez/ministro-defensa/vtv-/apoyo-de-militares-maduro-/294618 . En la nota publicada en ese diario se concluía con la siguiente reflexión "La clara posición expresada por el Ministro de la Defensa resulta preocupante para muchos ciudadanos, toda vez que bajo sus órdenes se encuentra la Fuerza Armada Nacional que debe velar por la seguridad de Venezuela, pero no obedecer a la voluntad de una sola persona y menos aún en materia electoral. Su posición no presagia una situación de imparcialidad, con la gravedad que ello conlleva para el futuro en democracia de dicha nación latinoamericana."

207 No es correcta la afirmación del diputado Calixto Ortega en el sentido de afirmar que "tras los actos fúnebres, la Asamblea Nacional debe reunirse y declarar formalmente "la ausencia de derecho del presidente", tras lo cual el CNE pasa a organizar y convocar las elecciones dentro de un plazo estimado de 30 días que pudiera extenderse." Ello es contrario a la Constitución, no sólo porque en la misma la falta absoluta del Presidente por muerte no requiere de declaración formal alguna, sino porque los treinta días consecutivos para que se proceda a realzar la elección deben contarse a partir de dicha falta absoluta. Véase la reseña de la declaración en "Oposición venezolana trabaja en escenario electoral", ABC color, 7-3-2013, en http://www.abc.com.py/internacionales/oposicion-venezolana-trabaja-en-escenario-electoral-546632.html

208 Sin embargo, el día 8 de marzo se anunciaba en la prensa que el Consejo Nacional Electoral estaría listo para las elecciones presidenciales a partir del día 14 de abril de 2013. Véase en *El Universal*, Caracas 8-3-2013, en http://www.eluniversal.com/nacional-y-poli-tica/130307/cne-listo-para-presidenciales-a-partir-del-14-de-abril

Vicepresidente para el momento de la postulación, es inelegible (art. 229); y segundo, porque el Vicepresidente, en este caso de haberse encargado de la Presidencia, así ello hubiera sido ilegítimo, no podía separarse de su cargo, pues era en tal carácter de Vicepresidente que se encargó de la Presidencia. Si lo hacía crearía un vacío en el Poder Ejecutivo al dejar acéfala la jefatura del Estado. Quizás por ello, en vez de encargarse de la Presidencia, Nicolás Maduro procedió el 5 de marzo de 2013 a autonombrarse "Presidente encargado de la República," para así, seguramente, proceder en el futuro a nombrar un Ministro como "encargado" de la Vicepresidencia, como lo había hecho durante el mes de diciembre de 2012.

En todo caso, y aún en el supuesto que se pretendiera que el Vicepresidente no era tal "Vicepresidente encargado de la Presidencia" sino que era "Presidente encargado de la República," tampoco podía ser candidato a la Presidencia en las elecciones a realizarse en breve, ya que el único funcionario en la Constitución que puede participar en un proceso electoral sin separarse de su cargo es el Presidente de la República una vez ya electo, cuando acude a la reelección, es decir, cuando ya ha sido previamente electo en una elección anterior. Ningún otro funcionario, ni siquiera cuando se autodenomine "Presidente encargado de la República" podría ser considerado Presidente a tales efectos de reelección sin separarse de su cargo, pues no ha sido electo popularmente.

Pero el tema de la sucesión presidencial por la anunciada falta absoluta del Presidente Chávez, a pesar de todo lo que disponía la Constitución, para el mismo día 5 de marzo de 2013, al anunciarse su fallecimiento, ya estaba de hecho resuelto al haberse encargado de la Presidencia de la República el Vicepresidente Nicolás Maduro, bien en contra de lo previsto en la Constitución, y ante el silencio del Presidente de la Asamblea Nacional, quien debió hacerlo; y haberlo hecho ni siquiera como "Vicepresidente encargado de la Presidencia," sino como consta del Decreto antes mencionado que dictó ese mismo día como "Presidente encargado de la República," carácter que no tenía pues sólo era "Vicepresidente encargado de la Presidencia."

Por ello, al inicio causó extrañeza el anuncio que hizo Presidente de la Asamblea Nacional, Diosdado Cabello, en horas de la noche del día 7 de marzo, en el sentido de que "el vicepresidente Nicolás Maduro será juramentado este viernes a las 7:00 de la noche como Presidente de la República encargado," indicando además, que "una vez juramentado, corresponderá a Maduro convocar a nuevas elecciones para elegir al próximo jefe de Estado."[209] Era extraño porque quien ya se había encargado de hecho de la Presidencia, y ya había dictado un decreto presidencial en uso de la atribución presidencial de "dirigir la acción de gobierno," (arts. 226 y 236.2 de la Constitución que son los que se citan en el decreto) como Presidente encargado de la República, iba a juramentarse *ex post facto*, para el cargo que ya había comenzado a ejercer.

---

209 Véase Alejandra M. Hernández, "Maduro será juramentado mañana como Presidente encargado," *El Universal*, 7-3-2013, en http://www.eluniversal.com/nacional-y-politica/hugo-chavez-1954-2013/130307/maduro-sera-juramentado-manana-como-presidente-encargado; y "Nicolás Maduro asumirá hoy como Presidente," en http://www.eluniversal.com/nacional-y-politica/130308/nicolas-maduro-asumira-hoy-como-presidente

Ello lo que puso en evidencia fue la tremenda inseguridad que debía existir en las esferas de gobierno sobre la "encargaduría" de la Presidencia al anuncio de la muerte del Presidente Chávez. El arte del desconcierto que tanto aplicó, siguió guiando el comportamiento del gobierno en su "continuidad administrativa" de tiempo indefinido. Sin embargo, con el anuncio, al menos ya quedaba expresada por primera vez la opinión de quien constitucionalmente debió encargarse de la Presidencia.[210]

Ese anuncio ponía fin, momentáneamente, a las "interpretaciones" de las normas constitucionales a conveniencia, quedando acordada la situación políticamente en el seno del gobierno, pues lo que había pasado en el país respecto de la situación constitucional originada con motivo del inicio del período constitucional presidencial 2013-2017, dada la situación de ausencia del territorio nacional del Presidente electo a partir del 9 de diciembre de 2012, su reclusión hospitalaria en Caracas a partir del 18 de febrero de 2013; y el anuncio de su fallecimiento el 5 de marzo de 2013, no fue lo que debió pasar.[211]

En realidad, lo que pasó desde el 10 de diciembre de 2012, al margen de la Constitución, fue que el Vicepresidente Maduro se negó a suplir la falta temporal del Presidente ausente; el Presidente ausente no pudo comparecer el 10 de enero de 2013 ante la Asamblea Nacional para jurar el cargo y tomar posesión del mismo para el período 2013-2013, situación en la cual, en lugar de que el Presidente de la Asamblea Nacional se encargara de la Presidencia, el Tribunal Supremo despuso en sentencia N° 2 de 9 de enero de 2013 que el Presidente reelecto, ausente y enfermo, su Vicepresidente y sus Ministros, seguían en ejercicio de sus funciones, hasta que el Presidente se juramentase ante el propio Tribunal; que una vez anunciado el

---

210 Diosdado Cabello destacó "que la juramentación se efectuará de conformidad con lo establecido en el artículo 233 de la Constitución, el cual establece que cuando "la falta absoluta del Presidente de la República se produce durante los primeros cuatro años del período constitucional (...) mientras se elige y toma posesión el nuevo Presidente, se encargará de la Presidencia de la República el Vicepresidente Ejecutivo." "Cabello aclaró que no le corresponde a él como presidente de la AN, sino a Maduro como vicepresidente asumir la jefatura de Estado, ya que se produjo la falta absoluta del presidente de la República." "Recordó que Hugo Chávez, quien falleció el pasado martes, era un mandatario en posesión de su cargo y no un Jefe de Estado electo que por primera vez iba a cumplir funciones." "Agregó que se cumplirán las órdenes dadas por Chávez." Véase Alejandra M. Hernández, "Nicolás Maduro asumirá hoy como Presidente," en http://www.eluniversal.com/nacional-y-poli-tica/130308/nicolas-maduro-asumira-hoy-como-presidente

211 Como lo resumió con toda precisión Gerardo Blyde al responder la pregunta ¿Qué debió ocurrir?: "Cuando el Presidente solicitó ausentarse del país para tratarse en Cuba *debió declararse la ausencia temporal y encargarse el Vicepresidente hasta el fin de ese período constitucional*. / Al no regresar para el 10 de enero, fecha constitucional para la juramentación, *debió encargarse de la Presidencia el presidente de la Asamblea Nacional para el nuevo período hasta tanto el Presidente electo pudiera juramentarse y asumir*. / Al regresar, el Presidente electo *debió ser juramentado por el TSJ*. Si no era posible, el TSJ *ha debido nombrar una junta médica* que determinara si había causas que le impedían asumir la Presidencia y si éstas serían permanentes o temporales. En caso de haberse determinado que eran permanentes, el TSJ *debió enviar el informe a la Asamblea Nacional para que se declarara la falta absoluta*. / Una vez declarada la falta absoluta, el CNE *debía convocar a nuevas elecciones presidenciales* y, una vez elegido el nuevo Presidente, el presidente de la AN debía entregarle para que éste culminara el período presidencial en curso." Véase en Gerardo Blyde, "Lo que pasó y no debió pasar. El Vicepresidente encargado de la Presidencia no puede nombrar a otro Vicepresidente," en *El Universal*, 8-3-2013, en http://www.eluni-versal.com/opinion/130308/lo-que-paso-y-no-debio-pasar

fallecimiento del Presidente Chávez, y producida su falta absoluta antes de tomar posesión efectiva y formalmente de su cargo, a pesar de haber cesado el régimen de "continuidad administrativa" impuesto por el Tribunal Supremo, en lugar de que el Presidente de la Asamblea Nacional se encargara de la Presidencia, el Vicepresidente Maduro asumió el cargo de "Presidente encargado de la República."

Contrastado lo que pasó[212] con lo que debía haber pasado, constitucionalmente hablando, la situación de incertidumbre sólo podía quedar resuelta, de hecho, razón por la cual se anunció el acto mediante el cual el Presidente de la Asamblea Nacional, quien era quien debía estar encargado de la Presidencia, iba a tomar el juramento del Vicepresidente, pero no sólo como encargado de la Presidencia, sino como "Presidente encargado de Venezuela," cuando ya desde el 5 de marzo éste ya estaba "ejerciendo" dicho cargo

Todo lo anterior se consolidó luego, mediante decisión de la Sala Constitucional del Tribunal Supremo de Justicia, dictada al resolver un recurso de interpretación que se había interpuesto (por Otoniel Pautt Andrade) convenientemente el día 6 de marzo de 2013 sobre la aplicación del artículo 233 de la Constitución a la situación concreta derivada de la anunciada falta absoluta del Presidente Chávez. La decisión fue adoptada en la sentencia No.141 de 8 de enero de 2013,[213] en la cual hay que destacar que la Sala comenzó con un error de interpretación de la norma, al concluir, después de transcribirla íntegramente, que "De la lectura de dicho precepto se observa que cuando se produce la falta absoluta del Presidente de la República se habrá de realizar una nueva elección y *se encargará de la Presidencia de la República el Vicepresidente Ejecutivo o la Vicepresidenta Ejecutiva*", cuando ello no es correcto, porque en el primer supuesto de falta absoluta regulado en la norma (de los tres que regula), quien se encarga de la Presidencia es el Presidente de la Asamblea Nacional. Esa parte de la norma fue completamente obviada en la sentencia.[214]

---

212 Véase igualmente los comentarios de Gerardo Blyde en *Idem*, "Lo que pasó y no debió pasar. El Vicepresidente encargado de la Presidencia no puede nombrar a otro Vicepresidente," en *El Universal*, 8-3-2013, en http://www.eluniversal.com/opinion/130308/lo-que-paso-y-no-debio-pasar

213 Véase el texto de la sentencia en http://www.tsj.gov.ve.decisioes/scon/Marzo/141-9313-2013-13-0196.html

214 Días después de dictada la sentencia, el 12 de marzo de 2013, en un programa de televisión, la Presidente del Tribunal Supremo diría lo siguiente según la reseña : "La Constitución debemos leerla muy claramente, a mi una de las cosas que más me preocupa es la falta de lectura por parte de algunas personas, o no diría falta de lectura (…) sino la falta gravísima y el engaño que hacen al pueblo cuando se refieren al texto constitucional saltándose párrafos para que se malinterprete el resultado," detalló durante el programa Contragolpe que transmite Venezolana de Televisión. / La magistrada cuestionó que hay quienes pretenden irrespetar la Constitución, al afirmar que debe ser el presidente de la Asamblea Nacional, en este caso Diosdado Cabello, quien debió asumir la Presidencia Encargada. / Refirió que el artículo 233 expresa que "mientras se elige y toma posesión el nuevo Presidente o nueva Presidenta se encargará de la Presidencia de la República el Vicepresidente Ejecutivo o la Vicepresidenta Ejecutiva. Yo estoy leyendo la Constitución, no estoy diciendo algo que a mí se me ocurre." Véase la reseña en http://www.vive.gob.ve/actua-lidad/noticias/desig-naci%C3%B3n-de-nicol%C3%A1s-maduro-como-presidente-e-es-constitucional; y en http://www.el-nacional.com/politica/Luisa-Estella-Morales-Maduro-Constitu-cion_0_152387380.html Por lo visto no se percató la magistrada que quien analizó la Constitución "saltándose párrafos para que se malinterprete el resultado," fue ella misma y la Sala Constitucional que dictó la sentencia bajo su Ponencia, al ignorar (o saltarse) el primer párrafo sobre la falta ab-

Aparte de este error, la sentencia de 8 de marzo de 2013, en definitiva, resolvió que como en la sentencia anterior de la misma Sala Constitucional No. 2 de 9 de enero de 2013, ya se había dispuesto que a pesar de que el período constitucional 2013-2019 comenzó el 10 de enero de 2013, en virtud de que el Presidente Chávez había sido reelecto y que en relación con el mismo "no era necesaria una nueva toma de posesión [...] en virtud de no existir interrupción en ejercicio del cargo," entonces dijo la Sala:

> "se desprende que el Presidente reelecto inició su nuevo mandato el 10 de enero de 2013, que se configuró una continuidad entre el período constitucional que finalizaba y el que habría de comenzar y que por lo tanto, se entendía que el Presidente reelecto, a pesar de no juramentarse dicho día, continuaba en funciones."

Ello, por supuesto, fue una falacia, pues el Presidente Chávez, desde el 10 de diciembre de 2013 nunca salió de un Hospital. Sin embargo, de allí la Sala concluyó que al momento de anunciarse la falta absoluta del Presidente Chávez el 5 de marzo de 2013, en virtud de que el mismo "se encontraba en el ejercicio del cargo de Presidente de la República, es decir, había comenzado a ejercer un nuevo período constitucional" entonces como la falta absoluta se produjo dentro de los primeros cuatro años del período constitucional:

> "es aplicable a dicha situación lo previsto en el segundo aparte del artículo 233 de la Constitución, esto es, debe convocarse a una elección universal, directa y secreta, y se encarga de la Presidencia de la República el ciudadano Nicolás Maduro Moros, quien para ese entonces ejercía el cargo de Vicepresidente Ejecutivo."

Estableció la Sala Constitucional, adicionalmente que "dicha encargaduría comenzó inmediatamente después de que se produjo el supuesto de hecho que dio lugar a la falta absoluta," consolidando así lo que efectivamente había ocurrido el 5 de marzo de 2013. Agregó además la Sala que "El Presidente Encargado debe juramentarse ante la Asamblea Nacional," ratificando así, también, lo que de hecho había sido anunciado, a pesar de que la misma Sala antes había dicho que el Vicepresidente ya se había encargado desde el 5 de marzo de 2013 de la Presidencia.

Quedaron así muy convenientemente resueltas por el Poder Judicial todas las dudas e incertidumbres pasadas, que ya habían sido resueltas políticamente entre los

---

soluta del Presidente del artículo 233 que dispone que "Cuando se produzca la falta absoluta del Presidente electo o Presidenta electa antes de tomar posesión, se procederá a una nueva elección universal, directa y secreta dentro de los treinta días consecutivos siguientes. **Mientras se elige y toma posesión el nuevo Presidente o la nueva Presidenta, se encargará de la Presidencia de la República el Presidente o Presidenta de la Asamblea Nacional**." Tan esa parte fue "saltada" por la Sala que luego de copiar el texto íntegro del artículo la sentencia expresa, pura y simplemente que: "De la lectura de dicho precepto se observa **que cuando se produce la falta absoluta del Presidente de la República se habrá de realizar una nueva elección y** ***se encargará de la Presidencia de la República el Vicepresidente Ejecutivo o la Vicepresidenta Ejecutiva***." Basta comparar los dos textos para saber quién se saltó un párrafo de la norma para malinterpretarla.

órganos del Poder Ejecutivo y del Poder Legislativo. La Sala Constitucional, una vez más, interpretó la Constitución a la medida del régimen autoritario, distorsionándola.

Sobre el futuro cercano, la Sala Constitucional también pasó a resolver de antemano todas las dudas que podían presentarse en el funcionamiento del nuevo gobierno de transición, declarando que al encargarse el Vicepresidente Ejecutivo Nicolás Maduro "de la Presidencia de la República [...] deja de ejercer dicho cargo para asumir la tarea que el referido precepto le encomienda." Es decir, ni más ni menos, deja de ser Vicepresidente encargado de la Presidencia y pasó a ser "Presidente encargado"

De ello derivó la Sala Constitucional, que en cuanto a la previsión de la condición de inelegibilidad establecida en el artículo 229 de la Constitución, según el cual no puede ser elegido Presidente de la República quien esté en ejercicio del cargo de Vicepresidente Ejecutivo en el día de su postulación o en cualquier momento entre esta fecha y la de la elección; la misma sólo se aplica "mientras el Vicepresidente Ejecutivo o la Vicepresidenta Ejecutiva esté en el ejercicio de dicho cargo," considerando que en dicho "supuesto de incompatibilidad" previsto en la norma, "no está comprendido el Presidente Encargado de la República."

Por tanto, estableció la Sala, que como "el ahora Presidente Encargado no sigue ejerciendo el cargo de Vicepresidente, el órgano electoral competente, una vez verificado el cumplimiento de los requisitos establecidos por la ley, puede admitir su postulación para participar en el proceso que lleve a la elección del Presidente de la República, sin separarse de su cargo," de manera que "durante dicho proceso electoral, el Presidente Encargado está facultado para realizar las altas funciones que dicha investidura trae aparejadas como Jefe del Estado, Jefe de Gobierno y Comandante en Jefe de la Fuerza Armada Nacional Bolivariana, de acuerdo con la Constitución y las leyes."

Y nada más.[215] El Tribunal Supremo de Justicia, de nuevo, mutó ilegítimamente la Constitución, cambiando materialmente la condición de inelegibilidad establecida en la Constitución para la elección del cargo de Presidente de la República, y además, permitiendo de antemano, también ilegítimamente, que el "Presidente encargado de la República" en el período de sucesión presidencial, pudiera participar en la campaña electoral sin separarse del cargo, lo que está reservado a los Presientes electos popularmente que buscan la reelección.

---

215 La Sala Constitucional, en su sentencia, procedió a "sistematizar las conclusiones vertidas a lo largo de esta decisión," de manera resumida, así: a) Ocurrido el supuesto de hecho de la muerte del Presidente de la República en funciones, el Vicepresidente Ejecutivo deviene Presidente Encargado y cesa en el ejercicio de su cargo anterior. En su condición de Presidente Encargado, ejerce todas las atribuciones constitucionales y legales como Jefe del Estado, Jefe de Gobierno y Comandante en Jefe de la Fuerza Armada Nacional Bolivariana; / b) Verificada la falta absoluta indicada debe convocarse a una elección universal, directa y secreta; /c) El órgano electoral competente, siempre que se cumpla con los requisitos establecidos en la normativa electoral, puede admitir la postulación del Presidente Encargado para participar en el proceso para elegir al Presidente de la República por no estar comprendido en los supuestos de incompatibilidad previstos en el artículo 229 constitucional; /d) Aurante el proceso electoral para la elección del Presidente de la República, el Presidente Encargado no está obligado a separarse del cargo." Véase en http://www.tsj.gov.ve.decisio-nes/scon/Marzo/141-9313-2013-13-0196.html

La decisión de la Sala Constitucional, como lo expresó el profesor Jesús María Casal, "se construyó a partir de la ficción de que Chávez ejercía su cargo, lo cual sabemos que es falso,"[216] y como lo consideró el profesor Enrique Sánchez Falcón, "atenta contra la Constitución, el Estado de Derecho, la Democracia y la paz ciudadana, [...] porque ella dice que el Vicepresidente no puede participar en las elecciones presidenciales, a menos que se separe de ese cargo; y no se puede decir que puede participar porque ya no es Vicepresidente, porque él es el encargado de la Presidencia precisamente porque estaba en la Vicepresidencia." Consideró Sánchez Falcón que la decisión violaba, además, la democracia, en lo que coincidió el profesor Jesús María Casal, al expresar que "enrarecía" el clima político, pues "parece ir destinada a favorecer o reforzar el ventajismo electoral del que venía haciendo gala el Gobierno Nacional en los últimos años y eso obviamente genera desconfianza en el proceso electoral."[217]

Lo que es cierto, de la polémica, inconstitucional, distorsionante y mutante decisión de la Sala Constitucional es que entonces, sin duda, el Secretario General de la Organización de Estados Americanos tendría de nuevo ocasión para decir que "*El tema ha sido ya resuelto por los tres poderes del Estado de Venezuela*: *lo planteó el Ejecutivo, lo consideró el Legislativo, y lo resolvió el Judicial";* y podía concluir de nuevo que "Las instancias están agotadas y por lo tanto, el proceso que se llevará a cabo en ese país es el que han decidido los tres poderes,"[218] así esos tres poderes no fueran independientes ni autónomos entre sí, lo que es indispensable para el funcionamiento de un régimen democrático. Eso, por lo visto, no importaba.

Lo que siguió, en todo caso, se ajustó al libreto ya escrito, de manera que una vez juramentado ante la Asamblea Nacional como Presidente encargado de la República el día 8 de marzo de 2013, incluso mediante la colocación de la banda

---

216 No es cierto, por tanto, como lo expresó la profesora Hildegard Rondón de Sansó, que "el presidente Chávez al momento de fallecer era un Presidente reelecto y no electo por primera vez, pero además estaba en posesión del cargo. Era un Presidente electo que estaba en posesión del cargo para ser precisos, pero por esa condición de la posesión del cargo no era esencial la juramentación." Véase en Juan Francisco Alonso, "Acusan al TSJ de alentar la desobediencia ciudadana," en *El Universal*, 10-3-2013, en http://www.eluniver-sal.com/nacio-nal-y-politica/130310/acusan-al-tsj-de-alentar-la-desobediencia-ciudadana. El Presidente Chávez estaba en posesión del cargo para el cual fue electo en 2007 y que duraba hasta el 10 de enero de 2013. En esta fecha, para tomar posesión del cargo de Presidente para el período constitucional 2013-2019, tenía que juramentarse ante la Asamblea nacional o ante el Tribunal Supremo, y no lo hizo. No se puede afirmar seriamente que porque hubiera sido electo, estaba "en posesión de su cargo." Eso, por lo demás, no fue lo que decidió la sala Constitucional, que lo que hizo fue declarar que estaba en ejercicio de sus funciones desde el período anterior, ratificando, por lo demás el acto de juramentación como un requisito esencial para la toma de posesión el cargo.

217 Véase Juan Francisco Alonso, "Acusan al TSJ de alentar la desobediencia ciudadana," en *El Universal*, 10-3-2013, en http://www.eluniversal.com/nacional-y-politica/130310/acusan-al-tsj-de-alentar-la-desobe-diencia-ciudadana

218 Véase en "J. M. Insulza: OEA respeta decisión de los poderes constitucionales sobre la toma de posesión del presidente Chávez," 11-1-2013, en http://www.noticierovenevision.net/politica/2013/enero/11/51405=oea-respeta-decision-de-los-poderes-constitucionales-sobre-la-toma-de-posesion-del-presidente-chavez; y en http://globovision.com/articulo/oea-respeta-cabalmente-decision-del-tsj-sobre-toma-de-posesion-de-chavez

presidencial;[219] el mismo día, el Presidente encargado dictó su segundo Decreto N° 9.401, nombrando como Vicepresidente Ejecutivo a quien hasta ese momento había sido Ministro de Ciencia y Tecnología, Jorge Arreaza, yerno del fallecido Presidente;[220] el día 9 de marzo de 2013, la Presidenta del Consejo Nacional Electoral convocó las elecciones presidenciales fijando el 14 de abril para su realización;[221] el 11 de marzo de 2013, el "Presidente encarado" inscribió su candidatura para dichas elecciones;[222] y el mismo día dictó el Decreto N° 9.402 delegando en el Vicepresidente recién nombrado un conjunto de atribuciones presidenciales,[223] con lo cual quedaba más libre para participar en la campaña presidencial.

En uso de tal delegación, varias semanas después apareció publicado el primer decreto firmado por Jorge Alberto Arreaza Montserrat, Vicepresidente Ejecutivo de la República, N° 9466 de 8-4-2013, encabezado en la misma forma legalmente incorrecta de los emitidos por el Vicepresidente Maduro cuando el Presidente Chávez estaba enfermo en La Habana. [...][224]

Esta vez, quien había sido ilegítimamente designado Presidente Encargado de la República por el Tribunal Supremo, delegó en el Vicepresidente que él mismo nombro sin competencia alguna para ello, una serie de atribuciones presidenciales, pero sin en realidad delegarlas, pues como supuesto funcionario delegante seguía apareciendo encabezando el texto de los decretos dictados por el funcionario delegado. Esos actos, por tanto, no fueron dictados en ejercicio de una real delegación de atribuciones.

---

219 En esa oportunidad, el Presidente de la Asamblea Nacional, que "a pesar de ser un acto necesario, el Gobierno hubiera preferido no tener que celebrarlo" Luego de leer el artículo 233 de la Constitución sobre las faltas absolutas del Presidente, "Añadió que el vicepresidente de la República debe tomar el cargo cuando la falta absoluta se produzca mientras el primer mandatario está e funciones. En ese sentido, dijo que Chávez "tenía 14 años mandando", por lo que se justifica la continuidad del período presidencial." Véase en *El Universal*, 9-3-2013, en http://www.eluniversal.com/nacional-y-politica/hugo-chavez-1954-2013/130308/ma-duro-se-juramento-como-presidente-encargado

220 Véase en *El Universal*, 9-3-2013, en http://www.eluniversal.com/nacional-y-politica/hugo-chavez-1954-2013/130308/juramentado-jorge-arreaza-como-vicepresidente-de-la-republica . Véase Decreto N° 9401 de 8-3-2013 en *Gaceta Oficial* N° 40.126 de 11-3-2013.

221 Véase la reseña de Alicia de la Rosa, "CNE convoca elecciones presidenciales para el 14 de abril," en *El Universal*, Caracas 9-3-2013, en http://www.eluniversal.com/nacional-y-politica/130309/cne-convoca-elecciones-presidenciales-para-el-14-de-abril

222 Véase en http://www.eluniversal.com/nacional-y-politica/elecciones-2013/130311/nicolas-maduro-formaliza-inscripcion-de-su-candidatura-ante-el-cne

223 En el artículo 1 de dicho decreto se enumeraron las siguientes atribuciones que se delegaron: 1. Traspasos de partidas presupuestarias; 2. Rectificaciones al presupuesto; 3. Prórroga para la liquidación de órganos o entes públicos; 4. Nombramiento de algunos altos funcionarios públicos; 5. Afectación para expropiación; 6. Reforma organizacional de entes descentralizados; 7. Puntos de cuenta ministeriales sobre las anteriores materias; 8. Dictar decretos y actos autorizados por el Presidente de la República y el Consejo de Ministros; 9. Las actuaciones presidenciales como parte de cuerpos colegiados; 10. Jubilaciones especiales a funcionarios; 11. Puntos de cuenta ministeriales sobre adquisición de divisas; 12. Puntos de cuentas sobre presupuestos de los entes descentralizados; 13. Insubsistencias presupuestarias; 14. Exoneraciones del Impuesto al Valor Agregado; 15 Exoneraciones del Impuesto sobre la renta. Véase en *Gaceta Oficial* N° 40.126 de 11-3-2013.

224 Véase en *Gaceta Oficial* N° 40.143 del 9 de abril de 2013.

El 14 de abril de 2013, en todo caso, luego de una campaña presidencial en la cual el candidato de la oposición democrática, Henrique Capriles R. se enfrentó al candidato del Estado, el Vicepresidente trastocado en "Presidente encargado" de la República, Nicolás Maduro, quien contó con todo el soporte de todos los órganos del Estado; el Consejo Nacional Electoral anunció en la noche de ese mismo día el triunfo de éste último con una diferencia de votos de 1.5%.[225] Con ello concluía el régimen que Hugo Chávez había iniciado en 1999, y comenzaba un régimen de un gobierno ilegítimo, conducido por un gobernante que había sido impuesto a los venezolanos por el Juez Constitucional violando la Constitución que estaba llamado a garantizar.

VI. LA ELECCIÓN PRESIDENCIAL DE ABRIL DE 2013, SU IMPUGNACIÓN ANTE LA SALA ELECTORAL, EL AVOCAMIENTO DE LAS CAUSAS POR LA SALA CONSTITUCIONAL, Y LA ILEGÍTIMA DECLARATORIA DE LA "LEGITIMIDAD" DE LA ELECCIÓN DE NICOLÁS MADURO MEDIANTE UNA "NOTA DE PRENSA" DEL TRIBUNAL SUPREMO

El resultado de la elección presidencial de 14 de abril de 2013, y las dudas existentes sobre la limpieza del proceso electoral en su conjunto, incluido su manejo electrónico luego de saberse antes de las elecciones que miembros del partido de gobierno tenían las claves de acceso al mismo, llevó a candidato de la oposición, como era lo esperado, a cuestionar el resultado ofrecido, razón por la cual a los pocos días de las elecciones se presentaron diversos recursos contencioso electorales de nulidad con el propósito de impugnar los resultados del proceso comicial celebrado el 14 de abril de 2013 ante la Sala Electoral del Tribunal Supremo de Justicia, que era la Sala competente conforme a la Constitución para conocer de los mismos, [226]no sin antes haberse producido varios pronunciamientos públicos de la Presidenta del Tribunal Supremo, negado la posibilidad de revisiones, auditorias o cuestionamiento de las elecciones. [227]

Dos meses después, el 20 de junio de 2013, la Sala Constitucional del Tribunal Supremo, mediante sentencia N° 795,[228] de oficio, y sólo por notoriedad judicial, constató que ante la Sala Electoral se encontraban en sustanciación siete procesos contencioso electorales contra el proceso electoral del 14 de abril de 2013,

225 Los resultados ofrecidos fueron los siguientes: Henrique Capriles: 7,270,403 con 49.20%; Nicolás Maduro: 7,505,338 con 50.80%

226 Recursos presentados por María Soledad Sarría Pietri, Sonia Hercilia Guanipa Rodríguez y otros; Iván Rogelio Ramos Barnola, Oscar Eduardo Ganem Arenas y otros; Adriana Vigilanza García, Theresly Malavé y otros; Adolfo Márquez López; Henrique Capriles Radonski; Gilberto Rúa; María de las Mercedes de Freitas Sánchez, representante de la Asociación Civil Transparencia Venezuela; Antonio José Varela; así como Carlos Guillermo Arocha y Fernando Alberto Alban, representantes de la organización política "Mesa de la Unidad Democrática (MUD), Expedientes Nos: AA70-E-2013-000025, AA70-E-2013-000026, AA70-E-2013-000027, AA70-E-2013-000028, AA70-E-2013-000029, AA70-E-2013-000031 y AA70-E-2013-000033.

227 Véase por ejemplo en http://www.eluniversal.com/nacional-y-politica/elecciones-2013/130417/para-la-presidenta-del-tsj-no-existe-el-conteo-manual; y en http://globovi-sion.com/articulo/presidenta-del-tsj-en-venezuela-el-sistema-manual-no-existe-se-ha-enganado-a-la-poblacion.

228 Véase en http://www.tsj.gov.ve/decisiones/scon/Junio/795-20613-2013-13-0538.html

procediendo a secuestrar la competencia de la Sala Electoral arrebatándole los procesos.

Para ello, la Sala Constitucional procedió, de oficio, es decir sin que nadie se lo solicitara, y sin tener competencia para ello, a avocarse al conocimiento de dichas causas, para lo cual se limitó a analizar en el capítulo "Único" de la sentencia, el artículo 25.16 de la Ley Orgánica del Tribunal Supremo de Justicia de 2010, en el cual se había definido el avocamiento, como "competencia privativa de esta Sala Constitucional, la de "Avocar las causas en las que se presuma violación al orden público constitucional, tanto de las otras Salas como de los demás tribunales de la República, siempre que no haya recaído sentencia definitivamente firme."

Se trata, como lo identificó la Sala en la sentencia, de una "extraordinaria potestad, consecuente con las altas funciones que como máximo garante de la constitucionalidad y último intérprete del Texto Fundamental" que se han asignado a esta Sala Constitucional, reconociendo que

> "el avocamiento es una figura de superlativo carácter extraordinario, toda vez que afecta las garantías del juez natural y, por ello, debe ser ejercida con suma prudencia y sólo en aquellos casos en los que pueda verse comprometido el orden público constitucional (*vid.* sentencias números 845/2005 y 1350/2006)."

La doctrina y la norma que autoriza el avocamiento era, sin duda clara, y de aplicación estricta por la excepcionalidad de la potestad, al exigir como motivo para la avocación que "se presuma violación al orden público constitucional" para lo cual, lo mínimo que se requería era que la Sala hubiera tenido previamente conocimiento del expediente de la causa para poder deducir una presunción de violación del orden público constitucional. Por lo demás, efectivamente tiene que tratarse de que del estudio de los expedientes resulte dicha presunción de "violación al orden público constitucional" y no de cualquier otro motivo, ni siquiera que el tema debatido tenga importancia nacional

Pero por lo visto del texto de la sentencia, esta limitación legal no tuvo importancia alguna para La Sala Constitucional, la cual simplemente anunció que":

> "no sólo hará uso de esta facultad en los casos de posible transgresión del orden público constitucional, ante la ocurrencia de acciones de diversa índole en las cuales se podría estar haciendo uso indebido de los medios jurisdiccionales para la resolución de conflictos o con el fin de evitar el posible desorden procesal que se podría generar en los correspondientes juicios, sino también cuando el asunto que subyace al caso particular tenga especial trascendencia nacional, esté vinculado con los valores superiores del ordenamiento jurídico, guarde relación con los intereses públicos y el funcionamiento de las instituciones o que las pretensiones que han generado dichos procesos incidan sobre la institucionalidad democrática o el ejercicio de los derechos fundamentales de los ciudadanos, particularmente sus derechos políticos."

Es decir, para la Sala Constitucional, su poder de avocación podría ejercerse ilimitadamente, por cualquier motivo de interés general, como (i) la "posible transgresión del orden público constitucional," (ii) "la ocurrencia de acciones de diversa índole en las cuales se podría estar haciendo uso indebido de los medios jurisdiccionales para la resolución de conflictos," (iii) "con el fin de evitar el posible desorden procesal que se podría generar en los correspondientes juicios," (iv) "cuando el asunto que subyace al caso particular tenga especial trascendencia nacional," (v) cuando dicho asunto "esté vinculado con los valores superiores del ordenamiento jurídico, guarde relación con los intereses públicos y el funcionamiento de las instituciones" o (vi) "que las pretensiones que han generado dichos procesos incidan sobre la institucionalidad democrática o el ejercicio de los derechos fundamentales de los ciudadanos, particularmente sus derechos políticos."

Todo ello era esencialmente contrario a lo que disponía la norma atributiva de competencia, la cual no autorizaba en forma alguna a que mediante avocamiento, la Sala pretendiera fundamentar una potestad universal para "aclarar las dudas y agenciar los procesos previstos para darle respuesta a los planteamientos de los ciudadanos y garantizar el ejercicio de sus derechos." Ello no estaba autorizado en norma alguna, por lo que los párrafos siguientes de la sentencia no pasaron de ser pura retórica vacía, que:

> "Así pues, la jurisdicción constitucional en la oportunidad respectiva debe atender al caso concreto y realizar un análisis en cuanto al contrapeso de los intereses involucrados y a la posible afectación de los requisitos de procedencia establecidos para la avocación, en los términos expuestos, con la finalidad de atender prontamente a las posibles vulneraciones de los principios jurídicos y los derechos constitucionales de los justiciables.
>
> De esta manera, la competencia de la Sala establecida en la referida disposición viene determinada, como se expuso, en función de la situación de especial relevancia que afecte de una manera grave al colectivo, en cuyo caso, la Sala podría uniformar un criterio jurisprudencial, en aras de salvaguardar la supremacía del Texto Fundamental y, así, el interés general."

Luego la Sala Constitucional, para seguir buscando cómo justificar un avocamiento que era a todas luces improcedente, apeló a un supuesto "criterio consolidado" citando las sentencias números 373/2012 y 451/2012, supuestamente relativo especialmente a "los asuntos litigiosos relacionados con los derechos de participación y postulación, se encuentra vinculado el orden público constitucional," razón por la cual, al decir de la Sala, "en el caso de autos," es decir de la impugnación de las elecciones del 14 de abril de 2013:

> "con mayor razón, existen méritos suficientes para que esta Sala estime justificado el ejercicio de la señalada potestad, pues ha sido cuestionada la trasparencia de un proceso comicial de la mayor envergadura, como el destinado a la elección del máximo representante del Poder Ejecutivo, así como la actuación de órganos del Poder Público en el ejercicio de sus atribuciones constitucionales, de lo que se deduce la altísima trascendencia para la preservación de la paz pública que reviste cualquier juzgamiento que pueda emitirse en esta causa."

O sea que la Sala Electoral podrá ser despojada de su competencia por la Sala Constitucional, a su arbitrio, cada vez que se impugne unas elecciones.

Con base en lo antes indicado, y sólo con base en ello, entonces, mediante la mencionada sentencia N° 795 de 20 de junio de 2013, la Sala Constitucional "de oficio, en tutela de los derechos políticos de los ciudadanos y ciudadanas, del interés público, la paz institucional y el orden público constitucional, así como por la trascendencia nacional e internacional de las resultas del proceso instaurado," se avocó al conocimiento de las siete antes identificadas causas contencioso electorales:

> "así como cualquier otra que curse ante la Sala Electoral de este Máximo Juzgado y cuyo objeto sea la impugnación de los actos, actuaciones u omisiones del Consejo Nacional Electoral como máximo órgano del Poder Electoral, así como sus organismos subordinados, relacionados con el proceso comicial celebrado el 14 de abril de 2013."

Como consecuencia de ello, la Sala Constitucional entonces ordenó a la Sala Electoral, que le remitiera todas y cada de las actuaciones correspondientes, no antes de avocarse como lo exige la Ley Orgánica, sino después de ello.

Esta decisión de la Sala Constitucional, implicó, entre otros aspectos, lo siguiente:

Primero, que la Sala Constitucional, materialmente vació de competencias a la Sala Electoral, violando la Constitución, al avocarse en este caso para conocer de impugnaciones a un proceso electoral presidencial. Cualquiera impugnación que se haga en el futuro, implicará el mismo interés general alegado por la Sala, y podrá ser avocado por esta.[229]

En segundo lugar, la Sala Constitucional tenía que comenzar decidiendo sobre la admisibilidad de los recursos contenciosos electorales, ninguno de los cuales había llegado a ser admitido judicialmente.

En tercer lugar, para ello, los Magistrados de la Sala Constitucional que participaron en las decisiones Nº 2 del 9 de enero de 2013 y Nº 141 del 8 de marzo de 2013 mediante las cuales ante la ausencia del Presidente Chávez del país, y su posterior fallecimiento, se instaló en el ejercicio de la Presidencia de la República a Nicolás Maduro, a quien además se autorizó a ser candidato a la Presidencia sin separarse del cargo de Vicepresidente; debían inhibirse de decidir sobre los proceso pues los recursos cuestionaban la forma cómo se había instalado a Nicolás Maduro en la Presidencia y ésta se había ejercido desde el 8 de diciembre de 2012 hasta el 14 de abril de 2013,[230] razón por la cual fueron recusados por los apoderados de Henrique Capriles Radonski, uno de los impugnantes del proceso electoral. Consideraron, para ello, con razón, que los Magistrados evidentemente tenían "comprometida su imparcialidad y su capacidad subjetiva de resolver el asunto conforme a derecho" pues "manifestaron su opinión al suscribir y publicar" las

---

229 Como lo dijo la profesora Cecilia Sosa Gómez, ex Presidenta de la antigua Corte Suprema de Justicia: "La Sala Constitucional por sentencia de 20 de junio de 2013 borró el artículo constitucional 297 al resolver que esa Sala no estaba en condiciones para sentenciar las demandas de nulidad de las elecciones celebradas el 14 de abril de 2013," en "La auto implosión de un Tribunal," publicado en *Panorama.com.ve*, 28 de junio de 2013, en http://m.panora-ma.com.ve/not.php?id=72067

230 Véase José Ignacio Hernández G., "¿Por qué la Sala Constitucional le quitó a la Sala Electoral las impugnaciones?," en http://www.venetubo.com/noticias/%BFPor-qu%E9-la-Sala-Constitucional-le-quit%F3-a-la-Sala-Electoral-las-impugnaciones-R34977.html

sentencias N° 2 de enero de 2013 y N° 141 de marzo de 2013, mediante las cuales la Sala Constitucional había establecido el régimen constitucional de transición ante la falta del Presidente Electo Hugo Chávez.

Pero como era previsible, nada de ello ocurrió: los recursos de nulidad ni siquiera fueron admitidos, no hubo inhibición alguna, y las recusaciones fueron declaradas "inadmisibles,"[231] de manera que desde que se decidió el avocamiento ya se sabía cómo se decidirían las causas.[232]

Por ello, en realidad, la sentencia de avocamiento de la Sala Constitucional no fue sino una muestra más de la actuación de un órgano del Estado, no sujeto a control alguno, que se ha colocado por encima de la Constitución y la ley, que muta y reforma la Constitución a su antojo y libremente; que reforma las leyes sin límite; que las interpreta *contra legem*; que se inventa poderes por encima de la propia Constitución, como el de controlar ilimitadamente a las otras Salas del Tribunal Supremo; que confisca bienes; que impone Presidentes sin legitimidad democrática; y que hasta controla la actuación de los tribunales internacionales declarando sus sentencias inejecutables y hasta "inconstitucionales." Con esta sentencia de avocamiento, se podía decir abiertamente, que todo en Venezuela dependía de la Sala Constitucional, y que todo ella lo controla, y además, dirige.

Lo antes dicho, en todo caso, quedó confirmado con las sentencias dictadas por la Sala Constitucional en 7 de agosto de 2013, todas las cuales declararon inadmisibles los recursos contencioso electorales respecto de los cuales se había avocado; y con la "decisión" contenida en la "Nota de prensa" difundida por el Tribunal Supremo el mismo día, que fue realmente la "decisión de fondo" en todos los casos, proclamando la "legitimidad" de la elección del Sr. Maduro.

En efecto, mediante la sentencia N° 1111 de 7 de agosto de 2013,[233] la Sala Constitucional declaró inadmisible un recurso contencioso electoral de anulación intentado contra el Acto de Votación, de Escrutinio, de Totalización y de Proclamación del ganador de las elecciones celebradas el 14 de abril de 2013, (Caso: *María Soledad Sarría Pietri y otros*) quienes alegaron que estaban "viciados de nulidad absoluta, en virtud de que según se denunció, fueron producto de

231 La Presidente de la Sala declaró "inadmisible" las recusaciones contra todos los Magistrados de la misma porque supuestamente carecían de fundamentación, ya que "las sentencias que pronunció la Sala Constitucional a las que hacen referencia los recusantes, tuvieron como objeto, la resolución de circunstancias claramente distintas a las planteadas por los recusantes en la causa instaurada originalmente ante la Sala Electoral de este Supremo Tribunal, la cual esta Sala Constitucional resolvió avocar mediante la decisión n° 795 del 20 de junio de 2013." La Presidente incluso consideró que resultaba "patente la inverosimilitud de que se suponga un adelanto de opinión por parte de la Magistrada Presidenta de la Sala Constitucional, en unos fallos en los que se examinaron supuestos de hecho y de derecho disímiles de las pretensiones esgrimidas por los recusantes en el recurso contencioso electoral intentado contra la elección presidencial efectuada el 14 de abril de 2013." Véase sentencia N° 1000 de 17 de julio de 2013. Véase en http://www.tsj.gov.ve/deci-siones/scon/julio/1000-17713-2013-13-0565.html

232 Como también lo dijo la profesora Cecilia Sosa G., ex Presidenta de la antigua Corte Suprema de Justicia: "Estos expedientes ya están sentenciados, y no hay nada que esperar de la Sala Constitucional," en "La auto implosión de un Tribunal," publicado en *Panorama.com.ve*, 28 de junio de 2013, en http://m.pano-rama.com.ve/not.php?id=72067

233 Véase http://www.tsj.gov.ve/decisiones/scon/agosto/1111-7813-2013-13-0561.html

actuaciones y omisiones imputables al Consejo Nacional Electoral, y que en su conjunto constituían un fraude estructural y masivo que afectaba al sistema electoral venezolano." Entre los argumentos esgrimidos se indicó que el candidato Nicolás Maduro no había sido seleccionado en elecciones internas como lo exige la Constitución; que como la condición para ser Presidente era tener la nacionalidad venezolana por nacimiento se solicitó de la Sala que instara al Consejo Supremo Electoral para que se pronunciara sobre ello; y que la elección había sido nula por fraude en la formación del Registro Electoral y por el control que el poder central ejercía sobre el sistema electoral.

Para declarar la inadmisibilidad del recurso, la Sala consideró que en demandas de ese tipo era necesario que las denuncias fueran "debidamente planteadas," particularmente por la preeminencia del principio de "*conservación de la voluntad expresada del Cuerpo Electoral, o, más brevemente, principio de conservación del acto electoral*;" afirmando que para desvirtuar la presunción de validez del acto electoral, los vicios denunciados no sólo debían estar fundados sino que debían suponer "una modificación de los resultados comiciales."

Así, a pesar de que supuestamente se trataba de una sentencia de inadmisibilidad, la base del argumento de la Sala fue que lo alegado debía estar "soportado por las pruebas necesarias y pertinentes para lograr convencer al juez de lo que la parte actora afirmó en su escrito," razonamiento que era más propiamente de una decisión de fondo. Por ello, la Sala, sin más, consideró que el juzgador también podía "examinar lo sostenido por la parte demandante, en la fase de examinar los requisitos de admisibilidad." Y fue así, por ejemplo, que en relación con el alegato de que el candidato Maduro no había sido seleccionado en elecciones internas, simplemente dijo la Sala que ya se había decidido en otros casos electorales que "ello no excluye otras formas de participación distintas a las elecciones abiertas o primarias;" agregando, sin embargo, que en el caso concreto no se habían acompañado los documentos indispensables para verificar la admisibilidad. En relación con el alegato de que el Consejo Nacional Electoral no se había pronunciado sobre el tema de la nacionalidad del candidato Maduro, la Sala lo que decidió fue que los "demandantes no impugnan ningún un acto, ni señalan ninguna actuación, abstención u omisión imputables al Consejo Nacional Electoral." En relación con la denuncia del fraude masivo en el proceso electoral, la Sala recurrió a lo previsto en el artículo 206 de la Ley Orgánica de Procesos Electorales, según el cual "si se impugnan las actuaciones materiales o vías de hecho, deberán narrarse los hechos e indicarse los elementos de prueba que serán evacuados en el procedimiento administrativo," lo que a pesar de ser un tema de fondo, juzgó que sin embargo, debía examinarse en la fase de admisión de la acción, concluyendo que las denuncias sobre fraude "no son claras, ni precisas, ni completas, y no han sido enmarcadas en una narración circunstanciada de las mismas, ni enlazadas racionalmente con el resultado que se supone provocaron." Y todo ello para, en definitiva, después de analizar el tema de fondo al considerar que la causal de nulidad de las elecciones por comisión de un fraude en la formación del Registro Electoral, en las votaciones o en los escrutinios (art. 215.2 Ley Orgánica de los procesos Electorales), "debe ser interpretada en un sentido que garantice el principio de mínima afectación del resultado a que dio lugar la expresión de la voluntad del Cuerpo Electoral, al cual se ha llamado en este fallo *principio de conservación del acto electoral;*" terminar declarando inadmisible la acción.

Repitiendo básicamente los mismos argumentos, la Sala Constitucional mediante sentencia N° 1113 también de 7 de agosto de 2013,[234] igualmente declaró inadmisible el recurso contencioso electoral contra el Acto de Votación, de Escrutinio, de Totalización y de Proclamación del ganador de las elecciones celebradas el 14 de abril del año en curso (Caso: *Adriana Vigilanza García y otros*).

Mediante la sentencia N° 1112 igualmente de 7 de agosto de 2013,[235] la Sala Constitucional también decidió declarar inadmisible el recurso contencioso electoral interpuesto un grupo de personas (Caso: *Iván Rogelio Ramos Barnola y otros*), contra el Acto de proclamación de Nicolás Maduro como Presidente Electo, alegando fraude, en particular, por no haberse abierto mesas de votación en la ciudad de Miami; por haberse permitido indiscriminadamente el "voto asistido," y haberse expulsado a testigos de mesa durante el proceso electoral. En esta sentencia la Sala lo que hizo fue ratificar la decisión de inadmisibilidad que ya había resuelto el Juzgado de Sustanciación de la Sala Electoral en el caso, antes de que se decidiera el avocamiento, por considerar que en el caso, en relación con los hechos que dieron lugar a la infracción alegada, no hubo "la indicación de los vicios de que padece el acto recurrido, en orden a plantear los elementos objetivos necesarios para un pronunciamiento sobre la admisibilidad o no de los recursos para la cual es competente la jurisdicción contencioso electoral."

En la misma línea de inadmisibilidad se dictó la sentencia N° 1114 de 7 de agosto de 2013[236] en el recurso contencioso electoral contra el acto de votación que tuvo lugar el 14 de abril de 2013 (Caso: *Adolfo Márquez López*), en el cual el recurrente había cuestionado el Registro Electoral Permanente utilizado por haber sido elaborado con fraude; la asignación de votos del partido "Podemos" al candidato Maduro; y la nacionalidad misma de dicho candidato por no ostentar las condiciones de elegibilidad para ser Presidente de la República. La Sala, para decidir la inadmisibilidad, sobre el primer alegato, consideró que el mismo no constituía "un recurso por fraude, sino relativas a la inscripción o actualización del referido Registro Electoral" cuya impugnación estimó ya era extemporánea; sobre el segundo alegato, consideró que se trataba de un tema de impugnación del acto de postulación, lo cual también consideró extemporáneo; y sobre el tercer alegato, consideró que en la demanda basada en el cuestionamiento de la nacionalidad de Nicolás Maduro, no había elementos de convicción, "hechos o vicios mas allá de opiniones particulares y la exposición de posiciones políticas del recurrente."

En otro caso, la Sala Constitucional mediante sentencia N° 1116 de 7 de agosto de 2013, también declaró inadmisible un recurso contencioso electoral mediante el cual se solicitó la nulidad de "las "Elecciones 7 de Octubre de 2012" (sic); b) el "acto Proclamación Presidente Ejecutivo de la República Sr Nicolás Maduro Moros en fecha 14 de Abril 2013" (sic); y c) las "Elecciones 14 de Abril 2013" (sic)," (Caso: *Gilberto Rúa*), para lo cual la Sala argumentó que en relación al primer acto, el lapso de impugnación de dicha elección ya había caducado; y en relación con los

234 Véase http://www.tsj.gov.ve/decisiones/scon/agosto/1113-7813-2013-13-0563.html

235 Véase http://www.tsj.gov.ve/decisiones/scon/agosto/1112-7813-2013-13-0562.html

236 Véase en http://www.tsj.gov.ve/decisiones/scon/agosto/1114-7813-2013-13-0564.html

otros dos actos objeto del recurso, eran inadmisibles pues el recurrente no señaló los vicios concretos ni contra "el acto de proclamación y el evento electoral del 14 de abril de 2013," considerando que se había omitido "un requisito esencial para la tramitación de la demanda, lo cual acarrea su inadmisibilidad." La Sala consideró, además, que el recurrente había desconocido "el contenido de la sentencia de esta Sala Constitucional signada con el N° 141 de 8 de marzo de 2013, en la cual *se dirimió cuál era el régimen constitucional de la transición presidencial* con ocasión de la muerte del Presidente Hugo Rafael Chávez Frías." Finalmente, en este caso, el recurrente fue multado por haber afirmado que la acción de amparo constitucional que había interpuesto desde 6 de marzo de 2013 en contra del Consejo Nacional Electoral, había sido "aguantado" por la Sala Constitucional," expresión que ésta consideró "como irrespetuosa [...] pues sugiere que los criterios decisorios y la gerencia judicial de este órgano jurisdiccional no obedecen a parámetros objetivos."

La Sala Constitucional en otra sentencia N° 1118 de 7 de agosto de 2013[237] también declaró inadmisible el recurso contencioso electoral interpuesto contra la negativa tácita del Consejo Nacional Electoral en dar respuesta a un recurso jerárquico que se había intentado el 15 de mayo de 2013, contra una decisión de una Comisión del Consejo en relación con una denuncia de violaciones de los artículos 75, 76, 85 y 86 de la Ley Orgánica de Procesos Electorales solicitando se ordenase a dicho Consejo que iniciara la correspondiente "averiguación administrativa para establecer las responsabilidades relativas a la colocación de propaganda indebida y uso de recursos públicos para beneficio de una parcialidad política en las instituciones mencionadas." (Caso: *Transparencia Venezuela*) La Sala Constitucional declaró inadmisible la acción por considerar que conforme a los estatutos de la Asociación Civil recurrente, solo el Directorio de la misma podía otorgar poder para ser representada, no pudiendo hacerlo la Directora Ejecutiva, como había ocurrido en ese caso.

La Sala Constitucional, igualmente, mediante sentencia N° 1119 de 7 de agosto de 2013[238] también declaró inadmisible la acción popular de inconstitucionalidad contra la "aceptación por parte del Consejo Nacional Electoral de las postulaciones de candidatos a los cargos de elección popular correspondiente a las elecciones presidenciales del 14 de abril de 2013" (Caso: *Antonio José Varela*), en el cual se alegó que los postulados no habían sido electos mediante el mecanismo de elecciones internas, y en especial, en relación con el candidato Nicolás Maduro, que no había presentado programa electoral propio, además de no poder postularse por ser inelegible por estar en ejercicio del cargo de Presidente de la República. Para decidir la inadmisibilidad del recurso en este caso, la Sala argumentó que el recurso de nulidad fue "planteado en términos genéricos e indeterminados, con la inclusión de apreciaciones particulares o valorativas de orden personal del recurrente, sin que, al menos, se hayan señalado con precisión los datos que permitan identificar con exactitud el acto emanado del Consejo Nacional Electoral cuya nulidad peticionó, así como tampoco se acompañó copia del mismo, ni fueron revelados los supuestos

237 Véase en http://www.tsj.gov.ve/decisiones/scon/agosto/1118-7813-2013-13-0568.html

238 Véase en http://www.tsj.gov.ve/decisiones/scon/agosto/1119-7813-2013-13-0569.html

vicios concretos de que adolecería este acto del Poder Electoral atinente a las elecciones presidenciales celebradas en abril del presente año." La Sala para concluir, recordó que había sido ella misma la que mediante la sentencia Nº 141 de marzo de 2013, había resuelto que la candidatura de Nicolás Maduro como Presidente Encargado sí se podía admitir "para participar en las elecciones presidenciales, por no estar comprendido en los supuestos de incompatibilidad del artículo 229 Constitucional." Y sobre el tema de la falta de selección de los candidatos en "elecciones internas con la participación de los integrantes de los partidos políticos" que exige la Constitución, la Sala ratificó su criterio de que "ello no excluye otras formas de participación de elecciones distintas a las elecciones abiertas o primarias." La Sala, finalmente, consideró que nada de lo dicho en el escrito del recurso sobre las infracciones denunciadas, evidencia "ni tan siquiera los datos que permitan identificar con fidelidad o exactitud, el acto del Poder Electoral cuya nulidad pretende, menos aún acompañó copia del mismo, así como tampoco relató los vicios que estarían presentes en aquel, ni su fundamentación argumentativa," declarando inadmisible la acción.

En otra sentencia Nº 1117 de 7 de agosto de 2013,[239] la Sala Constitucional declaró inadmisible una acción de inconstitucionalidad por omisión que había intentado Henrique Capriles Radonski contra el Consejo Nacional Electoral por no haberse pronunciado sobre las solicitudes que le fueron formuladas los días 17 y 22 de abril de 2013 respecto a la auditoría del proceso electoral, (Caso: *Henrique Capriles Radonski*) porque el petitorio del mismo, según consideró la Sala, era contradictorio "pues constituye un absurdo pretender a través del recurso por abstención, una respuesta; y por medio del mismo recurso, indicar el desacuerdo con los términos de la respuesta recibida." La Sala consideró que se trataba de "pretensiones evidentemente excluyentes, por lo que conforme al marco normativo señalado es procedente declarar inadmisible el recurso contencioso electoral ejercido."

La Sala Constitucional mediante sentencia Nº 1120 de 7 de agosto de 2013,[240] también declaró inadmisible el recurso contencioso electoral de nulidad intentado contra "(*i*) las votaciones" efectuadas en 5.729 mesas electorales; (*ii*) 21.562 Actas de Escrutinio automatizadas y 1 Acta de Escrutinio de Contingencia, y (*iii*) los Actos de Totalización, Adjudicación y Proclamación, con ocasión del proceso comicial celebrado el 14 de abril de 2013," (Caso: *Mesa de la Unidad Democrática*) considerando la recurrente que dichos hechos tenían incidencia en los resultados de las votaciones. Para declarar la inadmisibilidad del recurso en este caso, la Sala también partió del principio de la necesaria *conservación del acto electoral*, que exigen del recurrente que: "(*i*) desvirtúe la presunción de validez y legitimidad del acto electoral; (*ii*) demuestre la gravedad de un vicio que altere la esencia del acto electoral, no de una mera irregularidad no invalidante; y (*iii*) ponga en evidencia, además, que el vicio altera de tal modo los resultados electorales que resulte imposible su convalidación." Y con base en ello consideró la Sala que en el recurso hubo "falta de especificidad," de manera que en el mismo no se "puso en evidencia,

239 Véase en http://www.tsj.gov.ve/decisiones/scon/agosto/1117-7813-2013-13-0567.html

240 Véase http://www.tsj.gov.ve/decisiones/scon/agosto/1120-7813-2013-13-0570.html

como le correspondía, no sólo suponer la ocurrencia de una supuesta irregularidad, sino dejar claro que su magnitud influyó definitivamente en los resultados comiciales." Agregó además la Sala que en estos casos "No basta, entonces, que exista una anomalía: ella debe ser decisiva para comprometer la voluntad del cuerpo electoral y ninguna razón se blandió en ese sentido," lo cual sin duda, era un razonamiento de una decisión de fondo, y no de inadmisibilidad.

Por último, mediante sentencia N° 1.115 de 7 de agosto de 2013[241] la Sala Constitucional también declaró inadmisible el recurso contencioso electoral de nulidad del proceso electoral para la elección presidencial del 14 de abril de 2013, que había intentado el candidato de la oposición democrática a dicha elección, Henrique Capriles Radonski, y en la cual como lo resumió la Sala, éste había denunciado contra el mismo una serie de vicios que se "produjeron: (*i*) previas a los comicios, (*ii*) durante la jornada electoral propiamente dicha y (*iii*) una vez concluida la participación de los electores en las urnas" (Caso: *Henrique Capriles Radonski*). La Sala, para decidir, destacó en cuanto a los vicios de la primera categoría, en particular:

> "las acusaciones dirigidas contra esta Sala Constitucional como integrante del Máximo Tribunal de la República, cuya actuación fue calificada sin soslayo como parcializada en favor de la candidatura del ciudadano Nicolás Maduro Moros. En este sentido, el escrito libelar pretendió delatar, desde el principio, que el ejercicio de la Vicepresidencia por parte de dicho ciudadano fue producto de una sesgada interpretación efectuada por esta Máxima Juzgadora a través de sus sentencias n° 02/2013 (caso: *Marelys D'Arpino*) y 141/2013 (caso: *Otoniel Pautt*)."

La declaración de inadmisibilidad de la demanda lo fundamentó la Sala en el hecho de que la misma contenía "conceptos ofensivos e irrespetuosos en contra de esta Sala y otros órganos del Poder Público;" es decir, como se afirmó en la sentencia, porque la Sala consideró que los representantes del actor en el libelo de la demanda incurrieron en supuestas "falta a la majestad del Poder Judicial" al haber "en diversas oportunidades y a través de distintos medios ha acusado expresa y radicalmente a la judicatura y, en particular, a esta Sala Constitucional, como un órgano completamente parcializado y llegó incluso a afirmar que este Máximo Juzgado obedecía la línea del partido de gobierno."

Con esta decisión, la Sala, evidentemente decidió en causa propia, pues la inadmisibilidad fue motivada por los conceptos que había emitido el accionante o sus representantes contra ella misma, motivo por el cual, precisamente, en el proceso se había recusado a todos sus Magistrados por haber firmado las mencionadas sentencias N° 2 y N° 141 de enero y marzo de 2013. Pero en lugar de inhibirse los magistrados como correspondía, o de haber declarado con lugar la recusación como era obligado, la Presidenta de la Sala lo que hizo fue declararla sin lugar mediante la sentencia N° 1000 de 17 de julio de 2013, para proceder luego todos los Magistrados "ofendidos" a decidir la inadmisibilidad de la acción, no por razones sustanciales del proceso, sino por los conceptos críticos emitidos contra la Sala, que

241 Véase en http://www.tsj.gov.ve/decisiones/scon/agosto/1115-7813-2013-13-0565.html

ésta consideró ofensivos e irrespetuosos, a tal punto que multó al accionante y remitió al Ministerio Público, copia del fallo y del escrito del libelo "con el objeto de que realice un análisis detallado de dichos documentos e inicie las investigaciones que estime necesarias a fin de determinar la responsabilidad penal a que haya lugar;" iniciándose así una nueva línea de persecución en contra de Capriles.[242]

Luego pasó la Sala, después de haber resuelto la inadmisibilidad de la acción, en un *Orbiter dictum*, a referirse a lo que denominó "otras falencias del escrito" del recurso, que a su juicio impedían "que la causa sea abierta a trámite," como que el libelo "se limitó a narrar supuestos abusos cometidos por los órganos del Poder Público, pero en modo alguno señala con certeza el impacto que lo que ella caracteriza como mera "*corrupción electoral*" afectó la voluntad del electorado manifestada el día de los comicios, o llanamente acusa la colusión de los órganos del Poder Público para favorecer la candidatura del ciudadano Nicolás Maduro Moros en supuesto perjuicio del actor, especialmente de esta Máxima Juzgadora Constitucional," cuando la Sala supuestamente había actuado "de conformidad con las atribuciones que la propia Carta Magna le encomienda y en total consonancia con los precedentes jurisprudenciales que ha instituido."

La Sala, al decidir el fondo de algunas denuncias, como la relativa al cuestionamiento de la postulación de Nicolás Maduro efectuada por el partido "Podemos," a pesar de que hubiera aclarado que lo hizo "sin entrar a analizar el mérito del asunto," afirmó, sin duda refiriéndose al fondo, que "-en una elección unipersonal como la celebrada- los supuestos vicios formales mal podrían conducir a la anulación arbitraria de los votos obtenidos por el representante electo."

Además, otra "falencia" que destacó la Sala en su sentencia fue que el actor refirió que su Comando de Campaña había recibido "más de cinco mil denuncias" de irregularidades "sin relatar con amplitud suficiente en qué consistieron las irregularidades y su concatenación con los vicios electorales contenidos en los artículos 215 del 220 de la Ley Orgánica de Procesos Electorales." Todos estos argumentos adicionales, por supuesto, no correspondían a cuestión alguna de admisibilidad, sino de fondo o mérito que debieron ser decididos en la sentencia definitiva que la Sala sin embargo se negó a dictar.

De todas las anteriores sentencias se informó oficialmente por el Tribunal Supremo de Justicia en una "Nota de Prensa" del mismo día 7 de agosto de 2013,[243] en la cual puede decirse que el Tribunal Supremo, utilizando una vía irregular de "decidir mediante notas de prensa"[244] resolvió el fondo de todas las demandas que cuestionaban el proceso electoral del 14 de abril de 2013 y sus resultados.

---

242 Véase por ejemplo, José de Córdova and Ezequiel Minaya, "Venezuelan Opposition Comes Under Siege," *The Wall Street Journal*, New York, Sunday, August 10-11, 2013, p. A6.

243 Véase en http://www.tsj.gov.ve/informacion/notasdeprensa/notasdeprensa.asp?codigo=11423

244 Véase por ejemplo, Allan R. Brewer-Carías, "Comentarios sobre el 'Caso: Consolidación de la inmunidad de jurisdicción del Estado frente a tribunales extranjeros,' o de cómo el Tribunal Supremo adopta decisiones interpretativas de sus sentencias, de oficio, sin proceso ni partes, mediante 'Boletines de Prensa,'" en *Revista de Derecho Público*, N° 118, (abril-junio 2009), Editorial Jurídica Venezolana, Caracas 2009, pp. 319-330.

En dicha Nota de Prensa, en efecto, se comenzó informando que el Tribunal Supremo de Justicia, en Sala Constitucional, con ponencia conjunta, había declarado

> "inadmisibles los recursos contencioso electorales contra la elección presidencial realizada el pasado 14 de abril de 2013, los cuales fueron incoados por los ciudadanos María Soledad Sarría Pietri, Sonia Hercilia Guanipa Rodríguez y otros; Iván Rogelio Ramos Barnola, Oscar Eduardo Ganem Arenas y otros; Adriana Vigilanza García, Theresly Malavé y otros; Adolfo Márquez López; Henrique Capriles Radonski; Gilberto Rúa; María de las Mercedes de Freitas Sánchez, representante de la Asociación Civil Transparencia Venezuela; Antonio José Varela; así como Carlos Guillermo Arocha y Fernando Alberto Alban, representantes de la organización política "Mesa de la Unidad Democrática (MUD)".

Aclaró la Sala Constitucional, que todos los mencionados recursos contencioso electorales habían sido originalmente intentados ante la Sala Electoral del Máximo Tribunal, a cuyo conocimiento se avocó la Sala Constitucional mediante la sentencia n° 795 de 20 de junio de 2013,

> "en tutela de los derechos políticos de la ciudadanía, del interés público, la paz institucional y el orden público constitucional, así como por la trascendencia nacional e internacional de las resultas del proceso instaurado, sustentando que había sido cuestionada la transparencia de un proceso comicial de la mayor envergadura, como el destinado a la elección del máximo representante del Poder Ejecutivo, así como la actuación de órganos del Poder Público en el ejercicio de sus atribuciones constitucionales, de lo que se deducía la altísima trascendencia para la preservación de la paz pública que revestía cualquier juzgamiento relativo a estas causas."

Según la Nota de Prensa, la Sala procedió a examinar que los recursos intentados cumplieran con los requisitos de admisibilidad que ordenan los artículos 133 y 180 de la Ley Orgánica del Tribunal Supremo de Justicia, al igual que el artículo 206 de la Ley Orgánica de Procesos Electorales, y constató "que los mismos no observaron tales requisitos, los cuales son indispensables para la tramitación de las demandas contra actos de naturaleza electoral," pasando así a hacer el siguiente resumen de las sentencias:

> "Refieren las sentencias que en el proceso contencioso electoral corresponde realizar un acucioso examen para estimar la procedencia de esta clase de demandas y, por ello, se exige a los reclamantes la carga de exponer de manera clara, precisa y completa las circunstancias cuyo acaecimiento encuadre en los supuestos específicos de nulidad que prevé la ley; no sólo con el propósito de que el órgano administrativo o judicial establezca sin ambages los límites de la controversia, sino porque resulta indispensable la preservación de la voluntad del pueblo expresada en comicios libres, conjugada con la necesidad de brindar garantías institucionales de paz, estabilidad y seguridad, al evitar el cuestionamiento ligero y trivial de la función pública ejercida por un representante elegido por el pueblo.
>
> Los demandantes acaso indicaron la comisión de supuestas irregularidades en diversos centros electorales, sin identificar en forma precisa el cómo los eventos

puntuales a los que aludieron produjeron vicios apreciables, capaces de alterar los resultados definitivos que se produjeron en los comicios celebrados el 14 de abril de este año para la elección del Presidente de la República.

De esta manera, queda en evidencia que no fueron alegados motivos suficientes que pongan en duda la voluntad popular expresada en las pasadas elecciones presidenciales."

Adicionalmente, narra la Nota de Prensa que

"determinados recursos esgrimieron alegatos contra la majestad del Tribunal Supremo de Justicia, lo que mereció algunos apuntes en las respectivas sentencias, entre los que destacan que ello no puede ser tenido a la ligera, no sólo porque revela el desconocimiento sobre las competencias de la Sala sino porque se pretende empañar el ejercicio de una garantía como el derecho de acceso a la justicia. Estos cuestionamientos contra las autoridades judiciales, no sólo deben ser desechados porque desconocen la función garantista de la Sala Constitucional, sino porque con su afrenta trivializa el debate democrático. Se evidencia, por tanto, que no se acude a los tribunales con el ánimo de resolver una disputa, sino para acusar al árbitro por no someterse a sus designios y voluntades. Así, por lo que respecta a tales señalamientos, se impuso la inadmisibilidad según el artículo 133, numeral 5, de la Ley Orgánica del Tribunal Supremo de Justicia."

En general, concluyó la "Nota de Prensa" que "las decisiones estatuyen que los alegatos esgrimidos por las partes recurrentes, son argumentos genéricos e imprecisos que conducen también a declarar inadmisibles las pretensiones, según el artículo 181 de la Ley Orgánica del Tribunal Supremo de Justicia, en concatenación del artículo 180 *eiusdem*."

Como se puede colegir de la reseña que hemos efectuado al analizar las sentencias del 7 de agosto de 2013, **todas las demandas que fueron intentadas contra el proceso electoral del 14 de abril de 2013 y sus resultados tuvieron por objeto buscar del Tribunal Supremo que en definitiva se pronunciara definitivamente sobre la legitimidad o ilegitimidad de dicho proceso de votación y, más que todo, sobre la legitimidad o la ilegitimidad de la postulación y la elección declarada del candidato Nicolás Maduro**. Eso fue lo que los recurrentes persistieron al acudir ante el "máximo y último garante de la Constitución" como suele autocalificarse la Sala Constitucional del Tribunal Supremo. Como sentencias formales dictadas en sus recursos, sin embargo, no obtuvieron la decisión en justicia que esperaban, y más bien lo que obtuvieron fue la decisión de que sus peticiones eran inadmisibles, es decir, que no reunían los requisitos legales para ser siquiera consideradas y juzgadas, por lo que formalmente en ninguno de los casos se produjo pronunciamiento de fondo alguno – salvo veladamente, como antes se ha advertido – y en ningún caso sobre el tema de la legitimidad electoral que se buscaba, y que sin duda necesitaba el país.

La decisión de fondo, en realidad, se dictó en la "Nota de Prensa" del Tribunal Supremo de Justicia del 7 de agosto de 2013, en la cual, desechadas las impugnaciones por inadmisibles, en definitiva se "decidió" que el proceso electoral de abril de 2013 fue legítimo y que el Presidente Electo Maduro está amparado por una legitimidad "plena y de derecho." Ello lo "decidió" el Tribunal Supremo de Justicia en la "Nota de Prensa" antes mencionada en la cual concluyó afirmando:

Primero, sobre las impugnaciones incoadas ante el Supremo Tribunal, que:

> "no consiguieron alegar ninguna irregularidad que significase una diferencia con los resultados que emanaron del Poder Electoral, se evidencia que los mismos **fueron completamente legítimos**."

Y segundo, que en ese sentido, para el Tribunal Supremo también fue posible colegir de los fallos que:

> "**la legitimidad** del Presidente de la República Bolivariana de Venezuela Nicolás Maduro Moros, quien obtuvo la mayoría de los votos escrutados en ese proceso, **es plena y de derecho a tenor de las leyes**."

Quizás era a esa "justicia," dada a través de "Notas de Prensa," a lo que el Tribunal Supremo de Justicia se refería al final de su "Nota de Prensa," cuando en la misma quiso reiterar a la ciudadanía que podía contar "con un Poder Judicial fortalecido, que aplica en cada una de sus actuaciones, los mandatos que el Texto Fundamental señala," pidiéndole además al pueblo "puede confiar en la solidez del elenco institucional que impera en nuestro país."

APRECIACIÓN FINAL

La primera edición de esta obra de 2008, la concluimos después de haberle dedicado 35 intermitentes años al estudio de la historia constitucional de Venezuela, lo que desde entonces (9 de febrero de 2008), hemos continuado haciendo, en Nueva York, donde he tenido el privilegio de estar en los últimos años incluso como Profesor Adjunto en la Escuela de Derecho de la Universidad de Columbia.

La obra, en efecto, como lo dije en aquella ocasión, puede decirse que la comencé a trabajar en 1973, cuando también tuve el privilegio de haber estado como Profesor Visitante en el Centro de Estudios Latinoamericanos de la Universidad de Cambridge, Inglaterra. Ese comienzo vino a ser, además, la continuación de una inquietud que siempre tuve desde que comencé a estudiar derecho en la Universidad Central de Venezuela de la palabra de quien fue mi profesor de derecho constitucional, el destacado académico y amigo Gustavo Planchart Manrique recién fallecido; y también, la reafirmación de una ilusión que siempre tuve de escribir algo sobre el tema después de haberme topado, desde tiempos muy tempranos, con la obra de José Gil Fortoul, *Historia Constitucional de Venezuela*, en la edición alemana de principios del siglo XX[1], que mi abuelo Rafael Carías Capó tenía en su biblioteca, y que me dio junto con otros tantos libros de historia de Venezuela que tenía.

En todo caso, en las cuarenta décadas que han pasado desde que comencé a tratar de entender y escribir sobre la historia constitucional de nuestro país, en una forma u otra, como ciudadano, académico y jurista, en el último medio siglo me ha tocado en algo ser parte y actor de la misma, ya que como tantos otros de mi generación, me ha tocado vivir muchos de los recientes sucesos que la conforman. Pero la vida pasa, y los sucesos muchas veces se olvidan, precisamente porque los hemos vivido y no los fijamos; y así, a veces, la historia misma se diluye y otras veces se desdibuja. Y en medio del olvido colectivo, además, no falta quien quiera cambiarla.

Por ello, el esfuerzo que significó concluir esta obra, tiene por objeto procurar que nuestra historia constitucional no se olvide, más bien se rescate y se conozca, para que sepamos de donde vienen nuestras instituciones, las cuales tienen una larga tradición a pesar de que a veces se la quiera ignorar o negar; que comprendamos que

---

1 Edición hecha en Berlin, 1905.

los hechos pasados acaecieron en su momento y no fueron todo lo errado que a veces se nos quiere imponer aplicando criterios de apreciación o evaluación contemporáneos; y que entendamos que ninguna de las instituciones del Estado ha surgido de la nada, por más que se las quiera maquillar y se pretenda que son el resultado de alguna "refundación" del mismo. De ese esfuerzo por tratar de inventar, a veces solo cambiando nombres, lo que muchas veces ha resultado es más bien una caricatura de hechos y de instituciones ya acaecidos y conocidos.

Por otra parte, concluida la obra y recordando los momentos que marcaron el comienzo y el final de su redacción, parecería que a veces uno tiene que estar alejado de su propio país para poderlo aprehender globalmente, o al menos tener tiempo para tratar de hacerlo en su conjunto, físico y temporal, y poder comprender y exponer los grandes trazos de su evolución histórica, sin los condicionamientos que la cotidianeidad a veces nos impone, limitándonos. Ello es particularmente válido con la historia reciente que quien la vive cotidianamente no tiene tiempo de fijar los acontecimientos por escrito, siendo posible, en cambio hacerlo cuando se está lejos

Por ello, tratándose de un libro de historia, he pensado que es importante fijar bien la fecha de la conclusión de su redacción, esta vez en cuanto a la segunda edición, el 14 de abril de 2013, pues todo lo que acaezca a partir de este momento es futuro, y sobre ello nada podemos escribir, salvo proyecciones, pronósticos o adivinanzas. Por otra parte, fijar la fecha de conclusión de estas reflexiones es también importante, pues con ello le damos fecha cierta al registro de lo que desde mi perspectiva ha ocurrido política y constitucionalmente en el país, para entre otros aspectos, hacerle frente a los intentos autoritarios que han pretendido cambiar esa historia. Ello, por supuesto, en el largo plazo es imposible, pero en el corto, con la poca memoria que los pueblos a veces conservan, sin duda puede tener efectos nocivos incluso respecto de nuestra propia identidad nacional.

Por ello, en este momento de conclusión de esta obra sobre la historia constitucional de Venezuela, en abril de 2008, para el futuro si parece necesario fijar algunos hechos que se han producido en los últimos años, antes del anuncio del fallecimiento del Presidente Hugo Chávez en marzo de 2013, y después del intento de reforma constitucional que alentó y propuso durante el año 2007, y que fue abrumadoramente rechazada por el pueblo en el referendo realizado el 2 de diciembre de 2007. A partir de ese acontecimiento, los acontecimientos muestran el principio de un tiempo en el cual se comenzaron a exigir cuentas al Presidente de la República y a su gobierno, por los malos frutos y los pésimos resultados del asalto al poder que comandó desde 1999 y por la gestión que realizó durante los últimos catorce años desde que fue electo Presidente en 1998 siendo, como fue, el Presidente que en toda la historia del país, desde 1811, estuvo más años seguidos en ejercicio del cargo.

En tal sentido, podemos dejar registrados, al menos, los siguientes hechos que sin duda tendrán importantes repercusiones constitucionales hacia el futuro:

En primer lugar, desde el punto de vista internacional, la situación de aislamiento global en el que se ha colocado a Venezuela. Ello se marcó por el fracaso del voluntarista intento en 2006, utilizando toda suerte de presiones, para que un representante del país ocupara un puesto en el Consejo de Seguridad de las Naciones Unidas, partiendo del ataque personal que efectuó el Presidente Chávez al jefe de Estado del país sede de dicha organización; por el retiro de Venezuela de la Comunidad Andina de Naciones, en 2006, la cual después de tantas décadas de esfuerzo continuo desarrollado desde la firma del Pacto Andino hace cuarenta años, había logrado constituirse en el proceso de integración regional de mayor institucionalidad de América Latina; por el fracaso, desde 2007, de la propuesta sustitutiva de incorporar a Venezuela en el Mercosur, que es un esquema de integración que une a unos importantes países del sur de América Latina, pero de los cuales casi todo nos separa, lo que sólo se logró, a pesar de que lo impedía la cláusula democrática de dicha organización, en 2012, al expulsarse a Paraguay de la misma; por la denuncia de Venezuela de la Convención Americana sobre derechos Humanos, lo que coloca a Venezuela al margen del mundo de la protección internacional de los derechos humanos, pretendiendo escapar al control judicial de la Corte Interamericana de Derechos Humanos, cuyas decisiones fueron abiertamente desconocidas por el Estado; por el creciente endeudamiento internacional de la República y de la empresa petrolera estatal, PDVSA[2], paralelamente al tiempo en el cual el precio del petróleo ha llegado a niveles inimaginables hace solo diez años[3], dándole al país los mayores ingresos fiscales petroleros en toda su historia[4], con el contradictorio riesgo del colapso de la propia industria petrolera, entre otros factores, por la desinversión que ha marcado la gerencia de la misma[5]; por el

---

2 El Dr. Domingo Maza Zavala, quien hasta 2007 fue Director del Banco Central de Venezuela, respondiendo a la pregunta: *¿Creció la deuda externa?*, dijo en febrero de 2008: "Chávez la ha triplicado. La deuda externa es de unos 67.000 millones de dólares. Cuando llegó al poder la deuda era de 20.000 millones. Además, hay que sumar la deuda interna que emite títulos en deuda externa". Véase la reseña de Joaquim Ibarz, "Ahora, en Venezuela, hay más pobreza que antes de Chávez", *La Vanguardia*, Edición impresa, Barcelona, España, 11 de febrero de 2008, http://www.lavanguardia.es/free/edicionimpresa/res/20080211/53.

3 En 1998 el precio del barril de Crudo era de US$ 10,57, y a comienzos de 2008 llegó a más de US$ 100,00.

4 Los ingresos fiscales en el período 1964–1998 (gobiernos J. Luscinchi, C.A. Pérez y R. Caldera) fueron de Bs. 91.109 MM; y sólo en el período 1999–2006 fueron de Bs 99.242 MM. Los ingresos petroleros que en 1998 fueron de US$ 16.735 MM; en los años subsiguientes ascendieron así: 1999: US$ 16.735 MM; 2000: US$27.874 MM; 2001: US$ 21.745 MM; 2002: US$ 21.532 MM; 2003: US$ 22.029 MM; 2004: US$ 32.871 MM; 2005: US$ 48.143 MM; 2006: US$ 56.438 MM; 2007 US$62.555 MM. En cuanto al gasto público, a la pregunta de si ha aumentado, Domingo Maza Zavala en febrero de 2008 dijo: Al comienzo del mandato de Chávez el gasto público era de 15.000 millones de dólares anuales, ahora es de unos 80.000 millones. Según cifras de la OPEP, Venezuela produce unos 2.500.000 barriles de petróleo diarios, es casi nuestra única fuente de divisas. El consumo interno aumentó a 800.000 barriles. Y se regalan 100.000 a Cuba. Como máximo podemos exportar 1.700.000 diarios. A 70 dólares serían 43.400 millones de dólares al año. En importaciones el año pasado se consumieron 44.000 millones de dólares. Y en importaciones indirectas otros 6.000 millones. Este año las importaciones no bajarán de los 50.000 millones. Si añadimos el servicio de la deuda externa, con el petróleo a 70 dólares no se podrán afrontar todos los pagos. *¿De dónde va a salir lo restante?* De las reservas internacionales de 33.000 millones de dólares, las operativas no llegan a 25.000 millones, para seis meses de importaciones". Véase la reseña de Joaquim Ibarz, "Ahora, en Venezuela, hay más pobreza que antes de Chávez", *La Vanguardia*, Edición impresa, Barcelona, España, 11 de febrero de 2008, *cit.*

5 Domingo Maza Zavala, en la misma entrevista explicó: "La compañía estatal petrolera PDVSA tiene graves dificultades. Y encima Chávez le encarga tareas que no le corresponden, como proyectos sociales, compra y venta de alimentos, servicios de salud. Esto pone de relieve la incapacidad administrativa del Gobierno. Esas tareas corresponden al gobierno. PDVSA debe encargarse de producir y vender petróleo en buenas condiciones, lo que no está ocurriendo. Dependemos más que nunca del petróleo".

rechazo popular a la idea anunciada por el Presidente de la República en 2007, de supuestamente establecer una Confederación con Cuba, que siéndonos también tan extraña, hubiera podido implicar el riesgo de que Venezuela pudiera perder su propia identidad, como se pretendió hacer entre 1819 y 1830, cuando Venezuela, en el marco bolivariano, desapareció como Estado, incorporándose su territorio a la Republica de Colombia, pero que sin embargo, a través de convenios internacionales no conocidos, el Presidente Chávez, antes de su fallecimiento de hecho implementó, de manera que uno de sus trágicos legados fue el haber dejado el Estado venezolano bajo el control de los gobernantes de otro Estado, extranjero, el cubano; por el rechazo internacional de la pretendida idea de realizar un proceso de integración militar e, incluso, de crear una Fuerza Armada Bolivariana para enfrentar otros países americanos, particularmente viniendo de Venezuela que es el único país de América Latina que jamás, en toda su historia, ha estado en guerra con país alguno; por la persistente ingerencia de funcionarios del gobierno venezolano en los procesos de políticos y de elecciones desarrolladas en los últimos años en muchos de los países de América Latina, lo que se denunció repetidamente en la prensa respecto de las efectuadas en Perú, México, Bolivia, Ecuador, y luego en Argentina y en Paraguay[6]; por las relaciones abiertas que el Estado venezolano ha establecido con fuerzas irregulares que operan como guerrilla en Colombia, calificadas internacionalmente como terroristas, al punto de que la Asamblea Nacional el 18 de enero de 2008 mediante Acuerdo, llegó a pedir a la Comunidad internacional que las reconocieran como fuerzas beligerantes legítimas; los Ministros del gabinete las han alentado públicamente para que sigan haciendo lo que hacen[7], y de que se movilizan libremente en territorio venezolano, ocupando y explotando como propio los territorios del sur hacia el Amazonas.

Ello ha llegado hasta el punto de que el propio Presidente de la República llegó a declarar, contra todo principio internacional imaginable, que "en buena parte del oeste y suroeste" Venezuela ya no limita territorialmente "con el Estado colombiano, sino con las FARC", y que las personas secuestradas por la guerrilla "son en realidad prisioneros de guerra"[8].

Véase la reseña de Joaquim Ibarz, "Ahora, en Venezuela, hay más pobreza que antes de Chávez", *La Vanguardia*, Edición impresa, Barcelona, España, 11 de febrero de 2008, *cit.*

6 Ya concluido este libro, el 17 de abril de 2008, el Presidente de Paraguay, Nicanor Duarte, según se informó en la prensa, "advirtió a su par venezolano, Hugo Chávez, que no se meta en los asuntos internos paraguayos, afirmando tener informes de que hay venezolanos ayudando al candidato opositor Fernando Lugo", en *El Universal*, Caracas 17-04-2008.

7 El Ministro del Interior Rodríguez Chacín, al despedirse del grupo de guerrilleros colombianos que entregaron a unos secuestrados les dijo "en nombre del Presidente Chávez...estamos muy pendientes de su lucha. Mantengan ese espíritu, mantengan esa fuerza y cuenten con nosotros". Véase en *Noticias 24*, www.noticias24.com, 10 de enero de 2008

8 Véase reseña de Eugenio Martínez, "Venezuela limita con las FARC no con Colombia", *El Universal*, Caracas 05–02–2008. Concluido este libro, al mes siguiente, en los primeros días de marzo de 2008, con motivo de una acción militar que desplegó el Ejército Colombiano en la frontera con Ecuador, de la cual resultó el fallecimiento, entro otros, de un conocido miembro de la guerrilla colombiana (FARC), el Presidente de la República ordenó la movilización del Ejercito venezolano hacia la frontera con Colombia, pretendiendo colocar al país al borde de una absurda guerra, cuando ni siquiera había habido agresión alguna contra Venezuela. El día 4 de marzo de 2008, el diario Crónica de Hoy, de Bogotá anunció

Todo este cuadro ha aislado progresivamente al Estado venezolano, incluso de aliados circunstanciales en gran parte motivados por la factura petrolera que se ha utilizado como instrumento de política internacional, al punto de se hubiera llegado a la recordada increpación del Rey de España dirigida al Presidente Chávez en la XVII Cumbre Iberoamericana celebrada en Santiago de Chile en noviembre de 2007, cuando le dijo: "¿Por qué no te callas?"

En segundo lugar, en el orden interno, los esfuerzos desplegados para la progresiva configuración de un "bolivarianismo" o de una "doctrina bolivariana", que nadie conoce y que se forma conforme a la deformación o interpretación que, comenzando por el Presidente de la República, se ha hecho de lo que hace casi 200 años dijo o pudo haber dicho o realizado Simón Bolívar, a quien incluso se lo califica de socialista. Todo ello comenzó institucionalmente con el cambio formal del nombre a la República de Venezuela ocurrido en 1999, por el de "República Bolivariana de Venezuela", con lo que se comenzó a dividir progresivamente al país entre bandos bolivarianos y anti bolivarianos. No es la primera vez que desde el Estado se han hecho intentos por construir una "doctrina bolivariana", lo que ya procuraron los Presidentes Antonio Guzmán Blanco en el siglo XIX y Eleazar López Contreras en el siglo XX, en esfuerzos que terminaron derrumbándose estrepitosamente en perjuicio de la propia memoria de Bolívar. En 2010, en todo caso, con la creación en paralelo al Estado Constitucional, del Estado Comunal y del Poder Popular, luego de que el partido de gobierno y el Estado adoptaran el marxismo y socialismo como doctrina, la misma se la llegó a calificar como "doctrina bolivariana." Recuérdese que después de rechazada la reforma constitucional en el referendo del 2 de diciembre de 2007, en el cual por votación popular el pueblo se negó a aprobar la transformación del Estado venezolano en un Estado Socialista, sin embargo, en fraude a la Constitución y a dicha voluntad popular, el Presidente de la República implementó la reforma constitucional rechazada mediante leyes y medidas ejecutivas desconociendo esa decisión popular,[9] lo que culminó con las leyes mencionadas del Poder Popular implementando el Estado socialista.

---

que el Presidente de Colombia, Álvaro Uribe, "tras revisar la computadora del abatido 'número 2' de las FARC, Raúl Reyes, denunciará a su homólogo venezolano, Hugo Chávez, ante la Corte Penal Internacional (CPI) de La Haya por su presunto apoyo a esa organización terrorista, especializada en el narcotráfico y el secuestro de civiles para chantajear al Estado. 'Una vez conocidas todas las informaciones en el computador de Raúl Reyes, el gobierno bajo mi responsabilidad se propone denunciar [a Chávez] ante la CPI para que explique el presunto delito de financiación de genocidas'". Véase *Crónica de Hoy*, Bogotá 05-03-2008.

9 Se destaca la elaboración del *Proyecto Nacional Simón Bolívar. Primer Plan Socialista* (Desarrollo Económico y Social de la nación 2007-2013), Septiembre 2007; y el *Diseño Curricular del Sistema Educativo*. Concluido este libro, mediante Decreto Nº 3560 de abril de 2008, se decidió la creación del *Comando General de la Reserva Nacional*, dependiente directamente del Despacho del Presidente de la República, y el Presidente de la república, el 18 de abril de 2008 en el acto juramentación de los equipos regionales de trabajo del Partido Socialista Unido de Venezuela (PSUV), "anunció que es necesario acelerar la transición hacia el socialismo". "Es imprescindible acelerarla y profundizarla, para que esta revolución sea cada día más auténtica y más socialista. Para que eliminemos o reduzcamos en el mayor grado las amenazas que penden sobre nuestra revolución. Desde dentro y desde fuera". Véase en *El Universal*, 19-04-2008.

En cuanto a la idea de la doctrina bolivariana, la esencia de esa doctrina en relación con el Estado, es un esquema en el cual Venezuela desaparecería como tal en estructuras nacionales distintas, como lo soñó Bolívar, pero completamente irrealizables en nuestros tiempos, y menos con el común signo de la bandera tricolor en el brazo de trajes militares que ha sido común en los grupos guerrilleros colombianos que se han declarado "bolivarianos".

En tercer lugar, en relación con la gestión del gobierno durante la última década, desde el punto de vista institucional, la destrucción masiva de la institucionalidad democrática, lo que ha llevado a la configuración de una Asamblea Nacional unicameral que responde exclusivamente a las instrucciones del Jefe del Estado; a la dependencia de los otros poderes del Estado de la propia Asamblea Nacional y a través de esta del jefe del Estado; al desmantelamiento progresivo de las estructura de la Administración Pública con la creación de organizaciones informales, "misiones" y fondos al margen de la misma, originándose una indisciplina fiscal que ha terminado con el aniquilamiento del la autonomía del Banco Central de Venezuela; el sometimiento al poder de los órganos de control fiscal, con la ausencia de completa de transparencia gubernamental alguna o de la posibilidad de que se exija rendición de cuentas a los funcionarios[10]; la total eliminación de la autonomía e independencia del Poder Judicial, con la renuncia por parte del Tribunal Supremo de Justicia de ejercer sus funciones constitucionales de gobierno y administración de la Judicatura, conforme a las previsiones de la propia Constitución; y a la sistemática utilización de la justicia como instrumento de persecución política, con un Ministerio Público que en lugar de defender los derechos constitucionales de los procesados, manipula pruebas para perseguir políticamente a personas inocentes[11].

Todo ello ha llevado a que la Sala Constitucional del Tribunal Supremo de Justicia, en lugar de ser el instrumento de control para asegurar la vigencia del

---

10 El ex Director del Banco Central, Domingo Maza Zavala, en la entrevista antes citada dijo en febrero de 2008: "La corrupción con Chávez tiene características propias. Los nuevos corruptos son empresarios, militares, funcionarios, políticos, que reciben contratos, prebendas, beneficios en proporciones mucho mayores que en el pasado. Lo más grave es que no traducen en obras el dinero público que reciben. Roban rápido y son muy ostentosos. En ese sector son usuales grandes camionetas que cuestan 200.000 dólares. Corrupción sin obras, sin control. La contraloría (fiscal de cuentas) es inexistente. La Asamblea Nacional no controla nada". Véase la reseña de Joaquim Ibarz, "Ahora, en Venezuela, hay más pobreza que antes de Chávez", *La Vanguardia*, Edición impresa, Barcelona, España, 11 de febrero de 2008, *cit.*

11 Concluido este libro, el 28 de marzo de 2008, se publicó en la prensa la carta denuncia del Fiscal Quincuagésimo Sexto del Ministerio Público a Nivel Nacional con Competencia Plena, Hernando José Contreras Pérez, contra el ex Fiscal General de la República, Isaías Rodríguez, por manipulación de pruebas y actas de la investigación penal realizada con motivo del homicidio del Fiscal Danilo Anderson, en la cual, reiteró "que la responsabilidad sobre el cambio del contenido de las actas de entrevistas rendidas por el testigo Giovanni Vásquez de Armas en la investigación Penal relativa al Homicidio de ex Fiscal Danilo Baltasar Anderson, recaía directamente en la persona del entonces Fiscal General de la República Julián Isaías Rodríguez, quien alegaba luego de leerlas, que estas debían ser consultadas con el "Alto Gobierno ya que esa investigación era un problema de Estado", posteriormente nos reunía a los fiscales comisionados y nos decía que debíamos quitar a tal persona o colocar el nombre de esta otra, así como decir sus rasgos o características que pudieran individualizarla, ello, entre otros. En esa investigación penal, nada se hacía si no era por instrucciones precisas del mencionado Fiscal General". Véase el texto en *TalCualDigital.com*, Caracas 28-03-2008.

Estado de derecho, haya sido el instrumento para afianzar el autoritarismo, al cual incluso el Presidente de la República le ha exigido consulta previa antes de dictar sentencia, siendo sus miembros directamente escogidos por el propio Presidente de la República a través de la propia Asamblea.

En cuarto lugar, la situación de los derechos humanos en el país, que por el control gubernamental del aparato judicial no han podido ser garantizados, particularmente cuando se ha tratado de violaciones infligidas por parte de funcionarios públicos y agentes gubernamentales; y, en particular el proceso progresivo de control sobre la libertad de expresión del pensamiento por la apropiación pública de medios de comunicación, el cierre de otros, entre ellos de Radio Caracas Televisión (RCTV) y la confiscación de sus activos, y la regulación y control gubernamental progresivo de las informaciones.

Lo cierto es que nunca antes la Comisión Interamericana de Derechos Humanos ha recibido tantas denuncias de violaciones de los derechos humanos por parte de autoridades como las que se formularon en los últimos años contra Venezuela[12], muchas llegaron a la Corte Interamericana de Derechos Humanos, destacándose las violaciones a las garantías judiciales y al debido proceso. En el marco de esas violaciones debe destacarse la masiva y brutal discriminación política que desde 2004 se desató en el país contra todas aquellas personas que ejercieron su derecho de petición, solicitando la convocatoria a un referendo revocatorio del Presidente de la República, quienes por ello, materialmente perdieron todos sus derechos frente al Estado. Todos los que ejercieron un derecho constitucional como el de petición, aparecieron registrados en la llamada "Lista Tascón" (en "honor" de un diputado que la configuró), cayendo entonces en una *capitis diminutio* política nunca antes conocida, como enemigos del gobierno y su Administración.

En quinto lugar, en relación con la gestión del gobierno, desde el punto de vista económico y social, el fracaso total de la misma, con el desmantelamiento y persecución del aparato productivo que existía en el país; las estatizaciones indiscriminadas e innecesarias de industrias; la persecución de la agro industria y la incapacidad de sustituir los productores propietarios por supuestas cooperativas totalmente ineficientes[13]; la dependencia alimentaria de las importaciones alentadas

12 Concluido este libro, en marzo de 2008, se publicó el *Informe anual de la Comisión Interamericana de Derechos Humanos 2007*, Capítulo IV *Venezuela*, en cuyas conclusiones se expresó: "313. Por otra parte, entre los principales aspectos que la Comisión considera afectan de manera general el disfrute efectivo de los derechos humanos de todos los habitantes de Venezuela se encuentran la existencia de un ambiente hostil para el disenso político, la criminalización de la protesta social, el señalamiento u hostigamiento a organizaciones no gubernamentales o defensores de derechos humanos, los cuestionamientos relacionados al funcionamiento transparente de la administración de justicia, la existencia de obstáculos directos e indirectos a la libertad de expresión y las graves condiciones en las que se encuentran las personas privadas de libertad". Véase en http://www.cidh.org/ annualrep/2007sp/cap4Vene-zuela.sp.htm.

13 El mismo Domingo Maza Zavala dijo en febrero de 2008: "Chávez quiere que el Estado crezca más y tenga mayor peso. Ha creado un llamado sector social de la economía, a base de comunidades, grupo de trabajadores, cooperativas. Fincas y empresas industriales que estaban en la producción han pasado a manos del Gobierno por una vía arbitraria. Estas fincas y empresas dejan de producir. al pasar a estas manos. No hay sentido de Estado. El movimiento cooperativo es ficticio. Las cooperativas se forman con gente sin organización y sin la menor voluntad de trabajo. Los subsidios se malgastan. Sin seguridad personal y jurídica nadie invierte. La producción se ha derrumbado y aumenta la población y la de-

por la bonanza petrolera circunstancial y, lo que es peor, con aumento de los niveles de pobreza[14] a pesar de los ingentes recursos disponibles y el gasto público efectuado. Todo ello llevó al propio Presidente de la República a reconocer el fracaso total de su gestión de gobierno en su discurso con motivo del Mensaje Anual ante la Asamblea Nacional el día 11 de enero de 2008, en el cual, además de destacar el malestar que sabía que causaban "las contradicciones entre el discurso del líder y la realidad de las acciones de mal gobierno o de mala práctica política, las más de las veces debido al sectarismo, al individualismo, a la indisciplina, a la visión de pequeño alcance", hizo autocrítica sobre su propio gobierno, en relación con "los terribles fenómenos que siguen siendo la burocratización, la ineficiencia y la corrupción", concluyendo su discurso, haciéndose las "preguntas que la gente se hace todos los días":

> "¿Por qué desapareció la leche? Seguramente esta es la más fácil de contestar dado el crecimiento de la demanda, que es un argumento humanista, es cierto. Ahora, hoy más gente accede al consumo aunque esto no explica la no previsión del problema con suficiente anticipación. ¿No es para eso la planificación? ¿Para qué es la previsión?
>
> Pero hay otras de no tan fácil respuesta: ¿Por qué un Gobierno revolucionario no ha podido en 9 años cambiar la terrible situación de las cárceles venezolanas, por ejemplo? ¿Por qué razón? ¿Por qué la inseguridad sigue siendo un problema tan grave en los pueblos, en los barrios? ¿Por qué? ¿Por qué no hemos podido solucionar problemas tan graves que azotan a nuestro pueblo en cada esquina, en cada casa, en cada vida, en cada niño, en cada mujer, en cada familia, en cada existencia cotidiana? ¿Por qué? ¿Por qué sigue tan fuerte y descarado el contrabando que nos hace mucho daño, el contrabando de extracción, por ejemplo? ¿Por qué? ¿Cuál es la razón de la impunidad? ¿Por qué las mafias siguen incrustadas en las estructuras de los servicios que le pertenecen al pueblo, que le pertenecen a la gente? ¿Por qué? ¿Por qué las gestiones ante las instituciones públicas siguen siendo una pesadilla para el ciudadano común? ¿Por qué? ¿Cuándo acabaremos con los chantajes abusivos de la permisología? ¿Cuándo? ¿Por qué nos cuesta tanto producir bienes del

---

manda"...".Véase la reseña de Joaquim Ibarz, "Ahora, en Venezuela, hay más pobreza que antes de Chávez", *La Vanguardia*, Edición impresa, Barcelona, España, 11 de febrero de 2008, *cit*.

14 El Domingo Maza Zavala señaló en febrero de 2008: *¿Qué hace Venezuela con los ingresos del petróleo*?: "Los recursos petroleros han permitido subsidiar a los sectores populares. Pero el aumento de los ingresos sociales no se ha correspondido con un aumento de la producción, lo que provoca la escasez aguda de alimentos y que tengamos la inflación más alta de América Latina. El subsidio no está sustentado en una contribución real de los beneficiados al producto nacional. *¿Los subsidios han eliminado la pobreza*? No. Ahora hay más pobres que antes. Los subsidios los mantienen en la pobreza. Chávez da dádivas, pero no crea puestos de trabajo ni construye viviendas. Hay más pobres que antes porque prolifera la gente que vive del Estado sin contribuir a la riqueza social. La gente se acostumbra a cobrar sin trabajar, confía en recibir ingresos gratuitos, sin esfuerzo, lo que trae cierta descomposición moral. Personas que antes trabajaban han dejado de hacerlo porque reciben un subsidio gratis. Se ha creado la mentalidad de 'el Estado debe sostenerme porque soy copropietario del petróleo'. He oído decir 'para qué vamos a trabajar si tenemos petróleo', que trabaje el extranjero". Véase la reseña de Joaquim Ibarz, "Ahora, en Venezuela, hay más pobreza que antes de Chávez", *La Vanguardia*, Edición impresa, Barcelona, España, 11 de febrero de 2008, *cit*.

uso diario, consuetudinario? ¿Por qué seguimos consumiendo tantos alimentos provenientes de otros países? ¿Por qué la corrupción no la hemos podido frenar y mucho menos derrotar? ¿Por qué? ¿Por qué? Todos los días debemos hacernos esas preguntas y buscar las respuestas en lo individual y en lo colectivo"[15] .

Más claro reconocimiento de un fracaso gubernamental, es ciertamente imposible de conseguir en declaración alguna de un jefe de Estado y de gobierno, lo que cinco años después, en 2013, ha quedado corroborado, siendo ese otro de los trágicos legados que dejó Chávez a su fallecimiento. Lo peor de todo ello, en todo caso, ha sido el fracaso en el desarrollo de la industria petrolera, donde la inversión ha disminuido, y se ha fracasado en la utilización del excedente petrolero para el desarrollo nacional. Y Venezuela sigue teniendo un Estado rico petrolero, pero a la vez un país cada vez más pobre. La demanda petrolera mundial seguirá creciendo por las necesidades de nuevos países consumidores masivos de energía como China y la India, y el precio del petróleo, por ello, también, seguirá en aumento. Ello implica que incluso con una industria petrolera demolida, el ingreso petrolero venezolano seguirá en aumento, y con ello, la posibilidad de afianzamiento del arma más letal que ha tenido y tiene el autoritarismo que se ha desarrollado en los últimos años, que ha sido la disposición incontrolada de esa riqueza para fines políticos.

En sexto lugar, a pesar de reconocer su fracaso, el Presidente Chávez antes de su fallecimiento rechazó toda posibilidad de que su gobierno pudiera dejar de controlar el poder; es decir, rechazó toda posibilidad de alternabilidad republicana en el futuro, al argumentar, frente a las elecciones regionales previstas para fines de 2008, que la oposición no podía ganarlas en forma alguna, ya que si lograba ganar determinadas Gobernaciones y Alcaldías "el próximo paso es la guerra", calificando esa posibilidad como "un mal que no debe llegar más nunca aquí", asegurando que "los que gobernaron a este país y lo destrozaron, ... más nunca volverán a gobernar a Venezuela"[16] . Y ello mismo lo declararon en esos términos, el propio Presidente Chávez en la elección parlamentaria de 2010, en la elección presidencial de 2012, y sus sucesores en el desastre, en la campaña electoral presidencial de marzo de 2013. Entretanto, los instrumentos políticos que se empeñó en conformar para permanecer en el poder han fracasado, como la estructuración a partir de 2007 de un partido único, no pasó de ser la conformación de un partido clientelar y electoral incrustado al Estado, de donde saca sin control ni límite su financiamiento.

Es claro que nada es fácil en la vida de los pueblos, y menos aún cuando teniendo un cuadro institucional como el que hemos tratado de identificar, han estado gobernados por personajes mesiánicos que se han creído infalibles y eternos. Fue el caso precisamente del Presidente Chávez, quien sin embargo, al final, sin duda llegó a tener conciencia de su término humano. Lo trágico de ello, como nos lo enseña la historia, es que el fracaso de esos dirigentes termina siendo el fracaso de la Nación entera, la cual más temprano que tarde tendrá que recomenzar un nuevo

15 Véase, en Asamblea Nacional, División de Servicio y Atención Legislativa, Sección de Edición, Sesión Especial del viernes 11 de enero de 1008, pp. 63 ss.

16 Véase *El Universal*, Caracas 21–01–2008.

ciclo de reconstrucción institucional como por los que Venezuela ha pasado en varias ocasiones, y que han caracterizado cada uno de los tiempos de crisis política que han transcurrido en nuestra historia entre sus grandes periodos político constitucionales: Luego del período de crisis que dio origen al Estado independiente que duró desde 1808 a 1830, está, primero, el tiempo de crisis que va desde 1848 a 1870, que marcó el paso del período del Estado Independiente y autónomo (1830–1864) hacia el período del Estado federal (1864–1901); segundo, el tiempo de crisis que va desde 1892 a 1914, que marcó el paso del período del Estado federal (1864–1901) hacia el Estado Centralizado y autocrático (1901–1945); y tercero, el tiempo de la crisis que va desde 1935 a 1958, que marcó el paso del período del Estado centralizado autocrático (1901–1945) hacia el Estado democrático de partidos (1958–1999). Cada uno de esos tiempos de crisis tuvo una duración de algo más de dos décadas hasta que el período siguiente se consolidó.

El tiempo de la crisis del período del Estado democrático de partidos (1958–1999) puede decirse que si bien tuvo su primer signo de inicio en 1989, realmente afloró a partir de 1993, cuando los propios partidos y sus dirigentes decidieron acabar con el sistema que habían creado, manifestándose, ello, con la decisión de remover de su cargo al Presidente C.A. Pérez y luego, ese mismo año, con la decisión del Presidente R. Caldera de hacer campaña electoral contra su propio partido, habiendo incluso apoyado el golpismo militar de 1992. De este ciclo de crisis iniciado en 1993, ya han pasado unos largos 20 años, y no ha cesado. Mas bien, ha seguido incesantemente acentuándose, marcado por los intentos del gobierno es establecer un sistema de Estado autoritario, centralizado, socialista y policial como el que se ha venido montando en los últimos catorce años, incluso contra la voluntad popular expresada en el referendo de diciembre de 2007, en las elecciones legislativas de 2010 y en la elección presidencial de 2013 realizada a raíz del fallecimiento del Presidente Chávez; sistema por lo demás totalmente extraño a los venezolanos y a la cultura democrática que se arraigó en el pueblo en la segunda mitad del siglo pasado; y que se ha basado, además, en una técnica de gobierno signada por el desconcierto, la mentira, el engaño y el resentimiento.

Estos últimos catorce años (1999-2013) ha sido un tiempo de destrucción, siendo ello, sin duda, el mayor legado que dejó el Presidente fallecido y la hueste que asaltó el poder desde 1999. Pronto tendrá que venir el tiempo de la reconstrucción y recomposición del país, que será el gran reto que como tantos otros en nuestra historia, ahora tenemos los venezolanos.

ÍNDICE GENERAL

CUARTA PARTE

EL PERÍODO DE LA FEDERACIÓN Y DE LA AUTOCRACIA (1863–1901) 385

QUINTA PARTE

EL PERÍODO DEL ESTADO NACIONAL CENTRALIZADO Y AUTOCRÁTICO (1901–1935) Y SU LIBERALIZACIÓN (1936–1945) 415

www.ingramcontent.com/pod-product-compliance
Lightning Source LLC
LaVergne TN
LVHW080100011026
849160LV00013B/997